제6판

토지
보상
행정법

박균성 · 도승하 공저

박영사

제6판 머리말

이번 개정에서는 전체적으로 본문 내용에 대해 통설과 판례를 중심으로 서술하면서도 새롭게 주장되는 유력한 주장도 추가하는 등 최대한 객관적인 서술이 될 수 있게 하였고, 제5판 이후의 이론 및 판례의 발전과 법령의 개정을 모두 추가 반영하였다.

「부동산가격 공시에 관한 법률」 및 「감정평가 및 감정평가사에 관한 법률」의 경우 중요 법령의 개정은 없었으나, 「공익사업을 위한 토지 등의 취득 및 보상에 관한 법률」에서는 재결신청에 있어서 '기본조사서'를 필수적으로 첨부하도록 개정함으로써 신속한 재결을 도모하고 토지조서 및 물건조서 작성에 대한 중요성을 강조하였다.

아울러 2021년 3월 23일 「행정기본법」이 제정된 후 매년 추가적인 법개정이 행해지고 있다. 2022년 12월 27일 나이 계산 및 표시에 대한 일부 개정이 있었고, 2023년 12월 20일 행정상 즉시강제에 있어서의 고지에 대한 개정이 있었으며 2023년부터 준비한 행정기본법 개정안이 현재 국회에 상정되어 있다.

마지막으로 편집과 교정을 담당해 주신 송재병 과장님, 그리고 개정판 출판을 지원해 주신 안상준 대표님, 박세기 부장님 등 박영사 관계자 여러분께 깊은 감사를 드린다.

2025년 3월
공 저 자

제5판 머리말

이번 개정에서는 2023년 4월 간행된 제4판 이후의 이론 및 판례의 발전과 법령의 개정을 모두 반영하였다.

토지보상행정법은 감정평가 업무를 담당하는 실무자와 감정평가사 자격시험을 준비하는 수험생 등에게 많은 도움이 되기를 바라는 마음으로, 행정법 이론과 법령의 이해도를 최대한 높이고자 중요한 내용 위주로 체계적이고 논리적으로 완성도 높게 서술하려고 하였다.

아울러, 감정평가 업무를 수행하면서 현장에서 겪은 많은 경험을 바탕으로 이와 관련된 중요 판례를 최대한 많이 수록하고 자세히 서술하고자 하였기에 실제 현장업무를 수행함에 있어서도 많은 도움이 될 것으로 기대한다.

또한, 2021년 3월 23일 「행정기본법」이 제정된 후 매년 추가적인 법개정이 행해지고 있다. 아직 국회를 통과하지는 않았지만 올해 통과될 것이 예상되는 행정기본법 개정안의 주요 내용을 포함하였고, 2023년 8월 31일 시행된 행정소송규칙에 대한 내용도 반영하여 소송절차에 대한 내용을 구체화하였기에 구제절차에 대한 이해가 좀 더 수월해질 것으로 기대한다.

「공익사업을 위한 토지 등의 취득 및 보상에 관한 법률」 및 「부동산가격 공시에 관한 법률」의 경우 큰 개정은 없었으나, 「감정평가 및 감정평가사에 관한 법률」의 경우에는 감정평가사에 대한 징계규정을 강화하여 최근 사회적으로 이슈가 되었던 전세보증금 감정평가 및 PF부실 담보감정평가 등에 있어서 전문인으로서 공정하고 객관적인 직무수행을 도모하고자 하였다.

마지막으로 편집과 교정을 담당해 주신 장유나 차장님, 그리고 개정판 출판을 지원해 주신 안상준 대표님, 박세기 부장님 등 박영사 관계자 여러분께 깊은 감사를 드린다.

2024년 3월

공 저 자

제4판 머리말

2021년 3월 23일 제정되어 2023년 3월 24일부터 전면 시행되는 「행정기본법」은 행정법의 법전화를 위한 출발이나 「행정기본법」의 해석 및 적용 등에 있어서 심도 있는 논의가 필요하기에 이번 개정에서는 「행정기본법」의 해석 및 적용상의 문제를 포함하여 전면 반영하였다.

또한, 「공익사업을 위한 토지 등의 취득 및 보상에 관한 법률」, 「부동산가격 공시에 관한 법률」 및 「감정평가 및 감정평가사에 관한 법률」과 관련하여 2022년 4월 간행된 제3판 이후의 이론 및 판례를 추가 보완하였으며 공용환권 파트에서는 재개발·재건축사업에 대한 사회적 관심이 높아짐에 따라 도시 및 주거환경정비법령과 관련된 일부 중요 판례를 보완하였다.

감정평가는 공용지의 매수 및 토지의 수용·사용에 대한 보상, 국유지·공유지의 취득 또는 처분, 법령에 따라 조성된 용지 등의 공급 또는 분양, 토지의 관리·매입·매각·경매 또는 재평가, 법원에 계속 중인 소송 또는 경매를 위한 토지등의 감정평가, 금융기관 등 타인의 의뢰에 따른 토지등의 감정평가 등 다양한 목적에 의해 이루어짐을 알 수 있다.

다양한 평가목적에 부합하는 감정평가이론에 더하여 법령에 대한 다양한 이론과 판례를 소개함으로써, 각 평가목적에 부합하는 평가방법을 적용하는 과정에서 토지보상행정법이 하나의 기준이 되는 역할을 할 것으로 기대한다.

아울러 토지보상행정법은 토지보상, 부동산 가격공시 및 감정평가와 관련된 업무를 수행하는 실무자와 감정평가사 자격시험을 준비하는 수험생 등에게도 많은 도움을 주기를 바란다.

마지막으로 편집과 교정을 담당해 주신 장유나 과장님, 그리고 안상준 대표님, 손준호 과장님 등 박영사 관계자 여러분께 깊은 감사를 드린다.

2023년 3월
공 저 자

토지보상행정법

제3판 머리말

이번 개정에서는 2021년 4월 18일 간행된 제2판 이후의 이론 및 판례의 발전과 법령 개정을 모두 반영하면서 전반적으로 불필요한 부분을 삭제하거나 압축하여 서술하였다.

특히 이번 개정에서는 감정평가 및 감정평가사에 관한 법령의 개정 내용이 많았다.

첫째, 감정평가의 기준제정과 관련하여 실무기준제정기관에 대한 세부규정을 신설하여 감정평가 기준에 대한 지속적인 발전과 효율적인 관리체계를 도모하였다.

둘째, 감정평가사의 징계에 대한 공고규정을 신설하여 감정평가를 의뢰하기 전에 이를 확인할 수 있게 하였다.

셋째, 감정평가사 사무소 개설과 관련된 신고규정을 삭제하여 관리체계를 간소화하였다.

넷째, 미성년자와 피성년후견인 및 피한정후견인도 감정평가사의 자격을 취득할 수 있게 하였다.

공용수용 파트에서는 정신적 손해가 손실보상의 대상이 되는지와 관련된 최근 판례를 추가하여 손실보상 대상에 대한 범위 논의를 보완하였으며, 재결신청 지연가산금의 산정기간에 대한 최근 판례를 추가하여 가산금 산정기간에 대한 기준도 명확히 하였다. 또한, 환매권 행사 기간에 대한 개정 규정도 보완하였다.

이번 개정이 감정평가와 관련된 업무를 수행하는 실무자와 감정평가사 자격시험을 준비하는 수험생 등에게 발전된 이론과 판례 및 개정된 법령 내용을 제시함으로써 많은 도움을 주기를 기대한다.

아울러, 편집과 교정을 담당해 주신 장유나 과장님, 그리고 안상준 대표님, 손준호 과장님 등 박영사 관계자 여러분께 깊은 감사를 드린다.

2022년 2월 28일
공 저 자

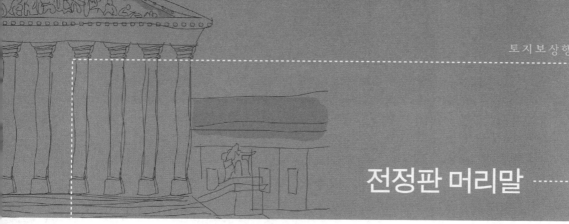

전정판 머리말

이 책은 2014년 9월 출간 이래 7년 만의 개정으로서 그 동안의 변화·발전된 행정법·보상법학계의 논의, 관련 법령의 개정과 대법원 판례를 전부 반영하였다. 이번 전면개정의 특징은 아래와 같다.

첫째, 2014년 이후 판례와 행정법학계의 논의를 보완하였다. 방대한 양의 행정법 및 토지보상법 관련 판례를 분석하여 정리하고 중요성이 큰 판례를 선별하여 추가·보완하였다. 특히, 행정법 일반이론 중에서는 사인의 공법상 행위로서의 신고부분과 하자승계론 및 국가배상책임 중 영조물의 설치·관리 하자로 인한 배상책임의 일반이론을 대폭 보완하였다.

둘째, 「공익사업을 위한 토지 등의 취득 및 보상에 관한 법률」상 사업인정의 핵심 요건인 공공성 판단절차에서 사업인정권자는 중앙토지수용위원회와 협의하도록 개정되는 등 중앙토지수용위원회의 역할이 강화되었다. 또한, 종래 「부동산가격공시 및 감정평가에 관한 법률」이 「부동산 가격공시에 관한 법률」과 「감정평가 및 감정평가사에 관한 법률」로 이원화되었으며, 각 법령상 제·개정 내용을 모두 반영하였다. 최근 부동산 정책의 중요성이 대두되며 적정가격의 공시가 사회적 이슈가 되는 등 그 중요성이 높아지고 있으며 이에 따라 비주거용 부동산 가격공시제도가 신설되었으며 이에 대한 내용도 반영하였다.

셋째, 2021년 3월 23일 행정법 집행의 원칙과 기준을 제시하고, 인허가 의제제도 등 개별법상 공통제도를 체계화하는 「행정기본법」이 제정·공포되었다. 이 책은 이러한 「행정기본법」의 내용을 충실히 반영하였다.

넷째, 최근 국가고시 출제 쟁점을 추가 표시하여 행정법 이론에서 중요한 쟁점을 확인하는 것이 용이하도록 하였다. 이 책은 행정법 및 토지보상법 등 관련 규정의 일반내용을 서술하고 이와 관련된 판례를 소개함으로써 이론과 실무의 내용을 모두 아우르는 기본서의 역할을 할 것이므로, 감정평가와 관련된 업무를 수행하는 실무자와 감정평가사 자격시험을 준비하는 수험생 등에게 많은 도움이 될 것으로 기대한다.

아울러 전면개정에 있어 많은 배려와 도움을 주신 손준호 과장님, 편집과 교정을 담당해 주신 장유나 과장님, 그리고 안상준 대표님 등 박영사 관계자 여러분께 깊은 감사를 드린다.

2021년 4월 8일

공 저 자

초판 머리말

　이 책은 공익사업을 위한 토지취득법, 공익사업을 위한 토지취득에 따른 보상법 및 부동산가격공시법과 행정법의 일반이론과 판례를 유기적으로 해설하는 것을 내용으로 하고 있다. 이 책은 보상평가, 담보평가, 경매평가, 소송평가, 과세평가, 재개발 및 재건축평가, 국·공유재산 매각평가, 컨설팅 업무 등을 행하는 감정평가사, 보상업무 관련 실무자, 법조인, 공인회계사, 세무사, 공익사업시행자, 재개발 및 재건축 조합 등에게 참고서가 되고, 감정평가사시험을 준비하는 수험생에게 감평행정보상법의 기본서가 될 것으로 기대된다. 이 책은 기 출간된 감평행정·보상법을 대폭 개정하면서 보다 적정하다고 생각되는 토지보상행정법으로 명칭을 바꾸어 출간하는 것이라는 것을 밝혀둔다.

　이 책의 장점은 다음과 같다. 첫째, 이 책은 총론이라 할 수 있는 감정평가행정법과 각론이라 할 수 있는 토지취득보상법 및 부동산가격공시법을 유기적으로 연결하면서 체계적으로 서술하였다. 둘째, 어려운 감정평가행정법 및 보상법규를 잘 이해할 수 있도록 논리적으로 서술하였다. 셋째, 판례를 유형화하고, 이론과 연결하여 제시하였다. 그리고 판례를 잘 이해할 수 있도록 판례의 요지를 먼저 제시하고, 판례에 밑줄도 긋고 해설도 붙였다. 따라서 이 책을 읽다 보면 감정평가행정법 및 보상법규를 더 잘 이해할 수 있게 될 것이다.

　이 책의 출간을 수락해 주신 박영사 안종만 회장님, 세심한 관심과 배려를 주신 강상희 대리님, 편집과 교정을 담당해 주신 배우리 님 등 박영사 관계자 여러분에게 깊이 감사를 드리며, 아울러 이 책의 활용을 통한 감정평가업계의 발전을 기원한다.

2014년 9월

공저자 씀

차 례

제 1 부 감평행정법

제 1 편 행정법 서설

제 1 장 행정법의 기초적 이해

제 4 장　기간의 계산 등

제 2 편　행정조직법

제 1 장　행정조직법 개설

제 2 장　행정기관

제 3 장　행정청의 권한

제 4 장　행정기관 상호간의 관계

제 3 편 일반 행정작용법

제 1 장 행정상 입법

          4. 사법적 통제 / 188
      Ⅶ. 행정입법부작위 ·· 196
          1. 의   의 / 196
          2. 행정입법부작위의 요건 / 196
          3. 행정입법부작위에 대한 권리구제 / 199

제 3 절 행정규칙 ··· 201
      Ⅰ. 행정규칙의 의의 ··· 201
      Ⅱ. 행정규칙의 종류 ··· 202
          1. 행정규칙의 규율대상 및 내용에 따른 분류 / 202
          2. 법령상 및 실무상의 분류 / 203
      Ⅲ. 행정규칙의 법적 성질 및 구속력 ·· 204
          1. 행정규칙의 법적 성질과 법규개념 / 205
          2. 행정규칙의 대내적 구속력(효력) / 205
          3. 행정규칙의 외부적(대외적) 구속력과 법적 성질 / 205
      Ⅳ. 행정규칙의 성립 ··· 215
          1. 행정규칙의 근거 / 215
          2. 행정규칙의 공표 / 215
          3. 법규명령의 행정규칙으로의 전환 / 215
      Ⅴ. 위법한 행정규칙의 효력 ·· 215
      Ⅵ. 행정규칙의 시행일 ·· 216
      Ⅶ. 행정규칙의 통제 ··· 216
          1. 행정적 통제 / 216
          2. 사법적 통제 / 216

제 4 절 법규명령형식의 행정규칙과 법규적 성질(효력)을 갖는 행정규칙 ········ 218
      Ⅰ. 법규명령형식의 행정규칙 ··· 218
          1. 의   의 / 218
          2. 법적 성질과 효력 / 218
      Ⅱ. 법규적 성질을 갖는 행정규칙 ··· 225
          1. 의   의 / 225
          2. 법령보충적 행정규칙 / 226

                        제 2 장   행정계획

      Ⅰ. 개   설 ··· 233
      Ⅱ. 행정계획의 법적 성질 및 처분성 ·· 233
          1. 법령형식의 행정계획 / 233
          2. 법령의 형식을 취하지 않은 행정계획 / 234
          3. 행정계획의 처분성 / 234

제3장　행정행위

제 5 장 행정상 사실행위

제 6 장 행정지도

제 7 장 행정조사

제 8 장 행정의 실효성 확보수단

제 4 편 행정구제법

제 1 장 행정구제법 개설

제 2 장 행정상 손해배상

제 7 장 행정구제수단으로서의 헌법소송

제 8 장 대체적 분쟁해결수단

제 2 부 보 상 법

제1편 물적 공용부담법

제1장 공용수용

제 2 장 공용사용

제 3 장 공용제한

제 4 장 공용환지 · 공용환권

제 2 장 손실보상의 특수문제

제4장 보상액의 결정방법 및 불복절차

제5장 법률의 근거 없는 수용 또는 보상 없는 공익사업 시행의 경우 손해배상청구

제3편 부동산가격공시 및 감정평가
제1장 부동산가격공시제

제 2 장　감정평가

제 1 부

감평행정법

행정법 서설

제1편 행정법 서설

행정법의 기초적 이해

제 1 절 행정법의 의의

행정법이란 행정에 관한 '**공법**'(公法)이다. 행정에 관한 사법(私法)은 행정법이 아니다.

I. 행정법의 규율대상이 되는 행정

행정법의 규율대상이 되는 행정은 공행정(공익목적을 가진 행정)이다. 사행정(행정주체의 사경제적 작용)은 행정법의 규율대상이 아니다.

1. 조직적 의미 · 형식적 의미 · 실질적 의미의 행정

조직적(組織的) 의미의 행정이란 국가행정조직 전체를 지칭한다.

형식적(形式的) 의미의 행정이란 행정기관에 의하여 행하여지는 모든 활동을 말한다.

실질적(實質的) 의미의 행정이란 행정은 어떠한 성질을 가지는 국가작용인가를 기준으로 입법(立法) 및 사법(史法)과 비교하여 정의내린 것이다.

2. 실질적 의미의 행정과 행정의 특징

통설인 양태설(결과실현설)에 의하면 행정이란 "법 아래서 법의 규율을 받으면서 국가목적의 적극적 실현을 위하여 행하여지는 전체로서 통일성을 가진 적극적·형성적 국가활동"이라고 정의될 수 있다. 행정기본법에 따르면 행정은 공공의 이익을 위하여 적극적으로 추진되어야 한다(제 4 조 제 1 항).

3. 형식적 의미의 행정과 실질적 의미의 행정의 관계

권력분립의 이론을 엄격히 적용하면 행정부는 실질적 의미의 행정만을 담당하여야 하겠지만 현실에 있어서는 국정의 합리적 수행이라는 기술적 이유에 의해 행정부는 실질적 의미의 행정을 주로 담당하면서도 예외적으로 실질적 의미의 입법(법률안의 작성·제출, 행정입법[1])과 실질적 의미의 사법(행정심판재결, 재정법상의 통고처분, 수사와 기소)도 담당한다.

오늘날 행정입법과 행정심판의 재결은 권력분립의 관점에서는 행정작용으로 보고, 행위의 성질의 관점에서는 행정입법은 행정작용이면서 입법작용의 성질도 갖고, 행정심판은 행정작용이면서 준사법작용의 성질을 함께 갖는 것으로 보는 견해가 유력해지고 있다.

Ⅱ. 공법으로서의 행정법

행정법은 행정에 관한 **공법**(公法)이다. 행정에 관한 법이 모두 행정법은 아니며 행정에 관한 공법만이 행정법이다. 행정에 관한 사법(私法)은 행정법이 아니다.

대륙법계는 공법(행정과)과 사법을 다른 법으로 본다. 대륙법국가에서는 행정법과 민법은 일반법과 특별법의 관계에 있지 않다. 영미법계는 공법과 사법을 구별하지 않는 보통법체계이다. 보통법은 행정법의 일반법이다.

우리나라의 행정법은 대륙법(특히 독일법)의 영향을 받아[2] 행정에 특유한 공법으로서의 성격을 갖고 있지만, 행정소송은 영·미국가에서와 같이 통상의 사법재판소에 의해 행하여진다. 즉, 행정사건의 1심 관할법원은 행정법원이지만, 행정법원은 사법(司法)법원으로부터 독립된 법원이 아니고, 사법법원인 특별법원이다. 그리고 행정법원이 설치되지 않은 경우에는 일반 사법법원(1심은 지방법원 본원 합의부, 항소심은 고등법원, 상고심은 대법원)의 관할에 속한다. 다만, 행정소송은 대륙법계국가에서와 같이 민사소송과는 다른 특수한 소송절차를 정하는 행정소송법 및 행정소송규칙에 의해 규율된다. 따라서 우리나라의 행정법은 기본적으로 대륙법계에 속하지만 행정재판제도에 있어서는 영미법계의 제도를 일부 수용하고 있다고 말할 수 있다.

---

1) 행정입법의 성질에 관하여 종래 입법작용으로 보았으나 오늘날에는 법률의 제정만을 입법작용으로 보고, 행정입법작용은 입법행위의 특질을 갖지만, 기본적으로는 행정작용으로 보는 견해가 유력하다.

2) 대륙법계는 공법(행정법)과 사법을 구별하고, 영미법계는 공법과 사법을 구별하지 않는 보통법체계이다. 우리나라 행정법은 대륙법계 행정법과 같이 공법의 성질을 갖는다. 대륙법계 국가에서는 행정주체와 사인과의 관계는 사인 상호간의 관계를 규율하는 법, 즉 사법과는 다른 성질의 법에 의하여 규율되어야 한다는 법사상이 형성되었고, 이에 따라 공법과 사법의 구별이 행하여졌다. 또한 행정사건은 민사법원이 아닌 별도의 법원의 관할에 속하여야 한다는 관념이 형성되었다.

제 2 절 행정법의 분류

I. 일반행정법과 특별행정법(개별행정법)

일반행정법(一般行政法)은 모든 행정분야에 공통적으로 적용되는 법규와 법원칙 전체를 말한다.

특별행정법(特別行政法)은 개별행정법이라고도 하는데, 특별행정분야에 적용되는 행정법을 지칭한다. 예를 들면, 지방자치법, 공물법, 경찰행정법, 경제행정법, 환경행정법, 도시계획법, 건축법, 도로법, 교육법 등을 들 수 있다.

II. 행정조직법, 행정작용법, 행정구제법

행정조직법(行政組織法)은 행정주체의 내부조직에 관한 법을 말한다. 달리 말하면 행정조직법은 행정기관의 조직과 행정기관 상호간의 관계 및 행정기관의 권한을 규율하는 법을 말한다.

행정작용법(行政作用法)은 행정작용(행정주체의 국민에 대한 대외적인 활동)을 규율하는 법을 말한다.

행정구제법(行政救濟法)은 행정권에 의해 가해진 권익침해에 대한 구제를 규율하는 법이다. 국가배상법, 손실보상에 관한 법(공익사업을 위한 토지 등의 취득 및 보상에 관한 법률 등), 행정심판법, 행정소송법, 헌법소원에 관한 법(헌법재판소법)이 이에 속한다.

제 3 절 행정법의 특수성

행정법의 특수성(特殊性)이라 함은 통상 사인 상호간의 관계를 규율하는 사법(私法)에 대한 특수성을 말한다.

I. 형성중의 법

사법인 민법은 법체계가 로마법 이래 이미 확립되어 있지만 행정법은 그 법체계가 아직 확립되어 있지 못하고 형성중(形成中)에 있다.

Ⅱ. 공익목적성

행정법은 사법과 달리 기본적으로 공익의 보호를 목적으로 한다. 그렇지만 행정법이 사익의 보호를 도외시하는 것은 아니며 사익의 보호 내지 침해도 고려하여야 한다. 행정법령 중에는 공익의 보호만을 목적으로 하는 법이 있는 반면에 제1차적으로 공익의 보호를 목적으로 하면서도 부수적으로 사익의 보호도 함께 보호목적으로 하는 법이 있다. 그리고, 공익이 당연히 사익보다 우월한 것은 아니고, 행정이 추구하는 공익과 그로 인하여 침해되는 사익은 상호 조정되어야 하며 이익형량을 통해 비례관계가 유지되어야 한다. 따라서, 행정법은 공익 상호간 또는 공익과 사익 상호간을 규율하는 법이라고 할 수 있다.

Ⅲ. 행정주체의 우월성

행정법관계에서 행정주체는 사인에 대하여 일반적으로 우월한 지위를 갖는다. 행정주체의 우월성은 선험적이나 절대적으로 인정되는 것은 아니며 실정제도상, 그리고 공익상 필요한 한도 내에서 인정되는 것이다. 행정주체는 일반적으로는 사인에 대하여 우월한 지위를 갖지만, 개별적인 경우에 있어서는 예를 들면, 비권력적 공행정작용에서처럼 사인과 대등한 지위를 갖는 경우도 있다.

Ⅳ. 행정법규정의 강행법규성

행정법규정은 공익목적을 갖는 규정이므로 원칙상 강행규정(당사자의 의사와 관계없이 적용되어야 하는 규정)이다. 그러나, 예외적으로 임의규정(그것을 위반하여도 그것만으로 위법이 되지 않는 규정, 훈시규정)으로 규정되어 있는 경우(예, 행정처리기간 등)도 있다.

제 4 절   행정법과 공익

Ⅰ. 공익의 개념

공익은 공동체(국가 또는 지방자치단체) 구성원 전체의 이익을 의미한다. 공익은 공동체의 이익이지만, 공동체 자체의 재산상 이익은 공익이 될 수 없다. 즉, 국가 또는 지방자치단체의 단순한 재정상(재산상) 이익은 원칙상 공익이 아니다. 그러나, 국가 등의 재정건전성은 공익이다.

Ⅱ. 공익의 법적 의의

1. 행정법의 이념적 기초

① 공익은 행정법의 특수성(일방적 조치권, 공정력, 공권 및 공의무의 특수성, 공법상 계약의 특수성 등)과 주요 개념(공권력, 공물)의 기초가 된다.

② 공익은 행정작용의 정당화사유가 된다.

③ 법치행정의 원칙상 국민의 기본권 및 권익의 제한은 법률의 근거가 있어야 하지만, 공익이 그 궁극적 근거이다. 기본권 제한사유인 국가안전보장, 질서유지 및 공공복리는 공익이 구체화된 개념이다. 수용의 정당화사유가 되는 공공필요는 공익과 비례성을 의미한다.

2. 공익의 법적 효과

행정법에서 공익은 이념적 기능만 갖는 것은 아니며 일정한 법적 효과를 갖는 개념이다.

① 공익은 공법관계와 사법관계의 구별기준 중의 하나이다.

② 공익은 행정통제의 기능을 한다. 행정권은 공익을 추구하여야 하며 사익을 추구하거나 실질적 관련이 없는 다른 공익목적을 추구하면 권한남용이 된다. 특별한 규정이 없는 경우에도 행정권은 공익목적을 위해 활동하여야 한다.

③ 공익은 평등원칙의 예외사유이다. 공익상 필요한 경우에는 다른 법적 규율이 가능하다. 공익상 필요한 경우에는 재량준칙과 다른 결정을 할 수 있다.

④ 비례원칙의 적용에서는 공익이 이익형량의 요소가 된다. 공익 상호간 및 공익과 사익 상호간, 사익 상호간에 이익이 적절히 조정되어야 한다.

⑤ 권익 제한에는 법률의 근거가 있어야 하지만, 공익은 일정한 경우에 보충적으로 명문의 법규정이 없는 경우에도 권익 제한의 직접적 근거가 된다. 즉, 판례는 공익상 필요만으로 행정행위의 철회가 가능하고, 재량행위에서 공익을 이유로 특허 등 수익적 행위를

거부할 수 있다고 본다.

⑥ 공익은 공법상 계약에 대한 특수한 법적 규율의 근거가 된다.

제 5 절 공법과 사법의 구별

I. 구별의 의의

공법과 사법의 구별(區別)은 선험적인 것은 아니며 각 국가의 실정법제도상의 구별이다. 공법과 사법의 구별은 규율대상의 차이로부터 나온다. 사법의 규율대상이 되는 사인 상호간의 관계는 대등한 관계이며 각 개인에게 자율권이 인정된다. 사적 자치(私的 自治)의 원칙이 사법의 기본원칙이 되며 사법은 사인 상호간의 관계를 규율한다. 공법의 규율대상이 되는 행정주체와 사인과의 관계는 행정주체에게 우월적인 지위(공권력(公權力))가 주어지는 기본적으로 불대등한 관계이고 공익과 사익간의 관계를 규율한다.

II. 구별의 실익

공법과 사법의 구별에는 어떠한 실익(實益)이 있는가.[3]

1. 실체법상 구별실익

① 공법과 사법의 구별은 국가의 법체계를 세우기 위하여 필요하다. 특히 일정한 사항에 대하여 입법할 때 공법적 규율을 할 것인가 사법적 규율을 할 것인가를 정하여야 한다.

② 법의 해석에 있어서 공법과 사법의 구별이 필요하다. 어떠한 법규정을 적용할 때 그 법규정이 공법규정이라면 공법원리에 맞게 해석하여야 한다. 이에 반하여 적용할 법규정이 사법규정이라면 사법원리에 따라 해석하게 된다.

2. 소송법상 구별실익

소송형식을 정하기 위하여 공법과 사법의 구별이 필요하다. 공법상 분쟁은 행정소송의 대상이 되고 사법상 분쟁은 민사소송의 대상이 된다.

---

3) 일반적으로 공법과 사법의 구별과 공법관계와 사법관계의 구별을 함께 논하고 있는데 양문제는 상호 매우 밀접한 관계(공법관계는 기본적으로 공법에 의해 규율되는 법관계이며 사법관계는 사법에 의해 규율되는 법관계이다)를 가지면서도 상호 구별되어야 하는 문제이다. 마찬가지로 공법과 사법 상호간의 구별의 실익과 공법관계와 사법관계의 구별의 실익은 상호 관련이 있지만 일단 구별되어야 한다.

Ⅲ. 구별의 기준: 복수기준설

공법과 사법의 구별기준으로 후술하는 이익설, 종속설(권력설) 및 귀속설(신주체설)이 있지만(후술 공법관계와 사법관계의 구별기준 참조), 각 학설은 후술하는 바와 같이 공법과 사법의 구별에 관하여 위에서 본 바와 같이 완벽한 이론이 되지 못한다.

공법과 사법의 구별은 위의 세 이론을 종합적으로 고려하여 개별적으로 문제의 법이 공법인지 사법인지를 판단하여야 한다(복수기준설).

개별법률 전체가 공법이거나 사법인 경우도 있지만 경우에 따라서는 하나의 법률에 공법규정과 사법규정이 병존하는 경우도 있다. 학설은 국가배상법을 공법으로 보지만, 실무는 국가배상법을 사법(私法)으로 본다.

제 6 절 행정에 대한 사법(私法)의 적용

행정은 공법만에 의해 규율되는 것은 아니다. 행정에 대하여 사법(私法)이 적용될 경우도 적지 않다.

Ⅰ. 국고관계에 대한 사법규정의 적용

같은 성질의 법률관계에는 같은 성질의 법이 적용된다는 원칙에 따라 행정주체가 사인과 같은 지위에서 활동할 때[4](행정에 필요한 물품의 구매)에는 사법만이 적용되고 그와 관련하여 제기되는 분쟁은 민사소송의 관할에 속한다. 어떠한 행위가 사법상 행위이고 어떠한 법률관계가 사법관계(국고관계)인지는 후술하기로 한다.

Ⅱ. 행정법관계에 대한 사법규정의 적용

행정법관계는 행정법(공법)에 의해 규율되는 것이 원칙이지만 행정법(공법)의 흠결이 있는 경우에 그 흠결을 메우기 위하여 사법이 적용될 수 있다.

1. 일반법원리적 규정인 사법규정

사법규정 중에서 모든 법에 공통적으로 적용될 수 있는 법의 일반원칙과 모든 법에 공통적으로 적용될 수 있는 사법상의 기술적인 법규정(기간계산에 관한 규정)을 일반법원리적 규정(一般法原理的 規定)이라 하는데, 일반법원리적 규정은 공법관계에도 적용될 수 있다.

---

4) 재산권의 주체로서 활동할 때, 사경제적 작용을 하는 경우

사법규정 중에서 일반법원리적 규정이라고 볼 수 있는 것은 다음과 같다: 신의성실의 원칙, 권리남용금지의 원칙, 의사표시, 대리, 부관, 무효, 취소, 기간, 시효, 불법행위, 사무관리, 부당이득에 관한 규정, 계약에 관한 일부규정 등.

2. 일반법원리적 규정 이외의 사법규정

일반법원리적 규정이 아닌 사법규정(사익 상호간 이익조절적 규정, 사적 자치의 원칙에 따른 규정)은 권력관계에는 직접적용 또는 유추적용될 수 없다고 보는 것이 일반적 견해이다. 이러한 사법규정은 대등한 당사자 사이의 자유로운 의사를 전제로 하고 사익 상호간의 이익의 조절을 목적으로 하는 반면에 권력관계는 행정주체의 우월성이 인정되고, 사익과 공익이 대립되는 관계이므로 권력관계는 그러한 사법규정의 규율대상이 될 수 없다. 그러나, 비권력적 공법관계인 관리관계에 있어서는 공익목적을 달성하기 위하여 특수한 공법적 규율이 행하여져야 하는 경우를 제외하고는 널리 사법규정이 직접적용 또는 유추적용될 수 있다.

Ⅲ. 행정사법분야

행정은 일정한 필요에 따라 공행정을 사법형식에 의해 수행하는 경우가 있다. 이것을 '공행정의 사적 관리' 또는 '사법형식에 의한 공행정'이라 하고 행정사법(行政私法)이라고도 한다. 즉, 활동의 실질은 공행정작용이지만 형식은 사법형식인 경우를 말한다. 예를 들면, 공기업행정 중 전기공급관계는 공행정관계이지만 사법관계(행정사법관계)이다.

사법형식에 의한 공행정은 사법형식에 의해 수행되므로 원칙상 사법에 의해 규율된다. 그러나, 그 실질은 공익을 추구하는 공행정작용을 수행하는 것이므로 기본권 보장 등 최소한의 공공성을 확보하기 위하여 예외적으로 공법원리의 구속을 받는다. 사법형식에 의한 공행정에 적용되는 공법원리에는 평등의 원칙, 비례의 원칙, 공역무계속성의 원칙, 기본권 보장의무 등이 있다. 사법형식에 의한 공행정에서 제기되는 분쟁은 민사법원의 관할에 속한다(자세한 것은 후술 행정사법관계 참조).

제2장

행정법의 법원

제1절 법원의 의의

법원(法源)이란 법의 존재형식을 말한다. 행정법의 법원의 문제는 행정법이 어떠한 형식의 법규범으로 이루어져 있는가에 관한 문제이다.

제2절 행정법상 법원의 특징

Ⅰ. 행정법의 성문법주의

법치행정의 원칙의 내용이 되는 법률유보의 원칙 내지는 법률의 법규창조력의 원칙에 비추어 볼 때 행정법은 성문법(成文法)임을 원칙으로 한다.

Ⅱ. 법전화 및 총칙적 규정의 불비

행정법의 규율대상인 행정은 매우 복잡하고 다양하기 때문에 행정에 관한 단일법전(法典)을 만들거나 행정실체법의 총칙(總則)을 만드는 것이 매우 어렵다. 그리하여 행정법에는 법전이 존재하지 않는다. 행정법은 수많은 성문법령과 불문법원으로 구성된다. 그러나, 행정법총칙, 일반행정작용법, 행정기본법의 성격을 갖는 행정기본법과 행정절차에 관한 일반법인 행정절차법이 제정되어 있다.

행정기본법은 행정법의 일반원칙 등 행정법 총칙을 명문화하고, 행정에 관한 공통사항을 정하고 있다. 따라서, 행정기본법은 **행정법총칙**과 **일반행정작용법**의 성격을 갖는다. 즉, 행정에 관하여 다른 법률에 특별한 규정이 있는 경우를 제외하고는 행정기본법에서 정하는 바에 따른다(제5조 제1항). 또한, 행정기본법은 **기본법으로서의 성격**을 갖는다. 즉, 행정에 관한 다른 법률을 제정하거나 개정하는 경우에는 이 법의 목적과 원칙, 기준 및 취지에 부합되도록 노력하여야 한다(제 5 조 제 2 항). 다만, 행정기본법은 완결된 법은 아니다. 행정기본법이 완결된 행정법총칙, 일반행정작용법, 행정기본법이 되기 위해서는 보완해야 할 사항이 적지 않다.

제 3 절   성문법원

Ⅰ. 헌   법

행정법의 기본적인 사항이 헌법에 의해 정해지고 헌법은 최고의 효력을 갖는 점에서 헌법은 행정법의 중요한 법원이 된다.

1. 행정법의 기본적인 사항의 규율

① 행정조직의 기본원칙이 헌법에 규정되어 있다(헌법 제 4 장 등).

② 기본권규정 등 헌법규정은 행정권을 포함하여 국가권력을 직접 구속한다. 행정권이 헌법규정을 위반하면 그 행정권 행사는 위법인 행위가 된다.

③ 헌법은 지방자치제도를 보장하고 지방자치의 기본원칙을 정하고 있다.

④ 헌법은 법규명령의 근거와 한계규정을 두고 있다. 위임명령과 집행명령의 근거가 두어져 있고(헌법 제75조, 제95조), 헌법 제75조는 포괄적 위임을 금지하고 있다.

⑤ 헌법의 일부규정으로부터 행정법의 일반원칙이 도출될 수 있고, 도출된 행정법의 일반원칙은 행정법의 중요한 법원이다.

⑥ 기본권은 일정한 경우 보충적으로 행정법상 개인적 공권으로 인정된다.

2. 헌법의 효력

헌법은 국내법질서에서 최고의 효력을 갖는 법원이다. 헌법에 위반되는 여타의 법규범은 위헌이고 위헌통제의 대상이 된다. 법규범의 위헌통제는 법률에 대하여는 헌법재판소가 담당하고 명령·규칙·처분에 대하여는 일반법원에서 담당한다. 헌법재판소는 명령에 대한 헌법소원을 통하여 명령의 위헌성을 통제할 수 있다.

3. 헌법과 행정법의 관계

실질적 법치주의를 취하고 헌법재판제도가 인정되어 헌법의 법적 구속력이 강화되고 있는 오늘날의 헌법하에서는 **행정법은 '구체화된 헌법'**이라는 명제가 타당하게 되었다. 행정법은 헌법에서 제시된 국가운영의 기본원칙을 구체화하고 실현하여야 한다.

그러나, 행정법은 기술성을 갖는 법이므로 그 한도 내에서는 헌법의 변화에 크게 영향을 받지 않는 면도 있다는 것을 부인하여서는 안 될 것이다. 또한, 행정법은 헌법의 기계적인 집행법은 아니다. 법률로 헌법을 구체화함에 있어서 입법자는 폭넓은 재량권(입법재량권)을 갖고 있다.

Ⅱ. 국제법규

1. 국제법규의 국내법원성

헌법 제6조 제1항은 "헌법에 의하여 체결·공포된 조약과 일반적으로 승인된 국제법규(國際法規)는 국내법과 동일한 효력을 갖는다"라고 규정하고 있는데, 이는 국제법규가 별도의 입법조치 없이 일반적으로 국내법으로 수용된다는 것을 의미한다.

2. 국제법규의 법단계상의 효력 [2010 사시 사례]

국제법규의 법단계상의 효력은 어떠한가. 헌법은 국제법규는 국내법과 같은 효력이 있다고 규정하고 있을 뿐이다. 통설은 국제법규는 특별한 규정이 없는 한 헌법보다는 하위에 있고 경우에 따라 법률 또는 명령과 동일한 효력이 있다고 보고 있다. 즉, 헌법 제60조에 의해 국회의 동의를 받은 조약은 법률과 같은 효력이 있고, 국회의 동의를 받지 않은 조약은 명령과 같은 효력이 있다.

> **판례** 학교급식을 위해 국내 우수농산물을 사용하는 자에게 식재료나 구입비의 일부를 지원하는 것 등을 내용으로 하는 지방자치단체의 조례안이 '1994년 관세 및 무역에 관한 일반협정'(General Agreement on Tariffs and Trade 1994)에 위반되어 그 효력이 없다고 한 사례(대판 2005. 9. 9, 2004추10[전라북도학교급식조례재의결무효확인]〈급식조례사건〉).

3. 국제법규의 행정법관계에 대한 예외적 직접적용가능성

국제법규는 본래 국가간의 관계를 규율하는 것을 직접적인 목적으로 하는 것이므로 국제법규가 국내에서 행정권 행사(행정법관계)에 직접 법적 구속력을 갖는 경우는 많지 않다. 그러나, 국제법규가 국내에서 행정법관계에 직접 적용될 수 있을 정도로 명확한 경우에는 국내에서 행정법관계에 직접적인 구속력을 갖는다. 난민의 지위에 관한 협약, 비자면제협정이 그 예이다. 이 경우 행정작용이 그러한 조약에 위반한 경우 그 행정작용은 위법한 것이 된다.

> **판례 1** 반덤핑부과처분이 WTO 협정에 위반된다는 이유만으로 사인이 직접 국내 법원에 그 처분의
> 취소를 구할 수 없다고 한 사례(대판 2009. 1. 30, 2008두17936[반덤핑관세부과처분취소]). 〈해설〉WTO
> 협정의 행정주체와 사인의 법률관계에 대한 직접적용가능성을 부인한 판례이다.
>
> **판례 2** '서비스 무역에 관한 일반협정'(General Agreement on Trade in Services, GATS) 및 '한−유
> 럽연합 자유무역협정'(Free Trade Agreement)(이 사건 각 협정)은 국가와 국가 사이의 권리·의무관계
> 를 설정하는 국제협정으로서, 그 내용 및 성질에 비추어 이와 관련한 법적 분쟁은 협정에서 정한 바에
> 따라 국가간 분쟁해결기구에서 해결하는 것이 원칙이고, <u>특별한 사정이 없는 한 사인에 대하여는 협정
> 의 직접 효력이 미치지 아니한다.</u> 따라서 이 사건 각 협정의 개별 조항 위반을 주장하여 사인이 직접
> 국내 법원에 해당 국가의 정부를 상대로 그 처분의 취소를 구하는 소를 제기하거나 <u>협정위반을 처분
> (대형마트의 영업제한처분)의 독립된 취소사유로 주장하는 것은 허용되지 아니한다</u>(대법원 2009. 1. 30,
> 선고 2008두17936 판결 참조)(대판 전원합의체 2015. 11. 19, 2015두295[영업시간제한등처분취소]＜대형
> 마트 영업규제 사건＞). 〈해설〉그렇지만, 대형마트의 영업제한에 관한 조례의 이 사건 협정 위반은 조
> 례의 무효사유가 된다. 또한, 대형마트 영업제한에 관한 초기 조례는 대형마트의 영업제한처분을 기속
> 행위로 규정하여 대형마트 영업제한처분을 재량행위로 정한 유통산업발전법 제12조의2에 위반되었지
> 만, 그 후 조례는 영업제한처분을 재량행위로 규정하여 문제를 해결하였다.

Ⅲ. 법   률

　　법률(法律)이란 헌법에서 정해진 절차에 따라 국회에서 제정된 법규범이다. 이는 형식
적 의미의 **법률**개념이다.

　　기본적이거나 중요한 사항은 법률로 정하여야 하고(중요사항유보설, 의회유보설), 국민
의 기본권의 제한은 법률로 하여야 한다(헌법 제37조 제 2 항). 행정권에 포괄적인 위임을
해서는 안 된다(헌법 제75조). 이러한 점에 비추어 법률은 행정법의 기본적 법원이 된다.

Ⅳ. 명   령

　　명령(命令)이란 행정권에 의해 정립되는 법을 말한다. 명령은 헌법에서 인정한 것으로
긴급명령과 긴급재정·경제명령(헌법 제76조), 대통령령(헌법 제75조), 총리령과 부령(헌법 제
95조), 중앙선거관리위원회규칙(헌법 제114조), 국회규칙(헌법 제64조), 대법원규칙(헌법 제108
조), 헌법재판소규칙(헌법 제113조)이 있다. 그리고 명령 중에는 법률에서 인정한 감사원규
칙(감사원법 제52조), 노동위원회규칙(노동위원회법 제25조)이 있다. '규칙'이라는 명칭은 일반
적으로 제정기관이 다소 독립적이고 중립적인 기관이고 행정권으로부터 독립하여 제정되
는 명령에 붙여진다.

　　법규명령 중에는 법령보충적 행정규칙(상위법령에 근거하여 제정되는 행정규칙으로서 법
규명령의 효력을 갖는 것)도 있다.

　　그러나, 행정규칙은 행정조직의 내부규범일뿐 법이 아니므로 엄격한 의미에서의 행정
법의 법원이 아니다.

V. 자치법규

자치법규(自治法規)란 지방자치단체의 기관이 제정하는 지방자치에 관한 법규범을 말한다. 자치법규에는 지방의회가 제정하는 **조례**와 지방자치단체의 집행기관이 제정하는 **규칙**이 있다. 규칙에는 일반사무의 집행기관이 제정하는 규칙(지방자치법 제16조)과 교육집행기관이 제정하는 교육규칙이 있다.

도시 및 주거환경정비법에 의한 주택재개발 정비사업조합의 정관은 해당 조합의 조직, 기관, 활동, 조합원의 권리의무관계 등 단체법적 법률관계를 규율하는 것으로서 공법인인 조합과 조합원에 대하여 구속력을 가지는 자치법규로서 조합 외부의 제3자를 보호하거나 제3자를 위한 규정이라고 볼 것은 아니다(대판 2019. 10. 31, 2017다282438).

제 4 절 불문법원

제 1 항 관 습 법

I. 의의와 성립

관습법(慣習法)이란 사회의 거듭된 관행으로 생성한 사회생활규범이 사회의 법적 확신과 인식에 의하여 법적 규범으로 승인·강행되기에 이른 것을 말한다[대판 전원합의체 2005. 7. 21, 2002다1178, 법적 확신설(法的 確信說)].

Ⅱ. 인정범위와 효력

관습법은 성문법 및 법의 일반원칙이 존재하지 않거나 불완전한 경우에 보충적으로만 인정된다고 보아야 한다. 그리고 관습법이 성립된 경우에도 그와 모순되는 법이 제정된 경우에는 그 관습법은 효력을 상실하게 된다.

> **판례** [1] 관습법의 효력: 관습법은 법원(법원)으로서 법령에 저촉되지 아니하는 한 법칙으로서의 효력이 있는 것이다. [2] 관습법으로 승인되었던 '사회의 거듭된 관행으로 생성한 사회생활규범'이 그 법적 규범으로서의 효력을 상실하게 되는 경우: 사회의 거듭된 관행으로 생성된 사회생활규범이 관습법으로 승인되었다고 하더라도 사회 구성원들이 그러한 관행의 법적 구속력에 대하여 확신을 갖지 않게 되었다거나, 사회를 지배하는 기본적 이념이나 사회질서의 변화로 인하여 그러한 관습법을 적용하여야 할 시점에 있어서의 전체 법질서에 부합하지 않게 되었다면 그러한 관습법은 법적 규범으로서의 효력이 부정될 수밖에 없다(대판 전원합의체 2005. 7. 21, 2002다1178).

Ⅲ. 종   류

행정법상 관습법에는 행정선례법과 민중적 관습법이 있다.

행정선례(관행)가 관계당사자의 법적 확신에 의해 인정되는 경우 관습법(행정선례법)으로서 법적 구속력을 갖는다. 관계당사자의 법적 확신을 얻지 못한 행정관행은 법적 구속력을 갖지 못하지만, 자기구속력이 인정되는 경우가 있다(행정절차법 제 4 조 제 2 항).

> **행정절차법 제 4 조(신의성실 및 신뢰보호)** ② 행정청은 법령등의 해석 또는 행정청의 관행이 일반적으로 국민들에게 받아들여진 때에는 공익 또는 제 3 자의 정당한 이익을 현저히 해할 우려가 있는 경우를 제외하고는 새로운 해석 또는 관행에 의하여 소급하여 불리하게 처리하여서는 아니된다.

민중적 관습법(民衆的 慣習法)은 민중 사이의 오랜 기간의 관행에 의해 성립되는 관습법을 말한다. 그 예로는 관습상 어업권, 관습상 하천수사용권(河川水使用權) 및 지하수사용권을 들 수 있다.

제 2 항 판   례

대륙법계 국가처럼 우리나라에서는 영미법계 국가에서와 달리 선례(先例)가 법상 구속력을 갖지 않는다. 법원은 기존의 판례를 변경할 수 있다. 하급법원도 이론상 상급법원의 판결에 구속되지 않는다.

그러나, 실제에 있어서 판례(判例)는 사실상 구속력을 갖는다. 그 이유는 법원 특히 대법원은 법적 안정성을 위하여 판례를 잘 변경하지 않는 경향이 있고, 하급심이 상급심의 판결을 따르지 않는 경우 하급심의 판결이 상급심에서 파기될 가능성이 높으므로 하급심은 상급심의 판결을 존중하는 경향이 있기 때문이다.

제 3 항 법의 일반원칙

Ⅰ. 의   의

행정법상 법의 일반원칙(一般原則)이란 현행 행정법질서의 기초를 이룬다고 생각되는 일반 법원칙을 의미한다. 이에는 신의성실의 원칙, 권리·권한남용금지의 원칙, 신뢰보호의 원칙, 평등의 원칙, 비례의 원칙, 부당결부금지의 원칙 등이 있다.

법의 흠결이 있는 경우 행정법상 일반 법원칙은 중요한 법원이 된다.

　　법의 일반원칙은 헌법이나 행정기본법 등 법률에 규정되어 있다고 하더라도 이들 규정은 **불문법**인 법의 일반원칙을 선언한 것에 불과하다고 보아야 한다.

　　행정법상 일반 법원칙 중 헌법으로부터 도출되는 일반 법원칙은 행정기본법에 규정되어 있다고 하더라도 헌법적 효력을 갖는다.

　　적극행정의 원칙, 행정계속성의 원칙, 보충성의 원칙 등은 행정의 일반 원칙(원리)이지만 법원칙이 아니므로 행정법의 법원이 아니다.

Ⅱ. 법치행정의 원칙

1. 법치행정의 원칙의 의의

　　법치행정(法治行政)의 원칙(법에 따른 행정의 원칙)이란 행정권도 법에 따라서 행하여져야 하며(법의 지배), 만일 행정권에 의하여 국민의 권익이 침해된 경우에는 이의 구제를 위한 제도가 보장되어야 한다는 것(행정통제제도 내지 행정구제제도의 확립)을 의미한다.

　　행정기본법 제8조는 법률 우위의 원칙과 법률유보의 원칙을 선언하고 있다. 즉, 행정작용은 법률에 위반되어서는 아니 되며(법률 우위의 원칙), 국민의 권리를 제한하거나 의무를 부과하는 경우와 그 밖에 국민생활에 중요한 영향을 미치는 경우에는 법률에 근거하여야 한다(법률유보의 원칙).

2. 법치행정의 원칙의 내용

(1) 법우위의 원칙

1) 의　　의

　　법우위의 원칙이란 법은 행정에 우월한 것이며 행정이 법에 위반하여서는 안 된다는 원칙이다.

　　법우위(優位)의 원칙은 다음의 두 가지 의미를 갖는다.

　　① 행정은 법을 위반하여서는 안 된다. 법적 행위뿐만 아니라 사실행위도 법에 위반하여서는 안 된다. 행정은 법률뿐만 아니라 헌법, 법률, 명령, 자치법규, 법의 일반원칙 등 모든 법을 위반하여서는 안 된다. 행정기관의 개별적 행위는 하급기관의 법규명령에도 종속된다.

　　② 법의 우위는 법률의 행정입법에 대한 우위를 포함한다. 법규명령이 법률에 위반되는 경우 위법한 명령으로 법원 및 헌법재판소에 의한 직접·간접적 통제의 대상이 된다.

2) 위반의 법적 효과

　　행정작용이 법우위의 원칙을 위반하면 위법한 행정작용이 되는데, 위법한 행정작용의 효력은 행정의 행위형식(행정행위, 법규명령, 공법상 계약, 사실행위)에 따라 다르다. 즉, 행정행위의 경우 그 위법이 중

대하고도 명백하면 무효인 행정행위가 되고, 그 위법이 중대하고 명백하지 않은 경우에는 취소할 수 있는 행정행위가 된다. 위법한 법규명령은 후술하는 법규명령의 하자론에 따른 효력을 갖는다. 위법한 공법상 계약은 원칙상 무효이다. 위법한 사실행위에는 공정력이 인정되지 않는다.

위법한 행정작용으로 손해가 발생한 경우 손해배상이 인정될 수 있다.

(2) 법률유보의 원칙

1) 의   의

법률유보(法律留保)의 원칙은 행정권의 발동에는 법적 근거가 있어야 한다는 것을 의미한다. 법률유보의 원칙은 인권보장 및 민주행정의 실현에 그 의의가 있다.

2) 내   용

법률유보의 원칙이 적용되는 경우 행정상 필요하다는 사실만으로 행정권은 행사될 수 없고, 법적 근거가 있어야 행정권 행사가 가능하다.

> **판례1**   구 여객자동차운수사업법(2007. 7. 13. 법률 제8511호로 개정되기 전의 것) 제76조 제 1 항 제15호, 같은 법 시행령 제29조에는 관할관청은 개인택시운송사업자의 운전면허가 취소된 때에 그의 개인택시운송사업면허를 취소할 수 있도록 규정되어 있을 뿐 그에게 운전면허 취소사유가 있다는 사유만으로 개인택시운송사업면허를 취소할 수 있도록 하는 규정은 없으므로, 관할관청으로서는 비록 개인택시운송사업자에게 운전면허 취소사유가 있다 하더라도 그로 인하여 운전면허 취소처분이 이루어지지 않은 이상 개인택시운송사업면허를 취소할 수는 없다(대판 2008. 5. 15, 2007두26001[개인택시운송사업면허취소처분 등]: 개인택시운송사업자가 음주운전을 하다가 사망한 경우 그 망인에 대하여 음주운전을 이유로 운전면허 취소처분을 하는 것은 불가능하고, 음주운전은 운전면허의 취소사유에 불과할 뿐 개인택시운송사업면허의 취소사유가 될 수는 없으므로, 음주운전을 이유로 한 개인택시운송사업면허의 취소처분은 위법하다고 한 사례).
>
> **판례2**   법률의 시행령은 모법인 법률에 의하여 위임받은 사항이나 법률이 규정한 범위 내에서 법률을 현실적으로 집행하는 데 필요한 세부적인 사항만을 규정할 수 있을 뿐, 법률에 의한 위임이 없는 한 법률이 규정한 개인의 권리·의무에 관한 내용을 변경·보충하거나 법률에 규정되지 아니한 새로운 내용을 규정할 수는 없다(대판 전원합의체 2020. 9. 3, 2016두32992).

법률유보의 원칙에서 요구되는 법적 근거는 작용법적 근거를 말한다. 조직법적 근거는 모든 행정권 행사에 있어서 당연히 요구된다. 행정권 행사의 근거가 되는 법(근거규범)은 행정권 행사에 대한 수권법(수권규범)을 말하는데, 원칙상 법률이지만 법률에 근거한 명령일 수도 있다.

법률유보의 원칙상 행정권 행사에 요구되는 법적 근거는 개별적 근거를 말하는데, 예외적으로 포괄적 근거도 가능하다(경찰권의 활동 등).

3) 적용범위: 중요사항유보설(본질사항유보설)

법우위의 원칙은 행정의 모든 분야에서 적용되지만 법률유보의 원칙에 있어서는 법률유보의 원칙이 적용되는 행정의 범위가 문제된다. 어떠한 행정권의 행사에는 법적 근거가 요구되고, 어떠한 행정권의 행사는 법적 근거가 없어도 가능한지가 문제된다.

행정유보의 원칙의 적용범위에 관한 학설로 침해유보설, 전부유보설, 급부행정유보설, 권력행정유보설, 중요사항유보설 등이 있는데, 행정기본법은 중요사항유보설을 취하고 있다. 즉, 행정작용은 국민생활에 중요한 영향을 미치는 경우에는 법률에 근거하여야 한다 (행정기본법 제8조).

가. 의　　의

중요사항유보설(重要事項留保說)은 공동체나 시민에게 중요한(본질적인) 행정권의 조치는 침해행정뿐만 아니라 급부행정에 있어서도 법률의 근거를 요하고, 그 중요성의 정도에 비례하여 구체적인(강도 있는) 규율을 하여야 한다는 견해이다. 즉, 중요사항유보설에 의하면 법률유보의 범위와 강도에 여러 단계가 존재한다. 매우 중요한 사항에 대하여는 모든 사항이 법률로만 정하여져야 하고 보다 덜 중요한 사항은 그에 비례하여 행정입법권에게도 입법권이 수권될 수 있고, 중요하지 않은 사항은 법률의 근거를 요하지 않게 된다.

중요사항유보설은 독일의 연방헌법재판소의 판례에 의해 채택된 이론인데 우리나라 헌법재판소도 이를 채택하고 있다.

나. 의회유보

의회유보론은 "국가공동체와 그 구성원에게 기본적이고도 중요한 의미를 갖는 영역, 특히 국민의 기본권 실현과 관련된 영역에 있어서는 국민의 대표자인 입법자가 그 본질적 사항에 대해서 스스로 결정하여야 한다"(헌재 1999. 5. 27, 98헌바70)는 이론인데, 중요사항유보설은 의회유보론을 포함한다.

예를 들면, 자격이나 신분 등을 취득 또는 부여할 수 없거나 인가, 허가, 지정, 승인, 영업등록, 신고 수리 등(이하 "인허가"라 한다)을 필요로 하는 영업 또는 사업 등을 할 수 없는 사유(이하 이 조에서 "결격사유"라 한다)는 법률로 정한다(행정기본법 제16조 제1항).

> **판례1**　오늘날의 법률유보원칙은 단순히 행정작용이 법률에 근거를 두기만 하면 충분한 것이 아니라, 국가공동체와 그 구성원에게 기본적이고도 중요한 의미를 갖는 영역, 특히 국민의 기본권 실현에 관련된 영역에 있어서는 행정에 맡길 것이 아니고 국민의 대표자인 입법자 스스로 그 본질적 사항에 대하여 결정하여야 한다는 요구, 즉 의회유보원칙까지 내포하는 것으로 이해되고 있다. 여기서 어떠한 사안이 국회가 형식적 법률로 스스로 규정하여야 하는 본질적 사항에 해당되는지는, 구체적 사례에서 관련된 이익 내지 가치의 중요성, 규제 또는 침해의 정도와 방법 등을 고려하여 개별적으로 결정하여야 하지만, 규율대상이 국민의 기본권과 관련한 중요성을 가질수록 그리고 그에 관한 공개적 토론의 필요성 또는 상충하는 이익 사이의 조정 필요성이 클수록, 그것이 국회의 법률에 의하여 직접 규율될 필요성은 더 증대된다. 따라서 국민의 권리·의무에 관한 기본적이고 본질적인 사항은 국회가 정하여야 하고, 헌법상 보장된 국민의 자유나 권리를 제한할 때에는 적어도 그 제한의 본질적인 사항에 관하여 국회가 법률로써 스스로 규율하여야 한다(대판 전원합의체 2020. 9. 3, 2016두32992[법외노조통보처분취소]).

> **판례2** 텔레비전방송수신료는 대다수 국민의 재산권 보장의 측면이나 한국방송공사에게 보장된 방송자유의 측면에서 국민의 기본권실현에 관련된 영역에 속하고, 수신료금액의 결정은 납부의무자의 범위 등과 함께 수신료에 관한 본질적인 중요한 사항이므로 국회가 스스로 행하여야 하는 사항에 속하는 것임에도 불구하고 한국방송공사법 제36조 제 1 항에서 국회의 결정이나 관여를 배제한 채 한국방송공사로 하여금 수신료금액을 결정해서 문화관광부장관의 승인을 얻도록 한 것은 법률유보원칙에 위반된다(헌재 전원재판부 1999. 5. 27, 98헌바70[한국방송공사법 제35조 등 위헌확인] <KBS 수신료사건>). <해설> 현행 방송법 제65조는 수신료의 결정에 관하여 "수신료의 금액은 한국방송공사 이사회가 심의·의결한 후 방송통신위원회를 거쳐 국회의 승인을 얻어 확정"하는 것으로 규정하고 있다.
>
> **판례3** 도시환경정비사업시행인가 신청시 요구되는 토지등소유자의 동의정족수를 정하는 것은 국민의 권리와 의무의 형성에 관한 기본적이고 본질적인 사항으로 법률유보 내지 의회유보의 원칙이 지켜져야 할 영역이다. 따라서 사업시행인가 신청에 필요한 동의정족수를 자치규약에 정하도록 한 이 사건 동의요건조항(구 도시 및 주거환경정비법 제28조 제 5 항)은 법률유보 내지 의회유보원칙에 위배된다(헌재 2012. 4. 24, 2010헌바1). <해설> 이 결정에 따라 입법자는 2009. 2. 6. 도시정비법 제28조 제 7 항을 신설하여 도시환경정비사업을 토지등소유자가 시행하고자 하는 경우 사업시행인가 신청 전에 얻어야 하는 토지등소유자의 동의정족수를 법률에 명문으로 규정하였다.
>
> **판례4** 탄소중립기본법 제 8 조 제 1 항에서 2031년부터 2049년까지의 온실가스 감축목표에 관하여 대강의 정량적 수준도 규정하지 않은 것은 의회유보원칙을 포함하는 법률유보원칙을 위반한 것이다(헌재 2024. 8. 29. 2020헌마389 등).

4) 행정유형별 고찰

법률유보의 범위와 밀도는 행위형식과 행정유형별(행정분야별)로 개별적으로 검토되어야 한다.

가. 침해행정

침해행정(侵害行政)은 법률의 유보가 필요하다. 헌법 제37조 제 2 항도 국민의 기본권에 대한 제한은 법률로 하도록 하고 있다. 또한, 침해행정에서 법률유보의 강도는 다른 행정분야에서 보다 높아야 하며 침해행정의 중요사항이 예측가능하도록 침해의 대상, 내용, 범위 등이 법률에 명확하게 규정되어야 한다. 다만, 경찰행정에서는 개괄적 수권이 가능한 것인가가 문제된다.

나. 급부행정

사회보장행정 등 급부행정(給付行政) 중 중요한 사항은 법률의 근거가 있어야 한다. 다만, 침해행정에서보다는 법률유보의 강도(밀도)가 낮을 수 있다. 즉, 포괄적 근거도 가능한 경우가 있다.

다. 비권력행정

비권력행정(非權力行政)에 있어 상대방의 동의가 있는 경우에는 법률의 근거를 요하지 않는다. 판례와 통설은 공법상 계약과 행정지도는 법률의 근거가 없어도 가능하다고 본다.

그러나, 비권력행정 중 국민에게 침익적 영향을 가하는 행위 등 중요한 행위(개인정보의 수집행위, 사실상 규제적 성질을 갖는 행정지도)는 침익적 영향을 받는 국민의 동의가 없는 한 법률의 근거를 요한다.

라. 법규명령의 제·개정

법규명령이나 법규명령의 효력을 갖는 행정규칙(법령보충적 행정규칙)의 제정·개정에는 법령의 수권이 있어야 한다.

또한, 법률의 명령에 대한 수권(授權)은 일반적이거나 포괄적이어서는 안 되며 구체적이어야 한다. 다만, 자치조례에 대한 수권은 자치조례의 성질에 비추어 어느 정도 일반적·포괄적일 수 있다.

마. 행정조직법정주의

행정조직 중 기본적인 사항은 법률의 근거가 있어야 한다. 특히 행정기관의 성립 및 권한에 관한 사항은 국민의 권익에 중대한 영향을 미치므로 법률로 정하여야 한다(행정조직법정주의).

5) 위반의 법적 효과

법률유보의 원칙에 반하는 행정권 행사는 무권한의 하자(위법)가 있는 행위가 된다. 그 법적 효과는 행위형식(법규명령, 행정행위, 사실행위)에 따라 다르다.

(3) 행정통제제도(행정구제제도)의 확립

위법·부당한 공권력 행사에 의해 국민의 권익이 침해된 경우에는 이 침해된 국민의 권익을 구제해 주는 제도가 보장되어야만 법치행정의 원칙이 실질적으로 실현된다고 말할 수 있다. 행정구제제도는 행정에 대한 통제를 수반하므로 행정에 대한 통제제도로서의 성격도 갖는다.

3. 법치행정의 원칙의 한계

오늘날에도 일정한 행정활동에는 법치행정의 원칙이 적용되지 않는 분야가 있다. 통치행위와 내부행위가 그러하다.

(1) 통치행위

통치행위(統治行爲)는 정치적 성격이 강하기 때문에 법에 의해 규율되거나 사법심사의 대상이 되는 것이 적당하지 않은 행위를 말한다. 통치행위의 예로는 비상계엄선포, 파병결정, 사면, 남북정상회담의 개최 등을 들 수 있으며 통치행위의 부정례로는 남북정상회담 개최과정에서의 현대상선의 대북자금송금행위, 대통령의 서훈취소행위를 들 수 있다.

(2) 내부행위

전통적으로 내부행위(內部行爲)는 사법심사의 대상이 되지 않는다고 보고 있다. 오늘날에도 이 원칙에는 변함이 없다. 다만, 오늘날에는 내부행위에 대하여도 협의 등 절차적 통제가 가하여지는 경우가 있고, 또한 이 경우에 있어서 절차상의 하자가 그 내부행위를 전제로 하여 취해지는 종국적 처분의 하자로 되어 사법심사의 대상이 되는 경우가 있다.

또한 종래 내부행위로 보았던 것을 처분으로 보는 경우가 점점 늘고 있다. 특별권력 관계 내에서의 행위, 공시지가의 결정, 지목 변경 등의 경우가 그러하다.

Ⅲ. 평등원칙 [2005 행시 사례(자기구속의 법리), 2014 변시 사례]

1. 의   의

평등(平等)의 원칙은 불합리한 차별을 하여서는 안 된다는 원칙이다. 따라서 합리적인 이유가 있어서 다르게 취급하는 것은 평등원칙의 위반이 아니다. 오히려 합리적인 이유가 있는 경우에는 다르게 취급하는 것이 평등의 원칙에 합치된다. 평등의 원칙은 '같은 것은 같게, 다른 것은 다르게'로 요약될 수 있다.

2. 근거와 성질

평등원칙은 헌법 제11조로부터 도출되는 불문법원칙으로 보는 것이 타당하다.

3. 효   력

평등원칙은 헌법적 효력을 갖는다. 평등원칙에 반하는 행정권 행사는 위법하고, 평등원칙에 반하는 법률은 위헌이다.

4. 내   용

행정청[1]은 합리적 이유 없이 국민을 차별하여서는 아니 된다(행정기본법 제 9 조).

어떠한 행정조치가 평등의 원칙에 반하는 것인가는 차별취급에 합리적인 이유가 있는가의 여부에 달려 있다.

> **판례 1**   평등권의 침해 여부에 대한 심사는 그 심사기준에 따라 자의금지원칙에 의한 심사와 비례의 원칙에 의한 심사로 크게 나누어 볼 수 있다(헌재 전원재판부 2006. 2. 23, 2004헌마675·981·1022(병합)).
>
> **판례 2**   행정청의 행정행위가 합리적 이유 없는 차별대우에 해당하여 헌법상 평등원칙을 위반했는지 판단하는 방법: (1) 행정청의 행정행위가 합리적 이유 없는 차별대우에 해당하여 헌법상 평등원칙을 위반하였는지를 확정하기 위해서는 먼저 행위의 근거가 된 법규의 의미와 목적을 통해 행정청이 본질적으로 같은 것을 다르게 대우했는지, 즉 다른 대우를 받아 비교되는 두 집단 사이에 본질적인 동일성이 존재하는지를 확정해야 한다. 다음으로 그러한 차별대우가 확인되면 비례의 원칙에 따라 행위의 정당성 여부를 심사하여 헌법상 평등원칙을 위반하였는지를 판단해야 한다. (2) 국민건강보험공단이 직장가입자와 사실상 혼인관계에 있는 사람, 즉 이성 동반자와 달리 동성 동반자인 甲을 피부양자로 인정하지 않고 위 처분(직장가입자를 지역가입자로 변경하는 처분)을 한 것은 합리적 이유 없이 甲에게

---

1) 행정기본법에서 "행정청"이란 다음 각 목의 자를 말한다. 가. 행정에 관한 의사를 결정하여 표시하는 국가 또는 지방자치단체의 기관, 나. 그 밖에 법령등에 따라 행정에 관한 의사를 결정하여 표시하는 권한을 가지고 있거나 그 권한을 위임 또는 위탁받은 공공단체 또는 그 기관이나 사인(私人)(행정기본법 제 2 조 제 2 호).

불이익을 주어 그를 사실상 혼인관계에 있는 사람과 차별하는 것으로 헌법상 평등원칙을 위반하여 위법하다고 한 사례(반대의견 있음)(대판 전원합의체 2024. 7. 18, 2023두36800[보험료부과처분취소]).

① 합리적 이유 없이 동일한 사항을 다르게 취급하는 것은 자의적인 것으로서 평등원칙에 위반된다.

판례 1　원고가 당직 근무 대기중 약 25분간 같은 근무조원 3명과 함께 시민 과장실에서 심심풀이로 돈을 걸지않고 점수따기 화투놀이를 한 사실이 국가공무원법 제78조 1, 3호 규정의 징계사유에 해당한다 할지라도 당직 근무시간이 아닌 그 대기중에 불과 약 25분간 심심풀이로 한 것이고 또 돈을 걸지 아니하고 점수따기를 한데 불과하며 원고와 함께 화투놀이를 한 3명(지방공무원)은 부산시 소청심사위원회에서 견책에 처하기로 의결된 사실이 인정되는 점 등 제반 사정을 고려하면 피고가 원고에 대한 징계처분으로 파면을 택한 것은 당직근무 대기자의 실정이나 공평의 원칙상 그 재량의 범위를 벗어난 위법한 것이다(대판 1972. 12. 26, 72누194[행정처분취소, 파면처분취소]).

판례 2　같은 정도의 비위를 저지른 자들 사이에 있어서도 그 직무의 특성 등에 비추어, 개전의 정이 있는지 여부에 따라 징계의 종류의 선택과 양정에 있어서 차별적으로 취급하는 것은, 사안의 성질에 따른 합리적 차별로서 이를 자의적 취급이라고 할 수 없는 것이어서 평등원칙 내지 형평에 반하지 아니한다(대판 1999. 8. 20, 99두2611[파면처분취소 등]).

② 상대방의 사정이 다른 경우에는 다르게 취급하는 것이 정당화될 수 있지만 비례성을 결여한 과도한 차별취급은 합리적인 차별이 아니므로 평등의 원칙에 반한다.

판례　이 사건 조항(국가기관이 채용시험에서 국가유공자의 가족에게 10%의 가산점을 부여하는 규정)은 일반 응시자들의 공직취임의 기회를 차별하는 것이며, 이러한 기본권 행사에 있어서의 차별은 차별목적과 수단 간에 비례성을 갖추어야만 헌법적으로 정당화될 수 있다. 이 사건 조항으로 인한 공무담임권의 차별효과는 앞서 본 바와 같이 심각한 반면, 국가유공자 가족들에 대하여 아무런 인원제한도 없이 매 시험마다 10%의 높은 가산점을 부여해야만 할 필요성은 긴요한 것이라고 보기 어렵고, 입법목적을 감안하더라도 일반 응시자들의 공무담임권에 대한 차별효과가 지나친 것이다. 이 사건 조항의 차별로 인한 불평등 효과는 입법목적과 그 달성수단 간의 비례성을 현저히 초과하는 것이므로, 이 사건 조항은 청구인들과 같은 일반 공직시험 응시자들의 평등권을 침해한다. 이 사건 조항(국가기관이 채용시험에서 국가유공자의 가족에게 10%의 가산점을 부여하는 규정)의 위헌성은 국가유공자 등과 그 가족에 대한 가산점제도 자체가 입법정책상 전혀 허용될 수 없다는 것이 아니고, 그 차별의 효과가 지나치다는 것에 기인한다(헌재 전원재판부 2006. 2. 23, 2004헌마675·981· 1022(병합)).

③ 헌법 제11조 제1항의 평등은 형식적 의미의 평등이 아니라 실질적 의미의 평등을 의미한다.

판례　국립대학교 총장인 피고가 제칠일안식일예수재림교(이하 '재림교') 신자인 원고의 면접일시를 재림교의 안식일인 토요일 오전으로 지정하자, 원고가 토요일 일몰 후(토요일 오후 마지막 순번)에 면접에 응시할 수 있게 해달라는 취지의 이의신청을 하였으나 피고가 이를 거부하였고, 원고가 면접에 응시하지 않아 피고가 원고에 대하여 불합격처분을 하자, 원고가 피고를 상대로 이의신청거부처분과 불합격처분의 취소를 구한 사안에서 1) 입학전형이의신청거부처분 취소청구 부분에 관하여는 불합격처분에 흡수되어 이를 다툴 소의 이익이 없다(피고가 전남대 법전원 입학생을 선발하는 과정에서 면접일정을 지정하고, 그 면접일정에 대한 변경 신청을 거부하는 등의 행위는 모두 전남대 법전원 입학생선발이라는 종국적 처분에 이르기 위한 단계적인 행위이고, 전남대 법전원 입학시험에 대한 불합격처분이 이루어졌다면, 피고가 이를 위해 앞서 하였던 단계적 행위는 그 종국적인 불합격처분에 흡수되므로 이 사건에서도 이 사건 불합격처분만이 쟁송의 대상이 되고 이 사건 거부행위를 별도로 다툴 소의 이익이 없다)고 판단하고, 2) 불합격처분 취소청구 부분에 관하여는 헌법 제11조 제 1 항의 평등은 형식적 의미의 평등이 아니라 실질적 의미의 평등을 의미하고, 비례의 원칙에 비추어 전남대학교 법학전문대학원 입시 과정에서 재림교 신자들이 종교적 신념을 이유로 결과적으로 불이익을 받게 되는 경우, 이를 해소하기 위한 조치가 공익이나 제3자의 이익을 다소 제한한다고 하더라도, 그 제한의 정도가 재림교 신자들이 받는 불이익에 비해 현저히 적다고 인정되므로 헌법이 보장하는 실질적 평등을 실현할 의무와 책무를 부담하는 피고(국립대학교 총장)로서는 재림교 신자들의 신청에 따라 그들이 받는 불이익을 해소하기 위한 적극적인 조치를 취할 의무가 있고, 이러한 적극적 조치(예, 면접시간의 변경 등)없이 한 이 사건 불합격처분이 평등원칙을 위반하여 위법하다고 판단한 사례(대판 2024. 4. 4, 2022두56661[입학전형이의신청거부처분 및 불합격처분 취소의 소]).

5. 한　　계

불법 앞의 평등 요구는 인정되지 않는다.

6. 적 용 례

(1) 재량권 통제원칙

평등원칙은 모든 공권력 행사를 통제하는 법원칙인데, 특히 재량권을 통제하는 원칙이다. 행정청이 재량권을 행사함에 있어 갑(甲)에게 어떤 처분을 한 경우에 그 자체로는 재량권의 일탈 또는 남용인 위법이 아니라고 하더라도 이미 행해진 동종 사안에서의 제 3 자에 대한 처분과 비교하여 불합리하게 불리한 처분에 해당하는 경우에는 평등원칙에 반하는 위법한 재량권 행사가 된다.

(2) 재량준칙과 평등원칙

재량준칙(재량권 행사의 기준을 정한 행정규칙)은 행정규칙으로서 직접 대외적인 구속력을 갖지는 않지만 평등원칙을 매개로 하여 간접적인 대외적 효력을 갖는다고 보는 것이 다수의 견해이다. 그러나, 평등원칙은 다른 것은 다르게 취급하여야 하는 것을 의미하므로 특별한 사정이 있는 경우에는 재량준칙을 적용하지 않을 수 있고, 오히려 특별한 사정이 있음에도 그것을 고려하지 않고 재량준칙을 그대로 적용하였다면 그 재량권 행사는 위법하게 된다.

Ⅳ. 행정의 자기구속의 원칙 [2011 입시 약술, 2005 행시 사례]

1. 의 의

행정의 자기구속의 원칙이란 행정관행이 성립된 경우 행정청은 특별한 사정이 없는 한 같은 사안에서 행정관행과 같은 결정을 하여야 한다는 원칙을 말한다.

2. 근 거

행정의 자기구속의 원칙의 근거에 대하여는 신뢰보호의 원칙 및 평등의 원칙에서 구하는 견해와 평등의 원칙에서 구하는 견해로 나누어져 있다.

3. 적용영역

이 법리는 기속영역에서는 인정할 수 없고(이견 있음), 재량이 인정되는 영역에서만 적용될 수 있다. 기속행위의 관행이 위법한 경우 적법성 원칙에 반하여 자기구속의 원칙이 적용될 수 없고 기속행위의 관행이 적법한 경우는 적법성 원칙상 관행과 같이 행정권이 행사되는 것이다.

행정의 자기구속의 원칙은 특히 재량준칙에서 중요한 의의를 갖는다. 행정의 자기구속의 원칙은 본래 법규성이 없는 재량준칙을 구속력 있는 규범으로 전환시키는 전환규범으로서의 역할을 수행한다.

4. 적용요건

① 행정관행이 존재하여야 한다. 그런데, **재량준칙이 존재하는 경우** 행정의 자기구속의 원칙을 적용함에 있어서 행정선례가 필요한가에 대하여는 선례필요설(先例必要說)과 선례불필요설(先例不必要說)의 대립이 있다.

선례불필요설은 재량준칙이 존재하는 경우 재량준칙 자체만으로 '미리 정해진 행정관행'(선취된 행정관행 또는 예기관행)이 성립되는 것으로 보고, 자기구속의 원칙을 인정한다.

이에 대하여 선례필요설은 재량준칙이 존재하는 경우에 1회의 선례만으로 자기구속의 원칙이 인정될 수도 있다는 견해도 있지만, 대체로 선례가 되풀이되어 행정관행이 성립된 경우에 한하여 인정된다고 본다.

판례는 재량준칙이 공표된 것만으로는 자기구속의 원칙이 적용될 수 없고, 재량준칙이 되풀이 시행되어 행정관행이 성립한 경우 자기구속의 원칙이 적용될 수 있다고 본다(대판 2009. 12. 24, 2009두7967).

재량준칙이 존재하지 않는 경우에 자기구속의 원칙이 적용되기 위하여는 선례로서 행정관행이 존재하여야 한다. 재량준칙이 없는 경우에는 재량준칙이 있는 경우보다 되풀이

시행된 횟수가 더 많아야 할 것이다.

② 행정관행과 동일한 사안이어야 한다.

5. 효력 및 한계

판례는 자기구속의 원칙이 인정되는 경우 행정관행과 다른 처분은 **특별한 사정이 없는** 한 위법하다고 본다. 그런데 특별한 사정이 무엇인지에 관하여는 자세한 설명이 없다.

특별한 사정의 의미에 관하여 사정변경 등으로 행정관행과 다른 처분을 하여야 할 공익상 필요가 큰 경우를 말한다고 보는 견해가 있지만, 다음과 같이 보다 강한 자기구속력을 인정하여야 한다는 견해가 타당하다. 새로운 사정변경 없이 공익상의 이유만으로 행정관행과 다른 처분을 하는 것은 원칙상 자기구속의 원칙에 반한다고 보아야 할 것이다. 다만, 재량준칙을 개정하는 등 행정관행과 다른 처분의 가능성을 미리 예고하고 시차를 두어 공익상 행정관행과 다른 처분을 하는 것은 가능하다고 보아야 할 것이다.

어느 견해를 취하든지, 자기구속력이 인정된 재량준칙은 통상의 재량준칙보다 강한 구속력을 갖는다고 할 수 있다.

> **판례** [1] 상급행정기관이 하급행정기관에 대하여 업무처리지침이나 법령의 해석적용에 관한 기준을 정하여 발하는 이른바 '행정규칙이나 내부지침'은 일반적으로 행정조직 내부에서만 효력을 가질 뿐 대외적인 구속력을 갖는 것은 아니므로 행정처분이 그에 위반하였다고 하여 그러한 사정만으로 곧바로 위법하게 되는 것은 아니다. 다만, 재량권 행사의 준칙인 행정규칙이 그 정한 바에 따라 되풀이 시행되어 행정관행이 이루어지게 되면 평등의 원칙이나 신뢰보호의 원칙에 따라 행정기관은 그 상대방에 대한 관계에서 그 규칙에 따라야 할 자기구속을 받게 되므로, 이러한 경우에는 특별한 사정이 없는 한 그를 위반하는 처분은 평등의 원칙이나 신뢰보호의 원칙에 위배되어 재량권을 일탈·남용한 위법한 처분이 된다. [2] 시장이 농림수산식품부에 의하여 공표된 '2008년도 농림사업시행지침서'에 명시되지 않은 '시·군별 건조저장시설 개소당 논 면적' 기준(재량준칙)을 충족하지 못하였다는 이유로 신규 건조저장시설 사업자 인정신청을 반려한 사안에서, 위 지침이 되풀이 시행되어 행정관행이 이루어졌다거나 그 공표만으로 신청인이 보호가치 있는 신뢰를 갖게 되었다고 볼 수 없고, 쌀 시장 개방화에 대비한 경쟁력 강화 등 우월한 공익상 요청에 따라 위 지침상의 요건 외에 '시·군별 건조저장시설 개소당 논 면적 1,000ha 이상' 요건을 추가할 만한 특별한 사정을 인정할 수 있어, 그 처분이 행정의 자기구속의 원칙 및 행정규칙에 관련된 신뢰보호의 원칙에 위배되거나 재량권을 일탈·남용한 위법이 없다고 한 사례(대판 2009. 12. 24, 2009두7967[신규건조저장시설사업자인정신청반려처분취소]). 〈해설〉 1) 재량준칙의 공표만으로 예기된 자기구속을 위반한 것으로 본 원심을 파기한 판결이다. 판례는 재량준칙이 되풀이 시행되어 행정관행이 이루어진 경우에 자기구속의 원칙이 인정된다고 보았다. 2) 행정관행이 성립되어 자기구속의 원칙이 적용될 사안에서 사정변경에 의해 자기구속을 부인할 공익상 필요가 있는 경우 행정관행과 다른 처분을 하는 것이 가능한 것인가에 관하여는 판례가 언급하고 있지 않다. 생각건대, 예고 없이 갑자기 행정관행과 다른 처분을 하는 것은 원칙상 자기구속의 원칙에 반한다고 보아야 할 것이지만, 행정관행과 다른 처분의 가능성을 미리 예고하고 시차를 두어 공익상 행정관행과 다른 처분을 하는 것은 가능하다고 보아야 할 것이다. 3) 판례는 재량준칙의 공표만으로는 신청인이 보호가치 있는 신뢰를 갖게 되었다고 볼 수 없다(신뢰보호의 원칙 위반으로 위법하다고 볼 수 없다)고 하였다(후술 신뢰보호 참조). 4) 판례는 특별한 공익상의 필요가 있을 때에는 재량기준을 추가하여 신청에 대한 거부처분을 할 수 있다고 하였다(후술 재량준칙 참조).

불법에 있어서 평등대우는 인정될 수 없으므로, 행정관행이 위법한 경우에는 행정청은 자기구속을 당하지 않는다. 관행이 위법한 경우에는 신뢰보호의 원칙의 적용 여부가 문제될 수 있을 뿐이다.

> 판례 [1] 평등의 원칙은 본질적으로 같은 것을 자의적으로 다르게 취급함을 금지하는 것이고, 위법한 행정처분이 수차례에 걸쳐 반복적으로 행하여졌다 하더라도 그러한 처분이 위법한 것인 때에는 행정청에 대하여 자기구속력을 갖게 된다고 할 수 없다. [2] 날짜가 기재되지 아니한 동의서들을 효력이 없는 것으로 간주한 선례가 있다 하더라도 피고가 참가인 정비조합설립추진위원회에 대하여 승인심사를 할 때에도 그러한 기준을 따라야 할 의무가 없는 점 등에 비추어, 피고가 평등의 원칙이나 신뢰보호의 원칙 또는 자기구속의 원칙 등에 위배하고 재량권을 일탈 남용하여 자의적으로 이 사건 승인처분을 하였다고 볼 수 없다고 한 원심 판단을 인정한 사례(대판 2009. 6. 25, 2008두13132[조합설립추진위원회승인처분취소]). ⟨해설⟩ 판례는 날짜가 기재되지 않은 동의서를 효력이 없는 것으로 간주한 선례는 위법하므로 자기구속력이 없는 것으로 보고 있다. 다만, 이 경우 상대방에게 귀책사유가 없는 경우에는 신뢰보호의 원칙의 적용이 고려될 수 있다.

자기구속의 원칙은 헌법적 효력을 갖는다. 자기구속의 원칙에 반하는 법령이나 행정권 행사는 위헌·위법한 것이 된다.

V. 비례의 원칙 [2001 사시 약술, 2013 행시(일반), 2014 변시 사례]

1. 의   의

비례(比例)의 원칙이란 과잉조치금지의 원칙이라고도 하는데, 행정작용에 있어서 행정목적과 행정수단 사이에는 합리적인 비례관계가 있어야 한다는 원칙을 말한다.

2. 내   용

(광의의) 비례원칙은 적합성의 원칙, 필요성의 원칙(최소침해의 원칙), 협의의 비례원칙(상당성의 원칙) 등 세부원칙을 포함한다.[2]

즉, 모든 행정작용은 다음 각 호의 원칙에 따라야 한다: 1. 행정목적을 달성하는 데 유효하고 적절할 것(적합성의 원칙), 2. 행정목적을 달성하는 데 필요한 최소한도에 그칠 것(필요성의 원칙), 3. 행정작용으로 인한 국민의 이익 침해가 그 행정작용이 의도하는 공익보다 크지 아니 할 것(상당성의 원칙)(행정기본법 제10조).

---

[2] 헌법재판소와 같이 목적의 정당성을 비례원칙의 한 내용으로 보는 견해도 있지만, 목적의 정당성은 목적과 수단간의 이익형량의 문제가 아니므로 이 견해는 타당하지 않다. 목적의 정당성의 원칙은 일반법원칙상 당연히 인정되는 독자적 법원칙이라고 보는 것이 타당하다. 목적의 정당성이라 함은 좁은 의미로는 공권력 행사 목적의 합법성 및 합목적성(공익성)을 말하고, 넓은 의미로는 이와 함께 공권력 행사권한과의 관련성을 포함한다.

(1) 적합성의 원칙

적합성(適合性)의 원칙이란 행정은 추구하는 행정목적의 달성에 적합한(유용한) 수단을 선택하여야 한다는 원칙을 말한다.

(2) 필요성의 원칙(최소침해의 원칙)

필요성(必要性)의 원칙(최소침해(最小侵害)의 원칙)이란 적합한 수단이 여러 가지인 경우에 국민의 권리를 최소한으로 침해하는 수단을 선택하여야 한다는 원칙이다.

예를 들면, 어떤 건물에 붕괴위험이 있는 경우 적절한 보수로 붕괴위험을 막을 수 있음에도 철거라는 수단을 선택하여 철거명령을 내린 경우 그 철거명령은 필요성의 원칙에 반하는 위법한 명령이다.

(3) 협의의 비례원칙(법익 균형성의 원칙, 상당성의 원칙, 이익형량의 원칙)

협의(狹義)의 비례원칙(상당성(相當性)의 원칙)이란 행정조치를 취함에 따른 불이익이 그것에 의해 달성되는 이익보다 심히 큰 경우에는 그 행정조치를 취해서는 안 된다는 원칙을 말한다.

협의의 비례원칙을 적용함에 따른 이익형량에 있어서 행정조치로 인하여 달성되는 공익과 사익을 한쪽으로 하고 그로 인하여 침해되는 공익(환경상의익)과 사익을 다른 한쪽으로 하여 이익형량을 하여야 할 것이다.

이익형량이 상당한 정도로 균형을 잃은 경우에 재량처분이 위법(違法)하게 된다.

> 판례 행정청이 면허취소의 재량권을 갖는 경우에도 그 재량권은 면허취소처분의 공익목적뿐만 아니라 공익침해의 정도와 그 취소처분으로 인하여 개인이 입게 될 불이익을 비교교량하여 … 비례의 원칙 … 에 어긋나지 않게끔 행사되어야 할 한계를 지니고 있고 이 한계를 벗어난 처분은 위법하다고 볼 수밖에 없다(대판 1985. 11. 12, 85누303[운전면허소취소처분의 취소사건]). 행정판례에 따르면 음주운전으로 인한 운전면허취소처분의 재량권 일탈·남용 여부를 판단할 때, 운전면허의 취소로 입게 될 당사자의 불이익보다 음주운전으로 인한 교통사고를 방지하여야 하는 일반예방적 측면이 더욱 강조되어야 한다(대판 2019. 1. 17, 2017두59949).

협의의 비례의 원칙상 재량처분시 이익형량을 하여야 하고, 이익형량의 전제로서 관련 이익에 대한 조사를 하여야 한다. 그리고, 후술하는 바와 같이 재량권 행사시 관련 이익을 조사하지 않고, 고려하지 않은 것은 재량권의 불행사로서 재량권의 일탈·남용(위법) 사유가 된다.

3. 근거 및 효력

비례원칙은 헌법상의 기본권 보장규정, 헌법 제37조 제 2 항 및 법치국가원칙으로부터 도출되는 법원칙이다. 그러므로, 비례의 원칙은 평등의 원칙과 마찬가지로 헌법적 효력을 가진다.

비례의 원칙에 반하는 행정권 행사는 위법하다. 비례의 원칙에 반하는 법령은 위헌·무효가 된다.

> **판례** 헌법재판소는 입법자가 임의적(재량적) 규정으로도 법의 목적을 실현할 수 있음에도 여객운송사업자가 지입제 경영을 한 경우 구체적 사안의 개별성과 특수성(해당 사업체의 규모, 지입차량의 비율, 지입의 경위 등)을 전혀 고려하지 않고 그 사업면허를 필요적으로(기속적으로) 취소하도록 한 여객자동차운송사업법 제76조 제1항 단서 중 제8호 부분이 비례의 원칙의 요소인 '피해최소성의 원칙' 및 '법익균형성의 원칙'에 반한다고 결정하였다(헌재 전원재판부 2000. 6. 1, 99헌가11·12(병합)[여객자동차운수사업법 제76조 제1항 단서 중 제8호 부분 위헌제청]).

(4) 적 용 례

비례의 원칙은 모든 행정분야 및 모든 행정권 행사에 적용된다. 특히 재량권 행사의 한계, 부관의 한계, 경찰권 발동의 한계, 급부행정의 한계가 된다. 비례의 원칙의 파생원칙으로는 수익적 행정행위의 취소·철회의 제한법리(이익형량의 원칙), 형량명령이론, 과잉급부금지의 원칙 등이 있다.

비례의 원칙은 주로 재량행위의 통제법리이며 기속행위의 경우에는 기속행위의 근거가 된 법령에 대한 비례성 통제를 통하여 간접적으로 행해진다.

Ⅵ. 신뢰보호의 원칙 [2002 행시 약술, 1999·1993 사시 사례]

> **문제** 1. 확약의 법리, 실권의 법리 등 신뢰보호의 원칙의 파생법리와 신뢰보호의 원칙은 어떠한 관계에 있는가.
> 2. 담당과장이 확약 또는 신뢰를 주는 언동을 할 수 있는가.
> 3. 법령의 해석에 대한 질의에 대한 회신 및 민원상담에 대한 회신을 신뢰를 주는 공적 견해표명이라고 볼 수 있는가.

1. 의   의

행정법상의 **신뢰보호(信賴保護)의 원칙**이라 함은 행정기관의 어떠한 언동(言動, 말 또는 행동)에 대해 국민이 신뢰를 갖고 행위를 한 경우 그 국민의 신뢰가 보호가치 있는 경우에 그 신뢰를 보호하여 주어야 한다는 원칙을 말한다.

2. 근   거

신뢰보호의 법적근거로 신의성실의 원칙을 드는 경우도 있지만(신의칙설) 법치국가의 한 내용인 법적 안정성을 드는 것(법적 안정성설)이 일반적 견해이다.

행정기본법은 불문법인 신뢰보호의 원칙을 행정법의 일반원칙의 하나로 선언하고 있
다. 즉, 행정청은 공익 또는 제3자의 이익을 현저히 해칠 우려가 있는 경우를 제외하고는
행정에 대한 국민의 정당하고 합리적인 신뢰를 보호하여야 한다(제12조 제 1 항). 행정절차
법은 "행정청은 법령등의 해석 또는 행정청의 관행이 일반적으로 국민들에게 받아들여졌
을 때에는 공익 또는 제3자의 정당한 이익을 현저히 해칠 우려가 있는 경우를 제외하고는
새로운 해석 또는 관행에 따라 소급하여 불리하게 처리하여서는 아니 된다."고 규정하고
있다(제 4 조 제 2 항).

3. 적 용 례

신뢰보호의 원칙이 적용되는 경우로는 수익적 행정행위의 취소 또는 철회의 제한, 실
권의 법리, 확약의 법적 근거, 행정계획에 있어서 계획보장청구권, 행정의 자기구속의 원
칙, 신뢰보호의 원칙에 반하는 처분의 취소, 신뢰보호의 원칙 위반을 이유로 한 국가배상
청구 등이 있다.

실권의 법리, 확약의 법리 등 신뢰보호의 원칙의 파생법리는 신뢰보호의 원칙에 우선
하여 적용된다.

[실권의 법리]

 1) 의   의

실권(失權)의 법리(法理)라 함은 행정청에게 취소권, 철회권, 영업정지권 등 권리의 행사의 기회가
있음에도 불구하고 행정청이 장기간에 걸쳐 그의 권리를 행사하지 아니하였기 때문에 상대방인 국민
이 행정청이 그의 권리를 행사하지 아니할 것으로 신뢰할 만한 정당한 사유가 있게 되는 경우에는 그
권리를 행사할 수 없다는 법리를 말한다. 근거실권의 법리는 신뢰보호원칙의 파생법리이다.

 2) 법적 근거

행정기본법은 실권의 법리를 행정법의 일반원칙의 하나로 선언하고 있다. 즉, 행정청은 권한 행사의
기회가 있음에도 불구하고 장기간 권한을 행사하지 아니하여 국민이 그 권한이 행사되지 아니할 것으
로 믿을 만한 정당한 사유가 있는 경우에는 그 권한을 행사해서는 아니 된다. 다만, 공익 또는 제3자의
이익을 현저히 해칠 우려가 있는 경우는 예외로 한다(제12조 제 2 항). 실권의 법리는 행정기본법 제23
조의 제재처분의 제척기간과 중첩하여 적용될 수 있다.

 3) 요   건

실권의 법리가 적용되기 위하여는 i) 행정청이 취소사유나 철회사유 등을 앎으로써 권리행사 가능성
을 알았어야 한다. 예를 들면, 법규 위반행위로 형사처벌을 받았지만 행정적 제재가 오랜 기간 행해지
지 않은 경우에 교통법규 위반행위에 대한 운전면허의 취소 또는 정지와 같이 법규 위반행위를 단속한
행정기관과 동일한 행정조직체(경찰청)에 속하는 경우에는 이 요건을 충족한 것으로 볼 수 있지만, 법
규 위반행위를 단속한 행정기관과 제재처분행정기관이 다르고, 법규위반행위(예 감정평가법인등의 허
위감정)를 단속한 행정기관(예 경찰 또는 검찰)이 제재처분행정기관(예 국토교통부장관)에게 그 위반
사실을 통지하지 않은 경우 통상 이 요건을 충족하지 않은 것으로 보아야 한다. ii) 행정권 행사가 가
능함에도 불구하고 행정청이 장기간 권리행사를 하지 않았어야 한다. iii) 상대방인 국민이 행정청이 이
제는 권리를 행사하지 않을 것으로 신뢰하였고 그에 정당한 사유가 있어야 한다. iv) 공익 또는 제3자
의 이익을 현저히 해칠 우려가 있는 경우가 아니어야 한다.

4) 효   력

실권의 법리의 적용요건에 해당하는 경우 행정청이 갖고 있는 취소권, 철회권, 영업정지권 등 제재권은 소멸되고, 실권의 법리에 위반한 제재처분은 위법하다. 실권의 법리는 신뢰보호의 원칙에 대한 특별법리이다. 실권의 법리를 신뢰보호의 원칙보다 우선 적용하고, 사안이 실권의 법리의 적용요건에 해당하지 않는 경우 신뢰보호의 원칙의 적용 여부를 검토하는 것이 타당하다.

[판례]   [1] 소론 실권 또는 실효의 법리는 법의 일반원리인 신의성실의 원칙에 바탕을 둔 파생원칙인 것이므로 공법관계 가운데 관리관계는 물론이고 권력관계에도 적용되어야 함을 배제할 수는 없다 하겠으나 그것은 본래 권리행사의 기회가 있음에도 불구하고 권리자가 장기간에 걸쳐 그의 권리를 행사하지 아니하였기 때문에 의무자인 상대방은 이미 그의 권리를 행사하지 아니할 것으로 믿을 만한 정당한 사유가 있게 되거나 행사하지 아니할 것으로 추인케 할 경우에 새삼스럽게 그 권리를 행사하는 것이 신의성실의 원칙에 반하는 결과가 될 때 그 권리행사를 허용하지 않는 것을 의미하는 것이다. [2] 원고가 허가받은 때로부터 20년이 다 되어 피고가 결격사유를 이유로(애초에 자격요건에 해당하지 않는데 착오로 위와 같은 허가처분을 하였다는 이유로) 행정서사업허가를 취소한 것인데 피고가 취소사유를 알고서도 그렇게 장기간 취소권을 행사하지 않은 것이 아니고 1985. 9. 중순에 비로소 위 취소사유를 알고 그에 관한 법적 처리방안에 관하여 다각도로 연구검토가 행해지고 있었던 것이므로 상대방인 원고에게 취소권을 행사하지 않을 것이란 신뢰를 심어 준 것으로 볼 수 없으므로 피고의 처분이 실권의 법리에 저촉된 것이라고 볼 수 없다. [3] 허가 등과 같이 상대방에게 이익을 주는 행정행위에 있어서는 취소원인이 존재한다는 이유만으로 취소할 수는 없고 취소하여야 할 공익상의 필요와 취소로 인하여 당사자가 입을 불이익을 비교 교량하여 취소여부를 결정하여야 하나 이 사건에서 행정서사의 허가를 받을 자격이 없는 원고가 행정청의 착오로 그 허가를 받았다가 그 후 그것이 드러나 허가 취소됨으로써 입게 되는 불이익보다는 자격 없는 자에게 나간 허가를 취소하여 공정한 법 집행을 함으로써 법 질서를 유지시켜야 할 공익상의 필요가 더 크다 할 것이다(대판 1988. 4. 27, 87누915[행정서사허가취소처분취소]). 〈평석〉 판례는 이 사건에서 실권의 법리의 적용요건이 충족되지 않은 것으로 보고, 철회 제한의 법리인 이익형량의 원칙을 적용하고 있다. 그러나, 신뢰보호의 이익을 보다 적극적으로 고려하고 있지 않은 문제가 있다.

4. 적용요건

신뢰보호의 원칙이 적용되기 위하여는 다음과 같은 요건이 충족되어야 한다.

[판례1]   일반적으로 행정상의 법률관계에 있어서 행정청의 행위에 대하여 신뢰보호의 원칙이 적용되기 위하여는, 첫째 행정청이 개인에 대하여 신뢰의 대상이 되는 공적인 견해표명을 하여야 하고, 둘째 행정청의 견해표명이 정당하다고 신뢰한 데에 대하여 그 개인에게 귀책사유가 없어야 하며, 셋째 그 개인이 그 견해표명을 신뢰하고 이에 상응하는 어떠한 행위를 하였어야 하고, 넷째 행정청이 그 견해표명에 반하는 처분을 함으로써 그 견해표명을 신뢰한 개인의 이익이 침해되는 결과가 초래되어야 하며, 마지막으로 위 견해표명에 따른 행정처분을 할 경우 이로 인하여 공익 또는 제3자의 정당한 이익을 현저히 해할 우려가 있는 경우가 아니어야 한다(대판 2002. 11. 08, 2001두1512[건축선위반건축물시정지시취소]). 〈해설〉 이익형량을 신뢰보호의 소극적 적용요건으로 판시한 사례이다.

[판례2]   **신뢰보호의 원칙의 적용 요건**: 일반적으로 행정상의 법률관계에 있어서 행정청의 행위에 대하여 신뢰보호의 원칙이 적용되기 위하여는, 첫째 행정청이 개인에 대하여 신뢰의 대상이 되는 공적인 견해표명을 하여야 하고, 둘째 행정청의 견해표명이 정당하다고 신뢰한 데에 대하여 그 개인에게 귀책

사유가 없어야 하며, 셋째 그 개인이 그 견해표명을 신뢰하고 이에 기초하여 어떠한 행위를 하였어야 하고, 넷째 행정청이 위 견해표명에 반하는 처분을 함으로써 그 견해표명을 신뢰한 개인의 이익이 침해되는 결과가 초래되어야 하는바, 어떠한 행정처분이 이러한 요건을 충족하는 때에는 공익 또는 제3자의 정당한 이익을 현저히 해할 우려가 있는 경우가 아닌 한 신뢰보호의 원칙에 반하는 행위로서 위법하다(대판 1999. 3. 9, 98두19070, 대판 2006. 6. 9, 20004두46 등 참조)(대판 2024. 3. 12, 2022두60011). 〈해설〉 신뢰보호의 원칙의 적용요건(신뢰보호의 원칙에 반하는지 여부)과 이익형량(비례원칙 위반 여부)을 구별하여 판시한 사례이다. 이 판례가 보다 타당하다.

(1) 행정권의 행사에 관하여 신뢰를 주는 선행조치

행정권의 행사에 관하여 상대방인 국민에게 신뢰를 주는 선행조치(언동(言動), 공적 견해표명)가 있어야 한다.

① 선행조치(언동)는 적극적 언동뿐만 아니라 소극적 언동일 수도 있다.

적극적 언동의 예로는 주택단지를 건설할 것이라는 것을 알리며 공중목욕탕의 건축을 권고하는 것을 들 수 있고, 소극적 언동의 예로는 장기간 행정처분(조세부과, 법규 위반에 대한 제재조치)을 내리지 않는 경우를 들 수 있다.

> **판례** **위반행위 후 3년 동안 제재처분(운전면허취소처분)을 하지 않은 경우를 소극적 언동으로 본 사례:** 위반행위(운전면허정지기간중의 운전행위)를 하다가 적발되어 당시 형사처벌(벌금)을 받았으나 피고로부터는 아무런 행정조치가 없어 안심하고 계속 운전업무(영업용택시)에 종사하여 왔음을 엿볼 수 있는바, 피고가 원고의 판시 위반행위가 있은 이후 장기간에 걸쳐 아무런 행정조치를 취하지 않은 채 방치하고 있다가 3년여가 지나서 이를 이유로 행정제재를 하면서 가장 무거운 운전면허를 취소하는 행정처분을 하였은즉, 이는 원고가 그간 별다른 행정조치가 없을 것이라고 믿은 신뢰의 이익과 그 법적 안정성을 빼앗는 것이 되어 매우 가혹할 뿐만 아니라 비록 그 위반행위가 운전면허취소사유에 해당한다 할지라도 그와 같은 공익상의 목적만으로는 위 운전사가 입게 될 불이익에 견줄 바 못된다 할 것이다(대판 1987. 9. 8, 87누373). 〈해설〉 이 사례에서 판례는 신뢰보호의 원칙을 적용하였지만, 위반행위(운전면허정지기간중의 운전행위)를 단속한 것도 경찰기관이고, 운전면허취소처분을 하는 것도 경찰기관이므로 행정청이 철회사유를 알 수 있었고, 철회권 행사의 가능성도 있었다고 볼 수 있으므로 기타 요건이 충족되는 경우 실권의 법리를 적용하는 것이 타당하다.

일단 행정처분이 행해지면 처분의 존속에 대한 신뢰가 형성된다.

② 행정권의 언동은 구체적인 행정권의 행사에 관한 언동이어야 한다. 구체적인 행정권의 행사와 무관하게 단순히 법령의 해석에 대한 질의에 대하여 회신해 주는 것(그러나, 구체적인 사안과 관련된 법령의 질의회신은 그러하지 아니하다) 등 일반적·추상적 견해표명은 구체적인 행정권 행사에 관해 신뢰보호원칙의 적용대상이 아니다. 행정청의 견해 표명이 신뢰보호의 원칙을 주장하는 구체적인 행정권 행사에 대한 국민의 신뢰와 관련되어 있지 않은 일반적·추상적 견해표명이거나 견해표명에 대해 국민이 갖는 신뢰와 다른 행정권 행사의 가능성이 있으면 구체적인 행정권 행사에 대한 신뢰를 주는 견해표명으로 볼 수 없다.

〈신뢰를 주는 공적 견해표명을 긍정한 사례〉

판례 1 　취득세 등이 면제되는 구 지방세법(2005. 1. 5. 법률 제7332호로 개정되기 전의 것) 제288조 제 2 항에 정한 '기술진흥단체'인지 여부에 관한 질의에 대하여 건설교통부장관과 내무부장관이 비과세 의견으로 회신한 경우, 공적인 견해표명에 해당한다고 한 사례(대판 2008. 6. 12, 2008두1115[취득세등 부과처분취소]).

판례 2 　위 토지거래계약의 허가과정에서 이 사건 토지형질변경이 가능하다는 피고측의 견해표명은 원고의 요청에 의하여 우연히 피고의 소속 담당공무원이 은혜적으로 행정청의 단순한 정보제공 내지는 일반적인 법률상담 차원에서 이루어진 것이라고 보이기보다는, 이 사건 토지의 형질변경이 가능하다는 공적 견해표명을 한 것이라고 볼 여지가 많다(대판 1997. 9. 12, 96누18380[토지형질변경행위불허가처분취소]).

판례 3 　행정청이 공신력 있는 주민등록번호와 이에 따른 주민등록증을 부여한 행위는 甲과 乙(법적으로 혼인한 상태가 아닌 대한민국 국적인 부와 중화인민공화국 국적인 모 사이에 출생한 자)에게 대한민국 국적을 취득하였다는 공적인 견해를 표명한 것이라고 한 사례(대판 2024. 3. 12, 2022두60011).

〈신뢰를 주는 공적 견해표명을 부정한 사례〉

판례 1 　폐기물관리법령에 의한 폐기물처리업 사업계획에 대한 적정통보와 국토이용관리법령에 의한 국토이용계획변경은 각기 그 제도적 취지와 결정단계에서 고려해야 할 사항들이 다르므로, 폐기물처리업 사업계획에 대하여 적정통보를 한 것만으로 그 사업부지 토지에 대한 국토이용계획변경신청을 승인하여 주겠다는 취지의 공적인 견해표명을 한 것으로 볼 수 없다(대판 2005. 4. 28, 2004두8828[국토이용계획변경승인거부처분취소]).

판례 2 　당초 정구장 시설을 설치한다는 도시계획결정을 하였다가 정구장 대신 청소년 수련시설을 설치한다는 도시계획 변경결정 및 지적승인을 한 경우, 당초의 도시계획결정만으로는 도시계획사업의 시행자 지정을 받게 된다는 공적인 견해를 표명하였다고 할 수 없으므로 그 후의 도시계획 변경결정 및 지적승인이 도시계획사업의 시행자로 지정받을 것을 예상하고 정구장 설계비용 등을 지출한 자의 신뢰이익을 침해한 것으로 볼 수 없다(대판 2000. 11. 10, 2000두727[행정처분취소]).

판례 3 　(1) 행정청이 지구단위계획을 수립하면서 그 권장용도를 판매·위락·숙박시설로 결정하여 고시한 행위를 당해 지구 내에서는 공익과 무관하게 언제든지 숙박시설에 대한 건축허가가 가능하리라는 공적 견해를 표명한 것이라고 평가할 수는 없다고 한 사례. (2) 학생들의 교육환경과 인근 주민들의 주거환경 보호라는 공익이 숙박시설 건축허가신청을 반려한 처분으로 그 신청인이 잃게 되는 이익의 침해를 정당화할 수 있을 정도로 크므로, 위 반려처분이 신뢰보호의 원칙에 위배되지 않는다고 한 원심의 판단을 수긍한 사례(대판 2005. 11. 25, 2004두6822,6839,6846).

판례 4 　관할 교육지원청 교육장이 교육환경평가승인신청에 대한 보완요청서에서 '휴양 콘도미니엄업이 교육환경법 제 9 조 제27호에 따른 금지행위 및 시설로 규정되어 있지 않다'는 의견을 밝힌 것은 교육장이 최종적으로 교육환경평가를 승인해 주겠다는 취지의 공적 견해를 표명한 것이라고 볼 수 없다(대판 2020. 4. 29, 2019두52799).

판례 5 　정책의 주무 부처인 중앙행정기관이 그 소관 사항에 대하여 입안한 법령안은 법제처 심사 등의 절차를 거쳐 공포함으로써 확정되므로, 법령이 확정되기 이전에는 법적 효과가 발생할 수 없다. 따라서 입법예고를 통해 법령안의 내용을 국민에게 예고한 것만으로 국가가 이해관계자들에게 법령안에 관련된 사항을 약속하거나 신뢰를 부여하였다고 볼 수 없다(대판 2018. 6. 15, 2017다249769).

③ 행정청의 공적 견해표명이 있었는지의 여부를 판단하는 데 있어 반드시 행정조직 상의 형식적인 권한분장에 구애될 것은 아니다. 처분청 자신의 공적인 견해표명이 있어야 하는 것은 아니며 경우에 따라서는 보조기관인 담당공무원의 공적인 견해표명도 신뢰의 대상이 될 수 있다.

> **판례** **행정청의 공적인 견해표명의 판단 기준** : 행정청의 공적인 견해표명이 있었는지의 여부를 판 단함에 있어서는 반드시 행정조직상의 형식적인 권한분배에 구애될 것은 아니고 담당자의 조직상의 지위와 임무, 당해 언동을 하게 된 구체적인 경위 및 그에 대한 상대방의 신뢰가능성에 비추어 실질에 의해 판단하여야 한다(대판 1997. 9. 12, 96누18380; 대판 2024. 3. 12, 2022두60011).

④ 행정청의 공적 견해표명은 특정 개인에 대한 것일 필요는 없으므로 법규명령, 행 정규칙 또는 행정계획에 대한 신뢰도 보호하여야 한다. 법률에 대한 신뢰도 신뢰보호의 대상이 된다(대판 2016. 11. 9, 2014두3228).

> **판례** 재건축조합에서 일단 내부 규범이 정립되면 조합원들은 특별한 사정이 없는 한 그것이 존속 하리라는 신뢰를 가지게 되므로, 내부 규범 변경을 통해 달성하려는 이익이 종전 내부 규범의 존속을 신뢰한 조합원들의 이익보다 우월해야 한다(대판 2020. 6. 25, 2018두34732).

신의성실의 원칙이 적용되기 위하여는 특정 개인에 대한 공적인 견해표명이어야 하 지만, 신뢰보호의 원칙의 경우에는 그러하지 아니하다.

> **판례1** 고등훈련기 양산참여권의 포기대가와 관련하여 국내에서 세금이 면제될 수 있도록 협조를 구하는 국방부장관의 질의에 대하여 답변한 재정경제부장관의 검토의견은, 외국법인의 국내원천소득 에 대한 재정경제부장관의 일반론적인 견해표명에 불과하므로 그에 대하여 (조세법상) 신의성실의 원 칙이 적용된다고 할 수 없다고 한 사례(대판 2010. 4. 29, 2007두19447,19454).

> **판례2** 판례는 재량준칙의 공표만으로는 신청인이 보호가치 있는 신뢰를 갖게 되었다고 볼 수 없다 고 하였다(전술 대판 2009. 12. 24, 2009두7967). 〈해설〉 재량준칙의 공표만으로는 강한 신뢰가 형성되 었다고 볼 수 없다는 취지로 이해하는 것이 타당하다. 전술한 바와 같이 재량준칙에 대한 신뢰도 보호 대상이 된다고 보아야 한다.

행정청이 상대방에게 장차 어떤 처분을 하겠다고 확약 또는 공적인 의사표시을 하였 다고 하더라도, 그 자체에서 상대방으로 하여금 언제까지 처분의 발령을 신청하도록 유효 기간을 두었는데도 그 기간 내에 상대방의 신청이 없었다거나 확약 또는 공적인 의사표시 이 있은 후에 사실적·법률적 상태가 변경되었다면, 그와 같은 확약 또는 공적인 의사표시 은 행정청의 별다른 의사표시를 기다리지 않고 실효된다(대판 1996. 8. 20, 95누10877).

판례 (1) 행정청이 공적인 견해를 표명한 후 사정이 변경됨에 따라 그 견해표명에 반하는 처분을 한 경우, 신뢰보호의 원칙에 위반되는지 여부(원칙적 소극): 신뢰보호의 원칙은 행정청이 공적인 견해를 표명할 당시의 사정이 그대로 유지됨을 전제로 적용되는 것이 원칙이므로, 사후에 그와 같은 사정이 변경된 경우에는 그 공적 견해가 더 이상 개인에게 신뢰의 대상이 된다고 보기 어려운 만큼, 특별한 사정이 없는 한 행정청이 그 견해표명에 반하는 처분을 하더라도 신뢰보호의 원칙에 위반된다고 할 수 없다(대판 2020. 6. 25, 2018두34732). (2) 재건축조합 내부 규범을 변경하는 총회결의가 신뢰보호의 원칙에 위반되는지 판단하는 방법: 한편 재건축조합에서 일단 내부 규범이 정립되면 조합원들은 특별한 사정이 없는 한 그것이 존속하리라는 신뢰를 가지게 되므로, 내부 규범 변경을 통해 달성하려는 이익이 종전 내부 규범의 존속을 신뢰한 조합원들의 이익보다 우월해야 한다. 조합 내부 규범을 변경하는 총회결의가 신뢰보호의 원칙에 위반되는지를 판단하기 위해서는, 종전 내부 규범의 내용을 변경하여야 할 객관적 사정과 필요가 존재하는지, 그로써 조합이 달성하려는 이익은 어떠한 것인지, 내부 규범의 변경에 따라 조합원들이 침해받은 이익은 어느 정도의 보호가치가 있으며 침해 정도는 어떠한지, 조합이 종전 내부 규범의 존속에 대한 조합원들의 신뢰 침해를 최소화하기 위하여 어떤 노력을 기울였는지 등과 같은 여러 사정을 종합적으로 비교·형량해야 한다. (3) 1) 피고 조합이 종전에 표명한 의사에 반하는 총회결의나 정관 변경을 하고 이를 기초로 이 사건 관리처분계획을 수립한 것이 신뢰보호의 원칙에 위반되어 하자가 있다고 보기 위해서는, 종전 의사표명 당시의 사정이 처분 당시까지 변경된 바 없음에도 행정청이 합리적 이유 없이 종전 표명 의사와 다른 처분을 하여 상대방의 법률상 이익을 중대하게 침해한 경우여야 한다. 2) 그런데, 피고 조합이 추진위원회가 약정한 내용에 반하는 총회결의를 하고 종전 정관을 변경하여 이 사건 관리처분계획을 한 것은, 의사표명 당시 확정지분제를 전제로 하였다가 추진과정에서 사업추진방식이 도급제로 변경되었고, 그로 인해 종전 의사표명대로 관리처분계획을 수립하는 것이 일반 조합원들의 이해관계에도 막대한 영향을 끼치게 되는 사정변경을 기초로 한 것으로 합리성이 있고, 종전의 의사표명에 반하는 총회결의나 정관 변경에 의해 침해되는 상가 조합원들의 이익이 법률상 관철될 수 있는 중대한 것이라고 할 수 없다고 보아, 이 사건 2015. 12. 27.자 및 2016. 1. 14.자 조합원 총회결의(이 사건 약정 및 그에 따른 종전 정관을 변경)를 기초로 한 이 사건 2016. 1. 20.자 관리처분계획(이 사건 약정에 반하는 내용의 관리처분계획)이 신뢰보호의 원칙에 위반되지 않는다고 판단한 사례(대판 2020. 6. 25, 2018두34732[관리처분계획인가처분취소]). 〈해설〉 아파트재건축에서 상가 조합원들이 신뢰이익의 침해를 주장한 사건이다.

(2) 귀책사유 없는 신뢰(보호가치 있는 신뢰)

선행조치에 대한 관계인의 신뢰가 보호가치 있는 것이어야 한다. 즉, 관계인에게 책임 있는 사유가 있어서는 안 된다.

신뢰보호의 원칙에서 귀책사유라 함은 상대방 등 관계자가 행정청의 견해표명에 하자가 있음을 알았거나 중대한 과실로 알지 못한 경우 등을 의미한다. 법규 위반에 대한 제재처분에 관한 명확한 법령규정이 있는 경우 이 규정을 잘 알 수 있었던 자는 귀책사유가 있으나, 이 규정을 잘 알 수 없었던 자에게는 귀책사유를 인정할 수 없다.

귀책사유의 유무는 상대방과 그로부터 신청행위를 위임받은 수임인 등 관계자 모두를 기준으로 판단하여야 한다(대판 2002. 11. 8, 2001두1512).

귀책사유가 없는 한 위법한 행정조치에 대한 신뢰도 보호된다.

〈신뢰한 것에 귀책사유가 없다고 한 사례〉

판례1 [1] 귀책사유라 함은 행정청의 견해표명의 하자가 상대방 등 관계자의 사실은폐나 기타 사위의 방법에 의한 신청행위 등 부정행위에 기인한 것이거나 그러한 부정행위가 없다고 하더라도 하자가 있음을 알았거나 중대한 과실로 알지 못한 경우 등을 의미한다고 해석함이 상당하고, 귀책사유의 유무는 상대방과 그로부터 신청행위를 위임받은 수임인 등 관계자 모두를 기준으로 판단하여야 한다 [2] 건축주와 그로부터 건축설계를 위임받은 건축사가 상세계획지침에 의한 건축한계선의 제한이 있다는 사실을 간과한 채 건축설계를 하고 이를 토대로 건축물의 신축 및 증축허가를 받은 경우, 그 신축 및 증축허가가 정당하다고 신뢰한 데에 귀책사유가 있다고 한 사례. [3] 건축주가 건축허가 내용대로 공사를 상당한 정도로 진행하였는데, 나중에 건축법이나 도시계획법에 위반되는 하자가 발견되었다는 이유로 그 일부분의 철거를 명한 사안에서 이 일부철거가 가능하기 위하여는 그 건축허가를 기초로 하여 형성된 사실관계 및 법률관계를 고려하여 건축주가 입게 될 불이익과 건축행정이나 도시계획행정상의 공익, 제3자의 이익, 건축법이나 도시계획법 위반의 정도를 비교·교량하여 건축주의 이익을 희생시켜도 부득이하다고 인정되는 경우라야 한다(대판 2002. 11. 8, 2001두1512[건축선위반건축물시정지시취소]).

판례2 대한민국 국적의 부와 중국 국적의 모 사이의 혼외자로 출생한 원고들이 국적법 제2조에 따라 출생에 의한 국적을 취득할 수 없는데도, 행정청의 과실로 원고들이 대한민국 국민임을 전제로 주민등록번호가 부여되고 주민등록증이 발급되었는데, 원고들이 성인이 된 이후 피고에게 국적보유판정 신청을 하자 피고가 원고들이 대한민국 국적 보유자가 아니라는 이유로 국적비보유 판정을 하였고, 이에 원고들이 피고를 상대로 그 판정의 취소를 구한 사안에서 대법원은, ① 원고들이 대한민국 국적을 취득하였다는 공적 견해표명(즉, 주민등록번호와 이에 따른 주민등록증을 부여한 행위)이 계속 유지되었고, ② 공적 견해표명을 신뢰한 원고들의 행위가 있었으며, ③ 이 사건 판정으로 인해 침해되는 원고들의 이익이 크고, ④ 행정청이 원고들의 부모에 대하여 원고들에 대한 국적취득절차를 밟아야 한다는 점을 안내하였는데도 원고들의 부모가 원고들의 대한민국 국적 취득을 신뢰하여 그 절차를 진행하지 않은 과실이 있으나, 원고들 스스로는 자신들이 대한민국 국적을 취득하였다고 신뢰한 데에 귀책사유(고의 또는 중대한 과실)가 있었다고 보기 어렵고, 원고들의 신뢰에 반하여 이루어진 이 사건 판정은 신뢰보호의 원칙에 위배된다고 한 사례(대판 2024. 3. 12, 2022두60011〈국적비보유판정 취소의 소〉). 〈해설〉 원심은, 원고들의 출생신고에 따라 원고들에게 주민등록번호가 부여되고, 가족관계등록부가 작성되었다고 하더라도 그 후 원고들에 대한 가족관계등록부가 말소되고, 원고들 부의 가족관계등록부에 원고들의 국적이 중국으로 기재되었으며, 출입국관리 행정청이 원고들의 부모에게 원고들에 대한 국적취득 절차를 안내한 이상, 원고들이 대한민국 국적을 취득하였다는 행정청의 견해표명이 있었다고 하더라도, 그 견해표명이 철회되었거나 그 견해표명이 정당하다고 신뢰한 원고들의 부모에게 귀책사유가 있다는 이유로 이 사건 판정이 신뢰보호의 원칙에 반하지 않는다고 판단하였다.

(3) 신뢰에 입각한 사인의 조치

상대방인 국민이 행정기관의 선행조치(언동)에 대한 신뢰에 입각하여 어떠한 조치(자본투하, 업무수행 등)를 취하였어야 한다.

(4) 신뢰에 반하는 행정권 행사

행정기관이 상대방의 신뢰를 저버리는 행정권 행사를 하였고 그로 인하여 상대방의 권익이 침해되어야 한다.

(5) 인과관계

선행조치와 관계자의 조치 또는 권익의 침해 사이에 인과관계(因果關係)가 있어야 한다.

(6) 신뢰보호 이익과 공익(합법성 원칙 포함) 사이의 이익형량

종래 판례는 공적 견해표명에 따른 행정권의 행사가 '공익 또는 제3자의 정당한 이익을 현저히 해할 우려가 있는 경우가 아니어야 한다는 것'을 신뢰보호의 원칙이 적용되기 위한 소극적 요건으로 보고 있으나(대판 2008. 1. 17, 2006두10931 등), 최근 판례(대판 2024. 3. 12, 2022두60011)에서와 같이 이를 신뢰보호의 원칙의 적용요건으로 보지 않고, 신뢰보호원칙의 적용의 한계 즉 신뢰보호의 원칙의 적용에 있어서의 신뢰보호 이익과 공익 사이의 이익형량(신뢰보호의 원칙과 합법성 원칙이 충돌하는 경우 신뢰보호 이익과 공익 사이의 이익형량 포함)의 문제로 보는 것이 타당하다.

1) 신뢰보호의 원칙과 합법성의 원칙의 충돌과 이익형량   신뢰보호의 원칙과 합법성의 원칙이 충돌하는 경우가 있다. 이 경우에 어떠한 해결이 타당한가에 관하여 법적합성우위설과 동위설이 대립하고 있다.

가. 법적합성우위설   법적합성우위설(法適合性優位說)은 행정의 합법성의 원칙이 행정의 법적 안정성의 원칙 및 그로부터 도출되는 신뢰보호의 원칙보다 우월하다고 보는 견해이다.

나. 동위설(이익형량설)   동위설(同位說)은 법적합성의 원칙과 신뢰보호의 원칙은 다 같이 법치국가원리의 내용을 이루는 것이므로 동일한 효력을 갖는다고 보는 견해이다.

다. 결   어

동위설이 타당하다. 동위설에 의하는 경우 합법성의 원칙과 신뢰보호의 원칙이 충돌하는 경우에는 합법성의 원칙에 따른 처분을 통하여 달성하는 공익과 상대방의 신뢰가 침해됨으로서 발생되는 불이익을 이익형량하여 결정하여야 한다.

2) 신뢰보호의 이익과 공익사이의 이익형량   신뢰보호의 이익과 공익이 충돌하는 경우가 있는데 이는 통상 신뢰보호의 원칙에 반하는 재량처분에서 그러하다.

신뢰보호의 이익과 공익 또는 제3자의 이익이 상호 충돌하는 경우에는 이들 상호간에 이익형량을 하여야 한다(대판 2002. 11. 8, 2001두1512[건축선위반건축물시정지시취소]).

판례   [1] 종교법인이 도시계획구역 내 생산녹지로 답인 토지에 대하여 종교회관 건립을 이용목적으로 하는 토지거래계약의 허가를 받으면서 담당공무원이 관련 법규상 허용된다 하여 이를 신뢰하고 건축준비를 하였으나 그 후 당해 지방자치단체장이 다른 사유를 들어 토지형질변경허가신청을 불허가한 것이 신뢰보호원칙에 반한다. [2] 비록 지방자치단체장이 당해 토지형질변경허가를 하였다가 이를 취소·철회하는 것은 아니라 하더라도 지방자치단체장이 토지형질변경이 가능하다는 공적 견해표명을 함으로써 이를 신뢰하게 된 당해 종교법인에 대하여는 그 신뢰를 보호하여야 한다는 점에서 형질변경허가 후 이를 취소·철회하는 경우를 유추·준용하여 그 형질변경허가의 취소·철회에 상당하는 당해

처분으로써 지방자치단체장이 달성하려는 공익, 즉 당해 토지에 대하여 그 형질변경을 불허하고 이를 우량농지로 보전하려는 공익과 위 형질변경이 가능하리라고 신뢰한 종교법인이 입게 될 불이익을 상호 비교·교량하여 만약 전자가 후자보다 더 큰 것이 아니라면 당해 처분은 비례의 원칙에 위반되는 것으로 재량권을 남용한 위법한 처분이라고 봄이 상당하다(대판 1997. 9. 12, 96누18380[토지형질변경행위불허가처분취소]).

문제의 해결   1. 확약의 법리, 실권의 법리 등 신뢰보호의 원칙의 파생법리는 신뢰보호의 원칙의 특별법리이다. 따라서 이들 파생법리를 인정할 수 있는 경우 우선 이들 법리의 성립 및 그 효력을 논하여야 한다. 이들 법리를 적용할 수 있는 경우 이들 법리가 적용되고, 이들 특별법리가 적용될 수 없는 경우에는 이차적으로 신뢰보호의 원칙의 적용이 검토될 수 있다. 사정변경으로 확약의 구속력이 배제되는 경우에도 신뢰보호의 이익을 주장할 수 있다.

2. 확약은 처분권자가 하여야 한다. 담당과장이 한 확약은 위법·무효이지만, 경우에 따라서 행정청의 신뢰를 주는 언동으로 인정될 수 있다. 경우에 따라서 담당과장은 일정한 공권력 행사에 대한 신뢰를 주는 언동을 할 수 있다. 신뢰를 주는 언동이 있었는지의 여부를 판단함에 있어서는 반드시 행정조직상의 형식적 권한분배에 구애될 것은 아니다.

3. 단순한 법령해석 질의회신 및 민원상담회신은 신뢰를 주는 공적 견해표명이 아니지만, 법령해석 질의회신 및 민원상담회신이 실질에 있어 일정한 행정권 행사에 대한 공적 견해표명이라고 볼 수 있는 경우에는 행정청의 신뢰를 주는 공적 견해표명이 있었다고 보아야 한다.

VII. 적법절차의 원칙

적법절차(適法節次)의 원칙이란 개인의 권익을 제한하는 모든 국가작용은 적법절차(due process)에 따라 행하여져야 한다는 원칙이다.

적법절차의 원칙은 절차상의 적법성뿐만 아니라 법률의 구체적 내용도 합리성과 정당성을 갖춘 실체적인 적법성이 있어야 한다는 것을 포함한다(헌재 1992. 12. 24, 92헌가8).

헌법 제12조 제1항에서 규정하고 있는 적법절차의 원칙은 형사소송절차에 국한하지 아니하고 모든 국가작용 전반에 대하여 적용된다(헌재 1992. 12. 24, 92헌가8 결정 등; 대판 2014. 6. 26, 2012두911). 행정절차법에 규정이 없는 경우에도 행정권 행사가 적정한 절차에 따라 행해지지 아니한 경우에는 그 행정권 행사는 적법절차의 원칙 위반으로 위헌·위법이다(대판 전원합의체 2012. 10. 18, 2010두12347[증여세부과처분취소]).

적법절차의 원칙은 헌법원칙이다. 따라서 적법절차에 반하는 법률은 위헌이다.

Ⅷ. 신의성실의 원칙

1. 의 의

신의성실(信義誠實)의 원칙은 모든 사람은 공동체의 일원으로서 상대방의 신뢰를 헛되이 하지 않도록 성의 있게 행동하여야 한다는 원칙이다. 행정기본법은 불문법인 신의성실의 원칙을 행정법의 일반원칙의 하나로 선언하고 있다. 다만, 성실의무의 원칙으로 명칭을 달리하여 규정하고 있다. 즉, 행정청은 법령등에 따른 의무를 성실히 수행하여야 한다(행정기본법 제11조 제1항). 행정절차법은 행정청은 직무를 수행할 때 신의(信義)에 따라 성실히 하여야 한다고 규정하고 있다(제4조 제1항).

2. 적용요건

> 판례   신의성실의 원칙에 위배된다는 이유로 그 권리의 행사를 부정하기 위하여는 상대방에게 신의를 주었다거나 객관적으로 보아 상대방이 그러한 신의를 가짐이 정당한 상태에 이르러야 하고, 이와 같은 상대방의 신의에 반하여 권리를 행사하는 것이 정의 관념에 비추어 용인될 수 없는 정도의 상태에 이르러야 하고, 일반 행정법률관계에서 관청의 행위에 대하여 신의칙이 적용되기 위해서는 합법성의 원칙을 희생하여서라도 처분의 상대방의 신뢰를 보호함이 정의의 관념에 부합하는 것으로 인정되는 특별한 사정이 있을 경우에 한하여 예외적으로 적용된다(대판 2004. 7. 22, 2002두11233[개발부담금부과처분취소]).

3. 적 용 례

(1) 공권력 행사의 신의성실의 원칙 위반

신의성실의 원칙은 당사자간에 계약 등 구체적인 관계가 있을 때에만 적용되는 것으로 보는 것이 일반적 견해이다. 따라서 그러한 관계를 전제로 하지 않는 행정작용(행정규칙 또는 행정계획 등)에는 적용될 수 없다.

행정청이 심히 부당하게 처분을 늦추고, 그 사이에 허가기준을 엄격하게 변경하는 법령개정을 하고 개정된 법령에 근거하여 거부처분을 하는 것은 신의성실의 원칙에 반한다(대판 1984. 5. 22, 84누77).

행정법상 신청을 할 수 없게 한 장애사유를 행정청이 만든 경우에 행정청이 원인이 된 장애사유를 근거로 그러한 신청을 인정하지 않는 것은 신의성실의 원칙에 반하여 허용될 수 없다(대판 2019. 1. 31, 2016두52019 등).

> 판례   관할관청이 위법한 직업능력개발훈련과정 인정제한처분을 하여 사업주로 하여금 제때 훈련과정 인정신청을 할 수 없도록 하였음에도, 인정제한처분에 대한 취소판결 확정 후 사업주가 인정제한 기간 내에 실제로 실시하였던 훈련에 관하여 비용지원신청을 한 경우에, 관할관청이 단지 해당 훈련과

정에 관하여 사전에 훈련과정 인정을 받지 않았다는 이유만을 들어 훈련비용 지원을 거부하는 것은 위법한 직업능력개발훈련과정 인정제한처분을 함으로써 사업주로 하여금 제때 훈련과정 인정신청을 할 수 없게 한 장애사유를 만든 행정청이 사업주에 대하여 사전에 훈련과정 인정신청을 하지 않았음을 탓하는 것과 다름없으므로 <u>신의성실의 원칙에 반하여 허용될 수 없다</u>(대판 2019. 1. 31, 2016두52019).

다음의 예에도 신의성실의 원칙이 직접 적용되는 예가 될 수 있다.

예를 들면, 갑(甲)이 건축법령상의 요건에 맞게 4층의 연립주택을 건축하려고 건축허가를 신청한 경우에 인근주민이 반대하는 민원을 제기하였고, 행정기관이 갑(甲)에게 민원을 제기한 인근주민과 협의하여 인근주민의 당해 건축에 대한 동의를 받을 것을 권고하며 건축허가를 보류하였고, 이에 따라 갑(甲)이 오랜 기간 동안 성의를 다하여 인근주민과 협의를 하였으나 협의에 이르지 못하였고, 그러던 중 건축관계법령이 바뀌어 3층 이하의 연립주택만 지을 수 있게 됨에 따라 행정기관이 처분시의 법령을 적용하여야 한다는 원칙에 따라 건축허가거부처분을 내린 경우에 그 건축허가거부처분은 신의성실의 원칙에 반하는 처분이라고 보아야 한다.

(2) 소멸시효의 주장의 신의칙 위반

판례 근로복지공단의 요양불승인처분에 대한 취소소송을 제기하여 승소확정판결을 받은 근로자가 요양으로 인하여 취업하지 못한 기간의 휴업급여를 청구한 경우 근로복지공단의 요양불승인처분의 적법 여부는 사실상 근로자의 휴업급여청구권 발생의 전제가 된다고 볼 수 있는 점 등에 비추어, 근로자가 요양불승인에 대한 취소소송의 판결확정시까지 근로복지공단에 휴업급여를 청구하지 않았던 것은 이를 행사할 수 없는 사실상의 장애사유가 있었기 때문이라고 보아야 하므로, 근로복지공단의 그 휴업급여청구권에 대한 <u>소멸시효 항변은 신의성실의 원칙에 반하여 허용될 수 없다</u>(대판 전원합의체 2008. 9. 18, 2007두2173[휴업급여부지급처분취소]). 〈해설〉 이 판례와 배치되는 종전의 판례를 변경한 전원합의체판결이다. 휴업급여청구에 대한 거부는 처분이다.

국가배상청구권의 소멸시효 주장에 관하여는 후술(국가배상) 참조.

(3) 행정 상대방의 행위에 대한 신의칙 적용

판례 피징계자가 징계처분에 중대하고 명백한 흠이 있음을 알면서도 퇴직시에 지급되는 퇴직금 등 급여를 지급받으면서 그 징계처분에 대하여 위 흠을 들어 항고하였다가 곧 취하하고 그 후 5년 이상이나 그 징계처분의 효력을 일체 다투지 아니하다가 위 비위사실에 대한 공소시효가 완성되어 더이상 형사소추를 당할 우려가 없게 되자 새삼 위 흠을 들어 그 징계처분의 무효확인을 구하는 소를 제기하기에 이르렀고 한편 징계권자로서도 그후 오랜 기간동안 피징계자의 퇴직을 전제로 승진·보직 등 인사를 단행하여 신분관계를 설정하였다면 피징계자가 이제와서 위 흠을 내세워 그 징계처분의 무효확인을 구하는 것은 신의칙에 반한다(대판 1989. 12. 12, 88누8869).

4. 신의성실의 원칙과 적법성 원칙의 충돌과 이익형량

신의성실의 원칙에 반하는 처분이 위법한 처분인가 하는 것은 구체적인 사안에서의 신의성실의 원칙의 보호가치와 적법성의 원칙의 보호가치를 비교형량하여 판단하여야 할 것이다.

판례는 합법성의 원칙을 우선에 두고, 예외적으로 신의성실의 원칙이 적용되는 것으로 보고 있다.

> **판례**　일반 행정법률관계에서 관청의 행위에 대하여 신의칙이 적용되기 위해서는 합법성의 원칙을 희생하여서라도 처분의 상대방의 신뢰를 보호함이 정의의 관념에 부합하는 것으로 인정되는 특별한 사정이 있을 경우에 한하여 예외적으로 적용된다(대판 2004. 7. 22, 2002두11233[개발부담금부과처분취소]).

IX. 권한남용금지의 원칙

1. 의   의

행정법상 권한의 남용이란 행정기관의 권한을 법상 정해진 공익 목적에 반하여 행사하는 것을 말한다. 권한남용금지의 원칙은 법치국가원리 내지 법치주의에 기초한 것이다(대판 2016. 12. 15, 2016두47659). 권한남용금지의 원칙은 행정의 목적 및 행정권한을 행사한 행정공무원의 내심의 의도까지 통제하는 원칙이다.

행정기본법은 불문법인 권한남용금지의 원칙을 행정법의 일반 법원칙의 하나로 선언하고 있다. 즉, 행정청은 행정권한을 남용하거나 그 권한의 범위를 넘어서는 아니된다(행정기본법 제11조 제 2 항).

2. 내   용

행정권을 본연의 목적이 아니라 부정한 목적(사적 목적, 정치적 목적, 전혀 다른 공익목적 등)으로 행사한 경우 외형적으로 행정권한의 범위 내의 행사라도 권한남용이 된다.

> **판례**　(1) 모든 국가기관과 공무원은 헌법과 법률에 의하여 부여된 권한을 행사함에 있어 그 권한을 남용해서는 안 된다는 원칙은 법치국가원리 내지 법치주의에 기초한 것이다. (2) 세무조사가 과세자료의 수집 또는 신고내용의 정확성 검증이라는 본연의 목적이 아니라 부정한 목적을 위하여 행하여진 것이라면 이는 세무조사에 중대한 위법사유가 있는 경우에 해당하고 이러한 세무조사에 의하여 수집된 과세자료를 기초로 한 과세처분 역시 위법하다. (3) 민사분쟁의 일방당사자로부터 부탁을 받은 국세청 공무원이 세무조사를 통하여 반대당사자를 압박하려는 목적으로 타인 명의로 직접 탈세제보를 하고, 이후 진행된 세무조사 과정에서도 지속적으로 개입한 결과 수집된 과세자료를 기초로 이루어진 과세처분의 적법성이 문제된 사안에서, 이러한 세무조사는 세무공무원이 개인적 이익을 위하여 권한을 남용한 전형적인 사례에 해당하여 위법하므로, 이에 기하여 이루어진 과세처분 역시 위법하다고 본 사례(대판 2016. 12. 15, 2016두47659).

① 행정법상의 권한이 사적 목적으로 행사된 경우에 권리의 남용이 됨은 명백하다. 공무원이 영업허가의 취소권을 허가취소의 대상이 되는 영업자와 경쟁관계에 있고 본인이 잘 알고 있는 다른 영업자의 이익을 위하여 행사한 것은 권리의 남용이 된다.

② 행정권을 정치적 목적으로 행사하는 것도 권한남용에 해당한다.

③ 행정기관의 권한이 법상 정해진 목적이 아닌 다른 공익 목적을 위하여 행사된 경우에 그것은 권한의 남용에 해당한다. 그러나, 행정기관 상호간에 협력할 의무도 있다고 보아야 하므로 행정청의 권한과 실체적 관련이 있는 목적을 실현하기 위하여 행사되는 한에서는 권한의 남용에 해당하지 않는다.

X. 부당결부금지의 원칙 [2007 입시 약술, 1999 행시 사례, 2017행시]

> 문제　1. 주택사업계획승인처분을 하면서 진입도로를 개설 또는 확장하여 기부채납하도록 하는 부관이 적법한지를 논하시오.
> 2. 세금의 체납을 이유로 인·허가를 거부하거나 인·허가를 취소 또는 정지하는 것이 적법한지를 논하시오.

1. 의　　의

부당결부금지(不當結付禁止)의 원칙이라 함은 행정기관이 행정권을 행사함에 있어서 그것과 실질적(실제적인) 관련이 없는 의무를 부과하거나 권익을 제한(반대급부의 배제 포함)해서는 안 된다는 원칙을 말한다. 행정기본법은 불문법인 부당결부금지의 원칙을 행정법의 일반원칙의 하나로 선언하고 있다. 즉, 행정청은 행정작용을 할 때 상대방에게 해당 행정작용과 실질적인 관련이 없는 의무를 부과해서는 아니 된다(행정기본법 제13조). 행정기본법은 실질적 관련이 없는 '의무'의 부과만을 금지하는 것으로 규정하고 있지만, 실질적 관련이 없는 권익의 제한(반대급부의 배제 포함)(예, 관허사업허가의 거부, 보조금지급의 거부, 수도나 전기공급의 거부, 관련없는 운전면허의 취소)도 부당결부금지의 원칙상 금지된다고 보아야 한다.

> 판례　**부당결부금지 원칙의 의미:** 부당결부금지의 원칙이란 행정주체가 행정작용을 함에 있어서 상대방에게 이와 실질적인 관련이 없는 의무를 부과하거나 그 이행을 강제하여서는 아니 된다는 원칙을 말한다(대판 2009. 2. 12, 2005다65500: 고속국도 관리청이 고속도로 부지와 접도구역에 송유관 매설을 허가하면서 상대방과 체결한 협약에 따라 송유관 시설을 이전하게 될 경우 그 비용을 상대방에게 부담하도록 한 부관이 부당결부금지의 원칙에 반하지 않는다고 한 사례).

부당결부금지의 원칙은 실질적 관련이 없는 것에 대한 행정권 행사를 통제하는 점에서는 권한남용금지의 원칙과 동일하다. 그러나, 부당결부금지의 원칙은 행정권 행사의 객관적 관련성을 통제하는 반면에 권한남용금지의 원칙은 행정청의 주관적 의사(부정목적, 남용의사)를 통제하는 점에서 차이가 있다. 그리고 부당결부금지의 원칙은 행정기관의 법령상 규정된 권한 범위밖의 권한행사를 실질적 관련성의 한도내로 통제하는 반면에, 권한남용금지의 원칙은 외형적으로 법령상 규정된 권한 범위내이지만 부정한 행정목적(의사)으로 행사하는 것을 통제한다.

2. 내　　용

행정권의 행사와 그에 결부된 반대급부 사이에 **실질적 관련성**이 있어야 하며 실질적 관련성이 없는 경우에 당해 행정권 행사는 부당결부금지의 원칙에 반한다. 보다 구체적으로 말하면 행정권 행사(수익적 행정행위)가 반대급부(부관)의 원인이 되어야 하고(원인적 관련성(예, 주택건설사업계획승인시 조건으로 환경피해방지 조치의무를 부과하는 것)), 반대급부(부관)가 행정권 행사(수익적 행정행위)의 목적과 실질적 관련(목적적 관련성(예, 승용차 음주운전으로 인한 운전면허취소시 보통면허뿐만 아니라 대형면허도 취소하는 것))이 있어야 한다.

3. 적 용 례

부당결부금지의 원칙은 처분, 공법상 계약, 부관 등 모든 행정작용에 적용된다.

(1) 기부채납의무의 부담

수익적 행정행위, 특히 주택사업계획승인처분을 행하면서 일정한 토지 또는 시설의 기부채납의무를 부담으로 부과하는 것이 부당결부금지의 원칙에 반하는 것인지가 문제된다. 기부채납이라 함은 재산을 국가나 지방자치단체에 기부(무상으로 증여)하여 국가나 지방자치단체가 그 소유권을 취득하는 것을 말한다.

주택사업계획을 승인하면서 입주민이 주로 이용하는 진입도로의 개설 또는 확장, 공원부지, 학교부지의 조성과 함께 그의 기부 또는 학교용지부담금의 지급을 개발사업자에게 의무지우는 것은 당해 토지 또는 시설이 대규모주택사업으로 필요하게 된 것이고, 당해 공공시설은 당해 주택사업계획의 승인에 따라 건설된 주택에 입주한 자가 주로 이용하는 시설이므로 주된 이용자가 이들 시설을 부담하는 것이 타당하다. 그러나, 주택건설사업과 실질적 관련이 없는 토지(예, 시립도서관부지, 주택건설사업으로 초래된 지방도 확장을 위한 부지)를 기부채납하라는 부관은 부당결부금지의 원칙에 반하여 위법하다.

> **판례**　지방자치단체장이 사업자에게 주택사업계획승인을 하면서 그 주택사업과는 아무런 관련이 없는 토지를 기부채납하도록 하는 부관을 주택사업계획승인에 붙인 경우, 그 부관은 부당결부금지의 원칙에 위반되어 위법하지만, 지방자치단체장이 승인한 사업자의 주택사업계획은 상당히 큰 규모의 사업임에 반하여, 사업자가 기부채납한 토지 가액은 그 100분의 1 상당의 금액에 불과한 데다가, 사업자가 그 동안 그 부관에 대하여 아무런 이의를 제기하지 아니하다가 지방자치단체장이 업무착오로 기부채납한 토지에 대하여 보상협조요청서를 보내자 그 때서야 비로소 부관의 하자를 들고 나온 사정에 비추어 볼 때 부관의 하자가 중대하고 명백하여 당연무효라고는 볼 수 없다(대판 1997. 3. 11, 96다49650 [수유권이전등기말소]<토지기부채납사건>).

(2) 관허사업의 제한

행정법규의 위반에 대하여 관허사업을 제한(거부)하는 것이 부당결부금지의 원칙에 반하는 것인지가 문제된다. 이 경우에는 행정법규 위반과 당해 관허사업의 제한 사이에 실질적 관련이 있는지 여부가 그 판단기준이 된다(후술 행정의 새로운 실효성 확보수단 참조).

(3) 기타 적용례

판례1   이륜자동차로서 제 2 종 소형면허를 가진 사람만이 운전할 수 있는 오토바이는 제 1 종 대형면허나 보통면허를 가지고서도 이를 운전할 수 없는 것이어서 이와 같은 이륜자동차의 운전은 제 1 종 대형면허나 보통면허와는 아무런 관련이 없는 것이므로 이륜자동차를 음주운전한 사유만 가지고서는 제 1 종 대형면허나 보통면허의 취소나 정지를 할 수 없다(대판 1992. 9. 22, 91누8289).

판례2   한 사람이 여러 종류의 자동차운전면허를 취득하는 경우뿐 아니라, 이를 취소 또는 정지하는 경우에 있어서도 서로 별개의 것으로 취급하는 것이 원칙이고, 제 1 종 대형면허를 가진 사람만이 운전할 수 있는 대형승합자동차는 제 1 종 보통면허를 가지고 운전할 수 없는 것이기는 하지만, 자동차운전면허는 그 성질이 대인적 면허일 뿐만 아니라, 도로교통법시행규칙 제26조 [별표 13의6]에 의하면, 제 1 종 대형면허 소지자는 제 1 종 보통면허 소지자가 운전할 수 있는 차량을 모두 운전할 수 있는 것으로 규정하고 있어, 제 1 종 대형면허의 취소에는 당연히 제 1 종 보통면허소지자가 운전할 수 있는 차량의 운전까지 금지하는 취지가 포함된 것이어서 이들 차량의 운전면허는 서로 관련된 것이라고 할 것이므로, 제 1 종 대형면허로 운전할 수 있는 차량을 운전면허정지기간 중에 운전한 경우에는 이와 관련된 제 1 종 보통면허까지 취소할 수 있다(대판 2005. 3. 11, 2004두12452).

판례3   [1] 행정처분과 부관 사이에 실제적 관련성이 있다고 볼 수 없는 경우(골프장 사업계획에 붙여진기부금 지급의 부담) 공무원이 위와 같은 공법상의 제한을 회피할 목적으로 행정처분의 상대방과 사이에 사법상 계약(지방자치단체가 골프장사업계획승인과 관련하여 사업자로부터 기부금을 지급받기로 한 증여계약)을 체결하는 형식을 취하였다면 이는 법치행정의 원리에 반하는 것으로서 위법하다. [2] 이 사건 사업계획승인 자체는 위법·부당한 것이 아니었고 또 그 기부금을 원고가 수행하는 공익적 사업에 사용할 목적이었으며 사용 방법과 절차를 미리 원고의 내부 규정으로 정해 놓았다거나, 당시 피고의 대표이사가 골프장 개발에 따른 막대한 이익을 기대하고 이 사건 증여계약에 응하였다는 등의 원심이 인정한 사정들을 감안한다 하더라도달리 볼 수는 없다(대판 2009. 12. 10, 2007다63966[약정금]: 지방자치단체가 골프장사업계획승인과 관련하여사업자로부터 기부금을 지급받기로 한 증여계약은, 공무수행과 결부된 금전적 대가로서 그 조건이나 동기가사회질서에 반하므로 민법 제103조에 의해 무효라고 본 사례).

판례4   [1] 구 문화재보호법 제34조, 제75조에 의한 문화재 현상변경허가는 행정청의 재량행위에 해당하고, 관계 법령에 명시적인 금지규정이 없는 한 법령상 근거가 없더라도 행정목적을 달성하기 위하여 부관을 붙일 수 있으나, 부관의 내용은 적법하고 이행이 가능하여야 하며 비례원칙 및 평등원칙, 부당결부금지 원칙에 위반되지 않고, 행정처분의 본질적 효력을 해하지 아니하는 한도 내의 것이어야 한다. [2] 부산광역시 중구청장이 '갑 회사가 영도대교 부재 및 관련 자료를 전시할 수 있는 전시관을 건립할 것' 등의 부관(이하 '이사건 부관'이라 한다)을 붙여 현상변경허가에 대해 변경허가처분을 한 사안에서, 이 사건 부관은, 부산광역시가 부담하여야 할 문화재 보존경비를 갑 회사에 추가로 부담시킨 것으로 합리적인 이유 없이 갑 회사의 재산권을 침해하는 것인 점, 실질적인 의미에서 본체가 되는 행정행위인 건축허가처분과 관련성이 없는 전시관건립의무를 사후에 부과한 것으로 사후부관금지 및 부당결부금지 원칙에 반하는 것인 점, 갑 회사의 부담이점차 증가하게 된 제반 사정에 비추어 비례원칙 및 평등원칙에 위배되는 것인 점을 고려하면, 이는 재량권을 일탈·남용하여 위법하다고 한 사례(부산고등법원 2011. 10. 28. 선고 2010누6380 판결[시지정문화재허가사항변경허가중전시관건립및비용부담부분취소]). 이 사건 부관은 현상변경허가 변경처분에 붙여졌으나 실질적으로는 기존의 건축허가처분에 붙여진 것으로 보았다. 원심판결(고등법원판결)은 대법원에서 심리불속행으로 상고가 기각되어 확정되었다(대판 2012. 3. 15, 2011두28448).

4. 근거 및 효력

부당결부금지의 원칙의 법적 근거와 효력에 관하여 견해가 대립된다.

(1) 헌법적 효력설

부당결부금지의 원칙은 법치국가의 원리와 자의금지의 원칙으로부터 도출된다고 보면서 부당결부금지의 원칙은 헌법적 효력을 갖는다는 견해이며 다수견해이다.

(2) 법률적 효력설

부당결부금지의 원칙은 법치국가의 원칙과 무관하지 않지만 부당결부금지의 원칙의 직접적 근거는 권한법정주의와 권한남용금지의 원칙에 있다고 보는 것이 타당하므로 부당결부금지의 원칙은 법률적 효력을 갖는 법원칙으로 보는 견해이다. 이 견해가 타당하다.

(3) 효력론의 실익

부당결부금지의 원칙의 효력의 문제는 법률에서 행정권의 행사에 있어서 반대급부와 결부시킬 수 있는 것으로 명문으로 규정한 경우에 논할 실익이 있다. 즉, ① 부당결부금지의 원칙이 법률적 효력을 가지는 원칙이라면 법률에서 정한 반대급부가 행정권 행사와 실질적 관련이 없다고 여겨지는 경우, 따라서 이론상 부당결부금지의 원칙에 반하는 경우에도 당해 법률에 근거한 행정권 행사는 적법하다고 보아야 한다. 다만, 결부된 반대급부가 전혀 공익목적에 기여하지 않는 경우에는 그러한 사항을 정하는 법률규정은 비례원칙 위반으로 위헌이라고 보아야 한다. ② 만약 부당결부금지의 원칙이 헌법적 효력을 갖는 원칙이라면 부당결부금지의 원칙에 반하는 행정권 행사는 법률에 근거한 것이라도 위법한 것이 된다.

5. 위반의 효과

부당결부금지의 원칙에 반하는 행정권 행사는 위법한데, 무효인가, 취소할 수 있는 행위인가.

행정권의 행사와 결부된 반대급부 사이에 실질적 관련성이 있는지 여부에 대하여 다툼의 여지가 있는 경우에는 당해 행정권 행사가 위법한지 여부가 명백하지 않으므로 당해 행정권 행사는 취소할 수 있는 행위에 불과한 것으로 보아야 할 것이다. 이에 반하여 행정권 행사와 아무런 관련이 없는 급부를 명하는 경우에는 당해 행정권 행사는 무효라고 보아야 할 것이다.

　"주택사업계획승인에 붙여진 그 주택사업과는 아무런 관련이 없는 토지를 기부채납하도록 하는 부관을 위법하지만 당연무효라고 볼 수 없다"라고 한 대법원 판례가 있는데(대판 1997. 3. 11, 96다49650[소유권이전등기말소]), 이는 중대명백설에 비추어 타당하지 않다. 중대명백설에 의하면 무효라고 보아야 할 것이다.

　행정권 행사에 반대급부를 결부시키는 경우에는 부당결부금지의 원칙 위반뿐만 아니라 많은 경우에 비례의 원칙 위반도 문제된다.

> **문제의 해결** 1. 주택건설사업계획승인처분에 붙여진 진입도로 개설 또는 확장 후 기부채납하라는 부관은 부당결부금지의 원칙에는 반하지 않고, 비례의 원칙에 반하지 않는 한 적법하다.
> 2. 병역법 제76조 제 2 항에 따르면 국가 또는 지방자치단체의 장은 제 1 항 각 호의 병역의무 불이행에 해당하는 사람에 대하여는 각종 관허업(官許業)의 특허·허가·인가·면허·등록 또는 지정 등(이하 이 조에서 "특허등"이라 한다)을 하여서는 아니 되며, 이미 이를 받은 사람에 대하여는 취소하여야 한다. 병역의무 불이행과 인허가의 거부 또는 인허가 등의 취소 또는 정지 사이에 실제적 관련성이 있는지에 관하여 견해의 대립이 있는데, 실질적 관련성이 없다는 견해가 타당하다. 이 경우 부당결부금지의 원칙이 법률적 효력을 가진다는 견해에 따르면 병역의무 불이행을 이유로 한 인·허가 거부 또는 인·허가 취소는 부당결부금지의 원칙에 반하지만 적법하다. 다만, 비례의 원칙 위반 여부는 문제될 수 있다. 부당결부금지의 원칙이 헌법적 효력을 갖는다는 견해에 서면 병역법 제76조 제 2 항은 위헌 무효이고, 병역의무 불이행을 이유로 한 인·허가 거부 또는 인·허가 취소는 부당결부금지의 원칙에 반하고, 위헌인 법률에 근거한 처분이므로 위법하다.

XI. 공익목적의 원칙

　공익의 원칙(공익목적의 원칙)이라 함은 행정권은 공익목적을 위해 행사되어야 한다는 원칙이다(대판 2015. 1. 29, 2014두40616). 행정권을 공익목적이 아닌 목적(사적 목적, 정치적 목적)으로 행사하면 권한남용에 해당하여 그것만으로 위법하다. 또한, 재량권 행사에 있어서는 공익의 실현을 고려하여야 하고, 이익형량에서 관련 공익을 고려하여야 한다. 다만, 공익을 목적으로 하면서 관련되는 사익을 부수적으로 고려하고 조정하는 것은 가능하다.

XII. 자기책임의 원칙(책임주의원칙)

1. 의 의

　자기책임의 원칙이라 함은 누구든지 자기에게 책임이 있는 경우에 한하여 책임을 지며 불가항력이나 전혀 무관한 제3자의 행위로 인한 것에 대해서는 책임을 지지 않는다는 원칙이다. 자기책임의 원칙은 책임주의 또는 책임주의원칙이라고도 한다.

　　자기책임원리는 법치주의에 당연히 내재하는 원리이다.

> **판례**　헌법 제10조가 정하고 있는 행복추구권에서 파생되는 자기결정권 내지 일반적 행동자유권은 이성적이고 책임감 있는 사람의 자기 운명에 대한 결정·선택을 존중하되 그에 대한 책임은 스스로 부담함을 전제로 한다. 자기책임원리는 이와 같이 자기결정권의 한계논리로서 책임부담의 근거로 기능하는 동시에 자기가 결정하지 않은 것이나 결정할 수 없는 것에 대하여는 책임을 지지 않고 책임부담의 범위도 스스로 결정한 결과 내지 그와 상관관계가 있는 부분에 국한됨을 의미하는 책임의 한정원리로 기능한다. 이러한 자기책임원리는 인간의 자유와 유책성, 그리고 인간의 존엄성을 진지하게 반영한 원리로 민사법이나 형사법에 국한된 원리라기보다는 근대법의 기본이념으로서 법치주의에 당연히 내재하는 원리로 볼 것이다(헌재 2013. 5. 30, 2011헌바360등; 헌재 2015. 3. 26, 2012헌바381등).

　　책임의 원칙 또는 책임주의는 행정법상 처분에도 적용된다는 것이 판례의 입장이다.

> **판례1**　제재를 함에 있어 위반행위의 경중이 전혀 고려되지 않게 되면 책임의 원칙에 부합하지 않게 된다(대판 전원합의체 2019. 2. 21, 2014두12697[부당이득금부과처분취소등]).
>
> **판례2**　선불식 할부거래 회사가 위와 같이 '결격사유에 해당하게 된 경우'에도 책임주의원칙에 비추어 결격사유의 발생을 회피하는 것을 당사자에게 기대하기 어려운 사정이 있거나 법령상 의무 위반을 비난할 수 없는 정당한 사유가 있는 경우까지 등록취소처분을 할 수 있는 것은 아니라고 보아야 한다 (대판 2017. 4. 26, 2016두46175).
>
> **판례3**　이 사건 법률조항에 의한 입찰참가자격의 제한은 스스로 결정하지 않은 것이나 결정할 수 없는 것에 대하여 책임과 위험부담을 지우는 것이라고 할 수 없어 자기책임의 원칙에 반하지 않는다 (서울고법 2015. 8. 18, 2014누61639[입찰참가자격제한처분취소]).

2. 내용 및 효력

　　자기책임의 원리에 따르면 누구든지 자기가 결정하지 않은 것이나 결정할 수 없는 것에 대하여는 책임을 지지 않고, 책임부담의 범위도 스스로 결정한 결과 내지 그와 상관관계가 있는 부분에 국한된다. 자기책임이 없는데 책임을 지우는 것은 자기책임의 원리 및 법치주의에 반한다. 불가항력이나 전혀 관련없는 제3자에 의한 침해에 대해 책임지도록 하는 것은 불가능을 요구하는 것으로서 법의 일반원리에 반한다.

　　그리고, 모든 책임에는 책임자에게 책임사유(귀책사유)가 있어야 한다. 책임사유에는 인과관계와 협의의 귀책사유(고의 또는 과실 또는 위법행위)가 있다. 결과에 대한 책임으로 규정되어 있는 경우에는 결과에 대한 책임자의 원인이 되는 행위 또는 최소한 결과에 대한 일정한 정도의 기여가 있는 경우에 한하여 책임을 지도록 하는 것이 책임의 원리에 합치한다.

행정책임에서 인과관계와 협의의 귀책사유의 의미는 책임의 종류에 따라 다르다. 사법상 책임은 원칙상 고의 또는 과실이라는 주관적 귀책사유를 요구하지만, 공익을 위한 책임인 행정책임은 공익과 개인책임의 이익형량에 따라 사법상 책임보다는 엄격하고 객관화된 귀책사유가 요구된다. 공익에 대한 영향이 중대할수록, 그리고 공익보장을 위해 행정상대방의 법준수와 역할이 중요할수록 그에 비례하여 엄격책임(귀책사유의 완화와 책임범위의 확대)을 지워야 한다. 그리고 예외적이기는 하지만, 공익상 필요가 매우 큰 경우에는 법령에 근거하여 결과책임도 인정될 수 있다. 경찰책임에서의 귀책사유는 행위책임이나 상태책임이 있는 자로서 위험에 직접적인 원인을 제공한 것을 의미한다. 폐기물관리법은 폐기물처리업자에 의해 불법으로 버려진 사업장폐기물에 대한 사업장폐기물배출자의 처리책임에 사업장폐기물배출자의 귀책사유를 요구하고 있다. 제재처분의 경우 대법원 판례에 따르면 제재처분에는 법위반자의 고의·과실을 요하지 않지만, 법령에서 의무위반만으로 제재처분(영업정지, 과징금 등)을 과할 수 있는 것으로 규정하고 있는 경우에도 의무위반을 탓할 수 없는 정당한 사유가 있는 경우에는 제재처분을 할 수 없다. 종업원의 범죄행위에 대해 선임·감독상의 과실이 없는 사업주도 처벌하도록 규정하고 있는 양벌규정은 법치국가의 원리 및 죄형법정주의로부터 도출되는 형벌에 관한 책임주의원칙에 반하므로 위헌이다(헌재 2010. 7. 29, 2009헌가14).

행정책임은 법률유보의 원칙상 법률의 근거가 있어야 한다. 책임사유 및 책임의 범위가 법률로 정해져야 하는데, 책임사유는 인과관계와 협의의 귀책사유를 엄격하게 구분하지 않고 책임사유로 통합하여 규정하는 것도 가능하다.

제 4 항   조   리

조리(條理)란 사회 일반의 정의감에서 마땅히 그러하여야 할 것이라고 인정되는 것을 말한다. 조리가 법원이 되는 것은 우리나라와 일본에 특유한 것으로 동양의 관념으로는 '도리'(道理), 서양의 관념으로는 '정의 또는 형평'과 동의어라고 할 수 있다. 조리의 법원으로서의 인정은 실정법질서 내에 자연법적 사상의 제한적 수용이라고도 말할 수 있다.

조리는 법원으로서 어떠한 효력을 갖는가.

① 조리는 법해석의 기본원리가 된다. 법령은 가능한 한 조리에 맞도록 해석하여야 한다.

② 조리는 법의 흠결이 있는 경우에 최종적이고 보충적인 법원이 된다. 법원은 적용할 법이 없다는 이유로 재판을 거부할 수 없고 이 경우에는 조리에 따라 재판하여야 한다. 판례는 조리에 기초하여 행정기관의 안전관리의무를 인정하고 있다(후술 국가배상 참조).

제 5 절 법원의 단계구조

Ⅰ. 법원의 상호 관계

행정법에 관한 법규정들은 상하의 효력을 갖는 여러 단계로 나누어져 하나의 체계적이고 통일적인 법질서를 이루고 있다. 가장 상위의 효력을 갖는 법원(法源)을 순서로 열거하면 헌법 및 헌법적 효력을 갖는 법의 일반원칙 — 법률·국회의 승인을 받은 긴급명령 및 법률적 효력을 갖는 법의 일반원칙 — 명령(대통령령 – 총리령 또는 부령) — 자치법규.

명령은 제정권자의 우열에 따라 대통령령 — 총리령 또는 부령(총리령과 부령은 상하의 관계에 있지 않다)의 순으로 상위법과 하위법의 효력관계에 있다. 자치법규는 광역자치단체의 자치법규(조례 – 규칙) — 기초자치단체의 자치법규(조례 – 규칙)의 순으로 상위법과 하위법의 관계에 있다. 동일단계의 자치단체의 조례와 규칙 사이에는 지방의회가 제정하는 조례가 지방자치단체의 장이 제정하는 규칙보다 상위법이다.

동일한 효력을 갖는 법 상호간에 모순이 있는 경우에는 특별법우선(特別法優先)의 원칙과 신법우선(新法優先)의 원칙에 의해 특별법이 일반법보다, 신법이 구법보다 우선한다. 또한, 특별법우선의 원칙이 신법우선의 원칙보다 우월하므로 구법인 특별법이 신법인 일반법보다 우선한다.

Ⅱ. 위헌·위법인 법령의 효력과 통제

상위법에 위반되는 하위법규정은 위법한 법규정이 된다.

하위법령은 그 규정이 상위법령의 규정에 명백히 저촉되어 무효인 경우를 제외하고는 관련 법령의 내용과 입법 취지 및 연혁 등을 종합적으로 살펴서 그 의미를 상위법령에 합치되는 것으로 해석하여야 한다(대판 2012. 10. 25, 2010두3527 등 참조). 이를 상위법령합치적 법령해석이라 한다. 즉, 하위 법령의 규정이 상위 법령의 규정에 저촉되는지 여부가 명백하지 않고 하위법령의 의미를 상위법령에 합치되는 것으로 해석하는 것도 가능한 경우라면, 하위법령이 상위법령에 위반된다는 이유로 쉽게 무효를 선언할 것은 아니다(대판 2016. 12. 15, 2014두44502; 대판 2020. 3. 26, 2017두41351).

상위법령(법)이 그보다 상위의 법(헌법)에 반하는 위법한 경우에는 하위법(명령이나 자치법규)은 최상위의 법에 위반하지 않는 한 위법한 법이 되지 않는다.

위법한 법규정의 효력은 어떠한가. 위헌 또는 위법인 법규정은 "무효"라는 표현을 쓰는 경우가 많은데, 그러한 표현의 사용에 대하여는 이견도 있고, 그 무효의 의미와 내용에 관하여는 견해가 대립하고 있으며 아래에서 보는 바와 같이 실정법령 및 판례에 의하면 위헌 또는 위법인 법령의 효력은 그 법령의 종류에 따라 동일하지 않고 다양하다.

① 헌법에 위반되는 법률은 법원의 위헌법률심판의 제청에 따라 헌법재판소에 의한 위헌법률심사(違憲法律審査)의 대상이 된다. 헌법재판소의 결정에 의해 위헌판결이 나면 그 법률은 장래에 향하여 효력을 상실한다. 국회의 승인을 받은 긴급명령은 법률과 같은 효력을 가지므로 법률에 준해서 헌법재판소의 위헌법률심사의 대상이 된다. ② 헌법 및 상위법령에 위반하는 명령 또는 자치법규는 구체적인 사건에서 재판의 전제가 된 경우에 법원의 심사의 대상이 된다. 위헌 또는 위법이 확인된 명령 또는 자치법규는 당연히 효력을 상실하는 것이 아니며 당해 사건에 한하여 적용이 배제된다. ③ 처분적 명령이 무효확인소송의 대상이 되어 무효확인된 경우에는 처음부터 효력이 없었던 것으로 확인된다. 다만, 당해 처분적 명령에 근거하여 무효확인판결 전에 행해진 처분에 대하여도 소급효가 미치는지에 대하여는 논란의 여지가 있다. ④ 명령에 대한 헌법소원이 인용된 경우 당해 명령의 효력은 결정의 유형(단순위법결정, 불합치결정, 한정위법결정, 한정합법결정)에 따라 다르다. ⑤ 상위법령에 반하는 조례안은 일정한 요건 하에 지방자치법상의 기관소송(무효확인소송)의 대상이 된다.

Ⅲ. 행정기관의 법령심사권 및 적용배제권

행정기관의 법령심사권 및 적용배제권에 대하여는 행정의 법에의 종속과 실질적 법치주의의 원칙의 조화라는 차원에서 명령의 위법성이 명백한 경우에 한하여 행정기관이 그 적용을 배제할 수 있다는 견해가 타당하다. 특히 명령의 위헌 또는 위법이 대법원에 의해 최종적으로 확인된 경우에는 그 위법이 명백하므로 행정기관은 그 명령을 더 이상 적용하여서는 안 된다고 보아야 한다. 또한, 중대한 공익 또는 기본권 보장의 필요가 있는 반면에 명령의 위법성이 명백하고 당해 명령의 개정을 기다릴 시간적 여유가 없는 경우에는 그 위법한 명령의 적용을 배제하여야 할 의무가 있다고 보아야 한다.

> **판례** 행정청이 행정처분 단계에서 당해 처분의 근거가 되는 법률이 위헌이라고 판단하여 그 적용을 거부하는 것은 권력분립의 원칙상 허용될 수 없다(헌재 2008. 4. 24, 2004헌바44).

제 6 절 행정법의 집행과 행정법의 해석

행정법의 집행은 구체적인 행정문제에 일반적·추상적인 행정법을 적용하는 과정이다. 이는 삼단논법의 방식에 의한다. 행정문제를 조사하여 확인하고, 적용할 행정법을 선택하여 일반적이고 추상적인 행정법을 해석하고, 구체적인 행정문제를 행정법에 포섭하는 방식 달리 말하면 행정법을 구체적인 행정문제에 적용하는 방식에 의한다.

일반법보다 특별법을 우선 적용하고, 특별법에 규정이 없는 사항에 대해서는 일반법을 적용한다.

법령에 따라 처분을 하려면 처분요건의 충족이 사실로 인정되어야 한다. 처분요건 충족사실은 관련서류만으로 인정되는 경우도 있고, 관련서류만으로 인정되지 못하는 경우에는 관련서류와 함께 사실조사를 통해 인정되어야 한다. 처분사실의 존재는 단순한 가능성만으로는 안 되고 최소한 개연성(다만, 제재처분의 경우 고도의 개연성)이 인정되어야 한다. 사실조사는 행정조사기본법 등 행정조사에 관한 법령(예, 세무조사에 관한 국세기본법 등)에 따라야 한다. 후술하는 바와 같이 행정조사가 위법하면 그에 따른 처분도 원칙상 위법하다는 것이 판례의 입장이다. 처분 후 처분요건 충족 여부가 재판에서 다투어지는 경우에 원칙상 처분요건 충족사실에 대한 증명책임은 처분청이 진다. 처분의 예외가 되는 사유 등 처분의 장애가 되는 사실(사유)의 인정은 원칙상 원고인 처분의 상대방이 진다. 판결에서는 행정에서 보다 엄격한 입증(민사·행정소송에서는 고도의 개연성의 입증(통상인이라면 의심을 품지 않을 정도의 입증), 형사소송에서는 합리적 의심의 여지가 없을 정도의 입증)이 행해지므로 행정기관은 특별한 사정(고도로 전문적인 사실의 인정 등)이 없는 한 확정판결에 의해 인정된 사실을 따라야 한다.

행정법의 해석은 행정법규정의 문언이나 문구의 의미를 명확히 하는 해석(문언해석 내지 문리해석)을 기본으로 하면서도 행정법의 입법목적에 합치하도록 해석(목적론적 해석)하도록 노력하여야 하고, 상하 또는 동일 법규정 상호간에 모순없이 체계적이고 논리적으로 해석(체계적·논리적 해석)하여야 한다. 그리고 최종적으로 행정법의 종국목적인 공익의 실현 및 이익 상호간의 적절한 이익의 조정을 고려하여야 한다.

판례1   **법률 해석의 방법**: 법해석의 목표는 어디까지나 법적 안정성을 저해하지 않는 범위 내에서 구체적 타당성을 찾는 데 두어야 한다. 그러기 위해서는 가능한 한 법률에 사용된 문언의 통상적인 의미에 충실하게 해석하는 것을 우선으로 하여야 하고, 다만 문언의 통상적 의미를 벗어나지 아니하는 범위 내에서는 법률의 입법 취지와 목적, 제·개정 연혁, 법질서 전체와의 조화, 다른 법령과의 관계 등을 고려하는 체계적·논리적 해석방법을 추가적으로 활용할 수 있다(대판 2017. 12. 22, 2014다223025).

판례2   '침익적 행정처분 근거 규정 엄격해석의 원칙'이란 단순히 행정실무상의 필요나 입법정책적 필요만을 이유로 문언의 가능한 범위를 벗어나 처분상대방에게 불리한 방향으로 확장해석하거나 유추해석해서는 아니 된다는 것이지(대판 2016. 11. 24, 2014두47686 등 참조), 처분상대방에게 불리한 내용의 법령해석은 일체 허용되지 않는다는 취지가 아니다. 문언의 가능한 범위 내라면 체계적 해석과 목적론적 해석은 허용된다(대판 2018. 11. 29, 2018두48601 등 참조).

누구든지 법령등의 내용에 의문이 있으면 법령을 소관하는 중앙행정기관의 장(이하 "법령소관기관"이라 한다)과 자치법규를 소관하는 지방자치단체의 장에게 법령해석을 요청할 수 있다(행정기본법 제40조 제1항). 법령 소관 행정기관의 법령해석을 유권해석이라 한다.

법령소관기관이나 법령소관기관의 해석에 이의가 있는 자는 대통령령으로 정하는 바에 따라 법령해석업무를 전문으로 하는 기관(민사·상사·형사, 행정소송, 국가배상 관계 법령 및 법무부 소관 법령과 다른 법령의 벌칙조항에 대한 해석인 경우에는 법무부, 그 밖의 모든 행정관계 법령의 해석인 경우에는 법제처(법제업무운영규정 제29조 제 1 항))에 법령해석을 요청할 수 있다(행정기본법 제40조 제 3 항). 그 밖에 법령해석에 관한 사항은 법제업무규정(대통령령) 제26조 이하에서 규정하고 있다.

제 7 절   행정법규정의 흠결과 보충

Ⅰ. 개   설

행정법의 규율대상은 매우 다양하고 복잡하여 이를 규율하는 개별법규정이 없는 경우가 적지 않다. 또한, 행정법에 있어서는 행정법총칙이 존재하지 않는다. 그리하여 행정법관계에서는 적용할 행정법규정이 없는 경우가 적지 않다.

그런데, 적용할 법규정이 없다는 이유로 재판을 거부할 수는 없다. 법의 흠결이 있는 경우 해석을 통하여 법을 보충하여야 한다.

Ⅱ. 행정법규정의 유추적용

성문의 행정법규정의 흠결이 있는 경우에는 우선 유사한 행정법규정(공법규정)을 유추적용하여야 한다. 유추적용이라 함은 적용할 법령이 없는 경우에 유사한 법령규정을 적용하는 것을 말한다.

Ⅲ. 헌법규정 및 법의 일반원칙의 적용

유추적용할 행정법규정이 없는 경우에는 헌법규정 및 법의 일반원칙을 적용할 수 있다. 유추적용을 위해서는 법적 규율이 없는 사안과 법적 규율이 있는 사안 사이에 공통점 또는 유사점이 있어야 할 뿐만 아니라, 법규범의 체계, 입법 의도와 목적 등에 비추어 유추적용이 정당하다고 평가되는 경우이어야 한다(대판 전원합의체 2021. 7. 22, 2019다277812; 대판 2023. 8. 18, 2021다294889: 택지개발사업의 시행을 위하여 수용한 토지의 환매권 발생 요건에 관하여 정한 구 택지개발촉진법 제13조 제 1 항이 택지개발사업의 시행을 위하여 협의취득한 토지의 환매권 발생 요건에 관하여도 유추적용되는 것이 타당하다고 한 사례).

법령상 제외사항이 입법자가 의도한 것인 경우 달리 말하면 법적 규율이 없는 사항이 법적 규율의 대상에서 제외하고자 하는 것이 입법상 명확한 경우에는 유추적용이 인정되지 않는다. 또한, 의도된 입법의 불비(입법자가 조리에 따른 학설 및 판례에 맡긴 경우. 예, 국가배상에서 공무원의 피해자에 대한 개인배상책임)에는 유추적용이 아니라 조리(학설 및 판례)에 의해 해결하여야 한다.

Ⅳ. 사법규정의 적용

행정법관계를 규율할 어떠한 공법도 존재하지 않는 경우에는 사법규정을 적용 또는 유추적용할 수 있다. 이에 관하여는 전술하였다.

Ⅴ. 조리의 적용

조리는 최종적인 법원이다. 행정법관계에 적용할 어떠한 공법이나 사법도 없는 경우 조리를 적용한다. 법원은 적용할 법이 없다는 이유로 재판을 거부할 수 없고, 이 경우에는 조리에 따라 재판하여야 한다.

제 3 장

행정법관계(공법관계)와 사법관계

제1절 행정법관계의 의의 및 공법관계와 사법관계의 구별

Ⅰ. 행정법관계의 의의

행정활동을 기초로 하여 맺어지는 법률관계를 **행정상 법률관계**라고 말한다. 행정상 성립되는 법률관계에는 행정주체와 국민간에 맺어지는 법률관계와 행정주체와 공무원간에 맺어지는 법률관계, 행정주체 상호간에 맺어지는 법률관계가 있다. **법률관계(法律關係)**란 법주체 상호간의 권리의무관계를 말한다.

Ⅱ. 공법관계와 사법관계의 구별

> 문제   1. 시립무용단원채용계약에 관한 소송은 공법상 당사자소송인가 민사소송인가.
> 2. 행정재산의 목적외 사용허가의 거부에 대하여는 취소소송을 제기할 수 있는가.
> 3. 부당이득반환청구소송(조세과오납금환급청구소송)은 공법상 당사자소송으로 제기하여야 하는
>   가, 민사소송으로 제기하여야 하는가.

1. 공법관계와 사법관계의 구별실익

(1) 적용법규 및 적용법원리의 결정

우선 적용할 법규정과 적용할 법원리를 결정하기 위하여 문제의 법률관계가 공법관계(권력관계 또는 관리관계)인지 사법관계인지 구별할 필요가 있다.

행정상 법률관계가 사법관계(국고관계)로 판정된 경우에는 사법규정 및 사법원리가 적용된다. 다만, 행정사법관계에는 일부 공법원리가 적용된다.

공법관계를 적용대상으로 하는 법은 공법이 되며 공법원리에 맞게 해석되어야 한다. 공법관계에 적용할 법규정이 존재하지 않는 경우에는 우선 공법규정을 유추적용하여야 한다. 유추적용할 공법규정도 없는 경우에는 권력관계에 대하여는 공법원리에 맞게 민법상의 일반법원리적

규정을 유추적용하고, 관리관계에 대하여는 사법이 널리 적용되지만, 공익의 보호를 위하여 필요한 한도 내에서는 사법규정을 수정하여 적용하여야 한다.

(2) 소송형식 및 소송절차의 결정

① 공법관계에 관한 소송은 행정소송으로 제기하여야 하고 사법관계에 관한 소송은 민사소송으로 제기하여야 한다. 처분에 대하여는 항고소송을 제기하고, 공법상 법률관계에 관한 분쟁에 있어서는 공법상 당사자소송을 제기하여야 한다.

민사소송의 관할법원은 1심이 지방법원 또는 지방법원지원 또는 시군법원이고 2심이 고등법원이고 3심이 대법원이다. 행정소송의 관할법원은 1심이 행정법원이 있는 서울에서는 행정법원이고 행정법원이 없는 지역에서는 지방법원 합의부이고, 2심이 고등법원이고 3심이 대법원이다.

② 행정소송절차는 민사소송절차와 다른 특별한 소송절차이다.

2. 공법관계와 사법관계의 구별기준

공법관계(공법행위)와 사법관계(사법행위)의 구별은 기본적으로 관련법규정과 법률관계(행위)의 성질을 고려하여 결정하여야 한다.

(1) 제1차적 기준: 관련법규정

우선 문제의 법률관계를 규율하는 관련법규정이 제1차적 기준이 된다.

관련법규가 문제의 법률관계가 공법관계라는 것을 전제로 하고 있는 법규정인 경우에는 그 법률관계는 공법관계이다. 공법에 의해 규율되는 법률관계는 공법관계이다.

법규가 행정상 강제집행 등 권력적 행위를 규율대상으로 하는 경우에 그 법규는 공법이며 그 대상이 되는 행위는 공법행위가 된다. 그리고 행정상 강제집행을 인정하고 있는 경우 그 대상이 되는 의무는 공법상 의무로 추정된다. 그러나, 행정의 편의를 위하여 사법상의 금전급부의무의 불이행에 대하여 국세징수법 중 체납처분에 관한 규정을 준용하는 경우가 있는데 (국유재산법 제38조에 의한 잡종재산의 대부료의 징수), 이 경우에는 당해 사법상 의무는 법에 의해 행정상 강제징수의 대상이 되는 것으로 규정되어 있다고 하더라도 여전히 사법상 의무이며 공법상 의무가 되지 않는다 (대판 1993. 12. 21, 93누13735). 그러나, 체납처분행위는 공법행위이고, 특별한 사정이 없는 한 민사소송의 방법으로 대부료 등의 지급을 구하는 것은 허용되지 아니한다(대판 2014. 9. 4, 2014다203588[건물인도등]).

또한 법적 분쟁에 대하여 행정상 쟁송을 제기하도록 규정하고 있는 경우에 그 규율대상이 되고 있는 행위 또는 권리는 공법행위 또는 공권이라고 추정된다.

어떤 법률관계(행정작용)가 사법형식에 의해 규율되고 있는 것이 명백한 경우에 그 법률관계(행정작용)는 사법관계(사법행위)가 된다.

(2) 제 2 차적 기준: 법률관계(또는 행위)의 성질

관련법규에 의해 공법관계(공법행위)와 사법관계(사법행위)가 명확하게 구별되지 못하는 경우가 있는데 이 경우에는 관련법규정과 함께 법률관계(또는 행위)의 성질을 기준으로 공법관계와 사법관계를 구별하여야 한다.

법률관계의 성질을 기준으로 한 공법관계와 사법관계의 구별에 관하여 권력설, 이익설 및 귀속설이 대립되고 있다.

1) 권력설(종속설, 복종설)

권력설(權力說)은 행정주체에게 우월적 지위가 주어지는 지배복종관계인 법률관계는 공법관계로 보고, 양 당사자가 대등한 법률관계는 사법관계로 본다.

행정주체가 당사자가 되는 권력관계(권력행위)는 공법관계(공법행위)라는 점에서 그 의의가 있다. 그러나, 이 견해는 오늘날 비권력적인 공법관계(행정법관계)가 널리 인정되고 있는 점에서 문제가 있다. 사법관계에도 예외적이기는 하지만 지배복종관계(친자관계)가 있다.

2) 이 익 설

이익설(利益說)은 공익의 보호와 관계가 있는 법률관계를 공법관계로 보고 사익에 관한 법률관계를 사법관계로 본다. 공법관계는 권력관계이든 비권력관계이든 모두 공익의 보호와 관련이 있고, 사법관계는 사익에 관한 법률관계인 점에서 이익설은 공법관계와 사법관계의 일반적인 구별기준이 된다는 점에서 그 의의가 있다.

그러나, 공익과 사익의 구별이 상대적이고, 공법관계는 공익의 보호와 함께 사익의 보호와 관련이 있고, 사법관계도 공익과 관련이 있는 경우가 있다는 점에서 이익설의 한계가 있다. 행정사법관계는 공익과 밀접한 관련이 있지만 기본적으로 사법관계이다.

3) 귀속설(신주체설)

귀속설(歸屬說)은 공권력의 담당자의 지위를 갖는 자에게만 권리 또는 의무를 귀속시키는 법률관계가 공법관계이고, 누구에게나 권리 또는 의무를 귀속시키는 법률관계가 사법관계라고 본다. 여기에서 **공권력**은 공행정주체 일반에 부여되는 우월적 지위를 의미하며 일방적인 명령강제권을 의미하는 것은 아니다.

귀속설은 권력관계와 비권력관계를 포함하여 공법관계 일반과 사법관계의 통일적인 구별기준이 된다는 점에 그 의의가 있다.

그러나, 귀속설의 문제점은 구체적인 법률관계에서 행정주체가 공권력주체로서의 지위를 가지는지 그렇지 않은지가 불분명한 경우가 있다는 점 및 공권력의 담당자의 지위는 공법관계를 전제로 해서 인정되는 것이므로 논리순환의 모순에 빠져 있다는 점이다.

4) 결어: 복수기준설(종합설)

가. 복수기준설의 타당성   공법관계과 사법관계의 구별기준으로 제시된 이익설, 종속설 및 귀속설은 모두 중요한 구별기준을 제시하고 있지만 공법관계과 사법관계의 구별에 관한 완벽한 이론이 되지 못한다. 따라서, 위의 네 이론을 종합적으로 고려하여 문제의 법률관계(행위)가 공법관계(공법행위)인지 사법관계(사법행위)인지를 판단하여야 한다. 이를 **복수기준설**(複數基準說)이라 한다.

복수기준설은 일관성 있는 법이론이 되지 못하는 문제점을 갖고 있지만 공법관계와 사법관계의 구별에 관한 이론 중 가장 현실적인 이론이다.

나. 복수기준설의 적용   ① 우선 관계법규에 비추어 행정주체에게 우월한 법적 지위를 부여하고 있는 경우에 그 법률관계(행위)는 공법관계(공법행위)인 권력관계(권력행위)일 가능성이 많다. 또한, 문제의 공법관계(공법행위)가 권력관계(권력행위)인가 비권력관계(비권력적 공법행위)인가를 구별할 필요가 있는 경우(^{행정행위와 공법상}
_{계약의 구별상})가 있는데, 이 경우에 권력설은 중요한 기준이 된다.

② 그리고, 이익설이 보충적인 기준이 될 수 있다. 즉, 공익의 보호가 고려되고 있는 것은 당해 법률관계를 공법관계로 해석하는 데 유리하게 작용한다. 행정주체에게 우월한 법적 지위를 인정하고 있지 않는 경우에도 그 법률관계(행위)의 공공성이 강한 경우에는 공법관계(공법행위)인 관리관계(비권력적 공행정작용)로 된다.

③ 그러나, 그 법률관계(행위)에 공공성이 인정되는 경우에도 그것을 규율하는 법이 명백한 사법규정이라고 판단되는 경우에는 사법형식에 의한 법률관계(또는 행정작용)로 되어 기본적으로 사법관계(사법행위)가 된다(행정사법관계(行政私法關係)).

④ 법률관계(행정작용)에 공공성이 없는 경우에는 그 법률관계(행정작용)는 사법관계(사법행위)가 된다. 문제의 법률관계가 사법관계와 유사하며 사법관계와 다르게 규율할 필요가 없으면 사법관계이다.

> **판례** 국가를 당사자로 하는 계약에 관한 법률 제9조 제3항의 입찰보증금의 국고귀속조치와 같이 외관상 행정권의 일방적 조치라고 보여지는 경우에도 실질에 있어서 행정주체가 사법상의 재산권의 관리주체로서 행위하는 경우에는 그 행위는 사법행위에 속한다(대판 1983. 12. 27, 81누366[입찰참가자격정지처분취소]).

공법관계와 사법관계의 구별의 문제는 공법행위와 사법행위의 구별의 문제와 같은 실익과 기준을 가지므로 공법관계와 사법관계의 구별의 실익과 기준에 관한 논의는 공법행위와 사법행위의 구별에도 그대로 적용될 수 있다.

공법적 행위에 의해 사법적 효과를 발생시키는 경우도 있고(^{토지수용의 경우 토지소유권}
_{변동의 효과를 가져오고,} _{간접적 효과이기는 하지만 공법상 행위로 인하여}
_{발생하는 국가배상청구권은 판례에 의하면 사권이다}), 사법관계가 공법적 행위의 대상이 되는 경우도 있다(^{잡종}
_{재산} _{의 대부료 납부의무는 사법상 의무로 볼 수}
_{있는데 행정상 강제징수의 대상이 된다}).

다. 지표의 종합적 고려에 의한 구별   관련법규정 및 문제의 법률관계(또는 행위)의 성질에 의해 당해 법률관계(또는 행위)가 공법관계(또는 공법행위)인지 아니면 사법관계(또는 사법행위)인지 명확하지 않을 때, 달리 말하면 문제의 법률관계(또는 행위)가 공법관계(또는 공법행위)와 사법관계(또는 사법행위)의 한계선상에 있을 때에는 관련법규정 및 문제의 법률관계(또는 행위)의 성질 중 문제의 법률관계(또는 행위)를 공법관계(또는 공법행위)로 보아야 할 지표(指標)들과 문제의 법률관계(또는 행위)를 사법관계(또는 사법행위)로 보아야 할 지표들을 종합적으로 고려하여 개별적으로 판단하여야 한다.

공법관계와 사법관계의 구별에 관한 판례는 다음과 같다.

(가) 국유재산의 매매 또는 사용

국유 또는 공유의 일반재산의 매각이나 대부는 행정처분이 아니며 사법상 계약이다.

> **판례**   **국유잡종재산 대부행위의 법적 성질(=사법상 계약) 및 그 대부료 납부고지의 법적 성질(=사법상 이행청구):** 국유재산법 제31조, 제32조 제 3 항, 산림법 제75조 제 1 항의 규정 등에 의하여 국유잡종재산에 관한 관리 처분의 권한을 위임받은 기관이 국유잡종재산을 대부하는 행위는 국가가 사경제 주체로서 상대방과 대등한 위치에서 행하는 사법상의 계약이고, 행정청이 공권력의 주체로서 상대방의 의사 여하에 불구하고 일방적으로 행하는 행정처분이라고 볼 수 없으며, 국유잡종재산에 관한 대부료의 납부고지 역시 사법상의 이행청구에 해당하고, 이를 행정처분이라고 할 수 없다. 국유재산법 제38조, 제25조의 규정에 의하여 국세징수법의 체납처분에 관한 규정을 준용하여 대부료를 징수할 수 있다고 하더라도 이로 인하여 대부계약의 성질이 달라지는 것은 아니라 할 것이다(대판 2000. 2. 11, 99다61675[부당이득금]).

그러나, 국유 또는 공유재산(잡종재산(일반재산) 포함)의 무단점유에 대한 변상금부과처분은 행정처분이다.

> **판례**   국유재산법 제51조 제 1 항은 국유재산의 무단점유자에 대하여는 대부 또는 사용, 수익허가 등을 받은 경우에 납부하여야 할 대부료 또는 사용료 상당액 외에도 그 징벌적 의미에서 국가측이 일방적으로 그 2할 상당액을 추가하여 변상금을 징수토록 하고 있으며 동조 제 2 항은 변상금의 체납시 국세징수법에 의하여 강제징수토록 하고 있는 점 등에 비추어 보면 국유재산의 관리청이 그 무단점유자에 대하여 하는 변상금부과처분은 순전히 사경제 주체로서 행하는 사법상의 법률행위라 할 수 없고 이는 관리청이 공권력을 가진 우월적 지위에서 행한 것으로서 행정소송의 대상이 되는 행정처분이라고 보아야 한다(대판 1988. 2. 23, 87누1046, 1047[국유재산변상금부과처분취소]).

국유 또는 공유재산인 행정재산의 사용허가는 행정행위(특허)이다. 그 행정재산이 기부채납받은 재산이라 하여도 그에 대한 (무상)사용·수익허가의 법적 성질은 행정처분이다(대판 2001. 6. 15, 99두509). 그러나, 무상사용허가를 받은 행정재산을 전대하는 행위는 원칙상 사법상의 임대차에 해당한다(대판 2004. 1. 15, 2001다12638).

> **판례1**   공유재산의 관리청이 행정재산의 사용·수익에 대한 허가는 순전히 사경제주체로서 행하는 사법상의 행위가 아니라 관리청이 공권력을 가진 우월적 지위에서 행하는 행정처분으로서 특정인에게 행정재산을 사용할 수 있는 권리를 설정하여 주는 강학상 특허에 해당한다(대판 1998. 2. 27, 97누1105[공유재산대부신청반려처분무효확인]).

판례2 한국공항공단이 정부로부터 무상사용허가를 받은 행정재산을 구 한국공항공단법(2002. 1. 4. 법률 제6607호로 폐지) 제17조에서 정한 바에 따라 전대하는 경우에 미리 그 계획을 작성하여 건설교통부장관에게 제출하고 승인을 얻어야 하는 등 일부 공법적 규율을 받고 있다고 하더라도, 한국공항공단이 그 행정재산의 관리청으로부터 국유재산관리사무의 위임을 받거나 국유재산관리의 위탁을 받지 않은 이상, 한국공항공단이 무상사용허가를 받은 행정재산에 대하여 하는 전대행위는 통상의 사인간의 임대차와 다를 바가 없고, 그 임대차계약이 임차인의 사용승인신청과 임대인의 사용승인의 형식으로 이루어졌다고 하여 달리 볼 것은 아니다(대판 2004. 1. 15, 2001다12638).

(나) 공법상 계약과 사법상 계약

판례는 서울시 시립무용단원의 위촉계약을 공법상 계약으로 보았고(대판 1995. 12. 22, 95누4636), 구 공특법상 협의취득계약을 사법상 계약으로 보았다(대판 1981. 5. 26, 80다2109).

(다) 입찰관련 행위

① 판례는 입찰계약을 사법상 계약으로 보고, 입찰보증금의 국고귀속조치를 사법상 행위로 본다(대판 1983. 12. 27, 81누366[입찰참가자격정지처분취소]).

② 법령에 근거한 행정기관(韓国)의 입찰참가자격정지는 처분이다(대판 1983. 12. 27, 81누366). 이에 반하여 계약(공법상 계약 또는 사법상 계약)에 근거한 입찰참가자격제한은 처분이 아니고, 계약상의 의사표시(공법상 의사표시 또는 사법상 의사표시)이다.

Ⅲ. 개별적 구별

공법관계와 사법관계의 구별은 법률관계 전체에 대해 개괄적으로 하는 것이 아니라 개별적인 법률관계마다 개별적으로 행하여진다. 그 이유는 오늘날 하나의 개괄적인 법률관계에 있어서 공법관계와 사법관계가 혼재되어 있는 경우가 적지 않기 때문이다.

Ⅳ. 2단계설

행정상 법률관계가 경우에 따라서는(보조금지급관계) 기본적 결정과 구체화 결정(발전적 결정)으로 단계적으로 형성되는 것으로 보면서 기본적 결정(보조결정)은 공법관계이고, 기본적 결정의 구체화 결정(발전적 결정)(보조계약)은 사법관계로 보는 견해가 있는데, 이를 2단계설이라 한다.

일반적으로 2단계설은 2단계가 공법관계와 사법관계로 형성되는 경우만을 의미하는 것으로 보고 있는데, 성질이 다른 2개의 공법관계로 형성되는 경우(행정행위인 우선협상대상자의 결정과 공법상 계약인 민자유치계약)도 2단계의 행정결정으로 보는 견해도 있다. 그리고, 행정법관계의 통일적인 규율을 해친다고 비판하면서 2단계설을 부인하는 견해도 있다.

제 2 절　행정상 법률관계의 종류

행정상 법률관계는 공법관계와 사법관계로 구분되고 공법관계는 다시 권력관계와 관리관계로 구분된다. 사법관계에는 엄격한 의미의 사법관계인 국고관계와 사법관계이지만 일부 공법적 규율을 받는 행정사법관계(사법형식에 의한 공행정관계)가 있다.

Ⅰ. 공법관계

공법이 적용되는 법률관계를 공법관계(公法關係)라 한다. 공법관계는 권력관계와 관리관계로 구별된다.

1. 권력관계

권력관계(權力關係)라 함은 공권력주체로서의 행정주체가 우월적인 지위에서 국민에 대하여 일방적인 조치(법률행위 또는 사실행위)를 취하는 관계를 말한다.

권력관계의 예로는 권력적 법률행위인 행정행위와 권력적 사실행위인 행정강제가 있다.

권력관계는 사인 상호간의 관계와는 그 성질이 크게 다른 관계이므로 사법과는 다른 공법원리에 의해 규율된다.

2. 관리관계

관리관계(管理關係)라 함은 행정주체가 사인과 대등한 관계에서 공행정을 수행함에 있어서(공익목적을 달성하기 위하여 사업을 수행하거나 재산을 관리함에 있어서) 국민과 맺는 관계를 말한다.

관리관계의 예로는 공법상 계약관계 등을 들 수 있다.

관리관계는 비권력관계라는 점에서 권력관계와 구별되고 사법관계와 유사하나 사법관계와 달리 공익성이 강하기 때문에 공익목적을 달성하기 위하여 필요한 한도에서는 특수한 공법적 규율이 행하여지는 관계이다. 그 이외에는 관리관계는 사법에 의해 규율된다.

3. 권력관계와 관리관계의 구별실익

권력관계와 관리관계를 구별하는 이유는 상호 성질이 다르고(전자는 권력관계이고 후자는 비권력관계이므로) 그에 따라 적용되는 공법원리에도 차이가 있기 때문이다.

① 권력관계에는 공정력, 확정력(불가변력과 불가쟁력) 및 강제력 등 행정주체에게 법률상 우월한 힘이 인정되지만, 관리관계는 비권력관계이므로 이러한 효력이 인정되지 않는다.

② 권력관계와 관리관계는 다같이 공법관계이므로 법률에 의한 행정의 원칙의 적용을 받지만, 권력관계는 관리관계와 비교하여 보다 엄격한 법적 규율을 받는다. 권력작용에는 원칙상 법률유보의 원칙이 적용되지만, 관리관계에는 법률유보의 원칙이 적용되는 경우도 있겠지만 일정한 경우에는 법률유보의 원칙이 적용되지 않는다. 즉, 공법상 계약과 행정지도에는 법률의 근거를 요하지 않는다. 관리관계에 법률유보의 원칙이 적용되는 경우에도 권력관계에서보다는 그 적용이 완화될 수 있다.

③ 권력관계와 관리관계를 규율하는 법과 법원리는 상이하며, 전술한 바와 같이 사법규정의 적용에 있어서도 차이가 있다.

④ 권력행위를 다투는 소송은 항고소송이지만, 비권력적 공행정작용(공법상 계약)을 다투거나 관리관계에 관한 소송은 원칙상 공법상 당사자소송으로 제기된다.

Ⅱ. 사법관계

사법관계(私法關係)란 행정주체가 사인과 같은 지위에서 국민과 맺는 관계를 말한다. 사법관계와 국고관계와 행정사법관계로 구분된다.

1. 국고관계

국고관계(國庫關係)란 행정주체가 일반 사인과 같은 지위에서(사법상의 재산권의 주체로서) 사법상의 행위를 함에 있어 사인과 맺는 관계를 말한다.

그 예로는 행정에 필요한 물품의 구매계약, 청사·도로·교량의 건설도급계약, 국유재산(잡종재산)의 매각, 수표의 발행, 금전차입을 들 수 있다.

국고관계는 전적으로 사법에 의해 규율된다는 것이 통설의 입장이다.

행정주체의 국고관계에서의 활동에 대하여는 국가를 당사자로 하는 계약에 관한 법률, 국유재산법, 공유재산 및 물품관리법 등에서 특수한 규율을 하고 있는 경우가 있는데 이들 특수한 규정은 공법규정이 아니라 사법규정이다.

판례는 조달계약을 사법상 계약으로 보지만, 조달계약을 그 공익성에 비추어 공법상 계약으로 보아야 한다는 견해와 행정사법으로 보아야 한다는 견해가 있다.

2. 행정사법관계

(1) 의의와 필요성

행정사법관계(行政私法關係)라 함은 행정주체가 사법형식에 의해 공행정(공적 임무)을 수행함에 있어서 국민과 맺는 법률관계를 말한다.

전통적으로 공행정은 공법적 수단에 의해 수행되는 것이 원칙이었으나 오늘날 행정주체가 공법규정하에서의 여러 가지 부담과 제약에서 벗어나 사적 부문의 자율성과 창의성에 기초하여 공행정을 효율적으로 수행할 수 있도록 하기 위하여 일정한 경우에 행정주체를 공법적 제약으로부터 해방하여 공행정을 사법형식에 의해 수행하도록 하고 있다.

(2) 행정사법관계의 인정 및 그 범위와 한계

행정사법관계는 법률에 의해 인정될 수 있다. 그리고, 행정사법관계를 인정하는 법률이 존재하지 않는 경우에도 행정청은 공행정을 수행함에 있어서 법령의 한계 내에서 공법형식과 사법형식을 선택할 수 있는 권한을 갖는다.

사법형식에 의한 행정이 행해질 수 있는 대표적인 영역은 급부행정(철도사업, 시영버스사업, 전기·수도·가스 등 공급사업, 우편사업, 하수도관리사업, 쓰레기처리사업)과 자금지원행정(보조금의 지급, 융자)이다.

경찰, 조세 등 고권적 행정과 공익성이 강하게 요구되는 행정은 사법형식에 의한 관리가 인정될 수 없다고 보아야 한다.

(3) 행정사법관계의 법적 규율

행정사법관계를 규율하는 법을 행정사법(行政私法)이라 한다. 행정사법관계는 공법형식의 제약에서 벗어나 사법형식에 의해 규율되는 법률관계이므로 기본적으로 사법관계이며 사법에 의해 규율된다. 그러나, 행정주체가 수행하는 작용의 실질은 공행정이므로 공행정의 공공성을 최소한으로 보장하고, 국민의 기본권을 보장하기 위하여 행정사법관계에는 해석상 일정한 공법원리(公法原理)가 적용된다고 본다.

사법형식에 의한 공행정에 적용되는 공법원리에는 평등의 원칙, 비례의 원칙, 공역무(공행정)계속성의 원칙, 행정권의 기본권 보장의무 등이다. 이와 같은 행정사법관계에 대한 일정한 공법원리의 적용은 행정권의 '사법으로의 도피'를 막기 위하여도 필요하다.

(4) 권리구제

행정사법관계는 기본적으로 사법관계이므로 행정사법관계에 관한 법적 분쟁은 민사소송의 대상이 된다.

제 3 절　행정법관계의 당사자(행정주체와 행정객체)

제 1 항　행정주체와 행정기관

Ⅰ. 의　　의

　　행정주체(行政主體)라 함은 행정을 행하는 법주체(法主體)를 말한다. 행정주체에는 국가, 지방자치단체, 공공조합, 영조물법인, 공법상 재단, 공무수탁사인이 있다. 행정을 실제로 행하는 것은 공무수탁사인에 있어서의 일정한 경우를 제외하고는 행정주체가 아니라 행정주체의 기관이다. 그러나 이들 기관의 행위의 법적 효과는 법인격체인 행정주체에게 귀속된다.

　　행정기관의 예로는 대통령, 국무총리, 장관, 차관, 차관보, 국장, 담당관, 과장, 계장 등이 있는데 이들 행정기관은 상이한 법적 지위를 갖는 여러 종류의 행정기관(^{행정청,보조기관,지원기관 등}으로 표현하기 어려우므로)으로 분류될 수 있다. 이 중에서 행정청이 행정법에서 가장 중요한 행정기관이다. 그것은 국민과의 관계에서 행정권의 행사는 원칙상 행정청의 지위를 갖는 행정기관의 결정에 의해 그의 이름으로 행해지기 때문이다.

　　국가에 있어서는 통상 장관, 청장과 특별지방행정기관의 장이 행정청이 되고 지방자치단체에 있어서는 지방자치단체의 장이 행정청이 된다.

Ⅱ. 행정주체의 종류

1. 국　　가

　　국가행정의 주체는 국가가 된다. 국가는 법인격을 가진 법인으로서 행정법관계의 법주체가 된다.

　　그런데 국가행정의 일부가 지방자치단체, 공공단체, 사인에게 위임 또는 위탁되어 행하여지는 경우도 있다. 이 경우에도 국가행정으로서의 실질은 그대로 유지한다. 그러나, 그 행정의 법적 효과가 누구에게 귀속되는가는 경우에 따라 국가에 귀속되기도 하고 수임자에게 귀속되기도 한다.

2. 지방자치단체

　　지방자치단체(地方自治團體)라 함은 국가의 영토 내에서 일정한 지역 및 그 지역의 주민으로 구성되며 그 지역 내에서 일정한 통치권을 행사하는 법인격을 갖는 공공단체를 말한다.

　　지방자치단체도 넓은 의미에서는 공공단체에 포함되나 협의의 공공단체와 달리 일정한 지역과 주민을 갖고 있다는 점과 일반적인 행정을 담당한다는 점에서 국가와 유사하며 타 공공단체와 구별된다. 타 공공단체(협의의 공공단체)는 특정한 사업수행만을 담당한다.

지방자치단체에는 보통지방자치단체(서울특별시, 광역시, 도, 시, 군, 자치구)와 특별지방자치단체(지방자치단체조합 등)가 있다. 보통지방자치단체는 광역자치단체(서울특별시, 광역시, 도)와 기초자치단체(시, 군, 자치구)로 구별된다.

지방자치단체는 지방자치단체에 고유한 고유사무와 국가로부터 위임받은 위임사무를 수행한다. 고유사무와 단체위임사무는 지방자치단체의 사무가 되므로 지방자치단체의 행정기관의 활동의 법적 효과는 법주체인 지방자치단체에 귀속된다. 기관위임사무는 지방자치단체 자체가 아니라 지방자치단체의 행정기관(특히 지방자치단체의 장)에게 위임된 사무로 그 사무는 지방자치단체의 사무가 아니라 국가사무 또는 위임기관이 속한 지방자치단체의 사무이다. 그리고, 기관위임사무를 수행하는 지방자치단체의 장은 국가기관위임사무의 경우 국가기관의 지위를 가지고, 시·도지사로부터 기관위임을 받은 경우에는 해당 시·도 기관으로서의 지위를 갖는다. 따라서 그 기관위임사무의 수행의 법적 효과는 그 기관위임사무의 행정주체인 국가 또는 지방자치단체에 귀속된다. 따라서, 지방자치단체의 사무와 기관위임사무를 구별하여야 한다.

3. 공공단체

협의의 공공단체(公共團體)라 함은 특정한 국가목적을 위하여 설립된 법인격이 부여된 단체를 말한다. 공공단체에는 공공조합, 영조물법인, 공법상 재단이 있다. 협의의 공공단체에 지방자치단체를 포함하여 **광의의 공공단체**라 한다. 공공단체는 공법상의 법인(공법인)이다. 공법인이라 함은 공익목적사업을 위해 공법에 따라 설립된 법인을 말한다. 국가와 지방자치단체 이외의 공법인을 모두 협의의 공공단체로 보는 견해도 있지만, 공법인 중 존립목적인 사업을 공행정작용의 형식으로 수행하지 않고 전적으로 사법작용의 형식으로 수행하는 공법인은 공공단체가 아니라고 보아야 한다.

공공단체는 특정한 행정목적을 수행함에 있어서 필요한 한도 내에서 행정주체의 지위에 서게 되며 그 자체가 행정청이 된다. 공공단체는 법정의 고유한 행정사무뿐만 아니라 행정기관이 임의로 위탁한 행정사무도 수행한다. 공공단체는 공행정사무뿐만 아니라 사법상 사무도 수행한다.

(1) 공공조합

공공조합(公共組合)이라 함은 법정의 자격을 가진 조합원으로 구성된 공법상의 사단법인이다. 공공조합에는 농지개량조합, 토지구획정리조합, 상공회의소, 의료보험조합, 재개발조합, 재건축조합 등이 있다.

판례는 대한변호사협회를 공법인으로 보고, 변호사등록을 공행정사무로 본다.

판례1 대한변호사협회는 변호사와 지방변호사회의 지도·감독에 관한 사무를 처리하기 위하여 변호사법에 의하여 설립된 공법인으로서, 변호사등록은 피고 대한변호사협회가 변호사법에 의하여 국가로부터 위탁받아 수행하는 공행정사무에 해당한다(헌재 2019. 11. 28, 2017헌마759; 대판 2020. 1. 28, 2019다260197).

판례2 (1) 일반 사인인 증권회사를 회원으로 설립된 한국증권거래소는 민법상 사단법인에 준하는 것이다. (2) 한국증권거래소의 상장폐지결정 및 상장폐지확정결정은 사법상의 계약관계를 해소하려는 피청구인의 일방적인 의사표시라고 봄이 상당하다고 할 것이고, 따라서, 피청구인의 청구인회사에 대한 이 사건 상장폐지확정결정은 헌법소원의 대상이 되는 공권력의 행사에 해당하지 아니한다(헌재 2005. 2. 24. 2004헌마442).

(2) 영조물법인

영조물법인(營造物法人)이라 함은 행정법상의 영조물에 독립된 법인격이 부여된 것을 말한다. 영조물이라 함은 특정한 국가목적에 제공된 인적·물적 종합시설을 말한다.

영조물에는 국립도서관, 국공립학교, 한국은행 등이 있다. 그런데 이 중에서 한국은행은 독립된 법인격이 부여되어 있으므로 영조물법인이며 행정주체이다.

(3) 공법상 재단

공법상 재단(公法上 財團)이라 함은 국가나 지방자치단체가 공공 목적을 위하여 출연한 재산을 관리하기 위하여 설립된 공법상의 재단법인을 말한다. 그 예로는 한국연구재단, 총포·화약안전기술협회가 있다.

4. 공무수탁사인

(1) 의   의

공무수탁사인(公務受託私人)이란 공행정사무를 위탁받아 자신의 이름으로 처리하는 권한을 갖고 있는 행정주체인 사인을 말한다. 공무수탁사인은 처분을 함에 있어서는 행정주체이면서 동시에 행정청의 지위를 갖는다.

이에 대하여 공무수탁사인의 법적 지위에 관하여 행정주체가 아니라 행정기관에 불과하다고 보는 견해도 있다.

공무수탁사인은 자연인일 수도 있고 사법인 또는 법인격 없는 단체일 수도 있다.

사인이 공행정사무를 수행하는 경우에도 행정기관의 보조인에 불과한 경우나 행정을 대행하는 것에 불과한 경우에는 공무수탁사인이 아니다. 행정을 대행하는 사인도 공무수탁사인으로 보는 견해도 있다.

행정보조인의 예로는 아르바이트로 우편업무를 수행하는 사인을 들 수 있다. 행정대행의 예는 차량등록의 대행, 자동차 검사의 대행을 들 수 있다. 실정법상 대행 중에는 강학상 위탁인 경우도 있고, 강학상 대행인 경우도 있다.

공무수탁사인, 공무대행사인, 행정보조자를 통칭하여 공무수행사인이라 한다.

공적 임무의 실현을 위한 공의무를 부담하는 사인을 공의무부담사인이라 하는데, 공의무부담사인은 행정권을 수탁받아 행사하는 것이 아닌 점에서 공무수탁사인이 아니다. 공의무부담사인의 예로는 원천징수의무자, 석유비축의무자 등이 있다.

> 판례 원천징수의무자가 비록 과세관청과 같은 행정청이더라도 그의 원천징수행위는 법령에서 규정된 징수 및 납부의무를 이행하기 위한 것에 불과한 것이지, 공권력의 행사로서의 행정처분을 한 경우에 해당되지 아니한다(대판 1990. 3. 22, 89누4789[기타소득세 등 부과처분무효확인]).

(2) 공무수탁사인의 예

공무수탁사인의 예로는 사립대학이 교육법에 의해 학위를 수여하는 경우, 사선(私船)의 선장 또는 해원(海員)이 일정한 경찰사무를 행하는 경우, 민간철도회사의 직원이 철도경찰사무를 수행하는 경우, 민영교도소, 공증인, 사인이 별정우체국의 지정을 받아 체신업무를 경영하는 경우, 사인이 산림 감시 또는 수렵 감시업무를 수행하는 경우, 사인이 사업시행자로서 토지를 수용하고 이주대책을 수립하는 경우가 있다.

(3) 공무수탁의 법적 근거 및 법형식

공무의 사인에 대한 위탁에 있어서는 권한이 이전되므로 법률에 근거가 있어야 한다.

정부조직법 제 6 조 제 3 항, 지방자치법 제104조 제 3 항, 행정권한의 위임 및 위탁에 관한 규정 제11조는 국민의 권리의무와 직접 관련되지 않은 사무만을 민간위탁할 수 있는 것으로 규정하고 있는데, 민간위탁의 직접적 근거법규정이 될 수 있는지에 대해 견해가 대립한다.

사인은 여러 방식에 의해 공무를 수탁받을 수 있다. 법률, 계약, 행정행위가 그것이다. 공무위탁계약은 국가적 공권을 부여하므로 그 법적 성질을 공법상 계약으로 보아야 한다. 공무를 위탁하는 행정행위는 통상 공무수행권을 사인에게 부여하므로 특허라고 보아야 한다.

(4) 공무를 위탁한 행정주체와의 관계

공무위탁자는 공무수탁자에 대하여 감독권을 갖는다. 물론 이러한 감독권은 법에 의해 규정될 것이다. 공무수탁사인과 공무를 위탁한 행정주체와는 특별행정법관계의 한 유형인 특별감독관계에 있게 된다.

(5) 공무수탁자의 공무수행과 권리구제

> **문제**　공무수탁사인이 한 행위로 인하여 권익침해를 당한 자는 어떠한 구제를 받을 수 있는가.

1) 항고소송

공무수탁자가 일방적 처분을 할 수 있는 경우가 있다. 이 경우 그 처분의 위법을 다투는 항고소송의 제기는 처분청인 공무수탁자를 상대방으로(피고로) 제기하여야 한다(행정소송법 제2조 제2항).

2) 당사자소송 또는 민사소송

공무수탁자가 계약이라는 법형식을 사용하는 경우에 그 계약은 공법상 계약인 경우도 있고, 사법계약인 경우도 있다. 공법상 계약에 관한 분쟁은 당사자소송의 대상이 되고 사법계약에 관한 분쟁은 민사소송의 대상이 된다.

3) 손해배상

공무수탁사인의 불법행위로 손해가 발생한 경우 공무수탁사인을 행정주체로 보는 견해에 의하면 공무수탁사인이 배상주체가 되고, 공무수탁사인을 행정주체가 아니라고 보는 견해에 의하면 위탁기관이 속한 국가 또는 지방자치단체가 배상주체가 된다(자세한 것은 후술 국가배상 참조).

4) 손실보상

공무수탁사인의 적법한 공권력 행사에 의해 특별한 손해를 받은 자는 공무수탁사인에게 손실보상을 청구할 수 있다.

> **문제의 해결**　공무수탁사인의 행위가 사법행위인 경우에는 민사상 불법행위책임 또는 채무불이행책임임을 민사소송으로 청구할 수 있다. 공무수탁사인의 행위가 처분인 경우 항고소송으로 다툴 수 있고, 공법상 계약인 경우에는 당사자소송으로 다툴 수 있다. 위법한 공행정작용으로 인한 손해에 대하여는 국가배상청구설과 민법상 불법행위청구설이 대립된다. 적법한 공권력 행사로 특별한 손해를 입은 자는 손실보상을 청구할 수 있다.

제 2 항 행정객체

행정의 상대방을 **행정객체**(行政客體)라 한다. 행정객체에는 사인, 공공단체와 지방자치단체가 있다. 공공단체는 행정주체임과 동시에 국가나 다른 공공단체에 대한 관계에서 행정객체가 될 수 있다. 지방자치단체는 국가에 대한 관계에서 행정객체가 될 수 있다. 국가에 대한 수도료의 부과에서와 같이 국가도 예외적이지만 행정객체가 될 수 있다.

제 4 절   행정법관계의 특질

행정법관계에 대하여는 사법관계에서와는 다른 여러 특질(特質)이 인정되고 있다. 그 주된 이유는 공익목적을 달성하기 위하여 행정주체에게 일정한 우월적인 지위가 부여되어야 한다는 데 있다.

행정법관계에서는 행정주체에게 여러 구체적인 특권이 인정되고 있다. 행정주체에게 일방적으로 법질서에 변경을 가져올 수 있는 우월적 지위가 인정된다. 그리고, 권력적 행위인 행정행위에 공정력, 존속력(확정력) 및 강제력이라는 우월한 효력이 인정되고 있다. 이러한 행정권의 특권은 권력관계에 대하여 인정되는 것이다.

이 밖에도 행정법관계에 있어서의 권리 또는 의무에 사법상의 그것과는 다른 특수성이 인정되고 있고, 권리구제수단의 특수성이 인정되고 있는데 이들 특수성은 권력관계뿐만 아니라 비권력관계에도 인정된다.

공권력주체로서의 행정주체에게는 특권만이 부여되는 것은 아니다. 공권력주체로서의 행정주체에게는 특별한 부담이 가하여진다. 법에 의한 엄격한 기속과 엄격한 국가배상책임이 인정되고 있다.

제 1 항   행정주체의 특권

Ⅰ. 일방적 조치권

행정주체에게 '행정결정'에 의해 일방적으로 법질서에 변경을 가할 수 있는 권한이 주어지는 경우가 있다. 즉, 행정결정에 의해 사인에게 권리가 창설되기도 하고 의무가 부과되기도 한다. 또한 공익상 필요한 경우에 행정주체는 행정행위의 철회에 의해 이미 발생된 권리를 상실시키거나 의무를 소멸시킬 수 있다.

또한 행정주체는 일방적으로 국민의 자유와 재산에 물리력을 행사할 수 있는 권한이 부여된다.

일방적 조치권은 법률유보의 원칙에 비추어 원칙상 법률의 근거가 있어야 한다.

전염병환자를 물리력에 의해 강제격리하거나 화재진압에 장애가 되는 물건을 일방적으로 파괴하는 것을 그 예로 들 수 있다.

공법상 계약의 경우에는 행정주체에게 공익상 필요한 경우에 계약을 철회하거나 계약내용을 일방적으로 변경할 수 있는 권한이 부여되기도 한다.

Ⅱ. 행정행위의 공정력과 구성요건적 효력

1. 공정력과 구성요건적 효력의 구별

전통적 견해에 의하면 공정력(公定力)이라 함은 일단 행정행위가 행하여지면 비록 행정행위에 하자(또는 흠)가 있다 하더라도(위법 또는 부당하더라도) 그 흠이 중대하고 명백하여 무효로 되는 경우를 제외하고는 권한 있는 기관(취소권 있는 행정기관 또는 수소법원(受訴法院))에 의해 취소되기 전까지는 **상대방 및 이해관계인뿐만 아니라 다른 행정청 및 법원에** 대하여 일단 유효한 것으로 통용되는 힘을 말한다고 정의하고 있다. 즉, 전통적 견해는 공정력을 행정행위의 상대방 및 이해관계인뿐만 아니라 타 국가기관에도 미치는 효력이라고 보고 있다.

그런데, 최근에 유력한 견해는 공정력과 구성요건적 효력을 구분한다.

공정력과 구성요건적 효력을 구별하는 견해(구별긍정설)는 효력의 상대방의 차이에 따라 공정력과 구성요건적 효력을 구분하고 있다. 즉, 공정력은 행정행위의 상대방 또는 이해관계인에 대한 구속력이고, 구성요건적 효력(構成要件的 效力)은 제3의 국가기관에 대한 구속력(^{교육공무원임용시 법무부장관의 귀화허가의}_{교육과학기술부장관에 대한 구속력})이라고 보고 있다.

이와 같이 공정력과 구성요건적 효력을 구분하는 논거는 공정력과 구성요건적 효력은 다음 대비표에서와 같이 그 효력의 내용과 범위 및 이론적·법적 근거를 달리한다는 점에서 찾고 있다.

	공 정 력	구성요건적 효력
내　용	행정행위가 무효가 아닌 한 상대방 또는 이해관계인은 행정행위가 권한 있는 기관(처분청, 행정심판위원회 또는 수소법원)에 의해 취소되기까지는 그의 효력을 부인할 수 없는 힘	무효가 아닌 행정행위가 존재하는 이상 비록 흠(하자)이 있는 행정행위일지라도, 모든 국가기관(지방자치단체기관을 포함한 행정기관 및 법원 등)은 그의 존재, 유효성 및 내용을 존중하며, 스스로의 판단의 기초 내지는 구성요건으로 삼아야 하는 구속력
범　위	상대방 또는 이해관계인에 대한 구속력	모든 국가기관(지방자치단체기관을 포함한 행정기관 및 법원 등)에 대한 구속력
이론적 근거	행정의 안정성과 실효성 확보	권한과 직무 또는 관할을 달리하는 국가기관은 상호 타 기관의 권한을 존중하며 침해해서는 안 된다(국가기관간 권한존중의 원칙).
실정법상의 근거	행정소송법상의 취소소송에 관한 규정, 직권취소에 관한 규정, 처분의 쟁송기간을 제한하는 규정, 처분의 집행정지제도	행정권과 사법권의 분립규정, 행정기관 상호간의 사무분장규정

생각건대, 공정력과 구성요건적 효력을 구별할 실익은 없지만, 상호 그 실질이 다른 것이므로 학문상 양자를 구별하는 것이 타당하다.

2. 공정력(행정행위의 잠정적 통용력)

(1) 개   념

공정력이라 함은 일단 행정행위가 행하여지면 비록 행정행위에 하자(또는 흠)가 있다 하더라도(위법 또는 부당하더라도) 그 흠이 중대하고 명백하여 무효로 되는 경우를 제외하고는 권한 있는 기관(취소권 있는 행정기관 또는 수소법원)에 의해 취소되기 전까지는 **상대방 및 이해관계인**에 대하여 일단 **유효**한 것으로 통용되는 힘을 말한다. 공정력은 행정행위의 적법성을 추정하는 효력은 아니다.

예를 들면, 위법한 금전부과처분에 근거하여 금전을 납부한 경우 행정처분이 취소되거나 당연무효가 아닌 이상 공정력이 인정되므로 그 위법한 금전부과처분은 효력이 있고, 납부한 금전은 법률상 원인 없는 이득(부당이득)이라고 할 수 없다.

판례1   **행정행위의 공정력의 의의:** 행정처분이 아무리 위법하다고 하여도 그 하자가 중대하고 명백하여 당연무효라고 보아야 할 사유가 있는 경우를 제외하고는 아무도 그 하자를 이유로 무단히 그 효과를 부정하지 못하는 것으로, 이러한 행정행위의 공정력은 판결의 기판력과 같은 효력은 아니지만 그 공정력의 객관적 범위에 속하는 행정행위의 하자가 취소사유에 불과한 때에는 그 처분이 취소되지 않는 한 처분의 효력을 부정하여 그로 인한 이득을 법률상 원인 없는 이득이라고 말할 수 없는 것이다(대판 1994. 11. 11, 94다28000[부당이득금]: 조세의 과오납이 부당이득이 되기 위하여는 납세 또는 조세의 징수가 실체법적으로나 절차법적으로 전혀 법률상의 근거가 없거나 과세처분의 하자가 중대하고 명백하여 당연무효이어야 하고, 과세처분의 하자가 단지 취소할 수 있는 정도에 불과할 때에는 과세관청이 이를 스스로 취소하거나 항고소송절차에 의하여 취소되지 않는 한 그로 인한 조세의 납부가 부당이득이 된다고 할 수 없다고 한 사례).

판례2   (1) 요양기관의 요양급여비용 수령의 법률상 원인에 해당하는 요양급여비용 지급결정이 취소되지 않았다면, 요양급여비용 지급결정이 당연무효라는 등의 특별한 사정이 없는 한 그 결정에 따라 지급된 요양급여비용이 법률상 원인 없는 이득이라고 할 수 없고, 국민건강보험공단의 요양기관에 대한 요양급여비용 상당 부당이득반환청구권도 성립하지 않는다. (2) 의사소견서 발급비용청구권 역시 요양급여비용청구권과 마찬가지로 공단의 지급결정에 의하여 구체적인 권리가 발생한다고 보아야 한다. 따라서 앞서 본 요양급여비용과 관련한 법리는 공단이 부당이득을 원인으로 의사소견서 발급비용의 반환을 구하는 경우에도 그대로 적용된다(대판 2023. 10. 12, 2022다276697).

(2) 근   거

1) 이론적 근거

오늘날에는 행정정책설(또는 법적 안정성설)이 통설로 되어 있다. 즉, 공정력은 행정의 원활한 수행, 행정법관계의 안정성(행정의 안정성과 행정행위의 상대방이나 제 3 자의 신뢰보호)을 보장하기 위하여 필요하다.

2) 실정법적 근거

행정기본법 제15조는 공정력을 명확하게 규정하고 있다. 즉, 처분은 권한이 있는 기관이 취소 또는 철회하거나 기간의 경과 등으로 소멸되기 전까지는 유효한 것으로 통용된다. 다만, 무효인 처분은 처음부터 그 효력이 발생하지 아니한다(행정기본법 제15조).

(3) 공정력의 한계

1) 처분(행정행위 등) 이외의 행정작용

공정력은 처분(행정행위 등)에 대해 인정되는 효력이다. 즉, 전통적 견해에 의하면 공정력은 강학상 행정행위에 대해 인정되는 효력이지만, 행정쟁송법 및 판례가 쟁송법적 처분 개념을 취하는 현재 공정력은 행정쟁송법상 처분에 대해 발생한다고 보는 것이 타당하다. 행정기본법 제15조도 행정쟁송법상 처분에 대해 공정력이 인정되는 것으로 규정하고 있다. 이론상 사실행위의 경우에는 직접 법적 효과를 발생시키지 않으므로 법적 행위인 행정행위에 한하여 공정력을 인정하는 것이 논리적이라는 것이 전통적 견해이지만, 권력적 사실행위의 경우에도 국민의 권익에 강제력이라는 효력을 미치고 이를 전제로 후속적인 공권력 조치가 행해지는 경우가 있으므로 그 강제력(사실행위)의 취소, 유효와 무효 여부를 논할 필요가 있다.

2) 무효 또는 부존재인 행정행위

행정행위가 무효(無效) 또는 부존재(不存在)인 경우에는 공정력이 인정되지 않는다는 것이 일반적 견해이다.

(4) 공정력과 입증책임

오늘날 공정력은 행위의 적법성을 추정시키는 효력이 아니라 행정행위의 위법 또는 적법 여부와 관계없이 취소될 때까지 행위를 잠정적으로 통용시키는 힘에 불과하다고 보므로 공정력은 입증책임의 분배와는 관련이 없다고 보는 것이 일반적인 견해이다.

3. 구성요건적 효력

(1) 개 념

구성요건적 효력(構成要件的 效力)이란 행정행위가 존재하는 이상 비록 흠(하자)이 있는 행정행위일지라도 무효가 아닌 한 제3의 국가기관은 법률에 특별한 규정이 없는 한 그 행정행위의 존재 및 내용을 존중하며, 스스로의 판단의 기초 내지는 구성요건으로 삼아야 하는 구속력을 말한다.

예를 들면, 법무부장관이 갑(甲)에게 귀화허가를 해 준 경우 동 귀화허가는 무효가 아닌 한 모든 국가기관을 구속하므로 각부장관은 갑(甲)을 국민으로 보고 공무원으로 임명하여야 한다.

(2) 근   거

구성요건적 효력을 직접 인정하는 법규정은 없다. 그러나 국가기관 상호간의 권한분배에서 그 근거를 찾을 수 있다. 즉, 국가는 법인체로서 통일된 의사를 가져야 하므로 국가기관은 특별한 규정이 없는 한 상호간에 타 기관의 권한 및 그 권한의 행사를 존중하여야 한다. 다만, 법률에 의해 권한이 부여된 경우에는 그 한도 내에서 구성요건적 효력이 배제된다.

(3) 구성요건적 효력의 범위와 한계

행정행위가 무효인 경우에는 구성요건적 효력이 미치지 않는다.

구성요건적 효력은 법원에 대하여도 미치지만 구성요건적 효력이 법원에 미치는 범위는 법률에 의해 법원의 관할이 어떻게 규정되어 있는가에 따라 정해진다. 달리 말하면 법원에 대한 관계에서 구성요건적 효력은 법원의 재판관할권(裁判管轄權)의 문제와 밀접한 관계를 갖는다. 행정소송법에 행정소송사건의 심리·판단권이 명문으로 규정되어 있으므로 구성요건적 효력은 행정소송의 수소법원에는 미치지 않는다. 문제는 구성요건적 효력이 민사소송이나 형사소송을 담당하는 법원에 미치는가 미친다면 어느 범위에서 미치는가 하는 것이다.

(4) 구성요건적 효력과 선결문제 [2002 사시 사례, 1999 행시 약술, 2024 감평 사례]

> 문제   영업허가가 취소되었음에도 영업을 계속하여 무허가영업을 한 것으로 기소되어 형사재판이 진행되고 있는 경우에 형사법원은 어떠한 판결을 내려야 하는가.

구성요건적 효력이 민사소송이나 형사소송에서의 선결문제에 미치는가 하는 문제가 제기된다. 보다 구체적으로 말하면 행정행위의 위법 여부, 효력 유무 또는 효력 부인이 민사소송이나 형사소송에서 선결문제로 되는 경우에 구성요건적 효력 때문에 민사소송이나 형사소송의 수소법원이 당해 선결문제를 심리·판단할 수 없게 되는가 하는 문제이다.

선결문제(先決問題)란 소송에서 본안판단을 함에 있어서 그 해결이 필수적으로 전제가 되는 법문제를 말한다.

1) 민사소송에서의 선결문제와 구성요건적 효력 [2015 사시]

구성요건적 효력은 행정행위의 적법성이 아니라 효력에 미치므로 행정행위의 효력을 부인하는 것이 선결문제인 경우와 행정행위의 위법성을 확인하는 것이 선결문제인 경우를 구분하여야 한다.

민사소송에서의 선결문제와 구성요건적 효력에 관한 논의는 당사자소송에도 그대로 타당하다. 왜냐하면 구성요건적 효력은 취소권이 있는 국가기관(처분청, 재결청, 취소소송의 수소법원) 이외의 국가기관에 대한 구속력이기 때문에 당사자소송의 수소법원에도 미치기 때문이다.

가. 행정행위의 효력을 부인하는 것이 선결문제인 경우(부당이득반환청구소송의 경우) [2014 행시 사례, 2018 변시]   행정행위의 효력을 상실시키는(부인하는) 것이 민사소송에서 선결문제가 된 경우에 민사법원은 위법한 행정행위의 효력을 상실시킬 수 없다. 공정력과 구성요건적 효력을 구분하지 않는 종래의 통설은 이것이 공정력에 반하기 때문이라고 하고, 공정력과 구성요건적 효력을 구별하는 견해는 구성요건적 효력에 반하기 때문이라고 한다.

예를 들면, 국민이 조세부과처분의 위법을 이유로 이미 납부한 세금의 반환을 청구하는 소송 (이 소송을 과오납금환급소송(過誤納金還給訴訟)이라고 하는데 그 성질은 부당이득반환청구소송(不當利得返還請求訴訟)이다)을 제기한 경우에 당해 민사법원은 조세부과처분이 무효가 아닌 한 스스로 조세부과처분을 취소하고 납부된 세금의 반환을 명할 수 없다. 조세부과처분의 취소가 본안문제(납부한 세금이 부당이득인지의 문제)에 대해 선결문제이며 조세부과처분이 취소되지 않는 한 이미 납부한 세금은, 위법하지만 유효한 조세부과처분에 따라 납부된 것이므로, 부당이득이 되지 않는다.

나. 행정행위의 무효를 확인하는 것이 선결문제인 경우(부당이득반환청구(환급청구)의 경우) 구성요건적 효력은 행정행위가 무효인 경우에는 인정되지 않는다. 누구든지 행정행위의 무효를 주장할 수 있고, 어느 법원도 행정행위의 무효를 확인할 수 있다.

행정소송법 제11조도 처분 등의 효력 유무 또는 존재 여부가 민사소송의 선결문제인 경우 민사법원이 이를 심판할 수 있다고 하고 있다.

> **판례1** 국세 등의 부과 및 징수처분 등과 같은 행정처분이 당연무효임을 전제로 하여 민사소송을 제기한 때에는 그 행정처분의 당연무효인지의 여부가 선결문제이므로, 법원은 이를 심사하여 그 행정처분의 하자가 중대하고 명백하여 당연무효라고 인정될 경우에는 이를 전제로 하여 판단할 수 있으나, 그 하자가 단순한 취소사유에 그칠 때에는 법원은 그 효력을 부인할 수 없다 할 것이다(대판 1973. 7. 10, 70다1439).

> **판례2** [1] 민사소송에 있어서 어느 행정처분의 당연무효 여부가 선결문제로 되는 때에는 이를 판단하여 당연무효임을 전제로 판결할 수 있고 반드시 행정소송 등의 절차에 의하여 그 취소나 무효확인을 받아야 하는 것은 아니다. [2] 도시환경정비사업의 관리처분계획 인가의 고시가 있은 후 그 시행자인 조합이 종전 토지 또는 건축물의 소유자 등 권리자에게 소유 또는 점유하고 있는 부동산의 인도를 청구하자 그 권리자가 조합설립결의와 관리처분계획에 대한 결의에 중대하고 명백한 하자가 있어 그 각 결의가 무효이므로 위 청구에 응할 수 없다고 주장한 사안에서, 조합설립결의나 관리처분계획에 대한 결의가 당연무효라는 권리자의 주장 속에는 조합설립인가처분이나 관리처분계획에 당연무효사유가 있다는 주장도 포함되어 있으므로 이를 심리하여 권리자 주장의 당부를 판단하여야 함에도, 단지 권리자가 항고소송의 방법으로 조합설립인가처분이나 관리처분계획에 대한 취소 또는 무효 확인을 받지 않았다는 이유만으로 그 주장을 배척한 원심판결에 심리미진 등의 위법이 있다고 한 사례(대판 1972. 10. 10, 71다2279 등 참조)(대판 2010. 4. 8, 2009다90092[건물인도]).

다. 행정행위의 위법성을 확인하는 것이 선결문제인 경우(국가배상청구소송의 경우) [2010 사시, 2020 행시]   행정행위의 효력을 상실시키는 것이 아니라 행정행위의 위법성을 확인하는 것이 민사소송에서 선결문제가 된 경우에 민사법원은 행정행위의 위법을 확인할 수 있는지에 관하여 견해가 대립되고 있다.

　　　　영업허가의 취소에 의해 손해를 입은 자가 국가배상을 청구한 경우에 영업허가의 취소가 위법한지의 여부가 국가배상청구소송에서 선결문제가 된다. 왜냐하면 가해행위(손해를 발생시킨 행위)의 위법이 국가배상의 요건 중의 하나이기 때문이다. 국가배상책임을 인정하기 위하여는 영업허가의 취소의 위법만을 인정하면 되는 것이지 영업허가의 취소를 취소할 필요는 없다.

　　　　(가) 부 정 설　　　　민사법원이 선결문제로서 행정행위의 위법성을 확인할 수 없다는 부정설은 다음과 같은 논거에 입각하고 있다. 행정행위의 위법성의 판단은 취소소송의 본질적 내용이므로 취소소송의 수소법원이 아닌 법원은 행정행위의 위법성을 인정할 수 없다(이상규, 408면).

　　　　(나) 긍 정 설　　　　민사법원이 선결문제로서 행정행위의 위법성을 확인할 수 있다는 긍정설은 다음과 같은 논거에 입각하고 있다: 행정행위의 효력 자체를 상실시키는 것이 아니라 행정행위의 위법성을 확인하는 데 그치는 것은 공정력(공정력과 구성요건적 효력을 구별하지 않는 견해) 또는 구성요건적 효력(공정력과 구성요건적 효력을 구별하는 견해)에 반하는 것이 아니다. 왜냐하면 공정력(또는 구성요건적 효력)은 행정행위의 적법성을 추정하는 효력은 아니며 행정행위의 적법 또는 위법을 묻지 않고 잠정적으로 행정행위를 유효한 것으로 보는 힘이기 때문이다.

　　　　(다) 절충설(예외적 부정설)　　　　이 견해는 위법한 행정행위로 인한 손해에 대한 국가배상청구가 인정되어도 당해 행정행위의 목적이 방해되지 않는 경우에는 국가배상청구를 인정할 수 있지만, 국가배상청구를 인정하면 당해 행정행위의 목적이 방해를 받는 경우(금전납부의무를 지우는 행정행위), 달리 말하면 실질적으로 행정행위의 효력을 부인하는 것과 같은 결과를 가져오는 경우에는 국가배상청구를 인정할 수 없다는 견해이다.

　　　　(라) 판례(긍정설)　　　　판례는 민사법원이 행정행위의 위법 여부를 판단할 수 있는 것으로 보고 있다.

> **판례** 미리 그 행정처분의 취소판결이 있어야만, 그 행정처분의 위법임을 이유로 한 손해배상청구를 할 수 있는 것은 아니다(대판 1972. 4. 28, 72다337[손해배상]).

　　　　(마) 결　　어　　　　행정행위의 위법성만을 확인하는 것은 구성요건적 효력에 반하는 것이 아니므로 긍정설이 타당하다.

2) 형사소송에서의 선결문제와 구성요건적 효력 [2016 변시]

　　　　형사소송에서도 행정행위의 효력을 부인하는 것이 선결문제인 경우와 행정행위의 위법성을 확인하는 것이 선결문제인 경우를 구분하여야 한다.

　　　　일반적 견해는 형사소송에서도 민사소송에서와 동일한 논거에 입각하여 동일한 해결을 하고 있다. 그러나 일부 견해는 형사소송의 특수성(신속한 재판, 인권보장 등)을 들어 공정력(또는 구성요건적 효력)은 형사재판에 미치지 않는다고 보고 있다.

가. 행정행위의 효력을 부인하는 것이 선결문제인 경우

(가) 부 정 설

행정행위의 효력을 부인하는 것이 형사소송에서 선결문제가 된 경우(영업허가가 취소되었음에도 영업을 계속한 자에 대하여 무허가영업을 한 죄로 기소한 경우에 영업허가의 취소처분의 효력을 부인하여야 무허가영업(無許可營業)이 되지 않으므로 영업허가의 취소처분의 효력을 부인하는 것이 선결문제가 되는 경우), 형사법원이 행정행위의 하자를 심사하여 행정행위의 효력을 부인하는 것은 민사소송에서처럼 공정력(또는 구성요건적 효력)에 반하므로 인정될 수 없다고 보는 것이 다수의 견해이다.

판례도 이 견해를 취하고 있다.

> **판례1** 하자 있는 수입승인에 기초하여 수입면허를 받고 물품을 통관한 경우 당해 수입면허가 당연무효가 아닌 이상 무면허수입죄가 성립되지 않는다고 한 사례(대판 1989. 3. 28, 89도149[특정범죄가중처벌법등에관한법률 위반]).

> **판례2** 대법원은 연령미달의 결격자인 피고인이 소외인(자신의 형)의 이름으로 운전면허시험에 응시하여 합격함으로써 교부받은 운전면허를 가지고 운전한 것에 대해 무면허운전으로 기소된 사건에서 당해 운전면허는 당연무효가 아니고 취소되지 않는 한 유효하므로 무면허운전행위에 해당하지 않는다고 판시하였다(대판 1982. 6. 8, 80도2646[도로교통법위반]).

이 견해에 의하면 허가취소처분 후 영업을 하면 무허가영업이 되고, 형사법원이 허가취소처분의 효력을 부인할 수 없으므로 형사법원은 당해 허가취소처분이 위법하더라도 유죄판결을 내려야 한다. 만일 형사법원이 판결을 내리기 전에 당해 허가취소처분이 취소소송에서 취소되면 그 허가취소처분은 소급하여 효력을 상실하여 허가취소처분 후의 영업행위는 무허가행위가 아닌 것이 되므로 형사법원은 무죄를 선고하여야 한다.

> **판례1** 피고인 갑이 어업면허를 받아 피고인 을과 동업계약을 맺고 피고인 을의 비용으로 어장시설을 복구 또는 증설하여 어류를 양식하던 중 어업면허가 취소되었으나 피고인 갑이 행정소송을 제기하여 면허취소처분의 효력정지가처분결정을 받은 후 면허취소처분을 취소하는 판결이 확정되었다면, 피고인들 간의 거래는 어업권의 임대가 아니며 면허취소 후 판결로 그 처분이 취소되기까지 사이에 어장을 그대로 유지한 행위를 무면허어업행위라고 보아서 처벌할 수는 없다(대판 1991. 5. 14, 91도627[수산업법위반]). 〈해설〉 판례는 유죄(有罪, 무면허영업으로 인한 죄)의 판결이 선고되기 전에 그 행정행위(면허취소처분)가 하자 있는 행정행위로서 취소되었다면 그 행정행위는 처분시에 소급하여 효력을 잃게 되므로 범죄가 성립되지 않는다고 본 것이다.

> **판례2** 영업허가취소처분이 행정쟁송절차에 의하여 취소된 경우와 무허가영업: 영업의 금지를 명한 영업허가취소처분 자체가 나중에 행정쟁송절차에 의하여 취소되었다면 그 영업허가취소처분은 그 처분시에 소급하여 효력을 잃게 되며, 그 영업허가취소처분에 복종할 의무가 원래부터 없었음이 확정되었다고 봄이 타당하고, 영업허가취소처분이 장래에 향하여서만 효력을 잃게 된다고 볼 것은 아니므로 그 영업허가취소처분 이후의 영업행위를 무허가영업이라고 볼 수는 없다(대판 1993. 6. 25, 93도277[식품위생법위반]).

> **판례3** 운면허취소처분을 받은 후 자동차를 운전하였으나 위 취소처분이 행정쟁송절차에 의하여 취소된 경우, 무면허운전의 성립 여부(소극): 피고인이 행정청으로부터 자동차 운전면허취소처분을 받았

으나 나중에 그 행정처분 자체가 행정쟁송절차에 의하여 취소되었다면, 위 운전면허취소처분은 그 처분시에 소급하여 효력을 잃게 되고, 피고인은 위 운전면허취소처분에 복종할 의무가 원래부터 없었음이 후에 확정되었다고 봄이 타당할 것이고, 행정행위에 공정력의 효력이 인정된다고 하여 행정소송에 의하여 적법하게 취소된 운전면허취소처분이 단지 장래에 향하여서만 효력을 잃게 된다고 볼 수는 없다(대판 1999. 2. 5, 98도4239[도로교통법위반]).

<판례 4> 판례는 그 위법한 행정행위(조세부과처분)의 취소가 유죄판결(조세포탈죄)확정 후에 이루어진 경우에 형사소송법 제420조 제 5 호 소정의 재심사유에 해당한다고 보았다(대판 1985. 10. 22, 83도2933[여권법위반·외국환관리법위반·특정범죄가중처벌등에관한법률위반·조세범처벌법위반]).

　　　허가의 취소나 철회를 실질적으로 금지하명으로 보고, 따라서 행정행위의 위법성을 확인하는 것이 선결문제인 경우로 보며 형사법원이 허가의 취소나 철회의 위법성을 확인하여 허가가 취소 또는 철회되었음에도 영업을 한 자에 대하여 무죄판결을 할 수 있다고 보는 견해도 있다.
　　　영업정지기간 중 영업은 허가를 받지 아니하고 한 영업이 아니다.

<판례> 구 담배사업법(2014. 1. 21. 법률 제12269호로 개정되기 전의 것, 이하 '구 담배사업법'이라 한다) 제12조 제 2 항, 제16조 제 1 항, 제17조 제 1 항 제 4 호, 제 2 항, 제27조의3 제 1 호의 내용과 형식, 문언상 의미 등과 함께 형벌법규의 확장해석을 금지하는 죄형법정주의의 일반원칙 등에 비추어 보면, 구 담배사업법 제27조의3 제 1 호의 적용대상이 되는 '소매인 지정을 받지 아니한 자'는 처음부터 소매인 지정을 받지 않거나 소매인 지정을 받았으나 이후 소매인 지정이 취소되어 소매인 자격을 상실한 자만을 의미하는 것으로 보아야 하고, 영업정지처분을 받았으나 아직 적법하게 소매인 지정이 취소되지 않은 자는 여기에 해당하지 않는다(대판 2015. 1. 15, 2010도15213[담배사업법위반]).

　　　(나) 긍 정 설　　　이 견해는 형사소송에서는 피고인의 인권보장이 고려되어야 하고 신속한 재판을 받을 권리가 보장되어야 한다는 형사소송의 특수성을 이유로 형사재판에는 공정력(또는 구성요건적 효력)이 미치지 않는다고 보는 견해이다(박윤흔, 131면).
　　　(다) 결　　어　　　명문의 규정이 없는 한 인권보장을 위하여 형사법원이 위법한 행정행위의 효력을 부인하고 범죄의 성립을 부인할 수 있는 것으로 보는 긍정설이 타당하다.

<판례> 운전면허 취소처분을 받은 사람이 자동차를 운전하였으나 운전면허 취소처분의 원인이 된 교통사고 또는 법규 위반에 대하여 범죄사실의 증명이 없는 때에 해당한다는 이유로 무죄판결이 확정된 경우, 취소처분이 취소되지 않았더라도 도로교통법에 규정된 무면허운전의 죄로 처벌할 수 있는지 여부(소극): (1) 자동차 운전면허가 취소된 사람이 그 처분의 원인이 된 교통사고 또는 법규 위반에 대하여 혐의없음 등으로 불기소처분을 받거나 무죄의 확정판결을 받은 경우 지방경찰청장은 구 도로교통법 시행규칙 제91조 제 1 항 [별표 28] 1. 마.항 본문에 따라 즉시 그 취소처분을 취소하고, 같은 규칙 제93조 제 6 항에 따라 도로교통공단에 그 내용을 통보하여야 하며, 도로교통공단도 즉시 취소당시의 정기적성검사기간, 운전면허증 갱신기간을 유효기간으로 하는 운전면허증을 새로이 발급하여야 한다. (2) 그리고 행정청의 자동차 운전면허 취소처분이 직권으로 또는 행정쟁송절차에 의하여 취소되면, 운전면허 취소처분은 그 처분 시에 소급하여 효력을 잃고 운전면허 취소처분에 복종할 의무가 원

래부터 없었음이 확정되므로, 운전면허 취소처분을 받은 사람이 운전면허 취소처분이 취소되기 전에 자동차를 운전한 행위는 도로교통법에 규정된 무면허운전의 죄에 해당하지 아니한다. (3) 위와 같은 관련 규정 및 법리, 헌법 제12조가 정한 적법절차의 원리, 형벌의 보충성원칙을 고려하면, 자동차 운전 면허 취소처분을 받은 사람이 자동차를 운전하였으나 운전면허 취소처분의 원인이 된 교통사고 또는 법규 위반에 대하여 범죄사실의 증명이 없는 때에 해당한다는 이유로 무죄판결이 확정된 경우에는 그 취소처분(운전면허 취소처분)이 취소되지 않았더라도 도로교통법에 규정된 무면허운전의 죄로 처벌할 수는 없다고 보아야 한다. (3) 피고인은 '이 사건 음주운전'을 이유로 이 사건 취소처분을 받았음에도 2018. 11. 1. 20:20경 도로에서 자동차를 운전하다가 경찰관에게 적발되었다(이하 '이 사건 무면허운전' 이라 한다). 검사는 2018. 9. 18. 피고인을 이 사건 음주운전을 이유로 도로교통법 위반(음주운전)으로 기소하고, 2018. 11. 21. 재차 피고인을 이 사건 무면허운전을 이유로 도로교통법 위반(무면허운전)으로 기소하였다. 제1심은 위 두 사건을 병합하여 심리한 후 이 사건 공소사실 중 도로교통법 위반(음주운 전) 부분에 대하여는 범죄의 증명이 부족하다는 이유로 무죄로 판단하고, 나머지 도로교통법 위반(무 면허운전) 부분에 대하여는 유죄로 판단하였다. 원심은 제1심판결을 그대로 유지하였다. 피고인은 원 심판결 중 도로교통법 위반(무면허운전) 부분에 대하여 상고를 제기하였으나, 검사는 상고를 제기하지 않아 원심판결 중 도로교통법 위반(음주운전) 부분은 무죄가 확정되었다. 그러므로, 앞서 살펴본 법리 에 따라 운전면허 취소처분이 취소되지 않았더라도 피고인을 도로교통법 위반(무면허운전)죄로 처벌할 수는 없다(대판 2021. 9. 16, 2019도11826).

나. 행정행위의 위법성을 확인하는 것이 선결문제인 경우

행정행위의 위법성을 확인하는 것이 선결문제인 경우(시설개선명령에 따르지 않은 것을 이유로 기소된 경우에 철거명령 등 시설개선명령의 위법성 여부가 선결문제가 된다) 민사소송에서와 동일하게 행정행위의 위법성을 확인하는 것은 행정행위의 효력을 부 인하는 것은 아니므로 공정력(또는 구성요건적 효력)에 반하지 않는다고 보는 것이 일반적 견해이다.

> **판례1** 도시계획법 제78조 제1항에 정한 처분이나 조치명령에 위반한 자에 대한 동법 제92조의 위반죄는 동 처분이나 조치가 위법한 경우에는 성립될 수 없다(대판 1992. 8. 18, 90도1709[도시계획법 위반]).
>
> **판례2** [1] 개발제한구역의 지정 및 관리에 관한 특별조치법(이하 '개발제한구역법'이라 한다) 제30 조 제1항에 의하여 행정청으로부터 시정명령을 받은 자가 이를 위반한 경우, 그로 인하여 개발제한구 역법 제32조 제2호에 정한 처벌을 하기 위하여는 시정명령이 적법한 것이라야 하고, 시정명령이 당연 무효가 아니더라도 위법한 것으로 인정되는 한 개발제한구역법 제32조 제2호 위반죄가 성립될 수 없 다. [2] 관할관청이 침해적 행정처분인 시정명령을 하면서 적법한 사전통지를 하거나 의견제출 기회를 부여하지 않았고 이를 정당화할 사유도 없어 시정명령은 절차적 하자가 있어 위법하므로, 피고인 乙에 대하여 같은 법 제32조 제2호 위반죄가 성립하지 않는다고 한 사례(대판 2017. 9. 21, 2017도7321).
>
> **판례3** 시장 등이 한 자동차관리법상 운행정지명령을 위반하여 자동차를 운행하였다는 이유로 같은 법 제82조 제2호의2에 따른 처벌을 하기 위해서는 그 운행정지명령이 적법한 것이어야 하고, 그 운행 정지명령이 당연무효는 아니더라도 위법한 처분으로 인정된다면 같은 법 제82조 제2호의2 위반죄는 성립할 수 없다(대판 2023. 4. 27, 2020도17883).

행정행위의 위법 여부가 범죄구성요건의 문제로 되는 경우, 즉 위법한 명령에 따르지 않은 경우에는 범죄가 성립하지 않는다고 보는 경우에는 행정행위의 효력의 부인이 아니라 행정행위의 위법성을 확인하는 것이 형사소송의 선결문제가 된다.

　　행정기관의 하명(시정명령·철거명령 등)의 위반죄의 경우에는 명문의 규정이 없는 경우(통상 법률은 하명위반죄의 경우 하명의 적법성을 구성요건으로 명시하고 있지 않다)에도 당해 하명이 적법할 것이 범죄구성요건이 된다고 보는 것이 일반적 견해이다. 왜냐하면, 통상 하명처분 위반죄의 보호법익은 당해 하명을 통해 보호하고자 하는 법익이 보호법익이고, 하명의 이행 자체가 보호법익이 아니며(최계영, 행정처분과 형벌, 261면) 위법한 명령에 따르지 않았다고 하여 처벌하는 것은 법치주의의 원칙 및 기본권보장규정을 위반하는 것이기 때문이다.

　　다. 행정행위의 무효를 확인하는 것이 선결문제인 경우　　　구성요건적 효력은 행정행위가 무효인 경우에는 인정되지 않는다. 형사법원은 행정행위의 무효를 확인하여 무죄를 선고할 수 있다.

> **판례**　소론 법조에 정한 체납범은 정당한 과세에 대하여서만 성립되는 것이고, 과세가 당연히 무효한 경우에 있어서는 체납의 대상이 없어 체납범 성립의 여지가 없다고 볼 것이니, 원심이 같은 취지에서 당연무효의 설시 과세를 설시 체납의 대상에서 제외한 판단은 옳고, 이와는 반대의 견해에서 그러한 과세처분이라고 하더라도 국세심사청구법 제10조에 의한 구제를 못 받은 한 체납범의 대상이 되는 과세로 인정하여야 될 것이라는 취의로 원판결 판단을 비위하는 논지는 채용할 길이 없다(대판 1971. 5. 31, 71도742[조세범처벌법위반]).

> **문제의 해결**　영업허가취소가 취소되거나 그 효력이 부인되지 않는 한 무허가영업을 한 것이 된다. 따라서, 형사소송에서 행정행위의 효력을 부인하는 것이 선결문제가 된 사례이다. 구성요건적 효력이 형사법원에도 미치고 형사법원이 영업허가취소행위의 효력을 부인할 수 없다고 보는 다수견해 및 판례에 의하면 유죄판결을 내려야 하고, 인권보장을 위하여 형사법원이 위법한 행정행위의 효력을 부인할 수 있다고 보는 견해에 의하면 무죄판결을 내려야 한다.

4. 공정력과 행정행위의 기타 효력과의 관계

(1) 공정력과 불가쟁력

　　공정력과 불가쟁력(不可爭力)은 별개의 효력이다. 그러나 공정력은 불복제기기간이 경과하여 행정행위의 불가쟁력이 발생한 경우에는 잠정적인 통용력에서 영구적인 통용력으로 전화된다. 불가쟁력이 발생한 행정행위에 대하여는 위법하더라도 더 이상 다투지 못하고 그 행정행위는 직권취소 또는 철회되지 않는 한 공정력에 의해 유효한 행위로 계속 통용되는 것이다.

(2) 공정력과 집행력

　　공정력과 집행력(執行力)은 구별되지만 밀접한 관계가 있다.

　　집행력은 공정력을 전제로 하여 인정된다. 행정행위는 위법하지만 취소되지 않는 한 유효하므로 그에 기초하여 집행력이 인정된다.

또한 공정력은 집행부정지(執行不停止)의 원칙에 의해 그 효력이 강화된다. 행정소송의 제기로 집행정지가 되는 것이 원칙이라면 취소되기 전까지는 효력을 가지고 상대방을 구속한다는 공정력의 핵심적 내용이 취소소송이 제기된 경우에는 상실되기 때문이다.

Ⅲ. 존속력(또는 확정력)

행정행위가 일단 행하여진 경우에는 그 행정행위의 효력을 가능한 한 존속시키는 것이 법적 안정성을 위하여 필요하다. 그리하여 하자 있는 행정행위라도 일정한 경우(불복제기기간의 경과 또는 특수한 성질의 행정행위)에는 행정행위에 취소될 수 없는 힘이 부여되는데 이것을 존속력(또는 확정력)이라 한다. 존속력에는 불가쟁력과 불가변력이 있다.

1. 불가쟁력(형식적 확정력)

(1) 의   의

불가쟁력(不可爭力)이란 하자 있는 행정행위라 할지라도 그에 대한 불복기간(행정불복제기기간 또는 출소기간(出訴期間))이 경과하거나 쟁송절차가 종료된 경우에는 더 이상 그 행정행위의 효력을 다툴 수 없게 하는 효력을 말한다. 불가쟁력은 형식적 확정력 또는 절차적 확정력이라고도 한다.

이와 같은 불가쟁력을 인정하는 것은 행정행위의 효력을 신속히 확정하여 행정법관계의 안정성을 확보하기 위한 것이다.

(2) 효   력

위법한 행정행위를 다투고자 하는 자는 법상 정해진 단기의 불복기간 내에 행정심판 또는 행정소송을 제기하여야 하며 그러하지 않으면 더 이상 다툴 수 없게 된다. 만일 불복기간이 넘어 행정심판이나 행정소송을 제기하면 부적법으로 각하된다.

행정행위의 불가쟁력은 행정행위의 상대방이나 이해관계인이 행정행위의 효력을 더 이상 다투지 못하는 효력이다. 따라서 취소권을 가진 행정청(처분행정청 또는 상급감독청)이 직권으로 불가쟁력이 발생한 행정행위를 취소 또는 철회하는 것은 가능하다. 또한 국가배상청구소송은 처분의 효력을 다투는 것이 아니므로 불가쟁력이 발생한 행정행위로 손해를 입은 국민은 국가배상청구를 할 수 있다.

무효인 행정행위에 대해 무효확인소송을 제기할 수 있는 기간이 제한되고 있지 않으므로 무효인 행정행위에는 불가쟁력이 발생하지 않는다.

판례 **행정처분이나 행정심판 재결이 불복기간의 경과로 확정될 경우 그 확정력의 의미:** 일반적으로 행정처분이나 행정심판 재결이 불복기간의 경과로 확정될 경우 그 <u>확정력</u>은, 처분으로 법률상 이익

을 침해받은 자가 당해 처분이나 재결의 효력을 더 이상 다툴 수 없다는 의미일 뿐, 더 나아가 판결과
같은 기판력이 인정되는 것은 아니어서 그 처분의 기초가 된 사실관계나 법률적 판단이 확정되고 당사
자들이나 법원이 이에 기속되어 모순되는 주장이나 판단을 할 수 없게 되는 것은 아니다(대판 2008. 7.
24, 2006두20808[산재보험료부과처분취소등]: 피재해자에게 이루어진 요양승인처분이 불복기간의 경과
로 확정되었다 하더라도 사업주는 피재해자가 재해 발생 당시 자신의 근로자가 아니라는 사정을 들어
보험급여액징수처분의 위법성을 주장할 수 있다고 한 사례). 〈해설〉 불가쟁력으로 처분의 기초가 된
사실관계나 법률적 판단이 확정되는 것은 아니다.

(3) 불가쟁력의 예외: 재심사청구

불가쟁력은 일정한 불복기간이 지난 후에는 더 이상 다툴 수 없게 함으로써 행정법관
계의 조속한 안정을 확보할 수 있지만, 개인의 권리구제가 크게 희생되는 문제가 있다. 더
욱이 확정판결의 경우에도 일정한 경우에 재심이 인정되는데 일정한 불복기간 내에 불복
을 제기하지 않았다고 하여 행정처분에 대한 재심사의 기회를 전혀 주지 않는 것은 타당
하지 않다. 이러한 이유로 행정기본법 제37조는 불가쟁력이 발생한 처분에 대한 재심사청
구를 인정하고 있다.

그런데, 행정기본법은 광의의 재심사청구를 규정하고 있다. 광의의 재심사는 불가쟁력
이 발생한 처분에 대한 취소 신청뿐만 아니라 철회의 신청에 따른 재심사를 의미한다. 광
의의 재심사는 불가쟁력이 발생한 처분에 대해 인정되는 행정절차의 재개로서 일종의 불
복절차이다. 행정기본법은 **철회형재심사**(제 1 호(처분의 근거가 된 사실관계 또는 법률관계가 추
후에 당사자에게 유리하게 바뀐 경우)의 재심사)와 **취소형재심사**(제 2 호(당사자에게 유리한 결정을
가져다주었을 새로운 증거가 있는 경우) **및 제 3 호**(민사소송법 제451조에 따른 재심사유에 준하는
사유가 발생한 경우 등 대통령령으로 정하는 경우)의 재심사)를 인정하고 있다. 광의의 재심사
중 처분의 위법 또는 부당을 다투는 **취소형재심사만을 엄격한 의미의 재심사**로 보는 것이
타당하다. 철회형재심사는 적법한 행위를 대상으로 하므로 불복절차가 아니라 새로운 처
분절차(철회·변경처분절차)에 해당한다. 취소형 재심사청구(엄격한 의미의 재심사청구)는 처
분시에 존재하던 위법 또는 부당사유를 이유로 하는 것이고, 그에 따른 취소는 강학상 직
권취소·변경에 해당하는데, 철회형재심사는 적법한 처분 후의 후발적 사정을 이유로 하는
재심사로 그에 따른 철회·변경은 학문상 철회·변경에 해당한다.

그리고, 행정기본법에 따르면 행정청의 제18조에 따른 취소와 제19조에 따른 철회는
처분의 재심사에 의하여 영향을 받지 아니한다(제37조 제 6 항). 따라서, 행정청은 처분의
재심사와 별도로 직권 취소 또는 직권 철회를 할 수 있고, 민원인은 처분의 재심사와 별
도로 직권취소 또는 철회를 신청할 수 있다. 취소 또는 철회의 신청을 받은 행정청은 법
령상 또는 조리상 신청권에 따른 신청인 경우에는 그 신청에 응답할 의무를 진다.

판례는 원칙상 불가쟁력이 발생한 행정행위의 취소 또는 철회청구권을 인정하지 않지
만, 예외적으로 조리상 취소 또는 철회청구권을 인정하고 있다.

재심사신청에 따른 취소·철회와 일반 직권취소·철회는 다음과 같이 구별된다. 재심사청구는 명문의 근거가 필요한 불복절차의 일종이고 재심사청구를 전제로 하는데, 일반 직권취소·철회는 직권 또는 신청에 따라 행해지고, 불복절차가 아니며 명시적인 근거를 요하지 않는다.

2. 불가변력(실질적 확정력)

(1) 의 의

불가변력(不可變力)이라 함은 행정행위를 한 행정청이 당해 행정행위를 직권으로 취소 또는 변경할 수 없게 하는 힘을 말한다. 불가변력을 **실질적 확정력**이라고도 부른다. 불가변력은 행정행위의 성질상 인정되는 효력이다.

행정행위의 불가변력은 당해 행정행위에 대하여서만 인정되는 것이고, 동종의 행정행위라 하더라도 그 대상을 달리할 때에는 이를 인정할 수 없다(대판 1974. 12. 10, 73누129).

(2) 근 거

불가변력은 법령에 명문의 규정이 없는 경우에도 행정행위의 성질에 비추어 인정되는 효력이다.

(3) 인정범위

1) 준사법적 행정행위

준사법적(準司法的) 행정행위에 불가변력을 인정하는 것이 일반적 견해이다. 일정한 쟁송절차를 거쳐 행해지는 사법적 성질의 행정행위(행정심판의 재결)는 그 행위의 성질상 법원의 재판행위에서처럼 법률상 인정된 별도의 불복절차를 통하지 않고는 취소 또는 변경될 수 없는 것으로 하여야 한다. 준사법적 행정행위에는 소송법상의 확정력에 준하는 불가변력(절대적 불가변력)이 인정된다.

토지수용재결은 행정심판의 재결이 아니라 원행정행위이지만 사법절차에 준하는 절차에 따라 행해지므로 불가변력을 인정할 필요가 있다.

판례는 과세처분에 관한 이의신청절차도 불복절차라는 점 등을 근거로 이의신청에 따른 직권취소에도 특별한 사정이 없는 한 번복할 수 없는 효력(불가변력)을 인정하고 있다(대판 2010. 9. 30, 2009두1020).

2) 확인행위

확인행위(국가시험합격자결정)는 쟁송절차를 거쳐 행해지지는 않지만 다툼이 있는 사실 또는 법률관계에 대하여 공적 권위를 가지고 확인하는 행위이므로 성질상 처분청이 스스로 변경할 수 없고, 다만 중대한 공익상 필요가 있거나, 상대방에게 귀책사유가 있는 경우 예외적으로 취소할 수 있는 상대적 불가변력이 발생하는 것으로 보는 것이 다수견해이지만, 취소권이 제한되는 경우로 보는 것이 타당하다.

3) 수익적 행정행위

수익적 행정행위도 불가변력이 인정되는 행위로 보는 견해가 있으나 수익적 행정행위의 취소권이 제한되는 경우로 보는 것이 타당하다. 왜냐하면 수익적 행정행위의 취소가 제한되는 것은 행정행위의 성질상 그러한 것이 아니라 외부사유인 상대방의 신뢰보호나 법률생활의 안정성을 보장하기 위한 것이기 때문이다.

(4) 효　　력

행정청은 불가변력이 있는 행정행위를 직권으로 취소 또는 철회할 수 없다.

불가변력이 있는 행정행위에 대하여도 그 상대방 또는 이해관계인은 행정불복기간 내에 행정쟁송수단을 통하여 당해 행정행위의 효력을 다툴 수 있다.

Ⅳ. 강 제 력

행정결정의 실효성을 확보하기 위하여 행정결정에 강제력(强制力)이라는 우월한 힘이 인정된다. 강제력에는 자력집행력과 제재력이 있다.

1. 자력집행력

자력집행력(自力執行力)이란 행정법상의 의무를 이행하지 아니할 경우에 행정청이 직접 실력을 행사하여 자력으로 그 의무의 이행을 실현시킬 수 있는 힘을 말한다.

사법관계에서 의무의 이행을 강제하기 위하여는 채권자의 자력에 의해 의무를 이행시키는 것은 인정되지 않고, 우선 법원의 이행판결을 받아 그것을 집행권원으로 하여 국가의 집행기관(집행법원 및 집행관)에 의해 강제집행을 하게 된다. 그러나, 국민의 행정법상의 의무불이행에 대하여는 법원에 소송을 제기하여 의무의 존재를 확인받을 필요도 없고 국가의 집행기관을 통하지 않고도 자력으로 의무의 이행을 강제할 수 있도록 되어 있다.

물론 자력집행력이 인정되기 위하여는 법률의 근거가 있어야 한다.

행정대집행법은 대체적 작위의무에 대한 행정상 강제집행의 일반적인 근거법이 되고 국세징수법은 국세납부의무에 대한 강제징수의 근거법이지만 지방세법 등 법률에서 공법상 금전급부의무의 강제징수에 준용하도록 하고 있으므로 그 한도 내에서 국세징수법은 공법상 금전급부의무의 일반적 근거법이 되고 있다. 그 이외에도 행정상 강제집행을 정하는 개별법이 존재한다.

2. 제 재 력

행정행위의 상대방이 행정행위에 의해 부과된 의무를 위반하는 경우에는 그에 대한 제재(制裁)로서 행정벌(행정형벌 또는 행정질서벌)이 과해지는 경우가 많다. 물론 행정벌이 과하여지기 위하여는 명시적인 법률의 근거가 있어야 한다. 행정법상의 의무를 부과하는 행정행위가 위법한 경우에는 특별한 법률의 규정이 없는 한 그 의무의 불이행은 원칙상 행정벌의 대상이 되지 않는 것으로 보아야 한다.

V. 구 속 력

1. 의   의

행정행위의 구속력이라 함은 유효한 행정행위의 내용상 구속력을 말한다. 행정행위는 효력이 있는 한 처분청 및 관계 행정청 그리고 상대방 및 이해관계인에 대하여 미친다. 무효인 행정행위는 구속력이 없다.

구속력은 공정력과 다르다. 공정력은 위법하더라도 무효가 아닌 한 유효한 행위로 하는 효력이고, 구속력은 적법한 행위 그리고 위법한 행위에서는 공정력을 전제로 **유효한 행정행위의 내용상의 구속력**이다.

행정행위가 철회되거나 취소되거나 실효되면 행정행위는 효력과 구속력을 상실한다.

2. 종류 및 한계

행정행위의 구속력은 그 상대방에 따라 자기구속력, 구성요건적 효력, 규준력(선행행위의 후행행위에 대한 구속력)으로 나뉜다.

(1) 자기구속력

행정행위가 내용에 따라 처분행정청을 구속하는 힘을 자기구속력이라 한다. 처분청은 **자신이 한 행정행위의 내용에 구속되며** 그 내용과 모순되는 결정을 하여서는 안 된다는 효력이다. 자기구속력은 자박력(自縛力)이라고도 한다.

부분허가의 자기구속력에 관하여는 이견이 없지만, 사전결정이 자기구속력을 갖는지에 관하여는 후술하는 바와 같이 긍정설과 부정설이 대립하고 있다. 긍정설에서도 자기구속력의 정도에 관하여 견해의 대립이 있다. 잠정적 행정행위는 자기구속력을 갖지 않는다

(단계적 행정결정 참조).

행정결정이 되풀이 시행되어 관행이 성립된 경우 자기구속력을 갖는다는 것이 판례의 입장이다.

(2) 구성요건적 효력

구성요건적 효력은 행정행위가 관계 행정청 및 법원 등 국가기관을 구속하는 효력이다. 이에 관하여는 전술한 바와 같다. 구성요건적 효력은 위법하더라도 무효가 아닌 한 효력을 부인할 수 없게 하는 효력과 그 내용에 따라 관계 **행정청 및 법원**을 구속하는 효력이다.

(3) 규 준 력

선행행정행위를 전제로 후행행정행위가 행해지는 경우에 선행행정행위가 후행행정행위에 미치는 구속력을 규준력(規準力)이라 한다(하자의 승계 참조).

제 2 항 공권과 공의무의 특수성

Ⅰ. 개   설

공법상의 권리 또는 의무는 공익의 실현을 위하여 인정되는 것이므로 공법상의 권리 또는 의무에는 사익만을 위하여 인정되는 사법상의 권리 또는 의무와는 다른 특수성이 인정된다.

① 공법상의 권리는 동시에 의무의 성격을 띠는 상대적 성질을 가진다.

② 공권과 공의무는 이전성과 포기성이 제한되는 경우가 있다. 예를 들면, 공무원연금청구권이나 생활보호를 받을 권리는 양도가 금지된다.

그러나, 공권 중에서도 경제적 가치를 주된 대상으로 하는 것은 사권과 같이 이전성이 인정되는 경우가 있다. 즉, 공무원 봉급청구권은 2분의 1 이하의 한도 내에서 압류의 대상이 된다.

공권의 포기와 불행사는 구별하여야 하며 공권의 포기가 인정되지 않는 경우에도 공권의 불행사는 허용된다.

일신전속적인 공의무는 그 포기와 이전이 제한된다.

③ 공권에는 특별한 보호가 행하여지고, 공의무에는 특별한 강제가 가하여진다.

Ⅱ. 공권과 공의무의 승계

사인이 지는 공의무의 승계가 가능한지는 공의무가 일신전속적인가 아니면 대체성이 있는가에 좌우된다. 일신전속적인 공의무는 이전과 승계가 인정되지 않는다. 대체적 공의무는 원칙상 승계가 가능하다. 다만, 대체적 공의무가 공익성이 강한 경우(^{유해폐기물의}_{처리의무})에는 승계는 되지만 본래의 공의무를 지는 자도 여전히 공의무를 지는 것으로 보아야 한다.

　　대물적 하명(^{철거}_{명령})에 의해 부과된 공의무(^{위법건축물의}_{철거의무})는 승계에 관한 합의나 법률의 근거 없이도 물건의 승계인에게 자동적으로 승계되지만(^{대물적 행정행위의}_{효과의 승계 참조}), 대인적 하명에 의해 부과된 공의무는 명문의 규정이 없는 한 이전되지 않는다. 이에 대하여 공의무의 승계는 승계인에게 침익적인 효과를 발생시키므로 법률유보의 원칙상 대물적 하명에 의해 부과된 공의무의 경우에도 법률의 근거가 필요하다는 견해가 있다.

제 3 항 권리구제수단의 특수성

　　행정권의 행사에 의해 국민의 권리가 침해된 경우에는 사권(私權)의 구제수단과는 다른 특별한 구제수단이 인정되고 있다. 그 주된 이유는 권리침해가 우월한 지위에 있는 공권력주체에 의해 행하여졌다는 점과 국민의 권리구제와 함께 공익의 보장도 고려하여야 한다는 데 있다.

I. 행정상 손해전보

　　행정상 손해전보(行政上 損害塡補)라 함은 공권력 행사로 야기된 손해를 전보하여 주는 제도를 말한다. 현행 행정상 손해전보제도는 위법한 공권력 행사로 인하여 발생된 손해를 국가나 지방자치단체가 배상하도록 하는 국가배상(행정상 손해배상)과 적법한 공권력 행사로 인하여 발생한 손실을 보상하여 주는 행정상 손실보상으로 나누어진다.

　　국가배상책임에는 손해의 원인이 되는 행위가 우월한 공권력 행사라는 점 등 사법상의 불법행위책임과는 다른 점이 있기 때문에 사법상의 불법행위책임과는 다르게 규율되고 있다. 즉, 국가배상법은 민법상의 불법행위책임(민법 제750조, 제756조), 공작물 등의 점유자 또는 소유자의 책임(민법 제758조)과 다른 특수성을 국가배상책임에 인정하고 있다.

　　행정상 손실보상은 사법에서는 찾아볼 수 없는 행정법에 고유한 제도이다. 그 이유는 사법관계에서는 일방 당사자가 강제로 타방의 재산권을 적법하게 침해하는 것이 인정되지 않기 때문이다.

Ⅱ. 행정쟁송

행정상 쟁송제도에는 행정심판, 행정소송, 헌법소원이 있다. 행정심판과 행정소송은 전통적인 구제제도이다. 그리고, 현행 헌법은 공권력 행사에 의해 국민의 기본권이 침해된 경우에 그 침해된 기본권의 구제를 위해 전통적인 구제제도의 보충적인 구제제도인 헌법소원을 인정하고 있다.

행정심판은 사법분야에서는 볼 수 없는 구제제도이고, 행정소송법은 행정사건의 특수성에 비추어 민사소송에 대한 여러 가지 특례(출소기간의 제한, 집행부정지의 원칙, 사정판결 등)를 규정하고 있다.

제 4 항   특별한 부담

Ⅰ. 법에 의한 엄격한 기속

행정권의 우월적 지위가 잘못 행사되어 국민의 권익을 침해할 수 있다. 따라서 공권력 행사에는 엄격한 법적 규율이 가해진다. 특히 권력관계는 법에 의한 엄격한 기속(羈束)을 받는다.

Ⅱ. 엄격한 국가배상책임

국가배상책임은 위법한 공권력 행사로 인하여 가해진 손해에 대한 배상책임을 정하는 것이므로 민사상 불법행위책임보다 엄격하게 인정되고 있다.

제 5 절 공   권

제 1 항   공권의 의의와 종류

공권(公權)이란 공법관계에서 직접 자기를 위하여 일정한 이익을 주장할 수 있는 법률상의 힘을 말한다.

공권에는 국가적 공권과 개인적 공권이 있다.

국가적 공권이라 함은 행정주체가 우월한 의사의 주체로서 행정객체에 대하여 가지는 권리를 말한다. 그 권리의 목적을 기준으로 할 때 조직권, 경찰권, 행정계획권, 공용부담특권, 공기업특권, 조세권, 전매권, 재정권으로 나누어지고, 권리의 내용을 기준으로 명령권, 강제권, 형성권, 공법상의 물권으로 나누어진다. 국가적 공권은 권한의 성격이 강하다.

개인적 공권이라 함은 개인이 행정주체에 대하여 가지는 공권을 말한다.

제 2 항 개인적 공권

Ⅰ. 개인적 공권의 의의

개인적 공권(個人的 公權)이란 개인이 직접 자기의 이익을 위하여 행정주체에게 일정한 행위를 할 것을 요구할 수 있는 공법에 의해 주어진 법적인 힘이다. 개인적 공권에 대응하여 행정권에게는 일정한 작위 또는 부작위의 의무가 부과된다.

Ⅱ. 개인적 공권의 성립요건

종래에는 개인적 공권(이하 공권이라 한다)의 성립요소로 강행법규(强行法規)에 의한 행정권에 대한 의무의 부과(강행법규성), 법규의 사익보호성(私益保護性), 청구권능부여성(請求權能附與性)을 들었다. 청구권능의 부여는 구체적으로 말하면 재판을 통한 이익의 실현을 의미한다.

그런데, 오늘날에는 헌법상 재판을 받을 권리가 보장되고 실정법(행정소송법)상 개괄적으로 권리구제제도가 보장되고 있으므로 공권의 성립요소 중 청구권능의 부여는 별도의 성립요소로 보지 않게 되었다.

오늘날 공권이 성립하기 위하여는 다음의 두 요건(강행법규성과 사익보호성)이 갖추어져야 한다: ① 강행법규(공법)에 의해 행정주체에게 일정한 행위(작위 또는 부작위)를 하여야 할 의무가 부과되고 있어야 한다(강행법규성). 행정주체의 의무에는 기속행위에서의 특정행위를 할 의무뿐만 아니라 재량행위에서의 하자 없이 행정권을 행사할 의무도 포함된다. 즉, 재량행위에서도 공권이 성립될 수 있다. ② 그 법규가 공익의 보호와 함께 사익의 보호를 목적으로 하고 있어야 한다(사익보호성). 일반적으로 공법법규는 공익의 보호를 제1차적 목적으로 한다. 그런데 공법법규가 공익의 보호와 함께 사익의 보호를 목적으로 하는 경우가 있고 이 경우에만 공권이 성립하게 된다.

그런데, 최근 개인의 사익뿐만 아니라 단체(공익단체 포함)의 존립목적이 되는 이익(공익단체의 존립근거(목적)인 공익 포함)도 공권의 성립요건인 개인적 이익에 포함되는 것으로 보아야 한다는 견해가 유력하게 제기되고 있다. 이 견해에 따르면 공권의 성립요건으로서의 보호이익은 '사익'이 아니라 사익보다 넓은 개념인 '개인적 이익(개별적 이익)'으로 보아야 한다. 또한 개인적 이익은 개인의 재산적 이익뿐만 아니라 개인의 인격적 이익, 평온한 생활이익(공익으로서의 평온한 생활이익이 아니라 개인적 이익(사익)으로서의 평온한 생활이익)도 포함되는 것으로 보아야 한다는 견해도 있다. 다만, 공익으로서의 평온한 생활이익이 법령에 의해 보호됨으로써 개인이 평온한 생활을 누리는 것은 반사적 이익이다. 평온한 생활이익을 공익으로서 보호할 것인지 아니면 공익뿐만 아니라 개인적 이익(사익)으로서도 보호할 것인지는 입법자의 의사에 따른다(이혜진, 민주주의 발전과 주관적 공권의 확대 경향 – 일본의 '평온생활권'을 글감으로 하여 – , 공법연구 제51집 제 3 호, 2023. 2, 79면 이하 참조).

Ⅲ. 공권, 법적 이익 및 반사적 이익의 구별

1. 공권과 법적 이익

종래에는 공권(公權)과 법적 이익(法的 利益)을 구별하였다. 법에 의해 보호된 이익이라도 재판을 통한 이익의 실현이 보장되지 않는 경우(청구권능이 부여되지 않은 경우)가 있었고 이 경우는 법적 이익(법상 보호된 이익)이지만 권리는 아니라고 보았다.

그러나, 앞에서 보았듯이 오늘날 공권의 성립에 별도의 청구권능의 부여는 요구되지 않게 되었고, 공법에 의한 사익의 보호만으로 공권이 성립되는 것으로 되었으므로 공권과 법적 이익의 구별은 없어졌고 법적 이익은 공권에 포섭되었다.

2. 공권(법적 이익)과 반사적 이익의 구별

공권과 반사적 이익은 구별하여야 한다. 반사적 이익(反射的 利益)이란 공법이 공익을 위하여 행정주체나 그 객체에게 어떠한 작위 또는 부작위의 의무를 부과하거나 또는 행정주체가 어떠한 공공시설을 운영함으로써 결과적으로 개인이 반사적으로 받게 되는 이익을 말한다.

예컨대, 의료법에서 의사에게 환자를 진료할 의무를 부과함으로써 일반인이 반사적으로 진료를 받게 되는 이익이 그 예이다.

(1) 공권과 반사적 이익의 구별실익

1) 법에 의한 보호 여부

반사적 이익은 법에 의해 직접 보호된 이익이 아니므로 그 이익이 침해되어도 재판을 통하여 구제되지 않는다. 공권(법적 이익 포함)이 침해된 자는 재판을 통하여 권익의 구제를 청구할 수 있다.

2) 원고적격

공권이 침해된 자는 행정소송에서 원고적격(소송을 제기할 자격)이 인정되지만, 반사적 이익이 침해된 자는 원고적격이 인정되지 않는다. 다만, 위와 같은 결론은 원고적격에 관하여 통설 및 판례의 견해인 '법적 이익구제설'을 취하는 견해에 입각할 때 타당하다.

원고적격에 관하여 '소송상 구제할 가치 있는 이익설'을 취하는 견해에 따르면 실체법상의 문제인 법적 이익의 범위의 문제와 소송법적 문제인 원고적격의 문제는 다른 차원의 문제이다. 소송상 구제할 가치 있는 이익설에 의하면 법적 이익이 침해된 경우에는 당연히 원고적격이 인정되고, 법적 이익이 아닌 사실상 이익이 침해된 경우에도 소송상 구제할 가치가 있다고 판단되는 경우에는 원고적격이 인정되게 된다.

3) 국가배상에서의 손해의 발생

국가배상에서 단순한 반사적 이익이 침해된 경우 손해가 발생하였다고 할 수 없다.

(2) 공권과 반사적 이익의 구별기준

공권(법적 이익)은 처분의 근거법규 및 관계법규에 의해 보호된 개인의 이익을 말한다. 보다 정확히 말하면 공익을 보호하는 법규가 개인의 이익도 아울러 보호하고 있는 경우에 그 보호된 개인의 이익이 공권이다. 이에 반하여 실정법규가 공익의 보호만을 목적으로 하고 있고 개인은 그로 인하여 반사적으로 이익을 누리는 경우 그 개인의 이익은 반사적 이익이다. 즉, 공권과 반사적 이익의 구별기준은 처분의 근거 및 관계법규의 목적이 된다.

근거법규란 공익목적을 위하여 행정주체에게 일정한 작위 또는 부작위를 발생시키는 실정법규를 말한다. 근거법규는 처분의 근거법규를 말한다. 다만, 근거법규는 광의로는 처분의 직접적인 근거법규뿐만 아니라 환경영향평가를 규정하는 환경영향평가법과 같은 관계법규도 포함한다. 그러한 근거 내지 관계법규가 공익의 보호와 함께 사익(개인의 이익)의 보호도 그 목적으로 하고 있다고 해석되는 경우에 공권이 성립된다.

근거법규 내지 관계법규에 의해 보호되는 이익은 개인적 이익이어야 한다. 법에 의해 보호되는 공익은 법적 이익(공권)이 아니다.[1]

제 3 항   공권(법적 이익)의 확대

공권의 확대는 여러 측면에서 행하여졌다. 반사적 이익의 보호이익화, 기본권의 공권화, 적극적 청구권, 무하자재량행사청구권 및 절차적 참가권의 인정이 그것이다.

I. 반사적 이익의 보호이익(공권)화

종래 반사적 이익으로 여겨졌던 것이 법적 이익으로 인정되고 있는 경향에 있다. 그

---

1) 예를 들면, 이웃의 채광을 보호하는 건축법의 규정은 주거환경의 보호라는 공익목적과 함께 인근주민의 채광(採光)의 이익을 아울러 보호하는 것을 목적으로 하고 있다고 해석되는데 이 경우 인근주민의 채광의 이익은 공권이다. 이에 반하여 건축물의 색채의 규제는 미관의 보호라는 공익목적만을 갖는 규정이므로 건축물의 색채의 규제에 따라 주민이 향유하는 미관의 이익은 반사적 이익이다.

러나, 법적 이익과 반사적 이익의 구별기준이 변경된 것은 아니다. 구별기준은 여전히 근거법규 내지 관계법규의 목적이다.

다만, 근거법규 내지 관계법규의 해석에 있어서 근거법규 내지 관계법규가 공익의 보호뿐만 아니라 개인의 이익을 또한 보호하고 있다는 것을 널리 인정하는 것에 의해 반사적 이익이 공권으로 발전되고 있는 것이다.

반사적 이익의 보호이익화는 주로 행정처분에 대하여 이해관계 있는 제 3 자의 이익(인근주민의 이익 및 경업자의 이익)이 반사적 이익에서 법적 이익으로 발전됨에 따라 이루어지고 있다. 종래 행정처분의 상대방이 아닌 제 3 자가 갖는 이익은 반사적 이익에 불과하다고 보는 경우가 많았으나 오늘날에는 법적 이익으로 보는 경향이 있다.

1. 인근주민의 이익

건축, 개발 등을 제한하는 행정법규가 공익뿐만 아니라 인근주민의 이익도 보호하고 있다고 여겨지는 경우에 그로 인하여 당해 인근주민이 받는 이익은 법적 이익이다. 이에 반하여 개발 등을 제한하는 행정법규가 공익만의 보호를 목적으로 하고, 이로 인하여 인근주민이 사실상 이익을 보는 경우 당해 인근주민의 이익은 반사적 이익에 불과하다.

(1) 법적 이익을 긍정한 사례

판례 연탄공장 건축허가처분의 요건을 제한하는 규정(주거지역 내 원동기를 사용하는 공장의 건축을 금지·제한하는 규정(구 도시계획법 제19조, 구 건축법 제32조))이 공익(공공복리의 증진)뿐만 아니라 인근주민(隣近住民)의 이익(주거지역 내 거주하는 사람의 주거의 안녕과 생활환경의 이익)을 아울러 보호하고 있다고 본 사례(대판 1975. 5. 13, 73누96, 97), 자동차 LPG 충전소설치허가의 요건을 정하는 규정이 공익뿐만 아니라 인근주민의 이익도 보호하고 있다고 본 사례(대판 1983. 7. 12, 83누59[엘.피.지.자동차충전소설치허가처분취소]), 환경영향평가에 관한 자연공원법령 및 환경영향평가법령의 규정들의 취지가 환경공익을 보호하려는 데 그치지 않고 환경영향평가 대상지역 안의 주민들이 수인한도를 넘는 환경침해를 받지 아니하고 쾌적한 환경에서 생활할 수 있는 개별적 이익을 보호하는 데 있다고 본 사례(대판 1998. 4. 24, 97누3286; 1998. 9. 22, 97누19571[발전소건설사업승인처분취소])가 있다.

(2) 법적 이익을 부정한 사례

판례 상수원보호구역 설정의 근거가 되는 수도법 제 5 조 제 1 항 및 동 시행령 제 7 조 제 1 항이 보호하고자 하는 것은 상수원의 확보와 수질보전일 뿐이고, 그 상수원에서 급수를 받고 있는 지역주민들이 가지는 상수원의 오염을 막아 양질의 급수를 받을 이익은 직접적이고 구체적으로는 보호하고 있지 않음이 명백하여 위 지역주민들이 가지는 이익은 상수원의 확보와 수질보호라는 공공의 이익이 달성됨에 따라 반사적으로 얻게 되는 이익에 불과하므로 지역주민들에 불과한 원고들에게는 위 상수원보호구역변경처분의 취소를 구할 법률상의 이익이 없다(대판 1995. 9. 26, 94누14544[상수원보호구역변경처분 등 취소]. 〈평석〉 그런데, 상수원보호구역 설정 및 해제의 근거가 되는 수도법규정이 상수원의 수질보호와 함께 물이용자의 개인적 이익도 직접 보호하는 것을 목적으로 하고 있다고 볼 수도 있고, 현재와 같이 『한강수계 상수원수질개선 및 주민지원 등에 관한 법률』 및 동법 시행령 제19조에 따라 수도사업자가 물이용부담금을 납부하고(이 물이용부담금은 수도요금에 전가될 것이다) 이 재원으로 상수원보호구역에 재정지원을 하고 있는 점 등을 아울러 고려하면 상수원보호구역을 규율하는 수도법규정으로 인하여 수돗물 이용자가 받는 이익은 법적 이익이라고 볼 수도 있다.

2. 경업자의 이익

영업을 규제하는 법령으로 인하여 경쟁관계에 있는 영업자(경업자(競業者))가 받는 이익이 법적 이익인지 반사적 이익인지가 문제된다. 영업을 규제하는 법령이 공익뿐만 아니라 경쟁관계에 있는 영업자의 영업상 이익도 아울러 직접 보호하고 있는 경우에 당해 경쟁관계에 있는 영업자의 영업상 이익은 법적 이익이고, 영업을 규제하는 법령이 공익의 보호만을 목적으로 하고 이로 인하여 경쟁관계에 있는 영업자가 반사적으로 이익을 얻는 경우에는 당해 경쟁관계에 있는 영업자의 영업상 이익은 반사적 이익이다.

(1) 법적 이익을 긍정한 사례

판례는 일반적으로 특허로 받는 영업자의 이익은 법률상 이익으로 본다.

판례 대법원은 직행버스 정류장설치를 제한하는 법규정으로 인하여 기존 시내버스 또는 시외버스 운송업자가 받는 이익, 선박운송사업의 제한으로 기존 선박운송업자가 받는 이익을 법적 이익으로 보았다(자세한 것은 행정구제법 원고적격 참조).

판례는 예외적이기는 하지만 허가로 받는 영업자의 이익을 법률상 이익으로 본 경우가 있다.

대법원은 주유소 거리제한으로 인하여 기존업자가 받는 이익은 법적으로 보호된 이익이라고 보았다.

(2) 법적 이익을 부정한 사례

판례는 허가로 받는 영업자의 이익은 원칙상 반사적 이익 내지는 사실상 이익에 불과한 것으로 본다.

판례 대법원은 석탄수급에 관한 임시조치법 소정의 석탄가공업허가로 받는 영업자의 이익을 반사적 이익으로 보았다(자세한 것은 행정구제법 원고적격 참조).

Ⅱ. 공권과 기본권

행정법상 공권은 법적으로 주장할 수 있는 구체적 권리이다. 헌법상의 기본권도 그것이 구체적인 내용을 갖고 있어 법률에 의해 구체화되지 않아도 직접 적용될 수 있는 경우에는 재판상 주장될 수 있는 공권으로 보아야 할 것이다. 자유권, 평등권과 재산권이 그 예이다.

생존권은 원칙상 추상적 권리로서 행정법상 주관적 공권이 아니지만 적극적 공권력 행사에 의해 생존권이 침해된 경우에 그 침해를 배제하기 위하여 당해 공권력 행사의 취소를 청구함에 있어서 또는 최소한도의 보장을 적극적으로 청구함에 있어서는 구체적 권리성을 갖는 것으로 보아야 하며, 이 경우에 국민은 개인적 공권의 주체가 된다고 보아야 한다.

> **판례**   환경영향평가 대상지역 밖에 거주하는 주민에게 헌법상의 환경권 또는 환경정책기본법에 근거하여 공유수면매립면허처분과 농지개량사업 시행인가처분의 무효확인을 구할 원고적격이 없다고 한 사례: 헌법 제35조 제 1 항에서 정하고 있는 환경권에 관한 규정만으로는 그 권리의 주체·대상·내용·행사방법 등이 구체적으로 정립되어 있다고 볼 수 없고, 환경정책기본법 제 6 조도 그 규정 내용 등에 비추어 국민에게 구체적인 권리를 부여한 것으로 볼 수 없다는 이유로, 환경영향평가 대상지역 밖에 거주하는 주민에게 헌법상의 환경권 또는 환경정책기본법에 근거하여 공유수면매립면허처분과 농지개량사업 시행인가처분의 무효확인을 구할 원고적격이 없다고 한 사례(대판 전원합의체 2006. 3. 16, 2006두330[소위 새만금판결]).

Ⅲ. 무하자재량행사청구권

1. 의 의

무하자재량행사청구권(無瑕疵裁量行使請求權)이라 함은 행정청에게 재량권이 부여된 경우에 행정청에 대하여 재량권을 흠 없이 행사하여 줄 것을 청구할 수 있는 권리를 말한다.

행정청에게 재량권이 인정되는 경우에는 행정청이 처분을 함에 있어서 재량권의 한계를 준수하여 줄 것을 청구할 수밖에 없고, 어떤 특정한 행위를 하여 줄 것을 청구하는 권리가 개인에게 주어질 수 없다.

2. 법적 성질

(1) 형식적 권리

무하자재량행사청구권은 특정한 내용의 처분을 하여 줄 것을 청구하는 권리가 아니고 재량권을 흠 없이 행사하여 어떠한 처분을 하여 줄 것을 청구하는 권리인 점에서 형식적 권리라고 할 수 있다.

(2) 실체적 권리

무하자재량행사청구권은 자신의 권익을 위하여 일정한 행정결정을 청구하는 권리이 므로 실체적 권리로 보는 것이 타당하다.

(3) 무하자재량행사청구권과 신청권

무하자재량행사청구권이 응답신청권으로 전이되었다는 견해도 있지만, 무하자재량행 사청구권과 신청권은 다음과 같이 구분되어야 한다. ① 권리의 성격: 일반적으로 청구권은 신청권과 구별되어야 한다. 청구권은 실체적 권리인 반면에 신청권은 절차적 권리의 성격 이 강하다. 무하자재량행사청구권은 청구권으로서 주관적 공권이지만, 신청권은 그러하지 아니하다. ② 권리의 내용: 청구권에 대응하여 행정청은 처분의무(특정처분의무 또는 일정처 분의무)를 지지만, 신청권에 대응하여 행정청은 응답의무를 진다. 청구권에는 신청권이 당 연히 포함된다. 무하자재량행사청구권은 하자없는 재량행사를 신청하는 권리가 포함되어 있지만, 신청권에는 청구권이 포함되지 않는다. ③ 행정소송상 구별: 신청권은 행정소송법 상 부작위 및 거부행위의 요소가 된다. 따라서 신청권이 없는 경우에 신청에 대한 부작위 나 거부는 항고소송의 대상이 되지 않는다(이견 있음). 무하자재량행사청구권이 있는 자에 게는 항고소송을 제기할 원고적격이 인정된다. 그리고, 무하자재량행사청구권은 하자없는 재량행사를 명하는 재결 또는 판결의 실체법상 근거가 된다.

3. 무하자재량행사청구권의 독자성 인정 여부

무하자재량행사청구권을 독자적 권리로 인정할 필요가 있는가에 관하여 그 권리의 독자적인 존재 의의를 부정하는 견해와 긍정하는 견해가 있다.

판례는 검사임용거부처분 취소청구사건에서 무하자재량행사청구권이라는 용어를 명 시적으로 사용하고 있지는 않지만 무하자재량행사청구권의 개념(재량권의 일탈이나 남용이 없는 적법한 응답을 요구할 권리)을 인정하였다(대판 1991. 2. 12, 90누5825[검사임용거부처분취 소]). 그러나, 아직 무하자재량행사청구권은 판례상 보편적으로 사용되는 개념은 아니다.

판례 검사임용거부처분을 항고소송의 대상으로 본 사례: 검사의 임용에 있어서 임용권자가 임용 여부에 관하여 어떠한 내용의 응답을 할 것인지는 임용권자의 자유재량에 속하므로 일단 임용거부라 는 응답을 한 이상 설사 그 응답내용이 부당하다고 하여도 사법심사의 대상으로 삼을 수 없는 것이 원 칙이나, 적어도 재량권의 한계 일탈이나 남용이 없는 위법하지 않은 응답을 할 의무가 임용권자에게 있고 이에 대응하여 임용신청자로서도 재량권의 한계 일탈이나 남용이 없는 적법한 응답을 요구할 권 리가 있다고 할 것이며, 이러한 응답신청권에 기하여 재량권 남용의 위법한 거부처분에 대하여는 항고 소송으로서 그 취소를 구할 수 있다고 보아야 하므로 임용신청자가 임용거부처분이 재량권을 남용한 위법한 처분이라고 주장하면서 그 취소를 구하는 경우에는 법원은 재량권남용 여부를 심리하여 본안 에 관한 판단으로서 청구의 인용 여부를 가려야 한다(대판 1991. 2. 12, 90누5825[검사임용거부처분취 소]). 〈해설〉 위의 판례가 무하자재량행사청구권을 독자적 권리로 인정하였다고 해석하는 견해도 있지만, 위의 판례는 기본적으로 재량행위인 검사임용의 경우에 임용신청자에게 조리상 응답신청권을 인정한 판례이며 무하자재량행사청구권의 개념을 인정하고 검사임용거부의 처분성 인정논거의 하나로 들고 있지만, 위의 판례가 무하자재량행사청구권을 독자적 권리로 인정하였다고 해석하는 것은 타당하지 않다. 무하자재량행사청구권이라는 개념의 인정과 무하자재량행사청구권의 독자성 인정은 별개의 문제이다. 또한, 판례가 무하자재량행사청구권과 응답신청권을 동일한 것으로 본 것은 타당하지 않다. 전술한 바와 같이 무하자재량행사청구권과 신청권은 구별되는 개념이다. 이 판례에 대하여는 검사임용신청권은 헌법(제 7 조, 제25조), 사법시험법, 국가공무원법(제26조, 제33조) 및 검찰청법(제34조) 등 법령으로부터 도출되는 것이지 조리상 인정될 것은 아니라는 비판도 있다.

무하자재량행사청구권은 재량행위에 대한 항고소송에서 원고적격을 인정하기 위하여는 그 실익이 없으나, 재량행위에서도 공권이 인정될 수 있다는 것과 인정되는 권리가 어떠한 권리인지를 설명하여 줄 수 있고, 의무이행심판이나 의무이행소송에서 적법재량행사를 명하는 재결이나 판결의 실체법적 근거가 된다는 점에서 그 인정실익이 있다. 따라서 긍정설이 타당하다.

4. 무하자재량행사청구권의 인정범위

무하자재량행사청구권은 재량권이 인정되는 모든 행정권의 행사에 인정된다. 수익적 행정행위뿐만 아니라 부담적 행정행위에도 인정된다. 무하자재량행사청구권은 행정기관이 선택재량을 가지는 경우뿐만 아니라 결정재량만을 가지는 경우에도 인정된다. 또한 행정기관이 선택재량과 함께 결정재량을 가지는 경우도 인정된다.

5. 무하자재량행사청구권의 성립요건

무하자재량행사청구권도 공권이므로 무하자재량행사청구권이 인정되기 위하여는 공권의 성립요건이 충족되어야 한다. 즉, ① 행정청에게 강행법규에 의해 재량권을 행사하여 어떠한 처분을 하여야 할 의무가 부과되어야 한다(처분의무). 행정청의 처분의무는 법령상 인정될 수 있을 뿐만 아니라 조리상 인정될 수도 있다. 여기에서의 행정청의 처분의무는 특정한 내용의 처분의무가 아니라 하자 없이 재량권을 행사하여 어떠한 처분을 하여야 할 의무이다. ② 재량권을 부여하는 법규가 공익뿐만 아니라 개인의 이익을 보호하는 것을 목적으로 하여야 한다(사익보호성).

6. 무하자재량행사청구권의 내용

무하자재량행사청구권이 인정되는 경우는 행정청에게 그의 재량권을 올바르게 행사하여 처분할 의무가 있고 이에 대응하여 개인은 재량권의 올바른 행사에 의한 처분을 받을 권리를 갖게 된다.

7. 재량권의 영으로의 수축

(1) 의   의

재량권의 영(零)으로의 수축이라 함은 일정한 예외적인 경우에 재량권이 있는 행정청에게 선택의 여지가 없어지고 특정한 내용의 처분을 하여야 할 의무가 생기는 것을 말한다.

(2) 판단기준

일반적으로 다음과 같은 경우에 재량권이 영으로 수축된다고 본다: ① 사람의 생명, 신체 및 재산 등 중요한 법익에 급박하고 현저한(중대한) 위험이 존재하고(공장으로부터 배출기준을 초과하는 유해한 폐수가 하천으로 배출되어 식수(食水)로 사용하는 인근의 지하수를 오염시키고 있는 경우), ② 그러한 위험이 행정권의 발동(시정명령 또는 조업중지명령)에 의해 제거될 수 있는 것으로 판단되며, ③ 피해자의 개인적인 노력으로는 권익침해의 방지가 충분하게 이루어질 수 없다고 인정되는 경우가 그러하다.

(3) 효   과

재량권이 영으로 수축하는 경우 행정청은 특정한 내용의 처분을 하여야 할 의무를 진다.

재량권이 영으로 수축하는 경우에는 무하자재량행사청구권은 특정한 내용의 처분을 하여 줄 것을 청구할 수 있는 행정행위발급청구권 또는 행정개입청구권으로 전환된다.

8. 무하자재량행사청구권의 실현수단

재량권이 부담적 행정행위(제재처분, 허가의 취소나 정지처분)에 있어서 인정되고 그 경우에 재량권의 행사가 재량권의 한계를 넘은 경우(선택재량의 하자)에 당사자는 처분의 취소를 구하는 취소심판 또는 취소소송을 제기하여 무하자재량행사청구권을 실현할 수 있다.

재량권이 수익적 행정행위에 있어서 인정되는 경우에 수익적 행정행위의 신청(공직임용의 신청, 특허의 신청)에 대하여 거부를 함에 있어서 재량권이 남용된 경우(결정재량의 하자)에 당사자는 의무이행심판 또는 거부처분에 대하여 취소소송을 제기하여 무하자재량행사청구권을 실현할 수 있다. 거부처분에 대한 구제수단으로는 의무이행소송이 보다 직접적인 구제수단이지만 현행법상 인정되고 있지 않다.

재량권이 수익적 행정행위에 있어서 인정되는 경우에 수익적 행정행위의 신청에 대하여 행정기관이 그 신청을 방치하므로 부작위가 성립하는 경우에 당사자는 의무이행심판이나 부작위위법확인소송을 제기할 수 있다. 이 경우의 구제수단으로는 의무이행소송이 보다 직접적인 구제수단이지만 현행법상 인정되고 있지 않다.

재량권이 수익적 행위에 있어서 인정되는 경우에 수익적 행정행위의 신청에 대하여 행정기관이 일부 인용의 수익적 처분을 내린 경우 이를 거부처분으로 보고 취소소송을 제기하여 무하자재량행사청구권을 실현할 수 있다.

행정권 발동의 청구에 대해 행정청이 당해 행정권을 발동하지 않은 경우의 쟁송수단은 재량행위인 수익적 행정행위를 청구한 경우와 같다.

행정소송법 개정에 따라 의무이행소송이 도입되면 무하자재량행사청구권에 대응하여 적법재량행사명령판결이 가능하게 된다.

9. 무하자재량행사청구권과 원고적격의 관계

무하자재량행사청구권은 재량법규가 사익을 보호하는 경우에 인정되는 실체적 권리이므로 무하자재량행사청구권이 인정되는 경우에는 원고적격이 인정된다. 원고적격을 인정하기 위해 무하자재량행사청구권이라는 개념이 반드시 필요한 것은 아니다. 원고적격론에 따라 재량처분의 근거법규가 사익을 보호하는 경우 원고적격이 인정되는 것이다.

Ⅳ. 행정권발동청구권

행정권발동청구권은 자신의 권익을 위하여 행정권의 적극적 발동을 청구할 수 있는 권리이다. 광의의 행정개입청구권이라고도 한다. 행정권발동청구권은 자신에 대하여 행정권의 발동을 청구하도록 요구하는 권리(행정행위발급청구권)와 제 3 자에 대한 행정권의 발동을 청구하는 권리(협의의 행정개입청구권)로 나눌 수 있다.

1. 행정행위발급청구권

(1) 개   념

행정행위발급청구권(行政行爲發給請求權)이라 함은 개인이 자기의 권익을 위하여 자기에 대하여 일정한 내용의 행정권을 발동하여 줄 것을 청구할 수 있는 권리를 말한다.

(2) 성립요건

행정행위발급청구권이 인정되기 위하여는 ① 강행법규가 행정청에게 일정한 행위를 하여야 할 의무를 부과하고 있고(강행법규성, 발급의무), ② 그러한 법규가 공익의 보호뿐만 아니라 개인(個人)의 이익도 보호하는 것을 목적으로 하고 있어야 한다(사익보호성).

(3) 인정범위

행정행위발급청구권은 원칙적으로 기속행위에 인정되고 재량행위에는 원칙상 인정되지 않는다.

다만, 재량행위의 경우에도 재량권이 영으로 수축되는 경우에는 행정청에게 특정 행정행위를 할 의무가 생기므로 행정행위발급청구권이 인정된다.

(4) 실현수단

행정행위발급청구권이 침해된 경우라는 것은 그 권리를 갖는 개인이 행정청에게 특정 내용의 행정권 행사를 하여 줄 것을 청구했음에도 행정청이 거부하거나 방치(부작위)한 경우를 말한다. 이 경우에 권리자는 의무이행심판을 제기한 후 다음과 같은 행정소송을 제기하거나 아니면 의무이행심판을 제기함이 없이 직접 다음과 같은 행정소송을 제기할 수 있다. 행정소송수단으로는 거부처분에 대하여는 거부처분의 취소소송을 제기하고, 부작위에 대하여는 부작위위법확인소송을 제기한다. 취소소송이나 부작위위법확인소송에서 인용판결이 났음에도 행정청이 청구된 행정권의 행사를 계속하지 않는 경우에는 간접강제제도에 의해 그 판결의 이행이 강제된다(행정소송법 제34조, 제38조 제 2 항).

2. 협의의 행정개입청구권 [1995 사시 사례, 2011 입시 사례, 2013 사시 사례, 2014 행시 사례]

(1) 개   념

협의의 행정개입청구권(行政介入請求權)이라 함은 어떠한 행정권의 발동(유해한 폐수를 배출하는 기업에 대한 조업중지명령)이 그 상대방(갑)에 대하여는 침해적이고 제 3 자(인근 주민)에 대하여는 수익적인 경우에 그 행정권의 발동으로 이익을 받는 제 3 자가 행정청에게 그 상대방에 대한 행정권의 발동을 청구할 수 있는 권리를 말한다.

(2) 성립요건

행정개입청구권이 인정되기 위하여는 ① 행정청에게 개입의무(행정권의 발동의무)가 있어야 하고(강행법규성 및 개입의무), ② 행정권의 발동에 관한 법규가 공익뿐만 아니라 제 3 자(행정개입청구자)의 사익을 보호하고 있어야 한다(사익보호성).

1) 행정청의 개입의무(행정권의 발동의무)의 존재

행정권의 발동 여부는 원칙상 행정청의 재량에 속한다. 왜냐하면, 행정권 발동의 대상이 되는 행정 현실이 매우 다양하며 행정수단이 제약되어 있기 때문이다. 그러나, 법에서 행정권의 발동 여부에 관하여 행정권의 재량을 인정하지 않고 있는 경우가 있고, 법에서 행정권의 발동에 관하여 행정청에게 재량권을 부여하고 있는 경우에도 당해 재량권이 영으로 수축하는 경우와 이익형량상 개입의무가 인정되는 경우에는 행정청에게 개입의무가 존재한다.

[개입의무를 긍정한 사례] 경찰관직무집행법 제 5 조는 경찰관은 인명 또는 신체에 위해를 미치거나 재산에 중대한 손해를 끼칠 우려가 있는 위험한 사태가 있을 때에는 그 각 호의 조치를 취할 수 있다고 규정하여 형식상 경찰관에게 재량에 의한 직무수행권한을 부여한 것처럼 되어 있으나, 경찰관에게 그러한 권한을 부여한 취지와 목적에 비추어 볼 때 구체적인 사정에 따라 경찰관이 그 권한을 행사하여 필요한 조치를 취하지 아니하는 것이 현저하게 불합리하다고 인정되는 경우에는 그러한 권한의 불행사는 직무상의 의무를 위반한 것이 되어 위법하게 된다(대판 1998. 8. 25, 98다16890: 경찰관이 농민들의 시위를 진압하고 시위과정에 도로 상에 방치된 트랙터 1대에 대하여 이를 도로 밖으로 옮기거나

후방에 안전표지판을 설치하는 것과 같은 위험발생방지조치를 취하지 아니한 채 그대로 방치하고 철수하여 버린 결과, 야간에 그 도로를 진행하던 운전자가 위 방치된 트랙터를 피하려다가 다른 트랙터에 부딪혀 상해를 입은 사안에서 국가배상책임을 인정한 사례). 〈해설〉 이 사례는 개입청구의 거부나 부작위에 대해 직접 다룬 것이 아니라 국가배상사건이어서 개입청구권 문제가 직접 쟁점이 되지는 않았다. 따라서, 이 사례에서 행정기관에게 개입의무를 인정하였지만, 개입청구권을 인정할 것인지는 심판의 대상이 되지 않았다.

2) 사익보호성

오늘날 행정권의 발동을 규율하는 법규가 공익의 보호뿐만 아니라 개인의 이익도 보호하는 것을 목적으로 하고 있는 경우도 있고 이 경우에 개인이 받는 이익은 법적 이익이 된다.

(3) 인정범위

행정개입청구권은 이론적으로는 모든 행정영역에서 인정될 수 있다. 그런데, 행정개입청구권은 주로 행정개입을 청구하는 국민의 생명, 신체 및 재산을 보호하기 위하여 인정되는 것이기 때문에 경찰행정(질서행정)분야에서 주로 인정된다.

행정개입청구권은 기속행위의 경우에는 당연히 인정된다. 재량행위의 경우에는 무하자재량행사청구권이 인정되고 행정개입청구권은 원칙상 인정되지 않지만, 전술한 바와 같이 재량권이 영으로 수축하는 경우와 이익형량상 개입의무가 인정되는 경우에는 무하자재량행사청구권은 행정개입청구권으로 전환되어 행정개입청구권이 인정된다.

(4) 실현수단

1) 행정쟁송

현행 행정쟁송법상 행정권이 발동되지 않음으로써 침해된 제 3 자(행정권의 발동을 청구한 자)의 권익의 구제를 위한 쟁송수단이 마련되어 있다. 행정심판으로는 의무이행심판이 인정되고 있다. 행정개입청구권의 보장을 위한 가장 적절한 소송수단은 의무이행소송이지만 현행법상 인정되고 있지 않다. 그러나, 행정개입청구권은 거부처분의 취소소송 또는 부작위위법확인소송을 통하여 실현될 수 있다(행정소송법 제34조, 제38조 제 2 항).

2) 국가배상

행정권이 발동되지 않음으로써 손해를 입은 경우에는 항고쟁송의 제기와 별도로 국가배상을 청구할 수 있다.

권리침해가 이미 발생하여 항고쟁송의 제기로 구제될 수 있는 이익(소의 이익)이 존재하지 않는 경우에는 국가배상만이 가능하다.

예를 들면, 무장공비가 민가(民家)에 침입하여 주민과 격투가 벌어지고 있는 경우에 경찰력의 출동을 요청하였음에도 경찰력이 출동하지 않아 공비와 격투를 벌이던 주민이 사망하게 된 경우에는 국가배상청구만이 가능하다.

V. 절차적 공권

실체법상의 권리의 확장과 함께 절차법상의 권리가 확대되고 있다. 행정절차상 권리가 확대되고 있고, 소송법상 원고적격이 확대되고 있다.

1. 행정절차상 권리의 확대

적법절차의 원칙이 행정권에도 적용되는 법원칙으로 인정되고 있다. 그리고, 행정절차법이 1998년 1월 1일부터 시행되고 있다. 알 권리가 헌법상 기본권으로 인정되고 있고, 정보공개에 관한 법률(공공기관의 정보공개에 관한 법률)도 1998년 1월 1일부터 시행되고 있다.

법령상 이해관계인이 갖는 절차적 권리는 항고소송에서의 원고적격의 인정기준이 되는 법률상 이익이라고 보는 것이 판례의 입장이다.

2. 원고적격의 확대

반사적 이익의 보호이익화에 따라 행정소송상 원고적격(原告適格)이 확대되고 있다. 또한, 입법론으로는 단체소송이 도입되어야 한다.

절차적 공권의 확대에 관한 자세한 사항은 관련부분에서 후술하기로 한다.

제 6 절 특별행정법관계(종전의 특별권력관계)

[2002 행시 사례(교도소 재소자의 이송조치),
1999 사시 사례(공무원의 신분상 불이익처분)]

I. 개   념

특별행정법관계(特別行政法關係)란 특별한 행정목적을 달성하기 위하여 특별권력기관과 특별한 신분을 가진 자와의 사이에 성립되는 특별한 법률관계를 말한다. 특별행정법관계는 행정주체와 일반 국민 사이에 성립되는 일반행정법관계에 대응하는 개념이다.

특별행정법관계는 특별권력관계(特別權力關係)라는 개념을 대체하는 개념으로 사용된다.

II. 특별행정법관계의 성립과 종류

1. 특별행정법관계의 성립

특별행정법관계는 상대방의 동의 없이 법률의 규정이나 상대방의 동의에 의해 성립한다. 예컨대 군입대(병역법 제 4 장), 수형자의 교도소 수감(형의 집행 및 수용자의 처우에 관한 법률 제 1 조, 제 8 조), 전염병환자의 강제입원(감염병의 예방 및 관리에 관한 법률 제42조) 등은 상대방의 동의 없는 법률의 규정에 의한 성립이고, 공무원의 임명, 국공립학교에의 입학, 국공립도서관의 이용 등은 상대방의 동의에 의한 경우이다.

2. 특별행정법관계의 종류

특별행정법관계는 ① 공법상의 근무관계(군복무관계, 국가공무원의 근무관계), ② 공법상의 영조물이용관계(국공립학교에의 재학관계, 교도소 재소관계), ③ 공법상 특별감독관계(공공조합, 공무수탁자와 국가와의 특별감독관계), ④ 공법상의 사단관계(공공조합과 그 조합원과의 관계)가 그것이다.

제 7 절 행정법관계의 변동(발생·변경·소멸)

제 1 항 법률요건

법률관계의 발생·변경·소멸의 원인이 되는 것을 **법률요건**이라 한다. 법률요건은 법률관계의 변동원인이다. 법률요건에는 행위, 사건 등이 있다.

행정법상의 법률관계는 행정주체의 공법행위 또는 사인의 공법행위 및 사건에 의해 발생·변경·소멸된다.

제 2 항 행정주체의 행위

행정주체의 공법행위는 매우 다양하다. 행정주체의 공법행위를 성질에 따라 유형화한 것이 행위형식인데, 행정입법, 행정행위, 공법상 계약, 사실행위 등이 이에 속한다. 이에 관하여는 후술한다.

법적 행위만이 법률관계에 변동을 가져오며 사실행위는 법률관계의 변동을 가져오지 않는다.

제 3 항 사인의 공법상 행위

I. 개   념

사인의 공법상 행위란 사인(私人)이 공법상의 권리와 의무로서 하는 행위를 말한다. 사인의 공법행위는 사인의 공법상 행위 중 법률행위의 성질을 갖는 것만을 지칭하는 것이다.

II. 사인의 공법상 행위의 종류

사인의 공법상 행위는 여러 기준에 의해 분류할 수 있다.

① 법적 행위인 경우도 있고, 사실행위인 경우도 있다. 사실행위의 예로는 행정감시행위, 쓰레기 분리배출행위 등이 있다. 법적 행위는 다시 다음과 같이 구분될 수 있다. 행위의 성질을 기준으로 단독행위(單獨行爲)(허가신청, 이의신청,신청, 신고 등), 공법상 계약(契約)(사인 상호간의 토지수용에 관한 협의), 공법상 합동행위(合同行爲)(공공조합 설립행위)로 나누어진다.

② 행위의 효과를 기준으로 그 행위 자체로서 법률효과를 완결하는 자기완결적(自己完結的) 공법행위(신고, 사인 상호간의 공법행위, 투표행위)와 행정주체의 어떠한 공법행위의 요건이 되는 데 그치고 그 자체로서 완결된 법률효과를 발생시키지 못하는 행위요건적(行爲要件的) 공법행위(신청행위, 동의 승낙, 사직원의 제출)로 나눈다.

③ 행위의 기능상 행정에의 참여행위(의견진술행위, 공청회의 참여행위, 행정감시행위), 협력행위(납세신고, 임의적 공용부담 신청, 쓰레기분리배출행위, 행정지도에 대한 협력행위), 권리의 실현을 위하여 행하는 행위(신청행위)와 공법상 의무의 이행으로 행하여지는 행위(신고행위)가 있다.

III. 사인의 공법행위

1. 개   념

사인(私人)의 공법행위(公法行爲)라 함은 공법적 효과의 발생을 목적으로 하는 사인의 법적 행위를 말한다.

2. 사인의 공법행위에 대한 적용법규

사인의 공법행위에 대한 일반법은 없다. 다만, 행정절차법은 처분의 신청절차, 신고절차에 대한 일반적 규정을 두고 있고, 행정기본법에서는 수리를 요하는 신고에 대한 일반적 규정을 두고 있다.

사인의 공법행위에 적용할 법규정이 없는 경우에는 민법상의 법원칙, 의사표시나 법률행위에 관한 규정을 원칙상 적용할 수 있다. 다만, 사인의 공법행위와 사법행위의 성질상의 차이가 있는 경우에는 그 한도 내에서 사법규정을 적용할 수 없거나 수정하여 적용하여야 한다.

(1) 의사능력과 행위능력

특별한 예외규정이 없는 한 민법의 의사능력(意思能力)에 관한 규정은 사인의 공법행위에도 적용된다. 즉, 행위 당시에 의사능력을 결여한 사인의 공법행위는 무효이다.

행위능력(行爲能力)에 관한 민법의 규정도 사인의 공법행위에 원칙상 적용된다고 본다. 다만, 민법의 행위능력 규정의 입법취지와 무관한 행정법관계에는 민법의 행위능력에 관한 규정이 적용되지 않을 수도 있다. 민법의 행위능력에 관한 규정은 행위무능력자에 대한 재산법에서의 보호를 위한 규정이다. 따라서, 운전면허나 여권 발급의 신청처럼 재산상의 행위가 아닌 신분법상의 행위는 미성년자가 단독으로 할 수 있다고 볼 수 있다. 또한, 재산상의 행위 중에도 미성년자 단독으로 할 수 있는 경우가 있다.

예를 들면, 납세신고는 재산상의 행위이지만 납세의무는 객관적으로 성립되며 상대방인 세무서장과의 사이에서는 거래의 관념이 법률상 존재하지 않기 때문에 법정대리인의 동의는 필요 없다고 볼 수 있다(서원우·오세탁 공역, 268).

(2) 대　　　리

대리(代理)되는 사인의 공법행위가 사인의 인격적 개성과 밀접한 관련을 갖고 있는 경우(예: 사직원의 제출·철회, 투표행위)에는 그 행위는 대리에 친하지 않는 행위로서 대리가 인정되지 않는다.

사인의 인격적 개성과 밀접한 관련이 없는 경우는 대리가 가능하며 이 경우에는 민법상의 대리에 관한 규정이 준용된다.

(3) 효력발생시기

사인의 공법행위는 민법에서처럼 원칙상 도달주의에 따라 효력이 발생한다. 다만, 예외적으로 명문의 규정에 의해 발신주의를 취하는 경우가 있다.

(4) 의사의 흠결 및 하자 있는 의사표시 [2022 행시, 2012 행시(일반행정)]

사인의 의사표시(意思表示)에 하자(瑕疵)가 있는 경우 원칙상 민법상의 법률행위에 관한 규정을 유추적용하여야 할 것이다.

예를 들면, 강요에 의해 의사능력이 상실된 상태에서 한 사직원의 제출은 무효이고, 강박에 의한 사직원(辭職願)의 제출은 민법 제110조 제 1 항에 따라 취소될 수 있다. 다만, 의원면직처분 전까지만 취소가 가능하다.

그러나, 행정법관계의 특수성에 비추어 민법의 규정을 적용하는 것이 적절하지 않은 경우도 있다. 즉, 행위의 단체적 성질 또는 정형적 성질이 강하게 요구되는 등 사인과의 거래와는 다른 특수성이 인정되는 경우에는 민법의 규정을 수정 또는 변경하여 적용하여야 한다.

예를 들면, 민법상 비진의 의사표시의 무효에 관한 규정은 그 성질상 영업재개신고나 사직 (일괄사직)의 의사표시와 같은 사인의 공법행위에 적용되지 않는다(대판 1978. 7. 25, 76누276; 2001. 8. 24, 99두9971[면직무효확인 등]). 투표와 같은 합성행위(合成行爲)는 단체적 성질의 행위이므로 민법상 착오를 주장할 수 없다.

> **판례** 여군 단기복무하사관이 복무연장지원서와 함께 전역지원서를 동시에 제출한 경우 전역지원의 의사는 조건부 의사표시(비진의의사표시가 아닌)로서 유효하다고 한 사례(대판 1994. 1. 11, 93누10057[면역처분취소]).

(5) 부   관

행정법관계의 안정성의 요구에 비추어 사인의 공법행위에는 사법행위에서와 달리 부관(附款)을 붙일 수 없다.

(6) 행위의 철회

사법관계에 있어서는 의사표시가 상대방에게 도달한 경우에는 그것을 철회(撤回)할 수 없다. 그러나, 사인의 공법상 행위는 명문으로 금지되거나 성질상 불가능한 경우가 아닌 한 그에 따른 행정행위가 행하여질 때까지 자유로이 철회하거나 보정할 수 있다(대판 2014. 7. 10, 2013두7025).

> **판례1** 사인의 공법상 행위는 명문으로 금지되거나 성질상 불가능한 경우가 아닌 한 그에 따른 행정행위가 행하여질 때까지 자유로이 철회하거나 보정할 수 있으므로 도시계획시설사업의 사업시행자 지정 처분이 행하여질 때까지 토지 소유자는 새로이 동의를 하거나 동의를 철회할 수 있다고 보아야 한다(대판 2014. 7. 10, 2013두7025[도시계획시설사업시행자지정및실시계획인가취소처분취소]).
>
> **판례2** 공무원에 의해 제출된 사직원은 그에 터잡은 의원면직처분이 있을 때까지는 철회될 수 있고, 일단 면직처분이 있고 난 이후에는 철회나 취소할 여지가 없다(대판 2001. 8. 24, 99두9971[면직무효확인 등]).

(7) 행위시법 적용의 원칙

특별한 규정이 없는 한 사인의 공법행위는 행위시의 법령에 따른다.

> **판례** 신고사항이 아니었다가 2003년 시행령 개정으로 변경신고 사항이 된 경우, 2016년에 변경행위를 한 후 변경신고를 하지 않은 채 영업을 계속하면 처벌대상이 된다고 한 사례(대판 2022. 8. 25, 2020도12944).

3. 사인의 공법행위의 효과

사인의 공법행위 중 자기완결적 공법행위는 사인의 공법행위로 효력이 발생하고 행정청의 별도의 조치가 필요 없다. 그런데, 신청 등 일정한 행위요건적 공법행위에 대하여는 행정청에게 처리의무(응답의무 또는 신청에 따른 처분의무)가 부과된다.

4. 사인의 공법행위의 하자의 효과 [2012 행시(일반행정)]

(1) 사인의 공법행위의 하자의 효력

사인의 공법행위의 하자(瑕疵)의 효력도 원칙상 행정행위의 하자의 효력과 동일하게 중대명백설에 따른다고 보는 것이 타당하다. 다만, 다음의 경우에는 특별한 고찰을 요한다.

1) 의사표시의 하자의 효력

사인의 공법행위가 의사표시인 경우 원칙상 민법의 법률행위에 관한 규정이 유추적용된다. 그러나, 전술한 바와 같이 사인의 공법행위의 성질상 민법상 의사표시의 하자에 관한 규정을 유추적용할 수 없는 경우에는 그러하지 아니하다.

2) 신고의 하자의 효력

자기완결적 신고가 부적법한 경우에는 신고의 효력이 발생하지 않는다. 수리를 요하는 신고의 경우에는 중대명백설에 의하는 것이 타당하다.

(2) 행위요건적 공법행위의 하자의 행정행위에 대한 효력

사인의 공법행위의 흠은 그에 따라 행해진 행정행위의 효력에 어떠한 영향을 미치는가.

사인의 공법행위가 행정행위를 행하기 위한 단순한 동기인 경우에는 공법행위의 흠결은 행정행위의 효력에 아무런 영향을 미치지 않는다는 것이 일반적 견해이다. 사인의 공법행위가 행정행위의 전제요건인 경우(신청·동의 등)에는 견해가 대립한다.

1) 제 1 설

사인의 공법행위가 무효인 경우에 행정행위는 전제요건을 결하게 되어 무효라고 보고, 사인의 공법행위에 단순한 위법사유가 있는 때에는 행정행위는 원칙적으로 유효하다고 보는 것이 다수설의 견해이다(김동희, 류지태).

2) 제 2 설

이에 대하여 사인의 공법행위(신청·동의 등)에 흠이 있는 때에는 그에 의한 행정행위는 원칙상 취소할 수 있는 행정행위라고 보아야 한다는 견해이다.

3) 제 3 설

신청이나 동의를 요하는 행정행위에서 신청이나 동의가 없거나 신청이나 동의가 무효인 행정행위는 전제요건을 결하는 행정행위이므로 원칙상 무효이다. 사인의 공법행위가 취소할 수 있는 행위인 경우에는 사인은 행정행위가 행해지기 전에는 언제든지 사인의 공법행위를 취소 또는 철회할 수 있고, 행정행위가 행해진 후에는 사인의 공법행위를 취소 또는 철회할 수 없고, 행정행위의 취소를 청구하여야 한다.

4) 판   례

판례의 입장은 명백하지는 않지만, 제 3 설을 취하고 있는 것으로 보인다.

판례 1 **공무원의 사직 의사표시의 철회 또는 취소가 허용되는 시한(=의원면직처분시):** 공무원이 한 사직 의사표시의 철회나 취소는 그에 터잡은 의원면직처분이 있을 때까지 할 수 있는 것이고, 일단 면직처분이 있고 난 이후에는 철회나 취소할 여지가 없다(대판 2001. 8. 24, 99두9971[면직무효확인등]).

판례 2 **공무원이 감사기관이나 상급관청 등의 강박에 의하여 사직서를 제출한 경우, 그 강박의 정도와 당해 사직서에 터잡은 면직처분의 효력:** 사직서의 제출이 감사기관이나 상급관청 등의 강박에 의한 경우에는 그 정도가 의사결정의 자유를 박탈할 정도에 이른 것이라면 그 의사표시가 무효로 될 것이고 그렇지 않고 의사결정의 자유를 제한하는 정도에 그친 경우라면 그 성질에 반하지 아니하는 한 의사표시에 관한 민법 제110조의 규정을 준용하여 그 효력을 따져보아야 할 것이나, 감사담당 직원이 당해 공무원에 대한 비리를 조사하는 과정에서 사직하지 아니하면 징계파면이 될 것이고 또한 그렇게 되면 퇴직금 지급상의 불이익을 당하게 될 것이라는 등의 강경한 태도를 취하였다고 할지라도 그 취지가 단지 비리에 따른 객관적 상황을 고지하면서 사직을 권고·종용한 것에 지나지 않고 위 공무원이 그 비리로 인하여 징계파면이 될 경우 퇴직금 지급상의 불이익을 당하게 될 것 등 여러 사정을 고려하여 사직서를 제출한 경우라면 그 의사결정이 의원면직처분의 효력에 영향을 미칠 하자가 있었다고는 볼 수 없다(대판 1997. 12. 12, 97누13962[의원면직처분취소]).

판례 3 **본인의 진정한 의사에 의하여 작성되지 아니한 사직원에 의한 면직처분의 적법여부:** 조사기관에 소환당하여 구타당하리라는 공포심에서 조사관의 요구를 거절치 못하고 작성교부한 사직서라면 이를 본인의 진정한 의사에 의하여 작성한 것이라 할 수 없으므로 그 사직원에 따른 면직처분은 위법이다(대판 1968. 3. 19, 67누164[면직처분취소]).

5) 결   어

사인의 공법행위의 하자로 인한 행정행위의 효력은 행정행위의 하자에 관한 일반이론에서와 같이 사인의 권리보호와 행정법관계의 안정의 보장이라는 두 요청을 조화하는 해결을 도모하여야 하므로 제 3 설이 타당하다.

5. 신   청

(1) 신청의 의의

신청(申請)이라 함은 사인이 행정청에 대하여 일정한 조치를 취하여 줄 것을 요구하는 의사표시를 말한다. 신청은 공법상 의사표시이다(대판 2018. 6. 15, 2017두49119).

행정절차법은 제17조에서 처분을 구하는 신청의 절차를 규정하고 있다.

(2) 신청의 요건

신청의 요건이란 신청이 적법하기 위하여 갖추어야 할 요건을 말한다. 신청의 대상인 처분(*정*)의 요건과는 구별하여야 한다. 신청이 적법하기 위하여는 신청인에게 신청권이 있어야 하며 신청이 법령상 요구되는 구비서류 등의 요건을 갖추어야 한다.

> **판례** 공유수면에 대한 점용·사용허가를 신청하는 자가 위 설계도서 등을 첨부하지 아니한 채 허가신청서를 제출하였다면 공유수면관리청으로서는 특별한 사정이 없는 한 허가요건을 충족하지 못한 것으로 보아 거부처분을 할 수 있다. 〈해설〉 통상 구비서류 요건은 원칙상 신청요건인데, 설계도서 등을 첨부하지 아니한 것을 신청요건의 결여로 보지 않고 허가요건의 결여로 본 사례이다.

1) 신청권의 존재

신청권은 실정법령에 의해 주어질 수도 있고 조리상 인정될 수도 있다. 신청권은 행정청의 응답을 구하는 권리이며 신청된 대로의 처분을 구하는 권리는 아니다. 신청권은 실체법상의 적극적 청구권과는 구별되는 절차적 권리이다. 신청의 요건으로 신청권을 요구하지 않는 견해도 있다.

2) 신청요건

법령상 신청에 구비서류 등 일정한 요건을 요한다.

행정절차법은 행정청에 대하여 처분을 구하는 신청은 원칙상 문서(전자문서 포함)로 하도록 하고 있다(제17조 제 1 항·제 2 항, 민원사무처리에 관한 법률 제 8 조). 다만, 대통령령이 정하는 경우에는 민원사항의 신청을 구술 또는 전화·전신·모사전송 등 정보통신망으로 할 수 있다(민원사무처리에 관한 법률 제 8 조 단서).

신청기간이 제척기간이고 강행규정인 경우 신청기간을 준수하지 못하였음을 이유로 한 거부처분은 적법하다(대판 전원합의체 2021. 3. 18, 2018두47264).

> **판례** (1) 구 고용보험법 제70조 제 2 항에서 정한 육아휴직급여 신청기간은 추상적 권리의 행사에 관한 '제척기간'이라고 봄이 타당하다. (2) 육아휴직급여 신청기간을 정한 이 사건 조항(구 고용보험법 제70조 제 2 항(제 1 항에 따른 육아휴직 급여를 지급받으려는 사람은 육아휴직을 시작한 날 이후 1개월부터 육아휴직이 끝난 날 이후 12개월 이내에 신청하여야 한다. 다만, 해당 기간에 대통령령으로 정하는 사유로 육아휴직 급여를 신청할 수 없었던 사람은 그 사유가 끝난 후 30일 이내에 신청하여야 한다.)은 강행규정으로 훈시규정이라고 볼 수 없다. (3) 육아휴직을 실시한 근로자가 육아휴직기간이 종료한 때부터 1년이 경과한 시기에 이르러 육아휴직급여를 신청하였는데, 피고가 이 사건 조항에서 정한 신청기간을 준수하지 못하였음을 이유로 육아휴직급여 부지급 결정(= 이 사건 처분)을 하고, 이에 대하여 원고가 이 사건 처분의 취소를 구하는 사안에서, 이 사건 조항에서 정한 신청기간은 제척기간이고, 이 사건 조항은 강행규정으로 보는 것이 타당하다. 따라서, 위 규정에서 정한 신청기간을 경과하여 한 육아휴직급여 신청을 거부한 관할 행정청의 처분은 적법하다고 한 사례(대판 전원합의체 2021.

3. 18, 2018두47264[육아휴직급여 부지급 등 처분 취소]). 〈해설〉 위와 같은 다수의견에 대하여, 이 사건 조항을 훈시규정으로 보아야 한다는 대법관 5인의 반대의견이 있다.

(3) 신청의 효과

1) 접수의무

행정청은 신청이 있는 때에는 다른 법령 등에 특별한 규정이 있는 경우를 제외하고는 그 접수를 보류 또는 거부하거나 부당하게 되돌려 보내서는 아니 된다(행정절차법 제17조 제4항). 따라서, 신청이 형식적(절차적) 요건을 갖추어 적법하면 이를 접수하여야 한다.

2) 보완조치의무

행정청은 신청에 구비서류의 미비 등 흠이 있는 경우에도 접수를 거부하여서는 안 되며 보완에 필요한 상당한 기간을 정하여 지체 없이 신청인에게 보완(補完)을 요구하여야 한다(행정절차법 제17조 제5항). 신청인이 제5항의 규정에 의한 기간 내에 보완을 하지 아니한 때에는 그 이유를 명시하여 접수된 신청을 되돌려 보낼 수 있다(제17조 제6항). 『민원사무처리에 관한 법률』도 보완요구에 관한 규정을 두고 있다(제4조). 보완요구는 처분은 아니며 보완하지 아니한 것을 이유로 한 신청서 반려조치는 거부처분으로 항고소송의 대상이 된다.

보완의 대상이 되는 흠은 보완이 가능한 경우이어야 함은 물론이고, 원칙상 그 내용 또한 형식적·절차적인 요건이다.

실질적인 요건에 대하여는 원칙상 보완 또는 보정요구를 하여야 하는 것은 아니지만(대판 2020. 7. 23, 2020두36007), 실질적인 요건에 관한 흠이 있는 경우라도 그것이 민원인의 단순한 착오나 일시적인 사정 등에 기인한 경우 등은 보완의 대상이 된다.

판례1 행정절차법 제17조가 '구비서류의 미비 등 흠의 보완'과 '신청 내용의 보완'을 분명하게 구분하고 있는 점에 비추어 보면, 행정청으로 하여금 신청에 대하여 거부처분을 하기 전에 반드시 신청인에게 신청의 내용이나 처분의 실체적 발급요건에 관한 사항까지 보완할 기회를 부여하여야 할 의무를 정한 것은 아니라고 보아야 한다(대판 2020. 7. 23, 2020두36007). 〈해설〉 그러나, 원심은 다음과 같은 이유(피고는 이 사건 폐기물처리시설에서 발생할 것으로 예상되는 악취물질이 주민의 건강이나 주변환경에 미치는 영향에 대한 과학적 조사 없이 원고에게 악취저감시설 등에 대한 보완 기회도 부여하지 않은 채 '악취로 인한 주민의 건강이나 주변 환경에 미치는 영향'이라는 포괄적·추상적인 사유만을 들어 이 사건 처분을 하였다.)로 이 사건 폐기물처리사업계획서 부적합 통보(이하 '이 사건 처분'이라고 한다)가 재량권을 일탈·남용하여 위법하다고 판단하였다. 그러나, 대법원은 위 판시와 함께 다음과 같은 이유에서 원심을 배척하였다. 1) 피고가 이 사건 처분에 앞서 원고에게 따로 보완 요구를 하지 않은 것은 원고가 악취방지시설을 설치·가동하더라도 이 사건 폐기물처리시설에서 발생하는 악취를 완전히 제거할 수 없다고 판단한 데 따른 것으로 보인다. 그러한 판단이 객관적으로 합리적이지 않다거나 명백한 사실오인에서 비롯되었다고 보이지 않으므로, 이 사건 처분이 보완 요구 없이 이루어졌다는 이유만으로 재량권의 범위를 벗어났다고 할 수는 없다. 2) 이 사건 처분서에는 이 사건 폐기물처리시설이 설치·운영될 경우 주변의 생활환경 등에 악영향을 미칠 것이라는 취지만 간략히 기재되어 있으나, 피고는 이 사건 소송 과정에서 판단 근거나 자료 등을 제시하여 구체적 불허가사유를 분명히 하였다.

판례2   [1] 보완의 대상이 되는 흠은 보완이 가능한 경우이어야 함은 물론이고, 그 내용 또한 형식적·절차적인 요건이어야 하나, 실질적인 요건에 관한 흠이 있는 경우라도 그것이 민원인의 단순한 착오나 일시적인 사정 등에 기한 경우 등은 보완의 대상이 된다. [2] 건축불허가처분을 하면서 그 사유의 하나로 소방시설과 관련된 소방서장의 건축부동의 의견(옥내소화전과 3층 피난기구가 누락되어 있고, 전력구 규모가 명시되지 않아 법정 소방시설의 검토가 불가능하다는 이유로 건축부동의함이라는 의견)을 들고 있으나 그 건축부동의 사유의 보완이 가능함에도 보완을 요구하지 아니한 채 곧바로 건축허가신청을 거부한 것은 재량권의 범위를 벗어난 것이다(대판 2004. 10. 15, 2003두6573[건축불허가처분취소]).

3) 처리의무(응답의무)

적법한 신청이 있는 경우에 행정청은 상당한 기간 내에 신청에 대하여 응답(가부(可否)간의 처분 등)을 하여야 한다. 여기에서의 응답의무(應答義務)는 신청된 내용대로 처분할 의무와는 구별되어야 한다.

처분을 구하는 신청행위에 대하여 행정기관은 신청에 따른 행정행위를 하거나 거부처분을 하여야 한다. 신청에 따른 행정청의 처분이 기속행위일 때뿐만 아니라 재량행위인 경우에도 행정청은 신청에 대한 응답의무를 진다.

신청을 받아들이는 처분에는 신청을 전부 받아들이는 처분과 일부 받아들이는 처분이 있다. 경우에 따라서는 신청을 일부 받아들이는 처분을 하여야 하는 경우도 있다.

판례   국가보훈처장은 국가유공자 및 그 유족 등의 등록신청을 받으면 국가유공자 또는 지원대상자 및 그 유족 등으로 인정할 수 있는 요건을 확인한 후 그 지위를 정하는 결정을 하여야 한다[구 국가유공자 등 예우 및 지원에 관한 법률(2011. 8. 4. 법률 제11029호로 개정되기 전의 것, 이하 '법'이라 한다) 제6조 참조]. 따라서 처분청으로서는 국가유공자 등록신청에 대하여 단지 본인의 과실이 경합되어 있다는 등의 사유만이 문제가 된다면 등록신청 전체를 단순 배척할 것이 아니라 그 신청을 일부 받아들여 지원대상자로 등록하는 처분을 하여야 한다. 그럼에도 행정청이 등록신청을 전부 배척하는 단순 거부처분을 하였다면 이는 위법한 것이니 그 처분은 전부 취소될 수밖에 없다. 그런 점에서 자해행위로 인한 사망의 경우에 교육훈련 또는 직무수행과 사이에 상당인과관계가 인정되는 이상, 국가유공자에 해당하지 않는다고 하여 등록신청을 배척한 단순 거부처분은 그 자해행위를 하게 된 데에 불가피한 사유가 있었는지 여부 등과 상관없이 취소될 수밖에 없는 것이기는 하지만, 그렇다고 하여 그 처분의 취소가 곧바로 국가유공자로 인정되어야 한다는 것을 의미하는 것일 수는 없고, 불가피한 사유의 존부에 따라 국가유공자 또는 지원대상자로 인정될 수 있다는 것을 의미한다(대판 2013. 7. 11, 2013두2402[국가유공자유족등록거부처분취소]).

신청한 내용과 다른 내용으로 행정행위를 행하는 것, 즉 변경허가는 상대방이 이를 받아들이면 그대로 유효하고, 상대방이 받아들이지 않으면 그 변경허가를 거부처분으로 보고 거부처분취소소송 등을 제기하여야 한다.

상당한 기간이 지났음에도 응답하지 않으면 부작위가 된다.

(4) 신청내용의 보완 등

신청인은 처분이 있기 전에는 그 신청의 내용을 보완하거나 변경 또는 취하할 수 있다. 다만, 다른 법령 등에 특별한 규정이 있거나 당해 신청의 성질상 보완·변경 또는 취하할 수 없는 경우에는 그러하지 아니하다(행정절차법 제17조 제8항). 이 경우의 신청의 보완은 신청의 하자를 전제로 하지 않으며 신청의 내용상의 보완을 의미한다. '그 신청의 성질상 보완·변경하거나 취하할 수 없는 경우'란 신청의 내용을 보완 또는 변경하는 것으로 인하여 제3자의 권익에 침해를 가져오는 경우 등을 말한다.

(5) 신청과 권리구제

신청에 대한 거부처분에 대하여는 의무이행심판이나 취소심판 또는 취소소송으로, 부작위에 대하여는 의무이행심판 또는 부작위위법확인소송으로 다툴 수 있다.

신청을 받은 날로부터 일정한 처리기간 이내에 인용 여부를 알리지 않은 때에는 그 처리기간이 지난 날의 다음날에 해당 인용처분(예, 승인처분)이 이루어진 것으로 의제한다는 특별한 규정이 있는 경우에는 처리기간을 임의로 연장할 수 없고, 처리기간이 지난 날의 다음날에 해당 인용처분(예, 승인처분)이 이루어진 것으로 의제된다.

> **판례** [원고가 피고에게 「중소기업창업 지원법」에 따라 사업계획 승인신청을 하였는데, 피고가 원고에게 「중소기업창업 지원법」 제33조 제3항에서 정한 처리기간 내에 처리기간 연장 통보를 한 다음, 연장된 처리기간 내에 한 승인불가처분을 다투는 사건] (1) 사업계획 승인신청 민원의 처리기간과 승인 의제에 관한 「중소기업 창업법」(이하 '중소기업창업법'이라 한다) 제33조 제3항은 「민원 처리에 관한 법률」(이하 '민원처리법'이라 한다) 제3조 제1항에서 정한 '다른 법률에 특별한 규정이 있는 경우'에 해당한다고 보아야 한다. 따라서 사업계획승인 신청을 받은 시장 등은 민원처리법 시행령 제21조 제1항 본문에 따라 처리기간을 임의로 연장할 수 있는 재량이 없고, 사업계획승인 신청을 받은 날부터 20일 이내에 승인 여부를 알리지 않은 때에는 중소기업창업법 제33조 제3항에 따라 20일이 지난 날의 다음날에 해당 사업계획에 대한 승인처분이 이루어진 것으로 의제된다. (2) 원고가 피고에게 중소기업창업법에 따라 사업계획 승인신청을 하였는데, 피고는 사업계획승인 신청일로부터 20일의 처리기간 내에 처리기간 연장 통보를 한 다음, 연장된 기간 내에 승인불가처분을 하였음. 이에 대하여 원심은 원고의 사업계획승인 신청일로부터 20일의 처리기간이 지난 날의 다음날에 중소기업창업법 제33조 제3항에 따라 사업계획승인처분이 이루어진 효과가 발생하였으므로, 연장된 처리기간에 한 승인불가처분은 위법하다고 한 사례(대판 2021. 3. 11, 2020두42569[중소기업창업사업계획 승인불허가처분 취소]).

신청인은 접수거부와 부당하게 보완을 요구하는 신청서의 반려조치를 신청에 대한 거부처분으로 보고 항고소송을 제기할 수 있고, 그로 인하여 손해를 입은 경우에 국가배상을 청구할 수 있다.

적법한 신청에 대해 접수는 하였지만, 반려함이 없이 부당하게 보완명령을 한 경우 보완명령은 처분이 아니므로 당해 보완명령을 다툴 수는 없다. 다만, 신청인은 부작위위법확인소송을 제기하거나 보완명령이 실질적으로 거부처분에 해당하는 경우 거부처분취소소송을 제기할 수 있다.

6. 신   고 [2005 행시 약술(수리를 요하는 신고)]

> 문제   적법한 건축신고에 대해 행정청이 신고서를 반려하였음에도 건축을 강행하여 완성된 건
> 축물은 위법건축물인가.

(1) 신고의 의의

신고(申告)라 함은 사인이 행정기관에게 일정한 사항을 알리는 것을 말한다.

협의(엄격한 의미)의 신고는 신고의무에 따른 신고를 말한다. 그런데, 법적으로 신고의
무가 없는 신고도 있다. 화재예방, 소방시설의 설치·유지 및 안전관리에 관한 법률 제47
조의3에 따른 위반행위의 신고 등이 그에 해당한다.

(2) 신고의 종류 [2011 행시(재경직) 사례]

1) 자기완결적 신고와 수리(受理)를 요하는 신고 [2012 사시 사례]

행정기본법은 수리를 요하는 신고를 규정하고 있고, 행정절차법은 자기완결적 신고를
규정하고 있다.

행정기본법 제34조는 "법령등으로 정하는 바에 따라 행정청에 일정한 사항을 통지하여야 하
는 신고로서 법률에 신고의 수리가 필요하다고 명시되어 있는 경우(행정기관의 내부 업무 처
리 절차로서 수리를 규정한 경우는 제외한다)에는 행정청이 수리하여야 효력이 발생한다."고
규정하고 있다.

행정절차법 제40조 제1항은 "법령등에서 행정청에 일정한 사항을 통지함으로써 의무가 끝나
는 신고를 규정한 경우 신고를 관장하는 행정청은 신고에 필요한 구비서류, 접수기관, 그 밖에
법령등에 따른 신고에 필요한 사항을 게시하거나 이에 대한 편람을 갖추어 두고 누구나 열람
할 수 있도록 하여야 한다."고 규정하고, 동조 제2항에서 신고요건(1. 신고서의 기재사항에 흠
이 없을 것, 2. 필요한 구비서류가 첨부되어 있을 것, 3. 그 밖에 법령등에 규정된 형식상의 요
건에 적합할 것)을 갖춘 신고서가 접수기관에 도달된 때에 신고 의무가 이행된 것으로 본다고
규정하고 있다.

가. 자기완결적 신고

(가) 의   의   자기완결적 신고(自己完結的 申告)는 신고의 요건을 갖춘 신고만 하면
신고의무를 이행한 것이 되는 신고를 말한다. 자기완결적 신고는 자족적 신고, 자체완성적
공법행위로서의 신고 등으로도 불린다.

자기완결적 신고의 경우 적법한 신고만 있으면 신고의무를 이행한 것이 된다. 따라
서, 적법한 신고만 있으면 행정청의 수리가 없더라도 신고의 대상이 되는 행위를 적법하
게 할 수 있고, 과태료나 벌금의 부과 등 어떠한 불이익도 받지 않는다.

(나) 성질과 권리구제   자기완결적 신고의 수리는 단순한 접수행위로서 법적 효과를 발생시키지 않는 사실행위이다.

따라서, 자기완결적 신고의 수리행위나 수리거부행위는 원칙상 항고소송의 대상이 되는 처분이 아니다.

구 체육시설의설치·이용에관한법률 제16조, 제34조, 같은법시행령 제16조의 규정을 종합하여 볼 때, 등록체육시설업에 대한 사업계획의 승인을 얻은 자는 규정된 기한 내에 사업시설의 착공계획서를 제출하고 그 수리 여부에 상관없이 설치공사에 착수하면 되는 것이지, 착공계획서가 수리되어야만 비로소 공사에 착수할 수 있다거나 그 밖에 착공계획서 제출 및 수리로 인하여 사업계획의 승인을 얻은 자에게 어떠한 권리를 설정하거나 의무를 부담케 하는 법률효과가 발생하는 것이 아니므로 행정청이 사업계획의 승인을 얻은 자의 착공계획서를 수리하고 이를 통보한 행위는 그 착공계획서 제출사실을 확인하는 행정행위에 불과하고 그를 항고소송이나 행정심판의 대상이 되는 행정처분으로 볼 수 없다(대판 2001. 5. 29, 99두10292).

다만, 자기완결적 신고 중 착공신고와 같은 금지해제적 신고의 경우에 신고가 반려될 경우 당해 신고의 대상이 되는 행위를 하면 시정명령, 이행강제금, 벌금의 대상이 되는 등 신고인이 법적 불이익을 받을 위험이 있기 때문에 그 위험을 제거할 수 있도록 하기 위하여 신고거부(반려)행위의 처분성을 인정할 필요가 있다. 판례도 이러한 입장을 취하고 있다.

행정청의 착공신고 반려행위가 항고소송의 대상이 되는지 여부(적극): 구 건축법의 관련 규정에 따르면, 행정청은 착공신고의 경우에도 신고 없이 착공이 개시될 경우 건축주 등에 대하여 공사중지·철거·사용금지 등의 시정명령을 할 수 있고(제69조 제 1 항), 시정명령을 받고 이행하지 아니한 건축물에 대하여는 당해 건축물을 사용하여 행할 다른 법령에 의한 영업 기타 행위의 허가를 하지 않도록 요청할 수 있으며(제69조 제 2 항), 요청을 받은 자는 특별한 이유가 없는 한 이에 응하여야 하고(제69조 제 3 항), 나아가 행정청은 시정명령의 이행을 하지 아니한 건축주 등에 대하여는 이행강제금을 부과할 수 있으며(제69조의2 제 1 항 제 1 호), 또한 착공신고를 하지 아니한 자는 200만 원 이하의 벌금에 처해질 수 있다(제80조 제 1 호, 제 9 조). 이와 같이 건축주 등으로서는 착공신고가 반려될 경우, 당해 건축물의 착공을 개시하면 시정명령, 이행강제금, 벌금의 대상이 되거나 당해 건축물을 사용하여 행할 행위의 허가가 거부될 우려가 있어 불안정한 지위에 놓이게 된다. 따라서 착공신고 반려행위가 이루어진 단계에서 당사자로 하여금 반려행위의 적법성을 다투어 법적 불안을 해소한 다음 건축행위에 나아가도록 함으로써 장차 있을지도 모르는 위험에서 미리 벗어날 수 있도록 길을 열어 주고, 위법한 건축물의 양산과 철거를 둘러싼 분쟁을 조기에 근본적으로 해결할 수 있게 하는 것이 법치행정의 원리에 부합한다. 그러므로 행정청의 착공신고 반려행위는 항고소송의 대상이 된다고 보는 것이 옳다(대판 2011. 6. 10, 2010두7321[착공신고서처리불가처분취소]).

금지해제적 신고의 반려(수리거부)는 금지하명으로서 행정소송법상 처분에 해당한다는 견해(김중권)도 있다.

나. 수리를 요하는 신고 [2009 행시(일반행정직), 2015 사시, 2017 사시]

(가) 의   의   수리(受理)를 요하는 신고는 신고가 수리되어야 신고의 효과가 발생하는 신고를 말한다. 수리를 요하는 신고는 행위요건적 신고, 행정요건적 공법행위로서의

신고, 수리행위가 있는 신고 등으로도 불린다. 수리를 요하는 신고는 규제완화를 위해 허가제를 신고제로 바꾸면서 허가와 자기완결적 신고 사이에 규제의 격차가 너무 큰 점에 착안하여 허가와 자기완결적 신고 사이에 위치하는 규제수단이 필요하다는 행정의 필요에서 탄생한 규제수단의 하나이다.

　　(나) 성질과 권리구제 　　① 신고의 요건을 갖춘 신고가 있었다 하더라도 수리되지 않으면 신고가 되지 않은 것으로 보는 것이 다수설 및 판례의 입장이다.

　　수리를 요하는 신고의 경우에 수리는 행정행위인 수리행위이고, 수리거부는 거부처분에 해당하며 항고소송의 대상이 될 수 있다는 것이 일반적 견해이다.

　　② 수리를 요하는 신고를 실질적으로 허가라고 보는 견해, 수리를 요하는 신고를 실질적으로 등록이라고 보는 견해, 수리를 요하는 신고를 허가 및 등록과 구별되는 독자적 행위형식으로 보는 견해가 있다.

　　본래 등록(전형적 등록, 공시적 등록)은 공적 장부인 등록부에 등재하여 공시하는 행정행위(공증행위)의 성질을 갖는다. 전형적 등록(자동차등록, 정당등록 등)은 신청을 전제로 하는 점에서 신고와 구별되고, 항상 금지해제의 효과를 갖는 것은 아닌 점에서 허가와 구별된다. 그런데 실정법령상 전형적 등록과 신고는 명확히 구별되지 않고 있다. 예를 들면, 주민등록은 강학상 등록으로 보아야 하는데, 실정법령상 신고로 규정되어 있다. 등록은 기속행위인 점, 오늘날 신고의 경우에도 신고된 사항을 기재하여 공시하는 경우가 늘어나고 있는 점 등에서 신고와 전형적 등록은 접근해가고 있다. 실정법령상 등록이라는 명칭을 사용하는 경우 중 요건이 완화되었을 뿐 실질은 허가인 경우(예, 석유판매업등록)가 많다. 이러한 등록을 변형된 등록이라 할 수 있는데, 변형된 등록(허가적 등록)은 허가보다 요건이 완화되었을 뿐 실질은 허가라고 보아야 한다.

　　판례는 수리를 요하는 신고를 허가와 구별하고 있지만(대판 2014. 4. 10, 2011두6998[노동조합설립신고반려처분취소]), 수리를 요하는 신고와 허가가 어떻게 구별되는지에 관하여는 아직 판례가 충분히 형성되어 있지 못하다.

　　대규모점포의 개설 등록을 이른바 '수리를 요하는 신고'로 본 사례가 있다(대판 전원합의체 2015. 11. 19, 2015두295<영업시간제한등처분취소>). 대규모점포의 개설등록은 '변형된 허가 내지 완화된 허가의 성질을 갖는 등록'인데, 수리를 요하는 신고로 본 것이다. 그런데, 이 판례는 해당 사건의 해결과 무관할 뿐만 아니라 논거의 제시도 없는 점, 수리를 요하는 신고와 허가(변형된 등록)를 구별하여야 하는 점에서 문제가 있다. 따라서 이 판례를 법원의 확립된 판례로 보기는 어렵다.

　　생각건대, 신고와 허가는 명확히 구별되는 것이고, 수리를 요하는 신고도 신고인 이상 허가와 구별하는 것이 타당하다. 입법자가 신고로 규정한 것을 허가와 유사한 것으로 보는 것은 입법자의 의사에 반하는 것이다. "수리를 요하는 신고"는 신고의 한 유형으로서 전형적 신고인 자기완결적 신고와 허가 또는 변형된 등록의 중간적인 규제수단으로 보는 것이 타당하다.

　　다음과 같이 수리를 요하는 신고를 허가와 구별하는 것이 타당하다. ① 신고제와 허가제는 구별되는 것이다. 신고는 수리행위가 아니라 신고행위에 중점이 있고, 허가는 신청행위가 아니라 허가에 중점이 있다. ② 수리를 요하는 신고는 신고의 성질에 비추어 신고요건을 충족하면 신고의 대상이 되는 행위를 할 수 있는 것으로 보아야 하므로 예외 없이 기속행위로 보아야 한다(대판 2018.10.25., 2018두44302: 의료법이 병원의 개설은 허가제로 하고 의원의 개설은 신고제로 구분하여 규정한 취지는 신고 대상인 의원급 의료기관 개설의 경우 행정청이 법령에서 정하고 있는 요건 이외의 사유를 들어 신고 수리를 반려하는 것을 원칙적으로 배제하여야 한다는 것이라고 한 사례). 다만, 판례는 극히 예외적으로 납골당설치신고를 수리를 요하는 신고로 보면서도 기속(거부)재량행위로 보았는데(대법원 2010. 9. 9, 선고 2008두22631 판결), 신고제의 성격에 비추어 이 판례는 타당하지 않다고 생각한다. 이에 반하여 허가의 경우에는 후술하는 바와 같이 수리를 요하는 신고에서 보다 널리 기속재량(거부재량)이 인정되고 있고, 기속재량(거부재량)을 인정할 법리적 근거도 있다. ③ 허가의 경우 허가요건을 충족한 신청의 경우 허가가 거부되었음에도 허가의 대상이 되는 행위를 하는 것은 무허가영업으로 처벌되는 것에 이견이 없다. 수리를 요하는 신고의 경우 적법한 신고(신고요건을 충족한 신고)가 있으면 수리되지 않아도 신고의무를 이행한 것으로 보고, 신고의 대상이 되는 행위를 하여도 미신고 행위(영업)가 되는 것이 아니므로 처벌의 대상에서 제외되는 것으로 볼 수 있다는 견해가 있다. 후술하는 바와 같이 형사판결은 이러한 입장을 취하고 있는 것으로 보인다. ④ 수리를 요하는 신고의 절차는 허가절차와 달리 완화된 절차로 규정된다.

다. 자기완결적 신고와 수리를 요하는 신고의 구별

> **판례**　인·허가의제 효과를 수반하는 건축신고는 일반적인 건축신고와는 달리, 특별한 사정이 없는 한 행정청이 그 실체적 요건에 관한 (실질적) 심사를 한 후 수리하여야 하는 이른바 '수리를 요하는 신고'로 보는 것이 옳다(대판 전원합의체 2011. 1. 20, 2010두14954[건축(신축)신고불가취소]).

　　(가) 구별기준　　① 개별법률에서 수리를 요하는 신고를 명시한 경우: 행정기본법 제34조에 따르면 자기완결적 신고와 수리를 요하는 신고의 구별기준은 신고를 규정한 개별법령의 규정 달리 말하면 입법자의 의사이다. 즉, 행정기본법에 따르면 '법률에 신고의 수리가 필요하다고 명시되어 있는 경우(행정기관의 내부 업무 처리 절차로서 수리를 규정한 경우는 제외한다)에 해당 신고'는 '수리를 요하는 신고'이고, 그러한 규정이 없는 신고는 자기완결적 신고이다. 다만, '행정기관의 내부 업무 처리 절차로서 수리를 규정한 경우'(예, 「가족관계의 등록 등에 관한 법률 제21조 출생·사망의 동 경우 신고 등)는 행정기본법 제34조의 수리를 요하는 신고로 보지 않는다.

　　「행정기본법」 제34조에 따라 수리를 요하는 신고를 규정하는 개별법률에서는 '신고의 효력이 발생하기 위해 신고의 수리가 필요하다는 규정'을 두어야 하는데, 문제는 '신고의 수리가 필요하다'는 규정을 어떠한 문언으로 표현하여 규정할 것인가 하는 것이다. 실제 개별법률에서는 문언상 '신고의 수리가 필요하다'고 규정되어 있지 않다. 법제처의 입장에 따르면 '신고의 수리가 필요하다고 명시된 경우'란 '신고의 수리가 필요하다'라는 문언을 의미하는 것이 아니라 신고의 수리가 필요하다는 것을 인지할 수 있는 수준의 표현이면 족하다. 예를 들면, 개별법률에서 '수리여부를 통지하여야 한다', '조건을 붙이거나 유효기간을 정하여 수리할 수 있다', '신고수리 전에'와 같은 문언으로 규정되어 있거나, 신고 수리 간주규정[2]을 두고 있는 경우에는 '신고의 수리가 필요하다'고 규정한 것으로 본다. 즉, 해당 신고를 수리를 요하는 신고로 본다(법제처, 행정기본법 해설서, 350면).

체육시설의 설치·이용에 관한 법률
제20조(체육시설업의 신고)
　① 제10조 제1항 제2호에 따른 체육시설업을 하려는 자는 제11조에 따른 시설을 갖추어 문화체육관광부령으로 정하는 바에 따라 특별자치시장·특별자치도지사·시장·군수 또는 구청장에게 신고하여야 한다.
　② (생략)
　③ 특별자치시장·특별자치도지사·시장·군수 또는 구청장은 제1항에 따른 신고를 받은 경우에는 신고를 받은 날부터 7일 이내에, 제2항에 따른 변경신고를 받은 경우에는 변경신고를 받은 날부터 5일 이내에 신고수리 여부를 신고인에게 통지하여야 한다.
　④ 특별자치시장·특별자치도지사·시장·군수 또는 구청장이 제3항에서 정한 기간 내에 신고수리 여부나 민원 처리 관련 법령에 따른 처리기간의 연장 여부를 신고인에게 통지하지 아니하면 그 기간이 끝난 날의 다음 날에 신고를 수리한 것으로 본다.

그러나, 이러한 문언상의 규정, 특히 '수리 여부를 통지하여야 한다'는 문언이 자기완결적 신고와 수리를 요하는 신고의 구별을 명확하게 하는 기준이 될 수 있는지 의문이 제기될 수 있다. 자기완결적 신고라 할지라도 금지해제적 신고의 경우 신고 상대방에게 수리 여부를 통지하는 것은 절차의 통지로 민원의 투명하고 신속한 처리와 일선 행정기관의 적극행정을 유도할 수 있다는 점에서 바람직하다. 그런데 수리 여부 통지를 자기완결적 신고와 수리를 요하는 신고의 구별기준으로 삼는다면 자기완결적 신고에 대해서는 수리(접수) 통지를 규정할 수 없게 된다는 모순이 발생한다. 따라서 '수리 통지 여부'나 '수리 간주규정'이 수리를 요하는 신고로 보는데 있어 고려사항은 될 수는 있지만 결정적인 근거가 되지는 못한다고 보는 것이 타당하다. 신고수리 여부 통지 규정 및 수리 간주 규정이 있는 경우는 수리를 요하는 신고로 추정는 것이 타당하다. 입법론으로는 자기완결적 신고의 경우에는 '신고하여야 하고, 적법한 신고만으로 신고의 효력이 발생한다.'라고 규정하고, 수리를 요하는 신고를 규정하는 경우에는 '신고의 수리가 있어야 신고의 효력이 발생한다.'라고 명시하는 것이 바람직하다.

---

　2) 수리 간주규정이란, 법령에서 정한 처리기간 내에 신고수리 여부 또는 처리기간의 연장을 신고인에게 알리지 않으면 신고를 수리한 것으로 보는 것으로 규정하고 있는 규정을 말한다.

종래 판례는 건축신고를 자기완결적 신고로 보았다. 그런데, 2017.4.18. 건축법 제14조 제 3 항의 개정으로 수리 여부 통보규정이 두어졌으므로 건축신고는 수리를 요하는 신고가 되었다는 것이 법제처 실무의 입장이지만(법제처, 행정기본법 해설서 348면 각주 342 참조), 이러한 해석에는 전술한 바와 같이 문제가 없지 않다.

현재 판례는 일반 건축신고를 건축허용성 심사 등 실체적 심사가 가능한 수리를 요하는 신고로 본다(후술 참조).

② 개별법률에서 수리를 요하는 신고를 명시하지 못한 경우: 입법의 착오나 결함에 의해 수리를 요하는 신고로 규정하려는 입법의사가 애매한 경우에는 '신고 요건의 성질 및 신고요건에 대한 심사 방식 등'을 기준으로 자기완결적 신고와 수리를 요하는 신고를 구별하여야 한다. 즉, 행정절차법 제40조 규정에 비추어 신고요건이 형식적 요건만인 신고는 원칙상 자기완결적 신고로 보아야 한다. 신고요건이 형식적 요건뿐만 아니라 실체적 요건을 포함하는 경우에는 실체적 요건의 충족 여부에 대한 심사(필요한 경우에는 실질적 심사)를 거쳐 수리 여부를 결정하여야 하므로 원칙상 수리를 요하는 신고로 보아야 한다. 다만, 신고의 대상이 되는 활동의 실질적 기준이 규정되어 있고 그 기준을 갖추지 않고 신고의 대상이 되는 활동을 하면 처벌하는 것으로 규정하고 있는 경우에도 해당 기준이 신고요건으로 규정되지 않고 사후규제사유로 규정되어 있어 형식적 요건만 신고요건으로 규정된 것으로 볼 수 있는 경우에는 자기완결적 신고로 보아야 한다.

다음과 같은 경우는 예외에 속한다. i) 개별법상 신고요건에 실체적 요건이 포함된 경우에도 적법한 신고만으로 신고의 효력이 발생하는 것으로 규정되어 있는 경우에는 해당 신고를 자기완결적 신고로 보아야 한다.

ii) 신고의 수리가 있어야 구체적인 법적 효과가 발생하는 것으로 규정되어 있는 경우(예, 혼인신고 등)에는 형식적 심사만 하는 것으로 규정되어 있더라도 수리를 요하는 신고로 보아야 한다.

iii) 자기완결적 신고로 인·허가가 의제되는 경우에는 신고수리기관이 의제되는 인·허가의 실질적인 요건을 심사하여야 하므로 당해 신고는 수리를 요하는 신고로 되고 신고의 수리 및 수리거부는 처분이 된다고 보아야 할 것이다(대판 전원합의체 2011. 1. 20, 2010두14954).

iv) 판례는 영업양도 등의 신고(영업자지위승계신고)를 영업의 종류에 따라 허가영업의 양도·양수의 신고는 허가의 변경신청으로, 등록영업의 양도·양수의 신고는 등록의 변경신청으로, 수리를 요하는 신고영업인 경우에는 수리를 요하는 신고의 변경신고(즉 수리를 요하는 신고)로, 자기완결적 신고영업인 경우에는 자기완결적 신고의 변경신고(즉 자기완결적 신고)로 본다. 이러한 판례의 견해를 지지하는 견해가 적지 않지만, 영업양도 등의 신고(영업자지위승계신고)는 신고로 규정한 입법자의 의사를 존중하여 신고(구별기준에 따라 수리를 요하는 신고 또는 자기완결적 신고)로 보는 것이 타당하다.

대물적 영업(사업)허가는 양도양수계약에 의해 이전되므로 대물적 영업(사업)허가 양도양수신고 및 사업자명의변경신고는 특별한 사정(예, 안전 등의 이유로 대물적 허가의 요건을 행정청이 직접 확인할 필요가 있는 경우 등)이 없는 한 자기완결적 신고(정보제공적 신고)로 입법되는 것이 타당하고(예, 궤도운송법 제 9 조 참조), 입법의사가 명확하지 않을 때에는 자기완결적신고(정보제공적 신고)로 보는 것이 타당하다.

판례 액화석유가스충전사업 지위승계신고 수리행위가 행정처분에 해당하는지 여부(적극): 액화석유가스의 안전 및 사업관리법 제 7 조 제 2 항에 의한 사업양수에 의한 지위승계신고를 수리하는 허가관청의 행위는 단순히 양도, 양수자 사이에 발생한 사법상의 사업양도의 법률효과에 의하여 양수자가 사업을 승계하였다는 사실의 신고를 접수하는 행위에 그치는 것이 아니라 실질에 있어서 양도자의 사업허가를 취소함과 아울러 양수자에게 적법히 사업을 할 수 있는 법규상 권리를 설정하여 주는 행위로서 사업허가자의 변경이라는 법률효과를 발생시키는 행위이므로 허가관청이 법 제 7 조 제 2 항에 의한 사업양수에 의한 지위승계신고를 수리하는 행위는 행정처분에 해당한다(대판 1993. 6. 8, 91누11544[건축허가무효확인등]). 〈해설〉 신고의 수리가 법률효과를 발생시키는 행위라는 이유로 사업양수에 의한 지위승계신고를 수리를 요하는 신고로 보았다. 그리고, 판례는 사업양수에 의한 지위승계신고수리의 실질을 양도인에 대한 허가의 취소와 양수인에 대한 허가의 부여로 보았다.

(나) **구별실익**   ① 신고의 효력 발생시점: 자기완결적 신고의 경우 적법한 신고가 있으면 신고(접수)시 신고의 효력이 발생한다. 수리를 요하는 신고의 경우 적법한 신고가 있더라도 수리행위가 있어야 신고의 효력이 발생한다. 그리하여 수리를 요하는 영업신고에 있어서 신고가 적법하더라도 수리행위가 없는 경우 해당 영업은 불법영업이 된다.

② 신고 수리 및 신고 접수거부의 처분성: 수리를 요하는 신고의 수리는 행정행위이므로 행정절차법이나 행정쟁송법상 처분이다. 자기완결적 신고의 수리나 수리 거부는 단순한 사실행위(접수행위)에 불과하므로 원칙상 처분이 아니다. 다만, 자기완결적 신고의 수리나 수리 접수거부가 국민의 권익에 직접 영향을 미치는 경우, 즉 처분성을 갖는 경우에는 행정절차법이나 행정쟁송법상 처분이 된다. 전술한 바와 같이 판례는 금지해제적 자기완결적 신고로서 신고의 접수 거부로 신고인이 법적 불이익을 받을 우려가 있는 경우에는 해당 신고 접수거부의 처분성을 인정한다.

③ 신고의 수리가 거부된 경우 신고의무자의 처벌: 자기완결적 신고의 경우 적법한 신고가 있으면 신고가 접수거부되더라도 신고시 신고의 효력이 발생하므로 신고의 대상이 되는 행위를 한 자는 처벌의 대상이 되지 않는다. 수리를 요하는 신고의 경우에 적법한 신고를 하였지만, 수리가 거부되었음에도 신고의 대상이 되는 영업 등 행위를 한 경우 처벌의 대상이 되는지가 문제된다. 이 경우 해당 영업 등 행위는 불법행위이므로 처벌의 대상이 된다는 견해(처벌긍정설)가 있다. 그러나, 통상 처벌실정법령상 '수리 없이'가 아니라 '신고를 하지 아니하고 영업을 한 자'를 처벌의 대상(구성요건)으로 규정하고 있으므로 수리를 요하는 신고의 경우에도 적법한 신고를 하였다면 수리가 거부된 경우에 신고의 대상

이 되는 행위를 하였어도 처벌할 수 없다고 보는 것이 타당하다(처벌부정설).

체육시설의 설치·이용에 관한 법률
제38조(벌칙)
  ② 다음 각 호의 어느 하나에 해당하는 자는 1년 이하의 징역 또는 1천만원 이하의 벌금에 처한다.
    1. 제20조 제1항에 따른 신고를 하지 아니하고 체육시설업(문화체육관광부령으로 정하는 소규모
       업종은 제외한다)의 영업을 한 자

---

2) 정보제공적 신고와 금지해제적 신고

행정청에게 행정의 대상이 되는 사실에 관한 정보를 제공하는 기능을 갖는 신고를 정보제공적 신고(사실파악형 신고)라고 한다. 정보제공적 신고의 대상은 금지된 행위가 아니라 본래 자유롭게 할 수 있는 행위이다. 따라서, 정보제공적 신고의 경우에는 신고 없이 행위를 하여도 신고 없이 한 행위 자체는 위법하지 않다. 따라서, 정보제공적 신고에서의 신고의무 위반에 대하여는 논리상 형벌이 아니라 과태료를 부과하여야 한다. 집회신고는 정보제공적 신고인데(대판 전원합의체 2012. 4. 19, 2010도6388[국가공무원법위반·집회및시위에관한법률위반]), 그 신고의무 위반에 대해 형벌을 과하는 것으로 규정되어 있다(집회 및 시위에 관한 법률 제21조).

정보제공적 신고는 항상 자기완결적 신고이다.

금지된 행위에 대해 그 금지를 해제하는 효력을 갖는 신고를 규제적 신고 내지 금지해제적 신고(신고유보부 금지)라고 한다. 금지해제적 신고의 대상은 법상 금지된 행위로서 신고에 의해 그 금지가 해제된다. 금지해제적 신고의 경우에는 신고 없이 한 행위는 법상 금지된 행위로서 위법한 행위가 되므로 행정형벌의 대상이 될 수 있으며 시정조치의 대상이 된다.

수리를 요하는 신고는 금지해제적 신고이다. 자기완결적 신고는 정보제공적 신고인 경우도 있고, 건축 신고 등과 같이 금지해제적 신고인 경우도 있다. 금지해제적 신고로 해석되는 신고는 일응 정보제공적 신고로서의 성격도 포함한다고 볼 것이다.

(3) 신고요건과 신고요건의 심사

1) 자기완결적 신고의 요건

자기완결적 신고는 행정절차법 제40조 제 2 항의 신고요건을 갖추어야 한다. 자기완결적 신고의 요건은 원칙상 형식적 요건이다. 형식적 요건이라 함은 신고서, 첨부서류 등 신고서류만으로 확인되는 요건을 말한다. 실질적(실체적) 요건이라 함은 안전 등 공익을 보장하기 위하여 요구되는 인적·물적 요건을 말한다. 신고요건 중 형식적 요건에 대한 심사는 신고서류만에 의한 형식적 심사를 행한다.

자기완결적 신고에서 행정청은 실체적 사유를 들어 신고 수리를 거부할 수 없다.

판례 1 [1] 정보통신매체를 이용하여 원격평생교육을 교육을 불특정 다수인에게 학습비를 받고 실시하는 경우에는 이를 신고하여야 하나, 구 평생교육법(2007. 10. 17. 법률 제8640호로 개정되기 전의 것, 이하 '법'이라 한다) 제22조가 신고를 요하는 제 2 항과 신고를 요하지 않는 제 1 항에서 '학습비' 수수 외에 교육 대상이나 방법 등 다른 요건을 달리 규정하고 있지 않을 뿐 아니라 제 2 항에서도 학습비 금액이나 수령 등에 관하여 아무런 제한을 하고 있지 않은 점에 비추어 볼 때, 행정청으로서는 신고서 기재사항에 흠결이 없고 정해진 서류가 구비된 때에는 이를 수리하여야 하고, 이러한 형식적 요건을 모두 갖추었음에도 신고대상이 된 교육이나 학습이 공익적 기준에 적합하지 않는다는 등 실체적 사유를 들어 신고 수리를 거부할 수는 없다. [2] 전통 민간요법인 침·뜸행위를 온라인을 통해 교육할 목적으로 인터넷 침·뜸 학습센터를 설립한 甲이 구 평생교육법(2007. 10. 17. 법률 제8640호로 개정되기 전의 것) 제22조 제 2 항 등에 따라 평생교육시설로 신고하였으나 관할 행정청이 교육 내용이 의료법에 저촉될 우려가 있다는 등의 사유로 이를 반려하는 처분을 한 사안에서, 관할 행정청은 신고서 기재사항에 흠결이 없고 정해진 서류가 구비된 이상 신고를 수리하여야 하고 형식적 요건이 아닌 신고 내용이 공익적 기준에 적합하지 않다는 등 실체적 사유를 들어 이를 거부할 수 없고, 또한 행정청이 단지 교육과정에서 무면허 의료행위 등 금지된 행위가 있을지 모른다는 막연한 우려만으로 침·뜸에 대한 교육과 학습의 기회제공을 일률적·전면적으로 차단하는 것은 후견주의적 공권력의 과도한 행사일 뿐 아니라 그렇게 해야 할 공익상 필요가 있다고 볼 수 없으므로, 형식적 심사 범위에 속하지 않는 사항을 수리거부사유로 삼았을 뿐만 아니라 처분사유도 인정되지 않는다는 이유로, 위 처분은 위법하다고 한 사례(대판 2011. 7. 28, 2005두11784[원격평생교육신고서반려처분취소]).

판례 2 건축에 관한 허가·신고 및 변경에 관한 구 건축법 제16조 제 1 항, 구 건축법 시행령 제12조 제 1 항 제 3 호, 제 4 항, 구 건축법 시행규칙 제11조 제 1 항 제 1 호, 제 3 항의 문언 내용 및 체계 등과 아울러 관련 법리들을 종합하면, 건축허가를 받은 건축물의 양수인이 건축주 명의변경을 위하여 건축관계자 변경신고서에 첨부하여야 하는 구 건축법 시행규칙 제11조 제 1 항에서 정한 '권리관계의 변경사실을 증명할 수 있는 서류'란 건축할 대지가 아니라 허가대상 건축물에 관한 권리관계의 변경사실을 증명할 수 있는 서류를 의미하고, 그 서류를 첨부하였다면 이로써 구 건축법 시행규칙에 규정된 건축주 명의변경신고의 형식적 요건을 갖추었으며, 허가권자는 양수인에 대하여 구 건축법 시행규칙 제11조 제 1 항에서 정한 서류에 포함되지 아니하는 '건축할 대지의 소유 또는 사용에 관한 권리를 증명하는 서류'의 제출을 요구하거나, 양수인에게 이러한 권리가 없다는 실체적인 이유를 들어 신고의 수리를 거부하여서는 아니 된다(대판 2015. 10. 29, 2013두11475[건축관계자변경신고서반려처분취소]).

판례 3 허가대상 건축물의 양수인이 구 건축법 시행규칙에 규정되어 있는 형식적 요건을 갖추어 시장·군수 등 행정관청에 적법하게 건축주의 명의변경을 신고한 때에는 행정관청은 그 신고를 수리하여야지 실체적인 이유를 내세워 신고의 수리를 거부할 수는 없다(대판 2014. 10. 15, 2014두37658[건축주변경신고수리처분취소]).

신고의 대상이 되는 활동의 실체적 기준(인적·물적 기준)이 규정되어 있고 그 기준을 갖추지 않고 신고의 대상이 되는 활동을 하면 처벌하는 것으로 규정하고 있는 경우에도 해당 기준이 신고요건으로 규정되지 않고 사후규제사항으로 규정되어 있어 형식적 요건만 신고요건으로 규정된 것으로 볼 수 있는 경우에는 자기완결적 신고로 보아야 한다. 그리고, 이 경우에는 해당 실체적 기준의 결여라는 사유를 이유로 신고의 수리를 거부할 수 없다.

2) 수리를 요하는 신고의 요건

수리를 요하는 신고는 형식적인 요건 이외에 일정한 실질적 요건을 신고의 요건으로 하고 있다.

예를 들면, 체육시설의 설치·이용에 관한 법률 제22조는 체육시설업의 신고에 일정한 시설기준(동법 제11조 제1항, 동법 시행규칙 제8조 별표4)을 갖출 것을 요건으로 하고 있다.

판례는 수리를 요하는 신고에서 행정청의 실질적 요건에 관한 심사는 해당 법령에 정한 요건만에 한정되는 것이 아니라 관계되는 다른 법령에서 요구하는 실질적 요건도 대상으로 할 수 있고, 이를 충족시키지 못하면 그 신고는 수리할 수 없는 것으로 본다(대판 1993. 4. 27, 93누1374 등).

판례1   건축법상 무허가건물에 대한 체육시설의 설치·이용에 관한 법률에 따른 골프연습장의 신고(대판 1993. 4. 27, 93누1374[체육시설업신고서반려처분취소]), 학교보건법 소정의 요건을 갖추지 아니한 체육시설업(당구장업)의 신고는 적법한 신고라고 할 수 없다(대판 1998. 4. 24, 93누1374 등).

판례2   [일괄심사 대상인 토지형질변경에 대한 심사 없이 이루어진 건축신고 수리처분의 적법 여부를 다투는 사건] [1] 국토계획법 제56조 제4항 제3호, 국토계획법 시행령 제53조 제3호 (다)목에 따라 개발행위허가를 받지 않아도 되는 경미한 토지형질변경[조성이 완료된 기존 대지에 건축물이나 그 밖의 공작물을 설치하기 위한 토지의 형질변경(절토 및 성토는 제외한다)]의 범위: 조성이 완료된 기존 대지에 건축물을 설치하기 위한 경우라 하더라도 절토나 성토를 한 결과 최종적으로 지반의 높이가 50cm를 초과하여 변경되는 경우에는 비탈면 또는 절개면이 발생하는 등 그 토지의 외형이 실질적으로 변경되므로, 토지형질변경에 대한 별도의 개발행위허가를 받아야 할 것이고, 그 절토 및 성토가 단순히 건축물을 설치하기 위한 토지의 형질변경이라는 이유만으로 국토계획법 시행령 제53조 제3호 (다)목에 따라 개발행위허가를 받지 않아도 되는 경미한 행위라고 볼 수 없다. [2] 토지형질변경에 대한 심사 없이 이루어진 건축신고 수리처분이 위법하다고 볼 수 있는 경우: 건축물의 건축은 건축주가 그 부지를 적법하게 확보한 경우에만 허용될 수 있다. 여기에서 '부지 확보'란 건축주가 건축물을 건축할 토지의 소유권이나 그 밖의 사용권원을 확보하여야 한다는 점 외에도 해당 토지가 건축물의 건축에 적합한 상태로 적법하게 형질변경이 되어 있는 등 건축물의 건축이 허용되는 법적 성질을 지니고 있어야 한다는 점을 포함한다. 이에 수평면에 건축할 것으로 예정된 건물을 경사가 있는 토지 위에 건축하고자 건축신고를 하면서, 그 경사 있는 토지를 수평으로 만들기 위한 절토나 성토에 대한 토지형질변경 허가를 받지 못한 경우에는 건축법에서 정한 '부지 확보' 요건을 완비하지 못한 것이 된다. 따라서 건축행정청이 추후 별도로 국토계획법상 개발행위(토지형질변경)허가를 받을 것을 명시적 조건으로 하거나 또는 묵시적인 전제로 하여 건축주에 대하여 건축법상 건축신고 수리처분을 한다면, 이는 가까운 장래에 '부지 확보' 요건을 갖출 것을 전제로 한 경우이므로 그 건축신고 수리처분이 위법하다고 볼 수는 없지만(대법원 2020. 7. 23. 선고 2019두31839 판결 참조), '부지 확보' 요건을 완비하지 못한 상태에서 건축신고 수리처분이 이루어졌음에도 그 처분 당시 건축주가 장래에도 토지형질변경허가를 받지 않거나 받지 못할 것이 명백하였다면, 그 건축신고 수리처분은 '부지 확보'라는 수리요건이 갖추어지지 않았음이 확정된 상태에서 이루어진 처분으로서 적법하다고 볼 수 없다. [3] 피고보조참가인이 최대 4m의 절토 및 최대 1,211mm의 성토를 하여 대지를 조성한 뒤 그 위에 우사를 건축하겠다는 건축신고를 하면서 토지형질변경에 관한 일괄심사(인허가의제) 신청을 하지 않았고, 이에 피고 행정청이 토지형질변경에 관한 심사 없이 피고보조참가인의 건축신고를 수리한 사안에서 위와 같은 절토 및 성토에 대하여는 건축신고와는 별도로 국토계획법상 토지형질변경 허가를 받아야 하고, 장래에 그와 같은 토지형질변경 허가가 예정되지 않은 채 건축신고 수리처분이 이루어진 것이라면 그 건축신고 수리처분 또한 위법하다고 볼 수 있다고 한 사례(대판 2023. 9. 21, 2022두31143). 〈해설〉 '부지 확보'가 건축신고의 실질적 요건인 경우에 '부지 확보' 요건을 완비하지 못한 상태에서 행해진 건축신고 수리처분의 위법 여부가 다투어진 사건이다. 그 건축신고 수리처분은 '부지확보'라는 수리요건이 갖추어지지 않았음이 확정된 상태에서 이루어진 경우(예, 그 처분 당시 건축주가 장래에도 토지형질변경허가를 받지 않거나 받지 못할 것이 명백한 경우)에는 위법하다고 한 사례이다.

3) 신고요건의 심사

수리를 요하는 신고의 경우에는 요건에 대한 형식적 심사만을 거친다고 보는 견해(홍정선)도 있지만, 다수견해는 수리를 요하는 신고에서는 행정청이 실체적 요건(실질적 요건)에 대한 실질적 심사를 행한다고 본다. 판례의 입장도 그러하다. 다만, 노동조합설립신고의 경우에는 허가제와 구별되는 신고제로서의 성격을 고려하여 우선 제출서류 등으로 형식적 심사를 행하고 그 요건에의 해당 여부가 문제된다고 볼 만한 객관적인 사정이 있는 경우에 한하여 실질적인 심사를 하는 것이 타당하다는 입장이다.

> **판례**   행정관청이 노동조합으로 설립신고를 한 단체가 노동조합 및 노동관계조정법 제 2 조 제 4 호 각 목에 해당하는지 여부를 실질적으로 심사할 수 있는지 여부(적극) 및 실질적 심사의 기준: 노동조합 및 노동관계조정법(이하 '노동조합법'이라 한다)이 행정관청으로 하여금 설립신고를 한 단체에 대하여 같은 법 제 2 조 제 4 호 각 목에 해당하는지를 심사하도록 한 취지가 노동조합으로서의 실질적 요건을 갖추지 못한 노동조합의 난립을 방지함으로써 근로자의 자주적이고 민주적인 단결권 행사를 보장하려는 데 있는 점을 고려하면, 행정관청은 해당 단체가 노동조합법 제 2 조 제 4 호 각 목에 해당하는지 여부를 실질적으로 심사할 수 있다. 다만 행정관청에 광범위한 심사권한을 인정할 경우 행정관청의 심사가 자의적으로 이루어져 신고제가 사실상 허가제로 변질될 우려가 있는 점, 노동조합법은 설립신고 당시 제출하여야 할 서류로 설립신고서와 규약만을 정하고 있고(제10조 제 1 항), 행정관청으로 하여금 보완사유나 반려사유가 있는 경우를 제외하고는 설립신고서를 접수받은 때로부터 3일 이내에 신고증을 교부하도록 정한 점(제12조 제 1 항) 등을 고려하면, 행정관청은 일단 제출된 설립신고서와 규약의 내용을 기준으로 노동조합법 제 2 조 제 4 호 각 목의 해당 여부를 심사하되, 설립신고서를 접수할 당시 그 해당 여부가 문제된다고 볼 만한 객관적인 사정이 있는 경우에 한하여 설립신고서와 규약 내용 외의 사항에 대하여 실질적인 심사를 거쳐 반려 여부를 결정할 수 있다(대판 2014. 4. 10, 2011두6998[노동조합설립신고반려처분취소]).

형식적 심사라 함은 신고요건의 충족 여부를 신고서류만에 의해 행하는 것을 말하고, 실질적 심사라 함은 신고요건의 충족 여부를 심사함에 있어 신고서류를 심사할 뿐만 아니라 필요한 경우 현장조사 등을 통해 실질적으로 행할 수 있는 심사를 말한다.

그리고 주민들의 거주지 이동에 따른 주민등록전입신고에 대하여 행정청이 이를 심사하여 그 수리를 거부할 수 있으나 그러한 행위는 자칫 헌법상 보장된 국민의 거주·이전의 자유를 침해하는 결과를 초래할 수도 있으므로, 시장 등의 주민등록전입신고 수리 여부에 대한 심사는 주민등록법의 입법 목적의 범위 내에서 제한적으로 이루어져야 하는 바, 그 전입신고자가 30일 이상 생활의 근거로서 거주할 목적으로 거주지를 옮기는지 여부가 심사 대상으로 되어야 한다(대판 2009. 7. 9, 2008두19048).

(4) 적법한 신고의 효과

적법한 신고란 신고요건을 갖춘 신고를 말한다.

신고의 효력에는 신고로서의 효력과 신고 및 수리에 따른 법적 효력으로 나누어 볼 수 있다. 신고로서의 효력은 신고의무의 이행을 말하고, 신고 및 수리에 따른 효력은 금지해제의 효과, 신고된 영업자의 지위의 취득 등을 말한다.

1) 자기완결적 신고

적법(適法)한 신고가 있으면 행정청의 수리 여부에 관계없이 신고서가 접수기관에 도달한 때에 신고의무가 이행된 것으로 본다(행정절차법 제40조 제 2 항). 따라서, 행정청이 신고서를 접수하지 않고 반려하여도 신고의무는 이행된 것으로 본다. 따라서, 적법한 신고가 있었지만 행정청이 수리를 하지 아니한 경우에 신고의 대상이 되는 행위를 하여도 행정벌의 대상이 되지 않는다.

> **과거 판례** 신고대상인 건축물의 건축행위를 하고자 할 경우에는 그 관계 법령에 정해진 적법한 요건을 갖춘 (건축)신고만을 하면 그와 같은 건축행위를 할 수 있고, 행정청의 수리처분 등 별단의 조처를 기다릴 필요가 없다고 할 것이며, 또한 이와 같은 신고를 받은 행정청으로서는 그 신고가 같은 법 및 그 시행령 등 관계 법령에 신고만으로 건축할 수 있는 경우에 해당하는 여부 및 그 구비서류 등이 갖추어져 있는지 여부 등을 심사하여 그것이 법규정에 부합하는 이상 이를 수리하여야 하고, 같은 법 규정에 정하지 아니한 사유를 심사하여 이를 이유로 신고수리를 거부할 수는 없다(대판 1999. 4. 27, 97누6780).

금지해제적 자기완결적 신고의 경우 적법한 신고가 있으면 그것만으로 금지해제의 효과가 발생한다.

2) 수리를 요하는 신고

수리를 요하는 신고의 경우에는 행정청이 수리하여야 신고에 따른 효력이 발생한다(행정기본법 제34조).

> **판례 1** 주민등록은 단순히 주민의 거주인구의 동태를 파악뿐아니라, 주민등록에 따라 공법관계상의 여러 가지 법률상 효과가 발생하므로, 주민등록의 신고는 행정청에 도달하기만 하면 신고로서의 효력이 발생하는 것이 아니라 행정청이 수리한 경우에 비로소 신고의 효력이 발생한다(대판 2009. 1. 30, 2006다17850[주민등록법상 전입신고]). 〈해설〉 다만 주민등록신고를 수리를 요하는 신고로 보는 것이 타당한지는 의문이다. 주민등록은 강학상 등록으로 보는 것이 타당하다.

> **판례 2** 구 장사 등에 관한 법률(2007. 5. 25. 법률 제8489호로 전부 개정되기 전의 것, 이하 '구 장사법'이라 한다) 제14조 제 1 항, 구 장사 등에 관한 법률 시행규칙(2008. 5. 26. 보건복지가족부령 제15호로 전부 개정되기 전의 것) 제 7 조 제 1 항 [별지 제 7 호 서식]을 종합하면, 납골당설치 신고는 이른바 '수리를 요하는 신고'라 할 것이므로, 납골당설치 신고가 구 장사법 관련 규정의 모든 요건에 맞는 신고라 하더라도 신고인은 곧바로 납골당을 설치할 수는 없고, 이에 대한 행정청의 수리처분이 있어야만

신고한 대로 납골당을 설치할 수 있다. 한편 수리란 신고를 유효한 것으로 판단하고 법령에 의하여 처리할 의사로 이를 수령하는 수동적 행위이므로 수리행위에 신고필증 교부 등 행위가 꼭 필요한 것은 아니다(대판 2011. 9. 8, 2009두6766[납골당설치신고수리처분이행통지취소]). 〈해설〉 이러한 판례의 입장을 취하면 수리를 요하는 신고에 있어서 신고에서 적법한 신고가 있음에도 불구하고 행정청의 수리행위가 없는 경우 신고의 대상이 되는 행위를 한 경우 행정형벌을 과할 수 있다는 결론에 이르는 것이 논리적이다.

판례3 수산업법 제44조 소정의 어업의 신고는 행정청의 수리에 의하여 비로소 그 효과가 발생하는 이른바 ‘수리를 요하는 신고’라고 할 것이고, 따라서 설사 관할관청이 어업신고를 수리하면서 공유수면 매립구역을 조업구역에서 제외한 것이 위법하다고 하더라도, 그 제외된 구역에 관하여 관할관청의 적법한 수리가 없었던 것이 분명한 이상 그 구역에 관하여는 같은 법 제44조 소정의 적법한 어업신고가 있는 것으로 볼 수 없다(대판 2000. 5. 26, 99다37382). 〈해설〉 이러한 판례의 입장을 취하면 수리를 요하는 신고에 있어서 신고에서 적법한 신고가 있음에도 불구하고 행정청의 수리행위가 없는 경우 신고의 대상이 되는 행위를 하면 행정형벌을 과할 수 있다는 결론에 이르는 것이 논리적이다. 다만, 이 사건은 형사처벌이 문제되지 않은 행정사건이다.

　　다만, 형사판례는 명확하지는 않지만, 자기완결적 신고와 수리를 요하는 신고를 구별하지 않고, 적법한 신고가 있었던 경우에는 신고의무를 이행한 것으로 보고 무신고행위가 아니므로 수리가 거부되었어도 신고의 대상이 되는 행위한 것을 처벌할 수 없는 것으로 보는 경향이 있는 것으로 보인다.

판례1 체육시설의설치·이용에관한법률상의 신고체육시설업에 있어서 신고의 법적 성질과 무신고 영업의 판단 기준: 체육시설의설치·이용에관한법률 제10조, 제11조, 제22조, 같은법시행규칙 제 8 조 및 제25조의 각 규정에 의하면, 체육시설업은 등록체육시설업과 신고체육시설업으로 나누어지고, 당구장업과 같은 신고체육시설업을 하고자 하는 자는 체육시설업의 종류별로 같은법시행규칙이 정하는 해당 시설을 갖추어 소정의 양식에 따라 신고서를 제출하는 방식으로 시·도지사에 신고하도록 규정하고 있으므로, 소정의 시설을 갖추지 못한 체육시설업의 신고는 부적법한 것으로 그 수리가 거부될 수밖에 없고 그러한 상태(부적법한 신고가 있었고, 수리가 거부된 상태)에서 신고체육시설업의 영업행위를 계속하는 것은 무신고 영업행위에 해당할 것이지만, 이에 반하여 적법한 요건을 갖춘 신고의 경우에는 행정청의 수리처분 등 별단의 조치를 기다릴 필요 없이 그 접수시에 신고로서의 효력이 발생하는 것이므로 그 수리가 거부되었다고 하여 무신고 영업이 되는 것은 아니다(대판 1998. 4. 24, 97도3121[체육시설의설치·이용에관한법률위반]). 〈해설〉 이 사건에서 판례는 적법한 신고를 하였으므로 무신고영업이 되는 것은 아니고 처벌할 수 없다고 하였다.

판례2 행정관청으로서는 위 법령에서 규정하는 시설기준을 갖추어 축산물판매업 신고를 하는 경우 당연히 그 신고를 수리하여야 하고, 적법한 요건을 갖춘 신고의 경우에는 행정관청의 수리처분 등 별단의 조처를 기다릴 필요 없이 그 접수시에 신고로서의 효력이 발생하는 것이므로 그 수리가 거부되었다고 하여 미신고 영업이 되는 것은 아니라고 할 것이다. 따라서 피고시 담당공무원이 위 법령상의 시설기준이 아닌 사유(기존 영업자가 휴업신고만 하고 폐업신고를 하지 않았고, 같은 장소에 대하여 사업자를 달리하는 축산물판매업 중복신고는 허용되지 않는다는 사유)로 축산물판매업 신고 수리를 할 수 없다는 통보를 하고 미신고 영업으로 고발할 수 있다는 통지를 한 것은 위법한 직무집행이라고 할 것이다(대판 2010. 4. 29, 2009다97925[손해배상(기)]). 〈해설〉 구 축산물가공처리법(2005. 3. 31. 법률 제7428호로 개정되기 전의 것)상의 축산물판매업 신고를 판례와 같이 자기완결적 신고로 보는 것은 타당하지 않고 수리를 요하는 신고라고 보아야 한다. 즉 구 축산물가공처리법상 축산물판매업의 시설기준으로 영업장 및 화장실의 시설기준이 정해져 있다. 구 축산물가공법 시행규칙 제35조는 축산물판매업의 신고서에 "영업장의 시설내역 및 배치도"를 제출하도록 규정하고 있고, 동조 별지 제23호 서식인 축산물판매업의 신고서식에는 현장조사 및 시설조사를 신고 처리절차의 한 단계로 규정하고 있다. 이러한 점에 비추어 보면 축산물판매업의 신고의 요건은 실질적 요건(시설기준)을 포함하고 있고, 현장조사 등 실질적 심사가 가능한 것으로 규정하고 있으므로(구 축산물가공처리법령을 대체하여 제정된 현행 축산물위생관리법령도 동일하게 규정하고 있다) 축산물판매업의 신고는 수리를 요하는 신고로 보는 것이 타당하다.

생각건대, 수리를 요하는 신고로 별도의 법적 효력이 발생하는 것으로 규정되어 있는 경우에는 수리를 요하는 신고의 효력은 적법한 신고만으로는 발생하지 않고 수리행위가 있어야 발생하는 것으로 보는 것이 타당하다. 그렇지만, 수리를 요하는 신고도 신고인 점, 실정법령에서 신고를 하지 않은 것에 대한 처벌을 통상 "신고를 하지 아니하고 신고의 대상이 되는 행위를 한 것"으로 규정하고 있는 점 등에 비추어 적법한 신고를 하였지만 수리가 거부된 경우에는 신고대상이 되는 행위를 하여도 처벌할 수 없다고 보는 것이 타당하다.

3) 수리의무

적법한 신고가 있는 경우 행정기관은 그 신고를 '수리'하여야 한다. 즉 신고의 수리는 기속행위이다.

> 판례 (1) 의료법이 병원의 개설은 허가제로 하고 의원의 개설은 신고제로 구분하여 규정한 취지는 신고 대상인 의원급 의료기관 개설의 경우 행정청이 법령에서 정하고 있는 요건 이외의 사유를 들어 신고 수리를 반려하는 것을 원칙적으로 배제하여야 한다는 것이다. (2) 원고가 법령에 정한 요건을 모두 갖추어 정신과의원 개설신고를 하였음에도, 피고(처분청)가 정신과의원 개설이 해당 건물의 구분소유자 등의 안전과 공동의 이익에 반하고, 건축물의 안전·기능·환경 및 공공복리 증진을 저해하며, 공공복리에 부적합한 재산권의 행사라는 등의 사유를 들어 이 사건 반려처분을 하였는데, 정신과의원 개설신고에 관한 법령상 요건에 해당하지 아니하는 위와 같은 사유만을 들어 그 개설신고의 수리를 거부한 이 사건 반려처분은 위법하다고 한 사례(대판 2018. 10. 25, 2018두44302).

다만, 사설봉안시설의 설치신고 수리, 건축신고 수리 등을 기속재량(거부재량)행위로 본 판례가 있다. 즉, 판례는 중대한 공익상 필요가 있는 경우에는 사설봉안시설설치신고의 수리 등을 거부할 수 있다고 본다.

> 판례 1 사설납골시설(현행법상 봉안시설)의 설치신고 수리 여부의 판단기준: 구 '장사 등에 관한 법률'(2007. 5. 25. 법률 제8489호로 전부 개정되기 전의 것)의 관계 규정들에 비추어 보면, 같은 법 제14조 제 1 항에 의한 사설납골시설의 설치신고는, 같은 법 제15조 각 호에 정한 사설납골시설설치 금지지역에 해당하지 않고 같은 법 제14조 제 3 항 및 같은 법 시행령(2008. 5. 26. 대통령령 제20791호로 전부 개정되기 전의 것) 제13조 제 1 항의 [별표 3]에 정한 설치기준에 부합하는 한, 수리하여야 하나, 보건위생상의 위해를 방지하거나 국토의 효율적 이용 및 공공복리의 증진 등 중대한 공익상 필요가 있는

경우에는 그 수리를 거부할 수 있다고 보는 것이 타당하다(대판 2010. 9. 9, 2008두22631[납골당설치신고불가처분취소]). 〈해설〉 수리를 요하는 신고인 사설납골시설의 설치신고의 수리행위를 기속재량행위로 본 판례이다.

판례2   숙박업을 하고자 하는 자가 법령이 정하는 시설과 설비를 갖추고 행정청에 신고를 하면, 행정청은 공중위생관리법령의 위 규정에 따라 원칙적으로 이를 수리하여야 한다. 행정청이 법령이 정한 요건 이외의 사유를 들어 수리를 거부하는 것은 위 법령의 목적에 비추어 이를 거부해야 할 중대한 공익상의 필요가 있다는 등 특별한 사정이 있는 경우에 한한다(대판 2017. 5. 30, 2017두34087[숙박업영업신고증교부의무 부작위위법확인]). 〈해설〉 숙박업 영업신고를 수리를 요하는 신고로 보고 기속재량행위로 본 사례이다.

판례3   [인근주민의 통행로로 사용되고 있는 개인(私)소유 토지(사실상 도로)에 대한 건축신고 수리거부처분이 다투어진 사건] [1] 건축허가권자는 건축신고가 건축법, 국토의 계획 및 이용에 관한 법률 등 관계법령에서 정하는 명시적인 제한에 배치되지 않는 경우에도 건축을 허용하지 않아야 할 중대한 공익상 필요가 있는 경우에는 건축신고의 수리를 거부할 수 있다(대법원 2012. 3. 15, 선고 2011두27322 판결, 대법원 2015. 9. 15, 선고 2014두15504 판결 등 참조). [2] 갑이 '사실상의 도로'로서 인근 주민들의 통행로로 이용되고 있는 토지를 매수한 다음 2층 규모의 주택을 신축하겠다는 내용의 건축신고서를 제출하였으나, 구청장이 '위 토지가 건축법상 도로에 해당하여 건축을 허용할 수 없다'는 사유로 건축신고수리 거부처분을 하자 갑이 처분에 대한 취소를 구하는 소송을 제기하였는데, 1심법원이 위 토지가 건축법상 도로에 해당하지 않는다는 이유로 갑의 청구를 인용하는 판결을 선고하자 구청장이 항소하여 '위 토지가 인근 주민들의 통행에 제공된 사실상의 도로인데, 주택을 건축하여 주민들의 통행을 막는 것은 사회공동체와 인근 주민들의 이익에 반하므로 갑의 주택 건축을 허용할 수 없다'는 주장을 추가한 사안에서, 당초 처분사유와 구청장이 원심에서 추가로 주장한 처분사유는 위 토지상의 사실상 도로의 법적 성질에 관한 평가를 다소 달리하는 것일 뿐, 모두 토지의 이용현황이 '도로'이므로 거기에 주택을 신축하는 것은 허용될 수 없다는 것이므로 기본적 사실관계의 동일성이 인정되고, 위 토지에 건물이 신축됨으로써 인근 주민들의 통행을 막지 않도록 하여야 할 중대한 공익상 필요가 인정되고 이러한 공익적 요청이 갑의 재산권 행사보다 훨씬 중요하므로, 구청장이 원심에서 추가한 처분사유는 정당하여 결과적으로 위 처분이 적법한 것으로 볼 여지가 있음에도 이와 달리 본 원심판단에 법리를 오해한 잘못이 있다고 한 사례(대판 2019. 10. 31, 2017두74320[건축신고반려처분취소]). 〈해설〉 건축신고의 수리거부에 기속재량을 인정한 점에 비추어 건축신고를 수리를 요하는 신고로 본 것으로 보인다.

악취방지법상의 악취배출시설 설치·운영신고를 재량행위로 본 판례가 있다.

판례   [악취방지법상의 악취배출시설 설치·운영신고의 법적 성질 등이 쟁점이 된 사건] (1) 악취방지법상의 악취배출시설 설치·운영신고는 (대도시의 장 등 관할 행정청은 악취배출시설 설치·운영신고의 수리 여부를 (실질적으로) 심사할 권한이 있다고 봄이 타당하므로) 수리를 요하는 신고에 해당한다. (2) 인허가의제규정이 없으므로 대기환경보전법에 따른 대기오염물질배출시설 설치허가를 받았다고 하더라도 악취배출시설 설치·운영신고가 수리되어 그 효력이 발생한다고 볼 수 없다. 인·허가의제 제도는 관련 인·허가 행정청의 권한을 제한하거나 박탈하는 효과를 가진다는 점에서 법률 또는 법률의 위임에 따른 법규명령의 근거가 있어야 한다(대판 2022. 9. 7, 2020두40327). (3) 환경정책기본법과 악취방지법령의 입법취지, 내용과 체계에 비추어 보면, 악취방지법상의 악취배출시설 설치·운영신고의 수리 여부를 심사함에 있어 행정청은 사람의 건강이나 생활환경에 미치는 영향을 두루 검토하여 악취방지계획의 적정 여부를 판단할 수 있고, 이에 관해서는 행정청의 광범위한 재량권이 인정된다. 따라서 법원이 악취방지계획의 적정 여부 판단과 관련한 행정청의 재량권 일탈·남용 여부를 심사할 때에는 해당 지역 주민들의 생활환경 등 구체적 지역 상황, 상반되는 이익을 가진 이해관계자들 사이의 권익 균형과 환경권의 보호에 관한 각종 규정의 입법취지 등을 종합하여 신중하게 판단하여야 한다. 그리고 행정청의 재량적 판단은 그 내용이 현저히 합리적이지 않다거나 상반되는 이익이나 가치를 대비해 볼 때 형평이나 비례의 원칙에 뚜렷하게 배치되는 등의 사정이 없는 한 폭넓게 존중될 필요가 있다. (4) 원고가 피고에게 악취배출시설 설치·운영신고를 하였고, 이에 대하여 피고가 원고가 수립·제출한 악취방지계획이 미흡하다는 등의 이유로 이를 반려한 사안에서, 원심은 악취배출시설 설치·운영신고가 자기완결적 신고에 해당함을 전제로 원고의 악취배출시설 설치·운영신고가 관련 법령에서 정한 형식적인 요건을 갖춘 이상 피고가 이를 수리하였는지 여부와 관계없이 그 신고가 피고에게 접수된 때에 효력이 발생하였다고 판단하였는데, 대법원은 악취방지법상의 악취배출시설 설치·운영신고는 수리는 요하는 신고에 해당하고, 원고가 대기환경보전법에 따른 대기오염물질배출시설 설치허가를 받았다고 하더라도 인허가의제규정이 없으므로 악취배출시설 설치·운영신고가 수리된 것으로 간주되지 아니하며, 피고가 원고의 악취배출시설 설치·운영신고를 반려한 것에 재량권 일탈·남용의 잘못도 없다고 보아 원심판결을 파기한 사례(대판 2022. 9. 7, 2020두40327).

4) 신고증명서(신고필증)의 교부

자기완결적 신고의 경우 신고필증은 신고사실을 단순히 확인하는 것으로서 그 교부의 거부가 항고소송의 대상이 될 수 없다는 데 이견이 없다. 판례도 자기완결적 신고의 경우 신고필증의 교부를 법적 효과를 발생시키지 않는 단순한 사실행위로 본다.

판례 1   [1] 의원의 개설신고를 받은 행정관청이 그 수리를 거부할 수 있는지 여부(소극): 의료법 제30조 제3항에 의하면 의원, 치과의원, 한의원 또는 조산소의 개설은 단순한 신고사항으로만 규정하고 있고 또 그 신고의 수리여부를 심사, 결정할 수 있게 하는 별다른 규정도 두고 있지 아니하므로 의원의 개설신고를 받은 행정관청으로서는 별다른 심사, 결정없이 그 신고를 당연히 수리하여야 한다. [2] 의료법 시행규칙 제22조 제3항 소정의 신고필증 교부의 효력: 의료법 시행규칙 제22조 제3항에 의하면 의원개설 신고서를 수리한행정관청이 소정의 신고필증을 교부하도록 되어있다 하여도 이는 신고사실의 확인행위로서 신고필증을 교부하도록 규정한 것에 불과하고 그와 같은 신고필증의 교부가 없다 하여 개설신고의 효력을 부정할 수 없다 할 것이다(대판 1985. 4. 23, 84도2953[의료법위반]).

판례 2   부가가치세법상 과세관청의 사업자등록 직권말소행위가 항고소송의 대상이 되는 행정처분인지 여부(소극): 부가가치세법상의 사업자등록은 … 단순한 사업사실의 신고로서 사업자가 소관 세무서장에서 소정의 사업자등록신청서를 제출함으로써 성립되는 것이고, 사업자등록증의 교부는 이와 같은 등록사실을 증명하는 증서의 교부행위에 불과한 것이며, … 사업자등록의 말소 또한 폐업사실의 기재일 뿐 그에 의하여 사업자로서의 지위에 변동을 가져오는 것이 아니라는 점에서 과세관청의 사업자등록 직권말소행위는 불복의 대상이 되는 행정처분으로 볼 수가 없다(대판 2000. 12. 22, 99두6903[사업자등록말소처분취소]).

수리를 요하는 신고의 경우에 신고필증을 신고수리를 증명하는 법적 행위로 보고, 신고필증 교부의 거부를 행정소송법상의 처분으로 보는 견해가 있다. 판례는 수리를 요하는 신고의 경우에도 신고필증의 교부는 신고의 필수요건도 아니고 행정소송법상의 처분도 아니라고 보고 있다. 신고사항 이행통지도 수리처분과 별도로 항고소송 대상이 되는 다른 처분으로 볼 수 없다(대판 2011. 9. 8, 2009두6766).

> **판례** [1] 납골당설치 신고가 '수리를 요하는 신고'인지 여부(적극) 및 수리행위에 신고필증 교부 등 행위가 필요한지 여부(소극): 납골당설치 신고는 이른바 '수리를 요하는 신고'라 할 것이므로, 납골당설치 신고가 구 장사법 관련 규정의 모든 요건에 맞는 신고라 하더라도 신고인은 곧바로 납골당을 설치할 수는 없고, 이에 대한 행정청의 수리처분이 있어야만 신고한 대로 납골당을 설치할 수 있다. 한편 수리란 신고를 유효한 것으로 판단하고 법령에 의하여 처리할 의사로 이를 수령하는 수동적 행위이므로 수리행위에 신고필증 교부 등 행위가 꼭 필요한 것은 아니다. [2] 파주시장이 종교단체 납골당설치 신고를 한 갑 교회에, '구 장사 등에 관한 법률에 따라 필요한 시설을 설치하고 유골을 안전하게 보관할 수 있는 설비를 갖추어야 하며 관계 법령에 따른 허가 및 준수 사항을 이행하여야 한다'는 취지의 납골당설치 신고사항 이행통지를 한 사안에서, 파주시장이 갑 교회에 이행통지를 함으로써 납골당설치 신고수리를 하였다고 보는 것이 타당하고, 이를 수리처분과 별도로 항고소송 대상이 되는 다른 처분으로 볼 수 없다고 한 사례. [3] 납골당 설치장소에서 500m 내에 20호 이상의 인가가 밀집한 지역에 거주하는 주민들에게는 납골당이 누구에 의하여 설치되는지를 따질 필요 없이 납골당 설치에 대하여 환경 이익 침해 또는 침해 우려가 있는 것으로 사실상 추정되어 원고적격이 인정된다고 보는 것이 타당하다(대판 2011. 9. 8, 2009두6766[납골당설치신고수리처분이행통지취소]).

(5) 부적법한 신고와 신고요건의 보완

1) 부적법한 신고의 의의

신고가 신고의 요건을 충족하지 않는 경우에 신고는 **부적법(不適法)**한 신고가 된다. 판례에 따르면 개별법령상 신고요건을 충족한 신고라도 다른 법령에 의해 신고의 대상이 되는 행위가 금지된 경우에는 적법한 신고로 보지 않는다.

> **판례1** [1] 식품위생법에 따른 식품접객업의 영업신고 요건을 갖추었으나, 그 영업신고를 한 당해 건축물이 무허가 건물일 경우 영업신고가 적법하다고 할 수 없다. [2] 불법 건축물이라는 이유로 일반음식점 영업신고의 접수가 거부되었음에도 계속하여 일반음식점 영업행위를 한 피고인의 행위는, 식품위생법상 무신고 영업행위로서 정당행위 또는 적법행위에 대한 기대가능성이 없는 경우에 해당하지 아니한다고 한 사례(대판 2009. 4. 23, 2008도6829[식품위생법위반]).

> **판례2** [1] 비산먼지배출사업을 하고자 하는 사람이 구 대기환경보전법 등에 정한 형식적 요건을 모두 갖춘 사업신고서를 제출한 경우, 행정청이 취해야 할 조치 및 비산먼지배출사업을 하는 것 자체가 다른 법령에 의하여 허용되지 않을 때 행정청이 그 신고의 수리를 거부할 수 있는지 여부(적극): 구 대기환경보전법이나 그 시행규칙 등은 비산먼지배출사업을 단순한 신고사항으로 규정하고 있을 뿐 행정청으로 하여금 그 신고의 수리여부를 심사, 결정할 수 있도록 규정하고 있지 않으므로, 행정청은 비산먼지배출사업 신고서가 구 대기환경보전법 제28조 제 1 항, 같은 법 시행규칙 제62조에서 정한 형식적 요건을 모두 갖춘 경우에는 특별한 사정이 없는 한 이를 수리하여야 하고, 만일 비산먼지배출사업을 하는 자가 비산먼지의 발생을 억제하기 위한 시설의 설치 또는 필요한 조치를 하지 않거나 그 시설이나 조치가 적합하지 않다고 인정하는 때에는 필요한 시설의 설치나 조치의 이행 또는 개선을 명하고, 위 명령을 이행하지 않는 경우에는 당해 사업의 중지 또는 시설 등의 사용중지나 사용제한을 명할 수 있을 뿐이다. 그러나 다른 법령에 의하여 비산먼지배출사업을 하는 것 자체가 허용되지 않는다면 설령 비산먼지배출사업이 구 대기환경보전법 제28조 제 1 항, 같은 법 시행규칙 제62조에서 정한 요건을 모두 갖추고 있다고 하더라도, 비산먼지배출사업을 하고자 하는 자가 적법한 신고를 할 수 없으므로 그 수리거부가 위법하게 되는 것은 아니다. 〈해설〉 판례는 형식적 요건을 모두 갖춘 경우에는 특별한 사정이 없는 한 이를 수리하여야 한다고 판시하고 있는 점에서 비산먼지배출사 신고는 자기완결적 신고

로 보았다고 할 수 있다. 다만, 동 신고는 금지해제적 신고이므로 비산먼지배출사업 신고 수리거부의 처분성을 인정하였다. [2] 국토의 계획 및 이용에 관한 법률상의 제 2 종지구단위계획구역 안에서 비산먼지발생사업을 하고자 하는 자가 구 대기환경보전법에 정한 요건을 모두 갖추어 비산먼지발생사업신고를 한 경우, 제 2 종지구단위계획이 수립될 당시 비산먼지발생사업을 예상하지 못하였다고 하여 그 신고를 거부할 수 있는지 여부(소극): 제 2 종지구단위계획구역 안에서 건축물의 건축이나 그 밖의 행위를 하는 경우 그 행위에 관하여 제 2 종지구단위계획에서 정하고 있으면 그 계획에 적합하게 하여야 하나, 그 계획에서 정하고 있지 않은 사항에 관하여는 다른 법령에 의하여 제한되지 않는 한 자유롭게 할 수 있으며, 이는 비산먼지발생사업의 경우에도 마찬가지라 할 것이다. 따라서 제 2 종지구단위계획구역 안에서 비산먼지발생사업을 하고자 하는 자가 구 대기환경보전법 제28조 제 1 항과 같은 법 시행규칙 제62조 제 1 항이 정한 요건을 모두 갖추어 비산먼지발생사업 신고를 한 경우, 그 신고가 제 2 종지구단위계획에 저촉된다는 이유로 그 신고의 수리를 거부하기 위해서는 제 2 종지구단위계획에서 신고의 대상이 된 비산먼지발생사업을 제한하거나 금지하고 있어야 하고, 제 2 종지구단위계획이 수립될 당시 비산먼지발생사업을 예상하지 못하였다는 등의 사정만으로 비산먼지발생사업 신고를 거부할 수는 없다(대판 2008. 12. 24, 2007두17076[비산먼지발생사업변경신고불가처분취소]).

판례3 골프연습장의 설치에 관하여 체육시설의설치·이용에관한법률이 건축법에 우선하여 배타적으로 적용되는 관계에 있다고는 해석되지 아니하므로 체육시설의설치·이용에관한법률에 따른 골프연습장의 신고요건을 갖춘 자라고 할지라도 그 골프연습장을 설치하려고 하는 건물이 건축법 소정의 허가를 받지 아니하여 건축법을 위배하여 건축된 무허가 건물이라면 적법한 신고를 할 수 없다(대판 1993. 4. 27, 93누1374).

판례4 [1] 학교보건법과 체육시설의설치·이용에관한법률은 그 입법목적, 규정사항, 적용범위 등을 서로 달리 하고 있어서 당구장의 설치에 관하여 체육시설의설치·이용에관한법률이 학교보건법에 우선하여 배타적으로 적용되는 관계에 있다고는 해석되지 아니하므로 체육시설의설치·이용에관한법률에 따른 당구장업의 신고요건을 갖춘 자라 할지라도 학교보건법 제 5 조 소정의 학교환경 위생정화구역 내에서는 같은 법 제 6 조에 의한 별도 요건을 충족하지 아니하는 한 적법한 신고를 할 수 없다고 보아야 한다. [2] 당구장업소에 대한 체육시설업신고 거부처분 취소소송에서 같은 조건 하에 있는 다른 당구장업소에 대하여 체육시설업 신고가 수리된 적이 있다는 진술만 가지고 바로 취소소송의 대상인 거부처분이 재량권의 한계를 넘은 것이라는 주장으로 보기는 어렵다고 한 사례. 〈해설〉 불법에 있어서 평등대우는 인정될 수 없다(대판 1991. 7. 12, 90누8350).

2) 신고요건의 보완

행정청은 요건을 갖추지 못한 신고서가 제출된 경우(부적법한 신고의 경우) 지체 없이 상당한 기간을 정하여 신고인에게 보완을 요구하여야 한다(행정절차법 제40조 제 3 항). 행정청은 신고인이 보완기간 내에 보완을 하지 아니한 때에는 그 이유를 명시하여 당해 신고서를 되돌려 보내야 한다(제40조 제 4 항).

수리를 요하는 신고에 있어서도 행정절차법 제40조 제 3 항과 제 4 항을 준용하여 신고의 형식적 요건을 갖추지 않은 경우에는 보완을 명하여야 하며 그럼에도 보완하지 않는 경우에 수리를 거부할 수 있다고 보아야 한다.

3) 부적법한 신고의 수리 및 효과

자기완결적 신고의 경우에는 부적법한 신고의 수리가 있었다고 하더라도 신고의 효력이 발생하지 않고, 신고의 대상이 되는 영업을 하면 무신고의 불법영업행위이다(대판

1998. 4. 24, 97도3121 참조).

　　수리를 요하는 신고의 경우 부적법한 신고가 수리되면 하자있는 수리행위가 된다. 수리행위가 무효인 경우에는 신고의 효과가 발생하지 않고, 신고후 영업을 하였다면 무신고로 한 불법영업이다. 그러나 그 수리행위가 취소할 수 있는 행위인 경우 공정력에 의해 수리행위가 효력을 가지므로 수리가 취소되기까지는 신고된 영업행위로서 불법영업이 아니다. 즉 부적법한 신고를 행정청이 수리한 경우 수리가 무효가 아닌 한 신고의 효과가 발생한다. 다만, 신고가 무효이면 신고수리행위도 당연 무효이다.

> **판례 1**　구 유통산업발전법에 따른 대규모점포의 개설 등록 및 구 재래시장 및 상점가 육성을 위한 특별법(이하 '구 재래시장법'이라고 한다)에 따른 시장관리자 지정은 행정청이 그 실체적 요건에 관한 심사를 한 후 수리하여야 하는 이른바 '수리를 요하는 신고'로서 행정처분에 해당한다(대법원 2015. 11. 19, 선고 2015두295 전원합의체 판결, 대법원 2018. 7. 12, 선고 2017다291517, 291524 판결 등 참조). 그러므로 이러한 행정처분에 당연무효에 이를 정도의 중대하고도 명백한 하자가 존재하거나 그 처분이 적법한 절차에 의하여 취소되지 않는 한 구 유통산업발전법에 따른 대규모점포개설자의 지위 및 구 재래시장법에 따른 시장관리자의 지위는 공정력을 가진 행정처분에 의하여 유효하게 유지된다고 봄이 타당하다(대판 2019. 9. 10, 2019다208953).
>
> **판례 2**　[1] 노인장기요양보호법상 장기요양기관의 폐업신고와 노인의료복지시설의 폐지신고는 '수리를 필요로 하는 신고'에 해당한다. [2] 행정청이 그 신고를 수리하였다고 하더라도, 신고서 위조 등의 사유가 있어 신고행위 자체가 효력이 없다면 그 신고행위는 유효한 대상이 없는 것으로서, 수리행위 자체에 중대·명백한 하자가 있는지를 따질 것도 없이 당연히 무효이다(대판 2018. 6. 12, 2018두33593).
>
> **판례 3**　사업양도·양수에 따른 허가관청의 지위승계신고의 수리는 적법한 사업의 양도·양수가 있었음을 전제로 하는 것이므로 그 수리대상인 사업양도·양수가 존재하지 아니하거나 무효인 때에는 수리를 하였다 하더라도 그 수리는 유효한 대상이 없는 것으로서 당연히 무효라 할 것이고, 사업의 양도행위가 무효라고 주장하는 양도자는 민사쟁송으로 양도·양수행위의 무효를 구함이 없이 막바로 허가관청을 상대로 하여 행정소송으로 위 신고수리처분의 무효확인을 구할 법률상 이익이 있다(대판 2005. 12. 23, 2005두3554).
>
> **판례 4**　신고납부행위는 그 위법이 중대하고 명백하지 않으면 무효가 아니고, 중대하고 명백한 하자이면 당연무효가 된다(대판 2001. 8. 24, 2001다13075).

(6) 신고의무 위반의 효과

　　신고사항을 신고하지 아니하거나 신고하였으나 신고요건을 충족하지 않은 부적법한 신고의 경우에 신고의무를 이행하지 않은 것이 된다.

　　사실파악형 신고의 경우 신고 없이(또는 적법한 신고 없이) 행위를 하여도 원칙상 신고의 대상이 되는 행위 자체가 위법한 것은 아니고 통상 과태료의 부과대상이 된다. 신고유보부금지와 수리를 요하는 신고의 경우에는 신고 없이 행위를 한 경우 위법한 행위가 되며 통상 행정형벌의 부과대상이 되고 시정조치의 대상이 되지만, 행정형벌의 행정질서벌화의 정책에 따라 과태료를 부과하는 경우도 있다.

문제의 해결　　과거 판례와 같이 건축신고를 자기완결적 신고로 보면, 적법한 신고가 되었으므로 행정청이 신고서를 반려하여도 신고를 한 것이 된다. 따라서, 문제의 건축물은 위법한 건축물이 아니고, 현재 판례와 같이 건축신고를 수리를 요하는 신고로 보면 건축신고가 반려(거부)되었음에도 건축을 하면 건축신고가 적법한 경우 신고의무를 이행하였고, 따라서 신고의무 위반으로 처벌할 수 없다(건축신고가 부적법하면 신고의무를 이행하지 않은 것이 되어 처벌할 수 있다)고 볼 수 있지만, 그 건축물은 행정법상 위법건축물이 된다.

제 4 항 행정법상 사건

사람의 정신작용과는 관계가 없는 사실로서 법률요건이 되는 것이 사건이다. 행정법상 사건에는 출생, 사망, 시간의 경과, 물건의 점유, 일정한 장소에의 거주 등이 있다.

I. 기간의 경과

행정상 법률관계가 일정한 기간의 경과에 의해 변동되는 경우가 있다. 예를 들면, 허가의 존속기간이 경과하면 허가의 효력은 상실한다.

II. 시　효

시효는 일정한 사실상태가 오랫동안 계속한 경우에 그 사실상태에 따라 권리관계를 형성(취득 또는 소멸)하는 법률요건이다. 시효에는 소멸시효와 취득시효가 있다.

민법의 시효에 관한 규정은 행정법관계에도 유추적용된다.

1. 소멸시효

소멸시효는 권리자가 그의 권리를 행사할 수 있음에도 불구하고 일정한 기간 동안 그 권리를 행사하지 않은 경우 그 권리를 소멸시키는 시효이다.

국가재정법은 금전의 급부를 목적으로 하는 국가의 권리 또는 국가에 대한 권리는 시효에 관하여 다른 법률에 규정이 없는 한 5년간 행사하지 아니할 때에는 시효로 인하여 소멸한다고 규정하고 있다(제96조 제 1 항, 제 2 항). 여기서 다른 법률의 규정이라 함은 5년의 소멸시효기간보다 짧은 기간의 소멸시효의 규정이 있는 경우를 가리키는 것으로, 이보다 긴 소멸시효를 규정하고 있는 것은 해당하지 않는다(대판 2001. 4. 24, 2000다57856). 공법상 금전채권뿐만 아니라 사법상 금전채권도 이 규정의 적용대상이 된다. 금전의 급부를 목적으로 하는 국가의 권리 및 국가에 대한 권리의 경우 소멸시효의 중단·정지 그 밖의 사항에 관하여 다른 법률의 규정이 없는 때에는 「민법」의 규정을 적용한다(제96조 제 3 항).

소멸시효기간이 지나면 당자자의 주장이 없더라도 권리가 당연히 소멸하지만, 권리를 소멸시키는 소멸시효 항변은 변론주의 원칙에 따라 당사자의 주장이 있어야만 법원의 판단대상이 된다(대판 2017. 3. 22, 2016다258124).

> **판례** **소멸시효 완성 후에 한 조세부과처분의 효력(=당연무효):** 조세에 관한 소멸시효가 완성되면 국가의 조세부과권과 납세의무자의 납세의무는 당연히 소멸한다 할 것이므로 소멸시효 완성 후에 부과된 부과처분은 납세의무 없는 자에 대하여 부과처분을 한 것으로서 그와 같은 하자는 중대하고 명백하여 그 처분의 효력은 당연무효이다(대판 1985. 5. 14, 83누655).

2. 취득시효

취득시효라 함은 어떤 사람이 권리자인 것과 같이 권리를 행사하고 있는 상태가 일정한 기간 동안 계속된 경우에 처음부터 그 사람이 권리자이었던 것으로 인정하는 제도이다.

판례는 민법상 취득시효규정이 공물에는 적용되지 않는다고 본다.

국가도 부동산 점유취득시효의 주체가 되며(민법 제245조 제 1 항), 이 조항은 헌법에 위반되지 아니한다(헌재 2015. 6. 25, 2014헌바404).

Ⅲ. 제척기간

제척기간이라 함은 일정한 권리에 관하여 법률이 정한 존속기간이다. 제척기간은 법률관계를 조속히 확정시키는 것을 목적으로 하는 제도이다. 제척기간이 소멸시효와 다른 점은 제척기간의 목적은 법률관계를 속히 확정하려는 데 있으므로 그 기간이 상대적으로 짧고, 중단제도가 없다는 점 등이다.

> **판례** **(1)** 제척기간은 권리자로 하여금 권리를 신속하게 행사하도록 함으로써 그 권리를 중심으로 하는 법률관계를 조속하게 확정하려는 데에 그 제도의 취지가 있는 것으로서, 소멸시효가 일정한 기간의 경과와 권리의 불행사라는 사정에 의하여 그 효과가 발생하는 것과는 달리 관계 법령에 따라 정당한 사유가 인정되는 등 특별한 사정이 없는 한 그 기간의 경과 자체만으로 곧 권리 소멸의 효과를 발생시킨다. 따라서 추상적 권리행사에 관한 제척기간은 권리자의 권리행사 태만 여부를 고려하지 않으며, 또 당사자의 신청만으로 추상적 권리가 실현되므로 기간 진행의 중단·정지를 상정하기 어렵다. 이러한 점에서 제척기간은 소멸시효와 근본적인 차이가 있다. **(2)** 추상적 권리의 행사에 관해서는 제척기간을, 구체적 권리의 행사에 관해서는 소멸시효를 규정하는 경우가 많다(국세기본법 제26조의2, 제27조, 지방세기본법 제38조, 제39조, 질서위반행위규제법 제15조, 제19조 참조). 사회보장수급권의 경우에도 관계 법령에서 달리 규정하지 않은 이상, 수급권자의 관할 행정청에 대한 추상적 권리의 행사(급여 지급 신청)에 관한 기간은 제척기간으로, 관할 행정청의 지급결정이 있은 후 수급권자의 구체적 권리의 행사(청구, 당사자소송 제기)에 관한 기간은 소멸시효로 이해하는 것이 자연스럽다(「지뢰피해자 지원에 관한 특별법」 제 8 조 제 2 항, 제16조 참조). 육아휴직급여에 관한 추상적 권리(신청권)의 행사에 관해서는 이 사건 조항에서 정한 신청기간(제척기간)이 적용되고, 신청에 따른 관할 직업안정기

관의 장의 육아휴직급여지급결정(처분)이 있은 후 발생하는 <u>구체적 권리(구체적인 수급청구권=공권)</u>의 행사에 관해서는 그 결정의 통지를 받은 때부터 제107조 제 1 항에서 정한 3년의 <u>소멸시효가</u> 적용된다(대판 전원합의체 2021. 3. 18, 2018두47264).

제척기간의 예로는 행정심판제기기간, 행정소송제기기간 등이 있다.

Ⅳ. 공법상 사무관리

사무관리라 함은 법률상 의무 없이 타인의 사무를 관리하는 행위를 말한다. 공법분야에서도 사무관리가 인정된다는 것이 일반적 견해이다.

사무관리의 예로는 시·군·구의 행려병자의 관리, 자연재해시 빈 상점의 물건의 처분 등이 있다. 그러나, 경찰관직무집행법상 보호조치 등 법령상 또는 조리상 보호조치의무에 근거한 행위는 사무관리가 아니다.

공법상 사무관리에는 특별한 규정이 없는 한 민법상 사무관리에 관한 규정이 준용된다. 공법상 사무관리를 행한 행정기관은 통지의무를 지고, 비용상환청구권을 갖는다.

판례 압수물에 대한 환가처분 후 해당 압수물이 그 후의 형사절차에 의하여 몰수되지 아니한 경우, 그 환가처분의 법적 성질(=사무관리에 준하는 행위) 및 국가가 압수물 소유자에게 상환을 구할 수 있는 압수물에 대한 환가처분 비용의 범위(=압수물의 매각비용의 한도 내)(대판 2000. 1. 21, 97다58507[손해배상]).

사인(私人)이 의무 없이 국가의 사무를 처리한 경우 사인이 처리한 국가의 사무가 사인이 국가를 대신하여 처리할 수 있는 성질의 것으로서, 사무 처리의 긴급성 등 국가의 사무에 대한 사인의 개입이 정당화 되는 경우에 한하여 사무관리가 성립하고, 사인은 그 범위 내에서 국가에 대하여 국가의 사무를 처리하면서 지출된 필요비 내지 유익비의 상환을 청구할 수 있다(대판 2014. 12. 11, 2012다15602 <용역비>: 2007년 12월 7일 충남 태안 앞바다에서의 허베이 스피리트호 기름 유출사고로 인한 피해방지를 위해 원고(해양방제업체)가 해양경찰의 직접적인 지휘를 받아 보조로 방제작업을 한 사례. 해양경찰의 요청에 의해 방제작업을 한 경우에는 경찰비책임자에 대한 경찰권발동의 문제로 보고, 손실보상 또는 부당이득반환의 문제로 보는 것이 타당하다). 이 사건은 민사소송으로 처리되었는데, 공법상 사무관리의 문제이므로 공법상 당사자소송으로 처리하는 것이 타당하다.

V. 공법상 부당이득

1. 의의 및 법적 규율

부당이득이라 함은 법률상 원인 없이 타인의 재산 또는 노무로 인하여 이익을 얻고 이로 인하여 타인에게 손해를 가하는 것을 말한다. 부당이득은 이를 반환하여야 하는데(민법 제741조), 이를 **부당이득반환의 법리**라고 한다.

공법상 부당이득이라 함은 공법상 원인(예, 무효인 조세부과처분에 근거한 조세의 납부에)에 의하여 발생한 부당이득을 말한다.

> 공법상 부당이득의 예로는 조세과오납 등이 있다. 처분이 무효 또는 소급 취소된 경우의 무자격자의 기초생활보장금의 수령 등이 있다. 행정주체가 사인의 토지를 무단으로 사용한 경우에는 민법상의 부당이득반환이 문제된다.

공법상 부당이득에 관하여 특별한 규정이 없는 경우에는 민법의 부당이득반환의 법리가 준용된다. 즉, 공법상 부당이득으로 손해를 입은 자는 부당이득반환청구권을 갖는다.

2. 공법상 부당이득반환청구권의 성질 [2015 사시]

(1) 사 권 설

이 견해는 부당이득의 문제는 법률상 원인이 없는 경우에 생기고 또한 부당이득제도는 순수하게 경제적 견지에서 인정되는 이해조절적 제도이므로 공법상의 원인에 의한 부당이득반환청구권은 사권이라고 한다. 우리 판례는 이 입장을 취하고 있다.

(2) 공 권 설

이 견해는 공법상 원인에 의한 부당이득반환은 공법상 원인에 의하여 발생한 결과를 조정하기 위한 것으로서 공법상 원인의 유무의 탐구와 밀접한 관계가 있으므로 공법상의 원인에 의한 부당이득반환청구권은 공권이라고 한다.

(3) 판 례

판례는 공법상 부당이득반환청구권을 사권으로 보고(사권설), 행정상대방이 행정청에 이미 납부한 돈이 민법상 부당이득에 해당한다고 주장하면서 그 반환을 청구하는 것은 민사소송절차를 따라야 한다고 한다(대판 2021. 12. 30, 2018다241458).

(4) 결 어

공법상 부당이득반환청구권은 공법상 원인에 의해 발생된 것이고 행정소송법 제 3 조 제 2 호의 입법취지에 비추어 볼 때 공법상의 부당이득반환청구권을 공권으로 보고 이에 관한 소송은 공법상 당사자소송에 의하여야 한다고 보는 것이 타당하다.

제 4 장

기간의 계산 등

I. 기간의 계산

1. 행정에 관한 기간의 계산

행정에 관한 기간의 계산에 관하여는 이 법 또는 다른 법령등에 특별한 규정이 있는 경우를 제외하고는 「민법」을 준용한다(행정기본법 제 6 조 제 1 항). 민법에 따른 기간의 계산은 다음과 같다. 기간을 일, 주, 월 또는 연으로 정한 때에는 기간의 초일은 산입하지 아니한다. 그러나 그 기간이 오전 영시로부터 시작하는 때에는 그러하지 아니하다(민법 제 157조). 기간을 일, 주, 월 또는 연으로 정한 때에는 기간말일의 종료로 기간이 만료한다(제159조). 기간의 말일이 토요일 또는 공휴일에 해당한 때에는 기간은 그 익일로 만료한다(제161조).

법령등 또는 처분에서 국민의 권익을 제한하거나 의무를 부과하는 경우 **권익이 제한되거나 의무가 지속되는 기간의 계산**은 민법과 달리 다음 각 호의 기준에 따른다. 다만, 다음 각 호의 기준에 따르는 것이 국민에게 불리한 경우에는 그러하지 아니하다. 1. 기간을 일, 주, 월 또는 연으로 정한 경우에는 기간의 첫날을 산입한다. 2. 기간의 말일이 토요일 또는 공휴일인 경우에도 기간은 그 날로 만료한다(행정기본법 제 6 조 제 2 항).

예를 들면, 행정심판 제기기간은 '국민의 권익을 제한하거나 의무를 부과하는 경우'가 아니므로 행정심판 제기기간의 계산에는 행정기본법 제 6 조 제 2 항이 아니라 행정기본법 제 6 조 제 1 항이 적용된다. 이에 반하여 공법상 의무의 지속기간(예, 부작위의무기간)은 법령 등에 의한 것이든 처분(하명)에 의한 것이든 원칙상 행정기본법 제 6 조 제 2 항이 적용된다. 그리고, 행정기본법 제 6 조 제 2 항 제 2 호의 기준에 따르는 것이 국민에게 불리한 경우의 예로는 공법상 의무 이행기한(예, 시정(개선)명령에 따른 시정(개선)의무 이행기한, 공법상 금전납부기한 등)을 들 수 있다. 그러나, 대기환경보전법령상 초과배출부과금 산정의 기초가 되는 개선기간 만료일(대기환경보전법 시행령 제25조 제 1 항 제 2 호)은 행정기본법 제 6 조 제 2 항 제 2 호의 기준에 따르는 것이 국민에게 불리한 경우에 해당하지 않는다.

민원의 처리기간을 5일 이하로 정한 경우에는 민원의 접수시각부터 "시간" 단위로 계산하되, 공휴일과 토요일은 산입(算入)하지 아니한다. 이 경우 1일은 8시간의 근무시간을 기준으로 한다(민원처리법 제19조 제 1 항). 민원의 처리기간을 6일 이상으로 정한 경우에는 "일" 단위로 계산하고 첫날을 산입하되, 공휴일과 토요일은 산입하지 아니한다(제 2 항). 민원의 처리기간을 주·월·연으로 정한 경우에는 첫날을 산입하되, 「민법」 제159조부터 제161조까지의 규정을 준용한다(제 3 항).

2. 법령등(훈령 · 예규 · 고시 · 지침 등을 포함) 시행일의 기간 계산

법령등(훈령·예규·고시·지침 등을 포함한다. 이하 이 조에서 같다)의 시행일을 정하거나 계산할 때에는 다음 각 호의 기준에 따른다. 1. 법령등을 공포한 날(훈령·예규·고시·지침 등은 고시·공고 등의 방법으로 발령한 날을 말한다. 이하 이 조에서 같다)부터 시행하는 경우에는 공포한 날을 시행일로 한다. 2. 법령등을 공포한 날부터 일정 기간이 경과한 날부터 시행하는 경우 법령등을 공포한 날을 첫날에 산입하지 아니한다. 3. 법령등을 공포한 날부터 일정 기간이 경과한 날부터 시행하는 경우 그 기간의 말일이 토요일 또는 공휴일인 때에는 민법상의 원칙과 달리 그 말일로 기간이 만료한다(행정기본법 제 7 조).

법령 등의 공포일 또는 공고일은 해당 법령 등을 게재한 관보 또는 신문이 발행된 날로 한다(법령공포법 제12조).

Ⅱ. 행정에 관한 나이의 계산 및 표시

행정에 관한 나이는 다른 법령등에 특별한 규정이 있는 경우를 제외하고는 출생일을 산입하여 만(滿) 나이로 계산하고, 연수(年數)로 표시한다. 다만, 1세에 이르지 아니한 경우에는 월수로 표시할 수 있다(제7조의2).

Ⅲ. 수수료 및 사용료

행정청은 특정인을 위한 행정서비스를 제공받는 자에게 법령으로 정하는 바에 따라 **수수료**를 받을 수 있다(행정기본법 제35조 제 1 항). 수수료란 행정서비스에 대한 금전적 대가를 말한다. 텔레비전방송수신료는 공영방송사업이라는 특정한 공익사업의 소요경비를 충당하기 위한 것으로서 조세나 수수료가 아니라 특별부담금에 해당한다(헌재 1999. 5. 27, 98헌바70). 수수료부과행위는 행정행위로서 수수료를 부과하려면 법령에 근거를 두어야 한다.

행정청은 공공시설 및 재산 등의 이용 또는 사용에 대하여 사전에 공개된 금액이나 기준에 따라 **사용료**를 받을 수 있다(행정기본법 제35조 제 2 항). 사용료란 공공시설 또는 공공재산에 대한 사용의 금전적 대가를 말한다.

사용료는 사용료(예, 행정재산 사용료), 이용료(예, 자연휴양림 등의 이용료), 점용료(예, 도로 점용료, 공유수면 점용료), 입장료(예, 자연공원 입장료) 등 다양한 명칭으로 사용되고 있다. 사용료부과행위는 행정행위로서 사용료를 부과하려면 법령에 근거를 두어야 한다. 일반재산(잡종재산) 사용의 대가는 임대차계약으로 결정된다.

제 1 항 및 제 2 항에도 불구하고 지방자치단체의 경우에는 「지방자치법」에 따른다(제153조, 제154조, 제156조)(행정기본법 제35조 제 3 항).

행정조직법

제 2 편 행정조직법

제 1 장
행정조직법 개설

I. 행정조직법의 의의

행정조직법은 행정주체의 조직에 관한 법을 말한다. 보다 구체적으로 정의하면 행정조직법은 행정기관의 설치, 폐지, 구성, 권한 및 행정기관 상호간의 관계를 정한 법이다.

II. 행정조직법정주의

행정조직에 관한 사항은 기본적으로 법률로 정하여야 한다는 원칙을 **행정조직법정주의**(行政組織法定主義)라고 한다. 행정조직법정주의는 행정권한법정주의를 포함하지만, 행정권한법정주의는 그 나름의 문제를 가지고 있으므로 별도로 후술하기로 한다.

현행 헌법 제96조는 "행정각부의 설치·조직과 직무범위는 법률로 정한다"고 규정하여 행정조직법정주의를 채택하고 있다. 이에 근거하여 정부조직법이 제정되었다. 정부조직법은 중앙행정기관(부·처·청)의 설치와 직무범위는 법률로 정하도록 하고 있다(동법 제2조).

정부조직법은 특별지방행정기관, 보조기관(차관, 차장, 실장, 국장, 실장·국장의 명칭을 본부장·단장·부장·팀장 등으로 달리 정할 수 있다.), 부속기관(시험연구기관, 교육훈련기관, 문화기관, 의료기관, 제조기관, 자문기관 등)은 법률이 정한 경우를 제외하고 대통령령으로 설치할 수 있도록 하고 있다(동법 제2조 , 제3조, 제4조). 다만, 대통령령이 정하는(실장, 국장 밑의) 보조기관(과, 팀, 반 등)의 설치와 사무분장은 총리령 또는 부령으로 정할 수 있고, 대통령령이 정하는 보조기관에 상당하는 보좌기관은 총리령 또는 부령으로 둘 수 있다(제2조 제4항 단서, 제2조 제5항 단서). 법령에서 정한 ㅎ애정조직보다 세부적인 행정조직에 관한 사항은 행정규칙에 의해 정하여질 수도 있다. 행정조직에 관한 사항을 정하는 행정규칙을 '조직규칙'이라 한다.

제 2 장

행 정 기 관

I. 행정기관의 개념

행정기관(行政機關)이라 함은 행정권한을 행사하는 행정조직의 구성단위를 말한다. 행정기관은 행정기관의 구성자인 공무원과는 구별된다. 행정기관은 그를 구성하는 공무원의 변경과 관계없이 통일적인 일체로서 존속한다.

행정기관의 개념은 크게 나누어 행정작용법적 관점과 행정조직법적 관점에서 논해진다.

1. 행정작용법적 행정기관 개념

행정작용법적 관점에서는 대외적으로 행정권한을 행사하는 행정기관을 중심으로 행정기관 개념을 구성한다.

(1) 행 정 청1)2)

행정관청이라 함은 국가의사를 결정하여 이를 자기의 이름으로 외부에 표시하는 권한을 가진 행정기관을 말한다. **행정청**이라 함은 국가뿐만 아니라 지방자치단체의 의사를 결정하여 자신의 이름으로 외부에 표시할 수 있는 권한을 가진 행정기관을 말한다.

행정작용법상 행정청은 위와 같은 국가와 지방자치단체의 행정청뿐만 아니라 공공단체(이들을 본래의 행정청이라 한다) 그리고, 이들 본래의 행정청으로부터 행정권한의 위임 또는 위탁을 받은 행정기관·공공단체 및 그 기관 또는 사인을 포함한다. 행정소송법 및 행정심판법상 행정청은 행정작용법상의 행정청의 개념을 말한다.

> 행정기본법 제2조
> 2. "행정청"이란 다음 각 목의 자를 말한다.

---

1) 행정소송의 피고적격 관련.
2) 독임제(獨任制) 행정청 — 장관, 처장, 청장 및 외국(外局)의 장(경찰서장, 소방서장 등), 지방자치단체의 장(특별시장, 광역시장, 도지사, 시장, 군수), 권한의 위임을 받은 행정기관.
   합의제(合議制) 행정청 — 행정심판위원회, 토지수용위원회, 중앙선거관리위원회, 감사원, 배상심의회, 노동위원회, 소청심사위원회, 금융통화위원회.

가. 행정에 관한 의사를 결정하여 표시하는 국가 또는 지방자치단체의 기관
나. 그 밖에 법령등에 따라 행정에 관한 의사를 결정하여 표시하는 권한을 가지고 있거나 그 권한을 위임 또는 위탁받은 공공단체 또는 그 기관이나 사인(私人)

행정소송법 제 2 조
② 이 법을 적용함에 있어서 행정청에는 법령에 의하여 행정권한의 위임 또는 위탁을 받은 행정기관, 공공단체 및 그 기관 또는 사인이 포함된다.

행정심판법 제 2 조
4. "행정청"이란 행정에 관한 의사를 결정하여 표시하는 국가 또는 지방자치단체의 기관, 그 밖에 법령 또는 자치법규에 따라 행정권한을 가지고 있거나 위탁을 받은 공공단체나 그 기관 또는 사인을 말한다.

(2) 보조기관

보조기관(補助機關)이라 함은 국가와 지방자치단체의 행정청에 소속되어 행정청의 권한행사를 보조하는 것을 임무로 하는 기관을 말한다(행정 각부의 차관, 차장, 실장, 국장, 과장, 팀장, 반장, 계장 및 지방자치단체의 부지사, 부시장, 국장, 과장 등).

보조기관은 독자적으로 의사를 결정하고 외부에 대하여 표시하는 권한을 갖지 못한다. 다만, 예외적으로 보조기관이 대외적으로 행정작용을 행하는 경우가 있다.

(3) 보좌기관

보좌기관(補佐機關)이라 함은 국가와 지방자치단체의 행정청 또는 그 보조기관을 보좌하는 기관을 말한다. 보좌기관은 참모기관 또는 막료기관이라고도 한다(대통령실, 국무총리실, 행정 각부의 차관보, 담당관 등).

(4) 의결기관

의결기관이라 함은 행정주체의 의사를 결정하는 권한만을 가지고 이를 외부에 표시할 권한은 가지지 못하는 기관을 말한다. 의결기관은 외부에 표시할 권한이 없는 점에서 그러한 권한이 있는 합의제 행정청과 구별된다(각종 징계위원회, 지방의회, 교육위원회, 광업조정위원회 등).

(5) 심의기관

심의기관은 심의·의결을 하는데, 그 의결은 법적 구속력이 없다. 다만, 행정청은 심의기관의 의결을 존중하는 것이 바람직하다. 그리고 명칭이 심의기관이지만, 실질은 의결기관인 경우도 있다. 심의기관의 예로는 교육환경법상 지역교육환경보호위원회를 들 수 있다.

(6) 자문기관

자문기관이라 함은 행정청에 의견(자문)을 제시하는 것을 임무로 하는 기관을 말한다. 자문기관은 합의제인 것이 보통이나 독임제인 것도 있다. 행정청은 자문기관의 의견

에 구속되지 않는다. 그러나, 적어도 자문절차가 법령에 의해 규정되어 있는 경우에 자문절차를 거치지 않고 한 처분은 절차의 하자가 있는 위법한 행위이며 원칙적으로 취소할 수 있는 행위이다. 자문절차를 거쳤지만 충실히 거치지 않고 형식에 그친 것도 취소사유인 절차의 하자로 보아야 한다.

(7) 집행기관

집행기관이라 함은 실력을 행사하여 행정청의 의사를 집행하는 기관을 말한다(경찰공무원, 소방공무원, 세무공무원 등).

2. 행정조직법적 행정기관 개념

행정조직법적 행정기관은 행정조직법상 권한인 행정사무를 수행하는 단위가 되는 행정주체의 기관을 말한다.

행정조직법상 권한(행정사무)은 수평적으로 또한 수직적으로 배분된다.

(1) 수평적 권한배분

국가행정조직의 예를 들면 행정 각부별로 권한(업무)이 수평적으로 배분되어 있다. 정부조직법은 행정 각부의 업무를 정하고 있다.

행정기관은 상호 타 기관의 권한을 존중하여야 한다. 그리고, 행정기관은 업무의 처리에 있어 상호 협력하여야 한다.

(2) 수직적 권한배분

행정업무는 상하행정기관 사이에 수직적으로 배분된다. 행정기관의 장-국-과-계에 업무가 배분되는 것이 전형적인 예이다.

상급기관은 하급기관에 대한 지휘감독권을 갖고, 하급기관은 상급기관의 지휘명령에 복종하여야 한다.

3. 현행 실정법

정부조직법은 국가기관의 행정조직에 대하여 규율하고 있다. 정부조직법은 기본적으로 행정조직법적 행정기관 개념을 채택하고 있다. 지방자치단체의 행정조직에 대하여는 지방자치법이 규율하고 있다.

행정절차법(제2조 제1항)과 행정소송법(제2조 제2항)은 행정작용법적 행정기관 개념을 채용하고 있다.

4. 독임제 행정기관과 합의제 행정기관

행정기관은 그 구성원의 수에 따라 독임제 행정기관과 합의제 행정기관으로 나누어진다.

(1) 독임제 행정기관

독임제 행정기관(獨任制 行政機關)이라 함은 그 구성원이 1명인 행정기관을 말한다. 독임제 행정기관은 행정기관의 책임을 분명히 하고 신속한 행정을 할 수 있도록 하는 장점을 가지고 있다. 이러한 점 때문에 행정기관은 독임제가 원칙이다.

(2) 합의제 행정기관

1) 의　　　의

합의제 행정기관(合議制 行政機關)이라 함은 그 구성원이 2명 이상이며 행정기관의 의사결정이 복수인 구성원의 합의에 의해 이루어지는 행정기관을 말한다. 합의제행정기관은 위원회라고도 한다.

　　행정기관 소속 위원회의 설치·운영에 관한 법률(약칭 '행정기관위원회법'이라 한다)은 합의제행정기관을 위원회로 부른다. 행정기관위원회법에 따르면 위원회를 "위원회, 심의회, 협의회 등 명칭을 불문하고 행정기관의 소관 사무에 관하여 자문에 응하거나 조정, 협의, 심의 또는 의결 등을 하기 위한 복수의 구성원으로 이루어진 합의제 기관"을 말하는 것으로 규정하고 있다(제 2 조).

합의제 행정기관은 행정기관의 독립성과 행정결정의 공정성이 요구되는 경우 또는 대립되는 이해의 공평한 조정이 요구되는 경우 등에 설치된다.

2) 종　　류

합의제 행정기관에는 의결권과 함께 대외적인 표시권을 갖는 행정청인 경우(공정거래위원회, 노동위원회, 금융위원회, 소청심사위원회), 의결권만을 갖는 의결기관인 경우(징계위원회), 동의기관인 경우(인사위원회 등), 심의권만을 갖는 심의기관(정보공개심의회)인 경우와 자문권만을 갖는 자문기관인 경우가 있다.

> **판례**　법학교육위원회는 피고의 심의기관에 해당할 뿐 의결기관의 지위를 가진다고 할 수는 없다(대판 2009. 12. 10, 2009두8359[로스쿨예비인가처분취소]).

　　정부조직법 및 행정기관위원회법에 따르면 합의제행정기관은 다음과 같이 구별된다. ① 헌법에 따라 설치된 위원회(예, 중앙선거관리위원회). ② 정부조직법 제 2 조 제 2 항에 따라 설치된 중앙행정기관인 위원회(예, 공정거래위원회, 국민권익위원회, 국가인권위원회 등). ③ 「정부조직법」 제 5 조 및 행정기관위원회법에 따라 행정기관 소관사무의 일부를 독립하여 수행할 필요가 있는 때 행정기관위원회법 등 법률로 정하는 바에 따라 설치된 합의제행정기관(행정기관위원회법 제 5 조 제 1 항은 "행정위원회"라 부르는 것으로 규정하고 있다). 의결기관, 동의기관, 심의의결기관인 위원회가 이에 해당한다. ④ 정부조직법 제 4 조 및 행정기관위원회법에 따라 자문기관으로 설치된 위원회(합의제행정기관).

3) 설치근거 및 적용법령

설치근거가 헌법인 경우, 법률인 경우, 대통령령인 경우, 조례인 경우, 행정규칙인 경우가 있다. 중앙행정기관인 위원회(예 공정거래위원회)의 설치와 직무범위는 법률로 정한다(정부조직법 제 2 조 제 1 항, 제 2 항). 행정기관 소관사무의 일부를 독립하여 수행할 필요가 있는 때에 설치하는 행정위원회 등 합의제행정기관은 법률로 정하는 바에 따른다(정부조직법 제 5 조). 지방자치단체는 그 소관 사무의 일부를 독립하여 수행할 필요가 있으면 법령이나 그 지방자치단체의 조례로 정하는 바에 따라 합의제행정기관을 설치할 수 있다(지방자치법 제116조 제 1 항). 그러나, 이론상 행정수반인 대통령으로부터 독립된 합의제행정기관(예, 중앙선거관리 위원회 등)의 설치는 권력분립의 문제이므로 헌법으로 정하여야 한다. 자문기관의 성질을 갖는 합의제행정기관은 대통령령에 근거하여 설치할 수 있다(정부조직법 제 4 조). 지방자치단체는 그 소관 사무의 범위에서 법령이나 그 지방자치단체의 조례로 정하는 바에 따라 심의회·위원회 등의 자문기관을 설치·운영할 수 있다(지방자치법 제116조의2 제 1 항). 행정기관위원회법은 행정기관(대통령과 그 소속 기관, 국무총리와 그 소속 기관, 「정부조직법」 제 2 조 제 2 항에 따른 중앙행정기관과 그 소속 기관) 소속 위원회의 설치 및 운영에 필요한 사항을 규정하고 있다(제 1 조, 제 3 조 제 2 항). 다만, 「헌법」에 따라 설치되는 위원회 및 「정부조직법」 제 2 조 제 2 항에 따라 다른 법률에 의하여 중앙행정기관으로 설치되는 위원회에 대하여는 이 법을 적용하지 아니한다(제 3 조 제 2 항).

4) 결정의 구속력 등

의결기관의 결정은 구속력을 갖는다. 행정청이 의결기관의 결정과 다른 결정을 내리면 그 결정은 원칙상 무권한의 하자로 무효이다. 동의기관의 동의 없이 한 결정도 그러하다.

심의기관과 자문기관의 결정은 법적 구속력이 없다. 다만, 심의기관의 결정은 구속력이 없지만, 행정청에 의해 존중되어야 한다.

5) 결정절차의 하자[2011 행시(재경직) 사례]

의결기관의 의결은 의무적 절차이고, 심의기관의 심의(심의의결)는 통상 의무적인 절차인 반면에 자문기관의 자문은 의무적 절차인 경우도 있지만, 임의절차인 경우도 있다. 의결기관 또는 동의기관의 의결을 거치지 않은 행정청의 결정은 무효이고, 심의기관의 심의를 거치지 않은 행정청의 결정도 원칙상 무효라고 보아야 한다. 그러나, 판례는 심의기관의 심의를 거치지 않은 하자를 취소사유에 불과한 것으로 본다. 의무적인 절차인 자문절차를 거치지 않은 행위는 원칙상 취소할 수 있는 행위로 보는 것이 타당하다.

5. 행정주체와 행정기관

행정주체는 행정을 담당하는 법적 주체이며 행정법상 국민과의 관계에서 권리의무의 주체가 된다. 행정주체에는 국가, 지방자치단체와 공공단체 및 공무수탁사인이 있다.

행정주체 중 국가와 지방자치단체는 스스로 행정작용을 하는 것이 아니라 행정기관을 통하여 행정작용을 행한다. 국가와 지방자치단체의 경우 국민과의 관계에서 행위를 하는 것은 행정기관이며 행정기관의 행위의 효과는 행정기관이 아니라 행정주체에게 귀속된다.

행정주체 중 공공단체도 실제에 있어서는 그 기관을 통하여 행정작용을 하지만 공공단체의 기관은 행정기관이 아니며 그 기관구성은 행정조직의 문제가 아니다. 공공단체는 독립된 공법인이며 대외적인 행정작용을 할 때 공공단체 자체가 행정청이 된다. 공무수탁사인은 법인인 경우와 자연인인 경우가 있는데, 공무수탁사인이 행정작용을 행함에 있어서도 공무수탁사인 자체가 행정청이 된다. 즉, 공공단체와 공무수탁사인은 그 자신이 행정주체이면서 행정청이 된다.

Ⅱ. 국가행정기관과 지방행정기관

행정기관의 소속을 기준으로 국가행정기관과 지방행정기관으로 분류된다.

1. 국가행정기관

국가에 속하여 국가사무를 수행하는 행정기관을 국가행정기관이라 한다.

국가행정기관은 관할에 따라 중앙행정기관과 국가지방행정기관으로 구분된다. **중앙행정기관**은 전국을 관할하는 행정기관이며 **국가지방행정기관**은 지방에 설치된 국가행정기관으로서 일정한 지역에 한하여 관할이 미치는 기관을 말한다.

국가지방행정기관은 국가의 보통지방행정기관과 국가의 특별지방행정기관으로 나눈다.

국가의 **보통지방행정기관**이라 함은 관할구역 내에서 수행되는 국가의 행정사무를 일반적으로 관장하는 지방행정기관을 말한다. 우리나라에서는 국가의 보통지방행정기관을 별도로 설치하지 않고 지방자치단체의 장에게 국가사무를 기관위임하여 처리하도록 하고 있다(지방자치법 제102조). 지방자치단체의 장은 국가의 기관위임사무를 처리하는 한도 내에서는 국가기관, 즉 국가의 보통지방행정기관의 지위를 갖는다.

국가의 **특별지방행정기관**이라 함은 특정 국가사무를 시행하기 위하여 지방에 설치된 국가행정기관을 말한다. 지방국토관리청, 지방환경관리청, 지방경찰청, 경찰서, 세관 등이 이에 해당한다.

2. 지방행정기관

지방행정기관이라 함은 지방자치단체에 속하여 지방자치단체의 사무를 수행하는 행정기관을 말한다. 지방자치단체의 집행기관(예, 지방자치단체의 장, 교육감), 지방의회, 시·도 경찰위원회 등이 이에 해당한다.

제 3 장

행정청의 권한

제 1 절 권한의 의의

행정청의 권한(權限)이라 함은 행정청이 행정주체를 대표하여 의사를 결정하고 표시할 수 있는 범위를 말한다.

행정청의 권한에는 일반적 권한과 개별적인 작용법적 권한이 있다. 행정청의 일반적 권한이라 함은 행정청이 가지는 일반적인 사항적·지역적·대인적 권한을 말하며 행정조직법상의 권한이다. 개별적 작용법적 권한이라 함은 행정청이 국민에 대하여 행사할 수 있는 개별적인 권한을 의미한다.

제 2 절 행정권한법정주의

행정청의 권한은 원칙상 법률에 의해 정해져야 한다. 이를 행정권한법정주의(行政權限法定主義)라 한다.

행정청의 권한에 관한 사항은 국민의 권익에 중대한 영향을 미치므로 특히 법률로 정하여야 할 필요가 있다. 다만, 권한에 관한 세부적인 사항은 명령에 위임할 수 있다.

행정청은 조직규범에서 정한 소관사무의 범위 내에서 일반적인 권한을 갖는다. 소관사무의 범위는 국가에 있어서는 정부조직법에서 정하고, 지방자치단체의 경우에는 지방자치법에서 정하고 있다.

법률유보의 원칙에 따라 다른 법주체에 대한 특정한 권한의 행사에 있어서는 작용법적인 법률의 근거가 있어야 한다. 작용법상 권한은 각 개별법에 의해 정해진다.

권한의 위임에도 법률의 근거가 있어야 한다.

제 3 절   권한의 한계

행정청의 권한에는 사항, 지역, 상대방, 형식에 따른 일정한 한계가 있다.

Ⅰ. 사항적 한계

행정권은 사무의 내용에 따라 각 행정청에게 분배된다. 따라서 행정청은 법령에 의해 정해진 일정한 사무에 관한 권한만을 갖는다. 이를 행정청의 권한의 **사항적(事項的)** 한계라 한다.

행정청의 권한의 사항적 한계 중 일반적·포괄적 권한의 한계, 즉 소관사무의 범위는 국가에 있어서는 정부조직법에 의해 정해지고 지방자치단체의 경우에는 지방자치법에 의해 정해진다.

행정청의 권한 중 대외적인 개별적 권한은 개별작용법에 의해 정해진다. 행정법규 위반에 대한 허가의 취소권, 영업정지권 등이 그 예이다.

행정청은 법률유보의 원칙이 적용되는 경우 작용법에서 정한 권한의 범위 내에서 권한을 행사하여야 하고, 행정지도와 같이 작용법적 법률의 근거가 필요 없는 경우에 행정청은 조직규범에 의해 정해진 사항적 한계(소관사무의 범위) 내에서 권한을 행사하여야 한다.

> **판례**   보조금 교부결정을 취소하고 보조금을 반환받는 업무도 교부기관의 업무에 포함된다고 볼 수 있다(대판 2018. 8. 30, 2017두56193; 2023. 8. 18, 2021두41495).

Ⅱ. 지역적 한계

행정청의 권한은 지역적으로 미치는 범위가 한정되어 있다. 국가의 중앙행정관청의 권한은 전국적으로 미치지만 국가의 특별지방행정관청 및 지방자치단체의 행정청의 권한은 일정한 지역에 한정된다.

다만, 행정청에 의한 처분의 효과가 처분행정청의 관할구역을 넘어 미치는 경우도 있다. 예를 들면, A지방경찰청장이 부여한 운전면허는 전국적으로 효력을 갖는다.

Ⅲ. 대인적 한계

행정청의 권한이 미치는 인적 범위가 한정되는 경우가 있다. 지방자치단체의 장의 권한은 원칙상 지방자치단체의 주민에 한정되고, 국공립대학교 총장의 권한은 그 소속직원과 학생에게만 행사될 수 있다.

Ⅳ. 형식적 한계

행정청의 권한에 권한행사의 형식에 따른 한계가 정해져 있는 경우가 있다.

예를 들면, 행정 각부 장관과 총리에 한하여 법규명령제정권이 있기 때문에 행정 각부 장관이 아닌 청장이나 처장은 법규명령제정권이 없고 소관사무에 관한 법규명령을 제정하고자 하는 경우에는 소속 총리나 장관의 법규명령의 형식으로 제정할 수밖에 없다. 다만, 법령의 구체적 위임을 받은 경우에는 행정규칙의 형식으로 새로운 법규사항을 정할 수 있다(법령보충적 행정규칙).

제 4 절 권한의 효과

Ⅰ. 외부적 효과

행정청은 독립된 법인격을 갖지 않고 행정주체를 대표하는 기관이므로 행정청의 대외적인 권한행사의 법적 효과는 행정청 자신이 아니라 행정주체에 귀속된다.

법령에서 정해진 행정권한의 한계를 벗어난 행정권 행사는 주체의 하자(무권한의 하자)가 있는 위법한 행위가 되며 무권한의 하자는 원칙상 무효사유가 된다.

Ⅱ. 내부적 효과

행정청의 권한은 행정청 상호간에 있어서 활동범위의 한계를 정한다. 즉, 행정청은 권한의 범위 내에서 활동할 수 있고, 다른 행정청의 권한에 속하는 행위를 할 수 없다.

이러한 제한은 대등한 행정청 사이에서뿐만 아니라 상하관계의 행정청 사이에서도 타당하다. 즉, 상급관청이라 하여도 법령의 명시적인 규정이 없는 한 하급관청의 권한 내에 속하는 행위를 할 수 없다.

제 5 절   권한의 대리 [2000 사시 약술]

제 1 항   권한의 대리의 의의

I. 개   념

권한의 대리(代理)라 함은 행정청의 권한의 전부 또는 일부를 다른 행정기관(다른 행정청 또는 보조기관)이 대신 행사하고 그 행위가 피대리행정청의 행위로서 효력을 발생하는 것을 말한다.

II. 유사개념과의 구별

권한의 대리는 다음과 같은 개념과 구별된다.

1. 대표와의 구별

대리와 대표(代表)는 모두 대외적인 권한행사를 대신하며 그 행위의 효과가 대표 또는 대리되는 기관의 행위로서 효력이 있는 행위인 점에서는 동일하지만, 다음과 같이 구별된다. 대표는 대표기관(지방자치단체의장, 대통령 등)의 행위가 직접 대표되는 기관(행정주체)의 행위가 되는 것인 반면에, 대리는 피대리기관과 구별되는 기관의 행위로서 그 효과가 피대리기관에 귀속될 뿐인 점에서 구별된다. 국가를 당사자로 하는 소송에 관한 법률 제 2 조에서 "법무부장관이 국가를 대표한다"는 규정의 "대표"도 대리가 아니라 대표에 해당한다.

2. 권한의 위임과의 구별

권한의 대리와 권한의 위임은 양자 모두 행정청의 행위를 다른 행정기관이 대신하여 행사한다는 점에서 **공통점**을 가지지만, 다음과 같이 **구별**된다.

① 권한의 위임에 있어서는 위임청의 권한이 수임 행정기관에 이전되는 데 반하여 권한의 대리는 행정청이 그의 권한을 일시적으로 대리기관으로 하여금 대신하여 행사하게 하는 것에 지나지 않으며 권한 자체가 이전되는 것은 아니다.

② 권한의 위임은 법령상 정해진 권한분배를 변경하는 것이므로 법적 근거를 요하지만, 권한의 대리 중 수권대리는 통설에 의하면 법적 근거를 요하지 않는다.

③ 권한의 위임에 있어서 수임자는 보통 하급행정기관(특히 하급행정청)이지만 권한의 대리에 있어서 대리자는 보통 보조기관이다.

3. 위임전결, 내부위임과의 구별

대리와 위임전결(委任專決) 및 내부위임에 있어서 모두 권한이 이전되지 않고, 다른 행정기관이 행정청을 대신하여 권한행사를 위한 최종적인 결정을 내린다는 점에서는 공통점을 가지지만, 다음과 같이 **구별**된다.

대리는 대외적인 권한행사에 관한 것이고, 수권대리의 경우 법적 근거의 필요성에 관하여 견해의 대립이 있다. 이에 반하여 위임전결 및 내부위임은 기본적으로 행정조직 내부의 권한분배에 관한 것이며 법률의 근거를 요하지 않는다. 또한, 대외적인 권한행사에 있어서 위임전결이나 내부위임의 경우 전결권자나 수임기관은 대외적으로 권한 있는 행정청과의 관계를 명시함이 없이 권한 있는 행정청의 이름으로 행위를 하지만, 대리의 경우에는 원칙상 대리행위임을 표시하고 행정청의 권한을 자신의 명의로 행한다. 다만, 대리의 경우에도 대리관계를 표시함이 없이 피대리청의 이름으로 행정권을 행사하는 것도 가능하다.

4. 대결과의 구별

대리와 대결(代決)은 모두 권한의 이전이 없고, 다른 행정기관이 행정기관을 대신하여 권한행사를 한다는 점에서는 공통점을 가지지만, 다음과 같이 구별된다. **대결**은 결재권자의 부재시 및 사고가 있는 경우 등에 권한 있는 기관이 대신 결재하는 것인 행정조직상 내부행위인 반면에 대리는 행정권한의 대외적인 권한행사를 대신하는 것이다.

제 2 항 종 류

대리는 발생원인에 따라 수권대리(임의대리)와 법정대리로 구분된다.

Ⅰ. 수권대리(임의대리)

1. 의 의

수권대리(授權代理)라 함은 피대리관청의 수권에 의해 대리관계가 발생하는 경우를 말한다. 임의대리(任意代理)라고도 한다.

2. 근 거

수권대리를 인정하는 법적 근거가 없는 경우에도 수권대리가 허용될 것인지가 문제된다. 이에 관하여 적극설과 소극설이 대립하고 있다.

3. 수권의 범위 및 한계

대리권의 수권은 권한분배를 정한 법령의 취지에 반하는 것이 되어서는 안 되므로 다음과 같은 한계 내에서만 인정된다.

① 수권은 일반적·포괄적 권한에 한하여서만 인정된다. 행정청의 권한이 법령에서 개별적으로 특정되어 부여된 경우(부령을 발하는 권한)에는 당해 행정청이 스스로 행할 것이 요구되고 있다고 해석되므로 그 수권은 허용되지 않는다.

② 수권은 권한의 일부에 한하여 인정되며 권한의 전부를 대리시킬 수는 없다. 그 이유는 권한 전부의 대리를 허용하는 것은 그 권한을 당해 행정청에 준 입법취지에 반하는 것이 되며 수권한 행정청의 권한이 전혀 없게 되어 수권행정청의 존재이유가 없어지기 때문이다.

4. 수권행정청(피대리행정청)과 대리기관과의 관계

수권행정청과 대리기관 사이에는 대리관계가 형성된다. 대리기관은 수권받은 권한을 수권행정청에 대신하여 행사하되 대리관계를 표시하여야 하며 대리행위는 피대리행정청의 행위로서 효력을 발생한다.

수권행정청은 대리기관을 지휘감독하는 권한을 가지며 대리기관의 권한행사에 대하여 책임을 진다.

Ⅱ. 법정대리

1. 의   의

법정대리(法定代理)는 일정한 법정사실이 발생한 경우에 수권행위 없이 법령의 규정에 의하여 대리관계가 발생하는 경우를 말한다.

직무대리규정(대통령령)은 "기관장, 부기관장 또는 그 밖의 공무원이 사고가 있을 때에 직무상의 공백이 생기지 아니하도록 사고가 생긴 직위의 업무를 대신 수행하는 것"을 "직무대리"라 정의하고 있는데(제3조), 동 규정상의 직무대리는 법정대리이다.

2. 종   류

법정대리에는 대리자의 결정방법에 따라 지정대리, 서리와 협의의 법정대리가 있다.

(1) 지정대리

지정대리(指定代理)라 함은 일정한 법정사실이 발생한 경우(피대리행정청에 사고가 발생하여 피대리행정청이 그 권한을 행사할 수 없는 경우)에 일정한 자가 대리자를 지정함으로써 법상 정해진 대리관계가 발생하는 경우를 말한다.

예를 들면, 국무총리가 사고로 인하여 직무를 수행할 수 없을 때 대통령이 지명하는 국무위원이 국무총리의 직무를 대리하는 것을 들 수 있다(정부조직법 제19조).

지정대리는 원래 행정청의 구성자가 존재하고 다만 그에게 사고가 있는 경우에 행하여지는 것이다.

행정청구성자가 사망·면직 등 사유로 궐위된 경우 정식으로 후임자를 임명하기 전에 임시로 대리자를 임명하는 경우가 있는데, 이를 서리(署理)라 한다.

> 서리와 지정대리의 비교: 서리와 본래의 지정대리는 법정사실이 발생하여 행정청이 그 권한을 행사할 수 없게 된 경우에 법령의 규정에 따라 대리자가 지정되고, 대리자는 피대리행정청의 권한 전부를 행사한다는 점에서는 동일하나, 피대리행정청의 지위에 있는 자가 본래의 지정대리에 있어서는 존재하고, 서리에 있어서는 존재하지 않는다는 점에서는 차이가 있다.

서리는 잠정적으로 행정청의 지위를 갖는다. 서리는 서리라는 지위를 표시하여 자기의 이름과 책임으로 당해 행정청에 부여되는 모든 권한을 행사한다.

(2) 협의의 법정대리

협의(狹義)의 법정대리라 함은 법정사실이 발생한 경우 법률상 당연히 대리관계가 발생하는 경우를 말한다. 대리자가 법령에 의해 정해져 있어 지정행위가 요구되지 않는다.

> 예를 들면, 국무총리가 사고로 인하여 직무를 수행할 수 없고 대통령의 지명이 없는 경우에는 정부조직법 제22조 제 1 항에 규정된 순서에 따라 국무위원이 총리의 직무를 대행한다(정부조직법 제19조).

3. 근   거

법정대리는 본질상 당연히 법령에 근거가 명시되어 있다. 법정대리의 일반법으로는 직무대리규정(대통령령)이 있다. 그리고 각 개별법에서 법정대리를 규정하고 있는 경우가 있다(헌법 제71조, 정부조직법 제19조 등).

4. 대리권의 범위

법정대리는 특별한 규정이 없는 한 피대리행정청의 권한 전부에 미친다.

5. 피대리관청과 대리기관의 관계

법정대리의 경우 원칙상 피대리행정청은 대리자를 지휘감독할 수 없고, 대리자는 자기의 책임으로 그 권한을 행사한다. 그러나, 피대리행정청의 국외여행 등으로 인한 법정대리에 있어서는 오늘날 통신기술의 발달로 피대리행정청이 대리자에 대하여 지휘감독권을 행사할 수 있을 것이며 피대리행정청은 그 한도 내에서 책임을 진다.

제 3 항   대리권의 행사방식

권한의 대리에는 민법 제114조의 현명주의(顯名主義) 및 제125조 및 제126조의 표현대리(表見代理)에 관한 규정이 유추적용된다.

① **현명주의**: 대리자는 피대리관청과의 대리관계를 표시하여 대리권을 행사하여야 한다. 이와 같은 현명을 하지 않고 대리자 자신의 이름으로 행정권을 행사한 경우에는 대리자의 행위는 대리자 자신의 무권한의 행위로 보면 무효라고 볼 수 있지만, 대리권 행사방식에 하자가 있는 행위로서 형식의 하자가 있는 행위로 보는 것이 타당하므로 취소할 수 있는 행위로 보는 것이 타당하다.

② **표현대리**: 대리자가 자신의 이름으로 행정권을 행사한 경우에도 이해관계인이 피대리행정청의 행위로 믿을 만한 사정이 있을 때에는 민법상 표현대리에 관한 규정을 유추적용하여 적법한 대리행위로 볼 수 있을 것이다.

③ 또한, 대리자가 피대리행정청의 이름으로 대리권을 행사한 경우에도 적법하다고 보아야 할 것이다.

제 4 항   대리권 행사의 효과

법상 권한은 여전히 수권행정청이 가지며 대리권 행사의 법적 효과는 피대리행정청이 속한 행정주체에 귀속된다. 따라서, 처분청은 피대리관청이며 대리행위에 대한 항고소송은 피대리관청을 피고로 하여 제기하여야 한다.

제 5 항   대리권 없는 대리자의 행위의 효력

대리권이 없는 자가 대리자로서 행한 행위는 무권한의 행위로 원칙상 무효이다(대판 1967. 1. 29, 67다1694). 다만, 상대방이 행위자에게 대리권이 있다고 믿을 만한 상당한 이유가 있을 때에는 표현대리가 성립되어 당해 행정행위가 유효하게 된다(대판 1963. 12. 5, 63다519[수납기관이 아닌 군청직원에 의한 소유권이전등기말소 양곡대금수납행위]).

제 6 항   대리기관의 처분에 대한 권리구제

대리기관이 대리관계를 밝히고 처분을 한 경우 피대리관청이 처분청으로 피고가 된다.

대리권을 수여받은 행정기관이 대리관계를 밝힘이 없이 자신의 명의로 행정처분을 한 경우, 처분명의자인 당해 행정기관(대리기관)이 항고소송의 피고가 되어야 하는 것이 원칙이다. 다만, 비록 대리관계를 명시적으로 밝히지는 아니하였다 하더라도 처분명의자가 피대리행정청 산하의 행정기관으로서 실제로 피대리행정청으로부터 대리권한을 수여받아 피대리행정청을 대리한다는 의사로 행정처분을 하였고 처분명의자는 물론 그 상대방도 그 행정처분이 피대리행정청을 대리하여 한 것임을 알고서 이를 받아들인 예외적인 경우에는 피대리행정청이 피고가 되어야 한다(대결 2006. 2. 23, 2005부4: 근로복지공단의 이사장으로부터 보험료의 부과 등에 관한 대리권을 수여받은 지역본부장이 대리의 취지를 명시적으로 표시하지 않고서 산재보험료 부과처분을 한 경우, 그러한 관행이 약 10년간 계속되어 왔고, 실무상 근로복지공단을 상대로 산재보험료 부과처분에 대한 항고소송을 제기하여 온 점 등에 비추어 지역본부장은 물론 그 상대방 등도 근로복지공단과 지역본부장의 대리관계를 알고 받아들였다는 이유로, 위 부과처분에 대한 항고소송의 피고적격이 근로복지공단에 있다고 한 사례).

제 6 절　권한의 위임 [2000 사시 약술]

제 1 항　권한의 위임의 의의

I. 개　념

권한의 위임(委任)이란 광의로는 행정청이 그의 권한의 일부를 다른 행정기관에 위양(委讓)하여 수임기관의 권한으로 행사하게 하는 것을 말한다. 광의의 권한의 위임 중 지휘감독하에 있는 행정기관에 대한 위임을 **협의의 권한의 위임**이라 하고, 지휘감독하에 있지 않는 행정기관이나 단체에 대한 위임을 **권한의 위탁**이라 한다. **촉탁**이란 권한의 위탁 중에서 등기, 소송에 관한 사무를 위탁하는 것을 말한다.

이론적으로는 권한의 위탁의 경우에 위탁기관은 하급기관이 아닌 수탁기관에 대해 감독권만 가지며 지휘권은 없다고 보아야 할 것이지만, 『행정권한의 위임 및 위탁에 관한 규정』은 권한의 위탁의 경우에도 권한의 위임에서와 같이 위탁기관이 수탁기관을 지휘감독할 수 있다고 규정하고 있다.

II. 유사개념과의 구분

권한의 위임은 다음과 같은 개념과 구별된다.

1. 권한의 대리와의 구별

이에 관하여는 전술한 바와 같다.

2. 내부위임과의 구별

내부위임(內部委任)이란 행정청이 보조기관 또는 하급행정기관에게 내부적으로 일정한 사항의 결정권을 위임하여 수임기관이 위임청의 이름으로 그의 권한을 사실상 대리행사하도록 하는 것을 말한다. 내부위임에서는 대외적으로 권한의 이전이 없는 점에서 권한의 위임과 구별된다. 따라서, 내부위임은 법률의 근거가 없이도 가능하나 위임은 법률의 근거를 요한다.

권한위임의 경우에는 수임자가 자기의 이름으로 그 권한을 행사할 수 있다 할 것이나 내부위임의 경우에는 수임자는 위임관청의 이름으로 이를 할 수 있을 뿐 자기의 이름으로는 할 수 없다.

3. 위임전결과의 구별

위임전결(委任專決)이라 함은 행정청 내의 의사결정권을 보조기관에 위임하여 당해 보조기관의 결재로써 행정청의 내부적인 의사결정이 확정되도록 하는 것을 말한다. 위임전결에서는 대외적으로 권한의 이전이 없는 점에서 권한의 위임과 구별된다.

위임전결과 내부위임은 모두 행정청의 권한이 내부적으로만 이전되는 점에서 동일하지만, 위임전결은 원칙상 결재단계에 있는 행정청의 보조기관에 대하여 부여되지만, 내부위임은 행정청의 보조기관뿐만 아니라 하급행정청에 대하여도 행하여지는 점에서 차이가 있다.

4. 대결과의 구별

대결(代決)이라 함은 결재권자가 휴가·출장 기타의 사유로 결재할 수 없는 때에 그 직무를 대리하는 자가 그에 갈음하여 외부에 표시함이 없이 결재하는 것을 말한다. 내용이 중요한 문서에 대하여는 결재권자에게 사후 보고하여야 한다(행정 효율과 협업 촉진에 관한 규정 제10조 제3항). 대결에서는 권한의 이전이 없는 점에서 권한의 위임과 구별된다. 대결에 관한 사항은 행정규칙으로 정한다.

대결은 권한을 내부적으로 대신 행사한다는 점에서는 위임전결이나 내부위임과 동일하지만, 대결의 경우에는 내부적으로라도 권한의 이전이 없고 결재를 대리하는 것이고, 또한 대결은 일시적으로만 행하여진다는 점에서 계속적으로 권한이 내부적으로 이전되는 위임전결 및 내부위임과 구별된다.

5. 권한의 이양과의 구별

권한의 위임이나 권한의 이양(移讓)이나 대외적으로 권한의 이전이 있는 점에서는 같지만, 권한의 위임의 경우에는 권한을 정하는 법령의 규정은 그대로 둔 채 별도의 위임규정에 근거하여 권한이 위임되는 경우를 말하고, **권한의 이양**이란 수권규범(권한을 정하는 법령) 자체를 개정하여 권한을 다른 행정기관의 고유한 권한으로 이관시키는 것을 말한다.

예를 들면, 국가의 권한을 지방자치단체에 이전함에 있어서 국가의 권한을 지방자치단체의 장에게 이전하는 것은 협의의 권한의 위임이고, 지방자치단체에게 위임하는 것은 권한의 위탁이며, 법령을 개정하여 국가사무를 지방자치단체의 고유사무(자치사무)로 변경하는 것은 권한의 이양이다.

권한의 위임의 경우에 위임기관은 수임기관의 권한행사를 지휘감독할 수 있으나, 권한의 이양의 경우에는 지휘감독관계가 성립하지 않는다.

제 2 항 위임의 근거 [2003 행시 사례, 2017 변시 사례]

권한의 위임은 법률이 정한 권한분배를 대외적으로 변경하는 것이므로 법률의 명시적 근거를 필요로 한다.

위임의 근거는 당해 권한을 부여하는 개별법률 자체에서 정하여 하는 것이 원칙이지만, 권한의 위임에 관한 사항을 정하는 다른 특별법률로 정하는 것도 가능하다.

위임의 근거법령으로는 일반적인 위임근거법령으로서 정부조직법 제 6 조와 이에 근거를 둔 『행정권한의 위임 및 위탁에 관한 규정』이 있는 외에 지방자치단체의 장에 대한 국가사무의 위임에 관한 지방자치법 제93조와 지방자치단체의 장의 권한의 위임의 근거규정인 지방자치법 제95조가 있고, 개별적인 위임근거법령으로 여러 개별 법령의 규정 (민방위기본법 제28조)이 있다.

제 3 항 위임의 방식 [2017 변시 사례]

권한의 위임은 권한을 대외적으로 변경하는 것이므로 권한을 위임함에 있어서는 그것을 국민에게 주지시킬 수 있는 방식에 의하여야 한다. 권한의 위임은 수임행정기관과 위임사항을 직접 법령으로 정하거나, 법령에 근거한 위임관청의 의사결정으로 행하여진다.

법령에 정해진 위임방식을 위반한 위임은 위법하다.

판례는 법령상 규칙으로 위임하여야 함에도 조례로 한 위법한 위임에 따라 행해진 수임기관의 처분을 위법하다고 하면서 중대명백설에 따를 때 취소할 수 있는 행위로 보았다 (대판 전원합의체 1995. 7. 11, 94누4615[건설업영업정지처분무효확인]).

제 4 항   위임의 한계

위임은 위임청의 권한의 일부에 한하여 인정되며 권한의 전부 또는 위임청의 존립근 거를 위태롭게 하는 주요부분의 위임은 인정되지 않는다.

법령에 의해 특정적·개별적으로 정하여진 권한을 위임하는 것은 당해 권한을 정하는 법률을 사실상 폐지하는 결과를 가져오므로 인정될 수 없다.

제 5 항   위임의 효과

1. 권한의 위임의 경우

권한이 위임되면 위임기관은 그 사무를 처리할 권한을 잃고 그 권한은 수임기관의 권 한이 된다. 수임기관은 자기의 이름과 책임 아래 그 권한을 행사한다. 즉 권한이 위임기관 으로부터 수임기관으로 이전된다.

2. 내부위임의 경우

내부위임의 경우에 권한이 대내적으로 이전될 뿐이며 대외적으로는 이전되지 않는다. 따라서 수임기관은 수임사무의 처리를 위해 처분을 할 때에는 위임청의 이름으로 하거나 내부위임관계를 명시하여야 한다.

3. 내부위임을 받은 자가 자신의 이름으로 처분을 한 경우 [2007 사시 사례]

만일 내부위임의 경우 수임기관이 자신의 이름으로 처분을 한 경우 당해 처분은 위법 하다. 문제는 이 위법이 무효사유인가 아니면 취소사유에 불과한 것인가 하는 것이다. 판 례는 수임기관은 대외적으로는 처분권을 갖고 있지 못하므로 무권한의 행위로 보고 무효 인 행위가 된다고 한다.

4. 항고소송의 피고

처분을 함에 있어 실제로 처분청으로 표시된 자가 행정소송법상 항고소송의 피고가 되는 처분청이 된다. 따라서, 내부위임의 경우 수임기관이 자기의 이름으로 처분을 한 경 우 항고소송의 피고는 실제로 처분을 한 기관인 수임기관이 되고(대판 1991. 10. 8, 91누520

[파면처분 등 무효확인]), 수임기관이 위임청의 이름으로 처분을 한 경우에는 위임청이 항고 소송의 피고가 된다.

제 7 절 권한의 위탁

제 1 항 권한의 위탁의 의의

권한의 위탁이라 함은 국가 또는 지방자치단체가 행정권한을 독립적 지위에 있는 자($_{또는 사인 등}^{공공단체}$)에게 위탁하는 것을 말한다. 수탁받는 자는 단체($_{공공단체 또는 사법인}^{사단 또는 재단,}$)인 경우도 있고, 개인인 경우도 있다.

제 2 항 법적 근거

권한의 위탁은 법률이 정한 권한을 이전하는 것이므로 법률의 근거가 있어야 한다.

제 3 항 위탁의 유형

위탁은 위탁기관과 수탁사인 사이의 관계를 기준으로 위탁, 대행, 보조위탁으로 구분할 수 있다. 실정법률상 대행이라는 용어를 사용하는 경우에도 실질에 있어서는 권한의 대행이 아니라 권한의 위탁인 경우도 있고($_{고속국도에 관한 국토교통부장관의 권한의 대행}^{고속국도법 제 6 조상의 한국도로공사에 의한}$), 행정보조에 불과한 경우도 있다.

정부조직법 제 6 조 제 3 항, 지방자치법 제104조 제 3 항, 행정권한의 위임 및 위탁에 관한 규정은 협의의 위탁, 대행위탁과 보조위탁을 구분함이 없이 광의의 위탁 개념을 사용하고 있다.

대행을 위탁의 독자적인 유형으로 보지 않고, 실정법상 대행 중 권한의 이전이 있는 것은 협의의 위탁, 그리고 권한의 이전이 없는 것은 보조위탁으로 보는 견해도 있는데, 대행은 아래에서 보는 바와 같이 협의의 위탁과 구별하고, 보조위탁과도 구별하는 것이 타당하므로 대행을 위탁의 독자적인 유형으로 분류하는 것이 타당하다. 이에 반하여 권한의 대행을 독자적인 유형으로 분류하지 않는 견해에서는 위탁을 협의의 위탁과 보조위탁으로 2분하고, 권한의 대행에 해당하는 경우를 '독립적인 행정보조자'로 분류하는 견해(이원우) 도 있다.

Ⅰ. 협의의 위탁

협의의 위탁이라 함은 행정기관의 권한이 위탁에 의해 공공단체 또는 사인에게 법적으로 이전하는 경우를 말한다. 협의의 위탁의 경우 행정권한이 독립된 법주체인 공무수탁자에게 법적으로 이전되는 것이므로 공무수탁자는 자율적으로 의사를 결정하여 자신의 이름으로 행정권한을 행사할 수 있고, 그 행정권 행사의 법적 효과는 공무수탁자에게 귀속된다.

> **판례** 한국철도시설공단이 甲 구청에 철도부지로 사용하던 국유재산인 토지에 도로를 설치하여 사용허가 없이 점용·사용하고 있다는 이유로 변상금을 부과한 사안에서, 행정재산인 위 토지에 관한 관리청인 국토해양부장관의 변상금 부과권한이 한국철도시설공단에 위탁되어 이전되었다고 보아야 하므로, 한국철도시설공단의 변상금부과처분은 권한이 있는 자에 의한 처분으로서 적법하다고 한 사례(대판 2014. 7. 10, 2012두23358).

협의의 위탁의 경우에 위탁기관의 공무수탁자에 대한 감독은 원칙상 적법성 통제에 한정되는 것으로 보는 것이 타당하며 위탁기관의 포괄적이고 후견적인 지휘감독은 인정되지 않는 것으로 보는 것이 타당하다.

Ⅱ. 권한의 대행(대행위탁)

행정권한의 대행이라 함은 위탁에 의해 공무수탁자에게 행정권 행사를 사실상 독립적으로 행하는 권한이 주어지지만, 위탁기관의 권한이 법적으로는 이전되지 않는 경우를 말한다.

민간위탁에서 대행은 권한의 대리와 유사한 것으로 볼 수 있다.

권한의 대행에서는 권한의 행사가 사실상 대행기관으로 이전되지만, 법상의 처분권이 이전되는 것은 아닌 점에서 협의의 위탁과 구별된다. 권한의 위탁의 경우에는 수탁자가 자신의 이름으로 권한을 행사하고, 그 권한행사의 효과는 수탁자에게 귀속된다. 이에 반하여 권한의 대행에 있어서 대행기관은 자신의 이름으로 권한을 행사하지만, 대행의 법적 효과는 피대행기관이 속한 행정주체에 귀속된다.

Ⅲ. 보조위탁

보조위탁이라 함은 위탁에 의해 행정기관의 권한이 수탁자에게 이전되지 않고, 수탁자는 위탁기관의 행정보조자로서 활동하는 경우(예, 사인에 대한 대집행의 위탁)를 말한다. 보조수탁자는 권한행사를 독립적으로 할 수 없고, 위탁기관의 지시를 받아 권한을 행사한다. 보조수탁자는 위탁기관을 보조하는 지위를 가지며 위탁기관의 도구에 불과하다. 보조위탁의 경우 행정권한 행사의 법적 효과는 위탁기관이 속한 행정주체에 귀속되며 공무수탁자는 행정권한의 상대방 및 제 3 자와의 관계에서 권리의무의 주체가 되지 않는다.

보조위탁은 법률의 근거 없이도 가능하다.

제 4 항   수탁자의 권한행사에 대한 권리구제

Ⅰ. 민사소송

수탁자의 행정권한의 행사가 사법적 형식으로 행해지는 경우에 그에 관한 법적 분쟁은 민사소송의 대상이 된다.

Ⅱ. 항고소송

수탁자의 행위가 처분의 성질을 갖는 경우에는 항고소송으로 이를 다툴 수 있다. 이 경우에 위탁의 경우에는 공무수탁자가 처분청이므로 공무수탁자를 피고로, 대행과 보조의 경우에는 위탁기관이 처분청이므로 위탁기관을 피고로 하여야 한다.

Ⅲ. 국가배상

1. 위탁의 경우

수탁기관의 공행정작용으로 손해를 발생시킨 경우, 협의의 위탁의 경우 공무수탁자는 행정주체이므로 공무수탁자가 배상책임자가 된다. 그 손해가 위탁기관의 감독과실로 인한 경우에는 위탁기관이 속한 행정주체도 배상책임자가 된다. 공무수탁자의 행정주체성을 부정하는 견해에 의하면 위탁기관이 속한 행정주체가 배상책임자가 된다.

판례는 협의의 위탁의 경우 행정주체인 수탁자를 일차적 배상책임자로 보고 있다.

> **판례** 대법원은 대집행권한을 위탁받은 한국토지공사의 대집행상의 불법행위로 인한 손해에 대해 배상책임의 주체를 행정주체인 한국토지공사로 보고 있다(대판 2010. 1. 28, 2007다82950, 82967).

공무수탁자인 공공단체 또는 공무수탁사인이 배상책임자가 되는 경우 민법에 따라 손해배상을 청구하여야 하는지 국가배상법을 유추적용하여 국가배상청구를 하여야 하는지에 관하여 견해가 대립되고 있다(자세한 것은 국가배상, 공무수탁사인 참조).

2. 대행의 경우

대행의 경우 대행자의 행위는 피대행기관(위탁기관)의 행위로 간주되므로 피대행기관 (위탁기관)이 속한 행정주체가 배상책임자가 된다고 보는 견해가 있다. 그러나, 강학상 대행의 경우 행정주체는 위탁기관이 속한 국가나 지방자치단체이고, 공무수탁자는 행정주체가 아니지만, 공무대행자는 원칙상 독립적으로 의사결정을 하며 공무를 수행한다. 다만, 대행의 경우에는 위탁기관의 공무대행자에 대한 감독은 협의의 위탁의 경우보다 강한 것이 보통이다. 따라서, 대행의 경우에는 위탁기관이 속한 행정주체는 행정주체로서 배상책임을 지고, 공무대행자는 독립적으로 불법행위를 한 자로서 배상책임을 지는 것으로 보는 것이 타당하다. 따라서, 위탁자와 공무대행자는 일종의 공동불법행위책임을 지는 것으로 볼 수 있다. 공무수탁자가 위탁기관과 공무를 공동으로 수행하는 경우에는 당연히 공동불법행위책임을 지는 것으로 보아야 한다. 대행자가 배상책임을 지는 경우에 민법에 따라 손해배상을 청구하여야 하는지 국가배상법을 유추적용하여 국가배상청구를 하여야 하는지에 관한 것은 위탁의 경우와 동일하다. 대행기관이 본래의 행정기관이고, 대행기관이 속한 행정주체가 피대행기관이 속한 행정주체와 다른 경우 대행기관이 속한 국가 또는 지방자치단체는 비용부담주체(형식적 비용부담주체)로서 배상책임을 진다.

> **판례** 구 하천법 제28조 제1항에 따라 국토교통부장관이 지방하천의 공사를 대행하는 경우 하천관리청이 속한 지방자치단체가 국가배상법 제5조 제1항에 따라 지방하천의 관리자로서 손해배상책임을 부담하는지 여부(적극): 구 하천법(2012. 1. 17. 법률 제11194호로 개정되기 전의 것) 제28조 제1항에 따라 국토교통부장관이 하천공사를 대행하더라도 이는 국토해양부장관이 하천관리에 관한 일부 권한을 일시적으로 행사하는 것으로 볼 수 있을 뿐 하천관리청이 국토해양부장관으로 변경되는 것은 아니므로, 국토해양부장관이 하천공사를 대행하던 중 지방하천의 관리상 하자로 인하여 손해가 발생하였다면 하천관리청이 속한 지방자치단체는 국가와 함께 국가배상법 제5조 제1항에 따라 지방하천의 관리자로서 손해배상책임을 부담한다(대판 2014. 6. 26, 2011다85413[손해배상]). 〈해설〉 강학상 대행의 경우 법상 권한이 이전되는 것은 아니다. 국토해양부장관이 하천공사를 대행하더라도 하천관리권한은 하천관리청인 시·도지사가 갖는다. 지방하천은 지방의 공공이해와 밀접한 관계가 있는 하천으로서 시·도지사가 그 명칭과 구간을 지정하는 하천을 말한다(하천법 제7조 제3항). 지방하천은 그 관할 구역의 시·도지사가 관리한다(제8조 제2항). 지방하천은 그 관할 구역의 시·도지사가 관리한다(제8조 제2항). 하천관리청이 속한 지방자치단체는 하천의 관리자로서 손해배상책임을 부담하고, 국가는 비용부담주체로서 배상책임을 부담한다.

3. 보조위탁의 경우

보조자의 공행정작용으로 인한 손해에 대해서는 위탁기관이 속한 행정주체가 배상책임자가 되며 피해자는 국가배상을 청구하여야 한다. 이 경우 보조자는 국가배상법상 공무원이다.

판례　　지방자치단체가 '교통할아버지 봉사활동 계획'을 수립한 후 관할 동장으로 하여금 '교통할아버지'를 선정하게 하여 어린이 보호, 교통안내, 거리질서 확립 등의 공무를 위탁하여 집행하게 하던 중 '교통할아버지'로 선정된 노인이 위탁받은 업무범위를 넘어 교차로 중앙에서 교통정리를 하다가 교통사고를 발생시킨 경우, 지방자치단체가 국가배상법 제 2 조 소정의 배상책임을 부담한다고 인정한 원심의 판단을 수긍한 사례(대판 2001. 1. 5, 98다39060).

제 4 장
행정기관 상호간의 관계

제 1 절 상하행정관청간의 관계

상급관청은 하급관청 또는 보조기관(이하 '하급기관'이라 한다)을 지휘감독하는 관계에 있다. 상급관청의 지휘감독권의 내용으로는 감시권, 지휘권(훈령권), 인가·승인권, 취소·정지권, 주관쟁의결정권 등이 있다.

제 1 항 감 시 권

상급관청은 하급기관의 업무처리에 관하여 조사할 수 있다. 상급관청은 하급기관의 업무처리상황을 파악하기 위하여 보고를 받고, 서류·장부를 검사하고, 사무감사를 행할 수 있다.

감시권(監視權)의 발동에는 개별적인 법적 근거를 요하지 않으나 관계법령(행정업무의 효율적 운영에 관한 규정, 행정감사규정)의 구속을 받는다.

제 2 항 훈 령 권

Ⅰ. 훈령의 의의

훈령(訓令)이라 함은 상급관청이 하급기관의 권한행사를 지휘하기 위하여 발하는 명령을 말한다. 훈령은 개별적·구체적 처분에 대하여 발령되기도 하고, 동종의 처분에 대하여 일반적·추상적 규범의 형식으로 발령되기도 한다.

훈령은 직무명령(職務命令)과 다음과 같이 구별된다.

① 개   념: 훈령은 상급관청이 하급기관에 대하여 그 소관사무에 관하여 발하는 명령인 반면에 직무명령은 상관이 부하인 공무원 개인에 대하여 그 직무에 관하여 발하는

명령이다.

② 효 력: 훈령은 행정기관에 대하여 발령된 것이기 때문에 행정기관을 구성하는 공무원이 변경된 경우에도 계속 효력을 갖지만, 직무명령은 직무명령을 받은 공무원 개인에 대하여서만 효력을 갖기 때문에 공무원이 그 지위에서 물러나면 효력을 상실한다.

③ 대 상: 훈령은 하급기관의 소관사무에 관한 권한행사를 대상으로 하는 반면에 직무명령은 공무원의 직무를 대상으로 한다. 따라서, 직무명령은 공무원의 소관사무에 관한 권한행사뿐만 아니라 공무원의 직무수행과 관련한 활동(출장명령, 제복착용명령, 직무태도 등)도 대상으로 한다.

④ **훈령의 직무명령성**: 이와 같이 훈령과 직무명령은 구별되지만, 훈령은 하급기관을 구성하는 공무원에 대하여는 동시에 직무명령으로서의 성질도 갖는다.

> **판례** 공증인이 직무수행을 하면서 공증인의 감독기관인 법무부장관이 제정한 '집행증서 작성사무 지침'을 위반한 경우, 공증인법 제79조 제1호에 근거한 직무상 명령을 위반한 것인지 여부(적극): 공증인의 감독기관인 법무부장관이 제정한 '집행증서 작성사무 지침'은 공증인의 감독기관인 법무부장관이 상위법령의 구체적인 위임 없이 공증인이 직무수행에서 준수하여야 할 세부적인 사항을 규정한 '행정규칙'이라고 보아야 한다. 따라서 공증인이 직무수행에서 위 지침을 위반한 경우에는 공증인법 제79조 제1호에 근거한 직무상 명령을 위반한 것이다(대판 2020. 11. 26, 2020두42262).

Ⅱ. 훈령의 근거

상급기관의 훈령권은 특별한 법적 근거를 요하지 아니하고 감독권의 당연한 결과로서 인정된다.

> **판례** 일반적으로 상급행정기관은 소속 공무원이나 하급행정기관에 대하여 업무처리지침이나 법령의 해석·적용 기준을 정해주는 '행정규칙'을 제정할 수 있다. 공증인은 직무에 관하여 공무원의 지위를 가지고, 법무부장관은 공증인에 대한 감독기관이므로 공증인법 제79조 제1호에 근거한 직무상 명령을 개별·구체적인 지시의 형식으로 할 수도 있으나, 행정규칙의 형식으로 일반적인 기준을 제시하거나 의무를 부과할 수도 있다(대판 2020. 11. 26, 2020두42262).

Ⅲ. 훈령의 종류

훈령에는 행정규칙의 성질을 갖는 것도 있고 그렇지 않은 것도 있다. 훈령 중 개별적·구체적 처분에 대하여 발령되는 것은 행정규칙이라 할 수 없고, 동종의 처분에 대하여 일반적·추상적 규범의 형식으로 발령되는 것은 행정규칙이라고 할 수 있다.

Ⅳ. 훈령의 요건

훈령은 다음과 같은 형식적·실질적 요건을 갖추어야 적법한 훈령이 된다.

1. 형식적 요건

① 훈령권이 있는 상급관청이 발령하여야 한다.
② 하급기관의 권한에 속하는 사항에 대하여 발령하여야 한다.
③ 권한행사의 독립성이 보장되는 하급관청(감사원)에 대한 것이 아니어야 한다.

2. 실질적 요건

① 적법·타당한 것이어야 한다.
② 가능하고 명백한 것이어야 한다.

Ⅴ. 훈령의 형식·절차

훈령은 문서 또는 구술로 발할 수 있다.
관보규정은 일정한 훈령을 관보에 게재하도록 하고 있으나, 관보에의 게재나 공표는 훈령의 효력요건은 아니다.
처분의 기준이 되는 훈령은 공표하여야 한다(행정절차법 제20조).

Ⅵ. 훈령의 성질 및 구속력

1. 훈령의 성질과 대내적 구속력

훈령은 하급기관에 대한 지시 내지 명령의 성질을 가지며 하급기관은 훈령에 구속된다. 훈령 위반은 명령복종의무 위반이 되므로 훈령위반자는 징계의 대상이 된다.

2. 훈령의 대외적 구속력

훈령은 대내적 구속력은 있으나 원칙상 대외적 구속력은 없다. 따라서, 훈령에 위반하여 행한 행위가 훈령에 위반하였다는 사실만으로 위법하게 되지 않는다.
훈령 중 일반적이고 추상적인 규범의 형식을 취하는 것은 행정규칙의 성질을 가지며 행정규칙의 유형(해석규칙, 재량준칙 등)에 따른 구속력을 갖는다.
훈령이 대외적 구속력이 있는 행정규칙인 경우 당해 훈령에 위반한 행위는 위법한 행위가 된다.

Ⅶ. 훈령의 경합

둘 이상의 상급관청의 훈령이 상호 모순되는 경우에 하급기관은 주관상급관청의 훈령을 따라야 한다. 주관상급관청이 불명확한 경우에는 주관쟁의결정의 방법에 의해 해결하여야 한다.

상호 모순되는 훈령을 발한 상급관청이 서로 상하의 관계에 있는 경우에는 행정조직의 계층적 질서를 보장하기 위하여 직근 상급관청의 훈령에 따라야 한다.

제 3 항 승인권

Ⅰ. 의   의

행정청이 일정한 권한행사를 하는 경우에 상급관청 또는 감독관청의 인가 또는 승인(이하 '인가'라 한다)을 받도록 하고 있는 경우가 있다. 이 인가는 사전적인 감독수단의 하나이다.

Ⅱ. 인가요건 결여의 효력

법령에 의해 하급관청이 어떠한 행위를 하기 전에 인가를 받도록 규정되어 있는 경우에 인가를 받지 않고 행위를 하면 당해 행위는 위법·무효가 된다. 그러나, 인가가 법령에 근거한 것이 아닌 때에는 인가를 받지 않고 행한 행위는 위법·무효가 되지 않는다.

Ⅲ. 인가받은 행위의 효력

인가를 받은 행위가 하자가 있는 경우에는 인가가 있다 하더라도 그 하자가 치유되는 것은 아니며 그 행위는 무효가 되거나 또는 취소될 수 있다.

Ⅳ. 인가의 성질

인가는 행정조직법상의 내부행위이며 행정행위인 인가와는 성질이 다르다. 따라서, 인가(승인)가 거부되었다고 하더라도 인가를 받지 못한 하급관청은 인가의 거부에 대해 항고소송을 제기할 수 없다.

제 4 항   주관쟁의결정권

I. 의   의

상급행정청은 하급행정청 상호간에 권한에 관한 다툼이 있을 때에 권한 있는 기관을 결정하는 권한을 갖는다. 이 권한을 **주관쟁의결정권**(主管爭議決定權)이라 한다.

II. 주관쟁의결정방법

행정청 사이의 권한쟁의는 행정조직 내부의 문제이므로 원칙상 소송의 대상이 되지 않는다. 행정청간에 권한에 관한 다툼이 있는 경우에는 당해 행정청을 공통으로 감독하는 상급행정청이 그 관할을 결정하며, 공통으로 감독하는 상급행정청이 없는 경우에는 각 상급행정청의 협의로 그 관할을 결정한다(행정절차법 제 6 조). 공통의 상급관청 사이에 협의가 이루어지지 않을 때에는 최종적으로는 행정 각부간의 주관쟁의(主管爭議)가 되어 국무회의의 심의를 거쳐 대통령이 결정한다(헌법 제89조 제10항).

주관쟁의를 결정할 상급기관이 없는 경우 중 일정한 경우에는 기관소송 또는 권한쟁의심판에 의해 해결된다.

제 5 항   취소·정지권

상급행정청은 법적 근거가 없는 경우에도 지휘감독권에 근거하여 하급행정청의 위법 또는 부당한 행위를 취소 또는 정지할 수 있는가에 관하여 이를 긍정하는 적극설과 이를 부정하는 소극설이 대립하고 있다.

I. 적 극 설

적극설은 위법 또는 부당한 하급행정청의 행위를 상급행정청이 취소하거나 정지시키는 것은 법적 근거 없이도 가능하다고 본다.

그 논거는 다음과 같다. 하급행정청의 행위가 위법 또는 부당한 경우에 당해 행위를 취소하거나 정지시키는 것은 상급행정청의 지휘감독 목적을

II. 소 극 설

소극설은 상급행정청이 법적 근거 없이 위법 또는 부당한 하급행정청의 행위를 취소

하거나 정지시키는 것은 인정될 수 없으며 단지 취소 또는 정지를 명령할 수 있을 뿐이라고 본다.

　　그 논거는 다음과 같다. 상급행정청에 의한 하급행정청의 행위의 취소 또는 정지는 실질적으로 하급행정청의 권한을 대행하는 것이므로 법령에 명시적인 근거가 있어야 한다.

Ⅲ. 결 어

　　권한법정주의의 원칙상 소극설이 타당하다. 상급행정청은 하급행정청에 대하여 취소·정지명령권만을 갖는다고 보아야 한다.

　　다만, 정부조직법은 대통령과 국무총리의 일반적인 취소·정지권을 인정하고 있다(정부조직법 제11조 제 2 항, 제19조 제 2 항).

제 6 항 대집행권

　　상급행정청에게 하급행정청의 권한을 대집행(代執行)할 권한은 없다고 보는데 이론이 없다.

제 2 절 대등행정관청간의 관계

제 1 항 권한의 상호 존중

　　대등한 행정청은 서로 다른 행정청의 권한을 존중하여야 하며 그를 침범하여서는 아니된다. 그리고, 행정청의 행위는 무효가 아닌 한 구성요건적 효력(또는 공정력)을 가지므로 다른 행정청은 이에 구속된다. 권한존중의 원칙은 행정법상 법의 일반원칙이라고 할 수 있다.

　　대등행정청 사이의 권한쟁의는 전술한 바와 같이 상급행정청의 주관쟁의결정권에 의해 해결된다.

제 2 항 상호 협력관계

　　행정청은 행정의 원활한 수행을 위하여 서로 협조하여야 한다(행정절차법 제 7 조 제 1 항). 행정청은 업무의 효율성을 높이고 행정서비스에 대한 국민의 만족도를 높이기 위하여 필요한 경우 **행정협업**(다른 행정청과 공동의 목표를 설정하고 행정 상호 간의 기능을 연계하거나 시설·장비 및 정보 등을 공동으로 활용하는 것을 말한다)의 방식으로 적극적으로 협조하여야 한다(제 2 항). 대통령령인 「행정효율과 협업 촉진에 관한 규정」은 제41조 이하에서 행정협업의 촉진에 관한 사항을 규정하고 있다.

Ⅰ. 협의·동의·공동결정

1. 협   의

관계기관의 협의의견은 원칙상 주무행정청을 구속하지 않는다. 법령상 "협의"로 규정되어 있다 하더라도 해석상 동의라고 보아야 하는 경우에 그 '협의'의견은 동의의견으로서 법적 구속력을 갖는다(대판 1995. 3. 10, 94누12739).

판례1 구 택지개발촉진법 제3조에서 건설부장관이 택지개발예정지구를 지정함에 있어 미리 관계중앙행정기관의 장과 협의를 하라고 규정한 의미는 그의 자문을 구하라는 것이지 그 의견을 따라 처분을 하라는 의미는 아니라 할 것이므로 이러한 협의를 거치지 아니하였다고 하더라도 이는 위 지정처분을 취소할 수 있는 원인이 되는 하자 정도에 불과하고 위 지정처분이 당연무효가 되는 하자에 해당하는 것은 아니다(대판 2000. 10. 13, 99두653).

판례2 환경영향평가에 대한 환경부장관의 협의의견의 승인기관의 장에 대한 구속력을 부인한 사례(대판 2001. 7. 27, 99두2970).

판례3 건설공사시 문화재보존의 영향 검토에 관한 문화재보호법 제74조 제2항 및 같은 법 시행령 제43조의2 제1항에서 정한 '문화재청장과 협의'가 '문화재청장의 동의'를 말한다고 한 사례(대판 2006. 3. 10, 2004추119).

판례4 군사기지 및 군사시설 보호구역내에서의 건축 및 토지형질의 변경에 대한 국방부장관 및 관할부대장의 협의를 동의로 본 사례(대판 1995. 3. 10, 94누12739; 2020. 7. 9, 2017두39785).

판례는 법에 정해진 협의를 거치지 않은 처분을 원칙상 취소할 수 있는 행위로 본다.

협의절차가 법령에 의해 정해진 것이 아닌 경우에는 협의절차를 이행하지 않고 처분을 하여도 그것만으로 당해 처분이 위법하다고 할 수 없다.

2. 동   의 [2006 행시 사례]

주무행정청은 업무처리에 관한 결정을 함에 있어 주된 지위에 있는 다른 행정청의 동의를 받아야 한다.

예를 들면, 건축허가는 시장·군수가 권한을 갖지만 소방서장의 동의를 얻어야 한다.

처분청은 동의기관의 동의의견 또는 부동의의견에 구속된다.

동의를 받아야 함에도 동의 없이 한 처분은 무권한의 하자로 원칙상 무효로 보아야 한다.

부동의는 내부행위로 처분이 아니므로 그 자체를 다투는 항고소송을 제기할 수 없고, 처분청이 동의기관의 부동의의견을 이유로 거부처분을 한 경우에 당해 거부처분의 취소를 구하면서 처분사유가 된 부동의를 다투어야 한다(대판 2004. 10. 15, 2003두6573: 건축불허가처분을 받은 사람은 그 건축불허가처분에 관한 쟁송에서 건축법상의 건축불허가 사유뿐만 아니라 소방서장의 부동의 사유에 관하여도 다툴 수 있다).

3. 공동결정

행정업무가 둘 이상의 행정청의 권한과 관련되어 있고 관계행정청 모두 주된 지위에 있으며 동일하게 업무와 깊은 관계가 있는 경우에는 모든 관계행정청이 주무행정청이 되며 이 경우에 업무처리는 공동의 결정에 의해 공동의 명의로 하게 된다.

Ⅱ. 행정응원

행정응원이라 함은 대등한 행정청 상호간의 협력의 요청과 이에 따른 협력의 제공을 말한다.

행정응원에는 법적 근거가 필요 없다. 행정절차법 제8조는 행정응원에 관한 일반적 규정을 두고 있다.

제 3 편

일반 행정작용법

제 3 편 일반 행정작용법

제 1 장

행정상 입법

제1절 개 설

I. 의 의

광의의 **행정입법**이라 함은 행정기관이 일반적·추상적 규범을 정립하는 작용 또는 그에 따라 정립된 규범을 말한다. 행정입법은 실정법상의 개념이 아니라 학문상의 개념이다. 광의의 행정입법은 법규명령(法規命令)과 행정규칙(行政規則)을 포함한다. 그런데, 법률에 대응하여 행정입법이라는 개념을 사용할 때에 행정입법은 법규명령을 의미한다.

II. 법규명령과 행정규칙의 비교

1. 유 사 점

행정상 법규명령과 행정규칙은 다같이 일반적·추상적 성질을 갖는 규범으로서 행정의 기준이 되는 규범이라는 점과 행정기관은 이 둘을 모두 준수하여야 할 법적 의무를 진다는 점에서 유사하다.

2. 상 이 점

법규명령과 행정규칙은 다음과 같이 상이하다.

(1) 법 규 성

법규명령은 행정주체와 국민간의 관계를 규율하는 법규범인 반면에 행정규칙은 행정조직내부에서 적용되기 위하여 제정된 규범이다. 그리하여 법규명령은 양면적(兩面的) 구속력을 갖는 법규인 반면에 행정규칙은 원칙상 행정기관만을 구속하는 일면적(一面的) 구속력만을 갖는다. 따라서 행정규칙은 법규가 아니라고 보는 것이 일반적 견해이다.

(2) 근   거

법규명령의 제정에는 법적 근거가 필요하다. 위임명령의 제정에는 개별적인 법률의 근거가 필요하다. 집행명령에는 개별적인 법적 근거는 필요하지 않지만 헌법에서 포괄적인 근거를 두고 있다.

이에 반하여 행정규칙은 법규가 아니므로 행정규칙의 제정에는 법적 근거가 필요하지 않다. 행정규칙제정권은 상급기관의 감독권(훈령, 통첩의 경우) 또는 행정기관의 재량처분권(재량준칙의 경우)에 당연히 포함된다.

(3) 대외적 구속력

법규명령은 일반적으로 대외적 구속력을 갖는다. 따라서 법규명령에 반하는 행정권 행사는 위법하다.

이에 반하여 행정규칙은 그 자체로서는 행정기관만을 구속하며 원칙상 대외적 구속력을 갖지 않는다. 따라서 행정권 행사가 행정규칙을 위반한 경우에도 그 위반사실 자체에 의해 그 행정권 행사는 위법한 것으로 판단되지 않는다. 다만, 후술하는 바와 같이 오늘날 학설은 재량준칙 등 일부 행정규칙에는 대외적 구속력이 있는 것으로 인정하고 있다. 판례는 행정규칙의 대외적 구속력을 원칙상 인정하지 않고 있다.

(4) 형   식

법규명령은 법규명령의 형식을 취하고, 공포가 효력발생요건이다. 그러나, 행정규칙은 그러하지 아니하며 공포도 의무적인 것이 아니다. 다만, 행정절차법 제20조 제 1 항에 의해 처분기준이 되는 행정규칙은 공포되어야 한다.

제 2 절 법규명령

I. 개   념

법규명령(法規命令)이라 함은 행정권이 제정하는 법규를 말한다. 실무에서는 통상 명령(命令)이라는 용어를 사용한다. 법규명령은 행정권이 제정하는 법인 점에서 행정입법(行政立法)이라고도 부른다. 법규명령은 법규인 점에서 법규라고 볼 수 없는 행정규칙과 구별된다. 법규명령과 행정규칙의 구별에 대하여는 전술한 바와 같다.

법규명령과 행정소송법상의 처분과의 관계를 보면 법규명령은 일반적·추상적 규범이므로 원칙상 행정소송법상의 처분이 아니지만, 후술하는 바와 같이 처분적 명령은 행정소송법상의 처분에 해당한다.

Ⅱ. 법규명령의 근거

1. 헌법상 근거

헌법 제76조는 대통령의 긴급명령 및 긴급재정·경제명령의 근거를, 제75조는 대통령령(위임명령과 집행명령)의 근거를, 제95조는 총리령과 부령(위임명령과 집행명령)의 근거를, 제114조는 중앙선거관리위원회규칙의 근거를 규정하고 있다.

2. 법률에 의한 행정입법 형식의 인정 여부 [2007 행시(일반행정) 사례]

감사원규칙은 헌법에 근거가 없고 감사원법에 근거하고 있다. 여기에서 헌법에 근거하지 않은 행정입법의 형식을 법률로 인정할 수 있는가 하는 문제가 제기된다.

(1) 부 정 설

부정설의 논거는 다음과 같다: 우리나라의 헌법은 입헌주의헌법으로서 국회입법의 원칙을 채택하고 있고, 그에 대한 예외인 행정입법이라는 형식은 헌법에서 명시적으로 인정된 경우에만 한정적으로 인정해야 한다. 이 견해는 감사원규칙을 행정규칙에 불과한 것으로 본다.

(2) 긍 정 설

긍정설의 논거는 다음과 같다: 헌법에서 인정된 법규명령 제정권자는 한정적·열거적인 것이 아니고 예시적인 것이며 입법권자인 국회가 스스로 정한 한계 내에서 입법권을 행정기관에게 부여하는 것이므로 헌법에 위반되는 것은 아니다. 감사원규칙을 법규명령으로 보고 그 효력을 인정하는 견해가 다수견해이다. 이 견해가 타당하다.

(3) 판   례

헌법재판소는 긍정설을 취하고 있다. 즉, 헌법재판소는 국회입법에 의한 수권이 입법기관이 아닌 행정기관에게 법률 등으로 구체적인 범위를 정하여 위임한 사항에 관하여는 당해 행정기관에게 입법권한이 부여되고, 입법자가 규율의 형식도 선택할 수도 있고, 헌법이 인정하고 있는 위임입법의 형식도 예시적인 것으로 보고 있다.

> **판례** 법률이 입법사항을 대통령령이나 부령이 아닌 고시와 같은 행정규칙의 형식으로 위임하는 것이 헌법 제40조, 제75조, 제95조 등과의 관계에서 허용되는지 여부(한정적극): 국회입법에 의한 수권이 입법기관이 아닌 행정기관에게 법률 등으로 구체적인 범위를 정하여 위임한 사항에 관하여는 당해 행정기관에게 법정립의 권한을 갖게 되고, 입법자가 규율의 형식도 선택할 수도 있다 할 것이므로, 헌법이 인정하고 있는 위임입법의 형식은 예시적인 것으로 보아야 할 것이고, 그것은 법률이 행정규칙에 위임하더라도 그 행정규칙은 위임된 사항만을 규율할 수 있으므로, 국회입법의 원칙과 상치되지도 않는다(헌재 전원재판부 2004. 10. 28, 99헌바91[금융산업의 구조개선에 관한 법률 제 2 조 제 3 호 가목 등 위헌소원]).

3. 법규적 성질을 갖는 행정규칙

명령에 근거하여 행정규칙의 형식으로 법규적 성질의 규범을 제정하는 것이 가능한 가에 관하여는 후술하는 바와 같이 학설이 나뉘고 있다. 판례는 이러한 행정입법의 가능성을 인정하고 있다(법령보충적 행정규칙).

4. 행정의 고유한 법규명령제정권(행정유보설)

명문의 법적 근거가 없는 법규명령이 가능한가. 행정유보설(行政留保說)을 지지하는 경우에 제한된 범위이기는 하지만 행정에 고유한 명령제정권을 인정하게 된다.

행정유보론은 일정한 행정영역(독립적인 행정조직체에서의 당해 조직체의 조직과 운영에 관한 사항, 특별권력관계에서의 특별권력주체와 상대방과의 관계)에서 법률의 수권이 없는 경우에도 행정권에게 독자적인 명령제정권을 인정한다.

독일에서 인정된 규범구체화행정규칙, 특별명령은 대외적인 법적 구속력을 갖는데 명시적인 위임 없이도 제정될 수 있다.

그러나, 현행 헌법상 법률 또는 상위명령의 근거가 없는 법규명령은 집행명령을 제외하고는 일체 인정될 수 없다고 보아야 한다.

Ⅲ. 법규명령의 종류

1. 효력에 따른 분류

헌법적 효력을 가지는 계엄조치, 법률과 같은 효력을 갖는 긴급명령 및 긴급재정·경제명령, 법률보다 하위의 효력을 갖는 종속명령이 있다.

(1) 계엄조치

현행 헌법은 계엄선포시 헌법의 일부규정에 대한 변경을 가져올 수 있는 특별조치(特別措置)를 인정하고 있다(헌법 제77조 제 2 항). 특별조치는 법령의 형식에 의해 발해지지는 않지만 헌법 및 명령의 효력을 정지하거나 그에 대한 변경을 가져오므로 그 한도 내에서 실질에 있어서는 명령이라 할 수 있다.

(2) 긴급명령, 긴급재정·경제명령

긴급명령 및 긴급재정·경제명령은 헌법에 근거를 두는 법률과 같은 효력을 갖는 명령이다. 긴급명령은 헌법 제76조 제 2 항에 근거하며 긴급재정·경제명령은 헌법 제76조 제 1 항에 근거한다. 금융실명거래 및 비밀보장에 관한 긴급재정·경제명령은 긴급재정·경제명령의 예이다.

긴급명령이나 긴급재정·경제명령은 지체 없이 국회의 승인을 받아야 하며 승인을 얻지 못한 때에는 그 명령은 그때부터 효력을 상실한다.

(3) 종속명령

종속명령(從屬命令)이라 함은 법률보다 하위(下位)의 효력을 가지는 명령을 말한다. 종속명령은 새로운 법규사항(국민의 권리의무에 관한 사항)을 정하는지 여부에 따라 위임명령과 집행명령으로 구분된다.

위임명령(委任命令)이라 함은 법률 또는 상위명령의 위임에 의해 제정되는 명령으로서 새로운 법규사항을 정할 수 있다.

집행명령(執行命令)이라 함은 상위법령의 집행을 위하여 필요한 사항(신고서양식 등)을 법령의 위임 없이 직권으로 발하는 명령을 말한다. 집행명령에서는 새로운 법규사항을 정할 수 없다.

해석명령은 집행명령의 일종이라고 할 수 있다. 해석명령규정은 상위법령의 범위를 벗어나지 않은 경우 법적 효력이 있다(대판 2014. 8. 20, 선고 2012두19526 판결[중학교입학자격검정고시응시제한처분취소]). 다만, 해석규정이 위임의 한계를 벗어난 것으로 인정될 경우에는 무효이다(대판 전원합의체 2017. 4. 20, 2015두45700).

위임명령과 집행명령은 입법실제에 있어서 따로따로 제정되는 예는 거의 없으며 하나의 명령에 함께 제정되고 있다.

2. 제정권자에 따른 분류

대통령이 제정하는 명령을 **대통령령**(大統領令), 총리가 발하는 명령을 **총리령**(總理令), 행정각부의 장이 발하는 명령을 **부령**(部令)이라 한다. 입법실제에 있어서 대통령령에는 통상 **시행령**(施行令)이라는 이름을 붙이고 총리령과 부령에는 **시행규칙**(施行規則)이라는 이름을 붙인다. 예외적이기는 하지만, 대통령령 중에는 "규정(規程)"이라는 명칭을 붙인 것(보안업무규정)도 있고, 부령에 '규칙'이라는 명칭을 붙이는 경우(건강보험요양급여규칙)도 있다.

독립행정위원회가 제정하는 법규명령에는 "규칙"이라는 명칭을 붙인다(예, 공정거래위원회규칙, 금융위원회규칙, 중앙노동위원회규칙).

행정 각부가 아닌 국무총리 소속의 독립기관(법제처 등)이나 행정 각부 소속의 독립기관(경찰청 등)은 독립하여 명령을 발할 수 없고 총리령이나 부령으로 발하여야 한다.

대통령령은 총리령 및 부령보다 우월한 효력을 갖는다.

총리령과 부령의 관계에 대하여는 총리령 우위설과 동위설(同位說)이 있다.

생각건대, 총리령과 부령은 통상 규율사항이 다르므로 상호 충돌할 염려는 없다. 따라서 상호간에 우열을 논할 필요가 없다. 총리령은 통상 국무총리 소속기관의 사무에 관하여 제정되고, 부령은 행정 각부의 사무에 관하여 정하여진다. 총리가 행정 각부의 장에게 명령의 제정을 위임할 권한도 없다.

중앙선거관리위원회는 중앙선거관리위원회규칙을 발하고, 대법원은 대법원규칙을, 국회는 국회규칙을, 감사원은 감사원규칙을 발한다. 이들 명령은 대통령으로부터 독립되어 있는 기관이 발하는 법규명령이며 '규칙'이라는 이름을 붙인다.

　　자치법규(조례와 규칙)도 행정입법의 성질을 가지는 것으로 볼 수 있다. 다만, 조례는 주민의 대표기관의 지위를 갖는 지방의회에 의해 제정되는 점에서 국민의 대표기관인 국회에 의해 제정되는 법률에 준하는 성격을 아울러 갖는 것으로 보아야 할 것이다.

　　협의의 학칙(學則)의 법적 성질에 관하여는 행정규칙(재량준칙)으로 보는 견해, 특별명령으로 보는 견해, 법령보충적 행정규칙으로 보는 견해 등이 있으나, 헌법상 교육의 자주성과 대학의 자율성이 보장되고 있으므로(제31조 제4항) 학교를 자치조직으로 보는 것이 타당하고 따라서 학칙을 자치법규로 보는 견해가 타당하다. 따라서, 학칙은 법령의 근거가 없는 경우에도 자율적 조직인 학교의 운영을 규율하기 위하여 제정이 가능하다. 다만, 고등교육법 제6조 및 초중등교육법 제8조는 학칙의 제정 근거를 두고 있다. 학칙은 자치법규이므로 학칙에 대한 포괄적 수권도 가능하다. 학칙의 양면적 법적 구속력을 인정한 판례가 있다(대판 1991. 11. 22, 91누2144[퇴학처분취소]).

3. 법형식에 따른 분류

　　법규명령의 형식을 취하는 명령을 **형식적 의미의 법규명령**이라 한다.

　　명령의 형식을 묻지 않고 그 실질이 법규명령의 성질을 가지고 있는 명령을 **실질적 의미의 법규명령**이라 한다.

Ⅳ. 법규명령의 한계 [2010 입시 사례]

1. 위임명령의 한계

　　위임명령(위임입법)의 한계는 법률의 명령에 대한 수권의 한계와 수권에 따른 위임명령 제정상의 한계로 나누어진다.

(1) 상위 법령의 위임

　　위임명령은 상위 법령의 위임(수권)이 있어야 한다.

(2) 수권의 한계

　　법률의 명령에 대한 입법권의 수권(授權)은 국회입법의 원칙이 기본적으로 유지될 수 있는 한도 내에서 인정되어야 한다. 수권의 한계는 다음과 같은 두 가지 내용을 포함한다.

　　① 법률의 명령에 대한 수권은 일반적이고 포괄적인 수권은 안 되며 구체적인 위임이어야 한다(헌법 제75조). 다만, 법률이 조례나 정관에 자치법적 사항을 위임하는 경우에는 헌법상의 포괄위임입법금지의 원칙이 원칙적으로 적용되지 않는다고 볼 것이다. 다만, 공

법적 기관의 정관 규율사항이라도 그러한 정관의 제정주체가 사실상 행정부에 해당하거나, 기타 권력분립의 원칙에서 엄격한 위임입법의 한계가 준수될 필요가 있는 경우에는 헌법 제75조, 제95조의 포괄위임입법금지 원칙이 적용되어야 한다(헌재 2001. 4. 26, 2000헌마122).

② 헌법에서 구체적이고 명시적으로 법률로 정하도록 한 사항과 본질적인 사항은 법률로 정하여야 하며 명령에 위임하여서는 안 된다(의회유보론). 본질적인 사항은 명령에 대한 구체적 위임도 안 되며 법률로 정하여야 한다. 예를 들면, 병역복무기간(병역법 제18조 제 2 항)은 법률전속사항으로 보아야 할 것이다.

③ 수권의 한계를 넘는 법률은 위헌(違憲)인 법률이 된다. 수권법률이 헌법재판소의 위헌법률심판에서 위헌으로 결정된 경우에 당해 수권법률에 의해 제정된 명령은 위법한 명령이 되고 법원은 그 명령의 위법을 확정하고 그 명령을 당해 사건(예, 취소소송사건)에 적용하지 않는다. 그리고, 수권의 한계를 넘는 수권에 근거하여 제정된 명령에 근거하여 내려진 처분은 통상 그 위법이 명백하지 않으므로 원칙상 취소할 수 있는 처분이다.

(3) 위임명령의 제정상 한계

상위 법령의 위임에 의해 위임명령이 제정될 때에도 다음과 같은 한계가 있다.

① 위임명령은 수권의 범위 내에서 제정되어야 한다. 수권의 범위를 일탈한 명령은 위법한 명령이 된다.

② 위임명령은 상위법령(헌법, 법률, 상위의 명령)에 위반하여서는 안 된다. 법규명령의 내용이 법률이 예정하고 있는 바를 구체적으로 명확하게 한 것으로 인정되면 법규명령은 무효로 되지 않는다(대판 전원합의체 2020. 6. 18, 2016두43411). 어느 시행령 규정이 모법의 위임 범위를 벗어난 것인지를 판단할 때 중요한 기준 중 하나는 예측가능성이다(대판 2021. 7. 29, 2020두39655).

③ 재위임의 문제: 법률에서 위임받은 사항을 전혀 규정하지 않고 재위임하는 것은 복위임금지의 법리에 반할 뿐 아니라 위임면령의 제정 형식에 관한 수권법의 내용을 변경하는 것이 되므로 허용되지 않으나 위임받은 사항에 관하여 대강을 정하고 그 중의 특정 사항을 범위를 정하여 하위법령에 다시 위임하는 경우에는 재위임이 허용된다(대판 2006. 4. 14, 2004두14793; 대판 2013. 3. 28, 2012도16383; 헌재 2002. 10. 31, 2001헌라1[강남구청과 대통령 간의 권한쟁의]). 이러한 법리는 조례가 지방자치법 제22조 단서에 따라 주민의 권리제한 또는 의무부과에 관한 사항을 법률로부터 위임받은 후, 이를 다시 지방자치단체장이 정하는 '규칙'이나 '고시' 등에 재위임하는 경우에도 마찬가지이다(대판 2015. 1. 15, 2013두14238). 그 재위임은 구체적으로 범위를 정한 개별적인 재위임이어야 한다(대판 2022. 4. 14, 2020추5169).

④ 시행령의 내용이 모법의 입법 취지와 관련 조항 전체를 유기적·체계적으로 살펴

보아 모법의 해석상 가능한 것을 명시한 것에 지나지 아니하거나 모법 조항의 취지에 근거하여 이를 구체화하기 위한 것인 때에는 모법의 규율 범위를 벗어난 것으로 볼 수 없으므로 모법에 이에 관하여 직접 위임하는 규정을 두지 않았다고 하더라도 이를 무효라고 볼 수 없다(대판 2016. 12. 1, 2014두8650). 그러나, 수권 규정에서 사용하고 있는 용어의 의미를 넘어 그 범위를 확장하거나 축소하여 위임 내용을 구체화하는 단계를 벗어나 새로운 입법을 한 것으로 볼 수 있다면 위임의 한계를 넘은 것이다(대판 2018. 8. 30, 2017두56193).

2. 집행명령의 한계

집행명령(執行命令)은 상위법령의 집행에 필요한 절차나 형식을 정하는 데 그쳐야 하며 새로운 법규사항을 정하여서는 안 된다.

집행명령은 새로운 법규사항을 규정하지 않으므로 법령의 수권 없이 제정될 수 있다.

Ⅴ. 법규명령의 성립·효력·소멸

1. 법규명령의 성립요건

법규명령은 법규명령제정권자가 제정하여 법규명령의 형식으로 공포함으로써 성립한다.

(1) 제정권자

법규명령은 의회입법의 원칙에 대한 예외이므로 법규명령제정권자는 원칙상 헌법에 의해 인정되어야 한다. 헌법에서 인정된 법규명령제정권자는 대통령·총리·행정 각부의 장·중앙선거관리위원회 등이다.

감사원규칙에서처럼 법규명령제정권자가 헌법이 아닌 법률에 의해 인정될 수 있는가에 관하여 학설이 대립되고 있으나 전술한 바와 같이 긍정설이 타당하다.

(2) 형식 및 공포

법규명령의 형식을 취하고 관보에 공포(公布)되어야 성립한다. 다만, 법규명령으로 정하여야 할 사항을 행정규칙으로 정한 경우에 판례는 일정한 경우에 법규명령의 효력을 가지는 것으로 보고 있다.

2. 법규명령의 효력요건

법규명령은 시행됨으로써 효력을 발생한다. 시행일이 정해진 경우에는 그날부터 효력을 발생하고, 시행일이 정하여지지 않은 경우에는 공포한 날로부터 20일을 경과함으로써 효력을 발생한다(헌법 제53조 제 7 항).

3. 법규명령의 적법요건과 위법한 명령의 효력

(1) 법규명령의 적법요건

① 위임명령은 상위법령의 수권이 있어야 제정될 수 있으며 수권의 범위 내에서 제정되어야 한다. 집행명령은 위임 없이 직권으로 제정될 수 있다.

② 근거가 되는 상위법령이 위법할 때에는 그에 근거한 명령도 위법하다.

③ 상위법령에 위반되는 명령은 위법하다.

④ 입법예고제 등 행정입법절차를 위반하여서는 안 된다.

(2) 위법한 법규명령의 효력

위법한 법규명령은 다음과 같은 효력을 갖는다.

① 성립요건을 결여하는 경우 법규명령 자체가 성립하지 아니하므로 누구도 구속되지 않는다. 효력요건을 결여한 경우에도 성립한 법규명령이 아직 효력을 발생하지 않았으므로 그 명령은 누구에 대하여도 구속력이 없다.

② 기존의 명령과 배치되는 동위의 명령 또는 상위의 법령이 제정된 경우에 기존의 명령은 폐지된 것이 되고 따라서 누구도 구속되지 않는다.

③ 동일한 사항에 대해 하위법이 상위법에 저촉되는 경우 전부 무효가 아니라 저촉되는 한도 내에서만 효력이 없다. 하위법이 상위법에 저촉되는 한도 내에서는 상위법을 적용하여야 한다.

> **판례** 국도가 아닌 도로의 점용료 산정기준에 관하여 대통령령이 정하는 범위에서 지방자치단체의 조례로 정하도록 규정한 구 도로법(2011. 4. 12. 법률 제10580호로 개정되기 전의 것, 이하 같다) 제41조 제 2 항 및 구 도로법 시행령(2012. 11. 27. 대통령령 제24205호로 개정되기 전의 것, 이하 같다) 제42조 제 2 항의 위임에 따라 국도 이외 도로의 점용료 산정기준을 정한 구 '서울특별시 양천구 도로점용허가 및 점용료 징수 조례'(2011. 12. 20. 조례 제1016호로 개정되기 전의 것, 이하 '구 양천구 조례'라 한다) 규정이 구 도로법 시행령이 개정되었음에도 그에 맞추어 개정되지 않은 채 유지되어 구 도로법 시행령과 불일치하게 된 사안에서, 구 도로법 제41조 제 2 항의 '대통령령으로 정하는 범위에서'라는 문언상 대통령령에서 정한 '점용료 산정기준'은 각 지방자치단체 조례가 규정할 수 있는 점용료의 상한을 뜻하는 것이므로, 구 양천구 조례 규정은 구 도로법 시행령이 정한 산정기준에 따른 점용료 상한의 범위 내에서 유효하고, 이를 벗어날 경우 그 상한이 적용된다는 취지에서 유효하다고 한 사례(대판 2013. 9. 27, 2012두15234[도로점용료부과처분취소]).

④ 상위 법령의 위임 없는 법규명령은 일반 국민에 대하여 구속력을 가지는 법규명령으로서의 효력은 없고(대판 전원합의체 2015. 6. 25, 2007두4995[노동조합설립신고서반려처분취소]), 행정조직 내에서 적용되는 행정명령의 성격을 지닐 뿐 국민에 대한 대외적 구속력은 없다(대판 2013. 9. 12, 2011두10584[부정당업자제재처분취소]; 대판 전원합의체 2015. 6. 23, 2012두2986). 위임의 한계를 벗어난 법규명령도 대외적 효력을 인정할 수 없다(대판 2017. 6. 15, 2016두52378). 어떤 법규명령이 위임의 근거가 없어 무효였더라도 사후에 법개정으로 위임

의 근거가 부여되면 그 때부터는 유효한 법규명령이 된다. 그리고 위임에 의한 유효한 법규명령이 법개정으로 위임의 근거가 없어지게 되면 그 때부터 무효인 법규명령이 된다(대판 1995. 6. 30, 93추83[경상북도의회에서의증언·감정등에관한조례(안)무효확인청구의소]).

⑤ 그 이외에 법규명령이 위법한 경우에 법규명령의 효력에 관하여는 위에서 본 바와 같이 견해가 대립된다.

⑥ 위법한 명령을 다투는 길은 법원에 의한 통제(항고소송, 부수적 통제)와 헌법소원에 의한 통제가 인정되고 있다. 헌법소원에 의해 위헌이 확인된 경우에는 당해 명령은 장래에 향하여 효력을 상실한다. 법원에 의해 선결문제에서 위헌 또는 위법이 확인된 경우에는 그 명령은 효력을 상실하는 것은 아니며 당해 사건에 한하여 적용되지 않고, 위법한 처분적 명령에 대한 무효확인소송(취소소송)에서 무효확인(취소)된 경우에는 애초부터 무효임이 확인된다(원칙상 소급적으로 효력을 상실한다).

⑦ 행정기관이 위법한 명령을 다툴 수 있는 길이 인정되고 있지 않으므로 행정기관은 명령의 위법성이 명백하지 않는 한 위법한 명령도 집행하여야 한다. 대법원에 의해 위법이 확인된 경우에는 이제는 그 위법이 명백하므로 행정기관은 그 명령을 집행해서는 안 된다. 대법원에 의해 위법이 확인되었음에도 그 후 당해 명령을 적용한 처분은 무효라고 보아야 한다.

4. 법규명령의 소멸

① 법규명령은 폐지(廢止)에 의해 소멸된다.

② 한시적(限時的) 명령의 경우 당해 명령에 붙여진 종기(終期)가 도래하면 소멸되고, 해제조건이 붙여진 명령은 해제조건의 성취로 소멸된다.

③ 근거법령의 효력이 상실되면 법규명령은 소멸한다.

④ 집행명령의 경우 상위법령이 폐지된 것이 아니라 단순히 개정됨에 그친 경우에는 그 개정법령과 성질상 모순·저촉되지 아니하고 개정된 상위법령의 시행에 필요한 사항을 규정하고 있는 이상 그 개정법령의 시행을 위한 집행명령이 제정·발효될 때까지는 그 효력을 유지한다(대판 1989. 9. 12, 88누6962[영업소설치신고수리]).

Ⅵ. 행정입법의 통제 [2007 행시(일반행정) 사례, 2005 입시 약술]

행정입법(법규명령)에 대한 통제에는 사전적 통제로서 절차적 통제가 있고, 통제기관에 따라 입법적 통제·행정적 통제·사법적 통제가 있다.

1. 절차적 통제

행정입법에 대한 절차적 통제에 관하여는 행정절차와 관련하여 후술하기로 한다.

2. 의회에 의한 통제

(1) 직접적 통제

의회에 의한 행정입법의 통제방법으로는 의회에의 제출절차와 의회의 동의 또는 승인권의 유보가 있다.

① 국회법 제98조의2는 행정입법(행정규칙 포함) 제출 및 위법통보(행정규칙 제외)제도를 규정하고 있다. 또한, 행정절차법은 대통령령에 대한 국회의 적절한 통제수단을 확보하기 위하여 행정청이 입법예고를 하는 경우에는 대통령령을 국회 소관 상임위원회에 제출하도록 규정하고 있다(제42조 제 2 항).

② 의회의 동의 또는 승인권의 유보라 함은 법규명령의 효력발생 전에 의회의 동의 또는 승인을 받도록 하거나 일단 성립되어 효력을 갖고 있는 법규명령의 효력을 사후적으로 소멸시키는 권한을 의회에 유보시키는 법규명령에 대한 통제방법을 말한다.

③ 의회는 법규명령과 내용상 저촉되는 법률을 제정하여 위법한 법규명령을 폐지시킬 수 있다.

(2) 간접적 통제

국회는 국정감사 또는 조사권, 국무총리 등에 대한 질문권, 국무총리 또는 국무위원의 해임건의권 및 대통령에 대한 탄핵소추권 등 행정권에 대한 국정감시권을 행사하여 위법한 법규명령을 간접적으로 통제할 수 있다.

3. 행정적 통제

(1) 상급행정청의 감독권에 의한 통제

상급행정청의 감독권의 대상에는 하급행정청의 행정입법권 행사도 포함된다. 상급행정청은 하급행정청의 행정입법권의 행사의 기준과 방향을 지시할 수 있고, 위법한 법규명령의 폐지를 명할 수 있다.

상급행정청이라도 하급행정청의 법규명령을 스스로 개정 또는 폐지할 수 없다. 다만, 상위명령에 의해 하위명령을 배제할 수 있다.

(2) 법제처의 심사

국무회의에 상정될 법령안, 조약안과 총리령안 및 부령안은 법제처의 심사를 받는다(정부조직법 제20조 제 1 항). 법제처의 법령심사는 법안의 문언·법령 상호간의 모순·상위법령에 대한 위반 여부에 미친다.

4. 사법적 통제 [2011 감평 사례, 2004 사시, 2006 행시 사례, 2014 변시 사례]

행정입법에 대한 **사법적 통제**라 함은 사법기관인 법원 및 헌법재판소에 의한 통제를 말한다. 행정입법에 대한 사법적 통제에 있어서는 사법적 통제의 주체·대상·요건 및 효력이 문제된다.

직접적 통제라 함은 행정입법 자체가 직접 소송의 대상이 되어 위법한 경우 그 효력을 상실시키는 제도를 말한다. 법규명령에 대한 헌법소원 및 항고소송은 직접적 통제에 속한다. 직접적 통제를 추상적 규범통제라고도 한다.

간접적 통제라 함은 행정입법 자체를 직접 소송의 대상으로 하는 것이 아니라 다른 구체적인 사건에 관한 재판에서 당해 행정입법의 위법 여부가 선결문제가 되는 경우 당해 행정입법의 위법 여부를 판단하는 제도이다. 간접적 통제는 **부수적 통제**라고도 한다.

(1) 법원에 의한 통제

법원에 의한 행정입법의 통제로는 간접적 규범통제와 항고소송에 의한 직접적 통제가 있다.

1) 간접적 통제(부수적 통제) [2010 행시(재경직) 사례]

가. 의의와 근거   간접적 통제라 함은 다른 구체적인 사건에 관한 재판에서 행정입법의 위법 여부가 선결문제가 되는 경우 당해 행정입법의 위법 여부를 통제하는 것을 말한다.

간접적 통제는 헌법 제107조 제 2 항에 근거한다.

헌법 제107조 제 2 항은 "명령·규칙 또는 처분이 헌법이나 법률에 위반되는 여부가 재판의 전제가 된 경우에는 대법원은 이를 최종적으로 심사할 권한을 가진다"라고 규정하고 있다.

나. 통제의 대상

(가) 명령·규칙   헌법은 '명령·규칙'이 헌법이나 법률에 위반되는 여부가 재판에서 전제가 된 경우에 법원에 의한 통제의 대상이 된다고 규정하고 있다.

여기에서 '명령'이란 법규명령을 의미한다. 위임명령과 집행명령 모두 통제의 대상이 된다. 그리고 '규칙'이란 중앙선거관리위원회규칙, 대법원규칙, 국회규칙과 같이 법규명령인 규칙을 의미한다. 헌법 제107조 제 2 항의 '명령'에는 자치법규인 조례와 규칙도 포함된다고 본다(대판 전원합의체 1995. 8. 22, 94누5694[관리처분계획인가처분취소]).

행정규칙 중 법규적 성질을 갖는 것(법령보충적 행정규칙)은 그 행정규칙의 위법 여부가 그에 근거한 처분의 위법 여부를 판단함에 있어서 전제문제가 되므로 헌법 제107조의 구체적 규범통제의 대상이 된다. 그러나, 법규적 효력이 없는 행정규칙은 헌법 제107조의 통제대상이 아니다(대판 1990. 2. 27, 88재누55[어업면허거부처분취소]).

긴급명령의 제정권자는 대통령이지만 국회의 승인을 받고, 그 효력에 있어서 법률적 효력을 가지므로 법률에 준하여 헌법재판소에 의한 위헌법률심사제도에 의해 통제되고, 헌법 제107조 제 2 항의 통제의 대상이 되지 않는다.

국회의 승인을 요하지 않는 유신 헌법상의 긴급조치에 관하여 대법원은 유신 헌법에 근거한 긴급조치는 국회의 승인을 받은 것이 아니므로 법률의 효력을 갖더라도 그 실질이 위헌법률심사의 대상이 되는 법률(국회 입법권의 행사)이 아니고, 긴급조치의 위헌 여부의 심사권은 최종적으로 대법원에 속한다고 보았지만(대판 전원합의체 2010. 12. 26, 2010도5986), 헌법재판소는 위헌법률심사의 대상이 되는 '법률'인지 여부는 그 제정 형식이나 명칭이 아니라 규범의 효력을 기준으로 판단하여야 한다고 보면서 법률과 동일한 효력을 가지는 유신 헌법상 긴급조치들의 위헌 여부 심사권한은 헌법재판소에 전속한다고 보았다(헌재 2013. 3. 21, 2010헌바132 등).

원칙상 명령 전부가 아니라 개별법규정이 통제의 대상이 된다.

법규정 중 일부만 위헌·위법인 경우 그 일부가 분리가능한 경우에는 그 일부만의 무효확인도 가능하다(대판 2012. 12. 20, 2011두30878).

> **판례** 구 화물자동차법 시행령 제 6 조 제 1 항 [별표 1] 제12호 (가)목에 규정된 '2인 이하가 중상을 입은 때' 중 '1인이 중상을 입은 때' 부분은 모법인 구 화물자동차법 제19조 제 1 항 및 제 2 항의 위임범위를 벗어난 것으로서 무효라고 한 사례(대판 전원합의체 2012. 12. 20, 2011두30878[화물자동차운행정지처분취소]).

(나) 위헌·위법　　　행정입법이 헌법이나 법률에 위반한 경우나 상위의 법규명령에 위반한 경우 모두 법원에 의한 통제의 대상이 된다. 행정입법의 헌법 위반 여부도 법원의 통제의 대상이 된다.

다. 통제의 요건　　　행정입법은 그 위법 여부가 재판에서 전제문제(선결문제)로서 다투어지는 경우에 법원의 통제의 대상이 된다. 전제성이 인정되는 명령규정에 한정하지 않고, 명령 전체가 위법하다고 판단한 것은 위법하다(대판 2019. 6. 13, 2017두33985).

> **판례** 법원이 구체적 규범통제를 통해 위헌·위법으로 선언할 심판대상은, 해당 규정의 전부가 불가분적으로 결합되어 있어 일부를 무효로 하는 경우 나머지 부분이 유지될 수 없는 결과를 가져오는 특별한 사정이 없는 한, 원칙적으로 해당 규정 중 재판의 전제성이 인정되는 조항에 한정된다(대판 2019. 6. 13, 2017두33985).

행정처분의 근거가 된 행정입법의 위법이 당사자에 의해 주장되지 않은 경우에도 법원은 직권으로 당해 행정입법의 위법 여부를 심사할 수 있다.

라. 통제의 주체　　　각급 법원이 통제하고, 대법원이 최종적인 심사권을 갖는다. 대법원이 최종적 심사권을 갖는다는 것은 대법원이 위헌·위법이라고 판단한 경우에는 당해 명

령의 위헌 또는 위법이 확정되며 그 위헌 또는 위법이 명백하게 된다는 것을 의미한다. 따라서, 대법원에 의해 위헌·위법이 확정된 이후에 당해 명령을 적용하는 처분은 무효가 된다.

　　명령 또는 규칙이 헌법 또는 법률에 위반함을 인정하는 경우에는 대법관 전원의 2/3 이상의 합의체에서 심판하여야 한다(법원조직법 제 7 조 제 1 항).

　　　마. 통제의 효력　　　행정입법이 위법하다는 판정이 난 경우에 그 판정의 효력은 무엇인가.

　　① 명령이 위법하다는 대법원의 판결이 있는 경우에 당해 명령은 효력을 상실하는 것으로 보는 견해도 있으나, 현재의 일반적인 견해는 당해 행정입법이 일반적으로 효력을 상실하는 것으로 보지 않고 당해 사건에 한하여 적용되지 않는 것으로 보고 있다(박윤흔, 229면). 즉, 위법하다는 판정이 난 행정입법도 당해 사건 외에는 폐지되기 전까지는 여전히 유효하다(김동희, 137~138면). 후자의 견해가 타당하다. 판례도 명령이 위법하다는 판결이 난 경우 당해 사건에서만 적용이 배제되는 것으로 보고 있다(대판 1994. 4. 26, 93부32[위법여부심사청구]).

　　법원에 의해 명령이 위법으로 판정되어도 당해 명령은 효력을 상실하는 것은 아니라고 보는 이유는 위법한 명령이 직접 다투어진 것이 아니고, 명령의 효력이 상실되는 경우 법의 공백상태가 초래되고, 법률의 위헌판결에 대하여는 일반적 효력을 인정하는 명문의 법률규정이 있지만 명령에 대한 위헌·위법심사에 대하여는 이와 같은 규정이 없는 점에 있다.

　　② 위법인 법령에 근거한 행정처분은 중대명백설에 의할 때 통상 취소할 수 있는 처분으로 보아야 한다. 왜냐하면 처분근거법령의 위헌·위법은 통상 중대한 하자이나 명백하지 않기 때문이다. 그렇지만 행정기관이 대법원에 의해 위법으로 판정되었음에도 당해 명령을 적용하여 행정처분을 한 경우에는 그 행정처분은 이제는 당연히 무효인 행정처분이 된다고 보아야 한다.

　　판례　　행정청이 위헌이거나 위법하여 무효인 시행령을 적용하여 한 행정처분이 당연무효로 되려면 그 규정이 행정처분의 중요한 부분에 관한 것이어서 결과적으로 그에 따른 행정처분의 중요한 부분에 하자가 있는 것으로 귀착되고, 또한 그 규정의 위헌성 또는 위법성이 객관적으로 명백하여 그에 따른 행정처분의 하자가 객관적으로 명백한 것으로 귀착되어야 하는바, 일반적으로 시행령이 헌법이나 법률에 위반된다는 사정은 그 시행령의 규정을 위헌 또는 위법하여 무효라고 선언한 대법원의 판결이 선고되지 아니한 상태에서는 그 시행령 규정의 위헌 내지 위법 여부가 해석상 다툼의 여지가 없을 정도로 명백하였다고 인정되지 아니하는 이상 객관적으로 명백한 것이라 할 수 없으므로, 이러한 시행령에 근거한 행정처분의 하자는 취소사유에 해당할 뿐 무효사유가 되지 아니한다(대판 2007. 6. 14, 2004두619[청소년유해매체물결정 및 고시처분무효확인]).

　　③ 동일한 이유로 행정기관은 대법원에 의해 위법하다고 판정된 명령을 개정 또는 폐지하여야 할 의무를 진다고 보아야 한다.

　　행정소송법 제 6 조 제 1 항 및 제 2 항은 행정소송에 대한 대법원판결에 의하여 명령·

규칙이 헌법 또는 법률에 위반된다는 것이 확정된 경우에는 대법원은 지체 없이 그 사유를 행정안전부장관에게 통보하여야 하고, 통보를 받은 행정안전부장관은 지체 없이 이를 관보에 게재하도록 하고 있다. 행정입법의 위법판정이 관보에 게재된 후에 당해 행정입법을 적용한 공무원에게는 위법한 명령을 적용한 것에 당연히 과실이 인정된다고 보아야 한다.

행정소송규칙 제 2 조는 대법원은 재판의 전제가 된 명령·규칙이 헌법 또는 법률에 위배된다는 것이 법원의 판결(하급심의 명령·규칙심사도 포함)에 의하여 확정된 경우에는 그 취지를 해당 명령·규칙의 소관 행정청에 통보하도록 하여 소관 행정청이 그 명령·규칙을 개정하는데 참고하도록 하고 있다.

2) 처분적 명령에 대한 항고소송(직접적 통제) [2004년 사시, 2019년 변시 사례]

행정입법은 일반적·추상적 규범이므로 원칙상 처분이 아니고 따라서 항고소송의 대상이 될 수 없다.

판례 **법령의 처분성 원칙적 부정:** 일반적·추상적인 법령 그 자체로서 국민의 구체적인 권리의무에 직접적인 변동을 초래하는 것이 아닌 것은 그 대상이 될 수 없으므로 구체적인 권리의무에 관한 분쟁을 떠나서 재무부령 자체의 무효확인을 구하는 청구는 행정소송의 대상이 아닌 사항에 대한 것으로서 부적법하다(대판 1987. 3. 24, 86누656[재무부령무효확인])

그러나, 명령(법령보충적 행정규칙 포함) 중 처분적 성질을 갖는 명령(처분적 명령)은 항고소송의 대상이 된다는 것이 일반적 견해이다.

가. 헌법적 근거

항고소송의 헌법적 근거를 헌법 제107조 제2항에서 찾는 견해도 있으나, 사법권은 법원에 속한다고 규정하고 있는 헌법 제101조에서 찾는 것이 타당하다.

나. 처분적 명령의 인정기준(처분성)

처분적 명령의 인정기준 및 범위에 관하여 아래와 같이 견해가 대립한다.

(가) 협 의 설   이 견해는 명령이 별도의 집행행위 없이도 국민에 대하여 **직접적이고 구체적인 법적 효과**를 미치는 경우, 즉 국민의 권리의무에 직접 변동을 야기하는 경우에 한하여 처분적 명령으로 보는 견해이다.

(나) 중 간 설   이 견해는 **자동집행력을 갖는 법규명령**(집행행위의 매개 없이 국민의 권리의무를 규율하는 명령)을 항고소송의 대상이 되는 처분적 명령으로 보는 견해이다. 국민의 권리의무에 직접 구체적인 변동을 야기하는 명령(협의의 **처분적 법규명령**)뿐만 아니라 일반적·추상적 규범이지만 집행행위의 매개 없이 직접 국민의 권리의무를 규율하는 명령(**집행적 법규명령**)도 항고소송의 대상이 되는 처분적 명령으로 본다. 집행적 법규명령의 예로 일정 영업장소에의 미성년자의 출입금지의무를 규정하고 있는 법규명령을 들 수 있다.

(다) 광 의 설   이 견해는 별도의 집행행위 없이 직접 권리의무관계에 변동을 가져오는 명령을 포함하여 별도의 집행행위 없이 **국민의 권익에 직접 영향을 미치는(침해를 가하는) 명령**을 처분적 명령으로 보는 견해이다.

이 견해에 의하면 법규명령의 처분성을 법규명령에 의한 적용대상자(수범자)의 개인적 권익에 대한 침해의 직접성·구체성을 기준으로 판단한다.

(라) 판   례   판례는 원칙상 협의설을 취하고 있다. 즉, 명령이 "그 자체로서 국민의 구체적인 권리의무에 직접적인 변동을 초래하는 것"인 경우에 한하여 항고소송의 대상이 된다고 본다. 그렇지만, 판례는 어떠한 고시가 일반적·추상적 성격을 가질 때에는 법규명령 또는 행정규칙에 해당할 것이지만, 다른 집행행위의 매개 없이 그 자체로서 직접 국민의 구체적인 권리의무나 법률관계를 규율하는 성격을 가질 때에는 행정처분에 해당한다고 본다(대판 2006. 9. 22, 2005두2506).

[종래 판례1]   행정소송의 대상이 될 수 있는 것은 구체적인 권리의무에 관한 분쟁이어야 하고 일반적·추상적인 법령 그 자체로서 국민의 구체적인 권리의무에 직접적인 변동을 초래하는 것이 아닌 것은 그 대상이 될 수 없으므로 구체적인 권리의무에 관한 분쟁을 떠나서 재무부령 자체의 무효확인을 구하는 청구는 행정소송의 대상이 아닌 사항에 대한 것으로서 부적법하다(대판 1987. 3. 24, 86누656[재무부령무효확인]: 국유재산법 시행규칙(1980. 4. 29. 재무부령 제1432호) 제58조 제 1 항이 처분이 아니라고 한 사례).

[종래 판례2]   조례가 항고소송의 대상이 되는 행정처분에 해당되는 경우: 조례가 집행행위의 개입 없이도 그 자체로서 직접 국민의 구체적인 권리의무나 법적 이익에 영향을 미치는 등의 법률상 효과를 발생하는 경우 그 조례는 항고소송의 대상이 되는 행정처분에 해당한다(대판 1996. 9. 20, 95누8003[조례무효확인]: 두밀분교폐교조례의 처분성 인정).

[종래 판례3]   의료기관의 명칭표시판에 진료과목을 함께 표시하는 경우 글자 크기를 제한하고 있는 구 의료법시행규칙 제31조가 그 자체로서 국민의 구체적인 권리의무나 법률관계에 직접적인 변동을 초래하지 아니하므로 항고소송의 대상이 되는 행정처분이라고 할 수 없다고 한 사례(대판 2007. 4. 12, 2005두15168[의료법시행규칙 제31조무효확인등]).

[종래 판례4]   고시가 항고소송의 대상이 되는 행정처분에 해당하기 위한 요건: 어떠한 고시가 일반적·추상적 성격을 가질 때에는 법규명령 또는 행정규칙에 해당할 것이지만, 다른 집행행위의 매개 없이 그 자체로서 직접 국민의 구체적인 권리의무나 법률관계를 규율하는 성격을 가질 때에는 항고소송의 대상이 되는 행정처분에 해당한다(대판 2003. 10. 9, 2003무23[집행정지]: 항정신병 치료제의 요양급여에 관한 보건복지부 고시가 다른 집행행위의 매개 없이 그 자체로서 제약회사, 요양기관, 환자 및 국민건강보험공단 사이의 법률관계를 직접 규율하는 성격을 가진다는 이유로 항고소송의 대상이 되는 행정처분에 해당한다고 한 사례; 대판 2006. 9. 22, 2005두2506[보험약가인하처분취소]: 보건복지부 고시인 약제급여·비급여목록 및 급여상한금액표(보건복지부 고시 제2002－46호로 개정된 것)는 다른 집행행위의 매개 없이 그 자체로서 국민건강보험가입자, 국민건강보험공단, 요양기관 등의 법률관계를 직접 규율하는 성격을 가지므로 항고소송의 대상이 되는 행정처분에 해당한다고 한 사례. 〈평석〉 이 판례의 해석에 있어 명령 등이 실질적으로 행정행위의 실질을 가질 때 처분으로 보는 것이 판례의 입장이라고 해석하는 견해가 있다. 그러나, 계쟁고시는 요양기관의 직접 구체적인 요양급여청구권의 변동을 가져오는 것은 아니며 기본적으로 국민건강보험공단에게 상한가 이상의 상환을 금지하고, 요양기관에게는 상한가 이상으로 요양급여를 청구할 수 없는 제한을 가하는 규정이다. 즉, 계쟁고시는 협의설에서 말

하는 처분적 명령(법령보충적 고시)이라기보다는 중간설에서 말하는 자동집행적 명령에 가까운 것으로 보는 것이 타당하다). 또한, 이 사건 고시는 개별적·구체적 규율의 성격을 가지므로 그 법적 성질이 행정입법(법령보충적 행정규칙)이 아니고 처분(일반처분)이라고 하면서 법규명령의 처분성의 문제로 보아서는 안 된다고 보는 견해도 있다.

(마) 결   어   다음과 같은 이유로 광의설이 타당하다. 쟁송법상 처분개념설에 따라 기타의 공권력 행사에 있어서와 동일하게 명령의 처분성을 넓히는 것이 타당하다. 명령도 행정권의 공권력 행사이므로 명령으로 국민의 권익이 직접 구체적으로 침해된(직접 영향을 받은) 경우에는 행정소송을 통한 권리구제의 길을 열어주는 것이 타당하다.

판례가 항고소송의 대상인 처분 개념을 넓게 인정하면서도 법규명령의 처분성에 관하여는 처분개념을 좁게 보아 법률관계에 변동을 초래하는 경우에만 처분성을 인정하는 것은 논리의 일관성이 없다. 일반 행정작용의 처분 개념과 명령의 처분 개념을 달리 보는 것은 타당하지 않다.

다. 소송형식 등

(가) 취소소송·무효확인소송설   처분적 명령에 대한 항고소송은 당해 명령의 위법이 무효인지 취소할 수 있는 위법인지에 따라 취소소송 또는 무효확인소송(통상 법규명령의 위법 여부는 명백하지 않으므로 취소소송)을 제기하여야 한다고 보아야 한다. 대법원 행정소송법개정안도 이러한 입장을 취하고 있다.

(나) 무효확인소송설   위법한 법규명령은 무효이므로 처분적 명령에 대하여는 항상 무효확인소송을 제기하여야 한다고 본다.

(다) 판   례   실무상 법규의 형식을 취하고 있는 명령과 조례에 대한 항고소송은 무효확인소송으로 제기되고 있고, 법규명령의 성질을 갖는 행정규칙(법령보충적 행정규칙)에 대한 항고소송은 취소소송의 형식으로 제기되고 있다.

(라) 결   어   법규명령은 위법하더라도 법질서의 공백을 막기 위하여 효력을 유지하므로 항상 취소소송을 제기하여야 한다는 견해(취소소송설)가 타당하다. 다만, 법적 안정성의 보장을 위하여 처분적 명령의 취소판결의 소급효가 제한된다고 보아야 한다. 즉, 취소된 명령에 근거한 처분 중 불가쟁력이 발생한 처분의 효력에는 영향이 없다고 보아야 한다.

(2) 헌법재판소에 의한 통제

1) 법규명령에 대한 헌법소원의 인정 여부

현행 헌법상 행정입법에 대한 헌법소원(헌법재판소법 제68조 제1항의 헌법소원)이 가능한지에 관하여 적극설과 소극설의 대립이 있다.

가. 소극설(부정설)   부정설의 논거는 다음과 같다.

① 현행 헌법, 즉 헌법 제107조 제1항과 제107조 제2항은 법률에 대한 위헌심판권은 헌법재판소에 부여하고, 명령·규칙에 대한 헌법심판권은 법원에 부여하고 대법원이 최

종적으로 갖도록 하고 있으므로 행정입법에 대하여 헌법소원을 인정하는 것은 이와 같은 피통제규범을 기준으로 하여 정해진 헌법상의 관할권의 배분에 위반된다.

② 명령과 규칙이 국민의 권리를 직접 침해할 때에는 그 명령과 규칙에 대하여 행정소송을 제기할 수 있으므로 헌법소원의 보충성의 요건에 비추어 볼 때 헌법소원이 인정될 수 없다.

나. 적극설(긍정설)   긍정설의 논거는 다음과 같다.

① 명령·규칙에 대한 헌법소원은 헌법 제107조와는 무관한 것이므로 헌법소원의 일반원칙에 의해 별도의 집행행위 없이도 직접 기본권을 침해하는 명령·규칙에 대하여는 헌법소원이 인정될 수 있다.

② 헌법소원은 기존의 구제제도에 대한 보충적인 구제제도인데, 현행법상 명령·규칙 그 자체에 의하여 기본권이 직접 침해되었을 때에는 그 명령·규칙의 효력을 직접 다투는 구제제도가 없는 경우가 많다.

다. 판   례   헌법재판소는 긍정설을 취하고 있다. 헌법재판소는 자동집행력을 갖는 법규명령을 헌법소원의 대상으로 보고 있다.

> **판례1**   사법부에서 제정한 규칙(법무사법시행규칙)의 헌법소원의 대상성 인정: 헌법 제107조 제 2 항이 규정한 명령·규칙에 대한 대법원의 최종심사권이란 구체적인 소송사건에서 명령·규칙의 위헌 여부가 재판의 전제가 되었을 경우 법률의 경우와는 달리 헌법재판소에 제청할 것 없이 대법원이 최종적으로 심사할 수 있다는 의미이며, 명령·규칙 그 자체에 의하여 직접 기본권이 침해되었음을 이유로 하여 헌법소원심판을 청구하는 것은 위 헌법규정과는 아무런 상관이 없는 문제이다. 따라서 입법부·행정부·사법부에서 제정한 규칙이 별도의 집행행위를 기다리지 않고 직접 기본권을 침해하는 것일 때에는 모두 헌법소원심판의 대상이 될 수 있는 것이다(헌재 1990. 10. 15, 89헌마178[법무사법 시행규칙에 대한 헌법소원]).

> **판례2**   당구장 경영자에게 당구장 출입문에 18세 미만자에 대한 출입금지표시를 하게 하는 이 사건 규정은 법령이 직접적으로 청구인에게 그러한 표시를 하여야 할 법적 의무를 부과하는 사례에 해당하는 경우로서, 그 표시에 의하여 18세 미만자에 대한 당구장 출입을 저지하는 사실상의 규제력을 가지게 되는 것이므로, 모든 당구장 경영자의 직업종사·직업수행의 자유가 제한되어 헌법상 보장되고 있는 직업선택의 자유가 침해된다(헌재 1993. 5. 13, 92헌마80[체육시설의 설치·이용에 관한 법률 시행규칙 제 5 조에 대한 헌법소원]). 〈해설〉 이 사건규정은 국민 개인의 구체적인 권리의무에 직접 변동을 초래하는 규정(행정행위적 성질의 규정)은 아니고, 집행행위의 매개 없이 국민의 권익을 직접 규율하는 규정(자동집행적 법규명령)이다. 헌법재판소는 자동집행력을 갖는 법규명령(자동집행적 법규명령)을 헌법소원의 대상으로 보고 있다.

라. 결   어   다음과 같은 이유로 긍정설이 타당하다.

헌법소원제도의 기본권보장제도로서의 기능을 보장하기 위하여 명령·규칙에 대한 헌법소원을 인정하는 것이 타당하며 또한 이러한 해결이 헌법 제107조에 정면으로 배치되는 것은 아니다. 명령에 대한 헌법소원의 법적 근거는 헌법소원의 근거규정인 헌법 제111조 제 1 항 제 5 호와 헌법소원을 규율하는 헌법재판소법규정이다.

2) 행정입법에 대한 헌법소원의 요건   행정입법에 대한 헌법소원의 경우에도 일반적인 공권력 행사에 대한 헌법소원과 동일하게 헌법소원의 일반적 요건을 갖추어야 한다. 그런데, 행정입법에 대한 헌법소원의 경우에는 권리침해의 직접성과 보충성 요건충족 여부가 특히 논란이 될 수 있다.

보충성 요건상 대법원 판례에 의해 명령의 처분성이 인정된 경우 당해 명령에 대해 헌법소원이 인정될 수 없다.

명령의 처분성에 관하여 협의설을 취하는 경우에는 헌법소원이 인정될 여지가 더 크고, 광의설을 취하는 경우에도 헌법소원이 일절 부정되어야 하는 것은 아니다. 광의설에 의하면 법규명령의 처분성은 헌법소원의 요건인 기본권 침해의 직접성·구체성·현재성에 접근하겠지만, 헌법소원은 항고소송에 비해 객관소송적 성격이 보다 강한 점 등에 비추어 헌법소원의 요건인 기본권 침해의 직접성·구체성·현재성은 처분성보다 넓을 수 있으므로 법규명령이 처분이 아닌 경우에도 헌법소원의 요건을 충족하는 경우가 있을 수 있다.

헌법재판소는 법령이 집행행위의 매개없이 직접 기본권을 침해하고 있으면 널리 헌법소원을 인정하고 있다(헌재 1993. 5. 13, 92헌마80: 당구장 경영자인 청구인에게 당구장 출입문에 18세 미만자에 대한 출입금지 표시를 하게 하는 심판대상규정에 대한 헌법소원을 인정한 사례 등).

3) 헌법소원 제기기간   권리구제형 헌법소원의 심판은 그 사유가 있음을 안 날부터 90일 이내에, 그 사유가 있은 날부터 1년 이내에 청구하여야 한다. 다만, 다른 법률에 의한 구제절차를 거친 헌법소원의 심판은 그 최종결정을 통지받은 날로부터 30일 이내에 청구하여야 한다(헌법재판소법 제69조 제1항).

4) 헌법소원결정의 효력   헌법재판소법에 따르면 제68조 제1항에 따른 헌법소원을 인용할 때에는 헌법재판소는 기본권 침해의 원이 된 공권력의 행사를 취소하거나 그 불행사가 위헌임을 확인할 수 있다(제75조 제3항). 그런데 헌법재판소는 법규명령에 대한 헌법소원에서 인용결정의 형식으로 통상 단순위헌결정을 내리는데, 이 경우 당해 행정입법은 장래에 향하여 효력을 상실하게 된다.

헌법소원의 인용결정은 모든 국가기관과 지방자치단체를 기속한다(헌법재판소법 제75조 제1항).

> **문제의 해결**   명령(또는 조례)이 처분인 경우에는 취소소송(판례에 의하면 무효확인소송)을 제기하고, 명령(또는 조례)이 처분이 아닌 경우에는 헌법소원의 요건을 갖춘 경우 헌법소원의 대상이 된다. 명령에 대한 항고소송 또는 헌법소원 제기기간이 지난 경우에는 명령(또는 조례)에 근거한 처분을 다투면서 명령(또는 조례)의 위법을 주장할 수 있다.
> 위법한 명령이 불법행위를 구성하는 경우 국가배상이 인정되고, 적법한 명령으로 특별한 희생이 발생한 경우 조정조치 또는 손실보상이 인정되어야 한다.

Ⅶ. 행정입법부작위

1. 의   의

행정입법부작위(行政立法不作爲)라 함은 행정권에게 명령을 제정·개정 또는 폐지할 법적 의무가 있음에도 합리적인 이유 없이 지체하여 명령을 제정·개정 또는 폐지하지 않는 것을 말한다.

2. 행정입법부작위의 요건

행정입법부작위가 인정되기 위하여는 ① 행정권에게 명령을 제정·개폐할 법적 의무가 있어야 하고, ② 상당한 기간이 지났음에도 불구하고, ③ 명령이 제정 또는 개폐되지 않았어야 한다.

(1) 명령제정·개폐의무

1) 시행명령제정의무

> 문제   법률은 제정되었으나 시행명령 또는 조례가 제정되지 않아 권익을 침해받고 있는 자는 어떠한 구제를 받을 수 있는가.

가. 인정근거

현행법상 행정권의 시행명령제정의무를 규정하는 명시적인 법률규정은 없다. 그러나, 삼권분립의 원칙·법치행정의 원칙을 당연한 전제로 하고 있는 헌법하에서 행정권의 시행명령제정·개정의무는 법적 의무로 보아야 할 것이다(헌재 1998. 7. 16, 96헌마246[전문의자격시험불실시 위헌확인 등]; 대판 2007. 11. 29, 2006다3561[임금]〈군법무관 보수청구 사건〉).

법률을 집행하는 것을 임무로 하는 행정권은 법률이 효과적으로 집행되도록 할 의무가 있고, 그 집행을 거절할 권한은 없는 것이다. 법률의 집행은 행정권의 권한이지만 동시에 행정권은 법률을 집행할 헌법적 책무를 진다.

> 판례1   삼권분립의 원칙, 법치행정의 원칙을 당연한 전제로 하고 있는 우리 헌법하에서 행정권의 행정입법 등 법집행의무는 헌법적 의무라고 보아야 한다. 왜냐하면 행정입법이나 처분의 개입 없이도 법률이 집행될 수 있거나 법률의 시행 여부나 시행시기까지 행정권에 위임된 경우는 별론으로 하고, 이 사건과 같이 치과전문의제도의 실시를 법률 및 대통령령이 규정하고 있고 그 실시를 위하여 시행규칙의 개정 등이 행해져야 함에도 불구하고 행정권이 법률의 시행에 필요한 행정입법을 하지 아니하는 경우에는 행정권에 의하여 입법권이 침해되는 결과가 되기 때문이다. 따라서 보건복지부장관에게는 헌법에서 유래하는 행정입법의 작위의무가 있다(헌재 1998. 7. 16, 96헌마246[전문의자격시험불실시위헌확인등]).

> 판례2   입법부가 법률로써 행정부에게 특정한 사항을 위임했음에도 불구하고 행정부가 정당한 이유

없이 이를 이행하지 않는다면 권력분립의 원칙과 법치국가 내지 법치행정의 원칙에 위배되는 것으로서 위법함과 동시에 위헌적인 것이 된다(대판 2007. 11. 29, 2006다3561[임금]〈군법무관 보수청구 사건〉).

나. 인정요건

주의할 것은 시행명령제정의무가 인정되기 위해서는 시행명령의 제정이 법률집행의 전제조건이 되어야 한다. 시행명령의 개입 없이 법률의 규정만으로 집행될 수 있는 경우에는 행정권에게 시행명령제정의무는 없다. 시행명령의 개입 없이 법률의 규정만으로 집행될 수 있는 경우라 함은 법률의 규정이 그 내용에 있어서 무조건적이고 충분하게 명확한 경우를 말한다.

판례1　[1] 행정입법의 부작위가 위헌·위법이라고 하기 위하여는 행정청에게 행정입법을 하여야 할 작위의무를 전제로 하는 것이고, 그 작위의무가 인정되기 위하여는 행정입법의 제정이 법률의 집행에 필수불가결한 것이어야 하는바, 만일 하위 행정입법의 제정 없이 상위 법령의 규정만으로도 집행이 이루어질 수 있는 경우라면 하위 행정입법을 제정하여야 할 작위의무는 인정되지 아니한다고 할 것이다(헌법재판소 2005. 12. 22. 선고 2004헌마66 결정 등 참조). [2] 행정자치부장관이 별도의 규정을 제정하지 아니하더라도 사법시험령은 그 시험의 성적을 산출하여 합격자를 결정하는 데 지장이 없을 정도로 충분한 규정을 두고 있고 또한 실제로 그간 제 2 차시험 성적의 세부산출방법 등에 관한 하위규정 없이도 사법시험이 차질 없이 실시되어 왔다. 따라서 사법시험령 제15조 제 8 항이 행정자치부장관에게 제 2 차시험 성적을 포함하는 종합성적의 세부산출방법 기타 최종합격에 필요한 사항을 정하는 것을 위임하고 있을지라도 행정자치부장관에게 그와 같은 규정을 제정할 작위의무가 있다고 보기 어렵다 할 것이므로, 행정자치부장관이 이를 정하지 아니하고 원고에게 불합격처분을 하였다 하더라도, 그 처분이 행정입법부작위로 인하여 위헌 또는 위법하다고 할 수 없다(대판 2007. 1. 11, 2004두10432[사법시험제 2 차시험불합격처분취소]).

판례2　건축제한지역을 지정고시하는 조례의 제정없이도 수권법령을 적용할 수 있다고 본 사례(대판 전원합의체 1999. 8. 19, 98두1857[건축허가신청서반려처분취소]).〈해설〉반면에 반대의견은 위임조례의 수권에 의해 구체적인 제한지역과 제한대상시설의 범위 등을 정하는 시장의 고시(법령보충적 고시)의 제정 없이는 수권법령을 적용할 수 없다고 보았다.

그러나, 입법부가 어떤 법률조항의 시행 여부나 시행 시기까지 행정권에 위임하여 재량권을 부여한 경우에는 행정권에게 행정입법의무가 있다고 볼 수 없다(헌재 1998. 7. 16. 96헌마246; 헌재 2023. 10. 26. 2020헌마93).

2) 위법한 명령의 개폐의무

법치주의의 원칙상 법규명령제정권자는 위헌·위법인 명령을 개폐할 의무가 있다고 보아야 한다. 행정기본법은 "정부는 권한 있는 기관에 의하여 위헌으로 결정되어 법령이 헌법에 위반되거나 법률에 위반되는 것이 명백한 경우 등 대통령령으로 정하는 경우에는 해당 법령을 개선하여야 한다."고 규정하고 있다(제39조 제 1 항). 법령의 위헌·위법이 명백한 대표적인 경우는 법령의 위헌·위법이 헌법재판소나 대법원에 의해 확인된 경우이다.

(2) 상당한 기간의 경과

법률을 시행하는 명령을 제정하기 위하여는 행정권에게 상당한 기간이 필요하다. 시행명령제정권한을 갖는 행정기관은 시행명령제정에 필요한 '합리적인 기간'을 갖는다고 보아야 한다. 얼마간의 기간이 합리적인 기간인가는 법령의 시행을 위한 여건의 마련과 시행명령제정상의 어려움에 따라 각 경우마다 개별적으로 판단되어야 할 것이다.

> **판례**   상위법령을 시행하기 위하여 하위법령을 제정하거나 필요한 조치를 함에 있어서는 상당한 기간을 필요로 하며 합리적인 기간 내의 지체를 위헌적인 부작위로 볼 수 없으나, 이 사건의 경우 현행 규정이 제정된 때(1976. 4. 15)로부터 이미 20년 이상이 경과되었음에도 아직 치과전문의제도의 실시를 위한 구체적 조치를 취하고 있지 아니하고 있으므로 합리적 기간 내의 지체라고 볼 수 없고, 법률의 시행에 반대하는 여론의 압력이나 이익단체의 반대와 같은 사유는 지체를 정당화하는 사유가 될 수 없다(헌재 1998. 7. 16, 96헌마246[전문의자격시험불실시 위헌확인 등]).

법률에서 시행일을 별도로 둔 취지가 법률의 집행을 위하여는 시행명령의 제정이나 법률의 집행을 위한 여건의 조성 등이 필요하고, 이를 위하여는 법률에서 정한 정도의 기간이 필요하다는 판단하에 시행일을 정한 경우에는 법률에서 정한 시행일을 구속력이 없는 것으로 보는 것이 타당할 것이다. 왜냐하면 입법자가 법률의 집행의 준비를 위하여 필요한 기간을 정확히 계산하여 정했다기보다는 필요한 대강의 기간을 정한 것으로 보는 것이 타당하기 때문이다.

다만, 법률상 정해진 시행일을 넘어 시행명령이 제정되지 않은 경우에는 시행명령제정 지체의 위법이 추정되고, 예외적으로 시행명령제정의 지체에 합리적인 이유가 있는 경우에 한하여 시행명령을 제정하지 않은 것이 위법이 되지 않는다고 보는 것이 타당하다. 시행명령제정기간을 지난 지체사유의 정당성은 행정기관이 입증하여야 한다.

(3) 명령의 제정 또는 개폐가 없었을 것

시행명령을 제정 또는 개정하였지만 그것이 불충분 또는 불완전하게 된 경우(부진정 행정입법부작위)에는 행정입법의 부작위가 아니다. 그러나, 시행명령으로 제정될 입법사항이 여럿이 있고 이들이 상호 독립적인 경우에 시행명령이 제정되었지만 입법사항 중 일부는 빠뜨리고 있는 경우에는 그 입법사항에 관하여는 입법부작위에 해당한다.

(4) 행정입법의무의 불이행(지체)에 정당한 이유가 없을 것

행정입법의무의 불이행에 정당한 이유가 있다고 인정되는 경우에는 행정입법부작위가 성립하지 않는다.

> **판례**   행정입법의무의 불이행에 정당한 이유가 있다고 인정되기 위해서는 그 위임 입법 자체가 헌법에 위반된다는 것이 누가 보아도 명백하거나, 위임 입법에 따른 행정입법의 제정이나 개정이 당시 실시되고 있는 전체적인 법질서 체계와 조화되지 아니하여 그 위임 입법에 따른 행정입법의무의 이행이 오히려 헌법질서를 파괴하는 결과를 가져옴이 명백할 정도는 되어야 한다(헌재 2004. 2. 26. 2001헌

마718; 헌재 2023. 10. 26. 2020헌마93: '사용종속관계의 정도 등을 고려하여 대통령령으로 정하는 직종에 종사하는 특수형태근로종사자의 경우'에는 예외적으로 사업주가 산재보험료를 전액 부담하도록 하였지만 위 대통령령이 제정되지 않은 사안). 〈의견 1〉 입법부가 행정부에 시행령의 제정이나 개정을 위임하면서 제시하고 있는 기준이 일의적이지 않고 구체적인 시행시기나 그 내용에 대하여 행정부에 광범위한 재량을 부여한 경우에, 행정부가 법의 위임 기준에 따른 행정입법을 이행하려 노력하였으나 이를 이행하는 것이 헌법상의 평등원칙 위반 등의 문제를 야기할 수밖에 없어 행정입법을 지체하고 있다면, 이러한 경우 역시 행정부가 위임 입법에 따른 시행명령을 제정하지 못한 것에 정당한 이유가 있다고 할 것이다(헌재 2023. 10. 26. 2020헌마93 재판관 문형배, 재판관 김형두, 재판관 정정미의 기각의견). 〈의견 2〉 위임규정에 따른 행정입법의 제정이 입법기술상 원천적으로 불가능한 경우 시행명령을 제정하지 못한 것에 정당한 이유가 있다고 할 것이지만, 이 사건 위임규정에 따른 행정입법의 제정이 입법기술상 원천적으로 불가능한 것은 아니라고 보아야 한다(헌재 2023. 10. 26. 2020헌마93 재판관 김기영, 재판관 이미선의 인용 의견).

3. 행정입법부작위에 대한 권리구제

(1) 행정입법부작위에 대한 항고소송의 가능성

행정입법부작위가 부작위위법확인소송의 대상이 되는 행정소송법상의 "부작위"인가. 현행 행정소송법상의 부작위 개념(행정소송법 제2조 제1항 제2호)에 의할 때 행정입법부작위가 부작위위법확인소송의 대상이 된다고 보기 위하여 해결해야 할 가장 큰 문제는 부작위가 성립하기 위하여는 행정청에게 "처분을 하여야 할 법률상 의무"가 있어야 한다는 점이다.

1) 부 정 설

판례는 다음과 같은 취지로 행정입법부작위는 성질상 부작위위법확인소송의 대상이 되지 않는다고 판시하고 있다.

> 판례 행정소송은 구체적인 사건에 대한 법률상 분쟁을 법에 의하여 해결함으로써 법적 안정을 기하자는 것이므로 부작위위법확인소송의 대상이 될 수 있는 것은 구체적 권리의무에 관한 분쟁이어야 하고 추상적인 법령에 관하여 제정의 여부 등은 그 자체로서 국민의 구체적인 권리의무에 직접적인 변동을 초래하는 것이 아니어서 행정소송의 대상이 될 수 없다(대판 1992. 5. 8, 91누11261[행정입법부작위처분 위법확인]: 안동댐 건설로 손실을 받은 주민들이 적정한 보상을 하여야 한다고 규정한 특정다목적댐법을 시행하는 시행령을 주민들의 입법청구에도 불구하고 제정하지 않아 손실을 보상받지 못하고 있다고 주장하면서 대통령령이 손실보상청구절차 및 방법을 정하지 아니한 것은 행정입법부작위처분에 해당하는 것으로 위법하다고 하면서 부작위위법확인소송을 제기한 사건이다).

2) 긍 정 설

이 견해는 시행명령제정신청에 대한 부작위로 직접 구체적으로 권익침해를 당한 경우 당해 행정입법부작위는 행정소송법상 부작위위법확인소송의 대상이 되는 부작위라고 보고 부작위위법확인소송이 제기될 수 있다고 본다.

3) 결 어

긍정설이 타당하다. 처분적 명령이 항고소송의 대상이 되므로 처분성이 있는 행정입법의 부작위도 부작위위법확인소송의 대상이 된다고 보아야 한다. 다만, 시행명령제정을 신청하고 행정권이 이를 거부 또는 보류한 경우에만 그 거부처분이나 부작위에 대하여 항고소송이 인정된다. 행정소송법상 부작위는 신청을 전제로 하여 상당한 기간 내에 일정한 처분을 하지 아니하는 것을 의미하는 것이기 때문이다.

(2) 부진정입법부작위에 대한 사법적 통제 등

부진정입법부작위는 입법부작위가 아니므로 그 자체가 항고소송이나 헌법소원의 대상이 될 수 없고, 불완전 법령의 위법 여부를 다투어야 한다.

> 판례 "부진정입법부작위"를 대상으로, 즉 입법의 내용·범위·절차 등의 결함을 이유로 헌법소원을 제기하려면 이 경우에는 결함이 있는 당해 입법규정 그 자체를 대상으로 하여 그것이 평등의 원칙에 위배된다는 등 헌법위반을 내세워 적극적인 헌법소원을 제기하여야 하며, 이 경우에는 헌법재판소법 소정의 제소기간(청구기간)을 준수하여야 한다(헌재 1996. 10. 31, 94헌마108[입법부작위위헌확인]).

부진정입법부작위가 입법재량의 일탈·남용(수권의 범위 일탈, 상위법령에의 위반 등)에 해당하면 그 한도내에서 위법·무효이고, 입법재량의 일탈·남용에 해당하지 않는 입법의 불비에 해당하는 경우에는 법령의 해석(확대해석, 엄격해석 등) 또는 유추적용을 통해 입법의 불비를 보충할 수 있다.

(3) 행정입법부작위에 대한 당사자소송의 가능성

항고소송의 대상이 되지 않는 행정작용에 대한 국민의 재판을 받을 권리를 보장하기 위하여 행정입법부작위에 대해 규범제정을 요구하는 당사자소송을 인정하여야 한다는 견해가 있다(정남철, "행정입법부작위에 대한 사법적 통제: 당사자소송에 의한 규범제정요구소송의 실현가능성을 중심으로," 저스티스 통권 제110호, 2009. 4, 194~271면). 이에 대하여는 규범제정과 같은 권력적 행위는 당사자소송의 대상이 될 수 없다는 비판이 가능하다.

(4) 행정입법부작위에 대한 헌법소원의 가능성

행정입법에 대한 헌법소원을 긍정하는 견해에 의하면 시행명령을 제정할 법적 의무가 있는 경우에 명령제정의 거부나 입법부작위도 '공권력의 행사나 불행사'이므로 당연히 헌법소원의 대상이 된다(헌재 2004. 2. 26, 2001헌마718[입법부작위위헌확인]).

다만, 헌법소원이 인정되기 위하여는 행정입법권의 불행사로 기본권이 직접적·구체적으로 침해되었어야 한다.

헌법소원의 대상이 되는 불행사란 공권력이 행사될 법적 의무가 있음에도 공권력이 행사되지 않는 것을 말하며 국민의 신청을 전제로 하지 않는다. 따라서, 시행명령제정의

지체가 지나친 경우에는 사전에 시행명령제정의 신청을 할 필요 없이 시행명령제정의 불
행사에 대하여 헌법소원을 제기할 수 있다.

  행정입법부작위에 대하여 부작위위법확인소송이 제기될 수 있다면 보충성의 원칙에
의해 헌법소원이 인정될 수 없다.

> **판례**   법률이 군법무관의 보수를 판사, 검사의 예에 의하도록 규정하면서 그 구체적 내용을 시행
> 령에 위임하고 있다면, 이는 군법무관의 보수의 내용을 법률로써 일차적으로 형성한 것이고, 따라서
> 상당한 수준의 보수청구권이 인정되는 것이라 해석함이 상당하다. 그러므로 이 사건에서 대통령이 법
> 률의 명시적 위임에도 불구하고 지금까지 해당 시행령을 제정하지 않아 그러한 보수청구권이 보장되
> 지 않고 있다면 그러한 입법부작위는 정당한 이유 없이 청구인들의 재산권을 침해하는 것으로서 헌법
> 에 위반된다(헌재 2004. 2. 26, 2001헌마718).

(5) 국가배상청구의 가능성

  행정입법부작위로 인하여 손해가 발생한 경우에 과실이 인정되는 경우에는 국가배상
청구가 가능하다.

> **판례**   구 군법무관임용법 제 5 조 제 3 항과 군법무관임용 등에 관한 법률 제 6 조가 군법무관의 보
> 수의 구체적 내용을 시행령에 위임했음에도 불구하고 행정부가 정당한 이유 없이 시행령을 제정하지
> 않은 것은 군법무관의 보수청구권을 침해하는 불법행위에 해당한다(대판 2007. 11. 29, 2006다3561[임
> 금]〈군법무관 보수청구 사건〉).

> **문제의 해결**   시행명령 또는 시행조례의 미제정이 행정소송법상 부작위에 해당하는 경우 부작위
> 위법확인소송을 제기할 수 있고, 시행명령 또는 시행조례의 미제정을 행정소송법상의 부작위로
> 보지 않는 견해(대법원 판례)에 의하면 헌법소원을 제기할 수 있다. 판례는 시행명령 또는 시행조
> 례의 미제정을 항고소송법상 부작위로 보지 않고 부작위위법확인소송의 대상으로 보지 않는다.

제 3 절   행정규칙

I. 행정규칙의 의의

  행정규칙(行政規則)이라 함은 행정조직내부에서의 행정의 사무처리기준으로서 제정된
일반적·추상적 규범을 말한다. 실무에서의 훈령·통첩·예규 등이 행정규칙에 해당한다.

Ⅱ. 행정규칙의 종류

1. 행정규칙의 규율대상 및 내용에 따른 분류

(1) 조직규칙

조직규칙(組織規則)이라 함은 행정조직내부에서의 행정기관의 구성 및 권한배분 및 업무처리절차를 정하는 행정규칙을 의미한다. 예를 들면, 전결권을 정하는 직무대리규정은 조직규칙이다.

(2) 영조물규칙

영조물규칙(營造物規則)이라 함은 영조물의 관리청이 영조물의 조직·관리 및 사용을 규율하기 위하여 제정하는 규칙을 말한다. 영조물규칙은 영조물의 내부조직관계를 규율하는 경우도 있지만 영조물의 사용에 관한 부분은 대외적 관계에 영향을 미친다.

(3) 법령해석규칙

법령해석규칙(法令解釋規則)이라 함은 법령의 해석을 규정한 행정규칙을 말한다. 법령해석규칙은 법령집행기관의 법령해석의 어려움을 덜어 주고 통일적인 법적용을 도모하기 위하여 제정된다.

(4) 재량준칙

재량준칙(裁量準則)이라 함은 재량권 행사의 기준을 제시하는 행정규칙을 말한다.

(5) 법률대체적 규칙

법률대체적 규칙(法律代替的 規則)이라 함은 행정권 행사의 기준 및 방법에 관하여 법령에 의한 규율이 없는 영역에서 행정권 행사의 기준을 정하는 행정규칙을 말한다. 예를 들면, 법률이 특정 분야에서 단지 보조금을 지급할 수 있다고만 규정하고 있는 경우에 제정되는 보조금의 지급기준을 정하는 행정규칙은 법률대체적 규칙이다.

가이드라인은 법령대체적 행정규칙의 성질을 갖는 것으로 볼 수 있다. 가이드라인은 엄격한 의미의 행정규칙보다는 정책지침의 성격이 강하고, 특별한 사정이 있는 경우에 다른 규율의 가능성을 행정규칙보다 더 널리 열어놓고 있는 행정규범으로 볼 수 있다.

(6) 기술규칙

기술규칙이란 기술의 기준, 표준, 규격 등을 정한 기술규율을 말한다. 기술규칙 중 행정기관이 정한 것은, 고시의 형식으로 정해지는 경우가 많은데, 행정규칙의 성질을 갖는다. 기술규칙 중 법령(예, 식품위생법 제 7 조)에 근거하여 제정되는 것(예, 식품공전)은 법령보충적 행정규칙의 성질을 갖는다.

인공지능에서의 알고리즘이나 프로그램은 기술규칙에 준하는 것으로 볼 수 있다.

2. 법령상 및 실무상의 분류

행정규칙은 실무상 훈령, 예규, 고시, 규정, 규칙, 지시, 지침, 통첩 등의 명칭으로 제정된다. 행정규칙은 법령상 "훈령·예규 등" 또는 "훈령·예규·고시"라는 명칭으로 표시된다(「훈령·예규 등의 발령 및 관리에 관한 규정」(대통령 훈령) 제 2 조).

(1) 훈　　령

훈령(訓令)이라 함은 상급기관이 하급기관에 대하여 상당히 장기간에 걸쳐서 그 권한의 행사를 일반적으로 지시하기 위하여 발하는 명령을 말한다. 훈령 중 일반적·추상적 성질을 갖는 것만이 행정규칙이다.

(2) 예　　규

예규(例規)라 함은 법규문서 이외의 문서로서 반복적 행정사무의 기준을 제시하는 것을 말한다.

(3) 고　　시

고시라 함은 일정한 사항을 불특정 다수인에게 알리는 것을 말한다. 고시(告示)가 행정사무의 처리기준이 되는 일반적·추상적 규범의 성질을 갖는 경우 행정규칙이다. 이 행정규칙인 고시는 행정기관이 일정한 사항을 불특정 다수인에게 통지하는 방법인 고시와 구별되어야 한다.

> **판례**　　고시 또는 공고의 법적 성질은 일률적으로 판단될 것이 아니라 고시에 담겨진 내용에 따라 구체적인 경우마다 달리 결정된다고 보아야 한다. 즉, 고시가 일반·추상적 성격을 가질 때는 법규명령 또는 행정규칙에 해당하지만, 고시가 구체적인 규율의 성격을 갖는다면 행정처분에 해당한다. 이 사건 국세청고시는 특정 사업자를 납세병마개 제조자로 지정하였다는 행정처분의 내용을 모든 병마개 제조자에게 알리는 통지수단에 불과하므로, 청구인의 이 사건 국세청고시에 대한 헌법소원심판청구는 고시 그 자체가 아니라 고시의 실질적 내용을 이루는 국세청장의 위 납세병마개 제조자 지정처분에 대한 것으로 해석함이 타당하다(헌재 1998. 4. 30, 97헌마141[특별소비세법시행령 제37조 제 3 항 등 위헌확인]).

고시가 일반적·구체적 성질을 가질 때에는 '일반처분'에 해당하며 고시의 내용이 어떤 물건의 성질 또는 상태를 규율하는 내용을 담고 있을 때에는 물적 행정행위라고 보아야 한다(김남진, 192면).

> **판례**   구 청소년보호법(2001. 5. 24. 법률 제6479호로 개정되기 전의 것)에 따른 청소년유해매체물
> 결정 및 고시처분은 당해 유해매체물의 소유자 등 특정인만을 대상으로 한 행정처분이 아니라 일반 불
> 특정 다수인을 상대방으로 하여 일률적으로 표시의무, 포장의무, 청소년에 대한 판매·대여 등의 금지
> 의무 등 각종 의무를 발생시키는 행정처분이다(대판 2007. 6. 14, 2004두619[청소년유해매체물결정 및 고
> 시처분무효확인]).

행정규칙인 고시가 법령의 수권에 의해 법령을 보충하는 사항을 정하는 경우(행정규
제기본법 제 4 조 제 2 항)에는 법령보충적 고시로서 근거법령규정과 결합하여 대외적으로 구
속력 있는 법규명령의 효력을 갖는다(대판 1999. 11. 26, 97누13474[부동산양도허가신청반려처분
취소]). 법령보충적 고시는 법령(법규명령)이고, 행정규칙이 아니다.

Ⅲ. 행정규칙의 법적 성질 및 구속력 [2002 입시 약술, 2017 감평 사례]

행정규칙의 법적 성질의 문제라 함은 행정규칙이 법규인지에 관한 행정규칙의 법규성
(法規性)의 문제를 말하고, 행정규칙의 구속력(拘束力)이란 행정규칙이 법적 구속력을 갖는
가의 문제이다. 행정규칙의 법적 구속력에는 행정조직내부에서의 구속력(대내적 구속력)과
행정행위의 상대방인 국민 또는 법원에 대한 구속력(대외적 구속력)이 있다.

> **판례1**   행정기관 내부의 업무처리지침이나 법령의 해석·적용 기준을 정한 행정규칙은 특별한 사정
> 이 없는 한 대외적으로 국민이나 법원을 구속하는 효력이 없다. 처분이 행정규칙을 위반하였다고 해서
> 그러한 사정만으로 곧바로 위법하게 되는 것은 아니고, 처분이 행정규칙을 따른 것이라고 해서 적법성
> 이 보장되는 것도 아니다. 처분이 적법한지는 행정규칙에 적합한지 여부가 아니라 상위법령의 규정과
> 입법 목적 등에 적합한지 여부에 따라 판단해야 한다(대판 2019. 7. 11, 2017두38874; 대판 2021. 10. 14,
> 2021두39362).

> **판례2**   (1) 행정기관이 소속 공무원이나 하급행정기관에 대하여 세부적인 업무처리절차나 법령의
> 해석·적용 기준을 정해 주는 '행정규칙'은 상위법령의 구체적 위임이 있지 않는 한 조직 내부에서만
> 효력을 가질 뿐 대외적으로 국민이나 법원을 구속하는 효력이 없다. (2) 행정규칙이 이를 정한 행정기
> 관의 재량에 속하는 사항에 관한 것인 때에는 그 규정 내용이 객관적 합리성을 결여하였다는 등의 특
> 별한 사정이 없는 한 법원은 이를 존중하는 것이 바람직하다. (3) 그러나 행정규칙의 내용이 상위법령
> 이나 법의 일반원칙에 반하는 것이라면 법질서상 당연무효이고, 행정내부적 효력도 인정될 수 없다.
> 이러한 경우 법원은 해당 행정규칙이 법질서상 부존재하는 것으로 취급하여 행정기관이 한 조치의 당
> 부를 상위법령의 규정과 입법 목적 등에 따라서 판단하여야 한다. (4) 한국수력원자력 주식회사가 조
> 달하는 기자재, 용역 및 정비공사, 기기수리의 공급자에 대한 관리업무 절차를 규정함을 목적으로 제
> 정·운용하고 있는 '공급자관리지침' 중 등록취소 및 그에 따른 일정 기간의 거래제한조치에 관한 규정
> 들은 공공기관으로서 행정청에 해당하는 한국수력원자력 주식회사가 상위법령의 구체적 위임 없이 정
> 한 것이어서 대외적 구속력이 없는 행정규칙이다(대판 2020. 5. 28, 2017두66541).

1. 행정규칙의 법적 성질과 법규개념

행정법에서 **법규**(法規)라는 개념은 **협의**로 사용될 때에는 행정주체와 국민의 권리의무에 관한 사항을 정하는 일반적·추상적인 구속력 있는 규범(실질설) 또는 법령의 형식으로 제정된 일반적·추상적 규범(형식설)을 말하며 **광의로는** 행정사무의 처리기준이 되는 일반적·추상적인 구속력 있는 규범을 말한다.

광의의 법규개념을 취하면 행정규칙을 법규라고 할 수 있다. 그러나, 협의의 법규개념을 취하면 행정규칙은 원칙상 법규라고 할 수 없다.

2. 행정규칙의 대내적 구속력(효력)

행정규칙은 원칙상 대내적 구속력이 있다. 행정규칙(특히 훈령)은 상급행정기관의 감독권에 근거하여 하급행정기관에 대하여 발해지는 것이므로 행정규칙은 하급행정기관에 대한 상급행정기관의 직무명령의 성격을 아울러 가지므로 하급행정기관은 공무원법상의 복종의무($^{국가공무원법}_{제57조}$)에 따라 행정규칙을 준수할 법적 의무를 진다. 그리하여 하급행정기관이 행정규칙에 따르지 않고 처분을 한 것은 징계사유가 된다.

3. 행정규칙의 외부적(대외적) 구속력과 법적 성질

행정규칙의 **대외적인 법적 구속력**이란 국민이 행정행위가 행정규칙에 위반하였다는 것을 이유로 행정행위의 위법을 주장할 수 있는가 하는 것과 행정규칙이 법원에 대하여 재판규범이 되는가 하는 문제이다. 행정규칙의 대외적 구속력을 인정하면 행정규칙을 위반한 행정작용은 그것만으로 위법하고, 행정규칙에 대외적 구속력을 인정하지 않으면 행정작용이 행정규칙에 위반하였다는 것만으로는 위법하게 되지 않는다.

판례는 원칙상 행정규칙의 대외적 구속력을 부정하지만(대판 2013. 5. 23, 2013두3207[유가보조금환수처분취소]), 행정규칙의 외부적 구속력 및 법적 성질은 행정규칙의 유형에 따라 다르다고 보는 것이 타당하므로 행정규칙의 유형별로 이 문제를 검토하기로 한다.

> **판례** 행정처분이 법규성이 없는 내부지침 등의 규정에 위배된다고 하더라도 그 이유만으로 처분이 위법하게 되는 것은 아니고, 또 내부지침 등에서 정한 요건에 부합한다고 하여 반드시 그 처분이 적법한 것이라고 할 수도 없다. 처분의 적법 여부는 그러한 내부지침 등에서 정한 요건에 합치하는지 여부가 아니라 일반 국민에 대하여 구속력을 가지는 법률 등 법규성이 있는 관계 법령의 규정을 기준으로 판단하여야 한다(대판 2018. 6. 15, 2015두40248).

(1) 조직규칙

조직규칙(組織規則)에 대하여 외부적 구속력을 인정하는 견해도 있지만, 다음과 같은 이유에서 조직규칙은 내부적 구속력만 갖고 대외적으로는 구속력이 없는 것으로 보는 견해(부정설)가 타당하다. ① 법령에 의해 정해진 조직 내에서의 조직규칙이 정한 조직에 관한 사항은 순수한 내부적인 사항이다. ② 권한의 내부위임 또는 전결권한에 관한 조직규칙을 위반한 권한행사가 위법으로 되는 것은 당해 조직규칙을 위반하여서가 아니라 권한 없는 행위이기 때문이다.

다만, 조직규칙인 전결규정을 위반하였어도 처분청의 이름으로 처분을 한 경우에는 당해 위법은 중대·명백한 위법은 아니므로 취소할 수 있는 위법으로 보는 것이 타당하다.

(2) 영조물규칙 [2007 행시(재경직 및 기타) 사례]

영조물규칙($^{학칙, 교도소}_{규칙 등}$) 중에는 조직규칙인 것도 있고 재량준칙(영조물이용규칙의 경우)인 것도 있으며 학칙과 같이 법규명령(자치법규)인 것도 있다. 영조물이용규칙을 특별명령으로 보고 법규성을 인정하는 견해도 있다.

(3) 법령해석규칙

1) 원칙상 부정

법령해석규칙(法令解釋規則)은 대외적 구속력을 갖지 않는다. 법령을 해석하는 권한은 최종적으로 법원에 있으므로 행정기관의 법령해석이 법원을 구속할 수 없다. 또한 법령해석이란 법령의 의미를 명확히 하는 것일 뿐 새로운 사항을 정하는 것은 아니므로 법령해석규칙이 독자적인 행위규범이 되지 못한다.

행정권 행사의 위법 여부는 직접 법령의 규정에 비추어 판단되는 것이며 법령해석규칙이 기준이 되지 않는다. 법령해석규칙이 법령을 제대로 해석하고 있는 경우에도 해석규칙에 따라 행해진 처분이 적법하게 되는 것은 법령해석규칙에 따랐기 때문이 아니라 법령에 적합하기 때문이다.

2) 신뢰보호

문제는 법령해석규칙이 위법한 경우에 그 위법한 해석규칙에 의해 행정처분이 반복됨으로써 행정관행이 성립된 경우에 행정의 상대방은 위법한 해석규칙의 계속적인 적용을 주장할 수 있는가 하는 것이다.

① 행정규칙에 의한 해석이 일반적으로 국민들에게 받아들여진 때에는 행정절차법 제 4 조 제 2 항이 적용된다.

② 행정규칙에 의한 해석이 일반적으로 국민들에게 받아들여지지 아니한 경우에도 신뢰보호의 원칙의 적용요건에 해당하는 경우 신뢰보호의 원칙이 적용된다.

3) 예외적 구속력

법령해석규칙이 불확정개념에 관한 것이고 그 불확정개념의 해석에 있어서 행정청에게 판단여지가 인정되는 경우($^{원자력}_{안전규칙}$)에는 당해 해석규칙은 대외적 구속력을 갖는다고 보아야 한다.

판례 〈국민건강보험공단이 직장가입자의 피부양자로 등록되어 있는 동성동반자인 甲을 국민건강보험공단의 '자격관리 업무지침'(이하 '이 사건 지침'이라 한다)에서 직장가입자의 피부양자로 규정된 '사실상 혼인관계에 있는 사람'으로 해석·적용하지 않고 지역가입자로 변경하여 보험료를 부과하는 처분을 한 것에 대해 취소소송을 제기한 사건〉 [1] 행정청이 내부준칙을 제정하여 그에 따라 장기간 일정한 방향으로 행정행위를 함으로써 행정관행이 확립된 경우, 그러한 내부준칙이나 확립된 행정관행을 통한 행정행위에 대해서도 헌법상 평등원칙이 적용된다. 〈해설〉 재량준칙 및 그에 따른 처분이 평등원칙에 위반되는지를 검토할 수 있다. 그러나 해석규칙 및 그에 따른 처분이 평등원칙 위반인지를 논하는 것은 타당하지 않다. 이 경우에는 해석의 대상이 되고 처분의 근거가 된 법령이 평등원칙에 위반하는지를 검토해야 한다. 이러한 점에서 판례가 행정규칙이 재량준칙인지 해석규칙인지를 특정하지 않고, 계쟁처분이 재량처분인지 기속처분인지를 특정하지 않고 평등원칙을 적용할 수 있다고 한 것은 문제가 있다. [2] 갑이 동성인 을과 교제하다가 서로를 동반자로 삼아 함께 생활하기로 합의하고 동거하던 중 결혼식을 올린 뒤 국민건강보험공단에 건강보험 직장가입자인 을의 사실혼 배우자로 피부양자 자격취득 신고를 하여 피부양자 자격을 취득한 것으로 등록되었는데, 이 사실이 언론에 보도되자 국민건강보험공단이 갑을 피부양자로 등록한 것이 '착오 처리'였다며 갑의 피부양자 자격을 소급하여 상실시키고 지역가입자로 갑의 자격을 변경한 후 그동안의 지역가입자로서의 건강보험료 등을 납입할 것을 고지한 사안에서, 위 처분이 행정절차법 제21조(처분의 사전통지) 제 1 항과 헌법상 평등원칙을 위반하여 위법하다고 한 사례(대판 전원합의체 2024. 7. 18, 2023두36800[보험료부과처분취소]). 〈관련법령〉 국민건강보험법 제 5 조는 직장가입자의 "배우자"를 건강보험의 피부양자가 된다고 규정하고 있고(제 2 항 제 1 호), 피부양자 자격의 인정 기준 등은 보건복지부령으로 정한다고 규정하고 있다(제 3 항). 국민건강보험법 제 5 조 제 3 항의 위임을 받은 국민건강보험법 시행규칙 제 2 조 제 1 항 제 1 호[별표 1]은 피부양자 자격의 인정기준 중 부양요건을, 제 2 호[별표 1의2]는 소득 및 재산요건을 각각 정하고 있다. 건강보험의 보험자인 국민건강보험공단은 '자격관리 업무지침'(이하 '이 사건 지침'이라 한다)을 마련하여 '사실상 혼인관계에 있는 사람'도 배우자에 준하여 피부양자로 인정하고, 직장가입자와 그 배우자가 혼인의 의사로 부부공동생활을 유지하고 있음을 확인하는 내용의 인우보증서 제출만으로 사실상 혼인관계가 소명되는 것으로 정하고 있다. 〈참고사항〉 국민건강보험법 제 5 조 제 3 항이 피부양자 자격의 인정 기준 등은 보건복지부령으로 정한다고 규정하고 있고, 건강보험의 피부양자를 정하는 문제는 건강보험정책상의 문제이므로 보건복지부장관은 법률의 수권의 범위내에서 국민건강보험법 제 5 조 제 2 항 제 1 호(이하 '쟁점 규정'이라 한다)의 '배우자'의 구체적 인정기준을 정하는 점에서 행정입법재량을 갖는다. 그런데, 보건복지부령인 국민건강보험법 시행규칙 제 2 조 제 1 항 제 1 호[별표 1]은 피부양자 자격의 인정기준 중 부양요건 및 제 2 호[별표 1의2]는 소득 및 재산요건을 정하고 있을 뿐 '쟁점 규정'인 '배우자'의 구체적 인정기준은 규정하지 않고 있다. 이러한 상황에서 볼 때 이 사건에서 <u>적용법규정은 직장가입자의 "배우자"를 건강보험의 피부양자가 된다고 규정하고 있는 국민건강보험법 제 5 조 제 2 항 제 1 호이다.</u> 달리 말하면 이 사건에서 동성 동반자인 갑이 국민건강보험법 제 5 조 제 2 항 제 1 호의 배우자에 해당하는지가 문제되고 있다. 그리고, 이 사건 지침 중 직장가입자와 그 배우자가 혼인의 의사로 부부공동생활을 유지하고 있음을 확인하는 내용의 인우보증서 제출만으로 사실상 혼인관계가 소명되는 것으로 정하고 있는 부분은 판례의 다수의견과 달리 피부양자인 배우자의 인정기준이 아니라 피부양자인 배우자라는 사실을 인정하는 방법을 정한 것으로 보는 것이 타당하다. 〈평석〉 ① 국민건강보험공단의 '자격관리 업무지침'(이하 '이 사건 지침'이라 한다) 중 '사실상 혼인관계에 있는 사람'도 배우자에 준하여 피부양자로 인정하는 규정은 행정규칙 중 해석규칙인가 아니면 재량준칙인가?

　　1) 해석규칙설: 이 견해의 논거는 다음과 같다: 국민건강보험법 제 5 조에서 정한 "배우자"라는 개념은 불확정개념이지만 사회통념상 일의적으로 해석할 수 있는 개념이고, 재량개념이나 판단여지가 인정될 성질의 개념이 아니다. 따라서, '이 사건 지침'에서 '사실상 혼인관계에 있는 사람'도 배우자에 준

하여 피부양자로 인정하는 규정은 국민건강보험법 제 5 조에서 정한 "배우자"라는 개념을 해석한 것이다.

2) 재량준칙설: 이 견해의 논거는 다음과 같다: 국민건강보험법 제 5 조 제 3 항이 피부양자 자격의 인정 기준 등은 보건복지부령으로 정한다고 규정하고 있고, 국민건강보험상 피보험자의 구체적 범위 결정은 정책적 성격을 갖는다. 건강보험의 피부양자로 인정하는 문제와 민법 내지 가족법상 '배우자'의 범위를 해석·확정하는 문제는 다른 문제이다(판결에서 다수의견). 따라서, 피부양자인 "배우자"를 결정하는 것은 재량결정으로 보아야 한다. 그리고, '이 사건 지침' 중 '사실상 혼인관계에 있는 사람'도 배우자에 준하여 피부양자로 인정하는 규정은 재량결정의 기준을 정한 것이므로 재량준칙이다.

3) 판례: 판례는 명확하지는 않지만, 이 사건 지침을 해석규칙으로 보면서도 '이 사건 지침'과 그에 따른 처분에 평등원칙을 적용한 점에서 이 사건 지침의 재량준칙적 성격도 인정한 것으로 볼 수 있다.

4) 결어: 국민건강보험관리공단은 정책결정기관이 아니라 집행기관이므로 국민건강보험관리공단의 피부양자로서의 배우자의 해석에 판단여지 내지 재량(정책재량)을 인정하는 것은 타당하지 않다. 피부양자로서의 배우자의 구체적 인정기준을 정하는 권한은 보건복지부장관에게 있다. 그리고, 건강보험 피부양자의 구체적 범위를 정하는 문제는 중요한 입법사항이므로 법령에서 정하여야 한다. 그런데, 현행 법령상 보건복지부령인 국민건강보험법 시행규칙 제 2 조 제 1 항 제 1 호[별표 1]은 '쟁점 규정'인 '배우자'의 구체적 인정기준은 규정하지 않고 있지 않으므로 이 사건에서 적용법규정은 직장가입자의 "배우자"를 건강보험의 피부양자가 된다고 규정하고 있는 국민건강보험법 제 5 조 제 2 항 제 1 호이다. 그런데, "배우자"라는 개념은 사회통념상 일의적으로 해석할 수 있는 개념이고, 재량개념이나 판단여지가 인정될 성질의 개념이 아니므로 이 사건에서 동성 동반자인 갑이 국민건강보험법 제 5 조 제 2 항 제 1 호의 배우자가 될 수 있는지에 관하여 재량이 인정될 수 없다. 따라서, 해석규칙설이 타당하다.

② '동성 동반자'를 '사실상 혼인관계에 있는 사람'과 달리 피부양자에서 제외하여 지역가입자로 분류하는 것이 합리적 근거 없는 자의적 차별인지 여부가 문제된다.

1) 자의적 차별설(판결에서 다수의견): 동성 동반자는 직장가입자와 단순히 동거하는 관계를 뛰어 넘어 동거·부양·협조·정조의무를 바탕으로 부부공동생활에 준할 정도의 경제적 생활공동체를 형성하고 있다는 점에서 차이가 없는 점, 자격관리 업무지침에 따르면 '사실상 혼인관계에 있는 사람'의 경우 피부양자로 인정받기 위해서는 인우보증서를 제출해야 하는데, 동성 동반자도 이러한 내용의 인우보증서를 제출할 수 있다는 점에서 차이가 없는 점, 국민건강보험공단이 사실상 혼인관계에 있는 사람을 피부양자로 인정하는 이유는 그가 직장가입자의 동반자로서 경제적 생활공동체를 형성하였기 때문이지 이성 동반자이기 때문이 아닌 점 등에 비추어, 이러한 취급은 성적 지향을 이유로 본질적으로 동일한 집단을 차별하는 행위에 해당한다.

2) 합리적 차별설(판결에서 별개의견): 국민건강보험법상 '배우자'의 개념은 이성 간의 결합을 본질로 하는 '혼인'을 전제로 하고, '동성 동반자'는 이에 해당하지 않는다. 따라서, '동성 동반자'와 '사실상 혼인관계에 있는 사람'은 본질적으로 동일한 집단에 속한다고 볼 수 없고, 동성 동반자를 피부양자에서 제외하여 지역가입자로 분류한 것을 합리적 근거 없는 자의적 차별이라고 하기 어렵다.

③ 판례는 국민건강보험공단의 '이 사건 지침' 및 그에 따른 처분에 평등원칙을 적용하였는데, 이러한 판례의 입장이 타당한가? 이 문제는 이 사건 지침이 재량준칙인지 아니면 해석규칙인지 그리고, 해석규칙에 판단여지 내지 재량이 인정될 수 있는지에 따라 결정된다.

만약 피부양자인 배우자의 구체적 범위를 결정할 재량권이 국민건강보험공단에 있다고 보면 이 사건 지침은 재량준칙이고, 이 사건 지침과 이에 따른 처분에 평등원칙을 적용할 수 있다.

이에 반하여 이 사건 지침을 해석규칙이라고 본다면 이 사건 지침과 이에 따른 처분에 평등원칙을 적용하는 것은 타당하지 않다. 왜냐하면 법우위의 원칙 및 법원의 최종적 법해석권에 비추어 해석규칙이 법규정에 합치하면(적법하면) 그에 따라야 하고, 해석규칙이 법규정에 합치하지 않으면(위법하면) 그에 따르지 않아야 하고, 불법 앞의 평등은 인정되지 않기 때문이다. 다만, 위법한 해석규칙이나 그에 따른 관행에 대한 귀책사유없는 신뢰는 보호하여야 한다. 다만, 법령해석이 고도로 전문적이거나 고도로 정책적인 경우 판단여지를 인정할 수 있다(판단여지도 재량으로 보면 재량을 인정할 수 있다). 따라서, '사실상 혼인관계에 있는 사람' 나아가 동성 동반자도 배우자에 준하여 피부양자로 인정하는 것이 고도로 전문적인 사항이거나 고도로 정책적인 사항이라면 그 행정해석에 판단여지(또는 재량)를 인정할 수 있고, 이 경우 담당행정기관의 그러한 해석기준이나 해석이 합리적이라면 존중하여야 한다(그 해석기준은 평등원칙을 매개로 간접적인 구속력을 갖는다). 따라서, 이 경우에는 평등원칙을 적용할 수 있다.

생각건대, 다음과 같은 이유에서 피부양자인 배우자의 구체적 범위를 결정할 재량권이 국민건강보험공단에 있다고 볼 수 없고, 따라서, 이 사건 지침은 해석규칙이고, 이 사건 지침과 이에 따른 처분에 평등원칙을 적용할 수 없다. 즉, 피부양자 자격의 인정 기준은 중요한 사항이고 법률에서도 피부양자 자격의 인정 기준을 보건복지부령으로 정하도록 수권하고 있으므로 피부양자인 배우자의 구체적 범위는 보건복지부장관이 정하여야 한다고 보아야 한다. 정책결정기관이 아니고 집행기관인 국민건강보험공단은 '사실상 혼인관계에 있는 사람' 나아가 동성 동반자도 배우자에 준하여 피부양자로 인정할 것인지를 결정함에 있어 재량권을 갖지 못하고, 법원은 국민건강보험공단의 국민건강보험법 제 5 조 제 2 항 제 1 호의 "배우자"의 해석규칙이나 그 적용에 판단여지를 인정하거나 재량을 인정하는 것은 타당하지 않다. 따라서, 해석규칙인 '이 사건 지침' 및 그에 따른 처분에 평등원칙을 적용한 것은 타당하지 않다.

④ 이 사건 처분의 위법 여부: 피부양자인 배우자의 구체적 범위를 결정할 재량권이 국민건강보험공단에 있다고 보면 이 사건 지침은 재량준칙이고 이 사건 지침은 평등원칙을 매개로 대외적인 구속력을 갖는다. 판례에 따르면 재량준칙이 합리적이라면 재량준칙을 존중하여야 한다. 따라서, 위의 합리적 차별설에 따르면 이 사건 처분은 적법하다. 자의적 차별설에 따르면, 동성 동반자를 피부양자인 '사실상 혼인관계에 있는 자'와 달리 취급하는 것은 합리적이 아니고, 이 사건 처분은 평등원칙에 위반하여 위법하다.

피부양자인 배우자의 구체적 범위를 결정할 재량권이 국민건강보험공단에 없다고 보면 '이 사건 지침'은 해석규칙이고, 이 사건 처분의 위법 여부는 국민건강보험법 제 5 조 제 2 항 제 1 호의 '배우자'에 '사실상 혼인관계에 있는 사람'뿐만 아니라 혼인의 의사로 부부공동생활을 유지하고 있는 동성 동반자도 포함되는 것으로 해석하는 것이 타당한지에 따라 결정된다. 합리적 차별설(판례의 별개의견)에 따르면 혼인의 의사로 부부공동생활을 유지하고 있는 동성 동반자는 국민건강보험법 제 5 조 제 2 항 제 1 호(이하 '쟁점 규정'이라 한다)의 '배우자'에 해당하지 않는 것으로 보는 것이 타당하므로 이 사건 처분은 적법하다. 이에 반하여 자의적 차별설(판례의 다수의견)에 따르면 헌법합치적 법률해석을 하여 국민건강보험법 제 5 조 제 2 항 제 1 호(이하 '쟁점 규정'이라 한다)의 '배우자'에 '사실상 혼인관계에 있는 사람'뿐만 아니라 혼인의 의사로 부부공동생활을 유지하고 있는 동성 동반자도 포함되는 것으로 해석하는 것이 타당하므로 이 사건 처분은 위법하다.

(4) 재량준칙

문제 재량준칙과 법규명령을 비교하시오.

1) 재량준칙의 의의

재량준칙(裁量準則)이라 함은 재량권 행사의 기준을 정하는 행정규칙을 말한다.

재량준칙은 행정권 행사의 기준을 정하는 일반적 성격의 규범인 점에서 법규명령과 유사하지만, 재량준칙은 법규명령과 달리 행정권 행사의 일반적 기준 내지 방침을 제시할 뿐이며 그 자체로서는 국민에게 직접적인 법적 효과를 미치지 않는다는 점에서 양자는 구별된다. 그리고, 법규명령의 경우에는 법규명령 자체에 명문의 규정이 없는 한 그 규정내용과 다른 결정을 할 수 없지만 재량준칙의 경우에는 구체적 사안의 특수성 또는 공익상의 필요에 의해 재량준칙에서 정해진 행정기준과 다른 결정을 할 수 있다.

2) 재량준칙의 기능

재량준칙은 국민에게 법적 안정성을 보장하고, 행정에 일관성을 보장하고, 재량권의 자의적인 행사를 방지하고, 행정권 행사의 편의성을 보장하기 위하여 사용된다. 또한 재량준칙은 재량권 행사의 기준을 국민에게 미리 알려주는 기능도 갖는다.

재량준칙은 상급행정기관으로부터 하급행정기관에 대해 발해지는 경우뿐만 아니라 재량권을 갖는 행정기관 자신이 자신의 재량권 행사를 미리 정하여 두기 위하여 정하는 경우도 있다.

3) 재량준칙의 근거

재량준칙의 제정에는 별도의 법적 근거를 요하지 않는다. 재량준칙은 행정기관의 자율권 및 처분권에 근거하여 자유롭게 제정될 수 있다. 즉, 상급행정기관이 하급행정기관에 발하는 재량준칙은 상급기관의 지휘감독권에 근거하여 발해지고, 처분청이 자신의 행정권 행사의 기준으로 제정하는 재량준칙은 그 근거가 당해 처분청의 처분권에 있다.

4) 재량준칙의 한계

재량준칙의 제정은 행정청에게 재량권이 인정되는 경우에만 가능하며 행정청이 기속권만을 갖는 경우에는 인정되지 않는다.

재량준칙의 내용은 적용법령이 추구하는 목적에 적합하여야 한다.

재량준칙은 구체적 사안의 특수성에 따른 고려를 배제하는 정도로 엄격하게 제정되어서는 안 된다. 달리 말하면 재량준칙이 행정청의 재량권을 기속권한으로 변경하여서는 안 된다.

재량준칙은 기존의 법질서에 새로운 사실을 추가하거나 기존의 법령에 위반하여서는 안 된다.

5) 재량준칙의 법적 효력과 성질[2024 변시]

가. 재량준칙의 내부적 효력   공무원은 상급행정기관이 발한 재량준칙에 복종할 의무가 있고 이에 위반한 경우에는 징계 등의 제재를 받는다. 그런데, 재량준칙은 그 개념상

각 사안의 특수성을 개별적으로 심사하여 그 준칙과 다른 결정을 할 가능성을 유보하고 있다. 사안의 특수성에 대한 심사는 권한이며 의무이다. 재량준칙 제정권자는 재량준칙에 내부적으로 구속되지 않는다.

나. 외부적 효력과 성질

(가) 부 정 설　　　전통적 견해는 재량준칙은 행정조직내부에서의 재량권 행사의 기준을 정한 행정규칙이므로 외부적 구속력이 없다고 본다.

(나) 간접적·대외적 구속력설(평등원칙설)　　　재량준칙은 평등원칙을 매개로 하여 간접적으로 대외적인 구속력을 갖는다고 보는 것이 다수의 견해이며 타당하다. 재량준칙은 그 자체가 직접 대외적 구속력을 갖는 것은 아니지만 특별한 사유 없이 특정한 자에게 그 재량준칙을 적용하지 않고 재량준칙의 내용과 다른 처분을 하는 것은 평등원칙에 반하여 위법한 처분이 된다.

재량준칙은 **평등원칙을 매개**로 하여 구속력을 갖는 것이므로 합리적인 이유가 있는 경우, 즉 특별한 사정이 있어서 재량준칙을 적용하지 않는 것이 타당하다고 여겨지는 경우에는 예외적으로 재량준칙을 적용하지 않아도 그러한 행정처분은 위법한 처분이 되지 않는다고 보아야 한다. 이러한 관점에서 재량준칙은 법규보다는 다소 완화된 구속력을 갖는다. 이러한 점을 고려하여 재량준칙의 법적 성질을 준법규(準法規)로 보는 것이 타당하다.

법규명령은 절대적 구속력을 갖는다. 즉, 법규명령 자체에서 예외를 인정하지 않는 한 법규명령은 절대적으로 구속력을 가지며 행정기관은 당해 법규명령에 예외를 인정하는 처분을 할 수 없다.

(다) 자기구속설　　　이 견해는 행정의 자기구속의 원칙에 근거하여 재량준칙의 대외적 구속력을 인정하는 견해이다(전술 행정의 자기구속의 원칙 참조). 판례는 다음과 같이 일정한 요건을 충족하는 경우 행정의 자기구속의 원칙에 근거하여 재량준칙의 대외적 구속력을 인정하고 있다.

> **판례**　재량권행사의 준칙인 규칙이 그 정한 바에 따라 되풀이 시행되어 행정관행이 이룩되게 되면, 평등의 원칙이나 신뢰보호의 원칙에 따라 행정기관은 그 상대방에 대한 관계에서 그 규칙에 따라야 할 자기구속을 당하게 되고, 그러한 경우에는 대외적인 구속력을 가지게 된다 할 것이다(헌재 1990. 9. 3, 90헌마13[전라남도교육위원회의 1990학년도 인사원칙(중등)에 대한 헌법소원]).

(라) 법 규 설　　　독일의 오센뷜 교수는 행정권에도 일정한 한도 내에서 고유한 법규제정권이 있다는 전제하에 재량준칙은 행정권이 독자적인 입법권에 근거하여 제정한 법규라고 보고 있다. 다만, 재량준칙은 신축적 구속력을 갖는다고 보면서 엄격한 구속력을 갖는 일반법규와 구별하고 있다.

(마) 판 례　　　대법원 판례는 원칙상 행정규칙에 대해 대외적 구속력을 인정하지

않지만, 재량준칙이 객관적으로 보아 합리적이 아니라든가 타당하지 아니하여 재량권을
남용한 것이라고 인정되지 않는 이상 행정청의 의사는 가능한 한 존중되어야 한다고 하고
(대판 2013. 11. 14, 2011두28783[과징금감경결정취소청구]), 이러한 재량준칙에 따른 처분은 적
법하다고 본다(대판 2011. 1. 27, 2010두23033[국제멸종위기종용도변경승인신청반려처분취소]). 또
한 그러한 재량준칙을 따르지 않은 처분은 특별한 사정이 없는 한 재량권의 일탈·남용에
해당하는 위법한 처분으로 본다(대판 2010. 1. 28, 2009두19137).

　　이러한 판례의 태도는 평등원칙을 매개로 재량준칙의 간접적인 대외적 구속력을 인
정하는 다수설의 견해와 유사하다.

판례1 　　[1] 도시계획법 제 4 조 제 1 항 제 1 호, 같은 법 시행령 제 5 조의2, 토지의 형질변경 등 행위
허가기준 등에 관한 규칙 제 5 조의 규정의 형식이나 문언 등에 비추어 볼 때, 형질변경의 허가(현행
국토계획법상 개발허가)가 신청된 당해 토지의 합리적인 이용이나 도시계획사업에 지장이 될 우려가
있는지 여부와 공익상 또는 이해관계인의 보호를 위하여 부관을 붙일 필요의 유무나 그 내용 등을 판
단함에 있어서 행정청에 재량의 여지가 있으므로 그에 관한 판단기준을 정하는 것 역시 행정청의 재량
에 속하고, 그 설정된 기준이 객관적으로 합리적이 아니라거나 타당하지 않다고 볼 만한 특별한 사정
이 없는 이상 행정청의 의사는 가능한 한 존중되어야 할 것이다. [2] 서울특별시토지의 형질변경 등
행위허가사무취급요령의 법적 성질(=사무처리준칙) 및 위 취급요령에 근거한 기부채납 부관부 토지형
질변경허가처분의 적법 여부(한정적극): 서울특별시토지의 형질변경 등 행위허가사무취급요령(1994. 5.
10. 서울특별시예규 제586호로 개정된 이후의 것) 법규로서의 효력이 없는 행정청 내부의 사무처리준
칙에 불과하지만, 그 내용이 도로를 설치할 구체적이고 객관적인 필요에 관한 기준을 제시한 것으로서
합리적이고 타당한 규정으로 여겨지므로, 행정청이 이에 근거하여 토지형질변경허가처분을 함에 있어
서 도로를 설치하여 그 시설 및 토지를 기부하도록 부관을 붙였다고 한다면, 그 내용이 이행가능하고
비례의 원칙 및 평등의 원칙에 적합함과 아울러 그 행정처분의 본질적 효력을 해하지 않는 한 적법한
행정처분이라고 할 것이고, 만일 토지형질변경의 허가를 신청한 당사자가 행정청이 제시한 도로의 기
부채납에 관한 적법한 부관에 관하여 거부의 의사를 미리 명백히 밝힌 경우라면 그를 이유로 행정청이
부관부 허가처분에 나아가지 않고 곧바로 토지형질변경불허가처분을 하였다고 하더라도 그 처분은 적
법하다(대판 1999. 2. 23, 98두17845[토지형질변경 불허가처분취소]).

판례2 　　부과과징금 결정단계의 조정사유별 감경률 적용방식에 관하여 구체적인 규정이 없는 상태에
서, 공정거래위원회가 과징금 부과처분을 하면서 적용한 기준(재량준칙)이 과징금제도와 감경제도의
입법 취지에 반하지 아니하고 불합리하거나 자의적이지 아니하며, 나아가 그러한 기준을 적용한 과징
금 부과처분에 과징금 부과의 기초가 되는 사실을 오인하였거나 비례·평등원칙에 위배되는 등의 사유
가 없다면, 그 과징금 부과처분에 재량권을 일탈·남용한 위법이 있다고 보기 어렵다(대판 2019. 7. 25,
2017두55077).

판례3 　　판례는 특별한 공익상의 필요가 있을 때에는 재량기준을 추가하여 신청에 대한 거부처분을
할 수 있다고 하였다(전술 대판 2009. 12. 24, 2009두7967: 쌀 시장 개방화에 대비한 경쟁력 강화 등 우
월한 공익상 요청에 따라 위 지침상의 요건 외에 '시·군별 건조저장시설 개소당 논 면적 1,000ha 이상'
요건을 추가할 만한 특별한 사정을 인정할 수 있어, 그 처분이 행정의 자기구속의 원칙 및 행정규칙에
관련된 신뢰보호의 원칙에 위배되거나 재량권을 일탈·남용한 위법이 없다고 한 사례).

판례4 　　여객자동차 운수사업법에 의한 개인택시운송사업면허는 특정인에게 권리나 이익을 부여하
는 행정행위로서 법령에 특별한 규정이 없는 한 재량행위이고, 그 면허를 위하여 정하여진 순위 내에
서의 운전경력인정방법의 기준설정 역시 행정청의 재량에 속한다 할 것이지만, 행정청이 면허발급 여

부를 심사함에 있어서 이미 설정된 면허기준의 해석상 당해 신청이 면허발급의 우선순위에 해당함이 명백함에도 이를 제외시켜 면허거부처분을 하였다면 특별한 사정이 없는 한 그 거부처분은 재량권을 남용한 위법한 처분이 된다(대판 2010. 1. 28, 2009두19137[개인택시운송사업면허대상자제외처분취소]).

또한, 대법원 판례는 재량준칙에 따라 행정관행이 성립한 경우 당해 재량준칙에 자기 구속력을 인정한다.

판례 상급행정기관이 하급행정기관에 대하여 업무처리지침이나 법령의 해석적용에 관한 기준을 정하여 발하는 이른바 '행정규칙이나 내부지침'은 일반적으로 행정조직 내부에서만 효력을 가질 뿐 대외적인 구속력을 갖는 것은 아니므로 행정처분이 그에 위반하였다고 하여 그러한 사정만으로 곧바로 위법하게 되는 것은 아니다. 다만, 재량권 행사의 준칙인 행정규칙이 그 정한 바에 따라 되풀이 시행되어 행정관행이 이루어지게 되면 평등의 원칙이나 신뢰보호의 원칙에 따라 행정기관은 그 상대방에 대한 관계에서 그 규칙에 따라야 할 자기구속을 받게 되므로, 이러한 경우에는 특별한 사정이 없는 한 그를 위반하는 처분은 평등의 원칙이나 신뢰보호의 원칙에 위배되어 재량권을 일탈·남용한 위법한 처분이 된다(대판 2009. 12. 24, 2009두7967[신규건조저장시설사업자인정신청반려처분취소]). 〈해설〉 전술 이 판결의 해설 참조.

또한, 설정된 기준이 그 자체로 객관적으로 합리적이지 않거나 타당하지 않음에도 행정청이 만연히 그에 따라 처분한 경우 또는 기준을 설정하였던 때와 처분 당시를 비교하여 수송 수요와 공급상황이 달라졌는지 등을 전혀 고려하지 않은 채 설정된 기준만을 기계적으로 적용함으로써 휴업을 허가할 것인지를 결정하기 위하여 마땅히 고려하여야 할 사항을 제대로 살피지 아니한 경우 등에까지 단지 행정청의 재량에 속하는 사항이라는 이유만으로 행정청의 의사를 존중하여야 하는 것은 아니며, 이러한 경우의 처분은 재량권을 남용하거나 그 범위를 일탈한 조치로서 위법하다(대판 2018. 2. 28, 2017두51501[여객자동차운송사업휴업허가신청거부처분취소등]).

(바) 결 어 평등원칙을 매개로 하여 재량준칙의 간접적·대외적 구속력을 인정하는 견해가 타당하다. 재량준칙에 따른 처분은 재량준칙에 의해 설정된 기준이 객관적으로 타당하다고 보여지고 당해 재량준칙을 적용해서는 안 될 특별한 사정이 없는 한 위법하다고 할 수 없다. 또한, 공익상 필요 등 특별한 사정이 있는 경우에는 재량준칙과 다른 처분을 하여도 위법하다고 할 수 없다.

단순한 재량준칙이나 재량준칙에 따른 행정관행이 성립된 경우 모두 특별한 사정이 있는 경우(합리적인 이유가 있는 경우) 재량준칙과 다른 처분이 가능하지만, 재량준칙에 따른 행정관행이 성립된 경우에는 단순한 재량준칙보다 강한 법적 구속력이 인정된다고 보아야 한다. 달리 말하면 재량준칙에 따른 행정관행이 성립된 경우 행정의 상대방에게 강한 신뢰가 인정되므로 재량준칙과 다른 처분을 할 수 있는 사유인 특별한 사정은 보다 엄격히 적용되어야 한다. 재량준칙에 따른 행정관행이 성립된 경우에도 합리적 이유가 있는 경우 재량권 행사의 기준을 바꾸는 것은 가능하지만, 갑자기 바꾸는 것은 매우 특별한 사정이 없는 한 인정되지 않는다.

6) 재량준칙에 대한 재판적 통제 [2014 변시 사례]

재량준칙은 그 자체로서는 국민의 법적 지위에 직접적인 영향을 미치지 않는 행정내부조치에 불과하므로 재량준칙 자체는 취소소송의 대상이 되지 않는다. 다만, 예외적으로 재량준칙이라도 국민의 권익에 직접 영향을 미치는 경우에는 행정소송법상 처분이 되며 취소소송의 대상이 된다고 보는 것이 타당하다.

재량준칙에 대한 간접적 통제(부수적 통제)를 인정하지 않는 것이 일반적인 견해이지만, 재량준칙의 간접적·대외적 구속력을 인정하는 견해에 선다면 재판에서 전제문제로서 간접적으로 통제된다고 보아야 한다.

7) 법규명령형식의 재량준칙

재량권 행사의 기준이 법규명령의 형식으로 제정된 경우의 법적 성질 및 효력에 관하여는 후술하는 바와 같다.

> **문제의 해결**   재량준칙은 그 형식이 행정규칙으로서 행정규칙 제정절차에 따라 제정되는 반면에 법규명령은 법규명령의 형식과 절차로 제정된다. 재량준칙은 법령의 근거가 없이도 제정되지만 법규명령은 원칙상 법적 근거를 요한다. 재량준칙의 법적 구속력에 관하여는 견해의 대립이 있지만, 법규명령은 법적 구속력을 갖는다. 재량준칙의 구속력에 관하여 간접적·대외적 구속력설을 취하는 경우 특별한 사정이 있는 경우 재량준칙과 다른 처분을 할 수 있고 다른 처분을 하여야 하지만, 법규명령의 경우에는 명문의 규정이 없는 한 법규명령과 다른 처분은 인정되지 않는다.

(5) 법률대체적 규칙

법률대체적 규칙(法律代替的 規則)에 직접적 대외적 효력을 인정하는 견해가 있다.[1] 법률의 공백상태에서 행정권에게 잠정적으로 법률을 대신하는 법규를 제정하는 권한을 행정권에 인정하여야 한다고 주장한다. 그러나, 현행 헌법상 행정권에게 법규제정권을 부여하는 것은 문제가 있고, 필요한 법률이 존재하지 않는다는 것은 그 한도 내에서 행정권에게 재량권에 유사한 권한이 부여된 것으로 볼 수 있으므로 법률대체적 규칙을 재량준칙에 준하는 것으로 볼 수 있을 것이다.

법률대체적 행정규칙에 근거한 처분은 법률유보의 원칙 위반으로 위법한 처분이 될 수 있다.

(6) 행정규칙형식의 법규명령

후술하는 바와 같이 판례는 법령의 수권에 의해 법령을 보충하는 사항을 정하는 행정규칙을 법규명령과 같은 효력을 갖는 것으로 보고 있다. 또한, 집행명령으로 정하여야 할

---

1) 김향기, "행정규칙의 유형과 외부효과", 월간고시, 1994. 3, 77~78면.

사항을 행정규칙으로 정한 경우에도 법규명령과 같은 효력을 인정하고 있다.

(7) 행정규칙과 국가배상책임

① 행정규칙이 적법한 경우에 당해 행정규칙을 적용하지 않는 행정권의 행사에 의해 국민에게 손해가 가해진 경우에는 그 행정권 행사는 위법한 것이 되며 특별한 사유가 없는 한 공무원에게 과실이 있다고 인정될 수 있다.

> 예를 들면, 총기의 사용수칙이 정하여진 경우에 그에 위반하여 총기를 사용함으로써 상해를 입힌 경우에 가해경찰관에게 과실이 있다고 보아야 한다.

② 행정규칙이 위법하고 그에 따른 공권력 행사로 손해가 발생한 경우 행정규칙의 위법이 명백하지 않는 한 집행공무원의 과실을 인정할 수는 없지만, 위법한 행정규칙을 제정한 공무원의 과실을 검토할 수 있다.

IV. 행정규칙의 성립

1. 행정규칙의 근거

행정규칙의 제정에는 법령의 수권을 요하지 않는다. 행정권은 감독권에 근거하여 하급 행정기관에 대하여 행정규칙을 발할 수 있다. 재량권 행사자가 발하는 재량준칙은 처분권에 근거하여 발해진다.

2. 행정규칙의 공표

행정규칙의 일반적 공표의무를 정하는 법규정도 없고, 행정규칙의 공표가 행정규칙의 성립요건이나 효력요건도 아니다.

그런데, 새로 제정된 행정절차법 제20조는 행정청은 필요한 처분기준을 당해 처분의 성질에 비추어 될 수 있는 한 구체적으로 정하여 공표하도록 하고 있다. 실제에 있어서도 행정규칙은 법제처 법령정보센터 등에서 대부분 공개되고 있다. 다만, 정당한 사유가 있는 경우에 공개되지 않고 있는 경우가 있다.

3. 법규명령의 행정규칙으로의 전환

법규명령이 형식상 위법하여 효력이 없는 경우 행정규칙으로서의 실질을 갖추고 있으면 행정규칙으로서 효력을 갖는다고 보는 것이 타당하다.

V. 위법한 행정규칙의 효력

행정규칙의 내용이 상위법령이나 법의 일반원칙에 반하는 것이라면 법치국가원리에서 파생되는 법질서의 통일성과 모순금지 원칙에 따라 그것은 법질서상 **당연무효**이고, 행정내부적 효력도 인정될 수 없다. 이러한 경우 법원은 해당 행정규칙이 **법질서상 부존재하는 것**으로 취급하여 행정기관이 한 조치의 당부를 상위법령의 규정과 입법 목적 등에 따라서 판단하여야 한다(대판 2020. 5. 28, 2017두66541).

Ⅵ. 행정규칙의 시행일

행정규칙(훈령·예규·고시·지침 등)은 고시·공고 등의 방법으로 발령한 날부터 시행한다(행정기본법 개정안 제 7 조 제 1 호).

Ⅶ. 행정규칙의 통제

1. 행정적 통제

대통령훈령과 국무총리훈령은 관례적으로 법제처의 사전심사를 받고 있다. 중앙행정기관의 훈령이나 예규에 대해서는 대통령령인 법제업무운영규정에 의해 법제처의 사후평가제가 실시되고 있다.

2. 사법적 통제 [2007 행시(재경직 및 기타) 약술]

(1) 법원에 의한 통제

1) 항고소송의 대상

행정규칙에는 원칙상 대외적 효력이 인정되지 않으며 간접적·대외적 효력이 인정되는 경우에도 행정의 기준이 될 뿐 국민의 권리의무에 직접 구체적인 효과를 미치지 않기 때문에 행정규칙은 원칙상 행정소송법상의 처분에 해당하지 않고 따라서 항고소송의 대상이 되지 않는다. 다만, 직접적·대외적 구속력이 있는 행정규칙으로 인하여 직접적·구체적으로 국민의 권익이 침해된 경우에는 그 행정규칙은 처분이 되므로 항고소송의 대상이 된다.

> **판례** 교육부장관의 내신성적산정지침을 행정조직 내부에서의 내부적 심사기준을 시달한 것에 불과하다고 보고 처분성을 부정한 사례(대판 1994. 9. 10, 94두33[대학입시기본계획 철회처분 효력정지]).

2) 간접적 규범통제

행정규칙이 대외적 구속력을 갖지 않는 경우에는 행정처분의 위법 여부를 판단함에 있어서 행정규칙의 위법 여부가 전제문제가 되지 않으므로 법원에 의한 심판대상이 될 수 없을 것이다.

그러나, 반대견해도 있지만, 행정규칙이 예외적으로 대외적 구속력을 갖고 행정처분

의 취소소송에서 행정규칙의 위법 여부가 전제문제가 되었을 때에는 법원에 의한 심판대
상이 된다(헌법 제107조 제 2 항).

법령에 반하는 위법한 행정규칙은 무효이므로 위법한 행정규칙을 위반한 것은 징계
사유가 되지 않는다(대판 2020. 11. 26, 2020두42262).

> **판례** 피고(법무부장관)는 원고들(공증인들)이 단지 '대부업자 등'이 쌍방대리 형태로 촉탁한 집행
> 증서를 작성을 거절하지 않음으로써 「집행증서 작성사무 지침」 제 4 조를 위반하였다는 점을 징계사유
> 로 삼아 원고들에 대하여 징계처분을 하였는데, 「집행증서 작성사무 지침」 제 4 조(행정규칙)가 무효이
> 므로 징계사유가 인정되지 않는다고 판단한 사례(대판 2020. 11. 26, 2020두42262[과태료 부과처분 취
> 소]).

(2) 헌법재판소에 의한 통제

행정규칙은 행정조직내부에서의 행위이므로 원칙상 헌법소원의 대상이 되는 공권력
행사가 아니다. 그러나, 행정규칙이 사실상 구속력을 갖고 있어 국민의 기본권을 현실적으
로 침해하는 경우에는 헌법소원의 대상이 된다.

헌법재판소는 국립대학의 대학입학고사 주요요강을 사실상의 준비행위 내지 사전안
내로 보고 항고소송의 대상인 처분으로 보지 않으면서도 헌법소원의 대상이 되는 공권력
행사로 보고 있다(헌재 전원재판부 1992. 10. 1, 92헌마68·76[1994학년도 신입생선발 입시안에 대
한 헌법소원]). 입시요강의 법적 성질에 관하여는 이를 확약으로 보는 견해, 행정계획으로
보는 견해, 행정규칙으로 보는 견해, 법령보충적 행정규칙으로 보는 견해가 있다.

그리고, 법규성 또는 대외적 구속력이 인정되는 행정규칙은 당연히 헌법소원의 대상
이 되는 공권력 행사에 해당한다.

> **판례** 행정규칙은 일반적으로 행정조직 내부에서만 효력을 가지는 것이나, 행정규칙이 법령의 규
> 정에 의하여 행정관청에 법령의 구체적 내용을 보충할 권한을 부여한 경우나 재량권행사의 준칙인 규
> 칙이 그 정한 바에 따라 되풀이 시행되어 행정관행이 이룩되게 되면, 평등의 원칙이나 신뢰보호의 원
> 칙에 따라 행정기관은 그 상대방에 대한 관계에서 그 규칙에 따라야 할 자기구속을 당하게 되는 경우
> 에는 대외적인 구속력을 가지게 되는바, 이러한 경우에는 헌법소원의 대상이 될 수도 있다(헌재 2001.
> 5. 31, 99헌마413[학교장초빙제실시학교선정기준위헌확인]: 경기도교육청의 1999. 6. 2.자 「학교장·교사 초
> 빙제 실시」는 학교장·교사 초빙제의 실시에 따른 구체적 시행을 위해 제정한 사무처리지침으로서 행
> 정조직내부에서만 효력을 가지는 행정상의 운영지침을 정한 것이어서, 국민이나 법원을 구속하는 효력
> 이 없는 행정규칙에 해당하므로 헌법소원의 대상이 되지 않는다고 한 사례).

제 4 절   법규명령형식의 행정규칙과 법규적 성질(효력)을 갖는 행정규칙

Ⅰ. 법규명령형식의 행정규칙 [2009 감평 사례, 2006·2005·2000·1998 행시 사례]

> 문제   재량준칙이 법규명령의 형식으로 제정된 경우 다음 각각의 경우 법적 구속력을 갖는가.
> 1) 부령의 형식으로 제정된 경우
> 2) 대통령령의 형식으로 제정된 경우
> 3) 가중 및 감경규정이 없는 경우
> 4) 감경규정만 있는 경우
> 5) 가중 및 감경규정이 있는 경우
> 6) 법률에서 위임규정을 두고 있는 경우와 없는 경우

1. 의   의

법규명령의 형식을 취하고 있지만 그 내용이 행정규칙의 실질을 가지는 것을 '**법규명령형식(法規命令形式)의 행정규칙(行政規則)**'이라 한다.

법규명령형식의 행정규칙은 재량권 행사의 기준(재량준칙, 특히 제재적 처분의 기준)을 법규명령의 형식으로 제정한 경우가 보통이다.

2. 법적 성질과 효력 [2015 입시 약술]

(1) 성질(법규명령인가 행정규칙인가)

법규명령형식의 행정규칙이 법규명령인가 행정규칙(재량준칙)인가에 관하여 견해가 대립되고 있다.

1) 실질설(행정규칙설)

이 견해는 당해 규범의 실질을 중시하여 행정기관내부에서의 행정사무처리기준이 법규명령의 형식을 취하고 있다 하더라도 당해 규범을 행정규칙으로 보아야 한다고 보는 견해이다.

그 논거는 다음과 같다. ① 행정규칙의 실질을 갖는 행정입법이 법규명령의 형식을 취하고 있더라도 행정규칙으로서의 성질은 변하지 않는다고 보는 것이 타당하다(류지태·박종수, 217면). ② 이렇게 보는 것이 구체적으로 타당한 해결을 가능하게 해 준다. ③ 형식설을 취하면 가중·감경규정 없이 재량기준을 획일적으로 정한 경우 법률에서 재량행위로 정한 것을 명령으로 기속행위로 바꾸게 되어 법률의 취지에 반한다.

2) 형식설(법규명령설)

이 견해는 규범의 형식을 중시하여 법규의 형식으로 제정된 이상 법규라고 보아야 한

다고 보는 견해이다. 형식설이 다수설이다. 그 논거는 다음과 같다. ① 오늘날 법규개념은 형식적 개념으로 사용된다. 헌법이나 법률 등 법규범 중에는 구체성이 없는 일반적인 지침을 정하는 규정이 적지 않은데 그러한 규정도 법규범이라고 보아야 한다. ② 법규형식은 매우 중요하고 엄숙한 행위형식이기 때문에 법규형식이 존중되어야 한다. ③ 법규사항과 법규가 아닌 사항이 본질적으로 구별되는 것은 아니다.

3) 수권여부기준설

상위법에서 법규명령의 형식에 의한 기준설정의 근거를 부여하고 있는 경우에 이에 근거한 기준설정은 위임입법에 해당하므로 법규명령으로 보아야 하고, 법령의 수권 없이 제정된 처분의 기준은 법령의 위임 없이 법규사항을 정할 수 없으므로 법규명령으로 볼 수 없고 행정규칙으로 보아야 한다는 견해이다.

(2) 법적 효력

1) 실질설에서의 효력

실질설에 의하면 법규명령형식의 행정규칙은 행정규칙(특히 재량준칙)으로서의 효력과 구속력을 가진다.

2) 형식설에서의 효력

형식설에 의하면 법규명령의 형식으로 된 처분의 기준은 법규명령으로서의 효력을 갖는다.

그런데, 형식설은 제재적 처분기준을 정하는 당해 법규명령의 대외적 구속력에 대하여는 엄격한 대외적 구속력을 갖는다는 견해, 신축적인 구속력만을 인정하는 견해(박윤흔, 252면) 및 제재기준인 경우 최고한도로서의 구속력만을 갖는다는 견해로 나뉘고 있다.

가. 엄격한 대외적 구속력을 인정하는 견해의 문제점   형식설 중 제재적 처분기준을 정액 등으로 엄격히 정하는 법규명령이 기속규정임에도 엄격한 대외적 구속력을 갖는다는 견해에 의하면 법률의 수권 없이 법규사항인 재량권 행사의 기준을 법규명령의 형식으로 정한 것이므로 당해 법규명령은 상위 수권법령에 반하는 위법한 법규명령이 되고, 법률의 수권이 있는 경우에도 재량권 행사의 기준을 정하는 법규명령이 재량의 여지 없이 재량권 행사의 기준을 정하고 있는 경우(종래 통상 이렇게 정하고 있었다. 가장 대표적인 예는 음주운전에 대한 제재기준을 혈중 알콜농도에 따라 정하는 경우이다.)에는 재량권 행사의 기준을 정하는 법규는 상위법령에서 재량행위로 규정한 사항을 기속행위로 규정하는 것이 되어 상위법령에 반하는 위법한 법규명령이 된다. 이러한 문제점 때문에 최근에는 법규명령의 형식으로 재량권 행사의 기준을 정하면서 특별한 사정을 고려하여 법규명령의 형식으로 정한 재량권 행사의 기준을 가중 또는 특히 감경할 수 있다는 예외규정을 두는 경우가 많다. 재량권 행사의 기준을 정하는 법규명령이 특별한 사정이 있는 경우 가중 또는 감경할 수 있다는 규정을 둔 경우에 당해 법규명령은 문제가 없으나, 감경규정만을 둔 경우 당해 법규명령은 가중규정을 두지 않은 한도 내에서는 재량행위로 규정한 수권법률

에 위반된다고 보아야 한다고 보는 견해와 감경규정만 두어져도 법률에서 재량행위로 정한 취지와 수권의 취지에 반하지 않는다고 보는 견해가 있다.

그리고, 상위법령에서 재량행위로 정한 것을 법규명령형식의 행정규칙에서 기속행위로 규정하면 당해 법규명령형식의 행정규칙은 위법하여 무효라고 보고, 당해 위법한 법규명령형식의 행정규칙에 따른 처분은 취소할 수 있는 처분이라고 보는 견해가 있으나(김연태), 법규명령형식의 행정규칙이 수권법령인 상위법령규정과 "모순"되는 것이므로 재량행위로 규정한 수권법령규정을 직접 적용하여 처분의 위법 여부를 판단하여야 하는 것으로 보는 것이 타당하고, 재량권의 일탈·남용 여부의 문제가 된다는 견해가 있다(김동희). 사견에 의하면 재량권 행사의 기준을 정한 위법한 법규명령형식의 행정규칙은 상위법령과 모순되므로(상위법령에의 위반과 구별) 그 효력을 배제하고 그것을 재량준칙으로 보고 재량권의 일탈·남용 여부를 논하여야 한다.

나. 신축적 구속력만을 인정하는 견해와 그 문제점   형식설을 취하면서도 제재처분의 기준을 정하는 법규명령에 신축적인 구속력만을 인정하는 견해도 있는데, 이 견해는 형식설에 따라 재량준칙을 법규명령으로 보면서도 당해 재량준칙에 신축적인 구속력만을 인정함으로써 실질설과 같은 결과를 도출하는 문제가 있다. 또한, 법규명령에서 일의적으로 규정하고 있는 것을 지침 내지 기준의 효력만을 갖는 것으로 해석하는 것은 입법자의 의사를 무시한 것으로 해석의 한계를 넘는 것으로 보아야 한다는 비판이 가능하다.

다. 최고한도로서의 구속력만 인정하는 견해와 그 비판   법규명령형식의 행정규칙에 법규명령의 효력을 인정하면서도 법규명령형식의 행정규칙에 의해 정해진 제재기준은 최고한도를 정한 것이라고 보는 견해가 있다. 이 견해는 재량권 행사의 기준을 정하는 법규명령형식의 행정규칙에 절대적 구속력을 인정하는 경우 당해 법규명령형식의 행정규칙은 제재처분을 재량행위로 규정하고 있는 수권법률에 위반하는 문제를 피할 수 있으면서도 제재처분을 재량행위로 규정한 수권법률의 입법취지에 따라 구체적 타당성이 있는 제재처분을 내리는 것이 가능하게 된다는 데 근거한다. 그러나, 명문의 규정이 없음에도 제재처분의 기준을 최고한도로 해석함으로써 해석의 한계를 넘는 문제가 있고, 사안에 따라서는 최고한도보다 더 중한 제재처분을 내려야 하는 것이 타당한 경우에도 그러한 가중처분을 하지 못하게 되어 이 한도 내에서는 상위법률에 반하여 구체적 타당성이 있는 행정을 막는 문제가 있다.

(3) 판   례

1) 부령의 형식으로 정해진 경우

가. 제재적 처분기준을 정한 경우   판례는 부령의 형식(시행규칙)으로 정해진 제재적 처분(영업허가의 취소 또는 정지, 과징금 부과 등)기준은 그 규정의 성질과 내용이 행정청 내의 사무처리기준을 규정한 것에 불과하므로 행정규칙의 성질을 가지며 대외적으로 국민이나

법원을 구속하는 것은 아니라고 본다(대판 1990. 1. 25, 89누3564; 1993. 6. 29, 93누5635; 1995. 3. 28, 94누6925; 1996. 4. 12, 95누10396; 1996. 9. 6, 96누914 등). 즉, **판례**는 실질설을 취하고 있다. 제재처분기준이 지방자치단체장의 규칙으로 정해진 경우에도 그러하다(대판 전원합의체 1995. 10. 17, 94누14148). 다만, 판례는 제재적 행정처분의 기준이 부령의 형식으로 규정되어 있는 경우 당해 제재처분기준을 존중하여야 한다고 본다(대판 2007. 9. 20, 2007두6946).

　　달리 말하면 부령 형식으로 규정된 처분기준이 그 자체로 헌법 또는 법률에 합치되지 않거나 그 기준을 적용한 결과가 처분사유인 위반행위의 내용 및 관계 법령의 규정과 취지에 비추어 현저히 부당하다고 인정할 만한 합리적인 이유가 없는 한, 섣불리 그 기준에 따른 처분이 재량권의 범위를 일탈하였다거나 재량권을 남용한 것으로 판단해서는 안 된다(대판 2019. 9. 26, 2017두48406).

판례1　　같은 법 시행규칙(식품위생법 시행규칙) 제53조에 따른 별표 15의 행정처분기준은 행정기관 내부의 사무처리준칙을 규정한 것에 불과하기는 하지만 위 규칙 제53조 단서의 식품 등의 수급정책 및 국민보건에 중대한 영향을 미치는 특별한 사유가 없는 한 행정청은 당해 위반사항에 대하여 위 처분기준에 따라 행정처분을 함이 보통이라 할 것이므로, 만일 행정청이 이러한 처분기준을 따르지 아니하고 특정한 개인에 대하여만 위 처분기준을 과도하게 초과하는 처분을 한 경우에는 일응 재량권의 한계를 일탈하였다고 볼 만한 여지가 충분하다(대판 1993. 6. 29, 93누5635[대중음식점 영업정지처분취소]〈식품위생처분기준 사건〉: 영업허가 이전 1개월 이상 무허가 영업을 하였고 영업시간 위반이 2시간 이상이라 하더라도 위 행정처분기준에 의하면 1월의 영업정지사유에 해당하는데도 2월 15일의 영업정지처분을 한 것은 재량권 일탈 또는 남용에 해당한다고 한 사례). 〈해설〉 이 판례를 자기구속의 원칙을 인정한 판례로 보는 견해가 있지만, 단지 특별한 사정이 없음에도 부령 형식의 재량준칙을 따르지 않고 보다 불리한 처분을 한 것을 평등원칙을 위반하여 재량권 행사가 위법하다고 한 판례로 보는 것이 타당하다.

판례2　　**제재적 행정처분의 기준이 부령의 형식으로 규정되어 있는 경우, 그 기준에 따른 처분의 적법성에 관한 판단방법**: 제재적 행정처분의 기준이 부령의 형식으로 규정되어 있더라도 그것은 행정청 내부의 사무처리준칙을 정한 것에 지나지 아니하여 대외적으로 국민이나 법원을 기속하는 효력이 없고, 당해 처분의 적법 여부는 위 처분기준만이 아니라 관계 법령의 규정내용과 취지에 따라 판단되어야 하므로, 위 처분기준에 적합하다 하여 곧바로 당해 처분이 적법한 것이라고 할 수는 없지만, 위 처분기준이 그 자체로 헌법 또는 법률에 합치되지 아니하거나 위 처분기준에 따른 제재적 행정처분이 그 처분사유가 된 위반행위의 내용 및 관계법령의 규정내용과 취지에 비추어 현저히 부당하다고 인정할 만한 합리적인 이유가 없는 한 섣불리 그 처분이 재량권의 범위를 일탈하였거나 재량권을 남용한 것이라고 판단해서는 안 된다(대판 2007. 9. 20, 2007두6946[과징금부과처분취소]: 약사의 의약품 개봉판매행위에 대하여 구 약사법(2007. 4. 11. 법률 제8365호로 전문 개정되기 전의 것) 제69조 제 1 항 제 3 호·제 3 항, 같은 법 시행규칙(2005. 10. 7. 보건복지부령 제332호로 개정되기 전의 것) 제89조 [별표 6] '행정처분의 기준'에 따라 업무정지 15일의 처분을 사전통지하였다가, 그 후 같은 법 제71조의3 제 1 항·제 2 항, 같은 법 시행령(2007. 6. 28. 대통령령 제20130호로 개정되기 전의 것) 제29조 [별표 1의2] '과징금 산정기준'에 따라 업무정지 15일에 갈음하는 과징금 부과처분을 한 것이 재량권의 범위를 일탈하거나 재량권을 남용한 것으로 보기 어렵다고 한 사례; 대판 2018. 5. 15, 2016두57984).

판례3　　구 식품위생법 시행규칙 제53조 [별표 15] 행정처분기준이 비록 행정청 내부의 사무처리 준칙을 정한 것에 지나지 아니하여 대외적으로 법원이나 국민을 기속하는 효력은 없지만, … 위 행정처분기준에서 정하고 있는 범위를 벗어나는 처분을 하기 위해서는 그 기준을 준수한 행정처분을 할 경우 공익상 필요와 상대방이 받게 되는 불이익 등과 사이에 현저한 불균형이 발생한다는 등의 특별한 사정이 있어야 한다(대판 2010. 4. 8, 2009두22997[영업정지처분취소]).

판례4　공기업·준정부기관이 행하는 입찰참가자격 제한처분이 적법한지 판단하는 방법 및 입찰참가자격 제한처분에 관한 공기업·준정부기관 내부의 재량준칙에 반하는 행정처분이 위법하게 되는 경우: 공공기관의 운영에 관한 법률 제39조 제 2 항, 제 3 항에 따라 입찰참가자격 제한기준을 정하고 있는 구 공기업·준정부기관 계약사무규칙(2013. 11. 18. 기획재정부령 제375호로 개정되기 전의 것) 제15조 제 2 항, 국가를 당사자로 하는 계약에 관한 법률 시행규칙 제76조 제 1 항 [별표 2], 제 3 항 등은 비록 부령의 형식으로 되어 있으나 규정의 성질과 내용이 공기업·준정부기관(이하 '행정청'이라 한다)이 행하는 입찰참가자격 제한처분에 관한 행정청 내부의 재량준칙을 정한 것에 지나지 아니하여 대외적으로 국민이나 법원을 기속하는 효력이 없으므로, 입찰참가자격 제한처분이 적법한지 여부는 이러한 규칙에서 정한 기준에 적합한지 여부만에 따라 판단할 것이 아니라 공공기관의 운영에 관한 법률상 입찰참가자격 제한처분에 관한 규정과 그 취지에 적합한지 여부에 따라 판단하여야 한다. 다만 그 재량준칙이 정한 바에 따라 되풀이 시행되어 행정관행이 이루어지게 되면 평등의 원칙이나 신뢰보호의 원칙에 따라 행정청은 상대방에 대한 관계에서 그 규칙에 따라야 할 자기구속을 받게 되므로, 이러한 경우에는 특별한 사정이 없는 한 그에 반하는 처분은 평등의 원칙이나 신뢰보호의 원칙에 어긋나 재량권을 일탈·남용한 위법한 처분이 된다(대판 2014. 11. 27, 2013두18964[부정당업자제재처분취소]).

판례5　(1) 구 교육공무원 징계양정 규칙(교육부령) 제 2 조 제 1 항 [별표]의 징계양정 기준은 비례의 원칙에 어긋나거나 합리성을 갖추지 못하였다고 단정할 수 없다. (2) 따라서 징계권자가 구 징계양정 규칙 제 2 조 제 1 항 [별표]에 따른 징계양정 기준을 적용하여 한 이 사건 처분에 대하여 사회통념상 현저하게 타당성을 잃어 징계권자에게 맡겨진 재량권을 남용하였다고 섣불리 판단하여서는 아니된다. (3) 초등학교 교감인 원고가 회식을 마치고 귀가하던 길에 여성인 택시운전기사를 강제추행하였음을 사유로 피고가 원고에게 해임처분을 내린 사안에서, 원심은 원고에 대한 해임처분이 재량권을 일탈·남용하여 위법하다고 보았으나 대법원은 위와 같은 법리를 토대로 위 해임처분이 재량권을 일탈·남용한 것으로 볼 수 없음을 이유로 원심판결을 파기환송한 사례(대판 2019. 12. 24, 2019두48684).
〈해설〉 구 교육공무원 징계양정 규칙 제 2 조 제 1 항 [별표]의 징계양정 기준은 형식은 교육부령이지만, 실질은 재량준칙으로서 판례에 따르면 행정규칙(재량준칙)의 성질을 갖는다고 보아야 한다.

　　나. 특허 등의 인가기준을 정한 경우　　판례는 재량행위인 특허의 인가기준을 법령의 위임을 받아 부령으로 정한 경우 법규명령으로 보고 있다.

판례 시외버스운송사업의 사업계획변경 기준 등에 관한 구 여객자동차 운수사업법 시행규칙 제 31조 제 2 항 제 1 호, 제 2 호, 제 6 호의 법적 성질(=법규명령): 구 여객자동차 운수사업법 시행규칙 (2000. 8. 23. 건설교통부령 제259호로 개정되기 전의 것) 제31조 제 2 항 제 1 호, 제 2 호, 제 6 호는 구 여객자동차 운수사업법(2000. 1. 28. 법률 제6240호로 개정되기 전의 것) 제11조 제 4 항의 위임에 따라 시외버스운송사업의 사업계획변경에 관한 절차, 인가기준 등을 구체적으로 규정한 것으로서, 대외적인 구속력이 있는 법규명령이라고 할 것이고, 그것을 행정청 내부의 사무처리준칙을 규정한 행정규칙에 불과하다고 할 수는 없다(대판 2006. 6. 27, 2003두4355[시외버스운송사업계획 변경인가 처분취소]). 〈해설〉 이 판결에 대하여는 수권법령에서는 재량행위로 정한 것을 위임명령인 부령이 기속규정으로 정하고 있음에도 법적 구속력이 있는 법규명령으로 보아 문제가 있다는 비판이 가능하다. 이 판례에서 시외버스운송사업의 사업계획변경에 대한 인가는 재량행위라고 보아야 하므로 시외버스운송사업의 사업계획변경 기준은 재량권 행사의 기준으로 볼 수 있을 것이다. 이러한 비판에 대하여는 법률의 위임에 의해 부령으로 법규사항을 정하였으므로 법규명령(위임명령)으로 보아야 한다는 반론이 가능하다. 다만, 이 견해에 대하여는 당해 부령이 특허의 기준을 기속규정으로 규정한다면 특허를 재량행위를 규정한 수권법률에 반하게 되어 문제가 있다는 재비판이 가능하다.

2) 대통령령의 형식으로 제정된 경우 [2009 감평 사례형 약술]

가. 성질(법규명령) 대법원은 제재처분의 기준이 대통령령의 형식(시행령)으로 정해진 경우 당해 기준을 법규명령으로 보고 있다(대판 1997. 12. 26, 97누15418; 2001. 3. 9, 99두5207).

대통령령의 형식으로 제정된 재량권 행사의 기준을 법규명령으로 보는 판례의 입장에 대하여는 이를 지지하는 견해와 이를 비판하는 견해가 있다.[2]

나. 효 력 판례는 대통령령의 형식으로 정해진 제재처분의 기준을 법규명령으로 보면서 재량권 행사의 여지를 인정하기 위하여 처분기준(과징금 처분기준)을 **최고한도**(최고한도액)를 정한 것으로 보고 있다.

판례 구 청소년보호법 제49조 제 1 항, 제 2 항의 위임에 따른 같은 법 시행령 제40조 [별표 6]의 '위반행위의 종별에 따른 과징금처분기준'의 법적 성격(=법규명령) 및 그 과징금 수액의 의미(=최고한도액): 구 청소년보호법(1999. 2. 5. 법률 제5817호로 개정되기 전의 것) 제49조 제 1 항, 제 2 항에 따른 같은 법 시행령(1999. 6. 30. 대통령령 제16461호로 개정되기 전의 것) 제40조 [별표 6]의 위반행위의 종별에 따른 과징금처분기준은 법규명령이기는 하나 모법의 위임규정의 내용과 취지 및 헌법상의 과잉금지의 원칙과 평등의 원칙 등에 비추어 같은 유형의 위반행위라 하더라도 그 규모나 기간·사회적 비난 정도·위반행위로 인하여 다른 법률에 의하여 처벌받은 다른 사정·행위자의 개인적 사정 및 위반행위로 얻은 불법이익의 규모 등 여러 요소를 종합적으로 고려하여 사안에 따라 적정한 과징금의

---

2) 이 판결을 지지하는 견해는 법률의 위임을 받아 제정된 점과 대통령령은 부령 등 다른 법규명령과 비교하여 보다 큰 권위를 가진다는 데 근거한다. 또한, 대통령령은 직접 국민으로부터 민주적 정당성을 가진다는 점이나 대통령령은 국무회의의 심의를 요하나 부령은 그렇지 않다는 등 제정절차상의 상이에도 근거한다. 그러나 위 판결에 대한 비판으로 ① 대통령령과 부령은 법규명령인 점에서는 같으며 양자 사이에 질적인 차이가 있는 것은 아니므로 재량권 행사의 기준이 대통령령의 형식(시행령)으로 제정된 경우에는 법규명령으로 보고 부령의 형식(시행규칙)으로 제정된 경우에는 행정규칙(재량준칙)으로 보는 것은 타당하지 않다는 것과 ② 법규명령형식의 행정규칙이 법률의 위임에 근거하여 제정된 경우 부령과 대통령령 모두 법률의 위임에 따라 제정된 것인 점에서 동일하다는 비판이 가능하다.

액수를 정하여야 할 것이므로 그 수액은 정액이 아니라 최고한도액이다(대판 2001. 3. 9, 99두5207[과징금부과처분취소]: 위반행위가 유흥업소에 청소년 2명을 고용한 것은 결코 가벼운 위반행위는 아니나 그 고용기간이 7일로 비교적 짧고 그로 인하여 얻은 이익이 실제 많지 아니하며, 원고는 동일한 위반행위로 인하여 식품위생법에 따른 15일간의 영업정지처분을 받은 점 등 제반 사정에 비추어 보면 상한액의 2배인 16,000,000원의 과징금을 부과한 이 사건 처분이 재량권의 한계를 일탈한 것으로 위법하다고 한 원심판단을 인정한 사례). 〈해설〉 이 판결은 대통령령의 형식으로 정해진 제재처분의 기준을 최고한도로 봄으로써, 제재처분의 기준을 법규명령으로 봄으로써 야기되는 행정권 행사에 있어서의 구체적 타당성의 결여의 문제 및 당해 과징금부과처분을 재량행위로 규정하고 있는 상위법률에의 위반 문제를 해결하고자 하고 있다.

이 판결에 대하여는 대통령령의 형식으로 정해진 제재처분의 기준을 법규명령으로 보면서도 최고한도의 효력만 있다고 보는 것은 법령해석의 범위를 넘어 실질적으로 입법을 하는 것이라는 비판이 가능하다.

3) 위임을 받아 법규사항을 구체적으로 정한 경우

상위법령의 위임을 받아 재량권 행사의 기준이 아니라 재량권 행사의 기준이 되는 법규사항을 법규명령의 형식으로 구체적으로 정한 경우 법규명령이다.

판례1   공정거래위원회가 입찰담합에 관한 과징금의 기본 산정기준이 되는 '계약금액'을 재량에 따라 결정할 수 있는지 여부(소극): 공정거래위원회는 독점규제 및 공정거래에 관한 법률(이하 '공정거래법'이라 한다)상 과징금 상한의 범위 내에서 과징금 부과 여부 및 과징금 액수를 정할 재량을 가지고 있다. 그러나 공정거래법 제22조는 공정거래위원회가 부당한 공동행위를 행한 사업자에 대하여 '대통령령이 정하는 매출액'에 100분의 10을 곱한 금액(매출액이 없는 경우 등에는 20억 원)을 초과하지 아니하는 한도 내에서 과징금을 부과할 수 있도록 정하고 있고, 그 위임에 따라 구 독점규제 및 공정거래에 관한 법률 시행령 제9조 제1항은 본문에서 "공정거래법 제22조에서 '대통령령이 정하는 매출액'이란 위반사업자가 위반기간 동안 일정한 거래분야에서 판매한 관련 상품이나 용역의 매출액 또는 이에 준하는 금액을 말한다."라고 정하면서, 그 단서에서 "다만 입찰담합 및 이와 유사한 행위인 경우에는 계약금액을 말한다."라고 정하고 있다. 따라서 입찰담합에 관한 과징금의 기본 산정기준이 되는 '계약금액'은 위와 같은 법령의 해석을 통하여 산정되는 것이지 공정거래위원회가 재량에 따라 결정할 수 있는 것이 아니다(대판 2020. 10. 29, 2019두37233). 〈해설〉 이 사건 구 독점규제 및 공정거래에 관한 법률 시행령 제9조 제1항은 법규명령형식의 행정규칙(재량준칙)이 아니라 법규명령이다.

판례2   국토의 계획 및 이용에 관한 법률(이하 '국토계획법'이라 한다) 제124조의2 제1항, 제2항 및 국토의 계획 및 이용에 관한 법률 시행령 제124조의3 제3항이 토지이용에 관한 이행명령의 불이행에 대하여 법령 자체에서 토지이용의무 위반을 유형별로 구분하여 이행강제금을 차별하여 규정하고 있는 등 규정의 체계, 형식 및 내용에 비추어 보면, 국토계획법 및 국토의 계획 및 이용에 관한 법률 시행령이 정한 이행강제금의 부과기준은 단지 상한을 정한 것에 불과한 것이 아니라, 위반행위 유형별로 계산된 특정 금액을 규정한 것이므로 행정청에 이와 다른 이행강제금액을 결정할 재량권이 없다고 보아야 한다(대판 2014. 11. 27, 2013두8653[이행강제금부과처분취소청구]).

판례3   법률의 위임에 따라 시행령이 이행강제금액의 기준을 위반행위의 유형별로 구분하여 각각에 대한 부과비율을 특정하여 규정하고 있고, 그 규정의 문언상 부과처분의 금액에 관한 재량을 허용하는 내용으로 되어 있지도 않은 점 등 관련 규정의 체계와 형식 및 내용에 비추어 보면, 국토계획법 및 그 시행령이 정한 이행강제금의 부과기준은 단지 상한을 정한 것이 아니라, 위반행위의 유형별로 계산된 특정 금액을 규정한 것으로 보아야 하고, 따라서 행정청에 이와 다른 이행강제금액을 결정할 재량권은 없다(대판 2014. 12. 24, 2011두23580).

(4) 결 론

결론적으로 말하면 법규명령의 형식으로 규정되어 있는 한 법규명령으로 보아야 한다. 그런데, 형식설은 재량권 행사의 기준을 정하는 법규명령에서 특별한 사정이 있는 경우 가중 또는 감경할 수 있다는 규정을 둔 경우를 제외하고는 문제가 있다.

법규명령의 형식으로 재량권 행사의 기준을 정하는 경우에는 가중·감경규정을 두어 재량권 행사가 가능하도록 하여야 할 것이다.

행정법리에 따르면 재량권 행사의 기준은 행정규칙의 형식으로 제정하고, 판례는 재량준칙에 대해 평등원칙을 매개로 간접적인 대외적 구속력을 인정하는 것이 타당하다.

문제의 해결　1. 재량준칙이 부령 또는 대통령령의 형식으로 제정된 경우 형식설은 법적 구속력을 인정하고(지침적 효력만 인정하는 견해도 있다), 실질설은 재량준칙의 구속력의 문제로 본다. 판례는 부령의 형식으로 제정된 경우 법적 구속력을 인정하지 않고, 대통령령의 형식으로 제정된 경우 최고한도로서의 구속력을 인정한다.
2. 가중 및 감경규정이 있는 경우 법규명령형식의 행정규칙의 법적 구속력을 인정해도 아무런 문제가 없다. 그러나, 가중 및 감경규정이 전혀 없는 경우 법규명령형식의 행정규칙에 절대적 구속력을 인정하면 법률에서는 재량행위로 정한 것을 법규명령형식의 행정규칙에서는 기속행위로 규정하게 되어 당해 법규명령형식의 행정규칙은 법률에 반하게 된다. 감경규정만 둔 경우에는 논란의 여지가 있을 수 있다.
3. 법률에서 위임규정을 두고 있는 경우 그 위임에 근거하여 제정된 법규명령형식의 행정규칙을 위임명령으로 보고 법률에 위임규정이 없는 경우 행정규칙으로 보는 견해가 있다. 이 견해에 의하는 경우에도 통상 법률에서는 규율대상이 되는 행위를 재량행위로 규정하고 있으므로 그 위임에 근거하여 제정된 법규명령형식의 행정규칙이 규율대상이 되는 행위를 기속행위로 규율하면 위임의 한계를 벗어나 위법한 명령이 된다.

Ⅱ. 법규적 성질을 갖는 행정규칙

1. 의 의

판례는 일정한 경우에 행정규칙의 형식으로 제정되었지만 그 내용이 실질에 있어서 법규적 성질을 갖는 경우에 법규와 같은 효력을 인정하고 있다. 이에 따라 '법규적 성질(法規的 性質)을 갖는 행정규칙(行政規則)'이라는 개념이 탄생하였다.

2. 법령보충적 행정규칙 [2010 행시(재경직) 사례, 2008 사시 사례, 2004 행시 약술, 2015, 2019 변시 사례, 2003, 2015, 2022 감평 사례]

(1) 의   의

법령보충적 행정규칙이라 함은 법령의 위임에 의해 법령을 보충하는 법규사항을 정하는 행정규칙을 말한다. 행정기본법은 법령보충적 행정규칙을 행정기본법상 '법령'의 하나로 규정하고 있다(제 2 조 제 1 호 가목의 3).

판례는 법령보충적 행정규칙을 수권법령과 결합하여 대외적인 구속력이 있는 법규명령으로서의 효력을 갖는다고 본다(대판 1987. 9. 29, 86누484; 1992. 1. 21, 91누5334).

> **판례1**   행정규칙(법령보충적 행정규칙)의 법규성: 행정규칙은 일반적으로 행정조직 내부에서만 효력을 가질 뿐 대외적인 구속력을 갖는 것은 아니지만, 법령의 규정이 특정행정기관에게 그 법령내용의 구체적 사항을 정할 수 있는 권한을 부여하면서 그 권한행사의 절차나 방법을 특정하고 있지 아니한 관계로 수임행정기관이 행정규칙의 형식으로 그 법령의 내용이 될 사항을 구체적으로 정하고 있다면 그와 같은 행정규칙, 규정은 행정규칙이 갖는 일반적 효력으로서가 아니라, 행정기관에 법령의 구체적 내용을 보충할 권한을 부여한 법령규정의 효력에 의하여 그 내용을 보충하는 기능을 갖게 된다 할 것이므로 이와 같은 행정규칙, 규정은 당해 법령의 위임한계를 벗어나지 아니하는 한 그것들과 결합하여 대외적인 구속력이 있는 법규명령으로서의 효력을 갖게 된다(대판 1987. 9. 29, 86누484[양도소득세부과처분취소]: 소득세법 시행령의 위임을 받아 양도소득세의 실지거래가액이 적용될 부동산투기억제를 위하여 필요하다고 인정되는 거래의 유형을 열거지정한 국세청장의 훈령인 재산제세사무처리규정을 법규명령과 같은 구속력을 갖는 것으로 본 사례).
>
> **판례2**   법령의 규정이 특정 행정기관에 그 법령 내용의 구체적 사항을 정할 수 있는 권한을 부여하면서 그 권한 행사의 절차나 방법을 특정하고 있지 않아 수임행정기관이 행정규칙인 고시의 형식으로 그 법령의 내용이 될 사항을 구체적으로 정하고 있는 경우, 그 고시가 당해 법령의 위임 한계를 벗어나지 않는 한, 그와 결합하여 대외적으로 구속력이 있는 법규명령으로서 효력을 가진다(대판 2008. 4. 10, 2007두4841[건축불허가처분취소]: 산지관리법 제18조 제 1 항·제 4 항, 같은 법 시행령 제20조 제 4 항에 따라 산림청장이 정한 '산지전용허가기준의 세부검토기준에 관한 규정' 제 2 조 [별표 3] (바)목 가.의 규정이 법규명령으로서 효력을 가진다고 한 사례).

그러나, 법령의 위임을 받은 것(소득금액조정합계표 작성요령)이어도 행정적 편의를 도모하기 위한 절차적 규정인 경우에는 행정규칙의 성질을 가진다(대판 2003. 9. 5, 2001두403[법인세부과처분취소]). 또한, 위임근거인 법령이 예시적 규정에 불과한 이상, 그 위임에 따른 고시는 대외적으로 국민과 법원을 구속하는 효력이 있는 규범이라고 볼 수는 없고, 행정내부적으로 업무처리지침이나 법령의 해석·적용 기준을 정해주는 '행정규칙'이라고 보아야 한다고 한 사례도 있다(대판 2020. 12. 24, 2020두39297).

> **판례1**   산업재해보상보험법 시행령 [별표 3] '업무상 질병에 대한 구체적인 인정 기준'은 '뇌혈관 질병 또는 심장 질병', '근골격계 질병'의 업무상 질병 인정 여부 결정에 필요한 사항은 고용노동부장관이 정하여 고시하도록 위임하고 있다[제 1 호 (다)목, 제 2 호 (마)목]. 위임근거인 산업재해보상보험법 시

행령 [별표 3] '업무상 질병에 대한 구체적인 인정 기준'이 예시적 규정에 불과한 이상, 그 위임에 따른 고용노동부 고시가 대외적으로 국민과 법원을 구속하는 효력이 있는 규범이라고 볼 수는 없고, 상급행정기관이자 감독기관인 고용노동부장관이 그 지도·감독 아래 있는 근로복지공단에 대하여 행정내부적으로 업무처리지침이나 법령의 해석·적용 기준을 정해주는 '행정규칙'이라고 보아야 한다(대판 2020. 12. 24, 2020두39297).

판례2   건강보험심사평가원이 보건복지부 고시인 구 요양급여비용 심사·지급업무 처리기준(법령보충적 고시로 보임) 제4조 제1항 제4호에 근거하여 2008. 11. 27. 제정한 심사지침인 '방광내압 및 요누출압 측정 시 검사방법'은 **행정규칙**에 불과하다. 따라서 그 기준에 부합하지 않는다고 하여 반드시 법령상 인정되는 적정한 요양급여에 해당하지 않는 것은 아니고, 다만 그 기준이 국민건강보험법령의 목적이나 취지에 비추어 객관적으로 합리성이 없다고 볼만한 특별한 사정이 없는 이상 이를 재판절차에서 요양급여의 적정성 여부를 판단하는 세부기준으로 참작할 수 있을 뿐이다(대판 2017. 7. 11, 2015두2864).

    법령의 위임에 따라 행정규칙의 형식으로 재량권 행사의 기준을 정한 경우에도 당해 행정규칙은 재량준칙에 해당한다. 달리 말하면 법령의 위임이 있어도 재량권 행사의 기준을 정하는 형식상 '행정규칙'은 법령보충적 행정규칙이 아니라 행정규칙(재량준칙)이다(판례). [2024 변시]

판례1   공정거래법령의 위임에 따라 조사방해를 과징금 가중사유로 규정한 「구 과징금부과 세부기준 등에 관한 고시」 IV. 3. 나 (4)항을 재량준칙으로 본 사례(대판 2020. 11. 12, 2017두36212).

판례2   (1) 국토의 계획 및 이용에 관한 법률 시행령(이하 '국토계획법 시행령'이라 한다) 제56조 제1항 [별표 1의2] '개발행위허가기준'은 국토계획법 제58조 제3항의 위임에 따라 제정된 대외적으로 구속력 있는 법규명령에 해당한다. 그러나 국토계획법 시행령 제56조 제4항은 국토교통부장관이 제1항의 개발행위허가기준에 대한 '세부적인 검토기준'을 정할 수 있다고 규정하였을 뿐이므로, 그에 따라 국토교통부장관이 국토교통부 훈령으로 정한 '개발행위허가운영지침'은 국토계획법 시행령 제56조 제4항에 따라 정한 개발행위허가기준에 대한 세부적인 검토기준으로, 상급행정기관인 국토교통부장관이 소속 공무원이나 하급행정기관에 대하여 개발행위허가업무와 관련하여 국토계획법령에 규정된 개발행위허가기준의 해석·적용에 관한 세부 기준을 정하여 둔 **행정규칙(재량준칙)**에 불과하여 대외적 구속력이 없다. (2) 국토의 계획 및 이용에 관한 법률(이하 '국토계획법'이라 한다) 제56조 제1항에 따른 개발행위허가요건에 해당하는지 여부는 행정청의 재량판단의 영역에 속하므로, 그에 대한 사법심사는 행정청의 공익판단에 관한 재량의 여지를 감안하여 원칙적으로 재량권의 일탈이나 남용이 있는지 여부만을 대상으로 하고, 사실오인과 비례·평등의 원칙 위반 여부 등이 그 판단 기준이 된다. 또한 행정규칙이 이를 정한 행정기관의 재량에 속하는 사항에 관한 것(재량준칙 즉, 국토교통부장관이 국토교통부 훈령으로 정한 '개발행위허가운영지침')인 때에는 그 규정 내용이 객관적 합리성을 결여하였다는 등의 특별한 사정이 없는 한 법원은 이를 존중하는 것이 바람직하다(대판 2023. 2. 2, 2020두43722).

(2) 인정 여부

1) 부정설(위헌무효설)

이 견해는 법규적 성질을 갖는 법령보충적 행정규칙이라는 입법형식은 새로운 입법형식으로 국회입법의 원칙에 대한 예외인데, 그에 대하여 헌법에 규정이 없으므로 현행 헌법에 반한다는 이유로 그것을 부정한다(류지태·박종수, 석종현).

2) 긍 정 설

대부분의 학설은 현행 헌법상 가능한 것으로 보고 있다. 그 논거는 다음과 같다. i) 법령의 위임을 받아 위임을 한 명령을 보충하는 구체적인 사항을 정하는 것이므로 국회입법의 원칙에 반하는 것으로 볼 것은 아니다. ii) 매우 전문적이거나 기술적인 사항 또는 빈번하게 개정되어야 하는 구체적인 사항에 대하여는 법규명령보다 탄력성이 있는 행정규칙의 형식으로 제정할 현실적인 필요도 있다. iii) 법규명령제정권이 없는 청장 등 행정기관의 장에게 제한적인 범위 내이지만 그 업무에 관하여 법규를 제정할 권한을 부여할 필요가 있다.

3) 판   례

판례는 **긍정설**을 취하고 있다(헌재 전원재판부 2004. 10. 28, 99헌바91[금융산업구조개선에 관한 법률 제 2 조 제 3 호 가목 등 위헌소원]).

대법원 판례는 명시적으로 법령보충적 행정규칙이 헌법상 인정될 수 있는지를 논하고 있지 않지만, 법령보충적 행정규칙에 대해 법규명령의 효력을 인정하므로 법령보충적 행정규칙이 헌법상 인정될 수 있는 것으로 보고 있다고 할 수 있고, 헌법재판소는 다음과 같이 명시적으로 법령보충적 행정규칙을 인정하고 있다.

> **판례**   **법률이 입법사항을 고시와 같은 행정규칙의 형식으로 위임하는 것이 허용되는지 여부**(한정 적극): 사회적 변화에 대응한 입법수요의 급증과 종래의 형식적 권력분립주의로는 현대사회에 대응할 수 없다는 기능적 권력분립론 등을 감안하여 헌법 제40조와 헌법 제75조, 제95조의 의미를 살펴보면, 의회가 구체적으로 범위를 정하여 위임한 사항에 관하여는 당해 행정기관이 법정립의 권한을 갖게 되고, 이 경우 입법자는 규율의 형식도 선택할 수 있다 할 것이므로, 헌법이 명시하고 있는 법규명령의 형식이 아닌 행정규칙에 위임하더라도 이는 국회입법의 원칙과 상치되지 않는다. 다만, 행정규칙은 법규명령과 같은 엄격한 제정 및 개정절차를 요하지 아니하므로, 기본권을 제한하는 내용에 대해서는 법규명령에 위임함이 바람직하고, 부득이 고시와 같은 형식으로 위임을 할 때에는 적어도 전문적·기술적 사항이나 경미한 사항으로서 업무의 성질상 위임이 불가피한 사항에 한정된다(헌재 2016. 2. 25. 2015헌바191).

4) 결어(긍정설)

법령보충적 행정규칙의 현실적 필요성이 있고, 법령의 수권을 받아 제정되는 것이며 독자적으로 법규명령의 효력을 갖는 것이 아니라 수권법령과 결합하여 법규명령의 효력을 갖는 것이므로 국회입법의 원칙에 반하는 것은 아니라고 볼 것이다.

(3) 법적 성질 [2008 행시(재경직) 약술]

법령보충적 행정규칙의 법적 성질에 대하여는 견해가 대립하고 있다. 규범구체화행정규칙으로 보는 견해, 법규명령으로 보는 견해, 행정규칙으로 보는 견해, 법규명령의 효력을 갖는 행정규칙으로 보는 견해가 있다. 이에 대하여 고시가 일반적·추상적 성격을 가질 때에는 법령보충적 행정규칙(고시)으로 보고, 개별적·구체적 규율의 성격을 가질 때에는 법령보충적 행정규칙(고시)으로 보지 않고 처분(일반처분)으로 보는 견해도 있다.

대법원 판례는 법령보충적 행정규칙을 행정규칙이지만 법규명령과 같은 효력을 갖는 것으로 본 경우도 있고,[3] 법규명령의 성질 또는 효력을 갖는 것으로 본 경우도 있다.[4]

이에 반하여 헌법재판소는 법령보충적 행정규칙도 행정규칙으로 보며 법령보충적 행정규칙은 그 자체로서 직접적·대외적 구속력을 갖는 것이 아니라 상위법령과 결합하여 상위법령의 일부가 됨으로써 대외적 구속력을 가질 뿐이라고 본다(헌재 2004. 10. 28, 99헌바91).

생각건대, 다음과 같은 이유에서 법규명령의 효력을 갖는 행정규칙설이 타당하다. 법규명령의 형식과 절차의 엄격성에 비추어 법규명령과 행정규칙은 형식에 따라 구분하는 것이 타당하다. 따라서, 법령보충적 행정규칙은 행정규칙이지만, 수권법령과 결합하여 법규명령의 효력을 갖는 것이다.

법령보충적 행정규칙은 법령의 명시적 수권이 있는 경우에만 인정되고, 고도로 전문적이고 기술적인 분야에 한정하여 인정되는 것이 아니므로 규범구체화행정규칙과 구별되어야 한다.

(4) 법적 효력

법령보충적 행정규칙은 수권법령규정과 결합하여 대외적으로 구속력이 있는 법규명령으로서의 효력을 가진다.

(5) 법령보충적 행정규칙의 한계

① 법령보충적 행정규칙은 법령의 수권에 근거하여야 하고, 그 수권은 포괄위임금지의 원칙상 구체적·개별적으로 한정된 사항에 대하여 행하여져야 한다.

행정규제기본법 제 4 조 제 2 항 단서는 "법령이 전문적·기술적 사항이나 경미한 사항으로서 업무의 성질상 위임이 불가피한 사항에 관하여 구체적으로 범위를 정하여 위임한 경우에는 고시 등으로 정할 수 있다"라고 법령보충적 행정규칙의 일반적 근거를 규정하고 있다. 그 밖에도 개별법령이 법령보충적 행정규칙의 근거를 규정하는 경우가 있다.

판례1　**법률이 국민의 권리의무와 관련된 사항을 고시와 같은 행정규칙에 위임하는 경우 그 위헌성 판단방법:** 행정규칙은 법규명령과 같은 엄격한 제정 및 개정절차를 요하지 아니하므로, 재산권 등과 같은 기본권을 제한하는 작용을 하는 법률이 입법위임을 할 때에는 "대통령령," "총리령," "부령" 등

---

3) 대판 1987. 9. 29, 86누484; 1993. 11. 23, 93도662〈수입선다변화품목의 지정 등에 관한 상공부 고시 제91-21호〉.
4) 대판 1989. 11. 14, 89누5676〈소득세법 시행령 제170조 제 4 항 제 2 호에 의하여 투기거래를 규정한 재산제세조사사무처리규정〉; 1996. 4. 12, 95누7727〈보건사회부장관이 정한 1994년도 노인복지사업지침의 법적 성질: 보건사회부장관이 정한 1994년도 노인복지사업지침〉; 2004. 5. 28, 2002두4716〈산업자원부장관이 정한 산업자원부 고시 공장입지기준 제 5 조〉.

법규명령에 위임함이 바람직하고, 금융감독위원회의 고시와 같은 형식으로 입법위임을 할 때에는 적어도 행정규제기본법 제 4 조 제 2 항 단서에서 정한 바와 같이 법령이 전문적·기술적 사항이나 경미한 사항으로서 업무의 성질상 위임이 불가피한 사항에 한정된다 할 것이고, 그러한 사항이라 하더라도 포괄위임금지의 원칙상 법률의 위임은 반드시 구체적·개별적으로 한정된 사항에 대하여 행하여져야 한다(헌재 전원재판부 2004. 10. 28, 99헌바91[금융산업의구조개선에관한법 제 2 조 제 3 호 가목 등의 위헌소원]).

판례 2　'선정기준액'을 법규명령이 아닌 보건복지부장관 고시로 정하도록 위임하는 것이 허용되는지 여부(적극): '선정기준액'은 기초연금 수급자가 65세 이상인 사람 중 100분의 70 수준이 되도록 정해야 하는 것으로, 이는 전체 노인가구의 소득·재산 수준과 생활실태를 다양한 자료에 의해 파악한 다음 이를 통계화하여 분석하고 그밖에 물가상승률, 국가재정상황 등도 종합적으로 고려하여 전문적·기술적으로 판단할 수밖에 없는데 그러한 판단을 하려면 고도의 전문성이 필요하므로, 이러한 내용을 법규명령이 아닌 보건복지부 고시에 위임하는 것은 허용된다(헌재 2016. 2. 25, 2015헌바191).

판례 3　법령의 위임에 따라 정한 고시를 법령보충적 행정규칙으로 본 사례(대판 2021. 1. 14, 2020두 38171:「요양급여의 적용기준 및 방법에 관한 세부사항」(2008. 1. 24. 보건복지부 고시 제2008-5호)을 법령보충적 행정규칙으로 본 사례).

　　법령을 보충하는 행정규칙이 위임 없이 제정된 경우에는 단순한 행정규칙에 불과하며 법령보충적 행정규칙이라고 할 수 없다. 법령의 규정이 특정 행정기관에 그 법령 내용의 구체적 사항을 정할 수 있는 권한을 부여하면서 그 권한 행사의 절차나 방법을 특정하고 있지 아니한 관계(법령에서 법규사항을 위임시 형식을 지정하지 않고 '장관이 따로 정한다'라고 규정한 경우)로 수임행정기관이 행정규칙의 형식으로 그 법령의 내용이 될 사항을 구체적으로 정하고 있다면 이와 같은 행정규칙은 해당 법령의 위임한계를 벗어나지 않는 한 그것들과 결합하여 대외적인 구속력이 있는 법규명령으로서의 효력을 가진다(대판 2019. 10. 17, 2014두3020, 3037).

　　그렇지만 상위법령에서 세부사항 등을 시행규칙으로 정하도록 위임하였음에도 이를 고시 등 행정규칙으로 정한 경우, 대외적 구속력을 가지는 법규명령으로서 효력을 인정할 수 없다(대판 2012. 7. 5, 2010다72076).

판례　구 주택건설촉진법 제33조의6 제 6 항의 위임에 의하여 건설교통부장관의 '고시' 형식으로 되어 있는 '주택건설공사 감리비지급기준'이 이를 건설교통부령으로 정하도록 한 구 주택법이 시행된 이후에는 대외적인 구속력이 있는 법규명령으로서 효력을 가지지 못한다고 한 사례(대판 2012. 7. 5, 2010 다72076).

　　② 법령보충적 행정규칙이 법령의 위임의 범위를 벗어난 경우 법규명령으로서의 대외적 구속력이 인정되지 않는다(대결 2006. 4. 28, 2003마715; 대판 2016. 8. 17, 2015두51132). 이 경우 당해 법령보충적 행정규칙은 위법한 법규명령의 효력을 갖는 것이 아니라 행정규칙에 불과한 것이 된다.

　　③ 법령보충적 행정규칙은 법규명령의 효력을 가지므로 예측가능성을 보장하기 위하

여 최소한 공표되어야 하며 어떠한 방법이든지 공표되지 않은 법령보충적 행정규칙은 법규명령의 효력을 발생하지 않는 것으로 보아야 한다.

　　판례는 원칙상 법령보충적 행정규칙의 효력발생요건으로 공표를 요구하고 있지 않지만, 적당한 방법으로 이를 일반인 또는 관계인에게 표시 또는 통보함으로써 그 효력이 발생한다고 한 판례(형사판례)가 있다.

　　④ 판례는 법령보충적 행정규칙의 재위임도 가능한 것으로 본다.

> **판례**　산업자원부 고시 공장입지기준 제 5 조 제 2 호의 위임에 따라 공장입지의 보다 세부적인 기준을 정한 김포시 고시 공장입지제한처리기준 제 5 조 제 1 항의 법적 성질(=법규명령): 산업자원부 고시 공장입지기준(1999. 12. 16. 산업자원부 고시 제1999－147호) 제 5 조는 산업자원부장관이 공업배치 및 공장설립에 관한 법률 제 8 조의 위임에 따라 공장입지의 기준을 구체적으로 정한 것으로서 법규명령으로서 효력을 가진다 할 것이고, 김포시 고시 공장입지제한처리기준(2000. 4. 10. 김포시 고시 제2000－28호) 제 5 조 제 1 항은 김포시장이 위 산업자원부 고시 공장입지기준 제 5 조 제 2 호의 위임에 따라 공장입지의 보다 세부적인 기준을 정한것으로서 상위명령의 범위를 벗어나지 아니하므로 그와 결합하여 대외적으로 구속력이 있는 법규명령으로서 효력을 가진다(대판 2004. 5. 28, 2002두4716[공장업종변경승인신청 거부처분취소]).

(6) 법령보충적 행정규칙의 사법적 통제

　　법령보충적 행정규칙은 법규명령과 같이 직접적 통제(항고소송 또는 헌법소원)와 간접적 통제(부수적 통제)의 대상이 된다.

1) 법원에 의한 통제

　　법령보충적 행정규칙은 법규명령의 효력을 가지므로 법규명령과 같이 재판에서 전제가 된 경우에 법원이 간접적으로 통제하고, 처분성을 갖는 경우 직접 항고소송의 대상이 된다.

> **판례**　어떠한 고시가 일반적·추상적 성격을 가질 때에는 법규명령 또는 행정규칙에 해당할 것이지만, 다른 집행행위의 매개 없이 그 자체로서 직접 국민의 구체적인 권리의무나 법률관계를 규율하는 성격을 가질 때에는 항고소송의 대상이 되는 행정처분에 해당한다(대결 2003. 10. 9, 2003무23[집행정지]: 항정신병 치료제의 요양급여 인정기준에 관한 보건복지부 고시가 다른 집행행위의 매개 없이 그 자체로서 제약회사, 요양기관, 환자 및 국민건강보험공단 사이의 법률관계를 직접 규율한다는 이유로 항고소송의 대상이 되는 행정처분에 해당한다고 한 사례; 대판 2006. 9. 22, 2005두2506[보험약가인하처분취소]: 보건복지부 고시인 약제급여·비급여목록 및 급여상한금액표(보건복지부 고시 제2002-46호로 개정된 것)는 다른 집행행위의 매개 없이 그 자체로서 국민건강보험가입자, 국민건강보험공단, 요양기관 등의 법률관계를 직접 규율하는 성격을 가지므로 항고소송의 대상이 되는 행정처분에 해당한다고 한 사례).

2) 헌법재판소에 의한 통제

법령보충적 행정규칙이 명백히 처분이 아니고(헌법소원의 보충성 원칙) 직접적·구체적으로 국민의 권익을 침해하는 경우에는 헌법소원의 대상이 된다.

> **판례** 법령의 직접적인 위임에 따라 위임행정기관이 그 법령을 시행하는 데 필요한 구체적 사항을 정한 것이면, 그 제정형식은 비록 법규명령이 아닌 고시, 훈령, 예규 등과 같은 행정규칙이더라도 그것이 상위법령의 위임한계를 벗어나지 아니하는 한, 상위법령과 결합하여 대외적인 구속력을 갖는 법규명령으로서 기능하게 된다고 보아야 할 것인바, 청구인이 법령과 예규의 관계규정으로 말미암아 직접 기본권침해를 받았다면 이에 대하여 바로 헌법소원심판을 청구할 수 있다(헌재 1992. 6. 26, 91헌마25 [공무원임용령 제35조의2 등에 대한 헌법소원]).

제 2 장

행 정 계 획

I. 개   설 [2010 행시(재경직) 약술]

행정계획(行政計劃)이라 함은 행정주체 또는 그 기관이 일정한 행정활동을 행함에 있어서 일정한 목표를 설정하고 그 목표를 달성하기 위하여 필요한 수단을 선정하고 그러한 수단들을 조정하고 종합화한 것을 말한다.

행정계획의 핵심적 요소는 일반 계획에서처럼 목표의 설정과 수단의 조정과 종합화이다.

행정계획의 예로는 도시관리계획, 경제개발계획, 환경계획 등을 들 수 있다. 전원개발사업계획, 주택개발사업계획 등 사인에 의해 작성·신청된 개발사업계획의 승인을 행정계획으로 보는 견해가 있으나, 공무수탁사인이 공익목적 달성을 위해 수립하는 계획은 행정계획이지만 공무수탁사인이 아닌 사인이 수립하는 개발계획은 사법상 사실행위로 보고, 승인 등 신청은 사인의 공법행위이며 행정청이 승인하는 개발계획승인은 행정행위라고 보는 것이 타당하다.

행정계획은 구체화된 행정정책인 점에 비추어 행정계획의 법리는 행정정책에 준용될 수 있다.

II. 행정계획의 법적 성질 및 처분성

행정계획의 법적 성질 및 처분성을 논하는 이유는 행정계획에 대해 적정한 규율을 하고, 행정계획이 행정절차법상 처분절차의 적용대상이 될 수 있는지, 행정소송법(행정심판법)상 항고소송(행정심판)의 대상이 될 수 있는지 여부를 판단하기 위해 필요하기 때문이다.

1. 법령형식의 행정계획

행정계획이 특정의 법적 형식에 의해 수립된 경우에 당해 행정계획은 그 법적 형식의 성질을 갖는다. 즉, 법률의 형식에 의해 수립되는 행정계획은 법률의 성질을 가지고, 법규명령의 형식에 의해 수립된 행정계획은 법규명령의 성질을 가지며 조례의 형식에 의해 수립되는 계획은 조례의 성질을 갖는다.

2. 법령의 형식을 취하지 않은 행정계획

행정계획이 특정의 행위형식을 취하지 않는 경우에 당해 행정계획은 어떠한 법적 성질을 갖는가 하는 것이 문제된다.

행정계획은 행정의 지침이 되는 점에서 행정규칙과 유사한 성질을 갖는다.

그러나, 행정계획은 다음과 같이 행정규칙과 구별된다. i) 행정계획은 행정규칙과 달리 규범의 형식과 성질을 갖지 않는다. ii) 행정규칙은 규범의 성질을 갖고 명확하게 규정되어 있으며 직무명령의 성격도 갖고 있어서 하급기관에 대해 내부적인 법적 구속력을 갖지만, 행정계획은 규범의 성질을 갖지 않고, 고도로 추상적으로 수립되어 있고 상황 변화에 따른 가변성을 전제로 하고 있으며 직무명령의 성격을 갖지 않는 것이므로 하급기관에 대해 내부적인 법적 구속력을 갖지 않는다. 행정계획은 통상 행정규칙에 비해 가변성과 불확정성이 높다고 할 수 있다. 다만, 행정계획 중에 구체적이고 명확하게 규정되어 있어 행정규칙에 준하는 성격을 갖는 경우에는 행정규칙에 준하는 내부적 구속력을 갖는 것으로 볼 수도 있다.

그리고, 도시관리계획과 같이 대외적 구속력을 갖는 구속적 행정계획은 대외적인 법적 구속력을 갖는다.

3. 행정계획의 처분성

행정계획이 항고소송의 대상이 되는 처분인지 아닌지가 문제된다.

행정쟁송법(행정절차법)상 처분은 국민의 권익(권리·의무)에 직접 구체적인 영향을 미치는 공권력 행사 또는 그 거부이므로 행정계획이 국민의 권익에 직접 구체적인 영향을 미치는지 여부를 기준으로 행정계획의 처분성을 판단하여야 한다.

국민의 권익에 아무런 영향을 미치지 않는 행정계획은 처분이라고 할 수 없다. 국민이나 행정기관에 대해 거의 구속력을 갖지 않거나, 행정기관에 대해 구속력을 갖지만 국민의 권익에 아무런 영향을 미치지 않는 행정계획도 처분으로 볼 수 없다. 또한, 법적 구속력이 있는 행정계획이라 하더라도 일반성과 추상성을 갖고 처분의 매개 없이는 국민의 권익에 직접 구체적인 영향을 미치지 않는 것은 처분이라고 할 수 없다.

그러나, 구속적 행정계획 또는 비구속적인 행정계획이라도 사실상 구속력을 갖는 것으로서 집행처분의 매개 없이 직접 국민의 권익에 구체적인 영향을 미치는 행정계획은 행정쟁송법상 처분으로 볼 수 있다.

4. 도시 · 군관리계획의 법적 성질 및 처분성 [2005 입시 사례]

도시관리계획의 법적 성질 및 처분성에 관하여 다음과 같이 견해가 대립되고 있다.

1) 입법행위설

도시관리계획은 도시계획행정의 기준이 되는 일반적·추상적인 성질의 것이고 도시관리계획 자체만으로는 특정 개인에게 어떤 구체적인 권리침해를 가져오는 것이 아니므로 행정계획은 처분이 아니며 입법행위(立法行爲)의 성질을 가진다는 견해이다. 도시관리계획이 결정되면 법령에 근거하여 일정한 권리제한의 효과가 생기게 되지만 이는 법령의 효과이며 도시관리계획은 법령을 보충하는 것으로서 입법행위의 성질을 가진다고 본다.

이 견해에 의하면 도시관리계획이 위법한 경우에 직접 그 도시관리계획의 취소를 청구할 수는 없고, 그 위법한 도시관리계획에 따라 위법한 처분이 행하여져(건축허가가 거부되어) 국민의 권리가 침해된 때 당해 처분의 취소를 구하는 소송을 제기하여야 한다고 한다.

2) 행정행위설

도시관리계획의 결정이 고시되면 도시관리계획구역 안의 토지나 건물소유자의 토지형질변경, 건축물의 신축·개축 또는 증축 등 권리행사가 일정한 제한을 받게 되는데, 이 점에 비추어 볼 때 당해 도시관리계획결정은 특정 개인의 권리 내지 법률상의 이익을 개별적이고 구체적으로 규제하는 효과를 가져오므로 행정청의 처분이라 할 수 있고, 따라서 항고소송의 대상이 된다(대판 1982. 3. 9, 80누105[도시계획변경처분취소]).

3) 독자성설

행정계획은 법규범도 아니고 행정행위도 아닌 독자적인 행위형식이지만 도시관리계획은 국민의 권익에 직접 구체적인 영향을 미치는 점에서 행정행위에 준하여 행정소송의 대상이 된다고 한다.

4) 결   론

① 행정계획은 행정행위나 입법행위와도 다른 독자적인 성질을 갖는 독자적인 행위형식으로 보는 것이 타당하다.

행정계획은 행정활동의 기준을 제시하는 점에서는 입법행위(법규명령 및 행정규칙)와 유사한 성격을 갖지만 다음과 같은 점에서 입법행위와 구별된다. 행정계획은 우선 다음과 같은 점에서 법규명령과 다르다. ① 행정계획은 행정목표와 그를 달성하기 위한 수단을 정하는 것을 기본적 내용으로 하는데 법규명령은 행정권 행사의 요건과 효과를 정하는 것을 기본적 내용으로 한다. ② 행정계획은 기본적으로 행정기관 자신의 활동규범이며 법규명령과 같이 국민의 권리와 의무를 정하는 것을 기본적인 내용으로 하지 않는다. 그리고 행정계획은 전술한 바와 같이 행정규칙과 다르다.

② 행정계획이 항고소송의 대상이 되는지 여부를 논함에 있어서는 행정계획이 처분

성을 갖는지 여부를 논하면 족하고 행정계획이 행정행위인지 입법행위인지까지 논할 필요
는 없다.

　③ 국토계획법 제30조 소정의 도시관리계획 결정은 다음과 같은 이유에서 처분성을
갖는 것으로 보는 것이 타당하다.

　i) 도시관리계획이 결정되면 도시계획 관계법령의 규정에 따라 건축이 제한되는 등
국민의 권리의무에 직접 구체적인 영향을 미치기 때문이다.

　ii) 도시관리계획이 국민의 권리의무에 구체적인 영향을 미치는 경우인데도 당해 도시
관리계획에 근거한 처분이 있은 후에 그 처분의 취소를 구하도록 하는 것보다는 도시관리
계획 자체의 처분성을 인정하여 직접 도시관리계획의 취소를 구할 수 있도록 하는 것이
국민의 권리를 조속히 구제해 주는 길이 된다.

Ⅲ. 행정계획과 법률유보

행정계획 중에서 국민의 권리의무에 법적 효과를 미치는 구속적인 행정계획은 법률
의 근거가 있어야 한다는 점에 대하여는 이론이 없다.

비구속적 행정계획에 있어서는 중요사항유보설에 따라 공동체 및 국민의 이익에 중
요한 영향을 미치는 것이면 법률의 유보가 있어야 하는 것으로 보아야 한다.

Ⅳ. 행정계획수립절차

「행정절차법」 제40조의4는 '행정청은 행정청이 수립하는 계획 중 국민의 권리·의무
에 직접 영향을 미치는 계획을 수립하거나 변경·폐지할 때에는 관련된 여러 이익을 정당
하게 형량하여야 한다.'고 규정하고 있다. 이 규정은 '국민의 권리·의무에 직접 영향을 미
치는 계획', 즉 처분성이 있는 행정계획에는 형량명령의 원칙이 적용된다는 것을 선언한
규정으로 볼 수 있다. 형량명령은 비례원칙(이익형량의 원칙)뿐만 아니라 형량조사를 포함
한다. 그런데, 비례의 원칙 내지 이익형량의 원칙은 처분에 한정하여 적용되지 않고, 모든
국가작용에 적용되는 헌법원칙이다. 그러므로 '국민의 권리·의무에 간접적으로 영향을 미
치는 계획'을 포함하여 국민의 권리·의무에 직접 영향을 미치는 계획이 아닌 행정계획을
수립하거나 변경·폐지할 때에도 관련 이익 상호간에 갈등이 있는 경우에는 관련 이익을
정당하게 형량하여야 한다. 그리고, 이익형량의 전제로서 형량조사를 하여야 한다. 또한,
행정절차법에 따르면 국민생활에 매우 큰 영향을 주거나 많은 국민의 이해가 상충되는 행
정계획은 예고하고 국민의 의견을 수렴하여야 한다(제46조, 제47조).

행정계획절차의 하자는 하자의 일반이론에 따라 무효사유·취소사유가 된다. 경미한
절차의 하자인 경우와 순수하게 행정 내부적인 절차위반은 취소사유가 되지 않는다.

판례 　판례 중에는 도시관리계획의 수립에 있어서 구 도시계획법 제16조 소정의 공청회를 열지 아니하고 한 도시계획결정은 무효사유는 아니고 취소사유가 된다는 판례(대판 1990. 1. 23, 87누947[토지수용재결처분취소 등])와 공고 및 공람절차에 하자가 있는 도시계획결정은 위법하다는 판례(대판 2000. 3. 23, 98두2768[도시계획결정취소])가 있다.

V. 계획재량과 통제

1. 계획재량의 개념

계획재량(計劃裁量)이라 함은 행정계획을 수립·변경함에 있어서 계획청에게 인정되는 재량을 말한다. 계획재량은 행정목표의 설정이나 행정목표를 효과적으로 달성할 수 있는 수단의 선택 및 조정에 있어서 인정된다.

판례는 개발제한구역지정처분을 그 입안·결정에 관하여 광범위한 형성의 자유를 가지는 계획재량처분으로 보고 있다(대판 1997. 6. 24, 96누1313[토지수용이의재결처분취소 등]).

2. 계획재량과 일반 행정재량의 구분

계획재량에는 일반적인 행정재량과 비교하여 행정청에게 폭넓은 재량권이 부여되고 있다는 것에 대하여 학설상 이론이 없다. 그런데, 계획재량이 일반의 행정재량과 질적으로 구별되는 것인지에 대하여는 견해가 대립되고 있다.

(1) 양자 사이의 질적인 차이를 인정하는 견해

다수의 견해는 양자는 질적으로 다른 것으로 보고 있다.

양자(兩者) 사이의 질적인 차이를 인정하는 견해의 논거는 다음과 같다.

① 양자는 재량의 내용이 다르다고 본다. 즉, 일반 행정재량은 구체적인 사실과 결부되어 행정행위의 요건과 효과에 있어서 인정되는 반면에, 계획재량은 목표의 설정과 수단의 선택에 있어서 인정된다. 일반 행정재량의 경우에는 재량권이 상대적으로 좁게 인정되고 계획재량의 경우에는 그 재량권이 광범위하게 인정된다.

② 계획재량에는 형량명령이라는 특유한 재량하자이론이 존재한다.

(2) 양자 사이의 질적인 차이를 부정하는 견해

최근에 일부 견해는 양자는 질적인 면에서는 차이가 없고 양적인 면에서만 차이가 있을 뿐이라고 보고 있다.

① 양자는 재량이 인정되는 부분은 다르지만(일반 행정재량의 경우에 있어서는 행위요건 및 효과에 있어서 인정되고, 계획재량에 있어서는 목표설정과 수단의 선택에 있어서 인정되지만) 재량의 의미는 다같이 행정청에게 선택의 자유를 인정한다는 것이다. 따라서 양자 사이에

질적인 차이를 인정할 수는 없고 계획재량에 있어서 일반 행정재량에 비하여 재량권이 폭넓게 인정된다는 양적인 차이가 인정될 뿐이다.

② 계획재량의 하자이론으로 제시되는 형량명령은 비례원칙의 계획재량에 있어서의 적용이론일 뿐이다.

(3) 결   론

계획재량과 일반 행정재량 사이에는 위에서 본 바와 같이 일정한 차이가 존재하므로 계획재량을 별도로 논하는 것은 의미가 있다.

그러나 양자가 다같이 행정청에게 선택의 자유를 인정하는 것이므로 질적인 면에서 차이가 있다고 보는 것은 타당하지 않다.

3. 계획재량의 통제: 형량명령 [2009 사시 사례, 2007 입시 약술, 2004 행시 사례]

(1) 의   의

형량명령(衡量命令)이란 행정계획을 수립함에 있어서 관련된 이익을 정당하게 형량하여야 한다는 원칙을 말한다. 형량명령은 비례원칙(이익형량의 원칙)뿐만 아니라 형량조사를 포함한다. 따라서, 형량명령이론이 적용되는 경우는 비례의 원칙이 별도로 적용될 필요가 없다.

전술한 바와 같이 행정절차법에 따르면 행정청은 행정청이 수립하는 계획 중 국민의 권리·의무에 직접 영향을 미치는 계획을 수립하거나 변경·폐지할 때에는 관련된 여러 이익을 정당하게 형량하여야 한다(행정절차법 제40조의4).

(2) 내   용

형량명령의 구체적인 내용은 다음과 같다.

① 행정계획결정에 있어서는 관련된 이익을 형량하여야 한다. 행정계획과 관련된 이익을 형량하기 위하여 계획청은 행정계획과 관련이 있는 이익을 조사하여야 한다.

② 계획청은 관련된 이익(공익과 사익)을 이익형량에 모두 포함시켜야 한다. 이익형량은 공익 상호간, 공익과 사익 상호간 및 사익 상호간에 행하여진다. 법령에서 고려하도록 규정한 이익뿐만 아니라 법령에 규정되지 않은 이익도 행정계획과 관련이 있으면 모두 고려되어야 한다.

③ 관련된 공익 및 사익의 가치를 제대로 평가하여야 한다. 달리 말하면 개개의 이익이 과소평가되거나 과대평가되어서는 안 된다.

④ 관련되는 이익의 형량은 개개의 이익의 객관적 가치에 비례하여 행하여져야 한다. 또한 목표를 달성할 수 있는 여러 안 중에서 공익과 사익에 대한 침해를 최소화할 수 있는 방안을 선택하여야 한다.

(3) 형량하자와 그 효과

① 행정계획결정이 형량명령의 내용에 반하는 경우에 **형량하자**(衡量瑕疵)가 있게 된다. 그중에서 i) 조사의무를 이행하지 않은 하자를 **조사의 결함**이라 한다. ii) 고려하여야 할 이익을 빠뜨리는 것을 **형량의 흠결**(또는 형량의 누락)이라 한다. iii) 관련된 공익 또는 사익의 가치를 잘못 평가한 경우는 **평가의 과오**라 한다. iv) 형량에 있어 비례성을 결한 것을 **형량불비례**(衡量不比例)라 한다.

② 형량하자의 효과는 다음과 같이 형량의 하자의 유형별로 논하는 것이 타당하다.

i) 행정계획의 수립에 있어서 이익형량을 전혀 하지 않은 경우 행정계획은 위법하다.

ii) 행정계획과 관련이 있는 이익을 전혀 조사하지 않은 것은 위법하다. 조사가 미흡한 경우에는 형량의 결과에 영향을 미칠 정도의 미흡인 경우에 한하여 위법하다.

iii) 고려하여야 할 이익을 빠뜨린 형량의 흠결(형량의 누락)의 경우에는 형량결과에 영향을 미치지 않을 정도의 가치가 적은 이익이 형량에서 고려되지 않은 경우에는 행정계획은 위법하다고 볼 수 없을 것이다. 행정계획이 영향을 미치는 모든 이익의 파악이 쉽지 않고, 그 수도 적지 않을 것임에도 형량의 흠결을 모두 위반사유로 본다면 적법한 행정계획은 많지 않을 것이다.

iv) 평가의 과오는 사소한 이익에 대한 가치평가상의 과오가 아닌 한 위법사유가 된다고 보아야 한다.

v) 형량불비례는 심히 균형을 잃은 경우 위법사유가 된다.

③ 위와 같은 형량하자의 판단에 있어서 법원은 어느 정도로 심사를 행하는가. 원칙상 계획청이 형량명령을 이행함에 있어서 명백한 잘못을 저지른 경우에 한해서 형량의 하자가 있는 것으로 보아야 한다. 법원이 행정청의 판단에 대하여 전면적인 심사를 행할 수 있다면 계획재량을 인정한 취지가 상실되게 된다(김연태, "행정결정에 있어서 형량에 대한 사법적 통제", 心泉 계희열 박사 화갑기념논문집, 684면 이하 참조).

④ 형량하자 중 상기 i)과 ii)(조사의 결함과 형량의 흠결)는 **절차상 하자**(형식상 하자)이므로 이를 이유로 취소판결이 나면 처분청은 다시 적법하게 형량하여 동일한 내용의 처분을 할 수 있지만, iii)과 iv)(평가의 과오와 형량불비례)는 **내용상 하자**이므로 이를 이유로 취소판결이 나면 특별한 사정이 없는 한 동일한 내용의 처분을 할 수 없다. 다만, 부관을 붙여 동일한 내용의 주된 행위를 할 수는 있다.

판례1   행정계획이라 함은 행정에 관한 전문적·기술적 판단을 기초로 하여 도시의 건설·정비·개량 등과 같은 특정한 행정목표를 달성하기 위하여 서로 관련되는 행정수단을 종합·조정함으로써 장래의 일정한 시점에 있어서 일정한 질서를 실현하기 위한 활동기준으로 설정된 것으로서, 관계 법령에는 추상적인 행정목표와 절차만이 규정되어 있을 뿐 행정계획의 내용에 관하여는 별다른 규정을 두고 있지 아니하므로 행정주체는 구체적인 행정계획을 입안·결정함에 있어서 비교적 광범위한 형성의 자유

를 가지는 것이지만, 행정주체가 가지는 이와 같은 형성의 자유는 무제한적인 것이 아니라 그 행정계
획에 관련되는 자들의 이익을 공익과 사익 사이에서는 물론이고 공익 상호간과 사익 상호간에도 정당
하게 비교교량하여야 한다는 제한이 있으므로, 행정주체가 행정계획을 입안·결정함에 있어서 이익형
량을 전혀 행하지 아니하거나 이익형량의 고려 대상에 마땅히 포함시켜야 할 사항을 누락한 경우 또는
이익형량을 하였으나 정당성과 객관성이 결여된 경우에는 그 행정계획결정은 형량에 하자가 있어 위
법하게 된다(대판 2007. 4. 12, 2005두1893[도시계획시설결정취소]<원지동 추모공원 사건>). 〈평석〉판
례는 형량의 하자를 ① 이익형량을 전혀 행하지 아니한 경우(형량의 부존재), ② 이익형량의 고려대상
에 마땅히 포함시켜야 할 사항을 누락한 경우(형량의 누락), ③ 이익형량을 하였으나 정당성과 객관성
이 결여된 경우(형량의 불비례)로 나누고 있다. 다만, 형량의 하자별로 위법의 판단기준을 달리 하여
개별화하지 못하고 있는 점은 미진한 점이다. 즉, 형량의 부존재는 당연히 위법사유가 된다고 본 것은
타당하다. 형량의 누락의 경우에는 중요한 이익고려사항의 누락만을 위법사유로 보는 것이 타당한데,
판례가 이 점을 분명히 하지 않은 점은 아쉬운 점이다. 또한, 평가의 과오와 형량의 불비례를 구분하지
않은 문제가 있다. 평가의 과오와 형량의 불비례의 경우에 판례는 "정당성과 객관성이 결여된 경우"에
위법사유가 된다고 하고 있는데, 정당성과 객관성이 심히(상당하게) 결여된 경우에 한하여 형량의 하
자로 위법사유가 된다고 보아야 한다.

[판례2] 갑 등이 자신들의 토지를 도시계획시설인 완충녹지에서 해제하여 달라는 신청을 하였으나
관할 구청장이 이를 거부하는 처분을 한 사안에서, 위 처분은 행정계획을 입안·결정하면서 이익형량
을 전혀 하지 않았거나 이익형량의 정당성·객관성이 결여된 경우에 해당한다고 본 원심판단을 정당하
다고 한 사례(대판 2012. 1.12, 2010두5806[완충녹지지정의해제신청거부처분의취소]). 〈해설〉이 사안에
서 위 토지를 완충녹지로 유지해야 할 공익상 필요성이 소멸되었다고 보고, 위 처분은 갑 등의 재산권
행사를 과도하게 제한한 것이라고 하면서 이익형량의 정당성·객관성이 결여된 경우에 해당한다고 보
았다.

[판례3] (1) 이러한 형량하자의 법리는 산업입지법상 산업단지개발계획 변경권자가 산업단지 입주업
체 등의 신청에 따라 산업단지개발계획을 변경할 것인지를 결정하는 경우에도 마찬가지로 적용된다.
(2) 울산·미포 국가산업단지에 입주한 폐기물처리(소각)업체인 원고의 폐기물소각시설 증설을 위한
산업단지개발계획 변경신청을 피고가 거부한 것이 현저히 합리성을 결여하였거나 형평이나 비례의 원
칙에 뚜렷하게 배치된다고 볼 수 없다고 판단한 사례(대판 2021. 7. 29, 2021두33593[산업단지개발계획
변경신청 거부처분 취소청구의 소]).

VI. 행정계획과 신뢰보호(계획보장청구권)

1. 계획보장청구권의 의의

계획보장청구권(計劃保障請求權)이란 행정계획에 대한 관계국민의 신뢰를 보호하기 위
하여 관계국민에 대하여 인정된 행정계획주체에 대한 권리를 총칭하는 개념이다. 계획보
장청구권은 행정계획분야에 있어서의 신뢰보호의 원칙의 적용례라고 할 수 있다. 계획보
장청구권에 포함되는 권리로는 계획존속청구권, 계획이행청구권, 경과조치청구권 및 손실
보상청구권이 들어지고 있다.

행정계획은 장래의 행정의 지침이 되며 행정의 방향을 제시하는 기능을 하기 때문에
국민은 행정계획을 신뢰하고 투자 등 여러 조치를 취하게 된다. 그리하여 행정계획의 변
경 또는 폐지에 있어서 행정계획을 신뢰함으로써 받게 되는 불이익을 구제해 줄 필요가

있다. 이를 위하여 형성된 이론이 계획보장청구권이론이다.

그런데, 행정계획은 기존의 일정한 행정여건에 대한 분석과 장래의 행정여건의 변화에 대한 예측에 기초하여 수립되므로 행정계획에는 변경가능성이 내재되어 있다고 본다. 기존의 행정여건에 대한 분석이나 장래의 예측이 잘못된 경우에는 행정계획이 변경될 수 있는 것으로 보아야 한다. 따라서 계획보장청구권의 인정에는 큰 어려움이 있다.

일반적으로 말하면 공익목적을 달성하기 위한 행정계획의 변경의 필요성과 관계국민의 신뢰보호의 가치를 조화시키는 해결을 하여야 할 것이다.

2. 계획존속청구권

계획존속청구권(計劃存續請求權)이라 함은 계획의 변경 또는 폐지에 대하여 계획의 존속을 주장하는 권리를 말한다.

계획존속청구권이 인정되기 위하여는 청구자에게 공권이 인정되어야 하고, 행정청에게는 계획존속의무가 인정되어야 한다. ① 공 권 성: 계획존속을 청구하는 자의 개인적 이익이 계획관계법령에 의해 보호되어야 한다. ② 계획존속의무: 계획의 변경 또는 폐지로 인한 이익보다 상대방의 신뢰보호의 이익이 훨씬 커야 한다.

예를 들면, 지방자치단체의 특정 공장의 유치계획과 같이 주로 특정 개인에 대해서 효력을 미치는 행정계획의 경우에 계획존속청구권이 인정되는 경우가 있을 수 있다.

3. 계획준수청구권과 계획집행청구권

계획의 준수는 행정기관이 구속적 행정계획을 위반해서는 안 되는 것을 의미하며, 계획의 집행이란 행정기관이 계획의 목표를 달성하기 위하여 계획을 집행하는 것을 말한다.

계획준수청구권이 인정되기 위하여는 ① 계획준수를 청구하는 자의 개인적 이익이 계획법규에 의해 보호되고 있어야 하고(공권성), ② 행정청에게 계획을 준수할 의무(구속적 행정계획)가 인정되어야 한다(계획준수의무). 구속적 행정계획의 경우 행정청은 계호기을 준수할 의무를 진다..

계획집행청구권이 인정되기 위하여는 ① 계획의 집행을 청구하는 자의 개인적 이익이 계획법규에 의해 보호되고 있어야 하고(공권성), ② 행정기관에게 계획집행의무[1]가 인정되어야 한다(계획집행의무).

4. 경과조치청구권(적응조치청구권)

행정계획의 존속을 신뢰하여 조치를 취한 자가 행정계획의 변경 또는 폐지로 인하여

---

[1] 행정기관에 의한 행정계획의 집행은 통상 행정기관의 재량권에 속하므로 행정기관에게 계획집행의무가 인정되기 위하여는 계획집행으로 인한 이익이 계획을 집행하지 않음으로 인하여 달성되는 공익보다 훨씬 커야 한다.

받게 될 불이익을 방지하기 위하여 행정청에 대하여 경과조치 또는 적응조치를 청구할 수 있는 권리를 말한다. 경과조치청구권은 계획의 변경으로 인한 공익의 실현과 계획의 존속에 대한 관계인의 신뢰이익 중 어느 하나만을 보호하지 않고 양자를 조화시키는 수단이 될 수 있는 장점을 갖고 있다.

경과조치청구권은 법률의 명시적인 근거가 없는 한 인정될 수 없다.

5. 손해배상청구권과 손실보상청구권

위법한 계획의 변경 또는 폐지로 인하여 가해진 손해에 대하여는 국가배상법에 근거하여 국가배상청구가 가능하다. 다만, 문제는 위법한 계획의 변경에 있어서 공무원의 과실을 입증하는 것이 쉽지 않다는 점이다.

적법한 계획의 변경 또는 폐지로 인하여 특별한 손실을 받은 경우에 손실보상을 청구할 수 있다. 그런데, 통상 계획의 변경 또는 폐지로 인한 손실에 대하여 손실보상청구권을 인정하는 법률의 규정이 두어지지 않고 있다. 이 경우는 보상규정이 없는 손실보상의 문제가 되고, 후술하는 바와 같이 헌법 제23조 제 3 항에 직접적 효력을 인정한다면 헌법 제23조 제 3 항을 유추적용하여 손실보상을 청구할 수 있다고 보아야 한다.

Ⅶ. 계획변경청구권 [2013 변시, 2013 감평]

계획법규는 원칙상 공익의 보호를 목적으로 하는 것이며 사익의 보호를 목적으로 하지 않기 때문에 원칙상 계획변경청구권은 인정될 수 없다.

그러나, 예외적으로 **법규상 또는 조리상 계획변경신청권이 인정되는 경우**가 있고, 이 경우에는 행정계획변경청구권이 인정된다. 즉, 일정한 행정처분을 구하는 신청을 할 수 있는 법률상 지위에 있는 자의 국토이용계획변경신청을 거부하는 것이 실질적으로 당해 행정처분 자체를 거부하는 결과가 되는 경우(판례1), 도시계획구역 내 토지 등을 소유하고 있는 주민이 도시계획입안권자에게 도시계획입안을 신청하는 경우(판례2), 문화재보호구역 내의 토지소유자가 문화재보호구역의 지정해제를 신청하는 경우(판례3) 등에는 그 신청인에게 조리상 행정계획변경을 신청할 권리가 인정된다.

통상 행정계획의 변경은 행정청의 폭넓은 재량에 속하므로 이 경우 계획변경청구권은 무하자재량행사청구권의 성질을 갖는다.

판례1   구 국토이용관리법(2002. 2. 4. 법률 제6655호 국토의 계획 및 이용에 관한 법률 부칙 제 2 조로 폐지)상 주민이 국토이용계획의 변경에 대하여 신청을 할 수 있다는 규정이 없을 뿐만 아니라, 국토건설종합계획의 효율적인 추진과 국토이용질서를 확립하기 위한 국토이용계획은 장기성, 종합성이 요구되는 행정계획이어서 원칙적으로는 그 계획이 일단 확정된 후에 어떤 사정의 변동이 있다고 하여 그러한 사유만으로는 지역주민이나 일반 이해관계인에게 일일이 그 계획의 변경을 신청할 권리를 인정하여 줄 수는 없을 것이지만, 장래 일정한 기간 내에 관계 법령이 규정하는 시설 등을 갖추어 일정한 행정처분을 구하는 신청을 할 수 있는 법률상 지위에 있는 자의 국토이용계획변경신청을 거부하는 것이 실질적으로 당해 행정처분 자체를 거부하는 결과가 되는 경우에는 예외적으로 그 신청인에게 국토이용계획변경을 신청할 권리가 인정된다고 봄이 상당하므로, 이러한 신청에 대한 거부행위는 항고소송의 대상이 되는 행정처분에 해당한다(대판 2003. 9. 23, 2001두10936[국토이용계획변경승인거부처분취소]).

판례2   도시계획구역 내 토지 등을 소유하고 있는 주민으로서는 입안권자에게 도시계획입안을 요구할 수 있는 법규상 또는 조리상의 신청권이 있다고 할 것이고, 이러한 신청에 대한 거부행위는 항고소송의 대상이 되는 행정처분에 해당한다(대판 2004. 4. 28, 2003두1806[도시계획시설변경입안의 제안거부처분취소]).

판례3   문화재보호구역 내 토지 소유자의 문화재보호구역 지정해제 신청에 대한 행정청의 거부행위를 항고소송의 대상이 되는 행정처분에 해당한다고 한 사례: 문화재보호구역 내에 있는 토지소유자 등으로서는 위 보호구역의 지정해제를 요구할 수 있는 법규상 또는 조리상의 신청권이 있다고 할 것이고, 이러한 신청에 대한 거부행위는 항고소송의 대상이 되는 행정처분에 해당한다(대판 2004. 4. 27, 2003두8821[문화재보호구역지정해체거부처분취소]).

판례4   산업단지개발계획상 산업단지 안의 토지 소유자로서 산업단지개발계획에 적합한 시설을 설치하여 입주하려는 자는 산업단지지정권자 또는 그로부터 권한을 위임받은 기관에 대하여 산업단지개발계획의 변경을 요청할 수 있는 법규상 또는 조리상 신청권이 있고, 이러한 신청에 대한 거부행위는 항고소송의 대상이 되는 행정처분에 해당한다고 보아야 한다(대판 2017. 8. 29, 2016두44186).

Ⅷ. 행정계획과 권리구제제도

문제   도지사 A는 상업지역이던 X의 토지를 주거지역으로 변경하는 내용을 포함하는 도시계획(현행법상 도시관리계획)변경결정을 하였다. 이와 같은 A의 도시계획(현행법상 도시관리계획)변경결정으로 지가가 현저히 하락하여 재산상의 큰 피해를 입은 X가 취할 수 있는 구제수단은? [1998 사시]

국민의 권리침해는 행정계획결정으로 발생될 수 있을 뿐만 아니라 행정계획의 폐지 또는 변경으로 인하여 발생될 수 있다.

1. 위법한 행정계획과 국가배상

이론상 위법한 행정계획의 수립·변경 또는 폐지로 인하여 손해를 받은 자는 국가배상을 청구할 수 있다.

2. 적법한 행정계획과 손실보상 등 권리구제

적법한 행정계획의 수립·변경 또는 폐지로 인하여 손실을 받은 경우에는 손실보상의 요건을 갖춘 경우에 손실보상을 청구할 수 있다. 특히 문제가 되는 것은 행정계획으로 인한 재산상의 손실이 보상을 요하지 않는 '재산권에 내재하는 사회적 제약'에 불과한지 아니면 보상을 요하는 '특별한 희생'인지를 판단하는 것이다. 특별한 희생의 판단기준은 손실보상과 관련하여 후술하기로 한다.

> **판례**   도시계획시설의 지정으로 말미암아 당해 토지의 이용가능성이 배제되거나 또는 토지소유자가 토지를 종래 허용된 용도대로도 사용할 수 없기 때문에 이로 말미암아 현저한 재산적 손실이 발생하는 경우에는 원칙적으로 사회적 제약의 범위를 넘는 수용적 효과를 인정하여 국가나 지방자치단체는 이에 대한 보상을 하여야 한다(헌재 전원재판부 1999. 10. 21, 97헌바26).

　　행정계획으로 인한 손실이 특별한 희생에 해당하는 것이라 하더라도 관계법에 손실보상규정 등 권리구제에 관한 규정이 두어지지 않고 있는 것이 보통이다. 이 경우에는 분리이론을 따르면 헌법 제23조 제 1 항과 제 2 항의 재산권의 내용과 한계를 정하는 경우에는 입법자에 의한 조정조치를 통하여 구제를 받고, 분리이론을 따르면서도 헌법 제23조 제 3 항의 손실보상의 문제가 되는 경우와 경계이론을 따를 때에는 보상규정이 흠결된 경우에 있어서의 손실보상의 문제가 된다. 헌법 제23조 제 3 항에 직접 근거하여 손실보상을 청구할 수 있다고 보는 것이 타당하다. 이 문제에 대하여는 손실보상과 관련하여 후술하기로 한다.

3. 행정계획의 사법적 통제(취소소송과 헌법소원)

(1) 행정계획이 처분인 경우: 취소소송

　　행정계획에 대하여 취소소송이 인정되기 위하여는 우선 행정계획의 처분성이 인정되어야 한다. 구속적 행정계획의 경우에 행정계획으로 인하여 국민의 권리에 직접적인 영향을 미친 경우에 한하여 처분성이 인정된다. 행정계획의 폐지 또는 변경의 경우에도 그러하다.

　　또한 취소소송으로 권리구제가 되기 위하여는 행정계획의 위법성이 인정되어야 한다. 그런데, 계획청에게 계획재량이라는 폭넓은 재량이 인정되므로 행정계획의 위법성을 인정하기가 쉽지 않을 것이다.

　　행정계획의 변경 또는 폐지를 다투는 경우에도 위법성을 인정함에 있어서 많은 어려움이 있다. 행정계획에 내재하는 변경가능성으로 인하여 행정계획은 필요한 경우에 변경 또는 폐지될 수 있고, 국민의 신뢰보호를 위하여 행정계획의 변경 또는 철회가 제한된다고 하지만 일반적으로 행정계획의 변경 또는 폐지로 달성되는 이익이 상대방의 신뢰이익보다 클 것이기 때문이다.

　　더 나아가 행정계획이 위법한 경우에도 행정계획이 성립되면 그에 따라 많은 법률관계가 형성되고 이 경우에는 행정계획의 취소로 인하여 침해되는 공익이 크게 되기 때문에 사정판결(事情判決)에 의해 행정계획이 취소되지 않을 가능성이 많다.

(2) 행정계획이 공권력 행사이지만 처분이 아닌 경우: 헌법소원

행정계획이 공권력 행사이지만 처분이 아닌 경우 헌법소원의 대상이 된다.

> **헌재 결정례** 비구속적 행정계획안이나 행정지침이 예외적으로 헌법소원의 대상이 되는 공권력 행사에 해당될 수 있는 요건: 비구속적 행정계획안이나 행정지침이라도 국민의 기본권에 직접적으로 영향을 끼치고, 앞으로 법령의 뒷받침에 의하여 그대로 실시될 것이 틀림없을 것으로 예상될 수 있을 때에는, 공권력행위로서 예외적으로 헌법소원의 대상이 될 수 있다(헌재 2000. 6. 1, 99헌마538[개발제한구역제도개선방안 확정발표 위헌확인]: 건설교통부장관이 1999. 7. 22. 구역지정의 실효성이 적은 7개 중소도시권은 개발제한구역을 해제하고 구역지정이 필요한 7개 대도시권은 개발제한구역을 부분조정 하는 등의 내용을 담은 비구속적 행정계획안인 '개발제한구역제도개선방안'을 발표한 것이 공권력 행사에 해당하지 않는다고 한 사례).

4. 사전적 구제

위에서 보았듯이 행정계획에 대한 사후적 구제에는 한계가 있다. 따라서 행정계획분야에서는 특히 행정절차에 의한 통제가 중요하다. 행정절차 중 사전적 구제제도의 기능을 갖는 것은 이해관계인의 참여이다. 행정계획절차에 관하여는 전술한 바와 같다.

5. 행정계획의 미집행으로 인한 권익침해의 구제

(1) 개   설

사인의 토지가 도로, 공원, 학교 등 도시계획시설로 지정되면 토지소유자는 당해 토지가 매수될 때까지 시설예정부지의 가치를 상승시키거나 계획된 사업의 시행을 어렵게 하는 변경을 해서는 안 된다는 내용의 '변경금지의무'를 진다. 이 제한이 **특별희생에 해당하는 경우** 분리이론에 의하면 매수청구권이나 수용신청권의 부여, 지정의 해제, 손실보상 등 구제조치를 하여야 하고(경계이론에 의하면 손실보상을 해 주어야 하고), 재산권에 내재하는 사회적 제약인 경우에는 토지소유자는 이를 감수하여야 한다.

> **판례** 도시계획시설부지가 나대지인 경우와 달리 지목이 대 이외인 토지인 경우는 도시계획시설결정에 의한 제한이 수인하여야 하는 사회적 제약의 범주에 속하는 것으로서 재산권에 대한 침해라고 할 수 없고, 이에 따라 지목이 대인 토지에 대하여 인정되는 매수청구권을 인정하지 않더라도 합리적 이유가 있으므로 평등원칙에 반하지 아니한다(헌재 전원재판부 1999. 10. 21, 97헌바26[도시계획법 제 6조 위헌소원]).

그리고, 그 제한이 재산권에 내재하는 사회적 제약에 해당하는 경우에도 행정계획의 장기간의 미집행으로 토지소유자가 받은 재산권 제한이 특별희생의 정도에 이르러 수인한도를 넘는 경우 손실보상하거나 다른 구제조치를 취해야 한다. 헌법재판소는 분리이론에 따라 구제조치를 하여야 한다고 본다.

판례   [1] 입법자는 도시계획사업도 가능하게 하면서 국민의 재산권 또한 존중하는 방향으로, 재산권의 사회적 제약이 보상을 요하는 수용적 효과로 전환되는 시점, 즉 보상의무가 발생하는 시점을 확정하여 보상규정을 두어야 한다. 토지재산권의 강화된 사회적 의무와 도시계획의 필요성이란 공익에 비추어 일정한 기간까지는 토지소유자가 도시계획시설결정의 집행지연으로 인한 재산권의 제한을 수인해야 하지만, 일정 기간이 지난 뒤에는 입법자가 보상규정의 제정을 통하여 과도한 부담에 대한 보상을 하도록 함으로써 도시계획시설결정에 관한 집행계획은 비로소 헌법상의 재산권 보장과 조화될 수 있다. [2] 입법자는 토지재산권의 제한에 관한 전반적인 법체계, 외국의 입법례 등과 기타 현실적인 요소들을 종합적으로 참작하여 국민의 재산권과 도시계획사업을 통하여 달성하려는 공익 모두를 실현하기에 적정하다고 판단되는 기간을 정해야 한다. 그러나 어떠한 경우라도 토지의 사적 이용권이 배제된 상태에서 토지소유자로 하여금 10년 이상을 아무런 보상 없이 수인하도록 하는 것은 공익실현의 관점에서도 정당화될 수 없는 과도한 제한으로서 헌법상의 재산권보장에 위배된다고 보아야 한다. [3] 도시계획시설로 지정된 토지가 나대지인 경우, 토지소유자는 더 이상 그 토지를 종래 허용된 용도(건축)대로 사용할 수 없게 됨으로써 토지의 매도가 사실상 거의 불가능하고 경제적으로 의미있는 이용가능성이 배제된다. 이러한 경우, 사업시행자에 의한 토지매수가 장기간 지체되어 토지소유자에게 토지를 계속 보유하도록 하는 것이 경제적인 관점에서 보아 더 이상 요구될 수 없다면, 입법자는 매수청구권이나 수용신청권의 부여, 지정의 해제, 금전적 보상 등 다양한 보상가능성을 통하여 재산권에 대한 가혹한 침해를 적절하게 보상하여야 한다(헌재 전원재판부 1999. 10. 21, 97헌바26[도시계획법 제 6 조 위헌소원]).

(2) 계획집행청구

계획집행청구권이 인정되는 경우 행정계획의 집행을 청구할 수 있고, 그 집행이 거부된 경우 거부처분취소소송을 제기할 수 있다.

(3) 손실보상 등

행정계획의 장기간의 미집행으로 토지소유자가 받은 재산권 제한이 수인한도를 넘는 경우 분리이론에 의하면 손실보상 등 구제조치를 입법하여야 하는데, 손실보상에 관한 입법이 없는 한 손실보상을 청구할 수 없고, 경계이론에 의하면 보상규정이 없는 공용침해에 대한 권리구제의 문제가 된다.

(4) 매수청구권

행정계획의 장기간의 미집행으로 토지소유자가 받은 재산권 제한이 수인한도를 넘는 경우 분리이론에 의하면 매수청구권 보장 등 구제조치를 입법하여야 하는데, 매수청구에 관한 입법이 있어야 매수청구가 인정될 수 있고, 경계이론에 의하면 매수청구권이 규정된 경우 매수청구가 보상이라고 보는 견해는 매수청구 이외에 보상은 인정되지 않고, 매수청구가 보상이 아니라고 보는 견해에 의하면 손실보상규정 없는 공용침해에 대한 권리구제의 문제가 된다.

(5) 도시시설계획의 취소변경청구

행정계획의 장기간의 미집행으로 토지소유자가 받은 재산권 제한이 수인한도를 넘는 경우 분리이론에 의하면 손실보상 등 구제조치를 취해야 하는데, 이러한 구제조치에 관한 법률규정이 없는 경우 도시계획시설계획에 관한 법률이 위헌이고, 따라서 도시계획시설계획이 위법하므로 취소될 수 있다고 본다. 그런데, 헌법재판소는 일정한 경우 위헌인 법률조항을 입법개선시까지 잠정적으로 적용하는 것으로 하고 있다(헌재 전원재판부 1999. 10. 21, 97헌바26[도시계획법 제 6 조 위헌소원]).

경계이론에 의하면 위헌무효설을 취하는 경우 도시계획시설계획의 취소가 가능하다. 직접효력설, 보상입법부작위위헌설에 의하면 도시계획시설계획 그 자체는 적법하므로 취소될 수 없다.

(6) 장기 미집행도시계획시설결정의 실효제도

장기 미집행도시계획시설결정의 실효제도는 헌법상 재산권으로부터 당연히 도출되는 권리는 아니며(헌재 전원재판부 2005. 9. 29, 2002헌바84·89, 2003헌마678·943(병합)[도시계획법 부칙 제10조 제 3 항 위헌소원 등]) 법률의 근거가 필요하다.

(7) 도시·군계획시설결정의 해제 신청

도시·군계획시설결정의 고시일부터 10년 이내에 그 도시·군계획시설의 설치에 관한 도시·군계획시설사업이 시행되지 아니한 경우로서 제85조 제 1 항에 따른 단계별 집행계획상 해당 도시·군계획시설의 실효 시까지 집행계획이 없는 경우에는 토지소유자는 장기미집행 도시·군계획시설에 대하여 그 토지의 도시·군계획시설 해제를 위한 도시·군관리계획 입안 신청절차를 거친후 대통령령으로 정하는 사항에 해당하는 경우 그 도시·군계획시설결정의 해제를 신청할 수 있다(국토의 계획 및 이용에 관한 법률 제48조의2).

(8) 장기미집행도시계획시설결정을 유사한 기능의 도시관리계획결정으로 변경한 경우

장기미집행도시계획시설결정(예, 도시계획시설(공원))을 유사한 기능의 도시관리계획결정(예, 도시자연공원구역지정처분)으로 변경한 경우 그 도시관리계획결정의 해제신청을 하고, 그 신청에 대한 거부처분의 취소를 구하는 소송을 제기할 수 있다.

판례 [도시관리계획결정의 해제신청에 대한 거부처분 취소를 구하는 사건] (1) 원고가 소유한 토지('이 사건 편입토지')는 1971. 8. 7. 도시계획시설(공원)로 결정·고시되었고, 피고는 위 도시공원결정의 효력이 상실되기 전에 이 사건 편입토지를 포함한 토지 일대를 고덕산도시자연공원구역(이하 '이 사건 공원구역')으로 지정하는 내용의 도시관리계획(용도구역)결정을 고시하였고, 원고는 피고에게 편입토지에 대한 도시자연공원지정처분의 취소를 구하였으나, 피고는 이를 거부하였고, 이에 대해 원고가 도시관리계획결정의 해제신청에 대한 거부처분 취소를 구하는 사건에서 자연환경 보호 등을 목적

<u>으로 하는 도시관리계획결정은</u> 식생이 양호한 수림의 훼손 등과 같이 장래 발생할 불확실한 상황과 파급효과에 대한 예측 등을 반영한 행정청의 재량적 판단으로서, 그 내용이 현저히 합리성을 결여하거나 형평이나 비례의 원칙에 뚜렷하게 반하는 등의 사정이 없는 한 폭넓게 존중해야 한다고 하면서 원고에게 재량권의 일탈·남용(형량의 하자)이 없다고 한 사례. (2) 이 사건 편입토지는 1971. 8. 7. 최초 도시계획시설(공원)로 지정된 이후 계속 지목에 따라 농경지로 이용된 것으로 보이고, 2017년경 이 사건 편입토지의 소유권을 취득한 원고 역시 계속하여 농경지로 사용하는 것이 가능하다. 만약 이 사건 편입토지를 종래의 용도로 사용할 수 없어 그 효용이 현저하게 감소되거나 사용·수익이 사실상 불가능한 경우 원고는 공원녹지법 제29조에 따른 매수청구권을 행사할 수 있다. 따라서 이 사건 공원구역의 지정이 원고의 사익을 과도하게 침해하였다고 단정할 수 없다고 한 사례(대판 2023. 11. 16, 2022두 61816). 〈해설〉 계획재량과 형량하자가 쟁점이 되었고, 분리이론에 따른 수인한도를 넘는 과도한 재산권 제한 여부가 다투어졌다. 도시관리계획결정 해제신청권의 인정을 전제로 본안판결을 하였다.

문제의 해결 도시관리계획변경결정이 위법한 경우에는 취소소송과 국가배상청구소송을 제기할 수 있다. 취소소송에 있어서는 소송요건으로 도시관리계획변경결정의 처분성이 문제되는데, 학설은 대립하고 있고, 판례는 처분성을 인정하고 있다. X는 해당 지역에 거주하는 주민이므로 원고적격이 인정된다. X의 토지를 상업지역에서 주거지역으로 변경하는 내용의 도시관리계획변경결정의 위법성과 관련하여 계획재량의 하자, 즉 형량명령의 하자가 있는지가 문제되는데, 사례에서는 이를 판단할 자료가 없다. 국가배상책임의 요건이 충족된 경우 국가배상청구를 할 수 있다.

경계이론에 의하면 도시관리계획변경결정이 적법한 경우 손실보상을 청구할 수 있는데, 통상 지역지구의 변경으로 인한 손실은 재산권에 내재하는 사회적 제약이다. 지가의 하락은 통상 특별한 희생으로 보지 않지만, 지가가 현저히 하락한 경우 특별한 희생이라고 보는 견해가 있다. 도시관리계획변경으로 인한 손해가 특별희생에 해당하는 경우에는 경계이론에 의하면 보상규정이 흠결된 손실보상의 문제가 된다. 분리이론에 의하면 비례원칙의 문제가 된다.

제3장

행정행위

제1절 행정행위의 개념

Ⅰ. 행정행위의 개념요소

행정행위(行政行爲)라는 개념은 학문상의 필요에 의해 만들어진 개념이며 실정법에서나 실무상 사용되는 개념이 아니다. 실무상으로는 '처분', '행정처분'이라는 개념이 사용되고 있다.

통설에 의하면 **행정행위** 개념은 다음과 같이 정의된다: 행정청이 구체적인 사실에 대한 법집행으로서 행하는 외부에 대하여 직접적·구체적인 법적 효과를 발생시키는 권력적 단독행위인 공법행위이다. 이러한 행정행위 개념은 '협의의 행정행위(처분)' 개념이라 할 수 있는데, '실체법상(작용법상) 행정행위(처분)' 개념이라고도 할 수 있다. 행정쟁송(행정심판 및 행정소송)의 대상이 되는 처분을 '쟁송법상 처분'이라고 할 수 있는데, 후술하는 바와 같이 '쟁송법상 처분' 개념은 실체법상 처분(협의의 행정행위)을 포함하는 보다 넓은 개념이다. 달리 말하면 쟁송법상 처분을 '광의의 처분'이라 할 수 있다. 이에 대하여 실체법상 행정행위(처분)을 '협의의 처분'이라 할 수 있다.

행정행위라는 개념을 개념적 요소로 나누어 설명하면 다음과 같다.

① 행정청의 행위이다. 행정청에는 엄격한 의미의 행정청(조직법상 의미의 행정청) 이외에 법령에 의하여 행정권을 위임 또는 위탁받은 행정기관, 공공단체 또는 사인이 포함된다. 이는 행정작용법상 의미의 행정청이다.

② 법적 행위이다. 법적 행위란 외부에 대하여 직접 법적 효과를 발생시키는 행위를 말한다. 따라서 법적 효과를 발생시키지 않는 내부적 행위(직무명령)는 행정행위가 아니다. 행정행위는 사실행위가 아니다. 통치행위는 정치적 성격이 강한 행위로 법적으로 해결되는 것이 바람직하지 않은 행위이며 항고소송의 대상이 되는 행정행위는 아니다.

③ 구체적 사실에 관한 법적 행위이다. 달리 말하면 **구체적인 법적 효과**를 가져오는 행위이다. 법규명령은 법질서에 변경을 가져오는 법적 효과를 가져오므로 법적 행위이다.

그러나, 법규명령은 원칙상 구체적인 법적 효과, 즉 국민의 권리의무관계에 직접 변경을 가져오지 않으므로 행정행위는 아니다.

그러나, 직접 국민의 구체적인 권리의무관계에 직접 변동을 가져오는 명령(법규명령의 처분성에 관한 협의설에서의 처분적 명령)도 있는데, 법령의 형식을 취하지 않고, 구체적 사실에 대한 법집행으로 행하는 일반조치는 일반처분(행정행위)이고, 구체적인 법적 효과를 가져오지만, 구체적 사실을 일률적으로 규율하기 위해 법령의 형식을 정한 것은 일반처분이 아니라 처분적 명령이다.

불특정 다수를 상대방으로 하지만 구체적 사실을 규율하는 '일반처분'(통행금지, 집회금지, 입산금지)은 행정행위이다. 물건을 직접적인 규율대상으로 하며 이를 통하여 사람에 대해서는 간접적인 법적 효과를 미치는 행정행위인 '물적(物的) 행정행위'(주차금지구역의 지정 등)도 일반처분의 일종으로서 구체적인 법적 효과(그 구역에 주차를 하여서는 안 되는 의무가 생긴다)를 가져오므로 행정행위로 보아야 한다. 물적 행정행위의 직접적인 대상은 물건이지만 그를 통하여 사람에게도 구체적인 법적 효과를 발생시킨다.

④ 행정행위는 **권력적 단독행위**이다. 비권력적인 공법상 계약 및 공법상 합동행위는 행정행위가 아니다. 소극적 형태를 취하는 거부처분도 행정행위이다. 부작위도 행정행위로 보는 견해도 있으나 부작위를 행정행위와 구별하는 것이 타당하다.

⑤ **공법행위**이다. 사법행위(잡종재산의 매각결정)는 행정행위가 아니다.

행정행위는 묵시적(추단적)으로도 행해진다. 예를 들면, 경원관계에 있는 일부에 대한 승인처분은 나머지에 대해서는 묵시적(추단적) 불승인 처분이 된다.

Ⅱ. 행정행위의 특질

행정행위의 특질이라 함은 통상 사법상의 법률행위에 대한 특질을 말한다. 행정행위의 특질 중 가장 대표적인 것은 행정의사의 우월성이다. 이 외에 행정행위의 특수성으로는 공정력, 구성요건적 효력, 존속력(불가쟁력, 불가변력), 강제력(자력집행력, 제재력), 권리구제수단의 특수성이 있는데 이에 관하여는 전술하였다.

제 2 절 행정행위의 분류

행정행위는 여러 기준에 의해 다양하게 분류된다.

I. 법률행위적 행정행위와 준법률행위적 행정행위의 구별

종래 통설은 행위자의 효과의사(效果意思)의 유무 내지 행정행위의 법적 효과의 발생원인에 따라 행정행위를 법률행위적 행정행위와 준법률행위적 행정행위로 구분하였다. 즉, **법률행위적 행정행위**(法律行爲的 行政行爲)는 행정행위의 효과의사를 구성요소로 하고 그 법적 효과가 그 효과의사의 내용에 따라 발생하는 행위이고, **준법률행위적 행정행위**(準法律行爲的 行政行爲)는 효과의사 이외의 정신작용을 구성요소로 하고 그 법적 효과가 행위자의 의사와는 무관하게 법규범에 의해 부여되는 행위이다.

그러나, 오늘날에는 법률행위적 행정행위와 준법률행위적 행정행위의 구별을 부정하는 견해가 유력해지고 있다. 그 이유는 법률에 의한 행정의 원리가 기본원리로 되어 있는 행정에 있어서 행정권 행사의 법적 효과는 어느 경우에나 기본적으로 법에 의해 인정되는 것이므로 법률행위적 행정행위와 준법률행위적 행정행위를 구별하는 것은 타당하지 않기 때문이다.

II. 행정행위의 법적 효과의 내용에 따른 분류

법률행위적 행정행위는 법률효과의 내용에 따라 명령적 행위와 형성적 행위로 구분된다. 명령적 행위는 인간이 본래 가지는 자연적 자유를 규율하는 행위인 반면에 형성적 행위는 상대방에게 권리나 능력을 창설하는 행위라는 점에서 양자를 구분하고 있다.

명령적 행위는 본래 인간의 자유로운 행동에 대하여 작위 또는 부작위의 의무를 명하는 하명(下命), 인간의 본래 자유로운 활동에 대하여 공공질서의 유지를 위하여 미리 금지를 해 두고 일정한 요건을 갖춘 경우에 신청에 따라 그 금지를 해제하는 허가(許可)와 일정한 경우에 행위, 급부, 수인의 의무를 해제하는 면제(免除)로 구분된다.

형성적 행정행위로는 특허, 인가, 대리 등이 있다.

다만 최근에 허가(특히 영업허가)를 명령적 행위로 분류하고 특허(특히 공기업 특허)를 형성적 행위로 분류하여 허가와 특허를 구분하는 견해에 대하여는 비판이 제기되고 있다. 이에 관하여는 후술하기로 한다.

준법률행위적 행정행위는 법률효과의 내용에 따라 확인행위, 공증행위, 통지행위, 수리행위로 구분된다.

Ⅲ. 기속행위와 재량행위

행정행위는 법에 기속되는 정도에 따라 기속행위(羈束行爲)와 재량행위(裁量行爲)로 나누어진다. 기속행위는 행정권 행사의 요건과 효과가 법에 일의적으로 규정되어 있어서 행정청에게 판단의 여지가 전혀 인정되지 않고 행정청은 법에 정해진 행위를 하여야 하는 의무를 지는 행위를 말한다. 재량행위는 행위의 요건이나 효과의 선택에 관하여 법이 행정권에게 판단의 여지 내지 재량권을 인정한 경우에 행해지는 행정청의 행정행위를 말한다.

재량행위와 기속행위에 대하여는 후술하기로 한다.

Ⅳ. 침해적 행정행위, 수익적 행정행위, 이중효과적 행정행위(복효적 행정행위)

행정행위가 초래하는 이익 및 불이익 상황에 따라 행해지는 구분이다. 행정행위의 상대방의 권익을 침해하는 **침해적 행정행위**(예, 영업정지처분, 과징금부과처분 등), 행위의 상대방에게 이익을 부여하는 **수익적 행정행위**(예, 보조금지급처분) 및 하나의 행정행위가 이익과 불이익의 효과를 동시에 발생시키는 **이중효과적 행정행위**(二重效果的 行政行爲, 복효적 행정행위(複效的 行政行爲)가 있다(예, 건축허가, 공해배출시설조업정지명령, 부담부 행정행위).

불이익처분은 처분 상대방에게 불이익이 되는 처분인데, 침해적 행정행위뿐만 아니라 신청에 대한 거부처분을 포함한다. 침해적 처분 중 법위반사실에 대해 제재로서 과하는 처분을 제재처분이라 한다.

1. 수익적 행정행위와 침해적 행정행위의 구별실익

(1) 법에의 기속

침해적 행정행위는 국민의 권익을 침해하는 행위이므로 일반적으로 수익적 행정행위보다 엄격한 법적 기속을 받는다.

(2) 절차적 통제

상대방의 권익을 제한하거나 의무를 부과하는 행정행위는 사전에 통지를 하고 상대방의 의견진술을 들어야 한다(행정절차법 제21조, 제22조). 수익적 행정행위에 있어서는 행정청에게 사전행정절차를 거칠 의무가 없다.

(3) 취소 또는 철회

수익적 행정행위에 대하여는 쟁송취소를 제기할 소의 이익이 전혀 인정되지 않으므로 행정쟁송으로 다툴 수 없다. 부담적 행정행위에 대하여는 원칙상 소의 이익이 인정된다. 수익적 행정행위의 직권취소 또는 철회는 상대방의 신뢰보호의 원칙상 일정한 제한이 가해지지만, 침해적 행정행위의 취소 또는 철회는 이러한 제한이 없다.

(4) 구제수단

수익적 행정행위의 거부 또는 부작위에 대하여는 거부의 경우에는 거부처분 취소심판, 의무이행심판 또는 거부처분의 취소소송을 제기하고 부작위의 경우에는 의무이행심판 또는 부작위위법확인소송을 제기할 수 있다.

침해적 행정행위에 대하여는 취소심판 또는 취소소송을 제기할 수 있다.

2. 이중효과적 행정행위

이중효과적 행정행위(복효적 행정행위)는 하나의 행정행위가 이익과 불이익의 효과를 동시에 발생시키는 행정행위를 말한다. 이중효과적 행정행위는 제 3 자효 행정행위(상대방에게는 이익을 주고 제 3 자에게는 불이익을 주거나(건축) 상대방에게는 불이익을 주고 제 3 자에게는 이익을 주는(공해배출시설) 행정행위)와 혼합효 행정행위(상대방에 대하여 동시에 수익적 효과와 침해적 효과를 발생하는 행정행위)(부담부) 를 포함한다.

V. 일방적 행정행위와 쌍방적 행정행위

행정행위의 성립에 상대방의 협력(신청 또는 동의)이 필요한지 여부에 따른 구별이다. 성립에 상대방의 어떠한 협력도 필요 없는 행정행위를 일방적 행정행위(또는 단독적 행정행위)라 하고, 상대방의 협력이 성립요건인 행정행위를 雙方的 행정행위라고 한다. 쌍방적 행정행위(雙方的 行政行爲)는 허가, 특허 및 인가와 같이 상대방의 신청을 요하는 행정행위와 공무원의 임명행위와 같이 상대방의 동의를 요하는 행정행위가 있다.

쌍방적 행정행위는 공법상 계약과 다르다. 공법상 계약은 행정주체의 의사와 상대방인 국민의 의사의 합치에 의해 성립하는 비권력적 행위이지만 雙方的 행정행위는 행정행위의 내용의 결정이 행정청에 의해 단독으로 행해지며 상대방인 국민과의 합의가 필요 없는 권력적 행위이다.

쌍방적 행정행위에 있어서 신청이나 동의가 없는 행정행위는 무효이다. 신청이나 동의가 있었으나 신청이나 동의에 하자가 있을 때에 행정행위가 무효인가 취소할 수 있는 행정행위인가에 대하여는 전술한 바와 같이 견해의 대립이 있다(사인의 공법행위 참조).

VI. 대인적 행정행위, 대물적 행정행위 및 혼합적 행정행위

행정행위의 대상에 대한 고려사항에 따른 구별이다. 이 구별의 실익은 행정행위의 효과의 이전성에 있다.

1. 대인적 행정행위

대인적 행정행위(對人的 行政行爲)(의사면허, 운전면허 등)는 행위의 상대방의 주관적 사정에 착안하여 행해지는 행정행위이며 그 효과는 일신전속적인 것이므로 제 3 자에게 승계되지 않는다.

2. 대물적 행정행위

(1) 의   의

대물적 행정행위(對物的 行政行爲)는 행위의 상대방의 주관적 사정을 고려하지 않고 행위의 대상인 물건이나 시설의 객관적 사정에 착안하여 행해지는 행정행위이다.

대물적 행정행위의 예로는 건축허가, 건축물사용승인, 차량검사합격처분, 문화재지정처분, 공중위생업소폐쇄명령(대판 2001. 6. 29, 2001두1611), 채석허가(대판 2003. 7. 11, 2001두6289), 환지처분 등이 있다.

판례1 건축허가는 대물적 성질을 갖는 것이어서 행정청으로서는 그 허가를 할 때에 건축주 또는 토지 소유자가 누구인지 등 인적 요소에 관하여는 형식적 심사만 한다(대판 2010. 5. 13, 2010두2296; 대판 2017. 3. 15, 2014두41190). 〈해설〉 대물적 허가인 건축허가는 건축물의 양도에 따라 이전되고, 건축주명의변경신고는 자기완결적 신고(정보제공적 신고)로 보아야 한다.

판례2 처분 상대방의 법위반행위를 이유로 한 업무정지처분은 대물적 처분이다(대판 2022. 1. 27, 2020두39365).

판례3 요양기관이 속임수나 그 밖의 부당한 방법으로 보험자에게 요양급여비용을 부담하게 한 때에 국민건강보험법 제98조 제 1 항 제 1 호에 의해 받게 되는 요양기관 업무정지처분은 의료인 개인의 자격에 대한 제재가 아니라 요양기관의 업무 자체에 대한 것으로서 대물적 처분의 성격을 갖는다. 따라서, 폐업한 요양기관에서 발생한 위반행위를 이유로 그 요양기관의 개설자가 새로 개설한 요양기관에 대하여 업무정지처분을 할 수 없다(대판 2022. 1. 27, 2020두39365). 이러한 법리는 보건복지부 소속 공무원의 검사 또는 질문을 거부·방해 또는 기피한 경우에 국민건강보험법 제98조 제 1 항 제 2 호에 의해 받게 되는 요양기관 업무정지처분 및 의료급여법 제28조 제 1 항 제 3 호에 의해 받게 되는 의료급여기관 업무정지처분의 경우에도 마찬가지로 적용된다(대판 2022. 4. 28, 2022두30546).

(2) 대물적 행정행위의 효과의 귀속

대물적 행정행위는 물적 상태에 변동을 가져오며 물건의 소유자, 점유자 등 관계인에게 귀속하는 것이므로 처분의 상대방이 잘못된 경우에도 대물적 행정행위의 효과는 물건의 관계인에 대해 발생한다는 것이 판례의 입장이다.

판례 종전의 토지가 단독 또는 다른 토지들과 합동으로 환지되었다면 그 환지가 제자리 환지라 하더라도 환지처분이 대인적 처분이 아닌 대물적 처분의 성격을 가진 점에 비추어 종전 토지소유자는 환지에 대하여 단독 또는 공동으로 소유권을 취득한다 할 것이고 사업시행자가 종전 토지소유자가 아닌 타인을 환지받는 권리자로 지정하였다 하더라도 종전 토지소유자가 환지의 소유권을 취득하고 이를 행사함에 있어서는 아무런 영향이 없다(대판 1987. 2. 10, 86다카285).

(3) 행위의 효과의 승계

1) 수익적 행정행위의 경우

대물적 행정행위 중 수익적 행정행위인 경우에는 그 효과가 승계된다는 데 이견이 없다.

> **판례** 건축허가는 대물적 허가의 성질을 가지는 것으로 그 허가의 효과는 허가대상 건축물에 대한 권리변동에 수반하여 이전되고, 별도의 승인처분에 의하여 이전되는 것이 아니며, 건축주 명의변경은 당초의 허가대장상 건축주 명의를 바꾸어 등재하는 것에 불과하므로 행정소송의 대상이 될 수 없다(대판 1979. 10. 30, 79누190[건축주명의변경승인처분취소]).

대물적 허가 또는 등록은 **명문의 규정이 없어도** 양도가 가능하다. 대물적 허가의 양도에 신고를 하도록 하는 경우도 있다.

2) 침해적 행정행위의 경우

침해적 행정행위(위법건축물 철거명령)인 경우에 그 효과가 명문의 규정이 없이도 제3자에게 승계되는지에 관하여 견해의 대립이 있다.

가. 제한적 부정설   이 견해는 침해적 행정행위인 대물적 행정행위에 대하여는 '행정목적의 신속한 실현의 목적'과 '사적 거래의 안전 및 선의의 양수인의 보호의 요청'을 조화시키는 해결을 하여야 하므로 승계인이 선의 무과실인 경우에는 명문의 규정이 없는 한 행위의 효과가 승계되지 않는 것으로 보아야 한다는 견해이다.

나. 긍 정 설   이 견해는 침해적 처분의 이유가 된 처분대상 물건의 객관적 사정(건축물의 위법상태)은 변함이 없기 때문에 행정청은 행정목적의 실현을 위하여 동일한 내용의 침해적 행정처분을 하지 않을 수 없는 것이고, 동일한 행정처분을 반복하는 번거로움을 피하는 것이 바람직하므로 침해적 행위의 경우에도 그 효과의 승계를 인정하는 것이 타당하다는 견해이다. 판례는 긍정설을 취하고 있다.

다. 결   어   대물적 행정행위는 물적 사정에 기초하여 행해지며 행정행위의 무용한 반복을 피하는 것이 타당하므로 긍정설이 타당하다. 다만, 침해적 처분에 대한 불복제기기간의 경과에 있어서는 피승계인에 의한 쟁송제기기간의 경과는 승계인에게 미치지 않는다고 보는 것이 타당하고, 승계인이 처분이 있었던 것을 안 날로부터 불복기간 90일이 진행된다고 보는 것이 타당하다.

3. 혼합적 행정행위

혼합적 행정행위(混合的 行政行爲)(가스사업허가, 총포·도검· 화약류판매업허가 등)는 행위의 상대방의 주관적 사정과 함께 행위의 대상인 물건이나 시설의 객관적 사정에 착안하여 행해지는 행정행위를 말한다.

혼합적 행정행위의 이전은 명문의 규정이 있는 경우에 한하여 인정되며 통상 행정청의 승인 또는 허가 등을 받도록 규정하고 있다. 혼합적 행정행위의 양도시에 승인 대신 신고만을 요하는 경우도 있는데, 이 경우의 신고는 원칙상 수리를 요하는 신고로 보는 것이 타당하다.

Ⅶ. 요식행위와 불요식행위

행정행위에 일정한 형식(서면 등)이 요구되는가에 따른 구별이다. 명문의 규정이 없는 한 행정행위는 구술로도 가능하다. 그런데, 행정절차법은 행정청의 처분은 다른 법령 등에 특별한 규정이 있는 경우를 제외하고는 문서(당사자 등의 동의가 있는 경우 전자문서도 가능)로 하도록 하고 있다. 요식행위(要式行爲)가 형식을 결여하면 형식의 하자가 있는 행정행위가 된다.

Ⅷ. 일반처분과 개별처분

행정행위의 상대방이 불특정 다수인인가 특정되어 있는가에 따른 구별이다.

1. 개별처분

개별처분은 행정행위의 상대방이 특정되어 있는 행정행위이다. 개별처분(個別處分)의 상대방은 1인인 것이 보통이지만 다수일 수도 있다.

2. 일반처분

일반처분(一般處分)은 불특정 다수인을 상대방으로 하여 불특정 다수인에게 효과를 미치는 행정행위를 말한다. 예를 들면, 일정한 장소에 대한 출입을 금지하는 행정행위이다.

일반처분은 일반적이기는 하나 구체적인 법적 효과를 가져오는 행위인 점에서 일반적일 뿐만 아니라 추상적인 성격을 갖는 **법규명령과 구별**된다.

일반처분은 그 처분의 직접적 규율대상이 사람인가 물건인가에 따라 대인적 일반처분과 물적 행정행위로서의 일반처분으로 나누어진다.

(1) 대인적 일반처분

대인적 일반처분이라 함은 일정한 기준에 의해 결정되는 불특정 다수인을 대상으로 하는 행정행위를 말한다.

일정장소에서의 집회금지처분, 코로나 예방을 위한 집합금지명령이나 통행금지처분은 대인적(對人的) 일반처분의 예이다.

(2) 물적 행정행위로서의 일반처분

물적 행정행위는 행정행위의 직접적 규율대상이 물건이고, 사람에 대해서는 물건과의 관계를 통하여 간접적으로 규율하는 행정행위를 말한다.

공물의 공용개시행위, 교통표지판, 개별공시지가결정은 물적 행정행위(物的 行政行爲)의 예이다.

> **판례** 지방경찰청장이 횡단보도를 설치하여 보행자 통행방법 등을 규제하는 것은 행정청이 특정사항에 대하여 부담을 명하는 행위이고, 이는 국민의 권리의무에 직접 관계가 있는 행위로서 행정처분이다(대판 2000. 10. 27, 98두8964).

(3) 일반처분에 대한 항고소송

일반처분은 행정행위이므로 일반처분에 의해 법률상 이익이 침해된 자는 항고소송을 제기할 수 있다.

일반처분의 취소는 원고에게는 일반처분을 소급적으로 취소시키는 효력을 갖는다.

문제는 일반처분의 쟁송취소의 소급효가 소송을 제기하지 않은 자에게도 미치는가하는 것인데, 이에 관하여 견해가 대립되고 있다(후술 취소판결의 효력 참조).

제 3 절   제 3 자효 행정행위

제 3 자효 행정행위(第 3 者效 行政行爲)는 상대방에게는 이익을 주고 제 3 자에게는 불이익을 주거나 상대방에게는 불이익을 주고 제 3 자에게는 이익을 주는 행정행위를 말한다. 이것이 협의의 이중효과적 행정행위이다.

제 3 자효 행정행위의 예로는 인근주민에게 불이익을 주는 건축허가와 기존업자에게 불이익을 주는 영업허가 및 제 3 자에게 이익을 주는 공해배출중지명령을 들 수 있다.

제 3 자효 행정행위에 있어서는 그의 성립, 존속 및 소멸에 관하여 서로 이해관계를 달리하는 두 당사자가 있게 되므로 이들 상호간의 서로 대립되는 이익의 형량이 요청된다. 그리하여 수익적 행정행위와 침해적 행정행위에 적용되는 행정법이론과는 다른 특수한 규율이 필요하다. 이러한 문제는 행정절차, 행정쟁송에 있어서의 원고적격, 소송참가, 재심청구, 집행정지 그리고, 직권취소 및 철회 등에서 제기된다.

I. 행정절차상의 문제

1. 불이익을 받은 제 3 자에 대한 통지

행정행위는 상대방에 대한 통지로서 성립하며 행정청은 원칙상 제 3 자인 이해관계인에 대한 통지의무를 지지 않는다. 다만, 개별법에서 통지의무를 부과하고 있는 경우가 있다(^{사업인정시}_{통지의무}).

2. 이해관계인인 제 3 자의 행정절차상의 참가

행정절차법은 상대방의 권리를 제한하거나 의무를 부과하는 처분에 한하여 "당사자 등"에 대한 처분의 사전통지와 의견청취의무를 정하고 있다(제21조 제 1 항, 제22조 제 3 항).

이해관계인인 제 3 자는 행정절차법에 따르면 행정청이 이해관계인인 제 3 자로 하여금 행정절차에 참가하도록 결정한 경우에 한하여 사전통지와 의견제출기회를 받는다. 행정청이 이해관계인인 제 3 자의 행정절차에의 참가를 인정하는 것은 직권으로 또는 신청에 따라 임의로 결정하게 된다(제 2 조 제 4 호).

행정절차법상 청문회나 공청회의 개최는 개별법령에서 인정하는 경우나 행정청이 필요하다고 인정하는 경우에 실시되며 이해관계인도 제 2 조 제 4 호에 따라 행정청이 참여를 인정한 자에 한하여 청문 또는 공청회에 참여할 수 있다.

3. 이해관계인의 동의

처분상대방에게 수익이 되지만 제 3 자에게는 불이익이 되는 처분의 경우 예외적으로 이해관계 있는 제 3 자의 동의를 처분의 요건으로 규정하는 경우가 있다.

> 도시 및 주거환경정비법 제16조
> ① 주택재개발사업 및 도시환경정비사업의 추진위원회가 조합을 설립하고자 하는 때에는 토지등소유자의 4분의 3 이상 및 토지면적의 2분의 1 이상의 토지소유자의 동의를 얻어 정관 및 국토교통부령이 정하는 서류를 첨부하여 시장·군수의 인가를 받아야 한다.

이해관계인의 동의를 처분요건으로 하는 명문의 규정이 없는 경우에는 재량행위의 경우에도 원칙상 이해관계인의 동의 없음을 처분사유로 할 수 없다.

II. 행정쟁송상의 문제

1. 원고적격

행정행위의 상대방에게는 이익이 되지만 제 3 자에게 불이익이 되는 경우에 앞에서 보았듯이 불이익을 받는 제 3 자(인근주민 또는 경쟁관계에 있는 기존업자)에게 항고소송의 원고적격이 인정되는 경우가 점차 늘고 있다. 이 경우에 제 3 자의 원고적격(原告適格)은 근거·관계법규의 해석에 의해 근거·관계법규가 공익과 함께 제 3 자의 개인적 이익도 아울러 보호하고 있다고 해석되는 경우에 인정된다는 것은 전술한 바와 같다. 헌법상 기본권이 침해된 경우에도 원고적격이 인정될 수 있는지에 관하여는 학설이 대립되고 있다.

2. 제 3 자의 소송참가

제 3 자에 의해 항고소송이 제기된 경우에 제 3 자효 행정행위의 상대방은 소송참가를 할 수 있고(행정소송법 제16조), 책임 없는 사유로 소송에 참가하지 못함으로써 판결의 결과에 영향을 미칠 공격 방어방법을 제출하지 못한 때에는 확정된 종국판결에 대하여 재심을 청구할 수 있다(행정소송법 제31조 제 1 항).

3. 불복제기기간

행정심판이나 취소소송은 처분이 있음을 안 날로부터 90일 이내에 제기하여야 한다(행정심판법 제18조, 행정소송법 제20조). 처분이 있음을 알지 못한 경우에는 행정심판의 경우에는 처분이 있은 날로부터 180일 이내에 제기하여야 하며, 취소소송의 경우에는 1년을 경과하면 제기하지 못한다. 다만, 행정심판이나 행정소송이나 정당한 사유가 있는 때에는 그러하지 아니하다(행정심판법 제18조, 행정소송법 제20조).

현행법상 행정처분은 제 3 자에게 통지되지 않으므로 제 3 자는 특별한 사정이 없는 한 행정행위가 있음을 알았다고 할 수 없다. 또한 제 3 자가 행정처분이 있었음을 알지 못한 경우에는 행정불복을 제기할 수 없으므로 제 3 자가 행정처분이 있었음을 알지 못한 것은 정당한 사유에 해당한다.

제 3 자가 어떠한 방법에 의하든지 행정처분이 있었음을 안 경우에는 안 날로부터 90일 이내에 행정심판이나 행정소송을 제기하여야 한다.

4. 불이익을 받은 제 3 자의 가구제(假救濟)

제 3 자효 행정행위에 의해 법률상 이익을 침해받은 제 3 자(예: 건축허가로 불이익을 받은 인근주민)는 취소소송을 제기한 경우 소송당사자로서 당연히 행정소송법 제23조에 근거하여 그가 다투는 행정행위의 집행정지(執行停止)를 신청할 수 있다.

Ⅲ. 제 3 자효 행정행위의 철회 또는 직권취소

제 3 자효 행정행위의 철회 또는 직권취소에 있어서는 일반 행정행위의 철회 또는 직권취소에서처럼 이익형량(利益衡量)의 원칙이 적용된다. 다만, 제 3 자효 행정행위에 있어서는 철회 또는 직권취소로 인하여 한쪽 당사자는 이익을 받고 다른 쪽 당사자는 불이익을 받으므로 이러한 상반되는 당사자의 이익도 이익형량에서 함께 고려되어야 한다.

제 4 절   재량권과 판단여지

Ⅰ. 재 량 권 [2002 입시 논술]

1. 재량권과 재량행위의 개념과 의의

재량권(裁量權)이란 행정기관이 행정권을 행사함에 있어서 둘 이상의 다른 내용의 결정 또는 행태 중에서 선택할 수 있는 권한을 말한다. 재량권은 구체적 타당성(합목적성)이 있는 행정을 위하여 입법자에 의해 행정권에 부여된다. 재량은 재량준칙을 정함에도 인정되고, 재량준칙을 적용하여 행하는 처분에도 인정된다.

재량권의 행사에 의해 행해지는 행정행위를 재량행위(裁量行爲)라고 한다.

재량권이 행정기관에게 부여되는 경우에 행정기관이 행정권을 행사함에 있어 어떠한 행정결정을 하거나 하지 않을 수 있는 권한을 갖는 경우와 둘 이상의 조치 중 선택을 할 수 있는 권한을 갖는 경우가 있다. 전자를 결정재량권이라 하고 후자를 선택재량권이라 한다.[1] 또한 결정재량권과 선택재량권을 모두 갖는 경우가 있다.

예를 들면, 공무원이 직무상 과실로 잘못을 저지른 경우에 행정기관은 당해 공무원에 대하여 징계처분을 하는 결정과 당해 공무원의 과거의 성실한 직무수행, 당해 공무원의 건강상태 등과 같은 사정을 고려하여 징계처분을 하지 않는 결정 사이에 선택권을 갖고 (결정재량), 행정기관이 징계처분을 하기로 결정한 경우에도 당해 공무원의 과실의 중대성을 고려하여 징계처분을 내림에 있어서 여러 종류의 징계처분의 종류 사이에 선택권을 갖는다(선택재량).

결정재량은 없고 선택재량만 있는 경우도 있다.

> **판례1**   구 건설기술관리법(현 건설기술진흥법) 제21조의4 제1항이 2001. 1. 16. 개정되면서 기존 제21조의4 제 1 항의 '부실벌점을 줄 수 있다.'가 '부실벌점을 주어야 한다.'로, 같은 조 제 2 항의 '불이익을 줄 수 있다.'가 '불이익을 주어야 한다.'로 개정되었다. …… 그러므로 건설기술 진흥법 제53조 제 1 항에서 규정한 벌점부과처분은 부과 여부에 관한 한 행정청의 재량이 인정되지 않는 기속행위이다(대판 2024. 4. 25, 2023두54242[벌점부과처분취소]). 〈해설〉 벌점부과를 처분으로 본 사례이기도 하다.

---

1) 예를 들면, 공무원이 직무상 과실로 잘못을 저지른 경우에 행정기관은 당해 공무원에 대하여 징계처분을 하는 결정과 당해 공무원의 과거의 성실한 직무수행, 당해 공무원의 건강상태 등과 같은 사정을 고려하여 징계처분을 하지 않는 결정 사이에 선택권을 갖고(결정재량), 행정기관이 징계처분을 하기로 결정한 경우에도 당해 공무원의 과실의 중대성을 고려하여 징계처분을 내림에 있어서 여러 종류의 징계처분의 종류 사이에 선택권을 갖는다(선택재량).

판례2 사회복지사업법 제42조 제 3 항 단서 사유에 해당할 경우 행정청은 기속적으로 보조금환수처분을 하여야 하지만, 그 환수 범위를 재량으로 정할 수 있다(2024. 6. 13, 2023두54112).

재량권은 행정행위에서만 인정되는 것은 아니며 사실행위, 행정입법행위 등 모든 행정작용에서 인정되는 것이며 재량행위라고 하여도 모든 부분이 재량인 것이 아니라 통상 재량권이 인정된 부분과 재량권이 인정되지 않고 법에 엄격히 기속된 부분이 혼재한다.

2. 자유재량행위와 기속재량행위의 구별 [2012 사시 사례]

(1) 구별 여부 및 개념

1) 긍 정 설

기속재량행위(거부재량행위)를 원칙상으로는 기속행위이지만 예외적으로 특별한 사정이 있는 경우 공익을 고려하여 거부할 수 있는 행위라고 하는 견해로서 행정에 대한 예측가능성과 공익의 보장을 조화시키기 위해 기속재량행위가 필요하다고 한다. 또한, 중대한 공익상의 필요에 따른 행정행위의 철회를 인정하는 한 중대한 공익을 이유로 한 허가 등의 거부를 인정하는 것이 논리적이고 일관성 있는 법적 해결이다.

2) 부 정 설

재량행위와 기속행위의 중간적인 행위는 인정될 수 없으므로 이론상 기속재량행위를 인정할 수 없다는 견해이다. 또한, 법률의 근거 없이 중대한 공익상 필요로 허가 등을 거부하는 것은 법률유보의 원칙에 반한다고 본다.

3) 판   례

판례는 원칙상 기속행위이지만 예외적으로 중대한 공익을 이유로 인·허가 또는 신고 수리를 거부할 수 있는 행위(기속재량행위)를 인정하고 있는 것으로 보인다. 이러한 의미의 기속재량은 거부재량으로 불리기도 한다.

예를 들면, 개발행위허가를 의제하지 않거나 토지형질변경을 수반하지 않는 순수한 의미에서의 건축허가는 거부재량(기속재량행위)이라는 것이 판례의 입장이다. 즉, "건축허가신청이 건축법등 관계법령에서 정하는 어떠한 제한에 해당되지 않는 이상 같은 법령에서 정하는 건축허가를 하여야 하고, 중대한 공익상의 필요가 없음에도 불구하고 요건을 갖춘 자에 대한 허가를 관계법령에서 정하는 제한사유 이외의 사유를 들어 거부할 수는 없다."(대판 전원합의체 2012. 11. 22, 2010두22962).

판례는 구 약사법상 의약품제조업허가사항변경허가(대판 1985. 12. 10, 85누674), 채광계획인가(대판 1997. 6. 13, 96누12269; 2002. 10. 11, 2001두151), 불법전용산림신고지산림형질변경허가처분(대판 1998. 9. 25, 97누19564), 구 사설납골당설치허가(대판 1994. 9. 13, 94누3544), 납골당설치신고(대판 2010. 9. 9, 2008두22631), 주유소등록(대판 1998. 9. 25, 98두7503), 건축허가

(대판 2009. 9. 24, 2009두8946[건축허가거부처분취소]) 등을 재량행위의 일종인[2] 기속재량행위
로 보았다.

> **판례1** 구 '장사 등에 관한 법률'(2007. 5. 25. 법률 제8489호로 전부 개정되기 전의 것)의 관계 규정
> 들에 비추어 보면, 같은 법 제14조 제1항에 의한 사설납골시설의 설치신고는, 같은 법 제15조 각 호
> 에 정한 사설납골시설설치 금지지역에 해당하지 않고 같은 법 제14조 제3항 및 같은 법 시행령(2008.
> 5. 26. 대통령령 제20791호로 전부 개정되기 전의 것) 제13조 제1항의 [별표 3]에 정한 설치기준에 부
> 합하는 한, 수리하여야 하나, 보건위생상의 위해를 방지하거나 국토의 효율적 이용 및 공공복리의 증
> 진 등 중대한 공익상 필요가 있는 경우에는 그 수리를 거부할 수 있다고 보는 것이 타당하다(대판
> 2010. 9. 9, 2008두22631).
>
> **판례2**   [1] 건축허가권자는 건축허가신청이 건축법 등 관계 법규에서 정하는 어떠한 제한에 배치되
> 지 않는 이상 당연히 같은 법조에서 정하는 건축허가를 하여야 하고, 중대한 공익상의 필요가 없는데
> 도 관계 법령에서 정하는 제한사유 이외의 사유를 들어 요건을 갖춘 자에 대한 허가를 거부할 수는 없
> 다. [2] 건축허가신청이 시장이 수립하고 있는 도시·주거환경정비 기본계획에 배치될 가능성이 높다
> 고 하여 바로 건축허가신청을 반려할 중대한 공익상의 필요가 있다고 보기 어렵다고 한 사례(대판
> 2009. 9. 24, 2009두8946[건축허가거부처분취소]).

4) 결 어
기속재량행위를 인정할 필요성은 있지만(긍정설), 기속재량행위는 국민의 예측가능성
을 침해하므로 제한적으로 엄격히 인정하여야 할 것이다.

(2) 기속재량행위의 필요성 및 인정근거
1) 기속재량행위의 필요성
기속재량행위는 국민의 행정에 대한 예측가능성을 보장하기 위하여 원칙상 기속행위
로 보면서도 중대한 공익상 필요가 있는 경우 공익을 보호하기 위하여 예외적으로 재량으
로 보는 것으로서 예측가능성과 공익의 보장 사이에 조화를 이루고자 하는 제도이다.

2) 기속재량행위의 인정근거
기속재량행위를 인정할 필요가 있는 경우에는 입법자가 입법에 의해 이를 인정하여
야 한다. 기속재량행위는 명문의 규정이 있는 경우뿐만 아니라 명문의 규정이 없더라도
관계법령의 해석을 통해 인정된다.

(3) 기속재량행위의 구별 실익
판례에 의할 때 기속재량행위는 다음과 같이 기속행위 및 엄격한 의미의 재량행위와
구별된다.
① 기속재량행위의 경우에는 허가 등의 요건을 갖추면 원칙상 허가 등을 하여야 하
고, 중대한 공익상 필요가 있는 경우에 한하여 예외적으로 허가 등을 거부할 수 있다. 이

---
2) 이에 대하여 이러한 의미의 기속재량행위를 기속행위의 일종으로 보는 견해도 있다(김동희, 263면).

에 반하여 기속행위에 있어서는 허가 등의 요건을 충족하면 반드시 허가 등을 해 주어야 하고, 허가 등을 공익상 이유로 거부할 수는 없다. 재량행위의 경우에는 이익형량의 결과 허가 등을 거부할 공익이 허가 등으로 인한 이익보다 큰 경우에는 허가 등의 거부가 가능하다. 따라서, 기속재량행위의 경우에는 허가 등을 거부할 중대한 공익상 필요가 있다는 것을 행정청이 입증하여야 하는 반면에 재량행위의 경우에는 재량권의 일탈·남용이 있다는 것을 원고가 입증하여야 한다.

② 기속재량행위의 경우에는 허가 등을 거부할 중대한 공익상 필요가 있는 경우에 허가의 거부가 적법하고, 허가 등을 거부할 중대한 공익상 필요가 없는 경우에는 허가의 거부가 위법하다. 이에 반하여 재량행위의 경우에는 허가 등으로 받는 신청자의 불이익이 공익보다 심히 큰 경우에 한하여 위법하게 된다. 따라서, 재량행위의 경우에는 부당한 경우가 있지만, 기속재량의 경우에는 부당의 문제는 생기지 않는다.

기속재량행위에 있어서는 행정청은 허가 등을 거부하는 경우에는 정당한 사유를 제시하여야 하고 자의적으로 허가 등을 거부하여서는 안 된다(대판 1997. 6. 13, 96누12269). 처분청은 재량행위의 경우에는 재량고려사항만을 이유로 제시하면 된다.

③ 기속행위 내지 기속재량행위와 재량행위 내지 자유재량행위에 대한 사법심사방식에 차이가 있다. 전자의 경우 그 법규에 대한 원칙적인 기속성으로 인하여 법원이 사실인정과 관련 법규의 해석·적용을 통하여 일정한 결론을 도출한 후 그 결론에 비추어 행정청이 한 판단의 적법 여부를 독자의 입장에서 판정하는 방식에 의한다. 즉, 법원은 행정청의 판단에 대해 전면적으로 심사가 가능하며 법원이 판단으로 행정청의 판단을 대체하게 된다. 이에 반하여 후자의 경우 행정청의 재량에 기한 공익판단의 여지를 감안하여 법원은 독자의 결론을 도출함이 없이 당해 행위에 재량권의 일탈·남용이 있는지 여부만을 심사하게 되고, 이러한 재량권의 일탈·남용 여부에 대한 심사는 사실오인, 비례·평등의 원칙 위배, 당해 행위의 목적 위반이나 동기의 부정 유무 등을 그 판단 대상으로 한다. 달리 말하면 재량행위에서의 법원의 심사범위는 재량권의 일탈 또는 남용에 제한된다. 재량권의 한계 내에서의 행정청의 판단, 즉 합목적성 내지 공익성의 판단은 법원의 통제대상이 되지 않는다(대판 2001. 2. 9, 98두17593[건축물용도변경신청거부처분취소]).

④ 기속재량행위에서 통상 허가는 기속행위이고 거부가 예외적으로 재량행위인 것이므로 기속재량행위에 있어서는 명문의 규정이 없는 경우에는 원칙상 효과를 제한하는 부관을 붙일 수 없는 것으로 보는 것이 논리적이다. 판례의 입장도 그러하다.[3]

(4) 기속재량행위의 구별 기준

기속재량행위는 원칙상 기속행위이지만 중대한 공익상 필요에 따라 요건이 충족되어도 예외적으로 거부할 필요가 있는 경우에 인정된다.

---

3) 대판 1988. 4. 27, 87누1106; 대판 1997. 6. 13, 96누12269.

(5) 기속재량에서 거부처분의 적법요건

판례는 기속재량행위에 있어서 거부처분의 적법요건으로 '허가 등을 거부할 중대한 공익상 필요가 있을 것'을 들고 있다.

3. 재량과 판단여지의 구분

판단여지를 재량과 구별하는 견해와 그 구별을 부인하고 모두 재량의 문제로 보는 견해가 대립하고 있다.

(1) 긍 정 설

판단여지와 재량을 구분하는 견해는 불확정개념으로 정해진 행위요건의 판단에서는 하나의 판단만이 옳은 것이므로 선택의 자유는 인정될 수 없고, 예외적으로 판단의 여지만이 인정될 수 있기 때문에 판단여지는 선택의 자유를 의미하는 재량과 구분하여야 한다고 본다. 판단여지는 행위요건의 판단에서 예외적으로 인정되며 재량은 효과의 선택에서 인정된다고 한다.

(2) 부 정 설

이 견해는 재량과 판단여지를 구분하지 않고, 판단여지가 인정될 수 있는 경우도 재량이 인정되는 것으로 본다. 이 견해의 논거는 다음과 같다.

① 재량권 및 판단여지의 법적 효과로서의 법원에 의한 통제가능성이라는 측면에서 보면 양자의 구별 실익은 없다. 재량권과 판단여지 모두 그 범위 내에서 행사되는 한 법원의 통제대상이 되지 않는다. ② 법규정의 일체성에 따라 행위요건의 판단과 효과의 선택의 구분이 어렵다. ③ 재량권도 공익판단을 전제로 행사된다.

(3) 판   례

판례는 판단여지설의 논리를 일부 수용하면서도 재량권과 판단여지를 구분하지 않고, 판단여지가 인정될 수 있는 경우도 재량권이 인정되는 것으로 본다.

판례1 공무원 임용을 위한 면접전형에서 임용신청자의 능력이나 적격성 등에 관한 판단이 면접위원의 자유재량에 속하는지 여부(적극): 공무원 임용을 위한 면접전형에서 임용신청자의 능력이나 적격성 등에 관한 판단은 면접위원의 고도의 교양과 학식, 경험에 기초한 자율적 판단에 의존하는 것으로서 오로지 면접위원의 자유재량에 속하고, 그와 같은 판단이 현저하게 재량권을 일탈·남용하지 않은 한 이를 위법하다고 할 수 없다(대판 2008. 12. 24, 2008두8970[지방직특별임용시험불합격처분취소]: 지방공무원특별임용시험 면접에 면접위원도 아닌 시장이 참여하여 응시자격요건과 무관한 질문을 하여 면접 결과에 영향을 미친 사안에서, 지방공무원임용령 제45조 제 3 항에서 규제하는 시험의 신뢰도에 대한 침해행위로서 위법하다고 한 사례).

판례2 논술형시험인 사법시험 제 2 차시험의 채점위원이 하는 채점행위의 법적 성질(=재량행위): 논술형 시험에 대한 채점행위는 객관식 시험과 같은 일의적인 정답을 그 기준으로 하기보다는 덕망과

책임감 높은 평가자가 스스로 보유하고 있는 고도의 전문적 식견과 학식 등에 근거한 평가에 전적으로 의존할 것이 예정되어 있음을 그 본질적인 속성으로 하고 있는 사무이므로, 논술형으로 치르는 이 사건 시험에 있어 채점위원은 사법시험의 목적과 내용 등을 고려하여 법령이 정하는 범위 내에서 전문적인 지식에 근거하여 그 독자적 판단과 재량에 따라 답안을 채점할 수 있는 것이다(대판 2007. 1. 11, 2004두10432[사법시험제2차시험불합격처분취소]).

판례3　국가중요건설사업지 또는 그 인접 지역의 광업권이나 광물의 채굴이 국가중요건설사업에 지장을 준다고 인정할 때에는 광업권의 취소 또는 그 지역에 있는 광구의 감소처분을 할 수 있는데(광업법 제34조 제2항), 광업권이나 광물의 채굴이 국가중요건설사업에 지장을 주는지 등은 …… 고도의 전문적인 판단사항으로서, 그에 관해서는 산업통상자원부장관에게 재량권이 부여되어 있다(대판 2023. 6. 29, 2022두59592).

판례는 요건 판단에도 재량을 인정한다.

판례1　국토의 계획 및 이용에 관한 법률상 개발행위허가는 허가기준 및 금지요건이 불확정개념으로 규정된 부분이 많아 그 요건에 해당하는지 여부는 행정청의 재량판단의 영역에 속한다(대판 2021. 3. 25, 2020두51280).

판례2　농지법 시행규칙 제4조의2[별표 1]은 '농작물의 경작 등에 적합한 흙'에 해당하는지에 관한 판단 기준을 구체적으로 정하지 아니한 채 불확정개념으로 규정하였으므로, 그에 대한 사법심사는 행정청의 공익판단에 관한 재량의 여지를 감안하여 법원이 독자적인 결론을 내리지 않고 해당 처분에 재량권 일탈·남용이 있는지 여부만을 심사하게 된다(대판 2020. 2. 6, 2019두43474[조치명령처분취소]).

(4) 결　　어

재량과 판단여지는 그 개념, 필요성, 인정근거, 내용, 인정기준 및 범위 등에서 차이가 있으므로 양자를 구별하는 것이 타당하다.

상 이 점	재　　량	판단여지
필 요 성	구체적으로 타당한 행정 보장	행정의 책임성, 전문성 보장
인정근거	입법자의 수권	입법자의 수권(판단수권설) 법원에 의한 행정의 책임성, 전문성의 존중
내　　용	행정청의 선택의 자유	행정청의 판단의 여지
인정기준	법률규정, 행위의 성질 및 기본권 관련성, 공익관련성	고도의 전문적·기술적 판단 또는 고도의 정책적 판단
인정범위	효과의 선택	행위요건 중 일정한 불확정개념의 판단

또한, 판단여지의 경우에는 명문의 근거가 없는 한 효과를 제한하는 부관을 붙일 수 없지만, 재량행위의 경우에는 효과를 제한하는 부관을 붙일 수 있는 점에서 구별의 실익이 있다.

4. 재량행위와 기속행위의 구별

(1) 재량행위와 기속행위의 구별실익

1) 행정소송에 있어서의 구별실익

가. 법원의 통제 재량행위와 기속행위는 법원에 의한 재판통제와 관련하여 구별의 실익이 있다. 재량행위는 재량권의 한계를 넘지 않는 한(재량권의 행사에 일탈 또는 남용이 없는 한) 재량을 그르친 경우에도 위법한 것이 되지 않고 부당한 행위가 되는 데 불과하므로 재량권의 한계를 넘지 않는 한 법원에 의해 통제되지 않는다.

이에 반하여 기속행위에 있어 행정권 행사에 잘못이 있는 경우에 위법한 행위가 되므로 기속행위에 대한 법원의 통제에는 그러한 제한이 없고, 전면적 통제가 행해진다.

나. 사법심사방식[2024 변시] 재량행위와 기속행위는 계쟁행위에 대한 사법심사방식에 구별실익이 있다. 기속행위의 경우에 법원은 행정청의 판단과 결정 모두를 심사대상으로 하여 행정청의 판단이 법원의 판단과 다른 경우 법원의 판단을 행정청의 판단에 대체하여 행정청의 행위를 위법한 것으로 판단할 수 있다(완전심사 및 판단대체방식).

그러나, 재량행위에 있어서는 행정청의 판단이 공익판단인 경우에는 재량권의 일탈·남용이 있거나 행정청의 판단이 심히 부당한 경우가 아닌 한 법원은 당해 행정청의 결정을 위법하다고 판단할 수 없다(제한심사방식). 판단여지에 있어서는 행정청의 판단이 심히 부당한 경우가 아니면 행정청의 판단은 존중되어야 한다.

판례도 기속행위 내지 기속재량행위와 재량행위 내지 자유재량행위에 대한 법원의 심사방식에 관하여 다음과 같이 판시하고 있다:

> **판례** 건축물용도변경신청불허가처분을 재량권의 일탈·남용의 위법한 처분으로 단정하기 어렵다고 한 사례: 전자(기속행위)의 경우 그 법규에 대한 원칙적인 기속성으로 인하여 법원이 사실인정과 관련 법규의 해석·적용을 통하여 일정한 결론을 도출한 후 그 결론에 비추어 행정청이 한 판단의 적법 여부를 독자의 입장에서 판정하는 방식에 의하게 되나, 후자(재량행위)의 경우 행정청의 재량에 기한 공익판단의 여지를 감안하여 법원은 독자의 결론을 도출함이 없이 당해 행위에 재량권의 일탈·남용이 있는지 여부만을 심사하게 되고, 이러한 재량권의 일탈·남용 여부에 대한 심사는 사실오인, 비례·평등의 원칙 위배, 당해 행위의 목적 위반이나 동기의 부정 유무 등을 그 판단 대상으로 한다(대판 2001. 2. 9, 98두17593[건축물용도변경신청거부처분취소]; 2010. 9. 9, 2010다39413; 대판 2020. 10. 15, 2019두45739).

2) 부관과의 관계

재량행위의 경우에는 재량권의 범위 내에서 법적 근거 없이도 행정행위의 법률효과를 일부 제한하거나 상대방에게 특별한 부담을 지우는 부관을 붙일 수 있지만, 기속행위의 경우에는 법상 요건이 충족되면 일정한 행위를 하여야 하므로 행위요건의 일부가 충족되지 않은 경우에 법령에 특별한 근거가 없는 한 그 요건의 충족을 조건으로 하는 부관만을 붙일 수 있을 뿐 행위의 효과를 제한하는 부관을 붙일 수 없는 점에서 기속행위와 재량행위를 구별할 실익이 있다.

기속행위인 등록 또는 허가가 등록요건 또는 허가요건을 충족하면 부관을 붙이지 않고 등록 또는 허가를 해 주어야 하지만, 다른 법령에 거부사유가 존재하는 경우 거부할 수 있고, 등록 또는 허가의 거부사유가 법령 또는 사실상태의 변경에 의해 장래에 발생할 것이 예상되는 경우 조건(해제조건)부로 등록 또는 허가를 할 수 있다.

3) 공권과의 관계

기속행위뿐만 아니라 재량행위에서도 공권이 인정될 수 있지만, 재량행위와 기속행위에 있어 인정되는 공권의 내용에는 차이가 있다. 기속행위에 있어서는 행정청에 대하여 특정한 내용의 행위를 청구할 공권이 인정되지만, 재량행위에 있어서는 그러한 공권은 인정되지 않으며 무하자재량행사청구권이라는 공권이 인정된다.

4) 요건 충족에 따른 효과의 부여 [2008 사시 사례, 2018 행시]

행정청은 기속행위에 있어서는 요건이 충족되면 반드시 법에 정해진 효과를 부여하여야 하지만, 재량행위에 있어서는 요건이 충족되어도 공익과의 이익형량을 통하여 법에 정해진 효과를 부여하지 않을 수도 있다. 기속재량행위의 경우에는 거부처분을 할 중대한 공익상 필요가 없는 한 요건을 충족하면 신청에 따른 허가 등 처분을 하여야 한다.

> `판례1`   주택건설촉진법 제33조에 의한 주택건설사업계획의 승인은 상대방에게 권리나 이익을 부여하는 효과를 수반하는 이른바 수익적 행정처분으로서 법령에 행정처분의 요건에 관하여 일의적으로 규정되어 있지 아니한 이상 행정청의 재량행위에 속한다 할 것이고, 이러한 승인을 받으려는 주택건설사업계획이 관계 법령이 정하는 제한에 배치되는 경우는 물론이고 그러한 제한사유가 없는 경우에도 공익상 필요가 있으면 처분권자는 그 승인신청에 대하여 불허가 결정을 할 수 있다(대판 2005. 4. 15, 2004두10883[주택건설사업계획승인신청반려처분취소]).

> `판례2`   건축허가권자가 관계 법령에서 정하는 이외의 사유를 들어 허가를 거부할 수 있는지 여부: 건축법 소정의 건축허가권자는 건축허가신청이 건축법, 도시계획법등 관계 법규에서 정하는 어떠한 제한에 배치되지 않는 이상 당연히 같은 법조 소정의 건축허가를 하여야 하므로, 법률상의 근거 없이 그 신청이 관계 법규에서 정한 제한에 배치되는지의 여부에 대한 심사를 거부할 수 없고, 심사 결과 그 신청이 법정요건에 합치하는 경우에는 특별한 사정이 없는 한 이를 허가하여야 하며, 공익상 필요가 없음에도 불구하고 요건을 갖춘 자에 대한 허가를 관계 법령에서 정하는 제한사유 이외의 사유를 들어 거부할 수 없다(대판 1995. 6. 13, 94다56883[소유권이전등기말소]). 〈해설〉 건축허가를 기속재량행위(거부재량행위)로 본 것으로 보인다.

또한, 경원관계에 있어 기속행위의 경우 선원주의(先願主義: 요건을 충족한 자가 여러 명인 경우 먼저 신청한 자에게 효과를 부여하여야 한다는 원칙)가 적용되지만(발명특허 등), 재량행위의 경우에는 선원주의가 적용되지 않고 가장 적정하게 공익을 실현할 수 있는 자에게 효과(특허 등)를 부여하고, 공익을 적절하게 실현할 자가 없는 경우에는 어느 누구에게도 효과를 부여하지 않을 수도 있다. 요건을 갖추지 못한 경우에는 기속행위뿐만 아니라 재량행위에서도 요건충족적 부관부 행정행위를 할 수 있는 경우를 제외하고는 거부처분으로 하여야 한다.

> **판례** 귀화신청인이 구 국적법 제 5 조 각호에서 정한 귀화요건을 갖추지 못한 경우 법무부장관은 귀화 허부에 관한 재량권을 행사할 여지 없이 귀화불허처분을 하여야 한다(대판 2018. 12. 13, 2016두 31616).

(2) 재량행위와 기속행위의 구별기준

재량행위와 기속행위의 구별에 있어 법률규정이 일차적 기준이 된다. 왜냐하면 재량권은 입법권에 의해 행정기관에 부여되는 것이기 때문이다. 다만, 법률규정의 문리적 표현뿐만 아니라 관련규정, 입법취지 및 입법목적을 아울러 고려하여야 한다.

법령의 규정이 명확하지 않은 경우 당해 법령의 규정과 함께 문제가 되는 행위의 성질, 기본권 관련성 및 공익관련성을 종합적으로 고려하여야 한다.

> **판례1** 어느 행정행위가 기속행위인지 재량행위인지 여부는 이를 일률적으로 규정지을 수 없고, 당해 처분의 근거가 된 규정의 형식이나 체제 또는 문언에 따라 개별적으로 판단하여야 한다(대판 1997. 12. 26, 97누15418; 2008. 5. 29, 2007두18321).

> **판례2** 행정행위가 그 재량성의 유무 및 범위와 관련하여 이른바 기속행위 내지 기속재량행위와 재량행위 내지 자유재량행위로 구분된다고 할 때, 그 구분은 당해 행위의 근거가 된 법규의 체재·형식과 그 문언, 당해 행위가 속하는 행정 분야의 주된 목적과 특성, 당해 행위 자체의 개별적 성질과 유형 등을 모두(종합적으로) 고려하여 판단하여야 한다(대판 2001. 2. 9, 98두17593[건축물용도변경신청거부처분취소]; 대판 2020. 10. 15, 2019두45739).

> **판례3** [1] 법무부장관이 법률에서 정한 귀화요건을 갖춘 귀화신청인에게 귀화를 허가할 것인지 여부에 관하여 재량권을 가지는지 여부(적극): 국적법 제 4 조 제 1 항은 "외국인은 법무부장관의 귀화허가를 받아 대한민국의 국적을 취득할 수 있다"라고 규정하고, 그 제 2 항은 "법무부장관은 귀화요건을 갖추었는지를 심사한 후 그 요건을 갖춘 자에게만 귀화를 허가한다"라고 정하고 있다. 국적은 국민의 자격을 결정짓는 것이고, 이를 취득한 사람은 국가의 주권자가 되는 동시에 국가의 속인적 통치권의 대상이 되므로, 귀화허가는 외국인에게 대한민국 국적을 부여함으로써 국민으로서의 법적 지위를 포괄적으로 설정하는 행위에 해당한다. 한편, 국적법 등 관계법령 어디에도 외국인에게 대한민국의 국적을 취득할 권리를 부여하였다고 볼 만한 규정이 없다. 이와 같은 귀화허가의 근거규정의 형식과 문언, 귀화허가의 내용과 특성 등을 고려해 보면, 법무부장관은 귀화신청인이 귀화요건을 갖추었다 하더라도 귀화를 허가할 것인지 여부에 관하여 재량권을 가진다고 보는 것이 타당하다. [2] 방문동거(F-1-4) 및 특례고용허가자(E-19) 체류자격, 방문취업(H-2) 체류자격, 기타(G-1) 체류자격으로 대한민국 내에서 계속하여 3년 이상 거주한 외국인의 간이귀화신청에 대하여 법무부장관이 방문취업 체류자격이나 기타 체류자격을 이용하여 귀화신청을 하는 것은 간이귀화요건을 갖춘 것으로 볼 수 없다는 이유로 불허가처분을 한 사안에서, 방문취업 체류자격이나 기타 체류자격으로도 간이귀화의 국내거주 요건을 갖출 수 있다는 이유만으로 위 귀화불허가 처분이 위법하다고 한 원심판단에 귀화허가의 법적 성질에 관한 법리를 오해하여 심리를 다하지 않은 위법이 있다고 한 사례(대판 2010. 10. 28, 2010두6496[귀화허가신청불허가처분취소]).

1) 법률규정 및 입법취지

법률에서 효과규정을 '(행정청은) …할 수 있다'라고 규정하고 있는 경우에는 원칙적으로 재량행위이고, '(행정청은) …하여야 한다'라고 규정하고 있는 경우에는 원칙적으로 기속행위이다.

법률에서 '…한다'라고 규정하고 있는 경우에는 입법취지 및 입법목적 그리고, 문제의 행위의 성질을 고려하여 해석을 통하여 문제의 행위가 재량행위인지 기속행위인지를 판단하여야 한다. 입법실무에 있어 재량행위로 하여야 할지 기속행위로 하여야 할지 애매한 경우에 '…한다'라는 표현을 사용한다.

법률의 문리적 표현은 절대적 기준이 되지 못한다. '(행정청은) …하여야 한다'라고 규정된 경우에도 예외적으로 재량행위로 해석하여야 할 경우가 극히 예외적이기는 하지만 있을 수 있고, '(행정청은) …할 수 있다'라고 규정되어 있는 경우에도 기속행위로 해석될 수 있는 경우(효과
허가)가 있다.

법률에서 영업활동을 하기 전에 허가를 받아야 한다는 규정을 둘 뿐 행정청의 허가에 있어서의 재량에 관하여는 아무런 규정을 두지 않은 경우(…하고자 하는 자는
…허가를 받아야 한다)에는 해석을 통하여 당해 허가가 재량행위인지 기속행위인지 판단하여야 한다.

2) 법률규정이 불명확한 경우

법률규정만으로 재량행위인지 기속행위인지 판단할 수 없는 경우에는 법률규정의 표현뿐만 아니라 입법목적 및 입법취지를 고려하고 아울러 다음과 같이 문제의 행위의 성질, 기본권관련성 및 공익관련성이 고려되어야 한다.

① 일반적으로 불법행위에 대한 제재조치는 재량행위에 친숙한 행위이다. 그러나 특별한 사회상황하에서 일정한 불법행위에 대하여 특별히 엄한 제재조치를 가하고자 하는 입법자의 결단이 선 경우에는 예외적으로 당해 제재조치를 기속행위로 규정할 수도 있을 것이다. 실제로 중대한 법규위반의 경우 취소하여야 하는 것으로 규정하고 있는 경우가 있다.

판례   (1) 의료법 제64조 제 1 항에서 정하고 있는 의료기관 개설 허가의 취소와 (신고)의료기관 폐쇄명령은 의료법상 의무를 중대하게 위반한 의료기관에 대해서 의료업을 더 이상 영위할 수 없도록 하는 제재처분으로서, 실질적으로 동일한 법적 효과를 의도하고 있다. 다만 의료법 제33조 제 4 항에 따라 허가에 근거하여 개설된 의료기관에 대해서는 개설 허가 취소처분의 형식으로 하고, 제33조 제 3 항과 제35조 제 1 항 본문에 따라 신고에 근거하여 개설된 의료기관에 대해서는 폐쇄명령의 형식으로 해야 한다. 의료기관이 의료법 제64조 제 1 항 제 1 호에서 제 7 호, 제 9 호의 사유에 해당하면 관할 행정청이 1년 이내의 의료업 정지처분과 개설 허가 취소처분(또는 폐쇄명령) 중에서 제재처분의 종류와 정도를 선택할 수 있는 재량을 가지지만, 의료기관이 이 사건 조항(의료법 제64조 제 1 항 제 8 호에 정한 의료기관 개설허가 취소사유)에 해당하면 관할 행정청은 반드시 해당 의료기관에 대하여 더 이상 의료업을 영위할 수 없도록 개설허가 취소처분(또는 폐쇄명령)을 하여야 할 뿐 선택재량을 가지지 못한다.

(2) 법인이 의료기관을 개설한 경우 해당 의료기관에서 거짓으로 진료비를 청구하였다는 범죄사실로 법인의 대표자가 금고 이상의 형을 선고받고 그 형이 확정된 때에 진료비 거짓 청구가 이루어진 해당 의료기관의 개설허가 취소처분(또는 폐쇄명령)을 하여야 한다고 한 사례(대판 2021. 3. 11, 2019두57831 [의료기관 개설허가취소처분 취소]).

② 새로이 권리를 설정하여 주는 특허는 재량행위로 해석될 가능성이 있는 반면에 인간이 본래 가지고 있는 자연적 자유의 회복을 내용으로 하는 허가는 기속행위로 해석될 가능성이 크다. 왜냐하면 허가의 요건이 충족된 경우에도 허가를 해 주지 않는 것은 신청자의 자연적 자유를 제한하는 결과가 되기 때문이다. 이에 반하여 특허에 있어서는 공익의 실현을 고려하여야 하므로 통상 재량행위로 보아야 한다. 허가의 경우도 환경보호, 문화재보호 등 이익을 형량하여야 하는 경우에는 그 한도 내에서 재량행위로 볼 수 있다.

판례1 공유수면 관리 및 매립에 관한 법률에 따른 공유수면의 점용·사용허가는 특정인에게 공유수면 이용권이라는 독점적 권리를 설정하여 주는 처분으로서 처분 여부 및 내용의 결정은 원칙적으로 행정청의 재량에 속한다(대판 2017. 4. 28, 2017두30139).

판례2 판례는 대기오염물질 총량관리사업장 설치의 허가 또는 변경허가를 강학상 특허로 보고 재량행위로 본 반면에 대기환경보전법상 배출시설 설치허가는 강학상 허가로 보면서 원칙상 기속행위이지만 중대한 공익상의 필요가 있을 때에는 허가를 거부할 수 있다고 하고 있는 점에 비추어 대기환경보전법상 배출시설 설치허가를 기속재량행위로 본 것으로 해석할 수 있다(대판 2013. 5. 9, 2012두22799[대기배출시설설치불허가처분등취소]).

판례3 마을버스운송사업면허(특허)의 허용 여부는 사업구역의 교통수요, 노선결정, 운송업체의 수송능력, 공급능력 등에 관하여 기술적·전문적인 판단을 요하는 분야로서 이에 관한 행정처분은 운수행정을 통한 공익실현과 아울러 합목적성을 추구하기 위하여 보다 구체적 타당성에 적합한 기준에 의하여야 할 것이므로 그 범위 내에서는 법령이 특별히 규정한 바가 없으면 행정청의 재량에 속하는 것이라고 보아야 할 것이고, 또한 마을버스 한정면허시 확정되는 마을버스 노선을 정함에 있어서도 기존 일반노선버스의 노선과의 중복 허용 정도에 대한 판단도 행정청의 재량에 속한다(대판 2001. 1. 19, 99두3812[자동차운송사업한정면허처분취소]).

판례4 구 주택건설촉진법(2003. 5. 29. 법률 제6916호 주택법으로 전문 개정되기 전의 것) 제33조에 의한 주택건설사업계획의 승인은 상대방에게 권리나 이익을 부여하는 효과를 수반하는 이른바 수익적 행정처분으로서 법령에 행정처분의 요건에 관하여 일의적으로 규정되어 있지 아니한 이상 행정청의 재량행위에 속하므로, 이러한 승인을 받으려는 주택건설사업계획이 관계 법령이 정하는 제한에 배치되는 경우는 물론이고 그러한 제한사유가 없는 경우에도 공익상 필요가 있으면 처분권자는 그 승인신청에 대하여 불허가 결정을 할 수 있으며, 여기에서 말하는 '공익상 필요'에는 자연환경보전의 필요도 포함된다(대판 2007. 5. 10, 2005두13315[주택건설사업계획 승인신청서반려처분취소]). 〈평석〉 판례에서 "상대방에게 권리나 이익을 부여하는 효과를 수반하는 수익적 행정처분"은 수익적 행정처분 일반을 말하는 것이 아니라 특허를 말하는 것으로 보아야 한다.

판례5 비관리청 항만공사 시행허가는 특정인에게 권리를 설정하는 행위로서 구 항만법(2007. 8. 3. 법률 제8628호로 개정되기 전의 것)과 그 시행령에 허가기준에 관한 규정이 없으므로 허가 여부는 행정청의 재량행위에 속하고, 그 허가를 위한 심사기준을 정하여 놓은 업무처리요령은 재량권행사의 기준인 행정청 내부의 사무처리준칙에 불과하여 허가처분의 적법 여부는 결국 재량권의 남용 여부의 판단에 달려 있다(대판 2011. 1. 27, 2010두20508[비관리청항만공사사업시행자선정계획공고취소 등]).

판례6 야생동·식물보호법 제16조 제 3 항에 의한 용도변경승인은 특정인에게만 용도 외의 사용을 허용해 주는 권리나 이익을 부여하는 이른바 수익적 행정행위로서 법령에 특별한 규정이 없는 한 재량행위이고, 법 제16조 제 3 항이 용도변경이 불가피한 경우에만 용도변경을 할 수 있도록 제한하는 규정을 두면서도 시행규칙 제22조에서 용도변경 신청을 할 수 있는 경우에 대하여만 확정적 규정을 두고 있을 뿐 용도변경이 불가피한 경우에 대하여는 아무런 규정을 두지 아니하여 용도변경 승인을 할 수 있는 용도변경의 불가피성에 대한 판단에 있어 재량의 여지를 남겨 두고 있는 이상, 용도변경을 승인하기 위한 요건으로서의 용도변경의 불가피성에 관한 판단에 필요한 기준을 정하는 것도 역시 행정청의 재량에 속하는 것이므로, 그 설정된 기준이 객관적으로 합리적이 아니라거나 타당하지 않다고 볼 만한 다른 특별한 사정이 없는 이상 행정청의 의사는 가능한 한 존중되어야 할 것이다(대판 2011. 1. 27, 2010두23033[국제멸종위기종용도변경승인신청반려처분취소]).

판례7 출입국관리법상 체류자격 변경허가를 재량행위로 본 사례(대판 2016. 7. 14, 2015두48846[체류기간연장등불허가처분취소]).

③ 자유권 등 국민의 중대한 기본권이 관련되는 경우에는 기속행위 쪽으로 해석하여야 한다.

판례 출입국관리법 제 2 조 제 2 의2호, 제76조의2 제 1 항, 난민의 지위에 관한 협약(이하 '난민 협약'이라 한다) 제 1 조, 난민의 지위에 관한 의정서 제 1 조의 규정을 종합하여 보면, 법무부장관은 인종, 종교, 국적, 특정 사회집단의 구성원 신분 또는 정치적 의견을 이유로 박해를 받을 충분한 근거 있는 공포로 인해 국적국의 보호를 받을 수 없거나 국적국의 보호를 원하지 않는 대한민국 안에 있는 외국인에 대하여 그 신청이 있는 경우 난민협약이 정하는 난민으로 인정하여야 한다(대판 2008. 7. 24, 2007두3930). 〈해설〉 관련 기본권의 중대성에 비추어 난민인정은 설권적 행위이지만 기속행위로 보는 것이 타당하다.

3) 요건이 공백규정 또는 공익규정인 경우

공익판단을 요건으로 하는 처분에는 행정청의 재량이 인정되는 것으로 보는 것이 타당하다. 법률에서 요건규정을 전혀 두고 있지 않는 경우에도 공익이라는 요건이 있는 것과 같다. 행정권은 공익목적을 위해서만 발동될 수 있기 때문이다. 공익의 판단은 행정권의 고유한 권한에 속하며 공익판단이 잘못된 경우 부당하지만 위법이라고 할 수는 없다.

그러나, 공익목적만이 요건으로 되어 있는 경우에도 관련규정 및 입법목적을 고려할 때 법개념인 행정의 중간목적이 특정될 수 있을 때에는 행정재량은 인정될 수 없다.

예를 들면, 경찰작용은 질서유지만을 목적으로 하여 행사된다. 따라서 경찰법규에서 공익목적만을 행위의 요건으로 규정하고 있는 경우에도 경찰권의 행사는 질서가 침해될 우려(개연성)가 있거나 침해된 경우(중대한 기본권(예, 집회·시위의 자유, 표현의 자유)이 제한되는 경우에는 질서에 대한 명백한 위험)에 한하여 발동될 수 있고 질서의 침해 여부의 판단에는 재량이 인정될 수 없다.

> **판례**　집회신고를 하지 아니하였다는 이유만으로 옥외집회 또는 시위를 헌법의 보호 범위를 벗어나 개최가 허용되지 않는 집회 내지 시위라고 단정할 수 없다. 따라서 집회 및 시위에 관한 법률(이하 '집시법'이라고 한다) 제20조 제 1 항 제 2 호가 미신고 옥외집회 또는 시위를 해산명령 대상으로 하면서 별도의 해산 요건을 정하고 있지 않더라도, 그 옥외집회 또는 시위로 인하여 타인의 법익이나 공공의 안녕질서에 대한 직접적인 위험이 명백하게 초래된 경우에 한하여 위 조항에 기하여 해산을 명할 수 있고, 이러한 요건을 갖춘 해산명령에 불응하는 경우에만 집시법 제24조 제 5 호에 의하여 처벌할 수 있다고 보아야 한다(대판 2012. 4. 19, 2010도6388).

4) 요건의 인정이나 효과의 선택에 있어서 이익형량이 예정되어 있는 경우

법령상 요건의 인정이나 효과의 선택에 있어서 이익형량이 예정되어 있는 경우(예, 건축허가시 환경이익을 고려하도록 규정하고 있는 경우)에 행정기관에게 재량권이 인정되고 있는 것으로 해석될 수 있다.

> **판례**　[1] 가축분뇨의 관리 및 이용에 관한 법률(이하 '가축분뇨법'이라 한다)의 입법 목적, 가축분뇨법 제11조 제 1 항, 제 2 항, 가축분뇨의 관리 및 이용에 관한 법률 시행령 제 7 조 제 1 항, 제 2 항, 구 가축분뇨의 관리 및 이용에 관한 법률 시행규칙(2020. 2. 20. 환경부령 제849호로 개정되기 전의 것) 제 5 조 제 1 항 제 4 호의 체제·형식과 문언, 특히 가축분뇨법 제11조 제 1 항, 제 2 항에서 배출시설 설치허가와 변경허가의 기준을 따로 구체적으로 정하고 있지는 않은 사정 등을 종합하면, 다음과 같은 결론을 도출할 수 있다. 가축분뇨법에 따른 처리방법 변경허가는 허가권자의 재량행위에 해당한다. 허가권자는 변경허가 신청 내용이 가축분뇨법에서 정한 처리시설의 설치기준(제12조의2 제 1 항)과 정화시설의 방류수 수질기준(제13조)을 충족하는 경우에도 반드시 이를 허가하여야 하는 것은 아니고, 자연과 주변 환경에 미칠 수 있는 영향 등을 고려하여 허가 여부를 결정할 수 있다. 가축분뇨 처리방법 변경 불허가처분에 대한 사법심사는 법원이 허가권자의 재량권을 대신 행사하는 것이 아니라 허가권자의 공익판단에 관한 재량의 여지를 감안하여 원칙적으로 재량권의 일탈·남용이 있는지 여부만을 판단하여야 하고, 사실오인과 비례·평등원칙 위반 여부 등이 판단 기준이 된다. [2] 환경의 훼손이나 오염을 발생시킬 우려가 있다는 것을 처분사유로 하는 가축분뇨 처리방법 변경 불허가처분의 재량권 일탈·남용 여부를 심사할 때에는 가축분뇨의 관리 및 이용에 관한 법률의 입법 취지와 목적, 자연환경과 환경권의 보호에 관한 각종 규정의 입법 취지, 구체적 지역 상황과 상반되는 이익을 가진 이해관계자들 사이의 권익 균형 등을 종합하여 신중하게 판단하여야 한다. 그리고 '환경오염 발생 우려'와 같이 장래에 발생할 불확실한 상황과 파급효과에 대한 예측이 필요한 요건에 관한 허가권자의 재량적 판단은 그 내용이 현저히 합리성을 잃었다거나 상반되는 이익이나 가치를 대비해 볼 때 형평이나 비례의 원칙에 뚜렷하게 배치되는 등의 사정이 없는 한 폭넓게 존중하여야 한다. 또한 처분이 재량권을 일탈·남용하였다는 사정은 처분의 효력을 다투는 자가 주장·증명하여야 한다(대판 2021. 6. 30, 2021두35681).

5) 인허가요건이 아니라 인허가기준을 정하고 있는 경우

인허가요건이 아니라 인허가기준을 열거하여 정하고 있는 경우에는 그 인허가기준을 종합적으로 고려하여 이익형량을 거쳐 인허가를 하라는 것이므로 통상 그 해당 인허가(예, 개발행위허가)는 재량행위로 볼 여지가 크다.

6) 인허가의제의 경우

주된 인허가가 기속행위라도 의제되는 인허가 중 일부가 재량행위이면 그 주된 인허가는 재량행위가 된다.

5. 재량권 행사의 문제

행정청은 재량이 있는 처분을 할 때에는 관련 이익을 정당하게 형량하여야 하며, 그 재량권의 범위를 넘어서는 아니 된다(행정기본법 제21조).

재량권이 인정된 취지는 행정의 대상이 되는 사실은 매우 다양하므로 구체적인 상황에 맞는 합목적적이고 구체적 타당성이 있는 행정권의 행사가 가능하도록 하기 위한 것이다. 따라서 행정권은 재량권을 행사함에 있어서 구체적 사정을 고려하여 합목적적인 처분을 행하고 개개인에 대하여 구체적 타당성이 있는 처분을 내려야 한다.

그런데, 재량권의 행사가 개별적인 사안마다 행하여지는 경우에는 재량권 행사가 자의적으로 행해질 위험이 있다. 그리하여 재량준칙이라는 재량권 행사의 기준을 정하여 이 기준에 따라 재량권을 행사하도록 하는 경우가 많다. 이 경우에 특별한 이유 없이 재량준칙에 위반하여 상대방에게 불리한 처분을 내리면 그 처분은 평등원칙에 위반하는 결과가 되어 위법하게 된다.

6. 재량권의 한계 [2010, 2013 행시(일반행정) 사례, 2016 변시, 2019 행시]

재량처분이 적법하기 위해서는 처분사유가 존재하고, 재량권의 일탈·남용이 없어야 한다.

행정청에 재량권이 부여된 경우에도 재량권은 무한정한 것은 아니며 일정한 법적 한계가 있다. 재량권이 이 법적 한계를 넘은 경우에는 그 재량권의 행사는 위법한 것이 된다. 재량권의 한계는 **재량권의 일탈 또는 남용**을 말한다.

재량권의 일탈(逸脫)이란 재량권의 외적 한계(즉, 법적·객관적 한계)를 벗어난 것을 말하고, **재량권의 남용**(濫用)이란 재량권의 내적 한계, 즉 재량권이 부여된 내재적 목적을 벗어난 것을 말한다.

다만, 판례는 재량권의 일탈과 재량권의 남용을 명확히 구분하지 않고 재량권의 행사에 '재량권의 일탈 또는 남용'이 없는지 여부를 판단한다. 또한 재량권의 한계가 재량권의 일탈에 속하는지 재량권의 남용에 속하는지를 판단할 실익도 없다. 어떠한 재량권의 한계이든지 위반하게 되면 그 재량권 행사는 위법하게 된다.

재량권의 한계를 넘은 재량권 행사에는 일의적으로 명확한 법규정의 위반, 사실오인, 평등원칙 위반, 자기구속의 원칙 위반, 비례원칙 위반, 절차 위반, 재량권의 불행사 또는 해태, 목적 위반 등이 있다.

> **판례** 재량행위에 대한 사법심사는 행정청의 재량에 기초한 공익 판단의 여지를 감안하여 법원이 독자적인 결론을 내리지 않고 해당 처분에 재량권 일탈·남용이 있는지 여부만을 심사하게 되고, 사실 오인과 비례·평등의 원칙 위반 여부 등이 그 판단기준이 된다(대판 2020. 9. 3, 2019두60899 등 참조). 행정청이 행정행위를 함에 있어 이익형량을 전혀 하지 아니하거나 이익형량의 고려대상에 마땅히 포함시켜야 할 사항을 누락한 경우(재량권의 불행사 또는 해태) 또는 이익형량을 하였으나 정당성·객관성이 결여된 경우(이익형량의 하자) 그 행정행위는 재량권을 일탈·남용하여 위법하다고 할 수 있다(대판 2020. 6. 11, 2020두34384 등 참조). 이러한 재량권 일탈·남용에 관해서는 그 행정행위의 효력을 다투는 사람이 증명책임을 진다(대판 2019. 7. 4, 2016두47567 등 참조)(대판 2022. 9. 7, 2021두39096; 2024. 7. 11, 2021두47974).

(1) 법규정 위반

법령이 재량권을 부여함에 있어 직접 재량권의 일정한 한계를 정하는 경우가 있고 이 경우에 이 법령상의 한계를 넘는 재량처분은 위법하다.

예를 들면, 법이 행정법규 위반에 대하여 영업허가취소 또는 6개월 이내의 영업정지처분을 내릴 수 있는 것으로 재량권을 부여한 경우에 당사자의 법규 위반이 매우 중대한 것이라 하더라도 취소하면 적법할 수 있는 경우에도 1년의 영업정지처분을 내리는 것은 위법하다.

절차법규정이 있는 경우에 그 절차법규정을 위반한 경우에는 절차의 위법이 있는 처분이 된다.

(2) 사실오인

사실의 존부에 대한 판단에는 재량권이 인정될 수 없으므로 사실을 오인하여 재량권을 행사한 경우(비위를 저지르지 않은 공무원을 비위를 저지른 것으로 오인하여 징계처분한 경우)에 그 처분은 위법하다(대판 2001. 7. 27, 99두2970 [용화집단시설지구기본설계변경승인처분취소]).

(3) 평등원칙 또는 자기구속의 원칙 위반

처분 자체만으로는 재량권의 범위를 넘지 않았지만 평등원칙에 위반되면 위법한 재량권 행사가 된다. 재량준칙이 정하여진 경우에 합리적 이유 없이 그 재량준칙을 따르지 않고 당사자에게 불리한 처분을 하면 그 처분은 평등원칙 위반으로 위법하다. 재량준칙이 정하여진 경우에도 재량준칙을 적용하는 것이 불합리한 특별한 사정이 있는 경우에는 재량준칙을 따르지 않을 수 있고, 재량준칙을 그대로 적용하여 당사자에게 불리한 처분을 하면 그 재량처분은 위법하다.

행정관행이 존재하는 경우에 행정관행과 다른 재량권 행사는 특별한 사정이 없는 한 자기구속의 원칙에 반한다(전술 자기구속의 원칙 참조).

(4) 비례원칙 위반

비례원칙은 모든 국가작용에 적용되는 헌법상의 법원칙이지만 특히 재량권 행사의 통제에 있어서 중요한 수단이 된다. 예를 들면, 일반적으로 제재처분은 법령에 의해 재량행위로 규정되어 있는데 위법한 행위를 이유로 제재처분을 가하는 경우 당해 제재처분의 목적과 제재처분 사이 또는 법 위반의 정도와 제재처분 사이에 현저히 비례관계를 잃은 경우에는 당해 제재처분은 비례원칙에 반하는 위법한 처분이 된다.

판례1 징계사유에 해당하는 행위가 있더라도, 징계권자가 그에 대하여 징계처분을 할 것인지, 징계처분을 하면 어떠한 종류의 징계를 할 것인지는 징계권자의 재량에 맡겨져 있다고 할 것이나, 그 재량권의 행사가 징계권을 부여한 목적에 반하거나, 징계사유로 삼은 비행의 정도에 비하여 균형을 잃은 과중한 징계처분을 선택함으로써 비례의 원칙에 위반하거나 또는 합리적인 사유 없이 같은 정도의 비행에 대하여 일반적으로 적용하여 온 기준과 어긋나게 공평을 잃은 징계처분을 선택함으로써 평등의 원칙에 위반한 경우에는, 그 징계처분은 재량권의 한계를 벗어난 것으로서 위법하고, 징계처분에 있어 재량권의 행사가 비례의 원칙을 위반하였는지 여부는, 징계사유로 인정된 비행의 내용과 정도, 그 경위 내지 동기, 그 비행이 당해 행정조직 및 국민에게 끼치는 영향의 정도, 행위자의 직위 및 수행직무의 내용, 평소의 소행과 직무성적, 징계처분으로 인한 불이익의 정도 등 여러 사정을 건전한 사회통념에 따라 종합적으로 판단하여 결정하여야 한다(대판 2001. 8. 24, 2000두7704[면직처분취소]).

판례2 제재적 행정처분이 재량권의 범위를 일탈·남용하였는지 여부의 판단기준: 제재적 행정처분이 사회통념상 재량권의 범위를 일탈하였거나 남용하였는지 여부는 처분사유로 된 위반행위의 내용과 당해 처분행위에 의하여 달성하려는 공익목적 및 이에 따르는 제반 사정 등을 객관적으로 심리하여 공익침해의 정도와 그 처분으로 인하여 개인이 입게 될 불이익을 비교 교량하여 판단하여야 한다(대판 2001. 3. 9, 99두5207).

판례3 헌법 제34조 제6항, 제36조 제3항에서 정한 국가의 기본권 보호의무와 구 감염병예방법, 재난안전법의 내용 및 취지 등에 비추어 보면, 행정청이 전문적인 위험예측에 관한 판단에 기초하여 감염병을 예방하기 위한 여러 종류의 조치 중에서 필요한 조치를 선택한 데에 비례의 원칙 위반 등 재량권 일탈·남용의 위법이 있는지를 판단할 때에는, 감염병의 특성과 확산 추이, 예방 백신이나 치료제의 개발 여부, 예방 조치를 통해 제한 또는 금지되는 행위로 인한 감염병의 전파가능성 등 객관적 사정을 기초로, 해당 예방 조치가 행정목적을 달성할 수 있는 효과적이고 적절한 수단인지(적합성의 원칙 위반 여부), 그러한 행정목적을 달성하는 데 해당 예방 조치보다 상대방의 권리나 이익이 덜 제한되도록 하는 합리적인 대안은 없는지(최소침해의 원칙 위반 여부), 행정청이 해당 예방 조치를 선택하면서 다양한 공익과 사익의 요소들을 고려했는지, 나아가 예방 조치를 통해 달성하려는 공익과 이에 따라 제한될 상대방의 권리나 이익이 정당하고 객관적으로 비교·형량 되었는지(이익형량의 원칙 위반 여부) 등을 종합적으로 고려해야 한다(대판 전원합의체 2024. 7. 18, 2022두43528).

판례에 따르면 수 개의 징계사유(또는 제재사유) 중 일부가 인정되지 않더라도 인정되는 다른 일부 징계사유(또는 제재사유)만으로도 당해 징계처분(또는 제재처분)의 타당성을 인정하기에 충분한 경우에는 그 징계처분(또는 제재처분)은 위법하지 아니하다(대판 2002. 9. 24, 2002두6620). 이에 대하여는 일부의 징계사유(또는 제재처분)가 인정되지 않아 징계처분(또는 제재처분)이 쟁송취소되면 보다 가벼운 징계처분(또는 제재처분)이 내려질 수도 있는 이익도 있고, 처분청의 재량권도 존중하여야 하므로 일부 징계사유(또는 제재사유)가 인정되지 않는 경우에는 취소판결을 하여야 한다는 비판적 견해가 있다.

판례1   경찰공무원이 담당사건의 고소인으로부터 금품을 수수하고 향응과 양주를 제공받았으며 이를 은폐하기 위하여 고소인을 무고하는 범죄행위를 하였다는 사유로 해임처분을 받은 경우, 위 징계사유 중 금품수수사실이 인정되지 않더라도 나머지 징계사유만으로도 해임처분의 타당성이 인정되어 재량권의 범위를 일탈·남용한 것이 아니다(대판 2002. 9. 24, 2002두6620[해임처분취소]).

판례2   이 사건 처분사유 중 지입제 경영이라는 처분사유로써 이 사건 처분의 정당성이 인정되는 이상 다른 처분사유인 운송 미개시 부분이 원고에게 거듭 불이익을 주는 것이어서 위법하다고 하더라도 그것만으로 이 사건 처분이 위법하게 되는 것은 아니다(대판 2004. 3. 25, 2003두1264).

(5) 절차 위반

이해관계인의 의견진술 등 절차가 법률에 의해 명시적으로 규정된 경우에 그 절차를 거쳐야 하며 법률에 명시적인 규정이 없다 하더라도 헌법원칙인 적법절차의 원칙에 반하는 처분은 절차 위반만으로 위법한 처분이 된다.

(6) 재량권의 불행사 또는 재량의 해태

부주의로 또는 재량행위를 기속행위로 오인하여 재량권을 행사하지 않거나 재량을 해태한 경우에 재량행위는 위법한 처분이 된다.

재량권의 불행사(不行使)란 재량권을 행사함에 있어 고려하여야 할 구체적 사정을 전혀 조사·고려하지 않은 경우를 말한다.

예를 들면, 행정법규를 위반한 영업에 대하여 영업허가를 취소 또는 정지할 수 있다고 규정되어 있는데 그러한 위반에 대하여는 영업허가를 취소하여야 하는 것으로 오인하고 법규 위반의 정도, 위반사유 및 상대방의 이해관계를 조사·고려함이 없이 영업허가를 취소한 경우 그 취소처분은 재량권을 불행사한 것으로 위법이 된다.

재량의 해태(懈怠)란 재량권을 행사함에 있어 고려하여야 하는 구체적 사정에 대한 고려를 하였지만 충분히 조사·고려하지 않은 경우를 말한다. 예를 들면, 재량권 행사시 고려하여야 하는 관계 이익(공익 및 사익)을 충분히 고려하지 않은 경우를 말한다.

재량권의 불행사 및 해태는 그 자체로서 재량권의 일탈·남용에 해당한다(대판 2019. 7. 11, 2017두38874).

판례에 따르면 행정청이 제재처분 양정을 하면서 공익과 사익의 형량을 전혀 하지 않았거나 이익형량의 고려대상에 마땅히 포함하여야 할 사항을 누락한 경우에는 해당 제재처분은 재량권을 일탈·남용한 것이라고 보아야 한다. 또한, 제재처분의 감경사유를 전혀 고려하지 않거나 그 사유에 해당하지 않는다고 오인한 나머지 감경하지 아니하였다면 해당 제재처분은 재량권을 일탈·남용한 위법한 처분이지만, 감경사유를 고려하고도 법령상 기준에 따라 감경없이 제재처분을 한 것만으로는 재량권의 일탈·남용이 되지 않는다.

판례 1　[1] 행정청이 건설산업기본법 및 구 건설산업기본법 시행령(2016. 2. 11. 대통령령 제26979호로 개정되기 전의 것, 이하 '시행령'이라 한다) 규정에 따라 건설업자에 대하여 영업정지 처분을 할 때 건설업자에게 영업정지 기간의 감경에 관한 참작 사유가 존재하는 경우, 행정청이 그 사유까지 고려하고도 영업정지 기간을 감경하지 아니한 채 시행령 제80조 제 1 항 [별표 6] '2. 개별기준'이 정한 영업정지 기간대로 영업정지 처분을 한 때에는 이를 위법하다고 단정할 수 없으나, 위와 같은 사유가 있음에도 이를 전혀 고려하지 않거나 그 사유에 해당하지 않는다고 오인한 나머지 영업정지 기간을 감경하지 아니하였다면 영업정지 처분은 재량권을 일탈·남용한 위법한 처분이다. [2] 시행령 제80조 제 1 항 [별표 6]이 "위반행위의 정도, 동기 및 그 결과 등 다음 사유를 고려하여 제 2 호의 개별기준에 따른 영업정지 및 과징금의 2분의 1 범위에서 그 기간이나 금액을 가중하거나 감경할 수 있다."라고 하면서 열거하고 있는 개별적인 감경·가중 사유들은 같은 조 제 2 항이 감경·가중 기준으로 제시하고 있는 '위반행위의 동기·내용 및 횟수' 등을 반영한 것이고, 시행령 제80조의 취지가 [별표 6]에 따라 '위반행위의 정도·동기·결과' 등을 고려하여 감경을 한 후 이와 다르다고 보기 어려운 '위반행위의 동기·내용·횟수' 등의 사유로 다시 감경하도록 한 것이라고 해석되지 아니한다. 따라서, 시행령 제80조 제 1 항 [별표 6]은 제 2 항의 감경 기준인 '위반행위의 동기·내용 및 횟수'를 구체화하여 이에 해당하는 개별적인 감경 사유를 규정한 것이므로, [별표 6]에 따라 '위반행위의 동기·내용 및 횟수' 등이 고려되어 감경이 이루어진 이상 이에 해당하는 사정들에 대하여 같은 조 제 2 항에 따른 감경이 고려되지 않았다고 볼 수는 없다. 따라서 행정청이 '위반행위의 동기·내용 및 횟수'에 관한 참작 사유에 대하여 [별표 6]에 따른 감경만을 검토하여 영업정지의 기간을 정하였더라도 그 처분이 '감경 사유가 있음에도 이를 전혀 고려하지 않거나 감경 사유에 해당하지 않는다고 오인한 경우'로서 재량권을 일탈·남용한 경우에 해당한다고 볼 수 없다(대판 2016. 8. 29, 2014두45956[영업정지처분취소]).

판례 2　행정행위를 함에 있어 이익형량을 전혀 하지 아니하거나 이익형량의 고려대상에 마땅히 포함시켜야 할 사항을 누락한 경우 … 에는 그 행정행위는 재량권을 일탈·남용한 위법한 처분이라고 할 수밖에 없다(대판 2005. 9. 5, 2005두3257[과징금부과처분취소]).

판례 3　'부동산 실권리자명의 등기에 관한 법률 시행령' 제 3 조의2 단서의 과징금 임의적 감경사유가 있음에도 이를 전혀 고려하지 않거나 감경사유에 해당하지 않는다고 오인하여 과징금을 감경하지 않은 경우, 그 과징금 부과처분은 재량권을 일탈·남용한 위법한 것이다(대판 2010. 7. 15, 2010두7031[과징금부과처분취소]).

판례 4　대법원은 여러 구청에서 대형마트의 영업제한을 동일하게 한 것은 구체적 사정을 조사하지 않는 등으로 재량권을 불행사하거나 해태하지 않은 것이 아니라 영업제한을 달리 정할 경우 영업을 하는 다른 대형마트를 이용할 것이므로 일률적으로 정할 수 밖에 없는 이유가 있다고 보았다. 이에 대하여 원심은 피고들이 이 사건 각 처분을 함에 있어서, ⓐ 관련 공·사익의 이익형량을 전혀 하지 아니하거나 이익형량의 고려대상에 마땅히 포함시켜야 할 사항을 누락함으로써 재량권을 행사하지 않았거나 해태하였다고 하였다.

판례 5　행정청인 시·도지사가 여객자동차운송사업의 한정면허의 갱신 여부를 심사할 때 한정면허의 갱신을 신청한 자가 거부처분으로 입게 되는 불이익의 내용과 정도 등을 전혀 비교형량하지 아니하였거나 비교형량의 고려대상에 마땅히 포함시켜야 할 사항을 누락한 경우 또는 비교형량을 하였으나 정당성·객관성이 결여된 경우에는 한정면허의 갱신에 관한 거부처분은 재량권을 일탈·남용하여 위법하다(대판 2020. 6. 11, 2020두34384).

　재량권의 불행사와 재량의 해태는 이 하자를 이유로 처분이 취소된 후 행정청은 판결의 취지에 따라 재량권을 제대로 행사한 후 동일한 내용의 처분을 할 수도 있다는 점에서 내용상 하자가 아니라 광의의 절차의 하자에 해당하는 것이라고 할 수 있다. 따라서, '재량권 불행사의 하자'로 거부처분을 취소하는 판결이 확정되면, 피고 행정청은 취소판결의 취지에 따라 그 하자를 보완하여 원고의 신청에 대하여 다시 처분을 하여야 한다(행정소송법 제30조 제1항, 제2항).

(7) 목적 위반

행정권의 행사가 법률에서 정한 목적과 다르게 행사된 경우에 재량처분은 위법하게 된다. 재량권이 사적 목적 내지 불법한 동기에 의해 행사된 경우에 재량행위가 위법하게 된다는 데에 이견이 없다.

문제는 행정권이 법률에 의해 주어진 목적과 다른 공익목적으로 행사된 경우에 행정권의 행사가 위법인가이다. 행정권이 주어진 목적과 실체적 관련이 없는 전혀 다른 목적으로 행사된 경우에는 공익목적을 위하여 행사된 경우에도 재량권을 남용한 것으로 위법한 것으로 보아야 한다.

(8) 명백히 불합리한 재량권 행사

재량권의 행사가 명백히 불합리한 경우(사회통념상 현저하게 타당성을 잃은 경우)에 당해 재량권 행사는 위법하다고 보아야 한다.

(9) 전문적·기술적 판단 및 정책재량 등에 대한 신중한 통제[2024 변시]

처분에 전문성·기술성·자율성·정책성 또는 강한 공익성 등이 있는 경우 재량권 일탈·남용의 인정을 신중히 하여야 한다는 것이 판례의 입장이다(대판 2019. 2. 28, 2017두71031: 문화재의 보존을 위한 사업인정 등 처분; 2019. 1. 10, 2017두43319: 민간공원조성계획 입안 제안을 받은 행정청이 제안의 수용 여부를 결정하는 데 필요한 심사기준 등을 정하고 그에 따라 우선협상자를 지정하는 것).

> **판례**   [공군비행장 인근에 '버스차고지 부지'를 조성하겠다는 개발행위허가 신청에 대하여, 처분청(지방자치단체)이 구 군사기지 및 군사시설 보호법 및 동법 시행규칙에 따른 관할 부대장의 부동의 의견을 기초로 개발행위불허가처분을 하자, 그 불허가처분에 처분사유가 부존재하고 관할 부대장의 부동의 의견이 재량권 일탈·남용에 해당한다는 이유로 불허가처분의 취소를 구한 사건] (1) 구 군사기지 및 군사시설 보호법령의 관련규정을 종합하면, 협의 요청의 대상인 행위가 군사작전에 지장을 초래하거나 초래할 우려가 있는지, 그러한 지장이나 우려를 해소할 수 있는지, 항공등화의 명료한 인지를 방해하거나 항공등화로 오인될 우려가 있는지 등은 해당 부대의 임무, 작전계획, 군사기지 및 군사시설의 유형과 특성, 주변환경, 지역주민의 안전에 미치는 영향 등을 종합적으로 고려하여 행하는 고도의 전문적·군사적 판단 사항으로서, 그에 관해서는 국방부장관 또는 관할부대장 등에게 재량권이 부여되어 있다. (2) 행정청의 전문적인 정성적 평가 결과는 그 판단의 기초가 된 사실인정에 중대한 오류가 있거나 그 판단이 사회통념상 현저하게 타당성을 잃어 객관적으로 불합리하다는 등의 특별한 사정이 없는 한 법원이 그 당부를 심사하기에 적절하지 않으므로 가급적 존중되어야 하고, 여기에 재량권을 일탈·남용한 특별한 사정이 있다는 점은 증명책임분배의 일반원칙에 따라 이를 주장하는 자가 증명하여야 한다(대법원 2016. 1. 28, 선고 2013두21120 판결, 대법원 2018. 6. 15, 선고 2016두57564 판결 참조). (3) 행정청의 정성적 평가에 대한 재량권 일탈·남용의 판단기준과 그 증명책임에 관한 법리가 구

군사기지법 제13조, 동법 시행규칙 제7조에 따른 국방부장관 또는 관할 부대장의 협의 의견(동의 여부)에도 적용됨을 선언하고, 그 판단기준 및 증명책임에 관한 법리에 비추어 원심이 판시한 사정만으로 고도의 전문적·군사적 판단인 이 사건 관할 부대장의 부동의 의견을 사회통념상 현저하게 타당성을 잃어 재량권을 일탈·남용한 것이라고 단정할 수 없다고 판단하여, 관할 부대장의 부동의 의견이 비례의 원칙에 위반된다고 보고 관할부대장의 부동의 의견을 기초로 한 이 사건 처분이 위법하다고 판단한 원심을 파기한 사례(대판 2020. 7. 9, 2017두39785[개발행위불허가처분취소]).

또한, '환경오염 발생 우려'와 같이 장래에 발생할 불확실한 상황과 파급효과에 대한 예측이 필요한 요건에 관한 행정청의 재량적 판단은 그 내용이 합리성이 없거나 상반되는 이익과 가치를 대비해 볼 때 형평과 비례의 원칙에 뚜렷하게 배치되지 않는 한 폭넓게 존중되어야 한다(대판 2017. 3. 15, 2016두55490; 2018. 4. 12, 2017두71789; 2020. 7. 23, 2019두31839).

7. 재량권에 대한 통제

재량권의 행사에 대한 통제로는 입법적 통제, 행정적 통제와 사법적 통제가 있다.

(1) 입법적 통제

의회는 필요 이상으로 과도한 재량권이 행정권에게 주어지지 않도록 법률을 제정하여야 할 것이다. 가능한 한 구체적이고 명확하게 법규정을 제정하고, 직접 재량권의 한계를 법률로 정하는 등(영업정지기간의 상한을 정함) 필요 이상의 재량권이 부여되지 않도록 입법하여야 할 것이다.

(2) 행정적 통제

상급행정청은 하급행정청의 위법한 재량권 행사뿐만 아니라 부당한 재량권 행사에 대하여도 취소 또는 변경을 요구하는 등 통제를 가할 수 있다.

재량권 행사의 기준을 정하는 재량준칙은 재량권의 자의적인 행사를 막고 재량권이 공정하게 행사되도록 하는 기능도 갖는다.

이해관계인에게 의견진술의 기회를 부여하거나 행정처분에 이유를 제시하도록 하는 것은 행정청의 재량권 행사가 자의적으로 행사되는 것을 막고 보다 합리적으로 행사되도록 하는 기능도 갖는다.

(3) 사법적 통제

재량행위도 행정소송법상 처분으로서 항고소송의 대상이 되지만, 재량권의 행사가 한계를 넘지 않으면 재량행위는 위법한 행위가 되지 않고 법원에 의한 통제의 대상이 되지 않는다. 그러나, 재량권의 한계를 넘어 위법하게 되는 재량처분은 취소소송에 의해 취소된다.

재량권의 한계를 넘지는 않았지만 재량권의 행사를 그르친 경우 당해 재량행위는 부당한 행위가 된다. 부당한 재량행위는 취소소송의 대상은 되지 않지만 행정심판에 의해 취소될 수 있다.

재량행위에 대하여 취소소송이 제기되어 재량권의 일탈·남용이 다투어지는 경우에 법원은 재량권의 일탈 또는 남용이 없는지 여부에 관하여 본안심사를 하여 재량권의 일탈 또는 남용이 있으면 취소판결을 내리고, 재량권의 일탈·남용이 없으면 각하판결을 하는 것이 아니라 기각판결을 한다.

재량권의 일탈 또는 남용으로 손해를 입은 국민은 국가배상을 청구할 수 있다. 다만, 이 경우에 공무원의 과실을 별도로 입증하여야 국가배상책임이 인정된다.

8. 재량축소

(1) 재량축소의 의의와 내용

이익형량의 원칙상 재량이 축소되는 경우가 있다. 예를 들면, 국민의 권익보호를 위해 결정재량은 없어지고, 선택재량만 남는 경우가 있을 수 있다. 또한, 선택재량만 있는 경우에도 국민의 권익보호를 위해 법령상의 선택재량이 일부 축소되어 인정될 수 있다.

(2) 재량권의 영으로의 수축

전술한 바와 같이 일정한 경우에 재량권이 영(零)으로 수축하게 된다. 이 경우에 행정청은 재량권을 갖지 못하며 특정한 행위를 하여야 할 의무를 지게 되고, 재량행위에 있어서 국민이 가지는 권리인 무하자재량행사청구권은 행정행위발급청구권이나 행정개입청구권으로 전환된다.

판례1   경찰권의 행사 여부는 원칙적으로 재량처분으로 인정되고 있으나, 목전의 상황이 매우 중대하고 긴박한 것이거나, 그로 인하여 국민의 중대한 법익이 침해될 우려가 있는 경우에는, 재량권이 영으로 수축하여 경찰권을 발동할 의무가 있다. 따라서 사람이 바다에서 조난을 당하여 인명이 경각에 달린 경우에 해양경찰관으로서는 그 직무상 즉시 출동하여 인명을 구조할 의무가 있다(헌재 2007. 10. 25, 2006헌마869).

판례2   무장공비색출체포를 위한 대간첩작전을 수행하기 위하여 파출소 소장, 순경 및 육군장교 수명 등이 파출소에서 합동대기하고 있던 중 그로부터 불과 60-70미터 거리에서 약 15분간에 걸쳐 주민들이 무장간첩과 격투하던 주민 중 1인이 무장간첩의 발사권총탄에 맞아 사망하였다면 위 군경공무원들의 직무유기행위와 위 망인의 사망과의 사이에 인과관계가 있다고 봄이 상당하다(대판 1971. 4. 6, 71다124[손해배상]).

Ⅱ. 판단여지 [2004 행시 사례]

1. 불확정개념과 판단여지 [1996 입시 약술]

법률이 행위의 요건을 규정함에 있어서 개념상으로 명확한 확정개념을 사용하는 경우도 있지만 많은 경우에 불확정개념을 사용하고 있다.

불확정개념이란 그 개념 자체로서는 그 의미가 명확하지 않고 해석의 여지가 있는 개념을 말한다. '공공의 안녕과 질서', '중대한 사유', '식품의 안전', '환경의 보전' 등을 그 예로 들 수 있다.

판단여지라 함은 요건을 이루는 불확정개념의 해석·적용에 있어서 이론상 하나의 판단만이 가능한 것이지만, 둘 이상의 판단이 모두 적법한 판단으로 인정될 수 있는 가능성이 있는 것을 말한다.

일반적으로 불확정개념(不確定槪念)은 법개념이라고 보고 따라서 법원에 의해 논리법칙 또는 경험법칙에 따라 그 개념이 일의적으로 해석될 수 있는 개념으로 본다. 따라서 행정기관이 불확정개념으로 된 행위의 요건을 판단함에 있어 재량권을 가질 수는 없다.

다만, 일정한 경우에 행정기관이 불확정개념을 해석·적용함에 있어 둘 이상의 상이한 판단이 행해질 수 있는 경우 중 행정기관에게 판단여지가 인정되는 경우가 있다고 보고 행정기관에게 판단여지가 인정되는 경우에는 판단의 여지 내에서 이루어진 행정기관의 판단은 법원에 의한 통제의 대상이 되지 않는다고 본다. 법원은 행정기관이 판단의 여지 내에서 내린 결정을 수용하여야 한다. 이러한 주장을 하는 학설을 **판단여지설**(判斷餘地說)이라 한다.

2. 판단여지의 인정근거

판단여지설은 독일의 이론이 수용된 것인데 독일에서 판단여지의 인정근거는 다음과 같고 그것은 우리나라에서도 타당하다고 볼 수 있다. ① 독일의 다수설인 판단수권설에 의하면 행정청의 판단여지는 불확정개념의 속성·특성에서 도출되는 것이 아니라 입법자의 수권에 따른 판단수권이라고 한다(정하중, 192면). ② 불확정개념이 여러 상이한 가치판단을 허용한 것으로 해석될 경우 행정은 법원보다 전문성을 가지고 있고, 구체적인 행정문제에 책임을 지고 있으므로 법원은 행정기관의 전문성과 책임성을 존중하여 행정기관의 판단을 존중하여야 한다.

3. 판단여지의 인정범위

판단여지는 행정행위의 요건 중 일정한 불확정개념의 판단에서 인정된다.

판단여지는 행위의 요건 중 불확정개념을 해석·적용함에는 불확정개념을 해석하고, 사실을 조사·확인하고, 사실이 요건인 불확정개념에 포섭되는지를 판단하여야 한다.

사실의 확인에 있어 원칙상 판단여지가 인정될 수 없으며 완전한 사법심사의 대상이 된다는 것이 일반적 견해이다. 다만, 고도로 기술적인 사실관계의 확인에 있어서는 극히 예외적으로 판단여지가 인정될 수 있을 것이다.

4. 인정기준

판단여지는 판단여지의 근거에 비추어 불확정개념의 적용에 관하여 객관적 기준(객관적인 경험법칙, 논리법칙 및 보편타당한 가치기준)이 결여되어 있어 법원의 판단으로 행정청의 신중한 판단을 대체하는 것이 타당하지 않은 경우, 즉 고도로 전문적이고 기술적인 판단이나 고도로 정책적인 판단에 속하는 불확정개념의 적용에 한하여 인정된다고 보는 것이 타당하다.

① 고도로 전문적이고 기술적인 판단을 요하는 경우(고도의 가치판단을 요하는 경우, 전문성이 갖추어진 위원회의 판단을 거친 경우 등)

> **판례** [1] 불확정개념으로 규정되어 있는 의료법 제59조 제 1 항에서 정한 지도와 명령의 요건에 해당하는지, 나아가 요건에 해당하는 경우 행정청이 어떠한 종류와 내용의 지도나 명령을 할 것인지의 판단에 관해서는 행정청에 재량권이 부여되어 있다. 〈해설〉 고도의 전문적 판단을 요하는 경우 요건의 인정에 재량을 인정하고 있다. [2] 신의료기술의 안전성·유효성 평가나 신의료기술의 시술로 국민보건에 중대한 위해가 발생하거나 발생할 우려가 있는지에 관한 판단은 고도의 의료·보건상의 전문성을 요하므로, 이에 대하여 전문적인 판단을 하였다면, 판단의 기초가 된 사실인정에 중대한 오류가 있거나 판단이 객관적으로 불합리하거나 부당하다는 등의 특별한 사정이 없는 한 존중되어야 한다. 또한 행정청이 전문적인 판단에 기초하여 재량권의 행사로서 한 처분은 비례의 원칙을 위반하거나 사회통념상 현저하게 타당성을 잃는 등 재량권을 일탈하거나 남용한 것이 아닌 이상 위법하다고 볼 수 없다(대판 2016. 1. 28, 2013두21120[의료기술시행중단명령처분취소]).

② 고도로 정책적인 판단에 속하는 경우(외국인의 재류기간(在留期間)의 갱신을 적당하다고 인정할 만한 상당한 이유의 인정)

> **판례** 지가공시 및 토지 등의 평가에 관한 법률 시행령 제18조 제 1 항, 제 2 항은 감정평가사시험의 합격기준으로 절대평가제 방식을 원칙으로 하되, 행정청이 감정평가사의 수급상 필요하다고 인정할 때에는 상대평가제 방식으로 할 수 있다고 규정하고 있으므로, 감정평가사시험을 실시함에 있어 어떠한 합격기준을 선택할 것인가는 시험실시기관인 행정청의 고유한 정책적인 판단에 맡겨진 것으로서 자유재량에 속한다(대판 1996. 9. 20, 96누6882[감정평가사시험불합격결정처분취소]).

③ 시험의 경우에서와 같이 다시 실시할 수 없다는 점도 판단여지 인정에 있어 고려사항이 된다. 시험분야에서 판단여지가 인정되는 근거는 보다 정확히 말하면 다음과 같다. i) 시험분야에서의 판단이 기술적이고, 전문적인 성격을 갖는 점, ii) 법원의 심사시에 시험 당일의 상황이 재현되기 어려운 점, iii) 실기시험의 경우 다른 응시자의 실기와의 비교가 필요한데 그 비교가 법원에 의해 행해질 수 없다는 점 등이 그것이다.

판례는 재량권과 판단여지를 구분하지 않고 판단여지가 인정될 수 있는 경우도 재량권이 있는 것으로 보고 있는데, 다음과 같은 경우에 판단여지를 인정하는 대신에 재량권을 인정하고 있다: ① 검정(檢定)을 신청한 중고등학교용 도서의 검정기준에의 적합 여부의 판단(대판 1988. 11. 8, 86누618), ② 시험분야에서의 결정(채점기준, 정답의 결정), ③ 학교분야에서의 시험유사적 결정(학위수여 여부에 대한 결정)(대판 1976. 6. 8, 76누63).

> **판례** 법령에 의하여 국가가 그 시행 및 관리를 담당하는 대학수학능력시험은 물론 각 대학별 입학전형에 있어서, 출제 및 배점, 정답의 결정, 채점이나 면접의 방식, 점수의 구체적인 산정방법 및 기준, 합격자의 선정 등은 원칙적으로 시험 시행자의 고유한 정책 판단 또는 전형절차 주관자의 자율적 판단에 맡겨진 것으로서 폭넓은 재량에 속하는 사항이며, 다만 그 방법이나 기준이 헌법이나 법률을 위반하거나 지나치게 합리성이 결여되고 객관적 정당성을 상실한 경우 또는 시험이나 입학전형의 목적, 관계 법령 등의 취지에 비추어 현저하게 불합리하거나 부당하여 재량권을 일탈 내지 남용하였다고 판단되는 경우에 한하여 이를 위법하다고 볼 것이다(대판 2007. 12. 13, 2005다66770[손해배상(기)] 〈수능 반올림 점수 사건〉).

5. 인정영역

판단여지는 비대체적 결정의 영역(시험), 구속적 가치평가의 영역(전문위원회에 의한 청소년 유해 도서의 판단, 보호대상문화재 해당 여부의 판단), 예측결정의 영역(환경상 위험의 예측 평가, 경제여건의 변화예측), 정책적 결정의 영역(외국인의 체류갱신 허가의 필요성 판단) 등에서 인정된다.

6. 판단여지의 법적 효과 및 한계

판단의 여지가 인정되는 범위 내에서 내려진 행정청의 판단은 법원에 의한 통제의 대상이 되지 않는다. 달리 말하면 판단의 여지가 인정되어 가능한 복수의 판단이 존재하는 경우 행정청이 그중 하나를 신중하게 판단하여 선택한 경우에는 그 행정기관의 판단은 법원에 의해 배척될 수 없고 그 판단에 기초하여 내려진 행정행위는 위법한 처분이 되지 않는다.

> **판례** '건설공사를 계속하기 위한 고분발굴허가'=재량행위, 행정청의 전문적·기술적 판단 존중: 건설공사를 계속하기 위한 발굴허가신청에 대하여 그 공사를 계속하기 위하여 부득이 발굴할 필요가 있는지의 여부를 결정하여 발굴을 허가하거나 이를 허가하지 아니함으로써 원형 그대로 매장되어 있는 상태를 유지하는 조치는 허가권자의 재량행위에 속한다.… 행정청이 매장문화재의 원형보존이라는 목표를 추구하기 위하여 문화재보호법 등 관계 법령이 정하는 바에 따라 내린 전문적·기술적 판단은 특별히 다른 사정이 없는 한 이를 최대한 존중하여야 한다(대판 2000. 10. 27, 99두264[유적발굴허가신청불허가처분취소]).

다만, 판단여지가 인정되는 경우에도 명확히 법을 위반하거나(판단기관의 위법한 구성, 법의 일반원칙, 절차규정 위반, 다른 법규정 위반) 사실의 인정을 잘못했거나 객관적인 기준을 위반하는 것은 위법이 된다. 전문적·정책적 판단이 심히 부실하게 행해진 것도 위법사유가 된다고 보아야 한다.

> **판례 1** 교과서검정의 위법성에 대한 판단기준: 교과서검정이 고도의 학술상, 교육상의 전문적인 판단을 요한다는 특성에 비추어 보면, 교과용 도서를 검정함에 있어서 법령과 심사기준에 따라서 심사위원회의 심사를 거치고, 또 검정상 판단이 사실적 기초가 없다거나 사회통념상 현저히 부당하다는 등 현저히 재량권의 범위를 일탈한 것이 아닌 이상 그 검정을 위법하다고 할 수 없다(대판 1992. 4. 24, 91누6634[중학교2종교과서검정처분취소]).

> **판례 2** 국립묘지 안장 대상자의 부적격 사유인 '국립묘지의 영예성 훼손 여부'에 관한 행정청의 판단의 위법 여부: 국립묘지 안장 대상자의 부적격 사유인 '국립묘지의 영예성 훼손 여부'에 관한 행정청의 판단에 재량이 인정된다. 따라서 영예성 훼손 여부에 대한 심의위원회의 결정이 현저히 객관성을 결여하였다는 등의 특별한 사정이 없는 한 그 심의 결과는 존중함이 옳고, 영예성 훼손 여부의 판단에 이와 같이 재량의 여지가 인정되는 이상 그에 관한 기준을 정하는 것도 행정청의 재량에 속하는 것으로서 마찬가지로 존중되어야 한다(대판 2013. 12. 26, 2012두19571[국립묘지안장거부처분취소]).

판례에 따르면 '환경오염 발생 우려'와 같이 장래에 발생할 불확실한 상황과 파급효과에 대한 예측이 필요한 요건에 관한 행정청의 재량적 판단은 내용이 현저히 합리성을 결여하였다거나 상반되는 이익이나 가치를 대비해 볼 때 형평이나 비례의 원칙에 뚜렷하게 배치되는 등의 사정이 없는 한 폭넓게 존중될 필요가 있다.

> **판례** '환경오염 발생 우려', '자연환경·생활환경에 미치는 영향'과 같이 장래에 발생할 불확실한 상황과 파급효과에 대한 예측이 필요한 요건에 관한 행정청의 재량적 판단은 내용이 현저히 합리성을 결여하였다거나 상반되는 이익이나 가치를 대비해 볼 때 형평이나 비례의 원칙에 뚜렷하게 배치되는 등의 사정이 없는 한 폭넓게 존중될 필요가 있는 점 등을 함께 고려하여야 한다. 이 경우 행정청의 당초 예측이나 평가와 일부 다른 내용의 감정의견이 제시되었다는 등의 사정만으로 쉽게 행정청의 판단이 위법하다고 단정할 것은 아니다(대판 2017. 3. 15, 2016두55490; 대판 2017. 10. 31, 2017두46783).

제 5 절   행정행위의 법적 효과의 내용

I. 법률행위적 행정행위

1. 명령적 행위

(1) 하   명 [2021 변시]

하명(下命)이란 행정청이 국민에게 작위, 부작위, 급부 또는 수인의무를 명하는 행위를 말한다. 이 중 부작위의무를 명하는 행위를 금지라 한다.

하명이 행해지면 하명의 내용에 따라 상대방에게 일정한 공법상 의무가 발생한다. 작위하명(^{실정}_{명령})에 의해서는 상대방에게 일정한 행위를 적극적으로 행하여야 할 의무(^{실정}_{의무})가 생기고, 부작위하명($\frac{금지}{행금지}$,통)에 의해서는 일정한 행위를 하지 않을 의무($\frac{통행하지}{않을 의무}$)가 생기고, 급부하명($\frac{조세부과}{처분}$)에 의해서는 일정한 급부를 하여야 할 의무($\frac{조세납부}{의무}$)가 생기고, 수인하명($\frac{강제입}{원명령}$)에 의해서는 행정청에 의한 강제를 감수하고 이를 수인할 의무($\frac{강제입원을}{수인할 의무}$)가 생긴다.

하명에 의해 부과된 의무($\frac{위법건축물의}{철거의무}$)를 이행하지 않는 자에 대해서는 행정상 강제집행이 행해지고, 하명에 의해 부과된 의무($\frac{미성년자에게 담배를}{팔지 말아야 할 의무}$)를 위반한 때에는 행정벌이 과하여진다. 그러나 원칙상 하명에 위반하여 행해진 행위의 사법상의 효력이 부인되지는 않는다.

예를 들면, 방문판매가 금지되는 경우에 방문판매를 한 자는 처벌받지만 판매행위는 유효하다.

다만, 하명 위반에 대한 처벌만으로는 하명의 목적을 달성할 수 없을 때에는 법률이 처벌과 함께 행위 자체를 무효로 규정하는 경우가 있다.

> **판례** 공사중지명령의 해제를 구하기 위한 요건(하명의 해제신청): 공사중지명령에 대하여 그 명령의 상대방이 해제를 구하기 위해서는 명령의 내용 자체로 또는 성질상으로 명령 이후에 원인사유가 해소되었음이 인정되어야 한다(대판 2014. 11. 27, 2014두37665[공사중지명령해제신청거부처분취소등]).

(2) 허   가

1) 허가의 개념

허가(許可)라 함은 법령에 의한 일반적인 상대적 금지(허가조건부 금지)를 일정한 요건을 갖춘 경우에 해제하여 일정한 행위를 적법하게 할 수 있게 하는 행정행위를 말한다. 영업허가, 건축허가, 어업허가, 주류판매업 면허, 기부금품모집허가, 운전면허, 은행업의 인가, 신탁업의 인가가 그 예이다.

허가는 학문상의 개념이다. 허가라는 개념은 실정법상으로도 사용되나 허가 이외에 면허, 인허, 승인 등의 용어가 실무상 사용되고 있다. 또한 실정법상 사용되는 허가라는 용어 중에는 학문상의 특허($\frac{광의}{허가}$) 또는 인가에 해당하는 것도 있다.

2) 허가의 법적 성질

가. 명령적 행위 여부   명령적 행위인지 형성적 행위인지에 관하여 견해가 대립된다.

(가) 명령적 행위설   종래의 통설을 따르는 견해는 허가는 권리를 설정하여 주는 행위가 아니라 인간이 본래 가지고 있는 자연적 자유를 회복시켜 주는 것에 불과한 것으로 하명과 같이 자연적 자유를 대상으로 하는 행위이므로 형성적 행위가 아니라 하명과 함께 명령적 행위에 해당한다고 보고 있다.

(나) 형성적 행위설   오늘날 허가도 형성적 행위라고 보는 견해가 유력해지고 있다. 즉, 허가는 단순히 자연적 자유를 회복시켜 주는 데 그치는 것이 아니라 적법하게 일정한 행위를 할 수 있는 법적 지위를 창설하여 주는 형성적 행위라고 본다.

(다) 양면성설(병존설)   허가를 명령적 행위와 형성적 행위의 양면성을 갖는다고 본

다. 즉, 허가는 금지를 해제해 준다는 점에서는 명령적 행위이나 경영할 수 있는 법적 지위를 창설해 준다는 점에서는 형성적 행위이다(홍정선).

　　(라) 판　　례　　　판례는 허가를 명령적 행위로 본다.

> 판례 한의사 면허는 경찰금지를 해제하는 명령적 행위(강학상 허가)에 해당한다(대판 1998. 3. 10, 97누4289[한약조제시험무효확인]).

　　(마) 결　　어　　　형성적 행위를 새로이 권리를 설정해 주는 행위에 한정할 이유는 없고, 허가는 허가를 받은 자라는 법적 지위를 형성해 주는 것이므로 형성적 행위설이 타당하다. 다만, 허가를 형성적 행위라고 보더라도 허가에서의 형성은 특허와 달리 새로운 권리를 창설하여 주는 것이 아니라 상대방이 본래 가지고 있었던 일정할 행위를 할 수 있는 자유를 회복시켜 주는 것을 내용으로 한다.

　　나. 기속행위 여부

　　(가) 원　　칙　　　허가는 법령에 특별한 규정이 없는 한 기속행위라고 보아야 한다. 그 이유는 허가는 인간의 자유권을 공익목적상 제한하고 일정한 요건을 충족시키는 경우에 회복시켜 주는 행위이므로 허가요건을 충족하였는데도 허가를 거부하는 것은 정당한 사유 없이 헌법상 자유권을 제한하는 것이 되므로 허용되지 않는다고 보아야 하기 때문이다.

> 판례1 식품위생법상 대중음식점영업허가는 성질상 일반적 금지에 대한 해제에 불과하므로 허가권자는 허가신청이 법에서 정한 요건을 구비한 때에는 허가하여야 하고 관계법규에서 정하는 제한사유 이외의 사유를 들어 허가신청을 거부할 수 없다(대판 1993. 5. 27, 93누2216[대중음식점영업허가거부처분취소]).
>
> 판례2 기부금품모집허가의 법적 성질이 강학상의 허가라는 점을 고려하면, 기부금품 모집행위가 같은 법 제4조 제2항의 각 호의 사업에 해당하는 경우에는 특별한 사정이 없는 한 그 모집행위를 허가하여야 하는 것으로 풀이하여야 한다(대판 1999. 7. 23, 99두3690[기부금품모집허가불허처분취소]).

　　(나) 예　　외　　　다만, ① 허가의 요건이 불확정개념으로 규정되어 있는 경우 중 행정청에게 판단여지가 인정될 수 있는 경우가 있다.

　　② 예외적으로 명문의 규정이 없더라도 허가시 중대한 공익(환경의 이익 등)의 고려가 필요하여 이익형량이 요구되는 경우 허가는 재량행위라고 보아야 한다.

> 판례 산림훼손허가는 재량행위이며 그 거부처분에 법규상 명문의 근거가 필요하지 않다: 산림훼손행위는 국토의 유지와 환경의 보전에 직접적으로 영향을 미치는 행위이므로 법령이 규정하는 산림훼손 금지 또는 제한지역에 해당하는 경우는 물론 금지 또는 제한지역에 해당하지 않더라도 허가관청은 산림훼손허가신청 대상토지의 현상과 위치 및 주위의 상황 등을 고려하여 국토 및 자연의 유지와 환경의 보전 등 중대한 공익상 필요가 있다고 인정될 때에는 허가를 거부할 수 있고, 그 경우 법규에 명문

의 근거가 없더라도 거부처분을 할 수 있다(대판 1997. 9. 12, 97누1228; 2000. 7. 7, 99두66[산림형질변경허가기간연장신청반려처분취소]).

③ 판례는 건축허가 등 일정한 허가를 기속행위라고 보면서도 예외적으로 중대한 공익상 필요가 있는 경우 그 한도 내에서 재량권을 인정하고 있다. 즉, 허가를 기속재량행위로 보는 경우가 있다(후술 건축허가 참조).

> **판례** 건축허가권자가 관계 법령에서 정하는 제한사유 이외의 사유를 들어 그 허가신청을 거부할 수 있는지 여부(원칙적 소극): 건축허가권자는 건축허가신청이 건축법 등 관계 법규에서 정하는 어떠한 제한에 배치되지 않는 이상 당연히 같은 법조에서 정하는 건축허가를 하여야 하고, 중대한 공익상의 필요가 없음에도 불구하고, 요건을 갖춘 자에 대한 허가를 관계 법령에서 정하는 제한사유 이외의 사유를 들어 거부할 수는 없다(대판 2006. 11. 9, 2006두1227; 2009. 9. 24, 2009두8946: 건축허가신청이 시장이 수립하고 있는 도시·주거환경정비 기본계획에 배치될 가능성이 높다고 하여 바로 건축허가신청을 반려할 중대한 공익상의 필요가 있다고 보기 어렵다고 한 사례).

④ 법령에서 일정한 경우에 허가를 재량행위로 규정하고 있는 경우가 있고, 그 경우에는 허가도 재량행위가 된다. [2010 행시(일반행정) 사례]

예를 들면, 건축법 제11조 제4항은 "허가권자는 위락시설 또는 숙박시설에 해당하는 건축물의 건축을 허가하는 경우 당해 대지에 건축하고자 하는 건축물의 용도·규모 또는 형태가 주거환경 또는 교육환경 등 주변환경을 감안할 때 부적합하다고 인정하는 경우에는 이 법 또는 다른 법률의 규정에 불구하고 건축위원회의 심의를 거쳐 건축허가를 하지 아니할 수 있다"라고 규정하고 있으므로 이 경우 건축허가는 재량행위이다. 이 건축법규정은 주거지역이나 학교 근처에 러브호텔 등이 들어서는 것을 막기 위하여 신설된 규정이다. 건축법 제18조는 건축허가를 제한할 수 있는 경우를 규정하고 있다.

⑤ 인·허가의제에서 의제되는 인·허가가 재량행위인 경우에는 주된 인·허가가 기속행위인 경우에도 그 한도 내에서 재량행위로 보아야 한다(인·허가의제 참조).

> **판례** 국토의 계획 및 이용에 관한 법률(이하 '국토계획법'이라고 한다) 제56조에 따른 개발행위허가와 농지법 제34조에 따른 농지전용허가·협의는 금지요건·허가기준 등이 불확정개념으로 규정된 부분이 많아 그 요건·기준에 부합하는지의 판단에 관하여 행정청에 재량권이 부여되어 있으므로, 그 요건에 해당하는지 여부는 행정청의 재량판단의 영역에 속한다. 나아가 국토계획법이 정한 용도지역 안에서 토지의 형질변경행위·농지전용행위를 수반하는 건축허가는 건축법 제11조 제1항에 의한 건축허가와 위와 같은 개발행위허가 및 농지전용허가의 성질을 아울러 갖게 되므로 이 역시 재량행위에 해당한다(대판 2017. 10. 12, 2017두48956). 〈해설〉 판례는 일정한 경우(판단여지가 인정되는 경우) 요건판단에도 재량을 인정한다.

⑥ 개발제한구역 안에서의 건축허가는 예외적 허가로서 원칙상 재량행위이다.

⑦ 기속행위인 허가가 재량행위인 허가를 포함하는 경우에는 그 한도 내에서 재량행

위가 된다.

⑧ 기속행위인 허가에 조건을 붙일 수 있는 것으로 규정하고 있는 경우에는 허가 여부는 기속행위이지만, 조건을 붙일지 여부 및 조건의 선택에 있어서는 재량이 인정된다.

판례1 **국토의 계획 및 이용에 관한 법률에 의하여 지정된 도시지역 안에서 토지의 형질변경행위를 수반하는 건축허가의 법적 성질(=재량행위):** 국토의 계획 및 이용에 관한 법률에서 정한 도시지역 안에서 토지의 형질변경행위를 수반하는 건축허가는 건축법 제 8 조 제 1 항의 규정에 의한 건축허가와 국토의 계획 및 이용에 관한 법률 제56조 제 1 항 제 2 호의 규정에 의한 토지의 형질변경허가의 성질을 아울러 갖는 것으로 보아야 할 것이고, 같은 법 제58조 제 1 항 제 4 호, 제 3 항, 같은 법 시행령 제56조 제 1 항 [별표 1] 제 1 호 (가)목 (3), (라)목 (1), (마)목 (1)의 각 규정을 종합하면, 같은 법 제56조 제 1 항 제 2 호의 규정에 의한 토지의 형질변경허가는 그 금지요건이 불확정개념으로 규정되어 있어 그 금지요건에 해당하는지 여부를 판단함에 있어서 행정청에게 재량권이 부여되어 있다고 할 것이므로, 같은 법에 의하여 지정된 도시지역 안에서 토지의 형질변경행위를 수반하는 건축허가는 결국 재량행위에 속한다(대판 2005. 7. 14, 2004두6181[건축허가신청반려처분취소]).

판례2 **국토의 계획 및 이용에 관한 법률이 정한 용도지역 안에서의 건축허가 요건에 해당하는지 여부는 행정청의 재량판단의 영역에 속한다고 한 사례:** 건축법 제11조 제 1 항, 제 5 항 제 3 호, 국토의 계획 및 이용에 관한 법률(이하 '국토계획법'이라 한다) 제56조 제 1 항 제 1 호, 제 2 호, 제58조 제 1 항 제 4 호, 제 3 항, 국토의 계획 및 이용에 관한 법률 시행령 제56조 제 1 항 [별표 1의2] '개발행위허가기준' 제 1 호 (라)목 (2)를 종합하면, 국토계획법이 정한 용도지역 안에서의 건축허가는 건축법 제11조 제 1 항에 의한 건축허가와 국토계획법 제56조 제 1 항의 개발행위허가의 성질을 아울러 갖는데, 개발행위허가는 허가기준 및 금지요건이 불확정개념으로 규정된 부분이 많아 그 요건에 해당하는지 여부는 행정청의 재량판단의 영역에 속한다(대판 2017. 3. 15, 2016두55490). 〈해설〉 개발행위허가의 허가기준 및 금지요건이 불확정개념으로 규정되었다는 것만으로 그 요건 판단을 행정청의 재량판단의 영역에 속한다고 한 것은 문제가 있다.

---

3) 허가의 신청

허가는 신청을 반드시 전제로 하지는 않는다. 신청을 전제로 하지 않는 허가도 있다 (^{통행금지의}_{해제}). 그러나, 통상 허가는 신청을 전제로 하여 주어진다.

4) 허가의 효과

가. 자유권의 회복   허가가 주어지면 금지가 해제되고 본래 가지고 있던 자유권이 회복된다. 그리하여 허가를 받은 자는 적법하게 일정한 행위(영업 또는 건축)를 할 수 있게 된다.

나. 이익의 향유

① 허가를 받으면 상대방은 적법하게 허가의 대상이 된 일정한 행위를 할 수 있는 권리 내지 법률상 이익을 향유하게 된다. 따라서 정당한 사유 없이 철회를 당한 경우에는 취소소송을 통하여 철회의 취소를 청구할 수 있다.

② 일반적으로 말하면 허가로 인하여 누리는 영업상 이익은 반사적 이익에 불과하다. 왜냐하면 허가제도를 설정하는 법규정은 공익의 달성(질서유지 등)을 목적으로 하고 있을

뿐 허가를 받은 자의 경제적인 영업상의 이익을 보호하고 있다고 볼 수 없기 때문이다.

판례도 허가로 인하여 누리는 영업상 이익은 원칙상 반사적 이익에 불과하다고 본다.

> 판례 한의사 면허는 경찰금지를 해제하는 명령적 행위(강학상 허가)에 해당하고, 한약조제시험을 통하여 약사에게 한약조제권을 인정함으로써 한의사들의 영업상 이익이 감소되었다고 하더라도 이러한 이익은 사실상의 이익에 불과하고 약사법이나 의료법 등의 법률에 의하여 보호되는 이익이라고는 볼 수 없으므로, 한의사들이 한약조제시험을 통하여 한약조제권을 인정받은 약사들에 대한 합격처분의 무효확인을 구하는 당해 소는 원고적격이 없는 자들이 제기한 소로서 부적법하다(대판 1998. 3. 10, 97 누4289[한약조제시험무효확인]).

③ 다만, 허가요건규정이 공익뿐만 아니라 개인의 이익도 보호하고 있다고 해석되는 경우 허가로 인한 영업상 이익은 법적 이익이 된다.

예를 들면, 허가요건 중 거리제한 또는 영업허가구역 규정이 두어지는 경우에 이 거리제한 또는 영업허가구역 규정에 의해 기존업자가 독점적 이익을 누리고 있는 경우에 그 이익은 법률상 이익에 해당하는 것으로 인정될 수 있는 경우가 있다. 거리제한 또는 영업허가구역을 규정하는 법규정이 공익의 보호만을 목적으로 하고 있는 경우에 기존업자의 독점적 이익은 반사적 이익에 불과하고, 당해 규정이 공익의 보호와 함께 기존업자의 이익도 보호하고 있다라고 해석되는 경우에 기존업자가 거리제한 또는 영업허가구역 규정으로 인하여 받는 독점적 이익은 법률상 이익이다.

> 판례 갑이 적법한 약종상허가를 받아 허가지역(영업구역) 내에서 약종상영업을 경영하고 있음에도 불구하고 행정관청이 구 약사법시행규칙(1969. 8. 13. 보건사회부령 제344호)을 위배하여 같은 약종상인 을에게 을의 영업허가지역이 아닌 갑의 영업허가지역 내로 영업소를 이전하도록 허가하였다면 갑으로서는 이로 인하여 기존업자로서의 법률상 이익을 침해받았음이 분명하므로 갑에게는 행정관청의 영업소이전허가처분의 취소를 구할 법률상 이익이 있다(대판 1988. 6. 14, 87누873[영업장소이전허가처분취소]).

다. 다른 법률상의 제한　　허가가 있으면 당해 허가의 대상이 된 행위에 대한 금지가 해제될 뿐 다른 법률에 의한 금지까지 해제되는 것은 아니다.

예를 들면, 공무원이 영업허가를 받아도 공무원법상의 금지는 여전히 행해진다.

5) 무허가행위의 효과

무허가행위(無許可行爲)는 위법한 행위가 되고 통상 법률에서 그에 대하여 행정형벌을 부과한다. 그러나, 당해 무허가행위의 사법상의 법적 효력이 부인되는 것은 아니다.

다만, 처벌만으로는 무허가행위를 막을 수 없다고 보여지는 경우에 법률에서 처벌 이외에 무허가행위를 무효로 규정하는 경우가 있다.

6) 예외적 승인(허가) [2013 사시]

예외적 허가란 사회적으로 바람직하지 않은 일정 행위를 법령상 원칙적으로 금지하고 예외적인 경우에 이러한 금지를 해제하여 당해 행위를 적법하게 할 수 있게 하여 주는 행위를 말한다.[4]

예외적 허가는 허가와 구별된다.[5] 허가는 본래 자유로운 행위를 공공의 질서유지를 위하여 잠정적으로 금지하고 법상의 요건을 갖춘 경우에 그 금지를 해제하여 본래의 자유를 회복시켜 주는 행위(예방적 금지의 해제)인 데 반하여 예외적 허가는 사회적으로 유해한 행위를 법에 의해 원칙적으로 금지하고 예외적으로 그 금지를 해제하는 행위(억제적 금지의 해제)이다. 또한, 허가는 그 실질이 본래의 자유의 회복인 데 대하여 예외적 승인은 그 실질이 권리의 범위를 확대해 주는 것이다.

예외적 허가(승인)의 법적 성질에 관하여 허가의 일종으로 보는 견해, 특허의 일종으로 보는 견해, 면제로 보는 견해, 독립된 법개념으로 보는 견해가 대립하고 있다. 생각건대, 예외적 허가는 금지를 해제해 주는 점에서 새로운 권리를 설정해 주는 특허와 다르고, 면제는 의무의 해제이므로 금지의 해제인 예외적 허가와 차이가 있다. 또한 예외적 허가는 허가와도 구별된다. 따라서, 예외적 허가는 독자적 유형의 행위로 보는 것이 타당하다.

예외적 허가는 사회적으로 바람직하지 않은 일정한 행위를 공익상 원칙적으로 금지하고 그 금지목적을 해하지 않는 한도 내에서 예외적으로 허가하는 것이고, 공익 보호의 필요가 크므로 원칙상 재량행위이다.

> **판례** 구 학교보건법 제 6 조 제 1 항 단서의 규정에 의한 금지행위 해제 거부조치의 성질과 그것이 재량권 일탈·남용이 되기 위한 요건: 구 학교보건법(현 교육환경법) 제 6 조 제 1 항 단서의 규정에 의하여 시·도교육위원회교육감 또는 교육감이 지정하는 자가 학교환경위생정화구역(현 상대보호구역) 안에서의 금지행위 및 시설의 해제신청에 대하여 그 행위 및 시설이 학습과 학교보건에 나쁜 영향을 주지 않는 것인지의 여부를 결정하여 그 금지행위 및 시설을 해제하거나 계속하여 금지(해제거부)하는 조치는 시·도교육위원회교육감 또는 교육감이 지정하는 자의 <u>재량행위</u>에 속하는 것으로서, <u>그것이 재량권을 일탈·남용하여 위법하다고 하기 위하여는</u> 그 행위 및 시설의 종류나 규모, 학교에서의 거리와 위치는 물론이고, 학교의 종류와 학생수, 학교주변의 환경, 그리고 위 행위 및 시설이 주변의 다른 행위나 시설 등과 합하여 학습과 학교보건위생 등에 미칠 영향 등의 사정과 그 행위나 시설이 금지됨으로 인하여 상대방이 입게 될 재산권 침해를 비롯한 불이익 등의 사정 등 여러 가지 사항들을 합리적으로 비교·교량하여 신중하게 판단하여야 한다(대판 1996. 10. 29, 96누8253[정화구역안에서의 금지행위해제심의신청에 대한 금지처분취소]: 경양식점과 중국음식점 등을 허가받아 경영하고 있는 건물에서 유흥주점 영업을 하기 위해 학교환경위생정화구역 안에서의 금지행위 및 시설의 해제신청을 한 데 대하여,

---

4) 그 예로는 공익사업을 위한 토지 등의 취득 및 보상에 관한 법률 제 9 조상의 타인의 토지에의 출입허가, 학교보건법(구 학교보건법) 제 9 조 단서의 상대보호구역(구 학교환경위생정화구역) 내 금지해제조치, 개발제한구역 내의 건축허가나 용도변경(대판 2001. 2. 9, 98두17593[건축물용도변경신청거부처분취소]), 사행행위영업허가 등을 들 수 있다.

5) 양자를 구별하는 실익은 ① 허가의 경우는 기속행위로 해석될 여지가 많지만 예외적 승인(허가)의 경우에는 재량행위로 해석될 여지가 많다는 것, ② 허가의 경우에는 거부사유의 존부에 관해서 국가가 입증책임을 지는 반면에 예외적 허가의 경우에는 해제사유에 대하여 신청인이 입증책임을 진다는 것 등이다.

그 정화구역 안에서의 유흥주점 영업행위 금지처분이 재량권을 일탈·남용한 것이라고 단정하기 어렵다고 한 사례).

(3) 면   제

면제(免除)라 함은 법령에 의해 정해진 작위의무, 급부의무 또는 수인의무를 해제해 주는 행정행위를 말한다. 예를 들면, 예방접종면제를 들 수 있다.

2. 형성적 행위

형성적 행위(形成的 行爲)라 함은 상대방에게 특정한 권리, 능력($^{권리능력}_{행위능력}$), 법률상의 지위 또는 포괄적 법률관계 기타 법률상의 힘을 발생, 변경 또는 소멸시키는 행위를 말한다.

형성적 행위는 행위의 내용에 따라 상대방에게 직접 권리, 능력, 법적 지위, 포괄적 법률관계를 형성하는 특허, 타인의 법률적 행위의 효력을 보충하여 그 효력을 완성시키는 인가, 제 3 자를 대리하여 행위하는 대리행위로 나누어진다.

(1) 특   허 [1999 사시 사례]

1) 개   념

특허(特許)라 함은 상대방에게 직접 권리, 능력, 법적 지위, 포괄적 법률관계를 설정하는 행위를 말한다. 이 중에서 권리를 설정하는 행위를 協議의 특허라 한다.

권리를 설정하는 행위의 예로는 특허기업의 특허(버스운송사업면허, 전기사업허가, 도시가스사업허가, 국제항공운송사업면허, 통신사업허가, 폐기물처리업허가 등), 광업허가(대판 2023. 6. 29, 2022두59592), 도로점용허가(도로의 일부에 대한 특별사용(배타적 사용)의 허가), 어업면허, 공유수면점·사용허가 등을 들 수 있고, 능력을 설정하는 예로는 공법인을 설립하는 행위를 들 수 있고, 포괄적 법률관계를 설정하는 예로는 공무원임명, 귀화허가를 들 수 있다.

특허란 **학문상의 개념**이다. 실정법에서는 허가($^{광업}_{허가}$) 또는 면허($^{어업}_{면허}$)라는 용어를 사용한다. 특허법상의 특허는 학문상의 특허가 아니고 준법률행위적 행정행위의 하나인 확인행위이다.

2) 특허의 성질

가. 형성적 행위   특허는 상대방에게 권리 등을 설정하여 주는 행위이므로 형성적 행위이다. 특허는 허가와 달리 상대방이 본래 가지고 있지 않았던 권리 등을 새롭게 설정하여 준다.

나. 원칙상 재량행위   특허는 상대방에게 권리나 이익을 새로이 설정하는 형성적 행위이고, 특허에 있어서는 공익목적의 효과적인 달성을 고려하여야 하므로 원칙상 재량행위로 본다. 다만, 법령상 특허를 기속행위로 규정할 수도 있다. 또한, 특허의 요건규정이 불확정개념으로 규정되어 있는 경우가 많은데 그중에서 판단여지가 인정되는 경우가 있다.

판례도 원칙상 특허를 재량행위로 본다. 다만, 난민인정 등과 같이 법령규정, 중대한 기본권 관련성 등을 고려하여 기속행위로 보아야 하는 경우도 있다.

판례1   여객자동차운수사업법에 따른 개인택시운송사업면허는 특정인에게 권리나 이익을 부여하는 재량행위이다(대판 2002. 1. 22, 2001두8414[개인택시운송사업면허제외처분취소]).

판례2   마을버스운송사업면허의 허용 여부는 … 운수행정을 통한 공익실현과 아울러 합목적성을 추구하기 위하여 보다 구체적 타당성에 적합한 기준에 의하여야 할 것이므로 그 범위 내에서는 법령이 특별히 규정한 바가 없으면 행정청의 재량에 속하는 것이라고 보아야 할 것이다(대판 2002. 6. 28, 2001두10028[여객자동차운수사업한정면허처분취소]).

판례3   법무부장관이 법률에 정한 귀화요건을 갖춘 귀화신청인에게 귀화를 허가할 것인지 여부에 관하여 재량권을 가진다고 한 사례(대판 2010. 7. 15, 2009두19069[국적신청불허가처분취소]).

판례4   구 출입국관리법 제 2 조 제 3 호, 제76조의2 제 1 항, 제 3 항, 제 4 항, 구 출입국관리법 시행령 제88조의2, 난민의 지위에 관한 협약 제 1 조, 난민의 지위에 관한 의정서 제 1 조의 문언, 체계와 입법취지를 종합하면, 난민 인정에 관한 신청을 받은 행정청은 원칙적으로 법령이 정한 난민 요건에 해당하는지를 심사하여 난민 인정 여부를 결정할 수 있을 뿐이고, 법령이 정한 난민 요건과 무관한 다른 사유만을 들어 난민 인정을 거부할 수는 없다(대판 2017. 12. 5, 2016두42913[난민불인정결정취소]).

3) 특허의 신청

특허는 상대방의 신청을 요하는 행정행위이다.

4) 특허의 효과

특허는 상대방에게 새로운 권리, 능력 기타 법률상의 힘을 발생시킨다. 특허에 의해 창설되는 권리는 공권($^{사업경}_{영권}$)인 것이 보통이나 사권($^{광업권}_{어업권}$)인 경우도 있다.

판례1   광업법상 이미 광업권이 설정된 동일한 구역에 대하여 동일한 광물에 대한 광업권을 중복설정할 수 없고, 이종광물이라고 할지라도 광업권이 설정된 광물과 동일광상중에 부존하는 이종광물은 광업권설정에 있어서 동일광물로 보게 되므로 이러한 이종광물에 대하여는 기존광업권이 적법히 취소되거나 그 존속기간이 만료되지 않는 한 별도로 광업권을 설정할 수 없다(대판 1986. 2. 25, 85누712[광업권취소등처분취소]).

판례2   지구별 어업협동조합 및 지구별 어업협동조합 내에 설립된 어촌계의 어장을 엄격히 구획하여 종래 인접한 각 조합이나 어촌계 상호간의 어장한계에 관한 분쟁이나 경업을 규제함으로써 각 조합이나 어촌계로 하여금 각자의 소속 어장을 배타적으로 점유 관리하게 하였음에 비추어 특별한 경우가 아니면 같은 업무구역 안에 중복된 어업면허는 당연무효이다(대판 1978. 4. 25, 78누42[어업면허무효확인]).

5) 특허와 허가의 구별

가. 구별 여부   허가와 특허를 구별하면서도 허가와 특허의 구별은 상대화하고 있고 양자는 상호 접근하는 경향이 있다고 보는 것(구별긍정설)이 통설이다. 이에 대하여 영업의 자유라는 관점에서는 허가와 특허를 구별할 필요가 없으므로 허가와 특허를 구별하

지 않는 것이 타당하다는 견해(구별부정설)도 있다.

　　나. 구별 실익　　① 성질 및 효과: 전통적 견해 및 판례에 따르면 허가는 명령적 행위이고, 특허는 형성적 행위(설권적 행위)이지만, 허가도 적법하게 일정한 행위를 할 수 있는 법적 지위를 부여하는 행위이므로 형성적 행위로 보는 것이 타당하다. 그렇다면 허가와 특허는 형성적 행위라는 점에서는 같다. 다만, 허가는 상대방에게 새로운 권리를 창설하는 것이 아니라 상대방이 본래 가지고 있었던 자유권을 회복시켜 주는 것인 점에서 상대방에게 새로운 권리를 창설해 주는 특허와 구별할 수 있다.

　　② 재량행위 여부:　허가는 원칙상 기속행위이고 특허는 원칙상 재량행위이다. 그러나, 재량행위인가 기속행위인가는 기본적으로 입법자에 의해 결정되는 것이므로 허가와 특허가 기속행위와 재량행위의 구별에 있어 결정적인 기준이 되는 것은 아니다. 전술한 바와 같이 허가가 재량행위인 경우도 있고, 특허가 기속행위인 경우도 있을 수 있다.

　　③ 영업상 이익의 성질: 특허로 인한 영업상 이익은 통상 법적 이익이다. 허가로 인한 영업상 이익은 원칙상 반사적 이익이다. 그러나, 허가로 받는 이익이 법률상 이익인 경우(예, 거리제한규정 또는 영업구역제한규정이 있는 경우)도 있다. 허가로 받는 이익이 반사적 이익인지 법적 이익인지는 기본적으로 허가의 근거 내지 관계법규의 입법목적에 의해 결정된다.

　　다. 허가와 특허(설권적 처분)의 구별기준　　① 허가 등의 대상: 본래 인간의 자연적 자유에 속하는 것을 대상으로 하는 것은 허가이고, 인간의 자연적 자유에 속하지 않고, 공익성이 강한 사업(예, 국민의 생활에 필수적인 재화와 서비스를 제공하는 사업)을 대상으로 하는 것은 특허이다.

　　② 요건 충족의 경우 처분기준: 요건 충족의 경우 특별한 사정이 없는 한 신청에 따른 처분을 해주어야 하는 것은 허가이고, 요건을 충족하여도 공급과잉, 미래 환경의 변화 등 공익을 이유로 거부할 수 있는 것은 특허이다.

　　③ 효과: 허가등의 효과가 기본적으로 본래의 자연적 자유를 회복하여 주는 것이고, 허가 등으로 주어지는 영업상 이익이 반사적 이익에 불과한 것은 허가이고, 허가 등의 효과가 제한적일 수는 있지만 배타적인 경영권을 설정하여 주고, 이에 따라 허가 등으로 주어지는 영업상 이익이 법적 이익인 것은 특허이다.

(2) 인　　가

1) 인가의 개념

　인가(認可)라 함은 타인의 법률적 행위를 보충하여 그 법률적 효력을 완성시켜 주는 행정행위를 말한다.

　　예를 들면, 협동조합의 임원의 선출에 관한 행정청의 인가가 그것이다. 협동조합의 임원은 조합원이 선출하는 것이지만 조합원의 선출행위만으로는 선출행위의 효력이 완성되지 못하고 행정청의 인가가 있어야 선출행위가 완벽하게 효력을 발생한다. 기본적 행위는 조합원의 선출행위이고 인가는 기본적 행위의 효력을 완성시키는 보충행위이다. 그 밖에 인가의 예로는 사립학교법인임원의 선임행위에 대한 승인, 토지거래허가(대판 전원합의체 1991. 12. 24, 90다12243), 자동차관리사업자단체인 조합 또는 협회 설립인가(대판 2015. 5. 29, 2013두635), 정비조합 정관변경 인가(대판 2014. 7. 10, 2013도11532), 정비조합조합장 명의 변경인가(대판 2005. 10. 14, 2005두1046) 등이 있다. 판례는 주거환경정비법상의 정비조합(재건축조합, 재개발조합) 설립인가처분을 특허의 성질을 갖는 것으로 본다(대판 2009. 9. 24, 2008다60568).

인가도 허가나 특허처럼 학문상의 개념이다. 실무상 인가라는 개념이 사용되기도 하나 승인, 허가나 인허라는 개념도 사용된다.

2) 인가의 성질

가. 형성적 행정행위   인가는 인가의 대상이 되는 기본행위의 효력을 완성시켜 주는 행위인 점에서 형성적 행정행위이다. 인가 중 사법상 법률행위에 대한 인가는 사법상 법률행위의 효력을 완성시켜주어 사법관계에 변경을 가져오므로 '사법관계 형성적 행정행위'라고도 한다.

나. 재량행위 여부   인가는 기속행위인 경우도 있지만, 재량행위인 경우도 적지 않다. 인가가 재량행위인 경우 부관을 붙일 수 있고, 기속행위인 경우에도 정지조건부부관을 붙일 수 있다.

> **판례1**   공익법인의 기본재산 처분허가에 부관을 붙인 경우 그 처분허가의 법률적 성질이 형성적 행정행위로서의 인가에 해당한다고 하여 조건으로서의 부관의 부과가 허용되지 아니한다고 볼 수는 없다(대판 2005. 9. 28, 2004다50044: 조건적 성격의 부관으로 봄이 상당하다고 할 것이므로 그에 따른 이행이 없는 이상 이 사건 처분허가는 효력이 없는 것으로 보아야 한다고 판단한 사례).
>
> **판례2**   사회복지법인의 정관변경허가를 재량행위로 보고, 부관을 붙일 수 있다고 한 사례(대판 2002. 9. 24, 2000두5661).

3) 인가의 대상

인가의 대상이 되는 행위는 제 3 자의 행위이며 법률적 행위에 한한다. 인가의 대상이 되는 행위는 공법상 행위일 수도 있고 사법상 행위($^{비영리법인\ 설립,\ 사립학교}_{법인\ 이사의\ 선임행위}$)일 수도 있다.

4) 인가의 효과

인가가 행해져야 인가의 대상이 된 제 3 자의 법률적 행위가 법적 효력을 발생한다. 인가는 기본행위가 효력을 발생하기 위한 효력요건이다.

무인가행위는 효력을 발생하지 않는다. 그러나, 허가와 달리 강제집행이나 처벌의 대상은 되지 않는다.

무인가행위는 특별한 규정이나 사정이 없는 한 유동적 무효(효력이 없지만 후에 인가가 있으면 효력이 발생하는 경우)의 상태에 있다.

판례   학교법인이 용도변경이나 의무부담을 내용으로 하는 계약을 체결한 경우 반드시 계약 전에 사립학교법 제28조 제1항에 따른 관할청의 허가를 받아야만 하는 것은 아니고 계약 후라도 관할청의 허가를 받으면 유효하게 될 수 있다. 그러나, 이러한 계약은 관할청의 불허가 처분이 있는 경우뿐만 아니라 당사자가 허가신청을 하지 않을 의사를 명백히 표시하거나 계약을 이행할 의사를 철회한 경우 또는 그 밖에 관할청의 허가를 받는 것이 사실상 불가능하게 된 경우 무효로 확정된다(대판 2022. 1. 27, 2019다289815). 〈해설〉 사립학교법 제28조 제1항에 따른 관할청의 허가는 학문상 인가이다. 확정적으로 무효가 되지 않은 관할청의 허가(인가)를 받지 않은 해당 계약은 유동적 무효의 상태에 있는 것이라고 할 수 있다.

5) 기본행위와 인가 [2000 행시 약술]

가. 인가의 보충성   인가는 신청에 따라 기본행위(基本行爲)의 효력을 완성시켜 주는 보충적 행위이다. 따라서, ① 인가는 항상 상대방의 신청에 의해 행해지고, 인가의 대상이 되는 행위의 내용은 신청인이 결정하며 행정청은 인가를 할 것인지의 여부만을 결정한다. 인가의 대상이 되는 행위의 내용을 수정하여 인가하는 것(수정인가)은 인정되지 않는다. ② 인가의 대상이 되는 행위는 인가가 있어야 비로소 효력을 발생한다. 인가의 대상이 됨에도 인가를 받지 않은 행위(무인가행위)는 효력을 발생하지 않는다.

나. 기본행위의 하자 및 실효와 인가   인가는 기본행위의 효력을 완성시켜 주는 보충적 행위이므로 인가의 효력은 기본행위의 유무 및 하자에 의해 영향을 받는다.

① 기본행위가 성립하지 않거나 무효인 경우에 인가가 있어도 당해 인가는 무효가 된다.

② 유효한 기본적 행위를 대상으로 인가가 행해진 후에 기본적 행위가 취소되거나 실효(失效)된 경우에는 인가도 실효된다.

③ 기본행위에 취소원인이 있는 경우에는 기본행위가 취소되지 않는 한 인가의 효력에는 영향이 없다. 취소원인이 있는 기본행위는 인가가 있은 후에도 취소될 수 있고, 기본행위가 취소되면 인가도 실효된다.

④ 기본행위에 하자가 있는 경우에 그 기본행위의 하자를 다투어야 하며 기본행위의 하자를 이유로 인가처분의 취소 또는 무효확인을 소구할 법률상 이익(협의의 소의 이익)이 없다(대판 1994. 10. 14, 93누22753; 2005. 10. 14, 2005두1046[주택조합변경인가처분취소]: 조합규약 개정안 등을 확정한 주택조합임시총회결의가 그 의결정족수에 미달한다는 등의 사유로 행정관청에 대하여 변경인가처분의 취소를 구할 수 없다고 한 사례).

판례   조합이 사업시행계획을 재건축결의에서 결정된 내용과 달리 작성한 경우 이러한 하자는 기본행위인 사업시행계획 작성행위의 하자이고, 이에 대한 보충행위인 행정청의 인가처분이 그 근거조항인 구 도시 및 주거환경정비법 제28조의 적법요건을 갖추고 있는 이상은 그 인가처분 자체에 하자가 있는 것이라 할 수 없다(대판 2008. 1. 10, 2007두16691[주택재건축정비사업시행인가처분취소]). 〈해설〉 조합에 의한 정비사업시행 인가처분은 강학상 인가처분이다. 조합이 사업시행계획을 재건축결의에서 결정된 내용과 달리 작성한 경우 이러한 하자는 기본행위인 사업시행계획 작성행위의 하자이고, 인가처분 자체의 하자가 아니므로 인가처분취소소송에서 주장할 수 없다.

⑤ 인가는 기본행위의 하자를 치유하지 않는다.

다. 인가의 하자　　기본행위가 적법유효하고 보충행위인 인가처분 자체에만 하자가 있다면 그 인가처분의 무효나 취소를 주장할 수 있다. 인가처분이 무효이거나 인가처분이 취소된 경우에는 기본행위는 무인가행위가 된다.

> **판례**　[1] 조합설립추진위원회의 설립승인신청을 받은 시장·군수가 승인신청서의 첨부서류에 의하여 토지등소유자의 2분의 1 이상의 동의가 있고 위원장을 포함한 5인 이상의 위원으로 추진위원회가 구성되어 있음을 확인한 경우, 그 추진위원회의 설립을 승인하여야 한다. [2] 조합설립추진위원회 운영규정의 작성이나 추진위원의 자격 및 선정방식은 그 추진위원회 설립승인의 요건이 아니다. [3] 행정청이 조합설립추진위원회의 설립승인 심사에서 위법한 행정처분을 한 선례가 있다고 하여 그러한 기준을 따라야 할 의무가 없는 점 등에 비추어, 평등의 원칙이나 신뢰보호의 원칙 또는 자기구속의 원칙 등에 위배되고 재량권을 일탈·남용하여 자의적으로 조합설립추진위원회 승인처분을 한 것으로 볼 수 없다고 한 사례(대판 2009. 6. 25, 2008두13132). 〈해설〉 정비조합설립승인처분은 강학상 특허이지만, 조합설립추진위원회승인처분은 강학상 인가처분이다. 토지등소유자의 2분의 1 이상의 동의는 조합설립추진위원회승인처분의 요건으로서 그 동의가 없는 것은 인가처분인 조합설립추진위원회승인처분에 고유한 하자이다.

(3) 공법상 대리행위

공법상 대리(公法上 代理)라 함은 제 3 자가 하여야 할 행위를 행정기관이 대신하여 행함으로써 제 3 자가 스스로 행한 것과 같은 효과를 발생시키는 행정행위를 말한다.

여기에서의 대리는 행정기관이 국민을 대리하는 것을 말하므로 행정조직 내부에서의 행정기관간의 대리와 구별되어야 한다.

대리행위의 예로는 체납처분절차에서의 압류재산의 공매처분, 감독청에 의한 공법인의 정관 작성 또는 임원 임명, 토지수용위원회의 수용재결, 행려병자 또는 사자(死者)의 유류품처분 등을 들 수 있다.

3. 영업허가의 양도와 제재처분의 효과 및 제재사유의 승계 [2016 행시 사례, 2017 사시]

영업허가의 양도가 가능한지 여부 및 그 절차가 문제된다. 그리고, 영업허가가 양도되는 경우 양도자에 대한 제재처분의 효과 및 제재사유가 양수인에게도 승계되는지가 문제된다. 영업허가의 양도와 제재처분의 효과 및 제재사유의 승계의 법리는 영업신고의 경우에도 그대로 타당하다.

(1) 영업허가의 양도

1) 영업허가 양도의 가능성

영업허가 양도의 가능 여부는 양도의 대상이 되는 허가의 성질에 따라 다르다. 대물적 허가는 명문의 규정이 없는 경우에도 양도가 가능하다. 대인적 허가는 이론상 양도가 가능하지 않다. 혼합적 허가는 이론상 양도가 가능하나 법령의 근거를 요한다.

2) 영업허가의 양도절차

영업허가 양도의 경우 양도인과 양수인은 영업양도에 관한 사법상 계약을 체결한다.

영업허가 양도의 경우에는 통상 법령상 행정청의 인가를 받거나 영업양도양수를 신고하도록 규정하고 있다.

영업허가 양도의 인가나 신고수리는 행정절차법상 처분이므로 행정절차법의 적용대상이 된다.

사실상 영업이 양도·양수되었지만 아직 승계신고 및 그 수리처분이 있기 이전에는 여전히 종전의 영업자인 양도인이 영업허가자이고, 양수인은 영업허가자가 되지 못한다 할 것이어서 행정제재처분의 사유가 있는지 여부 및 그 사유가 있다고 하여 행하는 행정제재처분은 영업허가자인 양도인을 기준으로 판단하여 그 양도인에 대하여 행하여야 할 것이고, 한편 양도인이 그의 의사에 따라 양수인에게 영업을 양도하면서 양수인으로 하여금 영업을 하도록 허락하였다면 그 양수인의 영업 중 발생한 위반행위에 대한 행정적인 책임은 영업허가자인 양도인에게 귀속된다고 보아야 할 것이다(대판 1995. 2. 24, 94누9146: 양수인이 양도인으로부터 그 지분을 양수하고도 영업허가 명의를 양도인 앞으로 남겨 둔 채 단독으로 영업을 하던 중 일어난 위반행위 이외에 그 이전에 양도인이 주점에서 지정된 영업시간을 준수하지 아니하고 영업을 하던 중 적발된 적이 있었다면 위 위반행위로써 양도인은 2차로 위반한 셈이 된다고 한 사례).

판례 [1] 주택건설사업이 양도되었으나 그 변경승인을 받기 이전에 행정청이 양수인에 대하여 양도인에 대한 사업계획승인을 취소하였다는 사실을 통지한 경우, 위 통지가 항고소송의 대상이 되는 행정처분인지 여부(소극): 주택건설촉진법 제33조 제 1 항, 구 같은법 시행규칙(1996. 2. 13. 건설교통부령 제54호로 개정되기 전의 것) 제20조의 각 규정에 의한 주택건설사업계획에 있어서 사업주체변경의 승인은 그로 인하여 사업주체의 변경이라는 공법상의 효과가 발생하는 것이므로, 사실상 내지 사법상으로 주택건설사업 등이 양도·양수되었을지라도 아직 변경승인을 받기 이전에는 그 사업계획의 피승인자는 여전히 종전의 사업주체인 양도인이고 양수인이 아니라 할 것이어서, 사업계획승인취소처분 등의 사유가 있는지의 여부와 취소사유가 있다고 하여 행하는 취소처분은 피승인자인 양도인을 기준으로 판단하여 그 양도인에 대하여 행하여져야 할 것이므로 행정청이 주택건설사업의 양수인에 대하여 양도인에 대한 사업계획승인을 취소하였다는 사실을 통지한 것만으로는 양수인의 법률상 지위에 어떠한 변동을 일으키는 것은 아니므로 위 통지는 항고소송의 대상이 되는 행정처분이라고 할 수는 없다. [2]

주택건설사업의 양수인이 사업주체의 변경승인신청을 한 이후에 행정청이 양도인에 대하여 그 사업계획변경승인의 전제로 되는 사업계획승인을 취소하는 처분을 한 경우, 양수인은 위 처분의 취소를 구할 법률상의 이익을 가지는지 여부(적극): 주택건설촉진법 제33조 제 1 항, 구 같은법 시행규칙(1996. 2. 13. 건설교통부령 제54호로 개정되기 전의 것) 제20조의 각 규정에 의하면 주택건설 사업주체의 변경승인신청은 양수인이 단독으로 할 수 있고 위 변경승인은 실질적으로 양수인에 대하여 종전에 승인된 사업계획과 동일한 사업계획을 새로이 승인해 주는 행위라 할 것이므로, 사업주체의 변경승인신청이 된 이후에 행정청이 양도인에 대하여 그 사업계획변경승인의 전제로 되는 사업계획승인을 취소하는 처분을 하였다면 양수인은 그 처분 이전에 양도인으로부터 토지와 사업승인권을 사실상 양수받아 사업주체의 변경승인신청을 한 자로서 그(사업계획승인취소처분의) 취소를 구할 법률상의 이익을 가진다. [3] 주택건설사업의 양수인이 사업주체의 변경승인신청을 한 이후에 행정청이 양도인에 대한 사업계획승인을 취소하는 처분을 하면서 양수인에게 그 사실을 통지하고 변경승인신청서를 반려한 것에 대하여 양수인이 행정소송을 제기하면서 청구취지에 처분성이 결여된 위 통지를 소송의 대상으로 기재하였으나 청구원인에 비추어 볼 때 사업계획승인취소처분을 소송의 대상으로 삼았다고 봄이 합리적인 경우, 법원은 석명권을 행사하여 청구취지를 확정한 후 심리하여야 한다고 한 사례. [4] 주택건설사업의 양수인이 사업주체의 변경승인신청을 한 이후에 행정청이 양도인에 대한 사업계획승인을 취소하는 처분을 하면서 양수인에게 그 사실을 통지하고 변경승인신청서를 반려한 것에 대하여 양수인이 행정소송을 제기하면서 청구취지에 처분성이 결여된 위 통지를 소송의 대상으로 기재하였다가 청구원인에 비추어 볼 때 소송의 대상으로 삼았다고 봄이 합리적인 사업계획승인취소처분을 취소하는 것으로 청구취지를 바꿀 경우, 이는 청구취지의 정정에 해당하여 전심절차 및 제소기간을 준수한 것으로 보아야 한다고 한 사례(대판 2000. 9. 26, 99두646[주택건설사업계획승인취소처분취소]).

다만, 예외적으로 인허가, 등록 또는 신고 등의 행정법상 양도절차 없이 사법상 양도계약만으로 영업허가자의 지위와 그에 따른 권리의무의 승계가 이루어지는 경우도 있다(대판 2024. 2. 29, 2023다280778: 골프장 체육필수시설 인수인이 체육시설업 등록을 하지 않은 상태에서 담보신탁에 따른 공매로 그 체육필수시설이 다시 인수된 경우 골프장 회원권 지위의 승계가 인정된다고 한 사례).

3) 영업허가 양도의 효과

영업허가의 양도로 양수인은 양도인의 영업허가자의 법적 지위를 승계한다. 행정기본법안(제38조 및 제39조의 개정규정은 공포 후 2년이 경과한 날부터 시행)에 따르면 "영업자지위 승계"란 인허가를 받거나 신고한 영업자 또는 사업자의 지위가 법률로 정하는 바에 따라 이전되고 그 결과로 피승계인과 승계인 사이에 해당 영업 또는 사업에 대한 인허가 등에 따른 권리와 의무가 이전되는 것을 말한다(행정기본법 개정안 제38조 제 1 항). 문제는 영업양도로 승계되는 양도인의 지위에 양도인의 위법행위로 인한 제재처분의 효과 또는 제재사유(허가취소 또는 정지사유)가 포함되는가 하는 것이다.

영업허가자의 지위가 승계되지 않는 경우(양도인의 영업허가의 취소와 양수인에 대한 새로운 영업허가를 하는 경우)에는 제재사유도 승계되지 않는다.

판례   [1] 농어촌정비법령은 관광농원 개발사업의 사업시행자 명의가 변경되는 경우 새로운 사업시
행자가 종전 사업시행자의 지위를 승계하는지 여부 등에 관하여는 명시적 규정을 두고 있지 않다. 이러
한 지위 승계관련 규정이 없는 이상 사업계획 변경승인의 의미를 사업권 양도·양수에 대한 '인가'로서
의 성격을 가진다고 볼 수 없는 것이 원칙이다. [2] 이러한 관련 규정의 내용, 체계 및 취지에 비추어
볼 때, 종전 사업시행자가 농업인 등에 해당하지 않음에도 부정한 방법으로 사업계획승인을 받음으로써
그 승인에 대한 취소 사유가 있더라도, 행정청이 사업시행자 변경으로 인한 사업계획 변경승인 과정에
서 변경되는 사업시행자가 농업인 등에 해당하는지 여부에 관하여 새로운 심사를 거쳤다면, 지위 승계
등에 관한 별도의 명문 규정이 없는 이상, 종전 사업시행자가 농업인 등이 아님에도 부정한 방법으로
사업계획승인을 취득하였다는 이유만을 들어 변경된 사업시행자에 대한 사업계획 변경승인을 취소할
수는 없다(대판 2018. 4. 24, 2017두73310). 〈해설〉 이 사안에서 사업시행자 변경으로 인한 사업계획 변
경승인은 실질적으로 사업 양도인에 대한 사업계획승인 취소와 사업 양수인에 대한 새로운 사업계획
승인을 의미한다.

  행정기본법안에 따르면 영업자지위승계가 된 경우(제38조 제 2 항 제 4 호의 사유로 영업
자지위승계가 된 경우는 제외한다) 행정청이 피승계인에게 한 다음 각 호의 처분은 승계인에
게 승계된다. 1. 정지·취소·철회 또는 등록말소, 2. 영업소·사업소 폐쇄명령 또는 폐쇄조
치, 3. 영업정지를 갈음하는 과징금(가산금은 제외한다), 4. 그 밖에 승계가 필요하다고 인정
하여 법률로 정하는 제재처분(행정기본법 개정안 제39조 제 1 항). 또한, 행정청은 영업자지위
승계가 된 경우 피승계인의 위반행위를 이유로 승계인에게 제 1 항 각 호의 처분을 할 수
있다(제 2 항). 영업자지위승계가 된 경우 피승계인에게 한 제재처분의 이력(履歷)은 그 제
재처분일부터 1년 동안 승계인에게 승계된다(제 3 항). 승계인이 되려는 자는 피승계인(피상
속인은 제외한다)의 동의를 얻어 영업자지위승계와 관련하여 제 1 항에 따른 제재처분 및
그 제재처분을 위한 절차가 진행 중인 사실이 있는지에 대해 미리 해당 행정청에 확인을
요청할 수 있다. 이 경우 해당 행정청은 대통령령으로 정하는 바에 따라 그 내용을 확인
하여 승계인이 되려는 자에게 알려야 한다(제 4 항). 승계인이 해당 제재처분이나 그와 관
련된 위반 사실을 알지 못하였음을 증명한 경우에는 제 1 항부터 제 3 항까지의 규정을 적
용하지 아니한다(제 5 항).

(2) 영업허가의 양도와 제재처분의 효과의 승계

  양도인의 위법행위로 양도인에게 이미 제재처분이 내려진 경우에 그 제재처분
(허가취소, 영업정지처분 또는 과징금부과처분)의 효과는 이미 양도인의 영업자의 지위에 포함된 것이고 물적 상태이므
로 양수인에게 당연히 이전된다. 영업허가가 취소되었거나 정지된 사실을 모르고 영업을
양수한 자는 양도인에게 민사책임을 물을 수 있을 뿐 제재처분의 효과를 부인할 수 없다.
  법규 위반에 대한 과징금부과처분의 경우 과징금납부의무의 양수인에 대한 승계를
공의무의 승계의 문제로 볼 수도 있는데, 과징금납부의무는 일신전속적인 의무가 아니고,
양도인의 지위에는 제재처분의 효과인 과징금납부의무가 포함되므로 영업양도시 과징금
납부의무도 양수인에게 승계된다고 보는 것이 타당하다. 일신전속적 의무는 승계되지 않

는다(대판 2006. 12. 8, 2006마470: 이행강제금 납부의무는 승계될 수 없는 일신전속적 성질의 것이라고 한 사례).

다만, 선의의 양수인에 대해 제재처분 효과의 승계를 부인하는 규정을 두는 경우가 있다.

판례 석유 및 석유대체연료 사업법 제8조에 따른 사업정지처분 효과의 승계 여부: 「석유 및 석유대체연료 사업법」(이하 '법'이라고 한다) 제10조 제5항에 의하여 석유판매업자의 지위 승계 및 처분효과의 승계에 관하여 준용되는 법 제8조는 "제7조에 따라 석유정제업자의 지위가 승계되면 종전의 석유정제업자에 대한 제13조 제1항에 따른 사업정지처분(제14조에 따라 사업정지를 갈음하여 부과하는 과징금부과처분을 포함한다)의 효과는 새로운 석유정제업자에게 승계되며, 처분의 절차가 진행 중일 때에는 새로운 석유정제업자에 대하여 그 절차를 계속 진행할 수 있다. 다만, 새로운 석유정제업자(상속으로 승계받은 자는 제외한다)가 석유정제업을 승계할 때에 그 처분이나 위반의 사실을 알지 못하였음을 증명하는 경우에는 그러하지 아니하다."라고 규정하고 있다(이하 '이 사건 승계조항'이라고 한다). 이러한 제재사유 및 처분절차의 승계조항을 둔 취지는 제재적 처분 면탈을 위하여 석유정제업자 지위승계가 악용되는 것을 방지하기 위한 것이고, 승계인에게 위와 같은 선의에 대한 증명책임을 지운 취지 역시 마찬가지로 볼 수 있다. 즉 법 제8조 본문 규정에 의해 사업정지처분의 효과는 새로운 석유정제업자에게 승계되는 것이 원칙이고 단서 규정은 새로운 석유정제업자가 그 선의를 증명한 경우에만 예외적으로 적용될 수 있을 뿐이다. 따라서 승계인의 종전 처분 또는 위반 사실에 관한 선의를 인정함에 있어서는 신중하여야 한다(대판 2017. 9. 7, 2017두41085[사업정지처분 효과의 승계 여부 등 사건]).

---

(3) 영업허가의 양도와 제재사유의 승계 [2016 행시 사례, 2017 사시]

1) 제재사유의 승계에 관한 명문의 규정이 있는 경우

명문의 규정으로 양도인의 위법행위로 인한 제재처분의 효과 또는 제재사유의 양수인에 대한승계를 규정하는 경우 선의의 양수인의 면책에 관한 규정을 두는 것이 타당하나, 명문의 규정이 없는 경우 선의의 양수인은 면책되지 않는다고 해석하여야 한다. 다만, 선의의 양수인에게 제재사유를 승계시키는 것이 비례의 원칙에 위반할 소지가 있는 경우가 있을 수 있다. 그리고, 선의라는 입증책임은 양수인에 있다고 보아야 한다.

선의의 양수인에 대해서는 제재사유가 승계되지 않는다고 규정한 경우도 있다.

2) 제재사유의 승계에 관한 명문의 규정이 없는 경우

제재사유의 승계에 관한 명문의 규정이 없는 경우에는 양도인의 지위의 승계에 관한 규정이 있는 경우와 그러한 규정이 없는 경우가 있다. 양도인의 지위의 승계에 관한 규정이 있는 경우에는 이 규정이 제재사유의 승계에 관한 근거규정이 될 수 있는지가 특히 문제된다.

제재사유의 승계에 관한 명문의 규정이 없는 경우에도 영업양도로 양도인의 위법행위로 인한 제재사유가 양수인에게도 승계되는지, 달리 말하면 행정청은 양도인의 위법행위를 이유로 양수인에 대하여 제재처분을 할 수 있는지가 문제되는데, 이에 관하여 견해가 나뉜다.

가. 긍 정 설   이 견해는 양도인의 법령위반사실을 이유로 양수인에게 제재처분을 할 수 있다는 견해이다. 그 **논거**는 다음과 같다. ① 영업허가의 양도로 양도인의 법적 지위는 양수인에게 승계되는데, 제재사유는 승계되는 양도인의 법적 지위에 포함된다. ② 제재사유의 승계를 부정하면 영업허가의 양도가 제재처분의 회피수단으로 악용될 수 있다. 따라서 양수인에 대한 제재처분을 통하여 법령위반의 방지라는 행정목적을 실현할 수 있도록 하여야 한다.

나. 부 정 설   이 견해는 양도인의 법령위반사실을 이유로 양수인에게 제재처분을 할 수 없다는 견해이다. 그 **논거**는 다음과 같다. ① 양도인의 법령위반으로 인한 제재사유는 인적 사유이므로 명문의 규정이 없는 한 양수인에게 이전될 수 없다. ② 양도인의 위법행위로 인한 제재는 경찰행정법상 행위책임에 속하는 문제이므로 양도인의 위법행위로 인한 제재사유는 명문의 규정이 없는 한 양수인에게 승계되지 않는다고 보아야 한다.

다. 절 충 설   이 견해는 허가의 이전가능성과 제재사유의 이전가능성은 별개의 문제라고 하면서 **제재사유가 설비 등 물적 사정에 관련되는 경우**에는 양수인에게 승계되지만, 제재사유가 양도인의 자격상실이나 부정영업 등 **인적 사유인 경우**에는 원칙적으로 그 사유가 승계되지 않는다고 본다.

라. 판례(긍정설)   판례는 긍정설을 취하고 있다. 그 **논거**는 다음과 같다. ① 영업양도의 효과로 양수인에게 승계되는 '양도인의 지위'(석유정제업자의 지위)에는 양도인의 위법행위로 인한 제재사유가 포함된다(대판 1986. 7. 22, 86누203). 영업시설만 인수되는 등 영업허가자의 지위가 승계되지 않는 경우에는 명문의 규정이 없는 한 제재사유도 승계되지 않는다.

그런데, 판례는 회사 분할 시 분할 전 회사에 대한 제재사유의 신설회사에 대한 승계의 경우 신설회사에 승계되는 것은 법령상 '회사의 권리와 의무'이고, 제재처분이 있기 전의 법 위반행위 사실(제재사유)은 단순한 사실행위로 승계의 대상이 되는 의무가 아니므로 특별한 규정이 없는 한 신설회사에 승계되지 않는다고 보았고, 법 위반행위로 시정명령 및 그에 따른 벌점의 부과처분이 있는 경우(이 경우는 제재처분의 효과의 승계로 볼 수 있다)에는 벌점의 부과는 신설회사(흡수합병회사)에 승계되는 공법상의 지위 내지 의무에 포함된다고 보았다. 그러나, 판례가 회사 분할 시 분할 전 회사에 대한 제재사유가 특별한 규정이 없는 한 신설회사에 승계되지 않는다고 본 것에 대하여는 다음과 같은 비판이 가능하다. 회사 분할 시 사업이 포괄적으로 분할 승계되는 경우에는 승계되는 사업에 관한 제재처분의 효과뿐만 아니라 제재사유도 사업자의 지위에 포함되어 승계되는 것으로 보는 것이 타당하다. 즉, 제재사유는 판시와 같이 그 자체가 승계되는 '회사의 권리와 의무' 그 자체에는 포함되지 않을 수 있지만, 승계되는 사업(사업자의 지위)에는 포함되는 것으로 보아야 한다.

판례1　석유판매업이 양도된 경우, 양도인의 귀책사유로 양수인에게 제재를 가할 수 있는지 여부(＝긍정): 구 석유사업법 제12조 제 3 항, 제 9 조 제 1 항, 제12조 제 4 항 등을 종합하면 석유판매업(주유소)허가(현행 석유사업법상 석유판매업등록)는 소위 대물적 허가의 성질을 갖는 것이어서 그 사업의 양도도 가능하고 이 경우 양수인은 양도인의 지위를 승계하게 됨에 따라 양도인의 위 허가에 따른 권리의무가 양수인에게 이전되는 것이므로 만약 양도인에게 그 허가를 취소할 위법사유가 있다면 허가관청은 이를 이유로 양수인에게 응의 제재조치를 취할 수 있다 할 것이고, 양수인이 그 양수 후 허가관청으로부터 석유판매업허가를 다시 받았다 하더라도 이는 석유판매업의 양수도를 전제로 한 것이어서 이로써 양도인의 지위승계가 부정되는 것은 아니므로 양도인의 귀책사유는 양수인에게 그 효력이 미친다(대판 1986. 7. 22, 86누203).

판례2　'운송사업자로서의 지위'는 그 문언의 내용과 화물자동차 운송사업 허가처분의 성격 등을 종합하여 볼 때 운송사업 허가에 기인한 공법상 권리와 의무를 말하는 것으로, 이 사건 법률조항에서 정하고 있는 그 '지위의 승계'란 양도인의 공법상 권리와 의무뿐만 아니라 양도인의 의무위반행위에 따른 위법상태의 승계를 포함하는 것으로 해석될 수 있다. 특히 양도인이 사업을 양도하는 방법으로 제재적 처분을 면탈하는 것을 방지하고자 하는 이 사건 법률조항의 입법목적을 고려하면, 양도인의 의무위반으로 발생한 제재적 처분사유는 양수인의 선의·악의를 불문하고 양수인에게 모두 승계되는 것으로 충분히 파악할 수 있다(헌재 2019. 9. 26. 2017헌바397 등). 〈해설〉 판례는 '운송사업자로서의 지위'와 '운송사업 허가에 기인한 공법상 권리와 의무'를 동의어로 보고 있는데, '운송사업자로서의 지위'는 '공법상의 권리의무'보다 넓은 개념으로 보는 것이 타당하다. 즉 제재사유 자체는 '공법상의 권리의무'는 아니지만, '사업자의 지위'에는 포함된다고 보아야 한다.

판례3　회사분할의 경우, 분할 전 위반행위를 이유로 신설회사에 대하여 과징금을 부과하는 것이 허용되는지 여부(소극): 신설회사 또는 존속회사가 승계하는 것은 분할하는 회사의 권리와 의무라 할 것인바, 분할하는 회사의 분할 전 법 위반행위를 이유로 과징금이 부과되기 전까지는 단순한 사실행위만 존재할 뿐 그 과징금과 관련하여 분할하는 회사에게 승계의 대상이 되는 어떠한 의무가 있다고 할 수 없고, 특별한 규정이 없는 한 신설회사에 대하여 분할하는 회사의 분할 전 법 위반행위를 이유로 과징금을 부과하는 것은 허용되지 않는다(대판 2007. 11. 29, 2006두18928[시정조치등취소]). 〈해설〉 제재처분 전 제재사유의 승계가 문제된 사건이다.

판례4　하도급거래 공정화에 관한 법률(이하 '하도급법'이라 한다) 위반을 이유로 시정명령 등과 그에 따른 벌점을 부과받은 갑 주식회사가 을 주식회사와 병 주식회사로 분할되었고, 정 주식회사가 갑 회사의 사업 부문 대부분이 이전된 을 회사를 흡수합병하자, 공정거래위원회가 정 회사에 대하여 갑 회사에 부과된 벌점이 정 회사에 승계되었음을 이유로 관계 행정기관의 장에게 입찰참가자격제한 및 영업정지를 요청하기로 결정한 사안에서, 하도급법에 따른 벌점 부과를 단순한 사실행위에 불과하다고만 볼 수는 없고, 공법상 지위 내지 의무·책임이 구체화된 경우라고 볼 여지가 큰 점 등을 고려하여 갑 회사에 부과된 벌점은 분할신설회사인 을 회사에 귀속된 후 이를 흡수합병한 정 회사에 승계되었다고 보는 것이 타당하다. 또한, 만약 하도급법 위반행위로 제재처분을 받은 회사가 그 제재처분에 부수되는 벌점이 누적됨에 따라 입찰참가자격제한 요청 등의 법적 요건까지 모두 충족하여 후속 처분이 임박하였음에도 회사분할을 하였다는 이유만으로 피고가 해당 사업 부문을 승계한 분할신설회사에 대하여 후속 처분을 할 수 없다고 한다면, 회사분할을 통하여 기존에 부과 받은 벌점 및 이에 따르는 후속 처분을 무력화할 여지가 있어 벌점 부과 제도의 실효성을 확보할 수 없게 된다(대판 2023. 4. 27, 2020두47892[입찰참가자격제한 및 영업 정지 요청 결정 취소청구의 소]). 〈해설〉 제재처분(벌점부과처분) 후 제재처분의 효과의 승계가 문제된 사건이다.

② 양수인에 의한 양도인의 영업자의 지위의 승계에 관한 규정은 제재사유의 승계에 관한 근거규정으로 볼 수 있다(대판 2010. 4. 8, 2009두17018). 이러한 지위 승계 규정은 양도

인이 해당 사업과 관련하여 관계 법령상 의무를 위반하여 제재사유가 발생한 후 사업을 양도하는 방법으로 제재처분을 면탈하는 것을 방지하려는 데에도 그 입법 목적이 있다(대판 2021. 7. 29, 2018두55968[유가보조금환수처분취소]). ③ 제재처분은 대물적 처분이므로 양도인의 지위를 승계한 자에 대하여 양도인이 위법행위를 하였다는 이유로 양수인에게 사업정지 등 제재처분을 취할 수 있다(대판 2003. 10. 23, 2003두8005). 제재처분이 대인적 처분인 경우에는 지위승계 후 발생한 제재사유(예, 지위승계 후 발생한 유가보조금의 부정수급)에 한하여 양수인에게 제재처분(예, 부정수급 유가보조금 환수처분)을 할 수 있다.

판례1 석유사업법 제 9 조 제 3 항 및 그 시행령이 규정하는 석유판매업의 적극적 등록요건과 제 9 조 제 4 항, 제 5 조가 규정하는 소극적 결격사유 및 제 9 조 제 4 항, 제 7 조가 석유판매업자의 영업양도, 사망, 합병의 경우뿐만 아니라 경매 등의 절차에 따라 단순히 석유판매시설만의 인수가 이루어진 경우에도 석유판매업자의 지위승계를 (명문으로) 인정하고 있는 점을 종합하여 보면, 석유판매업 등록은 원칙적으로 대물적 허가의 성격을 갖고, 또 석유판매업자가 같은 법 제26조의 유사석유제품 판매금지를 위반함으로써 같은 법 제13조 제 3 항 제 6 호, 제1항 제11호에 따라 받게 되는 사업정지 등의 제재처분은 사업자 개인의 자격에 대한 제재가 아니라 사업의 전부나 일부에 대한 것으로서 대물적 처분의 성격을 갖고 있으므로, 위와 같은 지위승계(석유판매업자의 지위승계 등)에는 종전 석유판매업자가 유사석유제품을 판매함으로써 받게 되는 사업정지 등 제재처분(제재사유 포함)의 승계가 포함되어 그 지위를 승계한 자에 대하여 사업정지 등의 제재처분을 취할 수 있다고 보아야 하고, 같은 법 제14조 제 1 항 소정의 과징금은 해당 사업자에게 경제적 부담을 주어 행정상의 제재 및 감독의 효과를 달성함과 동시에 그 사업자와 거래관계에 있는 일반 국민의 불편을 해소시켜 준다는 취지에서 사업정지처분에 갈음하여 부과되는 것일 뿐이므로, 지위승계의 효과에 있어서 과징금부과처분을 사업정지처분과 달리 볼 이유가 없다(대판 2003. 10. 23, 2003두8005[과징금부과처분취소]).

판례2 [불법증차 관련 유가보조금 환수처분에 관한 사건] (1) 불법증차된 화물자동차를 양수한 화물자동차운송사업자에 대하여 유가보조금 환수처분을 할 수 있는지 여부(적극): 가. 구「화물자동차 운수사업법」(2017. 3. 21. 법률 제14725호로 개정되기 전의 것,(이하 '화물자동차법'이라고 한다) 제44조 제 3 항은 '거짓이나 부정한 방법'으로 제43조 제 2 항에 따라 보조금을 지급받은 '운송사업자등'에게는 보조금의 반환을 명하여야 한다고 규정하고 있다. 나. 유가보조금의 지급대상은 화물자동차법령에 따라 화물자동차 운송사업을 위하여 적법하게 허가받아 등록된 차량이어야 한다. 따라서 증차가 허용되는 특수용도형 화물자동차로 허가받은 차량을 변경허가를 받지 않은 채 대폐차수리통보서 등의 위·변조에 기한 허위 대폐차의 방법으로 증차가 허용되지 않는 일반형 화물자동차나 공급이 제한되는 다른 특수용도형 화물자동차로 변경한 이른바 '불법증차 차량'은 화물자동차법령에 따라 적법하게 허가받아 등록된 차량이라고 할 수 없어 유가보조금의 지급대상이 될 수 없다. 불법증차된 차량에 관하여 운송사업자등이 유가보조금을 청구하여 지급받은 경우 이는 '거짓이나 부정한 방법'으로 유가보조금을 지급받은 경우에 해당하여 화물자동차법 제44조 제 3 항에 따른 반환명령 대상에 해당한다(대법원 2009. 7. 23. 선고 2009두6087 판결, 2021. 7. 21. 선고 2018두49789 판결 등 참조). 다. 한편 화물자동차법 제16조 제 4 항은 화물자동차 운송사업을 양수하고 신고를 마치면 양수인이 양도인의 '운송사업자로서의 지위'를 승계한다고 규정하고 있다. 이러한 지위 승계 규정은 양도인이 해당 사업과 관련하여 관계법령상 의무를 위반하여 제재사유가 발생한 후 사업을 양도하는 방법으로 제재처분을 면탈하는 것을 방지하려는 데에도 그 입법목적이 있다. 화물자동차법에서 '운송사업자'란 화물자동차법 제 3 조 제 1 항에 따라 화물자동차 운송사업 허가를 받은 자를 말하므로(제 3 조 제 3 항), '운송사업자로서의 지위'란 운송사업 허가에 기인한 공법상 권리와 의무를 의미하고, 그 '지위의 승계'란 양도인의 공법상 권리와 의무를 승계하고 이에 따라 양도인의 의무위반행위에 따른 위법상태(제재사유)의 승계도 포함하는 것이라고 보아야 한다. 불법증차를 실행한 운송사업자로부터 운송사업을 양수하고 화물자동차법 제16조 제1항에 따른 신고를 하여 화물자동차법 제16조 제4항에 따라 운송사업자의 지위를 승계한 경우에는 설령 양수인이 영업양도·양수 대상에 불법증차 차량이 포함되어 있는지를 구체적으로 알지 못하였다 할지라도, 양수인은 불법증차 차량이라는 물적 자산과 그에 대한 운송사업자로서의 책임까지 포괄적으로 승계한다(헌법재판소 2019. 9. 26. 선고 2017헌바397 등 결정 참조). 따라서 관할 행정청은 양수인의 선의·악의를 불문하고 양수인에 대하여 불법증차 차량에 관하여 지급된 유가보조금의 반환을 명할 수 있다. 〈해설〉 위의 판시는 불법증차 관련 유가보조금 환수처분을 제재처분으로 보고, 승계되는 '운송사업자로서의 지위'에 제재사유(양도인의 의무위반에 따른 위법상태)도 포함된다고 보고, 사업양도시 제재사유의 승계를 인정한 판시이다. (2) 위와 같은 유가보조금 환수처분이 가능할 경우 양수인의 책임 범위: 다만 그에 따른 양수인의 책임범위는 지위승계 후 발생한 유가보조금 부정수급액에 한정되고, 지위승계 전에 발생한 유가보조금 부정수급액에 대해서까지 양수인을 상대로 반환명령을 할 수는 없다. 유가보조금 반환명령은 '운송사업자등'이 유가보조금을 지급받을 요건을 충족하지 못함에도 유가보조금을 청구하여 부정수급하는 행위를 처분사유로 하는 '대인적 처분'으로서, '운송사업자'가 불법증차 차량이라는 물적 자산을 보유하고 있음을 이유로 한 운송사업 허가취소 등의 '대물적 제재처분'과는 구별되고, 양수인은 영업양도·양수 전에 벌어진 양도인의 불법증차 차량의 제공 및 유가보조금 부정수급이라는 결과 발생에 어떠한 책임이 있다고 볼 수 없기 때문이다(대판 2021. 7. 29, 2018두55968[유가보조금 환수처분 취소]). 〈관련 사실〉 원고들은 불법증차된 이 사건 각 차량에 관한 화물자동차 운송사업을 양도 또는 양수한 회사들이다. 피고는 원고들이 유가보조금을 부정수급하였다는 이유로, 원고 3(원고 2에게 불법증차 차량 양도)과 원고 4(원고 1에게 불법증차 차량 양도)에게는 차량 양도 전의 기간에 대한 유가보조금의 환수처분을 하고, 원고 1과 원고 2에게는 차량 양수 후의 기간에 대한 유가보조금의 환수처분을 하였다. 원심(제2심법원)은 이 사건 각 차량에 관한 화물자동차 운송사업의 최종 양수인들에게 유가보조금 부정수급액 전액의 반환명령을 하여야 함을 전제로, 원고 1, 2에 대한 환수처분은 적법하지만 원고 3, 4에 대한 환수처분은 위법하다고 판단하였다. 이에 대해 대법원은 위와 같은 법리에 기초해 피고가 원고들에게 한 각 유가보조금 환수처분이 모두 적법하다고 판단한 다음, 원심판결 중 원고 3, 4에 대한 부분은 파기하고, 원고 1, 2에 대한 부분은 결론이 정당하다는 이유로 그대로 유지하였다. 〈해설〉 대법원을 포함하여 법원은 양수인에 의한 양도인에 대한 제재처분의 효과나 제재사유의 승계를 양도인에게 면책적인 승계로 보는데, 명문의 규정이 없더라도[명문의 규정이 있는 경우(예, 폐기물관리법상 양도인과 양수인의 폐기물처리책임)도 있다] 양도인과 양수인 모두에게 책임(공법상의 의무)을 인정하는 병존적 승계로 보는 것이 타당하다.

④ 지위승계의 효과에 있어서 (변형된) 과징금부과처분을 사업정지처분과 달리 볼 이유가 없다(대판 2003. 10. 23, 2003두8005).

⑤ 나아가 판례는 영업양도시 제재사유(예, 취소사유(양도인의 운전면허 취소))가 현실적으로 발생하지 않았더라도 그 원인되는 사실이 이미 존재하였다면 양도양수 후 제재사유(예, 양도양수후 발생한 운송사업면허 취소사유(예: 양도인의 운전면허 취소))로 양수인에게 제재처분(취소처분)을 할 수 있다고 본다(대판 2010. 4. 8, 2009두17018[개인택시운송사업면허취소처분취소]).

> 판례 [1] 구 여객자동차 운수사업법(2007. 7. 13. 법률 제8511호로 개정되기 전의 것, 이하 '법'이라고 한다) 제15조 제4항에 의하면 개인택시 운송사업을 양수한 사람은 양도인의 운송사업자로서의 지위를 승계하는 것이므로, 관할관청은 개인택시 운송사업의 양도·양수에 대한 인가를 한 후에도 그 양도·양수 이전에 있었던 양도인에 대한 운송사업면허 취소사유를 들어 양수인의 사업면허를 취소할 수

있는 것이고(대판 1998. 6. 26, 96누18960 참조), 가사 양도·양수 당시에는 양도인에 대한 운송사업면허 취소사유가 현실적으로 발생하지 않은 경우라도 그 원인되는 사실이 이미 존재하였다면, 관할관청으로서는 그 후 발생한 운송사업면허 취소사유에 기하여 양수인의 사업면허를 취소할 수 있는 것이다. 즉, 이 사건 운송사업의 양도·양수 당시에는 운송사업면허 취소사유, 즉 소외인의 운전면허 취소사실이 현실적으로 발생하지 않았더라도 그 원인되는 소외인의 음주운전사실이 존재하였던 이상 원고는 그러한 소외인의 이 사건 운송사업면허상의 지위를 그대로 승계한 것이고, 그 후 소외인의 운전면허가 취소되었다면 피고는 원고에 대하여 이 사건 운송사업면허를 취소할 수 있다. [2] 관할관청이 개인택시 운송사업의 양도·양수에 대한 인가를 한 후 그 이전에 있었던 양도인의 음주운전 사실로 운전면허가 취소되자, 양도인의 운전면허 취소가 운송사업면허의 취소사유에 해당한다는 이유로 양수인의 운송사업면허를 취소하는 처분을 한 사안에서, 개인택시 운송사업자의 면허를 박탈함으로써 개인택시 운송사업의 질서를 확립하여야 할 공익상의 필요가 위 처분으로 양수인이 입게 될 불이익에 비해 가볍다고 볼 수 없어 관계 법령의 기준에 따른 위 처분에 재량을 일탈·남용한 위법이 없다고 판단한 사례. 〈참고사항〉 음주운전으로 인한 운전면허의 취소는 개인택시운송사업면허의 취소사유이다(대판 2010. 4. 8, 2009두17018[개인택시운송사업면허취소처분취소]).

마. 결어(판례 비판)　　　다음과 같은 이유에서 영업양도시 양수인에 승계되는 양도인의 지위에는 양도인의 위법행위로 인한 제재사유는 포함되지 않는다고 보는 부정설이 타당하다. ① 위법행위로 인한 제재사유는 항상 인적 사유이고, 경찰책임 중 행위책임의 문제이다. ② 영업양도의 경우 양도되는 영업자의 지위에는 양도인의 위법행위로 인한 제재사유는 포함되지 않으므로 양도인의 지위의 승계에 관한 규정만으로는 양도인의 위법행위로 인한 제재사유의 승계의 근거규정이 될 수 없다고 보는 것이 타당하다.

양도인이 제재를 피하기 위해 양수인과 공모하여 허위로 영업양도를 한 경우에는 영업양도계약 및 영업양도양수 신고수리는 무효이고, 실질적인 영업허가자는 양도인이므로 양도인에게 제재처분을 내리고, 허위의 양도가 아닌 경우 양수인이 제재사유를 알고 양수한 것은 공익에 반하는 것이므로 공익상 필요한 경우 행정청은 양도양수의 신고수리를 철회하고 양도인에게 제재처분을 내릴 수 있다.

긍정설을 취하는 경우(제재사유의 승계를 인정하는 경우) 책임주의의 원칙(자기책임의 원칙)상 양수인에게 귀책사유가 없으면 양도인에 대한 제재사유를 이유로 양수인에게 제재처분을 할 수 없다고 보아야 한다. 양수인의 귀책사유를 고의 또는 과실로 보면 명문의 규정이 없더라도 양수인에게 고의 또는 과실이 없는 경우(선의·무과실인 경우) 양도인에 대한 제재사유를 이유로 양수인에게 제재처분을 할 수 없다고 보아야 한다.

제재사유의 승계를 인정하는 입장에 서는 경우 양도인의 위법행위를 이유로 제재처분을 내린 경우에는 재량행위인 제재처분의 위법(재량권의 일탈·남용) 여부를 논함에 있어서는 제재처분을 내릴 공익과 양수인의 이익 사이의 이익형량을 행하여야 한다. 특히 선의의(귀책사유없는) 양수인에 대한 제재사유의 승계 및 제재처분은 비례의 원칙에 반할 수 있다. 양수인이 선의·무과실인 경우 제재사유의 승계를 부정하는 것으로 규정하고 있는 경우가 있다.

행정기본법안에 따르면 승계인이 해당 제재처분이나 그와 관련된 위반 사실을 알지 못하였음을 증명한 경우에는 제 1 항(제재처분등의 효과의 승계), 제 2 항(제재사유의 승계) 및 제 3 항(제재처분 이력의 승계)의 규정을 적용하지 아니한다(제 5 항).

Ⅱ. 준법률행위적 행정행위

1. 확인행위

(1) 의   의

확인행위(確認行爲)라 함은 특정한 사실 또는 법률관계의 존부 또는 정부(正否)에 관하여 의문이 있거나 다툼이 있는 경우에 행정청이 이를 공권적으로 확인하는 행위를 말한다.

당선인 결정, 장애등급결정, 도산등사실불인정, 국가유공자등록결정, 민주화운동관련자결정, 국가시험합격자의 결정, 교과서의 검정, 발명특허, 도로구역 또는 하천구역의 결정, 이의신청의 재결, 행정심판의 재결, 소득금액의 결정 등이 그 예이다.

> **판례**   친일반민족행위자 재산의 국가귀속에 관한 특별법 제 3 조 제 1 항 본문, 제 9 조 규정들의 취지와 내용에 비추어 보면, 같은 법 제 2 조 제 2 호에 정한 친일재산은 친일반민족행위자재산조사위원회가 국가귀속결정을 하여야 비로소 국가의 소유로 되는 것이 아니라 특별법의 시행에 따라 그 취득·증여 등 원인행위시에 소급하여 당연히 국가의 소유로 되고, 위 위원회의 국가귀속결정은 당해 재산이 친일재산에 해당한다는 사실을 확인하는 이른바 준법률행위적 행정행위의 성격을 가진다(대판 2008. 11. 13, 2008두13491[친일재산국가귀속처분취소]).

당연퇴직의 통보, 국세환급거부결정 등 기존의 다툼이 없이 명확한 법률관계를 단순히 확인하는 행위는 단순한 사실행위이며 행정행위인 확인행위와 구별하여야 한다.

(2) 성   질

확인행위는 사실 또는 법률관계를 확인하는 행위이므로 원칙상 행정청에게 재량권이 인정될 수 없고 따라서 기속행위이다. 다만, 판단여지가 인정될 수 있다(교과서의 검정).

> **판례**   준공검사처분은 건축허가를 받아 건축한 건물이 건축허가사항대로 건축행정목적에 적합한가의 여부를 확인하고, 준공검사필증을 교부하여 줌으로써 허가받은 자로 하여금 건축한 건물을 사용, 수익할 수 있게 하는 법률효과를 발생시키는 것이므로 허가관청은 특단의 사정이 없는 한 건축허가내용대로 완공된 건축물의 준공을 거부할 수 없다(대판 1992. 4. 10, 91누5358).

(3) 효   과

확인행위는 사실 또는 법률관계의 존부 또는 정부를 공적으로 확인하는 효과를 갖는다. 확인행위는 의문이 있거나 다툼이 있는 사실 또는 법률관계를 공권적으로 확인하는 행위로서 법원의 판결과 유사하므로 확인행위에는 **불가변력**이 발생한다고 보는 견해가 있다. 그러나, 전술한 바와 같이 이의신청의 재결이나 행정심판의 재결과 같은 준사법적 행위에만 불가변력이 발생하는 것으로 보고 그 이외의 확인행위는 취소권 또는 철회권이 제한되는 예로 보는 것이 타당하다.

2. 공증행위

공증행위(公證行爲)라 함은 특정의 사실 또는 법률관계의 존재를 공적으로 증명하는 행정행위를 말한다. 부동산등기, 선거인명부에의 등록, 광업원부에의 등록 등이 그 예이다.

> **판례** 의료유사업자 자격증 갱신발급행위를 공증행위로 본 사례(대판 1977. 5. 24, 76누295, 동지 판례: 대판 1979. 5. 22, 79누39): 특허청장의 상표사용권설정등록행위를 사인간의 법률관계의 존부를 공적으로 증명하는 준법률행위적행정행위로 본 사례(대판 1991. 8. 13, 90누9414), 건설업면허증 및 건설업면허수첩의 재교부를 건설업의 면허를 받았다고 하는 특정사실에 대하여 형식적으로 그것을 증명하고 공적인 증거력을 부여하는 행정행위(강학상의 공증행위)로 본 사례(대판 1994. 10. 25, 93누21231[건설업면허취소처분취소]).

공증행위의 효력은 사실 또는 법률관계의 존재에 대하여 공적 증거력을 부여하는 것이다. 공증에 의한 공적 증거력은 반증(反證)에 의하지 아니하고는 번복될 수 없다. 공적 증거력의 발생 이외에 법규정에 의해 일정한 법률효과가 부여되는 경우도 있다.

3. 통지행위

통지행위(通知行爲)라 함은 특정인 또는 불특정 다수인에게 특정한 사실을 알리는 행정행위를 말한다. 통지행위는 그 자체가 일정한 법률효과를 발생시키는 행정행위이다.

통지행위는 행정행위의 효력발생요건인 통지 또는 고지와 구별되어야 한다. 단순한 사실의 통지($^{당연퇴직의\ 통보,\ 법률효과를}_{발생시키지\ 않는\ 경고}$)도 통지행위가 아니다.

통지행위의 예로는 특허출원의 공고, 귀화의 고시, 대집행의 계고, 납세의 독촉 등을 들 수 있다.

4. 수리행위

수리행위(受理行爲)라 함은 법상 행정청에게 수리의무가 있는 경우에 신고, 신청 등 타인의 행위를 행정청이 적법한 행위로서 받아들이는 행위를 말한다. 사직서의 수리, 행정심판청구서의 수리, 혼인신고서의 수리 등이 그 예이다.

수리행위는 행정청의 수리의무를 전제로 하여 행해지는 행정행위이다. 따라서 수리행위(예, 수리를 요하는 신고에서의 수리)는 내부적 사실행위인 단순한 접수행위(예, 자기완결적 신고의 수리)와 구별되어야 한다.

수리행위의 전제요건인 신고 또는 신청이 형식적 요건을 결한 경우에 행정청은 보정명령을 내리고 보정되지 않으면 수리를 거부할 수 있다. 이 경우 수리거부는 소극적 행정행위이다.

수리에 의한 법적 효과는 법률이 정하는 바에 의한다. 예를 들면, 혼인·출생신고에 의해 신분상 법적 지위에 변동이 일어난다.

제 6 절 행정행위의 부관 [2009, 2002 감평 사례]

Ⅰ. 부관의 개념

1. 개 관

행정행위의 부관(附款)이라 함은 행정청에 의해 주된 행정행위에 부가된 종된 규율이다. 행정행위의 부관은 학문상 개념이며 실정법에서는 오히려 '조건'으로 표시되고 있다.

부관의 기능이나 목적은 매우 다양하다. 부관은 행정행위의 효과를 제한하는 기능만을 갖는 것이 아니라 행정행위의 요건을 충족시키는 기능을 갖기도 하고, 부담은 행정행위의 효과를 제한하는 것이라기보다는 상대방에게 특별한 의무를 부과하는 부관이라고 보아야 한다.

부관은 주된 행정행위에 부가된 종된 규율로서 부종성(附從性)을 가지므로 명문의 규정이나 명문의 약정이 없는 한 주된 행정행위가 효력을 상실하면 부관도 효력을 상실한다.

2. 구별개념

행정행위의 부관은 다음과 같은 개념과 구별되어야 한다.

(1) 법정부관과의 구별

법령이 직접 행정행위의 조건, 기한 등을 정하는 경우로 이와 같이 법령의 규정에 의해 직접 부가된 부관을 법정부관(法定附款)이라 한다.

법정부관에는 행정행위의 부관에 대한 규율(부관의 한계 등)이 적용되지 않으므로 법정부관은 행정행위의 부관과 구별하여야 한다.

[판례] 임시이사를 선임하면서 그 임기를 '후임 정식이사가 선임될 때까지'로 기재한 것은 근거법률의 해석상 당연히 도출되는 사항을 주의적·확인적으로 기재한 이른바 '법정부관'일 뿐, 행정청의 의사에 따라 붙이는 본래 의미의 행정처분 부관이라고 볼 수 없다(대법원 1994. 3. 8. 선고 92누1728 판결 참조). 후임 정식이사가 선임되었다는 사유만으로 임시이사의 임기가 자동적으로 만료되어 임시이사의

지위가 상실되는 효과가 발생하지 않고, 관할 행정청이 <u>후임 정식이사가 선임되었음을 이유로 임시이</u>
<u>사를 해임하는 행정처분을 해야만 비로소 임시이사의 지위가 상실되는 효과가 발생한다</u>(대판 2020. 10.
29, 2017다269152).

(2) 법률효과의 일부배제와의 구별

법률효과의 일부배제라 함은 법령이 행정행위에 부여하고 있는 일반적인 법률효과의
일부를 배제시키는 행정기관의 행위를 말한다.[6]

법률효과의 일부배제와 부관이 다른 것인지에 관하여는 견해가 대립하고 있는데, 법
률효과의 일부배제를 부관으로 보는 견해(부관설, 구별부정설)가 판례의 입장이다.

판례　　행정행위의 부관은 부담의 경우를 제외하고는 독립하여 행정소송의 대상이 될 수 없는 것인
바, <u>지방국토관리청장이 일부 공유수면매립지에 대하여 한 국가 또는 직할시 귀속처분은 매립준공인가</u>
를 함에 있어서 매립의 면허를 받은 자의 매립지에 대한 소유권취득을 규정한 공유수면매립법 제14조
의 효과 일부를 배제하는 부관을 붙인 것이고, 이러한 행정행위의 부관은 위 법리와 같이 <u>독립하여 행</u>
<u>정소송 대상이 될 수 없다</u>(대판 1993. 10. 8, 93누2032[공유수면매립공사준공인가처분취소]).

그러나, 법률효과의 일부배제는 행정행위의 효과를 제한하는 점에서는 부관과 같으나
행정행위의 효과의 일부를 배제함과 동시에 행정행위 자체의 일부분을 이루는 것이므로
행정행위에 부가된 것인 부관과 구별하는 것이 타당하다(구별설).

법률효과의 일부배제는 신청된 행정행위의 내용의 일부를 받아들이는 행정행위이므
로 '일부허가'이며 동시에 행정행위의 내용의 일부를 거부하는 행위이므로 '일부거부행위'
라고 볼 수 있다.

(3) 수정부담(변경허가)과의 구별

수정부담(修正負擔)이라 함은 당사자가 신청한 내용과 다른 내용으로 행정행위를 행하
는 것을 말한다.[7]

수정부담은 신청된 내용의 행정행위를 부여하면서 그 법적 효과를 제한하는 것이 아
니라 신청된 행정행위의 내용 자체를 변경하여 변경된 내용의 행정행위를 행하는 것이므
로 부관과 구별되어야 한다. 따라서 수정부담이라는 용어는 혼동을 일으킬 수 있으므로
'변경허가'로 부르는 것이 타당하다.

수정부담에 있어 상대방이 수정된 내용의 행정행위를 받아들이지 않는 경우에는 수정
부담을 거부처분으로 보고 거부처분에 대한 취소소송을 제기하면 되고, 상대방이 수정된

---

[6] 법률효과의 일부배제의 예로 격일제 운행의 개인택시운송사업면허, 신체장애자의 운전면허신청에 대하여
오토매틱자동차만에 대한 운전면허, 영업구역을 설정한 영업허가를 들 수 있다.
[7] 예를 들면, 갑(甲)이 A국으로부터의 쇠고기 수입허가를 신청하였는데 허가기관이 B국으로부터의 쇠고기
수입허가를 부여하는 것을 말한다. 또한 갑(甲)이라는 진로로 집단시위행진을 할 것을 신청하였지만 진로
를 변경하여 허가를 해 준 경우를 예로 들 수 있다.

내용의 행정행위를 받아들이면 수정된 내용의 행정행위가 완전한 효력을 발생하게 된다.

Ⅱ. 부관의 종류 [2012 변시 사례]

1. 조   건

조건(條件)이라 함은 행정행위의 효력의 발생 또는 소멸을 장래의 불확실한 사실에 의존시키는 부관을 말한다.

조건이 성취되어야 행정행위가 비로소 효력을 발생하는 조건을 정지조건(停止條件)이라 하고 행정행위가 일단 효력을 발생하고 조건이 성취되면 행정행위가 효력을 상실하는 조건을 해제조건(解除條件)이라 한다.

예를 들면, 일정한 기간 내에 공사에 착수할 것을 조건으로 하는 공유수면매립면허는 해제조건부면허로 보는 것이 타당하다.

2. 기   한

(1) 의   의

기한(期限)이라 함은 행정행위의 효력의 발생 또는 소멸을 장래의 발생이 확실한 사실에 의존시키는 부관을 말한다.

(2) 종   류

기한이 도래함으로써 행정행위의 효력이 발생하는 기한을 **시기(始期)**라 하고, 기한이 도래함으로써 행정행위가 효력을 상실하는 기한을 **종기(終期)**라 한다. 기한 중 도래시점이 확정된 기한을 **확정기한(確定期限)**이라 하고, 도래시점이 확정되지 않은 기한을 **불확정기한(不確定期限)**이라 한다.

(3) 조건과 구별

기한이나 조건은 행정행위의 시간상의 효력범위를 정하는 점에서 같다. 그러나, 기한은 사건의 발생이 확실하다는 점에서 사건의 발생 자체가 불확실한 조건과 구별된다.

허가 자체의 존속기간과 허가조건의 존속기간의 구별 [2007 행시(일반행정) 사례]

허가 등 행정행위에 종기의 일종인 유효기간이 부가된 경우에 그 기한은 '행정행위 자체의 존속기간' 인가 아니면 '허가조건의 존속기간'인가.

① **구별기준**　　　행정행위(영업/허가)가 그 내용상 장기간에 걸쳐 계속될 것이 예상되는데 유효기간이 허가 또는 특허된 사업의 성질상 부당하게 단기로 정해진 경우에는 그 유효기간을 '허가조건의 존속기간'으로 보아야 하고(대판 1995. 11. 10, 94누11866[옥외광고물 등 표시허가연장거부처분취소]), 허가조건의 존속기간이 아닌 유효기간은 행정행위 자체의 존속기간이다.

> **판례**　　일반적으로 행정처분에 효력기간이 정하여져 있는 경우에는 그 기간의 경과로 그 행정처분의 효력은 상실되며, 다만 허가에 붙은 기한이 그 허가된 사업의 성질상 부당하게 짧은 경우에는 이를 그 허가 자체의 존속기간이 아니라 그 허가조건의 존속기간으로 보아 그 기한이 도래함으로써 그 조건의 개정을 고려한다는 뜻으로 해석할 수 있지만, 이와 같이 당초에 붙은 기한을 허가 자체의 존속기간이 아니라 허가조건의 존속기간으로 보더라도 그 후 당초의 기한이 상당 기간 연장되어 연장된 기간을 포함한 존속기간 전체를 기준으로 볼 경우 더 이상 허가된 사업의 성질상 부당하게 짧은 경우에 해당하지 않게 된 때에는 관계 법령의 규정에 따라 허가 여부의 재량권을 가진 행정청으로서는 그 때에도 허가조건의 개정만을 고려하여야 하는 것은 아니고 재량권의 행사로서 더 이상의 기간연장을 불허가할 수도 있는 것이며, 이로써 허가의 효력은 상실된다(대판 2004. 3. 25, 2003두12837[개발제한구역내행위허가(기간연장)신청불허가처분취소]).

② **허가조건의 존속기간의 효과**　　　허가조건의 존속기간의 경우 유효기간이 도과하기 전에 당사자의 갱신신청이 있는 경우에는 특별한 사정이 없는 한 그 조건의 개정을 고려할 수 있으나 행정행위의 유효기간을 갱신 내지 연장하여 주어야 한다.

갱신허가시 허가요건의 변경 등 사정변경이 있는 경우 신뢰보호이익과 공익(법률적합성원칙 등)을 비교형량하여야 한다.

허가조건의 존속기간 내에 적법한 갱신신청이 있었음에도 갱신가부의 결정이 없는 경우에는 유효기간이 지나도 주된 행정행위는 효력이 상실되지 않는다. 그러나, 갱신신청 없이 유효기간이 지나면 주된 행정행위는 효력이 상실되므로 갱신기간이 지나 신청한 경우에는 기간연장신청이 아니라 새로운 허가신청으로 보아야 한다(대판 1995. 11. 10, 94누11866; 2007. 10. 11, 2005두12404).

> **판례**　　종전의 허가가 기한의 도래로 실효한 이상 원고가 종전 허가의 유효기간이 지나서 신청한 이 사건 기간연장신청은 그에 대한 종전의 허가처분을 전제로 하여 단순히 그 유효기간을 연장하여 주는 행정처분을 구하는 것이라기보다는 종전의 허가처분과는 별도의 새로운 허가를 내용으로 하는 행정처분을 구하는 것이라고 보아야 할 것이어서, 이러한 경우 허가권자는 이를 새로운 허가신청으로 보아 법의 관계 규정에 의하여 허가요건의 적합 여부를 새로이 판단하여 그 허가 여부를 결정하여야 할 것이다(대판 1995. 11. 10, 94누11866[옥외광고물 등 표시허가연장거부처분취소]: 서울 영등포구 양화동 성산대교 남쪽 88올림픽대로변에 가로 19.8m, 세로 9.9m의 지주이용 야립간판 3개에 관하여 설치기간을 1990. 10. 17.부터 1993. 10. 16.까지 3년으로 한 광고물표시허가를 받아 설치 이용하여 오다가 허가기간 3년이 지난 후인 1994. 1. 11. 피고에게 위 야립간판의 표시허가기간을 연장해 줄 것을 신청한 사례).

③ **허가 자체의 존속기간의 효과**　　　행정행위 자체의 존속기간인 경우에는 종기의 도래로 주된 행정행위는 당연히 효력을 상실한다. 또한 당사자는 기간연장에 있어 어떠한 기득권도 주장할 수 없다. 기간연장신청은 새로운 행정행위의 신청이다.

그러나, 행정청이 관계법령의 규정이나 또는 자체적인 판단에 따라 처분상대방에게 특정한 권리나 이익 또는 지위 등을 부여한 후 일정한 기간마다 심사하여 그 갱신 여부를 판단하는 이른바 '갱신제'를 채택하여 운용하는 경우에는, 처분상대방은 합리적인 기준에 의한 공정한 심사를 받아 그 기준에 부합되면 특별한 사정이 없는 한 갱신되리라는 기대를 가지고 갱신 여부에 관하여 합리적인 기준에 의한 공정한 심사를 요구할 권리를 가진다고 보아야 한다.

> **판례**   [피고가 '중국 단체관광객 유치 전담여행사'지정과 관련하여 원고에 대한 2년의 갱신제 심사대상기간이 만료된 후 갱신심사 도중에 심사기준을 변경하여 변경된 심사기준에 따라 갱신 거부처분을 하여 다투어진 사안] (1) '갱신제'에서 사전에 공표된 심사기준을 심사대상기간 만료 후에 변경한 후 변경된 심사기준을 적용하여 갱신 거부처분을 하는 것이 허용되는지 여부(= 원칙적 소극): 행정청이 관계법령의 규정이나 또는 자체적인 판단에 따라 처분상대방에게 특정한 권리나 이익 또는 지위 등을 부여한 후 일정한 기간마다 심사하여 그 갱신 여부를 판단하는 이른바 '갱신제'를 채택하여 운용하는 경우에는, 처분상대방은 합리적인 기준에 의한 공정한 심사를 받아 그 기준에 부합되면 특별한 사정이 없는 한 갱신되리라는 기대를 가지고 갱신 여부에 관하여 합리적인 기준에 의한 공정한 심사를 요구할 권리를 가진다고 보아야 한다. 여기에서 '공정한 심사'란 갱신 여부가 행정청의 자의가 아니라 객관적이고 합리적인 기준에 의하여 심사되어야 할 뿐만 아니라, 처분상대방에게 사전에 심사기준과 방법의 예측가능성을 제공하고 사후에 갱신 여부 결정이 합리적인 기준에 의하여 공정하게 이루어졌는지를 검토할 수 있도록 심사기준이 사전에 마련되어 공표되어 있어야 함을 의미한다(대법원 2011. 1. 13. 선고 2010두1835 판결 등 참조). 사전에 공표한 심사기준 중 경미한 사항을 변경하거나 다소 불명확하고 추상적이었던 부분을 명확하게 하거나 구체화하는 정도를 뛰어넘어, 심사대상기간이 이미 경과하였거나 또는 상당 부분 경과한 시점에서 처분상대방의 갱신 여부를 좌우할 정도로 (사전에 공표한 심사기준을) 중대하게 변경하는 것은 갱신제의 본질과 사전에 공표된 심사기준에 따라 공정한 심사가 이루어져야 한다는 요청에 정면으로 위배되는 것이므로, 갱신제 자체를 폐지하거나 갱신상대방의 수를 종전보다 대폭 감축할 수밖에 없도록 만드는 중대한 공익상 필요가 인정되거나 관계 법령이 제·개정이 되었다는 등의 특별한 사정이 없는 한, 허용되지 않는다고 보아야 한다. (2) 피고(문화체육관광부장관)는 중국 정부에 추천할 '중국 단체관광객 유치 전담여행사'의 지정 및 관리 등을 시행하기 위하여 '중국 단체관광객 유치 전담여행사 업무 시행지침'을 제정하여, 2년에 1회 재심사를 통해 전담여행사 지위를 갱신하는 '전담여행사 갱신제'를 운용하고 있다. 피고는 원고에 대한 갱신제 심사대상기간(2014. 1.경 ~ 2015. 10.경)이 만료된 후인 2016. 3. 23.경 종전 처분기준의 각 평가영역·항목·지표 및 배점 등을 일부 변경하고, 변경된 처분기준을 미리 공표하지 않은 채 갱신심사에 적용하여, 원고에 대하여 전담여행사 갱신 거부처분을 하였다. 원심은 피고의 처분에 행정절차법 제20조 제 1 항을 위반하거나 재량권을 일탈·남용한 위법이 없다고 판단하였으나, 대법원은 피고가 사후적으로 변경된 처분기준에 따라 원고에 대한 전담여행사 갱신 거부를 결정한 것은, 전담여행사 갱신제 자체를 폐지하거나 갱신되는 전담여행사 업체수를 종전보다 현저하게 감축할 수밖에 없도록 만드는 중대한 공익상 필요가 인정되거나 관계 법령이 제·개정되었다는 등의 다른 특별한 사정이 없는 한, 처분기준 사전공표 제도의 입법취지에 반하고, 갱신제의 본질 및 적법절차원칙에서 도출되는 공정한 심사 요청에도 반하므로 위법하다고 판단하여 파기환송하였다(대판 2020. 12. 24, 2018두45633[중국전담여행사 지정취소처분 취소]).

④ **허가갱신의 효과**   행정행위 자체의 존속기간이든 행정행위 조건의 존속기간이든 허가 등 행정행위의 갱신으로 갱신 전의 허가 등 행정행위는 동일성을 유지하면서 효력을 유지한다.

> **판례1**   유료직업 소개사업의 허가갱신은 허가취득자에게 종전의 지위를 계속 유지시키는 효과를 갖는 것에 불과하고 갱신 후에는 갱신 전의 법위반사항을 불문에 붙이는 효과를 발생하는 것이

아니므로 일단 갱신이 있은 후에도 갱신 전의 법위반사실을 근거로 허가를 취소할 수 있다(대판 1982. 7. 27, 81누174[영업허가취소처분취소]).

판례2   **어업에 관한 허가 또는 신고의 경우 유효기간이 지나면 당연히 효력이 소멸하는지 여부 (적극) 및 이 경우 다시 어업허가를 받거나 신고를 하더라도 종전 허가나 신고의 효력 등이 계속되 는지 여부(소극):** 어업에 관한 허가 또는 신고의 경우에는 어업면허와 달리 유효기간연장제도가 마 련되어 있지 아니하므로 그 유효기간이 경과하면 그 허가나 신고의 효력이 당연히 소멸하며, 재차 허가를 받거나 신고를 하더라도 허가나 신고의 기간만 갱신되어 종전의 어업허가나 신고의 효력 또는 성질이 계속된다고 볼 수 없고 새로운 허가 내지 신고로서의 효력이 발생한다고 할 것이다 (대판 2011. 7. 28, 2011두5728[손실보상금]).

3. 부   담 [2016 변시, 2017 행시]

(1) 의의와 법적 규율

부담(負擔)이라 함은 행정행위의 주된 내용에 부가하여 그 행정행위의 상대방에게 작 위, 부작위, 급부, 수인 등의 의무를 부과하는 부관을 말한다. 부담은 다른 부관과 달리 그 자체가 행정행위이다. 따라서 부담만이 독립하여 항고소송의 대상이 될 수 있다.

부담은 행정청이 행정처분을 하면서 일방적으로 부가할 수도 있지만 부담을 부가하 기 이전에 상대방과 협의하여 부담의 내용을 협약의 형식으로 미리 정한 다음 행정처분을 하면서 이를 부가할 수도 있다(대판 2009. 2. 12, 2005다65500[약정금]). 협약으로 미리 정한 부담의 성질이 행정행위인지 아니면 공법상 계약인지 논란이 있다.

생각건대, 협약의 형식에 의한 부담은 공법상 계약인 협약과 협약을 준수하라는 부담 이 결합된 혼합적 행위로 보는 것이 타당하다. 즉, 협약의 형식에 의한 부담은 부담의 내 용을 공법상 계약의 성질을 갖는 협약으로 정하고 그 협약을 부담으로 붙인 것으로 보는 것이 타당할 것이다. 이에 대하여 협약은 공법상 계약의 성질을 갖지 않고 부담의 성질만 갖는 것으로 보는 견해도 있다.

부담에 의해 부과된 의무의 불이행이 있는 경우에 당해 의무의 불이행은 독립하여 강 제집행의 대상이 된다. 부담에 의해 부과된 의무의 불이행으로 부담부행정행위가 당연히 효력을 상실하는 것은 아니며 당해 의무불이행은 부담부행정행위의 철회사유(대판 1989. 10. 24, 89누2431[토지형질변경허가 취소처분취소])가 될 뿐이며 철회시에는 철회의 일반이론 에 따라 이익형량의 원칙이 적용된다.

그러나, 부담은 주된 행정행위에 부가된 부관이므로 부담의 효력은 주된 행정행위의 효력에 의존한다. 즉, 주된 행정행위가 효력을 상실하면 부담도 효력을 상실한다.

(2) 부담과 조건의 구별

1) 부담과 정지조건의 구별실익

① 부담부 행정행위(負擔附 行政行爲)는 부담의 이행을 필요로 함이 없이 즉시 효력을 발생하지만(_{주택건설사업계획승인}^{진입도로 조건부}) 정지조건부 행정행위(停止條件附 行政行爲)는 조건이 성취되어야 비로소 효력이 발생한다(_{립인가}^{조건부학교설}). 그러나, 실제에 있어서 어떠한 부관이 부담인지 아니면 정지조건인지 구별이 쉽지 않은 경우가 있다. 특히 정지조건이 관계인의 특정의 행위인 경우에 그러하다.

> 부관부 영업허가(또는 등록)의 경우에 당해 부관이 부담이라면 부담의 이행 없이 영업을 하여도 무허가영업이 아니지만, 당해 부관이 정지조건이라면 조건의 성취 없이 영업을 하면 무허가영업이 된다.

② 부담은 일정한 의무를 창설하고 그 의무의 불이행은 독립하여 강제집행의 대상이 된다. 그러나, 정지조건은 의무를 부과하지 않으며 조건이 성취되지 않았다고 하여 강제집행이 행해질 수 없으며 그러한 강제집행이 필요하지도 않다.

③ 부담은 부담만이 취소소송의 대상이 될 수 있지만 정지조건은 독립하여 취소소송의 대상이 되지 못하며 정지조건부 행정행위가 취소소송의 대상이 된다. 상대방은 정지조건부 행정행위를 대상으로 하여 정지조건만의 일부취소를 주장할 수 있다(판례는 부정).

2) 부담과 해제조건의 구별실익

해제조건(解除條件)의 경우에는 조건이 성취되면 행정행위의 효력이 당연히 소멸하게 되는데, 부담(負擔)의 경우에는 부담에 의해 부가된 의무의 불이행이 있는 경우에 행정행위가 당연히 효력을 상실하는 것이 아니며 행정행위의 철회사유가 될 뿐이다. 또한 부담은 부담만이 독립하여 취소소송의 대상이 되지만 해제조건은 그러하지 않다.

3) 부담과 조건의 판단기준

실제에 있어서 어떠한 부관이 부담인지 조건인지 그 판단은 용이하지 않다. 일응 다음과 같은 기준에 의해 판단하여야 할 것이다.

① 부관의 준수가 매우 중요하여 행정행위의 효력 자체를 그 조건에 의존시키는 것이 타당하다고 인정되는 경우에는 당해 부관은 조건으로 보아야 하고, 그렇지 않은 경우에는 부담으로 볼 수 있을 것이다.

② 부가된 부관의 주된 행정행위의 법률요건과의 관계가 고려되어야 한다. 부관이 주된 행정행위의 요건과 밀접하게 관련되어 있는 경우에는 조건으로 보아야 하고 그렇지 않은 경우에는 부담으로 보아야 할 것이다.

③ 부담과 조건의 구별이 모호한 경우에는 부담으로 추정함이 바람직하다. 그 이유는 부담이 조건보다 상대방에게 유리하기 때문이다.

(3) 부담과 기한의 구별

기한은 그 도래에 의해 주된 행정행위의 효력을 발생시키거나 실효시키지만, 부담의 경우는 의무기한의 도래로 의무불이행이 되며 철회사유가 될 뿐이다. 부담과 기한의 구별이 애매한 경우에도 부담이 기한보다 상대방에게 유리하므로 부담으로 추정하는 것이 바람직하다.

> **판례**　사도개설허가에서 정해진 공사기간 내에 사도로 준공검사를 받지 못한 경우, 이 공사기간을 사도개설허가 자체의 존속기간(유효기간)으로 볼 수 없고 부담이라는 이유로 사도개설허가가 당연히 실효되는 것은 아니라고 한 사례: 사도개설허가에는 본질적으로 사도를 개설하기 위한 토목공사 등 현실적인 도로개설공사가 따르기 마련이므로 허가를 하면서 공사기간을 특정하기도 하지만 사도개설허가는 사도를 개설할 수 있는 권한의 부여 자체에 주안점이 있는 것이지 공사기간의 제한에 주안점이 있는 것이 아닌 점 등에 비추어 보면 이 사건 제1처분에 명시된 공사기간은 변경된 허가권자인 보조참가인에 대하여 공사기간을 준수하여 공사를 마치도록 하는 의무를 부과하는 일종의 부담에 불과한 것이지, 사도개설허가 자체의 존속기간(즉, 유효기간)을 정한 것이라 볼 수 없고, 따라서 보조참가인이 이 사건 제1처분의 사도개설허가에서 정해진 공사기간 내에 사도로 준공검사를 받지 못하였다 하더라도, 이를 이유로 행정관청이 새로운 행정처분을 하는 것은 별론으로 하고, 사도개설허가가 당연히 실효되는 것은 아니다(대판 2004. 11. 25, 2004두7023[사도개설허가취소신청거부처분취소]).

4. 사후부담의 유보 또는 부담의 사후변경의 유보

사후부담(事後負擔)의 유보(留保)라 함은 행정행위를 발하면서 사후에 부담을 부가할 수 있는 권한을 유보하는 부관을 말한다. 사후부담의 유보는 행정행위시 소음 공해와 같이 당해 행정행위가 초래할 수 있는 일정한 결과를 정확하게 예측할 수 없는 경우처럼 행정청이 행정행위 이후의 상황의 변화에 대응할 필요가 있는 경우에 인정된다.

부담의 사후변경의 유보라 함은 행정행위를 발하면서 이미 부가된 부담의 내용을 사후에 변경할 수 있는 권한을 유보하는 부관을 말한다. 부담의 사후변경의 유보는 사후부담의 유보와 같은 이유에서 인정된다.

5. 철회권 또는 변경권의 유보 [2016 행시]

> **문제**　"인근에 주택이 많이 들어서는 경우에는 학교환경위생정화구역(상대정화구역) 내에서의 갑(甲)의 유흥주점에 대한 금지해제조치를 취소한다"는 조건을 붙여 유흥주점허가를 해 준 경우 위 조건의 성질과 효력을 논하시오.

(1) 의　　의

철회권(撤回權)의 유보(留保)라 함은 행정행위를 행함에 있어 일정한 경우에는 행정행위를 철회할 수 있음을 정한 부관을 말한다.

(2) 기　　능

철회권의 유보는 행정행위의 상대방에게 철회의 가능성을 주지시킴으로써 공익목적에 대한 침해를 미연에 방지하고, 장래의 상황의 변화에 대비하여 철회의 가능성을 유보하여 두는 기능을 한다.

(3) 효　　과

철회권이 유보되었고 철회권유보사유가 발생하였다고 하여 철회가 아무런 제한 없이 가능한 것은 아니다. 철회권이 유보된 경우에도 철회의 제한이론인 이익형량의 원칙이 적용된다. 다만, 행정행위의 계속성에 대한 상대방의 신뢰는 유보된 철회사유에 관하여는 인정되지 않는다. 달리 말하면 행정행위의 상대방은 당해 행정행위의 철회시 신뢰보호의 원칙을 원용할 수 없다.

철회시 인정되어야 하는 신뢰보호에 근거한 손실보상도 철회권이 유보된 경우에는 원칙상 인정되지 않는다.

> **판례**　행정청이 종교단체에 대하여 기본재산전환인가를 함에 있어 인가조건을 부가하고 그 불이행시 인가를 취소할 수 있도록 한 경우, 인가조건의 의미는 철회권을 유보한 것이라고 본 사례(대판 2003. 5. 30, 2003다6422[소유권이전등기말소 등]). 〈평석〉 대법원은 원심이 강학상 철회인 기본재산전환인가의 취소를 강학상 취소로 본 것은 잘못이라고 보았다. 종교단체에 대한 기본재산전환인가는 재량행위로 본다. 따라서, 법적 근거 없이도 효과를 제한하는 부관이 가능하다. 인가조건 중 의무를 부과하는 부분은 부담으로 보고, 인가조건 불이행 등의 경우 취소한다는 부분을 철회권유보로 보는 것이 타당하다.

> **문제의 해결**　위 조건의 법적 성질은 철회권의 유보이다. 철회권 유보에 근거한 철회의 경우 이익형량을 하여야 하지만, 상대방의 신뢰는 보호의 대상이 되지 않으며 손실보상도 요하지 않는다.

Ⅲ. 부관의 기능과 문제점

1. 부관의 순기능

부관은 행정청이 여러 행정목적을 달성함에 있어서 유용한 법적 수단이 된다. 부관의 기능은 부관의 종류에 따라 다양하다. 부관의 주된 기능만을 보면 다음과 같다.

① 부관은 **행정의 탄력성**을 보장하는 기능을 갖는다. 일정한 효과를 갖는 행정행위를 해 주거나 그러한 행정행위를 해 주지 않는 권한만을 행정기관이 갖는 경우에는 탄력적인 행정이 되지 못하고 행정이 경직되게 된다.

예를 들면, 허가의 요건을 충족하지 않은 신청이 있는 경우에 행정청은 그 허가를 거부할 수 밖에 없다. 그러나 이 경우에 미비된 허가요건을 충족할 것을 부관(조건)으로 하여 허가를 내

줌으로써 무용하게 행정이 반복되는 것을 방지할 수 있고 신청인에게 신속한 행정을 제공할 수 있다.

② 부관은 **법의 불비를 보충**하고 행정에 있어 **형평성의 보장 내지 이해관계의 조절**에 기여할 수 있다.

　　예를 들면, 주택건설사업계획의 승인시에 공공시설의 기부채납을 부관(부담)으로 붙일 수 있다. 주택단지조성시 도로, 공원 등 공공시설은 주택단지조성자 내지는 주택단지입주자의 부담으로 하는 것이 형평의 원칙에 합당한데(주택단지조성자가 부담하지 않는다면 결국은 국가나 지방자치단체가 부담하게 되고 궁극적으로는 국민이나 주민이 부담하게 되어 부당한 결과가 된다), 선진외국에서와 달리 현행법에 이에 관한 규정이 불비되어 있다. 기부채납이라는 부관이 이러한 입법의 불비를 메우고 행정에 형평을 도모할 수 있다. 공유수면매립시 기성매립지를 연고자에게 분양하라는 부관은 관계자의 보호를 통하여 이해관계의 조절을 도모하고 있다.

　　현행 법령상 환경보호규정이 미비된 경우가 많다. 이 경우 개발에 관한 허가 등을 하면서 환경보호를 조건으로 붙일 수 있다.

③ 행정행위에 기한을 붙이는 것은 여러 기능을 갖는다. 행정행위로 인하여 상대방에게 특권이 부여되는 경우에는 기한은 특혜의 한계를 정하는 기능을 갖는다. 또한 기한은 장래의 상황변화에 준비하기 위하여 허가 등을 해 주면서 일정한 기간을 정하여 해 주고 그 기간이 지난 후 상황의 변화를 고려하여 허가기간의 연장 여부를 결정할 수 있다.

④ 철회권의 유보는 국민에 의한 행정법규 위반을 막기 위하여 경고하는 의미를 갖기도 하고 장래에 행정행위가 철회될 수 있다는 것을 예고함으로써 국민에게 행정에 대한 예측을 가능하게 해 주는 기능을 갖는다.

2. 부관의 문제점

부관은 위와 같은 순기능을 갖지만 부관의 남용이 우려된다.

① 상대방인 국민에게 이익을 수여하는 것을 조건으로 행정목적과 무관한 의무를 부과할 수 있다.

　　예를 들면, 택지개발사업을 승인하면서 택지개발사업과 전혀 관계없는 토지의 기부채납을 부담으로 붙이는 것을 들 수 있다.

② 또한 철회권의 유보나 사후부담의 유보를 행정목적 달성상 필요한 경우에 한하여 부가하여야 할 것인데, 막연히 만일을 위하여 철회권의 유보나 사후부담의 유보를 부가한다면 상대방인 국민의 법적 지위가 불안정하게 될 것이다.

Ⅳ. 부관의 한계

부관의 한계에는 부관의 가능성의 문제와 부관의 내용상 한계의 문제가 있다.

1. 부관의 가능성 [2016 행시 사례]

부관의 가능성(可能性)이란 어떠한 종류의 행정행위에 대하여 부관을 붙일 수 있는가에 관한 문제로 행정행위의 종류와 붙이고자 하는 부관의 종류에 따라 부관을 붙일 수 있는 가능성이 다르다.

(1) 준법률행위적 행정행위

종래의 통설은 부관을 '행정행위의 효과를 제한하기 위하여 주된 의사표시에 부과된 종된 의사표시'로 정의하면서 준법률행위적 행정행위에는 의사표시가 존재할 수 없으므로 부관을 붙일 수 없다고 보았다.

그러나, 오늘날 준법률행위적 행정행위에도 법률의 규정에 의해 부관을 붙일 수 있게 되어 있는 경우도 있다. 다만, 준법률행위적 행정행위에 있어 법률의 근거가 없는 경우에는 부관을 붙일 수 없다. 확인적 행정행위는 다툼이 있는 사실 또는 법률관계를 공권적으로 확인하는 행위이므로 법률에서 종기 이외의 부관을 붙이도록 하는 것은 적당하지 않다.

(2) 귀화허가 등 신분설정행위

법률행위적 행정행위 중 귀화허가 또는 공무원의 임명행위와 같은 신분설정행위는 부관에 친숙하지 않은 행정행위이다. 왜냐하면 이러한 행위에 부관을 붙일 수 있다고 한다면 당사자의 법적 지위가 지나치게 불안정하게 되기 때문이다.

(3) 재량행위, 기속행위, 기속재량행위(거부재량행위)

행정청은 처분에 재량이 있는 경우(재량행위)에는 개별법령에 근거가 없더라도 부관(조건, 기한, 부담, 철회권의 유보 등을 말한다)을 붙일 수 있다(행정기본법 제17조 제 1 항). 기속행위 및 기속재량행위(거부재량행위)에 있어서는 법률에 근거 없이 부관을 붙일 수 없지만, 기속행위 및 기속재량행위에 있어서도 법률에 부관을 붙일 수 있다는 명시적인 근거가 있는 경우에는 그 한도 내에서 부관을 붙일 수 있고(행정기본법 제17조 제 2 항, 대판 1995. 6. 13, 94다56883), 부관의 법적 근거가 없는 경우에도 요건을 충족하는 것을 정지조건으로 하는 부관(요건충족적 부관)은 붙일 수 있다.

판례1 　(1) **기속행위나 기속적 재량행위에 붙인 부관의 효력**: 일반적으로 기속행위나 기속적 재량행위에는 부관을 붙일 수 없고 가사 부관을 붙였다 하더라도 무효이다. (2) 건축허가를 하면서 일정 토지를 기부채납하도록 하는 내용의 허가조건은 부관을 붙일 수 없는 기속행위 내지 기속적 재량행위인 건축허가에 붙인 부담이거나 또는 법령상 아무런 근거가 없는 부관이어서 무효이다(대판 1995. 6. 13,

94다56883[소유권이전등기말소]).

판례2 **행정청이 수익적 행정처분을 하면서 부관으로 부담을 붙이는 방법:** 수익적 행정처분에 있어서는 법령에 특별한 근거규정이 없다고 하더라도 그 부관으로서 부담을 붙일 수 있다(대판 2009. 2. 12, 2005다65500). 〈평석〉 수익적 행정처분에는 항상 법적 근거 없이도 부담을 붙일 수 있는 것은 아니며 수익적 행정처분이 재량처분인 경우에 한하여 법적 근거 없이 부담 등 효과를 제한하는 부관을 붙일 수 있다. 이러한 점에서 판례는 문제가 있다.

(4) 사후부관 및 부관의 사후변경 [2013 행시(일반), 2016 변시]

행정청은 부관을 붙일 수 있는 처분이 다음 각 호의 어느 하나에 해당하는 경우에는 그 처분을 한 후에도 부관을 새로 붙이거나 종전의 부관을 변경할 수 있다. 1. 법률에 근거가 있는 경우, 2. 당사자의 동의가 있는 경우, 3. 사정이 변경되어 부관을 새로 붙이거나 종전의 부관을 변경하지 아니하면 해당 처분의 목적을 달성할 수 없다고 인정되는 경우(행정기본법 제17조 제 3 항).

판례   (1) 부관은 면허 발급 당시에 붙이는 것뿐만 아니라 면허 발급 이후에 붙이는 것(사후부관)도 법률에 명문의 규정이 있거나 변경이 미리 유보되어 있는 경우 또는 상대방의 동의가 있는 경우 등에는 특별한 사정이 없는 한 허용된다. (2) 관할 행정청은 운송사업자에 대한 면허 발급 이후에도 운송사업자의 동의하에 여객자동차운송사업의 질서 확립을 위하여 운송사업자가 준수할 의무를 정하고 이를 위반할 경우 감차명령(감차 등이 따르는 사업계획변경명령)을 할 수 있다는 내용의 면허 조건을 붙일 수 있고, 운송사업자가 조건을 위반하였다면 여객자동차법 제85조 제 1 항 제38호에 따라 감차명령을 할 수 있으며, 감차명령은 행정소송법 제 2 조 제 1 항 제 1 호가 정한 처분으로서 항고소송의 대상이 된다(대판 2016. 11. 24, 2016두45028[감차처분취소]).

2. 부관의 내용상 한계

부관은 다음 각 호의 요건에 적합하여야 한다. 1. 해당 처분의 목적에 위배되지 아니할 것, 2. 해당 처분과 실질적인 관련이 있을 것, 3. 해당 처분의 목적을 달성하기 위하여 필요한 최소한의 범위일 것(행정기본법 제17조 제 4 항)

부관의 내용상의 한계라 함은 부관을 붙일 수 있는 경우, 즉 부관의 가능성이 있는 경우에도 부관의 내용이 넘어서는 안 되는 한계를 말한다. 부관을 붙일 수 있는 경우에도 부관은 내용상 다음과 같은 한계를 갖는다.

① 부관은 법령에 위반되어서는 안 된다.

② 부관은 주된 행정행위의 목적에 반하여서는 안 된다.

③ 부관은 주된 행정행위와 실체적 관련성이 있어야 하며 그렇지 못한 것은 부당결부금지의 원칙에 반하여 위법한 부관이 된다.

예를 들면, 주택단지건설사업계획의 승인에 일정한 토지의 기부채납을 부담으로 붙인 경우에 부담인 기부채납의 대상이 주택단지 내의 도로 또는 진입도로인 경우와 공원부지인 경우에 당해 기부채납은 주된 행정행위인 주택단지건설사업계획과 실체적 관련이 있으므로 비례의 원칙 등에 반하지 않는 한 적법한 부담이지만, 기부채납의 대상이 된 토지가 주택단지의 건설과 전혀 관계가 없는 토지인 경우에는 당해 기부채납의 부담은 부당결부금지의 원칙에 반한다.

④ 부관은 평등원칙, 비례의 원칙 등 법의 일반원칙에 반하여서는 안 된다.

> **판례1** 65세대의 공동주택을 건설하려는 사업주체(지역주택조합)에게 구 주택건설촉진법 제33조에 의한 주택건설사업계획의 승인처분을 함에 있어 그 주택단지의 진입도로 부지의 소유권을 확보하여 진입도로 등 간선시설을 설치하고 그 부지 소유권 등을 기부채납하며 그 주택건설사업 시행에 따라 폐쇄되는 인근 주민들의 기존 통행로를 대체하는 통행로를 설치하고 그 부지 일부를 기부채납하도록 조건을 붙인 경우, 주택건설촉진법과 같은 법 시행령 및 주택건설기준 등에 관한 규정 등 관련 법령의 관계규정에 의하면 그와 같은 조건을 붙였다 하여도 다른 특별한 사정이 없는 한 필요한 범위를 넘어 과중한 부담을 지우는 것으로서 형평의 원칙 등에 위배되는 위법한 부관이라 할 수 없다고 본 사례(대판 1997. 3. 14, 96누16698[사용검사신청반려처분취소]).

> **판례2** 형질변경허가시 행정청이 부과하는 기부채납 부관의 한계: 형질변경허가시 행정청이 부과하는 기부채납의 부관은 그 토지의 일부에 공공시설을 확보하여 이를 관리할 국가 또는 지방자치단체에 무상으로 귀속시키는 점에서 사권침해의 면이 있지만, 토지형질변경으로 인하여 당해 토지의 이용가치가 증진되고 그 공공시설이 당해 토지의 편익에도 이바지할 것이므로, 당해 공공시설을 설치할 구체적이고 객관적인 필요가 있고 그 기부채납의 정도가 공익상 불가피한 범위와 형질변경의 이익범위 내에서 이루어지는 경우에는 재산권보장에 관한 헌법규정 제23조 제3항이나 형평의 원칙에 위배한 것이라고는 할 수 없고, 다만 그 부담내용이 주변토지와의 관계에서 형평의 이념에 반하거나, 기부채납의 대상이 된 공공시설의 규모가 도시기능의 유지 및 증진에 기여할 수 있는 도시계획시설기준에 관한 규칙(1979. 5. 21. 건설부령 제225호) 소정의 적정규모를 초과하였거나 또는 형질변경공사착수 전의 전체 토지가격에 그 공사비를 합산한 가격이 공사완료 후의 기부채납 부분을 제외한 나머지 토지의 가격을 초과하는 경우 등에는 위법을 면치 못한다(대판 1999. 2. 23, 98두17845[토지형질변경불허가처분취소]: 형질변경 허가신청을 한 토지 위에 폭 4m의 도로를 개설하여 기부채납하도록 사전 제시한 부관이 위법한지를 판단하기 위해서는 기부채납 도로 규모의 적정 여부를 고려하여야 한다고 한 사례).

⑤ 부관은 이행가능하여야 한다. 특히 요건충족적 부관의 경우 해당 요건충족이 가능하여야 한다.

> **판례** 토지분할 조건부 건축허가의 취지 및 이에 관한 행정청의 재량 범위: 토지분할 조건(해제조건)부 건축허가는, 건축허가 신청에 앞서 토지분할절차를 완료하도록 하는 대신, 건축허가 신청인의 편의를 위해 건축허가에 따라 우선 건축공사를 완료한 후 사용승인을 신청할 때까지 토지분할절차를 완료할 것을 허용하는 취지이다. 행정청이 객관적으로 처분상대방이 이행할 가능성이 없는 조건을 붙여 행정처분을 하는 것은 법치행정의 원칙상 허용될 수 없으므로, 건축행정청은 신청인의 건축계획상 하나의 대지로 삼으려고 하는 '하나 이상의 필지의 일부'가 관계법령상 토지분할이 가능한 경우인지를 심사하여 토지분할이 관계법령상 제한에 해당되어 명백히 불가능하다고 판단되는 경우에는 토지분할 조건부 건축허가를 거부하여야 한다. 다만, 예외적으로 토지분할이 재량행위인 개발행위허가의 대상이 되는 경우, 개발행위에 해당하는 토지분할을 허가할지에 관한 처분권한은 개발행위허가 행정청에 있고, 토지분할 허가 가능성에 관한 건축행정청의 판단이 개발행위허가 행정청의 판단과 다를 여지도 있으므로, 건축행정청은 자신의 심사 결과 토지분할에 대한 개발행위허가를 받기 어렵다고 판단되는 경

우에는 개발행위허가 행정청의 전문적인 판단을 먼저 받아보라는 의미에서 건축허가 신청인이 먼저 토지분할절차를 거쳐야 한다는 이유로 토지분할 조건부 건축허가를 거부할 수는 있다. 그러나 이러한 사유가 아니라면 건축행정청은 건축허가신청이 건축법 등 관계법령에서 정하는 어떠한 제한에 해당되지 않는 이상 같은 법령에서 정하는 건축허가를 하여야 하고, 중대한 공익상의 필요가 없음에도 불구하고 요건을 갖춘 자에 대한 허가를 관계법령에서 정하는 제한사유 이외의 사유를 들어 거부할 수는 없다(대판 전원합의체 2012. 11. 22, 2010두22962 참조)(대판 2018. 6. 28, 2015두47737). 〈해설〉 토지분할 조건부 건축허가에서 토지분할 조건은 건축허가의 해제조건이다. 원고가 롯데마트 울산점 구내 주차장부지를 일부 분할하여 주유소를 신축하기 위한 건축허가를 신청하였는데, 피고 구청장은 주차장 내 사고위험 증가 및 교통혼잡 유발, 인근 교통체증 유발 및 그로 인한 교통사고 우려, 인근 주민 및 상인들의 집단민원 등을 이유로 거부처분을 하였다. 피고는, '토지분할 조건부 건축허가는 재량행위로 보아야 하고, 따라서 건축행정청에게 (중대하지 않은) 보통의 공익을 이유로도 거부처분을 할 수 있는 재량이 있다고 보아야 한다'는 취지로 주장하였으나 대법원은 토지분할 조건부 건축허가가 재량행위인 것은 맞지만, 피고가 주장하는 바와 같은 의미의 재량행위는 아니라고 판시하였다.

⑥ 주된 행정행위의 본질적 효력을 해하지 아니하는 한도의 것이어야 한다.

> **판례** 기선선망어업의 허가를 하면서 운반선, 등선 등 부속선을 사용할 수 없도록 제한한 부관은 그 어업허가의 목적달성을 사실상 어렵게 하여 그 본질적 효력을 해하는 것이다(대판 1990. 4. 27, 89누 6808[어업허가사항변경신청 불허가처분취소]).

⑦ 행정처분과 실제적 관련성이 없어 부관으로 붙일 수 없는 부담을 부당결부금지의 원칙, 비례의 원칙 등 공법상의 제한을 회피할 목적으로 사법상 계약의 형식으로 행정처분의 상대방에게 부과하는 것은 법치행정의 원리에 반하는 것으로서 위법하다(대판 2009. 12. 10, 2007다63966).

> **판례** [1] 행정처분과 실제적 관련성이 없어 부관으로 붙일 수 없는 부담을 사법상 계약의 형식으로 행정처분의 상대방에게 부과할 수 있는지 여부(소극): 공무원이 인·허가 등 수익적 행정처분을 하면서 상대방에게 그 처분과 관련하여 이른바 부관으로서 부담을 붙일 수 있다 하더라도, 그러한 부담은 법치주의와 사유재산 존중, 조세법률주의 등 헌법의 기본원리에 비추어 비례의 원칙이나 부당결부의 원칙에 위반되지 않아야만 적법한 것인바, 행정처분과 부관 사이에 실제적 관련성이 있다고 볼 수 없는 경우 공무원이 위와 같은 공법상의 제한을 회피할 목적으로 행정처분의 상대방과 사이에 사법상 계약을 체결하는 형식을 취하였다면 이는 법치행정의 원리에 반하는 것으로서 위법하다. [2] 지방자치단체가 골프장사업계획승인과 관련하여 사업자로부터 기부금을 지급받기로 한 증여계약은, 공무수행과 결부된 금전적 대가로서 그 조건이나 동기가 사회질서에 반하므로 민법 제103조에 의해 무효라고 본 사례(대판 2009. 12. 10, 2007다63966[약정금]).

V. 위법한 부관과 권리구제

1. 위법한 부관의 효력

부관의 한계를 넘어 위법한 부관은 행정행위의 하자이론에 따라 무효이거나 취소할 수 있는 부관이 된다. 즉, 부관의 위법이 중대하고 명백할 때에는 그 부관은 무효이며 그렇지 않은 때에는 취소할 수 있는 부관이 된다.

부관의 위법 여부는 부관부가처분시 법령을 기준으로 한다.

> **판례** [1] 행정청이 수익적 행정처분을 하면서 부가한 부담의 위법 여부는 처분 당시 법령을 기준으로 판단하여야 하고, 부담이 처분 당시 법령을 기준으로 적법하다면 처분 후 부담의 전제가 된 주된 행정처분의 근거 법령이 개정됨으로써 행정청이 더 이상 부관을 붙일 수 없게 되었다 하더라도 곧바로 위법하게 되거나 그 효력이 소멸하게 되는 것은 아니다. 따라서 행정처분의 상대방이 수익적 행정처분을 얻기 위하여 행정청과 사이에 행정처분에 부가할 부담에 관한 협약을 체결하고 행정청이 수익적 행정처분을 하면서 협약상의 의무를 부담으로 부가하였으나 부담의 전제가 된 주된 행정처분의 근거 법령이 개정됨으로써 행정청이 더 이상 부관을 붙일 수 없게 된 경우에도 곧바로 협약의 효력이 소멸하는 것은 아니다. [2] 고속국도 관리청이 고속도로 부지와 접도구역에 송유관 매설을 허가하면서 상대방과 체결한 협약에 따라 송유관 시설을 이전하게 될 경우 그 비용을 상대방에게 부담하도록 하였고, 그 후 도로법 시행규칙이 개정되어 접도구역에는 관리청의 허가 없이도 송유관을 매설할 수 있게 된 사안에서, 위 협약이 효력을 상실하지 않을 뿐만 아니라 위 협약에 포함된 부관이 부당결부금지의 원칙에도 반하지 않는다고 한 사례(대판 2009. 2. 12, 2005다65500).

2. 위법한 부관이 붙은 행정행위의 효력

부관이 무효인 경우에 주된 행정행위는 어떻게 되는가. 통설은 무효인 부관이 주된 행정행위의 본질적인 부분인 경우, 달리 말하면 부관을 붙이지 않았더라면 주된 행정행위를 하지 않았을 것이라고 판단되는 경우에는 주된 행정행위도 무효라고 본다.

기속행위에 행정행위의 효과를 제한하는 부관이 법령에 근거 없이 붙여졌다면 그 부관은 무효이고 부관만이 무효가 된다. 왜냐하면 본래 기속행위에는 행정행위의 효과를 제한하는 부관을 붙일 수 없기 때문이다.

위법한 부관이 취소할 수 있는 부관인 경우 상대방은 후술하는 바와 같이 취소소송을 통하여 다툴 수 있는데 부관이 주된 행정행위와 분리될 수 있고 주된 행정행위의 본질적 부분이 아닌 경우에는 부관만이 취소될 수 있지만, 부관이 주된 행정행위와 분리될 수 없거나 주된 행정행위의 본질적인 부분을 이루는 경우에는 부관만의 취소는 인정되지 않고, 부관부행정행위 전부를 취소하여야 한다(이견 있음).

> **판례** 판례는 기부채납받은 공원시설의 사용·수익허가에서 그 허가기간은 행정행위의 본질적 요소에 해당한다고 볼 것이어서, 부관인 허가기간에 위법사유가 있다면 이로써 이 사건 허가 전부가 위법하게 된다고 보고 있다(대판 2001. 6. 15, 99두509[무상사용허가일부거부처분취소]).

3. 위법한 부관과 행정쟁송 [2011 사시 사례, 2013 행시(일반), 2012 변시 사례]

위법한 부관에 대한 행정쟁송과 관련하여 두 가지 문제(부관만의 독립쟁송가능성과 부관만의 독립취소가능성)가 제기된다. 부관만의 독립쟁송가능성은 소송요건의 문제이고, 부관만의 독립취소가능성은 본안의 문제이다.

첫 번째 문제는 위법한 부관만을 행정쟁송으로 다툴 수 있는가(위법한 부관만의 취소를 구하는 행정쟁송의 제기가 가능한 것인가)의 문제, 즉 **독립쟁송가능성**(獨立爭訟可能性)의 문제와 위법한 부관을 다투는 쟁송형식의 문제이다.

두 번째 문제는 부관만이 취소쟁송의 대상이 되거나 부관부행정행위 전체가 취소쟁송의 대상이 된 경우에 위법한 부관만의 취소 또는 무효확인이 가능한가 하는 문제이다. 이 문제를 **독립취소가능성**(獨立取消可能性) 또는 **독립무효확인가능성**의 문제라 한다.

(1) 독립쟁송가능성과 쟁송형식 [2009 감평 사례, 2008 행시(일반) 사례]

1) 부담만의 독립쟁송가능성설(판례)

이 견해는 부담만은 독립하여 행정쟁송의 대상이 될 수 있지만, 부담 이외의 부관에 있어서는 그것만의 취소를 구하는 소송(진정일부취소소송 및 부진정일부취소소송)은 인정할 수 없고, 부관부행정행위 전체의 취소를 청구할 수 있다고 본다(강구철). 판례도 이 입장을 취하고 있다. 부담은 주된 행정행위로부터 분리될 수 있으며 그 자체가 독립된 행정행위이므로 주된 행정행위로부터 분리하여 쟁송의 대상이 될 수 있다(진정(眞正)일부취소소송 또는 부진정일부취소소송).

> **판례 1**   행정행위의 부관 중 행정행위에 부수하여 그 상대방에게 일정한 의무를 부과하는 행정청의 의사표시인 부담이 그 자체만으로 행정쟁송의 대상이 될 수 있는지 여부(적극): 행정행위의 부관은 행정행위의 일반적인 효력이나 효과를 제한하기 위하여 의사표시의 주된 내용에 부가되는 종된 의사표시이지 그 자체로서 직접 법적 효과를 발생하는 독립된 처분이 아니므로 현행 행정쟁송제도 아래서는 부관 그 자체만을 독립된 쟁송의 대상으로 할 수 없는 것이 원칙이나 행정행위의 부관 중에서도 행정행위에 부수하여 그 행정행위의 상대방에게 일정한 의무를 부과하는 행정청의 의사표시인 부담의 경우에는 다른 부관과는 달리 행정행위의 불가분적인 요소가 아니고 그 존속이 본체인 행정행위의 존재를 전제로 하는 것일 뿐이므로 부담 그 자체로서 행정쟁송의 대상이 될 수 있다(대판 1992. 1. 21, 91누1264[수토대금부과처분취소]). 〈해설〉 판례는 부담은 항상 주된 행정행위의 불가분적 요소가 아니라고 하고 있는데, 부담이 주된 행정행위의 불가분적 요소인 경우도 있을 수 있다는 비판이 가능하다.
>
> **판례 2**   공유수면매립준공인가처분의 취소소송에서 공유수면매립준공인가처분 중 매립지 일부에 대하여 한 국가 또는 지방자치단체에의 귀속처분은 매립준공인가를 함에 있어서 매립의 면허를 받은 자의 매립지에 대한 소유권취득을 규정한 공유수면매립법 제14조의 효과 일부를 배제하는 부관을 붙인 것이고, 이러한 행정행위의 부관은 독립하여 행정소송 대상이 될 수 없다(대판 1993. 10. 8, 93누2032[공유수면매립공사준공인가처분취소]).

판례는 부관(부담 제외)만의 취소를 구하는 소송에 대하여는 각하판결을 하여야 한다고 보며, 부관부행정행위 전체의 취소를 구하는 것만을 인정하고 있다.

> **판례** [1] 행정행위의 부관은 부담인 경우를 제외하고는 독립하여 행정소송의 대상이 될 수 없는
> 바, 기부채납받은 행정재산에 대한 사용·수익허가에서 공유재산의 관리청이 정한 사용·수익허가의 기
> 간은 그 허가의 효력을 제한하기 위한 행정행위의 부관으로서 이러한 사용·수익허가의 기간에 대해서
> 는 독립하여 행정소송을 제기할 수 없다. [2] 공유재산에 대한 40년간의 사용허가기간을 신청한 것에
> 대해 20년간 사용허가한 경우에 사용허가기간에 대해서는 독립하여 행정소송을 제기할 수 없다고 보
> 고, 그 나머지 기간에 대한 신청을 받아들이지 않은 처분의 취소를 구하는 주위적 청구는 각하하는 것
> 이 타당하고, 이 사건 사용허가처분 전부에 대한 취소소송은 가능하다. [3] 기부채납된 행정재산에 대
> 한 사용·수익허가기간은 행정행위의 본질적 요소에 해당한다고 볼 것이어서, 부관인 허가기간에 위법
> 사유가 있다면 이로써 이 사건 허가 전부가 위법하게 될 것이다(대판 2001. 6. 15, 99두509[무상사용허
> 가일부거부처분취소]).

판례는 부담 이외의 부관에 있어서는 그 자체로서 독립하여 취소소송의 대상이 되지
않는다고 보는 이유를 명확히 밝히지 않는 경우가 많은데, 부담 이외의 부관은 주된 행정
행위의 불가분적 요소이고 그 자체로서는 독립된 처분이 아니라는 것을 논거로 든 판례가
있다(대판 1992. 1. 21, 91누1264). 이렇게 판례가 부담 이외의 부관에 대해 독립쟁송가능성을
인정하지 않는 이유를 부담 이외의 부관의 불가분성에서 찾는다고 본다면, 판례는 분리가
능성기준설을 취하고 있다고 할 수도 있다.

또한, 판례는 부관이 위법한 경우 신청인이 부관부행정행위의 변경을 청구하고, 행정
청이 이를 거부한 경우 동 거부처분의 취소를 구하는 소송을 제기할 수 있는 것으로 본다.

> **판례** 수산업법상 기선선망어업의 허가를 하면서 부속선을 사용할 수 없도록 제한한 부관은 위법
> 하다. 그리고, 이 부관을 삭제하여 등선과 운반선을 사용할 수 있도록 하여 달라는 내용의 원고의 이
> 사건 어업허가사항변경신청을 불허가한 피고의 처분 역시 위법하다고 보아야 할 것이다(대판 1990. 4.
> 27, 89누6808[어업허가사항변경신청불허가처분취소]).

2) 분리가능성기준설
이 견해는 부관이 주된 행정행위로부터 분리가능한 것이면 독립하여 행정쟁송으로
다툴 수 있고, 부관이 분리가능한 것이 아니면 독립하여 행정쟁송으로 다툴 수 없다고 본
다. 그 이유는 다음과 같다. 첫째, 독립가쟁성의 문제는 독립취소가능성의 전제문제로 보
는 것이 타당하다. 둘째, 분리가능하지 않은 부관의 취소 또는 무효확인을 구하는 소송을
각하하여 소송을 조기에 종결할 수 있으므로 소송경제를 기할 수 있다.

이 견해에 의하면 분리가능한 부관은 부담의 경우에는 진정일부취소소송과 부진정일
부취소소송이 가능하고, 부담 이외의 부관에 대하여는 부진정일부취소소송만이 가능하다
고 본다(홍정선, 류지태·박종수).

3) 전면긍정설
이 견해는 부관의 분리가능성은 독립취소가능성의 문제, 즉 본안의 문제이며 쟁송의

허용성의 문제(소송요건의 문제)는 아니기 때문에 모든 부관은 독립하여 취소쟁송의 대상이 된다고 한다(김남진, 정하중).

이 견해에 의하면 부담의 경우에는 진정일부취소소송과 부진정일부취소소송이 가능하고, 부담 이외의 부관에 대하여는 부진정일부취소소송만이 가능하다고 본다. 이에 대하여 부담을 포함하여 모든 부관은 행정행위와 일체를 이루고 있으므로 항상 부관부행정행위를 대상으로 일부취소를 구하여야 한다는 견해도 있다. 이에 대하여 부담을 포함하여 모든 종류의 부관은 그 자체는 독립한 행정소송법상 처분이므로 부관만을 대상으로 하는 취소소송은 일부취소소송이 아니라 전부취소소송이라는 견해(朴正勳)도 있다.

4) 결어(전면긍정설)

본안의 문제인 독립취소가능성과 소송요건의 문제인 독립쟁송가능성은 구분하는 것이 타당하고, 위법한 행정작용의 통제를 위해 가능한 한 쟁송가능성을 넓히는 것이 타당하므로 전면긍정설이 타당하다. 부관의 주된 행정행위로부터의 분리가능성은 독립취소가능성의 문제로 보아야 한다.

부담은 그 자체가 행정행위이므로 주된 행정행위로부터 분리하여 쟁송의 대상이 될 수 있다. 즉, 부담만을 대상으로 부담만의 취소를 구하는 소송(진정일부취소소송)이 가능하다. 또한 부담부행정행위를 대상으로 하면서 부담만의 취소를 구하는 소송(부진정일부취소소송)도 가능하다. 부담 이외의 부관은 그 자체가 독립된 행정행위가 아니기 때문에 행정쟁송의 대상인 '처분'이 될 수 없으므로 주된 행위로부터 분리하여 쟁송의 대상으로 할 수 없다. 따라서 부담 이외의 부관에 있어 부관만의 취소를 구하고자 하는 경우에는 부관부행정행위를 취소소송의 대상으로 하여 부관만의 일부취소를 구하여야 한다(부진정(不眞正)일부취소소송). 이에 대하여 부담을 포함하여 모든 부관은 행정행위와 일체를 이루고 있으므로 항상 부관부행정행위를 대상으로 일부취소를 구하여야 한다는 견해도 있다.

(2) 독립취소가능성(독립무효확인가능성)

부관만의 취소 또는 무효확인을 구하는 소송이 제기된 경우에 부관만의 취소 또는 무효확인이 가능한지, 가능하다면 어떠한 기준에 의해 가능한지가 문제된다.

독립취소가능성의 문제에 있어 주된 행정행위가 기속행위인가 재량행위인가에 따라 특별한 고찰을 필요로 한다.

1) 기속행위에 대한 부관의 독립취소가능성

기속행위는 법에 의해 행위의 요건과 효과가 일의적으로 명확하게 규정되어 있는 행위이므로 일정한 요건이 갖추어진 경우에 일정한 효과의 행정행위를 하여야 하는 행위이다. 따라서 기속행위에 있어 상대방의 신청이 행위의 요건을 충족함에도 법령의 명시적 근거 없이 행위의 효과를 제한하는 부관을 붙이는 것은 위법한 것이며 이 경우에 부관만을 취소할 수 있는 것은 당연하다.

2) 재량행위에 대한 부관의 독립취소가능성

가. 부 정 설   재량행위에 있어서는 부관만의 취소를 인정하는 것은 부관이 없는 행정행위를 강요하는 것이 되며 통상 재량행위에 있어서는 부관이 없었더라면 행정청은 행정행위를 하지 않았을 것이라고 해석되므로 부관만의 취소는 인정될 수 없다는 견해가 있다(김동희).

그러나, 이렇게 본다면 행정행위의 상대방은 부관부행정행위 전체의 취소를 구하든지 아니면 위법한 부관을 감수하여야 하는 결과가 된다. 이러한 견해는 행정청의 재량권만을 고려하고 상대방의 보호는 소홀히 하는 해결방식으로 문제가 있다. 재량행위의 경우에도 부관이 본질적인 부분이 아닌 경우가 있고, 이 경우에는 부관만의 취소가 가능하다고 보아야 한다.

나. 긍 정 설   모든 부관에 있어 부관이 위법한 경우에는 부관만의 취소가 가능하다고 보는 견해가 있다. 이 견해에 의하면 부관만이 취소되면 주된 행정행위가 위법하게 되는 경우 처분청은 주된 행정행위를 직권으로 취소하거나 적법한 부관을 다시 부가하여 부관부행정행위 전체를 적법하게 할 수 있다고 본다. 그리고, 재량행위의 경우 위법한 부관만이 취소되더라도 주된 행정행위가 적법한 경우 행정청은 주된 행정행위의 철회권을 행사하거나 적법한 부관을 부가할 수 있다고 본다. 그리고, 행정청의 주된 행정행위의 직권취소 또는 철회는 신뢰보호의 원칙에 따라 제한될 수가 있다(정하중). 부관의 무효가 확인된 경우에는 원칙상 부관만이 무효가 되지만, 부관이 없었다면 주된 행정행위를 발하지 않았을 것이라고 인정되는 경우에는 부관부행정행위 전체가 무효가 된다고 본다(홍정선).

그러나, 이 견해에 의하면 당사자의 의사와 무관하게 주된 행정행위가 취소 또는 철회되거나 법적 근거 없이 부관의 사후부가가 인정되는 문제가 있다.

다. 제한적 긍정설   재량행위에 있어서도 부관의 독립취소가능성에 관한 일반이론에 따라 부담 등 부관이 주된 행정행위의 본질적 부분인지(행정청이 부관 없이는 당해 행정행위를 하지 않았을 것이라고 해석되는지) 여부에 따라 재량행위에 대한 부관의 독립취소가능 여부를 판단하여야 한다. 다만 이 경우에 행정청이 부관 없이는 당해 행정행위를 하지 않았을 것이라는 판단은 행정청의 객관적 의사를 기준으로 행하여야 한다. 이러한 해결은 부담에 있어서도 타당하다.

부관이 위법하나 주된 행정행위의 본질적인 부분인 경우에 기각판결을 하여야 하고, 부관이 본질적 부분이 아닌 경우에는 부관만의 취소 또는 무효확인을 하여야 한다고 본다.

라. 판   례   판례는 부관이 본질적인 부분인 경우 독립쟁송가능성 자체를 인정하지 않으므로 독립취소가능성의 문제는 제기되지 않는다. 판례에 의하면 독립쟁송가능성이 인정되는 경우(부담의 경우) 항상 독립취소가 가능하다.

마. 결   어   국민의 권익구제와 행정목적의 실현을 적절히 조절하는 제한적 긍정

설이 타당하다. 부관이 본질적임에도 부관만의 취소를 인정하는 것은 행정청의 의사에 반하여 부관 없는 행정행위를 강요하는 것이 되므로 긍정설은 타당하지 않다. 긍정설은 취소 또는 무효판결 후 행정청이 직권으로 적법한 부관을 붙일 수 있다고 하지만, 이는 사후부관이므로 인정될 수 없다. 부관이 본질적 부분이 아닌 경우에는 부관만의 취소 또는 무효확인이 가능하고, 부관이 본질적 부분인 경우에는 기각판결을 하여야 한다. 부관이 본질적인 부분에 해당하여 기각판결이 나면 행정청에게 위법한 부관의 변경을 청구하고, 행정청이 이를 거부하면 거부처분 취소소송을 제기하여야 할 것이다.

전부취소를 구했는데, 부관이 본질적 부분이 아닌 경우에는 전부취소청구에는 부관만의 일부취소청구가 포함되어 있다고 볼 수 있으므로 부관만을 취소하는 판결이 가능하다.

4. 부담과 그 이행으로서의 사법상 법률행위

기부채납의 부담이 위법한 경우에 이 부담의 이행으로 행해진 사법상 법률행위(기부채납)의 효력이 어떻게 되는가에 대하여 견해가 대립하고 있다.

(1) 독 립 설

이 견해는 부담과 그 부담의 이행으로 인한 사법상 법률행위는 별개의 독립된 행위로 보고 원칙상 그 효력도 별개로 논해야 한다는 견해이다. 이것이 판례의 입장이다. 이 견해에 의하면 기부채납 부담이 무효이거나 취소되었더라도 기부채납계약(증여계약)이 있으면 기부채납은 부당이득이 되지 않는다.

판례1 토지소유자가 토지형질변경행위허가에 붙은 기부채납의 부관에 따라 토지를 국가나 지방자치단체에 기부채납(증여)한 경우, 기부채납의 부관이 당연무효이거나 취소되지 아니한 이상 토지소유자는 위 부관으로 인하여 증여계약의 중요부분에 착오가 있음을 이유로 증여계약을 취소할 수 없다(대판 1999. 5. 25, 98다53134).

판례2 [1] 무효인 건축허가조건을 유효한 것으로 믿고 토지를 증여하였더라도 이는 동기의 착오에 불과하여 그 소유권이전등기의 말소를 청구할 수 없다고 한 사례: 허가조건이 무효라고 하더라도 그 부관 및 본체인 건축허가 자체의 효력이 문제됨은 별론으로 하고, 허가신청대행자가 그 소유인 토지를 허가관청에게 기부채납함에 있어 위 허가조건은 증여의사표시를 하게 된 하나의 동기 내지 연유에 불과한 것이고, 위 허가신청대행자가 건축허가를 받은 토지의 일부를 반드시 허가관청에 기부채납하여야 한다는 법령상의 근거규정이 없음에도 불구하고 위 허가조건의 내용에 따라 위 토지를 기부채납하여야만 허가신청인들이 시공한 건축물의 준공검사가 나오는 것으로 믿고 증여계약을 체결하여 허가관청인 시 앞으로 위 토지에 관하여 소유권이전등기를 경료하여 주었다면 이는 일종의 동기의 착오로서 그 허가조건상의 하자가 허가신청대행자의 증여의사표시 자체에 직접 영향을 미치는 것은 아니므로, 이를 이유로 하여 위 시 명의의 소유권이전등기의 말소를 청구할 수는 없다고 한 사례. [2] 무효인 건축허가조건을 유효한 것으로 믿고 토지를 증여하였더라도 이는 동기의 착오에 불과하여 그 소유권이전등기의 말소를 청구할 수 없다고 한 사례(대판 1995. 6. 13, 94다56883[소유권이전등기말소]).

판례3 [1] 행정처분에 붙은 부담인 부관이 제소기간의 도과로 확정되어 이미 불가쟁력이 생겼다면 그 하자가 중대하고 명백하여 당연 무효로 보아야 할 경우 외에는 누구나 그 효력을 부인할 수 없을 것이지만, 부담의 이행으로서 하게 된 사법상 매매 등의 법률행위는 부담을 붙인 행정처분과는 어디까지나 별개의 법률행위이므로 그 부담의 불가쟁력의 문제와는 별도로 법률행위가 사회질서 위반이나 강행규정에 위반되는지 여부 등을 따져보아 그 법률행위의 유효 여부를 판단하여야 한다. [2] 구 도시 및 주거환경정비법(2003. 5. 29. 법률 제6893호로 개정되기 전의 것) 제65조 제 2 항 후단 규정의 입법취지에 비추어 보면, 이는 민간 사업시행자에 의하여 새로 설치될 정비기반시설의 설치비용에 상당하는 범위 안에서 용도폐지될 정비기반시설의 무상양도를 강제하는 강행규정이므로, 위 규정을 위반하여 사업시행자와 국가 또는 지방자치단체 간에 체결된 매매계약 등은 무효이다(대판 2009. 6. 25, 2006다18174[채무부존재확인]).

판례4 [1] 행정처분과 부관 사이에 실제적 관련성이 있다고 볼 수 없는 경우 공무원이 위와 같은 공법상의 제한을 회피할 목적으로 행정처분의 상대방과 사이에 사법상 계약을 체결하는 형식을 취하였다면 이는 법치행정의 원리에 반하는 것으로서 위법하다. 〈해설〉 전술한 바와 같이 판례는 부당결부금지의 원칙에 위반한 부담의 효력을 취소할 수 있는 행위로 보지만, 원칙상 무효라고는 것이 타당하다. [2] 지방자치단체가 골프장사업계획승인과 관련하여 사업자로부터 기부금을 지급받기로 한 증여계약은, 공무수행과 결부된 금전적 대가로서 그 조건이나 동기가 사회질서에 반하므로 민법 제103조에 의해 무효라고 본 사례(대판 2009. 12. 10, 2007다63966[약정금]). 〈해설〉 종속설에 의하면 행정처분과 실제적 관련이 없는 이 사건 부담을 무효라고 보면(사견에 의하면 이렇게 보는 것이 타당하다) 그에 따른 증여계약도 무효라고 보는 것이 타당하고, 행정처분과 실제적 관련이 없는 이 사건 부담을 취소할 수 있는 부담으로 보면, 그에 따른 증여계약은 당해 부담이 취소되지 않는 한 유효한 것으로 보아야 한다.

(2) 종속설(부당이득반환청구설)

이 견해는 부담의 이행으로 행한 사법상 법률행위는 부담과 별개가 아니라 부담의 이행행위에 불과하다고 보는 견해이다.

이 견해는 기부채납부담이 무효이거나 취소되면 기부채납은 법률상 원인 없이 이루어진 것으로 부당이득이 된다고 본다. 기부채납부담이 단순위법인 경우에는 공정력에 기해 효력이 있으므로 기부채납은 부당이득이 되지 않는다(박정훈, "기부채납부담과 의사표시의 착오," 행정법연구, 제 3 호, 200면).

(3) 결   어

기부채납은 기부채납부담의 이행행위에 불과하므로 기부채납을 사법상 증여계약으로 보는 것은 타당하지 않으며 부당이득반환청구설이 타당하다.

제 7 절 행정행위의 성립요건, 효력발생요건, 적법요건, 유효요건

I. 개   설

행정행위가 성립하여 효력을 발생하기 위하여는 법에 정해진 일정한 요건을 갖추어야 한다. 이러한 요건을 불비한 행정행위를 흠 있는 행정행위라고 한다. 행정행위에 흠이 있는 경우에 행정행위는 완전한 법적 효력을 발생할 수 없게 된다.

행정행위의 요건을 성립요건, 효력발생요건, 적법요건 및 유효요건으로 구분할 수 있다. 행정행위가 행해질 때 이들 요건이 분리되어 순차적으로 충족되는 것은 아니다. 행정행위는 행정청의 의사가 내부적으로 성립되어 외부에 표시되어 상대방에게 도달됨으로써 성립되고 효력을 발생한다.

II. 성립요건

행정행위의 **성립요건**(成立要件)이라 함은 행정행위가 성립하여 존재하기 위한 최소한의 요건을 말한다. 행정행위가 성립하기 위하여는 어떤 행정기관에 의해 행정의사가 내부적으로 결정되고(내부적 성립), 외부적으로 표시되어야 한다(외부적 성립). 이러한 행정행위의 성립요건을 결여하면 행정행위는 부존재하는 것이 되며 부존재확인청구소송의 대상이 된다.

행정행위는 통상 서명(전자이미지서명, 전자문서서명 및 행정전자서명을 포함한다)에 의한 결재권자의 결재가 있음으로써 내부적으로 성립한다(행정 효율과 협업 촉진에 관한 규정(이하 '행정규정'이라 한다) 제 6 조 제 1 항, 전자정부법 제17조 제 1 항, 동법 시행령 제 8 조).

행정청의 의사의 외부에 대한 표시는 공식적인 것이어야 한다. 행정기관의 공무원에 의한 사적인 통지나 우연히 알게 된 것만으로 행정행위는 성립되지 않는다. 행정청의 내부적 의사결정의 사실이 신문에 보도된 것도 행정청의 의사가 외부에 표시된 것으로 볼 수 없다(대판 1997. 5. 9, 96누1184 ; 2004. 3. 25, ; 2013. 10. 24, 2013두963).

> **판례1** **행정처분의 성립요건 및 처분의 외부적 성립 여부를 판단하는 기준**: 일반적으로 행정처분이 주체·내용·절차와 형식이라는 내부적 성립요건과 외부에 대한 표시라는 외부적 성립요건을 모두 갖춘 경우에는 행정처분이 존재한다고 할 수 있다. 행정처분의 외부적 성립은 행정의사가 외부에 표시되어 행정청이 자유롭게 취소·철회할 수 없는 구속을 받게 되는 시점을 확정하는 의미를 가지므로, 어떠한 처분의 외부적 성립 여부는 행정청에 의해 행정의사가 공식적인 방법으로 외부에 표시되었는지를 기준으로 판단하여야 한다(대판 2017. 7. 11, 2016두35120; 대판 2021. 12. 16, 2019두45944).
>
> **판례2** 이 사건 입국금지결정은 법무부장관의 의사가 공식적인 방법으로 외부에 표시된 것이 아니라 단지 그 정보를 내부전산망인 '출입국관리정보시스템'에 입력하여 관리한 것에 지나지 않으므로, 항고소송의 대상이 될 수 있는 '처분'에 해당하지 않는다(대판 2019. 7. 11, 2017두38874).

III. 효력발생요건

1. 의   의

행정행위의 **효력발생요건**(效力發生要件)이라 함은 행정행위가 상대방에 대하여 효력을 발생하기 위한 요건을 말한다.

2. 상대방 있는 행정행위의 효력발생요건: 통지와 도달

행정행위는 상대방에게 통지되어 도달되어야 효력을 발생한다. 제 3 자에 대한 통지는 효력발생요건은 아니다.

> 판례   (1) 상대방 있는 행정처분은 특별한 규정이 없는 한 의사표시에 관한 일반법리에 따라 상대방에게 고지되어야 효력이 발생하고, 상대방 있는 행정처분이 상대방에게 고지되지 아니한 경우에는 상대방이 다른 경로를 통해 행정처분의 내용을 알게 되었다 하더라도 행정처분의 효력이 발생한다고 볼 수 없다. (2) 피고가 인터넷 홈페이지에 원고에 대한 장해등급 결정 내용을 게시한 것만으로는 원고에게 행정절차법 제14조에서 정한 바에 따라 송달이 이루어졌다고 볼 수 없고, 원고가 그 홈페이지에 접속하여 결정 내용을 알게 되었다고 하더라도 마찬가지이다(대판 2019. 8. 9, 2019두38656).

개별법령에서 제3자에 대한 통지를 규정하고 있는 경우도 있는데(예를 들면, 토지보상법령상 사업인정시 토지소유자등에 대한 통지의무, 도시정비법령상 토지주택공사등에 대한 사업시행자지정시 토지등소유자에 대한 통지의무 등), 이 경우 제3자에 대한 통지가 처분의 효력발생요건인지 아니면 절차규정인지 논란이 있을 수 있으므로 이를 명문으로 명확하게 규정하는 것이 바람직하다.

> 판례1   〈후속처분의 절차규정으로 본 사례〉 건설부장관이 구 토지수용법 제16조의 규정에 따라 토지수용사업승인을 한 후 그 뜻을 토지소유자 등에게 통지하지 아니하였다는 하자는 절차상 위법으로서 …… 재결의 취소를 구할 수 있는 사유가 될지언정 당연무효의 사유라고 할 수는 없다(대판 1993. 8. 13, 93누2148[토지수용재결처분취소등]).
>
> 판례2   〈효력발생요건으로 본 사례〉 구 조선하천령시행규칙 제21조는 하천령 제11조에 규정에 의한 하천구역의 인정은 관리청이 이를 고시하고 관계인에게 통지하여야 한다고 규정하고 있으므로 …… 하천구역은 당해 구역에 관하여 위 시행규칙 제21조에 따른 관리청의 고시 및 통지에 의한 하천구역인정행위가 없는 이상 하천구역으로 되었다고는 할 수 없다 할 것이다(대판 1987. 7. 21, 84누126; 1994. 4. 29, 94다1982).

통지의 방식으로는 송달과 공고 또는 고시가 있다. '도달'이라 함은 상대방이 알 수 있는 상태에 두어진 것을 말하고 상대방이 현실적으로 수령하여 요지(了知)한 것을 의미하지 않는다.

행정행위의 상대방이 특정되어 있는 행정행위의 상대방에 대한 통지는 원칙상 송달의 방법에 의한다(행정절차법 제15조 제 1 항).

통지의 상대방이 불특정 다수인이거나 행정행위의 상대방의 주소 또는 거소가 불분명하여 송달이 불가능하거나 심히 곤란한 경우 고시 또는 공고의 방법에 의해 통지되도록 규정하고 있다(개별법령 및 행정절차법 제15조 제 3 항).

(1) 송달의 방법과 효력발생

송달(送達)은 우편·교부 또는 정보통신망 이용 등의 방법에 의하되 송달받을 자(대표자 또는 대리인을 포함한다)의 주소·거소·영업소·사무소 또는 전자우편주소(이하 '주소 등'이라 한다)로 한다. 다만, 송달받은 자가 동의하는 경우에는 그를 만나는 장소에서 송달할 수 있다(행정절차법 제14조 제 1 항).

1) 우편송달과 효력발생

처분서가 처분상대방의 주민등록상 주소지로 송달되어 처분의 상대방 또는 처분상대방의 사무원 등 또는 그 밖에 우편물 수령권한을 위임받은 사람이 수령하면 처분상대방이 알 수 있는 상태가 되었다고 할 것이다(대판 2017. 3. 9, 2016두60577).

우편의 송달을 입증하기 위하여는 등기우편의 방법에 의하여야 한다. 등기우편으로 서류를 송달받을 자의 주소지로 발송한 이상 특단의 사정이 없는 한 위 서류는 수령확인을 받은 날 또는 수령확인이 없는 경우 발송일로부터 수일 내 송달받을 자나 그의 가족 등에게 송달되었다고 봄이 상당하다 할 것이다(대판 1992. 3. 27, 91누3819; 1998. 2. 13, 97누8977).

> **판례1**   우편물이 등기취급의 방법으로 발송된 경우 그것이 도중에 유실되었거나 반송되었다는 등의 특별한 사정에 대한 반증이 없는 한 그 무렵 수취인에게 배달되었다고 추정할 수 있다(대판 2017. 3. 9, 2016두60577).

> **판례2**   판례는 통상우편의 방법에 의하여 발송된 위 결정통지서가 반송되지 않았다 하여도 이 사실만 가지고 발송일로부터 일정한 기간 내에 배달되었다고 추정할 만한 우편제도상이나 일반 실태상의 보장도 희박하다고 본다(대판 1979. 10. 10, 79누192).

등기로 취급하는 우편물은 수취인·동거인(동일 직장에서 근무하는 자를 포함한다) 또는 우편법 시행령 제43조 제 1 호(동일 건축물 또는 동일 구내의 수취인에게 배달할 우편물로서 그 건축물 또는 구내의 관리사무소, 접수처 또는 관리인) 및 제 5 호(수취인이 동일집배구에 거주하는 자를 대리수령인으로 지정하여 배달우체국에 신고한 경우에는 그 대리수령인)의 규정에 의한 수령인으로부터 그 수령사실을 확인받고 배달하여야 한다(우편법 시행령 제42조 제 3 항).

> **판례1**   행정처분의 효력발생요건으로서의 도달이란 상대방이 그 내용을 현실적으로 양지할 필요까지는 없고 다만 양지할 수 있는 상태에 놓여짐으로써 충분하다고 할 것인데, 갑의 처가 갑의 주소지에서 갑에 대한 정부인사발령통지를 수령하였다면 비록 그때 갑이 구치소에 수감중이었고 처분청 역시 그와 같은 사실을 알고 있었다거나 갑의 처가 위 통지서를 갑에게 전달하지 아니하고 폐기해 버렸더라도 갑의 처가 위 통지서를 수령한 때에 그 내용을 양지할 수 있는 상태에 있었다고 볼 것이다(대판 1989. 9. 26, 89누4963[파면처분무효확인]).

> **판례2**   내용증명우편이나 등기우편과는 달리, 보통우편의 방법으로 발송되었다는 사실만으로는 그 우편물이 상당한 기간 내에 도달하였다고 추정할 수 없고, 송달의 효력을 주장하는 측에서 증거에 의하여 이를 입증하여야 한다(대판 2009. 12. 10, 2007두20140[공시지가확정처분취소]).

> **판례3**　[1] 송달받을 사람의 동거인에게 송달할 서류가 교부되고 그 동거인이 사리를 분별할 지능이 있는 이상 송달받을 사람이 그 서류의 내용을 실제로 알지 못한 경우에도 송달의 효력은 있다. 이 경우 사리를 분별할 지능이 있다고 하려면, 사법제도 일반이나 소송행위의 효력까지 이해할 수 있는 능력이 있어야 한다고 할 수는 없을 것이지만 적어도 송달의 취지를 이해하고 그가 영수한 서류를 송달받을 사람에게 교부하는 것을 기대할 수 있는 정도의 능력은 있어야 한다. [2] 갑은 2002. 12. 30.생으로서 상고기록접수통지서를 영수할 당시 만 8세 1개월 남짓의 여자 어린이였는데, 그의 연령, 교육정도, 상고기록접수통지서가 가지는 소송법적 의미와 중요성 등에 비추어 볼 때, 그 소송서류를 송달하는 우편집배원이 갑에게 송달하는 서류의 중요성을 주지시키고 원고에게 이를 교부할 것을 당부하는 등 필요한 조치를 취하였다는 등의 특별한 사정이 없는 한, 그 정도 연령의 어린이 대부분이 이를 송달받을 사람에게 교부할 것으로 기대할 수는 없다고 보이므로 상고기록접수통지서 등을 수령한 갑에게 소송서류의 영수와 관련한 사리를 분별할 지능이 있다고 보기 어렵다고 보아, 상고기록접수통지서의 보충송달이 적법하지 않다고 본 사례(대판 2011. 10. 11, 2011재두148[유족급여및장의비부지급처분취소]).

> **판례4**　등기우편으로 송달해야 하는 납세고지서를 수령인에게 직접 전달하지 않고 우편함에 넣어두는 방식으로 송달을 완료했다면 납세고지의 효력이 없다(서울행법 2019. 8. 14, 2018구단69205).

> **판례5**　(1) 우편법에 따른 우편물의 배달과 상대방 있는 의사표시의 도달 여부: 우편법 제31조, 제34조, 같은법시행령 제42조, 제43조의 규정취지는 우편사업을 독점하고 있는 국가가 배달위탁을 받은 우편물의 배달방법을 구체적으로 명시하여 그 수탁업무의 한계를 명백히 한 것으로서 위 규정에 따라 우편물이 배달되면(예, 빌딩건물경비원에게 배달) 우편물이 정당하게 교부된 것으로 인정하여 국가의 배달업무를 다하였다는 것일 뿐 우편물의 송달로써 달성하려고 하는 법률효과까지 발생하게 하는 것은 아니므로 위 규정에 따라 우편물이 배달되었다고 하여 언제나 상대방 있는 의사표시의 통지가 상대방에게 도달하였다고 볼 수는 없다. (2) 집배원으로부터 우편물을 수령한 빌딩건물경비원이 원고나 그 동거인 또는 고용인에게 위 청문서를 전달하였다고 볼 수 없는 이상 청문서가 원고에게 적법하게 송달되었다고 볼 수 없다할 것이다. 원고가 청문서를 송달받지 못하여 청문절차에 불출석하였는데도 불응하는 것으로 보아 원고에게 의견진술기회를 주지 아니한 채 이루어진 이 사건 처분은 영업정지사유가 인정된다 하더라도 위법하다 할 것이다(대판 1991. 7. 9, 91누971; 1993. 11. 26, 93누17478).

　　상대방이 부당하게 등기취급 우편물의 수취를 거부함으로써 그 우편물의 내용을 알 수 있는 객관적 상태의 형성을 방해한 경우 발송인의 의사표시의 효력을 부정하는 것은 신의성실의 원칙에 반하므로 허용되지 않는다. 이러한 경우에는 수취 거부 시에 의사표시의 효력이 생긴 것으로 보아야 한다(대판 2020. 8. 20, 2019두34630).

2) 교부와 효력발생

　　교부에 의한 송달은 수령확인서를 받고 문서를 교부함으로써 행하며, 송달하는 장소에서 송달받을 자를 만나지 못한 때에는 그 사무원·피용자(被傭者) 또는 동거자로서 사리를 분별할 지능이 있는 자(이하 "사무원등"이라 한다)에게 이를 교부할 수 있다(행정절차법 제14조 제2항). 교부시 도달된 것으로 본다. 다만, 문서를 송달받을 자 또는 그 사무원등이 정당한 사유 없이 송달받기를 거부하는 때에는 그 사실을 수령확인서에 적고, 문서를 송달할 장소에 놓아둘 수 있다(제14조 제2항 단서). 이른바 **유치송달**이 인정된다.

　　교부시 도달된 것으로 본다.

3) 전자적 통지와 효력발생

정보통신망을 이용한 송달은 송달받을 자가 동의하는 경우에만 한다. 이 경우 송달받을 자는 송달받을 전자우편주소 등을 지정하여야 한다(제14조 제 3 항).

행정절차법 제24조 제 1 항에 따르면 처분을 전자문서로 할 때에는 당사자등의 동의를 받거나 당사자가 전자문서로 처분을 신청한 경우이어야 하는데(행정절차법 제24조 제 1 항), 판례에 따르면 이를 위반한 경우 처분은 효력이 발생하지 않는다(대판 2024. 5. 9, 2023도3914).

(2) 고시 또는 공고와 효력발생

고시 또는 공고는 행정절차법상의 공고와 개별법령에 의한 고시 또는 공고가 있다.

1) 행정절차법상 공고(송달에 갈음하는 공고)

송달받을 자의 주소 등을 통상의 방법으로 확인할 수 없는 경우 또는 송달이 불가능한 경우에는 송달받을 자가 알기 쉽도록 관보·공보·게시판·일간신문 중 하나 이상에 공고하고 인터넷에도 공고하여야 한다(행정절차법 제14조 제 4 항). 이 경우에는 다른 법령 등에 특별한 규정이 있는 경우를 제외하고는 **공고일부터 14일이 경과한 때**에 그 효력이 발생한다. 다만, 긴급히 시행하여야 할 특별한 사유가 있어 효력발생시기를 달리 정하여 공고한 경우에는 그에 의한다(행정절차법 제15조 제 3 항).

2) 개별법상 고시 또는 공고와 효력발생

개별법에서 고시 또는 공고를 행정행위의 통지방법으로 규정하고 있는 경우가 있다(공익사업을 위한 토지 등의 취득 및 보상에 관한 법률 제20조의 사업인정, 도시 및 주거환경정비법상의 관리 처분계획의 인가 등).

일반처분에 대한 통지는 명문의 규정이 없더라도 공고 또는 고시의 방법에 의할 수 있다고 보아야 한다. 이 경우 당해 공고 또는 고시의 효력발생일을 법령에서 명시적으로 규정하고 있는 경우(사업인정고시의 경우 고시된 날)에는 그에 의한다.

고시 또는 공고의 효력발생일에 관한 명시적인 규정이 없는 경우에는 「행정 효율과 협업 촉진에 관한 규정」(이하 "행정규정"이라 한다)에 따라 공고문서는 그 문서에서 효력발생 시기를 구체적으로 밝히고 있지 않으면 그 고시 또는 공고 등이 있은 날부터 5일이 경과한 때에 효력이 발생한다(제 6 조 제 3 항). 공고문서는 고시·공고 등 행정기관이 일정한 사항을 일반에게 알리는 문서를 말한다(행정규정 제 4 조 제 3 호). 판례는 고시 또는 공고의 효력발생일에 관한 명문의 규정이 없는 경우에는 구 사무관리규정(현행 행정업무의 효율적 운영에 관한 규정)을 적용하여 당해 고시 또는 공고의 효력발생일을 고시 또는 공고가 있은 후 5일이 경과한 날로 보고 있다(대판 전원합의체 1995. 8. 22, 94누5694[관리처분계획인가처분취소]). 구 주택법 제16조에 따라 정하는 사업계획승인의 효력은 사업계획승인권자의 고시가 있은 후 5일이 경과한 날부터 발생한다(대판 2013. 3. 28, 2012다57231).

3. 상대방이 존재하지 않는 행정행위의 효력발생요건: 대외적 표시

상대방이 존재하지 않는 **행정행위**(예, 망인에 대한 서훈취소)에 있어서는 처분권자의 의사에 따라 상당한 방법으로 대외적으로 표시됨으로써 행정행위로서 성립하여 효력이 발생한다(대판 2014. 9. 26, 2013두2518).

4. 효력발생요건의 하자

효력발생요건이 충족되지 않으면 해당 행정행위는 상대방에 대하여 효력을 발생하지 못한다.

> **판례**   과세처분에 관한 납세고지서의 송달이 국세기본법 제 8 조 제 1 항의 규정에 위배되는 부적법한 것으로서 송달의 효력이 발생하지 아니하는 이상, 그 과세처분은 무효이다(대판 1995. 8. 22, 95누3909).

IV. 적법요건

행정행위가 행해짐에 있어 법에 의해 요구되는 요건을 **적법요건**(適法要件)이라 한다.

1. 주체에 관한 적법요건

행정행위는 당해 행정행위를 발할 수 있는 권한을 가진 자에 의해 행해져야 한다.

2. 절차에 관한 적법요건

행정행위를 행함에 있어 일정한 절차, 예를 들면, 청문, 다른 기관과의 협의 등을 거칠 것이 요구되는 경우에는 그 절차를 거쳐야 한다.

3. 형식에 관한 적법요건

행정청이 처분을 하는 때에는 다른 법령 등에 특별한 규정이 있는 경우를 제외하고는 문서로 하여야 하며, 전자문서로 하는 경우에는 원칙상 당사자 등의 동의가 있어야 한다.
처분은 처분권자의 이름으로 처분권자의 관인(전자이미지관인을 포함한다)을 날인하거나 서명(전자문서서명 및 행정전자서명을 제외한다)하여 행한다.

4. 내용에 관한 적법요건

행정행위는 그 내용에 있어 적법하여야 하며 법률상이나 사실상으로 실현가능하고 관계인이 인식할 수 있을 정도로 명확하여야 한다.

5. 적법요건을 결여한 행정행위의 효력

행정행위가 적법요건을 충족시키지 못한 경우에는 위법하다. 적법요건을 충족하지 못한 행정행위는 흠 있는 행정행위가 되며 흠 있는 행정행위의 효력은 후술하는 바와 같이 부존재, 무효 및 취소할 수 있지만 취소되기 전까지는 유효한 것으로 나누어진다.

V. 유효요건

유효요건(有效要件)이라 함은 위법한 행정행위가 무효가 되지 않고 효력을 갖기 위한 요건을 말한다. 행정행위의 유효요건은 행정행위의 무효요건에 대립되는 것으로 행정행위의 위법이 중대하고 명백하지 않을 것이다. 행정행위는 위법하더라도 그 위법이 중대하고 명백하여 무효가 되지 않는 한 공정력에 의해 권한 있는 기관에 의해 취소되지 않는 한 유효하다.

제 8 절   행정행위의 하자(흠)와 그 효과

I. 개 설

1. 행정행위의 하자(흠)의 개념

위법 또는 부당과 같이 행정행위의 효력의 발생을 방해하는 사정을 **행정행위의 하자(흠)**라 한다. **위법(違法)**이라 함은 법의 위반을 의미하며 **부당(不當)**이라 함은 법을 위반함이 없이 공익 또는 합목적성(合目的性) 판단을 잘못한 것을 말한다. 행정기관이 재량권의 한계를 넘지 않는 한도 내에서 재량권의 행사를 그르친 행정행위가 부당한 행정행위가 된다.

위법한 행정행위는 행정심판이나 행정청의 직권에 의해 취소될 수 있을 뿐만 아니라 법원에 의해서도 취소될 수 있다. 그러나, 부당한 행정행위는 행정심판이나 행정청의 직권에 의해 취소될 수 있을 뿐 법원에 의해 취소될 수는 없다.

처분의 위법은 처분별로 판단된다. 원칙상 다른 처분의 위법사유는 처분의 위법사유가 되지 않는다. 다만, 하자의 승계가 인정되는 경우, 선행행위의 구속력의 예외가 인정되는 경우, 인허가가 의제되는 경우 등에는 그러하지 아니하다.

행정처분에 있어 수개의 처분사유 중 일부가 적법하지 않다고 하더라도 다른 처분사유로써 그 처분의 정당성이 인정되는 경우에는 그 처분을 위법하다고 할 수 없다(대판 1997. 5. 9, 96누1184; 대판 2004. 3. 25, 2003두1264; 대판 2013. 10. 24, 2013두963).

> **판례** [과징금 부과처분의 재량권 일탈·남용 여부가 문제된 사안] 과거 공정거래법 위반행위로 인한 시정조치가 위반행위 자체가 존재하지 않는다는 이유로 취소판결이 확정된 경우 그 과거 위반행위를 위반 횟수에 산입하여 위반횟수 가중을 한 과징금 부과처분이 재량권 일탈·남용으로 위법한지 여부(한정 소극): (1) '개정 전 과징금 고시' Ⅳ. 2. 나. (2)항은 과거 시정조치의 횟수 산정시 시정조치의 무효 또는 취소판결이 확정된 건을 제외하도록 규정하고 있다. 공정거래위원회가 과징금 산정시 위반 횟수 가중의 근거로 삼은 위반행위에 대한 시정조치가 그 후 '위반행위 자체가 존재하지 않는다는 이유로 취소판결이 확정된 경우' 과징금 부과처분의 상대방은 결과적으로 처분 당시 객관적으로 존재하지 않는 위반행위로 인하여 과징금이 가중될 것이므로, 그 처분은 비례·평등원칙 및 책임주의 원칙에 위배될 여지가 있다. 다만, 공정거래위원회는 공정거래법령상의 과징금 상한의 범위 내에서 과징금 부과 여부 및 과징금 액수를 정할 재량을 가지고 있다. 또한 재량준칙인 '개정전 과징금 고시' Ⅳ. 2. 나. (1)항은 위반 횟수와 벌점 누산점수에 따른 과징금 가중비율의 상한만을 규정하고 있다. 따라서 법 위반행위 자체가 존재하지 않아 위반행위에 대한 시정조치에 대하여 취소판결이 확정된 경우에 위반 횟수 가중을 위한 횟수 산정에서 제외한다고 하더라도, 그 사유가 과징금 부과처분에 영향을 미치지 아니하여 처분의 정당성이 인정되는 경우에는 그 처분을 위법하다고 할 수 없다(대법원 2010. 12. 9. 선고 2010두15674 판결 등 참조). (2) 법 위반행위 자체가 존재하지 않는다는 이유로 선행조치(시정조치)의 취소판결이 확정되어 피고가 과징금 부과처분시 원고의 위반 횟수 가중을 위한 횟수가 5회에서 4회로 감소하더라도, 피고가 과징금 고시에 따라 100분의 40 이내에서 산정기준을 가중할 수 있으므로 과징금 부과처분 당시 원고에 대하여 100분의 20 가중비율을 적용한 것이 현저히 과도한 가중비율을 적용하여 비례원칙에 위배된다고 보기 어렵고, 위반 횟수가 감소하더라도 원고의 벌점은 여전히 100분의 15의 가중비율을 적용한 다른 담합 참여회사보다 높으므로 원고에게 100분의 20의 가중비율을 적용한 것이 합리적인 이유가 없는 차별이라거나 현저히 과도한 가중비율이라고 볼 수 없다(대판 2019. 7. 25, 2017두55077). 〈해설〉 과징금 부과처분시 원고의 위반 횟수 가중을 위한 횟수(시정조치 횟수)가 5회이었는데, 과징금 부과처분에 대한 취소소송 변론 종결전에 과거 공정거래법 위반행위로 인한 시정조치를 그 위반행위 자체가 존재하지 않는다는 이유로 취소하는 판결이 확정된 사안이다.

문제가 된 처분 이전의 절차라 하더라도 해당 처분의 절차가 아닌 경우 그 이전 절차의 하자는 해당 처분의 하자가 아니다.

> **판례** 예비타당성조사를 실시하지 아니한 하자는 원칙적으로 예산 자체의 하자일 뿐, 그로써 곧바로 이 사건 각 처분(하천공사시행계획)의 하자가 된다고 할 수 없다(대판 2015. 12. 10, 2011두32515[하천공사시행계획취소청구등]).

상급행정기관의 지시는 일반적으로 행정조직 내부에서만 효력을 가질 뿐 대외적으로 국민이나 법원을 구속하는 효력이 없다. 처분이 적법한지는 상급행정기관의 지시를 따른 것인지 여부가 아니라, 헌법과 법률, 대외적으로 구속력 있는 법령의 규정과 입법목적, 비례·평등원칙과 같은 법의 일반원칙에 적합한지 여부에 따라 판단해야 한다(대판 2019. 7. 11, 2017두38874).

2. 오기 · 오산 등 명백한 사실상의 착오

행정행위에 있어 오기(誤記)나 오산(誤算) 등은 행정행위가 완전한 효력을 발생하는

데 장애가 되지 않으므로 행정행위의 흠과는 구별되어야 한다. 행정절차법 제25조는 처분에 오기·오산 기타 이에 준하는 명백한 잘못이 있는 때에는 행정청은 직권 또는 신청에 의하여 지체 없이 정정하고 이를 당사자에게 통지하도록 하고 있다.

3. 행정행위의 위법 여부의 판단시점

행정행위의 위법 여부는 원칙상 행정행위시의 법령 및 사실상태를 기준으로 판단한다(후술 행정소송 참조). 다만, 후술하는 바와 같이 일정한 예외가 있다.

4. 흠 있는 행정행위의 효과

위법 또는 부당한 처분은 권한이 있는 기관이 취소하거나 기간의 경과 등으로 소멸되기 전까지는 유효한 것으로 통용된다. 다만, 무효인 처분은 처음부터 그 효력이 발생하지 아니한다(행정기본법 제15조, 제18조 제 1 항).

5. 처분시 적용법령과 신뢰보호 등 [2009 행시(재경 등) 사례, 2003 사시 사례, 2019 변시 사례]

> 문제   허가요건을 갖추어 허가를 신청한 후 허가요건을 정하는 법령이 개정되어 허가요건이 보다 엄격하게 됨으로써 개정된 허가요건에 따르면 허가를 해 줄 수 없는 경우에 행정청은 당해 허가를 거부하여야 하는가.

행정처분의 신청시와 처분시 사이에 법령이 변경된 경우 행정청은 신청시의 법령을 적용하여야 하는가, 처분시의 법령을 적용하여야 하는가 하는 것이 문제된다.

또한 행정청이 일방적으로 행정처분을 하는 경우, 처분 이전에 법령이 수차 변경된 경우 어느 시점의 법령을 적용하여야 하는 것인가가 문제된다. 특히 법규위반시와 제재처분시 사이에 법령이 변경된 경우에 문제된다.

(1) 처분시법 적용의 원칙과 신뢰보호

행정기관은 법치행정의 원칙 및 공익보호의 원칙에 비추어 행정행위시의 법을 적용하여 행정행위를 행하여야 하는 것이 원칙이다. 당사자[8]의 신청에 따른 처분도 법령등에 특별한 규정이 있거나 처분 당시의 법령등을 적용하기 곤란한 특별한 사정이 있는 경우를 제외하고는 처분 당시의 법령등에 따른다(행정기본법 제14조 제 2 항).

> 판례1   행정처분의 위법 여부는 원칙상 행정처분이 있을 때의 법령과 사실 상태를 기준으로 판단하여야 하며, 법원은 행정처분 당시 행정청이 알고 있었던 자료뿐만 아니라 사실심 변론종결 당시까지 제출된 모든 자료를 종합하여 처분 당시 존재하였던 객관적 사실을 확정하고 그 사실에 기초하여 처분

---

8) 행정기본법에서 "당사자"란 처분의 상대방을 말한다(행정기본법 제 2 조 제 3 호).

의 위법 여부를 판단할 수 있다(대판 2010. 1. 14, 2009두11843; 2019. 7. 25, 2017두55077 참조).

판례2 항고소송에서 처분의 위법 여부는 특별한 사정이 없는 한 그 처분 당시를 기준으로 판단하여야 한다. 이는 신청에 따른 처분의 경우에도 마찬가지이다. 새로 개정된 법령의 경과규정에서 달리 정함이 없는 한, 처분 당시에 시행되는 개정 법령과 그에서 정한 기준에 의하여 신청에 따른 처분의 발급 여부를 결정하는 것이 원칙이고, 그러한 개정 법령의 적용과 관련하여서는 개정 전 법령의 존속에 대한 국민의 신뢰가 개정 법령의 적용에 관한 공익상의 요구보다 더 보호가치가 있다고 인정되는 경우에 그러한 국민의 신뢰를 보호하기 위하여 그 적용이 제한될 수 있는 여지가 있을 따름이다(대판 2020. 1. 16, 2019다264700).

판례3 양도인이 최초 영업허가를 받을 당시에 '영업장 면적'이 허가(신고) 대상이 아니었더라도 영업자 지위승계신고 수리 시점을 기준으로 당시의 식품위생법령에 따른 인적·물적 요건을 갖추어야 하므로 양수인에게 '영업장 면적' 변경신고의무가 있으며, 영업양수 후 기존 건물을 철거하고 새 건물을 신축하여 이루어진 영업에 관해서는 '영업장 소재지'와 '영업장 면적' 변경신고의무가 있다고 한 사례(대판 2020. 3. 26, 2019두38830). 〈해설〉 양도인이 최초 1972년에 일반음식점 영업허가를 받았는데, 당시에는 '영업장 면적'이 허가사항이 아니었다. 그 후 일반음식점에 관한 식품위생법상 규제가 영업신고제로 변경되었고, 2003년에 (변경)신고사항에 '영업장 면적'을 포함하는 규정이 신설되었다. 원고는 2015년 양도인으로부터 건물과 영업 일체를 양수하고 영업자 지위승계 신고를 하였는데, 그 건물을 철거하고 새로운 건물을 지은 다음 일반음식점 영업을 하였다.

그런데, 개정 법령의 적용과 관련하여서는 개정 전 법령의 존속에 대한 국민의 신뢰가 개정 법령의 적용에 관한 공익상의 요구보다 더 보호가치가 있다고 인정되는 경우에 그러한 국민의 신뢰보호를 보호하기 위하여 그 적용이 제한될 수 있다. 달리 말하면 개정 전 법령의 존속에 대한 국민의 신뢰이익이 개정 법령의 적용에 의한 공익보다 더 큰 경우에는 개정법령을 적용한 처분은 위법하다.

판례1 행정처분의 근거법령이 개정 시행된 경우, 개정된 법령 및 기준에 따른 처분의 적부(한정 적극): 행정처분은 그 근거 법령이 개정된 경우에도 경과 규정에서 달리 정함이 없는 한 처분 당시 시행되는 개정 법령과 그에서 정한 기준에 의하는 것이 원칙이고, 그 개정 법령이 기존의 사실 또는 법률관계를 적용대상으로 하면서 국민의 재산권과 관련하여 종전보다 불리한 법률효과를 규정하고 있는 경우에도 그러한 사실 또는 법률관계가 개정 법률이 시행되기 이전에 이미 완성 또는 종결된 것이 아니라면 이를 헌법상 금지되는 소급입법에 의한 재산권 침해라고 할 수는 없으며, 그러한 개정 법률의 적용과 관련하여서는 개정 전 법령의 존속에 대한 국민의 신뢰가 개정 법령의 적용에 관한 공익상의 요구보다 더 보호가치가 있다고 인정되는 경우에 그러한 국민의 신뢰보호를 보호하기 위하여 그 적용이 제한될 수 있는 여지가 있을 따름이다(대판 2000. 3. 10, 97누13818[광업권존속기간연장허가거부처분등취소]

판례2 광업권자가 광업권을 취득하고 그에 대한 사업휴지인가를 받은 것은 모두 개정된 광업법시행령이 시행되기 이전이나 그 존속기간의 만료 및 연장신청은 개정된 광업법시행령 시행 이후인 경우, 위 광업권자의 광업권 존속기간 연장허가 신청에 대하여 개정된 광업법시행령이 적용된다고 한 사례; 광업권자가 광업권을 취득하고 그에 대한 사업휴지인가를 받은 것은 모두 개정 광업법시행령(1994. 12. 8. 대통령령 제14424호로 개정된 시행령, 부칙(1994. 12. 8.) 제1항에 의하여 1995. 6. 8.부터 시행)이 시행되기 이전이기는 하나 그 존속기간의 만료는 개정 시행령 시행 이후인 1996. 4. 30.이고, 그 존속기간의 연장신청 역시 그 시행 이후인 1996. 1. 30.자로 이루어졌음이 분명하여 광업권의 존속기간

연장에 대하여 개정 시행령 규정을 적용하는 것이 이미 완성되거나 종결된 사실 또는 법률관계에 대하여 개정 시행령을 소급 적용하는 것이라고 할 수 없다).〈해설〉개정 광업법 시행령이 1995. 6. 8.자로 시행되기 이전에 광업권을 취득하고(존속기간의 만료는 개정 시행령 시행 이후인 1996. 4. 30.) 그에 대하여 사업휴지인가를 받은 원고가 개정 시행령 시행 이후인 1996. 1. 30. 당해 광업권에 관하여 사업휴지인가를 받은 바 있음을 사유로 하여 그 존속기간 연장허가 신청을 하였으나, 피고 산업자원부 광업등록사무소장이 개정 시행령 규정상 사업휴지인가는 광업권 존속기간 연장 불허의 예외사유에 해당하지 않는다는 이유로 같은 해 2월 1일자로 그 신청을 반려하자, 원고가 그 거부처분에 대하여 취소를 구한 사건이다. 다만, 이 사건은 법령 개정 후 신청이 행해진 사건이다. 개정 전 광업법시행령에 따르면 사업휴지인가는 광업권 존속기간 연장불허의 예외사유이었다. 이 사건에서 대법원은 개정 전 시행령 규정의 존속에 대한 신뢰가 개정 시행령 규정의 적용에 관한 공익상 요구(광물자원의 합리적인 개발의 촉진)보다 더 보호가치가 있는 것이라고 할 수 없다고 하였다.

판례3 [1] 행정청이 수익적 행정처분을 하면서 부가한 부담의 위법 여부는 처분 당시 법령을 기준으로 판단하여야 하고, 부담이 처분 당시 법령을 기준으로 적법하다면 처분 후 부담의 전제가 된 주된 행정처분의 근거 법령이 개정됨으로써 행정청이 더 이상 부관을 붙일 수 없게 되었다 하더라도 곧바로 위법하게 되거나 그 효력이 소멸하게 되는 것은 아니다. 따라서 행정처분의 상대방이 수익적 행정처분을 얻기 위하여 행정청과 사이에 행정처분에 부가할 부담에 관한 협약을 체결하고 행정청이 수익적 행정처분을 하면서 협약상의 의무를 부담으로 부가하였으나 부담의 전제가 된 주된 행정처분의 근거 법령이 개정됨으로써 행정청이 더 이상 부관을 붙일 수 없게 된 경우에도 곧바로 협약의 효력이 소멸하는 것은 아니다. [2] 고속국도 관리청이 고속도로 부지와 접도구역에 송유관 매설을 허가하면서 상대방과 체결한 협약에 따라 송유관 시설을 이전하게 될 경우 그 비용을 상대방에게 부담하도록 하였고, 그 후 도로법 시행규칙이 개정되어 접도구역에는 관리청의 허가 없이도 송유관을 매설할 수 있게 된 사안에서, 위 협약이 효력을 상실하지 않는다고 한 사례(대판 2009. 2. 12, 2005다65500[약정금]).〈해설〉부담이 처분 당시 법령을 기준으로 적법하였지만 처분 후 부담의 전제가 된 주된 행정처분의 근거 법령이 개정됨으로써 행정청이 더 이상 부관을 붙일 수 없게 된 것은 철회사유는 될 수 있다.

(2) 소급입법금지 및 소급 적용금지 등

1) 소급입법의 금지 및 예외

소급입법(진정소급입법)은 헌법상 인정되지 않는 것이 원칙이다. 다만, "(1) 진정소급입법(과거에 완성된 사실 또는 법률관계를 규율대상으로 하는 입법)이라 하더라도 기존의 법을 변경하여야 할 공익적 필요는 심히 중대한 반면에 그 법적 지위에 대한 개인의 신뢰를 보호하여야 할 필요가 상대적으로 적어 개인의 신뢰이익을 관철하는 것이 객관적으로 정당화될 수 없는 경우에는 예외적으로 허용될 수 있다. (2) 진정소급입법이 허용되는 예외적인 경우로는 일반적으로, 국민이 소급입법을 예상할 수 있었거나, 법적 상태가 불확실하고 혼란스러웠거나 하여 보호할 만한 신뢰의 이익이 적은 경우와 소급입법에 의한 당사자의 손실이 없거나 아주 경미한 경우, 그리고 신뢰보호의 요청에 우선하는 심히 중대한 공익상의 사유가 소급입법을 정당화하는 경우를 들 수 있다."(헌재 1996. 2. 16, 96헌가2; 헌재 1998. 9. 30, 97헌바38). 시혜적 소급입법도 가능하다(헌재 2002. 2. 28, 2000헌바69).

소급입법은 위헌이므로 소급입법을 적용하여 한 처분은 위헌인 법령에 근거한 처분으로서 위법하다.

판례 [1] 소급입법은 새로운 입법을 이미 종료된 사실관계 또는 법률관계에 적용하도록 하는 진정소급입법과 현재 진행 중인 사실관계 또는 법률관계에 적용하도록 하는 부진정소급입법으로 나눌 수 있다. 이 중에서 기존의 법에 의하여 이미 형성된 개인의 법적 지위를 사후입법을 통하여 박탈하는 것을 내용으로 하는 진정소급입법은 개인의 신뢰보호와 법적 안정성을 내용으로 하는 법치국가원리에 의하여 허용되지 않는 것이 원칙이다. (2) 진정소급입법은 예외적으로 국민이 소급입법을 예상할 수 있었거나 신뢰보호의 요청에 우선하는 심히 중대한 공익상의 사유가 소급입법을 정당화하는 경우 등에만 허용될 수 있다(대판 2012. 2. 23, 2010두17557 등 참조). 단지 법령의 개정이 미리 예정되어 있었다는 사유만으로 소급입법을 허용하는 것은 헌법 제13조 제2항의 소급입법금지원칙을 형해화시킬 수 있으므로 예외사유에 해당하는지 여부는 매우 엄격하게 판단하여야 한다. (3) 폐기물부담금의 부과요건사실은 '제조장 또는 보세구역에서 반출'이므로, 담배가 '제조장 또는 보세구역에서 반출되는 때'에 담배 제조업자의 폐기물부담금 납부의무가 성립한다. 이 사건에서는 원고가 이 사건 제1담배를 이 사건 제조공장에서 이 사건 임시창고로 옮긴 때가 아니라, 이 사건 임시창고에서 이 사건 각 물류센터로 옮긴 때 비로소 제조장에서 반출한 것으로 보아야한다. 이 사건 제2담배는 2015. 1. 1. 이후 제조장에서 반출된 것으로 볼 수 있어 개정법령에 따른 부담금을 부과할 수 있다. (4) 담배 제조업자는 2015. 1. 1.부터 2015. 2. 2.까지 제조장 또는 보세구역에서 반출한 담배에 대해서 각 반출시점에 구 자원의 절약과 재활용촉진에 관한 법률 시행령에 따라 인상되기 전 요율의 폐기물부담금을 납부할 의무를 부담하고 있었는데, 자원의 절약과 재활용촉진에 관한 법률 시행령 부칙(2015. 2. 3.) 제2조로 인하여 위 기간 동안 제조장 또는 보세구역에서 반출한 담배에 대해서도 소급하여 2015. 2. 3. 대통령령 제26088호로 개정된 자원의 절약과 재활용촉진에 관한 법률 시행령 제11조 [별표 2] 제5호에 따른 인상된 요율의 폐기물부담금을 납부할 의무를 부담하게 되었다. 따라서 위 부칙규정은 이미 종결된 폐기물부담금의 부과요건사실(2015. 1. 1.부터 2015. 2. 2.까지 제조장 또는 보세구역에서의 반출)에 대해서까지 소급하여 위 개정규정을 적용하는 것으로서 헌법상 원칙적으로 금지되는 진정소급입법에 해당한다. 이 사건 부칙규정은 '예외적으로 허용되는 진정소급입법'에 해당한다고 보기도 어렵다. 따라서 이 사건 부칙규정 중 이 사건 개정규정을 2015. 1. 1.부터 2015. 2. 2.까지 제조장 또는 보세구역에서 반출된 담배에 대하여도 소급하여 적용하도록 정한 부분은 헌법에 위반되어 무효이다. 즉 정부가 2014. 9.경 '2015. 1. 1.부터 담뱃값을 2,500원에서 4,500원으로 인상하겠다'는 정책안을 발표하고 2015. 1. 1.부터 담배 한 갑당 부과되는 폐기물부담금의 요율을 7원에서 24.4원으로 인상하는 내용의「자원의 절약과 재활용촉진에 관한 법률 시행령 일부개정령(안)」을 2014. 10. 29.에 입법예고함에 따라 그 취지대로 관련 법령이 개정될 것이 미리 예정되어 있었으며, 담뱃세를 구성하는 다른 조세와 부담금에 대해서는 2015. 1. 1.이 되기 전에 근거규정이 개정되기는 하였다. 그러나 원고가 기존 폐기물부담금을 인상하는 내용의 개정이 있을 것을 전혀 예상할 수 없었던 것은 아니더라도, 앞서 본 사정만으로 원고가 폐기물부담금을 인상하는 내용의 이 사건 개정규정이 이 사건 부칙규정을 통하여 2015. 1. 1.부터 제조장 또는 보세구역에서 반출된 담배에 대해서도 소급적용되어 추가적으로 폐기물부담금을 부담할 것까지 예상하였다고 단정하기는 어렵다. 그리고 이 사건에서 공익상의 사유가 진정소급입법으로 인한 원고의 신뢰와 법적 안정성 침해를 정당화할 만큼 심히 중대하거나 압도적이라고 보기 어렵다. 따라서 폐기물부담금의 경우 위 기간 중에 제조장 또는 보세구역에서 반출된 담배에 대해서는 이 사건 개정규정이 (소급) 적용되어서는 아니 된다(대판 전원합의체 2024. 5. 23, 2021두35834[폐기물부담금부과처분취소청구등]).

2) 부진정소급입법과 신뢰보호의 원칙 위반

부진정소급입법(과거에 시작되었으나 아직 완성되지 아니하고 현재 진행중에 있는 사실관계 또는 법률관계를 적용대상으로 하는 입법)은 소급입법이 아니므로 원칙상 허용되지만, 신뢰보호의 원칙에 위반되면 위헌이다.

판례1 **[1]** 개정 법령이 기존의 사실 또는 법률관계를 적용대상으로 하면서 국민의 재산권과 관련하여 종전보다 불리한 법률효과를 규정하고 있는 경우 소급입법에 의한 재산권 침해인지 여부: 행정처분은 그 근거 법령이 개정된 경우에도 경과규정에서 달리 정함이 없는 한 처분 당시 시행되는 개정 법령과 그에 정한 기준에 의하는 것이 원칙이고, 그 개정 법령이 기존의 사실 또는 법률관계를 적용대상으로 하면서 국민의 재산권과 관련하여 종전보다 불리한 법률효과를 규정하고 있는 경우에도 그러한 사실 또는 법률관계가 개정 법령이 시행되기 이전에 이미 완성 또는 종결된 것이 아니라면 이를 헌법상 금지되는 소급입법에 의한 재산권 침해라고 할 수는 없으며, 그러한 개정 법령의 적용과 관련하여서는 개정 전 법령의 존속에 대한 국민의 신뢰가 개정 법령의 적용에 관한 공익상의 요구보다 더 보호가치가 있다고 인정되는 경우에 그러한 국민의 신뢰를 보호하기 위하여 그 적용이 제한될 수 있는 여지가 있을 따름이다. 그리고 이러한 신뢰보호의 원칙 위배 여부를 판단하기 위해서는 한편으로는 침해받은 이익의 보호가치, 침해의 중한 정도, 신뢰가 손상된 정도, 신뢰침해의 방법 등과 다른 한편으로는 개정 법령을 통해 실현하고자 하는 공익적 목적을 종합적으로 비교·형량하여야 한다(대법원 2006. 11. 16. 선고 2003두12899 전원합의체 판결 등 참조). **[2]** 행정청이 약제에 대한 요양급여대상 삭제 처분의 근거 법령으로 삼은 구 국민건강보험 요양급여의 기준에 관한 규칙(2007. 7. 25. 보건복지부령 제408호로 개정되기 전의 것) 제13조 제4항 제6호가 헌법상 금지되는 소급입법에 해당한다고 볼 수 없고(부진정소급입법에 해당하고), 개정 전 법령의 존속에 대한 제약회사의 신뢰가 공익상의 요구와 비교·형량하여 더 보호가치 있는 신뢰라고 할 수 없어 경과규정을 두지 않았다고 하여 신뢰보호의 원칙에 위배된다고 볼 수도 없고, 따라서 요양급여규칙에서 이 사건 조항에 대하여 개정 이후 2년이 지난 시점부터 적용하기로 하는 경과규정을 두지 않았다고 하여 이 사건 조항이 신뢰보호의 원칙에 위배된다고 할 수는 없다고 한 사례(대판 2009. 4. 23, 2008두8918[요양급여대상삭제처분취소]). 〈해설〉 부령인 국민건강보험 요양급여의 기준에 관한 규칙에 따라 최근 2년간 보험급여 청구실적이 없는 약제에 대하여 요양급여대상에서 제외하는 보건복지부 고시인 '약제급여목록 및 급여상한금액표'는 행정소송의 대상이 되는 처분이다. 해당 고시를 법령보충적 행정규칙(고시)로 보는 견해가 다수견해이지만, 구체적 규율임을 이유로 행정입법으로 보지 않고 단순한 처분(일반처분)으로 보는 견해도 있다.

판례2 법령의 개정시 입법자가 구 법령의 존속에 대한 당사자의 신뢰를 침해하여 신뢰보호 원칙을 위배하였는지 여부의 판단 기준 및 변리사 제1차 시험을 절대평가제에서 상대평가제로 환원하는 내용의 변리사법 시행령 개정조항을 즉시 시행하도록 정한 부칙 부분이 헌법에 위반되어 무효인지 여부(적극): [다수의견] (가) 법령의 개정에 있어서 구 법령의 존속에 대한 당사자의 신뢰가 합리적이고도 정당하며, 법령의 개정으로 야기되는 당사자의 손해가 극심하여 새로운 법령으로 달성하고자 하는 공익적 목적이 그러한 신뢰의 파괴를 정당화할 수 없다면, 입법자는 경과규정을 두는 등 당사자의 신뢰를 보호할 적절한 조치를 하여야 하며, 이와 같은 적절한 조치 없이 새 법령을 그대로 시행하거나 적용하는 것은 허용될 수 없는바, 이는 헌법의 기본원리인 법치주의 원리에서 도출되는 신뢰보호의 원칙에 위배되기 때문이다. 이러한 신뢰보호 원칙의 위배 여부를 판단하기 위하여는 한편으로는 침해받은 이익의 보호가치, 침해의 중한 정도, 신뢰가 손상된 정도, 신뢰침해의 방법 등과 다른 한편으로는 새 법령을 통해 실현하고자 하는 공익적 목적을 종합적으로 비교·형량하여야 한다. (나) 규제개혁위원회의 방침에 따라 변리사 등 전문자격사의 인원을 확대하기 위한 일환으로 변리사 제1, 2차 시험을 종전의 '상대평가제'에서 '절대평가제'로 전환하는 내용의 2002. 3. 25. 개정 전 구 변리사법 시행령(2002. 3. 25. 대통령령 제17551호로 개정되기 전의 것, 이하 '개정 전 시행령'이라 한다)이 절대평가제를 도입한 목적과 그 경위, 이전 수년간 상대평가제에 의하여 시행된 제1차 시험의 합격점수, 개정 전 시행령의 공포 후 유예기간, 그 후 제1차 시험을 '절대평가제'에서 '상대평가제'로 환원하는 내용의 2002. 3. 25. 대통령령 제17551호로 개정된 변리사법 시행령(이하 '개정 시행령'이라 한다)의 입법예고와 개정·공포 및 그에 따른 시험공고 등에 관한 일련의 사실관계에 비추어 보면, 합리적이고 정당한 신뢰에 기하여 절대평가제가 요구하는 합격기준에 맞추어 시험준비를 한 수험생들은 제1차 시험 실시를 불과 2개월 밖에 남겨놓지 않은 시점에서 개정 시행령의 즉시 시행으로 합격기준이 변경됨으로 인하여 시험준비에 막대한 차질을 입게 되어 위 신뢰가 크게 손상되었고, 특히 절대평가제에 의한 합격기준인 매 과목

40점 및 전과목 평균 60점 이상을 득점하고도 불합격처분을 받은 수험생들의 신뢰이익은 그 침해된 정도가 극심하며, 그 반면 개정 시행령에 의하여 상대평가제를 도입함으로써 거둘 수 있는 공익적 목적은 개정 시행령을 즉시 시행하여 바로 임박해 있는 2002년의 변리사 제1차 시험에 적용하면서까지 이를 실현하여야 할 합리적인 이유가 있다고 보기 어려우므로, 결국 개정 시행령의 즉시 시행으로 인한 수험생들의 신뢰이익 침해는 개정 시행령의 즉시 시행에 의하여 달성하려는 공익적 목적을 고려하더라도 정당화될 수 없을 정도로 과도하다. 나아가 개정 시행령에 따른 시험준비 방법과 기간의 조정이 2002년의 변리사 제1차 시험에 응한 수험생들에게 일률적으로 적용되었다는 이유로 위와 같은 수험생들의 신뢰이익의 침해를 정당화할 수 없으며, 또한 수험생들이 개정 시행령의 내용에 따라 공고된 2002년의 제1차 시험에 응하였다고 하더라도 사회통념상 그것만으로는 개정 전 시행령의 존속에 대한 일체의 신뢰이익을 포기한 것이라고 볼 수도 없다. 따라서 변리사 제1차 시험의 상대평가제를 규정한 개정 시행령 제 4 조 제 1 항을 2002년의 제1차 시험에 시행하는 것은 헌법상 신뢰보호의 원칙에 비추어 허용될 수 없으므로, 개정 시행령 부칙 중 제 4 조 제 1 항을 즉시 2002년의 변리사 제1차 시험에 대하여 시행하도록 그 시행시기를 정한 부분은 헌법에 위반되어 무효이다. (다) 새로운 법령에 의한 신뢰이익의 침해는 새로운 법령이 과거의 사실 또는 법률관계에 소급적용되는 경우에 한하여 문제되는 것은 아니고, 과거에 발생하였지만 완성되지 않고 진행중인 사실 또는 법률관계 등을 새로운 법령이 규율함으로써 종전에 시행되던 법령의 존속에 대한 신뢰이익을 침해하게 되는 경우에도 신뢰보호의 원칙이 적용될 수 있다(대판 전원합의체 2006. 11. 16, 2003두12899[불합격처분취소]).

판례3   2012. 3. 21. 법률 제11406호로 개정된 독점규제 및 공정거래에 관한 법률이 시행(2012. 6. 22.)되기 이전에 위반행위가 종료되었더라도 시행 당시 구 독점규제 및 공정거래에 관한 법률 제49조 제 4 항의 처분시효가 경과하지 않은 사건에 대하여, 부칙(2012. 3. 21.) 제 3 조에 따라 구법보다 처분시효를 연장한 현행법 제49조 제 4 항을 적용하는 것이 헌법상 법률불소급의 원칙에 반하는지 여부(소극) 및 이 경우 신뢰보호원칙에 따라 예외적으로 현행법 제49조 제 4 항의 적용이 제한되어야 하는지 여부(소극): 2012. 3. 21. 법률 제11406호로 개정되어 2012. 6. 22.부터 시행된 독점규제 및 공정거래에 관한 법률(2020. 5. 19. 법률 제17290호로 개정되어 2021. 5. 20.부터 시행되기 전의 것, 이하 '현행법'이라 한다) 제49조 제 4 항의 내용과 개정취지, 현행법 제49조 제 4 항의 개정 규정의 적용례를 규정한 현행법 부칙(2012. 3. 21.) 제 3 조(이하 '부칙조항'이라 한다)의 문언과 체계 등을 종합하면, 법 위반행위가 종료된 이후 공정거래위원회의 시정조치나 과징금 부과의 제재처분이 있기 전에 현행법 제49조 제 4 항이 구 독점규제 및 공정거래에 관한 법률(2012. 3. 21. 법률 제11406호로 개정되기 전의 것, 이하 '구법'이라 한다) 제49조 제 4 항의 처분시효를 연장하는 내용으로 개정된 경우, 현행법 시행 이후 공정거래위원회가 현행법 제49조 제 1 항 또는 제 2 항에 따라 '최초로 조사하는 사건'에 대해서는 현행법 시행(2012. 6. 22.) 당시 구법 제49조 제 4 항의 '위반행위가 종료한 날부터 5년'의 처분시효가 경과하지 않은 이상, 처분 당시의 법령인 현행법 제49조 제 4 항이 적용된다. 현행법이 시행된 이후 공정거래위원회가 최초로 조사를 개시하기 전에 구법 제49조 제 4 항이 정한 '위반행위가 종료한 날부터 5년'이 경과되는 경우에도, 현행법은 시행과 동시에 효력이 발생하고, 위 부칙조항이나 현행법 부칙에 위와 같은 경우에 구법 제49조 제 4 항을 적용한다는 별도의 경과규정은 없으므로, 마찬가지로 현행법 제49조 제 4 항이 적용된다. 이와 같이 현행법이 시행되기 이전에 위반행위가 종료되었더라도 그 시행 당시 구법 제49조 제 4 항의 처분시효가 경과하지 않은 사건에 대하여, 위 부칙조항에 따라 구법에 비하여 처분시효를 연장한 현행법 제49조 제 4 항을 적용하는 것은 현재 진행 중인 사실관계나 법률관계를 대상으로 하는 것으로서 부진정소급에 해당하고, 헌법상 법률불소급의 원칙에 반하지 않는다. 나아가 현행법 제49조 제 4 항의 개정 취지에 비추어 이를 적용할 공익상의 요구가 중대함에 비하여 구법에 따른 처분시효가 경과하지 않은 상태에서 아직 공정거래위원회의 조사가 개시되지 않았다는 사정만으로는 구법의 존속에 대한 신뢰를 보호할 가치가 크지 않으므로, 위와 같은 사건의 경우 신뢰보호원칙에 따라 예외적으로 현행법 제49조 제 4 항의 적용이 제한되어야 한다고도 볼 수 없다(대판 2020. 12. 24, 2018두58295).

3) 소급적용금지의 원칙 및 예외

새로운 법령등은 법령등에 특별한 규정이 있는 경우를 제외하고는 그 법령등의 효력 발생 전에 완성되거나 종결된 사실관계 또는 법률관계에 대해서는 적용되지 아니한다(행정기본법 제14조 제 1 항). 이 규정은 법령의 소급적용을 금지한 규정이다. 이 규정을 소급입법금지의 원칙을 규정을 한 것으로 보는 견해(법제처, 행정기본법 해설서, 154~155면)가 있는데, 엄밀히 말하면 소급입법금지의 원칙과 소급적용금지의 원칙은 다른 것이다. 그리고, 행정기본법은 기본적으로 입법을 규율하는 법이 아니라 행정을 규율하는 법이고, 행정기본법 제14조 제 1 항의 규정이 "입법"이 아니라 "적용"이라고 규정하고 있으므로 행정기본법 제14조 제 1 항은 소급입법금지가 아니라 소급적용금지를 규정한 것으로 해석하여야 한다.

> **판례 1** (1) 법령은 일반적으로 장래 발생하는 법률관계를 규율하고자 제정되는 것이고 법령의 소급적용은 법치주의의 원리에 반하고 개인의 권리·자유에 부당한 침해를 가하며 법률생활의 안정을 위협하는 것이어서 이를 인정하지 않는 것이 원칙이다(법령불소급의 원칙). (2) 법령이 개정된 경우 개정 법령의 소급적용 여부와 소급적용의 범위는 입법자의 형성 재량에 맡겨진 사항이므로, 개정 법령의 입법자가 개정 법령을 소급적용하도록 특별한 규정을 두지 않은 이상 법원은 그 개정 전에 발생한 사항에 대하여는 개정 법령이 아니라 개정 전의 구 법령을 적용하는 것이 원칙이다(대판 2002. 12. 10, 2001두3228; 2021. 3. 11, 2020두49850[시설부담금청구의소]).

> **판례 2** 법령이 제정되거나 개정되면 그 법령은 장래의 행위에 대하여만 적용되는 것이 원칙이다. 따라서 법령이 제정되거나 개정되기 전에 이루어진 행위는 특별한 사정이 없는 한 그 행위 당시 시행되던 법령에 의하여 규율된다. 이러한 법리는 조세법령의 경우에도 마찬가지이다. 즉 조세법령이 폐지 또는 개정되더라도 그 전에 이미 완성된 과세요건사실에 대하여는 별도의 규정이 없는 한 종전의 법령이 계속 적용되고, 새로 제정되거나 개정된 법령은 조세법령 불소급의 원칙 또는 소급과세금지의 원칙에 따라 그 효력 발생 이후에 완성되는 과세요건사실에 대하여만 적용된다(대판 2021. 10. 28, 2019두39635).

> **판례 3** [1] **법령불소급원칙의 적용범위**: 법령불소급의 원칙은 법령의 효력발생 전에 완성된 요건 사실에 대하여 당해 법령을 적용할 수 없다는 의미일 뿐, 계속 중인 사실이나 그 이후에 발생한 요건 사실에 대한 법령적용까지를 제한하는 것은 아니다. [2] **공무원연금법에 의한 퇴직연금수급권의 성립요건과 내용**: 공무원연금법에 의한 퇴직연금수급권은 기초가 되는 퇴직이라는 급여의 사유가 발생함으로써 성립하지만, 내용은 급부의무자의 일회성 이행행위에 의하여 만족되는 것이 아니고 일정기간 계속적으로 이행기가 도래하는 계속적 급부를 목적으로 하는 것이다. [3] 공무원연금공단이 공무원으로 재직하다가 명예퇴직한 후 재직 중의 범죄사실로 징역형의 집행유예를 선고받고 확정된 뿌에게 헌법재판소의 헌법불합치결정에 따라 개정된 공무원연금법(이하 '신법'이라 한다) 시행 직후 퇴직연금 급여제한처분을 하였고, 위 처분에 대한 취소소송 계속 중 다시 헌법재판소가 신법의 시행일 및 경과조치에 관한 부칙 규정에 대하여 위헌결정을 한 사안에서, 위 처분은 퇴직연금수급권의 기초가 되는 급여의 사유가 이미 발생한 후에 그 퇴직연금수급권을 대상으로 하지만, 이미 발생하여 이행기에 도달한 퇴직연금수급권의 내용을 변경함이 없이 장래 이행기가 도래하는 퇴직연금수급권의 내용만을 변경하는 것에 불과하여, 이미 완성 또는 종료된 과거 사실 또는 법률관계에 새로운 법률을 소급적으로 적용하여 과거를 법적으로 새로이 평가하는 것이 아니므로 소급입법에 의한 재산권 침해가 될 수 없고, 위 헌법불합치 결정에 따라 개선입법이 이루어질 것을 충분히 예상할 수 있으므로 개선입법 후 비로소 이행기

가 도래하는 퇴직연금수급권에 대해서까지 급여제한처분이 없으리라는 신뢰가 합리적이고 정당한 것이라고 보기 어려워 甲의 신뢰보호를 위하여 신법의 적용을 제한할 여지가 없음에도, 신법 시행 전에 지급사유가 발생한 퇴직연금수급권에 관해서는 신법 시행 이후에 이행기가 도래하는 부분의 급여에 대하여도 지급을 제한할 수 없다고 보아 위 처분이 위법하다고 본 원심판결에 법리오해의 위법이 있다고 한 사례(대판 2014. 4. 24, 2013두26552[급여제한및환수처분취소]). 〈해설〉 개정된 공무원연금법을 적용하여 장래 이행기가 도래하는 퇴직연금수급권의 내용만을 변경하는 퇴직연금 급여제한처분은 소급적용이 아니라 부진정소급적용이라고 한 사례.

부진정소급적용은 엄밀한 의미에서 소급적용이 아니므로 가능하다.

부진정소급적용(不眞正遡及適用)이라 함은 사실 또는 법률관계가 개정법령이 시행되기 이전에 이미 완성되거나 종결되지 않고, 계속되고 있는 경우에 당해 법령개정 이전의 사실 또는 법률관계에 개정법령을 적용하는 것을 말한다. 부진정소급적용의 대표적인 예는 개정법령에 따른 양도소득세부과처분이다.

그리고, 행정기본법 제14조 제 1 항은 소급적용의 예외를 규정하고 있지 않은데, 종래의 판례는 특별한 사정이 있는 경우 예외적으로 법령의 소급적용을 허용하고 있다. 즉, 종래의 판례에 따르면 법령을 소급적용하더라도 일반 국민의 이해에 직접 관계가 없는 경우, 오히려 그 이익을 증진하는 경우, 불이익이나 고통을 제거하는 경우 등의 특별한 사정이 있는 경우에 한하여 예외적으로 법령의 소급적용이 허용될 여지가 있을 따름이다(대판 2005. 5. 13, 2004다8630; 2021. 3. 11, 2020두49850).

헌법불합치결정에 따른 개선입법이 소급적용되는 범위는 위헌결정에서 소급효가 인정되는 범위와 같으므로, 특별한 사정이 없는 한 헌법불합치결정 당시의 시점까지 소급되는 것이 원칙이다(대판 2024. 7. 25, 2023다316790).

(3) 처분시법 적용의 원칙의 예외

1) 경과규정

부진정소급입법의 경우에 국민의 기득권과 신뢰보호를 위하여 필요한 경우에 경과규정을 두는 등의 조치를 취하여야 한다(입법론). 경과규정에서 신청시의 법령을 적용하도록 규정하는 경우가 있고, 이 경우에는 신청시의 법령을 적용하여 신청에 대한 처분을 하여야 한다. 만일 경과규정을 두는 등의 신뢰보호를 위한 조치 없이 개정법령을 적용하는 것이 헌법원칙인 신뢰보호의 원칙에 반하면 개정법령은 위헌이며 이에 근거한 처분은 위법하게 된다.

판례   법령의 개정에 있어서 구 법령의 존속에 대한 당사자의 신뢰가 합리적이고도 정당하며, 법령의 개정으로 야기되는 당사자의 손해가 극심하여 새로운 법령으로 달성하고자 하는 공익적 목적이 그러한 신뢰의 파괴를 정당화할 수 없다면, 입법자는 경과규정을 두는 등 당사자의 신뢰를 보호할 적절한 조치를 하여야 하며, 이와 같은 적절한 조치 없이 새 법령을 그대로 시행하거나 적용하는 것은 허용될 수 없다 할 것인바, 이는 앞서 본 바와 같이 헌법의 기본원리인 법치주의 원리에서 도출되는 신뢰보호의 원칙에 위배되기 때문이다. 이러한 신뢰보호 원칙의 위배 여부를 판단하기 위하여는 한편으로는 침해받은 이익의 보호가치, 침해의 중한 정도, 신뢰가 손상된 정도, 신뢰침해의 방법 등과 다른 한편으로는 새 법령을 통해 실현하고자 하는 공익적 목적을 종합적으로 비교·형량하여야 할 것이다(대판 전원합의체 2006. 11. 16, 2003두12899[변리사 1차시험 불합격처분취소청구사건]: 종전의 법령에 의한 절대평가제가 요구하는 합격기준에 맞추어 시험준비를 하였는데, 제 1 차 시험 실시를 불과 2개월밖에 남겨놓지 않은 시점에서 제 1 차 시험을 상대평가제로 하는 개정 시행령 제 4 조 제 1 항을 2002년의 이 사건 시험에 시행하는 것은 헌법상 신뢰보호의 원칙에 비추어 허용될 수 없다 할 것이므로, 개정 시행령 부칙 중 제 4 조 제 1 항을 즉시 이 사건 시험에 대하여 시행하도록 그 시행시기를 정한 부분은 헌법에 위반되어 무효라고 한 사례). 〈해설〉 문제의 개정 시행령은 소급입법이 아니고, 부진정소급입법이다.

2) 신의성실의 원칙 위반시 개정 전 법령 적용

행정청이 심히 부당하게 처분을 늦추고, 그 사이에 허가기준을 변경한 경우와 같이 신의성실의 원칙에 반하는 경우에는 개정 전의 법령을 적용하여 처분하여야 한다(대판 1984. 5. 22, 84누77[엘.피.지충전소허가신청반려처분취소])(해석론).

> **판례** [1] 특수임무수행자 보상에 관한 법률(이하 '특임자보상법'이라 한다) 제 2 조 및 개정 전 시행령 제 2 조, 제 3 조, 제 4 조 등의 규정들만으로는 바로 특임자보상법상의 보상금 등 지급대상자가 확정된다고 볼 수 없고, '특수임무수행자 보상심의위원회'의 심의·의결을 거쳐 특수임무수행자로 인정되어야만 비로소 보상금 등 지급대상자로 확정될 수 있다. 이러한 심의·의결에 의하여 특수임무수행자로 인정되기 전에는 특임자보상법에 의한 보상금수급권은 헌법이 보장하는 재산권이라고 할 수 없고, 심의·의결이 있기 전의 신청인의 지위는 보상금수급권 취득에 대한 기대이익을 가지고 있는 것에 불과하다. 따라서 2010. 10. 27. 대통령령 제22460호로 개정된 특수임무수행자 보상에 관한 법률 시행령 제 4 조 제 1 항 제 2 호(이하 '개정 시행령조항'이라 한다)가 시행령 개정 전에 이미 보상금을 신청한 자들의 이러한 기대이익을 보장하기 위한 경과규정을 두지 아니함으로써 보상금수급 요건을 엄격히 정한 개정 시행령조항이 그들에 대하여도 적용되게 하였다고 하더라도 헌법상 보장된 재산권을 소급입법에 의하여 박탈하는 것이라고 볼 수는 없다. [2] 보상금 신청 후 처분 전에 보상 기준과 대상에 관한 관계 법령의 규정이 개정된 경우 처분 당시에 시행되는 개정 법령에 정한 기준에 의하여 보상금지급 여부를 결정하는 것이 원칙이지만, 행정청이 신청을 수리하고도 정당한 이유 없이 처리를 지연하여 그 사이에 법령 및 보상 기준이 변경된 경우에는 변경된 법령 및 보상 기준에 따라서 한 처분은 위법하다. 여기에서 '정당한 이유 없이 처리를 지연하였는지'는 법정 처리기간이나 통상적인 처리기간을 기초로 당해 처분이 지연되게 된 구체적인 경위나 사정을 중심으로 살펴 판단하되, 개정 전 법령의 적용을 회피하려는 행정청의 동기나 의도가 있었는지, 처분지연을 쉽게 피할 가능성이 있었는지 등도 아울러 고려할 수 있다(대판 2014. 7. 24, 2012두23501[보상금청구기각처분취소]; 2023. 2. 2, 2020두43722).

3) 법률관계를 확인하는 처분

사건의 발생시 법령에 따라 이미 법률관계가 확정되고, 행정청이 이를 확인하는 처분(장애등 급결정)을 하는 경우에는, 일정한 예외적인 경우를 제외하고는, 원칙상 처분시의 법령을 적용하는 것이 아니라 당해 법률관계의 확정시(납세의무 성립시, 지급사유 발생시)(예, 장애발생시)의 법령을 적용한다.

판례1   산업재해보상보험법상 장해급여는 근로자가 업무상의 사유로 부상을 당하거나 질병에 걸려 치료를 종결한 후 신체 등에 장해가 있는 경우 그 지급 사유가 발생하고, 그때 근로자는 장해급여 지급청구권을 취득하므로, 장해급여 지급을 위한 장해등급 결정 역시 장해급여 지급청구권을 취득할 당시, 즉 그 지급 사유 발생 당시의 법령에 따르는 것이 원칙이다(대판 2007. 2. 22, 2004두12957[장해등급결정처분취소]: 개정된 산업재해보상보험법 시행령의 시행 전에 장해급여 지급청구권을 취득한 근로자의 외모의 흉터로 인한 장해등급을 결정함에 있어, 위 개정이 위헌적 요소를 없애려는 반성적 고려에서 이루어졌고 이를 통하여 근로자의 균등한 복지증진을 도모하고자 하는 데 그 취지가 있으며, 당해 근로자에 대한 장해등급 결정 전에 위 시행령의 시행일이 도래한 점 등에 비추어, 예외적으로 위 개정 시행령을 적용하여야 한다고 한 사례).

판례2   국민연금법상 장애연금 지급을 위한 장애등급 결정 시와 장애연금의 변경지급을 위한 장애등급 변경결정 시 각 적용할 법령: 국민연금법상 장애연금은 국민연금 가입 중에 생긴 질병이나 부상으로 완치된 후에도 신체상 또는 정신상의 장애가 있는 자에 대하여 그 장애가 계속되는 동안 장애 정도에 따라 지급되는 것으로서, 치료종결 후에도 신체 등에 장애가 있을 때 지급사유가 발생하고 그때 가입자는 장애연금 지급청구권을 취득한다. 따라서 장애연금 지급을 위한 장애등급 결정은 장애연금 지급청구권을 취득할 당시, 즉 치료종결 후 신체 등에 장애가 있게 된 당시의 법령에 따르는 것이 원칙이다. 나아가 이러한 법리는 기존의 장애등급이 변경되어 장애연금액을 변경하여 지급하는 경우에도 마찬가지이므로, 장애등급 변경결정 역시 변경사유 발생 당시, 즉 장애등급을 다시 평가하는 기준일인 '질병이나 부상이 완치되는 날'의 법령에 따르는 것이 원칙이다(대판 2014. 10. 15, 2012두15135[장애등급결정처분취소]).

판례3   세금의 부과는 납세의무의 성립 시에 유효한 법령의 규정에 따라야 하고, 세법의 개정이 있을 경우에도 특별한 사정이 없는 한 개정 전후의 법령 중에서 납세의무가 성립될 당시의 법령을 적용하여야 한다(대판 2023. 11. 9, 2020두51181).

4) 법령 위반에 대한 제재처분

법령등을 위반한 행위의 성립과 이에 대한 제재처분은 법령등에 특별한 규정이 있는 경우를 제외하고는 법령등을 위반한 행위 당시의 법령등에 따른다. 다만, 법령등을 위반한 행위 후 법령등의 변경에 의하여 그 행위가 법령등을 위반한 행위에 해당하지 아니하거나 제재처분 기준이 가벼워진 경우로서 해당 법령등에 특별한 규정이 없는 경우에는 변경된 법령등을 적용한다(행정기본법 제14조 제3항).

판례1   과징금 부과에 적용할 법령이 개정된 경우에 각 위반행위(수급사업자들의 기술자료 유용행위) 종료시점의 개정 법령이 적용된다(대판 2022. 9. 16, 2020두47021).

판례2   부정행위 당시에는 입찰참가자격 제한 처분의 법적 근거가 존재하지 않아 계쟁 입찰참가자격 제한 처분이 위법하다고 한 사례(대판 2019. 2. 14, 2016두33292[부정당업자제재처분취소]).

판례3   제약회사의 리베이트 제공이라는 위반행위에 대한 약제 상한금액 인하처분은 제재적 성격을 포함하고 있으므로 위반행위인 리베이트 제공 당시에 시행되던 법령에 따라 이루어져야 한다(대판 2022. 5. 13, 2019두49199, 49205[약제급여상한금액인하처분취소청구의소·약제급여상한금액인하처분취소청구의소]).

질서위반행위의 성립과 과태료 처분은 행위 시의 법률에 따르지만, 질서위반행위 후 법률이 변경되어 그 행위가 질서위반행위에 해당하지 아니하게 되거나 과태료가 변경되기 전의 법률보다 가볍게 된 때에는 법률에 특별한 규정이 없는 한 변경된 법률을 적용한다 (질서위반행위규제법 제3조).

5) 불합격처분

시험에 따른 합격 또는 불합격처분은 원칙상 시험일자의 법령을 적용한다.

> **판례**   헌법재판소의 헌법불합치결정에 따라 개정된 국가유공자 등 예우 및 지원에 관한 법률 제31 조 제1항, 제2항 등의 적용시기인 2007. 7. 1. 전에 실시한 공립 중등학교 교사 임용후보자 선정 경쟁 시험에서, 위 법률 등의 개정 규정을 소급 적용하지 않고 개정 전 규정에 따른 가산점 제도를 적용하 여 한 불합격처분은 적법하다고 한 사례(대판 2009. 1. 15, 2008두15596[공립중등학교교사임용후보자선정 경쟁시험불합격처분취소]).

6. 처분사유

처분사유라 함은 처분의 근거가 된 사실 및 법적 근거를 말한다.

처분사유가 있는 경우에 한하여 행정처분이 가능하다. 처분사유가 전혀 없는 행정처 분은 무효이다. 처분사유 중 일부가 잘못인 경우 나머지 처분사유로 행정처분의 위법 여 부를 판단하여야 한다.

처분사유가 되는 사실의 인정은 처분시 행정청이 행하는데, 입증서류, 행정조사, 실 험, 감정, 법원의 판결 참조 등을 통해 행한다. 소송에서 처분사유가 된 사실의 인정은 법 원이 행한다. 소송에서 처분사유의 입증책임은 행정청에게 있다. 그리고 그 입증의 정도는 합리적으로 수긍할만한 입증을 하여야 한다. 처분사실에 대해서는 고도의 개연성 있는 증 명을 하여야 한다.

> **판례 1**   민사소송법 규정이 준용되는 행정소송에서 증명책임은 원칙적으로 민사소송 일반원칙에 따 라 당사자 간에 분배되고, 항고소송의 경우에는 그 특성에 따라 처분의 적법성을 주장하는 피고에게 그 적법사유에 대한 증명책임이 있다. 피고가 주장하는 일정한 처분의 적법성에 관하여 합리적으로 수 긍할 만한 증명이 있는 경우에는 그 처분은 정당하다고 볼 수 있고, 이와 상반되는 예외적인 사정에 대한 주장과 증명은 그 상대방인 원고에게 그 책임이 있다(대판 전원합의체 2012. 6. 18, 2010두27639, 대판 2016. 10. 27, 2015두42817; 대판 2017. 7. 11, 2015두2864[과징금부과처분취소]).

> **판례 2**   민사소송이나 행정소송에서 사실의 증명은 추호의 의혹도 없어야 한다는 자연과학적 증명이 아니고, 특별한 사정이 없는 한 경험칙에 비추어 모든 증거를 종합적으로 검토하여 볼 때 어떤 사실이 있었다는 점을 시인할 수 있는 고도의 개연성을 증명하는 것이면 충분하다(대판 2018. 4. 12, 2017두 74702[교원소청심사위원회결정취소]).

다만, 행정청의 사실 인정 중 고도의 전문적이고 기술적인 사항에 관한 판단은 행정 재량에 속하므로 판단의 기초가 된 사실인정에 중대한 오류가 있거나 판단이 객관적으로 불합리하거나 부당하다는 등의 특별한 사정이 없는 한 존중되어야 한다(판례).

> **판례** [행정청이 원고의 공장 내 폐수배출시설에서 배출허용기준을 초과하는 중금속이 검출되었다는 이유로 원고에게 과징금 등을 부과한 사안에서, 처분의 기초가 된 오염도 검사가 수질오염공정시험기준이 정한 시료채취 및 보존 방법을 위반하였음에도 그 오염도 검사를 기초로 처분사유를 인정할 수 있는지 문제된 사건] (1) 배출허용기준을 초과하는 수질오염물질이 배출되었는지 여부: 행정청이 관계 법령이 정하는 바에 따라 고도의 전문적이고 기술적인 사항에 관하여 전문적인 판단을 하였다면, 판단의 기초가 된 사실인정에 중대한 오류가 있거나 판단이 객관적으로 불합리하거나 부당하다는 등의 특별한 사정이 없는 한 존중되어야 한다(대법원 2016. 1. 28, 선고 2013두21120 판결 참조). (2) 환경오염물질의 배출허용기준이 법령에 정량적으로 규정되어 있는 경우 행정청이 채취한 시료를 전문연구기관에 의뢰하여 배출허용기준을 초과한다는 검사결과를 회신 받아 제재처분을 한 경우, 이 역시 고도의 전문적이고 기술적인 사항에 관한 판단으로서 그 전제가 되는 실험결과의 신빙성을 의심할 만한 사정이 없는 한 존중되어야 함은 물론이다. (3) 수질오염물질을 측정함에 있어 시료채취의 방법, 오염물질 측정의 방법 등을 정한 이 사건 고시(구「수질오염공정시험기준」(2019. 12. 24. 국립환경과학원고시 제2019-63호로 개정되기 전의 것, 이하 '이 사건 고시'라 한다)는 그 형식 및 내용에 비추어 행정기관 내부의 사무처리준칙에 불과하므로 일반 국민이나 법원을 구속하는 대외적 구속력은 없다. 따라서 시료채취의 방법 등이 이 사건 고시에서 정한 절차에 위반된다고 하여 그러한 사정만으로 곧바로 그에 기초하여 내려진 행정처분이 위법하다고 볼 수는 없고, 관계 법령의 규정 내용과 취지 등에 비추어 그 절차상 하자가 채취된 시료를 객관적인 자료로 활용할 수 없을 정도로 중대한지에 따라 판단되어야 한다(대법원 2021. 5. 7, 선고 2020두57042 판결 등 참조). 다만 이때에도 시료의 채취와 보존, 검사방법의 적법성 또는 적절성이 담보되어 시료를 객관적인 자료로 활용할 수 있고 그에 따른 실험결과를 믿을 수 있다는 사정은 행정청이 그 증명책임을 부담하는 것이 원칙이다. (4) 수질오염공정시험기준은 시료 채취 후 일정량의 질산을 첨가하여 시료를 보존하도록 규정하고 있으나, 이 사건에서 피고(=행정청)는 위 보존방법을 위반하였다. 대법원은 피고가 오염도검사 과정에서 수질오염공정시험기준이 정한 절차를 위반하였고 그 절차상 하자는 채취된 시료를 객관적인 자료로 활용할 수 없을 정도로 중대하다고 볼 여지가 충분하여 오염도검사의 신빙성이 충분히 증명되었다고 보기 어렵다고 판시한 사례(대판 2022. 9. 16, 2021두58912[조업정지처분취소]). 〈해설〉 판례는 위법상 행정조사에 기초하여 내려진 처분을 위법하다고 보는데, 이 사건 오염도 검사는 행정의 행위형식의 하나인 행정조사에 해당하지 않고, 과징금부과를 위한 사실인정절차에 해당한다. 그리고, 행정조사의 한 단계인 시료채취가 행정규칙에서 정한 절차를 위반하였더라도 채취된 시료를 객관적인 자료로 활용할 수 있고, 그에 따른 실험결과를 믿을 수 있으면 그에 기초하여 내려인 처분은 위법하지 않다고 한 판례이다.

Ⅱ. 행정행위의 부존재, 무효, 취소

1. 행정행위의 부존재

(1) 의의 및 범위

행정행위의 부존재(不存在)라 함은 행정행위라고 볼 수 있는 외관이 존재하지 않는 경우를 말한다.

행정행위가 성립요건을 충족하지 못한 경우 등에 있어서 행정행위의 부존재를 인정할 수 있다.

(2) 부존재와 무효의 구별

1) 구별실익

무효인 행정행위는 무효선언을 구하는 취소소송의 대상이 되지만 부존재의 경우에는 그러한 소송이 인정되지 않는 점 및 무효인 행정행위는 전환이 인정되지만 부존재인 행정행위는 전환이 인정될 수 없다는 점에서 양자를 구별할 실익이 있다.

다만, 현행 행정소송법이 무효확인소송과 부존재확인소송을 동일하게 규율하고 있고, 실체법적 측면에서 무효인 행정행위나 부존재인 행정행위나 다 같이 실체법상 법적 효력이 발생하지 않는다는 점에서 그 구별의 실익은 크지 않다.

2) 구별기준

행정행위의 성립요건이 충족되지 못한 경우 및 행정행위의 외관을 갖추지 못한 경우 행정행위는 부존재이며 행정행위가 성립하여 행정행위의 외관은 갖추었으나 행정행위의 위법이 중대하고 명백하여 행정행위가 애초부터 효력을 발생하지 않는 경우가 무효이다.

2. 행정행위의 무효

행정행위의 무효라 함은 행정행위가 외관상 성립은 하였으나 그 하자의 중대함으로 인하여 행정행위가 애초부터 아무런 효력을 발생하지 않는 경우를 말한다. 행정행위가 무효인 경우에는 누구든지 그 효력을 부인할 수 있다.

행정행위의 일부에 무효사유인 하자가 있는 경우 무효부분이 본질적이거나(처분청이 무효부분이 없이는 행정행위를 발하지 않았을 경우) 불가분적인 경우에는 행정행위 전부가 무효가 되고, 무효부분이 본질적이지 않고 가분적인 경우 무효부분만이 무효가 된다.

3. 행정행위의 취소

행정행위의 취소라 함은 위법한 행정행위의 효력을 그 위법을 이유로 상실시키는 것을 말한다. 행정행위의 취소에는 쟁송취소와 직권취소가 있다. 쟁송취소는 행정심판에 따른 취소재결과 취소소송에 따른 취소판결이 있다. 직권취소는 처분청 또는 감독청이 취소하는 것을 말하며 행정행위의 성질을 갖는다.

4. 무효와 취소의 구별 [2002 행시 약술]

(1) 무효와 취소의 구별실익

1) 행정행위의 효력

무효인 행정행위는 행정행위가 애초부터 효력을 발생하지 않는다. 무효인 행정행위에는 공정력, 불가쟁력이 인정되지 않는다.

취소할 수 있는 행정행위는 공정력이 인정되어 권한 있는 기관에 의해 취소되기 전까지는 유효하다. 취소할 수 있는 행정행위에 대하여 일정한 불복기간 내에 행정심판이나 행정소송을 제기하지 않으면 불가쟁력이 발생한다.

2) 행정쟁송에 있어서의 구별실익

현행 행정심판법이나 행정소송법은 무효인 행정행위와 취소할 수 있는 행정행위에 대한 항고쟁송의 방식을 달리 정하고 각각에 대하여 법적 규율을 달리 하고 있다.

가. 행정쟁송의 방식과의 관계　　취소할 수 있는 행정행위의 경우에는 취소심판과 취소소송에 의해 취소를 구할 수 있고, 무효인 행정행위에 대하여는 무효확인심판과 무효확인소송에 의해 무효확인을 구할 수 있다.

무효인 행정행위에 대하여 무효선언을 구하는 취소소송을 제기할 수 있다.

> **판례**　판례는 무효선언을 구하는 취소소송을 인정하고 있다. 다만, 이 경우에도 소송의 형식이 취소소송이므로 취소소송의 제소요건(提訴要件)을 구비하여야 한다(대판 1984. 5. 29, 84누175[납세의무자지정처분무효확인]). 따라서, 만일 취소소송의 소제기기간이 경과한 경우에는 당해 소는 각하된다.

또한, 무효인 행정행위에 대해 취소소송을 제기할 수 있고, 이 경우 법원은 취소소송으로서의 소송요건이 충족된 경우 취소판결을 한다.

나. 행정불복제기기간과의 관계　　취소쟁송은 단기(短期)의 제기기간 내에 제기되어야 하나, 무효확인쟁송을 제기함에는 그러한 제한을 받지 아니한다. 무효선언을 구하는 취소소송에는 행정불복제기기간이 적용된다는 것이 판례의 입장이다.

다. 행정심판전치주의와의 관계　　행정심판전치주의는 취소소송(무효선언을 구하는 취소소송 포함)에는 적용되지만, 무효확인소송에는 적용되지 않는다.

라. 선결문제와의 관계　　취소할 수 있는 행정행위(위법한 해임처분, 조세 부과처분)는 공법상 당사자소송(예, 공무원지위확인소송)이나 민사소송)에서 선결문제(先決問題)로서 그 효력을 부인(예, 해임처분의 취소, 조세부과처분의 취소 등)할 수 없지만, 무효인 행정행위는 당사자소송, 민사소송이나 형사소송에서 그 선결문제로서 무효를 확인받을 수 있다.

마. 사정재결 및 사정판결과의 관계　　취소할 수 있는 행정행위에 대하여서만 사정재결, 사정판결이 인정된다.

바. 간접강제와의 관계　　현행 행정소송법상 거부처분의 취소판결에는 간접강제가 인정되고 있지만, 무효확인판결에는 인정되고 있지 않다(제38조 제1항). 이는 입법의 불비이다. 행정소송법 개정안은 무효확인판결에도 간접강제를 인정하는 것으로 하고 있다.

3) 하자의 치유와 전환과의 관계

통설에 의하면 하자의 치유는 취소할 수 있는 행정행위에 대하여만 인정된다. 하자의 전환은 무효인 행정행위에 대하여만 인정된다는 견해도 있고, 취소할 수 있는 행정행위에도 하자의 전환이 인정된다는 견해도 있다.

(2) 무효사유와 취소사유의 구별기준 [2007·2004 사시 사례, 2003 행시 사례]

통설·판례(대법원 판례)는 행정행위의 하자가 내용상 중대하고, 외관상 명백한 경우에 무효인 하자가 되고, 이 두 요건 중 하나라도 충족하지 않는 경우에는 취소사유로 보는 중대명백설(외관상 일견명백설)을 취하고 있다(대판 전원합의체 1995. 7. 11, 94누4615).

다만, 판례는 원칙상 중대명백설을 취하면서도 구체적 상황의 고려의 여지를 남기고 있다.

> **판례1** [다수의견] 하자 있는 행정처분이 당연무효가 되기 위하여는 그 하자가 법규의 중요한 부분을 위반한 중대한 것으로서 객관적으로 명백한 것이어야 하며 하자가 중대하고 명백한 것인지 여부를 판별함에 있어서는 그 법규의 목적, 의미, 기능 등을 목적론적으로 고찰함과 동시에 구체적 사안 자체의 특수성에 관하여도 합리적으로 고찰함을 요한다(중대명백설). [반대의견] 행정행위의 무효사유를 판단하는 기준으로서의 명백성은 행정처분의 법적 안정성 확보를 통하여 행정의 원활한 수행을 도모하는 한편 그 행정처분을 유효한 것으로 믿은 제3자나 공공의 신뢰를 보호하여야 할 필요가 있는 경우에 보충적으로 요구되는 것으로서, 그와 같은 필요가 없거나 하자가 워낙 중대하여 그와 같은 필요에 비하여 처분 상대방의 권익을 구제하고 위법한 결과를 시정할 필요가 훨씬 더 큰 경우라면 그 하자가 명백하지 않더라도 그와 같이 중대한 하자를 가진 행정처분은 당연무효라고 보아야 한다(명백성보충요건설)(대판 전원합의체 1995. 7. 11, 94누4615[건설영업정지처분무효확인]).
>
> **판례2** 행정처분의 하자가 중대하고 명백한 것인가의 여부를 판별함에 있어서는 그 법규의 목적, 의미, 기능 등을 목적론적으로 고찰함과 동시에 구체적 사안의 특수성에 관하여도 합리적으로 고찰함을 요한다(대판 1993. 12. 7, 93누11432[공작물축조허가 등 반려처분취소]; 2006. 2. 24, 2005두5741).

이와 같은 통설·판례의 중대명백설에 대하여는 이 견해의 엄격성을 비판하며 무효사유를 보다 완화하려는 다음과 같은 비판적 견해가 제기되고 있다: 조사의무위반설(공무원에게 위법성 조사의무를 부여하여 명백설을 완화하려는 견해), 명백성보충요건설(하자의 중대성은 항상 무효요건이 되지만, 명백성은 행정의 법적 안정성이나 제3자의 신뢰보호의 요청이 있는 경우에만 요구하는 견해), 중대설(중대성만 무효요건이고, 명백성은 무효요건이 아니라는 견해), 구체적 가치형량설(중대명백성의 경직성을 비판하며 무효사유와 취소사유의 구별을 구체적인 경우마다 관계되는 구체적인 이익과 가치를 고려하여 결정하여야 한다는 견해).

헌법재판소는 원칙상 중대명백설을 취하지만, 예외적으로 권리구제의 필요성이 있고, 법적 안정성을 해치지 않는 경우에는 명백성을 요구하지 않고 중대성만으로 위헌인 법률에 근거한 처분의 무효를 인정하고 있다(후술 결정례(헌재 1994. 6. 30. 92헌바23) 참조).

(3) 무효와 취소의 구별의 어려움

전술한 바와 같이 무효와 취소가 구별되고 있으나 현실적으로 행정행위의 어떤 하자가 무효인 하자인지 취소사유인 하자인지 그 구별이 명백하지 않은 경우가 적지 않다.

전술한 바와 같이 실무상 적법한 취소소송이 제기된 경우에는 법원은 무효인 위법인지 취소할 수 있는 위법인지를 묻지 않고 위법하면 취소판결을 내린다(대판 1999. 4. 27, 97누6780[건축물철거대집행계고처분취소]).

당사자는 취소소송을 제기하면서 동시에 무효선언도 주장할 수 있는데, 판례는 무효선언을 취소소송의 형식으로 주장하는 경우에 출소기간 등의 취소소송의 요건을 갖추어야 한다고 본다.

행정청은 무효인 행정행위가 유효인 행정행위라고 오해될 수 있으므로 그 무효임을 명백히 하기 위하여 그 무효인 행정행위를 직권으로 취소할 수 있다.

취소소송이 제기되었으나 당해 취소소송이 부적법한 경우, 무효확인소송을 제기할 소의 이익이 있는 경우에는 무효확인소송으로 소를 변경할 수 있다. 취소의 청구에는 무효확인의 청구가 당연히 포함되어 있다고는 할 수 없다.

무효확인소송이 제기되었으나 심리결과 취소할 수 있는 행정행위에 불과한 경우에 판례는 무효의 주장에는 취소의 주장이 포함된 것으로 보고(대판 1994. 12. 23, 94누477), 취소판결을 내릴 수 있다고 본다. 다만, 이 경우에 출소기간 등 취소소송의 소송요건을 갖추어야 한다.

또한, 무효확인의 소를 주위적 청구로 하고, 취소청구의 소를 예비적으로 제기하거나, 추가적으로 병합할 수 있다(대판 2005. 12. 23, 2005두3554[채석허가수허가자변경신고수리처분취소]).

Ⅲ. 행정행위의 하자(위법사유) [2008 감평 사례]

행정행위의 하자에는 주체에 관한 하자, 절차에 관한 하자, 형식에 관한 하자 및 내용에 관한 하자가 있는데 전 3자를 '형식상 하자'라 하고 후자는 '내용상 하자'라 한다.

형식상 하자와 내용상 하자를 구별하는 실익은 취소소송에서 행정행위가 형식상 하자로 인하여 취소된 경우에 행정청은 동일한 내용의 행정처분을 다시 내릴 수 있지만, 내용상 하자를 이유로 취소된 경우에 행정청은 원칙상 동일한 내용의 행정처분을 다시 내리지 못한다는 것인데, 이는 취소판결의 효력인 기속력 때문이다.

1. 주체에 관한 하자

행정행위는 정당한 권한을 가진 행정기관에 의해 그의 권한 내에서 정상적인 의사에 기하여 행하여져야 한다.

(1) 정당한 권한을 가진 행정기관이 아닌 자의 행위

① 공무원이 아닌 것이 명백한 사인이 공무원의 자격을 사칭하여 행정행위를 한 경우 당해 행정행위는 부존재가 된다.

② 결격사유로 인해 공무원으로서의 선임행위가 무효 또는 취소된 자가 공무원으로서 행한 행위 및 면직 후 또는 임기만료 후에 공무원으로서 행한 행위는 원칙적으로 무효이다.

다만, 상대방이 당해 행정기관이 정당한 권한을 가지고 있는 것으로 믿을 만한 상당한 이유가 있는 경우에는 상대방의 신뢰를 보호하기 위하여 당해 행정행위를 유효한 것으로 보아야 할 것이다(사실상 공무원 이론).

③ 합의제기관의 행위에 있어 적법한 소집이 없었거나, 의사 또는 의결정족수가 미달하였거나, 결격자가 참가한 경우 등 구성에 중대한 흠이 있는 합의제기관의 행위는 원칙적으로 무효이다.

④ 의결기관이나 승인기관 또는 동의기관의 의결이나 승인 또는 동의를 결한 경우, 의결기관 또는 동의기관인 위원회의 구성에 하자가 있는 경우에 있어서는 주체의 하자에 해당하며 원칙상 무효이다.

> **판례** 구 폐기물처리시설 설치촉진 및 주변지역 지원 등에 관한 법률에 정한 입지선정위원회는 폐기물처리시설의 입지를 선정하는 의결기관이고, … 동 위원회가 그 구성방법 및 절차에 관한 같은 법 시행령의 규정에 위배하여 군수와 주민대표가 선정·추천한 전문가를 포함시키지 않은 채 임의로 구성되어 의결을 한 경우, 그에 터잡아 이루어진 폐기물처리시설 입지결정처분의 하자는 중대한 것이고 객관적으로도 명백하므로 무효사유에 해당한다고 한 사례(대판 2007. 4. 12, 2006두20150[폐기물처리시설 설치승인처분무효확인 등]).

(2) 행정기관의 권한 외의 행위 [2015 사시, 2015 입시]

무권한(無權限)의 행위는 원칙적으로 무효이다. 왜냐하면, 무권한은 중대한 하자이고, 행정권한법정주의에 의해 행정권한은 법령에 규정되어 있으므로 무권한의 하자는 원칙상 명백하기 때문이다. 다만, 무권한의 행위라도 취소할 수 있는 행정행위인 경우가 있다.

> **판례 1** 운전면허에 대한 정지처분권한은 경찰청장으로부터 경찰서장에게 권한위임된 것이므로 음주운전자를 적발한 단속 경찰관으로서는 관할 경찰서장의 명의로 운전면허정지처분을 대행처리할 수 있을지는 몰라도 자신의 명의로 이를 할 수는 없다 할 것이므로, 단속 경찰관이 자신의 명의로 운전면허 행정처분통지서를 작성·교부하여 행한 운전면허정지처분은 비록 그 처분의 내용·사유·근거등이 기재된 서면을 교부하는 방식으로 행하여졌다고 하더라도 권한 없는 자에 의하여 행하여진 점에서 무효의 처분에 해당한다(대판 1997. 5. 16, 97누2313). 〈해설〉 운전면허 취소권한자는 시도경찰청장이다.
>
> **판례 2** 행정청의 권한에는 사무의 성질 및 내용에 따르는 제약이 있고, 지역적·대인적으로 한계가

있으므로 이러한 권한의 범위를 넘어서는 권한유월의 행위는 무권한 행위로서 원칙적으로 무효라고 할 것이나, 행정청의 공무원에 대한 의원면직처분은 공무원의 사직의사를 수리하는 소극적 행정행위에 불과하고, 당해 공무원의 사직의사를 확인하는 확인적 행정행위의 성격이 강하며 재량의 여지가 거의 없기 때문에 의원면직처분에서의 행정청의 권한유월 행위를 다른 일반적인 행정행위에서의 그것과 반드시 같이 보아야 할 것은 아니다(대판 2007. 7. 26, 2005두15748[면직처분무효확인]: 임면권자가 아닌 국가정보원장이 5급 이상의 국가정보원직원에 대하여 한 의원면직처분이 당연무효가 아니라고 한 사례).

판례3   교육인적자원부장관이 공립유치원 교사의 임용권을 당해 교육감에게 위임하였고, 교육감은 공립유치원 교사의 관내전보, 직위해제, 의원면직, 신규채용권한을 교육장에게 재위임하였을 뿐 직권면직 권한까지 재위임한 바는 없으므로 피고가 공립유치원 교사인 원고에 대하여 이 사건 직권면직처분을 한 것은 적법한 위임 없이 권한 없는 자가 행한 처분으로서 그 하자가 중대하다고 할 것이나, 객관적으로 명백하다고는 할 수 없어 당연무효는 아니고, 근로기준법 제30조 제 2 항은 교육공무원인 원고에게는 적용되지 아니하며, 이 사건 처분을 하면서 사전통지절차를 거치지 아니한 것은 취소사유에 불과하다(대판 2007. 9. 21, 2005두11937[직권면직처분무효확인등]).

판례4   국세부과의 제척기간이 경과한 후에 이루어진 부과처분은 무효이다(대판 2019. 8. 30, 2016두62726).

판례5   구 사회복지사업법(2011. 8. 4. 법률 제10997호로 개정되기 전의 것, 이하 같다)은 임시이사의 선임사유와 절차(제20조 제 2 항, 제 3 항)에 관해서만 정하고 있을 뿐 직무범위, 임기, 해임절차 등을 정하고 있지 않다. 그러나 관할 행정청은 임시이사를 선임할 권한을 가지고 있으므로, 임시이사 선임사유가 해소되거나 해당 임시이사로 하여금 업무를 계속하도록 하는 것이 적절하지 않다고 판단할 경우 언제든지 임시이사를 해임할 수 있다고 보아야 한다(대판 2020. 10. 29, 2017다269152).

　　내부위임을 받은 기관이 자신의 이름으로 처분한 경우 판례는 무권한의 하자로 무효라고 보나(대판 1993. 5. 27, 93누6621), 형식의 하자로 취소할 수 있는 하자로 보는 것이 타당하다.

(3) 행정기관의 의사에 결함이 있는 행위

1) 의사능력이 없는 행위

　　공무원의 심신상실중의 행위 또는 저항할 수 없을 정도의 물리적·정신적 강제로 인한 행정행위, 즉 의사능력이 없는 행정행위는 사법상 행정행위와 마찬가지로 무효이다.

2) 행위능력이 없는 자의 행위

　　금치산자 또는 한정치산자와 같은 행위무능력자의 행위는, 행위무능력이 퇴직·정직 등의 사유가 될 수 있지만, 사법에서와 달리 신뢰보호의 견지에서 유효인 행위로 보아야 한다는 것이 통설이다.

3) 착오로 인한 행위

　　행정행위에 있어 착오(錯誤)는 거래안전, 신뢰보호의 관점에서 그 자체가 독립된 무효원인이나 취소원인이 되지 아니하며 착오에 의한 행정행위는 표시된 데로 효력을 발생한다는 것이 통설이다.

다만, 표시의 착오, 즉 오기(계고처분의 목적물을 '구로동 625의2'를, '구로동 625의3'으로 표시한 경우), 오산 등 이에 준하는 명백한 잘못이 있는 때에는 표시가 행정청의 의사와 다르게 된 경우에는 행정청은 직권 또는 당사자의 신청에 의하여 그 오류를 정정할 수 있다(행정절차법 제25조).

착오로 인한 행정행위의 내용 자체가 위법한 때에는 당해 행정행위는 무효와 취소의 구별기준에 따라 무효 또는 취소인 행정행위가 된다.

4) 사기·강박·증수뢰 등에 의한 행위

행정행위의 상대방의 사기, 강박 등으로 인하여 의사결정에 하자가 있는 행정행위 또는 증수뢰, 부정신고 기타 부정행위에 의한 행정행위는 다른 원인에 의해 무효가 되는 경우를 제외하고는 취소할 수 있는 행위에 불과하다.

2. 절차의 하자 [2003 입시 약술, 2024 행시]

절차의 하자란 행정행위가 행해지기 전에 거쳐야 하는 절차 중 하나를 거치지 않았거나 거쳤으나 절차상 하자가 있는 것을 말한다. 절차의 하자는 후술하는 바와 같이 독립된 취소사유가 된다는 것이 판례의 입장이다. 절차의 하자는 그 중요도에 따라 무효사유 또는 취소사유가 되며 경미한 하자는 효력에 영향을 미치지 않는다.

판례는 원칙상 절차의 하자를 중요한 하자로 보지 않으면서 취소할 수 있는 하자로 본다. 다만, 환경영향평가절차를 거치지 않은 하자는 통상 중대명백한 하자이므로 원칙상 당연무효로 본다.

판례1 민원사무를 처리하는 행정기관이 민원 1회방문 처리제를 시행하는 절차의 일환으로 민원사항의 심의·조정 등을 위한 민원조정위원회를 개최하면서 민원인에게 회의일정 등을 사전에 통지하지 아니하였다 하더라도, 이러한 사정만으로 곧바로 민원사항에 대한 행정기관의 장의 거부처분에 취소사유에 이를 정도의 흠이 존재한다고 보기는 어렵다. 다만 행정기관의 장의 거부처분이 재량행위인 경우에, 위와 같은 사전통지의 흠결로 민원인에게 의견진술의 기회를 주지 아니한 결과 민원조정위원회의 심의과정에서 고려대상에 마땅히 포함시켜야 할 사항을 누락하는 등 재량권의 불행사 또는 해태로 볼 수 있는 구체적 사정이 있다면, 거부처분은 재량권을 일탈·남용한 것으로서 위법하다(대판 2015. 8. 27, 2013두1560[건축신고반려처분취소]).

판례2 개발행위허가에 관한 사무를 처리하는 행정기관의 장이 일정한 개발행위를 허가하는 경우에는 국토의 계획 및 이용에 관한 법률 제59조 제1항에 따라 도시계획위원회의 심의를 거쳐야 할 것이나, 개발행위허가의 신청 내용이 허가 기준에 맞지 않는다고 판단하여 개발행위허가신청을 불허가하였다면 이에 앞서 도시계획위원회의 심의를 거치지 않았다고 하여 이러한 사정만으로 곧바로 그 불허가처분에 취소사유에 이를 정도의 절차상 하자가 있다고 보기는 어렵다. 다만 행정기관의 장이 도시계획위원회의 심의를 거치지 아니한 결과 개발행위 불허가처분을 함에 있어 마땅히 고려하여야 할 사정을 참작하지 아니하였다면 그 불허가처분은 재량권을 일탈·남용한 것으로서 위법하다고 평가할 수 있을 것이다(대판 2015. 10. 29, 2012두28728[개발행위불허가처분 취소]). 〈해설〉 마땅히 고려하여야 할 사정을 참작하지 아니한 것은 재량권의 불행사 내지 해태에 해당한다.

판례3 화장장 및 묘지공원 부지에 대한 개발제한구역 해제 여부의 결정을 위하여 개최된 중앙도시계획위원회의 표결과정에서 표결권이 없는 광역교통실장이 참석하여 다른 표결권자(건설교통부차관) 대신 표결한 경우(건설교통부차관의 찬성표를 제외하더라도 참석위원 20명 중 찬성 17표, 반대 3표로 이 사건 부지에 대한 개발제한구역 해제안이 가결되는 데에는 아무런 영향이 없는 점, 중앙도시계획위원회의 심의를 거치도록 한 취지는 피고가 도시계획을 결정함에 있어서 도시계획에 관한 학식과 경험이 풍부한 자들로 구성된 위원회의 집합적 의견을 들어 이를 참고하라는 것일 뿐 중앙도시계획위원회의 심의결과에 기속되어 도시계획을 결정하여야 한다는 것은 아닌 점 등을 종합하면), 이러한 잘못이 있다 하여 건설교통부장관의 개발제한구역 해제결정까지 위법하다고 할 수 없다고 한 사례(대판 2007. 4. 12, 2005두2544[개발제한구역해제결정취소]〈원지동 추모공원 사건〉).

판례는 원칙상 절차의 하자를 중요한 하자로 보지 않으면서 취소할 수 있는 하자로 보지만, 환경영향평가절차나 과세전적부심사절차를 거치지 않은 하자는 원칙상 중대명백한 하자로 보고 당연무효로 본다.

판례1 [1] 구 환경영향평가법상 환경영향평가를 실시하여야 할 사업에 대하여 환경영향평가를 거치지 아니하였음에도 승인 등 처분을 한 경우, 그 처분의 하자가 행정처분의 당연무효사유에 해당하는지 여부(적극): 환경영향평가를 거쳐야 할 대상사업에 대하여 환경영향평가를 거치지 아니하였음에도 불구하고 승인 등 처분이 이루어진다면, …. 이러한 행정처분의 하자는 법규의 중요한 부분을 위반한 중대한 것이고 객관적으로도 명백한 것이라고 하지 않을 수 없어, 이와 같은 행정처분은 당연무효이다. [2] 국방·군사시설 사업에 관한 법률 및 구 산림법에서 보전임지를 다른 용도로 이용하기 위한 사업에 대하여 승인 등 처분을 하기 전에 미리 산림청장과 협의를 하라고 규정한 의미 및 이러한 협의를 거치지 아니한 승인처분이 당연무효인지 여부(소극): 국방·군사시설 사업에 관한 법률 및 구 산림법(2002. 12. 30. 법률 제6841호로 개정되기 전의 것)에서 보전임지를 다른 용도로 이용하기 위한 사업에 대하여 승인 등 처분을 하기 전에 미리 산림청장과 협의를 하라고 규정한 의미는 그의 자문을 구하라는 것이지 그 의견을 따라 처분을 하라는 의미는 아니라 할 것이므로, 이러한 협의를 거치지 아니하였다고 하더라도 이는 당해 승인처분을 취소할 수 있는 원인이 되는 하자 정도에 불과하고 그 승인처분이 당연무효가 되는 하자에 해당하는 것은 아니라고 봄이 상당하다(대판 2006. 6. 30, 2005두14363[국방군사시설사업실시계획승인처분무효확인]).

판례2 과세전적부심사 청구나 그에 대한 결정이 있기도 전에 과세처분을 하는 것은 그 절차상 하자가 중대하고도 명백하여 무효라고 한 사례(대판 2016. 12. 27, 2016두49228; 2020. 10. 29, 2017두51174; 2023.11.2, 2021두37748).

판례3 [공원조성계획 위반 여부가 문제된 사건] (1) 도시공원의 설치에 관한 도시관리계획과 공원조성계획의 관계: 도시공원 및 녹지 등에 관한 법률(이하 '공원녹지법'이라고 한다)상 공원조성계획은 공원의 구체적 조성에 관한 행정계획으로서 도시공원의 설치에 관한 도시관리계획이 결정되어 있음을 전제로 한다(대법원 2015. 12. 10, 선고 2013두14221 판결 참조). 특히 도시공원의 부지(공간적 범위)는 도시관리계획 단계에서 결정되는 것이고, 공원조성계획은 이를 전제로 도시공원의 내용과 시설 배치 등을 구체적으로 정하기 위한 것이다(공원녹지법 시행규칙 제8조 참조). (2) 도시관리계획을 집행하기 위한 후속 계획(예, 이 사건 공원조성계획)이나 처분에서 그 토지가 도시관리계획에 포함된 것처럼 표시되어 있는 경우가 있다. 이것은 실질적으로 도시관리계획결정을 변경하는 것에 해당하여 구 국토의 계획 및 이용에 관한 법률 제30조 제5항에서 정한 도시관리계획 변경절차를 거치지 않는 한 당연무효이다(대법원 2000. 3. 23, 선고 99두11851 판결 등 참조). (3) 원고들이 거주하는 아파트에 접한 임야가 공원조성계획상 도시공원부지에 포함된다는 이유로 그 임야에 대한 개발행위허가 및 건축허가처분의 취소를 구한 사안에서, 공원조성계획은 공원부지에서 위 임야를 제외한 도시관리계획결정에 어긋나 그 범위에서 효력이 없어 위 임야가 공원 부지에 포함되지 않으므로 위 각 처분이 공원조성계획에 어긋난다고 볼 수 없다(대판 2019. 7. 11, 2018두47783[개발행위 허가처분 등 취소의 소]).

[판례4] [1] 구 환경정책기본법 시행령 제 7 조 [별표 2](현행 환경영향평가법[별표 4])의 개발사업 부지에 대하여 구 국토의 계획 및 이용에 관한 법률 제36조 제 1 항에서 규정한 세부용도지역이 지정되지 않은 경우, 그 사업부지에 대한 사전환경성검토 협의(현행 소규모 환경영향평가)를 할지 여부를 결정하는 절차: 관계행정기관의 장은 그 개발사업 부지의 이용실태 및 특성, 장래의 토지이용방향 등에 대한 구체적 조사 및 이에 기초한 평가 작업을 거쳐 그 개발사업 부지가 구 국토의 계획 및 이용에 관한 법률 제36조 제 1 항 중 어떠한 세부용도지역의 개념 정의에 부합하는지 여부를 가린 다음 이를 토대로 사전환경성검토협의를 할지 여부를 결정하여야 한다. [2] 행정청이 사전환경성검토협의를 거쳐야 할 대상사업에 관하여 법의 해석을 잘못한 나머지 세부용도지역이 지정되지 않은 개발사업 부지에 대하여 사전환경성검토협의를 할지 여부를 결정하는 절차를 생략한 채 승인 등의 처분을 한 사안에서, 그 하자가 객관적으로 명백하다고 할 수 없다고 한 사례(대판 2009. 9. 24, 2009두2825[개발사업시행승인처분취소]). 〈해설〉 이 사건 개발사업부지는 구 국토계획이용법 제36조 제 1 항상의 관리지역으로서 그 면적이 6,478제곱미터인데, 세부용도지역이 보전관리지역, 생산관리지역 또는 계획관리지역 중 어디에 해당하는지 지정되어 있지 않았다. 그리하여 사전환경성검토(현행 소규모환경영향평가) 없이 개발사업 승인처분이 내려졌던 것인데, 원심은 이 사건 개발사업부지를 보전관리지역에 해당한다고 보고 사전환경성검토대상이 된다고 보았고, 대법원은 이를 인정하였다. 구 환경정책기본법 제 7 조 [별표 2]상 관리지역의 경우 보전관리지역 5,000제곱미터, 생산관리지역 7,500제곱미터, 계획관리지역 10,000제곱미터 이상인 경우 사전환경성검토대상으로 규정되어 있었다.

(1) 법률상 필요한 상대방의 신청 또는 동의를 결여한 행위

상대방의 출원이나 신청 또는 상대방의 동의가 없이 행해진 행정행위는 무효이다.

(2) 필요한 공고 또는 통지를 결여한 행위

특허출원의 공고 없이 행한 행정행위, 수용할 토지세목의 공고 또는 통지 없이 행한 토지수용의 재결, 독촉절차를 거치지 아니한 조세체납처분과 같이 이해관계인들에게 권리주장, 이의신청 등 자기이익의 보호를 위해 필요한 공고 또는 통지를 결여한 행정행위는 원칙상 무효이다.

다만, 공고 또는 통지 그 자체를 결여한 것이 아니라 그 내용에 단순한 하자가 있을 뿐인 때에는 당연무효는 아니다.

(3) 필요한 이해관계인의 참여 또는 협의를 결여한 행위

체납절차로서의 재산압류에 있어서 체납자 등의 참여와 같이 이해관계인을 보호하기 위하여 또는 이해관계인들 사이의 이해를 조정하기 위하여 행정행위를 행하기 전에 이해관계인의 참여 또는 이해관계인과의 협의를 요구하는 경우가 있는데, 이 경우에 그 절차를 결여한 행정행위는 원칙적으로 무효이다.

(4) 필요한 청문 또는 의견진술의 기회를 주지 아니한 행위 [2014 행시, 2015 사시]

행정절차법은 권리를 제한하거나 의무를 부과하는 처분을 행함에 있어서는 상대방의 의견진술을 듣도록 하고 있고, 그 이외에 개별법에서 행정처분을 행하기 전에 청문 또는 의견진술의 기회를 주도록 하고 있는 경우가 있다. 법에 의해 요구되는 의견제출의 기회를 주지 않고 한 행정행위는 원칙상 취소할 수 있는 행정행위로, 청문의 기회를 주지 않은 행정행위는 무효로 보는 것이 타당하다. 그러나, 판례는 청문절차를 결여한 것도 취소사유에 해당한다고 본다(대판 2004. 7. 8, 2002두8350[유희시설조성사업협약해지 및 사업시행자지정거부처분취소]).

(5) 다른 행정기관의 협력을 결여한 행위 [2011 행시(재경직) 사례]

다른 기관의 협력을 요하는 경우에 다른 기관의 의결이나 승인 또는 동의 등과 같이 행정청의 행정결정이 다른 기관의 의사결정에 기속되는 경우가 아닌 단순히 협의하거나 자문을 받는 것으로 되어 있는 경우에 그러한 협의나 자문을 거치지 않은 것은 절차의 하자로 보아야 한다. 다른 기관의 협의 또는 자문이 법률에 의해 관계인의 권리 이익을 보호하기 위하여 인정되는 때에 그 협력의 결여는 무효원인이 되지만, 이 경우를 제외하고는 원칙상 취소원인에 불과하다고 보아야 할 것이다. 그러나, 판례는 구속력이 인정되지 아니하는 다른 행정기관의 협의나 자문을 거치지 않은 것은 통상 취소원인에 불과한 것으로 본다.

판례1 판례는 건설교통부장관이 관계 중앙행정기관의 장과 협의를 거치지 아니하고 한 택지개발예정지구지정처분을 취소할 수 있는 행위에 불과한 것으로 보았다(대판 2000. 10. 13, 99두653[토지수용재결처분취소]).

판례2 구 학교보건법상 학교환경위생정화구역에서의 금지행위 및 시설의 해제 여부에 관한 행정처분을 함에 있어 학교환경위생정화위원회의(현 지역교육환경보호위원회) 심의절차를 누락한 것은 취소사유가 된다(대판 2007. 3. 15, 2006두15806[학교환경위생정화구역내금지행위 및 시설해제신청거부처분취소]).

판례3 민간투자심의위원회는 스스로 민간제안사업의 민간투자사업 추진 여부나 사업시행자 지정 여부를 결정하는 것이 아니고 의사결정권자의 자문에 응하여 심의하는 기관에 불과하므로, 위와 같은 절차규정 위반(심의위원회에의 대리출석이나 서면심의는 원칙적으로 허용되지 않음에도 불구하고, 일부 위원이 대리출석을 하여 심의의결을 하였고, 서면의결을 하기도 함)은 이 사건 사업시행자지정처분을 무효로 할 만한 중대하고 명백한 하자라고 볼 수 없다(대판 2009. 4. 23, 2007두13159[도로구역결정처분취소]).

판례4 교수위원들이 법학교육위원회 제15차 회의에 관여한 것은 소속대학에 대한 관계에서 제척규정인 법 제13조를 위반한 것이기는 하나, 법 제13조의 적용범위 등에 관하여 해석상 논의의 여지가 있고, 교수위원이 소속한 전남대학교의 경우 서울외권역 중 2순위의 평가점수를 받아 소속 교수위원이 배제된 상태에서 심의를 하였더라도 동일한 심의결과가 나왔을 것으로 보이는 점, 법학교육위원회는 피고의 심의기관에 해당할 뿐 의결기관의 지위를 가진다고 할 수는 없다는 점 등에 비추어, 그러한 위반은 이 사건 인가처분의 무효사유가 아니라 취소사유에 해당한다(대판 2009. 12. 10, 2009두8359[로스쿨예비인가처분취소]).

판례5 국방·군사시설 사업에 관한 법률 및 구 산림법에서 보전임지를 다른 용도로 이용하기 위한 사업에 대하여 승인 등 처분을 하기 전에 미리 산림청장과 협의를 하라고 규정한 의미는 그의 자문을 구하라는 것이지 그 의견을 따라 처분을 하라는 의미는 아니라 할 것이므로, 이러한 협의를 거치지 아니하였다고 하더라도이는 당해 승인처분을 취소할 수 있는 원인이 되는 하자 정도에 불과하고 그 승인

처분이 당연무효가 되는 하자에 해당하는 것은 아니다(대판 2006. 6. 30, 2005두14363).

판례6   구 택지개발촉진법 제3조에서 건설부장관이 택지개발예정지구를 지정함에 있어 미리 관계중앙행정기관의 장과 협의를 하라고 규정한 의미는 그의 자문을 구하라는 것이지 그 의견을 따라 처분을 하라는 의미는 아니라 할 것이므로 이러한 협의를 거치지 아니하였다고 하더라도 이는 위 지정처분을 취소할 수 있는 원인이 되는 하자 정도에 불과하고 위 지정처분이 당연무효가 되는 하자에 해당하는 것은 아니다(대판 2000. 10. 13, 99두653).

협의라 함은 행정업무가 둘 이상의 행정기관의 권한에 속하는 경우에 그 행정업무의 처리에 관하여 의견을 교환하는 것을 말한다. 협의가 법적 의무절차인 경우에 의견의 교환이 없거나 충분한 의견의 교환이 없는 경우에 협의절차에 하자가 있다고 할 수 있다. 협의의견은 실질상 동의의견인 경우를 제외하고는 자문의견으로서 법적 구속력이 없고, 이러한 협의절차의 하자는 원칙상 취소사유이다.

그러나, 실정법령에서 협의라는 용어를 사용하고 있는 경우에도 동의로 보아야 하는 경우도 있고(예, 군부대장의 주변 건축에 대한 협의의견 등), 이 경우 협의를 결여한 것은 무권한의 하자로 처분의 무효사유이다.

판례1   문화재보호법의 입법목적과 문화재의 보존·관리 및 활용은 원형유지라는 문화재보호의 기본원칙 등에 비추어, 건설공사시 문화재보존의 영향 검토에 관한 문화재보호법 제74조 제 2 항 및 같은법 시행령 제43조의2 제 1 항에서 정한 '문화재청장과 협의'가 '문화재청장의 동의'를 말한다고 한 사례(대판 2006. 3. 10, 2004추119[조례안재의결무효확인]).

판례2   구 군사시설보호법(1993. 12. 27. 법률 제4617호로 전문 개정되기 전의 것) 제 7 조 제 3 호, 제 6 호, 제 7 호 등에 의하면, 관계 행정청이 군사시설보호구역 안에서 가옥 기타 축조물의 신축 또는 증축, 입목의 벌채 등을 허가하고자 할 때에는 미리 관할 부대장과 협의를 하도록 규정하고 있고, 구 군사시설보호법시행령(1994. 7. 20. 대통령령 제14329호로 전문 개정되기 전의 것) 제10조 제 2 항에 비추어 보면, 여기서 협의는 동의를 뜻한다 할 것이므로, 군사시설보호구역으로 지정된 토지는 군 당국의 동의가 없는 한 건축 또는 사용이 금지된다 할 것이다(대판 1995. 3. 10, 94누12739[취득세부과처분취소]).

판례3   구 초·중등교육법 시행령 제91조의3 제 5 항에 따르면 교육감이 자사고 지정을 취소하는 경우에는 미리 교육부장관과 협의하여야 하는데, 여기에서 교육부장관과의 사전 협의는 특별한 사정이 없는 한 교육부장관의 적법한 사전 동의를 의미한다(대판 2018. 7. 12, 2014추33).

(6) 이유제시의무의 위반 [2015 사시]

법령이 이유를 제시하도록 하고 있는 경우에 이유를 전혀 제시하지 않은 행위는 원칙적으로 무효라고 보고, 이유제시가 불충분한 경우에는 원칙상 취소사유가 된다고 보는 것이 타당하다. 그러나, 판례는 이유제시가 누락된 처분도 취소대상으로 보고 있다.

세액산출근거가 기재되지 아니한 납세고지서에 의한 부과처분은 강행법규에 위반하여 취소대상이 된다 할 것이므로 이와 같은 하자는 납세의무자가 전심절차에서 이를 주장하지 아니하였거나, 그 후 부과된 세금을 자진납부하였다거나, 또는 조세채권의 소멸시효기간이 만료되었다 하여 치유되는 것이라고는 할 수 없다(대판 1985. 4. 9, 84누431).

(7) 기   타

처분이나 민원의 처리기간에 관한 규정은 훈시규정에 불과할 뿐 강행규정이라고 볼 수 없다. 행정청이 처리기간이 지나 처분을 하였더라도 이를 처분을 취소할 절차상 하자로 볼 수 없다(대판 2019. 12. 13, 2018두41907).

3. 형식에 관한 하자

법령상 문서, 기타의 형식(위음등)이 요구되는 경우에 이에 따르지 않으면 당해 행정행위는 형식의 하자가 있는 행위가 된다. 형식의 하자의 효과는 일률적으로 말하기 어렵다.

통설은 형식의 결여가 형식을 요구하는 본질적 요청, 즉 기관과 행위의 내용을 명확히 증명함으로써 법률생활의 안정을 기하려는 요청을 완전히 저해하는 정도일 때에는 그 형식의 결여는 무효사유에 해당하고, 형식의 결여가 행위의 확실성에 본질적인 영향이 없고 단지 행위의 내용을 명백히 하는 것에 불과한 경우에는 그 형식의 결여는 취소사유에 해당한다고 한다. 경미한 형식의 결여는 경우에 따라서 행위의 효력에 영향을 미치지 않는다(김도창, 480면).

(1) 문서에 관한 하자

행정청이 처분을 할 때에는 다른 법령등에 특별한 규정이 있는 경우를 제외하고는 문서로 하여야 하며, 다음 각 호의 어느 하나에 해당하는 경우에는 전자문서로 할 수 있다. 1. 당사자등의 동의가 있는 경우, 2. 당사자가 전자문서로 처분을 신청한 경우(행정절차법 제24조 제1항). 제1항에도 불구하고 공공의 안전 또는 복리를 위하여 긴급히 처분을 할 필요가 있거나 사안이 경미한 경우에는 말, 전화, 휴대전화를 이용한 문자 전송, 팩스 또는 전자우편 등 문서가 아닌 방법으로 처분을 할 수 있다. 이 경우 당사자가 요청하면 지체 없이 처분에 관한 문서를 주어야 한다(제2항).

법령상 문서에 의하도록 하고 있는 행정행위를 문서에 의해 하지 아니 한 때(독촉장에 의하지 아니한 납세의 독촉)에 당해 행정행위는 원칙상 무효이다(대판 1970. 3. 24, 69도724[향토예비군설치법위반]). 다만, 문서 기재상의 결함은 당연히 무효사유가 되는 것은 아니다.

구두로 영주 체류자격이 취소되었다고 통보하였을 뿐 체류자격 취소처분의 처분서를 교부하지 않고, 출국명령의 처분서만을 교부한 사안에서, 구두로 한 선행처분인 체류자격 취소처분은 행정절차법 제24조 제1항을 위반한 것으로서 하자가 중대·명백하여 당연무효에 해당하므로, 이를 기초로 이루어진 후행처분인 출국명령도 위법하다고 한 사례(대구지법 2024. 1. 10, 2023구단11356)·

(2) 행정청의 서명날인을 결여한 행위

법률이 행정청의 서명날인(署名捺印)을 요구하고 있는 경우에 이를 결여한 행위는 원칙적으로 무효이다. 판례는 내부위임을 받은 행정기관이 자신의 이름으로 행정처분을 한 경우 이를 권한의 하자로 보면서 무효인 하자로 보고 있지만(대판 1986. 12. 9, 86누569[석유판매업허가취소처분취소]), 이를 형식의 하자로 취소사유인 하자로 보는 것이 타당하다.

4. 내용에 관한 하자

행정행위가 완전한 효력을 발생하기 위하여는 행정행위의 내용이 법에 위반하지 아니하고 공익에 적합하여야 하며 실현불가능하지 않아야 하며 불명확하지 않아야 한다.

(1) 행정행위의 내용의 법에의 위반

행정행위의 내용은 법의 일반원칙 및 헌법을 포함하여 모든 법에 위반하여서는 안 되며 법에 위반하면 위법한 행정행위가 된다. 법에 위반한 행정행위는 무효와 취소의 구별기준에 따라 무효 또는 취소할 수 있는 행정행위가 된다.

판례　(1) 일반적으로 과세대상이 되는 법률관계나 소득 또는 행위 등의 사실관계가 전혀 없는 사람에게 한 과세처분은 하자가 중대하고도 명백하다고 할 것이지만 과세대상이 되지 아니하는 어떤 법률관계나 사실관계에 대하여 이를 과세대상이 되는 것으로 오인할 만한 객관적인 사정이 있는 경우에 그것이 과세대상이 되는지의 여부가 사실관계를 정확히 조사하여야 비로소 밝혀질 수 있는 경우라면 하자가 중대한 경우라도 외관상 명백하다고 할 수 없어 그와 같이 과세요건 사실을 오인한 위법의 과세처분을 당연무효라고 볼 수 없다(대판 2001. 6. 29, 2000다17339 등 참조). (2) 한편 과세관청이 조세를 부과하고자 할 때에는 해당 조세법규가 규정하는 조사방법에 따라 얻은 정확한 근거에 바탕을 두어 과세표준을 결정하고 세액을 산출하여야 하며, 이러한 조사방법 등을 완전히 무시하고 아무런 근거도 없이 막연한 방법으로 과세표준과 세액을 결정, 부과하였다면 이는 하자가 중대하고도 명백하여 당연무효라 하겠지만, 그와 같은 조사결정절차에 단순한 과세대상의 오인, 조사방법의 잘못된 선택, 세액산출의 잘못 등의 위법이 있음에 그치는 경우에는 취소사유로 될 뿐이다(대판 1998. 6. 26, 96누12634 참조). (3) 이 사건 각 토지(지목이 '목장용지'인 토지)는 합산과세대상 토지에 해당하는 것으로 오인할 만한 객관적인 사정이 있고 그것이 분리과세대상 토지에 해당하는지 여부는 사실관계를 정확히 조사하여야 비로소 밝혀질 수 있는 경우에 해당하므로 이 사건 각 부과처분의 하자가 외관상 명백하다고 볼 수 없다고 보아, 이와 달리 이 사건 각 부과처분의 하자가 중대·명백하여 당연무효라고 본 원심을 파기·환송한 사례(대판 2024.3.12, 2021다224408).

처분을 하기 전에 처분사실과 처분사유를 특정하여야 한다.

처분사실과 처분사유가 특정되지 않으면 해당 처분은 그것만으로 위법하다. 판례에 따르면 처분의 대상이 되는 법위반사실이 구체적으로 명확하게 특정되지 않으면 해당 처분은 위법하다. 나아가 처분사유의 특정이 심히 불충분하여 처분이 불명확하면 무효이다. 사회통념상 행정행위의 내용이 행정행위의 상대방이 인식할 수 있을 정도로 충분히 명확하지 않은 경우 당해 행정행위는 위법하다(판례).

판례1   대형할인매장이 납품업자들에게 각종 비용을 부담시킨 행위에 대한 공정거래위원회의 시정명령이 그 대상이 되는 행위의 내용을 구체적으로 명확하게 특정하지 않아 위법하다고 한 사례: 원고(주식회사 이랜드리테일)는 자기와 직매입 거래관계에 있는 납품업자들에 대하여, 매년 연말에 체결하는 납품계약(이하, '기본계약'이라 한다) 및 개별계약에 의하여 광고선전비 등 각종 명목의 비용을 납품대금에서 공제하거나 현금으로 수령해 온 사실(이하, 위와 같은 각종 명목의 비용 수령행위를 '비용부담행위'라고 한다), 피고(공정거래위원회)는 1998년도 및 1999년도 1~3월까지의 기간 동안 원고의 납품업자들에 대한 합계 27,869,051,000원 상당의 각종 비용부담행위가 법 제23조 제1항 제4호, 제2항, 법 시행령 제36조 제1항 [별표] 제6호 (나)목 및 (라)목에 해당된다는 이유로 비용부담행위 부분과 관련된 이 사건 시정명령을 하면서 그 의결서 이유 부분에서, 원고가 1998년도 및 1999년도 1~3월까지의 기간 동안 납품업자들에 대하여 원심판결의 [별지 3] 기재와 같은 각종 명목의 비용을 부담할 것을 사실상 강요하고 납품대금에서 이를 일방적으로 공제하거나 현금 또는 상품으로 수수하고 있다고 하면서 [별지 3]에 위 기간 동안 원고가 수령한 비용명목과 그 비용별 합계액만을 기재하고 있을 뿐 그 비용을 부담한 업체명, 비용부담의 시기, 업체별 비용부담 액수 등 구체적인 내용을 전혀 적시하고 있지 아니한 사실을 인정할 수 있으므로 비용부담행위에 관한 이 사건 시정명령은 그 대상이 되는 행위의 내용이 구체적으로 명확하게 특정되었다고 할 수 없고, 따라서 이 부분 시정명령은 위법하다고 할 것이다(대판 2007. 1. 12, 2004두7139[시정명령등취소청구]).

판례2   주류도매업면허의 취소처분에 그 대상이 된 위반사실을 특정하지 아니하여 위법하다고 본 사례: 면허의 취소처분에는 그 근거가 되는 법령이나 취소권 유보의 부관 등을 명시하여야 함은 물론 처분을 받은 자가 어떠한 위반사실에 대하여 당해 처분이 있었는지를 알 수 있을 정도로 사실을 적시할 것을 요하며, 이와 같은 취소처분의 근거와 위반사실의 적시를 빠뜨린 하자는 피처분자가 처분 당시 그 취지를 알고 있었다거나 그후 알게 되었다 하여도 치유될 수 없다고 할 것인바, 세무서장인 피고가 주류도매업자인 원고에 대하여 한 이 사건 일반주류도매업면허취소통지에 "상기 주류도매장은 무면허 주류판매업자에게 주류를 판매하여 주세법 제11조 및 국세법사무처리규정 제26조에 의거 지정조건위반으로 주류판매면허를 취소합니다"라고만 되어 있어서 원고의 영업기간과 거래상대방 등에 비추어 원고가 어떠한 거래행위로 인하여 이 사건 처분을 받았는지 알 수 없게 되어 있다면 이 사건 면허취소처분은 위법하다(대판 1990. 9. 11, 90누1786).

여러 처분사유에 관하여 하나의 제재처분을 하였을 때 그중 일부가 인정되지 않는다고 하더라도 나머지 처분사유들만으로도 처분의 정당성이 인정되는 경우에는 그 처분을 위법하다고 보아 취소하여서는 아니 된다(대판 2020. 5. 14, 2019두63515).

법령의 규정에 관한 법리가 아직 명백하게 밝혀지지 않아 해석에 다툼의 여지가 있었을 경우 처분청이 그 규정을 잘못 해석하여 한 처분은 당연무효라고 할 수 없다(판례).

판례1   행정청이 어느 법률관계나 사실관계에 대하여 어느 법률의 규정을 잘못 해석하여 행정처분을 한 경우, 그 하자가 중대하고 명백한지 여부를 판단하는 방법: 행정청이 어느 법률관계나 사실관계에 대하여 어느 법률의 규정을 적용하여 행정처분을 한 경우에 그 법률관계나 사실관계에 대하여는 그 법률의 규정을 적용할 수 없다는 법리가 명백히 밝혀져 그 해석에 다툼의 여지가 없음에도 불구하고 행정청이 위 규정을 적용하여 처분을 한 때에는 그 하자가 중대하고도 명백하다고 할 것이나, 그 법률관계나 사실관계에 대하여 그 법률의 규정을 적용할 수 없다는 법리가 명백히 밝혀지지 아니하여 그 해석에 다툼의 여지가 있는 때에는 행정관청이 이를 잘못 해석하여 행정처분을 하였더라도 이는 그 처분 요건사실을 오인한 것에 불과하여 그 하자가 명백하다고 할 수 없는 것이다(대판 2007. 5. 10, 2005다31828: 근거법령을 잘못 해석하여 부담금 부과대상이 아닌 원고에게 부담금을 부과한 것이 그 하자가 중대하나 명백하지 않다고 한 사례).

판례2 [1] 행정청이 법령 규정의 문언상 처분 요건의 의미가 분명함에도 합리적인 근거 없이 그 의미를 잘못 해석한 결과, 처분 요건이 충족되지 아니한 상태에서 해당 처분을 한 경우에는 법리가 명백히 밝혀지지 아니하여 그 해석에 다툼의 여지가 있다고 볼 수는 없다(하자는 명백하다). [2] 피고가 이 사건 정비구역이 대부분 주택단지가 아닌 지역이고 주택단지는 아파트 1동에 불과하므로 공동주택인 아파트 1동을 주택단지로 구분하지 않고 전체적으로 단독주택 재건축사업으로 분류하여 구 도시정비법 제16조 제 3 항에 따라 동의요건을 갖추어야 한다고 해석할 여지도 있었지만, 피고가 해석한 바와 같이 전체 정비구역에 대하여 구 도시정비법 제16조 제 3 항만을 적용하더라도 토지면적의 3분의 2 이상의 면적요건을 충족하지 못한 사안에서, 피고가구 도시정비법 제16조 제 3 항에 규정된 '토지면적의 3분의 2 이상의 토지소유자의 동의'라는 문언의 의미는 분명함에도 합리적인 근거 없이 그 의미를 잘못 해석한 결과, 처분 요건이 충족되지 아니한 상태에서 이 사건 조합설립인가처분을 하였고, 피고가 채택한 해석을 포함하여 다른 해석의 가능성을 고려하더라도 이 사건 조합설립인가 처분은 토지면적의 3분의 2 이상의 면적요건을 충족하지 못하였음이 분명하다고 보아 당연무효라고 판단한 사안(대판 2014. 5. 16, 2011두27094[주택조합설립인가및주택조합총회결의무효확인등]).

판례3 [1] 법령 규정의 문언만으로는 처분 요건의 의미가 분명하지 아니하여 그 해석에 다툼의 여지가 있었더라도 해당 법령 규정의 위헌 여부 및 그 범위, 그 법령이 정한 처분 요건의 구체적 의미 등에 관하여 법원이나 헌법재판소의 분명한 판단이 있고, 행정청이 그러한 판단내용에 따라 법령 규정을 해석·적용하는 데에 아무런 법률상 장애가 없는데도 합리적 근거 없이 사법적 판단과 어긋나게 행정처분을 하였다면 그 하자는 객관적으로 명백하다. [2] 수익적 처분의 근거 법령이 특정한 유형의 사람에 대한 지급 등 수익처분의 근거를 마련하고 있지 않다는 점이 위헌이라는 이유로 헌법불합치 결정이 있더라도, 행정청은 그와 관련한 개선입법이 있기 전에는 해당 유형의 사람에게 구체적인 수익적 처분을 할 수는 없을 것이다. 그러나 이와 달리 법률상 정해진 처분 요건에 따라 부담금을 부과·징수하는 침익적 처분을 하는 경우에는, 어떠한 추가적 개선입법이 없더라도 행정청이 사법적 판단에 따라 위헌이라고 판명된 내용과 동일한 취지로 부담금 부과처분을 하여서는 안 된다는 점은 분명하다. 나아가 이러한 결론은 법질서의 통일성과 일관성을 확보하려는 법치주의의 당연한 귀결이므로, 행정청에 위헌적 내용의 법령을 계속 적용할 의무가 있다고 볼 수 없고, 행정청이 위와 같은 부담금 처분을 하지 않는 데에 어떠한 법률상 장애가 있다고 볼 수도 없다. [3] 헌법재판소가 구 학교용지 확보 등에 관한 특례법 제 5 조 제 1 항 단서 제 5 호 중 도시 및 주거환경정비법 제 2 조 제 2 호 나목의 규정에 따른 '주택재개발사업'에 관한 부분(이하 '이 사건 법률조항'이라 한다)에 대하여, "주택재개발사업으로 건설된 주택 가운데 현금청산의 대상이 되어 제3자에게 일반분양하는 가구(이하 '현금청산분'이라 한다)도 기존 소유자에게 귀속되어야 할 가구를 제3자에게 일반분양하는 것으로서 결과적으로 가구 수가 증가하지 않으므로 이에 대하여 부담금을 부과하는 것은 불합리하고, 따라서 현금청산분을 부담금 부과대상에서 제외하지 아니한 것은 평등원칙에 위배된다"는 이유로 헌법불합치결정(헌법재판소 2014. 4. 24, 선고 2013헌가28결정)을 하였다. 이와 같이 이 사건 법률조항이 정한 처분 요건에 관하여 조합원분양분뿐만 아니라 현금청산분에 대하여도 부담금을 부과하여서는 아니 된다는 분명한 사법적 판단이 있었으므로, 행정청으로서는 이러한 판단에 따라 현금청산분에 대하여 부담금을 부과하여서는 아니 됨이 명백하고, 행정청이 위와 같은 부담금 처분을 하지 않는 데에 어떠한 법률상 장애가 있다고 볼 수도 없다고 보아, 이 사건 처분의 하자가 중대하고 명백하여 당연무효라고 판단한 사례(대판 2017. 12. 28, 2017두30122[학교용지부담금부과처분무효확인]).

판례4   행정처분의 대상이 되지 아니하는 어떤 법률관계나 사실관계에 대하여 이를 처분의 대상이 되는 것으로 오인할 만한 객관적인 사정이 있는 경우로서 그것이 처분대상이 되는지의 여부가 그 사실관계를 정확히 조사하여야 비로소 밝혀질 수 있는 때에는 비록 이를 오인한 하자가 중대하다고 할지라도 외관상 명백하다고 할 수 없다(대판 2010. 9. 30, 2010두9358[신가동주택재개발정비사업조합설립추진위원회설립승인무효확인]: 피고가 한 주택재개발정비사업 조합설립추진위원회 설립승인처분이 정비구역의 지정·고시 이전에 정비예정구역에 의하여 확정된 토지등소유자의 과반수 동의를 얻어 구성된 추진위원회에 대하여 이루어진 것이라고 하더라도 그 하자가 중대하거나 명백하다고 할 수 없다고 판단한 원심을 수긍한 사례).

판례5   공유수면 점·사용 허가 등을 받아 적법하게 사용하는 경우에는 사용료 부과처분을, 허가를 받지 않고 무단으로 사용하는 경우에는 변상금 부과처분을 하는 것이 적법하다. 그러나 적법한 사용이든 무단 사용이든 그 공유수면 점·사용으로 인한 대가를 부과할 수 있다는 점은 공통된 것이라 할 것이고, 적법한 사용인지 무단 사용인지의 여부에 관한 판단은 사용관계에 관한 사실인정과 법적 판단을 수반하는 것으로 반드시 명료하다고 할 수 없으므로, 그러한 판단을 그르쳐 변상금 부과처분을 할 것을 사용료 부과처분을 하거나 반대로 사용료 부과처분을 할 것을 변상금 부과처분을 하였다 하여 그와 같은 부과처분의 하자를 중대한 하자라고 할 수는 없다(대판 2013. 4. 26, 2012두20663[채무부존재확인]).

판례6   만일 국토계획법령이 정한 도시계획시설사업의 대상 토지의 소유와 동의 요건을 갖추지 못하였는데도 사업시행자로 지정하였다면, 이는 국토계획법령이 정한 법규의 중요한 부분을 위반한 것으로서 특별한 사정이 없는 한 그 하자가 중대하다고 보아야 한다. 이 사건 사업시행자 지정 처분에서 소유 요건을 충족하지 못한 하자는 중대할 뿐만 아니라 객관적으로 명백하다(대판 2017. 7. 11, 2016두35120[사업시행계획인가처분취소]).

(2) 위헌·위법인 법령에 근거한 처분의 효력 및 집행 [2010 행시(재경직) 사례, 2006· 1999 행시 사례]

문제   과징금부과처분의 근거가 되는 법률이 위헌이라는 헌법재판소의 결정이 있는 경우 과징금부과처분을 받고 이를 다투지 않고 있는 자에 대하여 부과된 과징금을 강제징수할 수 있는가(강제징수의 근거규정에 대하여는 위헌결정이 내려지지 않았다).

1) 위헌·위법인 법령에 근거하여 발하여진 행정처분이 무효인지 취소할 수 있는 행정처분인지 여부 [2017 변시 사례]

대법원은 무효와 취소의 구별에 관한 학설 중 중대명백설에 입각하여 위헌·위법인 법령에 근거하여 발하여진 행정처분은 특별한 사정이 없는 한 취소할 수 있는 행위에 불과하다고 보고 있다. 왜냐하면 일반적으로 법령이 위헌·위법인지는 헌법재판소의 위헌결정 또는 대법원의 위헌·위법 판결이 있기 전에는 객관적으로 명백한 것이라고 할 수는 없기 때문이다(대판 1994. 10. 28, 93다41860[부당이득금반환] 등). '특별한 사정이 있는 경우'라 함은 법령의 위헌·위법이 명백한 경우(대판 2022. 8. 31, 2019다298482: 긴급조치 제 9 호는 위헌·무효임이 명백하다고 한 사례)를 의미한다고 볼 것이다.

판례1 　행정청이 위헌이거나 위법하여 무효인 시행령을 적용하여 한 행정처분이 당연무효로 되려면 그 규정이 행정처분의 중요한 부분에 관한 것이어서 결과적으로 그에 따른 행정처분의 중요한 부분에 하자가 있는 것으로 귀착되고, 또한 그 규정의 위헌성 또는 위법성이 객관적으로 명백하여 그에 따른 행정처분의 하자가 객관적으로 명백한 것으로 귀착되어야 하는바, 일반적으로 시행령이 헌법이나 법률에 위반된다는 사정은 그 시행령의 규정을 위헌 또는 위법하여 무효라고 선언한 대법원의 판결이 선고되지 아니한 상태에서는 그 시행령 규정의 위헌 내지 위법 여부가 해석상 다툼의 여지가 없을 정도로 명백하였다고 인정되지 아니하는 이상 객관적으로 명백한 것이라 할 수 없으므로, 이러한 시행령에 근거한 행정처분의 하자는 취소사유에 해당할 뿐 무효사유가 되지 아니한다(대판 2007. 6. 14, 2004두619[청소년유해매체물결정 및 고시처분무효확인]).

판례2 　무효인 조례에 근거한 처분의 효력을 취소할 수 있는 처분으로 본 사례: '가'항의 영업정지 등 처분에 관한 사무는 국가사무로서 지방자치단체의 장에게 위임된 이른바 기관위임사무에 해당하므로 시·도지사가 지방자치단체의 조례에 의하여 이를 구청장 등에게 재위임할 수는 없고 행정권한의 위임 및 위탁에 관한 규정 제4조에 의하여 위임기관의 장의 승인을 얻은 후 지방자치단체의 장이 제정한 규칙이 정하는 바에 따라 재위임하는 것만이 가능하다. 그런데, 이에 위반하여 국가사무인 건설영업정지처분에 관한 권한을 조례(서울특별시행정권한위임조례)로 정하였고, 따라서 서울특별시행정권한위임조례는 위법·무효이다. 그 후 구청장이 위법·무효인 서울특별시행정권한위임조례의 규정에 근거하여 구청장이 건설업 영업정지처분을 한 경우, 그 처분은 결과적으로 적법한 위임 없이 권한 없는 자에 의하여 행하여진 것과 마찬가지가 되어 그 하자가 중대하나, 지방자치단체의 사무에 관한 조례와 규칙은 조례가 보다 상위규범이라고 할 수 있고, 또한 헌법 제107조 제2항의 "규칙"에는 지방자치단체의 조례와 규칙이 모두 포함되는 등 이른바 규칙의 개념이 경우에 따라 상이하게 해석되는 점 등에 비추어 보면 위 처분의 위임과정의 하자가 객관적으로 명백한 것이라고 할 수 없으므로 이로 인한 하자는 결국 당연무효사유는 아니라고 봄이 상당하다(대판 1995. 7. 11, 94누4615[건설영업정지처분무효확인]). 이 판례에서 이러한 다수의견에 대하여 반대의견은 명백성보충요건설에 입각하여 당해 영업정지처분을 당연무효로 보았다.

판례3 판례4 　위헌결정된 국가보위입법회의법 부칙 제4항 후단의 규정에 의하여 이루어진 원고에 대한 1980. 11. 16.자 면직처분은 당연무효의 처분이라고 한 판례(대판 1993. 2. 26, 92누12247[재직기간합산승인처분취소])와 상위법령에 근거가 없어 무효인 국세청 훈령 20조 등에 근거한 주류판매업정지처분은 그 위법의 하자가 중대하고 명백하여 당연무효라고 한 판례(대판 1980. 12. 23, 79누382[주류판매업정지처분취소])가 있다

판례5 　[1] 교육감의 학교법인 임원취임의 승인취소권을 조례가 아닌 규칙에 의하여 교육장에게 권한을 위임할 수 있는지 여부(소극): 사립학교법 제4조 제1항, 제20조의2 제1항에 규정된 교육감의 학교법인 임원취임의 승인취소권은 교육감이 지방자치단체의 교육·학예에 관한 사무의 특별집행기관으로서 가지는 권한이고 정부조직법상의 국가행정기관의 일부로서 가지는 권한이라고 할 수 없으므로 … 조례에 의하여서만 교육장에게 권한위임이 가능하다 할 것이므로, 행정권한의 위임 및 위탁에 관한 규정 제4조에 근거하여 교육감의 학교법인 임원취임의 승인취소권을 교육장에게 위임함을 규정한 대전직할시 교육감 소관 행정권한의 위임에 관한 규칙 제6조 제4호는 조례로 정하여야 할 사항을 규칙으로 정한 것이어서 무효이다. 〈해설〉 사립학교법상 중·고등학교의 관할청은 교육감이고, 대학교의 관할청은 교육부장관이다. 판례는 사립학교인 중·고등학교재단법인의 임원(이사 및 감사)취임승인처분 및 취소처분을 자치사무(교육·학예에 관한 사무)로 보았다. [2] 무효인 권한위임 규칙에 근거하여 행한 교육장의 임원취임의 승인취소처분이 당연무효가 아니라고 한 사례: 위 [1]항의 규칙 제6조 제4호에 근거하여 한 교육장의 임원취임의 승인취소처분은 결과적으로 적법한 위임 없이 권한 없는 자에 의하여 행하여진 것과 마찬가지가 되어 그 하자가 중대하다 할 것이나, 현행법상 교육감은 지방자치단체의 교육·학예에 관한 사무의 특별집행기관임과 동시에 국가의 기관위임사무를 처리하는 범위내에서 국가행정기관으로서의 지위를 아울러 가지고 지방자치단체의 사무와 기관위임사무를 함께 관장하고

있어 행위의 외관상 양자의 구분이 쉽지 아니하고, 사립학교법 제 4 조에는 사립학교를 설치·운영하는 학교법인 등에 대한 관할청으로서 교육부장관이 교육감과 함께 규정되어 있을 뿐만 아니라 학교법인 임원취임의 승인 및 그 취소권은 교육감의 관장사무를 규정한 지방교육자치에 관한 법률 제27조에 규정되어 있지 아니하고 사립학교법 제20조, 제20조의2에서 '관할청'의 권한으로 규정되어 있는 관계로 교육감의 학교법인 임원취임의 승인 및 그 취소권은 본래 교육부장관의 권한으로서 교육감에게 기관위임된 것으로 오인할 여지가 없지아니하며, 또한 헌법 제107조 제 2 항의 '규칙'에는 지방자치단체의 조례와 규칙이 모두 포함되는 등 이른바 규칙의 개념이 경우에 따라 상이하게 해석되는 점 등에 비추어, 임원취임의 승인취소처분에 관한 권한위임 과정의 하자가 객관적으로 명백하다고 할 수는 없다고 보아 당연무효 사유는 아니라고 한 사례. [3] 행정소송에 있어서 처분청의 처분권한 유무는 직권조사 사항이 아니다(대판 전원합의체 1997. 6. 19, 95누8669[임원취임승인취소처분등취소]).

또한, 어느 행정처분에 대하여 그 행정처분의 근거가 된 법률이 위헌이라는 이유로 무효확인청구의 소가 제기된 경우에는 다른 특별한 사정이 없는 한 법원으로서는 그 법률이 위헌인지 여부에 대하여는 판단할 필요 없이 그 무효확인청구를 기각하여야 한다(대판 1994. 10. 28, 92누9463).

이에 대하여 헌법재판소의 다수의견은 원칙상 취소할 수 있는 행위로 보지만 예외적으로 행정처분을 무효로 보더라도 법적 안정성을 크게 해치지 않는 반면에 그 하자가 중대하여 권리구제가 필요한 경우에는 위헌으로 선고된 법률에 근거한 처분을 무효로 볼 수 있다고 보고 있다.

판례   행정처분의 집행이 이미 종료되었고 그것이 번복될 경우 법적 안정성을 크게 해치게 되는 경우에는 후에 행정처분의 근거가 된 법규가 헌법재판소에서 위헌으로 선고된다고 하더라도 그 행정처분이 당연무효가 되지는 않음이 원칙이라고 할 것이나, 행정처분 자체의 효력이 쟁송기간 경과 후에도 존속중인 경우, 특히 그 처분이 위헌법률에 근거하여 내려진 것이고 그 행정처분의 목적달성을 위하여서는 후행(後行) 행정처분이 필요한데 후행 행정처분은 아직 이루어지지 않은 경우와 같이 그 행정처분을 무효로 하더라도 법적 안정성을 크게 해치지 않는 반면에 그 하자가 중대하여 그 구제가 필요한 경우에 대하여서는 그 예외를 인정하여 이를 당연무효사유로 보아서 쟁송기간 경과 후에라도 무효확인을 구할 수 있는 것이라고 봐야 할 것이다(헌재 1994. 6. 30, 92헌바23[구 국세기본법 제42조 제 1 항 단서에 대한 헌법소원]).

2) 불가쟁력이 발생한 행정처분에 위헌결정의 소급효가 미치는지 여부 [2018 변시]

헌법재판소의 위헌결정의 효력은 위헌제청을 한 '당해사건', '동종사건'과 '병행사건'뿐만 아니라, 위헌결정 이후 같은 이유로 제소된 '일반사건'에도 미친다.

이미 취소소송의 제기기간을 경과하여 확정력이 발생한 행정처분에는 위헌결정의 소급효가 미치지 않는다(대판 2002. 11. 8, 2001두3181[택지초과소유부담금부과처분무효확인]). 그리고, 위헌결정의 소급효가 인정된다고 해서 위헌인 법률에 근거한 행정처분이 당연무효가 된다고는 할 수 없다(대판 2021. 12. 30, 2018다241458). 그 결과 위헌인 법률에 근거한 조세부과처분에 따라 세금을 납부하였고, 당해 조세부과처분에 불가쟁력이 발생한 경우 이미 낸 세금의 반환청구가 인정되지 않는다.

> 판례   **헌법재판소의 위헌결정의 소급효:** 헌법재판소의 위헌결정의 효력은 위헌제청을 한 '당해사건', 위헌결정이 있기 전에 이와 동종의 위헌 여부에 관하여 헌법재판소에 위헌여부심판제청을 하였거나 법원에 위헌여부심판제청신청을 한 '동종사건'과 따로 위헌제청신청은 아니하였지만 당해 법률 또는 법률 조항이 재판의 전제가 되어 법원에 계속 중인 '병행사건'뿐만 아니라, 위헌결정 이후 같은 이유로 제소된 '일반사건'에도 미친다. 하지만 위헌결정의 효력이 미치는 범위가 무한정일 수는 없고, 다른 법리에 의하여 그 소급효를 제한하는 것까지 부정되는 것은 아니며, 법적 안정성의 유지나 당사자의 신뢰보호를 위하여 불가피한 경우에 위헌결정의 소급효를 제한하는 것은 오히려 법치주의의 원칙상 요청된다(대판 2017. 3. 9, 2015다233982). 대법원은 이미 취소소송의 제기기간을 경과하여 확정력이 발생한 행정처분에는 위헌결정의 소급효가 미치지 않는다고 본다(대판 2002. 11. 8, 2001두3181[택지초과소유부담금부과처분무효확인]). 그 결과 위헌인 법률에 근거한 조세부과처분에 따라 세금을 납부하였고, 당해 조세부과처분에 불가쟁력이 발생한 경우 이미 낸 세금의 반환청구가 인정되지 않는다.

3) 위헌인 법률에 근거한 처분의 집행력

문제는 위헌인 법률에 근거한 처분에 집행력(執行力)을 부여할 수 있는가 하는 것이다.

① **부 정 설**: 위헌인 법률에 근거한 처분에 의해 부과된 의무를 이행하지 않는 경우에 그 의무의 이행을 강제하는 것은 위헌결정의 기속력(법률의 위헌결정은 법원 기타 국가기관 및 지방자치단체를 구속한다)에 반한다고 보거나 위헌결정 이후 당해 법률에 근거한 처분을 집행하는 것은 위헌결정된 법률을 적용하는 것에 다름 아니고, 위헌 법률의 종국적 집행을 위해 국가가 추가적 행위를 하는 것은 용납되어서는 안 된다는 이유로(남복현, "위헌법률에 기한 처분의 집행력 허용여부에 관한 검토," 헌법실무연구(1권), 박영사, 2000, 449면) 처분의 강제집행은 가능하지 않다고 한다.

② **긍 정 설**: 위헌·위법결정의 효력은 불가쟁력이 발생한 처분에 대해서는 소급효가 없고, 불가쟁력이 발생한 처분에 따른 강제집행은 취소할 수 있지만 유효한 처분에 따라 존재하는 적법한 의무의 강제집행이므로 당해 처분의 집행이 가능하다고 보는 견해이다. 처분의 근거법령이 위헌인 것이지 강제집행의 근거법령이 위헌인 것은 아니라고 한다.

③ **판   례**: 판례는 부정설을 취하고 있다. 위헌법률에 기한 행정처분의 집행(예, 강제징수)이나 집행력을 유지하기 위한 행위(예 압류해제거부)는 위헌결정의 기속력에 위반되어 허용되지 않는다.

> 판례1   위헌법률에 기한 행정처분의 집행이나 집행력을 유지하기 위한 행위는 위헌결정의 기속력에 위반되어 허용되지 않는다고 보아야 할 것인데, 그 규정 이외에는 체납부담금을 강제로 징수할 수 있는 다른 법률적 근거가 없으므로, 그 위헌결정 이전에 이미 부담금 부과처분과 압류처분 및 이에 기한 압류등기가 이루어지고 위의 각 처분이 확정되었다고 하여도, 위헌결정 이후에는 별도의 행정처분인 매각처분, 분배처분 등 후속 체납처분절차를 진행할 수 없는 것은 물론이고, 특별한 사정이 없는 한 기존의 압류등기나 교부청구만으로는 다른 사람에 의하여 개시된 경매절차에서 배당을 받을 수도 없다(대판 2002. 8. 23, 2001두2959[압류해제신청거부처분취소]).

판례2   헌법재판소의 위헌결정 이후 위헌법률의 종국적인 실현을 위한 추가적인 행위가 허용되지 않는다: 택상법에 대한 위헌결정 이전에 부담금 등에 대한 수납 및 징수가 완료된 경우에는 법적 안정성의 측면에서 부득이 과거의 상태를 그대로 유지시켜 그 반환청구를 허용할 수 없다고 하더라도, 위헌결정 이후에는 국민의 권리구제의 측면에서 위헌법률의 적용상태를 그대로 방치하거나 위헌법률의 종국적인 실현을 위한 국가의 추가적인 행위를 용납하여서는 아니된다고 할 것이고(대판 2003. 9. 2, 2003다14348; 2002. 8. 23, 2002두4372 등 참조), 한편 부담금 물납의 대상이 부동산인 경우에는 이에 관한 소유권이전등기가 경료되어야 비로소 그 물납의 이행이 완결된다고 할 것이니, 결국 위 법률의 위헌결정 이후에는 부담금의 물납을 위한 소유권이전등기촉탁도 허용되지 않는다 할 것이다(대판 2005. 4. 15, 2004다58123[부당이득금]: 부담금의 물납허가처분 이행을 위한 등기촉탁이 택상법에 대한 위헌결정이 있는 날인 1999. 4. 29. 이루어진 것은 법률의 근거 없이 이루어진 것으로서 무효라고 본 사례).

처분(예, 과세처분)의 근거가 되었던 법률규정에 대하여 위헌결정이 내려진 후 행한 처분의 집행행위(예, 체납처분)는 당연무효이다(대판 전원합의체 2012. 2. 16, 2010두10907).

판례   [1] 과세처분 이후 조세 부과의 근거가 되었던 법률규정에 대하여 위헌결정이 내려진 경우, 그 조세채권의 집행을 위한 체납처분이 당연무효인지 여부(적극): 구 헌법재판소법(2011. 4. 5. 법률 제10546호로 개정되기 전의 것) 제47조 제 1 항은 "법률의 위헌결정은 법원 기타 국가기관 및 지방자치단체를 기속한다"고 규정하고 있는데, 이러한 위헌결정의 기속력과 헌법을 최고규범으로 하는 법질서의 체계적 요청에 비추어 국가기관 및 지방자치단체는 위헌으로 선언된 법률규정에 근거하여 새로운 행정처분을 할 수 없음은 물론이고, 위헌결정 전에 이미 형성된 법률관계에 기한 후속처분이라도 그것이 새로운 위헌적 법률관계를 생성·확대하는 경우라면 이를 허용할 수 없다. 따라서 조세 부과의 근거가 되었던 법률규정이 위헌으로 선언된 경우, 비록 그에 기한 과세처분이 위헌결정 전에 이루어졌고, 과세처분에 대한 제소기간이 이미 경과하여 조세채권이 확정되었으며, 조세채권의 집행을 위한 체납처분의 근거규정 자체에 대하여는 따로 위헌결정이 내려진 바 없다고 하더라도, 위와 같은 위헌결정 이후에 조세채권의 집행을 위한 새로운 체납처분에 착수하거나 이를 속행하는 것은 더 이상 허용되지 않고, 나아가 이러한 위헌결정의 효력에 위배하여 이루어진 체납처분은 그 사유만으로 하자가 중대하고 객관적으로 명백하여 당연무효라고 보아야 한다. 〈해설〉 이에 대하여는 다음과 같은 반대견해가 제시되었다. 행정청이 어떠한 법률의 조항에 근거하여 행정처분을 한 후 헌법재판소가 그 조항을 위헌으로 결정하였다면 … 특별한 사정이 없는 한 그러한 하자는 행정처분의 취소사유일 뿐 당연무효 사유라고 할 수 없다. 과세처분과 압류처분은 별개의 행정처분이므로 선행처분인 과세처분이 당연무효인 경우를 제외하고는 과세처분의 하자를 이유로 후속 체납처분인 압류처분의 효력을 다툴 수 없다고 봄이 타당한 점, 압류처분 등 체납처분은 과세처분과는 별개의 행정처분으로서 과세처분 근거규정이 직접 적용되지 않고 체납처분 관련 규정이 적용될 뿐이므로, 과세처분 근거규정에 대한 위헌결정의 기속력은 체납처분과는 무관하고 이에 미치지 않는다고 보아야 한다는 점, 다수의견과 같이 유효한 과세처분에 대한 체납처분 절차의 진행을 금지하여 실질적으로 당해 과세처분의 효력을 부정하고 사실상 소멸시키는 데까지 위헌결정의 기속력 범위가 미친다고 새긴다면, 이는 기속력의 범위를 지나치게 확장하는 것이 되어 결과적으로 위헌결정의 소급효를 제한한 구 헌법재판소법(2011. 4. 5. 법률 제10546호로 개정되기 전의 것) 제47조 제 2 항 본문의 취지에 부합하지 않는다는 점 등에 비추어 보면, 선행처분에 해당하는 과세처분에 당연무효 사유가 없고, 과세처분에 따른 체납처분의 근거규정이 유효하게 존속하며, 외국의 일부 입법례와 같이 위헌법률의 집행력을 배제하는 명문의 규정이 없는 이상, 과세처분의 근거규정에 대한 헌법재판소의 위헌결정이 있었다는 이유만으로 체납처분이 위법하다고 보는 다수의견에는 찬성할 수 없다. [2] 갑 주식회사의 체납국세에 관하여, 과세관청이 갑 회사 최대주주와 생계를 함께 하는 직계비속 을을 구 국세기본법(1998. 12. 28. 법률 제5579호로 개정되기 전의 것) 제39조 제 1

항 제 2 호 (다)목의 제 2 차 납세의무자로 보아 을에게 과세처분을 하고 처분이 확정되었는데, 이후 위 규정에 대해 헌법재판소의 위헌결정이 있었으나 과세관청이 조세채권의 집행을 위해 을의 예금채권에 압류처분을 한 사안에서, 위헌결정 이후에는 위헌법률의 종국적인 집행을 위한 국가기관의 추가적인 행위를 용납하여서는 안 된다는 전제하에 압류처분이 당연무효라고 본 원심판단의 결론이 정당하다고 한 사례(대판 전원합의체 2012. 2. 16, 2010두10907[압류등처분무효확인]). 〈해설〉 위헌인 법률에 근거한 취소할 수 있는 조세부과처분에 따라 행한 압류처분이 위헌결정의 기속력에 반하여 당연무효라고 본 점에 이 판결의 가장 큰 의의가 있다.

④ 결   어: 다음과 같은 이유에서 긍정설이 타당하다. 처분의 근거법령의 위헌·위법 결정의 구속력은 처분의 근거법령의 위헌·위법에만 미치는 것이며 강제집행의 근거규정 에까지 미치지는 않는 것으로 보아야 한다. 따라서, 위헌·위법인 법령에 근거한 불가쟁력 이 발생한 취소할 수 있는 처분의 집행력은 인정되는 것으로 보는 것이 타당하다.

(3) 행정행위의 내용의 공익에의 위반

행정행위의 내용이 공익에 반하는 경우 당해 행정행위는 부당한 행정행위가 된다. 부 당한 행정행위는 법원에 의한 통제의 대상이 되지 않으며 행정심판의 대상이 될 뿐이다. 재량권이 재량권의 한계 내에서 행해졌지만 공익에 반하는 경우 당해 재량행위는 부당한 행위가 된다.

(4) 행정행위의 내용의 사실상 또는 법률상의 실현불가능

1) 사실상 실현불가능

행정행위의 내용이 사회통념에 비추어 기술상 또는 물리적으로 불가능하다고 판단되 는 경우에 당해 행정행위는 위법이며 무효이다. 행정행위의 내용의 실현불가능이란 절대 적인 경우뿐만 아니라 감당하기 어려운 과다한 비용을 요하는 경우와 같이 사회통념상 실 현불가능한 경우까지 포함한다.

2) 법률상 실현불가능

국토계획법상 허용되지 않는 조건을 내용으로 하는 건축을 명하는 것과 같이 타 법에 의해 제한되고 있는 내용의 행위를 명하는 행정행위는 법률상 실현불가능한 행정행위이며 무효이다.

선량한 풍속 기타 사회질서에 위반하는 사항을 내용으로 하는 행정행위의 효력에 관 하여 무효라고 보는 견해와 취소원인으로 보는 견해가 있으나 사회질서의 위반 여부는 통 상 명백한 것이 아니므로 취소원인에 불과하다고 보아야 한다.

(5) 내용의 불명확

사회통념상 행정행위의 내용이 행정행위의 상대방이 인식할 수 있을 정도로 충분히 명확하지 않은 경우 당해 행정행위는 원칙상 무효이다. 예를 들면, 대집행의 대상을 특정하지 아니한 대집행의 계고는 무효이다.

IV. 하자의 승계 [2010, 2023 감평 사례, 1998, 2005, 2015, 2020 행시, 1997, 2000, 2015 사시, 2017 변시]

> 문제   1. 개별공시지가를 기초로 하여 부과된 양도소득세부과처분취소소송에서 개별공시지가의 위법을 주장할 수 있는가.
> 2. 면직처분취소소송에서 직위해제의 위법을 주장할 수 있는가.

선행행위의 위법을 이유로 후행행위의 위법을 주장하거나 후행행위를 취소할 수 있는지에 관하여 하자의 승계론과 선행행위의 후행행위에 대한 구속력론(이하 '구속력론'이라 한다)이 대립하고 있다.

1. 하자의 승계론

(1) 하자의 승계의 의의 및 인정필요성

하자의 승계란 원칙상 선행행위의 위법을 이유로 후행행위를 취소할 수는 없는 것이지만, 국민의 권리보호를 위해 일정한 요건하에서 선행행위의 위법이 후행행위에 승계되어 후행행위의 위법사유로 주장할 수 있고 후행행위를 취소할 수 있는 것을 말한다.

행정행위의 하자 또는 효력은 당해 행정행위별로 판단되는 것이 원칙이다. 따라서 행정행위의 상대방이나 이해관계인은 선행 행정행위의 위법을 후행 행정행위를 다투면서 주장할 수 없는 것이 원칙이다.

그러나, 국민의 권리를 보호하고 재판을 받을 권리를 보장하기 위하여 하자의 승계를 인정할 필요가 있다. 그리하여 학설 및 판례는 일정한 경우에 선행 행정행위의 위법이 후행 행정행위에 승계된다고 본다.

(2) 하자의 승계의 전제조건

하자의 승계가 인정되기 위하여는 우선 다음의 전제조건을 충족하여야 한다.

① 선행행위와 후행행위가 모두 항고소송의 대상이 되는 처분이어야 한다. 선행행위가 처분이 아닌 경우 선행행위의 위법은 당연히 후행처분의 위법이 되는데, 이는 하자의 승계와 구별하여야 한다.

② 선행행위에 취소할 수 있는 위법이 있어야 한다. 선행행위가 무효인 경우에는 후행행위도 당연히 무효이므로 하자의 승계문제가 제기되지 않는다.

> 판례 1   적법한 건축물에 대한 철거명령은 그 하자가 중대하고 명백하여 당연무효라고 할 것이고, 그 후행행위인 건축물철거 대집행계고처분 역시 당연무효라고 할 것이다(대판 1999. 4. 27, 97누6780[건축

물철거대집행계고처분취소]).

선행 도시계획시설사업시행자 지정처분이 당연무효이어서, 그에 터잡은 실시계획인가처분도 당연무효라고 판단한 사례(같은 날 선고된 2015두35144 판결은 선행 사업시행자 지정처분이 당연무효이어서, 실시계획인가처분 및 수용재결까지도 당연무효라고 판단하였음)(대판 2017. 7. 11, 2016두 35120).

③ 선행행위에 대해 불가쟁력이 발생하여야 한다. 왜냐하면, 선행행위에 대한 취소기간이 도과하지 않은 경우에는 선행행위를 다투어 권리구제를 받을 수 있기 때문이다.

④ 후행행위가 적법하여야 한다. 후행행위가 위법하면 후행행위의 위법을 다투어 권리구제를 받을 수 있기 때문에 하자의 승계를 인정할 필요가 없다.

(3) 하자의 승계의 인정기준 및 인정범위

판례 2개 이상의 행정처분이 연속적 또는 단계적으로 이루어지는 경우 선행처분과 후행처분이 서로 합하여 1개의 법률효과를 완성하는 때에는 선행처분에 하자가 있으면 그 하자는 후행처분에 승계된다. 이러한 경우에는 선행처분에 불가쟁력이 생겨 그 효력을 다툴 수 없게 되더라도 선행처분의 하자를 이유로 후행처분의 효력을 다툴 수 있다. 그러나 선행처분과 후행처분이 서로 독립하여 별개의 법률효과를 발생시키는 경우에는 선행처분에 불가쟁력이 생겨 그 효력을 다툴 수 없게 되면 선행처분의 하자가 중대하고 명백하여 선행처분이 당연무효인 경우를 제외하고는 특별한 사정이 없는 한 선행처분의 하자를 이유로 후행처분의 효력을 다툴 수 없는 것이 원칙이다. 다만 그 경우에도 선행처분의 불가쟁력이나 구속력이 그로 인하여 불이익을 입게 되는 자에게 수인한도를 넘는 가혹함을 가져오고, 그 결과가 당사자에게 예측가능한 것이 아니라면, 국민의 재판받을 권리를 보장하고 있는 헌법의 이념에 비추어 선행처분의 후행처분에 대한 구속력을 인정할 수 없다(대판 2019. 1. 31, 2017두40372).

1) 원   칙

2개 이상의 행정처분이 연속적 또는 단계적으로 이루어지는 경우 선행처분과 후행처분이 서로 합하여 1개의 법률효과를 완성하는 때에는 선행처분에 하자가 있으면 그 하자는 후행처분에 승계된다. 이러한 경우에는 선행처분에 불가쟁력이 생겨 그 효력을 다툴 수 없게 되더라도 선행처분의 하자를 이유로 후행처분의 효력을 다툴 수 있다. 그러나 선행처분과 후행처분이 서로 독립하여 별개의 법률효과를 발생시키는 경우에는 선행처분에 불가쟁력이 생겨 그 효력을 다툴 수 없게 되면 선행처분의 하자가 중대하고 명백하여 선행처분이 당연무효인 경우를 제외하고는 특별한 사정이 없는 한 선행처분의 하자를 이유로 후행처분의 효력을 다툴 수 없는 것이 원칙이다(대판 2019. 1. 31, 2017두40372).

판례는 하명처분(예, 철거명령, 부과처분)과 집행처분(예, 대집행처분(계고, 통지, 비용납부명령), 징수처분(납세고지, 압류처분, 공매처분, 환가처분)) 사이에는 하자의 승계를 인정하지 않고 집행처분 사이에는 하자의 승계를 인정하고 있다. 다만, 이행강제금은 시정명령 자체의 이행을 목적으로 하므로 시정명령과 이행강제금부과처분 사이에서는 하자가 승계된다고 보아야 한다(대판 2020. 12. 24, 2019두55675).

판례 1 구 택지개발촉진법(1999. 1. 25. 법률 제5688호로 개정되기 전의 것)에 의하면, 택지개발은 택지개발예정지구의 지정(제 3 조), 택지개발계획의 승인(제 8 조), 이에 기한 수용재결 등의 순서로 이루어지는바, 위 각 행위는 각각 단계적으로 별개의 법률효과가 발생되는 독립한 행정처분이어서 선행처분에 불가쟁력이 생겨 그 효력을 다툴 수 없게 된 경우에는 선행처분에 위법사유가 있다고 할지라도 그것이 당연무효의 사유가 아닌 한 선행처분의 하자가 후행처분에 승계되는 것은 아니라고 할 것이다(대판 2000. 10. 13, 99두653[토지수용재결처분취소]).

판례 2 [1] 판례에서 승계를 인정한 예로는 선행 분묘개장명령과 후행 계고처분 사이(대판 1961. 2. 21, 4293행상31), 안경사국가시험합격무효처분과 안경사면허취소처분 사이(대판 1993. 2. 9, 92누4567), 선행 귀속재산의 임대처분과 후행 매각처분 사이(대판 1963. 2. 7, 62누215), 계고처분과 대집행영장발부통보처분 사이(대판 1996. 2. 9, 95누12507), 계고처분과 대집행비용납부명령 사이(대판 1993. 11. 9, 93누14271), 표준공시지가결정과 수용재결(보상금 산정) 사이(대판 2008. 8. 21, 2007두13845[토지보상금]), 일정한 경우 개별공시지가와 과세처분 사이(대판 1994. 1. 25, 93누8542) 등이 있다.
[2] 판례에서 하자의 승계를 인정하지 않은 예로는 선행 과세처분과 후행 체납처분 사이(대판 1961. 10. 26, 4292행상73), 건물철거명령과 대집행계고처분 사이(대판 1998. 9. 8, 97누20502) 선행 직위해제처분과 후행 직권면직처분 사이(대판 1971. 9. 29, 71누96), 선행 변상판정과 후행 변상명령 사이(대판 1963. 7. 25, 63누65), 선행 사업인정과 후행 수용재결 사이(대판 1993. 6. 29, 91누2342), 구 택지개발촉진법상 택지개발예정지구의 지정(제 3 조), 택지개발계획의 승인(제 8 조), 수용재결 사이(대판 2000. 10. 13, 99두653), 선행 액화석유가스판매사업허가처분과 후행 사업개시신고반려처분 사이(대판 1991. 4. 23, 90누8756), 토지구획정리사업 시행인가처분과 환지청산금부과처분 사이(대판 2004. 10. 14, 2002두424), 표준공시지가와 개별공시지가 사이(대판 1995. 3. 28, 94누12920), 표준공시지가와 토지초과이득세부과처분 사이(대판 1997. 9. 26, 96누7649: 이 판례는 후술 2007두13845 판결에 의해 사실상 변경된 것으로 보아야 한다), 일정한 경우 개별공시지가와 과세처분 사이(대판 1998. 3. 13, 96누6059) 등이 있다. 〈해설〉 공법상 의무를 부과하는 처분과 공법상 의무불이행에 대한 강제집행행위는 서로 독립하여 별개의 법적 효과를 발생시키는 행위로 본다.

판례 3 (1) 재산세부과처분의 취소를 구하는 소송에서 표준지공시지가결정의 위법성을 다툴 수 있는지 여부(원칙적 소극): 표준지로 선정된 토지의 표준지공시지가를 다투기 위해서는 처분청인 국토교통부장관에게 이의를 신청하거나 국토교통부장관을 상대로 공시지가결정의 취소를 구하는 행정심판이나 행정소송을 제기해야 한다. 그러한 절차를 밟지 않은 채 토지 등에 관한 재산세 등 부과처분의 취소를 구하는 소송에서 표준지공시지가결정의 위법성을 다투는 것은 원칙적으로 허용되지 않는다(대판 1995. 11. 10, 93누16468, 대판 1997. 9. 26, 96누7649 참조). (2) 표준지 소유자인 원고가 표준지 등에 관한 재산세부과처분의 취소를 구하면서 재산세 과세표준 산정의 기초가 되는 표준지공시지가의 위법성을 주장한 사안에서, 원심은 재산세부과처분 취소소송에서 선결문제인 표준지공시지가결정의 위법성을 다툴 수 있다고 보았으나, 이러한 원심의 판단이 선행 대법원 판례의 법리에 반한다는 이유로 파기환송한 사례(대판 2022. 5. 13, 2018두50147[재산세부과처분취소]).

생각건대, 하자의 승계가 인정되는 기준이 되는 '선·후의 행정행위가 결합하여 하나의 법적 효과를 달성시킨다'는 기준을 전술하는 판례와 같이 엄격하게 적용할 것은 아니다. 선행처분이 후행처분에 포함되는 경우, 선행처분이 중간처분의 성격을 갖고 후행처분이 최종적 처분의 성격을 갖는 경우에도 위 하자 승계의 기준에 해당한다고 즉 '하나의 법적 효과를 달성시킨다'고 보는 것이 타당하다. 이러한 입장에 서면, 개별공시지가결정과 과세처분, 시정명령과 이행강제금의 부과, 철거명령과 대집행, 사전결정과 최종적 처분 사이에서는 하자가 승계된다고 보아야 한다. 이러한 관점에서 이행강제금부과처분은 시정명령 자체의 이행을 목적으로 하므로(이행강제금부과처분은 시정명령을 기초로 하여 이루어지므로) 판례가 시정명령과 이행강제금부과처분 사이에서는 하자가 승계된다고 본 것(대판 2020. 12. 24, 2019두55675)은 타당하다.

2) 예   외 [2010, 2013 감평 사례, 2011 입시 사례]

예외적으로 선행 행정행위와 후행 행정행위가 서로 독립하여 별개의 효과를 목적으로 하는 경우(개별공시지가 결정과 / 양도소득세부과 처분)에도 선행 행정행위의 불가쟁력이나 구속력이 그로 인하여 불이익을 입게 되는 자에게 수인한도를 넘는 가혹함을 가져오며, 그 결과가 당사자에게 예측가능한 것이 아닌 경우에는 선행행위의 위법을 후행행위에 대한 취소소송에서 독립된 취소사유로 주장할 수 있다고 본다(판례).

> **판례1** [1] 선행처분과 후행처분이 서로 독립하여 별개의 효과를 목적으로 하는 경우에도 선행처분의 하자를 이유로 후행처분의 효력을 다툴 수 있는 경우: 두 개 이상의 행정처분이 연속적으로 행하여지는 경우 선행처분과 후행처분이 서로 결합하여 1개의 법률효과를 완성하는 때에는 선행처분에 하자가 있으면 그 하자는 후행처분에 승계되므로 선행처분에 불가쟁력이 생겨 그 효력을 다툴 수 없게 된 경우에도 선행처분의 하자를 이유로 후행처분의 효력을 다툴 수 있는 반면 선행처분과 후행처분이 서로 독립하여 별개의 법률효과를 목적으로 하는 때에는 선행처분에 불가쟁력이 생겨 그 효력을 다툴 수 없게 된 경우에는 선행처분의 하자가 중대하고 명백하여 당연무효인 경우를 제외하고는 선행처분의 하자를 이유로 후행처분의 효력을 다툴 수 없는 것이 원칙이나 선행처분과 후행처분이 서로 독립하여 별개의 효과를 목적으로 하는 경우에도 선행처분의 불가쟁력이나 구속력이 그로 인하여 불이익을 입게 되는 자에게 수인한도를 넘는 가혹함을 가져오며, 그 결과가 당사자에게 예측가능한 것이 아닌 경우에는 국민의 재판받을 권리를 보장하고 있는 헌법의 이념에 비추어 선행처분의 후행처분에 대한 구속력은 인정될 수 없다. [2] 과세처분 등 행정처분의 취소를 구하는 행정소송에서 선행처분인 개별공시지가결정의 위법을 독립된 위법사유로 주장할 수 있다: 개별공시지가결정은 이를 기초로 한 과세처분 등과는 별개의 독립된 처분으로서 서로 독립하여 별개의 법률효과를 목적으로 하는 것이나, 개별공시지가는 이를 토지소유자나 이해관계인에게 개별적으로 고지하도록 되어 있는 것이 아니어서 토지소유자 등이 개별공시지가결정 내용을 알고 있었다고 전제하기도 곤란할 뿐만 아니라 결정된 개별공시지가가 자신에게 유리하게 작용될 것인지 또는 불이익하게 작용될 것인지 여부를 쉽사리 예견할 수 있는 것도 아니며, 더욱이 장차 어떠한 과세처분 등 구체적인 불이익이 현실적으로 나타나게 되었을 경우에 비로소 권리구제의 길을 찾는 것이 우리 국민의 권리의식임을 감안하여 볼 때 토지소유자 등으로 하여금 결정된 개별공시지가를 기초로 하여 장차 과세처분 등이 이루어질 것에 대비하여 항상 토지의 가격을 주시하고 개별공시지가결정이 잘못된 경우 정해진 시정절차를 통하여 이를 시정하도록 요구하는 것은 부당하게 높은 주의의무를 지우는 것이라고 아니할 수 없고, 위법한 개별공시지가결정에 대하여 그 정해진 시정절차를 통하여 시정하도록 요구하지 아니하였다는 이유로 위법한 개별공시지가를 기초로 한 과세처분 등 후행 행정처분에서 개별공시지가결정의 위법을 주장할 수 없도록 하는 것은 수인한도를 넘는 불이익을 강요하는 것으로서 국민의 재산권과 재판받을 권리를 보장한 헌법의 이념에도 부합하는 것이 아니라고 할 것이므로, 개별공시지가결정에 위법이 있는 경우에는 그 자체를 행정소송의 대상이 되는 행정처분으로 보아 그 위법 여부를 다툴 수 있음은 물론 이를 기초로 한 과세처분 등 행정처분의 취소를 구하는 행정소송에서도 선행처분인 개별공시지가결정의 위법을 독립된 위법사유로 주장할 수 있다고 해석함이 타당하다(대판 1994. 1. 25, 93누8542[양도소득세 등 부과처분취소]).

판례2   수용보상금의 증액을 구하는 소송에서 선행처분으로서 그 수용대상 토지가격 산정의 기초가
된 비교표준지공시지가결정의 위법을 독립한 사유로 주장할 수 있는지 여부(적극): 표준지공시지가결
정은 이를 기초로 한 수용재결 등과는 별개의 독립된 처분으로서 서로 독립하여 별개의 법률효과를 목
적으로 하지만, 표준지공시지가는 이를 인근 토지의 소유자나 기타 이해관계인에게 개별적으로 고지하
도록 되어 있는 것이 아니어서 인근 토지의 소유자 등이 표준지공시지가결정 내용을 알고 있었다고 전
제하기가 곤란할 뿐만 아니라, 결정된 표준지공시지가가 공시될 당시 보상금 산정의 기준이 되는 표준
지의 인근 토지를 함께 공시하는 것이 아니어서 인근 토지 소유자는 보상금 산정의 기준이 되는 표준
지가 어느 토지인지를 알 수 없으므로, 인근 토지 소유자가 표준지의 공시지가가 확정되기 전에 이를
다투는 것은 불가능하다. 더욱이 장차 어떠한 수용재결 등 구체적인 불이익이 현실적으로 나타나게 되
었을 경우에 비로소 권리구제의 길을 찾는 것이 우리 국민의 권리의식임을 감안하여 볼 때, 인근 토지
소유자 등으로 하여금 결정된 표준지공시지가를 기초로 하여 장차 토지보상 등이 이루어질 것에 대비
하여 항상 토지의 가격을 주시하고 표준지공시지가결정이 잘못된 경우 정해진 시정절차를 통하여 이
를 시정하도록 요구하는 것은 부당하게 높은 주의의무를 지우는 것이고, 위법한 표준지공시지가결정에
대하여 그 정해진 시정절차를 통하여 시정하도록 요구하지 않았다는 이유로 위법한 표준지공시지가를
기초로 한 수용재결 등 후행 행정처분에서 표준지공시지가결정의 위법을 주장할 수 없도록 하는 것은
수인한도를 넘는 불이익을 강요하는 것으로서 국민의 재산권과 재판받을 권리를 보장한 헌법의 이념
에도 부합하는 것이 아니다. 따라서 표준지공시지가결정이 위법한 경우에는 그 자체를 행정소송의 대
상이 되는 행정처분으로 보아 그 위법 여부를 다툴 수 있음은 물론, 수용보상금의 증액을 구하는 소송
에서도 선행처분으로서 그 수용대상 토지가격 산정의 기초가 된 비교표준지공시지가결정의 위법을 독
립한 사유로 주장할 수 있다(대판 2008. 8. 21, 2007두13845[토지보상금]). 〈**평석**〉 이 판례는 보상금증액
청구소송에서 표준공시지가의 위법을 독립한 사유로 주장할 수 있다는 내용의 판례이지만, 실질적으로
는 표준공시지가의 하자의 후행처분에 대한 승계를 인정한 판례로 평가할 수 있다. 표준공시지가는 개
별공시지가보다 더욱 예측가능성과 수인가능성이 없다는 점에 비추어 개별공시지가의 하자의 승계를
인정하면서 표준공시지가의 하자의 승계를 부정하는 것은 타당하지 않다.

판례3   甲을 친일반민족행위자로 결정한 친일반민족행위진상규명위원회(이하 '진상규명위원회'라 한
다)의 최종발표(선행처분)에 따라 지방보훈지청장이 독립유공자 예우에 관한 법률(이하 '독립유공자법'
이라 한다) 적용 대상자로 보상금 등의 예우를 받던 甲의 유가족 乙 등에 대하여 독립유공자법 적용배
제자 결정(후행처분)을 한 사안에서, 진상규명위원회가 甲의 친일반민족행위자 결정 사실을 통지하지
않아 乙은 후행처분이 있기 전까지 선행처분의 사실을 알지 못하였고, 후행처분인 지방보훈지청장의
독립유공자법 적용배제결정이 자신의 법률상 지위에 직접적인 영향을 미치는 행정처분이라고 생각했
을 뿐, 통지를 받지도 않은 진상규명위원회의 친일반민족행위자 결정처분이 자신의 법률상 지위에 영
향을 주는 독립된 행정처분이라고 생각하기는 쉽지 않았을 것으로 보여, 乙이 선행처분에 대하여 일제
강점하 반민족행위 진상규명에 관한 특별법에 의한 이의신청절차를 밟거나 후행처분에 대한 것과 별
개로 행정심판이나 행정소송을 제기하지 않았다고 하여 선행처분의 하자를 이유로 후행처분의 효력을
다툴 수 없게 하는 것은 乙에게 수인한도를 넘는 불이익을 주고 그 결과가 乙에게 예측가능한 것이라
고 할 수 없어 선행처분의 후행처분에 대한 구속력을 인정할 수 없으므로 선행처분의 위법을 이유로
후행처분의 효력을 다툴 수 있다고 한 사례(대법원 2013. 3. 14, 2012두6964[독립유공자법적용배제결정처
분취소]).

　　이에 반하여 수인가능성이나 예측가능성이 있는 경우에는 선행행위의 위법을 후행행위
의 위법사유로 주장할 수 없다.

판례는 아래와 같이 선행행위가 행정행위가 아닌 쟁송법상 처분이고, 선행처분에서 행정절차가 보장되지 않은 경우(의견제출 등 방어권의 행사 및 행정쟁송절차에 대한 고지 등 불복의 기회를 주지 않은 것)를 독자적인 새로운 하자의 승계의 인정사유(유형)로 보고 있다. 즉, 판례 중에는 선행처분이 '쟁송법적 처분'(내용·형식·절차의 측면에서 단순히 조기의 권리구제를 가능하게 하기 위하여 행정소송법상 처분으로 인정되는 처분)인 경우로서 행정절차법에서 정한 처분절차를 준수하지 않아 선행처분 상대방에게 방어권행사 및 불복의 기회가 보장되지 않은 경우 하자의 승계를 인정한 반면, 선행처분의 상대방에게 방어권행사 및 불복의 기회가 보장된 경우에는 '실체법적 처분'으로 보고 선행처분의 위법을 후행처분에서 주장할 수 없다고 본 판례가 있다(대판 2020. 4. 3, 2019두61137).

인 변동이나 불이익이 발생한다고 볼 수 없고, 사업종류 변경결정에 따라 국민건강보험공단이 추가보험료 부과처분을 함으로써 비로소 원고에게 현실적인 불이익이 발생하며, 원고는 국민건강보험공단을 상대로 이 사건 추가보험료 부과처분의 취소를 청구하는 것만으로도 충분한 권리구제를 받는 것이 가능하다는 등의 이유로, 근로복지공단의 사업종류 변경결정은 항고소송의 대상이 되는 행정처분에 해당하지 않는다고 판단하여 각하하고, (2) 근로복지공단의 사업종류 변경결정이 잘못이라고 보아 국민건강보험공단에 대한 추가보험료 부과처분은 취소하는 판결을 선고하였음. 대법원은, 근로복지공단의 사업종류 변경결정은 그 자체로 행정처분에 해당할 뿐만 아니라, 개별 사업장의 사업종류를 변경하고 산재보험료를 산정하는 판단작용을 하는 행정청은 근로복지공단이며, 국민건강보험공단은 근로복지공단으로부터 그 자료를 넘겨받아 단순히 사업주에 대해서 산재보험료를 납부고지하고 징수하는 역할만을 수행하므로 ...... 그 결정의 행위주체인 근로복지공단으로 하여금 소송당사자가 되어 방어를 하도록 하는 것이 합리적이라는 이유에서, 파기환송한 사례임(대판 2020. 4. 3, 2019두61137). 〈해설〉 실질적으로 행정절차법에서 정한 처분절차를 준수함으로써 사업주에게 방어권행사 및 불복의 기회가 보장된 경우인지 여부 및 항고소송의 대상인 처분으로 인정하는 것이 사업주에게 조기의 권리구제기회를 보장하기 위한 것일 뿐인지 여부에 따라 하자의 승계를 인정하는 것은 새로운 판례이나 그 타당성에 대해서는 논란의 여지가 있다. 생각건대, 위 판례는 다음과 같이 개념의 사용에 있어서 혼란을 주고 있고, 논리상 오류가 있는 문제가 있다. 1) '쟁송법상 처분'은 행정쟁송법상 개념으로서 행정심판법이나 행정소송법상 처분이 되는 모든 처분을 지칭하는 것으로 개념 정의하고, 실체법상 처분인 행정행위도 쟁송법상 처분에 포함되는 것으로 개념정의하는 것이 타당하다. 그런데, 판례에서와 같이 처분 중 행정절차의 보장 여부에 따라 그 보장이 되면 '실체법상 처분'으로 보고, 그 보장이 되지 않으면 '쟁송법상 처분'으로 보는 것은 '실체법상 처분'인 행정행위가 '쟁송법상 처분'이 아니라는 것이 되어 개념상 혼란을 초래하고, 절차법(행정절차법)과 실체법 및 소송법의 구분과 본질(독자성)을 무시하고 논리적 근거없이 직접 관련시키고 있는 문제가 있다. 2) '개별·구체적 사안에 대한 규율로서 외부에 대하여 직접적 법적 효과를 갖는 행정청의 의사표시'인 소위 '실체법상 처분', 즉 실체법상 '행정행위'인지는 실체법상 문제로서 행위 자체의 성질과 법적 효과를 기준으로 판단하여야 하고, 방어권 행사와 불복기회 등 행정절차의 보장 여부와는 무관한 것이다. 3) 행정절차의 준수 여부와 하자의 승계 여부는 각각 독자의 논리를 갖고 있는 별개의 문제이므로 행정절차의 미보장(준수)이 직접 하자의 승계사유가 된다고 보는 것은 논리상 타당하지 않고, 문제를 지나치게 복잡하게 만든다. 행정절차의 보장 여부 중 행정절차의 미보장을 하자의 승계사유로 보는 것에 찬성하는 견해(최계영, 하자의 승계와 쟁송법적 처분, 행정판례연구, 2022.6, 92면)가 있지만, 이에 찬동할 수 없다. 행정절차의 준수 여부, 특히 행정쟁송절차의 고지 여부는 종래 판례가 인정하는 하자의 승계의 예외적 인정 기준인 '예측가능성과 수인가능성 없음'의 판단에 있어 하나의 고려사항으로만 보는 것이 타당하다. 4) 행정절차의 미보장(준수)이 직접 하자의 승계사유가 된다고 보는 것은 법적 안정성에 비해 국민의 권리를 과도하게 보호하는 것(하자의 승계를 과도하게 인정하는 것)이고, 절차의 하자를 실체상 하자보다 더 강한 효과를 인정하는 결과를 가져오는 점(선행행위의 위법사유일뿐만 아니라 후행행위의 위법사유가 되는 점)에서도 부당하다. 5) 행정절차(방어권 행사 및 불복 기회)가 보장된 경우에도 종래의 판례에 따라 하자의 승계를 인정하지 않는 것(선행처분의 후행처분에 대항 구속력을 인정하는 것)이 후행행위에 대한 쟁송제기자의 '수인가능성과 예측가능성'을 침해하게 되는 경우에는 하자의 승계를 인정해야 한다.

그러나, 선행처분이 실체법상 행정행위가 아니고, 선행처분의 처분성에 대한 쟁송제기자의 인식가능성이 낮아 쟁송제기자가 후행처분에 대한 쟁송에서 선행행위의 하자를 다투고자 하여 선행처분에 대해 쟁송을 제기하지 않아 선행처분에 대해 불가쟁력이 발생한 것으로 볼 수 있는 경우로서 종래의 판례에 따라 선행행위의 후행행위에 대한 구속력의 인정이나 선행행위의 하자의 후행행위에 대한 승계의 불인정이 후행행위에 대한 쟁송에서 선행행위의 위법을 다투고자 한 쟁송제기자의 '수인가능성과 예측가능성'을 침해하는 것이 되는 경우에 한하여 다음과 같은 이유에서 선행처분의 후행처분에 대한 하자의 승계를 인정하는 것이 타당하다. 그 이유는 선행행위가 실체법상 행정행위가 아니어서 선행처분의 처분성 인정에 다툼의 여지가 있음에도 선행처분의 처분성을 인정하는 것은 국민의 권리를 조기에 구제하기 위한 것이고, 선행행위의 처분성을 인정하지 않았다면 선행행위의 위법은 당연히 후행행위의 위법사유가 되므로 후행행위에 대한 쟁송에서 선행행위의 위법을 당연히 주장할 수 있는데, 선행행위의 처분성을 인정하면서 하자의 승계를 인정하지 않는 것은 오히려 국민의 권리구제에 장애를 초래하는 것이고, 후행행위에 대한 쟁송에서 선행행위의 위법을 다투고자 한 '쟁송제기자의 예측가능성과 수인가능성'을 침해하는 것이 되기 때문이다. 행정절차의 미준수, 특히 행정쟁송절차의 불고지는 종래 판례가 인정하는 하자의 승계의 예외적 인정 기준인 '예측가능성과 수인가능성 없음'의 판단에 있어 하나의 고려사항으로만 보는 것이 타당하다.

(4) 하자의 승계의 효과

하자의 승계가 인정되는 경우 선행행위의 위법을 후행행위의 위법사유로 주장할 수 있고, 취소권자는 선행행위의 위법을 이유로 후행행위를 취소할 수 있다.

하자의 승계가 권리보호를 위해 인정되는 것이므로 선행행위의 위법은 내용의 위법으로 한정하는 것이 타당하다.

2. 선행 행정행위의 후행 행정행위에 대한 구속력(규준력)론

(1) 의   의

선행행위(先行行爲)의 후행행위(後行行爲)에 대한 구속력(규준력, 기결력)은 후행 행정행위의 단계에서 후행 행정행위의 전제가 되는 선행 행정행위에 배치되는 주장을 하지 못하는 효력을 말한다. 선행행위의 후행행위에 대한 구속력론은 하자의 승계론을 비판하면서 구속력론으로 하자의 승계론을 대체하자는 견해이다.

(2) 구속력의 근거

후행행위에 대한 규준력(規準力)의 직접적인 근거는 존재하지 않으며 행정행위의 공정력과 불가쟁력이 간접적인 근거가 된다.

(3) 구속력의 인정요건 및 범위(한계)

선행행위의 후행행위에 대한 구속력의 인정요건 및 한계(범위)로서는 다음의 것을 들수 있다.

① 선행행위와 후행행위가 동일한 목적을 추구하며 법적 효과가 기본적으로 일치되어야 한다(사물적(객관적) 한계). ② 양 행위의 수범자(상대방)가 일치하여야 한다(대인적(주관적) 한계). ③ 선행행위의 사실 및 법상태가 유지되는 한도 내에서만 미친다(시간적 한계).

사실 및 법상태에 본질적인 변경이 있는 경우 선행행위의 구속력은 후행행위에 미치지 않고, 선행행위에 대한 신뢰이익과 구속력을 배제할 공익 사이의 이익형량에 따라 선행행위를 따르지 않은 후행행위의 위법 여부가 결정된다. ④ 선행행위의 후행행위에 대한 구속력을 인정하는 것이 개인에게 지나치게 가혹하며 예측 가능하지 않은 경우에는 구속력의 효력이 차단된다(예측가능성과 수인가능성이 없는 경우). 예측가능성과 수인가능성이 없음으로 인하여 선행행위의 후행행위에 대한 구속력이 차단되는 경우에는 행정청은 후행행위를 함에 있어 선취된 결정에 구속되지 않고 후행행위를 할 수 있다는 것이다.

(4) 구속력(규준력)의 예외의 효과

구속력의 예외가 인정되는 경우 선행행위의 후행행위에 대한 구속력이 인정되지 않고, 그 결과 선행행위의 위법을 이유로 후행행위를 취소할 수 있다.

3. 하자의 승계론과 구속력론의 관계 및 적용

(1) 학   설

선행행위의 위법을 이유로 후행행위를 위법한 것으로 볼 수 있는지에 관하여 하자의 승계론과 구속력론을 상호 배타적인 이론으로서 둘 중의 하나만 적용하여야 한다는 견해(배타적 적용설)와 하자의 승계론과 구속력론 상호 별개의 목적과 성질을 갖는 이론으로서 중첩적으로 적용될 수 있다는 견해(중첩적용설)가 있다. 그리고, 배타적 적용설에는 하자의 승계론이 타당하다는 견해와 구속력론이 타당하다는 견해가 있다.

하자의 승계론은 구속력론에서의 구속력은 판결과 같은 구속력으로서 너무 엄격한 것이고 그 예외는 매우 제한적으로 인정되므로 국민의 권리보호라는 관점에서 문제가 있다고 주장한다.

구속력론은 하자의 승계론이 제소기간제도의 의의를 본질적으로 훼손하고, 하자의 승계기준(하나의 법률효과를 발생시키는지 여부)은 너무 형식적이고 편의적인 것이라고 비판하면서 구속력이론을 지지하고 있다(정하중).

(2) 판   례

원칙상 하자의 승계론에 따라 선행행위의 위법의 후행행위에의 승계 여부를 판단하고 있다.

다만 전술한 바와 같이 판례는 선행처분의 하자를 이유로 후행처분의 효력을 다툴 수 없게 하는 것이 당사자에게 수인한도를 넘는 불이익을 주고 그 결과가 당사자에게 예측가능한 것이라고 할 수 없기 때문에 선행처분의 후행처분에 대한 구속력을 인정할 수 없다고 보고, 그러므로 선행처분의 위법을 이유로 후행처분의 효력을 다툴 수 있다고 보고 있다(대판 1994. 1. 25, 93누8542; 대판 2013. 3. 14, 2012두6964[독립유공자법적용배제결정처분취소]).

이 판례의 해석과 관련하여 이 판례가 하자의 승계를 확대하였다는 견해(하자의 승계

확대설)와 이 판례가 구속력이론에 입각하여 선행행위의 위법을 이유로 후행행위의 위법을 주장할 수 있다고 보았다는 견해(구속력설)가 대립하고 있다. 생각건대, 판결문에서 구속력이라는 용어를 사용하고 있고 설시한 법리도 구속력론의 법리인 점에 비추어 구속력설이 타당하다.

(3) 결   어

하자의 승계론과 구속력론은 별개의 이론이므로 중첩적으로 적용될 수 있는 것으로 보는 것이 타당하다(중첩적용설).

V. 흠 있는 행정행위의 치유와 전환 [2003 행시 약술]

위법한 행정행위는 무효이거나 취소할 수 있는 행정행위이다. 그런데, 위법한 행정행위를 유지시키거나 다른 행위로 전환시키는 것이 행정행위의 무용한 반복을 피하고 행정의 법적 안정성을 위해 요청되는 경우가 있다.

그러나, 흠 있는 행정행위의 치유나 전환을 인정함에 의해 다른 국민의 권익에 침해를 가하여서는 안 된다. 하자의 치유와 전환은 다른 국민의 권익을 침해하지 않는 한도 내에서 인정되어야 한다.

1. 하자의 치유 [2008, 2019 감평 사례, 2008 행시(재경직) 사례, 1998 행시 사례, 2014 변시 사례]

(1) 개   념

하자(瑕疵)의 치유(治癒)라 함은 성립 당시에 적법요건을 결한 흠 있는 행정행위라 하더라도 사후에 그 흠의 원인이 된 적법요건을 보완하거나 그 흠이 취소사유가 되지 않을 정도로 경미해진 경우에 그의 성립 당시의 흠에도 불구하고 하자 없는 적법한 행위로 그 효력을 그대로 유지시키는 것을 말한다.

(2) 인정근거

하자의 치유는 행정행위의 무용한 반복을 피함으로써 행정경제를 도모하기 위하여 인정된다.

(3) 인정범위와 한계

1) 일반적 기준

하자 있는 행정행위의 치유는 행정행위의 성질이나 법치주의의 관점에서 볼 때 원칙적으로 허용될 수 없는 것이고, 예외적으로 행정행위의 무용한 반복을 피하고 당사자의 법적 안정성을 위해 이를 허용할 수 있는 것인데 이때에도 다른 국민의 권리나 이익을 침해하지 않는 범위에서 구체적 사정에 따라 합목적적으로 인정하여야 할 것이다(대판 1983.

7. 26, 82누420; 2002. 7. 9, 2001두10684).

> **판례1** 재건축조합설립인가처분 당시 동의율을 충족하지 못한 하자는 후에 추가동의서가 제출되었다는 사정만으로 치유될 수 없다(대판 2013. 7. 11, 2011두27544[주택재건축정비사업조합설립인가처분취소]).
>
> **판례2** 새로운 조합설립동의서를 징구한 것만으로 당초 조합설립인가처분의 흠이 치유되는 것인지 여부(소극): 행정소송에서 행정처분의 위법 여부는 행정처분이 있을 때의 법령과 사실상태를 기준으로 하여 판단하여야 하고, 처분 후 법령의 개폐나 사실상태의 변동에 의하여 영향을 받지는 않는다고 할 것이며, 흠이 있는 행정행위의 치유는 행정행위의 성질이나 법치주의 관점에서 볼 때 원칙적으로 허용될 수 없는 것이고, 예외적으로 행정행위의 무용한 반복을 피하고 당사자의 법적 안정성을 위해 이를 허용하는 때에도 국민의 권리나 이익을 침해하지 않는 범위에서 구체적 사정에 따라 합목적적으로 인정하여야 할 것이다(대판 2010. 8. 26, 2010두2579[재개발정비사업조합설립인가취소]: 주택재개발정비사업조합설립동의서 중 일부 동의서가 적법하지 않아 이를 제외한 나머지 동의서만으로는 구 도시 및 주거환경정비법 제16조 제 1 항에서 정한 토지 등 소유자 4분의 3 이상의 동의를 얻어야 한다는 요건을 충족하지 못하여 위법한 주택재개발정비사업조합설립인가처분에 있어서 1심판결 이후 4분의 3을 초과하는 조합설립동의서를 새로 받은 사안에서, 흠의 치유를 인정하더라도 원고들을 비롯한 토지 등 소유자들에게 아무런 손해가 발생하지 않는다고 단정할 수 없다는 점 등을 이유로 하자의 치유를 인정하지 않은 사례).
>
> **판례3** "경원관계(競願關係)에 있는 자가 제기한 허가처분의 취소소송에서 인근주민의 동의를 받아야 하는 요건을 결여하였다가 처분 후에 동의를 받은 경우에 하자의 치유를 인정하는 것은 원고에게 불이익하게 되므로 이를 허용할 수 없다(대판 1992. 5. 8, 91누13274[엘피지충전소허가처분취소]).
>
> **판례4** 선행처분인 개별공시지가결정이 위법하여 그에 기초한 개발부담금 부과처분도 위법하게 된 경우 그 하자의 치유를 인정하면 개발부담금 납부의무자로서는 위법한 처분에 대한 가산금 납부의무를 부담하게 되는 등 불이익이 있을 수 있으므로, 그 후 적법한 절차를 거쳐 공시된 개별공시지가결정이 종전의 위법한 공시지가결정과 그 내용이 동일하다는 사정만으로는 위법한 개별공시지가결정에 기초한 개발부담금 부과처분이 적법하게 된다고 볼 수 없다(대판 2001. 6. 26, 99두11592[개발부담금부과처분취소]).

2) 하자의 치유 사유

하자의 치유가 인정되는 사유로는 흠결된 요건의 사후보완이 있다. 예를 들면, 무권대리의 사후추인, 처분의 절차 또는 형식의 사후보완, 불특정목적물의 사후특정, 이유의 사후제시가 있다.

치유의 대상이 되는 하자는 절차법상의 하자(형식의 하자 포함)뿐만 아니라 실체법상(내용상)의 하자도 포함하지만, 하자의 치유가 주로 인정되는 것은 절차와 형식의 하자의 경우이다. 이에 대하여 처분의 내용에 관한 하자의 치유는 허용하지 않는 것이 바람직하다는 견해도 있다.

판례는 내용상 하자는 치유가 가능하지 않은 것으로 본다.

판례   이 사건 처분(노선여객자동차운송사업의 사업계획변경인가처분)에 관한 하자가 행정처분의 내용에 관한 것이고 새로운 노선면허가 이 사건 소 제기 이후에 이루어진 사정 등에 비추어 하자의 치유를 인정치 않은 원심의 판단은 정당하다(대판 1991. 5. 28, 90누1359[시외버스운송사업계획변경인가처분취소]).

3) 개별적 검토

가. **수익적 행정행위의 흠결**   수익적 행정행위의 흠결은 언제든지 보정되면 치유될 수 있다고 보아야 한다.

나. **절차의 하자의 치유**   이해관계인의 절차적 권리가 침해되지 않는 한도내에서 절차의 하자가 치유된다고 보아야 한다.

판례   행정청이 처분절차에서 관계 법령의 절차 규정을 위반하여 절차적 정당성이 상실된 경우에는 해당 처분은 위법하고 원칙적으로 취소하여야 한다. 다만 처분상대방이나 관계인의 의견진술권이나 방어권 행사에 실질적으로 지장이 초래되었다고 볼 수 없는 특별한 사정이 있는 경우에는, 절차 규정 위반으로 인하여 처분절차의 절차적 정당성이 상실되었다고 볼 수 없으므로 해당 처분을 취소할 것은 아니다(대판 2018. 3. 13, 2016두33339; 2021. 2. 4, 2015추528 등 참조).

(가) **의견진술절차의 하자**   의견진술절차 불이행의 하자는 원칙상 하자가 치유되지 않는다고 보아야 한다. 왜냐하면 의견진술절차는 행정행위가 행하여지기 전에 인정되어야 처분 전에 방어기회를 준다는 등의 인정이유를 충족시킬 수 있기 때문이다.

다만, 의견진술 자체의 흠결이 아니라 의견진술통지기간의 불준수와 같은 의견진술절차상의 하자는 처분 전에 이해관계인에게 방어의 기회를 준다는 의견진술절차의 인정근거를 위태롭게 하지 않는 한도 내에서는 치유된다고 보아야 한다.

판례   의견진술통지기간의 불준수로 의견진술준비기간이 법정기간보다 조금 모자라지만 자기방어를 위한 준비에 큰 곤란한 점이 없었다면 의견진술통지기간의 불준수의 하자는 치유된다고 보아야 한다(대판 1992. 10. 23, 92누2844[영업허가취소처분취소]).

(나) **이유 등의 사후제시**   이유제시의 하자의 보완으로 인한 하자의 치유가 어느 시점까지 가능한지에 관하여 견해가 대립되고 있다.

가) **행정쟁송제기이전시설**   이유제시는 상대방의 쟁송의 제기에 편의를 제공하기 위하여 인정되는 것이기 때문에 이유제시의 하자는 행정쟁송의 제기 전, 즉 행정심판이나 행정소송의 제기 전까지 보완되어야 하자가 치유되는 것으로 보아야 한다. 이것이 판례의 태도이다.

나) **행정소송제기이전시설**   이에 대하여 행정심판은 본질적으로 행정내부의 자율

382 제 3 편 일반 행정작용법

적인 통제수단에 불과하며 행정심판단계에서는 아직 행정청의 손을 떠나지 아니한 것이므로 행정심판에 대한 불복시(행정소송제기 전)까지 하자가 보완될 수 있는 것으로 보아야 한다는 주장이 있다.

      다) **쟁송종결시설**   소송경제 등을 고려하여 소송절차의 종결 전까지 하자의 치유를 인정하는 것이 바람직하다는 견해도 있다(홍정선).

      라) **판 례**   판례는 이유제시의 하자를 치유하려면 늦어도 처분에 대한 불복여부의 결정 및 불복신청에 편의를 줄 수 있는 상당한 기간 내에 하여야 한다고 하고 있다(행정쟁송제기전설).

> **판례1**   뒤늦은 납세고지서의 송달로 이유부기의 하자의 치유를 허용하려면 늦어도 과세처분에 대한 불복 여부의 결정 및 불복신청에 편의를 줄 수 있는 상당한 기간 내에 하여야 할 것이다(대판 1983. 7. 26, 82누420[법인세 등 부과처분취소]).

> **판례2**   과세처분시 세액의 산출근거 등이 누락된 경우에는 늦어도 과세처분에 대한 불복 여부의 결정 및 불복신청에 편의를 줄 수 있는 상당한 기간 내에 보정행위를 하여야 그 하자가 치유된다고 본다. 그런데, 과세예고통지사항이 흠결되어 있다 하더라도 그 처분에 대한 불복 여부의 결정 및 불복신청에 전혀 지장을 받지 않을 것이므로 하자가 치유되었다고 볼 수 있다(대판 1993. 7. 13, 92누13981).

      판례의 입장을 모든 절차의 하자의 경우 행정쟁송 제기 전 절차가 보완되면 치유가 가능한 것으로 소개하는 견해가 있는데, 이 견해는 타당하지 않다. 판례는 이유제시의 하자의 경우에 한하여 그렇게 보고 있다.

      마) **결어(행정쟁송제기이전시설)**   이유제시제도의 기능(공정한 행정의 보장과 행정불복에의 편의제공)과 하자의 치유의 기능(행정경제 및 법적 안정성)을 조화시켜야 하고, 우리나라의 행정심판은 준사법적 성격이 강하므로 행정쟁송의 제기 전까지 보완되어야 하자가 치유되는 것으로 보는 것이 타당하다.

      다. 무효인 행정행위와 하자의 치유   하자의 치유는 행정행위의 존재를 전제로 하여 그 흠을 치유하여 흠이 없는 행정행위로 하는 것이므로 무효인 행정행위의 치유는 인정될 수 없다는 부정설이 통설이며 판례의 입장이다(대판 1997. 5. 28, 96누5308[토지등급수정무효확인]). 또한, 판례는 효력발생요건인 송달의 하자의 치유도 인정하지 않는다(대판 1988. 3. 22, 87누986[수도과태료등부과처분취소]).

> **판례**   징계처분이 중대하고 명백한 흠 때문에 당연무효의 것이라면 징계처분을 받은 자가 이를 용인하였다 하여 그 흠이 치유되는 것은 아니다(대판 1989. 12. 12, 88누8869).

(4) 하자의 치유의 효과

    행정행위의 하자가 치유되면 당해 행정행위는 처분시부터 하자가 없는 적법한 행정행위로 효력을 발생하게 된다.

2. 하자 있는 행정행위의 전환

(1) 개   념

행정행위의 전환(轉換)이라 함은 행정행위가 본래의 행정행위로서는 무효이나 다른 행정행위로 보면 그 요건이 충족되는 경우에 흠 있는 행정행위를 흠 없는 다른 행정행위로 인정하는 것을 말한다. 사망자에 대한 귀속재산의 불하처분을 상속인에 대한 처분으로 전환하는 것을 그 예로 들 수 있다.

(2) 인정근거

하자의 전환은 행정의 법적 안정성을 위하고 행정의 무용한 반복을 피하기 위하여 인정된다.

(3) 요   건

하자 있는 행정행위의 전환이 인정되기 위하여는 다음과 같은 요건을 갖추어야 한다.

① 하자 있는 행정행위와 전환되는 행정행위가 동일한 목적을 가져야 한다.

② 하자 있는 행정행위와 전환하려고 하는 다른 행정행위의 처분청, 절차, 형식이 동일하여야 한다.

③ 전환되는 행정행위의 성립, 발효요건, 적법요건을 갖추고 있어야 한다.

④ 하자 있는 행정행위를 한 행정청의 의도에 반하는 것이 아니어야 한다. 달리 말하면 행정청이 본래의 행정행위의 위법성을 알았더라면 당해 행정청이 전환되는 행정행위와 같은 내용의 처분을 하였을 것이 인정되어야 한다.

⑤ 당사자가 그 전환을 의욕하는 것으로 인정되어야 한다. 달리 말하면 당사자에게 불이익한 법적 효과를 초래하지 않아야 한다.

⑥ 제 3 자의 권익을 침해하지 않아야 한다.

⑦ 기속행위를 재량행위인 행위로 전환하여서는 안 된다. 왜냐하면 그것을 인정한다면 처분청의 재량권을 침해하는 것이 되기 때문이다. 달리 말하면 법원이 처분청의 재량권을 행사하는 결과를 가져오기 때문이다.

(4) 인정범위

행정행위의 전환은 무효인 행정행위에 대하여만 인정된다는 견해와 무효인 행위뿐만 아니라 취소할 수 있는 행정행위에도 인정된다는 견해가 있다.

(5) 전환권자

행정행위의 전환은 처분청, 행정심판기관뿐만 아니라 법원에 의해서도 행해질 수 있다. 이에 대하여 법원에 전환권을 인정하는 것은 권력분립의 원칙에 반한다는 견해가 있다.

(6) 법적 성질과 효력발생요건

행정청에 의한 행정행위의 전환을 행정행위로 보는 견해가 다수견해이다. 따라서, 행정청의 전환행위에 대하여는 의견청취절차규정 등 행정절차법이 적용되며 통지되어야 효력을 발생한다.

(7) 효　　과

무효의 전환이 인정되면 새로운 행정행위가 발생한다. 즉, 하자 있는 행정행위는 송달된 날에 전환된 행정행위로서 효력이 발생한다. 전환된 행정행위에 대하여는 행정쟁송을 제기할 수 있고, 불복기간은 전환행위가 있음을 안 날로부터 90일 이내이다.

> **판례** 귀속재산을 불하받은 자가 사망한 후에 그 수불하자에 대하여 한 그 불하처분취소처분은 사망자에 대한 행정처분이므로 무효이지만 그 취소처분을 수불하자의 상속인에게 송달한 때에는 그 송달시에 그 상속인에 대하여 다시 그 불하처분을 취소한다는 새로운 행정처분을 한 것이라고 할 것이다 (대판 1969. 1. 21, 68누190[매매계약처분취소]). 〈평석〉이 판결은 행정행위의 전환을 인정한 판례가 아니고, 행정청의 실제의 의사를 확인하는 '행정행위의 해석'을 한 것이라고 보는 견해가 있다. 그 이유로 판례가 송달시에 새로운 처분(불하처분취소처분)을 한 것으로 본 것을 들고 있다. 만일 행정행위의 전환을 인정한 것이라면 사망자를 송달받을 자로 하여 처분서가 송달된 날에 이미 송달의 효력이 발생한 것으로 보았어야 한다고 주장한다(박정훈, 544~545면).

제 9 절　행정행위의 취소와 철회

일단 유효하게 성립한 행정행위의 효력을 상실(폐지)시키는 것으로 행정행위의 취소와 철회가 있다. **행정행위의 취소**는 위법한 행정행위의 효력을 상실시키는 것을 말하고, **행정행위의 철회**는 적법한 행정행위를 사정변경에 따라 장래에 향하여 효력을 소멸시키는 것을 말한다.

행정행위의 취소에는 쟁송취소와 직권취소가 있다. 쟁송취소는 행정쟁송을 통한 행정행위의 취소이다. 쟁송취소는 행정심판법과 행정소송법의 문제이므로 쟁송취소에 관한 것은 후술하기로 한다. 여기에서는 행정행위의 직권취소를 주로 고찰하기로 한다.

처분에 대한 취소·철회·변경의 신청권은 원칙상 인정되지 않지만, 명문의 규정에 따라 또는 조리상 취소·철회·변경의 신청권이 인정된다. 그런데, 불가쟁력이 발생한 처분에 대한 취소·철회·변경의 신청권은 특히 제한적으로 인정된다.

I. 행정행위의 취소

행정기본법 제18조 제1항은 위법 또는 부당한 처분의 직권취소를 명확하게 규정하고 있다.

1. 취소의 개념

행정행위의 취소(取消)는 광의로는 위법 또는 부당의 하자가 있음을 이유로 하자 있는 행정행위의 효력을 상실시키는 것을 말한다. 직권취소와 함께 쟁송취소를 포함하고, 협의로는 협의로는 직권취소만을 의미한다.

2. 직권취소와 쟁송취소의 구별

직권취소(職權取消)와 쟁송취소(爭訟取消)는 모두 하자 있는 행정행위의 효력을 상실시킨다는 점에서는 공통점을 갖지만 취소의 본질, 목적, 내용 및 효과 등에서 상이하므로 오늘날 쟁송취소와 직권취소를 구별하는 것이 일반적이다.

(1) 취소의 목적 내지 본질

쟁송취소는 위법한 행정행위로 인하여 권익침해를 받은 국민의 권익구제와 함께 행정의 적법성 회복을 목적으로 행해진다. 쟁송취소는 권익을 침해당한 자의 쟁송의 제기에 의해 심판기관이 쟁송절차를 거쳐 행정행위의 효력을 상실시키는 사법적(司法的) 성질의 행위이다.

이에 반하여 직권취소는 적법성의 회복과 함께 장래에 향하여 행정목적을 적극적으로 실현하기 위하여 행해진다. 직권취소는 행정청이 쟁송의 제기와 관계없이 직권으로 위법한 행정행위의 효력을 상실시키는 행위로서 그 자체가 독립적인 행정행위이다.

(2) 취소권자

직권취소는 처분행정청 또는 법률에 근거가 있는 경우에 상급행정청이 행하지만 쟁송취소는 권익침해를 받은 처분의 상대방 또는 제3자의 청구에 의해 행정심판의 경우에는 행정심판기관인 행정심판위원회에 의해, 행정소송의 경우에는 법원에 의해 행해진다.

(3) 취소의 대상

직권취소의 대상은 모든 행정행위이다. 즉, 부담적 행정행위, 수익적 행정행위 및 제3

자효 행정행위 모두 직권취소의 대상이 된다.

이에 반하여 **쟁송취소**에 있어서는 부담적 행정행위와 제 3 자효 행정행위가 취소의 대상이 되며 수익적 행정행위는 소의 이익이 없으므로 취소의 대상이 되지 않는다.

불가변력이 발생한 행정행위에 대하여는 쟁송취소만이 가능하다.

(4) 취소사유

직권취소에 있어서는 위법뿐만 아니라 부당도 취소사유가 된다. **쟁송취소**에 있어서 행정심판을 통한 취소에 있어서는 부당도 취소사유가 되지만, 취소소송을 통한 취소에 있어서는 위법만이 취소사유가 된다.

취소사유인 행정행위의 하자(위법 또는 부당)는 행정처분시를 기준으로 한다. 행정행위의 '취소사유'는 원칙적으로 행정행위의 성립 당시에 존재하였던 하자를 말한다(대판 2018. 6. 28, 2015두58195).

(5) 취소의 제한

직권취소에 있어서는 취소로 인하여 상대방 또는 이해관계인이 받게 되는 불이익과 취소로 인하여 달성되는 공익 및 관계이익을 비교형량하여야 한다.

그러나, **쟁송취소**에 있어서는 위법한 경우에는 이익형량의 필요 없이 원칙상 취소하여야 한다. 다만, 쟁송취소의 경우에 취소로 인하여 공익이 심히 해를 입는다고 판단되는 경우에는 취소하지 않을 수 있다(사정재결 또는 사정판결).

(6) 취소기간

직권취소의 경우에는 실권의 경우를 제외하고는 취소기간의 제한이 없다. 이에 대하여 **쟁송취소**의 경우에는 단기의 쟁송기간이 정해져 있어서 이 기간을 지나면 더 이상 행정행위의 취소를 청구할 수 없다(불가쟁력).

(7) 취소절차

쟁송취소는 행정심판법, 행정소송법 등이 정한 쟁송절차에 따라 행해진다. 이에 대하여 **직권취소**는 개별법 또는 행정절차법에 정해진 행정절차에 따라 행해진다.

(8) 취소의 형식

쟁송취소는 재결 또는 판결의 형식에 의해 행해지지만, **직권취소**는 그 자체가 하나의 행정행위로서 특별한 형식을 요하지 않는다.

(9) 취소의 효과(소급효)

쟁송취소는 원칙적으로 소급효(遡及效)가 인정된다. **직권취소**의 경우에 그 대상이 수익적 행정행위인 경우에는 상대방에게 귀책사유가 있을 때를 제외하고는 상대방의 신뢰를 보호하기 위하여 취소의 효과가 소급하지 않는 것이 원칙이다. 상대방에게 귀책사유가 있는 경우 처분시까지 또는 처분시 이후 일정 시점까지 소급효 있는 취소가 가능하다.

(10) 취소의 내용(또는 범위)

직권취소는 처분의 적극적 변경을 내용으로 할 수 있다. **쟁송취소**는 행정심판에 의한 취소의 경우에는 적극적 변경이 가능하다고 보여지지만, 행정소송에 의한 취소의 경우에는 원칙적으로 소극적 변경(일부취소)만이 허용된다.

3. 취소의 법적 근거

행정기본법 제18조 제 1 항은 위법 또는 부당한 처분의 직권취소를 명확하게 규정하고 있다.

4. 취소권자

(1) 처분청

행정처분을 취소할 수 있는 권한은 당해 **행정처분을 한 처분청**에게 속하고, 당해 행정처분을 할 수 있는 적법한 권한을 가지는 행정청에게 그 취소권이 귀속되는 것이 아니다(대판 1984. 10. 10, 84누463).

(2) 감독청의 취소권

감독청이 법적 근거가 없는 경우에도 감독권에 근거하여 피감독청의 처분을 취소할 수 있는가에 대하여는 견해가 대립되고 있다. 감독청은 처분청에 취소를 명령할 수 있지만 직접 취소를 할 수 없다는 견해(부정설)와 취소권은 감독의 목적을 달성하기 위하여 불가결한 것이므로 감독청은 당연히 취소권을 갖는다는 견해(긍정설)가 있다. 부정설이 타당하다.

다만, 감독청의 취소권을 인정한 법률이 적지 않다. 특히 행정권한의 위임 및 위탁에 관한 규정은 감독청인 위임청에게 처분청인 수임청의 처분을 취소할 수 있는 권한을 인정하고 있다.

5. 취소사유

행정행위의 흠, 즉 위법 또는 부당이 취소사유가 된다.

흠이 있으나 이미 치유된 경우에는 취소의 대상이 되지 않는다.

6. 취소의 제한

처분청은 원칙상 처분을 취소할 공익상의 필요와 취소로 당사자가 입을 불이익 등 여러 사정을 참작하여 취소 여부를 결정할 수 있는 재량이 있다. 그러나 그 취소처분이 재량권을 일탈·남용하면 위법하다.

(1) 이익형량의 원칙

행정행위의 취소에 있어서는 행정행위를 취소하여 달성하고자 하는 이익과 행정행위를 취소함으로써 야기되는 신뢰에 기초하여 형성된 이익의 박탈을 형량하여 전자가 큰 경우에 한하여 취소가 인정된다고 보아야 한다. 이 원칙을 **이익형량의 원칙**이라 한다.

당사자에게 권리나 이익을 부여하는 처분(수익적 처분)을 취소하려는 경우에는 취소로 인하여 당사자가 입게 될 불이익을 취소로 달성되는 공익과 비교·형량(衡量)하여야 한다. 다만, 다음 각 호의 어느 하나에 해당하는 경우에는 그러하지 아니하다. 1. 거짓이나 그 밖의 부정한 방법으로 처분을 받은 경우, 2. 당사자가 처분의 위법성을 알고 있었거나 중대한 과실로 알지 못한 경우(행정기본법 제18조 제 2 항). "취소로 인하여 당사자가 입게 될 불이익"이란 "취소로 인하여 당사자가 입게 될 기득권과 신뢰보호 및 법률생활의 안정의 침해 등 불이익"을 말한다(대판 2014. 11. 27, 2013두16111).

행정기본법 제18조 제 2 항 단서에 따르면 당사자에게 동조의 귀책사유가 있는 경우 이익형량 없이 취소처분을 하는 것이 가능하다. 그러나, 비례원칙은 헌법원칙이므로 해당 취소처분이 비례원칙에 반하면 위헌·위법이다. 상대방에게 중대한 기득의 지위가 형성된 경우 등 상대방에게 귀책사유가 있는 경우에도 이익형량을 하는 것이 타당한 경우가 있을 수 있다. 이익형량을 함에 있어서는 부여된 수익의 박탈로 인하여 수익자가 받는 불이익, 상대방의 신뢰의 정도, 공동체나 제 3 자에 대한 영향, 위법성의 정도, 행정처분 후의 시간의 경과 등을 고려하여야 한다.

> **판례**   수익적 행정처분을 취소할 때에는 이를 취소하여야 할 중대한 공익상 필요와 취소로 인하여 처분상대방이 입게 될 기득권과 법적 안정성에 대한 침해 정도 등 불이익을 비교·교량한 후 공익상 필요가 처분상대방이 입을 불이익을 정당화할 만큼 강한 경우에 한하여 취소할 수 있다(대판 2020. 7. 23, 2019두31839).

이러한 수익적 행정처분의 취소 제한에 관한 법리(수익적 행정처분에 대한 취소권 등의 행사는 기득권의 침해를 정당화할 만한 중대한 공익상의 필요 또는 제 3 자의 이익보호의 필요가 있는 때에 한하여 허용될 수 있다는 법리)는, 처분청이 수익적 행정처분을 직권으로 취소하는 경우에 적용되는 법리일 뿐 쟁송취소의 경우에는 적용되지 않는다(대판 2019. 10. 17, 2018두104).

직권취소의 경우의 이익형량은 주로 수익적 행정행위에서 문제된다. 부담적 행정행위의 취소에 있어서는 원칙상 취소는 자유롭다. 이중효과적 행정행위의 경우에는 취소로 인한 행정행위의 상대방의 이익 또는 불이익과 함께 제 3 자의 이익 또는 불이익을 이익형량에 포함시켜야 한다(기타 제 3 자효 행정행위의 취소의 제한에 관한 특수한 문제는 전술 참조).

(2) 신뢰이익의 고려

당사자의 신뢰가 보호되기 위하여는 당사자가 행정행위의 계속성에 대하여 신뢰를 하였어야 하며 나아가 신뢰에 기초하여 일정한 활동을 하였고, 그 활동에 기초하여 형성된 이익이 존재하여야 한다.

행정행위의 하자가 수익자에게 다음과 같은 책임 있는 사유에 기인하는 경우에는 수익자의 신뢰이익은 고려되지 않는다.

① 처분의 하자가 당사자의 사실은폐, 사기 기타 당사자의 부정한 방법에 의해 야기된 경우에는 당사자는 위 처분에 관한 신뢰이익을 원용할 수 없을 뿐만 아니라 행정청이 이를 고려하지 아니할 수 있다(대판 1996. 10. 25, 95누14190[옥외광고물설치허가취소처분 등 취소]; 2006. 5. 25, 2003두4669[공장등록취소처분취소]). 당사자의 사실은폐나 기타 사위의 방법에 의한 신청행위가 있었는지 여부는 행정청의 상대방과 그로부터 신청행위를 위임받은 수임인 등 관계자 모두를 기준으로 판단하여야 한다(대판 2014. 11. 27, 2013두16111[건축허가취소처분취소등]).

> **판례 1** 허위의 고등학교 졸업증명서를 제출하는 사위의 방법에 의한 하사관 지원의 하자를 이유로 하사관 임용일로부터 33년이 경과한 후에 행정청이 행한 하사관 및 준사관 임용처분취소처분이 적법하다고 한 사례: 행정처분에 하자가 있음을 이유로 처분청이 이를 취소하는 경우에도 그 처분이 국민에게 권리나 이익을 부여하는 처분인 때에는 그 처분을 취소하여야 할 공익상의 필요와 그 취소로 인하여 당사자가 입게 될 불이익을 비교교량한 후 공익상의 필요가 당사자가 입을 불이익을 정당화할 만큼 강한 경우에 한하여 취소할 수 있는 것이지만, 그 처분의 하자가 당사자의 사실은폐나 기타 사위의 방법에 의한 신청행위에 기인한 것이라면 당사자는 그 처분에 의한 이익이 위법하게 취득되었음을 알아 그 취소가능성도 예상하고 있었다고 할 것이므로 그 자신이 위 처분에 관한 신뢰이익을 원용할 수 없음은 물론 행정청이 이를 고려하지 아니하였다고 하여도 재량권의 남용이 되지 않는다(대판 2002. 2. 5, 2001두5286[임명취소처분취소]). 〈평석〉 원고에게 사위행위의 귀책사유는 있으나 하사관 임용 후 33년간 평온하고 성실하게 근무하였다면 신뢰이익을 원용할 수 있다고 보는 것이 타당하며 임용처분을 취소할 공익과 그 취소로 인하여 원고가 받을 불이익을 비교교량하여 계쟁임용처분취소처분의 위법 여부를 판단하는 것이 타당할 것이다.
>
> **판례 2** 위 건축허가는 건축행정청의 착오로 위법하게 발급된 것이지만 건축사 乙은 甲의 이익을 위하여 부정확한 내용으로 조서를 작성·제출하였고, 甲에게도 위 개발사업이 소규모 환경영향평가 대상이 아닌 것처럼 보이게 하려는 의도가 있었다고 인정할 수 있어, 건축행정청의 착오는 甲이 유발한 것이거나 甲에게도 책임이 있으므로, 건축허가의 존속에 대한 甲의 신뢰는 보호가치가 없는 점, 건축허가가 취소될 경우에 甲에게 발생하는 불이익 또는 회수할 수 없는 금전적 손해가 크다고 보기도 어려운 점 등에 비추어, 위 직권취소 처분은 수익적 행정처분 직권취소 제한 법리에 위배되지 않는다고 한 사례(대판 2020. 7. 23, 2019두31839).

② 수익자가 행정행위의 위법성을 알았거나 그 위법성을 중대한 과실로 알지 못한 경우에는 수익자는 신뢰이익을 주장할 수 없다.

③ 수익자가 행정행위의 하자를 알지 못하였고 알지 못한 데 과실이 없는 경우에도

수익자가 부실신고를 하는 등 위법한 행정행위에 원인을 제공한 경우에는 정의의 원칙상 취소의 제한사유로 신뢰이익을 주장할 수 없다고 보아야 한다.

> **판례**   수익적 처분이 상대방의 허위 기타 부정한 방법으로 행하여진 경우에도 그 상대방의 신뢰를 보호하여야 하는지 여부(소극): 수익적 처분이 있으면 상대방은 그것을 기초로 하여 새로운 법률관계 등을 형성하게 되는 것이므로, 이러한 상대방의 신뢰를 보호하기 위하여 수익적 처분의 취소에는 일정한 제한이 따르는 것이나, 수익적 처분이 상대방의 허위 기타 부정한 방법으로 인하여 행하여졌다면 상대방은 그 처분이 그와 같은 사유로 인하여 취소될 것임을 예상할 수 없었다고 할 수 없으므로, 이러한 경우에까지 상대방의 신뢰를 보호하여야 하는 것은 아니라고 할 것이다(대판 1995. 1. 20, 94누6529[행정처분취소]).

(3) 실권의 법리

실권의 법리의 적용요건에 해당하는 경우에 행정청이 갖고 있는 취소권은 소멸된다.

(4) 취소와 손실보상

수익적 행정행위가 상대방에게 귀책사유가 없는 하자를 이유로 취소된 경우에는 그로 인하여 상대방이 받는 손실은 보상되어야 한다.

7. 취소절차

직권취소는 법령에 규정이 없는 한 특별한 절차를 요하지 않으며 행정절차법의 적용을 받는다. 수익적 행정행위의 취소는 권리를 제한하는 처분이므로 취소의 상대방에 대하여 사전에 통지하고(행정절차법 제21조), 의견제출의 기회를 주어야 한다.

다만, 개별법에서 청문이나 공청회를 개최하도록 하고 있는 경우에는 청문이나 공청회의 개최만 하면 된다(행정절차법 제22조 제3항).

8. 취소의 종류

행정청은 전부취소 또는 일부취소를 선택할 수 있고, 소급효 있는 취소 또는 소급하지 않는 취소를 결정할 수 있다.

일부취소는 행정행위가 가분적(可分的)인 경우에 가능하다. 예를 들면, 건물 전체에 대한 철거명령 중 건물일부에 대한 부분만에 대한 취소는 건물 일부의 철거가 가능한 경우에 한한다.

9. 취소의무

직권취소 여부는 원칙상 행정청의 재량에 속하지만, 위법한 원행정행위의 존속으로 국민의 중대한 기본권이 침해되는 경우에는 당해 원행정행위를 취소하여야 한다.

10. 취소의 효과

취소된 처분은 대세적으로 효력을 상실한다.

직권취소의 경우 행정청은 위법 또는 부당한 처분의 전부나 일부를 소급하여 취소할 수 있지만, 당사자의 신뢰를 보호할 가치가 있는 등 정당한 사유가 있는 경우에는 장래를 향하여 취소할 수 있다(행정기본법 제18조 제 1 항).

직권취소의 소급효 또는 불소급효는 구체적인 사건마다 이익형량의 결과에 따라 취소권자에 의해 결정되는데, 부담적 행정행위, 수익적 행정행위 및 이중효과적 행정행위에서 이익상황이 다르므로 취소의 효과가 다르다고 보아야 한다.

(1) 부담적 행정행위의 취소

부담적 행정행위의 취소는 원칙상 소급효가 있는 것으로 보아야 한다.

(2) 수익적 행정행위의 취소

직권취소의 대상이 수익적 행정행위인 경우에 일반적으로 말하면 상대방에게 귀책사유가 없는 한 취소의 효과가 소급하지 않는 것이 원칙이다. 다만, 취소의 소급효를 인정하지 않으면 심히 공익에 반하는 경우에는 상대방에게 귀책사유가 없는 경우에도 소급효를 인정하여야 할 것이다.

계속적 급부부여결정의 취소가 소급효를 갖는 경우에는 이미 지급한 급부는 법적 근거를 상실하고 따라서 부당이득이 되므로 행정청에게 반환되어야 한다. 이에 반하여 계속적 급부부여결정의 취소가 소급효를 갖지 않는 경우에는 이미 수여된 급부는 법적 근거를 가지므로 반환되지 않으며 장래에 향하여 급부가 행해지지 않는 것으로 된다.

판례 [1] 도로점용허가는 일반사용과 별도로 도로의 특정 부분에 대하여 특별사용권을 설정하는 설권행위이다. 도로관리청은 신청인의 적격성, 점용목적, 특별사용의 필요성 및 공익상의 영향 등을 참작하여 점용허가 여부 및 점용허가의 내용인 점용장소, 점용면적, 점용기간을 정할 수 있는 재량권을 갖는다. [2] 특별사용의 필요가 없는 부분에 대한 도로점용허가를 소급적으로 직권취소할 수 있는지 여부(한정 적극): 도로점용허가는 도로의 일부에 대한 특정사용을 허가하는 것으로서 도로의 일반사용을 저해할 가능성이 있으므로 그 범위는 점용목적 달성에 필요한 한도로 제한되어야 한다. 도로관리청이 도로점용허가를 하면서 특별사용의 필요가 없는 부분을 점용장소 및 점용면적에 포함하는 것은 그 재량권 행사의 기초가 되는 사실인정에 잘못이 있는 경우에 해당하므로 그 도로점용허가 중 특별사용의 필요가 없는 부분은 위법하다. 이러한 경우 도로점용허가를 한 도로관리청은 위와 같은 흠이 있다는 이유로 유효하게 성립한 도로점용허가 중 특별사용의 필요가 없는 부분을 직권취소할 수 있음이 원칙이다. 다만 이 경우 행정청이 소급적 직권취소를 하려면 이를 취소하여야 할 공익상 필요와 그 취소로 당사자가 입을 기득권 및 신뢰보호와 법률생활 안정의 침해 등 불이익을 비교 교량한 후 공익상 필요가 당사자의 기득권 침해 등 불이익을 정당화할 수 있을 만큼 강한 경우여야 한다. 이에 따라 도로관리청이 도로점용허가 중 특별사용의 필요가 없는 부분을 소급적으로 직권취소하였다면, 도로관리청은 이미 징수한 점용료 중 취소된 부분의 점용면적에 해당하는 점용료를 반환하여야 한다. [3] 행정청은 행정소송이 계속되고 있는 때에도 직권으로 그 처분을 변경할 수 있다. 점용료 부과처분에 취소사유에 해당하는 흠이 있는 경우 도로관리청으로서는 당초 처분 자체를 취소하고 흠을 보완하여 새로운 부과처분을 하거나, 흠 있는 부분에 해당하는 점용료를 감액하는 처분을 할 수 있다. 흠 있는 부분에 해당하는 점용료를 감액하는 처분은 당초 처분 자체를 일부 취소하는 변경처분에 해당하고, 그 실질은 종래의 위법한 부분을 제거하는 것으로서 흠의 치유와는 차이가 있다. [4] 도로점용허가를 받은 자가 구 도로법 제68조의 감면사유에 해당하는 경우 도로관리청은 감면 여부에 관한 재량을 갖지만, 도로관리청이 감면사유로 규정된 것 이외의 사유를 들어 점용료를 감면하는 것은 원칙적으로 허용되지 않는다(대판 2019. 1. 17, 2016두56721, 56738). 〈해설〉 도로관리청이 도로점용허가 중 특별사용의 필요가 없는 부분을 소급적으로 직권취소하였더라도 상대방이 특별사용의 필요가 없는 부분을 실제로는 사용한 것이므로 도로관리청이 이미 징수한 점용료 중 취소된 부분의 점용면적에 해당하는 점용료를 전부 반환하여야 하는지는 의문이다.

(3) 이중효과적 행정행위의 취소

이중효과적 행정행위에서는 행정행위의 상대방 및 제 3 자의 이익상황 및 귀책사유에 따라 취소의 소급효 여부 및 정도가 결정된다.

11. 취소의 취소 [2009 입시 사례]

(1) 직권취소의 취소

1) 긍 정 설

행정행위의 취소의 취소가 가능하며, 취소처분을 취소하면 원행정행위가 원상회복된다는 견해이다. 이 견해는 직권취소는 그 자체가 독립된 행정행위이므로 취소의 대상이 된다고 보는 데 근거한다.

2) 부 정 설

이 견해는 행정행위가 취소되면 당해 행정행위는 확정적으로 효력을 상실하므로 법률이 명문으로 인정하지 않는 한 행정행위의 취소의 취소는 인정될 수 없다는 견해이다.

3) 절 충 설

행정행위가 취소되면 당해 행정행위는 확정적으로 효력을 상실하므로 취소의 취소는 원칙상 불가능하다. 그러나, 수익적 행정행위의 취소의 경우에는 위법한 취소처분을 취소하여 원상을 회복할 필요가 있으므로 취소의 취소를 인정하여야 한다.

4) 판   례

판례는 절충설을 취하고 있다. 즉, 판례는 침익적 행정행위의 취소의 취소는 인정하지 않지만, 수익적 행정행위의 취소에 대하여는 취소가 가능한 것으로 본다. 판례가 소극설을 취한 것으로 보는 학설이 있는데, 이는 타당하지 않다.

　　　가. 침익적 행정행위의 취소의 취소　　　판례는 침익적 행정행위의 취소의 경우 당해 침익적 행정행위는 확정적으로 효력을 상실하므로 취소의 취소가 불가능하다고 본다.

판례1 **과세처분 취소처분의 취소는 불가능하다고 본 사례:** 국세부과처분의 취소에 위법사유가 있다고 하더라도 당연무효가 아닌 한 일단 유효하게 성립하여 부과처분을 확정적으로 상실시키는 것이므로, 과세관청은 부과의 취소를 다시 취소함으로써 원부과처분을 소생시킬 수는 없고 납세의무자에게 종전의 과세대상에 대한 납부의무를 지우려면 다시 법률에서 정한 부과절차에 좇아 동일한 내용의 새로운 처분을 하는 수밖에 없다(대판 1979. 5. 8, 77누61[물품세과세부활처분취소]).

판례2 지방병무청장이 재신체검사 등을 거쳐 현역병입영대상편입처분을 보충역편입처분이나, 제2국민역편입처분으로 변경하거나 보충역편입처분을 제2국민역편입처분으로 변경하는 경우 비록 새로운 병역처분의 성립에 하자가 있다고 하더라도 그것이 당연무효가 아닌 한 일단 유효하게 성립하고 제소기간의 경과 등 형식적 존속력이 생김과 동시에 종전의 병역처분의 효력은 취소 또는 철회되어 확정적으로 상실된다고 보아야 할 것이므로 그 후 새로운 병역처분의 성립에 하자가 있었음을 이유로 하여 이를 취소한다고 하더라도 종전의 병역처분의 효력이 되살아난다고 할 수 없다(대판 2002. 5. 28, 2001두9653[병역처분취소처분취소]).

나. 수익적 행정행위의 취소의 취소

판례는 원칙상 수익적 행정행위의 취소에 대한 취소를 인정한다.

판례 **수익적 행정행위의 취소(옥외광고물설치허가취소처분)의 쟁송취소가 기각된 사례:** 집합건물인 사실을 은폐하고 구분소유자의 승낙서류를 첨부하지 아니한 채 옥외광고물표시 허가를 받았다가, 뒤에 행정청으로부터 그 승낙서류의 보완을 지시받고도 제대로 보완하지 아니하여 허가를 취소당하였다면, 수익적 처분의 취소에 관한 재량권 남용이 있다고 할 수 없다(대판 1996. 10. 25, 95누14190[옥외광고물설치허가취소처분 등 취소]). 〈평석〉 원심은, 이 사건 광고물표시허가에는 이 사건 건물의 구분소유자 및 의결권의 각 4분의 3 이상의 승낙서류를 제출하면 족하고 소외 회사의 그 판시 동의서가 승낙서류에 해당한다고 보아 구분소유자 전원의 승낙서류 또는 구분소유자 및 의결권의 각 4분의 3 이상의 승낙서류가 보완되었다고 판단하였을 뿐 아니라 승낙서류가 보완되지 아니하였더라도 허가를 취소하는 것은 재량권의 남용에 해당한다고 판단하였다.

다만, 수익적 행정행위의 취소의 취소로 수익적 행정행위의 취소 후 새롭게 형성된 제3자의 권익이 침해되는 경우에 취소의 취소를 인정하지 않은 판례가 있다.

판례 일단 광업권취소처분을 한 후에 새로운 이해관계인이 생기기 전에 취소처분을 취소하여 그 광업권의 회복을 시켰다면 모르되 구 광업법(1973. 2. 7. 법률 제2492호) 제36조 제1호에 의한 광업권설정의 선출원이 있는 경우에 다시 그 취소처분(광업권취소처분)을 취소함은 위법이다(대판 1967. 10. 23, 67누126[광업권취소처분 및 광업권출원불허가처분취소]).

5) 결 어

직권취소는 그 자체가 독립된 행정행위이고, 직권취소가 취소되면 원행정행위가 소급적으로 원상회복되는 이익이 있으므로 긍정설이 타당하다. 다만, 침익적 행정행위의 취소의 취소의 경우 및 수익적 행정행위의 취소 후 제3자의 권익이 새롭게 형성된 경우에는 취소권 제한의 법리인 이익형량의 원칙이 적용된다. 이익형량에 따라 소급효를 제한하는 취소의 취소도 가능하다.

(2) 쟁송취소의 취소

1) 취소재결의 취소

취소재결은 준사법적 행정행위로서 불가변력이 인정되므로 직권취소는 인정될 수 없다. 허가 등 수익적 행정행위의 취소재결에 대해 수익적 행정행위의 상대방은 취소소송을 제기할 수 있고 취소재결이 위법한 경우 취소판결이 내려진다.

2) 취소판결의 취소

취소판결이 확정된 경우에는 재심을 통하여서만 취소할 수 있다.

(3) 취소의 취소의 효과

행정행위의 취소가 소급적으로 취소되면 취소가 없었던 것이 되므로 원행정행위는 애초부터 취소되지 않은 것으로 된다.

12. 급부처분의 직권취소 후 환수처분

수익적 행정행위가 소급적으로 직권취소되면 특별한 규정이 없는 한 이미 받은 이익은 부당이득이 되는 것이므로 부당이득반환청구가 가능한 것으로 볼 수 있다.

그런데, 잘못 지급된 보상금 등 급부의 환수를 위해서 별도의 환수처분을 하여야 하는 것으로 규정되어 있는 경우(예, 특수임무자보상금 환수처분 등)가 있다.

판례에 따르면 이 경우에는 잘못 지급된 보상금 등에 해당하는 금액을 징수하는 처분을 해야 할 공익상 필요와 그로 인하여 당사자가 입게 될 기득권과 신뢰의 보호 및 법률생활 안정의 침해 등의 불이익을 비교·교량한 후, 공익상 필요가 당사자가 입게 될 불이익을 정당화할 만큼 강한 경우에 한하여 보상금 등을 받은 당사자로부터 잘못 지급된 보상금 등에 해당하는 금액을 환수하는 처분을 하여야 한다(대판 2014. 7. 24, 2012두17186). 즉 판례는 신뢰보호의 견지에서 부당이득의 환수를 제한하고 있다. 그리고, 이익형량의 사정이 동일하다고는 할 수 없으므로 지급결정을 취소하는 처분이 적법한 경우 그에 기초한 환수처분도 반드시 적법하다고 판단해야 하는 것은 아니라고 판시하였다(대판 2017. 3. 30, 2015두43971). 부당이득의 환수는 이익형량을 전제로 하므로 특별한 규정이 없는 한 재량행위로 보는 것이 타당하다.

판례1   [특례노령연금지급결정 직권취소 및 환수처분 취소 사건] 출생연월일 정정으로 인하여 특례노령연금 수급요건을 충족하지 못하게 된 원고에 대하여, 지급결정을 소급적으로 직권취소하고 및 이미 지급된 급여를 환수하는 처분이 적법한지 여부: (1) 국민연금법 부칙(2007. 7. 23.) 제 9 조 제 1 항 제 1 호는, 1999년 4월 1일 현재 50세 이상 60세 미만인 자로서 60세가 되기 전에 가입기간이 5년 이상 10년 미만이 되는 자에 대하여는 60세가 되는 날부터 일정한 금액의 연금(이하 '특례노령연금'이라고 한다)을 지급하도록 정하고 있다. 그리고 국민연금법 제57조 제1항은 "공단은 급여를 받은 사람이 다음 각 호의 어느 하나에 해당하는 경우에는 대통령령으로 정하는 바에 따라 그 금액을 환수해야 한다."고 규정하고, 그 사유로서 '거짓이나 그 밖의 부정한 방법으로 급여를 받은 경우'(제1호), '제75조 및 제121조 제2항에 따른 수급권 소멸사유를 공단에 신고하지 아니하거나 늦게 신고하여 급여가 잘못 지급된 경우'(제2호), '그 밖의 사유로 급여가 잘못 지급된 경우'(제3호)를 정하고 있다. 〈해설〉 환수처분은 기속처분으로 규정되어 있다. (2) 이러한 국민연금법 규정의 내용과 취지, 사회보장 행정영역에서의 수익적 행정처분 취소의 특수성 등을 종합하여 보면, 위 조항에 따라 급여를 받은 당사자로부터 잘못 지급된 급여액에 해당하는 금액을 환수하는 처분을 함에 있어서는 그 급여의 수급에 관하여 당사자에게 고의 또는 중과실 등 귀책사유가 있는지, 지급된 급여의 액수·연금지급결정일과 지급결정 취소 및 환수처분일 사이의 시간적 간격·수급자의 급여액 소비 여부 등에 비추어 이를 다시 원상회복하는 것이 수급자에게 가혹한지 여부, 잘못 지급된 급여액에 해당하는 금액을 환수하는 처분을 통하여 달성하고자 하는 공익상 필요의 구체적 내용과 그 처분으로 말미암아 당사자가 입게 될 불이익의 내용 및 정도와 같은 여러 사정을 두루 살펴, 잘못 지급된 급여액에 해당하는 금액을 환수하는 처분을 하여야 할 공익상 필요와 그로 인하여 당사자가 입게 될 기득권과 신뢰의 보호 및 법률생활 안정의 침해 등의 불이익을 비교·교량한 후, 그 공익상 필요가 당사자가 입게 될 불이익을 정당화할 만큼 강한 경우에 한하여 잘못 지급된 급여액에 해당하는 금액을 환수하는 처분을 하여야 한다고 봄이 타당하다. 〈해설〉법에서는 기속행위로 규정되어 있더라도 이익형량을 하여야 한다고 하였다. (3) 나아가 행정처분을 한 처분청은 그 처분의 성립에 하자가 있는 경우 별도의 법적 근거가 없다고 하더라도 직권으로 이를 취소할 수 있다고 봄이 원칙이므로, 국민연금법이 정한 수급요건을 갖추지 못하였음에도 연금 지급결정이 이루어진 경우에는 이미 지급된 급여 부분에 대한 환수처분과 별도로 그 지급결정을 취소할 수 있다. (4) 이 경우에도 이미 부여된 국민의 기득권을 침해하는 것이므로 그 취소권의 행사는 지급결정을 취소할 공익상의 필요보다 상대방이 받게 될 불이익 등이 막대한 경우에는 재량권의 한계를 일탈한 것으로서 위법하다고 보아야 한다. 다만 이처럼 연금지급결정을 취소하는 처분과 그 처분에 기초하여 잘못 지급된 급여액에 해당하는 금액을 환수하는 처분이 적법한지를 판단함에 있어 비교·교량할 각 사정이 동일하다고는 할 수 없으므로, 연금지급결정을 취소하는 처분이 적법하다고 하여 환수처분도 반드시 적법하다고 판단하여야 하는 것은 아니다(대법원 2014. 7. 24, 선고 2013두27159 판결 참조). 〈해설〉 판례는 연금지급결정의 취소를 직권취소로 보았지만, 가족관계등록부정정은 처분후의 사유이므로 연금지급결정의 취소를 철회로 보는 것이 타당하다는 견해도 있다. (5) ① 원고의 출생연월일이 사후적으로 정정된 결과 원고에 대한 지급결정 당시 특례노령연금 수급요건을 갖추지 못하게 되었다고 하더라도, 연금지급신청 당시 객관적 소명자료인 가족관계등록부에 기재된 출생연월일을 기재하여 특례노령연금을 지급받은 원고에게 고의 또는 중과실의 귀책사유가 있다고 단정하기 어려운 점, ② 원고에 대한 퇴직노령연금 지급개시시점과 이 사건 각 처분시점의 시간적 간격이 6년여가 되어 이미 지급된 급여를 원상회복하는 것이 쉽지 않아 보이고, 또한 지급된 급여에 대하여 원고가 이를 퇴직노령연금의 취지에 어긋나게 이를 낭비하였다고 볼 만한 사정도 발견되지 아니하는 점, ③ 한편 이 사건 환수처분에 의하여 원고가 반환해야 하는 급여액수, 원고의 연령과 경제적 능력 등을 고려하면 원고에게 가혹하다고 보이는 점 등을 종합하여, 이 사건 환수처분을 함으로써 얻을 수 있는 공익상 필요가 그로 말미암아 원고가 입게 될 불이익을 정당화할 만큼 강하다고 보기 어렵다고 판단함으로써, 이 사건 환수처분은 위법하다고 판단한 반면, 이 사건 직권취소 처분은 원고 연금수급권의 법적 근거를 상실시키기 위하여 2008. 2. 10.자 이 사건 지급결정을 직권취소하는 취지로 볼 수 있고, 특례노령연금 수급을 받을 것이라는 점에 관한 원고의 신뢰가 있었다고 하더라도, 원고의 정정된 출생연월일을 기준으로 원고가 특례노령연금의 수급요건을 충족하지 않는다는 점이 확인된 이상 원고에 대한 연금 지급근거를 상실시킴으로써 장기적으로 국민연금기금의 재정적 건전성을 확보하여야 할 공익상 필요가 원고의 신뢰 보호 필요성에 비하여 강하다고 보아야 하므로 적법하다고 판단한 사례(대판 2017. 3. 30, 2015두43971[특례노령연금수급권취소처분등취소청구의소]). 〈해설〉 이 사건 소급적 취소처분 중 소급 부분은 위법하다고 보고 일부 취소하는 것이 타당하다. 소급적 취소는 적법하되 환수처분은 위법하다고 한 것은 타당하지 않다.

판례2   [1] 산업재해보상보험법(이하 '산재보상법'이라 한다) 제84조 제 1 항 제 3 호의 내용과 취지, 사회보장 행정영역에서의 수익적 행정처분 취소의 특수성 등을 종합해 보면, 산재보상법 제84조 제 1 항 제 3 호에 따라 보험급여를 받은 당사자로부터 잘못 지급된 보험급여액에 해당하는 금액을 징수하는 처분을 할 때에는 보험급여의 수급에 관하여 당사자에게 고의 또는 중과실의 귀책사유가 있는지, 잘못 지급된 보험급여액을 쉽게 원상회복할 수 있는지, 잘못 지급된 보험급여액에 해당하는 금액을 징수하는 처분을 통하여 달성하고자 하는 공익상 필요의 구체적 내용과 처분으로 당사자가 입게 될 불이익의 내용 및 정도와 같은 여러 사정을 두루 살펴, 잘못 지급된 보험급여액에 해당하는 금액을 징수하는 처분을 해야 할 공익상 필요와 그로 말미암아 당사자가 입게 될 기득권과 신뢰의 보호 및 법률생활 안정의 침해 등의 불이익을 비교·교량한 후, 공익상 필요가 당사자가 입게 될 불이익을 정당화할 만큼 강한 경우에 한하여 보험급여를 받은 당사자로부터 잘못 지급된 보험급여액에 해당하는 금액을 징수하는 처분을 하여야 한다. 나아가 산재보상법상 각종 보험급여 등의 지급결정을 변경 또는 취소하는 처분과 처분에 터 잡아 잘못 지급된 보험급여액에 해당하는 금액을 징수하는 처분이 적법한지를 판단하는 경우 비교·교량할 각 사정이 동일하다고는 할 수 없으므로, 지급결정을 변경 또는 취소하는 처분이 적법하다고 하여 그에 터 잡은 징수처분도 반드시 적법하다고 판단해야 하는 것은 아니다. [2] 근로복지공단이, 출장 중 교통사고로 사망한 甲의 아내 乙에게 요양급여 등을 지급하였다가 甲의 음주운전 사실을 확인한 후 요양급여 등 지급결정을 취소하고 이미 지급된 보험급여를 부당이득금으로 징수하는 처분을 한 사안에서, 위 사고는 망인의 음주운전이 주된 원인으로서 망인의 업무와 사고 발생 사이에는 상당인과관계가 있다고 볼 수 없어 망인의 사망은 업무상 재해에 해당하지 않으므로 요양급여 등 지급결정은 하자 있는 위법한 처분인 점 등을 고려하면, 요양급여 등 지급결정은 취소해야 할 공익상의 필요가 중대하여 乙 등 유족이 입을 불이익을 정당화할 만큼 강하지만, 위 사고는 망인이 사업주의 지시에 따라 출장을 다녀오다가 발생하였고, 사고 발생에 망인의 음주 외에 업무로 인한 과로, 과로로 인한 피로 등이 경합하여 발생한 점 등을 고려하면, 이미 지급한 보험급여를 부당이득금으로 징수하는 처분은 공익상의 필요가 乙 등이 입게 된 기득권과 신뢰보호 및 법률생활 안정의 침해 등 불이익을 정당화할 만큼 강한 경우에 해당하지 않는다고 본 사례(대판 2014. 7. 24, 2013두27159[요양승인결정등취소처분취소청구]).

판례3   구 국민건강보험법 제52조 제 1 항은 "공단은 사위 기타 부당한 방법으로 보험급여를 받은 자 또는 보험급여비용을 받은 요양기관에 대하여 그 급여 또는 급여비용에 상당하는 금액의 전부 또는 일부를 징수한다."라고 규정하여 문언상 일부 징수가 가능함을 명시하고 있다. 위 조항이 정한 부당이득징수는 재량행위라고 보는 것이 옳다. 그리고 요양기관이 실시한 요양급여 내용과 요양급여비용의 액수, 의료기관 개설·운영 과정에서의 개설명의인의 역할과 불법성의 정도, 의료기관 운영성과의 귀속 여부와 개설명의인이 얻은 이익의 정도, 그 밖에 조사에 대한 협조 여부 등의 사정을 고려하지 않고 의료기관의 개설명의인을 상대로 요양급여비용 전액을 징수하는 것은 다른 특별한 사정이 없는 한 비례의 원칙에 위배된 것으로 재량권을 일탈·남용한 때에 해당한다고 볼 수 있다(대판 2020. 6. 4, 2015두39996[요양급여비용징수처분취소청구]).

이러한 판례의 태도(지급결정 취소처분의 적법성과 징수처분의 위법성을 분리하여 판단하는 견해)에 대하여 다음과 같은 비판을 제기하는 견해가 있다. ① 부당이득법리를 무색하게 만들 우려가 있다. ② 환수처분에서 이익형량을 통해 재량적 접근을 하는 것은 환수처분의 근거규정이 기속행위로 규정되어 있는 명문에 반한다(김중권, 사회보장급부취소처분과 환수처분간의 관계, 법조 제730호(2018.8.28) 참조).

생각건대, 입법론상 지급결정의 직권취소와 환수처분을 단계적 행정결정으로 구성하는 것이 바람직하다. 수익적 행정행위의 직권취소의 경우 상대방의 신뢰보호를 위해 직권

취소의 소급효가 제한될 수 있는데, 어느 정도로 소급효를 인정할 것인지 판단하는 것이
쉽지 않아 직권취소의 소급효 정도(직권취소의 소급효는 지급결정시까지 소급하는 것과 전혀
소급하지 않는 것 사이에서 상대방의 불이익과 공익의 이익형량을 통해 소급효의 정도가 결정될 수
있다)를 정하는 데에는 시간이 필요하여 직권취소가 지체될 수 있다. 이러한 점을 고려하
여 지급결정의 위법사실이 인정되면 즉시 잠정적으로 소급효 없는 직권취소를 하고, 어느
정도로 소급효를 인정할 것인지 달리 말하면 어느 정도 환수를 하는 것으로 처분을 할 것
인지는 시간을 갖고 환수결정하는 것이 바람직할 수 있다. 지급결정을 소급적으로 취소한
후 환수처분이 부분적으로만 행해지면 해당 환수처분은 환수처분과 함께 선행 소급적 직
권취소를 환수시점까지 소급효 있는 직권취소로 변경하는 처분의 성격을 갖는다고 보아야
한다. 헌법합치적 법률해석을 하면 현행법령의 해석으로도 이러한 해결이 가능하다고 생
각한다. 이렇게 해석하면 직권취소뿐만 아니라 환수처분도 명문의 규정은 없지만 해석상
이익형량을 통해 처분을 내려야 하는 재량처분이 된다. 이렇게 해석한다면 판례의 입장이
타당하다고 할 수 있다.

　　또한, 수익적 행정행위의 직권취소에서의 소급효 제한법리에 따라 급부 상대방에게
귀책사유(고의 또는 중과실)가 없는 경우에는 환수처분은 인정되지 않는다고 보아야 한다.

　　환수처분에 관한 명문의 규정이 없는 경우에는 환수처분을 내릴 수는 없지만, 완전소
급효 또는 부분소급효를 갖는 직권취소를 하고, 이에 따른 부당이득을 청구하는 방식으로
부정수급액을 환수할 수 있다.

　　지급결정에 대한 강학상 철회의 경우 철회는 장래효만 가지므로 명문의 규정이 없는
한 부당이득의 환수는 불가능하다. 그러나, 철회 이후의 부정수급을 환수할 필요가 있는
경우가 있을 수 있으므로 이 경우에는 명문으로 부정수급한 금전을 환수하는 처분을 인정
하는 것이 바람직하다.

　　「공공재정 부정청구 금지 및 부정이익 환수 등에 관한 법률」(약칭 '공공재정환수법'이라
한다)은 '행정청은 부정청구등이 있는 경우에는 부정이익과 대통령령으로 정하는 이자(이
하 "부정이익등"이라 한다)를 환수하여야 한다(제8조 제1항). 행정청은 부정이익등을 환수
하는 경우에는 공공재정지급금 지급 결정의 전부 또는 일부를 취소하여야 한다(동조 제2
항). 부정이익등의 환수를 위한 가액 산정 기준, 환수 절차에 관한 사항은 대통령령으로
정한다(동조 제3항).'고 일반적으로 규정하고 있다.

Ⅱ. 행정행위의 철회 [2007 행시(일반행정직) 사례]

1. 철회의 의의 [2008 행시(일반행정직) 사례]

행정행위의 철회(撤回)라 함은 적법하게 성립한 행정행위의 효력을 성립 후에 발생한 근거법령의 변경 또는 사실관계의 변경 등 새로운 사정으로 인하여 공익상 그 효력을 더 이상 존속시킬 수 없는 경우에 본래의 행정행위의 효력을 장래에 향하여 상실시키는 독립된 행정행위를 말한다.

철회는 그 대상이 적법한 행정행위라는 점에서 그 대상이 위법한 행정행위인 취소와 구별된다. 그러나, 실정법상으로는 철회라는 용어를 사용하는 경우는 많지 않고 철회에 해당하는 경우도 취소라는 용어를 사용하는 경우가 많다. 따라서, 행정청의 행정행위 취소가 있더라도 취소사유의 내용, 경위 기타 제반 사정을 종합하여 명칭에도 불구하고 행정행위의 효력을 장래에 향해 소멸시키는 행정행위의 철회에 해당하는지 살펴보아야 한다.

> **판례** 주무관청의 甲 사회복지법인에 대한 기본재산처분 허가에 따라 乙 회사에 처분되어 소유권이전등기까지 마쳐진 이후 주무관청이 허가를 취소하였더라도, 허가를 취소하면서 내세운 취소사유가 허가 당시에 존재하던 하자가 아니라면, 그 명칭에도 불구하고 법적 성격은 허가의 '철회'에 해당할 여지가 있어 그 전에 이루어진 甲 법인과 乙 회사의 부동산 매매계약과 이를 원인으로 마쳐진 乙 회사의 소유권이전등기는 허가 취소에도 불구하고 여전히 유효하다고 볼 수 있는 여지가 있다고 한 사례(대판 2022. 9. 29, 2022마118) 〈해설〉 주무관청의 甲 사회복지법인에 대한 기본재산처분 허가는 학문상 인가에 해당한다. 허가를 취소하면서 내세운 취소사유가 허가 당시에 존재하던 하자이면 학문상 취소이고, 그 취소사유가 허가 당시에 존재하던 하자가 아니라 후발적인 것이라면, 그 명칭에도 불구하고 법적 성격은 허가의 '철회'에 해당한다.

2. 취소와 철회의 구별

종래에는 철회와 취소를 엄격히 구분하였지만 오늘날에는 철회와 협의의 취소인 직권취소 사이의 구별은 상대적이라고 보며 나아가 양자간의 차이보다는 유사성이 강조되는 경향에 있다.

(1) 개괄적 비교

일반적으로 원시적 하자 있는(위법 또는 부당한) 행정행위의 효력을 소멸시키는 행위를 취소라고 하고, 본래는 적법했으나 후발적 사정을 이유로 장래에 향하여 효력을 상실시키는 행위를 철회라고 한다. 그러나, 이러한 취소와 철회의 구별은 적어도 직권취소와 철회에 관하여는 그다지 중요하지 않다.

직권취소와 철회는 모두 쟁송에 의하지 않고 행정기관의 직권에 의해 행정행위의 효력을 소멸시키는 점에 공통성이 있다. 이것은 부담적 행정행위에 있어서도 수익적 행정행위에 있어서도 인정된다.

(2) 직권에 의한 취소와 철회의 비교

1) 철회(취소)의 목적

철회는 새로운 공익목적을 달성하기 위하여 행하여지지만 상대방의 위법행위에 대한 제재로서의 영업허가의 철회는 법질서의 유지를 직접 목적으로 한다.

직권취소는 위법성의 시정을 통한 적법성의 회복뿐만 아니라 장래를 향한 행정목적의 실현을 위한 수단으로 행하여지는데 행정현실에 있어서는 오히려 후자의 경우가 많다.

이렇게 볼 때 직권취소와 철회는 다 같이 행정목적의 실현을 위한 행정의 개입수단이 되는 점에서는 서로 비슷한 성질을 가진다.

2) 취소(철회)권자

철회는 그 성질상 새로운 처분을 하는 것과 같기 때문에 처분청만이 이를 행할 수 있지만, 취소의 경우에는 처분청 외에 감독청도 권한을 갖는다는 설이 있다.

그러나, 직권취소에 있어서도 법률에 특별한 규정이 있는 경우 이외에는 감독청은 취소권이 없다는 견해가 유력하다.

3) 법률의 근거

행정기본법은 직권취소나 철회의 일반적 근거규정을 두고 있다. 따라서, 직권취소나 철회는 개별법률의 근거가 없어도 가능하다(행정기본법 제18조, 제19조).

4) 취소(철회)원인

취소는 처분의 원시적 하자(행정행위의 성립 당시에 존재하였던 하자(위법 또는 부당))를 이유로 하고, 철회는 원시적 하자가 아닌 새로운 사정의 발생으로 인한 공익상 필요를 이유로 한다고 하는 것이 양자의 가장 큰 차이이다.

5) 소급효 여부

원시적 하자를 이유로 한 행정행위의 직권취소의 경우에 그 행위를 소급적으로 취소하면 상대방인 국민의 신뢰를 해하게 되는 경우(수익적 행정행위의 직권취소에서 상대방에게 귀책사유가 없는 경우)에는 장래에 향해서만 취소할 수 있다. 이 점에서는 장래에 향하여서만 효력을 발생하는 철회와 다르지 않다.

6) 보   상

철회의 경우에 상대방의 책임 있는 사유가 아닌 사정변경을 이유로 하는 철회의 경우에 상대방이 특별한 손실을 받은 경우에는 보상(補償)을 요하지만, 상대방의 위법행위에 대한 제재로서 행하여지는 영업허가 등의 철회의 경우에는 상대방의 책임 있는 사유에 근거하는 것이기 때문에 보상을 요하지 않는다.

철회권이 유보된 경우에도 원칙상 보상을 요하지 않는다.

취소의 경우에는 상대방인 국민도 행정행위의 위법을 알았다고 추정되므로 원칙상 보상을 요하지 않는다. 다만, 상대방에게 적법성에 대한 귀책사유가 없는 신뢰가 있었던 경우에는 보상이 주어져야 한다.

(3) 쟁송취소와 철회의 비교

이에 반하여 쟁송에 의한 취소와 철회는 유사점보다는 차이점이 많다고 할 수 있다. 양자 모두 일단 유효한 행정행위의 효력을 상실시키는 수단인 점에서는 같다.

그러나, 쟁송취소(爭訟取消)와 철회는 본질적으로 다르다. 양자는 다음과 같은 차이가 있다. 쟁송취소제도는 위법성의 시정을 통하여 적법성을 회복하고 아울러 침해된 국민의 권익구제를 목적으로 하므로, 쟁송취소행위는 사법작용(司法作用)인 데 반하여, 철회는 장래에 향하여 행정목적의 실현을 위하여 행하여지는 하나의 행정행위이다. 양자 사이에는 이러한 기본적 성격의 차이로 인하여 취소(철회)권자, 취소(철회)사유, 소급효 여부 등에서 차이가 있다.

3. 철회권자

철회는 그의 성질상 원래의 행정행위처럼 새로운 처분을 하는 것과 같기 때문에 처분청만이 이를 행할 수 있다고 보아야 한다. 상급청이라도 감독권에 의해 하급청의 권한을 대신 행사하는 것은 인정될 수 없다.

4. 철회원인(철회사유)

행정기본법에 따르면 행정청은 적법한 처분이 다음 각 호의 어느 하나에 해당하는 경우에는 그 처분의 전부 또는 일부를 장래를 향하여 철회할 수 있다. 1. 법률에서 정한 철회 사유에 해당하게 된 경우, 2. 법령등의 변경이나 사정변경으로 처분을 더 이상 존속시킬 필요가 없게 된 경우, 3. 중대한 공익을 위하여 필요한 경우(행정기본법 제19조 제 1 항).

즉 철회는 '철회의 대상이 되는 적법한 행정행위가 행해진 후 공익상 행정행위의 효력을 더 이상 존속시킬 수 없는 새로운 사정이 발생한 경우'에 행해질 수 있다.

> 판례   '철회 사유'는 행정행위가 성립된 이후에 새로이 발생한 것으로서 행정행위의 효력을 존속시킬 수 없는 사유를 말한다(대판 2018. 6. 28, 2015두58195).

철회사유 중 중요한 것을 보면 다음과 같다.

① 원행정행위가 근거한 사실적 상황 또는 법적 상황의 변경으로 현재의 사정하에서 원행정행위를 하면 위법이 되는 경우

예를 들면, 수익처분을 함에 있어 신청권자에게 요구되는 허가요건이 사후적으로 충족되지 않는 경우, 법령의 개폐에 의해 현재의 사정하에서 원행정행위를 해 줄 수 없는 경우

② 상대방의 유책행위에 대한 제재로서의 철회(법령 위반, 의무 위반, 부담의 불이행)

　수익처분을 받은 자가 수권법령 또는 관계법령을 위반한 경우, 수익처분을 받은 자가 수익처분의 근거법령에서 정하는 의무를 위반한 경우, 부관으로 부과된 부담을 이행하지 않는 경우

③ 철회권의 유보

④ 기타 철회하여야 할 보다 우월한 공익의 요구가 존재하는 경우. 다만, 기속행위의 경우 법치행정의 원칙상 단순한 공익만을 이유로 하여서는 철회할 수 없다고 보아야 한다.

> **판례1**　행정행위를 한 처분청은 비록 그 처분 당시에 별다른 하자가 없었고, 또 그 처분 후에 이를 취소(철회)할 별도의 법적 근거가 없다 하더라도 원래의 처분을 존속시킬 필요가 없게 된 사정변경이 생겼거나 또는 중대한 공익상의 필요가 발생한 경우에는 그 효력을 상실케 하는 별개의 행정행위로 이를 취소할 수 있다(대판 1995. 6. 9, 95누1194[징집처분취소]).

> **판례2**　**취소사유로서의 사정변경 및 공익상 필요성**: 공수법 제32조 제3호, 제40조, 구 공수법 시행령(2005. 9. 30. 대통령령 제19080호로 개정되기 전의 것, 이하 같다) 제40조 제4항, 제1항의 규정을 종합하면, 농림부장관은 매립공사의 준공인가 전에 공유수면의 상황 변경 등 예상하지 못한 사정변경으로 인하여 공익상 특히 필요한 경우에는 공수법에 의한 면허 또는 인가 등을 취소·변경할 수 있는바, 여기에서 사정변경이라 함은 공유수면매립면허처분을 할 당시에 고려하였거나 고려하였어야 할 제반 사정들에 대하여 각각 사정변경이 있고, 그러한 사정변경으로 인하여 그 처분을 유지하는 것이 현저히 공익에 반하는 경우라고 보아야 할 것이며, 위와 같은 사정변경이 생겼다는 점에 관하여는 그와 같은 사정변경을 주장하는 자에게 그 입증책임이 있다고 할 것이다(대판 전원합의체 2006. 3. 16, 2006두330[새만금사건]).

> **판례3**　(1) 사립학교법 제20조의2 제1항에 규정된 취소(철회)사유가 발생하였다는 객관적인 사실이 인정되면 해당 임원에게 이러한 사유 발생과 관련한 임무해태를 탓할 수 없는 정당한 사유가 인정되지 않는 한, 임원취임승인 취소처분의 처분사유 자체는 존재한다고 보아야 한다. (2) 관할청의 주된 귀책사유로 사립학교법 제20조의2 제1항에 규정된 임원취임승인 취소의 사유가 발생하였더라도 곧바로 처분사유가 존재하지 않는다고 볼 수 없다. (3) △△대학교를 설립·운영하는 학교법인 ○○학원의 이사였다가 피고로부터 임원취임승인취소처분을 받은 원고들이 이의 취소를 구한 사건에서, 사립학교법 제20조의2 제1항 소정의 임원취임승인 취소의 사유가 피고의 귀책사유에 주로 기인하여 발생하였다는 이유로 처분사유 자체가 부존재한다고 본 원심 판단은 잘못되었지만, 여러 사정에 비추어 볼 때 피고에게 재량권 일탈·남용의 위법이 인정되므로 원심의 결론을 수긍하여 상고를 기각한 사례(대판 12. 28, 2015두56540[임원취임승인취소처분취소]).

철회사유가 철회처분 이전에 해소된 경우에도 철회사유가 당연히 없어지는 것은 아니다.

> **판례1**　구 국민체육진흥법(2020. 2. 4. 법률 제16931호로 개정되기 전의 것) 제11조의5 제3호, 제12조 제1항 제4호의 내용, 체계와 입법 취지 등을 고려하면, 구 국민체육진흥법 제12조 제1항 제4호에서 정한 '제11조의5 각호의 어느 하나에 해당하는 경우'는 '제11조의5 각호 중 어느 하나의 사유가 발생한 사실이 있는 경우'를 의미한다고 보아야 하므로, 체육지도자가 금고 이상의 형의 집행유예를 선고받은 경우 행정청은 원칙적으로 체육지도자의 자격을 취소(철회)하여야 하고, 집행유예기간이 경과하는 등의 사유로 자격취소처분 이전에 결격사유가 해소되었다고 하여 이와 달리 볼 것은 아니다(대판 2022. 7. 14, 2021두62287[체육지도자자격취소처분취소의소]).

> **판례2**　구 의료법 제 8 조 제 4 호의 '금고 이상의 형을 선고받고 그 집행을 받지 아니하기로 확정되지 아니한 자'에는 금고 이상의 형의 집행유예를 선고받고 그 선고의 실효 또는 취소 없이 유예기간이 지나 형 선고의 효력이 상실되기 전까지의 자가 포함되는 것으로, 그 유예기간이 지나 형 선고의 효력이 상실되었다면 더 이상 의료인 결격사유에 해당하지 아니한다. 다만 면허취소사유를 정한 구 의료법 제65조 제 1 항 단서 제 1 호의 '제 8 조 각호의 어느 하나에 해당하게 된 경우'란 '제 8 조 각호의 사유가 발생한 사실이 있는 경우'를 의미하는 것이지, 행정청이 면허취소처분을 할 당시까지 제 8 조 각호의 결격사유가 유지되어야 한다는 의미로 볼 수 없다. 의료인이 의료법을 위반하여 금고 이상의 형의 집행유예를 선고받았다면 면허취소사유에 해당하고, 그 유예기간이 지나 형 선고의 효력이 상실되었다고 해서 이와 달리 볼 것은 아니다(대판 2022. 6. 30, 2021두62171[의사면허취소처분취소]).

5. 철회의 법적 근거 [1997 행시 논술]

행정기본법은 직권취소나 철회의 일반적 근거규정을 두고 있다. 따라서, 직권취소나 철회는 개별법률의 근거가 없어도 가능하다(행정기본법 제18조, 제19조).

6. 철회의 제한 [2011 일반행정 사례, 2014 행시 사례, 2016 행시 사례, 2016 변시]

모든 철회는 비례의 원칙, 신뢰보호의 원칙, 평등의 원칙 등 법의 일반원칙에 의해 제한된다.

(1) 이익형량의 원칙

행정청은 행정기본법 제19조 제 1 항에 따라 처분을 철회하려는 경우에는 철회로 인하여 당사자가 입게 될 불이익을 철회로 달성되는 공익과 비교·형량하여야 한다(행정기본법 제19조 제 2 항).

이를 철회시의 **이익형량의 원칙**이라 한다. 예를 들면, 경미한 의무위반에 대하여 상대방에게 중대한 이익을 주는 수익처분을 철회하는 것은 비례의 원칙에 반한다.

철회권이 유보된 경우의 철회에도 이익형량의 원칙은 적용된다.

> **판례**　(1) 수익적 행정행위를 취소 또는 철회하거나 중지시키는 경우에는 이미 부여된 국민의 기득권을 침해하는 것이 되므로, 비록 취소 등의 사유가 있다고 하더라도 그 취소권 등의 행사는 기득권의 침해를 정당화할 만한 중대한 공익상의 필요 또는 제 3 자의 이익을 보호할 필요가 있고, 이를 상대방이 받는 불이익과 비교·교량하여 볼 때 공익상의 필요 등이 상대방이 입을 불이익을 정당화할 만큼 강한 경우에 한하여 허용될 수 있다(대법원 2012. 3. 15. 선고 2011두27322 판결 등 참조). (2) 건축주가 건축허가 대상 토지 소유자인 원고의 토지사용승낙서를 제출하여 피고로부터 건축허가를 받았다가 원고에게 매매대금을 지급하지 못해 매매계약이 해제되고 토지사용승낙서가 실효되자 원고가 피고를 상대로 건축허가 철회신청을 하였으나 피고가 이를 거부한 경우, 피고의 거부행위는 (원고에게 철회신청권이 인정되므로) 항고소송의 대상이 되고, 나아가 피고가 원고의 신청에 따라 건축허가를 철회함으로써 원고의 이익을 보호할 필요가 인정되며, 이를 건축주가 받는 불이익과 비교·교량하여 볼 때 원고의 이익을 보호할 필요가 건축주의 불이익을 정당화할 만큼 강하다고 판단한 사안(대판 2017. 3. 15, 2014두41190<건축허가철회신청거부처분취소의 소>).

(2) 신뢰보호의 원칙 [2011 사시 사례]

철회사유가 발생한 후 상당한 기간이 지난 경우에는 철회하지 않을 것에 신뢰가 형성된다. 따라서, 이 경우에 상대방에게 귀책사유(철회가능성을 알고 있었거나 중대한 과실로 알지 못한 것)가 없는 한 신뢰보호의 원칙이 적용된다. 신뢰이익이 있는 경우 이익형량에 신뢰이익을 포함시켜야 한다.

> **판례1**   교통사고가 일어난 지 1년 10개월이 지난 뒤 그 교통사고를 일으킨 택시에 대하여 운송사업면허를 취소하였더라도 처분관할관청이 위반행위를 적발한 날로부터 10일 이내에 처분을 하여야 한다는 교통부령인 자동차운수사업법 제31조 등의 규정에 의한 사업면허의 취소 등의 처분에 관한 규칙 제4조 제2항 본문을 강행규정으로 볼 수 없을 뿐만 아니라 택시운송사업자로서는 자동차운수사업법의 내용을 잘 알고 있어 교통사고를 낸 택시에 대하여 운송사업면허가 취소될 가능성을 예상할 수도 있었을 터이니, 자신이 별다른 행정조치가 없을 것으로 믿고 있었다 하여 바로 신뢰의 이익을 주장할 수는 없으므로 그 교통사고가 자동차운수사업법 제31조 제1항 제5호 소정의 "중대한 교통사고로 인하여 많은 사상자를 발생하게 한 때"에 해당한다면 그 운송사업면허의 취소가 행정에 대한 국민의 신뢰를 저버리고 국민의 법생활의 안정을 해치는 것이어서 재량권의 범위를 일탈한 것이라고 보기는 어렵다(대판 1989. 6. 27, 88누6283[택시사업면허취소처분 등 취소]).
>
> **판례2**   **3년 전의 위반행위를 이유로 한 운전면허취소처분의 위법성을 인정한 사례:** 택시운전사가 1983. 4. 5 운전면허정지기간중의 운전행위를 하다가 적발되어 형사처벌을 받았으나 행정청으로부터 아무런 행정조치가 없어 안심하고 계속 운전업무에 종사하고 있던 중 행정청이 위 위반행위가 있은 이후에 장기간에 걸쳐 아무런 행정조치를 취하지 않은 채 방치하고 있다가 3년여가 지난 1986. 7. 7에 와서 이를 이유로 행정제재를 하면서 가장 무거운 운전면허를 취소하는 행정처분을 하였다면 이는 행정청이 그간 별다른 행정조치가 없을 것이라고 믿은 신뢰의 이익과 그 법적안정성을 빼앗는 것이 되어 매우 가혹할 뿐만 아니라 비록 그 위반행위가 운전면허취소사유에 해당한다 할지라도 그와 같은 공익상의 목적만으로는 위 운전사가 입게 될 불이익에 견줄 바 못된다 할 것이다(대판 1987. 9. 8, 87누373[자동차운전면허취소처분취소]). 〈평석〉 이 사례에서 판례는 신뢰보호의 원칙, 이익형량의 원칙을 적용하였지만, 행정청이 법규위반행위를 알았다고 볼 수 있는 등 실권의 법리를 인정할 수도 있는 사례로 보인다. 또한, 이 사례에서 만일 행정청이 원고의 신뢰보호의 이익을 고려하여 운전면허정지처분을 내렸다면 당해 정지처분은 위법하지 않은 처분으로 판단될 수도 있다.

다만, 철회권이 유보된 경우 신뢰보호의 원칙은 적용되지 않는다. 왜냐하면 철회권이 유보된 경우에는 원행정행위(原行政行爲)가 철회될 수 있는 가능성이 있다는 것이 당사자에게 고지되어 상대방이 철회의 가능성을 알고 있기 때문이다.

> **판례1**   행정청이 일단 행정처분을 한 경우에는 행정처분을 한 행정청이라도 법령에 규정이 있는 때, 행정처분에 하자가 있는 때, 행정처분의 존속이 공익에 위반되는 때, 또는 상대방의 동의가 있는 때 등의 특별한 사유가 있는 경우를 제외하고는 행정처분을 자로 취소(철회의 의미를 포함한다)할 수 없다(대판 1990. 2. 23, 89누7061[비관리청하천공사시행허가내용변경처분취소]). 〈평석〉 불가변력을 인정한 것으로 볼 수 있다.
>
> **판례2**   선행처분인 여수경찰서장의 면허정지처분은 비록 그와 같은 처분이 도로교통법시행규칙 제53조 제1항 [별표 16]에서 정한 행정처분기준에 위배하여 이루어진 것이라 하더라도 그와 같은 사실

만으로 곧바로 당해 처분이 위법하게 되는 것은 아닐뿐더러, 원고로서는 그 면허정지처분이 효력을 발생함으로써 그 처분의 존속에 대한 신뢰가 이미 형성되었다 할 것이고 또한 그와 같은 처분의 존속이 현저히 공익에 반한다고는 보이지 아니하므로, 동일한 사유에 관하여 보다 무거운 면허취소처분을 하기 위하여 이미 행하여진 가벼운 면허정지처분을 취소하는 것은 선행처분에 대한 당사자의 신뢰 및 법적 안정성을 크게 저해하는 것이 되어 허용될 수 없다 할 것이다(대판 2000. 2. 25, 99두10520[자동차운전면허취소처분취소]: 운전면허 취소사유에 해당하는 음주운전을 적발한 경찰관의 소속 경찰서장이 사무착오로 위반자에게 운전면허정지처분을 한 상태에서 위반자의 주소지 관할 지방경찰청장이 위반자에게 운전면허취소처분을 한 것은 선행처분에 대한 당사자의 신뢰 및 법적 안정성을 저해하는 것으로서 허용될 수 없다고 한 사례). 원심은 선행처분인 여수경찰서장의 운전면허정지처분의 취소가 허용되지 않는다고 보아 그 후에 이루어진 이 사건 운전면허취소처분은 동일한 사유에 관한 이중처분으로서 위법하다고 보았다.

(3) 평등원칙 및 자기구속의 원칙

동일한 사안에서 철회를 하지 않았음에도 특정 사안에서만 철회를 한 것은 평등원칙 또는 자기구속의 원칙에 반한다.

(4) 실권의 법리(전술 참조)

(5) 제재처분인 철회의 경우 제척기간

법위반사실에 대한 제재로서의 철회의 경우 행정기본법상 제척기간이 적용된다. 제척기간이 지나면 법령이 정한 경우를 제외하고는 취소나 철회를 할 수 없다(후술 제재처분 참조).

(6) 철회와 손실보상

철회로 인하여 관계인의 기득권이 침해되는 경우에는 관계인에게 손실보상이 주어져야 한다. 그러나, 철회권이 유보된 경우 또는 법령 또는 부관으로 부과된 의무를 이행하지 않은 것이 철회의 원인이 되는 등 귀책사유가 있는 경우 등 당사자가 신뢰보호를 주장할 수 없는 경우에는 철회로 인한 손실보상도 주어지지 않는다.

7. 철회절차

철회는 특별한 규정이 없는 한 일반행정행위와 같은 절차에 따른다. 수익적 행정행위의 철회는 '권리를 제한하는 처분'이므로 사전통지절차, 의견제출절차 등 행정절차법상의 절차에 따라 행해져야 한다.

국민에게 법령에 의해 또는 조리상 처분의 철회 또는 변경을 신청할 권한이 인정되는 경우가 있다. 이 경우 철회 또는 변경의 거부는 처분이 된다.

8. 철회의무

철회는 원칙상 재량행위이다. 그러나, 사실적 상황이 변하여 원행정행위의 목적에 비추어 원행정행위가 더 이상 필요하지 않으며 원행정행위의 존속으로 인하여 국민의 중대한 기본권이 침해되는 경우에는 처분청은 원행정행위의 철회를 하여야 할 의무를 진다.

> **판례1**   측량업자가 법 제44조 제 2 항에 따른 등록기준에 미달하게 된 경우, 그것이 '기술인력의 사망·실종 또는 퇴직으로 인하여 등록기준의 미달기간이 90일을 초과하지 아니하는 경우' 등과 같이 일시적으로 등록기준에 미달되는 사정이 발생한 경우가 아니라면 행정청은 이를 사유로 측량업 등록을 취소하여야 하고, 측량업자가 사후에 등록기준을 보완하였더라도 이를 달리 볼 것은 아니다(대판 2016. 10. 27, 2014두44946[등록취소처분취소]).

> **판례2**   사업계획승인 취소(철회)사유로 규정된 사유는 인정되지 않지만, 사실관계를 종합하여 볼 때에 사업계획승인을 존속하기 어려운 사정의 변경이 있거나 사업계획승인을 취소할 중대한 공익상의 필요가 있다고 보아, 사업계획승인 취소사유에 해당하지 않는다는 이유로 사업계획승인 취소(철회)신청을 거부한 피고 행정청의 처분이 구 주택법에 위반되는 것은 아니지만 여기에 재량권 일탈·남용의 위법이 있다고 판단한 원심의 판단을 수긍한 사례(대판 2021. 1. 14, 2020두46004[주택건설사업계획승인 취소신청에 대한 거부처분취소 청구의 소]).

9. 철회의 범위와 한계

철회사유와 관련된 범위 내에서만 철회할 수 있다. 철회사유가 처분의 일부에만 관련되는 경우 철회의 대상이 되는 부분이 가분적인 경우에는 일부철회를 하여야 하고, 일부철회가 불가능한 경우에는 전부를 철회하여야 한다.

(1) 일부철회

일부철회라 함은 하나의 행정행위의 일부분만을 철회하는 것을 말한다.

외형상 하나의 행정처분이라 하더라도 가분성이 있거나 그 처분대상의 일부가 특정될 수 있다면 그 일부만의 철회도 가능하고 그 일부의 철회는 당해 철회부분에 한하여 효력이 생긴다(대판 전원합의체 1995. 11. 16, 95누8850[자동차운전면허취소처분취소]).

> **판례1**   국고보조조림결정에서 정한 조건에 일부만 위반 했음에도 그 조림결정 전부를 취소한 것이 위법하다고 판단한 사례(대판 1986. 12. 9, 86누276[보조금취소처분의취소]). 〈**평석**〉 판결문에서 "취소"는 강학상 철회이다. 일부철회의무를 인정한 사례이다. 일부철회가 가능한 경우 철회원인과 관련이 있는 한도 내에서만 철회가 가능하다.

> **판례2**   보조사업자가 보조금으로 건립한 보육시설, 기타 부대시설을 그 준공일로부터 일정기간 동안은 노동부장관의 승인 없이 국고보조금 교부목적에 위배되는 용도에 사용하거나 양도, 교환, 대여 또는 담보에 제공할 수 없다고 규정하고 있는 직장보육시설설립운영지침을 준수할 것을 조건으로 보조금을 교부받아, 여기에 자기 부담금을 보태서 보육시설을 건축하여 일정기간 보육시설을 운영하다가 임의로 이를 제 3 자에게 매도한 경우, 처분제한기간 중 스스로 보육시설을 운영한 기간에 상응한 부분은 직장보육시설 보조금이 그 목적대로 집행된 것이라고 볼 여지가 있으므로, 보육시설을 타에 매매함으로써 처분제한 조건을 위반하였다는 사유로 보조금의 예산 및 관리에 관한 법률 제30조 제 1 항에 의하여 보조금교부결정을 취소함에 있어서는 매매에 이른 경위 등 다른 사정들과 함께 보조금이 일부 그 목적대로 집행된 사정을 감안하여 취소의 범위를 결정하여야 한다(대판 2003. 5. 16, 2003두1288[보조금

교부결정취소처분취소]: 원고가 교부받은 직장보육시설 보조금의 일부가 정상적으로 집행되었다고 볼 수 있는 사정 등을 제대로 감안하지 아니하고 보조금교부결정을 전부 취소한 행정청의 처분이 재량권의 한계를 일탈·남용한 것이라고 한 사례).

판례3 　보조사업자가 허위의 신청이나 기타 부정한 방법으로 보조금의 교부를 받았음을 이유로 보조금의 교부결정을 취소하는 경우, 그 취소 범위에 관한 판단기준: 보조사업자가 허위의 신청이나 기타 부정한 방법으로 보조금의 교부를 받았음을 이유로 보조금의 교부결정을 취소함에 있어서 전부를 취소할 것인지 일부를 취소할 것인지 여부와 일부를 취소하는 경우 그 범위는 보조사업의 목적과 내용, 보조금을 교부받음에 있어서 부정한 방법을 취하게 된 동기, 보조금의 전체액수 중 부정한 방법으로 교부받은 보조금의 비율과 교부받은 보조금을 그 조건과 내용에 따라 사용한 비율 등을 종합하여 개별적으로 결정하여야 한다(대판 2005. 1. 28, 2002두11165[보조금교부결정취소처분 등]). 〈평석〉 판례상 취소는 강학상 철회와 취소를 포함한다.

일부 철회가 실질에 있어 재량권을 새롭게 행사하여 처분사유가 달라지고 처분내용을 변경하는 것인 경우에 그 일부 철회는 실질은 처분 변경이라고 할 수 있다.

(2) 복수 행정행위의 철회 [2014 변시 사례]

철회사유와 관련이 있는 한도 내에서 복수 행정행위의 철회가 가능하다. 다만, 비례원칙 등 법의 일반원칙을 준수하여야 한다.

1) 철회사유와 관련성이 없는 행정행위의 경우

철회사유와 관련이 없는 행정행위는 철회할 수 없다.

판례1 　제 1 종 보통, 대형 및 특수면허를 가지고 있는 자가 레이카크레인을 음주운전한 행위는 제 1 종 특수면허의 취소사유에 해당될 뿐 제 1 종 보통 및 대형면허의 취소사유는 아니므로, 3종의 면허를 모두 취소한 처분 중 제 1 종 보통 및 대형면허에 대한 부분은 이를 이유로 취소하면 될 것이나, 제 1 종 특수면허에 대한 부분은 원고가 재량권을 일탈·남용하여 위법하다는 주장을 하고 있음에도, 원심이 그 점에 대하여 심리·판단하지 아니한 채 처분 전체를 취소한 조치는 위법하다(대판 전원합의체 1995. 11. 16, 95누8850[자동차운전면허취소처분취소]. 〈평석〉 법규위반으로 인한 취소(철회)를 함에 있어서는 당해 법규위반과 관련이 있는 면허 등을 취소하여야 하며 당해 법규위반과 관련이 없는 면허 등을 취소하는 것은 비례의 원칙상 타당하지 않다. 레이카크레인을 음주운전한 행위는 제 1 종 특수면허의 취소사유가 될 뿐이고, 제 1 종 보통면허 또는 대형면허의 취소사유는 되지 않는다. 따라서, 사례에서 레이카크레인을 음주운전한 행위를 이유로 제 1 종 특수면허뿐만 아니라 제 1 종 보통면허 또는 대형면허를 취소한 처분 중 제 1 종 보통면허 또는 대형면허를 취소한 부분은 레이카크레인을 음주운전한 행위는 제 1 종 보통면허 또는 대형면허의 취소사유가 될 수 없으므로 그 이유만으로 취소가 가능하고, 제 1 종 특수면허를 취소한 부분은 레이카크레인을 음주운전한 행위는 제 1 종 특수면허의 취소사유가 되지만, 동 제 1 종 특수면허의 취소는 재량행위이고, 원고가 재량권의 일탈·남용을 주장하므로 제 1 종 특수면허의 취소가 위법하여 취소될 수 있는지 여부를 판단하기 위하여는 재량권의 일탈·남용 여부를 판단하여야 한다.

판례2 　도로교통법 시행규칙 제26조 [별표 14]에 의하면 제 1 종보통, 제 1 종대형, 제 1 종특수자동차운전면허소유자가 운전한 12인승 승합자동차는 제 1 종보통 및 제 1 종대형자동차운전면허로는 운전이 가능하나 제 1 종특수자동차운전면허로는 운전할 수 없으므로, 위 운전자는 자신이 소지하고 있는 자동차운전면허 중 제 1 종보통 및 제 1 종대형자동차운전면허만으로 운전한 것이 되어, 제 1 종특수자동차

운전면허는 위 승합자동차의 운전과는 아무런 관련이 없고, 또한 위 [별표 14]에 의하면 추레라와 레이카는 제 1 종특수자동차운전면허를 받은 자만이 운전할 수 있어 제 1 종보통이나 제 1 종대형자동차운전면허의 취소에 제 1 종특수자동차운전면허로 운전할 수 있는 자동차의 운전까지 금지하는 취지가 당연히 포함되어 있는 것은 아니라고 한 사례(대판 1998. 3. 24, 98두1031[자동차운전면허취소처분취소]).

2) 철회사유와 관련성이 있는 행정행위의 경우

철회사유와 관련이 있는 복수의 행정행위의 철회가 가능하다.

철회사유가 특정의 면허에 관한 것이 아니고 다른 면허와 공통된 것이거나 운전면허를 받은 사람에 관한 것일 경우에는 여러 면허를 전부 철회할 수도 있다. 예를 들면, 승용차를 음주운전한 자에게 보통면허뿐만 아니라 대형면허도 취소할 수 있다.

판례 한 사람이 여러 종류의 자동차운전면허를 취득하는 경우뿐 아니라 이를 취소 또는 정지하는 경우에 있어서도 서로 별개의 것으로 취급하는 것이 원칙이기는 하나, 자동차운전면허는 그 성질이 대인적 면허일 뿐만 아니라 도로교통법 시행규칙 제26조 별표 14에 의하면, 제 1 종 대형면허 소지자는 제 1 종 보통면허로 운전할 수 있는 자동차와 원동기장치자전거를, 제 1 종 보통면허 소지자는 원동기장치자전거까지 운전할 수 있도록 규정하고 있어서 제 1 종 보통면허로 운전할 수 있는 차량의 음주운전은 당해 운전면허뿐만 아니라 제 1 종 대형면허로도 가능하고, 또한 제 1 종 대형면허나 제 1 종 보통면허의 취소에는 당연히 원동기장치자전거의 운전까지 금지하는 취지가 포함된 것이어서 이들 세 종류의 운전면허는 서로 관련된 것이라고 할 것이므로 제 1 종 보통면허로 운전할 수 있는 차량을 음주운전한 경우에 이와 관련된 면허인 제 1 종 대형면허와 원동기장치자전거면허까지 취소할 수 있는 것으로 보아야 한다(대판 1994. 11. 25, 94누9672; 동지 판례 2005. 3. 11, 2004두12452[자동차운전면허취소처분취소]).

10. 철회의 효과

철회는 장래에 향하여 원행정행위의 효력을 상실시키는 효력을 갖는다.

행정행위의 철회시 별도의 법적 근거 없이 철회의 효력을 철회사유발생일로 소급할 수 없다. 다만, 예외적으로 별도의 법적 근거가 있는 경우에는 철회의 효력을 과거로 소급시킬 수 있다.

판례1 영유아보육법 제30조 제 5 항에 따라 평가인증을 철회하는 처분을 하면서, 별도의 법적 근거 없이 평가인증의 효력을 과거로 소급하여 상실시킬 수 있는지 여부(원칙적 소극): 영유아보육법 제30조 제 5 항 제 3 호에 따른 평가인증의 취소는 평가인증 당시에 존재하였던 하자가 아니라 그 이후에 새로이 발생한 사유로 평가인증의 효력을 소멸시키는 경우에 해당하므로, 법적 성격은 평가인증의 '철회'에 해당한다. 그런데 행정청이 평가인증을 철회하면서 그 효력을 철회의 효력발생일 이전으로 소급하게 하면, 철회 이전의 기간에 평가인증을 전제로 지급한 보조금 등의 지원이 그 근거를 상실하게 되어 이를 반환하여야 하는 법적 불이익이 발생한다. 이는 장래를 향하여 효력을 소멸시키는 철회가 예정한 법적 불이익의 범위를 벗어나는 것이다. 이처럼 행정청이 평가인증이 이루어진 이후에 새로이 발생한 사유를 들어 영유아보육법 제30조 제 5 항에 따라 평가인증을 철회하는 처분을 하면서도, 평가인증의 효력을 과거로 소급하여 상실시키기 위해서는, 특별한 사정이 없는 한 영유아보육법 제30조 제 5

항과는 별도의 법적 근거가 필요하다(대판 2018. 6. 28, 2015두58195).

판례2   피고가 별도의 법적 근거나 특별한 사정 없이 원고의 보조금 부정수급을 이유로 원고가 운영하는 어린이집에 대한 평가인증의 유효기간을 취소사유 발생일(부정수급일)부터 소급하여 중단시켜 그 평가인증을 취소한 것은 위법하다고 판단한 사례(대판 2018. 6. 28, 2015두58195).

보조금 등을 부정사용한 경우에는 부정사용한 부분에 해당하는 보조금등의 지급처분을 취소(철회)하도록 하는 규정(예, 보조금법 제30조 제 1 항)을 둘뿐만 아니라 그 취소(철회)한 부분에 해당하는 보조금과 이로 인하여 발생한 이자의 반환을 명하도록 하는 규정(예, 보조금법 제31조 제 1 항)을 두고, 그에 더하여 제재부과금(예, 반환하여야 할 보조금 또는 간접보조금 총액의 5배 이내의 범위)을 부과하도록 규정(예, 보조금법 제33조의2 제 1 항)하고 있는 경우가 많다. 보조금등의 지급을 철회하는 것에는 별도의 법적 근거가 필요하지 않지만, 그에 따른 보조금등의 반환처분과 제재부과금의 부과처분에는 법률유보의 원칙상 별도의 법적 근거가 필요하다.

판례   보조금 중 '거짓이나 부정한 방법으로 지급받은 부분'과 '정상적으로 지급받은 부분'을 구분할 수 있다면 '거짓이나 부정한 방법으로 지급받은 부분'에 한하여만 보조금을 환수하여야 한다. 그러나, 지급받은 보조금 중 '거짓이나 부정한 방법으로 지급받은 부분'과 '정상적으로 지급받은 부분'을 구분할 수 없고, 보조금이 거짓이나 부정한 방법에 의하여 일체로서 지급된 것이라고 판단할 수 있는 경우 보조금 전부를 거짓이나 부정한 방법으로 지급받은 것으로 볼 수 있다(대판 2019. 1. 17, 2017두47137).

11. 철회의 취소

(1) 철회의 취소의 가능성

철회의 취소가 가능한지에 관하여 견해의 대립이 있다.

1) 긍 정 설

이 견해는 철회는 그 자체가 독립된 행정행위이고, 행정행위의 효력을 확정적으로 상실시키는 것이 아니고 그것을 정지시키는 효력만을 가지므로 행정행위의 철회의 취소가 가능하며, 철회처분을 취소하면 원행정행위가 원상회복된다는 견해이다.

2) 부 정 설

이 견해는 행정행위가 철회되면 당해 행정행위는 확정적으로 효력을 상실하므로 법률이 명문으로 인정하지 않는 한 행정행위의 철회의 취소는 인정될 수 없다는 견해이다.

3) 절 충 설

행정행위가 철회되면 당해 행정행위는 확정적으로 효력을 상실하므로 철회의 취소는 원칙상 불가능하다. 그러나, 수익적 행정행위의 철회의 경우에는 위법한 철회처분을 취소하여 원상을 회복할 필요가 있으므로 철회의 취소를 인정하여야 한다.

수익적인 이중효과적 행정행위의 경우에 철회로 이해관계 있는 제3자가 생긴 경우에는 철회의 취소를 인정할 수 없다는 견해도 있다.

4) 판 례

판례는 절충설을 취하고 있다. 즉, 판례는 침익적 행정행위의 철회의 취소는 인정하지 않지만, 수익적 행정행위의 철회에 대하여는 취소가 가능한 것으로 본다. 판례가 소극설을 취한 것으로 보는 견해가 있는데, 이는 타당하지 않다.

가. 침익적 행정행위의 철회의 취소 부정   판례는 침익적 행정행위의 철회의 경우 당해 침익적 행정행위는 확정적으로 효력을 상실하므로 취소가 불가능하다고 본다.

> **판례** 지방병무청장이 재신체검사 등을 거쳐 현역병입영대상편입처분을 보충역편입처분이나 제2국민역편입처분으로 변경하거나 보충역편입처분을 제2국민역편입처분으로 변경하는 경우, 그 후 새로운 병역처분의 성립에 하자가 있었음을 이유로 하여 이를 취소한다고 하더라도 종전의 병역처분의 효력이 되살아나지 않는다(대판 2002. 5. 28, 2001두9653[병역처분취소처분취소]).

나. 수익적 행정행위의 철회의 취소 긍정   판례는 수익적 행정행위의 철회에 대하여는 취소가 가능한 것으로 본다.

> **판례1** 수익적 행정행위의 철회(이사취임승인취소처분)의 직권취소를 인정한 사례: 행정처분이 취소되면 그 소급효에 의하여 처음부터 그 처분이 없었던 것과 같은 효과를 발생하게 되는바, 행정청이 의료법인의 이사에 대한 이사취임승인취소(철회)처분(제1처분)을 직권으로 취소(제2처분)한 경우에는 그로 인하여 이사가 소급하여 이사로서의 지위를 회복하게 되고, 그 결과 위 제1처분과 제2처분 사이에 법원에 의하여 선임결정된 임시이사들의 지위는 법원의 해임결정이 없더라도 당연히 소멸된다(대판 1997. 1. 21, 96누3401[법원임원취임승인신청거부처분취소 등]).
>
> **판례2** 수익적 행정행위의 철회의 쟁송취소가 인용된 사례: ① 대판 1987. 9. 8, 87누373: 운전면허취소의 취소(전게), ② 대판 2004. 11. 26, 2003두10251, 2003두10268(병합): 항공운수권배분처분취소의 취소(전게).
>
> **판례3** 확정된 영업허가취소(철회)처분의 취소청구가 가능한지 여부(소극): 적법한 영업허가의 취소처분이 있었고, 제소기간의 경과로 확정된 이상 영업허가처분은 그 효력이 확정적으로 상실되었다 할 것이므로 그 영업허가취소(철회)처분을 다시 취소하여 이미 상실한 영업허가의 효력을 다시 소생시킬 수 없으며 이를 소생시키기 위하여는 원 행정행위와 동일한 내용의 새로운 행정행위를 할 수밖에 없다(대판 1980. 4. 8, 80누27[영업허가취소처분취소]). 〈해설〉 수익적 행정행위의 철회의 취소를 부정한 판례인데, 이는 예외적인 판례로 보인다.

5) 결   어

철회는 그 자체가 독립된 행정행위이고, 철회의 취소를 부정할 이유가 없으므로 철회의 취소가 가능하다는 적극설이 타당하다. 다만, 취소권 제한의 법리가 적용된다. 특히 침익적 행정행위 및 이중효과적 행정행위의 철회의 직권취소의 경우에는 취소권 제한의 법리인 이익형량의 원칙이 적용된다(이익형량설).

철회의 철회는 인정되지 않는다. 철회한 행정행위를 살리려면 동일한 행정행위를 다시 하면 된다.

(2) 철회의 취소의 효과

철회행위가 취소되면 철회가 없었던 것이 되고 원행정행위는 애초부터 철회되지 않은 것이 된다. 즉, 원행정행위가 원상회복된다.

Ⅲ. 처분의 변경

1. 처분변경의 의의

처분의 변경은 기존의 처분을 다른 처분으로 변경하는 것을 말한다. 처분은 당사자, 처분사유 및 처분내용으로 구성된다. 따라서, 처분의 변경은 처분의 당사자가 변경되는 것, 처분사유가 변경되는 것, 처분의 내용이 변경되는 것을 말한다.

변경처분은 순수하게 새로운 처분과 구별하여야 한다. 변경처분이 아닌 순수하게 새로운 처분은 기존 처분의 취소를 수반하지 않는다. 변경처분에는 종전 처분의 하자가 승계되지만, 새로운 처분에는 종전 처분의 하자가 승계되지 않는다. 절차의 하자를 시정하는 등 새로이 행정절차를 거쳐 한 처분은 처분사유나 처분내용에 변경이 있는 경우라도 기존 처분의 변경처분이 아니라 순수하게 새로운 처분이다. 처분사유나 처분내용에 변경 없이 절차의 하자(예, 이유제시의 하자)를 시정하기 위하여 종전 처분과 동일한 처분을 한 경우는 새로운 처분이 아니라 하자의 치유를 위한 것이라고 보아야 한다. 다만, 이 경우에도 이익형량을 다시 하였다면 종전 처분과 동일한 내용의 처분이라도 새로운 처분으로 보아야 한다.

> 판례 (1) 절차상 또는 형식상 하자로 인하여 무효인 행정처분이 있은 후 행정청이 관계 법령에서 정한 절차 또는 형식을 갖추어 다시 동일한 행정처분을 하였다면 당해 행정처분은 종전의 무효인 행정처분과 관계없이 새로운 행정처분이라고 보아야 한다. (2) 이 사건 처분은 새로운 국방·군사시설사업 실시계획 승인 처분으로서의 요건을 갖춘 새로운 처분일 뿐, 종전 처분과 동일성을 유지하되 종전 처분의 내용을 일부 수정하거나 새로운 사항을 추가하는 것에 불과한 종전 처분의 변경 처분이 아니므로, 비록 종전 처분에 하자가 있더라도 이 사건 처분이 관계 법령에 규정된 절차를 거쳐 그 요건을 구비한 이상 적법하다(대판 2014. 3. 13, 2012두1006[국방·군사시설사업실시계획승인고시처분무효확인및취소]).

2. 처분변경의 종류

(1) 처분 당사자의 변경

처분의 당사자의 변경은 처분변경에 해당한다.

(2) 처분사유의 추가·변경

처분사유의 추가·변경이 변경처분이 되기 위하여는 처분사유의 추가·변경이 종전처분의 처분사유와 기본적 사실관계의 동일성이 없는 사유이어야 한다.

처분청은 스스로 당해 처분의 적법성과 합목적성을 확보하고자 행하는 자신의 내부 시정절차에서는 당초 처분의 근거로 삼은 사유와 기본적 사실관계의 동일성이 인정되지 않는 사유라고 하더라도 이를 처분의 적법성과 합목적성을 뒷받침하는 처분사유로 추가·변경할 수 있다.

> **판례 1** [1] 산업재해보상보험법 규정의 내용, 형식 및 취지 등에 비추어 보면, 산업재해보상보험법상 심사청구에 관한 절차는 보험급여 등에 관한 처분을 한 근로복지공단으로 하여금 스스로의 심사를 통하여 당해 처분의 적법성과 합목적성을 확보하도록 하는 근로복지공단 내부의 시정절차에 해당한다고 보아야 한다. 따라서 처분청이 스스로 당해 처분의 적법성과 합목적성을 확보하고자 행하는 자신의 내부 시정절차에서는 당초 처분의 근거로 삼은 사유와 기본적 사실관계의 동일성이 인정되지 않는 사유라고 하더라도 이를 처분의 적법성과 합목적성을 뒷받침하는 처분사유로 추가·변경할 수 있다고 보는 것이 타당하다. [2] 근로복지공단이 '우측 감각신경성 난청'으로 장해보상청구를 한 근로자 甲에 대하여 소멸시효 완성을 이유로 장해보상급여부 지급결정을 하였다가, 甲이 불복하여 심사청구를 하자 甲의 상병이 업무상 재해인 소음성 난청으로 보기 어렵다는 처분사유를 추가하여 심사청구를 기각한 사안에서, 근로복지공단이 산업재해보상보험법상 심사청구에 대한 자신의 심리·결정 절차에서 추가한 사유인 '甲의 상병과 업무 사이의 상당인과관계 부존재'는 당초 처분의 근거로 삼은 사유인 '소멸시효 완성'과 기본적 사실관계의 동일성이 인정되는지와 상관없이 처분의 적법성의 근거가 되는 것으로서 취소소송에서 처음부터 판단대상이 되는 처분사유에 해당한다는 이유로, 甲의 상병과 업무 사이의 상당인과관계 부존재를 처분사유 중 하나로 본 원심판단을 정당하다고 한 사례(대판 2012. 9. 13, 2012두3859).
>
> **판례 2** 신청에 대하여 일단 거부처분이 행해지면 그 거부처분이 적법한 절차에 의하여 취소되지 않는 한, 사유를 추가하여 거부처분을 반복하는 것은 존재하지도 않는 신청에 대한 거부처분으로서 당연 무효이다(대판 1999. 12. 28, 98두1895[토지형질변경불허가처분취소]). 〈해설〉 그러나, 기본적 사실관계의 동일성이 없는 처분사유를 추가하거나 변경한 것은 종전의 거부처분을 취소하는 새로운 처분(변경처분)으로 보고, 이를 인정하는 것이 타당하다.

(3) 처분내용의 변경

처분의 내용을 적극적으로 변경하는 경우 처분의 변경이 된다. 처분의 소극적 변경 즉 일부취소는 처분변경이 아니다.

처분내용의 변경에는 두 유형이 있다. ① 하나는 처분내용을 상당한 정도로 변경하는 처분내용의 실질적 변경처분이다. 이 경우 종전 처분은 변경처분에 의해 대체되고 장래에 향하여 효력을 상실한다. ② 다른 하나는 선행처분의 내용 중 일부만을 소폭 변경하는 등 선행처분과 분리가능한 일부 변경처분이다. 이 경우 종전 선행처분은 일부 변경된 채로 효력을 유지하고 일부 변경처분도 별도로 존재한다(대판 2012. 10. 11, 2010두12224, 행정구제법 적극적 변경처분 참조).

처분절차에 있어 첫째 유형의 변경처분은 명문의 규정이 없는 한 선행처분과 동일한 절차에 따라 행해지고, 둘째 유형의 변경처분은 보다 간소한 절차에 따라 행해질 수 있다.

> **판례**   효력기간이 정해져 있는 제재적 행정처분의 효력이 발생한 이후 당초의 제재적 행정처분이 유효함을 전제로 그 구체적인 집행시기만을 변경하는 것은 변경처분이다. 이러한 후속 변경처분 권한은 특별한 사정이 없는 한 당초의 제재적 행정처분의 효력이 유지되는 동안에만 인정된다. 당초의 제재적 행정처분에서 정한 효력기간이 경과하면 그로써 처분의 집행은 종료되어 제재처분의 효력이 소멸하는 것이므로(행정소송법 제12조 후문 참조), 그 후 동일한 사유로 다시 제재적 행정처분을 하는 것은 위법한 이중처분에 해당한다(대판 2022. 2. 11, 2021두40720).

3. 처분변경의 근거

처분의 변경에 법적 근거가 필요한 것인지 달리 말하면 명문의 법적 근거가 없는 경우에도 처분의 변경이 가능한지에 대해 이론상 처분의 변경은 새로운 처분이므로 법률유보의 원칙에 따라 법률의 별도 근거가 필요하다는 견해(법률근거필요설)와 명문의 근거가 없는 경우에도 처분의 변경은 처분을 철회하고 새로운 처분을 하는 것이므로 처분의 근거가 변경처분의 근거가 될 수 있다고 보는 견해(명문근거불필요설)가 있을 수 있다.

생각건대, 처분의 변경에 변경대상 처분의 법적 근거와 별도의 법적 근거는 필요하지 않다. 처분의 변경은 실질적으로 선행처분의 전부 또는 일부의 취소(철회)와 함께 하는 새로운 처분의 성격을 가지므로 명시적 근거가 없더라도 취소권 또는 철회권 및 처분권에 근거하여 행할 수 있다고 보아야 한다.

판례도 원칙상 명문근거불필요설을 취하지만, 과징금 부과와 같은 침해적 처분의 변경에는 법령의 근거가 필요하다고 본 판례가 있다.

> **판례 1**   [1] 법령의 규정체계, 취지와 목적 등에 비추어 살펴보면, 구「도시 및 주거환경정비법」(이하 '구 도정법'이라고만 한다) 제69조 제 1 항 제 6 호에서 정한 "관리처분계획의 수립"에는 경미한 사항이 아닌 관리처분계획의 주요 부분을 실질적으로 변경하는 것이 포함된다고 해석함이 타당하고, 이러한 해석이 죄형법정주의 내지 형벌법규 명확성의 원칙을 위반하였다고 보기 어렵다. [2] 한편 대법원은 관리처분계획의 경미한 사항을 변경하는 경우와는 달리 당초 관리처분계획의 주요 부분을 실질적으로 변경하는 경우에는 새로운 관리처분계획을 수립한 것으로 해석하여 왔다(대법원 2012. 3. 22. 선고 2011두6400 전원합의체 판결 등 참조). [3] 정비사업전문관리업 등록을 하지 아니한 자에게 관리처분계획을 변경하게 하였다는 이유로 기소된 사안에서, 구 도정법 제69조 제 1 항 제 6 호에서 정한 "관리처분계획의 수립"은 최초의 수립만을 의미하고 관리처분계획의 주요 부분을 실질적으로 변경하는 경우를 포함하지 않는다는 이유로 무죄를 선고한 원심을 파기한 사례(대판 2019. 9. 25, 2016도1306).

판례2 구 독점규제및공정거래에관한법률 제24조의2 제1항의 규정에 의하여 부과되는 과징금의 부과와 같이 재산권의 직접적인 침해를 가져오는 처분을 변경하려면 법령에 그 요건 및 절차가 명백히 규정되어 있어야 할 것인데, 위와 같은 변경처분에 대한 법령상의 근거규정이 없고, 이를 인정하여야 할 합리적인 이유 또한 찾아 볼 수 없다(대판 1999. 5. 28, 99두1571).

4. 변경처분의 형식과 절차

변경처분의 형식과 절차는 법령에 정해진 경우에는 그에 따른다. 허가 중 경미한 사항의 변경은 변경신고하도록 규정하고 있는 경우가 있다(예, 구 화물자동차 운수사업법 제3조 제3항 단서).

변경처분의 절차에 관하여 법령에 명시적 규정이 없는 경우 적법절차의 원칙에 따라 중요한 사항을 변경하는 변경처분은 변경되는 처분과 동일한 절차(행정의 상대방에게 불이익한 방향으로의 처분의 변경에 있어서는 처분시보다 엄격한 절차)에 따라 행해져야 하고, 경미한 사항을 변경하는 처분은 보다 간소한 절차에 따라 행해질 수 있다.

판례1 구 교과용도서에 관한 규정 제26조 제1항에 따른 검정도서에 대한 수정명령의 내용이 이미 검정을 거친 내용을 실질적으로 변경하는 결과를 가져오는 경우 거쳐야 할 절차: 구 교과용도서에 관한 규정(2009. 8. 18. 대통령령 제21687호로 개정되기 전의 것, 이하 같다) 제26조 제1항에 따른 검정도서에 대한 수정(변경)명령의 절차와 관련하여 구 교과용도서에 관한 규정에 수정명령을 할 때 교과용도서의 검정절차를 거쳐야 한다거나 이를 준용하는 명시적인 규정이 없으므로 교과용도서심의회의 심의 자체를 다시 거쳐야 한다고 보기는 어렵지만, 헌법 등에 근거를 둔 교육의 자주성·전문성·정치적 중립성 및 교과용도서에 관한 검정제도의 취지에 비추어 보면, 수정명령의 내용이 표현상의 잘못이나 기술적 사항 또는 객관적 오류를 바로잡는 정도를 넘어서서 이미 검정을 거친 내용을 실질적으로 변경하는 결과를 가져오는 경우에는 새로운 검정절차를 취하는 것과 마찬가지라 할 수 있으므로 검정절차상의 교과용도서심의회의 심의에 준하는 절차를 거쳐야 한다. 그렇지 않으면 행정청이 수정명령을 통하여 검정제도의 취지를 훼손하거나 잠탈할 수 있고, 교과용도서심의회의 심의 등 적법한 검정절차를 거쳐 검정의 합격결정을 받은 자의 법률상 이익이 쉽게 침해될 수 있기 때문이다(대판 2013. 2. 15, 2011두21485[수정명령취소]). 〈해설〉 변경처분이 아니라 변경명령처분의 절차에 관한 것이다.

판례2 도지사가 시장 또는 군수로부터 신청받은 당초의 도시관리계획안을 변경하고자 하는 경우 그 내용을 시장 또는 군수에게 송부하여 주민의 의견을 청취하는 절차를 거쳐야 하는지 여부: 주민의 의견청취 절차의 의의와 필요성은 시장 또는 군수가 도시관리계획을 입안하는 과정에서뿐만 아니라 도시관리계획안이 도지사에게 신청된 이후에 내용이 관계 행정기관의 협의 및 도시계획위원회의 심의 등을 거치면서 변경되는 경우에도 마찬가지이고, 도지사가 도시관리계획의 결정 과정에서 신청받은 도시관리계획안의 중요한 사항을 변경하는 것은 그 범위에서 시장 또는 군수에 의하여 신청된 도시관리계획안을 배제하고 도지사가 직접 도시관리계획안을 입안하는 것과 다르지 않다. 그러므로 도지사가 관계 행정기관의 협의 등을 반영하여 신청받은 당초의 도시관리계획안을 변경하고자 하는 경우 내용이 해당 시 또는 군의 도시계획조례가 정하는 중요한 사항인 때에는 다른 특별한 사정이 없는 한 법 제28조 제2항, 시행령 제22조 제5항을 준용하여 그 내용을 관계 시장 또는 군수에게 송부하여 주민의 의견을 청취하는 절차를 거쳐야 한다(대판 2015. 1. 29, 2012두11164[도시관리계획결정처분취소]).

5. 처분변경의 효력

처분변경은 종전 처분을 취소 또는 변경하고 새로운 처분을 하는 효력을 갖는다. 첫째 유형의 변경처분의 경우 종전 선행처분은 변경처분에 의해 대체되고 장래에 향하여 효력을 상실한다. 둘째 유형의 변경처분의 경우 종전 선행처분은 일부 변경된 채로 효력을 유지한다. 변경처분은 종전 처분을 전제로 하여 종전 처분과 동일성을 유지한 처분이므로 종전 처분의 하자는 변경처분에 승계된다(대판 2014. 3. 13, 2012두1006).

처분 후의 새로운 사정에 따라 종전 처분을 변경하는 변경처분은 장래효만을 갖는다.

판례1   선행처분의 내용을 변경하는 후행처분이 있는 경우, 선행처분의 효력 존속 여부: 선행처분의 주요부분을 실질적으로 변경하는 내용으로 후행처분(전부변경처분)을 한 경우에 선행처분은 특별한 사정이 없는 한 효력을 상실하지만, 후행처분이 선행처분의 내용 중 일부만을 소폭 변경하는 정도에 불과한 경우(일부변경처분)에는 선행처분은 소멸하는 것이 아니라 후행처분에 의하여 변경되지 아니한 범위 내에서는 그대로 존속한다(대판 2020. 4. 9, 2019두49953).

판례2   구 도시 및 주거환경정비법(2012. 2. 1. 법률 제11293호로 개정되기 전의 것, 이하 '구 도시정비법'이라고 한다) 제48조 제 1 항의 내용, 형식 및 취지 등에 비추어 보면, 당초 관리처분계획의 경미한 사항을 변경하는 경우와는 달리 당초 관리처분계획의 주요 부분을 실질적으로 변경하는 내용으로 새로운 관리처분계획을 수립하여 시장·군수의 인가를 받은 경우에는 당초 관리처분계획은 달리 특별한 사정이 없는 한 효력을 상실한다. 이때 당초 관리처분계획이 효력을 상실한다는 것은 당초 관리처분계획이 유효하게 존속하다가 변경 시점을 기준으로 장래를 향하여 실효된다는 의미이지 소급적으로 무효가 된다는 의미가 아니다. 그리고 이러한 법리는 변경된 관리처분계획이 당초 관리처분계획의 주요 부분을 실질적으로 변경하는 정도에 이르지 않는 경우에도 동일하게 적용되므로, 이와 같은 경우 당초 관리처분계획 중 변경되는 부분은 장래를 향하여 실효된다(대판 2016. 6. 23, 2014다16500[분담금연체이자반환]).

판례3   장해등급 변경으로 장해보상연금 지급 대상에서 제외되는 경우, 장해등급 변경결정 이후에 지급된 장해보상연금만 부당이득의 징수 대상이 되는지 여부(적극): 장해보상연금을 받던 사람이 재요양 후에 장해등급이 변경되어 장해보상연금의 지급 대상에서 제외되었음에도 장해보상연금을 받았다면 특별한 사정이 없는 한 이는 보험급여가 잘못 지급된 경우에 해당하지만, 이 경우 장해등급이 변경되었다고 하려면 장해등급 변경결정이 있어야 할 것이므로, 장해등급 변경결정 이후에 지급된 장해보상연금만 산업재해보상보험법 제84조 제 1 항에 따른 부당이득의 징수 대상이 된다고 할 것이다. 다만 장해보상연금을 받던 사람이 산업재해보상보험법 제51조에 따른 재요양 후에 장해상태가 호전됨으로써 장해등급이 변경되어 장해보상연금을 수령할 수는 없게 되었으나 산업재해보상보험법 시행령 제58조 제 2 항 제 2 호에서 정한 차액을 지급받을 수 있는 경우에는 여전히 그 금액을 장해보상일시금으로 수령할 수 있는 지위에 있으므로 그 금액의 범위 안에서는 부당이득의 징수 대상이 되지 않는다고 할 것이다(대판 2013. 2. 14, 2011두12054[장해등급결정처분취소 등]).

판례4   종전 사업시행계획에 비하여 정비사업비용만 23% 정도 증액된 내용의 변경 사업시행계획에 의하여 종전 사업시행계획의 효력이 상실되는지 여부(소극): 구 도시 및 주거환경정비법(2009. 2. 6. 법률 제9444호로 개정되기 전의 것, 이하 '구 도시정비법'이라고 한다) 제28조 제 1 항, 제30조에 의하면, …… 인가받은 내용을 변경하는 경우에도 시장·군수의 인가를 받아야 하며, 다만 대통령령이 정하는 경미한 사항을 변경하고자 하는 때에는 시장·군수에게 이를 신고하여야 한다. 이러한 관계 법령의 내용, 형식 및 취지 등에 비추어 보면, 인가받은 사업시행계획의 내용 중 경미한 사항을 변경하여 이를 신고한 경우는 물론, 그 밖의 사항을 변경하여 그 인가를 받은 경우에도 종전에 인가받은 사업시행계획 중 변경되지 아니한 부분은 여전히 존재하여 그 효력을 유지함이 원칙이지만, 주택재개발정비사업 조합이 당초 사업시행계획의 흠을 바로 잡기 위하여 당초 사업시행계획과 동일한 요건, 절차를 거쳐 새로운 사업시행계획을 수립하여 시장·군수로부터 인가받은 경우 또는 당초 사업시행계획의 주요 부분을 실질적으로 변경하는 내용으로 새로운 사업시행계획을 수립하여 시장·군수의 인가를 받음으로써 새로운 사업시행계획이 당초 사업시행계획을 대체하였다고 평가할 수 있는 경우에는 그 효력을 상실한다. 그리고 당초 사업시행계획의 주요 부분을 실질적으로 변경하는 내용의 새로운 사업시행계획을 수립하여 당초 사업시행계획을 대체하였는지 여부는, 사업시행계획 중 변경된 내용, 변경의 원인 및 그 정도, 당초 사업시행계획과 변경 사업시행계획 사이의 기간, 당초 사업시행계획의 유효를 전제로 이루어진 후속행위의 내용 및 그 진행 정도 등을 종합적으로 고려하여 판단하여야 할 것이다(대판 2014. 2. 27, 2011두25173[사업시행인가무효확인]).

위법을 시정하기 위해 종전 처분을 변경하는 경우에는 소급적 변경처분도 가능하다. 다만, 처분 상대방의 신뢰이익 등과 이익형량을 하여야 한다.

판례 [차량진출입로의 도로점용허가에 따른 점용료 부과처분의 취소에 관한 사건] 당초 도로점용허가 당시 점용부분은 건물부지와 공원부지에 접하고 있음에도 피고가 건물부지만을 기준으로 위법하게 점용료를 산정하여 부과하자, 원고가 점용료부과처분 취소소송에서 그 위법을 다투고 피고가 소송 중 특별사용의 필요가 없는 공원부지에 접한 부분을 도로점용허가 대상에서 소급적으로 제외하는 변경허가처분을 한 사안에서, 이러한 변경허가처분은 장래를 향하여만 효력이 있다고 판단한 원심을 파기하고 그에 대하여 소급적 직권취소의 효력이 인정될 수 있다고 본 사례(대판 2019. 1. 17, 2016두56721, 56738[도로점용료부과처분취소]).

6. 선행처분의 취소와 후행변경처분의 효력

후행처분이 선행처분을 기초로 선행처분을 일부 변경하는 내용의 것인 경우 선행처분이 취소되면 후행처분도 효력을 상실하지만, 후행처분이 선행처분을 대체하는 처분인 경우에는 선행처분이 취소되거나 무효이어도 후행처분은 그대로 효력을 유지한다.

판례 선행 조합설립변경인가처분이 취소되거나 무효로 확정된 경우 후행 조합설립변경인가처분의 효력 유무: 정비사업조합(이하 '조합'이라고만 한다)에 관한 조합설립변경인가처분은 당초 조합설립인가처분에서 이미 인가받은 사항의 일부를 수정 또는 취소·철회하거나 새로운 사항을 추가하는 것으로서 유효한 당초 조합설립인가처분에 근거하여 설권적 효력의 내용이나 범위를 변경하는 성질을 가지므로, 당초 조합설립인가처분이 쟁송에 의하여 취소되거나 무효로 확정된 경우에는 이에 기초하여 이루어진 조합설립변경인가처분도 원칙적으로 그 효력을 상실하거나 무효라고 해석함이 타당하다. 마찬가지로 당초 조합설립인가처분 이후 여러 차례 조합설립변경인가처분이 있었다가 중간에 행하여진 선행 조합설립변경인가처분이 쟁송에 의하여 취소되거나 무효로 확정된 경우에 후행 조합설립변경인가처분도 그 효력을 상실하거나 무효라고 새겨야 한다. 다만, 조합설립변경인가처분도 조합에 정비사업 시행에 관한 권한을 설정하여 주는 처분인 점에서는 당초 조합설립인가처분과 다를 바 없으므로, 선행 조합설립변경인가처분이 쟁송에 의하여 취소되거나 무효로 확정된 경우라도 후행 조합설립변경인가처분이 선행 조합설립변경인가처분에 의해 변경된 사항을 포함하여 새로운 조합설립변경인가처분의 요건을 갖춘 경우에는 그에 따른 효력이 인정될 수 있다. 이러한 경우 조합은 당초 조합설립인가처분과 새로운 조합설립변경인가처분의 요건을 갖춘 후행 조합설립변경인가처분의 효력에 의하여 정비사업을 계속 진행할 수 있으므로, 그 후행 조합설립변경인가처분을 무효라고 할 수는 없다(대법원 2014. 5. 29, 선고 2011다46128 판결, 대법원 2014. 5. 29, 선고 2011두25876 판결 참조)(대판 2014. 8. 20, 2012두5572 [관리처분계획취소]).

7. 변경처분의 취소

판례   지방병무청장이 재신체검사 등을 거쳐 현역병입영대상편입처분을 보충역편입처분이나 제2국민역편입처분으로 변경하거나 보충역편입처분을 제2국민역편입처분으로 변경하는 경우 비록 새로운 병역처분의 성립에 하자가 있다고 하더라도 그것이 당연무효가 아닌 한 일단 유효하게 성립하고 제소기간의 경과 등 형식적 존속력이 생김과 동시에 종전의 병역처분의 효력은 취소 또는 철회되어 확정적으로 상실된다고 보아야 할 것이므로 그 후 새로운 병역처분의 성립에 하자가 있었음을 이유로 하여 이를 취소한다고 하더라도 종전의 병역처분의 효력이 되살아난다고 할 수 없다(대법원 2002. 5. 28, 선고 2001두9653 판결). 〈해설〉 불이익처분의 취소의 취소는 인정하지 않는다. 또한 재신체검사 등을 거친 후 내려진 처분은 전혀 새로운 처분이며 종전 처분과 무관하다. 따라서, 재신체검사 등을 거친 후 내려진 처분은 엄격한 의미의 처분의 변경이라기보다는 종전 처분의 취소처분과 새로운 처분의 병존으로 보아야 한다.

Ⅳ. 처분의 취소 또는 철회에 따른 손실보상(행정기본법 개정안 제19조의2 신설)

행정청은 행정기본법 제18조 제 1 항에 따라 처분(인허가 등 당사자에게 권리나 이익을 부여하는 처분만 해당)을 취소하거나 제19조 제 1 항 제 2 호 또는 제 3 호에 해당하는 사유로 처분을 철회한 경우로서 다음 각 호의 요건을 모두 충족하는 경우에는 법률로 정하는 바에 따라 손실보상을 한다(행정소송법 개정안 제19조의2 제 1 항).

1. 처분의 취소 또는 철회로 당사자에게 재산상 손실이 발생하였을 것
2. 당사자의 신뢰가 보호할 가치가 있을 것
3. 당사자에게 처분의 취소 또는 철회에 대한 귀책사유가 없을 것

처분의 취소 또는 철회에 따른 손실보상은 제 1 항 각 호의 요건 외에 손실보상의 일반법리에 따라 처분의 취소 또는 철회로 특별한 희생이 발생하였을 것이라는 요건을 추가로 요구하여야 한다. 철회권이 유보된 경우, 당사자의 신뢰에 귀책사유가 있는 경우 등에는 당사자의 신뢰가 보호할 가치가 없다고 볼 수 있다. 처분의 취소 또는 철회에 대한 당사자의 귀책사유는 당사자가 취소사유 또는 철회사유의 발생에 원인을 제공하거나 직접 기여한 경우 등을 말한다고 할 수 있다.

행정기본법은 처분의 취소 또는 철회에 따른 손실보상은 법률로 정하는 바에 따라 보상하는 것으로 규정하고 있다. 제 1 항에 따른 손실보상의 근거가 되는 법률에는 다음 각 호의 사항을 규정하여야 한다. 1. 손실보상의 대상과 범위, 2. 손실보상금의 산정기준(손익상계에 관한 사항을 포함한다), 3. 손실보상금의 지급방법과 절차.

따라서, 손실보상을 규정하는 법률의 규정이 제정되지 않은 경우에는 손실보상을 청

구할 수 없다. 그 경우에는 분리이론에 따른 권리구제에 준하여 처분의 취소 또는 철회에 대한 헌법소원 등을 통해 처분의 취소 또는 철회에 따른 손실보상에 관한 법률을 제정하도록 한 후 손실보상을 받을 수 있게 된다.

처분의 변경의 경우 처분의 취소 또는 철회에 따른 손실보상에 준하여 손실보상을 하여야 한다.

제10절 행정행위의 실효

I. 의   의

행정행위의 실효라 함은 유효한 행정행위의 효력이 일정한 사실의 발생으로 장래에 향하여 소멸하는 것을 말한다. 일단 유효한 행정행위의 효력이 소멸되는 것인 점에서 무효나 부존재와 다르고, 행정청의 의사에 의해서가 아니라 일정한 사실의 발생으로 효력이 소멸된다는 점에서 직권취소 및 철회와 다르다.

II. 실효사유

1. 대상의 소멸

행정행위의 대상이 소멸되면 행정행위는 실효된다.

예를 들면, 사람의 사망으로 인한 운전면허의 실효, 자동차가 소멸된 경우 자동차검사합격처분의 실효, 사업면허의 대상의 소멸로 인한 사업면허의 실효 등이다. 그러나, 공장시설물이 소실되었고 복구를 할 수 없는 상태인 경우에도 수도권에서 지방으로 공장을 이전하는 경우와 같이 공장이전에 조세감면 등 세제상 혜택이나 공업배치 및 공장설립에 관한 법률상 간이한 이전절차 및 우선 입주의 혜택이 있는 경우 공장등록이 실효되었다고 할 수 없다(대판 2002. 1. 11, 2000두3306 참조).

2. 해제조건의 성취 또는 종기의 도래

해제조건이 성취되거나 종기가 도래하면 주된 행정행위는 당연히 효력을 상실한다.

3. 목적의 달성

행정행위의 목적이 달성되면 당해 행정행위는 당연히 실효된다. 예를 들면, 철거명령에 따라 대상물이 철거되면 당해 철거명령은 당연히 효력을 상실한다.

> **판례** [1] 일정한 정비예정구역을 전제로 추진위원회 구성 승인처분이 이루어진 후 정비구역이 정비예정구역과 달리 지정되었다는 사정만으로 승인처분이 당연히 실효된다고 볼 수 없다: 정비사업을 원활하게 진행하기 위하여 추진위원회 제도를 도입하는 한편 1개의 정비구역 안에 복수의 추진위원회가 구성되는 것을 금지하는 등 그에 대하여 특별한 법적 지위를 부여하고 있는 도시 및 주거환경정비법의 입법취지와 추진위원회 구성 승인처분이 다수의 이해관계인에게 미치는 파급효과 등에 비추어 보면, 일정한 정비예정구역을 전제로 추진위원회 구성 승인처분이 이루어진 후 정비구역이 정비예정구역과 달리 지정되었다는 사정만으로 승인처분이 당연히 실효된다고 볼 수 없고, 정비예정구역과 정비구역의 각 위치, 면적, 토지등소유자 및 동의자 수의 비교, 정비사업계획이 변경되는 내용과 정도, 정비구역 지정 경위 등을 종합적으로 고려하여 당초 승인처분의 대상인 추진위원회가 새로운 정비구역에서 정비사업을 계속 추진하는 것이 도저히 어렵다고 보여 그 추진위원회의 목적달성이 사실상 불가능하다고 인정되는 경우에 한하여 그 실효를 인정함이 타당하다고 할 것이다. [2] 피고가 이 사건 정비예정구역을 사업구역으로 하는 보조참가인 추진위원회 구성 승인처분을 한 후 이 사건 정비예정구역을 포함한 일대가 재정비촉진구역으로 지정되어 사업구역면적은 약 89%, 토지등소유자 수는 약 106% 증가하였는바, 이 사건 정비예정구역과 재정비촉진구역 사이에 동일성이 없어 참가인 추진위원회는 그 사업대상구역마저 없어져 조합설립추진위원회로서의 법적 지위를 상실하였으며 이와 동시에 참가인 추진위원회의 구성을 승인한 이 사건 승인처분 역시 실효되었다고 판단한 원심판결에 추진위원회 구성 승인처분의 실효 등에 관한 법리오해의 위법이 있다고 하여 파기환송한 사례(대판 2013. 9. 12, 2011두31284[동의서제공신청반려처분취소]).

Ⅲ. 권리구제수단

행정행위의 실효가 다투어지는 경우에는 무효등확인소송의 하나인 행정행위실효확인소송 또는 행정행위효력존재확인소송을 제기한다.

또한, 민사소송 또는 공법상 당사자소송에서 행정행위의 실효 여부가 전제문제로서 다투어질 수 있다.

제11절   단계적 행정결정

Ⅰ. 단계적 행정결정의 의의

단계적 행정결정(段階的 行政決定)이란 행정청의 결정이 여러 단계의 행정결정을 통하여 연계적으로 이루어지는 것을 말한다. 단계적 행정결정의 예로는 확약, 가행정행위, 사전결정 및 부분허가가 있다.

단계적 행정결정 대신에 단계적 행정절차라는 용어를 사용하는 학자도 있으나, 공청회 절차, 환경영향평가절차 등 행정절차를 포함하는 것으로 오해될 우려가 있으므로 단계적 행정결정이라는 용어를 사용하는 것이 타당하다.

II. 확   약 [2015 입시]

1. 의   의

확약은 장래 일정한 행정행위를 하거나 하지 아니할 것을 약속하는 의사표시를 말한다. 확약은 신뢰보호 또는 금반언(禁反言)의 법리를 바탕으로 인정되는 행정청의 행위형식의 하나이다.

확약의 예로는 공무원임명의 내정, 자진신고자에 대한 세율인하의 약속, 무허가건물의 자진철거자에게 아파트입주권을 주겠다는 약속, 주민에 대한 개발사업의 약속 등을 들 수 있다.

판례는 어업권면허에 선행하는 우선순위결정을 확약으로 보고(대판 1995. 1. 20, 94누6529), 건축법상 사전결정을 주택건설사업계획승인처분을 하겠다는 내용의 확약은 아니라고 보았다(대판 1996. 8. 20, 95누10877[주택건설사업승인거부처분취소]).

행정실무상 사용되는 용어인 내인가(본 인·허가의 전단계로서 행해지는 인·허가의 발급약속)도 확약의 일종이라고 할 수 있다. 현행 법령상 내인가라는 명칭을 사용하는 사례는 없다. 실정법령상 조건부 인·허가(석유사업법 제11조의 석유정제업 등의 조건부 등록, 먹는 물관리법 제9조의2의 샘물개발의 가허가 등) 및 행정규칙인 증권업감독규정에 의한 증권업의 예비인·허가를 내인가로 볼 수 있다. 이에 대하여 석유정제업 등의 조건부 등록, 샘물개발의 가허가를 가행정행위로 보는 견해도 있다.

가행정행위는 본행정행위와 동일한 효력을 발생하지만, 확약의 경우에는 확약만으로는 확약의 대상이 되는 행정행위의 효력이 발생하지 않는 점 등에서 양 행위는 구별된다. 행정절차법은 신청에 따른 확약에 대해 규정하고 있는데, 행정절차법상 확약은 "법령등에서 당사자가 신청할 수 있는 처분을 규정하고 있는 경우 행정청은 당사자의 신청에 따라 장래에 어떤 처분을 하거나 하지 아니할 것을 내용으로 하는 의사표시"를 말한다(행정절차법 제40조의2 제 1 항).

행정절차법상 확약이 아닌 확약(그 밖의 확약)(직권에 의한 확약, 법령등에서 당사자가 신청할 수 있는 처분을 규정하고 있지 않은 경우 신청에 따른 확약)은 확약의 법리에 따라 규율된다. 그리고, 행정절차법상 확약에 관한 규정은 성질에 반하지 않는 한 그 밖의 확약에 유추적용된다고 보아야 한다.

2. 법적 성질

(1) 처분성 긍정설(다수설)

확약의 법적 성격에 관해서 다수설은 확약이 행정청에 대하여 확약의 내용대로 이행할 법적 의무를 발생시킨다는 점에 비추어 확약의 처분성을 인정한다.

(2) 처분성 부정설

확약은 사정변경에 의해 변경될 수 있으므로 종국적 규율성을 가지지 못한다는 점을 근거로 처분이 아니라고 보는 견해이다.

(3) 판례(부정설)

> 판례 1   어업권면허에 선행하는 우선순위결정은 행정청이 우선권자로 결정된 자의 신청이 있으면 어
> 업권면허처분을 하겠다는 것을 약속하는 행위로서 강학상 확약에 불과하고 행정처분은 아니므로 우선
> 순위결정에 공정력이나 불가쟁력과 같은 효력은 인정되지 아니하며, 따라서 우선순위결정이 잘못되었
> 다는 이유로 종전의 어업권면허처분이 취소되면 행정청은 종전의 우선순위결정을 무시하고 다시 우선
> 순위를 결정한 다음 새로운 우선순위결정에 기하여 새로운 어업권면허를 할 수 있다(대판 1995. 1. 20,
> 94누6529).

(4) 결어(긍정설)

확약으로 행정청에게 확약을 준수할 의무가 발생하는 점, 확약의 처분성을 인정함으
로써 조기(早期)의 권리구제를 도모할 수 있는 점을 고려하여 확약의 처분성을 인정하는
것이 타당하다.

3. 법적 근거

확약은 처분권에 속하는 예비적 권한행사로서 본처분권에 포함되므로 별도의 법적
근거없이도 가능하다. 그런데, 행정절차법은 신청에 따른 확약의 근거를 규정하고 있다(행
정절차법 제40조의2 제 1 항).

4. 기속행위의 확약

재량행위에 확약이 가능하다는 데 이견이 없으나 기속행위에도 확약이 가능한지가
다투어진다. 기속행위와 재량행위의 구별이 다투어지는 경우가 많고, 기속행위에 있어서
도 요건충족 여부가 불분명한 경우가 적지 않으므로 예측가능성을 확보하기 위한 확약의
이익은 기속행위에서도 인정될 수 있다. 따라서 긍정설이 타당하며 이 견해가 다수견해
이다.

5. 확약의 성립 및 효력요건

(1) 주체에 관한 요건

확약은 본처분에 대해 정당한 권한을 가진 행정청만이 할 수 있고, 확약이 당해 행정
청의 행위권한의 범위 내에 있어야 한다.

(2) 내용에 관한 요건

① 확약의 대상이 적법하고 가능하며 확정적이어야 한다. ② 확약이 법적 구속력을
갖기 위하여는 상대방에게 표시되고, 그 상대방이 행정청의 확약을 신뢰하였고 그 신뢰에
귀책사유가 없어야 한다. ③ 확약은 추후에 행해질 행정행위와 그 규율사안에 있어 동일

한 것이어야 한다. 이때 사안적 동일성은 그 규율내용과 범위에 있어 동일한 것임을 뜻한다. ④ 본처분 요건이 심사되어야 한다.

(3) 절차에 관한 요건

본처분에 대하여 일정한 절차가 규정되어 있는 경우에는 확약에 있어서도 당해 절차는 이행되어야 한다. 본처분에 제3자의 청문, 타 행정기관의 협력을 필요로 하는 경우에는 확약 역시 그 절차를 거쳐서 행해져야 한다.

그리고, 행정청은 다른 행정청과의 협의 등의 절차를 거쳐야 하는 처분에 대하여 확약을 하려는 경우에는 확약을 하기 전에 그 절차를 거쳐야 한다(행정절차법 제40조의2 제3항).

(4) 형식에 관한 요건

확약은 문서로 하여야 한다(행정절차법 제40조의2 제2항).

6. 확약의 효력 [2017 사시]

(1) 확약의 구속력

확약의 효과는 행정청이 확약의 내용인 행위를 하여야 할 법적 의무를 지며 상대방에게는 행정청에 대한 확약내용의 이행청구권이 인정된다. 상대방은 당해 행정청에 대하여 그 확약에 따를 것을 요구할 수 있으며 나아가 그 이행을 청구할 수 있다.

행정청은 다음 각 호의 어느 하나에 해당하는 경우에는 확약에 기속되지 아니한다. 1. 확약을 한 후에 확약의 내용을 이행할 수 없을 정도로 법령등이나 사정이 변경된 경우, 2. 확약이 위법한 경우(행정절차법 제40조의2 제4항). 행정청은 확약이 제4항 각 호의 사유에 해당하여 확약을 이행할 수 없는 경우에는 지체 없이 당사자에게 그 사실을 통지하여야 한다(제5항).

> **판례** 우선순위결정에 공정력이나 불가쟁력과 같은 효력은 인정되지 아니하며, 따라서 우선순위결정이 잘못되었다는 이유로 종전의 어업권면허처분이 취소되면 행정청은 종전의 우선순위결정을 무시하고 다시 우선순위를 결정한 다음 새로운 우선순위결정에 기하여 새로운 어업권면허를 할 수 있다(대판 1995. 1. 20, 94누6529). 〈평석〉 우선순위결정을 사전결정으로 보는 견해도 있다.

(2) 확약의 실효

판례는 확약 또는 공적인 의사표명이 있은 후에 사실적·법률적 상태가 변경되었다면 그와 같은 확약 또는 공적인 의사표명은 행정청의 별다른 의사표시를 기다리지 않고 실효(失效)된다고 본다. 확약을 함에 있어서 상대방으로 하여금 언제까지 처분의 발령을 신청하도록 유효기간을 두었는데도 그 기간 내에 상대방의 신청이 없었던 경우에도 확약은 실효된다고 본다(대판 1996. 8. 20, 95누10877[주택건설사업승인거부처분취소]).

다만, 이 경우에도 법적합성의 원칙 및 공익과 확약에 대한 상대방의 신뢰보호의 이익을 비교형량하여야 한다.

7. 확약의 취소·철회

위법한 확약에 대해 취소가 가능하며 적법한 확약은 상대방의 의무불이행 등 철회사유가 발생한 경우 철회의 대상이 된다.

확약의 취소·철회에 있어서는 취소·철회의 제한의 법리가 적용된다.

본인가 신청이 있음에도 내인가를 취소한 경우 내인가의 취소를 인가신청을 거부하는 처분으로 볼 수 있다(판례).

> **판례**　자동차운송사업 양도양수인가신청에 대하여 행정청이 내인가를 한 후 그 본인가신청이 있음에도 내인가를 취소함으로써 다시 본인가에 대하여 따로이 인가여부의 처분을 한다는 사정이 보이지 않는 경우 위 내인가취소를 인가신청거부처분으로 볼 것인지 여부(적극): 자동차운송사업양도양수계약에 기한 양도양수인가신청에 대하여 피고 시장이 내인가를 한 후 위 내인가에 기한 본인가신청이 있었으나 자동차운송사업 양도양수인가신청서가 합의에 의한 정당한 신청서라고 할 수 없다는 이유로 위 내인가를 취소한 경우, 위 내인가의 법적 성질이 행정행위의 일종으로 볼 수 있든 아니든 그것이 행정청의 상대방에 대한 의사표시임이 분명하고, 피고가 위 내인가를 취소함으로써 다시 본인가에 대하여 따로이 인가 여부의 처분을 한다는 사정이 보이지 않는다면 위 내인가취소를 인가신청을 거부하는 처분으로 보아야 할 것이다(대판 1991. 6. 28, 90누4402[자동차운수사업양도인가거부처분취소]).

8. 권리구제

전술한 바와 같이 확약은 처분이므로 항고소송의 대상이 된다. 그러나, 판례는 확약의 처분성을 부인하고 있다.

행정청이 확약의 내용인 행위를 하지 아니하는 경우 현행법상 의무이행소송은 허용되지 않으므로, 상대방은 확약의 이행을 청구하고 거부처분이나 부작위에 대해 거부처분취소심판, 의무이행심판, 부작위위법확인소송 또는 거부처분취소소송을 제기할 수 있다.

또한 확약의 불이행으로 손해가 발생한 경우에는 손해배상청구소송을 제기할 수 있다.

9. 민원사무처리에 관한 법률상 사전심사

(1) 의의와 성질

민원 처리에 관한 법률 제30조 제 1 항은 "민원인은 법정민원 중 신청에 경제적으로 많은 비용이 수반되는 민원 등 대통령령으로 정하는 민원에 대하여는 행정기관의 장에게 정식으로 민원을 신청하기 전에 미리 약식의 사전심사를 청구할 수 있다"라고 규정하고 있다. 사전심사는 민원인의 귀책사유 또는 불가항력 그 밖의 정당한 사유로 이를 이행할 수 없는 경우가 아닐 것이라는 법정조건(법 제30조 제 3 항)이 붙은 조건부 확약의 성질을 갖는 것으로 볼 수 있다.

판례는 구 민원사무 처리에 관한 법률 제19조 제 1 항에서 정한 사전심사결과 통보가 항고소송의 대상이 되는 행정처분에 해당하지 않는다고 본다(대판 2014. 4. 24, 2013두7834 [사전심사결과통보처분취소]). 그러나, 민원처리법이 규정하는 사전심사결과 민원을 거부하는 취지의 통보는 국민의 권익에 직접 영향을 미치므로 처분으로 보는 것이 타당하다.

> **판례** 구 민원사무 처리에 관한 법률 제19조 제 1 항에서 정한 사전심사결과 통보가 항고소송의 대상이 되는 행정처분에 해당하는지 여부(소극): 구 민원사무 처리에 관한 법률(2012. 10. 22. 법률 제 11492호로 개정되기 전의 것, 이하 '구 민원사무처리법'이라 한다) 제19조 제 1 항, 제 3 항, 구 민원사무 처리에 관한 법률 시행령(2012. 12. 20. 대통령령 제24235호로 개정되기 전의 것) 제31조 제 3 항의 내용과 체계에다가 사전심사청구제도는 민원인이 대규모의 경제적 비용이 수반되는 민원사항에 대하여 간편한 절차로써 미리 행정청의 공적 견해를 받아볼 수 있도록 하여 민원행정의 예측 가능성을 확보하게 하는 데에 취지가 있다고 보이고, 민원인이 희망하는 특정한 견해의 표명까지 요구할 수 있는 권리를 부여한 것으로 보기는 어려운 점, 행정청은 사전심사결과 가능하다는 통보를 한 때에도 구 민원사무처리법 제19조 제 3 항에 의한 제약이 따르기는 하나 반드시 민원사항을 인용하는 처분을 해야 하는 것은 아닌 점, 행정청은 사전심사결과 불가능하다고 통보하였더라도 사전심사결과에 구애되지 않고 민원사항을 처리할 수 있으므로 불가능하다는 통보가 민원인의 권리의무에 직접적 영향을 미친다고 볼 수 없고, 통보로 인하여 민원인에게 어떠한 법적 불이익이 발생할 가능성도 없는 점 등 여러 사정을 종합해 보면, 구 민원사무처리법이 규정하는 사전심사결과 통보는 항고소송의 대상이 되는 행정처분에 해당하지 아니한다(대판 2014. 4. 24, 2013두7834[사전심사결과통보처분취소]). 〈해설〉 민원사무처리법이 규정하는 사전심사결과 민원을 거부하는 취지의 통보는 국민의 권익에 직접 영향을 미치므로 처분으로 보는 것이 타당하다.

(2) 효   력

가능한 것으로 통지한 민원의 내용에 대하여는 민원인이 나중에 정식으로 민원을 신청한 경우에도 동일하게 결정을 내릴 수 있도록 노력하여야 한다. 다만, 민원인의 귀책사유 또는 불가항력이나 그 밖의 정당한 사유로 이를 이행할 수 없는 경우에는 그러하지 아니하다(동조 제 3 항).

"그 밖의 정당한 사유"라 함은 사전심사 결과에 따르는 것이 심히 공익을 해하는 경우를 말한다고 볼 수 있다.

Ⅲ. 가행정행위(잠정적 행정행위)

1. 의   의

가행정행위(假行政行爲)는 사실관계와 법률관계의 계속적인 심사를 유보한 상태에서 당해 행정법관계의 권리와 의무의 전부 또는 일부에 대해 잠정적으로 확정하는 행위를 의미한다. 즉, 가행정행위는 본행정행위가 있기까지, 즉 행정행위의 법적 효과 또는 구속력

이 최종적으로 결정될 때까지 잠정적으로만 행정행위로서의 구속력을 가지는 행정의 행위형식을 말한다.[1]

가행정행위는 개념에 있어서 다음의 세 가지 특징을 징표로 한다. ① 종국적인 결정이 있을 때까지 단지 잠정적으로 규율하는 효과를 내용으로 한다. ② 종국적인 결정이 내려지면 이에 의해 종전의 결정이 대체되게 된다. 따라서 가행정행위에 있어서는 행정행위의 존속력 중, 행정기관이 자신의 결정에 구속되는 이른바 불가변력이 발생하지 않는다. ③ 사실관계와 법률관계에 대한 개략적인 심사에 기초한다.

2. 법적 성질

가행정행위는 잠정적이기는 하나 직접 법적 효력을 발생시키므로 행정행위성을 가진다고 보아야 할 것이다.

3. 법적 근거

다수설은 가행정행위는 법규상의 명백한 근거가 없는 경우에도 그에 대한 행정청의 본처분 권한이 있으면 발동이 가능하다고 본다.

4. 발동상의 내재적 요건

가행정행위의 발동시에 근거한 사실관계의 판단자료는 추후에 이루어질 본행정행위시까지 획득될 자료의 내용과 수준에까지는 미치지 못할 것이기는 해도, 그것은 최소한 본행정행위에 있어서도 결정적인 것으로 확신될 명백하고 개연성이 있는 자료에 의해서만 가행정행위가 이루어져야 할 것이다. 그렇지 못할 경우에는 위법한 행위가 된다. 행정청은 그 오류를 근거로 가행정행위의 상대방에 대해 대항할 수 없다고 해야 할 것이다.

5. 가행정행위의 효력 및 본행정행위와의 관계

가행정행위는 잠정적이기는 하지만 행정행위로서 직접 법적 효력을 발생시킨다.

가행정행위는 본행정행위에 대해 구속력을 미치지 않는다. 가행정행위에 대한 신뢰도 인정되지 않는다.

가행정행위는 본행정행위가 있게 되면 본행정행위에 의해 대체되고 효력을 상실한다.

6. 권리구제

가행정행위는 잠정적이기는 하지만 직접 법적 효력을 발생시키는 행정행위이므로 가행정행위로 인해 권익침해를 받은 자는 취소소송을 제기할 수 있다.

---

[1] 예를 들어, 소득액 등이 확정되지 아니한 경우에 과세관청이 상대방의 신고액에 따라 잠정적으로 세액을 결정하는 것(소득세법 제110조), 물품의 수입에 있어 일단 잠정세액을 적용하였다가 후일에 세액을 확정짓는 것(관세법 제39조 등 참조) 등이 해당될 수 있을 것이다.

　가행정행위에 대한 취소소송 제기중 본행정행위가 행해지면 가행정행위는 효력을 상실하며 동 취소소송은 소의 이익이 없게 된다. 이 경우 본행정행위에 대한 소송으로 소변경을 할 수 있다.

> **판례** 　자진신고에 의한 과징금 감면이 있었던 사례에서 선행처분과 후행감면처분을 나누어 의결한 경우에 취소를 구하여야 할 처분이 후행처분인지 여부(적극): 공정거래위원회가 부당한 공동행위를 행한 사업자로서 구 독점규제 및 공정거래에 관한 법률(2013. 7. 16. 법률 제11937호로 개정되기 전의 것, 이하 '공정거래법'이라 한다) 제22조의2에서 정한 자진신고자나 조사협조자에 대하여 과징금 부과처분(이하 '선행처분'이라 한다)을 한 뒤, 공정거래법 시행령 제35조 제 3 항에 따라 다시 그 자진신고자 등에 대한 사건을 분리하여 자진신고 등을 이유로 한 과징금 감면처분(이하 '후행처분'이라 한다)을 하였다면, 후행처분은 자진신고 감면까지 포함하여 그 처분 상대방이 실제로 납부하여야 할 최종적인 과징금액을 결정하는 종국적 처분이고, 선행처분은 이러한 종국적 처분을 예정하고 있는 일종의 잠정적 처분으로서 후행처분이 있을 경우 선행처분은 후행처분에 흡수되어 소멸한다고 봄이 타당하다. 따라서 위와 같은 경우에 선행처분의 취소를 구하는 소는 이미 효력을 잃은 처분의 취소를 구하는 것으로 부적법하다(대판 2015. 2. 12, 2013두987[과징금납부명령등취소청구의소]). 〈해설〉 후행 과징금 감면처분은 통상의 감액처분이 아니라 잠정적 처분에 대한 종국처분이다.

　가행정행위의 발령신청이 거부된 경우에는 의무이행소송이 직접적인 해결책이 되나, 우리의 경우 이 제도가 인정되지 않으므로 거부처분취소심판, 의무이행심판이나 거부처분의 취소소송만을 제기할 수 있다. 또한 가행정행위를 발령한 후에 행정기관이 상당한 기간 내에 종국적인 결정을 행하지 않는 경우에도 의무이행심판이나 부작위위법확인소송에 의해 해결할 수밖에 없을 것이다.

Ⅳ. 사전결정 [1999 사시 사례, 2006 감평 사례]

1. 의　　의

　사전결정(예비결정)이란 최종적인 행정결정을 내리기 전에 사전적인 단계에서 최종적 행정결정의 요건 중 일부에 대해 종국적인 판단으로서 내려지는 결정을 의미한다. 사전결정(事前決定)의 예로서는 건축법 제10조 제 1 항의 사전결정, 구 주택건설촉진법 제32조의4 제 1 항의 사전결정과 원자력안전법상 부지사전승인제도(1995. 1. 5. 이전 법 제11조 제 3 항)를 들 수 있다. 현행 원자력안전법상 부지사전승인이 나면 법상 제한공사가 가능한 것으로 규정되어 있다(제10조 제 4 항).

> **판례1** 　판례는 부지사전승인을 '사전적 부분 건설허가처분'의 성격을 가지고 있는 것으로 보고, 원자력법 제12조 제 2 호, 제 3 호로 규정한 원자로 및 관계 시설의 허가기준에 관한 사항은 건설허가처분의 기준이 됨은 물론 부지사전승인처분의 기준으로도 된다고 본다. 부지사전승인제도를 원자로 및 관계 시설을 건설하고자 하는 자가 그 계획중인 건설부지가 원자력법에 의하여 원자로 및 관계 시설의 부지

로 적법한지 여부 및 굴착공사 등 일정한 범위의 공사를 할 수 있는지 여부에 대하여 건설허가 전에 미리 승인을 받는 제도로 본다(대판 1998. 9. 4, 97누19588[부지사전승인처분취소]). 〈평석〉 판례가 말하는 "사전적 부분 건설허가처분"이 무엇을 의미하는지 모호하다. '사전적 부분 건설허가처분'이 부분허가를 의미한다면 사전부지승인의 경우에는 잠정적·긍정적 전체판단을 전제로 하지 않고, 사전부지승인의 요건은 건설허가시 다시 한 번 판단되며 사전부지승인에 의해 제한공사(기초공사)가 가능하더라도 사전부지승인의 핵심적인 부분은 부지적합성이며 제한공사가 가능한 것은 법규정에 의한 효력인 점에서 비판이 가능하다. 판례가 사전부지승인은 부지적합성과 제한공사의 승인을 포함하는 것으로 본 점에서 사전부지승인을 사전결정과 부분허가의 성질을 함께 갖는 것으로 보고 있다고 해석하는 것이 타당하다. 생각건대, 이론상 원자력안전법상 사전부지승인의 핵심적인 부분은 부지적합성이며 제한공사가 가능한 것은 법규정에 의한 효력인 점에 비추어 사전부지승인을 사전결정으로 볼 수도 있고, 사전부지승인에는 부지적합성 판단부분과 제한공사승인부분이 함께 있다고 보아 사전결정과 부분허가의 성질을 함께 가지고 있다고 보는 것도 가능하다.

판례2 판례는 폐기물처리업허가 전의 사업계획에 대한 적정통보의 법적 성질을 사전결정으로 보고 있는 것 같다(대판 1998. 4. 28, 97누21086[폐기물처리사업부적정통보취소]).

판례3 이 사건 각 노선에 대한 운수권배분처분은 상대방에게 권리의 설정 또는 의무의 부담을 명하거나 기타 법적 효과를 발생하게 하는 등으로 원고의 권리의무에 직접 영향을 미치는 행위로서 항고소송의 대상이 되는 행정처분에 해당한다고 할 것이다(대판 2004. 11. 26, 2003두10251, 10268[노선배분취소처분취소·국제선정기항공운송사업노선면허거부처분취소]). 〈평석〉 2009년 항공법 개정에 의해 운수권 배분의 근거규정(제118조, 현행 항공사업법 제16조)이 신설되었다. 운수권배분은 노선면허의 요건판단 등 결정사항 중 일부(노선면허의 주된 내용이 되는 운항횟수 등)에 대한 결정인 점에서 사전결정의 성질을 갖는다(운수권 배분처분으로 운수권이 설정되므로 부분허가로 볼 수도 있다). 과거 운수권배분은 재량행위로 되어 있었으나(대판 2004. 11. 26, 2003두3123), [국제항공운수권 및 영공통과 이용권 배분 등에 관한 규칙](이하 '운수권배분규칙'이라 한다)이 부령으로 제정된 후 현행 법령하에서는 운수권 배분에 있어서 신규운수권 횟수보다 신청된 신규운수권 횟수가 많은 경우에서는 운수권배분의 공정성, 명확성 및 예측가능성을 높이기 위해 기속행위에 가깝게 규정하고 있고, 제4조 제4항 단서에 해당하는 경우에만 재량행위로 규정하고 있다(제5조). 다만, 운수권배분처분을 원칙상 기속행위로 보면서 중대한 공익상 필요가 있는 경우에는 거부할 수 있는 기속재량행위로 볼 수도 있다. 그런데, 노선면허가 재량행위이고 운수권 배분은 항공정책과 관련이 있는 부분으로서 노선면허의 재량영역에 속하는 것으로 본다면 운수권 배분을 기속행위와 가깝게 규정한 부령인 [국제항공운수권 및 영공통과 이용권 배분 등에 관한 규칙]은 노선면허를 재량행위로 규정한 항공법에 반하여 위법 무효이므로 법적 구속력있는 부령이 아니라 재량준칙에 불과한 것으로 보아야 한다. 이렇게 본다면 운수권배분도 재량행위로 보아야 한다.

이론상 잠정적 사전결정도 가능하다. 잠정적 사전결정은 사전결정을 종국적으로 하는 것이 아니라 잠정적으로 하는 것을 말한다.

2. 법적 성질

사전결정은 그 자체가 하나의 행정행위이다. 최종처분이 기속행위인 경우 사전결정도 기속행위이다. 최종처분이 재량행위인 경우에 사전결정이 재량행위인지 여부는 최종처분의 재량판단 부분이 사전결정의 대상이 되는지에 의해 결정된다.

판례 1 주택건설촉진법 제33조 제1항이 정하는 주택건설사업계획의 승인은 이른바 수익적 행정처분으로서 행정청의 재량행위에 속하고, 따라서 그 전 단계로서 같은 법 제32조의4 제1항이 정하는 주택건설사업계획의 사전결정 역시 재량행위라고 할 것이므로, 사전결정을 받으려고 하는 주택건설사업계획이 관계 법령이 정하는 제한에 배치되는 경우는 물론이고, 그러한 제한사유가 없는 경우에도 공익상 필요가 있으면 처분권자는 그 사전결정 신청에 대하여 불허가결정을 할 수 있다(대판 1998. 4. 24, 97누1501[주택건설사업계획사전결정불허가처분취소 등]).

판례 2 폐기물처리사업계획서의 적합 여부(환경 친화적인 폐기물처리업인지 여부) 판단에 관하여 행정청에 광범위한 재량권이 인정된다(대판 2019. 12. 24, 2019두45579). [1] 구 폐기물관리법의 입법목적과 규정사항, 폐기물처리업 허가의 성격, 사업계획서적합통보제도의 취지와 함께 폐기물의 원활하고 적정한 처리라는 공익을 책임지고 실현하기 위한 행정의 합목적성 등을 종합하여 볼 때, 폐기물처리사업계획서의 적합 여부를 심사함에 있어서 폐기물관리법 제25조 제2항 각 호에서 열거된 사항을 검토한 결과 이에 저촉되거나 문제되는 사항이 없다고 하더라도 폐기물의 수집·운반·처리에 관한 안정적이고 효율적인 책임행정의 이행 등 공익을 해칠 우려가 있다고 인정되는 경우에는 이를 이유로 사업계획서의 부적합통보를 할 수 있다고 볼 것이다. [2] 甲 주식회사가 제출한 생활폐기물수집·운반업을 위한 폐기물처리사업계획서에 대하여, 관할 구청장이 기존 업체가 보유하고 있는 인력과 장비로 충분한 처리가 이루어지고 있어서 별도의 신규허가가 어렵다는 사유로 부적합통보를 한 사안에서, 처분이 재량권을 일탈·남용하여 위법하다고 본 원심판단을 정당하다고 한 사례(대판 2011. 11. 10, 2011두12283[폐기물처리사업계획서부적합통보처분취소]). 〈해설〉 사전결정의 성질을 갖는 폐기물처리사업계획서 부적합통보를 재량행위로 본 판례이다. 행정청이 폐기물처리사업계획서의 적합 여부를 판단하는 방법 및 그 적합 여부 판단에 관하여 행정청에 광범위한 재량권이 인정되는지 여부(적극): 1) 시·도지사는 구 폐기물관리법 제25조 제2항 제4호에 따라 폐기물처리사업계획서의 적합 여부를 판단함에 있어, 환경의 질적인 향상과 그 보전을 통한 쾌적한 환경의 조성 및 이를 통한 인간과 환경 간의 조화와 균형의 유지라는 환경정책기본법의 입법 취지와 환경정책기본법에 따라 설정된 환경기준도 고려하여야 한다. 행정청은 사람의 건강이나 주변 환경에 영향을 미치는지 여부 등 생활환경과 자연환경에 미치는 영향을 두루 검토하여 폐기물처리사업계획서의 적합 여부를 판단할 수 있으며, 이에 관해서는 행정청에 광범위한 재량권이 인정된다(대법원 2017. 10. 31. 선고 2017두46783 판결 참조). 2) '자연환경·생활환경에 미치는 영향'과 같이 장래에 발생할 불확실한 상황과 파급효과에 대한 예측이 필요한 요건에 관한 행정청의 재량적 판단은 그 내용이 현저히 합리적이지 않다거나 상반되는 이익이나 가치를 대비해 볼 때 형평이나 비례의 원칙에 뚜렷하게 배치되는 등의 특별한 사정이 없는 한 폭넓게 존중될 필요가 있다(대법원 2017. 3. 15. 선고 2016두55490 판결 등 참조)(대판 2023. 7. 27, 2023두35661[폐기물처리사업계획신청 반려처분취소]).

3. 법적 근거

사전결정권은 본처분권에 포함되므로 법규상의 특별한 근거규정이 없이도 사전결정을 행할 수 있다.

4. 효력(구속력)과 그 한계

(1) 사전결정의 구속력

1) 구속력 긍정설

사전결정은 후속되는 단계에서의 행정결정의 토대가 된다. 즉, 사전결정은 무효가 아닌 한 사전결정의 대상이 된 사항에 있어서 후행결정에 대하여 구속력을 갖는다. 따라서,

행정청은 최종행정결정에서 사전결정된 것은 그대로 인정하고, 사전결정되지 않은 부분만을 결정한다.

　따라서, 재량행위의 경우 재량결정이 전부 사전결정에서 내려지고 기속결정만이 남은 경우 최종행정행위는 기속행위가 되고, 재량결정 중 일부만이 사전결정에서 내려진 경우 최종행정행위는 남은 재량결정의 한도 내에서 재량행위가 된다.

2) 구속력 부정설

　사전결정에 구속력을 인정하지 않고, **신뢰의 이익만을 인정하는** 견해이다. 이 견해에 의하면 사정변경이 없는 경우에도 공익이 신뢰이익보다 큰 경우 사전결정에 배치되는 결정을 할 수 있는 것으로 보게 된다. 판례도 이러한 입장을 취하고 있다.

　판례는 사전결정의 구속력을 인정하지 않고, 사전결정시 재량권을 행사하였더라도 최종처분시 다시 재량권을 행사할 수 있다고 본다.

판례1　[1] 구 주택건설촉진법(1999. 2. 8. 법률 제5914호로 삭제) 제33조 제 1 항의 규정에 의한 주택건설사업계획의 승인은 ⋯ 행정청의 재량행위에 속하고, 그 전 단계인 같은 법 제32조의4 제 1 항의 규정에 의한 주택건설사업계획의 사전결정이 있다 하여 달리 볼 것은 아니다. [2] 원고가 피고로부터 이 사건 주택사업계획에 대하여 사전결정을 받았고, 이를 신뢰하여 원고가 이 사건 주택사업의 준비를 하여 온 사실이 인정되나, 이 사건 원고의 주택사업계획을 승인할 경우 공익을 현저히 침해하는 우려가 있으므로, 신뢰보호의 원칙은 적용될 수 없다고 할 것이다(대판 1999. 5. 25, 99두1052[종합토지세 등 부과처분취소]).

판례2　[1] 폐기물처리사업계획 부적정통보는 처분이다. 폐기물처리사업계획 적정 여부의 결정에 있어 행정청에 재량이 있다. 이러한 경우 사업계획 적정 여부 통보를 위하여 필요한 기준을 정하는 것도 역시 행정청의 재량에 속하는 것이므로, 그 설정된 기준이 객관적으로 합리적이 아니라거나 타당하지 않다고 볼 만한 다른 특별한 사정이 없는 이상 행정청의 의사는 가능한 한 존중되어야 한다. [2] 폐기물관리법 제26조 제 1 항, 제 2 항 및 같은 법 시행규칙 제17조 제 1 항 내지 제 5 항의 규정에 비추어 보면 폐기물처리업의 허가에 앞서 사업계획서에 대한 적정·부적정 통보제도를 두고 있는 것은 폐기물처리업을 하고자 하는 자가 스스로 시설 등을 설치하여 허가신청을 하였다가 허가단계에서 그 사업계획이 부적정하다고 판명되어 불허가되면 허가신청인이 막대한 경제적·시간적 손실을 입게 되므로, 이를 방지하는 동시에 허가관청으로 하여금 미리 사업계획서를 심사하여 그 적정·부적정통보처분을 하도록 하고, 나중에 허가단계에서는 나머지 허가요건만을 심사하여 신속하게 허가업무를 처리하는 데 그 취지가 있다. 〈해설〉 이러한 판례의 논지는 사전결정의 구속력을 인정하는 논지이다. [3] 폐기물처리업에 대하여 사전에 관할 관청으로부터 적정통보를 받고 막대한 비용을 들여 허가요건을 갖춘 다음 허가신청을 하였음에도 다수 청소업자의 난립으로 안정적이고 효율적인 청소업무의 수행에 지장이 있다는 이유로 한 불허가처분이 신뢰보호의 원칙 및 비례의 원칙에 반하는 것으로서 재량권을 남용한 위법한 처분이라고 본 사례. 〈해설〉 사전결정의 구속력을 인정하는 입장에 서는 경우 이 사례에서 '다수 청소업자의 난립'이 사전결정 후의 새로운 사정이라면 사전결정의 구속력의 예외사유가 되지만, 사전결정 이전의 사유로 사전결정시 이익형량의 고려사항이 되었다면 사전결정의 구속력의 예외사유가 될 수 없다고 보아야 한다. 그러나, 판례는 일반적으로 사전결정의 구속력을 인정하지 않으므로 판례의 입장에 서는 한 '다수 청소업자의 난립'은 사전결정 후의 새로운 사정일 경우뿐만 아니라 사전결정 이전의 사유로 사전결정시 이익형량의 고려사항이 되었던 경우에도 최종처분인 폐기물처리업불허가처분시 재량고려사항이 된다. 다만, '다수 청소업자의 난립'이 사전결정 이전의 사유로 이익형량의 고려사항이 되었었던 경우에는 사전결정의 상대방에게 보다 강한 신뢰이익이 인정될 것이다(대판 1998. 4. 28, 97 누21086[폐기물처리사업부적정통보취소]).

3) 사견(구속력 긍정설)

사전결정은 종국적 판단으로서 내려지는 결정이므로 구속력의 예외가 인정되는 경우를 제외하고는 후행 최종행정결정에 대해 구속력을 미친다고 보아야 한다(전술 선행행위의 후행행위에 대한 구속력 참조).

사전결정이 잠정적인 성질을 갖는 경우에 잠정적 사전결정이라 할 수 있는데, 잠정적 사전결정은 가행정행위처럼 최종행정행위에 구속력을 미치지 못한다.

(2) 구속력의 예외

사전결정시에 불가피하게 파악되지 못하였던 사실관계나 법적 관계의 변경이 초래되었을 경우에는 그 구속력이 배제되거나 감경될 수 있다. 이 경우에 사전결정과 배치되는 최종행정행위를 하고자 하는 경우에는 신뢰보호이익과 사정변경으로 사전결정과 다른 결정을 하여야 할 공익 사이에 이익형량을 하여야 한다.

(3) 사전결정의 효력의 한계

사전결정은 종국적 행정결정이 아니고 허가 등 종국적 행정결정의 요건 중 일부에 대한 판단에 그치는 것이다. 따라서, 사전결정을 받은 자는 사전결정을 받은 것만으로는 어떠한 행위를 할 수 없다. 이 점에서 사전결정은 부분허가와 구별된다. 다만, 원자력법은 부지 적합성에 대한 사전승인을 받으면 제한적으로 공사(원자력시설의 기초공사)를 할 수 있는 것으로 명문으로 규정하고 있다(제11조 제4항).

5. 사전결정과 최종행정행위와의 관계

사전결정은 최종행정행위에 구속력을 미친다(판례는 부정).

최종행정행위가 있게 되면 사전결정은 원칙상 최종행정행위에 흡수된다(대판 1998. 9. 4, 97누19588[부지사전승인처분취소]).

6. 권리구제

사전결정은 그 자체가 하나의 독립한 행정행위이므로 당사자나 일정한 범위의 제3자에 의한 취소소송의 대상이 된다.

사전결정에 대해 취소소송이 제기되기 전에 최종행정행위가 있게 되면 사전결정은 최종행정행위에 흡수되므로 사전결정을 다툴 소의 이익이 없다.

사전결정에 대한 취소소송 계속 중 최종행정결정이 내려지면 당해 취소소송은 소의 이익을 상실하게 되며 최종행정행위에 대해 취소소송을 제기하여야 한다는 견해(판례의 입장)가 있으나, 사전결정에 대해 취소소송이 계속 중인 경우에는 최종행정행위가 행해져도 사전결정이 취소되면 최종행정행위도 효력을 상실하고, 최종처분에 대한 소송으로 소를 변경할 경우 사전결정에 대한 소송의 소송자료를 활용할 수 있도록 할 필요가 있으므로 소의 이익을 인정하는 것이 타당하다.

판례1 **원자로 및 관계 시설건설허가처분이 있는 경우, 선행의 부지사전승인처분의 취소를 구할 소의 이익이 없다는 판례:** 원자로 및 관계 시설의 부지사전승인처분은 그 자체로서 건설부지를 확정하고 사전공사를 허용하는 법률효과를 지닌 독립한 행정처분이기는 하지만, 건설허가 전에 신청자의 편의를 위하여 미리 그 건설허가의 일부 요건을 심사하여 행하는 사전적 부분 건설허가처분의 성격을 갖고 있는 것이어서 <u>나중에 건설허가처분이 있게 되면 그 건설허가처분에 흡수되어 독립된 존재가치를 상실함으로써 그 건설허가처분만이 쟁송의 대상이 되는 것</u>이므로, 부지사전승인처분의 취소를 구하는 소는 소의 이익을 잃게 되고, 따라서 부지사전승인처분의 위법성은 나중에 내려진 건설허가처분의 취소를 구하는 소송에서 이를 다투면 된다(대판 1998. 9. 4, 97누19588[부지사전승인처분취소]). 〈해설〉 최근 대법원 전원합의체는 "선행처분과 후행처분이 단계적인 일련의 절차로 연속하여 행하여져 후행처분이 선행처분의 적법함을 전제로 이루어짐에 따라 선행처분의 하자가 후행처분에 승계된다고 볼 수 있어 이미 소를 제기하여 다투고 있는 선행처분의 위법성을 확인하여 줄 필요가 있는 경우 등에는 행정의 적법성 확보와 그에 대한 사법통제, 국민의 권리구제의 확대 등의 측면에서 여전히 그 처분의 취소를 구할 법률상 이익이 있다"고 선언하였다(대판 전원합의체 2007. 7. 19, 2006두19297[임원취임승인취소처분]〈경기학원 임시이사 사건〉). 이 판례가 사전결정에도 적용될 것인지 검토를 요한다. 판례에 의하면 사전결정은 최종처분에 흡수되어 소멸되므로 엄밀히 말하면 사전결정과 최종처분은 하자의 승계가 되는 관계는 아니다. 이렇게 본다면 이 판례는 사전결정에는 적용되지 않는다. 이에 반하여 사전결정의 위법은 최종처분의 위법이 되므로 하자가 승계되는 경우에 해당한다고 본다면 이 판례는 사전결정에 적용되어 최종처분이 난 경우 사전결정에 대한 취소소송의 소의 이익을 부정한 종전의 판례는 변경된 것으로 볼 수 있다. 앞으로 이에 관한 대법원의 명시적인 입장표명이 요구된다.

판례2 운수권 배분처분은 노선면허를 받기 위한 중간적인 단계에 있는 것으로서 그에 기초하여 노선면허가 이루어진 경우에는 노선면허에 흡수되어 노선면허의 취소를 구하는 외에 독립적으로 운수권 배분의 취소를 구할 소의 이익은 상실된다(서울행법 2005. 9. 8, 2004구합35622[운수권배분처분취소]). 〈평석〉 이 판례가 2006두19297 전원합의체 판결〈경기학원 임시이사 사건〉에 의해 변경된 것으로 볼 수 있는지는 의문이다.

V. 부분허가

1. 의   의

부분허가(部分許可, Teilgenehmigung)는 원자력발전소와 같이 그 건설에 비교적 장기간의 시간을 요하고 영향력이 큰 시설물의 건설에 있어서 단계적으로 시설의 일부분에 대하여 부여하는 허가를 의미한다. 즉, 행정결정의 대상이 되는 시설물 중 일부의 건설 및 운전에 대하여 확정적인 허가를 발급하는 것으로 부분허가가 수차례에 걸쳐 계속적으로 이루어짐으로써 시설 전체의 건설이 완성되어 운전에 이르게 되는 방식을 말한다.

예컨대, 구 원자력법상의 원자로 및 관계시설의 건설허가 전에 행하는 부지에 대한 제한공사승인(원자력법 제11조 제4항)은 독일 원자력법상 제1차 부분허가에 해당한다고 볼 수 있다. 판례는 원자로시설부지사전승인처분의 법적 성격을 '사전적 부분 건설허가'로 보고 있다(대판 1998. 9. 4, 97누19588).

주택법상 주택건설사업을 완료한 경우에는 사용검사를 받아야 주택 등을 사용할 수 있는데, 사업완료 전이라도 완공부분에 대하여 동별로 사용검사를 받을 수 있다고 규정하고 있다(제29조 제1항, 제4항). 이 경우에 아파트 동별 사용검사는 부분허가와 유사한 성질을 갖는다고 할 수 있다.

2. 법적 근거

부분허가처분권은 허가처분권에 포함되는 것이므로 허가에 법적 근거가 있으면 부분허가에는 별도의 법적 근거가 필요 없다.

3. 법적 성질

부분허가는 그 자체가 규율하는 내용에 대한 종국적 결정인 행정행위이다. 따라서 선행 부분허가는 후속하는 최종적 결정에 구속력을 미친다.

4. 성립 및 효력요건

부분허가에 있어 허가 전체에 대한 잠정적·긍정적 전체판단이 전제되어야 한다. 즉, 부분허가는 잠정적·긍정적 전체판단(이하 '잠정적 전체판단'이라 한다)에 의하여 허가의 전제조건이 충족되고 부분허가를 발부할 정당한 이익이 있다고 인정되는 때에 발부된다.

5. 부분허가의 효력

부분허가는 그 자체가 규율하는 내용에 대한 종국적 결정인 행정행위이다. 부분허가를 받은 자는 허가의 대상이 되는 행위를 적법하게 할 수 있다.

부분허가시 행해지는 판단은 사실관계에 있어서나 법적 요건에 있어 차후에 별다른 변화가 없는 한, 최종적 결정에 구속력을 지닌다. 최종적인 판단에 있어서 기술적 수준의 변화나 상황의 변화에 대응하는 범위 내에서 시설물 일부에 대한 변경이나 수정은 있을 수 있다.

부분허가는 일정한 행위를 가능하게 하는 행위이므로 최종적 결정이 내려진 후에도 최종적 결정에 흡수되지 않고 효력을 유지하는 것으로 보아야 한다.

6. 권리구제

부분허가는 행정행위이므로 당사자나 일정한 범위의 제3자는 취소소송을 제기할 수 있다. 또한 허가가 발령되지 않는 경우에는 거부처분의 존재시에는 거부처분취소심판, 의

무이행심판이나 거부처분의 취소소송을, 부작위에 대해서는 의무이행심판이나 부작위위법
확인소송을 제기할 수 있다.

VI. 단계적 결정처분

하나의 처분이 둘 이상의 단계적 결정처분에 의해 행해지는 경우가 있다. 그 예로 국
민건강보험법상의 요양급여처분을 들 수 있다. 즉, 통상의 요양급여 결정처분은 단계적으
로 행해진다. 제1단계에서 요양급여대상 여부 및 상한금액이 결정(1단계 결정·고시처분)되
고, 제2단계로 요양급여의 기준에 관한 세부사항이 결정(2단계 결정·고시처분)된다(행정법론
(하) 국민건강보험 참조).

제12절   행정의 자동결정과 자동적 처분

I. 의   의

행정의 자동결정이란 미리 입력된 프로그램에 따라 행정결정이 자동으로 행해지는
것을 말한다.[2] 예를 들면, 신호등에 의한 교통신호, 컴퓨터를 통한 중고등학생의 학교배정
등이 그것이다. 자동적 처분이라 함은 법률로 정하는 바에 따라 완전히 자동화된 시스템
(인공지능 기술을 적용한 시스템을 포함한다)으로 하는 처분을 말한다. 자동적 처분은 법률로
정한 경우(예, 수입식품법 제20조의2에 따른 수입식품신고수리처분)에 한하여 인정된다(행정기
본법 제20조). 완전히 자동화된 시스템이 아닌 일부 자동화는 행정기본법 제20조의 적용대
상(자동적 처분)이 아니다. 이에 반하여 행정의 자동결정은 전부(완전) 자동결정뿐만 아니라
일부 자동결정도 포함하는 개념이다. 권력적 사실행위도 처분이므로 권력적 사실행위에도
행정기본법 제20조가 적용된다고 보아야 한다.

II. 법적 성질

행정의 자동결정(自動決定)은 행정행위의 성질을 갖는다. 자동으로 결정된 행정결정은
외부에 표시되어야 행정행위로서 성립하며 당사자에게 통지되어야 효력을 발생하게 된다.
컴퓨터를 통한 학교배정은 자동화되어 있지만 그 결정의 통지는 일반적인 통지방법에 의
한다. 그러나, 통지도 자동으로 행하여지는 경우도 있다. 신호등에 의한 교통신호는 의사

---

2) 행정의 자동결정에 대하여 자세한 내용은 김중권, "행정자동절차에 관한 법적 고찰", 고려대 박사학위논
   문, 1993. 참조.

결정뿐만 아니라 표시행위까지 자동으로 행해진다.

행정의 자동결정의 기준이 되는 프로그램의 법적 성질은 행정규칙이라고 볼 수 있다.

Ⅲ. 행정의 자동결정에 대한 법적 규율의 특수성

행정의 자동결정에 대하여는 특별한 규정이 없는 한 행정행위에 관한 규정이 적용된다. 그런데, 행정의 자동결정에 있어서는 행정청의 서명·날인, 문자 이외의 부호의 사용, 이유제시 또는 의견청취절차의 예외 등 특수한 법적 규율이 행해질 수 있다.

다만, 이러한 특수한 법적 규율은 원칙상 명문의 규정이 있는 경우에 한하여 인정되며 해석상 인정될 수는 없다.

그렇지만, 행정청의 서명·날인에 있어서는 명문의 규정이 없는 경우에도 행정청의 서명을 인쇄하고 날인을 인영(印影)의 방법으로 하는 것이 허용된다고 본다.

Ⅳ. 행정의 자동결정과 재량행위

기속행위에 있어서 행정의 자동결정이 가능하다는 데에는 이론이 없다. 재량행위에 있어서는 행정의 자동결정이 가능한지에 대해 견해가 대립되고 있다.

① 부 정 설: 부정설은 재량행위의 본래의 취지가 구체적 사정을 고려하여 구체적 타당성 있는 행정을 하도록 하기 위한 것이라고 볼 때 재량의 여지 없이 입력된 프로그램에 따라 행정결정을 내리는 것은 재량권의 불행사에 해당하여 위법하게 된다고 한다.

② 긍 정 설: 재량준칙을 정형화하고 그에 따라 재량처분을 자동결정한 후 상대방의 이의제기의 가능성을 열어 놓은 방법으로 재량행위를 자동결정할 수 있는 가능성은 있다고 보는 것이 타당하다.

긍정설이 타당하다. 이 경우에 자동결정은 법정기간 내에 이의제기가 없을 것을 정지조건으로 성립하는 것으로 볼 수 있을 것이다.

Ⅴ. 행정의 자동결정의 하자와 권리구제

1. 행정의 자동결정의 하자

행정의 자동결정의 하자는 프로그램에 하자가 있는 경우, 공무원이 자료의 입력을 잘못한 경우, 통지에 하자가 있는 경우 등에 존재하게 된다. 행정의 자동결정의 하자의 효과는 일반 행정행위의 하자의 효과와 다르지 않다.

2. 권리구제

(1) 행정쟁송

행정의 자동결정은 행정행위이므로 항고쟁송의 대상이 된다.

(2) 국가배상

위법한 자동결정에 의해 손해를 받은 자는 국가배상을 청구할 수 있다. 문제는 국가배상법 제 2 조에 근거하여 배상책임을 인정할 것인가 아니면 제 5 조에 근거하여 배상책임을 인정할 것인가하는 점이다.

자료의 입력에 잘못이 있었던 경우에는 공무원의 행위가 가해행위이므로 제 2 조의 배상책임의 문제가 된다고 보아야 한다. 프로그램의 내용이 위법한 경우에도 프로그램을 만든 공무원의 과실이 있는 경우에 제 2 조에 의한 배상책임이 인정된다.

그 이외에 기계장치의 하자(예, 신호 등의 하자)로 인한 배상책임은 제 5 조에 의한 영조물의 설치·관리의 하자로 인한 책임의 문제가 된다.

제 4 장

공법상 계약

I. 의 의

공법상 계약(公法上 契約)이란 공법적 효과를 발생시키는(공법상의 법률관계의 변경을 가져오는), 행정주체를 적어도 한쪽 당사자로 하는 계약(양 당사자 사이의 반대방향의 의사의 합치)을 말한다.

행정기본법상 공법상 계약의 정의에 '대등한 당사자 사이'라는 문구가 빠져 있고, 공법상 계약에서 행정청이 계약 상대방보다 사실상 우월한 경우도 있겠지만, 계약의 본질상 공법상 계약에서 양 당사자는 법률상으로는 당연히 대등한 것을 전제로 한다고 보아야 한다.

1. 사법상 계약과의 구별 [2017 사시]

행정주체가 체결하는 계약은 사법의 적용을 받는 사법상(私法上) 계약일 수도 있고 공법적 규율을 받는 공법상 계약일 수도 있다.

(1) 구별실익

① 실체법상 공법상 계약은 공법적 효과를 발생시키고 공익과 밀접한 관계를 갖고 있으므로 후술하는 바와 같이 사법과는 다른 특수한 공법적 규율의 대상이 된다.

행정주체가 당사자인 사업상 계약은 사법의 규율을 받는다.

> **판례** 지방자치단체가 일방 당사자가 되는 이른바 '공공계약'이 사경제의 주체로서 상대방과 대등한 위치에서 체결하는 사법상 계약에 해당하는 경우 그에 관한 법령에 특별한 정함이 있는 경우를 제외하고는 사적 자치와 계약자유의 원칙 등 사법의 원리가 그대로 적용된다(대판 2018. 2. 13, 2014두11328).

② 공법적 효과를 발생시키는 계약(예, 공행정의 집행을 위탁하는 계약이나 공행정의 수행에 참여하는 공무원을 채용하는 계약)은 공법상 계약이다. 공무원채용계약은 공법상 계약이지

만, 채용된 자가 공행정의 운영에 직접 참여하지 않고 보조하는 것에 불과한 경우에는 그 채용계약(예, 행정보조자 채용계약)은 사법상 계약이다.

③ 공법상 계약에 의한 의무의 불이행이 행정상 강제집행이나 행정벌의 대상이 되는 것으로 규정되어 있는 경우가 있고 공법상 계약과 관련한 불법행위로 국민이 입은 손해는 국가배상법에 의한 손해배상의 대상이 된다.

(2) 구별기준

공법상 계약과 사법상 계약의 구별에 공법관계와 사법관계의 구별에 관한 일반적 기준이 원칙상 적용된다.

> **판례** 어떠한 계약이 공법상 계약에 해당하는지는 계약이 공행정 활동의 수행 과정에서 체결된 것인지, 계약이 관계 법령에서 규정하고 있는 공법상 의무 등의 이행을 위해 체결된 것인지, 계약 체결에 계약 당사자의 이익만이 아니라 공공의 이익 또한 고려된 것인지 또는 계약 체결의 효과가 공공의 이익에도 미치는지, 관계 법령에서의 규정 또는 그 해석 등을 통해 공공의 이익을 이유로 한 계약의 변경이 가능한지, 계약이 당사자들에게 부여한 권리와 의무 및 그 밖의 계약 내용 등을 종합적으로 고려하여 판단하여야 한다(대판 2024. 7. 11, 2024다211762).

다만, 공법상 계약과 사법상 계약의 구별에 있어서는 다음과 같은 구별기준이 특별히 고려되어야 한다.

① 공법상 계약이 되기 위하여는 계약의 일방 당사자는 행정주체이어야 한다. 그러나, 행정주체가 체결하는 계약이 모두 공법상 계약은 아니다. 행정주체가 사경제주체로서 체결하는 계약은 사법상 계약이다.

② 공법상 계약과 사법상 계약의 주된 구별기준은 계약의 대상이다. 계약의 대상이 공법적 규율의 대상이 되어야 하는 것이면 공법상 계약으로 보아야 한다. 즉, 계약으로 인하여 부여된 의무나 계약의 규율대상이 되는 활동이 공법적 규율의 대상이 되는 것인 경우에는 공법상 계약이다.

> **판례1** 지방자치단체의 관할구역 내에 있는 각급 학교에서 학교회계직원으로 근무하는 것을 내용으로 하는 근로계약은 사법상 계약이다(대판 2018. 5. 11, 2015다237748). 〈해설〉 그러한 학교회계직원은 공무원이 아닌 근로자이다.
>
> **판례2** (1) 생활폐기물수집운반 등 대행위탁계약을 사법상 계약으로 본 사례: 피고 진주시와 폐기물처리업의 허가를 받은 원고 사이에 체결된 '진주시에서 발생하는 음식물류 폐기물의 수집·운반, 가로청소, 재활용품의 수집·운반 업무를 대행할 것을 위탁하고 그에 대한 대행료를 지급하는 것을 내용으로 용역도급계약(이하 '이 사건 최초계약'이라 한다)과 이 사건 최초계약 중 계약기간과 계약금액을 변경하고, 계약 내용에 위 기간 동안 발생한 대행료 중 일부를 정산하기로 하는 조항(이하 '이 사건 정산조항'이라 한다)을 추가하는 변경계약(이하 '이 사건 변경계약'이라 한다)을 사법상 계약으로 보고, 이 사건 변경계약에 따른 생활폐기물수집운반등 대행료 정산의무의 존부는 민사 법률관계에 해당하므로

이를 소송물로 다투는 소송은 민사소송에 해당하는 것으로 보아야 한다고 한 사례. (2) 행정사건이 아닌 민사사건은 지방법원의 전속관할에 속하지 않으므로 이 사건 원심(부산고등법원 재판) 역시 관할위반의 잘못은 없다. (3) 당사자는 항소심에서 전속관할이 아닌 제1심법원의 관할위반을 주장하지 못한다(민사소송법 제411조). 나아가 행정사건의 심리절차는 행정소송의 특수성을 감안하여 행정소송법이 정하고 있는 특칙이 적용될 수 있는 점을 제외하면 심리절차 면에서 민사소송 절차와 큰 차이가 없으므로, 특별한 사정이 없는 한 민사사건을 행정소송 절차로 진행한 것 자체가 위법하다고 볼 수도 없다. 따라서 이 사건 소송이 공법상 당사자소송에 해당한다고 판단한 원심판결에는 당사자소송에 관한 법리를 오해한 잘못이 있으나, 원심의 위와 같은 잘못은 판결 결과에 영향을 미쳤다고 보기 어렵다. 피고의 이 부분 상고이유 주장은 이유 없다(대판 2018. 2. 13, 2014두11328[생활폐기물수집운반및가로청소대행용역비반납처분취소]). 〈해설〉 생활폐기물수집운반은 공행정으로 보고, 공행정의 집행을 대행위탁하는 계약은 공법상 계약으로 보는 것이 타당하다. 이 사건 계약이 공행정에 대한 단순한 보조위탁계약이 아니므로 이 사건 폐기물처리업자에 대한 생활폐기물수집운반 등 대행위탁계약을 사법상 계약으로 본 것은 타당하지 않다. 따라서, 이 사건 계약에 따른 생활폐기물수집운반등 대행료 정산의무의 존부를 민사 법률관계에 해당한다고 본 것도 타당하지 않다. 이 사건의 법상 관할은 지방법원이지만, 부산고등법원이 심판한 것은 전속관할 위반이 아니므로 관할 위반으로 보지 않은 사례이다. 행정사건의 관할은 전속관할이지만, 민사사건 관할은 전속관할이 아니다.

판례 3 지방자치단체가 사인과 체결한 시설(자원회수시설) 위탁운영협약은 사법상 계약에 해당한다(대판 2019. 10. 17, 2018두60588).

판례 4 국유림의 경영 및 관리에 관한 법률에 따른 임산물매각계약은 사법상 계약이다(대판 2020. 5. 14, 2018다298409)

③ 행정주체에게 공법상 행위형식과 사법상 행위형식의 선택권이 부여된 경우에는 계약의 특별조항을 통하여 표현되는 행정청의 의사가 주요한 구별기준이 된다. 즉, 계약의 조항 중에 사법상의 법규정과는 성질을 달리하는 공법적 규율에 친한 예외적인 조항이 존재하는 경우에는 공법상 계약이 된다.

2. 공법상 계약과 행정계약

'공법상 계약'과 행정주체의 사법상 계약을 포괄하는 개념으로 '행정계약'(行政契約)이라는 개념을 사용하는 경우가 있는데 사견으로는 공법상 계약과 행정계약은 동의어로 보고 '행정상 계약'이라는 개념으로 행정주체의 공법상 계약과 사법상 계약을 포괄하여 지칭하는 것이 타당하다.

3. 공법상 계약과 행정행위

공법상 계약과 행정행위는 구체적인 법적 효과를 가져오는 법적 행위인 점에서는 동일하지만 양자는 행위의 형성방식에 차이가 있다. 행정행위는 행정주체에 의해 일방적으로 행해지지만 공법상 계약은 행정주체와 국민 사이의 합의에 의해 행해진다.

판례   국립의료원 부설 주차장에 관한 위탁관리용역운영계약의 실질은 행정재산인 위 부설주차장에 대한 국유재산법 제24조 제 1 항에 의한 사용·수익 허가로서 이루어진 것임을 알 수 있으므로, 이는 위 국립의료원이 원고의 신청에 의하여 공권력을 가진 우월적 지위에서 행한 행정처분으로서 특정인에게 행정재산을 사용할 수 있는 권리를 설정하여 주는 강학상 특허에 해당한다 할 것이고 순전히 사경제주체로서 원고와 대등한 위치에서 행한 사법상의 계약으로 보기 어렵다고 할 것이다. 따라서 원고가 그 주장과 같이 이 사건 가산금 지급채무의 부존재를 주장하여 구제를 받으려면, 적절한 행정쟁송절차를 통하여 권리관계를 다투어야 할 것이지, 이 사건과 같이 피고에 대하여 민사소송으로 위 지급의무의 부존재확인을 구할 수는 없는 것이다(대판 2006. 3. 9, 2004다31074[채무부존재확인]). 〈해설〉 판례가 국립의료원 부설 주차장에 관한 위탁관리용역운영계약의 실질을 처분(강학상 특허)으로 본 것은 타당하지 않다. 위 용역계약은 사용·수익 허가를 대체하는 공법상 계약으로 보는 것이 타당하다. 이 사건에서 가산금 지급채무의 부존재확인을 구하는 소송은 당사자소송으로 제기하여야 한다.

Ⅱ. 공법상 계약의 법적 근거

행정기본법은 공법상 계약의 일반적 근거규정을 두고 있다. 즉, 행정청은 법령등을 위반하지 아니하는 범위에서 행정목적을 달성하기 위하여 필요한 경우에는 공법상 법률관계에 관한 계약(이하 "공법상 계약"이라 한다)을 체결할 수 있다(행정기본법 제27조 제 1 항).

「국가를 당사자로 하는 계약에 관한 법률」, 「지방자치단체를 당사자로 하는 계약에 관한 법률」은 기본적으로 국가나 공공기관이 당사자가 되는 사법상 계약에 대한 규정이다.

Ⅲ. 공법상 계약의 인정범위와 한계 [2008 입시 약술]

1. 모든 공행정 분야

공법상 계약은 비권력적 행정 분야에서 뿐만 아니라 권력행정 분야에서도 인정된다.

2. 행정행위의 대체 [2015 입시]

공법상 계약으로 행정행위를 갈음할 수 있는가에 관하여 법상 금지되지 않는 한 행정행위 대신에 공법상 계약이 사용될 수 있다는 견해와 없다는 견해가 대립되고 있다.

생각건대, 공법상 계약은 법률의 근거 없이도 인정되므로 긍정설이 타당하다. 그러나, 일정한 행정 분야, 즉 협의에 의한 행정이 타당하지 않으며 공권력에 의해 일방적으로 규율되어야 하는 분야에서는 법률의 근거가 없는 한 공법상 계약이 인정될 수 없고 행정행위를 대체할 수도 없다. 다만, 법률에 특별한 규정이 있는 경우에는 물론 공법상 계약이 가능하다.

예를 들면, 사회공공의 질서유지를 목적으로 하는 경찰행정 분야와 조세행정 분야에서는 공법상 계약이 인정될 수 없다고 보아야 한다.

3. 제 3 자의 동의

제 3 자의 권익을 제한하는 내용의 행정행위를 할 것을 내용으로 하는 공법상 계약은 제 3 자의 동의가 없는 한 인정될 수 없다.

Ⅳ. 공법상 계약의 성립요건과 적법요건 [2008 입시 약술]

1. 성립요건

공법상 계약은 사법상 계약과 마찬가지로 양 당사자의 반대방향의 의사의 합치에 의해 성립된다.

공법상 계약에서 계약당사자의 일방은 행정주체이어야 한다. 행정주체에는 공무를 수탁받은 사인도 포함된다.

2. 적법요건

(1) 주체에 관한 요건

공법상 계약을 체결하는 행정주체에게 권한이 있어야 한다.

행정기관이 아니라 행정주체가 공법상 계약의 주체가 된다. 그런데 행정기본법은 행정청을 공법상 계약의 당사자로 규정하고 있다(행정기본법 제27조 제 1 항). 이 경우 행정청은 행정주체를 대표하여 공법상 계약을 체결하는 것으로 보아야 한다. 공법상 계약을 체결하는 행정청이 당해 공법상 계약을 체결할 수 있는 권한을 갖고 있어야 한다.

(2) 절차에 관한 요건

공법상 계약의 절차를 일반적으로 특별히 규율하는 법령은 존재하지 않는다. 공법상 계약은 행정절차법의 규율대상이 아니다. 공법상 계약의 체결에 다른 행정청의 승인, 동의 또는 협의를 요하는 것으로 규정하는 경우도 있다. 다른 행정청의 승인, 동의 또는 협의를 요하는 행정행위에 갈음하여 공법상 계약을 체결하는 경우에는 그러한 절차를 거쳐야 한다. 행정청은 행정기본법 제27조에 따라 공법상 법률관계에 관한 계약을 체결할 때 법령 등에 따른 관계 행정청의 동의, 승인 또는 협의 등이 필요한 경우에는 이를 모두 거쳐야 한다(동법 시행령 제 6 조).

> 판례 계약직공무원 채용계약해지의 의사표시는 일반공무원에 대한 징계처분과는 달라서 항고소송의 대상이 되는 처분 등의 성격을 가진 것으로 인정되지 아니하고, 일정한 사유가 있을 때에 국가 또는 지방자치단체가 채용계약 관계의 한쪽 당사자로서 대등한 지위에서 행하는 의사표시로 취급되는 것으로 이해되므로, 이를 징계해고 등에서와 같이 그 징계사유에 한하여 효력 유무를 판단하여야 하거나, 행정처분과 같이 행정절차법에 의하여 근거와 이유를 제시하여야 하는 것은 아니다(대판 2002. 11. 26, 2002두5948[전임계약해지무효확인]).

(3) 형식에 관한 요건

행정청은 공법상 계약을 체결할 경우 계약의 목적 및 내용을 명확하게 적은 계약서를 작성하여야 한다(행정기본법 제27조 제 1 항).

(4) 내용에 관한 요건

법우위의 원칙은 공법상 계약에도 적용된다. 따라서 공법상 계약의 내용은 법을 위반하지 않아야 한다.

법의 일반원칙은 공법상 계약에도 적용된다. 비례의 원칙상 행정청은 공법상 계약의 상대방을 선정하고 계약 내용을 정할 때 공법상 계약의 공공성과 제3자의 이해관계를 고려하여야 한다(행정기본법 제27조 제 2 항).

부당결부금지의 원칙상 행정주체의 급부와 사인의 급부 사이에 실체적 관련성이 있어야 한다.

입법론으로 독일 행정절차법 제58조 제 1 항에서와 같이 "제3자의 권리를 침해하는 공법상 계약은 그의 동의를 요한다"라는 규정을 추가로 두어야 한다는 견해(김용섭, 한국행정법학회 활동 성과분석 및 행정기본법 제정이후의 전망, 행정법학 제21호, 2021.9, 54면)가 있다.

V. 공법상 계약의 종류

1. 행정주체 상호간에 체결되는 공법상 계약

행정주체 상호간의 사무위탁 등 행정사무의 집행과 관련하여 체결된다. 법에 의해 금지되지 않는 한 행정주체 상호간에 공법상 계약이 자유롭게 체결될 수 있다. 행정주체 상호간의 업무위탁계약, 행정비용부담계약(예, 도로법 제24조, 하천법 제 9 조) 등이 이에 해당한다.

2. 행정주체와 사인간에 체결되는 공법상 계약

사인(私人)에 대한 행정사무의 위탁계약, 공무원의 채용계약, 서울특별시 시립무용단원이 가지는 지위가 공무원과 유사한 경우 서울특별시 시립무용단원의 위촉계약(대판 1995. 12. 22, 95누4636[해촉처분취소 등]), 국립중앙극장 전속단원 채용계약(대판 1996. 8. 27, 95나35953[전부금]), 민간투자사업상 실시협약(서울고법 2004. 6. 24, 2003누6483; 대판 2019. 1. 31, 2017두46455), 임의적 공용부담계약 등이 이에 해당한다. 사업인정 전의 협의취득계약을 학설은 공법상 계약으로 보는 견해도 있지만 판례는 사법상 매매계약으로 보고 있다(대판 2012. 2. 23, 2010다91206). 또한, 행정실무와 판례는 행정조직내의 무기계약직(공무직)은 공무원이 아니라 사법상 근로자로 본다. 지방자치단체와 근로계약(사법상 계약)을 체결하고 지방자치단체의 관할구역 내에 있는 각급 공립학교에서 근무하는 학교회계직원을 공무원이 아닌 사법상 근로자로 본 사례(대판 2018. 5. 11, 2015다237748)가 있다.

　사인이 행정주체의 지위를 갖는 경우 행정주체의 지위에서 다른 사인과 공법상 계약을 체결할 수 있다.

　물품납품계약, 건축도급계약 등 조달계약을 사법상 계약으로 보는 것이 일반적 견해이며 판례의 입장인데, 공법상 계약으로 보는 견해도 있다. 조달계약에서 낙찰자결정도 사법상 행위라고 보는 것이 판례의 입장인데, 조달계약에서 낙찰자결정은 처분에 해당한다고 보는 견해도 있다. 이에 반하여 판례는 국가연구(개발사업)협약은 공법상 계약으로 본다.

> **판례**　국책사업인 '한국형 헬기 개발사업'(Korean Helicopter Program, 이하 'KHP사업'이라 한다)에 개발주관사업자 중 하나로 참여하여 국가 산하 중앙행정기관인 방위사업청과 '한국형헬기 민군겸용 핵심구성품 개발협약'을 체결한 甲 주식회사가 협약을 이행하는 과정에서 환율변동 및 물가상승 등 외부적 요인 때문에 협약금액을 초과하는 비용이 발생하였다고 주장하면서 국가를 상대로 초과비용의 지급을 구하는 민사소송을 제기한 사안에서, 과학기술기본법 제11조, 구 국가연구개발사업의 관리 등에 관한 규정(2010. 8. 11. 대통령령 제22328호로 전부 개정되기 전의 것, 이하 '국가연구개발사업규정'이라 한다) 제2조 제1호, 제7호, 제7조 제1항, 제10조, 제15조, 제20조, 항공우주산업개발 촉진법 제4조 제1항 제2호, 제2항, 제3항 등의 입법 취지와 규정 내용, 위 협약에서 국가는 甲 회사에 '대가'를 지급한다고 규정하고 있으나 이는 국가연구개발사업규정에 근거하여 국가가 甲 회사에 연구경비로 지급하는 출연금을 지칭하는 데 다름 아닌 점, 위 협약에 정한 협약금액은 정부의 연구개발비 출연금과 참여기업의 투자금 등으로 구성되는데 위 협약 특수조건에 의하여 참여기업이 물가상승 등을 이유로 국가에 협약금액의 증액을 내용으로 하는 협약변경을 구하는 것은 실질적으로는 KHP사업에 대한 정부출연금의 증액을 요구하는 것으로 이에 대하여는 국가의 승인을 얻도록 되어 있는 점, 위 협약은 정부와 민간이 공동으로 한국형헬기 민·군 겸용 핵심구성품을 개발하여 기술에 대한 권리는 방위사업이라는 점을 감안하여 국가에 귀속시키되 장차 기술사용권을 甲 회사에 이전하여 군용 헬기를 제작·납품하게 하거나 또는 민간 헬기의 독자적 생산기반을 확보하려는 데 있는 점, KHP사업의 참여기업인 甲 회사로서도 민·군 겸용 핵심구성품 개발사업에 참여하여 기술력을 확보함으로써 향후 군용 헬기 양산 또는 민간 헬기 생산에서 유리한 지위를 확보할 수 있게 된다는 점 등을 종합하면, <u>국가연구개발사업규정에 근거하여 국가 산하 중앙행정기관의 장과 참여기업인 甲 회사가 체결한 위 협약의 법률관계는 공법관계에 해당하므로 이에 관한 분쟁은 행정소송으로 제기하여야 한다</u>고 한 사례. 〈해설〉1·2심 법원은 사법상 계약으로 보았다. '한국형 헬기 개발사업에 대한 물품·용역협약'을 단순한 물품조달계약으로 보면 사법상 계약으로 볼 수 있지만, 연구개발계약으로 본다면 공법상 계약으로 보는 것이 타당하다.

VI. 공법상 계약의 법적 규율

1. 실체법상 규율

(1) 공법적 규율과 사법의 적용

　공법상 규율은 공법적 규율의 대상이 된다. 그런데, 행정기본법은 공법상 계약에 대한 실체법상 공법적 규율에 관한 사항을 규정하지 않고, 공법상 계약에 대한 일부 일반적 규정을 두고 있을 뿐이다. 공법상 계약에 대한 특수한 규율은 개별법 또는 법이론상 인정된다.

공법상 계약에 관하여 개별법에 특별한 규정이 없는 경우에는 『국가를 당사자로 하는 계약에 관한 법률』 또는 「지방자치단체를 당사자로 하는 계약에 관한 법률」 및 계약에 관한 민법의 규정을 직접 적용 또는 유추적용할 수 있다.

판례 [지하주차장 건설 및 운영 관련 민간투자 실시협약이 쌍방미이행 쌍무계약임을 이유로 사업시행자의 파산관재인이 해지를 주장한 사건] (1) 민간투자법은 실시협약(공법상 계약)의 체결로써 상대방에게 사업시행자 지정의 효과를 발생하게 하는데(민간투자법 제13조 제 3 항), 민간투자 사업시행자와 국가 등의 관계는 기본적으로 공법적 성격을 가진 법률관계로서 대등한 대가관계로 볼 수 없다. (2) 쌍무계약의 특질을 가진 공법적 법률관계에도 쌍방미이행 쌍무계약의 해지에 관한 채무자회생법 제335조 제 1 항이 적용 또는 유추적용될 수 있다(대판 전원합의체 2021. 5. 6, 2017다273441).

(2) 공법상 계약의 하자의 효과

1) 원칙상 무효

공법상 계약에는 공정력이 인정되지 않으므로 위법한 공법상 계약은 원칙상 무효라는 것이 다수견해이다. 공법상 계약이 무효인 경우 계약이 목적으로 하는 권리나 의무는 발생하지 않는다.

이에 대하여 공법상 계약의 하자를 의사표시상의 하자와 내용상의 하자로 나누어 의사표시상의 하자는 민법상 계약의 경우와 마찬가지로 무효 또는 취소의 하자가 모두 인정되고, 내용상 하자에 있어서는 행정행위와 달리 공정력이 인정되지 않으므로 무효만이 인정된다는 견해가 있다(류지태·박종수, 316면).

실무상 공법상 계약의 효력을 다투는 소송은 공법상 계약의 무효확인을 구하는 당사자소송으로 제기되고 있는 점에 비추어(대판 1996. 5. 31, 95누10617 등) 판례는 위법한 공법상 계약을 무효로 보고 있는 것으로 보인다.

2) 일부무효

공법상 계약의 위법이 계약의 일부에만 존재하는 경우에 위법인 부분이 위법이 아닌 부분과 분리될 수 없는 경우에는 당해 계약은 전부 무효가 된다.

위법인 부분이 위법이 아닌 부분과 분리될 수 있는 경우에는 계약당사자가 위법인 부분이 없었더라면 당해 계약을 체결하지 않았을 것이라고 판단되는 경우에 한하여 계약 전체가 무효가 된다.

(3) 공법상 계약의 집행상 특수한 규율

공법상 계약에 따른 의무의 불이행이 있는 경우 그 의무의 집행을 강제하는 것(강제집행)은 법률유보의 원칙상 법률의 명시적 근거가 없는 한 불가능하다. 행정상 강제집행의 명시적 근거가 없는 경우 민사상 강제집행을 할 수 있다.

행정기본법은 공법상 계약의 변경, 해지 및 해제에 관한 규정을 두고 있지 않다. 따라서, 의무불이행의 경우 민법상 계약의 해지규정이 유추적용된다. 다만, 공법상 계약의 집행에 있어서는 공익의 실현을 보장하기 위하여 명문의 규정이 없는 경우에도 다음과 같이 계약의 해지 등에 관한 민법의 원칙이 수정되는 경우가 있다.

　① 공법상 계약의 기초가 된 법률상 또는 사실상의 상황에 중대한 변화가 있어 계약내용을 그대로 이행하는 것이 공익상 적절하지 않을 경우에는 행정청은 새로운 상황에 적응되도록 계약내용의 변경을 요구하는 권한 또는 계약해지권을 갖는다고 보아야 한다. 왜냐하면 행정은 공익목적을 추구하므로 행정주체로 하여금 공법상 계약을 공익목적에 적합하게 적응시킬 수 있도록 하여야 하기 때문이다.

　② 행정주체에 의한 계약내용변경의 요구시에 새로운 공법상계약이 체결되기 전까지 행정주체의 계약상 의무의 불이행은 채무불이행이 되지 않는다.

　③ 행정주체의 요구에 따른 계약의 변경으로 인한 계약상대방인 국민의 부담의 증가는 행정주체의 부담으로 하여야 한다. 또한 계약의 해지로 인한 손실은 손실보상에 준하여 보상되어야 한다.

　④ 공법상 계약에 의한 의무의 불이행이 있는 경우에 행정주체에게는 계약의 해지권이 인정되지만, 계약상대방인 국민에게는 해지가 공익에 반하는 경우에는 인정되지 않고 이 경우에 국민은 채무불이행에 의한 손해배상청구만을 할 수 있다고 보아야 한다.

　공법상 계약에 의한 의무의 불이행에 대하여 개별법에서 행정강제를 규정하는 경우가 있다.

2. 절차법상 규율

　행정기본법은 공법상 계약절차에 관하여 극히 일부 일반규정을 두고 있을 뿐이다. 행정절차법은 공법상 계약절차에 관한 규정을 두고 있지 않다.

3. 소송법상 특수한 규율 [2015 입시, 2017 사시]

(1) 공법상 당사자소송

　공법상 계약에 관한 소송은 민사소송이 아니라 공법상 당사자소송에 의한다. 공법상 계약의 무효확인소송, 공법상 계약에 의한 의무의 확인에 관한 소송 및 계약의무불이행시의 의무의 이행을 구하는 소송도 공법상 당사자소송에 의한다.

　또한, 판례는 계약직공무원의 해촉 또는 계약직공무원채용계약 해지의 의사표시도 공법상 당사자소송으로 해촉 또는 해지의 의사표시의 무효확인을 청구하여야 한다고 보고 있다.

판례1   전문직공무원인 공중보건의사의 채용계약의 해지가 관할 도지사의 일방적인 의사표시에 의하여 그 신분을 박탈하는 불이익처분이라고 하여 곧바로 그 의사표시가 관할 도지사가 행정청으로서 공권력을 행사하여 행하는 행정처분이라고 단정할 수는 없고, 공무원 및 공중보건의사에 관한 현행 실정법이 공중보건의사의 근무관계에 관하여 구체적으로 어떻게 규정하고 있는가에 따라 그 의사표시가 항고소송의 대상이 되는 처분 등에 해당하는 것인지의 여부를 개별적으로 판단하여야 할 것인바, 농어촌 등 보건의료를 위한 특별조치법 제 2 조, 제 3 조, 제 5 조, 제 9 조, 제26조와 같은 법 시행령 제 3 조, 제17조, 전문직공무원규정 제 5 조 제 1 항, 제 7 조 및 국가공무원법 제 2 조 제 3 항 제 3 호, 제 4 항 등 관계 법령의 규정내용에 미루어 보면 현행 실정법이 전문직공무원인 공중보건의사의 채용계약 해지의 의사표시는 일반공무원에 대한 징계처분과는 달라서 항고소송의 대상이 되는 처분 등의 성격을 가진 것으로 인정되지 아니하고, 일정한 사유가 있을 때에 관할 도지사가 채용계약 관계의 한쪽 당사자로서 대등한 지위에서 행하는 의사표시로 취급하고 있는 것으로 이해되므로, 공중보건의사 채용계약 해지의 의사표시에 대하여는 대등한 당사자간의 소송형식인 공법상의 당사자소송으로 그 의사표시의 무효확인을 청구할 수 있는 것이지, 이를 항고소송의 대상이 되는 행정처분이라는 전제하에서 그 취소를 구하는 항고소송을 제기할 수는 없다(대판 1996. 5. 31, 95누10617[공중보건의사전문직공무원채용계약해지처분취소 등]).

판례2   중소기업 정보화지원사업을 위한 협약의 해지에 따른 정부지원금 환수통보가 행정처분에 해당하는지 여부(소극): (1) 구 중소기업기술혁신 촉진법(2010. 3. 31. 법률 제10220호로 개정되기 전의 것, 이하 '법'이라 한다) 상 중소기업 정보화지원사업에 따른 지원금 출연을 위하여 중소기업청장이 체결하는 협약은 공법상 대등한 당사자 사이의 의사표시의 합치로 성립하는 공법상 계약에 해당한다. (2) 중소기업 정보화지원사업을 위한 협약이 공법상 계약이고, 동 협약에서 해지에 관한 사항을 정하고 있고 이에 따라 협약 해지를 통보한 경우, 그 효과는 전적으로 협약이 정한 바에 따라 정해질 뿐, 달리 협약 해지의 효과 또는 이에 수반되는 행정상 제재 등에 관하여 관련 법령에 아무런 규정을 두고 있지 아니한 점 등을 종합하면, 이 사건 협약의 해지 및 그에 따른 이 사건 환수통보는 공법상 계약에 따라 행정청이 대등한 당사자의 지위에서 하는 의사표시로 봄이 타당하고, 이를 행정청이 우월한 지위에서 행하는 공권력의 행사로서 행정처분에 해당한다고 볼 수는 없다(대판 2015. 8. 19, 2015두41449[정보화지원사업참여제한처분무효확인]).

판례3   민간투자사업 실시협약을 체결한 당사자가 공법상 당사자소송에 의하여 그 실시협약에 따른 재정지원금의 지급을 구하는 경우에, 수소법원은 단순히 주무관청이 산정한 재정지원금액에 위법이 있는지를 심사하는 데 그쳐서는 아니 되고, 실시협약에 따른 적정한 재정지원금액이 얼마인지를 구체적으로 심리·판단하여야 한다(대판 2019. 1. 31, 2017두46455).

공법상 계약의 무효확인을 구하는 당사자소송은 확인소송이므로 확인의 이익(즉시확정의 이익)이 요구된다.

판례   지방자치단체와 채용계약에 의하여 채용된 계약직공무원이 그 계약기간 만료 이전에 채용계약 해지 등의 불이익을 받은 후 그 계약기간이 만료된 때에는 그 채용계약 해지의 의사표시가 무효라고 하더라도, 지방공무원법이나 지방계약직공무원규정 등에서 계약기간이 만료되는 계약직공무원에 대한 재계약의무를 부여하는 근거규정이 없으므로 계약기간의 만료로 당연히 계약직공무원의 신분을 상실하고 계약직공무원의 신분을 회복할 수 없는 것이므로, 그 해지의사표시의 무효확인청구는 과거의 법률관계의 확인청구에 지나지 않는다 할 것이고, 한편 과거의 법률관계라 할지라도 현재의 권리 또는 법률상 지위에 영향을 미치고 있고 현재의 권리 또는 법률상 지위에 대한 위험이나 불안을 제거하기 위하여 그 법률관계에 관한 확인판결을 받는 것이 유효 적절한 수단이라고 인정될 때에는 그 법률관계의 확인소송은 즉시확정의 이익이 있다고 보아야 할 것이나, 계약직공무원에 대한 채용계약이 해지된 경우에는 공무원 등으로 임용되는 데에 있어서 법령상의 아무런 제약사유가 되지 않을 뿐만 아니라, 계약기간 만료 전에 채용계약이 해지된 전력이 있는 사람이 공무원 등으로 임용되는 데에 있어서 그러한 전력이 없는 사람보다 사실상 불이익한 장애사유로 작용한다고 하더라도 그것만으로는 법률상의 이익이 침해되었다고 볼 수는 없으므로 그 무효확인을 구할 이익이 없다(대판 2002. 11. 26, 2002두1496 등 참조). 또한, 이 사건과 같이 이미 채용기간이 만료되어 소송 결과에 의해 법률상 그 직위가 회복되지 않는 이상 채용계약 해지의 의사표시의 무효확인만으로는 당해 소송에서 추구하는 권리구제의 기능이 있다고 할 수 없고, 침해된 급료지급청구권이나 사실상의 명예를 회복하는 수단은 바로 급료의 지급을 구하거나 명예훼손을 전제로 한 손해배상을 구하는 등의 이행청구소송으로 직접적인 권리구제방법이 있는 이상 무효확인소송은 적절한 권리구제수단이라 할 수 없어 확인소송의 또 다른 소송요건을 구비하지 못하고 있다 할 것이며, 위와 같이 직접적인 권리구제의 방법이 있는 이상 무효확인 소송을 허용하지 않는다고 해서 당사자의 권리구제를 봉쇄하는 것도 아니다(대판 2008. 6. 12, 2006두16328[전임계약직공무원(나급)재계약거부처분 및 감봉처분취소]: 채용계약 해지의사표시의 무효확인청구부분은 확인의 이익이 없어 부적법하다고 한 사례).

(2) 항고소송의 대상이 되는 경우

행정청에 의한 공법상 계약의 체결 여부 또는 계약상대방의 결정은 처분성을 가지며 공법상 계약과 분리될 수 있는 경우 행정소송법상 처분에 해당하고, 항고소송의 대상이 된다고 보아야 한다.

> **판례1** 예를 들면, 사회기반시설에 대한 민간투자법 제13조 제3항상의 실시협약(동법에 의하여 주무관청과 민간투자사업을 시행하고자 하는 자간에 사업시행의 조건 등에 관하여 체결하는 계약)은 공법상 계약이고, 그 이전에 행해지는 동법 제13조 제2항상의 행정청의 우선협상대상자(특별한 사정이 없는 한 사업시행자가 된다) 지정행위는 행정행위의 성질을 갖는 것으로 보아야 한다(서울고법 2004. 6. 24, 2003누6483).

> **판례2** 민간투자사업자지정을 행정소송법상 처분으로 본 사례(대판 2009. 4. 23, 2007두13159[도로구역결정처분취소]). 실시협약 체결 후 사업시행 전에 행해지는 민간투자법 제15조 제1항의 민간투자사업 실시계획의 승인도 처분(행정행위)이다.

또한, 법에 근거하여 제재로서 행해지는 공법상 계약의 해지 등 계약상대방에 대한 권력적 성격이 강한 행위는 행정소송법상 처분으로 보아야 한다.

> **판례1** [1] 지방계약직공무원에게도 징계에 관한 지방공무원법이 적용되며 지방공무원법 제73조의3과 지방공무원징계 및 소청규정 제13조 제4항에 의하여 지방계약직공무원에게도 지방공무원법 제69조 제1항 각 호의 징계사유가 있는 때에는 징계처분을 할 수 있다. [2] 보수의 삭감은 이를 당하는 공무원의 입장에서는 징계처분의 일종인 감봉과 다를 바 없고, 근로기준법 등의 입법취지, 지방공무원법과 지방공무원징계 및 소청규정의 여러 규정에 비추어 볼 때, 채용계약상 특별한 약정이 없는 한, 지방계약직공무원에 대하여 지방공무원법, 지방공무원징계 및 소청규정에 정한 징계절차에 의하지 않고서는 보수를 삭감할 수 없다고 봄이 상당하다(대판 2008. 6. 12, 2006두16328[전임계약직공무원(나급)재계약거부처분 및 감봉처분취소]). 〈해설〉 이미 상기 대판 95누10617에서 이러한 가능성을 선언하였었다.

판례2   구 산업집적활성화 및 공장설립에 관한 법률(2009. 2. 6. 법률 제9426호로 개정되기 전의 것) 제30조 제 1 항 제 1 호, 제30조 제 2 항 제 3 호, 제38조 제 1 항, 제42조 제 1 항 제 6 호, 제42조 제 2 항, 제42조 제 5 항, 제43조, 제43조의3, 제52조 제10호, 제55조 제 1 항 제 4 호에서 알 수 있는 피고의 지위, 입주계약해지의 절차, 그 해지통보에 수반되는 법적 의무 및 그 의무를 불이행한 경우의 형사적 내지 행정적 제재 등을 종합적으로 고려하면, 같은 법 제42조 제 1 항 제 6 호에 따른 산업단지 입주계약의 해지통보는 단순히 대등한 당사자의 지위에서 형성된 공법상계약을 계약당사자의 지위에서 종료시키는 의사표시에 불과하다고 볼 것이 아니라 행정청인 관리권자로부터 관리업무를 위탁받은 피고가 우월적 지위에서 원고에게 일정한 법률상 효과를 발생하게 하는 것으로서 항고소송의 대상이 되는 행정처분에 해당한다고 한 사례(대판 2011. 6. 30, 2010두23859).

판례3   과학기술기본법령상 사업 협약의 해지 통보는 단순히 대등 당사자의 지위에서 형성된 공법상계약을 계약당사자의 지위에서 종료시키는 의사표시에 불과한 것이 아니라 행정청이 우월적 지위에서 연구개발비의 회수 및 관련자에 대한 국가연구개발사업 참여제한 등의 법률상 효과를 발생시키는 행정처분에 해당한다(대판 2014. 12. 11, 2012두28704[2단계BK21사업처분취소]) 〈해설〉 과학기술기본법령상 사업 협약의 해지 통보가 법령상 해지 통보이고, 국가연구개발사업 참여제한 등의 법률상 효과를 발생시킨다는 점을 주목하여야 한다. 한 편 동 판결은 재단법인 한국연구재단이 갑 대학교 총장에게 연구개발비의 부당집행을 이유로 '해양생물유래 고부가식품·향장·한약 기초소재 개발 인력양성사업에 대한 2단계 두뇌한국(BK)21 사업' 협약을 해지하고 연구팀장 을에 대한 대학자체 징계 요구 등을 통보한 사안에서, 재단법인 한국연구재단이 갑 대학교 총장에게 을에 대한 대학 자체징계를 요구한 것은 법률상 구속력 없는 권유 또는 사실상의 통지로서 을의 권리, 의무 등 법률상 지위에 직접적인 법률적 변동을 일으키지 않는 행위에 해당하므로, 항고소송의 대상인 행정처분에 해당하지 않는다고 본 원심판단을 정당하다고 하였다(대판 2014. 12. 11, 2012두28704[2단계BK21사업처분취소]).

조달계약 및 공법상 계약에 관한 입찰참가자격제한이 법적 근거에 따른 경우 처분에 해당한다고 보는 것이 판례의 입장이다. 이에 반하여 입찰참가자격 제한 조치가 계약상의 의사표시인 경우에는 항고소송의 대상이 되는 처분이 아니다.

판례   [1] 공공기관의 입찰참가자격 제한 조치가 법령에 따른 행정처분인지 아니면 계약상 의사표시인지 모호할 경우에 이를 구별하는 기준: 공기업·준정부기관이 법령 또는 계약에 근거하여 선택적으로 입찰참가자격제한 조치를 할 수 있는 경우, 계약상대방에 대한 입찰참가자격 제한 조치가 법령에 근거한 행정처분인지 아니면 계약에 근거한 권리행사인지는 원칙적으로 의사표시의 해석 문제이다. 이 때에는 공기업·준정부기관이 계약상대방에게 통지한 문서의 내용과 해당 조치에 이르기까지의 과정을 객관적·종합적으로 고찰하여 판단하여야 한다. 그럼에도 불구하고 공기업·준정부기관이 법령에 근거를 둔 행정처분으로서의 입찰참가자격 제한 조치를 한 것인지 아니면 계약에 근거한 권리행사로서의 입찰참가자격 제한 조치를 한 것인지 여부가 여전히 불분명한 경우에는, 그에 대한 불복방법 선택에 중대한 이해관계를 가지는 그 조치 상대방의 인식가능성 내지 예측가능성을 중요하게 고려하여 규범적으로 이를 확정함이 타당하다. [2] 공공기관의 입찰참가자격제한 조치가 법령에 따른 행정처분인지 아니면 계약상 의사표시인지 모호할 경우에는 그 불복방법 선택에 중대한 이해관계를 가지는 그 조치 상대방의 인식가능성 내지 예측가능성을 중요하게 고려하여 규범적으로 이를 확정하여야 한다고 보아 피고의 입찰참가자격 제한 조치가 항고소송의 대상이 아니라는 본안전 항변을 배척한 사례(대판 2018. 10. 25, 2016두33537). 〈해설〉 공기업·준정부기관이 법령에 근거하지 않고 계약에 근거하여 한 입찰참가자격 제한조치는 처분이 아니다.

(3) 국가배상청구소송

공법상 계약에 의한 의무의 불이행으로 인한 손해에 대한 국가배상청구 및 공법상 계약의 체결상 및 집행상의 불법행위로 인한 손해에 대해서는 국가배상청구가 가능하다.

제 5 장

행정상 사실행위

Ⅰ. 의   의

행정상 사실행위(行政上 事實行爲)라 함은 행정목적을 달성하기 위하여 행해지는 물리력의 행사를 말한다.

사실행위의 예로는 폐기물 수거, 행정지도, 대집행의 실행, 행정상 즉시강제 등이 있다.

행정기관의 행위는 직접적으로는 법적 효과를 발생시키는가를 기준으로 하여 법적 행위와 사실행위로 구분되고 있다. 사실행위는 직접적인 법적 효과를 발생시키지 않는 행위이다. 달리 말하면 법질서에 직접적인 변경을 가져오지 않는 행위이다. 그러나, 사실행위도 간접적으로는 법적 효과를 발생시키는 경우가 있다.

예를 들면, 위법한 사실행위로 인하여 국민에게 손해가 발생한 경우에 국가 또는 지방자치단체는 피해 국민에 대하여 손해배상의무를 지고, 피해자인 국민은 손해배상청구권을 갖게 된다.

Ⅱ. 행정상 사실행위에 대한 권리구제 [2015 사시]

1. 법정항고쟁송 [2002 행시 사례]

(1) 처 분 성

행정상 사실행위에 대한 항고쟁송이 인정되기 위하여는 행정상 사실행위가 행정심판법과 행정소송법상의 '처분'개념에 포함되어야 한다.

사실행위의 처분성에 관하여는 견해가 대립하고 있다.

1) 긍 정 설

이 견해는 권력적 사실행위 및 사실상 강제력을 미치는 비권력적 사실행위는 그 자체가 행정소송법 및 행정심판법상의 처분에 해당한다고 본다. 이 견해는 쟁송법상 개념설에서 주장된다.

그 논거는 쟁송법상 개념설의 논거와 동일하다. 즉, i) 취소소송중심주의하에서 그리고, 사실행위에 대한 당사자소송을 인정하지 않고 있는 현행 행정쟁송법하에서 사실행위

에 대한 실효적인 권익구제를 위하여 사실행위를 항고쟁송의 대상으로 보아야 한다. ii)
행정쟁송법상의 취소는 민법상의 취소와 달리 위법상태를 제거하는 의미 또는 위법확인의
의미를 갖는다고 보면 사실행위의 취소도 가능하다.

2) 수인하명설

이 견해는 권력적 사실행위 자체가 아니라 권력적 사실행위에 결합되어 있는 행정행
위인 수인하명이 항고쟁송의 대상이 된다고 한다. 이 견해는 실체법상 개념설에서 주장된
다. 수인하명설을 긍정설로 보는 경우가 많지만, 엄밀한 의미의 긍정설은 일정한 사실행위
자체를 처분으로 보는 견해인 반면에 수인하명설은 권력적 사실행위에 결합되어 있는 행
정행위인 수인하명을 처분으로 보는 것이므로 양 학설을 구분하는 것이 타당하다.

따라서, 수인하명을 수반하지 않는 권력적 사실행위(경찰의 불법적) 및 비권력적 사실행위
는 항고소송의 대상이 될 수 없다고 본다(홍정선).

이 견해의 논거는 다음과 같다. i) 사실행위에 대하여는 취소를 생각할 수 없다. ii) 사
실행위에 대한 당사자소송을 인정하고 있지 않으므로 사실행위에 대한 실효적인 권익구제
를 위하여 사실행위(엄밀한 의미에서 말하면 사실행위에 결합된 수인하명)를 항고쟁송의 대상
으로 보아야 한다.

3) 부 정 설

이 견해는 사실행위는 항고소송의 대상이 되지 않으며 사실행위에 대한 권익구제는
당사자소송인 이행소송, 금지소송 또는 공법상 결과제거청구소송으로 도모하여야 한다고
한다. 이 견해는 실체법상 개념설에서 주장된다.

이 견해의 논거는 다음과 같다. i) 사실행위에 대하여는 취소를 생각할 수 없다. ii) 계
쟁행위의 성질이 다름에 따라 다른 소송유형을 인정하여야 한다.

이 견해의 문제점은 현행법 및 판례상 사실행위에 대한 당사자소송이 인정되고 있지
않기 때문에 이 견해에 의하면 현행법상 사실행위에 대한 실효성 있는 권익구제가 어렵다
는 점이다.

4) 판 례

판례는 권력적 사실행위를 행정소송법상 처분으로 본다(대판 2014. 2. 13, 2013두20899).

판례1 교도소장이 수형자 갑을 '접견내용 녹음·녹화 및 접견 시 교도관 참여대상자'로 지정한 사안
에서, 위 지정행위(이에 따라 접견 시마다 사생활의 비밀 등 권리에 제한을 가하는 교도관의 참여, 접
견내용의 청취·기록·녹음·녹화가 이루어짐)는 권력적 사실행위로서 항고소송의 대상이 되는 '처분'에
해당한다고 본 원심판단을 정당한 것으로 수긍한 사례(대판 2014. 2. 13, 2013두20899).

판례2 대법원 판례는 단수처분(대판 1979. 12. 28, 79누218), 교도소재소자의 이송조치(대결 1992. 8.
7, 92두30[이송처분효력정지])의 처분성을 인정하고 있다.

5) 결　어

당사자소송으로 금지소송이나 이행소송이 인정되지 않고 있는 현행법하에서 실효적인 권리구제를 위해서는 사실행위를 처분으로 보아 항고쟁송의 대상으로 하는 것이 타당하므로 긍정설이 타당하다. 또한, 항고쟁송에서의 취소를 위법상태를 시정하여 원상을 회복시키는 것을 의미하는 것으로 이해하면 사실행위의 취소도 가능하다.

대법원 행정소송법 개정안은 권력적 사실행위를 행정소송법상 처분으로 예시하고 있다.

다음과 같은 사실행위는 행정소송법 및 행정심판법상 처분으로 보는 것이 타당하다.

경고는 행정기관이 일방적으로 행하는 권력성이 강한 행위이며 그로 인하여 당사자에게 실질적으로 불이익하게 작용하므로 행정소송법상 처분으로 보는 것이 타당하다.

육교, 횡단보도, 소각장, 쓰레기매립장의 설치행위가 설치주체가 지방자치단체로서 지방자치단체의 신청에 따라 국가기관의 승인을 받아야 하는 경우에 당해 승인행위는 행정행위이므로 처분이 되는 점에는 이론이 없다.

그런데, 공공시설의 설치가 신청행위를 전제로 하지 않고 지방자치단체 또는 국가기관의 일방적인 결정에 의해 행해지는 경우에 그 결정을 내부행위로 보고 공공시설설치행위는 비권력적 사실행위로 보면서 공공시설설치행위를 처분으로 보지 않는 견해와 행정소송법상의 "그 밖에 이에 준하는 행정작용"에 해당하는 것으로 보아 처분성을 인정하는 견해가 있다. 사견에 의하면 공공시설설치로 인근주민의 권익에 직접 영향을 미치는 경우에는 그 설치계획의 결정을 행정소송법상의 처분으로 보고, 그에 따른 공사는 단순한 집행행위로 보는 것이 타당하다.

지방경찰청장의 횡단보도설치행위를 특정사항에 대하여 부담을 명하는 행정행위로 본 사례가 있다(대판 2000. 10. 27, 98두8964).

(2) 소의 이익

행정상 사실행위에 처분성이 인정되어도 대집행의 실행과 같이 그 행위가 일시에 완료되어 버렸기 때문에 항고쟁송으로 구제할 만한 이익이 없는 경우에는 항고쟁송으로 다툴 소(訴)의 이익이 없다. 다만, 후술하는 바와 같이 사실행위가 완료되었어도 취소판결의 기속력(특히 원상회복의무)에 따라 원상회복이 가능하거나(예, 간판제거조치) 동일한 위법처분의 반복가능성이 있는 경우에는 소의 이익을 인정하여야 한다(행정구제법 소의 이익 참조).

전염병환자의 수용과 같이 계속적으로 행해지는 사실행위에 대하여는 항고쟁송으로 다툴 소의 이익이 인정된다.

2. 예방적 금지소송

권력적 사실행위로 국민의 권익이 침해된 경우에 취소소송을 통한 구제에는 어려움이 있는 경우가 적지 않다. 이 경우에는 예방적 금지소송과 가처분이 효과적인 구제방법이 될 수 있다.

3. 헌법소원

헌법재판소는 권력적 사실행위를 행정소송법상의 처분으로 보면서도 보충성원칙에 대한 예외에 해당하는 경우 헌법소원의 대상이 된다고 보고 있다.

판례 마약류 수용자에 대한 소변채취는 … 헌법소원심판의 대상이 되는 권력적 사실행위로서 헌법 제68조 제 1 항의 심판대상이 되는 공권력행사에 해당한다(헌재 2006. 7. 27, 2005헌마277).

4. 손해전보

(1) 손실보상

적법한 권력적 사실행위에 의해 국민이 특별한 손해를 입은 경우에는 손실보상이 주어져야 한다.

예를 들면, 소방기본법 제25조 제 4 항은 소방파괴로 인한 손실에 대한 손실보상을 규정하고 있다.

다만, 손해를 입은 자에게 귀책사유가 있는 경우(경찰책임이 있는 경우)에는 손실보상이 주어지지 않을 수 있다.

(2) 국가배상

위법한 행정상 사실행위로 국민이 손해를 입은 경우에는 국가배상을 청구할 수 있다. 사실행위의 처분성이 인정되지 않는 경우 또는 단시간에 목적을 달성하고 종결되어 버리는 사실행위에 대하여는 항고소송이 인정되지 않으므로 국가배상이 실효성 있는 구제수단이다.

적법한 사실행위(경찰차의 추적행위, 즉시강제)의 집행방법이 잘못되어 발생한 손해에 대하여도 국가배상이 인정될 수 있다.

5. 공법상 결과제거청구소송 등 당사자소송

위법한 행정상 사실행위로 인한 위법한 결과에 대하여는 원상회복의 성질을 갖는 공법상 결과제거청구소송이 인정될 수 있는데, 우리나라에서는 아직 판례상 공법상 결과제거청구소송이 원칙상 인정되고 있지 않다. 다만, 인신보호법상 불법구금상태의 해제를 구하는 청구소송이 인정되고 있다.

또한, 판례는 민법 제213조와 제214조에 근거한 소유물반환청구, 소유물방해배제청구만을 인정하고 있다. 또한, 행정상 사실행위에 의해 훼손된 명예를 회복하기 위해 민법 제764조에 근거하여 명예회복에 적당한 처분을 청구할 수 있다. 이 경우 권리구제는 민사소송에 의한다.

Ⅲ. 비공식적(비정형적) 행정작용

1. 의   의

비공식적 행정작용은 행정작용의 근거, 요건 및 효과 등이 법에 정해져 있지 않은 행정작용을 포괄하는 개념이다. 비공식적 행정작용은 행정작용의 근거, 요건 및 효과 등이 법에 정해져 있는 공식적 행정작용에 대응하는 개념이다. 비공식적 행정작용이라는 용어보다 비정형적 행정작용이라는 용어가 보다 적절하다는 견해도 있다(박수혁, 256면).

2. 종   류

비공식적 행정작용의 종류는 매우 다양하며 상호 이질적이다.

행정기관에 의해 일방적으로 행해지는 비공식적 행정작용(예: 경고, 권고, 정보제공 등)과 행정기관과 개인이 협력하여 행하는 비공식적 행정작용(예: 협상, 사전절충, 주민협약 등)으로 구분할 필요가 있다.

3. 법률유보

① 비공식적 행정작용 중 당사자의 합의에 의하는 경우에는 통상의 권한규범 이외에 별도의 작용법적 근거가 필요 없다.

② 경고와 같이 행정기관의 일방적 형식에 의하고 그 효과에 있어서 당사자에게 실질적으로 불이익하게 작용하는 경우에는 별도의 수권규정이 필요하다고 보는 것이 일반적 견해이다. 이에 대하여 공적 경고는 특정인의 이익을 직접 침해하는 것을 목적으로 하는 것이 아니므로 조직법상 권한에 관한 규정으로도 가능하다고 보는 견해도 있다(홍정선, 331면).

③ 단순한 권고 및 정보제공에는 별도의 법적 근거가 필요하지 않다.

4. 법적 성질 및 효력

비공식적 행정작용은 직접적으로 법적 효과를 발생시키지 않는다. 비공식적 행정작용인 협상 또는 합의는 법적 구속력을 갖지 않는다. 따라서 비공식적 행정작용의 법적 성질은 사실행위이다.

5. 한   계

비공식적 행정작용은 법치행정의 원칙하에서 인정된다. 특히 평등원칙, 비례원칙, 부당결부금지의 원칙 등 법의 일반원칙의 구속을 받는다.

6. 권익구제

비공식적 행정작용은 비권력적 사실행위이다. 따라서, 비권력적 사실행위에 대한 권리구제의 문제가 된다.

① 비공식적 행정작용이 사실상 강제력을 갖는 경우(예: 경고)에는 이견이 있으나 항고소송의 대상이 되는 처분으로 볼 수 있다.

② 비공식적 행정작용으로서의 합의(예: 주민협약)는 신사협정에 불과한 것으로 법적 구속력이 없으므로 그 불이행을 이유로 손해배상을 청구할 수는 없다.

③ 위법·과실의 경고, 권고, 정보제공 등으로 손해를 입은 경우에는 국가배상을 청구할 수 있다.

제 6 장

행 정 지 도

I. 의의와 법적 성질

행정지도(行政指導)라 함은 일정한 행정목적을 실현하기 위하여 상대방인 국민에게 임의적인 협력을 요청하는 비권력적 사실행위를 말한다. 권고, 권유, 요망, 정보제공 등이 그 예이다. 행정절차법은 행정지도를 "행정기관이 그 소관사무의 범위 안에서 일정한 행정목적을 실현하기 위하여 특정인에게 일정한 행위를 하거나 하지 아니하도록 지도·권고·조언 등을 하는 행정작용"으로 정의하고 있다(제2조 제3호).

행정지도는 행정청이 행정목적의 달성을 위하여 직접 활동을 하는 것이 아니라 **상대방인 국민의 임의적인 협력**을 구하는 데 그 개념적 특징이 있다. 법상으로 행정지도의 상대방은 행정지도에 따르지 않을 수 있다. 달리 말하면 행정지도에 따르지 않는다고 하여도 행정지도가 강제되거나 그것만을 근거로 불이익이 주어지지는 않는다. 따라서 행정지도는 **비권력적 행위**이다.

그러나, 현실에 있어서 행정지도는 **사실상 강제력**을 가지는 경우가 많다. 즉, 행정지도를 따르지 않으면 보조금지급, 수익적 처분 등의 이익을 수여하지 않거나 세무조사, 명단의 공표 등 불이익조치를 취하는 경우가 많다.

행정지도는 그 자체만으로는 직접 법적 효과를 가져오지 않는다. 그리하여 행정지도를 사실행위로 본다.

II. 행정지도의 종류

1. 조성적 행정지도

국민이나 기업의 활동이 발전적인 방향으로 행해지도록 유도하기 위하여 정보, 지식, 기술 등을 제공하는 것을 말한다. 영농지도, 중소기업에 대한 경영지도, 생활개선지도 등이 이에 해당한다.

2. 조정적 행정지도

사인 상호간 이해 대립의 조정이 공익목적상 필요한 경우에 그 조정을 행하는 행정지도를 말한다. 중복투자의 조정, 구조조정을 위한 행정지도가 이에 해당한다. 조정적 행정지도는 규제적 행정지도에 속한다고 볼 수 있다.

3. 규제적 행정지도

사적 활동에 대한 제한의 효과를 갖는 행정지도를 말한다. 물가의 억제를 위한 행정지도 등이 이에 해당한다. 행정행위를 대체하여 행해지는 행정지도는 이에 해당한다.

Ⅲ. 행정지도의 법적 근거

① 법적 근거불요설: 행정지도에 따를 것인지의 여부가 상대방인 국민의 임의적 결정에 달려 있으므로 행정지도에는 법률의 근거가 없어도 된다는 것이 다수설의 견해이다.

② 제한적 법적 근거필요설: 원칙상 행정지도에는 법적 근거가 필요없으나 행정지도 중에서 행정행위의 대체적 성질을 갖는 행정지도(시정명령을 대신하여 내려지는 시정권고) 이외의 규제적 행정지도에는 법률의 근거가 필요하다는 견해와 행정지도가 사실상 강한 강제력을 갖는 경우에는 법률의 근거가 있어야 한다고 보는 견해가 있다.

③ 판   례: 판례는 행정지도에는 법률의 근거가 필요하지 않다는 견해를 취하고 있다.

④ 결어(제한적 법적 근거필요설): 행정지도가 사실상 강제력을 갖는 경우에는 법률의 근거가 있어야 한다고 보아야 한다. 특히, 제 3 자효 행정지도는 제 3 자에게는 사실상 강제력이 있는 경우가 적지 않은데, 이 경우에는 법률의 근거가 있어야 한다고 보아야 한다.

처분권의 수권규정은 처분권의 범위 내에서 행정지도의 근거가 될 수 있다.

예를 들면, 시정명령권이 있는 경우 시정권고를 할 수 있고, 요금에 대해 재량권인 인가권이 있는 경우 요금에 관한 행정지도를 할 수 있다.

Ⅳ. 행정지도의 한계

1. 조직법상의 한계

행정지도는 당해 행정기관의 소관사무의 범위 내에서 행해져야 한다. 그 범위를 넘는 행정지도는 무권한의 하자를 갖게 된다.

2. 작용법상의 한계

(1) 실체법상의 한계

① 행정지도는 법의 일반원칙을 포함하여 법에 위반하여서는 안 된다. 개별법에서 행정지도의 요건을 정하고 있는 경우에 그 법규정에 반하면 안 된다.

② 상대방의 의사에 반하여 부당하게 강요하는 행정지도는 위법하다(행정절차법 제48조 제 1 항). 또한 위법한 행위를 하도록 유도하는 행정지도도 위법한 행정지도이다.

③ 불이익 조치의 위법성: 상대방이 행정지도에 따르지 아니하였다는 것을 직접적인 이유로 불이익한 조치를 하면 그 불이익한 조치는 위법한 행위가 된다(행정절차법 제48조 제 2 항). 행정지도에 상대방이 응하지 않은 경우에 행해지는 불이익한 조치가 항상 위법하게 되는 것은 아니며 불이익조치가 행정지도를 따르지 않았다는 사실에 근거하여 행해졌어야 한다. 불이익조치와 행정지도에 응하지 않은 것 사이의 관련성은 상대방이 입증하여야 하지만, 당해 불이익조치의 별도의 정당한 사유의 존재는 행정기관이 입증하여야 한다.

(2) 절차법상의 한계

행정절차법은 행정지도에 대한 다음과 같은 절차적 규정을 두고 있다.

1) 실 명

행정지도를 행하는 자는 그 상대방에게 당해 행정지도의 취지·내용 및 신분을 밝혀야 한다(행정절차법 제49조 제 1 항).

2) 서면교부청구권

행정지도가 구술로 이루어지는 경우에 상대방이 제49조 제 1 항의 사항을 기재한 서면의 교부를 요구하는 때에는 당해 행정지도를 행하는 자는 직무수행에 특별한 지장이 없는 한 이를 교부하여야 한다(행정절차법 제49조 제 2 항).

3) 의견제출

행정지도의 상대방은 당해 행정지도의 방식·내용 등에 관하여 행정기관에 의견제출을 할 수 있다(행정절차법 제50조).

Ⅴ. 행정지도와 행정구제 [2000 사시 약술]

1. 항고쟁송에 의한 구제

(1) 행정지도의 처분성 [2018 행시]

1) 부 정 설

원칙상 행정지도는 항고쟁송의 대상이 되는 처분이 아니라고 보는 부정설의 논거는 다음과 같다. i) 행정지도는 비권력적인 행위일 뿐만 아니라 행정지도는 그 자체로서는 어떠한 법적 효과도 발생하지 않는다. ii) 또한 행정지도에 따를 것인지의 여부는 상대방이 임의로 정할 수 있으므로 상대방은 행정지도에 따르지 않으면 될 것이고 취소쟁송을 제기할 필요는 없다.

2) 제한적 긍정설

행정지도 중 사실상 강제력을 갖고 사실상 국민의 권익을 침해하는 것은 예외적으로 행정심판법이나 행정소송법상의 "그 밖에 이에 준하는 행정작용"에 해당하는 것으로 보아 행정지도의 처분성을 인정할 수 있다고 본다.

3) 판   례

판례는 원칙상 행정지도의 처분성을 부인한다. 제 3 자효 행정지도의 처분성도 부정한다.

> **판례1** 판례는 위법 건축물에 대한 단전 및 전화통화 단절조치 요청행위의 처분성을 부인하였다(대판 1996. 3. 22, 96누433; 1995. 11. 21, 95누9099[전기공급불가처분취소]).
>
> **판례2** 세무당국이 소외 회사에 대하여 원고와의 주류거래를 일정기간 중지하여 줄 것을 요청한 행위는 권고 내지 협조를 요청하는 권고적 성격의 행위로서 소외 회사나 원고의 법률상의 지위에 직접적인 법률상의 변동을 가져오는 행정처분이라고 볼 수 없는 것이므로 항고소송의 대상이 될 수 없다(대판 1980. 10. 27, 80누395[주류출고정지처분취소]).

4) 결   어

행정지도가 국민의 권리의무에 사실상 강제력을 미치고 있는 경우에는 처분성을 인정하는 제한적 긍정설이 타당하다.

제 3 자효 행정지도에 대하여는 특별한 고찰을 하여야 한다. 제 3 자효 행정지도란 행정지도의 효과가 행정지도의 상대방뿐만 아니라 제 3 자에게도 미치는 행정지도를 말한다. 행정지도의 상대방은 특별한 이해가 없는 한 제 3 자의 이해는 고려하지 않고 행정청의 행정지도를 따르는 경우가 많다. 이 경우에는 행정지도가 제 3 자의 의사와 관계없이 제 3 자에게 사실상 강제력을 가지고 미치게 된다. 따라서 제 3 자에게 사실상 강제력을 미치는 제 3 자효 행정지도에 있어서는 제 3 자에 관한 한 당해 행정지도에 처분성을 인정하는 것이 타당하다.

행정지도(권고)에 따르지 않은 경우에 그 사실을 공표하도록 하고 있는 경우(예, 수도법 제14조의5 제 3 항에 따른 부적합한 자재나 제품 등의 수거 등의 권고)에는 해당 행정지도는 사실상의 강제력을 가지므로 해당 행정지도의 처분성을 인정하는 것이 타당하다.

행정지도의 강제성이 지나친 경우에는 그 행위는 외형적으로는 행정지도의 형식을 취한다 할지라도 실질에 있어서는 행정지도가 아니라 권력적 사실행위라고 보아야 할 경우도 있을 것이다.

(2) 행정지도의 위법성

행정지도는 법적 근거가 없어도 가능하지만 전술한 바와 같은 한계를 넘으면 위법하다. 특히 행정지도가 강제성을 가지고, 법적 근거가 없이 국민의 권익을 침해하는 경우 당해 행정지도는 위법한 것이 된다.

또한, 법의 일반원칙 등 법을 위반하는 행정지도는 위법하다.

2. 헌법소원에 의한 구제

헌법재판소는 행정지도가 단순한 행정지도로서의 한계를 넘어 규제적·구속적 성격을 상당히 강하게 갖는 것이면 헌법소원의 대상이 되는 공권력의 행사라고 볼 수 있다고 한다.

3. 국가배상청구

위법한 행정지도로 손해가 발생한 경우 국가배상책임의 요건을 충족하는 한 국가배상책임이 인정된다는 것이 판례 및 일반적 견해이다.

위법한 행정지도에 의한 국가배상책임에 있어서 다음의 세 요건이 특히 중요한 문제이다. 첫째, 행정지도가 국가배상법상의 직무행위에 해당하는지 여부, 둘째, 행정지도의 위법성, 셋째, 행정지도와 손해 사이의 인과관계의 존재 여부.

(1) 행정지도의 국가배상법상의 직무행위에의 해당 여부

국가배상법상의 직무행위의 범위에 관하여는 공행정작용이면 권력행위뿐만 아니라 비권력행위도 당해 직무행위에 포함된다고 보는 것이 통설이며 판례의 태도이다. 행정지도는 행정목적을 달성하기 위한 비권력적 사실행위이므로 행정지도는 비권력적 공행정작용이다. 따라서, 행정지도는 국가배상법의 적용범위에 들어간다.

(2) 행정지도의 위법성과 과실

행정지도로 인한 손해에 대해 국가배상책임이 인정되기 위하여는 행정지도의 위법성과 행정지도를 행한 공무원의 과실이 인정되어야 한다.

① 행정지도가 통상의 한계를 넘어 사실상 강제성을 갖고 국민의 권익을 침해하는 경우 당해 행정지도는 위법하다고 보아야 한다. 이 경우 통상 과실도 인정된다.

판례는 행정지도가 그에 따를 의사가 없는 원고에게 이를 부당하게 강요하는 것인 경우에는 행정지도의 한계를 일탈한 위법한 행정지도에 해당하여 불법행위를 구성한다고 본다.

> **판례1** 원심은 피고(인천광역시 강화군)가 1995. 1. 3. 이전에 원고에 대하여 행한 행정지도는 원고의 임의적 협력을 얻어 행정목적을 달성하려고 하는 비권력적 작용으로서 강제성을 띤 것이 아니지만, 1995. 1. 3. 행한 행정지도는 그에 따를 의사가 없는 원고에게 이를 부당하게 강요하는 것으로서 행정지도의 한계를 일탈한 위법한 행정지도에 해당하여 불법행위를 구성하므로, 피고는 1995. 1. 3.부터 원고가 피고로부터 "원고의 어업권은 유효하고 향후 어장시설공사를 재개할 수 있으나 어업권 및 시설에 대한 보상은 할 수 없다"는 취지의 통보를 받은 1998. 4. 30.까지 원고가 실질적으로 어업권을 행사할 수 없게 됨에 따라 입은 손해를 배상할 책임이 있다고 판단하고, 나아가 피고는 원고의 어업면허를 취소하거나 어업면허를 제한하는 등의 처분을 하지 아니한 채 원고에게 양식장시설공사를 중단하도록 하여 어업을 하지 못하도록 함으로써 실질적으로는 어업권이 정지된 것과 같은 결과를 초래하였으므로, 결국 어업권이 정지된 경우의 보상액 관련 규정을 유추 적용하여 손해배상액을 산정하여야 한다고 판단하였는데, 대법원은 위와 같은 원심의 사실인정과 판단을 인정하였다. 그리고, 1995. 1. 3. 이전의 피고의 행정지도가 강제성을 띠지 않은 비권력적 작용으로서 행정지도의 한계를 일탈하지 아니하였다면 그로 인하여 원고에게 어떤 손해가 발생하였다 하더라도 피고는 그에 대한 손해배상책임이 없다고 할 것이고, 또한 피고가 원고에게 어장시설공사를 재개할 수 있다는 취지의 통보를 한 1998. 4. 30.부터는 원고가 어업권을 행사하는 데 장애가 있었다고 할 수 없어 그 이후에도 원고에게 어업권의 행사불능으로 인한 손해가 발생하였다고 볼 수 없으므로, 국가배상책임은 인정될 수 없다고 하고 있다(대판 2008. 9. 25, 2006다18228).

> **판례2** 재무부장관은 금융기관의 불건전채권 정리에 관한 행정지도를 할 권한과 책임이 있고, 이를 위하여 중요한 사항은 대통령에게 보고하고 지시를 받을 수도 있으므로, 기업의 도산과 같이 국민경제에 심대한 영향을 미치는 중요한 사안에 대하여 재무부장관이 부실채권의 정리에 관하여 금융기관에 대하여 행정지도를 함에 있어 사전에 대통령에게 보고하여 지시를 받는다고 하여 위법하다고 할 수는 없으며, 다만 재무부장관이 대통령의 지시에 따라 정해진 정부의 방침을 행정지도라는 방법으로 금융기관에 전달함에 있어 실제에 있어서는 통상의 행정지도의 방법과는 달리 사실상 지시하는 방법으로

행한 경우에 그것이 헌법상의 법치주의 원리, 시장경제의 원리에 반하게 되는 것일 뿐이다(대판 1999. 7. 23, 96다21706).

② 법의 일반원칙 등 법을 위반하는 행정지도는 위법하다.

③ 제공된 정보에 오류가 있는 경우 당해 정보제공행위는 위법하고, 과실 및 인과관계가 인정되면 국가배상이 인정될 수 있다.

④ 행정지도를 할 것인가는 행정청의 재량에 속한다. 그러나, 국민의 중대한 기본권 침해의 위험이 있고, 재량권이 영으로 수축하는 경우에는 행정지도의 부작위(새로운 인체유해제품의 유통에 대해 규제적 행정지도를 하지 않은 것)가 손해방지의무 위반으로 위법하고, 동시에 과실이 인정될 수 있다.

(3) 행정지도와 손해의 인과관계

행정지도에 의한 손해의 배상에 있어서 가장 큰 걸림돌이 되는 것은 행정지도와 손해 사이의 인과관계의 문제이다.

행정지도는 상대방의 자발적 협력을 기대하며 행하는 비권력적인 행위로서 행정지도에 따를 것인지는 상대방의 자율적인 판단에 맡겨진다. 따라서 통상 행정지도는 손해의 직접적인 원인이 된다고 보기 어렵다.

그러나, 구체적인 행정지도에 있어서 국민이 행정지도를 따를 수밖에 없었다고 보아야 할 경우에는 행정지도와 손해 사이에 인과관계를 인정하여야 할 것이다.

4. 손실보상

적법하게 행하여진 행정지도에 의해 재산상 특별한 손해를 입은 경우에 행정상 손실보상이 인정될 수 있는가. 예를 들면, 정부의 통일벼 재배장려로 인하여 농민이 입은 손실을 보상하여야 하는가.

행정지도가 전혀 강제성을 띠지 않으며 상대방이 자유로운 의사에 의하여 행정지도에 따른 이상 그로 인한 위험(손실의 가능성)을 상대방이 수인하여야 하므로 행정지도가 전혀 강제성을 띠지 않는 한 손실보상은 인정되지 않는다.

그러나, 행정지도가 사실상 강제성을 띠고 있고, 국민이 행정지도를 따를 수밖에 없었던 경우에는 특별한 희생이 발생한 경우 손실보상을 해 주어야 할 것이다.

제 7 장
행 정 조 사

Ⅰ. 의   의

　　행정조사라 함은 행정기관이 사인으로부터 행정상 필요한 자료나 정보를 수집하기 위하여 행하는 일체의 행정작용을 말한다.

　　행정조사기본법은 행정조사를 "행정기관이 정책을 결정하거나 직무를 수행하는 데 필요한 정보나 자료를 수집하기 위하여 현장조사·문서열람·시료채취 등을 하거나 조사대상자에게 보고요구·자료제출요구 및 출석·진술요구를 행하는 활동"이라고 정의하고 있다(제 2 조 제 1 호).

Ⅱ. 행정조사의 법적 성질

　　행정조사에는 보고서요구명령, 장부서류제출명령, 출두명령 등 행정행위의 형식을 취하는 것과 질문, 출입검사, 실시조사, 진찰, 검진, 앙케트 조사 등 사실행위의 형식을 취하는 것이 있다.

Ⅲ. 행정조사의 법적 근거

　　행정기관은 법령 등에서 행정조사를 규정하고 있는 경우에 한하여 행정조사를 실시할 수 있다. 다만, 조사대상자의 자발적인 협조를 얻어 실시하는 행정조사의 경우에는 그러하지 아니하다(행정조사기본법 제 5 조).

　　개별 법령 등에서 행정조사를 규정하고 있는 경우에도 행정기관이 행정조사기본법 제 5 조 단서에서 정한 '조사대상자의 자발적인 협조를 얻어 실시하는 행정조사'를 실시할 수 있다(대판 2016. 10. 27, 2016두41811).

　　조사대상자 없이 정보를 수집하는 행정조사는 원칙상 법률의 근거를 요하지 않는다. 다만, 이 경우에도 조사의 대상이 개인정보 등이어서 조사 자체로서 국민의 권리를 침해하는 경우에는 개인의 동의에 의하지 않는 한 법적 근거가 있어야 한다고 보아야 한다.

Ⅳ. 조사방법

행정조사기본법(2007. 5. 17. 제정)은 행정조사에 관한 기본원칙·행정조사의 방법 및 절차 등에 관한 공통적인 사항을 규정하고 있다.

1. 출석·진술 요구

행정기관의 장이 조사대상자의 출석·진술을 요구하는 때에는 출석요구서를 발송하여야 한다(행정조사기본법 제9조 제1항).

2. 보고 요구와 자료제출의 요구

행정기관의 장은 조사대상자에게 조사사항에 대하여 보고를 요구하는 때에는 보고요구서를 발송하여야 한다(제10조 제1항). 행정기관의 장은 조사대상자에게 장부·서류나 그 밖의 자료를 제출하도록 요구하는 때에는 자료제출요구서를 발송하여야 한다(동조 제2항).

3. 현장조사

조사원이 가택·사무실 또는 사업장 등에 출입하여 현장조사를 실시하는 경우에는 행정기관의 장은 현장출입조사서 또는 법령 등에서 현장조사시 제시하도록 규정하고 있는 문서를 조사대상자에게 발송하여야 한다(제11조 제1항). 제1항에 따른 현장조사는 해가 뜨기 전이나 해가 진 뒤에는 할 수 없다. 다만, 다음 각 호의 어느 하나에 해당하는 경우에는 그러하지 아니하다(동조 제2항): 1. 조사대상자(대리인 및 관리책임이 있는 자를 포함한다)가 동의한 경우, 2. 사무실 또는 사업장 등의 업무시간에 행정조사를 실시하는 경우, 3. 해가 뜬 후부터 해가 지기 전까지 행정조사를 실시하는 경우에는 조사목적의 달성이 불가능하거나 증거인멸로 인하여 조사대상자의 법령 등의 위반 여부를 확인할 수 없는 경우. 제1항 및 제2항에 따라 현장조사를 하는 조사원은 그 권한을 나타내는 증표를 지니고 이를 조사대상자에게 내보여야 한다(동조 제3항).

행정청이 현장조사를 실시하는 과정에서 조사상대방으로부터 구체적인 위반사실을 자인하는 내용의 확인서를 작성받는 경우가 많다.[1] 그 사실확인서의 증거가치에 대하여 판례는 "그 확인서가 작성자의 의사에 반하여 강제로 작성된 것이 아니며, 그 내용의 미비 등으로 인하여 구체적인 사실에 대한 증명자료로 삼기 어려운 것도 아니라면, 그 확인서의 증거가치를 쉽게 부정할 수는 없다."는 입장을 취하고 있다(대판 2017. 7. 11, 2015두2864; 2020. 6. 25, 2019두52980).

---

1) 요양기관 현지조사 지침(보건복지부, 서식 제13호), 조사사무처리규정(국세청훈령) 제41조 제3항 등 참조.

공무원이 소속한 상급기관의 자체조사과정에서 그 공무원이 자신의 업무와 관련하여 금원을 수수한 사실을 자인하는 내용의 확인서를 작성하고 그 내용에 관하여 조사관과의 문답내용을 기재한 진술서가 작성되었다면, 그 확인서와 진술서는 그 공무원의 의사에 반하여 강제로 작성되었거나 그 내용이 허위임을 인정할 수 있는 객관적인 사유가 있는 등의 특단의 사정이 없는 한 그 증거가치는 쉽게 부인할 수 없다(대판 1994. 9. 23, 94누3421).

과세관청이 세무조사를 하는 과정에서 납세의무자로부터 일정한 부분의 거래가 가공거래임을 자인하는 내용의 확인서를 작성받았다면 그 확인서가 작성자의 의사에 반하여 강제로 작성되었거나 혹은 그 내용의 미비 등으로 인하여 구체적인 사실에 대한 입증자료로 삼기 어렵다는 등의 특별한 사정이 없는 한 그 확인서의 증거가치는 쉽게 부인할 수 없다(대판 2002. 12. 6, 2001두2560).

4. 시료채취

조사원이 조사목적의 달성을 위하여 시료채취를 하는 경우에는 그 시료의 소유자 및 관리자의 정상적인경제활동을 방해하지 아니하는 범위 안에서 최소한도로 하여야 한다(제12조 제 1 항). 행정기관의 장은 제 1 항에 따른 시료채취로 조사대상자에게 손실을 입힌 때에는 대통령령으로 정하는 절차와 방법에 따라 그 손실을 보상하여야 한다(동조 제 2 항).

행정조사의 한 단계인 시료채취가 행정규칙에서 정한 절차를 위반하였더라도 채취된 시료를 객관적인 자료로 활용할 수 있고, 그에 따른 실험결과를 믿을 수 있으면 그에 기초하여 내려진 처분은 위법하지 않다고 한 사례(대판 2022. 9. 16, 2021두58912, 전술 처분사유 참조).

5. 자료 등의 영치

조사원이 현장조사 중에 자료·서류·물건 등(이하 이 조에서 '자료 등'이라 한다)을 영치하는 때에는 조사대상자 또는 그 대리인을 입회시켜야 한다(제13조 제 1 항).

6. 공동조사

행정기관의 장은 다음 각 호의 어느 하나에 해당하는 행정조사를 하는 경우에는 공동조사를 하여야 한다(제14조 제 1 항): 1. 당해 행정기관 내의 2 이상의 부서가 동일하거나 유사한 업무분야에 대하여 동일한 조사대상자에게 행정조사를 실시하는 경우, 2. 서로 다른 행정기관이 대통령령으로 정하는 분야에 대하여 동일한 조사대상자에게 행정조사를 실시하는 경우. 제 1 항 각 호에 따른 사항에 대하여 행정조사의 사전통지를 받은 조사대상자는 관계 행정기관의 장에게 공동조사를 실시하여 줄 것을 신청할 수 있다.

7. 자율신고제도

행정기관의 장은 법령 등에서 규정하고 있는 조사사항을 조사대상자로 하여금 스스로 신고하도록 하는 제도를 운영할 수 있다(제25조 제 1 항).

V. 행정조사의 한계

행정조사로 인하여 프라이버시권, 영업의 자유, 재산권 등 개인이나 기업의 기본권이 침해될 가능성이 적지 않으므로 행정조사에는 엄격한 실체법적·절차법적 한계가 설정되어야 한다.

1. 실체법적 한계

(1) 법령상 한계

행정조사는 행정조사를 규율하는 법령을 위반하여서는 안 된다.

행정조사기본법은 행정조사의 기본원칙과 그 한계를 규정하고 있다(제 4 조, 제15조, 제20조).

1) 행정조사의 기본원칙

① 행정조사는 조사목적을 달성하는 데 필요한 최소한의 범위 안에서 실시하여야 하며, 다른 목적 등을 위하여 조사권을 남용하여서는 아니 된다(제 4 조 제 1 항).

② 행정기관은 조사목적에 적합하도록 조사대상자를 선정하여 행정조사를 실시하여야 한다(동조 제 2 항).

③ 행정기관은 유사하거나 동일한 사안에 대하여는 공동조사 등을 실시함으로써 행정조사가 중복되지 아니하도록 하여야 한다(동조 제 3 항).

④ 행정조사는 법령 등의 위반에 대한 처벌보다는 법령 등을 준수하도록 유도하는 데 중점을 두어야 한다(동조 제 4 항).

⑤ 다른 법률에 따르지 아니하고는 행정조사의 대상자 또는 행정조사의 내용을 공표하거나 직무상 알게 된 비밀을 누설하여서는 아니 된다(동조 제 5 항).

⑥ 행정기관은 행정조사를 통하여 알게 된 정보를 다른 법률에 따라 내부에서 이용하거나 다른 기관에 제공하는 경우를 제외하고는 원래의 조사목적 이외의 용도로 이용하거나 타인에게 제공하여서는 아니 된다(동조 제 6 항).

2) 조사대상의 선정

행정기관의 장은 행정조사의 목적, 법령준수의 실적, 자율적인 준수를 위한 노력, 규모와 업종 등을 고려하여 명백하고 객관적인 기준에 따라 행정조사의 대상을 선정하여야 한다(제 8 조 제 1 항).

3) 중복조사의 제한

제 7 조에 따라 정기조사 또는 수시조사를 실시한 행정기관의 장은 동일한 사안에 대

하여 동일한 조사대상자를 재조사하여서는 아니 된다. 다만, 당해 행정기관이 이미 조사를 받은 조사대상자에 대하여 위법행위가 의심되는 새로운 증거를 확보한 경우에는 그러하지 아니하다(제15조 제 1 항).

4) 자발적인 협조에 따라 실시하는 행정조사

행정기관의 장이 제 5 조 단서에 따라 조사대상자의 자발적인 협조를 얻어 행정조사를 실시하고자 하는 경우 조사대상자는 문서·전화·구두 등의 방법으로 당해 행정조사를 거부할 수 있다(제20조 제 1 항). 제 1 항에 따른 행정조사에 대하여 조사대상자가 조사에 응할 것인지에 대한 응답을 하지 아니하는 경우에는 법령 등에 특별한 규정이 없는 한 그 조사를 거부한 것으로 본다(동조 제 2 항).

(2) 행정법의 일반원칙상 한계

1) 목적부합의 원칙

행정조사는 수권법령상의 조사목적 이외의 목적을 위하여 행해져서는 안 된다. 행정조사를 범죄수사의 목적이나 정치적 목적으로 이용하는 것은 위법하다.

2) 비례의 원칙

행정조사는 행정목적을 달성하기 위하여 필요한 최소한도에 그쳐야 한다. 행정조사의 수단에 여러 가지가 있는 경우에 상대방에게 가장 적은 침해를 가져오는 수단을 사용하여야 한다.

3) 평등의 원칙

행정조사의 실시에 있어서 합리적인 사유 없이 피조사자를 차별하는 것은 평등의 원칙에 반한다. 특히, 세무조사에 있어서 피조사자의 선정 및 조사의 강도와 관련하여 평등원칙의 위반 여부가 문제된다.

4) 실력행사의 가부

강제조사 중 조사상대방이 조사를 거부하는 경우에 벌칙을 가할 수 있다고 규정하고 있지만, 실력행사에 관한 명문의 근거규정이 없는 경우에 이 벌칙 등의 제재를 가하는 외에 직접 실력을 행사할 수 있을 것인가 하는 문제가 제기된다. 이에 대하여는 두 견해가 대립되고 있다.

가. 긍 정 설 피조사자측의 거부가 있는 경우에 처벌이나 불이익 등의 제재를 규정하고 있는 것은 피조사자측의 저항이 위법임을 전제로 한 것이라고 볼 수 있으므로 조사공무원은 비례원칙의 범위 안에서 피조사자측의 신체나 재산에 실력을 가할 수 있다(홍정선, 444면).

나. 부 정 설 실정법이 직접적 강제수단을 규정하지 않고 별도의 벌칙규정이나 불이익처분규정을 두고 있는 취지는 조사의 실효성을 간접적으로 확보하려는 것에 있다고

보아야 할 것이므로 상대방의 신체나 재산에 대한 직접적인 실력행사는 허용되지 않는다 (김동희, 474면). 이 견해가 다수설이다.

　　다. 결　　어　　　국민의 신체나 재산에 대한 실력행사에는 명문의 근거가 있어야 하므로 부정설이 타당하다.

2. 절차법적 한계

(1) 적법절차의 원칙

　　적법절차의 원칙은 행정조사에도 적용된다. 그러므로 행정조사는 적법한 절차에 따라 행해져야 한다.

　　행정조사를 규정하는 법에서는 행정조사를 함에 있어서는 증표를 휴대하고 제시하도록 규정하고 있는 경우가 많다. 그러한 규정이 없는 경우에도 증표제시의무는 최소한으로 요구된다고 보아야 한다. 그 이유는 증표의 제시에 의해 당해 공무원은 행정조사를 할 수 있는 정당한 권한이 있음을 입증하게 되며 그에 따라 상대방에게 조사에 대한 구체적인 수인의무가 발생하게 되기 때문이다(김동희, 425면).

　　적법절차의 원칙상 행정조사에 관한 사전통지와 이유제시를 하는 것으로 하여야 한다. 다만, 긴급한 경우 또는 사전통지 또는 이유제시를 하면 조사의 목적을 달성할 수 없는 경우에는 예외를 인정할 수 있다.

(2) 행정조사와 행정절차

　　행정절차법은 행정조사에 관한 명문의 규정을 두고 있지 않다. 다만, 행정조사가 행정행위의 형식을 취하는 경우에 행정절차법상의 처분절차에 관한 규정이 행정조사에도 적용된다.

　　행정조사기본법은 제17조 이하에서 행정조사절차를 규정하고 있다.

(3) 강제행정조사

　　강제조사라 함은 조사대상자의 의사와 무관하게 행하는 행정조사를 말한다. 강제조사는 관계개별법령에 근거를 두어야 한다(행정조사기본법 제 5 조). 강제조사의 예로는 세무조사, 통관검사, 통신감청 등을 들 수 있다. 그런데, 조사를 방해하는 경우 처벌규정을 두는 경우가 보통이고, 조사의 방해에 대해 물리력을 행사할 수 있는 근거규정을 두지 않는 경우가 보통인데, 이는 행정목적실현에 중대한 장애가 될 수 있으므로 검토를 요한다.

(4) 영장주의의 적용 여부

　　압수·수색을 수반하는 행정조사에 영장주의가 적용될 것인가 하는 문제가 제기된다.

1) 원칙적 긍정설

　　행정조사에도 기본권 보장을 위해 압수·수색에는 원칙상 영장주의가 적용되어야 하나 긴급한 경우 등 영장을 기다려서는 행정조사목적을 달성할 수 없는 경우에는 영장이 요구되지 않는다고 본다(홍정선). 이 견해가 다수설이다.

2) 개별적 결정설

행정조사에 영장주의가 적용될 것인지 여부는 행정조사의 성격, 조사의 필요성, 기타의 권익보호제도의 존재 등을 고려하여 개별적으로 결정하여야 한다.

3) 판례(부정설)

판례는 수사기관의 강제처분이 아닌 행정조사의 성격을 가지는 한 영장은 요구되지 않는다고 본다.

> **판례**　우편물 통관검사절차에서 압수·수색영장 없이 진행된 우편물의 개봉, 시료채취, 성분분석 등 검사의 적법 여부(원칙적 적극): 관세법 제246조 제 1 항, 제 2 항, 제257조, '국제우편물 수입통관 사무처리'(2011. 9. 30. 관세청고시 제2011-40호) 제1-2조 제 2 항, 제1-3조, 제3-6조, 구 '수출입물품 등의 분석사무 처리에 관한 시행세칙'(2013. 1. 4. 관세청훈령 제1507호로 개정되기 전의 것) 등과 관세법이 관세의 부과·징수와 아울러 수출입물품의 통관을 적정하게 함을 목적으로 한다는 점(관세법 제 1 조)에 비추어 보면, 우편물 통관검사절차에서 이루어지는 우편물의 개봉, 시료채취, 성분분석 등의 검사는 수출입물품에 대한 적정한 통관 등을 목적으로 한 행정조사의 성격을 가지는 것으로서 수사기관의 강제처분이라고 할 수 없으므로, 압수·수색영장 없이 우편물의 개봉, 시료채취, 성분분석 등 검사가 진행되었다 하더라도 특별한 사정이 없는 한 위법하다고 볼 수 없다(대판 2013. 9. 26, 2013도7718).
> 〈해설〉 행정상 압수·수색의 실질을 갖는 것에는 영장 또는 이에 준하는 절차가 필요하다는 비판이 가능하다. 행정조사상 압수·수색 일반이 압수·수색영장 없이 가능하다고 하더라도 적법절차의 원칙상 적법절차에 따라야 한다.

그러나, 행정조사에서 나아가 범죄수사 중 압수·수색에는 영장이 필요하다고 본다(대판 2016. 7. 27, 2016도6295: 세관공무원이 통관검사과정에서 발견한 필로폰을 특별사법경찰관인 세관공무원에게 인계하고, 그 세관공무원이 검찰에 임의제출하여 압수한 필로폰이 영장없이 압수된 것으로 보고 증거능력을 배척한 사례).

> **판례**　수출입물품을 검사하는 과정에서 마약류가 감추어져 있다고 밝혀지거나 그러한 의심이 드는 경우, 마약류 불법거래 방지에 관한 특례법 제 4 조 제 1 항에 따라 검사의 요청으로 세관장이 행하는 조치에 영장주의 원칙이 적용되는지 여부(한정 적극) / 위 조항에 따른 조치의 일환으로 특정한 수출입물품을 개봉하여 검사하고 그 내용물의 점유를 취득한 행위가 범죄수사인 압수 또는 수색에 해당하여 사전 또는 사후에 영장을 받아야 하는지 여부(적극): 수사기관에 의한 압수·수색의 경우 헌법과 형사소송법이 정한 적법절차와 영장주의 원칙은 법률에 따라 허용된 예외사유에 해당하지 않는 한 관철되어야 한다. 세관공무원이 수출입물품을 검사하는 과정에서 마약류가 감추어져 있다고 밝혀지거나 그러한 의심이 드는 경우, 검사는 마약류의 분산을 방지하기 위하여 충분한 감시체제를 확보하고 있어 수사를 위하여 이를 외국으로 반출하거나 대한민국으로 반입할 필요가 있다는 요청을 세관장에게 할 수 있고, 세관장은 그 요청에 응하기 위하여 필요한 조치를 할 수 있다(마약류 불법거래 방지에 관한 특례법 제 4 조 제 1 항). 그러나 이러한 조치가 수사기관에 의한 압수·수색에 해당하는 경우에는 영장주

의 원칙이 적용된다. 물론 수출입물품 통관검사절차에서 이루어지는 물품의 개봉, 시료채취, 성분분석 등의 검사는 수출입물품에 대한 적정한 통관 등을 목적으로 조사를 하는 것으로서 이를 수사기관의 강제처분이라고 할 수 없으므로, 세관공무원은 압수·수색영장 없이 이러한 검사를 진행할 수 있다. 세관공무원이 통관검사를 위하여 직무상 소지하거나 보관하는 물품을 수사기관에 임의로 제출한 경우에는 비록 소유자의 동의를 받지 않았더라도 수사기관이 강제로 점유를 취득하지 않은 이상 해당 물품을 압수하였다고 할 수 없다. 그러나 마약류 불법거래 방지에 관한 특례법 제 4 조 제 1 항에 따른 조치의 일환으로 특정한 수출입물품을 개봉하여 검사하고 그 내용물의 점유를 취득한 행위는 위에서 본 수출입물품에 대한 적정한 통관 등을 목적으로 조사를 하는 경우와는 달리, 범죄수사인 압수 또는 수색에 해당하여 사전 또는 사후에 영장을 받아야 한다(대판 2017. 7. 18, 2014도8719).

다만, 헌법재판소 결정에 따르면 영장주의의 본질은 강제처분을 함에 있어 중립적인 법관이 구체적 판단을 거쳐야 한다는 점에 있는바, 통신비밀보호법에서 수사기관이 전기통신사업자에게 위치정보 추적자료 제공을 요청함에 있어 (영장청구가 아니라) 관할 지방법원 또는 지원의 허가를 받도록 규정하고 있는 것은 헌법상 영장주의에 위배되지 아니한다(헌재 2018. 6. 28, 2012헌마191).

4) 결   어

기본권 보장과 행정조사의 필요를 조화시키는 개별적 결정설이 타당하다.

① 형사책임추급을 목적으로 하는 행정조사의 경우에는 영장이 필요하다(조세범처벌절차법 제 3 조).

② 순수한 행정목적의 행정조사의 경우에는 영장 또는 영장에 버금가는 권익보호조치가 요구된다(법원의 허가, 독립전문기관의 결정, 적법절차, 사후구제절차 등). 다만, 국민의 생명·신체·재산을 보호하기 위하여 긴급한 조사의 필요성이 인정되는 경우에는 영장이 불필요하다.

③ 형사사법의 목적으로 압수·수색의 행정조사수단을 사용하는 것은 권한남용에 해당하고, 헌법 제12조 제 3 항의 영장주의에도 반한다고 보아야 한다.

(5) 행정조사와 진술거부

헌법 제12조 제 2 항은 형사책임에 관하여 진술거부권을 기본권으로 보장하고 있다. 그런데, 행정조사에 있어서도 진술거부권이 인정될 수 있는지가 문제된다. 행정조사로 형사피의자나 피고인이 될 가능성이 있을 때에는 행정조사의 결과물이 수사절차에서도 사용될 수 있다는 점 등을 고려하여 행정조사에도 진술거부권이 적용된다고 보아야 한다. 특히, 행정조사와 형사소추의 목적을 동시에 갖는 행정조사의 경우, 그렇지 않은 경우에도 행정조사사항이 형사책임에 관한 사항인 경우에는 당연히 진술거부권이 적용된다고 보아야 한다. 그리고, 이와 같이 진술거부권이 인정되는 행정조사에 있어서는 행정조사를 하기 전에 진술거부권을 고지하도록 할 필요가 있다.

판례1 교통사고를 일으킨 운전자에게 <u>신고의무(진술의무)를 부담시키고 있는 도로교통법 제50조</u> <u>제 2 항, 제111조 제 3 호는</u>, 피해자의 구호 및 교통질서의 회복을 위한 조치가 필요한 범위내에서 교통 사고의 객관적 내용만을 신고(진술)하도록 한 것으로 해석하고, <u>형사책임과 관련되는 사항에는 적용되</u> <u>지 아니하는</u> 것으로 해석하는 한 헌법상 진술거부권규정에 위반되지 아니한다(헌재 1990. 8. 27, 89헌 가118).

판례2 진술거부권은 현재 피의자나 피고인으로서 수사 또는 공판절차에 계속중인 자 뿐만 아니라 장차 피의자나 피고인이 될 자에게도 보장되며, 형사절차뿐 아니라 행정절차나 국회에서의 조사절차 등에서도 보장된다. 또한 진술거부권은 고문 등 폭행에 의한 강요는 물론 법률로써도 진술을 강요당하 지 아니함을 의미한다(헌재 1997. 3. 27, 96헌가11).

VI. 행정조사와 권리구제

1. 위법한 행정조사와 행정행위의 효력 [2018 변시]

행정조사가 위법한 경우에 그 행정조사에 의해 수집된 정보에 기초하여 내려진 행정 결정이 위법한 것으로 되는가가 문제로 된다.

행정조사를 통하여 획득한 정보가 정확하지 않은 경우에 그 정보에 기초하여 내려진 행정행위는 사실의 기초에 흠(사실오인의 흠)이 있는 행정행위이므로 행정조사의 위법 여 부를 묻지 않고 당연히 위법하다.

특히 문제가 되는 경우는 행정조사를 통하여 획득한 정보가 내용상으로는 정확하지만 행 정조사가 실체법상 또는 절차법상 한계를 넘어 위법한 경우이다. 현재 학설은 대립되고 있다.

(1) 적 극 설

절차의 적법성보장의 원칙에 비추어 행정조사가 위법한 경우에 당해 조사를 기초로 한 행정결정은 위법하다. 행정조사가 반드시 어떠한 행정결정에 필수적으로 요구되는 것 은 아니고 단지 예비적인 작용이라 하여도 마찬가지다(홍정선, 495면).

(2) 소 극 설

행정조사는 법령에서 특히 행정행위의 전제조건으로 규정되어 있는 경우를 제외하고 는 일응 별개의 제도로 볼 수 있는 것이고, 이 경우에는 조사의 위법이 바로 행정행위를 위법하게 만들지는 않는다(박윤흔, 634면).

(3) 절 충 설

행정조사와 행정처분은 하나의 과정을 구성하는 것이므로 적정절차의 관점에서 행정 조사에 중대한 위법사유가 있는 때에는 이를 기초로 한 행정행위도 위법한 행위로 된다는 견해(김동희, 427면), 적어도 법이 요구하는 요건을 무시하여 조사로 볼 수 없을 정도의 위 법한 행정조사에 기초하여 행정처분이 행해졌을 경우에는 행정처분의 위법을 초래한다고 보는 견해(김남진, 470면) 등이 있다.

(4) 판 례

판례는 원칙상 적극설을 취하고 있다. 다만, 행정조사절차의 하자가 경미한 경우에는 위법사유가 되지 않는 것으로 본다(대판 2009. 1. 30, 2006두9498).

판례1 세무조사가 과세자료의 수집 또는 신고내용의 정확성 검증이라는 본연의 목적이 아니라 부정한 목적을 위하여 행하여진 것(권한남용)이라면 이는 세무조사에 중대한 위법사유가 있는 경우에 해당하고 이러한 (위법한) 세무조사에 의하여 수집된 과세자료를 기초로 한 과세처분 역시 위법하다(대판 2016. 12. 15, 2016두47659).

판례2 구 국세기본법 제81조의5가 정한 세무조사대상 선정사유가 없음에도 세무조사대상으로 선정하여 과세자료를 수집하고 그에 기하여 과세처분을 하는 것은 적법절차의 원칙을 어기고 구 국세기본법 제81조의5와 제81조의3 제1항을 위반한 것으로서 특별한 사정이 없는 한 과세처분은 위법하다(대판 2014. 6. 26, 2012두911[국세부과취소]).

판례3 [1] 토양환경보전법상 토양정밀조사명령의 전제가 되는 토양오염실태조사를 실시할 권한은 시·도지사에게 있는바, 이 사건 토양정밀조사명령의 근거가 된 토양오염실태조사가 감사원에 의해 실시된 것이어서 토양환경보전법의 규정에 따른 것이라고 할 수 없다. [2] 행정기관 및 공무원의 직무를 감찰하여 행정운영의 개선향상을 기하여야 할 감사원의 임무나 감사원이 원고 사업장 인근 주민의 환경오염 진정에 따라 충청남도에 대한 감사를 진행하던 중 현지 조사차원에서 피고 소속 담당공무원과 충청남도의 담당공무원 참여하에 이 사건 토양오염실태조사가 이루어진 경위, 토양오염실태조사는 토양정밀조사명령의 사전 절차를 이루는 사실행위로서 그 자체가 행정처분에 해당하지는 않는 점 등을 종합 고려해 보면, 이 사건 토양오염실태조사가 감사원 소속 감사관의 주도하에 실시되었다는 사정만으로 이 사건 토양정밀조사명령에 이를 위법한 것으로서 취소해야 할 정도의 하자가 있다고 볼 수는 없다. [3] 토양오염공정시험방법(환경부고시 제2002-122호)은 행정기관 내부의 사무처리준칙을 정한 행정규칙에 해당하고, 채취된 시료의 대상지역 토양에 대한 대표성을 전혀 인정할 수 없을 정도로 그 위반의 정도가 중대한 경우가 아니라면, 토양오염공정시험방법에 규정된 내용에 위반되는 방식으로 시료를 채취하였다는 사정만으로는 그에 기초하여 내려진 토양정밀조사명령이 위법하다고 할 수 없다. [4] 설령 시료를 채취함에 있어 원고 측으로부터 시료채취확인 및 시료봉인을 받지 않은 것이 절차상 하자에 해당한다 하더라도, 이러한 (조사)절차상 하자가 이 사건 처분을 취소할 정도에까지는 이르지 아니하였다(대판 2009. 1. 30, 2006두9498[토양정밀조사명령처분취소]).

판례4 음주운전 여부에 대한 조사 과정에서 운전자 본인의 동의를 받지 아니하고 또한 법원의 영장도 없이 (위법한) 채혈조사를 한 결과를 근거로 한 운전면허 정지·취소 처분은 도로교통법 제44조 제3항을 위반한 것으로서 특별한 사정이 없는 한 위법한 처분으로 볼 수밖에 없다(대판 2016. 12. 27, 2014두46850[자동차운전면허취소처분취소]).

(5) 결어(적극설, 절차하자설)

행정조사에 의해 수집된 정보가 행정결정의 기초가 된 경우에 당해 행정조사는 행정결정을 하기 위한 절차라고 볼 수 있고, 절차의 하자를 독자적 취소사유로 보는 것이 타당하므로 적극설이 타당하다. 다만, 경미한 절차의 하자는 취소사유가 되지 않는다.

2. 행정조사에 대한 행정구제 [2015 사시]

(1) 적법한 행정조사에 대한 손실보상

적법한 행정조사로 재산상 특별한 손해를 받은 자에 대하여는 손실보상을 해 주어야 한다. 문제는 보상규정이 없는 경우에 헌법 제23조 제 3 항을 근거로 손실보상을 청구할 수 있는가 하는 것이다(후술 참조).

(2) 위법한 행정조사에 대한 구제

1) 항고쟁송 [2018 변시]

위법한 행정조사에 대하여 항고쟁송이 가능하기 위해서는 행정조사의 처분성이 인정되어야 하며 소의 이익이 인정될 수 있도록 행정조사의 상태가 계속되어야 한다.

장부제출명령, 출두명령 등 행정행위의 형식을 취하는 행정조사는 물론 사실행위로서의 행정조사도 권력적인 경우에는 행정소송법상의 처분이라고 보아야 한다.

위법한 행정조사를 이유로 그에 근거한 과세처분 등이 취소된 경우에 다시 적법한 행정조사를 거쳐 위법한 세무조사에 근거하여 수집한 과세자료에 근거하여 과세처분을 할 수 있는가 하는 것이 문제된다.

통상 절차의 하자를 이유로 처분이 취소된 경우 적법한 절차를 거쳐 동일한 처분을 할 수 있는 것이다. 그런데, 위법한 행정조사에 따라 수집한 자료에 근거한 처분에 대한 취소판결의 취지는 행정조사절차가 위법하다는 것뿐만 아니라 위법한 행정조사에 의해 수집한 조사자료에 근거한 것이 위법하다는 것이므로 과세처분 등의 취소판결 후 적법한 행정조사절차를 거치더라도 이전의 위법한 행정조사에 의해 수집한 조사자료에 근거하여 과세처분 등을 하는 것은 판결의 기속력에 반한다고 보아야 한다. 이에 대하여 행정조사의 위법사유가 행정조사의 실체적 요건(예, 중복조사 등 선정사유) 위반인 경우에는 행정조사를 할 수 없으므로 동일한 내용의 처분을 할 수 없지만, 행정조사의 위법사유가 절차(행정조사대상 선정절차)의 위법인 경우에는 적법선정절차에 따른 행정조사를 거쳐 동일한 내용의 처분을 할 수 있다고 보는 견해가 있을 수 있다.

2) 손해배상

위법한 행정조사로 손해를 입은 국민은 국가배상을 청구할 수 있다.

제 8 장

행정의 실효성 확보수단[2007 감평 약술]

문제   1. 위법건축물을 시정하기 위한 수단에는 어떠한 것이 있는가.
2. 행정의 실효성 확보수단을 상호 비교하고 상호간의 관계를 검토하시오.

제 1 절 의   의

행정의 실효성을 확보하기 위하여 인정되는 법적 수단을 **행정의 실효성 확보수단**이라 한다. 행정의 실효성이라 함은 행정목적의 달성을 말한다.

행정의 실효성을 확보하기 위한 전통적 수단으로 행정강제와 행정벌이 인정되고 있다. 그런데, 행정강제와 행정벌만으로 행정의 실효성을 확보하는 데에는 불충분하고 효과적이지 못한 경우가 있기 때문에 새로운 실효성 확보수단이 법상 또는 행정 실무상 등장하고 있다. 제재로서 가해지는 수익적 행정행위의 철회, 명단의 공표, 수익적 행정행위의 거부(관허(官許)사업의 제한, 공급거부), 과징금, 가산세 등이 그 예이다. 최근에는 위와 같은 권력적 수단뿐만 아니라 경제적 수단 등 비권력적인 수단이 인정되고 있다. 특히 환경행정법 분야에서 경제적 수단이 확대되고 있다. 또한, 민사상 강제집행수단의 활용이 논의되고 있다.

제 2 절 행정상 강제

제 1 항 개   설

Ⅰ. 행정상 강제의 의의와 종류

행정상 강제(行政强制)라 함은 행정목적의 실현을 확보하기 위하여 사람의 신체 또는 재산에 실력을 가함으로써 행정상 필요한 상태를 실현하는 권력적 사실행위이다.

행정강제에는 행정상 강제집행과 행정상 즉시강제가 있다. **행정상 강제집행**은 행정법상의 의무불이행을 전제로 하여 이 의무의 이행을 강제하는 것인 데 반하여 **행정상 즉시강제**는 급박한 상황하에서 의무를 명할 수 없는 경우에 행하여지는 행정강제로서 행정법상의 의무불이행을 전제로 하지 않는다는 점에서 양자는 구분된다.

Ⅱ. 행정기본법상 행정상 강제의 일반원칙

행정기본법은 행정강 강제의 기본적인 사항만 정하고 그 밖의 구체적인 규율은 개별법에서 정하도록 규정하고 있다(개별법주의).

1. 법률유보의 원칙

법률유보의 원칙상 행정상 강제에는 법률의 근거가 있어야 한다(행정기본법 제30조 제1항). 행정기본법은 행정상 강제의 근거규정이 아니다.

2. 행정상 강제 법정주의

행정상 강제 조치에 관하여 행정기본법에서 정한 사항 외에 필요한 사항은 따로 법률로 정한다(행정기본법 제30조 제2항).

3. 행정상 강제 적용 제외사항

형사(刑事), 행형(行刑) 및 보안처분 관계 법령에 따라 행하는 사항이나 외국인의 출입국·난민인정·귀화·국적회복에 관한 사항에 관하여는 행정기본법상 행정상 강제에 대한 규정을 적용하지 아니한다(행정기본법 제30조 제3항).

제 2 항 행정상 강제집행

Ⅰ. 의   의

행정상 강제집행(行政上 强制執行)이란 행정법상의 의무불이행이 있는 경우에 행정청이 의무자의 신체 또는 재산에 실력을 가하여 그 의무를 이행시키거나 이행한 것과 동일한 상태를 실현시키는 작용을 말한다.

행정상 강제집행에는 **대집행, 강제징수, 직접강제, 집행벌**이 있다. 현재 대집행과 강제징수는 일반적으로 인정되고 있지만 직접강제와 집행벌은 예외적으로만 인정되고 있다.

행정상 강제집행이 인정되는 경우 민사상 강제집행은 인정될 수 없다(대판 2000. 5. 12, 99다18909[토지인도 등]). 그러나, 행정법상의 의무불이행에 대하여 행정상 강제집행을 인정하는 법률이 존재하지 않는 경우 또는 행정상 강제집행을 인정하는 법률이 존재하더라도 그 행정상 강제집행이 불가능한 경우 등 권리실현에 장애가 있게 되는 특별한 사정이 있다고 볼 수 있는 경우(대판 2017. 4. 28, 2016두39498)에는 행정법상 의무의 이행을 강제하기 위해 민사상 강제집행수단을 이용할 수 있다.

> **판례 1** 관계 법령상 행정대집행의 절차가 인정되어 행정청이 행정대집행의 방법으로 건물의 철거 등 대체적 작위의무의 이행을 실현할 수 있는 경우에는 따로 민사소송의 방법으로 그 의무의 이행을 구할 수 없다. 한편 건물의 점유자가 철거의무자일 때에는 건물철거의무에 퇴거의무도 포함되어 있는 것이어서 별도로 퇴거를 명하는 집행권원이 필요하지 않다. 또한, 행정청이 건물 소유자들을 상대로 건물철거 대집행을 실시하기에 앞서, 건물 소유자들을 건물에서 퇴거시키기 위해 별도로 퇴거를 구하는 민사소송은 부적법하다(대판 2017. 4. 28, 2016다213916).
>
> **판례 2** 아무런 권원 없이 국유재산에 설치한 시설물에 대하여 행정청이 행정대집행을 실시하지 않는 경우, 그 국유재산에 대한 사용청구권을 가지고 있는 자가 국가를 대위하여 민사소송으로 그 시설물의 철거를 구할 수 있다(대판 2009. 6. 11, 2009다1122[가건물철거 및 토지인도])
>
> **판례 3** [공유 일반재산의 미납 대부료 등을 구하는 사건] (1) 공유 일반재산의 미납 대부료, 연체료의 지급을 구하는 민사소송 제기가 가능한지 여부(소극): 공유 일반재산의 대부료와 연체료를 납부기한까지 내지 아니한 경우에도 공유재산 및 물품 관리법 제97조 제 2 항에 의하여 지방세 체납처분의 예에 따라 이를 징수할 수 있다. 이와 같이 공유 일반재산의 대부료의 징수에 관하여도 지방세 체납처분의 예에 따른 간이하고 경제적인 특별한 구제절차가 마련되어 있으므로, 특별한 사정이 없는 한 민사소송으로 공유 일반재산의 대부료의 지급을 구하는 것은 허용되지 아니한다. (2) 지방자치단체인 원고가 그 소유인 이 사건 공유 일반재산에 관하여 피고와 사이에 대부계약을 체결하고, 이 사건 국유 행정재산 관리에 관한 사무를 위임받아 피고에게 이 사건 국유행정재산에 대한 사용허가를 한 후, 피고를 상대로 공유 일반재산의 대부료, 국유 행정재산의 사용료, 각 연체료를 청구하고, 조립식 건물의 철거와 토지 인도를 구한 사안에서, 민사소송의 방법으로 공유 일반재산의 대부료, 국유 행정재산의 사용료 등의 지급을 구하거나, 시설물 철거를 구하는 부분은 권리보호의 이익이 없어 부적법하다고 판단하여 상고기각한 사안임(대판 2017. 4. 13, 2013다207941).

Ⅱ. 근   거

행정상 강제집행은 국민의 기본권에 대한 제한을 수반하므로 법적 근거가 있어야 한다. 행정법상의 의무를 명할 수 있는 명령권의 근거가 되는 법이 동시에 행정강제의 근거가 될 수는 없다.

대집행의 근거법으로는 대집행에 관한 일반법인 행정대집행법과 대집행에 관한 개별법 규정이 있고, 행정상 강제징수에 대한 근거법으로 국세징수법과 국세징수법을 준용하는 여러 개별법 규정이 있다. 직접강제와 집행벌은 각 개별법에서 예외적으로 인정되고 있다.

Ⅲ. 대 집 행 [2011·2005 감평 사례, 2005 행시(재경직) 사례]

> 문제　대집행에 의해 토지·건물의 인도를 강제할 수 있는가.

1. 의　　의

행정대집행이란 "의무자가 행정상 의무(법령등에서 직접 부과하거나 행정청이 법령등에 따라 부과한 의무를 말한다. 이하 이 절에서 같다)로서 타인이 대신하여 행할 수 있는 의무(대체적 의무)를 이행하지 아니하는 경우 법률로 정하는 다른 수단으로는 그 이행을 확보하기 곤란하고 그 불이행을 방치하면 공익을 크게 해칠 것으로 인정될 때에 행정청이 의무자가 하여야 할 행위를 스스로 하거나 제3자에게 하게 하고 그 비용을 의무자로부터 징수하는 것"을 말한다(행정기본법 제30조 제1항 제1호).

2. 대집행권자(대집행의 주체)

(1) 당해 행정청

대집행을 할 수 있는 권한을 가진 자는 '당해 행정청'이다(행정대집행법 제2조). '당해 행정청'이라 함은 대집행의 대상이 되는 의무를 명하는 처분을 한 행정청을 말한다. 행정청은 대집행을 스스로 하거나 타인에게 대집행을 위탁할 수 있다.

(2) 대집행의 위탁

대집행의 수탁자는 행정기관일 수도 있고 공공단체 또는 사인일 수도 있다.

1) 행정기관에 대한 대집행의 위탁

행정기관에 대한 대집행의 위탁은 행정조직법상의 내부행위이다.

행정기관에 대한 대집행의 위탁은 협의의 위탁일 수도 있고, 보조위탁일 수도 있다.

행정기관에 대한 대집행의 위탁의 예로 경찰에 대한 대집행의 위탁을 들 수 있다.

2) 공공단체 또는 사인에 대한 대집행의 위탁

행정대집행법상의 사인에 대한 대집행의 위탁은 협의의 위탁이 아니라 보조를 위한 위탁이라고 해석하여야 한다. 왜냐하면, 대집행은 물리력의 행사로서 전형적인 공권력의 행사이므로 행정기관만이 이를 행할 수 있는 것으로 보아야 하기 때문이다.

개별법규정에 따른 공공단체에 대한 대집행의 위탁을 협의의 위탁으로 본 판례가 있다.

공공단체 또는 사인에 대한 대집행의 위탁은 통상 계약의 방식으로 행해지는데, 대집행위탁계약의 형식이 공법상 계약인지 사법상 계약인지 문제된다. 대집행위탁계약을 공무의 위탁에 관한 계약이라는 이유로 공법상 계약으로 보는 견해가 있으나, **행정대집행법상 대집행위탁계약은 대집행권한을 이전하는 협의의 위탁계약이 아니라 제3자를 행정보조자**

로 고용하는 계약이므로 사법상 계약으로 보아야 한다. 다만, **개별법상의 대집행위탁이** 강학상 협의의 위탁이나 대행인 경우에 있어서의 대집행위탁계약은 대집행권한을 법상 또는 사실상 이전하는 계약이므로 공법상계약으로 보아야 한다. 달리 말하면 대집행위탁계약의 성질(사법상 계약인지 공법상 계약인지)은 대집행위탁의 성질(보조위탁인지 협의의 위탁인지)과 관련이 있다.

3. 대집행의 요건

행정대집행법은 행정대집행에 관하여 일반법의 성질을 갖는다. 따라서, 행정대집행에 대한 개별법상 근거규정이 없는 경우에도 행정대집행법이 정하는 요건을 충족하는 경우에는 행정대집행법에 근거하여 대집행이 행해질 수 있다.

(1) 공법상 대체적 작위의무의 불이행 [2010 사시 사례]

행정법상의 대체적 작위의무(代替的 作爲義務)를 의무자가 이행하지 않고 있어야 한다.

1) 공법상 대체적 작위의무

대체적 작위의무라 함은 그 의무의 이행을 타인이 대신할 수 있는 작위의무이다. 대체적 작위의무의 예로는 건물의 철거, 물건의 파기를 들 수 있다.

행정대집행법상 대집행의 대상이 되는 대체적 작위의무는 공법상 의무이어야 한다(대판 2006. 10. 13, 2006두7096: 구 공공용지의 취득 및 손실보상에 관한 특례법에 의한 협의취득시 건물소유자가 매매대상 건물에 대한 철거의무를 부담하겠다는 취지의 약정을 한 경우, 그 철거의무가 행정대집행법에 의한 대집행의 대상이 되지 않는다고 한 사례).

> 판례   구 공공용지의 취득 및 손실보상에 관한 특례법(2002. 2. 4. 법률 제6656호 공익사업을 위한 토지 등의 취득 및 보상에 관한 법률 부칙 제 2 조로 폐지)에 의한 협의취득시 건물소유자가 협의취득 대상 건물에 대하여 약정한 철거의무는 공법상 의무가 아닐 뿐만 아니라, 공익사업을 위한 토지 등의 취득 및 보상에 관한 법률 제89조에서 정한 행정대집행법의 대상이 되는 '이 법 또는 이 법에 의한 처분으로 인한 의무'에도 해당하지 아니하므로 위 철거의무에 대한 강제적 이행은 행정대집행법상 대집행의 방법으로 실현할 수 없다(대판 2006. 10. 13, 2006두7096).

행정대집행법상의 대집행의 대상이 되는 대체적 작위의무는 법령(조례 포함)에 의해 직접 부과되었거나 법률에 의거한 행정청의 명령에 의해 부과된 경우에 행정대집행법상의 대집행의 대상이 된다(행정대집행법 제 2 조). 다만, 대집행의 대상이 되는 의무는 구체적·특정적 의무이어야 한다.

위법한 행정처분에 의해 부과된 대체적 작위의무도 당해 행정처분이 취소되지 않는 한 대집행의 대상이 된다. 또한 전술한 바와 같이 철거명령과 대집행 사이에는 하자가 승계되지 않으므로 대집행을 다투는 소송에서 당해 행정처분의 위법을 주장할 수 없다. 다만, 철거명령이 무효이면 이를 전제로 한 대집행은 당연히 무효이다.

2) 부작위의무와 수인의무

부작위의무와 수인의무는 성질상 대체적 작위의무가 아니다. 또한, 금지규정으로부터 작위의무명령권이 도출되는 것도 아니다. 따라서, 부작위의무는 대집행의 대상이 되지 않는다.

판례1　부작위의무(불법공작물을 설치하지 않을 의무) 위반의 경우 법률의 근거가 없는 한 그 의무를 위반함으로써 생긴 결과를 시정하기 위한 작위의무(불법공작물철거의무)를 당해 부작위의무로부터 당연히 도출해 낼 수는 없으며, 또 위 금지규정(특히 허가를 유보한 상대적 금지규정)으로부터 작위의무, 즉 위반결과의 시정을 명하는 권한이 당연히 추론되는 것도 아니다(대판 1996. 6. 28, 96누4374[시설물철거대집행계고처분취소]).

판례2　관계 법령에 위반하여 장례식장 영업을 하고 있는 자의 장례식장 사용중지의무는 비대체적 부작위의무이므로 행정대집행법 제 2 조의 규정에 의한 대집행의 대상이 아니라고 한 사례(대판 2005. 9. 28, 2005두7464[장례예식장사용중지계고처분취소]).

3) 물건의 인도 또는 토지·건물의 명도의무 [2011 일반행정 사례]

문제는 물건의 인도 또는 토지나 건물의 명도의무가 대체적 작위의무인가이다.

물건의 인도는 대체성이 있는 물건에 한하여 대집행이 가능하다. 점유자 자신에 대한 물리력의 행사는 대집행에 포함되지 않으므로 점유자가 점유하는 물건의 인도는 대집행의 대상이 될 수 없고, 직접강제의 대상이 된다. 대체성이 있는 물건도 물건 자체에 대하여 대집행을 할 수는 없지만 대체성이 있는 다른 물건을 타인으로 하여금 급부시키고 의무자로부터 물건값과 인도비용을 징수하는 방법으로 행할 수 있다.

토지·건물의 명도는 대집행의 대상이 될 수 없다. 왜냐하면 토지나 건물은 통상 대체성이 없고 따라서 강제력에 의한 토지나 건물의 명도는 점유자 자신에 대한 물리력의 행사를 수반하므로 직접강제의 대상이 될 수 있을 뿐 대집행의 대상이 될 수 없다(판례).

판례　[1] 도시공원시설 점유자의 퇴거 및 명도의무가 행정대집행법에 의한 대집행의 대상인지 여부(소극): 도시공원시설인 매점의 관리청이 그 공동점유자 중의 1인에 대하여 소정의 기간 내에 위 매점으로부터 퇴거하고 이에 부수하여 그 판매 시설물 및 상품을 반출하지 아니할 때에는 이를 대집행하겠다는 내용의 계고처분은 그 주된 목적이 매점의 원형을 보존하기 위하여 점유자가 설치한 불법 시설물을 철거하고자 하는 것이 아니라, 매점에 대한 점유자의 점유를 배제하고 그 점유이전을 받는 데 있다고 할 것인데, 이러한 의무는 그것을 강제적으로 실현함에 있어 직접적인 실력행사가 필요한 것이지 대체적 작위의무에 해당하는 것은 아니어서 직접강제의 방법에 의하는 것은 별론으로 하고 행정대집행법에 의한 대집행의 대상이 되는 것은 아니다. [2] 구 지방재정법 제85조(현 공유재산법 제83조)가 대체적 작위의무가 아닌 의무에 대하여도 대집행을 허용하는 취지인지 여부(소극): 구 지방재정법 제85조(현 공유재산법 제83조)는 철거 대집행에 관한 개별적인 근거 규정을 마련함과 동시에 행정대집행법상의 대집행 요건 및 절차에 관한 일부 규정만을 준용한다는 취지에 그치는 것이고, 그것이 대체적 작위의무에 속하지 아니하여 원칙적으로 대집행의 대상이 될 수 없는 다른 종류의 의무에 대하여서까지 강제집행을 허용하는 취지는 아니다(대판 1998. 10. 23, 97누157[시설물철거대집행계고처분취소]).

4) 수용 목적물인 토지나 물건의 인도 또는 이전의무

토지취득보상법 제89조는 수용 목적물인 토지나 물건의 인도 또는 이전에 관한 대집행을 규정하고 있는데, 이 규정을 토지의 인도나 이전에 대하여 대집행을 인정한 특별규정으로 보아야 하는지에 관하여 견해가 대립하고 있다(후술 물적 공용부담(공용수용) 참조).

(2) 비례성 요건

대집행은 대체적 작위의무의 불이행이 있는 경우에는 언제든지 인정되는 것은 아니다. 행정대집행법은 "다른 수단으로써 이행을 확보하기 곤란하고 또한 그 불이행을 방치함이 심히 공익을 해할 것으로 인정될 때"에 한하여 대집행이 가능한 것으로 규정하고 있다. 이 규정은 비례의 원칙이 행정대집행에 적용된 것이다.

"다른 수단으로 이행을 확보하기 곤란할 것"은 최소침해의 원칙을 규정한 것이다. '다른 수단'이란 대집행보다 의무자의 권익을 적게 침해하는 수단을 말한다. '다른 수단'의 예로 의무자의 자발적 이행을 들 수 있다. 의무자가 자발적 이행을 약속하며 대집행의 연기를 진지하게 요청하였음에도 대집행을 강행하는 것은 위법하다. 행정지도 내지 사실상의 권유를 '다른 수단'으로 들기도 하는데, 행정지도 내지 사실상 권유를 하지 않았다고 하여 대집행을 위법한 것으로 볼 것은 아니다.

"그 불이행을 방치함이 심히 공익을 해할 것으로 인정될 때"에 한하여 대집행이 인정되는 것으로 규정한 것은 협의의 비례원칙을 규정한 것인데, 대집행에 있어서 상대방의 권익보호를 위해 비례의 원칙을 다소 강화한 것이다.

판례1 무허가증축부분으로 인하여 건물의 미관이 나아지고 위 증축부분을 철거하는 데 비용이 많이 소요된다고 하더라도 위 무허가증축부분을 그대로 방치한다면 이를 단속하는 당국의 권능이 무력화되어 건축행정의 원활한 수행이 위태롭게 되며 건축법 소정의 제한규정을 회피하는 것을 사전예방하고 또한 도시계획구역 안에서 토지의 경제적이고 효율적인 이용을 도모한다는 더 큰 공익을 심히 해할 우려가 있다고 보아 건물철거대집행계고처분을 할 요건에 해당된다고 한 사례(대판 1992. 3. 10, 91누4140[건물철거대집행계고처분취소]).

판례2 건축법위반의 정도가 공익을 크게 해친다고 볼 수 없어 건축법위반건물에 대한 철거대집행계고처분이 위법하다고 본 사례: 건축법위반 건물이 주위의 미관을 해칠 우려가 없을 뿐 아니라 이를 대집행으로 철거할 경우 많은 비용이 드는 반면에 공익에는 별도움이 되지 아니하고, 도로교통·방화·보안·위생·도시미관 및 공해예방 등의 공익을 크게 해친다고도 볼 수 없어 이에 대한 철거대집행계고처분이 그 요건을 갖추지 못한 것으로서 위법하다고 본 사례(대판 1991. 3. 12, 90누10070[건물철거계고처분취소]).

4. 대집행권 행사의 재량성

대집행의 요건이 충족되는 경우에 대집행을 하여야 한다는 견해(김남진·김연태)도 있으나 대집행권을 발동할 것인가는 행정대집행법 제 2 조가 가능규정(…할 수 있다)으로 규정하고 있으므로 행정청의 재량에 속한다고 보는 것이 타당하다. 판례도 재량으로 보고 있다.

> **[판례]** 건물 중 위법하게 구조변경을 한 부분에 대한 철거 대집행계고처분이 재량권의 범위를 벗어난 위법한 것이라고 본 원심판결을 수긍한 사례: 건물 중 위법하게 구조변경을 한 건축물 부분은 제반 사정에 비추어 그 원상복구로 인한 불이익의 정도가 그로 인하여 유지하고자 하는 공익상의 필요 또는 제 3 자의 이익보호의 필요에 비하여 현저히 크므로, 그 건축물 부분에 대한 대집행계고처분은 재량권의 범위를 벗어난 위법한 처분이라고 한 원심판결을 수긍한 사례(대판 1996. 10. 11, 96누8086[불법건축물원상복구계고처분취소]).

다만, '재량권의 영으로의 수축이론'에 따라 일정한 경우에 행정청은 대집행을 행하여야 한다.

5. 대집행의 절차

대집행은 계고, 대집행영장에 의한 통지, 대집행의 실행, 대집행비용의 징수의 단계를 거쳐 행해진다.

(1) 계　　고

1) 의　　의
계고는 상당한 기간 내에 의무의 이행을 하지 않으면 대집행을 한다는 의사를 사전에 통지하는 행위이다.

2) 계고의무
대집행을 하기 위하여는 미리 계고(戒告)하여야 한다(행정대집행법 제 3 조 제 1 항).

다만, "비상시 또는 위험이 절박한 경우에 있어서 당해 행위의 급속한 실시를 요하여 계고를 취할 여유가 없을 때에는 계고를 거치지 아니하고 대집행을 할 수 있다"(제 3 조 제 3 항).

계고를 하여야 하는 경우 원칙상 계고는 의무를 명하는 행정처분과 별도로 행하여져야 한다.

다만, 현행 행정대집행법이 긴급시에는 계고절차를 생략할 수 있다고 규정하고 있는 점에 비추어 즉시 대집행을 행할 긴급한 필요가 있고, 상당한 자진이행기간을 주고 있는 경우에 한하여, 예외적으로 대집행의 계고를 행정처분에 결합하는 것이 가능하다고 볼 수 있을 것이다.

판례는 철거명령과 계고처분을 1장의 문서로서 동시에 행할 수 있다고 본다.

> **판례**   계고서라는 명칭의 1장의 문서로서 일정기간 내에 위법건축물의 자진철거를 명함과 동시에
> 그 소정기한 내에 자진철거를 하지 아니할 때에는 대집행할 뜻을 미리 계고한 경우라도 건축법에 의한
> 철거명령과 행정대집행법에 의한 계고처분은 독립하여 있는 것으로서 각 그 요건이 충족되었다고 볼
> 것이다. 이 경우 철거명령에서 주어진 일정기간이 자진철거에 필요한 상당한 기간이라면 그 기간 속에
> 는 계고시에 필요한 '상당한 이행기간'도 포함되어 있다고 보아야 할 것이다(대판 1992. 6. 12, 91누
> 13564[건물철거대집행계고처분취소]).

3) 법적 성질

계고처분이 행해지면 행정청은 행정대집행법 제 3 조 제 2 항에 의해 대집행영장을 발
급할 수 있는 권한을 갖게 되는 법적 효과가 발생하므로 계고의 법적 성질은 **준법률행위
적 행정행위**이다. 따라서 계고는 그 자체가 독립하여 항고소송의 대상이 된다. 2차 계고를
행한 경우에 2차 계고는 대집행기한의 연기통지한 불과하므로 행정처분이 아니다(대판
1991. 1. 25, 90누5962[건물철거대집행계고처분취소]).

4) 요   건

① 대집행의 계고에 있어서는 의무자가 이행하여야 할 행위와 그 의무불이행시 대집
행할 행위의 내용 및 범위가 구체적으로 특정되어야 한다. 다만, 그 행위의 내용과 범위는
대집행계고서에 의해서만 특정되어야 하는 것은 아니고 그 처분 후에 송달된 문서나 기타
사정을 종합하여 이를 특정할 수 있으면 족하다(대판 1992. 3. 10, 91누4140[건물철거대집행계
고처분취소]).

② 계고처분은 문서로 하여야 한다(행정대집행법 제 3 조 제 1 항).

③ 계고처분은 상당한 이행기간을 정하여야 한다(제 3 조 제 1 항). 이를 위반하면 계고
는 위법한 처분이 된다(대판 1990. 9. 14, 90누2048[건축물무단용도변경원상복구명령계고처분취
소]). 상당한 기간이라 함은 사회통념상 의무자가 스스로 의무를 이행하는 데 필요한 기간
을 말한다(대판 1992. 6. 12, 91누13564).

④ 계고시에 대집행의 요건이 충족되고 있어야 한다.

> **판례1**   **[1] 대집행계고처분을 하기 위한 요건:** 대집행계고처분을 하기 위하여는 법령에 의하여 직접
> 명령되거나 법령에 근거한 행정청의 명령에 의한 의무자의 대체적 작위의무 위반행위가 있어야 한다.
> **[2]** 이 사건 계고처분의 근거 법령으로 삼은 이 사건 조항은 "시행자는 제56조 제 1 항의 규정에 의하
> 여 환지예정지를 지정하는 경우, 제58조 제 1 항의 규정에 의하여 종전의 토지에 관한 사용 또는 수익
> 을 정지시키는 경우나 공공시설의 변경 또는 폐지에 관한 공사를 시행하는 경우에 필요한 때에는 시행
> 지구 안에 있는 건축물 등 및 장애물 등을 이전하거나 제거할 수 있다"고 규정하고 있을 뿐이어서, 건
> 축물 등의 소유자 또는 점유자에게 직접 그 이전 또는 제거의무를 부과하는 규정이 아님은 법문상 명
> 백하다. **[3]** 이 사건 조항은 사업시행자에게 직접 건축물 등을 이전하거나 제거할 수 있는 권능을 부

여하는 규정일 뿐, 사업시행자에게 건축물 등의 소유자 또는 점유자에 대하여 그 이전 또는 제거를 명할 수 있는 권능까지 부여하는 규정이라고 할 수 없다. [4] 행정청이 토지구획정리사업의 환지예정지를 지정하고 그 사업에 편입되는 건축물 등 지장물의 소유자 또는 임차인에게 지장물의 자진이전을 요구한 후 이에 응하지 않자 지장물의 이전에 대한 대집행을 계고하고 다시 대집행영장을 통지한 사안에서, 위 계고처분 등은 행정대집행법 제 2 조에 따라 명령된 지장물 이전의무가 없음에도 그러한 의무의 불이행을 사유로 행하여진 것으로 위법하다고 한 사례(대판 2010. 6. 24, 2010두1231[행정대집행계고처분취소]).

<u>판례2</u> [1] 건물철거 대집행계고처분의 요건 및 그 주장·입증책임: 건축법에 위반하여 건축한 것이어서 철거의무가 있는 건물이라 하더라도 그 철거의무를 대집행하기 위한 계고처분을 하려면 다른 방법으로는 이행의 확보가 어렵고 불이행을 방치함이 심히 공익을 해하는 것으로 인정될 때에 한하여 허용되고 이러한 요건의 주장·입증책임은 처분 행정청에 있다. [2] 건물 중 위법하게 구조변경을 한 건축물 부분은 제반 사정에 비추어 그 원상복구로 인한 불이익의 정도가 그로 인하여 유지하고자 하는 공익상의 필요 또는 제 3 자의 이익보호의 필요에 비하여 현저히 크므로, 그 건축물 부분에 대한 대집행계고처분은 재량권의 범위를 벗어난 위법한 처분이다(대판 1996. 10. 11, 96누8086).

(2) 대집행영장에 의한 통지

1) 의   의

대집행영장에 의한 통지는 의무자가 계고를 받고 그 지정 기한까지 그 의무를 이행하지 아니할 때에는 당해 행정청이 대집행영장(代執行令狀)으로써 대집행실행의 시기, 대집행책임자의 성명과 대집행비용의 개산액을 의무자에게 통지하는 행위를 말한다. 즉, 대집행을 실행하겠다는 의사를 구체적으로 통지하는 행위이다.

2) 대집행영장에 의한 통지의무

대집행영장에 의한 통지는 원칙상 대집행의 의무적 절차의 하나이다(행정대집행법 제 3 조 제 2 항).

다만, "비상시 또는 위험이 절박한 경우에 있어서 당해 행위의 급속한 실시를 요하여 대집행영장에 의한 통지를 취할 여유가 없을 때에는 대집행영장에 의한 통지를 거치지 아니하고 대집행을 할 수 있다"(제 3 조 제 3 항).

3) 법적 성질

대집행영장에 의한 통지로 의무자에게 대집행 수인의무가 발생하고 행정청은 대집행실행권을 갖게 되는 법적 효과를 발생하므로 그 법적 성질이 **준법률행위적 행정행위**이다. 따라서 대집행영장에 의한 통지는 그 자체가 독립하여 취소소송의 대상이 된다.

(3) 대집행의 실행

1) 의   의

대집행의 실행은 당해 행정청이 스스로 또는 타인으로 하여금 대체적 작위의무를 이행시키는 물리력의 행사를 말한다.

2) 법적 성질

대집행 실행행위는 물리력을 행사하는 **권력적 사실행위**이다.

3) 절   차

대집행을 하기 위하여 현장에 파견되는 집행책임자는 그가 집행책임자라는 것을 표시한 증표를 휴대하여 대집행시에 이해관계인에게 제시하여야 한다(행정대집행법 제 4 조).

4) 실력행사

위법건축물의 철거에서와 같이 대집행의 실행에 대하여 저항하는 경우에 실력으로 그 저항을 배제하는 것이 대집행의 일부로서 인정되는가에 대하여 견해가 대립하고 있다.

가. 긍 정 설   대집행의 실행을 위하여 필요한 한도 내에서 실력으로 저항을 배제하는 것은 명문의 근거가 없는 경우에도 대집행에 수반하는 기능으로 인정되어야 한다는 견해가 있다(박윤흔, 홍정선).

나. 부 정 설   저항을 실력으로 배제하는 것은 신체에 대하여 물리력을 행사하는 것이므로 대집행에 포함된다고 볼 수 없고 직접강제의 대상이 된다고 본다. 대집행의 실행을 위하여 저항을 실력으로 배제하는 것을 인정할 필요가 있지만 그것의 인정을 위하여는 별도의 법률상 근거가 있어야 한다.

다. 판   례   판례는 건물철거의무에 퇴거의무도 포함되어 있다고 보아 건물철거 대집행 과정에서 부수적으로 건물의 점유자들에 대한 퇴거 조치를 할 수 있고, 점유자들이 적법한 행정대집행을 위력을 행사하여 방해하는 경우 필요한 경우에는 '경찰관 직무집행법'에 근거한 위험발생 방지조치 또는 형법상 공무집행방해죄의 범행방지 내지 현행범체포의 차원에서 경찰의 도움을 받을 수도 있다고 본다(대판 2017. 4. 28, 2016다213916).

판례 1   [행정청이 건물 소유자들을 상대로 건물철거 대집행을 실시하기에 앞서, 건물 소유자들을 건물에서 퇴거시키기 위해 별도로 퇴거를 구하는 민사소송을 제기한 사안] [1] 관계 법령상 행정대집행의 절차가 인정되어 행정청이 행정대집행의 방법으로 건물의 철거 등 대체적 작위의무의 이행을 실현할 수 있는 경우에는 따로 민사소송의 방법으로 그 의무의 이행을 구할 수 없다. 한편 건물의 점유자가 철거의무자일 때에는 건물철거의무에 퇴거의무도 포함되어 있는 것이어서 별도로 퇴거를 명하는 집행권원이 필요하지 않다. 또한, 행정청이 건물 소유자들을 상대로 건물철거 대집행을 실시하기에 앞서, 건물 소유자들을 건물에서 퇴거시키기 위해 별도로 퇴거를 구하는 민사소송은 부적법하다(대판 2017. 4. 28, 2016다213916). [2] 행정청이 행정대집행의 방법으로 건물철거의무의 이행을 실현할 수 있는 경우에는 건물철거 대집행 과정에서 부수적으로 건물의 점유자들에 대한 퇴거 조치를 할 수 있고, 점유자들이 적법한 행정대집행을 위력을 행사하여 방해하는 경우 형법상 공무집행방해죄가 성립하므로, 필요한 경우에는 '경찰관 직무집행법'에 근거한 위험발생 방지조치 또는 형법상 공무집행방해죄의 범행방지 내지 현행범체포의 차원에서 경찰의 도움을 받을 수도 있다. [3] 원고(행정청이 속한 지방자치단체)가, 퇴거의무와 같은 비대체적 작위의무의 경우 행정대집행의 대상이 되지 않으므로 퇴거를 구하는 민사판결을 받아야 한다는 대법원 1998. 10. 23, 선고 97누157 판결에 따라 퇴거청구 소송을 제기하였으나, 대법원 1998. 10. 23, 선고 97누157 판결은 적법한 건물에서 처분상대방의 점유를 배제하고 그 점유이전을 받기 위하여 행정대집행 계고처분을 한 사안에 관한 것으로서 그 처분의 주된 목적이 건물의 인도라는 비대체적 작위의무의 이행을 실현하고자 하는 경우이어서 (퇴거의무는) 행정대집행의 대상이 될 수 없다고 판단한 사례인 반면, 이 사건의 사안은 위법한 건물에 대한 철거 대집행의 과정에서 부수적으로 점유자에 대한 퇴거조치를 실현할 수 있는 경우이어서 사안을 달리함을 지적한 사례(대판 2017. 4. 28, 2016다213916). 〈해설〉 이 판례는 철거에 따른 퇴거조치에 대한 저항을 실력으로 배제하는 것이 대집행권한에 포함된다고 보면서도 그 이상의 실력행사는 대집행권한에 포함되지 않는다고 본 것으로 볼 수 있다.

> **판례2**　건물의 '인도'와 건물에서의 '퇴거'의 구별: 건물의 '인도'는 건물에 대한 현실적·사실적 지배를 완전히 이전하는 것을 의미하고, 민사집행법상 인도 청구의 집행은 집행관이 채무자로부터 물건의 점유를 빼앗아 이를 채권자에게 인도하는 방법으로 한다. 한편 건물에서의 '퇴거'는 건물에 대한 채무자의 점유를 해제하는 것을 의미할 뿐, 더 나아가 채권자에게 점유를 이전할 것까지 의미하지는 않는다는 점에서 건물의 '인도'와 구별된다(대판 2024. 6. 13, 2024다213157).

라. 결　어　　신체에 대한 물리력의 행사에는 명문의 근거가 있어야 하므로 부정설이 타당하다. 다만, 실무에 있어서 저항하는 자를 경찰로 하여금 공무집행방해죄의 현행범으로 체포하게 한 후 대집행(건물의 철거)을 행하는 경우가 있다. 또한, 경찰관직무집행법 제 5 조의 위험발생의 방지를 위한 경찰권발동의 요건에 해당하는 경우 위험방지조치의 일환으로 저항이 배제되기도 한다.

5) 대집행 실행시간의 제한

행정청(제 2 조에 따라 대집행을 실행하는 제 3 자를 포함한다)은 해가 뜨기 전이나 해가 진 후에는 대집행을 하여서는 아니 된다. 다만, 다음의 어느 하나에 해당하는 경우에는 그러하지 아니하다. ① 의무자가 동의한 경우, ② 해가 지기 전에 대집행을 착수한 경우, ③ 해가 뜬 후부터 해가 지기 전까지 대집행을 하는 경우에는 대집행의 목적 달성이 불가능한 경우, ④ 그 밖에 비상시 또는 위험이 절박한 경우(제 4 조 제 1 항).

(4) 비용징수

대집행의 비용은 원칙상 의무자가 부담하여야 한다.

대집행비용의 징수에 있어서는 행정청은 그 금액과 그 납기일을 정하여 의무자에게 문서로서 그 납부를 명하여야 한다(행정대집행법 제 5 조). 이 비용납부명령은 비용납부의무를 발생시키는 행정행위이다. 따라서 비용납부명령은 항고소송의 대상이 된다.

그리고 비용납부명령에 따라 발생한 행정청의 비용납부청구권은 공법상 청구권이다. 따라서 대집행비용은 국세징수법의 예에 의하여 강제징수할 수 있다(제 6 조).

행정청이 의무자로부터 징수할 수 있는 금액은 실제로 대집행에 필요한 비용에 한한다. 징수된 비용은 사무비의 소속에 따라 국고 또는 지방자치단체의 수입으로 한다(제 6 조 제 3 항).

(5) 행정대집행법 적용의 특례

개별법에서 행정대집행법 적용에 대한 특례를 규정하고 있는 경우가 있다(건축법 제85조, 공익사업을 위한 토지등의 취득 및 보상에 관한 법률 제89조 등).

6. 행정구제

(1) 항고소송 [2008 입시 사례]

1) 행정심판임의주의

대집행에 대하여는 행정심판을 제기할 수 있다(행정대집행법 제 7 조). 대집행에 대한 행정심판은 임의절차이며 행정심판법에 의해 규율된다.

2) 대   상

위에서 본 바와 같이 대집행은 네 단계의 절차를 거쳐 행해지는데 항고쟁송은 네 단계의 행위 중 어느 행위에 대하여 인정될 것인가.

계고와 대집행영장에 의한 통지는 준법률행위적 행정행위로서 그 자체가 독립하여 취소소송의 대상이 된다.

대집행의 실행은 권력적 사실행위의 성질을 가지는데 행정심판법 및 행정소송법상의 '처분'에는 권력적 사실행위도 포함된다고 해석하는 것이 타당하므로 취소소송의 대상이 된다.

비용납부명령은 공법상의 의무인 비용납부의무를 과하는 행정행위이다. 따라서 비용납부명령은 취소소송의 대상이 된다.

3) 소의 이익

대집행이 실행되어 버리면 계고 또는 통지행위에 대한 항고소송은 소의 이익을 상실한다.

> **판례** 대집행계고처분 취소소송의 변론이 종결되기 전에 대집행의 실행이 완료된 경우에는 그 계고처분의 취소 또는 무효확인을 구할 소의 이익이 없어진다(대판 1971. 4. 20, 71누22; 1993. 6. 8, 93누6164[건물철거대집행계고처분취소]).

또한 이 경우 의무를 명하는 행정처분(철거명령)에 대한 항고소송도 원칙상 소의 이익을 상실한다. 따라서 의무자는 항고소송을 제기하면서 집행정지신청을 하여 대집행이 실행되는 것을 막을 필요가 있다.

4) 하자의 승계

철거명령과 대집행 절차를 이루는 행위는 별개의 법적 효과를 가져오는 행위이므로 철거명령의 하자가 대집행 절차를 이루는 각 행위에 승계되지 않는다는 것이 통설 및 판례의 입장이다. 다만, 철거명령이 무효이면 대집행 절차를 이루는 행위도 무효이다.

대집행절차를 이루는 계고, 통지, 실행, 비용납부명령은 상호 결합하여 대집행이라는 하나의 법적 효과를 가져오므로 선행행위의 하자가 후행행위에 승계된다는 것이 통설 및 판례의 입장이다.

그러나, 계고처분의 후속절차인 대집행에 위법이 있다고 하더라도, 그와 같은 후속절차에 위법성이 있다는 점을 들어 선행절차인 계고처분이 부적법하다는 사유로 삼을 수는 없다(대판 1997. 2. 14, 96누15428).

(2) 국가배상 및 결과제거청구

대집행이 실행된 후에는 취소소송은 소의 이익을 상실한다. 그러나 대집행의 위법 또는 대집행 방법의 잘못으로 손해가 발행한 경우 국가배상청구는 가능하다.

또한 대집행의 실행으로 인하여 위법한 상태가 계속되는 경우에는 결과제거청구를 할 수 있다.

(3) 손실보상

대집행은 의무자의 의무불이행을 전제로 의무를 대신 이행시키는 행위이므로 대집행으로 인한 손실은 원칙상 손실보상의 대상이 되지 않는다. 다만, 의무자의 의무가 경찰상 위해에 대한 의무자의 책임 없이 공익상 부과된 경우에는 대집행으로 인한 손실을 보상하여야 한다.

문제의 해결　토지·건물의 인도의무는 대체적 작위의무가 아니므로 명문의 규정이 없는 한, 대집행의 대상이 될 수 없다.

Ⅳ. 이행강제금(집행벌)

1. 의　의

이행강제금의 부과란 "의무자가 행정상 의무를 이행하지 아니하는 경우 행정청이 적절한 이행기간을 부여하고, 그 기한까지 행정상 의무를 이행하지 아니하면 금전급부의무를 부과하는 것"을 말한다(행정기본법 제30조 제 1 항 제 2 호).

대집행과 직접강제는 직접적 의무이행 확보수단인 데 반하여 집행벌은 일정한 기간까지 의무를 이행하지 않을 때에는 일정한 금전적인 부담이 과해진다는 것을 통지함으로써 의무자에게 심리적 압박을 주어 의무를 이행하게 하려는 간접적인 의무이행수단이다.

또한 **집행벌은 행정벌과 다르다.** 행정벌은 의무자에게 심리적 압박을 가하여 간접적으로 의무의 이행을 강제하는 기능을 갖지만 집행벌과 달리 의무의 이행을 직접 목적으로 하는 것은 아니다. 행정벌은 과거의 법위반(의무불이행 포함)에 대한 제재를 주된 목적으로 한다. 집행벌은 의무이행의 강제를 직접목적으로 하여 부과되는 금전적 부담이며 행정벌과 달리 과거의 법위반에 대한 제재를 목적으로 하지 않는다. 양자는 규제목적을 달리 하므로 병행하여 부과될 수 있다.

2. 이행강제금의 대상

집행벌은 부작위의무 또는 비대체적 작위의무의 불이행뿐만 아니라 대체적 작위의무의 불이행에 대하여도 가능하다고 보는 것이 타당하다. 건축법 제79조 제 1 항의 시정명령에 따른 시정의무 중 공사중지의무, 사용금지의무, 사용제한의무는 부작위의무이고, 개축·증축·수선·용도변경의무는 비대체적 작위의무이고, 철거의무는 대체적 작위의무에 해당한다고 할 수 있다.

> **판례** (1) 이행강제금은 대체적 작위의무의 위반에 대하여 부과될 수 있다. (2) 현행 건축법상 위법건축물에 대한 이행강제수단으로 대집행과 이행강제금(제83조 제 1 항)이 인정되고 있는데, 양 제도는 각각의 장·단점이 있으므로 행정청은 개별사건에 있어서 위반내용, 위반자의 시정의지 등을 감안하여 대집행과 이행강제금을 선택적으로 활용할 수 있으며, 이처럼 그 합리적인 재량에 의해 선택하여 활용하는 이상 중첩적인 제재에 해당한다고 볼 수 없다. (3) 건축법 제78조에 의한 무허가 건축행위에 대한 형사처벌과 건축법 제83조 제 1 항에 의한 시정명령 위반에 대한 이행강제금의 부과는 그 처벌 내지 제재대상이 되는 기본적 사실관계로서의 행위를 달리하며, 또한 그 보호법익과 목적에서도 차이가 있으므로 헌법 제13조 제 1 항이 금지하는 이중처벌에 해당한다고 할 수 없다(헌재 2004. 2. 26, 2001헌바80·84·102·103, 2002헌바26(병합)[개발제한구역의 지정 및 관리에 관한 특별조치법 제11조 제 1 항 등 위헌소원]).

특별한 규정이 없는 한 행정대집행과 이행강제금의 부과 사이에 행정청에게 선택재량이 인정된다. 이행강제금의 부과 후에 행정대집행을 실시할 수도 있다.

3. 법적 근거

이행강제금의 부과는 권력적·침해적 행위이므로 법적 근거가 필요하다. 현재 이행강제금의 부과에 관한 일반법은 없고 개별법에서 인정되고 있다. 행정기본법은 이행강제금의 근거규정이 아니다.

이행강제금 부과의 근거가 되는 법률에는 이행강제금에 관한 다음 각 호의 사항을 명확하게 규정하여야 한다. 다만, 제 4 호 또는 제 5 호를 규정할 경우 입법목적이나 입법취지를 훼손할 우려가 크다고 인정되는 경우로서 대통령령으로 정하는 경우는 제외한다. 1. 부과·징수 주체, 2. 부과 요건, 3. 부과 금액, 4. 부과 금액 산정기준, 5. 연간 부과 횟수나 횟수의 상한(행정기본법 제31조 제 1 항).

4. 이행강제금의 부과요건 및 절차

① 행정상 의무의 불이행: 철거명령 등 시정명령(건축법 제79조 제1항 등)을 받은 후 시정의무를 이행하지 않았어야 한다.

② 계고처분: 행정청은 이행강제금을 부과하기 전에 미리 의무자에게 **적절한 이행기간**을 정하여 그 기한까지 행정상 의무를 이행하지 아니하면 이행강제금을 부과한다는 뜻을 문서로 계고(戒告)하여야 한다(행정기본법 제31조 제3항). 법 제31조 제3항에 따른 계고(戒告)에는 다음 각 호의 사항이 포함되어야 한다. 1. 의무자의 성명 및 주소(의무자가 법인이나 단체인 경우에는 그 명칭, 주사무소의 소재지와 그 대표자의 성명), 2. 이행하지 않은 행정상 의무의 내용과 법적 근거, 3. 행정상 의무의 이행 기한, 4. 행정상 의무를 이행하지 않을 경우 이행강제금을 부과한다는 뜻, 5. 그 밖에 이의제기 방법 등 계고의 상대방에게 알릴 필요가 있다고 인정되는 사항(동법 시행령 제8조 제2항).

> **판례1** [1] 건축법 제79조 제1항 및 제80조 제1항에 의하면, 허가권자는 먼저 건축주 등에 대하여 상당한 기간을 정하여 시정명령을 하고, 건축주 등이 그 시정기간 내에 시정명령을 이행하지 아니하면, 다시 그 시정명령의 이행에 필요한 상당한 이행기한을 정하여 그 기한까지 시정명령을 이행할 수 있는 기회를 준 후가 아니면 이행강제금을 부과할 수 없다. [2] 적법한 2차 시정명령이 되기 위해서는 그 시정명령의 이행에 필요한 상당한 이행기한이 부여된 것이어야 할 것인데, 이 사건 2차 시정명령은 위와 같은 요건을 갖추지 못하였으므로 이 사건 이행강제금 부과처분은 부과요건 흠결 또는 절차상 흠으로 인하여 위법하다고 한 사례(대판 2010. 6. 24, 2010두3978[이행강제금부과처분취소]). 〈해설〉 판례가 이해강제금부과처분이라는 강제집행절차의 하나인 2차 시정명령을 행정행위로 본 것인지는 의문이다. 제2차 시정명령은 단순한 사실행위로 보는 것이 타당하다.

> **판례2** (1) 건축법상 이행강제금은 시정명령의 불이행이라는 과거의 위반행위에 대한 제재가 아니라, 시정명령을 이행하지 않고 있는 건축주·공사시공자·현장관리인·소유자·관리자 또는 점유자(이하 '건축주 등'이라 한다)에 대하여 다시 상당한 이행기한을 부여하고 기한 안에 시정명령을 이행하지 않으면 이행강제금이 부과된다는 사실을 고지함으로써 의무자에게 심리적 압박을 주어 시정명령에 따른 의무의 이행을 간접적으로 강제하는 행정상의 간접강제 수단에 해당한다. (2) 구 건축법 제80조 제1항, 제4항에 의하면 문언상 최초의 시정명령이 있었던 날을 기준으로 1년 단위별로 2회에 한하여 이행강제금을 부과할 수 있고, 이 경우에도 매 1회 부과 시마다 구 건축법 제80조 제1항 단서에서 정한 1회분 상당액의 이행강제금을 부과한 다음 다시 시정명령의 이행에 필요한 상당한 이행기한을 정하여 그 기한까지 시정명령을 이행할 수 있는 기회(이하 '시정명령의 이행 기회'라 한다)를 준 후 비로소 다음 1회분 이행강제금을 부과할 수 있다. (3) 비록 건축주등이 장기간 시정명령을 이행하지 아니하였다 하더라도, 그 기간 중에는 시정명령의 이행 기회가 제공되지 아니하였다가 뒤늦게 시정명령의 이행 기회가 제공된 경우라면, 그 시정명령의 이행 기회 제공을 전제로 한 1회분의 이행강제금만을 부과할 수 있고, 시정명령의 이행 기회가 제공되지 아니한 과거의 기간에 대한 이행강제금까지 한꺼번에 부과할 수는 없다고 보아야 한다. 그리고 이를 위반하여 이루어진 이행강제금 부과처분은 과거의 위반행위에 대한 제재가 아니라 행정상의 간접강제 수단이라는 이행강제금의 본질에 반하여 구 건축법 제80조 제1항, 제4항 등 법규의 중요한 부분을 위반한 것으로서, 그러한 하자는 중대할 뿐만 아니라 객관적으로도 명백하다고 할 것이다. (4) 피고가 2006년경 원고에 대하여 건물 철거를 명하는 시정명령을 하였으나, 2008년 – 2010년 기간 중 그 시정명령의 이행을 요구하지 않다가, 2011년경 비로소 시정명령의 이행 기회를 제공한 후 2008년 – 2011년의 4년분 이행강제금을 한꺼번에 부과한 사안에서, 2011년 기

준 1회분 이행강제금 외에 2008－2010년분 이행강제금 부분은 그 하자가 중대·명백하여 무효라고 판단하여 상고를 기각한 사례(대판 2016. 7. 14, 2015두46598[이행강제금부과처분무효확인 등]).

판례 3 (1) 노동위원회가 근로기준법 제33조에 따라 이행강제금을 부과하는 경우 그 30일 전까지 하여야 하는 이행강제금부과 예고는 이행강제금 부과전 '계고'에 해당한다. (2) 사용자가 이행하여야 할 행정법상 의무의 내용을 초과하는 것을 '불이행 내용'으로 기재한 이행강제금부과 예고서에 의하여 이행강제금부과 예고를 한 다음 이를 이행하지 않았다는 이유로 이행강제금을 부과하였다면, 초과한 정도가 근소하다는 등의 특별한 사정이 없는 한 이행강제금부과 예고는 이행강제금제도의 취지에 반하는 것으로서 위법하고, 이에 터 잡은 이행강제금부과처분 역시 위법하다. 〈해설〉 계고처분의 하자는 이행강제금부과처분에 승계된다. (3) 피고(서울지방노동위원회)는 '판정서를 송달받은 날로부터 30일 이내에 이 사건 근로자들을 원직에 복직시키고, 이 사건 근로자들에게 승무정지기간 동안 정상적으로 근로를 제공하였다면 받을 수 있었던 임금 상당액을 지급하라'는 내용의 구제명령(이하 '이 사건 구제명령'이라고 한다)을 하였다. 이 사건 구제명령에서 정한 이행기한인 2008. 5. 26.이 경과하자, 피고는 '2008. 5. 16.부터 이 사건 근로자들의 승무가 개시되기는 하였으나 임금 상당액은 전혀 지급되지 않았다'는 이유로 2008. 5. 27. 원고에게 '불이행 내용'을 임금 상당액 미지급, 즉 2007. 11. 15.부터 2008. 5. 15.까지의 임금 상당액 미지급으로 기재한 이행강제금부과 예고서에 의하여 이행강제금부과 예고를 한 다음, 원고가 위 '불이행 내용'을 이행하지 않았다는 이유로 2008. 9. 9. 원고에게 2억 8,250만 원(＝ 250만 원 × 113명)의 이행강제금을 부과하였다(이하 '이 사건 처분'이라고 한다). 원고는 2008. 4. 30. 이 사건 구제명령에 대한 재심을 신청하였고, 같은 해 8. 29. 중앙노동위원회로부터 재심신청 기각판정을 받자 이에 불복하여 그 취소를 구하는 소를 제기하였다. 서울고등법원은 2010. 6. 22. '위 재심판정 중 원직복직 및 2008. 1. 1. 이후의 임금 상당액 지급에 관한 부분을 취소한다'는 내용의 판결을 선고하였고, 이에 대한 중앙노동위원회의 상고는 2010. 12. 9. 심리불속행으로 기각되었다. 이에 중앙노동위원회는 원심 변론종결 후인 2011. 1. 17. 이 사건 구제명령 중 원직복직 및 2008. 1. 1. 이후의 임금 상당액 지급에 관한 부분을 취소하는 재처분판정을 하였다. (4) 중앙노동위원회의 재처분판정으로 이 사건 구제명령 중 원직복직 및 2008. 1. 1. 이후의 임금 상당액 지급에 관한 부분이 취소되었고 그 소급효에 의하여 이러한 부분에 대하여는 처음부터 구제명령이 없었던 것과 같은 효과가 발생하게 되었으므로, 원고는 이 사건 구제명령으로 2007. 11. 15.부터 2007. 12. 31.까지의 임금 상당액 지급에 관한 행정법상의 의무만을 부담한 것이 된다. 그런데 피고는 원고의 '불이행 내용'을 2007. 11. 15.부터 2008. 5. 15.까지의 임금 상당액 미지급으로 봄으로써, 원고가 이행하여야 할 행정법상 의무의 내용을 초과하는 것을 '불이행 내용'으로 기재한 이행강제금부과 예고서에 의하여 이행강제금부과 예고를 한 다음 이를 이행하지 않았다는 이유로 이 사건 처분을 한 것과 마찬가지가 되었으므로, 특별한 사정이 없는 한 위 이행강제금부과 예고나 이에 터 잡은 이 사건 처분은 위법하다고 할 것이다. (5) 중앙노동위원회의 재처분판정으로 이 사건 구제명령 중 원직복직 및 2008. 1. 1. 이후의 임금 상당액 지급에 관한 부분이 (소급적으로) 취소된 것이 원심 변론종결 후이기는 하지만, 이는 행정소송법 제8조 제2항에 의하여 준용되는 민사소송법 제451조 제1항 제8호에 규정된 재심사유인 '판결의 기초가 된 행정처분이 다른 행정처분에 따라 바뀐 때'에 해당하므로, 원고는 위 사유를 상고이유로 삼을 수 있다(대법원 2001. 1. 16. 선고 2000다41349 판결: 민사소송법 제422조 제1조 각 호 소정의 재심사유를 상고이유로 삼을 수 있다고 할 것이다 참조). (6) 결국, 이 사건 구제명령이 전부 유효하다는 전제 아래 이 사건 처분의 위법 여부를 심리·판단한 원심판결에는 결과적으로 이행강제금부과에 관한 법리를 오해하여 판결에 영향을 미친 잘못이 있게 되었고, 이 점을 지적하는 취지의 상고이유 주장은 이유 있다. 그러므로 원심판결을 파기하고, 사건을 다시 심리·판단하게 하기 위하여 원심법원에 환송하기로 한다(대판 2015. 6. 24, 2011두2170). 〈해설〉 이행강제금은 구제명령을 전제로 하는데, 전제가 되는 구제명령중 일부가 중앙노동위원회의 재처분판정에 의해 소급적으로 취소되었으므로 그 한도내에서 이 사건 이행강제금 부과처분은 위법하다는 것이다.

이행강제금을 부과·징수할 때 그에 앞서 시정명령 절차를 다시 거쳐야 할 필요는 없다.

판례 개발제한구역의 지정 및 관리에 관한 특별조치법(이하 '개발제한구역법'이라 한다) 제30조 제 1 항, 제30조의2 제 1 항 및 제 2 항의 규정에 의하면 시정명령을 받은 후 그 시정명령의 이행을 하지 아니한 자에 대하여 이행강제금을 부과할 수 있고, 그 이행강제금을 부과하기 전에 상당한 기간을 정하여 그 기한까지 이행되지 아니할 때에 이행강제금을 부과·징수한다는 뜻을 문서로 계고하여야 하므로, 이행강제금의 부과·징수를 위한 계고는 시정명령을 불이행한 경우에 취할 수 있는 절차라 할 것이고, 따라서 이행강제금을 부과·징수할 때마다 그에 앞서 시정명령 절차를 다시 거쳐야 할 필요는 없다고 보아야 한다(대판 2013. 12. 12, 2012두19137[이행강제금부과처분취소]).

③ 이행강제금의 부과: 행정청은 의무자가 제3항에 따른 계고에서 정한 기한까지 행정상 의무를 이행하지 아니한 경우 이행강제금의 부과 금액·사유·시기를 문서로 명확하게 적어 의무자에게 **통지**하여야 한다(행정기본법 제31조 제 4 항).

행정청은 의무자가 행정상 의무를 이행할 때까지 이행강제금을 반복하여 부과할 수 있다. 다만, 의무자가 의무를 이행하면 새로운 이행강제금의 부과를 즉시 중지하되, 이미 부과한 이행강제금은 징수하여야 한다(행정기본법 제31조 제 5 항).

5. 이행강제금의 부과대상자

이행강제금의 부과대상자는 시정의무를 이행할 수 있는 법적 권한을 갖고 있는 자로 보는 것이 타당하다.

이행강제금 납부의무는 상속인 기타의 사람에게 승계될 수 없는 일신전속적인 성질의 것이므로 이미 사망한 사람에게 이행강제금을 부과하는 내용의 처분이나 결정은 당연무효이다.

판례 [1] 구 건축법상 이행강제금을 부과받은 사람이 이행강제금사건의 계속중 사망한 경우, 절차의 종료 여부(적극): 구 건축법(2005. 11. 8. 법률 제7696호로 개정되기 전의 것)상의 이행강제금은 구 건축법의 위반행위에 대하여 시정명령을 받은 후 시정기간 내에 당해 시정명령을 이행하지 아니한 건축주 등에 대하여 부과되는 간접강제의 일종으로서 그 이행강제금 납부의무는 상속인 기타의 사람에게 승계될 수 없는 일신전속적인 성질의 것이므로 이미 사망한 사람에게 이행강제금을 부과하는 내용의 처분이나 결정은 당연무효이고, 이행강제금을 부과받은 사람의 이의에 의하여 비송사건절차법에 의한 재판절차가 개시된 후에 그 이의한 사람이 사망한 때에는 사건 자체가 목적을 잃고 절차가 종료한다. [2] 구 건축법상 이행강제금을 부과받은 사람이 이행강제금사건의 제 1 심결정 후 항고심결정이 있기 전에 사망한 경우, 항고심결정은 당연무효이고, 이미 사망한 사람의 이름으로 제기된 재항고는 보정할 수 없는 흠결이 있는 것으로서 부적법하다(대결 2006. 12. 8, 2006마470[건축법위반이의]).

6. 이행강제금의 징수

행정청은 이행강제금을 부과받은 자가 납부기한까지 이행강제금을 내지 아니하면 국세 체납처분의 예 또는 「지방행정제재·부과금의 징수 등에 관한 법률」에 따라 징수한다

(행정기본법 제31조 제 6 항).

7. 이행강제금 부과의 법적 성질

이행강제금 부과행위는 **행정행위**이다. 따라서, 이행강제금 부과행위에는 행정절차법이 적용되고, 직권취소 또는 철회가 가능하다.

이행강제금의 부과는 재량행위이다. 행정청은 다음 각 호의 사항을 고려하여 이행강제금의 부과 금액을 가중하거나 감경할 수 있다. 1. 의무 불이행의 동기, 목적 및 결과, 2. 의무 불이행의 정도 및 상습성, 3. 그 밖에 행정목적을 달성하는 데 필요하다고 인정되는 사유(행정기본법 제31조 제 2 항).

8. 이행강제금에 대한 불복

이행강제금에 대한 불복(不服)절차로는 두 유형이 있다.

① 이행강제금에 불복하는 자는 이의를 제기할 수 있는 것으로 규정하고, 이의를 제기한 경우에는 비송사건절차법에 의하여 이행강제금을 결정하는 것으로 규정하고 있는 경우가 있다(농지법 제65조). 이와 같이 이행강제금 부과처분에 대해 비송사건절차법에 의한 특별한 불복절차가 마련되어 있는 경우에는 이행강제금 부과처분은 항고소송의 대상이 되는 처분이 아니다(대판 2000. 9. 22, 2000두5722).

② 이행강제금의 부과처분에 대한 불복방법에 관하여 아무런 규정을 두고 있지 않은 경우에는 이행강제금 부과처분은 행정행위이므로 행정심판 또는 행정소송을 제기할 수 있다(건축법 제69조의2).

③ 이행강제금은 시정명령 자체의 이행을 목적으로 하므로 시정명령과 이행강제금부과처분 사이에서는 하자가 승계된다. 그러므로 시정명령이 위법하면 이행강제금부과처분도 위법하다고 보아야 한다(대판 2020. 12. 24, 2019두55675[학원등록거부처분등취소청구의소]).

V. 직접강제

1. 의   의

직접강제란 "의무자가 행정상 의무를 이행하지 아니하는 경우 행정청이 의무자의 신체나 재산에 실력을 행사하여 그 행정상 의무의 이행이 있었던 것과 같은 상태를 실현하는 것"을 말한다(행정기본법 제30조 제 1 항 제 3 호).

직접강제는 의무자에게 직접 물리력을 행사하는 점에서 그러하지 아니한 대집행과 구별된다. 의무자의 신체에 대해 물리력을 행사하는 것은 당연히 직접강제이고 대집행이 아니다. 직접강제에서 의무자의 재산에 대한 실력행사는 의무자가 점유하는 재산에 대한 실력행사이고, 의무자의 점유에 대한 실력행사도 의무자에 대한 직접 실력행사로 볼 수 있다. 대집행은 의무자의 점유에 대한 직접적 실력행사를 포함하지 않는다. 건물인도(명도)는 직접강제에 속하고, 건물철거는 대집행에 속한다.

2. 직접강제의 대상 및 법적 근거

직접강제는 비대체적 의무(비대체적 작위의무, 부작위의무, 수인의무)뿐만 아니라 대체적 작위의무에도 행해질 수 있다는 것이 통설이다. 직접강제의 일반적 근거는 없다 직접강제가 인정되기 위해서는 개별법에 법적 근거가 필요하다.

현행법상 인정되고 있는 직접강제의 수단으로는 영업장 또는 사업장의 폐쇄(먹는물관리법 제46조 제 1 항), 외국인의 강제퇴거(출입국관리법 제46조) 등이 있다.

3. 직접강제의 한계

직접강제에는 비례의 원칙 및 적법절차의 원칙에 따라 보다 엄격한 절차법적·실체법적 통제가 가해져야 한다. 직접강제는 행정대집행이나 이행강제금 부과의 방법으로는 행정상 의무 이행을 확보할 수 없거나 그 실현이 불가능한 경우에 실시하여야 한다(행정기본법 제32조 제 1 항). 이러한 직접강제의 보충성은 비례의 원칙상 당연한 것이다. 그리고, 주거의 자유 또는 신체의 자유에 대한 제한을 수반하는 직접강제의 경우에는 적법절차의 원칙상 영장주의의 적용 여부가 검토되어야 한다. 이에 관하여는 행정상 즉시강제에서의 영장주의에 관한 논의가 참조될 수 있다. 후술하는 행정상 즉시강제의 한계에 관한 논의는 행정상 즉시강제의 급박성과 관련된 부분을 제외하고는 원칙상 직접강제의 한계에도 타당하다.

4. 직접강제의 절차

직접강제를 실시하기 위하여 현장에 파견되는 집행책임자는 그가 집행책임자임을 표시하는 증표를 보여 주어야 한다(행정기본법 제32조 제 2 항). 직접강제의 계고 및 통지에 관하여는 행정기본법 제31조 제 3 항 및 제 4 항을 준용한다(행정기본법 제32조 제 3 항). 법 제32조 제 3 항에 따라 준용되는 법 제31조 제 3 항에 따른 계고에는 다음 각 호의 사항이 포함되어야 한다. 1. 의무자의 성명 및 주소(의무자가 법인이나 단체인 경우에는 그 명칭, 주사무소의 소재지와 그 대표자의 성명), 2. 이행하지 않은 행정상 의무의 내용과 법적 근거, 3. 행정상 의무의 이행 기한, 4. 행정상 의무를 이행하지 않을 경우 직접강제를 실시한다는 뜻, 5. 그 밖에 이의제기 방법 등 계고의 상대방에게 알릴 필요가 있다고 인정되는 사항(행정기본법 시행령 제 9 조).

5. 직접강제의 법적 성질과 권익구제

직접강제는 **권력적 사실행위**이다. 직접강제에 대한 권리구제는 권력적 사실행위에 대한 권리구제와 동일하게 행정쟁송, 국가배상, 공법상 결과제거가 문제된다.

인신구속의 경우에는 인신보호법상의 구제를 받을 수 있다(행정상 즉시강제 참조). 또한, 헌법 제12조 제 4 항 본문에 규정된 피구속인의 변호인의 조력을 받을 권리는 행정절차에서 구속을 당한 사람에게도 보장된다(헌재 2018. 5. 31, 2014헌마346: 인천국제공항 송환대기실에 수용된 난민에게 변호인의 조력을 받을 권리를 인정한 사례).

VI. 강제징수

1. 의의 및 법적 근거

강제징수란 "의무자가 행정상 의무 중 금전급부의무를 이행하지 아니하는 경우 행정청이 의무자의 재산에 실력을 행사하여 그 행정상 의무가 실현된 것과 같은 상태를 실현하는 것"을 말한다(행정기본법 제30조 제 1 항 제 4 호).

국세 및 지방세납부의무의 불이행에 대하여는 국세징수법에서 일반적으로 강제징수를 인정하고 있고, 다른 공법상의 금전급부의무의 불이행에 대하여는 통상 관련 개별법의 규정(지방세법 제28조 제 4 항, 토지취득보상법 제99조 등)에서 국세징수법상의 강제징수에 관한 규정을 준용하고 있다. 지방행정제재·부과금의 경우에는 「지방행정제재·부과금의 징수 등에 관한 법률」에서 강제징수에 관한 일반규정을 규정하고 있다.

2. 행정상 강제징수의 절차

국세징수법에 의한 강제징수의 절차는 다음과 같다: ① 독촉, ② 재산의 압류, ③ 압류재산의 매각(환가처분), ④ 청산(충당)이 그것이다. 이 중 재산의 압류, 압류재산의 매각 및 청산을 체납처분이라 한다.

1) 독   촉 [2016 행시]

국세를 그 납부기한까지 완납하지 아니한 때에는 세무서장·시장 또는 군수는 납부기한 경과 후 10일 내에 독촉장을 발부하여야 한다. 다만, 국세징수법 제 9 조에 따라 국세를 납부기한 전에 징수하거나 체납된 국세가 일정한 금액 미만인 경우 등 대통령령으로 정하는 경우에는 독촉장을 발급하지 아니할 수 있다(국세징수법 제10조 제 1 항).

2) 재산의 압류

압류는 **권력적 사실행위**로서의 성질을 갖는다.

압류된 재산에 대하여는 사실상, 법률상의 처분이 금지된다(제43조).

3) 압류해제

조세납부, 부과의 전부 취소 등의 사유가 있는 때에는 압류를 해제하여야 하며, 국세 부과의 일부를 취소한 경우 등에는 압류재산의 전부 또는 일부에 대하여 압류를 해제할 수 있다(제57조).

압류해제신청에 대한 거부는 행정행위이므로 행정쟁송의 대상이 된다.

4) 압류재산의 매각

압류한 재산은 통화를 제외하고는 매각하여 금전으로 환가하여야 하는데, 매각은 공매 또는 수의계약의 방법으로 행한다(제65조 제 1 항). 공매는 경쟁입찰 또는 경매의 방법에 의한다(제65조 제 2 항).

공매에서 매각결정·통지는 공법상 대리행위로서 항고소송의 대상이 된다. 그러나, 공매하기로 한 결정은 내부행위로서 처분이 아니고, 공매공고와 공매통지도 처분이 아니다. 공매결정에 따라 낙찰자 또는 경락자가 체납자의 재산을 취득하는 법률관계는 사법상 매매계약관계이다. 국세징수법 제67조의 수의계약은 사법상 매매계약이다(박윤흔, 560~561면). 매수인은 매수대금을 완납한 때에 공매재산을 취득한다(제91조 제 1 항).

5) 청   산

세무서장은 압류재산의 매각대금 등 체납처분에 의해 취득한 금전을 국세·가산금과 체납처분비 기타의 채권에 배분한다(제96조 제 1 항). 배분한 금전에 잔액이 있는 때에는 이를 체납자에게 지급하여야 한다(제96조 제 3 항).

6) 공매 등의 대행

관할 세무서장은 공매, 수의계약, 매각재산의 권리이전, 금전의 배분업무(이하 "공매 등"이라 한다)를 대통령령으로 정하는 바에 따라 한국자산관리공사에 대행하게 할 수 있다. 이 경우 공매 등은 관할 세무서장이 한 것으로 본다(제103조 제 1 항).

3. 행정상 강제징수에 대한 불복

행정상 강제징수에 대한 불복(不服)에 대하여는 국세기본법에서 특별한 규정을 두고 있다(국세기본법 제55조 이하). 즉, 독촉, 압류, 압류해제거부 및 공매처분에 대하여는 이의신청을 제기할 수 있고(국세청장이 조사·결정 또는 처리하거나 하였어야 할 것인 경우를 제외), 심사청구 또는 심판청구 중 하나에 대한 결정을 거친 후 행정소송을 제기하여야 한다.

판례1 과세관청이 체납처분으로서 행하는 공매는 우월한 공권력의 행사로서 행정소송의 대상이 되는 공법상의 행정처분이며 공매에 의하여 재산을 매수한 자는 그 공매처분이 취소된 경우에 그 취소처분의 위법을 주장하여 행정소송을 제기할 법률상 이익이 있다(대판 1984. 9. 25, 84누201[공매처분취소처분취소]).

판례2   한국자산공사가 당해 부동산을 인터넷을 통하여 재공매(입찰)하기로 한 결정 자체는 내부적인 의사결정에 불과하여 항고소송의 대상이 되는 행정처분이라고 볼 수 없고, 또한 한국자산공사가 한 공매통지는 … 통지의 상대방의 법적 지위나 권리 의무에 직접 영향을 주는 것이 아니라고 할 것이므로 이것 역시 행정처분에 해당한다고 할 수 없다(대판 2007. 7. 27, 2006두8464[공매처분취소]〈한국자산공사 재공매결정 사건〉).

판례3   [1] 개정 국세징수법 아래에서 결손처분은 체납처분절차의 종료라는 의미만 가지게 되었고, 결손처분의 취소도 종료된 체납처분절차를 다시 시작하는 행정절차로서의 의미만을 가질 뿐이다. 따라서, '결손처분' 또는 '결손처분의 취소'는 항고소송의 대상이 되는 행정처분이 아니다. [2] 공매통지 자체가 그 상대방인 체납자 등의 법적 지위나 권리·의무에 직접적인 영향을 주는 행정처분에 해당한다고 할 것은 아니므로 다른 특별한 사정이 없는 한 체납자 등은 공매통지의 결여나 위법을 들어 공매처분의 취소 등을 구할 수 있는 것이지 공매통지 자체를 항고소송의 대상으로 삼아 그 취소 등을 구할 수는 없다(대판 2011. 3. 24, 2010두25527[양도소득세부과처분취소]).

체납자 등에 대한 공매통지는 국가의 강제력에 의하여 진행되는 공매에서 체납자 등의 권리 내지 재산상의 이익을 보호하기 위하여 법률로 규정한 절차적 요건이므로 체납자 등은 자신에 대한 공매처분전 절차인 공매통지의 하자를 공매처분의 위법사유로 주장할 수 있지만, 다른 권리자에 대한 공매통지의 하자를 들어 공매처분의 위법사유로 주장하는 것은 허용되지 않는다(대판 전원합의체 2008. 11. 20, 2007두18154[매각결정취소]; 대판 2012. 7. 26, 2010다50625). 관할 행정청이 체납자인 부동산소유자 또는 그 임차인에게 한국자산관리공사의 공매대행사실을 통지하지 않았다거나 공매예고통지가 없었다는 이유만으로 매각처분이 위법하게 되는 것은 아니다(대판 2013. 6. 28, 2011두18304[부동산강제공매결정취소]).

제 3 항   행정상 즉시강제

I. 의   의

즉시강제란 "현재의 급박한 행정상의 장해를 제거하기 위한 경우로서 '행정청이 미리 행정상 의무 이행을 명할 시간적 여유가 없는 경우' 또는 '그 성질상 행정상 의무의 이행을 명하는 것만으로는 행정목적 달성이 곤란한 경우'에 행정청이 곧바로 국민의 신체 또는 재산에 실력을 행사하여 행정목적을 달성하는 것"을 말한다(행정기본법 제30조 제 1 항 제 5 호).

전염병환자의 강제입원, 소방장애물의 제거, 출입국관리법상의 강제퇴거조치, 도로교통법상의 주차위반차량의 견인·보관조치, 불법게임물의 수거·삭제·폐기 등이 그 예이다.

행정상 즉시강제의 법적 성질은 **권력적 사실행위**이다. 행정상 즉시강제에는 묵시적으로 수인하명이 부수된다는 견해가 있다.

Ⅱ. 법적 근거

즉시강제에는 법적 근거가 있어야 한다. 즉시강제를 일반적으로 인정하는 법은 없고 각 개별법(전염병예방법, 정신보건법,소방기본법, 경찰관직무집행법)에서 행정상 즉시강제를 인정하고 있다.

판례 구 경찰관 직무집행법 제 6 조 제 1 항은 "경찰관은 범죄행위가 목전에 행하여지려고 하고 있다고 인정될 때에는 이를 예방하기 위하여 관계인에게 필요한 경고를 발하고, 그 행위로 인하여 인명·신체에 위해를 미치거나 재산에 중대한 손해를 끼칠 우려가 있어 긴급을 요하는 경우에는 그 행위를 제지할 수 있다."라고 정하고 있다. 위 조항 중 경찰관의 제지에 관한 부분은 범죄의 예방을 위한 경찰행정상 즉시강제에 관한 근거조항이다(대판 2021. 10. 28, 2017다219218).

다만, 경찰분야에서 개괄조항에 의한 수권을 인정하는 견해에 의하면 구체적인 법적 근거가 없이도 개괄적 수권규정에 근거하여 경찰상 즉시강제가 행해질 수 있을 것이다.

Ⅲ. 행정상 즉시강제의 요건과 한계(통제)

행정상 즉시강제는 엄격한 실정법상의 근거를 필요로 할 뿐만 아니라, 그 발동에 있어서는 법규의 범위 안에서도 다시 행정상의 장해가 목전에 급박하고, 다른 수단으로는 행정목적을 달성할 수 없는 경우이어야 하며, 이러한 경우에도 그 행사는 필요 최소한도에 그쳐야 함을 내용으로 하는 조리상의 한계에 기속된다(헌재 2000헌가12).

1. 행정상 즉시강제의 요건

일반적으로 행정상 즉시강제는 **비례의 원칙**상 급박한 행정상의 장해를 제거할 필요가 있는 경우에 미리 의무를 명할 시간적 여유가 없을 때 또는 성질상 의무를 명하여 가지고는 목적달성이 곤란할 때에 한하여 인정된다. 행정상 즉시강제의 구체적 요건은 해당 개별법에서 규정된다.

(1) 행정상 장해

행정상 장해, 즉 '자신 또는 타인의 법익에 대한 위험'이라는 요건이 비례의 원칙으로부터 도출된다.

1) 구체적 위험

행정상 즉시강제(보호조치 또는 강제입원)는 자신 또는 타인의 생명·신체 또는 재산에 위해를 가할 구체적 위험성이 있어야 한다. 다만, 최근에는 사전배려의 원칙상 예외적으로 추상적 위험만이 있는 경우에도 행정상 즉시강제가 행해지는 경우가 있다. 조류독감의 확산을 막기 위한 조류독감 발생지 인근지역에서의 살처분 등이 그 예이다.

2) 원칙상 위험의 확실성(개연성)

위험성은 단순한 위험발생의 가능성만으로는 안 되고 사회통념에 비추어 위험발생이 확실하여야(개연성이 있어야) 한다. 실정법령에서는 통상 위험의 "우려"라고 규정되어 있다. 다만, 사전배려의 원칙(사전예방의 원칙)상 예외적으로 불확실한 위험 경우에도 행정상 즉시강제가 행해지는 경우가 있다.

(2) 보충성 요건: 급박하여 미리 의무를 명할 시간적 여유가 없을 때 또는 성질상 의무를 명하여서는 목적달성이 곤란할 것

행정상 즉시강제는 위험이 목전에 급박하여 미리 의무를 명할 시간적 여유가 없을 때 또는 성질상 의무를 명하여서는 목적달성이 곤란할 때에 한하여 가능하다.

2. 행정상 즉시강제의 한계

(1) 실체법상 한계로서의 비례원칙

행정상 즉시강제의 실체법상 한계로서 중요한 것은 비례원칙(比例原則)이다.

① 행정상 즉시강제는 행정목적을 달성하기 위하여 필요한 경우에 한하여 행해져야 한다(적합성의 원칙). 즉, 행정상의 장해를 제거하기 위하여 필요한 경우에 한하여 행해져야 한다.

② 즉시강제는 다른 수단으로는 행정 목적을 달성할 수 없는 경우에만 허용되며, 이 경우에도 최소한으로만 실시하여야 한다(행정기본법 제33조 제 1 항). 이 규정은 즉시강제의 보충성 및 비례의 원칙 중 최소침해의 원칙을 즉시강제에 적용하여 규정한 것이다. 달리 말하면 상대방의 권익에 대하여 보다 적은 침해를 가져오는 다른 수단에 의해 행정목적을 달성할 수 있는 경우에는 행정상 즉시강제는 인정되지 않는다(필요성의 원칙 또는 최소침해의 원칙).

예를 들면, 행정상 강제집행이 가능한 경우에는 행정상 즉시강제는 인정되지 않는다. 일반적으로 행정상 즉시강제는 동일한 실력행사를 하는 경우에는 상대방의 예측가능성을 침해하는 점에 비추어 행정상 강제집행보다 상대방의 권익을 더 침해하는 수단이라고 보아야 한다. 따라서 행정강제가 긴급히 행하여져야 할 급박한 필요가 있는 경우 이외에는 행정상 강제집행을 행하도록 하여야 한다.

> **판례** [1] 행정상 즉시강제는 법치국가의 요청인 예측가능성과 법적 안정성에 반하고 기본권 침해의 소지가 큰 권력작용이므로 행정강제는 행정상 강제집행을 원칙으로 하고 행정상 즉시강제는 예외적으로 인정되어야 한다(헌재 2002. 10. 31, 2000헌가12[음반·비디오물및게임물에관한법률 제24조 제 3 항 제 4 호 중 게임물에 관한 규정 부문 위헌제청]). [2] 불법게임물은 불법현장에서 이를 즉시 수거하지 않으면 증거인멸의 가능성이 있고, 그 사행성으로 인한 폐해를 막기 어려우며, 대량으로 복제되어 유통될 가능성이 있어, 불법게임물에 대하여 관계당사자에게 수거·폐기를 명하고 그 불이행을 기다려

직접강제 등 행정상의 강제집행으로 나아가는 원칙적인 방법으로는 목적달성이 곤란하다고 할 수 있으므로, 이 사건 법률조항의 설정은 위와 같은 급박한 상황에 대처하기 위한 것으로서 그 불가피성과 정당성이 인정된다.

즉시강제가 필요한 경우에도 상대방의 권익을 가장 적게 침해하는 내용의 강제가 행해져야 한다. 예를 들면, 전염병예방을 위하여 강제격리로도 목적을 달성할 수 있는 경우에 강제입원을 명하는 것은 비례의 원칙에 반한다.

③ 행정상 즉시강제의 목적과 침해되는 상대방의 권익 사이에는 비례관계가 유지되어야 한다(협의의 비례원칙). 타인의 재산에 대한 위해를 제거하기 위하여 인신을 구속하는 것은 비례의 원칙에 반한다. 왜냐하면 신체의 권리는 재산권보다 우월한 가치를 갖는다고 보아야 하기 때문이다.

행정상 즉시강제가 인신(人身)의 구속을 수반하는 경우에 비례의 원칙은 인신구속의 단계에서뿐만 아니라 인신구속중의 조치에도 적용된다. 즉, 인신구속중 피구속자의 자유의 제한은 필요한 최소한도에 그쳐야 한다.

예를 들면, 정신질환자의 강제입원의 경우 강제입원중인 정신질환자에 대한 행동의 자유의 제한은 필요한 최소한도에 그쳐야 하며 치료의 필요성과 피수용자의 자유의 제한 간에 비례관계가 유지되어야 한다.

(2) 절차법적 한계(통제)

적법절차의 원칙은 행정상 즉시강제에도 타당하다. 행정상 즉시강제에 대한 절차적 통제에 관하여는 특히 영장주의와 적법절차의 적용문제가 제기된다. 영장주의는 적법절차의 한 내용이라고 할 수 있지만 별도의 고찰을 필요로 하고, 영장주의가 적용되지 않는 경우에도 행정상 즉시강제는 적법절차의 원칙에 반하지 않아야 한다.

1) 영장주의의 적용 여부

헌법상 영장주의(令狀主義)가 행정상 즉시강제에 대해 적용될 것인가에 대하여 다음과 같이 학설이 대립하고 있다.

가. **영장불요설**　　이 설은 헌법상의 영장제도는 본래 형사사법권의 남용을 방지하기 위하여 채택된 것이므로 행정상 즉시강제에는 적용되지 않는다고 주장한다.

나. **영장필요설**　　형사사법작용과 행정상 즉시강제는 신체 또는 재산에 대한 실력의 행사인 점에서는 다르지 않으므로 영장제도의 취지인 기본권 보장을 위해서는 명문의 규정이 없는 한 행정상 즉시강제에도 영장제도가 적용되어야 한다고 주장한다.

다. **절 충 설**　　영장제도의 취지인 기본권보장을 위해서는 영장주의가 행정상 즉시강제에도 원칙상 적용되어야 하지만, 긴급한 필요 등 영장 없는 즉시강제를 인정하여야 할 합리적 이유가 존재하는 경우에는 영장주의가 적용되지 않는다고 한다(홍정선).

라. 판　례　　대법원 판례는 아래와 같이 절충설을 취하고 있다.

> **판례**　[1] 우리 헌법 제12조 제3항은 현행법 등 일정한 예외를 제외하고는 인신의 체포, 구금에는 반드시 법관이 발부한 사전영장이 제시되어야 하도록 규정하고 있는데, 이러한 사전영장주의원칙은 인신보호를 위한 헌법상의 기속원리이기 때문에 인신의 자유를 제한하는 국가의 모든 영역(예컨대, 행정상의 즉시강제)에서도 존중되어야 하고 다만 사전영장주의를 고수하다가는 도저히 그 목적을 달성할 수 없는 지극히 예외적인 경우에만 형사절차에서와 같은 예외가 인정된다고 할 것이다. [2] 그런데, 지방의회에서의 사무감사·조사를 위한 증인의 동행명령장제도도 증인의 신체의 자유를 억압하여 일정 장소로 인치하는 것으로서 헌법 제12조 제3항의 "체포 또는 구속"에 준하는 사태로 보아야 할 것이고, 거기에 현행범 체포와 같이 사후에 영장을 발부받지 아니하면 목적을 달성할 수 없는 긴박성이 있다고 인정할 수는 없을 것이다. 그러므로, 이 경우에도 헌법 제12조 제3항에 의하여 법관이 발부한 영장의 제시가 있어야 할 것이다. 그럼에도 불구하고 동행명령장을 법관이 아닌 의장이 발부하고 이에 기하여 증인의 신체의 자유를 침해하여 증인을 일정 장소에 인치하도록 규정된 조례안 제6조는 영장주의원칙을 규정한 헌법 제12조 제3항에 위반한 것이라고 할 것이다(대판 1995. 6. 30, 93추83[경상북도의회에서의증언·감정등에관한조례(안)무효확인청구의소]). 〈해설〉 동행명령에 따른 인치는 엄밀한 의미의 행정상 즉시강제나 직접강제는 아니지만, 헌법 제12조 제3항의 "체포 또는 구속"에 준하는 사태로 본 것이다.

헌법재판소는 행정상 즉시강제는 그 본질상 급박성을 요건으로 하고 있어 법관의 영장을 기다려서는 그 목적을 달성할 수 없다고 할 것이므로, 원칙적으로 영장주의가 적용되지 않는다고 하면서 급박한 상황에 대처하기 위한 것으로서 그 불가피성과 정당성이 충분히 인정되는 경우에는 영장 없는 불법게임물의 수거를 인정한다고 하더라도 이를 두고 헌법상 영장주의에 위배되는 것으로는 볼 수 없다고 보았다(헌재 2002. 10. 31, 2000헌가12[불법게임물의 수거·폐기에 대한 무효확인소송(예비적으로 취소소송)에서의 위헌심판제청사건]).

마. 결어(절충설)　　영장주의의 취지인 기본권보장과 행정의 필요를 조화시키는 절충설이 타당하다.

2) 실정법령상의 절차법적 한계와 적법절차

즉시강제를 실시하기 위하여 현장에 파견되는 집행책임자는 그가 집행책임자임을 표시하는 증표를 보여 주어야 하며, 즉시강제의 이유와 내용을 고지하여야 한다(행정기본법 제33조 제2항). 제2항에도 불구하고 집행책임자는 즉시강제를 하려는 재산의 소유자 또는 점유자를 알 수 없거나 현장에서 그 소재를 즉시 확인하기 어려운 경우에는 즉시강제를 실시한 후 집행책임자의 이름 및 그 이유와 내용을 고지할 수 있다. 다만, 불가피한 사유로 고지할 수 없는 경우에는 게시판이나 인터넷 홈페이지에 게시하는 등 적절한 방법에 의한 공고로써 고지를 갈음할 수 있다(제3항). 그 밖에 즉시강제를 규정하는 개별법에서는 행정상 즉시강제를 함에 있어 관련공무원의 증표제시의무, 의견청취, 수거증의 교부 등 절차를 규정하고 있는 경우가 많다.

그리고, 행정절차에 관한 일반법인 행정절차법은 행정상 즉시강제 등 사실행위에 관한 명문의 규정을 두고 있지 않지만, 행정상 즉시강제가 행정절차법 제 2 조 제 2 호의 처분에 해당하는 경우에는 처분절차에 관한 행정절차법이 적용된다. 다만, 의견제출 및 이유제시의 예외규정에 해당한다(행정절차법 제21조 제 4 항 제 1 호, 제22조 제 4 항, 제23조 제 1 항 제 3 호).

이들 실정법령상의 절차적 보장을 준수하였더라도 적법절차(適法節次)의 원칙에 반하는 경우에는 행정상 즉시강제에는 절차상 위법의 하자가 있는 것이 된다. 행정상 즉시강제에 의해 침해되는 법익 및 침해의 중대성, 행정의 필요(공익)를 고려하여 행정상 즉시강제의 적법절차 준수 여부를 판단하여야 한다.

IV. 행정상 즉시강제에 대한 구제

1. 적법한 즉시강제에 대한 구제

행정상 장해의 발생에 책임이 있는 자는 즉시강제(예, 불법주차된 소방장애물의 제거)로 손실을 입어도 손실보상을 청구할 수 없다. 정신질환자의 강제입원과 같이 상대방의 권익을 보호하는 즉시강제에 있어서도 손실보상은 주어질 필요가 없다.

그런데, 행정상 장해의 발생에 책임이 있는 자 이외의 제 3 자에 대하여 즉시강제가 행하여짐으로써 특별한 희생이 발생한 경우(예, 책임없는 제 3 자의 소방장애물의 제거)에는 평등의 원칙(특히 공적부담 앞의 평등의 원칙)상 손실보상이 주어져야 한다.

2. 위법한 즉시강제에 대한 구제

(1) 행정쟁송 [2010 행시(일반행정) 사례]

행정상 즉시강제는 권력적 사실행위로서의 성질을 갖는데 행정쟁송법상 '처분'에 권력적 사실행위도 포함되는 것으로 보는 것이 타당하므로 행정상 즉시강제도 행정쟁송(행정심판 또는 행정소송)의 대상이 되는 처분에 해당한다.

그러나, 소방장애물의 파괴와 같이 행정상 즉시강제가 단시간에 종료되는 경우에는 권리보호의 필요(협의의 소의 이익)가 없기 때문에 행정쟁송의 제기가 가능하지 않다. 이 경우에는 원상회복이나 행정상 손해배상을 통하여 권리구제를 받을 수밖에 없다. 그러나, 전염병환자의 강제격리, 정신질환자의 강제입원과 같이 즉시강제가 계속적 성질을 갖는 경우에는 즉시강제가 계속되는 한 행정쟁송으로 다툴 소의 이익이 있다.

(2) 국가배상

위법한 즉시강제로 인적 또는 물적 손해를 받았을 때에는 국가배상법에 근거하여 국가배상을 청구할 수 있다.

즉시강제가 적법한 경우에도 즉시강제의 집행방법이 위법하였던 경우에는 그로 인한 손해에 대하여는 국가배상을 청구할 수 있다.

3. 공법상 결과제거

즉시강제로 위법한 상태가 야기된 경우 공법상 결과제거청구가 가능하다.

4. 인신보호법상의 구제

행정권에 의해 불법구금된 자는 인신보호법에 따라 당사자 및 기타 특수관계인의 법원에 대한 청구에 의하여 불법한 구금상태(수용이 위법하게 개시되거나 적법하게 수용된 후 그 사유가 소멸되었음에도 불구하고 계속 수용되어 있는 상태)로부터 벗어날 수 있다. 다만, 출입국관리법에 의하여 보호된 자는 인신보호법의 보호대상에서 제외되고(인신보호법 제 2 조), 다른 법률에 구제절차가 있는 경우에는 상당한 기간 내에 그 법률에 따른 구제를 받을 수 없음이 명백한 경우에 한하여 구제청구가 가능하다(제 3 조).

법원은 구제청구에 대하여 각하하는 경우를 제외하고 지체없이 수용의 적법 여부 및 수용을 계속할 필요성 등에 대하여 심리를 개시하여 수용의 해제 여부를 결정하여야 한다(제 8 조 제 1 항, 제13조). 또한 법원은 직권으로 수용의 임시해제를 결정할 수 있다(제 9 조).

제 3 절 행 정 벌

제 1 항 의 의

행정벌(行政罰)이란 행정법상의 의무위반행위에 대하여 제재로서 가하는 처벌을 말한다.

행정벌은 과거의 의무 위반에 대한 제재를 직접적인 목적으로 하지만 간접적으로는 의무자에게 심리적 압박을 가함으로써 행정법상의 의무이행을 확보하는 기능을 가진다.

제 2 항 종 류 [2010 감평 약술]

행정벌에는 행정형벌과 행정질서벌이 있다. **행정형벌**(行政刑罰)이란 형법상의 형벌을 과하는 행정벌을 말한다. **행정질서벌**(行政秩序罰)은 과태료가 과하여지는 행정벌이다.

일반적으로 행정형벌은 행정목적을 직접적으로 침해하는 행위에 대하여 과하여지고, 행정질서벌은 신고의무 위반과 같이 행정목적을 간접적으로 침해하는 행위에 대하여 과하여진다. 그런데 실제에 있어서는 **행정형벌의 행정질서벌화정책**에 의해 행정형벌을 과하여야 할 행위에 행정질서벌을 과하는 경우가 있다. 행정형벌의 행정질서벌화정책이란 행정목적을 직접 침해하는 법규위반이므로 이론상 행정형벌을 과해야 하는 경우에도 그 법규위반이 비교적 경미한 경우 전과자의 양산을 막기 위해 행정질서벌(과태료)을 부과하도록 하는 정책을 말한다.

또한 형벌을 과하여야 하는 행정법규 위반행위에 대하여 범칙금이 과하여지는 경우가 있다. **범칙금**은 형벌이 아니며 행정형벌과 행정질서벌의 중간적 성격의 행정벌이다.

예를 들면, 도로교통법 위반에 대하여 범칙금이 부과되는데 그 부과는 행정기관인 경찰서장이 통고처분에 의해 과하고 상대방이 이에 따르지 않는 경우에는 즉결심판에 회부하여 형사절차에 따라 형벌을 과하도록 하고 있다.

제 3 항 행정범과 행정형벌

I. 의   의

행정범이라 함은 행정법규의 위반으로 성립되는 범죄를 말한다.

행정형벌이라 함은 행정법규 위반에 대하여 과하여지는 형벌을 말한다. 형법 제41조에서 규정한 형벌의 종류는 다음과 같다: ① 사형, ② 징역, ③ 금고, ④ 자격상실, ⑤ 자격정지, ⑥ 벌금, ⑦ 구류, ⑧ 과료, ⑨ 몰수.

II. 행정범과 형사범의 구별

1. 구별기준

통설은 피침해규범의 성질을 기준으로 하여 행정범과 형사범을 구별하고 있다. 형사범(刑事犯)은 살인행위 등과 같이 그 행위의 반도덕성·반사회성이 당해 행위를 범죄로 규정하는 실정법을 기다릴 것 없이 일반적으로 인식되고 있는 범죄를 말하며, **행정범**(行政犯)이란 그 행위의 반도덕성·반사회성이 당해 행위를 범죄로 규정하는 법률의 제정 이전에는 당연히 인정되는 것은 아니며 당해 행위를 범죄로 규정하는 법률의 제정에 의해 비로소 인정되는 범죄를 말한다.

그런데, 행정범이 시간의 경과에 따라 형사범으로 전환되는 경우가 있다. 행정범의 반사회성·반도덕성에 대한 인식이 시간의 경과에 따라 일반인의 의식에 형성되면 형사범으로 전환될 수 있다.

2. 구별실익

① 우선 형사범과 행정범의 구별은 **입법**에 있어서 실익이 있다. 형사범에 대하여는 형벌을 과하지만 행정범에 대하여는 과태료를 부과할 수도 있다. 오늘날 행정범의 탈범죄화의 경향에 따라 종래에 형벌을 과하던 행정범에 대하여 범칙금이나 과태료를 과하는 것으로 하는 경우가 있다. 형사범에서는 범죄를 행한 자만을 벌하지만 행정범에서는 범죄행위자와 함께 범죄행위자 이외의 자를 벌하는 것으로 규정하는 경우(양벌규정)가 있다.

② 다음으로 형사범과 행정범의 구별은 **관련법규의 해석**에 있어서 실익이 있다. 후술하는 바와 같이 행정범에 대한 형법총칙의 적용과 관련하여 행정범에 대하여 일부 특수한 고려를 하여야 하는 경우가 있다.

Ⅲ. 행정범과 행정형벌의 특수성과 법적 규율

1. 행정범과 행정형벌에 대한 형법총칙의 적용

형법 제 8 조는 "본법 총칙은 타법령에 정한 죄에 적용한다. 단, 그 법령에 특별한 규정이 있는 때에는 예외로 한다"라고 규정하고 있다. 또한, 행정범과 형사범은 모두 범죄이며 행정형벌과 형사벌은 다 같이 형벌인 점에서는 동일하다. 따라서 죄형법정주의 등 형사범과 형사벌에 대한 형법총칙규정이 행정범 및 행정형벌에도 원칙적으로 적용된다.

2. 행정범과 행정형벌에 대한 특수한 법적 규율의 구체적 검토

이하에서는 특별한 명문의 규정상 또는 법규정의 해석상 인정되는 행정범과 행정형벌에 대한 특수한 법적 규율의 구체적인 예를 보기로 한다.

(1) 위법성 인식가능성

형법 제16조는 "자기의 행위가 법령에 의하여 죄가 되지 아니하는 것으로 오인한 행위는 그 오인에 정당한 이유가 있는 때에 한하여 벌하지 아니한다"라고 규정하고 있다. 통설은 행정범에 있어서도 형사범에서와 같이 위법성의 인식가능성이 있으면 범죄가 성립된다고 본다. 다만, 형법 제16조의 적용상 행정범의 특수성이 고려되어야 한다. 형사범은 본래 반사회적·반도덕적인 것으로 일반인에 의해 인식되고 있기 때문에 형사범에 있어서는 특별한 사정이 없는 한 위법성의 인식가능성이 인정된다. 그러나, 행정범은 본래 반사회적·반도덕적인 것이 아니라 법률의 제정에 의해 반사회적·반도덕적인 행위가 되고 범죄로 되는 것이므로 위법성 인식가능성은 당해 형벌법규의 인식가능성에 의해 판단한다. 따라서 행정범에서는 형사범에 비하여 위법성 인식가능성이 없는 경우가 넓게 인정될 수 있다.

(2) 과실행위의 처벌

형법 제14조는 과실행위(過失行爲)도 벌한다는 특별한 규정이 있는 경우에 한하여 과
실행위를 처벌한다고 규정하고 있다.

오늘날의 통설 및 판례는 행정범에서 과실행위를 처벌한다는 명문의 규정이 있는 경
우뿐만 아니라 관련 행정형벌법규의 해석에 의하여 과실행위도 처벌한다는 뜻이 도출되는
경우에는 과실행위도 처벌된다고 본다(대판 1993. 9. 10, 92도1136: 구 대기환경보전법의 입법목
적이나 제반 관계규정의 취지 등을 고려하면 배출허용기준을 초과하여 자동차를 운행하는 것을 처
벌하는 규정은 과실범도 함께 처벌하는 것으로 해석된다고 본 사례).

(3) 양벌규정

1) 의   의

범죄행위자와 함께 행위자 이외의 자를 함께 처벌하는 법규정을 **양벌규정**(兩罰規定)이
라 한다. 형사범에서는 범죄를 행한 자만을 벌하지만 행정범에서는 범죄행위자 이외의 자
를 벌하는 것으로 규정하는 경우가 있다. 종업원의 위반행위에 대하여 사업주도 처벌하는
것으로 규정하는 경우가 있고, 미성년자나 금치산자의 위반행위에 대하여 법정대리인을
처벌하는 것으로 규정하는 경우가 있다.

2) 타인의 행위에 대한 책임의 성질

사업주나 법정대리인 등 행위자 이외의 자가 지는 책임의 성질은 감독의무를 태만히
한 책임, 즉 과실책임이라고 보는 견해와 입법정책적으로 정해진 무과실책임이라고 보는
견해가 대립하고 있다. 생각건대, 책임의 원칙에 비추어 과실책임설이 타당하다. 판례도
과실책임설을 취하고 있다.

3) 법적 근거

행위자 이외의 자의 처벌은 법적 근거가 있어야 한다.

4) 법인의 책임

가. 의   의   형사범이나 행정범이나 법인의 범죄능력을 부인하는 것이 일반적 견해이다. 그리고, 형사범에서는 법인(法人)은 범죄능력이 없고, 범죄행위자만이 처벌되므로 법인은 형사벌의 대상이 되지 않는다. 그러나, 행정범에서는 법인의 대표자 또는 법인의 종업원이 그 법인의 업무와 관련하여 행정범을 범한 경우에 행위자뿐만 아니라 법인도 아울러 처벌한다는 규정을 두는 경우가 많다.

지방자치단체 등 공공단체도 양벌규정의 적용대상이 되는 법인에 해당하는 경우가 있다.

> **판례** 지방자치단체가 그 고유의 자치사무를 처리하는 경우에는 지방자치단체는 국가기관의 일부가 아니라 국가기관과는 별도의 독립한 공법인이므로, 지방자치단체 소속 공무원이 지방자치단체 고유의 자치사무를 수행하던 중 도로법 제81조 내지 제85조의 규정에 의한 위반행위를 한 경우에는 지방자치단체는 도로법 제86조의 양벌규정에 따라 처벌대상이 되는 법인에 해당한다고 할 것이다(대판 2005. 11. 10, 2004도2657[도로법위반]).

나. 법인책임의 성질   법인의 책임의 성질에 관하여는 법인의 대표자의 범죄행위에 대한 법인의 책임은 법인의 직접책임이고, 법인의 종업원의 범죄행위에 대한 법인의 책임은 종업원에 대한 감독의무를 해태한 책임, 즉 과실책임이라고 본다.

> **판례** 종업원 등의 범죄행위에 대한 법인의 가담 여부나 이를 감독할 주의의무 위반 여부를 법인에 대한 처벌요건으로 규정하지 아니하고, 달리 법인이 면책될 가능성에 대해서도 정하지 아니한 채, 법인이 고용한 종업원 등이 업무에 관하여 범죄행위를 하였다는 이유만으로 법인에 대하여 형벌을 부과하도록 정하고 있는 것은 다른 사람의 범죄에 대하여 그 책임 유무를 묻지 않고 형사처벌하는 것이므로 헌법상 법치국가원리로부터 도출되는 책임주의원칙에 위배된다. 그러나, 법인 대표자의 행위는 법인의 행위로 볼 수 있고, 따라서 법인 대표자의 법규위반행위에 대한 법인의 책임은 법인 자신의 법규위반행위로 평가될 수 있는 행위에 대한 법인의 직접책임이므로(대표자의 고의에 의한 위반행위에 대하여는 법인이 고의 책임을, 대표자의 과실에 의한 위반행위에 대하여는 법인이 과실 책임을 부담한다.), 법인 대표자의 범죄행위에 대하여는 법인이 책임을 부담하는 것은 책임주의원칙에 위배되지 않는다(헌재 2020. 4. 23, 2019헌가25).

다. 법적 근거   죄형법정주의의 원칙상 법인의 책임에 관한 법적 근거가 있어야 한다.

(4) 행정형벌의 과벌절차

1) 원   칙
행정형벌도 원칙상 형사벌과 같이 형사소송법에 따라 과하여진다.

2) 예   외
가. 통고처분
(가) 의   의   통고처분(通告處分)은 행정범에 대하여 형사절차에 의한 형벌을 과

하기 전에 행정청(세무서장등)이 형벌(벌금 또는 과료)을 대신하여 금전적 제재인 범칙금을 과하고 행정범을 범한 자가 그 금액을 납부하면 형사처벌을 하지 아니하고, 만일 지정된 기간 내에 그 금액을 납부하지 않으면 형사소송절차에 따라 형벌을 과하도록 하는 절차이다. 통고처분은 현행법상 조세범, 관세범, 출입국관리사범, 교통사범 등에 대하여 인정되고 있다.

(나) **통고처분에 의한 과벌절차**   행정법규 위반자가 통고처분에 의해 부과된 금액을 납부하면 과벌절차는 종료되며 동일한 사건에 대하여 다시 처벌받지 아니한다. 통고처분에 의해 부과된 금액(범칙금)은 행정제재금이며 벌금이 아니다.

판례는 통고처분에 의해 부과된 범칙금을 납부한 경우 다시 처벌받지 아니한다고 규정하고 있는 것은 범칙금의 납부에 확정재판의 효력에 준하는 효력을 인정하는 취지로 해석하고 있다(대판 2002. 11. 22, 2001도849).

경찰서장이 범칙행위에 대하여 통고처분을 한 이상, 범칙자의 위와 같은 절차적 지위를 보장하기 위하여 통고처분에서 정한 **범칙금 납부기간까지는** 원칙적으로 경찰서장은 즉결심판을 청구할 수 없고, 검사도 동일한 범칙행위에 대하여 공소를 제기할 수 없다(대판 2020. 4. 29, 2017도13409). 경찰서장은 특별한 사정이 없는 이상 이미 한 통고처분을 취소할 수도 없다(대판 2021. 4. 1, 2020도15194).

행정법규 위반자가 법정기간 내에 통고처분에 의해 부과된 금액을 납부하지 않으면 관계기관장의 즉결심판청구 또는 고발에 의해 형사소송절차로 이행한다. 이 경우 즉결심판 또는 정식의 형사재판에 의해 형벌이 부과된다.

(다) **법적 성질 및 불복절차**   통고처분에 대해 이의가 있는 경우에는 통고처분에 따른 범칙금을 납부하지 않으면 되는 것으로 하고, 이 경우 법정기간이 지나면 통고처분은 효력을 상실하며 즉결심판 청구 또는 고발에 의해 형사소송절차로 이행되는 것으로 특별 불복절차가 규정되어 있다. 따라서, 판례는 통고처분을 행정소송의 대상이 되는 행정처분이 아니라고 보고 있다.

그러나, 통고처분을 행정행위라고 보고, 국민의 권리구제를 위해 통고처분을 항고소송의 대상으로 할 필요가 있다. 통고처분에 불복하면 곧바로 형사절차로 이행되도록 하여 형사절차에서 다투라고 하는 것은 가혹한 것이다.

나. **즉결심판**   즉결심판에 관한 절차법에 따라 20만원 이하의 벌금·구류·과료의 형벌은 즉결심판에 의해 과벌된다(제2조). 즉결심판절차도 형사소송절차의 하나이다. 즉결심판에 불복이 있는 피고인은 정식재판을 청구할 수 있다(제14조).

즉결심판은 형사범에도 적용되므로 행정형벌에 특유한 과벌절차는 아니다.

3. 행정형벌규정의 변경·폐지와 행정형벌

종전에 허가를 받거나 신고를 하여야만 할 수 있던 행위 일부를 허가나 신고 없이 할 수 있도록 법령이 개정되었다 하더라도 이는 법률 이념의 변천으로 과거에 범죄로서 처벌하던 일부 행위에 대한 처벌 자체가 부당하다는 반성적 고려에서 비롯된 것(이 경우 가벌성이 소멸한다)이라기보다는 사정의 변천에 따른 규제 범위의 합리적 조정의 필요에 따른 것이라고 보이면(예, 개발제한구역 내 비닐하우스 설치행위) 그 위반행위의 가벌성이 소멸하는 것은 아니다(대판 2007. 9. 6, 2007도4197).

제 4 항   행정질서벌(과태료) [2005 사시 약술]

I. 의   의

　　행정질서벌(行政秩序罰)이라 함은 행정법규 위반에 대하여 과태료가 과하여지는 행정벌이다.

II. 대   상

　　행정질서벌인 과태료는 형벌과는 성질을 달리하는 것이다. 일반적으로 행정형벌은 행정목적을 직접적으로 침해하는 행위에 대하여 과하여지고, 행정질서벌은 정보제공적 신고의무 위반과 같이 행정목적을 간접적으로 침해하는 행위에 대하여 과하여진다. 그런데, 행정형벌의 행정질서벌화정책에 의해 행정형벌을 과하여야 할 행위에 행정질서벌을 과하는 경우가 있다.

III. 형법총칙 적용문제 등 법적 규율

　　행정질서벌인 과태료는 형벌이 아니므로 행정질서벌에는 형법총칙이 적용되지 않는다.

> [판례]　(1) 과태료는 행정상의 질서유지를 위한 행정질서벌에 해당할 뿐 형벌이라고 할 수 없어 죄형법정주의의 규율대상에 해당하지 아니한다. (2) 어떤 행정법규위반의 행위에 대하여 이를 단지 간접적으로 행정상의 질서에 장애를 줄 위험성이 있음에 불과한 경우로 보아 행정질서벌인 과태료를 과할 것인지 아니면 직접적으로 행정목적과 공익을 침해한 행위로 보아 행정형벌을 과할 것인지는 기본적으로 입법권자가 제반사정을 고려하여 결정할 입법재량에 속하는 문제이다. (3) 과태료의 액수를 정하는 것도 입법재량에 속하는 문제이다(헌재 1998. 5. 28, 96헌바83 전원재판부).

　　그리고 질서위반행위규제법은 종전 판례와 달리 과태료의 부과에 행위자의 고의 또는 과실을 요하는 것으로 규정하고 있는 점(제7조), 위법성의 착오에 관한 규정을 둔 점(제8조) 등에서 과태료를 종전보다 형벌과 유사하게 규정하고 있다.

Ⅳ. 행정형벌과 행정질서벌의 병과 가능성

동일한 행위에 대하여 행정형벌과 행정질서벌을 동시에 부과하는 것이 가능한가에 대하여 견해가 대립하고 있다.

1. 긍 정 설

행정형벌과 행정질서벌은 그 목적이나 성질이 다르다고 볼 것이므로 과태료부과처분 후에 행정형벌을 과하여도 일사부재리의 원칙에 반하지 않는다(홍정선, 423면).

2. 부 정 설

행정형벌과 행정질서벌은 모두 행정벌이므로 동일 법규 위반행위에 대하여 양자를 병과할 수 없다(김남진, 464면).

3. 판　　례

판례　대법원은 "행정법상의 질서벌인 과태료의 부과처분과 형사처벌은 그 성질이나 목적을 달리하는 별개의 것이므로 행정법상의 질서벌인 과태료를 납부한 후에 형사처벌을 한다고 하여 이를 일사부재리의 원칙에 반하는 것이라고 할 수는 없다"라고 하였고(대판 1996. 4. 12, 96도158; 2000. 10. 27, 2000도3874), 헌법재판소는 행정질서벌로서의 과태료는 형벌(특히 행정형벌)과 목적·기능이 중복되는 면이 없지 않으므로 동일한 행위를 대상으로 하여 형벌을 부과하면서 아울러 행정질서벌로서의 과태료까지를 부과하는 것은 이중처벌금지의 기본정신에 배치되어 국가 입법권의 남용으로 인정될 여지가 있다고 보았다(헌재 1994. 6. 30, 92헌바38).

4. 결　　어

행정형벌과 행정질서벌은 모두 제재로서의 행정벌이므로 부정설이 타당하다. 다만, 질서벌 부과 후 형벌을 부과하는 것은 가능한 것으로 보아야 한다. 다만, 형량 결정시 질서벌을 부과한 것을 고려하는 것이 타당하다.

Ⅴ. 행정질서벌의 부과

법원이 과태료 재판에 의해 부과(賦課)하는 경우, 행정청이 1차로 부과하고 이의제기시 법원이 과태료 재판에 의해 부과하는 경우가 있다. 오늘날 행정질서벌로서의 과태료를 행정청이 1차적으로 부과하도록 규정하는 경우가 늘고 있다.

1. 부과의 근거

행정질서벌의 부과는 법률에 근거가 있어야 한다. 행정질서벌에는 국가의 법령에 근거한 것과 지방자치단체의 조례에 근거한 것(지방자치법 제27조, 제139조)이 있다.

질서위반행위규제법은 과태료 부과의 근거법률은 아니며 과태료부과의 요건, 절차, 징수 등을 정하는 법률이다. 과태료의 부과·징수, 재판 및 집행 등의 절차에 관한 다른 법률의 규정 중 질서위반행위규제법의 규정에 저촉되는 것은 질서위반행위규제법이 정하는 바에 따른다(제5조).

2. 부과요건

질서위반행위규제법은 질서위반행위의 요건을 행정범죄의 성립요건과 유사하게 규정하고 있는데, 이러한 입법태도에 대하여는 의문이 제기될 수 있다.

(1) 고의 또는 과실

질서위반행위규제법은 원칙상 고의 또는 과실이 없는 질서위반행위는 과태료를 부과하지 아니한다고 규정하고 있다(제7조). 다만, 「도로교통법」 제56조 제1항에 따른 고용주등을 같은 법 제160조 제3항에 따라 과태료를 부과하는 경우에는 고의 또는 과실이 없어도 과태료를 부과한다(제11조 제2항).

(2) 법 적용의 시간적 범위

질서위반행위의 성립과 과태료 처분은 행위시의 법률에 따르는 것이 이론상 타당하며 질서위반행위규제법도 그렇게 규정하고 있다(제3조 제1항).

질서위반행위규제법에 의하면 질서위반행위 후 법률이 변경되어 그 행위가 질서위반행위에 해당하지 아니하게 되거나 과태료가 변경되기 전의 법률보다 가볍게 된 때에는 법률에 특별한 규정이 없는 한 변경된 법률을 적용한다(제2항). 행정청의 과태료 처분이나 법원의 과태료 재판이 확정된 후 법률이 변경되어 그 행위가 질서위반행위에 해당하지 아니하게 된 때에는 변경된 법률에 특별한 규정이 없는 한 과태료의 징수 또는 집행을 면제한다(제3항).

(3) 위법성의 착오

자신의 행위가 위법하지 아니한 것으로 오인하고 행한 질서위반행위는 그 오인에 정당한 이유가 있는 때에 한하여 과태료를 부과하지 아니한다(질서위반행위규제법 제8조).

(4) 과태료의 시효

과태료는 행정청의 과태료 부과처분이나 법원의 과태료 재판이 확정된 후 5년간 징수하지 아니하거나 집행하지 아니하면 시효로 인하여 소멸한다(제15조 제1항).

3. 부과권자

과태료 부과권자는 개별법률에서 정함이 없는 경우 법원이 비송사건절차에 따라 정한다(질서위반행위규제법 제25조).

개별법률에서 행정청이 부과하도록 한 경우에도 행정청의 과태료부과에 불복하는 경우 법원이 비송사건절차에 따라 최종적으로 부과한다(제20조 이하).

4. 부과절차

행정질서벌은 형벌이 아니므로 그 과벌절차는 형사소송법에 의하지 않는다.

법원이 과태료 재판에 의해 부과하는 경우에는 질서위반행위규제법 및 비송사건절차법에 의한다.

행정청이 부과하는 경우에 과태료부과행위는 질서위반행위규제법(제16조 이하) 및 행정절차법에 따른다.

행정청이 질서위반행위에 대하여 과태료를 부과하고자 하는 때에는 미리 당사자(제11조 제 2 항에 따른 고용주 등을 포함한다)에게 대통령령으로 정하는 사항을 통지하고, 10일 이상의 기간을 정하여 의견을 제출할 기회를 주어야 한다. 이 경우 지정된 기일까지 의견 제출이 없는 경우에는 의견이 없는 것으로 본다(질서위반행위규제법 제16조 제 1 항). 행정청은 당사자가 제출한 의견에 상당한 이유가 있는 경우에는 과태료를 부과하지 아니하거나 통지한 내용을 변경할 수 있다(제 3 항). 행정청은 제16조의 의견제출절차를 마친 후에 서면(당사자가 동의하는 경우에는 전자문서를 포함)으로 과태료를 부과하여야 한다(제17조 제 1 항).

5. 부과대상자

과태료의 부과대상자는 원칙상 질서위반행위를 한 자이다. 그런데, 법인의 대표자, 법인 또는 개인의 대리인·사용인 및 그 밖의 종업원이 업무에 관하여 법인 또는 그 개인에게 부과된 법률상의 의무를 위반한 때에는 법인 또는 그 개인에게 과태료를 부과한다(질서위반행위규제법 제11조 제 1 항). 즉, 종업원 등의 위반행위를 업무주인 법인이나 개인의 질서위반행위로 보고, 업무주는 법인이든 자연인이든 종업원등의 행위와 관련하여 선임감독상의 과실과 관계없이 무과실책임을 지는 것으로 규정되어 있다. 다만, 종업원등에게 고의 또는 과실이 있어야 하는 것으로 보아야 한다(제 7 조).

2인 이상이 질서위반행위에 가담한 때에는 각자가 질서위반행위를 한 것으로 본다(제 12조 제 1 항).

6. 과태료 부과의 제척기간

행정청은 질서위반행위가 종료된 날(다수인이 질서위반행위에 가담한 경우에는 최종행위가 종료된 날을 말한다)부터 5년이 경과한 경우에는 해당 질서위반행위에 대하여 과태료를 부과할 수 없다(제19조 제 1 항). 제1항에도 불구하고 행정청은 제36조 또는 제44조에 따른 법원의 결정이 있는 경우에는 그 결정이 확정된 날부터 1년이 경과하기 전까지는 과태료를 정정부과하는 등 해당 결정에 따라 필요한 처분을 할 수 있다(제 2 항).

Ⅵ. 행정질서벌 부과행위의 법적 성질과 권리구제

① 행정질서벌인 과태료가 법원의 재판에 의해 부과되는 경우 과태료부과행위는 사법행위(司法行爲)의 성질을 가지며 질서위반행위규제법 및 비송사건절차법에 정해진 절차에 따라 부과되고 다투어진다.

② 행정질서벌인 과태료가 행정청에 의해 부과되는 경우에 과태료 부과행위는 행정행위이다. 그런데, 질서위반행위규제법은 과태료 부과에 대해 이의가 제기된 경우에는 행정청의 과태료 부과처분은 그 효력을 상실한다고 규정하고(제20조 제 2 항), 이의제기를 받은 부과행정청은 관할법원에 통보하여 관할법원이 질서위반행위규제법에 따라 과태료를 결정하도록 규정하고 있다(제21조 제 1 항, 제25조 이하).

행정청의 과태료 부과에 대한 이의는 과태료 부과 통지를 받은 날부터 60일 이내에 제기하여야 한다(제20조 제 1 항).

과태료부과행위는 행정쟁송법상의 처분은 아니지만, 행정기본법상의 처분에는 해당한다.

제 4 절   새로운 행정의 실효성 확보수단

제 1 항   과 징 금

Ⅰ. 의   의

과징금이라 함은 법령등 위반이나 행정법상 의무위반에 대한 제재로서 부과하는 금전부과금을 말한다.

과징금에는 경제적 이익환수 과징금, 영업정지에 갈음하는 과징금, 제재목적의 과징금이 있다. 경제적 이익환수 과징금을 '본래의 과징금'이라 하고, 그 이외의 과징금을 '변형된 과징금'이라 한다. 과징금 중에는 경제적 이익환수와 제재의 성격을 함께 갖는 경우(예, 공정거래법상 과징금)도 있다.

행정기본법 제28조와 제29조는 과징금을 규정하고 있는데, 행정기본법이 규정하는 과징금은 본래의 과징금뿐만 아니라 변형된 과징금도 포함한다.

Ⅱ. 과징금의 종류

1. 경제적 이익환수(부당이익 환수) 과징금(본래의 과징금)

경제적 이익환수 과징금은 법규위반으로 인한 경제적 이익(부당이익)을 환수하는 것을 주된 목적으로 하면서도 부수적으로 법규위반행위에 대한 제재적 성격을 함께 갖는 과징금을 말한다.

2. 변형된 과징금

본래의 과징금과 다른 성질을 갖는 과징금을 '변형된 과징금'이라 하는데, 변형된 과징금에는 영업정지(사업정지)에 갈음하는 과징금, 순수한 금전적 제재로서의 과징금 등이 있다.

(1) 영업정지(사업정지)에 갈음하는 과징금

영업정지에 갈음하는 과징금은 영업정지처분 대신 부과하는 과징금을 말한다.

영업정지에 갈음하는 부과되는 과징금의 취지는 행정법규 위반에 대하여 영업정지를 명하여야 하는 경우 행정법규 위반자인 사업자의 영업을 정지함으로써 시민 등이 큰 불편을 겪거나 국민경제에 적지 않은 피해를 주는 등 공익을 해할 우려가 있는 경우에 그 영업정지로 인하여 초래될 공익에 대한 침해 등의 문제를 고려하여 영업정지를 하지 않고 그 대신 그 영업으로 인한 이익을 박탈하는 과징금을 할 수 있도록 한 것이다.

영업정지처분에 갈음하는 과징금이 규정되어 있는 경우 과징금을 부과할 것인가 영업정지처분을 내릴 것인지는 통상 행정청의 재량에 속하는 것으로 본다(대판 2015. 6. 24, 2015두39378[어린이집운영정지처분취소등]). 다만, 과징금부과처분을 하지 않고 영업정지처분을 한 것이 비례의 원칙, 평등의 원칙 등 법의 일반원칙에 반하는 등 재량권의 일탈·남용이 있으면 위법하다. 예를 들면, 과징금부과처분을 하지 않고 영업정지처분을 한 것이 심히 공익을 해하고, 사업자에게도 가혹한 불이익을 초래하는 경우에는 비례원칙에 반한다.

(2) 제재목적의 과징금

제재목적의 과징금은 금전적 제재로 법령 위반을 예방하여 행정법규의 실효성을 확보하는 것을 주된 목적으로 하는 과징금이다. 아직 그 예가 많지는 않지만 미국의 징벌적 손해배상의 영향을 받아 징벌적 과징금이 늘고 있는데, 징벌적 과징금은 제재목적의 과징금의 대표적인 예이다.

제재목적의 과징금의 예로는 개인정보보호법 제64조 제 1 항의 과징금, 공공재정환수법 제 9 조의 공공재정 부정청구등에 대한 제재로서 부과하는 제재부가금, 출연금을 연구개발비의 연구용도 외의 용도로 사용한 경우에 대한 제재로서 부과하는 산업기술혁신 촉

진법 제11조의3의 제재부가금, 보조금 관리에 관한 법률 제33조의2의 제재부가금, 국가연
구개발혁신법 제32조의 부정행위 등에 대한 제재로서 부과하는 제재부가금 등을 들 수 있다.

Ⅲ. 과징금의 근거 및 기준

　　행정청은 법령등에 따른 의무를 위반한 자에 대하여 법률로 정하는 바에 따라 그 위
반행위에 대한 제재로서 과징금을 부과할 수 있다(행정기본법 제28조 제 1 항). 행정기본법
제28조 제 1 항은 과징금 부과의 법적 근거가 될 수 없다. 과징금을 부과하기 위해서는 개
별법률의 근거가 있어야 한다. 행정기본법 제28조 제 1 항의 과징금은 본래의 과징금과 영
업정지에 갈음하여 부과되는 변형된 과징금을 모두 포함한다.

　　과징금의 근거가 되는 법률에는 과징금에 관한 다음 각 호의 사항을 명확하게 규정하
여야 한다. 1. 부과·징수 주체, 2. 부과 사유, 3. 상한액, 4. 가산금을 징수하려는 경우 그
사항, 5. 과징금 또는 가산금 체납 시 강제징수를 하려는 경우 그 사항(행정기본법 제28조
제 2 항).

Ⅳ. 과징금의 성질 및 부과(이중부과가능성) [2010 감평 약술]

　　과징금은 **행정상 제재금**이고, 범죄에 대한 국가의 형벌권의 실행으로서의 과벌이 아
니므로 행정법규위반에 대하여 벌금이나 범칙금 이외에 과징금을 부과하는 것은 이중처벌
금지의 원칙에 반하지 않는다고 보아야 한다(헌재 1994. 6. 30, 92헌바38).

　　같은 위반행위에 대한 식품위생법의 규정에 의한 영업정지처분과 청소년보호법에 의
한 과징금의 부과처분은 서로 목적하는 바가 달라 중복된 행정처분이라고 할 수 없다. 다
만, 과징금의 액수를 정함에 있어서는 위 영업정지처분의 내용이 참작되어야 한다(서울고
법 1999. 3. 24, 98누13647(99두5207 대법원 판결의 원심판결)).

Ⅴ. 법적 성질, 법적 규율 및 법적 구제

　　과징금부과행위의 법적 성질은 **침해적 행정행위**이다. 따라서 과징금부과처분에는 원
칙상 행정절차법이 적용되고, 과징금부과처분은 항고쟁송의 대상이 된다.

　　과징금 부과처분은 제재적 처분으로서 통상 재량행위로 규정되고 있으나 과징금의 부
과여부는 기속행위로 규정된 경우(대판 2007. 7. 12, 2005두17287[과징금부과처분취소])도 있다.

판례1 부동산 실권리자명의 등기에 관한 법률 제3조 제1항, 제5조 제1항, 같은 법 시행령 제3조 제1항의 규정을 종합하면, 명의신탁자에 대하여 과징금을 부과할 것인지 여부는 기속행위에 해당하므로, 명의신탁이 조세를 포탈하거나 법령에 의한 제한을 회피할 목적이 아닌 경우에 한하여 그 과징금을 일정한 범위 내에서 감경할 수 있을 뿐이지 그에 대하여 과징금 부과처분을 하지 않거나 과징금을 전액 감면할 수 있는 것은 아니다(대판 2007. 7. 12, 2005두17287[과징금부과처분취소]).

판례2 공정거래위원회의 공정거래법 위반행위자에 대한 과징금 부과처분을 재량행위로 본 사례(대판 2011. 6. 30, 2009두12631).

판례3 구 독점규제및공정거래에관한법률 제23조 제1항의 규정에 위반하여 불공정거래행위를 한 사업자에 대하여 같은 법 제24조의2 제1항의 규정에 의하여 부과되는 과징금은 행정법상의 의무를 위반한 자에 대하여 당해 위반행위로 얻게 된 경제적 이익을 박탈하기 위한 목적으로 부과하는 금전적인 제재로서, 같은 법이 규정한 범위 내에서 그 부과처분 당시까지 부과관청이 확인한 사실을 기초로 일의적으로 확정되어야 할 것이고, 그렇지 아니하고 부과관청이 과징금을 부과하면서 추후에 부과금 산정 기준이 되는 새로운 자료가 나올 경우에는 과징금액이 변경될 수도 있다고 유보한다든지, 실제로 추후에 새로운 자료가 나왔다고 하여 새로운 부과처분을 할 수는 없다 할 것인바, 왜냐하면 과징금의 부과와 같이 재산권의 직접적인 침해를 가져오는 처분을 변경하려면 법령에 그 요건 및 절차가 명백히 규정되어 있어야 할 것인데, 위와 같은 변경처분에 대한 법령상의 근거규정이 없고, 이를 인정하여야 할 합리적인 이유 또한 찾아 볼 수 없기 때문이다(대판 1999. 5. 28, 99두1571).

Ⅵ. 과징금의 납부기한 연기 및 분할 납부

과징금은 한꺼번에 납부하는 것을 원칙으로 한다. 다만, 행정청은 과징금을 부과받은 자가 다음 각 호의 어느 하나에 해당하는 사유로 과징금 전액을 한꺼번에 내기 어렵다고 인정될 때에는 그 납부기한을 연기하거나 분할 납부하게 할 수 있으며, 이 경우 필요하다고 인정하면 담보를 제공하게 할 수 있다. 1. 재해 등으로 재산에 현저한 손실을 입은 경우, 2. 사업 여건의 악화로 사업이 중대한 위기에 처한 경우, 3. 과징금을 한꺼번에 내면 자금 사정에 현저한 어려움이 예상되는 경우, 4. 그 밖에 제1호부터 제3호까지에 준하는 경우로서 대통령령으로 정하는 사유가 있는 경우(행정기본법 제29조). 납부기한이나 분할납부결정은 행정청의 재량사항이다.

제 2 항 가산세

가산세(加算稅)란 세법상의 의무의 성실한 이행을 확보하기 위하여 그 세법에 의하여 산출된 세액에 가산하여 징수되는 세금을 말한다(국세기본법 제2조 제4호).

가산세는 세금의 형태로 가하는 행정벌의 성질을 가진 제재이므로 그 의무해태에 정당한 사유가 있는 경우에는 부과할 수 없다(대판 1992. 4. 28, 91누9848[증여세 등 부과처분취소]).

> **판례**   세법상 가산세는 과세권의 행사 및 조세채권의 실현을 용이하게 하기 위하여 납세자가 정당한 이유 없이 법에 규정된 신고, 납세 등 각종 의무를 위반한 경우에 개별세법이 정하는 바에 따라 부과되는 행정상의 제재로서 납세자의 고의, 과실은 고려되지 않는 반면, 이와 같은 제재는 납세의무자가 그 의무를 알지 못한 것이 무리가 아니었다고 할 수 있어서 그를 정당시할 수 있는 사정이 있거나 그 의무의 이행을 당사자에게 기대하는 것이 무리라고 하는 사정이 있을 때 등 그 의무해태를 탓할 수 없는 정당한 사유가 있는 경우에는 이를 과할 수 없다(대판 2005. 1. 27, 2003두13632; 2022. 1. 14, 2017두41108).

환경보전을 위한 관계 법령 위반에 따른 행정처분 사실의 공표(환경정책기본법 제30조 제3항), 가산세에는 무신고가산세(국세기본법 제47조의2), 과소신고·초과환급신고가산세(제47조의3), 납부지연가산세(제47조의4), 원천징수납부 등 불성실가산세(제47조의5)가 있다. 세금 납부지연에 대하여 부과하는 구 국세기본법상의 납부불성실가산세와 구 국세징수법상의 가산금은 2020. 1. 1.부터 국세기본법상의 납부지연가산세로 통합되었다.

제 3 항   명단의 공표 [2010 입시 약술, 2001 행시 약술]

Ⅰ. 명단공표의 의의

명단(名單)의 공표(公表)란 행정법상의 의무 위반 또는 의무불이행이 있는 경우에 그 위반자의 성명, 위반사실 등을 일반에게 공개하여 명예 또는 신용에 침해를 가함으로써 심리적인 압박을 가하여 행정법상의 의무이행을 확보하는 간접강제수단을 말한다.

행정청은 법령에 따른 의무를 위반한 자의 성명·법인명, 위반사실, 의무 위반을 이유로 한 처분사실 등(이하 "위반사실등"이라 한다)을 법률로 정하는 바에 따라 일반에게 공표할 수 있다(행정절차법 제40조의3 제1항). 행정절차법은 '위반사실등의 공표'의 근거법률이 아니고, '위반사실등의 공표'의 일반절차를 규정하고 있다. '위반사실등의 공표', 즉 '법령에 따른 의무를 위반한 사실 등'의 공표만이 행정절차법의 적용대상이며 '위반사실등의 공표'가 아닌 정보제공적 공표는 행정절차법의 적용대상이 아니다. 예를 들면, 법령에 따른 의무 위반에 관한 사실을 위반자를 특정하지 않고, 제재목적이 아니라 국민의 안전 등 공익목적을 적극적으로 실현하기 위해 정보를 제공하는 것(예, 안전의무를 위반한 사실로 국민 일반에 위험을 야기하고 있는 사실을 국민 일반에 경고하기 위해 공표하는 것)은 행정절차법상 '위반사실등의 공표'가 아니다.

환경보전을 위한 관계 법령 위반에 따른 행정처분 사실의 공표(환경정책기본법 제30조 제3항), 체납기간 2년 이상·7억원 이상의 고액·상습세금체납자의 명단공개(국세기본법 제85조의5), 유사석유제품의 제조·수입·판매금지 위반 사실의 공표(석유 및 석유대체연료사업법 제25

조 제26항), 위반건축물표지의 설치(건축법 제79조 제 4 항, 동법 시행규칙 제40조)와 미성년자에 대한 성범죄자(아동청소년의 성보호에 관한 법률 제20조 제 2 항)의 등록정보의 공개가 그 예이다.

Ⅱ. 법적 근거

행정절차법은 '위반사실등의 공표'의 근거법률이 아니고, 행정법상의 의무위반자의 명단을 공표하는 것은 그의 명예, 신용 또는 프라이버시에 대한 침해를 초래한다. 따라서 법에 근거가 있는 경우에 한하여 가능하다.

Ⅲ. 한 계

법에 근거가 있는 경우에도 비례의 원칙에 따라 명예, 신용, 인격권 또는 프라이버시권과 공표로 달성하고자 하는 공익(국민의 알권리, 표현의 자유 / 공표를 통한 의무이행의 확보)간에 이익형량을 하여 명단공표의 위법 여부를 판단하여야 한다(대판 1998. 7. 14, 96다17257: 수사기관이 피의사실을 공표함으로 명예를 훼손당하였다고 국가배상을 청구한 사건).

행정청은 위반사실등의 공표를 하기 전에 사실과 다른 공표로 인하여 당사자의 명예·신용 등이 훼손되지 아니하도록 객관적이고 타당한 증거와 근거가 있는지를 확인하여야 한다(행정절차법 제40조의2 제 2 항).

행정청은 위반사실등의 공표를 하기 전에 당사자가 공표와 관련된 의무의 이행, 원상회복, 손해 배상 등의 조치를 마친 경우에는 위반사실등의 공표를 하지 아니할 수 있다(행정절차법 제40조의2 제 7 항).

행정청은 공표된 내용이 사실과 다른 것으로 밝혀지거나 공표에 포함된 처분이 취소된 경우에는 그 내용을 정정하여, 정정한 내용을 지체 없이 해당 공표와 같은 방법으로 공표된 기간 이상 공표하여야 한다. 다만, 당사자가 원하지 아니하면 공표하지 아니할 수 있다(행정절차법 제40조의2 제 8 항).

Ⅳ. 위반사실등의 공표절차

행정청은 위반사실등의 공표를 할 때에는 미리 당사자에게 그 사실을 통지하고 의견 제출의 기회를 주어야 한다. 다만, 다음 각 호의 어느 하나에 해당하는 경우에는 그러하지 아니하다. 1. 공공의 안전 또는 복리를 위하여 긴급히 공표를 할 필요가 있는 경우, 2. 해당 공표의 성질상 의견청취가 현저히 곤란하거나 명백히 불필요하다고 인정될 만한 타당한 이유가 있는 경우, 3. 당사자가 의견진술의 기회를 포기한다는 뜻을 명백히 밝힌 경우

(제40조의2 제 3 항).

　　제 1 항에 따른 위반사실등의 공표는 관보, 공보 또는 인터넷 홈페이지 등을 통하여
한다(제 6 항).

V. 법적 성질

　　명단의 공표(결정)(병무청장이 병역법에 따라 병역의무 기피자의 인적사항 등을 인터넷 홈페
이지에 게시한 것)는 항고소송의 대상인 행정처분에 해당한다(대판 2019. 6. 27, 2018두49130).
판례는 명단공표를 공권력 행사로 보면서도 공개라는 사실행위는 행정결정의 집행행위로
보고 있는 점에서 명단공표를 사실행위로 보지 않고 행정행위(일반처분)로 보고 있는 것으
로 보인다.

> **판례** [인적사항 등 공개가 행정처분인지 여부가 쟁점인 사건] (1) 병무청장이 병역법 제81조의2
> 제 1 항에 따라 병역의무 기피자의 인적사항 등을 인터넷 홈페이지에 게시하는 등의 방법으로 공개한
> 경우 병무청장의 공개결정을 항고소송의 대상이 되는 행정처분으로 보아야 한다. 그 구체적인 이유는
> 다음과 같다. ① 병무청장이 하는 병역의무 기피자의 인적사항 등 공개는, 특정인을 병역의무 기피자
> 로 판단하여 그 사실을 일반 대중에게 공표함으로써 그의 명예를 훼손하고 그에게 수치심을 느끼게 하
> 여 병역의무 이행을 간접적으로 강제하려는 조치로서 병역법에 근거하여 이루어지는 공권력의 행사에
> 해당한다. ② 병무청장이 하는 병역의무 기피자의 인적사항 등 공개조치에는 특정인을 병역의무 기피
> 자로 판단하여 그에게 불이익을 가한다는 행정결정이 전제되어 있고, 공개라는 사실행위는 행정결정의
> 집행행위라고 보아야 한다. 병무청장이 그러한 행정결정을 공개 대상자에게 미리 통보하지 않은 것이
> 적절한지 여부는 본안에서 해당 처분이 적법한가를 판단하는 단계에서 고려할 요소이며, 병무청장이
> 그러한 행정결정을 공개 대상자에게 미리 통보하지 않았다거나 처분서를 작성·교부하지 않았다는 점
> 만으로 항고소송의 대상적격을 부정하여서는 아니 된다. ③ 병무청 인터넷 홈페이지에 공개 대상자의
> 인적사항 등이 게시되는 경우 그의 명예가 훼손되므로, 공개 대상자는 자신에 대한 공개결정이 병역법
> 령에서 정한 요건과 절차를 준수한 것인지를 다툴 법률상 이익이 있다. 병무청장이 인터넷 홈페이지
> 등에 게시하는 사실행위를 함으로써 공개 대상자의 인적사항 등이 이미 공개되었다고 하더라도, 재판
> 에서 병무청장의 공개결정이 위법함이 확인되어 취소판결이 선고되는 경우, 병무청장은 취소판결의 기
> 속력에 따라 위법한 결과를 제거하는 조치를 할 의무가 있으므로 공개 대상자의 실효적 권리구제를 위
> 해 병무청장의 공개결정을 행정처분으로 인정할 필요성이 있다(소의 이익이 있다). ④ 관할 지방병무
> 청장의 공개 대상자 결정의 경우 상대방에게 통보하는 등 외부에 표시하는 절차가 관계 법령에 규정되
> 어 있지 않아, 행정실무상으로도 상대방에게 통보되지 않는 경우가 많다. 또한 관할 지방병무청장이
> 위원회의 심의를 거쳐 공개 대상자를 1차로 결정하기는 하지만, 병무청장에게 최종적으로 공개 여부를
> 결정할 권한이 있으므로, 관할 지방병무청장의 공개 대상자 결정은 병무청장의 최종적인 결정에 앞서
> 이루어지는 행정기관 내부의 중간적 결정에 불과하다. 가까운 시일 내에 최종적인 결정과 외부적인 표
> 시가 예정되어 있는 상황에서, 외부에 표시되지 않은 행정기관 내부의 결정을 항고소송의 대상인 처분
> 으로 보아야 할 필요성은 크지 않다. 관할 지방병무청장이 1차로 공개 대상자 결정을 하고, 그에 따라
> 병무청장이 같은 내용으로 최종적 공개결정을 하였다면, 공개 대상자는 병무청장의 최종적 공개결정만
> 을 다투는 것으로 충분하고, 관할 지방병무청장의 공개 대상자 결정을 별도로 다툴 소의 이익은 없어
> 진다(대법원 2018. 6. 15, 선고 2016두57564 판결 참조). (2) 병무청장이 '여호와의 증인' 신도인 원고들
> 을 병역의무 기피자로 판단하여 그 인적사항 등을 인터넷 홈페이지에 게시하자 원고들이 이를 다투는

항고소송을 제기한 사안에서, 원심이 병무청장의 인적사항 등 공개결정이 항고소송의 대상인 '처분'에 해당하지 않는다고 판단한 것은 잘못이지만, 병무청장이 대법원 2018. 11. 1, 선고 2016도10912 전원합의체 판결의 취지(양심적 병역거부가 병역의무 불이행의 정당한 사유에 해당한다는 취지)를 존중하여 상고심 계속 중에 그 공개결정을 직권으로 취소한 이상 소의 이익이 소멸하였으므로 원고들의 소를 각하한 결론은 결국 정당하다고 보아 상고기각한 사례(대판 2019. 6. 27, 2018두49130). 〈해설〉 판례는 명단공표를 명단공개결정과 인터넷 홈페이지에 공개 대상자의 인적사항 등을 게시하는 방식으로 고시하는 일반처분고시(명단공표결정고시)로 보고 있는 것으로 보인다. 판례는 공개라는 사실행위는 행정결정의 집행행위로 보고 있는 점에서 명단공표를 사실행위로 보지 않고 행정행위(일반처분)로 보고 있는 것으로 보인다.

제 4 항 관허사업의 제한 [1999 행시 사례]

I. 의   의

관허사업(官許事業)의 제한이라 함은 행정법상의 의무를 위반하거나 불이행한 자에 대하여 각종 인·허가를 거부할 수 있게 함으로써 행정법상 의무의 준수 또는 의무의 이행을 확보하는 간접적 강제수단을 말한다.

II. 종   류

관허사업의 제한에는 의무 위반사항과 관련이 있는 사업에 대한 것(건축법 제79조 제 2 항의 위법 건축물을 이용한 영업 허가의 제한)과 의무 위반사항과 직접 관련이 없는 사업 일반에 대한 것(국세징수법 제 7 조의 국세체납자에 대한 일반적 관허사업의 제한)이 있다.

1. 관련 관허사업의 제한

허가권자는 제 1 항의 규정에 의하여 허가 또는 승인이 취소된 건축물 또는 제 1 항의 규정에 의한 시정명령을 받고 이행하지 아니한 건축물에 대하여는 당해 건축물을 사용하여 행할 다른 법령에 의한 영업 기타행위의 허가를 하지 아니하도록 요청할 수 있다(건축법 제79조 제 2 항). 제 2 항의 규정에 의한 요청을 받은 자는 특별한 이유가 없는 한 이에 응하여야 한다(동조 제 3 항).

판례 식품위생법에 따른 식품접객업의 영업신고 요건을 갖추었으나, 그 영업신고를 한 당해 건축물이 무허가 건물일 경우 영업신고가 적법한지 여부(소극): [1] 식품위생법과 건축법은 그 입법목적, 규정사항, 적용범위 등을 서로 달리하고 있어 식품접객업에 관하여 식품위생법이 건축법에 우선하여 배타적으로 적용되는 관계에 있다고는 해석되지 않는다. 그러므로 식품위생법에 따른 식품접객업(일반음식점영업)의 영업신고의 요건을 갖춘 자라고 하더라도, 그 영업신고를 한 당해 건축물이 건축법 소정의 허가를 받지 아니한 무허가 건물이라면 적법한 신고를 할 수 없다. [2] 불법 건축물이라는 이유로 일반음식점 영업신고의 접수가 거부되었고, 이전에 무신고 영업행위로 형사처벌까지 받았음에도 계속하여 일반음식점 영업행위를 한 피고인의 행위는, 식품위생법상 무신고 영업행위로서 정당행위 또는 적법행위에 대한 기대가능성이 없는 경우에 해당하지 아니한다고 한 사례(대판 2009. 4. 23, 2008도6829).

현행 국세징수법은 국세 체납자에 대한 관허사업의 제한을 일반적으로 인정한 구 국세징수법(2020. 1. 1.이전 국세징수법)과 달리 체납 국세의 부과 원인과 무관한 사업에 대한 관허사업 제한을 금지하고 관련 관허사업만 제한할 수 있는 것으로 규정하고 있다. 즉, 관할 세무서장은 납세자가 허가·인가·면허 및 등록(이하 "허가등"이라 한다)을 받은 사업과 관련된 소득세, 법인세 및 부가가치세를 대통령령으로 정하는 사유 없이 체납하였을 때에는 해당 사업의 주무관청에 그 납세자에 대하여 허가 등의 갱신과 그 허가 등의 근거 법률에 따른 신규 허가 등을 하지 아니할 것을 요구할 수 있다(국세징수법 제112조 제 1 항). 관할 세무서장은 허가 등을 받아 사업을 경영하는 자가 해당 사업과 관련된 소득세, 법인세 및 부가가치세를 3회 이상 체납한 경우로서 그 체납액이 500만원 이상일 때에는 대통령령으로 정하는 경우를 제외하고 그 주무관청에 사업의 정지 또는 허가 등의 취소를 요구할 수 있다(국세징수법 제112조 제 2 항).

2. 일반적 관허사업의 제한

국가기관 또는 지방자치단체의 장은 병역의무 불이행자에 대하여는 각종 관허업(官許業)의 특허·허가·인가·면허·등록 또는 지정 등을 하여서는 아니 되며, 이미 이를 받은 사람에 대하여는 취소하여야 한다(병역법 제76조 제 2 항).

Ⅲ. 법적 근거

관허사업의 제한은 권익을 침해하는 권력적 행위이므로 법률의 근거가 있어야 한다.

Ⅳ. 성   질

관허사업의 제한은 의무불이행에 대한 제재적 처분의 성격을 갖기도 하지만, 기본적으로는 의무이행을 확보하기 위한 수단이다.

V. 한 계

관허사업의 제한조치가 비례의 원칙, 부당결부금지의 원칙에 반하는지와 반하는 경우의 법적 효력이 문제된다.

1. 비례의 원칙

비례의 원칙은 헌법원칙이므로 관허사업의 제한이 비례의 원칙에 반하면 법률에 근거한 것이라도 위법하다.

2. 부당결부금지의 원칙

(1) 부당결부금지의 원칙 위반 여부

관허사업제한조치가 부당결부금지의 원칙에 반하는 경우라 함은 관허사업제한조치와 의무 위반 또는 의무불이행(달리 말하면 의무의 준수 또는 의무의 이행)이 실질적 관련이 없는 경우를 말한다.

의무불이행과 관련이 있는 관허사업의 제한(건축법 제79조의 관허사업의 제한)은 부당결부금지의 원칙에 반하지 않는다고 보는 것이 일반적 견해이다. 이에 반하여 의무불이행과 관련이 없는 관허사업의 제한이 부당결부금지의 원칙에 반하는지에 관하여는 견해의 대립이 있다. 의무불이행(세금의체납)과 관련이 없는 관허사업의 제한(인·허가의 거부 또는 인·허가 등의 취소 또는 정지)은 상호 별개의 행정목적을 갖는 것으로 보며 실질적 관련성을 부정하는 견해와 인허가는 의무불이행을 용인하는 결과를 가져온다는 점 및 행정기관은 행정목적의 달성을 위하여 상호 협력하여야 한다는 점에 근거하여 실질적 관련성을 인정하는 견해가 있다. 의무불이행과 관련이 없는 사업에 대한 관허사업의 제한은 실질적 관련성이 없다는 견해가 타당하다.

(2) 관허사업제한조치의 허용 여부

관허사업제한조치가 부당결부금지의 원칙에 반하는 경우에는 부당결부금지의 원칙이 헌법적 효력을 갖는지 아니면 법률적 효력을 갖는지에 따라 관허사업제한조치의 허용 여부가 결정된다.

부당결부금지의 원칙이 헌법적 효력을 갖는 원칙이라면 의무위반 또는 의무불이행과 결부하여 관허사업제한조치를 할 수 있다는 명문의 규정이 있는 경우에도 부당결부금지의 원칙에 반하는 관허사업제한조치는 위법이 된다.

부당결부금지의 원칙이 법률적 효력만을 갖는 경우에는 법적 근거가 있는 한 그 관허사업제한조치는 그것이 공익목적을 위한 것인 한에서는 위법하지 않다고 보아야 한다.

전술한 바와 같이 부당결부금지의 원칙은 법률적 효력을 갖는다고 보는 것이 타당하므로 국세징수법상의 관허사업제한조치는 그 관허사업제한조치와 의무불이행 사이에 실질적 관련이 없다 하더라도 위법하다고 볼 것은 아니다.

VI. 권리구제

관허사업의 제한 중 인·허가의 거부에 대하여는 거부처분취소심판, 의무이행심판, 거부처분취소소송을 제기할 수 있고, 인·허가의 철회에 대하여는 취소심판 또는 취소소송을 제기할 수 있다.

관허사업제한 요청행위가 항고소송의 대상이 되는 처분인가 하는 것이 문제된다. 요청행위는 비권력적 행위로서 권고의 성질을 가지므로 처분성을 부인하는 견해가 있지만, 요청을 받은 자는 특별한 이유가 없는 한 이에 응하도록 규정되어 있으므로 처분으로 보는 것이 타당하다.

제 5 항 시정명령

I. 의 의

시정명령은 행정법규 위반에 의해 초래된 위법상태를 제거하는 것을 명하는 행정행위이다. 시정명령은 강학상 하명에 해당한다. 시정명령을 받은 자는 시정의무를 부담하게 되며 시정의무를 이행하지 않은 경우에는 행정강제(대집행, 직접강제 또는 집행벌)의 대상이 될 수 있고, 시정의무 위반에 대하여는 통상 행정벌이 부과된다.

II. 시정명령의 대상

시정명령의 대상은 원칙상 과거의 위반행위로 야기되어 현재에도 존재하는 위법상태이다. 그런데, 판례는 예외적으로 장래의 위반행위도 시정명령의 대상으로 되는 것으로 보고 있다(대판 전원합의체 2003. 2. 20, 2001두5347).

> **판례1** 하도급거래 공정화에 관한 법률 제13조, 제16조 등의 위반행위가 있었으나 그 결과가 더 이상 존재하지 않는 경우, 같은 법 제25조 제1항 소정의 시정명령을 할 수 있는지 여부(소극): 비록 하도급법 제13조, 제16조 등의 위반행위가 있었더라도 그 위반행위의 결과가 더 이상 존재하지 아니한다면, 하도급법 제25조 제1항에 의한 시정명령을 할 수 없다고 보아야 한다(대판 2010. 11. 11, 2008두20093[시정명령취소]; 2010. 1. 14, 2009두11843).
>
> **판례2** 독점규제 및 공정거래에 관한 법률에 의한 시정명령의 명확성 정도: 독점규제 및 공정거래에

관한 법률에 의한 시정명령이 지나치게 구체적인 경우 매일 매일 다소간의 변형을 거치면서 행해지는 수많은 거래에서 정합성이 떨어져 결국 무의미한 시정명령이 되므로 그 본질적인 속성상 다소간의 포괄성·추상성을 띨 수밖에 없다 할 것이고, 한편 시정명령제도를 둔 취지에 비추어 시정명령의 내용은 과거의 위반행위에 대한 중지는 물론 가까운 장래에 반복될 우려가 있는 동일한 유형의 행위의 반복금지까지 명할 수는 있는 것으로 해석함이 상당하다(대판 전원합의체 2003. 2. 20, 2001두5347[의결처분취소청구]). 〈해설〉 그러나, 시정명령은 과거의 위반행위로 인한 위법상태를 제거하여 적법질서를 회복하기 위해 필요한 조치로 한정하여야 하고, 장래의 위반행위에 대한 금지는 입법에 의해 해결하여야 할 것이다.

형식적 위법(무허가, 무신고, 절차 위반 등 위법)과 실체적 위법(허가거부사유에 해당 등)을 구별하고, 형식적 위법에 대해 행정벌을 과하는 것은 별론으로 하고 실체적 위법의 경우에만 시정명령(예, 철거명령)의 대상으로 하여야 한다는 견해(김중권)가 있다. 그렇지만, 행정법규의 실효성을 확보하기 위해서는 형식적 위법만 있는 경우도 시정명령의 대상으로 하는 것이 타당하다. 다만, 형식적 위법만 있고 실체상으로는 적법한 것(예, 허가거부사유에 해당하지 않는 것)은 시정명령에 대한 비례원칙의 적용에 있어 이익형량의 요소가 되는 것으로 보아야 한다.

Ⅲ. 시정명령의 상대방

시정명령의 상대방은 시정명령을 이행할 수 있는 법적 권한이 있는 자로 보는 것이 타당하다. 이에 대하여 시정명령을 이행할 수 있는 법률상 또는 사실상의 지위에 있는 사람이어야 한다는 견해도 있다(함종식, 건축법상의 이행강제금: 판례를 중심으로, 행정재판실무Ⅲ(2010), 383면).

판례1 명의만 빌려준 명목상 건축주는 실제 명의가 도용되었다는 등의 특별한 사정이 있지 않은 한 구 건축법 제69조 제1항에 정한 위반건축물에 대한 시정명령의 상대방이 되는 '건축주'에 해당한다(대판 2008. 7. 24, 2007두5639[위반건축물원상복구시정명령처분]).

판례2 원고가 이 사건 각 건물의 소유자인 주식회사 송도의 대표이사로서 실질적으로 이 사건 각 건물을 관리하여 왔다는 등의 판시 사정들을 종합하여, 원고가 이 사건 각 건물의 관리자로서 이 사건 각 건물의 위법상태를 직접 초래하거나 또는 그에 관여하였으므로, 이 사건 건축법 위반행위에 대한 시정명령의 상대방이 될 수 있다고 한 사례(대판 2016. 10. 27, 2016두41811).

Ⅳ. 적용법령

시정명령의 경우 행정법규위반 여부는 위반행위시 법에 따라야 하지만, 시정명령은 장래에 향하여 행해지는 적극적 행정행위이므로 원칙상 처분시 법을 적용하여야 한다(시정명령을 제재처분으로 보지 않는 견해). 금지규정으로부터 작위의무, 즉 위반결과의 시정을 명하는 권한이 당연히 추론(推論)되는 것이 아니다(대판 1996. 6. 28, 96누4374).

V. 시정명령의 한계

시정명령은 명확하여야 하고 상대방이 이행가능한 것이어야 한다. 불명확하거나 이행불가능한 것을 요구하는 시정명령은 무효이다. 시정명령은 과거의 위반행위에 대한 중지는 물론 가까운 장래에 반복될 우려가 있는 동일한 유형의 행위의 반복금지를 내용으로할 수 있다는 것이 판례의 입장이다(대판 전원합의체 2003. 2. 20, 2001두5347). 위법행위가 있었더라도 그 위법행위의 결과가 더 이상 존재하지 않는다면 시정의 대상이 없어진 것이므로 원칙상 시정명령을 할 수 없다.

통상 시정명령은 재량행위이고, 비례의 원칙(이익형량의 원칙)에 반하는 등 재량권을 일탈·남용하면 위법하다.

> **판례1** 피고가 개발제한구역 내 행위허가를 받아 경정장을 조성하여 운영하던 공익법인인 원고(서울올림픽기념국민체육진흥공단)에 대하여 원고가 행위허가구역 경계를 벗어난 지점에 조명탑을 설치함으로써 허가를 받지 아니한 채 개발행위를 하였다는 이유로 위 조명탑을 원상복구하라는 처분(시정명령)을 한 것이 다음과 같은 이유에서 비례의 원칙(이익형량의 원칙)에 반하여 재량권을 일탈·남용한 행위에 해당한다고 하였다: 1) ②번 조명탑은 이 사건 경정장의 부대시설 중 하나로, 이를 철거할 경우 사실상 이 사건 경정장에서의 야간 경기 전체가 제한되는 결과가 초래될 것으로 보이고, 2) 원고로서는 ②번 조명탑을 철거하더라도 같은 역할을 하는 조명탑을 다시 설치하여야 할 것으로 보이는데, 이를 위하여 상당한 비용이 소요될 것으로 보이며, 3) 이로 인하여 공익법인으로서의 원고의 사업 수행에 상당한 차질이 빚어질 것으로 보이고, 4) 피고가 18년 이상의 기간이 지나도록 ②번 조명탑 설치를 문제 삼았다고 볼만한 자료가 없는 점을 종합하면, 개발제한구역 지정의 공익상 필요가 원고가 입을 불이익을 정당화할 만큼 강하다고 보기 어렵다(대판 2024. 7. 11, 2023두62465).
>
> **판례2** 비록 하도급법 제13조 등의 위반행위가 있었더라도 그 위반행위의 결과가 더 이상 존재하지 않는다면 하도급법 제25조 제1항에 의한 시정명령을 할 수 없다고 보아야 한다(대판 2015. 12. 10, 2013두35013[시정명령취소]).

제 6 항　행정법규 위반에 대한 제재조치

일반적으로 제재처분이라 함은 행정상 제재 중 처분의 성격을 갖는 것을 말한다. 법 위반을 이유로 한 영업허가 취소(철회) 또는 영업정지, 징계처분이 가장 대표적인 예이다. 과징금, 입찰참가제한처분, 관허사업의 제한, 법 위반사실의 공표, 변상금부과처분 등도 제재처분에 해당한다. 통고처분, 과태료는 실정법령상 별도의 불복절차가 규정되어 있으 므로 행정쟁송법상 처분이 아니고, 따라서, 행정기본법상 처분도 아니다. 행정형벌은 형사 사법작용이므로 제재처분이 아니다.

I. 행정기본법에서의 제재처분의 개념

행정기본법에서 "제재처분"이란 법령등에 따른 의무를 위반하거나 이행하지 아니하 였음을 이유로 당사자에게 의무를 부과하거나 권익을 제한하는 처분을 말한다. 다만, 제30 조 제 1 항 각 호에 따른 행정상 강제는 제외한다(행정기본법 제 2 조 제 5 호).

행정기본법에서의 제재처분에 해당하기 위해서는 다음의 요건을 충족하여야 한다. ① 법령등에 따른 의무를 위반하거나 이행하지 아니하였어야 한다. 행정의 상대방에게는 법 령등을 준수할 의무가 있다고 볼 수도 있으므로 '법령등에 따른 의무 위반'에는 법령등을 준수할 의무가 있다고 볼 수도 있으므로 '법령등에 따른 의무 위반'에는 법령등 위반도 포 함된다고 보아야 한다. ② 법령등에 따른 의무의 위반 또는 불이행을 이유로 당사자에게 의무를 부과하거나 권익을 제한하는 처분이어야 한다. ③ '제재'의 성격을 갖는 것이어야 한다. 제재는 과거의 위반행위에 대한 것으로 과거회기적인 조치이다. 제재적 성격이 없는 처분은 행정기본법에서의 제재처분에 해당하지 않는다고 보아야 한다. ④ 제30조 제 1 항 각 호에 따른 행정상 강제는 제외한다. 행정상 강제는 성질상 장래에 향하여 행정목적을 달성하는 것에 중점이 있는 행정의 실효성 확보수단이므로 성질상 행정상 제재가 아닌 것 으로 볼 수도 있다.

II. 제재처분에 관한 입법

제재처분의 근거가 되는 법률에는 제재처분의 주체, 사유, 유형 및 상한을 명확하게 규 정하여야 한다. 이 경우 제재처분의 유형 및 상한을 정할 때에는 해당 위반행위의 특수성 및 유사한 위반행위와의 형평성 등을 종합적으로 고려하여야 한다(행정기본법 제22조 제 1 항).

반복하여 같은 법규위반행위를 한 경우에는 가중된 제재처분을 하도록 규정하고 있 는 경우가 적지 않다(예, 식품위생법 시행규칙 제89조 [별표 23]).

판례   [법시행령에 규정된 위반행위의 횟수에 따른 가중처분기준의 해석이 문제된 사건] 구 화물자동차 운수사업법 시행령 제 5 조 제 1 항 [별표 1]의 '위반행위의 횟수에 따른 가중처분기준'이 적용되려면 실제 선행 위반행위가 있고 그에 대하여 유효한 제재처분이 이루어졌음에도 그 제재처분일로부터 1년 이내에 다시 같은 내용의 위반행위가 적발된 경우이면 족하다고 보아야 한다. 선행 위반행위에 대한 선행 제재처분이 반드시 구 시행령 [별표 1] 제재처분기준 제 2 호에 명시된 처분내용대로 이루어진 경우이어야 할 필요는 없으며, 선행 제재처분에 처분의 종류를 잘못 선택하거나 처분양정(量定)에서 재량권을 일탈·남용한 하자가 있었던 경우라고 해서 달리 볼 것은 아니다(대판 2020. 5. 28, 2017두73693).

Ⅲ. 제재처분의 요건

① 제재처분이 적법하기 위해서는 제재처분사유가 존재하여야 하고, 제재처분이 재량행위인 경우에 재량권의 일탈·남용이 없어야 한다.

판례   제재적 행정처분이 재량권의 범위를 일탈·남용하였는지 판단하는 방법: 제재적 행정처분이 재량권의 범위를 일탈하였거나 남용하였는지는, 처분사유인 위반행위의 내용과 위반의 정도, 처분에 의하여 달성하려는 공익상의 필요와 개인이 입게 될 불이익 및 이에 따르는 여러 사정 등을 객관적으로 심리하여 공익침해의 정도와 처분으로 개인이 입게 될 불이익을 비교·교량하여 판단하여야 한다. 이러한 제재적 행정처분의 기준이 부령 형식으로 규정되어 있더라도 그것은 행정청 내부의 사무처리준칙(재량준칙)을 규정한 것에 지나지 않아 대외적으로 국민이나 법원을 기속하는 효력이 없다. 따라서 그 처분의 적법 여부는 처분기준만이 아니라 관계 법령의 규정 내용과 취지에 따라 판단하여야 한다. 그러므로 처분기준에 부합한다 하여 곧바로 처분이 적법한 것이라고 할 수는 없지만, 그러한 처분기준이 그 자체로 헌법 또는 법률에 합치되지 않거나 그 기준을 적용한 결과가 처분사유인 위반행위의 내용 및 관계 법령의 규정과 취지에 비추어 현저히 부당하다고 인정할 만한 합리적인 이유가 없는 한, 섣불리 그 기준에 따른 처분이 재량권의 범위를 일탈하였다거나 재량권을 남용한 것으로 판단해서는 안 된다. [2] 구 근로자직업능력 개발법(2020. 3. 31. 법률 제17186호로 개정되기 전의 것, 이하 '구 직업능력개발법'이라 한다) 시행규칙 제8조의2 [별표 2]에서 정한 처분기준이 그 자체로 헌법 또는 법률에 합치되지 않는다거나 그 처분기준을 적용한 결과가 현저히 부당하다고 보이지 않는다(대판 2022. 4. 14, 2021두60960).

여러 처분사유에 관하여 하나의 제재처분을 하였을 때 그중 일부가 인정되지 않는다고 하더라도 나머지 처분사유들만으로도 그 처분의 정당성이 인정되는 경우에는 그 처분을 위법하다고 보아 취소하여서는 아니 된다(대판 2017. 6. 15, 2015두2826등 참조). 처분사유의 일부가 위법한 경우(처분사유가 일부 정당한 경우) 일부 정당한 처분사유로도 제재처분이 비례원칙에 위반하지 않으면 해당 제재처분은 적법하다고 보는 것이 판례의 입장이다.

판례 (1) 택시발전법 제12조 제 2 항, 제18조 제 1 항 제 2 호, 같은 법 시행령 제21조 [별표2] 2. 개별기준 나.목의 규정 문언과 체계를 종합하면, 택시운송사업자가 소속 택시운수종사자가 아닌 사람 한 명에게 (여러 대의 택시 중) 1대의 택시만을 제공하였더라도 이는 택시발전법 제12조 제 2 항을 위반한 것으로서 택시발전법 제18조 제 1 항 제 2 호에 따른 제재처분의 처분사유에 해당한다고 보아야 한다. 다만 위와 같은 경우에 행정청이 해당 운송사업자의 택시운송사업면허 전부를 취소하는 처분을 하였다면 행정청이 비례의 원칙을 위반하여 그 재량의 한계를 일탈·남용하였는지를 살펴 그 처분의 정당성 여부를 판단하면 될 것이다. (2) 택시운송사업자인 원고가 자신이 보유하고 있는 택시를 택시기사에게 제공하고 이를 운행하도록 하였는데, 피고는 원고가 소속 택시운수종사자가 아닌 사람들(이하 '이 사건 운전자들')에게 택시를 제공하였다면서 택시발전법 제12조 제2항 위반을 이유로 택시운송사업 면허취소처분을 하였는데, 적어도 이 사건 운전자들 중 일부는 택시발전법 제12조 제 2 항에서 정한 '소속 택시운수종사자가 아닌 사람'에 해당한다고 볼 여지가 충분하므로 처분사유가 모두 부정될 것은 아니라고 보아, 원고의 취소 청구를 인용한 원심판결을 파기한 사례(대판 2022. 2. 17, 2019두55835).

행정청이 여러 개의 위반행위에 대하여 하나의 제재처분을 하였으나, 위반행위별로 제재처분의 내용을 구분하는 것이 가능하고 여러 개의 위반행위 중 일부의 위반행위에 대한 제재처분 부분만이 위법하다면, 법원은 제재처분 중 위법성이 인정되는 부분만 취소하여야 하고 제재처분 전부를 취소하여서는 아니 된다(대판 2020. 5. 14, 2019두63515).

판례 폐기물관리법 제60조의 위임에 따른 폐기물관리법 시행규칙 제83조 제1항 [별표 21] '행정처분기준'은 제 1 호 일반기준 (가)목에서 '위반행위가 둘 이상일 때에는 위반사항에 따라 각각 처분한다'고 규정하고, 제 2 호 개별기준 (다)목 폐기물처리업자에 대한 행정처분기준에서 '폐기물관리법 제13조 또는 제13조의2를 위반하여 폐기물을 처리한 경우 중 그 밖의 재활용의 원칙 및 준수사항을 위반한 경우'[4) 바), 이 사건 처분 중 제1처분사유에 관한 개별처분기준에 해당한다], '폐기물관리법 제25조 제9항 제 4 호에 따른 폐기물처리업자의 준수사항 중 그 밖의 준수사항을 위반한 경우'[13) 다) (2), 이 사건 처분 중 제3처분사유에 관한 개별처분기준에 해당한다], '폐기물관리법 제25조 제11항에 따른 변경허가를 받거나 변경신고를 하지 아니하고 허가사항이나 신고사항을 변경한 경우 중 그 밖에 변경허가를 받지 아니하고 허가사항을 변경한 경우'[15) 나), 이 사건 처분 중 제2처분사유에 관한 개별처분기준에 해당한다]에 관하여 각각 1차 위반 시 영업정지 1개월의 처분을 하도록 규정하고 있고, 피고(처분청)이 세 가지 처분사유에 관하여 각각 1개월의 영업정지를 결정한 다음 이를 합산하여 원고에 대하여 3개월의 영업정지를 명하는 이 사건 처분을 한 사안에서 만일 제2처분사유와 제3처분사유는 인정되지만, 제1처분사유는 인정되지 않는다면 원심은, 피고(처분청)는 제1처분사유를 제외하고 제2처분사유, 제3처분사유만 고려하여 제재의 유형과 수위를 다시 결정하여야 하며, 세 가지 처분사유가 모두 인정됨을 전제로 한 이 사건 처분은 그 전부가 재량권을 일탈·남용한 것으로서 위법하다고 판단하여 이 사건 처분 전부를 취소하였는데, 대법원은 '행정청이 여러 개의 위반행위에 대하여 하나의 제재처분을 하였으나, 위반행위별로 제재처분의 내용을 구분하는 것이 가능하고 여러 개의 위반행위 중 일부의 위반행위에 대한 제재처분 부분만이 위법하다면, 법원은 그 제재처분 중 위법성이 인정되는 부분만 취소하여야 하고 그 제재처분 전부를 취소하여서는 아니 된다(대법원 2009. 10. 29, 선고 2009두11218 판결 등 참조).'고 하면서 이 사건 처분 중 제1처분사유에 관한 1개월 영업정지 부분만 취소하여야 한다고 한 사례(대판 2020. 5. 14, 2019두63515[영업정지처분취소]).

동일한 사유로 다시 제재적 행정처분을 하는 것은 위법한 이중처분에 해당한다. 그러나, 제재처분을 변경하는 처분은 이중처분이 아니며 특별한 사정이 없는 한 제재처분의 효력이 유지되는 동안에는 가능하다.

> **판례** 효력기간이 정해져 있는 제재적 행정처분의 효력이 발생한 이후에도 행정청은 특별한 사정이 없는 한 상대방에 대한 별도의 처분으로써 효력기간의 시기와 종기를 다시 정할 수 있다. 이는 당초의 제재적 행정처분이 유효함을 전제로 그 구체적인 집행시기만을 변경하는 후속 변경처분(일부 변경처분)이다. 이러한 후속 변경처분도 특별한 규정이 없는 한 의사표시에 관한 일반법리에 따라 상대방에게 고지되어야 효력이 발생한다. 위와 같은 후속 변경처분서에 효력기간의 시기와 종기를 다시 특정하는 대신 당초 제재적 행정처분의 집행을 특정 소송사건의 판결 시까지 유예한다고 기재되어 있다면, 처분의 효력기간은 원칙적으로 그 사건의 판결 선고 시까지 진행이 정지되었다가 판결이 선고되면 다시 진행된다. 다만 이러한 후속 변경처분 권한은 특별한 사정이 없는 한 당초의 제재적 행정처분의 효력이 유지되는 동안에만 인정된다. 당초의 제재적 행정처분에서 정한 효력기간이 경과하면 그로써 처분의 집행은 종료되어 처분의 효력이 소멸하는 것이므로(행정소송법 제12조 후문 참조), 그 후 동일한 사유로 다시 제재적 행정처분을 하는 것은 위법한 이중처분에 해당한다(대판 2022. 2. 11, 2021두40720).

법령위반에 대한 제재처분은 관할 행정청이 여러 가지 위반행위를 인지하였다면 명문의 규정이 없더라도 그 위반행위 전부에 대하여 일괄하여 하나의 제재처분을 하는 것이 원칙이다. 그리고, 관할 행정청이 여러 가지 위반행위 중 일부만 인지하여 제재처분을 하였는데 그 후 그 제재처분 시점 이전에 이루어진 다른 위반행위를 인지하여 이에 대하여 별도의 제재처분을 하게 되는 경우에도 종전 과징금 부과처분의 대상이 된 위반행위와 추가 과징금 부과처분의 대상이 된 위반행위에 대하여 일괄하여 하나의 과징금 부과처분을 하는 경우와의 형평을 고려하여 행정청이 전체 위반행위에 대하여 하나의 제재처분을 할 경우에 취할 정당한 제재처분에서 이미 취한 제재처분을 뺀 정도의 제재를 한도로 하여서만 추가 제재처분을 할 수 있다(판례).

> **판례1** [1] 구 여객자동차 운수사업법(2020. 3. 24. 법률 제17091호로 개정되기 전의 것) 제85조 제1항에 근거하여 사업정지처분을 갈음하는 과징금 부과처분에서 여러 가지 위반행위에 대하여 1회에 부과할 수 있는 과징금 총액의 최고한도액은 5,000만 원이라고 보는 것이 타당하다. [2] 관할 행정청이 여객자동차운송사업자의 여러 가지 위반행위를 인지하였다면 전부에 대하여 일괄하여 5,000만 원의 최고한도 내에서 하나의 과징금 부과처분을 하는 것이 원칙이고, 인지한 여러 가지 위반행위 중 일부에 대해서만 우선 과징금 부과처분을 하고 나머지에 대해서는 차후에 별도의 과징금 부과처분을 하는 것은 다른 특별한 사정이 없는 한 허용되지 않는다. [3] 관할 행정청이 여객자동차운송사업자가 범한 여러 가지 위반행위 중 일부만 인지하여 과징금 부과처분을 하였는데 그 후 과징금 부과처분 시점 이전에 이루어진 다른 위반행위를 인지하여 이에 대하여 별도의 과징금 부과처분을 하게 되는 경우에도 종전 과징금 부과처분의 대상이 된 위반행위와 추가 과징금 부과처분의 대상이 된 위반행위에 대하여 일괄하여 하나의 과징금 부과처분을 하는 경우와의 형평을 고려하여 추가 과징금 부과처분의 처분양정이 이루어져야 한다. 다시 말해, 행정청이 전체 위반행위에 대하여 하나의 과징금 부과처분을 할 경우에 산정되었을 정당한 과징금액에서 이미 부과된 과징금액을 뺀 나머지 금액을 한도로 하여서만 추가

과징금 부과처분을 할 수 있다. 행정청이 여러 가지 위반행위를 언제 인지하였느냐는 우연한 사정에 따라 처분상대방에게 부과되는 과징금의 총액이 달라지는 것은 그 자체로 불합리하기 때문이다(대판 2021. 2. 4, 2020두48390).

판례2   하도급법 제12조의3 제 3 항, 제25조의3 제 1 항 제 3 호, 개정 하도급법 시행령 제13조 제 1 항 [별표 2]의 내용과 체제 및 취지에 비추어 보면, 하도급법령은 위반행위별 과징금의 상한만을 정하면서 위반행위별 '과징금 산정기준'은 공정거래위원회가 위반행위의 횟수, 피해수급자의 수 등을 고려하여 합리적인 재량에 따라 정할 수 있도록 규정하고 있으므로 위반행위 유형별로 하나의 과징금을 산정하여야 한다. 따라서 OOOOOOO 기술자료 유용행위와 ㅁㅁㅁㅁㅁ 기술자료 유용행위는 모두 기술자료 유용행위라는 동일한 위반행위 유형에 해당하므로 위 각 행위에 대하여 각각 따로 과징금을 산정하여야 할 것은 아니다(대판 2022. 9. 16, 2020두47021).

판례3   구 건축사법시행규칙 제22조 제 3 항의 취지 및 건축사의 2 이상의 위반행위에 대하여 한 복수의 처분의 적부(소극): 구 건축사법시행규칙 제22조 제 3 항의 취지에 의하면 건축사가 2 이상의 위반행위를 한 경우에 이를 함께 처분을 함에 있어서는 각 위반행위에 대하여 별개의 처분을 할 것이 아니라 위반행위 전부에 대하여 하나의 처분을 하여야 한다고 해석할 것이고, 이와 같은 규정을 둔 것은 행정청이 2 이상의 위반행위에 대하여 하나의 처분을 할 것인지 또는 각 위반행위 별로 각개의 처분을 할 것인지를 자의적으로 결정할 수 있다고 한다면 행정에 대한 예측을 불가능하게 하여 국민의 법적 안정성과 신뢰를 저해할 뿐 아니라 평등의 원칙에도 반하기 때문이라 할 것이므로 행정청이 2 이상의 위반행위에 대하여 하나의 처분을 하지 않고 복수의 처분을 하는 것은 위법하다(대판 1991. 10. 25, 90누10148). <해설> 구건축사법시행규칙 제22조 제 1 항은 건축사사무소를 개설한 건축사가건축사법 제28조 제 1 항 제 6 호 내지 제 10 호에 해당하는 위반행위를 한 데에 대한 건축사사무소 등록취소 또는 건축사 업무정지처분의 기준을 정하고 있고, 위 시행규칙 제22조 제 3 항은 제 1 항의 규정에 의한 위반행위가 2 이상일 경우 그 위반행위가 모두 등록취소에 해당하는 때 또는 등록취소와 업무정지에 해당하는 때에는 등록취소에 의하며, 2 이상의 위반행위가 모두 업무정지에 해당하는 때에는 가장 중한 처분에 나머지 각 위반행위에 해당하는 업무정지의 기간의 2분의 1을 합산한 기간까지 가중하여 처분할 수 있고, 이 경우 그 합산한 기간이 1년을 초과하는 때에는 1년으로 한다고 규정하고 있다.

그러나, 위반행위별로 제재처분을 부과하여야 하는 경우도 있다. 예를 들면, 구 「중소기업 기술혁신 촉진법」상 복수의 연구개발과제에 각각의 참여제한사유가 있는 경우에는 연구개발과제별로 참여제한기간을 누적하여 처분할 수 있다(대판 2022. 7. 28, 2022두31822 [환수금등취소처분의소]).

② 행정법규 위반에 대하여 가하는 제재조치(영업정지 등)는 행정목적의 달성을 위하여 행정법규 위반이라는 객관적 사실에 착안하여 가하는 제재이므로 위반자의 의무 해태를 탓할 수 없는 정당한 사유가 있는 등의 특별한 사정이 없는 한 위반자에게 고의나 과실이 없다고 하더라도 부과될 수 있다(대판 2003. 9. 2, 2002두5177[건설업등록말소처분취소]; 대판 2017. 5. 11, 2014두8773; 자신의 직원이 채권추심과 관련하여 채무자 또는 관계인을 협박하는 것을 방지하지 못한 원고는 법령상 책임자로서 영업정지 처분의 부과대상이 된다고 본 사례; 2021. 2. 25, 2020두51587).

다만, 위반자의 고의 또는 과실은 제재처분시 고려하여야 한다(행정기본법 제22조 제 2 항, 행정기본법 시행령 제 3 조 제 1 호).

③ 제재의 본질상 위반자의 의무 해태를 탓할 수 없는 정당한 사유가 있는 경우까지

부과할 수 있는 것은 아니다(대판 2014. 12. 24, 2010두6700[부정당업자제재처분 등]). 달리 말하면 제재의 성격 및 비례의 원칙상 제재상대방에게 제재처분사유에 대해 제재처분을 할 수 없는 정당한 사유가 있으면 제재처분을 할 수 없다고 보아야 한다. 여기에서 '의무위반을 탓할 수 없는 정당한 사유'가 있는지를 판단할 때에는 본인이나 그 대표자의 주관적인 인식을 기준으로 하는 것이 아니라, 그의 가족, 대리인, 피용인 등과 같이 본인에게 책임을 객관적으로 귀속시킬 수 있는 관계자 모두를 기준으로 판단하여야 한다(대판 2021. 2. 25, 2020두51587[사업정지처분취소]).

> **판례1**   구 여객자동차 운수사업법 제88조 제 1 항의 과징금을 현실적인 행위자가 아닌 법령상 책임자에게부과할 수 있는지 여부(적극) 및 위반자의 의무 해태를 탓할 수 없는 정당한 사유가 있는 경우 과징금을 부과할 수 있는지 여부(소극): 구 여객자동차 운수사업법(2012. 2. 1. 법률 제11295호로 개정되기 전의 것) 제88조 제 1 항의 과징금부과처분(변형된 과징금)은 제재적 행정처분으로서 여객자동차 운수사업에 관한 질서를 확립하고 여객의 원활한 운송과 여객자동차 운수사업의 종합적인 발달을 도모하여 공공복리를 증진한다는 행정목적의 달성을 위하여 행정법규 위반이라는 객관적 사실에 착안하여 가하는 제재이므로 반드시 현실적인 행위자가 아니라도 법령상 책임자로 규정된 자에게 부과되고 원칙적으로 위반자의 고의·과실을 요하지 아니하나, 위반자의 의무 해태를 탓할 수 없는 정당한 사유가 있는 등의 특별한 사정이 있는 경우에는 이를 부과할수 없다(대판 2014. 10. 15, 2013두5005[과징금부과처분취소]).
>
> **판례2**   폐기물처리업자가 폐기물관리법령이 정한 재활용 기준을 위반하였더라도 자신이 생산한 부숙토를 제 3 자에게 제공하면서 그가 그 부숙토를 폐기물관리법령이 허용하지 않는 방식으로 사용하리라는 점을 예견하거나 결과 발생을 회피하기 어렵다고 인정할 만한 특별한 사정이 있어 폐기물처리업자의 의무위반을 탓할 수 없는 정당한 사유가 있는 경우에는 폐기물처리업자에 대하여 제재처분을 할 수 없다고 보아야 한다. 여기에서 '의무위반을 탓할 수 없는 정당한 사유'가 있는지를 판단할 때에는 폐기물처리업자 본인이나 그 대표자의 주관적인 인식을 기준으로 하는 것이 아니라, 그의 가족, 대리인, 피용인 등과 같이 본인에게 책임을 객관적으로 귀속시킬 수 있는 관계자 모두를 기준으로 판단하여야 한다(대판 2020. 5. 14, 2019두63515).
>
> **판례3**   구 국민건강보험법과 의료급여법은 요양기관 등의 서류제출명령에 응할 의무와 서류보존의무를 별도로 규정하면서 각각의 위반 정도를 달리 보고 있다. 따라서 위와 같은 규정들의 내용, 체계와 함께 서류제출명령의 실효성 제고 등을 위한 구 국민건강보험법 및 의료급여법의 입법 취지 등을 종합하면, 요양기관 등이 이미 서류보존의무를 위반하여 급여 관계 서류를 보존하고 있지 않음을 이유로 서류제출명령에 응할 수 없는 경우에는 처분청이 요양기관 등에게 서류제출명령 불이행을 이유로 제재를 할 수 없음이 원칙이지만, 요양기관 등이 서류제출명령을 받을 것을 예상하였거나 실제 서류제출명령이 부과되었음에도 이를 회피할 의도에서 급여 관계 서류를 폐기하는 경우에는 처분청이 요양기관 등에게 서류제출명령 불이행을 이유로 제재처분을 부과할 수 있다(대판 2023. 12. 21, 2023두42904[업무정지처분 취소]).

Ⅳ. 제재처분시 고려사항

행정청은 재량이 있는 제재처분을 할 때에는 다음 각 호의 사항을 고려하여야 한다. 1. 위반 행위의 동기, 목적 및 방법, 2. 위반행위의 결과, 3. 위반행위의 횟수, 4. 그 밖에 제 1 호부터 제 3 호까지에 준하는 사항으로서 대통령령(행정기본법 시행령 제 3 조)으로 정하는 사항(1. 위반행위자의 귀책사유 유무와 그 정도, 2. 위반행위자의 법 위반상태 시정·해소를 위한 노력 유무)(행정기본법 제22조 제 2 항).

V. 제재처분과 형벌의 병과

행정처분과 형벌은 각각 그 권력적 기초, 대상, 목적이 다르다. 일정한 법규 위반 사실이 행정처분의 전제사실이자 형사법규의 위반 사실이 되는 경우에 동일한 행위에 관하여 독립적으로 행정처분이나 형벌을 부과하거나 이를 병과할 수 있다. 법규가 예외적으로 형사소추 선행 원칙을 규정하고 있지 않은 이상 형사판결 확정에 앞서 일정한 위반사실을 들어 행정처분을 하였다고 하여 절차적 위반이 있다고 할 수 없다(대판 2017. 6. 19, 2015두59808[감사결과통보처분취소]: 자신의 직원이 채권추심과 관련하여 채무자 또는 관계인을 협박하는 것을 방지하지 못한 원고(대부업의 등록을 한 법인)는 법령상 책임자로서 영업정지 처분의 부과대상이 된다고 본 사례).

VI. 제재처분의 제척기간(2023.3.23부터 시행)

행정청은 법령등의 위반행위가 종료된 날부터 5년이 지나면 해당 위반행위에 대하여 제재처분(인허가의 정지·취소·철회, 등록 말소, 영업소 폐쇄와 정지를 갈음하는 과징금 부과만을 말한다. 이하 이 조에서 같다)을 할 수 없다(행정기본법 제23조 제 1 항).

다만, 다음 각 호의 어느 하나에 해당하는 경우에는 제 1 항을 적용하지 아니한다. 1. 거짓이나 그 밖의 부정한 방법으로 인허가를 받거나 신고를 한 경우, 2. 당사자가 인허가나 신고의 위법성을 알고 있었거나 중대한 과실로 알지 못한 경우, 3. 정당한 사유 없이 행정청의 조사·출입·검사를 기피·방해·거부하여 제척기간이 지난 경우, 4. 제재처분을 하지 아니하면 국민의 안전·생명 또는 환경을 심각하게 해치거나 해칠 우려가 있는 경우(행정기본법 제23조 제 2 항).

행정청은 제1항에도 불구하고 행정심판의 재결이나 법원의 판결에 따라 제재처분이 취소·철회된 경우에는 재결이나 판결이 확정된 날부터 1년(합의제행정기관은 2년)이 지나기 전까지는 그 취지에 따른 새로운 제재처분을 할 수 있다(행정기본법 제23조 제 3 항).

다른 법률에서 제 1 항 및 제 3 항의 기간보다 짧거나 긴 기간을 규정하고 있으면 그 법률에서 정하는 바에 따른다(행정기본법 제23조 제 4 항).

1. 제척기간의 적용대상인 제재처분

행정기본법 제23조의 제척기간의 적용대상은 '법령등의 위반행위에 대한 제재처분'인데, 행정기본법 제 2 조 제 5 호의 제재처분 중 '인허가의 정지·취소·철회, 등록 말소, 영업소 폐쇄와 정지를 갈음하는 과징금 부과'만에 한정된다.

2. 기산일 및 기간

제척기간의 기산일은 '법령등의 위반행위가 종료된 날'이다. 계속적 위반행위의 경우에는 그 위반행위가 종료된 날이다. 법령등의 위반행위(예, 건축법을 위반하는 건축행위)가 있은 후 그 위반상태(예, 건축법의 위반상태)가 여전히 계속되고 있는 경우에는 법령등의 위반행위가 종료된 것으로 볼 수 없으므로 제척기간은 진행되지 않는 것으로 보아야 한다(법제처, 행정기본법 해설서, 237면). 법령 위반으로 위법상태가 계속되는 경우 시정명령의 제척기간 기산점이 되는 위반행위 종료일은 위법상태가 종료된 때라는 판례(대판 2022. 3. 17, 2019두35978)가 있다.

제척기간은 원칙상 기산일로부터 '5년'이다. 다만, 제척기간내의 제재처분에 대한 행정심판의 취소재결이나 법원의 취소·무효확인판결의 기속력에 따라 새로운 제재처분을 하는 경우에는 재결이나 판결이 확정된 날부터 1년(합의제행정기관은 2년)이 지나기 전까지는 그 취지에 따른 새로운 제재처분을 할 수 있다(행정기본법 제23조 제 3 항). 그리고. 다른 법률에서 제 1 항 및 제 3 항의 기간보다 짧거나 긴 기간을 규정하고 있으면 그 법률에서 정하는 바에 따른다(행정기본법 제23조 제 4 항).

그리고, 행정청은 제 1 항 및 제 4 항에도 불구하고 제 1 항 및 제 4 항에 따른 기간이 끝나기 전에 「행정절차법」제21조에 따른 처분의 사전 통지로 제재처분의 절차(다른 법률에 그에 관한 특별한 규정이 있는 경우에는 해당 법률에 따른 제재처분의 절차를 포함한다)가 시작된 경우에는 제 1 항 또는 제 4 항에 따른 기간이 끝나는 날부터 1년이 지나기 전까지는 제재처분을 할 수 있다(행정기본법 개정안 제23조 제 5 항 신설).

3. 제척기간의 적용 및 효과

제척기간은 강행규정이므로 임의로 그 적용 여부를 결정할 수 없다. 그리고 제척기간의 경과 여부는 법원의 직권조사사항이므로 처분의 상대방이 제척기간의 경과를 주장하지 않더라도 법원은 직권으로 제척기간의 경과 여부를 조사하여 적용하여야 한다(법제처, 행정기본법 해설서, 230면).

제척기간이 경과하면 행정청은 법령등의 위반행위가 있었더라도 해당 제재처분을 할 수 없다.

4. 제척기간의 적용제외

다음 각 호의 어느 하나에 해당하는 경우에는 제척기간을 적용하지 아니한다. 1. 거짓이나 그 밖의 부정한 방법으로 인허가를 받거나 신고를 한 경우, 2. 당사자가 인허가나 신고의 위법성을 알고 있었거나 중대한 과실로 알지 못한 경우, 3. 정당한 사유 없이 행정청의 조사·출입·검사를 기피·방해·거부하여 제척기간이 지난 경우, 4. 제재처분을 하지 아니하면 국민의 안전·생명 또는 환경을 심각하게 해치거나 해칠 우려가 있는 경우(행정기본법 제23조 제 2 항).

제 7 항 그 밖의 행정의 실효성 확보수단

기타 행정의 실효성 확보수단으로는 행정법규 위반자에 대한 국외여행제한(출입국관리법 제 4 조), 행정법규 위반에 사용된 차량의 사용정지, 취업제한(병역법 제76조)과 고액·상습체납자의 감치(국세징수법 제7조의5)와 행정법규위반행위신고포상금제 등이 있다.

행정절차

제1절 행정절차의 의의

보통 **행정절차**(行政節次)라 함은 행정활동을 함에 있어서 거치는 사전통지, 의견청취, 이유제시 등 사전절차만을 가리킨다.

행정절차는 행정의 절차적 통제, 행정에 대한 이해관계인 등 국민의 참여, 국민의 권익에 대한 침해의 예방 등의 기능을 갖는다.

제2절 행정절차의 헌법적 근거

Ⅰ. 적법절차의 원칙

적법절차(適法節次)의 원칙이라 함은 국가권력이 개인의 권익을 제한하는 경우에는 개인의 권익을 보호하기 위한 적정한 절차를 거쳐야 한다는 원칙을 말한다.

Ⅱ. 적법절차의 원칙과 행정절차

헌법 제12조 제1항에서 규정하고 있는 적법절차의 원칙은 형사소송절차에 국한되지 아니하고 모든 국가작용 전반에 대하여 적용된다(헌재 1992. 12. 24, 92헌가8 결정 등; 대판 2014. 6. 26, 2012두911).

적법절차는 헌법적 효력을 가지며 행정절차에도 적용되므로 만약 **적법한 행정절차규**정이 없는 경우 또는 절차규정이 적법절차의 원칙에 반하는 경우 적법절차의 원칙이 직접 적용되어 적법절차에 따르지 않은 행정처분은 절차상 위법하게 된다.

예를 들면, 허가의 취소에 있어 적법절차의 원칙상 정식청문절차가 요구됨에도 정식청문절차를 정하는 개별법규정이 없어 정식청문절차를 거치지 않고 의견제출의 기회만 주었다면 당해 허가취소는 절차상 하자가 있다.

판례 [1] 판례는 여기에서 한발 더 나아가 설령 부가가치세법과 같이 개별 세법에서 납세고지에 관한 별도의 규정을 두지 않은 경우라 하더라도 해당 본세의 납세고지서에 국세징수법 제 9 조 제 1 항이 규정한 것과 같은 세액의 산출근거 등이 기재되어 있지 않다면 그 과세처분은 적법하지 않다고 한다. 말하자면 개별 세법에 납세고지에 관한 별도의 규정이 없더라도 국세징수법이 정한 것과 같은 납세고지의 요건을 갖추지 않으면 안 된다는 것이고, 이는 적법절차의 원칙이 과세처분에도 적용됨에 따른 당연한 귀결이다. [2] 가산세 부과처분에 관해서는 국세기본법이나 개별 세법 어디에도 그 납세고지의 방식 등에 관하여 따로 정한 규정이 없다. 그러나 가산세는 비록 본세의 세목으로 부과되기는 하지만(국세기본법 제47조 제 2 항 본문), 그 본질은 과세권의 행사와 조세채권의 실현을 용이하게 하기 위하여 세법에 규정된 의무를 정당한 이유 없이 위반한 납세의무자 등에게 부과하는 일종의 행정상 제재라는 점에서 적법절차의 원칙은 더 강하게 관철되어야 한다. …그러므로 가산세 부과처분이라고 하여 그 종류와 세액의 산출근거 등을 전혀 밝히지 않고 가산세의 합계액만을 기재한 경우에는 그 부과처분은 위법함을 면할 수 없다(대판 전원합의체 2012. 10. 18, 2010두12347[증여세부과처분취소]).

제 3 절 행정절차법의 기본구조와 적용범위

I. 행정절차법의 기본구조

행정절차법은 처분절차, 신고절차, 확약, 위반사실의 공표, 행정계획, 행정상 입법예고절차, 행정예고절차, 행정지도절차를 규율대상으로 하고 있다. 그 중에서 처분절차가 중심적인 내용이 되고 있다.

다만, 행정계획도 행정예고의 대상이 되며 행정계획이 입법의 형식을 띠는 경우에는 행정상 입법예고절차가 적용되고 행정처분의 성질을 띠는 경우에는 처분절차가 적용된다.

현행 행정절차법은 행정조사절차 및 행정계약절차는 규정하고 있지 않다. 행정입법절차도 입법안의 예고와 임의적 의견제출절차를 규정하고 있을 뿐이다. 또한 자료의 열람을 정식청문의 경우에 한하여 제한적으로 인정하고 있는 점도 문제점으로 지적되고 있다.

행정절차법은 주로 절차적 규정을 두고 있고, 아주 예외적으로만 실체법규정(신의성실의 원칙과 신뢰보호의 원칙)을 두고 있다.

II. 행정절차법의 적용범위 [2018 행시]

행정절차법 제 3 조는 행정절차법의 적용범위를 규정하고 있다.

① 행정절차에 관하여 다른 법률에 특별한 규정이 있는 경우에는 행정절차법이 배제된다. 이는 특별법우선의 원칙을 선언한 것으로 당연한 규정이다. 행정절차법이 배제되는 것은 다른 '법률'에 특별한 규정을 둔 경우이다. 민원사무처리에 관한 법률은 신청절차에 관하여 행정절차법의 특별법이고, 전자정부법은 전자행정절차에 관하여 행정절차법의 특

별법이다. 행정절차에 대하여 특별한 규정을 두고 있는 규정이 법률이 아닌 명령인 경우에는 상위법 우선의 원칙에 의해 당해 명령이 아니라 행정절차법이 적용된다.

② 또한, 행정절차법은 다음 각 호의 1에 해당하는 사항에 대하여는 적용되지 아니한다:

1. 국회 또는 지방의회의 의결을 거치거나 동의 또는 승인을 얻어 행하는 사항, 2. 법원 또는 군사법원의 재판에 의하거나 그 집행으로 행하는 사항, 3. 헌법재판소의 심판을 거쳐 행하는 사항, 4. 각급 선거관리위원회의 의결을 거쳐 행하는 사항, 5. 감사원이 감사위원회의 결정을 거쳐 행하는 사항, 6. 형사·행형 및 보안처분 관계법령에 의하여 행하는 사항, 7. 국가안전보장·국방·외교 또는 통일에 관한 사항 중 행정절차를 거칠 경우 국가의 중대한 이익을 현저히 해할 우려가 있는 사항, 8. 심사청구·해난심판·조세심판·특허심판·행정심판 기타 불복절차에 의한 사항, 9. 병역법에 의한 징집·소집, 외국인의 출입국·난민인정·귀화, 공무원 인사 관계법령에 의한 징계 기타 처분 또는 이해조정을 목적으로 법령에 의한 알선·조정·중재·재정 기타 처분 등 당해 행정작용의 성질상 행정절차를 거치기 곤란하거나 불필요하다고 인정되는 사항과 행정절차에 준하는 절차를 거친 사항으로서 대통령령으로 정하는 사항.

이에 따라 행정절차법시행령 제 2 조는 행정절차법의 적용제외사항을 정하고 있다.

판례는 공무원 인사관계 법령에 의한 처분에 관한 사항 또는 '외국인의 출입국에 관한 사항'이라 하더라도 전부에 대하여 행정절차법의 적용이 배제되는 것이 아니라, 성질상 행정절차를 거치기 곤란하거나 불필요하다고 인정되는 처분이나 행정절차에 준하는 절차를 거치도록 하고 있는 처분의 경우에만 행정절차법의 적용이 배제되는 것으로 보아야 한다고 한다(대판 2007. 9. 21, 2006두20631; 2013. 1. 16, 2011두30687).

판례1 **행정절차법의 적용이 배제되지 않는다고 한 사례:** 진급낙천처분(대판 2007. 9. 21, 2006두20631: 군인사법령에 의하여 진급예정자명단에 포함된 자에 대하여 의견제출의 기회를 부여하지 아니한 채 진급선발을 취소하는 처분을 한 것이 절차상 하자가 있어 위법하다고 한 사례), 별정직공무원에 대한 직권면직처분(대판 2013. 1. 16, 2011두30687), 육군3사관학교의 사관생도에 대한 징계처분(대판 2018. 3. 13, 2016두33339), 외국인의 사증발급 신청에 대한 거부처분(대판 2019. 7. 11, 2017두38874).

판례2 **행정절차법의 적용이 배제된다고 한 사례:** 국가공무원법상 직위해제처분(대판 2014. 5. 16, 2012두26180). 구 국적법 제 5 조 각호와 같이 귀화는 요건이 항목별로 구분되어 구체적으로 규정되어 있다. 그리고 성질상 행정절차를 거치기 곤란하거나 거칠 필요가 없다고 인정되어 처분의 이유제시 등을 규정한 행정절차법이 적용되지 않는다(제 3 조 제 2 항 제 9 호). 귀화의 이러한 특수성을 고려하면, 귀화의 요건인 구 국적법 제 5 조 각호 사유 중 일부를 갖추지 못하였다는 이유로 행정청이 귀화 신청을 받아들이지 않는 처분을 한 경우에 '그 각호 사유 중 일부를 갖추지 못하였다는 판단' 자체가 처분의 사유가 된다(대판 2018. 12. 13, 2016두31616[귀화불허결정취소]).

국가에 대한 행정처분을 함에 있어서도 사전 통지, 의견청취, 이유 제시와 관련한 행정절차법 제21조 내지 제23조가 적용된다(판례).

> **판례** 행정절차법 제 2 조 제 4 호에 의하면, '당사자 등'이란 행정청의 처분에 대하여 직접 그 상대가 되는 당사자와 행정청이 직권 또는 신청에 의하여 행정절차에 참여하게 한 이해관계인을 의미하는데, 같은 법 제 9 조에서는 자연인, 법인, 법인 아닌 사단 또는 재단 외에 '다른 법령등에 따라 권리·의무의 주체가 될 수 있는 자' 역시 '당사자 등'이 될 수 있다고 규정하고 있을 뿐, 국가를 '당사자 등'에서 제외하지 않고 있다. 또한 행정절차법 제 3 조 제 2 항에서 행정절차법이 적용되지 아니하는 사항을 열거하고 있는데, '국가를 상대로 하는 행정행위'는 그 예외사유에 해당하지 않는다. 위와 같은 행정절차법의 규정과 행정의 공정성·투명성 및 신뢰성 확보라는 행정절차법의 입법취지 등을 고려해보면, 행정기관의 처분에 의하여 불이익을 입게 되는 국가를 일반 국민과 달리 취급할 이유가 없다. 따라서 국가에 대한 행정처분을 함에 있어서도 앞서 본 사전 통지, 의견청취, 이유 제시와 관련한 행정절차법이 그대로 적용된다고 보아야 한다(대판 2023. 9. 21, 2023두39724[국가에 대한 텔레비전수신료부과처분취소]).

제 4 절 행정절차법의 내용

행정절차법은 한편으로는 모든 행정작용에 공통적으로 적용되는 사항 및 절차를 정하고, 다른 한편으로는 행정처분, 입법, 행정지도 등 행위형식별로 거쳐야 할 행정절차를 정하고 있다.

제 1 항 공통사항 및 공통절차

Ⅰ. 신의성실 및 신뢰보호(제 4 조)

행정청은 직무를 수행할 때 신의(信義)에 따라 성실히 하여야 한다(제 4 조 제 1 항). 행정청은 법령등의 해석 또는 행정청의 관행이 일반적으로 국민들에게 받아들여졌을 때에는 공익 또는 제 3 자의 정당한 이익을 현저히 해칠 우려가 있는 경우를 제외하고는 새로운 해석 또는 관행에 따라 소급하여 불리하게 처리하여서는 아니 된다(제 4 조 제 2 항).

Ⅱ. 투명성원칙과 법령해석요청권

행정청이 행하는 행정작용은 그 내용이 구체적이고 명확하여야 한다(제 5 조 제 1 항). 행정작용의 근거가 되는 법령 등의 내용이 명확하지 아니한 경우 상대방은 해당 행정청에 그 해석을 요청할 수 있다. 이 경우 해당 행정청은 특별한 사유가 없으면 그 요청에 따라야 한다(제 2 항). 행정청은 상대방에게 행정작용과 관련된 정보를 충분히 제공하여야 한다(제 3 항). 전술한 바와 같이 행정기본법 및 법제업무운영규정은 법제처 등에 대한 중앙행정기관의 장, 지방자치단체의 장 및 민원인의 법령해석요청을 규정하고 있다.

민원인은 법령 소관 중앙행정기관의 장의 법령해석이 법령에 위반된다고 판단되는 경우에는 총리령으로 정하는 바에 따라 해당 법령 소관 중앙행정기관의 장에게 법령해석 기관에 법령해석을 요청하도록 의뢰하거나 법령 소관 중앙행정기관의 장의 법령해석 의견을 덧붙여 직접 법령해석기관에 법령해석을 요청할 수 있다. 다만, 법무부장관이 민사·상사·형사, 행정소송, 국가배상 관계 법령 및 법무부 소관 법령에 대하여 법령해석을 한 경우는 제외한다(「법제업무 운영규정」 제26조 제 7 항).

Ⅲ. 행정청의 관할

행정절차법은 관할 행정청에의 이송제도와 행정청의 관할의 결정에 관한 규정을 두고 있다(제 6 조).

Ⅳ. 행정청간의 협조의무 및 행정응원

행정절차법은 행정청간의 협조의무와 행정청 상호간의 행정응원에 대하여 규정하고 있다(제 7 조, 제 8 조).

Ⅴ. 행정절차의 '당사자 등'

행정절차법상 '당사자 등'이라 함은 행정청의 처분에 대하여 직접 그 상대가 되는 당사자와 행정청이 직권 또는 신청에 의하여 행정절차에 참여하게 한 이해관계인을 말한다(제 2 조 제 4 호).

1. '당사자 등'의 자격(제 9 조)

다음의 1에 해당하는 자는 행정절차에 있어서 당사자 등이 될 수 있다: ① 자연인, ② 법인 또는 법인 아닌 사단이나 재단(이하 '법인 등'이라 한다), ③ 기타 다른 법령 등에 의하여 권리의무의 주체가 될 수 있는 자.

명문의 규정은 없지만 외국인도 행정절차에 있어서 당사자가 될 수 있다.

2. '당사자 등'의 지위의 승계(제10조)

당사자등이 사망하였을 때의 상속인과 다른 법령등에 따라 **당사자등의 권리 또는 이익을 승계한 자**는 당사자등의 지위를 승계한다(제10조 제 1 항). 당사자등인 법인등이 합병하였을 때에는 합병 후 존속하는 법인등이나 합병 후 새로 설립된 법인등이 당사자등의 지위를 승계한다(제 2 항). 제 1 항 및 제 2 항에 따라 당사자등의 지위를 승계한 자는 행정청에 그 사실을 통지하여야 한다(제 3 항). 처분에 관한 권리 또는 이익을 사실상 양수한 자는 행정청의 승인을 받아 당사자등의 지위를 승계할 수 있다(제4항). 제3항에 따른 통지가 있을 때까지 사망자 또는 합병 전의 법인등에 대하여 행정청이 한 통지는 제1항 또는 제2항에 따라 당사자등의 지위를 승계한 자에게도 효력이 있다(제5항).

3. '당사자 등'의 대표자 선정(제11조)

다수의 당사자등이 공동으로 행정절차에 관한 행위를 할 때에는 대표자를 선정할 수 있다(제11조 제1항). 대표자가 있는 경우에는 당사자등은 그 대표자를 통하여서만 행정절차에 관한 행위를 할 수 있다(제5항). 다수의 대표자가 있는 경우 그중 1인에 대한 행정청의 행위는 모든 당사자등에게 효력이 있다. 다만, 행정청의 통지는 대표자 모두에게 하여야 그 효력이 있다(제6항).

4. '당사자 등'의 대리인 선정(제12조)

당사자등은 다음의 어느 하나에 해당하는 자를 대리인으로 선임할 수 있다. ① 당사자등의 배우자, 직계 존속·비속 또는 형제자매, ② 당사자등이 법인등인 경우 그 임원 또는 직원, ③ 변호사, ④ 행정청 또는 청문 주재자(청문의 경우만 해당한다)의 허가를 받은 자, ⑤ 법령등에 따라 해당 사안에 대하여 대리인이 될 수 있는 자(제12조 제1항).

대리인은 각자 그를 대리인으로 선정한 당사자등을 위하여 행정절차에 관한 모든 행위를 할 수 있다. 다만, 행정절차를 끝맺는 행위에 대하여는 당사자등의 동의를 받아야 한다(행정절차법 제12조 제2항, 제11조 제4항).

5. 행정절차에서 변호인의 조력을 받을 권리

기본권으로서의 변호인의 조력을 받을 권리는 원칙상 형사절차에서 보장되고, 행정절차에서는 원칙상 변호인의 조력을 받을 권리가 기본권으로 보장되지는 않는다. 다만, 헌법 제12조 제4항 본문에 규정된 피구속인의 변호인의 조력을 받을 권리는 행정절차에도 적용된다(헌재 2018. 5. 31, 2014헌마346: 인천국제공항 송환대기실에 수용된 난민에게 변호인의 조력을 받을 권리를 인정한 사례).

그리고, 법령에서 행정절차에서 변호인 등 전문가의 조력을 받을 권리를 규정하는 것은 가능하다. 예를 들면, 행정조사기본법 제23조 제2항은 "조사대상자는 법률·회계 등에 대하여 전문지식이 있는 관계 전문가로 하여금 행정조사를 받는 과정에 입회하게 하거나 의견을 진술하게 할 수 있다."고 규정하고 있고, 행정절차법 제12조 제1항에 따르면 당사자등은 변호인 등을 대리인으로 선임할 수 있다. 다만, 대리인이 선임된 경우에도 진술 당사자 본인의 진술이 필요한 경우에는 헌법과 법률에 반하지 않는 한 변호인에 의한 대리 진술을 인정하지 않는 것도 가능하다고 보아야 한다.

Ⅵ. 송   달

행정절차법은 제14조 내지 제16조에서 행정기관의 송달(送達)에 대하여 규정하고 있
는데, 이에 관하여는 행정행위의 효력발생시기와 관련하여 전술하였다.

제 2 항   처분절차

행정절차법상 '처분'이라 함은 행정청이 행하는 구체적 사실에 관한 법집행으로서의
공권력의 행사 또는 그 거부와 기타 이에 준하는 행정작용을 말한다(제2조 제1호). 이러
한 행정절차법상의 처분개념규정은 행정쟁송법상의 그것과 동일하다.

처분절차에 관한 행정절차법의 규정에는 한편으로 침해적 처분과 수익적 처분에 공
통적으로 적용되는 규정이 있고, 다른 한편으로 침해적 처분 또는 신청에 의한 처분에만
적용되는 규정이 있다. 처분기준의 설정·공표, 이유제시, 처분의 방식, 고지 등은 공통절
차이고, 신청절차는 신청에 의한 처분절차를 규율하는 절차이며 의견진술절차는 원칙상
침해적 처분절차를 규율하는 절차이다.

Ⅰ. 처분기준의 설정·공표(제20조) [2006 행시 사례 약술형]

1. 처분기준공표의 의의

처분기준(處分基準)의 설정·공표는 행정청의 자의적인 권한행사를 방지하고 행정의
통일성을 기하며 처분의 상대방에게 예측가능성을 부여하기 위하여 요청된다.

2. 처분기준의 설정·공표의무

행정청은 필요한 처분기준을 당해 처분의 성질에 비추어 될 수 있는 한 구체적으로
정하여 공표하여야 한다. 처분기준을 변경하는 경우에도 또한 같다(제20조 제1항). 「행정
기본법」 제24조에 따른 인허가의제 처분의 경우 관련 인허가 행정청은 관련 인허가의 처
분기준을 주된 인허가 행정청에 제출하여야 하고, 주된 인허가 행정청은 제출받은 관련
인허가의 처분기준을 통합하여 공표하여야 한다. 처분기준을 변경하는 경우에도 또한 같
다(제2항).

제1항에 따른 처분기준을 공표하는 것이 해당 처분의 성질상 현저히 곤란하거나 공
공의 안전 또는 복리를 현저히 해치는 것으로 인정될 만한 상당한 이유가 있는 경우에는
처분기준을 공표하지 아니할 수 있다(제20조 제2항).

> **판례**　처분의 성질상 처분기준을 미리 공표하는 경우 행정목적을 달성할 수 없게 되거나 행정청에
> 일정한 범위 내에서 재량권을 부여함으로써 구체적인 사안에서 개별적인 사정을 고려하여 탄력적으로
> 처분이 이루어지도록 하는 것이 오히려 공공의 안전 또는 복리에 더 적합한 경우도 있다. 그러한 경우
> 에는 행정절차법 제20조 제 2 항에 따라 처분기준을 따로 공표하지 않거나 개략적으로만 공표할 수도
> 있다(대판 2019. 12. 13, 2018두41907).

　　처분기준에는 법령과 행정규칙(재량준칙, 해석규칙 등)이 있다. 인공지능에 따른 처분의 경우 알고
리즘은 처분의 기준을 포함하므로 처분의 기준에 해당하는 부분은 공표하여야 한다. 법령
에서 이미 구체적인 처분기준이 설정되어 있는 경우에는 처분기준을 행정규칙으로 제정할
의무는 없다.

3. 설정·공표의무 위반의 효과

　　처분기준을 설정하여야 함에도 설정하지 않거나 설정된 처분기준이 구체적이지 못한
경우 그리고 처분기준을 공표하지 않은 경우에 그 하자는 관련 행정처분의 독립된 취소사
유가 될 것인가에 대하여는 논란의 여지가 있다.

　　부정하는 견해는 처분기준이 불비된 경우가 적지 않은 현재의 상황하에서 즉시 모든
경우에 처분기준을 설정한다는 것은 어려울 것이므로 처분기준설정의무는 명문의 규정은
없지만 일본 행정절차법에서와 같이 노력의무 또는 성실의무로 보아야 한다는 데 근거할
수 있다.

　　그러나, 우리나라의 행정절차법은 일본 행정절차법과 달리, '…하여야 한다'라고 규정
하고 있고 처분기준 설정의무의 예외를 규정하고 있으므로 제20조 제 1 항은 의무규정으
로 보아야 한다. 따라서, 처분기준 불비의 하자는 절차의 하자가 되며 독립된 취소사유가
된다고 보아야 한다.

　　판례에 따르면 행정청이 행정절차법 제20조 제 1 항의 처분기준 사전공표 의무를 위
반하여 미리 공표하지 아니한 기준을 적용하여 처분을 하였다고 하더라도, 그러한 사정만
으로 곧바로 해당 처분에 취소사유에 이를 정도의 흠이 존재한다고 볼 수는 없다(부정설).
다만 해당 처분에 적용한 기준이 상위법령의 규정이나 신뢰보호의 원칙 등과 같은 법의
일반원칙을 위반하였거나 객관적으로 합리성이 없다고 볼 수 있는 구체적인 사정이 있다
면 해당 처분은 위법하다고 평가할 수 있다. 구체적인 이유는 다음과 같다. ① 행정청이
행정절차법 제20조 제 1 항에 따라 정하여 공표한 처분기준은, 그것이 해당 처분의 근거
법령에서 구체적 위임을 받아 제정·공표되었다는 특별한 사정이 없는 한, 원칙적으로 대
외적 구속력이 없는 행정규칙에 해당한다. ② 처분이 적법한지는 행정규칙에 적합한지 여
부가 아니라 상위법령의 규정과 입법 목적 등에 적합한지 여부에 따라 판단해야 한다. 처
분이 행정규칙을 위반하였다고 하여 그러한 사정만으로 곧바로 위법하게 되는 것은 아니

고, 처분이 행정규칙을 따른 것이라고 하여 적법성이 보장되는 것도 아니다. 행정청이 미리 공표한 기준, 즉 행정규칙을 따랐는지 여부가 처분의 적법성을 판단하는 결정적인 지표가 되지 못하는 것과 마찬가지로, 행정청이 미리 공표하지 않은 기준을 적용하였는지 여부도 처분의 적법성을 판단하는 결정적인 지표가 될 수 없다. ③ 행정청이 정하여 공표한 처분기준이 과연 구체적인지 또는 행정절차법 제20조 제 2 항에서 정한 처분기준 사전 공표 의무의 예외사유에 해당하는지는 일률적으로 단정하기 어렵고, 구체적인 사안에 따라 개별적으로 판단하여야 한다. 만약 행정청이 행정절차법 제20조 제 1 항에 따라 구체적인 처분기준을 사전에 공표한 경우에만 적법하게 처분을 할 수 있는 것이라고 보면, 처분의 적법성이 지나치게 불안정해지고 개별법령의 집행이 사실상 유보·지연되는 문제가 발생하게 된다(대판 2020. 12. 24, 2018두45633).

4. 처분기준에 대한 당사자 등의 해석·설명요청권(제3항)

당사자 등은 공표된 처분기준이 불명확한 경우 당해 행정청에 대하여 그 해석 또는 설명을 요청할 수 있다. 이 경우 당해 행정청은 특별한 사정이 없는 한 이에 응하여야 한다(제20조 제 3 항).

5. 처분기준의 구속력과 신뢰보호

처분기준이 해석규칙, 재량준칙 등 행정규칙인 경우 처분기준의 구속력은 행정규칙의 구속력의 문제가 된다.

자기구속의 원칙의 요건이 충족되면 자기구속의 원칙에 따라 처분기준은 대외적 구속력을 갖게 된다. 자기구속의 원칙이 인정되지 않는 경우에도 행정기준을 신뢰한 국민의 신뢰는 보호되어야 한다. 특히, 행정절차법 제20조 제 3 항에 따라 당사자의 요청에 의해 주어진 처분기준의 해석 또는 설명에 대한 당사자의 신뢰는 보호되어야 한다.

Ⅱ. 처분의 이유제시 [2016 감평 사례]

1. 처분의 이유제시의 의의

이유제시(理由提示)라 함은 행정청이 처분을 함에 있어 처분의 근거와 이유를 제시하는 것을 말한다. 이유제시를 이유부기(理由附記)라고도 한다.

2. 필요성(기능)

처분의 근거 및 이유제시 제도의 취지는 행정청의 자의적 결정을 배제하고 당사자로 하여금 행정구제절차에서 적절히 대처할 수 있도록 하는 것이다(대판 2019. 1. 31, 2016두

64975). 즉, 처분에 이유(理由)를 제시하도록 하는 것은 한편으로는 행정이 보다 신중하고 공정하게 행해지도록 하기 위한 것이고, 다른 한편으로는 상대방이 처분에 대하여 쟁송을 제기하고자 하는 경우 쟁송제기 여부의 판단 및 쟁송준비에 편의를 제공하기 위한 것이다.

3. 이유제시의무 대상처분

행정절차법은 원칙상 모든 행정처분에 있어서 처분의 근거와 이유를 제시하도록 하고 있다. 다만, 다음의 1에 해당하는 경우 이유제시의무가 면제되고 있다: ① 신청내용을 모두 그대로 인정하는 처분인 경우, ② 단순·반복적인 처분 또는 경미한 처분으로서 당사자가 그 이유를 명백히 알 수 있는 경우, ③ 긴급을 요하는 경우(제23조 제1항). 그러나, 행정청은 제1항 제2호 및 제3호의 경우에 처분 후 당사자가 요청하는 경우에는 그 근거와 이유를 제시하도록 하고 있다(제2항).

4. 이유제시의무의 내용

이유제시의무가 있는 경우 행정청은 당사자에게 처분의 근거와 이유를 제시하여야 한다(제23조 제1항 본문). 이 경우 행정청은 처분의 원인이 되는 사실과 근거가 되는 법령 또는 자치법규의 내용을 구체적으로 명시하여야 한다(행정절차법 시행령 제14조의2).

행정청은 처분의 주된 법적 근거 및 사실상의 사유를 어떠한 근거와 이유로 처분이 이루어진 것인지를 충분히 알 수 있을 정도로 명확하고 구체적으로 제시하여야 한다. 처분의 사실상의 사유가 추상적으로만 제시된 경우와 같이 처분의 이유제시가 불충분한 경우에는 이유제시의무를 이행한 것이 되지 않는다.

다만, 처분을 하면서 당사자가 그 근거를 알 수 있을 정도로 이유를 제시한 경우(즉 처분서에 기재된 내용과 관계 법령 및 당해 처분에 이르기까지의 전체적인 과정 등을 종합적으로 고려하여, 처분 당시 당사자가 어떠한 근거와 이유로 처분이 이루어진 것인지를 충분히 알 수 있어서 그에 불복하여 행정구제절차로 나아가는 데 별다른 지장이 없었다고 인정되는 경우)에는 처분의 근거와 이유를 구체적으로 명시하지 않았더라도 그로 말미암아 그 처분이 위법하다고 볼 수는 없다(대판 2019. 1. 31, 2016두64975).

판례1   (1) 당사자가 신청하는 허가 등을 거부하는 처분을 하면서 당사자가 그 근거를 알 수 있을 정도로 이유를 제시한 경우에는 처분의 근거와 이유를 구체적으로 명시하지 않았더라도 그로 말미암아 그 처분이 위법하다고 볼 수는 없다. 이때 '이유를 제시한 경우'는 처분서에 기재된 내용과 관계 법령 및 당해 처분에 이르기까지의 전체적인 과정 등을 종합적으로 고려하여, 처분 당시 당사자가 어떠한 근거와 이유로 처분이 이루어진 것인지를 충분히 알 수 있어서 그에 불복하여 행정구제절차로 나아가는 데 별다른 지장이 없었다고 인정되는 경우를 뜻한다. (2) 이 사건 처분서는 아무런 실질적인 내용 없이 단순히 신청을 불허한다는 결과만을 통보한 것이다. 기록에 나타나 있는 이 사건 처분에 이르기까지 전체적인 과정 등을 살펴보더라도 원고가 이 사건 신청이 거부된 정확한 이유를 알았거나 또는 알 수 있었다는 정황을 확인할 수 없다. 그리하여 원고가 이 사건 소송에서 처분사유를 잘못 확정하여 주장하였고 법원도 원심에 이르기까지 잘못 확정된 처분사유를 바탕으로 심리를 진행하게 되었다는 점에서 원고가 처분에 불복하여 행정구제절차로 나아가는 데에도 지장이 있었다고 볼 수 있다. 사정이 이러하다면 이 사건 처분은 근거와 이유를 제시하지 않은 것으로서 위법하다고 보아야 한다(대판 2017. 8. 29, 2016두44186[산업단지개발계획변경신청거부처분취소]).

> **판례 2**　객관적이고 합리적인 기준(재량권 행사의 기준)을 설정하지 않은 채 구체적이고 합리적인 이유의 제시 없이 재량행위인 폐기물처리업사업계획의 부적정 통보를 하거나 사업계획서를 반려하는 경우가 재량권의 일탈·남용에 해당하여 위법하다(대판 2004. 5. 28, 2004두961[폐기물처리사업계획서신청서류반려처분취소]).

> **판례 3**　행정절차법 제23조 제 1 항의 규정 취지 및 처분서에 처분의 근거와 이유가 구체적으로 명시되어 있지 않은 처분이라도 절차상 위법하지 않은 경우: 행정절차법 제23조 제 1 항은 행정청이 처분을 하는 때에는 당사자에게 그 근거와 이유를 제시하도록 규정하고 있고, 이는 행정청의 자의적 결정을 배제하고 당사자로 하여금 행정구제절차에서 적절히 대처할 수 있도록 하는 데 그 취지가 있다. 따라서 처분서에 기재된 내용과 관계 법령 및 당해 처분에 이르기까지 전체적인 과정 등을 종합적으로 고려하여, 처분 당시 당사자가 어떠한 근거와 이유로 처분이 이루어진 것인지를 충분히 알 수 있어서 그에 불복하여 행정구제절차로 나아가는 데에 별다른 지장이 없었던 것으로 인정되는 경우에는 처분서에 처분의 근거와 이유가 구체적으로 명시되어 있지 않았다고 하더라도 그로 말미암아 그 처분이 위법한 것으로 된다고 할 수는 없다(대판 2013. 11. 14, 2011두18571; 2019. 12. 13, 2018두41907).

　　재량처분의 경우에는 재량권 행사의 합리성을 뒷받침하는 재량고려과정을 제시하여야 한다(김철용). 그러나, 판례는 거부처분의 재량고려사유는 이유제시의무에 포함되는 것으로 보지만, 징계·제재처분에 있어 징계·제재사유만 제시하면 되는 것으로 보고 재량고려사항은 이유제시의무의 대상이 되지 않는 것으로 본다(박정훈).

5. 이유제시의 하자

　　이유제시의 하자란 행정청이 처분이유를 제시하여야 함에도 처분이유를 전혀 제시하지 않거나 불충분하게 제시한 경우를 말한다.

　　이유제시의 하자는 무효사유와 취소사유의 구별기준에 따라 무효인 하자나 취소할 수 있는 하자가 된다. 판례는 이유제시의 하자를 통상 취소사유로 보고 있다.

> **판례**　세액산출근거가 기재되지 아니한 납세고지서에 의한 부과처분은 강행법규에 위반하여 취소대상이 된다 할 것이므로 이와 같은 하자는 납세의무자가 전심절차에서 이를 주장하지 아니하였거나, 그 후 부과된 세금을 자진납부하였다거나, 또는 조세채권의 소멸시효기간이 만료되었다 하여 치유되는 것이라고는 할 수 없다(대판 1985. 4. 9, 84누431[법인세등부과처분취소]).

6. 이유제시의 하자의 치유

　　일반적으로 이유제시의 하자의 치유가능성을 인정하고 있다.

　　이유제시의 취지의 중점은 상대방에게 쟁송제기상 편의를 제공하는 데 있다고 보는 것이 타당하므로 행정쟁송의 제기 전에 한하여 치유가 가능한 것으로 보아야 할 것이다.
판례도 이러한 입장이다(자세한 것은 전술 제 3 편 제 3 장 행정행위 중 '하자의 치유' 참조).

Ⅲ. 신청에 의한 처분의 절차

1. 처분의 신청(제17조)

행정청에 대하여 처분을 구하는 신청(申請)은 문서로 하여야 한다. 다만, 다른 법령
등에 특별한 규정이 있는 경우와 행정청이 미리 다른 방법을 정하여 공시한 경우에는 그
러하지 아니하다(제 1 항).

제 1 항의 규정에 의하여 처분을 신청함에 있어 전자문서로 하는 경우에는 행정청의
컴퓨터 등에 입력된 때에 신청한 것으로 본다(제 2 항).

2. 신청의 접수

행정청은 신청이 있는 때에는 다른 법령 등에 특별한 규정이 있는 경우를 제외하고는
그 접수를 보류 또는 거부하거나 부당하게 되돌려 보내서는 아니 되며, 신청을 접수한 경
우에는 신청인에게 접수증을 주어야 한다. 다만, 대통령령이 정하는 경우에는 접수증을 주
지 아니할 수 있다(제 4 항).

3. 신청서의 보완

행정청은 신청에 구비서류의 미비 등 흠이 있는 경우에는 보완에 필요한 상당한 기간을
정하여 지체 없이 신청인에게 **보완을 요구하여야 한다**(제 5 항).

물론 행정청이 접수의무, 보완의무를 지는 것은 행정청에게 신청에 대한 처분의무가
있는 경우 달리 말하면 신청자에게 신청권이 있는 경우이다.

행정청은 신청인이 제 5 항의 규정에 의한 기간 내에 보완을 하지 아니한 때에는 그
이유를 명시하여 접수된 신청을 되돌려 보낼 수 있다(제 6 항). 행정청의 보완요구사유가
정당하지 않다고 판단하는 경우에는 신청자는 어떠한 조치를 취할 수 있는가. 이 경우에
신청자는 신청서의 반려를 거부처분으로 보고 거부처분의 취소를 청구할 수 있다고 보아
야 할 것이다.

신청인은 처분이 있기 전에는 그 신청의 내용을 보완하거나 변경 또는 취하할 수 있
다. 다만, 다른 법령 등에 특별한 규정이 있거나 당해 신청의 성질상 보완·변경 또는 취
하할 수 없는 경우에는 그러하지 아니하다(제 8 항). '당해 신청의 성질상 보완·변경 또는
취하할 수 없는 경우'란 어떠한 경우를 가리키는가. 예를 들면, 신청의 내용을 보완 또는
변경하는 것으로 인하여 제 3 자의 권익에 침해를 가져오는 경우에는 보완 또는 변경을 인
정할 수 없을 것이다.

4. 신청의 처리

(1) 다수의 행정청이 관여하는 처분의 신속처리의무(제18조)

행정청은 다수의 행정청이 관여하는 처분을 구하는 신청을 접수한 경우에는 관계행정청과의 신속한 협조를 통하여 당해 처분이 지연되지 아니하도록 하여야 한다.

(2) 처리기간(제19조)

신청의 처리기간이 정하여져 있는 경우에는 원칙상 처리기간 내에 처리를 하여야 한다. 다만, 행정청은 부득이한 사유로 제 1 항의 규정에 의한 처리기간 내에 처리하기 곤란한 경우에는 당해 처분의 처리기간의 범위 내에서 1회에 한하여 그 기간을 연장할 수 있다(제 2 항). 행정청은 제 2 항의 규정에 의하여 처리기간을 연장하는 때에는 처리기간의 연장사유와 처리예정기한을 지체 없이 신청인에게 통지하여야 한다(제 3 항).

행정청이 설정·공표한 처리기간은 부작위의 인정에 있어서 절대적인 기준은 되지 않는다고 보아야 한다. 설정·공표된 처리기간이 부당히 긴 경우에는 신청으로부터 합리적인 기간이 지난 후에 처분이 없으면 부작위가 된다고 보아야 한다. 그리고, 처리기간의 연장제도에 비추어 볼 때 처리기간을 연장함이 없이 설정·공표된 처리기간 내에 처리를 하지 않은 경우에는 특별한 사정이 없는 한 부작위가 성립된다고 보아야 할 것이다.

Ⅳ. 의견진술절차(의견청취절차)

> 문제 영업허가를 취소하면서 개별법에 청문을 정하는 명문의 규정이 없으므로 청문절차를 거치지 않고 상대방에게 의견제출의 기회만을 준 경우 당해 영업허가취소처분은 적법한가.

1. 의견진술절차의 의의

행정처분을 함에 있어서 이해관계인에게 의견진술(意見陳述)의 기회를 주는 것은 행정절차의 핵심적 요소이다.

행정처분의 상대방 등 이해관계인에게 행정처분 전에 의견진술의 기회를 주는 행정절차를 이해관계인의 입장에서 보면 의견진술절차라고 할 수 있고, 행정청의 입장에서 보면 의견청취절차(意見聽取節次)라고 할 수 있다. 행정절차법은 법 제22조에서 의견청취라는 이름하에 의견제출, 청문, 공청회를 규정하고 있다.

2. 의견진술절차의 종류

의견진술절차(의견청취절차)에는 의견제출절차, 청문, 공청회가 있다.

(1) 의견제출

행정절차법은 의견제출(意見提出)을 "행정청이 어떠한 행정작용을 하기에 앞서 당사자 등이 의견을 제시하는 절차로서 청문이나 공청회에 해당하지 아니하는 절차"를 의미하는 것으로 정의하고 있다(제 2 조 제 7 호).

사전통지는 의견제출의 전치절차이다. 의견제출절차가 의무적인 경우에 사전통지는 그 전제로서 당연히 행해진다(대판 2020. 4. 29, 2017두31064).

1) 사전통지·의견제출절차의 대상이 되는 처분

[2011·2008 사시 사례, 2010 행시(일반행정) 사례, 2013 변시 사례, 2011, 2016 감평]

'당사자에게 의무를 부과하거나 권익을 제한하는 처분'에 한하여 그리고, 법상 의견제출이 면제되는 경우(청문이나 공청회를 실시하는 경우 등)가 아닌 경우 의견제출절차가 인정된다.

가. '의무를 부과하거나 권익을 제한하는 처분'   '권익을 제한하는 처분'이라 함은 수익적 행정행위(㉠)의 취소 또는 정지처분 등을 말하고, '의무를 부과하는 처분'이라 함은 조세부과처분, 시정명령과 같이 행정법상의 의무를 부과하는 처분을 말한다.

판례1 [1] 영유아보육법 제30조 제 7 항, 구 영유아보육법 시행규칙 제31조 제 1 항, 제 4 항의 위임에 따라 보건복지부장관이 정한 '보육사업안내'에 어린이집 평가인증취소의 절차에 관한 사항을 일부 정한 경우, 행정절차법 제 3 조 제 1 항이 정한 '다른 법률에 특별한 규정이 있는 경우'에 해당한다고 보기 어렵고, 따라서 평가인증취소에 행정절차법 적용이 배제되지 않는다. [2] 이 사건 평가인증취소처분은 이로 인하여 원고에 대한 인건비 등 보조금 지급이 중단되는 등 원고의 권익을 제한하는 처분에 해당하며, 보조금 반환명령과는 전혀 별개의 절차로서 보조금 반환명령이 있으면 피고 보건복지부장관이 평가인증을 취소할 수 있지만 반드시 취소하여야 하는 것은 아닌 점 등에 비추어 보면, 보조금 반환명령 당시 사전통지 및 의견제출의 기회가 부여되었다 하더라도 그 사정만으로 이 사건 평가인증취소처분이 구 행정절차법 제21조 제 4 항 제 3 호에서 정하고 있는 사전통지 등을 하지 아니하여도 되는 예외사유(해당 처분의 성질상 의견청취가 현저히 곤란하거나 명백히 불필요하다고 인정될 만한 상당한 이유가 있는 경우)에 해당한다고도 볼 수 없으므로, 구 행정절차법 제21조 제 1 항에 따른 사전통지를 거치지 않은 이 사건 평가인증취소처분은 위법하다(대판 2016. 11. 9, 2014두1260[보조금반환등취소]). 〈해설〉 평가인증처분과 보조금반환명령은 별개의 처분이므로 각각의 불이익처분절차가 필요하다고 본 판례이다.

판례2 국민건강보험공단의 자격변경(직장가입자를 지역가입자로 변경)처분은 甲의 피부양자 자격을 소급하여 박탈하는 내용을 포함하므로, 국민건강보험공단이 위 처분에 앞서 甲에게 행정절차법 제21조 제 1 항에 따라 사전통지를 하거나 의견 제출의 기회를 주어야 하고 이를 하지 않은 것은 절차상 하자에 해당한다(대판 전원합의체 2024. 7. 18, 2023두36800[보험료부과처분취소]).

신청에 대한 **거부처분**이 사전통지 및 의견제출절차의 대상이 되는지에 관하여 견해가 대립하고 있다.

(가) 적 극 설   당사자가 신청을 한 경우, 신청에 따라 긍정적인 처분이 이루어질 것을 기대하며, 거부처분을 기대하지는 아니하고 있으므로, 거부처분의 경우에도 사전통지 및 의견진술의 기회가 필요하다고 한다(오준근, 339면). 허가의 거부는 영업의 자유의 제한에 해당한다.

(나) 소 극 설   신청을 하였어도 아직 당사자에게 권익이 부여되지 아니하였으므로 신청을 거부하여도 직접 당사자의 권익을 제한하는 처분에 해당한다고 볼 수 없다. 또한, 신청에 대한 거부처분은 그것이 불이익처분을 받는 상대방의 신청에 의한 것이므로 성질상 이미 의견진술의 기회를 준 것으로 볼 수 있으므로 의견진술의 기회를 줄 필요가 없다.

(다) 판   례   판례는 소극설을 취하고 있다.

> 판례   신청에 따른 처분이 이루어지지 아니한 경우에는 아직 당사자에게 권익이 부과되지 아니하였으므로 특별한 사정이 없는 한 신청에 대한 거부처분이라고 하더라도 직접 당사자의 권익을 제한하는 것은 아니어서 신청에 대한 거부처분을 여기에서 말하는 '당사자의 권익을 제한하는 처분'에 해당한다고 할 수 없는 것이어서 처분의 사전통지대상이 된다고 할 수 없다(대판 2003. 11. 28, 2003두674[임용거부처분취소]〈인천대사건〉).

(라) 결어(원칙상 소극설)   거부처분을 권익을 제한하거나 의무를 부과하는 처분으로 볼 수 없고, 거부처분의 전제가 되는 신청을 통하여 의견제출의 기회를 준 것으로 볼 수 있으므로 소극설이 타당하다. 다만, 허가조건의 존속기간 내의 허가갱신 신청에 대한 허가갱신 거부처분은 특별한 사정이 없는 한 허가갱신을 받을 권리를 침해하는 것이므로 '권익을 제한하는 처분'으로 보아 사전통지와 의견진술 기회 부여의 대상이 된다고 보아야 한다.

나. '당사자'에게 의무를 부과하거나 권익을 제한하는 처분   행정절차법상의 사전통지, 의견진술기회의 부여 등은 '당사자'에게 의무를 부과하거나 권익을 제한하는 처분에 한한다. 여기에서 '당사자'라 함은 처분의 상대방을 말한다. 따라서 상대방에게 이익이 되며 제 3 자의 권익을 침해하는 이중효과적 행정행위(위협시설의 설치허가) 등은 행정절차법상의 사전통지·의견제출절차가 적용되지 않는다(행정절차법 제 2 조 제 4 호). 이러한 문제점을 해소하기 위하여 행정절차법을 개정하여 이중효과적 행정행위로 권익에 직접 영향을 받는 제 3 자에게 의견진술의 기회를 보장하여야 한다.

> **판례1** 행정청이 구 식품위생법상의 영업자지위승계신고 수리처분을 하는 경우, 종전의 영업자가 행정절차법 제 2 조 제 4 호 소정의 '당사자'에 해당하는지 여부(적극) 및 수리처분시 종전의 영업자에게 행정절차법 소정의 행정절차를 실시하여야 하는지 여부(적극): 행정절차법 제21조 제 1 항, 제22조 제 3 항 및 제 2 조 제 4 호의 각 규정에 의하면, 행정청이 당사자에게 의무를 과하거나 권익을 제한하는 처분을 함에 있어서는 당사자 등에게 처분의 사전통지를 하고 의견제출의 기회를 주어야 하며, 여기서 당사자라 함은 행정청의 처분에 대하여 직접 그 상대가 되는 자를 의미한다 할 것이고, 한편 구 식품위생법(2002. 1. 26. 법률 제6627호로 개정되기 전의 것) 제25조 제 2 항, 제 3 항의 각 규정에 의하면, 지방세법에 의한 압류재산 매각절차에 따라 영업시설의 전부를 인수함으로써 그 영업자의 지위를 승계한 자가 관계 행정청에 이를 신고하여 행정청이 이를 수리하는 경우에는 종전의 영업자에 대한 영업허가 등은 그 효력을 잃는다 할 것인데, 위 규정들을 종합하면 위 행정청이 구 식품위생법 규정에 의하여 영업자지위승계신고를 수리하는 처분은 종전의 영업자의 권익을 제한하는 처분이라 할 것이고 따라서 종전의 영업자는 그 처분에 대하여 직접 그 상대가 되는 자에 해당한다고 봄이 상당하므로, 행정청으로서는 위 신고를 수리하는 처분을 함에 있어서 행정절차법 규정 소정의 당사자에 해당하는 종전의 영업자에 대하여 위 규정 소정의 행정절차를 실시하고 처분을 하여야 한다(대판 2003. 2. 14, 2001두7015[유흥주점영업자지위승계수리처분취소]).

> **판례2** 대통령의 한국방송공사 사장 해임에 행정절차법 적용 여부(적극): 대통령에 의한 한국방송공사 사장 甲의 해임처분 과정에서 甲이 처분 내용을 사전에 통지받거나 그에 대한 의견제출 기회 등을 받지 못했고 해임처분 시 법적 근거 및 구체적 해임 사유를 제시받지 못하였으므로 해임처분이 행정절차법에 위배되어 위법하지만, 절차나 처분형식의 하자가 중대하고 명백하다고 볼 수 없어 역시 당연무효가 아닌 취소 사유에 해당한다고 본 원심판단을 정당하다고 한 사례(대판 2012. 2. 23, 2011두5001[해임처분무효]).

'고시' 등 불특정 다수인을 상대로 의무를 부과하거나 권익을 제한하는 처분은 성질상 의견제출의 기회를 주어야 하는 상대방을 특정할 수 없으므로, 이와 같은 처분에 있어서는 그 상대방에게 의견제출의 기회를 주어야 하는 것은 아니다(대판 2014. 10. 27, 2012두7745[상대가치점수인하고시처분취소]).

> **판례1** 행정청이 구 식품위생법상의 영업자지위승계신고 수리처분을 하는 경우, 종전의 영업자가 행정절차법 제 2 조 제 4 호 소정의 '당사자'에 해당하는지 여부(적극) 및 수리처분시 종전의 영업자에게 행정절차법 소정의 행정절차를 실시하여야 하는지 여부(적극): 행정절차법 제21조 제 1 항, 제22조 제 3 항 및 제 2 조 제 4 호의 각 규정에 의하면, 행정청이 당사자에게 의무를 과하거나 권익을 제한하는 처분을 함에 있어서는 당사자 등에게 처분의 사전통지를 하고 의견제출의 기회를 주어야 하며, 여기서 당사자라 함은 행정청의 처분에 대하여 직접 그 상대가 되는 자를 의미한다 할 것이고, 한편 구 식품위생법(2002. 1. 26. 법률 제6627호로 개정되기 전의 것) 제25조 제 2 항, 제 3 항의 각 규정에 의하면, 지방세법에 의한 압류재산 매각절차에 따라 영업시설의 전부를 인수함으로써 그 영업자의 지위를 승계한 자가 관계 행정청에 이를 신고하여 행정청이 이를 수리하는 경우에는 종전의 영업자에 대한 영업허가 등은 그 효력을 잃는다 할 것인데, 위 규정들을 종합하면 위 행정청이 구 식품위생법 규정에 의하여 영업자지위승계신고를 수리하는 처분은 종전의 영업자의 권익을 제한하는 처분이라 할 것이고 따라서 종전의 영업자는 그 처분에 대하여 직접 그 상대가 되는 자에 해당한다고 봄이 상당하므로, 행정청으로서는 위 신고를 수리하는 처분을 함에 있어서 행정절차법 규정 소정의 당사자에 해당하는 종전의 영업자에 대하여 위 규정 소정의 행정절차를 실시하고 처분을 하여야 한다(대판 2003. 2. 14, 2001두7015[유흥주점영업자지위승계수리처분취소]).

　　다. 법상 의견제출이 면제되는 경우가 아닌 경우　　　법상 의견제출이 면제되는 경우라
함은 청문이나 공청회를 실시하는 경우, 법상 사전통지가 면제되는 경우를 말한다.

　　(가) 청문이나 공청회를 실시하지 않는 경우일 것　　　행정절차법은 청문이나 공청회를
개최한 경우에는 권익을 제한하거나 의무를 부과하는 처분을 함에 있어서 의견제출의 기
회를 주지 않아도 되는 것으로 규정하고 있다(제22조 제 3 항).

　　(나) 제21조 제 4 항에 의해 사전통지·의견제출이 면제되는 경우　　　사전통지의무를 면제
하는 행정절차법 제21조 제 4 항 각 호의 어느 하나에 해당하는 경우에는 의견청취를 하지
아니할 수 있다(제22조 제 4 항). 행정절차법 제21조 제 4 항 각 호에 의해 사전통지의무가 면
제되는 경우는 다음과 같다. ① 공공의 안전 또는 복리를 위하여 긴급히 처분을 할 필요가
있는 경우, ② 법령 등에서 요구된 자격이 없거나 없어지게 되면 반드시 일정한 처분을 하
여야 하는 경우에 그 자격이 없거나 없어지게 된 사실이 법원의 재판 등에 의하여 객관적
으로 증명된 때, ③ 당해 처분의 성질상 의견청취가 현저히 곤란하거나 명백히 불필요하다
고 인정될 만한 상당한 이유가 있는 경우(제21조 제 4 항). 사전통지는 의견청취의 전치절차
이므로 사전통지의무가 면제되는 경우는 의견청취의무도 면제된다(제22조 제 4 항).

　　그런데, 행정절차법 제21조 제 5 항은 "처분의 전제가 되는 사실이 법원의 재판 등에
의하여 객관적으로 증명된 경우 등 제 4 항에 따른 사전 통지를 하지 아니할 수 있는 구체
적인 사항은 대통령령으로 정한다."라고 규정하고 있다. 따라서, 사전통지의무가 면제되는
경우는 행정절차법 시행령 제13조에서 정하는 다음의 경우라고 보아야 한다.

　　① 급박한 위해의 방지 및 제거 등 공공의 안전 또는 복리를 위하여 긴급한 처분이
필요한 경우, ② 법원의 재판 또는 준사법적 절차를 거치는 행정기관의 결정 등에 따라
처분의 전제가 되는 사실이 객관적으로 증명되어 처분에 따른 의견청취가 불필요하다고
인정되는 경우, ③ 의견청취의 기회를 줌으로써 처분의 내용이 미리 알려져 현저히 공익

을 해치는 행위를 유발할 우려가 예상되는 등 해당 처분의 성질상 의견청취가 현저하게 곤란한 경우, ④ 법령 또는 자치법규(이하 "법령등"이라 한다)에서 준수하여야 할 기술적 기준이 명확하게 규정되고, 그 기준에 현저히 미치지 못하는 사실을 이유로 처분을 하려는 경우로서 그 사실이 실험, 계측, 그 밖에 객관적인 방법에 의하여 명확히 입증된 경우, ⑤ 법령등에서 일정한 요건에 해당하는 자에 대하여 점용료·사용료 등 금전급부를 명하는 경우 법령등에서 규정하는 요건에 해당함이 명백하고, 행정청의 금액산정에 재량의 여지가 없거나 요율이 명확하게 정하여져 있는 경우 등 해당 처분의 성질상 의견청취가 명백히 불필요하다고 인정될 만한 상당한 이유가 있는 경우.

판례1 (1) '의견청취가 현저히 곤란하거나 명백히 불필요하다고 인정될 만한 상당한 이유가 있는 경우'에 해당하는지는 해당 행정처분의 성질에 비추어 판단하여야 하며, 처분상대방이 이미 행정청에 위반사실을 시인하였다거나 처분의 사전통지 이전에 의견을 진술할 기회가 있었다는 사정을 고려하여 판단할 것은 아니다. (2) **사실관계:** 1) 가평소방서장은 관내 특정소방대상물에 대한 **특별조사** 결과 이 사건 각 건물이 무단 용도변경된 사실을 확인하고, 2014. 4. 25. 피고에게 이를 통보하였다. 2) 피고 소속 공무원 소외인은 전화로 원고에게 이 사건 각 건물에 대한 현장조사가 필요하다는 사실을 알리고 현장조사 일시를 약속한 다음, 2014. 5. 14. 오후 원고가 참석한 가운데 이 사건 각 건물에 대한 현장조사(조사대상자의 자발적인 협조를 얻어 실시하는 행정조사)를 실시하였다. 3) 현장조사 과정에서 소외인은 무단증축면적과 무단용도변경 사실을 확인하고 이를 확인서 양식에 기재한 후, 원고에게 위 각 행위는 건축법 제14조 또는 제19조를 위반한 것이어서 시정명령이 나갈 것이고 이를 이행하지 않으면 이행강제금이 부과될 것이라고 설명하고, 위반경위를 질문하여 답변을 들은 다음 원고로부터 확인서명을 받았는데, 위 양식에는 "상기 본인은 관계 법령에 의한 제반허가를 득하지 아니하고 아래와 같이 불법건축(증축, 용도변경)행위를 하였음을 확인합니다."라고 기재되어 있었다. 4) 피고는 별도의 사전통지나 의견진술기회 부여 절차를 거치지 아니한 채, 현장조사 다음 날인 2014. 5. 15. 이 사건 처분을 하였다. **법원의 판단:** 1) 피고 소속 공무원 소외인이 위 현장조사에 앞서 원고에게 전화로 통지한 것은 행정조사의 통지이지 이 사건 처분에 대한 사전통지로 볼 수 없다. 그리고 위 소외인이 현장조사 당시 위반경위에 관하여 원고에게 의견진술기회를 부여하였다 하더라도, 이 사건 처분이 현장조사 바로 다음 날 이루어진 사정에 비추어 보면, 의견제출에 필요한 상당한 기간을 고려하여 의견제출기한이 부여되었다고 보기도 어렵다. 2) 그리고 현장조사에서 원고가 위반사실을 시인하였다거나 위반경위를 진술하였다는 사정만으로는 행정절차법 제21조 제4항 제3호가 정한 '의견청취가 현저히 곤란하거나 명백히 불필요하다고 인정될 만한 상당한 이유가 있는 경우'로서 처분의 사전통지를 하지 아니하여도 되는 경우에 해당한다고 볼 수도 없다. 3) 따라서 행정청인 피고가 침해적 행정처분인 이 사건 처분을 하면서 원고에게 행정절차법에 따른 적법한 사전통지를 하거나 의견제출의 기회를 부여하였다고 볼 수 없다(대판 2016. 10. 27, 2016두41811). 〈해설〉 원심은 피고가 이 사건 처분에 앞서 실질적으로 처분의 사전통지 및 의견제출기회 부여 절차를 거쳤거나, 설령 그렇지 않다 하더라도 의견청취가 명백하게 불필요하다고 인정할 만한 상당한 이유가 있는 경우에 해당한다고 잘못 인정하고, 그 전제에서 이 사건 처분에 사전통지 및 의견제출기회 부여 절차에 관한 하자가 없다는 취지로 판단하였다.

판례2 이 사건 시정지시(사회복지시설에 대하여 특별감사를 실시한 후 행한 감사결과 지적사항에 대한 시정지시)는 보건복지부, 서울특별시, 피고가 합동으로 원고 등에 대하여 특별감사를 실시한 후 이루어진 것으로 감사결과의 통보 및 감사기관의 의견표명의 성질도 지니고 있는데, 특별감사를 받은 원고 등은 감사과정을 거치면서 감사결과 및 그에 따른 감사기관의 의견표명이 있으리라는 점을 충분히 예상할 수 있어 별도로 사전에 통지를 한다거나 의견진술의 기회를 부여할 필요가 있다고 보기 어려운 점, 이 사건 시정지시를 이행하지 않을 경우에 이루어지게 될 구 사회복지사업법상의 시정명령 및 설립허가 취소 등의 후행처분을 위해서는 사전통지 및 의견진술의 기회 부여 등 행정절차법이 정한 절차를 거쳐야 하고, 실제로 피고가 원고에게 이 사건 시정지시를 하면서 그와 동시에 원고가 시정지시를 받은 사항에 대하여 의견진술과 이의를 제기할 기회를 준 점 등에 비추어 보면, 이 사건 시정지시에 대하여는 그 성질상 당사자의 사전 의견청취가 불필요하다고 볼 상당한 이유가 있는 것으로 명백히 인정되는 경우에 해당한다고 할 것이다(대판 2009. 2. 12, 2008두14999).

판례 3   행정청이 온천지구임을 간과하여 지하수개발·이용신고를 수리하였다가 행정절차법상의 사전통지를 하거나 의견제출의 기회를 주지 아니한 채 그 신고수리처분을 취소하고 원상복구명령의 처분을 한 경우, 행정지도방식에 의한 사전고지나 그에 따른 당사자의 자진 폐공의 약속 등의 사유만으로는 사전통지 등을 하지 않아도 되는 행정절차법 소정의 예외의 경우에 해당한다고 볼 수 없다는 이유로 그 처분은 위법하다고 한 사례(대판 2000. 11. 14, 99두5870[지하수개발이용수리취소및원상복구명령취소]).

판례 4   공무원연금법상 법상지급정지사유(사안에서 공무원으로 재직하다가 퇴직하여 공무원연금법에 따라 퇴직연금을 지급받고 있던 사람이 사립학교 교직원으로 임용되어 그 기관으로부터 급여를 받게 된 사례)가 있음에도 급여가 과오납된 퇴직연금의 환수결정은 당사자에게 의무를 과하는 처분이기는 하나, 관련 법령에 따라 당연히 환수금액이 정하여지는 것이므로, 퇴직연금의 환수결정에 앞서 당사자에게 의견진술의 기회를 주지 아니하여도 행정절차법 제22조 제 3 항이나 신의칙에 어긋나지 아니한다(대판 2000. 11. 28, 99두5443[퇴직급여환수금반납고지처분등취소]). 〈해설〉 현행 행정절차법 시행령 제제13조 제 5 항에 해당하는 것으로 볼 수도 있다.

판례 5   [1] 행정청이 침해적 행정처분을 하면서 당사자에게 행정절차법상의 사전 통지를 하거나 의견제출의 기회를 주지 않았다면, 사전 통지를 하지 않거나 의견제출의 기회를 주지 않아도 되는 예외적인 경우에 해당하지 않는 한, 그 처분은 위법하여 취소를 면할 수 없다. [2] 행정절차법 제21조, 제22조, 행정절차법 시행령 제13조의 내용을 행정절차법의 입법 목적과 의견청취 제도의 취지에 비추어 종합적·체계적으로 해석하면, 행정절차법 시행령 제13조 제 2 호에서 정한 "법원의 재판 또는 준사법적 절차를 거치는 행정기관의 결정 등에 따라 처분의 전제가 되는 사실이 객관적으로 증명되어 처분에 따른 의견청취가 불필요하다고 인정되는 경우"는 법원의 재판 등에 따라 처분의 전제가 되는 사실이 객관적으로 증명되면 행정청이 반드시 일정한 처분을 해야 하는 경우 등 의견청취가 행정청의 처분 여부나 그 수위 결정에 영향을 미치지 못하는 경우를 의미한다고 보아야 한다. 처분의 전제가 되는 '일부' 사실만 증명된 경우이거나 의견청취에 따라 행정청의 처분 여부나 처분 수위가 달라질 수 있는 경우라면 위 예외사유에 해당하지 않는다. [3] 관할 시장이 甲에게 구 폐기물관리법(2015. 7. 20. 법률 제13411호로 개정되기 전의 것, 이하 '폐기물관리법'이라 한다) 제48조 제 1 호에 따라 토지에 장기보관 중인 폐기물을 처리할 것을 명령하는 1차, 2차 조치명령을 각각 하였고, 甲이 위 각 조치명령을 불이행하였다고 하여 폐기물관리법 위반죄로 유죄판결이 각각 선고·확정되었는데, 이후 관할 시장이 폐기물 방치 실태를 확인하고 별도의 사전 통지와 의견청취 절차를 밟지 않은 채 甲에게 폐기물 처리에 관한 3차 조치명령을 한 사안에서, 甲이 3차 조치명령 이전에 관할 시장으로부터 1차, 2차 조치명령을 받았고, 형사재판절차에서 위 각 조치명령 불이행의 범죄사실에 관하여 유죄판결을 선고받은 후 그 판결이 확정되었다고 하더라도, 2차 조치명령 당시부터는 물론이고, 2차 조치명령 불이행으로 인한 유죄판결 확정 이후부터 3차 조치명령 당시까지 시간적 간격이 있으므로 사정변경의 여지가 있는데, 위 각 유죄판결에 따라 '甲이 폐기물을 방치하여 1차 및 2차 조치명령을 받았고 이를 불이행하였다'는 사실이 객관적으로 증명된 경우라고 볼 수는 있으나, 나아가 위 유죄판결에 따라 '3차 조치명령 당시 토지에 방치된 폐기물을 적정하게 처리하지 않고 있다'는 처분사유가 객관적으로 증명되었다고 단정하기는 어렵고, 또한 3차 조치명령의 근거 법률인 폐기물관리법 제48조의 문언과 체제에 비추어 보면 이 규정에 따른 폐기물 처리 조치명령은 재량행위에 해당하므로, 3차 조치명령은 법원의 재판 등에 따라 처분의 전제가 되는 사실이 객관적으로 증명되면 행정청이 반드시 일정한 처분을 해야 하는 경우 등 의견청취가 행정청의 처분 여부나 그 수위 결정에 영향을 미치지 못하는 경우에 해당한다고 보기 어려워, 행정절차법 시행령 제13조 제 2 호에서 정한 사전 통지, 의견청취의 예외사유에 해당하지 않는다고 한 사례 (대판 2020. 7. 23, 2017두66602).

행정절차법 제21조 제 4 항에 따라 사전 통지를 하지 아니하는 경우 행정청은 처분을 할 때 당사자등에게 통지를 하지 아니한 사유를 알려야 한다. 다만, 신속한 처분이 필요한 경우에는 처분 후 그 사유를 알릴 수 있다(제 6 항).

(다) 당사자가 의견진술의 기회를 포기한다는 뜻을 명백히 표시한 경우   당사자가 의견진술의 기회를 포기한다는 뜻을 명백히 표시한 경우에는 의견청취를 아니할 수 있다(제22조 제 4 항).

라. 위반사실등의 공표   행정청은 위반사실등의 공표를 할 때에는 미리 당사자에게 그 사실을 통지하고 의견제출의 기회를 주어야 한다. 다만, 다음 각 호의 어느 하나에 해당하는 경우에는 그러하지 아니하다. 1. 공공의 안전 또는 복리를 위하여 긴급히 공표를 할 필요가 있는 경우, 2. 해당 공표의 성질상 의견청취가 현저히 곤란하거나 명백히 불필요하다고 인정될 만한 타당한 이유가 있는 경우, 3. 당사자가 의견진술의 기회를 포기한다는 뜻을 명백히 밝힌 경우(제40조의2 제 3 항).

2) 사전통지의 상대방(의견제출자) : '당사자 등' [2014 변시 사례]
① 행정절차법은 행정절차법 제 2 조 제 4 호 소정의 '당사자 등'에 대하여만 사전통지 및 의견제출에 대한 권리를 부여하고 있다. 행정절차법 제 2 조 제 4 호의 '당사자 등'이라 함은 행정청의 처분에 대하여 직접 그 상대가 되는 당사자와 행정청이 직권 또는 신청에 의하여 행정절차에 참여하게 한 이해관계인을 말한다.

판례 1   영업자지위승계신고를 수리하는 처분은 종전의 영업자의 권익을 제한하는 처분이라 할 것이고 따라서 종전의 영업자는 그 처분에 대하여 직접 그 상대가 되는 자에 해당한다고 봄이 상당하므로, 행정청으로서는 위 신고를 수리하는 처분을 함에 있어서 행정절차법 규정 소정의 당사자에 해당하는 종전의 영업자에 대하여 위 규정 소정의 행정절차를 실시하고 처분을 하여야 한다(대판 2003. 2. 14, 2001두7015[유흥주점영업자지위승계수리처분취소]).

판례 2   공매 등의 절차에 따라 문화체육관광부령으로 정하는 주요한 유원시설업 시설의 전부 또는 체육시설업의 시설 기준에 따른 필수시설을 인수함으로써 유원시설업자 또는 체육시설업자의 지위를 승계한 자가 관계 행정청에 이를 신고하여 행정청이 구 관광진흥법 또는 구 체육시설의 설치·이용에 관한 법률의 규정에 의하여 수리하는 경우에는 종전 유원시설업자에 대한 허가는 효력을 잃고, 종전 체육시설업자는 적법한 신고를 마친 체육시설업자의 지위를 부인당할 불안정한 상태에 놓이게 된다. 따라서 행정청이 구 관광진흥법 또는 구 체육시설법의 규정에 의하여 유원시설업자 또는 체육시설업자 지위승계신고를 수리하는 처분은 종전 유원시설업자 또는 체육시설업자의 권익을 제한하는 처분이고, 종전 유원시설업자 또는 체육시설업자는 그 처분에 대하여 직접 그 상대가 되는 자에 해당한다고 보는 것이 타당하므로, 행정청이 그 신고를 수리하는 처분을 할 때에는 행정절차법 규정에서 정한 당사자에 해당하는 종전 유원시설업자 또는 체육시설업자에 대하여 위 규정에서 정한 행정절차(행정절차법 제21조 제 1 항 등에서 정한 처분의 사전통지 등 절차)를 실시하고 처분을 하여야 한다(대판

2012. 12. 13, 2011두29144[유원시설업허가처분등취소]).

판례3 행정절차법 제21조, 제22조는 행정청이 당사자에게 의무를 과하거나 권익을 제한하는 등 불이익한 처분을 하는 경우 '당사자 등'에게 사전통지 및 의견제출의 기회를 주도록 정하고 있고, 같은 법 제2조 제4호는 '당사자 등'을 행정청의 처분에 대하여 직접 그 상대가 되는 당사자와 행정청이 직권 또는 신청에 의하여 행정절차에 참여하게 한 이해관계인으로 정하고 있다. 그러므로 불이익처분의 직접 상대방인 당사자 또는 행정청이 참여하게 한 이해관계인이 아닌 제3자에 대하여는 사전통지 및 의견제출에 관한 같은 법 제21조, 제22조가 적용되지 않는다(대판 2009. 4. 23, 2008두686[고속도로실시계획승인등무효확인]).

판례4 대형마트 영업시간 제한 등 처분시 그 처분의 상대방(= 대규모점포 개설자): 대형마트 영업시간 제한 등 처분의 대상인 대규모점포 중 개설자의 직영매장 이외에 개설자로부터 임차하여 운영하는 임대매장이 병존하는 경우에도, 전체 매장에 대하여 법령상 대규모점포 등의 유지·관리 책임을 지는 개설자만이 그 처분 상대방이 되고, 임대매장의 임차인이 이와 별도로 처분상대방이 되는 것은 아니라고 할 것이다. 따라서, 따라서 사전통지·의견청취절차는 원고들(전체 매장에 대하여 법령상 대규모점포 등의 유지·관리 책임을 지는 개설자)을 상대로 거치면 충분하고, 그 밖에 임차인들을 상대로 별도의 사전통지 등절차를 거칠 필요가 없다(대판 전원합의체 2015. 11. 19, 2015두295[영업시간제한등처분취소]).

② 이 경우에 '이해관계인'은 무엇을 의미하는가. 이해관계인이란 처분에 의하여 법률상 또는 사실상의 영향을 받는 자로 넓게 해석하는 입장과 처분에 의하여 법률상 영향을 받는 자에 국한시키는 견해가 있을 수 있다. 전자의 견해가 타당하다.

③ 또한 행정절차법상 의견제출을 할 수 있는 이해관계인은 "행정청이 직권 또는 신청에 의해 행정절차에 참여하게 한 자"에 한정된다.

(2) 사전통지

사전통지는 의견진술의 전치절차이다.

1) 사전통지사항

행정청은 사전통지의무가 있는 경우 미리 다음의 사항을 당사자 등에게 통지하여야 한다: ① 처분의 제목, ② 당사자의 성명 또는 명칭과 주소, ③ 처분하고자 하는 원인이 되는 사실과 처분의 내용 및 법적 근거, ④ ③에 대하여 의견을 제출할 수 있다는 뜻과 의견을 제출하지 아니하는 경우의 처리방법, ⑤ 의견제출기관의 명칭과 주소, ⑥ 의견제출기한, ⑦ 기타 필요한 사항(제21조 제1항). ⑥에 의한 기한은 의견제출에 필요한 상당한 기간을 고려하여야 한다(제3항).

2) 사전통지기간

행정청은 의견제출의 준비에 필요한 기간을 10일 이상으로 주어 통지하여야 한다(제21조 제3항).

(3) 문서열람청구

당사자등은 처분의 사전통지가 있는 날부터 의견제출기한까지 행정청에 해당 사안의 조사결과에 관한 문서와 그 밖에 해당 처분과 관련되는 문서의 열람 또는 복사를 요청할 수 있다. 이 경우 행정청은 다른 법령에 따라 공개가 제한되는 경우를 제외하고는 그 요청을 거부할 수 없다(행정절차법 제37조 제1항).

(4) 의견제출의 방식

당사자 등은 처분 전에 그 처분의 관할 행정청에 서면·구술 또는 정보통신망을 이용하여 의견제출을 할 수 있다(제27조 제1항).

당사자 등은 제1항에 의하여 의견제출을 하는 경우 그 주장을 입증하기 위한 증거자료 등을 첨부할 수 있다(제2항).

당사자 등이 정당한 이유 없이 의견제출기한 내에 의견제출을 하지 아니한 경우에는 의견이 없는 것으로 본다(제4항).

행정청은 처분을 함에 있어서 당사자 등이 제출한 의견이 상당한 이유가 있다고 인정하는 경우에는 이를 반영하여야 한다(제27조의2). 다만, 제출된 의견이 법적으로 행정청을 기속하지는 않는다(대판 1995. 12. 22, 95누30 참조). 행정청은 당사자등이 제출한 의견을 반영하지 아니하고 처분을 한 경우 당사자등이 처분이 있음을 안 날부터 90일 이내에 그 이유의 설명을 요청하면 서면으로 그 이유를 알려야 한다. 다만, 당사자등이 동의하면 말, 정보통신망 또는 그 밖의 방법으로 알릴 수 있다(제2항).

(5) 의견제출절차의 하자의 효력 [2020 행시]

판례는 의견제출절차의 하자를 원칙상 취소사유라고 본다.

판례1 행정청이 침해적 행정처분을 함에 있어서 당사자에게 행정절차법상의 사전통지를 하지 않거나 의견제출의 기회를 주지 아니한 경우, 그 처분이 위법한 것인지 여부(한정 적극): 행정청이 침해적 행정처분을 함에 있어서 당사자에게 위와 같은 사전통지를 하거나 의견제출의 기회를 주지 아니하였다면 사전통지를 하지 않거나 의견제출의 기회를 주지 아니하여도 되는 예외적인 경우에 해당하지 아니하는 한 그 처분은 위법하여 취소를 면할 수 없다(대판 2000. 11. 14, 99두5870[지하수개발이용수리취소및원상복구명령취소]: 행정청이 온천지구임을 간과하여 지하수개발·이용신고를 수리하였다가 행정절차법상의 사전통지를 하거나 의견제출의 기회를 주지 아니한 채 그 신고수리처분을 취소하고 원상복구명령의 처분을 한 경우, 행정지도방식에 의한 사전고지나 그에 따른 당사자의 자진 폐공의 약속 등의 사유만으로는 사전통지 등을 하지 않아도 되는 행정절차법 소정의 예외의 경우에 해당한다고 볼 수 없다는 이유로 그 처분은 위법하다고 한 사례).

판례2 사전통지를 하지 않고 의견제출의 기회를 주지 아니한 별정직 공무원에 대한 직권면직처분은 행정절차법 제21조 제1항, 제22조 제3항을 위반한 절차상 하자가 있어 위법하다(대판 2013. 1. 16, 2011두30687).

3. 청문절차[2022 감평 사례]

(1) 의   의

청문이라 함은 당사자 등의 의견을 들을 뿐만 아니라 증거를 조사하는 등 재판에 준하는 절차를 거쳐 행하는 의견진술절차를 말한다(제 2 조 제 5 호). 청문이라 함은 당사자등의 의견을 들을 뿐만 아니라 증거를 조사하는 등 재판에 준하는 절차를 거쳐 행하는 의견진술절차를 말한다.

(2) 인정범위

행정청이 처분을 할 때 다음의 어느 하나에 해당하는 경우에는 청문을 한다(제22조 제 1 항). ① 인허가 등의 취소, 신분·자격의 박탈, 법인이나 조합 등의 설립허가의 취소시 및 다른 법령등에서 청문을 하도록 규정하고 있는 경우(의무적 청문), ② 행정청이 필요하다고 인정하는 경우(임의적 청문). 조례로 청문대상을 확대하고 있는 경우(예, 경기도 청문실시에 관한 조례, 제주도 청문조례)가 있다. 다만, 제21조 제 4 항 각 호의 어느 하나에 해당하는 경우(사전통지가 면제되는 경우)와 당사자가 의견진술의 기회를 포기한다는 뜻을 명백히 표시한 경우에는 의견청취를 아니할 수 있다(제22조 제 4 항).

판례1   행정청이 당사자와 사이에 도시계획사업의 시행과 관련한 협약을 체결하면서 관계 법령 및 행정절차법에 규정된 청문의 실시 등 의견청취절차를 배제하는 조항을 두었다고 하더라도, 국민의 행정 참여를 도모함으로써 행정의 공정성·투명성 및 신뢰성을 확보하고 국민의 권익을 보호한다는 행정절차법의 목적 및 청문제도의 취지 등에 비추어 볼 때, 위와 같은 협약의 체결로 청문의 실시에 관한 규정의 적용을 배제할 수 있다고 볼 만한 법령상의 규정이 없는 한, 이러한 협약이 체결되었다고 하여 청문의 실시에 관한 규정의 적용이 배제된다거나 청문을 실시하지 않아도 되는 예외적인 경우에 해당한다고 할 수 없다(대판 2004. 7. 8, 2002두8350[유희시설조성사업협약해지 및 사업시행자지정거부처분취소]).

판례2   적법한 청문의 통지가 있었음(이 사건에서 사업소 및 원고의 주소지로 청문통지서를 2회에 걸쳐 발송하였으나 수취인부재 및 수취인 미거주로 각각 반송되어 오자 청문통지서를 공시송달하였음)에도 허가 취소처분의 상대방이 청문장소에 출석하지 않았을 경우 행정청이 청문을 실시하지 아니하고 침해적 처분을 할 수 있는 것인지가 다투어진 사건에서 대법원은 "행정처분의 상대방에 대한 청문통지서가 반송되었다거나, 행정처분의 상대방이 청문일시에 불출석하였다는 이유로 청문을 실시하지 아니하고 한 침해적 행정처분은 위법하다"고 판시하였다(대판 2001. 4. 13, 2000두3337[영업허가취소처분취소]).

판례3   (1) 원고가 피고의 사무실을 방문하여 피고 소속 공무원에게 '처분을 좀 연기해 달라'는 내용의 서류를 제출한 것을 들어 여객자동차 운수사업법이 필요적으로 실시하도록 규정한 청문을 실시한 것으로 볼 수 없다. (2) 피고 소속 공무원이 피고의 사무실을 방문한 원고에게 관련 법규와 행정처분절차에 대하여 설명하였다거나 그 자리에서 청문절차를 진행하고자 하였음에도 원고가 이에 응하지 않았다는 사정이 청문 등 의견청취를 하지 않을 수 있는 예외 사유, 즉 '처분의 성질상 의견청취가 현저히 곤란하거나 명백히 불필요하다고 인정될 만한 상당한 이유가 있는 경우' 또는 '당사자가 의견진술의 기회를 포기한다는 뜻을 명백히 표시한 경우'에 해당한다고 볼 수 없다고 한 사례(대판 2017. 4. 7, 2016두63224[개인택시운송사업면허취소처분취소]).

(3) 청문절차의 내용

1) 행정절차법상 청문절차규정의 의의

① 개별법에서 청문절차에 관한 규정을 두고 있는 경우에 당해 청문절차가 행정절차법 제28조 이하의 청문절차와 모순되는 경우에 어떠한 법규정에 따라야 할 것인가 하는 문제가 있다.

생각건대, 개별법령의 청문절차가 행정절차법상의 청문절차보다 엄격한 한도 내에서는 개별법령의 청문절차가 우선적으로 적용되지만 그렇지 않은 경우에는 행정절차법에 따라 청문이 행해지는 것이 타당할 것이다. 왜냐하면, 행정절차법상의 청문절차는 국민의 중요한 권익에 대한 중대한 침해를 가져오는 처분에 있어서 적법절차의 원칙에 비추어 요구되는 최소한의 절차를 규정하고 있다고 보아야 하기 때문이다.

② 청문의 실시를 규정하는 개별법에서 특별한 청문절차를 규정하고 있지 않은 경우에는 행정절차법상의 청문절차가 적용된다.

> **판례1**　행정청이 영업정지처분을 함에 있어 식품위생법시행령 제37조 제 1 항 소정의 청문서 도달기간인 7일을 준수하지 아니한 채 청문서를 청문일로부터 5일 전에야 발송하였다면 처분을 함에 있어서 취한 위 청문절차는 위법하며, 위법한 청문절차를 거쳐 내린 위 영업정지처분 역시 위법하다(대판 1992. 2. 11, 91누11575).

> **판례2**　행정청이 청문서 도달기간을 다소 어겼다하더라도 영업자가 이에 대하여 이의하지 아니한 채 스스로 청문일에 출석하여 그 의견을 진술하고 변명하는 등 방어의 기회를 충분히 가졌다면 청문서 도달기간을 준수하지 아니한 하자는 치유되었다고 봄이 상당하다(대판 1992. 10. 23, 92누2844).

2) 사전통지

행정청은 청문을 실시하고자 하는 경우에 청문이 시작되는 날부터 **10일 전까지** 제21조 제 1 항 각호의 사항을 당사자 등에게 통지하여야 한다. 이 경우 제 1 항 제 4 호 내지 제 6 호의 사항은 청문주재자의 소속·직위 및 성명, 청문의 일시 및 장소, 청문에 응하지 아니하는 경우의 처리방법 등 청문에 필요한 사항으로 갈음한다.

청문의 경우에는 다음 사항을 통지하여야 한다: ① 처분의 제목, ② 당사자의 성명 또는 명칭과 주소, ③ 처분하고자 하는 원인이 되는 사실과 처분의 내용 및 법적 근거, ④ 청문주재자의 소속·직위 및 성명, 청문의 일시 및 장소, 청문에 응하지 아니하는 경우의 처리방법등 청문에 필요한 사항, ⑤ 기타 필요한 사항(제21조 제 2 항).

3) 행정절차법상 청문절차의 내용

가. 청문주재자　　행정청은 청문주재자(聽聞主宰者)의 선정이 공정하게 이루어지도록 노력하여야 한다(제28조 제 1 항). 행정청은 다음 각 호의 어느 하나에 해당하는 처분을 하려는 경우에는 청문 주재자를 2명 이상으로 선정할 수 있다. 청문주재자가 2명 이상인 청문을 '합의제청문'이라 부르기도 한다. 이 경우 선정된 청문 주재자 중 1명이 청문 주재자를 대표한다. 1.

다수 국민의 이해가 상충되는 처분, 2. 다수 국민에게 불편이나 부담을 주는 처분, 3. 그 밖에 전문적이고 공정한 청문을 위하여 행정청이 청문 주재자를 2명 이상으로 선정할 필요가 있다고 인정하는 처분(제 2 항). 소속직원 이외의 청문주재자의 자격을 대통령령으로 정하도록 한 것은 타당하지 않다. 외국의 예를 보면 법원판사나 독립행정위원회로 하여금 청문을 주재하도록 하는 경우도 있다.

행정청은 청문이 시작되는 날부터 7일 전까지 청문 주재자에게 청문과 관련한 필요한 자료를 미리 통지하여야 한다(제28조 제 2 항).

청문주재자는 독립하여 공정하게 직무를 수행하며, 그 직무수행상의 이유로 본인의 의사에 반하여 신분상 어떠한 불이익도 받지 아니한다(제28조 제 3 항). 청문주재자는 청문조서를 작성한 후 지체없이 청문조서의 열람·확인의 장소 및 기간을 정하여 당사자등에게 통지하여야 한다(행정절차법 시행령 제19조 제 1 항).

행정절차법 제29조는 청문주재자의 제척·기피·회피를 규정하고 있다.

나. 청문의 공개   청문은 당사자가 공개를 신청하거나 청문주재자가 필요하다고 인정하는 경우 공개할 수 있다. 다만, 공익 또는 제 3 자의 정당한 이익을 현저히 해칠 우려가 있는 경우에는 공개하여서는 아니 된다(제30조).

다. 청문의 진행   청문주재자가 청문을 시작할 때에는 먼저 예정된 처분의 내용, 그 원인이 되는 사실 및 법적 근거 등을 설명하여야 한다(제31조 제 1 항). 당사자 등은 의견을 진술하고 증거를 제출할 수 있으며, 참고인이나 감정인 등에게 질문할 수 있다(제 2 항). 당사자 등이 의견서를 제출한 경우에는 그 내용을 출석하여 진술한 것으로 본다(제 3 항).

행정청은 직권으로 또는 당사자의 신청에 따라 여러 개의 사안을 병합하거나 분리하여 청문을 할 수 있다(제32조).

청문주재자는 직권으로 또는 당사자의 신청에 따라 필요한 조사를 할 수 있으며, 당사자 등이 주장하지 아니한 사실에 대하여도 조사할 수 있다(제33조 제 1 항). 증거조사는 다음의 어느 하나에 해당하는 방법으로 한다: ① 문서·장부·물건 등 증거자료의 수집, ② 참고인·감정인 등에 대한 질문, ③ 검증 또는 감정·평가, ④ 그 밖에 필요한 조사(제 2 항).

청문주재자는 필요하다고 인정할 때에는 관계 행정청에 필요한 문서의 제출 또는 의견의 진술을 요구할 수 있다. 이 경우 관계 행정청은 직무수행에 특별한 지장이 없으면 그 요구에 따라야 한다(제 3 항).

라. 청문조서의 작성 등   청문주재자는 청문조서(聽聞調書)를 작성하여야 한다(제34조 제 1 항). 당사자 등은 청문조서의 내용을 열람·확인할 수 있으며, 이의가 있을 때에는 그 정정을 요구할 수 있다(제 2 항).

마. 청문주재자의 의견서 작성   청문주재자는 청문주재자의 의견서를 작성하여야 한다 (제34조의2).

바. 청문의 종결 등   청문주재자는 해당 사안에 대하여 당사자 등의 의견진술, 증거조사가 충분히 이루어졌다고 인정하는 경우에는 청문을 마칠 수 있다(제35조 제 1 항). 청문주재자는 당사자 등의 전부 또는 일부가 정당한 사유 없이 청문기일에 출석하지 아니하거나 제31조 제 3 항에 따른 의견서를 제출하지 아니한 경우에는 이들에게 다시 의견진술 및 증거제출의 기회를 주지 아니하고 청문을 마칠 수 있다(제 2 항).

> **판례**　처분청이 청문기일을 1983.8.26.13:00로 정하여 원고에게 통지하였다가 원고의 연기신청에 따라 청문기일을 1983.10.11.14:00로 연기하고 다시 출석통지를 하였는데도 원고는 피고에게 위청문기일 전날인 1983.10.10자로 체납국세문제를 마무리 지을 때까지 청문기일을 연기해 달라는 취지의 연기요청서를 발송하고 위 청문기일에 출석하지 아니한 사실이 인정되므로, <u>정당한 사유없이 청문에 응하지 아니한 것으로 보고</u> 청문을 거치지 아니한 채 이 사건 건설업면허취소처분을 한 피고의 조치는 정당하다(대판 1985. 2. 26, 84누615).

청문주재자는 당사자 등의 전부 또는 일부가 정당한 사유로 인하여 청문기일에 출석하지 못하거나 제31조 제3항에 따른 의견서를 제출하지 못한 경우에는 10일 이상의 기간을 정하여 이들에게 의견진술 및 증거제출을 요구하여야 하며, 해당 기간이 지났을 때에 청문을 마칠 수 있다(제3항).

청문주재자는 청문을 마쳤을 때에는 청문조서, 청문주재자의 의견서, 그 밖의 관계서류 등을 행정청에 지체 없이 제출하여야 한다(제4항).

사. 청문결과의 반영　행정청은 처분을 할 때에 제35조 제4항에 따라 받은 청문조서, 청문주재자의 의견서, 그 밖의 관계 서류 등을 충분히 검토하고 상당한 이유가 있다고 인정하는 경우에는 청문결과를 반영하여야 한다(제35조의2).

아. 청문의 재개　행정청은 청문을 마친 후 처분을 할 때까지 새로운 사정이 발견되어 청문을 재개(再開)할 필요가 있다고 인정할 때에는 제35조 제4항에 따라 받은 청문조서 등을 되돌려 보내고 청문의 재개를 명할 수 있다. 이 경우 제31조 제5항을 준용한다(제36조).

자. 문서의 열람 및 비밀유지　당사자 등은 청문의 통지가 있는 날부터 청문이 끝날 때까지 행정청에 해당 사안의 조사결과에 관한 문서와 그 밖에 해당 처분과 관련되는 문서의 열람 또는 복사를 요청할 수 있다. 이 경우 행정청은 다른 법령에 따라 공개가 제한되는 경우를 제외하고는 그 요청을 거부할 수 없다(제37조 제1항).

누구든지 청문을 통하여 알게 된 사생활이나 경영상 또는 거래상의 비밀을 정당한 이유 없이 누설하거나 다른 목적으로 사용하여서는 아니 된다(제6항).

(4) 청문절차의 결여 [2009 입시 사례]

판례는 청문절차의 결여를 취소사유에 해당한다고 보고(대판 2001. 4. 13, 2000두3337[영업허가취소처분취소]; 2007. 11. 16, 2005두15700[주택조합설립인가취소처분취소]), 행정청과 당사자 사이의 합의에 의해 청문의 실시 등 의견청취절차를 배제하여도 청문의 실시에 관한 규정의 적용이 배제되지 않으며 청문을 실시하지 않아도 되는 예외적인 경우에 해당하지 않는다고 본다(대판 2004. 7. 8, 2002두8350[유희시설조성사업협약해지 및 사업시행자지정 거부처분취소]).

4. 공청회절차 [1998 행시 약술]

(1) 의　　의

공청회(公聽會)라 함은 "행정청이 공개적인 토론을 통하여 어떠한 행정작용에 대하여 당사자 등, 전문지식과 경험을 가진 자 기타 일반인으로부터 의견을 널리 수렴하는 절차"
를 말한다(제 2 조 제 6 호). 공청회는 통상 행정작용과 관련이 있는 이해관계인이 다수인 경
우에 행해지는 의견청취절차이다. 또한 공청회에는 의견제출절차나 청문절차와 달리 전문
지식을 가진 자 및 일반국민 등도 참여하는 경우가 많다.

　　개별법에서 특별한 공청회절차를 규정하고 있지 않은 경우에는 행정절차법상 공청회
절차가 적용된다. 다만, 행정청이 개최하는 공청회가 아닌 경우에는 그러하지 아니하다.

> **판례**　묘지공원과 화장장의 후보지를 선정하는 과정에서 서울특별시, 비영리법인, 일반 기업 등이
> 공동발족한 협의체인 추모공원건립추진협의회가 후보지 주민들의 의견을 청취하기 위하여 그 명의로
> 개최한 공청회는 행정청이 도시계획시설결정을 하면서 개최한 공청회가 아니므로, 위 공청회의 개최에
> 관하여 행정절차법에서 정한 절차를 준수하여야 하는 것은 아니라고 한 사례(대판 2007. 4. 12, 2005두
> 1893[도시계획시설결정취소]〈원지동 추모공원 사건〉).

　　또한, 개별법령의 공청회절차가 행정절차법상의 공청회절차보다 엄격한 한도 내에서
는 개별법령의 공청회절차가 우선적으로 적용되지만 그렇지 않은 경우에는 행정절차법
에 따라 공청회가 행해지는 것이 타당할 것이다. 왜냐하면, 행정절차법상의 공청회절차
는 적법절차의 원칙에 비추어 요구되는 최소한의 절차를 규정하고 있다고 보아야 하기
때문이다.

(2) 공청회의 개최요건 등

　　공청회는 다음과 같은 경우에 한하여 예외적으로 인정되고 있다: ① 다른 법령 등에
서 공청회를 개최하도록 규정하고 있는 경우, ② 해당 처분의 영향이 광범위하여 널리 의
견을 수렴할 필요가 있다고 행정청이 인정하는 경우, ③ 국민생활에 큰 영향을 미치는 처
분으로서 대통령령으로 정하는 처분(1. 국민 다수의 생명, 안전 및 건강에 큰 영향을 미치는 처
분, 2. 소음 및 악취 등 국민의 일상생활과 관계되는 환경에 큰 영향을 미치는 처분. 다만, 행정청이
해당 처분과 관련하여 이미 공청회를 개최한경우는 제외(동법 시행령 제13조의3 제 1 항))의 경우
대통령령으로 정하는 수(30명(동법 시행령 제13조의3 제 3 항)) 이상의 당사자등이 공청회 개
최를 요구하는 경우(제22조 제 2 항).

　　그러나, 행정절차법상 "당사자등"은 행정청의 처분에 대하여 직접 그 상대가 되는 당
사자 및 행정청이 직권으로 또는 신청에 따라 행정절차에 참여하게 한 이해관계인에 한정
되므로(제 2 조 제 4 호) 법 제22조 제 2 항 제 3 호에 따른 공청회 개최는 실효성이 크지 못
하다. '행정절차에 참여하게 한이해관계인'이 아니라 이해관계인 30명 이상이 공청회 개최
를 요구하면 공청회를 개최하는 것으로 개정하여야 할 것이다.

(3) 행정절차법상 공청회절차의 내용

1) 공청회의 개최

행정청은 공청회를 개최하고자 하는 경우에는 공청회 개최 14일 전까지 다음의 사항을 당사자 등에게 통지하고 관보·공보·인터넷 홈페이지 또는 일간 신문 등에 공고하는 등의 방법으로 널리 알려야 한다: ① 제목, ② 일시 및 장소, ③ 주요 내용, ④ 발표자에 관한 사항, ⑤ 발표신청 방법 및 신청기한, ⑥ 정보통신망을 통한 의견제출, ⑦ 그 밖에 공청회 개최에 관하여 필요한 사항(제38조 제 1 항).

행정청은 제38조에 따른 공청회와 병행하여서만 정보통신망을 이용한 공청회(전자공청회)를 실시할 수 있다(제38조의2 제 1 항). 다만, 제38조의2 제 2 항 각호의 어느 하나에 해당하는 경우에는 온라인공청회를 단독으로 개최할 수 있다(제 2 항).

2) 공청회의 주재자 및 발표자

행정청은 해당 공청회의 사안과 관련된 분야에 전문적 지식이 있거나 그 분야에 종사한 경험이 있는 사람으로서 대통령령으로 정하는 자격을 가진 사람 중에서 공청회의 주재자를 선정한다(제38조의3 제 1 항).

공청회 주재자의 독립성, 중립성 및 전문성이 보장되도록 하여야 한다. 외국의 예를 보면 공청회의 주재자를 판사나 행정위원회 등 행정청이나 이해관계인으로부터 독립적 지위를 갖는 자로 하는 경우가 있다.

공청회의 발표자는 발표를 신청한 자 중에서 행정청이 선정한다. 다만, 발표 신청자가 없거나 공청회의 공정성 확보를 위하여 필요하다고 인정하는 경우에는 다음의 사람 중에서 지명 또는 위촉할 수 있다: ① 당해 공청회의 사안과 관련된 당사자 등, ② 당해 공청회의 사안과 관련된 분야에 전문적 지식이 있는 자, ③ 당해 공청회의 사안과 관련된 분야에서 종사한 경험이 있는 자(제 2 항). 행정청은 공청회의 주재자 및 발표자를 지명 또는 위촉하거나 선정함에 있어서 공정성이 확보될 수 있도록 하여야 한다(제 3 항).

3) 공청회의 진행

공청회의 주재자는 공청회를 공정하게 진행하여야 하며, 공청회의 원활한 진행을 위하여 발표내용을 제한할 수 있고, 질서유지를 위하여 발언중지, 퇴장명령 등 행정안전부장관이 정하는 필요한 조치를 할 수 있다(제39조 제 1 항). 발표자는 공청회의 내용과 직접 관련된 사항에 한하여 발표하여야 한다(제 2 항). 공청회의 주재자는 발표자의 발표가 끝난 후에는 발표자 상호간에 질의 및 답변을 할 수 있도록 하여야 하며, 방청인에게도 의견을 제시할 기회를 주어야 한다(제 4 항).

우리나라의 경우 공청회가 통상 반나절 또는 하루에 끝나는 것이 일반적인데, 충분한 토론이 행해지도록 공청회기간이 정하여져야 할 것이며 필요하다면 여러 번에 걸쳐 공청회가 행해지도록 하여야 할 것이다. 공청회의 원활한 진행도 중요하지만 발표와 토론이 충분히 행하여지도록 하는 것도 중요하다.

4) 공청회 및 전자공청회 결과의 반영

행정청은 처분을 할 때에 공청회, 전자공청회 및 정보통신망 등을 통하여 제시된 사실 및 의견이 상당한 이유가 있다고 인정하는 경우에는 이를 반영하여야 한다(제39조의2).

5) 공청회의 재개최

행정청은 공청회를 마친 후 처분을 할 때까지 새로운 사정이 발견되어 공청회를 다시 개최할 필요가 있다고 인정할 때에는 공청회를 다시 개최할 수 있다(제39조의3).

5. 의견청취 후의 조치

행정청은 청문·공청회 또는 의견제출을 거쳤을 때에는 신속히 처분하여 해당 처분이 지연되지 아니하도록 하여야 한다(제22조 제5항).

행정청은 처분 후 1년 이내에 당사자 등이 요청하는 경우에는 청문·공청회 또는 의 견제출을 위하여 제출받은 서류나 그 밖의 물건을 반환하여야 한다(제22조 제6항).

문제의 해결　영업허가의 취소의 경우 의견제출절차만을 거친 것이 적법절차의 원칙에 반하지 않는다면 당해 영업허가취소는 절차의 하자가 없으나 당해 영업허가에 의해 침해되는 권익의 중대성에 비추어 의견제출절차만으로는 적법절차를 거친 것으로 볼 수 없고, 청문절차를 거칠 것이 적법절차의 원칙상 요구된다면 당해 영업허가취소는 절차상 위법하다.

V. 기　　타

1. 처분의 방식: 문서주의(제24조)

행정청이 처분을 하는 때에는 다른 법령 등에 특별한 규정이 있는 경우를 제외하고는 문서로 하여야 하며, 당사자등의 동의가 있는 경우 또는 당사자가 전자문서로 처분을 신청한 경우에는 전자문서로 할 수 있다(제24조 제1항). 제1항에도 불구하고 공공의 안전 또는 복리를 위하여 긴급히 처리할 필요가 있거나 사안이 경미한 경우에는 말, 전화, 휴대전화를 이용한 문자 전송, 팩스 또는 전자우편 등 문서가 아닌 방법으로 처분을 할 수 있다.

이 경우 당사자의 요청이 있는 때에는 지체 없이 처분에 관한 문서를 주어야 한다(제 1항)(제2항).

판례1　[1] 행정절차법 제24조는 행정의 공정성·투명성 및 신뢰성을 확보하고 국민의 권익을 보호하기 위한 것이므로 위 규정에 위반하여 행하여진 행정청의 처분은 그 하자가 중대하고 명백하여 원칙적으로 무효이다. [2] 관할 소방서의 담당 소방공무원이 피고인에게 행정처분인 소방시설설치유지 및

안전관리에 관한 법률 제 9 조에 의한 소방시설의 시정보완명령을 구두로 고지한 것은 행정소송법 제 24조에 위반한 것으로 그 하자가 중대하고 명백하여 위 시정보완명령은 당연 무효라고 할 것이고, 무효인 위 시정보완명령에 따른 피고인의 의무위반이 생기지 아니하는 이상 피고인에게 위 시정보완명령에 위반하였음을 이유로 같은 법 제48조의2 제 1 호에 따른 행정형벌을 부과할 수 없다고 한 사례(대판 2011. 11. 10, 2011도11109[소방시설설치유지및안전관리에관한법률위반]).

판례2　　이 사건 사증발급 거부처분이 문서에 의한 처분 방식의 예외로 행정절차법 제24조 제 1 항 단서에서 정한 '신속히 처리할 필요가 있거나 사안이 경미한 경우'에 해당한다고 볼 수도 없다. 따라서 피고의 사증발급 거부처분에는 행정절차법 제24조 제 1 항을 위반한 하자가 있다(대판 2019. 7. 11, 2017두38874).

판례3　　행정청이 폐기물관리법 제48조 제 1 항, 같은 법 시행규칙 제68조의3 제 1 항에서 정한 폐기물 조치명령을 전자문서로 하고자 할 때에는 행정절차법 제24조 제 1 항에 따라 당사자의 동의가 필요하다(대판 2024. 5. 9, 2023도3914).

2. 처분의 정정(제25조)

행정청은 처분에 오기·오산 기타 이에 준하는 명백한 잘못이 있는 때에는 직권 또는 신청에 의하여 지체 없이 정정(訂正)하고 이를 당사자에게 통지하여야 한다.

3. 행정심판 및 행정소송관련 사항의 고지(제26조)

행정청이 처분을 하는 때에는 당사자에게 그 처분에 관하여 행정심판 및 행정소송을 제기할 수 있는지 여부, 기타 불복을 할 수 있는지 여부, 청구절차 및 청구기간 기타 필요한 사항을 알려야 한다.

4. 행정절차에서의 진술거부권

행정절차가 수사절차로 이행될 수 있는 경우에는 적법절차의 원칙상 명문의 규정이 없는 경우에도 진술거부권을 보장해줄 필요가 있고, 행정절차에서 획득된 자료가 곧바로 범죄수사에 활용되는 것은 타당하지 않다(장윤영, 행정조사에서의 진술거부에 관한 고찰 – EU 사례를 중심으로 –, 행정법연구 제68호, 2023. 8, 149면 이하 참조).

5. 방어권의 보장

불이익처분의 상대방에 대해 적절한 방어권(일정한 경우(예, 징계처분) 변호사의 조력을 받을 권리, 처분사유(처분근거사실 포함)를 알 권리, 의견진술, 증거제시 등 방어권의 행사 수단 및 기회를 부여받을 권리)을 실질적으로 보장하지 아니한 처분은 적법절차의 원칙에 반하여 위법하다.

[1] 행정청이 징계와 같은 불이익처분절차에서 징계심의대상자가 선임한 변호사가 징계위원회에 출석하여 징계심의대상자를 위하여 필요한 의견을 진술하는 것을 거부할 수 있는지 여부(원칙적소극): 행정절차법 제12조 제 1 항 제 3 호, 제 2 항, 제11조 제 4 항 본문에 따르면, 당사자 등은 변호사를 대리인으로 선임할 수 있고, 대리인으로 선임된 변호사는 당사자 등을 위하여 행정절차에 관한 모든 행위를 할 수 있다고 규정되어 있다. 위와 같은 행정절차법령의 규정과 취지, 헌법상 법치국가원리와 적법절차원칙에 비추어 징계와 같은 불이익처분절차에서 징계심의대상자에게 변호사를 통한 방어권의 행사를 보장하는 것이 필요하고, 징계심의대상자가 선임한 변호사가 징계위원회에 출석하여 징계심의대상자를 위하여 필요한 의견을 진술하는 것은 방어권 행사의 본질적 내용에 해당하므로, 행정청은 특별한 사정이 없는 한 이를 거부할 수 없다. **[2]** 육군3사관학교의 사관생도에 대한 징계절차에서 징계심의대상자가 대리인으로 선임한 변호사가 징계위원회 심의에 출석하여 진술하려고 하였음에도, 징계권자나 그 소속 직원이 변호사가 징계위원회의 심의에 출석하는 것을 막았다면 징계위원회 심의·의결의 절차적 정당성이 상실되어 그 징계의결에 따른 징계처분은 위법하여 원칙적으로 취소되어야 한다. 다만 징계심의대상자의 대리인이 관련된 행정절차나 소송절차에서 이미 실질적인 증거조사를 하고 의견을 진술하는 절차를 거쳐서 징계심의대상자의 방어권 행사에 실질적으로 지장이 초래되었다고 볼 수 없는 특별한 사정이 있는 경우에는, 징계권자가 징계심의대상자의 대리인에게 징계위원회에 출석하여 의견을 진술할 기회를 주지 아니하였더라도 그로 인하여 징계위원회 심의에 절차적 정당성이 상실되었다고 볼 수 없으므로 징계처분을 취소할 것은 아니다(대판 2018. 3. 13, 2016두33339[퇴교처분취소]). 〈참고자료〉신상민, "변호사의 조력권을 제한한 행정절차의 위법성", 행정판례연구 제24 – 2집, 한국행정판례연구회, 2019. 12, 138~140면.

판례2   행정기관의 징계처분을 위한 업무 등을 담당하는 공무원은 그 직무를 수행할 때에 헌법과 법률에 따라 국민의 인권을 존중하고 공정성을 지켜야 하고, 실체적 진실을 발견하기 위하여 노력하여야 할 법규상 또는 조리상의 의무가 있으며, 만일 담당 공무원이 인권존중, 권력남용금지, 신의성실과 같이 공무원으로서 마땅히 지켜야 할 준칙이나 규범을 지키지 않은 채 업무를 수행하였다거나 당사자가 제출한 의견이 상당한 이유가 있음에도 불구하고 이를 업무에 반영하지 않는 등 당사자의 방어권을 실질적으로 보장하지 않았다면 이러한 행위는 객관적인 정당성을 결여한 것으로서 위법하다고 보아야 한다(서울고법 2022. 1. 13, 2020누52759).

판례3   행정기관의 징계처분을 위한 업무 등을 담당하는 공무원이 당사자가 제출한 의견이 상당한 이유가 있음에도 불구하고 이를 업무에 반영하지 않는 등 당사자의 방어권을 실질적으로 보장하지 않았다면 이러한 행위는 객관적인 정당성을 결여한 것으로서 위법하다고 보아야 한다(서울고법 2022. 1. 13, 2020누52759).

6. 강제처분의 통제기관: 독립된 중립적인 기관

행정절차상 강제처분에 의해 신체의 자유가 제한되는 강제처분의 집행기관으로부터 독립된 중립적인 기관이 이를 통제하도록 하는 것은 적법절차원칙의 중요한 내용에 해당한다(헌재 2023. 3. 23, 2020헌가1).

판례   **(1)** 심판대상조항에 의한 보호(출입국관리법 제63조 제 1 항(지방출입국·외국인관서의 장은 강제퇴거명령을 받은 사람을 여권 미소지 또는 교통편 미확보 등의 사유로 즉시 대한민국 밖으로 송환할 수 없으면 송환할 수 있을 때까지 그를 보호시설에 보호할 수 있다)에 의한 강제퇴거대상자에 대한 보호)는 신체의 자유를 제한하는 정도가 박탈에 이르러 형사절차상 '체포 또는 구속'에 준하는 것으로 볼 수 있는 점을 고려하면, 보호의 개시 또는 연장 단계에서 그 집행기관인 출입국관리공무원으로부터 독립되고 중립적인 지위에 있는 기관이 보호의 타당성을 심사하여 이를 통제할 수 있어야 한다. 그러나 현재 출입국관리법상 보호의 개시 또는 연장 단계에서 집행기관으로부터 독립된 중립적 기관에 의한 통제절차가 마련되어 있지 아니하다. (2) 당사자에게 의견 및 자료 제출의 기회를 부여하는 것은 적법절차원칙에서 도출되는 중요한 절차적 요청이므로, 심판대상조항에 따라 보호를 하는 경우에도 피보호자에게 위와 같은 기회가 보장되어야 하나, 심판대상조항에 따른 보호명령을 발령하기 전에 당사자에게 의견을 제출할 수 있는 절차적 기회가 마련되어 있지 아니하다. 따라서 심판대상조항은 적법절차원칙에 위배되어 피보호자의 신체의 자유를 침해한다. (3) 강제퇴거명령을 받은 사람을 보호할 수 있도록 하면서 보호기간의 상한을 마련하지 아니한 출입국관리법 제63조 제1항이 과잉금지원칙 및 적법절차원칙에 위배되어 피보호자의 신체의 자유를 침해하는 것으로, 헌법에 합치되지 아니한다고 한 사례(헌재 2023. 3. 23, 2020헌가1).

제 3 항 신 고

행정절차법의 규율대상이 되는 신고, 즉 "법령등에서 행정청에 일정한 사항을 통지함으로써 의무가 끝나는 신고"(제40조 제 1 항)는 자기완결적 신고이다. 그러나 행정절차법 제40조 제 3 항과 제 4 항은 수리를 요하는 신고에도 준용된다고 보아야 한다(기타 신고에 관한 사항은 사인의 공법행위 참조).

제 4 항 입법예고제

I. 의 의

입법예고제라 함은 행정청으로 하여금 법령 등의 제정 또는 개정에 대하여 이를 국민에게 예고하도록 하고 그에 대한 국민의 의견을 듣고 행정입법안에 당해 국민의 의견을 반영하도록 하는 제도이다.

II. 적용범위

법령 등을 제정·개정 또는 폐지(이하 '입법'이라 한다)하고자 할 때에는 당해 입법안을 마련한 행정청은 이를 예고하여야 한다(제41조 제 1 항). 현행 입법예고제도는 법률과 명령을 구분하지 않고 동일하게 규율하고 있다.

다만, 입법내용이 국민의 권리·의무 또는 일상생활과 관련이 없는 경우, 입법이 긴급을 요하는 경우, 상위법령 등의 단순한 집행을 위한 경우, 예고함이 공익에 현저히 불리한 영향을 미치는 경우, 입법내용의 성질 그 밖의 사유로 예고의 필요가 없거나 곤란하다고 판단되는 경우에는 입법예고를 아니할 수 있다(제 1 항 단서).

Ⅲ. 재입법예고

입법안을 마련한 행정청은 입법예고 후 예고내용에 국민생활과 직접 관련된 내용이 추가되는 등 대통령령으로 정하는 중요한 변경이 발생하는 경우에는 해당 부분에 대한 입법예고를 다시 하여야 한다. 다만, 제 1 항 각 호의 어느 하나에 해당하는 경우에는 예고를 하지 아니할 수 있다(행정절차법 제41조 제 4 항).

「행정절차법」제41조 제 4 항 본문에서 "대통령령으로 정하는 중요한 변경이 발생하는 경우"란 다음 각 호의 어느 하나에 해당하는 경우를 말한다. 1. 국민의 권리·의무 또는 국민생활과 직접 관련되는 내용이 추가되는 경우, 2. 그 밖에 법령안의 취지 또는 주요 내용 등이 변경되어 다시 의견을 수렴할 필요가 있는 경우(법제업무운영규정 제14조 제 3 항).

Ⅳ. 입법예고 흠결의 효과

과거 판례는 입법예고가 없었다고 하여 그 조항이 신의성실의 원칙에 위배되는 무효인 규정이라고 볼 수 없다(대판 1990. 6. 8, 90누2420)고 판시한 바 있다. 그러나, 이 판례가 현행 행정절차법하에서도 타당한지는 의문이다.

입법예고를 거치지 않은 대통령령 개정규정이 무효라고 한 하급심판례(서울고법 2018누71863)가 있다.

> 판례   입법예고 후 예고내용에 중요한 변경이 있었음에도 추가 입법예고를 하지 않은 행정절차법 위반이고 해당 대통령령(대학설립·운영규정) 개정규정은 무효이고, 그에 근거한 처분은 위법하다고 한 사례(서울고법 2018누71863).

제 5 항   행정예고

행정예고제는 다수 국민의 권익에 관계 있는 사항(정책, 제도 및 계획 등)을 국민에게 미리 알리는 제도를 말한다.

행정예고(行政豫告)는 행정에 대한 예측가능성을 보장해 주고 이해관계 있는 행정에 대하여 의견을 제출할 수 있게 하며 국민의 행정에 대한 이해와 협력을 증진시키는 기능을 한다.

제 6 항 행정영장

행정영장은 행정목적으로 구금, 압수, 수색을 위해 발령하는 영장을 말한다. 행정영장은 행정절차(적법절차)의 하나로 볼 수 있다.

영장이라 함은 체포·구금·압수·수색 등 강제처분(이하 '구금 등의 강제처분'이라 한다)에 법관 등 독립적이고 공정하며 자격이 있는 기관(이하 '법관 등 독립기관'이라 한다)이 발부하는 허가증을 말한다. 따라서, 대집행영장은 행정영장이 아니다.

행정영장의 발부기관은 '법관'이어야 하는지 아니면 법관이 아니더라도 '법관에 준하는 독립성을 가진 자격있는 기관'이어도 가능한지가 문제된다. 영장의 핵심은 '법관 등 독립기관'의 발부결정에 있다. 행정영장의 특성을 고려하면 행정영장은 법관이 아니더라도 법관에 준하는 독립성을 가진 자격있는 기관이 영장을 발부하는 것으로 하는 것은 가능하다고 보아야 한다. 선진국의 입법례도 그러하다. 다만, 우리나라에서 법관 이외에 법관에 준하는 독립성과 공정성을 가진 기관을 상정하기 어려우므로 행정영장도 원칙상 법관이 발부하는 것으로 하는 것이 타당하다. 다만, 법관이 아닌 독립성을 가진 자격이 있는 기관이 영장을 발부하도록 하는 것이 행정분야의 특성이나 법관의 업무 부담 등을 고려할 때 합리적인 이유가 있고, 기본권 보장장치가 충분히 갖추어진 경우에는 법관이 아닌 그 독립기관이 행정영장을 발부하는 것으로 규정하는 것도 가능하다.

행정영장의 청구기관을 검사로 할 것인지 아니면 담당 행정기관으로 할 것인지에 관하여 논란이 있다, 영장의 청구기관이 누구인지도 중요한 사항이기는 하지만, 영장의 청구기관은 영장의 핵심사항은 아니다. 달리 말하면 검사가 아닌 기관이 신청하여 법관이 발부한 영장도 영장에 해당한다고 보아야 한다. 우선 헌법 제12조 제3항은 사법영장(수사목적을 위한 영장)을 규정한 것이므로 검사가 영장청구를 하도록 한 헌법 제12조 제3항은 행정영장에는 적용되지 않는다. 행정영장의 청구는 행정목적을 위한 것이므로 해당 행정을 담당하는 행정기관의 장이 청구하도록 하는 것이 행정조직의 법리에 맞는다. 검사가 행정영장을 청구하도록 하면 영장청구 당시 범죄의 혐의가 없는 사안을 검사가 인지하여 수사로 이어질 수 있는 문제가 있다. 물론 행정영장 청구기관을 어느 기관으로 할 것인지는 입법정책의 문제이고, 행정영장도 검사가 청구하도록 규정하는 것도 가능하다.

영장의 대상은 국민의 중요한 기본권에 중대한 영향을 미치는 '구금 등의 강제처분'이다. 정신질환자에 대한 강제입원이 영장의 대상이 되는 구금에 해당하는지에 대한 논란이 있지만, 현행 정신건강복지법은 정신질환자에 대한 강제입원을 환자의 보호 및 치료를 위한 조치로서 영장의 대상이 되는 구금이 아니라는 입장을 취하고 있다.

그리고, '구금 등의 강제처분'은 물리력을 행사하는 강제(직접강제)만을 말하는지 아니면 물리적 강제뿐만 아니라 구금 등에 준하는 의무를 명하고 그 위반에 대해 형벌 등 제재를 가하는 실질적 강제(심리적·간접적 강제)를 포함하는지에 관하여 견해의 대립이 있는데, 헌법재판소는 전자의 입장을 취하고 있다(헌재 2004. 9. 23, 2002헌가17; 헌재 2012. 12. 27, 2010헌마153 등).

> **판례** 도로교통법 제41조 제2항에 규정된 음주측정은 성질상 강제될 수 있는 것이 아니며 궁극적으로 당사자의 자발적 협조가 필수적인 것이므로 이를 두고 法官의 슈狀을 필요로 하는 强制處分이라 할 수 없다. 따라서 이 사건 법률조항이 주취운전의 혐의자에게 영장없는 음주측정에 응할 의무를 지우고 이에 불응한 사람을 처벌한다고 하더라도 헌법 제12조 제3항에 규정된 영장주의에 위배되지 아니한다(헌재 1997. 3. 27, 96헌가11).

Ⅰ. 행정영장에서의 영장주의의 적용범위

영장주의라 함은 '구금 등의 강제처분'에는 원칙상 영장이 있어야 한다는 것을 말한다. 헌법 제12조 제3항은 형사절차에서의 영장주의를 규정하고 있다. 개별법률에서 영장주의를 규정하고 있는 경우도 있다. 영장주의의 취지는 신체 등 중요한 기본권의 보장에 있다. 그리고 영장주의는 적법절차의 하나이다.

헌법 제12조 제3항은 형사절차 이외의 행정목적을 위한 '구금 등의 강제처분'에는 그대로는 적용되지 않는다는 것이 헌법재판소의 입장이다. 다만, 헌법 제12조 제3항이 규정한 영장주의의 취지인 '구금 등의 강제처분'에서의 기본권 보장은 행정영장에도 적용된다고 보아야 한다.

문제는 행정영장에도 영장주의가 적용되는가 하는 것이다. 달리 말하면 행정영장없는 '구금 등의 강제처분'은 영장주의 위반, 달리 말하면 기본권 보장원칙 및 적법절차의 원칙에 위반하여 위헌·위법인가 하는 것이 문제되는데, 이에 관하여 견해의 대립이 있다. 그리고, 이에 관한 헌법재판소와 대법원의 입장은 동일하지 않다.

1. 긍 정 설

수사목적을 위한 '구금 등의 강제처분'과 행정목적을 위한 '구금 등의 강제처분'은 성질은 다르지만, 신체 또는 재산에 대한 강력한 실력행사라는 점에서는 다르지 않으므로 영장제도의 취지인 기본권 보장을 위해 특별한 사정이 없는 한 행정목적을 위한 '구금 등의 강제처분'에도 영장주의가 적용되어야 한다. 다만 긴급한 경우에는 명문의 근거가 있는 경우 영장없이 '구금 등의 강제처분'을 할 수 있지만, '구금 등의 강제처분'이 계속되는 경우 사후영장이 필요하다.

2. 부 정 설

헌법상의 영장제도는 형사사법권의 남용을 막기 위해 채택된 것이므로 원칙상 행정목적을 위한 '구금 등의 강제처분'에는 적용되지 않는다. 또한, 행정목적을 위한 '구금 등의 강제처분'에 영장주의를 적용하면 행정목적(공익)의 달성이 어렵게 되는 경우가 적지 않고, 행정목적을 위한 '구금 등의 강제처분'으로 침해될 우려가 있는 기본권은 적법절차의 원칙 등에 의해 보호할 수 있다.

3. 절충설(개별적 결정설)

행정목적을 위한 '구금 등의 강제처분'에서는 행정목적(공익)의 달성과 기본권 보장을 조화시켜야 한다. 이익형량의 원칙에 따라 기본권의 보장의 요구가 큰 경우에는 영장주의가 적용되지만, 행정목적(공익)의 요구가 큰 경우에는 영장주의가 적용되지 않고, 강제처분으로 인한 기본권 침해의 우려는 적법절차의 원칙 등에 의해 해결하여야 한다.

4. 원칙 긍정·예외 부정설

긍정설에서와 같이 기본권 보장을 위해 행정목적을 위한 '구금 등의 강제처분'에도 원칙상 영장주의가 적용되어야 하지만, 긴급한 경우나 행정조사목적을 위한 압수·수색의 강제처분의 경우에는 영장주의를 부정한다.

5. 원칙 부정·예외 긍정설

부정설에서와 같이 헌법상의 영장제도는 원칙상 행정목적을 위한 '구금 등의 강제처분'에는 적용되지 않지만, 행정목적을 위한 '구금 등의 강제처분'이 사실상 형사사법목적의 강제처분에 해당할 경우에는 영장주의가 적용된다.

6. 판   례

헌법재판소 판례는 헌법 제12조 제3항 및 제16조의 영장주의는 형사절차에 한하여 적용되고(헌재 2016. 3. 31. 2013헌바190), 행정기관이 체포·구속의 방법으로 신체의 자유를 제한하는 경우에는 영장주의가 그대로 적용되는 것은 아니라고 본다(헌재 2016. 3. 31. 2013헌바190).

판례1   [1] 헌법상 영장주의의 본질은 체포·구속·압수·수색 등 기본권을 제한하는 강제처분을 함에 있어서는 중립적인 법관의 구체적 판단을 거쳐야 한다는 데에 있다. [2] 수사기관이 위치정보 추적자료의 제공을 전기통신사업자에게 요청한 경우 법원의 허가를 받도록 하고 있는 이 사건 허가조항은 영장주의에 위배된다고 할 수 없다.

판례2   [1] 헌법 제12조 제3항에서 규정하고 있는 영장주의란 형사절차와 관련하여 체포·구속·압수·수색의 강제처분을 할 때 신분이 보장되는 법관이 발부한 영장에 의하지 않으면 안 된다는 원칙으로(헌재 2015. 9. 24. 2012헌바302), 형사절차가 아닌 징계절차에도 그대로 적용된다고 볼 수 없다. [2] 전투경찰순경의 인신구금을 내용으로 하는 영창처분에 있어서도 적법절차원칙이 준수되어야 한다. …

이 사건 영창조항이 헌법에서 요구하는 수준의 절차적 보장 기준을 충족하지 못했다고 볼 수 없으므로 헌법 제12조 제 1 항의 적법절차원칙에 위배되지 아니한다(헌재 2016. 3. 31, 2013헌바190). 〈해설〉 이에 대하여 "행정기관이 체포·구속의 방법으로 신체의 자유를 제한하는 경우에도 원칙적으로 헌법 제12조 제 3 항의 영장주의가 적용된다고 보아야 하고, 다만 행정작용의 특성상 영장주의를 고수하다가는 도저히 그 목적을 달성할 수 없는 경우에는 영장주의의 예외가 인정될 수 있다."는 재판관 5인의 위헌의견 (다수의견, 반대의견)이 있다. 다만, 이들 위헌의견도 헌법 제12조 제 3 항은 모든 영장의 발부에 검사의 신청이 필요하다는 것이 아니고, 수사단계에서의 영장신청권자를 검사로 한정한 것이라고 본다.

그리고, 전술한 바와 같이 행정상 즉시강제에는 영장주의가 적용되지 않는다고 본다. 이러한 헌법재판소의 견해는 명확하지는 않지만, 부정설 또는 원칙 부정·예외 긍정설에 가깝다.

대법원 판례에 따르면 행정목적을 위한 "체포 또는 구속"에 헌법 제12조 제 3 항의 영장주의가 적용된다.

판례1 지방의회에서의 사무감사·조사를 위한 증인의 동행명령장제도도 증인의 신체의 자유를 억압하여 일정 장소로 인치하는 것으로서 헌법 제12조 제 3 항의 "체포 또는 구속"에 준하는 사태로 보아야 하고, 거기에 현행범 체포와 같이 사후에 영장을 발부받지 아니하면 목적을 달성할 수 없는 긴박성이 있다고 인정할 수는 없으므로, 헌법 제12조 제 3 항에 의하여 법관이 발부한 영장의 제시가 있어야 함에도 불구하고 동행명령장을 법관이 아닌 지방의회 의장이 발부하고 이에 기하여 증인의 신체의 자유를 침해하여 증인을 일정 장소에 인치하도록 규정된 조례안은 영장주의원칙을 규정한 헌법 제12조 제 3 항에 위반된 것이다(대판 1995. 6. 30, 93추83[경상북도의회에서의증언·감정등에관한조례(안)무효확인청구의소]).

판례2 사전영장주의는 인신보호를 위한 헌법상의 기속원리이기 때문에 인신의 자유를 제한하는 모든 국가작용의 영역에서 존중되어야 하지만, 헌법 제12조 제 3 항 단서도 사전영장주의의 예외를 인정하고 있는 것처럼 사전영장주의를 고수하다가는 도저히 행정목적을 달성할 수 없는 지극히 예외적인 경우에는 형사절차에서와 같은 예외가 인정되므로, 구 사회안전법(1989. 6. 16. 법률 제4132호에 의해 '보안관찰법'이란 명칭으로 전문 개정되기 전의 것) 제11조 소정의 동행보호규정은 재범의 위험성이 현저한 자를 상대로 긴급히 보호할 필요가 있는 경우에 한하여 단기간의 동행보호를 허용한 것으로서 그 요건을 엄격히 해석하는 한, 동 규정 자체가 사전영장주의를 규정한 헌법규정에 반한다고 볼 수는 없다(대판 1997. 6. 13, 96다56115).

그러나, 전술한 바와 같이 대법원 판례는 행정조사를 위한 압수·수색에는 영장이 요구되지 않는다고 본다. 이러한 대법원의 견해는 원칙 긍정·예외 부정설에 해당한다.

7. 결   어

생각건대, '행정영장'은 행정목적을 위한 '구금 등의 강제처분'의 성질 및 상황(구금등의 필요성, 기본권 보장의 필요, 다른 권리구제수단 등)의 다양성에 비추어 적법절차의 원칙 및 비례원칙에 따라 해당 강제처분의 성질과 관련 상황을 종합적으로 고려하면서 행정목적을 위한 '구금 등의 강제처분'에 영장이 필요한지 여부를 개별적으로 결정하여야 한다(적법절차의 원칙 및 비례의 원칙에 따른 개별적 결정설(절충설)). ① 적법절차의 원칙상 행정영장에서도 영장주의가 요구되는 경우 및 법률에서 영장주의를 규정하고 있는 경우에는 행정영장에서도 영장주의가 적용된다. ② 긴급한 즉시강제의 경우 영장없는 '구금 등의 강제처분'이 가능하지만, 긴급한 즉시강제 후 구금 등이 계속되는 경우에는 사후에 즉시 영장을 발부받거나 다른 기본권 보장조치를 취하여야 한다. ③ 행정목적을 위한 '구금 등의 강제처분'이 사실상(실질적으로) 형사사법목적의 강제처분에 해당할 경우(행정목적을 위한 '구금 등의 강제처분'이 사실상 수사목적의 강제처분의 성격도 함께 갖거나 동일한 행정기관이 행정목적을 위한 '구금 등의 강제처분'권한과 수사권을 함께 갖거나 행정목적을 위한 '구금 등의 강제처분'이 곧 이어질 범죄수사에서 이용될 가능성이 높은 경우 등)에는 영장주의가 적용된다고 보아야 한다. ④ 그 밖에 영장주의가 적용되지 않아도 적법절차의 원칙에 합치하는 경우에는 영장주의가 요구되지 않는다.

Ⅱ. 영장주의 위반의 효력

행정영장이 요구됨에도 행정영장없이 '구금 등의 강제처분'하는 것이 가능한 것으로 규정한 법률은 헌법상 적법절차의 원칙이나 비례의 원칙에 반하여 위헌·무효이고, 그러한 법률에 근거한 처분은 위법하다.

제 5 절　복합민원절차

Ⅰ. 복합민원의 의의

복합민원(複合民願)이라 함은 하나의 민원 목적을 실현하기 위하여 관계 법령 등에 의하여 다수 관계기관의 허가·인가·승인·추천·협의·확인 등을 받아야 하는 민원을 말한다. 민원이라 함은 행정기관에 대하여 처분 등 특정한 행위를 요구하는 것을 말한다.

민원사무처리에 관한 법률에 의하면 "복합민원"이란 하나의 민원 목적을 실현하기 위하여 법령·훈령·예규·고시 등(이하 "관계법령등"이라 한다)에 따라 여러 관계 기관(민원사항과 관련된 단체·협회 등을 포함한다. 이하 같다) 또는 관계 부서의 허가·인가·승인·추천·협의 또는 확인 등을 거쳐 처리되는 민원사무를 말한다(제 2 조 제 3 호).

Ⅱ. 복합민원의 유형

1. 하나의 허가이지만 타 행정기관의 협의, 동의, 확인을 요하는 경우

타 행정기관의 동의를 받지 않고 허가를 한 것은 무권한으로 무효이지만, 협의를 거치지 않은 것은 절차의 하자로 원칙상 취소할 수 있는 위법이다.

2. 하나의 허가로 타 허가가 의제되는 경우

인·허가의제제도라 함은 여러 행정기관의 복수의 인·허가 등을 받아야 하는 경우에 하나의 인·허가를 받으면 다른 관련인·허가를 받은 것으로 의제하는 제도를 말한다.

3. 복수의 허가를 받아야 하는 경우

복합민원(複合民願) 중 하나의 사업을 위해 여러 인·허가가 필요하고, 각각의 인·허가 담당 행정기관에 각각 신청하여야 하는 경우에 각 신청에 대하여 당해 신청의 대상이 된 인·허가요건의 충족 여부만을 판단하여 각 인·허가별로 인·허가를 하는 것이 원칙이다. 다만, 필요한 인·허가를 일괄하여 신청하지 아니하고 그중 어느 하나의 인·허가만을 신청한 경우에 신청된 인·허가의 근거 법령에서 다른 법령상의 인·허가에 관한 규정을 원용하고 있거나 그 대상 행위가 다른 법령에 의하여 절대적으로 금지되고 있어 그 실현이 객관적으로 불가능한 것이 명백한 경우에는 이를 고려하여 그 인·허가를 거부할 수 있다.

판례1　[1] 입법 목적 등을 달리하는 법률들이 일정한 행위에 관한 요건을 각기 정하고 있는 경우, 그 행위에 관하여 각 법률의 규정에 따른 인·허가를 받아야 하는지 여부(원칙적 적극): 입법 목적 등을 달리하는 법률들이 일정한 행위에 관한 요건을 각기 정하고 있는 경우, 어느 법률이 다른 법률에 우선하여 배타적으로 적용된다고 풀이되지 아니하는 한 그 행위에 관하여 각 법률의 규정에 따른 인·허가를 받아야 한다. 다만, 이러한 경우 그 중 하나의 인·허가에 관한 관계 법령 등에서 다른 법령상의 인·허가에 관한 규정을 원용하고 있는 경우나 그 행위가 다른 법령에 의하여 절대적으로 금지되고 있어 그것이 객관적으로 불가능한 것이 명백한 경우 등에는 그러한 요건을 고려하여 인·허가 여부를 결정할 수 있다(대판 2010. 9. 9, 2008두22631[납골당설치신고불가처분취소]). [2] 종교단체의 사설납골당 설치신고에 대하여 파주시장이 신고수리불가 처분을 한 사안에서, 파주시가 장사시설 중장기계획을 수립하여 놓았다는 사정만으로 납골당 설치신고의 수리를 거부할 중대한 공익상 필요가 있다고 보기 어렵다고 보아 위 처분을 취소한 원심판결에, 중대한 공익상의 필요에 관한 법리를 오해하고 심리를 다하지 않은 위법이 있다고 한 사례.

판례2　농지전용허가 신청에 대하여 농지전용허가요건 중에 '전용하고자 하는 농지가 전용목적사업에 적합하게 이용될 수 있는지 여부'가 있는 경우에 이는 농지전용허가가 있었음에도 그 전용목적사업을 실현할 수 없어 결과적으로 농지가 이용되지 않은 채 방치되는 것을 방지하기 위하여 둔 심사기준으로 해석되므로 전용목적사업의 실현에 관하여 다른 인·허가가 필요한 경우에는 그 인·허가요건을 갖추고 있지 않는 경우(대판 2000. 3. 24, 98두8766[농지전용불허가처분취소]), 기타 그 다른 인·허가를 받을 수 없는 경우(대판 2000. 11. 24, 2000두2341[농지전용허가신청불허가처분취소이행신청 등])에는 농지전용허가를 거부할 수 있다. 또한 학교보건법 소정의 요건을 갖추지 아니한 체육시설업(당구장업) 신고는 적법한 신고가 아니라고 본 판례도 있다(대판 1991. 7. 12, 90누8350[체육시설업신고거부처분취소]).

판례3　(1) 입법목적을 달리하는 법률들이 일정한 행위에 관한 요건을 각각 규정하고 있는 경우에는 어느 법률이 다른 법률에 우선하여 배타적으로 적용된다고 해석되지 않는 이상 그 행위에 관하여 각 법률의 규정에 따른 요건을 갖추어야 한다. (2) 주유소 허가에 있어서 입법목적, 규정사항, 적용범위 등에 비추어 석유사업법은 건축법, 도시계획법, 소방법, 주택건설촉진법 등에 우선하여 배타적으로 적

용되는 관계에 있다고는 해석되지 아니하므로 석유사업법에 따른 주유소 허가의 기준을 갖춘 자라 할
지라도 위 건축법 등 다른 법령 소정의 주유소 설치 기준을 별도로 갖추지 아니하는 이상 적법한 주유
소 허가를 할 수 없음은 당연한 이치라 할 것이고, 따라서 서울특별시의 주유소허가기준및절차에관한
고시(1993. 5. 10. 서울특별시 고시 제1993－135호) 제 2 항 나의 제 2 호 소정의 '건축법, 도시계획법, 소
방법, 주택건설촉진법 등 기타 다른 법령에 의하여 설치가 가능한 지역이어야 한다'는 지역제한 규정
은 위와 같이 당연한 법리를 규정하고 있는 것이어서 그것이 상위법령에 위배된다거나 그 조항의 존재
여하에 따라 다른 법령 소정의 요건을 별도로 갖추어야 한다는 위와 같은 해석이 달라진다고 볼 것은
아니다(대법원 1995. 1. 12. 선고 94누3216[석유판매업허가반려처분취소]).

판례 4   [1] 중소기업창업지원법상 사업계획승인 신청을 받은 시장 등은 민원처리법 시행령 제21조
제 1 항 본문에 따라 처리기간을 임의로 연장할 수 있는 재량이 없고, 사업계획승인 신청을 받은 날부
터 20일 이내에 승인 여부를 알리지 않은 때에는 중소기업창업법 제33조 제 3 항(제조업을 영위하고자
하는 창업자가 사업계획을 수립하여 승인 신청을 하는 경우 승인권자는 승인 신청을 받은 날부터 20일
이내에 승인 여부를 알려야 하고, 20일 이내에 승인 여부를 알리지 아니한 때에는 20일이 지난 날의
다음 날에 사업계획을 승인한 것으로 본다)에 따라 20일이 지난 날의 다음 날에 해당 사업계획에 대한
승인처분이 이루어진 것으로 의제된다. 따라서, 이미 사업계획승인이 간주된 이 사건 신청을 불승인한
이 사건 처분은 위법하여 취소되어야 한다(서울고법 춘천재판부 2020. 6. 15, 2019누1680[중소기업창업
사업계획승인불허가처분취소]). [2] 관련 인허가(개발행위허가 등) 사항에 관한 사전 협의가 이루어지
지 않은 채 중소기업창업법 제33조 제 3 항에서 정한 20일의 처리기간이 지난 날의 다음 날에 주된 인
허가인 사업계획승인처분이 이루어진 것으로 의제된다고 하더라도, 창업자는 중소기업창업법에 따른
사업계획승인처분을 받은 지위를 가지게 될 뿐이고 관련 인허가까지 받은 지위를 가지는 것은 아니다
(협의가 이루어지지 않은 관련 인허가는 의제되지 않는다). 따라서 창업자는 공장을 설립하기 위해 필
요한 관련 인허가(개발행위허가 등)를 관계 행정청에 별도로 신청하는 절차를 거쳐야 한다. 만일 창업
자가 공장을 설립하기 위해 필요한 국토의 계획 및 이용에 관한 법률에 따른 개발행위허가(관련 인허
가)를 신청하였다가 거부처분이 이루어지고 그에 대하여 제소기간이 도과하는 등의 사유로 더 이상 다
툴 수 없는 효력이 발생한다면, 시장 등은 공장설립이 객관적으로 불가능함을 이유로 중소기업창업법
에 따른 사업계획승인처분(주된 인허가)을 직권으로 철회하는 것도 가능하다 〈해설〉이는 관련 인허가
의 의제이다(대판 2021. 3. 11, 2020두42569[중소기업창업사업계획승인불허가처분취소]).

4. 다른 관계기관 또는 부서의 첨부서류 또는 정보의 제공을 필요로 하는 경우

첨부서류를 첨부하지 않은 인·허가의 신청은 적법한 신청이라 할 수 없다.

5. 하나의 행정기관 내에서 다수의 부서가 관계되는 경우

하나의 행정기관 내에 여러 부서에 관련되는 경우 부서간의 협의 등은 행정기관 내부
의 문제이므로 행정법적 문제를 제기하지 않는다.

Ⅲ. 인·허가의제제도

1. 의   의

"인허가의제"란 하나의 인허가(이하 "주된 인허가"라 한다)를 받으면 법률로 정하는 바
에 따라 그와 관련된 여러 인허가(이하 "관련 인허가"라 한다)를 받은 것으로 보는 것을 말

한다(행정기본법 제24조[1] 제 1 항).

건축신고에서처럼 신고로 허가가 의제되는 경우도 있다. 100개 이상의 많은 법률에서 인허가의제를 규정하고 있다.

하나의 사업을 시행하기 위하여 여러 인·허가 등을 받아야 하는 경우에 이들 인·허가 등을 모두 각각 받도록 하는 것은 민원인에게 큰 불편을 주므로 원스톱행정을 통하여 민원인의 편의를 도모하기 위하여 만들어진 제도 중의 하나가 인·허가의제제도이다.

인·허가의제와 독일의 집중효의 관계에 관하여는 양자를 동일한 제도로 이해하는 견해로 보는 견해, 양자를 이질적인 제도로 보는 견해도 있으나 양자는 기능적으로 유사하나 상당히 다른 별개의 제도로 보는 것이 타당하다. 양자는 하나의 사업을 위해 수개의 인허가를 받아야 하는 경우에 하나의 인허가로 절차를 집중하는 점은 같지만, 다음과 같이 다르다. ① 독일의 집중효는 행정계획의 확정에만 부여되는 효력인 반면에 인·허가의제는 주된 인·허가가 행정계획에 한정되지 않고, 건축허가와 같은 행정행위인 인·허가인 경우도 있다. ② 독일의 집중효는 관계 행정청 및 이해관계인의 집중적인 참여 등 엄격한 계획확정절차에 따라 행해지는 반면에 인·허가의제는 이러한 절차적 보장이 없다. ③ 독일의 집중효는 다른 인·허가를 의제하지는 않고, 다른 인·허가를 대체하는 효력, 따라서 다른 인·허가를 필요 없게 하는 효력만을 갖는데, 인·허가의제는 다른 인·허가를 법률상 의제하는 효력을 갖는다.

인·허가의제제도하에서 인·허가를 해 주는 기관이 주무행정기관이 되고 의제되는 인·허가 등을 담당하는 행정기관이 관계행정기관이 된다.

2. 인·허가의제의 근거 및 대상

인·허가의제의 이론적 근거는 민원창구단일화(원스톱행정)와 법률의제(허가의제)이론이다. 그런데, 인·허가의제는 행정기관의 권한에 변경을 가져오므로 법률에 명시적인 근거가 있어야 하며 인·허가가 의제되는 범위도 법률에 명시되어야 한다. 따라서, 명문의 규정이 없는 한 '의제의 의제'(의제되는 허가에 의해 다른 인·허가가 재차 의제되는 것)는 인정되지 않는다.

판례   (1) 인·허가의제 제도는 관련 인·허가 행정청의 권한을 제한하거나 박탈하는 효과를 가진다는 점에서 법률 또는 법률의 위임에 따른 법규명령의 근거가 있어야 한다. (2) 인허가의제규정이 없으므로 대기환경보전법에 따른 대기오염물질배출시설 설치허가를 받았다고 하더라도 악취배출시설 설치·운영신고가 수리되어 그 효력이 발생한다고 볼 수 없다고 한 사례(대판 2022. 9. 7, 2020두40327).

---

1) 인허가의제에 관한 행정기본법 제23조 내지 제26조는 공포(2021.3.23.)후 2년이 경과한 날부터 시행한다.

통상 의제되는 인·허가 등이 민원인이 받아야 하는 주된 인·허가를 규율하는 법률에 열거되어 있다.

예를 들면, 건축법 제8조는 건축허가를 받은 경우 국토의 계획 및 이용에 관한 법률 제56조의 규정에 의한 개발행위허가, 농지법 제36조 제1항의 규정에 의한 농지전용허가를 포함하여 13개의 인·허가 등을 받은 것으로 의제하고 있다.

3. 인·허가 등의 신청

인허가의제를 받으려면 주된 인허가를 신청할 때 관련 인허가에 필요한 서류를 함께 제출하여야 한다. 다만, 불가피한 사유로 함께 제출할 수 없는 경우에는 주된 인허가 행정청이 별도로 정하는 기한까지 제출할 수 있다(행정기본법 제24조 제2항).

인허가의제는 민원인의 편의를 위해 인정된 것(사업시행자의 이익을 위하여 만들어진 것)이므로 인허가의제규정이 있는 경우에도 반드시 관련 인허가 의제 처리를 신청할 의무가 있는 것은 아니다(대판 2020. 7. 23, 2019두31839; 2023. 9. 21, 2022두31143[건축신고수리처분취소]). 주된 인허가만을 우선 신청할 수도 있고, 의제되는 인허가의 일부만 의제(부분인허가의제) 처리를 신청할 수도 있다.

그러나, 건축법 제11조 제1항, 제5항 제3호, 국토계획법 제56조 제1항 제1호, 제57조 제1항의 내용과 체계, 입법 취지를 종합하면, 건축주가 건축물을 건축하기 위해서는 건축법상 건축허가와 국토계획법상 개발행위(건축물의 건축) 허가(개발행위허가 중 건축물의 건축허가)를 각각 별도로 신청하여야 하는 것이 아니라, 건축법상 건축허가절차에서 관련 인허가 의제 제도를 통해 두 허가의 발급 여부가 동시에 심사·결정되도록 하여야 한다(대판 2020. 7. 23, 2019두31839). 이에 반하여 건축법상 건축허가와 국토계획법상 개발행위허가 중 토지형질변경허가는 반드시 함께 신청되어야 하는 것이 아니고, 따로 신청할 수도 있다(김종보, 건설법의 이해, 도서출판 피데스, 2018, 129면).

4. 인·허가절차

주된 인허가 행정청은 주된 인허가를 하기 전에 관련 인허가에 관하여 미리 관련 인허가 행정청과 협의하여야 한다(행정기본법 제24조 제3항). 관련 인허가 행정청은 제3항에 따른 협의를 요청받으면 그 요청을 받은 날부터 20일 이내(제5항 단서에 따른 절차에 걸리는 기간은 제외한다)에 의견을 제출하여야 한다. 이 경우 전단에서 정한 기간(민원 처리 관련 법령에 따라 의견을 제출하여야 하는 기간을 연장한 경우에는 그 연장한 기간을 말한다) 내에 협의 여부에 관하여 의견을 제출하지 아니하면 협의가 된 것으로 본다(제4항).

제3항에 따라 협의를 요청받은 관련 인허가 행정청은 해당 법령을 위반하여 협의에 응해서는 아니 된다. 다만, 관련 인허가에 필요한 심의, 의견 청취 등 절차에 관하여는 법률에 인허가의제 시에도 해당 절차를 거친다는 명시적인 규정이 있는 경우에만 이를 거친

다(행정기본법 제24조 제 5 항). 이 규정의 본문은 관련 행정청은 관련 인허가의 실체적 요건을 충족한 경우에만 협의를 해주도록 규정한 것(실체집중부정설 등을 규정한 것)이다. 이 규정의 단서는 **절차집중**을 규정한 것이다. 주된 인허가를 규정하는 법률에서 정한 절차는 거쳐야 하지만, 명시적인 규정이 없는 한 의제되는 인허가를 규정하는 법률에서 정한 절차는 거치지 않아도 된다는 것이다.

> **판례1** 건설부장관이 구 주택건설촉진법(1991. 3. 8. 법률 제4339호로 개정되기 전의 것) 제33조에 따라 관계기관의 장과의 협의를 거쳐 사업계획승인을 한 이상 같은 조 제 4 항의 허가·인가·결정·승인 등이 있는 것으로 볼 것이고, 그 절차와 별도로 도시계획법 제12조 등 소정의 중앙도시계획위원회의 의결이나 주민의 의견청취 등 절차를 거칠 필요는 없다(대판 1992. 11. 10, 92누1162[주택건설사업계획승인처분취소]).
>
> **판례2** 지구단위계획결정이 의제되려면 주택법에 의한 관계행정청과의 협의절차 외에 국토계획법상 지구단위계획 입안을 위한 주민의견청취절차를 별도로 거쳐야 하는지 여부(소극): 구 주택법 제17조 제 1 항에 인·허가 의제 규정을 둔 입법취지는, 주택건설사업을 시행하는 데 필요한 각종 인·허가 사항과 관련하여 주택건설사업계획 승인권자로 그 창구를 단일화하고 절차를 간소화함으로써 각종 인·허가에 드는 비용과 시간을 절감하여 주택의 건설·공급을 활성화하려는 데에 있다. 이러한 인·허가 의제 규정의 입법취지를 고려하면, 주택건설사업계획 승인권자가 구 주택법 제17조 제 3 항에 따라 도시·군관리계획 결정권자와 협의를 거쳐 관계 주택건설사업계획을 승인하면 같은 조 제 1 항 제 5 호에 따라 도시·군관리계획결정이 이루어진 것으로 의제되고, 이러한 협의 절차와 별도로 국토계획법 제28조 등에서 정한 도시·군관리계획 입안을 위한 주민 의견청취 절차를 거칠 필요는 없다고 보아야 한다(대판 2018. 11. 29, 2016두38792).

5. 인·허가의 결정 [2012 사시 사례]

(1) 인·허가결정기관 및 협의의 구속력

신청을 받은 주무행정기관이 신청된 인·허가 여부를 결정한다. 이 때에 전술한 바와 같이 주무인·허가기관이 관계기관의 협의의견에 구속되는지에 관하여 견해가 대립하고 있다. 즉, 관계기관의 협의의견이 자문의견이면 법적 구속력이 없고, 동의·부동의의견이면 법적 구속력을 갖는다.

의제되는 인·허가기관의 협의가 실질상 동의인지 아니면 강학상 자문(협의)인지 논란이 있다. 즉, 원스톱행정을 통한 민원인의 편의도모라는 인·허가의제제도의 취지와 "협의"라는 법규정의 문구에 비추어 특별한 경우(관계규정의 해석상 동의로 보아야 하는 경우 등)를 제외하고는 의제되는 인·허가기관의 협의는 강학상 자문(협의)으로 보는 것이 타당하다는 견해(자문설)와 실체집중부인설을 취하는 한 의제되는 인·허가업무 담당기관의 권한을 존중하여야 하므로 의제되는 인·허가기관의 법규정상의 '협의'를 동의로 보아야 한다는 견해(동의설), 그리고 법령상 주된 인허가기관이 최종적인 처분권자이지만, 실체집중부정설을 취하는 한 해당 인허가 담당기관의 권한을 존중해야 하므로 해당 인허가 담당기관의 의견을 사실상 동의로 보아 특별한 사정이 없는 한 따라야 한다고 보는 것이 타당하다고 보는 견해(사실상 동의설)가 대립하고 있다. 후술 판례(대판 2002. 10. 11, 2001두151)는 명확히 입장을 표명하지는 않았는데, 이 판례가 동의설을 취한 것으로 해석하는 견해와 자문설을 취한 것으로 해석하는 견해, 사실상 동의설을 취한 것으로 보는 견해가 대립하고 있다. 하급심판례 중에는 인허가의제규정에 있어서 관계 행정기관과의 협의는 단순히 의제대상 인·허가행정기관의 의견을 듣는 데에 그치는 것이 아니라 의제대상 인·허가행정기관의 동의를 구하는 것으로서 사실상 합의를 뜻한다고 본 사례가 있고(의정부지법 2008. 12. 9, 2008구합2069; 서울고법 2009. 8. 25, 2009누1558), 대법원 판례도 사실상 동의설을 취한 것으로 보인다. 그리고, 법이론상 법령상 주된 인허가기관이 최종적인 처분권자이지만, 실체집중부정설을 취하는 한 해당 인허가 담당기관의 권한을 존중해야 하므로 사실상 동의설이 타당하다.

> **판례**   채광계획은 기속재량행위에 속하는 것으로 보아야 할 것이나, 구 광업법(1999. 2. 8. 법률 제5893호로 개정되기 전의 것) 제47조의2 제5호에 의하여 채광계획인가를 받으면 공유수면 점용허가를 받은 것으로 의제되고, 이 공유수면 점용허가는 공유수면 관리청이 공공 위해의 예방 경감과 공공 복리의 증진에 기여함에 적당하다고 인정하는 경우에 그 자유재량에 의하여 허가의 여부를 결정하여야 할 것이므로(재량행위이므로), 공유수면 점용허가를 필요로 하는 채광계획 인가신청에 대하여도, 공유수면 관리청이 재량적 판단에 의하여 공유수면 점용을 허가 여부를 결정할 수 있고, 그 결과 공유수면 점용을 허용하지 않기로 결정하였다면(그러한 협의의견을 제시하였다면), 채광계획 인가관청은 이를 사유로 하여 채광계획을 인가하지 아니할 수 있는 것이다(대판 2002. 10. 11, 2001두151[채광계획불인가처분취소]).

(2) 인·허가요건의 판단방식

주무행정기관에 신청되거나 의제되는 인·허가요건의 판단방식에 관하여 다음과 같이 견해가 대립된다.

1) 실체집중설

이 견해는 의제되는 인·허가 요건에의 합치 여부를 판단함이 없이 신청된 주인·허가 요건에의 충족 여부만을 판단하여 신청된 주인·허가를 할 수 있다는 견해이다.

2) 제한적 실체집중설

이 견해는 주인·허가신청을 받은 행정기관은 의제되는 인·허가요건에 엄격히 구속되지는 않고, 의제되는 인·허가요건을 이익형량의 요소로서 종합적으로 고려하면 된다는 견해이다.

3) 독립판단설(실체집중부정설)

이 견해는 주(主)인·허가 신청을 받은 행정기관은 의제되는 인·허가요건에 엄격히 구속되어 의제되는 인·허가요건을 모두 충족하여야 주인·허가를 할 수 있다는 견해이다. 이 견해를 절차집중서로 부르는 견해가 있으나 이는 타당하지 않다.

4) 판   례

판례는 실체집중부인설을 취하고 있다.

판례 1   **채광계획인가로 공유수면 점용허가가 의제될 경우, 공유수면 점용불허사유로써 채광계획을 인가하지 아니할 수 있는지 여부(적극):** 채광계획인가를 받으면 공유수면 점용허가를 받은 것으로 의제되고, 이 공유수면 점용허가는 공유수면 관리청이 공공 위해의 예방 경감과 공공 복리의 증진에 기여함에 적당하다고 인정하는 경우에 그 자유재량에 의하여 허가 여부를 결정하여야 할 것이므로, 공유수면 점용허가를 필요로 하는 채광계획 인가신청에 대하여도, 공유수면 관리청이 재량적 판단에 의하여 공유수면 점용허가 여부를 결정할 수 있고, 그 결과 공유수면 점용을 허용하지 않기로 결정하였다면, 채광계획 인가관청은 이를 사유로 하여 채광계획을 인가하지 아니할 수 있는 것이다(대판 2002. 10. 11, 2001두151[채광계획불인가처분취소]). 〈평석〉 인·허가신청을 받은 기관은 신청된 인·허가요건뿐만 아니라 의제되는 인·허가요건 모두를 충족한 경우에 한하여 인·허가를 해 줄 수 있고, 의제되는 인·허가의 요건에 해당하지 않는다는 이유(의제되는 인·허가 거부사유)로 주인·허가신청에 대해 거부처분을 할 수 있다. 또한, 판례는 명확히 입장을 표명하지는 않았지만, 의제되는 인·허가기관의 법규정상의 '협의'를 실질적으로 동의로 보고 있는 것으로 보인다.

판례 2   [1] 건축법에서 인허가의제 제도를 둔 취지는, 인허가의제사항과 관련하여 건축허가의 관할행정청으로 창구를 단일화하고 절차를 간소화하며 비용과 시간을 절감함으로써 국민의 권익을 보호하려는 것이지, 인허가의제사항 관련 법률에 따른 각각의 인허가 요건에 관한 일체의 심사를 배제하려는 것으로 보기는 어려우므로, 도시계획시설인 주차장에 대한 건축허가신청을 받은 행정청으로서는 건축법상 허가 요건뿐 아니라 국토의 계획 및 이용에 관한 법령이 정한 도시계획시설사업에 관한 실시계획인가 요건도 충족하는 경우에 한하여 이를 허가해야 한다. 〈해설〉 실체집중부정설을 취하고 있다. [2] 도시계획시설로 설치되는 주차전용건축물은 주차장 외의 용도로 사용되는 부분의 용도 및 면적 등 주차장법 및 관련 조례가 정한 요건을 충족하여야 할 뿐만 아니라, 주차장 외의 용도로 사용되는 부분이 국토의 계획 및 이용에 관한 법령이 정한 '기반시설 자체의 기능발휘와 이용을 위하여 필요한 부대시설 및 편익시설'에도 해당하여야만 도시계획시설 실시계획인가 요건을 충족한다(대판 2015. 7. 9, 2015두39590[건축허가처분취소]).

판례 3   (1) 건축법과 국토계획법령의 규정 체제 및 내용 등을 종합해 보면, 건축물의 건축이 국토계획법상 개발행위에 해당할 경우 그에 대한 건축허가를 하는 허가권자는 건축허가에 배치·저촉되는 관계 법령상 제한 사유의 하나로 국토계획법령의 개발행위허가기준을 확인하여야 하므로, 국토계획법상 건축물의 건축에 관한 개발행위허가가 의제되는 건축허가신청이 국토계획법령이 정한 개발행위허가기준에 부합하지 아니하면 허가권자로서는 이를 거부할 수 있다고 보아야 하고, 이는 건축법 제16조 제3항에 의하여 개발행위허가의 변경이 의제되는 건축허가사항의 변경허가에서도 마찬가지라고 할 것이다. (2) 제2종 근린생활시설(자동차수리점) 건축허가를 자동차관련시설(정비공장)로 변경하는 내용의 건축허가사항 변경허가신청에 관하여, 자동차관련시설(정비공장)의 건축은 국토계획법이 정한 개발행위에 해당하고, 위 변경허가신청은 국토계획법상 개발행위허가의 변경이 의제되는 건축허가사항의 변경을 구하는 것이므로, 건축허가권자는 국토계획법령이 정한 개발행위허가기준에 부합하지 아니하는 경우에는 변경허가를 거부할 수 있다고 한 사안(대판 2016. 8. 24, 2016두35762[설계변경불허가처분취소]).

---

5) 결   어

법치행정의 원칙에 비추어 명문의 규정이 없는 한 실체집중을 인정할 수 없으므로 실체집중부정설이 타당하다. 행정기본법 제24조 제 5 항 본문은 관련 행정청은 관련 인허가의 실체적 요건을 충족한 경우에만 협의를 해주도록 규정한 것이므로 실체집중 부정을 규정한 것으로 볼 수 있다. 다만, 주된 인·허가 및 의제되는 인·허가 중 둘 이상이 재량행위인 경우에 재량판단은 주된 인허가기관이 의제되는 인허가기관의 의견을 존중하여 통합적으로(제한적으로 집중되는 것) 행하는 것으로 보아야 한다.

(3) 선승인후협의제

1) 의 의

선승인후협의제라 함은 의제 대상 인·허가에 대한 관계 행정기관과의 모든 협의가 완료되기 전이라도 공익상 긴급할 필요가 있고 사업시행을 위한 중요한 사항에 대한 협의가 있은 경우에는 협의가 완료되지 않은 인·허가에 대한 협의를 완료할 것을 조건으로 각종 공사 또는 사업의 시행승인이나 시행인가를 할 수 있도록 하는 제도를 말한다.

'선승인후협의제'가 도입되면 중요 사항에 대한 협의가 있는 경우 관계행정기관과의 협의가 모두 완료되기 전이라도 사업승인이나 사업인가를 받아 그 후속 절차를 진행할 수 있게 되어 관련 토지·부지의 매수 등 사업절차가 간소화될 수 있는 효과가 있다.

선승인후협의제와 부분인·허가의제를 동일한 것으로 보는 견해가 있지만, 선승인후협의제는 부분인·허가의제제와 구별하여야 한다. 선승인후협의제는 협의가 완료될 것을 조건으로(협의가 완료되지 않을 것을 해제조건으로) 협의가 완료되지 않은 인·허가를 포함하여 법률에 의해 의제되는 모든 인·허가가 의제되는 해제조건부인·허가 또는 철회권유보부인·허가의제인 반면에 부분인·허가의제에서는 주된 인·허가로 협의가 완료된 인·허가만 의제되고 협의 완료에 따라 순차적으로 해당 인·허가가 의제된다.

엄밀한 의미에서의 선승인후협의제는 중요한 법정절차인 관계기관과의 사전협의에 대한 예외를 인정하는 것이므로 법률의 근거가 있어야 한다.

주한미군 공여구역주변지역 등 지원 특별법 제29조 제 1 항은 인·허가의제 및 부분인·허가의제를 규정하고 있고, 동조 제 3 항은 협의의 선승인후협의제를 규정하고 있다.

2) 법적 근거

선승인후협의제는 협의가 완료되지 않은 경우에도 해당 인·허가를 의제하는 점에 비추어 명문의 법적 근거가 필요하지만, 부분인·허가의제도는 명문의 법적 근거 없이도 가능한 것으로 볼 수 있다.

3) 법적 효과

선승인후협의제하에서는 중요한 사항에 관한 협의가 있고, 주된 인·허가가 있으면 협의가 완료되지 않은 인·허가도 의제된다. 다만, 완료되지 않은 협의를 완료하여야 한다.

부분인·허가의제에서는 협의가 완료된 인·허가 등에 한하여 인·허가 등이 의제된다.

(4) 부분인·허가의제제도

부분인·허가의제제도라 함은 주된 인·허가로 의제되는 것으로 규정된 인·허가중 일부에 대해서만 협의가 완료된 경우에도 민원인의 요청이 있으면 주된 인·허가를 할 수 있고, 이 경우 협의가 완료된 일부 인·허가만 의제되는 것으로 하는 제도를 말한다. 의제되지 않은 인·허가는 관계행정기관의 협의가 완료되는 대로 순차적으로 의제되거나 별도의 인·허가의 대상이 될 수 있다.

다만, 전술한 바와 같이 주된 인·허가기관은 협의가 완료되지 않은 인허가를 받을 수 없는 사정이 명백한 경우에는 이를 이유로 주된 인·허가를 거부할 수 있다.

부분인·허가의제만으로도 민원인에게 사업촉진 등의 이익(예, 사업인정의제에 따른 수용절차의 조속 개시 등)이 있으므로 부분인·허가의제제도를 인정할 실익이 있다.

판례도 부분인·허가의제를 인정하고 있다.

판례1　구 주한미군 공여구역주변지역 등 지원 특별법 제11조에 의한 사업시행승인을 함에 있어 같은 법 제29조 제 1 항에 규정된 사업 관련 모든 인·허가의제 사항에 관하여 관계 행정기관의 장과 일괄하여 사전 협의를 거칠 것을 그 요건으로 하는지(소극): 구 주한미군 공여구역주변지역 등 지원 특별법(2008. 3. 28. 법률 제9000호로 개정되기 전의 것, 이하 '구 지원특별법'이라 한다) 제29조의 인·허가의제 조항은 목적사업의 원활한 수행을 위해 행정절차를 간소화하고자 하는 데 그 입법취지가 있다 할 것인데, 만일 사업시행승인 전에 반드시 사업 관련 모든 인·허가의제 사항에 관하여 관계 행정기관의 장과 협의를 거쳐야 한다고 해석하게 되면 일부의 인·허가의제 효력만을 먼저 얻고자 하는 사업시행승인 신청인의 의사와 부합하지 않을 뿐만 아니라 사업시행승인 신청을 하기까지 상당한 시간이 소요되어 그 취지에 반하는 점, 주한미군 공여구역주변지역 등 지원 특별법이 2009. 12. 29. 법률 제9843호로 개정되면서 제29조 제 1 항에서 "제11조의 규정에 의한 사업시행승인이 있은 때에는 다음 각 호의 허가·인가·지정·승인·협의·신고·해제·결정·동의 등(이하 "인·허가등"이라 한다) 중 제 2 항에 따라 관계 중앙행정기관의 장 및 지방자치단체의 장과 미리 협의한 사항에 대하여는 그 인·허가등을 받은 것으로 본다"고 규정함으로써 인·허가의제 사항 중 일부만에 대하여도 관계 행정기관의 장과 협의를 거치면 인·허가의제 효력이 발생할 수 있음을 명확히 하고 있는 점 등 위 각 규정의 내용, 형식 및 취지 등에 비추어 보면, 구 지원특별법 제11조에 의한 사업시행승인을 함에 있어 같은 법 제29조 제 1 항에 규정된 사업관련 모든 인·허가의제 사항에 관하여 관계 행정기관의 장과 일괄하여 사전 협의를 거칠 것을 그 요건으로 하는 것은 아니라 할 것이고, 사업시행승인 후 인·허가의제 사항에 관하여 관계 행정기관의 장과 협의를 거치면 그때 해당 인·허가가 의제된다고 봄이 상당하다(대판 2012. 2. 9, 2009두16305[사업시행승인처분취소]).

판례2　[1] 구 항공법 제96조 제 1 항, 제 3 항의 문언, 내용, 형식에다가, 인·허가 의제 제도는 목적사업의 원활한 수행을 위해 창구를 단일화하여 행정절차를 간소화하는 데 그 입법취지가 있고 목적사업이 관계법령상 인·허가의 실체적 요건을 충족하였는지에 관한 심사를 배제하려는 취지는 아닌 점 등을 아울러 고려하면, 공항개발사업 실시계획의 승인권자가 관계 행정청과 미리 협의한 사항에 한하여 그 승인처분을 할 때에 인·허가 등이 의제된다고 보아야 한다(대법원 2009. 2. 12. 선고 2007두4773 판결, 대법원 2012. 2. 29. 선고 2009두16305 판결 등 참조). [2] 서울지방항공청장이 2000년에 농지전용허가를 관할하는 행정청과 농지전용에 관하여 미리 협의하지 아니한 채 '김포공항 완충녹지대 조성사업'(= 선행사업)의 실시계획을 승인하였고, 위 사업의 시행에 따라 2008년경 농지 747,647㎡(= 이 사건 토지)에서 경작이 중단되고 그 지목이 '전·답'에서 '잡종지'로 변경되었음. 2016년에 위 완충녹지대에 민간투자방식으로 골프장을 조성하여 활용하는 사업을 시행하려는 하는데, 위와 같은 경위로 농지의 현상을 사실상 상실하게 된 이 사건 토지에 대하여 다시 농지전용허가를 받고 농지부담금을 납부하여야 하는지가 다투어진 사안임. 원심은, 서울지방항공청장이 선행사업의 실시계획승인을 하기 전에 미리 농지법상 농지전용허가를 관할하는 행정청과 농지전용에 관하여 협의하는 절차를 거치지 않았다고 하더라도 선행사업의 실시계획승인에 따라 구 항공법 제96조 제 1 항 제 9 호에 따른 농지전용허가 의제의 효력이 발생하였다고 봄으로써, 이 사건 토지는 의제된 농지전용허가에 따라 적법하게 '완충녹지대'(잡종지)로 전용되어 농지법상 '농지'가 아니게 되었다고 판단하였으나, 대법원은 원심이 농지법상 농지 개념과 구 항공법 제96조 제 1 항의 인·허가 의제 규정의 해석에 관한 법리를 오해한 잘못이 있다고 보아 파기환송하였음(대판 2018. 10. 25, 2018두43095).

6. 인·허가의 효력

(1) 인·허가 등의 의제(집중효)

주무행정기관의 신청된 인·허가가 있게 되면 의제되는 인·허가 등을 받은 것으로 본다. 의제되는 인·허가는 법령상 정해진 의제되는 인·허가 전부가 아닐 수도 있다. 신청인이 신청하고, 관계기관과 협의를 마친 범위 내에서 인·허가가 의제(부분인·허가의제)된다(행정기본법 제25조 제 1 항).

인허가의제의 효과는 주된 인허가의 해당 법률에 규정된 관련 인허가에 한정된다(행정기본법 제25조 제 2 항). 이 규정은 재의제(의제의 의제)를 인정하지 않는다는 것을 명확히 한 것이다.

주된 인·허가가 거부된 경우에는 의제된 인·허가가 거부된 것으로 의제되지 않는다.

판례 건축불허가처분을 하면서 그 처분사유로 건축불허가 사유뿐만 아니라 형질변경불허가 사유나 농지전용불허가 사유를 들고 있다고 하여 그 건축불허가처분 외에 별개로 형질변경불허가처분이나 농지전용불허가처분이 존재하는 것이 아니다(대판 2001. 1. 16, 99두10988).

(2) 의제되는 인·허가의 실재 여부

인·허가의 의제로 의제된 인·허가가 실재(實在)하는 것으로 볼 것인지에 관하여 견해가 대립하고 있다.

1) 부 정 설

부정설은 신청된 인·허가(주된 인·허가)의 인용처분만 있고, 의제되는 인·허가의 인용처분은 실제로는 존재하지 않는다고 본다. 이 견해의 논거는 다음과 같다. ① 신청된 인·허가의 인용처분만이 현실적으로 존재하며 의제되는 인·허가는 의제되는 것에 불과하다. ② 실제로 인·허가를 한 주인·허가기관이 항고소송의 피고가 되는 것이 타당하다.

2) 긍 정 설

신청에 대한 인·허가로 다른 인·허가가 의제되는 경우 의제되는 인·허가가 실재하는 것으로 보는 견해이다. 이 견해의 논거는 다음과 같다 ① 인·허가의제의 경우 실체집중이 부정된다. ② 인·허가가 의제된다는 것은 실제로는 인·허가를 받지는 않았지만, 법적으로는 인·허가를 받은 것으로 본다는 것이다. ③ 의제된 인·허가의 취소정지 등 사후관리 및 감독이 필요한데, 이는 의제되는 인·허가기관이 하는 것이 바람직하다.

3) 판례(긍정설)

판례에 따르면 주된 인허가(창업사업계획승인)로 의제된 인허가(산지전용허가)는 통상적인 인허가와 동일한 효력을 가지므로, 의제된 인허가의 취소나 철회가 허용된다. 그리고, 의제된 인허가의 직권취소나 철회는 항고소송의 대상이 되는 처분에 해당한다고 본다(2018. 7. 12, 2017두48734).

> **판례** [중소기업창업 지원법상 사업계획승인으로 의제된 인허가의 취소에 관한 사건] (1) 의제된 산지전용허가를 주된 인허가인 사업계획승인처분과 별도로 취소할 수 있는지 및 의제된 인허가의 취소가 항고소송의 대상이 되는 처분에 해당하는지 여부(적극): 구 중소기업창업 지원법(이하 '중소기업창업법'이라 한다) 및 중소기업청장이 고시한 「창업사업계획의 승인에 관한 통합업무처리지침」(이하, '업무처리지침'이라 한다) 각 규정의 내용, 체계 및 취지 등에 비추어 보면 다음과 같은 이유로 중소기업창업법에 따른 사업계획승인의 경우 의제된 인허가만 취소 내지 철회함으로써 사업계획에 대한 승인의 효력은 유지하면서 해당 의제된 인허가의 효력만을 소멸시킬 수 있다고 봄이 타당하다. ① 중소기업창업법 제35조 제 1 항의 인허가의제 조항은 창업자가 신속하게 공장을 설립하여 사업을 개시할 수 있도록 창구를 단일화하여 의제되는 인허가를 일괄 처리하는 데 그 입법취지가 있다. 위 규정에 의하면 사업계획승인권자가 관계 행정기관의 장과 미리 협의한 사항에 한하여 승인 시에 그 인허가가 의제될 뿐이고, 해당 사업과 관련된 모든 인허가의제 사항에 관하여 일괄하여 사전 협의를 거쳐야 하는 것은 아니다(대법원 2012. 2. 9, 선고 2009두16305 판결 등 참조). ② 그리고 인허가의제의 취지가 의제된 인허가 사항에 관한 개별법령상의 절차나 요건 심사를 배제하는 데 있다고 볼 것은 아니다. ③ 사업계획승인으로 의제된 인허가는 통상적인 인허가와 동일한 효력을 가지므로, 그 효력을 제거하기 위한 법적 수단으로 의제된 인허가의 취소나 철회가 허용될 필요가 있다. ④ 이와 같이 사업계획승인으로 의제된 인허가 중 일부를 취소 또는 철회하면, 취소 또는 철회된 인허가를 제외한 나머지 인허가만 의제된 상태가 된다. 이 경우 당초 사업계획승인을 하면서 사업 관련 인허가 사항 중 일부에 대하여만 인허가가 의제되었다가 의제되지 않은 사항에 대한 인허가가 불가한 경우 사업계획승인을 취소할 수 있는 것처럼(업무처리지침 제15조 제 2 항), 취소 또는 철회된 인허가 사항에 대한 재인허가가 불가한 경우 사업계획승인 자체를 취소할 수 있다. (2) 군수가 甲 주식회사에 구 중소기업창업 지원법(2017. 7. 26. 법률 제14839호로 개정되기 전의 것) 제35조에 따라 산지전용허가 등이 의제되는 사업계획을 승인하면서 산지전용허가와 관련하여 재해방지 등 명령을 이행하지 아니한 경우 산지전용허가를 취소할 수 있다는 조건을 첨부하였는데, 甲 회사가 재해방지 조치를 이행하지 않았다는 이유로 의제된 인허가 중의 하나인 산지전용허가 취소를 통보하고, 이어 토지의 형질변경 허가 등이 취소되어 공장설립 등이 불가능하게 되었다는 이유로 甲 회사에 주된 인허가인 사업계획승인을 취소한 사안에서, 산지전용허가 취소는 군수가 의제된 산지전용허가의 효력을 소멸시킴으로써 甲 회사의 구체적인 권리·의무에 직접적인 변동을 초래하는 행위로 보이는 점 등을 종합하면 의제된 산지전용허가 취소가 항고소송의 대상이 되는 처분에 해당하고, 산지전용허가 취소에 따라 사업계획승인은 산지전용허가를 제외한

나머지 인허가 사항만 의제하는 것이 되므로 사업계획승인 취소는 산지전용허가를 제외한 나머지 인허가 사항만 의제된 사업계획승인을 취소하는 것이어서 산지전용허가 취소와 사업계획승인 취소가 대상과 범위를 달리하는 이상, 甲 회사로서는 사업계획승인 취소와 별도로 산지전용허가 취소를 다툴 필요가 있다고 한 사례(대판 2018. 7. 12, 2017두48734).

4) 결어(긍정설)

현재의 인·허가의제제도는 실체집중을 부정하고 의제되는 인·허가를 법률상 의제하고 있으므로 의제되는 인·허가가 법률상 실재하는 것으로 보는 것이 타당하다. 그리고, 이론상 '법률상 인허가의제'는 의제되는 인허가가 법률상 존재한다는 것을 의미하는 것으로 보아야 한다. 또한, 행정기본법은 인허가의제의 경우 관련 인허가 행정청은 관련 인허가를 직접 한 것으로 보아 관계 법령에 따른 관리·감독 등 필요한 조치를 하여야 한다고 규정하고 있다(제26조 제 1 항).

실체집중 또는 제한적 실체집중을 인정하는 경우에는 의제되는 인·허가는 존재하지 않는 것이 타당하고, 실체집중을 부정하는 경우에는 의제되는 인·허가가 실재하는 것으로 보는 것이 타당하다.

(3) 인·허가의제시 의제되는 인·허가를 규율하는 다른 법규정의 적용 여부

법률유보의 원칙 및 명확성의 원칙상 의제되는 인·허가를 받았음을 전제로 한 법률규정의 적용을 부정하는 견해도 있으나, 인·허가의제시 법적으로 의제되는 인·허가를 받은 것으로 되고, 더욱이 판례는 실체집중부정설에 입각하여 의제되는 인·허가의 요건을 충족할 것을 요구하고 있으므로 인·허가의제시 의제되는 인·허가를 받았음을 전제로 한 법률규정은 법률유보의 원칙 및 명확성의 원칙에 반하는 경우를 제외하고는 원칙상 의제되는 인·허가에 적용된다고 보아야 한다. 이는 법령의 통일적 적용이라는 측면에서도 타당하다.

판례는 인허가의제의 경우 주된 인허가가 있으면 다른 법률에 의한 인허가가 있는 것으로 보는 데 그치고, 거기에서 더 나아가 다른 법률에 의하여 인허가를 받았음을 전제로 하는 그 다른 법률의 모든 규정들까지 적용되는 것은 아니라고 한다(대판 2016. 11. 24, 2014두47686).

* 의제되는 인·허가에 의제되는 인·허가를 받았음을 전제로 한 법률규정의 적용을 부정한 예

판례1 공공주택건설법 제12조 제 1 항이 단지조성사업 실시계획의 승인이 있는 때에는 도시개발법에 의한 실시계획의 작성·인가(제11호), 주택법에 의한 사업계획의 승인(제20호)을 받은 것으로 본다고 규정하고 있으나, 이는 공공주택건설법상 단지조성사업 실시계획의 승인을 받으면 그와 같은 인가나 승인을 받은 것으로 의제함에 그치는 것이지 더 나아가 그와 같은 인가나 승인을 받았음을 전제로 하는 도시개발법과 주택법의 모든 규정들까지 적용된다고 보기는 어렵다. 따라서 공공주택건설법에 따

른 단지조성사업은 학교용지법 제 2 조 제 2 호에 정한 학교용지부담금 부과대상 개발사업에 포함되지 않는다(대판 2016. 11. 24, 2014두47686).

> **판례2**　구 건축법(1995. 1. 5. 법률 제4919호로 개정되기 전의 것) 제 8 조 제 4 항은 건축허가를 받은 경우, 구 도시계획법(1999. 2. 8. 법률 제5898호로 개정되기 전의 것), 제25조의 규정에 의한 도시계획사업 실시계획의 인가를 받은 것으로 본다는 인가의제규정만을 두고 있을 뿐 구 건축법 자체에서 새로이 설치한 공공시설의 귀속에 관한 구 도시계획법 제83조 제 2 항을 준용한다는 규정을 두고 있지 아니하므로, 구 건축법 제 8 조 제 4 항에 따른 건축허가를 받아 새로이 공공시설을 설치한 경우, 그 공공시설의 귀속(무상귀속)에 관하여는 구 도시계획법 제83조 제 2 항이 적용되지 않는다고 한 사례(대판 2004. 7. 22, 2004다19715[부당이득금반환]).

　　* 의제되는 인·허가에 의제되는 인·허가를 받았음을 전제로 한 법률규정의 적용을 긍정한 예

> **판례**　도시 및 주거환경정비법에 정한 도시환경정비사업 시행인가를 받아서 건축허가가 있는 것으로 의제되는 경우도 구 대도시 광역교통관리에 관한 특별법 시행령(2007. 4. 20. 대통령령 제20021호로 개정되기 전의 것) 제15조 제 2 항의 규율대상에 포함된다(대판 2007. 10. 26, 2007두9884[광역교통시설부담금부과처분취소]). 〈참조〉 구 대도시 광역교통관리에 관한 특별법 시행령(2007. 4. 20. 대통령령 제20021호로 개정되기 전의 것) 제15조(광역교통시설부담금의 부과대상 지역 등) ① 법 제11조 본문에서 "대통령령으로 정하는 대도시권"이라 함은 법 제 3 조의 규정에 의하여 광역교통계획이 수립·고시된 대도시권을 말한다. ② 법 제11조 제 6 호에서 "대통령령으로 정하는 사업"이라 함은「건축법」제 8 조의 규정에 의한 건축허가를 받아 주택외의 시설과 20세대 이상의 주택을 동일건축물로 건축하는 사업(법 제11조 제 1 호 내지 제 3 호의 사업이 시행되는 지구·구역 또는 사업 지역안에서 시행되는 경우를 제외한다)을 말한다. ③ 관계 행정기관의 장(관계 행정기관의 장의 권한을 위탁받은 자를 포함한다)은 법 제11조 각호의 사업계획을 수립하거나 준공완료한 때 또는 그에 관한 승인·인가·허가·준공검사·사용검사를 한 때(변경의 경우를 포함한다)에는 관할 시·도지사에게 그 사실을 통보하여야 한다.

7. 인·허가의제제도에서의 민원인 또는 제 3 자의 불복(不服)

(1) 항고쟁송의 대상

　　인·허가가 의제되는 것은 주된 인·허가가 난 경우이다. 주된 인·허가의 거부의 경우에는 의제되는 인허가거부처분이 실제로 존재하지 않을 뿐만 아니라 의제되는 인·허가의 거부가 의제되지 않으므로 의제되는 인·허가의 요건의 결여나 재량판단에 근거한 주된 인·허가의 거부에 대한 불복은 주된 인·허가의 거부처분을 다투어야 한다.

> **판례**　"건축불허가처분을 하면서 그 처분사유로 건축불허가 사유뿐만 아니라 형질변경불허가 사유나 농지전용불허가 사유를 들고 있다고 하여 그 건축불허가처분 외에 별개로 형질변경불허가처분이나 농지전용불허가처분이 존재하는 것이 아니므로, 그 건축불허가처분을 받은 사람은 그 건축불허가처분에 관한 쟁송에서 건축법상의 건축불허가 사유뿐만 아니라 같은 도시계획법상의 형질변경불허가 사유나 농지법상의 농지전용불허가 사유에 관하여도 다툴 수 있는 것이지, 그 건축불허가처분에 관한 쟁송

과는 별개로 형질변경불허가처분이나 농지전용불허가처분에 관한 쟁송을 제기하여 이를 다투어야 하는 것은 아니며, 그러한 쟁송을 제기하지 아니하였어도 형질변경불허가 사유나 농지전용불허가 사유에 관하여 불가쟁력이 생기지 아니한다"(대판 2001. 1. 16, 99두10988[건축허가신청서반려처분취소]).

인허가의제제도에서 항고쟁송의 대상이 문제되는 경우는 주된 인·허가가 난 경우에 있어서 의제되는 인허가의 요건의 결여나 재량권의 일탈·남용을 주장하는 경우이다. 이 경우 주된 인·허가를 항고쟁송의 대상으로 하여야 하는지 아니면 그 요건의 결여나 재량권의 일탈·남용이 다투어지는 의제되는 해당 인·허가를 대상으로 하여야 하는지가 문제된다.

1) 주된 인·허가가 항고소송의 대상이 된다는 견해

판례와 같이 인·허가의제의 경우 현실적으로 신청된 인·허가의 거부만이 있고, 의제되는 인·허가처분은 실제로는 존재하지 않는다고 보면 의제되는 인·허가를 다투고자 하는 경우에도 항상 주된 인·허가를 다투어야 하는 것으로 보는 것이 타당하다.

2) 의제된 인·허가가 항고쟁송의 대상이 될 수 있다는 견해

의제되는 인·허가가 실재하는 것으로 보는 견해에 의하면 주인·허가의 불허가사유를 다투고자 하는 경우에는 주인·허가를 항고쟁송의 대상으로 하고, 의제되는 인·허가의 불허가사유를 다투는 경우에는 의제되는 당해 인·허가 등을 항고쟁송의 대상으로 본다.

3) 판 례

판례는 이해관계인이 의제된 인·허가가 위법함을 다투고자 하는 경우 원칙상 주된 (주택건설사업계획승인처분)이 아니라 의제된 인·허가(지구단위계획결정)를 항고소송의 대상으로 삼아야 한다고 본다(대판 2018. 11. 29, 2016두38792).

판례　[1] 주택건설사업계획승인처분에 따라 의제된 지구단위계획결정에 하자가 있음을 이해관계인이 다투고자 하는 경우, 주된 처분(주택건설사업계획승인처분)과 의제된 인·허가(지구단위계획결정) 중 어느 것을 항고소송의 대상으로 삼아야 하는지(= 의제된 인·허가): 주택건설사업계획 승인처분에 따라 의제된 인·허가가 위법함을 다투고자 하는 이해관계인은, 주택건설사업계획 승인처분의 취소를 구할 것이 아니라 의제된 인·허가의 취소를 구하여야 하며, 의제된 인·허가는 주택건설사업계획 승인처분과 별도로 항고소송의 대상이 되는 처분에 해당한다. [2] 임대사업자에 대한 ① 주택건설사업계획 승인처분을 하면서 해당 주택단지 밖에 진입도로를 설치한다는 내용의 ② 지구단위계획결정이 의제되자, 위 진입도로 부지의 소유자인 원고가 ①과 ② 각각의 취소를 구하는 취소소송을 제기한 사안에서, 원심은, ①에 대한 취소청구는 제소기간 도과를 이유로 각하하고, ②에 대한 취소청구는 '의제된 인·허가는 독립적으로 취소소송의 대상이 될 수 없다'는 이유로 각하하였으나, 원심이 ②의 처분성(대상적격)에 관하여 법리오해를 하였으나, 본안에 관한 원고 주장을 받아들일 수 없고, 원고만 상고하였으므로 불이익변경금지원칙에 따라 상고를 기각한 사례(대판 2018. 11. 29, 2016두38792).

또한 인·허가 의제대상이 되는 처분의 공시방법에 관한 하자가 있다고 하더라도, 그로써 해당 인·허가 등 의제의 효과가 발생하지 않을 여지가 있게 될 뿐이고, 그러한 사정이 주된 행정처분인 주택건설사업계획 승인처분 자체의 위법사유가 될 수는 없다고 본 판례가 있다(대판 2017. 9. 12, 2017두45131).

판례 주된 행정처분인 주택건설사업계획승인처분에 대한 항고소송에서, 선행 지구단위계획결정 및 주된 행정처분에 부수하여 인·허가 의제된 지구단위계획변경결정이 각 지형도면 고시방법의 하자가 있어 무효라고 주장하면서 이를 주된 행정처분인 주택건설사업계획 승인처분의 무효사유로 주장한 사건에서, 선행 지구단위계획결정 및 주된 행정처분에 부수하여 인·허가 의제된 지구단위계획변경결정의 무효사유를 주된 행정처분의 위법사유로 주장할 수 없다고 한 판례: (1) 구 주택법 제17조 제 1항에 의하면, 주택건설사업계획 승인권자가 관계 행정기관의 장과 미리 협의한 사항에 한하여 그 승인처분을 할 때에 인·허가 등이 의제될 뿐이고(대법원 2012. 2. 9, 선고 2009두16305 판결 등 참조), 그 각 호에 열거된 모든 인·허가 등에 관하여 일괄하여 사전협의를 거칠 것을 그 승인처분의 요건으로 하고 있지는 않다. 따라서 인·허가 의제대상이 되는 처분의 공시방법에 관한 하자가 있다고 하더라도, 그로써 해당 인·허가 등 의제의 효과가 발생하지 않을 여지가 있게 될 뿐이고, 그러한 사정이 주택건설사업계획 승인처분 자체의 위법사유가 될 수는 없다고 보아야 한다. (2) 원심이 선행 지구단위계획결정 및 주된 행정처분에 부수하여 의제된 지구단위계획변경결정에 각 지형도면 고시방법에 하자가 있을 경우 주된 행정처분인 주택건설사업계획승인처분의 무효사유가 될 수 있음을 전제로 하여 각 지형도면 고시방법에 관한 하자가 있는지 여부에 관하여 나아가 판단한 것은 적절치 않으나, 주된 행정처분인 주택건설사업계획승인처분이 적법·유효하다고 판단한 결론은 정당하다고 보아, 상고기각한 사례(대판 2017. 9. 12, 2017두45131).

4) 결 어

의제되는 인허가는 법적으로는 의제되어 존재한다고 볼 수 있고, 실체집중 부정의 취지 및 인허가 상대방의 권익 보호를 위해 의제되는 인허가만 취소의 대상으로 하여 의제되는 인허가가 분리취소가능하면 의제되는 인허가만 취소하는 것이 타당하다. 이러한 해결이 인허가 상대방의 권익보호를 위해서도 타당하다. 또한, 부분인허가의제를 인정하는 판례의 입장에 비추어도 문제의 의제되는 인허가만 취소하는 것이 타당하다.

(2) 주된 인·허가 취소시 의제된 인·허가의 효력

의제된 인·허가가 실재하지 않는 것으로 보고, 따라서 주된 인·허가만이 항고쟁송의 대상이 된다고 보는 견해를 취하면 주된 인·허가가 취소되면 의제된 인·허가도 (소급적 취소의 경우 소급적으로, 비소급적 취소의 경우 장래에 향하여) 효력을 상실하는 것으로 보는 것이 논리적이다.

인·허가의제시 의제된 인·허가가 실재하는 것으로 보고, 따라서 불복사유에 따라 주된 인·허가 또는 의제된 인·허가가 항고쟁송의 대상이 된다고 보는 견해에 의하면 주된 인·허가의 취소만으로 의제된 인·허가가 자동적으로 효력을 상실하는 것으로는 볼 수는 없다. 이 견해가 타당하다. 원칙상 취소는 인허가별로 행해지고 취소의 효력도 해당 인허가별로 발생한다고 보는 것이 타당하다. 이렇게 보는 것은 상대방인 국민은 취소된 인허가만 다시 받으면 해당 사업을 추진할 수 있는 실익이 있다. 주된 인허가가 취소되면 관련 인허가기관은 관련 인허가를 취소하거나 철회할 것인지 여부를 결정하여야 한다. 다만, 주된 인허가가 의제된 인허가의 성격도 갖거나 주된 인허가가 의제된 인허가의 전제가 되는 경우에는 주된 인허가의 취소로 해당 의제된 인허가도 효력을 상실하는 것으로 볼 수 있다.

> [판례] 구 도시 및 주거환경정비법(2017. 2. 8. 법률 제14567호로 전부 개정되기 전의 것, 이하 '도시정비법'이라 한다)상 사업시행인가는 사업시행계획에 따른 대상 토지에서의 개발과 건축을 승인하여 주고, 덧붙여 의제조항에 따라 토지에 대한 수용 권한 부여와 관련한 사업인정의 성격을 가진다. 따라서 어느 특정한 토지를 최초로 사업시행 대상 부지로 삼은 사업시행계획이 당연무효이거나 법원의 확정판결로 취소된다면, 그로 인하여 의제된 사업인정도 효력을 상실한다. 그러나 이와 달리 특정한 토지를 최초로 사업시행 대상 부지로 삼은 최초의 사업시행인가가 효력을 유지하고 있고 그에 따라 의제된 사업인정의 효력 역시 유지되고 있는 경우라면, 특별한 사정이 없는 한 최초의 사업시행인가를 통하여 의제된 사업인정은 사업시행변경인가에도 불구하고 그 효력이 계속 유지된다. 사업시행 대상부지 자체에 관하여는 아무런 변경 없이 건축물의 구조와 내용 등 사업시행계획의 내용을 대규모로 변경함으로써 최초 사업시행인가의 주요 내용을 실질적으로 변경하는 인가가 있는 경우에도 최초의 사업시행인가가 유효하게 존속하다가 변경인가 시부터 장래를 향하여 실효될 뿐이고, 사업시행 대상부지에 대한 수용의 필요성은 특별한 사정이 없는 한 변경인가 전후에 걸쳐 아무런 차이가 없다. 공익사업을 위한 토지 등의 취득 및 보상에 관한 법률(이하 '토지보상법'이라 한다) 제24조에 비추어 보더라도, 사업시행변경인가에 따라 사업대상 토지 일부가 제외되는 등의 방식으로 사업내용이 일부 변경됨으로써 종전의 사업대상 토지 중 일부에 대한 수용의 필요성이 없게 된 경우에, 그 부분에 한하여 최초 사업시행인가로 의제된 사업인정 중 일부만이 효력을 상실하게 될 뿐이고(제24조 제 1 항, 제 5 항참조), 변동 없이 수용의 필요성이 계속 유지되는 토지 부분에 대하여는 최초 사업시행인가로 의제된 사업인정의 효력이 그대로 유지됨을 당연한 전제로 하고 있다(대판 2018. 7. 26, 2017두33978).

8. 의제된 인·허가의 취소 등 사후관리감독

인허가의제의 경우 관련 인허가 행정청은 관련 인허가를 직접 한 것으로 보아 관계 법령에 따른 관리·감독 등 필요한 조치를 하여야 한다(행정기본법 제26조 제 1 항). 따라서 의제된 인·허가의 사후관리 및 감독은 의제된 인·허가기관이 담당하는 것으로 보아야 한다.

9. 주된 인허가의 변경에 따른 관련 인·허가의 변경 의제

주된 인허가가 있은 후 이를 변경하는 경우에는 제24조·제25조 및 제26조 제 1 항을 준용한다(행정기본법 제26조 제 2 항).

행정기본법 제26조 제 2 항은 주된 인허가의 변경으로 관련 인허가의 변경이 의제될 수 있는 것을 전제로 주된 인허가의 변경으로 관련 인허가의 변경 의제가 필요한 경우에는 인허가 의제절차(관련 인허가기관과의 협력 등)를 준용하여 주된 인허가를 변경하고 이에 따라 관련 인허가의 변경이 의제된다는 것을 규정한 것으로 보는 것이 타당하다. 그리고, 일반적으로 처분권에는 처분의 변경권도 포함되는 것으로 보아야 하므로 인허가의제조항은 인허가변경의제의 근거조항으로 보는 것이 타당하다.

제 6 절 절차의 하자 [2010 행시(일반행정) 사례, 2009 입시 사례, 2008 감평 사례, 2006 입시 사례, 2003 입시 약술, 1996 사시 사례]

I. 절차의 하자의 독자적 위법사유(취소 또는 무효사유)

행정처분에 절차상 위법이 있는 경우에 절차상 위법이 당해 행정처분의 독자적인 위법사유(취소 또는 무효사유)가 되는가. 달리 말하면, 법원은 취소소송의 대상이 된 처분이 절차상 위법한 경우 당해 처분의 실체법상의 위법 여부를 따지지 않고 또는 실체법상 적법함에도 불구하고 절차상의 위법만을 이유로 취소 또는 무효확인할 수 있는가 하는 것이 문제된다.

1. 소 극 설(절차의 하자를 독자적 위법사유로 보지 않는 견해(절차봉사설))

절차상 하자만을 이유로 하여서는 행정처분의 무효를 확인하거나 또는 행정처분을 취소할 수 없고, 내용상 하자가 있어야 취소 또는 무효확인할 수 있다는 소극설의 주된 논거는 다음과 같다: ① 행정절차는 그 자체가 독자적인 가치를 갖는 것이 아니라 행정처분의 실체상 적정성을 보장하는 수단에 불과하다. ② 법원이 절차상 하자를 이유로 취소하더라도 행정청은 절차의 하자를 치유하여 동일한 내용의 처분을 다시 할 수 있으므로 절차상의 하자만을 이유로 취소하는 것은 행정상 및 소송상 경제에 반한다.

2. 적 극 설(절차의 하자를 독자적 위법사유로 보는 견해(절차고유가치설))

이에 대하여 절차상 하자만을 이유로 행정처분의 무효를 확인하거나 행정처분을 취소할 수 있다는 적극설의 주된 논거는 다음과 같다.

① 행정절차는 '적법절차의 원칙'의 실현이라는 고유한 가치를 가지므로 절차의 하자를 독자적인 위법사유로 보는 것이 타당하다.

② 행정소송법상 취소판결 등의 기속력이 절차의 위법을 이유로 취소되는 경우에 준용된다(제30조 제 3 항).

③ 소극설을 취하는 경우에는 절차적 규제가 유명무실해질 우려가 있다. 행정절차의 실효성을 보장하기 위하여는 절차상의 하자를 독립된 취소사유로 보아야 한다.

④ 재량처분의 경우 적법한 절차를 거쳐 다시 처분을 하는 경우 반드시 동일한 내용의 처분을 반복한다고 말할 수 없다. 적법한 절차를 거치는 경우에 처분의 내용이 달라질 수 있다.

3. 절 충 설

절차의 하자가 독립된 무효 또는 취소사유가 될 수 있는가에 관하여 경우에 따라서 독립된 취소사유로 보거나 보지 않는 절충적 견해가 있다.

(1) 제 1 설

기속행위의 경우에는 행정절차가 실체적 판단에 영향을 미칠 수 없으므로 절차의 하자를 독립된 위법사유로 보지 않고, 재량행위에 있어서는 행정청은 기본 처분과 다른 처분을 할 수도 있으므로 절차상의 위법사유가 독자적인 위법사유가 된다고 본다.

(2) 제 2 설

기속행위와 재량행위를 구별하여 기속행위의 경우에는 행정절차가 실체적 판단에 영향을 미칠 수 없으므로 절차의 하자가 독립된 위법사유가 되지 않는다고 보고, 재량행위의 경우에는 절차의 하자가 행정청의 실체적 결정에 영향을 미칠 수 있는 경우에 한하여 독립된 위법사유가 된다고 보는 견해이다. 독일이나 프랑스법이 대체로 이러한 입장에 있는 것으로 보인다.

기속행위의 경우 절차의 하자를 독립된 위법사유로 보지 않는 것은 절차가 행정행위의 실체상의 내용에 어떠한 영향도 미칠 수 없기 때문이고, 재량행위의 경우 절차의 하자가 행정청의 실체적 결정에 영향을 미칠 수 없는 경우에는 절차를 거쳐 처분을 하여도 동일한 내용의 처분을 다시 내릴 수 있기 때문에 **행정 및 소송경제상** 절차의 하자를 취소사유로 보지 않는 것이다.

4. 판례(원칙상 적극설)

판례는 재량행위뿐만 아니라 기속행위에 있어서도 원칙상 적극설을 취하고 있다.

판례1 행정청이 침해적 행정처분을 하면서 위와 같은 절차를 거치지 아니하였다면 원칙적으로 그 처분은 위법하여 취소를 면할 수 없다(대법원 2019. 1. 31. 선고 2016두64975 판결, 대법원 2020. 7. 23. 선고 2017두66602 판결 등 참조)(대판 2023. 9. 21, 2023두39724).

판례2 같은 법 제49조 제 3 항, 제52조 제 1 항이 정하고 있는 절차적 요건을 갖추지 못한 공정거래위원회의 시정조치 또는 과징금납부명령은 설령 실체법적 사유를 갖추고 있다고 하더라도 위법하여 취소를 면할 수 없다(대판 2001. 5. 8, 2000두10212[시정명령 등 취소]).

판례3 과세처분시 납세고지서에 과세표준, 세율, 세액의 계산명세서 등을 첨부하여 고지하도록 한 것은 조세법률주의의 원칙에 따라 처분청으로 하여금 자의를 배제하고 신중하고도 합리적인 처분을 행하게 함으로써 조세행정의 공정성을 기함과 동시에 납세의무자에게 부과처분의 내용을 상세히 알려서 불복 여부의 결정 및 그 불복신청에 편의를 주려는 취지에서 나온 것이므로 이러한 규정은 강행규정으로서 납세고지서에 위와 같은 기재가 누락되면 과세처분 자체가 위법하여 취소대상이 된다(대판 1983. 7. 26, 82누420[법인세 등 부과처분취소]).

다만, 절차의 하자가 무시할 수 있을 정도(절차적 정당성을 침해하지 않을 정도)로 경미한 경우(전술 판례 참조) 또는 행정절차가 처분상대방이나 이해관계인의 의견진술권과 방어권을 보장하는 성질을 갖는 경우(예, 제재처분, 징계처분 등)에 처분상대방이나 관계인의 의견진술권이나 방어권 행사에 실질적으로 지장이 초래되었다고 볼 수 없는 특별한 사정이 있는 경우에는, 절차 규정 위반으로 인하여 처분절차의 절차적 정당성이 상실되었다고 볼 수 없으므로 해당 처분을 취소할 것은 아니다(대판 2018. 3. 13, 2016두33339; 대판 2021. 1. 28, 2019두55392[감사결과통보처분취소] 등).

판례1 육군3사관학교의 사관생도에 대한 징계절차에서 징계심의대상자가 대리인으로 선임한 변호사가 징계위원회 심의에 출석하여 진술하려고 하였음에도 불구하고, 징계권자나 그 소속 직원이 변호사가 징계위원회의 심의에 출석하는 것을 막았다면 징계위원회 심의·의결의 절차적 정당성이 상실되어 그 징계의결에 따른 징계처분은 위법하여 원칙적으로 취소되어야 한다. 다만 징계심의대상자의 대리인이 관련된 행정절차나 소송절차에서 이미 실질적인 증거조사를 하고 의견을 진술하는 절차를 거쳐서 징계심의대상자의 방어권 행사에 실질적으로 지장이 초래되었다고 볼 수 없는 특별한 사정이 있는 경우에는, 징계권자가 징계심의대상자의 대리인인 변호사에게 징계위원회에 출석하여 의견을 진술할 기회를 주지 아니하였다 하더라도 그로 인하여 징계위원회 심의에 절차적 정당성이 상실되었다고 볼 수 없으므로 징계처분을 취소할 것은 아니다(대판 2018. 3. 13, 2016두33339[퇴교처분취소]).

판례2 전라북도전주교육지원청교육장의 이 사건 처분(유치원 원장에 대한 경고 처분과 세입조치의 회수를 명하는 본처분)은 교육부의 종합감사 결과 통보에 따른 후속조치로서 행해지는 '시정명령'인 점, 피고가 이 사건 처분을 하기 전에 원고들에게 확인서를 징구하려고 하는 과정에서 '사적재산의 공적이용료'와 관련한 부적정한 회계운영사실을 고지하였던 점 등을 고려하면, 피고가 원고들에게 이 사건 처분을 하기 전에 처분의 사전 통지 및 의견진술 기회를 부여하는 별도의 절차를 거치지 않았다고 하더라도 이 사건 처분을 취소하여야 할 정도의 절차적 하자는 아니라고 판시한 사례(대판 2021. 1. 28, 2019두55392[감사결과통보처분취소]).

판례3 구 지방자치법 제4조 제7항에 따르면 지방자치단체중앙분쟁조정위원회의 위원장은 제6항에 따른 심의과정에서 필요하다고 인정되면 관계 중앙행정기관 및 지방자치단체의 공무원 또는 관련 전문가를 출석시켜 의견을 듣거나 관계 기관이나 단체에 자료 및 의견 제출 등을 요구할 수 있고, 이 경우 관계 지방자치단체의 장에게는 의견을 진술할 기회를 주어야 한다. 그런데, 원고 충청남도지사는 2010. 4. 1. 피고에게 이 사건 매립지의 관할 결정에 관한 의견서를 제출한 사실, 피고는 2010. 12. 8. 평택시장이 매립지의 면적을 변경하는 내용의 변경신청을 하였다는 점과 함께 누구든지 20일 이내에 이에 대하여 의견을 제출할 수 있음을 공고한 사실, 원고 충청남도지사는 2010. 12. 28. 의견서를 제출한 사실, 위원회는 2014. 1.경부터 2015. 4. 1.경까지 여러 차례 심의를 하였고 현장방문과 실무조정회의 등을 거쳐 2015. 4. 13. 앞서 본 것과 같은 내용의 의결을 한 사실을 인정할 수 있다. 위 인정 사실에 의하면, 이 사건 결정을 위한 위원회의 심의·의결 과정에서 공고 및 의견제출 절차를 통해 이해관계인의 의견제출 기회가 부여되었고 그에 따라 원고 충청남도지사가 실제로 여러 차례 서면으로 의견을 제출하였으므로, 단지 최종 심의·의결 단계에서 위원회가 충청남도 소속 공무원에게 구두로 의견을 진술할 기회를 부여하지 않았다는 사정만으로 지방자치법 제4조 제7항을 위반하였다거나 그로 인하여 위원회의 심의·의결에 절차적 정당성이 상실되었다고 볼 수 없다. (2) ① 원고들은 일반적으로 처분의 상대방이 되는 '일반 국민'이 아니라 '관계 지방자치단체의 장'으로서 행정기관인 점, ② 원고들은 단지 종이문서 형태로 결정문을 받지 못했을 뿐 전자문서 형태로 결정문을 받아 이 사건 결정의 실질적인 내용을 파악하였기 때문에 불복 여부의 결정이나 방어권 행사에 실질적인 지장이 초래되지 않았던 점, ③ 원고들은 이 사건 결정을 통보받은 후 15일 이내에 대법원에 이 사건 소를 제기하여 제소기간을 준수하였던 점을 종합하면, 피고가 원고들의 사전 동의 없이 이 사건 결정을 전자문서로 통보하였다거나 불복방법을 고지하지 않았다고 하더라도 그것이 이 사건 결정을 취소하여야 할 정도의 절차상 하자로 보기는 어렵다(대판 2021. 2. 4, 2015추528[평택당진항매립지일부구간귀속지방자치단체결정취소]).

5. 결   어

현행 행정소송법이 절차의 위법을 이유로 한 취소판결을 인정하고 있으므로(행정소송법 제30조 제3항) 현행법상 부정설은 타당하지 않다.

행정기관의 절차경시의 사고가 강한 현재의 상황하에서 절차의 하자를 독립된 취소사유로 봄으로써 절차중시행정을 유도하는 것이 타당하므로 적극설이 타당하다.

다만, 국민의 절차적 권리를 크게 침해하지 않는 경미한 절차의 하자는 하자가 치유되므로 취소사유가 되지 않는다고 보아야 한다. 이에 대하여 하자가 경미한 것은 하자의 치유사유가 아니라 취소의 제한사유로 보아야 한다는 견해가 있다(김동희, 314면).

Ⅱ. 절차의 하자의 치유

절차의 하자의 치유는 전술한 바와 같다(하자의 치유 참조).

Ⅲ. 절차의 하자와 국가배상

절차의 하자로 손해가 발생한 경우 국가배상책임이 인정된다. 다만 절차상 위법하지만 실체법상으로 적법한 경우에 손해가 발생하였다고 볼 수 없는 경우($_{\text{적법한 조세부과처분의 경우}}^{\text{절차상 위법하나 실체상}}$)가 있고, 이 경우에는 국가배상책임이 인정되지 않는다.

> **판례** 행형법상의 금치처분에 절차적인 위법이 있어 당해 징벌처분이 위법하다는 이유로 공무원의 고의·과실로 인한 국가배상책임을 인정하기 위한 요건: 교도소장이 아닌 일반교도관 또는 중간관리자에 의하여 징벌내용이 고지되었다는 사유에 의하여 당해 징벌처분이 위법하다는 이유로 공무원의 고의·과실로 인한 국가배상책임을 인정하기 위하여는 징벌처분이 있게 된 규율 위반행위의 내용, 징벌혐의내용의 조사·징벌혐의자의 의견 진술 및 징벌위원회의 의결 등 징벌절차의 진행경과, 징벌의 내용 및 그 집행경과 등 제반 사정을 종합적으로 고려하여 징벌처분이 객관적 정당성을 상실하고 이로 인하여 손해의 전보책임을 국가에게 부담시켜야 할 실질적인 이유가 있다고 인정되어야 한다(대판 2004. 12. 9, 2003다50184[손해배상]).

토지보상행정법

제 4 편

행정구제법

제 4 편 행정구제법

제 1 장

행정구제법 개설

I. 행정구제의 개념

행정구제(行政救濟)라 함은 행정권의 행사에 의해 침해된 국민의 권익을 구제해 주는 것을 말한다.

II. 행정구제제도의 체계

1. 행정구제와 법치행정의 원칙: 권익침해행위의 위법과 적법의 구별

위법한 행정권의 행사에 의해 침해된 권익의 구제제도로는 행정쟁송(행정심판과 행정소송), 헌법소원, 국가배상청구, 공법상 결과제거청구, 국민고충처리제도 등이 있다.

적법한 공권력 행사에 의해 가해진 손해에 대한 구제제도로는 행정상 손실보상이 있다.

2. 행정구제제도와 구제방법 및 수단

(1) 원상회복과 손해전보

행정구제의 방법에는 원상회복적인 것과 금전에 의한 보상이 있다. 전자로는 행정쟁송, 헌법소원과 공법상 결과제거청구가 있고, 후자로는 '행정상 손해전보' 즉, '행정상 손해배상(국가배상)'과 '행정상 손실보상'이 있다.

판례에 의하면 불복기간의 경과로 처분을 다툴 수 없게 된 경우에도 위법한 처분으로 인하여 입은 손해가 있으면 그 손해의 배상을 청구할 수 있다.

행정권의 행사에 의해 국민의 권익이 침해된 경우에 원상회복이 불가능한 경우에는 취소의 이익이 부정되므로 행정상 손해전보만이 가능하다.

또한, 원상회복적 효과를 갖는 행정쟁송이나 공법상 결과제거청구로 구제가 충분하지 않은 경우에는 이들 구제수단과 함께 행정상 손해배상이 함께 청구될 수 있다.

예를 들면, 영업허가취소처분이 취소소송을 통하여 취소되었더라도 허가취소처분이 내려진 후 취소처분이 취소되기까지 영업을 하지 못함으로써 입은 손해는 공무원의 과실이 입증되는 한 별도로 국가배상의 대상이 된다.

(2) 공권력 행사 자체에 대한 다툼과 결과에 대한 구제 [2010 행시(재경직) 사례, 2008 사시 사례]

구제수단에는 위법·부당한 행정권의 행사 자체를 다투어 그 위법·부당을 시정하고 그를 통하여 국민의 권익을 구제하는 제도와 공권력 행사의 결과에 대한 구제제도가 있다.

공권력(公權力) 행사의 위법·부당을 시정하는 구제제도로는 행정쟁송(행정심판과 행정소송)이 가장 대표적인 수단이다. 이 외에도 행정소송을 보충하는 구제제도인 헌법소원, 행정심판의 일종이라고 보기도 하지만 행정심판과 구별하는 것이 타당한 감사원에 대한 심사청구 등이 있다.

공권력 행사의 결과에 대한 구제제도로는 공권력 행사의 결과인 위법한 상태의 제거를 목적으로 하는 공법상 결과제거청구와 손해의 전보를 목적으로 하는 행정상 손해배상과 행정상 손실보상이 있다. 다만, 공법상 결과제거청구는 현행 법령상이나 판례상 아직 원칙적으로 인정되고 있지 않다.

제 2 장

행정상 손해배상

제1절 서 론

Ⅰ. 개 념

행정상 손해배상은 행정권의 행사에 의해 우연히 발생한 손해에 대한 국가 등의 배상 책임을 말한다. 행정상 손해배상은 **국가배상**이라고도 한다.

행정상 손해배상은 과실책임(공무원의 위법·과실행위로 인한 책임), 영조물책임, 공법상 위험책임으로 구분하는 것이 타당하다.

Ⅱ. 국가배상책임의 근거

1. 헌법상 근거

헌법 제29조 제 1 항은 "공무원의 직무상 불법행위로 손해를 받은 국민은 법률이 정하 는 바에 의하여 국가 또는 공공단체에 정당한 배상을 청구할 수 있다"라고 규정하고 있다. 이 헌법규정은 국가무책임의 특권의 부인을 명시적으로 선언하고 공무원의 직무상 불법행 위로 인한 손해에 대한 국가의 배상책임의 원칙을 선언하며, 국가배상청구권을 기본권으 로 인정하고 있다. 이 헌법규정을 구체화한 법이 국가배상법이다.

2. 실정법률의 근거

국가배상법은 국가와 지방자치단체의 과실책임(제 2 조) 및 영조물책임(제 5 조)을 규정 하고 있다. 국가나 지방자치단체의 손해배상 책임에 관하여는 국가배상법에 규정된 사항 외에는 「민법」에 따른다. 다만, 「민법」 외의 법률에 다른 규정이 있을 때에는 그 규정에 따른다(국가배상법 제 8 조).

무과실책임인 공법상 위험책임이 인정되기 위해서는 법률의 근거가 있어야 한다.

3. 협의의 공공단체의 배상책임

(1) 공공단체의 공무수행으로 인한 손해에 대한 배상책임의 주체

국가나 지방자치단체로부터 공무를 수탁받은 공공단체의 수탁공무의 수행상 불법행위로 인한 손해에 대하여 수탁공공단체가 배상책임주체인지 아니면 위탁자인 국가나 지방자치단체가 배상책임의 주체인지가 문제된다.

이 경우 공무수탁자인 공공단체를 행정주체로 보면 공공단체를 배상책임자로 보는 것이 타당하고, 공공단체를 행정주체가 아니라 위탁자인 국가나 지방자치단체의 기관으로 보면 위탁자인 국가나 지방자치단체가 행정주체가 되므로 국가나 지방자치단체를 배상책임주체로 보는 것이 타당하다. 생각건대, 공공단체는 법인으로서 법주체이고, 협의의 위탁의 경우 법상 권한이 공공단체로 이전되므로 공공단체를 행정주체이며 배상책임자로 보는 견해가 타당하다.

판례도 협의의 위탁의 경우 공무를 수탁받은 공공단체를 행정주체로 보고, 당해 공공단체를 배상책임주체로 보고 있다. 그리고, 이 경우 공공단체는 경과실이 면책되는 공무원이 아니라고 보았다.

> **판례** 법령에 의해 대집행권한을 위탁받은 한국토지공사가 국가공무원법 제2조에서 말하는 공무원에 해당하는지 여부(소극): 한국토지공사는 구 국토지공사법(2007. 4. 6. 법률 제8340호로 개정되기 전의 것) 제2조, 제4조에 의하여 정부가 자본금의 전액을 출자하여 설립한 법인이고, 같은 법 제9조 제4호에 규정된 한국토지공사의 사업에 관하여는 공익사업을 위한 토지 등의 취득 및 보상에 관한 법률 제89조 제1항, 위 한국토지공사법 제22조 제6호(현행 한국토지주택공사법 제19조 제3항 제8호) 및 같은 법 시행령 제40조의3 제1항의 규정에 의하여 본래 시·도지사나 시장·군수 또는 구청장의 업무에 속하는 대집행권한을 한국토지공사에게 위탁하도록 되어 있는바, 한국토지공사는 이러한 법령의 위탁에 의하여 대집행을 수권받은 자로서 공무인 대집행을 실시함에 따르는 권리·의무 및 책임이 귀속되는 행정주체의 지위에 있다고 볼 것이지 지방자치단체 등의 기관으로서 국가배상법 제2조 소정의 공무원에 해당한다고 볼 것은 아니다(대판 2010. 1. 28, 2007다82950, 82967[손해배상(기)·부당이득금]). 〈해설〉 1. 한국토지공사를 행정주체로 보면 행위의 법적 효과는 행정주체에 귀속되므로 정주체인 한국토지공사가 배상책임주체가 되는 것이 당연하다. 이 사건에서 판례도 한국토지공사를 배상책임주체로 보고 있다. 그런데, 원심(고등법원)판결에서는 수탁자인 공공단체를 위탁자인 국가나 지방자치단체의 공무원(기관)에 불과한 것으로 보았다. 공공단체나 사인에 대한 위탁을 기관위임으로 보는 것은 공공단체나 사인의 자율성을 부인하고 국가나 지방자치단체의 주도적 지위를 인정하는 구시대적인 법이론이다. 위탁은 법적으로 권한을 이전하는 것이고, 공공단체나 사인은 위탁자인 국가나 지방자치단체로부터 독립한 별개의 법주체이므로 공무를 위탁(협의의 위탁)받은 공공단체 또는 사인을 독립된 행정주체로 보는 것이 타당하다. 다만, 공무수탁자는 위탁기관의 감독을 받는다. 2. 한국토지공사가 국가배상법 제2조의 공무원이 아니라고 한 것은 이 사안에서 한국토지공사가 실질적으로 대집행을 한 것이 아니라 공사의 업무담당자 또는 그와 용역계약을 체결한 자가 실질적으로 대집행을 수행하는 자이기 때문에 공사의 업무담당자 또는 그와 용역계약을 체결한 자를 공무원으로 본 것이다.

(2) 공공단체의 배상책임의 법적 근거

헌법에서는 국가와 공공단체(公共團體)의 배상책임을 규정하고 있는데, 국가배상법에서는 국가와 지방자치단체의 배상책임만을 정하고 있다. 따라서 공공단체의 공무수행중 가해진 손해에 대한 공공단체의 배상책임에 대하여 민법을 적용할 것인가 아니면 국가배상법을 적용할 것인가가 문제된다.

1) 민법적용설(민법상 손해배상청구설)

국가배상법이 국가와 지방자치단체의 배상책임만을 정하고 있으므로 공공단체의 공무수행상의 손해에 대한 공공단체의 배상책임에는 국가배상법이 적용될 수 없고, 일반법인 민법이 적용되어야 한다는 견해이다.

2) 국가배상법유추적용설

이 견해는 가해행위가 공행정작용에 속하는 것이므로 피해자의 구제 및 법적용의 형평성을 고려하여 공공단체의 공무수행상 발생한 손해에 대하여는 국가배상법이 유추적용됨이 타당하다는 견해이다.

3) 국가배상법적용설

헌법 제29조가 국가배상주체를 국가 또는 공공단체로 규정하고 있는 점, 공공단체도 넓은 의미의 국가행정조직의 일부에 해당된다는 점 등에 기초하여 공공단체를 국가배상법상의 "국가 또는 지방자치단체"에 포함되는 것으로 본다(정하중).

4) 판   례

판례는 기본적으로 공무집행상 불법행위로 인한 공공단체의 손해배상책임의 경우 민법 제750조의 불법행위로 인한 손해배상책임을, 영조물의 설치·관리상 하자로 인한 손해배상책임의 경우 민법 제758조의 공작물 점유자의 배상책임을 인정하고 있다.

판례   한국도로공사에게 민법 제750조의 불법행위로 인한 손해배상책임을 인정한 사례(대판 2001. 2. 9, 99다55434[고속도로 소음으로 인한 양돈업 폐업사건]). 한국도로공사에게 영조물의 설치·관리상 하자로 인한 손해배상책임을 인정한 사례(대판 1996. 10. 11, 95다56552; 2008. 3. 13, 2007다29287[고속도로 고립사건]).

다만, 특히 공무집행상 불법행위로 인한 공공단체의 손해배상책임의 경우 다음과 같이 국가배상법의 법리를 적용하고 있다. ① 불법행위자에게 국가배상법상의 공무원 개념을 적용하고 있다(대판 2010. 1. 28, 2007다82950, 82967[대집행권한을 위탁받은 한국토지공사의 배상책임사건]). ② 국가배상책임에서의 상당인과관계에 관한 법리 즉 직무상 의무의 사익보호성을 적용하고 있다(대판 2015. 12. 23, 2015다210194: 금융감독원[1]의 금융감독상의 위법·

---

1) 금융감독원은 「금융위원회의 설치 등에 관한 법률」에 의해 설치된 무자본(무자본) 특수법인(제24조 제 2 항)으로서 공공단체의 지위를 갖는 것으로 보는 것이 타당하다. 그리고 금융감독원이 갖는 은행 등에 대한 금융감독권은 법률에 의해 위탁(법정위탁)받은 것으로서 볼 수 있다. 금융감독을 행하는 금융감독원을 "공무수탁사인"으로 보는 것은 타당하지 않고 "공무수탁자"로 보는 것이 타당하다.

과실로 인한 은행의 고객(후순위사채 보유자)에 대한 손해에 대한 민법 제750조에 따른 배상청구
사건에서 "국가배상책임에서 상당인과관계에 관한 법리"를 적용하여 금융감독원의 배상책임을 부정
한 사례).

5) 결어(국가배상법유추적용설)

국가배상법이 국가와 지방자치단체의 배상책임만을 정하고 있고, 공공단체의 배상책
임에 관하여는 특별한 규정을 두지 않은 것은 입법의 불비이며 해석을 통하여 이를 보충
하여야 한다. 공공단체의 배상책임에 관한 명문의 규정이 없는 현행법의 해석론으로는 가
해행위가 공행정작용인 점을 고려하여 공평의 원칙상 국가배상법 제 2 조 또는 제 5 조를
유추적용하여 공무수행으로 인한 공공단체의 배상책임에도 국가배상책임을 정하는 것이
타당할 것이다.

4. 공무수탁사인의 배상책임

공무수탁사인의 공행정작용으로 인하여 손해가 발생한 경우 배상책임자를 공무수탁
사인으로 볼 것인지 아니면 공무위탁기관이 속한 국가 또는 지방자치단체로 볼 것인지 그
리고, 국가배상청구를 하여야 하는지 아니면 민법상 손해배상청구를 하여야 하는지에 관
하여 견해가 대립하고 있다.

(1) 배상책임자

1) 공무수탁사인이라는 견해

이 견해는 공무수탁사인을 행정주체로 보면서 공행정작용의 법적 효과는 행정주체에
게 귀속되므로 공무수탁사인의 공행정작용으로 인한 손해에 대해서 행정주체인 공무수탁
사인이 배상책임을 진다고 보는 것이 논리적이라고 한다.[2] 이 견해가 타당하다.

2) 국가나 지방자치단체라는 견해

이 견해는 공무수탁사인을 행정기관에 불과한 것으로 보면서 공무수탁사인은 행정주
체가 아니므로 공무수탁사인의 공행정작용으로 인한 손해에 대해서는 위탁자인 국가나 지
방자치단체가 배상책임을 진다고 보는 것이 논리적이라고 한다. 또한 2009. 10. 21 국가배
상법 개정으로 공무를 수탁받은 사인의 공무집행상의 불법행위로 인한 손해에 대해 국가
나 지방자치단체가 국가배상책임을 지도록 명문화하였다고 주장한다. 그러나, 이러한 주
장에는 문제가 있다. 개정 국가배상법 제 2 조는 공무를 수탁받은 사인을 공무원으로 본
것일 뿐 공무수탁사인의 불법행위에 대해서도 국가나 지방자치단체가 배상책임을 져야 하
는 것으로 규정하고 있는 것은 아니라고 보는 것이 타당하다.

생각건대, 광의의 공무위탁 중 보조위탁의 경우는 위탁자인 국가나 지방자치단체가

---

2) 행정보조자의 공행정작용으로 인한 손해에 대하여는 행정보조자는 행정주체가 아니므로 행정보조자가 속
   한 국가 또는 지방자치단체가 배상책임을 진다.

배상책임주체가 되지만, 공무를 수탁받은 사인이 행정주체의 지위를 갖는 공무수탁사인의 경우에는 공행정작용의 법적 효과는 행정주체에게 귀속되므로 행정주체인 공무수탁사인이 배상책임자이고, 국가 또는 지방자치단체는 개정 전과 동일하게 감독상의 과실이 있는 경우에 한하여 배상책임을 지는 것으로 보아야 할 것이다.

(2) 법적 근거

공무수탁사인의 공무수행상 행위로 손해가 발생한 경우 민법상 손해배상청구를 하여야 한다는 견해와 국가배상청구를 하여야 한다는 견해가 대립된다. 이러한 견해의 대립은 공무수탁사인의 공행정작용으로 인한 손해에 대해서는 이론상 국가배상책임을 인정하는 것이 타당하지만, 현행 국가배상법이 법규정상 국가와 지방자치단체의 배상책임만을 규정하고 있는 것에 기인한다.

1) 민법상 손해배상청구설

이 설은 공무수탁사인의 공행정작용으로 인한 손해에 대해서는 공무수탁사인이 배상책임자라고 보면서 이론상 공행정작용으로 인한 손해에 대해서는 국가배상책임을 지도록 하는 것이 타당하지만, 현행 국가배상법이 국가와 지방자치단체의 배상책임만을 규율하고 있으므로 민법에 근거하여 손해배상을 청구하여야 한다고 본다.

민법상 손해배상청구설 중에는 국가배상법을 유추적용하여 공무수탁사인에게 사용자 및 공작물점유자의 면책규정을 적용하지 않는 것으로 하는 것이 타당하다는 견해도 있다.

2) 국가배상청구설

가. 국가배상법적용설 공무수탁사인을 행정기관에 불과한 것으로 보는 견해에 의하면 공무수탁사인은 국가배상법상 공무원이고, 배상책임자는 국가나 지방자치단체이므로 국가배상을 청구하여야 한다고 본다. 이 견해에 대하여는 공무수탁사인을 행정기관에 불과한 것으로 보는 것은 타당하지 않다는 비판이 가능하다.

나. 국가배상법 유추적용설 공무수탁사인을 행정주체로 보면 공무수탁사인의 공행정작용으로 인한 손해에 대해서는 행정주체인 공무수탁사인이 배상책임을 지는데, 공무수탁사인이 공행정작용을 수행하고, 국가배상법상 공무원이므로, 국가배상법이 국가와 지방자치단체의 배상책임만을 정하고 있지만, 국가배상법을 유추적용하여 국가배상을 청구하여야 한다고 본다.

3) 판 례

판례는 공무수탁사인을 배상책임주체로 보면서 민법상 손해배상책임을 인정한다.

> **판례** 사인이 지방자치단체로부터 위탁을 받아 운영하는 수영장에 어린이가 빠져 중상해를 입은 것에 대하여 해당 수영장을 운영하는 사인에게 손해배상을 청구한 사건에서 이 사건 수영장에는 하나의 수영조에 성인용 구역과 어린이용 구역을 같이 설치하고 수영조 벽면에 수심표시를 제대로 하지 않

는 등 수영장에 설치·보존상의 하자가 존재한다고 하면서 민법 제758조 제 1 항에 규정된 '공작물의 설치 또는 보존의 하자'로 인한 책임을 인정한 사례(대판 2019. 11. 28, 2017다14895).

4) 소결(국가배상법 유추적용설)

국가배상법이 국가와 지방자치단체의 배상책임만을 정하고 있는 것은 입법의 불비이다. 이에 관하여는 아직 판례가 없는데, 공행정작용으로 인한 손해에 대하여는 성질상 국가배상책임을 인정하는 것이 타당하고, 이것이 피해자에게도 유리하므로 공무수탁사인의 배상책임에도 국가배상법을 유추적용하는 것이 타당하다.

(3) 감독소홀로 인한 배상책임의 경우

공무위탁기관의 감독과실이 있었던 경우 당해 위탁기관이 속한 국가나 지방자치단체에 대하여도 국가배상을 청구할 수 있다.

Ⅲ. 국가배상책임(또는 국가배상법)의 성격

판례는 국가배상책임을 민사상 손해배상책임의 일종으로 보고, 국가배상법을 민법의 특별법으로 보고 있다(대판 1972. 10. 10, 69다701; 대판 1971. 4. 6, 70다2955). 그리고 국가배상청구소송을 민사소송으로 다루고 있다.

그러나, 국가배상책임의 원인이 되는 행위가 공행정작용이라는 것과 국가배상책임의 문제가 공익과 관련이 있다는 것을 논거로 국가배상법을 공법으로 보고 국가배상책임을 공법상 책임으로 보는 견해가 행정법학자의 일반적 견해이다. 이 견해에 의하면 국가배상청구소송은 공법상 당사자소송으로 제기되어야 한다.

Ⅳ. 국가배상책임과 민법상 불법행위책임의 비교

국가배상법은 민법상 불법행위책임에 비하여 국가배상책임을, 그 차이는 실제에 있어 크지 않지만, 법규정상으로는 다소 엄격히 규정하고 있다. 즉, 국가배상법 제 2 조의 공무원의 불법행위로 인한 국가배상책임에 대응하는 것이 민법 제756조의 사용자책임인데, 민법 제756조 제 1 항 단서는 사용자에게 피용자의 선임감독에 과실이 없었다는 것을 사용자의 면책사유로 규정하고 있으나(다만, 실제에 있어서 사용자의 면책은 잘 인정되지 않는다) 국가배상책임에는 이러한 규정이 없다.

국가배상법 제 5 조의 영조물의 설치 또는 관리상의 하자로 인한 국가배상책임에 대응하는 것이 민법 제758조의 공작물 등의 점유자 및 소유자의 책임인데, 민법 제758조 제 1 항 단서는 점유자에게 과실이 없는 경우 점유자의 책임이 면책되는 것으로 규정하고 있지만, 국가배상책임에는 이에 상응하는 규정이 없다.

제 2 절   국가의 과실책임(국가배상법 제 2 조 책임): 공무원의 위법행위로 인한 국가배상책임

제 1 항 개   념

국가의 과실책임이란 공무원의 과실 있는 위법행위로 인하여 발생한 손해에 대한 배상책임을 말한다. 국가배상법 제 2 조가 이를 규정하고 있다.

국가배상법 제 2 조

① 국가나 지방자치단체는 공무원 또는 공무를 위탁받은 사인(이하 "공무원"이라 한다)이 직무를 집행하면서 고의 또는 과실로 법령을 위반하여 타인에게 손해를 입히거나, 자동차손해배상 보장법에 따라 손해배상의 책임이 있을 때에는 이 법에 따라 그 손해를 배상하여야 한다. 다만, 군인·군무원·경찰공무원 또는 향토예비군대원이 전투·훈련 등 직무 집행과 관련하여 전사·순직하거나 공상을 입은 경우에 본인이나 그 유족이 다른 법령에 따라 재해보상금·유족연금·상이연금 등의 보상을 지급받을 수 있을 때에는 이 법 및 「민법」에 따른 손해배상을 청구할 수 없다.

② 제 1 항 본문의 경우에 공무원에게 고의 또는 중대한 과실이 있으면 국가나 지방자치단체는 그 공무원에게 구상할 수 있다.

제 2 항   국가배상책임의 성질

국가배상법 제 2 조에 의한 국가배상책임의 성질에 관하여는 대위책임설, 자기책임설, 중간설 등이 첨예하게 대립하고 있다.

1. 대위책임설

대위책임설(代位責任說)이란 국가배상책임을 공무원의 개인적인 불법행위책임에 대신하여 지는 책임이라고 보는 견해이다.

2. 자기책임설

자기책임설이란 국가배상책임을 국가가 공무원을 대신하여 지는 배상책임이 아니라 국가 자신의 책임으로서 지는 배상책임이라고 보는 견해이다.

이 견해는 공무원의 직무상 불법행위는 기관의 불법행위가 되므로 국가는 공무원의 불법행위에 대하여 직접 자기책임을 진다는 견해이다.

3. 중 간 설

중간설은 공무원의 불법행위가 경과실에 기인한 경우에는 공무원의 행위는 기관행위가 되므로 국가의 배상책임이 자기책임이지만, 공무원의 불법행위가 고의나 중과실인 경우에는 기관행위로서의 품격을 상실하고 공무원 개인의 불법행위로 보아야 하므로 국가의 배상책임은 대위책임이라고 본다.

4. 판례의 입장

판례는 국가배상책임의 성질에 대하여 명시적인 입장을 표명하고 있지 않지만, 자기책임설을 취한 것으로 보인다.

즉, 대법원은 공무원의 경과실의 경우 공무원의 행위를 기관행위로 보고 있으므로 경과실의 경우 국가의 배상책임을 자기책임으로 보는 것이 논리적이다.

판례가 고의 또는 중과실의 경우에는 "비록 그 행위가 그의 직무와 관련된 것이라고 하더라도 위와 같은 행위는 그 본질에 있어서 기관행위로서의 품격을 상실하여 국가 등에게 그 책임을 귀속시킬 수 없으므로 공무원 개인에게 불법행위로 인한 손해배상책임을 부담시킨다. 다만 이러한 경우에도… 피해자인 국민을 두텁게 보호하기 위하여 국가 등이… 배상책임을 부담하되 국가 등이 배상책임을 지게 된다"고 본 점에 비추어 보면 판례가 중간설에 입각한 것으로 볼 수도 있지만, 판례가 공무원의 고의 또는 중과실의 경우에도 "…그 행위의 외관을 객관적으로 관찰하여 공무원의 직무집행으로 보여질 때에는 …국가 등이 공무원 개인과 중첩적으로 배상책임을 부담하되 …"라고 판시(대판 전원합의체 1996. 2. 15, 95다38677)하고 있는 점에 비추어 보면 신자기책임설(절충설)에 입각하고 있는 것으로 해석할 수 있다.

5. 결   론

다음과 같은 이유에서 **자기책임설**이 타당하다.

① 민주적 법치국가하에서는 국가배상책임을 국가의 자기책임으로 보는 것이 타당하다.

② 국가배상책임의 성립역사에 비추어도 국가배상책임을 국가의 자기책임으로 보는 것이 타당하다. 국가면책특권이 헌법상 포기되면서 국가배상책임이 인정된 것이다.

③ 공무원이 직무수행상 경과실로 타인에게 손해를 입힌 경우에 당해 공무원의 행위는 국가 등의 기관행위로 볼 수 있으므로 그 행위의 효과는 국가에 귀속되어 국가가 배상책임을 지는 것이다. 따라서 이 경우에 국가의 배상책임은 국가의 자기책임이다.

공무원의 위법행위가 고의·중과실에 기인하는 것인 때에는 당해 공무원의 행위는 기관행위로서의 품격을 상실하는 것이지만 당해 공무원의 불법행위가 직무와 무관하지 않는 한 직무행위로서의 외형을 갖추게 되는 것이므로 피해자와의 관계에서는 당해 공무원의 행위도 국가기관의 행위로 인정하여 국가의 자기책임을 인정할 수 있다. 따라서 이 경우에 국가의 피해자에 대한 배상책임은 일종의 자기책임이다.

6. 국가배상책임의 성질에 관한 논의의 실익

후술하는 바와 같이 국가배상책임의 성질은 공무원 개념, 과실 개념, 공무원의 피해자에 대한 개인책임의 범위 및 국가 등에 대한 구상책임의 성격과 밀접한 관련을 가지고 있다.

제 3 항 국가배상책임의 성립요건 [2013, 2014, 2020 감평 사례]

국가배상법 제 2 조에 의한 국가배상책임이 성립하기 위하여는 ① 공무원이 직무를 집행하면서 타인에게 손해를 가하였을 것, ② 공무원의 가해행위는 고의 또는 과실로 법령에 위반하여 행하여졌을 것, ③ 손해가 발생하였고, 공무원의 불법한 가해행위와 손해 사이에 인과관계(상당인과관계)가 있을 것이 요구된다.

I. 공 무 원

국가배상법 제 2 조는 "공무원 또는 공무를 위탁받은 사인"을 국가배상법상 공무원으로 규정하고 있다. '공무를 위탁받은 사인'은 공무수행사인을 말하고 공무수행사인에는 공무수탁사인, 공무대행사인, 행정보조자가 있다(행정조직법 권한의 위탁 참조). 그러므로 공무수탁사인도 국가배상법 제 2 조의 공무원으로 보아야 한다.

국가배상법 제 2 조상의 '공무원'은 국가공무원법 또는 지방공무원법상의 공무원 등 실질적으로 공무를 수행하는 자, 즉 기능적 공무원을 말한다.

판례1 **국가배상법 제 2 조 소정의 '공무원'의 의미:** 국가배상법 제 2 조 소정의 '공무원'이라 함은 국가공무원법이나 지방공무원법에 의하여 공무원으로서의 신분을 가진 자에 국한하지 않고, 널리 공무를 위탁받아 실질적으로 공무에 종사하고 있는 일체의 자를 가리키는 것으로서, 공무의 위탁이 일시적이고 한정적인 사항에 관한 활동을 위한 것이어도 달리 볼 것은 아니다(대판 2001. 1. 5, 98다39060[구상금]: 지방자치단체가 '교통할아버지 봉사활동 계획'을 수립한 후 관할 동장으로 하여금 '교통할아버지'를 선정하게 하여 어린이 보호, 교통안내, 거리질서 확립 등의 공무를 위탁하여 집행하게 하던 중 '교통할아버지'로 선정된 노인이 위탁받은 업무 범위를 넘어 교차로 중앙에서 교통정리를 하다가 교통사고를 발생시킨 경우, 지방자치단체가 국가배상법 제 2 조 소정의 배상책임을 부담한다고 인정한 원심의 판단을 수긍한 사례).

판례2 **[피고 대한변호사협회의 변호사등록 지연이 불법행위인지 여부가 다투어진 사안]** (1) 피고 ○○은 피고 대한변호사협회의 장(長)으로서 국가로부터 위탁받은 공행정사무인 '변호사등록에 관한 사무'를 수행하는 범위 내에서는 국가배상법 제 2 조에서 정한 공무원에 해당한다. (2) 피고 대한변호사협회가 원고에게 아직 처벌받지 않은 여죄가 있을 가능성이 있다는 이유로 등록심사를 약 2개월간 지연하다가 원고의 변호사등록을 해준 것 즉 피고 대한변호사협회의 변호사등록 지연은 불법행위에 해당한다. (3) 피고 대한변호사협회장에게 고의 또는 중과실이 있다고 인정하기는 어렵고, 경과실만 인정되므로 경과실 공무원 면책 법리에 따라 피고 대한변호사협회장은 원고에 대한 배상책임을 부담하지 않는다(대판 2020. 1. 28, 2019다260197).

> **판례3**   육군 병기기계공작창 내규에 의해 군무수행을 위하여 채용되어 소속부대 차량의 운전업무에 종사하였고 일정한 급료를 지급받은 자도 국가배상법상의 공무원으로 본 사례(대판 1970. 11. 24, 70다2253); 국가나 지방자치단체에 근무하는 청원경찰도 국가공무원법이나 지방공무원법상의 공무원은 아니지만, 직무상의 불법행위에 대하여 민법이 아닌 국가배상법이 적용된다(대판 1993. 7. 13, 92다47564); 통장(統長)을 국가배상법상 공무원으로 본 사례(대판 1991. 7. 9, 91다5570). 판례가 소집중인 향토예비군을 국가배상법상의 공무원으로 보면서도(대판 1970. 5. 26, 70다471), 의용소방대원은 국가배상법상의 공무원이 아니라고 본 것(대판 1966. 6. 28, 66다808; 대판 1975. 11. 25, 73다1896)은 타당하지 않다.

공무를 위탁받은 공공단체는 공무수탁자이고 공무수탁사인은 아니지만, 공무수탁사인에 준하여 국가배상법 제 2 조의 공무원으로 보는 것이 타당하다. 그러나, 판례는 공무를 위탁받은 공공단체 자체는 국가배상법 제 2 조의 공무원으로 보지 않았고, 공공단체의 직원을 국가배상법 제 2 조의 공무원으로 보았다.

행정기관이 국가배상법 제 2 조 소정의 공무원이 될 수 있는지에 관하여 견해가 대립하고 있는데, 판례는 행정기관이 실질적으로 공무를 수행하는 경우 국가배상법상의 공무원으로 본다(긍정설).

> **판례**   구 수산청장으로부터 뱀장어에 대한 수출추천 업무를 위탁받은 수산업협동조합이 수출제한 조치를 취할 당시 국내 뱀장어 양식용 종묘의 부족으로 종묘확보에 지장을 초래할 우려가 있다고 판단하여 추천업무를 행하지 않은 것이 공무원으로서 타인에게 손해를 가한 때에 해당한다고 한 사례(대판 2003. 11. 14, 2002다55304).

Ⅱ. 직무행위

1. 직무행위의 의미

국가배상법 제 2 조가 적용되는 직무행위(職務行爲)에 관하여 판례 및 다수설은 권력작용뿐만 아니라 비권력적 공행정작용을 포함하는 모든 공행정작용(公行政作用) 및 입법작용과 사법(司法)작용을 의미한다고 본다.

국가 또는 공공단체라 할지라도 공권력의 행사가 아니고 순전히 대등한 지위에서 사경제의 주체로 활동하였을 경우에는 그 손해배상의 책임에 국가배상법의 규정이 적용될 수 없고 민법이 적용된다. 다만, 이 중에서 영조물의 설치·관리의 하자로 인한 배상책임은 국가배상법 제 5 조에 따로 규정이 있으므로 국가배상법에 의해 규율된다.

판례1   국가배상청구의 요건인 '공무원의 직무'의 범위: 국가배상청구의 요건인 '공무원의 직무'에는 권력적 작용만이 아니라 비권력적 작용도 포함되며 단지 행정주체가 사경제주체로서 하는 활동만 제외된다(대판 2001. 1. 5, 98다39060[구상금]).

판례2   국가 또는 공공단체라 할지라도 공권력의 행사가 아니고 순전히 대등한 지위에서 사경제의 주체로 활동하였을 경우에는 그 손해배상의 책임에 국가배상법의 규정이 적용될 수 없으므로, 시영버스사고에 대하여 시는 민법에 의한 책임을 지고 그 운전사가 시의 별정직공무원이라 하여 결론을 달리하지 않는다(대판 1969. 4. 22, 68다2225).

판례3   서울시가 그 산하 구청관내의 청소를 목적으로 그 소속차량을 운행하는 것은 공권력의 행사이다(대판 1980. 9. 24, 80다1051).

2. 입법작용 및 사법작용

국가배상법 제 2 조상의 '직무행위'에는 입법작용(立法作用)과 사법작용(司法作用)도 포함된다.

(1) 입법작용으로 인한 국가배상책임

판례에 의하면 입법작용(입법부작위 포함)의 위법은 법령의 위헌·위법을 말하는 것이 아니라 입법과정에서의 국회(국회의원)가 지는 국민에 대한 직무상 의무의 위반을 말한다. 그리고, 판례는 입법내용이 헌법의 문언에 명백히 위배됨에도 불구하고 국회가 굳이 당해 입법을 한 것과 같은 특수한 경우에 한하여 위법 및 과실을 인정하고 있다(대판 2008. 5. 29, 2004다33469[거창사건]).

입법작용으로 인한 국가배상책임에 있어서는 국회의원 개개인의 입법활동상의 위법 및 과실이 문제되는 것이 아니라 합의체로서의 국회의 입법활동상의 위법 및 과실이 문제된다.

(2) 사법작용으로 인한 국가배상책임

사법작용(司法作用)으로 인한 손해의 배상에 대하여도 원칙상 국가배상법이 적용된다. 사법작용 중 재판이 아닌 행위(예, 범죄수사행위)에 대하여 국가배상법이 적용되는 데에는 큰 문제가 없지만 재판행위에 있어서는 재판행위의 특성에 비추어 특별한 고찰을 요한다.

1) 기판력과 국가배상

판례는 기판력이 재판행위로 인한 국가배상책임의 인정을 배제하지 않는다고 보고 있다(대판 2003. 7. 11, 99다24218).

2) 심급제도와 국가배상책임

판례는 심급제도의 존재를 국가배상책임의 제한근거로 들고 있다(대판 2001. 4. 24, 2000다16114[손해배상(기)]).

판례 1 법관이 행하는 재판사무의 특수성과 그 재판과정의 잘못에 대하여는 따로 불복절차에 의하여 시정될 수 있는 제도적 장치가 마련되어 있는 점 등에 비추어 보면, 법관의 재판에 법령 규정을 따르지 않은 잘못이 있더라도 이로써 바로 재판상 직무행위가 국가배상법 제2조 제1항에서 말하는 위법한 행위로 되어 국가의 손해배상책임이 발생하는 것은 아니다(대판 2023. 6. 1, 2021다202224).

판례 2 재판에 대하여 따로 불복절차 또는 시정절차가 마련되어 있는 경우에는 재판의 결과로 불이익 내지손해를 입었다고 여기는 사람은 그 절차에 따라 자신의 권리 내지 이익을 회복하도록 함이 법이 예정하는 바이므로, 불복에 의한 시정을 구할 수 없었던 것 자체가 법관이나 다른 공무원의 귀책사유로 인한 것이라거나 그와 같은 시정을 구할 수 없었던 부득이한 사정이 있었다는 등의 특별한 사정이 없는 한, 스스로 그와 같은 시정을 구하지 아니한 결과 권리 내지 이익을 회복하지 못한 사람은 원칙적으로 국가배상에 의한 권리구제를 받을 수 없다고 봄이 상당하다고 하겠으나, 재판에 대하여 불복절차 내지 시정절차 자체가 없는 경우에는 부당한 재판으로 인하여 불이익 내지 손해를 입은 사람은 국가배상 이외의 방법으로는 자신의 권리 내지 이익을 회복할 방법이 없으므로, 이와 같은 경우에는 배상책임의 요건이 충족되는 한 국가배상책임을 인정하지 않을 수 없다(대판 2003. 7. 11, 99다24218: 헌법재판소 재판관이 청구기간 내에 제기된 헌법소원심판청구 사건에서 청구기간을 오인하여 각하결정을 한 경우, 이에 대한 불복절차 내지 시정절차가 없는 때에는 국가배상책임(위법성)을 인정할 수 있다고 한 사례).

3) 재판작용으로 인한 국가배상책임의 요건

판결이 상소심이나 재심에서 취소되었다는 것만으로 국가배상법상 위법이 인정되지는 않는다. 재판행위로 인한 국가배상책임의 인정에 있어서 위법은 판결 자체의 위법이 아니라 법관의 재판상 직무수행에 있어서의 공정한 재판을 위한 직무상 의무의 위반으로서의 위법이라고 보아야 한다. 판례는 재판행위의 국가배상법상의 위법을 법관이 위법 또는 부당한 목적을 가지고 재판을 하였다거나 법이 법관의 직무수행상 준수할 것을 요구하고 있는 기준을 현저하게 위반하는 등 법관이 그에게 부여된 권한의 취지에 명백히 어긋나게 이를 행사하였다고 인정할 만한 특별한 사정이 있는 경우에 한하여 제한적으로 인정하고 있다(대판 2003. 7. 11, 99다24218: 헌법소원심판청구사건에서 청구기간의 오인으로 인하여 각하결정을 내린 경우 국가배상책임을 인정한 사례). 이것이 확고한 판례의 입장이다(대판 2023. 6. 1, 2021다202224: 사법보좌관의 재판상 직무행위(예, 민사집행법상 배당표원안을 작성하고 확정하는 사법보좌관의 행위)에 대한 국가의 손해배상책임에 대하여도 위 법리가 마찬가지로 적용된다고 한 사례).

Ⅲ. 직무를 집행하면서(직무관련성)

공무원의 불법행위에 의한 국가의 배상책임은 공무원의 가해행위가 직무집행행위인 경우뿐만 아니라 그 자체는 직무집행행위가 아니더라도 직무와 일정한 관련이 있는 경우, 즉 '직무를 집행하면서' 행하여진 경우에 인정된다.

그런데 '직무를 집행하면서'의 해석과 관련하여 견해가 대립되고 있다.

1. 외 형 설

종래의 통설은 '직무를 집행하면서'의 판단에 있어 외형설(外形說)을 취하고 있다.

외형설에 의하면 직무집행행위뿐만 아니라 실질적으로 직무집행행위가 아니더라도 외형상 직무행위로 보여질 때에는 "직무를 집행하면서 한 행위"로 본다.

2. 판   례

판례가 외형설만을 취한 것으로 보는 것이 다수견해이지만, 판례는 '실질적 직무관련'과 '외형적 직무관련' 중의 하나에만 해당하면 직무관련성을 인정하고 있다고 보는 것이 타당하다.

(1) 외형설을 취한 경우

외형적 직무관련은 행위자인 공무원의 주관적 의사와 관계없이 공무원의 불법행위가 외형상 직무행위라고 판단될 수 있는지 여부가 그 판단기준이 된다.

> **판례1**   사고차량이 군용차량이고 운전사가 군인임이 외관상 뚜렷한 이상, 실제는 공무집행에 속하는 것이 아니라 하여도 공무수행중의 행위로 보아야 한다(대판 1971. 3. 23, 70다2986).
>
> **판례2**   [1] 국가배상법 제 2 조 제 1 항에 정한 '직무를 집행함에 당하여'의 의미: 국가배상법 제 2 조 제 1 항의 '직무를 집행함에 당하여'라 함은 직접 공무원의 직무집행행위이거나 그와 밀접한 관련이 있는 행위를 포함하고, 이를 판단함에 있어서는 행위 자체의 외관을 객관적으로 관찰하여 공무원의 직무행위로 보여질 때에는 비록 그것이 실질적으로 직무행위가 아니거나 또는 행위자로서는 주관적으로 공무집행의 의사가 없었다고 하더라도 그 행위는 공무원이 '직무를 집행함에 당하여' 한 것으로 보아야 한다. [2] 인사업무담당 공무원이 다른 공무원의 공무원증 등을 위조한 행위에 대하여 실질적으로는 직무행위에 속하지 아니한다 할지라도 외관상으로 국가배상법 제 2 조 제 1 항의 직무집행관련성을 인정한 원심의 판단을 수긍한 사례(대판 2005. 1. 14, 2004다26805).

판례에 의하면 가해행위가 실질적으로 공무수행행위가 아니라는 사정을 피해자가 알았다 하더라도 이에 대한 국가의 책임은 원칙상 부인되지 않는다고 한다(대판 1966. 3. 22, 66다117[손해배상]; 대판 1966. 6. 28, 66다781).

(2) 실질적 직무관련을 기준으로 한 경우

실질적 직무관련은 직무와 공무원의 불법행위 사이의 내용면에서의 관련 여부와 시간적·장소적·도구적 관련 등을 종합적으로 고려하여 구체적인 경우에 직무가 공무원의 불법행위에 원인을 제공하였다고 볼 수 있는지 여부가 그 판단기준이 된다.

예를 들면, 수사관이 수사 중 행한 성고문행위는 외형상 직무행위라고 볼 수는 없지만 시간적, 장소적으로 직무행위인 수사행위와 밀접한 관련이 있기 때문에 "직무를 집행하면서" 행한 행위라고 할 수 있다.

판례1   육군중사가 훈련에 대비하여 개인 소유의 오토바이를 운전하여 사전정찰차 훈련지역 일대를 돌아보고 귀대하다가 교통사고를 일으킨 경우, 오토바이의 운전행위가 국가배상법 제 2 조 소정의 직무집행행위에 해당하는지 여부(적극): 국가배상법 제 2 조 소정의 "공무원이 그 직무를 집행함에 당하여"라고 함은 직무의 범위 내에 속한 행위이거나 직무수행의 수단으로써 또는 직무행위에 부수하여 행하여지는 행위로서 직무와 밀접한 관련이 있는 것도 포함되는바, 육군중사가 자신의 개인소유 오토바이 뒷좌석에 같은 부대 소속 군인을 태우고 다음날부터 실시예정인 훈련에 대비하여 사전정찰차 훈련지역 일대를 살피고 귀대하던 중 교통사고가 일어났다면, 그가 비록 개인소유의 오토바이를 운전한 경우라 하더라도 실질적, 객관적으로 위 운전행위는 그에게 부여된 훈련지역의 사전정찰임무를 수행하기 위한 직무와 밀접한 관련이 있다고 보아야 한다(대판 1994. 5. 27, 94다6741). 〈참고〉 피고(대한민국)가 위 정연경의 오토바이 운행에 관하여 어떤 지시나 관리를 하는 등 그 운행을 지배하였다거나 그로 인한 운행이익을 향유하였다는 점을 인정할 만한 아무런 증거가 없으므로 피고가 자동차손해배상보장법 소정의 운행자의 지위에 있다 할 수 없다.

판례2   미군부대 소속 선임하사관이 공무차 개인소유차를 운전하고 출장을 갔다가 퇴근하기 위하여 집으로 운행하던 중 사고가 발생한 경우 위 차량의 운전행위가 국가배상법 제 2 조 소정의 직무집행행위에 속하는지 여부(적극): 한미행정협정에 의하여 적용되는 국가배상법 제 2 조 소정의 '공무원이 그 직무를 집행함에 당하여'라고 함은 직무의 범위 내에 속하거나 직무와 밀접한 관련이 있는 것이라고 객관적으로 보여지는 행위를 함에 당하여라고 해석하여야 할 것인바, 미군부대 소속 선임하사관이 소속부대장의 명에 따라 공무차예하부대로 출장을 감에 있어 부대에 공용차량이 없었던 까닭에 개인소유의 차량을 빌려 직접 운전하여 예하부대에 가서 공무를 보고나자 퇴근시간이 되어서 위 차량을 운전하여 집으로 운행하던 중 교통사고가 발생하였다면 위 선임하사관의 위 차량의 운행은 실질적, 객관적으로 그가 명령받은 위 출장명령을 수행하기 위한 직무와 밀접한 관련이 있는 것이라고 보아야 한다(대판 1988. 3. 22, 87다카1163).

3. 결어(실질적 직무관련설)

"직무를 집행하면서"는 국가 등의 배상책임의 범위를 정하는 책임요건의 하나이므로 이론상 실질적 직무관련을 기준으로 "직무를 집행하면서"를 판단하는 것이 타당하다.

IV. 법령 위반(위법)

국가배상법은 "법령" 위반을 요구하고 있는데, 여기에서 "법령"이 무엇을 의미하는지에 관하여 학설의 일반적 견해는 '법 일반'을 의미한다고 본다. 성문법령뿐만 아니라 관습법, 법의 일반원칙, 조리 등 불문법도 포함한다.

1. "법령"의 의미

국가배상법은 "법령" 위반을 요구하고 있는데, 여기에서 "법령"이 무엇을 의미하는지에 관하여 학설의 일반적 견해는 '법 일반'을 의미한다고 본다. 성문법령뿐만 아니라 관습법, 법의 일반원칙, 조리 등 불문법도 포함한다.

행정규칙은 법규성을 갖지 않는 한 법령에 포함되지 않는다는 견해가 일반적 견해이다.

2. 국가배상법상 위법 개념(위법의 일반적 판단기준)

(1) 결과불법설

결과불법설은 국가배상법상의 위법을 가해행위의 결과인 손해의 불법을 의미한다고 보는 견해이다.

결과불법설에서의 위법성의 판단은 국민이 받은 손해가 결과적으로 시민법상의 원리에 비추어 수인되어야 할 것인가의 여부가 그 기준이 된다.

결과불법설은 민법상 불법행위책임에서는 타당한 이론이지만, 법치행정의 원칙상 행위의 위법 여부를 논하여야 하는 국가배상책임에서는 타당하지 않은 이론이다.

(2) 행위위법설

행위위법설은 국가배상법상의 위법은 행위의 '법규범'에의 위반을 의미한다고 보는 견해이다.

(3) 직무의무위반설

이 견해는 국가배상법상의 위법을 대국민관계에서의 공무원의 직무의무 위반으로 보는 견해이다. 공무원의 직무의무는 기본적으로 국가에 대한 공무원의 내부의무이므로 직무의무 위반만으로는 위법하다고 할 수 없고, 그 직무의무가 국민의 이익에 기여하는 경우에 한하여 그 위반이 위법한 것이 된다고 한다. 즉, 직무의무의 사익보호성을 국가배상법상 위법의 요소로 본다(박종수, 488~491면).

(4) 상대적 위법성설

상대적 위법성설은 국가배상법상의 위법성을 행위의 적법·위법뿐만 아니라, 피침해이익의 성격과 침해의 정도 및 가해행위의 태양 등을 종합적으로 고려하여 행위가 객관적으로 정당성을 결여한 경우를 의미한다고 보는 견해이다. 상대적 위법성설은 피해자와의 관계에서 상대적으로 위법성을 인정한다.

상대적 위법성설은 일본의 다수설과 판례의 입장이다. 상대적 위법성설은 국가배상책임은 손해전보에 중점이 있으므로 국가배상법상 위법의 판단에서는 행위의 위법·적법과 함께 피침해이익을 고려하여야 한다는 데 근거한다. 따라서, 가해행위 자체가 법을 위반한 경우에도 국가배상법상으로는 적법할 수 있고, 가해행위 자체가 법을 위반하지 않은 경우에도 국가배상법상으로는 위법할 수 있다.

(5) 판   례

① 국가배상책임에 있어서 법령 위반(위법)이라 함은 엄격한 의미의 법령 위반뿐 아니라 인권존중, 권력남용금지, 신의성실과 같이 공무원으로서 마땅히 지켜야 할 준칙이나

규범을 지키지 않고 위반한 경우를 포함하여 널리 그 행위가 객관적인 정당성을 결여하고 있음을 뜻하는 것이다(대판 2020. 4. 29, 2015다224797 등). 즉, 최근 판례는 원칙상 상대적 위법성설을 취하고 있다. 상대적 위법성설에 따르면 가해행위가 피해자에 대한 손해배상이라는 관점에서 객관적 정당성을 상실한 것을 국가배상법상 위법으로 본다.

> **판례1**　[집회의 자유 침해로 인한 국가배상청구 사건] 집회(쌍용차 대책위 관련 집회)의 자유 침해로 인한 국가배상책임(위자료 청구)이 인정되는지 여부: 보통 일반의 공무원을 표준으로 공무원이 객관적 주의의무를 소홀히 하고(공무원에게 과실이 있고) 그로 말미암아 객관적 정당성을 잃었다고 볼 수 있으면(위법하면) 국가배상법 제 2 조가 정한 국가배상책임이 성립할 수 있다. 객관적 정당성을 잃었는지는 행위의 양태와 목적, 피해자의 관여 여부와 정도, 침해된 이익의 종류와 손해의 정도 등 여러 사정을 종합하여 판단하되, 손해의 전보책임을 국가가 부담할 만한 실질적 이유가 있는지도 살펴보아야 한다(대판 2021. 10. 28, 2017다219218).

> **판례2**　해군본부가 해군 홈페이지 자유게시판에 집단적으로 게시된 '제주해군기지 건설사업에 반대하는 취지의 항의글' 100여 건을 삭제하는 조치를 취하자, 항의글을 게시한 갑 등이 위 조치가 위법한 직무수행에 해당하며 표현의 자유 등이 침해되었다고 주장하면서 국가를 상대로 손해배상을 구한 사안에서, 해군 홈페이지 자유게시판이 정치적 논쟁의 장이 되어서는 안 되는 점, 위와 같은 항의글을 게시한 행위는 정부정책에 대한 반대의사 표시이므로 '해군 인터넷 홈페이지 운영규정'에서 정한 게시글 삭제 사유인 '정치적 목적이나 성향이 있는 경우'에 해당하는 점, 해군본부가 집단적 항의글이 위 운영규정 등에서 정한 삭제 사유에 해당한다고 판단한 것이 사회통념상 합리성이 없다고 단정하기 어려운 점, 반대의견을 표출하는 항의 시위의 1차적 목적은 달성되었고 현행법상 국가기관으로 하여금 인터넷 공간에서의 항의 시위의 결과물인 게시글을 영구히 또는 일정 기간 보존하여야 할 의무를 부과하는 규정은 없는 점 등에 비추어 위 삭제 조치는 객관적 정당성을 상실한 위법한 직무집행에 해당한다고 보기 어렵다고 한 사례(대판 2020. 6. 4, 2015다233807).

② 판례 중에는 행위위법설을 취한 경우도 있다. 행위위법설을 취한 경우에는 가해행위의 법에의 위반을 위법으로 보고 있다.

> **판례1**　[1] 국가배상책임의 성립요건으로서의 '법령 위반'의 의미: 국가배상책임은 공무원의 직무집행이 법령에 위반한 것임을 요건으로 하는 것으로서, 공무원의 직무집행이 법령이 정한 요건과 절차에 따라 이루어진 것이라면 특별한 사정이 없는 한 이는 법령에 적합한 것이고 그 과정에서 개인의 권리가 침해되는 일이 생긴다고 하여 그 법령적합성이 곧바로 부정되는 것은 아니다. [2] 경찰관이 교통법규 등을 위반하고 도주하는 차량을 순찰차로 추적하는 직무를 집행하는 중에 그 도주 차량의 주행에 의하여 제 3 자가 손해를 입은 경우, 경찰관의 추적행위가 위법한 것인지 여부(한정 소극): 경찰관은 수상한 거동 기타 주위의 사정을 합리적으로 판단하여 어떠한 죄를 범하였거나 범하려 하고 있다고 의심할 만한 상당한 이유가 있는 자 또는 이미 행하여진 범죄나 행하여지려고 하는 범죄행위에 관하여 그 사실을 안다고 인정되는 자를 정지시켜 질문할 수 있고, 또 범죄를 실행중이거나 실행 직후인 자는 현행범인으로, 누구임을 물음에 대하여 도망하려 하는 자는 준현행범인으로 각 체포할 수 있으며, 이와 같은 정지 조치나 질문 또는 체포 직무의 수행을 위하여 필요한 경우에는 대상자를 추적할 수도 있으므로, 경찰관이 교통법규 등을 위반하고 도주하는 차량을 순찰차로 추적하는 직무를 집행하는 중에 그 도주차량의 주행에 의하여 제 3 자가 손해를 입었다고 하더라도 그 추적이 당해 직무 목적을 수행하는 데에 불필요하다거나 또는 도주차량의 도주의 태양 및 도로교통상황 등으로부터 예측되는 피해발

생의 구체적 위험성의 유무 및 내용에 비추어 추적의 개시·계속 혹은 추적의 방법이 상당하지 않다는 등의 특별한 사정이 없는 한 그 추적행위를 위법하다고 할 수는 없다(대판 2000. 11. 10, 2000다26807, 26814). 〈해설〉차량에 대한 경찰순찰차의 추적행위가 적법하더라도 추적방법이 상당하지 않은 경우 그 추적행위를 국가배상법상 위법하다고 할 수 있다.

판례2   피고인의 변호인으로부터 조력을 받을 권리와 변호인의 피고인에 대한 접견교통권을 침해하는 행위는 불법행위이고, 그에 대해 국가배상책임이 인정된다(대판 2021. 11. 25, 2019다235450).

판례3   헌법상 과잉금지의 원칙 내지 비례의 원칙을 위반하여 국민의 기본권을 침해한 국가작용은 국가배상책임에서 법령을 위반한 가해행위가 된다(대판 2022. 9. 29, 2018다224408).

(6) 결   어

통상 위법이란 행위의 법위반을 말하므로 국가배상법상의 위법 개념에 관한 학설 중 행위위법설이 타당하다.

국가배상에 있어서는 행위 자체의 관계법령에의 위반뿐만 아니라 행위의 태양(態樣)의 위법, 즉 피침해이익과 관련하여 요구되는 공무원의 '직무상 손해방지의무 위반'으로서의 위법도 국가배상법상 위법이 된다.

이와 같은 '공무원의 직무상의 일반적 손해방지의무'를 인정하고, 그 위반을 국가배상법상의 위법으로 보는 논거는 다음과 같다. 법률에 의한 행정의 원리의 실질적 내용을 이루는 인권보장의 측면에서 볼 때 공무원에게 직무상의 일반적 손해방지의무를 인정하는 것이 타당하다는 것이다. 헌법 제10조도 국가의 기본권보장의 일반적 의무를 규정하고 있다.

명문의 규정이 없는 공무원의 손해방지의무 위반으로 인한 국가배상책임이 인정되는 대표적인 분야는 경찰행정분야이다. 경찰공무원은 국민의 생명·신체·재산의 안전을 보장할 일반적 의무를 지게 되고, 국민의 생명·신체·재산의 안전에 구체적 위험이 초래된 경우에 경찰공무원은 구체적인 손해방지의무를 지게 되는 것이다.

3. 국가배상법상 위법의 유형

(1) 행위 자체의 법 위반

행정처분(예, 허가취소처분, 영업정지처분)의 위법과 같이 공권력 행사 자체가 가해행위인 경우에는 공권력 행사 자체의 법에의 위반 여부가 위법의 판단기준이 된다.

(2) 행위의 집행방법상 위법

행위 자체는 적법하나 그 집행방법상 위법이 인정되는 경우이다. 이 경우에는 집행방법에 관한 명문의 규정이 있는 경우 그 위반이 위법이고, 집행방법에 관하여 명문의 규정이 없는 경우에도 손해방지의무 위반이 있으면 위법이 인정된다.

> **판례**   경찰관이 교통법규 등을 위반하고 도주하는 차량을 순찰차로 추적하는 행위는 적법하나 그 추적이 당해 직무 목적을 수행하는 데에 불필요하다거나 또는 도주차량의 도주 태양 및 도로교통상황 등으로부터 예측되는 피해발생의 구체적 위험성의 유무 및 내용에 비추어 추적의 개시·계속 혹은 추적의 방법이 상당하지 않다는 등의 특별한 사정이 있는 경우에는 국가배상법상 위법이 인정된다(대판 2000. 11. 10, 2000다26807: 경찰관이 교통법규 등을 위반하고 도주하는 차량을 순찰차로 추적하는 직무를 집행하는 중에 그 도주차량의 주행에 의하여 제3자가 손해를 입은 사건에서 위법성을 부정한 사례).

행정상 즉시강제 자체는 적법하나 즉시강제를 수행하는 과정에서 법령 위반 또는 손해방지의무 위반으로 손해를 발생시킨 경우 위법성이 인정된다.

(3) 직무의무 위반으로서의 위법 [2013 사시]

공무원의 직무상 의무가 문제되는 경우가 있는데, 이 경우에는 공무원의 직무상 의무위반이 위법이 된다. 직무상 의무위반이 국가배상법상 위법으로 판단되는 대표적인 경우는 입법행위 또는 사법행위(司法行爲)의 국가배상법상 위법이다.

직무상 의무는 법령에서 명시적으로 규정하고 있는 경우도 있고(대판 2001. 10. 23, 99다36280[정수처리규정위반사건]), 법령에 명시적인 규정이 없는 경우에도 법질서 및 조리로부터 도출되는 경우도 있다(대판 1998. 8. 25, 98다16890[방치된 트랙터사건]). 공무원의 일반적인 직무상 손해방지의무는 법령에 명시적인 규정이 없이 인정되는 직무상 의무의 대표적인 예이다.

> **판례**   [1] 토지형질변경허가권자의 위험관리의무의 내용 및 그 의무위반이나 재량에 의한 허가취소권 등의 불행사가 위법한 것으로 인정되기 위한 요건: 구 도시계획법(2000. 1. 28. 법률 제6243호로 전문 개정되기 전의 것), 구 도시계획법시행령(2000. 7. 1. 대통령령 제16891호로 전문 개정되기 전의 것), 토지의형질변경등행위허가기준등에관한규칙 등의 관련 규정의 취지를 종합하여 보면, 시장 등은 토지형질변경허가를 함에 있어 허가지의 인근 지역에 토사붕괴나 낙석 등으로 인한 피해가 발생하지 않도록 허가를 받은 자에게 옹벽이나 방책을 설치하게 하거나 그가 이를 이행하지 아니할 때에는 스스로 필요한 조치를 취하는 직무상 의무(위험관리의무)를 진다고 해석되고, 이러한 의무의 내용은 단순히 공공 일반의 이익을 위한 것이 아니라 전적으로 또는 부수적으로 사회구성원 개인의 안전과 이익을 보호하기 위하여 설정된 것(사익보호성)이라 할 것이므로, 지방자치단체의 공무원이 그와 같은 위험관리의무를 다하지 아니한 경우 그 의무위반이 직무에 충실한보통 일반의 공무원을 표준으로 할 때 객관적 정당성을 상실하였다고 인정될 정도에 이른 경우에는 국가배상법 제2조에서 말하는 위법의 요건을 충족하였다고 봄이 상당하고, 허가를 받은 자가 위 규칙에 기하여 부가된 허가조건을 위배한 경우 시장 등이 공사중지를 명하거나 허가를 취소할 수 있는 등 형식상 허가권자에게 재량에 의한 직무수행 권한을 부여한 것처럼 되어 있더라도 시장 등에게 그러한 권한을 부여한 취지와 목적에 비추어 볼 때 구체적인 사정에 따라 시장 등이 그 권한을 행사하여 필요한 조치를 취하지 아니하는 것이 현저하게 불합리하다고 인정되는 경우에는 그러한 권한의 불행사는 직무상의 의무를 위반하는 것이 되어 위법하게 된다. [2] 토석채취공사 도중 경사지를 굴러 내린 암석이 가스저장시설을 충격하여 화재가 발생한 사안에서, 토지형질변경허가권자에게 허가 당시 사업자로 하여금 위해방지시설을 설치하게 할 의무

를 다하지 아니한 위법과 허가 후 작업 도중 구체적인 위험이 발생하였음에도 작업을 중지시키는 등의 사고예방조치를 취하지 아니한 위법이 있다고 한 사례(대판 2001. 3. 9, 99다64278). 사익보호성을 위법성의 요소로 본 과거의 판례이다.

직무상 의무위반이 국가배상법상 위법이 되기 위해 직무상 의무의 사익보호성이 요구되는지에 관하여 견해의 대립이 있다. 직무의무위반설에서는 직무상 의무의 사익보호성을 요구하고 있다. 그러나, 법치행정의 원칙에 비추어 공권력 행사가 법을 위반하면 위법으로 보는 것이 타당하므로 직무상 의무의 사익보호성을 위법의 조건으로 요구하는 것은 타당하지 않고, 직무상 의무가 법적 의무인 한 그 위반은 위법으로 보아야 할 것이다. 판례도 직무상 의무의 사익보호성을 위법의 요소로 보지 않는다. 과거 판례 중에는 직무상 의무의 사익보호성을 위법성의 요소로 요구한 판례가 있었지만(대판 2001. 10. 23, 99다36280[정수처리규정위반사건]), 현재의 판례는 직무상 의무의 사익보호성을 위법성의 요소로 보지 않고, 상당인과관계의 요소로 보고 있다(대판 2001. 4. 3, 2000다34891; 대판 2010. 9. 9, 2008다77795. 후술 인과관계 참조).

판례 (1) 공무원이 법령에서 부과된 직무상 의무를 위반한 것을 계기로 제3자가 손해를 입은 경우 제3자에게 손해배상청구권이 인정되기 위한 요건: 공무원이 법령에서 부과된 직무상 의무를 위반한 것을 계기로 제3자가 손해를 입은 경우에 제3자에게 손해배상청구권이 인정되기 위하여는 공무원의 직무상 의무 위반행위와 제3자의 손해 사이에 상당인과관계가 있어야 하고, 상당인과관계의 유무를 판단함에 있어서는 일반적인 결과발생의 개연성은 물론 직무상 의무를 부과한 법령 기타 행동규범의 목적이나 가해행위의 태양 및 피해의 정도 등을 종합적으로 고려하여야 할 것인바, 공무원에게 직무상 의무를 부과한 법령의 목적이 사회 구성원 개인의 이익과 안전을 보호하기 위한 것이 아니고 단순히 공공일반의 이익이나 행정기관 내부의 질서를 규율하기 위한 것이라면, 설령 공무원이 그 직무상 의무를 위반한 것을 계기로 하여 제3자가 손해를 입었다고 하더라도 공무원이 직무상 의무를 위반한 행위와 제3자가 입은 손해 사이에 상당인과관계가 있다고 할 수 없다. (2) 부산2저축은행 발행의 후순위사채에 투자한 원고들이 사채발행회사, 외부감사인, 증권회사, 신용평가회사, 금융감독원, 대한민국 등을 상대로 손해배상을 청구한 사안에서, 금융위원회의 설치 등에 관한 법률의 입법취지 등에 비추어 볼 때, 피고 금융감독원에 금융기관에 대한 검사·감독의무를 부과한 법령의 목적이 금융상품에 투자한 투자자 개인의 이익을 직접 보호하기 위한 것이라고 할 수 없으므로, 피고 금융감독원 및 그 직원들의 위법한 직무집행과 부산2저축은행의 후순위사채에 투자한 원고들이 입은 손해 사이에 상당인과관계가 있다고 보기 어렵다고 판단한 원심을 수긍한 사례(대판 2016. 12. 23, 2015다210194).

행정규칙에서 정한 공무원의 직무상 의무의 위반은 원칙상 위법이 되지 않는다. 다만, 행정규칙에서 정한 공무원의 직무상 의무가 안전 등과 관련이 있어 법질서 및 조리에 의해 요구되는 법적 의무인 손해방지의무(안전관리의무)에 해당하는 경우에는 결과적으로 그 위반이 위법이 될 수 있다. 행정규칙 위반이 위법이 아니라 법질서 및 조리에 의해 요구되는 법적 의무인 손해방지의무(안전관리의무) 위반이 위법한 것이다.

(4) 상대적 위법성설을 취한 경우

전술한 바와 같다.

(5) 부작위에 의한 손해배상책임 [2011행시(재경직) 사례, 1997·2009 사시 사례, 2016 사시 사례, 2001 입시 사례]

1) 조리에 의한 작위의무의 인정 여부 가. 긍 정 설 다. 판 례 나. 부 정 설 라. 결 어	2) 직무상 작위의무의 사익보호성 3) 부작위(행정권 불행사)의 위법성

부작위에 의한 국가배상에서의 부작위는 신청을 전제로 하지 않는다. 따라서, 국가배상법상 부작위는 행정권의 불행사를 의미한다. 또한 작위의무는 직무상 의무를 의미하므로 부작위는 직무상 의무위반을 의미한다.

부작위(不作爲)는 작위의무를 전제로 하는데, 조리상 작위의무를 인정할 수 있는가의 문제, 부작위에 의한 손해배상책임에 있어서 작위의무의 개인적 이익보호성이 요구되는가 하는 문제와 부작위(행정권 불행사)의 위법성의 문제가 논의의 대상이 되고 있다.

1) 조리에 의한 작위의무의 인정 여부

작위의무가 법령에서 명문으로 규정되어 있지 않은 경우에도 조리에 의해 법적 작위의무를 인정할 수 있는가 하는 문제에 대하여 학설은 대립하고 있다.

가. 긍 정 설   이 견해는 국가배상책임을 민법상 불법행위책임과 성질을 같이 하는 것으로 보면서 공서양속(公序良俗)·조리 내지 건전한 사회통념에 근거하여 법적 작위의무를 인정할 수 있다는 견해이다. 이 견해는 피해자의 구제를 목적으로 하는 국가배상에 있어서 법률에 의한 행정의 원리를 강조하는 것은 타당하지 않다고 주장한다.

법치행정의 목적은 인권보장이라는 점과 생명과 재산을 보호하여야 한다는 국가의 임무에 비추어 조리에 의한 위험방지의무를 인정하는 견해도 있는데, 이 견해가 타당하다.

나. 부 정 설   이 견해는 법률에 의한 행정의 원칙에 비추어 법률상의 근거를 결하는 작위의무를 인정할 수 없다는 견해이다.

다. 판례(긍정설)   판례는 형식적 의미의 법령에 명시적으로 공무원의 작위의무가 규정되어 있지 않음에도 일정한 경우에 관련 법규정에 비추어 조리상 위험방지작위의무(危險防止作爲義務)를 인정하고 있다. 즉, 판례에 따르면 국민의 생명, 신체, 재산 등에 대하여 절박하고 중대한 위험상태가 발생하였거나 발생할 우려가 있어서 국민의 생명, 신체, 재산 등을 보호하는 것을 본래적 사명으로 하는 국가가 초법규적·일차적으로 그 위험 배제에 나서지 아니하면 국민의 생명, 신체, 재산 등을 보호할 수 없는 경우(달리 말하면 법이론상 재량권이 영으로 수축하는 경우)에는 형식적 의미의 법령에 근거가 없더라도 국가나 관련 공무원에 대하여 그러한 위험을 배제할 작위의무를 인정할 수 있을 것이나, 그와 같

은 절박하고 중대한 위험상태가 발생하였거나 발생할 우려가 있는 경우가 아닌 한, 원칙
적으로 공무원이 관련 법령대로만 직무를 수행하였다면 그와 같은 공무원의 부작위를 가
지고 '고의 또는 과실로 법령에 위반'하였다고 할 수는 없다(대판 2005. 6. 10, 2002다53995).

판례1 법령에 명시적으로 공무원의 작위의무가 규정되어 있지 않은 경우에도 공무원의 부작위로
인한 국가배상책임을 인정할 수 있는지 여부(한정 적극) 및 그 판단기준: 공무원의 부작위로 인한 국
가배상책임을 인정하기 위하여는 공무원의 작위로 인한 국가배상책임을 인정하는 경우와 마찬가지로
'공무원이 그 직무를 집행함에 당하여 고의 또는 과실로 법령에 위반하여 타인에게 손해를 가한 때'라
고 하는 국가배상법 제2조 제1항의 요건이 충족되어야 할 것인바, 여기서 '법령에 위반하여'라고 하
는 것이 엄격하게 형식적 의미의 법령에 명시적으로 공무원의 작위의무가 규정되어 있는 데도 이를 위
반하는 경우만을 의미하는 것은 아니고, 국민의 생명, 신체, 재산 등에 대하여 절박하고 중대한 위험상
태가 발생하였거나 발생할 우려가 있어서 국민의 생명, 신체, 재산 등을 보호하는 것을 본래적 사명으
로 하는 국가가 초법규적·일차적으로 그 위험 배제에 나서지 아니하면 국민의 생명, 신체, 재산 등을
보호할 수 없는 경우에는 형식적 의미의 법령에 근거가 없더라도 국가나 관련 공무원에 대하여 그러한
위험을 배제할 작위의무를 인정할 수 있을 것이나, 그와 같은 절박하고 중대한 위험상태가 발생하였거
나 발생할 우려가 있는 경우가 아닌 한, 원칙적으로 공무원이 관련 법령대로만 직무를 수행하였다면
그와 같은 공무원의 부작위를 가지고 '고의 또는 과실로 법령에 위반'하였다고 할 수는 없을 것이므로,
공무원의 부작위로 인한 국가배상책임을 인정할 것인지 여부가 문제되는 경우에 관련 공무원에 대하
여 작위의무를 명하는 법령의 규정이 없다면 공무원의 부작위로 인하여 침해된 국민의 법익 또는 국민
에게 발생한 손해가 어느 정도 심각하고 절박한 것인지, 관련 공무원이 그와 같은 결과를 예견하여 그
결과를 회피하기 위한 조치를 취할 수 있는 가능성이 있는지 등을 종합적으로 고려하여 판단하여야 한
다(대판 2005. 6. 10, 2002다53995: 이 사건 점용허가를 한 담당 공무원에 대하여 점용허가된 토지가 하
천사업에 편입되는 사정으로 인해 이 사건 점용허가가 취소될 수 있고 그로 인해 이 사건 토지에 신축
한 비행장 등을 철거할 가능성이 있다는 사정을 원고에게 알려 주어 원고로 하여금 위 점용허가에 따
른 비행장 설치 등으로 인한 손해를 입지 않게 할 주의의무가 있다고 할 수 없다고 한 사례). 〈해설〉
비행장 설치를 위한 점용허가의 대상이 된 토지가 하천사업에 편입될 예정인 사실을 알았던 경우에는
조리상 손해방지의무(기본권보장의무)에 따라 고지할 의무가 있다고 보아야 한다.

판례2 [지방자치단체의 지적 소관 공무원들이 이 사건 토지의 지목을 건축물의 건축을 위한 용도
가 아닌 지목으로 변경할 의무가 있음을 전제로 그와 같은 의무를 이행하지 아니한 것에 대한 손해배
상을 구하는 사건] [1] 공무원의 부작위로 인한 국가배상책임을 인정하기 위한 요건: 공무원의 부작위
로 인한 국가배상책임을 인정하기 위해서는 공무원의 작위로 인한 국가배상책임을 인정하는 경우와
마찬가지로 '공무원이 직무를 집행하면서 고의 또는 과실로 법령을 위반하여 타인에게 손해를 입힌 때'
라고 하는 국가배상법 제2조 제1항의 요건이 충족되어야 한다. 〈해설〉 특히 공무원의 법령상 또는
조리상 손해방지 작위의무가 인정되어야 한다. [2] 관련 공무원에 대하여 작위의무를 명하는 법령의
규정이 없는 경우, 공무원의 부작위로 인한 국가배상책임을 인정할 것인지 판단하는 방법: 국민의 생
명·신체·재산 등에 대하여 절박하고 중대한 위험상태가 발생하였거나 발생할 상당한 우려가 있어서
국민의 생명 등을 보호하는 것을 본래적 사명으로 하는 국가가 초법규적·일차적으로 그 위험의 배제
에 나서지 아니하면 국민의 생명 등을 보호할 수 없는 경우에는 형식적 의미의 법령에 근거가 없더라
도 국가나 관련 공무원에 대하여 그러한 위험을 배제할 작위의무를 인정할 수 있다. 그러나 그와 같은
절박하고 중대한 위험상태가 발생하였거나 발생할 상당한 우려가 있는 경우가 아닌 한, 원칙적으로 공
무원이 관련 법령에서 정하여진 대로 직무를 수행하였다면 그와 같은 공무원의 부작위를 가지고 '고의
또는 과실로 법령을 위반'하였다고 할 수는 없다. 따라서 공무원의 부작위로 인한 국가배상책임을 인
정할 것인지가 문제 되는 경우에 관련 공무원에 대하여 작위의무를 명하는 법령의 규정이 없는 때라면
공무원의 부작위로 인하여 침해되는 국민의 법익 또는 국민에게 발생하는 손해가 어느 정도 심각하고

절박한 것인지, 관련 공무원이 그와 같은 결과를 예견하여 그 결과를 회피하기 위한 조치를 취할 수 있는 가능성이 있는지 등을 종합적으로 고려하여 판단하여야 한다. 〈해설〉 국민의 생명·신체·재산 등에 대하여 절박하고 중대한 위험상태가 발생하였거나 발생할 상당한 우려가 있는 경우에 한정하지 않고 일반적으로 공무원의 조리상 손해방지의무를 인정하여야 할 것이다. [3] 구 개발제한구역의 지정 및 관리에 관한 특별조치법 시행령 제22조 [별표 2] 제 4 호 (마)목을 관련 공무원에 대하여 건축물 이축에 있어 종전 토지의 지목을 건축물의 건축을 위한 용도가 아닌 지목으로 변경하여야 할 적극적인 작위의무를 명하는 규정으로 볼 수 있는지 여부(소극): 구 개발제한구역의 지정 및 관리에 관한 특별조치법 시행령(2018. 2. 9. 대통령령 제28635호로 개정되기 전의 것) 제22조 [별표 2] 제 4 호 (마)목은 "이주단지를 조성한 후 또는 건축물을 이축한 후의 종전 토지는 다른 사람의 소유인 경우와 공익사업에 편입된 경우를 제외하고는 그 지목을 전·답·과수원, 그 밖에 건축물의 건축을 위한 용도가 아닌 지목으로 변경하여야 한다."라고 규정하면서 그 변경 주체와 절차에 대해서는 아무런 규정을 두고 있지 않다. 따라서 위 규정을 관련 공무원에 대하여 건축물 이축에 있어 종전 토지의 지목을 건축물의 건축을 위한 용도가 아닌 지목으로 변경하여야 할 적극적인 작위의무를 명하는 규정으로 볼 수 없고, 관련 법령에 그와 같은 작위의무 규정을 찾아볼 수도 없다. 〈해설〉 행정기본법상의 적극행정규정에 비추어 관련 공무원에 대하여 건축물 이축에 있어 종전 토지의 지목을 건축물의 건축을 위한 용도가 아닌 지목으로 변경하여야 할 조리상 작위의무를 인정하여야 할 것이다. [4] 개발제한구역 내에 있는 이 사건 토지는 이미 그 지상에 건물이 신축되었다가 이축허가를 통해 철거되고 다른 곳에 신축되었는바, 관련 법령에 의해 이 사건 토지에는 건축물을 신축할 수 없는 제한이 있었는데, 원고들은 이 사건 토지의 지목이 여전히 대지로 되어 있어 건축물 신축이 가능한 것으로 알고 경매를 통해 이 사건 토지를 매수하였다가 그러한 제한으로 인해 건축물 신축이 가능하지 않게 되자 지방자치단체 지적소관 공무원들이 그 지목을 변경하지 않았음을 이유로 손해배상을 구한 사안인데, 원심은 개발제한구역법 시행령과 공간정보관리법의 각 규정에 비추어 볼 때 해당 공무원들에게 이 사건 토지의 지목을 더 이상 건축을 할 수 없는 지목으로 변경하여야 할 의무가 있다고 보아 손해배상청구를 받아들였으나, 대법원은 위 법령의 규정에 비추어 보더라도 그러한 지목변경의 작위의무를 인정할만한 규정을 찾아볼 수 없고, 나아가 공간정보관리법에 의하면 토지의 지목이 상세하고 자세하게 구분 및 분류되어 있어 소속 공무원이 어떠한 지목으로 변경할지 여부를 알 수도 없어 그러한 지목변경을 요구하기도 어렵다는 이유 등을 들어 지목변경 의무를 인정한 원심판결을 파기환송한 사례(대판 2021. 7. 21, 2021두33838[건축허가신청반려처분취소]). 〈해설〉 구 개발제한구역 지정 및 관리에 관한 특별조치법 시행령 제22조 〈별표 2〉 제4호 등에 비추어 지목변경 작위의무를 인정하고, 공무원의 과실을 인정할 수 있다면 국가배상책임을 인정하되 이축된 토지인지를 확인하지 않은 원고의 과실을 인정하고, 과실상계를 하는 것이 타당한 사례가 아닌지 재검토를 요한다.

판례3 (1) 국민의 생명·신체의 안전이 질병 등으로부터 위험받거나 받게 될 우려가 있는 경우, 국가로서는 그 위험의 원인과 정도에 따라 사회·경제적인 여건 및 재정사정 등을 감안하여 국민의 생명·신체의 안전을 보호하기에 필요한 적절하고 효율적인 입법·행정상의 조치를 취함으로써, 그 침해의 위험을 방지하고 이를 유지할 포괄적인 의무를 진다. (2) 국가가 국민의 생명·신체의 안전을 보호할 의무를 진다하더라도, 국가의 보호의무를 입법자 또는 그로부터 위임받은 집행자가 어떻게 실현하여야 할 것인가 하는 문제는 원칙적으로 권력분립과 민주주의의 원칙에 따라 국민에 의하여 직접 민주적 정당성을 부여받고 자신의 결정에 대하여 정치적 책임을 지는 입법자의 책임범위에 속하므로, 헌법재판소는 단지 제한적으로만 입법자 또는 그로부터 위임받은 집행자에 의한 보호의무의 이행을 심사할 수 있다. 따라서 국가가 국민의 생명·신체의 안전에 대한 보호의무를 다하지 않았는지 여부를 헌법재판소가 심사할 때에는 국가가 이를 보호하기 위하여 적어도 적절하고 효율적인 최소한의 보호조치를 취하였는가 하는 이른바 '과소보호금지 원칙'의 위반 여부를 기준으로 삼아야 한다(헌재 2008. 12. 26, 2008헌마419; 헌재 2015. 9. 24, 2013헌마384 등). 〈해설〉 그러나, 국가배상책임 일반에 주로 입법자의 기본권 보호의무의 기준이 되는 과소보호금지의 원칙을 적용하는 것은 타당하지 않다. 행정공무원의 보호의무는 입법자의 보호의무보다 널리 인정하여야 한다.

라. 결   어   작위의무(손해방지의무)는 명문의 법규정뿐만 아니라 각 행정분야에서의 객관적 법질서(관련법규 및 조리) 및 인권존중의 원칙(국가의 기본권 보장의무)으로부터도 도출될 수 있는 것으로 보아야 하므로 긍정설이 타당하다.

국가는 국민의 생명·신체·재산을 보호할 일반적 책무를 지는 것이며 국민의 기본권을 보장할 일반적 책무를 지게 된다. 구체적 사안에서 관련 실정법 전체의 구조, 침해의 가능성이 있는 법익의 종류 및 법익침해의 위험성의 정도 등을 고려하여 관계 행정공무원에게 손해를 방지할 구체적 의무가 있다고 해석될 수 있는 경우에는 명문의 규정이 없다고 하더라도 손해를 방지할 법적 작위의무를 인정할 수 있을 것이다.

2) 직무상 작위의무의 사익보호성

판례는 공무원에게 부과된 직무상 작위의무의 내용이 단순히 공공 일반의 이익을 위한 것이거나 행정기관 내부의 질서를 규율하기 위한 것이 아니고 전적으로 또는 부수적으로 사회구성원 개인의 안전과 이익을 보호하기 위하여 설정된 것이어야 국가배상책임이 인정된다고 한다.

> **판례1** **선박검사규정 및 운항중지규정 등의 사익보호성을 인정한 사례 [1]** 공무원의 직무상 의무위반으로 국가가 배상책임을 부담하게 되는 경우의 직무상 의무의 내용과 상당인과관계의 판단기준: 공무원에게 부과된 직무상 의무의 내용이 단순히 공공 일반의 이익을 위한 것이거나 행정기관 내부의 질서를 규율하기 위한 것이 아니고 전적으로 또는 부수적으로 사회구성원 개인의 안전과 이익을 보호하기 위하여 설정된 것이라면, 공무원이 그와 같은 직무상 의무를 위반함으로 인하여 피해자가 입은 손해에 대하여는 상당인과관계가 인정되는 범위 내에서 국가가 배상책임을 지는 것이고, 이때 상당인과관계의 유무를 판단함에 있어서는 일반적인 결과발생의 개연성은 물론 직무상 의무를 부과하는 법령 기타 행동규범의 목적이나 가해행위의 태양 및 피해의 정도 등을 종합적으로 고려하여야 할 것이다. **[2] 선박안전법이나 유선및도선업법의 각 규정이 공공의 안전 외에 일반인의 인명과 재화의 안전보장도 그 목적으로 하는지 여부(적극):** 선박안전법이나 유선및도선업법의 각 규정은 공공의 안전 외에 일반인의 인명과 재화의 안전보장도 그 목적으로 하는 것이라고 할 것이므로 국가 소속 선박검사관이나 시 소속 공무원들이 직무상 의무를 위반하여 시설이 불량한 선박에 대하여 선박중간검사에 합격하였다 하여 선박검사증서를 발급하고, 해당 법규에 규정된 조치를 취함이 없이 계속 운항하게 함으로써 화재사고가 발생한 것이라면, 화재사고와 공무원들의 직무상 의무위반행위와의 사이에는 상당인과관계가 있다(대판 1993. 2. 12, 91다43466[손해배상(기)][3]).

> **판례2** **고도정수처리규정의 사익보호성을 부정한 사례 [1]** 일반적으로 국가 또는 지방자치단체가 권한을 행사할 때에는 국민에 대한 손해를 방지하여야 하고, 국민의 안전을 배려하여야 하며, 소속 공무원이 전적으로 또는 부수적으로라도 국민 개개인의 안전과 이익을 보호하기 위하여 법령에서 정한 직무상의 의무에 위반하여 국민에게 손해를 가하면 상당인과관계가 인정되는 범위 안에서 국가 또는

---

3) 이 사건의 개요는 다음과 같다. 극동호라는 유람선의 운항중 노후된 기관이 과열되었고, 그 기관으로부터 약 1.3미터 떨어진 배기관에 파공이 3개소 생겼고, 그 파공을 통해 발화성 배기가스와 불씨 등이 튀어 나와 인근의 기름이 묻은 선체벽에 붙어 화재가 발생하였다. 그 때 위 선박의 기관장 등이 소화기로 진화코자 하였으나 소화기의 안전핀이 뽑히지 아니하여 조기에 진화하지 못한 까닭에 90명 중 36명이 익사 또는 소사하였다. 이에 원고는 마산지방해운항만청 충무출장소 공무원이 선박안전법 제 5 조 제 1 항에 의한 선박검사를 함에 있어 검사의무를 해태하였고, 충무시장은 유선 및 도선업법 제 5 조 제 3 호상의 감독의무를 해태하여 이와 같은 사고가 났다고 주장하며 국가와 충무시를 상대로 손해배상을 청구하였다.

지방자치단체가 배상책임을 부담하는 것이지만, 공무원이 직무를 수행하면서 그 근거되는 법령의 규정
에 따라 구체적으로 의무를 부여받았어도 그것이 국민의 이익과는 관계없이 순전히 행정기관 내부의
질서를 유지하기 위한 것이거나, 또는 국민의 이익과 관련된 것이라도 직접 국민 개개인의 이익을 위
한 것이 아니라 전체적으로 공공 일반의 이익을 도모하기 위한 것이라면 그 의무에 위반하여 국민에게
손해를 가하여도 국가 또는 지방자치단체는 배상책임을 부담하지 아니한다. [2] 상수원수 2급에 미달
하는 상수원수는 고도의 정수처리 후 사용하여야 한다는 환경정책기본법령상의 의무 역시 위에서 본
수질기준 유지의무와 같은 성질의 것이므로, 지방자치단체가 상수원수의 수질기준에 미달하는 하천수
를 취수하거나 상수원수 3급 이하의 하천수를 취수하여 고도의 정수처리가 아닌 일반적 정수처리 후
수돗물을 생산·공급하였다고 하더라도, 그렇게 공급된 수돗물이 음용수 기준에 적합하고 몸에 해로운
물질이 포함되어 있지 아니한 이상, 지방자치단체의 위와 같은 수돗물 생산·공급행위가 국민에 대한
불법행위가 되지 아니한다고 한 사례(대판 2001. 10. 23, 99다36280[정수처리규정 위반사건]). 〈해설〉 직
무상 의무의 사익보호성을 가해행위의 위법성의 요소로 본 판례이다.

판례3   하천법의 관련 규정에 비추어 볼 때, 이 사건 안양천의 유지·관리 및 점용허가 관련 업무를
맡고 있는 피고 서울특별시 양천구의 담당공무원은 안양천의 적정한 유지·관리를 도모하고, 점용허가
로 인한 공공의 피해가 발생하지 아니하도록 점용허가를 받은 자가 허가조건을 준수하도록 하여야 하
며, 정기적으로 하천점용상황에 대한 점검을 실시하여 불법적인 점용실태가 적발될 경우에는 그 시정
을 위한 필요한 조치를 취하여야 할 직무상 의무가 있다고 할 것이고, 이러한 의무는 단순히 공공 일
반의 이익을 위한 것만이 아니라 부수적으로라도 사회구성원 개개인의 안전과 이익을 보호하기 위하
여 설정된 것으로 보아야 할 것이다(대판 2006. 4. 14, 2003다41746: 하천노상주차장에 주차되어 있는
차량의 침수피해에 대하여 피고 서울특별시는 안양천 유지·관리의 사무귀속 주체로서, 피고 서울특별
시 양천구는 대외적으로 위 사무와 관련된 비용부담자로서, 각자 원고들의 손해를 배상할 책임이 있다
고 판단한 사례).

3) 행정권 불행사의 위법성: 직무상 작위의무 위반 [2013 사시]

행정권의 행사 또는 불행사는 재량행위인 경우가 많다. 이 경우에는 이론상 재량권이
영으로 수축하는 경우 및 비례원칙에 반하는 경우 등 재량권의 일탈·남용의 경우에 행정
기관의 부작위가 위법하게 된다.

판례는 재량행위인 행정권의 불행사(부작위 또는 거부)가 현저하게 불합리하다고 인정
되는 경우에는 직무상의 의무를 위반한 것이 되어 위법하게 된다고 한다.

판례1   경찰관의 권한 불행사가 직무상 의무를 위반하여 위법하게 되는 경우: 경찰은 범죄의 예방,
진압 및 수사와 함께 국민의 생명, 신체 및 재산의 보호 기타 공공의 안녕과 질서유지를 직무로 하고
있고, 직무의 원활한 수행을 위하여 경찰관 직무집행법, 형사소송법 등 관계 법령에 의하여 여러 가지
권한이 부여되어 있으므로, 구체적인 직무를 수행하는 경찰관으로서는 제반 상황에 대응하여 자신에게
부여된 여러 가지 권한을 적절하게 행사하여 필요한 조치를 할 수 있고, 그러한 권한은 일반적으로 경
찰관의 전문적 판단에 기한 합리적인 재량에 위임되어 있으나, 경찰관에게 권한을 부여한 취지와 목적
에 비추어 볼 때 구체적인 사정에 따라 경찰관이 권한을 행사하여 필요한 조치를 하지 아니하는 것이
현저하게 불합리하다고 인정되는 경우에는 권한의 불행사는 직무상 의무를 위반한 것이 되어 위법하
게 된다(대판 2016. 4. 15, 2013다20427[손해배상(기)]).

판례2   경찰관직무집행법 제 5 조는 경찰관은 인명 또는 신체에 위해를 미치거나 재산에 중대한 손
해를 끼칠 우려가 있는 위험한 사태가 있을 때에는 그 각 호의 조치를 취할 수 있다고 규정하여 형식

상 경찰관에게 재량에 의한 직무수행권한을 부여한 것처럼 되어 있으나, 경찰관에게 그러한 권한을 부여한 취지와 목적에 비추어 볼 때 구체적인 사정에 따라 경찰관이 그 권한을 행사하여 필요한 조치를 취하지 아니하는 것이 현저하게 불합리하다고 인정되는 경우에는 그러한 권한의 불행사는 직무상의 의무를 위반한 것이 되어 위법하게 된다(대판 1998. 8. 25, 98다16890: 경찰관이 농민들의 시위를 진압하고 시위과정에 도로상에 방치된 트랙터 1대에 대하여 이를 도로 밖으로 옮기거나 후방에 안전표지판을 설치하는 것과 같은 위험발생방지조치를 취하지 아니한 채 그대로 방치하고 철수하여 버린 결과, 야간에 그 도로를 진행하던 운전자가 위 방치된 트랙터를 피하려다가 다른 트랙터에 부딪혀 상해를 입은 사안에서 국가배상책임을 인정한 사례). 〈해설〉 경찰은 농민들의 시위를 진압하고 시위과정에 도로상에 트랙터가 방치되어 있는 경우에는 이를 도로 밖으로 옮기거나 후방에 안전표지판을 설치하는 것과 같은 위험발생방지조치를 취할 직무상 의무가 있다고 할 수 있다.

판례3 피해자로부터 범죄신고와 함께 신변보호요청을 받은 경찰관의 보호의무 위반을 인정한 사례(대판 1998. 5. 26, 98다11635).

판례4 경찰서 및 교도소 소속 공무원들이 인신이 구금된 자의 생명·신체·건강의 위험을 방지할 주의의무를 위반하였다고 본 사례(대판 2005. 7. 22, 2005다27010).

판례가 재량행위인 행정권한의 불행사의 위법을 현저한 합리성의 결여라는 추상적인 기준에 의해 판단하는 것은 문제가 있다. 재량행위인 행정권한의 불행사의 위법은 법이론상 재량권의 영으로의 수축이론 등에 의해 판단하여야 한다.

행정권의 발동이 기속행위인 경우에는 부작위가 곧 위법이 된다.

권한을 행사하지 아니한 것이 직무상 의무를 위반하여 위법한 것으로 되는 경우에는 특별한 사정이 없는 한 과실도 인정된다(대판 2010. 9. 9, 2008다77795).

판례1 식품의약품안전청장 등이 구 식품위생법 제7조, 제9조, 제10조, 제16조 등에 의하여 부여된 권한을 행사하지 않은 것이 직무상 의무를 위반한 것으로 위법하다고 인정되기 위한 요건 및 그 권한 불행사가 위법한 것으로 평가되는 경우 과실도 인정되는지 여부(적극): 구 식품위생법(2005. 1. 27. 법률 제7374호로 개정되기 전의 것) 제7조, 제9조, 제10조, 제16조 등 관련 규정이 식품의약품안전청장 및 관련 공무원에게 합리적인 재량에 따른 직무수행 권한을 부여한 것으로 해석된다고 하더라도, 식품의약품안전청장 등에게 그러한 권한을 부여한 취지와 목적에 비추어 볼 때 구체적인 상황 아래에서 식품의약품안전청장 등이 그 권한을 행사하지 아니한 것이 현저하게 합리성을 잃어 사회적 타당성이 없는 경우에는 직무상 의무를 위반한 것이 되어 위법하게 된다. 그리고 위와 같이 식약청장등이 그 권한을 행사하지 아니한 것이 직무상 의무를 위반하여 위법한 것으로 되는 경우에는 특별한 사정이 없는 한 과실도 인정된다(대판 2010. 9. 9, 2008다77795[손해배상(기)]: 어린이가 '미니컵 젤리'를 먹다가 질식하여 사망한 사안에서, 식품의약품안전청장 등이 그 사고 발생 시까지 구식품위생법상의 규제 권한을 행사하여 미니컵 젤리의 수입·유통 등을 금지하거나 그 기준과 규격, 표시 등을 강화하고 그에 필요한 검사 등을 실시하는 조치를 취하지 않은 것이 현저하게 합리성을 잃어 사회적 타당성이 없다거나 객관적 정당성을 상실하여 위법하다고 할 수 있을 정도에까지 이르렀다고 보기 어렵고, 그 권한불행사에 과실이 있다고 할 수도 없다고 한 원심의 판단이 정당하다고 한 사례).

판례2 2004. 2.경 어린이가 미니컵 젤리를 섭취하던 중 미니컵 젤리가 목에 걸려 질식사한 두 건의 사고가 연달아 발생한 뒤 약 8개월 20일 이후 다시 어린이가 미니컵 젤리를 먹다가 질식사한 사안에서, 식품의약품안전청장 등이 미니컵 젤리의 유통을 금지하거나 물성실험 등을 통하여 미니컵 젤리의 위험성을 확인하고 기존의 규제조치보다 강화된 미니컵 젤리의 기준 및 규격 등을 마련하지 아니하였다고 하더라도 이를 현저하게 합리성을 잃어 사회적 타당성이 없다고 볼 수 있는 정도에 이른 것이라고 보기 어렵다고 한 사례(대판 2010. 11. 25, 2008다67828[손해배상(기)]). 〈해설〉 동일한 사망사건이 이미 8개월 전에 2건 있었던 점에 비추어 반복적인 사고에 의한 손해발생의 방지를 위해 필요한 조치(권력적 조치뿐만 아니라 행정지도, 홍보 등 비권력적 조치포함)를 취할 의무가 보다 강하게 요구된다는 점을 고려하여야 할 것이다.

(6) 행정규칙 위반

행정규칙의 대외적인 법적 구속력이 인정되지 않는 한 원칙상 행정규칙 위반만으로 가해행위가 위법하게 되지 않는다.

공무원의 조치가 적법한지는 행정규칙에 적합한지 여부가 아니라 상위법령의 규정과 입법 목적 등에 적합한지 여부에 따라 판단해야 한다(대판 2020. 5. 28, 2017다211559). 다만, 총기사용의 안전수칙과 같이 손해방지를 위한 안전성확보의무를 정하는 행정규칙을 위반한 가해행위는 당해 행정규칙이 위법이 아닌 한 그 위법성과 과실이 인정된다고 보아야 한다. 행정규칙을 위반하여 위법인 것이 아니라 조리상 손해방지의무(안전관리의무)를 위반하여 위법하게 되는 것이며 공무원은 행정규칙을 알고 있어야 하므로 과실이 인정되는 것이다.

(7) 재량행위의 위법

재량권의 일탈 또는 남용의 경우에는 항고소송에서와 같이 국가배상소송에서도 위법성을 인정하나, 부당에 그치는 재량권 행사의 과오는 위법성을 구성하지 않는 것으로 보는 데 학설은 일치하고 있다.

(8) 절차의 위법과 국가배상책임

절차상 위법한 가해행위로 손해가 발생한 경우에 있어서 절차상 위법과 손해 사이에 상당인과관계가 있는 경우 국가배상책임이 인정된다. 절차상 위법하지만 실체상 적법하여 실제에 있어서 손해가 발생하였다고 볼 수 없는 경우 국가배상책임이 인정될 수 없다.

(9) 수익적 행정처분의 위법

수익적 행정처분이 신청인에 대한 관계에서 국가배상법 제 2 조 제 1 항의 위법성이 있는 것으로 평가되기 위하여는 객관적으로 보아 그 행위로 인하여 신청인이 손해를 입게 될 것임이 분명하다고 할 수 있어 신청인을 위하여도 당해 행정처분을 거부할 것이 요구되는 경우이어야 한다(대판 2001. 5. 29, 99다37047).

판례1 수익적 행정처분이 신청인에 대한 관계에서 국가배상법 제 2 조 제 1 항의 위법성이 있는 것으로 평가되기 위한 요건: 수익적 행정처분은 그 성질상 특별한 사정이 없는 한 그 처분이 이루어지는 것이 신청인의 이익에 부합하고, 이에 대한 법규상의 제한은 공공의 이익을 위한 것이어서 그러한 법규상의 제한 사유가 없는 한 원칙적으로 이를 허용할 것이 요청된다고 할 것이므로, 수익적 행정처분이 신청인에 대한 관계에서 국가배상법 제2조 제1항의 위법성이 있는 것으로 평가되기 위하여는 당해 행정처분에 관한 법령의 내용, 그 성질과 법률적 효과, 그로 인하여 신청인이 무익한 비용을 지출할 개연성에 관한 구체적 사정 등을 종합적으로 고려하여 객관적으로 보아 그 행위로 인하여 신청인이 손해를 입게 될 것임이 분명하다고 할 수 있어 신청인을 위하여도 당해 행정처분을 거부할 것이 요구되는 경우이어야 한다(대판 2001. 5. 29, 99다37047[손해배상(기)]: 도로구역결정 전의 도로계획부지에 대한 중소기업창업승인행위가 위법하지 않다고 한 사례). 〈참고〉 다만, 기록과 원심판결 이유에 의하여 알 수 있는 이 사건 건축허가 당시는 이미 위 고속국도의 노선지정사항을 포함한 고속국도노선지정령 중개정령이 관보에 게시되었던 점, 이 사건 건축허가 이후 위 고속국도의 건설이나 이 사건 공장건축과 관련하여 특별한 사정의 변경이 없었음에도 피고는 1996. 12. 5.경 원고에게 이 사건 공장부지가 위 고속국도의 부지에 저촉된다는 이유로 그 공장건축공사의 중지를 명한 점 등에 비추어 보면, 이 사건 건축허가를 한 피고의 담당공무원으로서는 이 사건 공장부지에 대하여 공장건축허가를 하여 주더라도 장차 위 고속국도의 건설로 인하여 위 공장부지에 건축한 공장을 철거할 가능성이 있다는 사정을 알려 줌으로써 원고로 하여금 위 건축허가에 따른 건축행위 등으로 인한 손해를 입지 않도록 할 주의의무에 위반하였다고 볼 여지는 있으나, 원고가 이 사건에서 배상을 청구하는 손해는 이 사건 창업승인으로 인하여 지출한 창업비용 상당의 손해이지 이 사건 건축허가로 인하여 그 공장건축을 위하여 지출한 비용 상당의 손해배상을 청구하고 있지는 아니하고 있고(원고는 이 사건 공장건물 및 그 부지에 대하여는 한국도로공사로부터 보상금을 수령하였다), 위 창업비용 상당의 손해를 이 사건 건축허가로 인한 손해라고 볼 수는 없으므로, 피고 공무원이 이 사건 건축허가와 관련하여 위와 같은 주의의무를 위반하였다고 하더라도 원고의 이 사건 손해배상청구를 받아들일 수 없다는 결론에는 영향이 없다. 〈해설〉 (1) 원심은 그 인정 사실을 기초로, 원고에게 구 중소기업창업지원법(1995. 11. 22. 법률 제4978호로 개정되기 전의 것, 이하 같다.) 제21조에 의한 이 사건 사업계획승인(이하 '창업승인'이라고 한다) 및 건축법에 의한 건축허가를 하여 준 피고의 담당 공무원은 당시 그 공장부지 부근 토지에 제21호 고속국도 '천안－논산선'(이에 대한 노선지정은 창업승인 이후, 건축허가 이전인 1996. 7. 1.에, 도로구역결정고시는 이 사건 창업승인 및 건축허가 이후인 1997. 8. 1. 각 되었다)의 건설이 계획되어 있었던 사실을 알고 있었으므로 그 이전에 원심 공동피고 한국도로공사로부터 교부받은 위 고속국도의 노선도(을 제45호증의 2)를 참조하여야 할 뿐 아니라, 다른 중소기업 창업승인신청의 경우와 같이 한국도로공사에 공식으로 문의를 하여 이 사건 공장부지가 위 고속국도 건설계획에 저촉되는지 여부를 확실하게 알아본 후에 창업승인을 하여야 함에도 이를 게을리 한 채, 그 저촉 여부를 확실하게 알 수도 없는 축척 1:200,000의 환경영향평가서에 들어 있는 개략노선도와 위 고속국도와는 아무런 관련이 없는 주식회사 대우건설이 작성한 노선도만을 기초로 이 사건 공장부지가 위 고속국도 건설계획에 저촉되지 않는다고 성급하게 판단한 과실로 이 사건 창업승인을 하였고, 또한, 건축허가를 할 때에도 이미 창업승인이 이루어졌음을 이유로 별도의 협의를 거치지 않고, 한국도로공사에 문의하거나 위 고속국도건설계획 부지에 저촉되는지의 여부를 다시 확인함이 없이 한국도로공사 직원으로부터 비공식적으로 교부받은 것으로서 부본이나 사본의 표시도 없는 도면만을 기초로 삼았던 과실이 있으므로, 피고(천안시)는 이 사건 창업승인으로 인하여 그 이후 원고가 지출한 창업비용과 기계제작비 손해를 배상할 의무가 있다고 판단하였다. (2) 대법원은 다음과 같이 판시하였다: 수익적 행정행위인 이 사건 창업승인과 관련한 피고의 위법행위 여부에 관하여 보건대, 앞에서 본 바와 같은 창업승인의 효과에 비추어 창업승인은 중소기업의 창업을 용이하게 하여 주기 위한 것으로서, 중소기업의 창업을 위하여 반드시 창업승인을 받아야 하는 것은 아니고 개별 법률이 정하는 요건을 갖추어 창업할 수도 있는 점, 구 중소기업창업지원법시행령 제27조 및 위 법 제21조 제3항에 의하여 작성된 창업승인업무처리지침에 의하면 창업승인을 받은 사업계획은 승인을 받아 변경할 수 있고, 사업계획의 변경에는 공장부지의 변경도 포함되므로 창업승인을 받은 공장부지 위의 공장건축이 장차 도로 개설과 같은 사유로 인하여 불가능하게 될 수 있다고 하더라도 그 창업승인 및 이에 따른 창업준비활동이 신청인에게 무익한 것이라고 단정하기 어려운 점, 원심판결 이유에 의하더라도 이 사건 창업승인 당시 위 고속국도는 도로구역이 결정되기 전의 계획단계에 불과한 것으로서, 아직 그 계획부지에 대한 창업승인이나 건축 등이 법적으로 제한된 것으로 볼 수는 없는 점, 위 법 제22조의 규정으로 보아 창업승인이 이루어지더라도 공장건축을 하기 위하여는 별도로 건축허가를 받아야 하는 점 등을 종합적으로 고려하면, 이 사건 창업승인을 한 피고의 담당 공무원에게 그 신청인인 원고의 이익을 위하여 이를 거부할 의무 또는 원고가 창업승인을 신청한 공장부지를 변경하게 될 경우 입을지도 모를 손해를 입지 않도록 그 공장부지가 위 고속국도의 계획부지에 저촉되는지 여부를 확인하여 알려줄 의무가 있었다거나 이 사건 창업승인으로 인하여 원고가 그 계획부지에 공장이 건축될 것이라는 신뢰를 가지게 하였다고 보기는 어렵다고 할 것이다(즉 창업승인행위가 위법하다고 할 수 없다)(다만, 기록과 원심판결 이유에 의하여 알 수 있는 이 사건 건축허가 당시는 이미 위 고속국도의 노선지정사항을 포함한 고속국도노선지정령중개정령이 관보에 게시되었던 점, 이 사건 건축허가 이후 위 고속국도의 건설이나 이 사건 공장건축과 관련하여 특별한 사정의 변경이 없었음에도 피고는 1996. 12. 5.경 원고에게 이 사건 공장부지가 위 고속국도의 부지에 저촉된다는 이유로 그 공장건축공사의 중지를 명한 점 등에 비추어 보면, 이 사건 건축허가를 한 피고의 담당공무원으로서는 이 사건 공장부지에 대하여 공장건축허가를 하여 주더라도 장차 위 고속국도의 건설로 인하여 위 공장부지에 건축한 공장을 철거할 가능성이 있다는 사정을 알려 줌으로써 원고로 하여금 위 건축허가에 따른 건축행위 등으로 인한 손해를 입지 않도록 할 주의의무에 위반하였다고 볼 여지는 있으나, 원고가 이 사건에서 배상을 청구하는 손해는 이 사건 창업승인으로 인하여 지출한 창업비용 상당의 손해이지 이 사건 건축허가로 인하여 그 공장건축을 위하여 지출한 비용 상당의 손해배상을 청구하고 있지는 아니하고 있고(원고는 이 사건 공장건물 및 그 부지에 대하여는 한국도로공사로부터 보상금을 수령하였다), 위 창업비용 상당의 손해를 이 사건 건축허가로 인한 손해라고 볼 수는 없으므로, 피고 공무원이 이 사건 건축허가와 관련하여 위와 같은 주의의무를 위반하였다고 하더라도 원고의 이 사건 손해배상청구를 받아들일 수 없다는 결론에는 영향이 없다).

판례2 [1] 수익적 행정처분인 허가 등을 신청한 사안에서 행정처분을 통하여 달성하고자 하는 신청인의 목적 등을 자세하게 살펴 목적 달성에 필요한 안내나 배려 등을 하지 않았다는 사정만으로 직무집행에 있어 위법한 행위를 한 것이라고 보아서는 아니 된다. [2] 원고 甲회사가 개발제한구역 내에 있는 하천부지에 대한 점용허가만을 받은 상태에서 개발행위 허가를 따로 받지 않고 컨테이너를 설치하여 하천점용허가가 취소된 경우 원고가 처음부터 하천점용허가가 의제되는 개발행위허가신청을 하거나 하천점용허가와는 별도로 개발행위허가신청을 하고 그 결과에 따라 후속행위를 하였어야 하는데도 하천점용허가만을 받은 상태에서 개발행위허가 없이 컨테이너를 설치한 잘못이 있고, 그 때문에 하천점용허가가 취소됨으로써 컨테이너 설치비용 상당의 손해를 입게 되었으므로, 甲 회사가 입은 손해는 甲 회사 스스로의 잘못에 기인한 것이어서 乙 지방자치단체 소속 담당 공무원의 행위와 甲 회사의 손해발생 사이에 상당인과관계가 있다고 보기 어렵고, 또한 乙 지방자치단체 소속 담당 공무원이 甲 회사의 허가신청에 따라 하천점용허가를 하면서 하천점용허가의 요건이 갖추어졌는지만을 살펴보고 나아가 하천부지가 개발제한구역에 속하는지 등을 미리 파악하여 관련 부서와 협의를 거친 다음 하천점용허가 여부를 결정하거나 하천부지가 개발제한구역으로서 시설물 설치에 개발행위허가가 필요하다는 점 등을 甲 회사에 따로 알려주지 않은 채 하천점용허가를 하였더라도, 이러한 乙 지방자치단체 소속 담당 공무원의 행위를 위법한 행위라고 볼 수는 없다고 한 사례(대판 2017. 6. 29, 2017다211726).

4. 행정소송법상의 위법과 국가배상법상의 위법과 과실

(1) 위법의 인정영역

국가배상소송상의 위법이 문제되는 범위는 항고소송상 위법이 문제되는 범위보다 넓다. 즉, 항고소송에서의 위법판단은 행정처분(권력적 사실행위 포함)에 한정되는 반면에, 국가배상청구소송에서의 위법은 모든 공권력 행사(비권력적 공행정작용, 입법작용, 사법작용 포함)에 대하여 행하여진다. 그리고, 항고소송에서의 부작위의 위법은 신청을 전제로 한 응답의무 위반을 의미하지만, 국가배상에서의 부작위의 위법은 신청을 전제로 하지 않고, 특정한 내용의 작위의무의 위반을 의미한다.

그리고 권력적 사실행위가 항고소송의 대상이 될 수 있다 할지라도 항고소송의 요건으로 소의 이익이 요구되므로 권력적 사실행위의 위법성이 항고소송에서 다투어지는 것은 예외적인 경우(계속적 성질을 갖는 권력적 사실행위의 경우)에 한정된다. 이에 반하여 국가배상소송에서는 법률행위보다도 사실행위에 의한 손해의 배상이 보다 빈번히 문제된다.

또한, 국가배상소송에서는 공권력 행사 자체의 위법뿐만 아니라 행위의 태양(수단 또는 방법)의 위법이 또한 문제가 된다.

(2) 국가배상법상의 위법과 항고소송의 위법의 이동(異同)과 취소소송판결의 국가배상소송에 대한 기판력 [2010 사시, 2013 행정(일반), 2024 행시, 2015 변시, 2018 변시 사례]

취소판결에 의해 인정된 처분의 위법성에 대한 기판력이 국가배상소송에서 가해행위인 해당 처분의 위법성 판단에 미치는가 하는 것이 문제된다.

1) 부 정 설

결과불법설 또는 상대적 위법성설에 따르는 경우에는 국가배상소송에서의 위법은 항고소송에서의 위법에 대하여 독자적인 개념이 된다. 따라서 취소소송 판결의 기판력이 당연히 국가배상소송에 미치게 되는 것은 아니다.

2) 긍 정 설

행위위법설을 따르는 경우에는 국가배상법상의 위법성을 항고소송에서의 위법과 달리 볼 아무런 근거가 없고, 따라서 동일한 행위의 위법이 문제되는 경우 취소소송 판결의 기판력은 당연히 국가배상소송에 미친다.

3) 판 례

판례는 동일한 행위의 위법이 문제되는 경우 행위위법설을 취하는 경우에는 취소소송판결의 기판력이 국가배상소송에 미친다고 보고, 상대적 위법성설을 취하는 경우에는 미치지 않는다고 본다.

판례 어떠한 행정처분이 후에 항고소송에서 취소된 경우 국가배상책임의 성립요건과 판단기준: 행정처분이 후에 항고소송에서 위법하다고 판단되어 취소되더라도 그것만으로는 그 행정처분이 공무원의 고의나 과실에 의한 불법행위라고 단정할 수 없지만, 그러한 행정처분이 보통 일반의 공무원을 표준으로 하여 볼 때 담당 공무원이 객관적 주의의무를 소홀히 함으로써 객관적 정당성을 상실하게 된 경우라고 볼 수 있는 경우에는 공무원의 과실에 의한 불법행위가 성립한다고 할 것이므로 국가배상법 제 2 조 소정의 국가배상책임이 있다. 이때 행정처분이 객관적 정당성을 상실하였는지 여부는 그 행위의 태양과 목적, 피해자의 관여 여부 및 관여의 정도, 침해된 이익의 종류와 손해의 정도 등 여러 사정을 종합하여 판단하되, 손해의 전보책임을 국가 또는 지방자치단체가 부담할 만한 실질적 이유가 있는

지도 살펴보아야 한다(대판 2012. 5. 24, 2011다8539). 〈해설〉 객관적 정당성을 상실한 것을 위법으로 보고 있는 것으로 보인다.

4) 결어(개별적 판단설)

항고소송에서의 위법성 인정의 기판력은 항고소송의 위법과 국가배상의 위법이 동일한 한에서 국가배상청구소송에서의 위법성 판단에 미치지만, 과실판단에는 미치지 않는다. 위법이 동일하기 위하여는 위법의 대상이 되는 행위와 위법의 기준 및 내용이 동일하여야 한다.

> **판례** 개간허가 취소처분이 후에 행정심판 또는 행정소송에서 취소되었으나 담당공무원에게 객관적 주의의무를 결한 직무집행상의 과실이 없다는 이유로 국가배상책임을 부인한 사례(대판 2000. 5. 12, 99다70600).

ⅰ) 국가배상소송에서 처분 자체의 위법이 문제된 경우에는 항고소송 판결의 기판력이 당연히 미친다.

ⅱ) 위법 판단의 대상이 다른 경우 당연히 기판력이 미치지 않는다. 공무원의 직무상 손해방지의무 위반으로서의 위법, 즉 행위의 태양의 위법이 문제되는 경우에는 항고소송상의 위법과 판단의 대상과 내용을 달리 하므로 항고소송판결의 기판력이 이 경우에는 미치지 않는다.

ⅲ) 상대적 위법성설을 취하는 경우 위법의 기준과 내용이 다르므로 취소판결의 기판력이 미치지 않는다.

ⅳ) 가해행위인 처분에 대해 취소판결이 내려진 경우에도 취소판결의 기판력은 불법행위의 인정에는 미치지 않는다. 왜냐하면 불법행위가 인정되기 위하여는 가해행위가 위법할 뿐만 아니라 고의 또는 과실이 있어야 하기 때문이다(대판 2007. 5. 10, 2005다31828). 따라서, 어떠한 행정처분이 항고소송에서 취소되었다고 할지라도 그 기판력으로 곧바로 국가배상책임이 인정될 수는 없다(대판 2022. 4. 28, 2017다233061).

> **판례** 어떠한 행정처분이 후에 항고소송에서 취소된 사실만으로 당해 행정처분이 곧바로 공무원의 고의 또는 과실로 인한 것으로서 불법행위를 구성한다고 단정할 수 있는지 여부(소극) 및 이 경우 국가배상책임의 성립 요건과 그 판단 기준: 어떠한 행정처분이 후에 항고소송에서 취소되었다고 할지라도 그 기판력에 의하여 당해 행정처분이 곧바로 공무원의 고의 또는 과실로 인한 것으로서 불법행위를 구성한다고 단정할 수는 없는 것이고, 그 행정처분의 담당공무원이 보통 일반의 공무원을 표준으로 하여 볼 때 객관적 주의의무를 결하여 그 행정처분이 객관적 정당성을 상실하였다고 인정될 정도에 이른 경우에 국가배상법 제 2 조 소정의 국가배상책임의 요건을 충족하였다고 봄이 상당할 것이며, 이 때에 객관적 정당성을 상실하였는지 여부는 피침해이익의 종류 및 성질, 침해행위가 되는 행정처분의 태양 및 그 원인, 행정처분의 발동에 대한 피해자측의 관여의 유무, 정도 및 손해의 정도 등 제반 사정을 종

합하여 손해의 전보책임을 국가 또는 지방자치단체에 부담시켜야 할실질적인 이유가 있는지 여부에 의하여 판단하여야 한다(대판 2000. 5. 12, 99다70600: 개간허가 취소처분 이후에 행정심판 또는 행정소송에서 취소되었으나 담당공무원에게 객관적 주의의무를 결한 직무집행상의 과실이 없다는 이유로 국가배상책임을 부인한 사례; 대판 2004. 6. 11, 2002다31018 등 참조). 〈해설〉취소판결의 기판력은 처분이 위법하다는 것에만 미치며 공무원의 고의 또는 과실에는 미치지 않는다. 그런데, 국가배상책임이 인정되기 위하여는 가해처분이 위법하여야 할 뿐만 아니라 공무원에게 고의 또는 과실이 있어야 한다.

V. 고의 또는 과실

1. 과실 개념

(1) 주관설과 과실개념의 객관화

주관설은 과실을 '당해 직무를 담당하는 평균적 공무원이 통상 갖추어야 할 주의의무를 해태한 것'으로 본다. 주관설의 논거는 국가배상법이 국가배상법상 과실을 '공무원의 과실'로 규정하고 있다는 데 있다.

판례도 주관설을 취하고 있다.

판례1 "공무원의 직무집행상의 과실이라 함은 공무원이 그 직무를 수행함에 있어 당해 직무를 담당하는 평균인이 보통(통상) 갖추어야 할 주의의무를 게을리한 것을 말하는 것"이다(대판 1987. 9. 22, 87다카1164).

판례2 아파트 신축사업을 계획하고 토지를 매수한 다음 乙 지방자치단체와 협의하여 사업계획 승인신청을 하였고, 수개월에 걸쳐 乙 지방자치단체의 보완 요청에 응하여 사업계획 승인에 필요한 요건을 갖추었는데, 乙 지방자치단체의 장이 위 사업계획에 관하여 부정적인 의견을 제시한 후, 乙 지방자치단체가 甲 회사에 주변 경관 등을 이유로 사업계획 불승인처분을 한 사안에서, 乙 지방자치단체의 담당 공무원이 경관 훼손 여부를 검토하기 위해 수행한 업무는 현장실사를 나가 사진을 촬영하여 분석자료를 작성한 것이 전부이고, 그 분석자료의 내용이 실제에 부합하는 방식으로 작성되었다고 볼 수 없는 등 위 불승인처분은 경관 훼손에 관한 객관적인 검토를 거치지 않은 채 이루어진 것으로 볼 수 있고, 사업계획 승인 업무의 진행경과, 위 사업의 규모와 경관 훼손 여부를 판단하기 위한 합리적이고 신중한 검토 필요성 등에 비추어, 담당 공무원의 업무 수행은 보통 일반의 공무원을 표준으로 하여 볼 때 객관적 주의의무를 소홀히 한 것이므로, 乙 지방자치단체의 국가배상책임이 인정된다고 볼 여지가 있는데도, 이와 달리 본 원심판결에 법리오해 등의 잘못이 있다고 한 사례(대판 2021. 6. 30, 2017다249219).

판례3 **구조의무와 관련한 공무원의 과실 판단 기준:** 불법어로행위자가 단속반의 추적을 피해 해상도주를 하다 배가 좌초되어 바다로 추락·사망하였는데 단속공무원들이 구조의무 등을 위반하였다는 이유로 그 유족이 국가배상을 청구한 사안에서, 당시 구조와 관련된 단속공무원들의 결정이 결과론적·사후적 관점에서 최선이 아니었다고 하더라도 사고 당시를 기준으로 전혀 합리성이 없다거나 평균인이 통상 갖추어야 할 주의의무를 게을리 한 잘못이 있다고 쉽게 단정할 수는 없다고 본 사례(대판 2021. 6. 10, 2017다286874).

그런데, 주관설은 통상 피해자 구제의 관점에서 과실 개념을 객관화하고자 노력하고 있다(객관적 주관설). 즉, ① 국가배상법상의 과실은 당해 가해공무원의 주의능력을 기준으로 하여 판단되지 않고, 당해 직무를 담당하는 평균적 공무원의 주의능력을 기준으로 판단되는 추상적 과실을 의미한다. ② 또한, 그 위반이 과실로 되는 공무원의 주의의무는 당해 직무를 담당하는 평균적 공무원이 당해 직무의 수행을 위하여 통상(즉 사회통념상) 갖추어야 할 주의의무이다. ③ 그리고, 가해행위가 공무원의 행위에 의한 것으로 보여지는 한 가해공무원의 특정은 필요하지 않다. 하급심 판례이기는 하지만 '경찰측의 과실'이라는 일종의 '조직체의 과실'을 묻는 판례가 있다(서울고법 1986. 12. 16, 86나2786: 경찰측의 불발최루탄을 수거할 주의의무 위반으로서의 '경찰측의 과실'을 인정하고 있음). 불특정 다수 공무원의 '집단과실'을 묻는 대법원 판례도 있다.

> **판례** [긴급조치 제 9 호 위반으로 면소판결을 받은 원고가 국가배상을 구하는 사건]: 긴급조치 제 9 호는 위헌·무효임이 명백하고 긴급조치 제 9 호 발령으로 인한 국민의 기본권 침해는 그에 따른 강제수사와 공소제기, 유죄판결의 선고를 통하여 현실화되었다. 이러한 경우 긴급조치 제 9 호의 발령부터 적용·집행에 이르는 일련의 국가작용은 전체적으로 보아 공무원이 직무를 집행하면서 객관적 주의의무를 소홀히 하여 (과실이 인정되고), 그 직무행위가 객관적 정당성을 상실한 것으로서 위법하다고 평가되고, 긴급조치 제 9 호의 적용·집행으로 강제수사를 받거나 유죄판결을 선고받고 복역함으로써 개별 국민이 입은 손해에 대해서는 국가배상책임이 인정될 수 있다(대법원 2022. 8. 30. 선고 2018다212610 전원합의체 판결 참조)(대판 2023. 1. 12, 2020다210976; 대판 2023. 1. 12, 2021다201184). 〈해설〉 국가배상책임의 성립에 개별 공무원의 구체적인 직무집행행위의 특정과 그에 대한 공무원의 고의 또는 과실이 개별적·구체적으로 엄격히 요구되지 않고, 일련의 직무집행에서의 고의 또는 과실이 인정되어도 된다고 한 점에서 이 판례의 의의가 있다.

(2) 객 관 설

객관설은 국가배상법상의 과실을 객관적으로 파악하여 '국가작용의 흠'으로 본다.

객관설의 논거는 다음과 같다. ① 국가배상법상 요구되는 '공무원의 과실'을 '국가작용의 하자'의 표현으로 해석하는 것이 행정의 현실에 부합한다. 즉, 공무원은 통상 개인의 자격으로 행동하는 것이 아니고 '공무수행자' 또는 기관으로서 활동하므로 공무원의 과실을 '국가작용의 흠'의 표현으로 보는 것이 타당하다. ② 객관설에 의하면 위법하면 과실을 인정할 수 있으므로 주관설보다 피해자구제의 측면에서 바람직하다.

(3) 결   어

공무원은 통상 행정기관으로서 활동하고, 피해자구제를 위해 가능한 한 위법·무과실을 배제하는 것이 타당하므로 객관설이 타당하다.

2. 과실의 입증책임

통설·판례에 의하면 과실의 입증책임은 민법상 불법행위책임에서와 마찬가지로 피해자인 국민에게 있다. 다만, 공무원의 고의 또는 과실이 사실상 추정되는 경우가 있다.

> **판례** 구 국세징수법(2011. 4. 4. 법률 제10527호로 개정되기 전의 것) 제24조 제 2 항과 같이 국세가 확정되기 전에 보전압류를 한 후 보전압류에 의하여 징수하려는 국세의 전부 또는 일부가 확정되지 못하였다면 보전압류로 인하여 납세자가 입은 손해에 대하여 특별한 반증이 없는 한 과세관청의 담당 공무원에게 고의 또는 과실이 있다고 사실상 추정되므로, 국가는 부당한 보전압류로 인한 손해를 배상할 책임이 있다. 이러한 법리는 보전압류 후 과세처분에 의해 일단 국세가 확정되었으나 과세처분이 취소되어 결국 국세의 전부 또는 일부가 확정되지 못한 경우에도 마찬가지로 적용된다(대판 2015. 10. 29, 2013다209534).

VI. 위법과 과실의 관계

1. 위법·무과실의 문제

현행 국가배상법에 의하면 국가배상책임이 성립하기 위하여는 공무원의 가해행위가 위법할 뿐만 아니라 그것이 공무원의 고의 또는 과실에 의한 것이어야 하므로 과실을 판례의 입장인 주관설에 따라 공무원의 주의의무 위반으로 보는 한 위법하지만 과실이 없는 경우가 있게 되고, 이 경우에는 국가배상책임이 성립하지 않는다.

과실을 객관적으로 국가작용의 흠으로 보면 위법하면 과실을 인정할 수 있으므로 위법·무과실의 문제는 제기되지 않는다.

2. 위법·무과실의 예

판례가 '위법·무과실(違法·無過失)'을 이유로 국가배상책임을 부인한 예는 다음과 같다.

(1) 공무원의 법령의 해석·적용상의 잘못 [2004 사시 약술]

1) 원칙상 인정

공무원의 법령의 해석·적용상의 잘못이 있으면 원칙상 과실이 인정된다. 왜냐하면, 공무원은 직무상 필요한 법령지식을 갖추고 있어야 하기 때문이다.

> **판례1** "법령에 대한 해석이 복잡 미묘하여 워낙 어렵고 이에 대한 학설, 판례조차 귀일되어 있지 않다는 등의 특별한 사정이 없는 한 일반적으로 공무원이 관계법규를 알지 못하였다거나 필요한 지식을 갖추지 못하여 법규의 해석을 그르쳐 어떤 행정처분을 하였다면 그가 법률전문가가 아닌 행정직공무원이라고 하여 이에 관한 과실이 없다고 할 수 없을 것"이다(대판 1981. 8. 25, 80다1598 2001. 2. 9, 98다52988).

> **판례2** 행정청이 관계 법령의 해석이 확립되기 전에 어느 한 견해를 취하여 업무를 처리한 것이 결과적으로 위법하게 되어 그 법령의 부당집행이라는 결과를 빚었다고 하더라도 처분 당시 그와 같은 처리방법 이상의 것을 성실한 평균적 공무원에게 기대하기 어려웠던 경우라면 특별한 사정이 없는 한 이를 두고 공무원의 과실로 인한 것이라고 볼 수는 없다 할 것이지만, 대법원의 판단으로 관계 법령의 해석이 확립되고 이어 상급 행정기관 내지 유관 행정부서로부터 시달된 업무지침이나 업무연락 등을

통하여 이를 충분히 인식할 수 있게 된 상태에서, 확립된 법령의 해석에 어긋나는 견해를 고집하여 계속하여 위법한 행정처분을 하거나 이에 준하는 행위로 평가될 수 있는 불이익을 처분상대방에게 주게 된다면, 이는 그 공무원의 고의 또는 과실로 인한 것이 되어 그 손해를 배상할 책임이 있다(대판 2007. 5. 10, 2005다31828: 부담금은, 유사 사례에서 부담금부과처분의 위법이 대법원판결에 의하여 거듭 확인되고 이에 따라 위와 같은 법무부 지침이 피고 소속 담당공무원에게도 전달된 상황에서 납부된 것이며, 이 사건 처분이 부담금의 납부를 내용으로 하는 침익적 행정처분으로서 이미 14회분의 분납금이 납부된 상황에서 마지막 1회분 분납금의 미납부로 말미암아 행정법관계의 법적 안정성이 침해될 우려가 있다고는 볼 수 없으므로, 이러한 상황 아래에서라면 피고 소속 담당공무원으로서는 이미 납부된 부담금의 반환문제까지 수반하는 부과처분 직권취소의 조치를 취하지 않는다 하더라도, 그 때까지 납부기한이 도래하지 않은 분납금에 관해서는 이를 수납하지 않거나 징수절차에 나아가지 않는 등의 권리구제적 조치를 통하여 장래를 향한 위법한 행정작용을 중지 내지 회피하여야 할 책무가 있음에도 이를 다하지 않은 과실이 있다고 한 사례).

판례3 수사기관이 법령에 의하지 않고는 변호인의 접견교통권을 제한할 수 없다는 것은 대법원이 오래전부터 선언해 온 확고한 법리로서 변호인의 접견신청에 대하여 허용 여부를 결정하는 수사기관으로서는 마땅히 이를 숙지해야 한다. 이러한 법리에 반하여 변호인의 접견신청을 허용하지 않고 변호인의 접견교통권을 침해한 경우에는 접견 불허결정을 한 공무원에게 고의나 과실이 있다고 볼 수 있다(대판 2018. 12. 27, 2016다266736).

판례4 위헌·무효임이 명백한 긴급조치 제9호의 발령부터 적용·집행에 이르는 수사, 재판 등 일련의 국가작용으로 인한 손해에 대해 국가배상책임이 인정된다고 한 사례(대판 전원합의체, 2022. 8. 30, 22018다212610; 대판 2022. 8. 31, 2019다298482).

2) 예외적 부정

예외적으로 법령의 해석이 명백하지 않고, 이에 대한 판례도 없고, 학설도 명확하지 않은 경우 관계 공무원이 전문가의 자문을 구하는 등 해당 법령을 신중하게 해석·적용한 경우에는 법령의 해석·적용상에 잘못이 있다 하더라도 과실을 인정할 수 없는 경우도 있다.

판례1 [1] 법령 해석에 여러 견해가 있어 관계 공무원이 그 나름대로 신중을 다하여 합리적인 근거를 찾아 그 중 어느 한 견해를 따라 직무를 집행하였으나 결과적으로 법령의 부당집행이 된 경우, 당해 공무원의 과실을 인정할 수 있는지 여부(소극): 일반적으로 공무원이 직무를 집행함에 있어서 관계 법규를 알지 못하거나 필요한 지식을 갖추지 못하여 법규의 해석을 그르쳐 잘못된 행정처분을 하였다면 그가 법률전문가가 아닌 행정직 공무원이라고 하여 과실이 없다고 할 수 없으나, 법령에 대한 해석이 그 문언 자체만으로는 명백하지 아니하여 여러 견해가 있을 수 있는 데다가 이에 대한 선례나 학설, 판례 등도 귀일된 바 없어 의의(疑義)가 없을 수 없는 경우에 관계 공무원이 그 나름대로 신중을 다하여 합리적인 근거를 찾아 그 중 어느 한 견해를 따라 내린 해석이 후에 대법원이 내린 입장과 같지 않아 결과적으로 잘못된 해석에 돌아가고, 이에 따른 처리가 역시 결과적으로 위법하게 되어 그 법령의 부당집행이라는 결과를 가져오게 되었다고 하더라도 그와 같은 처리방법 이상의 것을 성실한 평균적 공무원에게 기대하기는 어려운 일이고, 따라서 이러한 경우에까지 공무원의 과실을 인정할 수는 없다. [2] 구 축산물가공처리법령에서 규정하는 시설기준을 갖추어 축산물판매업 신고를 한 경우, 행정관청은 당연히 그 신고를 수리하여야 하는데, 담당공무원이 위 법령상의 시설기준이 아닌 사유로 그 신고 수리를 할 수 없다는 통보를 하고 미신고 영업으로 고발할 수 있다는 통지를 한 것은 위법한 직무집행이지만, 담당공무원이 같은 장소에 대하여 사업자를 달리하는 축산물판매업 중복신고는 허용되지 않는다고 축산물가공처리법령을 해석·적용한 결과 기존 영업자가 휴업신고만 하고 폐업신고를 하

지 않았음을 이유로 신규 영업신고를 수리하지 않은 사안에서, 담당공무원의 과실을 인정할 수 없다고
한 사례(대판 2010. 4. 29, 2009다97925).

판례2   대법원은 견해의 대립이 있는 법령해석의 잘못에 과실이 있었는지가 다투어진 사건에서 "법
령의 부지(不知)는 원칙적으로 변명이 되지 않지만, 법령의 해석이 미묘하여 통일된 학설이 없고 판례
도 확정되지 아니한 경우 신중한 태도로 어느 일설을 취하여 처분한 경우 결과적으로 그 처분이 법원
에서 위법한 것으로 판명되었다 하더라도 그것만으로는 과실책임을 인정할 수 없다"라고 판시하고 있
다(대판 1973. 10. 10, 72다2583). 또한, 행정청이 관계 법령의 해석이 확립되기 전에 어느 한 설을 취하
여 업무를 처리한 것이 결과적으로 위법하게 되었다고 하더라도 처분 당시 그와 같은 처리 방법 이상
의 것을 성실한 평균적 공무원에게 기대하기 어려웠던 경우라면 특단의 사정이 없는 한 공무원의 과실
을 인정할 수 없다고 보고 있다(대판 1999. 9. 17, 96다53413[손해배상(기)] 2001. 3. 13, 2000다20731[손
해배상 등]).

(2) 재량권의 일탈·남용 [2013 행시(일반)]

대법원 판결 중에는 재량권의 범위를 넘어 행정행위가 위법한 경우에도 당해 공무원
에게 직무상의 과실이 있다고 할 수 없다고 본 판결이 다수 있다.

공무원이 행정청의 내부기준인 재량권행사 기준에 따라 행정처분을 한 경우에는 재
량권의 범위를 넘어 행정행위가 위법한 경우에도 당해 공무원에게 직무상의 과실이 있다
고 할 수 없다(대판 1984. 7. 24, 84다카597). 다만, 재량준칙이 심히 합리적이지 못한 경우에
는 당해 재량준칙을 제정한 공무원의 과실을 인정하여 국가배상책임을 인정하여야 할 것
이다.

판례   식품의약품안전청장 등 관계공무원이 재량에 맡겨진 권한을 행사하지 않은 것이 직무상 의
무를 위반하여 위법한 것이 되고 과실이 있다고 인정되기 위한 요건: 구 식품위생법의 관련규정이 식
약청장 등에게 합리적인 재량에 따른 직무수행 권한을 부여한 것으로 해석된다고 하더라도, 식약청장
등에게 그러한 권한을 부여한 취지와 목적에 비추어 볼 때 구체적인 상황 아래에서 식약청장 등이 그
권한을 행사하지 아니한 것이 현저하게 합리성을 잃어 사회적 타당성이 없는 경우에는 직무상 의무를
위반한 것이 되어 위법하게 된다. 그리고 위와 같이 식약청장등이 그 권한을 행사하지 아니한 것이 직
무상 의무를 위반하여 위법한 것으로 되는 경우에는 특별한 사정이 없는 한 과실도 인정된다고 할 것
이다(대판 2010. 9. 9, 2008다77795: 어린이가 '미니컵 젤리'를 먹다가 질식사한 사안에서, 당시의 미니
컵 젤리에 대한 외국의 규제수준, 그 이전에 피고가 실시한 규제조치 등에 비추어 식품의약품안전청장
등 관계공무원으로서는 미니컵 젤리로 인한 질식의 위험을 인식하거나 예견하기 어려웠던 사정 등을
종합하면 식품의약품안전청장등이 미니컵 젤리의 수입·유통 등을 금지하거나 그 기준과 규격, 표시
등을 강화하고 그에 필요한 검사 등을 실시하지 아니하였다고 하여 이를 위법하다고 보기 어렵고, 과
실이 있다고 할 수도 없다고 한 사례).

(3) 위헌·위법인 법령 또는 행정규칙의 적용

위헌·위법인 법령을 집행하는 공권력 행사는 위법하나, 당해 법령을 적용한 공무원
에게 원칙상 과실이 있다고 보기 어렵다.

> **[판례]** 행정청의 유선업 경영신고 반려처분이 후에 항고소송에서 취소된 경우, 그 담당공무원들의
> 과실을 부인한 사례: 행정청의 유선업 경영신고에 대한 반려처분이 후에 항고소송에서 취소되었으나,
> 구 유선및도선업법시행령(1993. 12. 31. 대통령령 제14072호로 전문 개정되기 전의 것) 제 3 조 제 2 항
> 의 문언에 의하면, 유선업의 경영신고에 대하여 행정청이 그 타당성 여부에 대하여 실질적 검토를 할
> 수 있는 것처럼 규정되어 있어, 법률전문가가 아닌 행정공무원에게 위 시행령이 상위 법규에 위배되는
> 지 여부까지 사법적으로 심사하여 그 적용을 거부할 것을 기대하기는 매우 어렵다고 보아야 할 뿐만
> 아니라, 행정청이 항만시설의 관리청인 항만청에 유선업의 경영에 반드시 필요한 항만시설의 공동 사
> 용권자의 범위와 그 공동 사용 절차 등에 관한 질의를 하여 그 회신 결과를 토대로 전용사용권자의 공
> 동 사용 동의를 얻지 못한 유선업 경영신고를 수리하는 경우 이로 인하여 파생되는 문제점을 다각적으
> 로 검토한 끝에 반려처분을 한 점에 비추어 보면, 비록 행정청의 위 반려처분이 법원의 판단에 의하여
> 위법한 것으로 확정되었다 하더라도, 위 처분 당시 담당공무원들에게 그와 같은 처리 방법 이상의 것
> 을 기대하기 어려웠다 할 것이어서 그들에게 그 법령의 해석, 적용상의 주의의무를 다하지 아니한 과
> 실이 있다고 보기는 어렵다고 한 사례(대판 1999. 9. 17, 96다53413).

위헌·위법인 법령·행정규칙의 제정상 과실을 물을 수 있을 것이나 그 과실을 인정함
에 어려움이 있다.

> **[판례]** 위법·무효인 행정입법에 관여한 공무원의 불법행위 성립 여부에 관한 판단기준: 행정입법에
> 관여한 공무원이 입법 당시의 상황에서 다양한 요소를 고려하여 나름대로 합리적인 근거를 찾아 어느
> 하나의 견해에 따라 경과규정을 두는 등의 조치 없이 새 법령을 그대로 시행하거나 적용하였다면, 그
> 와 같은 공무원의 판단이 나중에 대법원이 내린 판단과 같지 아니하여 결과적으로 시행령 등이 신뢰보
> 호의 원칙 등에 위배되는 결과가 되었다고 하더라도, 이러한 경우에까지 국가배상법 제 2 조 제 1 항 소
> 정의 국가배상책임의 성립요건인 공무원의 과실이 있다고 할 수는 없다(대판 2013. 4. 26, 2011다
> 14428).

(4) 기   타

기타 국가시험출제의 잘못에 기인한 불합격처분으로 인한 손해에 대한 국가배상청구
소송에서 불합격처분이 취소된 경우에도 국가배상법상 과실을 인정하지 않은 판례가 있다
(대판 2003. 11. 27, 2001다33789 등).

Ⅶ. 손   해

공무원의 불법행위가 있더라도 손해가 발생하지 않으면 국가배상책임이 인정되지 않
는다.

국가배상책임으로서의 '손해'는 민법상 불법행위책임에 있어서의 그것과 다르지 않다.
다만, 순수한 반사적 이익의 침해만으로는 손해가 발생하였다고 할 수 없다.

예를 들면, 공익보호만을 목적으로 하는 엄격한 허가요건으로 인하여 기존업자가 받는 사실
상 독점적 이익은 반사적 이익에 불과하므로 위법한 영업허가가 행하여짐으로써 그 동안 누렸

던 사실상 독점적 이익을 상실하게 된 경우에 국가배상법상 손해를 입었다고 볼 수 없다는 이유로 국가배상책임을 인정하지 않을 수 있을 것이다.

불법행위를 이유로 배상하여야 할 손해는 현실로 입은 확실한 손해에 한한다(대판 2020. 10. 15, 2017다278446).

재량권의 일탈·남용의 경우 행정청의 적법한 재량권 행사로 가해행위와 동일한 내용의 처분을 할 수 있는 경우에는 특별한 사정이 없는 한 손해가 발생하였다고 할 수 없다.

절차적 권리의 침해로 배상할 손해가 발생할 수 있는지에 관하여 여러 견해가 대립하고 있다. ① 부정설: 절차상 권리가 침해되어 절차상 위법하더라고 절차상 위법한 공권력 행사가 실체상 적법하다면 절차를 시정하여 동일한 공권력 행사를 할 수 있으므로 손해가 발생하였다고 볼 수 없고, 절차상 위법한 공권력 행사가 실체상으로도 위법하다면 실체상 위법한 공권력 행사로 초래된 손해에 대한 배상청구를 하면 된다는 견해이다.

② 제한적 긍정설: 절차상 위법한 공권력 행사가 실체상 적법하더라도 절차적 참가가 있었다면 그 절차적 참가권자에게 그 공권력 행사의 실체적 내용 보다 유리한 다른 내용의 결정이 행해질 수 있는 경우(예를 들면, 공권력 행사가 적법하지만 부당한 경우)에는 절차상 위법한 공권력 행사로 손해가 발생한 것으로 볼 수 있고, 그 손해에 대한 국가배상이 인정될 수 있다는 견해이다.

③ 정신적 고통에 대한 위자료 인정설: 판례와 같이 절차상 참가권이 침해됨으로서 절차상 참가권자에게 정신적 고통이 인정될 수 있는 경우에는 그 정신적 고통에 대한 위자료를 청구하는 국가배상이 인정될 수 있다는 견해이다. 판례는 절차상 위법이 시정된 경우(절차상 하자를 시정하여 절차를 다시 진행한 경우, 종국적으로 행정처분 단계까지 이르지 않거나 처분을 직권으로 취소하거나 철회한 경우, 행정소송을 통하여 처분이 취소되거나 처분의 무효를 확인하는 판결이 확정된 경우)에는 원칙상 정신적 고통이 남아 있다고 할 수 없고, 정신적 고통이 남아 있다고 볼 특별상 사정이 있는 경우에 한하여 국가배상청구가 가능하다고 한다(대판 2021. 7. 29, 2015다221668).

> **판례 1** [주민들이 행정절차 참여권 등 침해를 이유로 지방자치단체에게 손해배상을 청구한 사건]
> (1) 국가나 지방자치단체가 공익사업을 시행하는 과정에서 관련 법령에서 정한 주민의견 수렴절차를 거치지 않았음을 이유로 주민들에게 정신적 손해를 배상할 책임을 부담하는지에 대한 판단기준: 법령에서 주민들의 행정절차 참여에 관하여 정하는 것은 어디까지나 주민들에게 자신의 의사와 이익을 반영할 기회를 보장하고 행정의 공정성, 투명성과 신뢰성을 확보하며 국민의 권익을 보호하기 위한 것일 뿐, 행정절차에 참여할 권리 그 자체가 사적 권리로서의 성질을 가지는 것은 아니다. 이와 같이 행정절차는 그 자체가 독립적으로 의미를 가지는 것이라기보다는 행정의 공정성과 적정성을 보장하는 공법적 수단으로서의 의미가 크므로, 관련 행정처분의 성립이나 무효·취소 여부 등을 따지지 않은 채 주민들이 일시적으로 행정절차에 참여할 권리를 침해받았다는 사정만으로 곧바로 국가나 지방자치단체가 주민들에게 정신적 손해에 대한 배상의무를 부담한다고 단정할 수 없다. 이와 같은 행정절차상 권리의 성격이나 내용 등에 비추어 볼 때, 국가나 지방자치단체가 행정절차를 진행하는 과정에서 주민들의 의

견제출 등 절차적 권리를 보장하지 않은 위법이 있다고 하더라도 그 후 이를 시정하여 절차를 다시 진행한 경우, 종국적으로 행정처분 단계까지 이르지 않거나 처분을 직권으로 취소하거나 철회한 경우, 행정소송을 통하여 처분이 취소되거나 처분의 무효를 확인하는 판결이 확정된 경우 등에는 주민들이 절차적 권리의 행사를 통하여 환경권이나 재산권 등 사적 이익을 보호하려던 목적이 실질적으로 달성된 것이므로 특별한 사정이 없는 한 절차적 권리 침해로 인한 정신적 고통에 대한 배상은 인정되지 않는다. 다만 이러한 조치로도 주민들의 절차적 권리 침해로 인한 정신적 고통이 여전히 남아 있다고 볼 특별한 사정이 있는 경우에 국가나 지방자치단체는 그 정신적 고통으로 인한 손해를 배상할 책임이 있다. 이때 특별한 사정이 있다는 사실에 대한 주장·증명책임은 이를 청구하는 주민들에게 있고, 특별한 사정이 있는지는 주민들에게 행정절차 참여권을 보장하는 취지, 행정절차 참여권이 침해된 경위와 정도, 해당 행정절차 대상사업의 시행경과 등을 종합적으로 고려해서 판단해야 한다. (2) 원고는 지방자치단체가 설치·운영하는 폐기물 매립장 인근에 거주하는 주민으로서, 지방자치단체가 폐기물 매립장을 설치하면서 관련 법령에서 정한 입지선정위원회 구성 등 주민의견 수렴절차를 거치지 않은 채 관련 서류를 위조하여 폐기물 매립장을 설치하였고 그 폐기물 매립장을 부실하게 운영하여 원고의 행정절차 참여권, 환경권 등을 침해하였음을 이유로 손해배상을 청구한 사안에서, 주민들의 행정절차 참여권 침해를 이유로 한 손해배상의 경우 행정절차를 이행하지 않았다는 사실만으로 곧바로 손해배상이 인정되는 것은 아니고, 관련 행정처분이 취소되는 등의 조치로도 주민들의 정신적 고통이 남아 있다고 볼 특별한 사정이 있는 경우에만 손해배상책임이 인정되는 것인데, 이 사건의 경우에는 특별한 사정의 존재 여부에 앞서 원고가 관련 행정절차가 진행될 당시 인근 지역 주민이었는지 여부가 심리·판단되지 않았는데도 피고의 손해배상책임을 인정한 원심판결에 법리오해와 심리미진의 잘못이 있다고 보아 파기환송한 사례(대판 2021. 7. 29, 2015다221668).

판례2 피고(한국전력공사)가 송전선로와 송전탑을 설치하면서 관련 법령에 따라 사업부지 인근 주민들의 의견수렴절차를 거치는 과정에서 주민들의 격심한 반대에 부딪히게 되어 해당 지역 주민들과의 협의과정을 통해서 위 사업부지를 변경하였으나 변경된 사업부지 인근 주민들의 의견을 별도로 청취하지는 않고 사업을 시행하자 변경된 사업부지 인근 주민들이 송전선로 설치사업의 위법성을 이유로 손해배상을 청구한 사안에서, 변경된 사업부지 주민들의 의견이 전혀 청취되지 않은 점, 관련 법령에서 주민의견수렴절차에 대하여 규정한 취지와 그 개정 경과 등에 비추어 볼 때 피고에게 위 변경된 사업부지 인근 주민들의 정신적 손해에 대한 배상책임이 있다고 한 사례(대판 2021. 8. 12, 2015다208320). 〈해설〉 배상책임자가 한국전력공사로서 국가나 지방자치단체가 아니고, 송전선로와 송전탑 설치는 사법상 행위이므로 국가배상청구사건이 아니라 민법상 손해배상청구사건이다.

④ 결어: 절차적 권리의 침해로 인한 손해배상은 손해배상의 일반 법리에 따라 절차적 권리의 침해로 손해배상의 대상이 되는 손해(현실로 입은 확실한 손해)가 발생한 경우에 한하여 인정하는 것이 타당하다(손해배상의 일반 법리설). 손해배상의 대상이 되는 손해의 발생 여부의 판단에 있어서 이해관계 있는 절차적 권리의 침해의 경우와 이해관계 없는(공익상 인정되는) 절차적 권리의 침해의 경우를 구별할 필요가 있다. 개인적 이해관계(법률상 또는 사실상 이해관계)가 없는 일반 국민이나 주민에게 인정되는 공익의 보호를 위한 절차적 참가권은 공익적 차원에서 민주시민에게 인정되는 권리이므로 그 절차적 참가권이 침해되더라도 손해배상의 대상이 되는 현실적 손해로서의 정신적 고통이 있는 것으로 보는 것은 타당하지 않다. 그리고 손해배상의 대상이 되는 손해는 개인적인 손해이어야 하므로 생태계 침해 등 환경침해, 공익으로서의 안전의 침해는 손해배상의 대상이 되는 손해라고 할 수 없다. 손해의 발생 여부의 판단에 있어서 절차적 권리가 이해관계

있는지 여부에서의 이해관계는 법률상 이해관계뿐만 아니라 사실상 이해관계도 포함시키는 것이 타당하다.

그리고, 위와 같은 판례에 대해서는 다음과 같은 비판이 가능하고, 판례는 다음과 같은 보완이 필요하다. ① 판례는 정신적 고통에 대한 손해배상만을 논하고 있다. 절차상 하자로 인해 재산적 손해가 발생한 경우의 손해배상에 대해서는 배상기준을 제시하지 않고 있다. 생각건대, 재산적 손해에 있어서는 절차의 하자를 시정하여 절차를 거치더라도 가행행위와 동일한 내용의 처분을 할 수 있는 경우(실체상 적법하고 부당하지도 않은 경우, 절차가 실체적 판단에 영향을 미칠 수 없는 경우 등)에는 원칙상 재산적 손해는 없는 것으로 보아야 한다. 이에 반하여 절차를 거쳤더라면 실체상 다른 내용의 처분을 하고 원고에게 그 재산상 피해가 발생하지 않았을 상당인과관계가 있는 경우에는 그 재산적 손해에 대해서도 배상책임을 인정하여야 한다. ② 판례는 "행정절차는 그 자체가 독립적으로 의미를 가지는 것이라기보다는 행정의 공정성과 적정성을 보장하는 공법적 수단으로서의 의미가 크므로, 관련 행정처분의 성립이나 무효·취소 여부 등을 따지지 않은 채 주민들이 일시적으로 행정절차에 참여할 권리를 침해받았다는 사정만으로 곧바로 국가나 지방자치단체가 주민들에게 정신적 손해에 대한 배상의무를 부담한다고 단정할 수 없다."고 하고 있다. 즉 판례는 행정절차의 독자적 의미를 인정하지 않고, 기본적으로 행정의 공정성과 적정성을 보장하는 공법적 수단으로서의 의미가 크다고 보면서 이를 손해배상의 제한적 사유로 보고 있다. 이러한 입장은 행정절차의 독자적 의미를 부정한다는 점에서 비판의 대상이 될 수 있다. ③ 판례는 사적 이해관계가 있는 자(이해관계인)에게 인정된 절차적 권리인지 이해관계인이 없는 자에게도 순수하게 공익적 목적으로 인정된 절차적 권리인지를 명확히 구분하지 않고 정신적 고통에 대한 배상의 기준을 제시하고 있다. 그러면서도 절차가 사적 이익을 보호하려는 목적을 가진 것으로 전제하고 있다. 그런데, 행정절차에는 이해관계인에게 인정되는 절차적 권리이외에 순수하게 공익목적만을 갖는 일반 주민 또는 국민에게 인정되는 절차적 권리도 있다. 또한, 절차적 권리에 대한 이해관계는 법률상인 경우도 있고 사실상인 경우도 있는데, 판례는 이를 명확하게 구별하지 않고 있다. 판례는 사적 이해관계 있는 절차적 권리에 한정되어 설시된 것으로 보아야 한다. 생각건대, 순수하게 공익목적으로 인정된 절차적 권리의 침해에 대해서는 원칙상 손해배상이 인정되지 않는다고 보아야 한다. 그리고 원고적격에서와 같이 법률상 이해관계가 있는지 사실상 이해관계만 있는지를 구별할 필요가 있는 경우도 있지만, 손해배상에 있어서 손해의 발생은 기본적으로 사실의 문제이므로 사실상 이해관계만 있는 절차적 권리 침해의 경우에도 판례의 배상기준을 적용하는 것이 타당하다.

국가배상법 제 2 조 제 1 항을 적용할 때 피해자가 손해를 입은 동시에 이익을 얻은 경우에는 손해배상액에서 그 이익에 상당하는 금액을 **빼야** 한다(국가배상법 제3조의2 제 1 항).

Ⅷ. 인과관계

공무원의 불법행위와 손해 사이에 인과관계가 있어야 한다. 국가배상에서의 인과관계는 민법상 불법행위책임에서의 그것과 동일하게 **상당인과관계**가 요구된다(대판 2009. 7. 23, 2006다87798).

다만, 판례는 직무상 의무의 사익보호성을 국가배상에서의 상당인과관계의 판단요소의 하나로 보고, 직무상 의무의 사익보호성이 없으면 불법행위와 손해 사이에 인과관계를 부정하고 국가배상책임을 인정하지 않는 경향이 있다(대판 2010. 9. 9, 2008다77795).

> **판례1**   **[1] 공무원의 직무상 의무 위반으로 국가배상책임이 인정되기 위한 요건:** 공무원이 고의 또는 과실로 그에게 부과된 직무상 의무를 위반하였을 경우라고 하더라도 국가는 그러한 직무상의 의무위반과 피해자가 입은 손해 사이에 상당인과관계가 인정되는 범위 내에서만 배상책임을 지는 것이고, 이 경우 상당인과관계가 인정되기 위하여는 공무원에게 부과된 직무상 의무의 내용이 단순히 공공 일반의 이익을 위한 것이거나 행정기관 내부의 질서를 규율하기 위한 것이 아니고 전적으로 또는 부수적으로 사회구성원 개인의 안전과 이익을 보호하기 위하여 설정된 것이어야 한다. [2] 구 식품위생법 제7조, 제9조, 제10조, 제16조가 사회구성원 개인의 안전과 이익을 보호하기 위한 규정이다(대판, 2010. 9. 9, 2008다77795).

> **판례2**   **[1]** 공무원이 직무를 수행하면서 근거되는 법령의 규정에 따라 구체적으로 의무를 부여받았어도 그것이 국민의 이익과는 관계없이 순전히 행정기관 내부의 질서를 유지하기 위한 것이거나, 또는 국민의 이익과 관련된 것이라도 직접 국민 개개인의 이익을 위한 것이 아니라 전체적으로 공공 일반의 이익을 도모하기 위한 것이라면 그 의무를 위반하여 국민에게 손해를 가하여도 국가 또는 지방자치단체는 배상책임을 부담하지 아니한다. 이때 공무원이 준수하여야 할 직무상 의무가 오로지 공공 일반의 전체적인 이익을 도모하기 위한 것에 불과한지 혹은 국민 개개인의 안전과 이익을 보호하기 위하여 설정된 것인지는 결국 근거 법령 전체의 기본적인 취지·목적과 그 의무를 부과하고 있는 개별 규정의 구체적 목적·내용 및 직무의 성질, 가해행위의 태양 및 피해의 정도 등의 제반 사정을 개별적·구체적으로 고려하여 판단하여야 한다. [2] 구 산업기술혁신 촉진법(2009. 1. 30. 법률 제9369호로 개정되기 전의 것) 제1조, 제3조, 제16조 제1항, 제17조 제1항 본문 및 구 산업기술혁신 촉진법 시행령(2009. 4. 30. 대통령령 제21461호로 개정되기 전의 것) 제23조, 제24조, 제25조, 제27조의 목적과 내용 등을 종합하여 보면, 위 법령이 공공기관에 부과한 신제품 인증을 받은 제품(이하 '인증신제품'이라 한다) 구매의무는 기업에 신기술개발제품의 판로를 확보하여 줌으로써 산업기술개발을 촉진하기 위한 국가적 지원책의 하나로 국민경제의 지속적인 발전과 국민의 삶의 질 향상이라는 공공일반의 이익을 도모하기 위한 것이고, 공공기관이 구매의무를 이행한 결과 신제품 인증을 받은 자가 재산상 이익을 얻게 되더라도 이는 반사적 이익에 불과할 뿐 위 법령이 보호하고자 하는 이익으로 보기는 어렵다. 따라서 공공기관이 위 법령에서 정한 인증신제품 구매의무를 위반하였다고 하더라도, 이를 이유로 신제품 인증을 받은 자에 대하여 국가배상법 제2조가 정한 배상책임이나 불법행위를 이유로 한 손해배상책임을 지는 것은 아니다(대판 2015. 5. 28, 2013다41431).

> **판례3**   금융감독원에 금융기관에 대한 검사·감독의무를 부과한 법령의 목적이 금융상품에 투자한 투자자 개인의 이익을 직접 보호하기 위한 것이라고 할 수 없으므로, 피고 금융감독원 및 그 직원들의 위법한 직무집행과 부산2저축은행의 후순위사채에 투자한 원고들이 입은 손해 사이에 상당인과관계가 있다고 보기 어렵다(대판 2015. 12. 23, 2015다210194). 〈해설〉 금융감독원의 금융기관에 대한 검사·감독의무의 해태로 인한 배상책임에 국가배상책임의 법리(국가배상책임에서 상당인과관계에 관한 법리)

를 적용하고 있는 점도 의미가 있다.

> **판례4**　[1] 직무상 의무 위반과 손해의 발생 사이에 상당인과관계가 있는지 판단하는 기준: 공무원에게 부과된 직무상 의무의 내용이 단순히 공공 일반의 이익을 위한 것이거나 행정기관 내부의 질서를 규율하기 위한 것이 아니고 전적으로 또는 부수적으로 사회구성원 개인의 안전과 이익을 보호하기 위하여 설정된 것이라면, 공무원이 그와 같은 직무상 의무를 위반함으로써 피해자가 입은 손해에 대해서는 상당인과관계가 인정되는 범위에서 국가가 배상책임을 진다. 이때 상당인과관계의 유무는 일반적인 결과 발생의 개연성은 물론 직무상 의무를 부과하는 법령을 비롯한 행동규범의 목적, 가해행위의 양태와 피해의 정도 등을 종합적으로 고려하여 판단하여야 한다. [2] 해양수산부 산하 어업관리단의 불법 어로행위 특별합동단속 중 甲 등이 승선하고 있던 선박이 단속정의 추적을 피해 도주하는 과정에서 암초와 충돌하였고, 인근에서 甲이 익사한 상태로 발견되었는데, 甲의 유족들이 단속정에 승선하고 있던 감독공무원들의 구조의무 위반 등을 주장하며 국가를 상대로 손해배상을 구한 사안에서, 감독공무원들에게 직무집행상 과실이 있다고 단정하기 어렵고, 이들의 행위와 甲의 사망 사이에 상당인과관계가 있다고 볼 수도 없다고 한 사례(대판 2021. 6. 10, 2017다286874).

이에 대하여, 국가배상책임의 요건으로 직무상 의무의 사익보호성을 요구하는 것은 국가배상책임을 부당하게 제한하는 것이고, 국가배상책임에서의 불법행위와 손해 사이의 인과관계는 일반 불법행위책임에서의 그것과 다를 하등의(정당한) 이유가 없으므로 국가배상책임의 요건으로 직무상 의무의 사익보호성을 요구하는 것은 타당하지 않다는 비판적 견해가 있고, 이 견해가 타당하다.

제 4 항　공무원의 배상책임 [2011 행시(재경직) 사례]

Ⅰ. 공무원의 피해자에 대한 배상책임(선택적 청구권) [2020 행시]

1. 인정여부

국가배상법 제 2 조의 요건을 충족하여 국가 또는 지방자치단체의 배상책임이 인정되는 경우에 피해자(被害者)는 불법행위를 행한 공무원에 대하여도 손해배상을 청구할 수 있는지에 관하여 학설은 대립하고 있다.

(1) 긍 정 설

긍정설의 논거는 다음과 같다.

① 국가배상책임을 국가의 자기책임으로 본다면, 국가의 책임과 공무원 개인의 책임은 독립하여 성립되는 것이므로 국가의 책임과 별도로 공무원의 책임을 인정하는 것이 논리적이다. 이는 위험책임설적 자기책임설을 취하는 경우에는 타당하나, 기관이론에 근거한 자기책임설을 취하는 경우에는 이러한 결론이 도출되지 않는다. ② 공무원의 피해자에 대한 배상책임을 부인하는 것은 공무원을 일반 사인에 비하여 부당하게 보호하는 것이 된다. ③ 정책적인 견지에서 볼 때 공무원의 피해자에 대한 직접책임을 부인하는 것은 공무

원의 책임의식을 박약하게 할 우려가 있다고 한다.

과거의 판례는 공무원의 피해자에 대한 배상책임을 인정하고 있었다(대판 1972. 10. 10, 69다701).

(2) 부 정 설

부정설의 논거는 다음과 같다. ① 국가배상책임을 대위책임으로 보는 견해에 의하면 공무원의 책임을 국가가 갈음하여 지는 것이므로 공무원의 피해자에 대한 직접책임을 인정하지 않는 것이 논리적이다. ② 정책적 견지에서 볼 때 공무원의 피해자인 국민에 대한 직접책임을 인정하게 되면 공무원의 직무집행을 위축시킬 우려가 있고, 피해자인 국민이 이를 남용할 우려가 있으며, 소송에 연루된 공무원은 직무수행에 전념할 수 없게 된다. ③ 공무원의 피해자에 대한 책임을 인정하지 않아도 국가는 무제한의 자력을 갖고 있으므로 피해자의 구제는 충분하다.

(3) 제한적 긍정설(절충설)

이 견해는 경과실의 경우에는 공무원의 행위는 공무원 개인의 행위가 아니고 기관행위로서 국가에 귀속되는 것이므로 공무원은 일체의 책임을 지지 않고, 고의 또는 중과실의 경우에는 공무원의 행위는 더 이상 행정기관의 행위로 볼 수 없으므로 이에 대하여는 공무원 개인의 책임을 져야 한다고 본다. 또한, 제한적 긍정설은 정책적 견지에서 공무원의 책임의식의 확보와 공무의 원활한 수행을 조화시킬 수 있다고 주장한다.

(4) 판례의 입장

판례는 제한적 긍정설(절충설)을 취하고 있다. 국가 등이 국가배상책임을 부담하는 외에 공무원 개인도 고의 또는 중과실이 있는 경우에는 피해자에 대하여 그로 인한 손해배상책임을 부담하고, 가해공무원 개인에게 경과실만이 인정되는 경우에는 공무원 개인은 손해배상책임을 부담하지 아니한다고 보고 있다(대판 전원합의체 1996. 2. 15, 95다38677).

> **판례** [1] 헌법 제29조 제 1 항 단서의 취지: [다수의견] 헌법 제29조 제 1 항 단서는 공무원이 한 직무상 불법행위로 인하여 국가 등이 배상책임을 진다고 할지라도 그 때문에 공무원 자신의 민·형사책임이나 징계책임이 면제되지 아니한다는 원칙을 규정한 것이나, 그 조항 자체로 공무원 개인의 구체적인 손해배상책임의 범위까지 규정한 것으로 보기는 어렵다. [2] **국가배상법 제 2 조 제 1 항 본문 및 제 2 항의 입법 취지:** [다수의견] 국가배상법 제 2 조 제 1 항 본문 및 제 2 항의 입법취지는 공무원의 직무상 위법행위로 타인에게 손해를 끼친 경우에는 변제자력이 충분한 국가 등에게 선임감독상 과실 여부에 불구하고 손해배상책임을 부담시켜 국민의 재산권을 보장하되, 공무원이 직무를 수행함에 있어 경과실로 타인에게 손해를 입힌 경우에는 그 직무수행상 통상 예기할 수 있는 흠이 있는 것에 불과하므로, 이러한 공무원의 행위는 여전히 국가 등의 기관의 행위로 보아 그로 인하여 발생한 손해에 대한 배상책임도 전적으로 국가 등에만 귀속시키고 공무원 개인에게는 그로인한 책임을 부담시키지 아니하여 공무원의 공무집행의 안정성을 확보하고, 반면에 공무원의 위법행위가 고의·중과실에 기한 경우에는 비록 그 행위가 그의 직무와 관련된 것이라고 하더라도 그와 같은 행위는 그 본질에 있어서 기관행

위로서의 품격을 상실하여 국가 등에게 그 책임을 귀속시킬 수 없으므로 공무원 개인에게 불법행위로 인한 손해배상책임을 부담시키되, 다만 이러한 경우에도 그 행위의 외관을 객관적으로 관찰하여 공무원의 직무집행으로 보여질 때에는 피해자인 국민을 두텁게 보호하기 위하여 국가 등이 공무원 개인과 중첩적으로 배상책임을 부담하되 국가 등이 배상책임을 지는 경우에는 공무원 개인에게 구상할 수 있도록 함으로써 궁극적으로 그 책임이 공무원 개인에게 귀속되도록 하려는 것이라고 봄이 합당하다. [3] 공무원이 직무 수행 중 불법행위로 타인에게 손해를 입힌 경우, 공무원 개인의 손해배상책임 유무(=제한적 긍정설): [다수의견] 공무원이 직무수행 중 불법행위로 타인에게 손해를 입힌 경우에 국가 등이 국가배상책임을 부담하는 외에 공무원 개인도 고의 또는 중과실이 있는 경우에는 불법행위로 인한 손해배상책임을 진다고 할 것이지만, 공무원에게 경과실뿐인 경우에는 공무원 개인은 손해배상책임을 부담하지 아니한다고 해석하는 것이 헌법 제29조 제1항 본문과 단서 및 국가배상법 제2조의 입법취지에 조화되는 올바른 해석이다. [4] 경과실에 의한 공무원의 직무상 위법행위에 대하여 공무원 개인의 손해배상책임을 인정하지 않는 것이 헌법 제23조에 위배되는지 여부: [다수의견] 공무원의 직무상 위법행위가 경과실에 의한 경우에는 국가배상책임만 인정하고 공무원 개인의 손해배상책임을 인정하지 아니하는 것이 피해자인 국민의 입장에서 보면 헌법 제23조가 보장하고 있는 재산권에 대한 제한이 될 것이지만, 이는 공무수행의 안정성이란 공공의 이익을 위한 것이라는 점과 공무원 개인책임이 인정되지 아니하더라도 충분한 자력이 있는 국가에 의한 배상책임이 인정되고 국가배상책임의 인정 요건도 민법상 사용자책임에 비하여 완화하고 있는 점 등에 비추어 볼 때, 헌법 제37조 제2항이 허용하는 기본권 제한 범위에 속하는 것이라고 할 것이다. [5] [3]항의 법리는 피해자가 군인 등 헌법 제29조 제2항, 국가배상법 제2조 제1항 단서 소정의 공무원의 경우에도 달리 볼 것은 아니다: [다수의견] [3]항의 법리는 피해자가 헌법 제29조 제2항, 국가배상법 제2조 제1항 단서 소정의 공무원으로서 위 단서조항에 의하여 법률에 정해진 보상 외에는 국가배상법에 의한 배상을 청구할 수 없는 경우라고 하여 달리 볼것은 아니다. 왜냐하면 헌법 제29조 제2항은 군인, 군무원, 경찰공무원, 기타 법률이 정한 공무원의 경우 전투, 훈련 등 직무집행과 관련하여 받은 손해에 대하여 법률이 정하는 보상 외에 국가 등에 대하여 공무원의직무상 불법행위로 인한 배상을 청구할 수 없도록 규정하고 있고 국가배상법 제2조 제1항 단서도 이를 이어 받아 이를 구체화하고 있지만, 이는 군인 등이 전투, 훈련 등과 관련하여 받는 손해에 한하여는 국가의 손해배상을 인정하지 아니하고 법률이 정한 보상만을 인정함이 타당하다는 헌법적 결단에 의한 것이기 때문이다(대판 전원합의체 1996. 2. 15, 95다38677). 〈평석〉 본 판결이 있기 이전에 판례는 오랫 동안 공무원의 직무상 불법행위로 국민에게 손해를 입힌 경우에 피해자인 국민은 가해공무원의 귀책사유의 정도에 관계없이국가 등의 배상책임과 선택적으로 가해공무원에게 직접 배상책임을 청구할 수 있다고 보았다.

(5) 결론(제한적 긍정설)

아래와 같이 공무원의 개인책임에 관한 법적 근거, 입법정책의 문제 및 법이론적 문제에 비추어 제한적 긍정설이 타당하다.

① 헌법 제29조 제1항 단서는 공무원의 직무상 불법행위로 국가 등이 배상책임을 지는 경우에도 공무원 개인의 손해배상책임이 면제되지 아니한다는 원칙을 규정하고 있을 뿐이며 공무원 개인의 구체적인 손해배상책임의 범위까지 규정하고 있는 것은 아니다.

② 공무원 개인책임의 범위를 정하는 문제는 입법정책의 문제이고, 국가배상책임과 관련이 있으므로 국가배상법에서 정할 문제이다. 그런데, 국가배상법이 공무원의 구상책임에 관한 규정을 두면서도 공무원의 피해자에 대한 개인책임에 관하여 규정하고 있지 않은 것은 의도된 입법의 불비이다. 따라서, 공무원 개인책임의 범위는 관련법규정(헌법 제29조 제1항 단서, 국가배상법 제2조 제1항 본문 및 제2항)의 입법 취지를 고려하여 결정하여

야 하는 법해석의 문제이다. 공무원의 책임의식을 확보하고자 하는 헌법 제29조 제 1 항 단서의 입법취지와 공무원의 적극적 공무수행을 보장하고자 하는 국가배상법 제 2 조 제 2 항을 조화롭게 해석한다면 공무원의 고의 또는 중과실에 한하여 공무원의 개인책임을 인정하는 제한적 긍정설이 타당하다.

　③ 법이론적 측면에서 볼 때 공무원의 경과실은 직무수행상 통상 일어날 수 있는 것이므로 경과실로 인한 공무원의 행위는 국가 등의 기관행위로 보아 그로 인하여 손해에 대해서는 전적으로 국가 등에만 귀속시키고 공무원 개인에게는 그로 인한 책임을 부담시키지 아니하는 것이 타당하고, 반면에 공무원의 위법행위가 고의·중과실에 기한 경우에는 기관행위로서의 품격을 상실하여 국가 등에게 그 책임을 귀속시킬 수 없고, 공무원 개인에게 불법행위로 인한 손해배상책임을 부담시키는 것이 원칙이지만, 그 행위가 그의 직무와 관련된 것이기 때문에 피해자에 대한 손해배상과의 관계에서는 국가 등의 기관행위로 볼 수 있다(신자기책임설). 따라서, 공무원의 고의 또는 중과실로 인한 불법행위가 직무와 관련이 있는 경우에는 국가 등이 공무원 개인과 경합하여 배상책임을 부담하도록 하고, 국가 등이 배상한 경우에는 최종적 책임자인 공무원 개인에게 구상할 수 있도록 하는 것이 타당하다.

2. 공무원의 피해자에 대한 책임에서 경과실이 면책되는 "공무원" [2024 행시]

　판례는 경과실이 면책되는 공무원은 경과실 면책의 취지상 실제로 공무를 수행하는 자연인에 한정하는 것이 타당하므로, 행정주체인 공무수탁법인(예, 한국토지공사, 에스에이치공사)이 배상책임을 지는 경우에는 경과실이 면책되는 공무원이 아니고, 실질적으로 공무를 수행하는 공공단체의 직원 등이 경과실이 면책되는 공무원이라고 보았다.

| 판례1 | [1] 법령에 의해 대집행권한을 위탁받은 한국토지공사가 국가공무원법 제 2 조에서 말하는 공무원에 해당하는지 여부(소극): 한국토지공사는 … 이러한 법령의 위탁에 의하여 대집행을 수권받은 자로서 공무인대집행을 실시함에 따르는 권리·의무 및 책임이 귀속되는 행정주체의 지위에 있다고 볼 것이지 지방자치 단체 등의 기관으로서 국가배상법 제 2 조 소정의 공무원에 해당한다고 볼 것은 아니다. 한국토지공사에 대해서도 국가배상법 제 2 조 소정의 공무원에 포함됨을 전제로 이 사건 대집행에 따른 손해배상책임이 고의 또는 중과실로 인한 경우로 제한된다고 한 원심의 판단에는 손해배상책임의 요건에 관한 법리를 오해한 잘못이 있다고 판시하였다. [2] 피고 2, 피고 3 주식회사, 피고 4(한국토지공사의 업무 담당자이거나 그와 용역계약을 체결한 법인 또는 그 대표자)는 이 사건 대집행을 실제 수행한 자들로서 공무인 이 사건 대집행에 실질적으로 종사한 자라고 할 것이므로 국가배상법 제 2 조 소정의 공무원에 해당한다고 볼 것이고, 따라서 위 법리에 따라 고의 또는 중과실이 있는 경우에 한하여 불법행위로 인한 손해배상책임을 진다고 할 것이다(대판 2010. 1. 28, 2007다82950,82967[손해배상(기)·부당이득금]). 〈해설〉 이 사건에서 문제된 것은 공무를 위탁받은 한국토지공사가 피해자에 대해 직접 배상책임을 지는 공무원인가 따라서, 경과실의 경우 면책되는가 하는 것이다. 판례에서 공무수탁자인 한국토지공사가 행정주체이고, 지방자치단체 등의 기관이 아니며 피해자에 대해 직접 개인책임을 지는 공무원이 아니며 따라서 경과실 면책이 인정되지 않는다고 한 결론은 타당하다. 그러나, 공무수

탁자인 한국토지공사가 국가배상법 제 2 조 소정의 공무원이 아니라고 본 것과 그렇기 때문에 경과실 면책이 인정되지 않는다고 한 논리는 타당하지 않다. 이 사건에서 공무수탁인인 한국토지공사는 행정주체이며 행정주체의 지위에서 배상책임을 지는 것이기 때문에 경과실 면책을 인정하는 것은 타당하지 않다고 보아야 할 것이다. 공무수탁사인이 자연인인 경우에는 행정주체의 지위와 국가배상법상의 공무원의 지위를 동시에 갖는데, 경과실이 면책되지 않는 것으로 보아야 하는 이유는 공무수탁사인이 공무원의 지위가 아니라 행정주체의 지위에서 배상책임을 지는 것이기 때문이다. 국가배상법 제 2 조 제 1 항의 공무원(불법행위를 행한 공무원)과 경과실이 면책되는 공무원을 구별하는 것이 타당하다. 국가배상법 제 2 조 제 1 항의 공무원은 불법행위자인 공무원으로서 자연인인 공무원뿐만 아니라 공공단체등 공무수탁법인 그리고 행정기관을 포함하지만, 경과실이 면책되는 공무원은 경과실 면책의 취지상 자연인인 공무원만을 말한다고 보아야 한다.

판례2   국민임대주택단지 조성사업의 시행자인 에스에이치공사가 갑 소유의 비단잉어 등 지장물을 이전하게 하는 수용재결을 받아 수용보상금을 공탁한 후 대집행을 신청하여 을 구청장이 공사 직원들을 집행책임자로 지정하여 대집행 계고서와 대집행영장을 발부하고, 공사는 이를 받아 공란으로 되어 있던 이행기한이나 대집행일자를 기재한 다음 대집행을 실행한 사안에서, 위 공사는 집행책임자로 지정된 공사 직원들과는 달리 대집행 실행으로 갑이 입은 손해에 대하여 경과실만이 있다는 이유로 배상책임을 면할 수 없다고 한 사례(대판 2014. 4. 24, 2012다36340, 36357).

3. 공무원의 손해배상책임의 요건인 공무원의 중과실

공무원의 손해배상책임의 요건인 공무원의 중과실이란 공무원에게 통상 요구되는 정도의 상당한 주의를 하지 않더라도 약간의 주의를 한다면 손쉽게 위법·유해한 결과를 예견할 수 있는 경우임에도 만연히 이를 간과한 경우와 같이, 거의 고의에 가까운 현저한 주의를 결여한 상태를 의미한다(대판 2021. 11. 11, 2018다288631).

Ⅱ. 공무원의 국가에 대한 구상책임 [2016 사시]

국가배상법 제 2 조 제 2 항은 국가의 구상권(求償權)은 고의 또는 중과실의 경우에 한하는 것으로 규정하고 있다. 이와 같이 고의 또는 중과실의 경우에 한하여 국가의 공무원에 대한 구상권을 인정한 것은 경과실의 경우까지 공무원의 책임을 인정하는 것은 공무원에게 가혹할 뿐만 아니라 공무원의 직무집행을 위축시킬 우려가 있기 때문이다.

판례는 기본적으로 손해의 발생에 기여한 정도에 따라 국가와 공무원 사이에 손해의 공평한 분담이라는 견지에서 국가의 공무원에 대한 구상권을 인정하고 있다.

판례1   [1] 등기공무원이 신청에 따라 등기부에 2번 근저당설정등기를 등재함에 있어 근저당권설정자 갑을 근저당권자로 착오등재한 것이 등기공무원으로서의 주의의무를 현저히 결여한 중과실에 해당된다고 본 사례. [2] **국가 또는 지방자치단체의 산하 공무원에 대한 구상권행사의 범위:** 국가 또는 지방자치단체의 산하공무원이 그 직무를 집행함에 당하여 중대한 과실로 인하여 법령에 위반하여 타인에게 손해를 가함으로써 국가 또는 지방자치단체가 손해배상책임을 부담하고, 그 결과로 손해를 입게 된 경우에는 국가 등은 당해 공무원의 직무내용, 당해 불법행위의 상황, 손해발생에 대한 당해 공무원의 기여정도, 당해 공무원의 평소 근무태도, 불법행위의 예방이나 손실의 분산에 관한 국가 또는 지방 자치단체의 배려의 정도 등 제반사정을 참작하여 손해의 공평한 분담이라는 견지에서 신의칙상 상당 하다고 인정되는 한도 내에서만 당해공무원에 대하여 구상권을 행사할 수 있다고 봄이 상당하다(대판 1991. 5. 10, 91다6764).

판례2 국가정보기관이 살인사건의 피해자가 북한 공작원이 아님을 잘 알면서도 가해자와 공모하여 진실을 은폐하고 살인사건을 간첩사건으로 조작하였다는 이유로 국가가 피해자의 유족들에게 손해배 상을 한 다음 가해자를 상대로 구상권을 행사한 사안에서, 가해자의 공동불법행위 책임을 인정하고 내 부적 부담 부분을 10%라고 본 사례(대판 2008. 3. 27, 2006다70929,70936).

Ⅲ. 공무원의 국가에 대한 구상권

직무수행 중 경과실로 피해자에게 손해를 입힌 공무원이 피해자에게 손해를 배상하 였다면, 공무원은 국가가 피해자에 대하여 부담하는 손해배상책임의 범위 내에서 자신이 변제한 금액에 관하여 구상권을 취득한다(대판 2014. 8. 20, 2012다54478).

제 3 절 영조물의 설치·관리의 하자로 인한 배상책임

국가배상법 제 5 조는 다음과 같이 영조물의 설치·관리의 하자로 인한 배상책임을 공 무원의 불법행위로 인한 배상책임과 별도로 규정하고 있다.

> **국가배상법 제 5 조(공공시설 등의 하자로 인한 책임)**
> ① 도로·하천, 그 밖의 공공의 영조물의 설치나 관리에 하자가 있기 때문에 타인에게 손해를 발생하
> 게 하였을 때에는 국가나 지방자치단체는 그 손해를 배상하여야 한다. 이 경우 제 2 조 제 1 항 단서,
> 제 3 조 및 제 3 조의2를 준용한다.
> ② 제 1 항을 적용할 때 손해의 원인에 대하여 책임을 질 자가 따로 있으면 국가나 지방자치단체는
> 그 자에게 구상할 수 있다.

국가배상법 제 5 조에 의한 국가배상책임이 성립하기 위하여는 '공공의 영조물'의 설 치 또는 관리의 '하자'로 인하여 타인에게 손해가 발생하였을 것을 요한다.

I. 공공의 영조물의 개념

국가배상법 제 5 조상의 영조물(營造物)은 본래의 의미의 영조물이 아니라, 직접 행정 목적에 제공된 물건(유체물 내지 물적 설비), 즉 **공물**(公物)을 의미한다고 보는 것이 통설이 며 판례이다(대판 1998. 10. 23, 98다17381).

그리고, 도로 등 인공공물(人工公物)뿐만 아니라 하천 등 자연공물(自然公物)도 동조의

영조물에 포함되고, 동산 및 동물도 포함된다고 보는 것이 통설 및 판례의 입장이다.

> **판례**   국가배상법 제 5 조 제 1 항에 규정된 '영조물 설치·관리상의 하자'의 의미 및 하자 판단 기준: 국가배상법 제 5 조 제 1 항에 규정된 '영조물 설치·관리상의 하자'는 공공의 목적에 공여된 영조물이 그 용도에 따라 통상 갖추어야 할 안전성을 갖추지 못한 상태에 있음을 말한다. 그리고 위와 같은 안전성의 구비 여부는 영조물의 설치자 또는 관리자가 그 영조물의 위험성에 비례하여 사회통념상 일반적으로 요구되는 정도의 방호조치의무를 다하였는지를 기준으로 판단하여야 하고, 아울러 그 설치자 또는 관리자의 재정적·인적·물적 제약 등도 고려하여야 한다. 따라서 영조물이 그 설치 및 관리에 있어 완전무결한 상태를 유지할 정도의 고도의 안전성을 갖추지 아니하였다고 하여 하자가 있다고 단정할 수는 없고, 영조물 이용자의 상식적이고 질서 있는 이용 방법을 기대한 상대적인 안전성을 갖추는 것으로 족하다(대판 2022. 7. 28, 2022다225910: 교차로 보조표지의 설치·관리상의 하자를 부인한 사례).

Ⅱ. 설치 또는 관리의 하자

1. 설치 또는 관리의 하자의 개념

영조물의 '설치 또는 관리의 하자'가 무엇을 의미하는가에 관하여 학설은 객관설, 주관설, 절충설로 나뉘어 대립되고 있다. 판례는 영조물의 설치·관리상 하자를 "영조물이 그 용도에 따라 통상 갖추어야 할 안전성을 갖추지 못한 상태에 있음"을 말하는 것으로 정의하고 있다(대판 2004. 3. 12, 2002다14242).

(1) 객 관 설

객관설은 '영조물의 설치 또는 관리의 하자'를 '영조물이 통상 갖추어야 할 안전성을 결여한 것'을 말한다고 한다. 객관설은 법문언상의 '설치 또는 관리의 하자'를 영조물 자체의 물적 하자(안전성의 결여)를 의미하는 것으로 본다.

(2) 주관설(안전관리의무위반설)

이 견해는 '설치 또는 관리의 하자'라는 것은 '영조물을 안전하고 양호한 상태로 보전해야 할 안전관리의무를 위반함'을 의미한다고 본다. 따라서 주관설을 안전관리의무위반설이라고 부르기도 한다. 안전관리의무위반설은 위법·무과실책임설과 유사하다. 이 견해는 국가배상법 제 5 조의 법문언의 표현이 '영조물의 하자'로 되어 있지 않고 '영조물의 설치 또는 관리의 하자'로 되어 있다는 점, 그리고 관리자의 관리의무 위반을 책임의 근거로 보는 것이 책임의 원칙에 비추어 타당하다는 점 등에 근거하고 있다.

(3) 위법·무과실책임설

이 견해는 영조물의 설치·관리의 하자를 객관적 개념인 영조물 관리자의 객관적인 안전관리의무 위반, 즉 위법을 의미하는 것으로 보면서 국가배상법 제 5 조의 책임을 행위책임이며 위법·무과실책임으로 보는 견해이다(정하중, 561면). 이 견해는 주관설(안전관리의무위반설)과 유사하다. 이 견해는 국가배상법 제 5 조가 '영조물 자체의 하자'가 아니라 '영조물의 설치 또는 관리상 하자'를 책임요건으로 하고 있고, 제 2 조와 달리 공무원의 과실을 요구하지 않고, 민법 제758조와 달리 점유자의 면책을 규정하지 않고 있다는 점에 근거를 둔다.

(4) 절 충 설

이 견해는 '영조물의 설치 또는 관리의 하자'는 안전성의 결여라는 객관적인 물적 상태의 하자와 함께 관리의무 위반이라는 주관적 측면도 함께 고려하여 판단하여야 한다는 견해이다. 객관설과 주관설의 중간에 위치하는 견해라고 할 수 있다.

(5) 판례의 태도

판례는 전형적인 객관설도 아니고, 전형적인 주관설도 아닌 그 중간의 입장을 취하고 있다. 판례의 입장을 변형된(수정된) 객관설(사법연수원교재, 『행정구제법』, 316면) 내지 객관화된 주관설 또는 절충설로 부를 수 있다.

> **판례**　국가배상법 제 5 조 제 1 항에 정해진 영조물의 설치 또는 관리의 하자라 함은 영조물이 그 용도에 따라 통상 갖추어야 할 안전성을 갖추지 못한 상태에 있음을 말하는 것이며, 다만 영조물이 완전 무결한 상태에 있지 아니하고 그 기능상 어떠한 결함이 있다는 것만으로 영조물의 설치 또는 관리에 하자가 있다고 할 수 없고, 위와 같은 안전성의 구비 여부를 판단함에 있어서는 당해 영조물의 용도, 그 설치장소의 현황 및 이용 상황 등 제반 사정을 종합적으로 고려하여 설치·관리자가 그 영조물의 위험성에 비례하여 사회통념상 일반적으로 요구되는 정도의 방호조치의무를 다하였는지 여부를 그 기준으로 삼아야 할 것이며, 만일 객관적으로 보아 시간적·장소적으로 영조물의 기능상 결함으로 인한 손해발생의 예견가능성과 회피가능성이 없는 경우, 즉 그 영조물의 결함이 영조물의 설치·관리자의 관리행위가 미칠 수 없는 상황 아래에 있는 경우임이 입증되는 경우라면 영조물의 설치·관리상의 하자를 인정할 수 없다고 할 것이다(대판 2007. 10. 26, 2005다51235; 2009. 2. 26, 2007다22262). 판례에 의한 영조물의 설치 또는 관리의 하자의 정의(영조물이 그 용도에 따라 통상 갖추어야 할 안전성을 갖추지 못한 상태에 있음)만을 보면 객관설이라고 할 수 있지만, 판례가 제시하고 있는 영조물의 설치 또는 관리의 하자의 구체적 판단기준(그 영조물의 위험성에 비례하여 사회통념상 일반적으로 요구되는 정도의 방호조치의무를 다하였는지 여부를 그 기준으로 삼아야 할 것)을 보면 주관설에 입각하고 있는 것으로 보인다.

(6) 결 론

국가배상법 제 5 조의 영조물책임을 국가배상법 제 2 조의 행위책임과 별도로 규정한 점, 국가배상법 제 5 조가 "영조물의 설치 또는 관리상의 하자"를 책임요건으로 하고 있는 점 및 책임의 원칙을 고려할 때 안전관리의무위반설이 타당하다.

2. 판례에서의 영조물의 설치·관리의 하자의 개념과 판단기준

판례는 물적 하자(당해 영조물을 구성하는 물적 시설 그 자체에 있는 물리적·외형적 흠결이나 불비로 인하여 그 이용자에게 위해를 끼칠 위험성이 있는 경우)와 이용(사용)상 하자(그 영조물이 공공의 목적에 이용됨에 있어 그 이용상태 및 정도가 일정한 한도를 초과하여 제3자에게 사회통념상 참을 수 없는 피해를 입히는 경우)를 구분하고, 각각 다른 구체적 판단기준을 제시하고 있다.

(1) 일반적·궁극적 판단기준: 통상의 용도에 따른 안전성의 결여

영조물이 통상 갖추어야 할 안전성이란 영조물의 '통상의 용도'에 따른 이용에 있어서 당해 영조물이 통상구비해야 할 안전성이다. 영조물을 비정상적으로 이용하다가 발생한 사고에 있어서 통상 갖추어야 될 안전성만 갖추면 배상책임을 지지 않는다. 그러나, 그러한 비정상적인 이용이 예상되는 경우에 있어서 관리자에게 관리의무 위반이 인정될 때에는 배상책임이 인정된다. 예를 들면, 판단능력이 충분하지 않은 중학생이 학교비품을 가지고 장난을 하다가 사고가 난 경우에 학교비품의 통상 갖추어야 할 안전성은 이러한 경우까지를 고려한 안전성이어야 한다.

영조물의 그 용도에 따라 통상 갖추어야 할 안전성의 구비 여부를 판단함에 있어서는 그 설치자 또는 관리자의 재정적·인적·물적 제약 등도 고려하여야 한다. 따라서 영조물이 그 설치 및 관리에 있어 완전무결한 상태를 유지할 정도의 고도의 안전성을 갖추지 아니하였다고 하여 하자가 있다고 단정할 수는 없고, 영조물 이용자의 상식적이고 질서 있는 이용 방법을 기대한 상대적인 안전성을 갖추는 것으로 족하다(대판 2022. 7. 28, 2022다225910: 교차로 보조표지의 설치·관리상의 하자를 부인한 사례).

(2) 물적 하자의 구체적 판단기준

물적 하자라 함은 사회통념상 일반적으로 요구되는 정도의 방호조치의무 위반을 말한다.

판례는 물적 하자의 구체적 판단기준을 다음과 같이 제시하고 있다: 안전성의 구비 여부를 판단함에 있어서는 당해 영조물의 용도, 그 설치장소의 현황 및 이용 상황 등 제반 사정을 종합적으로 고려하여 설치·관리자가 그 영조물의 위험성에 비례하여 사회통념상 일반적으로 요구되는 정도의 방호조치의무를 다하였는지 여부를 그 기준으로 삼아야 할 것이며, 만일 객관적으로 보아 시간적·장소적으로 영조물의 기능상 결함으로 인한 손해발생의 예견가능성과 회피가능성이 없는 경우, 즉 그 영조물의 결함이 영조물의 설치·관리자의 관리행위가 미칠 수 없는 상황 아래에 있는 경우임이 입증되는 경우라면 영조물의 설치·관리상의 하자를 인정할 수 없다고 할 것이다(대판 2007. 10. 26, 2005다51235; 대판 2009. 2. 26, 2007다22262).

(3) 이용상 하자의 판단기준

'이용상 하자'라 함은 '영조물이 공공의 목적에 이용됨에 있어 그 이용상태 및 정도가 일정한 한도를 초과하여 제 3 자에게 사회통념상 참을 수 없는 피해를 입히는 경우(수인한 도를 넘는 경우)'를 말한다. '기능상 하자'라고도 한다. 영조물의 이용상 하자(기능상 하자)의 판단에 있어 '사회통념상 참을 수 없는 피해인지의 여부'는 그 영조물의 공공성, 피해의 내용과 정도, 이를 방지하기 위하여 노력한 정도 등을 종합적으로 고려하여 판단하여야 한다.

3. 하자의 입증책임

판례는 하자(또는 안정성의 결여 또는 관리의무 위반)의 입증책임을 피해자에게 지우고 있다. 다만, 관리주체에게 관리가능성(손해발생의 예견가능성과 회피가능성)이 없었다는 것은 피고가 입증하여야 한다(대판 1998. 2. 10, 97다32536[구상금]).

제 4 절   국가배상책임의 감면사유

Ⅰ. 불가항력

불가항력(不可抗力)이라 함은 천재지변과 같이 인간의 능력으로는 예견할 수 없거나, 예견할 수 있어도 회피할 수 없는 외부의 힘에 의하여 손해가 발생한 경우를 말하며 면책 사유가 된다. 불가항력이 인정되기 위하여 요구되는 예견가능성이 없음과 회피가능성이 없음은 외부의 힘으로부터 연유하여야 하며 내부적 원인에 의한 경우는 불가항력을 인정할 수 없다.

1. 예견가능성

예견가능성의 판단은 원칙상 그 당시의 과학기술의 수준을 기준으로 행하여져야 한다고 보는 것이 타당하며, 예견의 정도는 위험발생의 시기, 장소, 규모 등을 구체적으로 예측할 것이 요구되지는 않고, 위험발생이 현재의 학문적·기술적 수준에 비추어 개연적으로 인정되면 족하다고 보는 것이 타당하다.[4]

2. 결과회피조치의 가능성

결과회피가능성 여부는 그 당시의 상황하에서 사실상 가능했었는가 아닌가가 아니라, 있어야 할 안전관리체제가 그 기능을 제대로 발휘하고 있는 것을 전제로 하여 판단되어야 한다.

---

4) 遠藤博也, 『國家補償法 (中卷)』, 489면 이하.

판례 1 　100년 발생빈도의 강우량을 기준으로 책정된 계획홍수위를 초과하여 600년 또는 1,000년 발생빈도의 강우량에 의한 하천의 범람은 예측가능성 및 회피가능성이 없는 불가항력적인 재해로서 그 영조물의 관리청에게 책임을 물을 수 없다(대판 2003. 10. 23, 2001다48057[중랑천 수해사건]).

판례 2 　집중호우로 제방도로가 유실되면서 그 곳을 걸어가던 보행자가 강물에 휩쓸려 익사한 경우, 사고당일의 집중호우가 50년 빈도의 최대강우량에 해당한다는 사실만으로 불가항력에 기인한 것으로 볼 수 없다는 이유로 제방도로의 설치·관리상의 하자를 인정한 사례(대판 2000. 5. 26, 99다53247).

Ⅱ. 예산부족

판례는 예산부족(豫算不足) 등 재정사정은 영조물의 안전성의 정도에 관하여 참작사유는 될 수 있을지언정 예산부족은 절대적인 면책사유는 되지 않는다고 보고 있다(대판 1967. 2. 21, 66다1723).

Ⅲ. 피해자의 과실 [2019 행시]

피해자에게 과실이 있었던 경우에는 피해자의 과실에 의하여 확대된 손해의 한도 내에서 국가등의 책임이 부분적으로 감면된다고 보는 것이 타당하다. 피해자가 위험이 형성된 후 위험지역으로 이주하여 위험에 접근한 경우에는 위험에의 접근이론에 따라 손해배상책임이 감면된다.

판례 　소음 등을 포함한 공해 등의 위험지역으로 이주하여 거주하는 것이 피해자가 위험의 존재를 인식하고 그로 인한 피해를 용인하면서 접근한 것이라고 볼 수 있는 경우 가해자의 면책이 인정되는지 여부(원칙적 적극) 및 위와 같이 접근한 것이라고 볼 수 없는 경우 이를 손해배상액 감액사유로 고려하여야 하는지 여부(적극): 소음 등을 포함한 공해 등의 위험지역으로 이주하여 들어가서 거주하는 경우와 같이 위험의 존재를 인식하면서 그로 인한 피해를 용인하며 접근한 것으로 볼 수 있는 경우에, 그 피해가 직접 생명이나 신체에 관련된 것이 아니라 정신적 고통이나 생활방해의 정도에 그치고 그 침해행위에 고도의 공공성이 인정되는 때에는, 위험에 접근한 후 실제로 입은 피해 정도가 위험에 접근할 당시에 인식하고 있었던 위험의 정도를 초과하는 것이거나 위험에 접근한 후에 그 위험이 특별히 증대하였다는 등의 특별한 사정이 없는 한 가해자의 면책을 인정하여야 하는 경우도 있다. 특히 소음 등의 공해로 인한 법적 쟁송이 제기되거나 그 피해에 대한 보상이 실시되는 등 피해지역임이 구체적으로 드러나고 또한 이러한 사실이 그 지역에 널리 알려진 이후에 이주하여 오는 경우에는 위와 같은 위험에의 접근에 따른 가해자의 면책 여부를 보다 적극적으로 인정할 여지가 있다. 다만 일반인이 공해 등의 위험지역으로 이주하여 거주하는 경우라고 하더라도 위험에 접근할 당시에 그러한 위험이 존재하는 사실을 정확하게 알 수 없는 경우가 많고, 그 밖에 위험에 접근하게 된 경위와 동기등의 여러 가지 사정을 종합하여 그와 같은 위험의 존재를 인식하면서도 위험으로 인한 피해를 용인하면서 접근하였다고 볼 수 없는 경우에는 손해배상액의 산정에 있어 형평의 원칙상 과실상계에 준하여 감액사유로 고려하여야 한다(대판 2010. 11. 25, 2007다74560).

Ⅳ. 불법행위 또는 영조물의 하자와 감면사유의 경합

① 영조물의 설치 또는 관리상의 하자로 인한 사고라 함은 영조물의 설치 또는 관리상의 하자만이 손해발생의 원인이 되는 경우만을 말하는 것이 아니고, 다른 자연적 사실이나 제 3 자의 행위 또는 피해자의 행위와 경합하여 손해가 발생하였더라도 영조물의 설치 또는 관리상의 하자가 손해발생의 공동원인의 하나가 된 이상 그 손해는 영조물의 설치 또는 관리상의 하자에 의하여 발생한 것이라고 보아야 한다(대판 1994. 11. 22, 94다32924; 대판 2000. 5. 26, 99다53247).

② 영조물의 하자가 제 3 자의 행위와 경합하여 손해를 발생시킨 경우에는 영조물관리자는 제 3 자와 부진정연대채무(不眞正連帶債務)를 진다. 영조물의 하자가 피해자의 행위와 경합하는 경우에는 과실상계를 한다.

③ 불가항력과 영조물의 하자가 손해의 발생에 있어서 경합된 경우에는 영조물의 하자로 인하여 손해가 확대된 한도 내에서 국가 또는 지방자치단체는 책임을 진다고 보는 것이 타당하다.

제 5 절 국가배상법 제 2 조에 의한 국가배상책임과 제 5 조에 의한 국가배상책임의 관계

특정 손해에 대해 제 2 조 책임과 제 5 조 책임이 경합하는 경우에 원고는 제 2 조 책임과 제 5 조 책임을 선택적으로 주장할 수 있다. 예를 들면, 국도에서의 소음 공해로 인한 인근주민의 피해(예, 정신적 고통, 양돈돼지폐사 등)에 대해 그 피해자가 공무원의 직무상 손해방지의무 위반을 피해의 원인으로 주장하는 경우 국가배상법 제 2 조의 국가배상을 청구하고, 도로의 설치·관리상 하자(이용상 하자)를 피해의 원인으로 주장하는 경우 국가배상법 제 5 조의 국가배상을 청구하여야 한다.

판례 권한을 위임받은 기관 소속의 공무원이 위임사무처리에 있어 고의 또는 과실로 타인에게 손해를 가하였거나 위임사무로 설치 관리하는 영조물의 하자로 타인에게 손해를 발생하게 한 경우에는 권한을 위임한 관청이 소속된 지방자치단체가 국가배상법 제 2 조 또는 제 5 조에 의한 배상책임을 부담한다(대판 1999. 6. 25, 99다11120: 보행자 신호와 차량신호에 동시에 녹색등이 표시되는 사고의 위험성이 높은 고장이 발생하였는데도 이를 관리하는 경찰관들이 즉시 그 신호기의 작동을 중지하거나 교통경찰관을 배치하여 수신호를 하는 등의 안전조치를 취하지 않은 채 장시간 고장상태를 방치한 것을 그 공무집행상의 과실로 인정하기에 충분하다고 한 사례).

제 6 절 배상책임자 [2004 입시 논술]

Ⅰ. 피해자에 대한 배상책임자 [2001 입시 사례, 2019 행시]

1. 사무귀속주체(관리주체)와 비용부담주체

국가배상법 제 6 조 제 1 항은 국가 또는 지방자치단체가 국가배상법 제 2 조 또는 제 5 조에 의한 손해배상책임을 지는 경우에 있어서 "공무원의 선임·감독자 또는 영조물의 설치·관리를 맡은 자"와 "공무원의 봉급·급여 기타의 비용을 부담하는 자 또는 영조물의 설치·관리의 비용을 부담하는 자"가 동일하지 아니한 경우에는 피해자는 어느 쪽에 대하여도 선택적으로 손해배상을 청구할 수 있도록 규정하고 있다.

> **판례** 지방자치단체장이 설치하여 관할 지방경찰청장에게 관리권한이 위임된 교통신호기의 고장으로 인한 교통사고가 발생한 경우, 지방자치단체뿐만 아니라 국가도 손해배상책임을 진다. 지방경찰청장에 대한 관리권한의 위임은 기관위임이므로 권한을 위임한 관청이 소속된 지방자치단체가 사무의 귀속주체로서 배상책임을 지고, 국가배상법 제 6 조 제 1 항에 의해 교통신호기를 관리하는 지방경찰청장 산하 경찰관들에 대한 봉급을 부담하는 국가도 비용부담주체로서 배상책임을 진다(대판 1999. 6. 25, 99다11120).

이와 같이 관리주체와 함께 '비용부담주체'도 손해배상책임을 지도록 한 입법취지는 피해자 구제의 실효성에 있다. 즉, 손해배상청구의 피고를 잘못 선택함으로 인한 불이익을 피해자가 부담하지 않도록 하기 위한 것이다.

2. 사무귀속주체 또는 관리주체의 의의와 범위

일반적으로 국가배상법 제 6 조 제 1 항의 배상책임주체로서 규정된 "공무원의 선임·감독 또는 영조물의 설치·관리를 맡은 자"란 사무 또는 영조물의 관리주체(관리자)를 의미하는 것으로 해석한다.

관리주체(管理主體)란 당해 사무의 관리기관 또는 영조물의 관리기관이 속해 있는 법인격 있는 조직체를 말한다.

국가기관에 의해 지방자치단체의 장에게 위임된 기관위임사무에 있어서 기관위임사무를 집행하는 지방자치단체의 기관은 국가기관의 지위를 갖고 있으므로 국가가 관리주체가 된다(대판 1993. 1. 26, 92다2684: 도로법 제23조 제 2 항에 의해 시장이 국도의 관리청이 된 경우 국가도 배상책임을 진다고 본 사례). 단체위임사무의 관리주체로서의 배상책임의 주체를 위임자인 국가라고 보는 견해가 있다. 그러나, 단체위임사무는 지방자치단체의 사무이므로 단체위임사무의 관리주체는 지방자치단체라고 보는 견해가 타당하다.

3. 비용부담주체의 의의와 범위

공무원의 불법행위로 인한 배상책임에서 비용부담주체(비용부담자)란 "공무원의 봉급·급여 기타의 비용을 부담하는 자"이다(국가배상법 제6조 제1항). 기타의 비용이란 행정사무의 처리에 드는 공무원의 봉급·급여 이외의 경비를 말한다.

국가배상법 제6조 제1항의 비용부담자는 무엇을 의미하는가.

(1) 형식적 비용부담자설

대외적으로 당해 사무의 비용 또는 당해 영조물의 설치관리비용을 부담(지출)하여야 하는 것으로 되어 있는 자(이하 '형식상 부담자' 또는 '대외적 비용부담자'라 한다)가 여기에서 말하는 비용부담자라고 본다.

(2) 병존설(병합설)

형식적 비용부담자뿐만 아니라 실질적 비용부담자(보조금의 지급주체, 궁극적인 비용부담자)도 국가배상법 제6조 제1항의 비용부담자에 해당하고 피해자에 대하여 국가배상법 제2조 및 제5조의 배상책임의 주체가 된다고 본다.

(3) 판 례

판례는 병존설을 취하고 있다.

> **판례1** 국가배상법 제6조 제1항 소정 '공무원의 봉급·급여 기타의 비용을 부담하는 자'의 의미: 국가배상법 제6조 제1항 소정의 '공무원의 봉급·급여 기타의 비용'이란 공무원의 인건비만을 가리키는 것이 아니라 당해사무에 필요한 일체의 경비를 의미한다고 할 것이고, 적어도 대외적으로 그러한 경비를 지출하는 자는 경비의 실질적·궁극적 부담자가 아니더라도 그러한 경비를 부담하는 자에 포함된다. 지방자치단체의 장이 기관위임된 국가행정사무를 처리하는 경우 그에 소요되는 경비의 실질적·궁극적 부담자는 국가라고 하더라도 당해 지방자치단체는 국가로부터 내부적으로 교부된 금원으로 그 사무에 필요한 경비를 대외적으로 지출하는 자이므로, 이러한 경우 지방자치단체는 국가배상법 제6조 제1항 소정의 비용부담자로서 공무원의 불법행위로 인한 같은 법에 의한 손해를 배상할 책임이 있다(대판 1994. 12. 9, 94다38137: 형식적 비용부담자의 배상책임을 인정한 사례).

> **판례2** 서울특별시 영등포구가 여의도광장에서 차량진입으로 일어난 인신사고에 관하여 국가배상법 제6조 소정 비용부담자로서의 손해배상책임이 있는지 여부(적극): 여의도광장의 관리청이 본래 서울특별시장이라 하더라도 그 관리사무의 일부가 영등포구청장에게 위임되었다면, 그 위임된 관리사무에 관한 한 여의도광장의 관리청은 영등포구청장이 되고, 구 도로법 제56조(현행 도로법 제85조 제1항)에 의하면 도로에 관한 비용은 건설부장관이 관리하는 도로 이외의 도로에 관한 것은 관리청이 속하는 지방자치단체의 부담으로 하도록 되어 있어 여의도광장의 관리비용부담자는 그 위임된 관리사무에 관한 한 관리를 위임받은 영등포구청장이 속한 영등포구가 되므로, 영등포구는 여의도광장에서 차량진입으로 일어난 인신사고에 관하여 국가배상법 제6조 소정의 비용부담자로서의 손해배상책임이 있다(대판 1995. 2. 24, 94다57671: 실질적 비용부담자라는 이유로 배상책임을 인정한 사례). 영등포구는 실질적 비용부담자이며 동시에 형식적 비용부담자이다. 관리주체는 서울특별시이다.

> **판례3** 지방자치단체장이 설치하여 관할 지방경찰청장에게 관리권한이 위임된 교통신호기의 고장으

로 인하여 교통사고가 발생한 경우, 지방자치단체뿐만 아니라 국가도 손해배상책임을 지는지 여부(적극): 권한을 위임받은 기관 소속의 공무원이 위임사무처리에 있어 고의 또는 과실로 타인에게 손해를 가하였거나 위임사무로설치·관리하는 영조물의 하자로 타인에게 손해를 발생하게 한 경우에는 권한을 위임한 관청이 소속된 지방자치단체(관리주체)가 국가배상법 제 2 조 또는 제 5 조에 의한 배상책임을 부담하고, 권한을 위임받은 관청이 속하는 지방자치단체 또는 국가가 국가배상법 제 2 조 또는 제 5 조에 의한 배상책임을 부담하는 것이 아니므로, 지방자치단체장이 교통신호기를 설치하여 그 관리권한이 도로교통법 제71조의2 제 1 항의 규정에 의하여 관할 지방경찰청장에게 위임되어 지방자치단체 소속 공무원과 지방경찰청 소속 공무원이 합동근무하는 교통종합관제센터에서 그 관리업무를 담당하던 중 위 신호기가 고장난 채 방치되어 교통사고가 발생한 경우, 국가배상법 제 2 조 또는 제 5 조에 의한 배상책임을 부담하는 것은 지방경찰청장이 소속된 국가가 아니라, 그 권한을 위임한 지방자치단체장이 소속된 지방자치단체(관리주체)라고 할 것이나, 한편 국가배상법 제 6 조 제 1 항은 같은 법 제 2 조, 제 3 조 및 제 5 조의 규정에 의하여 국가 또는 지방자치단체가 손해를 배상할 책임이 있는 경우에 공무원의 선임·감독 또는 영조물의 설치·관리를 맡은 자와 공무원의 봉급·급여 기타의 비용 또는 영조물의 설치·관리의 비용을 부담하는 자가 동일하지 아니한 경우에는 그 비용을 부담하는 자도 손해를 배상하여야 한다고 규정하고 있으므로 교통신호기를 관리하는 지방경찰청장 산하 경찰관들에 대한 봉급을 부담하는 국가도 국가배상법 제 6 조 제 1 항에 의한 배상책임을 부담한다(대판 1999. 6. 25, 99다11120). 판례는 국가가 기관위임사무를 수행하는 공무원의 봉급을 부담한다는 것을 근거로 국가의 피해자에 대한 배상책임을 인정하고 있다. 국가가 경찰관들의 봉급을 부담하는 것이 실질적 비용인지 형식적 비용부담인지는 관계법령 및 기관위임사무의 실질적인 비용부담을 누가하는 것으로 되어 있는지에 관한 검토를 요하고, 국가는 신호기 관리비용을 대외적으로 지출하는 자로서 형식적 비용부담자이다. 그런데, 경찰법 개정으로 자치경찰제도가 도입되고, 지방경찰청이 시·도경찰청으로 변경되었다. 개정 경찰법 시행 당시의 지방경찰청 및 지방경찰청장(이하 이 조에서 "지방경찰청등"이라고 한다)은 개정 경찰법에 따른 시·도경찰청 및 시·도경찰청(이하 이 조에서 "시·도경찰청등"이라 한다)으로 본다. 시·도경찰청은 국가기관인 경찰청 소속의 국가기관(국가의 지방행정기관)이다(경찰청과 그 소속기관 직제 제 2 조 제 3 항). 따라서, 개정 경찰법하에서도 신호기 관리비용을 형식적으로 부담하는 자(형식적 비용부담자)는 여전히 국가이다.

(4) 결어(병존설)

피해자 구제를 도모한다는 제 6 조의 입법취지에 비추어 병합설(병존설)이 타당하다.

Ⅱ. 종국적 배상책임자

1. 원인책임자에 대한 구상권

영조물 하자로 인한 손해의 원인에 대하여 책임을 질 자가 따로 있을 때에는 국가 또는 지방자치단체는 그 자에 대하여 구상할 수 있다(국가배상법 제 5 조 제 2 항).

'손해의 원인에 대하여 책임을 질 자'라 함은 고의 또는 과실로 영조물의 설치 또는 관리에 흠이 있게 한 제 3 자를 말한다. 영조물의 설계자, 시공자, 장해물의 방치자 등을 말한다. 국가배상법 제 5 조는 공무원에 대한 구상규정인 국가배상법 제 2 조 제 2 항을 준용하고 있지 않다. 그렇지만 해석상 영조물책임에 국가배상법 제 2 조 제 2 항을 준용하는 것이 타당하다.

2. 관리주체와 비용부담주체 사이의 최종적 책임의 분담

국가배상법 제 6 조 제 2 항은 "제 1 항의 경우에 손해를 배상한 자는 내부관계에서 그 손해를 배상할 책임이 있는 자에게 구상할 수 있다"라고 규정하고 있다. 이 규정은 최종적인 배상책임자에 대한 구상을 인정하면서 관리주체와 비용부담주체 중 누가 최종적인 책임자인지에 대하여 판단을 내리지 않고 그 판단을 판례에 맡기고 있다.

관리주체와 비용부담자가 다른 경우에 이들 중 종국적 배상책임자는 누구인가. 이에 대하여는 다음과 같이 견해가 대립되고 있다.

(1) 관리주체설

관리주체설은 관리책임의 주체가 최종적인 책임자라고 본다.

이 견해가 통설이고 논거는 다음과 같다. ① 이 설은 관리주체가 손해를 방지할 수 있는 위치에 있고 관리주체측의 잘못으로 인하여 손해가 발생한 것이므로 책임의 원칙에 비추어 볼 때 관리주체가 책임을 지는 것이 타당하다고 본다. ② "그 비용을 부담하는 자도 손해를 배상하여야 한다"고 규정하고 있는 국가배상법 제 6 조 제 1 항에 비추어 관리주체설이 타당하다.

(2) 비용부담주체설

비용부담주체설은 당해 사무의 비용을 실질적으로 부담하는 자(실질적 비용부담자)가 최종적인 책임자라고 보는 견해이다.

예를 들면, 기관위임사무를 지방자치단체의 기관이 집행하는 경우에 실질적인 비용부담자는 국가이고, 형식상·법률상 비용부담의무자는 지방자치단체이다. 이 경우에 관리자이며 실질적 비용부담자인 국가가 최종적인 배상책임자가 되게 된다.

이 견해의 논거는 다음과 같다. ① 사무를 집행함에 있어서 담당 공무원의 과실이 없을 수 없고 마찬가지로 영조물을 설치·관리함에 있어서 영조물의 하자로 인한 사고가 없을 수 없으므로 사무 또는 영조물의 관리비용에는 손해배상금도 포함된다는 데 그 논거를 두고 있다. ② 또한, 비용부담자설의 장점은 비용의 공동부담의 경우에 손해배상의 최종적인 분담액을 쉽게 객관적으로 정할 수 있다는 데 있다.

(3) 기여도설

기여도설(寄與度說)은 손해발생의 기여도에 응해 관리주체뿐만 아니라 실질적 비용부담주체에게도 최종적 배상책임을 지우는 견해이다. 기여도설의 장점은 손해의 발생에 기여한 만큼의 배상책임을 지도록 함으로써 배상책임의 원리에 합치한다. 그러나, 이 견해의 문제점은 기여자 및 기여의 정도를 판단함에 어려움이 있다는 데 있다.

(4) 판 례

판례는 원칙상 기여도설을 취한 것으로 보인다.

> 판례 국가하천의 관리상 하자로 인한 손해에 관하여, 국가는 사무의 귀속주체 및 보조금 지급을 통한 실질적 비용부담자로서, 해당 시·도는 구 하천법 제59조 단서에 따른 법령상 비용부담자로서 각각 책임을 중첩적으로 지는 경우, 국가와 해당 시·도 모두가 국가배상법 제 6 조 제 2 항에서 정한 '손해를 배상할 책임이 있는 자'에 해당하는지 여부(적극): (1) 구 하천법(2009. 4. 1. 법률 제9605호로 개정되기 전의 것, 이하 같다)에 의하면, 국가하천은 건설교통부장관이 관리하고(제 8 조 제 1 항), 국가하천의 유지·보수는 시·도지사가 시행하며(제27조 제 5 항 단서) 이에 필요한 비용은 해당 시·도가 부담하되(제59조 단서), 건설교통부장관은 그 비용의 일부를 시·도에 보조할 수 있다(제64조). (2) 국가하천의 유지·보수 사무가 지방자치단체의 장에게 위임(기관위임)된 경우, 지방자치단체의 장은 국가기관의 지위에서 그 사무를 처리하는 것이므로, 국가는 국가배상법 제 5 조 제 1 항에 따라 영조물의 설치·관리 사무의 귀속주체로서 국가하천의 관리상 하자로 인한 손해를 배상하여야 한다. 국가가 국가하천의 유지·보수비용의 일부를 해당 시·도에 보조금으로 지급하였다면, 국가와 해당 시·도는 각각 국가배상법 제 6 조 제 1 항에 규정된 영조물의 설치·관리 비용을 부담하는 자로서 손해를 배상할 책임이 있다. 이와 같이 국가가 사무의 귀속주체 및 보조금 지급을 통한 실질적 비용부담자로서, 해당 시·도가 구 하천법 제59조 단서에 따른 법령상 (실질적 및 형식적) 비용부담자로서 각각 책임을 중첩적으로 지는 경우에는 국가와 해당 시·도 모두가 국가배상법 제 6 조 제 2 항 소정의 궁극적으로 손해를 배상할 책임이 있는 자에 해당한다(대법원 1998. 7. 10. 선고 96다42819 판결 등 참조). (3) 원심은, 2008. 5. 12. 전북 순창읍 유등면에 있는 섬진강의 지류 하천(이하 '이 사건 하천'이라고 한다)에서 발생한 망 소외인의 사망사고와 관련하여 이 사건 하천은 국가하천으로서 전라북도지사에게 그 하천의 유지·보수 등 관리업무가 위임된 사실, 원고는 2007년부터 2008년까지 피고 전라북도에게 국가하천의 유지·보수를 위하여 연평균 약 6억 원의 보조금을 지급하였고, 피고 전라북도는 2008년 국가하천에서 약 5억 2,200만 원의 수입금을 얻어 이를 국가하천의 유지·보수에 사용한 사실을 인정한 다음, 원고(국가)는 이 사건 하천의 관리주체 및 비용부담자로서, 피고 전라북도는 이 사건 하천의 관리에 대한 (실질적 및 형식적) 비용부담자로서 이 사건 하천의 관리상 하자로 인한 손해배상책임을 부담하고, 나아가 내부적 구상관계에서 원고와 피고 전라북도는 모두 궁극적 배상책임이 있다고 판단하였다. 원심의 위와 같은 판단은 정당하고, 대법원판결들은 피고 전라북도의 주장처럼 사무의 귀속주체에 해당하여야만 내부관계에서 국가배상법 제 6 조 제 2 항에 규정된 종국적인 배상책임자가 된다는 취지가 아니다. (4) 원심이 원고와 피고 전라북도의 책임비율을 각 25%로 정한 조치가 형평의 원칙에 비추어 현저하게 불합리하다고 인정되지 않는다(대판 2015. 4. 23, 2013다211834). 〈해설〉 관리주체설을 부정하고, 기여도설 내지 공동책임설에 입각한 판례이다. 또한, 보조금의 지급도 실질적 비용부담으로 본 사례이다. 판례에 따르면 국가하천에 관한 사무는 다른 법령에 특별한 정함이 없는 한 국가사무로 보아야 한다. 지방자치단체가 비용 일부를 부담한다고 해서 국가사무의 성격이 자치사무로 바뀌는 것은 아니다(대판 2020. 12. 30, 2020두37406).

다만, 관리주체와 비용부담주체 중 관리주체에게 보다 본질적이고 큰 배상책임이 있는 것으로 본 판례도 있다.

> 판례 군수 또는 그 보조 공무원이 농수산부장관으로부터 도지사를 거쳐 군수에게 재위임된 국가사무인 개간허가 및 그 취소사무의 처리에 있어 고의 또는 과실로 타인에게 손해를 가한 경우, 국가배상책임의 귀속 주체: 구 농지확대개발촉진법(1994. 12. 22. 법률 제4823호 농어촌정비법 부칙 제 2 조로

폐지) 제24조와 제27조에 의하여 농수산부장관 소관의 국가사무로 규정되어 있는 개간허가와 개간허가의 취소사무는 같은 법 제61조 제 1 항, 같은 법 시행령 제37조 제 1 항에 의하여 도지사에게 위임되고, 같은 법 제61조 제 2 항에 근거하여 도지사로부터 하위 지방자치단체장인 군수에게 재위임되었으므로 이른바 기관위임사무라 할 것이고, 이러한 경우 군수는 그 사무의 귀속 주체인 국가 산하 행정기관의 지위에서 그 사무를 처리하는 것에 불과하므로, 군수 또는 군수를 보조하는 공무원이 위임사무처리에 있어 고의 또는 과실로 타인에게 손해를 가하였다 하더라도 원칙적으로 군에는 국가배상책임이 없고 그 사무의 귀속 주체인 국가가 손해배상책임을 지는 것이며, 다만 국가배상법 제 6 조에 의하여 군이 비용을 부담한다고 볼 수 있는 경우에 한하여 국가와 함께 손해배상책임을 부담한다(대판 2000. 5. 12, 99다70600).

국가배상법 제 6 조 제 2 항의 규정은 관리주체와 비용부담주체 상호간에 내부적으로 구상의 범위를 정하는데 적용될 뿐 이를 들어 구상권자인 공동불법행위자에게 대항할 수 없다는 것이 판례의 입장이다(대판 1993. 1. 26, 92다2684).

(5) 결 어

배상책임은 손해발생에 어떠한 원인을 제공한 자가 지는 것으로 되어야 하고 공동의 불법행위가 있는 경우에는 손해발생에 기여한 정도에 따라 배상책임을 지는 것으로 하여야 하므로 기여도설이 타당하다고 본다.

제 7 절 국가배상법상 특례규정(特例規定)

Ⅰ. 배상심의회에 대한 배상신청

1. 배상결정의 신청배상금의 지급을 받고자 하는 자는 그 주소지·소재지 또는 배상원인발생지를 관할하는 지구심의회에 대하여 배상신청을 할 수 있다(제12조 제 1 항). 배상심의회에 대한 배상청구는 임의절차이다.

2. 배상결정의 효력심의회(본부심의회, 특별심의회, 지구심의회)의 결정은 법적 구속력을 갖지 않는다. 신청인은 그 결정에 대한 동의 여부를 결정할 수 있다.

신청인은 배상결정에 동의하거나 배상금을 수령한 경우에도 법원에 배상청구소송을 제기할 수 있다. 다만, 배상주체는 배상금을 지급하면서 부제소(不提訴)의 합의를 할 수 있다.

Ⅱ. 손해배상의 기준에 관한 특례

국가배상은 민법상의 불법행위로 인한 손해배상의 경우와 같이 가해행위와 상당인과관계에 있는 모든 손해에 대하여 행해진다. 그런데, 국가배상법(제 3 조 및 제 3 조의2)은 생명 또는 신체를 해한 때 및 타인의 물건을 멸실·훼손한 때에 있어서의 배상기준을 정하고 있다. 이 배상기준은 단순한 배상의 기준에 불과하며 법원은 이에 구속되지 않는다고 보는 견해가 다수설이며 판례의 입장이다.

Ⅲ. 군인 등에 대한 국가배상청구권의 제한 [2019 변시 사례]

국가배상법 제 2 조 제 1 항 단서는 "군인·군무원·경찰공무원 또는 예비군대원이 전투·훈련 등 직무집행과 관련하여 전사·순직하거나 공상을 입은 경우에 본인이나 그 유족이 다른 법령에 따라 재해보상금·유족연금·상이연금 등의 보상을 지급받을 수 있을 때에는 이 법 및 민법의 규정에 따른 손해배상을 청구할 수 없다"라고 군인 등에 대해 국가배상청구를 제한하는 것으로 규정하고 있다. 이를 이중배상금지(二重賠償禁止) 규정이라 부르기도 한다.

1. 이중배상금지규정(국가배상청구제한규정)의 위헌 여부

군인 등의 국가배상청구권을 제한하는 국가배상법 제 2 조 제 1 항 단서는 헌법 제29조 제 2 항에 직접 근거하고, 실질적으로 그 내용을 같이하는 것이므로 위헌이 아니라는 것이 판례(헌재 2001. 2. 22, 2000헌바38[국가배상법 제 2 조 제 1 항 단서 등 위헌소원]) 및 일반적 견해이다.

2. 특별보상규정의 위헌 여부

특별법에 의한 보상이 제도의 취지 및 무과실책임이라는 보상의 성격 등을 고려하여도 일반손해배상액과 심히 균형을 잃은 경우에 특별법에 의한 보상제도 자체는 위헌이 아니지만, 당해 보상규정은 위헌이라고 보아야 한다. 특별보상규정에 대하여 위헌판결이 난 후에는 법률로 정해진 보상법률이 존재하지 않는 것이 되어 제 2 조 제 1 항 단서가 적용되지 않게 되므로 국가배상법에 근거하여 국가배상을 청구할 수 있다고 보아야 한다.

Ⅳ. 양 도 등 금 지

생명·신체의 침해로 인한 국가배상을 받을 권리는 이를 양도하거나 압류하지 못한다(국가배상법 제 4 조).

Ⅴ. 국가배상청구권의 소멸시효

국가배상청구권은 민법상 손해배상청구권과 마찬가지로 민법 제766조 제 1 항에 따라 피해자나 그 법정대리인이 손해와 가해자를 안 경우 안 날로부터 3년간 이를 행사하지 아니하면 시효로 소멸한다(대판 1998. 7. 10, 98다7001).

피해자나 그 법정대리인이 손해 및 가해자를 알지 못한 경우에는 국가재정법 제96조 제 2 항에 따라 5년간 이를 행사하지 아니하면 시효로 소멸한다. 국가재정법 제96조 제 1 항 금전의 급부를 목적으로 하는 국가의 권리로서 시효에 관하여 다른 법률에 규정이 없는 것은 5년 동안 행사하지 아니하면 시효로 인하여 소멸한다.

국가재정법 제96조 제 2 항 국가에 대한 권리로서 금전의 급부를 목적으로 하는 것도 또한 제 1 항과 같다. 불법행위를 한 날로부터 10년이 경과하면 국가배상청구권이 시효로 소멸한다는 민법 제766조 제 2 항은 국가배상청구권에는 적용되지 않는다(대판 2001. 4. 24, 2000다57856).

다만, 소멸시효의 주장이 권리남용에 해당하거나 신의성실의 원칙에 반하는 경우에는 국가배상청구권은 시효로 소멸하지 않는다(대판 2008. 5. 29, 2004다33469).

VI. 차량사고와 국가배상

국가배상법 제 2 조는 국가 또는 지방자치단체가 자동차손해배상보장법(이하 '자배법'이라 한다)의 규정에 의하여 손해배상책임이 있는 때에는 국가배상법에 의하여 그 손해를 배상하여야 한다고 규정하고 있다.

VII. 외국인의 국가배상청구

국가배상법은 상호주의를 적용하여 외국인이 피해자인 경우에는 해당 국가와 상호보증이 있을 때에만 국가배상법을 적용하는 것으로 규정하고 있다(제 7 조).

제 8 절 현행 행정상 손해배상제도의 흠결과 보충

제 1 항 현행 과실책임제도의 흠결과 보충

Ⅰ. 현행 과실책임제도의 흠결: 위법·무과실

위법하지만 과실이 없는 경우(위법·무과실의 경우)에는 국가의 배상책임은 성립하지 않는다.

그러나, 피해자인 국민의 권리구제 및 법치행정의 원칙의 측면에서 보면 가해행위인 국가작용이 위법함에도 불구하고 피해자인 국민이 그로 인한 손해의 배상을 받지 못한다는 것은 타당하지 못한 것이며, 이는 현행 국가배상책임제도의 흠결이라고 볼 수 있는 것이다.

Ⅱ. 현행 과실책임제도의 흠결(위법·무과실)의 보충

　　위법·무과실의 문제를 해결하는 방법으로는 해석론으로 국가배상법상 과실 개념의 객관화를 통하여 해석상 위법·무과실(違法·無過失)의 경우를 최소화 내지 배제하는 방안, 위법·무과실의 경우에까지 손실보상을 확장하는 방안이 있고, 입법론으로 위법·무과실의 경우에도 국가배상책임을 인정하는 방향으로 현행 국가배상법을 개정하는 방법이 있을 수 있다.

제 2 항　공법상 위험책임제도의 흠결과 보충

Ⅰ. 공법상 위험책임의 의의

　　공법상 위험책임(公法上 危險責任)이란 공익 목적을 위해 형성된 특별한 위험상태의 실현에 의해 생긴 손해에 대한 무과실배상책임을 말한다. 공법상 위험책임은 위법행위에 의한 손해배상과 적법행위에 의한 손실보상과는 구분되는 별개의 행정상 손해전보책임이다.

　　공법상 위험책임은 가해행위의 위법, 적법 및 공무원의 과실, 무과실을 묻지 않는 무과실책임인 점에서 과실에 근거한 행정상 손해배상과 구분된다.

Ⅱ. 공법상 위험책임의 흠결

　　공법상 위험책임을 인정하기 위하여는 실정법률의 근거가 있어야 한다. 그런데, 소방기본법상 공무협력자에 대한 무과실책임을 제외하고는 엄격한 의미에서의 공법상 위험책임을 인정하고 있다고 볼 수 있는 실정법규정은 거의 전무한 상태이다.

Ⅲ. 현행 위험책임제도의 흠결의 보충

1. 입 법 론

입법을 통하여 공법상 위험책임을 인정하여야 한다.

2. 해 석 론

(1) 국가배상법의 해석을 통한 공법상 위험책임의 흠결의 보충

공법상 위험책임이 거의 인정되지 않고 있는 우리나라의 실정법상 피해자를 충실히 구제하기 위해서는 국가배상법상의 '과실' 및 '영조물의 설치·관리상의 하자'의 인정을 보다 용이하게 함으로써 공법상 위험책임의 흠결을 어느 정도 보충할 수 있다.

(2) 행정상 손실보상의 확장적용을 통한 공법상 위험책임의 흠결의 보충

공법상 위험책임을 행정상 손실보상과 본질적으로 다르지 않다고 보고, 공익목적을 위한 특별한 위험의 실현에 의해 초래된 손해를 행정상 손실보상의 대상에 포함시키는 견해가 있다.

그러나, 위험의 실현에 의한 손해는 통상 사고에 의해 우연히 발생된 손해인 것이기 때문에 손실보상의 대상으로 보는 것은 타당하지 않다.

제3장
행정상 손실보상

제1절 행정상 손실보상의 의의

행정상 손실보상은 적법한 공권력 행사에 의해 국민에게 가해진 특별한 손실을 보상하여 주는 것을 의미한다.

간접손실보상, 생명 또는 신체에 대한 적법한 침해로 인한 손실의 보상은 손실보상에 포함시키는 것이 타당하지만, 위법한 행위로 인한 손해의 전보는 손실보상의 문제가 아니라 국가배상의 문제로 보아야 한다.

> **판례1** 간접손실(공익사업시행지외손실)은 헌법 제23조 제3항에 규정한 손실보상의 대상이 된다 (대판 1999. 10. 8, 99다27231).
>
> **판례2** 국가 또는 지방자치단체가 도로부지에 소유권 또는 임차권을 취득하는 등 적법한 권원 없이 도로를 사용하고 있는 경우에 임료 상당의 손해배상의무를 지고(대판 1999. 11. 26, 99다40807), 공유수면매립사업 시행자가 손실보상의무를 이행하지 아니한 채 공사를 시행하여 허가어업자에게 실질적이고 현실적인 침해를 가한 경우에 손실보상금 상당액의 손해배상의무를 진다(대판 1999. 11. 23, 98다11529).

제2절 행정상 손실보상의 근거

I. 이론적 근거

손실보상의 이론적 근거는 재산권보장의 원칙과 평등부담의 원칙이라고 보는 것이 일반적 견해이다. 즉, 손실보상은 사유재산제가 보장되는 법질서하에서 공공의 필요를 위하여 사유재산권 그 자체에 내재하는 사회적 제약을 넘는 재산권에 대한 특별한 희생이 있는 경우, 재산권보장의 원칙과 공적 부담 앞의 평등원칙에 비추어 손실보상을 해 주어야 한다고 본다.

재산권보장의 원칙과 평등부담의 원칙은 손실보상의 이론적 근거에 그치는 것이 아니라 법적 근거도 된다고 보아야 한다.

또한, 최근에는 손실보상의 이론적 근거로 생활권보장의 원칙 내지 생존권보장의 원칙을 드는 견해도 있다.

Ⅱ. 존속보장과 가치보장

1. 존속보장

(1) 의   의

존속보장이라 함은 재산권자가 재산권을 보유하고 향유(사용, 수익, 처분)하는 것을 보장하는 것을 말한다.

사유재산제도하에서 재산권은 생활(영업활동 포함)의 기초가 되는 것이므로 존속보장은 특히 중요한 의미를 갖는다.

(2) 헌법적 근거 및 내용과 한계

헌법 제23조 제 1 항은 재산권을 기본권으로 보장하고 있는데, 재산권의 기본적 내용은 사용권, 수익권, 처분권이다. 그런데, 오늘날 재산권은 공공필요상 강한 사회적 제약을 받는다(헌법 제23조 제 2 항). 헌법은 재산권의 본질적 내용은 보장하되, 재산권의 내용과 한계는 법률로 정하는 것으로 규정하고 있다(제23조 제 1 항).

(3) 존속보장 실현제도

존속보장의 실현제도로는 공용침해에서의 공공필요성 요건(최소침해의 원칙 등 비례의 원칙 포함), 환매제도, 분리이론, 위법한 재산권 침해행위에 대한 취소소송 등이 있다.

2. 가치보장

(1) 의   의

가치보장이라 함은 공공필요에 의해 재산권에 대한 공권적 침해가 행해지는 경우에 재산권의 가치를 보장하기 위해 보상 등 가치보장조치를 취하는 것을 말한다.

(2) 헌법적 근거 및 내용과 한계

헌법 제23조 제 3 항은 공용침해시의 손실보상의무를 규정하고 있다. 특히 정당보상원칙을 선언하고 있는데, 통설과 판례는 정당보상의 원칙을 완전보상의 원칙으로 해석하고 있다.

다만, 오늘날 재산권은 공공필요상 강한 사회적 제약을 받는다(헌법 제23조 제 2 항). 공용침해가 재산권에 내재하는 사회적 제약에 그치는 경우에는 재산권자가 이를 감수하여야 하며 보상이 주어지지 않는다. 또한, 정당보상의 의미에 관한 견해로서의 상당보상설에 의하면 공익을 고려하여 완전보상을 하회하는 보상이 가능하다. 채권보상이 재산권의 가치보장을 침해하는 것인지에 관하여는 논란이 있다.

(3) 가치보장의 요건

재산권에 대한 수용, 사용, 제한에 있어서는 공공필요가 있어야 한다. 그리고, 손실보상을 위해 보상에 관한 법률규정이 반드시 필요한지에 관하여는 견해의 대립이 있다.

(4) 가치보장 실현수단

가치보장의 실현제도로는 손실보상, 매수청구제도 등이 있다. 생활보상은 보상제도인 점에서 가치보장을 위한 것이지만, 존속보장적인 의미도 갖는다.

3. 존속보장과 가치보장의 관계

공공필요를 위해 공용침해가 행해지는 경우 재산권의 존속보장은 가치보장으로 전환된다.

Ⅲ. 실정법상 근거

1. 헌법적 근거 [1998 사시 사례, 1996 행시 사례, 2006 입시 약술]

헌법 제23조 제3항은 "공공필요에 의한 재산권에 대한 수용·사용·제한 및 그에 대한 보상은 법률로써 하되, 정당한 보상을 지급하여야 한다"라고 규정하고 있다. ① 우선 이 규정은 재산권의 수용은 공공필요가 있는 경우에 한하며 또한 법률에 근거가 있는 경우에만 가능하도록 하고 있다. ② 다음으로 공공필요를 위한 재산권 침해의 근거를 법률로 정하는 경우에 입법자는 반드시 보상에 관한 사항도 법률로 규정하도록 하고 있다. ③ 또한 입법권은 손실보상에 관한 규정을 제정함에 있어서 무한정의 재량을 갖는 것이 아니라 정당한 보상이 되도록 규정하여야 한다는 것을 분명히 하고 있다.

그리하여 헌법 제23조 제3항의 해석에 관하여는 다음과 같은 것이 특히 문제가 되고 있다. ① 재산권의 수용·사용·제한의 정당화 근거가 되는 공공필요는 무엇을 의미하는가. ② 어떤 법률이 공공필요를 위한 재산권 침해를 규정하면서 보상에 관하여는 규정하고 있지 않는 경우 손해를 입은 자는 헌법 제23조 제3항에 직접 근거하여 손실보상을 청구할 수 있는가. 청구할 수 없다면 그 구제방법은 무엇인가. ③ 헌법이 보상의 기준으로 선언하고 있는 '정당한 보상'이란 무엇을 의미하며 법률에서 정해진 보상의 내용이 정당한 보상에 못미치는 경우에 손해를 입은 자는 어떠한 법적 구제를 받을 수 있는가라는 문제가 그

것이다.

(1) 헌법상 보상근거규정의 변천

우리 헌법상 수용 등에 의한 손실보상에 관한 규정의 문언(文言)이 각 헌법마다 다르게 규정되어 있었고, 이에 따라 헌법상의 보상규정의 국민에 대한 직접적 효력 여부에 관한 학설 및 판례의 입장도 변경되어 왔다. 그리하여 현행 헌법 제23조 제 3 항의 대국민 직접적 효력 유무를 판단함에 있어서는 우리 헌법상 수용 등에 의한 손실보상에 관한 규정내용의 변천과정을 살펴볼 필요가 있다.

1948. 7. 17. 제정 공포된 제헌헌법 제15조 제 3 항에서 "공공필요에 의하여 국민의 재산권을 수용, 사용 또는 제한함은 법률이 정하는 바에 의하여 상당한 보상을 지급함으로써 행한다"라고 규정한 이래 제 4 차 개정헌법까지 동 보상규정에는 변동이 없었다.

그 후 1962. 12. 26. 공포된 제 5 차 개정헌법 제20조 제 3 항에서는 "공공필요에 의한 재산권의 수용·사용 또는 제한은 법률로써 하되 정당한 보상을 지급하여야 한다"라고 규정하였다. 판례는 처음에는 동 조항의 대국민 직접효력을 부인하다가 1967년 전원합의체 판결(대판 1967. 11. 2, 67다1334)로 직접적 효력설을 취한 후 계속 그 입장을 유지하였다.[1]

1972. 12. 27. 공포된 제 7 차 개정헌법(소위 제 4 공화국헌법) 제20조 제 3 항은 "공공필요에 의한 재산권의 수용·사용 또는 제한 및 그 보상의 기준과 방법은 법률로 정한다"로 헌법상의 보상규정을 변경하였다. 그 후 1980. 10. 27. 공포된 제 8 차 개정헌법(소위 제 5 공화국헌법) 제22조 제 3 항은 "공공필요에 의한 재산권의 수용·사용 또는 제한은 법률로써 하되, 보상을 지급하여야 한다. 보상은 공익 및 관계자의 이익을 정당하게 형량하여 법률로 정한다"고 규정하였다. 이 두 헌법하에서는 두 헌법상의 손실보상규정의 개정취지 및 그 문언의 표현상 직접효력설을 배제하려는 헌법개정의 취지가 명백히 나타나고 있으므로 직접효력설이 주장될 여지는 적었다. 이 두 헌법하에서 판례도 직접효력설을 부정하는 입장에 서 있었고,[2] 학설도 대체로 그러하였다.

다만, 이 두 헌법하에서도 직접효력설을 주장하는 견해가 없었던 것은 아니고(권영성, 541면; 김철수, 366면; 문홍주, 293면), 그것이 전혀 논거가 없는 것도 아니었다. 즉, 직접효력설은 헌법상 공용침해에 대하여 보상한다는 원칙은 헌법상 선언되고 있다는 점을 논거로 들고 있다. 보상의 기준과 방법을 정하는 법률이 있으면 그에 따를 것이지만, 그러한 규정이 없는 경우에는 일반 보상의 법리에 따라 보상하면 된다는 입장이라고 이해된다.

1987. 10. 29. 공포된 현행 헌법은 제23조 제 3 항에서 "공공필요에 의한 재산권의 수

---

1) 대판 1968. 1. 23, 66다2389; 1969. 1. 21, 68다2192; 1969. 5. 19, 67다2038; 1969. 6. 10, 68다2389; 1969. 12. 30, 67다797; 1969. 12. 30, 69다9; 1970. 2. 24, 69다1769; 1970. 3. 10, 69다1886; 1970. 3. 24, 69다1561; 1970. 3. 24, 70다185.

2) 대법원은 법률에 별도의 규정이 없더라도 보상을 하여야 한다는 원심판결을 번복하면서 "원심이 손실보상의 기준과 방법을 정한 법률이 없어도 보상을 하여야 한다는 취지로 판단한 것은 개정 헌법규정을 잘못 적용한 위헌을 면키 어렵다"고 판시하였다(대판 1976. 10. 12, 76다1443).

용·사용 또는 제한 및 그에 대한 보상은 법률로써 하되, 정당한 보상을 지급하여야 한다"라고 규정하고 있다. 현행 헌법은 대법원이 대국민 직접효력을 인정하였던 제 3 공화국 헌법 제20조 제 3 항과 같이 '···정당한 보상을 하여야 한다'고 규정하고 있지만, '보상은 법률로써 하되'라는 문구를 삽입하고 있고, 제 4 공화국과 제 5 공화국의 헌법과 유사하게 '보상은 법률로 하되'라는 문구를 두고 있지만, 이들 헌법과 달리 '재산권에 대한 수용·사용·제한에는 ···정당한 보상을 하여야 한다'고 규정하고 있다. 그리하여 현행 헌법 제23조 제 3 항의 해석에 있어서 위헌무효설(입법자구속설)은 '···보상은 법률로 하되'라는 문구에 중점을 두고, 직접효력설은 '···정당한 보상을 하여야 한다'는 문구에 중점을 둔다.

(2) 법률로써 정할 사항

손실보상에 관한 사항으로는 보상 여부, 보상의 기준, 보상주체 내지 보상기관, 보상절차, 보상방법 등이 있다. 헌법 제23조 제 3 항에서 공용침해에 대한 손실보상을 법률로써 정하도록 한 것은 어떠한 사항들에 관한 것인가?

1) 보상 여부

현행 헌법하에서 보상 여부를 법률로 정할 수 있다는 해석은 불가능하다. 재산권이 침해된 경우에 보상을 해 주지 않는 것은 재산권의 본질적 내용을 침해하는 것으로서 인정될 수 없다(헌법 제37조 제 2 항). 또한, 헌법 제23조 제 3 항이 '···정당한 보상을 지급하여야 한다'라고 규정하고 있으므로 보상을 하여야 한다는 것은 헌법에서 정해진 사항이다. 이 점은 입법자에 대한 직접효력설을 취하는 학설에 의해서도 인정되고 있다.

따라서, 법률에서 공용침해에 대하여 보상을 하여야 한다는 원칙만을 규정하고 있는 경우에 그 법률규정은 헌법에서 선언된 보상원칙을 반복하여 선언하고 있는 것에 불과하며 어떠한 법적 효과도 발생시키지 못한다.

만일 법률이 보상의 원칙 또는 정당보상의 원칙만을 선언하고 있는 경우에는 위헌무효설을 취하는 견해에 의하면 입법권은 손실보상을 규정할 입법의무를 이행한 것이 되지 않는다. 즉, 입법부작위의 상태에 있게 된다. 이렇게 보는 경우에 상대방인 국민은 입법부작위에 대한 헌법소원을 제기할 수 있을 것이다. 상대방은 또한 공용침해행위의 취소를 청구하는 소송을 제기하여 그 소송에서 근거가 된 법률의 위헌·무효를 전제문제로서 주장할 수 있을 것이다.

2) 보상의 주체

어떠한 경우에도 보상의 주체에 관한 규정이 없다는 사실이 보상청구를 불가능하게 만들 수는 없다. 이에 관한 규정이 없는 경우에도 해석상 보상의 주체는 공용침해를 한 행정주체가 되는 것으로 해석할 수 있다.

3) 보상절차

어떠한 경우에도 보상의 절차에 관한 규정이 없다는 사실이 보상청구를 불가능하게 만들 수 없다. 특별한 보상절차가 규정되어 있지 않는 경우에는 민사소송(학설에 의하면 공법상 당사자소송)을 통하여 보상을 받을 수 있다.

4) 보상의 방법

보상은 금전으로 하는 것이 원칙이다. 정당한 보상이 되는 한 법률로써 금전 이외의 보상방법, 즉 현물보상 또는 채권보상 등을 규정할 수 있지만 보상의 방법에 관한 규정이 없다고 보상이 불가능하게 되는 것은 아니다. 보상의 방법에 관한 규정이 없을 경우에는 일반원칙에 따라 금전으로 보상하여야 할 것이다.

5) 보상의 기준

문제는 보상의 기준(보상액)이다. 입법자구속설의 가장 큰 논거는 국가재정을 고려하여 보상액을 입법자가 정할 수 있도록 한 것이라는 데 있다. 그리고, 이러한 주장은 논리적으로 보상의 기준에 대하여 상당보상설을 취하는 견해로부터 도출된다.

그러나, 완전보상설을 취하는 경우에는 보상액의 결정에 관하여 입법부에게 재량권이 거의 인정되지 않는다. 완전보상을 공용침해로부터 발생한(공용침해와 상당인과관계가 있는) 전 손실의 보상이라고 본다면 공용침해로 인한 보상액은 논리칙·경험칙에 의해 객관적으로 결정될 수 있을 것이다.

입법권의 보상액 결정이 의미를 갖는 것은 보상의 범위에 포함되는지 여부가 불명확한 경우에 보상의 범위를 명확히 확정하고, 생활보상과 같은 금전보상 이외의 보상의 방법을 정하거나 완전보상 이상의 보상(완전보상을 상회하는 보상 또는 간접보상)을 정하는 경우에 한정될 것이다.

만일 법률에서 정한 보상액이 완전보상에 현저하게 미치지 못하는 경우에는 그 법률의 규정은 위헌무효가 된다.

2. 법률상 근거

『공익사업을 위한 토지 등의 취득 및 보상에 관한 법률』(이하 '토지취득보상법'이라 한다. '토지보상법' 또는 '공익사업법'이라고 부르기도 한다)은 헌법 제23조 제 3 항을 토지수용의 분야에서 구체화하는 법률이다. 즉, 토지취득보상법은 공공필요를 위한 토지수용의 근거 및 보상의 기준과 절차 등을 규정하고 있다.

토지취득보상법 제정 이전에는 사업인정을 거쳐 행해지는 협의수용 및 강제수용과 보상은 토지수용법에서 규율하고, 사업인정을 거치지 않는 협의에 의한 토지취득과 보상은 공공용지의 취득 및 손실보상에 관한 특례법(이하 '공특법'이라 한다)에 의해 규율하였다. 그런데, 2002년 2월 4일 제정되고 2003년 1월 1일부터 시행되는 토지취득보상법은 구 토지수용법과 공특법을 통합하여 협의에 의한 토지취득 및 보상과 공용수용 및 보상을 일원적으로 규율하고 있다.

토지취득보상법 이외에 하천법, 소방기본법 등 개별법에서 공공필요에 의한 재산권침해에 대한 보상이 규정되고 있다.

문제는 개별법률에서 공공필요를 위한 재산권침해의 근거를 정하면서도 보상에 관하여는 규정하지 않고 있는 법률이 적지 않다는 것이다. 주로 공용제한의 경우에 그러하다.

3. 분리이론과 경계이론 [2007·2003 감평 사례, 2020 변시]

(1) 분리이론

1) 의 의 분리이론(分離理論)은 입법자의 의사에 따라 재산권에 대한 제한의 문제를 헌법 제23조 제 1 항 및 제 2 항에 의한 재산권의 내용과 한계의 문제와 헌법 제23조 제 3 항의 공용제한과 손실보상의 문제로 구분한다.

수용(공용제한)과 재산권의 내용적 제한과의 구분기준은 입법의 목적 및 형식이다. 즉, 법률의 규정에 의한 재산권의 제한이 일반적인 공익을 위하여 일반적·추상적으로 재산권을 새롭게 정의하려는 목적을 가진 경우에는 헌법 제23조 제 1 항 및 제 2 항의 재산권의 내용과 한계의 문제로 보고, 법률의 규정에 의한 재산권의 제한이 특정한 공익을 위하여 개별적·구체적으로 기존의 재산권을 박탈 내지 축소하려는 목적을 가진 것인 경우에는 헌법 제23조 제 3 항의 공용제한과 손실보상의 문제로 본다(김철용, "공용제한과 손실보상," 월간감정평가사, 2001. 5, 22면). 또는 재산권 제한의 목적을 기준으로 하여 재산권의 제한이 "특정한 공익상의 과제수행을 위한 것"이면 공용제한(수용)이고, 재산권의 제한이 "관련 당사자간 이익의 합리적 조정을 위한 것"이면 재산권의 내용적 제한이라고 본다(정혜영, "한국 헌법 제23조와 독일 분리이론에 의한 그 해석가능성," 공법연구 제33집 제 4 호, 2005, 262면).

분리이론은 가치보장인 "수용" 및 보상을 제한하고, 존속보장을 강화하려는 견해이다.

2) 재산권의 내용적 제한과 조정조치 재산권의 내용적 제한이 재산권에 내재하는 사회적 제약을 넘어 과도한 제한이 되는 경우에는 비례의 원칙 및 평등원칙에 반하게 된다. 이 경우에는 재산권의 내용적 제한이 과도한 것이 되지 않도록, 달리 말하면 비례원칙 위반으로 인한 위헌성을 해소하기 위하여 조정조치가 필요하다. 입법자는 비례원칙 위반을 시정하여 재산권 제한을 합헌적으로 하여야 할 의무를 지는데, 이 의무를 **조정의무**라고 한다.

조정조치로는 일차적으로 경과규정, 예외규정, 해제규정, 국가침해의 제한 등 비금전적 구제가 행해져야 하고, 이러한 구제조치들이 어려운 경우 제 2 차적으로 손실보상, 매수청구 등 금전적 보상이 주어져야 한다(정혜영, 위 논문, 249면).

3) 권리구제　　　　헌법 제23조 제 1 항 및 제 2 항에 의한 재산권의 내용과 한계의 문제인데, 조정조치의무를 이행하지 않는 경우 ① 재산권 제한조치가 위헌이므로 취소소송을 통하여 구제를 받아야 한다는 견해, ② 조정조치의무 불이행이라는 입법부작위에 대한 헌법소원을 통하여 구제를 받아야 한다는 견해, ③ 재산권제한조치의 근거가 되는 법률에 대한 헌법소원과 조정조치에 관한 입법을 기다려 구제를 받아야 한다는 견해가 있다. ④ 이 경우 헌법 제23조 제 3 항의 손실보상의 문제가 아니므로 손실보상규정의 유추적용에 의한 보상청구는 가능하지 않다.

4) 도입에 관한 학설의 대립　　　　분리이론은 독일 연방헌법재판소에 의해 취해진 이론인데, 이 이론을 우리나라에 도입하는 것을 찬성하는 견해와 이를 반대하는 견해가 있다.

① 찬성하는 견해는 존속보장을 강화하는 분리이론이 재산권의 보장에 기여할 수 있다고 한다. 이 견해에 대하여는 재산권 제한조치에 대한 취소소송을 인정하지 않고, 조정조치의무불이행에 대한 헌법소원을 제기하거나 재산권제한조치의 근거가 되는 법률의 위헌확인과 조정조치에 관한 입법을 기다려 구제를 받아야 한다는 견해를 취하면 분리이론의 주된 주장근거인 재산권의 존속보장은 실현되지 않으면서 오히려 구제조치를 통한 권리구제가 지연되는 문제가 있다는 비판이 가능하다.

② 이에 대하여 분리이론의 도입에 반대하는 견해는 우리나라 헌법 제23조 제 3 항은 독일 기본법 제14조 제 3 항과 달리 재산권의 수용뿐만 아니라 "사 용 및 제한"도 규정하고 있기 때문에 공공필요에 의한 재산권의 제한은 공용제한과 손실보상의 문제로 보아야 한다는 견해이다. 이 견해가 타당하다.

독일 기본법 제14조
① 소유권과 상속권은 보장된다. 그 내용과 한계는 법률로 정한다.
② 소유권은 의무를 수반한다. 그 행사는 동시에 공공복리에 적합하여야 한다.
③ 공용수용은 공공복리를 위해서만 할 수 있다. 공용수용은 법률로써 또는 법률에 근거하여서만 행해지며, 법률은 보상의 방법과 정도를 정한다. 보상은 공공의 이익과 관계자의 이익을 공정하게 형량하여 정해져야 한다.

---

(2) 경계이론

1) 의　　의　　　　경계이론(境界理論)이라 함은 공공필요에 의한 재산권의 제한과 그에 대한 구제를 손실보상의 문제로 보는 견해이다. 이 견해에 의하면 공공필요에 의한 재산권의 제약이 재산권에 내재하는 사회적 제약을 넘는 특별희생이 있는 경우에 그에 대하여 보상을 하여야 하는 것으로 본다.

2) 특별희생과 권리구제　　　　경계이론에 의하면 재산권에 대한 제한이 재산권에 내재하는 사회적 제약인가 특별한 희생인가 하는 문제(후술)와 보상규정이 없는 경우의 권리구제문제(전술)가 중요한 문제가 된다.

(3) 판   례

헌법재판소는 분리이론에 따라 공익목적을 위한 재산권의 제한 중 많은 경우(예, 개발제한 구역의 지정과 매수청구)를 헌법 제23조 제 3 항의 손실보상의 문제가 아니라 헌법 제23조 제 1 항과 제 2 항의 재산권의 내용과 한계의 문제로 보기 때문에 별도의 구제조치가 논의된다. 분리이론을 취하는 경우에도 헌법 제23조 제 3 항의 공용침해(공용수용)에 해당하는 경우에는 손실보상의 문제가 된다.

판례1　개성공단 전면중단 조치는 공익 목적을 위하여 개별적, 구체적으로 형성된 구체적인 재산권의 이용을 제한하는 공용 제한이 아니므로, 이에 대한 정당한 보상이 지급되지 않았다고 하더라도, 그 조치가 헌법 제23조 제 3 항을 위반하여 개성공단 투자기업인 청구인들의 재산권을 침해한 것으로 볼 수 없다(헌재 2022. 1. 27, 2016헌마364).

판례2　<집합제한 조치로 발생한 손실을 보상하는 규정을 두지 않은 '감염병의 예방 및 관리에 관한 법률'조항(입법부작위)에 관한 헌법소원사건> (1) 구체적인 권리가 아닌 단순한 이익이나 재화의 획득에 관한 기회 또는 기업활동의 사실적·법적 여건 등은 재산권 보장의 대상에 포함되지 아니하므로, 코로나19의 예방을 위한 집합제한 조치로 인하여 음식점을 영업하는 청구인들의 영업이익이 감소하였다고 하더라도 그 손실을 보상하지 않는 것이 청구인들의 재산권을 제한하는 것은 아니다. <해설> 제23조 제 3 항의 손실보상이 아니라 제 1 항의 재산권 제한의 문제로 보았다. (2) 심판대상조항의 개정 연혁과 집합제한 조치의 특성, 정부의 집합제한 조치에 대한 보상책 및 청구인들이 받은 영업제한의 정도 등을 고려할 때, 심판대상조항이 청구인들의 평등권을 침해하지 않는다. 즉, 국가의 방역정책으로 인하여 입은, 재산권의 보호범위에 포함되지 않는 영업상 손실을 보상할지 여부는 국가의 재정상황이나 대상의 범위, 피해 정도 등 여러 사정이 고려되어 정해질 입법정책의 문제이다. 정부는 집합제한 조치로 인한 부담을 완화하기 위하여 다양한 지원을 하였고, 감염병예방법과는 별개로 '소상공인 보호 및 지원에 관한 법률'이 2021년 개정되어 2021년 3분기 이후 발생한 집합제한 조치로 인한 손실을 보상하는 규정이 신설되었다. 또한 코로나19 유행 전보다 영업 매출이 감소하였더라도, 집합제한 조치는 공동체 전체를 위하여 코로나19의 확산을 방지하기 위한 것이므로 사회구성원 모두가 그 부담을 나누어 질 필요가 있고, 그러한 매출 감소는 코로나19 감염을 피하기 위하여 사람들이 자발적으로 음식점 방문을 자제한 것에 기인하는 측면도 있다. 한편, 비수도권에서 음식점을 영업하는 청구인들은 영업시간 제한을 받은 기간이 짧고, 영업이 제한된 시간 이외에는 정상적으로 영업이 가능하였으며 영업이 제한된 시간 동안에도 포장·배달을 통한 영업은 가능하였다. 그러므로 심판대상조항이 감염병의 예방을 위하여 집합제한 조치를 받은 영업장의 손실을 보상하는 규정을 두고 있지 않다고 하더라도 청구인들의 평등권을 침해한다고 할 수 없다(헌재 2023. 6. 29, 2020헌마1669[입법부작위 위헌확인]).

판례3　(1) 가축의 살처분으로 인한 재산권의 제약은 가축의 소유자가 수인해야 하는 사회적 제약의 범위에 속한다. 그러나 헌법 제23조 제 1 항 및 제 2 항에 따라 재산권의 사회적 제약을 구체화하는 법률조항이라 하더라도 권리자에게 수인의 한계를 넘어 가혹한 부담이 발생하는 예외적인 경우에는 이를 완화하는 보상규정을 두어야 한다. (2) 입법자에게는 헌법적으로 가혹한 부담의 조정이란 '목적'을 달성하기 위하여 어떠한 '방법'으로 보상하여 가혹한 부담을 완화·조정할 것인가를 선택함에 있어서는 광범위한 형성의 자유가 부여된다(헌재 2015. 10. 21, 2014헌바170; 헌재 2020. 9. 24, 2018헌마1163 참조). (3) 살처분 보상금 수급권이 계약사육농가에게만 귀속하도록 법정한 것은 그로 인해 축산계열화사업자는 그가 입은 경제적 가치의 손실을 회복하는 데에 한계가 있고, 살처분 보상금을 가축의 소유자인 축산계열화사업자와 계약사육농가에게 개인별로 지급함으로써 대상 가축의 살처분으로 인한 각자의 경제적 가치의 손실에 비례한 보상을 실시하는 것이 입법기술상으로 불가능하지 않으므로 살처분된 가축의 소유자가 축산계열화사업자인 경우에는 수급권 보호를 위하여 보상금을 계약사육농가에 지급한다고 규정한 '가축전염병 예방법' 제48조 제 1 항 제 3 호 단서는 축산계열화사업자에 대한 재산권의 과도한 부담을 지우고, 그 과도한 부담을 완화하기에 적절한 조정적 보상조치라고 할 수 없으므로 헌법에 합치되지 아니하고, 2025. 12. 31.을 시한으로 입법자가 개정할 때까지 계속 적용된다는 결정을 선고한 사례[계속적용 헌법불합치](헌재 2024. 5. 30, 2021헌가3). 〈참고〉 1) 축산계열화사업자가 계약사육농가에게 위탁사육한 가축이 가축전염병의 확산 방지를 위해 살처분된 경우 지급되는 보상금 중에는 가축의 소유자인 축산계열화사업자와 위탁사육한 계약사육농가가 각각 투입한 자본 내지 노동력 등에 따라 각자 지급받아야 할 몫이 혼재되어 있다. 그런데 살처분 보상금 전액을 어느 일방에게만 지급하도록 하는 형태를 취하게 되면 당해 사건에서처럼, 살처분 보상금 수급권에 대한 제3자의 채권압류·전부명령 등 예기치 못한 사정으로 상대방으로서는 보상금을 정산받지 못하는 문제가 발생할 수 있다. 2) 이 사건 계속적용 헌법불합치 결정에 따라, 입법자는 2025. 12. 31.까지 살처분 보상금은 가축의 소유자인 축산화계열화사업자와 계약사육농가에게 가축의 살처분으로 인한 각자의 경제적 가치의 손실에 비례하여 개인별로 지급하는 방식으로 입법을 개선하여야 하며, 그 전까지는 심판대상조항이 적용된다.

대법원도 헌법재판소와 같이 공용침해 이외의 공익목적을 위한 재산권 제한(댐 사용권에 대한 취소·변경의 처분)을 헌법 제23조 제 1 항 및 제 2 항에 따른 재산권의 내용과 한계의 문제로 본 점에서 분리이론을 취하고 있는 것으로 볼 수 있다.

판례 [섬진강댐의 댐사용권자인 원고 한국농어촌공사가 섬진강댐 재개발사업으로 댐사용권의 변경처분을 받게 되자 그에 대한 손실보상을 구한 사건] (1) 댐사용권 변경처분이 있을 경우 댐사용권자가 납부한 부담금의 반환을 규정한 「댐건설·관리 및 주변지역지원 등에 관한 법률」 제34조 제 1 항이 댐사용권의 제한 내지 침해에 따른 정당한 보상을 정한 법률조항(손실보상조항)이 아니다: 댐 사용권을 그대로 유지하는 것이 곤란하다고 인정되는 경우 댐 사용권에 대한 취소·변경의 처분을 할 수 있도록 규정한 구 댐건설관리법 제31조 제 4 항 제 2 호가 헌법 제23조 제 1 항 및 제 2 항에 따른 재산권의 내용과 한계를 규정한 조항인 이상, 위 조항에 따라 댐 사용권을 변경·취소하는 경우에 댐 사용권에 관한 투자비용에 해당하는 부담금이나 납부금의 일부를 국가가 댐 사용권자에게 반환하도록 규정한 구 댐건설관리법 제34조 제 1 항 역시 구 댐건설관리법 제31조 제 4 항 제 2 호와 일체를 이루어 재산권인 댐 사용권의 내용과 한계를 정하는 동시에 공익적 요청에 따른 재산권의 사회적 제약을 구체화하는 규정이라고 봄이 타당하다(헌재 2022. 10. 27, 2019헌바44 참조). (2) 원심판결 중 구 댐건설관리법 제34조 제 1 항을 댐 사용권 취소 또는 변경 처분에 대한 특별한 손실보상 규정이라고 본 것은 잘못이나, 피고 대한민국에게는 댐건설관리법 제31조, 제34조 제 1 항에 따라 댐 사용권 취소·변경에 따른 부담금이나 납부금 일부를 반환하도록 할 의무가 있을 뿐 「공익사업을 위한 토지 등의 취득 및 보상에 관한 법률」 제70조 및 제75조의 유추적용에 의한 손실보상금 지급의무가 있다고 보기 어렵다는 이유로 원고의 청구를 기각한 원심결론을 수긍하여 상고를 기각한 사례(대판 2023. 8. 31, 2019다206223[손실보상 약정금 지급 청구의 소]). 〈해설〉 섬진강댐의 댐사용권자인 원고 한국농어촌공사가 섬진강댐 재개발사업으로 댐사용권의 변경처분을 받게 되자 그에 대한 손실보상을 구한 사건에서 댐사용권 변경처분이 있을 경우 댐사용권자가 납부한 부담금의 반환을 규정한 「댐건설·관리 및 주변지역지원 등에 관한 법률」 제34조 제 1 항(국가는 제31조에 따라 댐사용권에 대하여 취소 또는 변경의 처분을 하였을 때에는 제20조 제 1 항에 따라 납부된 부담금이나 제33조에 따라 납부된 납부금의 일부를 반환하여야 한다(제34조 제 1 항). 이 댐사용권의 제한 내지 침해에 따른 헌법 제23조 제 3 항에 따른 정당한 보상을 정한 법률조항(댐 사용권 취소 또는 변경 처분에 대한 특별한 손실보상 규정)이 아니므로 피고 대한민국에게는 댐건설관리법 제31조, 제34조 제 1 항에 따라 댐 사용권 취소·변경에 따른 부담금이나 납부금 일부를 반환하도록 할 의무가 있을 뿐 「공익사업을 위한 토지 등의 취득 및 보상에 관한 법률」

제70조 및 제75조의 유추적용에 의한 손실보상금 지급의무가 있다고 보기 어렵다고 사례(대판 2023. 8. 31, 2019다206223[손실보상 약정금 지급 청구의 소]).

개발제한구역 지정과 권리구제 [1996 입시 약술]

구 도시계획법은 개발제한구역의 지정으로 인하여 특별한 희생이 발생하는 경우에 대하여도 손실보상 등 구제조치에 관한 규정을 두고 있지 않았다. 그런데, 현행 『개발제한구역의 지정 및 관리에 관한 특별조치법』은 토지매수청구제도를 두고 있다.

개발제한구역의 지정으로 인한 재산권 행사의 제한과 그에 대한 구제에 관하여 분리이론에 입각하여 헌법 제23조 제 1 항 및 제 2 항의 문제(재산권의 내용과 한계의 문제)로 보는 견해와 경계이론에 입각하여 제23조 제 3 항의 문제(공용제한과 손실보상의 문제)로 보는 견해가 대립하고 있다.

1) 분리이론에 따른 권리구제

> **판례**　헌법재판소는 분리이론에 입각하여 개발제한구역의 지정 및 도시계획시설의 시행지연으로 인한 재산권 행사의 제한과 그에 대한 권익구제의 문제를 헌법 제23조 제 3 항의 공용제한과 손실보상의 문제로 보지 않고, 헌법 제23조 제 1 항 및 제 2 항의 재산권의 내용과 한계의 문제로 보고 있다(헌재 1998. 12. 24, 89헌마214, 90헌바16, 97헌바78(병합); 전원재판부 1999. 10. 21, 97헌바26[구 도시계획법 제 6 조 위헌소원]).

① 개발제한구역의 지정으로 인한 재산권 행사의 제한과 그에 대한 권익구제의 문제는 헌법 제23조 제 1 항 및 제 2 항의 재산권의 내용과 한계의 문제이다.

② 개발제한구역으로 지정된 토지를 원칙적으로 지정 당시의 지목과 토지현황에 의한 이용방법에 따라 사용할 수 있는 한 재산권에 내재하는 사회적 제약에 불과하다. 개발제한구역의 지정으로 인한 개발가능성의 소멸과 그에 따른 지가의 하락이나 지가상승률의 상대적 감소는 토지소유자가 감수해야 하는 사회적 제약의 범주에 속하는 것으로 보아야 한다(헌재 1998. 12. 24, 89헌마214, 90헌바16, 97헌바78[도시계획법 제21조에 대한 위헌소원]). 다만, 사건에 의하면 지가의 하락이 과도한 경우(예, 20% 이상의 하락)에는 특별한 희생에 해당한다고 보아야 한다.

③ 개발제한구역의 지정으로 법상 토지를 종래의 목적으로 사용할 수 없거나(지목이 대지인 경우) 사실상 종래의 목적으로 사용할 수 없는 경우(예, 농지의 경우 농업용수를 공급할 수 없는 경우)에는 재산권에 내재하는 사회적 제약을 넘는 재산권 제한이다. 그런데, 구 도시계획법하에서는 보상 등 어떠한 구제방법도 마련하고 있지 않았으므로 비례의 원칙에 위반되어 당해 토지소유자의 재산권을 과도하게 침해하는 것으로서 헌법에 위반된다.

④ 헌법재판소는 보상 등 권리구제는 헌법재판소가 결정할 성질의 것이 아니라 광범위한 입법형성권을 가진 입법자가 입법정책적으로 정할 사항이며 입법자는 보상 등 조정조치를 입법하여 위헌적 상태를 제거할 의무가 있고, 토지소유자는 보상입법을 기다려 그에 따른 권리행사를 할 수 있을 뿐 개발제한구역의 지정이나 그에 따른 토지재산권의 제한 그 자체의 효력을 다투거나 위 조항에 위반하여 행한 자신들의 행위의 정당성을 주장할 수는 없다고 보고 있다.

⑤ 헌법재판소는 구 도시계획법 제21조에 의하여 개발제한구역이 지정된 경우에 보상을 지급하는 법률을 제정하지 아니한 것은 기본권 보장을 위한 법규정이 불완전하여 보충을 요하는 경우에 해당하는 부진정입법부작위라고 하면서 헌법소원의 대상이 되는 입법부작위에 해당하지 않는다고 보았다(헌재 1999. 1. 28, 97헌마9[입법부작위위헌확인]).

⑥ 따라서, 헌법재판소의 입장(분리이론)에 의하면 위의 헌법재판소 결정 이후 『개발제한구역의 지정 및 관리에 관한 특별조치법』이 제정되어 개발제한구역의 지정으로 인하여 특별한 희생을 받은 자에게 매수청구권을 인정함으로써 구 도시계획법상의 개발제한구역의 지정에 관한 규정의 위헌문제는

해결된 것으로 볼 수 있다.
2) 경계이론에 따른 권리구제
경계이론에 의하면 개발제한구역의 지정에 의한 재산권의 제한과 그에 대한 구제는 헌법 제23조 제
3항의 공용제한과 손실보상의 문제로 보아야 한다.
개발제한구역 지정으로 인하여 법상 토지를 종래의 목적으로 사용할 수 없거나 사실상 종래의 용법
대로 사용할 수 없게 되는 등 특별희생에 해당하면 그에 대한 보상이 주어져야 하는데, 보상규정이
없으므로 보상규정이 흠결된 경우에 해당하며 그에 따른 구제가 행해져야 한다.
현행 개발제한구역의 지정 및 관리에 관한 특별조치법은 토지매수청구제도를 두고 있다. 그러나, 토
지매수청구제도는 보상과는 다른 제도이므로 경계이론에 의하면 여전히 개발제한구역 지정으로 인하
여 법상 토지를 종래의 목적으로 사용할 수 없거나 사실상 종래의 용법대로 사용할 수 없게 된 경우
에는 보상규정이 흠결된 경우에 해당한다. 권리침해를 당한 자는 매수청구를 하거나 손실보상을 청
구(직접효력설에 따르는 경우)할 수 있다.
이에 대하여 토지매수청구제도가 실질적으로 보상제도라고 보는 견해도 있고, 이 견해에 의하면 토
지매수청구를 하여야 한다. 이 견해에 의하면 매수청구를 하지 않고 계속 토지를 보유하고자 하는 경
우 권리구제가 어렵고, 매수시까지 입은 손실이 보상되지 않는다는 문제가 있다.

4. 손실보상규정 흠결시의 권리구제 [2011 입시 사례]

공용침해로 인하여 특별한 손해가 발생하여 손실보상을 하여야 하지만 보상규정의
흠결이 있는 경우[3]에 국민의 권익구제방안으로 위헌무효설, 직접효력설, 유추적용설, 보
상입법부작위위헌설 등이 주장되고 있다.

이 논의는 공용사용과 공용제한, 주로 공용제한으로 인하여 특별한 희생이 발생함에
도 공용사용 또는 공용제한의 근거규정에 보상규정이 없는 경우(분리이론에 따르면 공용제
한 중 특정한 공익사업을 위한 제한) 그리고 공용수용의 경우 간접손실보상 등 보상규정이
일부 불비한 경우에 문제된다. 그 이유는 공용수용의 경우에는 통상 보상규정이 있고, 공
용사용의 경우에도 대체로 그러하기 때문이다.

공용침해로 특별희생이 발생하여 손실보상을 하여야 하는 경우라 함은 경계이론에
입각하는 경우와 분리이론에 따르는 경우에도 헌법 제23조 제3항의 문제가 되는 경우(특
정한 공익사업을 위해 공용침해가 행해진 경우)를 말한다. 손실보상을 하여야 함에도 보상규정
이 없을 때의 권리구제에 관하여는 아래와 같이 견해가 대립하고 있다.

(1) 위헌무효설(입법자구속설)

1) 위헌무효설의 의의, 논거와 그에 대한 비판

위헌무효설(違憲無效說)은 특별한 희생을 초래하는 공용침해를 규정하면서 보상규정을
두지 않은 법률규정은 위헌무효라는 견해이다. 이 견해의 논거는 다음과 같다. ① 헌법 제

---

3) 보상에 관한 규정의 흠결이 있는 경우는 ① 보상규정이 전혀 없는 경우. ② 법률에 보상원칙은 선언되어
있지만 보상의 내용 및 절차에 관한 구체적인 규정이 전혀 없는 경우(소방대상물의 제거명령 등 소방대상
물에 대한 처분으로 인하여 발생한 손실의 보상에 관한 소방기본법 제7조, 제78조). ③ 보상의 절차에
관한 정함은 있지만 기준과 방법에 관한 규정이 없는 경우(예, 문화재보호법 제30조, 동법 시행령 제23
조). ④ 보상의 내용에 관한 정함이 있지만 불충분한 경우(예, 산림법 제63조).

23조 제 3 항은 보상청구권의 직접적 근거규정이 아니고, 입법자에 대한 구속규정이다. ②
보상은 재정지출의 문제를 수반하므로 예산권을 갖고 있는 국회가 법률로 정하는 것이 타
당하다. ③ 헌법 제23조 제 3 항(공용침해조항과 손실보상조항)은 독일 기본법 제14조와 같이
불가분조항(결합조항(연결조항))이다.

2) 위헌무효설에서의 권리구제

위헌무효설의 가장 큰 문제점은 공용침해로 특별한 손실을 받은 자에 대한 구제가 어
렵다는 점이다. ① 위헌무효설 중에는 보상규정이 없는 법률에 근거한 공용침해는 위법한
공용침해이므로 국가배상을 청구할 수 있다는 견해가 있다. 그러나, 현재 판례는 국가배상
법상의 과실을 공무원의 주관적 과실로 해석하고 있으므로 이러한 판례의 입장을 따르는
한 법률에 근거하여 공용침해행위를 하였지만 보상규정이 없어서 결과적으로 위법하게 되
는 경우에 위헌인 법률을 제정한 입법자의 과실을 인정하기 어렵고, 공용침해를 한 공무
원에게도 과실이 있다고 볼 수는 없으므로 국가배상청구를 인정할 수 없는 문제가 있다.
② 위헌무효설에 의하면 공용침해의 근거가 된 법률의 위헌무효를 주장하면서 그에 근거
한 공용침해행위에 대하여 그 공용침해행위가 처분인 경우 취소소송을 제기할 수 있다.
③ 위헌무효설을 취하면서 보상입법부작위에 대한 헌법소원을 통하여 보상규정이 흠결된
법률에 근거한 공용침해행위에 대한 구제를 받을 수 있다고 보는 견해가 있는데, 이는 보
상규정이 흠결된 법률규정을 위헌·무효라고 보면서 보상규정에 관한 입법부작위를 인정
하는 점에서 논리적이지 못하다.

(2) 직접효력설

직접효력설(直接效力說)은 헌법 제23조 제 3 항을 국민에 대하여 직접적 효력이 있는
규정으로 보고, 만일에 공용침해의 근거가 되는 법률이 보상규정을 두지 않고 있는 경우
에는 직접 헌법 제23조 제 3 항에 근거하여 보상을 청구할 수 있다고 본다. 보상금청구소
송이 제기되면 법원은 완전보상의 원칙에 따라 보상액을 객관적으로 확인·결정할 수 있
다고 본다. 직접효력설은 헌법 제23조 제 3 항을 불가분조항으로 보지 않는다.

이 견해는 헌법 제23조 제 3 항에서 정당보상의 원칙이 명시적으로 규정되고 있고, 이
헌법규범도 법규범으로 입법자뿐만 아니라 법원 및 국민에게도 직접적 구속력을 갖는다고
보는 데 근거한다.

이 견해에 의하면 헌법 제23조 제 3 항에서 보상을 법률로 정하도록 한 것은 정당한
보상의 범위 내에서 구체적인 보상의 기준과 방법을 정하도록 한 것이라고 해석한다.

이 견해에 의하면 행정청이 손실보상을 거부하는 경우에는 손실보상청구소송을 제기
하여야 한다.

(3) 헌법 제23조 제 1 항(재산권 보장규정) 및 헌법 제11조(평등원칙)로부터 손실보상 청구권을 도출할 수 있다는 견해(유추적용설)

유추적용설은 독일의 수용유사침해이론을 우리나라에서도 타당한 이론으로 주장하면서 수용유사침해보상의 법적 근거를 헌법 제23조 제 1 항(재산권보장규정) 및 헌법 제11조(평등원칙)에 근거지우는 견해이다(홍정선). 이 견해에 의하면 행정청이 손실보상을 거부하는 경우에는 공법상 당사자소송으로 손실보상청구소송을 제기하여야 한다. 이 견해를 통상 유추적용설이라 부르고 있는데, 판례가 취하는 보상법률규정의 유추적용설과 혼동하지 말아야 한다.

이 견해에 대하여는 소극적 권리인 재산권과 소극적 원칙인 평등원칙으로부터 적극적 청구권인 손실보상청구권을 도출하는 것은 타당하지 않다는 비판이 있다.

(4) 보상입법부작위위헌설

보상입법부작위위헌설(補償立法不作爲違憲說)은 공공필요를 위하여 공용제한을 규정하면서 손실보상규정을 두지 않은 경우 그 공용제한규정 자체는 헌법에 위반되는 것은 아니라고 보고, 손실보상을 규정하지 않은 입법부작위가 위헌이라고 보는 견해이다.

이 견해의 논거는 다음과 같다. ① 헌법 제23조 제 3 항은 손실보상에 관하여는 입법자가 정하도록 하고 있다. ② 헌법 제23조 제 3 항을 결합조항(연결조항)으로 이해하여 개발제한구역지정 등 공익을 위한 재산권 제한 자체를 위헌이라고 본다면 사회적 혼란과 부작용을 초래할 수 있다. 따라서, 개발제한구역의 지정 등 공용제한 자체는 적법하다고 보아야 한다.

보상입법부작위설에 의하면 공용제한을 규정하는 법률이 보상규정을 정하지 않은 경우 손실보상을 규정하지 않은 입법부작위에 대한 헌법소원을 통해 해결하여야 한다고 한다.

(5) 판례의 태도

헌법재판소는 헌법은 수용 등에 대한 보상규정을 법률이 정하도록 국가에게 명시적으로 입법의무를 부과하고 있는 점에 비추어 보상입법부작위위헌설을 취하고 있다고 할 수 있다.

대법원은 제 3 공화국에서 당시 헌법 제20조 제 3 항이 직접적 효력이 있는 규정이라고 보았고, 제 4 공화국에서 당시 헌법 제20조 제 3 항의 직접적 효력을 부정하였었다. 현행 헌법 제23조 제 3 항의 직접효력 여부에 관하여는 아직 대법원 판례가 나오지 않고 있다.

대법원은 공용침해로 인한 특별한 손해에 대한 보상규정이 없는 경우에 관련보상규정을 유추적용하여 보상하려는 경향이 있다(보상규정유추적용설).

판례1   우리 헌법은 제헌 이래 현재까지 일관하여 재산의 수용, 사용 또는 제한에 대한 보상금을 지급하도록 규정하면서 이를 법률이 정하도록 위임함으로써 국가에게 명시적으로 수용 등의 경우 그 보상에 관한 입법의무를 부과하여 왔다(헌재 1994. 12. 29, 89헌마2: 군정법령에 의해 사설철도회사를 수용하고 조선철도의 통일폐지법률에 의하여 군정법령을 폐지하고 그 보상에 관하여 아무런 입법조치를 취하지 않은 입법부작위를 위헌이라고 한 사례).

판례2   구 수산업법상 어업허가를 받고 허가어업에 종사하던 어민이 공유수면매립사업의 시행으로 피해를 입게 된 경우에 헌법 제23조 제3항, 면허어업권자 내지는 입어자에 관한 손실보상을 규정한 구 공유수면매립법 제16조, 공공용지의 취득 및 손실보상에 관한 특례법 제3조 제1항 및 동법 시행규칙 제25조의2의 규정을 유추적용하여 피해어민들에게 손실보상을 하여 줄 의무가 있다(대판 1999. 11. 23, 98다11529).

판례가 취하는 보상규정유추적용설의 문제는 유추적용할 보상규정도 없고, 국가배상 책임도 인정할 수 없는 경우 권리구제가 안 된다는 점이다.

(6) 결   어

현행 헌법 제23조 제3항이 완전보상의 원칙으로 해석되는 정당보상의 원칙을 선언하고 있고, 완전보상에 따른 보상액을 법원이 결정할 수 있으므로 국민의 권리구제의 실효성을 위하여 **직접효력설**이 타당하다.

유추적용할 법률규정이 있는 경우에는 이 법률규정을 유추적용하여 보상한다. 유추적용할 법률규정이 없는 경우에는 헌법 제23조 제3항에 근거하여 손실보상청구권이 인정된다. 행정청이 손실보상을 거부하는 경우에는 공법상 당사자소송으로 손실보상청구소송을 제기하여야 한다.

제 3 절 행정상 손실보상의 요건 [2009 감평 사례]

행정상 손실보상이 인정되기 위하여는 적법한 공용침해로 손실이 발생하였고, 당해 손실이 특별한 손해(희생)에 해당하여야 한다.

I. 적법한 공용침해

적법한 공용침해라 함은 공공필요에 의하여 법률에 근거하여 가해진 국민의 권익에 대한 침해를 말한다.

1. 공공필요 [2007 사시 사례]

재산권에 대한 수용·사용·제한은 공공필요(公共必要)가 있는 경우에 한하여 인정된다

(헌법 제23조 제 3 항). 즉, 공공필요는 수용의 정당화사유가 된다.

　　공공필요라는 개념은 공익이라는 개념과 비례의 원칙을 포함하는 개념이다. 공익사업
에 공익성이 있어야 하고, 수용으로 인하여 달성하는 공익과 수용으로 인하여 침해되는
이익(공익 및 사익)을 비교형량하여 침해되는 이익이 지나치게 크지 않는 한 수용은 정당한
것이 된다. 수용으로 인하여 침해되는 공익의 예로는 환경상 이익, 문화재(국가유산) 보호
이익 등을 들 수 있다.

　　공공필요성이 있으면 사인(私人)을 위한 수용도 인정된다. 다만, 사인을 위한 수용의
경우에는 사인에게 부당한 특혜가 주어지지 않도록 공익보장책이 마련되어야 한다(자세한
것은 공용부담 참조).

> **판례**　　우리 헌법상 수용의 주체를 국가로 한정한 바 없으므로 민간기업도 수용의 주체가 될 수 있
> 고, 산업입지의 공급을 통해 산업발전을 촉진하며 국민경제의 발전에 이바지하고자 함에는 공공의 필
> 요성이 있으며, 피수용자에게 환매권이 보장되고 정당한 보상이 지급되며, 나아가 수용과정이 적법절
> 차에 의해 규율되는 점에 비추어 볼 때 민간기업에게 산업단지개발사업에 필요한 토지 등을 수용할 수
> 있도록 규정한 '산업입지 및 개발에 관한 법률' 제22조 제 1 항의 '사업시행자' 부분 중 '제16조 제 1 항
> 제 3 호'에 관한 부분 등을 위헌이라 할 수 없다(헌재 2009. 9. 24, 2007헌바114).

　　공용수용이 적법하기 위해서는 원칙상 사업인정과 수용재결을 거쳐야 한다. 그런데,
판례는 사업인정절차를 거치지 않았다고 하더라도 토지보상법 제 4 조 각 호의 공익사업
에 해당하는 공익사업을 실시하면 토지보상법상 손실보상규정에 따라 손실보상을 하여야
한다고 본다(대판 2021. 11. 11, 2018다204022[손해배상(기)]).

> **판례**　　(1) 지방자치단체인 피고가 공공용 시설인 공영주차장을 직접 설치하는 사업(이 사건 사업)
> 은 토지보상법 제 4 조 제 3 호의 공익사업에 해당한다. 이 사건 사업을 도시·군 계획시설사업으로 진행
> 하지 않았더라도 이 사건 사업을 토지보상법상 공익사업으로 인정하는 데 방해가 되지 않는다. (2) 사
> 업인정고시는 수용재결절차로 나아가 강제적인 방식으로 토지소유자나 관계인의 권리를 취득·보상하
> 기 위한 절차적 요건에 지나지 않고 (협의취득으로 인한) 영업손실보상의 요건이 아니다. 토지보상법
> 령도 반드시 사업인정이나 수용이 전제되어야 영업손실 보상의무가 발생한다고 규정하고 있지 않다.
> 따라서 피고가 시행하는 사업이 토지보상법상 공익사업에 해당하고 원고들의 영업이 해당 공익사업으
> 로 폐업하거나 휴업하게 된 것이어서 토지보상법령에서 정한 영업손실 보상대상에 해당하면, 사업인정
> 고시가 없더라도 피고는 원고들에게 영업손실을 보상할 의무가 있다. (3) 피고(공익사업시행자인 지방
> 자치단체)는 이 사건 각 토지와 건물을 소유자들로부터 매수하여 협의취득하였다. 원고들은 피고와 소
> 유자들 사이의 협의 성립 이전부터 해당 건물을 임차하여 그곳에서 영업을 하였는데, 소유자들이 피고
> 와 체결한 매매계약(협의취득계약)의 조건을 이행하기 위해 원고들과 임대차계약을 더 이상 갱신하지
> 않는 바람에 원고들이 폐업하거나 휴업하였다. 따라서 원고들은 이 사건 사업 때문에 폐업하거나 휴업
> 한 것이고, 토지보상법상 관계인에 해당하는 원고들의 각 영업이 손실보상대상이 된다. (4) 공익사업의
> 시행자가 토지소유자와 관계인에게 보상액을 지급하지 않고 그 승낙도 받지 않은 채 공사에 착수함으
> 로써 토지소유자와 관계인이 손해를 입은 경우, 토지소유자와 관계인에 대하여 불법행위가 성립할 수

있고, 사업시행자는 그로 인한 손해를 배상할 책임을 진다(대결 1998. 11. 3, 88마850, 대판 2013. 11. 14, 2011다27103 참조). (5) 원심은, 피고가 원고들에게 재산상 손해액으로 관계 법령에 따라 정당하게 보상하였을 경우 받을 수 있었던 손실보상금을 배상해야 한다고 보고, 제1심 감정인의 감정결과 등을 토대로 토지보상법 제77조, 구 「공익사업을 위한 토지 등의 취득 및 보상에 관한 법률 시행규칙」(2014. 10. 22. 국토교통부령 제131호로 개정되기 전의 것, 이하 '구 토지보상법 시행규칙'이라 한다) 제47조에 따른 휴업손실 보상금으로 다음 금액을 합산하여 원고들의 재산상 손해액으로 인정하였다. 즉, ① 휴업 기간 얻을 수 있었던 영업이익에 대한 보상금, ② 휴업 기간 중의 영업용 자산에 대한 감가상각비·유지관리비와 휴업 기간 중에도 정상적으로 근무하여야 하는 최소인원에 대한 인건비 등 고정적 비용에 대한 보상금, ③ 영업시설·원재료·제품과 상품을 이전하는 데 드는 비용과 그 이전에 따른 감손상당액에 대한 보상금, ④ 이전광고비와 개업비 등 영업장소를 이전하는 데 드는 부대비용에 대한 보상금이 그것이다. 그리고 원고들의 '휴업 기간 얻을 수 있었던 영업이익(위 ①)'에 대해서는 원고들의 월평균 영업이익이 산출하기 곤란하거나 2013년 1/4분기 도시근로자 가구 월평균 가계지출비에 미치지 못한다는 이유로 구 토지보상법 시행규칙 제46조, 제47조에 따라 2013년 1/4분기 도시근로자 가구 월평균 가계지출비인 3,610,785원을 기초로 산정하였다. 원심의 이러한 판단에 상고이유 주장과 같이 재산적 손해배상의 범위와 그 산정에 관한 법리를 오해하였거나 채증법칙을 위반한 잘못이 없다(대판 2021. 11. 11, 2018다204022[손해배상(기)]). 〈참고사항〉 이 사건 주차장 신축공사는 2014. 12. 1. 착공되어 2015. 5.경 완공되었다. 원고들은 피고에게 영업손실 보상금을 지급해달라고 요청하였으나, 피고는 이 사건 사업이 토지보상법상 공익사업에 해당하지 않고 원고들은 영업손실 보상대상이 아니라는 이유로 거절하였고, 원고들의 재결신청청구 역시 거부하였다. 원고들은 인천지방법원 2017구합460호로 재결신청청구 거부처분의 취소를 구하는 소를 제기하였으나, 위 인천지방법원은 이 사건 사업이 토지보상법상 공익사업에는 해당하더라도 사업인정고시가 이루어지지 않은 이상 원고들에게 재결신청을 청구할 권리가 인정되지 않으므로 피고의 거부행위는 항고소송의 대상이 되는 처분에 해당하지 않는다는 이유로 원고들의 소를 각하하는 판결을 선고하였다. 이에 대해서 원고들이 항소를 하였다가 취하함으로써 판결이 그대로 확정되었다.

2. 법률의 근거

공공의 필요만으로 수용이 가능한 것은 아니며 법률의 근거가 있어야 한다. 토지취득보상법 제4조는 토지를 수용 또는 사용할 수 있는 사업을 열거하고 있다. 기타 개별법률에 수용 또는 사용의 근거가 규정되어 있다.

법률의 근거가 있다 하더라도 공공의 필요가 없으면 수용은 인정될 수 없다.

3. 보상규정 없는 공용침해 [2006 입시 약술]

보상규정 없는 공용침해도 손실보상의 대상이 되는 공용침해로 보는 견해와 보상규정 없는 공용침해는 위법한 공용침해로 취소소송의 대상이 되어야 하는 것으로 보는 견해로 나뉜다.

보상규정이 없는 경우에도 법률에 근거하여 행해지고 공공필요가 있는 경우에는 그 공용침해 자체는 적법한 것으로 보아야 한다. 이러한 견해를 취하는 경우에도 직접효력설에 의하면 헌법 제23조 제3항에 근거하여 직접 손실보상청구권이 인정되고, 수용유사침해이론에 의하는 경우에도 손실보상청구권이 인정된다. 그리고 보상입법부작위위헌설에 의하면 입법자의 보상입법을 기다려 손실보상을 해 주어야 한다.

4. 공용침해(공용수용·공용사용·공용제한)

공용수용·공용사용·공용제한을 포괄하여 **공용침해**라고 한다. 그런데, 헌법 제23조 제3항의 공용수용·공용사용·공용제한의 개념, 특히 공용제한 개념의 해석에 관하여 두 견해가 대립한다.

(1) 전통적 견해

전통적 견해는 공용수용과 공용사용 및 공용제한을 구별한다. **공용수용**이라 함은 공공필요를 위하여 타인의 토지를 강제적으로 취득하는 것을 말한다. 수용은 통상 행정청의 결정에 의해 행해지지만, 직접 법률의 규정에 의해 행해지는 경우(입법적 수용)도 있다. **공용사용**이라 함은 공공필요를 위하여 특정인의 토지 등 재산을 강제로 사용하는 것을 말하고, **공용제한**이라 함은 공공필요를 위하여 재산권에 대하여 가해지는 제한을 말한다.

이 견해는 경계이론에 입각한 견해라고 할 수 있다. 경계이론에 의하면 공공필요를 위한 재산권의 제한은 널리 공용제한으로 본다.

1) 공용수용

공용수용(公用收用)이라 함은 공익사업을 시행하기 위하여 공익사업의 주체가 타인의 토지 등을 강제적으로 취득하고 그로 인한 손실을 보상하는 물적 공용부담제도를 말한다.

공용수용은 공공의 필요가 있는 경우에 한하여 인정되며 법률의 근거가 있어야 한다. 또한, 공용수용에 대한 보상이 주어져야 한다.

2) 공용사용

공용사용(公用使用)이라 함은 공공필요를 위하여 특정인의 토지 등 재산을 강제로 사용하는 것을 말한다. 토지 등의 소유자는 공용사용을 수인할 의무를 진다.

공용사용은 그 내용으로 보아 일시적 사용과 계속적 사용으로 나누어진다. '일시적 사용'은 공익사업의 주체가 그 사업의 이익을 위하여 타인의 토지·건물 기타 재산을 일시적으로 사용하는 것을 말한다. '계속적 사용'은 공익사업의 주체가 그 사업의 이익을 위하여 타인의 토지·건물 기타 재산을 계속적으로 사용하는 것을 말하는데, 개인의 재산권에 대한 중대한 제한이기 때문에 공용수용과 동일한 신중한 절차에 따라 그 사용권이 설정되는 것이 원칙이다.

3) 공용제한

공용제한(公用制限)이라 함은 공공필요를 위하여 재산권에 대하여 가해지는 공법상의 제한을 말한다. 공용제한은 재산권자가 재산권을 박탈당하지 않는 점에서 공용수용과 구별된다. 공용사용을 공용제한의 하나(사용제한)로 보는 견해도 있지만 공용제한과 공용사용은 구분하는 것이 타당하다.

(2) 공용사용과 공용제한을 일종의 수용으로 보는 견해

이에 대하여 공용사용과 공용제한을 일종의 수용으로 보는 견해가 있다. 이 견해는 수용을 특정한 공익상의 과제수행을 위하여 재산권을 박탈하는 것이라고 본다. 그리고, 헌법 제23조 제 3 항의 공용수용을 이 수용 중 "재산권의 전면적 박탈"로 보고, 공용사용과 공용제한을 "재산권의 부분적 박탈"로 본다(강태수). 이 견해는 통상 분리이론을 취하는 견해에 의해 주장된다.

Ⅱ. 공용침해로 손실이 발생하였을 것

① 손실보상이 인정되기 위하여는 손해가 현실적으로 발생하였어야 한다.

> **판례** 간척사업의 시행으로 종래의 관행어업권자에게 구 공유수면매립법에서 정하는 손실보상청구권이 인정되기 위해서는 매립면허고시 후 매립공사가 실행되어 관행어업권자에게 실질적이고 현실적인 피해가 발생해야 하는지 여부(적극): 손실보상은 공공필요에 의한 행정작용에 의하여 사인에게 발생한 특별한 희생에 대한 전보라는 점에서 그 사인에게 특별한 희생이 발생하여야 하는 것은 당연히 요구되는 것이고, 공유수면 매립면허의 고시가 있다고 하여 반드시 그 사업이 시행되고 그로 인하여 손실이 발생한다고 할 수 없으므로, 매립면허 고시 이후 매립공사가 실행되어 관행어업권자에게 실질적이고 현실적인 피해가 발생한 경우에만 공유수면매립법에서 정하는 손실보상청구권이 발생하였다고 할 것이다(대판 2010. 12. 9, 2007두6571[손실보상재결신청기각결정취소등]).

② 판례는 공익사업과 손실 사이에 상당인과관계가 있어야 손실보상의 대상인 손실이 된다고 본다.

> **판례** 공익사업의 시행으로 토석채취허가를 연장받지 못한 경우 그로 인한 손실과 공익사업 사이에 상당인과관계의 인정 여부 및 그 손실이 적법한 공권력의 행사로 가하여진 재산상의 특별한 희생으로서 손실보상의 대상이 되는지 여부(소극): 국토 및 자연의 보전 등의 중대한 공익상 필요가 있을 때에는 재량으로 산림내에서의 토석채취허가를 거부할 수 있는 것이다. 따라서 그 자체로 중대한 공익상의 필요가 있는 공익사업이 시행되어 토석채취허가를 연장받지 못하게 되었다고 하더라도 토석채취허가가 연장되지 않게 됨으로 인한 손실과 공익사업 사이에 상당인과관계가 있다고 할 수 없을 뿐 아니라(대판 1996. 9. 20, 96다24545 참조), 특별한 사정이 없는 한 그러한 손실이 적법한 공권력의 행사로 가하여진 재산상의 특별한 희생으로서 손실보상의 대상이 된다고 볼 수도 없다(대판 2009. 6. 23, 2009두2672[토지수용이의재결처분취소]: 당진-대전간 고속도로 건설공사의 시행으로 이 사건 채석장의 토석채취허가의 연장이 제한되더라도 손실보상의 대상이 되는 법익의 침해가 있는 것이라고 할 수 없다고 한 사례). 〈해설〉 연장이 거부된 토석채취허가에 관하여 행정청에게 재량권(기속재량권)이 인정된다는 사실이 공익사업과 토석채취허가거부로 인한 손실 사이의 상당인과관계를 부인하는 절대적인 사유가 될 수는 없다고 보는 것이 타당하므로 판례는 문제가 있다.

그러나, 손실보상의 요건으로 공익사업과 손실 사이에 국가배상책임에서 요구되는 상
당인과관계가 있을 것을 요구하는 것은 타당하지 않다. 상당인과관계 대신 '당해 손실이
공익사업(공용침해)으로부터 예견된 것일 것'을 손실보상의 한 요건으로 요구하는 것이 타
당하다. 의도된 손실(직접손실)뿐만 아니라 예견가능한 손실(간접손실, 수용적 침해)도 손실
보상의 대상이 되지만, 예견가능하지 않은 손실은 손실보상의 대상이 되지 않는다고 보아
야 한다.

Ⅲ. 특별한 희생(손해) [2009·2007 감평 사례, 1998 사시 사례, 1996 행시 사례]

공공필요를 위한 재산권의 침해가 있는 경우에 손실보상이 되기 위하여는 그 침해로
인한 손실이 '특별한 희생(손해)'에 해당하여야 한다. 그 손해가 '재산권에 내재하는 사회적
제약'에 불과한 경우에는 재산권자가 수인하여야 한다고 보고 있다. 이러한 해결은 재산권
의 공공성의 관념에 기초하고 있고, 이 관념의 헌법적 근거는 헌법 제23조 제 2 항이다.

실제에 있어서 어떠한 손해가 '특별한 손해'인지 아니면 '재산권에 내재하는 사회적
제약'인지 불명확한 경우가 많다. 이 문제는 공용제한의 경우에 주로 제기된다.

공용침해로 인하여 발생한 손해가 특별한 희생(손해)인가 아니면 재산권에 내재하는
사회적 제약에 불과한가의 판단기준에 관하여 다음과 같은 학설이 있다.

1. 형식적 기준설

형식적 기준설은 침해행위가 일반적인 것이냐 아니면 개별적인 것이냐라는 형식적 기
준에 의해 특별한 희생과 사회적 제약을 구별하려는 견해이다. 즉, 재산권에 대한 침해가
특정인 또는 한정된 범위의 사람에게 가해진 경우에는 특별한 희생에 해당하고, 재산권
침해가 일반적으로 행해지면 사회적 제약에 해당한다고 본다.

이 견해의 문제점은 특정인에게 가해진 권익침해도 사회적 제약에 해당하는 경우가
있을 수 있고, 공용침해가 어느 정도 일반적인 경우에도 특별한 희생에 해당하는 경우가
있을 수 있다는 것을 간과하고 있다는 점이다. 따라서, 형식적 기준만에 의해 특별한 희생
과 사회적 제약을 구분할 수는 없다. 특히 도시계획법상의 개발제한구역의 지정에서와 같
이 공용침해의 대상자가 다수인 경우에는 형식적 기준설에 의한 특별한 희생과 사회적 제
약의 구분은 매우 어렵다.

2. 실질적 기준설

실질적 기준설은 공용침해의 실질적 내용, 즉 침해의 본질성 및 강도를 기준으로 하여
특별한 희생과 사회적 제약을 구별하려는 견해이다. 이에는 보호가치설, 수인한도설, 사적
효용성설, 목적위배설, 사회적 제약설, 상황적 구속설 등이 있다.

(1) 보호가치설

이 설은 재산권을 보호가치 있는 것과 보호가치가 없는 것으로 구분하고 전자에 대한 침해만이 보상의 대상이 되는 특별한 희생이라고 본다.

이 견해에 대하여는 보호가치와 비보호가치에 대한 객관적인 기준을 제공하고 있지 못하다는 비판이 있다.

(2) 수인한도설(기대가능성설)

이 설은 재산권에 대한 침해가 재산권주체에게 보상 없이 수인가능한 것인지 아니면 수인한도(受忍限度)를 넘는 것인지에 따라 특별한 희생과 사회적 제약을 구별하려는 견해이다.

이 견해에 대하여는 수인가능성이라는 기준이 모호하다는 비판이 가능하다.

(3) 사적 효용설

이 설은 사적 효용을 재산권의 본질적 내용으로 보고, 재산권이 제한되고 있는 상태에서도 아직 재산권의 기능에 합당한 사적인 효용이 유지되는 경우에는 재산권의 단순한 사회적 제약에 불과하지만, 재산권의 침해가 재산권의 사적 효용(私的 效用)을 본질적으로 침해하는 경우에는 특별한 희생이 된다고 본다.

이 견해 역시 객관적인 기준이 되지 못한다는 비판이 가능하다. 각 재산권의 사적 효용이 무엇인지 판단이 쉽지 않고, 재산권의 사적 효용에 대한 어느 정도의 제한이 있어야 특별한 희생이 되는지 불명확한 경우가 있을 수 있다.

(4) 목적위배설

이 설은 재산권의 침해가 종래 인정되어 온 재산권의 이용목적 내지 기능에 위배되는지 여부를 기준으로 종래 인정되어 온 재산권의 이용목적에 위배되는 경우에 특별한 희생이고, 재산권에 대한 제한이 있었더라도 재산권의 본래의 이용목적 내지 기능에 따른 이용이 유지되고 있는 경우에는 재산권에 내재하는 사회적 제약이라고 본다.

(5) 상황구속설

이 설은 특히 토지 등의 부동산재산권의 경우 그의 지정학적 상황에 의하여 강한 사회적 의무가 수반된다고 보고, 당해 재산권이 처한 특수한 상황에 비추어 재산권 주체가 이미 예상할 수 있는 단순한 재산권 행사상의 제한이 가해진 경우에 그 제한은 사회적 제약에 불과하다고 본다.

이 견해는 토지 등의 재산권이 처한 상황을 고려하여 특별한 희생인지 여부를 판단하여야 한다는 것 이상으로 특별한 희생과 사회적 제약의 구별기준을 제시하고 있지 못하다는 비판을 받을 수 있다.

3. 결론: 복수기준설

우리나라의 통설은 형식적 기준설과 각 실질적 기준설이 일면의 타당성만을 갖는다고 보고, 형식적 기준설과 실질적 기준설을 종합하여 특별한 희생과 사회적 제약을 구별하여야 한다고 본다. 즉, 토지 등을 종래의 목적대로 사용할 수 없거나 재산권의 이용이 제한되었음에도 손실보상을 하지 않는 것이 가혹한 경우 특별희생에 해당한다.

우선 형식적 기준설을 적용하여 재산권의 침해가 모든 국민에 대하여 균등한 손해를 발생시킨 경우에는 평등의 원칙에 반하지 않으므로 원칙상 보상의 대상이 되지 않는 사회적 제약에 해당한다. 다만, 재산권 침해가 일반적인 경우에도 재산권의 본질적인 내용이 침해된 경우에는 특별한 희생이라고 보아야 한다.

재산권의 침해가 특정 범위의 사람에 대하여 가해진 경우에는 실질적 기준설에 따라 특별한 희생 여부를 판단하여야 한다. 실질적 기준설 중에서도 특히 사적 효용설, 목적위배설, 상황구속성, 수인한도설을 종합적으로 적용하는 것이 타당하다.

판례 1 국립공원구역지정 후 토지를 종래의 목적으로 사용할 수 있는 원칙적인 경우의 토지소유자에게 부과하는 현상태의 유지의무나 변경금지의무는, 토지재산권의 제한을 통하여 실현하고자 하는 공익의 비중과 토지재산권의 침해의 정도를 비교해 볼 때, 토지소유자가 자신의 토지를 원칙적으로 종래 용도대로 사용할 수 있는 한 재산권의 내용과 한계를 비례의 원칙에 부합하게 합헌적으로 규율한 규정이라고 보아야 한다. 그러나 입법자가, 국립공원구역지정 후 토지를 종래의 목적으로도 사용할 수 없거나 토지를 사적으로 사용할 수 있는 방법이 없이 공원구역내 일부 토지소유자에 대하여 가혹한 부담을 부과하면서 아무런 보상규정을 두지 않은 경우에는 비례의 원칙에 위반되어 당해 토지소유자의 재산권을 과도하게 침해하는 것이라고 할 수 있다(헌재 2003. 4. 24, 99헌바110, 2000헌바46(병합)[자연공원법 제 4 조 등 위헌소원]).

판례 2 일반 공중의 이용에 제공되는 공공용물에 대하여 특허 또는 허가를 받지 않고 하는 일반사용은 다른 개인의 자유이용과 국가 또는 지방자치단체 등의 공공목적을 위한 개발 또는 관리 보존행위를 방해하지 않는 범위 내에서만 허용된다 할 것이므로, 공공용물에 관하여 적법한 개발행위 등이 이루어짐으로 말미암아 이에 대한 일정범위의 사람들의 일반사용이 종전에 비하여 제한받게 되었다 하더라도 특별한 사정이 없는 한 그로 인한 불이익은 손실보상의 대상이 되는 특별한 손실에 해당한다고 할 수 없다(대판 2002. 2. 26, 99다35300[손해배상(기)]).

판례 3 광업법 제44조 제 1 항에 따라 이 사건 고속철도터널을 기준으로 지표 지하 50m 이내의 지역에서 채굴이 제한되는데, 이는 이 사건 광업권에 당연히 따르는 최소한의 제한으로 부득이한 것으로서 광업권자가 당연히 수인하여야 하는 것이다. 또한 경주시장의 개발행위(변경)허가에 부가된 조건에 따라 이 사건 터널에 대한 피해를 방지하기 위하여 발파 등 행위가 일부 제한되는데, 이 역시 공공복리를 위하여 부득이한 것으로 인정될 경우, 광업권자가 당연히 수인하여야 하는 것이다. 따라서 사실상 이 사건 광업권의 전부 또는 일부가 소멸하는 결과가 초래되었다는 등의 특별한 사정이 없는 이상, 위와 같은 제한은 이 사건 광업권에 내재되어 있는 한계가 현실화된 것에 불과하다(대판 2023. 6. 29, 2022두59592).

제 4 절 손실보상청구권

I. 손실보상청구권의 공권성

손실보상청구권이 공권인지 사권인지 이론상 다툼이 있다.

1. 사 권 설

손실보상청구권은 원인이 되는 공용침해행위와는 별개의 권리이며 기본적으로 금전지급청구권이므로 사법상의 금전지급청구권과 다르지 않다.

2. 공 권 설

손실보상청구권은 공권력 행사인 공용침해로 인하여 발생한 권리이며 공익성이 고려되어야 하므로 공권으로 보아야 한다.

3. 판 례

판례는 토지보상법상 손실보상청구권을 공권으로 보고 그에 관한 소송은 행정소송으로 해야 하는 것으로 보았다. 대법원 전원합의체 판결(2006. 5. 18, 2004다6207[보상청구권확인])은 하천법상의 하천구역으로 편입된 토지에 대한 손실보상청구가 민사소송이 아니라 당사자소송의 대상이 된다고 하였다.

또한, 토지취득보상법상 세입자의 주거이전비(대판 2008. 5. 29, 2007다8129)와 농업손실보상청구권(대판 2011. 10. 13, 2009다43461) 및 사업폐지 등에 대한 보상청구권(대판 2012. 10. 11, 2010다23210)은 공법상 권리로서 공법상의 법률관계를 다투는 행정소송에 의하여야 한다고 판시하였다.

판례1 [1] 하천법 등에서 하천구역으로 편입된 토지에 대하여 손실보상청구권을 규정한 것은 헌법 제23조 제 3 항이 선언하고 있는 손실보상청구권을 구체화한 것으로서, 하천법 그 자체에 의하여 직접 사유지를 국유로 하는 이른바 입법적 수용이라는 국가의 공권력 행사로 인한 토지소유자의 손실을 보상하기 위한 것으로 그 법적 성질은 공법상의 권리이므로, 구 하천법(1984. 12. 31. 법률 제3782호로 개정된 것, 이하 '개정 하천법'이라 한다) 부칙 제 2 조 또는 '법률 제3782호 하천법 중 개정법률 부칙 제 2 조의 규정에 의한 보상청구권의 소멸시효가 만료된 하천구역 편입토지 보상에 관한 특별조치법'(이하 '특별조치법'이라 한다) 제 2 조에 의한 손실보상의 경우에도 이를 둘러싼 쟁송은 공법상의 법률관계를 대상으로 하는 행정소송 절차에 의하여야 할 것이다. [2] 한편, 특별조치법 제 2 조 소정의 손실보상청구권은 1984. 12. 31. 전에 토지가 하천구역으로 된 경우에는 당연히 발생되는 것이지, 관리청의 보상금지급결정에 의하여 비로소 발생하는 것은 아니므로, 행정소송법 제 3 조 제 2 호 후단 소정의 공법상의 법률관계에 관한 소송으로서 그 법률관계의 한쪽 당사자를 피고로 하는 당사자소송에 의하여야 할 것이다(대판 전원합의체 2006. 5. 18, 2004다6207[보상청구권확인]). 〈해설〉 이 판례는 하천법상의 손실보상청구에 한정된 판례가 아니라 일반적으로 손실보상청구권을 사권으로 보고 손실보상청구소송을 민사소송으로 본 종전의 판례를 변경하여 손실보상청구권을 공권으로 보고, 따라서 손실보상청구소송은 항상 공법상 당사자소송으로 제기하여야 한다고 한 판례이다.

판례2   [1] 구 공익사업을 위한 토지 등의 취득 및 보상에 관한 법률 제77조 제 2 항상의 농업손실보상청구권은 공익사업의 시행 등 적법한 공권력의 행사에 의한 재산상의 특별한 희생에 대하여 전체적인 공평부담의 견지에서 공익사업의 주체가 그 손해를 보상하여 주는 손실보상의 일종으로 공법상의 권리임이 분명하므로 그에 관한 쟁송은 민사소송이 아닌 행정소송절차에 의하여야 할 것이고, 위 규정들과 구 공익사업법 제26조, 제28조, 제30조, 제34조, 제50조, 제61조, 제83조 내지 제85조의 규정 내용 및 입법 취지 등을 종합하여 보면, 공익사업으로 인하여 농업의 손실을 입게 된 자가 사업시행자로부터 구 공익사업법 제77조 제 2 항에 따라 농업손실에 대한 보상을 받기 위해서는 구 공익사업법 제34조, 제50조 등에 규정된 재결절차를 거친 다음 그 재결에 대하여 불복이 있는 때에 비로소 구 공익사업법 제83조 내지 제85조에 따라 권리구제를 받을 수 있다. [2] 甲 등이 자신들의 농작물 경작지였던 각 토지가 공익사업을 위하여 수용되었음을 이유로 위 농작물에 대한 농업손실보상을 청구한 사안에서, 원심으로서는 농업손실보상금 청구가 구 공익사업법 제34조, 제50조 등에 규정된 재결절차를 거쳐 같은 법 제83조 내지 제85조에 따른 당사자소송에 의한 것인지를 심리했어야 함에도, 이를 간과하여 甲 등이 재결절차를 거쳤는지를 전혀 심리하지 아니한 채 농업손실보상금 청구를 민사소송절차에 의하여 처리한 원심판결에는 농업손실보상금 청구의 소송형태에 관한 법리오해의 위법이 있다고 한 사례(대판 2011. 10. 13, 2009다43461[농업손실보상금]).

판례3   구 공익사업을 위한 토지 등의 취득 및 보상에 관한 법률(2007. 10. 17. 법률 제8665호로 개정되기 전의 것) 제 2 조, 제78조에 의하면, 세입자는 사업시행자가 취득 또는 사용할 토지에 관하여 임대차 등에 의한 권리를 가진 관계인으로서, 같은 법 시행규칙 제54조 제 2 항 본문에 해당하는 경우에는 주거이전에 필요한 비용을 보상받을 권리가 있다. 그런데 이러한 주거이전비는 당해 공익사업 시행지구 안에 거주하는 세입자들의 조기이주를 장려하여 사업추진을 원활하게 하려는 정책적인 목적과 주거이전으로 인하여 특별한 어려움을 겪게 될 세입자들을 대상으로 하는 사회보장적인 차원에서 지급되는 금원의 성격을 가지므로, 적법하게 시행된 공익사업으로 인하여 이주하게 된 주거용 건축물 세입자의 주거이전비 보상청구권은 공법상의 권리이고, 따라서 그 보상을 둘러싼 쟁송은 민사소송이 아니라 공법상의 법률관계를 대상으로 하는 행정소송에 의하여야 한다(대판 2008. 5. 29, 2007다8129[주거이전비등])

판례4   구 공익사업을 위한 토지 등의 취득 및 보상에 관한 법률(2007. 10. 17. 법률 제8665호로 개정되기 전의 것, 이하 '구 공익사업법'이라 한다) 제77조 제 2 항은 "농업의 손실에 대하여는 농지의 단위면적당 소득 등을 참작하여 보상하여야 한다."고 규정하고, 같은 조 제 4 항은 "제 1 항 내지 제 3 항의 규정에 의한 보상액의 구체적인 산정 및 평가방법과 보상기준은 건설교통부령으로 정한다."고 규정하고 있으며, 이에 따라 구 공익사업을 위한 토지 등의 취득 및 보상에 관한 법률 시행규칙(2007. 4. 12. 건설교통부령 제556호로 개정되기 전의 것)은 농업의 손실에 대한 보상(제48조), 축산업의 손실에 대한 평가(제49조), 잠업의 손실에 대한 평가(제50조)에 관하여 규정하고 있다. 위 규정들에 따른 농업손실보상청구권은 공익사업의 시행 등 적법한 공권력의 행사에 의한 재산상의 특별한 희생에 대하여 전체적인 공평부담의 견지에서 공익사업의 주체가 그 손해를 보상하여 주는 손실보상의 일종으로 공법상의 권리임이 분명하므로 그에 관한 쟁송은 민사소송이 아닌 행정소송절차에 의하여야 할 것이고, 위 규정들과 구 공익사업법 제26조, 제28조, 제30조, 제34조, 제50조, 제61조, 제83조 내지 제85조의 규정 내용 및 입법 취지 등을 종합하여 보면, 공익사업으로 인하여 농업의 손실을 입게 된 자가 사업시행자로부터 구 공익사업법 제77조 제 2 항에 따라 농업손실에 대한 보상을 받기 위해서는 구 공익사업법 제34조, 제50조 등에 규정된 재결절차를 거친 다음 그 재결에 대하여 불복이 있는 때에 비로소 구 공익사업법 제83조 내지 제85조에 따라 권리구제를 받을 수 있다(대판 2011. 10. 13, 2009다43461[농업손실보상금]).

판례5   구 공익사업을 위한 토지 등의 취득 및 보상에 관한 법률(2007. 10. 17. 법률 제8665호로 개정되기 전의 것, 이하 '구 공익사업법'이라고 한다) 제79조 제 2 항, 공익사업을 위한 토지 등의 취득 및 보상에 관한 법률 시행규칙 제57조에 따른 사업폐지 등에 대한 보상청구권은 공익사업의 시행 등 적법한 공권력의 행사에 의한 재산상 특별한 희생에 대하여 전체적인 공평부담의 견지에서 공익사업의 주체가 손해를 보상하여 주는 손실보상의 일종으로 공법상 권리임이 분명하므로 그에 관한 쟁송은 민사소송이 아닌 행정소송절차에 의하여야 한다. 또한 위 규정들과 구 공익사업법 제26조, 제28조, 제30조, 제34조, 제50조, 제61조, 제83조 내지 제85조의 규정 내용·체계 및 입법 취지 등을 종합하여 보면, 공익사업으로 인한 사업폐지 등으로 손실을 입게 된 자는 구 공익사업법 제34조, 제50조 등에 규정된 재결절차를 거친 다음 재결에 대하여 불복이 있는 때에 비로소 구 공익사업법 제83조 내지 제85조에 따라 권리구제를 받을 수 있다고 보아야 한다(대판 2012. 10. 11, 2010다23210[손실보상금]).

그러나, 판례는 아직도 수산업법 제81조의 규정에 의한 손실보상청구권이나 손실보상 관련 법령의 유추적용에 의한 손실보상청구권은 사권으로 보고 사업시행자를 상대로 한 민사소송의 방법에 의하여 행사하여야 한다고 하고 있다(대판 2001. 6. 29, 99다56468; 2014. 5. 29, 2013두12478; 2019. 11. 28, 2018두227).

4. 결   어

손실보상청구권은 공권력 행사로 인하여 발생한 권리이고 공익관련성이 있으므로 공권으로 보는 것이 타당하다.

판례 구 수산업법 제81조의 규정에 의한 손실보상청구권이나 손실보상 관련 법령의 유추적용에 의한 손실보상청구권의 행사방법(=민사소송) 및 구 공익사업을 위한 토지 등의 취득 및 보상에 관한 법률의 관련 규정에 의하여 취득하는 어업피해에 관한 손실보상청구권의 행사 방법(=행정소송): 구 수산업법(2007. 1. 3. 법률 제8226호로 개정되기 전의 것, 이하 같다) 제81조의 규정에 의한 손실보상청구권이나 손실보상 관련 법령의 유추적용에 의한 손실보상청구권은 사업시행자를 상대로 한 민사소송의 방법에 의하여 행사하여야 한다(대판 2001. 6. 29, 99다56468 참조). 그렇지만 구 공익사업을 위한 토지 등의 취득 및 보상에 관한 법률(2008. 2. 29. 법률 제8852호로 개정되기 전의 것, 이하 '구 공익사업법'이라 한다)의 관련 규정에 의하여 취득하는 어업피해에 관한 손실보상청구권은 민사소송의 방법으로 행사할 수는 없고, 구 공익사업법 제34조, 제50조 등에 규정된 재결절차를 거친 다음 그 재결에 대하여 불복이 있는 때에 비로소 구 공익사업법 제83조 내지 제85조에 따라 권리구제를 받아야 하며, 이러한 재결절차를 거치지 않은 채 곧바로 사업시행자를 상대로 손실보상을 청구하는 것은 허용되지 않는다고 봄이 타당하다(대판 2014. 5. 29, 2013두12478[어업손실보상금]).

Ⅱ. 손실보상청구권 유무의 판단시점

공익사업의 시행으로 인한 손실에 대한 보상청구권 유무는 해당 공익사업 시행 당시(사업인정시)를 기준으로 판단하여야 한다(대판 2013. 6. 14, 2010다9658).

판례1   손실보상은 공공사업의 시행과 같이 적법한 공권력의 행사로 가하여진 재산상의 특별한 희생에 대하여 전체적인 공평부담의 견지에서 인정되는 것이므로, 공공사업의 시행으로 손해를 입었다고 주장하는 자가 보상을 받을 권리를 가졌는지의 여부는 해당 공공사업의 시행 당시를 기준으로 판단하여야 하고, 그와 같은 공공사업의 시행에 관한 실시계획 승인과 그에 따른 고시가 된 이상 그 이후에 영업을 위하여 이루어진 각종 허가나 신고는 위와 같은 공공사업의 시행에 따른 제한이 이미 확정되어 있는 상태에서 이루어진 것이므로 그 이후의 공공사업 시행으로 그 허가나 신고권자가 특별한 손실을 입게 되었다고는 볼 수 없다(대판 2006. 11. 23, 2004다65978[손해배상(기)]).

판례2   일정한 공유수면에 관하여 매립면허가 있고 이것이 고시되었다면 그 이후의 어업허가는 공유수면매립사업의 시행과 그로 인한 허가어업의 제한이 이미 객관적으로 확정되어 있는 상태로서의 허가로서 그 이후의 공유수면매립사업 시행으로 인하여 허가어업자가 특별한 손실을 입게 되었다고 볼 수 없다(대판 1999. 11. 23, 98다11529[손해배상(기)]).

판례3   공공사업 시행에 관한 실시계획 승인과 그에 따른 고시(＝공공사업 시행) 이후 영업허가나 신고가이루어진 경우 공공사업 시행으로 허가나 신고권자가 특별한 손실을 입게 되었다고 볼 수 없다(대판 2014. 5. 29, 2013두12478[어업손실보상금]).

판례4   산업입지법에 따른 산업단지개발사업의 경우에도 토지보상법에 의한 공익사업의 경우와 마찬가지로 토지보상법에 의한 사업인정고시일로 의제되는 산업단지 지정 고시일을 토지소유자 및 관계인에 대한 손실보상 여부 판단의 기준시점으로 보아야 한다(대판 2019. 12. 12, 2019두47629).

손실보상의 대상인지 여부는 토지소유자와 관계인, 일반인이 특정한 지역에서 공익사업이 시행되리라는 점을 알았을 때를 기준으로 판단하여야 한다(대판 2019. 12. 12, 2019두47629).

Ⅲ. 손실보상청구권의 소멸시효

손실보상청구권에는 그 소멸시효에 관하여 달리 정함이 없는 한 민법에서 정하는 소멸시효규정이 유추적용될 수 있다(대판 2010. 12. 9, 2007두6571[손실보상재결신청기각결정취소 등]). 손실보상청구권은 금전의 지급을 구하는 채권적 권리이므로 그 소멸시효기간은 민법 제162조 제 1 항에 따라 10년이다.

그런데, 국가 또는 지방자치단체에 대한 손실보상청구권은 다른 법률에 특별한 규정이 없는 한 5년 동안 행사하지 아니하면 시효로 인하여 소멸한다(국가재정법 제96조 제 2 항, 지방재정법 제 8 조 제 2 항).

판례   구 공유수면매립법상 간척사업의 시행으로 인하여 관행어업권이 상실되었음을 이유로 한 손실보상청구권에 민법에서 정하는 소멸시효규정이 유추적용될 수 있는지 여부(적극)와 소멸시효기간(＝10년) 및 소멸시효의 기산일(＝실질적이고 현실적인 손실이 발생한 때): 소멸시효는 권리자가 그 권리를 행사할 수 있음에도 일정한 기간 동안 행사하지 않는 권리불행사의 상태가 계속된 경우에 그 권리를 소멸시키는 제도로서, 상당한 기간 동안 권리불행사가 지속되어 있는 이상 그 권리가 사법상의 손실보상청구인지 아니면 공법상 손실보상청구인지에 따라 달리 볼 것은 아니다. 따라서 공유수면매립법상 간척사업의 시행으로 인하여 관행어업권이 상실되었음을 이유로 한 손실보상청구권에도 그 소멸시효에 관하여 달리 정함이 없으면 민법에서 정하는 소멸시효규정이 유추적용될 수 있고, 이 경우 관행어업권자가 그 매립면허를 받은 자 또는 사업시행자에 대하여 가지는 손실보상청구권은 금전의 지급을 구하는 채권적 권리이므로 그 소멸시효기간은 민법 제162조 제 1 항에 따라 10년이다. 또한 그 소멸시효의 기산일은 손실보상청구권이 객관적으로 발생하여 그 권리를 행사할 수 있는 때, 곧 특별한 사정이 없는 한 이 사건 간척사업으로 인하여 관행어업권자가 자연산 패류 및 해초류 어장으로서의 어장을 상실하는 등 실질적이고 현실적인 손실이 발생한 때부터라고 보는 것이 타당하다(대판 2010. 12. 9, 2007두6571[손실보상재결신청기각결정취소등]).

제 5 절 법률의 근거 없는 수용 또는 보상 없는 공익사업 시행의 경우 손해배상청구와 부당이득반환청구

I. 손해배상청구

① 법률에 근거하지 않은 수용은 불법행위를 구성하므로 손해배상청구가 가능하다.

판례 **법적 근거 없이 한 징발과 불법행위:** [1] 군사상의 긴급한 필요에 의하여 국민의 재산권을 수용 또는 사용하게 되었던 것이라 할지라도 그 수용 또는 사용이 법률의 근거 없이 이루어진 경우에는 재산권자에 대한 관계에 있어서는 불법행위가 된다. [2] 우리나라 헌법이 재산권의 보장을 명시하였는 만큼 제헌 후 아직 징발에 관한 법률이 제정되기 전에 6.25사변이 발발되었고 그로 인한 사실상의 긴급한 필요에 의하여 국민의 재산권을 수용 또는 사용하게 되었던 것이라 할지라도 그 수용 또는 사용이 법률의 근거 없이 이루어진 것인 경우에는 그것을 재산권자에 대한 관계에 있어서는 불법행위라고 하지 않을 수 없다(대판 1966. 10. 18, 66다1715).

② 실정법령에 공용침해와 보상에 관한 규정이 있음에도 보상 없이 수용을 하거나 공사를 시행한 행위는 불법행위가 되므로 손해배상청구가 가능하다.

판례 1 공익사업의 시행자는 해당 공익사업을 위한 공사에 착수하기 이전에 토지소유자와 관계인에게 보상액 전액을 지급하여야 한다(토지보상법 제62조 본문). 공익사업의 시행자가 토지소유자와 관계인에게 보상액을 지급하지 않고 그 승낙도 받지 않은 채 공사에 착수함으로써 토지소유자와 관계인이 손해를 입은 경우, 토지소유자와 관계인에 대하여 불법행위가 성립할 수 있고, 사업시행자는 그로 인한 손해를 배상할 책임을 진다(대판 2021. 11. 11, 2018다204022).

판례 2 정당한 어업허가를 받고 공유수면매립사업지구 내에서 허가어업에 종사하고 있던 어민들에 대하여 손실보상을 할 의무가 있는 사업시행자가 손실보상의무를 이행하지 아니한 채 공유수면매립공사를 시행함으로써 실질적이고 현실적인 침해를 가한 때에는 불법행위를 구성하는 것이고, 이 경우 허가어업자들이 입게 되는 손해는 그 손실보상금 상당액이다(대판 1999. 11. 23, 98다11529).

판례 3 **기업자가 토지수용법상 소정의 보상을 함이 없이 수용목적물에 대한 공사를 시행한 경우 토지소유자가 그 손해금의 지급을 구하는 소의 법적 성질:** 구 토지수용법상 기업자는 토지수용으로 인하여 토지소유자 또는 관계인이 입게 되는 손실을 수용의 시기까지 보상할 의무가 있고 그 보상금의 지급 또는 공탁을 조건으로 수용의 시기에 그 수용목적물에 대한 권리를 취득하게 되는 것이므로 이러한 보상을 함이 없이 수용목적물에 대한 공사를 시행하여 토지소유자 또는 관계인에게 손해를 입혔다면 이는 불법행위를 구성하는 것으로서 이와 같은 불법행위를 주장하여 손해금의 지급을 구하는 소는 손실보상이라는 용어를 사용하였다고 하여도 민사상의 손해배상청구로 보아야 한다(대결 1988. 11. 3, 88마850 [이송결정]). 〈평석〉 사업시행자가 국가나 지방자치단체인 경우라면 국가배상을 청구하여야 할 것이다.

Ⅱ. 부당이득반환청구

판례는 보상 없이 타인의 토지를 점유·사용하는 것은 법률상 원인없이 이득을 얻은 때에 해당한다고 본다(대판 2016. 6. 23, 2016다206369).

판례 1 농지개량사업 시행지역 내의 토지 등 소유자가 토지사용에 관한 승낙을 하였다고 하더라도 그에 대한 정당한 보상을 받은 바가 없다면 농지개량사업 시행자는 토지 소유자 및 그 승계인에 대하여 보상할 의무가 있다 할 것이고, 그러한 보상 없이 타인의 토지를 점유·사용하는 것은 법률상 원인 없이 이득을 얻은 때에 해당한다고 보아야 한다(대판 2016. 6. 23, 2016다206369).

판례 2 토지의 상공에 고압전선이 통과하게 됨으로써 토지소유자가 토지 상공의 사용·수익을 제한받게 되는 경우, 특별한 사정이 없는 한 고압전선의 소유자는 토지소유자의 사용·수익이 제한되는 상공 부분에 대한 차임 상당의 부당이득을 얻고 있으므로, 토지소유자는 이에 대한 반환을 구할 수 있다. 이때 토지소유자의 사용·수익이 제한되는 상공의 범위에는 고압전선이 통과하는 부분뿐만 아니라 관계 법령에서 고압전선과 건조물 사이에 일정한 거리를 유지하도록 규정하고 있는 경우 그 거리 내의 부분도 포함된다. 한편 고압전선의 소유자가 해당 토지 상공에 관하여 일정한 사용권원을 취득한 경우, 그 양적 범위가 토지소유자의 사용·수익이 제한되는 상공의 범위에 미치지 못한다면, 사용·수익이 제한되는 상공 중 사용권원을 취득하지 못한 부분에 대해서 고압전선의 소유자는 특별한 사정이 없는 한 차임 상당의 부당이득을 토지소유자에게 반환할 의무를 부담한다(대판 2022. 11. 30, 2017다257043).

이에 따라 정당한 권원없이 도로부지에 편입된 사유토지의 소유자는 미보상용지에 대하여 부당이득반환청구소송을 제기할 수 있다.

미보상용지의 발생원인은 둘로 나뉜다. 하나는 사업시행자가 법률상의 토지수용절차를 정상적으로 거쳤으나 토지 소유자의 보상금 불만에 따른 수령 거부, 소유자 확인 불능, 소유자 거주지 확인불능 등으로 인해 보상금이 정상적으로 지불되지 못 한 경우이다. 다른 하나는 국가 등이 수용절차를 거치지 않고 보상 없이 민간 토지를 도로, 하천 등 공익 용도로 점유·사용한 경우이다.

제 6 절 현행 행정상 손실보상제도의 흠결과 보충

I. 현행 행정상 손실보상제도의 흠결

공공필요에 의해 국민에게 특별희생을 초래한 경우에는 그에 대한 보상이 주어져야 한다. 그러나, 현행법령하에서 그러하지 못한 경우가 있다.

① 법률이 재산권의 공권적 침해를 규정하면서 그에 대한 보상을 규정하지 않은 경우가 적지 않은데 이 경우에 피해자의 구제가 문제되고 있다.

② 또한, 헌법 제23조 제 3 항(행정상 손실보상)은 '재산권'에 대한 침해만을 대상으로 하고 있다고 본다면 비재산적 법익, 즉 생명·신체에 대한 침해는 구제될 수 없다.

③ 그리고 손실보상이 적법한 행정작용에 의해 의도된 손해만을 적용대상으로 하고 있다고 본다면, 적법한 공권력 행사에 의한 의도되지 않은 재산권 침해(수용적 침해)는 손실보상의 대상이 될 수 없다.

④ 판례는 수용적 침해의 일종인 간접손실의 보상을 헌법 제23조 제 3 항의 손실보상에 포함되는 것으로 보고 있고, 토지보상법 시행규칙에서 간접손실보상을 열거하여 규정하고 있지만, 토지보상법령상 간접손실이 특별한 희생에 해당함에도 보상되지 않고 있는 경우가 있다.

II. 현행 행정상 손실보상제도의 흠결의 보충

1. 해 석 론

(1) 보상규정이 없는 경우의 구제

이에 대하여는 전술한 바와 같다.

(2) 수용적 침해에 대한 보상

1) 수용적 침해의 의의

헌법 제23조 제 3 항을 엄격히 해석하면 동 조항은 공권적 침해행위에 의해 의도적으로 가해진 침해에만 적용되고, 의도되지 않은 재산권 침해인 독일법상의 '수용적 침해'(收用的 侵害)는 동 조항의 적용범위에 들어가지 않게 된다.

예를 들면, 지하철공사의 장기화로 인해 주변의 상점주가 받게 된 영업상 손실, 쓰레기 적치장과 같은 공공시설의 운영으로 인근 주민이 받는 손해 등의 경우가 그러하다. 판례와 일부 견해는 국가 또는 지방자치단체의 공공시설(공물)의 운영으로 인해 인근주민이 입는 피해를 국가배상법 제 5 조의 영조물배상책임에 의해 구제해 주어야 하는 것으로 보며 공익사업으로 인한 사적 시설의 운영으로 인근 주민이 받는 손해에 대하여는 민법상 불법행위책임을 인정하여야 한다고 본다.

그러나, 이러한 수용적 침해도 적법행위가 직접 원인이 되어 발생한 적법한 재산권 침해임에는 틀림없다.[4] 따라서, 공공필요에 의한 특별희생이라고 보여지는 한 정당한 보상이 주어져야 한다.

2) 보상의 법적 근거

수용적 침해에 대한 보상의 법적 근거는 무엇인가. 이에 관하여는 다음의 두 견해가 있다.

① '침해의 의도성'을 손실보상의 요건으로 보고, 공권력 행사에 의해 의도적으로 가해진 것이 아닌 수용적 침해는 엄격한 의미의 손실보상의 대상이 되지 않는다고 보면서 독일법상의 수용적 침해이론을 우리나라에 도입하여 보상할 수 있다고 한다. 다만, 우리나라에서는 독일에서 수용적 침해의 근거가 되는 희생보상의 법리가 존재하지 않기 때문에 재산권보장과 평등원칙에 근거하여 보상하여야 한다고 한다.

② 수용적 침해를 헌법 제23조 제 3 항의 손실보상에 포함되는 것으로 보고, 헌법 제23조 제 3 항의 유추적용 또는 공적부담 앞의 평등원칙에 근거하여 보상해 줄 수 있다고 보는 견해가 있는데 이 견해가 타당하다.

(3) 비재산적 법익에 대한 침해의 보상 [2021 변시]

예방접종의 부작용으로 인한 사고 등 적법행위에 의한 생명 또는 신체의 침해의 구제에 관하여 견해가 대립된다.

1) 위험책임설

학자에 따라서는 예방접종의 부작용으로 인한 사고에 의한 손해의 배상은 위험책임으로 이론구성되어야 한다고 한다. 그러나, 예방접종의 부작용으로 인한 사고에 의한 손해배상을 위험책임으로 보아야 한다고 하는 견해에 의하면 현행법상 예방접종의 부작용으로 인한 사고에 대하여 위험책임을 인정하는 명문의 규정이 없으므로 과실을 입증할 수 없는 예방접종의 부작용으로 인한 손해에 대하여는 구제가 불가능하다.

이 견해에 대하여는 오늘날 예방접종의 부작용은 극히 예외적이고, 예방접종 자체를 사회통념상 위험하다고 볼 수는 없다는 비판이 가능하다.

2) 손실보상설

예방접종에는 부작용이 없을 수 없는 것이며 **예방접종의 부작용**은 통상 예방접종에 부수하여 발생되는 것이므로 공공목적을 위해 강제적으로 실시되는 예방접종의 부작용에 의한 생명·신체의 침해를 공익을 위한 특별희생, 즉 공적 부담(公的 負擔)이라고 보아도 큰 무리는 없을 것이다. 또한, 이렇게 보는 것이 피해자 구제의 요구에도 합치된다. 따라

---

4) 수용적 침해도 공권력행사가 직접 원인이 되어 야기된 것이라는 점에서 직접침해라고 할 수 있다.

서 예방접종부작용사고에 대한 보상을 손실보상으로 볼 수 있다.

그런데, 예방접종의 부작용으로 인한 사고 등 비재산적 법익에 대한 적법한 직접침해의 보상에는 네 가지 구제방법이 주장되고 있다.

① **유추적용설**: 헌법 제23조 제3항의 직접효력설에 입각하여 예방접종사고와 같은 생명·신체의 침해에 헌법 제23조 제3항을 유추적용할 수 있다는 견해이다. 이 견해가 타당하다.

② **물론해석설**: 헌법 제23조 제3항의 직접효력설에 입각하여 물론해석을 통하여 손실보상을 해 줄 수 있다는 견해이다. 즉, 재산권침해의 보상이 인정된다면 재산권 법익보다 더욱 보호되어야 하는 생명·신체에 대한 침해는 물론 보상되어야 한다는 것이다. 물론해석설은 유추적용설의 일종이라고 할 수 있다.

③ **평등원칙설**: 예방접종사고 등 적법행위에 의한 생명·신체에 대한 침해도 공공필요에 의한 특별희생으로 볼 수 있다면 이에 대한 보상규정이 없는 경우에는 헌법 제23조 제3항을 유추적용하고, 헌법상의 기본권보장규정(제10조와 제12조) 및 평등조항(제11조)을 직접근거로 하여 그 보상을 인정하여야 한다고 본다.

④ 독일법상 희생보상청구법리의 도입을 주장하는 견해가 있다.

예방접종시 과실이 있는 경우에는 국가배상법 제2조 책임(과실책임)이 인정된다.

2. 입 법 론

공익 목적상 국민의 재산적·비재산적 법익에 대한 공권적 침해가 불가피한 경우에는 반드시 각 개별법에서 보상에 관한 규정을 두어야 할 것이다.

현행 『감염병의 예방 및 관리에 관한 법률』은 예방접종으로 인한 질병, 장애 또는 사망에 대해 예방접종행위자 등의 과실유무에 관계없이 국가가 보상하는 것을 규정하고 있는데(제54조의2), 법정된 보상기준(동법 시행령 제19조의2)에 의한 보상금액이 손해배상액에 크게 못미치므로 그 보상은 엄밀한 의미에서의 공법상 위험책임 또는 손실보상이라고 볼 수 없다.

판례는 「감염병의 예방 및 관리에 관한 법률」 제71조의 보상은 예방접종 부작용에 대해 상호부조와 손해분담의 공평, 사회보장적 이념 등에 터 잡아 특별히 인정한 독자적인 피해보상제도로 보면서 그 실질은 피해자의 특별한 희생에 대한 보상, 즉 손실보상에 가까운 것으로 보고 있다(대판 2014. 5. 16, 2014두274[예방접종으로인한장애인정거부처분취소]).

또한 수용적 침해에 대한 보상규정도 보다 확대되어야 할 것이다.

Ⅲ. 독일법상 수용유사침해이론

1. 의   의

수용유사침해이론(收用類似侵害理論)은 위법한 행위에 의해 재산권이 직접 침해된 경우에 수용에 준하여 손실보상을 하여야 한다는 법이론이다.

수용유사침해이론은 독일 연방사법재판소의 판례법에 의해 인정된 법이론인데, 이 이론의 우리나라에의 도입에 관하여 큰 논란이 제기되고 있다.

2. 독일에서의 논의의 실익

수용유사침해이론은 독일의 행정상 손해전보제도의 흠결을 메우기 위한 제도로서 인정되었다.

처음에는 보상규정을 두지 않은 재산권에 대한 공권적 침해 등 위법한 공용 침해에 대한 구제제도로 인정되었는데, 자갈채취사건 이후에 위법한 재산권침해 행위에 대한 권리구제는 보다 본질적인 구제수단인 행정쟁송을 통하도록 하고 수용유사침해이론에 의한 손실보상은 인정하지 않는 것으로 되었다.

따라서, 오늘날에는 주로 사실행위나 의도되지 않은 법적 행위에 의해 이루어진 위법한 재산권침해의 경우에 있어서 수용유사침해의 법리에 의한 손실보상이 인정되고 있다.

오늘날 독일의 수용유사침해제도는 국가배상의 성격을 갖는 무과실책임제도로서 위법무과실배상책임을 인정하는 기능을 한다. 다만, 취소소송을 통하여 권리구제를 받을 수 있었음에도 그렇게 하지 않은 경우에는 과실상계의 원칙에 따라 손실보상을 배제하거나 제한하고 있다(정하중).

3. 인정근거

초기에는 손실보상에 관한 규정인 기본법 제14조 제 3 항의 유추적용에 의해 수용유사침해의 법리가 인정되었다. 그런데, 자갈채취사건 결정 후 기본법 제14조 제 3 항에서 그 근거를 찾기 어렵게 되자 관습법상 인정되고 있는 희생보상청구권에서 그 법적 근거를 찾았다(류지태·박종수, 402면).

또한, 수용유사침해이론은 '적법한 재산권제약 행위에 대해 손실보상을 해야 한다면 당연히 위법한 재산권제약 행위에 대해서도 손실보상이 인정되어야 한다'는 논리에 근거를 두고 있다(류지태·박종수, 400면).

4. 적용요건

수용유사침해의 법리가 적용되기 위하여는 다음과 같은 요건을 충족하여야 한다.

① 위법한 공권력 행사에 의해 재산권에 대한 직접적인 침해가 있어야 한다. 위법행위로 인한 손해는 그 자체로 특별한 희생이라고 보여지므로 손실보상에서와 같이 재산권에 내재하는 사회적 제약을 넘는 손실이 발생할 것은 요구되지 않는다.

② 행정쟁송의 제기가 가능하고 수인가능하다고 인정되는 경우에는 수용유사침해이론에 의한 손실보상청구는 인정되지 않는다. 왜냐하면 연방헌법재판소가 자갈채취사건에서 제 1 차적 권리보호인 취소소송을 통한 방어권 행사는 제 2 차적 권리보호인 수용유사침해로 인한 손실보상에 우선하는 것으로 보았기 때문이다.

5. 우리나라에의 도입논의

(1) 도입가능성

수용유사침해이론의 우리나라에의 도입에 대하여는 찬성과 반대의 견해가 있다.

① 일부 학자는 독일 수용유사침해이론은 전통적인 관습법인 희생보상청구권에 의거하여 인정되는 것인데, 우리나라에는 독일과 같은 희생보상제도가 없기 때문에 우리나라에 이를 도입하려는 것은 타당하지 않다고 주장한다.

② 이에 대하여는 수용유사침해의 법리가 독일 특유의 관습법적 전통에 터잡은 것이라고 하여도 그 관습법 자체가 아니라 수용유사침해의 법리에 함축되어 있는 이론을 수용할 수 있다는 견해(홍준형)가 있다. 이 견해에서는 헌법상 재산권보장규정과 평등원칙에 근거하여 수용유사침해에 대해 손실보상을 해 줄 수 있다고 한다.

(2) 도입논의의 현황

수용유사침해이론의 우리나라에의 도입논의는 주로 두 경우에 행해지고 있다.

① 보상에 관한 규정이 없는 공용침해의 경우에 수용유사침해이론에 의한 보상이 가능한가. 직접효력설과 위헌무효설에 의하면 수용유사침해이론의 도입은 필요하지 않게 된다. 독일의 수용유사침해이론의 도입을 주장하는 학자들은 재산권보장규정 및 평등의 원칙에 의해 손실보상을 인정할 것을 주장하고 있다.

② 위법·무과실의 경우에도 수용유사침해이론에 의해 보상이 가능한 것으로 보아 국가배상제도의 흠결(위법·무과실의 경우의 무책임)을 보완하여야 한다는 견해가 있다. 이에 대하여 국가배상법의 결함을 손실보상제도의 확대적용을 통해 해결하려는 시도는 타당하지 않다는 견해(정하중)가 있다.

③ 생각건대, 위법·무과실의 문제는 과실의 객관화 등 손해배상제도의 확대적용을 통하여 해결하는 것이 타당하다(류지태·박종수, 538면). 이에 관한 자세한 논의는 전술한 바와 같다.

(3) 판　례

수용유사침해이론이 거론된 판례가 있지만 판례는 수용유사침해이론의 도입에 관하여는 판단하지 않았다(대판 1993. 10. 26, 93다6409[주주확인 등]).

판례   수용유사적 침해의 이론은 국가 기타 공권력의 주체가 위법하게 공권력을 행사하여 국민의
재산권을 침해하였고 그 효과가 실제에 있어서 수용과 다름없을 때에는 적법한 수용이 있는 것과 마찬
가지로 국민이 그로 인한 손실의 보상을 청구할 수 있다는 것인데, 1980. 6.말경의 비상계엄 당시 국군
보안사령부 정보처장이 언론통폐합조치의 일환으로 사인 소유의 방송사 주식을 강압적으로 국가에 증
여하게 한 것이 (증여계약의 체결과정에서 국가공무원의 강박행위가 있었다 하더라도 그것만으로 증
여계약의 체결이나 그에 따른 주식의 취득이 국가의 공권력의 행사에 의한 행정처분에 해당한다고 볼
수는 없으므로) 위 수용유사행위에 해당되지 않는다(대판 1993. 10. 26, 93다6409[주주확인 등]〈문화방
송주식강제증여사건〉).

Ⅳ. 독일법상 수용적 침해이론

1. 의   의

수용적 침해(收用的 侵害)라 함은 공공필요를 위한 적법한 공권력 행사에 의해 야기된
의도되지 않은 재산권에 대한 침해를 말한다.

지하철공사로 일반인의 통행이 제한됨으로써 인근 상점에 매출감소로 인한 영업상 손실이
발생한 경우를 예로 들 수 있다.

2. 요   건

① 공행정작용으로 인한 의도되지 않은 재산권침해가 있어야 한다.
② 적법한 공권력 행사에 의해 직접 가해진 재산권침해이어야 한다.
③ 수용적 침해로 발생한 손실이 수인한도를 넘는 특별한 희생이어야 한다.

3. 보상근거

수용적 침해이론은 초기에는 독일 기본법 제14조 제 3 항에 근거하였지만, 오늘날에는
희생보상청구제도에 근거하여 인정되고 있다.

4. 수용적 침해이론의 도입가능성

수용적 침해이론의 우리나라에의 도입가능성에 대하여는 찬성하는 견해(김성수)와 반
대하는 견해(정하중)가 있다.

생각건대, 수용적 침해이론은 우리나라에는 없는 독일의 전통적인 관습법인 희생보상
청구제도에 근거하여 인정된 이론이며 수용적 침해이론에 의하지 않고는 수용적 침해가 보
상되지 않는 것도 아니므로 수용적 침해이론의 우리나라에의 직접 도입은 타당하지 않다.

5. 수용적 침해에 대한 보상

수용적 침해에 대한 보상은 그에 대한 보상입법을 통하여 해결하는 것이 바람직하지만, 보상규정이 없는 경우에 수용적 침해에 대하여 현행법의 해석상 손실보상이 가능한가 하는 문제가 제기된다.

① **수용적 침해긍정설**: 일부 학자는 독일법상의 수용적 침해의 법리에 따라 보상이 가능하다고 본다. 다만, 독일과 같은 희생보상의 법리가 존재하지 않는 우리나라에서는 재산권보장규정과 평등원칙에 근거하여 보상이 가능하다고 보는 견해도 있다.

② **보상부정설**: 일부 학자는 수용적 침해에 대한 보상은 입법적으로 해결하여야 하며 보상규정이 없는 한 보상은 불가능하다고 본다.

③ **손실보상설**: 수용적 침해도 적법한 공권력 행사에 의해 직접 가해진 손실이고 또한 예견가능한 손실이므로 손실보상에 포함되는 것이므로 헌법 제23조 제3항에 직접 효력을 인정하는 것을 전제로 헌법 제23조 제3항을 유추적용하여 보상할 수 있다고 본다.

④ **결   어**: 손실보상설이 타당하다. 다만, 공익사업으로 인한 수용적 침해는 간접손실이므로 간접손실보상의 문제가 되고, 기타의 수용적 침해는 헌법 제23조 제3항을 유추적용하여 보상하는 것이 타당하다.

V. 독일법상 희생보상청구제도

희생보상청구제도(犧牲補償請求制度)라 함은 행정기관의 적법한 공권력 행사에 의해 비재산적 법익(非財産的 法益)이 침해되어 발생한 손실(예방접종의 부작용으로 인한 손실)에 대한 보상제도이다. 이 제도는 독일의 관습법인 희생보상청구권에 근거를 두고 있다(류지태·박종수, 410면).

생각건대, 독일의 전통적인 관습법인 희생보상청구제도는 우리나라에는 없으며 희생보상청구권이론에 의하지 않더라도 비재산적 법익에 대한 손실보상이 전술한 바와 같이 불가능한 것이 아니므로 희생보상청구권의 우리나라에의 직접 도입은 타당하지 않다. 이에 대하여는 전술한 바와 같다.

제 4 장

공법상 결과제거청구권

I. 의   의

공법상 결과제거청구권이라 함은 공행정작용으로 인하여 야기된 위법한 상태로 인하여 자기의 권익을 침해받고 있는 자가 행정주체에 대하여 그 위법한 상태를 제거하여 침해 이전의 원래의 상태를 회복시켜 줄 것을 청구하는 권리를 말한다.

결과제거청구의 예로는 징발된 주택이 징발의 효력이 소멸된 후에도 무주택자에 의해 계속 점유되고 있는 경우에 징발한 행정주체에 대하여 징발된 당해 주택의 명도를 청구하는 것을 들 수 있다.

공법상 결과제거청구권은 원상회복을 목적으로 하는 구제제도이므로 '행정상의 원상 회복청구권'이라 불리기도 한다.

II. 공법상 결과제거청구권과 행정상 손해배상의 구별

공행정작용의 위법한 결과에 대한 구제제도인 점에서 행정상 손해배상과 동일하지만, 양자는 근거, 성질, 요건, 효과 등에서 다르므로, 행정상 손해배상청구와 행정상 결과제거 청구는 상호 별개의 법제로 보는 것이 타당하다.

위법한 행정작용에 의해 초래된 피해가 원상회복을 통하여 실현될 수 있는 경우에는 보다 직접적인 구제인 결과제거청구에 의한 구제를 도모하여야 하고 손해배상청구는 배제 된다고 보는 견해와 피해자의 선택에 맡겨야 한다는 견해가 있다.

결과제거청구에 의해 피해가 완전하게 구제되지 않는 경우에는 손해배상청구를 추가 로 청구할 수 있다(김남진).

III. 법적 근거

공법상 결과제거청구권을 일반적으로 인정하는 명문의 법규정은 없다.

공법상 결과제거청구권을 인정하는 학설은 일반적으로 헌법상의 법치행정의 원리, 기본권규정, 민법상의 소유권방해배제청구권 등의 관계규정의 유추적용에서 그 법적 근거를 찾는다.

이와 함께 취소판결의 구속력(기속력)에 관한 행정소송법 제30조도 근거로 보는 견해도 있다. 즉, 취소판결의 기속력에는 관계행정청의 원상회복의무가 포함된다고 본다(박윤흔, 705면).

개별법에서 결과제거청구권이 인정되고 있는 경우가 있다. 징발법은 징발해제시 피징발자에 대한 징발물의 반환의무를 규정하고 있다(제14조 내지 제15조).

Ⅳ. 요   건

1. 공행정작용으로 인한 침해

결과제거청구는 권력작용뿐만 아니라 관리작용에 의한 침해의 경우에도 인정된다. 법적 행위뿐만 아니라 사실행위에 의한 침해의 경우에도 인정된다.

행정주체의 사법적 활동으로 인한 침해에 있어서는 민법상의 원상회복 또는 방해배제청구권에 의해 구제된다.

위법한 상태는 작위뿐만 아니라 부작위에 의해 발생할 수도 있다.

예를 들면, 행정기관은 적법하게 압류된 물건의 압류가 해제된 경우에는 당해 물건을 반환하여야 할 의무가 있는데, 압류해제된 물건을 반환하지 않고 있는 것은 부작위에 해당하며 이 경우에는 결과제거청구(반환청구)가 가능하다.

2. 권익의 침해

공행정작용으로 인한 위법한 상태로 인하여 타인의 권리 또는 법적 이익이 침해되고 있어야 한다. 여기에서 말하는 권익에는 재산상의 것 이외에 명예, 신용 등 정신적인 것도 포함된다.

예를 들면, 공직자의 공석에서의 발언으로 자신의 명예를 훼손당한 자는 명예훼손발언의 철회를 요구할 수 있다.

3. 위법한 상태의 존재

공행정작용의 결과로서 위법한 상태가 야기되었어야 한다. 위법한 상태의 존재 여부는 사실심의 변론종결시를 기준으로 판단한다.

위법한 상태는 위법한 행정작용에 의해 발생할 수도 있고, 적법한 행정작용의 효력의 상실에 의해 사후적으로 발생할 수도 있다.

예를 들면, 적법한 공사중지명령이 내려진 후 발령 당시 요구한 조건의 충족으로 인하여 그 법적 근거를 상실하게 된 경우에는 결과제거청구권을 인정하여 공사중지명령의 상대방에게는 공사중지명령해제요구권이 있고, 행정청에게는 공사중지명령을 철회할 의무가 있다고 보는 견해가 있다. 공사중지명령 철회신청에 대한 거부를 처분으로 보고 취소소송으로 다툴 수 있다고 한 판례가 다수 있다(대판 2007. 5. 11, 2007두1811)(행정구제 참조).

위법한 행정행위에 의한 권리침해(위법한 물건의 압류)에 있어서 당해 행위가 취소할 수 있는 행위에 불과한 경우에는 당해 행정행위는 취소되기 전까지는 유효한 것이므로 권익침해의 상태는 위법한 상태라고 볼 수 없다. 따라서 당해 위법한 행정작용이 취소된 후에 또는 취소청구와 동시에만 결과제거청구가 가능하다.

위법한 상태가 사후에 합법화된 경우(도로에 불법편입된 토지가 사후에 수용된 경우)에는 위법한 상태는 더 이상 존재하지 않으므로 결과제거청구권은 당연히 인정되지 않는다.

4. 결과제거의 가능성

원상회복이 사실상 가능하고, 법률상 허용되어야 한다.

예를 들면, 건축물이 철거되어 버린 경우에는 사실상 원상회복이 불가능하고, 수용 등에 의해 적법한 사용권을 취득함이 없이 개인의 토지를 도로부지로 편입하여 사용하고 있는 경우에는 법률상 원상회복이 불가능하다. 왜냐하면 도로법 제5조에 의하면 도로를 구성하는 부지에 대하여는 사권을 행사할 수 없기 때문이다.

원상회복이 사실상이나 법률상으로 불가능한 경우에는 침해행위의 적법·위법에 따라 손실보상이나 손해배상에 의한 구제만이 가능하다.

5. 원상회복의 기대가능성

원상회복이 행정주체에게 기대가능한 것이어야 한다. 기대가능성의 판단은 관련 이익의 형량에 의해 판단한다.

대법원은 서울특별시가 타인의 대지 약 10평을 권원 없이 점유하여 상수도관을 매설하여 인근주민들의 식수공급시설로 사용하고 있는 사안에 있어서 "피고가 공익사업으로서 공중의 편의를 위하여 매설한 상수도관을 철거할 수 없다거나, 이를 이설할 만한 마땅한 다른 장소가 없다는 사유만으로 원고가 그 소유권에 기하여 불법 점유를 하고 있는 피고에 대하여 그 철거를 구하는 것은 권리남용이라고 할 수 없다"고 판시하고 있는데, 이는 결과제거의 기대가능성을 인정한 사례로 볼 수 있다(박윤흔, 707면).

위법한 결과의 제거를 통한 원상회복에 지나치게 많은 비용이 필요한 경우에는 기대가능성이 부인될 수 있다. 이 경우에는 손해배상 또는 손실보상에 의한 구제만이 가능하다.

V. 내   용

결과제거청구권은 위법한 결과의 제거와 그를 통한 **원상회복**을 그 내용으로 한다. 이 경우의 원상회복은 침해 이전의 원래의 상태 또는 그것과 동등한 가치 있는 상태의 회복을 의미한다.

민법상의 원상회복청구권에서의 원상회복은 위법한 행정작용이 없었더라면 존재하였을 가상적인 상태의 회복을 의미하지만, 공법상 결과제거청구권은 민법상의 원상회복청구권보다 어느 정도 축소된 원상회복청구권으로서의 성질을 갖는다. 결과제거청구권은 공행정작용의 직접적인 결과만을 그 대상으로 한다.

예를 들면, 행정청이 위법하게 무주택자로 하여금 특정 개인의 주택에 입주하도록 한 경우에 당해 주택의 소유자는 행정청에게 당해 무주택자를 주택으로부터 퇴거시킬 것을 청구할 수 있을 뿐 무주택자가 손상시킨 부분의 원상회복을 청구할 수는 없다.

VI. 한계: 과실상계

민법상의 과실상계에 관한 규정(제396조)은 공법상 결과제거청구권에 유추적용될 수 있다. 피해자의 과실이 위법상태의 발생에 기여한 경우에는 그 과실에 비례하여 결과제거청구권이 제한되거나 상실된다.

결과제거청구권이 불가분적 급부를 대상으로 하는 경우에는 피해자의 과실에 비례하여 결과제거에 소요되는 비용을 부담하고 결과제거를 청구할 수 있다.

VII. 권리의 실현수단

결과제거청구권을 공권으로 보는 것이 타당하므로 결과제거청구소송은 공법상 당사자소송이다. 그러나, 현재 판례상 공법상 위법상태의 제거를 구하는 당사자소송(사실행위의 이행을 구하는 당사자소송)이 원칙상 인정되고 있지 않다. 이에 대하여 당사자소송을 비권력적 공행정작용에 대한 일반적인 소송수단으로 활성화할 것을 주장하면서 현행법상으로도 공법상 결과제거를 구하는 당사자소송을 인정할 수 있다는 견해도 있다(당사자소송 활성화론 참조).

현행법하에서는 다음과 같은 한도 내에서 공행정작용으로 인한 위법한 결과의 제거가 가능하다고 보는 것이 타당하다.

① 위법한 처분에 의해 발생한 위법한 결과는 취소판결의 기속력인 원상회복의무에 의해 제거될 수 있다.

② 개별법에서 공법상 결과제거청구권이 인정되고 있는 경우에는 결과제거청구소송

(공법상 결과제거의무의 이행을 구하는 당사자소송)을 공법상 당사자소송으로 제기할 수 있다. 예를 들면, 인신보호법상 불법구금상태의 해제를 구하는 청구소송이 인정되고 있는데, 이 소송 중 공법상 불법구금상태의 해제를 구하는 소송을 행정소송(공법상 당사자소송의 일종)으로 보는 것이 타당하다.

　　③ 처분이 무효인 경우 또는 적법한 행정작용의 효력 상실로 위법한 결과가 사후적으로 발생한 경우에 행정청이 권원 없이 물건을 점유하고 있거나 소유권을 방해하는 경우에는 민법상의 소유물반환청구권(민법 제213조) 또는 소유물방해제거청구권(민법 제214조)에 근거하여 민사소송으로 물건의 반환 또는 방해의 제거를 청구할 수 있다.

제 5 장
행 정 심 판

제 1 절 행정심판의 의의

Ⅰ. 행정심판의 개념

행정심판이라 함은 행정청의 위법·부당한 처분 또는 부작위에 대한 불복에 대하여 행정기관이 심판하는 행정심판법상의 행정쟁송절차를 말한다.

행정심판을 규율하는 법으로는 일반법인 행정심판법이 있고, 각 개별법률에서 행정심판법에 대한 특칙을 규정하고 있다. 각 개별법률에서는 행정심판에 대하여 이의신청, 심사청구 또는 심판청구(국세기본법 등) 또는 재심요구 등의 용어를 사용하고 있다.

행정기관이 심판기관이 되는 행정불복절차 모두가 엄밀한 의미의 행정심판(행정심판법의 규율대상이 되는 행정심판)이 아니며 준사법적 절차가 보장되는 행정불복절차만이 행정심판이라고 보아야 할 것이다. 왜냐하면, 현행 헌법 제107조 제3항은 행정심판은 준사법적 절차가 되어야 한다고 규정하고 있고, 행정심판법은 행정심판을 규율하는 준사법적 절차를 규정하고 있기 때문이다.

Ⅱ. 행정불복과 행정심판

행정불복이라 함은 행정결정에 대한 불복으로서 불복심사기관이 행정기관인 것을 말한다. 행정불복에는 이의신청과 행정심판이 있다.

Ⅲ. 이의신청과 행정심판

행정기본법은 처분에 대한 이의신청을 일반적으로 규정하고 있다.[1] 다른 법률에서 이의신청과 이에 준하는 절차에 대하여 정하고 있는 경우에도 그 법률에서 규정하지 아니한 사항에 관하여는 이 조에서 정하는 바에 따른다(제36조 제5항).

---

1) 행정기본법상 이의신청규정은 2023. 3. 24.부터 시행한다.

행정기본법 제36조(처분에 대한 이의신청)

① 행정청의 처분(「행정심판법」제 3 조에 따라 같은 법에 따른 행정심판의 대상이 되는 처분을 말한다. 이하 이 조에서 같다)에 이의가 있는 당사자는 처분을 받은 날부터 30일 이내에 해당 행정청에 이의신청을 할 수 있다.

② 행정청은 제 1 항에 따른 이의신청을 받으면 그 신청을 받은 날부터 14일 이내에 그 이의신청에 대한 결과를 신청인에게 통지하여야 한다. 다만, 부득이한 사유로 14일 이내에 통지할 수 없는 경우에는 그 기간을 만료일 다음 날부터 기산하여 10일의 범위에서 한 차례 연장할 수 있으며, 연장 사유를 신청인에게 통지하여야 한다.

③ 제 1 항에 따라 이의신청을 한 경우에도 그 이의신청과 관계없이 「행정심판법」에 따른 행정심판 또는 「행정소송법」에 따른 행정소송을 제기할 수 있다.

④ 이의신청에 대한 결과를 통지받은 후 행정심판 또는 행정소송을 제기하려는 자는 그 결과를 통지받은 날(제 2 항에 따른 통지기간 내에 결과를 통지받지 못한 경우에는 같은 항에 따른 통지기간이 만료되는 날의 다음 날을 말한다)부터 90일 이내에 행정심판 또는 행정소송을 제기할 수 있다.

⑤ 다른 법률에서 이의신청과 이에 준하는 절차에 대하여 정하고 있는 경우에도 그 법률에서 규정하지 아니한 사항에 관하여는 이 조에서 정하는 바에 따른다.

⑥ 제 1 항부터 제 5 항까지에서 규정한 사항 외에 이의신청의 방법 및 절차 등에 관한 사항은 대통령령으로 정한다.

⑦ 다음 각 호의 어느 하나에 해당하는 사항에 관하여는 이 조를 적용하지 아니한다.

　1. 공무원 인사 관계 법령에 따른 징계 등 처분에 관한 사항
　2. 「국가인권위원회법」제30조에 따른 진정에 대한 국가인권위원회의 결정
　3. 「노동위원회법」제2조의2에 따라 노동위원회의 의결을 거쳐 행하는 사항
　4. 형사, 행형 및 보안처분 관계 법령에 따라 행하는 사항
　5. 외국인의 출입국·난민인정·귀화·국적회복에 관한 사항
　6. 과태료 부과 및 징수에 관한 사항

---

1. 이의신청의 의의

이의신청은 통상 처분청에 제기하는 처분에 대한 불복절차를 말하는데, 학문상(판례상) 이의신청은 행정불복 중 행정심판이 아닌 것 달리 말하면 준사법적 절차가 아닌 행정불복을 말한다.

행정기본법은 이의신청의 정의규정을 두고 있지 않다. 행정기본법의 규율대상이 되는 이의신청(행정기본법상 이의신청)도 행정기본법 제36조 및 행정기본법의 기본법 및 일반법으로서의 성격을 고려할 때 학문상 이의신청, 즉 행정심판(준사법적 절차)이 아닌 행정불복 일체를 의미하는 것으로 보는 것이 타당하다. 개별법령상(예, 국민기초생활보장법 제40조) 또는 실무상 처분청이 아닌 기관(예, 상급기관)에 대한 불복절차를 이의신청으로 부르는 경우도 있다. 해당 행정청에 불복하는 경우에도 이의신청이 아니라 심사청구(예, 국민연금법 제108조)라는 용어를 사용하는 경우도 있다.

행정기본법상 이의신청에는 행정기본법만에 의해 규율되는 이의신청(일반이의신청)과 행정기본법과 달리 특별한 규율의 대상이 되는 이의신청(특별이의신청 예, 민원처리에 관한 법률상 이의신청, 국세기본법상 이의신청)이 있다.

2. 행정기본법 제36조 제 1 항에 따른 이의신청자

행정기본법 제36조 제 1 항에 따라 이의신청을 할 수 있는 자는 '행정청의 처분에 이의가 있는 당사자'이다. 즉 처분의 당사자, 즉 처분의 상대방만이 행정기본법 제36조 제 1 항에 따른 이의신청을 할 수 있고, 이해관계있는 제 3 자는 법률상 이익이 있는 자라도 행정기본법에 따른 이의신청을 할 수 없다.

3. 이의신청의 대상

개별법상 명문의 규정이 없음에도 행정기본법 제36조 제 1 항에 따라 이의신청의 대상이 되는 것은 행정심판법상 처분(행정심판법 제 2 조 제 4 호) 중 '행정심판법 제 3 조[2]에 따라 행정심판법에 따른 행정심판의 대상이 되는 처분', 즉 '일반행정심판의 대상이 되는 처분'에 한정된다. 특별행정심판의 대상이 되는 처분은 행정기본법 제36조 제 1 항에 따른 이의신청의 대상이 되지 않는다(행정기본법 제36조 제 1 항). 또한, 행정심판법상 처분이 아닌 것은 행정기본법 제36조 제 1 항에 따른 이의신청의 대상이 되지 않는다. 다만, 개별법에 특별한 규정이 있으면 행정기본법 제36조 제 1 항에 따른 이의신청의 대상이 되지 않는 처분이나 행정심판법상 처분이 아닌 행정결정에 대해서도 이의신청이 인정될 수 있다.

행정기본법 제36조 제 7 항 각 호에 해당하는 사항에 관하여는 행정기본법 제36조 전체를 적용하지 아니하므로 행정기본법 제36조 제 1 항에 따른 이의신청이 인정되지 않는다.

부작위는 행정기본법 제36조 제 1 항에 따른 이의신청의 대상이 되지 않는다(행정기본법 제36조 제 1 항).

4. 행정기본법상 이의신청의 제기기간

행정청의 처분에 이의가 있는 당사자는 처분을 받은 날부터 30일 이내에 해당 행정청에 이의신청을 할 수 있다(제36조 제 1 항). '처분을 받은 날'이라 함은 처분이 도달한 날, 즉 처분이 효력을 발생한 날을 말한다.

5. 행정기본법상 이의신청에 대한 처리기간

행정청은 제 1 항에 따른 이의신청을 받으면 그 신청을 받은 날부터 14일 이내에 그 이의신청에 대한 결과를 신청인에게 통지하여야 한다. 다만, 부득이한 사유로 14일 이내에 통지할 수 없는 경우에는 그 기간을 만료일 다음 날부터 기산하여 10일의 범위에서 한 차례 연장할 수 있으며, 연장 사유를 신청인에게 통지하여야 한다(제36조 제 2 항).

---

2) 행정심판법 제3조(행정심판의 대상) ① 행정청의 처분 또는 부작위에 대하여는 다른 법률에 특별한 규정이 있는 경우 외에는 이 법에 따라 행정심판을 청구할 수 있다. ② 대통령의 처분 또는 부작위에 대하여는 다른 법률에서 행정심판을 청구할 수 있도록 정한 경우 외에는 행정심판을 청구할 수 없다.

6. 행정기본법상 이의신청과 행정심판 또는 행정소송의 관계

이의신청은 임의절차이다. 즉, 제 1 항에 따라 이의신청을 한 경우에도 그 이의신청과 관계없이 「행정심판법」에 따른 행정심판 또는 「행정소송법」에 따른 행정소송을 제기할 수 있다(제36조 제 3 항).

이의신청을 하면 행정심판이나 행정소송의 청구·제소기간이 이의신청 결과 통지일부터 계산된다. 즉, 이의신청에 대한 결과를 통지받은 후 행정심판 또는 행정소송을 제기하려는 자는 그 결과를 통지받은 날(제 2 항에 따른 통지기간 내에 결과를 통지받지 못한 경우에는 같은 항에 따른 통지기간이 만료되는 날의 다음 날을 말한다)부터 90일 이내에 행정심판 또는 행정소송을 제기할 수 있다(제 4 항).

이 규정은 이의신청에 대한 결정을 기다리는 중에 행정심판이나 행정소송의 제기기간이 도과하는 문제를 해결하기 위한 규정이다.

이의신청에 대한 결정을 받은 후 행정심판 또는 행정소송을 제기하려는 경우에 행정심판 또는 행정소송의 대상은 이의신청 결과 통지가 아닌 이의신청의 대상이 된 행정청의 원처분(일부취소의 경우에는 일부취소되고 남은 원처분, 이의신청 결과 처분이 변경된 경우에는 변경된 처분)으로 한다(행정소송법 개정안 제36조 제 4 항). ‘변경된 처분’에는 처분내용은 동일하더라도 기본적 사실관계에 동일성이 없는 처분사유 변경이 있는 경우를 포함한다.

그러나, 이의신청 후 행정쟁송을 제기하는 경우에는 단순 기각결정(각하결정 포함)을 제외하고는 최종처분의 성질을 갖는 이의신청결정을 행정쟁송의 대상으로 하도록 하는 것이 이의신청의 법리 및 행정결정의 법리에 맞는다. 이의신청의 결정은 행정심판의 재결이 아니라 행정결정이므로 행정소송에서의 원처분주의를 적용하는 것은 타당하지 않다. 즉, 이의신청에서 단순기각결정(각하결정 포함)은 어떠한 법적 효과도 없는 단순한 사실행위로서 처분이 아니고, 처분은 이의신청의 대상이 된 원처분만 있고, 그것이 행정심판이나 행정소송의 대상이 되어야 한다. 그러나, ‘기각결정’이라도 원처분의 처분내용은 유지하면서 처분사유를 변경하는 기각결정은 새로운 처분이고 최종행정결정이므로 그 기각결정을 행정쟁송의 대상으로 하도록 하여야 한다. 일부취소결정의 경우 일부 취소되고 남은 결정이 최종행정결정이 되는 것이므로 일부취소결정(일부 취소되고 남은 결정)인 이의신청의 결정이 행정쟁송의 대상이 되는 것으로 보아야 한다. 변경(일부변경 또는 전부변경)결정의 경우에는 변경된 결정이 최종행정결정이 되므로 원처분이 아니라 이의신청결정인 변경결정을 행정쟁송의 대상으로 하는 것이 행정법리상 타당하다.

7. 행정기본법 제36조의 적용범위

다른 법률에서 ‘이의신청과 이에 준하는 절차’에 대하여 정하고 있는 경우에도 그 법률에서 규정하지 아니한 사항에 관하여는 이 조에서 정하는 바에 따른다(행정기본법 제36조 제 5 항). 이 조항은 행정기본법 제36조가 이의신청에 관한 일반법임을 선언한 규정이다.

'제36조 제 5 항의 이의신청'은 처분에 대한 이의신청(특별이의신청 포함)을 말하고, "이에 준하는 절차"는 처분이 아닌 행정결정에 대한 이의신청을 의미하는 것으로 보는 것이 타당하다. 따라서, '행정심판(준사법적 절차)이 아닌 이의신청등 행정불복'에 대해서는 특별한 규정이 없는 한 행정기본법 제36조 제 5 항이 적용된다고 보아야 한다. '제36조 제 5 항의 이의신청'을 '행정기본법 제36조 제 1 항에 따른 이의신청(일반이의신청)'에 한정하는 견해에 따르면 개별법상 인정되는 이의신청(특별이의신청)은 "이에 준하는 절차"에 해당하는 것으로 볼 수 있다. 따라서, 어느 견해에 따르든지 개별법상 인정되는 이의신청도 원칙상 행정기본법 제36조의 적용대상이 된다.

다만, 행정기본법 제36조 제 7 항 각 호에 해당하는 사항에 관하여는 행정기본법 제36조 전체를 적용하지 아니한다.

8. 행정심판인 이의신청과 '행정심판이 아닌 이의신청 등'과의 구별 [2010 감평 사례]

(1) 구별실익

이의신청이라는 명칭을 사용하는 행정불복 중에는 행정심판의 성질을 갖는 것(예 토지보상법상 이의신청)도 있고, 행정심판이 아닌 것(예 민원처리에 관한 법률상 이의신청)도 있다.

① 행정심판법 적용여부: 행정심판법상의 행정심판의 성질을 갖는 이의신청에는 행정심판법이 적용된다. 또한, 당해 불복절차를 거친 후에는 다시 행정심판법상의 행정심판을 제기할 수 없다(행정심판법 제51조[3]). 이에 반하여 행정심판법상의 행정심판이 아닌 이의신청의 경우 행정심판법이 적용되지 않고, 당해 이의신청을 거친 후에도 명문의 규정이 없는 경우에는 원칙상 행정심판을 제기할 수 있다.[4]

② 이의신청에 대한 결정의 성질: 행정심판인 이의신청에 대한 결정은 행정심판의 재결의 성질을 갖는다. 그렇지만, 행정심판이 아닌 이의신청에 대해 원처분을 취소 또는 변경하는 결정은 새로운 최종적 처분으로서 이의신청의 대상이 된 처분을 취소 또는 변경하는 처분이다. 다만, 이의신청의 대상이 된 기존의 처분을 그대로 유지하는 결정(기각결정)은 단순한 사실행위로서 아무런 법적 효력을 갖지 않고 항고소송의 대상이 되지 않는다. 다만, 이의신청에 따른 기각결정이 새로운 신청에 따른 것이거나 별도의 의사결정 과정과 절차를 거쳐 이루어진 독립된 행정처분의 성질을 갖는 경우에는 새로운 처분으로 볼 수 있으므로(대판 2022. 3. 17, 2021두53894) 항고소송의 대상이 된다. 판례 중에는 이주대책 대상자 제외결정에 대한 이의신청에 대하여 다시 한 제외결정(2차 결정)을 행정쟁송의 대상이 되는 처분으로 본 사례(후술 대판 2021. 1. 14, 2020두50324 참조)가 있다. 수익적 행정처분

---

3) 심판청구에 대한 재결이 있는 경우에는 당해 재결 또는 동일한 처분 또는 부작위에 대하여 다시 심판청구를 제기할 수 없다.

4) 개별 토지가격결정에 대하여 재조사청구를 하여 결과통지를 받은 후 다시 행정심판법 소정의 행정심판을 제기하여 그 재결을 거쳐 행정소송을 제기하는 것이 가능하다는 판결이 있다(대판 1993. 12. 24, 92누17204).

을 구하는 신청에 대한 거부처분에 대한 이의신청의 내용이 새로운 신청을 하는 취지로 볼 수 있는 경우에는, 그 이의신청에 대한 결정(기각결정 포함)의 통보를 새로운 처분으로 볼 수 있다고 한 사례(대판 2022. 3. 17, 2021두53894)가 있다.

판례1 [국가유공자법상 이의신청에 대한 기각결정을 다투는 사건] [1] 국가유공자법 제74조의18 제1항이 정한 이의신청은 행정심판이 아닌 이의신청 즉, "국가유공자 요건에 해당하지 아니하는 등의 사유로 국가유공자 등록신청을 거부한 처분청인 국가보훈처장으로 하여금 신청 대상자의 신청 사항을 다시 심사하여 잘못이 있는 경우 스스로 시정하도록 한 절차"라고 한 사례. [2] 국가유공자법상 이의신청에 대한 기각결정이 항고소송의 대상인 '처분 등'에 해당하는지 여부(소극): 이의신청을 받아들이는 것을 내용으로 하는 결정은 당초 국가유공자 등록신청을 받아들이는 새로운 처분(직권취소)으로 볼 수 있으나, 이의신청을 받아들이지 아니하는 결정은 종전의 결정 내용을 그대로 유지하는 것에 불과한 것으로서 이의신청인의 권리·의무에 새로운 변동을 가져오는 공권력의 행사나 이에 준하는 행정작용이라고 할 수 없으므로 원결정과 별개로 항고소송의 대상이 되지는 않는다(처분이 아니다)고 봄이 타당하다. [3] 국가유공자법 제74조의18 제4항이 정한 '제소기간 연장'이 행정심판 이외에 행정소송법상 취소소송에도 적용되는지 여부(적극): 국가유공자 비해당결정등 원결정에 대한 이의신청이 받아들여지지 아니한 경우에도 이의신청인으로서는 원결정을 대상으로 항고소송을 제기하여야 할 것이고, 국가유공자법 제74조의18 제4항이 이의신청을 하여 그 결과를 통보받은 날부터 90일 이내에 행정심판법에 따른 행정심판의 청구를 허용하고 있고, 행정소송법 제18조 제1항 본문이 "취소소송은 법령의 규정에 의하여 당해 처분에 대한 행정심판을 제기할 수 있는 경우에도 이를 거치지 아니하고 제기할 수 있다."고 규정하고 있는 점 등을 종합하여 보면, (국가유공자법 제74조의18 제1항이 정한) 이의신청을 받아들이지 아니하는 결과를 통보받은 자는 그 통보받은 날부터 90일 이내에 행정심판법에 따른 행정심판 또는 행정소송법에 따른 취소소송을 제기할 수 있다고 보아야 한다. [4] 원고의 국가유공자 등록신청에 대하여 피고가 2013. 3. 14. 국가유공자 및 보훈보상대상자 요건 비해당 결정처분('원결정')을 한 후, 원고가 피고에게 재심의 신청을 하였고, 피고는 보훈심사위원회의 재심의를 거쳐 2013. 8. 30. 이 사건 원결정과 같은 취지에서 국가유공자 및 보훈보상대상자 요건 재심의 비해당 결정('재심의 결정')을 하였는데, 원고가 2013. 11. 20. 재심의 결정의 취소를 구하는 소를 제기한 사안에서, 원심은 위 재심의 결정이 항고소송의 대상인 처분임을 전제로 본안 판단에 나아갔으나, 재심의 결정은 항고소송의 대상이 되지 아니하므로, 원고로서는 위 재심의 결정이 아닌 원결정의 취소를 구하여야 하고, 다만 제소기간은 재심의 결정을 통보받은 날부터 90일 이내라고 보아 원심판결을 파기한 사안(대판 2016. 7. 27, 2015두45953[국가유공자(보훈보상대상자)비해당처분 취소]). 〈해설〉 보훈심사위원회의 심의·의결을 거치는 것은 최초의 국가유공자 등록신청에 대한 결정에서나 이의신청에 대한 결정에서 마찬가지로 거치도록 규정된 절차이므로 이것만으로는 해당 이의신청이 준사법적 절차라고 할 수는 없다.

판례2 민원 이의신청을 받아들이는 경우에는 이의신청 대상인 거부처분을 취소하지 않고 바로 최초의 신청을 받아들이는 새로운 처분을 하여야 하지만, 이의신청을 받아들이지 않는 경우에는 다시 거부처분을 하지 않고 그 결과를 통지함에 그칠 뿐이다. 따라서 이의신청을 받아들이지 않는 취지의 기각 결정 내지는 그 취지의 통지는, 종전의 거부처분을 유지함을 전제로 한 것에 불과하고 또한 거부처분에 대한 행정심판이나 행정소송의 제기에도 영향을 주지 못하므로, 결국 민원 이의신청인의 권리·의무에 새로운 변동을 가져오는 공권력의 행사나 이에 준하는 행정작용이라고 할 수 없어, (원칙상) 독자적인 항고소송의 대상이 된다고 볼 수 없다고 봄이 타당하다(대판 2012. 11. 15, 2010두8676).

판례3 [1] 수익적 행정처분을 구하는 신청에 대한 거부처분이 있은 후 당사자가 다시 신청을 한 경우에는 신청의 제목 여하에 불구하고 그 내용이 새로운 신청을 하는 취지라면 관할 행정청이 이를 다시 거절하는 것은 새로운 거부처분이라고 보아야 한다. 나아가 어떠한 처분이 수익적 행정처분을 구하는 신청에 대한 거부처분이 아니라고 하더라도, 해당 처분에 대한 이의신청의 내용이 새로운 신청을 하는 취지로 볼 수 있는 경우에는, 그 이의신청에 대한 결정(기각결정 포함)의 통보를 새로운 처분으로 볼 수 있다. [2] 갑 시장이 을 소유 토지의 경계확정으로 지적공부상 면적이 감소되었다는 이유로 지적재조사위원회의 의결을 거쳐 을에게 조정금 수령을 통지하자(1차 통지), 을이 구체적인 이의신청 사유와 소명자료를 첨부하여 이의를 신청하였으나, 갑 시장이 지적재조사위원회의 재산정 심의·의결을 거쳐 종전과 동일한 액수의 조정금 수령을 통지한(2차 통지) 사안에서, 구 지적재조사에 관한 특별법(2020. 4. 7. 법률 제17219호로 개정되기 전의 것) 제21조의2가 신설되면서 조정금에 대한 이의신청 절차가 법률상 절차로 변경되었으므로 그에 관한 절차적 권리는 법률상 권리로 볼 수 있는 점, 을이 이의신청을 하기 전에는 조정금 산정결과 및 수령을 통지한 1차 통지만 존재하였고 을은 신청 자체를 한 적이 없으므로 을의 이의신청은 새로운 신청으로 볼 수 있는 점, 2차 통지서의 문언상 종전 통지와 별도로 심의·의결하였다는 내용이 명백하고, 단순히 이의신청을 받아들이지 않는다는 내용에 그치는 것이 아니라 조정금에 대하여 다시 재산정, 심의·의결절차를 거친 결과, 그 조정금이 종전 금액과 동일하게 산정되었다는 내용을 알리는 것이므로, 2차 통지를 새로운 처분으로 볼 수 있는 점 등을 종합하면, 2차 통지는 1차 통지와 별도로 행정쟁송의 대상이 되는 처분으로 보는 것이 타당하다고 한 사례(대판 2022. 3. 17, 2021두53894[지적재조사사업조정금이의신청기각처분취소청구의소]).

③ **불가변력 인정여부**: 행정심판의 재결은 준사법적 행위로서 불가변력이 발생한다. 행정심판이 아닌 이의신청은 준사법적 행위는 아니지만, 불복절차인 점에서 이의신청결정에 불가변력과 유사한 효력을 인정하는 것이 타당하다.

예를 들면, 과세처분에 관한 이의신청 절차에서 과세관청이 그 이의신청 사유가 옳다고 인정하여 과세처분을 직권으로 취소한 경우 특별한 사유 없이 이를 번복하여 종전과 동일한 내용의 처분을 하는 것은 허용될 수 없다. 다만, 납세자가 허위의 자료를 제출하는 등 부정한 방법에 기초하여 직권취소되었다는 등의 특별한 사유가 있는 경우에는 이를 번복하고 종전과 동일한 과세처분을 할 수 있다(대판 2017. 3. 9, 2016두56790[재산세부과처분취소]).

> 판례 과세처분에 관한 이의신청 절차에서 과세관청이 이의신청 사유가 옳다고 인정하여 과세처분을 직권으로 취소한 후, 특별한 사유 없이 이를 번복하여 종전 처분과 동일한 내용의 처분을 할 수 있는지 여부(소극): 과세처분에 관한 불복절차과정에서 과세관청이 그 불복사유가 옳다고 인정하고 이에 따라 필요한 처분을 하였을 경우에는, 불복제도와 이에 따른 시정방법을 인정하고 있는 구 국세기본법(2007. 12. 31. 법률 제8830호로 개정되기 전의 것) 제55조 제 1 항, 제 3 항 등 규정들의 취지에 비추어 동일 사항에 관하여 특별한 사유 없이 이를 번복하고 다시 종전의 처분을 되풀이할 수는 없는 것이므로, 과세처분에 관한 이의신청절차에서 과세관청이 이의신청 사유가 옳다고 인정하여 과세처분을 직권으로 취소한 이상 그 후 특별한 사유 없이 이를 번복하고 종전 처분을 되풀이하는 것은 허용되지 않는다(대판 2010. 9. 30, 2009두1020[양도소득세부과처분취소]: 과세관청이 甲에게 재촌자경(在村自耕) 사실을 인정할 증거가 부족하다는 이유로 양도소득세 감면신청을 받아들이지 않은 채 토지에 대한 양도소득세를 부과하였다가, 甲이 재촌자경한 사실이 있다고 다투며 이의신청을 하자 이의사유를 받아들여 위 처분을 직권으로 취소한 후, 甲의 토지가 대규모 개발사업지역과 관련한 양도소득세의 예외적 감면 대상이 아니라는 이유로 종전과 동일한 내용의 과세처분을 한 사안에서, 위 처분이 적법하다고 본 원심판결에 법리를 오해한 잘못이 있다고 한 사례; 대판 2019. 1. 31, 2017두75873). 〈해설〉 행정심판이 아닌 이의신청에 따른 취소는 직권취소이다. 다만, 행정심판법상 행정심판이 아닌 이의신청절차도 불복절차이므로 관련규정의 취지를 고려하여 이의신청에 따른 직권취소에도 특별한 사정이 없는 한 번복할 수 없는 불가변력을 인정한 것이다.

④ **처분사유의 추가·변경**: 행정심판에서는 기본적 사실관계의 동일성이 있다고 인정되는 한도 내에서만 당초 처분의 근거로 삼은 사유와 다른 사유를 추가 또는 변경할 수 있지만(대판 2014. 5. 16, 2013두26118), 행정심판이 아닌 이의신청의 경우에는 기본적 사실관계의 동일성이 없는 사유라고 할지라도 처분의 적법성과 합목적성을 뒷받침하는 처분사유로 추가·변경할 수 있다.

> **판례**　[1] 산업재해보상보험법 규정의 내용, 형식 및 취지 등에 비추어 보면, 산업재해보상보험법상 심사청구에 관한 절차는 보험급여 등에 관한 처분을 한 근로복지공단으로 하여금 스스로의 심사를 통하여 당해 처분의 적법성과 합목적성을 확보하도록 하는 근로복지공단 내부의 시정절차에 해당한다고 보아야 한다. 따라서 처분청이 스스로 당해 처분의 적법성과 합목적성을 확보하고자 행하는 자신의 내부 시정절차에서는 당초 처분의 근거로 삼은 사유와 기본적 사실관계의 동일성이 인정되지 않는 사유라고 하더라도 이를 처분의 적법성과 합목적성을 뒷받침하는 처분사유로 추가·변경할 수 있다고 보는 것이 타당하다. [2] 근로복지공단이 '우측감각신경성 난청'으로 장해보상청구를 한 근로자 갑에 대하여 소멸시효 완성을 이유로 장해보상급여부지급결정을 하였다가, 갑이 불복하여 심사청구를 하자 갑의 상병이 업무상 재해인 소음성 난청으로 보기 어렵다는 처분사유를 추가하여 심사청구를 기각한 사안에서, 갑의 상병과 업무 사이의 상당인과관계 부존재를 처분사유 중 하나로 본 원심판단을 정당하다고 한 사례(대판 2012. 9. 13, 2012두3859[장해급여부지급결정처분취소]).

⑤ 이의신청에 따른 결정은 처분청의 결정이므로 결정 시의 법령 및 사실상태를 기준으로 한다. 그러나, 행정심판의 재결은 처분청의 결정이 아니고 준사법적 행위이므로 취소사유인 처분의 위법 또는 부당은 처분시의 법령 및 사실상태를 기준으로 판단한다.

(2) 구별기준

개별법상 이의신청이 단순 이의신청인지 행정심판인 이의신청인지 여부를 판단하는 기준에 관하여 견해의 대립이 있다.

1) 심판기관기준설

이 견해는 처분청 자체에 제기하는 이의신청(행정불복)을 행정심판이 아닌 이의신청으로 보고, 처분청의 직근상급행정청 또는 행정심판위원회에 제기하는 이의신청을 행정심판인 이의신청으로 보는 견해이다.

2) 불복절차기준설

이 견해는 쟁송절차를 기준으로 행정심판과 행정심판이 아닌 이의신청을 구분하는 견해이다. 즉, 헌법 제107조 제3항은 행정심판절차는 사법심판절차가 준용되어야 한다고 규정하고 있는 점에 비추어 개별법률에서 정하는 이의신청 중 준사법절차가 보장되는 것만을 행정심판으로 보고, 그렇지 않은 것은 행정심판이 아닌 것으로 본다.

3) 판　례

판례도 절차 및 담당기관을 기준으로 구분하고 있으므로 불복절차기준설을 취하고 있는 것으로 보인다(대판 2010. 1. 28, 2008두19987).

판례 1 행정심판에 관한 헌법 제107조 제 3 항의 의미: 헌법 제107조 제 3 항은 "재판의 전심절차로서 행정심판을 할 수 있다. 행정심판의 절차는 법률로 정하되, 사법절차가 준용되어야 한다"고 규정하고 있으므로, 입법자가 행정심판을 전심절차가 아니라 종심절차로 규정함으로써 정식재판의 기회를 배제하거나, 어떤 행정심판을 필요적 전심절차로 규정하면서도 그 절차에 사법절차가 준용되지 않는다면 이는 위 헌법조항, 나아가 재판청구권을 보장하고 있는 헌법 제27조에도 위반되며, 헌법 제107조 제 3 항은 사법절차가 "준용"될 것만을 요구하고 있으나 판단기관의 독립성과 공정성, 대심적 심리구조, 당사자의 절차적 권리보장 등의 면에서 사법절차의 본질적 요소를 현저히 결여하고 있다면 "준용"의 요청에마저 위반된다(헌재 전원재판부 2001. 6. 28, 2000헌바30[구 지방세법 제74조 제 1 항 등 위헌소원]).

판례 2 개별공시지가에 대하여 이의가 있는 자가 행정심판을 거쳐 행정소송을 제기하는 경우 제소기간의 기산점: 부동산 가격공시 및 감정평가에 관한 법률 제12조, 행정소송법 제20조 제 1 항, 행정심판법 제 3 조 제 1 항의 규정 내용 및 취지와 아울러 부동산 가격공시 및 감정평가에 관한 법률에 행정심판의 제기를 배제하는 명시적인 규정이 없고 부동산 가격공시 및 감정평가에 관한 법률에 따른 이의신청과 행정심판은 그 절차 및 담당 기관에 차이가 있는 점을 종합하면, 부동산 가격공시 및 감정평가에 관한 법률이 이의신청에 관하여 규정하고 있다고 하여 이를 구 행정심판법 제 3 조 제 1 항에서 행정심판의 제기를 배제하는 '다른 법률에 특별한 규정이 있는 경우'에 해당한다고 볼 수 없으므로, 개별공시지가에 대하여 이의가 있는 자는 곧바로 행정소송을 제기하거나 부동산 가격공시 및 감정평가에 관한 법률에 따른 이의신청과 행정심판법에 따른 행정심판청구 중 어느 하나만을 거쳐 행정소송을 제기할 수 있을 뿐 아니라, 이의신청을 하여 그 결과 통지를 받은 후 다시 행정심판을 거쳐 행정소송을 제기할 수도 있다고 보아야 하고, 이 경우 행정소송의 제소기간은 그 행정심판 재결서 정본을 송달받은 날부터 기산한다(대판 2010. 1. 28, 2008두19987[개별공시지가결정처분취소]). 〈해설〉 개별공시지가결정에 대한 이의신청을 행정심판법상의 행정심판으로 보지 않고 행정심판법상 행정심판의 제기를 배제하지 않은 결론은 타당하지만, 행정심판이 아닌 이의신청과 행정심판인 이의신청의 구별기준을 명확히 제시하지 않은 점은 아쉬운 점이다. 개별공시지가결정에 대한 이의신청을 행정심판으로 보지 않을 수 있는 기준으로 제시한 "이의신청과 행정심판이 그 절차 및 담당 기관에 차이가 있는 점"은 그 기준이 너무 넓고 모호하고 형식적이라고 할 수 있다.

판례 3 [1] 지방자치법 제140조 제 3 항상의 사용료·수수료 또는 분담금의 부과나 징수에 대한 이의신청은 행정심판과는 구별되는 별개의 제도라 할 것이다(대판 2012. 3. 29, 2011두26886[도로점용료부과처분취소]). 〈해설〉 지방자치법 제140조 제 3 항상의 이의신청은 지방자치단체의 장에게 하는 것이므로 행정심판이 아닌 이의신청으로 보는 것이 타당하다.

판례 4 [1] 구 민원사무처리법에서 정한 민원 이의신청은 행정심판법에서 정한 행정심판과는 그 성질을 달리한다(대판 2012. 11. 15, 2010두8676[주택건설사업불허가처분취소등]).

판례 5 구 공무원연금법상 공무원연금급여 재심위원회에 대한 심사청구는 특별행정심판에 해당한다(대판 2019. 8. 9, 2019두38656).

4) 결   어

헌법 제107조 제 3 항이 행정심판절차는 사법절차가 준용되어야 한다고 규정하고 있는 점에 비추어 불복절차를 기준으로 행정심판과 행정심판이 아닌 이의신청을 구분하는 견해가 타당하다. 행정심판은 '사법(司法)형행정불복절차'이고, 행정심판이 아닌 이의신청은 '행정형행정불복절차'이다.

Ⅳ. 행정기본법상 처분의 재심사

제재처분 및 행정상 강제를 제외한 처분에 대해서는 쟁송을 통하여 더 이상 다툴 수 없게 된 경우에도 처분의 근거가 된 사실관계 또는 법률관계가 추후에 당사자에게 유리하게 바뀐 경우 등 일정한 요건에 해당하면 그 사유를 안 날부터 60일 이내에 행정청에 대하여 처분을 취소·철회하거나 변경하여 줄 것을 신청할 수 있다(제37조 제 1 항, 제 2 항). 다만, 처분이 있은 날부터 5년이 지나면 재심사를 신청할 수 없다(제 3 항). 다만, 다음 각 호의 어느 하나에 해당하는 사항에 관하여는 이 조를 적용하지 아니한다. 1. 공무원 인사관계 법령에 따른 징계 등 처분에 관한 사항, 2.「노동위원회법」제 2 조의2에 따라 노동위원회의 의결을 거쳐 행하는 사항, 3. 형사, 행형 및 보안처분 관계 법령에 따라 행하는 사항, 4. 외국인의 출입국·난민인정·귀화·국적회복에 관한 사항, 5. 과태료 부과 및 징수에 관한 사항, 6. 개별 법률에서 그 적용을 배제하고 있는 경우(제 8 항).

1. 처분의 재심사의 의의

처분의 재심사는 처분을 불복기간의 경과 등으로 쟁송을 통하여 더 이상 다툴 수 없는 경우에 신청(처분의 취소·철회 또는 변경의 신청)에 의해 처분청이 해당 처분을 재심사하는 것을 말한다. '처분의 재심사' 제도는 민·형사 재판절차상 재심제도와 유사하다.

2. 재심사의 신청사유

행정기본법상 처분의 재심사를 신청하기 위해서는 처분(제재처분 및 행정상 강제는 제외)이 행정심판, 행정소송 및 그 밖의 쟁송을 통하여 다툴 수 없게 된 경우(법원의 확정판결이 있는 경우는 제외), 즉 처분에 대해 불가쟁력이 발생한 경우로서 다음 각 호의 어느 하나에 해당하는 경우에 해당하여야 한다. 1. 처분의 근거가 된 사실관계 또는 법률관계가 추후에 당사자에게 유리하게 바뀐 경우, 2. 당사자에게 유리한 결정을 가져다주었을 새로운 증거가 있는 경우, 3.「민사소송법」제451조에 따른 재심사유에 준하는 사유가 발생한 경우 등 대통령령으로 정하는 경우(제37조 제 1 항). 법 제37조 제 1 항 제3호에서 "「민사소송법」제451조에 따른 재심사유에 준하는 사유가 발생한 경우 등 대통령령으로 정하는 경우"란 다음 각 호의 어느 하나에 해당하는 경우를 말한다. 1. 처분 업무를 직접 또는 간접적으로 처리한 공무원이 그 처분에 관한 직무상 죄를 범한 경우, 2. 처분의 근거가 된 문서나 그 밖의 자료가 위조되거나 변조된 것인 경우, 3. 제3자의 거짓 진술이 처분의 근거가 된 경우, 4. 처분에 영향을 미칠 중요한 사항에 관하여 판단이 누락된 경우(동법 시행령 제12조).

제 1 호의 사유는 철회(변경포함)사유이고, 제 2 호와 제 3 호는 취소(변경포함)사유이다. 제 1 호에 따른 재심사는 제 1 호에 따른 재심사 신청사유가 있는 경우에 당사자에게 철회신청권을 인정하는 의미가 있다.

제1항에 따른 신청은 해당 처분의 절차, 행정심판, 행정소송 및 그 밖의 쟁송에서 당사자가 중대한 과실 없이 제1항 각 호의 사유를 주장하지 못한 경우에만 할 수 있다(제2항).

3. 재심사 신청권자

재심사를 신청할 수 있는 자는 처분의 당사자이다. 처분의 당사자란 처분의 상대방을 말한다. 따라서, 처분의 상대방이 아닌 이해관계있는 제3자는 재심사를 신청할 수 없다.

4. 재심사 신청기간

재심사 신청은 당사자가 제1항 각 호의 재심사 신청사유를 안 날부터 60일 이내에 하여야 한다. 다만, 처분이 있은 날부터 5년이 지나면 신청할 수 없다(제3항).

5. 재심사 신청에 대한 처리기간

제1항에 따른 신청을 받은 행정청은 특별한 사정이 없으면 신청을 받은 날부터 90일(합의제행정기관은 180일) 이내에 처분의 재심사 결과(재심사 여부와 처분의 유지·취소·철회·변경 등에 대한 결정을 포함한다)를 신청인에게 통지하여야 한다. 다만, 부득이한 사유로 90일(합의제행정기관은 180일) 이내에 통지할 수 없는 경우에는 그 기간을 만료일 다음 날부터 기산하여 90일(합의제행정기관은 180일)의 범위에서 한 차례 연장할 수 있으며, 연장 사유를 신청인에게 통지하여야 한다(제4항).

6. 재심사 결과에 대한 불복

재심사신청에 대한 결정은 행정행위의 성질을 갖는다. 재심사결과(결정)에는 처분을 유지하는 결정과 처분의 전부 또는 일부 철회·취소·변경 결정이 있다. 처분을 유지하는 결정에는 재심사 대상이 되지 않는다는 결정(각하결정)과 본안심사결과 철회·취소·변경의 이유가 없다고 하여 처분을 유지하는 결정(기각결정)이 있다. 재심사신청에 대해 처분을 유지하는 결정은 철회·취소 또는 변경신청에 대한 거부처분의 성질을 갖고, 재심사신청에 대해 처분을 철회·취소 또는 변경하는 결정은 철회·직권취소 또는 직권변경처분의 성질을 갖는다.

그러므로 재심사신청에 대한 결정은 행위의 성질상 행정쟁송의 대상이 되는 처분으로서의 성질을 갖는다. 그런데, 행정기본법은 제4항에 따른 처분의 재심사 결과 중 처분을 유지하는 결과에 대해서는 행정심판, 행정소송 및 그 밖의 쟁송수단을 통하여 불복할 수 없다(제5항)고 규정하고 있다. '처분을 유지하는 결과'는 문언대로 해석하면 각하결정 및 기각결정을 의미하는 것으로 해석할 수도 있지만, 이렇게 불복할 수 없게 하는 것은 국민의 재판을 받을 권리를 침해하는 것으로서 위헌의 소지가 있다. 각하결정에도 불복할 수 없다고 하면 재심사청구를 허용한 입법의 취지에 반하므로 기각결정만을 의미하는 것으로 보아야 한다. 또한, 각하결정에 대해서도 불복할 수 없다면 행정청은 재심사청구에 대해 본안판단을 회피하기 위해 각하결정을 남발할 수 있기 때문이다.

'그 밖의 쟁송수단'에 이의신청이 포함되는지 달리 말하면 재심사 결과 처분을 유지하는 결정에 대해 이의신청이 가능한지에 대해서는 논란의 여지가 있다.

그리고, 재심사 신청에 대한 철회·취소 또는 변경은 처분이므로 이를 다툴 법률상 이익이 있는 자는 행정쟁송을 제기할 수 있다.

7. 재심사와 처분에 대한 취소 또는 철회의 청구

행정청의 제18조에 따른 취소와 제19조에 따른 철회는 처분의 재심사에 의하여 영향을 받지 아니한다(제6항). 행정청은 처분의 재심사와 별도로 취소 또는 철회를 할 수 있다. 민원인은 처분의 재심사와 별도로 취소 또는 철회의 신청을 할 수 있다. 취소 또는 철회의 신청을 받은 행정청은 법령상 또는 조리상 신청권에 따른 신청인 경우에는 그 신청에 응답할 의무를 진다. 또한, 행정기본법 제37조 재심사 요건(신청권자, 신청기간 등) 결여, 재심사사유 없음 등의 이유로 재심사를 거부하는 결정을 하는 경우에도 행정청은 직권으로 행정기본법 제18조에 따른 취소 또는 동법 제19조에 따른 철회를 할 수 있다.

V. 청원과의 구별

청원이란 국가기관에 대하여 행하는 권익의 구제 또는 공익을 위한 일정한 권한행사의 요망을 말한다. 국가기관은 청원에 대하여 수리·심사하여 통지할 의무가 있다.

청원은 행정심판과 달리 쟁송수단이 아니다. 다만, 청원이라는 명칭을 사용한 경우에도 그 실질이 행정심판에 해당하는 경우에는 행정심판을 제기한 것으로 보고 처리하여야 한다. 또한, 행정기본법 제37조 재심사 요건(신청권자, 신청기간 등) 결여, 재심사사유 없음 등의 이유로 재심사를 거부하는 결정을 하는 경우에도 행정청은 직권으로 행정기본법 제18조에 따른 취소 또는 동법 제19조에 따른 철회를 할 수 있다.

VI. 행정심판에 의한 취소와 직권취소와의 구별

행정심판에 의한 취소는 쟁송취소로서 직권취소와 구별된다(총론 참조).

VII. 고충민원

고충민원은 행정심판이나 행정소송의 대상이 되지 않는 권익침해에 대해서도 인정된다. 즉 "고충민원"이란 행정기관등의 위법·부당하거나 소극적인 처분(사실행위 및 부작위를 포함한다) 및 불합리한 행정제도로 인하여 국민의 권리를 침해하거나 국민에게 불편 또는 부담을 주는 사항에 관한 민원(현역장병 및 군 관련 의무복무자의 고충민원을 포함한다)을 말한다(부패방지 및 국민권익위원회의 설치와 운영에 관한 법률 제 2 조 제 5 호). 행정심판이나 행정소송의 대상이 되는 처분에 대해서도 고충민원을 제기할 수 있다. 특히 불복기간이 지나 취소심판이나 취소소송을 제기할 수 없는 경우에도 고충민원을 제기하여 권리구제를 받을 수도 있다.

권익위원회는 접수된 고충민원이 "행정심판, 행정소송, 헌법재판소의 심판이나 감사원의 심사청구 그 밖에 다른 법률에 따른 불복구제절차가 진행 중인 사항" 또는 "판결·결정·재결·화해·조정·중재 등에 따라 확정된 권리관계에 관한 사항 또는 감사원이 처분을 요구한 사항"에 해당하는 경우에는 그 고충민원을 각하하거나 관계 기관에 이송할 수 있다(제43조 제 1 항).

권익위원회는 합의를 권고할 수 있고(제44조), 다수인이 관련되거나 사회적 파급효과가 크다고 인정되는 고충민원의 신속하고 공정한 해결을 위하여 필요하다고 인정하는 경우에는 당사자의 신청 또는 직권에 의하여 조정을 할 수 있다(제45조 제 1 항). 당사자가 합의한 사항을 조정서에 기재한 후 당사자가 기명날인하고 권익위원회가 이를 확인함으로써 성하는 조정은 「민법」상의 화해와 같은 효력이 있다(제 2 항, 제 3 항).

권익위원회는 고충민원에 대한 조사결과 처분 등이 위법·부당하다고 인정할 만한 상당한 이유가 있는 경우에는 관계 행정기관 등의 장에게 적절한 시정을 권고할 수 있다(제46조 제 1 항). 권익위원회는 고충민원에 대한 조사결과 신청인의 주장이 상당한 이유가 있다고 인정되는 사안에 대하여는 관계 행정기관등의 장에게 의견을 표명할 수 있다(제 2 항). 권익위원회는 고충민원을 조사·처리하는 과정에서 법령 그 밖의 제도나 정책 등의 개선이 필요하다고 인정되는 경우에는 관계 행정기관등의 장에게 이에 대한 합리적인 개선을 권고하거나 의견을 표명할 수 있다(제47조). 권익위원회는 제46조 및 제47조에 따른 권고 또는 의견의 이행실태를 확인·점검할 수 있다(제52조). 권익위원회는 ① 제46조 및 제47조에 따른 권고 또는 의견표명의 내용, ② 제50조 제 1 항에 따른 처리결과, ③ 제50조 제 2 항에 따른 권고내용의 불이행사유를 공표할 수 있다. 다만, 다른 법률의 규정에 따라 공표가 제한되거나 개인의 사생활의 비밀이 침해될 우려가 있는 경우에는 그러하지 아니하다.

Ⅷ. 감사원에의 심사청구와 행정심판 [2006 입시 약술]

감사원법은 제43조 제 1 항에서 "감사원의 감사를 받는 자의 직무에 관한 처분 기타 행위에 관하여 이해관계 있는 자는 감사원에 그 심사의 청구를 할 수 있다"라고 규정하고, 그 이하에서 심사청구절차 등을 규정하고 있다.

그런데, 감사원법은 행정소송과의 관계에 관하여는 심사청구의 청구인은 심사청구 및 결정을 거친 처분에 대하여는 당해 처분청을 당사자로 하여 행정심판을 거치지 않고 직접 행정소송을 제기할 수 있는 것으로 규정하고 있지만, 행정심판과의 관계에 대하여는 아무런 규정을 두고 있지 않다.

생각건대, 감사원의 심사청구는 행정심판과는 성질을 달리하는 제도이므로 심사청구와는 별도로 행정심판을 제기할 수 있는 것으로 보아야 한다.

Ⅸ. 행정심판의 존재이유

1. 자율적 행정통제

행정청에게 먼저 반성의 기회를 주어 행정처분의 하자를 자율적으로 시정하도록 하기 위하여 행정심판이 필요하다.

2. 사법의 보완: 행정청의 전문지식의 활용과 소송경제의 확보

법원의 전문성의 부족을 보완하고 분쟁해결에 있어 시간 및 비용을 절약하고 법원의 부담을 경감함으로써 사법기능을 보완하기 위하여 행정심판이 필요하다.

3. 국민의 권익구제

행정심판은 행정소송보다 간편하고 신속하며 비용이 거의 들지 않는 쟁송수단이다.

또한, 행정심판은 처분의 부당도 심판의 대상으로 한다.

처분청은 행정심판의 재결에 대해 불복할 수 없으므로(판례) 이 점에서 행정심판의 인용재결은 청구인에게 매우 유리하다.

제 2 절 행정심판의 종류 [2011 일반행정 사례 약술형]

행정심판법은 행정심판의 종류로 취소심판, 무효등확인심판, 의무이행심판을 규정하고 있다.

Ⅰ. 취소심판

취소심판이라 함은 "행정청의 위법 또는 부당한 처분을 취소하거나 변경하는 심판"을 말한다(제 5 조 제 1 호).

취소에는 적극적 처분의 취소뿐만 아니라 소극적 처분인 거부처분의 취소를 포함한다. 변경이란 취소소송에서와 달리 적극적 변경(허가취소처분을 영업정지처분으로 변경)을 의미한다.

위원회(이하 '행정심판위원회'를 말한다)는 취소심판의 청구가 이유 있다고 인정하면 처분을 취소 또는 다른 처분으로 변경하거나 처분을 다른 처분으로 변경할 것을 피청구인에게 명한다(제43조 제 3 항). 따라서 취소재결에는 처분취소재결, 처분변경재결(영업허가취소를 영업정지처분으로 변경하는 재결), 처분변경명령재결이 있다.

Ⅱ. 무효등확인심판

무효등확인심판이라 함은 "행정청의 처분의 효력 유무 또는 존재 여부를 확인하는 심판"을 말한다(제 5 조 제 2 호).

무효등확인심판은 처분의 무효, 유효, 실효, 존재 또는 부존재가 다투어지는 경우에 당해 처분의 무효, 유효, 실효, 존재 또는 부존재의 확인을 구하는 행정심판이다. 따라서, 무효등확인심판에는 처분무효확인심판, 처분유효확인심판, 처분실효확인심판, 처분존재확인심판 및 처분부존재확인심판이 있다.

위원회는 무효등확인심판의 청구가 이유 있다고 인정하면 처분의 효력 유무 또는 처분의 존재 여부를 확인한다(제43조 제 4 항). 따라서 무효확인재결에는 처분무효확인재결, 처분실효확인재결, 처분유효확인재결, 처분존재확인재결, 처분부존재확인재결이 있다.

Ⅲ. 의무이행심판 [2007 사시 사례, 2018 행시]

1. 의   의

의무이행심판이라 함은 "행정청의 위법 또는 부당한 거부처분이나 부작위에 대하여 일정한 처분을 하도록 하는 심판"을 말한다(제 5 조 제 3 호).

의무이행심판은 행정청의 거부처분 또는 부작위(허가신청에 대한 거부처분 또는 부작위)에 대하여 적극적인 처분을 구하는 행정심판이다. 행정소송에 있어서는 의무이행소송이 인정되고 있지 않지만 행정심판에 있어서는 의무이행심판이 인정되고 있다.

2. 성   질

의무이행심판을 이행쟁송으로 보는 것이 통설이다. 즉, 의무이행심판은 처분청에게 일정한 처분을 할 것을 명하는 재결을 구하는 행정심판이므로 이행쟁송이라고 본다.

그러나, 행정심판법은 "위원회는 의무이행심판의 청구가 이유가 있다고 인정하면 지체 없이 신청에 따른 처분을 하거나 처분을 할 것을 피청구인에게 명한다"라고 규정하고 있다(제43조 제 5 항). 즉, 의무이행심판의 재결에는 처분명령재결뿐만 아니라 처분재결이 있다. 처분재결은 행정심판기관인 위원회가 스스로 처분을 하는 것이므로 형성재결이고,

처분명령재결은 처분청에게 처분을 명하는 재결이므로 이행재결이다. 따라서, 의무이행심판은 이행적 쟁송의 성질과 함께 형성적 쟁송의 성격을 아울러 갖는 것으로 보는 것이 타당하다.

제 3 절 행정심판의 당사자 및 관계인

Ⅰ. 청 구 인

청구인이라 함은 행정심판을 제기하는 자를 말한다.

1. 청구인능력

청구인은 원칙적으로 자연인 또는 법인이어야 하지만, 법인이 아닌 사단 또는 재단으로서 대표자 또는 관리인이 정하여져 있는 경우에는 그 사단이나 재단의 이름으로 심판청구를 할 수 있다(제14조).

법주체인 국가나 지방자치단체는 청구인능력이 있지만, 행정기관은 법주체가 아니므로 원칙상 청구인능력이 없다. 그러나, 예외적으로 행정기관이 법령상 민간과 같은 사업수행자로서의 지위에 있는 경우에는 행정심판을 청구할 수 있는 경우도 있다.

> **재결례**   사건 심판청구는 법인격이 없는 국가 기관에 불과한 보건복지부장관 소속의 행정청인 청구인(국립의료원장)이 제기하였으나, 청구인이 비록 행정청이라 하더라도 「의료법」 제30조 제 2 항의 규정에 의하면, 국가는 의료기관을 개설할 수 있고, 「의료급여법」 제 9 조 및 제30조의 규정에 의하면, 급여비용에 관한 급여비용심사기관의 심사 조정에 이의가 있는 「의료법」에 따라 개설된 의료기관 등 의료급여기관은 급여비용심사기관에게 이의신청을 할 수 있다고 규정되어 있는 점에 비추어 볼 때, 「의료법」에 따라 개설된 의료기관으로서 「의료급여법」에 의한 의료급여기관인 청구인에 대하여 의료급여기관의 지위에서 급여비용에 관한 급여비용심사기관인 피청구인의 심사 조정에 대하여 위법 부당 여부를 다툴 수 있는 지위를 부여한 것으로 봄이 상당하다고 할 것이므로, 그렇다면 이러한 범위 안에서 청구인도 행정심판을 제기할 수 있는 법률상의 이익을 갖는 청구인 적격을 가진다고 볼 것이다(국행심 05-08295 의료급여비용감액조정 이의신청 기각결정처분 취소청구, 청구인: 국립의료원장, 피청구인: 건강보험심사평가원).

2. 청구인적격

청구인적격이라 함은 행정심판을 청구할 자격이 있는 자를 말한다. 청구인적격이 없는 자가 제기한 행정심판은 부적법 각하된다.

행정심판의 청구인은 행정심판을 제기할 '법률상 이익이 있는 자'이다(제13조).

통설·판례는 행정심판법상의 '법률상 이익'을 취소소송에서와 같이 공권 내지 법적 이익으로 해석하고 있다. 따라서, 처분의 근거법규 및 관계법규에 의해 보호되는 이익이 침해되거나 침해될 가능성이 있는 자가 제기할 수 있다(자세한 것은 취소소송의 원고적격 참조).

그런데, 학교폭력예방 및 대책에 관한 법률(약칭: 학교폭력예방법)은 교육장이 학교폭력 가해학생에 내린 조치에 대하여 이의가 있는 가해학생 또는 그 보호자뿐만 아니라(제17조 의2 제 2 항) 이의가 있는 피해학생 또는 그 보호자도 「행정심판법」에 따른 행정심판을 청구할 수 있는 것으로 규정하고 있다(제17조의2 제 1 항).

3. 청구인의 지위승계

청구인이 사망한 경우에는 상속인이나 그 밖에 법령에 따라 심판청구의 대상에 관계되는 권리나 이익을 승계한 자가 청구인의 지위를 승계한다(제16조 제 1 항).

법인인 청구인이 합병에 따라 소멸하였을 때에는 합병 후 존속하는 법인이나 또는 합병에 따라 설립된 법인이 청구인의 지위를 승계한다(제16조 제 2 항).

심판청구의 대상과 관계되는 권리 또는 이익을 양수한 자는 위원회의 허가를 받아 청구인의 지위를 승계할 수 있다(제16조 제 5 항).

Ⅱ. 피청구인

피청구인이라 함은 심판청구의 상대방을 말한다.

1. 피청구인인 행정청

행정심판은 처분을 한 행정청(의무이행심판의 경우에는 청구인의 신청을 받은 행정청)을 피청구인으로 하여 청구하여야 한다. 다만, 심판청구의 대상과 관계되는 권한이 다른 행정청에 승계된 경우에는 권한을 승계한 행정청을 피청구인으로 하여야 한다(제17조 제 1 항).

행정심판법은 행정심판의 피청구인이 되는 "'행정청'이란 행정에 관한 의사를 결정하여 표시하는 국가 또는 지방자치단체의 기관, 그 밖에 법령 또는 자치법규에 따라 행정권한을 가지고 있거나 위탁을 받은 공공단체나 그 기관 또는 사인(私人)을 말한다"라고 규정하고 있는데(제 2 조 제 4 호), 이는 당연한 것을 규정한 것에 불과하다(자세한 것은 행정소송에서 피고인 행정청 참조).

2. 피청구인의 경정

청구인이 피청구인을 잘못 지정한 경우에는 위원회는 직권으로 또는 당사자의 신청에 의하여 결정으로써 피청구인을 경정(更正)할 수 있다(제17조 제 2 항). 위원회는 행정심판이 청구된 후에 제 1 항 단서의 사유가 발생하면 직권으로 또는 당사자의 신청에 의하여 결정으로써 피청구인을 경정한다(제17조 제 5 항).

Ⅲ. 대리인의 선임 및 국선대리인제도

청구인 및 피청구인은 대리인을 선임할 수 있다(제18조). 청구인이 경제적 능력으로 인해 대리인을 선임할 수 없는 경우에는 위원회에 국선대리인을 선임하여 줄 것을 신청할 수 있다(제18조의2 제 1 항).

Ⅳ. 참가인(심판참가)

심판참가라 함은 현재 계속중인 타인간의 행정심판에 심판결과에 대하여 이해관계가 있는 제 3 자 또는 행정청이 참가하는 것을 말한다.

심판참가에는 제 3 자의 심판참가와 행정청의 심판참가가 있다. 또한, 심판참가는 이해관계인 또는 행정청의 신청에 의한 참가(제20조)와 위원회의 요구에 의한 참가(제21조)로 나눌 수도 있다(자세한 것은 행정소송에서의 소송참가 참조).

제 4 절　행정심판과 행정소송의 관계

Ⅰ. 행정심판임의주의 — 예외적 행정심판전치주의

1994년 개정 행정소송법은 행정심판전치주의를 폐지하고 행정심판을 원칙상 임의절차로 하였다(행정소송법 제18조 제 1 항).

개별법령에 행정심판의 제기에 관한 근거규정이 있는 경우에도 달리 그 행정심판의 재결을 거치지 아니하면 취소소송을 제기할 수 없다는 규정을 두고 있지 아니한 경우에는 당해 행정심판은 개정 행정소송법 제18조 제 1 항에 의해 임의적인 절차로 전환되었다고 보아야 한다(대결 1999. 12. 20, 99무42).

개별법에서 행정심판전치주의를 규정하고 있는 것은 조세부과처분, 징계처분 등 공무원의 의사에 반하는 불리한 처분, 도로교통법에 의한 처분 등이다(자세한 것은 행정소송 참조).

Ⅱ. 행정심판의 전심절차성

행정심판이 임의절차인 경우에도 행정심판은 행정소송의 전심절차로서의 성격을 갖는다.

Ⅲ. 행정심판의 제기와 행정소송의 제기

행정심판의 제기가 임의적인 경우 행정소송제기 후 행정심판을 제기할 수도 있고, 행정심판제기 후 행정소송을 제기할 수도 있고, 행정심판과 행정소송을 동시에 제기할 수도 있다.

Ⅳ. 행정심판의 재결과 행정소송의 판결

행정심판에서 각하 또는 기각재결이 내려지고 행정소송에서 인용판결이 내려진 경우에는 행정심판의 재결과 행정소송의 판결 사이에는 모순 또는 충돌이 있는 것이 아니다. 왜냐하면 행정심판은 행정소송의 전심의 지위를 갖기 때문이다.

행정심판에서 인용재결이 내려지면 행정소송은 소의 이익이 없게 되어 각하판결을 내려야 한다.

제 5 절 행정심판의 대상

행정심판의 대상인 '처분'(행정심판법 제 2 조 제 1 호) 또는 '부작위'(제 2 호)는 기본적으로 행정소송의 대상이 되는 처분 또는 부작위와 동일하므로 후술하기로 한다.

다만, 행정심판법은 대통령의 처분 또는 부작위에 대하여는 다른 법률에 특별한 규정이 있는 경우를 제외하고는 행정심판을 제기할 수 없도록 규정하고 있다(제 3 조 제 2 항).

처분적 법규명령이 행정심판의 대상이 될 것인지에 관하여는 논란이 있다.

① 부 정 설: 이 견해는 명령은 행정심판의 대상이 될 수 없다고 보는 견해이다. 그 논거로 법규명령과 같은 규범통제에는 헌법적 근거가 필요한데, 헌법 제107조 제 2 항은 명령에 대한 규범통제권을 법원에 부여하고 있다는 점을 그 논거로 든다. 행정심판의 실무가 취하고 있는 견해이다.

② 긍 정 설: 이 견해는 명령 중 처분성이 있는 것은 행정심판의 대상이 된다고 본다. 그 논거로 행정심판법상 처분개념과 행정소송법상 처분개념은 동일한 개념으로 규정되어 있고, 행정소송에서는 처분적 명령이 행정소송의 대상이 된다는 점을 그 논거로 든다.

③ 결어(긍정설): 다음과 같은 이유에서 긍정설이 타당하다. i) 처분적 명령에 대한 항고소송의 근거는 헌법 제107조 제 2 항이 아니라 사법권을 정한 헌법 제101조로 보는 것이 타당하다. 헌법 제107조 제 3 항은 재판의 전심절차로 행정심판을 둘 수 있게 하고 있고, 행정심판을 준사법적 절차로 규정하고 있다. ii) 헌법 제107조 제 2 항은 명령의 위헌·위법 여부에 대한 최종적 판단권을 규정하고 있는 것이고, 명령의 위헌·위법 여부에 대한 법원

의 배타적 판단권을 규정한 것은 아니다. iii) 행정심판법상 처분개념과 행정소송법상 처분
개념은 동일한 개념으로 규정되어 있는데 행정소송에서는 처분적 명령이 행정소송의 대상
이 된다.

다만, 대통령령은 행정심판법 제 3 조 제 2 항에 따라 행정심판의 대상이 되지 않는다.

제 6 절   행정심판의 청구

I. 행정심판청구기간

심판청구기간은 취소심판청구와 거부처분에 대한 의무이행심판청구에만 적용되고,
무효등확인심판청구나 부작위에 대한 의무이행심판청구에는 적용되지 아니한다(제27조 제
7 항).

행정심판이나 행정소송에 있어서는 민사소송에서와 달리 단기의 불복기간이 정해져
있다. 불복기간 내에 행정심판 또는 행정소송을 제기하여야 하며 그러하지 않으면 더 이
상 다툴 수 없게 되고 불복기간을 넘겨 행정심판이나 행정소송을 제기하면 부적법하여 각
하된다.

이와 같이 단기의 불복기간을 둔 것은 행정행위의 효력을 신속히 확정하여 행정법관
계의 안정성을 확보하기 위한 것이다.

1. 원칙적인 심판청구기간

행정심판 제기기간은 원칙적으로 처분이 있음을 안 날로부터 90일 이내, 처분이 있은
날로부터 180일이다(제27조). 이 두 기간 중 어느 하나라도 도과하면 원칙상 행정심판청구
를 할 수 없다. 처분이 있은 날로부터 180일 이내에 처분이 있음을 알았을 때에는 그때로
부터 90일 이내에 행정심판을 제기하여야 한다.

(1) 처분이 있음을 안 경우

심판청구는 처분이 있음을 알게 된 날부터 90일 이내에 제기하여야 한다(제27조 제 1
항). 이 기간은 불변기간이다(제27조 제 4 항).

(2) 처분이 있음을 알지 못한 경우

처분이 있음을 알지 못한 경우 처분이 있었던 날부터 180일이 지나면 원칙상 행정심
판을 청구하지 못한다(제27조 제 3 항 본문).

2. 예외적인 심판청구기간

(1) 90일에 대한 예외

① 행정심판은 처분이 있음을 알게 된 날로부터 90일 이내에 제기하여야 하지만, 천재지변, 전쟁, 사변 그 밖의 불가항력으로 인하여 그 기간 내에 제기할 수 없었을 때에는 그 사유가 소멸한 날부터 14일(국외에서는 30일) 이내에 제기할 수 있다(제27조 제 2 항). 이 기간은 불변기간이다.

② 처분청이 행정심판청구기간을 상대방에게 알리지 아니한 경우에는 당사자가 처분이 있음을 알았다고 하더라도 심판청구기간은 처분이 있었던 날부터 180일 이내가 된다(제27조 제 6 항).

(2) 180일에 대한 예외

처분이 있은 날로부터 180일 이내에 제기하여야 하지만 정당한 사유가 있는 경우에는 180일이 넘어도 제기할 수 있다(제27조 제 3 항 단서). 어떤 사유가 '정당한 사유'에 해당하는가는 건전한 사회통념에 의해 판단되어야 한다.

처분의 제 3 자는 통지의 대상이 아니므로 특별한 사정이 없는 한 행정행위가 있음을 알 수 없다고 할 것이므로 일반적으로 제 3 자의 행정심판제기기간은 '처분이 있는 날로부터 180일 이내'가 기준이 된다. 그런데, 행정처분의 직접 상대방이 아닌 제 3 자는 일반적으로 처분이 있는 것을 바로 알 수 없는 처지에 있으므로, 위와 같은 심판청구기간 내에 심판청구를 제기하지 아니하였다고 하더라도, 그 기간 내에 처분이 있은 것을 알았거나 쉽게 알 수 있었기 때문에 심판청구를 제기할 수 있었다고 볼 만한 특별한 사정이 없는 한, 위 법조항 본문의 적용을 배제할 "정당한 사유"가 있는 경우에 해당한다고 보아 위와 같은 심판청구기간이 경과한 뒤에도 심판청구를 제기할 수 있다(대판 1988. 9. 27, 88누29; 1992. 7. 28, 91누12844[시외버스운송사업계획변경인가처분취소]). 다만, 그 제 3 자가 어떤 경위로든 행정처분이 있음을 알았거나 쉽게 알 수 있는 등 심판청구가 가능하였다는 사정이 있는 경우[5]에는 그때로부터 90일 이내에 행정심판을 청구하여야 한다(대판 1996. 9. 6, 95누16233[농지매매증명발급처분무효확인 등]).

(3) 심판청구기간의 오고지 및 불고지의 경우

행정청이 서면에 의하여 처분을 하는 경우에 그 처분의 상대방에게 행정심판청구에 관한 고지를 하도록 되어 있다. 그런데 심판청구기간을 고지함에 있어서 법상 규정된 기간보다 긴 기간으로 잘못 알린 경우에는 그 잘못 고지된 긴 기간 내에 심판청구를 할 수

---

5) 원고(행정심판청구인 내지 행정소송의 원고)를 상대로 하여 제기한 소유권이전등기절차이행청구 사건에서 이 사건 처분에 의하여 발급받은 농지매매증명서를 증거로 제출하였고, 위 법원은 위 증거를 기초로 하여 소외 박○○의 승소판결을 선고하였음이 명백한 경우에는 원고는 위와 같이 농지매매증명서가 법원에 증거로 제출된 날 또는 적어도 위 판결의 판결문이 원고에게 송달된 날에 농지매매증명서의 존재사실을 알았고, 따라서 이 사건 처분이 있었음을 알았거나 쉽게 알 수 있었다고 보아야 할 것이라고 판시하였다.

있고(제27조 제 5 항), 심판청구기간을 고지하지 아니한 경우에는 처분이 있었던 날로부터 180일 이내에 심판청구를 할 수 있다(제27조 제 6 항).

(4) 특별법상의 심판청구기간

각 개별법에서 심판청구기간을 정한 경우가 있다.

예를 들면, 토지수용재결에 대한 이의신청기간은 재결서 정본을 받은 날로부터 30일 이내로 규정되어 있고(토지취득보상법 제83조 제 3 항), 국가공무원법상 소청심사청구기간은 처분을 안 날로부터 30일 이내로 규정되어 있다(국가공무원법 제76조 제 1 항).

(5) 심판청구서 제출일시

심판청구기간을 계산함에 있어서는 피청구인이나 위원회 또는 불고지 또는 오고지에 따라 심판청구서를 제출받은 행정기관에 심판청구서가 제출되었을 때에 행정심판이 청구된 것으로 본다(제23조 제 4 항).

Ⅱ. 심판청구의 방식

심판청구는 서면으로 하여야 한다(제28조 제 1 항).

형식과 관계없이 그 내용이 행정심판을 청구하는 것이면 행정심판청구로 보아야 한다.

> **판례1** 비록 제목이 "진정서"로 되어 있고, 재결청의 표시, 심판청구의 취지 및 이유 처분을 한 행정청의 고지의 유무 및 그 내용 등 행정심판법 제19조 제 2 항 소정의 사항들을 구분하여 기재하고 있지 아니하여 행정심판청구서로서의 형식을 다 갖추고 있다고 볼 수는 없으나, 피청구인인 처분청과 청구인의 이름 주소가 기재되어 있고, 청구인의 기명이 되어 있으며, 문서의 기재내용에 의하여 심판청구의 대상이 되는 행정처분의 내용과 심판청구의 취지 및 이유, 처분이 있은 것을 안 날을 알 수 있는 경우, 위 문서에 기재되어 있지 않은 재결청, 처분을 한 행정청의 고지의 유무 등의 내용과 날인 등의 불비한 점은 보정이 가능하므로 위 문서를 행정처분에 대한 행정심판청구로 보는 것은 옳다(대판 2000. 6. 9, 98두2621; 1995. 9. 5, 91누16250).

> **판례2** 지방자치단체의 변상금부과처분에 대하여 '답변서'란 표제로 토지 점유 사실이 없어 변상금을 납부할 수 없다는 취지의 서면을 제출한 경우, 행정심판청구로 보아야 한다고 한 사례(대판 1999. 6. 22, 99두2772).

Ⅲ. 행정심판제기절차

1. 행정심판청구서 제출기관

심판청구서는 피청구인인 행정청(처분청 또는 부작위청) 또는 위원회에 제출하여야 한다(제23조 제 1 항).

2. 피청구인의 직권취소 등

심판청구서를 받은 피청구인은 그 심판청구가 이유 있다고 인정되면 심판청구의 취지에 따라 직권으로 처분을 취소·변경하거나 확인을 하거나 신청에 따른 처분(이하 '직권취소 등'이라 한다)을 할 수 있다. 이 경우 서면으로 청구인에게 알려야 한다(제25조 제 1 항).

Ⅳ. 심판청구의 변경

1. 의   의

심판청구의 변경이란 '심판청구의 계속중에 청구의 취지나 이유를 변경하는 것'(소의 변경 참조)을 말한다.

단순히 처분의 위법을 주장하다가 처분의 부당을 주장하는 것(재량권의 한계를 넘었다고 주장하다가 재량권의 한계를 넘지는 않았지만 부당하다는 주장을 하는 것)은 청구의 이유의 변경이지만 법률적 관점의 변경 내지 공격방어방법의 변경에 불과하므로 엄밀한 의미에서의 청구의 변경이 아니라고 보아야 한다.

심판청구의 변경은 심판청구를 제기한 후 새로운 심판청구를 제기할 필요가 있는 경우에 새로운 심판청구를 제기할 필요 없이 청구의 변경을 할 수 있도록 하여 청구인의 편의와 심판의 촉진을 도모하기 위하여 인정된다.

2. 일반 청구의 변경

청구인은 청구의 기초에 변경이 없는 범위에서 청구의 취지나 이유를 변경할 수 있다(제29조 제 1 항).

3. 처분변경으로 인한 청구의 변경

행정심판이 청구된 후에 피청구인이 새로운 처분을 하거나 심판청구의 대상인 처분을 변경한 경우에는 청구인은 새로운 처분이나 변경된 처분에 맞추어 청구의 취지나 이유를 변경할 수 있다(제29조 제 2 항).

4. 청구의 변경의 효력

청구의 변경결정이 있으면 처음 행정심판이 청구되었을 때부터 변경된 청구의 취지나 이유로 행정심판이 청구된 것으로 본다(제29조 제 8 항).

제 7 절   행정심판제기의 효과

Ⅰ. 행정심판위원회에 대한 효과

행정심판이 제기되면 행정심판위원회는 심판청구를 심리·재결한다.

Ⅱ. 처분에 대한 효과: 계쟁처분의 집행부정지 또는 집행정지

행정심판청구가 제기되어도 처분의 효력이나 그 집행 또는 절차의 속행이 정지되지 아니한다(제30조 제 1 항). 이를 집행부정지의 원칙이라 한다.

집행부정지의 원칙은 심판청구의 남용을 막고, 행정집행의 부당한 지체를 막으려는 입법정책적 고려에서 채택된 것이지만, 국민의 권리구제를 경시하는 결과를 가져온다.

따라서, 행정심판법은 예외적으로 일정한 요건을 갖춘 경우에 위원회는 당사자의 신청 또는 직권으로 처분의 효력 등을 정지시키는 결정을 할 수 있다고 규정하고 있다(제30조 제 2 항 이하).

제 8 절   행정심판법상의 가구제 [2012 사시]

Ⅰ. 집행정지

1. 의   의

집행정지라 함은 계쟁처분의 효력이나 집행 또는 절차의 속행을 정지시키는 것을 말한다. 행정심판법 제30조는 예외적으로 일정한 요건을 갖춘 경우에 집행정지를 인정하고 있다.

행정심판법상의 집행정지는 행정소송법상의 집행정지와 비교하여 집행정지의 결정주체가 다를 뿐 집행정지결정의 요건 및 효과 등은 행정소송법상의 그것과 유사하다. 따라서, 집행정지결정의 요건 및 효과에 관한 자세한 것은 행정소송법상의 집행정지에서 논하고 여기에서는 간단히 기술하는 데 그치기로 한다.

2. 집행정지결정의 요건

위원회는 처분, 처분의 집행 또는 절차의 속행 때문에 중대한 손해가 생기는 것을 예방할 필요성이 긴급하다고 인정할 때에는 직권으로 또는 당사자의 신청에 의하여 처분의 효력, 처분의 집행 또는 절차의 속행의 전부 또는 일부의 정지(이하 '집행정지'라 한다)를 결정할 수 있다. 다만, 처분의 효력정지는 처분의 집행 또는 절차의 속행을 정지함으로써 그

목적을 달성할 수 있을 때에는 허용되지 아니한다(제30조 제 2 항). 다만, 집행정지는 공공
복리에 중대한 영향을 미칠 우려가 있을 때에는 허용되지 아니한다(제 3 항).

(1) 적극적 요건

① 집행정지대상인 처분의 존재

② 심판청구의 계속

③ 중대한 손해의 발생. 2010년 행정심판법 전부개정에서 "회복하기 어려운 손해"가
"중대한 손해"로 개정된 것인데, 이는 집행정지의 요건이 다소 완화된 것이다.

④ 긴급한 필요의 존재

(2) 소극적 요건

집행정지가 공공복리에 중대한 영향을 미칠 우려가 있는 때에는 집행정지결정은 허
용되지 아니한다.

3. 집행정지결정의 대상

집행정지결정의 요건이 갖추어진 경우에 처분의 효력이나 그 집행 또는 절차의 속행
을 정지시킬 수 있다. 다만, 처분의 효력정지는 처분의 집행 또는 절차의 속행을 정지함으
로써 그 목적을 달성할 수 있는 때에는 허용되지 아니한다(제30조 제 2 항 단서).

4. 집행정지결정절차

집행정지는 행정심판위원회가 결정한다(제21조 제 2 항). 다만, 위원회의 심리·결정을
기다릴 경우 중대한 손해가 발생할 우려가 있다고 인정되면 위원장은 직권으로 위원회의
심리·결정을 갈음하는 결정을 할 수 있고, 이 경우에 위원장은 지체 없이 위원회에 그 사
실을 보고하고 추인을 받아야 한다. 만일 위원회의 추인을 받지 못하면 위원장은 집행정
지에 관한 결정을 취소하여야 한다(제30조 제 6 항).

5. 집행정지결정의 취소

위원회는 집행정지결정을 한 후에 집행정지가 공공복리에 중대한 영향을 미치거나,
그 정지사유가 없어진 때에는 당사자의 신청 또는 직권에 의해 집행정지결정을 취소할 수
있다(제30조 제 4 항). 다만, 위원회의 심리·결정을 기다릴 경우 중대한 손해가 발생할 우려
가 있다고 인정되면 위원장은 직권으로 위원회의 심리·결정을 갈음하는 결정을 할 수 있고,
이 경우에 위원장은 위원회에 그 사실을 보고하고 추인을 받아야 한다. 만일 위원회의 추인
을 받지 못하면 위원장은 집행정지 취소에 관한 결정을 취소하여야 한다(제30조 제 6 항).

집행정지결정의 취소의 신청은 처분청과 집행정지로 권익을 침해당한 제 3 자, 즉 제
3 자효 행정행위의 수익을 받는 제 3 자가 할 수 있다. 행정심판의 당사자가 아닌 제 3 자

효 행정행위의 수익을 받는 제 3 자가 집행정지결정의 취소를 신청하기 위하여는 행정심판에 참가하고 있어야 한다.

Ⅱ. 임시처분 [2018 행시]

(1) 의　　의

임시처분이라 함은 처분 또는 부작위에 대하여 인정되는 임시의 지위를 정하는 가구제이다. 임시처분은 행정소송에서의 임시의 지위를 정하는 가처분에 해당하는 것으로서 의무이행심판에 의한 권리구제의 실효성을 보장하기 위한 제도이다.

행정심판법 제31조는 임시처분을 규정하고 있다.

(2) 요　　건

① 의무이행심판청구의 계속: 행정쟁송에서의 가구제는 본안청구의 범위 내에서만 인정되는 것으로 보아야 하므로 명문의 규정은 없지만 의무이행심판청구의 계속을 요건으로 한다고 보아야 한다. 거부처분 취소심판의 경우에도 임시처분이 가능하다는 견해도 있지만, 가구제로는 본안소송을 통한 구제 이상을 인정할 수는 없으므로 거부처분 취소심판의 경우에는 임시처분이 불가능하고 의무이행심판의 경우에만 임시처분이 가능하다고 보아야 한다.

② 처분 또는 부작위가 위법·부당하다고 상당히 의심되는 경우일 것.

③ 처분 또는 부작위 때문에 당사자가 받을 우려가 있는 중대한 불이익이나 당사자에게 생길 급박한 위험을 막기 위하여 임시지위를 정하여야 할 필요가 있는 경우일 것(제31조 제 1 항).

④ 공공복리에 중대한 영향을 미칠 우려가 없을 것(제31조 제 2 항).

⑤ 보충성 요건: 집행정지로 목적을 달성할 수 없는 경우일 것(제31조 제 3 항). 임시처분은 집행정지와의 관계에서 보충적 구제제도이다. 실무상 거부처분이나 부작위에 대한 집행정지를 인정하고 있지 않으므로 실무상 임시처분은 거부처분이나 부작위에 대한 유일한 행정심판법상의 가구제 제도이다.

(3) 임시처분 결정 및 취소

위원회는 직권으로 또는 당사자의 신청에 의하여 임시처분을 결정할 수 있다(제30조 제 1 항).

위원회는 임시처분을 결정한 후에 임시처분이 공공복리에 중대한 영향을 미치거나 그 임시처분사유가 없어진 경우에는 직권으로 또는 당사자의 신청에 의하여 임시처분 결정을 취소할 수 있다(제31조 제 2 항).

위원회의 심리·결정을 기다릴 경우 중대한 불이익이나 급박한 위험이 생길 우려가 있다고 인정되면 위원장은 직권으로 위원회의 심리·결정을 갈음하는 결정을 할 수 있다. 이 경우 위원장은 지체 없이 위원회에 그 사실을 보고하고 추인(追認)을 받아야 하며, 위원회의 추인을 받지 못하면 위원장은 임시처분 또는 임시처분 취소에 관한 결정을 취소하여야 한다.

기타 임시처분에 관하여는 제30조 제 3 항부터 제 7 항까지의 집행정지에 관한 규정을 준용한다.

제 9 절 행정심판기관

Ⅰ. 의 의

행정심판기관이라 함은 행정심판의 제기를 받아 심판청구를 심리·재결하는 권한을 가진 행정기관을 말한다.

Ⅱ. 심판기관의 독립성과 제 3 자기관성

헌법 제107조 제 3 항은 행정심판의 절차에는 사법절차가 준용되어야 한다고 규정하고 있다. 그런데, 사법절차에는 심판기관의 독립성과 제 3 자기관성이 포함된다고 보아야 한다.

현행 행정심판법은 행정심판위원회를 준(準)제 3 기관화하고 있다. 즉, 행정심판위원회는 합의제 행정청이고 중앙행정심판위원회와 시·도 행정심판위원회의 경우 9인의 위원 중 6인 이상이 외부인사가 되도록 하고 있다(제 7 조 제 5 항).

Ⅲ. 행정심판위원회

1. 종 류

행정심판위원회는 행정심판법에 의해 설치되는 **일반행정심판위원회**와 개별법에 의해 설치되는 특별행정심판을 담당하는 **특별행정심판위원회**가 있다.

(1) 일반행정심판위원회

일반행정심판위원회에는 독립기관 등 소속 행정심판위원회(제 6 조 제 1 항), 중앙행정심판위원회(제 6 조 제 2 항), 시·도행정심판위원회(제 6 조 제 3 항), 직근 상급행정기관 소속 행정심판위원회(제 6 조 제 4 항)가 있다.

1) 독립기관 등 소속 행정심판위원회

다음의 행정청 또는 그 소속 행정청(행정기관의 계층구조와 관계없이 그 감독을 받거나 위탁을 받은 모든 행정청을 말하되, 위탁을 받은 행정청은 그 위탁받은 사무에 관하여는 위탁한 행정청의 소속 행정청으로 본다. 이하 같다)의 처분 또는 부작위에 대한 행정심판의 청구(이하 '심판청구'라 한다)에 대하여는 다음 각 호의 행정청에 두는 행정심판위원회에서 심리·재결한다. ① 감사원, 국가정보원장, 그 밖에 대통령령으로 정하는 대통령 소속기관의 장, ② 국회사무총장·법원행정처장·헌법재판소사무처장 및 중앙선거관리위원회사무총장, ③ 국가인권위원회, 진실·화해를 위한 과거사정리위원회, 그 밖에 지위·성격의 독립성과 특수성 등이 인정되어 대통령령으로 정하는 행정청.

2) 중앙행정심판위원회

다음의 행정청의 처분 또는 부작위에 대한 심판청구에 대하여는 국민권익위원회에 두는 중앙행정심판위원회(국무총리 소속으로 하는 행정심판법 개정안 추진중)에서 심리·재결한다. ① 제1항에 따른 행정청 외의 국가행정기관의 장 또는 그 소속 행정청, ② 특별시장·광역시장·특별자치시장·도지사·특별자치도지사(특별시·광역시·특별자치시·도 또는 특별자치도의 교육감을 포함한다. 이하 '시·도지사'라 한다) 또는 특별시·광역시·특별자치시·도·특별자치도(이하 '시·도'라 한다)의 의회(의장, 위원회의 위원장, 사무처장 등 의회 소속 모든 행정청을 포함한다), ③ 『지방자치법』에 따른 지방자치단체조합 등 관계 법률에 따라 국가·지방자치단체·공공법인 등이 공동으로 설립한 행정청. 다만, 제3항 제3호에 해당하는 행정청은 제외한다.

3) 시·도행정심판위원회

다음의 행정청의 처분 또는 부작위에 대한 심판청구에 대하여는 시·도지사 소속으로 두는 행정심판위원회에서 심리·재결한다. ① 시·도 소속 행정청, ② 시·도의 관할구역에 있는 시·군·자치구의 장, 소속 행정청 또는 시·군·자치구의 의회(의장, 위원회의 위원장, 사무국장, 사무과장 등 의회 소속 모든 행정청을 포함한다), ③ 시·도의 관할구역에 있는 둘 이상의 지방자치단체(시·군·자치구를 말한다)·공공법인 등이 공동으로 설립한 행정청.

4) 직근 상급행정기관 소속 행정심판위원회

대통령령으로 정하는 국가행정기관(법무부 및 대검찰청 소속 특별지방행정기관(직근 상급행정기관이나 소관 감독행정기관이 중앙행정기관인 경우는 제외한다)(동법 시행령 제3조)) 소속 특별지방행정기관의 장의 처분 또는 부작위에 대한 심판청구에 대하여는 해당 행정청의 직근 상급행정기관에 두는 행정심판위원회에서 심리·재결한다.

(2) 특별행정심판위원회

개별법에 의해 설치되는 특별행정심판을 담당하는 특별행정심판위원회로는 소청심사위원회, 조세심판원, 중앙토지수용위원회 등이 있다.

2. 법적 지위

행정심판위원회는 행정심판청구를 심리·재결하는 기관이다. 달리 말하면 행정심판위원회는 합의제행정청의 지위를 갖는다.

행정심판위원회는 소속기관으로부터 직무상 독립된 행정청이다.

3. 권   한

행정심판위원회는 행정심판사건을 심리하여 재결하는 권한을 가진다.

(1) 심 리 권

행정심판위원회는 심판청구사건을 심리하는 권한을 가진다.

행정심판위원회는 행정심판의 심리를 위하여 대표자선정 권고권(제15조 제 2 항), 청구인지위의 승계 허가권(제16조 제 5 항), 피청구인경정 결정권(제17조 제 2 항), 대리인선임 허가권(제18조 제 1 항 제 5 호), 심판참가 허가 및 요구권(제20조 제 5 항, 제21조), 청구의 변경 허가권(제29조 제 6 항), 보정요구권 및 직권보정권(제32조 제 1 항), 증거조사권(제36조 제 1 항) 등을 가진다.

(2) 재 결 권

행정심판위원회는 재결하는 권한을 가진다(제43조). 행정심판위원회는 재결 이외에 집행정지결정(제30조 제 2 항), 집행정지결정의 취소(제30조 제 4 항), 사정재결(제44조 제 1 항)을 행한다.

(3) 불합리한 법령 등의 시정조치요청권

중앙행정심판위원회는 심판청구를 심리·재결할 때에 처분 또는 부작위의 근거가 되는 명령 등(대통령령·총리령·부령·훈령·예규·고시·조례·규칙 등을 말한다. 이하 같다)이 법령에 근거가 없거나 상위 법령에 위배되거나 국민에게 과도한 부담을 주는 등 크게 불합리하면 관계 행정기관에 그 명령 등의 개정·폐지 등 적절한 시정조치를 요청할 수 있다(제59조 제 1 항). 제 1 항에 따른 요청을 받은 관계 행정기관은 정당한 사유가 없으면 이에 따라야 한다(제 2 항).

제10절 행정심판의 심리

행정심판의 심리라 함은 행정심판청구에 대한 재결을 하기 위하여 그 기초가 될 심판 자료를 수집하는 절차를 말한다.

I. 심리의 내용

행정심판사건의 심리는 그 내용에 따라 요건심리와 본안심리로 나누어진다.

1. 요건심리

요건심리(要件審理)는 당해 행정심판청구가 행정심판제기요건을 갖추고 있는지 여부를 심리하는 것을 말한다. 행정심판제기요건으로는 행정심판의 대상인 처분 또는 부작위의 존재, 당사자능력 및 당사자적격의 존재, 심판청구기간의 준수, 필요적 전치절차의 이행, 심판청구서 기재사항의 구비 등을 들 수 있다. 요건심리의 결과 제기요건이 갖추어지지 않은 것으로 인정될 때에는 당해 심판청구는 부적법한 심판청구[6]가 되므로 각하재결을 내려야 한다(제43조 제1항). 다만, 위원회는 심판청구가 적법하지 아니하나 보정할 수 있다고 인정하면 기간을 정하여 청구인에게 보정할 것을 요구할 수 있다. 다만, 경미한 사항은 직권으로 보정할 수 있다(제32조 제1항). 제1항에 따른 보정을 한 경우에는 처음부터 적법하게 행정심판이 청구된 것으로 본다(제32조 제4항). 위원회는 청구인이 제1항에 따른 보정기간 내에 그 흠을 보정하지 아니한 경우에는 그 심판청구를 각하할 수 있다(제6항). 그리고, 위원회는 심판청구서에 타인을 비방하거나 모욕하는 내용 등이 기재되어 청구 내용을 특정할 수 없고 그 흠을 보정할 수 없다고 인정되는 경우에는 제32조 제1항에 따른 보정요구 없이 그 심판청구를 각하할 수 있다(제32조의2).

행정심판제기요건은 직권조사사항이다. 따라서, 당사자의 주장이 없다 하더라도 위원회는 직권으로 조사할 수 있다. 행정심판청구요건의 존부는 변론종결시를 기준으로 판단한다. 따라서, 행정심판청구 당시 그 요건의 흠결이 있는 경우에도 위원회에서 사실확정이 되기 전까지 이를 갖추면 적법한 심판청구가 된다.

2. 본안심리

본안심리라 함은 요건심리의 결과 당해 심판청구가 심판청구요건을 구비한 것으로 인정되는 경우 심판청구의 당부(취소심판에서 처분의 위법·부당 여부)를 심리하는 것을 말한다.

본안심리의 결과 심판청구가 이유 있다고 인정되면 청구인용재결을 하고, 심판청구가 이유 없다고 인정되면 청구기각재결을 한다.

---

6) 심판청구가 부적법하다는 것은 심판청구가 행정심판제기 요건을 갖추지 않은 것을 말한다.

Ⅱ. 심리의 범위

1. 불고불리의 원칙 및 불이익변경금지의 원칙

행정심판법은 국민의 권리구제를 도모하기 위하여 불고불리의 원칙(不告不理의 原則)(제47조 제 1 항)과 불이익변경금지의 원칙(제47조 제 2 항)을 채택하고 있다.

(1) 불고불리의 원칙

위원회는 심판청구의 대상이 되는 처분 또는 부작위 외의 사항에 대하여는 재결하지 못한다(제47조 제 1 항).

(2) 불이익변경금지의 원칙

위원회는 심판청구의 대상이 되는 처분보다 청구인에게 불리한 재결을 하지 못한다(제47조 제 2 항).

2. 법률문제, 재량문제와 사실문제

행정심판의 심리에 있어서는 행정소송에서처럼 심판청구의 대상인 처분이나 부작위에 관한 적법·위법의 판단인 법률문제 및 사실문제를 심리할 수 있을 뿐만 아니라 행정소송에서와 달리 당·부당의 문제도 심리할 수 있다.

행정심판위원회가 법령의 위헌·위법을 심사할 수 있는지에 관하여 논란이 있다. ① **부정설**: 규범통제에는 명문의 규정이 있어야 하는데, 명문의 규정이 없기 때문에 위원회는 계쟁처분 또는 부작위의 적용법령에의 합치 여부만을 심사할 수 있다는 견해이다. ② **긍정설**: 행정심판위원회는 법률에 대한 위헌심사권은 없지만, 법치주의(실질적 법치주의) 및 행정심판의 본질상 명령에 대한 위헌·위법 심사권은 있다고 보는 견해이다. 이 견해가 타당하다.

국무총리행정심판위원회는 위법 또는 불합리한 법령 등의 시정조치를 요청할 권한을 가진다(제59조).

Ⅲ. 심리의 기본원칙

1. 대심주의

대심주의(對審主義)라 함은 대립되는 분쟁 당사자들의 공격·방어를 통하여 심리를 진행하는 소송원칙을 말한다. 대립되는 당사자에게 공격·방어를 할 수 있는 대등한 지위가 보장되고 심판기관의 중립적인 지위가 보장되어야 한다.

행정심판법은 심판청구인과 피청구인이라는 대립되는 당사자를 전제로 하여(제13조 내지 제20조) 당사자 쌍방에게 공격과 방어방법을 제출하도록 하고 있고(제23조, 제33조, 제34조, 제36조 등), 원칙적으로 당사자가 제출한 공격·방어방법을 심리의 기초로 삼으며 행정심판위원회가 중립적인 지위에서 심리를 행하도록 하고 있다.

2. 직권심리주의

(1) 의 의

직권심리주의라 함은 심리에 있어서 심판기관이 당사자의 사실의 주장에 근거하지 않거나 그 주장에 구속되지 않고 적극적으로 직권으로 필요한 사실상의 탐지 또는 증거조사를 행하는 소송원칙을 말한다.

행정심판법은 실체적 진실을 밝히고, 심리의 간이·신속을 도모하기 위하여 직권심리주의를 인정하고 있다. 즉, 행정심판법은 "위원회는 필요하면 당사자가 주장하지 아니한 사실에 대하여도 심리할 수 있다"라고 위원회의 직권탐지를 인정하고 있고(제39조), 위원회에 직권으로 증거조사를 할 수 있도록 하고 있다(제36조 제1항). 위원회의 직권심리는 대심주의와 조화되는 한도 내에서 행해져야 한다.

(2) 직권탐지

위원회의 직권탐지는 불고불리의 원칙상 당사자가 신청한 사항에 대하여 신청의 범위 내에서만 가능하다.

자율적 행정통제제도인 행정심판의 특성에 비추어 행정심판에서는 행정소송에서 보다 넓은 직권탐지가 인정되어야 한다. 그리고 의무이행심판이 제대로 운영되기 위하여는 충실한 직권탐지가 전제되어야 한다.

(3) 직권증거조사

위원회는 다음과 같은 증거조사권을 갖는다.

① 위원회는 사건을 심리하기 위하여 필요하면 직권으로 또는 당사자의 신청에 의하여 다음의 방법에 따라 증거조사를 할 수 있다. i) 당사자나 관계인(관계 행정기관 소속 공무원을 포함한다. 이하 같다)을 위원회의 회의에 출석하게 하여 신문하는 방법, ii) 당사자나 관계인이 가지고 있는 문서·장부·물건 또는 그 밖의 증거자료의 제출을 요구하고 영치하는 방법, iii) 특별한 학식과 경험을 가진 제3자에게 감정을 요구하는 방법, iv) 당사자 또는 관계인의 주소·거소·사업장이나 그 밖의 필요한 장소에 출입하여 당사자 또는 관계인에게 질문하거나 서류·물건 등을 조사·검증하는 방법(제36조 제1항).

② 위원회는 사건 심리에 필요하면 관계 행정기관이 보관중인 관련 문서, 장부, 그 밖에 필요한 자료를 제출할 것을 요구할 수 있다(제35조 제1항).

③ 위원회는 필요하다고 인정하면 사건과 관련된 법령을 주관하는 행정기관이나 그 밖의 관계 행정기관의 장 또는 그 소속 공무원에게 위원회 회의에 참석하여 의견을 진술

할 것을 요구하거나 의견서를 제출할 것을 요구할 수 있다(제35조 제 2 항).

3. 심리의 방식: 서면심리주의와 구술심리주의

행정심판법은 "행정심판의 심리는 구술심리나 서면심리로 한다. 다만, 당사자가 구술심리를 신청한 경우에는 서면심리만으로 결정할 수 있다고 인정되는 경우 외에는 구술심리를 하여야 한다"라고 규정하고 있다(제40조 제 1 항).

이와 같은 행정심판법상의 규정만으로는 행정심판의 심리방식의 선택은 위원회의 재량에 속하는 것으로 보인다.

다만, 현행 행정심판법은 "당사자가 구술심리를 신청한 때에는 서면심리만으로 결정할 수 있다고 인정되는 경우 외에는 구술심리를 하여야 한다"라는 단서규정을 두어 당사자의 구술심리신청이 있는 경우에는 가능한 한 구술심리를 하도록 하여 당사자의 구술심리권을 보장하고 있다.

4. 비공개주의

비공개주의라 함은 공개주의에 대립되는 소송원칙으로서 심판의 심리와 결정을 일반에게 공개하지 아니하는 원칙을 말한다.

행정심판법에는 이에 관한 명문규정은 없다. 그러나, 행정심판법이 서면심리주의, 직권심리주의 등을 채택한 점 등에 비추어 볼 때 행정심판법이 비공개주의를 원칙으로 한 것으로 해석된다.

Ⅳ. 소관 중앙행정기관의 장의 의견진술권

중앙행정심판위원회에서 심리·재결하는 심판청구의 경우 소관 중앙행정기관의 장은 의견서를 제출하거나 위원회에 출석하여 의견을 진술할 수 있다(제35조 제 4 항).

Ⅴ. 당사자의 절차적 권리

1. 위원·직원에 대한 기피신청권

당사자는 위원에 대해 제척신청이나 기피신청을 할 수 있다(제10조 제 1 항, 제 2 항). 제척신청이나 기피신청은 그 사유를 소명(疏明)한 문서로 하여야 한다. 다만, 불가피한 경우에는 신청한 날부터 3일 이내에 신청사유를 소명할 수 있는 자료를 제출하여야 한다(제10조 제 3 항).

2. 이의신청권

행정심판위원회의 결정 중 당사자 또는 심판참가인의 절차적 권리에 중대한 영향을 미치는 지위 승계의 불허가, 참가신청의 불허가 또는 청구의 변경 불허가 등에 대하여는 행정심판위원회에 이의신청을 할 수 있다(제16조 제 8 항, 제17조 제 6 항, 제20조 제 6 항 및 제 29조 제 7 항).

3. 보충서면제출권

당사자는 심판청구서·보정서·답변서·참가신청서 등에서 주장한 사실을 보충하고 다른 당사자의 주장을 다시 반박하기 위하여 필요하면 위원회에 보충서면을 제출할 수 있다(제33조 제 1 항).

4. 구술심리신청권

행정심판의 심리는 구술심리나 서면심리로 한다. 다만, 당사자가 구술심리를 신청한 경우에는 서면심리만으로 결정할 수 있다고 인정되는 경우 외에는 구술심리를 하여야 한다(제40조 제 1 항).

5. 물적 증거제출권

당사자는 심판청구서·보정서·답변서·참가신청서·보충서면 등에 덧붙여 그 주장을 뒷받침하는 증거서류나 증거물을 제출할 수 있다(제34조 제 1 항).

6. 증거조사신청권

위원회는 사건을 심리하기 위하여 필요하면 직권으로 또는 당사자의 신청에 의하여 증거조사를 할 수 있다(제36조 제 1 항).

7. 심판참가인의 절차적 권리

심판참가인에게 당사자에 준하는 절차적 권리가 주어지고, 관련 서류를 참가인에게도 송달하도록 하는 등 참가인의 절차적 권리가 보장되고 있다(제20조 내지 제22조).

VI. 처분사유의 추가·변경

항고소송에서의 처분사유의 추가·변경의 법리는 행정심판 단계에서도 적용된다(판례).

판례   항고소송에서 행정청이 처분의 근거 사유를 추가하거나 변경하기 위한 요건인 '기본적 사실관계의 동일성' 유무의 판단 방법 및 이러한 법리가 행정심판 단계에서도 적용되는지 여부(적극): 행정처분의 취소를 구하는 항고소송에서 처분청은 당초 처분의 근거로 삼은 사유와 기본적 사실관계가 동일성이 있다고 인정되는 한도 내에서만 다른 사유를 추가 또는 변경할 수 있고, 이러한 기본적 사실관계의 동일성 유무는 처분사유를 법률적으로 평가하기 이전의 구체적 사실에 착안하여 그 기초인 사회적 사실관계가 기본적인 점에서 동일한지에 따라 결정되므로, 추가 또는 변경된 사유가 처분 당시에 이미 존재하고 있었다거나 당사자가 그 사실을 알고 있었다고 하여 당초의 처분사유와 동일성이 있다고 할 수 없다. 그리고 이러한 법리는 행정심판 단계에서도 그대로 적용된다(대판 2014. 5. 16, 2013두26118).

다만, 의무이행심판의 경우 거부처분의 위법 여부는 처분시를 기준으로 하고 인용 여부는 재결시를 기준으로 하는 것이 타당하므로 처분 이후의 기본적 사실관계의 동일성이 없는 다른 사유(사실이나 법령의 변경)를 이유로 기각판결을 하는 것이 처분사유의 추가·변경의 법리와 무관하게 가능한 것으로 보아야 한다.

VII. 행정심판법상 조정

2018년 5월 1일 시행된 개정 행정심판법은 양 당사자 간의 합의가 가능한 사건의 경우 행정심판위원회가 개입·조정하는 절차를 통하여 갈등을 조기에 해결할 수 있도록 행정심판에 조정을 도입하였다.

위원회는 당사자의 권리 및 권한의 범위에서 당사자의 동의를 받아 심판청구의 신속하고 공정한 해결을 위하여 조정을 할 수 있다. 다만, 그 조정이 공공복리에 적합하지 아니하거나 해당 처분의 성질에 반하는 경우에는 그러하지 아니하다(제43조의2 제 1 항).

조정은 당사자가 합의한 사항을 조정서에 기재한 후 당사자가 서명 또는 날인하고 위원회가 이를 확인함으로써 성립한다(제43조의2 제 3 항). 제 3 항에 따라 성립한 조정에 대하여는 행정심판법 제48조(재결의 송달과 효력 발생), 제49조(재결의 기속력 등), 제50(위원회의 직접 처분), 제50조의2(위원회의 간접강제), 제51조(행정심판 재청구의 금지)의 규정을 준용한다(제43조의2 제 4 항).

제11절 행정심판의 재결

제 1 항 재결의 의의

행정심판의 재결(裁決)이라 함은 행정심판청구에 대한 심리를 거쳐 재결청이 내리는 결정을 말한다.

재결은 행정행위이면서 동시에 재판작용(사법작용)적 성질을 아울러 갖는다. ① 재결은 행정행위로서 확인행위의 성질을 갖는다. 즉, 재결은 다툼이 있는 행정법상의 사실 또는 법률관계를 확정하는 행위이므로 확인행위이다. ② 재결은 행정심판기관이 행정법상의 분쟁에 대하여 일정한 심리절차를 거쳐 당해 분쟁을 해결하는 결정이므로 준사법작용(準司法作用)이다. 따라서 재결에는 불가변력이 발생한다.

제 2 항 재결절차 등

Ⅰ. 행정심판위원회의 재결

행정심판위원회는 심리를 마치면 직접 재결한다.

Ⅱ. 재결기간

재결은 피청구인 또는 위원회가 심판청구서를 받은 날부터 60일 이내에 하여야 한다. 다만, 부득이한 사정이 있는 경우에는 위원장이 직권으로 30일을 연장할 수 있다(제45조 제 1 항). 재결기간은 훈시규정이다.

Ⅲ. 재결의 방식

재결은 서면(재결서)으로 한다(제46조 제 1 항).

Ⅳ. 재결의 범위

① 위원회는 심판청구의 대상이 되는 처분 또는 부작위 외의 사항에 대하여는 재결하지 못한다(제47조 제 1 항). 즉, 행정심판에는 불고불리의 원칙이 채택되고 있다.

② 위원회는 심판청구의 대상이 되는 처분보다 청구인에게 불이익한 재결을 하지 못한다(제47조 제 2 항). 즉, 불이익변경금지의 원칙이 인정되고 있다.

③ 위원회는 처분의 위법 여부뿐만 아니라 당·부당도 판단할 수 있다(제1조).

V. 재결의 송달과 효력 발생

위원회는 지체 없이 당사자에게 재결서의 정본을 송달하여야 한다. 이 경우 중앙행정심판위원회는 재결 결과를 소관 중앙행정기관의 장에게도 알려야 한다(제48조 제1항).

재결은 청구인에게 제1항 전단에 따라 송달되었을 때에 그 효력이 생긴다(제48조 제2항).

위원회는 재결서의 등본을 지체 없이 참가인에게 송달하여야 한다(제48조 제3항).

처분의 상대방이 아닌 제3자가 심판청구를 한 경우 위원회는 재결서의 등본을 지체 없이 피청구인을 거쳐 처분의 상대방에게 송달하여야 한다(제48조 제4항).

제 3 항   재결의 종류 [2011 일반행정 사례]

행정심판의 재결에는 각하재결, 기각재결, 인용재결이 있다.

I. 각하재결(요건재결)

각하재결이라 함은 행정심판의 제기요건이 결여되어 행정심판이 부적법한 것인 때에 본안심리를 거절하는 재결이다.

'행정심판의 제기요건이 결여된 경우'라 함은 전술한 바와 같은 행정심판청구의 요건이 결여된 경우를 말한다. 그 예를 들면 다음과 같다.

① 행정심판청구의 대상이 아닌 행위에 대하여 행정심판이 제기된 경우.
② 청구인적격이 없는 자가 행정심판을 청구한 경우.
③ 행정심판제기기간이 경과된 후 행정심판이 제기된 경우.
④ 행정심판의 대상이 된 처분이나 부작위가 심판청구의 계속중 기간의 경과, 처분의 집행 그 밖의 사유로 효력이 소멸한 경우: 다만, 처분의 효력이 소멸된 뒤에도 그 처분의 취소로 인하여 회복되는 법률상 이익이 있는 때에는 각하재결을 하여서는 아니 된다(제13조 제1항).

II. 기각재결

기각재결이라 함은 본안심리의 결과 행정심판청구가 이유 없다고 인정하여 원처분을 시인하는 재결을 말한다(제43조 제2항). 기각재결은 심판청구의 실체적 내용에 대한 심리를 거쳐 심판청구가 이유 없다고 판단되는 경우에 내려진다.

기각재결이 있은 후에도 원처분청은 원처분을 직권으로 취소 또는 변경할 수 있다.

Ⅲ. 인용재결

인용재결이라 함은 본안심리의 결과 심판청구가 이유 있다고 판단하여 청구인의 청
구취지를 받아들이는 재결을 말한다. 인용재결에는 취소재결, 변경재결 및 변경명령재결,
무효등확인재결, 의무이행재결이 있다.

1. 취소재결·변경재결 및 변경명령재결

위원회는 취소심판의 청구가 이유 있다고 인정하면 재결로써 스스로 처분을 취소 또
는 다른 처분으로 변경하거나 처분청에게 처분을 다른 처분으로 변경할 것을 명한다(제43
조 제3항).

(1) 취소심판에서의 인용재결의 종류

취소심판에서의 인용재결에는 처분취소재결, 처분변경재결, 처분변경명령재결이 있
다. 앞의 두 재결은 위원회가 스스로 처분을 취소 또는 변경하는 것이므로 형성재결이고,
변경명령재결은 위원회가 처분청에게 처분의 변경을 명령하는 것이므로 이행재결이다. 현
행 행정심판법상 처분청이 처분변경명령재결에 따르지 않는 경우에 대한 강제방법이 없는
것은 입법의 불비이다.

일부인용재결에는 일부취소재결, 변경재결 및 변경명령재결이 있다.

(2) 전부취소와 일부취소

처분을 취소하는 재결은 당해 처분의 전부취소를 내용으로 하는 것과 일부취소
($\binom{영업정지}{처분기간의 단축}$)를 내용으로 하는 것이 있다. 행정심판에서도 일부취소는 이론상 취소의 대상
이 되는 부분이 가분적인 것인 경우에 가능하다(김철용, 525면). 다만, 처분의 부당도 통제
의 대상이 되므로 일부취소의 요건이 되는 가분성은 행정소송에서의 그것보다 넓게 인정
하여야 한다.

예를 들면, 재량행위인 영업정지처분의 기간을 변경하는 일부취소는 행정소송에서는 원칙상
인정될 수 없지만, 행정심판에서는 가능하다.

(3) 적극적 변경

처분을 변경하거나 변경을 명하는 재결은 행정심판기관이 행정기관이므로 처분내용
을 적극적으로 변경하거나 변경을 명하는 재결을 말한다. 예컨대, 허가취소처분을 영업정
지처분으로 변경하거나 변경을 명령하는 경우 등이다.

2. 무효등확인재결

위원회는 무효등확인심판의 청구가 이유 있다고 인정하면 재결로써 처분의 효력 유무 또는 존재 여부를 확인한다(제43조 제4항). 따라서 무효확인재결에는 처분무효확인재결, 처분실효확인재결, 처분유효확인재결, 처분존재확인재결, 처분부존재확인재결이 있다.

3. 의무이행재결 [2007 사시 사례]

(1) 의 의	2) 특정처분(명령)재결과 일정처분명령재결의 기준
(2) 종류와 성질	가. 일반적 기준
1) 처분재결	㈎ 재결의 성숙성 기준설
2) 처분명령재결	㈏ 처분권존중설
(3) 재결의 기준시	나. 기속행위의 경우
1) 재결의 기초의 기준시	㈎ 특정처분(명령)재결설
2) 위법·부당판단의 기준시	㈏ 예외인정설
가. 재결시설	다. 재량처분의 경우
나. 처분(부작위)시설	㈎ 위법·부당구별설
다. 결 어	㈏ 일정처분명령재결설
(4) 법령과 사실적 상황의 변경 및 신뢰보호	㈐ 재량권존중설
(5) 인용재결 및 그 내용	㈑ 결 어
1) 처분재결과 처분명령재결의 선택	라. 절차 위반의 경우

(1) 의   의

의무이행재결은 의무이행심판의 청구가 이유 있다고 인정한 때에 신청에 따른 처분을 스스로 하거나 처분을 할 것을 피청구인에게 명하는 재결을 말한다(제43조 제5항).

(2) 종류와 성질

의무이행재결에는 처분재결과 처분명령재결이 있다.

1) 처분재결

처분재결은 위원회가 스스로 처분을 하는 것이므로 형성재결이다. 처분재결에는 청구인의 청구내용대로 특정한 처분을 하는 전부인용 처분재결과 청구인의 청구 중 일부만 인용하는 특정내용의 처분재결이 있다.

2) 처분명령재결

처분명령재결은 처분청에게 처분을 명하는 재결이므로 이행재결이다.

처분명령재결에는 특정한 처분을 하도록 명하는 특정처분명령재결과 판결의 취지에 따라 일정한 처분을 할 것을 명하는 일정처분명령재결이 있다.

특정처분명령재결에는 청구인의 청구내용대로 특정한 처분을 하도록 명하는 재결과

청구인의 청구 중 일부만 인용하는 특정내용의 처분을 명하는 재결이 있다. 일정처분명령
재결은 절차의 위법을 이유로 하는 재결, 적법재량행사를 명하는 재결 등이 있다.

(3) 재결의 기준시

1) 재결의 기초의 기준시

의무이행심판에서 재결은 재결시를 기준으로 하여 내려진다. 거부처분이나 부작위시
의 법이나 사실상황을 기초로 판단하는 것이 아니라 재결시(보다 정확히 말하면 행정심판위
원회의 의결시)의 법과 사실상황을 기초로 판단한다.

2) 위법·부당판단의 기준시

의무이행재결시 거부처분의 위법 또는 부당을 판단하여야 하는지, 거부처분의 위법
또는 부당을 판단하여야 하는 경우에 처분시를 기준으로 하여야 하는지 아니면 재결시를
기준으로 판단하여야 하는지에 관하여 견해의 대립이 있다. 이것이 문제되는 것은 거부행
위 후 법 및 사실상태에 변경이 가해진 경우이다.

가. 재결시설   의무이행심판의 심리의 핵심이 과거에 행해진 거부처분의 위법·부
당 여부를 판단하는 데에 있다기보다는 재결시점에서 거부처분을 계속 유지하는 것이 위
법·부당한지를 판단하는 데에 있다고 보면서 재결을 하는 시점에서 해당 거부처분이 위
법 또는 부당한지 여부를 판단해야 할 것이라고 하는 견해이다.

이 견해에 의하면 거부행위시 적법한 행위도 재결시를 기준으로 위법하면 거부행위
를 취소하고, 의무이행재결을 한다.

나. 처분시설   의무이행심판을 포함하여 항고심판을 처분청의 위법한 처분에 대한
사후적 통제를 목적으로 하는 심판으로 보면서 거부행위의 위법판단의 기준시를 거부행위
시로 보는 견해이다.

이 견해에 의하면 처분청의 거부행위가 행위시 적법하면 기각재결을 하게 된다.

다. 결   어   다음과 같은 이유에서 재결시설이 타당하다. 의무이행심판이 거부처
분 취소심판에 비해 종국적이고 실효적인 권리구제를 해 주는 심판형식이라는 의무이행심
판의 의의를 달성하기 위하여는 재결시를 기준으로 거부행위의 위법·부당을 판단하고 의
무이행재결을 하는 것이 타당하다. 또한, 행정심판기관이 행정기관이므로 권력분립의 원
칙에 반할 염려도 없다. 거부처분 취소심판의 경우 거부처분의 위법·부당 판단의 기준시
는 거부처분시이다.

(4) 법령과 사실적 상황의 변경 및 신뢰보호

거부처분시(또는 부작위시)와 의무이행재결 사이에 법령이나 사실적 상황이 변경된 경
우 어느 때의 법령 또는 사실적 상황에 근거하여 의무이행재결을 할 것인가가 문제된다.
위에서 본 바와 같이 원칙상 재결시를 기준으로 재결을 하여야 한다.

그런데 처분시를 기준으로 하면 거부처분이 위법·부당하였는데, 법령이나 사실적 상

황이 변경되어 재결시에는 거부하는 것이 적법·타당하게 된 경우 청구인의 권리가 구제되지 못하는 문제가 있다. 따라서, 이러한 경우에 있어서 청구인의 권리구제를 위한 방안을 마련하여야 한다.

생각건대, 이 경우 청구인을 위하여는 다음과 같은 구제가 가능하다고 본다: ① 처분시와 재결시 사이에 법과 사실적 상황이 청구인에게 불리하게 변경된 경우 국민의 권리구제의 요청 및 국민의 신뢰보호와 새로운 법령을 적용하고 새로운 사실적 상황을 고려하여야 할 공익상 필요를 이익형량하여 재결을 하여야 할 것이다. ② 처분시를 기준으로 거부처분이 위법하지만 재결시를 기준으로 기각재결을 하여야 하는 경우에 위법한 거부처분으로 인한 손해에 대하여 국가배상을 청구할 수 있다.

(5) 인용재결 및 그 내용

그러면 어떠한 경우에 의무이행재결을 할 것이며, 이 경우 어떠한 내용의 의무이행재결을 할 것인가.

1) 처분재결과 처분명령재결의 선택

처분재결과 처분명령재결 중 어떠한 재결을 하여야 하는가에 관하여 견해가 대립하고 있다.

① 첫째 견해는 행정심판위원회가 처분재결과 처분명령재결의 선택에 있어 전적으로 재량권을 갖는다는 견해이다(재량설).

② 둘째 견해는 처분재결은 재결청이 처분청인 경우에만 가능하고, 재결청이 처분청이 아닌 경우에는 처분명령재결만을 할 수 있다는 견해이다.

③ 셋째 견해는 원칙적으로 처분명령재결을 하여야 하고, 예외적으로 처분재결을 할 것이라는 견해이다. 그 논거로는 처분청의 처분권이 존중되어야 한다는 것 등을 들고 있다(김병기, "보완요구의 부작위성과 재결의 기속력," 행정법연구 제 8 호, 391면).

④ 결　어: 행정심판위원회는 법적으로 처분재결과 처분명령재결의 선택에 있어 재량권을 갖는다고 보는 것이 타당하다. 재량행위의 경우에는 처분청이 부관을 붙일 수 있으므로 처분청이 부관을 붙일 것으로 예상되는 경우에는 처분명령재결을 하여 처분청이 부관을 붙일 수 있는 여지를 주는 것이 타당하다.[7]

그런데 실무상 대부분 처분명령재결을 하고 있고, 처분재결을 하는 예는 극히 드물다.

2) 특정처분(명령)재결과 일정처분명령재결의 기준

어떠한 경우에 특정처분(명령)재결을 하고, 어떠한 경우에 일정한 처분을 명하는 재결을 할 것인가.

가. 일반적 기준

(가) 재결의 성숙성 기준설　　　"신청에 관련된 처분을 해야 할 사실상 및 법령상의 전

---

7) 조건 없이 특정처분명령재결을 한 경우에도 처분청은 필요한 경우 부관을 붙일 수 있다.

제조건이 전부 구비되어 있는 경우" 즉, 재결의 성숙성이 있는 경우에는 특정처분을 하거나 명하고, 그렇지 않은 경우에는 일정한 처분을 명하는 재결을 하는 것이 타당하다는 견해이다(김학세, "재결청의 직접처분권," 행정심판제도개선연구 논문집, 법제처, 2004, 21~22면).

(나) 처분권존중설   심리의 결과 특정한 처분을 명하기에 충분한 사실관계가 해명되고, 특정처분을 내려야 할 것이 관계법령상 명백한 경우에 한하여 특정처분을 하거나 명하고, 그렇지 않은 경우에는 처분청의 처분권을 존중하여 일정한 처분을 명하는 재결을 하는 것이 타당하다는 견해이다. 이 견해가 타당하다.

나. 기속행위의 경우

(가) 특정처분(명령)재결설   의무이행심판청구의 대상인 행정청의 행위가 기속행위이면 의무이행심판의 청구가 이유 있는 경우 청구인의 청구내용대로의 처분을 하거나 이를 할 것을 명하여야 한다고 보는 견해이다(김동희, 608면).

(나) 예외인정설   원칙상 위의 특정처분(명령)재결설에 찬성하면서도 예외적으로 피청구인이 관계 법령에서 정하고 있는 일정한 절차를 거치지 않은 경우나 위원회가 쟁점에 관한 해명을 한정적으로 행하고 피청구인으로 하여금 다시 관련 법규의 구체적인 적용을 행하도록 하는 것이 타당한 경우에 일정처분명령재결이 불가능한 것은 아니라고 보는 견해이다(김학세, 위 논문). 이 견해가 타당하다.

다. 재량처분의 경우

(가) 위법·부당구별설   의무이행심판청구의 대상인 행정청의 행위가 재량행위이면 행정청의 거부처분 또는 부작위에 대하여 위법을 이유로 하여서는 청구인의 청구내용대로 처분을 하거나 처분청에 이를 할 것을 명할 수는 없고, 부당을 이유로 하는 경우 위원회는 청구내용대로의 처분을 스스로 하거나, 이를 할 것을 행정청에게 명할 수 있다고 보는 견해이다(김동희, 608면 등).

(나) 일정처분명령재결설   재량행위의 경우에는 원칙상 특정처분재결을 하지 말고, 지체없이 어떤 처분(신청대로의 처분 또는 기타의 처분)을 하도록 명하는 재결을 하여야 한다는 견해이다(박윤흔, 816면).

(다) 재량권존중설   재결시를 기준으로 합법성 및 합목적성의 원칙상 특정처분을 해야 할 것이 명백한 경우에 신청에 따른 적극적 처분을 하거나 하도록 하고, 재결시를 기준으로 특정처분을 해야 할 것이 명백하지 않다면 처분청의 재량권을 존중하여 재량권의 일탈·남용 및 부당을 명시하여 하자 없는 재량행사를 명하는 재결(적법재량행사명령재결)을 하여야 한다는 견해이다.

(라) 결   어   처분청의 재량권을 존중할 필요가 있으므로 재량권존중설이 타당하다.

라. 절차 위반의 경우   계쟁거부처분에 절차의 위법이 있는 경우에 행정심판위원회는 절차를 거쳐 일정한 처분을 다시 하도록 하는 처분을 명하거나 실체상 판단을 하여 청구내용대로의 특정한 처분을 하거나 특정한 처분을 할 것을 명할 수 있다고 보아야 한다.

절차규정이 청구인(신청자)의 권리보호를 위해서가 아니라 제 3 자인 이해관계인의 절차적 참여를 보장하기 위한 것인 경우에는 실체상 판단을 하여 기각재결을 하여야 하는 경우에는 기각재결을 할 수 있고, 기각재결을 하지 않는 경우에는 특정처분(명령)재결을 할 수는 없고 제 3 자의 절차적 권리를 보장하기 위하여 절차를 거쳐 일정한 처분을 하도록 하는 재결을 하여야 할 것이다.

4. 사정재결

(1) 의 의

사정재결이라 함은 심판청구가 이유 있다고 인정되는 경우에도 이를 인용하는 것이 공공복리에 크게 위배된다고 인정하는 때에 그 심판청구를 기각하는 재결을 말한다(제44조 제 1 항). 무효등확인심판의 경우에는 사정재결이 인정되지 않는다(제44조 제 3 항).

(2) 사정재결에 대한 구제조치

위원회는 사정재결을 하는 경우에 그로 인하여 청구인이 받는 손해에 대하여 구제조치를 취하여야 한다. 사정재결은 심판청구가 위법 또는 부당하더라도 공익을 위하여 사익을 희생시키는 것이므로 그에 대한 구제를 해 주어야 한다. 따라서 행정심판법은 "상당한 구제방법을 취하거나 상당한 구제방법을 취할 것을 피청구인에게 명할 수 있다"라고 규정하고 있지만(제44조 제 2 항) 반드시 명하여야 하는 것으로 해석하여야 한다.

사정재결에 대한 구제조치는 금전배상일 수도 있고, 재해시설의 설치 등 다른 적절한 구제방법일 수도 있고 또한 혼합적 구제조치일 수도 있다.

행정심판법은 '상당한 구제방법'을 취할 것을 규정하고 있다. 여기서 상당한 구제방법이라 함은 원칙상 사정재결로 인하여 청구인이 받는 손해 전체라고 보아야 한다. 따라서 사정재결시 행해지는 구제조치가 '상당한 구제방법'이 되지 못하는 경우에는 사정재결에 고유한 하자가 있는 것으로 보아 사정재결의 구제조치에 대하여 취소소송을 제기할 수 있는 것으로 보아야 한다.

(3) 사정재결의 주문

사정재결시 위원회는 그 재결의 주문(主文)에서 그 처분 또는 부작위가 위법하거나 부당하다는 것을 구체적으로 밝혀야 한다(제44조 제 1 항).

제 4 항 재결의 효력 [2009 사시 약술]

행정심판법은 재결의 효력에 관하여 기속력과 직접처분에 관한 규정만을 두고 있다. 그런데, 취소재결, 변경재결과 처분재결에는 형성력이 발생한다고 보아야 하며 재결은 행

정행위이므로 재결 일반에 대하여 행정행위에 특수한 효력인 공정력, 불가변력 등이 인정
된다고 보아야 할 것이다.

I. 형 성 력

　　재결의 형성력이라 함은 재결의 내용에 따라 새로운 법률관계의 발생이나 종래의 법
률관계의 변경, 소멸을 가져오는 효력을 말한다(대판 전원합의체 1999. 12. 16, 98두18619[개발
부담금부과처분취소]). 재결의 형성력은 제 3 자에게도 미치므로 이를 '대세적 효력'이라고도
한다.

　　형성력이 인정되는 재결로는 취소재결, 변경재결, 처분재결이 있다. 형성재결이 있는
경우 그 대상이 된 행정처분은 재결 자체에 의해 당연히 취소되어 소멸된다(대판 전원합의
체 1999. 12. 16, 98두18619[개발부담금부과처분취소]).

　　처분을 취소하는 재결이 있으면 취소된 처분은 소급적으로 효력을 상실한다. 일부취
소재결의 경우에는 일부취소된 부분에 한하여 소급적으로 효력을 상실하고 일부취소되지
않은 부분에 한하여 원처분은 효력을 유지한다.

　　변경재결이 있으면 원처분은 효력을 상실하고, 변경재결로 인한 새로운 처분은 제 3
자의 권익을 침해하지 않는 한 소급하여 효력을 발생한다고 보아야 한다(박윤흔, 820면).
이에 반하여 판례는 변경재결이 있으면 원처분이 변경재결로 변경되어 존재하는 것이 된
다고 본다(행정소송 참조).

　　의무이행재결 중 처분재결이 있는 경우에는 당해 재결은 장래에 향하여 즉시 효력을
발생한다.

II. 기 속 력

　　재결의 기속력이라 함은 처분청(피청구인) 및 관계행정청이 재결의 취지에 따르도록
처분청 및 관계행정청을 구속하는 효력을 말한다. 따라서 재결의 기속력을 재결의 구속력
이라 부르는 견해도 있다(김동희, 583면). 재결의 기속력은 인용재결의 효력이며 기각재결
에는 인정되지 않는다.

　　행정심판법 제49조 제 1 항은 "심판청구를 인용하는 재결은 피청구인과 그 밖의 관계
행정청을 기속한다"라고 재결의 기속력을 규정하고 있다. 이 재결의 기속력에 반복금지효
가 포함된다는 것에 대하여는 이견이 없지만 원상회복의무 및 재처분의무가 포함되는지에
대하여는 거부처분의 취소재결과 관련하여 논란의 여지가 있다. 다만, 행정심판법 제49조
제 2 항과 제 3 항은 이행재결, 절차의 위법 또는 부당을 이유로 한 취소재결의 경우에 재
결의 취지에 따른 재처분의무를 명시적으로 인정하고 있다.

1. 반복금지효[2024 행시]

행정청은 처분의 취소재결, 변경재결 또는 무효, 부존재, 실효재결이 있는 경우 동일한 사정 아래에서는 같은 내용의 처분을 되풀이하지 못하며 동일한 과오를 되풀이하지 못한다(대판 1983. 8. 23, 82누302[계고처분취소]).

재결은 당해 처분에 관하여 재결주문 및 그 전제가 된 요건사실의 인정과 판단에 대하여 처분청을 기속하므로, 당해 처분에 관하여 위법한 것으로 재결에서 판단된 사유와 기본적 사실관계에 있어 동일성이 인정되는 사유를 내세워 다시 동일한 내용의 처분을 하는 것은 허용되지 않는다(대판 2003. 4. 25, 2002두3201[건축불허가처분취소]).

2. 원상회복의무

취소재결의 기속력에는 해석상 원상회복의무가 포함되는 것으로 보는 것이 타당하다. 따라서, 취소재결이 확정되면 행정청은 취소된 처분에 의해 초래된 위법상태를 제거하여 원상회복할 의무가 있다.

3. 처분의무

(1) 처분명령재결

당사자의 신청을 거부하거나 부작위로 방치한 처분의 이행을 명하는 재결이 있으면 행정청은 지체 없이 이전의 신청에 대하여 재결의 취지에 따라 처분을 하여야 한다(제49조 제 2 항).

(2) 거부처분취소재결 또는 거부처분무효등확인재결[2024 행시]

재결에 의하여 취소되거나 무효 또는 부존재로 확인되는 처분이 당사자의 신청을 거부하는 것을 내용으로 하는 경우에는 그 처분을 한 행정청은 재결의 취지에 따라 다시 이전의 신청에 대한 처분을 하여야 한다(행정심판법 제49조 제 2 항).

> **판례**   **[1] 거부처분을 취소하는 재결의 효력 및 그 취지와 양립할 수 없는 다른 처분에 대한 취소를 구할 소익의 유무:** 당사자의 신청을 거부하는 처분을 취소하는 재결이 있는 경우에는 행정청은 그 재결의 취지에 따라 이전의 신청에 대한 처분을 하여야 하는 것이므로 행정청이 그 재결의 취지에 따른 처분을 하지 아니하고 그 처분과는 양립할 수 없는 다른 처분을 하는 것은 위법한 것이라 할 것이고 이 경우 그 재결의 신청인은 위법한 다른 처분의 취소를 소구할 이익이 있다. **[2] 행정처분의 취소소송에 있어 판단의 대상이 되는 하자:** 행정처분의 취소소송은 행정청의 위법한 처분 등을 취소 또는 변경하는 소송이므로 법원은 그 처분의 위법여부를 가려서 판단하면 되는 것이고, 그 처분의 부당여부까지 판단할 필요는 없다(대판 1988. 12. 13, 88누7880[도시계획사업시행허가처분등취소]).

(3) 절차의 하자를 이유로 한 신청에 따른 처분을 취소하는 재결

신청에 따른 처분이 절차의 위법 또는 부당을 이유로 재결로써 취소된 경우 적법한 절차에 따라 신청에 따른 처분을 하거나 신청을 기각하는 처분을 하여야 한다(제49조 제 3 항).

(4) 변경명령재결

취소심판에 있어서 변경을 명하는 재결이 있는 때(제43조 제 3 항)에는 행정심판법 제49조 제 1 항(기속력)에 의해 처분청은 당해 처분을 변경하여야 한다.

4. 기속력의 객관적 범위

기속력의 객관적 범위는 재결의 취지라고 할 수 있다. 기속력의 객관적 범위는 재결의 주문 및 재결이유 중 그 전제가 된 요건사실의 인정과 처분의 효력 판단에 한정되고, 재결의 결론과 직접 관련이 없는 방론이나 간접사실에 대한 판단에까지는 미치지 않는다.

판례1 **[1] 재결의 기속력의 범위:** 재결의 기속력은 재결의 주문 및 그 전제가 된 요건사실의 인정과 판단, 즉 처분 등의 구체적 위법사유에 관한 판단에만 미친다고 할 것이고, 종전 처분이 재결에 의하여 취소되었다 하더라도 종전 처분시와는 다른 사유를 들어서 처분을 하는 것은 기속력에 저촉되지 않는다고 할 것이며, 여기에서 동일 사유인지 다른 사유인지는 종전 처분에 관하여 위법한 것으로 재결에서 판단된 사유와 기본적사실관계에 있어 동일성이 인정되는 사유인지 여부에 따라 판단되어야 한다. **[2]** 새로운 처분의 처분사유와 종전 처분에 관하여 위법한 것으로 재결에서 판단된 사유가 기본적 사실관계에 있어 동일성이 없으므로 새로운 처분이 종전 처분에 대한 재결의 기속력에 저촉되지 않는다고 한 사례(대판 2005. 12. 9, 2003두7705[주택건설사업계획승인신청서반려처분취소]).

판례2 **[압류처분이 재결의 기속력에 반하는 처분이라 하여 그 무효확인을 구하는 사건]** 토지에 관한 종전 압류처분이 학교법인 재산대장 등에 사립학교 교육용 기본재산으로 등재된 압류금지재산에 대한 것이라는 이유로 재결에 의해 취소된 이후 과세관청이 위 토지는 학교 교육에 직접 사용되지 않고 있어 압류금지재산인 교육용 기본재산이 아니라는 이유로 후행 압류처분을 한 경우, 후행 압류처분은 종전 재결의 사실인정 및 판단과 기본적인 사실관계가 동일하지 아니한 사유를 바탕으로 이루어진 것이므로 재결의 기속력에 저촉되지 않는다고 판단한 사안(대판 2017. 2. 9, 2014두40029[압류처분무효확인]).

5. 이행재결의 기속력 확보수단으로서의 직접 처분과 간접강제 [2018 행시]

(1) 직접처분

1) 의   의

직접 처분이라 함은 행정청이 처분명령재결의 취지에 따라 이전의 신청에 대한 처분을 하지 아니하는 때에 위원회가 당해 처분을 직접 행하는 것을 말한다(제50조 제 1 항). 직접 처분은 의무이행재결의 실효성을 확보하기 위하여 인정된 의무이행재결의 이행강제제도이다.

> **행정심판법 제50조(위원회의 직접 처분)**
> ① 위원회는 피청구인이 제49조 제2항에도 불구하고 처분을 하지 아니하는 경우에는 당사자가 신청하면 기간을 정하여 서면으로 시정을 명하고 그 기간에 이행하지 아니하면 직접 처분을 할 수 있다. 다만, 그 처분의 성질이나 그 밖의 불가피한 사유로 위원회가 직접 처분을 할 수 없는 경우에는 그러하지 아니하다.
> ② 위원회는 제1항 본문에 따라 직접 처분을 하였을 때에는 그 사실을 해당 행정청에 통보하여야 하며, 그 통보를 받은 행정청은 위원회가 한 처분을 자기가 한 처분으로 보아 관계 법령에 따라 관리·감독 등 필요한 조치를 하여야 한다.

2) 직접 처분의 성질

직접 처분은 처분명령재결의 실효성을 확보하기 위한 행정심판작용이면서 동시에 행정처분(원처분)으로서의 성질을 갖는다.

3) 인정범위

직접 처분은 처분청이 의무이행재결(처분명령재결)에 따른 처분을 하지 않는 모든 경우에 인정된다. 이에 대하여 지방자치단체의 자치권을 보장할 필요가 있으므로 재처분사무가 자치사무인 경우는 제외하고, 처분청이 하급행정기관이나 기관위임사무를 담당하는 지방자치단체의 장인 경우에만 직접처분을 인정하여야 한다는 견해가 있다(김남철, 행정판례연구 V, 429~430면). 이 견해에 대하여는 전술한 직접처분제도의 도입취지인 처분명령재결의 실효성 확보에 반한다는 비판이 가능하다.

생각건대 직접처분제도는 지방자치단체의 사무집행에 대한 행정적 감독제도가 아니고, 행정심판재결의 실효성을 확보하기 위해 인정되는 행정심판제도이므로 자치사무인 처분을 직접 처분하는 것이 자치권의 침해가 되지 않는다고 보는 것이 타당하다.

> **판례** 지방자치단체인 성남시의 고유사무에 관한 국가기관으로서의 재결청인 경기도지사의 구 행정심판법 제37조 제2항에 근거한 직접처분이 인용재결의 범위를 넘어 성남시의 권한을 침해한 것으로서 무효임을 확인한 사례(헌재 전원재판부 1999. 7. 22, 98헌라4[성남시와 경기도간의 권한쟁의]) 〈해설〉 인용재결에서 재결의 주문에 포함된 것은 골프연습장에 관한 것뿐으로서, 이 사건 진입도로에 대한 도시계획사업시행자지정처분은 인용재결내용에 포함되지 아니하였는데, 직접처분으로 진입도로에 대한 도시계획사업시행자지정처분을 한 것은 자치권을 침해한 것이라는 것이다. 직접처분으로 자치권이 침해된 경우 해당 지방자치단체는 헌법재판소에 권한쟁의심판을 청구할 수 있다.

다만, 자치권 존중의 차원에서 자치사무에 대한 것은 위법한 경우에 한하여 직접 처분을 하도록 하는 것이 타당하다.

4) 요   건

① 처분명령재결이 있었을 것.

② 위원회가 당사자의 신청에 따라 기간을 정하여 시정을 명하였을 것.

③ 해당 행정청이 그 기간 내에 시정명령을 이행하지 아니하였을 것. 해당 행정청이 어떠한 처분을 하였다면 그 처분이 재결의 내용에 따르지 아니하였다고 하더라도 재결청이 직접 처분을 할 수는 없다(대판 2002. 7. 23, 2000두9151).

④ 그 처분의 성질이나 그 밖의 불가피한 사유로 위원회가 직접 처분을 할 수 없는 경우에 해당하지 않을 것(제50조 제 1 항). '처분의 성질상 위원회가 직접 처분을 할 수 없는 경우'라 함은 처분의 성질에 비추어 직접 처분이 불가능한 경우를 말한다.

예를 들면, 정보공개를 명하는 재결의 경우에는 정보공개는 정보를 보유하는 기관만이 할 수 있으며 처분의 성질상 위원회는 정보공개처분을 할 수 없다. 직접 처분이 원칙이고 직접 처분을 할 수 없는 사유는 예외이므로 '위원회가 직접 처분을 할 수 없는 그 밖의 불가피한 사유'라 함은 엄격하게 해석하여야 한다. 위원회가 직접 처분을 할 수 없는 그 밖의 불가피한 사유의 예로는 의무이행재결 후 사정변경(법적 상황 또는 사실적 상황의 변경)이 생겼고, 이러한 사정변경이 처분의 중요한 기초가 되는데, 행정심판위원회 자신이 인적·물적 자원의 한계로 인하여 그러한 처분의 기초자료에 관한 조사를 충실히 행할 수 없기 때문에 직접 처분을 할 수 없는 불가피한 경우를 들 수 있다.

처분이 재량행위인 경우로서 부관을 붙일 필요가 있는 경우도 그것만으로 '위원회가 직접 처분을 할 수 없는 그 밖의 불가피한 사유'에 해당한다고 할 수 없다.

5) 직접 처분에 대한 불복
가. 지방자치단체의 불복
지방자치단체가 자치권 침해를 이유로 자치사무에 관한 직접 처분의 취소를 구할 원고적격이 있는가에 대하여 견해가 대립하고 있다.

(가) 부 정 설   직접 처분은 실질상 처분재결 내지 행정심판작용이므로 지방자치단체의 불복을 부정하는 견해이다.

(나) 긍 정 설   직접 처분은 처분의 성질을 갖고, 지방자치단체의 자치권을 지방자치단체의 법률상 이익으로 볼 수 있고, 지방자치단체는 독립된 법주체이므로 지방자치단체는 자치권[8]의 침해를 이유로 직접 처분의 취소를 구할 원고적격이 있다고 보는 견해이다.

(다) 결   어   지방자치단체의 자치권을 보장할 필요가 있고, 지방자치단체의 자치권도 주관적 공권으로 보는 것이 타당하고, 직접 처분은 처분의 성질을 가지므로 긍정설이 타당하다.

나. 제 3 자의 불복
직접 처분은 원처분의 성질을 가지므로 직접 처분으로 법률상 이익을 침해받은 제 3 자는 행정심판위원회를 피고로 하여 직접 처분의 취소를 구하는 행정소송을 제기할 수 있다. 직접 처분은 행정심판작용이고 행정심판위원회가 처분을 한 것이므로 행정심판의

---

8) 지방자치단체의 자치권을 지방자치단체의 법률상 이익으로 볼 수 있다.

대상은 되지 않는다고 보는 것이 타당하다.

6) 직접 처분의 한계

정보공개명령재결의 경우 정보공개처분의 성질상 위원회가 직접 처분을 할 수 없다.

> [판례] 지방자치단체인 성남시의 고유사무에 관한 국가기관으로서의 재결청인 경기도지사의 구 행정심판법 제37조 제2항에 근거한 직접처분이 인용재결의 범위를 넘어 성남시의 권한을 침해한 것으로서 무효임을 확인한 사례(헌재 전원재판부 1999. 7. 22, 98헌라4[성남시와경기도간의권한쟁의]) 〈해설〉인용재결에서 재결의 주문에 포함된 것은 골프연습장에 관한 것뿐으로서, 이 사건 진입도로에 대한 도시계획사업시행자지정처분은 인용재결 내용에 포함되지 아니하였는데, 직접처분으로 진입도로에 대한 도시계획사업시행자지정처분을 한 것은 자치권을 침해한 것이라는 것이다.

(2) 행정심판위원회의 간접강제

행정심판법상 간접강제제도는 행정심판 인용재결에 따른 행정청의 재처분 의무에도 불구하고 행정청이 인용재결에 따른 처분을 하지 아니하는 경우 행정심판위원회가 당사자의 신청에 의하여 결정으로 상당한 기간을 정하고, 행정청이 그 기간 내에 이행하지 아니하는 경우에 지연기간에 따라 일정한 배상을 하도록 명하거나 즉시 배상을 할 것을 명하는 제도이다.

행정심판법에 따르면 위원회는 피청구인이 제49조 제2항(거부처분 취소재결 등에 따른 재처분의무)(제49조 제4항에서 준용하는 경우(신청에 따른 처분이 절차의 위법 또는 부당을 이유로 재결로써 취소된 경우 처분의무)를 포함한다) 또는 제3항(처분명령재결에 따른 재처분의무)에 따른 처분을 하지 아니하면 청구인의 신청에 의하여 결정으로 상당한 기간을 정하고 피청구인이 그 기간 내에 이행하지 아니하는 경우에는 그 지연기간에 따라 일정한 배상을 하도록 명하거나 즉시 배상을 할 것을 명할 수 있다(제50조의2 제1항). 위원회는 사정의 변경이 있는 경우에는 당사자의 신청에 의하여 제1항에 따른 결정의 내용을 변경할 수 있다(동조 제2항). 위원회는 제1항 또는 제2항에 따른 결정을 하기 전에 신청 상대방의 의견을 들어야 한다(동조 제4항).

청구인은 간접강제결정 또는 간접강제변경결정에 불복하는 경우 그 결정에 대하여 행정소송을 제기할 수 있다(동조 제4항).

간접강제결정 또는 간접강제변경결정의 효력은 피청구인인 행정청이 소속된 국가·지방자치단체 또는 공공단체에 미치며, 결정서 정본은 제4항에 따른 소송제기와 관계없이 「민사집행법」에 따른 강제집행에 관하여는 집행권원과 같은 효력을 가진다. 이 경우 집행문은 위원장의 명에 따라 위원회가 소속된 행정청 소속 공무원이 부여한다(동조 제5항). 간접강제 결정에 기초한 강제집행에 관하여 이 법에 특별한 규정이 없는 사항에 대하여는 「민사집행법」의 규정을 준용한다. 다만, 「민사집행법」 제33조(집행문부여의 소), 제34조(집행문부여 등에 관한 이의신청), 제44조(청구에 관한 이의의 소) 및 제45조(집행문부여에 대한 이의의 소)에서 관할 법원은 피청구인의 소재지를 관할하는 행정법원으로 한다(동조 제 6 항).

6. 위법판단시 또는 재결시 이후의 사정변경과 기속력

기속력은 취소재결의 경우 위법판단시인 처분시, 그리고 의무이행재결의 경우 재결시의 사실관계나 법을 전제로 하여 구속력을 갖는다. 만일 취소재결의 경우 처분시 이후, 의무이행재결의 경우 판결시 이후 사실관계나 법이 변경된 경우에는 그 한도 내에서는 행정청은 기속력에 구속되지 않는다.

다만, 거부처분에 대한 취소재결의 경우 위법판단시인 처분시 이후의 사실관계나 법의 변경이 공익목적보다는 인용판결을 받은 당사자에게 기속력을 배제하려는 의도로 행해진 경우에는 신의칙상 행정청은 기속력에 구속된다고 보아야 하며 그렇지 않은 경우에도 인용판결로 확고해진 당사자의 이익과 사정변경으로 기속력을 배제할 공익을 비교형량하여 기속력의 배제 여부를 정하여야 할 것이다.

7. 기속력 위반과 국가배상책임

기행정심판의 재결에 명백히 반하는 처분(예, 위법하다고 판단된 처분사유를 반복하여 처분을 한 경우 또는 재결의 취지에 따른 재처분의무에 반하여 거부처분을 한 경우)으로 인해 손해를 발생시킨 경우에 해당 처분은 위법무효이고, 처분을 한 공무원의 고의 또는 과실을 인정할 수 있으므로 국가배상책임이 인정된다.

Ⅲ. 불가변력

재결은 당사자의 참여 아래 심리절차를 거쳐 내려지는 심판행위이므로 성질상 보통의 행정행위와 달리 재결을 한 위원회 자신도 이를 취소·변경할 수 없다.

Ⅳ. 재결의 기판력 불인정

재결에는 명문의 규정(예, 토지보상법 제86조 제 1 항)이 없는 한 판결에서와 같은 기판력이 인정되지 않는다. 따라서 재결이 확정된 경우에도 처분의 기초가 된 사실관계나 법률적 판단이 확정되고 당사자들이나 법원이 이에 기속되어 모순되는 주장이나 판단을 할 수 없게 되는 것은 아니다(대판 2015. 11. 27, 2013다6759).

판례 〈국가배상사건의 개요〉 원고는 2009. 3. 24. 완주군수에게 허가기간을 허가일부터 7년으로
하는 토석채취허가를 신청 − 2009. 8. 12. 불허가처분 − 2009. 8. 31. 취소심판 청구 − 2010. 1. 22.
취소재결(1차 재결) − 2010. 3. 5. 이 사건 허가처분- 2010. 4. 14. 행정심판 청구 − 이 사건 허가처
분을 한 것이 위법하다고 보아, '이 사건 허가처분을 취소하고, 완주군수는 이 사건 신청에 대하여 토
석채취허가를 하라'는 취지의 이 사건 2차 재결 − 행정심판위원회의 시정명령 −완주군수는 2011. 6.
2. 이후 3차례에 걸쳐 이 사건 2차 재결에 따른 토석채취허가를 위하여는 환경영향평가법 등에 따른
사전협의절차를 거쳐야 한다는 취지의 토석채취허가에 따른 이행통지를 한 후, 원고가 이러한 사전협
의절차를 이행하자 비로소 2011. 10. 21. 원고에게 이 사건 신청에 따른 토석채취허가를 하였다. − 원
고는 위법한 허가처분 및 허가처분의 지체를 이유로 국가배상을 청구하였다. 〈판결요지〉 [1] 재결이
확정된 경우, 처분의 기초가 되는 사실관계나 법률적 판단이 확정되고 당사자들이나 법원이 이에 기속
되어 모순되는 주장이나 판단을 할 수 없는지 여부(소극): 재결에 판결에서와 같은 기판력이 인정되는
것은 아니어서 재결이 확정된 경우에도 처분의 기초가 된 사실관계나 법률적 판단이 확정되고 당사자
들이나 법원이 이에 기속되어 모순되는 주장이나 판단을 할 수 없게 되는 것은 아니다. 따라서 ...... 원
고가 피고에 대하여 이 사건 허가처분이 위법하다고 주장하면서 이로 인한 손해의 배상을 청구하는 이
사건 소송에서 피고가 원고의 주장을 다투는 것이 이 사건 2차 재결의 기속력에 저촉된다고 할 수 없
다. 이 사건 2차 재결의 기속력으로 인하여 피고가 원고에 대하여 이 사건 허가처분의 위법성을 다툴
수 없다는 상고이유의 주장은 받아들일 수 없다. [2] 재결의 기속력은 재결의 주문 및 그 전제가 된
요건사실의 인정과 판단, 즉 처분 등의 구체적 위법사유에 관한 판단에 대하여만 미치고, 종전 처분이
재결에 의하여 취소되었더라도 종전 처분 시와는 다른 사유를 들어 처분을 하는 것은 기속력에 저촉되
지 아니한다. 여기서 동일한 사유인지 다른 사유인지는 종전 처분에 관하여 위법한 것으로 재결에서
판단된 사유와 기본적 사실관계에 있어 동일성이 인정되는 사유인지에 따라 판단하여야 한다. [3] ①
이 사건 1차 재결에서 판단한 사유는 이 사건 채석장 자체나 그와 경계를 이루는 토지와의 관계에 관
한 것으로서 이 사건 1차 재결의 기속력은 그 주문과 재결에서 판단된 이와 같은 사유에 대하여만 발
생하고, 이 사건 허가처분에서 근거로 삼은 사유는 원고가 주진입로로 사용하고 있는 하천부지에 대한
점용허가기간에 관한 것이어서 그 대상이 이 사건 1차 재결에서 판단한 사유와 달라 기본적 사실관계
에 있어 동일성이 있다고 할 수 없으므로, 이 사건 허가처분이 이 사건 1차 재결의 기속력에 저촉된다
고 할 수 없다. ② 나아가 환경영향평가법 등에 따른 사전협의절차의 이행이라는 사유도 그 대상이 이
사건 2차 재결에서 판단한 사유와 달라 기본적 사실관계에 있어 동일성이 있다고 할 수 없으므로, 원
고가 이를 이행하지 아니하였다는 이유로 이 사건 신청에 따른 토석채취허가가 지연되더라도 이 사건
2차 재결의 기속력에 저촉된다고 할 수 없다. [4] 행정청의 처분 여부 결정의 지체로 국가배상책임이
성립하기 위한 요건: 행정청의 처분을 구하는 신청에 대하여 상당한 기간 처분 여부 결정이 지체되었
다고 하여 곧바로 공무원의 고의 또는 과실에 의한 불법행위를 구성한다고 단정할 수는 없고, 행정처
분의 담당공무원이 보통 일반의 공무원을 표준으로 하여 볼 때 객관적 주의의무를 결하여 처분 여부
결정을 지체함으로써 객관적 정당성을 상실하였다고 인정될 정도에 이른 경우에 비로소 국가배상법
제 2 조가 정한 국가배상책임의 요건을 충족한다. [5] (i) 허가처분에서 허가기간의 종기를 단축한 행위
의 위법 및 과실 여부: 완주군수가 이 사건 허가처분을 하면서 주진입로로 사용되고 있는 하천부지의
점용허가기간이라는 새로운 사유를 들어 뒤늦게 허가기간을 2013. 12. 31.까지로 제한한 것에 대하여
'중대한 공익상 필요'가 있음을 인정할 수 없다고 보아 이 사건 허가처분이 재량권을 일탈·남용한 것
(위법한 것)에 해당한다고 볼 여지는 있다. 그러나 원고가 주진입로로 사용하고 있는 하천부지에 대한
점용허가기간이 2013. 12. 31.까지이므로 이러한 점용허가가 연장되지 아니한다면 토석채취허가의 목
적을 달성하기 어렵게 되고 하천부지에 대한 점용허가기간을 초과하여 토석채취허가를 하면 하천의
적정한 관리에 지장을 초래될 수 있을 것으로 예상되며, 완주군수가 원고에게 토석채취의 허가기간을
하천부지에 대한 점용허가기간과 동일하게 변경하여 신청하거나 하천부지에 대한 점용허가기간을 토
석채취의 허가기간 7년에 맞추어 연장할 것을 권유한 다음 이 사건 허가처분에 이른 점 등을 종합적으
로 고려할 때, 완주군수가 이 사건 허가처분을 하면서 허가기간의 종기를 단축한 것이 보통 일반의 공

무원을 표준으로 하여 볼 때 객관적 주의의무를 결하여 그 행정처분이 객관적 정당성을 상실하였다고 인정될 정도에 이르렀다고 보기는 어렵다(과실이 있다고 보기 어렵다). (ii) 이 사건 신청에 따른 토석 채취허가를 지연한 행위의 위법 및 과실 여부: 완주군수가 이 사건 2차 재결이 있음에도 기존의 토석 채취허가기간인 2011. 1. 31.을 상당한 기간 도과할 때까지 이 사건 2차 재결에 따른 토석채취허가처분을 미루다가 전라북도행정심판위원회의 시정명령을 받고서야 비로소 이 사건 2차 재결에 따른 토석채취허가를 위한 이행통지를 한 것은 이 사건 1차 재결과 이 사건 2차 재결을 통하여 완주군수에게 분명히 명하여진 이 사건 신청에 따른 토석채취허가를 거부하고자 하는 의사에 기한 것으로 볼 수 있으므로, 보통 일반의 공무원을 표준으로 할 때 객관적 주의의무를 결하여 객관적 정당성을 상실하였다고 인정될 정도에 이르렀다고 볼 여지가 충분하다(위법 및 과실을 인정할 수 있다). 따라서 완주군수의 위와 같은 위법행위로 인하여 피고에게는 국가배상법 제 2 조에 따른 손해배상책임이 성립할 수 있다 (대판 2015. 11. 27, 2013다6759).

제 5 항   재결에 대한 불복

Ⅰ. 재심판청구의 금지

심판청구에 대한 재결이 있는 경우에는 그 재결 및 동일한 처분 또는 부작위에 대하여 다시 행정심판을 청구할 수 없다(제51조). 이와 같이 행정심판법은 처분에 대한 불복으로 원칙상 한번의 행정심판청구만을 인정하고 있다. 다만, 국세기본법 등 각 개별법에서 다단계의 행정심판을 인정하고 있는 경우에는 다단계의 행정심판이 인정된다.

Ⅱ. 원고 등의 행정소송 [1997 입시 사례형 약술]

원고는 기각재결 또는 일부인용재결의 경우 항고소송을 제기할 수 있다. 이 경우 항고소송의 대상은 후술한다(항고소송의 대상 참조).

또한, 처분을 취소하는 인용재결로 인하여 비로소 권익침해를 당한 원처분의 상대방은 후술하는 바와 같이 재결을 대상으로 행정소송을 제기할 수 있다.

Ⅲ. 처분청의 불복가능성

인용재결에 대해 처분청이 행정소송을 제기할 수 있는지가 문제된다.

1. 부 정 설

재결은 피청구인인 행정청과 그 밖의 관계행정청을 구속한다고 규정하고 있는 행정심판법 제49조 제 1 항(기속력규정)에 근거하여 처분청은 행정심판의 재결에 대해 불복할 수 없다고 본다. 판례도 이러한 입장을 취하고 있다(대판 1998. 5. 8, 97누15432).

판례   행정심판법은 행정심판법 제49조 제 1 항에 따라 피청구인에게 인용재결의 기속력이 미치므로 정보공개청구인이 정보공개와 관련한 공공기관의 결정 등에 대해 행정심판을 청구하여 그 행정심판절차에서 공공기관의 정보공개를 명하는 인용재결이 내려진 경우에는, 행정심판법은 행정심판법 제49조 제 1 항에 따라 피청구인인 공공기관(국립대학법인 서울대학교)은 인용재결에 기속되고 이에 불복하여 행정소송을 제기할 수 없다(헌재 2023. 3. 23, 2018헌바385).

2. 제한적 긍정설

행정심판의 인용재결에 대한 처분청의 행정소송 제기가능성을 원칙상 부정하는 것이 타당하지만, 자치사무에 속하는 처분에 대한 행정심판의 인용재결에 대하여는 지방자치단체의 장이 행정소송을 제기할 수 있다고 보아야 한다고 주장한다. 그 논거는 자치권은 지방자치단체의 주관적 공권이기 때문에 자치권이 침해된 경우 지방자치단체에게 원고적격을 인정하여야 한다는 데 있다.

3. 결   어

다음과 같은 이유에서 제한적 긍정설이 타당하다. 위원회가 처분청과 동일 행정주체에 속하는 경우에 행정의사의 통일성에 비추어 명문의 규정이 없는 한 인용재결에 대한 불복을 인정하는 것은 타당하지 않다. 다만, 자치사무에 속하는 처분의 경우 위원회와 처분청은 동일한 법주체에 속하지 않으며 지방자치단체의 자치권을 보장할 필요가 있으므로 행정심판의 인용재결에 대하여 항고소송을 제기할 수 있다고 보아야 한다.

그리고, 부정설이 그 논거로 재결의 기속력에 관한 규정인 행정심판법 제49조 제 1 항을 드는 것은 타당하지 않다. 재결의 기속력은 확정재결의 효력이고, 재결의 실효성을 확보하기 위한 효력이지 불복을 금지하기 위한 효력은 아니기 때문이다.

Ⅳ. 인용재결에 대한 권한쟁의심판

자치사무에 속하는 처분 또는 부작위에 대한 인용재결로 지방차지단체의 자치사무에 대한 자치권이 침해된 경우에는 해당 지방자치단체는 헌법재판소에 권한쟁의심판을 청구할 수 있다.

제12절　고지제도

Ⅰ. 고지제도의 의의 및 필요성

행정심판의 고지제도(告知制度)라 함은 행정청이 처분을 함에 있어서 상대방에게 그 처분에 대하여 행정심판을 제기할 수 있는지 여부, 심판청구절차, 청구기간 등 행정심판의 제기에 필요한 사항을 미리 알려 주도록 의무지우는 제도를 말한다.

행정심판법은 직권에 의한 고지(제58조 제 1 항)와 청구에 의한 고지(제58조 제 2 항)를 규정하고 있다. 그리고, 고지하지 않은 경우와 잘못 고지한 경우의 제재를 규정하고 있다(제23조 제 2 항, 제27조 제 5 항, 제 6 항).

또한, 행정절차법도 처분청의 고지의무를 규정하고 있다(제26조). 행정절차법상의 고지는 행정심판 이외의 불복의 제기가능성도 고지하도록 하고 있다. 그러나, 행정절차법은 고지의무를 이행하지 않은 경우에 대한 제재를 규정하지 않고 있어 행정절차법상의 고지제도는 실효성을 결여하고 있다.

Ⅱ. 고지의 성질

고지는 불복제기의 가능 여부 및 불복청구의 요건 등 불복청구에 필요한 사항을 알려 주는 비권력적 사실행위이다. 고지는 그 자체로서는 아무런 법적 효과를 발생시키지 않는다. 다만, 불고지 또는 오고지로 손해가 발생한 경우에는 국가배상청구를 할 수 있을 것이다.

Ⅲ. 직권에 의한 고지

행정청이 처분을 할 때에는 처분의 상대방에게 처분에 대하여 행정심판을 청구할 수 있는지의 여부, 행정심판을 청구하는 경우의 심판청구절차 및 심판청구기간을 알려야 한다(법 제58조 제 1 항).

1. 고지의 대상

① 행정청의 고지의무는 처분이 서면으로 행해지는 경우에 한하지 않는다.

② 행정청의 고지의무는 처분이 행정심판법상의 행정심판의 대상이 되는 경우뿐만 아니라 다른 개별법령에 의한 심판청구의 대상이 되는 경우에도 인정된다.

③ 수익적 행정행위에 대하여는 상대방의 불복이 있을 수 없으므로 고지를 요하지 않는다. 예를 들면, 신청된 대로 처분이 행해진 경우가 그러하다. 그러나, 신청을 거부한 처

분이나 신청된 것과 다른 내용의 처분 및 부관이 붙여진 처분의 경우에는 고지를 하여야 한다.

2. 고지의 상대방

현행법상 고지는 처분의 직접 상대방에 대하여만 하면 된다. 처분의 직접 상대방이 아닌 이해관계인은 고지의무의 상대방은 아니지만, 이들에게도 직권으로 고지하는 것은 가능하며 또한 바람직하다.

3. 고지의 내용

① 행정심판을 청구할 수 있는지 여부

② 심판청구절차: 심판청구절차 중 중요한 것은 행정심판서를 제출할 행정청, 즉 처분청과 위원회의 명칭을 고지하는 것이다.

③ 심판청구기간

4. 고지의 방법과 시기

행정심판법은 고지의 방식에 관하여 아무런 규정을 두고 있지 않다. 따라서, 고지는 서면으로도 가능하고 구술로도 가능하다.

고지의 시기에 관하여도 아무런 규정이 없지만 원칙적으로 처분시에 하여야 할 것이다. 다만, 처분시에 고지를 하지 못한 경우에도 처분 후에 고지하면 행정심판의 제기에 큰 지장을 주지 않는 한도 내에서는 그 하자가 치유된다고 보아야 할 것이다.

Ⅳ. 청구에 의한 고지

행정청은 이해관계인이 요구하면 ① 해당 처분이 행정심판의 대상이 되는 처분인지 및 ② 행정심판의 대상이 되는 경우 소관 위원회 및 심판청구기간을 지체 없이 알려 주어야 한다. 이 경우 서면으로 알려 줄 것을 요구받으면 서면으로 알려 주어야 한다(제58조 제 2 항).

1. 고지의 청구권자

고지를 청구할 수 있는 자는 '처분의 이해관계인'이다. 다만, 여기에서 이해관계인이라 함은 통상은 상대방에게는 이익을 주지만 제 3 자에게는 불이익을 주는 복효적 행정행위에 있어서 당해 제 3 자일 것이지만 처분시에 직권고지를 하지 아니한 경우에 당해 처분의 상대방도 포함한다고 보아야 할 것이다.

2. 고지청구의 대상

고지의 대상이 되는 처분은 서면에 의한 처분에 한정되지 않는다. 고지를 청구할 수 있는 대상은 모든 처분이다. 당해 처분이 행정심판의 대상이 되는 처분인지 여부, 서면에 의한 것인지 여부를 묻지 않는다.

3. 고지의 내용

고지의 내용은 행정심판의 제기에 필요한 사항(행정심판의 대상이 되는 처분인지 여부, 소관 위원회 및 청구기간) 중에서 당사자가 고지해 줄 것을 청구한 사항이다. 소관 위원회 및 청구기간은 당해 처분이 행정심판의 대상이 되는 경우에 고지의 대상이 된다.

4. 고지의 방법과 시기

고지는 서면이나 구술로 할 수 있는데, 청구인으로부터 서면으로 알려 줄 것을 요구받은 때에는 서면으로 알려야 한다(제58조 제 2 항 제 2 문).

고지의 청구를 받은 때에는 지체 없이 고지하여야 한다(제58조 제 2 항 제 1 문). '지체 없이'라 함은 행정심판을 제기하는 데 큰 지장을 주지 않을 합리적인 기간 내를 의미한다.

V. 불고지 또는 오고지의 효과

행정심판법은 고지의무가 있음에도 고지를 하지 아니하거나(不告知) 잘못 고지(誤告知)한 경우에 처분의 상대방 또는 이해관계인의 권리구제를 위한 규정을 두고 있다.

1. 불고지의 효과

(1) 심판청구서제출기관과 권리구제

처분청이 고지를 하지 아니하여 청구인이 심판청구서를 처분청이나 위원회가 아닌 다른 행정기관에 제출한 때에는 당해 행정기관은 그 심판청구서를 지체 없이 정당한 권한이 있는 피청구인에 송부하고(제23조 제 2 항), 지체 없이 그 사실을 청구인에게 통지하여야 한다(제23조 제 3 항). 이 경우에 심판청구기간을 계산할 때에는 제 1 항에 따른 피청구인이나 위원회 또는 제 2 항에 따른 행정기관에 심판청구서가 제출되었을 때에 행정심판이 청구된 것으로 본다(제23조 제 4 항).

(2) 청구기간

처분청이 심판청구기간을 고지하지 아니한 때에는 심판청구기간은 처분이 있음을 안 경우에도 당해 처분이 있은 날로부터 180일이 된다(제27조 제 6 항). 다른 법률에서 행정심판청구기간을 행정심판법보다 짧게 정한 경우에도 행정청이 처분시에 행정심판청구기간을 알리지 아니한 때에는 당사자는 그 처분이 있은 날로부터 180일 이내에 행정심판을 제기할 수 있다고 보아야 할 것이다(대판 1990. 7. 10, 89누6839).

2. 오고지의 효과

(1) 심판청구서제출기관과 권리구제

처분청이 심판청구서제출기관을 잘못 고지하여 청구인이 심판청구서를 처분청이나 위원회가 아닌 다른 행정기관에 제출한 때의 효과도 위의 불고지의 경우와 같다(제23조 제 2 항·제 3 항·제 4 항).

(2) 청구기간

처분청이 심판청구기간을 '처분이 있음을 안 날로부터 90일 이내'보다 더 긴 기간으로 잘못 알린 경우에 그 잘못 알린 기간 내에 심판청구가 있으면 그 심판청구는 적법한 기간 내에 제기된 것으로 의제된다(제27조 제 5 항).

3. 불고지 또는 오고지와 처분의 효력

불고지나 오고지는 처분 자체의 효력에 직접 영향을 미치지 않는다.

> **판례**   고지절차에 관한 규정은 행정처분의 상대방이 그 처분에 대한 행정심판의 절차를 밟는데 있어 편의를 제공하려는데 있으며 처분청이 위 규정에 따른 고지의무를 이행하지 아니하였다고 하더라도 경우에 따라서는 행정심판의 제기기간이 연장될 수 있는 것에 그치고 이로 인하여 심판의 대상이 되는 행정처분에 어떤 하자가 수반된다고 할 수 없다(대판 1987. 11. 24, 87누529[차량면허취소처분취소]).

제13절   특별행정심판

행정심판에 관한 개별 법률의 특례규정은 행정심판법에 대한 특별법적 규정이므로 당해 특례규정이 행정심판법에 우선하여 적용된다. 그리고 행정심판에 관하여 개별 법률에서 규정하고 있지 않은 사항과 절차는 일반법인 행정심판법이 적용된다(제 4 조 제 2 항). 다만 조세심판에 대하여 행정심판법의 일부규정을 준용하는 외에 원칙상 그 적용이 배제된다(국세기본법 제56조 제 1 항, 지방세기본법 제125조 제 1 항).

I. 조세심판

1. 국세에 대한 행정심판

국세부과처분에 대해 행정소송을 제기하기 전에 국세청장에 대한 심사청구 또는 조세심판원에대한 심판청구를 택일하여 청구하여야 한다(국세기본법 제55조 제 1 항, 제 2 항, 제 9 항, 제56조 제 2 항). 따라서, 심사청구 또는 심판청구를 중복하여 제기한 경우 나중에 접수된 청구는 부적법한 청구로 보는 것이 타당하다.

심사청구 및 심판청구는 행정심판의 성질을 갖는다. 처분이 국세청장이 조사·결정 또는 처리하거나 하였어야 할 것인 경우를 제외하고는 심사청구 또는 심판청구 전에 이의신청을 할 수 있으나(제55조 제 3 항) 이 이의신청은 임의적이며 행정심판이 아니다.

국세기본법은 심사청구 또는 심판청구에 대한 결정의 한 유형으로 재조사결정을 규정하고 있다.

2. 지방세에 대한 행정심판

지방세에 대한 행정심판은 국세에 대한 행정심판에 준하여 규율되고 있다(지방세기본법 제117조 내지 제127조).

II. 노동행정심판

1. 특별행정심판

(1) 중재재정에 대한 행정심판

지방노동위원회 또는 특별노동위원회의 노동쟁의에 대한 중재재정이 위법이거나 월권에 의한 것이라고 인정하는 경우에는 그 중재재정서의 송달을 받은 날부터 10일 이내에 중앙노동위원회에 그 재심을 신청할 수 있다(노동조합 및 노동관계조정법 제69조 제 1 항). 중앙노동위원회의 재심은 행정심판의 성질을 갖는다. 관계 당사자는 중앙노동위원회의 중재재정이나 제 1 항의 규정에 의한 재심결정이 위법이거나 월권에 의한 것이라고 인정하는 경우에는 행정소송법 제20조의 규정에 불구하고 그 중재재정서 또는 재심결정서의 송달을 받은 날부터 15일 이내에 행정소송을 제기할 수 있다(제 2 항).

(2) 구제결정 등에 대한 행정심판

부당노동행위에 대한 지방노동위원회 또는 특별노동위원회의 구제명령 또는 기각결정에 불복이 있는 관계 당사자는 그 명령서 또는 결정서의 송달을 받은 날부터 10일 이내에 중앙노동위원회에 그 재심을 신청할 수 있다(노동조합 및 노동관계조정법 제85조 제 1 항). 중앙노동위원회의 재심은 행정심판의 성질을 갖는다. 제 1 항의 규정에 의한 중앙노동위원회의 재심판정에 대하여 관계 당사자는 그 재심판정서의 송달을 받은 날부터 15일 이내에 행정소송법이 정하는 바에 의하여 소를 제기할 수 있다(제 2 항). 동조는 항고소송의 대상에 관하여 재결주의를 규정하고 있다.

(3) 노동위원회의 처분에 대한 행정심판

중앙노동위원회는 당사자의 신청이 있는 경우 지방노동위원회 또는 특별노동위원회의 처분을 재심하여 이를 인정·취소 또는 변경할 수 있다(노동위원회법 제26조 제 1 항).

(4) 보험급여 등에 관한 행정심판

국민건강보험공단의 "보험급여 결정 등"에 불복하는 자는 공단에 심사청구를 할 수 있다(산업재해보상보험법 제103조 제 1 항). 보험급여 결정 등에 대하여는 행정심판법에 따른 행정심판을 제기할 수 없다(제 5 항). 제105조 제 1 항에 따른 심사청구에 대한 결정에 불복하는 자는 제107조에 따른 산업재해보상보험재심사위원회에 재심사청구를 할 수 있다. 다만, 판정위원회의 심의를 거친 보험급여에 관한 결정에 불복하는 자는 제103조에 따른 심사청구를 하지 아니하고 재심사청구를 할 수 있다(제106조 제 1 항). 재심사의 청구에 대한 재결은 행정소송법 제18조를 적용할 경우 행정심판에 대한 재결로 본다(제104조 제 1 항). 심사 및 재심사의 청구는 행정심판의 성질을 가지며 그에 관하여 이 법에서 정하고 있지 아니한 사항은 행정심판법의 규정에 따른다(제 2 항).

2. 일반행정심판

노동관계법상의 처분에 대한 행정심판에 관하여 특별한 규정이 있는 경우를 제외하고는 행정심판법에 따라 행정심판을 제기한다.

Ⅲ. 소청심사

1. 소   청

소청(訴請)이라 함은 행정기관소속 공무원의 징계처분, 그 밖에 그 의사에 반하는 불리한 처분이나 부작위에 대하여 소청심사위원회에 제기하는 불복신청을 말한다. 소청은 행정심판의 일종(특별행정심판)이다. 소청은 국가공무원뿐만 아니라 지방공무원에도 적용된다(국공법 제 9 조 내지 제16조, 지공법 제13조 내지 제21조 및 지방공무원징계 및 소청규정 제16조). 교육공무원의 소청에 관하여는 교육공무원법과 교원지위향상을 위한 특별법이 규정하고 있다.

2. 소청사항

징계처분, 그 밖에 공무원의 의사에 반하는 불리한 처분이나 부작위가 소청의 대상이 된다(국공법 제 9 조 제 1 항). "그 밖에 공무원의 의사에 반하는 불리한 처분"에는 면직처분(의원면직 포함), 강임, 휴직, 복직거부 등이 포함된다. 퇴직금 지급청구에 대한 거부는 이에 포함되지 않는다고 본다. 승진시험불합격처분이 소청의 대상이 되는지 일반행정심판의 대상이 되는지에 관하여는 견해의 대립이 있다.

3. 소청심사위원회 [2009 사시 약술]

소청심사위원회는 소청에 대한 심사결정권을 갖는다. 소청심사위원회는 합의제 행정청이다. 행정기관소속 공무원의 소청을 심사결정하는 소청심사위원회는 인사혁신처에(국공법 제 9 조 제 1 항), 국회·법원·헌법재판소 및 선거관리위원회소속 공무원의 소청에 관한 사항을 심사결정하는 소청심사위원회는 각각 국회사무처·법원행정처·헌법재판소사무처 및 중앙선거관리위원회사무처에 둔다(국공법 제 9 조 제 2 항). 교육공무원은 교원소청심사위원회에 소청을 제기하여야 한다(교육공무원법 제53조 제 1 항).

Ⅳ. 수용재결에 대한 이의신청(손실보상 참조)

행 정 소 송

제 1 절 행정소송의 의의와 종류

I. 행정소송의 의의

행정소송이라 함은 행정청의 공권력 행사에 대한 불복 및 기타 행정법상의 법률관계
에 관한 분쟁에 대하여 법원이 정식의 소송절차를 거쳐 행하는 행정쟁송절차를 말한다.

① 행정소송은 행정청의 공권력 행사에 대한 불복 및 기타 행정법상의 법률관계에 관
한 분쟁에 관한 쟁송절차이다. 이 점에서 행정소송은 **민사소송 및 형사소송과 구별**된다.

② 행정소송은 법원이 정식의 소송절차를 거쳐 행하는 행정쟁송절차이다. 이 점에서
행정소송은 **행정심판과 구별**된다.

II. 행정소송의 법원

행정소송에 관한 일반법으로 행정소송법이 있다. 행정소송법은 행정소송의 특수성(공
익성, 전문성 등)을 고려하여 민사소송과 달리 행정소송에 대한 특수한 규율을 규정하고 있
다. 다만, 행정소송법은 입법기술상 행정소송에 대한 규율(특수한 규율 포함)을 망라하여 규
정하지 않고, 행정소송에 관하여 행정소송법에 특별한 규정이 없는 사항에 대하여는 법원
조직법과 민사소송법 및 민사집행법의 규정을 준용하는 것으로 규정하고 있다(제8조). 또
한, 행정소송절차에 관하여는 법 및 행정소송규칙에 특별한 규정이 있는 경우를 제외하고
는 그 성질에 반하지 않는 한 「민사소송규칙」 및 「민사집행규칙」의 규정을 준용한다(행정
소송규칙 제4조). 따라서, 행정소송법이나 행정소송규칙에 규정되어 있지 않은 사항에 대
하여는 민사소송에 관한 규정을 그대로 적용하거나 행정소송의 특수성을 고려하여 수정하
여 적용하여야 한다.[1] 행정소송은 권리구제기능뿐만 아니라 행정통제기능도 수행하고 있
고, 공익을 위해 특수한 규율을 할 필요가 있는 경우가 있으므로 성질상 민사소송법의 규

---

1) 준용은 입법기술의 하나인데, 준용되는 규정을 그대로 적용하는 것이 아니라 성질상의 차이를 고려하여
   적용한다.

정을 그대로 준용할 수 없는 경우가 있고 이 경우에는 민사소송법이 준용되지 아니한다. 그러한 예로는 청구의 인낙, 포기, 화해 등을 들 수 있다. 논란이 있지만, 판례에 따르면 민사소송법 제203조의 처분권주의(대판 1987. 11. 10, 86누491), 불고불리의 원칙(대판 1999. 5. 25, 99두1052), 민사소송법상 보조참가(대판 2013. 3. 28, 2011두13729), 소의 취하는 행정소송에 준용가능하다.

Ⅲ. 행정소송제도의 유형

우리나라의 행정소송제도는 영미법형과 대륙법형을 혼합한 제도라고 할 수 있다. 우리 헌법이 행정사건에 대한 최종적인 심판권을 대법원에 부여하여 행정사건을 일반 사법법원의 관할에 두고 있는 것은 영미법형을 취한 것이지만, 행정소송법에서 행정사건에는 민사소송절차와 다른 특수한 소송절차를 인정하고 있는 점은 대륙법형을 취한 것이다.

Ⅳ. 행정소송의 종류[2011 일반행정 사례 약술형]

행정소송법은 행정소송을 항고소송, 당사자소송, 기관소송, 민중소송으로 구분하고 있다(제 3 조).

Ⅴ. 항고소송

1. 의   의

항고소송이라 함은 행정청의 우월한 일방적인 행정권 행사 또는 불행사에 불복하여 권익구제를 구하는 소송을 말한다.

항고소송은 행정청의 권력적인 행정작용으로 인하여 조성된 위법상태를 배제함으로써 국민의 권익을 구제하는 것을 목적으로 한다. 따라서 항고소송은 **원상회복적인 권익구제제도**이다.

2. 종   류

항고소송은 소송의 대상 및 판결의 내용을 기준으로 하여 분류될 수 있다. 현행 행정소송법은 항고소송을 취소소송, 무효등확인소송, 부작위위법확인소송으로 구분하고 있다(제 4 조). 이와 같이 법에 의해 명시적으로 인정되고 있는 항고소송을 **법정항고소송**이라 한다.

그런데, 법정항고소송만으로는 국민의 권리구제의 요구를 충족시킬 수 없기 때문에 행정소송법에서 정한 항고소송 이외에 해석상 의무이행소송, 예방적 부작위소송 등의 항고소송을 인정할 수 있는가 하는 문제가 제기된다. 이와 같이 법에 정해지지는 않았지만 해석에 의해 인정되는 항고소송을 **법정외항고소송** 또는 **무명항고소송**이라 한다.

3. 취소소송

(1) 의   의

취소소송이라 함은 '행정청의 위법한 처분 등을 취소 또는 변경하는 소송'을 말한다(제4조 제1호). 소송실무상 취소소송이 행정소송의 중심적 지위를 차지하는 것으로 운용되고 있다. 이와 같이 취소소송을 행정소송의 중심으로 하는 것을 **취소소송중심주의**라 한다.

취소소송은 위법한 처분이나 재결을 다투어 위법한 처분이나 재결이 없었던 것과 같은 상태를 만드는 것을 주된 내용으로 한다.

(2) 대   상

취소소송의 대상은 '처분 등'이다. '처분 등'이라 함은 처분 및 행정심판의 재결을 말한다. 처분에는 거부처분도 포함된다(제19조, 자세한 것은 후술).

취소소송은 원칙상 취소사유인 위법한 처분이나 재결을 대상으로 하지만, 무효인 처분 등에 대하여 제기될 수도 있다. 무효인 처분에 대한 취소소송은 무효선언을 구하는 것일 수도 있고 단순히 취소를 구하는 것일 수도 있다. 전자의 경우에 취소법원은 무효를 선언하는 의미의 취소판결을 하고, 후자의 경우에는 통사의 취소판결을 한다.

(3) 성   질

취소소송은 항고소송의 대표적인 소송유형이다. 그런데, 취소소송이 확인소송인가 형성소송인가에 관하여 학설이 대립하고 있다.

1) 형성소송설

이 견해는 취소소송을 일단 유효한 처분의 취소 또는 변경을 통하여 계쟁처분에 의해 형성된 법률관계를 소멸 또는 변경시키는 등 위법상태를 제거하여 원상회복시키는 성질의 소송, 즉 형성소송으로 이해한다.

2) 확인소송설

이 견해는 취소소송의 중점은 처분의 위법성을 확인하는 데 있다고 보고, 취소소송을 확인소송으로 본다.

3) 절충설(준형성소송설)

이 견해는 취소소송을 처분의 위법성을 확인하는 확인소송적 성질과 처분의 효력을 다투는 형성소송적 성질을 아울러 가지는 특별한 유형의 구제소송으로 보는 견해이다.

4) 결   어

취소소송의 성질에 관하여 형성소송설(처분의 효력을 소멸시키는 소송으로 보는 견해)과 확인소송설(처분의 위법성을 확인하는 것으로 보는 견해)이 대립하고 있는데, 형성소송설이 통설·판례이다. 행정소송법 제 4 조 제 1 호가 규정하는 취소소송의 개념상 형성소송설이 타당하다.

(4) 소 송 물

소송물이란 소송에서 심판의 대상이 되는 소송상의 청구를 말한다. 소송물은 소송의 기본단위로서 소의 병합, 처분사유의 추가·변경, 소의 변경을 결정하는 경우와 기판력의 객관적 범위를 정하는 경우 등에 있어서 의미를 갖는다.

취소소송의 소송물을 무엇으로 볼 것인가에 관하여 견해가 대립하고 있는데, 취소소송의 소송물을 처분의 위법성 일반(추상적 위법성)이라고 보는 견해가 다수견해이며 판례의 입장이다.

> **판례** 취소판결의 기판력은 소송물로 된 행정처분의 위법성 존부에 관한 판단 그 자체에만 미치는 것이므로 전소와 후소가 그 소송물을 달리하는 경우에는 전소 확정판결의 기판력이 후소에 미치지 아니한다(대판 1996. 4. 26, 95누5820[주택건설사업계획승인처분무효]).

취소소송의 소송물을 분설하면 다음과 같다.

i) 처분의 "위법성 일반"이 심판의 대상이므로 취소판결의 기판력은 처분이 위법하다는 데에 미치게 된다. 취소소송에서 기각판결은 처분이 적법하다는 데에 미친다. 위법사유마다 소송물이 달라지는 것이 아니다. 위법사유는 공격방어방법에 불과하고, 위법사유의 변경은 소의 변경이 되지 않는다.

ii) "처분"의 위법성이 심판의 대상이 된다. 처분이 동일하여야 소송물이 동일하다. 별개의 처분에 대하여는 별개의 소송이 제기되어야 한다. 처분의 동일성은 처분의 상대방의 동일성, 처분의 내용의 동일성과 처분사유의 동일성으로 결정된다. 처분의 상대방이 달라지면 처분도 달라진다. 처분의 내용이 달라지면 처분도 달라진다. 다만, 일부취소(직권취소 또는 행정심판에 의한 취소변경)된 경우에는 처분의 동일성이 유지된다. 처분사유의 변경에 있어서는 기본적 사실관계의 동일성이 있는 한도 내에서 처분사유가 달라도 처분의 내용이 동일하다면 처분의 동일성에 변경이 없지만, 처분사유에 기본적 사실관계의 동일성이 없는 경우 처분사유의 변경은 처분의 내용이 동일하여도 처분의 변경을 가져온다. 처분이 변경된다는 것은 종전 처분이 취소되고 새로운 처분에 의해 대체된다는 것을 말한다. 다만, 처분의 일부 변경의 경우 당초처분은 변경된 부분을 제외한 상태로 존재하고, 변경된 부분은 새로운 처분에 의해 대체된다.

> **판례**　전소인 영업정지처분 취소의 소와 소송계속 중 영업정지처분을 직권 변경하여 한 과징금 부
> 과처분에 대한 취소의 소는 소송물이 같다고 볼 수 없다(대판 2023. 3. 16, 2022두58599).

다만, 과세처분에 대한 취소소송과 무효확인소송은 모두 소송물이 객관적인 조세채무의 존부확인으로 동일하다(대판 전원합의체 1992. 3. 31, 91다32053; 대판 2023. 6. 29, 2020두46073).

(5) 판   결

위법한 처분에 대하여 취소소송이 제기된 경우에 법원은 당해 위법이 무효사유인 위법인지 취소사유인 위법인지 구분할 필요 없이 취소판결을 내리면 된다. 취소소송에 있어서는 당해 처분이 위법한지 아닌지가 문제이고 그 위법이 중대하고 명백한 것인지 여부는 심리대상이 되지 않기 때문이다. 실무도 이렇게 하고 있다(대판 1999. 4. 27, 97누6780[건축물철거대집행계고처분취소]).[2] 다만, 무효의 선언을 구하는 취소소송이나 무효인 처분에 대한 취소소송이나 모두 불복기간 등 취소소송의 요건을 충족하여야 한다. 따라서, 불복기간 등 취소소송에 고유한 요건을 갖추지 못한 경우에 원고는 취소소송을 무효확인소송으로 변경할 수 있고, 법원도 이를 위하여 석명권을 행사할 수 있다.

취소의 청구에는 무효확인청구가 포함되어 있지 않다. 따라서, 취소소송을 무효확인소송으로 변경하지 않는 한 법원은 계쟁처분이 당연무효라고 하여도 무효확인판결을 할 수는 없다.

4. 무효등확인소송 [2006 감평 사례]

(1) 의   의

무효등확인소송이라 함은 '행정청의 처분이나 재결의 효력 유무 또는 존재 여부의 확인을 구하는 소송'을 말한다. 무효등확인소송에는 처분이나 재결의 존재확인소송, 부존재확인소송, 유효확인소송, 무효확인소송, 실효확인소송이 있다.

(2) 대   상

무효확인소송의 대상도 취소소송과 같이 '처분 등'이다.

(3) 성   질

현행법은 무효등확인소송을 항고소송으로 규정하고 있다. 그런데, 실질에 있어서는 무효등확인소송은 항고소송의 성질과 확인소송의 성질을 아울러 갖는 것으로 보아야 한다.

---

2) 판결은 취소소송의 대상이 된 계고처분이 당연무효라고 하면서도 당해 계고처분의 취소판결을 내리고 있다(拙稿, "행정법상 신고", 『고시연구』, 1999. 11, 42면 참조).

(4) 법적 규율

취소소송에 관한 행정소송법 제 9 조, 제10조, 제13조 내지 제17조, 제19조, 제21조, 제22조 내지 제26조, 제29조 내지 제31조 및 제33조의 규정은 무효등 확인소송의 경우에 준용한다(행정소송법 제37조, 제38조 제 1 항). 그렇지만, 무효등확인소송에는 취소소송에서와 달리 행정심판전치주의, 제소기간, 사정판결, 간접강제 등의 규정이 적용되지 않는다.

행정소송규칙 제 5 조부터 제13조까지 및 제15조는 무효등 확인소송의 경우에 준용한다(행정소송규칙 제18조 제 1 항).

(5) 무효확인청구와 취소청구

무효확인청구를 주위적 청구, 취소청구를 예비적 청구로 할 수 있다. 그러나, 취소청구를 주위적 청구, 무효확인청구를 예비적 청구로 할 수는 없다. 왜냐하면, 행정처분의 위법이 인정되지 않아 취소청구가 배척되면 논리상 무효확인은 인정될 수 없기 때문이다. 다만, 취소청구가 출소기간의 경과 등 기타의 이유로 각하되는 경우에 대비하여 취소청구에 대해 본안판결이 행해지는 것을 해제조건으로 무효확인청구를 예비적으로 제기할 수는 있다.

그러나 행정처분에 대한 무효확인청구와 취소청구는 서로 양립할 수 없는 청구로서 선택적 청구로서의 병합이나 단순 병합은 허용되지 아니한다(대판 1999. 8. 20, 97누6889[환지계획 등 무효확인 및 취소]).

(6) 판   결 [2003 행시 사례]

무효확인소송의 대상이 된 행위의 위법이 심리의 결과 무효라고 판정되는 경우에는 인용판결(무효확인판결)을 내린다.

그런데 당해 위법이 취소원인에 불과한 경우에 법원은 어떠한 판결을 내려야 하는가.

① 당해 무효확인소송이 취소소송요건을 갖추지 못한 경우 기각판결을 내려야 한다.

② 당해 무효확인소송이 취소소송요건을 갖춘 경우에 어떠한 판결을 내려야 할 것인가에 관하여 견해의 대립이 있다.

i) **소변경필요설**: 무효확인청구는 취소청구를 포함한다고 보지만 법원은 석명권을 행사하여 무효확인소송을 취소소송으로 변경하도록 한 후 취소소송요건을 충족한 경우 취소판결을 하여야 한다는 견해이다.

ii) **취소소송포함설**: 무효확인청구는 취소청구를 포함한다고 보고, 법원은 취소소송요건을 충족한 경우 취소판결을 하여야 한다고 보는 견해이다.

iii) **판   례**: 판례는 두 번째 입장을 취하고 있는 것으로 보인다.

> **판례**　일반적으로 행정처분의 무효확인을 구하는 소에는 원고가 그 처분의 취소를 구하지 아니한
> 다고 밝히지 아니한 이상 그 처분이 만약 당연무효가 아니라면 그 취소를 구하는 취지도 포함되어 있
> 는 것으로 보아야 한다(대판 1994. 12. 23, 94누477[수강거부처분취소 등]; 2005. 12. 23, 2005두3554).

  iv) 결   어: 소송상 청구는 원고가 하며 법원은 원고의 소송상 청구에 대해서만 심판
을 하여야 하므로 법원이 원고의 소송상 청구를 일방적으로 변경할 수는 없다. 따라서, 법
원은 석명권을 행사하여 무효확인소송을 취소소송으로 변경하도록 한 후 취소판결을 하여
야 하는 것으로 보는 소변경필요설이 타당하다.

  ③ 재판장은 무효확인소송이 법 제20조에 따른 기간 내에 제기된 경우에는 원고에게
처분등의 취소를 구하지 아니하는 취지인지를 명확히 하도록 촉구(석명권의 행사)할 수 있
다. 다만, 원고가 처분등의 취소를 구하지 아니함을 밝힌 경우에는 그러하지 아니하다(행
정소송규칙 제16조).

5. 부작위위법확인소송

(1) 의   의

  부작위위법확인소송이라 함은 '행정청의 부작위가 위법하다는 것을 확인하는 소송'을
말한다.

  부작위위법확인소송은 행정청이 신청에 따른 가부간의 처분을 하여야 함에도 아무런
응답을 하지 않는 것이 위법하다는 확인을 구하는 것이며 원고의 신청을 인용하지 않고
있는 것이 위법하다는 확인을 구하는 소송이 아니다(이견 있음).

  부작위위법확인소송은 신청에 대한 행정청의 부작위에 대한 권리구제제도로서는 우
회적인 구제수단이다. 부작위에 대한 보다 직접적인 구제수단은 의무이행소송이다. 그런
데, 현행 행정소송법이 의무이행소송을 명문으로 인정하지 않고 부작위위법확인소송만을
둔 것은 행정권에 대한 사법권의 개입을 제한하기 위한 것이라고 볼 수밖에 없다. 즉, 행
정청의 제1차적 판단권을 존중하기 위하여(이의 타당성은 별론으로 하더라도) 부작위에 대
하여는 부작위의 위법만을 확인하도록 하고 부작위위법의 확인판결이 내려지면 그 판결의
기속력에 의해 행정청으로 하여금 적극 또는 소극의 처분을 하도록 강제하고[3] 행정청이
소극의 처분(거부처분)을 하면 그 소극의 처분에 대하여 다시 취소소송을 제기하여 권리구
제를 받도록 한 것이다.

(2) 대   상

  부작위위법확인소송의 대상은 부작위이다. 부작위라 함은 '행정청이 당사자의 신청에
대하여 상당한 기간 내에 **일정한 처분을 하여야 할 법률상 의무**가 있음에도 불구하고 이를

---
  3) 행정청이 부작위위법확인판결에도 불구하고 아무런 처분을 하지 않는 경우에는 간접강제제도에 의해 그
　 이행을 강제할 수 있도록 하고 있다(행정소송법 제38조 제2항, 제34조).

하지 아니하는 것'을 말한다(자세한 것은 후술).

거부처분이 있었는지 아니면 부작위인지 애매한 경우가 있다. 이 경우에는 거부처분 취소소송과 부작위위법확인소송 중 한 소송을 주위적 청구로 하고 다른 소송을 예비적 청 구로 제기할 수 있다.

그리고 판례는 부작위위법확인소송을 주위적 청구로 하고 거부처분취소소송을 예비 적 청구로 한 소송에서 부작위가 거부처분으로 발전된 경우에는 부작위위법확인을 구하는 주위적 청구를 소의 이익의 결여를 이유로 각하하고 거부처분의 취소를 구하는 예비적 청 구를 본안에 나아가 심리판단하여야 한다고 보았다(대판 1990. 9. 25, 89누4758[교원임용의무 불이행위법확인 등]).

또한, 부작위위법확인소송 중 거부처분이 내려진 경우 명문의 규정은 없지만(처분변경 으로 인한 소의 변경에 관한 규정을 부작위위법확인소송에는 준용하는 규정이 없지만), 후술하는 바와 같이 당해 부작위위법확인소송의 거부처분취소소송으로의 소변경을 인정하여야 할 것이다(소의 변경 참조).

(3) 성   질

행정소송법은 부작위위법확인소송을 항고소송의 하나로 규정하고 있지만 그 실질은 확인소송이라고 보아야 할 것이다.

(4) 부작위위법확인소송의 절차

취소소송에 관한 행정소송법 제 9 조, 제10조, 제13조 내지 제19조, 제20조, 제21조, 제25조 내지 제27조, 제29조 내지 제31조, 제33조 및 제34조의 규정은 부작위위법확인소 송의 경우에 준용한다(행정소송법 제37조, 제38조 제 1 항).

취소소송에 관한 행정소송규칙 제 5 조부터 제 8 조까지, 제11조, 제12조 및 제15조는 부작위위법확인소송의 경우에 준용한다(행정소송규칙 제18조 제 2 항).

(5) 판   결

부작위위법확인판결이 난 경우에 행정청은 판결의 기속력에 의해 가부간의 어떠한 처분을 하여야 할 의무를 지게 되지만 신청에 따른 처분을 하여야 할 의무를 지게 되지는 않는다. 다만, 이에 대하여는 반대견해가 있다(자세한 것은 후술 판결의 효력 참조).

6. 의무이행소송

(1) 의   의

의무이행소송은 행정청의 거부처분 또는 부작위에 대하여 법상의 작위의무의 이행을 청구하는 소송을 말한다.

국가가 수익적 처분을 해 주지 않는 것(거부 또는 부작위)에 대한 효과적인 구제수단이

의무이행소송이다.

그런데, 현행 행정소송법은 전술한 바와 같이 우회적인 구제수단인 거부처분의 취소소송과 부작위위법확인소송만을 인정하고 있고 의무이행소송에 대하여는 명시적인 규정을 두고 있지 않다.

(2) 허용 여부

행정소송법의 개정을 통한 의무이행소송의 도입에 대하여는 다수의 견해가 찬동하고 있고 행정소송법 개정안에서도 의무이행소송을 도입하는 것으로 하고 있다.

현행법의 해석상 의무이행소송이 인정될 수 있는가에 관하여는 견해가 긍정설, 부정설, 절충설로 나뉘어 대립하고 있다.

1) 부 정 설

부정설의 논거는 다음과 같다. ① 권력분립의 원칙상 행정작용에 대한 제1차적 판단권은 행정청에게 있는데, 법원이 행정청에 대하여 어떠한 처분을 명하는 것은 행정청의 제1차적 판단권을 침해하는 것이 된다. 특히 의무이행소송에서 판결은 판결시의 법적·사실적 상태를 기준으로 한다는 점에서 더욱 그러하다(입법론, 해석론). ② 의무이행소송의 인정 여부는 입법정책의 문제인데, 현행법이 거부처분의 취소소송과 부작위위법확인소송만을 규정하고 있는 점에 비추어 의무이행소송을 인정하지 않으려는 것을 분명히 하였으므로 입법론으로는 몰라도 현행법의 해석론으로는 의무이행소송을 인정할 수 없다(해석론).

2) 긍 정 설

긍정설의 논거는 다음과 같다. ① 거부처분이나 부작위를 행정청의 제1차적 판단권의 행사로 볼 수 있으므로 의무이행소송의 인정이 권력분립의 원칙에 반하지 않는다(입법론, 해석론). ② 거부처분취소소송과 부작위위법확인소송의 거부처분 또는 부작위에 대한 권익구제제도로서의 문제점에 비추어 권리구제의 실효성을 위하여 의무이행소송을 인정하는 것이 타당하다(입법론, 해석론). ③ 행정소송법 제4조의 항고소송의 종류는 제한적 열거가 아니라 예시적 열거로 보아야 한다(해석론).

3) 절충설(보충설, 제한적 허용설)

이 견해는 법정항고소송에 의해서는 실효성 있는 권익구제가 기대될 수 없는 경우에만 의무이행소송이 보충적으로 인정될 수 있다는 견해이다. 이 견해는 행정작용으로 인한 권익침해에 대하여 현행의 법정항고소송에 의해 실효성 있는 구제가 주어질 수 없는 경우에는 헌법상의 재판을 받을 권리에 비추어 구제수단을 인정하여야 한다는 것을 주된 논거로 들고 있다(박윤흔, 852~853면)(해석론).

4) 판   례

판례는 일관되게 행정청의 부작위에 대하여 일정한 처분을 하도록 하는 의무이행소송은 현행 행정소송법상 허용되지 아니한다고 본다(대판 1986. 8. 19, 86누223; 1995. 3. 10, 94누14018[부작위위법확인]).

> **판례** 행정소송법상 행정청의 부작위에 대하여는 부작위위법확인소송만 인정되고 작위의무의 이행이나 확인을 구하는 행정소송은 허용될 수 없다(대판 1992. 11. 10, 92누1629[이주대책제외처분취소]).

5) 결   어

다음과 같은 이유에서 절충설(보충설)이 타당하다.

① 의무이행소송이 행정청의 제 1 차적 판단권을 침해한다는 부정설의 논거는 타당하지 않다. 의무이행소송이 인정되는 거부처분이나 부작위의 경우에도 행정청에게 처분의 기회는 충분히 보장되고 있기 때문이다. 즉, 거부처분이 행정청의 제 1 차적 판단권의 행사에 속하는 것은 분명하고 부작위는 처분에 필요한 상당한 기간이 지났음에도 가부간의 처분을 하지 않는 것이므로 부작위도 행정청의 판단권의 행사에 준하는 것으로 볼 수 있다.

의무이행소송에서는 판결시를 기준으로 판결을 내리게 되므로 처분시에 고려되지 않았던 처분 후의 새로운 법령 및 사실상태가 법원에 의해 처음으로 판단되는 점에서 행정청의 1차적 판단권을 침해한다는 주장이 있지만, 처분청에게 충분한 변론의 기회를 주어 새로운 법령 및 사실상태에 대한 행정청의 입장을 진술할 수 있게 한다면 이를 가지고 행정청의 1차적 판단권이 침해되었다고 할 수는 없다.

② 문제는 명문의 규정이 없음에도 불구하고 의무이행소송을 해석을 통하여 인정할 수 있는가에 있다. 다음과 같은 이유에서 절충설(보충설)이 타당하다.

i) 현행 행정소송법은 행정권의 제 1 차적 판단권을 존중하여 취소소송중심주의를 취하였다고 할 것이다. 따라서 긍정설은 타당하지 않다.

ii) 행정소송법 제 4 조에서 항고소송의 유형을 규정하면서 의무이행소송을 규정하지 않은 것은 의무이행소송을 인정하지 않는다는 것으로 해석하여서는 안 되며 의무이행소송의 인정 여부는 판례·학설의 발전에 맡긴 것으로 보는 것이 타당하고 따라서, 행정소송법 제 4 조는 항고소송을 제한적으로 열거한 것이 아니라 예시한 것에 불과하다고 보아야 할 것이다(김도창, 747면).

iii) 법률에서 인정된 구제수단에 의해서는 행정권의 행사 또는 불행사에 의해 침해된 국민의 권익이 실효성 있게 구제되기 어려운 경우에는 헌법상 국민에게 인정된 재판을 받을 권리를 보장하고 공백 없는 권리구제를 위하여 새로운 구제수단을 보충적으로 인정하여야 할 것이다. 법무부 행정소송법 개정안은 의무이행소송을 도입하면서도 거부처분취소소송과 부작위위법확인소송을 존치하는 것으로 하고 있다.

(3) 대   상

의무이행소송의 대상은 거부처분 또는 부작위이다.

(4) 성   질

의무이행소송을 이행소송으로 보는 것이 일반적 견해이다.

(5) 판   결

의무이행판결로는 신청에 따라 특정한 내용의 처분을 하도록 하는 특정처분명령판결과 판결의 취지에 따라 일정한 처분을 하도록 하는 일정처분명령판결이 있다.

의무이행판결은 판결시의 법 및 사실을 기초로 하여 내려진다. 다만, 거부처분의 위법판단의 기준시에 관하여 처분시설과 판결시설이 대립하고 있다.

(6) 가 처 분

거부처분이나 부작위에 대한 실효성 있는 권리구제를 위하여는 의무이행소송과 함께 가처분이 인정되어야 한다. 대법원안이나 정부안이나 임시의 지위를 정하는 가처분을 인정하고 있다.

7. 예방적 부작위청구소송(예방적 금지소송) [2002, 2013 사시 사례, 2012 변시 사례, 2019 행시]

(1) 의   의

예방적 부작위청구소송이란 행정청의 공권력 행사에 의해 국민의 권익이 침해될 것이 예상되는 경우에 미리 그 예상되는 침익적 처분을 저지하는 것을 목적으로 하여 제기되는 소송을 말한다. 예방적 부작위소송은 예방적 금지소송이라고도 한다.

(2) 예방적 부작위청구소송의 허용 여부

1) 부 정 설

부정설의 논거는 다음과 같다. ① 행정소송의 유형은 법정되어야 하는데, 현행 행정소송법은 행정소송의 유형을 열거하고 있는 것이므로 법정된 항고소송 이외의 소송은 원칙적으로 인정되지 않는다(해석론). ② 현행법상 법정된 소송에 의해서도 침해된 권익의 구제가 불가능하지 않다. 즉, 공권력 행사를 기다려 당해 공권력 행사에 의해 권익이 침해된 경우에 위법한 공권력 행사의 취소를 구하는 소송을 제기하고 집행정지를 신청하면 침해된 권익을 구제받을 수 있다(해석론). ③ 예방적 부작위소송은 권력분립제도하에서 사법권의 한계를 넘는 것이므로 인정될 수 없다고 한다. 보다 정확히 말하면 예방적 부작위소송은 침익적인 공권력 행사가 행하여지기 전에 공권력 행사를 막는 소송으로서 행정청의 제 1 차적 판단권이 행하여지지 않은 상태에서의 사전적 통제제도이기 때문에 권력분립주의 내지 사법권의 본질에 반한다고 한다(해석론, 입법론). ④ 예방적 금지소송을 인정하면 남소의 우려가 있다(입법론, 해석론).

2) 긍 정 설

긍정설의 논거는 다음과 같다. ① 기존의 법정 항고소송으로는 공권력 행사로 침해된 국민의 권익이 구제되지 못하는 경우가 있다. 예를 들면, 공권력 행사에는 행정강제와 같이 즉시에 완결되어 버리는 경우가 있고 이 경우에는 권익을 침해하는 공권력의 행사가 이미 행하여진 후에는 취소소송을 제기할 수 없게 된다(해석론, 입법론). 법정항고소송으로 권리구제가 되지 못하는 경우에는 재판청구권을 보장하기 위해(공백없는 권리구제를 위해) 법정외소송을 인정하여야 한다. ② 또한 특정의 권익침해가 예상되고 또한 임박한 경우에는 행정청의 제 1 차적 판단권이 행사된 것에 준하는 것으로 볼 수 있고, 이미 분쟁이 현실화되고 있다고 보아 사건의 성숙성도 이루어지고 있다고 볼 수 있다(해석론, 입법론). ③ 현행 행정소송법 제 4 조의 항고소송의 종류에 관한 규정은 항고소송의 종류를 제한적으로 열거한 것으로 보아서는 안 된다(해석론). ④ 예방적 금지소송의 허용요건을 엄격히 하고, 예방적 금지소송을 보충적으로 인정하면 남소의 우려가 없다(입법론, 해석론).

3) 판 례

판례는 부정설을 취하고 있다.

> **판례** 행정소송법상 행정청이 일정한 처분을 하지 못하도록 그 부작위를 구하는 청구는 허용되지 않는 부적법한 소송이다(대판 2006. 5. 25, 2003두11988[건강보험요양급여행위 등 처분취소]).

4) 결 어

국민의 권리구제를 위하여 예방적 금지소송이 인정되어야 하는 경우가 있고, 허용범위를 제한하여 인정하면 행정청의 일차적 판단권을 거의 침해하지 않도록 하는 것이 가능하므로 긍정설이 타당하다. 부정설과 같이 막연히 권력분립의 원칙이나 행정청의 제 1 차적 판단권을 이유로 예방적 부작위소송을 부정하는 것은 타당하지 않다.

(3) 예방적 부작위소송의 허용범위 및 허용요건

국민의 권리구제의 실효성을 보장하기 위하여 허용될 수 있다 하여도 예방적 부작위소송을 무한정으로 인정할 수는 없다. 예방적 부작위소송의 허용범위에 관하여는 두 견해가 있다.

1) 보충설(절충설, 제한적 허용설)

이 견해는 기본적으로 행정처분의 사후통제제도인 기존의 법정항고소송에 의해 적절한 구제가 이루어지지 않는 경우에 그 범위 안에서만 예방적 부작위소송을 인정하는 견해이다.

예방적 금지소송이 인정되기 위하여는 다음의 두 요건이 충족되어야 한다.

① 보충성 요건: 예방적 금지소송은 취소소송과 집행정지에 의해서는 권리구제가 불가능하거나 회복하기 어려운 손해를 입을 우려가 있어야 한다. 행정소송법 개정안도 이를 요건으로 하고 있다.

② 사건의 성숙성: 행정청에게 1차적 판단권을 행사하게 할 것도 없을 정도로 일정한 내용의 처분이 예상되고 그 처분이 임박하여야 한다.

  예를 들면, 일시적으로 완성되는 즉시강제의 경우 취소소송에 의한 권익구제가 불가능하므로 보충설을 취하는 경우에도 당해 즉시강제의 금지를 구하는 예방적 금지소송이 인정될 수 있다.

2) 독 립 설

이 견해는 예방적 부작위소송으로 다툴 수 있을 정도로 사건의 성숙성(成熟性)이 있는 경우(특정의 권익침해가 예상되고 임박한 경우)에는 기존의 구제제도와 별도로 예방적 부작위소송을 인정하는 견해이다.

3) 결   어

처분청의 처분권의 존중 및 남소의 방지와 국민의 권익구제를 조화시키는 보충설이 타당하다.

(4) 예방적 금지소송의 대상

예방적 부작위청구소송의 대상은 침익적 처분이다.

(5) 가 처 분

예방적 금지소송은 침익적 처분이 임박한 경우에 제기되는 것이므로 현상유지를 구하는 가처분이 인정되어야만 권리구제수단으로서의 실효성을 가질 수 있다. 행정소송법개정안도 예방적 금지소송과 함께 현상유지를 구하는 가처분을 인정하고 있다.

VI. 당사자소송

1. 의   의

당사자소송이라 함은 공법상 법률관계의 주체가 당사자가 되어 다투는 공법상 법률관계에 관한 소송을 말한다.

당사자소송은 공법상 법률관계를 다투는 소송인 점에서 공권력의 행사 또는 불행사를 다투는 **항고소송**과 **구별**된다. 그리고 당사자소송은 공법상 법률관계에 관한 소송인 점에서 사법상 법률관계에 관한 소송인 **민사소송**과 **구별**된다.

행정소송법 제 3 조(행정소송의 종류)
  2. 당사자소송: 행정청의 처분 등을 원인으로 하는 법률관계에 관한 소송 그 밖에 공법상의 법률관
    계에 관한 소송으로서 그 법률관계의 한쪽 당사자를 피고로 하는 소송

---

2. 당사자소송의 종류

공법상 당사자소송을 실질적 당사자소송과 형식적 당사자소송으로 구별하는 것이 일반적 견해이다.

형식적 당사자소송은 형식적으로는 당사자소송이지만, 실질적으로는 행정청의 처분을 다투는 소송을 말한다고 정의하는 것이 일반적이다. 형식적 당사자소송의 예로 토지취득보상법상의 보상금증감청구소송을 들 수 있다.

이에 대하여 **실질적 당사자소송**이라 함은 형식적으로나 실질적으로나 공법상 법률관계에 관한 다툼만이 대상인 당사자소송을 말한다. 통상 당사자소송이라 함은 실질적 당사자소송을 말한다. 그 예로 공무원의 지위확인소송, 공법상 보상금청구소송, 공법상 계약에 관한 소송 등을 들 수 있다.

3. 당사자소송과 민사소송의 구별

우리나라의 법체계가 공법과 사법을 구별하고 있고, 이에 따라 공법관계에 관한 소송인 행정소송과 사법관계에 관한 소송인 민사소송을 구별하고 있으므로 공법관계에 관한 당사자소송을 사법관계에 관한 민사소송과 구별하는 것이 타당하다.

현행 행정소송법상 당사자소송은 민사소송과 다음과 같은 점에서 차이가 있다.

① 당사자소송과 항고소송간에는 소의 변경을 인정하는 명문의 규정이 있지만, 민사소송과 항고소송간에는 소의 변경을 인정하는 명문의 규정이 없으므로 소의 변경을 할 수 없다고 보는 견해가 있다.

② 당사자소송에는 행정청이 참가할 수 있지만, 민사소송에는 불가능하다.

③ 당사자소송에서는 직권탐지주의가 적용되지만, 민사소송에서는 직권탐지주의가 적용되지 않는다.

④ 당사자소송의 판결의 기속력은 당해 행정주체 산하의 행정청에도 미치지만, 민사소송에서는 소송당사자에게만 판결의 효력이 미친다.

⑤ 당사자소송에 민사소송을 병합하는 것은 인정되지만, 민사소송에 당사자소송을 병합하는 것은 인정되지 않는다.

그렇지만, 당사자소송은 민사소송과 유사하므로 민사소송에 관한 규정이 당사자소송에 널리 적용된다. 예를 들면, 민사집행법상의 가압류, 가처분규정은 당사자소송에 적용된다.

4. 당사자소송의 활용실태

소송실무상(판례상) 당사자소송이 널리 활용되고 있지 않다. 즉, ① 판례는 공법상 당사자소송으로 제기하여야 할 것이라고 학설이 주장하는 소송(국가배상청구소송 등 특히 금전의 지급을 청구하는 소송)도 민사소송으로 보는 경우가 많다. 다만, 최근에는 당사자소송을 다소 확대하는 판례가 나타나고 있다. 이에 관하여는 후술하는 바와 같다(소송의 대상 참조).

② 현행 행정소송법이 취소소송중심주의를 취하여 당사자소송이 활성화되지 못하고 있다. 무명당사자소송(법정외당사자소송)으로 독일의 입법례에서와 같이 처분이외의 행정작용(예, 사실행위)의 이행을 구하는 일반이행소송을 인정하여야 한다는 견해가 적지 않지만, 아직 이를 인정하는 판례는 없다.

③ 형식적 당사자소송은 개별법에서 명문으로 인정하고 있는 경우에 한하여 인정된다고 보는 것이 판례 및 다수견해의 입장인데, 개별법에서 형식적 당사자소송을 인정하고 있는 예는 아주 소수이다.

④ 형성소송을 인정하는 명문의 규정이 없는 한 당사자소송은 이행소송이나 확인소송으로 제기된다.

5. 실질적 당사자소송

실질적 당사자소송이라 함은 공법상 법률관계에 관한 소송으로서 그 법률관계의 주체를 당사자로 하는 소송을 말한다. 통상 당사자소송이라 하면 실질적 당사자소송을 말한다.

공법상 법률관계 자체가 소송의 대상이 되는 경우에는 당사자소송으로 제기하여야 하는데, 행정소송법 제 3 조 제 2 호에서 당사자소송을 이렇게 일반적으로 인정하고 있으므로 당사자소송의 인정에 있어서는 개별법의 근거가 필요하지 않다.

실질적 당사자소송의 대상에 대하여는 후술하는 바와 같다(소송의 대상 참조).

6. 형식적 당사자소송

(1) 의   의

형식적 당사자소송의 개념 정의는 학자에 따라 다소 다르지만 일반적으로 형식적으로는(소송형태상) 당사자소송의 형식을 취하고 있지만 실질적으로는 처분 등의 효력을 다투는 항고소송의 성질을 가지는 소송이라고 이해한다.

형식적 당사자소송은 기본적으로는 법률관계의 내용을 다투는 점에서 당사자소송이지만 처분의 효력의 부인을 전제로 하는 점에서 실질적 당사자소송과 다르다.

(2) 인정필요성

형식적 당사자소송의 인정이유는 권리구제의 실효성 제고와 소송경제에 있다.

형식적 당사자소송은 처분 등을 원인으로 하는 법률관계의 내용(^{토지수용위원회의 재결에}_{의해 결정된 보상액})에
대하여 불복하는 소송인데, 만일 형식적 당사자소송이 인정되지 않으면 먼저 항고소송으
로 처분의 효력을 다투어야 하고, 그 소송의 결과(^{취소}_{판결})에 따라 처분청의 새로운 처분
(_{보상액의 결정}^{새로운})이 있어야 권리구제가 실현된다. 또한 만일 새로운 처분에 의해 형성된 새로운
법률관계 역시 불복한 자에게 만족을 주지 못하면 다시 그 새로운 처분의 효력을 다투는
항고소송을 제기하여야 하므로 권리구제가 지체되고 무용한 소송의 반복을 가져오는 결과
가 되기 쉽다.

따라서, 권리구제의 실효성을 제고하고 소송경제를 확보하기 위하여 일정한 처분 등
을 원인으로 하는 법률관계의 내용에 불복하는 때에는 직접 그 법률관계의 내용을 다투고
수소법원이 그 법률관계의 내용을 결정하도록 하는 소송을 인정할 필요가 있는 것이다.
형식적 당사자소송은 바로 이러한 필요성에 부응하기 위하여 인정되는 소송형식이다(이상
규, 803~804면).

(3) 근　　거

행정소송법 제 3 조 제 2 호가 형식적 당사자소송의 일반적 근거가 된다는 견해도 있
지만, 행정소송법 제 3 조 제 2 호는 형식적 당사자소소송의 일반적 근거가 될 수 없고, 개
별 법률의 명시적 근거가 있어야 형식적 당사자소송이 인정된다는 것이 다수견해이다.

1) 개별법상의 근거규정
　가. 토지취득보상법　　　토지취득보상법 제85조 제 2 항의 보상금증감청구소송을 형식
적 당사자소송이라고 보는 견해가 일반적 견해이다. 이에 관하여는 후술하기로 한다(손실
보상 참조).

판례 중에는 구 토지수용법 제75조의2 제 2 항이 규정하는 보상금의 증감에 관한 소
송을 공법상 당사자소송으로 본 판례가 있다(대판 1991. 11. 26, 91누285[토지수용재결처분취
소 등]).

　나. 특 허 법　　　특허법 제133조 제 1 항 등의 규정에 의한 특허의 무효심판 등에 대
한 소제기에 있어서는 그 청구인 또는 피청구인을 피고로 하여야 한다(특허법 제187조).

보상금 또는 대가에 관한 불복의 소에 있어서는 보상금 또는 대가를 지급할 관서 또
는 출원인 등을 피고로 하여야 한다(특허법 제191조). 또한 특허법 제191조는 상표법, 실용
신안법, 디자인보호법 등에 준용되고 있다.

7. 당사자소송의 절차

당사자소송에 대하여 행정소송법은 다음과 같이 규정하고 있다. 당사자소송은 국가·
공공단체 그 밖의 권리주체를 피고로 한다(행정소송법 제39조). 제 9 조(재판관할)의 규정은
당사자소송의 경우에 준용한다. 다만, 국가 또는 공공단체가 피고인 경우에는 관계행정청

의 소재지를 피고의 소재지로 본다(제40조). 당사자소송에 관하여 법령에 제소기간이 정하여져 있는 때에는 그 기간은 불변기간으로 한다(제41조). 제21조(소의 변경)의 규정은 당사자소송을 항고소송으로 변경하는 경우에 준용한다(제42조). 그 밖에 제14조(피고경정), 제15조(공동소송), 제16조(제 3 자의 소송참가), 제17조(행정청의 소송참가), 제22조(처분변경으로 인한 소의 변경), 제25조(행정심판기록의 제출명령), 제26조(직권심리), 제30조(취소판결의 기속력) 제 1 항, 제32조(소송비용의 부담) 및 제33조(소송비용에 관한 재판의 효력)의 규정은 당사자소송의 경우에 준용한다(제43조 제 1 항). 제10조(관련청구소송의 이송 및 병합)의 규정은 당사자소송과 관련청구소송이 각각 다른 법원에 계속되고 있는 경우의 이송과 이들 소송의 병합의 경우에 준용한다(제 2 항).

행정소송규칙 제 5 조부터 제 8 조까지, 제12조 및 제13조는 당사자소송의 경우에 준용한다(행정소송규칙 제20조).

당사자소송의 대상, 원고적격, 피고적격, 재판관할, 제소기간, 행정심판전치, 관련청구의 이송·병합, 소의 변경, 심리, 판결에 대하여는 후술하기로 한다.

행정소송법 제 8 조 제 2 항에 의하면 행정소송법에 특별한 규정이 없는 사항에 대하여는 행정소송에는 민사소송법 등의 규정이 일반적으로 준용된다. 그런데, 당사자소송은 민사소송과 유사한 점이 많으므로 행정소송법에 당사자소송에 관한 특별한 규정이 없는 경우에는 민사소송법 등의 규정이 당사자소송에 널리 적용된다.

> **판례** 공법상 당사자소송에서 재산권의 청구를 인용하는 판결을 하는 경우 가집행선고를 할 수 있다(대판 2000. 11. 28, 99두3416[환매대금이의재결처분취소]).

Ⅶ. 민중소송

1. 민중소송의 의의

민중소송이라 함은 '국가 또는 공공단체의 기관이 법률에 위반되는 행위를 한 때에 직접 자기의 법률상 이익과 관계없이 그 시정을 구하기 위하여 제기하는 소송'을 말한다(행정소송법 제 3 조 제 3 호).

민중소송은 국가 또는 공공단체의 기관의 위법행위를 시정하는 것을 목적으로 하는 소송이며 개인의 법적 이익의 구제를 목적으로 하는 소송이 아니다. 따라서, 원고적격이 법률상 이익의 침해와 관계없이 국민, 주민 또는 선거인 등 일정범위의 일반 국민에게 인정된다. 따라서 민중소송은 주관적 소송이 아니라 **객관적 소송**이다.

2. 민중소송의 예

민중소송은 특별히 법률의 규정이 있을 때에 한하여 예외적으로 인정된다(행정소송법

제45조, 민중소송법정주의). 그 예로는 선거에 관한 소송, 국민투표에 관한 소송, 주민소송을 들 수 있다.

Ⅷ. 기관소송

1. 의   의

기관소송이라 함은 "국가 또는 공공단체의 기관 상호간에 있어서의 권한의 존부 또는 그 행사에 관한 다툼이 있을 때에 이에 대하여 제기하는 소송"을 말한다(행정소송법 제 3 조 제 4 호). 다만, 행정소송법 제 3 조 제 4 호 단서는 헌법재판소법 제 2 조의 규정에 의하여 헌법재판소의 관장사항으로 되어 있는 권한쟁의심판은 행정소송법상 기관소송에서 제외하고 있다.

2. 기관소송의 예

현행 행정소송법은 기관소송을 법률이 정한 경우에 한하여 제기할 수 있는 것으로 규정하여 기관소송법정주의를 취하고 있다(제45조). 기관소송의 예로는 지방자치단체의 장의 지방의회의 재의결에 대한 무효확인소송(지방자치법 제107조 제 1 항 및 제172조 제 3 항) 및 행정안전부장관 또는 시·도지사의 지방의회의 재의결에 대한 무효확인소송(지방자치법 제 172조 제 4 항, 제 7 항)을 들 수 있다.

제 2 절   행정소송의 한계

헌법은 모든 국민에게 재판을 받을 권리를 보장하고 있다. 따라서, 행정권의 행사에 의해 국민의 권익이 침해된 경우에는 그 침해된 권익을 소송을 통하여 구제받을 수 있는 수단이 보장되어야 한다. 그리하여 행정소송법은 개괄주의를 취하여 행정권의 위법한 처분 또는 부작위에 대하여 항고소송을 제기할 수 있는 것으로 하고 있고, 공법상의 권리의 무관계에 관한 당사자소송을 일반적으로 인정하고 있다.

그러나, 행정소송에는 사법의 본질에서 오는 한계와 권력분립의 원칙에서 오는 일정한 한계가 있다. 사법의 본질에서 오는 행정소송의 한계는 행정소송이 사법(재판)이라는 점에서 기인하는 것이고, 권력분립의 원칙에서 오는 행정소송의 한계는 행정소송이 행정을 대상으로 하는 소송이며 행정통제기능을 갖는다는 점에서 문제가 된다.

I. 사법의 본질에서 오는 한계

사법은 "법률상 쟁송(구체적인 권리의무관계에 관한 분쟁) 내지 구체적인 법적 분쟁[4]이 발생한 경우에 당사자의 소송의 제기에 의해 독립적 지위를 가진 법원이 법을 적용하여 당해 법적 분쟁을 해결하는 작용"을 말한다고 본다. 법원조직법은 법률적 쟁송만이 법원의 심판대상임을 명시하고 있다(제 2 조 제 1 항). 따라서 ① 법적 분쟁이지만 구체적인 법적 분쟁이 아닌 사건(구체적 사건성이 없는 사건)은 사법의 본질상 당연히 행정소송의 대상이 될 수는 없다. ② 법령을 적용하여 해결할 성질의 것이 아닌 사건(법적 분쟁이 아닌 사건)은 재판의 대상이 될 수 없다.

1. 구체적인 법적 분쟁이 아닌 사건

구체적인 법적 분쟁이 아닌 사건이라 함은 당사자 사이의 구체적인 권리의무에 관한 분쟁이 아닌 사건을 말한다.

(1) 추상적 법령의 효력과 해석에 관한 분쟁

구체적인 법적 분쟁을 전제로 함이 없이 법령의 효력 또는 해석 자체를 직접 다투는 소송(추상적 규범통제)은 원칙상 인정할 수 없다. 이와 같이 원칙상 추상적 규범통제를 인정하지 않은 것은 위헌 또는 위법인 추상적인 법령의 존재만으로는 아직 국민의 권익이 침해되지 않고 있다고 보기 때문이다. 현행법은 위헌 또는 위법인 법령이 집행되어 국민의 권익이 현실적으로 침해된 경우에 당해 법령을 집행하여 행한 행정청의 처분을 다투고 이 경우에 그 전제문제로서 당해 법령의 위헌·위법을 다툴 수 있도록 하고 있다(헌법 제107조 제 2 항).

그러나, 법령 그 자체에 의하여 국민의 권익에 직접 영향을 미치는 처분적 법령은 그 자체가 항고소송의 대상이 된다.

사법의 본질론, 즉 사법의 개념 요소인 사건의 성숙성은 더 이상 법규명령에 대한 항고소송을 배제하는 논거가 될 수 없다고 보아야 할 것이다. 명령도 행정권의 공권력 행사이므로 명령으로 국민의 권익이 직접 구체적으로 침해된(직접 영향을 받은) 경우에는 그에 대해 행정소송을 통한 권리구제의 길을 열어주는 것이 법치주의의 원칙상 타당하다. 명령도 행정작용이므로 일반 행정작용의 처분 개념과 명령의 처분 개념을 달리 보는 것은 타당하지 않다.

사법의 본질상 추상적 법령 자체를 다투는 소송을 원칙상 인정할 수 없지만, 헌법(특히 권력분립의 원칙)에 반하지 않는 한 법률의 규정에 의해 예외적으로 추상적 법령을 다투는 행정소송을 인정할 수 있다. 우리나라에서도 예외적이기는 하지만 조례에 대한 사전적·추상적 규범통제(조례안재의결무효확인소송)가 인정되고 있다(지방자치법 제107조, 제172조).

---

4) 법률상 쟁송(구체적인 권리의무관계에 관한 분쟁)을 "구체적 법적 분쟁"보다 다소 좁은 개념으로 보는 견해도 있지만, 법률상 쟁송과 구체적 법적 분쟁을 동의어로 사용하는 경우도 많다.

(2) 반사적 이익에 관한 분쟁

사법은 구체적인 법적 분쟁을 해결하여 국민의 권익을 구제해 주는 것을 목적으로 하므로 권리 또는 법적 이익이 침해된 경우에 한하여 행정소송이 가능하며 반사적 이익의 보호를 주장하는 행정소송은 인정될 수 없다.

현행 행정소송법도 법률상 이익이 있는 자만이 항고소송을 제기할 수 있는 것으로 하고 있다(제12조, 제35조, 제36조).

다만, 판례는 '법률상 이익'을 '처분의 근거법규 내지 관계법규에 의해 보호되는 이익'이라고 좁게 해석하고 있다. 프랑스나 미국의 경우에는 처분의 근거법규 내지 관계법규에 의해 보호되는 이익이 있는 자에 한정하지 않고 널리 개인적 이익이 침해된 자는 취소소송을 제기할 수 있는 것으로 하고 있다. 물론 프랑스나 미국에 있어서도 단순한 반사적 이익이 침해된 경우에는 행정소송의 원고적격을 인정하지 않고 있다.

(3) 객관적 소송

객관적 소송이라 함은 행정의 적법성 보장을 주된 목적으로 하는 소송을 말한다.

종래 사법의 본질상 객관소송의 형식을 갖는 행정소송을 인정할 수 없다고 보았으나, 오늘날에는 객관소송의 성격을 갖는 행정소송을 인정할 것인지의 여부는 입법정책의 문제라고 본다. 현행법은 객관적 소송인 민중소송이나 기관소송을 개별 법률에서 인정하는 경우에만 예외적으로 인정하는 것으로 하고 있다(행정소송법 제45조).

2. 법령의 적용으로 해결하는 것이 적절하지 않은 분쟁

사법은 법을 적용하여 법적 분쟁을 해결하는 작용이다. 따라서, 법률을 적용하여 해결될 성질의 것이 아닌 사건은 행정소송의 대상이 될 수 없다.

(1) 통치행위

법원은 통치행위의 관념을 인정하면서 통치행위는 사법심사의 대상이 되지 않는다고 보고 있다. 그러나, 헌법재판소는 대통령의 긴급재정·경제명령을 통치행위라고 보면서도 통치행위도 그것이 국민의 기본권 침해와 직접 관련되는 경우에는 헌법소원의 대상이 된다고 보았다(헌재 1996. 2. 29, 93헌마186[긴급재정명령 등 위헌확인]).

(2) 재량행위 및 판단여지

재량행위의 경우에는 재량권의 행사가 한계를 넘지 않는 한(재량권을 일탈·남용하지 않는 한) 재량권 행사에 잘못이 있다고 하더라도 위법은 아니며 부당에 그치는 것이므로 사법적 통제의 대상이 되지 않는다. 그러나, 재량권을 일탈·남용한 경우에는 재량행위가 위법하게 되므로 행정소송을 통한 통제가 가능하다.

고도로 정책적이고 전문·기술적인 사항에 대한 행정청의 판단에는 판단여지가 인정되는 것으로 보는 것이 타당하며 판단여지가 인정되는 사항에 대한 행정청의 판단은 사회통념상 현저히 부당하다고 여겨지지 않는 한 사법심사의 대상이 되지 않는다.

(3) 특별권력관계 내에서의 행위

종래 특별권력관계 내에서의 행위에 대하여는 특별권력주체의 내부행위로 보아 사법심사의 대상이 되지 않는 것으로 보았다. 그러나 오늘날에는 특별권력관계 내에서의 행위일지라도 그것만으로 사법심사의 대상에서 제외되는 것은 아니며 그것이 권리주체간의 권리의무관계에 영향을 미치는 외부행위인 처분인지 아니면 그렇지 않은 순수한 내부행위인지에 따라 사법심사의 대상이 되는지 여부가 결정된다고 본다.

(4) 내부행위

내부행위는 원칙상 법적 통제의 대상이 되지 않고, 사법적 통제의 대상이 되지 않는다. 내부행위라도 처분성을 갖는 경우 사법적 통제의 대상이 된다.

Ⅱ. 권력분립에서 오는 한계

권력분립하에서도 행정사건은 사법(재판)의 대상이 된다. 행정법상의 법적 분쟁이 사법권에 의한 재판의 대상이 되는 것은 권력분립에 반하는 것은 아니며 오히려 사법의 본질상 인정되는 것이다.

그러나, 권력분립의 원칙상 행정소송에는 일정한 한계가 있다는 것이 일반적 견해이다. 보다 정확히 말하면 권력분립의 원칙상 행정청의 제 1 차적 판단권이 존중되어야 하며 이것이 행정권에 대한 사법심사의 한계가 된다고 본다. 종래 행정권의 예방적 금지, 행정권의 행사를 구하는 소송은 권력분립의 원칙상 인정되지 않는다고 보았다. 현행 행정소송법은 예방적 금지소송 및 의무이행소송은 명문상으로는 인정하고 있지 않은데, 전술한 바와 같이 의무이행소송이나 예방적 금지소송의 인정은 권력분립의 원칙에 반하는 것은 아니며 입법정책의 문제에 속한다고 보는 것이 일반적이다.

제 3 절   소송요건 [2018 변시]

소송요건이라 함은 본안심리를 하기 위하여 갖추어야 하는 요건을 말한다. 소송요건이 충족된 소송을 **적법한** 소송이라 하고 이 경우 법원은 본안심리로 넘어간다. 소송요건이 결여된 소송을 **부적법한** 소송이라 하며 이 경우 법원은 각하판결을 내린다. 그리하여 소송요건을 본안심판요건 또는 소의 적법요건이라 한다. 다만, 소송요건의 심사는 본안심리 전에만 하는 것은 아니며 본안심리 중에도 소송요건의 결여가 판명되면 소를 부적법각하하여야 한다.

소송요건은 불필요한 소송을 배제하여 법원의 부담을 경감하고, 이렇게 함으로써 적법한 소송에 대한 충실한 심판을 도모하기 위하여 요구된다. 소송요건을 너무 엄격히 요구하면 국민의 재판을 받을 권리가 제약되고, 소송요건을 너무 넓게 인정하면 법원의 소송부담이 과중해지고, 권리구제가 절실히 요구되는 사건에 대해 신속하고 실효적인 권리구제를 해 주지 못하는 문제가 생긴다. 국민의 기본권을 보장하고, 재판을 받을 권리를 보장하기 위해 소송요건을 넓게 인정하여 공백없고 실효적인 권리구제가 되도록 하여야 한다.

제 1 항 행정소송의 대상

Ⅰ. 취소소송 및 무효등확인소송의 대상

취소소송은 '처분 등'(처분 및 행정심판의 재결)을 대상으로 한다. 다만, 재결취소소송의 경우에는 재결 자체에 고유한 위법이 있음을 이유로 하는 경우에 한한다(행정소송법 제19조). 이 규정은 무효등확인소송에 준용된다(행정소송법 제38조 제 1 항).

행정심판을 거치지 않고 직접 취소소송을 제기하는 경우 처분이 항고소송의 대상이 된다. 행정심판을 거친 후 취소소송을 제기하는 경우 원처분주의에 따라 원칙상 원처분을 대상으로 취소소송을 제기하여야 한다. 다만, 재결 자체에 고유한 위법을 다투는 경우와 개별법률에서 재결주의를 규정하고 있는 경우에는 재결이 항고소송의 대상이 된다.

1. 직접 취소소송을 제기하는 경우: 행정소송법상 처분

행정소송법상 처분이라 함은 "행정청이 행하는 구체적 사실에 관한 법집행으로서의 공권력의 행사 또는 그 거부와 그 밖에 이에 준하는 행정작용"을 말한다(제 2 조 제 1 항 제 1 호).

(1) 처분 개념에 관한 학설 및 판례

행정소송법상의 처분 개념이 실체법적 개념인 학문상의 행정행위 개념과 동일한지에 관하여 이를 동일하다고 보는 실체법적 개념설(일원설)과 동일하지 않고 전자가 후자보다 넓다고 보는 견해(이원설)가 대립하고 있다.

1) 실체법적 개념설(일원설)

이 견해는 행정소송법상의 처분 개념을 학문상 행정행위와 동일한 것으로 보는 견해이다.

이 설의 논거는 다음과 같다. ① 본래 취소소송은 행정행위의 공정력을 배제하여 위법하지만 일단 유효하게 성립한 행정행위의 법적 효력을 소급적으로 상실시키는 소송이므로 취소소송의 대상은 공정력을 가지는 법적 행위인 행정행위에 한하여 인정되어야 한다. ② 다양한 행정작용을 묶어 하나의 새로운 개념으로 구성하는 것은 타당하지 않다. 자칫 행정행위에 관한 학문적 노력과 성과를 무위로 만들 염려가 있다(김남진, 220면). ③ 행위형식의 다양성을 인정하고 다양한 행위형식에 상응하는 소송유형을 통한 권리구제를 도모하는 것이 실질적으로 국민의 권리구제의 폭을 넓히는 것이 된다. ④ 사실행위는 법적 행위가 아니므로 사실행위의 취소는 불가능하다.

2) 이원설(행정행위보다 넓은 개념으로 보는 견해)

행정소송법상 처분 개념을 실체법상 행정행위 개념과 구별하고, 전자를 후자보다 넓게 보는 견해로는 형식적 행정행위론과 쟁송법상 개념설이 있다. 통상 이원설은 취소소송 중심주의하에서 취소소송의 대상인 처분 개념을 확대함으로써 권리구제를 확대하기 위해 주장된다.

가. 형식적 행정행위론   **형식적 행정행위론**은 실체법상 행정행위뿐만 아니라 형식적 행정행위를 항고소송의 대상으로 보는 견해이다. 형식적 행정행위론은 항고소송의 대상을 넓히기 위하여 '행정행위가 아니더라도 국민의 권익에 사실상의 지배력을 미치는 행위'(권력적 사실행위 및 국민의 권익에 사실상 지배력을 미치는 비권력적 사실행위 등)를 **형식적 행정행위**로 보아 항고소송의 대상으로 보는 견해이다. 이 견해에서는 행정소송법 제 2 조상의 처분 중 "그 밖에 이에 준하는 행정작용"은 형식적 행정행위에 해당한다고 본다.

우리나라의 경우 형식적 행정행위라는 개념을 쟁송법상 개념설에서 행정소송법상의 "그 밖에 이에 준하는 행정작용"에 해당하는 것으로 보는 견해가 많지만, 형식적 행정행위라는 개념은 본래 일본에서 온 것으로 항고소송의 대상을 행정행위로 한정하는 견해에서 항고소송의 대상을 확대하기 위하여 형식적 행정행위라는 개념을 도입한 것이다. 따라서, 형식적 행정행위설을 쟁송법상 개념설로 보는 것은 타당하지 않고, 실체법상 개념설의 변형으로 보는 것이 타당하다. 형식적 행정행위론이 행정소송법 제 2 조상의 처분 중 "그 밖에 이에 준하는 행정작용"을 형식적 행정행위에 해당하는 것으로 본다면, 쟁송법상 처분개념설과 실질적으로 동일하다고 할 수도 있지만, 형식적 행정행위론과 쟁송법상 개념설의 이론적 기초와 그 외연은 다르다고 할 수 있다. 형식적 행정행위론에서 항고소송의 대상은 원칙상 행정행위이고, 형식적 행정행위는 예외적인 것으로서 제한적으로 인정될 수밖에 없을 것이다.

　　나. 쟁송법적 개념설　　　이 견해는 행정쟁송법상 처분 개념은 실체법상의 행정행위 개념보다는 넓은 행정쟁송법상의 독자적인 개념으로 보는 견해이다. 이 견해는 행정행위뿐만 아니라 권력적 사실행위, 비권력적 행위라도 국민의 권익에 사실상의 지배력을 미치는 행위, 처분적 명령 등을 처분으로 본다. 이 견해가 다수설이다.

　　이 설의 논거는 다음과 같다.

　　① 행정소송법상 처분개념의 정의규정의 문언 및 항고소송의 대상을 넓힘으로써 항고소송을 통해 국민의 권리구제의 기회를 확대하려는 입법취지에 비추어 행정소송법상의 처분은 행정행위보다는 넓은 개념으로 보아야 한다.

　　② 현행 행정소송법상 위법한 공행정작용에 의해 침해된 권익에 대한 구제수단은 항고소송(취소소송) 중심으로 되어 있고, 아직 다양한 행위형식에 대응한 다양한 소송유형이 인정되고 있지 못하므로 행정소송법상의 처분개념을 행정행위에 한정하는 것은 권리구제의 범위를 축소하는 것이 된다.

　　③ 쟁송법상의 취소는 민법상 취소와 다를 수 있다. 행정소송법상 취소는 위법상태를 시정하는 것 또는 위법성을 확인하는 것으로 해석할 수 있다. 이렇게 본다면 사실행위의 취소도 가능하다.

　　3) 판　　례

　　판례는 행정소송법상 처분을 통상 "행정청의 국민의 권리의무에 직접적으로 영향을 미치는 행위(대판 2007. 10. 11, 2007두1316; 대판 2018. 11. 29, 2015두52395) 또는 '행정청의 공법상의 행위로서 국민의 권리의무에 직접 관계가 있는 행위'(대결 2024. 6. 19, 2024무689)"로 넓게 정의하고 있다. 판례는 공법상 행위로서 법률관계(국민의 구체적인 권리의무)에 변동을 초래하는 행위를 처분으로 보는데(대판 2019. 2. 14, 2016두41729), 그러한 행위는 행정행위로서 당연히 처분에 해당한다. 그렇지만, 공권력 행사로 법률관계에 변동을 초래하지 않는 행위(행정행위가 아닌 행위)도 국민의 권익에 직접 영향을 미치는 경우(예, 권력적 사실행위, 경고등 비권력적 사실행위이지만 일방적 지배력을 미치는 행위)는 처분에 해당하는 것으로 본다. 이와 같이 판례는 행정쟁송법상의 처분을 행정행위 보다 넓은 개념으로 본다. 이러한 판례의 입장은 쟁송법적 개념설에 입각한 것으로 볼 수 있다.

　　판례에 따른 처분의 판단기준 중 중요한 것을 보면 다음과 같다.

　　① 행정청의 행위가 항고소송의 대상이 될 수 있는지는 추상적·일반적으로 결정할 수 없고, 구체적인 경우에 개별적으로 결정하여야 한다(대판 2020. 1. 16, 2019다264700).

판례 행정청의 행위가 항고소송의 대상이 될 수 있는지는 추상적·일반적으로 결정할 수 없고, 구체적인 경우에 관련 법령의 내용과 취지, 그 행위의 주체·내용·형식·절차, 그 행위와 상대방 등 이해관계인이 입는 불이익 사이의 실질적 견련성, 법치행정의 원리와 그 행위에 관련된 행정청이나 이해관계인의 태도 등을 고려하여 개별적으로 결정하여야 한다(대판 2023. 2. 2, 2020두48260).

② 행정청의 행위가 '처분'에 해당하는지가 불분명한 경우에는 그에 대한 불복방법 선택에 중대한 이해관계를 가지는 상대방의 인식가능성과 예측가능성을 중요하게 고려하여 규범적으로 판단하여야 한다. 그러한 고려에 따라 그 불복(쟁송)의 기회를 부여할 필요성이 있다고 보이면 처분성을 인정하여야 한다(대판 2022. 9. 7, 2022두42365; 대판 2020. 4. 9, 2019두61137).

판례1 (1) 행정청의 행위가 '처분'에 해당하는지가 불분명한 경우에는 그에 대한 불복방법 선택에 중대한 이해관계를 가지는 상대방의 인식가능성과 예측가능성을 중요하게 고려하여 규범적으로 판단하여야 한다. 그러한 고려에 따라 그 불복기회를 부여할 필요성이 있다고 보이면 처분성을 인정하여야 한다. (2) 피고가 2019. 1. 31. 원고에게「공공감사에 관한 법률」제23조에 따라 감사결과 및 조치사항을 통보한 뒤, 그와 동일한 내용으로 2020. 10. 22. 원고에게 시정명령을 내리면서 그 근거법령으로 유아교육법 제30조를 명시하였다면, 비록 위 시정명령이 원고에게 부과하는 의무의 내용은 같을지라도,「공공감사에 관한 법률」제23조에 따라 통보된 조치사항을 이행하지 않은 경우와 유아교육법 제30조에 따른 시정명령을 이행하지 않은 경우에 당사자가 입는 불이익이 다르므로, 위 시정명령에 대하여도 처분성을 인정하여 그 불복기회를 부여할 필요성이 있다고 보아 원심 판결을 파기한 사례(대판 2022. 9. 7, 2022두42365).

판례2 금강수계 중 상수원 수질보전을 위하여 필요한 지역의 토지 등의 소유자가 국가에 그 토지 등을 매도하기 위하여 매수신청을 하였으나 유역환경청장 등이 매수거절의 결정을 한 사안에서, 위 매수거절을 항고소송의 대상이 되는 행정처분으로 보지 않는다면 토지 등의 소유자로서는 재산권의 제한에 대하여 달리 다툴 방법이 없게 되는 점 등에 비추어, 그 매수 거부행위가 공권력의 행사 또는 이에 준하는 행정작용으로서 항고소송의 대상이 되는 행정처분에 해당한다고 한 사례(대판 2009. 9. 10, 2007두20638[토지매수신청거부처분취소]).

판례3 [이주대책 대상자 제외결정에 대한 이의신청에 대하여 다시 제외결정을 한 사건] 피고 1이 원고에 대하여 이주대책 대상자 제외결정(1차 결정)을 통보하면서 '이의신청을 할 수 있고, 또한 행정심판 또는 행정소송을 제기할 수 있다'고 안내하였고, 이에 원고가 이의신청을 하자 피고 1이 원고에게 다시 이주대책 대상자 제외결정(2차 결정)을 통보하면서 '다시 이의가 있는 경우 90일 이내에 행정심판 또는 행정소송을 제기할 수 있다'고 안내한 경우, 2차 결정이 1차 결정과 별도로 행정심판 또는 취소소송의 대상이 되는 처분에 해당하는지 여부(적극): 2차 결정은 1차 결정과 별도로 행정쟁송의 대상이 되는 '처분'으로 봄이 타당하다. 구체적인 이유는 다음과 같다. (1) (이주대책대상자적용제외결정은 거부처분의 성질을 갖는다.) (2) 거부처분이 있은 후 당사자가 다시 신청을 한 경우에는 신청의 제목 여하에 불구하고 그 내용이 새로운 신청을 하는 취지라면 관할 행정청이 이를 다시 거절하는 것은 새로운 거부처분이라고 보아야 한다(대법원 2019. 4. 3. 선고 2017두52764 판결 등 참조). (3) 관계 법령이나 행정청이 사전에 공표한 처분기준에 신청기간을 제한하는 특별한 규정이 없는 이상 재신청을 불허할 법적 근거가 없으며, 설령 신청기간을 제한하는 특별한 규정이 있다 하더라도 재신청이 신청기간을 도과하였는지 여부는 본안에서 재신청에 대한 거부처분이 적법한가를 판단하는 단계에서 고려할 요소이지, 소송요건 심사단계에서 고려할 요소가 아니다. (4) 피고 1이 원고에 대하여 이주대책 대상자 제외결정(1차 결정)을 통보하면서 '이의신청을 할 수 있고, 또한 행정심판 또는 행정소송을 제기할 수 있다'고 안내하였고, 이에 원고가 이의신청을 하자 피고 1이 원고에게 다시 이주대책 대상자 제외결정(2차 결정)을 통보하면서 '다시 이의가 있는 경우 90일 이내에 행정심판 또는 행정소송을 제기할 수 있다'고 안내하였는데, 이에 따라 원고가 90일 이내에 행정심판을 제기하자, 피고 2가 2차 결정은 행정쟁송의 대상이 되는 처분에 해당하지 않는다는 이유로 각하재결을 한 사안에서, 행정절차법 제26조의 규정과 피고 1이 원고에게 2차 결정을 통보하면서 2차 결정에 대하여 행정심판이나 취소소송을 제기할 수 있다고 불복방법을 안내하였던 점에 비추어 보면, 피고 1 스스로도 2차 결정이 행정절차법과 행정소송법이 적용되는 처분에 해당한다고 인식하고 있었고, 그 상대방인 원고로서도 2차 결정이 행정쟁송의 대상인 처분이라고 인식하였을 수밖에 없으며, 피고 1이 이 사건 소에서 2차 결정의 처분성이 인정되지 않는다고 본안전항변을 하는 것은 신의성실원칙(행정절차법 제 4 조)에도 어긋난다고 보아, 2차 결정의 처분성이 인정되지 않는다고 본 원심을 파기한 사안이다(대판 2021. 1. 14, 2020두50324) 〈해설〉 원심은, ① 원고의 이의신청은 당초의 신청과 별개의 새로운 신청으로 보기 어렵고, ② 원고가 1차 결정에 대하여 이의신청을 할 당시에 1차 결정에 대하여 행정심판이나 취소소송을 제기할 수 있었으며, ③ 2차 결정은 1차 결정의 내용을 그대로 유지한다는 취지로서 이는 원고의 권리 · 의무에 어떠한 새로운 변동을 초래하지 아니할 뿐만 아니라, ④ 이 사건에 신뢰보호의 원칙이 적용된다고 볼 수도 없다는 등의 이유로, 2차 결정을 1차 결정과 별도로 행정쟁송의 대상이 되는 처분으로 볼 수 없다고 판단하였다. 그런 다음 이 사건 소 중 피고 공사에 대한 2차 결정 취소청구 부분은 각하하고, 피고 위원회에 대한 이 사건 재결 취소청구 부분은 재결 자체에 고유한 위법이 없다는 이유로 기각하였다.

③ 판례는 처분성의 인정에 법률의 근거는 필요하지 않은 것으로 본다(대판 2012. 9. 27, 2010두3541; 2018. 11. 29, 2015두52395).

판례1 [1] 어떠한 처분의 근거가 (법령의 근거 없이) 행정규칙에 규정되어 있다고 하더라도, 그 처분이 상대방에게 권리 설정 또는 의무 부담을 명하거나 기타 법적인 효과를 발생하게 하는 등으로 상대방의 권리의무에 직접 영향을 미치는 행위라면, 이 경우에도 항고소송의 대상이 되는 행정처분에 해당한다고 보아야 한다. 한편 행정청의 어떤 행위가 항고소송의 대상이 될 수 있는지는 추상적 · 일반적으로 결정할 수 없고, 구체적인 경우 행정처분은 행정청이 공권력 주체로서 행하는 구체적 사실에 관한 법집행으로서 국민의 권리의무에 직접적으로 영향을 미치는 행위라는 점을 염두에 두고, 관련 법령의 내용과 취지, 행위의 주체 · 내용 · 형식 · 절차, 그 행위와 상대방 등 이해관계인이 입는 불이익과의 실질적 견련성, 그리고 법치행정 원리와 당해 행위에 관련한 행정청 및 이해관계인의 태도 등을 참작하여 개별적으로 결정해야 한다. [2] 부당한 공동행위 자진신고자 등의 시정조치 또는 과징금 감면신청에 대한 감면불인정 통지는 항고소송의 대상이 되는 행정처분에 해당한다고 보아야 한다(대판 2012. 9. 27, 2010두3541[감면불인정처분등취소]).

판례2 어떠한 처분에 법령상 근거가 있는지, 행정절차법에서 정한 처분절차를 준수하였는지는 본안에서 당해 처분이 적법한가를 판단하는 단계에서 고려할 요소이지, 소송요건 심사단계에서 고려할 요소가 아니다(대판 2020. 1. 16, 2019다264700).

판례3 (1) 공공기관운영법 제39조 제 2 항과 그 하위법령에 따른 공기업('시장형 공기업'인 한국수력원자력 주식회사), 준정부기관의 입찰참가자격제한 조치는 '구체적 사실에 관한 법집행으로서의 공권력의 행사'로서 행정처분에 해당한다. (2) 한국수력원자력 주식회사가 자신의 '공급자관리지침'(행정규칙)에 근거하여 등록된 공급업체에 대하여 하는 '등록취소 및 그에 따른 일정 기간의 거래제한조치'는 행정청이 행하는 구체적 사실에 관한 법집행으로서의 공권력의 행사인 '처분'에 해당한다고 보아야 한다. (3) 계약당사자 사이에서 계약의 적정한 이행을 위하여 일정한 계약상 의무를 위반하는 경우 계약해지, 위약벌이나 손해배상액 약정, 장래 일정 기간의 거래제한 등의 제재조치를 약정하는 것은 상위법령과 법의 일반원칙에 위배되지 않는 범위에서 허용되며, 그러한 계약에 따른 제재조치는 법령에 근거한 공권력의 행사로서의 제재처분과는 법적 성질을 달리한다(대법원 2014. 12. 24. 선고 2010다83182 판결). 즉, 행정소송법상 처분이 아니다. 그러나 공공기관의 어떤 제재조치가 계약에 따른 제재조치에 해당하려면 일정한 사유가 있을 때 그러한 제재조치를 할 수 있다는 점을 공공기관과 그 거래상대방이 미리 구체적으로 약정하였어야 한다. 공공기관이 여러 거래업체들과의 계약에 적용하기 위하여 거래업체가 일정한 계약상 의무를 위반하는 경우 장래 일정 기간의 거래제한 등의 제재조치를 할 수 있다는 내용을 계약특수조건 등의 일정한 형식으로 미리 마련하였다고 하더라도, 「약관의 규제에 관한 법률」 제3조에서 정한 바와 같이 계약상대방에게 그 중요 내용을 미리 설명하여 계약내용으로 편입하는 절차를 거치지 않았다면 계약의 내용으로 주장할 수 없다. (4) 행정청인 피고가 이미 공공기관운영법 제39조 제2항에 따라 2년의 입찰참가자격제한처분을 받은 원고에 대하여 다시 법률상 근거 없이 자신이 만든 행정규칙에 근거하여 공공기관운영법 제39조 제2항에서 정한 입찰참가자격제한처분의 상한인 2년을 훨씬 초과하여 10년간 거래제한조치를 추가로 하는 것은 제재처분의 상한을 규정한 공공기관운영법에 정면으로 반하는 것이어서 그 하자가 중대·명백하다(대판 2020. 5. 28, 2017두66541).

판례4 조달청이 계약상대자에 대하여 나라장터(조달청에서 관리하는 전자조달시스템) 종합쇼핑몰에서의 거래를 일정기간 정지하는 조치는 비록 추가특수조건이라는 사법상 계약에 근거한 것이지만 행정청인 조달청이 행하는 구체적 사실에 관한 법집행으로서의 공권력의 행사로서 그 상대방인 갑 회사의 권리·의무에 직접 영향을 미치므로 항고소송의 대상이 되는 행정처분에 해당한다(대판 2018. 11. 29, 2015두52395).

4) 결   어

실체법적 개념설은 이론적인 논의 내지 입법론으로라면 몰라도 현행 행정소송법의 해석론으로는 타당하지 않다. 다음과 같은 이유에서 쟁송법적 개념설이 타당하다. 즉 행정소송법상 처분은 행정작용법상의 행정행위(협의의 처분)를 포함하는 '광의의 처분'이라고 보아야 한다(행정작용법상 행정행위 개념 참조).

① 현행 행정소송법상 처분 개념의 정의규정의 문언이나 입법취지에 비추어 볼 때 현행 행정소송법상 처분을 행정행위보다 넓은 개념으로 보는 쟁송법적 개념설이 타당하다.

② 사실행위나 비권력적 행위에 대한 권리구제제도가 불비한 현재의 상황하에서는 처분 개념을 확대하여 취소소송에 의한 국민의 권리구제의 기회를 확대하여 줄 필요성이 있다.

(2) 행정소송법상 처분 개념규정의 해석론

행정쟁송법상의 처분은 '행정청의 구체적 사실에 대한 법집행으로서의 공권력의 행사 및 그 거부'와 '이에 준하는 행정작용'을 포함한다(행정심판법 제2조 제1항 제1호 및 행정소송법 제2조 제1항 제1호).

1) 행정청의 구체적 사실에 관한 법집행으로서의 공권력 행사와 그 거부

가. 행정청의 행정작용   '행정청'의 구체적인 사실에 관한 법집행으로서의 공권력

행사와 그 거부이어야 하므로 사법기관인 법원의 재판작용이나 입법기관인 국회의 입법
작용은 행정소송법상 처분이 아니다. 그러나, 법원이나 국회의 기관이 행하는 실질적 의
미의 행정에 속하는 구체적인 사실에 관한 법집행으로서의 공권력 행사는 처분에 해당
한다.

> **판례**   **[1] 행정소송의 대상이 되는 행정처분의 의미:** 행정소송의 대상이 되는 행정처분이란 행정청
> 또는 그 소속기관이나 법령에 의하여 행정권한의 위임 또는 위탁을 받은 공공단체 등이 국민의 권리·
> 의무에 관계되는 사항에 관하여 직접 효력을 미치는 공권력의 발동으로서 하는 공법상의 행위를 말하
> 며, 그것이 상대방의 권리를 제한하는 행위라 하더라도 행정청 또는 그 소속기관이나 권한을 위임받은
> 공공단체 등의 행위가 아닌 한 이를 행정처분이라고 할 수 없다. **[2] 한국마사회의 조교사 및 기수 면
> 허 부여 또는 취소가 행정처분인지 여부(소극):** 한국마사회가 조교사 또는 기수의 면허를 부여하거나
> 취소하는 것은 경마를 독점적으로 개최할 수 있는 지위에서 우수한 능력을 갖추었다고 인정되는 사람
> 에게 경마에서의 일정한 기능과 역할을 수행할 수 있는 자격을 부여하거나 이를 박탈하는 것에 지나지
> 아니하므로, 이는 국가 기타 행정기관으로부터 위탁받은 행정권한의 행사가 아니라 일반 사법상의 법
> 률관계에서 이루어지는 단체 내부에서의 징계 내지 제재처분이다(대판 2008. 1. 31, 2005두8269[해고무
> 효등확인청구]).

권한이 없는 행정기관이나 내부위임만을 받은 행정기관의 공권력 행사라 하더라도
행정기관의공권력 행사인 한 행정소송법상 처분이다.

사법기관인 법원의 재판작용이나 입법기관인 국회의 입법작용은 행정소송법상 처분
이 아니다. 그러나, 법원이나 국회의 기관이 행하는 실질적 의미의 행정에 속하는 구체적
인 사실에 관한 법집행으로서의 공권력 행사는 처분에 해당한다.

나. 구체적 사실에 관한 법집행으로서의 행정작용   "구체적 사실에 관한 법집행"으로
서의 행정작용이라 함은 법을 집행하여 특정 개인에게 구체적이고 직접적인 영향을 미치
는 행정작용을 말한다. 따라서, 일반적·추상적 규범인 행정입법(법규명령, 행정규칙)은 원칙
상 처분이 아니다. 그러나 일반처분은 그 법적 성질이 행정행위로서 구체적인 법적 효과
를 가지므로 처분에 해당한다.

다. 공권력 행사와 그 거부   '공권력 행사'란 행정청이 우월한 공권력의 주체로서 일
방적으로 행하는 행위, 즉 권력적 행위를 의미한다. 권력적인 법적 행위인 행정행위가 처
분에 해당한다는 점에는 이의가 없다.

권력적 사실행위가 처분인가에 관하여는 견해가 대립되고 있는데, 이에 관하여는 전
술한 바와 같다(행정상 사실행위 참조). 권력적 사실행위를 처분으로 보는 견해 중에도 권력
적 사실행위가 "그 밖에 이에 준하는 행정작용"에 속한다고 보는 견해도 있고, "공권력 행
사 및 그 거부"에 해당한다고 보는 견해도 있는데, 후자의 견해가 타당하다.

'거부'라 함은 위에서 언급한 공권력 행사의 거부를 말한다. 다만, 행정소송법상 거부
처분이 되기 위하여는 신청이 있어야 하고, 공권력 행사를 신청한 개인에게 당해 공권력

행사를 신청할 법규상 또는 조리상의 권리가 있어야 한다는 것이 판례의 입장이다.

2) 그 밖에 이에 준하는 행정작용

"그 밖에 이에 준하는 행정작용"이라 함은 "행정청이 행하는 구체적 사실에 관한 법집행으로서의 공권력의 행사나 그 거부"에 준하는 행정작용으로서 항고소송에 의한 권리구제의 기회를 줄 필요가 있는 행정작용을 말한다.

우선 행정청의 행위가 엄밀한 의미에서는 위에서 본 바와 같은 권력적 행정작용은 아니며 비권력적 공행정작용이지만, 실질적으로 개인의 권익에 일방적인 영향(지배력)을 미치는 작용은 처분에 해당한다. 이에는 권력적 성격을 갖는 행정지도 등이 포함될 수 있을 것이다.

또한, 명령이지만 처분적 성질을 갖는 처분적 명령은 행정소송법상 처분에 해당한다.

형식적 행정행위론에서는 "그 밖에 이에 준하는 행정작용"을 형식적 행정행위로 본다.

(3) 구체적 사례의 유형별 고찰

1) 명령 [2004 사시, 2019 변시 사례]

판례는 처분적 명령이 아닌 일반적·추상적인 명령은 행정소송법상의 처분이 아니라고 보고 있다.

> **판례1** [1] 다른 집행행위의 매개 없이 그 자체로 상대방의 구체적인 권리의무나 법률관계에 직접적인 변동을 초래하는 것(처분적 명령)이 아닌 일반적, 추상적인 법령 등은 그 대상이 될 수 없다. [2] 일본국 법률에 따라 설립된 甲 법인이 일본에서 공기압 전송용 밸브를 생산하여 우리나라에 수출하고 있는데, 기획재정부장관이 甲 법인 등이 공급하는 일정 요건을 갖춘 일본산 공기압 전송용 밸브에 대하여 5년간 적용할 덤핑방지관세율을 규정하는 '일본산 공기압 전송용 밸브에 대한 덤핑방지관세의 부과에 관한 규칙'(시행규칙)은 항고소송의 대상이 될 수 없다(대판 2022. 12. 1, 2019두48905).

> **판례2** 의료기관의 명칭표시판에 진료과목을 함께 표시하는 경우 글자 크기를 제한하고 있는 구 의료법 시행규칙 제31조가 그 자체로서 국민의 구체적인 권리의무나 법률관계에 직접적인 변동을 초래하지 아니하므로 항고소송의 대상이 되는 행정처분이라고 할 수 없다고 한 사례(대판 2007. 4. 12, 2005두15168[의료법시행규칙 제31조 무효확인등]).

그러나, 처분적 명령과 처분성이 있는 법규명령의 효력이 있는 행정규칙(법령보충적 행정규칙)은 항고소송의 대상이 된다(대판 1954. 8. 19, 4286행상37).

처분적 명령의 인정범위에 관하여는 협의설, 중간설, 광의설이 대립하고 있다. 판례는 법규명령의 경우 원칙상 협의설을 취하고 있다. 즉, 법규명령이 "그 자체로서 국민의 구체적인 권리의무에 직접적인 변동을 초래하는 것"인 경우에 한하여 항고소송의 대상이 된다고 본다. 그렇지만, 판례는 법령보충적 고시의 경우 중간설을 취하고 있다. 즉, 어떠한 고시가 일반적·추상적 성격을 가질 때에는 법규명령 또는 행정규칙에 해당할 것이지만, 다른 집행행위의 매개 없이 그 자체로서 직접 국민의 구체적인 권리의무나 법률관계를 규율하는 성격을 가질 때에는 행정처분에 해당한다고 본다(자세한 것은 전술 행정입법 참조).

판례1 　조례가 집행행위의 개입 없이도 그 자체로서 직접 국민의 구체적인 권리의무나 법적 이익에
영향을 미치는 등의 법률상 효과를 발생하는 경우 그 조례는 항고소송의 대상이 되는 행정처분에 해당
한다(대판 1996. 9. 20, 95누8003[조례무효확인]: 두밀분교를 폐교하는 경기도의 조례를 항고소송의 대상
이 되는 처분으로 본 사례). 〈해설〉이 경우 피고는 지방자치단체의 장(교육·학예에 관한 조례에 있어
서는 시·도교육감)이 된다.

판례2 　고시가 항고소송의 대상이 되는 행정처분에 해당하기 위한 요건: 어떠한 고시가 일반적·추
상적 성격을 가질 때에는 법규명령 또는 행정규칙에 해당할 것이지만, 다른 집행행위의 매개 없이 그
자체로서 직접 국민의 구체적인 권리의무나 법률관계를 규율하는 성격을 가질 때에는 항고소송의 대
상이 되는 행정처분에 해당한다(대결 2003. 10. 9, 2003무23: 항정신병 치료제의 요양급여에 관한 보건
복지부 고시가 다른 집행행위의 매개 없이 그 자체로서 제약회사, 요양기관, 환자 및 국민건강보험공
단 사이의 법률관계를 직접 규율하는 성격을 가진다는 이유로 항고소송의 대상이 되는 행정처분에 해
당한다고 한 사례).

판례3 　보건복지부 고시인 약제급여·비급여목록 및 급여상한금액표가 다른 집행행위의 매개 없이
그 자체로서 국민건강보험가입자, 국민건강보험공단, 요양기관 등의 법률관계를 직접 규율하는 성격을
가지므로 항고소송의 대상이 되는 행정처분에 해당한다고 한 사례(대판 2006. 9. 22, 2005두2506[보험약
가인하처분취소]).

판례4 　국립공주대학교 학칙의 [별표 2] 모집단위별 입학정원을 개정한 학칙개정행위를 처분으로
본 판례(대판 2009. 1. 30, 2008두19550, 2008두19567(병합)[학칙개정처분취소·학칙개정처분]).

2) 행정규칙

　행정규칙은 그 자체로서는 국민의 법적 지위에 직접적인 영향을 미치지 않는 행정내
부조치에 불과하므로 원칙상 취소소송의 대상이 되지 않는다. 다만, 재량준칙의 경우 예외
적으로 국민의 권익에 직접 영향을 미치는 경우가 있을 수 있고, 이 경우에는 행정소송법
상 처분이 되며 취소소송의 대상이 된다고 보는 것이 타당하다.

판례 　교육인적자원부장관이 시·도교육감에 통보한 대학입시기본계획 내의 내신성적산정지침이
항고소송의 대상인 처분이 아니라고 본 사례(대판 1994. 9. 10, 94두33).

3) 행정계획이 처분인 경우 [2011 행시(재경직) 사례]

　행정계획에 대하여 취소소송이 인정되기 위하여는 우선 행정계획의 처분성이 인정되
어야 한다.

　행정계획의 법적 성질은 매우 다양하므로 일률적으로 행정계획의 처분성을 인정할
수는 없다. 앞에서 본 바와 같이(행정계획 참조) 구속적 행정계획의 경우에 행정계획으로
인하여 국민의 권리에 직접적인 영향을 미친 경우에 한하여 처분성이 인정된다. 행정계획
의 폐지 또는 변경의 경우에도 그러하다.

`판례1` 행정계획 중 구 도시계획법 제12조에 의한 도시계획(현재의 도시관리계획)결정은 그 자체로 국민의 권익을 직접 개별적·구체적으로 규제하므로 행정처분이다(대판 1982. 3. 9, 80누105[도시계획변경처분취소]).

`판례2` 정부의 수도권 소재 공공기관의 지방이전시책을 추진하는 과정에서 도지사가 도 내 특정시를 공공기관이 이전할 혁신도시 최종입지로 선정한 행위는 상대방 또는 기타 관계자들의 법률상 지위에 직접적인 영향을 미치지 않는 행위이므로 항고소송의 대상이 되는 행정처분이 아니라고 본 사례(대판 2007. 11. 15, 2007두10198〈혁신도시 입지선정 사건〉).

`판례3` 국토해양부, 환경부, 문화체육관광부, 농림수산부, 식품부가 합동으로 2009. 6. 8. 발표한 '4대강 살리기 마스터플랜' 등은 행정기관 내부에서 사업의 기본방향을 제시하는 계획일 뿐 국민의 권리·의무에 직접 영향을 미치는 것이 아니어서, 행정처분에 해당하지 않는다고 한 사례(대결 전원합의체 2011. 4. 21, 2010무111[집행정지]).

`판례4` [의대정원 증원처분에 대한 집행정지신청 사건] 보건복지부장관이 2024. 2. 6. 의대정원을 2025학년도부터 2,000명 증원할 것이라고 발표한 행위(이하 '이 사건 증원발표'라 한다)는 항고소송의 대상이 되는 처분으로 보기 어렵지만, 교육부장관이 2024. 3. 20. 2025학년도 전체 의대정원을 2,000명 증원하여 각 대학별로 배정(이하 '이 사건 증원배정'이라 한다)한 것은 항고소송의 대상이 되는 처분으로 볼 여지가 크다(대결 2024. 6. 19, 2024무689).

4) 일반처분

일반처분은 행정행위로서 행정소송법상 처분이다.

`판례` 청소년보호법에 따른 청소년유해매체물 결정 및 고시처분은 당해 유해매체물의 소유자 등 특정인만을 대상으로 한 행정처분이 아니라 일반 불특정 다수인을 상대방으로 하여 일률적으로 표시의무, 포장의무, 청소년에 대한 판매·대여 등의 금지의무 등 각종 의무를 발생시키는 행정처분이다(대판 2007. 6. 14, 2004두619[청소년유해매체물결정 및 고시처분무효확인]).

5) 사실행위

가. 권력적 사실행위　　판례는 권력적 사실행위를 행정소송법상의 처분으로 본다. 단수처분(대판 1979. 12. 28, 79누218), 교도소재소자의 이송조치(대결 1992. 8. 7, 92두30) 등에 대하여 처분성을 인정하고 있다(행정작용법 행정상 사실행위 참조).

`판례1` 교도소장이 수형자 갑을 '접견내용 녹음·녹화 및 접견 시 교도관 참여대상자'로 지정한 사안에서, 위 지정행위(이에 따라 접견 시마다 사생활의 비밀 등 권리에 제한을 가하는 교도관의 참여, 접견내용의 청취·기록·녹음·녹화가 이루어짐)는 권력적 사실행위로서 항고소송의 대상이 되는 '처분'에 해당한다고 본 원심판단을 정당한 것으로 수긍한 사례(대판 2014. 2. 13, 2013두20899).

`판례2` 판례는 권력적 사실행위라고 보여지는 단수처분(대판 1979. 12. 28, 79누218), 교도소재소자의 이송조치(대결 1992. 8. 7, 92두30), 의료원 폐업결정 등에 대하여도 처분성을 인정하였다.

나. 권고 등 비권력적 사실행위   권고 등 비권력적 사실행위는 원칙상 처분이 아니다. 그러나 행정지도와 같은 비권력적 사실행위도 국민의 권리의무에 사실상 강제력을 미치고 있는 경우에는 처분으로 볼 수 있을 것이다.

이에 관하여 판례는 대체로 다음과 같이 부정적인 입장을 취하고 있다.

> **판례** 위법 건축물에 대한 단전 및 전화통화 단절조치 요청행위는 권고적 성격의 행위에 불과한 것으로서 전기·전화공급자나 특정인의 법률상 지위에 직접적인 변동을 가져오는 것은 아니므로 이를 항고소송의 대상이 되는 행정처분이라고 볼 수 없다(대판 1996. 3. 22, 96누433; 1995. 11. 21, 95누9099 [전기공급불가처분취소]). 〈해설〉 그러나, 원심판결은 전기·전화공급자에 대하여 전기공급 및 전화통화를 중지할 것을 요청하는 내용의 조치를 한 것을 항고소송의 대상이 되는 행정처분으로 보고 본안에 들어가 판단하였다(부산고법 1995. 11. 17, 93구3974[시정명령처분 등 취소]). 구 건축법 제69조 제3항은 위의 요청을 받은 자는 특별한 이유가 없는 한 이에 응하여야 한다고 규정하고 있으므로 위법 건축물에 대한 단전 또는 전화통화 단절조치 요청행위의 처분성을 인정하는 것이 타당하다.

공공기관의 장 또는 사용자에 대한 국가인권위원회의 성희롱결정을 처분으로 본 사례가 있어 주목된다.

> **판례 1** 구 남녀차별금지 및 구제에 관한 법률상 국가인권위원회의 성희롱결정 및 시정조치권고가 행정소송의 대상이 되는 행정처분에 해당한다고 본 사례: 국가인권위원회의 성희롱결정과 이에 따른 시정조치의 권고는 불가분의 일체로 행하여지는 것인데 국가인권위원회의 이러한 결정과 시정조치의 권고는 성희롱 행위자로 결정된 자의 인격권에 영향을 미침과 동시에 공공기관의 장 또는 사용자에게 일정한 법률상의 의무를 부담시키는 것이므로 국가인권위원회의 성희롱결정 및 시정조치권고는 행정소송의 대상이 되는 행정처분에 해당한다고 보지 않을 수 없다(대판 2005. 7. 8, 2005두487[의결처분취소]).
>
> **판례 2** 구 정보통신윤리위원회가 특정 인터넷사이트를 청소년유해매체물로 결정한 행위가 항고소송의 대상이 되는 행정처분에 해당한다고 한 사례(대판 2007. 6. 14, 2005두4397[청소년유해매체결정취소]). 〈해설〉 현재 정보통신윤리위원회는 방송통신심의위원회로 개편되었다.
>
> **판례 3** 공정거래위원회의 '표준약관 사용권장행위'는 그 통지를 받은 해당 사업자 등에게 표준약관과 다른 약관을 사용할 경우 표준약관과 다르게 정한 주요내용을 고객이 알기 쉽게 표시하여야 할 의무를 부과하고, 그 불이행에 대해서는 과태료에 처하도록 되어 있으므로, 이는 사업자 등의 권리·의무에 직접 영향을 미치는 행정처분으로서 항고소송의 대상이 된다(대판 2010. 10. 14, 2008두23184[표준약관개정의결취소]). 〈해설〉 ① 표준약관 사용권장행위가 행정처분인지에 관하여 견해의 대립이 있는데, 표준약관 사용권장행위를 따라야 할 의무가 없는 점에서 행정지도의 성격을 갖는다고 보는 것이 타당하다. 표시의무는 법에서 정한 의무일 뿐이다. 따라서, 판례가 표준약관 사용권장행위를 의무를 부과하는 행위로 본 것은 타당하지 않다. ② 그렇지만, 판례가 표준약관 사용권장행위를 행정지도로 보면서 처분성을 인정하였다고 해석하는 것은 타당하지 않다. 왜냐하면, 판례가 표준약관 사용권장행위를 의무를 부과하는 행위로 보았고, 의무를 부과하는 행위를 행정지도로 볼 수는 없기 때문이다.

그 법적 성질에 관하여 논란이 있을 수 있지만, 비권력적 사실행위인 공설화장장 설치행위의 처분성을 인정한 판례가 있다(대결 1971. 3. 5, 71두2: 공설화장장설치에 대한 집행정지신청사건에서 처분성을 긍정하면서 본안심리를 하여 기각한 사건).

다. **사실행위인 단순한 관념의 통지** [2005 사시 약술]   기존의 권리의무관계를 단순히
확인·통지하는 단순한 사실행위는 처분이 아니다.

판례1   부당이득의 반환을 구하는 납세의무자의 국세환급청구권은 오납액의 경우에는 처음부터 법
률상 원인이 없으므로 납부 또는 징수시에 이미 확정되어 있고, 초과납부액의 경우에는 신고 또는 부
과처분의 취소 또는 쟁정에 의하여 조세채무의 전부 또는 일부가 소멸한 때에 확정되며, 환급세액의
경우에는 각 개별 세법에서 규정한 환급요건에 따라 확정되는 것이다. 그리고 환급가산금은 위 각 국
세환급금이 확정되면 그 환급금액에 대하여 국세기본법 제52조 및 같은 법 시행령 제30조 제 2 항 소
정의 기산일과 이율에 따라 당연히 확정되며 국세환급금(가산금 포함)결정에 의하여 비로소 환급청구
권이 확정되는 것은 아니므로, 국세환급금결정이나 이 결정을 구하는 신청에 대한 환급거부결정 등은
납세의무자가 갖는 환급청구권의 존부나 범위에 구체적이고 직접적인 영향을 미치는 처분이 아니어서
항고소송의 대상이 되는 처분이라고 볼 수 없다(대판 전원합의체 1989. 6. 15, 88누6436[국세환급거부처
분취소]). 〈해설〉 국세환급청구권은 부당이득반환의 법리에 따라 확정되며 환급결정에 의해 확정되는
것이 아니다.

판례2   국가공무원법상 당연퇴직은 결격사유가 있을 때 법률상 당연히 퇴직하는 것이지, 공무원관
계를 소멸시키기 위한 별도의 행정처분을 요하는 것이 아니며, 당연퇴직의 인사발령은 법률상 당연히
발생하는 퇴직사유를 공적으로 확인하여 알려 주는 이른바 관념의 통지에 불과하고 공무원의 신분을
상실시키는 새로운 형성적 행위가 아니므로 행정소송의 대상이 되는 독립한 행정처분이라고 할 수 없
다(대판 1995. 11. 14, 95누2036[당연퇴직무효확인]).

판례3   공무원에 대한 퇴직급여지급거부처분은 처분이다. 그러나, 퇴직연금 수급자가 법령상 퇴직연
금 중 일부 금액의 지급정지대상자가 되었다는 사실을 통보한 경우, 이 통보는 단순한 관념의 통지에
불과하여 항고소송의 대상이 되는 행정처분이 아니며 당사자는 미지급퇴직연금의 지급을 구하는 공법
상 당사자소송으로 이를 다투어야 한다(대판 2004. 7. 8, 2004두244[연금지급청구서반려처분취소]: 공무
원연금관리공단이 공무원연금법령의 개정사실과 퇴직연금 수급자가 퇴직연금 중 일부 금액의 지급정
지대상자가 되었다는 사실을 통보한 것은 단지 위와 같이 법령에서 정한 사유의 발생으로 퇴직연금 중
일부 금액의 지급이 정지된다는 점을 알려주는 관념의 통지에 불과하고, 그로 인하여 비로소 지급이
정지되는 것은 아니므로 항고소송의 대상이 되는 행정처분으로 볼 수 없고, 공무원연금관리공단이 퇴
직연금 중 일부 금액에 대하여 지급거부의 의사표시를 한 경우, 그 의사표시가 퇴직연금 청구권을 형
성·확정하는 행정처분이 아니라 공법상의 법률관계의 한쪽 당사자로서 그 지급의무의 존부 및 범위에
관하여 나름대로의 사실상·법률상 의견을 밝힌 것일 뿐이어서, 이를 행정처분이라고 볼 수는 없다고
한 사례).

그러나, 국민의 권리의무관계에 변경을 가져오는 등 국민의 권리의무에 직접 영향을
미치는 통지는 처분이다.

판례1   과세관청의 소득처분에 따른 소득금액변동통지가 항고소송의 대상이 되는 조세행정처분이라
고 한 사례(대판 전원합의체 2006. 4. 20, 2002두1878[경정결정신청거부처분취소]).

판례2   공무원으로 재직하다가 퇴직하여 공무원연금법에 따라 퇴직연금을 지급받고 있던 사람이 사
립학교 교직원으로 임용되어 그 기관으로부터 급여를 받게 되는 경우에는 그 재직기간 중에는 구 공무
원연금법 제47조, 같은 법 시행령 제40조 제 1 항에 의하여 공무원연금관리공단의 지급정지처분 여부에

관계없이 그 사유가 발생한 때로부터 당연히 퇴직연금의 지급이 정지되는 것이므로, 그 지급정지 사유기간 중 퇴직연금 수급자에게 지급된 퇴직연금은 구 공무원연금법 제31조 제 1 항 제 3 호에 정하여진 '기타 급여가 과오급된 경우'에 해당하여 구 공무원연금법 제31조 제 1 항에 따라 환수하여야 하는 것이므로 관련 법령에 따라 당연히 환수금액이 정하여짐에도 이 경우 퇴직연금의 환수결정을 당사자에게 의무를 과하는 처분으로 본 사례(대판 2000. 11. 28, 99두5443[퇴직급여환수금반납고지처분등취소]). 〈해설〉 이 경우 퇴직연금의 환수결정 및 고지를 단순한 관념의 통지로 보면 처분이 아니지만(이 경우 과오납퇴직연금에 대한 부당이득반환청구소송(민사소송)을 제기해야 한다), 행정행위(당사자에게 의무를 과하는 처분)로 보고 행정소송법상 처분으로 본 사례이다.

라. 기타 사실행위

판례 택지개발촉진법상 택지개발사업시행자가 그 공급방법을 결정하여 통보한 것은 분양계약을 위한 사전 준비절차로서의 사실행위에 불과하고 항고소송의 대상이 되는 행정처분으로 볼 수 없다(대판 1993. 7. 13, 93누36).

6) 내부행위

① 어떤 행위가 국민의 권리의무관계에 직접 영향을 미치지 않는 내부적 의사결정에 불과한 내부행위(예, 토지대장상의 소유자명의변경신청 거부, 무허가건물관리대장 등재 삭제행위 등)는 처분이 아니다. 그러나 지목변경신청 반려행위, 건축물용도변경신청 거부, 토지대장 또는 건축물대장 직권 말소행위 등 국민의 권리의무에 영향을 미치는 것은 처분이다.

판례 1 한국자산공사가 당해 부동산을 인터넷을 통하여 재공매(입찰)하기로 한 결정 자체는 내부적인 의사결정에 불과하여 항고소송의 대상이 되는 행정처분이라고 볼 수 없고, 또한 한국자산공사의 공매통지는 공매의 요건이 아니라 공매사실 자체를 체납자에게 알려주는 데 불과한 것으로서, 통지의 상대방의 법적 지위나 권리·의무에 직접 영향을 주는 것이 아니라고 할 것이므로 이것 역시 행정처분에 해당한다고 할 수 없다(대판 2007. 7. 27, 2006두8464[공매처분취소]).

판례 2 최근 대법원 전원합의체판결은 종전의 판례를 변경하여 지적공부의 지목변경신청 거부행위를 처분으로 보았다. 지목은 토지에 대한 공법상의 규제, 개발부담금의 부과대상, 지방세의 과세대상, 공시지가의 산정, 손실보상가액의 산정 등 토지행정의 기초로서 공법상의 법률관계에 영향을 미치고, 토지소유자는 지목을 토대로 토지의 사용·수익·처분에 일정한 제한을 받게 되는 점 등을 고려하면, 지목은 토지소유권을 제대로 행사하기 위한 전제요건으로서 토지소유자의 실체적 권리관계에 밀접하게 관련되어 있으므로 지적공부 소관청의 지목변경신청 반려행위는 국민의 권리관계에 영향을 미치는 것으로서 항고소송의 대상이 되는 행정처분에 해당한다(대판 전원합의체 2004. 4. 22, 2003두9015[지목변경신청반려처분취소청구각하취소]). 이 전원합의체 판결은 지목변경행위뿐만 아니라 토지대장 등 지적공부에 일정한 사항을 등재하거나 등재된 사항 중 일정한 사항을 변경하는 행위를 처분으로 보는 것으로 종전 판례를 변경하였다. 그러나, 소관청이 토지대장상의 소유자명의변경신청을 거부한 행위는 국민의 권리의무관계에 직접 영향을 미치지 않으므로 이를 항고소송의 대상이 되는 행정처분이라고 할 수 없다(대판 2012. 1. 12, 2010두12354[토지대장정정불가처분취소]). 이에 반하여 토지대장은 토지의 소유권을 제대로 행사하기 위한 전제요건으로서 토지 소유자의 실체적 권리관계에 밀접하게 관련되어 있으므로, 이러한 토지대장을 직권으로 말소한 행위는 국민의 권리관계에 영향을 미치는 것으로서 항고소송의 대상이 되는 행정처분에 해당한다(대판 2013. 10. 24, 2011두13286[토지대장말소처분취소]).

판례는 지적측량성과검사(대판 1997. 3. 28, 96누19000), 측량성과도 등재사항에 대한 정정신청 거부(대판 1993. 12. 14, 93누555)의 처분성을 부인하고 있다.

판례3   행정청이 건축물대장의 작성신청을 거부한 행위가 항고소송의 대상이 되는 행정처분에 해당하는지 여부(적극): 건축물대장은 건축물에 대한 공법상의 규제, 지방세의 과세대상, 손실보상가액의 산정 등 건축행정의 기초자료로서 공법상의 법률관계에 영향을 미칠 뿐만 아니라, 건축물에 관한 소유권보존등기 또는 소유권이전등기를 신청하려면 이를 등기소에 제출하여야 하는 점 등을 종합해 보면, 건축물대장의 작성은 건축물의 소유권을 제대로 행사하기 위한 전제요건으로서 건축물 소유자의 실체적 권리관계에 밀접하게 관련되어 있으므로 건축물대장 소관청의 작성신청 반려행위는 국민의 권리관계에 영향을 미치는 것으로서 항고소송의 대상이 되는 행정처분에 해당한다(대판 2009. 2. 12, 2007두17359).

판례4   기타 대법원은 건축물대장의 기재와 관련한 다음 행위의 처분성을 인정하였다: 건축물 용도변경신청을 반려한 행위(대판 2009. 1. 30, 2007두7277), 구분소유 건축물을 하나의 건축물로 건축물대장을 합병한 행위(대판 2009. 5. 28, 2007두19775), 건축물대장을 직권 말소한 행위(대판 2010. 5. 27, 2008두22655).

판례5   허가건물이 지장물 이전 및 철거와 관련한 협의계약을 체결할 당시까지 무허가건물관리대장에 등재되어 있다가 그 후 삭제되었다고 하더라도 이주대책에서 정한 무허가건물 소유자의 법률상 지위에 어떠한 영향도 미치지 않는다고 보아, 무허가건물관리대장 등재 삭제행위의 취소를 구하는 소는 부적법하다고 한 사례(대판 2009. 3. 12, 2008두11525[기존무허가건물등재대장삭제처분취소]).

판례6   시험승진후보자명부에서의 삭제행위는 결국 그 명부에 등재된 자에 대한 승진 여부를 결정하기 위한 행정청 내부의 준비과정에 불과하고, 그 자체가 어떠한 권리나 의무를 설정하거나 법률상 이익에 직접적인 변동을 초래하는 별도의 행정처분이 된다고 할 수 없다(대판 1997. 11. 14, 97누7325 [정직처분취소]). 〈해설〉 시험승진후보자명부에서의 삭제행위는 승진대상자에서 제외하는 것이므로 처분이라고 보는 것이 타당하다.

판례7   공정거래위원회의 고발조치 · 의결이 항고소송의 대상이 되는 행정처분인지 여부: 이른바 고발은 수사의 단서에 불과할 뿐 그 자체 국민의 권리의무에 어떤 영향을 미치는 것이 아니고, 특히 독점규제및공정거래에관한법률 제71조는 공정거래위원회의 고발을 위 법률위반죄의 소추요건으로 규정하고 있어 공정거래위원회의 고발조치는 사직 당국에 대하여 형벌권 행사를 요구하는 행정기관 상호간의 행위에 불과하여 항고소송의 대상이 되는 행정처분이라 할 수 없으며, 더욱이 공정거래위원회의 고발 의결은 행정청 내부의 의사결정에 불과할 뿐 최종적인 처분은 아닌 것이므로 이 역시 항고소송의 대상이 되는 행정처분이 되지 못한다(대판 1995. 5. 12, 94누13794[시정명령등취소]).

판례8   국토해양부, 환경부, 문화체육관광부, 농림수산부, 식품부가 합동으로 2009. 6. 8. 발표한 '4대강 살리기 마스터플랜' 등은 행정기관 내부에서 사업의 기본방향을 제시하는 계획일 뿐 국민의 권리 · 의무에 직접 영향을 미치는 것이 아니어서, 행정처분에 해당하지 않는다고 한 사례(대결 전원합의체 2011. 4. 21, 2010무111[집행정지]).

판례9   (1) 행정청 내부에서의 행위나 알선, 권유, 사실상의 통지 등과 같이 상대방 또는 기타 관계자들의 법률상 지위에 직접적인 법률적 변동을 일으키지 아니하는 행위는 항고소송의 대상이 아니다. (2) 원고가 뉴스보도 프로그램 내 개별 코너에서 해난구조전문가와 다이빙벨 관련 인터뷰를 하자, 피고가 원고에게 인터뷰 내용이 불명확한 내용을 사실인 것으로 방송하여 시청자를 혼동하게 하였다는 이유로 해당 방송프로그램의 관계자에 대한 징계를 명하는 제재조치명령과 고지방송명령을 한 사안에서, 고지방송명령 부분에 대하여는 행정처분에 해당하지 않는다고 한 사례(대판 2023. 7. 13, 2016두34257).

② 특별권력관계 내에서의 행위는 일반시민법질서에 영향을 미치는 행위인 경우 항고소송의 대상이 되나 그렇지 않은 경우에는 내부행위에 불과하므로 항고소송의 대상이 되지 않는다.

> **판례1**   농지개량조합과 그 직원과의 관계는 사법상의 근로계약관계가 아닌 공법상의 특별권력관계이고, 그 조합의 직원에 대한 징계처분의 취소를 구하는 소송은 행정소송사항에 속한다(대판 1995. 6. 9, 94누10870[파면처분취소]).
>
> **판례2**   행정규칙에 의한 '불문경고조치'가 비록 법률상의 징계처분은 아니지만 위 처분을 받지 아니하였다면 차후 다른 징계처분이나 경고를 받게 될 경우 징계감경사유로 사용될 수 있었던 표창공적의 사용가능성을 소멸시키는 효과와 1년 동안 인사기록카드에 등재됨으로써 그동안은 장관표창이나 도지사표창 대상자에서 제외시키는 효과 등이 있다는 이유로 항고소송의 대상이 되는 행정처분에 해당한다고 한 사례(대판 2002. 7. 26, 2001두3532[견책처분취소]).
>
> **판례3**   [1] 각 군 참모총장이 수당지급대상자 결정절차에 대하여 수당지급대상자를 추천하거나 신청자 중 일부를 추천하지 아니하는 행위는 행정기관 상호간의 내부적인 의사결정과정의 하나일 뿐 그 자체만으로는 직접적으로 국민의 권리·의무가 설정, 변경, 박탈되거나 그 범위가 확정되는 등 기존의 권리상태에 어떤 변동을 가져오는 것이 아니므로 이를 항고소송의 대상이 되는 처분이라고 할 수는 없다. [2] 국방부장관이 군인 명예전역수당 지급대상자로 결정하거나 배제하는 행위는 재량행위에 해당한다. [3] 군인사법 등 관련 법령이 각 군참모총장의 추천에 따라 국방부장관이 최종적으로 군인 명예전역수당 지급대상자를 결정하도록 규정하고 있는 이상 해군참모총장의 추천거부행위에 실체상·절차상의 위법사유가 존재하는 경우 그 위법사유를 이유로 국방부장관의 거부처분의 취소를 구할 수 있다(대판 2009. 12. 10, 2009두14231[명예전역거부처분취소]).
>
> **판례4**   구 교육공무원법에 의하여 기간제로 임용되어 임용기간이 만료된 국·공립대학의 교원이 재임용여부에 관하여 심사를 요구할 신청권을 갖는다고 한 사례(대판 2011. 1. 27, 2009다30946).
>
> **판례5**   교육공무원법상 승진후보자 명부에 의한 승진심사 방식으로 행해지는 승진임용에서 3배수의 승진후보자 명부에 포함되어 있던 후보자를 승진임용인사발령에서 제외하는 행위(묵시적 승진임용거부행위)는 불이익처분으로서 항고소송의 대상인 처분에 해당한다(대판 2018. 3. 27, 2015두47492).
> 〈해설〉 경원자소송(배타적 경쟁자소송)에 해당한다.

③ 처분의 준비를 위한 결정, 처분의 기초자료를 제공하기 위한 결정 등은 원칙상 내부행위이고 처분이 아니다. 벌점부과를 처분으로 보지 않은 사례(벌점부과가 국민의 권리에 직접 영향을 미치지 않는 경우)와 처분으로 본 사례(벌점부과가 국민의 권리에 직접 영향을 미치는 경우)가 있다.

> **판례1**   병역법상 신체등위판정(身體等位判定)은 행정청이라고 볼 수 없는 군의관이 하도록 되어 있으며, 그 자체만으로 바로 병역법상의 권리의무가 정하여지는 것이 아니라 그에 따라 지방병무청장이 병역처분을 함으로써 비로소 병역의무의 종류가 정하여지는 것이므로 항고소송의 대상이 되는 행정처분이라 보기 어렵다(대판 1993. 8. 27, 93누3356[신체등위1급판정취소]).
>
> **판례2**   운전면허 행정처분처리대장상 벌점의 배점이 행정처분인지 여부(소극): 운전면허 행정처분처리대장상 벌점의 배점은 도로교통법규 위반행위를 단속하는 기관이 도로교통법시행규칙 별표 16의 정

하는 바에 의하여 도로교통법규 위반의 경중, 피해의 정도 등에 따라 배정하는 점수를 말하는 것으로 자동차운전면허의 취소, 정지처분의 기초자료로 제공하기 위한 것이고 그 배점 자체만으로는 아직 국민에 대하여 구체적으로 어떤 권리를 제한하거나 의무를 명하는 등 법률적 규제를 하는 효과를 발생하는 요건을 갖춘 것이 아니어서 그 무효확인 또는 취소를 구하는 소송의 대상이 되는 행정처분이라고 할 수 없다(대판 1994. 8. 12, 94누2190[자동차운전면허정지처분취소]).

판례3 하도급법상 벌점 부과행위는 입찰참가자격의 제한 요청 등의 기초자료로 사용하기 위한 것이고 사업자의 권리·의무에 직접 영향을 미치는 행위라고 볼 수 없으므로 항고소송의 대상이 되는 행정처분에 해당하지 아니한다(대판 2023. 1. 12, 2020두50683).

판례4 건설기술 진흥법 제53조 제1항에서 규정한 벌점부과를 처분으로 본 사례(대판 2024. 4. 25, 2023두54242[벌점부과처분취소]).

④ 그러나, 처분의 준비행위 또는 기초가 되는 행위라고 하더라도 국민의 권익에 직접 영향을 미치고 국민의 권리구제를 위하여 이를 다투도록 할 필요가 있는 경우에는 조기의 권리구제를 위해 처분성을 인정하여야 할 것이다.

판례1 세무조사결정은 납세의무자의 권리·의무에 직접 영향을 미치는 공권력의 행사에 따른 행정작용으로서 항고소송의 대상이 된다(대판 2011. 3. 10, 2009두23617, 23624).

판례2 법령상 요건을 충족하는 경우 공정거래위원회는 구 하도급법(하도급거래 공정화에 관한 법률) 제26조 제2항 후단에 따라 관계 행정기관의 장에게 해당 사업자에 대한 입찰참가자격제한 등 요청 결정을 하게 되며, 이를 요청받은 관계 행정기관의 장은 특별한 사정이 없는 한 그 사업자에 대하여 입찰참가자격제한 등의 처분을 해야 하므로 사업자로서는 입찰참가자격제한 등 요청 결정이 있으면 장차 후속 처분으로 입찰참가자격이 제한되고 영업이 정지될 수 있는 등의 법률상 불이익이 존재한다. 이때 입찰참가자격제한 등 요청 결정이 있음을 알고 있는 사업자로 하여금 입찰참가자격제한처분 등에 대하여만 다툴 수 있도록 하는 것보다는 그에 앞서 직접 입찰참가자격제한 등 요청 결정의 적법성을 다툴 수 있도록 함으로써 분쟁을 조기에 근본적으로 해결하도록 하는 것이 법치행정의 원리에도 부합하므로, 구 하도급법 제26조 제2항에 따른 공정거래위원회의 관계 행정기관의 장에게 한 입찰참가자격제한 등 요청 결정은 항고소송의 대상이 되는 처분에 해당한다(대판 2023. 4. 27, 2020두47892; 2023. 2. 2, 2020두48260).

⑤ 행정기관 상호간의 협의나 동의(소방서장의 동의) 등 행정조직법상 행정기관 상호간의 행위도 원칙상 처분이 아니다.

판례 외환은행장이 수입허가의 유효기간 연장을 승인하고자 할 때에 구 무역거래법시행규칙 제10조 제3항에 의하여 상공부장관과 하는 협의는 행정청의 내부행위로서 항고소송의 대상이 되는 행정처분이라고 할 수 없다(대판 1971. 9. 14, 71누99[수입허가기간연장신청에 대한 협의불응처분취소]).

⑥ 지방자치단체의 장이 기관위임사무를 국가에 대해 처리한 것은 법리상 행정조직 내부행위이므로 위임자인 국가는 기관위임사무의 처리에 관하여 지방자치단체의 장을 상대로 취소소송을 제기할 수 없다.

판례1   [1] 국가가 국토이용계획과 관련한 기관위임사무의 처리에 관하여 지방자치단체의 장을 상대로 취소소송을 제기할 수 있는지 여부(소극): 건설교통부장관은 지방자치단체의 장이 기관위임사무인 국토이용계획 사무를 처리함에 있어 자신과 의견이 다를 경우 행정협의조정위원회에 협의·조정 신청을 하여 그 협의·조정 결정에 따라 의견불일치를 해소할 수 있고, 법원에 의한 판결을 받지 않고서도 행정권한의 위임 및 위탁에 관한 규정이나 구 지방자치법에서 정하고 있는 지도·감독을 통하여 직접 지방자치단체의 장의 사무처리에 대하여 시정명령을 발하고 그 사무처리를 취소 또는 정지할 수 있으며, 지방자치단체의 장에게 기간을 정하여 직무이행명령을 하고 지방자치단체의 장이 이를 이행하지 아니할 때에는 직접 필요한 조치를 할 수도 있으므로, 국가가 국토이용계획과 관련한 지방자치단체의 장의 기관위임사무의 처리에 관하여 지방자치단체의 장을 상대로 취소소송을 제기하는 것은 허용되지 않는다. [2] 주위적 원고 대한민국의 이 사건 소는 부적법하여 각하되어야 할 것이다. 예비적 원고 충북대학교 총장의 소는, 원고 충북대학교 총장이 원고 대한민국이 설치한 충북대학교의 대표자일 뿐 항고소송의 원고가 될 수 있는 당사자능력이 없어 부적법하다(대판 2007. 9. 20, 2005두6935[국토이용계획변경신청거부처분취소]). 〈해설〉 국가의 기관위임사무를 처리하는 경우 지방자치단체 장의 지위는 국가의 하급행정기관에 해당하게 되므로 국가기관인 충북대학교 총장의 국토이용계획변경 신청에 대한 지방자치단체의 장(충청남도 연기군수)의 거부는 내부행위이고, 이에 관한 분쟁은 별개의 법주체 사이의 분쟁이 아니라 국가라는 하나의 법주체 내부의 기관 사이의 분쟁에 해당한다. 국토이용계획변경신청거부에 대해 주위적으로 국가(대한민국)가 취소소송을 제기하고, 예비적으로 충북대학교 총장이 취소소송을 제기한 사건이다.

판례2   [시내버스 한정면허를 받은 여객자동차 운송사업자의 보조금 지급신청에 대한 피고 경기도지사의 회신이 항고소송의 대상이 되는지 문제된 사건] 시내버스 한정면허를 받은 여객자동차 운송사업자인 원고의 보조금 지급신청에 대해 주위적 피고 경기도지사가 원고 및 예비적 피고 광명시장에게 그와 같은 보조금 지급이 불가하다는 취지로 통보('甲 회사의 보조금 지급신청을 받아들일 수 없음은 기존에 회신한 바와 같고, 광명시에서는 적의 조치하여 주기 바란다.')하자, 원고가 주위적 피고 경기도지사에 대하여 위와 같은 통보의 취소를, 예비적 피고 광명시장에 대하여 주위적으로는 보조금 지급신청 거부처분의 취소를, 예비적으로는 원고의 보조금 지급신청에 대하여 응답하지 아니한 부작위의 위법확인을 구한 사안에서 원고에 대한 경기도의 보조금 지급 등 사무가 각 시장·군수에게 위임(기관위임)된 이상 주위적 피고 경기도지사의 위와 같은 통보는 예비적 피고 광명시장에 대한 지도·감독권의 행사일 뿐 원고의 권리·의무에 직접적인 영향을 주는 것이라고 할 수 없어 항고소송의 대상이 되는 처분으로 볼 수 없음에도, 이와 달리 주위적 피고 경기도지사에 대한 소에 대하여 본안에 나아가 판단한 원심을 파기하면서, 주위적 피고 경기도지사의 상고에 의하여 예비적 피고 광명시장에 대한 소까지 상고심 심판대상이 되었으므로 원심판결을 전부 파기하되, 주위적 피고 경기도지사에 대한 소는 위와 같은 이유로 각하하고, 예비적 피고 광명시장에 대한 소 중 주위적 청구 부분은 존재하지 아니한 처분을 대상으로 한 것이어서 각하하며, 예비적 청구 부분(부작위 위법확인)은 이유 있다고 보아 이를 인용한 사례(대판 2023. 2. 23, 2021두44548).

7) 중간행위

중간행위가 그 자체로서 일정한 법적 효과를 가져오거나 국민의 권익에 직접 영향을 미치면 당해 행위는 처분이 되고 항고소송의 대상이 되지만, 그렇지 않으면 내부행위에 불과하여 항고소송의 대상이 되지 않으며 이 경우에 중간행위의 위법은 종국처분을 다툼에 있어 종국처분의 위법사유로 주장될 수 있을 뿐이다.

가. 부분허가   부분허가는 그 자체가 규율하는 내용에 대한 종국적인 결정이므로 행정행위의 성질을 가진다. 부분허가가 있게 되면 금지의 해제 등 일정한 법적 효과가 발

생한다. 따라서, 부분허가는 항고소송의 대상이 되는 처분이다.

> 판례 판례는 원자력법상의 원자로시설부지사전승인의 법적 성격을 '사전적 부분허가'로 보면서 원자로 및 관계시설의 부지사전승인처분을 그 자체로서 건설부지를 확정하고 사전공사를 허용하는 법률효과를 지닌 독립한 행정처분이라고 보았다(대판 1998. 9. 4, 97누19588[부지사전승인처분취소]). 〈해설〉 구 원자력법상의 원자로시설부지사전승인은 부지의 적합성을 확인하는 점에서는 사전결정의 성격을 가지며 기초공사 등 일부 제한적인 사전공사를 허용하는 점에서는 부분허가의 성격을 가진다고 보아야 할 것이다.

나. 사전결정   사전결정은 그 자체가 행정행위이다.

다. 가행정행위(잠정적 행정행위)   가행정행위는 본행정행위가 있기까지 잠정적으로 행정법상 권리와 의무를 확정하는 행정의 행위형식이므로 가행정행위는 잠정적이기는 하지만 직접 법적 효력을 발생시키므로 행정행위이며 따라서 처분이라고 보아야 할 것이다. 소득액 등이 확정되지 아니한 경우에 과세관청이 상대방의 신고액에 따라 잠정적으로 세액을 결정하는 것 등을 들 수 있다.

라. 확   약   확약에 관하여 다수설은 확약이 원칙상 행정청에 대하여 구속력을 가지므로 처분이라고 보고 있지만(긍정설), 확약은 사정변경에 의해 바뀔 수 있으므로 종국적 규율성을 갖지 못한다는 점에서 처분이 아니라고 보는 견해(부정설)도 있다. 판례는 부정설을 취하고 있다.

> 판례 어업권면허에 선행하는 우선순위결정은 강학상 확약이지만 행정처분은 아니다(대판 1995. 1. 20, 94누6529[행정처분취소]). 〈해설〉 그러나, 최소한 우선순위에서 배제하는 결정은 면허 등의 거부와 같은 법적 효과를 가져오므로 처분으로 보아야 할 것이다. 우선순위에서 배제하는 결정은 면허 등의 요건을 선취하여 결정하는 의미도 가지므로 일종의 사전결정으로 볼 수도 있을 것이다.

마. 공시지가결정   판례는 개별공시지가결정은 항고소송의 대상이 되는 처분이라고 보고 있다(대판 1993. 6. 11, 92누16706; 1993. 1. 15, 92누12407[개별토지가격결정처분취소 등]).
판례는 표준공시지가결정도 항고소송의 대상이 되는 처분이라고 보고 있다(대판 1995. 3. 28, 94누12920; 1994. 3. 8, 93누10828[개별토지가격결정처분취소]).

8) 거부행위의 처분성 [2008 행시(일반행정직) 사례, 2008, 2013 사시 사례, 2013, 2020 변시, 2014 행시]
신청에 대한 거부행위가 처분이 되기 위하여는 다음과 같은 요건을 충족하여야 한다. ① 처분을 요구할 신청권이 있어야 한다. ② 신청에 대한 거부의 의사표시가 있어야 한다. ③ 신청에 대한 거부가 신청인의 권익에 직접 영향을 미쳐야 한다.

① 그 신청에 따른 행정행위를 해 줄 것을 요구할 수 있는 **법규상 또는 조리상의 신청권**이 있어야 한다(대판 1989. 11. 28, 89누3892[노동조합임시총회소집권자지명신청반려취소]). 이에 관하여 학설은 대립하고 있다.

[신청권과 항고소송]

거부처분 취소소송이나 부작위위법확인소송에서 신청권의 존재를 소송요건으로 보는 견해(소송요건설)와 본안의 문제로 보는 견해(본안문제설)가 있다.

1. 본안문제설

신청권의 존재를 본안의 문제로 보는 견해는 신청권의 존재를 소송대상의 문제로 보면 행정소송법상의 처분개념을 부당하게 제한함으로써 국민의 권익구제의 길을 부당히 축소시키는 결과를 가져오며 신청권을 소송요건의 문제로 보면 본안문제를 소송요건에서 판단하게 되는 문제가 있다고 한다(홍준형, 행정판례연구회, 2003. 6).

2. 소송요건설

소송요건설에도 신청권을 거부행위의 요건으로 보는 견해와 원고적격의 문제로 보는 견해가 있다.

(1) 거부행위요건설

이 견해는 신청권을 거부행위의 요건으로 보고, 신청권이 있는 자에게는 당연히 거부처분을 다툴 원고적격을 인정하는 견해이다(김남진·김연태). 이 견해의 논거는 다음과 같다. ① 신청권은 신청에 대한 응답의무에 대응하는 형식적 또는 절차적 권리이다. ② 현행 행정소송법이 신청권에 대응하는 처분의무(응답의무)를 부작위의 요소로 규정하고 있고(제 2 조 제 1 항 제 2 호), 거부처분 개념은 부작위개념과 연결되어 있으므로 현행 행정소송법하에서는 신청권을 거부행위의 요건으로 보는 것이 타당하다. ③ 신청권이 없는 경우에는 본안심리를 함이 없이 각하판결을 할 수 있어 법원의 소송부담을 줄일 수 있다.

(2) 원고적격문제설

이 견해는 신청권을 원고적격의 문제로 보며 거부행위가 처분에 해당하는가의 여부는 '행정소송법 제 2 조 제 1 항 제 1 호에서 정의한 처분'에 해당하는가의 여부에 따라 판단하는 것이 논리적이라고 한다(홍정선).

3. 판   례

판례는 신청권을 거부처분취소소송의 소송요건으로 본다. 즉, 법규상 또는 조리상 신청권이 없는 경우 거부행위의 처분성을 인정하지 않고, 부작위를 인정하지 않는다.

> **판례**   거부처분의 처분성을 인정하기 위한 전제요건이 되는 신청권의 존부는 구체적 사건에서 신청인이 누구인가를 고려하지 않고 관계 법규의 해석에 의하여 일반 국민에게 그러한 신청권을 인정하고 있는가를 살펴 추상적으로 결정되는 것이고, 신청인이 그 신청에 따른 단순한 응답을 받을 권리를 넘어서 신청의 인용이라는 만족적 결과를 얻을 권리를 의미하는 것은 아니므로, 국민이 어떤 신청을 한 경우에 그 신청의 근거가 된 조항의 해석상 행정발동에 대한 개인의 신청권을 인정하고 있다고 보이면 그 거부행위는 항고소송의 대상이 되는 처분으로 보아야 하고, 구체적으로

그 신청이 인용될 수 있는가 하는 점은 본안에서 판단하여야 할 사항이다(대판 2009. 9. 10, 2007두
20638). 〈해설〉 국민이 어떤 신청을 한 경우 그에 대한 행정청의 거부행위가 항고소송의 대상이 되
는 처분인지 여부를 판단할 때 신청권의 존재 여부를 넘어서 구체적으로 그 신청의 인용 여부까지
판단하여야 하는 것은 아니다.

4. 결어(거부행위요건설)

다음과 같은 이유에서 소송요건설이 타당하다. 현행 행정소송법은 신청권에 대응하는 처분 의
무를 부작위의 요소로 규정하고 있고(제 2 조 제 1 항 제 2 호), 거부처분개념은 부작위개념과 연결
되어 있으므로 현행 행정소송법하에서는 신청권을 거부처분의 요건으로 보는 것이 타당하다. 또
한, 신청권이 없는 경우 각하판결을 하여 본안심리를 할 필요없이 소송을 조기에 종결하여 법원
의 소송부담을 줄일 수 있는 장점이 있다.

신청권은 실정법령의 규정에 의해 인정되기도 하고, 조리상 인정되기도 한다. 일반적
으로 말하면 처분신청을 통해 보호받을 법적 이익이 있는 자에게는 명문의 규정이 없는
경우에도 조리상신청권이 인정된다.

거부처분의 처분성을 인정하기 위한 전제요건이 되는 신청권의 존부는 구체적 사건
에서 신청인이 누구인가를 고려하지 않고 관계 법규의 해석에 의하여 일반 국민에게 그러
한 신청권을 인정하고 있는가를 살펴 추상적으로 결정되는 것이고, 신청인이 그 신청에
따른 단순한 응답을 받을 권리를 넘어서 신청의 인용이라는 만족적 결과를 얻을 권리를
의미하는 것은 아니므로, 국민이 어떤 신청을 한 경우에 그 신청의 근거가 된 조항의 해
석상 행정발동에 대한 개인의 신청권을 인정하고 있다고 보이면 그 거부행위는 항고소송
의 대상이 되는 처분으로 보아야 하고, 구체적으로 그 신청이 인용될 수 있는가 하는 점
은 본안에서 판단하여야 할 사항이다(대판 2009. 9. 10, 2007두20638: 금강수계 중 상수원 수질
보전을 위하여 필요한 지역의 토지 등의 소유자가 국가에 그 토지 등을 매도하기 위하여 매수신청
을 하였으나 유역환경청장 등이 매수거절의 결정을 한 사안에서 그 매수 거부행위가 항고소송의 대
상이 되는 행정처분에 해당한다고 한 사례).

조리상 신청권의 인정 여부에 관한 판례는 다음과 같다.

i) 조리상 행정계획 등 변경신청권

일반 지역주민에게 도시관리계획에 대한 변경신청권을 인정할 수는 없지만, 행정계획
변경신청을 거부하는 것이 실질적으로 당해 행정처분 자체를 거부하는 결과가 되는 경우,
또는 법률상 이해관계가 있는 주민(예, 구속적 행정계획내 토지소유자, 이해관계있는 자로서 법
률상 절차적 참가권이 인정되고 있는 자)인 경우에는 도시관리계획 등 구속적 행정계획에 대
한 입안신청권 또는 변경신청권을 갖는다고 보아야 하고, 이것이 판례의 입장이다.

> **판례1**   판례는 원칙상 행정계획변경신청권을 인정하지 않는다. 즉, "도시계획과 같이 장기성·종합성이 요구되는 행정계획에 있어서는 그 계획이 일단 확정된 후에 어떤 사정의 변동이 있다고 하여 지역주민에게 일일이 그 계획의 변경을 청구할 권리를 인정해 줄 수도 없는 이치이므로 도시계획시설변경신청을 불허한 행위는 항고소송의 대상이 되는 행정처분이라고 볼 수 없다(대판 1984. 10. 23, 84누227).

> **판례2**   예외적으로 다음과 같은 경우 조리상 행정계획변경을 신청할 권리를 인정한다. ① 일정한 행정처분을 구하는 신청을 할 수 있는 법률상 지위에 있는 자의 행정계획변경신청을 거부하는 것이 실질적으로 당해 행정처분 자체를 거부하는 결과가 되는 경우(대판 2003. 9. 23, 2001두10936). 즉, 폐기물처리업허가를 받기 위해서는 용도지역을 변경하는 국토이용계획변경이 선행되어야 할 경우, 폐기물처리업허가를 신청하고자 하는 자는 국토이용계획변경을 신청할 권리를 갖는다. ② 구속적 행정계획내의 주민에게 조리상 해당 구속적 행정계획의 변경신청권 인정. i) 도시계획구역 내 토지 등을 소유하고 있는 사람과 같이 당해 도시계획시설결정에 이해관계가 있는 주민으로서는 도시시설계획의 입안권자 내지 결정권자에게 도시시설계획의 입안 내지 변경을 요구할 수 있는 법규상 또는 조리상의 신청권이 있다(대판 2015. 3. 26, 2014두42742[도시계획시설결정폐지신청거부처분취소]), ii) 군수가 도시관리계획 구역 내 토지 등을 소유하고 있는 주민의 납골시설에 관한 도시관리계획의 입안제안을 반려한 처분이, 항고소송의 대상이 되는 행정처분에 해당한다고 본 원심판단을 수긍한 사례(대판 2010. 7. 22, 2010두5745[도시관리계획입안제안신청반려처분취소]), 산업단지개발계획상 산업단지 안의 토지 소유자로서 산업단지개발계획에 적합한 시설을 설치하여 입주하려는 자는 산업단지지정권자 또는 그로부터 권한을 위임받은 기관에 대하여 산업단지개발계획의 변경을 요청할 수 있는 법규상 또는 조리상 신청권이 있고, 이러한 신청에 대한 거부행위는 항고소송의 대상이 되는 행정처분에 해당한다고 보아야 한다(대판 2017. 8. 29, 2016두44186[산업단지개발계획변경신청거부처분취소]). iii) 문화재보호구역 내의 토지소유자가 문화재보호구역의 지정해제를 신청하는 경우(대판 2004. 4. 27, 2003두8821). 〈해설〉 현행 국토계획법은 제26조는 주민(이해관계자를 포함한다.)은 도시·군관리계획을 입안할 수 있는 자에게 도시·군관리계획의 입안을 제안할 수 있고, 도시·군관리계획의 입안을 제안받은 자는 그 처리 결과를 제안자에게 알려야 한다고 규정하고 있는데, 이 경우 주민의 입안제안권은 거부처분의 요소가 되는 입안신청권과는 다르다고 보아야 한다. 대법원 판례에 따라 이해관계인(이해관계있는 주민 포함)에게만 거부처분의 요소가 되는 조리상 입안신청권이 있고, 그 신청에 대한 거부만이 처분성을 갖는 것으로 보아야 한다. 이해관계없는 일반 주민은 거부처분의 요소가 되는 행정계획변경신청권을 갖지 않는다고 보는 것이 타당하다. 일부 고등법원 판례(대구고법 2009. 9. 4, 2008누2126 등)와 같이 국토계획법 제26조의 주민의 입안제안권을 거부처분의 요소가 되는 도시·군관리계획 입안신청권(법령상 신청권)이라고 보더라도 이해관계인만을 원고적격의 요소인 법률상 이익(개인적 이익)이 있는 자로 보아야 하므로 이해관계없는 일반 주민은 입안제안거부처분을 다툴 법률상 이익이 없는 것으로 보는 것이 타당하다. 왜냐하면 공권(법률상 이익)이 인정되기 위해서는 강행법규성과 사익보호성이 있어야 하기 때문이다. 또한, 이해관계없는 주민의 입안제안거부처분에 대한 불복소송은 공익소송으로서 민중소송에 해당하는데, 민중소송이 인정되기 위해서는 개별법령의 근거가 있어야 한다.

  ii) 조리상 임용신청권 인정 여부

  판례에 따르면 공무원 임용(임명 또는 승진)에 대한 임용신청권을 일반적으로 인정할 수는 없지만, 임용될 것을 상당한 정도로 기대할 수 있는 지위에 있는 임용지원자에게는 조리상 임용신청권이 인정된다.

판례1   판례는 조리상 검사임용신청권을 인정하면서 검사임용신청에 대한 거부의 처분성을 인정하였고(대판 1991. 2. 12, 90누5825), 기간제로 임용된 국·공립대학 교수에 대한 재임용거부의 처분성을 인정하였다(대판 전원합의체 2004. 4. 22, 2000두7735).

판례2   판례는 원칙상 국·공립 대학교원 임용지원자에게 임용 여부에 대한 응답신청권을 인정하지 않지만(대판 2003. 10. 23, 2002두12489[교원임용거부처분취소]), 임용지원자가 당해 대학의 교원임용규정 등에 정한 심사단계 중 중요한 대부분의 단계를 통과하여 다수의 임용지원자 중 유일한 면접심사 대상자로 선정되는 등으로 장차 나머지 일부의 심사단계를 거쳐 대학교원으로 임용될 것을 상당한 정도로 기대할 수 있는 지위에 이르렀다면, 그러한 임용지원자는 임용에 관한 법률상 이익을 가진 자로서 임용권자에 대하여 나머지 심사를 공정하게 진행하여 그 심사에서 통과되면 대학교원으로 임용해 줄 것을 신청할 조리상의 권리가 있다고 보고, 그에 대한 교원신규채용 중단조치는 유일한 면접심사 대상자로서 임용에 관한 법률상 이익을 가지는 임용지원자에 대한 신규임용을 사실상 거부하는 종국적인 조치에 해당하는 것이므로 항고소송의 대상이 되는 행정처분이라고 보았다(대판 2004. 6. 11, 2001두7053[교원신규채용업무중단처분취소]).

판례3   원심이 인정한 사실 및 기록에 의하면, 원고는 피고가 시행한 2001학년도 상반기 경북대학교 전임교원공개채용에서 사회과학대학 정치외교학과에 지원하여 교육공무원법(2000. 1. 28. 법률 제6211호로 개정된 것) 제11조, 교육공무원임용령(1999. 9. 30. 대통령령 제16564호로 개정된 것) 제4조의3 및 그 위임에 따른 경북대학교 교원임용규정 및 전임교원공개채용심사지침(이하 '이 사건 임용규정 등'이라 한다)이 정하는 바에 따라 서류심사위원회, 학과심사위원회, 대학공채인사위원회의 각 심사를 최고득점자로 통과하였으나, 대학교공채조정위원회의 채용유보건의에 따라 2000. 10. 30. 피고로부터 교원임용을 거부한다는 통보(이하 '이 사건 통보'라 한다)를 받은 경우 원고로서는 피고에게 자신의 임용을 요구할 권리가 없을 뿐 아니라 단순한 임용지원자에 불과하여 임용에 관한 법률상 이익을 가진다고도 볼 수 없어, 임용 여부에 대한 응답을 신청할 법규상 또는 조리상 권리도 없다고 할 것이므로 이 사건 통보는 항고소송의 대이 되는 행정처분에 해당하지 아니한다고 한 사례(대판 2003. 10. 23, 2002두12489[교원임용거부처분취소]). 〈해설〉원고가 신규교원으로 임용되기 위하여는 이 사건 임용규정 등이 정하는 바에 따라 대학교공채조정위원회를 통과하여 면접대상자로 결정된 다음, 면접심사에 합격하여 임용예정자로 결정되고, 나아가 교육공무원법 제26조 제2항에 의한 대학인사위원회의 동의를 얻어 임용후보자가 되는 절차를 거쳐야 한다.

판례4   4급 공무원이 당해 지방자치단체 인사위원회의 심의를 거쳐 3급 승진대상자로 결정되고 임용권자가 그 사실을 대내외에 공표까지 하였다면, 그 공무원은 승진임용에 관한 법률상 이익을 가진 자로서 임용권자에 대하여 3급 승진임용 신청을 할 조리상의 권리가 있다(대판 2008. 4. 10, 2007두18611[부작위위법확인의소]).

iii) 조리상 처분의 취소·철회 신청권 인정여부

판례는 원칙상 처분의 취소·철회·변경 신청권을 인정하지 않는다. 제소기간이 이미 도과하여 불가쟁력이 생긴 행정처분에 대하여는 개별 법규에서 그 변경을 요구할 신청권을 규정하고 있거나 관계 법령의 해석상 그러한 신청권이 인정될 수 있는 등 특별한 사정이 없는 한 국민에게 그 행정처분의 변경을 구할 신청권이 있다 할 수 없다(대판 2007. 4. 26, 2005두11104). 다만, 예외적으로 신청인의 권익보호를 위해 행정청의 응답의무를 인정하여야 하는 경우에는 조리상 취소·철회·변경 신청권을 인정한다.

〈조리상 취소·철회·변경신청권을 인정하지 않은 사례〉

판례1   직권취소를 할 수 있다는 사정만으로 이해관계인에게 처분청에 대하여 그 취소를 요구할 신청권이 부여된 것으로 볼 수는 없으므로 산림 복구설계승인 및 복구준공통보에 대한 이해관계인의 취소신청을 거부한 행위는 항고소송의 대상이 되는 행정처분에 해당하지 않는다(대판 2006. 6. 30, 2004두701).

판례2   [1] 공무원연금법은 재직 중인 공무원에 대해서만 재직기간 합산 신청을 허용하고 있는 것으로 해석된다. [2] 제소기간이 이미 도과하여 불가쟁력이 생긴 행정처분에 대하여는 개별 법규에서 변경을 요구할 신청권을 규정하고 있거나 관계 법령의 해석상 그러한 신청권이 인정될 수 있는 등 특별한 사정이 없는 한 국민에게 행정처분의 변경을 구할 신청권이 있다고 할 수 없다. [3] 공무원연금법의 해석상 이미 불가쟁력이 발생한 급여지급결정의 전제가 되는 재직기간의 정정 또는 재산정을 구할 신청권이 인정된다고 볼 수 없으므로, 재직기간의 정정 또는 재산정을 구하는 취지가 포함된 재직기간합산신청이라 하여 일반적인 재직기간합산신청과 달리 퇴직 후에도 허용된다고 볼 수는 없다(대판 2017. 2. 9, 2014두43264[공무원재직기간합산불승인처분취소]). 〈해설〉 원고들은 선택적으로, 공무원연금공단이 원고들에 대하여 한 재직기간합산 불승인처분을 각 취소하라는 취소소송과 원고들은 각 공무원재직기간에 상응한 퇴직연금을 받을 권리를 가진 자의 지위에 있음을 확인하라는 당사자소송을 제기하였다. 판례는 취소소송의 대상적격 즉 재직기간합산 불승인처분의 처분성을 인정하였는데, 재직기간합산 불승인은 거부행위이므로 신청권이 없으면 그 처분성을 부인하였어야 하는 것은 아닌지 의문이 든다. 퇴직후에도 조리상 재직기간합산 '신청권'은 있지만, 재직기간합산 '청구권'은 없다고 한다면 재직기간합산 불승인처분의 처분성을 인정하는 것이 논리적이다. 재직기간합산 '신청권'은 소송요건(처분성)의 문제이고, 재직기간합산 '청구권'은 본안문제이다.

판례3   제소기간 경과로 이미 불가쟁력이 생긴 주택건설사사업계획승인상의 부관(처분청 소유의 토지를 유상으로 매입하도록 하는 부관)에 대해 그 변경을 요구하는 신청(위 토지를 무상으로 양도해 달라는 내용으로 위 부관의 변경을 구하는 신청)을 하였으나 거부한 경우, 관련 법령에서 그러한 변경신청권을 인정하는 아무런 규정도 두고 있지 않을 뿐 아니라, 나아가 관계 법령의 해석상으로도 그러한 신청권이 인정된다고 볼 수 없으므로 원고들에게 이를 구할 법규상 또는 조리상의 신청권이 인정된다 할 수 없고, 그러한 이상 피고가 원고들의 이 사건 신청을 거부하였다 하여도 그 거부로 인해 원고들의 권리나 법적 이익에 어떤 영향을 주는 것은 아니라 할 것이므로 그 거부행위인 이 사건 통지는 항고소송의 대상이 되는 행정처분이 될 수 없다고 한 사례(대판 2007. 4. 26, 2005두11104).

판례4   구 건축법(1999. 2. 8. 법률 제5895호로 개정되기 전의 것) 및 기타 관계 법령에 국민이 행정청에 대하여 제3자에 대한 건축허가의 취소나 준공검사의 취소 또는 제3자 소유의 건축물에 대한 철거 등의 조치를 요구할 수 있다는 취지의 규정이 없고, 같은 법 제69조 제1항 및 제70조 제1항은 각 조항 소정의 사유가 있는 경우에 시장·군수·구청장에게 건축허가 등을 취소하거나 건축물의 철거 등 필요한 조치를 명할 수 있는 권한 내지 권능을 부여한 것에 불과할 뿐, 시장·군수·구청장에게 그러한 의무가 있음을 규정한 것은 아니므로 위 조항들도 그 근거 규정이 될 수 없으며, 그 밖에 조리상 이러한 권리가 인정된다고 볼 수도 없다(대판 1999. 12. 7, 97누17568[건축허가 및 준공검사취소 등에 대한 거부처분취소]: 국민이 행정청에 대하여 제3자에 대한 건축허가와 준공검사의 취소 및 제3자 소유의 건축물에 대한 철거명령을 요구할 수 있는 법규상 또는 조리상 권리가 없다고 한 사례).

〈조리상 취소·철회·변경신청권을 인정한 사례〉

판례1   행정청이 행한 공사중지명령의 상대방은 그 명령 이후에 그 원인사유가 소멸하였음을 들어 행정청에게 공사중지명령의 철회를 요구할 수 있는 조리상의 신청권이 있다 할 것이고, 상대방으로부터 그 신청을 받은 행정청으로서는 상당한 기간 내에 그 신청을 인용하는 적극적 처분을 하거나 각하 또는 기각하는 등의 소극적 처분을 하여야 할 법률상의 응답의무가 있다고 할 것이며, 행정청이 상대방의 신청에 대하여 아무런 적극적 또는 소극적 처분을 하지 않고 있는 이상 행정청의 부작위는 그 자체로 위법하다고 할 것이고, 구체적으로 그 신청이 인용될 수 있는지 여부는 소극적 처분에 대한 항고소송의 본안에서 판단하여야 할 사항이라고 할 것이다(대판 2005. 4. 14, 2003두7590; 2007. 5. 11, 2007두1811[공사중지명령처분취소]; 1997. 12. 26, 96두17745[공사중지명령철회신청거부처분위법확인]).

판례2 　건축주가 토지 소유자로부터 토지사용승낙서를 받아 그 토지 위에 건축물을 건축하는 대물적(對物的) 성질의 건축허가를 받았다가 그 착공에 앞서 건축주의 귀책사유로 해당 토지를 사용할 권리를 상실한 경우, (제3자에 대한) 건축허가의 존재로 말미암아 토지에 대한 소유권 행사에 지장을 받을 수 있는 토지 소유자로서는 그 건축허가의 철회를 신청할 수 있다고 보아야 한다. 따라서 토지 소유자의 위와 같은 신청을 거부한 행위는 항고소송의 대상이 된다(대판 2017. 3. 15, 2014두41190<건축허가철회신청거부처분취소의 소>).

판례3 　새만금사건에서 대법원은 조리상 공유수면매립면허처분 취소변경신청권을 인정할 것인지의 여부에 관한 논의없이 공유수면매립면허처분 취소변경거부처분의 위법 여부를 판단하고 있는 점에 비추어 인근주민에게 조리상 공유수면매립면허처분 취소변경신청권을 인정한 것으로 보인다(대판 전원합의체 2006. 3. 16, 2006두330<새만금사건>: 새만금간척종합개발사업을 위한 공유수면매립면허 및 사업시행인가처분의 취소신청에 대하여 처분청이 구 공유수면매립법 제32조 제 3 호에 의한 취소권의 행사를 거부한 경우, 그 사업목적상의 사정변경, 농지의 필요성에 대한 사정변경, 경제적 타당성에 대한 사정변경, 수질관리상의 사정변경, 해양환경상의 사정변경이 위 개발사업을 중단하여야 할 정도로 중대한 사정변경이나 공익상 필요가 있다고 인정하기에 부족하다고 본 원심의 판단을 수긍한 사례). <해설> 공유수면매립면허처분 등의 철회·변경에 대한 조리상 신청권이 인정됨을 전제로 취소·변경의무가 있는지 여부(공유수면매립면허처분 등의 철회·변경을 요구할 만한 중대한 사정변경의 발생 여부 또는 공익상 필요 여부)를 논하고 있다. 원심판결에서는 환경영향평가 대상지역 안에 거주하는 주민에게 공유수면매립면허의 처분청에 대하여 공유수면매립법 제32조에서 정한 공유수면매립면허의 취소·변경 등의 사유가 있음을 내세워 그 면허의 취소·변경을 요구할 조리상의 신청권이 인정된다고 명시적으로 판단하고 있다(서울고법 2005. 12. 21, 2005누4412). 생각건대 처분의 취소변경을 구할 법적 이익이 있는 자에게는 조리상 처분취소·변경신청권을 인정하여야 할 것이다.

판례4 　개발사업시행자가 납부한 개발부담금 중 그 부과처분 후에 납부한 학교용지부담금에 해당하는 금액에 대하여는 조리상 개발부담금 부과처분의 취소나 변경 등 개발부담금의 환급에 필요한 처분을 할 것을 신청할 권리가 인정되므로, 그 부분 환급을 거절한 행위는 행정처분에 해당한다고 판단한 사례(대판 2016. 1. 28, 2013두2938[개발부담금환급거부취소]).

판례5 　광업법 제34조 제 2 항(산업통상자원부장관은 국가중요건설사업지 또는 그 인접 지역의 광업권이나 광물의 채굴이 국가중요건설사업에 지장을 준다고 인정할 때에는 광업권의 취소 또는 그 지역에 있는 광구의 감소처분을 할 수 있다.)이 공공의 이익을 보호하기 위한 규범에 해당함과 동시에 광업권자의 이익을 보호하기 위한 보호규범에도 해당하고, 이 사건 사업으로 인하여 광업권(채굴권)의 행사를 제한받고 있는 원고들은 그러한 제한이 광업법 제44조가 정하는 광업권의 내재적 한계를 초과하여 피고에게 광구감소처분을 신청할 법규상 또는 조리상 신청권이 있다는 이유로, 피고가 원고들의 광업법 제34조 제 2 항에 따른 광업권 취소처분 또는 광구 감소처분 신청을 거부한 피고의 회신(이하 '이 사건 처분'이라고 한다)을 항고소송의 대상이 되는 처분에 해당한다고 판시한 원심을 인정한 사례(대판 2023. 6. 29, 2022두59592).

② 거부의 의사표시가 있어야 한다. 거부의 의사표시는 묵시적일 수도 있다. 법령상 일정한 기간이 지났음에도 가부간의 처분이 없는 경우 거부가 의제되는 경우도 있다.

검사 지원자 중 한정된 수의 임용대상자에 대한 임용결정만을 하는 경우 임용대상에서 제외된 자에 대하여 임용거부의 소극적 의사표시를 한 것으로 보아야 한다(대판 1991. 2. 12, 90누5825[검사임용거부처분취소]).

판례2 [1] 행정청의 어떠한 조치가 이와 같이 신청에 대한 거부처분에 해당한다고 보기 위해서는 행정청의 종국적이고 실질적인 거부의 의사결정이 권한 있는 기관에 의하여 외부로 표시되어 신청인이 이를 알 수 있는 상태에 다다른 것으로 볼 수 있어야 한다(대판 1990. 9. 25, 89누4758, 대판 2005. 8. 19, 2005두425 등 참조). [2] 서울대공원 시설을 기부채납한 사람이 무상사용기간 만료 후 확약 사실에 근거하여 10년 유상사용 등의 허가를 구하는 확정적인 취지의 신청을 한 사안에서, 서울대공원 관리사업소장이 그 신청서를 반려하고 조건부 1년의 임시사용허가처분을 통보한 것은 사실상 거부처분에 해당한다고 한 사례(대판 2008. 10. 23, 2007두6212,6229[유상사용허가거부처분취소]). 〈해설〉 그러나, 원심은 최대 1년의 임시사용허가처분을 한 것은 원고의 위 신청에 대한 검토를 마칠 때까지의 임시적인 작위처분에 불과하여 이를 거부처분으로 볼 수는 없어 이 사건 항고소송으로 취소를 구할 거부처분은 존재하지 아니하고, 다만 원고의 2004. 3. 9.자 신청에 대해 상당한 기간이 지난 원심 변론 종결 시까지 아무런 처분을 하지 아니한 것은 법률상의 응답의무를 위반한 위법한 부작위에 해당하여 원고에게는 그 확인을 구할 이익이 있다고 판단하였다.

③ 거부된 공권력 행사가 처분성을 가져야 한다. 달리 말하면 처분인 공권력 행사의 거부이어야 한다. 따라서, 국유잡종재산의 대부신청의 거부(대판 1998. 9. 22, 98두7602)는 처분이 아니다.

④ 거부행위가 신청인의 권익에 직접적 영향을 미쳐야 한다.

9) 부 관

행정행위의 부관은 부담의 경우를 제외하고는 독립하여 행정소송의 대상이 될 수 없다는 것이 판례의 입장이다(대판 1993. 10. 8, 93누2032[공유수면매립공사준공인가처분취소]). 판례는 부관(부담 제외)만의 취소를 구하는 소송에 대하여는 각하판결을 하여야 한다고 보며, 부관부행정행위 전체의 취소를 구하는 것만을 인정하고 있다. 또한, 판례는 부관이 위법한 경우 신청인이 부관부행정행위의 변경을 청구하고, 행정청이 이를 거부한 경우 동 거부처분의 취소를 구하는 소송을 제기할 수 있는 것으로 본다(자세한 것은 전술 부관 참조).

10) 반복된 행위 [2021 변시]

① 침해적 행정처분이 내려진 후에 내려진 동일한 내용의 반복된 침해적 행정처분은 처분이 아니다.

판례1 행정대집행법상의 건물 철거의무는 제1차 철거명령 및 계고처분으로서 발생하였고, 제2차, 제3차의 계고처분은 새로운 철거의무를 부과한 것이 아니고 다만 대집행기한의 연기 통지에 불과하므로 행정처분이 아니다(대판 1994. 10. 28, 94누5144[건축물자진철거계고처분취소]).

판례2 지방병무청장이 보충역 편입처분을 받은 자에 대하여 복무기간을 정하여 공익근무요원 소집통지를 한 이상 그것으로써 공익근무요원으로서의 복무를 명하는 병역법상의 공익근무요원 소집처분이 있었다고 할 것이고, 그 후 지방병무청장이 공익근무요원 소집대상자의 원에 의하여 또는 직권으로 그 기일을 연기한 다음 다시 공익근무요원 소집통지를 하였다고 하더라도 이는 최초의 공익근무요원 소집통지에 관하여 다시 의무이행기일을 정하여 알려 주는 연기통지에 불과한 것이므로, 이는 항고소송의 대상이 되는 독립한 행정처분으로 볼 수 없다(대판 2005. 10. 28, 2003두14550[공익근무요원소집처분취소])

② 그러나, 수익적 행정처분을 구하는 신청에 대한 거부처분이 있은 후 당사자가 다시 신청을 한 경우에는 신청의 제목 여하에 불구하고 그 내용이 새로운 신청을 하는 취지라면 관할 행정청이 이를 다시 거절하는 것은 새로운 거부처분이라고 보아야 한다. 그리고 거부처분에 대한 이의신청의 내용이 새로운 신청을 하는 취지로 볼 수 있는 경우에는, 그 이의신청에 대한 기각결정(거부결정)의 통보를 새로운 처분으로 볼 수 있다. 이 경우 행정심판 및 행정소송의 제기기간은 각 처분을 기준으로 진행된다고 보고 있다(대판 1992. 10. 27, 92누1643; 2019. 4. 3, 2017두52764). 따라서, 판례에 의하면 거부처분에 대한 제소기간이 경과한 뒤에도 동일한 내용의 신청을 다시 하여 그에 대하여 행정청의 거부처분이 행해지면 당해 거부처분은 독립된 새로운 처분이므로 그 거부처분에 대하여 소를 제기할 수 있다.

판례 (1) 甲의 공익사업시행자인 한국토지주택공사에 대한 이주자택지 공급대상자 선정 신청에 대한 이주대책 대상에서 제외하는 결정·통보(이하 '1차 결정'이라고 한다)에 대해 갑이 증빙자료를 추가하여 한 이의신청을 새로운 신청으로 보고, 이의신청을 받아들이지 않고 여전히 원고를 이주대책 대상에서 제외한다고 한 이의신청 불수용결정·통보(이하 '2차 결정'이라고 한다)를 1차 결정과 별도로 행정심판 및 취소소송의 대상이 되는 '처분'(거부처분)으로 본 사례. (2) 이 사건에서 피고 공사가 원고에게 2차 결정을 통보하면서 '2차 결정에 대하여 이의가 있는 경우 2차 결정 통보일부터 90일 이내에 행정심판이나 취소소송을 제기할 수 있다.'는 취지의 불복방법 안내를 하였던 점을 보면, 피고 공사 스스로도 2차 결정이 행정절차법과 행정소송법이 적용되는 처분에 해당한다고 인식하고 있었음을 알 수 있고, 그 상대방인 원고로서도 2차 결정이 행정쟁송의 대상인 처분이라고 인식하였을 수밖에 없다고 보인다. 이와 같이 불복방법을 안내한 피고 공사가 이 사건 소가 제기되자 '처분성'이 인정되지 않는다고 본안전항변을 하는 것은 신의성실원칙(행정절차법 제4조)에도 어긋난다(대판 2020. 4. 9, 2019두61137 참조)(대판 2021. 1. 14, 2020두50324). 〈해설〉 원심은, ① 원고의 이의신청은 당초의 신청과 별개의 새로운 신청으로 보기 어렵고, ② 원고가 1차 결정에 대하여 이의신청을 할 당시에 1차 결정에 대하여 행정심판이나 취소소송을 제기할 수 있었으며, ③ 2차 결정은 1차 결정의 내용을 그대로 유지한다는 취지로서 이는 원고의 권리·의무에 어떠한 새로운 변동을 초래하지 아니할 뿐만 아니라, ④ 이 사건에 신뢰보호의 원칙이 적용된다고 볼 수도 없다는 등의 이유로, 2차 결정을 1차 결정과 별도로 행정쟁송의 대상이 되는 처분으로 볼 수 없다고 판단하였다.

관계 법령이나 행정청이 사전에 공표한 처분기준에 신청기간을 제한하는 특별한 규정이 없는 이상 재신청을 불허할 법적 근거가 없으며, 설령 신청기간을 제한하는 특별한 규정이 있더라도 재신청이 신청기간을 도과하였는지는 본안에서 재신청에 대한 거부처분이 적법한가를 판단하는 단계에서 고려할 요소이지, 소송요건 심사단계에서 고려할 요소가 아니다(대판 2021. 1. 14, 2020두50324).

　　③ 절차상 또는 형식상 하자로 인하여 무효인 행정처분이 있은 후 행정청이 관계 법령에서 정한 절차 또는 형식을 갖추어 다시 동일한 행정처분을 하였다면 당해 행정처분은 종전의 무효인 행정처분과 관계없이 새로운 행정처분이라고 보아야 한다(대판 2007. 12. 27, 2006두3933; 2014. 3. 13, 2012두1006).

11) 변경처분의 경우

변경처분에는 소극적 변경처분(일부취소)과 적극적 변경처분이 있다.

가. 감액처분의 경우　　　행정청이 금전부과처분(당초의 처분)을 한 후 감액처분을 한 경우에는 감액처분은 일부취소처분의 성질을 가지므로 감액처분이 항고소송의 대상이 되는 것이 아니며 처음의 부과처분 중 감액처분에 의하여 취소되지 않고 남은 부분(당초의 처분)이 항고소송의 대상이 된다.

> **판례**　　과징금 부과처분에서 행정청이 납부의무자에 대하여 부과처분을 한 후 그 부과처분의 하자를 이유로 과징금의 액수를 감액하는 경우에 그 감액처분은 감액된 과징금 부분에 관하여만 법적 효과가 미치는 것으로서 처음의 부과처분과 별개 독립의 과징금 부과처분이 아니라 그 실질은 당초 부과처분의 변경이고, 그에 의하여 과징금의 일부취소라는 납부의무자에게 유리한 결과를 가져오는 처분이므로 처음의 부과처분이 전부 실효되는 것은 아니며, 그 감액처분으로도 아직 취소되지 않고 남아 있는 부분이 위법하다고 하여 다투는 경우 항고소송의 대상은 처음의 부과처분 중 감액처분에 의하여 취소되지 않고 남은 부분이고 감액처분이 항고소송의 대상이 되는 것은 아니다(대판 2008. 2. 15, 2006두3957[과징금납부명령무효확인 등]). 〈해설〉 처분사유의 변경, 새로운 재량권 행사 등으로 일부취소를 새로운 처분으로 볼 수 있는 경우에는 일부취소의 경우에도 새로운 처분인 일부취소처분이 항고소송의 대상이 되는 것으로 보아야 할 것이다.

감액처분의 경우에도 처분사유가 바뀐 경우에는 감액처분을 새로운 처분으로 보고 당초처분은 취소된 것으로 보아야 한다.

나. 증액처분의 경우　　　증액처분의 경우에 당초의 처분은 증액처분에 흡수되어 소멸되므로 증액처분이 항고소송의 대상이 된다.

> **판례 1**　　국세기본법 제22조의2의 시행 이후에도 증액경정처분이 있는 경우, 당초 신고나 결정은 증액경정처분에 흡수됨으로써 독립한 존재가치를 잃게 된다고 보아야 하므로, 원칙적으로는 당초 신고나 결정에 대한 불복기간의 경과 여부 등에 관계없이 증액경정처분만이 항고소송의 심판대상이 되고(흡수설), 납세의무자는 그 항고소송에서 당초 신고나 결정에 대한 위법사유도 함께 주장할 수 있다(대판 2009. 5. 14, 2006두17390[종합소득세등부과처분취소]). 〈해설〉 조세부과처분의 경우에는 국세기본법 제22조의2 제 1 항에서 "세법에 따라 당초 확정된 세액을 증가시키는 경정(更正)은 당초 확정된 세액에 관한 이 법 또는 세법에서 규정하는 권리·의무관계에 영향을 미치지 아니한다"라고 규정하고 있으므로 불가쟁력이 발생하여 확정된 당초 신고나 결정에서의 세액에 관하여는 취소를 구할 수 없고, 증액경정처분에 의해 증액된 세액을 한도로 취소를 구할 수 있을 뿐이다(대판 2011. 4. 14, 2008두22280).

구 개발이익환수에관한법률(1997. 8. 30. 법률 제5409호로 개정되기 전의 것) 제10조 제 1 항 단서에 따른 개발부담금의 감액정산은 당초 부과처분과 다른 별개의 처분이 아니라 그 감액변경처분에 해당하고, 감액정산처분 후 다시 증액경정처분이 있는 경우에는 감액정산처분에 의하여 취소되지 아니한 부분에 해당하는 당초 부과처분은 증액경정처분에 흡수되어 소멸하고 증액경정처분만이 쟁송의 대상이 되며, 이때 증액경정처분의 위법사유뿐만 아니라 당초 부과처분 중 감액정산처분에 의하여 취소되지 아니한 부분의 위법사유도 다툴 수 있다(대판 2001. 6. 26, 99두11592[개발부담금부과처분취소]).

증액경정처분이 있는 경우 당초처분은 증액경정처분에 흡수되어 소멸하고, 소멸한 당초처분의 절차적 하자는 존속하는 증액경정처분에 승계되지 아니한다(대판 2010. 6. 24, 2007두16493).

다. 적극적 변경처분의 경우 [2013 행시(일반)]

처분청이 직권으로 제재처분을 적극적으로 감경·변경한 경우(예: 허가취소처분을 영업정지처분으로 변경한 경우·영업정지처분을 과징금부과처분으로 변경한 경우)에는 당초 처분을 전부 변경하는 경우와 당초 처분을 일부만 변경하는 경우가 있다.

당초처분을 전부 변경하는 적극적 변경처분의 경우 당초 처분은 효력을 상실하므로 변경처분을 대상으로 항고소송을 제기하여야 한다. 이 경우 변경처분취소소송의 제소기간은 변경처분시를 기준으로 한다.

다만, 선행처분의 내용 중 일부만을 소폭 변경하는 정도에 불과한 경우(대판 2012. 10. 11, 2010두12224) 또는 당초처분과 동일한 요건과 절차가 요구되지 않는 경미한 사항에 대한 변경처분과 같이 분리가능한(가분적인) 일부변경처분의 경우(대판 2010. 12. 9, 2009두4555)에는 선행처분이 소멸한다고 볼 수 없다(대판 2012. 10. 11, 2010두12224). 이 경우 선행처분과 후행변경처분을 별도로 다툴 수 있고, 후행처분 취소소송의 제소기간 준수 여부는 후행변경처분을 기준으로 판단하여야 한다. 선행처분의 취소를 구하는 소를 제기한 후 후행처분의 취소를 구하는 청구를 추가하여 청구를 변경하였다면 후행처분에 관한 제소기간 준수 여부는 청구변경 당시를 기준으로 판단하여야 한다(대판 2012. 12. 13, 2010두20782, 2010두20799 (병합)).

[1] 종전 처분을 변경하는 내용의 후속처분이 있는 경우, 항고소송의 대상: 기존의 행정처분을 변경하는 내용의 행정처분이 뒤따르는 경우(처분 변경의 경우), 후속처분이 종전처분을 완전히 대체하는 것이거나 그 주요 부분을 실질적으로 변경하는 내용인 경우(전부 변경의 경우)에는 특별한 사정이 없는 한 종전처분은 그 효력을 상실하고 후속처분만이 항고소송의 대상이 되지만(대판 2012. 10. 11, 2010두12224 등 참조), 후속처분의 내용이 종전처분의 유효를 전제로 그 내용 중 일부만을 추가·철회·변경하는 것이고 그 추가·철회·변경된 부분이 그 내용과 성질상 나머지 부분과 불가분적인 것이 아닌 경우(일부 변경의 경우)에는, 후속처분에도 불구하고 종전처분이 여전히 항고소송의 대상이 된다고 보아야 한다. 따라서 종전처분을 변경하는 내용의 후속처분이 있는 경우 법원으로서는, 후속처분의 내용이 종전처분 전체를 대체하거나 그 주요 부분을 실질적으로 변경하는 것인지, 후속처분에서 추가·철회·변경된 부분의 내용과 성질상 그 나머지 부분과 가분적인지 등을 살펴 항고소송의 대상이 되는 행정처분을 확정하여야 한다. [2] 종전 영업시간 제한(0시부터 8시까지 제한) 및 의무휴업일 지정(매달 둘째, 넷째 주 일요일을 의무휴업일로 지정) 처분의 내용 중 영업시간 제한 부분만을 일부 변

경하는 후속처분(영업시간 제한만을 0시부터 8시까지 제한에서 0시부터 10시로 제한하는 후속처분)이 있는 경우, 후속처분에도 불구하고 종전 처분도 여전히 항고소송의 대상이 된다. [3] 후속처분은 종전 처분 전체를 대체하거나 그 주요 부분을 실질적으로 변경하는 내용이 아니라, 의무휴업일 지정 부분을 그대로 유지한 채 영업시간 제한 부분만을 일부 변경하는 것으로서, 후속처분에 따라 추가된 영업시간 제한 부분은 그 성질상 종전처분과 가분적인 것으로 여겨지므로 후속처분으로 종전처분이 소멸하였다고 볼 수는 없고, 종전처분과 그 효를 전제로 한 후속처분이 병존하면서 위 원고들에 대한 규제 내용을 형성한다고 할 것이다. 그러므로 이와 다른 전제에서 2014. 8. 25.자 처분에 따라 종전처분이 소멸하여 그 효력을 다툴 법률상 이익(소의 이익)이 없게 되었다는 취지의 피고 동대문구청장의 이 부분 상고이유 주장은 이유 없다(대판 전원합의체 2015. 11. 19, 2015두295[대형마트영업시간제한등처분취소]).

판례2   [1] 선행처분의 내용을 변경하는 후행처분이 있는 경우, 선행처분의 효력 존속 여부: 선행처분의 주요 부분을 실질적으로 변경하는 내용으로 후행처분을 한 경우에 선행처분은 특별한 사정이 없는 한 그 효력을 상실하지만(전부 변경의 경우), 후행처분이 있었다고 하여 일률적으로 선행처분이 존재하지 않게 되는 것은 아니고 선행처분의 내용 중 일부만을 소폭 변경하는 정도에 불과한 경우에는 선행처분이 소멸한다고 볼 수 없다(일부 변경의 경우). [2] 선행처분이 후행처분에 의하여 변경되지 아니한 범위 내에서 존속하고 후행처분은 선행처분의 내용 중 일부를 변경하는 범위 내에서 효력을 가지는 경우에 있어서 선행처분의 취소를 구하는 소를 제기한 후 후행처분의 취소를 구하는 청구를 추가하여 청구를 변경하는 경우, 후행처분에 관한 제소기간 준수 여부의 판단 기준시기: 선행처분이 후행처분에 의하여 변경되지 아니한 범위 내에서 존속하고 후행처분은 선행처분의 내용 중 일부를 변경하는 범위 내에서 효력을 가지는 경우에, 선행처분의 취소를 구하는 소를 제기한 후 후행처분의 취소를 구하는 청구를 추가하여 청구를 변경하였다면 후행처분에 관한 제소기간 준수 여부는 청구변경 당시를 기준으로 판단하여야 하나, 선행처분에만 존재하는 취소사유를 이유로 후행처분의 취소를 청구할 수는 없다(대판 2012. 12. 13, 2010두20782, 20799).

판례3   [정부출연금 전액환수 및 참여제한에 관한 2차 통지의 취소를 구하는 사건] (1) 구 중소기업기술혁신 촉진법 제31조, 제32조에 따른 정부출연금 전액환수 및 참여제한에 관한 1차 통지가 이루어진 뒤, 원고들의 이의신청에 따라 재심의를 거쳐 2차 통지가 이루어진 경우에 원심은 2차 통지가 1차 통지에 대한 원고들의 이의신청을 받아들이지 아니한다는 사실을 안내하는 취지로서, 1차 통지를 그대로 유지함을 전제로 피고의 업무처리 적정 및 원고들의 편의를 위한 조치에 불과하므로 원고들의 권리·의무에 직접적인 변동을 초래하지 않아 행정처분에 해당하지 않는다고 판단하였지만, 대법원은, 이 사건 2차 통지는 선행처분인 이 사건 1차 통지의 주요 부분을 실질적으로 변경한 새로운 처분으로서 항고소송의 대상이 된다고 봄이 타당하다고 하면서 2차 통지의 처분성 인정하고 원심판결을 파기환송한 사례. (2) 그 주요 구체적인 이유는 다음과 같다. 1) 우선 이 사건 1차 통지는 제재적 행정처분이 가지는 외관을 모두 갖춘 것으로 국민의 권리·의무에 직접적으로 영향을 미치는 공권력의 행사로서 처분에 해당한다. 2) 이 사건 2차 통지는 이 사건 1차 통지의 주요 부분을 실질적으로 변경하는 새로운 처분으로 볼 수 있고, 따라서 이 사건 2차 통지로 인하여 선행처분인 이 사건 1차 통지는 소멸하였다고 봄이 타당하다. 2차 통지서에는 제재조치위원회에서 심의한 결과를 통지한다는 취지로 기재되어 있는데, 그 문언상 종전 통지와 별도로 심의·의결하였다는 내용임이 명백하다. 또한 이는 단순히 이의신청을 받아들이지 않는다는 내용에 그치는 것이 아니라, 이의신청의 내용을 기초로 원고들에 대한 제재사유의 존부 및 제재의 내용에 대하여 다시 심의한 결과에 따라 참여제한 및 환수처분을 한다는 내용을 알리는 것이므로, 새로운 제재조치의 통지에 해당한다고 볼 수 있다. 또한 참여제한기간이 '2019. 7. 19.부터 2022. 7. 18.까지'에서 '2019. 11. 8.부터 2022. 11. 7.까지'로, 환수금 납부기한이 '2019. 8. 2.까지'에서 '2019. 11. 18.까지'로 각 변경되었다. 3) 피고는 이 사건 1차 통지일로부터 90일이 지난 시점에 원고들에게 이 사건 2차 통지를 하면서 다시 행정심판 또는 행정소송에 의한 불복방법을 고지하였다. 이에 비추어 보면, 피고도 이 사건 2차 통지가 항고소송의 대상이 되는 처분에 해당한다고 인식하고 있었다고 할 것이다. 4) 또한 위와 같이 이 사건 1차 통지와 이 사건 2차 통지 각각에 대하여 행정소송 등 불복방법에 관한 고지를 받은 당사자로서는 당초의 이 사건 1차 통지에 대해서는 이의신청을 하여 재심의를 받거나 곧바로 행정소송 등을 제기하는 방법 중에서 선택할 수 있다고 이해하게 될 것이고, 그중 이의신청을 한 당사자가 그에 따른 재심의 결과에 대하여 따로 행정소송 등을 제기하여 다툴 수 있을 것으로 기대한다고 하여 이를 잘못이라고 할 수는 없다. 그러므로 피고가 이 사건 2차 통지를 하면서 그에 대한 행정소송 등을 처분이 있음을 알게 된 날부터 90일 내에 제기할 수 있다고 명시적으로 안내한 것은 그 상대가 된 원고들에 대하여 신뢰의 대상이 되는 공적인 견해를 표명한 것에 해당한다 할 것이므로 행정상 법률관계에서의 신뢰보호의 원칙에 비추어 보더라도 이 사건 2차 통지는 항고소송의 대상이 되는 처분이라고 봄이 상당하다(대판 2022. 7. 28, 2021두60748[정부출연금전액환수 등 처분취소청구]).

판례는 변경처분을 특정하여 **변경처분명령재결**(2월의 영업정지처분에 갈음하는 과징금부과처분을 하라는 재결)을 하였고, 처분청이 이 재결에 따라 당초처분(3월의 영업정지처분)을 변경하는 변경처분(2월의 영업정지처분에 갈음하는 과징금부과처분)을 한 경우에 변경처분을 새로운 처분으로 보지 않고, **변경되고 남은 당초처분**(과징금부과처분)을 대상으로 취소소송을 제기하여야 하는 것으로 보는데(대판 2007. 4. 27, 2004두9302), 변경명령재결에 따른 처분청의 변경은 재결의 기속력에 따른 처분으로서 처분청의 직권에 의한 변경처분과 구별하여야 한다. 판례는 취소소송제기기간은 변경처분명령재결서의 정본을 송달받은 날로부터 90일 이내로 보고 있다.

12) 신고의 수리 또는 수리거부행위 [2011 행시(재경직) 사례, 2015 사시]

자기완결적 신고는 신고의 요건을 갖춘 신고만 하면 신고의무를 이행한 것이 되고, 행정청이 신고의 수리(엄밀히 말하면 접수)를 거부하더라도 원칙상 이 수리의 거부는 행정처분이 아닌 사실행위이므로 취소소송으로 다툴 수 없다. 그러나, 자기완결적 신고 중 건축신고 등 신고가 반려될 경우 당해 신고의 대상이 되는 행위를 하면 시정명령, 이행강제금, 벌금의 대상이 되는 등 신고인이 법적 불이익을 받을 위험이 있는 경우에 그 거부는 처분에 해당한다(판례).

수리를 요하는 신고의 수리와 그 거부는 학문상 행정행위인 수리행위와 그 거부로서 행정소송법상 처분이다.

법령상 신고사항이 아닌 사항의 신고의 수리는 처분이 아니다(대판 2005. 2. 25, 2004두4031[납골시설등설치신고반려처분취소]).

13) 사법행위와 처분 [2021 변시]

행정청의 일방적 결정이 처분인지 사법(私法)행위인지가 다투어지는 경우가 있다. 이는 공법행위와 사법행위의 구별문제이다.

판례는 국유잡종재산의 매각, 대부행위(대판 1993. 12. 21, 93누13735), 공사도급계약 등은 국가가 사경제주체로서 상대방과 대등한 위치에서 행하는 사법상의 법률행위라고 보고 있다. 그러나, 판례는 국유재산법 제51조 소정의 국유재산 무단점유자에 대한 변상금부과처분은 행정소송의 대상이 되는 행정처분이라고 보았다(대판 1988. 2. 23, 87누1046). 또한,

판례는 행정재산의 사용·수익허가나 그에 따른 사용료부과처분을 행정소송법상의 처분으로 보고 있다(대판 1998. 2. 27, 97누1105[공유재산대부신청반려처분무효확인]).

기부채납이란 지방자치단체 외의 자가 부동산 등의 소유권을 무상으로 지방자치단체에 이전하여 지방자치단체가 이를 취득하는 것으로서, 기부자가 재산을 지방자치단체의 공유재산으로 증여하는 의사표시를 하고 지방자치단체가 이를 승낙하는 채납의 의사표시를 함으로써 성립하는 사법상 증여계약에 해당한다(대판 2022. 4. 28, 2019다272053).

판례는 법령에 근거한 입찰참가자격제한조치, 법령이나 계약의 근거가 없이 내부규정에 근거한 일방적인 입찰참가자격제한조치를 처분으로 보고 있다. 이에 반하여 계약(공법상 계약 또는 사법상 계약)에 근거한 입찰참가자격제한은 처분이 아니고, 계약상의 의사표시(공법상 의사표시 또는 사법상 의사표시)로 본다. 조달계약에서의 낙찰적격자 심사에 있어서 내부규정에 근거한 감점통보조치도 처분이 아니라 계약사무처리상 사법상 통지행위로 본다. 다만, 계약(사법상 계약)에 근거한 것이라도 조달청이 한 나라장터 종합쇼핑몰거래정지조치는 국가, 지방자치단체 및 공공기관 등 여러 기관에 대한 조달 참가를 제한하는 것이므로 처분으로 보았다.

판례1 국가를 당사자로 하는 계약에 관한 법률 제27조 또는 지방자치단체를 당사자로 하는 계약에 관한 법률 제31조에 의하여 국가의 각 중앙관서의 장 또는 지방자치단체의 장이 한 부정당업자의 입찰참가자격제한조치는 제재적 성격의 권력적 행위로서 처분이다(대판 1996. 12. 20, 96누14708; 1999. 3. 9, 98두18565[부정당업자제재처분취소]).

판례2 법령(공공기관의 운영에 관한 법률 제39조 제 2 항, 제 3 항)에 근거한 공기업·준정부기관이 행하는 입찰참가자격 제한처분을 처분으로 보고 있다(대판 2014. 11. 27, 2013두18964[부정당업자제재처분취소]: 실제로 법령에 근거한 한국전력공사의 입찰참가자격 제한처분의 처분성을 인정하고, 본안에 들어가 본안판단을 한 사례). 〈해설〉공공기관의 운영에 관한 법률 제39조 제 2 항, 제 3 항은, 공기업·준정부기관은 공정한 경쟁이나 계약의 적정한 이행을 해칠 것이 명백하다고 판단되는 사람·법인 또는 단체 등에 대하여 2년의 범위 내에서 일정기간 입찰참가자격을 제한할 수 있고, 그 제한기준 등에 관하여 필요한 사항은 기획재정부령으로 정하도록 하고 있다. 공공기관의 운영에 관한 법률상 '기타 공공기관'은 입찰참가제한처분을 할 법적 근거가 없다.
(1) 공공기관의 운영에 관한 법률 제39조 제 2 항과 그 하위법령에 따른 입찰참가자격제한 조치가 행정처분에 해당한다. 피고 한국수력원자력 주식회사는 공공기관운영법에 따른 '공기업'으로 지정됨으로써 공공기관운영업 제39조 제 2 항에 따라 입찰참가자격제한처분을 할 수 있는 권한을 부여받았으므로 '법령에 따라 행정처분권한을 위임받은 공공기관'으로서 행정청에 해당한다. (2) 한국수력원자력 주식회사가 자신의 '공급자관리지침'에 근거하여 등록된 공급업체에 대하여 하는 '등록취소 및 그에 따른 일정 기간의 거래제한조치'는 행정청이 행하는 구체적 사실에 관한 법집행으로서의 공권력의 행사인 '처분'에 해당한다. (3) 계약당사자 사이에서 계약의 적정한 이행을 위하여 일정한 계약상 의무를 위반하는 경우 계약해지, 위약벌이나 손해배상액 약정, 장래 일정 기간의 거래제한 등의 제재조치를 약정하는 것은 상위법령과 법의 일반원칙에 위배되지 않는 범위에서 허용되며, 그러한 계약에 따른 제재조치는 법령에 근거한 공권력의 행사로서의 제재처분과는 법적 성질을 달리한다(처분이 아니다). 그러나 공공기관의 어떤 제재조치가 계약에 따른 제재조치에 해당하려면 일정한 사유가 있을 때 그러한 제재조치를 할 수 있다는 점을 공공기관과 그 거래상대방이 미리 구체적으로 약정하였어야 한다. 공공기관이 여러 거래업체들과의 계약에 적용하기 위하여 거래업체가 일정한 계약상 의무를 위반하는 경우 장

래 일정 기간의 거래제한 등의 제재조치를 할 수 있다는 내용을 계약특수조건 등의 일정한 형식으로 미리 마련하였다고 하더라도, 약관의 규제에 관한 법률 제 3 조에서 정한 바와 같이 계약상대방에게 그 중요 내용을 미리 설명하여 계약내용으로 편입하는 절차를 거치지 않았다면 계약의 내용으로 주장할 수 없다. (4) 피고의 공급자관리지침에 근거한 이 사건 거래제한조치를 계약에 따른 제재조치라고 볼 수는 없다(피고의 공급자관리지침이 계약내용으로 편입되지 않았다). 피고가 원용하고 있는 대법원 2014. 12. 24, 선고 2010다83182 판결등은 계약특수조건 등의 계약조항에 거래제한조치가 포함되어 있었을 뿐만 아니라, 해당 공공기관이 공공기관운영법 제39조 제 2 항에 따른 입찰참가자격제한처분을 별도로 하지 않았거나, 하였더라도 계약에 따른 거래제한조치의 기간이 6개월 또는 2년에 불과하여 공공기관운영법 제39조 제 2 항에서 정한 2년의 상한을 초과하지는 않았던 사안에 대한 것이어서, 피고가 행정규칙에 근거하여 10년의 거래제한조치를 한 이 사건과는 사안이 다르다. 이 사건 거래제한조치가 항고소송의 대상인 행정처분에 해당한다. (5) 행정청인 피고(한국수력원자력 주식회사)가 이미 공공기관운영법 제39조 제 2 항에 따라 2년의 입찰참가자격제한처분을 받은 원고에 대하여 다시 법률상 근거 없이 자신이 만든 행정규칙에 근거하여 공공기관운영법 제39조 제 2 항에서 정한 입찰참가자격제한처분의 상한인 2년을 훨씬 초과하여 10년간 거래제한조치를 추가로 하는 것은 제재처분의 상한을 규정한 공공기관운영법에 정면으로 반하는 것이어서 그 하자가 중대·명백하다(대판 2020. 5. 28, 2017두66541).

판례3 〈공기업인 한국수력원자력 주식회사가 거래상대방인 원고의 입찰담합행위를 이유로 공공기관의 운영에 관한 법률에 따른 2년의 입찰참가자격제한처분을 하였음에도, 이와 별도로 피고의 내부규정(행정규칙)에 근거하여 10년의 거래제한조치를 한 사건〉 [1] 한국수력원자력 주식회사는 공공기관운영법 제 5 조 제 3 항 제 1 호에 따라 '시장형 공기업'으로 지정·고시된 '공공기관'인데, 공공기관운영업 제39조 제 2 항에 따라 입찰참가자격제한처분을 할 수 있는 권한을 부여받았으므로 제 2 조 제 2 항의 '법령에 따라 행정처분권한을 위임받은 공공기관'으로서 행정청에 해당한다. [2] 공기업인 한국수력원자력 주식회사의 내부규정(공급자관리지침)에 근거한 공급자등록취소 및 거래제한조치는 항고소송의 대상인 '처분'에 해당한다. [3] 계약에 따른 제재조치는 처분이 아니다: 계약당사자 사이에서 계약의 적정한 이행을 위하여 일정한 계약상 의무를 위반하는 경우 계약해지, 위약벌이나 손해배상액 약정, 장래 일정 기간의 거래제한 등의 제재조치를 약정하는 것은 상위법령과 법의 일반원칙에 위배되지 않는 범위에서 허용되며, 그러한 계약에 따른 제재조치는 법령에 근거한 공권력의 행사로서의 제재처분과는 법적 성질을 달리한다(대법원 2014. 12. 24, 선고 2010다83182 판결). 그러나 공공기관의 어떤 제재조치가 계약에 따른 제재조치에 해당하려면 일정한 사유가 있을 때 그러한 제재조치를 할 수 있다는 점을 공공기관과 그 거래상대방이 미리 구체적으로 약정하였어야 한다. 공공기관이 여러 거래업체들과의 계약에 적용하기 위하여 거래업체가 일정한 계약상 의무를 위반하는 경우 장래 일정 기간의 거래제한 등의 제재조치를 할 수 있다는 내용을 계약특수조건 등의 일정한 형식으로 미리 마련하였다고 하더라도, 「약관의 규제에 관한 법률」 제 3 조에서 정한 바와 같이 계약상대방에게 그 중요 내용을 미리 설명하여 계약내용으로 편입하는 절차를 거치지 않았다면 계약의 내용으로 주장할 수 없다. [4] 피고(한국수력원자력 주식회사)의 내부 규정(행정규칙)에 근거한 10년간의 거래제한조치가 항고소송의 대상인 '처분'에 해당하며, 나아가 행정청인 피고가 이미 「공공기관의 운영에 관한 법률」(이하 '공공기관운영법') 제39조 제 2 항에 따라 2년의 입찰참가자격제한처분을 받은 원고에 대하여 다시 법률상 근거 없이 자신이 만든 행정규칙에 근거하여 공공기관운영법 제39조 제 2 항에서 정한 입찰참가자격제한처분의 상한인 2년을 훨씬 초과하여 10년간 거래제한조치를 추가로 하는 것은 제재처분의 상한을 규정한 공공기관운영법에 정면으로 반하는 것이어서 그 하자가 중대·명백하다(대판 2020. 5. 28, 2017두66541).

판례4 행정소송의 대상이 되는 행정처분과 사법상의 효력을 가지는 통지행위의 구별기준: 피고가 조달계약에서의 낙찰적격자 심사에 있어서 원고에 대하여 한 이 사건 감점통보조치는 행정청이나 그 소속 기관 또는 그 위임을 받은 공공단체의 공법상의 행위가 아니라 장차 그 대상자인 원고가 피고가 시행하는 입찰에 참가하는 경우에 그 낙찰적격자 심사 등 계약 사무를 처리함에 있어 피고 내부규정인 이 사건 세부기준에 의하여 종합취득점수의 10/100을 감점하게 된다는 뜻의 사법상의 효력을 가지는 통지행위에 불과하다 할 것이고, 또한 피고의 이와 같은 통지행위가 있다고 하여 원고에게 공공기관의 운영에 관한 법률 제39조 제 2 항, 제 3 항, 구 공기업·준정부기관 계약사무규칙 제15조에 의한 국가, 지방자치단체 또는 다른 공공기관에서 시행하는 모든 입찰에의 참가자격을 제한하는 효력이 발생한다고 볼 수도 없으므로, 피고의 이 사건 감점조치는 행정소송의 대상이 되는 행정처분이라고 할 수 없다(대판 2014. 12. 24, 2010두6700[부정당업자제재처분 등]).

14) 행정소송 이외의 특별불복절차가 마련된 처분

비송사건절차법에 의해 부과되는 과태료부과처분, 통고처분, 검사의 불기소처분, 불기소처분 결과통지(대판 2017두47465) 또는 공소제기(대판 2000. 3. 28, 99두11264), 형집행정지취소처분은 다른 불복절차에 의해 다투도록 특별히 규정되어 있으므로 항고소송의 대상이 되는 처분이 아니라는 것이 일반적 견해이며 판례의 입장이다.

판례1   수도조례 및 하수도사용조례에 기한 과태료의 부과 여부 및 그 당부는 최종적으로 질서위반행위규제법에 의한 절차에 의하여 판단되어야 한다고 할 것이므로, 행정청의 과태료 부과처분은 행정청을 피고로 하는 행정소송의 대상이 되는 행정처분이라고 볼 수 없다(대판 2012. 10. 11, 2011두19369).

판례2   농지법 제62조 제 1 항에 따른 이행강제금 부과처분에 불복하는 경우에는 비송사건절차법에 따른 재판절차가 적용되어야 하고(농지법 제62조 제 6 항, 제 7 항), 행정소송법상 항고소송의 대상은 될 수 없다(건축법상 이행강제금 부과처분에 관한 대법원 2000. 9. 22, 선고 2000두5722 판결 등 참조). 농지법 제62조 제 6 항, 제 7 항이 위와 같이 이행강제금 부과처분에 대한 불복절차를 분명하게 규정하고 있으므로, 이와 다른 불복절차를 허용할 수는 없다. 설령 피고가 이행강제금 부과처분을 하면서 재결청에 행정심판을 청구하거나 관할 행정법원에 행정소송을 할 수 있다고 잘못 안내하거나 경기도행정심판위원회가 각하재결이 아닌 기각재결을 하면서 관할 법원에 행정소송을 할 수 있다고 잘못 안내하였다고 하더라도, 그러한 잘못된 안내로 행정법원의 항고소송 재판관할이 생긴다고 볼 수도 없다(대판 2019. 4. 11, 2018두42955).

15) 경   고 [2009 행시(일반행정) 사례]

경고는 상대방의 권리의무에 직접 영향을 미치는 경우 항고소송의 대상이 되는 처분이고, 그렇지 않은 경우에는 처분이 아니다.

판례1   금융감독원장이 종합금융주식회사의 전 대표이사에게 재직 중 위법·부당행위 사례를 첨부하여 금융관련 법규를 위반하고 신용질서를 심히 문란하게 한 사실이 있다는 내용으로 '문책경고장'을 보낸 행위가 항고소송의 대상이 되는 행정처분에 해당하지 아니한다고 한 사례(대판 2005. 2. 17, 2003두10312[문책경고상당처분취소]). 관련 법령의 개정으로 처분으로 볼 여지가 있게 되었다.

판례2   금융기관의 임원에 대한 금융감독원장의 문책경고는 법률상 근거없이 행해진 경우에도 그 상대방에 대한 직업선택의 자유를 직접 제한하는 효과를 발생하게 하는 등 상대방의 권리의무에 직접 영향을 미치는 행위로서 항고소송의 대상이 되는 행정처분에 해당한다고 한 사례(대판 2005. 2. 17, 2003두14765[대표자문책경고처분취소]).

16) 토지수용재결에 대한 항고소송

토지수용재결은 재결이라는 명칭을 사용하고 있지만, 행정심판의 재결이 아니라 원행정행위(행정소송법상 처분)의 성질을 갖는다.

토지수용위원회의 재결에 대한 불복이 보상금의 증감에 관한 것이 아닌 경우(수용 자체를 다투는 경우)에는 이의재결을 거쳐 취소소송 또는 무효확인소송을 제기하거나 이의신청을 제기함이 없이 직접 취소소송 또는 무효확인소송을 제기할 수 있다(토지보상법 제85조[5])).

17) 기   타

판례1 감사원이 심사청구에 의하여 관계기관에게 통지하는 시정결정이나 이유 없다고 기각하는 결정은 그 자체만으로서 국민의 권리의무 기타 법률관계에 직접적인 관계가 있는 처분이라고는 할 수 없고, 따라서 위와 같은 결정만으로서는 항고소송에 있어서의 소송대상이 될 행정처분에 해당된다고는 할 수 없다(그러므로 감사원의 변상 판정에 대한 재심사 판정과는 다르다). 다만 이해관계인은 위와 같은 감사원의 시정케 하는 결정에 의하여 관계기관장이 한 시정결정 또는 심사청구가 이유없다 하여 기각된 경우에 있어서의 그 심사청구의 대상이 된 본래의 행정처분을 대상으로 하여 항고소송을 제기할 수 있음에 불과하다고 해석하여야 할 것이다(대판 1967. 6. 27, 67누44[법인세부과심사처분취소]).

판례2 甲 시장이 감사원으로부터 감사원법 제32조에 따라 乙에 대하여 징계의 종류를 정직으로 정한 징계 요구를 받게 되자 감사원에 징계 요구에 대한 재심의를 청구하였고, 감사원이 재심의청구를 기각하자 乙이 감사원의 징계 요구와 그에 대한 재심의결정의 취소를 구하고 甲 시장이 감사원의 재심의결정 취소를 구하는 소를 제기한 사안에서, 감사원의 징계 요구와 재심의결정이 항고소송의 대상이 되는 행정처분이라고 할수 없고, 감사원법 제40조 제 2 항을 甲 시장에게 감사원을 상대로 한 기관소송을 허용하는 규정으로 볼 수는 없고 그 밖에 행정소송법을 비롯한 어떠한 법률에도 甲 시장에게 '감사원의 재심의 판결'에 대하여 기관소송을 허용하는 규정을 두고 있지 않으므로, 甲 시장이 제기한 소송이 기관소송으로서 감사원법 제40조 제 2 항에 따라 허용된다고 볼 수 없다고 한 사례(대판 2016. 12. 27, 2014두5637[징계요구취소]).

판례3 건축법상 이행강제금 납부의 최초 독촉이 항고소송의 대상이 되는 행정처분에 해당한다고 한 사례(대판 2009. 12. 24, 2009두14507[이행강제금부과처분취소]).

판례4 고충심사결정 자체에 의하여는 어떠한 법률관계의 변동이나 이익의 침해가 직접적으로 생기는 것은 아니므로 고충심사의 결정은 행정상 쟁송의 대상이 되는 행정처분이라고 할 수 없다(대판 1987. 12. 8, 87누657[해임처분취소, 고충심사결정취소]).

판례5 교육부장관이 대학에서 추천한 복수의 총장 후보자들 전부 또는 일부를 임용제청에서 제외하는 행위는 제외된 후보자들에 대한 불이익처분으로서 항고소송의 대상이 되는 처분에 해당한다고

---

5) 사업시행자·토지소유자 또는 관계인은 수용재결에 대하여 불복이 있는 때에는 재결서를 받은 날부터 90일 이내에, 이의신청을 거친 때에는 이의신청에 대한 재결서를 받은 날부터 60일 이내에 각각 행정소송을 제기할 수 있다(토지보상법 제85조 제 1 항). 수용재결 또는 이의재결에 대한 불복에는 수용 자체를 다투는 경우와 보상액을 다투는 경우가 있다. 불복이 수용 자체를 다투는 것인 때에는 재결에 대하여 취소소송 또는 무효확인소송을 제기하고, 보상금의 증감을 청구하는 것인 때에는 보상액의 증감을 청구하는 소송을 제기하여야 한다(토지보상법 제85조 제 2 항). 토지보상법 제85조 제 1 항은 수용 자체를 다투는 항고소송과 보상액을 다투는 보상금증감청구소송 모두를 규율하는 규정이고, 토지보상법 제85조 제 2 항은 보상금증감청구소송에 관한 규정이다.

보아야 한다. 다만 교육부장관이 특정 후보자를 임용제청에서 제외하고 다른 후보자를 임용제청함으로써 대통령이 임용제청된 다른 후보자를 총장으로 임용한 경우에는, 임용제청에서 제외된 후보자는 대통령이 자신에 대하여 총장임용 제외처분을 한 것으로 보아 이를 다투어야 한다. 이러한 경우에는 교육부장관의 임용제청 제외처분을 별도로 다툴 소의 이익이 없어진다(대판 2018. 6. 15, 2016두57564). 〈해설〉 대통령의 국가공무원법 제16조 제 1 항의 처분 또는 부작위의 경우 소속 장관이 행정소송의 피고가 된다(국가공무원법 제16조 제 2 항).

2. 행정심판의 재결에 불복하여 취소소송을 제기하는 경우: 원칙상 원처분, 예외적으로 재결

(1) 원처분주의와 재결주의 [2014, 2023 감평 사례]

행정심판의 재결에 불복하여 취소소송을 제기하는 경우에 원처분을 대상으로 하여야 하는가 아니면 재결을 대상으로 하여야 하는가에 관하여 원처분주의와 재결주의가 대립하고 있다.

1) 원처분주의

원처분주의라 함은 행정심판의 재결의 당부를 다투는 취소소송의 대상을 원처분으로 하고 원처분의 취소소송에서는 원처분의 위법만을 다투고 재결에 고유한 위법은 재결취소소송에서 다투도록 하는 제도를 말한다.

2) 재결주의

재결주의라 함은 행정심판의 재결에 대하여 불복하는 경우 재결을 대상으로 취소소송을 제기하도록 하는 제도를 말한다.

3) 입법정책의 문제

원처분주의를 채택할 것인가 재결주의를 채택할 것인가는 입법정책의 문제이다.

4) 이론적 근거

이론상 법치행정의 원칙의 실효성확보 및 행정소송의 행정통제적 기능에 비추어 원처분주의가 타당하다. 또한, 행정심판법상 행정심판위원회가 처분청으로부터 독립된 제 3 자기관이므로 행정심판의 재결이 원처분을 대체하였다고 보기 어렵다는 점에서도 원처분주의가 타당하다. 다만, 행정심판기관이 처분청 자신 또는 처분청의 상급청이거나 행정심판기관이 처분청보다 큰 전문성과 권위를 갖고 있어 재결이 행정내부의 최종적 결정이고, 재결이 원처분을 대체한 것으로 여겨지는 경우에는 재결주의를 취하여 재결을 행정소송의 대상으로 하는 것이 타당할 것이다.

　위법한 원처분을 소송의 대상으로 하여 다투는 것보다는 행정심판에 대한 재결을 다투는 것이 당사자의 권리구제에 보다 효율적이고, 판결의 적정성을 더욱 보장할 수 있는 경우에는 행정심판에 대한 재결에 대하여만 제소하도록 하는 것이 국민의 재판청구권의 보장이라는 측면에서 더욱 바람직한 경우도 있으므로, 개별법률에서 이러한 취지를 정하는 때에는 원처분주의의 적용은 배제되고 재결에 대해서만 제소를 허용하는 이른바 '재결주의'가 인정된다(헌재 2001. 6. 28, 2000헌바77).

5) 현 행 법

현행 행정소송법은 원처분주의를 채택하고 있다.

> **행정소송법 제19조**
> 　취소소송은 처분 등을 대상으로 한다. 다만, 재결취소소송의 경우에는 재결 자체에 고유한 위법이 있음을 이유로 하는 경우에 한한다.

다만, 개별법률에서 원처분주의에 대한 예외로서 재결주의를 채택하고 있는 경우가 있다.

(2) 원처분주의에 따라 원처분이 대상이 되는 경우

1) 기각재결의 경우 항고소송의 대상

기각재결의 당부를 다투고자 하는 경우 현행 행정소송법이 원처분주의를 취하고 있으므로 원칙상 원처분을 대상으로 다투어야 하고, 기각재결에 대한 취소소송은 재결 자체에 고유한 위법이 있는 경우에 한한다. 기각재결이 재결에 고유한 하자로 인하여 취소된 경우에 행정심판기관은 다시 재결을 하여야 한다.

2) 일부취소재결(6개월의 영업정지처분이 행정심판의 재결에서 3개월의 영업정지처분으로 감경된 경우)의 경우 항고소송의 대상

일부취소재결의 경우 일부취소되고 남은 원처분을 취소소송의 대상으로 하여야 한다는 것이 판례 및 학설의 일반적 견해이다.

　감봉 3월의 징계처분을 소청심사위원회가 감봉 1월로 감경한 경우 원처분청을 피고로 감봉 1월의 처분에 대하여 취소소송을 제기한 사건에서 본안판단을 한 사례(서울고법 19983. 5. 14, 97구36479).

3) 적극적 변경재결의 경우 항고소송의 대상 [2009, 2013 사시 사례, 2020 행시]

가. 원처분이 대상이 된다는 견해　　　적극적 변경재결(공무원에 대한 파면처분이 소청 심사절차에서 해임으로 감경된 경우)이 내려진 경우 원처분주의의 원칙상 재결은 소송의 대상이 되지 못하고 원처분이 취소소송의 대상이 된다고 하는 견해이다.

나. 변경재결(일부취소재결 및 적극적 변경재결)이 대상이 된다는 견해　　　행정심판위원회의 변경재결은 원처분을 대체하는 새로운 처분이므로 행정심판위원회의 결정을 대상으로

취소소송을 제기하여야 한다는 견해이다.

　　다. 판　　례　　　　판례는 적극적 변경재결로 인하여 감경되고 남은 원처분을 대상으로 처분청을 피고로 하여 소송을 제기하여야 하는 것으로 보고 있다.

> **판례1**　　감봉처분을 소청심사위원회가 견책처분으로 변경한 재결에 대한 취소소송에서 소청심사위원회의 재량권의 일탈이나 남용은 재결에 고유한 하자라고 볼 수 없다고 하면서 당해 변경재결에 대한 취소소송을 인정하고 있지 않은 사례(대판 1993. 8. 24, 93누5673[소청결정취소]).
>
> **판례2**　　해임처분을 소청심사위원회가 정직 2월로 변경한 경우 원처분청을 상대로 정직 2월의 처분에 대한 취소소송을 제기한 사건에서 본안판단을 한 사례(대판 1997. 11. 14, 97누7325[정직처분취소]).

　　4) 적극적 변경명령재결에 따른 변경처분의 경우 [2014 변시 사례, 2017 변시]

　　판례는 적극적 변경명령재결에 따라 변경처분이 행해진 경우에 다투고자 하는 경우 변경되고 남은 원처분을 취소소송의 대상으로 하여야 한다고 본다.

　　판례는 처분변경명령재결(3월의 영업정지처분을 2월의 영업정지처분에 갈음하는 과징금부과처분으로 변경하라는 재결)에 따라 당초 처분(3월의 영업정지처분)을 영업자에게 유리하게 변경하는 처분을 한 경우, 그 취소소송의 대상은 변경된 내용의 당초 처분(2월의 영업정지처분에 갈음하는 과징금부과처분)이지 변경처분은 아니고, 제소기간의 준수 여부도 변경처분이 아닌 변경된 내용의 당초 처분(재결서 정본의 송달을 받은 날)을 기준으로 판단하여야 한다고 한다.

> **판례**　　행정청이 식품위생법령에 따라 영업자에게 행정제재처분을 한 후 그 처분을 영업자에게 유리하게 변경하는 처분을 한 경우, 변경처분에 의하여 당초 처분은 소멸하는 것이 아니고 당초부터 유리하게 변경된 내용의 처분으로 존재하는 것이므로, 변경처분에 의하여 유리하게 변경된 내용의 행정제재가 위법하다 하여 그 취소를 구하는 경우 그 취소소송의 대상은 변경된 내용의 당초 처분이지 변경처분은 아니고, 제소기간의 준수 여부도 변경처분이 아닌 변경된 내용의 당초 처분을 기준으로 판단하여야 한다(대판 2007. 4. 27, 2004두9302[식품위생법위반과징금부과처분취소]: 피고는 2002. 12. 26. 원고에 대하여 3월의 영업정지처분이라는 이 사건 당초처분을 하였고, 이에 대하여 원고가 행정심판청구를 하자 재결청은 2003. 3. 6. "피고가 2002. 12. 26. 원고에 대하여 한 3월의 영업정지처분을 2월의 영업정지에 갈음하는 과징금부과처분으로 변경하라"는 일부기각(일부인용)의 이행재결(변경명령재결)을 하였으며, 2003. 3. 10. 그 재결서 정본이 원고에게 도달한 사실, 피고는 위 재결취지에 따라 2003. 3. 13. "3월의 영업정지처분을 과징금 560만 원으로 변경한다"는 취지의 이 사건 후속 변경처분을 함으로써 이 사건 당초처분을 원고에게 유리하게 변경하는 처분을 하였으며, 원고는 2003. 6. 12. 이 사건 소를 제기하면서 청구취지로써 2003. 3. 13.자 과징금부과처분의 취소를 구하고 있음을 알 수 있다. 앞서 본 법리에 비추어 보면, 이 사건 후속 변경처분에 의하여 유리하게 변경된 내용의 행정제재인 과징금부과가 위법하다 하여 그 취소를 구하는 이 사건 소송에 있어서 위 청구취지는 이 사건 후속 변경처분에 의하여 당초부터 유리하게 변경되어 존속하는 2002. 12. 26.자 과징금부과처분의 취소를 구하고 있는 것으로 보아야 할 것이고, 일부기각(일부인용)의 이행재결(변경명령재결)에 따른 후속 변경처분에 의하여 변경된 내용의 당초처분의 취소를 구하는 이 사건 소 또한 행정심판재결서 정본을 송달받은 날로부터 90일 이내 제기되어야 하는데 원고가 위 재결서의 정본을 송달받은 날로부터 90일이 경과하여 이 사건

소를 제기하였다는 이유로 이 사건 소가 부적법하다고 한 사례). 〈해설〉 이 판결에 대하여는 처분명령재결에 따라 변경하는 처분이 내려진 경우에 당해 변경하는 처분이 새로운 처분이 되고, 항고소송의 대상이 되며 제소기간도 변경하는 처분(과징금부과처분)을 안 날로부터 90일 이내로 하여 제소기간이 도과하지 않은 것으로 보는 것이 타당하다는 비판이 있다. 원처분을 대상으로 보는 경우 판례는 행정심판재결서 정본을 송달받은 날부터 90일 이내를 제소기간으로 보고 있지만, 변경처분은 처분명령재결을 이행하는 처분으로서 처분명령재결은 변경처분으로 완성되는 것이므로 변경처분을 안 날을 기준으로 하는 것이 타당하다고 보아야 한다.

(3) 재결이 대상이 되는 경우

1) 재결 자체에 고유한 위법이 있는 경우 　가. 재결 자체의 고유한 위법의 인정범위 　나. 인용재결이 항고소송의 대상이 되는 경우 2) 개별법률에 의해 재결이 항고소송의 대상이 되는 경우(재결주의)	가. 감사원의 변상판정에 대한 재심의 판정에 대한 불복(재결주의) 나. 중앙토지수용위원회의 이의재결에 대한 불복(원처분주의) 다. 재결주의에서의 청구, 심리 및 판결

> **문제** 　건축허가취소재결이 내려진 경우에 건축허가를 받은 자의 권리구제방법을 논하시오.

재결이 항고소송의 대상이 되는 경우는 행정심판의 재결이 행정소송법 제19조에 의해 항고소송의 대상이 되는 경우(재결 자체에 고유한 위법이 있는 경우)와 개별법률에서 재결주의를 취하는 결과 당해 법률상의 재결이 항고소송의 대상이 되는 경우로 나뉜다.

1) 재결 자체에 고유한 위법이 있는 경우

행정심판의 재결은 재결 자체에 고유한 위법이 있는 경우에 한하여 항고소송의 대상이 된다(행정소송법 제19조 단서).

가. 재결 자체의 고유한 위법의 인정범위

(가) 재결의 주체에 관한 위법　　권한이 없는 행정심판위원회에 의한 재결의 경우 또는 행정심판위원회의 구성상 하자가 있는 경우를 그 예로 들 수 있다.

(나) 재결의 절차에 관한 위법　　행정심판법상의 심판절차를 준수하지 않은 경우를 그 예로 들 수 있다. 다만, 행정심판법 제34조에서 규정하고 있는 재결기간은 훈시규정으로 해석되므로 재결기간을 넘긴 경우에도 그것만으로는 절차의 위법이 있다고 볼 수 없다.

(다) 재결의 형식에 관한 위법　　문서에 의하지 아니한 재결, 재결에 주문만 기재되고 이유가 전혀 기재되어 있지 않거나 이유가 불충분한 경우, 재결서에 기명날인을 하지 아니한 경우 등을 그 예로 들 수 있다.

(라) 재결의 내용에 관한 위법　　판례는 재결 자체의 고유한 위법에는 재결 자체의 주체·절차·형식상 위법뿐만 아니라 재결 자체의 내용상 위법이 포함된다고 보고 있고(대판 1993. 8. 24, 93누5673[소청결정취소]), 다수설도 이 입장을 취하고 있다. 이 견해가 타당하

다. 이에 대하여 당해 인용재결을 제 3 자(처분의 상대방)와의 관계에서는 별도의 새로운 처분으로 보아 처분에 대한 취소소송의 문제로 보는 견해가 있다. 이 견해는 인용재결은 제 3 자에 대하여는 새로운 처분의 성질을 가지므로 행정소송법 제19조 본문에 의해 인용재결이 항고소송의 대상이 되는 것으로 본다.

　　판례에 의하면 재결 자체에 고유한 내용상 위법이 있는 경우는 인용재결이 부당한 경우와 적법한 심판청구에 대해 각하재결을 한 경우이다.

　　가) 인용재결이 부당한 경우

　　① 법적 근거가 될 수 없는 사유($\frac{국민}{정서}$)에 근거하여 원처분을 취소한 재결례를 들 수 있다(대판 1997. 12. 23, 96누10911[체육시설사업계획승인취소처분취소]).

> **판례**　행정심판의 재결에 이유모순의 위법이 있다는 사유는 재결처분 자체에 고유한 하자로서 재결처분의 취소를 구하는 소송에서는 그 위법사유로서 주장할 수 있으나, 원처분의 취소를 구하는 소송에서는 그 취소를 구할 위법사유로서 주장할 수 없다(대판 1996. 2. 13, 95누8027[개별토지가격결정처분취소]).

　　이 경우 재결 자체에 고유한 재결의 내용에 관한 위법으로 재결이 취소된 경우 행정심판기관은 다시 재결을 하여야 한다.

　　② 제 3 자효를 수반하는 행정행위($\frac{건축허가}{건축허가의}$ 또는 거부)에 대한 행정심판청구에 있어서 그 청구를 인용하는 내용의 재결로 인하여 비로소 권리이익을 침해받게 되는 자(건축허가자 또는 인근주민)가 그 인용재결에 대하여 취소를 구하는 경우가 있다.

　　즉, 처분의 상대방에게 수익적인 처분이 제 3 자에 의해 제기된 행정심판의 재결에서 취소 또는 불리하게 변경된 경우에 처분의 상대방은 당해 행정심판의 재결의 취소소송을 제기할 수 있다. 또한, 제 3 자효행정행위의 거부($\frac{건축허가}{거부}$)에 대한 행정심판(의무이행심판 또는 취소심판)의 재결에서 처분재결 또는 취소재결이 내려진 경우 제 3 자는 당해 처분재결 또는 취소재결의 취소소송을 제기할 수 있다.

　　판례는 인용재결의 위법판단상의 부당도 원처분에는 없는 하자로서 행정소송법 제19조 단서의 재결에 고유한 하자라고 보고 있다.

> **판례**　[1] 인용재결은 원처분과 내용을 달리하는 것이므로 그 인용재결의 취소를 구하는 것은 원처분에는 없는 재결에 고유한 하자를 주장하는 셈이어서 당연히 항고소송의 대상이 된다. [2] 인용재결청인 문화체육부장관 스스로가 직접 당해 사업계획승인처분을 취소하는 형성적 재결을 한 경우에는 그 재결 외에 그에 따른 행정청의 별도의 처분이 있지 않기 때문에 재결 자체를 쟁송의 대상으로 할 수밖에 없다고 본 사례(대판 1997. 12. 23, 96누10911[체육시설사업계획승인취소처분취소]6)).

---

6) 인근주민이 체육시설사업계획승인처분에 불복하여 제기한 행정심판에서 인용재결이 난 경우에 위 승인처분을 받은 자가 위 인용재결에 대해 취소소송을 제기한 사건.

③ 판례는 처분이 아닌 자기완결적 신고의 수리(사업시설의 착공계획서의 수리)에 대한 심판청구와 같이 부적법하여 각하하여야 함에도 인용재결을 한 것은 재결 자체에 고유한 하자가 있다고 보았다(대판 2001. 5. 29, 99두10292[재결취소]).

> **판례** 이른바 복효적 행정행위, 특히 제3자효를 수반하는 행정행위에 대한 행정심판청구에 있어서 그 청구를 인용하는 내용의 재결로 인하여 비로소 권리이익을 침해받게 되는 자는 그 인용재결에 대하여 다툴 필요가 있고, 그 인용재결은 원처분과 내용을 달리하는 것이므로 그 인용재결의 취소를 구하는 것은 원처분에는 없는 재결에 고유한 하자를 주장하는 셈이어서 당연히 항고소송의 대상이 된다(대판 2001. 5. 29, 99두10292[재결취소]: 행정청이 골프장 사업계획승인을 얻은 자의 사업시설 착공계획서를 수리한 것에 대하여 인근 주민들이 그 수리처분의 취소를 구하는 행정심판을 청구하자 재결청이 그 청구를 인용하여 수리처분을 취소하는 형성적 재결을 한 경우, 그 수리처분 취소 심판청구는 행정심판의 대상이 되지 아니하여 부적법 각하하여야 함에도 위 재결은 그 청구를 인용하여 수리처분을 취소하였으므로 재결 자체에 고유한 하자가 있다고 본 사례). 〈해설〉 현재 판례는 착공신고 수리거부의 처분성을 인정하고 있다.

나) 적법한 심판청구에 대해 각하재결을 한 경우   판례는 적법한 행정심판청구를 각하한 재결은 심판청구인의 실체심리를 받을 권리를 박탈한 것으로서 원처분에 없는 재결 자체에 고유한 위법이 있는 경우에 해당하고 따라서 각하재결은 취소소송의 대상이 된다고 하였다(대판 2001. 7. 27, 99두2970). 각하재결의 경우 각하재결에 대한 취소소송을 제기함이 없이 원처분에 대한 취소소송을 제기할 수 있고, 이렇게 하는 것이 실무의 통례이다.

나. 인용재결이 항고소송의 대상이 되는 경우 [2009 행시(재경 등) 사례]

(가) 인용재결에 대한 제3자의 원고적격   인용재결로 인하여 비로소 권리이익을 침해받게 되는 자는 인용재결의 취소를 구하는 소를 제기할 수 있지만 인용재결로 새로이 어떠한 권리이익도 침해받지 아니하는 자인 경우에는 그 재결의 취소를 구할 원고적격이 없다.

> **판례** [1] 제3자효를 수반하는 행정행위에 대한 행정심판청구의 인용재결에 대하여 제3자가 재결취소를 구할 소의 이익이 있는지 여부: 이른바 복효적 행정행위, 특히 제3자효를 수반하는 행정행위에 대한 행정심판청구에 있어서 그 청구를 인용하는 내용의 재결로 인하여 비로소 권리이익을 침해받게 되는 자(예컨대, 제3자가 행정심판청구인인 경우의 행정처분 상대방 또는 행정처분 상대방이 행정심판청구인인 경우의 제3자)는 재결의 당사자가 아니라고 하더라도 그 인용재결의 취소를 구하는 소를 제기할 수 있으나, 그 인용재결로 인하여 새로이 어떠한 권리이익도 침해받지 아니하는 자인 경우에는 그 재결의 취소를 구할 소의 이익이 없다. [2] 어업면허취소처분에 대한 면허권자의 행정심판청구를 인용한 재결에 대하여 제3자가 재결취소를 구할 소의 이익이 없다고 본 사례: 처분상대방이 아닌 제3자가 당초의 양식어업면허처분에 대하여는 아무런 불복조치를 취하지 않고 있다가 도지사가 그 어업면허를 취소하여 처분상대방인 면허권자가 그 어업면허취소처분의 취소를 구하는 행정심판을 제기하고 이에 재결기관인 수산청장이 그 심판청구를 인용하는 재결을 하자 비로소 그 제3자가 행정소송으로 그 인용재결을 다투고 있는 경우, 수산청장의 그 인용재결은 도지사의 어업면허취소로 인하여 상실된 면허권자의 어업면허권을 회복하여 주는 것에 불과할 뿐 인용재결로 인하여 제3자의 권리

이익이 새로이 침해받는 것은 없고, 가사 그 인용재결로 인하여 그 면허권자의 어업면허가 회복됨으로써 그 제 3 자에 대하여 사실상 당초의 어업면허에 따른 효과와 같은 결과를 초래한다고 하더라도 이는 간접적이거나 사실적·경제적인 이해관계에 불과하므로, 그 제 3 자는 인용재결의 취소를 구할 소의 이익이 없다고 본 사례(대판 1995. 6. 13, 94누15592[어업면허취소처분에 대한 취소재결처분취소]). 〈해설〉이 사안에서 처분상대방이 아닌 제 3 자는 자신의 권익을 직접 침해하는 원상회복된 양식어업면허처분(원처분)을 다투어야 할 것이다. 다만, 불복제기기간은 원상회복된 양식어업면허처분이 있은 날을 기준으로 기산하여야 한다.

(나) 피고   인용재결에 대한 항고소송의 피고는 인용재결을 한 행정심판위원회이다.
(다) 심판의 범위   판례는 원처분의 위법판단상의 부정당을 이유로 인용재결의 취소를 구하는 소송의 심리·판단의 범위에 관하여 인용재결의 당부는 원처분의 당부(위법·적법의 문제)도 포함하는 것으로 보고 있다.

> **판례** 인용재결의 취소를 구하는 당해 소송은 그 인용재결의 당부를 그 심판대상으로 하고 있고, 그 점을 가리기 위하여는 행정심판청구인들의 심판청구원인 사유에 대한 재결청의 판단에 관하여도 그 당부를 심리·판단하여야 할 것이므로, 원심으로서는 재결청이 원처분의 취소 근거로 내세운 판단 사유의 당부뿐만 아니라 재결청이 심판청구인의 심판청구원인사유를 배척한 판단 부분이 정당한가도 심리·판단하여야 한다(대판 1997. 12. 23, 96누10911[체육시설사업계획승인취소처분취소]).

(라) 인용재결 취소판결의 효력   인용재결의 부당(원처분의 적법)을 이유로 인용재결이 취소된 경우 행정심판기관은 다시 재결을 할 필요가 없고, 취소재결로 취소된 원처분은 취소재결의 취소로 원상을 회복한다.
다. 재결에 고유한 하자를 이유로 한 재결취소판결의 기속력 재결에 고유한 하자를 이유로 재결취소판결이 내려진 경우에 인용재결의 당부가 다투어진 경우를 제외하고 재결기관은 취소판결의 취지에 따라 재결에 고유한 하자 없이 다시 재결을 하여야 한다.
라. 재결 자체에 고유한 위법이 없음에도 재결에 대해 취소소송을 제기한 경우의 판결 이 경우에 행정소송법 제19조 단서가 소극적 소송요건(소송의 대상)을 정한 것으로 보아 각하하여야 한다는 견해와 위법사유의 주장제한을 정한 것으로 보아 기각하여야 한다는 견해가 대립되고 있다.
판례는 재결취소소송에서 재결에 고유한 하자가 없는 경우 기각판결을 하여야 한다는 입장이다.

> **판례** [1] 재결취소소송에 있어 재결 자체에 고유한 위법이 없는 경우 법원이 취할 조치: 행정소송법 제19조는 취소소송은 행정청의 원처분을 대상으로 하되(원처분주의), 다만 "재결 자체에 고유한 위법이 있음을 이유로 하는 경우"에 한하여 행정심판의 재결도 취소소송의 대상으로 삼을 수 있도록 규정하고 있으므로 재결취소소송의 경우 재결 자체에 고유한 위법이 있는지 여부를 심리할 것이고, 재결 자체에 고유한 위법이 없는 경우에는 원처분의 당부와는 상관없이 당해 재결취소소송은 이를 기각하

여야 한다. [2] 행정심판청구에 대한 재결에 대하여 전심절차를 거칠 필요가 있는지 여부: 행정심판법 제39조가 심판청구에 대한 재결에 대하여 다시 심판청구를 제기할 수 없도록 규정하고 있으므로, 이 재결에 대하여는 바로 취소소송을 제기할 수 있다(대판 1994. 1. 25, 93누16901[투전기영업허가거부처분 취소]: 의무이행심판청구에 대한 기각재결에 대해 취소소송을 제기하면서 원처분주의에 따라 원처분을 대상으로 하여야 함에도 기각재결을 대상으로 한 사례). 그러나, 재결에 고유한 하자가 아닌 하자를 이 유로 재결을 대상으로 항고소송을 제기한 경우에는 소송의 대상을 잘못한 것이므로 각하판결을 하여 야 하고, 재결에 고유한 하자를 주장하였지만, 재결에 고유한 하자가 존재하지 아니하는 경우에는 본 안심리를 한 후 기각판결을 하여야 한다고 보는 것이 타당하다.

2) 개별법률에 의해 재결이 항고소송의 대상이 되는 경우(재결주의)

개별법률에서 예외적으로 재결주의를 규정하고 있는 경우가 있는데, 이 경우에는 재 결주의에 의해 원처분이 아니라 재결이 항고소송의 대상이 된다.

개별법률에서 재결주의를 명시적으로 규정한 경우뿐만 아니라 명시적 규정이 없더라 도 개별법상 행정심판기관이 처분청보다 전문성과 권위를 갖고 있는 관계로 재결이 처분 을 대체하는 행정의 최종적 결정의 성격을 갖는 경우에는 재결주의를 취한 것으로 해석하 는 것이 타당하다.

행정심판전치주의와 재결주의는 별개의 제도이다. 그런데, 재결주의는 행정심판전치 주의를 전제로 한다(헌재 2001. 6. 28, 2000헌바77).

가. 감사원의 변상판정에 대한 재심의 판정에 대한 불복(재결주의)　　감사원법 제36조는 회계관계직원에 대한 감사원의 변상판정(원처분)에 대하여 감사원에 재심의를 청구할 수 있도록 하고 있고, 감사원법 제40조는 감사원의 재심의 판정(재결)에 대하여는 감사원을 당사자로 하여 행정소송을 제기할 수 있다고 규정하고 있다.

판례　　판례는 이 규정의 해석에 있어서 "감사원의 변상판정처분에 대하여서는 행정소송을 제기할 수 없고, 재결에 해당하는 재심의 판정에 대하여서만 감사원을 피고로 하여 행정소송을 제기할 수 있 다"고 판시하였다(대판 1984. 4. 10, 84누91[변상처분취소]).

나. 노동위원회의 처분에 대한 중앙노동위원회의 재심 판정에 대한 불복(재결주의)
노동위원회법 제26조 제 1 항은 "중앙노동위원회는 지방노동위원회 또는 특별노동위원회의 처분을 재심하여 이를 승인·취소 또는 변경할 수 있다"고 규정하고 있고, 제27조 제 1 항 은 "중앙노동위원회의 처분에 대한 소는 중앙노동위원회위원장을 피고로 하여 판정서정본 의 송달을 받은 날로부터 15일 이내에 이를 제기하여야 한다"고 규정하고 있다.

판례에 의하면 노동위원회의 처분에 대해 행정소송을 제기하는 경우 중앙노동위원회 에 대한 행정심판 전치주의가 적용되고, 중앙노동위원회의 재심판결에 불복하는 취소소송 을 제기하는 경우 재결주의에 따라 중앙노동위원회의 재심판정을 대상으로 중앙노동위원 장을 피고로 하여 재심판정취소의 소를 제기하여야 한다.

판례   판례는 이 규정의 해석에 있어서 "노동위원회법 제19조의2 제 1 항의 규정은 행정처분의 성질을 가지는 지방노동위원회의 처분에 대하여 중앙노동위원장을 상대로 행정소송을 제기할 경우의 전치요건에 관한 규정이라 할 것이므로 당사자가 지방노동위원회의 처분에 대하여 불복하기 위하여는 처분 송달일로부터 10일 이내에 중앙노동위원회에 재심을 신청하고 중앙노동위원회의 재심판정서 송달일로부터 15일 이내에 중앙노동위원장을 피고로 하여 재심판정취소의 소를 제기하여야 할 것이다"라고 판시하였다(대판 1995. 9. 15, 95누6724[노동쟁의중재회부결정취소]).

다. 중앙토지수용위원회의 이의재결에 대한 불복(원처분주의)

구 토지수용법하에서 판례는 "중앙토지수용위원회의 이의신청에 대한 재결에 불복이 있는 자는 행정소송을 제기할 수 있다"라는 동법 제75조의2가 재결주의를 취하고 있다고 보았다.

그런데, 전술한 바와 같이 현행 토지취득보상법상 재결주의가 포기된 것으로 해석하는 것이 일반적 견해이며 판례의 입장이다(대판 2010. 1. 28, 2008두1504). 따라서 이의재결에 불복하여 취소소송을 제기하는 경우 원처분인 수용재결을 대상으로 하여야 한다(원처분주의).

판례   토지소유자 등이 수용재결에 불복하여 이의신청을 거친 후 취소소송을 제기하는 경우 피고적격(=수용재결을 한 토지수용위원회) 및 소송대상(=수용재결): 공익사업을 위한 토지 등의 취득 및 보상에 관한 법률 제85조 제 1 항 전문의 문언 내용과 같은 법 제83조, 제85조가 중앙토지수용위원회에 대한 이의신청을 임의적 절차로 규정하고 있는 점, 행정소송법 제19조 단서가 행정심판에 대한 재결은 재결 자체에 고유한 위법이 있음을 이유로 하는 경우에 한하여 취소소송의 대상으로 삼을 수 있도록 규정하고 있는 점 등을 종합하여 보면, 수용재결에 불복하여 취소소송을 제기하는 때에는 이의신청을 거친 경우에도 수용재결을 한 중앙토지수용위원회 또는 지방토지수용위원회를 피고로 하여 수용재결의 취소를 구하여야 하고, 다만 이의신청에 대한 재결자체에 고유한 위법이 있음을 이유로 하는 경우에는 그 이의재결을 한 중앙토지수용위원회를 피고로 하여 이의재결의 취소를 구할 수 있다고 보아야 한다(대판 2010. 1. 28, 2008두1504[수용재결취소등]).

라. 교원징계재심위원회의 결정에 대한 불복(원처분주의)

교원지위향상을 위한 특별법상 각급학교 교원(사립학교 교원 포함)은 징계처분 그 밖에 그 의사에 반하는 불리한 처분에 대하여 교육인적자원부의 교원소청심사위원회에 소청을 신청할 수 있고(제 9 조 제 1 항), 소청심사위원회의 결정에 대해서 교원은 항고소송을 제기할 수 있다(제10조 제 3 항).

사립학교 교원에 대한 사립학교장의 징계처분은 처분이 아니기 때문에 교원소청심사위원회의 결정은 행정심판의 재결이 아니며 행정처분으로서 항고소송의 대상이 된다.

이에 반하여 국공립학교 교원에 불리한 처분에 대한 교원소청심사위원회의 결정은 행정심판의 재결이고, 판례는 교원소청심사위원회의 결정에 대한 불복에는 원처분주의가 적용되는 것으로 판시하였다.

판례 [1] 각급학교 교원이 징계처분을 받은 때에는 소청심사위원회에 소청심사를 청구할 수 있고, 위원회가 그 심사청구를 기각하거나 원 징계처분을 변경하는 처분을 한 때에는 다시 법원에 행정소송을 제기할 수 있다. 또한 위원회가 교원의 심사청구를 인용하거나 원 징계처분을 변경하는 처분을 한 때에는 처분권자는 이에 기속되고 원 징계처분이 국·공립학교 교원에 대한 것이면 처분청은 불복할 수도 없지만, 사립학교 교원에 대한 것이면 그 학교법인 등은 위원회 결정에 불복하여 법원에 행정소송을 제기할 수 있다. [2] 다만 행정청의 처분에 대한 불복소송이라는 행정소송의 본질적 성격상, 위원회의 심사대상인 징계처분이 국·공립학교 교원에 대한 것인지 사립학교 교원에 대한 것인지에 따라, 위와 같이 위원회의 처분에 불복하여 제기되는 행정소송의 소송당사자와 심판대상 및 사후절차 등은 달리 보아야 한다. i) 우선 국·공립학교 교원에 대한 징계처분의 경우에는 원 징계처분 자체가 행정처분이므로 그에 대하여 위원회에 소청심사를 청구하고 위원회의 결정이 있은 후 그에 불복하는 행정소송이 제기되더라도 그 심판대상은 교육감 등에 의한 원 징계처분이 되는 것이 원칙이다. 다만 위원회의 심사절차에 위법사유가 있다는 등 고유의 위법이 있는 경우에 한하여 위원회의 결정이 소송에서의 심판대상이 된다. 따라서 그 행정소송의 피고도 위와 같은 예외적 경우가 아닌 한 원처분을 한 처분청이 되는 것이지 위원회가 되는 것이 아니다. 또한 법원에서도 위원회 결정의 당부가 아니라 원처분의 위법 여부가 판단대상이 되는 것이므로 위원회 결정의 결론과 상관없이 원처분에 적법한 처분사유가 있는 지, 그 징계양정이 적정한지가 판단대상이 되고(다만 위원회에서 원처분의 징계양정을 변경한 경우에는 그 내용에 따라 원처분이 변경된 것으로 간주되어 그 변경된 처분이 심판대상이 된다), 거기에 위법사유가 있다고 인정되면 위원회의 결정이 아니라 원 징계처분을 취소하게 되고, 그에 따라 후속절차도 원 징계처분을 한 처분청이 판결의 기속력에 따라 징계를 하지 않거나 재징계를 하게 되는 구조로 운영된다. ii) 반면, 사립학교 교원에 대한 징계처분의 경우에는 학교법인 등의 징계처분은 행정처분성이 없는 것이고 그에 대한 소청심사청구에 따라 위원회가 한 결정이 행정처분이고 교원이나 학교법인 등은 그 결정에 대하여 행정소송으로 다투는 구조가 되므로, 행정소송에서의 심판대상은 학교법인 등의 원 징계처분이 아니라 위원회의 결정이 되고, 따라서 피고도 행정청인 위원회가 되는 것이며, 법원이 위원회의 결정을 취소한 판결이 확정된다고 하더라도 위원회가 다시 그 소청심사청구사건을 재심사하게 될 뿐 학교법인 등이 곧바로 위 판결의 취지에 따라 재징계 등을 하여야 할 의무를 부담하는 것은 아니다. [3] 교원소청심사위원회 결정의 기속력 범위 및 징계처분을 받은 사립학교 교원의 소청심사청구에 대하여 교원소청심사위원회가 징계사유 자체가 인정되지 않는다는 이유로 징계처분을 취소하는 결정을 하고, 그에 대하여 학교법인 등이 제기한 행정소송 절차에서 심리한 결과 징계사유 중 일부 사유는 인정된다고 판단되는 경우, 법원이 내려야 할 판결의 내용: 교원소청심사위원회(이하 '위원회'라 한다)의 결정은 처분청에 대하여 기속력을 가지고 이는 그 결정의 주문에 포함된 사항뿐 아니라 그 전제가 된 요건사실의 인정과 판단, 즉 처분 등의 구체적 위법사유에 관한 판단에까지 미친다. 따라서 위원회가 사립학교 교원의 소청심사청구를 인용하여 징계처분을 취소한 데 대하여 행정소송이 제기되지 아니하거나 그에 대하여 학교법인 등이 제기한 행정소송에서 법원이 위원회 결정의 취소를 구하는 청구를 기각하여 위원회 결정이 그대로 확정되면, 위원회 결정의 주문과 그 전제가 되는 이유에 관한 판단만이 학교법인 등 처분청을 기속하게 되고, 설령 판결 이유에서 위원회의 결정과 달리 판단된 부분이 있더라도 이는 기속력을 가질 수 없다. 그러므로 사립학교 교원이 어떠한 징계처분을 받아 위원회에 소청심사청구를 하였고, 이에 대하여 위원회가 그 징계사유 자체가 인정되지 않는다는 이유로 징계양정의 당부에 대해서는 나아가 판단하지 않은 채 징계처분을 취소하는 결정을 한 경우, 그에 대하여 학교법인 등이 제기한 행정소송 절차에서 심리한 결과 징계사유 중 일부 사유는 인정된다고 판단이 되면 법원으로서는 위원회의 결정을 취소하여야 한다. 이는 설령 인정된 징계사유를 기준으로 볼 때 당초의 징계양정이 과중한 것이어서 그 징계처분을 취소한 위원회 결정이 결론에 있어서는 타당하다고 하더라도 마찬가지이다. 위와 같이 행정소송에 있어 확정판결의 기속력은 처분 등을 취소하는 경우에 그 피고인 행정청에 대해서만 미치는 것이므로, 법원이 위원회 결정의 결론이 타당하다고 하여 학교법인 등의 청구를 기각하게 되면 결국 행정소송의 대상이 된 위원회 결정이 유효한 것으로 확정되어 학교법인 등도 이에 기속되므로, 위원회 결정의 잘못은 바로잡을 길이 없게 되고 학교법인 등도 해당 교원에 대한 적절한 재징계를 할 수 없게 되기 때문이다(대판 2013. 7. 25, 2012두12297[해임처분취
소결정취소]). 〈해설〉 피고인 교원소청심사위원회는 이 사건 징계사유 전부가 인정되지 않는다는 이유
로 원고의 징계처분(이 사건해임)을 취소하는 이 사건 처분을 하였는데, 법원에서 그 징계사유 중 일
부가 인정된다고 하여 피고의 이 사건처분을 취소한 경우, 그 판결이 그대로 확정되면 피고로서는 원
래의 소청심사청구에 대하여 다시 판단하되 확정판결의 취지에 따라 징계사유의 일부가 인정된다는
전제에서 원래의 징계처분을 취소하거나 적정한 양정을 하는 변경처분 등을 하여야 할 것이다. 확정판
결의 기속력은 학교법인 등에는 미치지 않는다.

마. 재결주의에서의 청구, 심리 및 판결

① 개별법률에서 재결주의를 정하는 경우에
는 재결에 대해서만 제소하는 것이 허용되므로 그 논리적인 전제로서 취소소송을 제기하
기 전에 행정심판을 필요적으로 경유할 것이 요구된다(헌재 2001. 6. 28, 2000헌바77).

② 재결주의의 경우에는 행정심판의 재결에 불복하여 취소소송을 제기하고자 하는
경우에 행정심판의 재결을 대상으로 취소소송을 제기하여야 한다. 이 경우 재결취소의 소
에서는 재결고유의 하자뿐만 아니라 원처분의 하자도 주장할 수 있다(대판 1991. 2. 12, 90누
288[토지수용재결처분취소]). 그러나, 원처분이 당연무효인 경우에는 재결취소의 소뿐만 아
니라 원처분무효확인소송도 제기할 수 있다(대판 전원합의체 1993. 1. 19, 91누8050[토지수용재
결처분취소]).

③ 재결주의에서 기각재결에 대한 취소판결의 경우 판결의 기속력에 의해 원처분청
은 원처분을 취소하여야 하고, 인용재결(취소재결)의 취소는 직접 원처분의 소급적 부활을
가져온다.

Ⅱ. 부작위위법확인소송의 대상: 부작위 [2005 감평 사례]

부작위위법확인소송의 대상은 부작위(不作爲)이다.

부작위위법확인소송에서의 '부작위'라 함은 행정청이 당사자의 신청에 대하여 상당한
기간 내에 일정한 처분을 하여야 할 법률상 의무가 있음에도 불구하고 이를 하지 아니하
는 것을 말한다(행정소송법 제 2 조 제 1 항 제 2 호). 즉, 행정청의 모든 부작위가 모두 부작위
위법확인소송의 대상이 되는 것이 아니며 다음과 같은 일정한 요건을 갖추어야 한다.

1. 행정청의 처분의무의 존재(달리 말하면 신청인에게 법규상 또는 조리상 신청권의 존재)

(1) 신청권필요설

신청인에게 신청권이 있어야 부작위가 성립한다는 것이 판례의 입장이다. 신청인에게
신청권이 없는 경우에 신청에 대하여 행정청이 가부간의 처분을 하지 않고 있어도 부작위
위법확인소송의 대상이 되는 부작위가 되지 않는다. 신청권은 실정법규에 의해 인정되거

나 조리상 인정될 수 있다.

행정소송법 제 2 조 제 1 항 제 2 호가 부작위의 성립요건으로 '일정한 처분을 하여야 할 법률상 의무가 있을 것'을 요구하고 있고, 이 처분의무에 대응하는 것이 신청권이다. 부작위의 요소인 처분의무는 응답의무이며 신청에 따라 특정한 내용의 처분을 할 의무가 아니다.

(2) 신청권불필요설

이 견해는 부작위의 성립에 있어 신청권이 요건이 되지 않는다는 견해이다. 이 견해는 신청권은 본안의 문제라고 보는 견해(홍준형)와 원고적격의 문제라고 보는 견해(류지태·박종수, 홍정선)로 나뉘어진다. 이 견해는 신청권을 요구하는 명문의 규정이 없음에도 신청권의 존부를 부작위개념요소로 보는 것은 부작위의 개념을 해석상 제한하는 것으로서 사인의 권리보호의 확대의 이념에 반하는 것이라고 한다(홍정선).

(3) 판　례

판례는 부작위가 성립하기 위하여는 법규상 또는 조리상의 신청권이 있어야 한다고 하며 신청권이 없는 경우 부작위가 있다고 할 수 없고 원고적격도 없다고 한다(대판 2000. 2. 25, 99두11455[부작위위법확인]).

> **판례**　4급 공무원이 당해 지방자치단체 인사위원회의 심의를 거쳐 3급 승진대상자로 결정되고 임용권자가 그 사실을 대내외에 공표까지 하였다면, 그 공무원은 승진임용에 관한 법률상 이익을 가진 자로서 임용권자에 대하여 3급 승진임용을 신청할 조리상의 권리가 있고, 이러한 공무원으로부터 소청심사청구를 통해 승진임용신청을 받은 행정청으로서는 상당한 기간 내에 그 신청을 인용하는 적극적 처분을 하거나 각하 또는 기각하는 등의 소극적 처분을 하여야 할 법률상의 응답의무가 있다. 그럼에도, 행정청이 위와 같은 권리자의 신청에 대해 아무런 적극적 또는 소극적 처분을 하지 않고 있다면 그러한 행정청의 부작위는 그 자체로 위법하다(대판 2009. 7. 23, 2008두10560[부작위위법확인의소]).

(4) 결어(신청권필요설)

행정소송법 제 2 조 제 1 항 제 2 호가 부작위의 성립요건으로 '일정한 처분을 하여야 할 법률상 의무가 있을 것'을 요구하고 있으므로 **해석론**으로는 신청권을 부작위의 성립요건으로 보는 것이 타당하다. 다만, **입법론**으로는 신청권의 존재는 본안의 문제로 보고 부작위의 요건으로 하지 않는 것도 가능하며(입법정책의 문제임) 대법원 행정소송법개정안도 신청권을 부작위나 거부처분의 요소로 보지 않는 것으로 하고 있다.

2. 당사자의 처분의 신청

당사자의 처분의 신청이 있어야 한다. 달리 말하면 신청이 있어야 하며 신청의 대상은 처분이어야 한다.

① 신청이 있어야 한다. **입법론**으로는 행정처분에 신청을 전제로 하지 않는 경우(예, 사립학교 정상화시 정이사 임명)도 있으므로 신청을 부작위의 요건으로 하지 않는 것이 타당하다.

② 처분에 대한 신청이 아닌 경우에는 부작위위법확인소송의 대상이 되는 부작위가 아니다.

> **판례**   [1] **부작위 위법확인소송의 대상**: 부작위위법확인소송의 대상이 되는 행정청의 부작위라 함은 행정청이 당사자의 신청에 대하여 상당한 기간 내에 일정한 처분을 할 법률상 의무가 있음에도 불구하고 이를 하지 아니하는 것을 말하고, 이 소송은 처분의 신청을 한 자가 제기하는 것이므로 이를 통하여 원고가 구하는 행정청의 응답행위는 행정소송법 제 2 조 제 1 항 제 1 호 소정의 처분에 관한 것이라야 한다. [2] **폐지된 개간촉진법 제17조의 규정에 의한 국유개간토지의 매각행위가 항고소송의 대상이 되는 행정처분인지 여부(소극)**: 폐지된 개간촉진법 제17조의 규정에 따른 국유개간토지의 매각행위는 국가가 국민과 대등한 입장에서 국토개간장려의 방편으로 개간지를 개간한 자에게 일정한 대가로 매각하는 것으로서 사법상의 법률행위나 공법상의 계약관계에 해당한다고 보아야 하므로 이를 항고소송의 대상이 되는 행정처분이라고 할 수 없다(대판 1991. 11. 8, 90누9391[부작위위법확인]). ⟨**해설**⟩ 국유개간토지의 매각신청은 국유개간토지의 매각행위가 처분이 아니므로 처분의 신청이 아니다.

재결부작위는 처분부작위가 아니므로 부작위위법확인소송의 대상이 되는 부작위가 아니다.

재결부작위의 경우 심판청구인은 원처분에 대한 취소소송을 제기하면 된다. 재결주의의 경우에도 원처분에 대한 취소소송을 제기할 수 있는 것으로 보는 것이 타당하다. 재결주의는 재결이 있는 것을 전제로 원처분이 아니라 재결을 대상으로 항고소송을 제기하도록 하는 원칙을 말한다. 재결부작위는 재결이 없는 경우에 해당하므로 행정심판전치주의의 경우에도 행정심판 제기 후 일정기간이 지나면 행정소송을 제기할 수 있다.

③ 신청이 적법할 것(신청요건을 갖출 것)을 요하지 않는다. 신청권자의 신청이 있는 경우 행정청은 신청요건의 충족 여부와 무관하게 응답의무를 지며 신청요건이 충족되지 않은 경우 행정절차법에 따라 보완을 명하여야 하고 보완을 하지 않는 경우 반려처분(거부처분)을 할 수 있기 때문이다.

후술하는 바와 같이 신청의 적법성은 소송요건의 문제가 아니라 본안의 문제라고 보아야 한다. 신청요건의 결여가 중대하여 처분을 할 수 없을 정도인 경우에 행정청의 부작위는 정당하다고 보아야 한다.

3. 상당한 기간의 경과

상당한 기간이라 함은 사회통념상 행정청이 당해 신청에 대한 처분을 하는 데 필요한 합리적인 기간을 말한다.

법령에서 신청에 대한 처리기간을 정하고 있는 경우에 당해 처리기간이 경과하였다고 하여 당연히 부작위가 되지는 않지만 그 처리기간이 경과하면 특별한 사정이 없는 한 상당한 기간이 경과하였다고 보아야 한다. 민원사무처리에 관한 법률 제 9 조에 근거한 민원사무처리기준표는 민원사무의 처리기간을 규정하고 있다.

그런데, 부작위위법확인소송의 소송요건의 충족 여부는 사실심 변론종결시를 기준으로 판단하므로 사실심의 변론종결시까지 상당한 기간이 경과하였으면 되고, 통상 이때까지는 상당한 기간이 경과할 것이므로 이 요건은 실제에 있어서는 크게 문제되지 않는다.

4. 처분의 부존재

신청에 대하여 가부간에 처분이 행해지지 않았어야 한다. 신청에 대해 거부처분을 한 것도 응답의무를 이행한 것이 되며 행정청의 부작위는 성립하지 않는다.

> **판례**　당사자의 신청에 대한 행정청의 거부처분이 있은 경우에 부작위 위법확인소송이 허용되는지 여부(소극): 당사자의 신청에 대한 행정청의 거부처분이 있는 경우에는 행정청이 당사자의 신청에 대하여 상당한 기간 내에 일정한 처분을 하여야 할 법률상의 응답의무를 이행하지 아니함으로써 야기된 부작위라는 위법상태를 제거하기 위하여 제기하는 부작위위법확인소송은 허용되지 아니한다(대판 1991. 11. 8, 90누9391[부작위위법확인]).

법령이 법령에서 정한 일정한 기간이 경과한 경우에는 거부한 것으로 의제하는 규정을 두는 경우가 있는데(공공기관의 정보공개에 관한 법률 제11조 제5항), 이 경우에 법령에서 정한 기간이 경과하였음에도 실제로 처분이 행해지지 않았으면 거부처분이 있는 것으로 되므로 당해 거부처분에 대하여 취소소송을 제기하여야 하며 부작위위법확인소송을 제기할 수는 없다.

부작위위법확인소송계속중 거부처분이 있게 되면 부작위위법확인소송은 소의 이익이 상실되며 원고는 거부처분취소소송으로 소의 변경을 신청할 수 있다(후술 소의 변경 참조).

Ⅲ. 당사자소송의 대상

1. 일반적 고찰

당사자소송의 대상은 "행정청의 처분 등을 원인으로 하는 법률관계와 그 밖의 공법상의 법률관계"이다. 즉, 당사자소송의 대상은 공법상 법률관계이다.

① "행정청의 처분 등을 원인으로 하는 법률관계"라 함은 행정청의 처분 등에 의하여 발생·변경·소멸된 공법상의 법률관계를 말한다. 예를 들면, 공무원의 지위확인을 구하는 소송 및 미지급퇴직연금지급청구소송은 당사자소송으로 제기하여야 한다.

② "그 밖의 공법상의 법률관계"라 함은 처분 등을 원인으로 하지 않는 공법이 규율하는 법률관계를 말한다. 예를 들면, 광주민주화운동관련 보상금지급청구권은 공권이고,

동 보상금지급청구소송은 당사자소송으로 제기하여야 한다.

　③ 공법상 계약 등 일정한 비권력적 법적 행위는 당사자소송의 대상이다. 예를 들면, 전문직공무원채용계약은 공법상 계약이고, 전문직공무원 채용계약의 해지를 다투기 위하여는 그 해지를 처분으로 보아야 할 특별한 사정이 없는 한 동 계약해지의 의사표시의 무효확인을 구하는 당사자소송을 제기하여야 한다.

　행정소송규칙 제19조 제 4 호에 따르면 공법상 계약에 따른 권리·의무의 확인 또는 이행청구 소송은 당사자소송의 대상이 된다.

　④ 공법상 당사자소송을 비권력적 공행정작용에 대한 일반적 구제수단으로 보거나 사실행위도 공법상 당사자소송의 대상으로 보는 견해도 있다. 그런데, 판례는 이러한 입장을 취하고 있지 않다.

　⑤ 행정소송규칙 제19조 제 2 호에 따르면 그 존부 또는 범위가 구체적으로 확정된 공법상 법률관계 그 자체에 관한 다음 각 목의 소송은 당사자소송의 대상이 된다: 가. 납세의무 존부의 확인, 나. 「부가가치세법」 제59조에 따른 환급청구, 다. 「석탄산업법」 제39조의3 제 1 항 및 같은 법 시행령 제41조 제 4 항 제 5 호에 따른 재해위로금 지급청구, 라. 「5·18민주화운동 관련자 보상 등에 관한 법률」 제 5 조, 제 6 조 및 제 7 조에 따른 관련자 또는 유족의 보상금 등 지급청구, 마. 공무원의 보수·퇴직금·연금 등 지급청구, 바. 공법상 신분·지위의 확인.

　⑥ 행정소송규칙 제19조 제 3 호에 따르면 처분에 이르는 절차적 요건의 존부나 효력 유무에 관한 다음 각 목의 소송은 당사자소송의 대상이 된다: 가. 「도시 및 주거환경정비법」 제35조 제 5 항에 따른 인가 이전 조합설립변경에 대한 총회결의의 효력 등을 다투는 소송, 나. 「도시 및 주거환경정비법」 제50조 제 1 항에 따른 인가 이전 사업시행계획에 대한 총회결의의 효력 등을 다투는 소송, 다. 「도시 및 주거환경정비법」 제74조 제 1 항에 따른 인가 이전 관리처분계획에 대한 총회결의의 효력 등을 다투는 소송.

2. 구체적 사례

(1) 항고소송사건인지 당사자소송사건인지가 다투어진 사례

1) 행위의 성질이 기준이 되는 경우 [2015 입시]

계쟁행위의 행정처분성을 인정할 수 있는 경우 항고소송을 제기하여야 하고, 계쟁행위가 비권력적인 공행정작용(공법상계약)인 경우 공법상 당사자소송을 제기하여야 한다.

공법상 계약의 한쪽 당사자가 다른 당사자를 상대로 효력을 다투거나 이행을 청구하는 소송은 공법상의 법률관계에 관한 분쟁이므로 분쟁의 실질이 공법상 권리·의무의 존부·범위에 관한 다툼이 아니라 손해배상액의 구체적인 산정방법·금액에 국한되는 등의 특별한 사정이 없는 한 공법상 당사자소송으로 제기하여야 한다(대판 2021. 2. 4, 2019다277133).

판례　(1) 공기업·준정부기관의 계약상대방에 대한 입찰참가자격 제한 조치가 법령에 근거한 행정처분인지 계약에 근거한 권리행사인지 판단하는 방법: 공기업·준정부기관이 법령 또는 계약에 근거하여 선택적으로 입찰참가자격 제한 조치를 할 수 있는 경우, 계약상대방에 대한 입찰참가자격 제한 조치가 법령에 근거한 행정처분인지 아니면 계약에 근거한 권리행사인지는 원칙적으로 의사표시의 해석 문제이다. 이때에는 공기업·준정부기관이 계약상대방에게 통지한 문서의 내용과 해당 조치에 이르기까지의 과정을 객관적·종합적으로 고찰하여 판단하여야 한다. 그럼에도 불구하고 공기업·준정부기관이 법령에 근거를 둔 행정처분으로서의 입찰참가자격 제한 조치를 한 것인지 아니면 계약에 근거한 권리행사로서의 입찰참가자격 제한 조치를 한 것인지 여부가 여전히 불분명한 경우에는, 그에 대한 불복방법 선택에 중대한 이해관계를 가지는 그 조치 상대방의 인식가능성 내지 예측가능성을 중요하게 고려하여 규범적으로 이를 확정함이 타당하다(대판 2018. 10. 25, 2016두33537 참조). (2) 다음과 같은 이유에서 입찰참가자격 제한 조치가 계약에 근거한 권리행사가 아니라 공공기관의 운영에 관한 법률(이하 ‘공공기관운영법’이라 한다) 제39조 제2항에 근거한 행정처분으로 봄이 타당하다고 한 사례: (1) 피고는 입찰참가자격 제한 조치를 하기 전 원고에게 “처분사전통지서(청문실시통지)”라는 제목으로 공기업·준정부기관 계약사무규칙 제16조에 의한 입찰참가자격 제한 처분을 할 계획이라는 취지와 함께 그 법적 근거로 공공기관운영법 제39조와 계약상 근거 규정을 함께 기재한 문서를 교부하였고, 행정절차법에 따른 절차 등을 진행하였다. (2) 피고는 입찰참가자격 제한 조치를 하면서 원고에게 교부한 통지서에, 제재 근거로 “계약규정 제26조 제1항, 계약규정 시행규칙 제97조 제1항 제8호 및 [별표 2]의 제10호 ‘나’목”을, 제재 기간을 “6월(한수원 한정)”로 각 기재하였다. 그러나 그 이의신청 방법에 대해서는 공기업·준정부기관 계약사무규칙 제15조 제1항과 계약상 근거 규정을 함께 기재하였다. (3) 또한 피고는 위 통지서에 입찰참가자격 제한 조치에 대한 쟁송 방법으로 “행정심판법 제27조 또는 행정소송법 제20조에 따라 소정의 기간 내에 행정심판을 청구하거나 행정소송을 제기할 수 있음을 알려드립니다. 행정심판 청구 및 행정소송 제기의 제척기간은 다음과 같습니다. 1) 행정심판: 처분이 있음을 알게 된 날로부터 90일 이내에 청구(단, 처분이 있었던 날부터 180일이 지나면 청구하지 못함) 2) 행정소송: 처분 등이 있음을 안 날로부터 90일 이내에 제기(단, 처분 등이 있는 날로부터 1년을 경과하면 이를 제기하지 못함)”라고 기재하였다(대판 2019. 2. 14, 2016두33292[부정당업자제재처분취소]).

가. 행정청이 일방적인 의사표시로 자신과 상대방 사이의 법률관계를 종료시킨 경우(항고소송 또는 당사자소송)[2017 사시]

판례　[1] 행정청이 일방적인 의사표시로 자신과 상대방 사이의 법률관계를 종료시킨 경우, 의사표시가 항고소송의 대상이 되는 행정처분인지 또는 공법상 계약관계의 일방 당사자로서 대등한 지위에서 하는 의사표시인지 판단하는 방법: 행정청이 자신과 상대방 사이의 법률관계를 일방적인 의사표시로 종료시켰다고 하더라도 곧바로 의사표시가 행정청으로서 공권력을 행사하여 행하는 행정처분이라고 단정할 수는 없고, 관계 법령이 상대방의 법률관계에 관하여 구체적으로 어떻게 규정하고 있는지에 따라 의사표시가 항고소송의 대상이 되는 행정처분에 해당하는지 아니면 공법상 계약관계의 일방 당사자로서 대등한 지위에서 행하는 의사표시인지를 개별적으로 판단하여야 한다. [2] 중소기업기술정보진흥원장이 甲 주식회사와 중소기업 정보화지원사업 지원대상인 사업의 지원에 관한 협약을 체결하였는데, 협약이 甲 회사에 책임이 있는 사업실패로 해지되었다는 이유로 협약에서 정한 대로 지급받은 정부지원금을 반환할 것을 통보한 사안에서, 중소기업 정보화지원사업에 따른 지원금 출연을 위하여 중소기업청장이 체결하는 협약은 공법상 대등한 당사자 사이의 의사표시의 합치로 성립하는 공법상 계약에 해당하는 점, 구 중소기업 기술혁신 촉진법(2010. 3. 31. 법률 제10220호로 개정되기 전의 것) 제32조 제1항은 제10조가 정한 기술혁신사업과 제11조가 정한 산학협력 지원사업에 관하여 출연한 사업비의 환수에 적용될 수 있을 뿐 이와 근거 규정을 달리하는 중소기업 정보화지원사업에 관하여 출연한 지원금에 대하여는 적용될 수 없고 달리 지원금 환수에 관한 구체적인 법령상 근거가 없는 점 등을 종합하면, 협약의 해지 및 그에 따른 환수통보는 공법상 계약에 따라 행정청이 대등한 당사자의 지위에서 하는 의사표시로 보아야 하고, 이를 행정청이 우월한 지위에서 행하는 공권력의 행사로서 행정처분에 해당한다고 볼 수는 없다고 한 사례(대판 2015. 8. 27, 2015두41449[정보화지원사업참여제한처분무효확인]).

나. 전문직공무원 채용계약의 해지에 대한 불복(당사자소송사건)

판례　지방전문직공무원 채용계약의 해지에 대하여는 불이익처분을 받은 지방경력직공무원 등에게 적용되는 소청제도는 물론 행정심판절차에 의한 불복도 허용되지 않고 있는 것으로 해석되고, 이와 같은 법령의 규정 취지와 그 밖에 공무원의 자격, 임용, 보수, 복무, 신분보장, 징계 등에 관한 관계법령의 규정 내용에 미루어보면, 현행 실정법이 지방전문직공무원 채용계약 해지 의사표시를 일반공무원에 대한 징계처분과는 달리 항고소송의 대상이 되는 처분 등의 성격을 가진 것으로 인정하지 않고, 지방자치단체가 채용계약관계의 한쪽 당사자로서 대등한 지위에서 행하는 의사표시로 취급하고 있는 것으로 이해되므로 지방전문직공무원 채용계약 해지 의사표시에 대하여는 항고소송이 아닌 공법상의 당사자소송으로 그 의사표시의 무효확인을 청구할 수 있다고 보아야 할 것이다(대판 1993. 9. 14, 92누4611[공무원채용계약해지무효확인]). 〈해설〉 징계적 성격의 해촉은 성질상 처분으로 보아야 한다는 견해가 있다.

다. 시립합창단원의 재위촉거부(공법상 당사자소송)

판례　시립합창단원에 대한 재위촉 거부가 항고소송의 대상인 처분에 해당하는지 여부(소극): 지방자치법 제 9 조 제 2 항 제 5 호 (라)목 및 (마)목 등의 규정에 의하면, 광주광역시립합창단의 활동은 지방문화 및 예술을 진흥시키고자 하는 광주광역시의 공공적 업무수행의 일환으로 이루어진다고 해석될 뿐 아니라, … 단원의 지위가 지방공무원과 유사한 면이 있으나, 한편 단원의 위촉기간이 정하여져 있고 재위촉이 보장되지 아니하며, 단원에 대하여는 지방공무원의 보수에 관한 규정을 준용하는 이외에는 지방공무원법 기타 관계 법령상의 지방공무원의 자격, 임용, 복무, 신분보장, 권익의 보장, 징계 기타 불이익처분에 대한 행정심판 등의 불복절차에 관한 규정이 준용되지도 아니하는 점 등을 종합하여 보면, 광주광역시문화예술회관장의 단원 위촉은 광주광역시문화예술회관장이 행정청으로서 공권력을 행사하여 행하는 행정처분이 아니라 공법상의 근무관계의 설정을 목적으로 하여 광주광역시와 단원이 되고자 하는 자 사이에 대등한 지위에서 의사가 합치되어 성립하는 공법상 근로계약에 해당한다고 보아야 할 것이므로, 시립합창단원으로서 위촉기간이 만료되는 자들의 재위촉 신청에 대하여 광주광역시문화예술회관장이 실기와 근무성적에 대한 평정을 실시하여 재위촉을 하지 아니한 것을 항고소송의 대상이 되는 불합격처분이라고 할 수는 없고 공법상 당사자소송을 제기하여야 한다(대판 2001. 12. 11, 2001두7794[합창단재위촉거부처분취소]).

라. 공법상 계약의 체결 여부의 결정 및 제재적 성격의 결정(항고소송)　　공법상 계약의 체결 여부(재체결 포함)의 결정 및 제재적 성격이 있는 결정에 대해서는 처분성을 인정하여야 한다.

[판례1] **지방계약직공무원에 대한 보수의 삭감:** 보수의 삭감은 이를 당하는 공무원의 입장에서는 징계처분의 일종인 감봉과 다를 바 없다(대판 2008. 6. 12, 2006두16328[전임계약직공무원(나급)재계약거부처분및감봉처분취소]). 〈해설〉 공법상 계약 참조.

[판례2] "사회기반시설에 대한 민간투자법" 제13조 제 3 항상의 실시협약(동법에 의하여 주무관청과 민간투자사업을 시행하고자 하는 자간에 사업시행의 조건 등에 관하여 체결하는 계약)은 공법상 계약이고, 그 이전에 행해지는 동법 제13조 제 2 항상의 행정청의 협상대상자(특별한 사정이 없는 한 사업시행자가 된다) 지정행위는 행정행위의 성질을 갖는 것으로 보아야 한다(서울고법 2004. 6. 24, 2003누6483). 〈해설〉 행정청에 의한 공법상 계약의 체결 여부 또는 계약상대방의 결정은 행정소송법상 처분에 해당하는 경우가 있고, 이 경우 항고소송의 대상이 된다고 보아야 한다.

[판례3] 재활용자원화시설의 민간위탁대상자 선정행위를 처분으로 본 사례(대판 2007. 9. 21, 2006두7973[고양시재활용자원화시설민간위탁대상자선정취소처분취소]).

[판례4] 한국환경산업기술원장이 구 국가연구개발사업의 관리 등에 관한 규정(대통령령) 및 환경기술개발사업운영규정(환경부훈령)에 따라 주관연구기관에 대하여 한 연구개발 중단 조치와 연구비 집행 중지 조치가 항고소송의 대상이 되는 행정처분에 해당한다고 한 사례(대판 2015. 12. 24, 2015두264). 〈해설〉 원심은 법령의 근거 없이 협약 당사자 간의 대등한 지위에서 한 의사표시에 불과하여 항고소송의 대상이 되는 행정처분이 아니라고 판단하였다. 대법원은 환경부훈령인 「환경기술개발사업운영규정」을 적법한 해석규칙 내지는 법령보충적 행정규칙으로 보았다. 법령에 근거한 해지이므로 처분으로 보아야 한다.

[판례5] [피고와 택시회사들 사이의 감차합의에 근거하여 한 직권감차명령의 '처분성'이 다투어진 사건] [1] 피고 행정청과 관내 11개 택시회사들 사이에서 택시공급 과잉 문제를 해결하고자 3년에 걸쳐 업체별로 일정 대수를 감차하기로 약정한 합의는 여객자동차법 제 4 조 제 3 항이 정한 '면허조건'을 원고들의 동의하에 사후적으로 부가한 것(사후부담)이다. [2] 일부 택시회사들이 위와 같은 합의를 이행하지 않는다는 이유로 피고행정청이 그 택시회사들에 대하여 한 직권감차명령은 피고가 우월적 지위에서 여객자동차법 제85조 제 1 항 제38호에 따라 원고들에게 일정한 법적 효과를 발생하게 하는 것(사업계획변경처분)이므로 항고소송의 대상이 되는 처분에 해당한다고 보아야 하고, 단순히 대등한 당사자의 지위에서 형성된 공법상 계약에 근거한 의사표시에 불과한 것으로는 볼 수 없다. [3] 익산시의 택시공급 과잉 문제를 해결하기 위하여, 익산시장이 2012. 9. 19. 관내 11개 택시회사들과 사이에서 법인택시 총 272대(보유대수의 약 40%)를 3년간 순차적으로 감차하고 감차대수에 따라 감차보상금을 지급하기로 합의(감차합의)하였는데, 일부 택시회사들이 3년차인 2014년에 사정변경을 이유로 합의 이행을 거부하자, 익산시장이 그 택시회사들에 대하여 합의 불이행을 이유로 위 합의에서 정한 3년차 감차대수만큼 직권감차명령을 한 사안에서, 원심은 "이 사건 합의(감차합의)가 행정청이 대등한 당사자의 지위에서 체결한 공법상 계약에 해당하므로, 그 합의 불이행을 이유로 한 직권감차명령도 행정청이 공법상 계약에 따라 대등한 당사자의 지위에서 하는 의사표시에 불과하여 처분에 해당하지 않는다"라고 판단하였으나, 대법원은 공법상 계약에 근거한 의사표시라고 하여 항상 그것이 대등한 당사자 지위에서 행해지는 것은 아니며, 개별 행정작용마다 관련법령이 당해 행정주체와 사인간의 관계를 어떻게 규정하고 있는지를 행위형식이나 외관이 아니라 당해 행위의 실질을 기준으로 개별적으로 검토하여야 한다는 취지에서, 원심이 처분 및 부관에 관한 법리를 오해하였음을 지적한 사례. [4] 여객자동차 운수사업법(이하 '여객자동차법'이라 한다) 제85조 제 1 항 제38호에 의하면, 운송사업자에 대한 면허에 붙인 조건을 위반한경우 감차 등이 따르는 사업계획변경명령(이하 '감차명령'이라 한다)을 할 수 있는데, 감차명령의 사유가 되는 '면허에 붙인 조건을 위반한 경우'에서 '조건'에는 운송사업자가 준수할 일정한 의무를 정하고 이를 위반할 경우 감차명령을 할 수 있다는 내용의 '부관(사후부관 포함)'도 포함된다. 그리고 부관은 면허 발급 당시에 붙이는 것뿐만 아니라 면허 발급 이후에 붙이는 것도 법률에 명문의 규정이 있거나 변경이 미리 유보되어 있는 경우 또는 상대방의 동의가 있는 경우 등에는 특별

한 사정이 없는 한 허용된다. 따라서 관할 행정청은 면허 발급 이후에도 운송사업자가 준수할 의무를 정하고 이를 위반할 경우 감차명령을 할 수 있다는 내용의 면허 조건을 붙일 수 있고, 운송사업자가 조건을 위반하였다면 여객자동차법 제85조 제 1 항 제38호에 따라 감차명령을 할 수 있으며, 감차명령은 행정소송법 제 2 조 제 1 항 제 1 호가 정한 처분으로서 항고소송의 대상이 된다(대판 2016. 11. 24, 2016두45028[감차처분취소]). 〈해설〉 감차합의서의 법적 성격을 부담 및 부담의 불이행에 대한 처분변경유보부관(사후부관)을 정한 것으로 보는 것이 타당하다. 감차통보를 부담의무 불이행에 따른 처분(여객자동차 운수사업법 제85조 제 1 항 제38호에 따른 사업계획변경명령)으로 보고, 파기환송한 사건이다. 이 사건에서 감차합의의 주요내용은 다음과 같다: i) 익산시장과 택시사업자는 법인택시 총 272대(보유대수의 약 40%)를 2012년부터 3년간 순차적으로 감차하는데 합의한다. ii) 택시사업자는 감차합의에 따라 익산시장에게 감차신청서를 제출하고, 익산시장은 택시사업자가신청한 감차대수에 따라 감차보상금을 지급하여야 한다. iii) 업체별로 배정된 감차목표대수에 대한 감차신청을 거부하는 업체에 대하여는 기 교부된 감차보상금을 환수하거나 면허권자인 익산시장이 직권으로 감차명령을 할 수 있다. 이 사안에서 여객자동차 운수사업법상 감차신청을 전제로 하지 않는 직권에 의한 감차처분의 명문의 법적 근거는 없고, 대법원은 감차명령의 근거로「여객자동차운수사업법」제85조 제 1 항 제38호(이하 "법"이라 한다)를 들고 있다. 감차신청은 여객자동차 운수사업법 제10조의 사업계획의 변경신청이고, 감차명령은 사업계획의 변경에 대한 인가로서 여객자동차운송사업면허의 변경의 성질을 갖는 것으로 보아야 한다. 사후부담의 불이행을 이유로 감차명령뿐만 아니라 면허를 취소(철회)할 수도 있을 것이다. 법률유보의 원칙상 공법상 계약이 행정행위(감차처분)의 근거는 될 수 없다.

판례6   재단법인 한국연구재단이 갑 대학교 총장에게 연구개발비의 부당집행을 이유로 '해양생물유래 고부가식품·향장·한약 기초소재 개발 인력양성사업에 대한 2단계 두뇌한국(BK)21 사업' 협약을 해지하고 연구팀장 을에 대한 국가연구개발사업의 3년간 참여제한 등을 명하는 통보를 하자 을이 통보 취소를 청구한 사안에서, 그 통보의 처분성을 인정하고 을은 위 협약 해지 통보의 효력을 다툴 법률상 이익이 있다고 한 사례(대판 2014. 12. 11, 2012두28704[2단계BK21사업처분취소]).

판례7   [1] 산업단지관리공단이 구 산업집적활성화 및 공장설립에 관한 법률 제38조 제 2 항에 따른 변경계약을 취소한 것은 항고소송의 대상이 되는 행정처분에 해당한다. [2] 국민에게 일정한 이익과 권리를 취득하게 한 종전 행정처분을 직권으로 취소한 경우 종전 행정처분의 하자나 취소해야 할 필요성에 관한 증명책임은 기존 이익과 권리를 침해하는 처분을 한 행정청에 있다. [3] 신뢰보호와 이익형량의 취지는 구 산업집적활성화 및 공장설립에 관한 법률에 따른 입주계약 또는 변경계약을 취소하는 경우에도 마찬가지로 적용될 수 있다(대판 2017. 6. 15, 2014두46843[입주변경계약취소처분등취소]).

마. 기   타

판례1   읍·면장에 의한 이장의 임명 및 면직이 행정처분이 아니라 공법상 계약 및 그 계약을 해지하는 의사표시라고 본 사례(대판 2012. 10. 25, 2010두18963).

판례2   사회기반시설에 대한 민간투자법 제45조 제 1 항에 따라 주무관청이 사업시행자에게 한 감독명령은 처분이다(대판 2019. 3. 28, 2016두43176).

판례3   지방자치단체의 장이 공유재산 및 물품관리법에 근거하여 기부채납 및 사용·수익허가 방식으로 민간투자사업을 추진하는 과정에서 사업시행자를 지정하기 위한 전 단계에서 공모제안을 받아 일정한 심사를 거쳐 우선협상대상자를 선정하는 행위와 이미 선정된 우선협상대상자를 그 지위에서 배제하는 행위는 항고소송의 대상이 되는 행정처분이다(대판 2020. 4. 29, 2017두31064).

2) 금전급부 등에 관한 소송[2013, 2024 변시 사례]

외관상 처분으로 볼 수 있는 행정청의 결정이 공법상 금전지급 전에 행해지는 경우에 금전지급이 거부된 경우에 항고소송으로 다투어야 하는지, 당사자소송으로 다투어야 하는지가 문제된다.

이 경우에는 ① 문제된 구체적 권리가 행정청의 결정에 의하여 비로소 창설되거나 구체적으로 확정되는 경우 및 구체적인 권리가 법령에 의해 정해져 있지만, 그 존부 또는 범위에 관하여 다툼이 있고 지급결정 또는 거부결정이 이를 공식적으로 확인하는 성질의 확인행위인 경우에는 항고소송을 제기하여야 한다는 것이 판례의 입장이다. 판례는 금전지급결정의 처분성이 인정되는 경우 항고소송으로 다투도록 하고, 당사자소송을 인정하지 않는다. ② 금전지급에 관한 구체적 권리가 법령의 규정에 의해 직접 발생하고 그 권리의 존부 및 범위가 명확한 경우(권리의 존부 및 범위가 법령 등에 의하여 바로 구체적으로 명확하게 확정되어 있어 금전지급결정 또는 거부결정이 단순한 사실행위에 불과한 경우)에는 문제된 권리가 공권이면 당사자소송, 사권이면 민사소송을 제기하여야 한다.

> **판례1** (1) 공법상 각종 급부청구권은 행정청의 심사·결정의 개입 없이 법령의 규정에 의하여 직접 구체적인 권리가 발생하는 경우와 관할 행정청의 심사·인용결정에 따라 비로소 구체적인 권리가 발생하는 경우로 나눌 수 있다. 이러한 두 가지 유형 중 어느 것인지는 관계 법령에 구체적인 권리의 존부나 범위가 명확하게 정해져 있는지, 행정청의 거부결정에 대하여 불복절차가 마련되어 있는지 등을 종합하여 정해진다. (2) 그중 사회보장수급권은 법령에서 실체적 요건을 규정하면서 수급권자 여부, 급여액 범위 등에 관하여 행정청이 1차적으로 심사하여 결정하도록 정하고 있는 경우가 일반적이다. 이 사건 육아휴직급여 청구권도 관할 행정청인 직업안정기관의 장이 심사하여 지급결정을 함으로써 비로소 구체적인 수급청구권이 발생하는 경우로 앞서 본 후자의 유형에 해당한다. 대법원 판례도 사회보장수급권에 관하여 구「광주민주화운동 관련자 보상 등에 관한 법률」(2006. 3. 24. 법률 제7911호로 법률명이 「5·18민주화운동 관련자 보상 등에 관한 법률」로 개정되기 전의 것, 이하 같다)상 보상금(대판 1992. 12. 24, 92누3335), 석탄산업법상 재해위로금(대판 1998. 12. 23, 97누5046, 대판 1999. 1. 26, 98두12598 등)과 같은 몇몇 사례를 제외하고는 대부분 후자의 유형으로 보고 있다. 아래에서는 후자의 유형, 즉 일반적인 경우로 한정하여 살펴본다. (3) 사회보장수급권은 법령에서 실체적 요건을 규정하면서 수급권자 여부, 급여액 범위등에 관하여 행정청이 1차적으로 심사하여 결정하도록 정하고 있는 경우가 일반적이다. 육아휴직급여 청구권도 관할 행정청인 직업안정기관의 장이 심사하여 지급결정을 함으로써 비로소 구체적인 수급청구권이 발생하는 경우에 해당한다. 위와 같이 사회보장수급권은 추상적 형태의 권리와 구체적 형태의 권리로 나뉘고, 이들 각각의 권리행사는 그 목적과 방법이 서로 다르다(대판 전원합의체 2021. 3. 18, 2018두47264[육아휴직급여 부지급 등 처분 취소]). 〈해설〉추상적 형태의 권리는 신청을 하여 지급결정을 받아야 구체적 권리가 된다. 이 경우 지급거부결정은 처분으로서 항고소송의 대상이 된다. 구체적 형태의 권리에 따른 신청에 대한 지급결정이나 거부결정은 단순한 사실행위로서 처분이 아니고, 거부결정의 경우 공권이면 공법상 당사자소송으로, 사권이면 민사소송으로 지급청구소송을 제기하여야 한다.
>
> **판례2** 사회보장수급권은 관계 법령에서 정한 실체법적 요건을 충족시키는 객관적 사정이 발생하면 추상적인 급부청구권의 형태로 발생하고, 관계 법령에서 정한 절차·방법·기준에 따라 관할 행정청에 지급 신청을 하여 관할 행정청이 지급결정을 하면 그때 비로소 구체적인 수급권으로 전환된다(대판 2019. 12. 27, 2018두46780 등 참조). 급부를 받으려고 하는 사람은 우선 관계 법령에 따라 행정청에 그

지급을 신청하여 행정청이 거부하거나 일부 금액만 지급하는 결정을 하는 경우 그 결정에 대하여 항고소송을 제기하여 취소 또는 무효확인 판결을 받아 그 기속력에 따른 재처분을 통하여 구체적인 권리를 인정받아야 한다. 따라서 사회보장수급권의 경우 구체적인 권리가 발생하지 않은 상태에서 곧바로 행정청이 속한 국가나 지방자치단체 등을 상대로 한 당사자소송이나 민사소송으로 급부의 지급을 소구하는 것은 허용되지 않는다(대판 2019. 6. 13, 2017다277986, 277993 등 참조)(대판 전원합의체 2021. 3. 18, 2018두47264).

판례3   관계 법령의 해석상 급부를 받을 권리가 법령의 규정에 의하여 직접 발생하는 것이 아니라 급부를 받으려고 하는 자의 신청에 따라 관할 행정청이 지급결정을 함으로써 구체적인 권리가 발생하는 경우에는, 급부를 받으려고 하는 자는 우선 관계 법령에 따라 행정청에 급부지급을 신청하여 행정청이 이를 거부하거나 일부 금액만 인정하는 지급결정을 하는 경우 그 결정을 대상으로 항고소송을 제기하고, 취소·무효확인판결의 기속력에 따른 재처분을 통하여 구체적인 권리를 인정받은 다음 비로소 공법상 당사자소송으로 급부의 지급을 구하여야 하고, 구체적인 권리가 발생하지 않은 상태에서 곧바로 행정청이 속한 국가나 지방자치단체 등을 상대로 한 당사자소송이나 민사소송으로 급부의 지급을 소구하는 것은 허용되지 않는다(대판 2020. 10. 15, 2020다222382).

판례4   광주민주화운동관련 보상청구(당사자소송): 신청 후 일정기간 내에 지급에 관한 결정을 하지 않는 경우에는 바로 소송을 제기할 수 있도록 하고 있는 점 등에 비추어 볼 때 보상심의위원회의 결정을 거치는 것은 보상금 지급에 관한 소송을 제기하기 위한 전치요건에 불과하다 할 것이므로 보상심의위원회의 결정은 항고소송의 대상이 되는 행정처분이라 볼 수 없고, 위 보상금지급에 관한 권리는 동법이 특별히 인정하고 있는 공법상의 권리라 할 것이므로 그에 관한 소송은 당사자소송에 의하여야 할 것이다(대판 1992. 12. 24, 92누3335[보상금지급결정취소]).

판례5   판례는 민주화관련자보상법상의 민주화운동관련자 또는 그 유족에 대한 민주화운동관련자 명예회복 및 보상심의위원회의 명예회복과 보상금 등의 심의·결정을 처분으로 본다.
즉 대법원은 전원합의체 판결에서 "'민주화운동관련자 명예회복 및 보상 등에 관한 법률' 제2조 제1호, 제2호 본문, 제4조, 제10조, 제11조, 제13조 규정들의 취지와 내용에 비추어 보면, 같은 법 제2조 제2호 각 목은 민주화운동과 관련한 피해 유형을 추상적으로 규정한 것에 불과하여 제2조 제1호에서 정의하고 있는 민주화운동의 내용을 함께 고려하더라도 그 규정들만으로는 바로 법상의 보상금 등의 지급 대상자가 확정된다고 볼 수 없고, '민주화운동관련자 명예회복 및 보상 심의위원회'에서 심의 결정을 받아야만 비로소 보상금 등의 지급 대상자로 확정될 수 있다. 따라서 그와 같은 심의위원회의 결정은 국민의 권리의무에 직접 영향을 미치는 행정처분에 해당한다"고 하고, "'민주화운동관련자 명예회복 및 보상 등에 관한 법률' 제17조는 보상금 등의 지급에 관한 소송의 형태를 규정하고 있지 않지만, 위 규정 전단에서 말하는 보상금 등의 지급에 관한 소송은 '민주화운동관련자 명예회복 및 보상 심의위원회'의 보상금 등의 지급신청에 관하여 전부 또는 일부를 기각하는 결정에 대한 불복을 구하는 소송이므로 취소소송을 의미한다고 보아야 하며, 후단에서 보상금 등의 지급신청을 한 날부터 90일을 경과한 때에는 그 결정을 거치지 않고 위 소송을 제기할 수 있도록 한 것은 관련자 등에 대한 신속한 권리구제를 위하여 위 기간 내에 보상금 등의 지급 여부 등에 대한 결정을 받지 못한 때에는 지급 거부결정이 있는 것으로 보아 곧바로 법원에 심의위원회를 상대로 그에 대한 취소소송을 제기할 수 있다고 규정한 취지라고 해석될 뿐, 위 규정이 보상금 등의 지급에 관한 처분의 취소소송을 제한하거나 또는 심의위원회에 의하여 관련자 등으로 결정되지 아니한 신청인에게 국가를 상대로 보상금 등의 지급을 구하는 이행소송을 직접 제기할 수 있도록 허용하는 취지라고 풀이할 수는 없다"고 하고 있다(이상 다수의견). 이에 대하여 반대의견은 보상금 등의 지급신청을 한 사람이 심의위원회의 보상금 등의 지급에 관한 결정을 다투고자 하는 경우에는 곧바로 보상금 등의 지급을 구하는 소송을 제기하여야 하고, 관련자 등이 갖게 되는 보상금 등에 관한 권리는 위 법이 특별히 인정하고 있는 공법상 권리이므로 그 보상금 등의 지급에 관한 소송은 행정소송법 제3조 제2호에 정한 국가를 상대로 하는 당사자소송에 의하여야 한다"는 의견을 제시하였다(대판 전원합의체 2008. 4. 17, 2005두16185[민주화운동관련자불인정처분

취소]).

판례6 구 군인연금법령상 급여를 받으려고 하는 사람은 우선 관계 법령에 따라 국방부장관 등에게 급여지급을 청구하여 국방부장관 등이 이를 거부하거나 일부 금액만 인정하는 급여지급결정을 하는 경우 그 결정을 대상으로 항고소송을 제기하는 등으로 구체적 권리를 인정받은 다음 비로소 당사자소송으로 그 급여의 지급을 구해야 한다. 이러한 구체적인 권리가 발생하지 않은 상태에서 곧바로 국가를 상대로 한 당사자소송으로 급여의 지급을 소구하는 것은 허용되지 않는다(대판 2021. 12. 16, 2019두 45944).

판례7 국방부장관의 인정에 의하여 퇴역연금을 지급받아 오던 중 군인보수법 및 공무원보수규정에 의한 호봉이나 봉급액의 개정 등으로 퇴역연금액이 변경된 경우에는 법령의 개정에 따라 당연히 개정규정에 따른 퇴역연금액이 확정되는 것이지 구 군인연금법 제18조 제 1 항 및 제 2 항에 정해진 국방부장관의 퇴역연금액 결정과 통지에 의하여 비로소 그 금액이 확정되는 것이 아니므로, 법령의 개정에 따른 국방부장관의 퇴역연금액 감액조치에 대하여 이의가 있는 퇴역연금수급권자는 항고소송을 제기하는 방법으로 감액조치의 효력을 다툴 것이 아니라 직접 국가를 상대로 정당한 퇴역연금액과 결정, 통지된 퇴역연금액과의 차액의 지급을 구하는 공법상 당사자소송을 제기하는 방법으로 다툴 수 있다할 것이고, 같은 법 제 5 조 제 1 조에 그 법에 의한 급여에 관하여 이의가 있는 자는 군인연금급여재심위원회에 그 심사를 청구할 수 있다는 규정이 있다 하여 달리 볼 것은 아니다(대판 2003. 9. 5, 2002두 3522).

판례8 **미지급퇴직연금 지급청구(당사자소송):** 공무원연금법 소정의 퇴직연금 등의 급여는 급여를 받을 권리를 가진 자가 당해 공무원이 소속하였던 기관장의 확인을 얻어 신청하는 바에 따라 공무원연금관리공단이 그 지급결정을 함으로써 그 구체적인 권리가 발생하는 것이므로, 공무원연금관리공단의 급여에 관한 결정은 국민의 권리에 직접 영향을 미치는 것이어서 행정처분에 해당할 것이지만, 공무원연금관리공단의 인정에 의하여 퇴직연금을 지급받아 오던 중 구 공무원연금법령의 개정 등으로 퇴직연금 중 일부 금액의 지급이 정지된 경우에는 당연히 개정된 법령에 따라 퇴직연금이 확정되는 것이고, 공무원연금관리공단의 퇴직연금 결정과 통지에 의하여 비로소 그 금액이 확정되는 것이 아니므로, 공무원연금관리공단이 퇴직연금 중 일부 금액에 대하여 지급거부의 의사표시를 하였다고 하더라도 그 의사표시는 행정처분이 아니며, 이 경우 미지급퇴직연금에 대한 지급청구권은 공법상 권리로서 그의 지급을 구하는 소송은 공법상의 법률관계에 관한 소송인 공법상 당사자소송에 해당한다. 퇴직연금 중 일부 금액에 대하여 지급거부의 의사표시에 대한 취소소송이 제기된 경우 그 청구에 미지급 퇴직연금의 직접 지급을 구하는 취지도 포함된 것인지를 석명하여 원고 등으로 하여금 그 취지에 적용한 소변경 등의 절차를 할 기회를 주어야 한다(대판 2004. 7. 8, 2004두244[연금지급청구서반려처분취소]).

판례9 **공무원연금 지급거부(항고소송):** 구 공무원연금법(1995. 12. 29. 법률 제5117호로 개정되기 전의 것) 제26조 제 1 항, 제80조 제 1 항, 공무원연금법시행령 제19조의2의 각 규정을 종합하면, 같은 법 소정의 급여는 급여를 받을 권리를 가진 자가 당해 공무원이 소속하였던 기관장의 확인을 얻어 신청하는 바에 따라 공무원연금관리공단이 그 지급결정을 함으로써 그 구체적인 권리가 발생하는 것이므로, 공무원연금관리공단의 급여에 관한 결정은 국민의 권리에 직접 영향을 미치는 것이어서 행정처분에 해당하고, 공무원연금관리공단의 급여결정에 불복하는 자는 공무원연금급여재심위원회의 심사결정을 거쳐 공무원연금관리공단의 급여결정을 대상으로 행정소송(항고소송)을 제기하여야 한다(대판 1996. 12. 6, 96누6417[퇴직급여지급처분취소]).

판례10 요양기관의 국민건강보험공단에 대한 요양급여비용청구권은 요양기관의 청구에 따라 공단이 지급결정을 함으로써 구체적인 권리가 발생하는 것이지, 공단의 결정과 무관하게 국민건강보험법령에 의하여 곧바로 발생한다고 볼 수 없다(대판 2023. 8. 31, 2021다243355).

판례11 판례는 『1980년해직공무원보상 등에 관한 특별조치법』 소정의 보상금지급거부(대판 1990. 9. 25, 90누592), 국방부장관의 퇴직연금지급거부 또는 청구 중 일부만의 인정(대판 2003. 9. 5, 2002두

3522) 및 하천법상 토지수용위원회의 보상재결(대판 2001. 9. 14, 2001다40879), 구 특수임무수행자 보
상에 관한 법률상의 보상금지급대상자의 인정결정 및 기각결정(대판 2008. 12. 11, 2008두6554), 부패방
지법 제36조 제 2 항, 제 3 항에 따른 보상금지급거부(대판 2008. 11. 13, 2008두12726)를 처분으로 보고
이를 다투기 위하여는 항고소송을 제기하여야 하는 것으로 보았다.

(2) 당사자소송인지 민사소송인지가 다투어진 사례

1) 당사자소송과 민사소송의 대상 구분

일반적으로 말하면 당사자소송은 공법관계를 대상으로 하고, 민사소송은 사법관계를
대상으로 한다.

2) 구체적 사례

가. 처분 등을 원인으로 하는 법률관계를 대상으로 하는 소송

(가) 소송물 기준설

이 견해는 소송물을 기준으로 그것이 공법관계이면 당사자소송, 사법관계이면 민사소
송으로 보는 견해이다.

(나) 원인된 법률관계 기준설

이 견해는 계쟁 법률관계의 원인이 되는 법률관계를 기준으로 원인이 된 법률관계가
공법관계이면 당사자소송, 사법관계이면 민사소송으로 보는 견해이다. 이 견해는 행정소
송법 제 3 조 제 2 호의 규정문언에 충실한 견해이다.

이 견해에 의하면 처분 등 공법행위를 원인으로 하는 법률관계는 모두 당사자소송의
대상으로 본다.

(다) 판   례

판례는 소송물 기준설을 취하고 있다.

(라) 결   어

행정소송법은 당사자소송을 공법상 법률관계에 관한 소송으로 규정하고 있으므로 현
행 행정소송법상 소송물기준설이 타당하다.

나. 법률관계의 성질이 기준이 되는 경우

공법상 법률관계(공권)에 관한 소송은 공법상 당사자소송으로 제기되어야 하며 사법
상 법률관계(사권)에 관한 소송은 민사소송으로 제기되어야 한다.

(가) 금전급부청구소송   공법상 금전급부청구권에 근거한 청구는 공법상 당사자소
송으로, 사법상 금전급부청구권에 근거한 청구는 민사소송으로 제기하여야 한다.

판례는 금전급부청구권이 처분 등이 원인이 되어 발생한 경우에도 그 금전급부청구
권이 사법상의 금전급부청구권과 성질상 다르지 않다고 보는 경우 사권으로 본다.

그러나, 최근 금전급부청구에 관한 소송에 있어서 당사자소송으로 보는 판례가 늘고
있다.

　　가) 판례가 공법상 당사자소송으로 본 사례

　일반적으로 금전급부가 사회보장적 급부의 성격을 가지거나 정책적 지원금의 성격을 가지는 경우에는 공법상 당사자소송의 대상이 되는 것으로 본다.

　　① 석탄가격안정지원금 청구소송(대판 1997. 5. 30, 96다28960).

　　② 광주민주화운동관련자보상 등에 관한 법률에 의한 보상금청구소송(대판 1992. 12. 24, 92누3335).

　　③ 퇴직연금 결정 후의 퇴직연금청구소송(대판 2004. 7. 8, 2004두244), 퇴역연금 결정 후의 퇴역연금청구소송(대판 2003. 9. 5, 2002두3522).

　　④ 재개발조합은 조합원에 대한 법률관계에서 적어도 특수한 존립목적을 부여받은 특수한 행정주체로서 국가의 감독하에 그 존립 목적인 특정한 공공사무를 행하고 있다고 볼 수 있는 범위 내에서는 공법상의 권리의무 관계에 서 있다. 따라서 조합을 상대로 한 쟁송에 있어서 강제가입제를 특색으로 한 조합원의 자격 인정 여부에 관하여 다툼이 있는 경우에는 그 단계에서는 아직 조합의 어떠한 처분 등이 개입될 여지는 없으므로 공법상의 당사자소송에 의하여 그 조합원 자격의 확인을 구할 수 있다(대판 전원합의체 1996. 2. 15, 94다31235).

　　⑤ 산업기술혁신 촉진법상 산업기술개발사업에 관하여 체결된 협약에 따라 집행된 사업비 정산금 반환채무의 존부에 대한 분쟁은 공법상 당사자소송의 대상이다(대판 2023. 6. 29, 2021다250025[채무부존재확인의 소]).

　　나) 판례가 민사소송으로 본 사례　　　판례는 국가배상청구소송, 공법상 부당이득반환청구소송 등을 민사소송으로 보고 있다. 그러나 다수설은 공법상 당사자소송으로 보아야 한다고 주장한다.

판례 1 **부당이득반환청구:** 조세부과처분의 당연무효를 전제로 하여 이미 납부한 세금의 반환을 청구하는 것은 민사상의 부당이득반환청구로서 민사소송절차에 따라야 한다(대판 1995. 4. 28, 94다55019[부당이득금]).

판례 2 구 도시 및 주거환경정비법상 재개발조합이 공법인이라는 사정만으로 재개발조합과 조합장 또는 조합임원 사이의 선임·해임 등을 둘러싼 법률관계는 사법상의 법률관계로서 그 조합장 또는 조합임원의 지위를 다투는 소송은 민사소송에 의하여야 할 것이다(대결 2009. 9. 24, 2009마168,169).

　다만, 판례는 부가가치세 환급세액 지급청구를 당사자소송의 대상으로 본다.

판례 **부가가치세 환급세액 지급청구가 당사자소송의 대상인지 여부(적극):** 이와 같은 부가가치세 법령의 내용, 형식 및 입법 취지 등에 비추어 보면, 납세의무자에 대한 국가의 부가가치세 환급세액 지급의무는 그 납세의무자로부터 어느 과세기간에 과다하게 거래징수된 세액 상당을 국가가 실제로 납부받았는지와 관계없이 부가가치세법령의 규정에 의하여 직접 발생하는 것으로서, 그 법적 성질은 정의와 공평의 관념에서 수익자와 손실자 사이의 재산상태 조정을 위해 인정되는 부당이득 반환의무가 아니라 부가가치세법령에 의하여 그 존부나 범위가 구체적으로 확정되고 조세 정책적 관점에서 특별히 인정되는 공법상 의무라고 봄이 타당하다. 그렇다면 납세의무자에 대한 국가의 부가가치세 환급세액 지급의무에 대응하는 국가에 대한 납세의무자의 부가가치세 환급세액 지급청구는 민사소송이 아니라 행정소송법 제3조 제2호에 규정된 당사자소송의 절차에 따라야 한다(대판 전원합의체 2013. 3. 21, 2011다95564). 〈해설〉공법상 부당이득반환청구를 당사자소송의 대상으로 본 판례는 아니다. 이 판례는 부가가치세 환급세액의 반환을 부당이득반환으로 보지 않고 민사소송의 대상이 아닌 행정소송의 대상으로 보았다.

다) 손실보상금청구소송

① 행정소송규칙 제19조 제1호에 따르면 다음 각 목의 손실보상금에 관한 소송은 당사자소송의 대상이 된다: 가.「공익사업을 위한 토지 등의 취득 및 보상에 관한 법률」제78조 제1항 및 제6항에 따른 이주정착금, 주거이전비 등에 관한 소송. 나.「공익사업을 위한 토지 등의 취득 및 보상에 관한 법률」제85조 제2항에 따른 보상금의 증감(增減)에 관한 소송, 다.「하천편입토지 보상 등에 관한 특별조치법」제2조에 따른 보상금에 관한 소송.

② 판례는 법령에서 보상금액을 행정청이 일방적으로 결정하도록 규정하면서 불복방법에 대하여는 특별한 규정을 두지 않은 경우(도로법 제79조·제80조, 수산업법 제79조)에 보상금액을 다투기 위하여는 행정청의 보상금결정처분에 대한 취소 또는 무효확인소송을 제기하여야 한다고 본다. 다만, 행정청에 의해 결정된 보상금의 청구는 공법상 당사자소송에 의한다.

③ 법령에서 손실보상을 인정하면서 보상금 결정방법 및 불복절차에 관하여 아무런 규정을 두지 않은 경우에 손실보상청구권이 공권인 경우 손실보상금청구는 공법상 당사자소송에 의하여야 하고, 손실보상청구권이 사권인 경우 민사소송으로 손실보상청구를 하여야 한다(자세한 것은 손실보상 참조).

판례 하천법 등에서 하천구역으로 편입된 토지에 대하여 손실보상청구권을 규정한 것은 헌법 제23조 제3항이 선언하고 있는 손실보상청구권을 구체화한 것으로서, 하천법 그 자체에 의하여 직접 사유지를 국유로 하는 이른바 입법적 수용이라는 국가의 공권력 행사로 인한 토지소유자의 손실을 보상하기 위한 것으로 그 법적 성질은 공법상의 권리이므로, 구 하천법(1984. 12. 31. 법률 제3782호로 개정된 것, 이하 '개정 하천법'이라 한다) 부칙 제2조 또는 '법률 제3782호 하천법 중 개정법률 부칙 제2조의 규정에 의한 보상청구권의 소멸시효가 만료된 하천구역 편입토지 보상에 관한 특별조치법'(이하 '특별조치법'이라 한다) 제2조에 의한 손실보상의 경우에도 이를 둘러싼 쟁송은 공법상의 법률관계를 대상으로 하는 행정소송 절차에 의하여야 할 것이다.
한편, 특별조치법 제2조 소정의 손실보상청구권은 1984. 12. 31. 전에 토지가 하천구역으로 된 경우에는 당연히 발생되는 것이지, 관리청의 보상금지급결정에 의하여 비로소 발생하는 것은 아니므로, 행정소송법 제3조 제2호 후단 소정의 공법상의 법률관계에 관한 소송으로서 그 법률관계의 한쪽 당사자를 피고로 하는 당사자소송에 의하여야 할 것이다(대판 전원합의체 2006. 5. 18, 2004다6207[보상청구권확인]).

(나) 공법상 신분 또는 지위 등의 확인소송(당사자소송)   판례는 공법상 신분 또는 지위, 공법상 의무의 부존재 등의 확인소송, 공법상의 의무의 존부를 다투는 소송을 당사자소송으로 보고 있다.

판례 1   판례는 공무원의 지위확인소송(대판 1998. 10. 23, 98두12932), 재개발조합을 상대로 조합원자격 유무에 관한 확인을 구하는 소송(대판 전원합의체 1996. 2. 15, 94다31235), 훈장종류 확인소송(대판 1990. 10. 23, 90누4440), 영관생계보조기금권리자 확인소송(대판 1991. 1. 25, 90누3041)을 당사자소송으로 보고 있다. 사업주가 당연가입자가 되는 고용보험 및 산재보험에서 보험료 납부의무 부존재확인(대판 2016. 10. 13, 2016다221658).

판례 2   **재개발조합과 조합장 또는 조합임원 사이의 선임·해임 등을 둘러싼 법률관계의 성질(＝사법상의 법률관계)**: 재개발조합이 공법인이라는 사정만으로 재개발조합과 조합장 또는 조합임원 사이의 선임·해임 등을 둘러싼 법률관계가 공법상의 법률관계에 해당한다거나 그 조합장 또는 조합임원의 지위를 다투는 소송이 당연히 공법상 당사자소송에 해당한다고 볼 수는 없고, 구 도시 및 주거환경정비법의 규정들이 재개발조합과 조합장 및 조합임원과의 관계를 특별히 공법상의 근무관계로 설정하고 있다고 볼 수도 없으므로, 재개발조합과 조합장 또는 조합임원 사이의 선임·해임 등을 둘러싼 법률관계는 사법상의 법률관계로서 그 조합장 또는 조합임원의 지위를 다투는 소송은 민사소송에 의하여야 할 것이다(대결 2009. 9. 24, 2009마168, 169).

판례 3   수신료의 법적 성격, 한국방송공사의 수신료 강제징수권의 내용(구 방송법(2008. 2. 29. 법률제8867호로 개정되기 전의 것) 제66조 제3항) 등에 비추어 보면 수신료 부과행위는 공권력의 행사에 해당하므로, 한국전력공사가 한국방송공사로부터 수신료의 징수업무를 위탁받아 자신의 고유업무와 관련된 고지행위와 결합하여 수신료를 징수할 권한이 있는지 여부를 다투는 이 사건 쟁송은 민사소송이 아니라 공법상의 법률관계를 대상으로 하는 것으로서 행정소송법 제3조 제2호에 규정된 당사자소송에 의하여야 한다(대판 2008. 7. 24, 2007다25261[방송수신료통합징수권한부존재확인]).

판례 4   국토의 계획 및 이용에 관한 법률 제130조 제3항에서 정한 토지의 소유자·점유자 또는 관리인(이하 '소유자 등'이라 한다)이 사업시행자의 일시 사용에 대하여 정당한 사유 없이 동의를 거부하는 경우, 사업시행자는 해당 토지의 소유자 등을 상대로 동의의 의사표시를 구하는 소를 제기할 수 있다. 이와 같은 토지의 일시 사용에 대한 동의의 의사표시를 할 의무는 '국토의 계획 및 이용에 관한 법률'에서 특별히 인정한 공법상의 의무이므로, 그 의무의 존부를 다투는 소송은 '공법상의 법률관계에 관한 소송으로서 그 법률관계의 한쪽 당사자를 피고로 하는 소송', 즉 행정소송법 제3조 제2호에서 규정한 당사자소송이라고 보아야 한다(대판 2019. 9. 9, 2016다262550).

다. 행위의 성질이 기준이 되는 경우

그 효력이 다투어지는 비권력적 행위가 공법행위이면 당사자소송의 대상이 되고, 사법행위이면 민사소송의 대상이 된다.

① 공법상 계약에 관한 소송은 원칙상 공법상 당사자소송이다. 사법상 계약에 관한 소송은 민사소송이다.

공법상 계약이란 공법적 효과의 발생을 목적으로 하여 대등한 당사자 사이의 의사표시 합치로 성립하는 공법행위를 말한다. 어떠한 계약이 공법상 계약에 해당하는지는 계약이 공행정 활동의 수행 과정에서 체결된 것인지, 계약이 관계 법령에서 규정하고 있는 공법상 의무 등의 이행을 위해 체결된 것인지, 계약 체결에 계약 당사자의 이익만이 아니라 공공의 이익 또한 고려된 것인지 또는 계약 체결의 효과가 공공의 이익에도 미치는지, 관계 법령에서의 규정 내지 그 해석 등을 통해 공공의 이익을 이유로 한 계약의 변경이 가능한지, 계약이 당사자들에게 부여한 권리와 의무 및 그 밖의 계약 내용 등을 종합적으로 고려하여 판단하여야 한다(대판 2023. 6. 29, 2021다250025).

　　공법상 계약의 한쪽 당사자가 다른 당사자를 상대로 그 이행을 청구하는 소송 또는 이행의무의 존부에 관한 확인을 구하는 소송은 공법상 법률관계에 관한 분쟁이므로 분쟁의 실질이 공법상 권리·의무의 존부·범위에 관한 다툼이 아니라 손해배상액의 구체적인 산정방법·금액에 국한되는 등의 특별한 사정이 없는 한 공법상 당사자소송으로 제기하여야 한다(대판 2021. 2. 4, 2019다277133 등 참조).

　판례1　**시립무용단원의 해촉에 대한 불복(당사자소송):** 지방자치법 제 9 조 제 2 항 제 5 호 (라)목 및 (마)목등의 규정에 의하면, 이 사건 서울특별시립무용단원의 공연 등 활동은 지방문화 및 예술을 진흥시키고자 하는 서울특별시의 공공적 임무수행의 일환으로 이루어진다고 해석될 뿐만 아니라, 원심이 확정한 바와 같이 단원으로 위촉되기 위하여는 일정한 능력요건과 자격요건을 요하고, 계속적인 재위촉이 사실상 보장되며, 공무원연금법에 따르는 연금을 지급받고, 단원의 복무규율이 정해져 있으며, 정년제가 인정되고, 일정한 해촉사유가 있는 경우에만 해촉되는 등 서울특별시립무용단원이 가지는 지위가 공무원과 유사한 것이라면, 서울특별시립무용단원의 위촉은 공법상의 계약이라고 할 것이고, 따라서 그 단원의 해촉에 대하여는 공법상의 당사자소송으로 그 무효확인을 청구할 수 있다(대판 1995. 12. 22, 95누4636[해촉처분취소 등]).

　판례2　**지방전문직공무원채용계약 해지의 의사표시의 무효확인소송(당사자소송):** 전문직공무원인 공중보건의사의 채용계약의 해지가 관할 도지사의 일방적인 의사표시에 의하여 그 신분을 박탈하는 불이익처분이라고 하여 곧바로 그 의사표시가 관할 도지사가 행정청으로서 공권력을 행사하여 행하는 행정처분이라고 단정할 수는 없고, 공무원 및 공중보건의사에 관한 현행 실정법이 공중보건의사의 근무관계에 관하여 구체적으로 어떻게 규정하고 있는가에 따라 그 의사표시가 항고소송의 대상이 되는 처분 등에 해당하는 것인지의 여부를 개별적으로 판단하여야 할 것인바, 농어촌 등 보건의료를 위한 특별조치법 제 2 조, 제 3 조, 제 5 조, 제 9 조, 제26조와 같은 법 시행령 제 3 조, 제17조, 전문직공무원규정 제 5 조 제 1 항, 제 7 조 및 국가공무원법 제 2 조 제 3 항 제 3 호, 제 4 항 등 관계 법령의 규정내용에 미루어 보면 현행 실정법이 전문직공무원인 공중보건의사의 채용계약 해지의 의사표시는 일반공무원에 대한 징계처분과는 달라서 항고소송의 대상이 되는 처분 등의 성격을 가진 것으로 인정되지 아니하고, 일정한 사유가 있을 때에 관할 도지사가 채용계약 관계의 한쪽 당사자로서 대등한 지위에서 행하는 의사표시로 취급하고 있는 것으로 이해되므로, 공중보건의사 채용계약 해지의 의사표시에 대하여는 대등한 당사자간의 소송형식인 공법상의 당사자소송으로 그 의사표시의 무효확인을 청구할 수 있는 것이지, 이를 항고소송의 대상이 되는 행정처분이라는 전제하에서 그 취소를 구하는 항고소송을 제기할 수는 없다(대판 1996. 5. 31, 95누10617[공중보건의사전문직공무원채용계약해지처분취소 등]).

　판례3　**민간투자사업 실시협약**을 체결한 당사자가 공법상 당사자소송에 의하여 그 민간투자사업 실시협약에 따른 재정지원금의 지급을 구하는 경우에, 수소법원은 단순히 주무관청이 재정지원금액을 산정한 절차등에 위법이 있는지 여부를 심사하는 데 그쳐서는 아니 되고, 실시협약에 따른 적정한 재정지원금액이 얼마인지를 구체적으로 심리·판단하여야 한다(대판 2019. 1. 31, 2017두46455). 〈해설〉 민간투자사업 실시협약을 공법상 계약으로 본 판례이다.

판례 4 국립대학 강의전담교수 채용계약은 공법상 계약이고, 국립대학 강의전담교수는 근로자 지위
확인소송은 공법상 당사자소송으로 행정법원의 관할에 속하고, 해당 소송을 민사소송으로 서울중앙지
법에 제기하여 해당 법원이 본안판결은 한 것은 전속관할 위반이라고 하면서 1심을 취소하고 행정법
원으로 이송한 사례(서울고법 2019. 4. 23, 2018나2046651).

판례 5 [보조사업자인 원고가 보조금수령자인 피고를 상대로 피고의 부정수급을 이유로 이 사건 청
년인턴지원협약에 따라 청년인턴지원금의 반환을 청구한 사건] (1) 고용노동부가 시행한 고용정책기본
법 제25조, 고용보험법 제25조 제1항에 근거하여 시행하는 청년 미취업자들에게 중소기업체에서 인턴
으로 근무할 경험을 제공하는 '청년취업인턴제' 사업의 시행에 필요한 사항을 정하여 공고한 '청년취업
인턴제 시행지침'(이하 '이 사건 지침'이라고 한다)에 따라 고용노동부로부터 청년취업인턴제 사업에
관한 업무를 위탁받은 기관(운영기관)과 실시기업 사이에 체결된 청년인턴지원협약(이하 '이 사건 협
약'이라고 한다)은 보조금 지원에 관하여 보조사업자인 원고와 보조금수령자인 피고 사이에 체결한 계
약으로서 공법적 요소가 일부 포함되어 있다. 즉 그 부분에 있어서는 공법상 계약으로 볼 수 있다. (2)
원고가 고용노동부의 청년취업인턴제시행지침 또는 구「보조금 관리에 관한 법률」제33조의2 제1항
제1호에 따라 보조금수령자에 대하여 거짓 신청이나 그 밖의 부정한 방법으로 지급받은 보조금을 반
환하도록 요구하는 의사표시는 우월한 지위에서 하는 공권력의 행사로서의 '반환명령'이 아니라, 대등
한 당사자의 지위에서 계약에 근거하여 하는 의사표시라고 보아야 한다. 또한 원고의 피고에 대한 이
사건 협약에 따른 지원금 반환청구는 협약에서 정한 의무의 위반을 이유로 채무불이행 책임을 구하는
것에 불과하고, 그 채무의 존부 및 범위에 관한 다툼이 이 사건 협약에 포함된 공법적 요소에 어떤 영
향을 받는다고 볼 수도 없으므로 민사소송의 대상이라고 보아야 한다. (3) 이 사건 협약이 지원금의
심사단계에서 거짓 기타 부정한 방법이 개입되었음이 확인된 경우에는 지원금을 일부라도 지급하지
않아야 한다고 규정한 경우, 부정하게 신청하여 수령한 지원금액 전액이 반환대상이다(대판 2019. 8.
30, 2018다242451) 〈해설〉 이 사건 협약에 의하면 피고가 이 사건 지침 및 협약을 위반하여 부당하게
지원금을 지급받은 경우 지방관서의 반환명령 또는 원고의 요구에 따라 반환해야 한다.

② 공법상 합동행위의 무효확인을 구하는 소송은 당사자소송이다.

판례 1 [1] 도시 및 주거환경정비법상의 주택재건축정비사업조합을 상대로 관리처분계획안에 대한
조합총회결의의 효력을 다투는 소송의 법적 성질(=행정소송법상 당사자소송): 도시 및 주거환경정비
법상 행정주체인 주택재건축정비사업조합을 상대로 관리처분계획안에 대한 조합총회결의의 효력 등을
다투는 소송은 행정처분에 이르는 절차적 요건의 존부나 효력 유무에 관한 소송으로서 그 소송결과에
따라 행정처분의 위법 여부에 직접 영향을 미치는 공법상 법률관계에 관한 것이므로, 이는 행정소송법
상의 당사자소송에 해당한다. [2] 도시 및 주거환경정비법상의 주택재건축정비사업조합이 같은 법 제
48조에 따라 수립한 관리처분계획에 대하여 관할 행정청의 인가·고시가 있은 후에, 그 관리처분계획
안에 대한 총회결의의 무효확인을 구할 수 있는지 여부(소극): 도시 및 주거환경정비법상 주택재건축
정비사업조합이 같은법 제48조에 따라 수립한 관리처분계획에 대하여 관할 행정청의 인가·고시까지
있게 되면 관리처분계획은 행정처분으로서 효력이 발생하게 되므로, 총회결의의 하자를 이유로 하여
행정처분의 효력을 다투는 항고소송의 방법으로 관리처분계획의 취소또는 무효확인을 구하여야 하고,
그와 별도로 행정처분에 이르는 절차적 요건 중 하나에 불과한 총회결의 부분만을 따로 떼어내어 효력
유무를 다투는 확인의 소를 제기하는 것은 특별한 사정이 없는 한 허용되지 않는다(대판 전원합의체
2009. 9. 17, 2007다2428[총회결의무효확인]). 〈해설〉 판례는 관리처분계획안에 대한 조합총회결의의 효
력 등을 다투는 소송(조합총회결의무효확인소송)을 당사자소송으로 보면서 당사자소송으로 보는 논거
를 다음과 같이 제시하고 있다: ① 피고인 주택재건축정비조합이 행정주체이고, ② "행정처분에 이르
는 절차적 요건의 존부나 효력 유무에 관한 소송"이고, ③ 그 소송결과에 따라 행정처분의 위법 여부

에 직접영향을 미치는 공법상 법률관계에 관한 것"이라는 것이다. 그러나, 이 논거는 다소 모호하며, 그 효력이 다투어지는 조합총회의 결의가 공법상 합동행위로서 공법상 계약과 같이 비권력적 공행정 작용이라는 점을 논거로 드는 것이 타당하다. 행정객체가 제기하는 당사자소송의 피고는 행정주체가 되어야 하므로 총회가 아니라 행정주체인 재건축조합이 조합총회결의무효확인소송의 피고가 되는 것이다. 판례는 관리처분계획에 대하여 관할 행정청의 인가·고시가 있은 후에는 관리처분계획은 행정처분으로서 효력이 발생하게 되고, 관리처분계획안에 대한 조합 총회결의는 행정처분인 관리처분계획에 이르는 절차적 요건 중 하나에 불과하므로, 총회결의의 하자를 다투고자 하는 경우에도 항고소송의 방법으로 관리처분계획의 취소 또는 무효확인을 구하여야 하고, 그와 별도로 관리처분계획안에 대한 조합 총회결의의 효력 등을 다투는 소송(조합총회결의무효확인소송)은 허용되지 않는다고 하였다.

판례2　도시 및 주거환경정비법(이하 '도시정비법'이라 한다)상 행정주체인 주택재건축정비사업조합을 상대로 관리처분계획안에 대한 조합 총회결의의 효력을 다투는 소송은 행정처분에 이르는 절차적 요건의 존부나 효력 유무에 관한 소송으로서 소송결과에 따라 행정처분의 위법 여부에 직접 영향을 미치는 공법상 법률관계에 관한 것이므로, 이는 행정소송법상 당사자소송에 해당한다(대결 2015. 8. 21, 2015무26[관리처분계획안에대한총회결의효력정지가처분]).

제 2 항　원고적격 [2009 행시(일반행정직) 사례]

Ⅰ. 원고적격과 당사자능력

원고적격(原告適格)이란 구체적인 소송에서 원고로서 소송을 수행하여 본안판결을 받을 수 있는 자격을 말한다. 당사자능력이란 소송의 주체가 될 수 있는 일반적인 능력을 말한다. 원고적격이나 피고적격이 인정되기 위하여는 그 전제로서 당사자능력이 인정되어야 한다. 그런데 행정소송법은 행정소송에서의 당사자능력에 관하여 규정하고 있지 않다. 따라서 행정소송에 있어서의 당사자능력은 민사소송법에 따라야 한다.

권리능력이 있는 자연인 및 법인과 대표자 또는 관리인이 있는 법인이 아닌 사단 또는 재단에게 당사자능력이 인정된다. 공법인인 국가, 지방자치단체, 영조물법인, 공공조합 등에게 당사자능력이 인정된다. 국가 등의 기관은 처분청의 경우 피고능력이 있지만, 권리능력이 없으므로 당사자능력이 없고 원칙상 원고가 될 수 있는 능력은 없다.

다만, 다른 기관의 처분에 의해 국가기관이 권리를 침해받거나 의무를 부과받는 등 중대한 불이익을 받았음에도 그 처분을 다툴 별다른 방법이 없고, 그 처분의 취소를 구하는 항고소송을 제기하는 것이 유효·적절한 권익구제수단인 경우에는 국가기관에게 당사자능력과 원고적격을 인정하여야 한다(판례). 이에 대하여 행정기관은 권리능력이 없으므로 소송상 당사자능력이 없고, 기관소송의 당사자는 될 수 있지만 항고소송에서도 당사자능력을 인정할 수 없다는 비판이 있다. 그리고 행정기관이 아닌 자연인인 공무원에게 원고적격을 인정하는 것이 타당하다는 주목할 만한 견해(정남철, 법률신문(2018. 10. 22), 11면)도 있다.

판례1   관악구 보건소장이 서울대학교 보건진료소에 대해 한 직권폐업처분에 대한 무효확인등소송에서 법인격이 있는 국가에게 당사자능력을 인정하고 원고적격을 인정한 사례(서울행법 2009. 6. 5, 2009구합6391(대판 2010. 3. 11, 2009두23129로 확정)). 〈해설〉 이 사건 당시 서울대학교는 권리능력이 없으므로 서울대학교에 대한 행위의 효과가 귀속되는 권리능력이 있는 국가에게 당사자능력과 원고적격이 있다고 한 판례이다.

판례2   [1] 국가기관 등 행정기관(이하 '행정기관 등'이라 한다) 사이에 권한의 존부와 범위에 관하여 다툼이 있는 경우에 이는 통상 내부적 분쟁이라는 성격을 띠고 있어 상급관청의 결정에 따라 해결되거나 법령이 정하는 바에 따라 '기관소송'이나 '권한쟁의심판'으로 다루어진다. 그런데 법령이 특정한 행정기관 등으로 하여금 다른 행정기관을 상대로 제재적 조치를 취할 수 있도록 하면서, 그에 따르지 않으면 그 행정기관에 대하여 과태료를 부과하거나 형사처벌을 할 수 있도록 정하는 경우가 있다. 이러한 경우에는 단순히 국가기관이나 행정기관의 내부적 문제라거나 권한 분장에 관한 분쟁으로만 볼 수 없다. 행정기관의 제재적 조치의 내용에 따라 '구체적 사실에 대한 법집행으로서 공권력의 행사'에 해당할 수 있고, 그러한 조치의 상대방인 행정기관이 입게 될 불이익도 명확하다. 그런데도 그러한 제재적 조치를 기관소송이나 권한쟁의심판을 통하여 다툴 수 없다면, 제재적 조치는 그 성격상 단순히 행정기관 등 내부의 권한 행사에 머무는 것이 아니라 상대방에 대한 공권력 행사로서 항고소송을 통한 주관적 구제대상이 될 수 있다고 보아야 한다. 기관소송 법정주의를 취하면서 제한적으로만 이를 인정하고 있는 현행 법령의 체계에 비추어 보면, 이 경우 항고소송을 통한 구제의 길을 열어주는 것이 법치국가 원리에도 부합한다. 따라서 이러한 권리구제나 권리보호의 필요성이 인정된다면 예외적으로 그 제재적 조치의 상대방인 행정기관 등에게 항고소송 원고로서의 당사자능력과 원고적격을 인정할 수 있다. [2] 국민권익위원회가 소방청장에게 인사와 관련하여 부당한 지시를 한 사실이 인정된다며 이를 취소할 것을 요구하기로 의결하고 그 내용을 통지하자 소방청장이 국민권익위원회 조치요구의 취소를 구하는 소송을 제기한 사안에서, 행정기관인 국민권익위원회가 행정기관의 장에게 일정한 의무를 부과하는 내용의 조치요구를 한 것에 대하여 그 조치요구의 상대방인 행정기관의 장이 다투고자 할 경우에 법률에서 행정기관 사이의 기관소송을 허용하는 규정을 두고 있지 않으므로 이러한 조치요구를 이행할 의무를 부담하는 행정기관의 장으로서는 기관소송으로 조치요구를 다툴 수 없고, 위 조치요구에 관하여 정부 조직 내에서 그 처분의 당부에 대한 심사·조정을 할 수 있는 다른 방도도 없으며, 국민권익위원회는 헌법 제111조 제1항 제4호에서 정한 '헌법에 의하여 설치된 국가기관'이라고 할 수 없으므로 그에 관한 권한쟁의심판도 할 수 없고, 별도의 법인격이 인정되는 국가기관이 아닌 소방청장은 질서위반행위규제법에 따른 구제를 받을 수도 없는 점, 부패방지 및 국민권익위원회의 설치와 운영에 관한 법률은 소방청장에게 국민권익위원회의 조치요구에 따라야 할 의무를 부담시키는 외에 별도로 그 의무를 이행하지 않을 경우 과태료나 형사처벌까지 정하고 있으므로 위와 같은 조치요구에 불복하고자 하는 '소속기관 등의 장'에게는 조치요구를 다툴 수 있는 소송상의 지위를 인정할 필요가 있는 점에 비추어, 처분성이 인정되는 국민권익위원회의 조치요구에 불복하고자 하는 소방청장으로서는 조치요구의 취소를 구하는 항고소송을 제기하는 것이 유효·적절한 수단으로 볼 수 있으므로 소방청장은 예외적으로 당사자능력과 원고적격을 가진다고 한 사례(대판 2018. 8. 1, 2014두35379). 〈해설〉 관련 법령에서 특정 행정기관이 상대방 행정기관을 상대로 제재적 조치를 취할 수 있도록 하면서 상대방 행정기관이 이에 불응하면 과태료 및 형사처벌의 제재까지 가할 수 있도록 함에도, 상대방 행정기관이 기관소송이나 권한쟁의심판 등을 통해 위 제재적 조치를 다투어 구제받을 수 있는 현실적인 방안이 없는 경우에는 해당 행정기관에 대하여 항고소송의 원고적격을 인정하여 그 권리를 구제해 주는 것이 법치주의의 측면에서 타당하다는 법리를 설시한 사례이다.

판례3   갑이 국민권익위원회에 부패방지 및 국민권익위원회의 설치와 운영에 관한 법률(이하 '국민권익위원회법'이라 한다)에 따른 신고와 신분보장조치를 요구하였고, 국민권익위원회가 갑의 소속기관장인 을 시·도선거관리위원회 위원장에게 '갑에 대한 중징계요구를 취소하고 향후 신고로 인한 신분상 불이익처분 및 근무조건상의 차별을 하지 말 것을 요구'하는 내용의 조치요구를 한 사안에서, 국가기관 일방의 조치요구에 불응한 상대방 국가기관에 국민권익위원회법상의 제재규정과 같은 중대한 불이익을 직접적으로 규정한 다른 법령의 사례를 찾아보기 어려운 점, 그럼에도 을(경기도선거관리위원회 위원장)이 국민권익위원회의 조치요구를 다툴 별다른 방법이 없는 점 등에 비추어 보면, 처분성이 인정되는 위 조치요구에 불복하고자 하는 을로서는 조치요구의 취소를 구하는 항고소송을 제기하는 것이 유효·적절한 수단이므로 비록 을(경기도선거관리위원회 위원장)이 국가기관이더라도 당사자능력 및 원고적격을 가진다고 보는 것이 타당하고, 을이 위 조치요구 후 갑을 파면하였다고 하더라도 조치요구가 곧바로 실효된다고 할 수 없고 을은 여전히 조치요구를 따라야 할 의무를 부담하므로 을에게는 위 조치요구의 취소를 구할 법률상 이익(협의의 소의 이익)도 있다고 본 원심판단을 정당하다고 한 사례. (가) 부패방지 및 국민권익위원회의 설치와 운영에 관한 법률(이하 '국민권익위원회법'이라 한다) 제62조, 제90조, 제91조 제 1 항 제 3 호, 제62조의 규정에 의하면 피고 위원회의 조치요구의 상대방으로서 조치요구에 따라야 할 의무의 주체는 '소속기관 등의 장'임이 분명하므로, 그러한 조치요구에 불복하고자 하는 '소속기관 등의 장'에게는 조치요구를 다툴 수 있는 소송상의 지위를 인정하여야 할 것이다. (나) 행정소송법은 제45조에서 기관소송 법정주의를 채택하고 있고, 조치요구에 관하여는 국민권익위원회법 등 법률에서 원고에게 기관소송을 허용하는 규정을 두고 있지 아니하므로, 이 사건 조치요구를 이행할 의무를 부담하고 있는 원고로서는 기관소송으로 이 사건 조치요구를 다툴 수는 없다. 또한 이 사건 조치요구는 법률에 근거하여 설립된 행정부 소속의 국무총리 산하 기관인 피고 위원회가 헌법상의 독립기관인 중앙선거관리위원회 산하기관인 원고에 대하여 한 것으로서 정부 조직 내에서 그 처분의 당부에 대한 심사·조정을 할 수 있는 다른 방도가 없을 뿐만 아니라, 피고 위원회는 헌법 제111조 제 1 항 제 4 호 소정의 '헌법에 의하여 설치된 국가기관'이라고 할 수 없으므로(헌법재판소 2010. 10. 28. 선고 2009헌라6 전원재판부 결정 참조), 원고와 피고 위원회 사이에 헌법 제111조 및 헌법재판소법 제62조 제 1 항에서 정한 권한쟁의심판이 가능해 보이지도 아니한다. 결국 앞서 본 바와 같이 국민권익위원회법이 원고에게 피고 위원회의 조치요구에 따라야 할 의무를 부담시키는 외에 별도로 그 의무를 이행하지 아니할 경우 과태료나 형사처벌의 제재까지 규정하고 있는데, 이와 같이 국가기관 일방의 조치요구에 불응한 상대방 국가기관에게 그와 같은 중대한 불이익을 직접적으로 규정한 다른 법령의 사례를 찾기 어려운 점, 그럼에도 원고가 피고 위원회의 조치요구를 다툴 별다른 방법이 없는 점 등에 비추어 보면, 피고 위원회의 이 사건 조치요구의 처분성이 인정되는 이 사건에서 이에 불복하고자 하는 원고로서는 이 사건 조치요구의 취소를 구하는 항고소송을 제기하는 것이 유효·적절한 수단이라고 할 것이므로, 비록 원고(경기도선거관리위원회 위원장)가 국가기관에 불과하더라도 이 사건에서는 당사자능력 및 원고적격을 가진다고 봄이 상당하다. (다) 원고가 피고 위원회(국민권익위원회)의 조치요구(참가인에 대한 중징계요구를 취소하고 향후 신고로 인한 신분상 불이익처분 및 근무조건상의 차별을 하지 말 것을 요구) 후 참가인(갑)에 대하여 파면처분을 하였다고 하더라도 그로 인하여 이 사건 조치요구가 곧바로 실효된다고 할 수 없고, 원고로서는 이 사건 조치요구를 따라야 할 의무를 여전히 부담한다고 할 것이므로, 원고에게는 이 사건 조치요구의 취소를 구할 법률상 이익(협의의 소의 이익)도 있다고 할 것이다(대판 2013. 7. 25, 2011두1214[불이익처분원상회복등요구처분취소]). 〈해설〉 처분을 따르지 않는 경우 과태료 등 처분을 받을 위험을 제거할 필요가 있다는 점도 고려하였다.

국가나 지방자치단체가 행정처분의 상대방인 경우에는 해당 처분을 다툴 원고적격이 있다(판례).

> 판례1 **지방자치단체에게 다른 지방자치단체장의 건축협의 취소처분을 다툴 원고적격이 인정되는지 여부(긍정) 및 구 건축법상 건축협의 취소처분의 처분성 여부(긍정)**: 구 건축법(2011. 5. 30. 법률 제10755호로 개정되어 2011. 12. 1. 시행되기 전의 것, 이하 같다) 제29조 제 1 항, 제 2 항, 제11조 제 1 항 등의 규정 내용에 의하면, 건축협의의 실질은 지방자치단체 등에 대한 건축허가와 다르지 아니하므로, 지방자치단체 등이 건축물을 건축하려는 경우 등에는 미리 건축물의 소재지를 관할하는 허가권자인

지방자치단체의 장과 건축협의를 하지 아니하면, 지방자치단체라 하더라도 건축물을 건축할 수 없다. 그리고 구 지방자치법 등 관련 법령을 살펴보아도 지방자치단체의 장이 다른 지방자치단체를 상대로 한 건축협의 취소에 관하여 다툼이 있는 경우에 그 법적 분쟁을 실효적으로 해결할 구제수단을 찾기도 어렵다. 따라서 이 사건 건축협의 취소는 비록 그 상대방이 다른 지방자치단체 등 행정주체라 하더라도 '행정청이 행하는 구체적 사실에 관한 법집행으로서의 공권력 행사'(행정소송법 제 2 조 제 1 항 제 1 호)로서 처분에 해당한다고 볼 수 있고, <u>지방자치단체인 원고가 이를 다툴 실효적 해결 수단이 없는 이상, 원고는 피고를 상대로 항고소송을 통해 이 사건 건축협의 취소의 취소를 구할 수 있다</u>고 봄이 타당하다. 〈해설〉 행정주체인 지방자치단체 등도 처분의 상대방인 경우에는 행정주체가 아니라 행정객체(행정의 상대방)로 보아야 한다(대판 2014. 2. 27, 2012두22980[건축협의취소처분취소]). "이를 다툴 실효적 해결수단이 없는 이상"이라는 문구(조건)는 적절하지 않다. 건축협의를 건축허가와 동일시하고 그 취소를 처분으로 판단한 것은 문제가 있다는 견해도 있다

판례2 　지방자치단체장의 건축협의 거부행위에 대하여 국가가 항고소송을 제기할 수 있다고 한 사례(대판 2014. 3. 13, 2013두15934[건축협의불가처분취소]).

　　처분의 상대방이 허무인(존재하지 않는 사람)이 아니라 위명(가명)을 사용한 사람인 경우에도 처분(난민불인정처분)의 취소를 구할 법률상 이익이 있다(대판 2017. 3. 9, 2013두16852).

판례 　미얀마 국적의 甲이 위명(僞名)인 '乙' 명의의 여권으로 대한민국에 입국한 뒤 乙 명의로 난민 신청을 하였으나 법무부장관이 乙 명의를 사용한 甲을 직접 면담하여 조사한 후 甲에 대하여 난민 불인정 처분을 한 사안에서, 처분의 상대방은 허무인이 아니라 '乙'이라는 위명을 사용한 甲이라는 이유로, 甲이 처분의 취소를 구할 법률상 이익이 있다고 한 사례(대판 2017. 3. 9, 2013두16852).

II. 항고소송에서의 원고적격 [2011 행시(재경직) 사례, 2017 행시]

1. 의　　의

　　항고소송에서 원고적격의 문제는 구체적인 행정처분에 대하여 누가 원고로서 취소소송 등 항고소송을 제기하여 본안판결을 받을 자격이 있느냐에 관한 문제이다.

　　행정소송법 제12조는 '원고적격'이라는 표제하에 "취소소송은 처분 등의 취소를 구할 법률상 이익이 있는 자가 제기할 수 있다. 처분 등의 효과가 기간의 경과, 처분 등의 집행 그 밖의 사유로 인하여 소멸된 뒤에도 그 처분 등의 취소로 인하여 회복되는 법률상 이익이 있는 자의 경우에는 또한 같다"라고 규정하고 있다. 그러나, 엄밀히 말하면 동조 전단은 취소소송의 원고적격을 규정하고 있고, 후단은 취소소송의 협의의 소의 이익을 규정하고 있다.

　　행정소송법 제35조는 다음과 같이 무효등확인소송의 원고적격을 규정하고 있다. "무효등확인소송은 처분등의 효력 유무 또는 존재 여부의 확인을 구할 법률상 이익이 있는 자가 제기할 수 있다."

　　행정소송법 제36조는 다음과 같이 부작위위법확인소송의 원고적격을 규정하고 있다. "부작위위법확인소송은 처분의 신청을 한 자로서 부작위의 위법의 확인을 구할 법률상 이익이 있는 자만이 제기할 수 있다."

　　원고적격은 소송요건의 하나이므로 사실심 변론종결시는 물론 상고심에서도 존속하여야 하고 이를 흠결하면 부적법한 소가 된다(대판 2007. 4. 12, 2004두7924).

2. 원고적격의 요건 [2016변시, 2019행시]

　　자신의 법적 이익이 침해되었어야 한다. 즉, '원고적격이 있는 자'가 되기 위하여는 i) 법률상 이익이 있는 자이어야 하며, ii) 동시에 그 이익이 직접적·구체적으로 침해를 당하였거나 침해될 것이 확실한(보다 정확히 말하면 개연성이 있는) 경우이어야 한다.

　　판례는 원고적격의 요건으로 "법률상 보호되는 개별적·직접적·구체적 이익의 침해"를 요구하고 있다.

(1) '법률상 이익'에 관한 학설

　　현행 행정소송법상 '법률상 이익'(法律上 利益)의 개념과 관련하여 '법률상 보호되는 이익구제설'과 '보호할 가치 있는 이익구제설'이 대립하고 있다. 그런데, 종래에는 이론상 항고소송에서의 원고적격의 범위와 관련하여 권리구제설, 법률상 보호되는 이익구제설(법적 이익구제설), 보호할 가치 있는 이익구제설, 적법성보장설이 대립하고 있었다.

1) 권리구제설(권리회복설)

　　이 견해는 처분 등으로 인하여 권리가 침해된 자만이 항고소송을 제기할 수 있는 원고적격을 갖는다는 견해이다.

　　이 견해는 항고소송의 목적을 위법한 처분에 의해 침해된 권리의 회복에 있다고 보는데 근거하고 있다.

　　이 견해에 대하여는 다음과 같은 비판이 제기되고 있다. ① 엄격한 의미의 권리가 침해된 자만 항고소송을 제기할 수 있고, 법적으로 보호된 이익을 침해받은 자는 항고소송을 제기할 원고적격이 없다는 것은 재판을 받을 권리가 일반적으로 인정된 오늘날에는 타당하지 않다. ② 권리와 법적 이익을 구별하던 과거에는 이 학설의 존재이유가 있었지만, 오늘날 권리와 법률상 보호된 이익을 동의어로 이해하므로 권리구제설은 법률상 보호된 이익구제설과 동일하다.

2) 법률상 보호된 이익구제설(법적 이익구제설)

　　이 견해는 처분 등에 의해 '법적으로 보호된 개인적 이익'을 침해당한 자만이 항고소송의 원고적격이 있는 것으로 본다. 이 견해가 다수견해이다.

　　이 견해는 항고소송을 법적 이익의 구제수단으로 보고 법에 의해 보호되고 있는 이익이 침해된 자에게는 소송을 통하여 침해된 법적 이익을 구제할 수 있는 길이 주어져야 한다는 데 근거한다.

이 견해에 대하여는 다음과 같은 비판이 제기된다. ① 법적으로 보호된 이익이 침해된 자에 한하여 원고적격을 인정하는 것은 항고소송의 원고적격을 부당히 제한하는 것이다. ② 항고소송의 주된 기능을 권리구제로 보는 것은 타당하지 않으며 항고소송은 행정의 적법성을 보장하는 기능, 즉 행정통제기능을 주된 기능으로 하는 소송으로 보는 것이 타당하며 이렇게 본다면 원고적격의 범위를 보다 넓히는 것이 타당하다. ③ 항고소송의 원고적격은 소송법의 문제이므로 항고소송의 원고적격을 소송법적 관점에서 정하는 것이 타당하다.

법적 이익구제설에도 **보호규범과 피보호이익을** 어떻게 보는가에 따라 다양한 견해가 존재한다. **보호규범을** 좁게 보는 견해는 처분의 근거법규에 한정하고(제1설), 보다 넓게 보는 견해는 처분의 근거법규뿐만 아니라 관계법규까지 보호규범으로 본다(제2설). 이보다 더 넓게 보는 견해는 이에 추가하여 헌법규정(자유권 등 구체적 기본권)이 보충적으로 보호규범이 된다고 본다(제3설). 보호규범을 가장 넓게 보는 견해는 이에 추가하여 민법규정도 보호규범에 포함시킨다(제4설). 현재 제2설 또는 제3설이 주로 주장되고 있다. 그리고 절차규정을 보호규범에 포함시키는 견해도 있다(제5설).

보호규범에 의해 보호되는 **피보호이익은** 통상 개인(자연인, 법인, 법인격 없는 단체)의 개인적(사적) 이익을 말한다. 그런데, 피보호이익에 공익단체의 존립목적이 되는 이익(단체의 이익)을 포함시키는 견해도 있다. 이 견해에 의하면 현행 행정소송법하에서도 공익단체(환경단체 등)의 존립목적인 공익(환경이익 등)을 위하여 항고소송을 제기할 수 있는 원고적격을 인정할 수 있다.

3) 소송상 보호할 가치 있는 이익구제설

이 견해는 실체법을 준거로 하는 것이 아니라 소송법적 관점에서 재판에 의하여 보호할 만한 가치가 있는 이익이 침해된 자는 항고소송의 원고적격이 있다고 본다.

이 견해는 원고적격의 문제는 소송법상의 문제라는 것에 근거하고 있다.

이 견해에 대하여는 다음과 같은 비판이 가능하다. ① 보호할 가치 있는 이익구제설은 항고소송을 처분에 의해 침해된 권익의 구제제도로 보면서도 원고적격의 범위를 소송법적으로 결정하는 점에서 논리적이지 못하다. ② 또한, 이 견해에서는 원고적격의 인정에 있어서 객관적 기준이 존재하지 않고 법원이 구체적인 사안에 따라 결정하는 점에 문제가 있다.

4) 적법성보장설

이 견해는 항고소송의 주된 기능을 행정통제에서 찾고, 처분의 위법성을 다툴 적합한 이익을 갖는 자에게 원고적격을 인정하는 견해이다.

이 견해는 항고소송을 행정의 적법성을 통제하는 소송으로 보는 것에 근거하고 있다.

이렇게 항고소송을 객관적 소송으로 이해한다면 논리적 귀결로서 누구든지 항고소송을 제기할 수 있도록 하여야 할 것이지만 이렇게 하면 항고소송이 민중소송이 되고 소송이 폭주하여 법원의 재판부담이 과도하게 될 것이기 때문에 원고적격을 일정한 범위로 제한하여야 한다고 본다. 프랑스의 월권소송은 적법성보장설에 근거하고 있는데, 취소를 구할 정당한 이익이 있는 자에게 원고적격을 인정하고 있다.

　이 견해에 대하여는 다음과 같은 비판이 가능하다. ① 재판은 기본적으로 권익구제에 그 목적이 있는 것이므로 항고소송의 주된 기능을 적법성 보장에 있다고 보는 것은 타당하지 않다. ② 적법성보장설에 의하면 원고적격이 과도하게 확대되어 법원의 업무가 과중하게 된다.

　5) 판　　례
　판례는 원칙상 '법률상 보호된 이익구제설'에 입각하고 있다.
　판례는 처분의 근거법규 및 관계법규(처분의 근거법규 및 관련법규(예, 환경영향평가법, 절차규정)의 입법취지 포함)에 의해 개별적으로 보호되는 직접적이고 구체적인 개인적 이익을 법률상 이익으로 보고 있다. 공익보호의 결과로 국민 일반이 공통적으로 가지는 일반적·간접적·추상적 이익과 같이 사실적·경제적 이해관계를 갖는 데 불과한 경우는 여기에 포함되지 아니한다(대판 2024. 3. 12, 2021두58998).
　그런데 판례는 법률상 이익의 범위를 점차 넓혀가는 경향이 있다.
　당해 처분의 근거 법규 및 관련 법규에 의하여 보호되는 법률상 이익은 당해 처분의 근거 법규의 명문 규정에 의하여 보호받는 법률상 이익, 당해 처분의 근거 법규에 의하여 보호되지는 아니하나 당해 처분의 행정목적을 달성하기 위한 일련의 단계적인 관련 처분들의 근거 법규에 의하여 명시적으로 보호받는 법률상 이익, 당해 처분의 근거 법규 또는 관련 법규에서 명시적으로 당해 이익을 보호하는 명문의 규정이 없더라도 근거 법규 및 관련 법규의 합리적 해석상 그 법규에서 행정청을 제약하는 이유가 순수한 공익의 보호만이 아닌 개별적·직접적·구체적 이익을 보호하는 취지가 포함되어 있다고 해석되는 경우까지를 말한다(대판 2024. 3. 12, 2021두58998).

판례1　[1] 행정처분의 직접 상대방이 아닌 제3자라 하더라도 당해 행정처분으로 인하여 법률상 보호되는 이익을 침해당한 경우에는 취소소송을 제기하여 그 당부의 판단을 받을 자격이 있다 할 것이나, 여기에서 말하는 법률상 보호되는 이익이라 함은 당해 처분의 근거법규 및 관련법규에 의하여 보호되는 개별적·직접적·구체적 이익이 있는 경우를 말하고, 당해 처분의 근거법규 및 관련법규에 의하여 보호되는 법률상 이익이라 함은 당해 처분의 근거법규(근거법규가 다른 법규를 인용함으로 인하여 근거법규가 된 경우까지를 아울러 포함한다)의 명문규정에 의하여 보호받는 법률상 이익, 당해 처분의 근거법규에 의하여 보호되지는 아니하나 당해 처분의 행정목적을 달성하기 위한 일련의 단계적인 관련처분들의 근거법규에 의하여 명시적으로 보호받는 법률상 이익, 당해 처분의 근거법규 또는 관련법규에서 명시적으로 당해 이익을 보호하는 명문의 규정이 없더라도 근거법규 및 관련법규의 합리적 해석상 그 법규에서 행정청을 제약하는 이유가 순수한 공익의 보호만이 아닌 개별적·직접적·구체적 이익을 보호하는 취지가 포함되어 있다고 해석되는 경우까지를 말한다. [2] 도시계획변경결정에 관하여는 구 도시계획법이, 교통영향평가에 관하여는 구 도시교통정비촉진법(1999. 12. 31. 법률 제6095호로 개정되어 2001. 1. 1.부터 시행되기 전의 것)이 이 사건 처분의 근거법규에 해당하지만, 이 사건 부지면적이 57,661㎡에 불과하여 25만㎡ 이상의 면적을 대상사업으로 하는 환경영향평가에 관한 구 환경영향평가법(1999. 12. 31. 개정되어 2001. 1. 1. 시행된 법률 제6095호 환경·교통·재해등에관한영향평가법에 의하여 폐지되기 전의 것)은 이 사건 처분(주택건설사업계획승인처분)의 근거법규 또는 관련법규에 해당한다고 할 수 없으며, 한편 구 도시계획법에서 정한 주민의견청취, 공청회, 도시계획위원회의 자문 등 일련의 절차에 관한 규정들이 이 사건 처분의 대상이 된 사업부지에 인접한 토지의 소유자에 불과한 원고에게까지 절차에 대한 직접적인 이익을 보장하고 있다고 보이지 아니하고, 달리 이 사건 사업부지 밖의 토지의 소유자 등의 재산상 이익 등에 대하여 위 근거법규에 이들의 개별적·구체적·직접적 이익으로 보호하려는 내용 및 취지를 가지는 규정들을 두고 있지 아니하며, 나아가 이 사건 처분 전후를 통하여 이 사건 토지는 변함 없이 도시계획시설인 도로로 유지되고 있어 이 사건 처분으로 말미암아 이 사건 토지의 이용에 관하여 새로운 공법상의 제한이 가하여지지 않았음이 분명하여 이 사건 처분으로 인하여 원고 주장과 같은 재산상의 손실이 발생한다고 가정하더라도 이는 사실적·경제적 이익에 불과할 뿐 구 도시계획법에 의하여 보호되는 개별적·구체적·직접적 이익이라고는 할 수 없으므로 원고에게는 위와 같은 이익의 침해를 이유로 이 사건 처분의 취소를 구할 원고적격이 없고, 또한 이 사건 처분의 근거법규인 구 도시교통정비촉진법이 개인의 이익을 구체적으로 고려하도록 하는 아무런 규정을 두고 있지 아니하여 이 사건 사업부지에 인접한 토지의 소유자인 원고의 경제적 이익 내지 교통 편익은 위 근거법규가 보호하는 개별적·구체적·직접적 이익이라고 할 수 없으므로 원고에게는 이 사건 처분의 취소를 구할 원고적격이 없다(대판 2004. 8. 16, 2003두2175[주택건설사업계획승인처분취소]: 주택건설사업계획승인처분의 대상이 된 사업부지 밖의 토지소유자에게는 그 처분의 취소를 구할 원고적격이 없다고 본 사례: 대판 2013. 9. 12, 2011두33044).

판례2　사립학교 소속 직원의 호봉산정이나 보수에 관하여 규정하고 있는 사립학교법 제70조의2 제1항 및 그에 따른 각 사립학교의 정관 등이, 사립학교법 제43조와 함께 이 사건 각 명령의 근거법규 내지 관련 법규에 해당하고, 구 사립학교법(2020. 12. 22. 법률 제17659호로 개정되기 전의 것) 제70조의2 제1항이 사립학교 직원들의 보수를 정관으로 정하도록 하고, 원고들이 소속된 각 학교법인의 정관이 그 직원들의 보수를 공무원의 예에 따르도록 한 것은, 사립학교 소속 사무직원들의 보수의 안정성 및 예측가능성을 담보하여 사립학교 교육이 공공의 목적에 부합하는 방향으로 원활하게 수행될 수 있도록 하는 한편, 그 사무직원의 경제적 생활안정과 복리향상을 보장하고자 함에 있으므로, 사립학교 사무직원의 이익을 개별적·직접적·구체적으로 보호하고 있는 규정으로 볼 수 있고, 나아가 이 사건 각 명령(호봉정정명령 등)으로 인하여 원고들은 급여가 실질적으로 삭감되거나 기지급된 급여를 반환하여야 하는 직접적이고 구체적인 손해를 입게 되므로, 원고들은 이 사건 각 명령(호봉정정명령 등)을 다툴 개별적·직접적·구체적 이해관계가 있다고 볼 수 있으므로 원고(직원)들이 제3자에 대한 피고 교육감의 학교법인 이사장 및 학교장에 대한 호봉정정 및 급여환수 명령(이 사건 각 명령)으로 인해 법률상 보호되는 이익을 침해당한 자에 해당한다고 한 사례(대판 2023. 1. 12, 2022두56630[호봉정정명령 등 취소]).

판례3　「집합건물의 소유 및 관리에 관한 법률」(이하 '집합건물법'이라 한다)상 집합건물의 공용부분은 구분소유자 전원 또는 일부의 공용에 제공되는 것으로 구분소유자 전원의 각 전유부분 면적비율에 따른 공유에 속하고(집합건물법 제3조, 제10조, 제12조), 각 공유자는 공용부분을 그 용도에 따라 사용할 수 있다(집합건물법 제11조). 건축법은 집합건물의 공용부분을 대수선하려는 자로 하여금 구분소유자 전원을 구성원으로 하는 관리단집회에서 구분소유자 3/4 이상 및 의결권 3/4 이상의 결의로써 그 대수선에 동의하였다는 사정을 증명하여야 대수선에 관한 허가를 받을 수 있도록 규정하고 있다(건축법 제11조 제11항 제5호, 집합건물법 제15조 제1항). 이와 같은 건축법 규정은 구분소유자들이 공유하고 각자 그 용도에 따라 사용할 수 있는 공용부분의 대수선으로 인하여 그 공용부분의 소유·사용에 제한을 받을 수 있는 **구분소유자의 개별적 이익을 구체적이고 직접적으로 보호하는 규정으로 볼 수 있다.** 따라서 집합건물 공용부분의 대수선과 관련한 행정청의 허가, 사용승인 등 일련의 처분에 관하여는 그 처분의 직접 상대방 외에 해당 집합건물의 구분소유자에게도 그 취소를 구할 원고적격이 인정된다고 보는 것이 타당하다(대판 2024. 3. 12, 2021두58998).

판례 4   이 사건 의대정원 증원배정 처분의 근거가 된 고등교육법령 및 「대학설립·운영 규정」(대통령령)은 의과대학의 학생정원 증원의 한계를 규정함으로써 **의과대학에 재학 중인 학생들이 적절하게 교육받을 권리를 개별적·직접적·구체적으로 보호하고 있다고 볼 여지가 충분하다**(대결 2024. 6. 19, 2024무689).

판례는 절차규정도 보호규범에 포함시킨다(대판 2020. 4. 9, 2015다34444). 이해관계인의 절차적 권리(법적 이익)도 법률상 이익으로 본다. 이해관계인이 아닌 주민의 절차적 참가권은 법률상 이익이 아니다.

판례 1   甲 학교법인의 정상화 과정에서 서울특별시교육감이 임시이사들을 해임하고 정이사를 선임한 사안에서, 사립학교법 제25조의3 제 1 항이 학교법인을 정상화하기 위하여 임시이사를 해임하고 이사를 선임하는 절차에서 이해관계인에게 어떠한 청구권 또는 의견진술권을 부여하고 있지 않으므로, 乙 학교법인이 임시이사 해임 및 이사 선임에 관하여 사립학교법에 의해 보호받는 법률상 이익이 없다고 본 사례(대판 2014. 1. 23, 2012두6629[임시이사해임처분취소등]). 〈해설〉 반대해석을 하면 의견진술권이 있는 이해관계인은 법적 이익이 있다고 할 수 있다.

판례 2   법무사규칙 제37조 제 4 항이 이의신청 절차를 규정한 것은 채용승인을 신청한 법무사뿐만 아니라 사무원이 되려는 사람의 이익도 보호하려는 취지로 볼 수 있다. 따라서 지방법무사회의 사무원 채용승인 거부처분 또는 채용승인 취소처분에 대해서는 처분 상대방인 법무사뿐만 아니라 그 때문에 사무원이 될 수 없게 된 사람도 이를 다툴 원고적격이 인정되어야 한다(대판 2020. 4. 9, 2015다34444).

헌법상 기본권이 원고적격의 요건인 법률상 이익이 될 수 있는지에 관하여 아직 이를 적극적으로 인정하고 있는 대법원 판례는 없고, 추상적 기본권의 침해만으로는 원고적격을 인정할 수 없다는 대법원 판례가 있을 뿐이다.

판례   환경영향평가 대상지역 밖에 거주하는 주민에게 헌법상의 환경권 또는 환경정책기본법에 근거하여 공유수면매립면허처분과 농지개량사업 시행인가처분의 무효확인을 구할 원고적격이 없다고 한 사례: 헌법 제35조 제 1 항에서 정하고 있는 환경권에 관한 규정만으로는 그 권리의 주체·대상·내용·행사방법 등이 구체적으로 정립되어 있다고 볼 수 없고, 환경정책기본법 제 6 조도 그 규정 내용 등에 비추어 국민에게 구체적인 권리를 부여한 것으로 볼 수 없다는 이유로, 환경영향평가 대상지역 밖에 거주하는 주민에게 헌법상의 환경권 또는 환경정책기본법에 근거하여 공유수면매립면허처분과 농지개량사업 시행인가처분의 무효확인을 구할 원고적격이 없다고 한 사례(대판 전원합의체 2006. 3. 16, 2006두330[정부조치계획취소등]).

이에 반하여 헌법재판소는 기본권주체의 원고적격을 인정하고 있다.

> **판례**　설사 국세청장의 지정행위(납세병마개 제조자지정행위)의 근거규범인 이 사건 조항들이 단지 공익만을 추구할 뿐 청구인 개인의 이익을 보호하려는 것이 아니라는 이유로 청구인에게 취소소송을 제기할 법률상이익을 부정한다고 하더라도, 청구인의 기본권인 경쟁의 자유가 (보충적으로) 바로 행정청의 지정행위의 취소를 구할 법률상 이익이 된다 할 것이다(헌재 1998. 4. 30, 97헌마141).

6) 결　　어

　현행 행정소송법의 해석론으로는 법적 이익구제설이 타당하다. 현행 행정소송법이 항고소송의 주된 기능을 권익구제로 보고 주관소송으로 규정하고 있기 때문이다.

　다음과 같은 이유에서 법적 이익구제설 중 제4설이 타당하다. ① 항고소송을 권익구제제도로 본다면 현행 행정소송법상의 '법률상 이익'은 실체법에 의해 보호되는 이익으로 보는 것이 타당하다. 행정절차법과 같은 순수한 절차규정은 보호규범으로 보지 않는 것이 타당하다. 다만, 환경영향평가에 관한 법과 같이 실체법상 이익의 보호도 목적으로 하는 절차규정은 보호규범으로 보아야 할 것이다. ② 헌법이나 기타 일반법질서(민법 포함)에 의해 보호되는 이익이 침해된 자에게도 항고소송의 원고적격을 인정하여야 할 것이다. ③ 헌법상 구체적 기본권이 침해된 자에게는 원고적격을 인정하여야 한다. 그러나 법률에 의해 구체화되어야 비로소 구체적 기본권이 되는 추상적 기본권이 침해된 것만으로는 원고적격을 인정할 수 없다.

(2) 판례에서의 원고적격의 요건

　판례는 원고적격의 요건으로 "법률(처분의 근거법규 내지 관계법규)상 보호되는 개별적·직접적·구체적 이익의 침해"를 요구하고 있다.

1) 법적 이익(법률상 보호되는 이익)

　① 처분의 근거법규 내지 관계법규에 의해 보호되는 이익의 침해가 있어야 한다.

> **판례1**　납골당설치허가처분(현행 봉안당설치신고수리처분)의 허가조건을 성취하거나 그 처분의 목적을 달성하기 위한 산림형질변경허가와 환경영향평가의 근거법규는 납골당설치허가처분에 대한 관련처분들의 근거법규이고, 그 환경영향평가대상지역 안에 거주하는 주민들은 위 처분의 무효확인이나 취소를 구할 원고적격이 있다고 한 사례(대판 2004. 12. 9, 2003두12073[납골당허가처분무효확인]).

> **판례2**　재단법인 한국연구재단이 갑 대학교 총장에게 연구개발비의 부당집행을 이유로 '해양생물유래 고부가식품·향장·한약 기초소재 개발 인력양성사업에 대한 2단계 두뇌한국(BK)21 사업' 협약을 해지하고 연구팀장 을에 대한 국가연구개발사업의 3년간 참여제한 등을 명하는 통보를 하자 을(연구팀장)이 통보의 취소를 청구한 사안에서, 학술진흥 및 학자금대출 신용보증 등에 관한 법률 등의 입법취지 및 규정 내용 등과 아울러 위 법 등 해석상 국가가 두뇌한국(BK)21 사업의 주관연구기관인 대학에 연구개발비를 출연하는 것은 '연구 중심 대학'의 육성은 물론 그와 별도로 대학에 소속된 연구인력의 역량 강화에도 목적이 있다고 보이는 점, 기본적으로 국가연구개발사업에 대한 연구개발비의 지원은 대학에 소속된 일정한 연구단위별로 신청한 연구개발과제에 대한 것이지, 그 소속 대학을 기준으로 한 것은 아닌 점 등 제반 사정에 비추어 보면, 을(연구팀장)은 위 사업에 관한 협약의 해지 통보의 효

력을 다툴 법률상 이익이 있다고 한 사례. [2] 재단법인 한국연구재단이 갑 대학교 총장에게 연구개발비의 부당집행을 이유로 '해양생물유래 고부가식품·향장·한약 기초소재 개발 인력양성사업에 대한 2단계 두뇌한국(BK)21 사업' 협약을 해지하고 연구팀장 을에 대한 대학자체 징계 요구 등을 통보한 사안에서, 재단법인 한국연구재단이 갑 대학교 총장에게 을에 대한 대학 자체징계를 요구한 것은 법률상 구속력이 없는 권유 또는 사실상의 통지로서 을의 권리, 의무 등 법률상 지위에 직접적인 법률적 변동을 일으키지 않는 행위에 해당하므로, 항고소송의 대상인 행정처분에 해당하지 않는다고 본 원심판단을 정당하다고 한 사례(대판 2014. 12. 11, 2012두28704[2단계BK21사업처분취소]).

판례3 구 환경영향평가법 제1조, 제3조, 제9조, 제16조, 제17조, 제27조 등의 규정 취지는 환경영향평가를 실시하여야 할 사업(이하 '대상사업'이라 한다)이 환경을 해치지 아니하는 방법으로 시행되도록 함으로써 당해 사업과 관련된 환경공익을 보호하려는 데 그치는 것이 아니라, 당해 사업으로 인하여 직접적이고 중대한 환경피해를 입으리라고 예상되는 환경영향평가대상지역 안의 주민들이 전과 비교하여 수인한도를 넘는 환경침해를 받지 아니하고 쾌적한 환경에서 생활할 수 있는 개별적 이익까지도 보호하려는 데에 있는 것이다(대판 2006. 6. 30, 2005두14363).

판례4 구 도시계획법상의 공설화장장 설치를 내용으로 하는 도시계획결정에 대한 지역주민의 원고적격 인정: "도시계획법 제12조 제3항의 위임에 따라 제정된 도시계획시설기준에 관한 규칙 제125조 제1항이 화장장의 구조 및 설치에 관하여는 매장 및 묘지 등에 관한 법률이 정하는 바에 의한다고 규정하고 있어, 도시계획의 내용이 화장장의 설치에 관한 것일 때에는 도시계획법 제12조뿐만 아니라 매장 및 묘지 등에 관한 법률 및 같은법시행령 역시 그 근거법률이 된다고 보아야 할 것 … 공설화장장 설치를 금지함에 의하여 보호되는 부근 주민들의 이익은 위 도시계획결정처분의 근거 법률에 의하여 보호되는 법률상 이익이다"라고 판시하였다(대판 1995. 9. 26, 94누14544[상수원보호구역변경처분등취소]). 계쟁처분의 직접적인 근거법규 이외에 당해 근거법규에서 요건규정으로 원용하고 있는 법규도 당해 계쟁처분의 근거법규로 본 점에 이 판결의 의의가 있다.

② 사실상 이익 내지 반사적 이익의 침해만으로는 원고적격이 인정되지 않는다. 공익보호의 결과로 국민 일반이 공통적으로 가지는 일반적·간접적·추상적 이익과 같이 사실적·경제적 이해관계를 갖는 데 불과한 경우는 법률상 이익에 포함되지 아니한다(대판 2024. 3. 12, 2021두58998).

판례1 제주 강정마을 일대가 절대보전지역으로 유지됨으로써 주민들인 원고들이 가지는 주거 및 생활환경상 이익은 그 직·간접 경관 등이 보호됨으로써 반사적으로 누리는 것일 뿐 근거 법규 또는 관련 법규에 의하여 보호되는 개별적·직접적·구체적 이익이라고 할 수 없다고 한 사례(대판 2012. 7. 5, 2011두13187, 13914(병합)[절대보전지역변경처분무효확인등]).

판례2 상수원보호구역 설정의 근거가 되는 수도법 제5조 제1항 및 동 시행령 제7조 제1항이 보호하고자 하는 것은 상수원의 확보와 수질보전일 뿐이고, 그 상수원에서 급수를 받고 있는 지역주민들이 가지는 상수원의 오염을 막아 양질의 급수를 받을 이익은 직접적이고 구체적으로는 보호하고 있지 않음이 명백하여 위 지역주민들이 가지는 이익은 상수원의 확보와 수질보호라는 공공의 이익이 달성됨에 따라 반사적으로 얻게 되는 이익에 불과하므로 지역주민들에 불과한 원고들에게는 위 상수원보호구역변경처분의 취소를 구할 법률상의 이익이 없다(대판 1995. 9. 26, 94누14544). 〈해설〉 생각건대 상수원보호구역 설정 및 해제의 근거가 되는 수도법규정이 상수원의 수질보호와 함께 물이용자의 개인적 이익도 직접 보호하는 것을 목적으로 하고 있다고 볼 수도 있고, 현재와 같이 한강수계 상수원수질개선 및 주민지원 등에 관한 법률 및 동법 시행령 제19조에 따라 수도사업자가 물이용부담금을 납부하고(이 물이용부담금은 수도요금에 전가될 것이다) 이 재원으로 상수원보호구역에 재정지원을 하고 있는 점 등을 아울러 고려하면 상수원보호구역을 규율하는 수도법규정으로 인하여 수돗물 이용자가 받는 이익은 법적 이익이라고 볼 수도 있다.

판례3 환경부장관이 생태·자연도 1등급으로 지정되었던 지역을 2등급 또는 3등급으로 변경하는 내용의 생태·자연도 수정·보완을 고시하자, 인근 주민 甲이 생태·자연도 등급변경처분의 무효 확인을 청구한 사안에서, 생태·자연도의 작성 및 등급변경의 근거가 되는 구 자연환경보전법(2011. 7. 28. 법률 제10977호로 개정되기 전의 것) 제34조 제 1 항 및 그 시행령 제27조 제 1 항, 제 2 항에 의하면, 생태·자연도는 토지이용 및 개발계획의 수립이나 시행에 활용하여 자연환경을 체계적으로 보전·관리하기 위한 것일 뿐, 1등급 권역의 인근 주민들이 가지는 생활상 이익을 직접적이고 구체적으로 보호하기 위한 것이 아님이 명백하고, 1등급 권역의 인근 주민들이 가지는 이익은 환경보호라는 공공의 이익이 달성됨에 따라 반사적으로 얻게 되는 이익에 불과하므로, 인근 주민에 불과한 甲은 생태·자연도 등급권역을 1등급에서 일부는 2등급으로, 일부는 3등급으로 변경한 결정의 무효 확인을 구할 원고적격이 없다고 본 원심판단을 수긍한 사례(대판 2014. 2. 21, 2011두29052[생태자연도등급조정처분무효확인]).

판례4 주택법상 사용검사처분에 관하여 입주예정자들이 그 취소를 구할 법률상 이익이 없다고 한 사례(대판 2014. 7. 24, 2011두30465[사용승인처분취소]).

③ 헌법상 기본권이 원고적격의 요건인 법률상 이익이 될 수 있는지에 관하여 아직 이를 적극적으로 인정하고 있는 대법원 판례는 없고, 추상적 기본권의 침해만으로는 원고 적격을 인정할 수 없다는 대법원 판례가 있을 뿐이다.

판례 환경영향평가 대상지역 밖에 거주하는 주민에게 헌법상의 환경권 또는 환경정책기본법에 근거하여 공유수면매립면허처분과 농지개량사업 시행인가처분의 무효확인을 구할 원고적격이 없다고 한 사례: 헌법 제35조 제 1 항에서 정하고 있는 환경권에 관한 규정만으로는 그 권리의 주체·대상·내용·행사방법 등이 구체적으로 정립되어 있다고 볼 수 없고, 환경정책기본법 제 6 조도 그 규정 내용 등에 비추어 국민에게 구체적인 권리를 부여한 것으로 볼 수 없다는 이유로, 환경영향평가 대상지역 밖에 거주하는 주민에게 헌법상의 환경권 또는 환경정책기본법에 근거하여 공유수면매립면허처분과 농지개량사업 시행인가처분의 무효확인을 구할 원고적격이 없다고 한 사례(대판 전원합의체 2006. 3. 16, 2006두330[정부조치계획취소등]〈새만금사건〉).

이에 반하여 **헌법재판소**는 기본권주체의 원고적격을 인정하고 있다.

판례 설사 국세청장의 지정행위의 근거규범인 이 사건 조항들이 단지 공익만을 추구할 뿐 청구인 개인의 이익을 보호하려는 것이 아니라는 이유로 청구인에게 취소소송을 제기할 법률상 이익을 부정한다고 하더라도, 청구인의 기본권인 경쟁의 자유가 (보충적으로) 바로 행정청의 지정행위(납세병마개제조자지정행위)의 취소를 구할 법률상 이익이 된다 할 것이다(헌재 1998. 4. 30, 97헌마141).

2) 개인적 이익(사적 이익)

법에 의해 보호되는 개인적 이익(사적 이익)이 있는 자만이 항고소송을 제기할 원고적 격이 있고, 공익의 침해만으로는 원고적격이 인정될 수 없다.

처분 등으로 법인 또는 단체의 개인적 이익(사적 이익)이 침해된 경우에도 그 법인 또는 단체에게 원고적격이 인정된다. 그러나, 구성원의 법률상 이익의 침해를 이유로 원고적격을 인정받을 수는 없다.

판례 1   약제를 제조·공급하는 제약회사가 보건복지부 고시인 '약제급여·비급여 목록 및 급여 상한금액표' 중 약제의 상한금액 인하 부분에 대하여 그 취소를 구할 원고적격이 있다고 한 사례(대판 2006. 12. 21, 2005두16161[보험약가인하처분취소]).

판례 2   제약회사가 자신이 공급하는 약제에 관하여 국민건강보험법, 같은법 시행령, 국민건강보험 요양급여의 기준에 관한 규칙 등 약제상한금액고시의 근거 법령에 의하여 보호되는 직접적이고 구체적인 이익을 향유하는데, 보건복지부 고시인 약제급여·비급여목록 및 급여상한금액표로 인하여 자신이 제조·공급하는 약제의 상한금액이 인하됨에 따라 위와 같이 보호되는 법률상 이익이 침해당할 경우, 제약회사는 위 고시의 취소를 구할 원고적격이 있다고 한 사례(대판 2006. 9. 22, 2005두2506[보험약가인하처분취소]).

판례 3   **환경상 이익은 본질적으로 자연인에게 귀속되는 것으로서 법인은 환경상 이익의 침해를 이유로 행정소송을 제기할 수 없다**: 재단법인 甲 수녀원이, 매립목적을 택지조성에서 조선시설용지로 변경하는 내용의 공유수면매립목적 변경 승인처분으로 인하여 법률상 보호되는 환경상 이익을 침해받았다면서 행정청을 상대로처분의 무효 확인을 구하는 소송을 제기한 사안에서, 공유수면매립목적 변경 승인처분으로 甲 수녀원에 소속된 수녀 등이 쾌적한 환경에서 생활할 수 있는 환경상 이익을 침해받는다고 하더라도 이를 가리켜 곧바로 甲 수녀원의 법률상 이익이 침해된다고 볼 수 없고, 자연인이 아닌 甲 수녀원은 쾌적한 환경에서 생활할 수 있는 이익을 향수할 수 있는 주체가 아니므로 위 처분으로 위와 같은 생활상의 이익이 직접적으로 침해되는 관계에 있다고 볼 수도 없으며, 위 처분으로 환경에 영향을 주어 甲 수녀원이 운영하는 쨈 공장에 직접적이고 구체적인 재산적 피해가 발생한다거나 甲 수녀원이 폐쇄되고 이전해야 하는 등의 피해를 받거나 받을 우려가 있다는 점등에 관한 증명도 부족하다는 이유로, 甲 수녀원에 처분의 무효 확인을 구할 원고적격이 없다고 한 사례(대판 2012. 6. 28, 2010두2005[수정지구공유수면매립목적변경승인처분무효]). 〈해설〉 자연인만이 개인적인 환경상 이익만을 향유한다는 대법원 판례에는 찬동할 수 없다. 단체도 자연인과 같이 법주체로서 환경상 이익을 향유할 수 있다고 보아야 한다.

판례 4   교육부장관이 사학분쟁조정위원회의 심의를 거쳐 甲 대학교를 설치·운영하는 乙 학교법인의 이사 8인과 임시이사 1인을 선임한 데 대하여 甲 대학교 교수협의회와 총학생회 등이 이사선임처분의 취소를 구하는 소송을 제기한 사안에서, 임시이사제도의 취지, 교직원·학생 등의 학교운영에 참여할 기회를 부여하기 위한 개방이사 제도에 관한 법령의 규정 내용과 입법 취지 등을 종합하여 보면, 구 사립학교법과 구 사립학교법시행령 및 乙 법인 정관 규정은 헌법 제31조 제 4 항에 정한 교육의 자주성과 대학의 자율성에 근거한 甲 대학교 교수협의회와 총학생회의 학교운영참여권을 구체화하여 이를 보호하고 있다고 해석되므로, 甲 대학교 교수협의회와 총학생회는 이사선임처분을 다툴 법률상 이익을 가지지만, 고등교육법령은 교육받을 권리나 학문의 자유를 실현하는 수단으로서 학생회와 교수회와는 달리 학교의 직원으로 구성된 노동조합의 성립을 예정하고 있지 아니하고, 노동조합은 근로자가 주체가 되어 자주적으로 단결하여 근로조건의 유지·개선 기타 근로자의 경제적·사회적 지위의 향상을 도모하기 위하여 조직된 단체인 점 등을 고려할 때, 학교의 직원으로 구성된 노동조합이 교육받을 권리나 학문의 자유를 실현하는 수단으로서 직접 기능한다고 볼 수는 없으므로, 개방이사에 관한 구 사립학교법과 구 사립학교법 시행령 및 乙 법인 정관 규정이 학교직원들로 구성된 전국대학노동조합 乙 대학교지부의 법률상 이익까지 보호하고 있는 것으로 해석할 수는 없다고 한 사례(대판 2015. 7. 23, 2012두19496, 19502[이사선임처분취소]).

개인의 법적 이익에 개인의 사익뿐만 아니라 단체(공익단체 포함)의 존립목적이 되는 이익(공익단체의 존립근거(목적)가 되는 공익 포함)도 포함되는 것으로 보아야 한다는 견해도 있다. 또한 개인의 재산적 이익뿐만 아니라 개인의 인격적 이익, 평온한 생활이익(공익으로서의 평온한 생활이익이 아니라 개인적 이익(사익)으로서의 평온한 생활이익)도 포함되는 것으로 보아야 한다는 견해도 있다. 공익으로서의 평온한 생활이익이 법령에 의해 보호됨으로써 개인이 평온한 생활을 누리는 것은 반사적 이익이다. 평온한 생활이익을 공익으로서 보호할 것인지 아니면 공익뿐만 아니라 개인적 이익(사익)으로서도 보호할 것인지는 입법자의 의사에 따른다(이혜진, 민주주의 발전과 주관적 공권의 확대 경향 – 일본의 '평온생활권'을 글감으로 하여 –, 공법연구 제51집 제3호, 2023.2, 79면 이하 참조).

3) 직접적·구체적 이익 [2019 변시 사례]

처분 등에 의해 침해되는 법적 이익은 직접적·구체적 이익이어야 하며 간접적이거나 추상적인 이익이 침해된 자에게는 원고적격이 인정되지 않는다.

> **판례1** [1] 행정소송법 제12조에서 말하는 '법률상 이익'의 의미: 행정소송법 제12조에서 말하는 '법률상 이익'이란 당해 행정처분의 근거법률에 의하여 보호되는 직접적이고 구체적인 이익을 말하고, 당해 행정처분과 관련하여 간접적이거나 사실적·경제적 이해관계를 가지는 데 불과한 경우는 여기에 포함되지 않으나, 행정처분의 직접 상대방이 아닌 제3자라고 하더라도 당해 행정처분으로 인하여 법률상 보호되는 이익을 침해당한 경우에는 취소소송을 제기하여 그 당부의 판단을 받을 자격이 있다. [2] 구 임대주택법상 임차인대표회의도 임대주택 분양전환승인처분에 대하여 취소소송을 제기할 원고적격이 있다(대판 2010. 5. 13, 2009두19168[분양전환승인의취소]).

> **판례2** 법인의 주주가 당해 법인에 대한 행정처분의 취소를 구할 원고적격이 있는 경우: 법인의 주주는 법인에 대한 행정처분에 관하여 사실상이나 간접적인 이해관계를 가질 뿐이어서 스스로 그 처분의 취소를 구할 원고적격이 없는 것이 원칙이라고 할 것이지만, 그 처분으로 인하여 법인이 더 이상 영업 전부를 행할 수 없게 되고, 영업에 대한 인·허가의 취소 등을 거쳐 해산·청산되는 절차 또한 처분 당시 이미 예정되어 있으며, 그 후속절차가 취소되더라도 그 처분의 효력이 유지되는 한 당해 법인이 종전에 행하던 영업을 다시 행할 수 없는 예외적인 경우에는 주주도 그 처분에 관하여 직접적이고 구체적인 법률상 이해관계를 가진다고 보아 그 효력을 다툴 원고적격이 있다(대판 2005. 1. 27, 2002두5313: 부실금융기관의 정비를 목적으로 은행의 영업 관련 자산 중 재산적 가치가 있는 자산 대부분과 부채 등이 타에 이전됨으로써 더 이상 그 영업 전부를 행할 수 없게 되고, 은행업무정지처분 등의 효력이 유지되는 한 은행이 종전에 행하던 영업을 다시 행할 수는 없는 경우, 은행의 주주에게 당해 은행의 업무정지처분 등을 다툴 원고적격이 인정된다고 한 사례).

> **판례3** 법인의 주주가 법인에 대한 행정처분(운송사업양도·양수신고수리처분) 이후의 주식 양수인인 경우에는 특별한 사정이 없는 한 그 처분에 대하여 간접적·경제적 이해관계를 가질 뿐 법률상 직접적·구체적 이익을 가지는 것은 아니므로 그 처분의 취소를 구할 원고적격이 인정되지 않는다(대판 2010. 5. 13, 2010두2043[운송사업양도·양수신고수리처분취소]).

> **판례4** 채석허가를 받은 자에 대한 관할 행정청의 채석허가 취소처분에 대하여 수허가자의 지위를 양수한 양수인에게 그 취소처분의 취소를 구할 법률상 이익이 있는지 여부(적극): 산림법 제90조의2 제1항, 제118조 제1항, 같은법 시행규칙 제95조의2 등 산림법령이 수허가자의 명의변경제도를 두고 있는 취지는, 채석허가가 일반적·상대적 금지를 해제하여 줌으로써 채석행위를 자유롭게 할 수 있는

자유를 회복시켜 주는 것일 뿐 권리를 설정하는 것이 아니어서 관할 행정청과의 관계에서 수허가자의 지위의 승계를 직접 주장할 수는 없다 하더라도, 채석허가가 대물적 허가의 성질을 아울러 가지고 있고 수허가자의 지위가 사실상 양도·양수되는 점을 고려하여 수허가자의 지위를 사실상 양수한 양수인의 이익을 보호하고자 하는 데 있는 것으로 해석되므로, 수허가자의 지위를 양수받아 명의변경신고를 할 수 있는 양수인의 지위는 단순한 반사적 이익이나 사실상의 이익이 아니라 산림법령에 의하여 보호되는 직접적이고 구체적인 이익으로서 법률상 이익이라고 할 것이고, 채석허가가 유효하게 존속하고 있다는 것이 양수인의 명의변경신고의 전제가 된다는 의미에서 관할 행정청이 양도인에 대하여 채석허가를 취소하는 처분을 하였다면 이는 양수인의 지위에 대한 직접적 침해가 된다고 할 것이므로 양수인은 채석허가를 취소하는 처분의 취소를 구할 법률상 이익을 가진다(대판 2003. 7. 11, 2001두6289[채석허가취소처분취소]).

판례5 도시 및 주거환경정비법상 조합설립추진위원회의 구성에 동의하지 아니한 정비구역 내의 토지 등 소유자도 조합설립추진위원회 설립승인처분에 대하여 같은법에 의하여 보호되는 직접적이고 구체적인 이익을 향유하므로 그 설립승인처분의 취소소송을 제기할 원고적격이 있다(대판 2007. 1. 25, 2006두12289[추진위원회승인처분취소]).

판례6 학교법인의 임원취임승인신청 반려처분에 대하여, 임원으로 선임된 사람이 이를 다툴 수 있는 원고적격이 있다고 한 사례(대판 2007. 12. 27, 2005두9651[임원취임승인취소처분 등 취소]).

판례7 회원제골프장의 기존 회원은 회원모집계획서에 대한 시·도 지사의 검토결과통보의 취소를 구할 법률상의 이익이 있다고 보아야 한다(대판 2009. 2. 26, 2006두16243[골프장회원권모집계획승인처분취소]).〈해설〉원심은 기존 회원은 이 사건 회원모집계획승인처분의 반사적 효과로서 회원이 증가하게 됨에 따라 발생하는 골프장우선이용권의 사용횟수의 감소 등과 같은 간접적이거나 사실상의 불이익을 입을 뿐이므로 이 사건 회원모집계획승인처분의 취소를 구할 원고적격이 없다고 하였다(대전고법 2006. 9. 21, 2006누93).

판례8 도시환경정비사업에 대한 사업시행계획에 당연무효인 하자가 있는 경우에는 도시환경정비사업조합은 그 사업시행계획을 새로이 수립하여 관할관청으로부터 인가를 받은 후 다시 분양신청을 받아 관리처분계획을 수립하여야 할 것인바, 분양신청기간 내에 분양신청을 하지 않거나 분양신청을 철회함으로 인해 도시 및 주거환경정비법 제47조 및 조합 정관 규정에 의하여 조합원의 지위를 상실한 토지 등 소유자도 그때 분양신청을 함으로써 건축물 등을 분양받을 수 있으므로 관리처분계획의 무효확인 또는 취소를 구할 법률상 이익이 있다고 할 것이다(대판 2011. 12. 8, 2008두18342[관리처분계획취소]).

판례9 의사협회의 원고적격을 부정한 사례: 사단법인 대한의사협회는 의료법에 의하여 의사들을 회원으로 하여 설립된 사단법인으로서, 국민건강보험법상 요양급여행위, 요양급여비용의 청구 및 지급과 관련하여 직접적인 법률관계를 갖지 않고 있으므로, 보건복지부 고시인 '건강보험요양급여행위 및 그 상대가치점수 개정'으로 인하여 자신의 법률상 이익을 침해당하였다고 할 수 없다는 이유로 위 고시의 취소를 구할 원고적격이 없다고 한 사례(대판 2006. 5. 25, 2003두11988[건강보험요양급여행위 등 처분취소]).

판례10 [농업에너지이용효율화사업에 관한 보조금 집행을 원활하게 하기 위해 보조사업자(농가)의 계약상대방이 될 수 있는 시공업체를 공모절차를 통해 선정하였는데, 선정되지 아니한 원고들이 자신들에 대한 선정제외를 비롯한 선정 및 선정제외 처분 전체의 취소를 구한 사건] 보조금지원사업 시행기관의 장인 피고가 (선정된 시공업체와 계약을 체결한 경우에만 보조금을 교부하기 위하여) 보조사업자(농가)의 계약상대방이 될 수 있는 시공업체를 공모절차를 통하여 선정한 사안에서, 선정제외된 원고들이 선정된 업체들을 포함한 선정 및 선정제외 행위 전체의 취소를 구할 원고적격이 인정되는지 여부(소극): 불이익처분의 상대방은 직접 개인적 이익의 침해를 받은 자로서 원고적격이 인정된다. 처분의 직접 상대방이 아닌 제3자라 하더라도 이른바 '경원자 관계'나 '경업자 관계'와 같이 처분의 근거 법규 또는 관련 법규에 의하여 개별적·직접적·구체적으로 보호되는 이익이 있는 경우에는 처분의 취소를 구할 원고적격이 인정되지만, 제3자가 해당 처분과 간접적·사실적·경제적인 이해관계를 가지는 데 불과한 경우에는 처분의 취소를 구할 원고적격이 인정되지 않는다(대법원 1999. 10. 12. 선고 99두6026 판결, 대법원 2020. 4. 9. 선고 2015다34444 판결 등 참조)(대판 2021. 2. 4, 2020두48772[시공업체선정처분취소]).

4) 법률상 이익이 침해되거나 침해될 우려(개연성)가 있을 것

처분 등에 의해 법률상 이익이 현실적으로 침해된 경우(헌법취소)뿐만 아니라 침해가 예상되는 경우(건축허가)에도 원고적격이 인정된다. 침해가 예상되는 경우에는 그 침해의 발생이 단순히 가능성이 있는 것만으로는 안 되고 확실하거나 개연성이 있어야 한다. 판례는 "침해의 우려"라는 표현을 쓰고 있는데, 우려는 모호한 개념이며 이 경우의 '우려'는 개연성을 의미한다고 보아야 한다.

판례1 김해시장이 낙동강에 합류하는 하천수 주변의 토지에 구 산업집적활성화 및 공장설립에 관한 법률 제13조에 따라 공장설립을 승인하는 처분을 한 사안에서, 공장설립으로 수질오염 등이 발생할 우려가 있는 취수장에서 물을 공급받는 부산광역시 또는 양산시에 거주하는 주민들도 위 처분(공장설립을 승인하는 처분)의 근거 법규 및 관련 법규에 의하여 법률상 보호되는 이익이 침해되거나 침해될 우려가 있는 주민으로서 원고적격이 인정된다고 한 사례(대판 2010. 4. 15, 2007두16127[공장설립승인처분취소]).

판례2 [1] 민간투자사업시행자지정처분 자체로 제3자의 재산권이 침해되지 않고, 구 민간투자법 제18조에 의한 타인의 토지출입 등, 제20조에 의한 토지 등의 수용·사용은 사업실시계획의 승인을 받은 후에야 가능하다. 그러므로 원고(서울-춘천고속도로건설사업시행지 토지소유자)들의 재산권은 사업실시계획의 승인 단계에서 보호되는 법률상 이익이라고 할 것이므로, 그 이전인 사업시행자지정처분 단계에서는 원고들의 재산권 침해를 이유로 그 취소를 구할 수 없다. [2] 이 사건 사업에 대한 사전환경성검토협의나 환경영향평가협의는 모두 이 사건 사업시행자지정처분 이후에 이루어져도 적법하고, 반드시 이 사건 사업시행자지정처분 전에 사전환경성검토협의나 환경영향평가협의 절차를 거칠 필요는 없다. 그러므로 환경정책기본법이나 '환경·교통·재해 등에 관한 영향평가법'에 의해 보호되는 원고(인근주민)들의 환경이익은 이 사건 사업시행자지정처분의 단계에서는 아직 법률에 의하여 보호되는 이익이라고 할 수 없다(대판 2009. 4. 23, 2008두242[민간투자시설사업시행자지정처분취소]).

법률상 이익의 침해 또는 침해의 우려는 원칙상 원고가 입증하여야 한다. 다만, 영향권 내의 주민 등에 대하여는 특단의 사정이 없는 한 환경상 이익에 대한 침해 또는 침해 우려가 있는 것으로 사실상 추정되므로 법률상 이익의 침해 또는 침해의 우려 없음을 피고가 입증하여야 한다.

판례 [1] 행정처분으로써 이루어지는 사업으로 환경상 침해를 받으리라고 예상되는 영향권의 범위가 그 처분의 근거 법규 등에 구체적으로 규정되어 있는 경우, 영향권 내의 주민에게 행정처분의 취소 등을 구할 원고적격이 인정되는지 여부(원칙적 적극) 및 영향권 밖의 주민에게 원고적격이 인정되기 위한 요건: 행정처분의 근거 법규 또는 관련 법규에 그 처분으로써 이루어지는 행위 등 사업으로 인하여 환경상 침해를 받으리라고 예상되는 영향권의 범위가 구체적으로 규정되어 있는 경우에는, 그 영향권 내의 주민들에 대하여는 당해 처분으로 인하여 직접적이고 중대한 환경피해를 입으리라고 예상할 수 있고, 이와 같은 환경상의 이익은 주민 개개인에 대하여 개별적으로 보호되는 직접적·구체적 이익으로서 그들에 대하여는 특단의 사정이 없는 한 환경상 이익에 대한 침해 또는 침해 우려가 있는 것으로 사실상 추정되어 법률상 보호되는 이익으로 인정됨으로써 원고적격이 인정되며, 그 영향권 밖의 주민들은 당해 처분으로 인하여 그 처분 전과 비교하여 수인한도를 넘는 환경피해를 받거나 받을 우려가 있다는 자신의 환경상 이익에 대한 침해 또는 침해 우려가 있음을 증명하여야만 법률상 보호되는 이익으로 인정되어 원고적격이 인정된다. [2] 김해시장이 소감천을 통해 낙동강에 합류하는 하천수 주변의 토지에 구 산업집적활성화 및 공장설립에 관한 법률 제13조에 따라 공장설립을 승인하는 처분을 한 사안에서, 상수원인 물금취수장이 소감천이 흘러 내려 낙동강 본류와 합류하는 지점 근처에 위치하고 있는 점, 수돗물은 수도관 등 급수시설에 의해 공급되는 것이어서 거주지역이 물금취수장으로부터 다소 떨어진 곳이라고 하더라도 수돗물의 수질악화 등으로 주민들이 갖게 되는 환경상 이익의 침해나 그 우려는 그 수돗물을 공급하는 취수시설이 입게 되는 수질오염 등의 피해나 그 우려와 동일하게 평가될 수 있는 점 등에 비추어, 공장설립으로 수질오염 등이 발생할 우려가 있는 물금취수장에서 취수된 물을 공급받는 부산광역시 또는 양산시에 거주하는 주민들도 위 처분의 근거 법규 및 관련 법규에 의하여 개별적·구체적·직접적으로 보호되는 환경상 이익, 즉 법률상 보호되는 이익이 침해되거나 침해될 우려가 있는 주민으로서 원고적격이 인정된다고 한 사례(대판 2010. 4. 15, 2007두16127[공장설립승인처분취소]). 〈해설〉 이 사건에서 원고인 수돗물을 공급받는 자는 영향권 밖의 주민이지만, 상수원인 취수장이 영향권 내에 있는 점, 수돗물은 수도관 등 급수시설에 의해 공급되는 것이어서 거주지역이 물금취수장으로부터 다소 떨어진 곳이라고 하더라도 수돗물의 수질악화 등으로 주민들이 갖게 되는 환경상 이익의 침해나 그 우려는 그 수돗물을 공급하는 취수시설이 입게 되는 수질오염 등의 피해나 그 우려와 동일하게 평가될 수 있는 점 등을 고려하여 원고가 갖는 법률상 이익인 환경상 이익의 침해 우려가 있다고 본 사례이다. 이 판례에 의하면 수돗물을 공급받는 자가 영향권 밖에 거주하더라도 취수장이 영향권 내에 있으면 원고적격을 인정받을 수 있다는 결과가 된다.

3. 구체적 사례의 유형별 고찰

(1) 불이익처분의 상대방

불이익처분의 상대방은 직접 개인적 이익의 침해를 받은 자로서 원고적격이 인정된다(대판 2018. 3. 27, 2015두47492).

(2) 제 3 자의 원고적격 [2014 감평 사례, 2021 변시]

행정처분의 상대방이 아닌 제 3 자라 하더라도 그 처분 등으로 인하여 법률상 보호되는 이익을 침해당한 경우에는 취소소송을 제기하여 그 당부의 판단을 받을 자격이 있다. 위 법률상 보호되는 이익이란 당해 처분의 근거법률에 의하여 보호되는 직접적이고 구체적인 이익을 말하고 간접적이거나 사실적, 경제적 이해관계를 가지는데 불과한 경우는 여기에 해당되지 않는다(판례).

판례 1   행정처분의 상대방이 아닌 제 3 자라 하더라도 그 처분 등으로 인하여 법률상 보호되는 이익을 침해당한 경우에는 취소소송을 제기하여 그 당부의 판단을 받을 자격이 있는 것이지만, 위 법률상 보호되는 이익이란 당해 처분의 근거법률에 의하여 보호되는 직접적이고 구체적인 이익을 말하고 간접적이거나 사실적, 경제적 이해관계를 가지는데 불과한 경우는 여기에 해당되지 않는다(대판 1997. 4. 25, 96누14906[시외버스운송사업양도양수인가처분취소]).

판례2 [임차인들이 분양전환가격 산정의 위법을 이유로 임대사업자에 대한 분양전환승인처분의 취소를 구하는 사건] (1) 임대주택법상 분양전환승인 중 분양전환가격을 승인하는 부분은 단순히 분양계약의 효력을 보충하여 그 효력을 완성시켜주는 강학상 '인가'에 해당한다고 볼 수 없다. (2) 우선분양전환권을 가진 임차인들이 분양전환가격 산정의 위법을 이유로 해당 임대주택 전체 세대에 대한 분양전환승인처분의 취소를 구한 사안에서, 원고들에게 항고소송을 통하여 분양전환승인의 효력을 다툴 법률상 이익(원고 적격)이 있으나, 그 취소를 구하는 임차인이 분양전환받을 세대가 아닌 다른 세대에 대한 부분 및 분양전환승인처분 중 임대주택의 매각을 허용하는 부분의 취소를 구할 법률상 이익이 없고, 분양전환승인일로부터 6개월이 경과하도록 분양계약을 체결하지 아니한 채 임대주택에서 퇴거한 임차인은 분양전환승인처분에 관하여 효력정지결정이 이루어져 임대사업자가 제3자에게 해당 임대주택을 매각하지 않았다는 등의 특별한 사정이 없는 한 분양전환승인처분의 취소를 구할 법률상 이익이 인정되지 않는다고 한 사례(대판 2020. 7. 23, 2015두48129).

판례3 보조금 교부조건의 설정을 위한 전제로서 에너지절감시설(다겹 보온커튼)설치 시공업체를 선정한 행위에 대한 취소소송에서 원고들에 대한 선정제외 처분 외에 다른 업체들에 대한 선정 처분 및 선정제외 처분에 대하여는 원고들에게 이를 다툴 법률상 이익이 인정되지 않는다고 한 사례(대판 2021. 2. 4, 2020두48772[시공업체선정처분취소]). 〈해설〉 원심은, 행정청이 보조금 교부조건의 설정을 위하여 에너지절감시설(다겹 보온커튼)설치 시공업체를 미리 선정한 행위에 대하여 선정제외된 원고들이 자신들에 대한 선정제외 처분뿐만 아니라 다른 업체들에 대한 선정 및 선정제외들을 포함한 시공업체 선정행위 전체의 취소를 구할 수 있다고 하였다.

그런데, 학교폭력예방 및 대책에 관한 법률(약칭: 학교폭력예방법)은 교육장이 학교폭력 가해학생에 내린 조치에 대하여 이의가 있는 가해학생 또는 그 보호자뿐만 아니라(제17조의3 제2항) 이의가 있는 피해학생 또는 그 보호자가 「행정소송법」에 따른 행정소송을 제기할 수 있는 것으로 규정하고 있다(제17조의3 제1항).

(3) 경업자소송 [2009 행시(재경 등) 사례, 1998 사시 사례, 2012 변시 사례]

경업자소송(競業者訴訟)이라 함은 여러 영업자가 경쟁관계에 있는 경우에 경쟁관계에 있는 영업자에 대한 처분 또는 부작위를 경쟁관계에 있는 다른 영업자가 다투는 소송을 말한다.

1) 기존업자의 신규업자에 대한 인·허가처분의 취소청구

판례는 신규업자(新規業者)에 대한 인·허가처분에 의해 기존업자(既存業者)의 법률상 이익이 침해되는지 아니면 단순한 경제적·사실상 이익만이 침해되는지를 기준으로 전자의 경우에는 기존업자에게 원고적격을 인정하고 후자의 경우에는 기존업자에게 원고적격을 인정하지 않고 있다.

그런데, 판례는 일반적으로 기존업자가 특허기업인 경우에는 그 기존업자가 그 특허로 인하여 받은 이익은 법률상 이익이라고 보아 원고적격을 인정하고, 기존업자가 허가를 받아 영업하는 경우에 그 기존업자가 그 허가로 인하여 받는 이익은 반사적 이익 내지 사실상 이익에 불과한 것으로 보아 원고적격을 부정하는 경향이 있다.

이러한 판례의 태도는 일응 타당하다. 그 이유는 특허는 상대방에게 독점적 경영권 내지 지위를 창설하는 행위이며 허가는 질서유지의 목적상 설정된 금지를 해제하여 자연적 자유를 회복시키는 행위로서 허가를 받은 자의 경제적인 영업상 이익을 보호하는 것을 목적으로 하지 않기 때문이다.

그러나, 이러한 해결은 절대적일 수 없으며 허가의 경우에도 허가요건규정이 공익뿐만 아니라 개인의 이익도 보호하고 있다라고 해석되는 경우에는 기존 허가권자가 당해 허가요건에 위반하는 제3자에 대한 허가를 다툴 원고적격을 가진다고 보아야 한다.

예를 들면, 허가요건 중 거리제한 규정이 두어지는 경우에 이 거리제한 규정에 의해 기존업자가 독점적 이익을 누리고 있는 경우에 그 이익이 법률상 이익에 해당하는 것으로 해석될 수 있는 경우가 있다.

따라서 허가와 특허의 구별 없이 처분의 근거 내지 관계법규에 의해 기존업자의 영업상 이익이 직접적·구체적으로 보호되고 있는지 여부, 달리 말하면 기존업자의 영업상 이익이 단순한 사실상의 반사적 이익인지 여부를 기준으로 기존업자의 원고적격을 인정하는 것이 타당하다. 이는 오늘날 허가와 특허의 구별이 상대화되고 있는 점에서도 타당하다.

최근 판례는 허가와 특허의 구별 없이 처분의 근거가 되는 법률이 해당 업자들 사이의 과당경쟁으로 인한 경영의 불합리를 방지하는 것도 그 목적으로 하고 있는 경우 취소를 구할 원고적격을 인정하고 있다.

판례1 기존의 업자가 경업자에 대한 면허나 인·허가 등 수익적 행정처분의 취소를 구할 당사자 적격이 있는 경우: 일반적으로 면허나 인·허가 등의 수익적 행정처분의 근거가 되는 법률이 해당 업자들 사이의 과당경쟁으로 인한 경영의 불합리를 방지하는 것도 그 목적으로 하고 있는 경우, 다른 업자에 대한 면허나 인·허가 등의 수익적 행정처분에 대하여 미리 같은 종류의 면허나 인·허가 등의 수익적 행정처분을 받아 영업을 하고 있는 기존의 업자는 경업자에 대하여 이루어진 면허나 인·허가 등 행정처분의 상대방이 아니라 하더라도 당해 행정처분의 취소를 구할 당사자적격이 있다(대판 2010. 11. 11, 2010두4179[여객자동차운송사업계획변경인가처분취소]: 기존의 고속형 시외버스운송사업자에게 노선이 일부 중복되는 직행형 시외버스운송사업자에 대한 사업계획변경인가처분의 취소를 구할 법률상의 이익이 있다고 한 사례).

판례2 담배 일반소매인으로 지정되어 영업을 하고 있는 기존업자의 신규 담배 일반소매인에 대한 이익이 '법률상 보호되는 이익'에 해당한다고 하고 신규 담배 구내소매인에 대한 이익은 단순한 사실상의 반사적 이익이라고 한 사례(대판 2008. 3. 27, 2007두23811[담배소매인지정처분취소]).

판례3 구 오수·분뇨 및 축산폐수의 처리에 관한 법률(2002. 12. 26. 법률 제6827호로 개정되기 전의 것)과 같은 법 시행령(2003. 7. 25. 대통령령 제18065호로 개정되기 전의 것)상 업종을 분뇨와 축산폐수 수집·운반업 및 정화조청소업으로 하여 분뇨 등 관련 영업허가를 받아 영업을 하고 있는 기존업자의 이익이 법률상 보호되는 이익이라고 보아, 기존 업자에게 경업자에 대한 영업허가처분의 취소를 구할 원고적격이 있다고 한 사례(대판 2006. 7. 28, 2004두6716[분뇨 등 관련영업허가처분취소]).

가. 기존업자가 특허기업인 경우 원고적격 인정

판례 1   신규노선 연장인가처분에 대한 당해 노선의 기존사업자의 취소청구: 구 자동차운수사업법 (현행 여객자동차운수사업법) 제 6 조 제 1 호에서 당해 사업계획이 당해노선 또는 사업구역의 수송수 요와 수송력공급에 적합할 것을 면허의 기준으로 한 것은 주로 자동차운수사업에 관한 질서를 확립하 고 자동차운수의 종합적인 발달을 도모하여 공공복리의 증진을 목적으로 하고 있으며, 동시에, 한편으 로는 업자간의 경쟁으로 인한 경영의 불합리를 미리 방지하는 것이 공공의 복리를 위하여 필요하므로 면허조건을 제한하여 기존업자의 경영의 합리화를 보호하자는 데도 그 목적이 있다 할 것이다. 따라서 이러한 기존업자의 이익은 단순한 사실상의 이익이 아니고, 법에 의하여 보호되는 이익이라고 해석된 다. 따라서, 자동차운수사업법 제 6 조 제 1 호에 의한 자동차운송사업의 면허에 대하여 당해 노선에 관 한 기존업자는 노선연장인가처분의 취소를 구할 법률상의 이익이 있다(대판 1974. 4. 9, 73누173[행정처 분취소]).

판례 2   동일한 사업구역 내의 동종의 사업용화물자동차면허 대수를 늘리는 보충인가처분에 대한 기 존 개별화물자동차운송사업자의 취소청구(대판 1992. 7. 10, 91누9107[화물자동차증차인가처분취소]).

판례 3   甲이 2003. 9. 1. 화물자동차운송사업을 경영하는 운송회사인 乙에게 부산98사3492호 대우트 랙터 특수자동차(이하 '이 사건 차량'이라 한다)를 명의신탁하고 乙과의 사이에 화물자동차운송사업 위 수탁계약(이하 위 명의신탁약정과 위수탁계약을 합하여 '이 사건 위수탁계약 등'이라 한다)을 체결한 경우 운송회사인 乙은 甲에게 이 사건 차량을 이용한 화물자동차운송사업을 허가하는 처분의 취소를 구할 법률상 이익이 있다. 그 이유는 이 사건 차량에 관하여 甲이 화물자동차운송사업 허가를 받으면 乙은 이 사건 차량에 관하여 대차를 할 수 없어 결국 허가대수가 감소하는 결과가 초래되어 그 감소하 는 차량대수만큼 영업권이 침해되기 때문이다(대판 2009. 2. 12, 2007두23071[화물자동차운송사업허가수 리취소]).

판례 4   기존의 시외버스운송사업자인 을 회사에 다른 시외버스운송사업자 갑 회사에 대한 시외버스 운송사업계획변경인가 처분의 취소를 구할 법률상 이익이 있다고 한 사례(대판 2010. 6. 10, 2009두 10512[여객자동차운송사업계획변경인가처분취소]).

나. 기존업자가 허가기업인 경우 원칙상 원고적격 부인

판례 1   석탄가공업에 관한 기존허가업자의 신규허가에 대한 불복: 석탄수급조정에 관한 임시조치법 소정의 석탄 가공업에 관한 허가는 사업 경영의 권리를 설정하는 형성적 행정행위가 아니라 질서유지 와 공공복리를 위한 금지를 해제하는 명령적 행정행위여서 그 허가를 받은 자는 영업의 자유를 회복하 는 데 불과하고 독점적 영업권을 부여받는 것이 아니기 때문에 기존 허가를 받은 원고들이 신규허가로 인하여 영업상 이익이 감소된다고 하더라도 이는 원고들의 반사적 이익을 침해하는 것에 지나지 아니 하므로 원고들은 신규허가 처분에 대하여 행정소송을 제기할 법률상 이익이 없다(대판 1980. 7. 22, 80 누33[석탄가공업허가증갱신발급처분무효]).

판례 2   기타 동지의 판례: 타인에 대한 양곡가공시설 이설 승인처분 취소처분을 취소한 처분에 대한 기존양곡가공업자의 불복(대판 1990. 11. 13, 89누756), 물품수입허가에 대한 같은 품종의 제조판매업자 의 취소청구(대판 1971. 6. 29, 69누91), 숙박업구조변경허가처분에 대한 기존 숙박업자의 취소청구(대 판 1990. 8. 14, 89누7900) 등.

다. 기존업자가 허가기업인 경우 예외적으로 원고적격 인정　　　　허가요건으로 거리제한 또는 영업허가구역 규정이 있는 경우 당해 규정은 공익뿐만 아니라 기존허가업자의 영업상 개인적 이익을 보호하고 있는 것으로 볼 수 있으므로 기존허가업자에게 신규허가를 다툴 원고적격이 인정될 수 있다.

> **판례**　갑이 적법한 약종상허가를 받아 허가지역 내에서 약종상영업을 경영하고 있음에도 불구하고 행정관청이 구 약사법 시행규칙(1969. 8. 13. 보건사회부령 제344호)을 위배하여 같은 약종상인 을에게 을의 영업허가지역이 아닌 갑의 영업허가지역 내로 영업소를 이전하도록 허가하였다면 갑으로서는 이로 인하여 기존업자로서의 법률상 이익을 침해받았음이 분명하므로 갑에게는 행정관청의 영업소이전 허가처분의 취소를 구할 법률상 이익이 있다(대판 1988. 6. 14, 87누873[영업장소이전허가처분취소]).

2) 기존 경업자에 대한 수익처분을 다투는 소송

행정청이 경쟁관계에 있는 기존의 업자에게 보조금의 지급 등 수익적 처분을 하여 다른 경업자에게 불리한 경쟁상황을 야기한 경우에 다른 경업자는 그 수익적 처분을 다툴 원고적격이 있는가.

① 이 경우에 수익적 처분의 요건법규가 공익뿐만 아니라 경쟁관계에 있는 자의 개인적 이익도 보호하고 있다고 여겨지는 경우에는 경업자에게 원고적격이 인정될 수 있다.

② 그리고, 수익적 처분의 근거법규가 없거나 수익적 처분의 근거법규가 처분의 상대방이 아닌 경업관계에 있는 제 3 자의 이익까지도 보호하고 있다고 해석되기 어려운 경우에도 수익적 처분으로 기존의 경업자에게 불리한 경쟁상황을 야기한 경우에는 경쟁의 자유를 침해한 것이 되고 경쟁의 자유는 구체적 기본권인 직업의 자유에 포함되므로 헌법상 기본권을 원고적격의 인정기준이 되는 법률상 이익에 포함되는 것으로 보고 경업자에게 원고적격을 인정하는 것이 타당하다.

3) 기존 경업자에 대한 규제권 발동의 거부 또는 부작위를 다투는 소송

행정청에 대하여 경쟁관계에 있는 경업자의 불공정행위에 대하여 규제권을 발동할 것을 청구하였음에도 당해 행정청이 규제권을 발동하지 않는 경우(거부 또는 부작위의 경우)에 규제권발동을 청구한 경업자는 거부처분의 취소소송 또는 부작위위법확인소송을 제기할 원고적격을 가지는가.

이 경우에 원고적격은 행정청의 규제권의 근거가 되는 법규가 공정한 경쟁질서의 확보라는 공익 이외에 다른 경업자의 개인적 이익도 보호하고 있다고 해석되는 경우에 인정된다. 또한, 헌법상 기본권도 원고적격 인정의 근거가 될 수 있다고 본다면 경업자의 불공정행위로 불리한 경쟁관계에 놓이게 된 경업자에게는 영업의 자유라는 기본권 침해를 근거로 행정청의 규제권의 불행사를 다툴 원고적격을 가진다고 볼 수 있다. 만일 기본권의 침해만으로 항고소송의 원고적격이 인정되지 않는다면 헌법소원이 가능하다.

(4) 경원자소송 [2011 사시 사례, 2008 행시(재경직) 사례, 2014, 2024 행시 사례]

경원자소송(競願者訴訟)이라 함은 수인의 신청을 받아 일부에 대하여만 인·허가 등의 수익적 행정처분을 할 수 있는 경우에 인·허가 등을 받지 못한 자가 인·허가처분에 대하여 제기하는 항고소송을 말한다. 경원자관계에 있는 경우에는 각 경원자에 대한 인·허가 등이 배타적 관계에 있으므로 자신의 권익을 구제하기 위하여는 타인에 대한 인·허가 등을 취소할 법률상 이익이 있다고 보아야 한다.

판례도 경원관계에 있어서 경원자에 대하여 이루어진 허가 등 처분의 상대방이 아닌 자가 그 처분의 취소를 구할 당사자적격이 있다고 보고 있다.

> **판례1** 제 3 자에게 경원자(競願者)에 대한 수익적 행정처분의 취소를 구할 당사자적격이 있는 경우: 인·허가 등의 수익적 행정처분을 신청한 수인이 서로 경쟁관계에 있어서 일방에 대한 허가 등의 처분이 타방에 대한 불허가 등으로 귀결될 수밖에 없는 때 허가 등의 처분(로스쿨예비인가처분)을 받지 못한 자(대학)는 비록 경원자에 대하여 이루어진 허가 등 처분의 상대방이 아니라 하더라도 당해 처분의 취소를 구할 원고적격이 있다. 다만, 명백한 법적 장애로 인하여 원고 자신의 신청이 인용될 가능성이 처음부터 배제되어 있는 경우에는 당해 처분의 취소를 구할 정당한 이익이 없다(대판 2009. 12. 10, 2009두8359〈로스쿨예비인가처분취소청구사건〉: 법학전문대학원 설치인가 신청을 한 41개 대학들은 2,000명이라는 총 입학정원을 두고 그 설치인가 여부 및 개별 입학정원의 배정에 관하여 서로 경쟁관계(경원관계)에 있고 이 사건 각 처분이 취소될 경우 원고의 신청이 인용될 가능성도 배제할 수 없으므로, 원고가 이 사건 각 처분의 상대방이 아니라도 그 처분의 취소 등을 구할 당사자적격이 있다고 한 사례).
>
> **판례2** 인·허가 등의 수익적 행정처분을 신청한 수인이 서로 경쟁관계에 있어서 일방에 대한 허가 등의 처분이 타방에 대한 불허가 등으로 귀결될 수밖에 없는 때(이른바 경원관계(競願關係)에 있는 경우로서 동일 대상 지역에 대한 공유수면매립면허나 도로점용허가 혹은 일정지역에 있어서의 영업허가 등에 관하여 거리제한규정이나 업소개수제한규정 등이 있는 경우를 그 예로 들 수 있다) 허가 등의 처분을 받지 못한 자는 비록 경원자에 대하여 이루어진 허가 등 처분의 상대방이 아니라 하더라도 당해 처분의 취소를 구할 당사자적격이 있다 할 것이고, … 액화석유가스충전사업의 허가기준을 정한 전라남도 고시에 의하여 고흥군 내에는 당시 1개소에 한하여 L.P.G. 충전사업의 신규허가가 가능하였는데, 원고가 한 허가신청은 관계법령과 위 고시에서 정한 허가요건을 갖춘 것이고, 피고보조참가인(이하 참가인이라 부른다)들의 그것은 그 요건을 갖추지 못한 것임에도 피고는 이와 반대로 보아 원고의 허가신청을 반려하는 한편 참가인들에 대하여는 이를 허가하는 이 사건 처분을 하였다는 것인바, 그렇다면 원고와 참가인들은 경원관계에 있다 할 것이므로 원고에게는 이 사건 처분의 취소를 구할 당사자적격(원고적격)이 있다고 하여야 함은 물론 나아가 이 사건 처분이 취소된다면 원고가 허가를 받을 수 있는 지위에 있음에 비추어 처분의 취소를 구할 정당한 이익(소의 이익)도 있다고 하여야 할 것이다(대판 1992. 5. 8, 91누13274[엘피지충전소허가처분취소]).

경원자관계에 있는 자는 타인에 대한 허가처분의 취소를 구하거나 자신에 대한 불허가처분(거부처분)의 취소를 구할 수 있고, 또한 양자를 관련청구소송으로 병합하여 제기할 수도 있다.

다만, 명백한 법적 장애로 인하여 원고 자신의 신청이 인용될 가능성이 처음부터 배제되어 있는 경우에는 당해 처분의 취소를 구할 정당한 이익이 없다(대판 2009. 12. 10, 2009

두8359〈로스쿨예비인가처분취소청구사건〉).

> **판례**   인·허가 등의 수익적 행정처분을 신청한 수인이 서로 경쟁관계에 있어서 일방에 대한 허가 등의 처분이 타방에 대한 불허가 등으로 귀결될 수밖에 없는 때 허가 등의 처분을 받지 못한 자는 비록 경원자에 대하여 이루어진 허가 등 처분의 상대방이 아니라 하더라도 당해 처분의 취소를 구할 원고 적격이 있다. 다만, 명백한 법적 장애로 인하여 원고 자신의 신청이 인용될 가능성이 처음부터 배제되어 있는 경우에는 당해 처분의 취소를 구할 정당한 이익이 없다(대판 2009. 12. 10, 2009두8359〈로스쿨예비인가처분취소청구사건〉).

또한, 신청에 대한 거부처분의 상대방은 거부처분의 취소를 구할 원고적격이 있으므로 경원자관계에 있는 자는 타인에 대한 허가처분의 취소를 구하거나 자신에 대한 불허가처분(거부처분)의 취소를 구할 수 있고, 또한 양자를 관련청구소송으로 병합하여 제기할 수도 있다.

(5) 인인소송(인근주민소송) [2006 입시 사례, 2002 사시 사례, 1998 입시 약술, 2014 행시 사례]

인인소송(隣人訴訟)이라 함은 어떠한 시설의 설치를 허가하는 처분에 대하여 당해 시설의 인근주민이 다투는 소송을 말한다.

판례에 의하면 인근주민에게 시설설치허가를 다툴 원고적격이 인정되기 위해서는 다투어진 처분의 근거법규(허가법규) 및 관계법규(예, 환경영향평가법, 절차규정) 공익뿐만 아니라 인근주민의 개인적 이익도 보호하고 있고, 그러한 법률상 이익이 침해되었거나 침해될 우려가 있음을 입증하여야 한다. 인근주민의 이익이 처분의 근거법규 또는 관계법규에 의해 보호되는 이익이 아니거나(달리 말하면 반사적 이익이거나), 법률상 이익이더라도 침해될 우려가 없을 때에는 그 인근주민에게 원고적격이 인정되지 않는다.

1) 처분의 근거법규 또는 관련법규 해석에 의해 원고적격의 인정 여부가 결정된 사례
    [2003 입시 사례]

가. 인근주민에게 원고적격이 인정된 사례

> **판례1**   국방부 민·군 복합형 관광미항(제주해군기지) 사업시행을 위한 해군본부의 요청에 따라 제주특별자치도지사가 절대보존지역이던 서귀포시 강정동 해안변지역에 관하여 절대보존지역을 변경(축소)하고 고시한 사안에서, 절대보존지역의 유지로 지역주민회와 주민들이 가지는 주거 및 생활환경상 이익은 지역의 경관 등이 보호됨으로써 반사적으로 누리는 것일 뿐 근거 법규 또는 관련 법규에 의하여 보호되는 개별적·직접적·구체적 이익이라고 할 수 없다는 이유로, 지역주민회 등은 위 처분을 다툴 원고적격이 없다고 본 원심판단을 정당하다고 한 사례(대판 2012. 7. 5, 2011두13187, 13194[절대보전지역변경처분무효확인·절대보전지역변경(해제)처분무효확인등]).

> **판례2**   건축허가에 대한 정북방향에 거주하는 주민의 원고적격 인정: 건축법 제53조(일조 등의 확보를 위한 건축물의 높이제한), 동법 시행령 제86조 및 건축물 높이제한에 관한 조례는 공익뿐만 아니라 인근주민의 사권으로서의 일조권을 보호하고 있다고 보아야 하고, 정북방향에 거주하는 주민 등 일조

권을 침해받을 개연성이 있는 인근주민은 상기 법령규정의 위반을 주장하며 건축허가에 대한 취소소송을 제기할 원고적격이 있다고 보아야 한다(서울고법 1998. 4. 12, 97구29266; 대판 2000. 7. 6, 98두8292[주택건설사업계획승인처분취소]). 〈해설〉 그러나, 건축허가의 대상이 된 대지의 정남방향에 있는 주민 등 당해 건축허가로 일조권을 침해당할 가능성이 없는 자는 당해 건축허가를 다툴 원고적격이 없다고 보아야 한다.

판례3 광업권설정허가처분 취소소송에서 주민 등의 원고적격 인정 여부(한정 적극): 광업권설정허가처분의 근거법규 또는 관련법규가 되는 구 광업법(2002. 1. 19. 법률 제6612호로 개정되기 전의 것, 이하 같다) 제10조, 제12조 제 2 항, 제29조 제 1 항, 제29조의2, 제39조, 제48조, 제83조 제 2 항, 제84 내지 제87조, 제88조 제 2 항, 제91조 제 1 항, 구 광산보안법(2007. 1. 3. 법률 제8184호로 개정되기 전의 것) 제 1 조, 제 5 조 제 1 항 제 2 호·제 7 호 등의 규정을 종합하여 보면, 위 근거법규 또는 관련법규의 취지는 광업권설정허가처분과 그에 따른 광산 개발과 관련된 후속 절차로 인하여 직접적이고 중대한 재산상·환경상 피해가 예상되는 토지나 건축물의 소유자나 점유자 또는 이해관계인 및 주민들이 전과 비교하여 수인한도를 넘는 재산상·환경상 침해를 받지 아니한 채 토지나 건축물 등을 보유하며 쾌적하게 생활할 수 있는 개별적 이익까지도 보호하려는 데에 있다고 할 것이므로, 광업권설정허가처분과 그에 따른 광산 개발로 인하여 재산상·환경상 이익의 침해를 받거나 받을 우려가 있는 토지나 건축물의 소유자와 점유자 또는 이해관계인 및 주민들로서는 그 처분 전과 비교하여 수인한도를 넘는 재산상·환경상 이익의 침해를 받거나 받을 우려가 있다는 것을 증명함으로써 그 처분의 취소를 구할 원고적격을 인정받을 수 있다(대판 2008. 9. 11, 2006두7577).

판례4 구 산업집적활성화 및 공장설립에 관한 법률 제8 조 제 4 호, 구 국토의 계획 및 이용에 관한 법률 시행령 제56조 제 1 항 [별표 1] 제 1 호 (라)목 (2) 등의 규정 취지 및 수돗물을 공급받아 마시거나 이용하는 주민들이 환경상 이익의 침해를 이유로 공장설립승인처분의 취소 등을 구할 원고적격을 인정받기 위한 요건: 공장설립승인처분의 근거법규 및 관련법규인 구 산업집적활성화 및 공장설립에 관한 법률 제8 조 제 4 호가 산업자원부장관으로 하여금 관계 중앙행정기관의 장과 협의하여 '환경오염을 일으킬 수 있는 공장의 입지제한에 관한 사항'을 정하여 고시하도록 규정하고 있고, 이에 따른 산업자원부 장관의 공장입지기준고시(제2004-98호) 제 5 조 제 1 호가 '상수원 등 용수이용에 현저한 영향을 미치는 지역의 상류'를 환경오염을 일으킬 수 있는 공장의 입지제한지역으로 정할 수 있다고 규정하고, 국토의 계획 및 이용에 관한 법률 제58조 제 3 항의 위임에 따른 구 국토의 계획 및 이용에 관한 법률 시행령 제56조 제 1 항 [별표 1] 제 1 호 (라)목 (2)가 '개발행위로 인하여 당해 지역 및 그 주변 지역에 수질오염에 의한 환경오염이 발생할 우려가 없을 것'을 개발사업의 허가기준으로 규정하고 있는 취지는, 공장설립승인처분과 그 후속절차에 따라 공장이 설립되어 가동됨으로써 그 배출수 등으로 인한 수질오염 등으로 직접적이고도 중대한 환경상 피해를 입을 것으로 예상되는 주민들이 환경상 침해를 받지 아니한 채 물을 마시거나 용수를 이용하며 쾌적하고 안전하게 생활할 수 있는 개별적 이익까지도 구체적·직접적으로 보호하려는 데 있다. 따라서 수돗물을 공급받아 이를 마시거나 이용하는 주민들로서는 위 근거법규 및 관련법규가 환경상 이익의 침해를 받지 않은 채 깨끗한 수돗물을 마시거나 이용할 수 있는 자신들의 생활환경상의 개별적 이익을 직접적·구체적으로 보호하고 있음을 증명하여 원고적격을 인정받을 수 있다(대판 2010. 4. 15, 2007두16127[공장설립승인처분취소]: 김해시장이 낙동강에 합류하는 하천수 주변의 토지에 구 산업집적활성화 및 공장설립에 관한 법률 제13조에 따라 공장설립을 승인하는 처분을 한 사안에서, 공장설립으로 수질오염 등이 발생할 우려가 있는 취수장에서 물을 공급받는 부산광역시 또는 양산시에 거주하는 주민들도 위 처분의 근거 법규 및 관련 법규에 의하여 법률상 보호되는 이익이 침해되거나 침해될 우려가 있는 주민으로서 원고적격이 인정된다고 한 사례).

판례5 동지의 판례: LPG자동차충전소설치허가처분에 대한 인근주민의 원고적격 인정(대판 1983. 7. 12, 83누59[엘피지자동차충전소설치허가처분취소]).

판례6 광업권설정허가처분 취소소송에서 주민 등의 원고적격 인정 여부(한정 적극): 광업권설정허가처분의 근거법규 또는 관련법규가 되는 구 광업법(2002. 1. 19. 법률 제6612호로 개정되기 전의 것,

이하 같다) 제10조, 제12조 제 2 항, 제29조 제 1 항, 제29조의2, 제39조, 제48조, 제83조 제 2 항, 제84 내지 제87조, 제88조 제 2 항, 제91조 제 1 항, 구 광산보안법(2007. 1. 3. 법률 제8184호로 개정되기 전의 것) 제 1 조, 제 5 조 제 1 항 제 2 호, 제 7 호 등의 규정을 종합하여 보면, 위 근거법규 또는 관련법규의 취지는 광업권설정허가처분과 그에 따른 광산 개발과 관련된 후속 절차로 인하여 직접적이고 중대한 재산상·환경상 피해가 예상되는 토지나 건축물의 소유자나 점유자 또는 이해관계인 및 주민들이 전과 비교하여 수인한도를 넘는 재산상·환경상 침해를 받지 아니한 채 토지나 건축물 등을 보유하며 쾌적하게 생활할 수 있는 개별적 이익까지도 보호하려는 데에 있다고 할 것이므로, 광업권설정허가처분과 그에 따른 광산 개발로 인하여 재산상·환경상 이익의침해를 받거나 받을 우려가 있는 토지나 건축물의 소유자와 점유자 또는 이해관계인 및 주민들로서는 그 처분 전과 비교하여 수인한도를 넘는 재산상·환경상 이익의 침해를 받거나 받을 우려가 있다는 것을 증명함으로써 그 처분의 취소를 구할 원고 적격을 인정받을 수 있다(대판 2008. 9. 11, 2006두7577).

판례7 토사채취 허가지의 인근 주민들에게 토사채취허가의 취소를 구할 법률상 이익이 있는지 여부(적극): 구 산림법(2002. 12. 30. 법률 제6841호로 개정되기 전의 것) 및 그 시행령, 시행규칙들의 규정 취지는 산림의 보호·육성, 임업생산력의 향상 및 산림의 공익기능의 증진을 도모함으로써 그와 관련된 공익을 보호하려는 데에 그치는 것이 아니라 그로 인하여 직접적이고 중대한 생활환경의 피해를 입으리라고 예상되는 토사채취 허가 등 인근 지역의 주민들이 주거·생활환경을 유지할 수 있는 개별적 이익까지도 보호하고 있다고 할것이므로, 인근 주민들이 토사채취허가와 관련하여 가지게 되는 이익은 위와 같은 추상적, 평균적, 일반적인 이익에 그치는 것이 아니라 처분의 근거법규 등에 의하여 보호되는 직접적·구체적인 법률상 이익이라고 할 것이다(대판 1995. 9. 26, 94누14544; 2003. 4. 25, 2003두1240 등 참조). 위 법리 및 기록에 비추어 보면, 원심이 이 사건 토사채취 허가지의 인근 주민들 및 사찰인 원고들에게 이 사건 처분의 취소를 구할 법률상의 이익이 있다고 판단한 조치는 정당하다(대판 2007. 6. 15, 2005두9736[사유림내토사채취허가처분취소]).

판례8 乙 등은 농어촌폐기물 종합처리시설로부터 2km 이내에 거주하고 있으므로 위 시설의 입지 결정 절차 등에 대하여 무효 등의 확인을 구할 원고적격이 있다(광주지법 2018. 5. 31, 2015구합912).

판례9 구 환경영향평가법에서 환경영향평가에 관한 협의절차 등이 완료되기 전에 대상사업에 관련되는공사를 시행하는 것을 금지하고 이를 위반할 경우 승인기관의 장에게 사업자에 대하여 공사중지를 명하도록의무를 지운 규정의 취지는, 환경영향평가를 실시하여야 할 사업이 환경을 해치지 아니하는 방법으로 시행되도록 함으로써 당해 사업과 관련된 환경공익을 보호하려는 데에 그치는 것이 아니라, 당해 사업으로 인하여 직접적이고 중대한 환경피해를 입으리라고 예상되는 환경영향평가대상지역 안의 주민들이 전과 비교하여 수인한도를 넘는 생활환경침해를 받지 아니하고 쾌적한 환경에서 생활할 수 있는 직접적·개별적인 이익까지도 보호하려는 데에 있다(대판 2006. 6. 30, 2005두14363; 대판 2014. 2. 27, 2011두25449 등). 따라서, 사업자가 환경영향평가 대상사업에 대한 환경영향평가 협의절차를 거치지 아니한채 그 사업에 관한 공사를 시행함에도 승인기관의 장이 생활환경침해를 받을 우려가 있는 인근주민들의 공사중지명령 신청을 거부한 경우, 해당 거부행위는 처분이고(인근주민에게는 조리상 공사중지명령 신청권이 있고), 인근주민은 해당 거부처분의 취소를 구할 원고적격이 있다고 할 수 있다. 그리고, 재량권이 영으로 수축하는 경우 인근주민에게는 행정개입청구권이 인정된다고 할 수 있다.

판례10 공유수면법 제12조 및 공유수면법 시행령 제12조 제 1 항, 제 4 항의 취지는 공유수면 점용·사용허가로 인하여 인접한 토지를 적정하게 이용할 수 없게 되는 등의 피해를 받을 우려가 있는 인접 토지 소유자 등의 개별적·직접적·구체적 이익까지도 보호하려는 것이라고 할 수 있고, 따라서 공유수면 점용·사용허가로 인하여 인접한 토지를 적정하게 이용할 수 없게 되는 등의 피해를 받을 우려가 있는 인접 토지 소유자 등은 공유수면 점용·사용허가처분의 취소 또는 무효확인을 구할 원고적격이 인정된다(대판 2014. 9. 4, 2014두2164).

나. 인근주민에게 원고적격이 부정된 사례

도로의 일반이용자는 원칙상 도로의 공용폐지처분을 다툴 법률상 이익이 없다. 다만, 공용폐지된 도로가 공로에 이르는 유일한 통로인 경우 등에는 해당 인근 주민에게는 해당 도로의 공용폐지처분을 다툴 법률상 이익이 있다(판례).

판례 1 **상수원보호구역의 변경에 대한 그 상수원으로부터 급수를 받는 인근주민의 원고적격 부인**: "상수원보호구역 설정의 근거가 되는 수도법 제5조 제1항 및 동 시행령 제7조 제1항이 보호하고자 하는 것은 상수원의 확보와 수질보전일 뿐이고, 그 상수원에서 급수를 받고 있는 지역주민들이 가지는 상수원의 오염을 막아 양질의 급수를 받을 이익은 직접적이고 구체적으로는 보호하고 있지 않음이 명백하여 위 지역주민들이 가지는 이익은 상수원의 확보와 수질보호라는 공공의 이익이 달성됨에 따라 반사적으로 얻게 되는 이익에 불과하므로 지역주민들에 불과한 원고들에게는 위 상수원보호구역변경처분의 취소를 구할 법률상의 이익이 없다"라고 판시하였다(대판 1995. 9. 26, 94누14544[상수원보호구역변경처분 등 취소]). 〈해설〉 상기 대판 2010. 4. 15, 2007두16127 참조 및 비교. 생각건대, 상수원에서 급수를 받고 있는 지역주민들이 가지는 상수원의 오염을 막아 양질의 급수를 받을 이익은 법률상 보호되고 있는 이익으로 보는 것이 타당하다.

판례 2 [1] 일반적으로 도로는 국가나 지방자치단체가 직접 공중의 통행에 제공하는 것으로서 일반 국민은 이를 자유로이 이용할 수 있는 것이기는 하나, 그렇다고 하여 그 이용관계로부터 당연히 그 도로에 관하여 특정한 권리나 법령에 의하여 보호되는 이익이 개인에게 부여되는 것이라고까지는 말할 수 없으므로, 일반적인 시민생활에 있어 도로를 이용만하는 사람은 그 용도폐지를 다툴 법률상의 이익이 있다고 말할 수 없지만,7) 공공용재산이라고 하여도 당해 공공용재산의 성질상 특정 개인의 생활에 개별성이 강한 직접적이고 구체적인 이익을 부여하고 있어서 그에게 그로 인한 이익을 가지게 하는 것이 법률적인 관점으로도 이유가 있다고 인정되는 특별한 사정이 있는 경우에는 그와 같은 이익은 법률상 보호되어야 할 것이고, 따라서 도로의 용도폐지처분에 관하여 이러한 직접적인 이해관계를 가지는 사람이 그와 같은 이익을 현실적으로 침해당한 경우에는 그 취소를 구할 법률상의 이익이 있다. [2] 문화재는 문화재의 지정이나 그 보호구역으로 지정이 있음으로써 유적의 보존 관리 등이 법적으로 확보되어 지역주민이나 국민일반 또는 학술연구자가 이를 활용하고 그로 인한 이익(사실상 이익 또는 반사적 이익)을 얻는 것이지만, 그 지정은 문화재를 보존하여 이를 활용함으로써 국민의 문화적 향상을 도모함과 아울러 인류 문화의 발전에 기여한다고 하는 목적(공익목적)을 위하여 행해지는 것이지, 그 이익이 일반국민이나 인근주민의 문화재를 향유할 구체적이고도 법률적인 이익(법률상 이익)이라고 할 수는 없다. … 원고가 주장하는 공원경관(公園景觀)에 대한 조망(眺望)의 이익이나 문화재의 매장가능성·문화재 발견에 의한 표창 가능성에 따른 일반 국민으로서의 문화재 보호의 이해관계 역시 직접적이고 구체적인 이익이라고 할 수 없어, 원고는 이 사건 민영주택건설사업계획승인처분을 다툴 법률상의 이익이 없다. [3] 국유도로의 공용폐지처분 및 다른 문화재의 발견을 원천적으로 봉쇄한 피고의 주택건설사업계획승인처분을 다툴 인근주민의 원고적격을 부인한 사례(대판 1992. 9. 22, 91누13212[국유도로의 공용폐지처분무효확인 등]8)).

판례 3 갑이 을 소유의 도로를 공로에 이르는 유일한 통로로 이용하였으나 갑 소유의 대지에 연접하여 새로운 공로가 개설되어 그 쪽으로 출입문을 내어 바로 새로운 공로에 이를 수 있게 된 경우, 갑이 을 소유의 도로에 대한 도로폐지허가처분의 취소를 구할 법률상 이익이 없다(대판 1999. 12. 7, 97누12556[사도폐지허가처분취소]).

---

7) 이 사건에서는 원고가 거주하는 금강빌라의 주민들에 대하여는 그 빌라의 준공 당시부터 30m 대로에 연결되는 폭 6m의 진입로가 별도로 설치되어 있어 통행에 아무런 불편이 없고, 이 사건 도로는 빌라 뒤쪽 사유지 사이에 위치한 매우 좁은 도로로서 거의 일반통행에는 제공이 되지 않고 위 주민들의 산책로 등으로 가끔 이용될 뿐이었다. 이 판결에서 대법원은 원고가 이 사건 도로를 산책로 등으로 가끔 이용하였던

2) 환경영향평가법령을 근거법규 내지 관계법규로 보고 환경영향평가대상지역 주민에게 원고적격을 인정한 사례

판례는 환경영향평가법을 환경영향평가 대상사업에 대한 허가처분의 근거법률 내지 관계법률로 보고, 허가의 대상인 사업으로 인하여 개인적 이익(사익)인 환경상 이익(공익으로서의 환경상 이익이 아님)에 대해 직접적이고 중대한 환경침해를 받게 되리라고 예상되는 환경영향평가 대상지역 안의 주민에게 당해 허가 또는 승인처분의 취소를 구할 원고적격을 인정함으로써 취소소송의 원고적격을 획기적으로 넓히고 있다.

환경영향평가 대상지역 안에 있는 주민에게 당연히 원고적격이 인정되는 것은 아니며 환경영향평가의 대상이 되는 개발사업의 승인으로 환경상의 개인적 이익이 직접 구체적으로 침해될 것이 추정되어 원고적격이 있는 것으로 추정될 뿐이다. 따라서 환경영향평가 대상지역 안에 있는 주민에게 환경상의 개인적 이익이 직접 구체적으로 침해될 것이 예상되지 않는 경우에는 환경영향평가 대상지역 안에 있는 주민일지라도 원고적격이 인정되지 않는다.

> **판례** 환경영향평가 대상지역 안의 주민에게 공유수면매립면허처분과 농지개량사업 시행인가처분의 무효확인을 구할 원고적격이 인정되는지 여부(적극): 공유수면매립면허처분과 농지개량사업 시행인가처분의 근거법규 또는 관련법규가 되는 구 공유수면매립법, 구 농촌근대화촉진법, 구 환경보전법(폐지), 구 환경보전법 시행령, 구 환경정책기본법, 구 환경정책기본법 시행령의 각 관련규정의 취지는, 공유수면매립과 농지개량사업시행으로 인하여 직접적이고 중대한 환경피해를 입으리라고 예상되는 환경영향평가 대상지역 안의 주민들이 전과 비교하여 수인한도를 넘는 환경침해를 받지 아니하고 쾌적한 환경에서 생활할 수 있는 개별적 이익까지도 이를 보호하려는 데에 있다고 할 것이므로, 위 주민들이 공유수면매립면허처분 등과 관련하여 갖고 있는 위와 같은 환경상의 이익은 주민 개개인에 대하여 개별적으로 보호되는 직접적·구체적 이익으로서 그들에 대하여는 특단의 사정이 없는 한 환경상의 이익에 대한 침해 또는 침해우려가 있는 것으로 사실상 추정되어 공유수면매립면허처분 등의 무효확인을 구할 원고적격이 인정된다(대판 전원합의체 2006. 3. 16, 2006두330[정부조치계획취소 등]〈새만금사건〉).

3) 환경영향평가 대상지역 밖 주민의 원고적격 인정요건 [2010 행시(재경직) 사례, 2015 사시]

환경영향평가 대상지역 밖의 주민이라 할지라도 공유수면매립면허처분 등으로 인하여 그 처분 전과 비교하여 수인한도를 넘는 환경피해를 받거나 받을 우려가 있는(개연성이 있는) 경우에는, 공유수면매립면허처분 등으로 인하여 환경상 이익에 대한 침해 또는 침해우려가 있다는 것을 입증함으로써 그 처분 등의 무효확인을 구할 원고적격을 인정받을 수 있다(대판 전원합의체 2006. 3. 16, 2006두330[정부조회계획취소 등]<새만금사건>). 다만, 환경영향평가 대상지역 밖의 주민이라도 그 환경영향평가 대상지역 내에서 농작물을 경작하는

정도의 이해관계만으로는 이 사건 도로의 용도폐지처분을 다툴 법률상의 이익이 있다고 할 수 없다고 보았다.

8) 백윤기, "도로공용폐지 등을 다툴 원고적격", 대법원판례해설 제18호 참조.

등 현실적으로 환경상 이익을 향유하는 자는 환경상 이익에 대한 침해 또는 침해 우려가 있는 것으로 사실상 추정되어 원고적격이 인정되는 자에 포함된다. 그렇지만 단지 그 환경영향평가 대상지역 내의 건물·토지를 소유하거나 환경상 이익을 일시적으로 향유하는 데 그치는 자는 환경상 이익에 대한 침해 또는 침해 우려가 있는 것으로 사실상 추정되어 원고적격이 인정되는 자에 포함되지 않는다고 할 것이다.

4) 영향권이 정해진 경우 영향권 내의 주민과 영향권 밖의 주민의 원고적격 인정요건

실정법령상 영향권이 정해진 경우 영향권 내의 주민과 영향권 밖의 주민의 원고적격 인정기준은 환경영향평가 대상지역 내의 주민과 환경영향평가 대상지역 밖의 주민의 원고적격의 인정기준과 동일하다.

> 판례1 [1] 행정처분의 근거법규 등에 그 처분으로 환경상 침해를 받으리라고 예상되는 영향권의 범위가 구체적으로 규정된 경우, 행정처분의 직접 당사자가 아닌 그 영향권 내의 주민과 영향권 밖의 주민에게 행정처분의 취소 등을 구할 원고적격이 인정되기 위한 요건: 행정처분의 직접 상대방이 아닌 자로서 그 처분에 의하여 자신의 환경상 이익이 침해받거나 침해받을 우려가 있다는 이유로 취소나 무효확인을 구하는 제3자는, 자신의 환경상 이익이 그 처분의 근거법규 또는 관련법규에 의하여 개별적·직접적·구체적으로 보호되는 이익, 즉 법률상 보호되는 이익임을 입증하여야 원고적격이 인정된다. 다만, 그 행정처분의 근거법규 또는 관련법규에 그 처분으로써 이루어지는 행위 등 사업으로 인하여 환경상 침해를 받으리라고 예상되는 영향권의 범위가 구체적으로 규정되어 있는 경우에는, 그 영향권 내의 주민들에 대하여는 당해 처분으로 인하여 직접적이고 중대한 환경피해를 입으리라고 예상할 수 있고, 이와 같은 환경상의 이익은 주민 개개인에 대하여 개별적으로 보호되는 직접적·구체적 이익으로서 그들에 대하여는 특단의 사정이 없는 한 환경상 이익에 대한 침해 또는 침해 우려가 있는 것으로 사실상 추정되어 법률상 보호되는 이익으로 인정됨으로써 원고적격이 인정되며, 그 영향권 밖의 주민들은 당해 처분으로 인하여 그 처분 전과 비교하여 수인한도를 넘는 환경피해를 받거나 받을 우려(개연성)가 있다는 자신의 환경상 이익에 대한 침해 또는 침해 우려가 있음을 입증하여야만 법률상 보호되는 이익으로 인정되어 원고적격이 인정된다. [2] 행정처분의 근거법규 등에 의하여 환경상 이익에 대한 침해 또는 침해 우려가 있는 것으로 사실상 추정되어 원고적격이 인정되는 사람의 범위: 환경상 이익에 대한 침해 또는 침해 우려가 있는 것으로 사실상 추정되어 원고적격이 인정되는 자는 환경상 침해를 받으리라고 예상되는 영향권 내의 주민들을 비롯하여 그 영향권 내에서 농작물을 경작하는 등 현실적으로 환경상 이익을 향유하는 자도 포함된다고 할 것이나, 단지 그 영향권 내의 건물·토지를 소유하거나 환경상 이익을 일시적으로 향유하는 데 그치는 자는 포함되지 않는다고 할 것이다(대판 2009. 9. 24, 2009두2825[개발사업시행승인처분취소]; 2010. 4. 15, 2007두16127).

> 판례2 구 폐기물처리시설설치촉진및주변지역지원등에관한법률(2002. 2. 4. 법률 제6656호로 개정되기 전의 것) 및 같은법시행령의 관계 규정의 취지는 처리능력이 1일 50t인 소각시설을 설치하는 사업으로 인하여 직접적이고 중대한 환경상의 침해를 받으리라고 예상되는 직접영향권 내에 있는 주민들이나 폐기물소각시설의 부지경계선으로부터 300m 이내의 간접영향권 내에 있는 주민들이 사업 시행 전과 비교하여 수인한도를 넘는 환경피해를 받지 아니하고 쾌적한 환경에서 생활할 수 있는 개별적인 이익까지도 이를 보호하려는 데에 있다 할 것이므로, 위 주민들이 소각시설입지지역결정·고시와 관련하여 갖는 위와 같은 환경상의 이익은 주민 개개인에 대하여 개별적으로 보호되는 직접적·구체적 이익으로서 그들에 대하여는 특단의 사정이 없는 한 환경상의 이익에 대한 침해 또는 침해우려가 있는 것으로 사실상 추정되어 폐기물 소각시설의 입지지역을 결정·고시한 처분의 무효확인을 구할 원고적격이 인정된다고 할 것이고, 한편 폐기물소각시설의 부지경계선으로부터 300m 밖에 거주하는 주민들도 위와 같은 소각시설 설치사업으로 인하여 사업 시행 전과 비교하여 수인한도를 넘는 환경피해를 받

거나 받을 우려가 있음에도 폐기물처리시설 설치기관이 주변영향지역으로 지정·고시하지 않는 경우 같은 법 제17조 제3항 제2호 단서 규정에 따라 당해 폐기물처리시설의 설치·운영으로 인하여 환경상 이익에 대한 침해 또는 침해우려가 있다는 것을 입증함으로써 그 처분의 무효확인을 구할 원고적격을 인정받을 수 있다(대판 2005. 3. 11, 2003두13489).

5) 거리제한규정이 있는 경우 인근주민의 원고적격

판례1   납골당 설치장소에서 500m 내에 20호 이상의 인가가 밀집한 지역에 거주하는 주민들의 경우, 납골당이 누구에 의하여 설치되는지와 관계없이 납골당 설치에 대하여 환경 이익 침해 또는 침해 우려가 있는 것으로 사실상 추정되어 원고적격이 인정되는지 여부(적극): 구 장사법 제14조 제3항, 구 장사 등에 관한 법률 시행령(2008. 5. 26. 대통령령 제20791호로 전부 개정되기 전의 것, 이하 '구 장사법 시행령'이라고 한다) 제13조 제1항 [별표 3]은, 사설납골시설의 경우 납골묘, 납골탑과 납골당 중 가족 또는 종중·문중 납골당은 모두 사원·묘지·화장장 그 밖에 지방자치단체의 조례가 정하는 장소에 설치하여야 한다고 규정하고 있고, 파주시 장사시설의 설치 및 운영조례(2010. 4. 20. 제880호로 개정되기 전의 것) 제6조 본문은 위와 같은 사설납골시설을 설치할 수 있는 장소로 20호 이상의 인가가 밀집한 지역으로부터 500m 이상 떨어진 곳 등을 규정하고 있다. 이와 같이 구 장사 등에 관한 법률(2007. 5. 25. 법률 제8489호로 전부 개정되기 전의 것) 제14조 제3항, 구 장사 등에 관한 법률 시행령(2008. 5. 26. 대통령령 제20791호로 전부 개정되기 전의 것) 제13조 제1항 [별표 3]에서 납골묘, 납골탑, 가족 또는 종중·문중 납골당 등 사설납골시설의 설치장소에 제한을 둔 것은, 이러한 사설납골시설을 인가가 밀집한 지역 인근에 설치하지 못하게 함으로써 주민들의 쾌적한 주거, 경관, 보건위생 등 생활환경상의 개별적 이익을 직접적·구체적으로 보호하려는 데 취지가 있으므로, 이러한 납골시설 설치장소에서 500m 내에 20호 이상의 인가가 밀집한 지역에 거주하는 주민들은 납골당 설치에 대하여 환경상 이익 침해를 받거나 받을 우려가 있는 것으로 사실상 추정된다. 다만 사설납골시설 중 종교단체 및 재단법인이 설치하는 납골당에 대하여는 그와 같은 설치 장소를 제한하는 규정을 명시적으로 두고 있지 않지만, 종교단체나 재단법인이 설치한 납골당이라 하여 납골당으로서 성질이 가족 또는 종중, 문중 납골당과 다르다고 할 수 없고, 인근 주민들이 납골당에 대하여 가지는 쾌적한 주거, 경관, 보건위생 등 생활환경상의 이익에 차이가 난다고 볼 수 없다. 따라서 납골당 설치장소에서 500m 내에 20호 이상의 인가가 밀집한 지역에 거주하는 주민들에게는 납골당이 누구에 의하여 설치되는지를 따질 필요 없이 납골당 설치에 대하여 환경 이익 침해 또는 침해 우려가 있는 것으로 사실상 추정되어 원고적격이 인정된다고 보는 것이 타당하다(대판 2011. 9. 8, 2009두6766[납골당설치신고수리처분이행통지취소]).

판례2   [1] 주변영향지역 결정의 연장 절차에 대한 명시적 규정은 없으나, 종전 주변영향지역 결정의 유효기간이 만료되고 폐기물처리시설로 인한 환경상 영향에 변동이 있을 경우 최초의 주변영향지역 결정에서와 마찬가지의 법령상 절차를 거쳐야 한다. [2] 폐기물매립시설 경계로부터 2km 이내인 간접영향권 지정 가능 범위 내에 거주하는 원고들에게 주변영향지역 결정을 다툴 원고적격이 인정되는지(적극): 「폐기물처리시설 설치촉진 및주변지역지원 등에 관한 법률 시행령」 제18조 제1항 별표2 제2호 나.목의 취지는, 폐기물매립시설의 부지 경계선으로부터 2킬로미터 이내, 폐기물소각시설의 부지 경계선으로부터 300미터 이내에는 폐기물처리시설의 설치·운영으로 환경상 영향을 미칠 가능성이 있으므로, 그 범위 안에서 거주하는 주민들 중에서 선정한 주민대표로 하여금 지원협의체의 구성원이 되어 환경상 영향조사, 주변영향지역 결정, 주민지원사업의 결정에 참여할 수 있도록 함으로써, 그 주민들이 폐기물처리시설 설치·운영으로 인한 환경상 불이익을 보상받을 수 있도록 하려는 데 있다. 위 범위 안에서 거주하는 주민들이 폐기물처리시설의 주변영향지역 결정과 관련하여 갖는 이익은 주민 개개인에 대하여 개별적으로 보호되는 직접적·구체적 이익으로서 그들에 대하여는 특단의 사정이 없는 한 환경상 이익에 대한 침해 또는 침해 우려가 있는 것으로 사실상 추정되어 원고적격이 인정된다(대판 2018. 8. 1, 2014두42520).

(6) 기본권 주체의 원고적격

침해된 기본권이 자유권 등 구체적 기본권인 경우 원고적격을 인정할 수 있지만, 기본권이 구체적 권리가 아닌 경우에는 기본권에 근거하여 원고적격을 인정할 수 없다고 보는 것이 타당하다(이에 관한 판례는 전술 참조).

(7) 단체소송 [2010 행시(재경직) 사례]

단체소송(團體訴訟)이라 함은 환경단체나 소비자단체가 당해 단체가 목적으로 하는 일반적 이익(공익) 또는 회원들의 집단적 이익의 보호를 위하여 제기하는 소송을 말한다. 처분에 의해 단체 자체의 법률상 이익이 직접 침해받은 경우 해당 단체는 항고소송을 제기할 수 있는데 이는 단체소송이 아니라 일반 항고소송이다.

선진외국에서는 특별법에 의해(독일) 또는 항고소송에서의 원고적격의 일반법리에 따라(미국, 프랑스) 환경단체나 소비자단체에게 환경이익이나 소비자 이익을 침해하는 공권력 행사를 다툴 수있는 자격을 인정하고 있다.

우리나라의 다수설은 단체소송은 특별법에 의해 인정되어야 한다고 본다. 즉, 환경단체는 개인적 이익으로서의 환경상 이익이 아니라 공익으로서의 환경상 이익의 보호를 추구하고 있으므로 환경상 이익의 침해를 이유로 항고소송을 제기할 원고적격이 없다고 보고, 환경단체의 원고적격을 인정하기 위해서는 독일의 입법례와 같이 명문으로 환경단체의 단체소송을 인정하는 규정을두어야 한다는 것이 다수견해이다. 그러나, 환경단체가 보호목적으로 하는 환경상 이익은 환경단체의 개인적 이익이므로 환경단체가 보호목적으로 하는 환경상 이익이 침해되었거나 침해될 우려가 있는 경우에는 프랑스의 판례와 같이 해당 환경단체는 항고소송을 제기할 원고적격을 가진다고 보는 것이 타당하다는 견해도 있다.

판례는 환경상 이익은 본질적으로 자연인에게 귀속되는 것으로서 단체는 환경상 이익의 침해를 이유로 행정소송을 제기할 수 없다고 본다.

판례1 **의사협회의 원고적격을 부정한 사례:** 사단법인 대한의사협회는 의료법에 의하여 의사들을 회원으로 하여 설립된 사단법인으로서, 국민건강보험법상 요양급여행위, 요양급여비용의 청구 및 지급과 관련하여 직접적인 법률관계를 갖지 않고 있으므로, 보건복지부 고시인 '건강보험요양급여행위 및 그 상대가치점수 개정'으로 인하여 자신의 법률상 이익을 침해당하였다고 할 수 없다는 이유로 위 고시의 취소를 구할 원고적격이 없다고 한 사례(대판 2006. 5. 25, 2003두11988[건강보험요양급여행위 등 처분취소]). 〈해설〉 다만, 행정심판 재결례 중에는 조합원으로 가입한 시멘트가공업자들의 법적 이익을 대변하고 있는 한국시멘트가공협동조합연합회에게 제 3 자에 대한 신기술지정처분의 취소를 구할 법률상 이익이 있다고 본 재결례가 있다(2000. 10. 23, 사건 00-6326).

판례2 재단법인 갑 수녀원이, 매립목적을 택지조성에서 조선시설용지로 변경하는 내용의 공유수면 매립목적 변경 승인처분으로 인하여 법률상 보호되는 환경상 이익을 침해받았다면서 행정청을 상대로 처분의 무효 확인을 구하는 소송을 제기한 사안에서, 공유수면매립목적 변경 승인처분으로 갑 수녀원에 소속된 수녀 등이 쾌적한 환경에서 생활할 수 있는 환경상 이익을 침해받는다고 하더라도 이를 가리커 곧바로 갑 수녀원의 법률상 이익이 침해된다고 볼 수 없고, 자연인이 아닌 갑 수녀원은 쾌적한 환경에서 생활할 수 있는 이익을 향수할 수 있는 주체가 아니므로 위 처분으로 위와 같은 생활상의 이익이 직접적으로 침해되는 관계에 있다고 볼 수도 없으며, 위 처분으로 환경에 영향을 주어 갑 수녀원이 운영하는 쨈 공장에 직접적이고 구체적인 재산적 피해가 발생한다거나 갑 수녀원이 폐쇄되고 이전해야 하는 등의 피해를 받거나 받을 우려가 있다는 점 등에 관한 증명도 부족하다는 이유로, 갑 수녀원에 처분의 무효 확인을 구할 원고적격이 없다고 한 사례(대판 2012. 6. 28, 2010두2005).

> **판례3**　국토이용개발계획변경결정과 골프장 사업계획변경승인의 직접 상대방이 아닌 지역 어촌계 등의 단체가 위 처분으로 자신의 환경상 이익이 침해되었다는 이유로 취소소송을 제기한 사안에서, 환경상 이익은 주민 개개인에 대하여 개별적·구체적으로 인정되는 것이므로 자연인이 아닌 지역 어촌계 등의 단체는 그 행정처분의 취소를 구할 원고적격이 없다(광주고등법원 2007. 4. 26, 2003누1270).

(8) 부작위위법확인소송과 거부처분취소소송에서의 원고적격

부작위위법확인소송과 거부처분취소소송에서도 원고적격이 인정되기 위하여는 법률상 이익의 침해가 있어야 한다.

다만, 거부처분이나 부작위의 요소로서 신청권을 요구하는지 여부에 따라 원고적격의 판단방식이 다르게 된다. 판례 및 다수설과 같이 거부처분이나 부작위의 요소로서 신청권을 요구하는 입장에 서는 경우 거부처분이나 부작위가 있으면 신청권이 있는 자에게 원고적격이 당연하게 인정된다. 그 이유는 신청권을 갖는 자는 법률상 이익을 당연히 갖고 있고, 거부처분이나 부작위로 당연히 그 법률상 이익이 침해되었기 때문이다. 거부처분이나 부작위의 요소로서 신청권을 요구하지 않는 입장에 서는 경우에는 부작위위법확인소송과 거부처분취소소송에서 원고적격을 인정하기 위하여는 일반원칙에 따라 법률상 이익의 침해가 있어야 한다.

> **판례**　사증발급의 법적 성질, 출입국관리법의 입법 목적, 사증발급 신청인의 대한민국과의 실질적 관련성, 상호주의원칙 등을 고려하면, 우리 출입국관리법의 해석상 외국인에게는 사증발급 거부처분의 취소를 구할 법률상 이익이 인정되지 않는다(대판 2018. 5. 15, 2014두42506). 〈해설〉 원심은 대상적격 및 원고적격을 인정하여 본안판단(청구인용)을 하였으나, 대법원은 원고적격을 부정하여 파기자판하면서 소를 각하한 사례.

Ⅲ. 당사자소송에서의 원고적격

당사자소송에서의 원고적격에 관한 특별규정은 존재하지 않고, 민사소송에서의 소의 이익에 관한 법리가 적용된다.

당사자소송에서 원고적격이 있는 자는 당사자소송을 통하여 주장하는 공법상 법률관계의 주체이다.

Ⅳ. 민중소송 및 기관소송에서의 원고적격

민중소송 및 기관소송에서는 법에서 정한 자에게 원고적격이 인정된다.

제 3 항 협의의 소의 이익(권리보호의 필요) [2015 변시 사례]

Ⅰ. 소의 이익(권리보호의 필요)의 의의

협의의 소(訴)의 이익(利益)이라 함은 원고가 소송상 청구에 대하여 본안판결을 구하는 것을 정당화시킬 수 있는 현실적 이익 내지 필요성을 말한다. 소의 이익을 '권리보호의 필요'라고도 한다.

"이익 없으면 소 없다"라는 법언에서 보듯이 소의 이익은 소송에 내재하는 소송요건이다. 항고소송에서도 소의 이익이 요구된다.

소의 이익을 요하는 이유는 그렇게 함으로써 법원은 본안판결을 필요로 하는 사건에만 그 정력을 집중할 수 있고, 또 불필요한 소송에 응소하지 않으면 안 되는 상대방의 불이익을 배제할 수 있다. 그렇지만, 소의 이익을 과도하게 좁히면 원고의 재판을 받을 권리를 부당하게 박탈하게 된다(이시윤, 185면).

Ⅱ. 취소소송에서의 협의의 소의 이익 [2017 행시]

> 문제 1. 법규 위반으로 영업정지처분을 받았다는 전력이 장래의 법규 위반으로 인한 제재처분의 가중요건으로 규정되어 있는 경우에 당해 법규 위반으로 받은 영업정지처분이 정지기간의 경과로 효력을 상실한 경우에 당해 영업정지처분에 대한 취소소송에서 소의 이익이 있는가. 위 가중요건이 법률로 규정된 경우, 명령으로 규정된 경우와 행정규칙으로 규정된 경우를 나누어 답하시오.
> 2. 조세부과처분에 대한 무효확인소송의 계속중 부과된 조세를 납부한 경우에 당해 무효확인소송의 소의 이익이 있는가.

1. 행정소송법 제12조 후문의 해석

현행 행정소송법 제12조 후문은 "처분 등의 효과가 기간의 경과, 처분 등의 집행 그 밖의 사유로 인하여 소멸된 뒤에도 그 처분 등의 취소로 인하여 회복되는 법률상 이익이 있는 자의 경우에는 또한 같다"라고 규정하고 있다(원고적격에 관한 규정으로 보는 견해 있음).

2. 소의 이익의 유무의 판단기준: 현실적인 법률상 이익 [2014 행시 사례]

취소소송(무효확인소송)에서 소의 이익은 계쟁처분의 취소(무효확인)를 구할 현실적인 법률상 이익이 있는지 여부를 기준으로 판단된다.

일반적으로 원고적격이 있는 자가 항고소송을 제기한 경우에는 원칙상 협의의 소의 이익(권리보호의 필요)이 있는 것으로 보아야 한다. 그런데, 소송목적이 실현된 경우(처분의 효력이 소멸한 경우, 권익침해가 해소된 경우 등), 원상회복이 불가능한 경우 및 보다 실효적인 권리구제절차가 있는 경우에는 소의 이익이 부정된다. 다만, 이 경우에도 취소를 구할 현실적 이익이 있는 경우에는 소의 이익이 인정된다.

행정소송법 제12조 제 2 문에서 정한 법률상 이익, 즉 행정처분을 다툴 협의의 소의 이익은 개별·구체적 사정을 고려하여 판단하여야 한다(대판 2020. 12. 24, 2020두30450).

판례1 [1] 구체적인 사안에서 권리보호의 필요성 유무를 판단할 때에는 국민의 재판청구권을 보장한 헌법 제27조 제 1 항의 취지와 행정처분으로 인한 권익침해를 효과적으로 구제하려는 행정소송법의 목적 등에 비추어 행정처분의 존재로 인하여 국민의 권익이 실제로 침해되고 있는 경우는 물론이고 권익침해의 구체적·현실적 위험이 있는 경우에도 이를 구제하는 소송이 허용되어야 한다는 요청을 고려하여야 한다. 따라서 처분이 유효하게 존속하는 경우에는 특별한 사정이 없는 한 그 처분의 존재로 인하여 실제로 침해되고 있거나 침해될 수 있는 현실적인 위험을 제거하기 위해 취소소송을 제기할 권리보호의 필요성이 인정된다고 보아야 한다. [2] 구 산업집적활성화 및 공장설립에 관한 법률 제13조 제 1 항, 제13조의2 제 1 항 제16호, 제14조, 제50조, 제13조의5 제 4 호의 규정을 종합하면, 공장설립승인처분이 있고 난 뒤에 또는 그와 동시에 공장건축허가 처분을 하는 것이 허용되므로, 공장설립승인처분이 취소된 경우에는 그 승인처분을 기초로 한 공장건축허가처분 역시 취소되어야 하고, 공장설립승인처분에 근거하여 토지의 형질변경이 이루어진 경우에는 원상회복을 해야 함이 원칙이다. 따라서 개발제한구역 안에서의 공장설립을 승인한 처분이 위법하다는 이유로 쟁송취소되었다고 하더라도 그 승인처분에 기초한 공장건축허가처분이 잔존하는 이상, 공장설립승인처분이 취소되었다는 사정만으로 인근 주민들의 환경상 이익이 침해되는 상태나 침해될 위험이 종료되었다거나 이를 시정할 수 있는 단계가 지나버렸다고 단정할 수는 없고, 인근 주민들은 여전히 공장건축허가처분의 취소를 구할 법률상 이익이 있다고 보아야 한다(대판 2018. 7. 12, 2015두3485).

판례2 [1] 비록 취임승인이 취소된 학교법인의 정식이사들에 대하여 (임원승인 취소처분 후) 원래 정해져있던 임기가 만료되고 구 사립학교법(2005. 12. 29. 법률 제7802호로 개정되기 전의 것) 제22조 제 2 호 소정의 임원결격사유기간(임원취임승인이 취소된 날부터 5년)마저 경과하였다 하더라도, 그 임원취임승인취소처분이 위법하다고 판명되고 나아가 임시이사들의 지위가 부정되어 (임시이사의) 직무권한이 상실되면, 그 정식이사들은 후임이사 선임시까지 민법 제691조의 유추적용에 의하여 직무수행에 관한 긴급처리권을 가지게 되고 이에 터잡아 후임 정식이사들을 선임할 수 있게 되는바, 이는 감사의 경우에도 마찬가지이다. [2] 제소당시에는 권리보호의 이익을 갖추었는데 제소 후 취소대상 행정처분이 기간의 경과 등으로 그 효과가 소멸한 때, 동일한 소송 당사자 사이에서 동일한 사유로 위법한 처분이 반복될 위험성이 있어 행정처분의 위법성 확인 내지 불분명한 법률문제에 대한 해명이 필요하다고 판단되는 경우, 그리고 선행처분과 후행처분이 단계적인 일련의 절차로 연속하여 행하여져 후행처분이 선행처분의 적법함을 전제로 이루어짐에 따라 선행처분의 하자가 후행처분에 승계된다고 볼 수 있어 이미 소를 제기하여 다투고 있는 선행처분의 위법성을 확인하여 줄 필요가 있는 경우 등에는 행정의 적법성 확보와 그에 대한 사법통제, 국민의 권리구제의 확대 등의 측면에서 여전히 그 처분의 취소를 구할 법률상 이익(소의 이익)이 있다. [3] 임시이사 선임처분에 대하여 (원래의 정식이사들이 제기한) 취소를 구하는 소송의 계속중 임기만료 등의 사유로 새로운 임시이사들로 교체된 경우, 선행 임시이사 선임처분의 효과가 소멸하였다는 이유로 그 취소를 구할 법률상 이익이 없다고 보게 되면, 원래의 정식이사들로서는 계속중인 소를 취하하고 후행 임시이사 선임처분을 별개의 소로 다툴 수밖에 없게 되며, 그 별소 진행 도중 다시 임시이사가 교체되면 또 새로운 별소를 제기하여야 하는 등 무익한 처분과 소송이 반복될 가능성이 있으므로, 이러한 경우 법원이 선행 임시이사 선임처분의 취소를 구할 법률상 이익을 긍정하여 그 위법성 내지 하자의 존재를 판결로 명확히 해명하고 확인하여 준다면 위와 같은 구체적인 침해의 반복 위험을 방지할 수 있을 뿐 아니라, 후행 임시이사 선임처분의 효력을 다투는 소송에서 기판력에 의하여 최초 내지 선행 임시이사 선임처분의 위법성을 다투지 못하게 함으로써 그 선임처분을 전제로 이루어진 후행 임시이사 선임처분의 효력을 쉽게 배제할 수 있어 국민의 권리구제에 도움이 된다. [4] 그러므로 취임승인이 취소된 학교법인의 정식이사들로서는 그 취임승인 취소처분 및 임시이사 선임처분에 대한 각 취소를 구할 법률상 이익이 있고, 나아가 선행 임시이사 선임처분의 취소를 구하는 소송 도중에 선행 임시이사가 후행 임시이사로 교체되었다고 하더라도 여전히 선행 임시이사 선임처분의 취소를 구할 법률상 이익이 있다(대판 전원합의체 2007. 7. 19, 2006두19297[임원취임승인취소처분]<경기학원 임시이사 사건>: 학교법인 임원취임승인의 취소처분 후 그 임원의 임기가 만료되고 구 사립학교법 제22조 제2호 소정의 임원결격사유기간마저 경과한 경우 또는 위 취소처분에 대한 취소소송 제기 후 임시이사가 교체되어 새로운 임시이사가 선임된 경우, 위 취임승인취소처분 및 당초의 임시이사선임처분의 취소를 구할 소의 이익이 있다고 한 사례). 〈해설〉이 전원합의체 판결은 항고소송에서 소의 이익(권리보호의 필요)을 넓히고 있는 의미 있는 판결이다. 즉, "① 제소 당시에는 권리보호의 이익을 갖추었는데 제소 후 취소대상 행정처분이 기간의 경과 등으로 그 효과가 소멸한 때, ② 동일한 소송 당사자 사이에서 동일한 사유로 위법한 처분이 반복될 위험성이 있어 행정처분의 위법성확인 내지 불분명한 법률문제에 대한 해명이 필요하다고 판단되는 경우, 그리고 ③ 선행처분과 후행처분이 단계적인 일련의 절차로 연속하여 행하여져 후행처분이 선행처분의 적법함을 전제로 이루어짐에 따라 선행처분의 하자가 후행처분에 승계된다고 볼 수 있어 이미 소를 제기하여 다투고 있는 선행처분의 위법성을 확인하여 줄 필요가 있는 경우" 소의 이익이 인정된다고 하고 있다. 이 중 ①은 취소소송의 목적을 적법성 보장이라고 보는 입장(취소소송을 객관소송으로 보는 견해)에서 주장될 수 있는 견해인 점에서 취소소송을 주관소송으로 규정하고 있는 현행법하에서는 이론상 주장될 수 없는 입장이다.

판례3 [동일 항로에서 경쟁관계에 있는 A업체가 기존 노후화된 도선 1척을 신형 선박으로 교체하는 내용의 1차 도선사업변경면허를 받자, 경업자관계에 있는 원고 B업체가 자신의 해운법상 여객선 영업권 침해를 이유로 경업자소송을 제기한 사건] 일반적으로 면허나 인허가 등의 수익적 행정처분의 근거가 되는 법률이 해당 업자들 사이의 과당경쟁으로 인한 경영의 불합리를 방지하는 것도 목적으로 하고 있는 경우, 다른 업자에 대한 면허나 인허가 등의 수익적 행정처분에 대하여 미리 같은 종류의 면허나 인허가 등의 수익적 행정처분을 받아 영업을 하고 있는 기존의 업자는 경업자에 대하여 이루어진 면허나 인허가 등 행정처분의 상대방이 아니라고 하더라도 당해 행정처분의 무효확인 또는 취소를 구할 이익이 있다(원고적격이 있다). 그러나 경업자에 대한 행정처분이 경업자에게 불리한 내용이라면 그와 경쟁관계에 있는 기존의 업자에게는 특별한 사정이 없는 한 유리할 것이므로 기존의 업자가 그 행정처분의 무효확인 또는 취소를 구할 (협의의 소의) 이익은 없다고 보아야 한다(대판 2020. 4. 9, 2019두49953). 〈해설〉 A업체에 대한 1차 변경처분에 대한 B업체의 취소소송에서는 원고적격과 협의의 소의 이익이 있다. 그런데, 원고는 원심 계속 중 2차 변경처분(1차 변경처분의 다른 내용은 그대로 유지하면서도 신형 선박의 정원을 종전 504명에서 1차 변경처분이 이루어지기 전의 구형 선박 정원 394명보다 적은 393명으로 감축하는 내용의 도선사업면허 변경처분)에 대하여 주위적으로 무효확인을 예비적으로 취소를 구하는 청구를 추가하였다. 2차 변경처분은 1차 변경처분을 완전히 대체하거나 그 주요 부분을 실질적으로 변경하는 것이 아니라, 다만 신형 선박의 정원 부분만 일부 감축하는 것에 불과하다. 신형 선박의 정원 부분은 성질상 1차 변경처분의 나머지 부분과 불가분적인 것이 아니므로, 1차 변경처분 중 2차 변경처분에 의하여 취소되지 않고 남아 있는 부분은 여전히 항고소송의 대상이 된다.

원심은 원고 B업체가 2차 변경처분을 다툴 소의 이익이 있다는 전제에서, 2차 변경처분에 관하여 본안 판단을 하여 청구를 기각하였다. 그러나 대법원은 2차 변경처분은 A업체가 도선으로 운항하려는 신형 선박의 정원을 일부 감축하는 내용(1차 변경처분에서 정한 신형 선박의 정원 504명을 1차 변경처분이 있기 전의 종전 도선의 정원 394명보다 적은 393명으로 감축하는 내용)으로서 A업체에는 불리하고 원고 B업체에게는 유리하므로, 원고 B업체가 2차 변경처분을 다툴 소의 이익이 없다고 판단하여, 파기자판, 소각하하였다. 원심이 2차 변경처분에 대한 예비적 취소 청구 부분을 제소기간을 도과하였다는 이유로 각하한 것은 수긍할 수 있다. 뿐만 아니라, 설령 제소기간을 준수한 경우라고 하더라도 소의 이익이 없어 각하하였어야 하므로 판결 결과에 영향이 없다.

> **판례 4** (1) 국민의 정보공개청구권은 법률상 보호되는 구체적인 권리이므로, 공공기관에 대하여 정보의 공개를 청구하였다가 공개거부처분을 받은 청구인은 행정소송을 통하여 그 공개거부처분의 취소를 구할 법률상의 이익이 있고, 그 밖에 추가로 어떤 이익이 있어야 하는 것은 아니다(대판 2003. 12. 12, 2003두8050, 대판 2004. 9. 23, 2003두1370 등 참조). 공개청구의 대상이 되는 정보가 이미 공개되어 있다거나 다른 방법으로 손쉽게 알 수 있다는 사정만으로 소의 이익이 없다거나 비공개결정이 정당화될 수 없다(대판 2007. 7. 13, 2005두8733, 대판 2010. 12. 23, 2008두13101 등 참조). (2) 감봉 1개월의 징계처분을 받은 원고가 징계위원들의 성명과 직위에 대한 정보공개청구를 하였다가 거부처분을 받은 사안에서, 비록 징계처분에 대한 항고 절차에서 원고가 징계위원회 구성에 절차상 하자가 있다는 점을 알게 되었다거나 징계처분이 취소되었다고 하더라도, 그와 같은 사정들만으로 위 거부처분의 취소를 구할 법률상 이익이 없다고 볼 수 없고, 피고가 원고의 정보공개청구를 거부한 이상 원고로서는 여전히 정보공개거부처분의 취소를 구할 법률상 이익을 갖는다는 이유로 원심판결을 파기한 사례(대판 2022. 5. 26, 2022두34562; 2022. 5. 26, 2022두33439: 견책징계처분 취소사건에서 원고의 청구를 기각하는 판결이 확정된 사례).

행정처분에 있어서 불이익처분의 상대방은 직접 개인적 이익의 침해를 받은 자로서 원고적격이 인정되지만 수익처분의 상대방은 그의 권리나 법률상 보호되는 이익이 침해되었다고 볼 수 없으므로 달리 특별한 사정이 없는 한 취소를 구할 이익이 없다(대판 1995. 8. 22, 94누8129).

> **판례** 과세관청이 직권으로 그 상대방에 대한 소득처분을 경정하면서 일부 항목에 대한 증액과 다른 항목에 대한 감액을 동시에 한 결과 전체로서 소득처분금액이 감소된 경우에는 그에 따른 소득금액변동통지가 납세자인 당해 법인에 불이익을 미치는 처분이 아니므로 당해 법인은 그 소득금액변동통지의 취소를 구할 이익이 없다(대판 2012. 4. 13, 2009두5510[소득금액변동통지처분취소]).

그러나, 수익처분의 취소로 구제할 현실적 이익이 있는 경우 수익처분의 상대방에게도 당해 처분의 취소를 구할 이익이 인정될 수 있다. 예를 들면, 부관부 수익적 행정처분의 상대방은 해당 처분의 취소를 구할 이익이 있다.

(1) 소의 이익에서의 법률상 이익

행정소송법 제12조 후문은 소의 이익으로 '법률상 이익'을 요구하고 있다.

판례는 행정소송법 제12조 소정의 '법률상 이익'을 전문(원고적격)의 그것과 후문(협의의 소의 이익)의 그것을 구별하지 않고 모두 "당해 처분의 근거 법률에 의하여 보호되는 직접적이고 구체적인 이익"이라고 해석하고, 간접적이거나 사실적·경제적 이해관계를 가지는 데 불과한 경우는 여기에 해당되지 아니한다고 보고 있다(대판 전원합의체 1995. 10. 17, 94누14148[자동차운행정지가처분취소등]).

다만, 행정소송법 제12조 후문의(협의의 소의 이익에서의) '법률상 이익'(法律上 利益)은 취소를 통하여 구제되는 **기본적인 법률상 이익뿐만 아니라 부수적 이익도 포함**한다고 보는 점에서 원고적격에서의 법률상 이익보다 넓은 개념이라는 것이 다수견해이다.

> 예를 들면, 파면처분을 다투는 중 원고가 정년에 달한 경우 기본적 권리인 공무원의 지위의 회복은 불가능하지만, 봉급청구 등 부수적 이익이 있으므로 당해 파면처분을 취소할 소의 이익이 있다.

국가배상청구권의 행사를 위하여 필요한 경우에도 취소소송의 소의 이익을 인정하여야 한다는 견해가 있다. 그러나 국가배상청구는 처분이 위법하다는 것만을 확인하면 되는 것이며 처분을 취소할 필요는 없고, 취소소송에서 위법을 확인하지 않아도 국가배상소송에서 위법성을 확인할 수 있으며 위법 이외에 과실이 인정되어야 하므로 국가배상을 청구하기 위하여 취소판결을 할 이익은 없다고 보아야 한다.

> **판례** 원고가 처분이 위법하다는 점에 대한 판결을 받아 피고에 대한 손해배상청구소송에서 이를 원용할 수 있는 이익은 사실적·경제적 이익에 불과하여 소의 이익에 해당하지 않는다고 본다(대판 2002. 1. 11, 2000두2457[소음진동배출시설허가취소처분 등 취소]).

(2) 소송을 통해 구제될 수 있는 현실적 이익

소송에 의해 보호되는 이익은 현실적 이익이어야 한다. 달리 말하면 소송을 제기할 현실적 필요성이 있어야 한다. 막연한 이익이나 추상적인 이익만으로는 소의 이익을 인정할 수 없다. 또한, 보다 실효적인 구제수단이 있는 경우에도 소의 이익이 부정된다.

> **판례** 구 도시 및 주거환경정비법상 조합설립추진위원회 구성승인처분을 다투는 소송 계속 중 조합설립인가처분이 이루어진 경우 조합설립추진위원회 구성승인처분에 대하여 취소 또는 무효확인을 구할 법률상 이익이 있는지 여부(소극): 구 도시 및 주거환경정비법(2009. 2. 6. 법률 제9444호로 개정되기 전의 것, 이하 '구 도시정비법'이라고 한다) 제13조 제 1 항, 제 2 항, 제14조 제 1 항, 제15조 제 4 항, 제 5 항 등 관계 법령의 내용, 형식, 체제 등에 비추어 보면, 조합설립추진위원회(이하 '추진위원회'라고 한다) 구성승인처분은 조합의 설립을 위한 주체인 추진위원회의 구성행위를 보충하여 <u>그 효력을 부여하는 처분으로서 조합설립이라는 종국적 목적을 달성하기 위한 중간단계의 처분에 해당하지만, 그 법률요건이나 효과가 조합설립인가처분의 그것과는 다른 독립적인 처분이기 때문에, 추진위원회 구성승인처분에 대한 취소 또는 무효확인 판결의 확정만으로는 이미 조합설립인가를 받은 조합에 의한 정비사업의 진행을 저지할 수 없다.</u> 따라서 추진위원회 구성승인처분을 다투는 소송 계속 중에 <u>조합설립인가처분이 이루어진 경우에는, 추진위원회 구성승인처분에 위법이 존재하여 조합설립인가 신청행위가 무효라는 점 등을 들어 직접 조합설립인가처분을 다툼으로써 정비사업의 진행을 저지하여야 하고, 이와는 별도로 추진위원회 구성승인처분에 대하여 취소 또는 무효확인을 구할 법률상의 이익은 없다</u>

고 보아야 한다(대판 2013. 1. 31, 2011두11112, 2011두11129[조합설립추진위원회설립승인무효확인·조합설립추진위원회설립승인무효확인]).

3. 구체적 사례(유형별 고찰)

취소소송에서 소의 이익이 있는지의 문제를 ① 처분의 효력이 소멸한 경우, ② 처분 후의 사정변경에 의해 권익침해가 해소된 경우, ③ 원상회복이 불가능한 경우, ④ 보다 실효적인 권리구제절차가 있는 경우 등으로 나누어 다루기로 한다.

(1) 처분의 효력이 소멸한 경우 [2013 행시(일반), 2017 사시]

1) 원 칙

처분의 효력이 소멸한 경우에는 통상 당해 처분의 취소를 통하여 회복할 법률상 이익이 없다.

예를 들면, 허가취소처분을 정지처분으로 변경하면 당초 허가취소처분은 효력이 상실되어 존재하지 않게 되므로 당초 허가취소소송에 대한 취소소송은 소의 이익이 없게 되고, 인·허가처분의 효력을 일정기간 정지하는 처분에 있어서 효력정지기간이 경과하여 처분의 효력이 소멸되면 당해 효력정지처분을 다툴 소의 이익이 없게 되는 것이 원칙이다. 그러나 기간을 정한 제재적 처분(정지처분)에 대해 집행정지결정이 있는 경우에는 제재기간의 진행이 정지되어 집행정지된 기간만큼 제재기간이 순연되는 데 불과하고 제재적 처분의 효력이 소멸된 것이 아니므로 처분시 표시된 제재적 처분의 기간이 경과하였어도 그 처분의 취소를 구할 소의 이익이 있다(대판 1974. 1. 29, 73누202[국유임산물매수자격정지처분취소]).

위법한 영업허가처분의 취소처분이 직권취소되면 취소소송의 원고는 영업허가자의 지위를 회복하므로 소의 이익이 없게 된다.

소송 계속 중 처분청이 다툼의 대상이 되는 행정처분을 직권으로 취소하면 그 처분은 효력을 상실하여 더 이상 존재하지 않는 것이므로, 존재하지 않는 처분을 대상으로 한 항고소송은 원칙적으로 소의 이익이 소멸하여 부적법하다고 보아야 한다. 다만 처분청의 직권취소에도 완전한 원상회복이 이루어지지 않아 무효확인 또는 취소로써 회복할 수 있는 다른 권리나 이익이 남아 있거나 또는 동일한 소송 당사자 사이에서 그 행정처분과 동일한 사유로 위법한 처분이 반복될 위험성이 있어 행정처분의 위법성 확인 내지 불분명한 법률문제에 대한 해명이 필요한 경우 행정의 적법성확보와 그에 대한 사법통제, 국민의 권리구제의 확대 등의 측면에서 예외적으로 그 처분의 취소를 구할 소의 이익을 인정할 수 있다(대판 2020. 4. 9, 2019두49953). 여기에서 '그 행정처분과 동일한 사유로 위법한 처분이 반복될 위험성이 있는 경우'란 불분명한 법률문제에 대한 해명이 필요한 상황에 대한 대표적인 예시일 뿐이며, 반드시 '해당 사건의 동일한 소송 당사자 사이에서' 반복될 위험이 있는 경우만을 의미하는 것은 아니다(대판 2020. 12. 24, 2020두30450).

판례1   피고는 원고에 소속된 감사팀의 부실감사를 이유로 2017. 4. 5. 원고에 대하여 ① 과징금 16억 원 부과처분 및 ② 업무정지 12개월 처분을 하였음. 원고는 2017. 6. 30. 업무정지 처분에 대해서만 취소소송을 제기하였는데, 별도로 집행정지 신청을 하지 않아 그 업무정지기간이 2017. 4. 5.부터 개시되어 2018. 4. 4. 만료되었다. (2) 1심은 이 사건 소가 소송요건을 모두 갖추어 적법함을 전제로 본안판단으로 나아가, 업무정지처분은 처분사유는 인정되나 비례의 원칙을 위반한 과중한 처분이라고 판단하여 업무정지처분을 취소하는 판결을 선고하였다. 반면, 원심은, 원고가 감사팀의 잘못을 인정하고 있어 향후 감사업무를 수행하는 과정에서 같은 잘못을 반복할 가능성은 없어 보이고, 원고가 향후 다시 고의 또는 중대한 과실로 같은 잘못을 반복하지만 않는다면 피고가 원고에 대하여 동일한 사유로 업무정지 처분을 반복할 가능성은 없으므로, 원고와 피고 사이에서 동일한 사유로 위법한 처분이 반복될 위험성이 있어 행정처분의 위법성 확인 내지 불분명한 법률문제에 대한 해명이 필요한 경우로는 볼 수 없고, 따라서 이 사건 업무정지 처분의 취소를 구할 소의 이익이 인정되지 않는다고 판단하여 소 각하 판결을 선고하였다. 그러나, 대법원은 다음과 같은 이유에서 협의의 소의 이익을 인정하고 원심이 본안에 관하여 실체판단을 하여야 한다고 보았다: 먼저 이 사건 감사팀의 회계감사기준 위반행위가 인정되고 원고 또한 이를 다투는 것은 아니라고 하더라도, ① 그것을 이유로 이 사건 감사팀이 속한 회계법인 전체에 대하여 업무정지 처분을 하는 것이 근거 법률인 공인회계사법 제39조 제 1 항 제 5 호 및 관련 하위 규정들의 해석상 허용되는지 여부에 관하여는 법원의 분명한 판례가 없고 ② 처분사유가 인정되는 경우에도 이 사건 감사팀이 행한 위반행위의 내용과 정도, 이에 대한 원고의 관여 정도, 이 사건 감사팀이 회계법인 내에서 차지하는 비중 등 여러 사정들을 고려하였을 때 과연 이 사건 업무정지 처분이 비례의 원칙을 위반한 과중한 처분인지 여부 또한 다툼의 여지가 있어 보인다. 따라서 만약 이 사건에서 법원이 본안 판단을 하지 않는다면 피고가 이 사건 업무정지 처분을 하면서 채택·적용한 법령해석에 관한 의견이나 처분의 기준을 앞으로도 그대로 반복·적용할 것이 예상된다. 그렇다면 이 사건 업무정지 처분에 따른 업무정지기간이 만료되었다고 하더라도, 이 사건 업무정지 처분의 위법성 확인 내지 불분명한 법률문제의 해명은 여전히 필요하다고 할 것이므로 이 사건 업무정지 처분의 취소를 구할 소의 이익을 인정하는 것이 앞서 본 법리에 부합하여 타당하다(대판 2020. 12. 24, 2020두30450). 〈해설〉 대법원은, 원심이 업무정지기간이 만료된 경우에도 예외적으로 소의 이익이 인정되는 '불분명한 법률문제에 대한 해명이 필요한 경우'에 관한 법리를 오해하였다고 판단하여 파기환송한 사례로서, 원심이 본안에 관하여 실체판단을 하여야 한다는 취지이다.

판례2   기록에 의하면, 대법원이 이른바 양심적 병역거부가 병역법 제88조 제 1 항에서 정한 병역의무 불이행의 '정당한 사유'에 해당할 수 있다는 취지로 판례를 변경하자(대법원 2018. 11. 1. 선고 2016도10912 전원합의체 참조), 피고는 위 대법원 판례변경의 취지를 존중하여 이 사건 상고심 계속 중인 2018. 11. 15.경 원고들에 대한 공개결정을 직권으로 취소한 다음, 그 사실을 원고들에게 개별적으로 통보하고 병무청 인터넷 홈페이지에서 게시물을 삭제한 사실을 인정할 수 있다. 따라서 이 사건 소는 이미 소멸하고 없는 처분의 무효확인 또는 취소를 구하는 것으로서 원칙적으로 소의 이익이 소멸하였다고 보아야 한다. 또한, 피고가 양심적 병역거부자인 '여호와의 증인' 신도들에 대하여 대법원의 판례변경의 취지를 존중하여 당초 처분을 직권취소한 것이므로, 동일한 소송 당사자 사이에서 당초 처분과 동일한 사유로 위법한 처분이 반복될 위험성이 있어 행정처분의 위법성 확인이나 불분명한 법률문제에 대한 해명이 필요한 경우도 아니어서, 소의 이익을 예외적으로 인정할 필요도 없다. 결국 이 사건 소는 부적법하다고 판단된다(대판 2019. 6. 27, 2018두49130).

판례3   [1] 취소되어 더 이상 존재하지 않는 행정처분을 대상으로 한 취소소송에 소의 이익이 있는지 여부(소극): 행정처분이 취소되면 그 처분은 효력을 상실하여 더 이상 존재하지 않는 것이고, 존재하지 않는 행정처분을 대상으로 한 취소소송은 소의 이익이 없어 부적법하다. [2] 절차상 또는 형식상 하자로 무효인 행정처분에 대하여 행정청이 적법한 절차 또는 형식을 갖추어 동일한 행정처분을 한 경우, 종전의 무효인 행정처분에 대하여 무효확인을 구할 법률상 이익이 있는지 여부(소극): 절차상 또는 형식상 하자로 무효인 행정처분에 대하여 행정청이 적법한 절차 또는 형식을 갖추어 다시 동일한 행정처분을 하였다면, 종전의 무효인 행정처분에 대한 무효확인 청구는 과거의 법률관계의 효력을 다투는 것에 불과하므로 무효확인을 구할 법률상 이익이 없다. [3] 지방병무청장이 병역감면요건 구비 여부를 심사하지 않은 채 병역감면신청서 회송처분을 하고 이를 전제로 공익근무요원 소집통지를 하였다가, 병역감면신청을 재검토하기로 하여 신청서를 제출받아 병역감면요건 구비 여부를 심사한 후 다시 병역감면 거부처분을 하고 이를 전제로 다시 공익근무요원 소집통지를 한 경우, 병역감면신청서 회송처분과 종전 공익근무요원 소집처분은 직권으로 취소되었다고 볼 수 있으므로, 그에 대한 무효확인과 취소를 구하는 소는 더 이상 존재하지 않는 행정처분을 대상으로 하거나 과거의 법률관계의 효력을 다투는 것에 불과하므로 소의 이익이 없어 부적법하다고 한 사례(대판 2010. 4. 29, 2009두16879[공익근무요원소집처분취소]).

판례4   [1] 처분청이 당초의 운전면허 취소처분을 신뢰보호의 원칙과 형평의 원칙에 반하는 너무 무거운 처분으로 보아 이를 철회하고 새로이 265일간의 운전면허 정지처분을 하였다면, 당초의 처분인 운전면허 취소처분은 철회로 인하여 그 효력이 상실되어 더 이상 존재하지 않는 것이고 그 후의 운전면허 정지처분만이 남아 있는 것이라 할 것이며, 한편 존재하지 않는 행정처분(운전면허취소처분)을 대상으로 한 취소소송은 소의 이익이 없어 부적법하다. [2] 운전면허 정지처분에서 정한 정지기간이 상고심 계속중에 경과한 이후에는 운전면허자에게 그 운전면허 정지처분의 취소를 구할 법률상의 이익이 없다(대판 1997. 9. 26, 96누1931[자동차운전면허취소처분취소]). 〈해설〉 이 판결문에서의 "철회"가 강학상 철회인지는 의문이며 오히려 강학상 직권취소로 보는 것이 타당하다. 이 사건은 운전면허 취소처분을 취소하고 운전면허정지처분을 한 경우이지만, 운전면허취소처분을 운전면허정지처분으로 변경한 경우에도 변경처분은 당초 처분(운전면허 취소처분)의 취소를 포함하므로 동일하게 보아야 할 것이다. 이 사건에서 원고가 운전면허정지처분도 다투고자 한다면 처분 변경으로 인한 소의 변경을 청구할 수 있다.

판례5   입찰참가자격제한에 대한 취소소송계속중 처분청이 납품업자에 대한 입찰참가자격 제한처분을 직권으로 취소하고 제 1 심판결의 취지(처분사유는 존재하지만 재량권의 일탈·남용이 있다는 것)에 따라 그 제재기간만을 3개월로 감경하여 입찰참가자격을 제한하는 내용의 새로운 처분을 다시 한 경우, 당초의 입찰참가자격 제한처분은 적법하게 취소되었다고 할 것이어서 그 처분의 취소를 구할 소의 이익이 없다고 한 사례(대판 2002. 9. 6, 2001두5200[부정당업자제재등처분취소]).

판례6   행정청이 공무원에 대하여 새로운 직위해제사유에 기한 직위해제처분을 한 경우 그 이전에 한 직위해제처분은 이를 묵시적으로 철회하였다고 봄이 상당하므로, 그 이전 처분의 취소를 구하는 부분은 존재하지 않는 행정처분을 대상으로 한 것으로서 그 소의 이익이 없다(대판 2003. 10. 10, 2003두5945[직위해제처분취소]). 처분사유가 변경되면 종전 처분과 동일한 내용의 처분도 새로운 처분이고, 종전 처분은 철회된 것으로 보아야 한다.

판례7   보충역편입처분 및 공익근무요원소집처분의 취소를 구하는 소의 계속 중 병역처분변경신청에 따라 제 2 국민역편입처분으로 병역처분이 변경된 경우, 보충역편입처분은 제 2 국민역편입처분을 함으로써 취소 또는 철회되어 그 효력이 소멸하였고, 공익근무요원소집처분의 근거가 된 보충역편입처분이 취소 또는 철회되어 그 효력이 소멸한 이상 공익근무요원소집처분 또한 그 효력이 소멸하였다는 이유로, 종전 보충역편입처분 및 공익근무요원소집처분의 취소를 구할 소의 이익이 없다고 한 사례(대판 2005. 12. 9, 2004두6563[공익근무요원소집처분취소]).

판례8   甲, 乙 토지에 대한 개발부담금부과처분 취소소송에서 항소심법원이 개발부담금부과처분 중 甲 토지에 대한 개발부담금을 초과하는 부분을 취소하는 판결을 선고한 후, 지방자치단체의 장이 당초의 개발부담금을 甲 토지에 대한 개발부담금으로 감액하는 경정처분을 하고서도 항소심판결의 패소 부분에 대하여 상고를 제기한 경우, 감액경정처분은 당초 처분의 일부(감액된 부분)를 취소하는 효력을 갖는 것이므로 감액된 부분에 대한 부과처분취소청구는 이미 소멸하고 없는 부분에 대한 것으로서 그 소의 이익이 없어 부적법하다는 이유로, 대법원이 감액된 부분에 대한 개발부담금부과처분 취소청구 부분에 관하여 소를 각하한 사례(대판 2006. 5. 12, 2004두12698[개발부담금부과처분취소]).

판례9   행정청이 영업허가신청 반려처분의 취소를 구하는 소의 계속중, 사정변경을 이유로 위 반려처분을 직권취소함과 동시에 위 신청을 재반려하는 내용의 재처분을 한 경우, 당초의 반려처분의 취소를 구하는 소는 취소되어 더 이상 존재하지 않는 행정처분을 대상으로 한 취소소송이 되므로 더 이상 소의 이익이 없게 된다(대판 2006. 9. 28, 2004두5317[분뇨 등 관련영업허가신청반려처분취소]).

판례10   타인의 토석채취허가에 대한 취소소송의 계속중에 토석채취허가기간이 만료하여 동 허가가 실효된 경우에 소의 이익이 상실된다(대판 1993. 7. 27, 93누3899[토지채취허가취소처분취소]).

판례11   행정청이 과징금 부과처분을 한 후 부과처분의 하자를 이유로 감액처분을 한 경우, 감액된 부분에 대한 부과처분 취소청구가 적법한지 여부(소극): 행정처분을 한 처분청은 처분에 하자가 있는 경우에는 별도의 법적 근거가 없더라도 스스로 이를 취소하거나 변경할 수 있는바, 과징금 부과처분에서 행정청이 납부의무자에 대하여 부과처분을 한 후 부과처분의 하자를 이유로 과징금의 액수를 감액하는 경우에 감액처분은 감액된 과징금 부분에 관하여만 법적 효과가 미치는 것으로서 당초 부과처분과 별개 독립의 과징금 부과처분이 아니라 실질은 당초 부과처분의 변경이고, 그에 의하여 과징금의 일부취소라는 납부의무자에게 유리한 결과를 가져오는 처분이므로 당초 부과처분이 전부 실효되는 것은 아니다. 따라서 감액처분에 의하여 감액된 부분에 대한 부과처분 취소청구는 이미 소멸하고 없는 부분에 대한 것으로서 소의 이익이 없어 부적법하다(대판 2017. 1. 12, 2015두2352).

일부 직권취소 등으로 처분의 효력이 일부만 소멸한 경우에는 취소되고 남은 처분의 취소를 구할 소의 이익이 있다.

예를 들면, 금전부과처분을 감액하는 처분을 한 경우에는 감액되고 남은 부분에 대한 처분(당초처분)은 효력을 유지하므로 취소를 구할 소의 이익이 존속한다.

당초처분에 대한 취소소송의 계속 중 일부변경처분이 있은 경우 계쟁 당초처분은 일부변경된 채로 효력을 유지하므로 계쟁처분의 취소를 구할 소의 이익이 있다.

판례   [1] 조합설립인가처분과 동일한 요건과 절차가 요구되지 않는 구 도시 및 주거환경정비법 시행령(2008. 12. 17. 대통령령 제21171호로 개정되기 전의 것) 제27조 각 호에서 정하는 경미한 사항의 변경에 대하여 행정청이 조합설립의 변경인가라는 형식으로 처분을 하였다고 하더라도, 그 성질은 당초의 조합설립인가처분과는 별개로 위 조항에서 정한 경미한 사항의 변경에 대한 신고를 수리하는 의미에 불과한 것으로 보아야 하므로, 경미한 사항의 변경에 대한 신고를 수리하는 의미에 불과한 변경인가처분이 있다고 하더라도 설권적 처분인 조합설립인가처분을 다툴 소의 이익이 소멸된다고 볼 수는 없다. [2] 주택재건축사업조합이 새로이 조합설립인가처분을 받는 것과 동일한 요건과 절차를 거쳐 조합설립변경인가처분을 받는 경우 당초 조합설립인가처분의 무효확인을 구할 소의 이익 여부(한정적 적극): 주택재건축사업조합이 새로이 조합설립인가처분을 받는 것과 동일한 요건과 절차를 거쳐 조합설립변경인가처분을 받는 경우 당초 조합설립인가처분의 유효를 전제로 당해 주택재건축사업조합이 매도청구권 행사, 시공자 선정에 관한 총회 결의, 사업시행계획의 수립, 관리처분계획의 수립 등과 같은 후속 행위를 하였다면 당초 조합설립인가처분이 무효로 확인되거나 취소될 경우 그것이 유효하게 존재하는 것을 전제로 이루어진 위와 같은 후속 행위 역시 소급하여 효력을 상실하게 되므로, 특별한 사정이 없는 한 위와 같은 형태의 조합설립변경인가가 있다고 하여 당초 조합설립인가처분의 무효확인을 구할 소의 이익이 소멸된다고 볼 수는 없다(대판 2012. 10. 25, 2010두25107[조합설립인가처분무효확인]).

2) 예   외

처분의 효력기간의 경과 등으로 그 행정처분의 효력이 상실된 경우에도 당해 처분을 취소할 현실적 이익이 있는 경우에는 그 처분의 취소를 구할 소의 이익이 있다.

가. 제재적 처분의 전력이 장래의 제재적 처분의 가중요건인 경우 [2007 입시 사례, 2005, 2013, 2016 감평 사례, 2003, 2013 사시 사례형 약술, 2000, 2013 행시 사례]

계쟁 제재처분이 효력을 상실한 경우(예, 영업정지처분의 정지기간이 지난 경우)에도 법령 등에서 제재처분의 전력이 장래의 제재처분의 가중요건 등(가중요건 또는 전제요건)으로 규정되어 있어 가중된 제재처분을 받을 위험(불이익)이 현실적인 경우 가중된 제재처분을 받을 위험(불이익)을 제거하기 위하여 제재기간(예, 영업정지기간)이 지난 제재처분(예, 영업정지처분)의 취소를 구할 이익이 있지만, 만약 일정기간의 경과 등(예, 영업정지처분 후 1년의 경과)으로 실제로 가중된 제재처분을 받을 우려가 없어졌다면 다른 특별한 사정이 없는 한 위 처분에서 정한 제재기간이 경과함으로써 그 처분의 취소를 구할 소의 이익은 소멸된다.

> **판례**   건축사 업무정지처분을 받은 후 새로운 업무정지처분을 받음이 없이 1년이 경과하여 실제로 가중된 제재처분을 받을 우려가 없게 된 경우, 업무정지처분에서 정한 정지기간이 경과한 후에 업무정지처분의 취소를 구할 법률상 이익이 있는지 여부(소극): 건축사법 제28조 제 1 항이 건축사 업무정지처분을 연 2회 이상 받고 그 정지기간이 통산하여 12월 이상이 될 경우에는 가중된 제재처분인 건축사사무소 등록취소처분을 받게 되도록 규정하여 건축사에 대한 제재적인 행정처분인 업무정지명령을 더 무거운 제재처분인 사무소등록취소처분의 기준요건으로 규정하고 있으므로, 건축사 업무정지처분을 받은 건축사로서는 위 처분에서 정한 기간이 경과하였다 하더라도 위 처분을 그대로 방치하여 둠으로써 장래 건축사사무소 등록취소라는 가중된 제재처분을 받을 우려가 있어 건축사로서 업무를 행할 수 있는 법률상 지위에 대한 위험이나 불안을 제거하기 위하여 건축사 업무정지처분의 취소를 구할 이익이 있으나, 업무정지처분을 받은 후 새로운 업무정지처분을 받음이 없이 1년이 경과하여 실제로 가중된 제재처분을 받을 우려가 없어졌다면 위 처분에서 정한 정지기간이 경과한 이상 특별한 사정이 없는 한 그 처분의 취소를 구할 법률상 이익이 없다(대판 2000. 4. 21, 98두10080[건축사업무정지처분취소등]).

문제는 제재처분의 가중요건 등(가중요건 또는 전제요건)이 법령뿐만 아니라 행정규칙으로 정해진 경우도 제재처분을 받을 위험(불이익)이 현실적인 경우에 해당한다고 보아 소의 이익이 있다고 볼 수 있는가이다. 이에 관하여 다음과 같이 견해가 대립하고 있다.

(가) 부정설(법령설): 이 견해는 가중요건 등이 법률 또는 법규명령의 효력을 갖는 행정입법에 의해 규정되어 있는 경우 등 가중요건을 정하는 법령이 법적 구속력을 갖는 경우에는 가중된 제재처분을 받을 위험(불이익)이 현실적이므로 가중된 제재처분을 받을 위험(불이익)을 제거하기 위하여 제재기간이 지난 제재처분의 취소를 구할 이익이 있지만, 가중요건 등이 법적 구속력 없는 행정규칙으로 규정되어 있는 경우에는 가중된 제재처분을 받을 위험(불이익)이 불확실하므로 제재기간이 지난 제재처분의 취소를 구할 이익이 없

다고 본다.

이 견해는 부령형식의 행정규칙은 행정규칙에 불과하고 행정청에 대해 법적 구속력을 미치지 않으므로 소의 이익을 인정할 수 없다는 견해이다. 이 견해는 최초 대법원 판례의 입장이었다.

> **판례** 가중요건을 정한 시행규칙이 행정규칙이므로 구속력이 없고 따라서 가중적인 제재처분을 받을 불이익은 직접적·구체적·현실적인 것이 아니고, 가중처벌의 위법 여부는 당해 시행규칙이 아니라 처분의 근거법률에 비추어 판단되는 것이므로 당초의 제재처분의 위법 여부는 당초의 제재처분을 가중사유로 고려한 후의 제재처분의 위법 여부를 다투는 경우에 다툴 수 있다(대판 전원합의체 1995. 10. 17, 94누14148).

(나) 제한적 긍정설(법령근거설): 가중요건 등이 부령형식의 행정규칙으로 정해진 경우 또는 제재적 행정처분의 가중사유나 전제요건에 관한 규정이 행정규칙의 형식으로 되어 있다고 하더라도, 그러한 규칙이 법령에 근거를 두고 있는 경우에는 관할 행정청이나 담당공무원은 이를 준수할 의무가 있으므로 후행 가중된 제재처분의 위험은 구체적이고 현실적인 것이므로 선행 제재처분의 취소를 구하여 후행 가중 제재처분을 막을 이익을 인정하여야 한다고 보는 견해이다. 이 견해는 종전의 대법원 전원합의체 판결에서 다수견해가 취한 견해이다.

> **판례** [1] 제재적 행정처분이 그 처분에서 정한 제재기간의 경과로 인하여 그 효과가 소멸되었으나, 부령인 시행규칙 또는 지방자치단체의 규칙(이하 이들을 '규칙'이라고 한다)의 형식으로 정한 처분기준에서 제재적 행정처분(이하 '선행처분'이라고 한다)을 받은 것을 가중사유나 전제요건으로 삼아 장래의 제재적 행정처분(이하 '후행처분'이라고 한다)을 하도록 정하고 있는 경우, 제재적 행정처분의 가중사유나 전제요건에 관한 규정이 법령이 아니라 규칙의 형식으로 되어 있다고 하더라도, 그러한 규칙이 법령에 근거를 두고 있는 이상 그 법적 성질이 대외적·일반적 구속력을 갖는 법규명령인지 여부와는 상관없이, 관할 행정청이나 담당공무원은 이를 준수할 의무가 있으므로 이들이 그 규칙에 정해진 바에 따라 행정작용을 할 것이 당연히 예견되고, 그 결과 행정작용의 상대방인 국민으로서는 그 규칙의 영향을 받을 수밖에 없다. 따라서 그러한 규칙이 정한 바에 따라 선행처분을 받은 상대방이 그 처분의 존재로 인하여 장래에 받을 불이익, 즉 후행처분의 위험은 구체적이고 현실적인 것이므로, 상대방에게는 선행처분의 취소소송을 통하여 그 불이익을 제거할 필요가 있다. 또한, 나중에 후행처분에 대한 취소소송에서 선행처분의 사실관계나 위법 등을 다툴 수 있는 여지가 남아 있다고 하더라도, 이러한 사정은 후행처분이 이루어지기 전에 이를 방지하기 위하여 직접 선행처분의 위법을 다투는 취소소송을 제기할 필요성을 부정할 이유가 되지 못한다. 그러한 쟁송방법을 막는 것은 여러 가지 불합리한 결과를 초래하여 권리구제의 실효성을 저해할 수 있기 때문이다. 오히려 앞서 본 바와 같이 행정청으로서는 선행처분이 적법함을 전제로 후행처분을 할 것이 당연히 예견되므로, 이러한 선행처분으로 인한 불이익을 선행처분 자체에 대한 소송에서 사전에 제거할 수 있도록 해 주는 것이 상대방의 법률상 지위에 대한 불안을 해소하는 데 가장 유효적절한 수단이 된다고 할 것이고, 또한 그 소송을 통하여 선행처분의 사실관계 및 위법 여부가 조속히 확정됨으로써 이와 관련된 장래의 행정작용의 적법성을 보장함과 동시에 국민생활의 안정을 도모할 수 있다. 이상의 여러 사정과 아울러, 국민의 재판청구권을 보장한 헌법 제27조 제 1 항의 취지와 행정처분으로 인한 권익침해를 효과적으로 구제하려는 행

정소송법의 목적 등에 비추어 행정처분의 존재로 인하여 국민의 권익이 실제로 침해되고 있는 경우는 물론이고 권익침해의 구체적·현실적 위험이 있는 경우에도 이를 구제하는 소송이 허용되어야 한다는 요청을 고려하면, 규칙이 정한 바에 따라 선행처분을 가중사유 또는 전제요건으로 하는 후행처분을 받을 우려가 현실적으로 존재하는 경우에는, 선행처분을 받은 상대방은 비록 그 처분에서 정한 제재기간이 경과하였다 하더라도 그 처분의 취소소송을 통하여 그러한 불이익을 제거할 권리보호의 필요성이 충분히 인정된다고 할 것이므로, 선행처분의 취소를 구할 법률상 이익이 있다고 보아야 한다. [2] 환경영향평가대행업무 정지처분을 받은 환경영향평가대행업자가 업무정지처분기간 중 환경영향평가대행계약을 신규로 체결하고 그 대행업무를 한 사안에서, '환경·교통·재해 등에 관한 영향평가법 시행규칙' 제10조 [별표 2] 2. 개별기준 (11)에서 환경영향평가대행업자가 업무정지처분기간 중 신규계약에 의하여 환경영향평가대행업무를 한 경우 1차 위반시 업무정지 6월을, 2차 위반시 등록취소를 각 명하는 것으로 규정하고 있으므로, 업무정지처분기간 경과 후에도 위 시행규칙의 규정에 따른 후행처분을 받지 않기 위하여 위 업무정지처분의 취소를 구할 법률상 이익이 있다고 한 사례(대판 전원합의체 2006. 6. 22, 2003두1684[영업정지처분취소]).

(다) 긍 정 설: 가중요건 등이 행정규칙으로 정해진 경우에도 행정청은 통상 행정규칙에 따라 가중된 제재처분을 행할 구체적이고 현실적 위험이 있으므로 선행 제재처분을 취소하여 그 위험을 제거할 이익이 있다고 보아야 한다는 견해이다.

(라) 판   례: 현재의 판례는 긍정설을 취하고 있다.

판례   [1] 중앙해양안전심판원의 '해양사고관련자 징계양정 지침'에 의하면, 해양사고와 관련하여 징계를 받은 날로부터 1년 이내에 다시 해양사고를 일으킨 경우 징계량의 2배 범위 내에서 징계량을 가중할 수 있고, 또 해양사고방지를 위하여 특히 필요한 경우에는 면허를 취소할 수 있다고 규정하고 있으며(제8조 제1항 제3호, 제2항), 이 사건 징계집행일로부터 1년이 경과하지 않았는바, 이와 같이 제재적 행정처분의 가중사유나 전제요건에 관한 규정이 법령이 아닌 행정규칙의 형식으로 되어 있다 하더라도 관할 행정청이나 담당공무원은 이를 준수할 의무가 있으므로, 이 사건 재결의 존재로 인해 적어도 이 사건 징계집행일로부터 1년 이내에는 원고가 가중된 징계량을 받을 수 있는 위험이 구체적이고 현실적인 것이라서 이 사건 재결의 취소를 구할 법률상 이익(소의 이익)이 있다. [2] 예인선단의 운항을 총지휘한 원고에 대한 업무정지 1개월의 징계재결(원처분)이 있었고, 이미 그 집행이 완료되었더라도 징계집행일로부터 1년이 지나지 않았으므로 가중된 징계처분을 받을 수 있는 위험을 제거하기 위하여 징계재결의 취소를 구할 소의 이익을 인정한 사례(대판 2009. 5. 28, 2008추56[중앙해양안전심판원재결취소]).

(마) 결어(긍정설): 다음과 같은 이유에서 긍정설이 타당하다. 담당공무원은 법령을 준수하여야 할 뿐만 아니라 법규명령형식의 행정규칙도 준수하여야 하므로 가중요건이 법규명령형식의 행정규칙에 규정된 경우에도 취소소송을 통해 장래의 불이익을 제거할 현실적 필요성이 있다고 보는 것이 타당하다. 가중요건이 행정규칙의 형식으로 제정된 경우에도 행정청은 통상 행정규칙에 따라 가중된 제재처분을 행할 구체적이고 현실적 위험이 있으므로 선행 제재처분을 취소하여 그 위험을 제거할 이익이 있다고 보아야 한다. 다만, 기간의 경과 등으로 가중요건규정이 적용될 우려가 없게 된 경우에는 선행 제재처분을 취소할 소의 이익이 없다.

나. 당초처분에 대한 취소소송의 계속 중 전부변경처분이 있었지만 소의 이익이 있는 경우

당초처분에 대한 취소소송의 계속 중 전부변경처분이 있어 계쟁처분의 효력이 소멸된 경우 원칙상 소의 이익이 없지만, 당초처분을 기초로 일련의 후속행위가 이루어져 후속행위의 효력을 상실시킬 이익이 있는 경우에는 당초처분의 취소나 무효확인을 구할 소의 이익이 있다(판례).

판례1 [1] 조합설립변경인가 후에 다시 변경인가를 받은 경우 당초 조합설립변경인가의 취소를 구할 소의 이익이 있는지 여부: 주택재개발사업조합이 당초 조합설립변경인가 이후 적법한 절차를 거쳐 당초 변경인가를 받은 내용을 모두 포함하여 이를 (전부)변경하는 취지의 조합설립변경인가를 받은 경우, 당초 조합설립변경인가는 취소·철회되고 변경된 조합설립변경인가가 새로운 조합설립변경인가가 된다. 이 경우 당초 조합설립변경인가는 더 이상 존재하지 않는 처분이거나 과거의 법률관계가 되므로 특별한 사정이 없는 한 그 취소를 구할 소의 이익이 없다. 다만 당해 주택재개발사업조합이 당초 조합설립변경인가에 기초하여 사업시행계획의 수립 등의 후속 행위를 하였다면 당초 조합설립변경인가가 무효로 확인되거나 취소될 경우 그 유효를 전제로 이루어진 후속 행위 역시 소급하여 효력을 상실하게 되므로, 위와 같은 형태의 변경된 조합설립변경인가가 있다고 하여 당초 조합설립변경인가의 취소를 구할 소의 이익이 소멸된다고 볼 수는 없다. [2] 조합설립인가의 변경에서 행정청이 신고사항을 변경하면서 변경인가 형식으로 처분을 한 경우, 그 처분의 성질 및 적법 여부의 판단 방법: 구 도시 및 주거환경정비법(2011. 9. 16. 법률 제11059호로 개정되기 전의 것) 제16조 제 1 항은 조합설립인가의 내용을 변경할 때 구 도시 및 주거환경정비법 시행령(2010. 7. 15. 대통령령 제22277호로 개정되기 전의 것) 제27조 각 호에서 정하는 사항의 변경은 신고절차, 그 외 사항의 변경은 변경인가절차를 거치도록 함으로써 '조합설립인가의 변경에 있어서 신고사항'과 '변경인가사항'을 구분하고 있다. 행정청이 위 신고사항을 변경하면서 신고절차가 아닌 변경인가 형식으로 처분을 한 경우, 그 성질은 위 신고사항을 변경하는 내용의 신고를 수리하는 의미에 불과한 것으로 보아야 하므로, 그 적법 여부 역시 변경인가의 절차 및 요건의 구비 여부가 아니라 신고 수리에 필요한 절차 및 요건을 구비하였는지 여부에 따라 판단해야 한다(대판 2013. 10. 24, 2012두12853[조합설립변경인가처분취소]). 〈해설〉 조합설립변경신고수리처분의 법적성질을 설권적 처분인 조합설립인가처분의 일부 변경으로서 특허(설권적 처분의 변경)로 보는 견해와 수리를 요하는 신고로 보는 견해가 있다.

판례2 주택재건축사업조합이 새로이 조합설립인가 처분을 받는 것과 동일한 요건과 절차를 거쳐 조합설립(전부)변경인가 처분을 받는 경우 당초 조합설립인가 처분의 유효를 전제로 해당 주택재건축사업조합이 매도청구권 행사, 시공자 선정에 관한 총회 결의, 사업시행계획의 수립, 관리처분계획의 수립 등과 같은 후속행위를 하였다면, 당초 조합설립인가 처분이 무효로 확인되거나 취소될 경우 그것이 유효하게 존재하는 것을 전제로 이루어진 위와 같은 후속행위 역시 소급하여 효력을 상실하게 되므로, 특별한 사정이 없는 한 위와 같은 형태의 조합설립변경인가가 있다고 하여 당초 조합설립인가 처분의 무효확인을 구할 소의 이익이 소멸된다고 볼 수는 없다(대판 2012. 10. 25, 2010두25107 등 참조)(대판 2014. 5. 16, 2011두27094[주택조합설립인가및주택조합총회결의무효확인등]).

판례3 사업시행계획 인가처분의 유효를 전제로 한 일련의 후속행위가 이루어진 경우, 당초 사업시행계획을 실질적으로 변경하는 내용으로 새로운 사업시행계획을 수립하여 시장·군수로부터 인가를 받았다고 하여 당초 사업시행계획의 무효확인을 구할 소의 이익이 소멸하는지 여부(소극) 및 그 소의 이익이 존재하는지 판단하는 기준: 사업시행계획의 경우 그 인가처분의 유효를 전제로 분양공고 및 분양신청 절차, 분양신청을 하지 않은 조합원에 대한 수용절차, 관리처분계획의 수립 및 그에 대한 인가 등 후속 행위가 있었다면, 당초 사업시행계획이 무효로 확인되거나 취소될 경우 그것이 유효하게 존재하는 것을 전제로 이루어진 위와 같은 일련의 후속 행위 역시 소급하여 효력을 상실하게 되므로, 당초 사업시행계획을 실질적으로 변경하는 내용으로 새로운 사업시행계획이 수립되어 시장·군수로부터 인가를 받았다는 사정만으로 일률적으로 당초 사업시행계획의 무효확인을 구할 소의 이익이 소멸된다고 볼 수는 없고, 위와 같은 후속 행위로 토지 등 소유자의 권리·의무에 영향을 미칠 정도의 공법상의 법률관계를 형성시키는 외관이 만들어졌는지 또는 존속되고 있는지 등을 개별적으로 따져 보아야 한다(대판 2013. 11. 28, 2011두30199[관리처분계획취소]).

다. 기   타

> **판례1** 근로자를 직위해제한 후 동일한 사유를 이유로 징계처분을 한 경우, 직위해제처분이 효력을 상실하는지 여부(적극) 및 근로자가 직위해제처분에 대한 구제를 신청할 이익이 있는지 여부(한정 적극): 직위해제처분은 근로자로서의 지위를 그대로 존속시키면서 다만 그 직위만을 부여하지 아니하는 처분이므로 만일 어떤 사유에 기하여 근로자를 직위해제한 후 그 직위해제 사유와 동일한 사유를 이유로 징계처분을 하였다면 뒤에 이루어진 징계처분에 의하여 그 전에 있었던 직위해제처분은 그 효력을 상실한다. 여기서 직위해제처분이 효력을 상실한다는 것은 직위해제처분이 소급적으로 소멸하여 처음부터 직위해제처분이 없었던 것과 같은 상태로 되는 것이 아니라 사후적으로 그 효력이 소멸한다는 의미이다. 따라서 직위해제처분에 기하여 발생한 효과는 당해 직위해제처분이 실효되더라도 소급하여 소멸하는 것이 아니므로, 인사규정 등에서 직위해제처분에 따른 효과로 승진·승급에 제한을 가하는 등의 법률상 불이익을 규정하고 있는 경우에는 직위해제처분을 받은 근로자는 이러한 법률상 불이익을 제거하기 위하여 그 실효된 직위해제처분에 대한 구제를 신청할 이익이 있다. 〈해설〉근로자의 직위해제에 관한 판례이지만, 공무원의 직위해제에 대해서도 타당하다고 볼 수 있다(대판 2010. 7. 29, 2007두18406).

> **판례2** "가중요건을 정한 시행규칙이 행정규칙이므로 구속력이 없고 따라서 가중적인 제재처분을 받을 불이익은 직접적·구체적·현실적인 것이 아니고, 가중처벌의 위법 여부는 당해 시행규칙이 아니라 처분의 근거법률에 비추어 판단되는 것이므로 당초의 제재처분의 위법 여부는 당초의 제재처분을 가중사유로 고려한 후의 제재처분의 위법 여부를 다투는 경우에 다툴 수 있다"는 것을 들고 있다(대판 전원합의체 1995. 10. 17, 94누14148[자동차운행정지가처분취소 등]).

(2) 처분 후의 사정변경에 의해 권익침해가 해소된 경우

① 처분 후의 사정에 의하여 권리와 이익의 침해 등이 해소된 경우에는 그 처분의 취소를 구할 소의 이익이 없다.

> **판례1** 치과의사국가시험 합격은 치과의사 면허를 부여받을 수 있는 전제요건이 된다고 할 것이나 국가시험에 합격하였다고 하여 위 면허취득의 요건을 갖추게 되는 이외에 그 자체만으로 합격한 자의 법률상 지위가 달라지게 되는 것은 아니므로 불합격처분 이후 새로 실시된 국가시험에 합격한 자들로서는 더 이상 위 불합격처분의 취소를 구할 소의 이익이 없다(대판 1993. 11. 9, 93누6867[치과의사국가시험불합격처분취소]). 〈해설〉국가배상청구소송에서 위법성을 주장할 이익을 소의 이익으로 보는 견해에 의하면 소의 이익이 있다고 보아야 한다.

> **판례2** 공익근무요원 소집해제신청을 거부한 후에 원고가 계속하여 공익근무요원으로 복무함에 따라 복무기간 만료를 이유로 소집해제처분을 한 경우, 원고가 입게 되는 권리와 이익의 침해는 소집해제처분으로 해소되었으므로 위 거부처분의 취소를 구할 소의 이익이 없다(대판 2005. 5. 13, 2004두4369[공익근무소집해제신청거부처분취소 등])

> **판례3**　사법시험 제 2 차 시험 불합격처분 이후에 새로이 실시된 제 2 차와 제 3 차 시험에 합격한 사람이 불합격처분의 취소를 구할 법률상 이익이 없다(대판 2007. 9. 21, 2007두12057[불합격처분취소]).

　② 처분 후에 사정변경이 있더라도 권익침해가 해소되지 않은 경우에는 소의 이익이 있다.

> **판례1**　퇴학처분을 받은 후 고등학교졸업학력검정고시에 합격하였다 하더라도 고등학교졸업이 대학입학자격이나 학력인정으로서의 의미박에 없다고 할 수 없고, 고등학교졸업학력검정고시에 합격하였다 하여 고등학교 학생으로서의 신분과 명예가 회복될 수 없는 것이므로 퇴학처분을 받은 자는 퇴학처분의 위법을 주장하여 퇴학처분의 취소를 구할 소송상의 이익이 있다(대판 1992. 7. 14, 91누4737[퇴학처분취소]).
>
> **판례2**　징계에 관한 일반사면과 동 징계처분의 취소를 구할 소송상 이익의 유무(적극): 징계에 관한 일반사면이 있었다고 할지라도 사면의 효과는 소급하지 아니하므로 파면처분으로 이미 상실된 원고의 공무원지위가 회복될 수 없는 것이니 원고로서는 동 파면처분의 위법을 주장하여 그 취소를 구할 소송상 이익이 있다고 할 것이다(대판 전원합의체 1981. 7. 14, 80누536[파면처분취소]). 〈해설〉대판 1965. 5. 25, 63누195 판결을 변경한 전원합의체 판결이다.

(3) 원상회복이 불가능한 경우

　행정처분의 무효확인 또는 취소를 구하는 소에서, 비록 행정처분의 위법을 이유로 무효확인 또는 취소 판결을 받더라도 처분에 의하여 발생한 위법상태를 원상으로 회복시키는 것이 불가능한 경우에는 원칙적으로 무효확인 또는 취소를 구할 이익이 없다. 다만 원상회복이 불가능하더라도 무효확인 또는 취소로써 회복할 수 있는 다른 권리나 이익(부수적 이익)이 남아 있는 경우 예외적으로 무효확인 또는 취소를 구할 이익이 인정된다(대판 2016. 6. 10, 2013두1638[조례무효확인]). 또한 원상회복이 불가능하게 보이는 경우라 하더라도, 동일한 소송 당사자 사이에서 그 행정처분과 동일한 사유로 위법한 처분이 반복될 위험성이 있어 행정처분의 위법성 확인 내지 불분명한 법률문제에 대한 해명이 필요하다고 판단되는 경우 등에는 행정의 적법성 확보와 그에 대한 사법통제, 국민의 권리구제 확대 등의 측면에서 여전히 그 처분의 취소를 구할 이익이 있다(대판 2019. 5. 10, 2015두46987).

> **판례1**　피고는 원심(항소심) 계속 중 이 사건 처분(세무조정반지정처분(원고 법무법인은 2017. 11. 28. 피고에게 조정반 지정 신청을 하여 2017. 12. 15. 조정반으로 지정(효력기간 2018. 12. 31.)취소처분)과 관련하여 행정절차상 하자가 있음을 이유로 2019. 7. 9. 직권으로 이 사건 처분을 취소하였고 이 사건 처분의 (직권)취소 대상이었던 원고에 대한 조정반 지정의 효력기간이 경과한 사실을 인정할 수 있지만, 피고는 직권으로 이 사건 처분을 취소한 뒤 다시 이 사건 각 시행령 조항을 근거로 원고에 대한 2018년도 조정반 지정처분을 취소하였고, 이후 원고가 2019년과 2020년에도 조정반 지정 신청을 하였으나 피고는 여전히 원고가 이 사건 각 시행령 조항에서 정한 조정반 대상에 해당하지 않는다는 이유로 원고가 조정반 지정에서 제외됨을 통지한 사실을 알 수 있다. 따라서 이 사건 각 시행령 조항이

존재하는 한 세무사 자격을 가지고 세무조정 업무를 수행할 수 있는 변호사가 구성원이거나 소속된 법무법인이 조정반 지정 신청을 하더라도 이 사건 처분과 동일한 사유의 처분이 반복될 위험성이 있어 이 사건 처분의 위법성을 확인할 필요가 있으므로 원고가 이 사건 처분의 취소를 구할 소의 이익이 인정된다고 한 사례(대판 전원합의체 2021. 9. 9, 2019두53464[조정반지정취소처분취소청구]).

〔판례2〕　세무사 자격 보유 변호사 甲이 관할 지방국세청장에게 조정반 지정 신청을 하였으나 지방국세청장이 '甲의 경우 세무사등록부에 등록되지 않았기 때문에 2015년도 조정반 구성원으로 지정할 수 없다'는 이유로 거부처분을 하자, 甲이 거부처분의 취소를 구하는 소를 제기한 사안에서, '이미 2015년도 조정반 지정의 효력이 지났기 때문이 거부처분을 취소하더라도 원고가 2015년도 조정반에 지정될 수 없고, 헌법불합치결정에 따른 개선입법이 개정시한까지 이루어지지 않음에 따른 근거법률조항의 2020년도 1월 1일 부터의 효력상실로 동일한 거부사유(해당 변호사가 세무사등록부에 등록되지 않았다는 사유)로 조정반 구성원 지정을 거부하는 처분을 반복할 가능성이 없어졌으므로' 위 소는 소의 이익이 없어 부적법하다고 하면서 원심의 원고승소판결을 취소하고 파기자판해 각하한 사례(대판 2020. 2. 27, 2018두67152). 〈해설〉 개선입법이 이루어지기 전까지는 다른 사유(근거법률조항의 공백)로 원고 변호사는 세무조정반 지정을 받을 수 없다. 헌재의 헌법불합치결정에 따른 개선입법이 이루어져야 국세청은 원고 변호사의 지정신청에 대해 가부간의 처분을 할 수 있다.

1) 처분의 집행 등으로 원상회복이 불가능한 경우인지 여부 [2002 사시 사례]

〔판례1〕　건축허가가 건축법 소정의 이격거리(離隔距離)를 두지 아니하고 건축물을 건축하도록 되어 있어 위법하다 하더라도 건축이 완료된 경우에는 그 건축허가를 받은 대지와 접한 대지의 소유자인 원고가 위 건축허가처분의 취소를 받아 이격거리를 확보할 단계는 지났으며, 민사소송으로 위 건축물등의 철거를 구하는 데 있어서도 위 처분의 취소가 필요한 것이 아니므로 원고로서는 위 처분의 취소를 구할 법률상의 이익이 없다(대판 1992. 4. 24, 91누11131[건축허가취소]).

〔판례2〕　건축법 소정의 이격거리를 두지 아니하고 건축물을 건축한 후 그에 대한 준공검사의 처분이 행해진 경우 준공검사가 취소되어도 위법부분을 시정시키는 효과는 없고 시정명령은 행정청에 의한 별도의 판단에 의해 행해지는 것이므로 인근주민은 일조권의 보호를 위해 준공검사처분의 취소를 구할 소의 이익이 없다(대판 1994. 1. 14, 93누20481[건축사용검사허가처분취소]). 〈해설〉 이 경우 당사자는 별도의 소송(민사소송)으로 위법부분의 철거 내지 시정을 청구하거나 손해배상을 청구할 수밖에 없다. 건물의 철거명령에 대한 취소소송이 제기된 경우 당해 건물이 대집행의 실행에 의해 이미 철거되어 버렸다면 철거명령이 취소되어도 원상회복이 불가능하므로 철거명령의 취소소송에 있어서 소의 이익이 없다.

〔판례3〕　보충역편입처분을 취소하고 현역입영대상처분을 한 사건에서 (재신체검사에 따른) 현역병입영대상편입(공익근무요원대상)처분은 보충역편입처분취소처분과는 별개의 법률효과를 발생시키는 독립된 행정처분으로서 제소기간이 경과하여 처분의 위법성을 다툴 수 없게 되었을 뿐 아니라 당연 무효라고 볼 수도 없는 이상, 이 사건 보충역편입처분취소처분이 취소되어 확정된다고 하더라도 원고로서는 현역병입영대상편입처분에 터잡은 현역병입영통지처분에 따라 현역병으로 복무하는 것을 피할 수 없고, 따라서 이 사건 보충역편입처분취소처분의 취소를 구할 법률상의 이익이 있다고 할 수 없다(대판 2004. 12. 10, 2003두12257[병역처분취소처분취소]). 〈평석〉 만일 재신체검사 없이 현역입영대상 편입처분을 하였다면 보충역편입처분취소처분이 취소되면 동 취소판결의 기속력에 의해 행정청에게 이와 모순되는 현역병입영대상편입처분의 위법상태를 제거할 의무가 있다고 볼 수 있으므로 이 사안에서 소의 이익을 인정하는 것이 타당할 것이다.

〔판례4〕　['진주의료원 폐업조치'의 효력을 다투는 사건] (1) 지방의료원의 설립·통합·해산은 지방자치단체의 조례로 결정할 사항이다. (2) 피고 경상남도지사의 이 사건 폐업결정은 행정청이 행하는 구

체적 사실에 관한 법집행으로서의 공권력의 행사로서 입원환자들과 소속 직원들의 권리·의무에 직접 영향을 미치는 것이므로 항고소송의 대상에 해당한다. (3) 이 사건 폐업결정 후 진주의료원을 해산한다는 내용의 이 사건 조례가 제정·시행되었고, 이 사건 조례가 무효라고 볼 사정도 없으므로, 진주의료원을 폐업 전의 상태로 되돌리는 원상회복은 불가능하다고 판단된다. 따라서 법원이 피고 경상남도지사의 이 사건 폐업결정을 취소하더라도 그것은 단지 이 사건 폐업결정이 위법함을 확인하는 의미 밖에 없고, 그것만으로는 원고들이 희망하는 진주의료원 재개원이라는 목적을 달성할 수 없으며, 뒤에서 살펴보는 바와 같이 (발생한 손해가 없으므로) 원고들의 국가배상청구도 이유 없다고 판단되므로, 결국 원고들에게 이 사건 폐업결정의 취소로 회복할 수 있는 다른 권리나 이익이 남아있다고 보기도 어렵다. 따라서 피고 경상남도지사의 이 사건 폐업결정은 법적으로 권한 없는 자에 의하여 이루어진 것으로서 위법하다고 하더라도, 그 취소를 구할 소의 이익을 인정하기는 어렵다(대판 2016. 8. 30, 2015두60617[폐업처분 무효확인 등]).

2) 원상회복이 가능한 경우

특정일로 예정되어 있는 집회시위운동의 불허가처분의 취소소송중 그 특정기일이 경과한 경우에도 소의 이익이 존재하지 않는다.

판례 1 현역입영대상자가 입영한 후에도 현역입영통지처분이 취소되면 원상회복이 가능하므로 동 처분의 취소를 구할 소의 이익이 있다(대판 2003. 12. 26, 2003두1875[병역의무부과처분취소]).

판례 2 광업권 존속기간의 경과와 채광목적의 토지형질변경허가거부처분 취소소송의 소의 이익: 행정청이 토지형질변경허가거부처분을 할 당시는 광업권의 존속기간이 만료되지 아니하였을 뿐만 아니라, 광업권자는 상공자원부장관의 허가를 받아 광업권의 존속기간을 연장할 수도 있는 것이므로, 행정청이 위 거부처분을 한뒤에 광업권의 존속기간이 만료되었다고 하여 위 거부처분의 취소를 구할 법률상 이익이 없다고 할 수 없다(대판 1994. 4. 12, 93누21088[토지형질변경허가반려처분취소]).

판례 3 원고들이 불합격처분의 취소를 구하는 이 사건 소송계속 중 당해년도의 입학시기가 지났더라도 당해 년도의 합격자로 인정되면 다음년도의 입학시기에 입학할 수도 있다고 할 것이고, 피고의 위법한 처분이 있게 됨에 따라 당연히 합격하였어야 할 원고들이 불합격처리되고 불합격되었어야 할 자들이 합격한 결과가 되었다면 원고들은 입학정원에 들어가는 자들이라고 하지 않을 수 없다고 할 것이므로 원고들로서는 피고의 불합격처분의 적법여부를 다툴만한 법률상의 이익이 있다(대판 1990. 8. 28, 89누8255).

판례 4 개발제한구역 안에서의 공장설립을 승인한 처분이 위법하다는 이유로 쟁송취소되었다고 하더라도 그 공장설립승인처분에 기초한 공장건축허가처분이 잔존하는 이상, 공장설립승인처분이 취소되었다는 사정만으로 인근 주민들의 환경상 이익이 침해되는 상태나 침해될 위험이 종료되었다거나 이를 시정할 수 있는 단계가 지나버렸다고 단정할 수는 없고, 인근 주민들은 여전히 (환경상 이익의 침해 또는 그 위험을 제거하기 위해) 공장건축허가처분의 취소를 구할 법률상 이익이 있다고 보아야 한다(대판 2018. 7. 12, 2015두3485).

3) 기본적인 권리회복은 불가능하나 부수적 이익이 있는 경우(소의 이익 인정)

[2009, 2011, 2020 행시]

기본적인 권리회복은 불가능하다 하더라도 판결의 소급효에 의하여 당해 처분이 소급적으로 취소되게 됨으로써 원고의 법률상 이익에 해당하는 부수적인 이익이 구제될 수 있는 경우에는 소의 이익이 인정된다.

판례1   해임처분 무효확인 또는 취소소송 계속 중 임기가 만료되어 해임처분의 무효확인 또는 취소로 지위를 회복할 수는 없다고 할지라도, 그 무효확인 또는 취소로 해임처분일부터 임기만료일까지 기간에 대한 보수 지급을 구할 수 있는 경우에는 해임처분의 무효확인 또는 취소를 구할 법률상 이익이 있다. 해임권자와 보수지급의무자가 다른 경우에도 마찬가지이다(대판 2012. 2. 23, 2011두5001[해임처분무효]).

판례2   지방의회 의원에 대한 제명의결처분 취소소송 계속 중 그 의원의 임기가 만료된 경우 소의 이익이 소멸하는지 여부(소극): 지방자치법(2007. 5. 11. 법률 제8423호로 전부 개정되기 전의 것) 제32조 제 1 항(현행 지방자치법 제33조 제 1 항 참조)은 지방의회 의원에게 지급하는 비용으로 의정활동비(제 1 호)와 여비(제 2 호)외에 월정수당(제 3 호)을 규정하고 있는바, 이 규정의 입법연혁과 함께 특히 월정수당(제 3 호)은 지방의회 의원의 직무활동에 대하여 매월 지급되는 것으로서, 지방의회 의원이 전문성을 가지고 의정활동에 전념할 수 있도록 하는 기틀을 마련하고자 하는 데에 그 입법취지가 있다는 점을 고려해 보면, 지방의회 의원에게 지급되는 비용 중 적어도 월정수당(제 3 호)은 지방의회 의원의 직무활동에 대한 대가로 지급되는 보수의 일종으로 봄이 상당하다. 따라서 원고가 이 사건 제명의결 취소소송 계속 중 임기가 만료되어 제명의결의 취소로 지방의회 의원으로서의 지위를 회복할 수는 없다 할지라도, 그 취소로 인하여 최소한 제명의결시부터 임기만료일까지의 기간에 대해 월정수당의 지급을 구할 수 있는 등 여전히 그 제명의결의 취소를 구할 법률상 이익은 남아 있다고 보아야 한다(대판 2009. 1. 30, 2007두13487[본회의개의및본회의제명의결처분취소]).

판례3   [1] 공장건물의 멸실 여부에 불구하고 그 공장등록취소처분의 취소를 구할 법률상의 이익이 있는 경우: 일반적으로 공장등록이 취소된 후 그 공장 시설물이 어떠한 경위로든 철거되어 다시 복구 등을 통하여 공장을 운영할 수 없는 상태라면 이는 공장등록의 대상이 되지 아니하므로 외형상 공장등록취소행위가 잔존하고 있다고 하여도 그 처분의 취소를 구할 법률상의 이익이 없다 할 것이나, 위와 같은 경우에도 유효한 공장등록으로 인하여 공장등록에 관한 당해 법률이나 다른 법률에 의하여 보호되는 직접적·구체적 이익이 있다면, 당사자로서는 공장건물의 멸실 여부에 불구하고 그 공장등록취소처분의 취소를 구할 법률상의 이익이 있다. [2] 공장등록이 취소된 후 그 공장시설물이 철거되었고 관계법령상 다시 복구 등을 통하여 공장을 운영할 수 없는 상태라 하더라도 대도시 안의 공장을 지방으로 이전할 경우 조세특례제한법상의 세액공제 및 소득세 등의 감면혜택이 있고, 공업배치 및 공장설립에 관한 법률상의 간이한 이전절차 및 우선 입주의 혜택이 있는 경우, 그 공장등록취소처분의 취소를 구할 소의 이익이 있다(대판 2002. 1. 11, 2000두3306[공장등록취소 등 처분취소]). 〈해설〉 이 사건에서 공장등록취소처분의 취소로 공장등록이 원상회복되어도 관련 법령상 공장의 복 구는 불가능하지만, 공장의 지방이전에 따른 혜택 등의 부수적 이익이 있으므로 소의 이익이 있는 것이다.

판례4   공공용지의 취득 및 손실보상에 관한 특례법 제 8 조 제 1 항 소정의 이주대책업무가 종결되고 그 공공사업을 완료하여 사업지구 내에 더 이상 분양할 이주대책용 단독택지가 없는 경우에도 이주대책대상자 선정신청을 거부한 행정처분의 취소를 구할 법률상 이익이 있는지 여부(적극): 공공용지의 취득 및 손실보상에 관한 특례법 제 8 조 제 1 항에 의하면 사업시행자는 이주대책의 수립, 실시의무가 있고, 그 의무이행에 따른 이주대책계획을 수립하여 공고하였다면, 이주대책대상자라고 하면서 선정신청을 한 자에 대해 대상자가 아니라는 이유로 거부한 행정처분에 대하여 그 취소를 구하는 것은 이주대책대상자라는 확인을 받는 의미도 함께 있는 것이며, 사업시행자가 하는 확인, 결정은 이주대책상의 택지분양권이나 아파트 입주권 등을 받을 수 있는 구체적인 권리를 취득하기 위한 요건에 해당하므로 현실적으로 이미 수립, 실시한 이주대책업무가 종결되었고, 그 사업을 완료하여 이 사건 사업지구 내에 더 이상 분양할 이주대책용 단독택지가 없다 하더라도 보상금청구권 등의 권리를 확정하는 법률상의 이익은 여전히 남아 있는 것이므로 그러한 사정만으로 이 거부처분의 취소를 구할 법률상 이익이 없다고 할 것은 아니다(대판 1999. 8. 20, 98두17043[단독주택용지조성원가공급거부처분취소]). 〈해설〉 사례에서 법률상 이익은 협의의 소의 이익을 말한다.

판례5 파면처분취소소송의 사실심변론종결전에 동원고가 허위공문서등작성 죄로 징역 8월에 2년간 집행유예의 형을 선고받아 확정되었다면 원고는 지방공무원법 제61조의 규정에 따라 위 판결이 확정된 날 당연퇴직되어 그 공무원의 신분을 상실하고, 당연퇴직이나 파면이 퇴직급여에 관한 불이익의 점에 있어 동일하다 하더라도 최소한도 이 사건 파면처분이 있은 때부터 위 법규정에 의한 당연퇴직일자까지의 기간에 있어서는 파면처분의 취소를 구하여 그로 인해 박탈당한 이익의 회복을 구할 소의 이익(급여청구의 이익)이 있다 할 것이다(대판 1985. 6. 25, 85누39).

판례6 〈부당해고구제재심판정의 취소소송 중 정년이 된 경우 소의 이익이 문제 된 사건〉 근로자가 부당해고 구제신청을 하여 해고의 효력을 다투던 중 정년에 이르거나 근로계약기간이 만료하는 등의 사유로 원직에 복직하는 것이 불가능하게 된 경우에도 해고기간 중의 임금 상당액을 지급받을 필요가 있다면 임금 상당액 지급의 구제명령을 받을 이익이 유지되므로 구제신청을 기각한 중앙노동위원회의 재심판정을 다툴 소의 이익이 있다(대판 전원합의체 2020. 2. 20, 2019두52386[부당해고구제재심판정취소]).

판례7 교원소청심사제도에 관한 '교원의 지위 향상 및 교육활동 보호를 위한 특별법'의 규정 내용과 목적 및 취지 등을 종합적으로 고려하면, 사립학교 교원이 소청심사청구를 하여 해임처분의 효력을 다투던 중 형사판결 확정 등 당연퇴직사유가 발생하여 교원의 지위를 회복할 수 없더라도, 해임처분이 취소되거나 변경되면 해임처분일부터 당연퇴직사유 발생일까지의 기간에 대한 보수 지급을 구할 수 있는 경우에는 소청심사청구를 기각한 교원소청심사위원회 결정(행정소송법상 처분)의 취소를 구할 법률상 이익(협의의 소의 이익)이 있다(대판 2024. 2. 8, 2022두50571).

(4) 보다 실효적인 권리구제절차가 있는지 여부

당해 취소소송보다 실효적인(직접적인) 권리구제절차가 있는 경우에는 소의 이익이 부정된다. 그렇지만, 다른 권리구제절차가 있는 경우에도 취소를 구할 현실적 이익이 있는 경우에는 소의 이익이 인정된다.

판례 행정청이 한 처분 등의 취소를 구하는 소송은 처분에 의하여 발생한 위법 상태를 배제하여 원래 상태로 회복시키고 처분으로 침해된 권리나 이익을 구제하고자 하는 것이다. 따라서 해당 처분 등의 취소를 구하는 것보다 실효적이고 직접적인 구제수단이 있음에도 처분 등의 취소를 구하는 것은 특별한 사정이 없는 한 분쟁해결의 유효적절한 수단이라고 할 수 없어 법률상 이익이 있다고 할 수 없다(대판 2017. 10. 31, 2015두45045).

1) 인가처분 취소소송에서의 소의 이익

기본행위의 하자를 이유로 기본행위를 다투는 소송이 기본행위의 하자를 이유로 인가처분을 다투는 것보다는 더 실효적인 권리구제이므로 기본행위의 하자를 이유로 인가처분의 취소 또는 무효확인을 구할 소의 이익이 없다는 것이 판례의 입장이다.

판례1 인가는 기본행위의 법률상의 효력을 완성시키는 보충행위로서, 그 기본행위에 하자가 있을 때에는 그에 대한 인가가 있었다 하여도 기본행위가 유효한 것으로 될 수 없으므로 기본행위가 적법 유효하고 보충행위인 인가처분 자체에만 하자가 있다면 그 인가처분의 무효나 취소를 주장할 수 있지만, 인가처분에 하자가 없다면 기본행위에 하자가 있다 하더라도 따로 그 기본행위의 하자를 다투는 것은 별론으로 하고 기본행위의 무효를 내세워 바로 그에 대한 행정청의 인가처분의 취소 또는 무효확인을 소구할 법률상의 이익이 없다(대판 1996. 5. 16, 95누4810[법인정관변경허가처분무효확인]). 〈해설〉 기본행위의 하자를 이유로 기본행위를 다투는 소송이 기본행위의 하자를 이유로 인가처분을 다투는 것보다는 더 실효적인 권리구제이므로 기본행위의 하자를 이유로 인가처분의 취소 또는 무효확인을 구할 소의 이익이 없다는 것이 판례의 입장이다.

판례2 학교법인의 임원선임행위에 하자가 있다는 이유로 감독청의 취임승인처분의 취소 또는 무효확인을 구할 법률상 이익이 있는지 여부(소극): 사립학교법 제20조 제 2 항에 의한 학교법인의 임원에 대한 감독청의 취임승인은 학교법인의 임원선임행위를 보충하여 그 법률상의 효력을 완성케 하는 보충적 행정행위로서 그 자체만으로는 법률상 아무런 효력도 발생할 수 없는 것인바, 기본행위인 사법상의 임원선임행위에 하자가 있다는 이유로 그 선임행위의 효력에 관하여 다툼이 있는 경우에는 민사쟁송으로 그 선임행위의 무효확인을 구하는 등의 방법으로 분쟁을 해결할 것이지 보충적 행위로서 그 자체만으로는 아무런 효력이 없는 승인처분만의 취소 또는 무효확인을 구하는 것은 특단의 사정이 없는 한 분쟁해결의 유효적절한 수단이라 할 수 없어 소구할 법률상의 이익이 없다고 할 것이다(대판 1987. 8. 18, 86누152; 2002. 5. 24, 2000두3641 등 참조)(대판 2005. 12. 23, 2005두4823[학교법인임원취·해임승인거부처분취소]).

판례3 재건축조합설립인가를 강학상 인가로 보는 구법하에서 기본행위인 조합설립에 하자가 있는 경우에는 민사쟁송으로써 따로 그 기본행위의 취소 또는 무효확인 등을 구하는 것은 별론으로 하고 기본행위의 불성립 또는 무효를 내세워 바로 그에 대한 감독청의 인가처분의 취소 또는 무효확인을 소구할 법률상 이익이 있다고 할 수 없다(대판 2000. 9. 5, 99두1854[재건축조합설립인가처분무효확인등]). 〈해설〉 기본행위의 하자를 이유로 기본행위를 다투는 소송이 기본행위의 하자를 이유로 인가처분을 다투는 것보다 더 실효적인 권리구제수단이므로 기본행위의 하자를 이유로 인가처분의 취소나 무효확인을 구할 소의 이익이 없다. 그런데, 현행법상 재건축조합의 설립인가처분은 강학상 인가가 아니라 강학상 특허라는 것이 판례의 입장이고, 조합설립인가처분이 있는 경우에는 조합설립결의의 무효확인을 구할 소의 이익이 없고, 조합설립결의의 하자는 인가처분을 다투면서 주장하여야 한다고 본다(대판 2009. 9. 24, 2008다60568; 2010. 4. 8, 2009다27636).

       2) 지위승계신고수리처분의 무효확인을 구할 소의 이익(인정) [2005 행시(일반행정직) 사례]
       사업양도양수신고의 수리는 강학상 인가가 아니라 사업허가의 수허가자의 명의변경이라는 변경허가의 실질을 갖는다. 그리고, 사업양도행위의 무효확인을 구하는 민사소송을 제기하는 것이 가능하더라도 사업양도양수신고의 수리를 취소하거나 무효확인받으면 영업허가자의 지위를 유지하는 현실적 이익이 있으므로 사업양도양수신고수리처분의 취소나 무효확인을 구할 소의 이익이 있다고 보아야 한다.

판례 사업양도·양수에 따른 허가관청의 지위승계신고의 수리는 적법한 사업의 양도·양수가 있었음을 전제로 하는 것이므로 그 수리대상인 사업양도·양수가 존재하지 아니하거나 무효인 때에는 수리를 하였다 하더라도 그 수리는 유효한 대상이 없는 것으로서 당연히 무효라 할 것이고, 사업의 양도행위가 무효라고 주장하는 양도자는 민사쟁송으로 양도·양수행위의 무효를 구함이 없이 막바로 허가관청을 상대로 하여 행정소송으로 사업양도·양수에 따른 허가관청의 지위승계신고수리처분의 무효확인을 구할 법률상 이익이 있다(대판 2005. 12. 23, 2005두3554[채석허가수허가자변경신고수리처분취소]).

〈해설〉 양도인은 사업양도에 따른 지위승계수리처분의 무효확인을 통해 영업자의 지위를 유지할 현실적 이익이 있다.

3) 거부처분 취소재결의 취소를 구하는 소의 이익(부정)

거부처분 취소재결에 따른 후속처분이 아니라 거부처분 취소재결의 취소를 구하는 것은 실효적이고 직접적인 권리구제수단이 될 수 없어 분쟁해결의 유효적절한 수단이라고 할 수 없으므로 소의 이익이 없다(대판 2017. 10. 31, 2015두45045). 거부처분 취소재결에 따라 후속처분이 행해진 경우 후속처분을 다투는 취소소송을 제기할 수 있다.

> **판례** [1] 행정청이 한 처분 등의 취소를 구하는 소송은 그 처분에 의하여 발생한 위법 상태를 배제하여 원래 상태로 회복시키고 그 처분으로 침해된 권리나 이익을 구제하고자 하는 것이다. 따라서 해당 처분 등의 취소를 구하는 것보다 실효적이고 직접적인 구제수단이 있음에도 그 처분 등의 취소를 구하는 것은 특별한 사정이 없는 한 분쟁해결의 유효적절한 수단이라고 할 수 없어 법률상 이익이 있다고 할 수 없다. [2] 거부처분을 취소하는 재결이 있는 경우 그 재결 자체의 취소를 구할 법률상 이익이 인정되는지(소극): 당사자의 신청을 받아들이지 않은 거부처분이 재결에서 취소된 경우에 행정청은 종전 거부처분 또는 재결 후에 발생한 새로운 사유를 내세워 다시 거부처분을 할 수 있다. 그 재결의 취지에 따라 이전의 신청에 대하여 다시 어떠한 처분을 하여야 할지는 처분을 할 때의 법령과 사실을 기준으로 판단하여야 하기 때문이다. 또한 행정청이 재결에 따라 이전의 신청을 받아들이는 후속처분을 하였더라도 그 후속처분이 위법한 경우에는 재결에 대한 취소소송을 제기하지 않고도 곧바로 후속처분에 대한 항고소송을 제기하여 다툴 수 있다. 나아가 거부처분을 취소하는 재결이 있더라도 그에 따른 후속처분이 있기까지는 제3자의 권리나 이익에 변동이 있다고 볼 수 없고 후속처분시에 비로소 제3자의 권리나 이익에 변동이 발생하며, 재결에 대한 항고소송을 제기하여 재결을 취소하는 판결이 확정되더라도 그와 별도로 후속처분이 취소되지 않는 이상 후속처분으로 인한 제3자의 권리나 이익에 대한 침해 상태는 여전히 유지된다. 이러한 점들을 종합하여 보면, 거부처분이 재결에서 취소된 경우 재결에 따른 후속처분이 아니라 그 재결의 취소를 구하는 것은 실효적이고 직접적인 권리구제수단이 될 수 없어 분쟁해결의 유효적절한 수단이라고 할 수 없으므로 법률상 이익이 없다(대판 2017. 10. 31, 2015두45045[주택건설사업계획변경승인신청반려처분취소재결취소]).

(5) 동일한 사유로 위법한 처분이 반복될 위험성이 있는 경우 소의 이익(인정)

행정처분의 무효확인 또는 취소를 구하는 소가 제소 당시에는 소의 이익이 있어 적법하였는데, 소송계속 중 해당 행정처분이 기간의 경과 등으로 그 효과가 소멸한 때에 처분이 취소되어도 원상회복이 불가능하다고 보이는 경우라도, 그 행정처분과 동일한 사유로 위법한 처분이 반복될 위험성이 있어 행정처분의 위법성 확인 내지 불분명한 법률문제에 대한 해명이 필요한 경우에는 행정의 적법성 확보와 그에 대한 사법통제, 국민의 권리구제 확대 등의 측면에서 예외적으로 그 처분의 취소를 구할 소의 이익을 인정할 수 있다. 여기에서 '그 행정처분과 동일한 사유로 위법한 처분이 반복될 위험성이 있는 경우'란 불분명한 법률문제에 대한 해명이 필요한 상황에 관한 대표적인 예시일 뿐이며, 반드시 '해당 사건의 동일한 소송 당사자 사이에서' 반복될 위험이 있는 경우만을 의미하는 것은 아니다. 달리 말하면 다른 사건에서도 또는 당사자(처분 상대방)가 달라도 위법한 처분이 반복될 위험성이 있어 행정처분의 위법성 확인 내지 불분명한 법률문제에 대한 해명이 필요한 경우에는 소의 이익이 인정될 수 있다(대판 2020. 12. 24, 2020두30450; 대판 2024. 4. 16, 2022두57138: 이러한 법리는 행정처분의 일종인 중재재정에 대한 무효확인 또는 취소를 구하는 소의 경우에도 마찬가지로 적용된다고 한 사례).

> **판례1**　피고(교도소장)가 제 1 심판결 선고 이후 원고를 위 '접견내용 녹음·녹화 및 접견 시 교도관 참여대상자'에서 해제하기는 하였지만 앞으로도 원고에게 '접견내용 녹음·녹화 및 접견 시 교도관 참여대상자' 지정행위(이 사건 처분)와 같은 포괄적 접견제한처분을 할 염려가 있는 것으로 예상되므로 이 사건 소는 여전히 법률상 이익(소의 이익)이 있다고 본 원심판단을 정당한 것으로 수긍한 사례(대판 2014. 2. 13, 2013두20899).
>
> **판례2**　[기간 도과로 소멸한 집회 및 시위 금지통고 취소청구 사건] 피고가 심각한 교통 불편을 줄 것이 명백하다는 이유로 원고에게 집회 및 시위의 금지 통고를 한 후 기간의 경과로 금지 통고의 효과가 소멸한 경우, 원고와 피고 사이에 위와 같은 사유로 위법한 처분이 반복될 위험성이 있어 그 위법성을 확인하거나 불분명한 법률문제를 해명할 필요가 있다고 보기 어렵다는 이유로 위 금지 통고의 취소를 구하는 이 사건 소가 소의 이익이 없어 부적법하다는 원심 판단을 정당하다고 본 사례(대판 2018. 4. 12, 2017두67834[옥외집회금지통고처분취소]).
>
> **판례3**　행정처분의 무효확인 또는 취소를 구하는 소가 제소 당시에는 소의 이익이 있어 적법하였더라도, 소송 계속 중 처분청이 다툼의 대상이 되는 행정처분을 직권으로 취소하면 그 처분은 효력을 상실하여 더 이상 존재하지 않는 것이므로, 존재하지 않는 그 처분을 대상으로 한 항고소송은 원칙적으로 소의 이익이 소멸하여 부적법하다. 다만 처분청의 직권취소에도 불구하고 완전한 원상회복이 이루어지지 않아 무효확인 또는 취소로써 회복할 수 있는 다른 권리나 이익이 남아 있거나 또는 동일한 소송 당사자 사이에서 그 행정처분과 동일한 사유로 위법한 처분이 반복될 위험성이 있어 행정처분의 위법성 확인 내지 불분명한 법률문제에 대한 해명이 필요한 경우 행정의 적법성 확보와 그에 대한 사법통제, 국민의 권리구제의 확대 등의 측면에서 예외적으로 그 처분의 취소를 구할 소의 이익을 인정할 수 있다(대판 2019. 6. 27, 2018두49130).

(6) 단계적 행정결정에서의 소의 이익 [2017 행시]

선행처분의 효력이 소멸한 경우에도 선행처분과 후행처분이 단계적인 일련의 절차로 연속하여 행하여져 후행처분이 선행처분의 적법함을 전제로 이루어짐에 따라 선행처분의 하자가 후행처분에 승계된다고 볼 수 있어 이미 소를 제기하여 다투고 있는 선행처분의 위법성을 확인하여 줄 필요가 있는 경우 등에는 행정의 적법성 확보와 그에 대한 사법통제, 국민의 권리구제의 확대 등의 측면에서 여전히 그 선행처분의 취소를 구할 법률상 이익이 있다(대판 전원합의체 2007. 7. 19, 2006두19297[임원취임승인취소처분]<경기학원 임시이사 사건>).

판례1　원자로 및 관계 시설의 부지사전승인처분은 그 자체로서 건설부지를 확정하고 사전공사를 허용하는 법률효과를 지닌 독립한 행정처분이기는 하지만, 건설허가 전에 신청자의 편의를 위하여 미리 그 건설허가의 일부 요건을 심사하여 행하는 사전적 부분 건설허가처분의 성격을 갖고 있는 것이어서 나중에 건설허가 처분이 있게 되면 그 건설허가처분에 흡수되어 독립된 존재가치를 상실함으로써 그 건설허가처분만이 쟁송의 대상이 되는 것이므로, 부지사전승인처분의 취소를 구하는 소는 소의 이익을 잃게 되고, 따라서 부지사전승인처분의 위법성은 나중에 내려진 건설허가처분의 취소를 구하는 소송에서 이를 다투면 된다(대판 1998. 9. 4, 97누19588[부지사전승인처분취소]). 〈해설〉 부지사전승인처분의 위법사유가 건설허가처분의 위법사유가 되는 경우(예, 부지사전승인처분에 중요한 실체상 하자가 있는 경우 등)에는 부지사전승인처분의 취소를 구할 소의 이익이 있다고 보는 것이 타당하다. 이러한 해결이 경기임시이사사건에서의 대법원 전원합의체판결의 취지에 합치한다.

판례2　구 도시 및 주거환경정비법상 조합설립추진위원회 구성승인처분을 다투는 소송 계속 중 조합설립인가처분이 이루어진 경우 조합설립추진위원회 구성승인처분에 대하여 취소 또는 무효확인을 구할 법률상 이익이 있는지 여부(소극): 구 도시 및 주거환경정비법(2009. 2. 6. 법률 제9444호로 개정되기 전의 것, 이하 '구 도시정비법'이라고 한다) 제13조 제 1 항, 제 2 항, 제14조 제 1 항, 제15조 제 4 항, 제 5 항 등 관계 법령의 내용, 형식, 체제 등에 비추어 보면, 조합설립추진위원회(이하 '추진위원회'라고 한다) 구성승인처분은 조합의 설립을 위한 주체인 추진위원회의 구성행위를 보충하여 그 효력을 부여하는 처분으로서 조합설립이라는 종국적목적을 달성하기 위한 중간단계의 처분에 해당하지만, 그 법률요건이나 효과가 조합설립인가처분의 그것과는 다른 독립적인 처분이기 때문에, 추진위원회 구성승인처분에 대한 취소 또는 무효확인 판결의 확정만으로는 이미 조합설립인가를 받은 조합에 의한 정비사업의 진행을 저지할 수 없다. 따라서 추진위원회 구성승인처분을 다투는 소송 계속 중에 조합설립인가처분이 이루어진 경우에는, 추진위원회 구성승인처분에 위법이 존재하여 조합설립인가 신청행위가 무효라는 점 등을 들어 직접 조합설립인가처분을 다툼으로써 정비사업의 진행을 저지하여야 하고, 이와는 별도로 추진위원회 구성승인처분에 대하여 취소 또는 무효확인을 구할 법률상의 이익은 없다고 보아야 한다(대판 2013. 1. 31, 2011두11112, 2011두11129[조합설립추진위원회설립승인무효확인·조합설립추진위원회설립승인무효확인]).

(7) 기　　타

동일한 내용의 후행거부처분의 존재와 선행거부처분 취소소송의 소의 이익: 행정청의 후행거부처분은 소극적 행정행위로서 현존하는 법률관계에 아무런 변동도 가져오는 것이 아니므로, 그 거부처분이 공정력이 있는 행정행위로서 취소되지 아니하였다고 하더라도, 원고가 그 거부처분의 효력을 직접 부정하는 것이 아닌 한 선행거부처분보다 뒤에 된 동일한 내용의 후행거부처분 때문에 선행거부처분의 취소를 구할 법률상 이익이 없다고 할 수는 없다(대판 1994. 4. 12, 93누21088[토지형질변경허가반려처분취소]).

Ⅲ. 무효확인소송에서의 소의 이익 [2010 입시 사례, 2015 사시]

무효확인소송에서도 취소소송에서 논한 소의 이익이 요구된다. 그런데, 그 이외에 무효확인소송에 있어서 일반 확인소송(민사소송인 확인소송)에서 요구되는 '확인의 이익'(즉시확정의 이익)이 요구되는지에 관하여 견해가 대립하고 있다.

확인소송은 현존하는 원고의 권리 또는 법률상 지위에 현존하는 불안이나 위험이 있고, 법적 지위의 불안이나 위험을 제거하기 위하여 확인판결을 받는 것이 유효적절한 권리구제수단일 때 인정되는 것이다(대판 2011. 9. 8, 2009다67115). 달리 말하면 확인소송은 보다 실효적인 구제수단(예, 처분의 무효를 전제로 한 이행소송)이 가능하면 인정되지 않는다. 이를 확인소송의 보충성이라 한다. 이행을 청구하는 소를 제기할 수 있는데도 불구하고 확인의 소를 제기하는 것은 분쟁의 종국적인 해결방법이 아니어서 확인의 이익이 없다. 또한 확인의 소에 확인의 이익이 있는지는 직권조사사항이므로 당사자의 주장 여부에 관계없이 법원이 직권으로 판단하여야 한다(대판 2019. 5. 16, 2016다240338).

1. 긍정설(필요설, 즉시확정이익설)

이 견해는 무효확인소송이 실질적으로 확인소송으로서의 성질을 가지고 있으므로 확인소송에 있어서의 일반적 소송요건인 '확인의 이익'이 요구된다고 한다.

이 견해에 의하면 무효를 전제로 하는 현재의 법률관계에 관한 소송으로 구제되지 않을 때에만 무효확인소송이 보충적으로 인정된다.

따라서 무효인 행정처분이 집행되지 않은 경우(무효인 조세부과처분에 따라 아직 세금을 납부하지 않은 경우)에는 집행의무를 면하기 위하여 처분의 무효확인을 받을 이익이 있지만, 무효인 행정처분이 이미 집행된 경우(무효인 조세부과처분에 따라 세금이 이미 납부된 경우)에는 그에 의해 형성된 위법상태의 제거를 위한 직접적인 소송방법(납부된 조세의 반환을 위한 부당이득반환청구소송)이 있을 때에는, 그 원인인 처분의 무효확인을 구하고 행정청이 그 무효확인판결을 존중하여 그 위법상태를 제거하여 줄 것을 기대하는 것은 간접적인 방법이므로, 행정처분의 무효확인을 독립한 소송으로 구할 소의 이익이 없다고 본다.

2. 부정설(불요설)

다수학설은 다음과 같은 논거에 의해 무효확인소송에서 취소소송에서와 같이 소의 이익이 요구될 뿐 확인의 이익이 요구되지 않는다고 한다.

① 무효확인판결의 기속력(원상회복의무)에 의해 판결의 실효성을 확보할 수 있으므로 민사소송에서와 같이 분쟁의 궁극적 해결을 위한 확인의 이익 여부를 논할 이유가 없다.

② 무효확인소송은 본질에 있어서 행정청의 처분을 다투는 항고소송인 것이며, 단지 다투는 형식이 확인소송의 형식을 취하고 있을 뿐이다.

3. 판   례

종래 판례는 긍정설(필요설, 즉시확정이익설)을 취하고 있었다.

판례1 **행정처분에 대한 무효확인의 소에 있어서 확인의 이익의 의미**: 행정처분에 대한 무효확인의 소에 있어서 확인의 이익은 그 대상인 법률관계에 관하여 당사자 사이에 분쟁이 있고, 그로 인하여 원고의 권리 또는 법률상의 지위에 불안·위험이 있어 판결로써 그 법률관계의 존부를 확정하는 것이 위 불안·위험을 제거하는 데 필요하고도 적절한 경우에 인정된다(대판 2001. 9. 18, 99두11752: 소유자 아 닌 다른 사람이 행정청으로부터 건물에 대한 사용승인의 처분을 받아 이를 사용·수익함으로써 소유자 의 권리행사가 방해를 받고 있는 경우 사용승인의 처분이 그러한 침해행위까지 정당화하는 것은 아니 므로, 건물의 소유자로서는 사용승인처분에 대한 무효확인의 판결을 받을 필요 없이 직접 민사소송을 제기하여 소유권에 기한 방해의 제거나 예방을 청구함으로써 그 소유물에 대한 권리를 보전하려는 목 적을 달성할 수가 있으므로 그 사용승인처분에 대하여 무효확인을 구하는 것은 분쟁해결에 직접적이 고도 유효·적절한 수단이라 할 수 없어 소의 이익이 없다고 한 사례).

판례2 확인의 이익이 부정된 사례: 과세처분에 따라 부과세액을 납부한 경우 그 과세처분의 무효확 인을 구할 법률상 이익(확인의 이익)이 있는지 여부(소극): 무효임을 주장하는 과세처분에 따라 그 부 과세액을 납부하여 이미 그 처분의 집행이 종료된 것과 같이 되어 버렸다면 그 과세처분이 존재하고 있는 것과 같은 외관이 남아 있음으로써 장차 이해관계인에게 다가올 법률상의 불안이나 위험은 전혀 없다 할 것이고, 다만 남아 있는 것은 이미 이루어져 있는 위법상태의 제거, 즉 납부효과가 발생한 세 금의 반환을 구하는 문제뿐이라고 할 것인바, 이와 같은 위법상태의 제거방법으로서 그 위법상태를 이 룬 원인에 관한 처분의 무효확인을 구하는 방법은 과세청이 그 무효확인판결의 구속력을 존중하여 납부한 세금의 환급을 하여 줄 것을 기대하는 간접적인 방법이라 할 것이므로, 민사소송에 의한 부당 이득반환청구의 소로써 직접 그 위법상태의 제거를 구할 수 있는 길이 열려 있는 이상 위와 같은 과세 처분의 무효확인의 소는 분쟁해결에 직접적이고도 유효적절한 해결방법이라 할 수 없어 확인을 구할 법률상 이익이 없다(대판 1991. 9. 10, 91누3840[법인세부과처분취소]).

현재 판례는 판례를 변경하여 부정설과 같이 행정처분의 근거 법률에 의해 보호되는 직접적이고 구체적인 이익이 있는 경우 이와 별도로 민사소송(확인소송)에서 요구하는 확 인의 이익(무효확인소송의 보충성)을 요구하지 않는 것으로 하였다(부정설).

판례 행정소송법 제35조에 규정된 '무효확인을 구할 법률상 이익'이 있는지를 판단할 때 행정처분 의 무효를 전제로 한 이행소송 등과 같은 직접적인 구제수단이 있는지를 따져보아야 하는지 여부(소 극): 행정소송은 행정청의 위법한 처분 등을 취소·변경하거나 그 효력 유무 또는 존재 여부를 확인함 으로써 국민의 권리 또는 이익의 침해를 구제하고, 공법상의 권리관계 또는 법적용에 관한 다툼을 적 정하게 해결함을 목적으로 하는 것이므로, 대등한 주체 사이의 사법상 생활관계에 관한 분쟁을 심판대 상으로 하는 민사소송과는 그 목적, 취지 및 기능 등을 달리한다. 또한, 행정소송법 제4조에서는 무효 확인소송을 항고소송의 일종으로 규정하고 있고, 행정소송법 제38조 제1항에서는 처분 등을 취소하는 확정판결의 기속력 및 행정청의 재처분 의무에 관한 행정소송법 제30조를 무효확인소송에도 준용하고 있으므로 무효확인판결 자체만으로도 실효성을 확보할 수 있다. 그리고 무효확인소송의 보충성을 규정 하고 있는 외국의 일부 입법례와는 달리 우리나라 행정소송법에는 명문의 규정이 없어 이로 인한 명시 적 제한이 존재하지 않는다. 이와 같은 사정을 비롯하여 행정에 대한 사법통제, 권익구제의 확대와 같 은 행정소송의 기능 등을 종합하여 보면, 행정처분의 근거 법률에 의하여 보호되는 직접적이고 구체적 인 이익이 있는 경우에는 행정소송법 제35조에 규정된 '무효확인을 구할 법률상 이익'이 있다고 보아야 하고, 이와 별도로 무효확인소송의 보충성이 요구되는 것은 아니므로 행정처분의 무효를 전제로 한 이 행소송 등과 같은 직접적인 구제수단이 있는지 여부를 따질 필요가 없다고 해석함이 상당하다(대판 전 원합의체 2008. 3. 20, 2007두6342[하수도원인자부담금부과처분취소]).

4. 결어(불요설)

무효확인판결에는 기속력으로 원상회복의무(위법상태제거의무)가 인정되므로 취소소송에서 요구되는 소의 이익과 별도로 확인의 이익이 추가로 요구되지 않는다고 보는 부정설이 타당하다.

Ⅳ. 부작위위법확인소송에서의 소의 이익

① 당사자의 신청이 있은 이후 당사자에게 생긴 사정의 변화로 인하여 위 부작위가 위법하다는 확인을 받는다고 하더라도 종국적으로 침해되거나 방해받은 권리와 이익을 보호·구제받는 것이 불가능하게 되었다면 그 부작위가 위법하다는 확인을 구할 이익은 없다(대판 2002. 6. 28, 2000두4750[조례제정부작위위법확인]: 이 판결은 지방자치단체가 조례를 통하여 노동운동이 허용되는 사실상의 노무에 종사하는 공무원의 구체적 범위를 규정하지 않고 있는 것에 대하여 버스전용차로 통행위반 단속업무에 종사하는 자가 부작위위법확인의 소를 제기하였으나 상고심 계속중에 정년퇴직한 경우, 위 조례를 제정하지 아니한 부작위가 위법하다는 확인을 구할 소의 이익이 상실되었다고 한 사례).

② 또한, 변론종결시까지 처분청이 처분(거부처분 포함)을 한 경우에는 부작위상태가 해소되므로 소의 이익이 없게 된다(대판 1990. 9. 25, 89누4758[교원임용의무불이행위법확인 등]).

> **판례** 부작위위법확인소송의 변론종결시까지 행정청의 처분으로 부작위 상태가 해소된 경우 소의 이익 유무(소극): 부작위위법확인의 소는 행정청이 국민의 법규상 또는 조리상의 권리에 기한 신청에 대하여 상당한 기간내에 그 신청을 인용하는 적극적 처분 또는 각하하거나 기각하는 등의 소극적 처분을 하여야 할 법률상의 응답의무가 있음에도 불구하고 이를 하지 아니하는 경우, 판결(사실심의 구두변론 종결)시를 기준으로 그 부작위의 위법을 확인함으로써 행정청의 응답을 신속하게 하여 부작위 내지 무응답이라고 하는 소극적인 위법상태를 제거하는 것을 목적으로 하는 것이고, 나아가 당해 판결의 구속력에 의하여 행정청에게 처분 등을 하게 하고 다시 당해 처분 등에 대하여 불복이 있는 때에는 그 처분 등을 다투게 함으로써 최종적으로는 국민의 권리이익을 보호하려는 제도이므로, 소제기의 전후를 통하여 판결시까지 행정청이 그 신청에 대하여 적극 또는 소극의 처분을 함으로써 부작위상태가 해소된 때에는 소의 이익을 상실하게 되어 당해 소는 각하를 면할 수가 없는 것이다(대판 1990. 9. 25, 89누4758[교원임용의무불이행위법확인등]).

Ⅴ. 공법상 당사자소송에서의 소의 이익

행정소송법은 공법상 당사자소송에 대하여는 원고적격이나 소의 이익에 관한 규정을 두고 있지 않다. 따라서, 공법상 당사자소송의 소의 이익에 관하여는 민사소송법이 준용된다(행정소송법 제8조 제2항).

공법상 법률관계의 확인을 구하는 당사자소송의 경우, 즉 공법상 당사자소송인 확인소송의 경우에는 항고소송인 무효확인소송에서와 달리 확인의 이익이 요구된다.

판례1 확인의 소에서 확인의 이익은 원고의 권리 또는 법률상 지위에 현존하는 불안·위험이 있고 그 불안·위험을 제거하기 위하여 확인판결을 받는 것이 가장 유효적절한 수단일 때에만 인정된다(대판 2011. 9. 8, 2009다67115; 대판 2018. 3. 15, 2016다275679). 보다 실효적인 구제수단이 있는 경우 확인의 이익이 없다. 즉, 이행청구를 할 수 있는 경우임에도 별도로 그 이행의무의 존재 확인을 구하거나 손해배상청구를 할 수 있는 경우임에도 별도로 그 침해되는 권리의 존재 확인을 구하는 것은 특별한 사정이 없는 한 불안 제거에 별다른 실효성이 없고 소송경제에 비추어 유효·적절한 수단이라 할 수 없어 분쟁의 종국적인 해결 방법이 아니므로 확인의 이익이 없다(대판 2023. 12. 21, 2023다275424).

판례2 과거의 법률관계에 관하여 확인의 소가 허용되는 경우: 과거의 법률관계라 할지라도 현재의 권리 또는 법률상 지위에 영향을 미치고 있고 현재의 권리 또는 법률상 지위에 대한 위험이나 불안을 제거하기 위하여 그 법률관계에 관한 확인판결을 받는 것이 유효적절한 수단이라고 인정될 때에는 확인의 이익이 있다(대판 2021. 4. 29, 2016두39856[국회의원지위확인]).

판례3 확인의 이익: 지방자치단체와 채용계약에 의하여 채용된 계약직공무원이 그 계약기간 만료 이전에 채용계약 해지 등의 불이익을 받은 후 그 계약기간이 만료된 때에는 그 채용계약 해지의 의사표시가 무효라고 하더라도, 지방공무원법이나 지방계약직공무원규정 등에서 계약기간이 만료되는 계약직공무원에 대한 재계약의무를 부여하는 근거 규정이 없으므로 계약기간의 만료로 당연히 계약직공무원의 신분을 상실하고 계약직공무원의 신분을 회복할 수 없는 것이므로, 그 해지의사표시의 무효확인청구는 과거의 법률관계의 확인청구에 지나지 않는다 할 것이고, 한편 과거의 법률관계라 할지라도 현재의 권리 또는 법률상 지위에 영향을 미치고 있고 현재의 권리 또는 법률상 지위에 대한 위험이나 불안을 제거하기 위하여 그 법률관계에 관한 확인판결을 받는 것이 유효 적절한 수단이라고 인정될 때에는 그 법률관계의 확인소송은 즉시확정의 이익이 있다고 보아야 할 것이나, 계약직공무원에 대한 채용계약이 해지된 경우에는 공무원 등으로 임용되는 데에 있어서 법령상의 아무런 제약사유가 되지 않을 뿐만 아니라, 계약기간 만료 전에 채용계약이 해지된 전력이 있는 사람이 공무원 등으로 임용되는 데에 있어서 그러한 전력이 없는 사람보다 사실상 불이익한 장애사유로 작용한다고 하더라도 그것만으로는 법률상의 이익이 침해되었다고 볼 수는 없으므로 그 무효확인을 구할 이익이 없다(대판 2002. 11. 26, 2002두1496 등 참조). 또한, 이 사건과 같이 이미 채용기간이 만료되어 소송 결과에 의해 법률상 그 직위가 회복되지 않는 이상 채용계약 해지의 의사표시의 무효확인만으로는 당해 소송에서 추구하는 권리구제의 기능이 있다고 할 수 없고, 침해된 급료지급청구권이나 사실상의 명예를 회복하는 수단은 바로 급료의 지급을 구하거나 명예훼손을 전제로 한 손해배상을 구하는 등의 이행청구소송으로 직접적인 권리구제방법이 있는 이상 무효확인소송은 적절한 권리구제수단이라 할 수 없어 확인소송의 또 다른 소송요건을 구비하지 못하고 있다 할 것이며, 위와 같이 직접적인 권리구제의 방법이 있는 이상 무효확인 소송을 허용하지 않는다고 해서 당사자의 권리구제를 봉쇄하는 것도 아니다(대판 전원합의체 2000. 5. 18, 95재다199 등 참조). 원심이 같은 취지에서 이 사건 소 중 채용계약 해지의사표시의 무효확인청구부분은 확인의 이익이 없어 부적법하다고 판단한 조치는 수긍이 가고, 거기에 상고이유에서 주장하는 바와 같은 확인의 이익에 관한 법리오해 등의 위법이 없다(대판 2008. 6. 12, 2006두16328 [전임계약직공무원(나급)재계약거부처분및감봉처분취소]).

판례4 행정청이 도시 및 주거환경정비법 등 관련 법령에 의하여 행하는 조합설립인가처분의 법적 성격 및 조합설립인가처분이 있은 후에 조합설립결의의 하자를 이유로 그 결의 부분만을 따로 떼어내어 무효 등 확인의 소를 제기하는 것이 허용되는지 여부(소극): 행정청이 도시 및 주거환경정비법 등 관련 법령에 근거하여 행하는 조합설립인가처분은 단순히 사인들의 조합설립행위에 대한 보충행위로서의 성질을 갖는 것에 그치는 것이 아니라 법령상 요건을 갖출 경우 도시 및 주거환경정비법상 주택재건축사업을 시행할 수 있는 권한을 갖는 행정주체(공법인)로서의 지위를 부여하는 일종의 설권적 처

분의 성격을 갖는다고 보아야 한다. 그리고 그와 같이 보는 이상 조합설립결의는 조합설립인가처분이
라는 행정처분을 하는 데 필요한 요건 중 하나에 불과한 것이어서, 조합설립결의에 하자가 있다면 그
하자를 이유로 직접 항고소송의 방법으로 조합설립인가처분의 취소 또는 무효확인을 구하여야 하고,
이와는 별도로 조합설립결의 부분만을 따로 떼어내어 그 효력 유무를 다투는 확인의 소를 제기하는 것
은 원고의 권리 또는 법률상의 지위에 현존하는 불안·위험을 제거하는 데 가장 유효·적절한 수단이라
할 수 없어 특별한 사정이 없는 한 확인의 이익은 인정되지 아니한다(대판 2009. 9. 24, 2008다60568
[재건축결의부존재확인]).

> 판례5   도시 및 주거환경정비법(이하 '도시정비법'이라고 한다)상 주택재건축정비사업조합이 도시정
> 비법 제48조에 따라 수립한 관리처분계획에 대하여 관할 행정청의 인가·고시가 있게 되면 관리처분계
> 획은 행정처분으로서 효력이 발생하게 되므로, 총회결의의 하자를 이유로 하여 행정처분의 효력을 다
> 투는 항고소송의 방법으로 관리처분계획의 취소 또는 무효확인을 구하여야 하고, 그와 별도로 행정처
> 분에 이르는 절차적 요건 중 하나에 불과한 총회결의 부분만을 따로 떼어내어 효력 유무를 다투는 확
> 인의 소를 제기하는 것은 특별한사정이 없는 한 허용되지 않는다(대판 전원합의체 2009. 9. 17, 2007다
> 2428; 대판 2012. 3. 29, 2010두7765[조합결의무효확인]).

Ⅵ. 기관소송·민중소송에서의 소의 이익

민중소송이나 기관소송은 개별법률에 특별한 규정이 있는 경우에 법률에 정한 자에
한하여 제기할 수 있다(행정소송법 제45조). 따라서, 통상 소의 이익은 문제되지 않는다.

다만, 당선인이 사퇴하거나 사망한 때에는 당선무효확인소송을 제기할 소의 이익이 없다.

제 4 항   피고적격이 있는 자를 피고로 할 것 [2007 행시(재경직 및 기타) 약술]

Ⅰ. 항고소송의 피고

행정소송법은 항고소송의 피고를 행정주체로 하지 않고 '처분 등을 행한 행정청'으로
하고 있다. 이렇게 한 것은 처분을 실제로 한 행정청을 피고로 하는 것이 효율적이고, 행
정통제기능을 달성하는 데 보다 실효적이기 때문이다.

1. 처분 등을 행한 행정청 [2012, 2013 사시 사례, 2017 변시]

취소소송은 다른 법률에 특별한 규정이 없는 한 그 '처분 등을 행한 행정청'을 피고로
한다. 다만, 처분 등이 있은 뒤에 그 처분 등에 관계되는 권한이 다른 행정청에 승계된 때
에는 이를 승계한 행정청을 피고로 한다(행정소송법 제13조 제 1 항). 제 1 항의 규정에 의한
행정청이 없게 된 때에는 그 처분 등에 관한 사무가 귀속되는 국가 또는 공공단체를 피고
로 한다(행정소송법 제13조 제 2 항). ·

'처분 등을 행한 행정청'이라 함은 그의 이름으로 처분을 한 행정기관을 말한다. 정당
한 권한을 가진 행정청인지 여부는 불문한다. 처분권한이 있는지 여부는 본안의 문제이다.

'행정청'에는 본래의 행정청(국가 또는 지방자치단체의 행정청 및 공공단체) 이외에 법령에 의하여 행정권한의 위임 또는 위탁을 받은 행정기관, 공공단체 및 그 기관 또는 사인이 포함된다(행정소송법 제2조). 공무수탁사인이 자신의 이름으로 처분을 한 경우에 공무수탁사인이 피고가 된다.

재결이 항고소송의 대상이 되는 경우에는 재결을 한 행정심판위원회가 피고가 된다.

제75조에 따른 처분(공무원에 대하여 징계처분등, 강임·휴직·직위해제 또는 면직처분) 그 밖에 본인의 의사에 반한 불리한 처분이나 부작위에 관한 행정소송을 제기할 때에는 대통령의 처분 또는 부작위의 경우에는 소속 장관을, 중앙선거관리위원회위원장의 처분 또는 부작위의 경우에는 중앙선거관리위원회사무총장을 각각 피고로 한다(국가공무원법 제16조 제2항).

헌법재판소장이 한 처분에 대한 행정소송의 피고는 헌법재판소 사무처장으로 한다(헌법재판소법 제17조 제4항).

2. 구체적 사례(유형별 고찰)

(1) 처분청과 통지한 자가 다른 경우

처분청과 통지한 자가 다른 경우에는 처분청이 피고가 된다.

> **판례1**   대법원은 인천광역시장으로부터 환경보전법상의 위법시설에 대한 폐쇄 등 명령권한의 사무처리에 관한 내부위임을 받은 인천광역시 북구청장이 무허가배출시설에 대한 인천광역시장 명의의 폐쇄명령서를 발부받아 『환경보전법위반사업장고발 및 폐쇄명령』이란 제목으로 위 폐쇄명령서를 첨부하여 위 무허가배출시설에 대한 폐쇄명령통지를 한 사건에서 "폐쇄명령처분을 한 행정청은 어디까지나 인천광역시장이고, 인천광역시 북구청장은 인천광역시장의 위 폐쇄명령처분에 관한 사무처리를 대행하면서 이를 통지하였음에 지나지 않으므로, 피고 북구청장을 위 폐쇄명령처분을 한 행정청으로 보고 제기한 이 사건 소는 피고적격이 없는 자를 상대로 한 것이어서 부적법하다"라고 판시하였다(대판 1990. 4. 27, 90누233[사업장폐쇄명령처분취소]).

> **판례2**   (1) 서훈은 서훈대상자의 특별한 공적에 의하여 수여되는 고도의 일신전속적 성격을 가지는 것이다. 비록 유족이라고 하더라도 제3자는 서훈수여 처분의 상대방이 될 수 없고, 망인에게 수여된 서훈의 취소에서도 유족은 그 처분의 상대방이 되는 것이 아니다. (2) 망인에 대한 서훈취소는 유족에 대한 것이 아니므로 유족에 대한 통지에 의해서만 성립하여 효력이 발생한다고 볼 수 없고, 그 결정이 처분권자의 의사에 따라 상당한 방법으로 대외적으로 표시됨으로써 행정행위로서 성립하여 효력이 발생한다고 봄이 타당하다. (3) 건국훈장 독립장이 수여된 망인에 대하여 사후적으로 친일행적이 확인되었다는 이유로 대통령에 의하여 망인에 대한 서훈취소가 결정된 후에 그 서훈취소에 따라 훈장 등을 환수조치하여 달라는 당시 행정안전부장관의 요청에 의하여 피고 국가보훈처장이 망인의 유족에게 '독립유공자 서훈취소결정 통보'(이하 '이 사건 통보'라고 한다)를 한 사건에서, 피고(국가보훈처장)가 행한 이 사건 통보 행위는 유족으로서 상훈법에 따라 훈장 등을 보관하고 있는 원고들에게 그 반환 요구의 전제로서 대통령의 서훈취소결정이 있었음을 알리는 것에 불과하고, 위 통보로써 피고가 그 명의로 서훈취소의 처분을 하였다고 볼 것은 아님에도, 이를 피고의 서훈취소의 처분으로 파악하여 그 처분의 적법 여부를 판단한 원심판단에는 서훈취소 처분의 법적 성격 및 관련 행정행위의 해석에 관한 법리와 피고적격에 관한 법리 등을 오해한 위법이 있다고 한 사안. (4) 갑이 서훈취소 처분을 행한 행정청(대

통령)이 아니라 국가보훈처장을 상대로 제기한 위 소는 피고를 잘못 지정한 경우에 해당하므로, 법원으로서는 석명권을 행사하여 정당한 피고로 경정하게 하여 소송을 진행해야 한다(대판 2014. 9. 26, 2013두2518[독립유공자서훈취소결정무효확인등]). 〈해설〉 이 사례에서 서훈취소처분은 대통령이 한 것이므로 대통령이 피고가 되어야 하고, 대통령의 처분을 통보한 국가보훈처장을 피고로 한 것은 잘못이다. 유족은 서훈취소처분의 상대방은 아니지만, 서훈취소처분의 취소를 구할 법률상 이익이 있다.

> **판례3**   항고소송은 다른 법률에 특별한 규정이 없는 한 원칙적으로 소송의 대상인 행정처분을 외부적으로 행한 행정청을 피고로 하여야 하고(행정소송법 제13조 제1항 본문), 다만 대리기관이 대리관계를 표시하고 피대리 행정청을 대리하여 행정처분을 한 때에는 피대리 행정청이 피고로 되어야 한다(대결 2006. 2. 23, 2005부4 참조). 피고 한국농어촌공사가 '피고 농림축산식품부장관의 대행자' 지위에서 위와 같은 납부통지를 하였음을 분명하게 밝힌 이상, 피고 농림축산식품부장관이 이 사건 농지보전부담금 부과처분을 외부적으로 자신의 명의로 행한 행정청으로서 항고소송의 피고가 되어야 하고, 단순한 대행자에 불과한 피고 한국농어촌공사를 피고로 삼을 수는 없다(대판 2018. 10. 25, 2018두43095).

(2) 권한의 위임(또는 위탁)의 경우

권한의 위임이 있는 경우에는 위임기관은 처분권한을 상실하며 수임기관이 처분권한을 갖게 되므로 수임기관이 처분청이 된다. 이 경우에 수임 행정기관은 행정청일 수도 있고 보조기관일 수도 있다. 권한의 사실상 대행에 불과한 경우에는 피대행기관이 처분청으로서 피고가 된다고 보아야 한다.

> **판례**   [납세지 관할 세무서장을 상대로 종합소득세 부과처분과 개인지방소득세 부과처분의 취소를 함께 구한 사안] 관련 규정의 문언과 체계, 한시적으로 부칙 조항을 둔 취지 등을 종합해 보면, 피고(납세지 관할 세무서장)가 원고에게 이 사건 종합소득세 부과고지를 하면서 개인지방소득세 부과고지를 함께 한 것은 그에 관한 처분권한을 위임·위탁받아 자기의 권한에 기하여 한 것이 아니라 구 지방세법 부칙 제13조 제2항 등에 따라 단순히 그 부과고지 업무만을 대행한 것에 불과하다. 따라서 이 사건 개인지방소득세 부과처분의 취소를 구하는 항고소송의 피고는 원고의 소득세 납세지를 관할하는 남양주시장이 되어야 할 것이지만, 특별한 사정이 없는 한 원고로서는 피고를 상대로 한 소송에서 종합소득세 부과처분의 취소판결을 받으면 족하고, 이와 별도로 개인지방소득세 부과처분의 취소를 구하는 소를 제기할 필요도 없다. 결국 이 사건 소(납세지 관할 세무서장을 상대로 종합소득세 부과처분과 개인지방소득세 부과처분의 취소를 함께 구한 소) 중 개인지방소득세 부과처분의 취소를 구하는 부분은 피고적격이 없는 자를 상대로 한 것이거나 그 취소를 구할 소의 이익이 없어 부적법하다(대판 2023. 8. 18, 2023두40588).

내부위임의 경우에는 처분권한이 이전되지는 않는다. 따라서 내부위임의 경우에 처분은 위임청의 이름으로 행해져야 한다. 이 경우에 항고소송의 피고는 처분청인 위임청이 된다.

그런데, 내부위임의 경우에 위법한 것이기는 하지만 수임기관이 자신의 이름으로 처분을 행하는 경우가 있다. 이 경우에 항고소송의 대상이 되는 처분청이라 함은 실제로 처분을 한 행정청을 말하므로 내부위임을 받아 실제로 처분을 한 행정청(수임기관)을 피고로 하여야 한다.

판례1 행정처분의 취소 또는 무효확인을 구하는 행정소송은 다른 법률에 특별한 규정이 없는 한 그 처분을 행한 행정청을 피고로 하여야 하며, 행정처분을 행할 적법한 권한 있는 상급행정청으로부터 내부위임을 받은 데 불과한 하급행정청이 권한 없이 행정처분을 한 경우에도 실제로 그 처분을 행한 하급행정청을 피고로 하여야 할 것이지 그 처분을 행할 적법한 권한 있는 상급행정청을 피고로 할 것은 아니다(대판 1994. 8. 12, 94누2763[자동차운전면허정지처분취소 등]: 내부위임을 받은 경찰서장이 한 자동차운전면허정지처분에 대해 지방경찰청장을 피고로 취소소송을 제기한 것은 부적법하다고 한 사례). 〈해설〉 내부위임을 받은 행정청이 권한 없이 행정처분을 했다는 것은 자신의 이름으로 처분을 한 것을 의미한다.

판례2 (1) 행정처분의 취소 또는 무효확인을 구하는 행정소송은 다른 법률에 특별한 규정이 없는 한 소송의 대상인 행정처분 등을 외부적으로 그의 명의로 행한 행정청을 피고로 하여야 하는 것으로서 그 행정처분을 하게 된 연유가 상급행정청이나 타행정청의 지시나 통보에 의한 것이라 하여 다르지 않다고 할 것이며, 권한의 위임이나 위탁을 받아 수임행정청이 정당한 권한에 기하여 그 명의로 한 처분에 대하여는 말할 것도 없고, 내부위임이나 대리권을 수여받은 데 불과하여 원행정청 명의나 대리관계를 밝히지 아니하고는 그의 명의로 처분 등을 할 권한이 없는 행정청이 권한 없이 그의 명의로 한 처분에 대하여도 처분명의자인 행정청이 피고가 되어야 할 것이다(대법원 1995. 12. 22, 선고 95누14688 판결 참조). (2) 오산시장은 경기도지사로부터 이 사건 보조금 지급은 물론 그 환수 처분권한을 위임받았다 할 것이고, 오산시장이 한 2015. 2. 9.자 보조금 반환 통지는 오산시장이 경기도지사로부터 통지받은 내역에 따라 오산시 관리조례 제22조에 근거하여 원고에게 보조금 환수 조치를 한 경우 오산시장에게 이 사건 보조금 환수에 관한 정당한 권한이 있는지 여부를 불문하고, 위 보조금 환수 처분의 취소를 구하는 항고소송의 피고적격이 오산시장에게 있다(위 피고 명의의 통지서에 경기도지사의 2015. 2. 6.자 환수 요청 공문이 첨부되어 있기는 하나, 위 공문의 수신인은 피고 및 화성시장으로 되어 있어 이를 원고에 대한 대외적인 행정처분서로 볼 수는 없고, 피고가 원고에게 보조금 반환을 명함에 있어 그 산정 근거로 첨부한 참고자료에 불과한 것으로 보인다)(서울고등법원 2017. 5. 18, 2016누70651[보조금반환처분취소]).

권한의 위탁을 받은 공공단체 또는 사인도 그의 이름으로 처분을 한 경우에 처분청이 된다.

판례1 성업공사가 체납압류된 재산을 공매하는 것은 세무서장의 공매권한 위임에 의한 것으로 보아야 할 것이므로, 성업공사가 한 그 공매처분에 대한 취소 등의 항고소송을 제기함에 있어서는 수임청으로서 실제로 공매를 행한 성업공사(현 한국자산관리공사)를 피고로 하여야 하고, 위임청인 세무서장은 피고적격이 없다(대판 1997. 2. 28, 96누1757[공매처분취소]). 〈해설〉 사례에서 '위임'은 강학상 위탁에 해당한다. 판례는 성업공사를 세무서장의 수탁기관으로 보았으나 압류재산 공매는 권력적 성격이 강한 행위이고, 이러한 성격의 행위의 민간에 대한 위탁은 제한하는 것이 타당하다는 점 등에 비추어 성업공사를 세무서장의 수탁청이 아니라 대행기관으로 보아야 하는 것은 아닌지 검토를 요한다. 강학상 대행으로 본다면 피대행기관인 세무서장이 피고가 된다.

판례2 고속국도 통행료 징수권 및 체납통행료 부과를 다투는 소의 피고적격(한국도로공사): 피고 공사는 국가로부터 유료도로 통행료 징수권이 포함된 유료도로관리권을 출자받아 위 구간의 통행료 징수권을 행사할 권한을 적법하게 가지게 되었고, 이에 따라 피고 공사가 위 구간 운행에 대한 체납통행료 부과처분을 한 것이지 피고 건설교통부장관이 처분을 하였다고 볼 수 없다고 할 것이다(대판 2005. 6. 24, 2003두6641[통행료부과처분무효확인]).

(3) 권한의 대리의 경우

대리관계를 밝히고 처분을 한 경우 피대리관청이 처분청으로 피고가 된다.

대리권을 수여받은 행정청이 대리관계를 밝힘이 없이 자신의 명의로 행정처분을 한 경우, 처분명의자인 당해 행정청이 항고소송의 피고가 되어야 하는 것이 원칙이다. 다만, 비록 대리관계를 명시적으로 밝히지는 아니하였다 하더라도 처분명의자가 피대리 행정청 산하의 행정기관으로서 실제로 피대리 행정청으로부터 대리권한을 수여받아 피대리 행정청을 대리한다는 의사로 행정처분을 하였고 처분명의자는 물론 그 상대방도 그 행정처분이 피대리 행정청을 대리하여 한 것임을 알고서 이를 받아들인 예외적인 경우에는 피대리 행정청이 피고가 되어야 한다(대결 2006. 2. 23, 2005부4[산재보험료부과처분취소]: 근로복지공단의 이사장으로부터 보험료의 부과 등에 관한 대리권을 수여받은 지역본부장이 대리의 취지를 명시적으로 표시하지 않고서 산재보험료 부과처분을 한 경우, 그러한 관행이 약 10년간 계속되어 왔고, 실무상 근로복지공단을 상대로 산재보험료 부과처분에 대한 항고소송을 제기하여 온 점 등에 비추어 지역본부장은 물론 그 상대방 등도 근로복지공단과 지역본부장의 대리관계를 알고 받아들였다는 이유로, 위 부과처분에 대한 항고소송의 피고적격이 근로복지공단에 있다고 한 사례).

(4) 합의제 행정청

합의제 행정청이 처분청인 경우에는 특별한 규정(예, 노동위원회법 제27조)이 없는 한 합의제 행정청이 피고가 된다. 즉, 중앙토지수용위원회, 감사원 등이 피고가 된다.

다만, 노동위원회법은 중앙노동위원회의 처분에 대한 소송의 피고를 중앙노동위원회 위원장으로 규정하고 있다(노동위원회법 제27조).

(5) 지방의회와 지방자치단체의 장

조례가 항고소송의 대상이 되는 경우에는 조례를 공포한 지방자치단체의 장이 피고가 된다. 교육·학예에 관한 조례는 시·도교육감이 피고가 된다.

> **판례**   조례에 대한 무효확인소송을 제기함에 있어서 피고적격이 있는 처분 등을 행한 행정청은, 행정주체인 지방자치단체 또는 지방자치단체의 내부적 의결기관으로서 지방자치단체의 의사를 외부에 표시할 권한이 없는 지방의회가 아니라, 지방자치단체의 집행기관으로서 조례로서의 효력을 발생시키는 공포권이 있는 지방자치단체의 장이다. 시·도의 교육·학예에 관한 사무의 집행기관은 시·도 교육감이고 시·도 교육감에게 지방교육에 관한 조례안의 공포권이 있다고 규정되어 있으므로, 교육에 관한 조례의 무효확인소송을 제기함에 있어서는 그 집행기관인 시·도 교육감을 피고로 하여야 한다(대판 1996. 9. 20, 95누8003[조례무효확인]).

그러나, 지방의회의원에 대한 징계의결이나 지방의회의장선거의 처분청은 지방의회이므로 이들 처분에 대한 취소소송의 피고는 지방의회가 된다(대판 1993. 11. 26, 93누7341; 1995. 1. 12, 94누2602[임시총회무효확인]).

Ⅱ. 당사자소송의 피고

당사자소송은 '국가·공공단체 그 밖의 권리주체'를 피고로 한다(행정소송법 제39조).

당사자소송의 피고는 권리주체를 피고로 하는 점에서 처분청을 피고로 하는 항고소송과 다르다.

사인(私人)을 피고로 하는 당사자소송도 가능하다(대판 2019. 9. 9, 2016다262550: 도시·군계획시설사업의 사업시행자는 사인인 해당 토지의 소유자 등을 상대로 동의의 의사표시를 구하는 소를 제기할 수 있다고 한 사례).

> **판례**   구 의료급여법(2011. 3. 30. 법률 제10514호로 개정되기 전의 것, 이하 '의료급여법'이라 한다) 제5조 제1항, 제11조 제1항, 제3항, 제23조 제1항, 제4항, 제5항의 규정 내용과 체계 등에 비추어 보면, 시장·군수·구청장으로부터 의료급여법 제23조 제1항에 근거한 징수처분을 받고 부과금을 징수당한 의료급여기관이 징수처분이 당연무효라고 주장하며 징수당한 부과금 상당의 부당이득반환을 청구하는 경우, 청구의 상대방은 의료급여기관에 징수처분을 하고 부과금을 징수한 시장·군수·구청장이 속한 시·군·구가 되어야 하고, 그 시·군·구가 아닌 제3자를 상대로 부당이득반환을 청구할 수는 없다. 그리고 이는 의료급여법 제33조 제2항, 구 의료급여법 시행령(2013. 12. 11. 대통령령 제24995호로 개정되기 전의 것) 제20조 제2항 제1호에 의하여 시장·군수·구청장의 의료급여에 관한 업무 중 급여비용의 지급에 관한 업무를 위탁받은 국민건강보험공단이 의료급여법 제23조 제1항에 근거한 징수처분을 받은 의료급여기관에 지급하여야 할 의료급여비용에서 징수처분에 의한 부과금 상당액을 차감하고 나머지만을 지급하는 방식으로 부과금이 징수되었다거나, 의료급여법 제25조 제1항에 의하여 의료급여비용의 재원에 충당하기 위한 의료급여기금이 시·도에 설치되었다고 하여 달리 볼 수 없다(대판 2014. 3. 27, 2013다87475[진료비지급]).

Ⅲ. 피고경정

원고가 피고를 잘못 지정한 때에는 법원은 원고의 신청에 의하여 결정으로써 피고의 경정을 허가할 수 있다(행정소송법 제14조 제 1 항). 법 제14조 제 1 항에 따른 피고경정은 사실심 변론을 종결할 때까지 할 수 있다(행정소송규칙 제 6 조).

행정소송에서 원고가 처분청이 아닌 행정관청을 피고로 잘못 지정하였다면 법원으로서는 석명권을 행사하여 원고로 하여금 피고를 처분청으로 경정하게 하여 소송을 진행케 하여야 할 것이다(대판 1990. 1. 12, 89누1032[하천부지점용허가처분취소]).

> **판례 1**   세무서장의 위임에 의하여 성업공사가 한 공매처분에 대하여 피고 지정을 잘못하여 피고적격이 없는 세무서장을 상대로 그 공매처분의 취소를 구하는 소송이 제기된 경우, 법원으로서는 석명권을 행사하여 피고를 성업공사로 경정하게 하여 소송을 진행하여야 한다(대판 1997. 2. 28, 96누1757[공매처분취소]).
>
> **판례 2**   '저작권심의조정위원회 위원장'을 피고로 저작권 등록처분의 무효확인을 구하는 소는 피고적격이 없는 자를 상대로 한 부적법한 것이고, 피고적격에 관하여 석명에 응할 기회를 충분히 제공하였음에도 피고경정을 하지 않은 사정에 비추어, 부적법하여 각하되어야 한다(대판 2009. 7. 9, 2007두16608). 〈해설〉 저작권심의조정위원회가 피고적격을 갖는 사안이다.

피고의 경정결정이 있은 때에는 새로운 피고에 대한 소송은 처음에 소를 제기한 때에 제기된 것으로 보고(법 제14조 제 4 항), 종전의 피고에 대한 소송은 취하된 것으로 본다.

취소소송이 제기된 후에 제13조 제 1 항 단서 또는 제13조 제 2 항에 해당하는 사유가 생긴 때에는 법원은 당사자의 신청 또는 직권에 의하여 피고를 경정한다(제14조 제 6 항).

이 경우에는 제 4 항 및 제 5 항의 규정을 준용한다. 행정소송법 제14조는 무효등확인소송, 부작위위법확인소송 및 당사자소송에 준용되고 있다.

행정소송법은 소의 종류의 변경에 따르는 피고의 경정을 인정하고 있다(제21조 제 4 항).

> **판례**   소위 주관적, 예비적 병합은 행정소송법 제28조 제 3 항과 같은 예외적 규정이 있는 경우를 제외하고는 원칙적으로 허용되지 않는 것이고, 또 행정소송법상 소의 종류의 변경에 따른 당사자(피고)의 변경은 교환적 변경에 한 한다고 봄이 상당하므로 예비적 청구만이 있는 피고의 추가경정신청은 허용되지 않는다(대판 1989. 10. 27, 89두1).

제 5 항   제소기간 [2006 행시 사례]

I. 항고소송의 제소기간 [2003 입시 사례]

항고소송에서 제소기간은 행정의 안정성과 국민의 권리구제를 조화하는 선에서 결정하여야 하며 기본적으로 입법정책에 속하는 문제이다.

행정소송법 제20조(제소기간)
① 취소소송은 처분 등이 있음을 안 날부터 90일 이내에 제기하여야 한다. 다만, 제18조 제 1 항 단서에 규정한 경우와 그 밖에 행정심판청구를 할 수 있는 경우 또는 행정청이 행정심판청구를 할 수 있다고 잘못 알린 경우에 행정심판청구가 있은 때의 기간은 재결서의 정본을 송달받은 날부터 기산한다.
② 취소소송은 처분 등이 있은 날부터 1년(제 1 항 단서의 경우는 재결이 있은 날부터 1년)을 경과하면 이를 제기하지 못한다. 다만, 정당한 사유가 있는 때에는 그러하지 아니하다.
③ 제 1 항의 규정에 의한 기간은 불변기간으로 한다.

무효등확인소송을 제기하는 경우에는 제소기간(提訴期間)에 제한이 없다(행정소송법 제38조 제 1 항).

행정소송법 제38조 제 2 항은 부작위위법확인소송에 취소소송의 제소기간에 관한 행정소송법 제20조를 준용하고 있는데, 후술하는 바와 같이 부작위의 특성상 부작위위법확인소송에서의 제소기간에 관하여는 특별한 고찰이 필요하다.

1. 행정심판을 거친 경우 취소소송의 제기기간 [2020 행시]

행정심판을 거쳐 취소소송을 제기하는 경우 취소소송은 재결서의 정본을 송달받은 날부터 90일 이내에 제기하여야 한다(행정소송법 제20조 제 1 항). 제20조 제 1 항의 규정에 의한 기간은 불변기간이다(제20조 제 3 항).

행정소송법 제20조 제 1 항의 행정심판은 행정심판법에 따른 일반행정심판과 행정심판법 제 4 조에서 정하고 있는 특별행정심판을 의미한다(대판 2014. 4. 24, 2013두10809).

여기에서 '행정심판을 거쳐 취소소송을 제기하는 경우'라 함은 행정심판을 거쳐야 하는 경우와 그 밖에 행정심판청구를 할 수 있는 경우 또는 행정청이 행정심판청구를 할 수 있다고 잘못 알린 경우에 행정심판청구를 한 경우를 말한다(행정소송법 제20조 제 1 항 단서).

행정청이 행정심판청구를 할 수 있다고 잘못 알려 행정심판의 청구를 한 경우에 그 제소기간을 행정심판 재결서의 정본을 송달받은 날부터 기산하여야 하는 것(대판 2006. 9. 8, 2004두947)은 잘못 알릴 당시 불가쟁력이 발생하지 않았어야 한다.

판례 [1] 행정청이 산업재해보상보험법에 의한 보험급여 수급자에 대하여 부당이득 징수결정을 한 후 징수결정의 하자를 이유로 징수금 액수를 감액하는 경우에 감액처분은 감액된 징수금 부분에 관해서만 법적 효과가 미치는 것으로서 당초 징수결정과 별개 독립의 징수금 결정처분이 아니라 그 실질은 처음 징수결정의 변경이고, 그에 의하여 징수금의 일부취소라는 징수의무자에게 유리한 결과를 가져오는 처분이므로 징수의무자에게는 그 취소를 구할 소의 이익이 없다. 이에 따라 감액처분으로도 아직 취소되지 않고 남아 있는 부분이 위법하다 하여 다투고자 하는 경우, 감액처분을 항고소송의 대상으로 할 수는 없고, 당초 징수결정 중 감액처분에 의하여 취소되지 않고 남은 부분을 항고소송의 대상으로 할 수 있을 뿐이며, 그 결과 제소기간의 준수 여부도 감액처분이 아닌 당초 처분을 기준으로 판단해야 한다. [2] 행정소송법 제20조 제 1 항은 '취소소송은 처분 등이 있음을 안 날부터 90일 이내에 제기하여야 하나 행정청이 행정심판청구를 할 수 있다고 잘못 알린 경우에 행정심판청구가 있은 때의 기간은 재결서의 정본을 송달받은 날부터 기산한다'고 규정하고 있는데, 위 규정의 취지는 불가쟁력이 발생하지 않아 적법하게 불복청구를 할 수 있었던 처분 상대방에 대하여 행정청이 법령상 행정심판청구가 허용되지 않음에도 행정심판청구를 할 수 있다고 잘못 알린 경우에, 잘못된 안내를 신뢰하여 부적법한 행정심판을 거치느라 본래 제소기간 내에 취소소송을 제기하지 못한 자를 구제하려는 데에 있다. 이와 달리 이미 제소기간이 지남으로써 불가쟁력이 발생하여 불복청구를 할 수 없었던 경우라면 그 이후에 행정청이 행정심판청구를 할 수 있다고 잘못 알렸다고 하더라도 그 때문에 처분 상대방이 적법한 제소기간 내에 취소소송을 제기할 수 있는 기회를 상실하게 된 것은 아니므로 이러한 경우에 잘못된 안내에 따라 청구된 행정심판 재결서 정본을 송달받은 날부터 다시 취소소송의 제소기간이 기산되는 것은 아니다. 불가쟁력이 발생하여 더 이상 불복청구를 할 수 없는 처분에 대하여 행정청의 잘못된 안내가 있었다고 하여 처분 상대방의 불복청구 권리가 새로이 생겨나거나 부활한다고 볼 수는 없기 때문이다 (대판 2012. 9. 27, 2011두27247[부당이득금부과처분취소]). 〈해설〉 근로복지공단이 2006. 2. 20. 원고에게 기지급된 휴업급여 및 장해급여액 중 1,080만 원 부분이 부당이득에 해당한다고 판단하여 <u>부당이득금징수결정</u>(이하 '이 사건 징수결정'이라 한다)을 한 후, 이 사건 부당이득금징수처분결정에 대한 국민권익위원회에 대한 민원 제기와 국민권익위원회의 시정권고에 따라 징수처분결정에 대한 불복청구기간이 지난 2009. 11. 2. 부당이득금을 감액하여 부당이득금 납입을 다시 고지하였고(이하 '<u>이 사건 처분</u>' = 감액처분 = 일부 취소(소극적 변경)처분), 그 처분 고지서에는 '이의가 있는 경우 고지서를 받은 날부터 90일 이내에 행정심판법 제17조 및 제19조의 규정에 따라 행정심판을 청구하거나 행정소송법 제19조에 따른 행정소송을 제기할 수 있습니다'라고 기재되어 있었고, 원고는 이에 따라 행정심판을 거쳐 이 사건 부당이득금부과처분 취소의 소를 제기하였다. 1심 및 원심법원은 '행정청이 행정심판청구를 할 수 있다고 잘못 알려 행정심판의 청구를 한 경우 그 제소기간은 재결서의 정본을 송달받은 때로부터 기산한다고 한 규정은 행정청의 잘못된 안내로 행정심판을 제기하느라 본래의 제소기간 내에 취소소송을 제기하지 못하게 된 경우에 행정청의 잘못된 안내를 신뢰한 자의 이익을 보호하려는 데 그 목적이 있다고 할 것이므로 이미 제소기간이 도과하여 취소소송을 제기할 수 없는 경우에는 그 이후에 행정청이 행정심판에 관하여 잘못 알렸다고 하더라도 취소소송의 제소기간이 행정심판 재결서를 송달받은 날부터 다시 기산한다고 할 수 없다고 하면서 "피고(근로복지공단)가 2009. 11. 2. 감액된 부당이득금 납입 고지를 하면서 행정심판을 제기할 수 있다고 알린 사실은 인정된다. 그러나 이 사건 취소소송의 대상은 변경된 내용의 당초 처분이므로 제소기간의 준수 여부도 당초 처분을 기준으로 결정하여야 할 것이고, 당초 처분을 기준으로 한 제소기간은 피고가 감액된 부당이득금 납입 고지를 하기 이전에 이미 도과하였으므로 피고가 위 납입 고지를 하면서 행정심판에 관하여 잘못 알렸다고 하더라도 이 사건 취소소송의 제소기간이 행정심판 재결서를 송달받은 날부터 다시 기산한다고 할 수 없다." 고 판시하였고(서울고등법원 2011. 10. 7, 2011누9944[부당이득금부과처분취소]), 대법원도 이를 인정하였다. 즉 "피고(근로복지공단)가 이 사건 처분에 관하여 행정심판청구를 할 수 있다고 잘못 알려 행정심판청구를 하였으므로 이 사건 취소소송의 제소기간은 재결서를 송달받은 날로부터 기산되어야 한다고 한 <u>원고의 주장은 받아들여지지 않았다</u>. 이 사건에서 감액처분에 대한 취소소송은 소의 이익이 없어 부적법하고, 감액처분에 의해 감액되고 남은 당초 처분(이 사건 처분)에 대한 취소소송은 행정소송법 제21조 제1항 단서에 해당하지 않고, 제소기간을 도과하여 부적법하다. <u>이 사건 처분은 당초의 처분인 이 사건 징수결정 전부를 취소하고 새로운 처분을 한 것이 아니라, 이 사건 징수 결정 및 이에 따른 납입 고지의 일부 효력을 취소하는 처분(감액처분)으로 수익적 처분이므로 그 취소를 구할 소의 이익이 없고, 그 취소소송의 대상은 변경된 내용의 당초 처분이므로, 제소기간의 준수 여부도 2006. 2. 20.</u> 이 사건 징수결정 및 납입고지(당초 처분)를 기준으로 결정하여야 할 것이다(서울행정법원 2011. 2. 18, 2010구합37674[부당이득금부과처분취소]).

재결서의 정본을 송달받지 못한 경우에는 재결이 있은 날부터 1년이 경과하면 취소소송을 제기하지 못한다. 다만, 정당한 사유가 있는 때에는 그러하지 아니하다(행정소송법 제20조 제 2 항).

2. 행정심판을 거치지 않고 직접 취소소송을 제기하는 경우 [2021 변시]

행정심판을 거치지 않고 직접 취소소송을 제기하는 경우 취소소송은 처분 등이 있음을 안 날부터 90일 이내에 제기하여야 하고(행정소송법 제20조 제 1 항 본문), 처분 등이 있은 날부터 1년을 경과하면 이를 제기하지 못한다. 다만, 정당한 사유가 있는 때에는 그러하지 아니하다(제20조 제 2 항).

(1) 처분이 있음을 안 경우

1) 처분이 송달된 경우

'처분이 있음을 안 날'이라 함은 '당사자가 통지·공고 기타의 방법에 의하여 당해 처분이 있었다는 사실을 현실적으로 안 날'을 의미한다. 즉, 행정처분은 상대방에게 고지되어야 효력을 발생하게 되므로, 행정처분이 상대방에게 고지되어야 하고, 상대방이 이러한 사실을 인식함으로써 행정처분이 있다는 사실을 현실적으로 알았을 때 행정소송법 제20조 제 1 항이 정한 제소기간이 진행한다고 보아야 한다(대판 2014. 9. 25, 2014두8254).

판례 1   원고의 재심신체검사 신청에 따라 재심 서면판정 신체검사가 실시된 다음 원고를 '전(공)상군경 7급' 국가유공자로 판정하는 '고엽제후유증전환 재심신체검사 무변동처분'(이하 '이 사건 처분'이라 한다)을 하는 내용의 통보서가 2012. 8. 27. 원고에게 송달되었으므로, 비록 원고가 자신의 의무기록에 관한 정보공개를 청구한 2012. 5. 29. 이 사건 처분을 하는 내용의 통보서를 비롯한 일체의 관련 서류들을 교부받음으로써 적어도 그 무렵에는 이 사건 처분이 있음을 알았더라도, 이 사건 처분이 2012. 8. 27. 원고에게 고지되어 원고가 이러한 사실을 인식함으로써 이 사건 처분이 있다는 사실을 현실적으로 알았을 때 행정소송법 제20조 제 1 항이 정한 제소기간이 진행한다고 본 사안(대판 2014. 9. 25, 2014두8254).

판례 2   (1) 취소소송의 제소기간 기산점으로 행정소송법 제20조 제 1 항이 정한 '처분 등이 있음을 안 날'은 유효한 행정처분이 있음을 안 날을, 같은 조 제 2 항이 정한 '처분 등이 있은 날'은 그 행정처분의 효력이 발생한 날을 각 의미한다. 이러한 법리는 행정심판의 청구기간에 관해서도 마찬가지로 적용된다. (2) 이 사건 처분은 상대방인 원고에게 고지되어 효력이 발생하였다고 볼 수 없으므로, 이에 관하여 구 공무원연금법 제80조 제 2 항에서 정한 심사청구기간이나 행정소송법 제20조 제 1 항, 제 2 항에서 정한 취소소송의 제소기간이 진행한다고 볼 수 없다. (3) 원심은, 피고가 장해등급 결정서를 작성한 날 및 원고가 피고의 홈페이지에 접속하여 그 결정 내용을 알게 된 날이 각각 '처분 등이 있은 날' 및 '처분 등이 있음을 안 날'에 해당한다고 전제하고, 장해등급 결정의 취소를 구하는 이 사건 소가 제소기간 도과 후 제기되었다고 판단하였지만, 대법원은, 피고가 인터넷 홈페이지에 장해등급 결정 내용을 게시한 것만으로는 원고에게 행정절차법 제14조에서 정한 바에 따라 송달이 이루어졌다고 볼 수 없고, 원고가 그 홈페이지에 접속하여 결정 내용을 알게 되었다 하더라도 마찬가지이며, 달리 장해등급 결정이 원고에게 송달되었다는 점에 관한 주장·증명도 없으므로, 원심판결에는 '행정처분의 효력발생요건' 및 제소기간의 기산점 등에 관한 법리를 오해한 잘못이 있다고 보아 원심판결을 파기하였다(대판 2019. 8. 9, 2019두38656).

처분에 관한 서류가 당사자의 주소지에 송달되는 등 사회통념상 처분이 있음을 당사자가 알 수 있는 상태에 놓여진 때에는 그 처분이 있음을 알았다고 **추정**한다(대판 1999. 12. 28, 99두9742: 아르바이트 직원이 납부고지서를 수령한 경우, 납부의무자는 그때 부과처분이 있음을 알았다고 추정할 수 있다고 한 사례). 당사자는 실제로는 통지가 도달한 때 도달된 통지를 볼 수 없었다는 반증을 제기할 수 있다.

> **판례1**   처분서가 처분상대방의 주소지에 송달되는 등 사회통념상 처분이 있음을 처분상대방이 알 수 있는 상태에 놓인 때에는 반증이 없는 한 처분상대방이 처분이 있음을 알았다고 추정할 수 있다(대판 2017. 3. 9, 2016두60577).
>
> **판례2**   아르바이트 직원이 납부고지서를 수령한 경우, 납부의무자는 그 때 부과처분이 있음을 알았다고 추정할 수 있다고 한 사례(대판 1999. 12. 28, 99두9742).

행정심판(취소소송)제기기간의 계산의 예를 들면, 2000년 3월 5일에 처분이 있음을 알았다면 기간계산의 원칙의 하나인 초일은 산입하지 않는다는 원칙에 따라 3월 6일부터 기산하여 90일(26일＋30일＋31일＋3일)째가 되는 날인 6월 3일의 오후 12시까지 행정심판(취소소송)을 제기할 수 있다.

2) 처분이 공고 또는 고시된 경우 [2019 변시 사례]

처분이 공고 또는 고시의 방법에 의해 통지되는 경우에는 원고가 실제로 공고 또는 고시를 보았으면 당해 공고 또는 고시를 본 날이 '처분이 있음을 안 날'이 될 것이다.

문제는 원고가 공고 또는 고시를 보지 못한 경우인데 이 경우에 취소소송제기기간의 계산은 어떻게 되는가. 이에 관하여 고시 또는 공고의 효력발생일에 알았다고 보아야 한다는 견해와 실제로 안 날을 처분이 있음을 안 날로 보아야 한다는 견해의 대립이 있다.

① **판례**는 고시 또는 공고에 의하여 행정처분을 하는 경우에는 고시 또는 공고의 효력발생일에 그 행정처분이 있음을 알았던 것으로 보아 기산하여야 한다고 보고 있다(대판 전원합의체 1995. 8. 22, 94누5694; 대판 2006. 4. 14, 2004두3847). 공고문서는 그 문서에서 효력발생 시기를 구체적으로 밝히고 있지 않으면 그 고시 또는 공고 등이 있은 날부터 5일이 경과한 때에 효력이 발생한다(행정업무의 효율적 운영에 관한 규정 제6조 제3항).

> **판례1**   통상 고시 또는 공고에 의하여 행정처분을 하는 경우에는 그 처분의 상대방이 불특정 다수인이고, 그 처분의 효력이 불특정 다수인에게 일률적으로 적용되는 것이므로, 그에 대한 행정심판 청구기간도 그 행정처분에 이해관계를 갖는 자가 고시 또는 공고가 있었다는 사실을 현실적으로 알았는지 여부에 관계없이 고시가 효력을 발생하는 날인 고시 또는 공고가 있은 후 5일이 경과한 날에 행정처분이 있음을 알았다고 보아야 한다(대판 2000. 9. 8, 99두11257[도시계획시설(공공공지)결정처분취소]; 2007. 6. 14, 2004두619[청소년유해매체물결정 및 고시처분무효확인]: 인터넷 웹사이트에 대하여 구 청소년보호법에 따른 청소년유해매체물 결정 및 고시처분을 한 사안에서, 위 결정은 이해관계인이 고시가 있었음을 알았는지 여부에 관계없이 관보에 고시됨으로써 효력이 발생하고, 그가 위 결정을 통지받지

못하였다는 것이 제소기간을 준수하지 못한 것에 대한 정당한 사유가 될 수 없다고 한 사례; 대판 2013. 3. 14, 2010두2623[도시관리계획결정처분취소]).

판례2 고시·공고 등 행정기관이 일정한 사항을 일반에 알리기 위한 공고문서의 경우에는 그 문서에 특별한 규정이 있는 경우를 제외하고는 그 고시 또는 공고가 있은 후 5일이 경과한 날부터 효력을 발생한다(구 사무관리규정 제7조 제3호, 제8조 제2항 단서)(대판 2013. 3. 14, 2010두2623[도시관리계획결정처분취소]).

② 다만, 개별토지가격결정의 경우에 있어서와 같이 **처분의 효력이 각 상대방에 대해 개별적으로 발생하는 경우**에는 그 처분은 실질에 있어서 개별처분이라고 볼 수 있으므로 공고 또는 고시가 효력을 발생하여도 통지 등으로 실제로 알았거나 알 수 있었던 경우를 제외하고는 처분이 있음을 알았다고 할 수 없고, 처분이 있음을 알지 못한 경우의 불복제기기간(행정심판의 경우 처분이 있은 날로부터 180일 이내, 행정소송의 경우 처분이 있은 날로부터 1년 이내)이 적용되고, 행정심판법 제18조 제3항(현행 제27조 제3항) 단서의 정당한 사유가 적용된다.

판례1 개별 토지가격결정의 효력은 각각의 토지 또는 각각의 소유자에 대하여 각별로 효력을 발생하는 것이므로 개별 토지가격결정의 공고는 공고일로부터 그 효력을 발생하지만 처분 상대방인 토지소유자 및 이해관계인이 공고일에 개별 토지가격결정처분이 있음을 알았다고까지 의제할 수는 없어 특별히 위 처분을 알았다고 볼 만한 사정이 없는 한 개별 토지가격결정에 대한 재조사청구 또는 행정심판청구는 행정심판법 제18조 제3항 소정의 처분이 있은 날로부터 180일 이내에 이를 제기하면 된다(대판 1993. 12. 24, 92누17204[개별토지가격결정처분취소]). 〈해설〉 현행 부동산가격 공시 및 감정평가에 관한 법률 시행령에 의하면 개별공시지가를 개별토지소유자 등에게 통지할 수 있는 것으로 규정하고 있는데(제20조 제2항), 개별토지소유자에게 통지된 경우에 불복제기기간은 개별공시지가결정이 있음을 안 날로부터 기산한다.

판례2 또한, 개별토지가격결정의 경우에 있어서와 같이 그 처분의 통지가 없는 경우에는 그 개별토지가격결정의 대상토지 소유자가 심판청구기간 내에 심판청구가 가능하였다는 특별한 사정이 없는 한 행정심판법 제18조 제3항 단서 소정의 정당한 사유가 있는 때에 해당한다(대판 1995. 8. 25, 94누13121[개별공시지가결정처분취소 등]).

③ 또한, 특정인에 대한 행정처분을 주소불명 등의 이유로 송달할 수 없어 관보 등에 공고(행정절차법상의 공고)한 경우에 상대방이 그 처분이 있음을 안 날은 상대방이 처분 등을 현실적으로 안 날을 말한다.

판례 특정인에 대한 행정처분을 주소불명 등의 이유로 송달할 수 없어 관보·공보·게시판·일간신문 등에 공고한 경우에는, 공고가 효력을 발생하는 날에 상대방이 그 행정처분이 있음을 알았다고 볼 수는 없고, 상대방이 당해 처분이 있었다는 사실을 현실적으로 안 날에 그 처분이 있음을 알았다고 보아야 한다(대판 2006. 4. 28, 2005두14851[주민등록직권말소처분무효확인]).

3) 불고지·오고지의 경우

행정소송법에는 행정소송의 제기에 필요한 사항의 고지의무 및 불고지·오고지의 효과에 관한 규정이 없다. 입법의 불비이다.

> **판례**   [1] 행정청이 법정 심판청구기간보다 긴 기간으로 잘못 알린 경우에 그 잘못 알린 기간 내에 심판청구가 있으면 그 심판청구는 법정 심판청구기간 내에 제기된 것으로 본다는 취지의 행정심판법 제18조 제 5 항의 규정은 행정심판 제기에 관하여 적용되는 규정이고, 행정소송 제기에 적용되는 규정이 아니다. [2] 당사자가 행정처분시나 그 이후 행정청으로부터 행정심판 제기기간에 관하여 법정 심판청구기간보다 긴 기간으로 잘못 통지받아 행정소송법상 법정 제소기간을 도과하였다고 하더라도, 그것이 당사자가 책임질 수 없는 사유로 인한 것이라고 할 수는 없으므로 소송행위의 추완을 인정할 수 없다(대판 2001. 5. 8, 2000두6916[배출부과금부과처분취소]).

행정절차법 제26조는 "행정청이 처분을 할 때에는 당사자에게 그 처분에 관하여 행정심판 및 행정소송을 제기할 수 있는지 여부, 그 밖에 불복을 할 수 있는지 여부, 청구절차 및 청구기간, 그 밖에 필요한 사항을 알려야 한다."고 규정하고 있다. 판례는 이 규정 위반의 하자는 처분의 취소사유가 되지 않는다고 본다.

> **판례**   피고가 이 사건 처분을 하면서 원고에게 행정절차법 제26조에 정한 바에 따라 행정심판 및 행정소송을 제기할 수 있는지 여부, 청구절차 및 청구기간을 알렸다고 인정할 증거는 없으나, 원고가 제소기간 내에 이 사건 소를 제기하여 이 사건 처분의 적법 여부를 다투고 있는 이상 그 사정만으로는 이 사건 처분을 취소해야 할 정도의 절차상 하자가 있다고 보기 어렵다(대판 2016. 10. 27, 2016두41811).

(2) 처분이 있음을 알지 못한 경우

처분이 있음을 알지 못한 경우 취소소송은 처분 등이 있은 날부터 1년(제 1 항 단서의 경우는 재결이 있은 날부터 1년)을 경과하면 이를 제기하지 못한다. 다만, 정당한 사유가 있는 때에는 그러하지 아니하다(행정소송법 제20조 제 2 항).

1) 원칙(처분 등이 있은 날부터 1년)

처분 등이 있은 날부터 1년 이내에 취소소송을 제기하여야 한다.

'처분이 있은 날'이란 처분이 통지에 의해 외부에 표시되어 효력이 발생한 날을 말하고(대판 1990. 7. 13, 90누2284), 통지가 없는 처분의 경우(예, 권력적 사실행위, 서훈취소 등)에는 외부에 표시되어 효력을 발생한 날을 말한다.

2) 예외(정당한 사유가 있는 경우)

취소소송은 처분이 있은 날부터 1년(제 1 항 단서의 경우는 재결이 있은 날부터 1년)을 경과하면 이를 제기하지 못하지만, 정당한 사유가 있는 때에는 1년이 경과하여도 제기할 수 있다. 어떠한 사유가 정당한 사유에 해당하는가는 건전한 사회통념에 의해 판단하여야 한다.

행정처분의 직접 상대방이 아닌 제3자는 일반적으로 처분이 있는 것을 바로 알 수 없는 처지에 있으므로, 행정소송법 제20조 제2항 본문의 취소소송 제기기간 내에 처분이 있음을 알았거나 쉽게 알 수 있었기 때문에 취소소송을 제기할 수 있었다고 볼 만한 특별한 사정이 없는 한, 행정소송법 제20조 제2항 본문의 취소소송 제기기간을 배제할 동조 단서 소정의 정당한 사유가 있는 때에 해당한다(대판 1992. 7. 28, 91누12844[시외버스운송사업계획변경인가처분취소] 참조).

(3) '처분이 있음을 안 경우'와 '알지 못한 경우'의 관계

이 두 경우 중 어느 하나의 제소기간이 도과하면 원칙상 취소소송을 제기할 수 없다. 다만, 처분이 있은 날로부터 1년 이내에 처분이 있음을 안 때에는 그 때부터 90일 이내에 취소소송을 제기할 수 있다고 보아야 한다.

(4) 이의신청을 거쳐 취소소송을 제기하는 경우

행정심판이 아닌 이의신청을 거쳐 취소소송을 제기하는 경우 불복기간은 전술한 바와 같다(이의신청 참조).

판례 중에는 행정기본법이 적용되지 않고, 명시적인 규정이 없음에도 이의신청에 관한 관계 개별법령(정보공개법 제18조 등)과 행정소송법규정을 종합하면, 청구인이 공공기관의 정보 비공개결정 등에 대한 이의신청을 해 공공기관으로부터 이의신청에 대한 결과(각하결정)를 통지받고 취소소송을 제기하는 경우 그 제소기간의 기산점은 이의신청에 대한 결과를 통지받은 날이라고 한 사례(대판 2023. 7. 27, 2022두52980)가 있다.

3. 제소기간의 기산점

행정심판을 거치지 않은 경우에는 처분이 있음을 안 경우 처분이 있음을 안 날, 처분이 있음을 알지 못한 경우 처분이 있은 날, 행정심판을 거친 경우에는 재결서 정본을 송달받은 날이 제소기간의 기산점이다.

기타 특수한 경우의 제소기간의 기산점은 아래와 같다.

(1) 위헌결정으로 취소소송의 제기가 가능하게 된 경우 제소기간의 기산점

처분 당시에는 취소소송의 제기가 법제상 허용되지 않아 소송을 제기할 수 없다가 위헌결정으로 인하여 비로소 취소소송을 제기할 수 있게 된 경우에는 객관적으로는 '위헌결정이 있은 날', 주관적으로는 '위헌결정이 있음을 안 날' 비로소 취소소송을 제기할 수 있게 되어 이때를 제소기간의 기산점으로 삼아야 한다(대판 2008. 2. 1, 2007두20997[교원소청심사위원회결정취소]: 헌법재판소의 2006. 2. 23, 2005헌가7 결정 등으로, 교원만이 교원소청심사위원회의 결정에 대하여 소송을 제기할 수 있도록 하였던 구교원지위법 제10조 제3항이 효력을 상실함에 따라 위 위헌결정 후 개정된 법률이 시행되기 전에라도 학교법인 등 심사위원회의 결정에 대하여 그 취소를 구할 법률상 이익이 있는 자는 교원이 아니더라도 행정소송법 제12조에 의하여 취소소송을 제기할 수 있게 된 사례).

(2) 변경명령재결에 따라 변경처분이 있은 경우 제소기간의 기산점

변경명령재결에 따른 변경처분의 경우에 취소소송의 대상은 변경된 내용의 당초 처분이며 제소기간은 행정심판재결서 정본을 송달받은 날로부터 90일 이내라는 것이 판례의 입장이다.

> **판례**   처분청이 2002. 12. 26. 3월의 영업정지처분이라는 당초처분을 하였고, 이에 대하여 행정심판청구를 하자 재결청이 2003. 3. 6. "처분청이 2002. 12. 26. 원고에 대하여 한 3월의 영업정지처분을 2월의 영업정지에 갈음하는 과징금부과처분으로 변경하라"는 일부기각(일부인용)의 이행재결(처분명령재결)을 하였으며, 2003. 3. 10. 그 재결서 정본이 청구인에게 도달하였고, 처분청이 위 재결취지에 따라 2003. 3. 13. "3월의 영업정지처분을 과징금 560만 원으로 변경한다"는 취지의 이 사건 후속 변경처분을 하였고, 청구인은 2003. 6. 12. 2003. 3. 13.자 과징금부과처분의 취소를 구하는 소를 제기하였는데, 대법원은 이 사건 소송에 있어서 위 청구취지는 이 사건 후속 변경처분에 의하여 당초부터 유리하게 변경되어 존속하는 2002. 12. 26.자 과징금부과처분(당초처분)의 취소를 구하고 있는 것으로 보아야 할 것이고, 당초처분의 취소를 구하는 이 사건 소 또한 행정심판재결서 정본을 송달받은 날로부터 90일 이내 제기되어야 하는데 원고가 위 재결서의 정본을 송달받은 날로부터 90일이 경과하여 이 사건 소를 제기하였다는 이유로 이 사건 소가 부적법하다고 판단한 원심판결은 정당하고 한 사례)(대판 2007. 4. 27, 2004두9302[식품위생법위반과징금부과처분취소]). 〈평석〉 이 판결에 대하여는 다음과 같이 비판하는 견해가 있다. 처분명령재결에 따른 변경처분은 새로운 처분이므로 변경처분이 취소소송의 대상이 되며 제소기간도 변경처분을 안 날로부터 90일 이내로 하는 것이 타당하다.

(3) 직권변경처분에 대한 취소소송에서 제소기간의 기산점

직권에 의한 변경처분을 다투는 소송의 제소기간은 해당 변경처분이 있음을 안 날 또는 있은 때를 기산점으로 한다.

사후부담 부가처분 또는 변경처분의 취소를 구하는 소를 제기하는 경우, 제소기간은 해당 처분이 있음을 안 날 또는 있은 때를 기산점으로 한다.

> **판례**   사업시행자가 사업시행인가처분 및 후속 사후부담 부가처분 또는 변경처분에서 특정한 정비기반시설을 무상양도 대상에서 제외한 부분의 취소를 구하는 소를 제기하는 경우, 제소기간은 무상양도 대상에 관한 행정청의 확정적인 제외 의사가 담긴 처분이 있은 때를 기준으로 한다. 그리고 이는 당해 처분서의 이유 기재 등 문언을 통하여 행정청의 의사가 처분의 상대방에게 명확하게 표명되었는지, 그 결과 처분의 상대방이 처분서에 따라 불복의 대상과 범위를 특정할 수 있는지 등 제반 사정을 종합적으로 고려하여 판단해야 한다(대판 2014. 2. 21, 2011두20871[주택재개발정비사업시행인가일부취소]).

4. 소 제기기간 준수 여부의 기준시점 [2009 사시 사례]

① 소 제기기간 준수 여부는 원칙상 소제기시를 기준으로 한다.

② 소의 변경이 있는 경우 소 제기기간 준수 여부의 기준시점은 다음과 같다. i) 소의 종류의 변경의 경우에는 새로운 소에 대한 제소기간의 준수는 처음의 소가 제기된 때를 기준으로 하여야 한다(행정소송법 제21조 제4항). ii) 청구취지를 교환적으로 변경하여 종전의 소가 취하되고 새로운 소가 제기된 것으로 보게 되는 경우에 새로운 소에 대한 제소기간의 준수 등은 원칙적으로 소의 변경이 있은 때를 기준으로 하여 판단된다(대판 2013. 7. 11, 2011두27544[주택재건축정비사업조합설립인가처분취소]). 그러나 선행처분의 취소를 구하는 소가 그 후속처분의 취소를 구하는 소로 교환적으로 변경되었다가 다시 선행처분의 취소를 구하는 소로 변경된 경우 후속처분의 취소를 구하는 소에 선행처분의 취소를 구하는 취지가 그대로 남아 있었던 것으로 볼 수 있다면 선행처분의 취소를 구하는 소의 제소기간은 최초의 소가 제기된 때를 기준으로 정하여야 한다(대판 2013. 7. 11, 2011두27544[주택재건축정비사업조합설립인가처분취소]).

③ 소의 추가적 병합의 경우에 추가적으로 병합된 소의 제소기간 준수 여부의 기준시점은 다음과 같다.

i) 소의 추가적 병합의 경우에 추가적으로 병합된 소의 제소기간은 원칙상 추가병합 신청이 있은 때를 기준으로 하여야 한다.

> **판례** 보충역편입처분취소처분의 효력을 다투는 소에 공익근무요원복무중단처분, 현역병입영대상편입처분 및 현역병입영통지처분의 취소를 구하는 청구를 추가적으로 병합한 경우, 공익근무요원복무중단처분, 현역병입영대상편입처분 및 현역병입영통지처분의 취소를 구하는 소의 소제기 기간의 준수 여부는 각 그 청구취지의 추가 변경신청이 있은 때를 기준으로 개별적으로 판단하여야 한다(대판 2004. 12. 10, 2003두12257[병역처분취소처분취소]).

ii) 동일한 행정처분에 대한 무효확인의 소에 그 처분의 취소를 구하는 소를 추가적으로 병합한 경우, 주된 청구인 무효확인의 소가 적법한 취소소송 제소기간 내에 제기되었다면 추가로 병합된 취소청구의 소도 적법하게 제기된 것으로 보아야 한다.

> **판례** 하자 있는 행정처분을 놓고 이를 무효로 볼 것인지 아니면 단순히 취소할 수 있는 처분으로 볼 것인지는 동일한 사실관계를 토대로 한 법률적 평가의 문제에 불과하고, 행정처분의 무효확인을 구하는 소에는 특단의 사정이 없는 한 그 취소를 구하는 취지도 포함되어 있다고 보아야 하는 점 등에 비추어 볼 때, 동일한 행정처분에 대하여 무효확인의 소를 제기하였다가 그 후 그 처분의 취소를 구하는 소를 추가적으로 병합한 경우, 주된 청구인 무효확인의 소가 적법한 제소기간 내에 제기되었다면 추가로 병합된 취소청구의 소도 적법하게 제기된 것으로 봄이 상당하다(대판 2005. 12. 23, 2005두3554[채석허가수허가자변경신고수리처분취소]).

iii) 청구취지를 추가하는 경우, 청구취지가 추가된 때에 새로운 소를 제기한 것으로 보므로, 추가된 청구취지에 대한 제소기간 준수 등은 원칙적으로 청구취지의 추가·변경 신청이 있는 때를 기준으로 판단하여야 한다. 그러나 선행 처분의 취소를 구하는 소를 제기하였다가 이후 후행 처분의 취소를 구하는 청구취지를 추가한 경우에도, 선행 처분이 종국적 처분을 예정하고 있는 일종의 잠정적 처분으로서 후행 처분이 있을 경우 선행 처분은 후행 처분에 흡수되어 소멸되는 관계에 있고, 당초 선행 처분에 존재한다고 주장되는 위법사유가 후행 처분에도 마찬가지로 존재할 수 있는 관계여서 선행 처분의 취소를 구하는 소에 후행 처분의 취소를 구하는 취지도 포함되어 있다고 볼 수 있다면, 후행 처분의 취소를 구하는 소의 제소기간은 선행 처분의 취소를 구하는 최초의 소가 제기된 때를 기준으로 정하여야 한다(대판 2018. 11. 15, 2016두48737).

④ 원고가 민사소송으로 잘못 제기하였다가, 이송결정에 따라 관할법원으로 이송된 뒤 항고소송으로 소 변경한 사안에서 제소기간 준수여부는 처음에 소를 제기한 때(민사소송을 제기한 때)를 기준으로 판단하여야 한다(대판 2022. 11. 17, 2021두44425).

> **판례** 「공익사업을 위한 토지 등의 취득 및 보상에 관한 법률」에 따라 공장이주대책용지의 공급대상자로 선정된 원고는 피고로부터 2019. 1. 16.자로 공장이주대책용지 매매계약을 해제한다는 취지의 행정처분인 이 사건 처분을 통보받았다. 원고는 2019. 2. 26. 피고의 매매계약 해제가 부적법하다고 주장하면서, 피고를 상대로 매매계약에 따른 소유권이전등기절차의 이행을 구하는 소를 민사소송으로 제기하였다. 이 사건 소가 피고의 매매계약 해제(공장이주대책대상자 선정결정처분의 취소) 통지의 효력을 다투는 취지로서 행정소송에 해당한다는 이유로 관할법원으로 이송하는 결정이 확정된 다음, 원고는 주위적으로 이 사건 처분의 무효확인을, 예비적으로 이 사건 처분의 취소를 구하는 항고소송으로 소 변경을 하였다. 대법원은 이와 같이 원고가 행정소송법상 항고소송으로 제기하여야 할 사건을 민사소송으로 잘못 제기하여 사건이 관할법원에 이송된 뒤 항고소송으로 소 변경을 한 경우, 항고소송에 대한 제소기간의 준수 여부는 원칙적으로 처음에 소를 제기한 때를 기준으로 하여야 한다고 보고, 이와 달리 원고의 소 변경 시를 기준으로 제소기간 준수 여부를 판단하여 이 사건 소 중 처분의 취소를 구하는 예비적 청구 부분이 제소기간 도과로 부적법하다고 본 원심판결을 파기·환송하였다(대판 2022. 11. 17, 2021두44425). 〈참고〉행정소송법 제8조 제2항은 "행정소송에 관하여 이 법에 특별한 규정이 없는 사항에 대하여는 법원조직법과 민사소송법 및 민사집행법의 규정을 준용한다"라고 규정하고 있고, 민사소송법 제40조 제1항은 "이송결정이 확정된 때에는 소송은 처음부터 이송받은 법원에 계속된 것으로 본다"라고 규정하고 있다. 한편 행정소송법 제21조 제1항, 제4항, 제37조, 제42조, 제14조 제4항은 행정소송 사이의 소 변경이 있는 경우 처음 소를 제기한 때에 변경된 청구에 관한 소송이 제기된 것으로 보도록 규정하고 있다.

5. 부작위위법확인의 소의 제소기간

부작위는 특정시점에 성립하여 종결되는 것이 아니라 계속되는 것이므로 부작위위법확인소송은 원칙상 제소기간의 제한을 받지 않는다고 보는 것이 타당하다. 의무이행심판을 거친 경우에도 그렇게 보는 것이 타당하다.

그러나, 판례는 행정심판을 거치지 않은 경우에는 부작위위법확인소송의 특성상 제소기간의 제한을 받지 않는다고 보고, 행정심판을 거친 경우에는 행정소송법 제20조가 정한 제소기간 내(재결서의 정본을 송달받은 날로부터 90일 이내)에 부작위위법확인의 소를 제기하여야 한다고 본다.

판례 [1] 부작위위법확인의 소의 제소기간: 부작위위법확인의 소는 부작위상태가 계속되는 한 그 위법의 확인을 구할 이익이 있다고 보아야 하므로 원칙적으로 제소기간의 제한을 받지 않는다. 그러나 행정소송법 제38조 제 2 항이 제소기간을 규정한 같은 법 제20조를 부작위위법확인소송에 준용하고 있는 점에 비추어 보면, 행정심판 등 전심절차를 거친 경우에는 행정소송법 제20조가 정한 제소기간 내에 부작위위법확인의 소를 제기하여야 한다. [2] 당사자가 적법한 제소기간 내에 부작위위법확인의 소를 제기한 후, 동일한 신청에 대하여 소극적 처분이 있다고 보아 처분취소소송으로 소를 교환적으로 변경한 후 부작위위법확인의 소를 추가적으로 병합한 경우, 제소기간을 준수한 것으로 볼 수 있는지 여부(적극): 당사자의 법규상 또는 조리상의 권리에 기한 신청에 대하여 행정청이 부작위의 상태에 있는지 아니면 소극적 처분을 하였는지는 동일한 사실관계를 토대로 한 법률적 평가의 문제가 개입되어 분명하지 않은 경우가 있을 수 있고, 부작위위법확인소송의 계속중 소극적 처분이 있게 되면 부작위위법확인의 소는 소의 이익을 잃어 부적법하게 되고 이 경우 소극적 처분에 대한 취소소송을 제기하여야 하는 등 부작위위법확인의 소는 취소소송의 보충적 성격을 지니고 있으며, 부작위위법확인소송의 이러한 보충적 성격에 비추어 동일한 신청에 대한 거부처분의 취소를 구하는 취소소송에는 특단의 사정이 없는 한 그 신청에 대한 부작위위법의 확인을 구하는 취지도 포함되어 있다고 볼 수 있다. 이러한 사정을 종합하여 보면, 당사자가 동일한 신청에 대하여 부작위위법확인의 소를 제기하였으나 그 후 소극적 처분이 있다고 보아(실제로는 소극적 처분이 없었음) 거부처분취소소송으로 소를 교환적으로 변경한 후 여기에 부작위위법확인의 소를 추가적으로 병합한 경우, 최초의 부작위위법확인의 소가 적법한 제소기간 내에 제기된 이상 그 후 처분취소소송으로의 교환적 변경과 처분취소소송에의 추가적 변경 등의 과정을 거쳤다고 하더라도 여전히 제소기간을 준수한 것으로 봄이 상당하다(대판 2009. 7. 23, 2008두10560[부작위위법확인의소]: 부작위위법확인소송은 제소기간의 제한을 받지 않는다는 취지의 원심 판단에는 부작위위법확인소송의 제소기간에 대한 법리 오해가 있으나 이 사건 부작위위법확인소송이 제소기간을 준수하지 아니하여 부적법하다는 피고의 주장을 배척한 결론에 있어서는 정당하므로 결국 판결 결과에 영향을 미친 위법은 없다고 한 사례). 〈해설〉 거부처분과 부작위는 서로 배타적 관계에 있으므로 판례가 "부작위위법확인의 소는 취소소송의 보충적 성격을 지니고 있으며, 부작위위법확인소송의 이러한 보충적 성격에 비추어 동일한 신청에 대한 거부처분의 취소를 구하는 취소소송에는 특단의 사정이 없는 한 그 신청에 대한 부작위위법의 확인을 구하는 취지도 포함되어 있다고 볼 수 있다"고 본 것에는 문제가 있다. 부작위위법확인소송은 계속적 성질을 갖는 부작위의 특성상 항상(행정심판을 거친 경우에도) 제소기간의 제한이 없는 것으로 보는 것이 타당하다.

6. 제소기간제한의 적용제외

무효등확인소송의 경우에는 제소기간의 제한이 없다.

다만, 무효선언을 구하는 취소소송의 경우에는 취소소송에서와 같이 제소기간의 제한이 있다(대판 1993. 3. 12, 92누11039[토지수용재결처분취소]).

행정심판전치주의하에서 행정심판 제기 후 60일이 지나도 재결이 없는 경우 언제든지 취소소송을 제기할 수 있다(행정소송법 제18조 제 2 항 제 1 호).

7. 민사소송법상 소송행위의 추완규정 준용

민사소송법 제173조 제 1 항의 소송행위의 추완에 관한 규정[9]은 취소소송에도 준용된다.

> **판례** 당사자가 책임질 수 없는 사유로 인하여 이를(불변기간을) 준수할 수 없었던 경우에는 같은 법 제 8 조에 의하여 준용되는 민사소송법 제173조 제 1 항에 의하여 그 사유가 없어진 후 2주일 내에 해태된 제소행위를 추완할 수 있다고 할 것이며, 여기서 당사자가 책임질 수 없는 사유란 당사자가 그 소송행위를 하기 위하여 일반적으로 하여야 할 주의를 다하였음에도 불구하고 그 기간을 준수할 수 없었던 사유를 말한다(대판 2001. 5. 8, 2000두6916[배출부과금부과처분취소]: 당사자가 행정처분시나 그 이후 행정청으로부터 행정심판제기기간에 관하여 법정 심판청구기간보다 긴 기간으로 잘못 통지받아 행정소송법상 법정 제소기간을 도과하였다고 하더라도, 그것이 당사자가 책임질 수 없는 사유로 인한 것이라고 할 수는 없다고 한 사례).

Ⅱ. 당사자소송의 제소기간

당사자소송에 관하여 법령에 제소기간이 정하여져 있는 때에는 그 기간은 불변기간으로 한다(행정소송법 제41조). 그러나, 행정소송법에는 당사자소송의 제기기간에 관한 제한이 없다.

따라서, 당사자소송의 제기기간에는 원칙상 제한이 없고, 이 경우에는 공법상 권리가 시효 등에 의해 소멸되지 않는 한 당사자소송을 제기할 수 있다.

Ⅲ. 제소기간 준수 여부의 판단

제소기간의 준수 여부는 소송요건으로서 법원의 직권조사사항이다(대판 1987. 1. 20, 86누490; 2013. 3. 14, 2010두2623). 소송요건인 제소기간의 준수 여부는 취소소송의 대상이 되는 개개의 처분마다 독립적으로 판단하여야 한다(대판 2023. 8. 31, 2023두39939: 징수처분과 독촉처분 취소소송의 제소기간 경과 여부가 문제된 사안).

제 6 항   행정심판전치주의가 적용되는 경우 그 요건을 충족할 것

Ⅰ. 행정심판임의주의 — 예외적 행정심판전치주의

행정소송법은 행정심판을 원칙상 임의적인 구제절차로 규정하고 있다. 즉, 취소소송은 법령의 규정에 의하여 당해 처분에 대한 행정심판을 제기할 수 있는 경우에도 이를 거

---

9) 제173조(소송행위의 추후보완) ① 당사자가 책임질 수 없는 사유로 말미암아 불변기간을 지킬 수 없었던 경우에는 그 사유가 없어진 날부터 2주 이내에 게을리 한 소송행위를 보완할 수 있다. 다만, 그 사유가 없어질 당시 외국에 있던 당사자에 대하여는 이 기간을 30일로 한다.

치지 아니하고 제기할 수 있다. 다만, 다른 법률에 당해 처분에 대한 행정심판의 재결을 거치지 아니하면 취소소송을 제기할 수 없다는 규정이 있는 때에는 그러하지 아니하다(행정소송법 제18조 제 1 항).

> **판례** 행정소송법 제18조 제 1 항은 행정심판과 취소소송과의 관계에 관하여 규정하면서, 1994. 7. 27. 법률 제4770호로 개정되기 이전에는 법령의 규정에 의하여 당해 처분에 대한 행정심판을 제기할 수 있는 경우에는 그에 대한 재결을 거치지 아니하면 취소소송을 제기할 수 없다고 규정하여 이른바 재결전치주의를 택하고 있었으나, 위 개정 후에는 그와 같은 행정심판의 제기에 관한 근거 규정이 있는 경우에도 달리 그 행정심판의 재결을 거치지 아니하면 취소소송을 제기할 수 없다는 규정을 두고 있지 아니하는 한 그러한 행정심판의 재결을 거치지 아니하고도 취소소송을 제기할 수 있는 것으로 규정함으로써 이른바 자유선택주의로 전환하였으므로, 위 개정조항이 같은법 부칙(1994. 7. 27.) 제 1 조에 의하여 1998. 3. 1.자로 시행된 이후에는 법령의 규정에서 단지 행정심판의 제기에 관한 근거 규정만을 두고 있는 처분에 있어서는 위 개정조항에 따라 그에 대한 행정심판 절차는 당연히 임의적 절차로 전환되었다(대판 1999. 12. 20, 99무42[시정명령 등 효력정지]).

Ⅱ. 행정심판전치주의의 인정례

행정심판임의주의에 대한 예외로서의 행정심판전치주의(行政審判前置主義)는 개별법의 규정에 의해 인정되고 있다.

예를 들면, 국세기본법 제56조 제 2 항 및 지방세기본법 제98조 제 3 항은 국세처분에 대하여 행정심판전치주의를 채택하고 있다. 국세기본법상의 행정심판은 임의적 절차인 이의신청, 필요적 전치절차인 **심사청구** 또는 **심판청구**(심사청구와 심판청구 중 하나를 거쳐야 함)의 2심급으로 되어 있다. 다만, 감사원에의 심사청구를 거친 경우에는 국세기본법상의 심사청구나 심판청구를 거친 것으로 본다(국세기본법 제56조 제 4 항). 따라서, 감사원의 심사청구에 불복하는 경우에는 직접 행정소송을 제기하여야 한다(감사원법 제46조의2).

또한, 공무원의 의사에 반하는 불이익처분이나 부작위에 대한 **소청심사청구 및 도로교통법상 처분에 대한 행정심판청구**도 행정소송의 의무적 전치절차이다(국가공무원법 제16조 제 2 항, 교육공무원법 제53조 제 1 항, 지방공무원법 제20조의2, 도로교통법 제101조의3).

국세처분을 받은 자는 감사원에 심사청구를 할 수 있는데 이 경우에는 국세기본법에 의한 심사청구 및 심판청구를 제기할 수 없고, 감사원의 심사청구에 불복하는 자는 행정소송을 제기하여야 한다(국세기본법 제55조 제 5 항, 제56조 제 4 항).

필요적 전치절차인 행정심판절차가 2단계 이상인 경우에 명문의 규정으로 당해 절차를 모두 거치도록 규정하고 있는 경우를 제외하고는 그 절차 중 하나만 거치면 행정소송을 제기할 수 있는 것으로 보아야 한다(이상규, 786면).

Ⅲ. 행정심판전치주의의 적용범위

행정심판전치주의는 취소소송과 부작위위법확인소송에서 인정되며(행정소송법 제18조 제 1 항, 제38조 제 2 항) 무효확인소송에는 적용되지 않는다(행정소송법 제38조 제 1 항).

무효선언을 구하는 취소소송은 그 형식이 취소소송이므로 행정심판전치주의가 적용되어야 한다(대판 전원합의체 1976. 2. 24, 75누128; 대판 1987. 6. 9, 87누219).

무효선언을 구하는 취소소송에서 행정심판전치주의의 요건을 충족하지 않은 경우에는 무효확인소송으로 소의 변경을 하면 된다.

주위적 청구가 무효확인소송이라 하더라도 병합 제기된 예비적 청구가 취소소송인 경우 예비적 청구인 취소소송에 필요적 전치주의의 적용이 있다(대판 1994. 4. 29, 93누12626).

Ⅳ. 행정심판전치주의의 예외

행정소송법 제18조는 행정심판전치주의의 적용이 제한 또는 배제되는 경우를 규정하고 있다. 행정심판전치주의의 예외가 되는 사유는 원고가 이를 소명하여야 한다(제18조 제 4 항).

1. 행정심판의 재결 없이 행정소송을 제기할 수 있는 경우(제18조 제 2 항)

① 행정심판청구가 있은 날로부터 60일이 지나도 재결이 없는 때. 행정심판청구가 있은 날로부터 60일이 경과하였음에도 재결이 없는 때에는 청구인은 곧 행정소송을 제기할 수도 있고, 재결을 받은 후 행정소송을 제기할 수도 있다.

② 처분의 집행 또는 절차의 속행으로 생길 중대한 손해를 예방하여야 할 긴급한 필요가 있는 때

③ 법령의 규정에 의한 행정심판기관이 의결 또는 재결을 하지 못할 사유가 있는 때

④ 그 밖의 정당한 사유가 있는 때

2. 행정심판의 제기 없이 행정소송을 제기할 수 있는 경우

다음과 같은 사유가 있는 때에는 행정심판을 제기함이 없이 취소소송을 제기할 수 있다(법 제18조 제 3 항).

① 동종사건에 관하여 이미 행정심판의 기각재결이 있은 때: 여기에서 동종사건이라 함은 '당해 사건은 물론 당해 사건과 기본적인 점에서 동질성이 인정되는 사건'을 말한다(대판 1993. 9. 28, 93누9132[사업계획변경승인신청거부처분취소 등]; 1992. 11. 24, 92누8972[의사면허정지처분취소]).

예를 들면, 동일한 행정처분에 의하여 여러 사람이 동일한 의무를 부담하는 경우 그 중 한 사람이 행정심판을 제기하여 기각판결을 받은 경우(대판 1988. 2. 23, 87누704)를 들 수 있다.

② 서로 내용상 관련되는 처분 또는 같은 목적을 위하여 단계적으로 진행되는 처분 중 어느 하나가 이미 행정심판의 재결을 거친 때: 여기에서 '서로 내용상 관련되는 처분'이라 함은 각각 별개의 처분이지만 내용적으로 서로 일련의 상관관계가 있는 복수의 처분을 말한다.

예를 들면, 국세의 납세고지처분과 국세징수법상의 가산금 및 중가산금징수처분(대판 1986. 7. 22, 85누297) 등을 들 수 있다. 하천구역의 무단 점용을 이유로 부당이득금 부과처분과 가산금 징수처분을 받은 사람이 가산금 징수처분에 대하여 행정청이 안내한 전심절차를 밟지 않았다 하더라도 부당이득금 부과처분에 대하여 전심절차를 거친 이상 가산금 징수처분에 대하여도 부당이득금 부과처분과 함께 행정소송으로 다툴 수 있다(대판 2006. 9. 8, 2004두947).

> **판례** 동일인의 동일내용의 신청에 대한 2개의 행정처분이 있는 경우에 그 중 1개의 행정처분에 대한 전심절차가 행해진 경우에 다른 행정처분에 대한 행정소송을 제기하기 위하여 별도의 전심절차를 밟아야 하는지 여부: [다수의견] 원고가 농지의 보전 및 이용에 관한 법률에 의한 농지 일시전용 허가신청을 하였으나 도지사가 농촌근대화촉진법의 관점에서 이를 불허하자 원고가 소원을 제기하여 그 취소처분의 재결을 받은 후 다시 그 허가신청을 하였으나 도지사가 이번에는 농지의보전 및 이용에 관한 법률에 의한 관점에서 불허가하였다면 위 2개의 행정처분은 각 그 내용을 달리하는 것이고 후행정처분이 선행정처분의 필연적 결과로서 행해졌거나 기타 양 행정처분이 상호 일련의 상관관계가 있다고 할 수 없으므로 후의 행정처분에 대하여 행정소송을 제기하려면 선 행정처분에 대한 소원과는 별도의 전치절차를 밟아야 한다(대판 전원합의체 1981. 1. 27, 80누447[농지일시전용허가불허가처분취소]). 〈해설〉 동일한 내용의 처분이라도 처분사유가 다르면 다른 처분이 된다.

'같은 목적을 위하여 단계적으로 진행되는 처분'이라 함은 동일한 행정 목적을 위하여 행해지는 둘 이상의 서로 연속되는 처분을 말한다.[10]

③ 행정청이 사실심의 변론종결 후 소송의 대상인 처분을 변경하여 당해 변경된 처분에 관하여 소를 제기하는 때

④ 처분을 행한 행정청이 행정심판을 거칠 필요가 없다고 잘못 알린 때

> **판례** 처분청이 아닌 재결청 소속의 행정심판 업무 담당 공무원이 행정심판을 거칠 필요가 없다고 잘못 알린 경우, 행정심판 제기 없이 그 취소소송을 제기할 수 있는지 여부(적극): 행정소송법 제18조 제3항 제4호의 규정이 행정청이 행정심판을 거칠 필요가 없다고 잘못 알린 때에는 행정심판을 제기하지 않고도 취소소송을 제기할 수 있도록 행정심판 전치주의에 대한 예외를 두고 있는 것은 행정에 대한 국민의 신뢰를 보호하려는 것이므로, 처분청이 아닌 재결청이 이와 같은 잘못된 고지를 한 경우에도 행정소송법 제18조 제3항 제4호의 규정을 유추적용하여 행정심판을 제기함이 없이 그 취소소송을 제기할 수 있다고 할 것이다(대판 1996. 8. 23, 96누4671[택지초과소유부담금부과처분취소]).

---

10) 행정심판전치주의의 예외와 하자의 승계는 제도의 취지가 다르므로 행정심판전치주의의 예외가 되는 '같은 목적을 위하여 단계적으로 진행되는 처분'은 하자의 승계가 인정되는 경우와 반드시 일치한다고 볼 수는 없다.

V. 행정심판전치주의의 이행 여부의 판단

1. 적법한 행정심판청구

행정심판전치주의의 요건을 충족하기 위하여는 행정심판이 적법하여야 한다.

2. 직권조사사항

행정심판의 전치는 항고소송의 소송요건이므로 법원의 직권조사사항(職權調査事項)에 속한다.

3. 판단의 기준시

행정심판전치주의의 요건을 충족하였는지의 여부는 사실심 변론종결시를 기준으로 판단하여야 한다(대판 1987. 4. 28, 86누29, 1987. 9. 22, 87누176). 즉, 행정소송 제기시에는 행정심판전치주의의 요건이 충족되지 않았더라도 사실심 변론종결시까지 행정심판전치주의의 요건을 충족하면 된다.

제 7 항   관할법원

I. 항고소송의 관할법원

취소소송의 제 1 심 관할법원(管轄法院)은 피고의 소재지를 관할하는 행정법원으로 한다(제 9 조 제 1 항). 다만, ① 중앙행정기관, 중앙행정기관의 부속기관과 합의제행정기관 또는 그 장 또는 ② 국가의 사무를 위임 또는 위탁받은 공공단체 또는 그 장이 피고인 경우 그 피고에 대하여 취소소송을 제기하는 경우에는 해당 중앙행정기관 등의 소재지를 관할하는 행정법원뿐만 아니라 대법원소재지를 관할하는 행정법원에도 제기할 수 있다(제 9 조 제 2 항). 국가의 사무를 위임 또는 위탁받은 공공단체 또는 그 장에 대하여 그 지사나 지역본부 등 종된 사무소의 업무와 관련이 있는 소를 제기하는 경우에는 그 종된 사무소의 소재지를 관할하는 행정법원에 제기할 수 있다(행정소송규칙 제 5 조 제 1 항).

토지의 수용 기타 부동산 또는 특정의 장소에 관계되는 처분 등에 대한 취소소송은 그 부동산 또는 장소의 소재지를 관할하는 행정법원에 이를 제기할 수 있다(제 9 조 제 3 항). 법 제 9 조 제 3 항의 '기타 부동산 또는 특정의 장소에 관계되는 처분등'이란 부동산에 관한 권리의 설정, 변경 등을 목적으로 하는 처분, 부동산에 관한 권리행사의 강제, 제한, 금지 등을 명령하거나 직접 실현하는 처분, 특정구역에서 일정한 행위를 할 수 있는 권리나 자유를 부여하는 처분, 특정구역을 정하여 일정한 행위의 제한·금지를 하는 처분 등을 말한다(행정소송규칙 제 5 조 제 2 항).

　　행정법원이 설치되지 않은 지역에 있어서의 행정법원의 권한에 속하는 사건은 행정법원이 설치될 때까지 해당 지방법원본원이 관할한다(법원조직법 부칙 제 2 조). 그런데, 현재 서울에만 행정법원이 설치되었을 뿐이다.

　　따라서, 행정법원이 설치된 지역(서울지역)에서는 행정법원, 행정법원이 설치되지 않은 지역(서울 이외의 지역)에서는 해당 지방법원 본원이 제 1 심 관할법원이 된다.

　　다만, 독점규제 및 공정거래에 관한 법률에 의한 공정거래위원회의 처분에 대한 불복의 소(항고소송)의 제 1 심은 공정거래위원회의 소재지를 관할하는 서울고등법원의 전속관할이다(독점규제 및공정거래에 관한 법률 제55조).

　　특허심판원의 심결(결정)에 불복하는 경우 고등법원급 전문법원인 특허법원에 심결 또는 결정의 취소를 구하는 소를 제기하고, 특허법원의 판결에 불복하고자 하는 자는 대법원에 상고할 수 있다(특허법 제186조).

Ⅱ. 당사자소송의 관할법원

　　당사자소송의 관할법원은 취소소송의 경우와 같다. 다만, 국가 또는 공공단체가 피고인 경우에는 관계행정청의 소재지를 피고의 소재지로 본다(제40조). 여기에서 '관계행정청'이라 함은 형식적 당사자소송의 경우에는 당해 법률관계의 원인이 되는 처분을 한 행정청을 말하고, 실질적 당사자소송에서는 당해 공법상 법률관계에 대하여 직접적인 관계가 있는 행정청을 말한다.

Ⅲ. 행정소송의 관할의 성격: 전속관할

　　행정소송의 관할은 행정법원의 전속관할이므로 민사법원은 계쟁사건의 관할이 행정법원인 경우 당해 사건을 행정법원으로 이송하여야 한다. 계쟁행정사건의 관할이 행정법원이 아니라 지방법원인 경우에는 그러하지 아니하다.

Ⅳ. 관할 위반의 효력

　　판례는 민사소송으로 제기할 것을 당사자소송으로 서울행정법원에 제기하여 관할 위반이 되었더라도 피고가 관할위반이라고 항변하지 아니하고 본안에 대하여 변론을 한 경우에는 법원에 **변론관할**이 생겼다고 본다.

　　또한, 행정사건의 심리절차는 행정소송의 특수성을 감안하여 행정소송법이 정하고 있는 특칙이 적용될 수 있는 점을 제외하면 심리절차 면에서 민사소송 절차와 큰 차이가 없으므로, 특별한 사정이 없는 한 민사사건을 행정소송 절차로 진행한 것 자체는 위법하다고 볼 수 없다(대판 2018. 2. 13, 2014두11328).

이에 반하여 행정소송법상 항고소송으로 제기하여야 할 사건을 민사소송으로 잘못 제기한 경우에 **수소법원이 그 항고소송에 대한 관할도 동시에 가지고 있다면**, 전심절차를 거치지 않았거나 제소기간을 도과하는 등 항고소송으로서의 소송요건을 갖추지 못했음이 명백하여 항고소송으로 제기되었더라도 어차피 부적법하게 되는 경우가 아닌 이상, 원고로 하여금 항고소송으로 소 변경을 하도록 석명권을 행사하여 행정소송법이 정하는 절차에 따라 심리·판단하여야 한다(대판 2020. 4. 9, 2015다34444). 그리고 항고소송으로 제기하여야 할 사건을 민사소송으로 잘못 제기한 경우에 **수소법원이 행정소송에 대한 관할을 가지고 있지 아니하다면** 당해 소송이 이미 행정소송으로서의 전심절차와 제소기간을 도과하였거나 행정소송의 대상이 되는 처분 등이 존재하지도 아니한 상태에 있는 등 행정소송으로서 소송요건을 결하고 있음이 명백하여 행정소송으로 제기되었더라도 어차피 부적법하게 되는 경우가 아닌 이상 이를 부적법한 소라고 하여 각하할 것이 아니라 관할법원에 이송하여야 한다(대판 2017. 11. 9, 2015다215526; 2018. 7. 26, 2015다221569).

행정소송으로 서울행정법원에 제기할 것을 민사소송으로 지방법원에 제기하여 판결이 난 경우에는 전속관할 위반이고 행정소송절차에 의하여야 할 것을 민사소송절차에 의한 것이므로 관할 위반이라고 항변하지 아니하고 본안에 대하여 변론을 하였더라도 법원에 변론관할이 생겼다고 볼 수 없고, 대법원은 원심판결을 파기하고, 제 1 심판결을 취소하고 사건을 다시 심리·판단하게 하기 위하여 관할법원인 서울행정법원에 이송하여야 한다.

> <u>판례 1</u>   원고가 고의 또는 중대한 과실 없이 행정소송으로 제기하여야 할 사건을 민사소송으로 잘못 제기하였으나 행정소송으로서의 소송요건을 결하고 있음이 명백한 경우, 수소법원이 취하여야 할 조치 (=각하): 원고가 고의 또는 중대한 과실 없이 행정소송으로 제기하여야 할 사건을 민사소송으로 잘못 제기한 경우, 수소법원으로서는 만약 그 <u>행정소송에 대한 관할도 동시에 가지고 있다면</u> 이를 행정소송으로 심리·판단하여야 하고, 그 <u>행정소송에 대한 관할을 가지고 있지 아니하다면 관할법원에 이송하여야 한다</u>(대판 2021. 2. 4, 2019다277133). 다만 해당 소송이 이미 행정소송으로서의 <u>전심절차 및 제소기간을 도과하였거나 행정소송의 대상이 되는 처분 등이 존재하지도 아니한 상태에 있는 등 행정소송으로서의 소송요건을 결하고 있음이 명백하여 행정소송으로 제기되었더라도 어차피 부적법하게 되는 경우에는 이송할 것이 아니라 각하하여야 한다.</u> (5) 1) 제안자가 민간투자사업기본계획 등에서 정한 제안비용보상금 지급대상자에 해당하는지 여부에 관해서는 주무관청의 일정한 사실조사와 판단이 필요하고 제안비용보상금액의 결정에 관하여 주무관청에게 일정 범위의 재량이 부여되어 있으므로, 민간투자사업기본계획 등에 따른 제안비용보상금을 지급받을 권리는 법령의 규정에 의하여 직접 발생하는 것이 아니라 보상금을 지급받으려는 제안자의 신청에 따라 주무관청이 지급대상자인지 여부를 판단하고 구체적인 보상금액을 산정하는 지급결정을 함으로써 비로소 구체적인 권리가 발생한다고 보아야 한다. 제안비용보상금 지급 신청에 대한 주무관청의 결정은 '민간투자법령을 집행하는 행위로서의 공권력의 행사 또는 그 거부'에 해당하므로 항고소송의 대상인 '<u>처분</u>'이라고 보아야 한다. 2) 원고들은 주무관청인 서울특별시장에게 제안비용보상금 지급을 신청하고 서울특별시장이 거부처분을 하면 그에 대하여 항고소송을 제기하는 등의 절차를 밟지 아니한 채, 곧바로 주무관청이 속한 지방자치단체인 피

고를 상대로 한 민사소송으로 제안비용보상금 지급을 청구하였다. 따라서 이 사건 소 중 제2예비적 청구 부분은 부적법하다. 3) 원고들의 제안비용보상금 지급 청구와 관련하여 항고소송의 대상인 처분이 존재하지도 아니한 상태이어서 항고소송의 소송요건을 결하고 있음이 명백하므로, 이 사건 소 중 제2예비적 청구 부분은 관할 행정법원으로 이송할 것이 아니라 각하하여야 한다. 4) 그런데도 원심은, 이 사건 소 중 제2예비적 청구 부분이 부적법하다는 점을 간과한 채, 본안판단으로 나아가 피고가 원고들에게 제안비용보상금을 지급할 의무가 있다고 본 제1심의 판단을 그대로 유지하여 이 부분에 관한 피고의 항소를 기각하였다. 이러한 원심판단에는 항고소송의 대상인 처분과 쟁송 방식에 관한 법리 등을 오해한 잘못이 있다. 그러므로 원심판결 중 제2예비적 청구 부분을 파기하기로 하되, 이 부분 사건은 대법원이 직접 재판하기에 충분하므로 자판하기로 하여, 이 부분에 관한 제1심판결을 취소하고, 이 부분 소를 각하한다(대판 2020. 10. 15, 2020다222382[우선협상대상자지정취소로인한손해배상]). 〈해설〉 원고들은 주위적으로 불법행위 또는 예약채무불이행에 기한 손해배상을 구하고(예약채무불이행에 기한 선택적 청구는 당심에서 추가하였다), 제1예비적으로 실시협약 중도해지의 경우에 준하는 해지시지급금, 제2예비적으로 우선협상대상자 지정취소에 따른 제안비용보상금의 지급을 구한다(원고들은 예산 불편성을 이유로 제2예비적 청구가 기각된다면 이는 불법행위이므로 당심에서 그에 대한 예비적 손해배상청구를 추가하였다)(서울고법 2020. 2. 6, 2018나2057002). 대법원은 제2예비적 청구를 항고소송으로 보았다.

판례2 (1) KAI(한국항공우주산업)와 정부가 체결한 '한국형 헬기 개발사업에 대한 물품·용역협약'은 공법상 계약이다. (2) KAI(한국항공우주산업)이 대한민국에 '한국형 헬기 개발사업'을 하다 발생한 초과비용 126억 원을 청구하는 민사소송을 대법원이 민사재판이 아닌 행정재판으로 다시 하도록 서울행정법원에 이송한 사례(대판 2017. 11. 9, 2015다215526). 〈해설〉 1·2심 법원은 사법상 계약으로 보았다. '한국형 헬기 개발사업에 대한 물품·용역협약'을 단순한 물품조달계약으로 보면 사법상 계약으로 볼 수 있지만, 연구개발계약으로 본다면 공법상 계약으로 보는 것이 타당하다.

판례3 [국방연구개발용역을 수행한 원고가 연구개발확인서의 발급을 신청하였다가 거부되자, 민사소송으로 연구개발확인서의 발급절차 이행을 청구한 사건] (1) 국방연구개발발전업무훈령에 따른 연구개발확인서 발급 및 그 거부는 행정소송법상 처분(확인적 행정행위)이다. (2) 국방연구개발용역을 수행한 원고는 전력지원체계 개발을 위한 용역계약에 따라 연구개발사업을 수행한 다음, 육군본부 전력지원체계사업단에 국방전력발전업무훈령에 따른 연구개발확인서 발급을 신청하였으나, 육군본부 전력지원체계사업단장은 이 사건 거부회신을 한 경우 그 거부처분을 다투는 항고소송을 제기하여야 함에도 원고는 육군본부 전력지원체계사업단장이 속한 법인격주체인 피고 대한민국을 상대로 이 사건 용역계약에 따른 연구개발확인서 발급절차를 이행하라고 청구는 민사소송을 제기한 사안에서 이 사건 제1심법원 및 원심법원은, 이 사건 거부회신이 항고소송의 대상인 '거부처분'에 해당한다는 점을 간과한 채, 이 사건 소가 용역계약에 따른 의무 이행을 청구하는 민사소송에 해당한다는 전제에서, 본안판단으로 나아가 피고 대한민국에게 연구개발확인서 발급의무가 없다고 판단하였지만, 대법원은, 이 사건 제1심법원인 대전지방법원 합의부와 원심법원인 대전고등법원 합의부는 이 사건 소가 행정소송법상 항고소송일 경우의 제1심, 항소심 재판의 관할도 동시에 가지고 있으므로 관할위반의 문제는 발생하지 아니하지만, 원심으로서는 원고로 하여금 행정소송법상 취소소송으로 소 변경을 하도록 석명권을 행사하여 행정소송법이 정하는 절차에 따라 이 사건 거부회신이 적법한 거부처분인지 여부를 심리·판단하였어야 한다고 보아 파기환송한 사례(대판 2020. 1. 16, 2019다264700).

당사자소송으로 지방법원에 제기할 것을 민사소송으로 지방법원에 제기하여 판결이 난 경우에는 관할 위반은 아니지만 행정소송절차에 의하여야 할 것을 민사소송절차에 의한 것이므로 대법원은 원심판결을 파기하고, 제1심판결을 취소하고 사건을 다시 심리·판단하게 하기 위하여 제1심법원인 지방법원에 이송하여야 한다.

따라서, 민사소송의 대상인지 당사자소송의 대상인지가 모호한 경우에는 실무상 당사자소송으로 제기하는 것이 관할 위반으로 인한 패소를 피할 수 있다.

제 4 절　행정소송에서의 가구제

> **문제**　사법시험 제 1 차 시험 불합격처분에 대한 집행정지신청 등 가구제를 논하시오.

제 1 항　개　　설

가구제라 함은 소송의 실효성을 확보하기 위하여 본안판결 확정 전에 잠정적으로 행해지는 원고의 권리를 보전하기 위한 수단을 말한다.

현행 행정소송법은 항고소송에 의한 권리구제의 실효성을 확보하기 위하여 행정소송상의 가구제(假救濟)로서 집행정지제도를 규정하고 있다.

현행 행정소송법은 집행정지만 규정하고 가처분에 관한 규정을 두고 있지 않은데, 민사집행법상의 가처분을 행정소송에도 준용하여 수익적 처분의 신청에 대한 거부처분에 대하여 적극적으로 임시의 지위를 정하는 가처분을 인정할 수 있는지 그리고 예상되는 침해적 처분에 대하여 당해 처분의 잠정적 금지를 구하는 가처분을 인정할 수 있는지에 관하여 논의가 있다. 또한, 당사자소송에 민사집행법상의 가처분이나 가압류가 준용될 수 있는지도 문제된다.

제 2 항　행정소송법상의 집 행정지 [2012, 2023 감평 사례, 2004 입시 약술, 2002 행시 사례, 1998 사시 사례]

행정소송법상 집행정지라 함은 계쟁 처분등의 효력이나 그 집행 또는 절차의 속행을 잠정적으로 정지하는 법원의 결정을 말한다. 집행정지는 권리구제의 실효성을 보장하기 위해 인정되는데, 반면에 집행정지가 되면 처분의 집행으로 인한 행정목적의 달성이 잠정적으로 중지된다. 집행정지제도는 집행정지를 통한 권리구제의 실효성 보장과 계쟁처분의 집행을 통한 행정목적의 달성(계쟁처분의 실효성 보장)을 조화시키는 제도로 입법되고 운용되어야 한다.

Ⅰ. 집행부정지의 원칙

취소소송의 제기는 처분 등의 효력이나 그 집행 또는 절차의 속행에 영향을 주지 아니한다(행정소송법 제23조 제1항). 이와 같이 위법한 처분 등을 다투는 항고소송이 제기된 경우에도 처분 등의 효력을 잠정적으로나마 정지시키지 않고 처분 등의 후속적인 집행을 인정하는 것을 '집행부정지의 원칙'이라 한다. 이와 같이 현행 행정소송법이 집행부정지의 원칙을 채택한 것은 행정목적의 실효적인 달성을 보장하기 위한 것이다.

Ⅱ. 예외적인 집행정지

집행부정지의 원칙을 엄격히 적용하는 경우에는 행정소송을 제기하여 승소한 경우에도 이미 처분이 집행되는 등의 사정에 의해 회복할 수 없는 손해를 입게 되어 권리구제가 되지 못하는 경우가 있게 되므로 행정소송법은 다음과 같이 일정한 요건을 갖춘 경우 예외적으로 집행정지를 인정하는 규정을 두고 있다.

> **행정소송법 제23조(집행정지)**
> ① 취소소송의 제기는 처분 등의 효력이나 그 집행 또는 절차의 속행에 영향을 주지 아니한다.
> ② 취소소송이 제기된 경우에 처분 등이나 그 집행 또는 절차의 속행으로 인하여 생길 회복하기 어려운 손해를 예방하기 위하여 긴급한 필요가 있다고 인정할 때에는 본안이 계속되고 있는 법원은 당사자의 신청 또는 직권에 의하여 처분 등의 효력이나 그 집행 또는 절차의 속행의 전부 또는 일부의 정지(이하 "집행정지"라 한다)를 결정할 수 있다. 다만, 처분의 효력정지는 처분 등의 집행 또는 절차의 속행을 정지함으로써 목적을 달성할 수 있는 경우에는 허용되지 아니한다.

독일 등에서와 같이 항고소송이 제기되며 자동적으로 집행정지효과가 발생하는 것을 원칙으로 하고, 일정한 요건을 갖춘 경우 예외적으로 즉시집행을 인정하는 입법례도 있다.

Ⅲ. 집행정지의 요건

1. 신청요건

집행정지신청이 신청요건을 결여하여 부적법하면 각하된다.

(1) 정지대상인 처분 등의 존재

1) 정지대상인 처분

행정소송법상의 집행정지는 종전의 상태, 즉 원상을 회복하여 유지시키는 소극적인 것이며 종전의 상태를 변경시키는 적극적인 조치로 활용될 수 없다. 따라서 집행정지는 침해적 처분을 대상으로 하여 인정되며 ① 처분 전이거나 ② 부작위 또는 ③ 처분 소멸 후에는 회복시킬 대상이 없으므로 허용되지 아니한다.

그리하여 집행정지가 허용될 수 있는 본안소송은 취소소송과 무효등확인소송이며 부작위위법확인소송은 제외된다.

  2) 거부처분 [2011 행시(재경직) 사례 약술형, 2007 행시(일반행정직) 사례, 2004 사시 사례 약술형·논거 제시형, 2020 변시]

거부처분에 대하여 집행정지가 가능한지에 관하여 견해의 대립이 있다.

  가. 부 정 설   통설은 침해적 처분만이 행정소송법상의 집행정지의 대상이 된다고 보고, 수익적 행정처분의 신청에 대한 거부처분은 집행정지의 대상이 되지 않는다고 본다. 다만, 부정설 중에는 거부처분에 대해 가처분이 가능하다는 견해도 있다.

  그 이유는 거부처분 자체는 국민의 권리의무에 구체적 변동을 가져오는 것은 아니고 집행정지는 신청 전의 상태를 그대로 지속시키는 것에 지나지 않는 것이며, 거부처분에 대하여 설령 집행정지가 행하여진다고 하더라도 그것에 의하여 거부처분이 행하여지지 아니한 상태가 회복될 뿐이며 당해 신청이 허가된 것과 동일한 상태가 실현되거나 행정청이 신청에 따르는 처분을 하여야 할 의무를 부담하는 것이 아니므로(기속력에 관한 행정소송법 제30조 제 2 항은 집행정지의 결정에 준용되지 아니한다) 거부처분의 집행정지로서는 허가신청이 거부됨으로써 신청인이 입게 될 손해를 피하는 데 아무런 보탬이 되지 않고, 따라서 신청인에게 집행정지 신청의 이익이 없다는 것이다.

  판례도 이러한 입장을 취하고 있다(대결 1991. 5. 2, 91두15[접견허가거부처분효력정지]).

> **판례**   신청에 대한 거부처분의 효력을 정지하더라도 거부처분이 없었던 것과 같은 상태, 즉 거부처분이 있기 전의 신청시의 상태로 되돌아가는 데에 불과하고 행정청에게 신청에 따른 처분을 하여야 할 의무가 생기는 것이 아니므로, 거부처분의 효력정지는 그 거부처분으로 인하여 신청인에게 생길 손해를 방지하는 데 아무런 보탬이 되지 아니하여 그 효력정지를 구할 이익이 없다(대결 1995. 6. 21, 95두26[점검필증교부거부처분효력정지]).

  나. 예외적 긍정설   이 견해는 거부처분의 집행정지에 의하여 거부처분이 행하여지지 아니한 상태로 복귀됨에 따라 신청인에게 어떠한 법적 이익이 있다고 인정되는 경우가 있을 수 있고, 그러한 경우에는 예외적으로 집행정지신청의 이익이 있다고 할 것이며 따라서 집행정지 신청을 인정하여야 한다는 견해이다(서울고법 1991. 10. 10, 91부450).

  다. 긍 정 설   이 견해는 집행정지결정에는 기속력이 인정되므로 거부처분의 집행정지에 따라 행정청에게 잠정적인 재처분의무가 생긴다고 볼 수 있으므로 거부처분의 집행정지의 이익이 있다고 보는 견해이다.

  라. 결어(예외적 긍정설)   행정소송법상 집행정지결정에는 기속력에 관한 일반규정인 제30조 제 1 항만이 준용되고, 재처분의무를 정하고 있는 동법 제30조 제 2 항은 준용되

고 있지 않으므로 긍정설은 타당하지 않다. 예외적 긍정설이 현행 집행정지제도가 갖고 있는 기능적 한계를 집행정지신청의 이익에 관한 해석론에 의해 극복하여 권리구제의 실효성을 확보하고자 하는 것이므로 타당하다고 생각된다.

'제외처분'(예, 경원자관계에서 경쟁시험 불합격처분, 임용제외(거부)처분)을 거부처분과 구별하고, 침해적 처분으로 보는 견해에 의하면 제외처분에서는 거부처분에서와 달리 집행정지를 인정할 수 있다.

거부처분이라 하더라도 집행정지의 신청의 이익이 있다고 볼 수 있는 경우로는 ① 연장허가신청에 대한 거부처분이 있을 때까지 권리가 존속한다고 법에 특별한 규정이 있는 경우, ② 특별한 규정이 없는 경우에도 인·허가 등에 붙여진 기간이 갱신기간(조건의 존속기간)이라고 볼 수 있는 경우 ③ 1차시험 불합격처분(서울행법 2003. 1. 14, 2003아957) 또는 응시자격이 없다는 것을 이유로 한 원서반려처분(서울행법 2000아120), ④ 외국인 체류연장신청거부(이 경우 거부처분이 집행정지되면 강제출국 당하지 않을 이익이 있다) 등이 있다. ③의 경우의 불합격처분을 응시자격을 박탈하는 침익처분으로 볼 수 있다는 견해도 있다(백윤기, 행정판례연구회 (2003. 3. 21) 발표문).

3) 후행처분

취소소송의 대상이 되는 처분의 집행정지를 구하는 것이 원칙이지만, 후행처분(後行處分)이 선행처분의 절차의 속행이라고 여겨지는 경우에는 선행처분의 취소소송을 본안으로 하여 후행처분의 집행정지를 청구할 수 있다. 선행처분과 후행처분이 동일한 법적 효과를 목표로 하는 경우, 즉 위법성이 승계되는 경우(대집행의 계고와 대집행영장에 의한 통지) 및 후행처분이 선행처분의 집행의 성질을 가지는 경우(과세처분과 체납처분, 철거명령과 대집행의 계고처분)가 이에 해당한다.

4) 부   관

부관(附款)이 본체인 행정행위에 있어 본질적인 것이 아닌 경우에는 부관만이 집행정지의 대상이 될 수 있다.

(2) 적법한 본안소송의 계속

행정소송법상의 집행정지는 민사소송에서의 가처분과는 달리 적법한 본안소송(本案訴訟)이 계속(係屬)중일 것을 요한다.

집행정지의 신청은 원칙상 본안소송의 제기후 또는 적어도 본안소송의 제기와 동시에 하여야 하지만, 집행정지의 신청이 본안소송보다 먼저 행해진 경우에도 신청에 대한 결정 전에 본안소송이 제기되면 하자가 보완된다. 실무에 있어서는 통상 본안소송의 제기와 집행정지신청이 동시에 행해진다.

계속된 본안소송은 소송요건(행정심판전치, 제소기간 등)을 갖춘 적법한 것이어야 한다 (대결 1999. 11. 26, 99부3[집행정지]). 본안소송의 요건은 집행정지의 신청에 대한 결정 전에 갖추어지면 된다.

> 판례   [1] 집행정지는 행정처분의 집행부정지원칙의 예외로서 인정되는 것이고, 또 본안에서 원고가 승소할 수 있는 가능성을 전제로 한 권리보호수단이라는 점에 비추어 보면, 집행정지사건 자체에 의하여도 신청인의 본안청구가 적법한 것이어야 한다는 것을 집행정지의 요건에 포함시키는 것이 옳다. [2] 수도권매립지관리공사가 甲에게 입찰참가자격을 제한하는 내용의 부정당업자제재처분을 하자, 甲이 제재처분의 무효확인 또는 취소를 구하는 행정소송을 제기하면서 제재처분의 효력정지신청을 한 사안에서, 수도권매립지관리공사는 행정소송법에서 정한 행정청 또는 그 소속기관이거나 그로부터 제재처분의 권한을 위임받은 공공기관에 해당하지 않으므로, 수도권매립지관리공사가 한 위 제재처분은 행정소송의 대상이 되는 행정처분이 아니라 단지 甲을 자신이 시행하는 입찰에 참가시키지 않겠다는 뜻의 사법상의 효력을 가지는 통지에 불과하므로, 甲이 수도권매립지관리공사를 상대로 하여 제기한 위 효력정지신청은 부적법함에도 그 신청을 받아들인 원심결정은 집행정지의 요건에 관한 법리를 오해한 위법이 있다고 한 사례(대결 2010. 11. 26, 2010무137[부정당업자제재처분효력정지]).

(3) 신청인적격

집행정지를 신청할 수 있는 자는 본안소송의 당사자이다. 신청인은 '법률상 이익'이 있는 자이어야 한다. 집행정지신청요건인 법률상 이익은 항고소송의 요건인 '법률상 이익'과 동일하다.

제3자효행정행위에서 소송당사자인 제3자의 집행정지신청도 가능하다는 것이 일반적 견해이며 판례의 입장이다.

> 판례   [1] 행정처분에 대한 효력정지신청을 구함에 있어서도 이를 구할 법률상 이익이 있어야 하는바, 이 경우 법률상 이익이라 함은 그 행정처분으로 인하여 발생하거나 확대되는 손해가 당해 처분의 근거법률에 의하여 보호되는 직접적이고 구체적인 이익과 관련된 것을 말하는 것이고 단지 간접적이거나 사실적·경제적 이해관계를 가지는 데 불과한 경우는 여기에 포함되지 않는다. [2] 경쟁 항공회사에 대한 국제항공노선면허처분으로 인하여 노선의 점유율이 감소됨으로써 경쟁력과 대내외적 신뢰도가 상대적으로 감소되고 연계노선망개발이나 타항공사와의 전략적 제휴의 기회를 얻지 못하게 되는 손해를 입게 되었다고 하더라도 위 노선에 관한 노선면허를 받지 못하고 있는 한 그러한 손해는 법률상 보호되는 권리나 이익침해로 인한 손해라고는 볼 수 없으므로 처분의 효력정지를 구할 법률상 이익이 될 수 없다. [3] 경쟁 항공회사에 대한 국제항공노선면허처분이 효력정지되면 행정청으로부터 항공법상의 전세운항계획에 관한 인가를 받아 취항할 수 있게 되는 지위를 가지게 된다고 하더라도, 행정청이 위 인가를 하여 줄 법률상 의무가 발생하는 것이 아니고, 다만 경쟁 항공회사와 함께 인가를 신청할 수 있음에 그치는 것이며, 그 인가 여부는 다시 행정청의 별도의 처분에 맡겨져 있으므로 위와 같은 이익은 처분의 효력정지를 구할 수 있는 법률상 이익이라고 할 수 없다(대결 2000. 10. 10, 2000무17[집행정지]). 〈해설〉 이 사건에서 신청인은 경원관계에 있지 않다. 즉 신청인은 노선면허신청을 경합한 자도 아니고, 노선면허의 전제가 된 운수권배분을 신청한 자도 아니다.

(4) 신청이익

신청이익이라 함은 집행정지결정으로 현실적으로 보호될 수 있는 이익을 말한다. 달리 말하면 집행정지결정의 현실적 필요성을 말하며 본안소송에서 협의의 소의 이익에 대응하는 것이다.

판례   미결수용중 다른 교도소(안양교도소로부터 진주교도소로 이송)로 이송된 피고인이 그 이송처분의 취소를 구하는 행정소송을 제기하고 아울러 그 효력정지를 구하는 신청을 제기한 데 대하여 법원에서 위 이송처분의 효력정지신청을 인용하는 결정을 하였고 이에 따라 신청인이 다시 이송되어 현재 위 이송처분이 있기 전과 같은 교도소(안양교도소)에 수용중이라 하여도 이는 원심의 효력정지 결정에 의한 것이어서 그로 인하여 효력정지신청이 그 신청의 이익이 없는 부적법한 것으로 되는 것은 아니다(대결 1992. 8. 7, 92두30[이송처분효력정지]).

전술한 바와 같이 판례는 거부처분의 경우 집행정지의 이익이 없는 것으로 보고 있지만 허가조건의 존속기간이 붙은 허가의 갱신거부처분 등의 경우에는 집행정지신청의 이익이 있는 것으로 보아야 한다.

2. 본안요건

(1) 회복하기 어려운 손해발생의 우려

회복하기 어려운 손해라 함은 특별한 사정이 없는 한 금전으로 보상할 수 없는 손해를 말하는데, "금전으로 보상할 수 없는 손해"라 함은 금전보상이 불가능한 경우뿐만 아니라 금전보상으로는 사회관념상 행정처분을 받은 당사자가 참고 견딜 수 없거나 또는 참고 견디기가 현저히 곤란한 경우의 유형·무형의 손해를 말한다(대결 1987. 6. 23, 86두18; 2003. 10. 9, 2003무23).

회복하기 어려운 손해는 신청인의 개인적 손해에 한정되고, 공익상 손해 또는 신청인 외에 제3자가 입은 손해는 포함되지 않는다(서울행법 2010. 3. 12, 2009아3749).

판례1   예산회계법에 의한 부정사업자 입찰자격정지처분으로 본안소송이 종결될 때까지 입찰참가 불능으로 입은 손해는 쉽사리 금전으로 보상할 수 있는 성질의 것이 아니다(대결 1986. 3. 21, 86두5).

판례2   상고심에 계속중인 형사피고인을 안양교도소로부터 진주교도소로 이송하면 회복하기 어려운 손해가 발생할 염려가 있다(대결 1992. 8. 7, 92두30[이송처분효력정지]).

판례3   기업의 손해가 '회복하기 어려운 손해'에 해당하기 위한 요건: 항정신병 치료제의 요양급여 인정기준에 관한 보건복지부 고시(처분)의 효력이 계속 유지됨으로 인한 제약회사의 경제적 손실, 기업 이미지 및 신용의 훼손으로 인한 손해가 금전으로 보상될 수 없어 회복하기 어려운 손해에 해당한다고 하기 위해서는 그 경제적 손실이나 기업 이미지 및 신용의 훼손으로 인하여 사업자의 자금사정이나 경영전반에 미치는 파급효과가 매우 중대하여 사업 자체를 계속할 수 없거나 중대한 경영상의 위기를 맞게 될 것으로 보이는 등의 사정이 존재하여야 한다(대결 2003. 10. 9, 2003무23: 항정신병 치료제의 요양급여 인정기준에 관한 보건복지부 고시의 효력이 계속 유지됨으로 인한 제약회사의 경제적 손실, 기업 이미지 및 신용의 훼손은 '회복하기 어려운 손해'에 해당하지 않는다고 한 사례).

판례4   국토해양부 등에서 발표한 '4대강 살리기 마스터플랜'에 다른 '한강 살리기 사업' 구간 인근에 거주하는 주민들이 각 공구별 사업실시계획승인처분에 대한 효력정지를 신청한 사안에서, 토지 소유권 수용 등으로 인한 손해는 행정소송법 제23조 제2항에서 정하고 있는 효력정지 요건인 금전으로 보상할 수 없거나 사회관념상 금전보상으로는 참고 견디기 어렵거나 현저히 곤란한 경우의 유·무형 손해에 해당하지 않는다고 본 원심판단을 수긍한 사례(대결 전원합의체 2011. 4. 21, 2011무111[4대강(한강)사건]).

세금부과처분 등 금전부과처분에 따라 부과된 금전을 납부함으로 인하여 받는 손해는 본안소송에서 부과처분이 취소되면 그 반환을 청구할 수 있으므로 통상 '회복하기 어려운 손해'라고 볼 수 없지만, 경우에 따라서는 금전납부로 인하여 받는 손해가 '회복하기 어려운 손해'에 해당할 수 있다.

> **판례** 과징금납부명령의 처분이 사업자의 자금사정이나 경영전반에 미치는 파급효과가 매우 중대하다는 이유로 그로 인한 손해는 '회복하기 어려운 손해'에 해당한다고 한 사례(대결 2001. 10. 10, 2001무29[효력정지]: 사업여건의 악화 및 막대한 부채비율로 인하여 외부자금의 신규차입이 사실상 중단된 상황에서 285억 원 규모의 과징금을 납부하기 위하여 무리하게 외부자금을 신규차입하게 되면 주거래은행과의 재무구조개선약정을 지키지 못하게 되어 사업자가 중대한 경영상의 위기를 맞게 될 것으로 보이는 경우, 그 과징금납부명령의 처분으로 인한 손해는 효력정지 내지 집행정지의 적극적 요건인 '회복하기 어려운 손해'에 해당한다고 한 사례).

'회복하기 어려운 손해'의 주장·소명책임은 신청인에게 있다(대결 1999. 12. 20, 99무42[시정명령 등 효력정지]).

(2) 긴급한 필요의 존재

'긴급한 필요'라 함은 회복하기 어려운 손해의 발생이 절박하여 손해를 회피하기 위하여 본안판결을 기다릴 여유가 없는 것을 말한다(대결 1994. 1. 17, 93두79).

판례는 본안청구의 승소가능성은 집행정지의 요건은 아니지만, '긴급한 필요'의 판단에 있어서 고려요소의 하나가 된다고 본다. 이와 관련하여 집행정지가 인용되면 본안판단이 대체되는 결과를 가져오고, 집행정지가 기각되면 본안소송에서 승소하여도 실질적으로 권리구제를 받지 못하는 경우, 즉 이른바 '종국적 성격의 집행정지(만족적 집행정지)'의 경우(예, 한시적 처분(집회 일시가 임박한 집회금지통고처분, 계절적 입찰시기에 내려진 부정당업자에 대한 입찰참가자격제한처분)의 집행정지)에는 본안소송에서의 승소가능성을 긴급성 요건의 판단에서 보다 적극적으로 고려하여야 한다는 견해(우미형, 행정소송법상 집행정지 절차의 원칙과 예외, 행정법연구, 2022. 3, 82~88면)가 유력하게 제기되고 있다.

> **판례 1** '처분 등이나 그 집행 또는 절차의 속행으로 인하여 생길 회복하기 어려운 손해를 예방하기 위하여 긴급한 필요'가 있는지는 처분의 성질과 태양 및 내용, 처분상대방이 입는 손해의 성질·내용 및 정도, 원상회복·금전배상의 방법 및 난이 등은 물론 본안청구의 승소가능성 정도 등을 종합적으로 고려하여 구체적·개별적으로 판단하여야 한다(대결 전원합의체 2011. 4. 21, 2010무111[집행정지]).
>
> **판례 2** 시장이 도시환경정비구역을 지정하였다가 해당구역 및 주변지역의 역사·문화적 가치 보전이

필요하다는 이유로 정비구역을 해제하고 개발행위를 제한하는 내용을 고시함에 따라 사업시행예정구역에서 설립 및 사업시행인가를 받았던 甲 도시환경정비사업조합에 대하여 구청장이 조합설립인가를 취소하자, 甲 조합이 정비구역 해제 고시의 무효확인과 조합설립인가취소처분의 취소를 구하는 소를 제기하고 판결 선고 시까지 각 처분의 효력 정지를 신청한 사안에서, 각 처분의 효력을 정지하지 않을 경우 甲 조합이 정비사업과 관련한 후속 조치를 실행하는 데 사실상, 법률상 장애가 있게 될 뿐 아니라 시장 및 구청장이나 관계 행정청이 정비사업의 진행을 차단하기 위한 각종 불이익 조치를 할 염려가 있는 점 등을 종합하면, 각 처분의 효력을 정지하지 않을 경우 甲 조합에 특별한 귀책사유가 없는데도 정비사업의 진행이 법적으로 불가능해져 甲 조합에 회복하기 어려운 손해가 발생할 우려가 있으므로 이러한 손해를 예방하기 위하여 <u>각 처분의 효력을 정지할 긴급한 필요가 있다고</u> 한 사례(대결 2018. 7. 12, 2018무600).

(3) 공공복리에 중대한 영향을 미칠 우려가 없을 것

집행정지는 공공복리에 중대한 영향을 미칠 우려가 있을 때에는 허용되지 아니한다(행정소송법 제23조 제 3 항). 이는 구체적인 경우에 있어서 처분의 집행에 의해 신청인이 입을 손해와 처분의 집행정지에 의해 영향을 받을 공공복리를 비교형량하여 정하여야 한다.

[판례] (1) 행정소송법 제23조 제 3 항이 집행정지의 또 다른 요건으로 '공공복리에 중대한 영향을 미칠 우려가 없을 것'을 규정하고 있는 취지는, 집행정지 여부를 결정함에 있어서 신청인의 손해뿐만 아니라 공공복리에 미칠 영향을 아울러 고려하여야 한다는 데 있고, 따라서 공공복리에 미칠 영향이 <u>중대한지의 여부는 절대적 기준에 의하여 판단할 것이 아니라, 신청인의 '회복하기 어려운 손해'와 '공공복리' 양자를 비교·교량하여, 전자를 희생하더라도 후자를 옹호하여야 할 필요가 있는지 여부에 따라 상대적·개별적으로 판단되어야 한다</u>(대결 2010. 5. 14, 2010무48 등 참조). (2) 의대정원이 증원되지 않음으로써 발생하게 될 사회적 불이익이 적절한 의대교육을 받지 못하게 되는 의대 재학 중 신청인들의 불이익보다 크다고 보아 공공복리를 보다 중시할 필요가 있다고 본 원심판단은 정당하다(대결 2024. 6. 19, 2024무689). 피신청인 보건복지부장관이 의대정원을 2025년부터 2,000명 증원할 것이라는 이 사건 증원발표를 하고, 이후 피신청인 교육부장관이 2025학년도 전체 의대정원을 2,000명 증원하여 각 대학별로 배정하는 이 사건 증원배정을 하자, 의대 교수, 전공의, 의과대학 재학생 및 의과대학 입학 희망 수험생들로 구성된 신청인들이 이 사건 증원발표 및 증원배정처분에 대한 취소를 청구하는 소를 제기하면서 그 처분의 집행정지를 신청한 사안이다.

'공공복리에 중대한 영향을 미칠 우려'의 주장·소명책임은 행정청에게 있다(대결 1999. 12. 20, 99무42).

(4) 본안청구가 이유 없음이 명백하지 아니할 것

본안청구(本案請求)가 이유 없음이 명백하지 아니할 것이 행정소송법상 명문으로 집행정지의 요건으로 규정되어 있지는 않지만 집행정지의 소극적 요건이 될 것인지에 관하여 학설상 견해의 대립이 있다.

집행정지는 가구제이므로 본안문제인 행정처분 자체의 적법 여부는 그 판단대상이 되지 아니하는 것이 원칙이지만, 집행정지는 인용판결의 실효성을 확보하기 위하여 인정되는 것이며 행정의 원활한 수행을 보장하며 집행정지신청의 남용을 방지할 필요도 있으

제 4 편   행정구제법

므로 본안청구가 이유 없음이 명백하지 아니할 것을 집행정지의 소극적 요건으로 하는 것이 타당하다는 것이 일반적 견해이다.

판례도 이러한 입장을 취하고 있다.

> **판례**   행정처분의 효력정지나 집행정지를 구하는 신청사건에 있어서는 행정처분 자체의 적법 여부는 원칙적으로는 판단할 것이 아니고 그 행정처분의 효력이나 집행을 정지할 것인가에 대한 행정소송법 제23조 제 2 항 소정의 요건의 존부만이 판단의 대상이 되나 본안소송에서의 처분의 취소가능성이 없음에도 불구하고 처분의 효력정지나 집행정지를 인정한다는 것은 제도의 취지에 반하므로 집행정지 사건 자체에 의하여도 신청인의 본안청구가 이유 없음이 명백할 때에는 행정처분의 효력정지나 집행정지를 명할 수 없다(대결 1992. 8. 7, 92두30[이송처분효력정지]).

Ⅳ. 집행정지결정

집행정지의 요건이 충족된 경우에 본안이 계속되고 있는 법원은 당사자의 신청 또는 직권에 의하여 처분 등의 효력이나 그 집행 또는 절차의 속행의 전부 또는 일부의 정지를 결정할 수 있다(행정소송법 제23조 제 2 항).

신청요건을 결여한 경우 각하결정을 내리고, 본안요건이 결여된 경우 기각결정을 내린다.

> **판례**   다만, 부적법하여 각하되어야 할 신청을 원심결정이 기각한 경우에도 원심결정이 신청을 배척한 결론에 있어서는 정당하므로, 그 표현상의 잘못을 들어 원심결정을 파기할 것은 아니다(대결 1995. 6. 21, 95두26[점검필증교부거부처분효력정지]).

실무상 제 1 심판결에서 인용판결을 받은 후 즉시 제 1 심법원에 집행정지를 신청하고, 이 경우 제 1 심법원은 집행정지결정을 내려주는 경우가 많다.

V. 집행정지결정의 내용

집행정지결정(인용결정)에는 처분의 효력이나 그 집행 또는 절차의 속행의 전부 또는 일부의 정지가 있다(제23조 제 2 항).

1. 처분의 효력정지

처분의 효력정지(效力停止)라 함은 처분의 효력을 존재하지 않는 상태에 놓이게 하는 것을 말한다.

처분의 효력정지는 처분 등의 집행 또는 절차의 속행을 정지함으로써 목적을 달성할 수 있는 경우에는 허용되지 아니한다(제23조 제 2 항). 따라서, 효력정지는 통상 허가의 취소,

영업정지처분과 같이 별도의 집행행위 없이 처분목적이 달성되는 처분에 대하여 행해진다.

2. 처분의 집행정지

처분의 집행정지(執行停止)라 함은 처분의 집행을 정지하는 것을 말한다.

예를 들면, 출국명령을 다투는 사건에서 강제출국을 위한 행정강제를 할 수 없게 하는 것, 철거명령에 대한 집행정지신청에 대해 대집행을 정지시키는 것이다.

3. 절차속행의 정지

절차속행(節次續行)의 정지라 함은 여러 단계의 절차를 통하여 행정 목적이 달성되는 경우에 절차의 속행을 정지하는 것을 말한다.

예를 들면, 대집행영장에 의한 통지를 다투는 사건에서 대집행의 실행을 정지시키는 것이다.

4. 처분의 일부에 대한 집행정지

행정소송법은 처분의 일부에 대한 집행정지도 가능하다고 규정하고 있다. 그런데, 계쟁처분이 재량행위인 경우에도 처분의 일부에 대한 집행정지가 처분청의 재량권에 비추어 가능한 것인지 문제된다.

생각건대, 집행정지는 계쟁처분의 효력을 종국적으로 정지시키는 것이 아니라 잠정적으로 집행을 정지하는 것에 그치는 것이므로 처분의 일부에 대한 집행정지가 처분청의 재량권을 침해하는 것은 아닌 것으로 보는 것이 타당하다.

판례도 재량행위인 과징금처분의 일부에 대한 집행정지도 가능한 것으로 보고 있다(대결 2011. 5. 2, 2011무6[11]).

일부효력정지의 하나로 조건부 효력정지(예, 집회금지통고의 조건(예, 대통령실 등 보호시설로부터 일정 거리 유지)부 효력정지)를 인정할 수 있다.

일반처분(예, 코로나 예방을 위한 집합금지처분)에 대한 집행정지는 집행정지의 취지(권리구제의 실효성 보장) 및 집행정지의 인정기준에 비추어 원칙상 집행정지의 신청자에 따라 개별적으로 인정(일부집행정지)하여야 하는 것으로 보아야 한다.

Ⅵ. 집행정지의 효력

1. 형 성 력

집행정지 중 효력정지는 처분의 효력을 잠정적으로 상실시키는 효력을 갖는다. 효력정지는 장래에 향하여 효력을 가지며 소급효가 없다. 따라서, 국립대학생퇴학처분의 효력

---

11) 과징금처분의 일부에 대해 집행정지를 결정한 서울고법 2010. 12. 27, 2010아165 결정에 대한 공정거래위원회의 재항고에 대해 심리불속행 기각결정을 한 사례.

이 정지되어도 수업일수는 장래에 향하여서만 계상된다.

처분의 효력을 정지하는 집행정지결정이 있으면 결정 주문에서 정한 정지기간 중에는 처분이 없었던 원래의 상태와 같은 상태가 된다(대판 2007. 3. 29, 2006두17543; 2020. 9. 3, 2020두34070).

2. 기 속 력

집행정지결정은 취소판결의 기속력에 준하여 당해 사건에 관하여 당사자인 행정청과 관계행정청을 기속한다(제23조 제6항).

행정소송법 제23조에 따른 집행정지결정이 있으면 결정 주문에서 정한 정지기간 중에는 처분을 실현하기 위한 조치를 할 수 없다(대판 2003. 7. 11, 2002다48023; 2020. 9. 3, 2020두34070).

> **판례**   집행정지결정을 하였다면 행정청에 의하여 과징금부과처분이 집행되거나 행정청·관계행정청 또는 제3자에 의하여 <u>과징금부과처분의 실현을 위한 조치가 행하여져서는 아니되며</u>, 따라서 <u>부수적인 결과인 가산금 등은 발생되지 아니한다</u>(대판 2003. 7. 11, 2002다48023).

3. 집행정지 효력의 시적 범위

집행정지결정의 효력은 결정 주문에서 정한 기간까지 존속하다가 그 기간이 만료되면 장래에 향하여 당연히 소멸한다(대판 2020. 9. 3, 2020두34070).

효력정지결정이 실효되면 효력정지된 계쟁처분의 효력이 되살아 나고, 효력정지된 계쟁처분이 금적을 계속적으로 지급하는 금전지급처분 취소처분인 경우 본안소송의 기각판결의 확정에 의해 효력정지결정의 효력이 소멸하고, 금전교부결정 취소처분의 효력이 되살아나면 특별한 사정이 없는 한 행정청으로서는 효력정지기간 동안 교부된 금전의 반환을 명하여야 한다(대판 2017. 7. 11, 2013두25498).

> **판례 1**   [1] 일정한 납부기한을 정한 과징금부과처분에 대한 집행정지결정이 내려진 경우 그 집행정지기간 동안 납부기간이 진행되는지 여부(소극): 일정한 납부기한을 정한 과징금부과처분에 대하여 … 집행정지결정이 내려졌다면 그 집행정지기간 동안은 과징금부과처분에서 정한 과징금의 납부기간은 더 이상 진행되지 아니하고 집행정지결정이 당해 결정의 주문에 표시된 시기의 도래로 인하여 실효되면 그 때부터 당초의 과징금부과처분에서 정한 기간(집행정지결정 당시 이미 일부 진행되었다면 그 나머지 기간)이 다시 진행하는 것으로 보아야 한다. [2] 원고는 1999. 5. 27. 같은 해 8. 3.까지를 납부기한으로 한 이 사건 과징금부과처분을 받고, 같은 해 5. 31. 이를 고지받았으나 서울고등법원으로부터 1999. 7. 2. 이 사건 과징금부과처분에 대하여 본안소송의 판결선고시까지 집행을 정지한다는 내용의 집행정지결정을 받았으므로 과징금의 납부기간은 더 이상 진행하지 아니하고, 본안소송에서 패소한 2001. 6. 21. 이 사건 집행정지결정의 효력이 상실되어 그 때부터 이 사건 과징금부과처분에서 정한 기

간 중 이미 진행된 기간을 제외한 그 나머지 기간이 다시 진행하므로 같은 해 6. 26.에 한 이 사건 과징금의 납부는 납부기한 내에 납부한 것이 되어 가산금이 발생하지 아니하였으므로 가산금이 발생하였음을 전제로 한 이 사건 징수처분은 그 하자가 중대하고도 명백한 것이어서 무효라 할 것이다(대판 2003. 7. 11, 2002다48023[부당이득금]).

> **판례2** 보조금 교부결정의 일부를 취소한 행정청의 처분에 대하여 법원이 효력정지결정을 하면서 주문에서 그 법원에 계속 중인 본안소송의 판결 선고 시까지 처분의 효력을 정지한다고 선언하였을 경우, 본안소송의 판결 선고에 의하여 정지결정의 효력은 소멸하고 이와 동시에 당초의 보조금 교부결정 취소처분의 효력이 당연히 되살아난다. 따라서 효력정지결정의 효력이 소멸하여 보조금 교부결정 취소처분의 효력이 되살아난 경우, 특별한 사정이 없는 한 행정청으로서는 보조금법 제31조 제 1 항에 따라 취소처분에 의하여 취소된 부분의 보조사업에 대하여 효력정지기간 동안 교부된 보조금의 반환을 명하여야 한다(대판 2017. 7. 11, 2013두25498).

집행정지기간은 법원이 그 시기(始期)와 종기(終期)를 정한다. 법원은 집행정지의 종기를 본안판결 선고일부터 30일 이내의 범위에서 정한다. 다만, 법원은 당사자의 의사, 회복하기 어려운 손해의 내용 및 그 성질, 본안 청구의 승소가능성 등을 고려하여 달리 정할 수 있다(행정소송규칙 제10조).

종기의 정함이 없으면 본안판결확정시까지 정지의 효력이 존속한다(대결 1962. 3. 9, 62두1). 종기의 결정방식으로는 본안판결선고시, 본안판결확정시 또는 본안판결선고일로 30일까지 등의 방식이 있는데, 실무에서는 본안판결선고일부터 30일까지를 가장 많이 이용한다.

4. 본안소송과 집행정지결정의 효력

본안에서 계쟁 처분이 최종적으로 적법한 것으로 확정되면 집행정지결정이 실효되고 (집행정지결정의 효력이 소급하여 소멸하지 않는다) 처분을 다시 집행할 수 있게 된다. 이 경우 처분청으로서는 당초 집행정지결정이 없었던 경우와 동등한 수준으로 해당 처분이 집행되도록 필요한 조치를 취하여야 한다(대판 2020. 9. 3, 2020두34070). 이렇게 보는 것은 집행정지에 의해 잠정 정지되었던 계쟁처분의 실효적 집행을 통한 행정목적 달성을 보장하기 위해서 필요하다. 또한 집행정지는 인용판결의 실효성을 확보하기 위한 것이므로 기각판결이 확정된 경우에는 집행정지로 인한 직접적 이익을 배제하거나 환수하는 것이 집행정지제도의 본질에 합치한다.

> **판례1** 행정소송법 제23조에 따른 집행정지결정의 효력은 결정 주문에서 정한 종기까지 존속하고, 그 종기가 도래하면 당연히 소멸한다. 따라서 효력기간이 정해져 있는 제재적 행정처분에 대한 취소소송에서 법원이 본안소송의 판결 선고 시까지 집행정지결정을 하면, 처분에서 정해 둔 효력기간(집행정지결정 당시 이미 일부 집행되었다면 그 나머지 기간)은 판결 선고 시까지 진행하지 않다가 판결이 선고되면 그때 집행정지결정의 효력이 소멸함과 동시에 처분의 효력이 당연히 부활하여 처분에서 정한 효력기간이 다시 진행한다. 이는 처분에서 효력기간의 시기(始期)와 종기(終期)를 정해 두었는데, 그

시기와 종기가 집행정지기간 중에 모두 경과한 경우에도 특별한 사정이 없는 한 마찬가지이다. 이러한 법리는 행정심판위원회가 행정심판법 제30조에 따라 집행정지결정을 한 경우에도 그대로 적용된다. 행정심판위원회가 행정심판 청구 사건의 재결이 있을 때까지 처분의 집행을 정지한다고 결정한 경우에는, 재결서 정본이 청구인에게 송달된 때 재결의 효력이 발생하므로(행정심판법 제48조 제 2 항, 제 1 항 참조) 그때 집행정지결정의 효력이 소멸함과 동시에 처분의 효력이 부활한다(대판 2022. 2. 11, 2021두40720).

판례2   행정소송법 제23조에 의한 집행정지결정의 효력은 결정주문에서 정한 시기까지 존속하며 그 시기의 도래와 동시에 효력이 당연히 소멸하는 것이므로, 일정기간 동안 영업을 정지할 것을 명한 행정청의 영업정지처분에 대하여 법원이 집행정지결정을 하면서 주문에서 당해 법원에 계속중인 본안소송의 판결선고시까지 처분의 효력을 정지한다고 선언하였을 경우에는 처분에서 정한 영업정지기간의 진행은 그때까지 저지되는 것이고 본안소송의 판결선고에 의하여 당해 정지결정의 효력은 소멸하고 이와 동시에 당초의 영업정지처분의 효력이 당연히 부활되어 처분에서 정하였던 정지기간(정지결정 당시 이미 일부 진행되었다면 나머지 기간)은 이때부터 다시 진행한다(대판 1999. 2. 23, 98두14471[영업정지처분취소]).

판례3   보조금 교부결정의 일부를 취소한 행정청의 처분에 대한 효력정지결정의 효력이 소멸하여 보조금 교부결정 취소처분의 효력이 되살아난 경우, 특별한 사정이 없는 한 행정청으로서는 구 보조금의 예산 및 관리에 관한 법률 제31조 제1항에 따라 취소처분에 의하여 취소된 부분의 보조사업에 대하여 효력정지기간 동안 교부된 보조금의 반환을 명하여야 한다(대판 2017. 7. 11, 2013두25498[부당이득금반환결정처분취소]).

판례4   [1] 제재처분에 대한 행정쟁송절차에서 처분에 대해 집행정지결정이 이루어졌더라도 본안에서 해당 처분이 최종적으로 적법한 것으로 확정되어 집행정지결정이 실효되고 제재처분을 다시 집행할 수 있게 되면, 처분청으로서는 당초 집행정지결정이 없었던 경우와 동등한 수준으로 해당 제재처분이 집행되도록 필요한 조치를 취하여야 한다. 집행정지는 행정쟁송절차에서 실효적 권리구제를 확보하기 위한 잠정적 조치일 뿐이므로, 본안 확정판결로 해당 제재처분이 적법하다는 점이 확인되었다면 제재처분의 상대방이 잠정적 집행정지를 통해 집행정지가 이루어지지 않은 경우와 비교하여 제재를 덜 받게 되는 결과가 초래되도록 해서는 안 된다. 반대로, 처분상대방이 집행정지결정을 받지 못했으나 본안소송에서 해당 제재처분이 위법하다는 것이 확인되어 취소하는 판결이 확정되면, 처분청은 그 제재처분으로 처분상대방에게 초래된 불이익한 결과를 제거하기 위하여 필요한 조치를 취하여야 한다. [2] 「중소기업제품 구매촉진 및 판로지원에 관한 법률」에 따른 1차 직접생산확인 취소처분에 대하여 중소기업자가 제기한 취소소송절차에서 집행정지결정이 이루어졌다가 본안소송에서 중소기업자의 패소판결이 확정되어 집행정지가 실효되고 취소처분을 집행할 수 있게 되었으나 1차 취소처분 당시 유효기간이 남아 있었던 직접생산확인의 전부 또는 일부가 집행정지기간 중 유효기간이 모두 만료되고 집행정지기간 중 새로 받은 직접생산확인의 유효기간이 남아 있는 경우, 관할 행정청이 직접생산확인 취소 대상을 '1차 취소처분 당시' 유효기간이 남아 있었던 모든 제품에서 '1차 취소처분을 집행할 수 있게 된 시점 또는 그와 가까운 시점'을 기준으로 유효기간이 남아 있는 모든 제품으로 변경하는 처분(2차 취소처분)을 할 수 있다(대판 2020. 9. 3, 2020두34070[직접생산확인취소처분의 취소소송]). 이 사건 변경처분은 1차 취소처분(제재처분)의 변경처분으로서 1차 취소처분에 대한 효력정지결정에 따라 원고가 제재를 일부 면하여 이익을 얻게 된 것을 그대로 두면 1차 취소처분(제재처분)의 실효성을 확보할 수 없으므로 1차 취소처분(제재처분)의 실효적 집행을 보장하기 위해 1차 취소처분을 변경하는 처분(2차 취소(제재)처분)을 할 수 있다고 판단한 것이다. 통상의 경우에는 동일한 법위반행위에 대해서는 하나의 제재처분만 가능하고, 이중의 제재처분은 인정되지 않는다.

인용판결이 확정되면 집행정지결정이 실효된다.

제재처분에 대한 행정쟁송절차에서 처분에 대해 집행정지결정이 이루어졌더라도 본안에서 해당 처분이 최종적으로 적법한 것으로 확정되어 집행정지결정이 실효되고 제재처분을 다시 집행할 수 있게 되면, 처분청으로서는 당초 집행정지결정이 없었던 경우와 동등한 수준으로 해당 제재처분이 집행되도록 필요한 조치를 취하여야 한다. 집행정지는 행정쟁송절차에서 실효적 권리구제를 확보하기 위한 잠정적 조치일 뿐이므로, 본안 확정판결로 해당 제재처분이 적법하다는 점이 확인되었다면 제재처분의 상대방이 잠정적 집행정지를 통해 집행정지가 이루어지지 않은 경우와 비교하여 제재를 덜 받게 되는 결과가 초래되도록 해서는 안 된다(대판 2017. 7. 11, 2013두25498; 대판 2020. 9. 3, 2020두34070).

> **판례** 변경처분 권한의 인정 여부(이 사건에서 쟁점은 ① 피고가 직접생산확인 취소 대상을 '1차 취소처분 당시 유효기간이 남아 있었던 모든 제품에 대한 직접생산확인'에서 '1차 취소처분을 집행할 수 있게 된 시점에 유효기간이 남아 있는 모든 제품에 대한 직접생산확인'으로 변경할 수 있는지 여부(변경처분 권한의 인정 여부)와 ② 위와 같은 변경처분 권한이 있다면 이 사건 처분이 그러한 변경처분에 해당하는지 여부(처분사유의 해석)이다): 직접생산확인을 받은 중소기업자가 공공기관의 장과 납품 계약을 체결한 후 직접생산하지 않은 제품을 납품하였다. 관할 행정청은 이 사건 근거 조항에 따라 당시 유효기간이 남아 있는 중소기업자의 모든 제품에 대한 직접생산확인을 취소하는 1차 취소처분을 하였다. 이에 대하여 중소기업자는 1차 취소처분에 대하여 취소소송을 제기하였고, 집행정지결정이 이루어졌다. 그러나 결국 중소기업자의 패소판결이 확정되어 집행정지가 실효되고, 취소처분을 집행할 수 있게 되었다. 그런데 1차 취소처분 당시 유효기간이 남아 있었던 직접생산확인의 전부 또는 일부는 집행정지기간 중 유효기간이 모두 만료되었고, 1차 취소처분 당시 유효기간이 남아 있었던 직접생산확인 제품 목록과 취소처분을 집행할 수 있게 된 시점에 유효기간이 남아 있는 직접생산확인 제품 목록은 다르다. 위와 같은 경우 관할 행정청은 1차 취소처분을 집행할 수 있게 된 시점으로부터 상당한 기간 내에 직접생산확인 취소 대상을 '1차 취소처분 당시' 유효기간이 남아 있었던 모든 제품에서 '1차 취소처분을 집행할 수 있게 된 시점 또는 그와 가까운 시점'을 기준으로 유효기간이 남아 있는 모든 제품으로 변경하는 처분을 할 수 있다고 보아야 한다. 이러한 변경처분(이 사건 처분)은 중소기업자가 직접생산하지 않은 제품을 납품하였다는 점과 이 사건 근거 조항을 각각 궁극적인 '처분하려는 원인이 되는 사실'과 '법적 근거'로 한다는 점에서 1차 취소처분과 동일하고, 제재의 실효성을 확보하기 위하여 직접생산확인 취소 대상만을 변경한 것이다. 이 사건 처분은 2차 직접생산확인의 원시적 하자를 처분사유로 하여 1차 취소처분과 별개의 직접생산확인 취소처분을 하는 것이 아니라, 1차 취소처분과 '처분하려는 원인이 되는 사실'과 '법적 근거'를 같이하면서 1차 취소처분의 제재 실효성을 확보하기 위해 직접생산확인 취소 대상 제품만을 변경한 처분이라고 보아야 한다. 그런데도 원심은 이 사건 처분이 2차 직접생산확인의 원시적 하자를 처분사유로 하는 것이라고 단정하고, 집행정지결정의 효력에 비추어 이러한 처분사유는 인정되지 않는다고 판단하였다(대판 2020. 9. 3, 2020두34070).

집행정지결정을 하려면 이에 대한 본안소송이 법원에 제기되어 계속 중임을 요건으로 하는 것이므로, 집행정지결정을 한 후에라도 본안소송이 취하되어 소송이 계속하지 아니한 것으로 되면 집행정지결정은 당연히 그 효력이 소멸되는 것이고 별도의 취소조치를 필요로 하는 것이 아니다(대결 2007. 6. 28, 2005무75).

VII. 집행정지결정에 대한 불복과 취소

집행정지의 결정 또는 기각의 결정에 대하여는 즉시항고할 수 있다. 민사소송에서 즉시항고의 경우 결정의 집행을 정지하는 효력이 있으나 이 경우 집행정지의 결정에 대한 즉시항고에는 결정의 집행을 정지하는 효력이 없다(제23조 제 5 항).

행정소송법 제23조 제 2 항에서 정한 요건을 결여하였다는 이유로 효력정지 신청을 기각한 결정에 대하여, 행정처분 자체의 적법 여부를 가지고 불복사유로 삼을 수 없다(대결 전원합의체 2011. 4. 21, 2010무111[집행정지]).

> 판례   행정소송법 제23조 제 2 항에서 정한 요건을 결여하였다는 이유로 효력정지 신청을 기각한 결정에 대하여, 행정처분 자체의 적법 여부를 가지고 불복사유로 삼을 수 있는지 여부(소극): [다수의견] 행정처분의 효력정지나 집행정지를 구하는 신청사건에서는 행정처분 자체의 적법 여부를 판단할 것이 아니고 행정처분의 효력이나 집행 등을 정지시킬 필요가 있는지 여부, 즉 행정소송법 제23조 제 2 항에서 정한 요건의 존부만이 판단대상이 된다. 나아가 '처분 등이나 그 집행 또는 절차의 속행으로 인한 손해발생의 우려' 등 적극적 요건에 관한 주장·소명 책임은 원칙적으로 신청인 측에 있으며, 이러한 요건을 결여하였다는 이유로 효력정지 신청을 기각한 결정에 대하여 행정처분 자체의 적법 여부를 가지고 불복사유로 삼을 수 없다. [대법관 박시환, 대법관 김지형, 대법관 이홍훈, 대법관 전수안의 반대의견] 행정소송법 제 8 조 제 2 항에 따라 행정소송에도 준용되는 민사소송법 제442조는 "항고법원·고등법원 또는 항소법원의 결정 및 명령에 대하여는 재판에 영향에 미친 헌법·법률·명령 또는 규칙의 위반을 이유로 드는 때에만 재항고할 수 있다"고 규정하고 있다. 재항고인들이 효력정지 요건의 해석에 관한 원심결정의 법리오해 위법을 반복하여 지적하면서, 특히 여러 가지 측면에서 특수성을 띠고 있는 환경문제가 포함된 이 사건의 규모와 성격, 직·간접적 파급효과 등을 고려할 때 효력정지 요건 충족 여부와 관련하여 '회복하기 어려운 손해' 및 '긴급한 필요'의 의미를 종전과 다르게 해석하여야 한다거나 그렇지 않다고 하더라도 소명책임과 관련된 소명의 정도를 완화하여야 한다는 취지의 주장을 하고 있는데, 이는 법리오해 주장으로서 적법한 재항고 이유이다. 그렇다면 대법원으로서는 재항고 이유의 당부에 관하여 나아가 판단함이 마땅하다(대결 전원합의체 2011. 4. 21, 2010무111[집행정지]).

집행정지의 결정이 확정된 후 집행정지가 공공복리에 중대한 영향을 미치거나 그 정지사유가 없어진 때에는 당사자의 신청 또는 직권에 의하여 결정으로써 집행정지의 결정을 취소할 수 있다(제24조 제 1 항). 집행정지결정의 취소결정에 대하여는 즉시항고할 수 있다. 취소결정에 대한 즉시항고는 결정의 집행을 정지하는 효력이 없다(제24조 제 2 항).

> 판례   [1] 집행정지결정 취소사유의 발생시기 및 '집행정지가 공공복리에 중대한 영향을 미치는 때'의 의미: 행정소송법 제24조 제 1 항에서 규정하고 있는 집행정지결정의 취소사유는 특별한 사정이 없는 한 집행정지결정이 확정된 이후에 발생한 것이어야 하고, 그 중 '집행정지가 공공복리에 중대한 영향을 미치는 때'라 함은 일반적·추상적인 공익에 대한 침해의 가능성이 아니라 당해 집행정지결정과 관련된 구체적·개별적인 공익에 중대한 해를 입힐 개연성을 말하는 것이다. [2] 이 사건 "학교환경위생정화구역 내 금지행위 및 시설해제 거부처분"의 취소재결의 집행정지결정으로 인하여 이 사건 극장 건립이 중단됨으로써 지역경제에 좋지 않은 영향을 미치게 된다고 하더라도 이는 간접적·반사적인 이

해관계에 불과할 뿐 이 사건 집행정지결정과 관련된 구체적·개별적인 공익에 중대한 해를 입힐 개연성이 있는 경우에 해당한다고 보기 어렵다(대결 2005. 7. 15, 2005무16[집행정지취소]; 2004. 5. 17, 2004무6[집행정지]).

제 3 항   가처분의 가부

> **문제**   갑(甲)은 사행행위영업의 하나인 투전기영업을 3년의 기한으로 허가를 받아 영업을 해오다가 3년의 허가유효기간이 얼마 남지 아니하여 사행행위등규제법 제 7 조 제 2 항에 근거하여 허가갱신신청(재허가신청)을 하였으나 거부당하였다. 이 경우에 원고는 허가갱신거부처분의 취소를 구하는 소송을 제기함과 아울러 가처분(假處分)을 청구할 수 있는가.[12]

I. 행정소송법상 가처분의 인정필요성

현행 집행정지제도는 처분 등을 전제로 그 효력 등을 정지시키는 소극적 형성을 내용으로 하는 것이고, 적극적으로 수익적 처분을 받은 것과 동일한 상태를 창출하는 기능 또는 행하여지려고 하는 침해적 처분을 금지시키는 기능을 수행할 수는 없다. 따라서, 행정소송을 통한 국민의 권리구제의 실효성을 높이기 위하여 행정소송에도 가처분을 인정할 필요가 있다.

II. 항고소송에서의 가처분의 인정 여부 [2019 행시]

현행 행정소송법은 가처분에 관한 규정을 두고 있지 않다. 그리하여 현행 행정소송법 하에서도 민사집행법상의 가처분을 행정소송에도 준용하여 행정소송에서도 가처분을 인정할 수 있는지에 관하여 견해가 대립하고 있다.

1. 소극설(부정설)

우리나라의 판례와 통설은 소극설을 취하고 있다. 그 논거는 다음과 같다.

① 행정소송법상 집행정지에 관한 규정은 민사집행법상의 가처분제도에 대한 특별규정이므로 민사집행법상의 가처분을 배제한다는 뜻을 포함하는 것이다.

② 행정소송에서의 가구제는 본안소송의 범위 내에서만 인정되는 것으로 보아야 하는데, 우리 행정소송법은 의무이행소송을 인정하고 있지 않으므로 소극설을 취할 수밖에 없다(박윤흔, 954면).

---

12) 허가갱신거부처분에 대하여 집행정지가 인정되지 않는다는 입장을 취하는 경우에 가처분의 인정 여부가 문제된다.

2. 적극설(긍정설)

적극설의 논거는 다음과 같다.

① 우리 행정소송법은 가처분을 배제하는 규정을 특별히 두고 있지 않으므로 이 문제는 행정소송법 제 8 조 제 2 항에 의해 해결되어야 하고, 따라서 가처분에 관한 민사집행법의 규정이 행정소송에 준용되어야 한다.

② 가처분을 통하여 국민의 권리보호를 실효성 있게 하는 것은 사법권의 범위에 속하는 것이며 헌법 제27조 제 1 항이 보장하는 재판을 받을 권리에도 포함된다.

③ 거부처분취소소송을 임시의 지위를 정하는 가처분의 본안소송으로 볼 수 있다.

3. 제한적 긍정설

행정소송법이 집행정지제도를 인정하고 있으므로 동 제도를 통해 목적을 달성할 수 있는 한 민사집행법상 가처분규정이 적용될 여지는 없지만, 집행정지제도로는 가구제가 안 되는 경우(거부)에는 가처분제도를 활용하여 행정처분에 따르는 불이익을 잠정적이나마 배제할 필요가 있다(김남진·김연태).

4. 판 례

판례는 소극설을 취하고 있다.

> 판례 민사집행법상의 가처분으로 행정청의 행정행위 금지를 구하는 것은 허용될 수 없다(대결 2011. 4. 18, 2010마1576[자동차사업면허처분금지가처분]).

5. 결 어

해석론으로는 다음과 같은 이유에서 소극설이 타당하다. 행정소송법이 민사집행법의 가처분과는 다른 가구제제도(집행정지제도)를 마련한 것은 공익과의 관련성 때문에 민사집행법의 가처분을 그대로 적용할 수 없다는 입장에서 민사집행법상의 가처분을 배제하고 특별한 규정을 둔 것이므로 가처분에 관한 민사집행법상의 규정은 행정소송에는 적용되지 않는다고 할 것이다.

그러나, 입법론으로는 적극설이 타당하다. 행정소송이나 이에 따르는 가구제가 우리 헌법상 사법권에 속하는 것은 당연하며 의무이행소송과 예방적 금지소송을 인정하는 경우 권리구제의 실효성을 위하여 가처분을 인정하여야 한다. 행정소송법 개정안도 의무이행소송과 예방적 금지소송을 인정하고 가처분을 규정하고 있다.

Ⅲ. 공법상 당사자소송에서의 가처분 인정

공법상 당사자소송에서는 집행정지는 인정되지 않는다.

공법상 당사자소송에서는 항고소송에서 가처분 인정의 부정적 논거가 되는 가처분의 특례규정인 집행정지 등 가처분에 관한 특례규정이 없고, 당사자소송은 민사소송과 유사하므로 민사집행법상의 가처분이 준용된다는 것이 실무 및 학설의 일반적 견해이다.

> **판례** 당사자소송에 대하여는 행정소송법 제23조 제2항의 집행정지에 관한 규정이 준용되지 아니하므로(행정소송법 제44조 제1항 참조), 이를 본안으로 하는 가처분에 대하여는 행정소송법 제8조 제2항에 따라 민사집행법상 가처분에 관한 규정이 준용되어야 한다(대결 2015. 8. 21, 2015무26[관리처분계획안에대한총회결의효력정지가처분]).

공법상 당사자소송에서는 가압류가 인정된다.

공법상 당사자소송에서 재산권의 청구를 인용하는 판결을 하는 경우, 가집행선고를 할 수 있다.

> **판례** 행정소송법 제8조 제2항에 의하면 행정소송에도 민사소송법의 규정이 일반적으로 준용되므로 법원으로서는 공법상 당사자소송에서 재산권의 청구를 인용하는 판결을 하는 경우 가집행선고를 할 수 있다(대판 2000. 11. 28, 99두3416).

행정소송법 제43조는 "국가를 상대로 하는 당사자소송의 경우에는 가집행선고를 할 수 없다."라고 규정하고 있었는데, 이 규정은 피고가 국가인 경우에만 가집행선고를 제한하는 것은 피고가 공공단체인 경우에 비해 이유없는 차별을 하는 것으로 평등원칙 위반으로 위헌(단순위헌)이라는 결정이 내려졌다(헌재 2022. 2. 24, 2020헌가12).

> **판례** 심판대상조항인 행정소송법 제43조은 국가가 당사자소송의 피고인 경우 가집행의 선고를 제한하여, 국가가 아닌 공공단체 그 밖의 권리주체가 피고인 경우에 비하여 합리적인 이유 없이 차별하고 있으므로 평등원칙에 반한다(헌재 2022. 2. 24, 2020헌가12).

제 5 절　행정소송의 심리

제 1 항　개　　설

소송의 심리(審理)라 함은 소에 대한 판결을 하기 위하여 그 기초가 될 소송자료를 수집하는 절차를 말한다.

소송의 심리에 관한 원칙으로 당사자주의와 직권주의가 있다.

민사소송은 당사자주의(처분권주의 및 변론주의)를 기본원칙으로 하고 직권주의는 극히 예외적으로 인정되고 있다. 행정소송에도 당사자주의가 기본적인 소송원칙으로 적용되는데, 행정소송은 공익과 관련이 있으므로 행정소송의 공익성에 비추어 직권주의가 민사소송에 비하여 보다 널리 적용되고 있다. 즉, 행정소송법은 제26조에서 직권심리주의를 보충적인 소송원칙으로 인정하고 있다.

제 2 항　심리의 내용

심리는 그 내용에 따라 요건심리와 본안심리로 나눌 수 있다.

Ⅰ. 요건심리

요건심리(要件審理)라 함은 제기된 소가 소송요건을 갖춘 것인지의 여부를 심리하는 것을 말한다. 요건심리의 결과 소송요건을 갖추지 않은 것으로 인정될 때에는 당해 소는 부적법(不適法)한 소가 되고 각하판결(却下判決)이 내려진다.

소송요건으로는 관할권, 제소기간, 처분성, 원고적격, 소의 이익, 전심절차, 당사자능력, 중복소송이 아닐 것, 기판력에 반하지 않을 것 등이 있다.

소송요건은 직권조사사항이다. 따라서, 당사자의 주장이 없다고 하더라도 법원이 직권으로 조사할 수 있다.

소송요건의 존부는 변론종결시를 기준으로 판단한다. 따라서, 제소 당시 소송요건이 존재하지 않아도 변론종결시까지 이를 갖추면 된다. 그리고 제소 당시 소송요건을 충족하여도 변론종결시 소송요건이 결여되면 각하판결을 내린다.

또한, 사실심에서 변론종결시까지 당사자가 주장하지 않던 직권조사사항에 해당하는 사항을 상고심에서 비로소 주장하는 경우 그 직권조사사항에 해당하는 사항은 상고심의 심판범위에 해당한다(대판 2004. 12. 24, 2003두15195[퇴직연금지급청구거부처분취소]).

소송요건은 사실심변론종결시는 물론 상고심에서도 존속하여야 한다(대판 2007. 4. 12, 2004두7924).

Ⅱ. 본안심리

본안심리(本案審理)라 함은 요건심리의 결과 당해 소송이 소송요건을 갖춘 것으로 인정되는 경우 사건의 본안, 즉 청구의 이유 유무(처분의 위법 여부)에 대하여 실체적 심사를 행하는 것을 말한다. 본안심리의 결과 청구가 이유 있다고 인정되면 청구인용판결을 하고, 청구가 이유 없다고 인정되면 청구기각판결을 한다.

제 3 항 심리의 범위

Ⅰ. 불고불리의 원칙

행정소송에도 민사소송에서와 같이 불고불리의 원칙이 적용된다(행정소송법 제 8 조). 불고불리의 원칙이라 함은 법원은 소송의 제기가 없으면 재판할 수 없고, 소송의 제기가 있는 경우에도 당사자가 신청한 사항에 대하여 신청의 범위 내에서 심리·판단하여야 한다는 원칙을 말한다(민사소송법 제203조).

> **판례1** 행정소송에 있어서도 원고의 청구취지, 즉 청구범위·액수 등은 모두 원고가 청구하는 한도를 초월하여 판결할 수 없다(대판 1956. 3. 30, 4289행상18; 1987. 11. 10, 86누491).
>
> **판례2** 처분권주의에 관한 민사소송법 제203조가 준용되는 행정소송에서 심판 대상은 원고의 의사에 따라 특정되고, 법원은 당사자가 신청한 사항에 대하여 신청 범위 내에서 판단하여야 한다(대판 2022. 2. 10, 2019두50946).

1. 취소소송에서의 심판의 범위

취소소송에서의 소송물(소송상 청구)은 처분의 위법성 일반과 계쟁처분의 취소이다. 처분의 동일성 내에서 개개의 위법사유는 심판의 범위에 속한다. 일부취소를 청구하였음에도 처분의 전부를 취소하는 것은 심판의 범위를 벗어나는 것이지만, 전부취소를 청구한 경우 일부취소하는 것은 심판의 범위에 들어간다. 사정판결을 할 것인지의 여부도 심판의 대상에 포함된다.

2. 무효확인소송에서의 심판의 범위

무효확인소송에서는 처분의 위법 여부와 무효 여부가 심판의 대상이 된다. 무효확인청구에는 취소의 청구가 포함되어 있다고 보는 것이 판례의 입장이며 이러한 입장에 서는 경우 계쟁처분의 취소 여부도 심판의 대상이 된다(이견 있음). 무효확인소송에서는 사정판결을 할 것인지 여부는 심판의 대상이 되지 않는다.

3. 부작위위법확인소송에서의 심판의 범위

부작위위법확인소송에서 심판의 범위가 부작위의 위법 여부만에 그치는 것인지, 아니면 부작위의 위법 여부뿐만 아니라 신청에 따른 처분의무가 있는지에도 미치는지에 관하여 견해가 나뉘고 있다.

(1) 절차적 심리설

이 견해는 부작위의 위법 여부만이 부작위위법확인소송에서의 심판의 범위에 포함된다는 견해이다. 이 견해의 **논거**는 다음과 같다. i) 의무이행소송을 도입하지 않고 부작위위법확인소송만을 도입한 입법취지에 비추어 실체적 심리설은 타당하지 않다. ii) 행정소송법 제 2 조 제 1 항 제 2 호의 부작위의 정의규정에 비추어 절차적 심리설이 타당하다. 동규정에서 '일정한 처분을 할 법률상 의무'는 신청에 대한 응답의무라고 해석한다.

(2) 실체적 심리설

이 견해는 부작위의 위법 여부뿐만 아니라 신청에 따른 처분의무가 있는지도 부작위위법확인소송에서의 심판의 범위에 포함된다는 견해이다. 이 견해의 **논거**는 다음과 같다. i) 무용한 소송의 반복을 피하기 위하여 신청에 따른 처분의무도 심판의 범위에 포함시키는 것이 타당하다. ii) 부작위위법확인소송이 의무이행소송과 같은 기능을 수행하도록 함으로써 국민의 권리구제의 실효성을 도모할 필요가 있다. iii) 행정소송법 제 2 조 제 1 항 제 2 호에서 '일정한 처분을 할 법률상 의무'는 '신청에 따른 처분을 하여 줄 의무'라고 해석하여야 한다.

(3) 판   례

판례는 절차적 심리설을 취하고 있다.

> **판례 1**   부작위위법확인의 소는 행정청이 국민의 법규상 또는 조리상의 권리에 기한 신청에 대하여 상당한 기간 내에 그 신청을 인용하는 적극적 처분 또는 각하하거나 기각하는 등의 소극적 처분을 하여야 할 법률상의 응답의무가 있음에도 불구하고 이를 하지 아니하는 경우, 판결(사실심의 구두변론 종결)시를 기준으로 그 부작위의 위법을 확인함으로써 행정청의 응답을 신속하게 하여 부작위 내지 무응답이라고 하는 소극적인 위법상태를 제거하는 것을 목적으로 하는 것이고, 나아가 당해 판결의 구속력에 의하여 행정청에게 처분 등을 하게 하고 다시 당해 처분 등에 대하여 불복이 있는 때에는 그 처분 등을 다투게 함으로써 최종적으로는 국민의 권리이익을 보호하려는 제도이므로, 소제기의 전후를 통하여 판결시까지 행정청이 그 신청에 대하여 적극 또는 소극의 처분을 함으로써 부작위상태가 해소된 때에는 소의 이익을 상실하게 되어 당해 소는 각하를 면할 수가 없는 것이다(대판 1990. 9. 25, 89누 4758).

판례2 행정청이 상대방의 신청에 대하여 아무런 적극적 또는 소극적 처분을 하지 않고 있는 이상 행정청의 부작위는 그 자체로 위법하다고 할 것이고, 구체적으로 그 신청이 인용될 수 있는지 여부는 소극적 처분에 대한 항고소송의 본안에서 판단하여야 할 사항이라고 할 것이다(대판 2005. 4. 14, 2003 두7590: 행정청이 행한 공사중지명령의 상대방이 그 명령 이후에 그 원인사유가 소멸하였음을 들어 행정청에 대하여 공사중지명령의 철회를 신청하였으나 행정청이 이에 대하여 아무런 응답을 하지 않고 있는 경우, 그러한 행정청의 부작위가 위법하다고 한 사례).

(4) 결어(절차적 심리설)

의무이행소송을 인정하지 않고 부작위위법확인소송만을 인정한 입법취지 및 부작위의 정의규정인 행정소송법 제2조 제1항 제2호에 비추어 부작위의 위법 여부만이 부작위위법확인소송에서의 심판의 범위에 포함된다는 견해(절차적 심리설)가 타당하다.

Ⅱ. 재량문제의 심리

행정청의 재량행위도 행정소송의 대상이 된다.

재량행위도 재량권의 일탈·남용이 있는 경우에는 부당에 그치는 것이 아니라 위법하게 된다. 따라서, 법원은 재량행위에 대하여 취소소송이 제기된 경우에는 각하할 것이 아니라 본안심리를 하여 재량권의 일탈·남용 여부를 판단하여 재량권의 일탈·남용이 있으면 인용판결을 하고(행정소송법 제27조) 재량권의 일탈·남용이 없으면 기각판결을 하여야 한다. 행정소송법 제27조는 "행정청의 재량에 속하는 처분이라도 재량권의 한계를 넘거나 그 남용이 있는 때에는 법원은 이를 취소할 수 있다"라고 규정하여 법원이 재량권의 일탈·남용 여부에 대하여 심리·판단할 수 있음을 명백히 하였다.

그러나 법원은 재량권 행사가 부당한 것인지 여부는 심리·판단할 수 없다.

Ⅲ. 법률문제·사실문제

법원은 소송의 대상이 된 처분 등의 모든 법률문제 및 사실문제에 대하여 처음부터 새롭게 다시(de novo) 심사할 수 있다.

제4항 심리의 일반원칙

Ⅰ. 민사소송법상의 심리절차의 준용

행정소송사건의 심리절차에 관하여 행정소송법에 특별한 규정이 없는 경우에는 법원조직법과 민사소송법 및 민사집행법의 관련규정이 준용되는데(행정소송법 제8조 제2항), 행정소송법에 제26조(직권심리) 및 제25조(행정심판기록의 제출명령)를 제외하고는 특별한 규정이 없으므로 민사소송의 심리에 관한 일반원칙인 공개심리주의, 雙方심리주의, 구술심리주의, 변론주의 등이 행정소송의 심리에도 적용된다.

변론주의(辯論主義)라 함은 재판의 기초가 되는 자료(사실 및 증거)의 수집·제출을 당사자의 권능과 책임으로 하는 소송원칙을 말하며 직권탐지주의에 대응하는 것이다. 다만, 행정소송법은 행정소송의 공익관련성을 고려하여 법원의 직권에 의한 증거조사 및 직권탐지를 보충적으로 인정하고 있다.

1. 공개심리주의

공개심리주의(公開審理主義)라 함은 재판의 심리와 판결의 선고를 일반인이 방청할 수 있는 상태에서 행하는 소송원칙을 말한다(법원조직법 제57조 제1항).

2. 쌍방심리주의

쌍방심리주의(雙方審理主義)라 함은 소송의 심리에 있어서 당사자 쌍방에게 평등하게 진술할 기회를 주는 소송원칙을 말하는데, 당사자평등의 원칙 또는 무기대등의 원칙이라고도 한다(이시윤, 413면). 당사자의 평등을 실질적으로 보장하기 위하여는 당사자의 소송상 지위의 실질적 평등의 실현이 요청된다. 그런데, 행정소송에 있어서는 입증자료가 피고인 행정청에게 편재되어 있는 문제가 있다.

3. 구술심리주의

구술심리주의(口述審理主義)라 함은 심리에 있어서 당사자 및 법원의 소송행위, 특히 변론 및 증거조사를 구술로 행하는 원칙으로서 서면심리주의에 대립한다. 현행법은 구술심리주의를 원칙으로 하면서 서면심리주의로써 그 결점을 보완하고 있다(이시윤, 415면).

4. 변론주의

변론주의(辯論主義)라 함은 재판의 기초가 되는 자료(사실 및 증거)의 수집·제출을 당사자의 권능과 책임으로 하는 소송원칙을 말하며 직권탐지주의에 대응하는 것이다. 행정소송에서도 변론주의가 원칙이다. 다만, 행정소송법은 행정소송의 공익관련성을 고려하여 법원의 직권에 의한 증거조사 및 직권탐지를 보충적으로 인정하고 있다.

Ⅱ. 행정소송법상의 특수한 소송절차

1. 직권심리주의

(1) 의   의

직권심리주의라 함은 소송자료의 수집을 법원이 직권으로 할 수 있는 소송심리원칙을 말한다.

행정소송은 공익과 관련이 있으므로 행정소송에 있어서는 당사자의 노력에 의해 실체적 진실이 밝혀지지 않는 경우에는 법원이 적극적으로 개입하여 실체적 진실을 밝혀 내어 적정한 재판이 되도록 하여야 한다. 이를 위하여 행정소송법 제26조는 직권심리주의(職權審理主義)를 인정하고 있다.

행정소송법 제26조(직권심리)

법원은 필요하다고 인정할 때에는 직권으로 증거조사를 할 수 있고, 당사자가 주장하지 아니한 사실에 대하여도 판단할 수 있다.

---

(2) 직권심리의 범위

행정소송법 제26조는 당사자가 주장한 사실에 대하여 법원이 보충적으로 증거를 조사할 수 있을 뿐만 아니라, 더 나아가 당사자가 주장하지 않은 사실에 대하여도 직권으로 증거를 조사하여 이를 판단의 자료로 삼는 직권탐지주의까지를 인정하고 있다.

(3) 직권탐지의 범위

1) 학   설

직권탐지의 범위에 관하여 직권탐지주의를 원칙이라고 보고 당사자의 변론을 보충적인 것으로 보는 견해(직권탐지주의원칙설), 변론주의가 원칙이며 직권탐지주의는 변론주의에 대한 예외로서 보충적으로 인정된다고 보는 견해(직권탐지주의보충설) 또는 그 사이에 여러 입장이 있을 수 있는데, 직권탐지주의보충설이 다수의 견해이다.

2) 판   례

판례는 행정소송의 직권심리주의를 극히 예외적으로만 인정하고 있다. 판례가 인정하는 직권탐지주의의 범위는 다음과 같다. ① 당사자주의, 변론주의가 원칙이며 직권탐지주의는 예외이다. ② 직권탐지는 소송기록에 나타난 사실에 한정된다. 예를 들면, 증거신청서류에 나타난 사실에 대하여도 당사자가 주장하지 않은 사실의 직권탐지가 가능하다. ③ 행정소송에 있어서 직권주의가 가미되었다고 하여서 당사자주의와 변론주의를 기본구조로 하는 이상 주장·입증책임이 전도된 것이라고 할 수 없다(대판 1981. 6. 23, 80누510). ④ 청구의 범위 내에서만 직권탐지가 가능하다. ⑤ 기본적 사실관계의 동일성이 없는 사실을 직권으로 심사하는 것은 직권심사주의의 한계를 벗어난 것으로서 위법하다(대판 2013. 8. 22, 2011두26589[국가유공자비해당결정처분취소]). ⑥ 직권탐지는 법원이 필요하다고인정할 때에 한한다. ⑦ 단순한 법률상의 주장(예, 어떤 권리의 소멸시효기간이 얼마나 되는지에 관한 주장)은 변론주의의 적용 대상이 되지 않으므로 법원이 직권으로 판단할 수 있다(대판 2023. 12. 14, 2023다248903).

판례 1   같은 국가유공자 비해당결정이라도 그 사유가 공무수행과 상이 사이에 인과관계가 없다는 것과 본인 과실이 경합되어 있어 지원대상자에 해당할 뿐이라는 것은 기본적 사실관계의 동일성이 없다고 보아야 한다. 따라서 처분청이 공무수행과 사이에 인과관계가 없다는 이유로 국가유공자 비해당결정을 한 데 대하여 법원이 그 인과관계의 존재는 인정하면서 직권으로 본인 과실이 경합된 사유가 있다는 이유로 그 처분이 정당하다고 판단하는 것은 행정소송법이 허용하는 직권심사주의의 한계를 벗어난 것으로서 위법하다(대판 2013. 8. 22, 2011두26589[국가유공자비해당결정처분취소]).

판례 2   행정소송법 제26조가 법원은 필요하다고 인정할 때에는 직권으로 증거조사를 할 수 있고, 당사자가 주장하지 아니한 사실에 대하여도 판단할 수 있다라고 규정하고 있지만, 이는 행정소송의 특수성에 연유하는 당사자주의, 변론주의에 대한 일부예외 규정일 뿐 법원이 아무런 제한 없이 당사자가 주장하지 아니한 사실을 판단할 수 있는 것은 아니고, 일건 기록에 현출되어 있는 사항에 관하여서만 직권으로 증거조사를 하고 이를 기초로 하여 판단할 수 있을 따름이고, 그것도 법원이 필요하다고 인정할 때에 한하여 청구의 범위 내에서 증거조사를 하고 판단할 수 있을 뿐이다(대판 1994. 10. 11, 94누4820[양도소득세등부과처분취소]; 1985. 2. 13, 84누467).

판례 3   [1] 직권심리에 관한 행정소송법 제26조의 법의와 법원의 석명권의 한계: 행정소송법 제26조는 법원이 필요하다고 인정할 때에는 직권으로 증거조사를 할 수 있고 당사자가 주장하지 아니한 사실에 대하여 판단할 수 있다고 규정하고 있으나, 이는 행정소송에 있어서 원고의 청구범위를 초월하여 그 이상의 청구를 인용할 수 있다는 뜻이 아니라 원고의 청구범위를 유지하면서 그 범위 내에서 필요에 따라 주장 외의 사실에 관하여 판단할 수 있다는 뜻이고 또 법원의 석명권은 당사자의 진술에 모순, 흠결이 있거나 애매하여 그 진술의 취지를 알 수 없을 때 이를 보완하여 명료하게 하거나 입증책임 있는 당사자에게 입증을 촉구하기 위하여 행사하는 것이지 그 정도를 넘어 당사자에게 새로운 청구를 할 것을 권유하는 것은 석명권의 한계를 넘어서는 것이다. [2] 국세징수법 제24조 제 1 항에 의한 압류처분에 대한 무효확인청구와 같은 법 제53조에 의한 압류해제신청을 거부한 처분에 대한 취소청구는 각 별개의 독립된 청구이므로, 참가압류처분무효확인청구의 소송에서 심판의 대상이 되지 아니한 참가압류해제신청에 대한 거부처분에 관하여 직권으로 심리판단하지 아니하거나, 석명권을 행사하여 원고에게 예비적으로 위 거부처분의 취소청구로 갱정하도록 권유하지 아니하였다고 하여 행정소송에 있어서의 직권심리조사의 범위에 관한 법리오해나 석명권 불행사의 위법을 저질렀다고 할 수 없다고 한 사례(대판 1992. 3. 10, 91누6030).

판례 4   행정소송에 있어서 처분청의 처분권한 유무는 직권조사사항이 아니다(대판 전원합의체 1997. 6. 19, 95누8669).

판례 5   명의신탁등기 과징금과 장기미등기 과징금은 위반행위의 태양, 부과 요건, 근거 조항을 달리하므로, 각 과징금 부과처분의 사유는 상호 간에 기본적 사실관계의 동일성이 있다고 할 수 없다. 그러므로 그중 어느 하나의 처분사유에 의한 과징금 부과처분에 대하여 당해 처분사유가 아닌 다른 처분사유가 존재한다는 이유로 적법하다고 판단하는 것은 특별한 사정이 없는 한 행정소송법상 직권심사주의의 한계를 넘는 것으로서 허용될 수 없다(대판 2017. 5. 17, 2016두53050).

판례 6   [1] 행정소송에서 기록상 자료가 나타나 있다면 당사자가 주장하지 않더라도 판단할 수 있다. [2] 시외버스운송사업계획변경 인가처분에 대한 취소소송에서, 당사자가 그 처분으로 변경된 여객자동차 운수회사 노선이 고속형 시외버스운송사업에 해당하고, 해당 행정청은 처분권한이 없다고 주장하면서 관련 판결문을 제출한 사안에서, 원심으로서는 당사자가 제출한 소송자료 등 기록에 나타난 자료에 의하여 위 처분으로 변경된 노선이 관련 법령이 규정한 고속형 시외버스운송사업에 해당하는지 등을 중심으로 처분의 위법 여부를 판단했어야 한다는 이유로, 이와 달리 판단한 원심판결에 필요한 심리를 다하지 않고 판단을 누락한 위법이 있다고 한 사례(대판 2011. 2. 10, 2010두20980[여객자동차운송사업계획변경인가처분취소]).

3) 결   어

직권탐지주의를 어느 정도 도입할 것인가는 입법정책의 문제이다. 실체적 진실발견과 재판부담을 조화시켜야 한다. 우리나라의 경우에는 행정소송이 기본적으로 권리구제에 중점이 두어진 주관적 소송의 성질을 가지고 있고, 법원의 전문성 및 인적·재정적 여건이 미비하므로 변론주의를 원칙으로 하고 직권탐지주의를 보충적인 것으로 하는 것이 타당하다.

(4) 직권탐지의 의무

현행 행정소송법 제26조는 "…할 수 있고, …할 수 있다"라고 규정하고 있으므로, 이 규정의 해석에 있어 직권탐지가 법원의 재량에 속한다고 보는 견해(이시윤, 434면)도 있으나, 이 규정은 법원의 직권탐지권한을 규정한 것으로 보는 것이 타당하며 직권탐지는 원칙상 법원의 재량에 속하지만 적정한 재판을 위하여 직권탐지가 크게 요청되는 경우에는 직권탐지의무가 있다고 보아야 할 것이다. 판례는 일정한 요건하에 직권탐지의무를 인정하고 있다.

(5) 당사자소송에의 준용

취소소송의 직권심리주의를 규정하는 행정소송법 제26조는 공법상 당사자소송에 준용된다(행정소송법 제44조 제 1 항).

2. 행정심판기록제출명령

행정소송법 제25조는 원고의 입증방법의 확보를 위하여 행정심판기록제출명령제도를 규정하고 있다.

행정심판기록제출명령을 규정하는 행정소송법 제25조는 공법상 당사자소송에 준용된다(행정소송법 제44조 제 1 항).

제 5 항 심리과정의 문제

Ⅰ. 관련청구소송의 병합 [2010 입시 사례, 2015 사시, 2016 사시, 2018 변시]

1. 의   의

행정소송법상 관련청구소송의 병합이라 함은 취소소송 또는 무효등확인소송(이하 '취소소송 등'이라 한다)에 당해 취소소송 등과 관련이 있는 청구소송(관련청구소송)을 병합하여 제기하는 것을 말한다.

취소소송에는 사실심의 변론종결시까지 관련청구소송을 병합하거나 피고 외의 자를 상대로 한 관련청구소송을 취소소송이 계속된 법원에 병합하여 제기할 수 있다(제10조 제 2 항). 이 규정은 무효등확인소송 및 당사자소송에 준용된다(제38조 제 1 항, 제44조 제 2 항). 당사자소송에 관련청구소송인 민사소송을 병합할 수 있다. 민사소송에 당사자소송을 병합할 수 있다는 명문의 규정이 없고, 민사소송법상 청구의 병합은 같은 종류의 소송절차에 의하여 심판될 수 있을 것을 요건으로 하고 있으므로(민사소송법 제253조) 민사소송에 당사자소송을 병합할 수는 없다.

관련청구의 병합을 인정하는 것은 소송경제를 도모하고, 서로 관련 있는 사건 사이에 판결의 모순저촉을 피하기 위한 것이다.

2. 종   류

관련청구소송의 병합에는 계속중인 취소소송 등에 관련청구소송을 병합하는 후발적 병합(後發的 倂合)과 취소소송 등과 관련청구소송을 함께 제기하는 원시적 병합(原始的 倂合)이 있다.

3. 요   건

(1) 취소소송 등에 병합할 것

취소소송 등과 취소소송 등이 아닌 관련청구소송의 병합은 취소소송 등에 병합하여야 한다. 취소소송 등이 주된 소송이다. 취소소송 등간의 병합은 어느 쪽에든지 병합할 수 있다.

(2) 각 청구소송이 적법할 것

주된 취소소송 등과 관련청구소송은 각각 소송요건을 갖추어야 한다.

(3) 관련청구소송이 병합될 것

'관련청구소송'이라 함은 주된 취소소송 등의 대상인 처분 등과 관련되는 손해배상·부당이득반환·원상회복 등 청구소송 및 취소소송을 말한다(행정소송법 제10조 제 1 항).

'처분 등과 관련되는 손해배상·부당이득반환·원상회복 등의 청구'란 손해배상청구 등의 청구의 내용 또는 발생원인이 행정소송의 대상인 처분 등과 법률상 또는 사실상 공통되거나, 그 처분의 효력이나 존부 유무가 선결문제로 되는 등의 관계에 있는 청구를 말한다(대판 2000. 10. 27, 99두561[토지수용이의재결처분취소 등]).

> **판례** [1] 손해배상청구 등의 민사소송이 행정소송에 관련청구로 병합되기 위한 요건: 행정소송법 제10조 제 1 항 제 1 호는 행정소송에 병합될 수 있는 관련청구에 관하여 '당해 처분 등과 관련되는 손해배상·부당이득반환·원상회복 등의 청구'라고 규정함으로써 그 병합요건으로 본래의 행정소송과의 관련성을 요구하고 있는바, 이는 행정소송에서 계쟁 처분의 효력을 장기간 불확정한 상태에 두는 것은 바람직하지 않다는 관점에서 병합될 수 있는 청구의 범위를 한정함으로써 사건의 심리범위가 확대·복잡화되는 것을 방지하여 그 심판의 신속을 도모하려는 취지라 할 것이므로, 손해배상청구 등의 민사소송이 행정소송에 관련청구로 병합되기 위해서는 그 청구의 내용 또는 발생원인이 행정소송의 대상인 처분 등과 법률상 또는 사실상 공통되거나, 그 처분의 효력이나 존부 유무가 선결문제로 되는 등의 관계에 있어야 함이 원칙이다. [2] 사업인정 전의 사업시행으로 인하여 재산권이 침해되었음을 원인으로 한 손해배상청구가 토지수용사건에 관련청구로서 병합될 수 있는지 여부(적극): 공공사업의 시행을 위한 토지수용사건에 있어서 심리의 대상으로 되는 적법한 수용에 따른 손실보상청구권과 당해 공공사업과 관련하여 사업인정 전에 사업을 시행하여 타인의 재산권을 침해하게 됨에 따라 발생하게 된 손해배상청구권은 위 각 권리가 적법한 행위에 의하여 발생한 것인가 아닌가의 차이가 날 뿐 그것들이 하나의 동일한 공공사업의 시행과 관련하여 타인의 재산권을 침해한 사실로 인하여 발생하였다는 점에서 위 각 청구의 발생원인은 법률상 또는 사실상 공통된다 할 것이고, 토지수용사건에 이러한 손해배상청구사건을 병합하여 함께 심리·판단함으로써 얻게 되는 당사자의 소송경제와 편의 등의 효용에 비하여 심리범위를 확대·복잡화함으로써 심판의 신속을 해치는 폐단이 통상의 경우보다 크다고 할 수도 없으므로, 이와 같은 경우 토지수용사건에 병합된 손해배상청구는 행정소송법 제10조 제 2 항, 제 1 항 제 1 호, 제44조 제 2 항에 따른 관련청구로서의 병합요건을 갖춘 것으로 보아야 한다(대판 2000. 10. 27, 99두561).

예를 들면, 처분에 대한 취소소송에 당해 처분으로 인한 손해에 대한 국가배상청구소송을, 조세부과처분취소소송에 조세과오납금환급청구소송을, 압류처분취소소송에 압류등기말소청구소송을 병합하는 것이다.

'처분 등과 관련되는 취소소송'이란 당해 처분 등과 관련되는 재결의 취소청구 또는 재결에 관련되는 처분의 취소청구와 같이 당해 항고소송의 대상이 원인적으로 서로 관련되는 경우를 뜻한다고 보아야 할 것이다.

항고소송에 당사자소송을 병합할 수 있는지 여부도 문제될 수 있으나 양 청구가 상호 관련되는 청구인 경우에는 병합이 가능하다고 보아야 할 것이다(대판 1992. 12. 24, 92누3335[보상금지급결정취소]).

당사자소송에 항고소송을 병합할 수도 있다(행정소송법 제44조 제 1 항, 제10조).

판례   [1] 고용보험 및 산업재해보상보험의 보험료징수 등에 관한 법률 제 4 조, 제16조의2, 제17조, 제19조, 제23조의 각 규정에 의하면, 사업주가 당연가입자가 되는 고용보험 및 산재보험에서 보험료 납부의무 부존재확인의 소는 공법상의 법률관계 자체를 다투는 소송으로서 공법상 당사자소송이다. [2] 갑에게서 주택 등 신축 공사를 수급한 을이 사업주를 갑으로 기재한 갑 명의의 고용보험·산재보험관계 성립신고서를 근로복지공단에 작성·제출하여 갑이 고용·산재보험료 일부를 납부하였고, 국민건강보험공단이 갑에게 나머지 보험료를 납부할 것을 독촉하였는데, 갑이 국민건강보험공단을 상대로 이미 납부한 보험료는 부당이득으로서 반환을 구하고 국민건강보험공단이 납부를 독촉하는 보험료채무는 부존재확인을 구하는 소를 제기한 사안에서, 이는 행정소송인 공법상 당사자소송과 행정소송법 제10조 제 2 항, 제44조 제 2 항에 규정된 관련청구소송으로서 부당이득반환을 구하는 민사소송이 병합하여 제기된 경우에 해당하므로, 원심법원인 인천지방법원 합의부는 항소심으로서 민사소송법 제34조 제 1 항, 법원조직법 제28조 제 1 호에 따라 사건을 관할법원인 서울고등법원에 이송했어야 옳다고 한 사례. [3] 고용보험 및 산업재해보상보험의 보험료징수 등에 관한 법률 제 4 조는 고용보험법 및 산업재해보상보험법에 따른 보험사업에 관하여 이 법에서 정한 사항은 고용노동부장관으로부터 위탁을 받아 근로복지공단이 수행하되, 보험료의 체납관리 등의 징수업무는 국민건강보험공단이 고용노동부장관으로부터 위탁을 받아 수행한다고 규정하고 있다. 따라서 고용·산재보험료의 귀속주체, 즉 사업주가 각 보험료 납부의무를 부담하는 상대방은 근로복지공단이고, 국민건강보험공단은 단지 각 보험료의 징수업무를 수행하는 데에 불과하므로, 고용·산재보험료 납부의무 부존재확인의 소는 (국민건강보험공단이 아니라) 근로복지공단을 피고로 하여 제기하여야 한다. 그리고 행정소송법상 당사자소송에서 원고가 피고를 잘못 지정한 때에는 법원은 원고의 신청에 의하여 결정으로써 피고의 경정을 허가할 수 있으므로(행정소송법 제44조 제 1 항, 제14조), 원고가 피고를 잘못 지정한 것으로 보이는 경우 법원으로서는 마땅히 석명권을 행사하여 원고로 하여금 정당한 피고로 경정하게 하여 소송을 진행하도록 하여야 한다. [4] 건설업에서의 고용·산재보험료와 같이 신고납부 방식으로 징수되는 고용·산재보험료에 있어서는 근로복지공단의 보험료 부과처분 없이 납부의무자의 신고행위에 의하여 보험료 납부의무가 확정되므로 원심에서 추가된 청구취지에서 말하는 피고의 부과처분은 보험료 부과처분이 아닌 보험료 징수처분을 의미하는 것으로 보인다. 그런데 최초 제기된 이 사건 소가 당사자소송과 관련청구소송이 병합된 소송임은 앞서 본 바와 같으므로 여기에 항고소송인 보험료 징수처분의 무효확인을 구하는 청구를 추가하는 것은 행정소송법 제44조 제 2 항, 제10조에 따라 허용된다고 보아야 한다. 그럼에도 불구하고 원심이 이와 달리 원고의 이러한 청구취지 변경을 판결로써 불허한 것은 잘못이다(대판 2016. 10. 13, 2016다221658).

(4) 주된 취소소송이 사실심 계속중일 것(후발적 병합의 경우)

주된 취소소송이 사실심 변론종결 전이어야 한다.

(5) 병합의 형태가 소송법상 허용되어야 한다.

판례   행정처분에 대한 무효확인과 취소청구는 서로 양립할 수 없는 청구로서 주위적·예비적 청구로서만 병합이 가능하고 선택적 청구로서의 병합이나 단순 병합은 허용되지 아니한다(대판 1999. 8. 20, 97누6889).

4. 병합요건의 조사

병합요건은 법원의 직권조사사항이다. 병합요건이 충족되지 않은 경우 변론을 분리하여 별도의 소로 분리심판하여야 하는 것이 원칙이다(이시윤, 578~579면).

5. 병합된 관련청구소송에서의 판결

① 취소소송에 관련청구소송을 병합하여 제기한 후 취소소송이 부적법 각하된 경우에 소송경제상 행정법원이 행정사건과 분리하여 독립적으로 스스로 민사사건을 처리할 수 있는 것으로 보아야 한다.[13] 그러나, 판례는 본래의 '취소소송 등'이 부적법하여 각하되면 그에 병합된 관련청구소송도 소송요건을 흠결하여 부적합하다고 보고, 각하되어야 한다고 한다.

> 판례1 [1] 행정행정소송법 제38조, 제10조에 의한 관련청구소송의 병합은 본래의 항고소송이 적법할 것을 요건으로 하는 것이어서 본래의 항고소송이 부적법하여 각하되면 그에 병합된 관련청구도 소송요건을 흠결한 부적합한 것으로 각하되어야 한다. [2] 도로관리청이 원인자부담금 부과처분에 의한 부과금 징수를 위하여 압류처분을 하고 그에 이어 압류등기를 한 경우, 이해관계인은 그 압류처분에 대한 항고소송 외에 그 압류등기의 말소청구소송을 제기할 수 있고, 그 경우 행정소송법 제38조, 제10조에서 말하는 본래의 항고소송은 원인자부담금 부과처분 또는 압류처분에 대한 항고소송을 모두 포함한다(대판 2001. 11. 27, 2000두697[압류처분무효확인등]).

> 판례2 [1] 행정소송법 제44조, 제10조에 의한 관련청구소송 병합은 본래의 당사자소송이 적법할 것을 요건으로 하는 것이어서 본래의 당사자소송이 부적법하여 각하되면 그에 병합된 관련청구소송도 소송요건을 흠결하여 부적합하므로 각하되어야 한다. [2] 택지개발사업지구 내 비닐하우스에서 화훼소매업을 하던 甲과 乙이 재결절차를 거치지 않고 사업시행자를 상대로 주된 청구인 영업손실보상금 청구에 생활대책대상자 선정 관련청구소송을 병합하여 제기한 사안에서, 영업손실보상금청구의 소가 재결절차를 거치지 않아 부적법하여 각하되는 이상, 이에 병합된 생활대책대상자 선정 관련청구소송 역시 소송요건을 흠결하여 부적법하므로 각하되어야 한다고 한 사례(대판 2011. 9. 29, 2009두10963[영업권보상]).

② 행정처분의 취소를 구하는 취소소송에 당해 처분의 취소를 선결문제로 하는 부당이득반환청구가 병합된 경우, 그 청구가 인용되려면 그 소송절차에서 판결에 의해 당해 처분이 취소되면 충분하고 당해 처분의 취소가 확정되어야 하는 것은 아니다.

> 판례 행정처분의 취소를 구하는 취소소송에 당해 처분의 취소를 선결문제로 하는 부당이득반환청구가 병합된 경우, 그 청구가 인용되려면 소송절차에서 당해 처분의 취소가 확정되어야 하는지 여부(소극): 행정소송법 제10조는 처분의 취소를 구하는 취소소송에 당해 처분과 관련되는 부당이득반환소송을 관련 청구로 병합할 수 있다고 규정하고 있는바, 이 조항을 둔 취지에 비추어 보면, 취소소송에 병합할 수 있는 당해 처분과 관련되는 부당이득반환소송에는 당해 처분의 취소를 선결문제로 하는 부당이득반환청구가 포함되고, 이러한 부당이득반환청구가 인용되기 위해서는 그 소송절차에서 판결에 의해 당해 처분이 취소되면 충분하고 그 처분의 취소가 확정되어야 하는 것은 아니라고 보아야 한다(대판 2009. 4. 9, 2008두23153: 보험료부과처분에 대한 취소소송에서 90,946,000원의 보험료부과처분 중 67,194,980원의 보험료부과처분을 취소하면서도, 관련 청구로 병합된 부당이득반환소송에서는 그 처분의 취소를 전제로 인용 여부를 판단하지 않고 처분의 취소가 확정되지 않았다는 이유로 기각한 것은 위법하다고 한 사례).

---

13) 김상균, "행정소송과 민사소송," 행정소송실무편람, 한국사법행정학회, 1998, 56~57면.

③ 취소소송 등에 당사사소송을 병합청구한 경우 위 취소소송 등이 부적법하다면 법원은 청구의 기초에 변경이 없는 한 당초의 청구가 부적법하다는 이유로 병합된 청구까지 각하할 것이 아니라 병합청구 당시 유효한 소변경청구가 있었던 것으로 받아들여 이를 허가함이 타당하다. 취소소송을 제기하였다가 나중에 당사자 소송으로 변경하는 경우에는 행정소송법 제21조 제 4 항, 제14조 제 4 항에 따라 처음부터 당사자 소송을 제기한 것으로 보아야 하므로 당초의 취소소송이 적법한 기간 내에 제기된 경우에는 당사자소송의 제소기간을 준수한 것으로 보아야 할 것이다(대판 1992. 12. 24, 92누3335: 광주민주화운동관련자 보상심의위원회의 결정(처분이 아님)에 대하여 취소소송 등이 인정됨을 전제로 하여, 당초에 피고 보상심의위원회를 상대로 보상결정의 취소를 구하였다가 여기에 새로이 대한민국을 피고로 하여 보상금 등의 지급을 구하는 당사자소송을 추가적으로 병합한 사례).

Ⅱ. 소의 변경

1. 의　　의

소의 변경(訴의 變更)이라 함은 청구의 변경을 말한다.

　청구의 변경에는 종전의 청구를 새로운 청구로 변경하는 교환적 변경과 종전의 청구에 새로운 청구를 추가시키는 추가적 변경이 있다. 소의 변경은 청구의 변경을 말하고 청구의 변경은 소송물의 변경을 말한다. 소송물의 변경은 청구의 취지와 청구의 원인에 의해 특정되는 것이므로 소의 변경은 청구의 취지와 원인의 변경에 의해 이루어진다. 청구취지의 변경은 원칙적으로 소의 변경이 되지만, 청구원인의 변경은 항상 소의 변경이 되는 것은 아니다. 청구원인의 변경이 단순히 공격방어방법의 변경에 불과한 경우에는 소의 변경이 아니다.

행정소송법은 소의 변경에 관하여 특별한 규정을 두고 있다. 즉, 행정소송법은 소의 종류의 변경에 관한 규정(제21조)과 처분변경에 따른 소의 변경에 관한 규정(제22조)을 두고 있다. 그런데, 행정소송법상 명문으로 인정된 소의 종류의 변경과 처분변경으로 인한 소의 변경 이외에도 민사소송법상의 소의 변경에 관한 규정(제262조 및 제263조)이 행정소송에서도 준용될 수 있다.

2. 행정소송법에 의한 소의 변경

(1) 소의 종류의 변경

1) 의　　의

행정소송에는 여러 종류가 있는데 권리구제를 위하여 어떠한 소송의 종류를 선택하여야 하는지 명확하지 않은 경우가 적지 않아 소송 종류의 선택을 잘못할 위험이 있다. 따라서, 행정구제의 실효성을 높이기 위하여 행정소송간의 소의 변경을 인정할 필요가 있다. 그리하여 행정소송법은 행정소송간의 소의 변경을 인정하고 있다(제21조, 제37조, 제42조).

> **행정소송법 제21조(소의 변경)**
> ① 법원은 취소소송을 당해 처분 등에 관계되는 사무가 귀속하는 국가 또는 공공단체에 대한 당사자소송 또는 취소소송외의 항고소송으로 변경하는 것이 상당하다고 인정할 때에는 청구의 기초에 변경이 없는 한 사실심의 변론종결시까지 원고의 신청에 의하여 결정으로써 소의 변경을 허가할 수 있다.
> **행정소송법 제37조(소의 변경)**
> 제21조의 규정은 무효등 확인소송이나 부작위위법확인소송을 취소소송 또는 당사자소송으로 변경하는 경우에 준용한다.
> **행정소송법 제42조(소의 변경)**
> 제21조의 규정은 당사자소송을 항고소송으로 변경하는 경우에 준용한다.

행정소송과 민사소송 사이의 소의 변경(무효확인소송을 처분의 무효를 전제로 하는 부당이득반환청구소송으로 변경)은 행정소송법상 명문으로 인정되고 있지는 않으므로 민사소송법상 소의 변경을 행정소송과 민사소송 사이의 소의 변경에 준용하여 행정소송과 민사소송 사이의 소의 변경을 허용할 수 있는지가 문제된다.

2) 종 류
가. 항고소송간의 변경   항고소송간에는 소의 변경이 가능하다.

취소소송을 취소소송 외의 항고소송(무효등확인소송 또는 부작위위법확인소송)으로(제21조 제 1 항), 무효등확인소송을 취소소송 또는 부작위위법확인소송으로, 부작위위법확인소송을 다른 종류의 항고소송으로 변경하는 것이 가능하다(제37조).

거부처분이 있었음에도 부작위인 줄 알고 부작위위법확인소송을 제기한 경우에 이 규정(제37조)에 의해 부작위위법확인소송을 취소소송으로 변경하는 것이 가능하다.

나. 항고소송과 당사자소송간의 변경   취소소송, 무효등확인소송을 당해 처분 등에 관계되는 사무가 귀속되는 국가 또는 공공단체에 대한 당사자소송으로 변경하거나(제21조 제 1 항, 제37조) 당사자소송을 항고소송으로 변경하는(제42조) 것이 가능하다.

이 경우의 소의 변경에는 당사자(피고)의 변경이 수반된다. 이 점은 민사소송에서의 소의 변경과 다르다. 행정소송법은 소의 종류의 변경에 따르는 피고의 경정을 인정하고 있다(제21조 제 4 항).

원고가 고의 또는 중대한 과실 없이 당사자소송으로 제기하여야 할 것을 항고소송으로 잘못 제기한 경우에, 당사자소송으로서의 소송요건을 결하고 있음이 명백하여 당사자소송으로 제기되었더라도 어차피 부적법하게 되는 경우가 아닌 이상, 법원으로서는 원고로 하여금 당사자소송으로 소 변경을 하도록 하여 심리·판단하여야 한다(대판 2016. 5. 24, 2013두14863). 또한, 원고가 고의 또는 중대한 과실 없이 항고소송으로 제기해야 할 것을 당사자소송으로 잘못 제기한 경우에, 항고소송의 소송요건을 갖추지 못했음이 명백하여 항고소송으로 제기되었더라도 어차피 부적법하게 되는 경우가 아닌 이상, 법원으로서는 원고가 항고소송으로 소 변경을 하도록 석명권을 행사하여 행정청의 처분이나 부작위가 적법한지 여부를 심리·판단해야 한다(대판 2021. 12. 16, 2019두45944).

판례   [1] 공법상 법률관계에 관한 당사자소송의 피고적격 및 원고가 고의 또는 중대한 과실 없이 당사자소송으로 제기하여야 할 것을 항고소송으로 잘못 제기한 경우, 법원이 취할 조치: 공법상의 법률관계에 관한 당사자소송에서는 그 법률관계의 한쪽 당사자를 피고로 하여 소송을 제기하여야 한다(행정소송법 제 3 조 제 2 호, 제39조). 다만 원고가 고의 또는 중대한 과실 없이 당사자소송으로 제기하여야 할 것을 항고소송으로 잘못 제기한 경우에, 당사자소송으로서의 소송요건을 결하고 있음이 명백하여 당사자소송으로 제기되었더라도 어차피 부적법하게 되는 경우가 아닌 이상, 법원으로서는 원고가 당사자소송으로 소 변경을 하도록 하여 심리·판단하여야 한다. [2] 법관이 이미 수령한 명예퇴직수당액이 구 법관 및 법원공무원 명예퇴직수당 등 지급규칙 제 4 조 [별표 1]에서 정한 정당한 수당액에 미치지 못한다고 주장하며 차액의 지급을 신청한 것에 대하여 법원행정처장이 거부하는 의사를 표시한 경우, 위 의사표시를 행정처분으로 볼 수 있는지 여부(소극) / 명예퇴직한 법관이 미지급 명예퇴직수당액의 지급을 구하는 경우, 소송 형태(=행정소송법의 당사자소송): 명예퇴직수당 지급대상자의 결정과 수당액 산정 등에 관한 구 국가공무원법(2012. 10. 22. 법률 제11489호로 개정되기 전의 것) 제74조의2 제 1 항, 제 4 항, 구 법관 및 법원공무원 명예퇴직수당 등 지급규칙(2011. 1. 31. 대법원규칙 제2320호로 개정되기 전의 것, 이하 '명예퇴직수당규칙'이라 한다) 제 3 조 제 1 항, 제 2 항, 제 7 조, 제 4 조 [별표 1]의 내용과 취지 등에 비추어 보면, 명예퇴직수당은 명예퇴직수당 지급신청자 중에서 일정한 심사를 거쳐 피고가 명예퇴직수당 지급대상자로 결정한 경우에 비로소 지급될 수 있지만, 명예퇴직수당 지급대상자로 결정된 법관에 대하여 지급할 수당액은 명예퇴직수당규칙 제 4 조 [별표 1]에 산정 기준이 정해져 있으므로, 위 법관은 위 규정에서 정한 정당한 산정 기준에 따라 산정된 명예퇴직수당액을 수령할 구체적인 권리를 가진다. 따라서 위 법관이 이미 수령한 수당액이 위 규정에서 정한 정당한 명예퇴직수당액에 미치지 못한다고 주장하며 차액의 지급을 신청함에 대하여 법원행정처장이 거부하는 의사를 표시했더라도, 그 의사표시는 명예퇴직수당액을 형성·확정하는 행정처분이 아니라 공법상의 법률관계의 한쪽 당사자로서 지급의무의 존부 및 범위에 관하여 자신의 의견을 밝힌 것에 불과하므로 행정처분으로 볼 수 없다. 결국 명예퇴직한 법관이 미지급 명예퇴직수당액에 대하여 가지는 권리는 명예퇴직수당 지급대상자 결정 절차를 거쳐 명예퇴직수당규칙에 의하여 확정된 공법상 법률관계에 관한 권리로서, 그 지급을 구하는 소송은 행정소송법의 당사자소송에 해당하며, 그 법률관계의 당사자인 국가를 상대로 제기하여야 한다(대판 2016. 5. 24, 2013두14863[명예퇴직수당지급거부처분취소]).

3) 요   건

① 청구의 기초에 변경이 없을 것(청구의 기초가 동일할 것).

② 소를 변경하는 것이 상당하다고 인정될 것.

③ 변경의 대상이 되는 소가 사실심에 계속되어 있고, 사실심 변론종결 전일 것.

④ 새로운 소가 적법할 것.

⑤ 원고의 신청이 있을 것.

판례   공무원퇴직연금 중 일부 금액에 대한 지급거부의 의사표시를 한 공무원연금관리공단의 회신이 항고소송의 대상인 처분에 해당하는지와 그 처분에 해당되지 않는다고 판단될 경우 그 처분의 취소를 구하는 청구에 미지급 퇴직연금의 직접 지급을 구하는 취지도 포함된 것인지를 석명하여야 한다고 한 사례(대판 2004. 7. 8, 2004두244[연금지급청구서반려처분취소]).

4) 효   과   소의 변경을 허가하는 결정이 확정되면 새로운 소는 제소기간과 관련하여 변경된 소를 제기한 때에 제기된 것으로 본다(제21조 제 4 항).

예를 들면, 당사자소송을 항고소송으로 변경하는 경우에 당사자소송이 당해 항고소송의 불복기간 내에 제기되었으면 당해 항고소송은 소제기기간을 준수한 것이 된다.

변경된 소는 취하된 것으로 보며(제21조 제 4 항) 변경된 소의 소송자료는 새로운 소의 소송자료가 된다.

5) 불복방법   소의 변경을 허가하는 결정에 대하여 새로운 소의 피고와 변경된 소의 피고는 즉시항고할 수 있다(제21조 제 3 항).

불허가결정에 대하여는 독립하여 항고할 수 없고 종국판결에 대한 상소로써만 다툴 수 있다(대판 1992. 9. 25, 92누5096).

(2) 처분변경으로 인한 소의 변경

1) 의   의

처분변경으로 인한 소의 변경이라 함은 행정청이 소송의 대상인 처분을 소가 제기된 후 변경한 때에는 원고의 신청에 의하여 법원의 허가를 받아 소를 변경하는 것을 말한다. 행정소송법 제22조가 이를 규정하고 있다.

그런데 부작위에 대하여 부작위위법확인소송을 제기한 후 행정청의 거부처분이 있는 경우에 행정소송법 제22조(처분변경으로 인한 소의 변경)가 부작위위법확인소송에 준용되고 있지 않으므로 행정소송법 제37조에 의해 거부처분에 대한 취소소송으로 변경하는 것이 가능한지 논란이 있을 수 있다.

제37조의 취지가 행정소송간에 소송의 종류의 선택을 잘못할 위험이 있어 소의 종류의 변경을 인정한 것이라는 이유로 부작위에서 거부처분으로 발전된 경우에는 부작위위법확인소송을 취소소송으로 변경하는 것을 허용할 수 없다는 견해가 있다(부정설). 그러나 현행 행정소송법이 처분변경으로 인한 소의 변경을 규정하는 행정소송법 제22조를 부작위위법확인소송에 준용하지 않고 있는 것은 **입법의 불비이므로 행정소송법 제37조에 의해 준용되는 소의 종류의 변경을 규정하는 행정소송법 제21조의 문언(文言)에 충실한 해석을** 하여 부작위에서 거부처분으로 발전한 경우에도 행정소송법 제21조를 적용하여 부작위위법확인소송을 취소소송으로 변경하는 것이 가능하다고 보아 입법의 불비를 해석을 통해 보완하여야 할 것이다(긍정설).

처분변경으로 인한 소의 변경은 취소소송, 무효등확인소송 및 당사자소송에서 인정되고 있다(제22조 제 1 항, 제38조 제 1 항, 제44조 제 1 항).

2) 요   건

가. 처분의 변경이 있을 것   행정청이 소송의 대상인 처분을 소가 제기된 후 변경하였어야 한다. 소송의 대상인 처분이 변경되어야 하며 관련되는 처분이 변경된 경우는 이 요건에 해당하지 않는다.

처분의 변경은 처분청이나 상급감독청의 직권에 의해 행해지거나 취소소송의 계속중 행정심판의 재결에 의해 소송의 대상인 처분이 일부취소되거나 적극적으로 변경됨으로써 행해질 수 있다.

나. 처분의 변경이 있음을 안 날로부터 60일 이내일 것   원고는 처분의 변경이 있음을 안 날로부터 60일 이내에 소의 변경을 신청하여야 한다(제22조 제 2 항).

다. 기타 요건   구소(舊訴)가 계속중이고 사실심변론종결 전이어야 하고, 변경되는 신소(新訴)가 적법하여야 한다. 다만, 변경 전의 처분에 대하여 행정심판전치절차를 거쳤으면 새로운 처분에 대하여 별도의 전심절차를 거치지 않아도 된다(제22조 제 3 항).

3) 절   차

처분변경으로 인한 소의 변경은 원고의 신청에 의해 법원의 허가결정에 의해 행해진다(제22조 제 1 항).

4) 효   과

처분변경으로 인한 새로운 청구는 행정심판의 전치가 요구되는 경우에도 행정심판전치요건을 갖춘 것으로 본다(제22조 제 3 항).

3. 민사소송법에 의한 소의 변경

행정소송법의 소의 변경에 관한 규정은 민사소송법의 소의 변경에 관한 규정에 대한 특칙이라 할 것이고 행정소송법상의 소의 변경에 관한 규정이 민사소송법상의 소의 변경을 배척하는 것이라고 할 수 없으므로 행정소송에 관하여 원칙상 민사소송법에 의한 소의 변경이 가능하다.

(1) 행정소송과 민사소송 사이의 소의 변경

항고소송(특히 무효확인소송)을 처분의 무효를 원인으로 하는 부당이득반환청구소송과 같은 민사소송으로 변경하는 것을 민사소송법의 소의 변경에 관한 규정을 준용하여 인정할 수 있는지 여부에 관하여 검토할 여지가 있다.

1) 부 정 설

민사소송법상의 소의 변경은 법원과 당사자의 동일성을 유지하면서 동종의 절차에서 심리될 수 있는 청구 사이에서만 가능한 것이므로 민사소송을 행정소송으로 변경하는 것이나 행정소송을 민사소송으로 변경하는 것은 허용되지 않는다고 보는 견해이다.

예를 들면, 조세부과처분의 무효확인소송을 제기한 원고는 이 소송을 민사소송인 부당이득반환청구소송(조세과오납금환급소송)으로 변경할 수 없다고 본다.

2) 긍 정 설

항고소송을 처분을 원인으로 하는 민사소송으로 변경하는 경우 피고가 처분청에서 국가 등으로 변경되지만 양당사자는 실질에 있어 동일성을 유지하고 있고, 항고소송과 민사소송은 관할법원을 달리하는 문제가 있지만, 행정법원은 일반 사법법원으로부터 독립된 법원이 아니라 사법법원의 하나로서 전문법원에 불과한 것이므로 행정법원이 당해 민사사건을 심판하는 것도 가능하다. 이 경우 행정법원이 소의 변경으로 인한 민사소송의 관할권이 없다고 하더라도 소의 변경을 거쳐 당해 민사소송의 관할법원으로 이송할 수 있을 것이다.

3) 판 례
판례는 당사자의 권리구제나 소송경제의 측면에서 행정소송과 민사소송 간의 소 변경이 가능하다고 보고 있다.

> **판례** (1) 행정소송법 제8조 제2항은 행정소송에 관하여 민사소송법을 준용하도록 하고 있으므로, 행정소송의 성질에 비추어 적절하지 않다고 인정되는 경우가 아닌 이상 공법상 당사자소송의 경우도 민사소송법 제262조에 따라 그 청구의 기초가 바뀌지 아니하는 한도 안에서 변론을 종결할 때까지 청구의 취지를 변경할 수 있다. (2) 한편, 대법원은 여러 차례에 걸쳐 행정소송법상 항고소송으로 제기하여야 할 사건을 민사소송으로 잘못 제기한 경우 수소법원으로서는 원고로 하여금 항고소송으로 소 변경을 하도록 석명권을 행사하여 행정소송법이 정하는 절차에 따라 심리·판단하여야 한다고 판시하여 왔다(대판 2020. 1. 16, 2019다264700 등 참조). 이처럼 민사소송에서 항고소송으로의 소변경이 허용되는 이상, 공법상 당사자소송과 민사소송이 서로 다른 소송절차에 해당한다는 이유만으로 청구기초의 동일성이 없다고 해석하여 양자 간의 소 변경을 허용하지 않을 이유가 없다. 일반 국민으로서는 공법상 당사자소송의 대상과 민사소송의 대상을 구분하는 것이 쉽지 않고 소송 진행 도중의 사정변경 등으로 인해 공법상 당사자소송으로 제기된 소를 민사소송으로 변경할 필요가 발생하는 경우도 있다. 소 변경 필요성이 인정됨에도, 단지 소 변경에 따라 소송절차가 달라진다는 이유만으로 이미 제기한 소를 취하하고 새로 민사상의 소를 제기하도록 하는 것은 당사자의 권리 구제나 소송경제의 측면에서도 바람직하지 않다. 따라서 공법상 당사자소송에 대하여도 그 청구의 기초가 바뀌지 아니하는 한도 안에서 민사소송으로 소 변경이 가능하다고 해석하는 것이 타당하다. (3) 도시개발사업 시행자인 원고가 피고 소유 토지를 도시개발사업 대상토지로 편입하면서 위 토지가 환지대상에서 제외됨에 따라 피고에게 지급하여야 하는 교부청산금 채무의 금액을 다투는 사안에서 행정소송법 제8조 제2항 및 민사소송법 제262조에 따라 원고의 청구취지 변경으로 인해 공법상 당사자소송으로 제기한 교부청산금(도시개발사업에서의 환지청산금) 일부 부존재확인의 소를 민사소송인 부당이득반환의 소('초과 지급한 차액 4억2377만7047원과 지연손해금의 반환을 구하는 소)로 변경하는 청구취지 변경이 허용된다고 한 사례(대판 2023. 6. 29, 2022두44262). 이 판결은 민사소송에서 항고소송으로의 소변경을 허용한 이전의 판결에서 나아가 일반적으로 행정소송과 민사소송 사이의 소 변경이 허용될 수 있다고 명시적으로 판시한 최초의 판결이다.

행정소송법개정안은 항고소송의 민사소송으로의 그리고 민사소송의 항고소송으로의 소의 변경을 명시적으로 인정하고 있다.

(2) 처분의 변경을 전제로 하지 않고 소의 종류를 변경하지 않는 청구의 변경

청구의 기초에 변경이 없는 범위 내에서 청구의 변경이 인정된다고 보아야 한다.
예를 들면, 청구의 기초에 변경이 없는 범위 내에서 처분의 전부취소소송을 일부취소소송으로 변경하거나 처분의 일부취소소송을 처분의 전부취소소송으로 변경(대판 1999. 11. 26, 99두 9407: 하나의 행정처분인 택지초과소유부담금 부과처분 중 일부의 액수에 관하여만 부과처분의 취소를 구하였다가 그 청구취지를 부과처분 전부의 취소를 구하는 것으로 확장할 수 있다고 한 사례)하는 것이 가능하다.

이 경우에 새로운 소의 소제기기간의 준수 여부는 변경된 소송이 제기된 때를 기준으로 판단하여야 한다.

Ⅲ. 소송의 이송

1. 이송의 의의

소송의 이송(移送)이라 함은 어느 법원에 일단 계속된 소송을 그 법원의 결정에 의하여 다른 법원으로 이전하는 것을 말한다.

2. 행정소송법에 의한 이송: 관련청구소송의 이송

취소소송과 관련청구소송(1. 당해 처분 등과 관련되는 손해배상·부당이득반환·원상회복등 청구소송. 2. 당해 처분 등과 관련되는 취소소송)이 각각 다른 법원에 계속되고 있는 경우에 관련청구소송이 계속된 법원이 상당하다고 인정하는 때에는 당사자의 신청 또는 직권에 의하여 관련청구소송을 취소소송이 계속된 법원으로 이송할 수 있다(제10조 제 1 항).

취소소송에 관한 행정소송법 제10조 제 1 항은 무효등확인소송, 부작위법확인소송(제38조) 및 당사자소송(제44조 제 2 항)에도 준용된다.

이송결정은 이송을 받은 법원을 기속한다. 이송을 받은 법원은 다시 사건을 다른 법원에 이송하지 못한다(민사소송법 제38조).

3. 민사소송법에 의한 이송

(1) 관할 위반을 이유로 한 이송

행정소송법 제 7 조는 원고의 고의 또는 중대한 과실 없이 행정소송이 심급(審級)을 달리하는 법원에 잘못 제기된 경우에 민사소송법 제34조 제 1 항을 적용하여 이를 관할 법원에 이송하도록 규정하고 있다.

행정소송법 제 7 조가 적용되는 경우(행정소송이 심급을 달리하는 법원에 잘못 제기된 경우) 이외에는 민사소송법 제34조에 의한 이송이 준용된다고 보아야 한다(행정소송법 제 8 조 제 2 항).

판례도 다음과 같이 행정소송과 관련하여 제 7 조 이외에도 관할 위반으로 인한 이송을 인정하고 있다.

판례1 "관할 위반의 소를 부적법하다고 하여 각하하는 것보다 관할법원에 이송하는 것이 당사자의 권리구제나 소송경제의 측면에서 바람직하므로, 원고가 고의 또는 중대한 과실 없이 행정소송으로 제기하여야 할 사건을 민사소송으로 잘못 제기한 경우, 수소법원으로서는 만약 그 행정소송에 대한 관할도 동시에 가지고 있다면 이를 행정소송으로 심리·판단하여야 하고, 그 행정소송에 대한 관할을 가지고 있지 아니하다면 당해 소송이 이미 행정소송으로서의 전심절차 및 제소기간을 도과하였거나 행정소송의 대상이 되는 처분 등이 존재하지도 아니한 상태에 있는 등 행정소송으로서의 소송요건을 결하고 있음이 명백하여 행정소송으로 제기되었더라도 어차피 부적법하게 되는 경우가 아닌 이상 이를 부적법한 소라고 하여 각하할 것이 아니라 관할 법원에 이송하여야 한다"고 하면서, 원고가 공법상의 당사자소송에 해당하는 이 사건 석탄가격안정지원금 지급청구의 소를 민사소송으로 제기하였으니 부적법하다고 하여, 민사소송으로서의 본안판단을 한 제 1 심판결을 취소하고, 이 사건 소를 각하한 원심판결(항소심인 서울지법 판결)을 파기하고 제 1 심판결을 취소하여 사건을 관할법원인 서울고등법원에 이송하기로 판결하였다(대판 1997. 5. 30, 95다28960[석탄가격안정지원금의지급]).

판례2 도시 및 주거환경정비법상 주택재건축정비사업조합에 대한 행정청의 조합설립인가처분이 있은 후에 조합설립결의의 하자를 이유로 민사소송으로 그 결의의 무효 등 확인을 구한 사안에서, 그 소가 확인의 이익이 없는 부적법한 소에 해당한다고 볼 여지가 있으나, 재건축조합에 관한 설립인가처분을 보충행위로 보았던 종래의 실무관행 등에 비추어 그 소의 실질이 조합설립인가처분의 효력을 다투는 취지라고 못 볼 바 아니고, 여기에 소의 상대방이 행정주체로서의 지위를 갖는 재건축조합이라는 점을 고려하면, 그 소가 공법상 법률행위에 관한 것으로서 행정소송의 일종인 당사자소송으로 제기된 것으로 봄이 상당하고, 그 소는 이송 후 관할법원의 허가를 얻어 조합설립인가처분에 대한 항고소송으로 변경될 수 있어 관할법원인 행정법원으로 이송함이 마땅하다고 한 사례(대판 2009. 9. 24, 2008다60568[재건축결의부존재확인]).

판례3 주택재건축정비사업조합의 관리처분계획에 대하여 그 관리처분계획안에 대한 총회결의의 무효확인을 구하는 소가 관할을 위반하여 민사소송으로 제기된 후에 관할 행정청의 인가·고시가 있었던 경우 따로 총회결의의 무효확인만을 구할 수는 없게 되었으나, 이송 후 행정법원의 허가를 얻어 관리처분계획에 대한 취소소송 등으로 변경될 수 있음을 고려하면, 그와 같은 사정만으로 이송 후 그 소가 부적법하게 되어 각하될 것이 명백한 경우에 해당한다고 보기 어려우므로, 위 소는 관할법원인 행정법원으로 이송함이 상당하다고 한 사례(대판 전원합의체 2009. 9. 17, 2007다2428[총회결의무효확인]).

판례4 도시 및 주거환경정비법상 주택재건축정비사업조합에 대한 행정청의 조합설립 인가처분이 있은 후에 민사소송으로 조합설립결의에 대한 무효확인을 구한 사안에서, 이미 행정청을 상대로 제기한 조합설립인가처분 무효확인소송의 패소 판결이 확정되었으므로, 이 부분 소를 공법상 법률관계에 관한 것으로서 행정소송의 일종인 당사자소송으로 보고 전속관할 위반을 이유로 서울행정법원에 이송한 후 행정법원의 허가를 받아 항고소송으로 변경한다 하더라도, 서울행정법원으로서는 위 확정판결의 기판력에 의하여 위 판결에 모순·저촉되는 판단을 할 수 없을 것이니, 위 소를 관할법원인 행정법원으로 이송할 것이 아니라 각하함이 상당하다고 한 사례(대판 2010. 2. 25, 2007다73598[창립총회결의무효확인]).

관할 위반으로 인한 이송은 법원이 직권으로 이송하고 당사자의 신청권은 인정되지 않는다. 따라서, 이송신청을 기각하는 결정이 있더라도 이에 대하여 불복할 수 없다(대판 전원합의체 1993. 12. 6, 93마524[소송이송]).

(2) 편의에 의한 이송

행정소송에도 민사소송법 제35조가 준용될 수 있다. 법원은 그 관할에 속한 소송에 관하여 현저한 손해 또는 지연을 피하기 위한 필요가 있는 때에는 직권 또는 당사자의 신청에 의하여 소송의 전부나 일부를 다른 관할법원에 이송할 수 있다. 다만 전속관할이 있는 소는 그러하지 아니하다.

Ⅳ. 소송참가

소송참가(訴訟參加)라 함은 현재 계속중인 타인간의 소송에 제 3 자가 자기의 이익을 옹호하기 위하여 참가하는 것을 말한다.

행정소송법은 제 3 자의 소송참가(제16조)와 행정청의 소송참가(제17조)를 규정하고 있다. 행정소송법은 취소소송에 관하여 위와 같이 소송참가를 규정하고 이들 규정을 무효등확인소송(제38조 제 1 항), 부작위위법확인소송(제38조 제 2 항), 당사자소송(제44조)에 준용하고 있고, 민중소송 및 기관소송에는 그 성질에 반하지 않는 한 준용되는 것으로 하고 있다(제46조 제 1 항). 다만, 제 3 자에 의한 재심청구에 관한 제31조는 당사자소송에는 준용되지 않는다.

1. 제 3 자의 소송참가 [2014 감평 사례, 2011 사시 사례]

(1) 의   의

제 3 자의 소송참가라 함은 소송의 결과에 의하여 권리 또는 이익의 침해를 받을 제 3 자가 있는 경우에 당사자 또는 제 3 자의 신청 또는 직권에 의하여 그 제 3 자를 소송에 참가시키는 제도를 말한다(제16조).

제 3 자의 소송참가는 제 3 자의 권익을 보호하기 위하여 인정된 제도이다. 취소소송에 있어서 원고승소판결은 소송당사자가 아닌 제 3 자에게도 효력을 미친다. 이러한 경우에 제 3 자를 소송에 참가시켜 제 3 자에게 공격방어방법을 제출하는 기회를 줌으로써 그의 권익을 보호할 필요가 있다.

제 3 자의 소송참가가 인정되는 경우는 대체로 제 3 자효 행정행위에 대한 취소소송의 경우이다.

행정소송법 제16조(제 3 자의 소송참가)
 ① 법원은 소송의 결과에 따라 권리 또는 이익의 침해를 받을 제 3 자가 있는 경우에는 당사자 또는 제 3 자의 신청 또는 직권에 의하여 결정으로써 그 제 3 자를 소송에 참가시킬 수 있다.

---

(2) 참가의 요건

1) 타인간의 취소소송 등의 계속

소송이 어떠한 심급에 있는가는 묻지 않고 인정되지만, 소가 적법하여야 한다.

2) 소송의 결과에 의해 권리 또는 이익의 침해를 받을 제 3 자일 것

제 3 자라 함은 소송당사자 이외의 자를 말한다. 국가 또는 지방자치단체가 제 3 자가

제 6 장 행정소송

되는 경우도 있을 수 있다. 침해된 권리 또는 이익에 있어서 이익이라 함은 **법률상** 이익을 말하고 단순한 사실상 이익 내지 경제상 이익은 포함되지 않는다.

> `판례` **행정소송법 제16조에 정한 제 3 자의 소송참가의 요건**: 행정소송법 제16조 소정의 제 3 자의 소송참가가 허용되기 위하여는 당해 소송의 결과에 따라 제 3 자의 권리 또는 이익이 침해되어야 하고, 이 때의 이익은 법률상 이익을 말하며 단순한 사실상의 이익이나 경제상의 이익은 포함되지 않는다(대판 2008. 5. 29, 2007두23873: 신설되는 항만의 명칭결정 등의 취소를 구하는 소송에 대하여 지방자치단체들이 제 3 자 소송참가신청을 한 사안에서, 그 소송 결과에 따라 침해되는 법률상 이익이 없어 위 신청이 부적법하다고 한 사례).

소송의 결과에 의해 권리 또는 이익을 침해받는다는 것은 판결의 형성력에 의해 권리 또는 이익을 박탈당하는 경우뿐만 아니라 판결의 행정청에 대한 기속력에 따른 행정청의 새로운 처분에 의해 권리 또는 이익의 침해를 받는 경우를 포함한다.

전자의 예로는 수용된 토지의 소유자가 토지수용위원회를 피고로 수용재결의 취소소송을 제기하여 승소한 때에는 사업시행자도 그 취소의 효과를 받게 되어 당해 토지의 소유권을 상실하게 된다. 따라서 사업시행자는 피고가 패소하지 않도록 소송에 참가하여 자신의 이익을 옹호할 필요가 있다. 후자의 예로는 경원관계(競願關係)에 있는 여러 신청인(거리제한이 있는 주유소영업 허가 신청인, 경쟁관계에 있는 특허사업허가의 신청인) 가운데서 허가를 받지 못한 자가 자신에 대한 거부처분의 취소소송을 제기하여 승소하면 다른 신청인에 대한 허가처분이 당연히 효력을 상실하게 되지는 않지만 판결의 기속력에 의해 처분청은 다른 신청에 대한 허가처분을 취소할 수 있기 때문에 허가처분을 받은 자는 소송참가를 할 수 있는 제 3 자가 된다. 만일 이 경우에 허가를 받지 못한 신청인이 허가처분의 취소를 청구한 경우에 이 소송에서 허가처분이 취소되면 허가를 받은 제 3 자는 판결의 형성력에 의해 허가처분의 효력을 상실하게 되므로 제 3 자로서 소송참가를 할 수 있는데, 이 경우의 소송참가는 전자의 예에 속한다.

소송의 결과에 대하여 이해관계가 있다는 것만으로는 소송참가가 인정되지 않는다.

(3) 참가의 절차

제 3 자의 소송참가는 당사자 또는 제 3 자의 신청 또는 직권에 의하여 결정으로써 행한다(제16조 제 1 항).

(4) 참가인의 지위

소송참가인에 대해서는 민사소송법 제67조의 규정이 준용되므로(제16조 제 4 항) 참가인은 피참가인과의 사이에 필수적 공동소송에 있어서의 공동소송인에 준하는 지위에 서게 되나, 당사자에 대하여 독자적인 청구를 하는 것이 아니므로 강학상 **공동소송적 보조참가인의 지위**와 유사한 것으로 보는 것이 통설이다.

소송행위 중 참가인과 피참가인에게 유리한 행위는 1인이 하여도 전원에 대하여 효력이 생기는 반면 불리한 행위는 전원이 함께 하지 않는 한 효력이 없다. 참가인 등 공동소송인 1인에 대한 상대방의 소송행위는 이익·불이익을 불문하고 전원에 대하여 효력이 있다(오진환, 주석행소법). 참가인은 집행정지결정의 취소를 청구할 수 있고 독립하여 상소할 수 있으며, 참가인의 상소기간은 피참가인의 그것과 독립하여 기산된다.

참가인은 현실적으로 소송행위를 하였는지 여부에 관계없이 참가한 소송의 판결의 효력을 받는다.

(5) 제 3 자의 재심청구

처분 등을 취소하는 판결에 의하여 권리 또는 이익의 침해를 받은 제 3 자는 자기에게 책임 없는 사유로 소송에 참가하지 못함으로써 판결의 결과에 영향을 미칠 공격 또는 방어방법을 제출하지 못한 때에는 이를 이유로 확정된 종국판결에 대하여 재심의 청구를 할 수 있다(제31조 제 1 항). 제 3 자에 의한 재심청구는 확정판결이 있음을 안 날로부터 30일 이내, 판결이 확정된 날로부터 1년 이내에 제기하여야 한다(제31조 제 2 항). 재심청구기간은 불변기간이다(제31조 제 3 항).

행정소송법 제31조의 해석상 소송참가를 한 제 3 자는 판결 확정 후 행정소송법 제31조에 의한 재심의 소를 제기할 수 없다.

2. 행정청의 소송참가

(1) 의   의

행정청의 소송참가라 함은 관계행정청이 행정소송에 참가하는 것을 말한다.

행정소송법 제17조(행정청의 소송참가)
① 법원은 다른 행정청을 소송에 참가시킬 필요가 있다고 인정할 때에는 당사자 또는 당해 행정청의 신청 또는 직권에 의하여 결정으로써 그 행정청을 소송에 참가시킬 수 있다.

---

(2) 참가의 요건

1) 타인간의 취소소송 등이 계속되고 있을 것

타인간의 소송의 심급은 묻지 않는다. 제 1 심, 항소심 및 상고심에서도 가능하다.

2) 다른 행정청일 것

'다른 행정청'이라 함은 전술한 제도의 취지에 비추어 피고 행정청 이외의 행정청으로서 계쟁처분이나 재결에 관계있는 행정청이어야 한다고 보아야 할 것이다.

예를 들면, 처분청의 감독청, 재결이 취소소송의 대상이 되고 있는 경우에 원처분청이 소송참가할 수 있는 행정청이라고 할 수 있다. 계쟁처분 또는 재결에 대해 조사를 담당하거나, 동의 등을 한 협력청이 여기에서의 '다른 행정청'에 해당하는지 논란이 제기될 수 있지만 긍정하는 것이 타당하다.

3) 참가시킬 필요성이 있을 것

'참가시킬 필요가 있을 것'이라는 것은 '제도의 취지에 비추어 적정한 심리·판결을 실현하기 위하여 참가시킬 필요가 있는 것'을 의미한다.

(3) 참가의 절차

법원은 당사자 또는 당해 행정청의 신청 또는 직권에 의하여 결정으로써 그 행정청을 소송에 참가시킬 수 있다(제17조 제 1 항).

(4) 참가행정청의 지위

참가행정청에 대하여는 민사소송법 제76조의 규정을 준용하고 있다(행정소송법 제17조 제 3 항). 따라서, 참가행정청은 보조참가인에 준하는 지위에서 소송수행을 한다. 따라서, 참가행정청은 소송에 관하여 공격, 방어, 이의, 상소 기타 일체의 소송행위를 할 수 있지만 피참가인의 소송행위와 저촉되는 소송행위를 할 수 없다. 참가인의 소송행위가 피참가인의 소송행위와 어긋나는 때에는 그 효력이 없다(민사소송법 제76조).

3. 민사소송법상 보조참가

행정소송 사건에서 민사소송법상 보조참가의 요건을 갖춘 경우 민사소송법상 보조참가가 허용되고 그 성격은 공동소송적 보조참가이다(대결 2013. 7. 12, 2012무84).

Ⅴ. 처분사유의 추가·변경 [2009 행시(일반행정직) 사례, 2008 사시 사례, 2012 사시 사례, 2018 행시, 2016, 2018 감평 사례]

1. 의   의

처분사유(處分事由)라 함은 처분의 적법성을 유지하기 위하여 처분청에 의해 주장되는 처분의 사실적·법적 근거를 말한다. 실무상 징계제재처분의 경우 징계사유와 제재사유만을 처분사유로 보고, 재량고려사항은 처분사유로 보지 않는다. 이에 반하여 거부처분에서는 재량고려사유를 처분사유로 본다(박정훈, 484면 등).

행정청이 다툼의 대상이 되는 처분을 행하면서 처분사유를 밝힌 후 당해 처분에 대한 소송의 계속중 당해 처분의 적법성을 유지하기 위하여 처분 당시 제시된 처분사유를 변경하거나 다른 사유를 추가할 수 있는가 하는 것이 문제되는데, 이를 처분사유의 추가·변경의 문제라고 한다. 추가·변경의 대상이 되는 처분사유는 처분시에 존재하던 사유이어야 한다.

원고의 방어권 보장을 위해서는 처분사유의 추가변경을 인정하지 않는 것이 타당하다. 반면에, 분쟁의 일회적 해결 및 소송경제를 위해서는 처분사유의 추가변경을 가능한 한 넓게 인정하는 것이 타당하다. 왜냐하면 소송에서 처분사유의 추가변경을 부정하더라도 처분청은 직권으로 처분사유를 추가·변경하여 동일한 내용의 처분을 할 수 있으므로 분쟁과 소송이 반복될 우려가 크기 때문이다.

처분사유의 추가·변경은 소송경제 및 분쟁의 일회적 해결, 공익보장 및 실체적 진실의 발견을 위해 인정되는 소송법상의 문제이다. 그러나, 처분사유의 추가·변경은 원고의 방어권, 이유제시제도의 취지를 훼손할 수 있으므로 일정한 한계 내에서 인정되어야 한다.

처분사유 자체가 아니라 처분사유의 근거가 되는 기초사실 내지 평가요소에 지나지 않는 사정은 추가로 주장할 수 있다(대판 2018. 12. 13, 2016두31616).

> **판례**   '처분사유 추가·변경 제한 법리'의 적용과 관련하여 '품행 미단정'을 이유로 한 귀화거부처분에서 **처분사유의 의미 및 그 판단근거와의 구별: (1)** 귀화의 요건인 구 국적법 제 5 조 각 호 사유 중 일부를 갖추지 못하였다는 이유로 행정청이 귀화 신청을 받아들이지 않는 처분을 한 경우에 '그 각 호 사유 중 일부를 갖추지 못하였다는 판단' 자체가 처분의 사유가 된다고 봄이 타당하다. **(2)** 피고는 이 사건 처분 당시에 원고의 위와 같은 전력 등을 고려하여 원고가 구 국적법 제 5 조 제 3 호의 '품행단정' 요건을 갖추지 못하였다고 판단하여 이 사건 처분을 하였고, 그 처분서에 처분사유로 '품행 미단정'이라고 기재하였으므로, '품행 미단정'이라는 판단 결과를 이 사건 처분의 처분사유로 보아야 한다. 그렇다면 피고가 원심에서 추가로 제시한 불법체류 전력 등의 제반 사정은 이 사건 처분의 처분사유 자체가 아니라 그 근거가 되는 기초사실 내지 평가요소에 지나지 않으므로, 피고는 이러한 사정을 추가로 주장할 수 있다(대판 2018. 12. 13, 2016두31616).

2. 유사제도와의 관계

(1) 이유제시의 하자의 보완과의 구별 및 관계

1) 양자의 구별

처분사유의 추가·변경은 이유제시의 하자의 보완과 구별되어야 한다.

이유제시의 하자의 치유는 처분시에 존재하는 하자가 사후에 보완되어 없어지는 것인데 반하여 행정처분사유의 변경과 추가는 처분시에 이미 존재하였지만 처분이유로 기재하지 않았던 사유를 소송계속중에 처분이유로 주장하는 것이다. 이유제시의 하자의 치유는 절차의 하자에 관한 문제로서 행정작용법상의 문제라면 처분사유의 추가·변경은 실체법상 적법성의 주장에 관한 소송법상 문제이다.

2) 양자의 관계

양자는 위와 같이 상호 구별되지만 서로 밀접한 관계를 갖는다. 처분사유는 처분의 이유를 이루는 것이고, 판례와 같이 처분이유의 사후제시로 인한 처분이유의 하자의 치유를 행정쟁송제기 전으로 제한하는 경우에는 소송계속 중의 처분사유의 추가·변경은 제한적으로 인정될 수밖에 없다. 즉, 이유제시제도는 처분사유의 추가·변경의 제한사유의 하나가 된다.

(2) 하자의 치유와의 구별

하자의 치유와 처분사유의 추가·변경은 처분의 적법성을 인정하는 것과 관련이 있다는 점에서는 유사하지만, 하자의 치유는 처분시의 하자를 사후보완하는 것인 데 반하여 처분사유의 추가·변경은 처분시에 하자 있는 처분을 전제로 하지 않으며 처분시에 이미 존재하던 사실이나 법을 주장하는 것인 점에서 하자의 치유와 구별된다. 또한, 하자의 치유는 처분의 하자론이라는 행정작용법의 문제이고, 처분사유의 추가·변경은 소송의 심리에 관한 소송법상의 문제이다.

(3) 사정판결사유와의 구별

처분사유는 처분의 적법성을 유지하기 위하여 주장되는 사유인데, 사정판결사유는 처분이 위법함에도 취소할 수 없는 사유라는 점에서 구별된다. 사정판결사유는 처분시 존재하던 사유일 수도 있지만, 처분 이후의 사유일 수도 있다.

(4) 위법판단 기준시와의 관계

처분사유의 추가·변경은 위법판단의 기준시에 관하여 처분시설을 취하는 경우에 문제된다. 판결시설 또는 절충설을 취하는 경우에는 피고인 처분청은 소송계속 중 처분 이후의 사실적·법적 상황을 주장할 수 있게 된다. 이것은 엄밀한 의미의 처분사유의 추가·변경은 아니지만, 처분의 정당화사유로 주장된다는 점에서 처분사유의 추가·변경과 유사하다.

(5) 처분청 직권에 의한 처분사유의 추가·변경

처분청은 언제든지 소송과 무관하게 직권으로 처분의 처분사유를 추가변경할 수 있다. 이 경우 추가변경된 처분사유가 변경전 처분사유와 기본적 사실관계의 동일성이 없으면 처분이 변경된 것이 된다. 이 경우 계쟁처분인 종전 처분은 효력을 상실하므로 법원은 별도의 소의 이익이 없는 한 소 각하판결을 하여야 한다. 처분의 상대방은 처분변경으로 인한 소변경을 신청할 수 있다.

3. 처분사유의 추가·변경 허용 여부 및 허용범위

(1) 허용 여부

행정소송법에 소송계속 중의 처분사유의 추가·변경에 관한 명문의 규정은 없다. 그러나, 처분사유의 변경으로 소송물의 변경이 없는 한 소송경제, 분쟁의 일회적 해결 및 공익보장 및 실체적 진실발견을 위해 처분사유의 변경을 인정하는 것이 판례 및 학설의 일반적 견해이다.

다만, 처분사유의 추가·변경은 원고의 방어권 및 신뢰를 침해하고, 이유제시제도의 취지를 훼손할 수 있으므로 일정한 한계 내에서 인정되어야 한다.

(2) 허용범위에 관한 학설 및 판례

처분사유의 추가·변경의 허용범위(허용의 기준)에 관하여 분쟁의 일회적 해결 및 소송경제의 요청과 원고의 방어권 보장 및 이유제시의무제도의 취지를 조화하는 선에서 제한적으로 인정되어야 한다는 견해(제한적 허용설)가 판례 및 다수의 견해이다.

제한적 허용설에는 기본적 사실관계 동일설, 소송물기준설, 개별적 결정설이 있다.

1) 기본적 사실관계 동일설

기본적 사실관계의 동일성이 유지되는 한도 내에서 처분사유의 추가·변경을 인정한다.

2) 소송물 기준설

심판의 범위는 소송물에 한정되므로 소송물의 변경이 없는 한 처분사유의 추가·변경을 인정하는 견해이다.

3) 개별적 결정설

이 견해는 기속행위, 재량행위, 제재처분, 거부행위 등 행위의 유형 및 취소소송, 의무이행소송 등 소송의 유형에 따라 처분사유의 추가·변경의 허용범위를 달리 정하여야 한다고 한다(박정훈, 류지태).

처분사유의 추가·변경의 인정필요성과 제한필요성은 행위의 유형 및 소송의 유형에 따라 다르게 보는 개별적 결정설에 따르면 의무이행소송에서는 판결시를 기준으로 처분의 적법 여부에 대하여 판결하므로 처분사유의 추가·변경이 자유롭게 인정되어야 한다. 거부처분취소소송에서는 분쟁의 일회적 해결을 위하여 제재처분취소소송에서 보다 처분사유의 추가·변경이 넓게 인정될 필요가 있다. 법원의 심사권이 넓게 인정되는 기속행위에서도 분쟁의 일회적 해결을 위하여 재량행위에서 보다 처분사유의 추가·변경이 넓게 인정될 필요가 있다.

4) 판   례

판례는 기본적 사실관계의 동일성이 유지되는 한도 내에서 처분사유의 추가·변경을 인정하고 있다.

행정소송규칙은 행정청은 사실심 변론을 종결할 때까지 당초의 처분사유와 기본적 사실관계가 동일한 범위 내에서 처분사유를 추가 또는 변경할 수 있다(제9조)고 이를 명문화하고 있다.

기본적 사실관계와 동일성이 인정되지 않는 별개의 사실을 들어 처분사유로 주장하는 것이 허용되지 않는다고 해석하는 이유는 행정처분의 상대방의 방어권을 보장함으로써 실질적 법치주의를 구현하고 행정처분의 상대방에 대한 신뢰를 보호하고자 함에 그 취지가 있다(대판 2003. 12. 11, 2001두8827).

5) 결어(소송물기준설)

생각건대, 분쟁의 일회적 해결과 소송경제를 위해 소송물의 변경이 없는 한 처분사유의 추가변경을 인정하는 소송물기준설이 타당하다. 그런데, 일반 항고소송의 경우 소송물을 '처분의 위법성 일반'으로 보고, 처분사유가 변경되면 처분도 변경된다는 견해를 취하면 '기본적 사실관계의 동일성 기준설'과 '소송물 기준설'은 결과적으로 동일한 결론에 이른다.

그러나, 조세항고소송에서의 소송물은 처분의 위법성이 아니라 '정당한 세액의 객관적 존부'이므로 조세항고소송에서는 소송물의 범위내에서는 기본적 사실관계의 동일성이라는 제한없이 처분사유의 추가·변경이 인정된다(판례).

이렇게 본다면 판례는 소송물기준설을 택하고 있다고 볼 수도 있다.

> **판례** 과세처분의 무효확인소송에서 처분사유의 교환·변경 가부(한정 적극): 과세처분의 무효확인소송에서 소송물은 객관적인 조세채무의 존부확인이므로, 과세관청은 소송 중이라도 사실심 변론종결시까지 해당 처분에서 인정한 과세표준 또는 세액의 정당성을 뒷받침하기 위하여 처분의 동일성이 유지되는 범위 내에서 처분사유를 교환·변경할 수 있다(대판 2023. 6. 29, 2020두46073).

(3) 판례에 따른 허용기준 및 한계의 내용

아래에서는 처분사유의 추가·변경에 대한 허용기준 및 한계를 판례를 중심으로 살펴보기로 한다.

1) 일반 항고소송의 경우 기본적 사실관계의 동일성이 유지될 것

판례는 일반 항고소송의 경우 당초의 처분사유와 기본적인 사실관계의 동일성이 인정되는 범위 내에서는 처분사유의 추가 또는 변경이 가능하다고 판시하고 있고(대판 1992. 2. 14, 91누3895[토지형질변경불허가처분취소]), 학설도 대체로 이에 찬동하고 있다.

① 근　　거: 처분사유의 추가·변경을 기본적 사실관계에 있어서의 동일성이 유지되는 한도 내에서만 인정하는 것은 이유제시제도의 취지 및 행정처분의 상대방인 국민에 대한 신뢰보호 및 행정처분 상대방의 방어권 보장을 위함이다.

> **판례** [1] 기본적 사실관계와 동일성이 인정되지 않는 별개의 사실을 들어 처분사유로 주장하는 것이 허용되지 않는다고 해석하는 이유는 행정처분의 상대방의 방어권을 보장함으로써 실질적 법치주의를 구현하고 행정처분의 상대방에 대한 신뢰를 보호하고자 함에 그 취지가 있다. [2] 추가 또는 변경된 사유가 당초의 처분시 그 사유를 명기하지 않았을 뿐 처분시에 이미 존재하고 있었고 당사자도 그 사실을 알고 있었다 하여 당초의 처분사유와 동일성이 있는 것이라 할 수 없다(대판 2003. 12. 11, 2001두8827[정보공개청구거부처분취소]).

② 판단기준: '기본적인 사실관계의 동일성'은 처분사유를 법률적으로 평가하기 이전의 구체적인 사실에 착안하여 그 기초가 되는 사회적 사실관계가 기본적인 점에서 동일한

지 여부에 따라 판단한다(대판 1988. 1. 19, 87누603; 2007. 7. 27, 2006두9641).

> **판례**   항고소송에서 행정청이 처분의 근거 사유를 추가하거나 변경하기 위한 요건인 '기본적 사실
> 관계의 동일성' 유무의 판단 방법 및 이러한 법리가 행정심판 단계에서도 적용되는지 여부(적극): 행정
> 처분의 취소를 구하는 항고소송에서 처분청은 당초 처분의 근거로 삼은 사유와 기본적 사실관계가 동
> 일성이 있다고 인정되는 한도 내에서만 다른 사유를 추가 또는 변경할 수 있고, 이러한 기본적 사실관
> 계의 동일성 유무는 처분사유를 법률적으로 평가하기 이전의 구체적 사실에 착안하여 그 기초인 사회
> 적 사실관계가 기본적인 점에서 동일한지에 따라 결정되므로, 추가 또는 변경된 사유가 처분 당시에
> 이미 존재하고 있었다거나 당사자가 그 사실을 알고 있었다고 하여 당초의 처분사유와 동일성이 있다
> 고 할 수 없다. 그리고 이러한 법리는 행정심판 단계에서도 그대로 적용된다(대판 2014. 5. 16, 2013두
> 26118[기타(시장정비사업추진계획)]).

　　③ **법적 근거의 변경의 문제**: 처분의 법적 근거가 변경됨으로써 처분의 사실관계가 변
경되고, 사실관계의 기본적 동일성이 인정되지 않는 경우에는 처분의 법적 근거의 변경이
인정될 수 없다(대판 2001. 3. 23, 99두6392: 의료보험요양기관 지정취소처분의 당초의 처분사유인
구 의료보험법 제33조 제 1 항이 정하는 본인부담금 수납대장을 비치하지 아니한 사실과 항고소송에
서 새로 주장한 처분사유인 같은 법 제33조 제 2 항이 정하는 보건복지부장관의 관계서류 제출명령
에 위반하였다는 사실은 기본적 사실관계의 동일성이 없다고 한 사례).

　　그러나, 처분의 사실관계에 변경이 없는 한 적용법령(처분의 근거규정)만을 추가하거나
변경하는 것은 항상 가능하고 법원은 추가·변경(追加·變更)된 법령에 기초하여 처분의 적
법 여부를 판단할 수 있다.

> **판례1**   자동차운송사업면허취소처분의 취소를 구하는 소송계속 중 헌법재판소의 위헌결정으로 인하
> 여 처분의 당초 근거규정인 구 여객자동차운수사업법(2000. 12. 30. 법률 제6335호로 개정되기 전의 것)
> 제76조 제 1 항 단서(면허등록·취소를 기속행위로 규정) 중 제 8 호(명의이용금지 위반)가 그 효력을 상
> 실하자 처분청이 명의이용금지(지입제 경영관행을 근절함으로써 운송사업에 관한 질서를 확립하고, 여
> 객의 원활한 운송과 운송서비스의 개선을 위한 것) 위반의 기본적 사실관계는 변경하지 아니한 채 효
> 력이 유지되고 있는 같은 법 제76조 제 1 항 본문(면허·등록취소를 재량행위로 규정) 및 제 8 호로 그
> 법률상 근거를 적법하게 변경한 경우, 위 처분이 법률의 근거가 없는 위법한 처분이라고 할 수 없다고
> 한 사례(대판 2005. 3. 10, 2002두9285[자동차운송사업면허취소처분취소]).
>
> **판례2**   처분청이 처분 당시에 적시한 구체적 사실을 변경하지 아니하는 범위 내에서 단지 그 처분
> 의 근거 법령만을 추가·변경하거나 당초의 처분사유를 구체적으로 표시하는 것에 불과한 경우에는 새
> 로운 처분사유를 추가하거나 변경하는 것이라고 볼 수 없다(대판 2008. 2. 28, 2007두13791, 13807[부정
> 당업자제재처분취소]).
>
> **판례3**   [1] 처분청이 처분 당시 적시한 구체적 사실을 변경하지 아니하는 범위 내에서 처분의 근거
> 법령만을 추가·변경하는 것이 허용되는지 여부(원칙적 적극) 및 처분의 근거 법령 변경이 허용되지 아
> 니하는 경우: 행정처분이 적법한지는 특별한 사정이 없는 한 처분 당시 사유를 기준으로 판단하면 되
> 고, 처분청이 처분 당시 적시한 구체적 사실을 변경하지 아니하는 범위 내에서 단지 처분의 근거 법령
> 만을 추가·변경하는 것은 새로운 처분사유의 추가라고 볼 수 없으므로 이와 같은 경우에는 처분청이

처분 당시 적시한 구체적 사실에 대하여 처분 후 추가·변경한 법령을 적용하여 처분의 적법 여부를 판단하여도 무방하다. 그러나 처분의 근거 법령을 변경하는 것이 종전 처분과 동일성을 인정할 수 없는 별개의 처분을 하는 것과 다름 없는 경우에는 허용될 수 없다. [2] 행정청이 점용허가를 받지 않고 도로를 점용한 사람에 대하여 도로법 제94조에 의한 변상금 부과처분을 하였다가 처분에 대한 취소소송이 제기된 후 해당 도로가 도로법의 적용을 받는 도로에 해당하지 않을 경우를 대비하여 처분의 근거 법령을 도로의 소유자가 국가인 부분은 구 국유재산법(2009. 1. 30. 법률 제9401호로 전부 개정되기 전의 것, 이하 같다) 제51조와 그 시행령 등으로, 소유자가 서울특별시 종로구인 부분은 구 공유재산 및 물품관리법(2010. 2. 4. 법률 제10006호로 개정되기 전의 것, 이하 같다) 제81조와 그 시행령 등으로 변경하여 주장한 사안에서, 도로법과 구 국유재산법령 및 구 공유재산 및 물품관리법령의 해당 규정은 별개 법령에 규정되어 입법 취지가 다르고, 해당 규정내용을 비교하여 보면 변상금의 징수목적, 산정 기준금액, 징수 재량 유무, 징수절차 등이 서로 달라 위와 같이 근거 법령을 변경하는 것은 종전 도로법 제94조에 의한 변상금 부과처분과 동일성을 인정할 수 없는 별개의 처분을 하는 것과 다름 없어 허용될 수 없으므로, 이와 달리 판단한 원심판결에 법리를 오해한 위법이 있다고 한 사례(대판 2011. 5. 26, 2010두28106[변상금부과처분취소]).

판례4   (1) 처분청이 처분 당시에 적시한 구체적 사실을 변경하지 아니하는 범위 내에서 단지 그 처분의 근거 법령만을 추가·변경하는 것에 불과한 경우에는 새로운 처분사유의 추가라고 볼 수 없으므로 행정청이 처분 당시에 적시한 구체적 사실에 대하여 처분 후에 추가·변경한 법령을 적용하여 그 처분의 적법 여부를 판단할 수 있다(대판 1987. 12. 8, 87누632 등 참조). 그러나 처분의 근거 법령을 변경하는 것이 종전 처분과 동일성을 인정할 수 없는 별개의 처분을 하는 것과 다름없는 경우에는 허용될 수 없다(대판 2011. 5. 26, 2010두28106 등 참조). (2) 처분사유에 기존 '건축법 제11조 위반'에서 '건축법 제20조 제3항 위반'을 추가하는 것은 당초의 처분사유와 기본적 사실관계가 동일하지 아니한 새로운 처분사유를 추가하는 것으로서 허용되지 않는다. (3) 원고가 부지 지상에 컨테이너를 설치하여 창고임대업을 영위한 것과 관련하여 피고가 '위 컨테이너가 건축법(2019. 4. 23. 법률 제16380호로 개정되기 전의 것) 제2조 제1항 제2호의 건축물에 해당함에도 같은 법 제11조에 따른 건축허가를 받지 아니하고 이를 건축하였다'는 이유로 원상복구 시정명령 및 계고처분을 하였는데, 원심에 이르러 건축법 제20조 제3항 위반을 처분사유로 추가하는 것은 당초의 처분사유와 기본적 사실관계가 동일하지 않아 허용되지 않는다(대판 2021. 7. 29, 2021두34756).

판례5   시외버스(공항버스) 운송사업을 하는 甲 주식회사가 청소년요금 할인에 따른 결손 보조금의 지원 대상이 아님에도 청소년 할인 보조금을 지급받음으로써 '부정한 방법으로 보조금을 지급받은 경우'에 해당한다는 이유로, 관할 시장이 보조금을 환수(처분)하고 구 경기도 여객자동차 운수사업 관리 조례 제18조 제4항을 근거로 보조금 지원 대상 제외처분을 하였다가 처분에 대한 취소소송에서 구 지방재정법 제32조의8 제7항을 처분사유로 추가한 사안에서, 시장이 위 처분의 근거 법령을 추가한 것은 근거 법령의 추가를 통하여 위 제외처분의 성질이 기속행위에서 재량행위로 변경되는 점, 그로 인하여 원고의 방어권을 침해하는 것으로 볼 수 있는 점 등에 비추어 기본적 사실관계의 동일성이 인정되지 않는 별개의 사실을 들어 주장하는 것으로서 처분사유 추가·변경이 허용되지 않는다고 한 사례(대판 2023. 11. 30, 2019두38465[보조금환수및재정지원제외처분취소]). 〈참고〉 이 사건 소송에 이르러 이 사건 제외처분의 근거 법령을 당초의 기속행위에 관한 규정에서 재량행위에 관한 규정으로 변경하거나 재량행위에 관한 규정을 추가하였다는 사정은 피고 스스로 이 사건 제외처분으로 달성하려는 공익과 그로써 원고가 입게 되는 불이익의 내용과 정도 등을 전혀 비교형량하지 않았다는 것을 의미하고, 이러한 재량권 불행사는 그 자체로 재량권 일탈·남용에 해당하여 해당 처분을 취소하여야 할 위법 사유가 된다(대판 2019. 7. 11, 2017두38874 등 참조).

④ 단지 처분사유를 구체적으로 표시하거나 설명하는 것은 처분사유의 추가변경이 아니다(판례).

> **판례1**   피고는 처분서에 처분사유로 '과다소각'이라고만 기재하였을 뿐, 어떤 방법으로 과다소각을 한 경우인지를 구체적으로 기재하지는 않았음. 피고가 소송에서 '원고는 무단 증설하여 과다소각한 경우'라고 주장하였는데, 원심은 이것이 허용되지 않는 처분사유의 추가·변경에 해당한다고 판단하여 곧바로 배척하였음. 그러나 대법원은 관련 수사 결과, 이에 따른 피고의 사전통지와 원고가 제출한 의견서의 내용 등을 종합하면, '원고가 무단 증설하여 과다소각하였다'는 위반행위가 '당초 처분사유'이고 원고는 '당초 처분사유'를 알면서도 처분사유 자체는 시인하고 처분양정이 과중하다는 의견만을 제시하였을 뿐이며 그에 불복하여 방어권을 행사하는 데에 지장은 없었으므로, 피고의 소송상 주장은 허용되지 않는 처분사유의 추가·변경이 아니라 '당초 처분사유'를 구체적으로 설명한 것에 불과하다고 판단하여 파기환송한 사례(대판 2020. 6. 11, 2019두49359).

> **판례2**   행정청이 폐기물처리사업계획서 부적합 통보를 하면서 처분서에 불확정개념으로 규정된 법령상의 허가기준 등을 충족하지 못하였다는 취지만을 간략히 기재하였다면, 부적합 통보에 대한 취소소송절차에서 행정청은 그 처분을 하게 된 판단 근거나 자료 등을 제시하여 구체적 불허가사유를 분명히 하여야 한다. 이러한 경우 재량행위인 폐기물처리사업계획서 부적합 통보의 효력을 다투는 원고로서는 행정청이 제시한 구체적인 불허가사유에 관한 판단과 근거에 재량권 일탈·남용의 위법이 있음을 밝히기 위하여 소송절차에서 추가적인 주장을 하고 자료를 제출할 필요가 있다(대판 2019. 12. 24, 2019두45579).

> **판례3**   '원고가 2011. 8. 8.부터 2011. 11. 24.까지 폐수처리에 필요하지 아니한 배관을 설치하여 배출허용기준을 초과한 수질오염물질을 배출하였다'는 사유(이하 '당초 처분사유'라고 한다)로 이 사건 영업정지처분을 한 후 소송절차에서 '원고가 위반행위 기간 중 폭기조에 새로 임시호스와 가지관을 설치하여 폐수를 무단 배출하였다'는 사유(이하 '추가된 처분사유'라고 한다)를 추가로 주장한 사실에서 추가된 처분사유 중 '새로 임시호스와 가지관을 설치하여'라는 부분은 당초 처분사유 중 '폐수처리에 필요하지 아니한 배관을 설치하여'라는 부분을 구체적으로 표시하는 것에 불과하고 당초의 처분사유와 기본적 사실관계와 동일성이 없는 별개의 또는 새로운 처분사유를 추가하는 것이라고 할 수 없다고 한 사례(대판 2015. 6. 11, 2015두752).

2) 추가·변경사유의 기준시

위법판단의 기준시에 관하여 처분시설을 취하는 경우 위법성 판단은 처분시를 기준으로 하므로 추가사유나 변경사유는 **처분시에 객관적으로 존재하던 사유**이어야 한다. 처분이후에 발생한 새로운 사실적·법적 사유를 추가변경할 수는 없다. 이 경우 처분청은 사정변경을 이유로 계쟁처분을 직권취소하고, 이를 대체하는 처분을 할 수 있고, 이 경우 계쟁처분은 취소된 것이 되므로 당초의 처분에 대한 취소소송은 소의 이익을 상실하고, 원고는 처분변경으로 인한 소변경을 신청할 수 있다.

> **판례**   행정청이 영업 허가신청 반려처분의 취소를 구하는 소의 계속 중, 사정변경을 이유로 위 반려처분을 직권취소함과 동시에 위 신청을 재반려하는 내용의 재처분을 한 경우, 당초의 반려처분의 취소를 구하는 소는 취소되어 더 이상 존재하지 않는 행정처분을 대상으로 한 취소소송이 되므로 더 이상 소의 이익이 없게 된다(대판 2006. 9. 28, 2004두5317[분뇨등관련영업허가신청반려처분취소]).

위법판단의 기준시에 관하여 판결시설을 취하면 처분청은 소송계속 중 처분 이후에 발생한 새로운 사실적·법적 상황을 주장할 수 있게 된다. 이것은 엄밀한 의미의 처분사유의 추가·변경은 아니지만, 처분의 정당화사유로 주장된다는 점에서 처분사유의 추가·변경과 유사하다.

3) 소송물의 범위 내일 것(처분의 동일성이 유지될 것)

처분사유의 변경은 취소소송의 소송물의 범위 내에서만 가능하다. 처분사유의 변경으로 처분이 변경됨으로써 소송물이 변경된다면 청구가 변경되는 것이므로 이 경우에는 소의 변경을 하여야 한다.

달리 말하면, 처분사유의 추가·변경은 **처분의 동일성**이 유지되는 한도 내에서 인정된다.

일반 항고소송의 경우 소송물은 '처분의 위법성 일반'이다. 그리고, 판례는 기본적 사실관계의 동일성이 유지되는 한 처분사유의 추가·변경으로 처분이 변경되는 것으로 보지 않고, 기본적 사실관계의 동일성이 없는 처분사유의 추가·변경은 처분의 변경으로 본다. 그러므로 일반 항고소송에서의 처분사유의 추가·변경에 있어서 '기본적 사실관계의 동일성 기준설'과 '소송물 기준설'은 결과적으로 동일한 결론에 이른다.

> **판례** [1] 처분청이 처분 당시 적시한 구체적 사실을 변경하지 아니하는 범위 내에서 처분의 근거 법령만을 추가·변경하는 것이 허용되는지 여부(원칙적 적극) 및 처분의 근거 법령 변경이 허용되지 아니하는 경우: 행정처분이 적법한지는 특별한 사정이 없는 한 처분 당시 사유를 기준으로 판단하면 되고, 처분청이 처분 당시 적시한 구체적 사실을 변경하지 아니하는 범위 내에서 단지 처분의 근거 법령만을 추가·변경하는 것은 새로운 처분사유의 추가라고 볼 수 없으므로 이와 같은 경우에는 처분청이 처분 당시 적시한 구체적 사실에 대하여 처분 후 추가·변경한 법령을 적용하여 처분의 적법 여부를 판단하여도 무방하다. 그러나 처분의 근거 법령을 변경하는 것이 종전 처분과 동일성을 인정할 수 없는 별개의 처분을 하는 것과 다름 없는 경우에는 허용될 수 없다. [2] 행정청이 점용허가를 받지 않고 도로를 점용한 사람에 대하여 도로법 제94조에 의한 변상금 부과처분을 하였다가, 처분에 대한 취소소송이 제기된 후 해당 도로가 도로법 적용을 받는 도로에 해당하지 않을 경우를 대비하여 처분의 근거 법령을 구 국유재산법 제51조와 그 시행령 등으로 변경하여 주장한 사안에서, 도로법과 구 국유재산법령 및 구 공유재산 및 물품관리법령의 해당 규정은 별개 법령에 규정되어 입법 취지가 다르고, 해당 규정내용을 비교하여 보면 변상금의 징수목적, 산정 기준금액, 징수 재량 유무, 징수절차 등이 서로 달라 위와 같이 근거 법령을 변경하는 것은 종전 도로법 제94조에 의한 변상금 부과처분과 동일성을 인정할 수 없는 별개의 처분을 하는 것과 다름 없어 허용될 수 없으므로, 이와 달리 판단한 원심판결에 법리오해의 위법이 있다고 한 사례(대판 2011. 5. 26, 2010두28106[변상금부과처분취소]).

4) 사실심 변론종결시 이내일 것

행정청의 처분사유의 추가·변경은 **사실심 변론종결시**까지만 허용된다.

> **판례** 취소소송에서 행정청의 처분사유의 추가·변경 시한(=사실심 변론종결시): 행정청은 기본적 사실관계의 동일성이 있다고 인정되는 한도 내에서만 다른 처분사유를 추가, 변경할 수 있다고 할 것이나 이는 사실심 변론종결시까지만 허용된다(대판 1999. 8. 20, 98두17043: 원고가 이주대책신청기간이나 소정의 이주대책실시(시행)기간을 모두 도과하여 실기한 이주대책신청을 하였으므로 원고에게는 이주대책을 신청할 권리가 없고, 사업시행자가 이를 받아들여 택지나 아파트공급을 해 줄 법률상 의무를 부담한다고 볼 수 없다는 피고의 상고이유의 주장은 원심에서는 하지 아니한 새로운 주장일 뿐만 아니라 사업지구 내 가옥 소유자가 아니라는 이 사건 처분사유와 기본적 사실관계의 동일성도 없으므로 적법한 상고이유가 될 수 없다고 한 사례).

4. 구체적 사례

(1) 기본적 사실관계의 동일성을 부정한 사례

1) 거부처분사유의 추가·변경

> **판례 1** 충전소설치허가신청에 대하여 처분청이 첫째로, 충전소설치 예정지의 인근주민들이 충전소설치를 반대하고, 둘째로 위 전라남도 고시에 자연녹지의 경우 충전소의 외벽으로부터 100미터 내에 있는 건물주의 동의를 받도록 되어 있는데 그 설치예정지로부터 80미터에 위치한 전주 이씨 제각 소유주의 동의가 없다는 이유로 이를 반려하였는데, 처분청이 상고심에서 충전소설치 예정지역 인근도로가 낭떠러지에 접한 S자 커브의 언덕길로 되어 있어서 교통사고로 인한 충전소폭발의 위험이 있어 허가하지 아니하였다는 주장을 하는 것은 피고 처분청이 당초 위 반려처분의 근거로 삼은 사유와는 그 기본적 사실관계에 있어서 동일성이 인정되지 아니하는 별개의 사유라 할 것이므로 이제 와서 이를 들어 원고의 신청이 허가요건을 구비하지 아니하였다고 내세울 수 없다(대판 1992. 5. 8, 91누13274[엘피지충전소허가처분취소]).

> **판례 2** 이주대책대상자 선정신청을 한 자에 대하여 사업지구 내 가옥 소유자가 아니라는 이유로 거부처분을 한 후에 이주대책 신청기간이나 소정의 이주대책 실시기간을 모두 도과하여 실기한 이주대책신청을 하였으므로 원고에게는 이주대책을 신청할 권리가 없고, 사업시행자가 이를 받아 들여 택지나 아파트공급을 해 줄 법률상 의무를 부담한다고 볼 수 없다는 피고(처분청)의 상고이유의 주장은 사업지구 내 가옥 소유자가 아니라는 이 사건 처분사유와 기본적 사실관계의 동일성도 없으므로 적법한 상고이유가 될 수 없다(대판 1999. 8. 20, 98두17043[단독주택용지조성원가공급거부처분취소]).

> **판례 3** 온천으로서의 이용가치, 기존의 도시계획 및 공공사업에의 지장 여부 등을 고려하여 이 사건 온천발견신고수리를 거부한 것은 적법하다는 취지의 피고의 주장은 … 규정온도가 미달되어 온천에 해당하지 않는다는 당초의 이 사건 처분사유와는 기본적 사실관계를 달리하여 … 이를 거부처분의 사유로 추가할 수는 없다(대판 1992. 11. 24, 92누3052[온천발견신고수리거부처분취소]).

> **판례 4** 석유판매업허가신청에 대하여 관할 군부대장의 동의를 얻지 못하였다는 당초의 불허가 이유에다 소송에서 위 토지가 탄약창에 근접한 지점에 있어 공익적인 측면에서 보아 허가신청을 불허한 것은 적법하다는 것을 불허가사유로 추가할 수 없다고 본 사례(대판 1991. 11. 8, 91누70[석유판매업불허가처분취소]).

> **판례 5** 처분사유로 추가한 정보공개법 제 7 조 제 1 항 제 5 호의 사유와 당초의 처분사유인 같은 항 제 4 호 및 제 6 호의 사유는 기본적 사실관계가 동일하지 않다(대판 2003. 12. 11, 2001두8827[정보공개청구거부처분취소]).

판례6   같은 국가유공자 비해당결정이라도 그 사유가 공무수행과 상이 사이에 인과관계가 없다는
것과 본인 과실이 경합되어 있어 지원대상자에 해당할 뿐이라는 것은 기본적 사실관계의 동일성이 없
다고 보아야 한다(대판 2013. 8. 22, 2011두26589[국가유공자비해당결정처분취소]).

2) 제재처분사유인 법령위반사유의 추가·변경

판례1   의료보험요양기관 지정취소처분의 당초의 처분사유인 구 의료보험법 제33조 제1항이 정하
는 본인부담금 수납대장을 비치하지 아니한 사실과 항고소송에서 새로 주장한 처분사유인 같은 법 제
33조 제2항이 정하는 보건복지부장관의 관계서류 제출명령에 위반하였다는 사실은 기본적 사실관계
의 동일성이 없다(대판 2001. 3. 23, 99두6392[의료보험요양기관지정취소처분취소]). 〈해설〉 처분청은 보
건복지부장관의 관계서류 제출명령에 위반하였다는 사실을 처분사유로 하여 별개의 새로운 의료보험
요양기관 지정취소(강학상 철회)처분을 할 수 있다.

판례2   '용도변경허가를 받지 않고 문화집회시설군에 속하는 위락시설[건축법 시행령 제14조 제5항
제4호 (다)목]의 일종인 무도학원으로 용도변경을 하였다.'는 건축물의 불법용도 변경에 대한 시정명
령의 당초 처분사유와 '용도변경허가[일반업무시설(사무실) 부분]를 받거나 신고[교육연구시설(직업훈
련소) 부분]하는 절차를 거치지 않고 근린생활시설군에 속하는 제2종 근린생활시설[같은 항 제7호
(나)목]의 일종인 학원으로 용도변경을 하였다.'는 추가된 처분사유는 위반행위의 내용(건축물의 실제
사용 용도)이 다르고 그에 따라 용도변경을 위하여 거쳐야 하는 절차, 변경하려는 용도의 건축기준, 용
도변경 허용가능성이 달라지므로 기본적 사실관계의 동일성이 인정되지 않는다고 보아야 한다(대판
2020. 12. 24, 2019두55675[학원등록거부처분등취소청구의소]).

3) 징계사유(제재처분사유)의 추가·변경

징계처분이나 제재처분의 경우에는 징계사유(비위사실)나 제재사유(법위반사실)가 변경
되면 원칙상 내용의 변경이 없어도 처분이 변경되는 것으로 보아야 한다. 다만, 징계처분
사유와 동일성을 가지는 범위 내에서는 처분사유의 추가가 인정될 수 있다.

징계사유나 제재사유의 변경 없이 재량고려사항만 추가·변경하는 것은 처분의 변경
이 아니라고 보아야 한다. 징계사유나 제재사유의 변경 없이 재량고려사항만 추가·변경하
는 것은 처분의 기본적 사실관계에 변경을 가져오지 않기 때문이다.

판례   구청위생과 직원인 원고가 이 사건 당구장이 정화구역 외인 것처럼 허위표시를 함으로써 정
화위원회의심의를 면제하여 허가처분하였다는 당초의 징계사유와 정부문서규정에 위반하여 이미 결제
된 당구장허가처분서류의 도면에 상사의 결제를 받음이 없이 거리표시를 기입하였다는 원심인정의 비
위사실과는 기본적 사실관계가 동일하지 않다(대판 1983. 10. 25, 83누396[감봉처분취소]).

4) 침해적 처분사유의 추가·변경

판례 입찰참가자격을 제한시킨 당초의 처분사유인 정당한 이유 없이 계약을 이행하지 않은 사실과 항고소송에서 새로 주장한 계약의 이행과 관련하여 관계 공무원에게 뇌물을 준 사실은 기본적 사실관계의 동일성이 없다고 한 사례(대판 1999. 3. 9, 98두18565[부정당업자제재처분취소]).

(2) 기본적 사실관계의 동일성을 인정한 사례

1) 처분의 사실관계에 변경 없는 처분의 근거법령만의 추가·변경

판례 1 원고의 택시지입제 경영이 구 여객자동차운수사업법(이하 '법'이라 한다) 제76조 제 1 항 단서 중 제 8 호(이하 '이 사건 법률조항'이라 한다)의 규정에 의한 명의이용금지를 위반한 때에 해당한다는 이유로 1999. 4. 20.자로 자동차운송사업면허취소처분(이하 '이 사건 처분'이라 한다)을 한 사실, … 위 위헌결정에 의하여 이 사건 처분의 당초 근거규정인 이 사건 법률조항은 그 효력을 상실하였으나, 피고는 명의이용금지위반의 기본적 사실관계는 변경하지 아니한 채 효력이 유지되고 있는 같은 법 제76조 제 1 항 본문 및 제 8 호로 그 법률상 근거를 적법하게 변경하였으니 이 사건 처분이 법률의 근거가 없는 위법한 처분이라고 할 수는 없다고 할 것이다(대판 2005. 3. 10, 2002두9285[자동차운송사업면허취소처분취소]).

판례 2 술취 중 운전으로 교통사고를 내어 개인택시운송사업면허의 기본요건인 원고의 자동차운전면허가 취소되었음을 이유로 원고에 대한 이 사건 개인택시운송사업면허취소처분을 하면서 처음에는 그것이 자동차운수사업법 제31조 제 1 항 제 3 호 소정의 면허취소사유(공공복리 위반)에 해당한다고 보아 같은 법조를 적용하였다가 그 후 그 구체적 사실은 변경하지 아니한 채 적용법조로 같은 법 제31조와 같은 법 시행규칙 제15조(개인택시운송사업면허요건규정 불비)를 추가하여 원고에게 통고한 사실이 인정되는바, 사실이 위와 같다면 피고가 이 사건 운송사업면허의 취소사유로 삼은 것은 개인택시운송사업면허의 기본요건인 원고의 자동차운전면허가 취소되었다는 점이고 피고가 처분 후에 적용법조를 추가하여 통고한 것은 단순한 법령적용의 오류를 정정한 것일 뿐 그에 의하여 취소사유를 달리하는 것은 아니라 할 것이므로 원심으로서는 처분당시에 적시한 구체적 사실인 원고의 자동차운전면허가 취소된 점에 관하여 피고가 처분 후에 추가로 통고한 근거법령을 적용하여 이 사건 취소처분의 적법여부를 판단하여야 할 것이다(대판 1988. 1. 19, 87누603[개인택시운송사업면허취소처분취소]).

2) 법령 위반사유의 추가·변경

판례 지입제 운영행위에 대하여 자동차운송사업면허를 취소(철회)한 행정처분에 있어서 당초의 취소근거로 삼은 구 자동차운수사업법 제26조(명의의 유용금지)를 위반하였다는 사유와 직영으로 운영하도록 한 면허조건(부관)을 위반하였다는 사유는 기본적 사실관계에 있어서 동일하다(대판 1992. 10. 9, 92누213[운송사업면허일부취소처분취소]). 〈해설〉 명의를 유용했다는 기본적 사실관계는 동일하다.

3) 거부처분사유의 추가·변경

판례 1 갑이 '사실상의 도로'로서 인근 주민들의 통행로로 이용되고 있는 토지를 매수한 다음 2층 규모의 주택을 신축하겠다는 내용의 건축신고서를 제출하였으나, 구청장이 '위 토지가 건축법상 도로에 해당하여 건축을 허용할 수 없다'는 사유로 건축신고수리 거부처분을 하자 갑이 처분에 대한 취소를 구하는 소송을 제기하였는데, 1심법원이 위 토지가 건축법상 도로에 해당하지 않는다는 이유로 갑의 청구를 인용하는 판결을 선고하자 구청장이 항소하여 '위 토지가 인근 주민들의 통행에 제공된 사실상의 도로인데, 주택을 건축하여 주민들의 통행을 막는 것은 사회공동체와 인근 주민들의 이익에 반하므로 갑의 주택 건축을 허용할 수 없다'는 주장을 추가한 사안에서, 당초 처분사유와 구청장이 원심에서 추가로 주장한 처분사유는 위 토지상의 사실상 도로의 법적 성질에 관한 평가를 다소 달리하는 것일 뿐, 모두 토지의 이용현황이 '도로'이므로 거기에 주택을 신축하는 것은 허용될 수 없다는 것이므로 기본적 사실관계의 동일성이 인정되고, 위 토지에 건물이 신축됨으로써 인근 주민들의 통행을 막지 않도록 하여야 할 중대한 공익상 필요가 인정되고 이러한 공익적 요청이 갑의 재산권 행사보다 훨씬 중요하므로, 구청장이 원심에서 추가한 처분사유는 정당하여 결과적으로 위 처분이 적법한 것으로 볼 여지가 있음에도 이와 달리 본 원심판단에 법리를 오해한 잘못이 있다고 한 사례(대판 2019. 10. 31, 2017두74320).

판례2 동래구청장은 원고가 제출한 이 사건 허가신청에 대하여 관계법 및 부산시 고시 동래구 허가기준에 의거 검토한 결과 허가기준에 맞지 않아 허가신청을 반려한다고 하였는바 그 취지는 다른 허가기준에는 들어맞으나 소론과 같은 액화석유가스판매업 허가기준 보완시행 안에 정하여진 허가기준에 맞지 아니하여 허가신청을 반려한다는 의미라고 할 수는 없고 위에서 본 모든 허가기준에 의거하여 검토한 결과 그 허가기준(원고에 대하여는 이격거리에 관한 허가기준을 나타내는 것이라 함은 위에서 본 바와 같다)에 맞지 아니하여 반려한다는 것으로 이해되는 바이니 피고가 이 사건에서 이격거리 기준위배를 반려사유로 주장하는 것은 그 처분의 사유를 구체적으로 표시하는 것이지 당초의 처분사유와 기본적 사실관계와 동일성이 없는 별개의 또는 새로운 처분사유를 추가하거나 변경하는 것이라고 할 수는 없다(대판 1989. 7. 25, 88누11926[액화석유가스판매사업불허가처분취소]).

판례3 당초의 정보공개거부처분사유인 검찰보존사무규칙 제20조 소정의 신청권자에 해당하지 아니한다는 사유는 새로이 추가된 거부처분사유인 공공기관의 정보공개에 관한 법률 제7조 제1항 제6호의 사유와 그 기본적 사실관계의 동일성이 있다(대판 2003. 12. 11, 2003두8395[정보공개거부처분취소]).

판례4 피고가 당초 이 사건 거부처분의 근거와 이유로 삼은 사유는 이 사건 신청이 준농림지역에서의 행위제한사항에 해당한다는 것이고, 피고가 이 사건 소송에서 추가로 주장한 사유는 준농림지역의 경우 원칙적으로 일정 규모 이상의 토지이용행위를 제한하여 환경의 보전을 도모하는 지역으로서 부지면적 30,000㎡ 미만의 개발은 허용된다고 하더라도 환경오염의 우려가 있거나 자연환경의 보전 및 토지의 합리적인 이용이라는 법의 입법 취지에 부합하는 한도 내에서만 허용된다고 할 것인데, 원고들이 추진하고자 하는 사업은 비교적 대규모의 전원주택의 부지조성사업으로서 위와 같은 법의 취지에 반하여 이를 허용할 수 없다는 것이므로, 그 내용이 모두 이 사건 임야가 준농림지역에 위치하고 있다는 점을 공통으로 하고 있을 뿐 아니라 그 취지 또한 자연환경의 보전을 위하여 개발행위를 제한할 필요가 있어서 산림형질변경을 불허한다는 것으로서 기본적 사실관계의 동일성이 인정된다고 할 것이다(대판 2004. 11. 26, 2004두4482[산림형질변경불허가처분취소]: 주택신축을 위한 산림형질변경허가신청에 대하여 행정청이 거부처분을 하면서 당초 거부처분의 근거로 삼은 준농림지역에서의 행위제한이라는 사유와 나중에 거부처분의 근거로 추가한 자연경관 및 생태계의 교란, 국토 및 자연의 유지와 환경보전 등 중대한 공익상의 필요라는 사유는 기본적 사실관계에 있어서 동일성이 인정된다고 한 사례). 〈해설〉 당초의 처분사유와 추가·변경한 사유가 일반적 사유와 구체적 사유의 관계에 있는 경우에는 기본적 사실관계의 동일성이 인정된다고 보아야 한다.

판례5 석유판매업허가신청에 대하여 "주유소 건축 예정 토지에 관하여 도시계획법 제4조 및 구 토지의 형질변경 등 행위허가기준 등에 관한 규칙에 의거하여 행위제한을 추진하고 있다"는 당초의 불허가처분사유와 항고소송에서 주장한 위 신청이 토지형질변경허가의 요건을 갖추지 못하였다는 사유 및 도심의 환경보전의 공익상 필요라는 사유는 기본적 사실관계의 동일성이 있다고 한 사례(대판 1999. 4. 23, 97누14378[석유판매업(주유소)불허가처분취소]).

판례6   행정청이 폐기물처리사업계획 부적정 통보처분을 하면서 그 처분사유로 사업예정지에 폐기물처리시설을 설치할 경우 인근 농지의 농업경영과 농어촌 생활유지에 피해를 줄 것이 예상되어 농지법에 의한 농지전용이 불가능하다는 사유 등을 내세웠다가, 위 행정처분의 취소소송에서 사업예정지에 폐기물처리시설을 설치할 경우 인근 주민의 생활이나 주변 농업활동에 피해를 줄 것이 예상되어 폐기물처리시설 부지로 적절하지 않다는 사유를 주장한 경우에, 두 처분사유는 모두 인근 주민의 생활이나 주변 농업활동의 피해를 문제삼는 것이어서 기본적 사실관계가 동일하므로, 행정청은 위 행정처분의 취소소송에서 후자의 처분사유를 추가로 주장할 수 있다고 한 사례(대판 2006. 6. 30, 2005두364[폐기물처리업사업계획부적정통보처분취소]).

VI. 화해와 조정

1. 민사소송법상 화해의 준용

행정소송법은 재판상(소송상) 화해(소송계속중 양쪽 당사자가 소송물에 관한 주장을 서로 양보하여 소송을 종료시키기로 하는 재판에서의 합의)에 관한 규정을 두고 있지 않다. 그리하여 항고소송에 민사소송법 제220조의 소송상 화해에 관한 규정(화해, 청구의 포기·인낙을 변론조서·변론준비기일조서에 적은 때에는 그 조서는 확정판결과 같은 효력을 가진다)을 준용할 수 있는지가 문제된다.

종래의 견해는 처분의 일방적 행위의 성질 및 공익목적성에 비추어 사인과의 합의에 의해 처분을 취소·변경할 수는 없고, 항고소송에서 소송상 화해를 인정하면 행정의 법률적합성의 원칙이 침해될 가능성이 있다는 등의 이유로 항고소송에서 소송상 화해를 부정하였다(부정설). 그런데, 최근에는 항고소송에서도 처분권주의가 인정되고, 소송상 화해를 인정하는 것이 소송경제에 기여한다는 점 등을 이유로 항고소송에서 소송상 화해를 인정하는 견해(긍정설)가 늘고 있다.

생각건대, 처분의 일방적 행위의 성질 및 공익목적성에 비추어 사인과의 합의에 의해 처분을 취소·변경하는 것을 허용할 수는 없고, 항고소송에서 소송상 화해를 인정하면 항고소송의 공익성 및 행정통제적 기능을 무력화하므로 명문의 규정이 없는 한 부정하는 것이 타당하다. 또한, 적극적 변경판결을 인정하지 않는 판례의 입장과도 모순된다.

공익소송인 민중소송이나 기관소송에서는 더욱 그러하다.

당사자소송에서는 민사소송법상 화해에 관한 규정이 준용된다는 것이 지배적 견해이다.

2. 민사소송법상 조정의 준용

행정소송에 민사조정법상의 조정에 관한 규정을 준용하지 않는 것이 지배적 견해이다. 그렇지만, 실무상 사실상의 조정이 행해지고 있다. 즉, 재판장은 신속하고 공정한 분쟁 해결과 국민의 권익 구제를 위하여 필요하다고 인정하는 경우에는 소송계속 중인 사건에 대하여 직권으로 소의 취하, 처분등의 취소 또는 변경, 그 밖에 다툼을 적정하게 해결하기 위해 필요한 사항을 서면으로 권고할 수 있다(행정소송규칙 제15조 제 1 항). 재판장은 제 1 항의 권고를 할 때에는 권고의 이유나 필요성 등을 기재할 수 있다(제 2 항). 재판장은 제 1 항의 권고를 위하여 필요한 경우에는 당사자, 이해관계인, 그 밖의 참고인을 심문할 수 있다(제 3 항). 예를 들면, 재판장이 행정청에 대하여는 법원이 적절하다고 인정하는 처분(예, 영업정지처분을 과징금부과처분으로 변경)으로 변경할 것을, 원고에 대하여는 행정청이 그와 같이 변경처분을 하면 소를 취하할 것을 권고하는 조정권고를 행하고, 행정청이 변경처분을 하면 원고가 소를 취하하는 방식이다.

제 6 항　주장책임과 입증책임

I. 주장책임

1. 의　　의

주장책임(主張責任)이라 함은 당사자가 유리한 사실을 주장하지 않으면 그 사실은 없는 것으로 취급되어 불이익한 판단을 받게 되는데, 이 경우에 있어서의 당해 당사자의 불이익을 받는 지위를 말한다.

주장책임은 변론주의하에서는 주요사실(主要事實)은 당사자가 변론에서 주장하지 않으면 판결의 기초로 삼을 수 없다는 점으로부터 나온다.

2. 직권탐지주의와 주장책임

직권탐지주의하에서 주장책임은 완화된다. 다만, 직권탐지의 대상이 되는 사실에 대하여도 직권탐지가 의무가 아닌 한 주장책임이 문제될 수 있다.

> **판례**　행정소송에 있어서 특단의 사정이 있는 경우를 제외하면 당해 행정처분의 적법성에 관하여는 당해 처분청이 이를 주장·입증하여야 하고, 행정소송에 있어서 직권주의가 가미되어 있다고 하여도 여전히 당사자주의, 변론주의를 기본구조로 하는 이상 행정처분의 위법을 들어 그 취소를 청구함에 있어서는 직권조사사항을 제외하고는 그 취소를 구하는 자가 위법된 구체적인 사항을 먼저 주장하여야 한다(대판 1995. 7. 28, 94누12807).

3. 주장책임의 내용

주장책임에 관하여는 다음과 같은 점을 지적할 필요가 있다.

① 주장책임은 주요사실에 대하여만 인정되며 간접사실과 보조사실은 주장책임의 대상이 되지 않는다. 왜냐하면 변론주의는 주요사실에 대해서만 인정되고 간접사실과 보조사실은 그 적용이 없기 때문이다. 주요사실이라 함은 법률효과를 발생시키는 법규의 직접

요건사실을 말하고, 간접사실이라 함은 주요사실을 확인하는 데 도움이 됨에 그치는 사실을 말한다. 증거능력이나 증거가치에 관한 사실을 보조사실이라 하는 데 간접사실에 준하여 취급된다(이시윤, 429면).

② 어느 당사자든지 변론에서 주장하였으면 되고 반드시 주장책임을 지는 당사자가 주장하여야 하는 것은 아니다(이시윤, 428면).

③ 어느 당사자가 주장책임을 지는지를 정하는 것을 주장책임의 분배라 하는데, 원칙적으로 주장책임의 분배는 입증책임의 분배와 일치한다고 보는 견해(이상규, 869면)와 취소소송의 특수성을 고려하여 입증책임의 분배는 주장책임의 분배와 별도로 결정되어야 한다는 견해가 있다. 후자의 논거는 다음과 같다. '자기에 유리한 사실이 심리에 현출되지 않는 한에서 불이익을 받는다는 것과 일정 사실의 진위불명시에 받는 불이익은 논리적으로 항상 동일한 분배기준에 의하여 할 것은 아니라고 한다'(김동희, 671면). 그러나, 주장책임은 주요사실에 대하여 입증책임을 지는 자가 부담하는 것이 원칙이므로, 주장책임의 분배는 원칙적으로 입증책임의 분배와 일치한다고 보아야 한다.

④ 항고소송에 있어서 원고는 전심절차에서 주장하지 아니한 공격방어방법을 소송절차에서 주장할 수 있다.

> 판례 1   항고소송에 있어서 원고는 전심절차에서 주장하지 아니한 공격방어방법을 소송절차에서 주장할 수 있고 법원은 이를 심리하여 행정처분의 적법 여부를 판단할 수 있는 것이므로, 원고가 전심절차에서 주장하지 아니한 처분의 위법사유를 소송절차에서 새롭게 주장하였다고 하여 다시 그 처분에 대하여 별도의 전심절차를 거쳐야 하는 것은 아니다(대판 1996. 6. 14, 96누754).
>
> 판례 2   행정소송이 전심절차를 거쳤는지 여부를 판단함에 있어서 전심절차에서의 주장과 행정소송에서의 주장이 전혀 별개의 것이 아닌 한 그 주장이 반드시 일치하여야 하는 것은 아니고, 당사자는 전심절차에서 미처 주장하지 아니한 사유를 공격방어방법으로 제출할 수 있다(대판 1999. 11. 26, 99두9407).
>
> 판례 3   전심절차에서 주장하지 아니한 공격방어방법이라 할지라도 항고소송절차에서 주장할 수 있는 것이고, 또 소송당사자는 실기한 공격방법에 해당하지 아니하는 한 변론종결시까지 수시로 공격방어방법을 제출할 수 있는 것이므로, 원심이 전심절차에서 주장된 바 없는 원고의 절차상의 위법주장을 심리판단하였다 하여 허물이 될 수 없다(대판 1985. 8. 20, 84누485).

Ⅱ. 입증책임(증명책임)

1. 의   의

입증책임(立證責任)이라 함은 소송상 증명을 요하는 어느 사실의 존부가 확정되지 않은 경우 당해 사실이 존재하지 않는 것으로 취급되어 불리한 법률판단을 받게 되는 당사자 일방의 위험 또는 불이익을 말한다.

입증책임의 문제는 심리의 최종단계에 이르러서도 어떤 사실의 존부에 대하여 법관에게 확신이 서지 않을 때에 누구에게 불이익을 부담하도록 하느냐의 문제이다.

직권탐지주의하에서도 어떠한 사실이 입증되지 않는 경우가 있을 수 있으므로 입증책임은 변론주의뿐만 아니라 직권탐지주의에 의한 절차에서도 문제된다.

증명책임은 사실에 대한 것이며 법에 대한 것은 아니다. 법에 대한 판단은 법원이 책임을 진다.

2. 입증책임의 분배

입증책임의 분배라 함은 어떤 사실의 존부가 확정되지 않은 경우에 당사자 중 누구에게 불이익을 돌릴 것인가의 문제이다. 입증책임을 지는 자가 소송상 증명을 요하는 어느 사실이 입증되지 않는 경우에 불이익을 받게 된다.

특히 국가배상법상 과실과 같이 입증이 곤란한 사실에 대하여는 누가 입증책임을 부담하는가에 의해 소송의 승패가 좌우되므로 입증책임의 분배는 매우 중요한 문제이다.

예를 들면, 만일 국가배상법상의 과실의 존재를 원고가 입증하여야 한다면 과실이 입증되지 않는 경우에 국가배상책임이 인정되지 않게 되고, 국가배상법상의 과실의 부존재를 피고가 입증하여야 한다면 과실의 부존재가 입증되지 않은 경우 피고가 국가배상책임을 지게 된다.

3. 행정소송에서의 증명책임

행정소송법은 증명책임에 관한 규정을 두고 있지 않다. 따라서, 민사소송법 규정이 행정소송에서의 증명책임에 준용된다. 그러므로 행정소송에서의 증명책임은 원칙적으로 민사소송의 일반원칙에 따라 당사자 간에 분배되고, 행정소송의 특수성을 고려하여야 한다.

> **판례** 민사소송법이 준용되는 행정소송에서 증명책임은 원칙적으로 민사소송의 일반원칙에 따라 당사자 간에 분배되고, 항고소송은 그 특성에 따라 해당 처분의 적법성을 주장하는 피고에게 적법사유에 대한 증명책임이 있으나(대판 2017. 6. 19, 2013두17435 등 참조), 예외적으로 행정처분의 당연 무효를 주장하여 무효 확인을 구하는 행정소송에서는 원고에게 행정처분이 무효인 사유를 주장·증명할 책임이 있고(대판 2010. 5. 13, 2009두3460 등 참조), 이는 무효 확인을 구하는 뜻에서 행정처분의 취소를 구하는 소송에 있어서도 마찬가지이다(대판 1976. 1. 13, 75누175 등 참조)(대판 2023. 6. 29, 2020두46073).

(1) 취소소송에 있어서의 입증책임

오늘날의 일반적인 견해는 공정력과 입증책임 사이에는 아무런 관련이 없다고 본다.

오늘날 취소소송에서의 입증책임의 분배에 관하여는 민사소송상의 입증책임의 분배원칙에 의하여야 한다는 견해와 행정소송의 입증책임은 행정소송의 특수성을 고려하여 독자적으로 정하여야 한다는 견해로 나뉜다.

1) 민사소송상 분배설(법률요건분류설 내지 규범설)

법률요건분류설(法律要件分類說)은 각 당사자는 자기에게 유리한 법규요건사실의 존부에 대해 입증책임을 지는 것으로 분배시키고 있다.

① 소송요건의 존부는 원고에게 입증책임이 있다. 그 이유는 소송요건이 존재하면 원고에게 유리한 본안판결을 받을 수 있기 때문이다.

② 본안문제에 관하여는 다음과 같이 입증책임을 분배하고 있다.

i) 권리의 존재를 주장하는 자는 권리근거규정의 요건사실(권리발생사실＝광의의 청구원인사실)에 대하여 입증책임을 진다.

ii) 권리의 존재를 다투는 상대방은 반대규정(권리장애규정, 권리소멸규정 및 권리저지규정)의 요건사실(항변사실)에 대하여 입증책임을 진다. 권리근거규정과 권리장애규정은 원칙과 예외의 관계에 있다. 즉, 법규가 본문·단서의 형식으로 되어 있는 경우에 본문은 권리근거규정이고 예외는 권리장애규정이 된다.

③ 법률요건분류설을 적용하면 취소소송의 입증책임은 다음과 같이 분배된다.

i) 권한근거규정의 요건사실은 처분권한을 주장하는 자가 입증책임을 부담한다. 적극적 처분(예, 허가취소 처분, 시정명령)에 있어서는 피고가 처분권한의 존재를 주장하는 자이므로 권한근거규정의 요건사실의 입증책임을 부담하고, 소극적 처분(거부처분)에 있어서는 원고가 처분권한의 존재를 주장하는 자이므로 원고가 권한근거규정의 요건사실의 입증책임을 부담한다.

ii) 권한장애규정의 요건사실은 권한을 부인하는 자에게 입증책임이 있다. 적극적 처분에 있어서는 원고가 권한을 부인하는 자이므로 원고가 권한장애규정의 요건사실(예, 조세부과처분에 있어서 면세자 해당 사실)의 입증책임을 진다. 거부처분에 있어서는 권한을 부인하는 자가 피고이므로 피고가 권한장애규정의 요건사실의 입증책임을 진다. 예를 들면, 정보공개거부처분 취소소송에서 비공개사유의 주장·입증책임은 피고인 국가 등 공공단체에 있다(대판 1999. 9. 21, 97누5114; 1999. 9. 21, 98두3426).

> **판례1** **과세처분취소소송에 있어서의 입증책임 및 입증의 필요:** 과세처분의 위법을 이유로 그 취소를 구하는 행정소송에 있어 처분의 적법성 및 과세요건사실의 존재에 관하여는 원칙적으로 과세관청이 그 입증책임을 부담하나, 경험칙상 이례에 속하는 특별한 사정의 존재에 관하여는 납세의무자에게 입증책임 내지는 입증의 필요가 돌아가는 것이다(대판 1996. 4. 26, 96누1627).
>
> **판례2** **종합토지세 비과세대상 여부에 대한 입증책임의 소재:** 과세대상이 된 토지가 비과세 혹은 면제대상이라는 점은 이를 주장하는 납세의무자에게 입증책임이 있는 것이다(대판 1996. 4. 26, 94누12708).

민사소송상의 입증책임분배원칙을 그대로 취소소송에 적용하는 데 대하여 여러 비판이 제기되고 있다.

① 민사소송상의 원칙을 그와는 기반을 달리하는 항고소송에 적용하는 것은 타당하지 않다고 비판하는 견해가 있다. 즉, 사법규정은 대등당사자 사이의 이해조정규정인 동시에 재판규범으로서의 성질을 가지는 것이므로 거기에는 입증책임분배의 원리도 포함되어 있다고 볼 수 있으나, 공법규정은 공·사익의 조정을 내용으로 하고, 행정기관에 대한 행위규범으로서의 성격이 강한 반면, 재판규범으로서의 성격은 상대적으로 약하다고 한다(김동희, 761~762면).

② 행정법관계에서는 자유의 금지, 금지의 해제, 법률행위의 보충효과, 권리의무의 형성 등 성격을 달리하는 여러 행정처분이 있으므로 처분의 성질에 따라 입증책임의 분배도 달라져야 할 것이며 이 점에서도 오직 요건법규의 형식에 따라 입증책임을 정하는 것은 타당하지 않다는 비판도 있다(박윤흔, 954면).

2) 행정법독자분배설(특수성인정설)

행정소송에서의 입증책임의 분배는 행정소송과 민사소송의 목적과 성질의 차이, 행위규범과 재판규범의 차이 등에 비추어 독자적으로 정하여야 한다고 한다.

3) 판   례

판례가 입증책임분배에 관하여 어떠한 입장을 취하고 있는지는 분명하지 않다.

학설 중에는 판례가 취소소송에서의 입증책임의 분배에 있어서 민사소송상의 분배원칙에 입각하고 있다고 보는 견해도 있고(이상규, 872면), 행정소송법독자설에 입각하고 있다고 해석하는 견해도 있다(박윤흔, 954면).

생각건대, 판례는 행정소송에서의 입증책임도 원칙적으로 민사소송의 일반원칙(법률요건분류설)에 따라 당사자간에 분배되어야 한다고 하면서도 항고소송의 특성도 고려하여야 하는 것으로 본다.

판례에 따르면 민사소송법의 규정이 준용되는 행정소송에 있어서 입증책임은 원칙적으로 민사소송의 일반원칙에 따라 당사자간에 분배되고 항고소송의 경우에는 그 특성에 따라 당해 처분의 적법을 주장하는 피고에게 그 적법사유에 대한 입증책임이 있다 할 것이므로 당해 처분의 적법성이 합리적으로 수긍할 수 있는 일응의 입증이 있는 경우에는 그 처분은 정당하다고 할 것이며 이와 상반되는 주장과 입증은 그 상대방인 원고에게 그 책임이 돌아간다(대판 1984. 7. 24, 84누124). 다만, 사실이 아닌 법적 판단은 법원이 책임지고 해야 하고, 처분의 적법·위법 판단도 법원의 책임이므로 처분의 적법성 자체는 증명책임의 대상이 아니라고 보아야 한다.

처분사유에 대한 증명책임은 피고 행정청에게 있다. 거부처분 취소소송에서도 그 처분사유에 관한 증명책임은 피고 행정청에 있다(대판 2019. 7. 4, 2018두66869).

4) 사견(공평분배설)

변론주의에 따르면 입증으로 수익을 받는 자에게 증명책임을 지우는 것이 타당하다. 주장책임을 지는 자가 증명책임도 지는 것으로 하는 것도 타당하다. 그런데 행정소송은 실체적 진실을 발견하여 법치주의를 실현하는 것을 중요한 기능으로 하므로 입증자료에 접근하기 쉬운 자에게 증명책임을 지우는 것이 타당하다. 그리고 이것이 공평의 원칙에도 합치한다. 이러한 점들을 종합적으로 고려하여 증명책임을 개별적으로 공정하고 공평하게 정하여야 할 것이다.

4. 구체적 사례

(1) 소송요건

소송요건은 직권조사사항이지만 존부가 불분명한 경우에는 원고가 불이익을 받게 되므로 원고에게 입증책임이 있다.

(2) 권리행사규정의 요건사실

처분의 적법성에 대한 입증책임은 피고에게 있다(판례). 피고는 해당 처분의 적법성이 합리적으로 수긍할 수 있는 정도로 입증을 하여야 한다. 이는 행정처분의 근거법률은 통상 권한행사규정('…한 경우에는 …한 처분을 한다'라는 형식의 규정)으로 규정되어 있고 이 경우에 권한행사규정의 요건사실에 대하여는 행정청이 입증책임을 진다는 것을 의미한다.

판례1 [폐기된 서류에 관한 구 국민건강보험법상 서류제출명령 위반을 이유로 한 업무정지처분의 취소를 구하는 사건] (1) 항고소송에 있어서 해당 처분의 적법성에 대한 증명책임은 원칙적으로 처분의 적법을 주장하는 처분청에 있지만, 처분청이 주장하는 해당 처분의 적법성에 관하여 합리적으로 수긍할 수 있는 정도로 증명이 있는 경우에는 그 처분은 정당하고, 이와 상반되는 예외적인 사정에 대한 주장과 증명은 상대방에게 책임이 돌아간다(대판 전원합의체 2012. 6. 18, 2010두27639, 27646 참조). (2) 따라서 급여 관계 서류의 보존행위가 요양기관 등의 지배영역 안에 있고, 요양기관 등이 서류보존 의무기간 내에 이를 임의로 폐기하는 것 자체가 이례적이라는 사실에 비추어 볼 때, 요양기관 등이 국민건강보험법상 서류제출명령의 대상인 급여 관계 서류를 생성·작성하였다고 볼 만한 사정에 대해 처분청이 합리적으로 수긍할 수 있는 정도로 증명했다면, 처분청의 서류제출명령과 무관하게 급여 관계 서류가 폐기되었다는 사정(이 경우 처분청이 요양기관 등에 서류제출명령 불이행을 이유로 제재(업무정지처분취소)를 할 수 없음)은 이를 주장하는 측인 요양기관 등이 증명하여야 한다(대판 2023. 12. 21, 2023두42904[업무정지처분 취소]).

판례2 과세처분의 위법을 이유로 그 취소를 구하는 행정소송에 있어 처분의 적법성 및 과세요건사실의 존재에 관하여는 원칙적으로 과세관청이 그 입증책임을 부담하나, 경험칙상 이례에 속하는 특별한 사정의 존재에 관하).

판례3 징계처분의 당부를 다투는 행정소송에서 징계사유에 대한 증명책임은 그 처분의 적법성을 주장하는 피고에게 있다. 다만 민사소송이나 행정소송에서 사실의 증명은 추호의 의혹도 없어야 한다는 자연과학적 증명이 아니고, 특별한 사정이 없는 한 경험칙에 비추어 모든 증거를 종합적으로 검토하여 볼 때 어떤 사실이 있었다는 점을 시인할 수 있는 고도의 개연성을 증명하는 것이면 충분하다(대판 2018. 4. 12, 2017두74702, 대판 2019. 11. 28, 2017두57318 등).

판례4 국민에게 일정한 이득과 권리를 취득하게 한 종전 행정처분을 취소할 수 있는 경우 및 취소해야 할 필요성에 대한 증명책임의 소재(＝행정청)(대판 2012. 3. 29, 2011두23375[공상공무원비해당자결정취소]).

판례5 과세소득의 존재 및 그 귀속사업연도에 관한 증명책임의 소재(＝과세관청)(대판 2020. 4. 9, 2018두57490).

다만, 경험칙상 요건사실이 추정되는 경우 상대방이 경험칙 적용의 대상이 되지 아니하는 사정을 입증하여야 한다(대판 1992. 7. 10, 92누6761[상속세 등 부과처분취소]).

원고는 처분의 적법성을 합리적으로 수긍할 수 있는 증거와 상반되는 사실에 대한 주장과 입증에 대한 책임을 진다.

(3) 권한행사장애규정의 요건사실

처분제외사유의 증명책임은 원고에게 있다. 예를 들면, 과세대상이 된 토지가 비과세 혹은 면제대상이라는 점은 이를 주장하는 납세의무자에게 입증책임이 있는 것이라고 판시하고 있다(대판 1996. 4. 26, 94누12708[종합토지세 등 부과처분취소]).

(4) 재량행위의 경우

재량권 일탈·남용에 관하여는 행정행위의 효력을 다투는 사람이 주장·증명책임을 부담한다(대판 2017. 10. 12, 2017두48956).

판례1 처분이 재량권을 일탈·남용하였다는 사정은 처분의 효력을 다투는 자가 주장·증명하여야 한다. 행정청이 폐기물처리사업계획서 부적합 통보를 하면서 처분서에 불확정개념으로 규정된 법령상의 허가기준 등을 충족하지 못하였다는 취지만을 간략히 기재하였다면, 부적합 통보에 대한 취소소송절차에서 행정청은 처분을 하게 된 판단 근거나 자료 등을 제시하여 구체적 불허가사유를 분명히 하여야 한다. 이러한 경우 재량행위인 폐기물처리사업계획서 부적합 통보의 효력을 다투는 원고로서는 행정청이 제시한 구체적인 불허가사유에 관한 판단과 근거에 재량권 일탈·남용의 위법이 있음을 밝히기 위하여 소송절차에서 추가적인 주장을 하고 자료를 제출할 필요가 있다(대판 2020. 7. 23, 2020두36007[폐기물처리사업계획부적합통보처분취소]).

판례2 행정청이 처분서에 불확정개념으로 규정된 법령상의 허가기준 등을 충족하지 못하였다는 취지만 간략히 기재하여 폐기물처리사업계획서 반려 통보를 한 경우, 반려 통보에 대한 취소소송절차에서 행정청이 구체적 불허가사유를 분명히 하여야 하는지 여부(적극) 및 이에 대하여 원고가 재량권 일탈·남용의 위법이 있음을 밝히기 위하여 추가적인 주장 및 자료를 제출할 필요가 있는지 여부(적극): (1) 처분이 재량권을 일탈·남용하였다는 사정은 그 처분의 효력을 다투는 자가 주장·증명하여야 한다(대판 2016. 10. 27, 2015두41579 등 참조). 행정청이 폐기물처리사업계획서 반려 내지 부적합 통보를 하면서 그 처분서에 불확정개념으로 규정된 법령상의 허가기준 등을 충족하지 못하였다는 취지만을 간략히 기재하였다면, 반려 내지 부적합 통보에 대한 취소소송절차에서 행정청은 그 처분을 하게 된 판단 근거나 자료 등을 제시하여 구체적 불허가사유를 분명히 하여야 한다. 이러한 경우 재량행위인 폐기물처리사업계획서 반려 내지 부적합 통보의 효력을 다투는 원고로서는 행정청이 제시한 구체적인 불허가사유에 관한 판단과 근거에 재량권 일탈·남용의 위법이 있음을 밝히기 위하여 소송절차에서 추가적인 주장을 하고 자료를 제출할 필요가 있다(대판 2018. 12. 27, 2018두49796 판결, 대판 2019. 12. 24, 2019두45579 참조). (2) 원고가 폐기물관리법 제25조 제1항에 따라 폐기물처리사업계획서를 제출하였는데, 피고가 '폐기물관리법 제25조 제7항 및 「영천시 폐기물처리업 등에 관한 인허가 지침」('이 사건 지침') 제3조에 따른 주민 건강 및 주변 환경 영향 여부를 확인하기 위한 주민동의서 미제출'을 처분사유로 하여 위 계획서를 반려하는 통보를 하자 원고가 위 반려처분의 취소를 구함. 피고는 이 사건 소 계속 중 처분사유로 기재되어 있던 '주민의 건강과 주변 환경에의 영향'이라는 불확정개념을 구체화하였음. 원심은, 피고가 원고의 폐기물처리사업계획서 제출에 따른 '주민건강 및 주변 환경영향 여부'를 검토·확인한 후 그 검토결과를 이유로 한 처분사유를 제시하지 아니한 채, 오로지 '보완서류(인근 주민들의 동의서) 미제출'이라는 절차적 이유만으로 이 사건 반려처분을 한 것은 재량권을 일탈·남용한 것으로서 위법하다고 판단하였음. 대법원은 위 법리에 따라, 폐기물처리사업계획서 반려 처분에 대한 취소소송 절차에서 피고가 구체적인 불허가사유를 분명히 하였다면, 원심으로서는 원고로 하여금 원고가 운영하려는 폐기물처리시설 예정지의 자연환경, 기반시설과 인근의 주거시설, 상업시설, 산업시설, 근린생활시설 등의 위치, 규모 및 현황을 확인할 수 있는 자료 및 그 폐기물처리시설이 주민들의 건강과 주변 환경에 어떠한 영향을 주는지에 관한 주장 및 자료를 제출하게 하여 원고가 운영하려는 폐기물처리시설로 인한 주민들의 건강이나 주변 환경에의 영향의 유무 및 그 정도를 심리하였어야 한다고 보아, 피고의 반려 통보가 단순히 보완서류 미이행(주민동의서 미제출)만을 처분사유로 하였다는 전제에서 재량권 일탈·남용의 위법이 있다고 단정한 원심판결을 파기·환송함(대판 2023. 7. 27, 2023두35661[폐기물처리사업계획신청 반려처분취소]).

(5) 무효확인소송에서의 입증책임의 분배

판례는 무효원인에 대한 주장·입증책임은 취소소송의 경우와는 달리 원고가 부담한다고 판시하고 있다.

> **판례** 행정처분의 당연무효를 주장하여 그 무효확인을 구하는 행정소송에 있어서는 원고에게 그 행정처분이 무효인 사유를 주장·입증할 책임이 있다(대판 2010. 5. 13, 2009두3460).

(6) 부작위위법확인소송에서의 입증책임

부작위위법확인소송에서 신청사실 및 신청권의 존재는 소송요건에 해당한다. 따라서, 원고에게 입증책임이 있다.

일정한 처분을 하여야 할 법률상의 의무의 존부 및 상당한 기간의 판단은 법률판단의 문제이므로 입증책임의 대상이 되지 아니한다.

처분이 없는 사실의 존재는 부작위를 주장하는 원고에게 입증책임이 있다.

상당한 기간이 경과하였음에도 신청에 따른 처분을 하지 못한 것을 정당화하는 사유에 대하여는 행정청이 주장·입증책임을 진다.

(7) 증명의 정도

판례에 따르면 민사소송이나 행정소송에서 사실의 증명은 추호의 의혹도 없어야 한다는 자연과학적 증명이 아니고, 특별한 사정이 없는 한 경험칙에 비추어 모든 증거를 종합적으로 검토하여 볼 때 어떤 사실이 있었다는 점을 시인할 수 있는 고도의 개연성을 증명하는 것이면 충분하다(대판 2018. 4. 12, 2017두74702).

> **판례** 민사소송이나 행정소송에서 사실의 증명은 추호의 의혹도 없어야 한다는 자연과학적 증명이 아니고, 특별한 사정이 없는 한 경험칙에 비추어 모든 증거를 종합적으로 검토하여 볼 때 어떤 사실이 있었다는 점을 시인할 수 있는 <u>고도의 개연성을 증명하는 것이고</u>, 그 판정은 <u>통상인이라면 의심을 품지 않을 정도일 것을</u> 필요로 한다(대판 2019. 11. 28, 2017두57318 등).

5. 사실확인서의 증거가치

행정청이 현장조사를 실시하는 과정에서 조사상대방으로부터 구체적인 위반사실을 자인하는 내용의 확인서를 작성받았다면, 그 확인서가 작성자의 의사에 반하여 강제로 작성되었거나 또는 내용의 미비 등으로 구체적인 사실에 대한 증명자료로 삼기 어렵다는 등의 특별한 사정이 없는 한 그 확인서의 증거가치를 쉽게 부정할 수 없다(대판 2017. 7. 11, 2015두2864).

6. 관련 확정판결에서의 사실인정의 구속력

행정소송의 수소법원이 관련 확정판결의 사실인정에 구속되는 것은 아니지만, 관련 확정판결에서 인정한 사실은 행정소송에서도 유력한 증거자료가 되므로, 행정소송에서 제출된 다른 증거들에 비추어 관련 확정판결의 사실 판단을 채용하기 어렵다고 인정되는 특별한 사정이 없는 한, 이와 반대되는 사실은 인정할 수 없다(대판 2019. 7. 4, 2018두66869).

> **판례** '혼인파탄의 주된 귀책사유가 누구에게 있는지'라는 문제는 우리의 사법제도에서 가정법원의 법관들에게 가장 전문적인 판단을 기대할 수 있으므로, <u>결혼이민[F-6 (다)목] 체류자격 부여에 관하여 출입국관리행정청이나 행정소송의 수소법원은 특별한 사정이 없는 한 가정법원이 이혼확정판결에서 내린 판단을 존중함이 마땅하다.</u> 이혼소송에서 당사자들이 적극적으로 주장·증명하지 않아 이혼확정판결의 사실인정과 책임판단에서 누락된 사정이 일부 있더라도 그러한 사정만으로 이혼확정판결의 판단 내용을 함부로 뒤집으려고 해서는 안 되며, 이혼확정판결과 다른 내용의 판단을 하는 데에는 매우 신중해야 한다(대판 2019. 7. 4, 2018두66869).

제 6 절   행정소송의 판결

> **문제**   허가신청에 대한 거부처분 후 법령상 허가요건이 보다 엄격하게 변경된 경우에 당해 거부처분에 대한 취소소송에서 법원은 어떠한 판결을 내려야 하는가. 법원이 취소판결을 내린 경우에 처분청은 신청을 인용하는 처분을 하여야 하는가.

제 1 항   판결의 의의

판결(判決)이라 함은 구체적인 법률상 쟁송을 해결하기 위하여 법원이 소송절차를 거쳐 내리는 결정을 말한다.

제 2 항   판결의 종류

Ⅰ. 소송판결과 본안판결

소송판결(訴訟判決)이라 함은 소송요건 또는 상소요건의 흠결이 있는 경우에 소송을 부적법하다 하여 각하하는 판결을 말한다. 소송요건의 결여는 변론종결시를 기준으로 판단한다. 소각하판결은 소송판결이다.

본안판결(本案判決)이라 함은 본안심리의 결과, 청구의 전부 또는 일부를 인용하거나 기각하는 종국판결을 말한다. 본안판결은 내용에 따라 인용판결과 기각판결로 나뉜다.

Ⅱ. 기각판결과 인용판결

1. 기각판결

기각판결(棄却判決)이라 함은 본안심리의 결과, 원고의 주장이 이유 없다고 하여 그 청구를 배척하는 판결을 말한다. 원고의 청구가 이유 있다고 인정하는 경우에도 그 처분을 취소 또는 변경하는 것이 현저히 공공복리에 적합하지 아니하다고 인정하는 때에는 법원은 원고의 청구를 기각할 수 있는데, 이러한 기각판결을 **사정판결**이라 한다.

2. 인용판결

인용판결(認容判決)이라 함은 본안심리의 결과, 원고의 주장이 이유 있다고 하여 그 청구의 전부 또는 일부를 인용하는 판결을 말한다. 인용판결은 소의 종류에 따라 이행판결, 확인판결, 형성판결로 나뉜다.

Ⅲ. 형성판결, 확인판결과 이행판결

1. 형성판결

　형성판결(形成判決)이라 함은 일정한 법률관계를 형성·변경 또는 소멸시키는 것을 내용으로 하는 판결을 말한다(취소소송에서의 인용판결(취소판결)).

　형성판결은 적극적 형성판결과 소극적 형성판결로 나뉜다. 적극적 형성판결은 법률관계를 적극적으로 형성하는 판결을 말하고, 소극적 형성판결은 처분의 전부 또는 일부의 취소와 같이 법률관계를 소극적으로 형성하는 판결을 말한다.

2. 확인판결

　확인판결(確認判決)이라 함은 확인의 소에서 일정한 법률관계나 법률사실의 존부를 확인하는 판결을 말한다(무효등확인소송에서의 인용판결, 부작위위법확인소송에서의 인용판결(부작위위법확인판결), 법률관계의 확인을 구하는 당사자소송에서의 인용판결).

3. 이행판결

　이행판결(履行判決)이라 함은 피고에 대하여 일정한 행위를 명하는 판결을 말한다. 항고소송에서의 의무이행소송이 인정되고 있지 않으므로 항고소송에서는 이행판결이 있을 수 없으나 공법상 당사자소송에서는 국가 또는 공공단체에 대하여 일정한 행위를 명하는 이행판결이 있을 수 있다.

제 3 항　취소소송의 판결의 종류

Ⅰ. 각하판결

　취소소송의 소송요건을 결여한 부적법한 소에 대하여는 본안심리를 거절하는 각하판결(却下判決)을 내린다. 소송요건의 충족 여부는 변론종결시(판결시)를 기준으로 판단한다.

　통상 소송요건의 심리 후 소송요건이 하나라도 충족되지 않으면 각하판결을 하고, 소송요건이 모두 충족된 경우에는 본안심리로 이행한다. 그런데, 본안심리 중 소송요건의 결여가 확인된 경우(예, 소송요건의 충족 여부에 대한 판단이 잘못된 경우 또는 계쟁처분의 효력의 소멸 등으로 소의 이익이 없어지게 된 경우 등)에는 소송요건의 충족 여부에 대한 판단을 다시 하여 소송요건의 충족되지 않는 경우에는 변론을 종결하고 각하판결을 한다.

Ⅱ. 기각판결

　본안심리의 결과, 원고의 취소청구가 이유 없다고 판단되는 경우 기각판결을 내린다.

기각판결(棄却判決)은 다음과 같은 경우에 내린다. ① 계쟁처분이 적법하거나 위법하지 아니하고 단순한 부당에 그친 경우, ② 사정판결을 할 경우에도 기각판결을 내린다.

소제기 후에 소의 대상이나 소의 이익이 소멸된 경우에도 기각판결을 하여야 한다는 견해가 있으나 이는 타당하지 않으며 이 경우에도 소송요건이 결여된 것이므로 각하판결을 하여야 한다.

권리보호의 요건을 결여한 경우에는 각하판결을 하여야 한다는 견해와 기각판결을 하여야 한다는 견해가 대립되고 있는데 전자의 견해가 타당하다. 판례도 각하판결을 하여야 한다고 본다(대판 1996. 2. 9, 95누14978[의원제명처분취소 등]).

Ⅲ. 인용판결(취소판결)

1. 의   의

취소소송에서 인용판결이라 함은 취소법원이 본안심리의 결과 원고의 취소청구 또는 변경청구가 이유 있다고 인정하는 경우, 당해 처분의 전부 또는 일부를 취소하는 판결을 말한다.

2. 종   류

취소소송에서의 인용판결에는 처분이나 재결에 대한 취소판결, 무효선언을 하는 취소판결이 있다. 또한, 계쟁처분에 대한 전부취소판결과 일부취소판결이 있다.

3. 적극적 변경의 가능성 [2021, 2024 감평 사례]

취소소송의 인용판결로 처분을 적극적으로 변경하는 것이 가능한지에 대하여 견해가 대립되고 있다. 행정소송법 제 4 조 제 1 호에서 취소소송을 행정청의 위법한 처분 등을 취소 또는 변경하는 소송으로 정의하고 있는데, 여기에서 '변경'이 소극적 변경(일부취소)을 의미하는지 아니면 적극적 변경을 의미하는지의 문제로 제기된다.

판례는 이 '변경'은 소극적 변경, 즉 일부취소를 의미하는 것으로 보고 있다(대판 1964. 5. 19, 63누177).

4. 일부취소의 가능성(일부취소의 인정기준) [2014 변시 사례]

처분의 일부만이 위법한 경우에 위법한 부분만의 일부취소가 가능한지가 문제된다.

처분의 일부취소의 가능성은 일부취소의 대상이 되는 부분의 분리취소가능성에 따라 결정된다. 일부취소되는 부분이 분리가능하고, 당사자가 제출한 자료만으로 일부취소되는 부분을 명확히 확정할 수 있는 경우에는 일부취소가 가능하지만, 일부취소되는 부분이 분리가능하지 않거나 당사자가 제출한 자료만으로 일부취소되는 부분을 명확히 확정할 수 없는 경우에는 일부취소를 할 수 없다.

(1) 일부취소가 가능한 경우

① 조세부과처분과 같은 금전부과처분이 기속행위인 경우, 부과금액의 산정에 잘못이 있는 경우 증거에 의해 정당한 부과금액을 산정할 수 있다면 부과처분 전체를 취소할 것이 아니라 정당한 부과금액을 초과하는 부분만 일부취소하여야 한다.

> **판례 1** 과세처분취소소송의 심판대상과 자료의 제출시한 및 취소범위: 과세처분취소소송의 처분의 적법 여부는 과세액이 정당한 세액을 초과하느냐의 여부에 따라 판단되는 것으로서 당사자는 사실심 변론종결시까지 객관적인 조세채무액을 뒷받침하는 주장과 자료를 제출할 수 있고 이러한 자료에 의하여 적법하게 부과될 정당한 세액이 산출되는 때에는 그 정당한 세액을 초과하는 부분만 취소하여야 할 것이고 전부를 취소할 것이 아니다(대판 2000. 6. 13, 98두5811).

> **판례 2** 개발부담금부과처분 취소소송에 있어 당사자가 제출한 자료에 의하여 적법하게 부과될 정당한 부과금액을 산출할 수 없을 경우에는 부과처분 전부를 취소할 수밖에 없으나, 그렇지 않은 경우에는 그 정당한 금액을 초과하는 부분만 취소하여야 한다(대판 2004. 7. 22, 2002두868).

> **판례 3** 일반적으로 금전 부과처분 취소소송에서 부과금액 산출과정의 잘못 때문에 부과처분이 위법한 것으로 판단되더라도 사실심 변론종결 시까지 제출된 자료에 의하여 적법하게 부과될 정당한 부과금액이 산출되는 때에는 부과처분 전부를 취소할 것이 아니라 정당한 부과금액을 초과하는 부분만 취소하여야 하지만, 처분청이 처분 시를 기준으로 정당한 부과금액이 얼마인지 주장·증명하지 않고 있는 경우에도 법원이 적극적으로 직권증거조사를 하거나 처분청에게 증명을 촉구하는 등의 방법으로 정당한 부과금액을 산출할 의무까지 부담하는 것은 아니다(대판 2016. 7. 14, 2015두4167[기반시설부담금 부과처분 취소]).

> **판례 4** 마을버스 운수업자 갑이 유류사용량을 실제보다 부풀려 유가보조금을 과다 지급받은 데 대하여 관할 시장이 갑에게 부정수급기간 동안 지급된 유가보조금 전액을 회수하는 내용의 처분을 한 사안에서, 구 여객자동차 운수사업법 제51조 제3항에 따라 국토해양부장관 또는 시·도지사는 여객자동차 운수사업자가 '거짓이나 부정한 방법으로 지급받은 보조금'에 대하여 반환할 것을 명하여야 하고, '정상적으로 지급받은 보조금'까지 반환하도록 명한 부분은 위법하여 일부 취소하는 것이 타당하다. 위 환수처분은 국토해양부장관 또는 시·도지사가 지급받은 보조금을 반환할 것을 명하여야 하는 기속행위이다(대판 2013. 12. 12, 2011두3388).

② 여러 개의 운전면허를 가진 사람이 음주운전을 한 경우 취소되는 운전면허는 음주운전 당시 운전한 차량의 종류에 따라 그 범위가 달라진다(대판 2004. 12. 23, 2003두3017; 2004. 12. 24, 2004두10159).

> **판례** 한 사람이 취득한 여러 종류의 자동차운전면허는 가분성이 있으므로 한 사람이 여러 종류의 자동차운전면허를 취득하는 경우뿐 아니라 이를 취소 또는 정지함에 있어서도 서로 별개의 것으로 취급하는 것이 원칙이다. 제1종 보통, 대형 및 특수 면허를 가지고 있는 자가 레이카크레인을 음주운전한 행위는 제1종 특수면허의 취소사유에 해당될 뿐 제1종 보통 및 대형 면허의 취소사유는 아니므로, 3종의 면허를 모두 취소한 처분 중 제1종 보통 및 대형 면허에 대한 부분은 위법하므로 이를 이유로 분리하여 취소하면 될 것이며 제1종 특수면허부분은 재량권의 일탈·남용이 있는 경우에 한하여 취소될 수 있다(대판 전원합의체 1995. 11. 16, 95누8850). 〈해설〉 승용차를 음주운전한 경우에 제1종

보통면허와 함께 대형면허를 취소한 것은 적법하다. 왜냐하면 제 1 종 보통면허만 취소하면 대형면허로 승용차를 운전할 수 있으므로 음주운전에 대한 제재로서 운전면허를 취소한 효과가 없기 때문이다. 또한, 음주운전에 대한 면허취소처분은 음주운전을 막아 교통상 위해를 방지한다는 목적을 갖는 경찰조치의 성격도 가지므로 음주운전을 한 자가 보유하는 다른 운전면허도 취소할 필요가 있다. 판례도 이러한 입장을 취하고 있다(대판 1997. 3. 11, 96누15176).

③ 행정청이 여러 개의 위반행위에 대하여 하나의 제재처분을 하였으나, 위반행위별로 제재처분의 내용을 구분하는 것이 가능하고 여러 개의 위반행위 중 일부의 위반행위에 대한 제재처분 부분만이 위법하다면, 법원은 그 제재처분 중 위법성이 인정되는 부분만 취소하여야 하고 그 제재처분 전부를 취소하여서는 아니 된다(대판 2020. 5. 14, 2019두63515).

판례 [1] 여러 처분사유에 관하여 하나의 제재처분을 하였을 때 그중 일부가 인정되지 않는다고 하더라도 나머지 처분사유들만으로도 처분의 정당성이 인정되는 경우에는 그 처분을 위법하다고 보아 취소하여서는 아니 된다. [2] 행정청이 여러 개의 위반행위에 대하여 하나의 제재처분을 하였으나, 위반행위별로 제재처분의 내용을 구분하는 것이 가능하고 여러 개의 위반행위 중 일부의 위반행위에 대한 제재처분 부분만이 위법하다면, 법원은 제재처분 중 위법성이 인정되는 부분만 취소하여야 하고 제재처분 전부를 취소하여서는 아니 된다. [3] 1) 피고는, 폐기물처리업(종합재활용업)체인 원고에 대하여, 원고가 2018년 4월경부터 2018년 5월경까지 A 업체 등에 폐수처리오니로 생산한 '부숙토'를 판매하여 위 업체들로 하여금 그 부숙토로 '비탈면 녹화토'를 생산하게 함으로써 폐기물관리법 제13조 제 1 항, 제13조의2에서 정한 폐기물 재활용 기준을 위반하였다는 사유(= 제 1 처분사유)를 비롯하여 총 세 가지 처분사유로 폐기물관리법 제27조 제 2 항에 따라 3개월의 영업정지 처분을 하였다. 2) 원심은, 제 1 처분사유와 관련하여, 원고가 폐수처리오니를 이용하여 폐기물관리법령이 재활용 방법으로는 허용하는 '부숙토'를 생산하였을 뿐 그 부숙토를 폐기물관리법령이 허용하지 않는 방식으로 직접 사용한 것은 아니라는 이유만으로 폐기물관리법령에서 정한 폐기물 재활용 기준 위반에 해당하지 않는다고 보고, 피고는 제 1 처분사유를 제외하고 제 2 처분사유, 제 3 처분사유만 고려하여 제제의 유형과 수위를 다시 결정하여야 하며, 세 가지 처분사유가 모두 인정됨을 전제로 한 이 사건 처분은 그 전부가 재량권을 일탈·남용한 것으로서 위법하다고 판단하여 이 사건 처분 전부를 취소하였다. 3) 그러나 대법원은, 폐기물처리업자가 폐수처리오니에 생물학적 처리과정을 거쳐 일단 매립시설 복토재 또는 토양개량제로 사용할 수 있는 부숙토를 생산하였다고 하더라도 이를 다시 제 3 자에게 제공하여 그로 하여금 부숙토를 원료로 폐수처리오니의 재활용 용도로 허용되지 않은 생산 품목인 비탈면 녹화토를 최종적으로 생산하게 하였다면, 이것 역시 폐기물처리업자가 폐기물관리법령이 정한 재활용 기준을 위반한 것이라고 보아야 한다는 법리를 설시하고, 제 1 처분사유 중 A 업체 부분이 인정된다고 판단하였다. 또한 대법원은, 피고는 세 가지 처분사유에 관하여 각각 1개월의 영업정지를 결정한 다음 이를 합산하여 원고에 대하여 3개월의 영업정지를 명하는 이 사건 처분을 하였으므로, 설령 원심의 판단처럼 이 사건 처분 중 제 2 처분사유, 제 3 처분사유는 인정되는 반면 제 1 처분사유가 인정되지 않는다고 하더라도, 이 사건 처분 중 제 1 처분사유에 관한 1개월 영업정지 부분만 취소하여야 한다고 판단하였다(대판 2020. 5. 14, 2019두63515[영업정지처분취소]).

(2) 일부취소가 불가능한 경우

일부취소가 불가능한 경우에는 전부취소를 하여야 하는데, 그 예는 다음과 같다.

① 과징금 부과처분과 같이 **재량행위인 경우**에는 처분청의 재량권을 존중하여야 하고,

법원이 직접 처분을 하는 것은 인정되지 아니하므로 전부취소를 하여 처분청이 재량권을 행사하여 다시 적정한 처분을 하도록 하여야 한다. 재량행위의 일부취소(영업정지 6개월 중 영업 정지 3개월을 취소하는 것)는 행정청의 재량권에 속하는 것이므로 인정될 수 없다.

판례1 영업정지처분이 적정한 영업정지기간을 초과하여서 위법한 경우 그 초과부분만을 취소할 수 있는지 여부(소극): 행정청이 영업정지 처분을 함에 있어서 그 정지기간을 어느 정도로 할 것인지는 행정청의 재량권에 속하는 사항인 것이며, 다만 그것이 공익의 원칙이나 평등의 원칙 또는 비례의 원칙 등에 위반하여 재량권의 한계를 벗어난 재량권 남용에 해당하는 경우에만 위법한 처분으로서 사법심사의 대상이 되는 것이나, 법원으로서는 영업정지처분이 재량권 남용이라고 판단될 때에는 위법한 처분으로서 그 처분의 취소를 명할 수 있을 뿐이고, 재량권의 한계 내에서 어느 정도가 적정한 영업정지기간인지를 가리는 일은 사법심사의 범위를 벗어난다(대판 1982. 9. 28, 82누2).

판례2 자동차운수사업면허조건 등을 위반한 사업자에 대하여 행정청이 행정제재수단으로 사업정지를 명할 것인지, 과징금을 부과할 것인지, 과징금을 부과키로 한다면 그 금액은 얼마로 할 것인지에 관하여 재량권이 부여되었다 할 것이므로 과징금부과처분이 법이 정한 한도액을 초과하여 위법할 경우 법원으로서는 그 전부를 취소할 수밖에 없고, 그 한도액을 초과한 부분이나 법원이 적정하다고 인정되는 부분을 초과한 부분만을 취소할 수 없다(대판 1998. 4. 10, 98두2270[과징금부과처분취소]: 금 1,000,000원을 부과한 당해 처분 중 금 100,000원을 초과하는 부분은 재량권 일탈·남용으로 위법하다며 그 일부분만을 취소한 원심판결을 파기한 사례).

판례3 재량권을 일탈한 과징금 납부명령에 대하여 법원이 적정한 처분의 정도를 판단하여 그 초과되는 부분만 취소할 수 있는지 여부(소극): 처분을 할 것인지 여부와 처분의 정도에 관하여 재량이 인정되는 과징금 납부명령에 대하여 그 명령이 재량권을 일탈하였을 경우, 법원으로서는 재량권의 일탈 여부만 판단할 수 있을 뿐이지 재량권의 범위 내에서 어느 정도가 적정한 것인지에 관하여는 판단할 수 없어 그 전부를 취소할 수밖에 없고, 법원이 적정하다고 인정하는 부분을 초과한 부분만 취소할 수는 없다(대판 2009. 6. 23, 2007두18062[시정명령등취소]).

그러나, 공정거래위원회가 위반행위에 대한 과징금을 부과하면서 여러 개의 위반행위에 대하여 외형상 하나의 과징금 납부명령을 하였으나 여러 개의 위반행위 중 일부의 위반행위에 대한 과징금 부과만이 위법하고 소송상 그 일부의 위반행위를 기초로 한 과징금액을 산정할 수 있는 자료가 있는 경우에는, 하나의 과징금 납부명령일지라도 그 일부의 위반행위에 대한 과징금액에 해당하는 부분만을 취소하여야 한다(대판 2019. 1. 31, 2013두14726).

② 금전부과처분에서 당사자가 제출한 자료에 의해 적법하게 부과될 부과금액을 산출할 수 없는 경우에는 동 금전부과처분이 기속행위일지라도 법원이 처분청의 역할을 할 수는 없으므로 금전부과처분의 일부취소가 인정되지 않는다.

판례1 개발부담금부과처분 취소소송에 있어 당사자가 제출한 자료에 의하여 적법하게 부과될 정당한 부과금액을 산출할 수 없을 경우에는 부과처분 전부를 취소할 수밖에 없다(대판 2004. 7. 22, 2002두868[개발부담금부과처분취소]).

판례2 수 개의 위반행위에 대하여 하나의 과징금납부명령을 하였으나 수 개의 위반행위 중 일부의 위반행위만이 위법하지만, 소송상 그 일부의 위반행위를 기초로 한 과징금액을 산정할 수 있는 자료가 없는 경우에는 하나의 과징금납부명령 전부를 취소할 수밖에 없다(대판 2004. 10. 14, 2001두2881[시정명령취소]).

판례3 당사자가 사실심 변론종결 시까지 객관적인 과세표준과 세액을 뒷받침하는 주장과 자료를 제출하지 아니하여 적법하게 부과될 정당한 세액을 산출할 수 없는 경우에는 과세처분 전부를 취소할 수밖에 없고, 그 경우 법원이 직권에 의하여 적극적으로 납세의무자에게 귀속될 세액을 찾아내어 부과될 정당한 세액을 계산할 의무까지 지는 것은 아니다(대판 2020. 6. 25, 2017두72935; 대판 2020. 8. 20, 2017두44084).

5. 일부취소의무

일부취소가 가능한 경우에는 원칙상 전부취소를 하여서는 안 되며 일부취소를 하여야 한다.

판례1 여러 개의 상이에 대한 국가유공자요건비해당처분에 대한 취소소송에서 그중 일부 상이가 국가유공자요건이 인정되는 상이에 해당하고 나머지 상이는 해당하지 않는 경우, 비해당처분 전부를 취소해야 하는지 여부(소극): 국가유공자 등 예우 및 지원에 관한 법률 제 4 조 제 1 항 제 6 호 등 관련 법령의 내용, 형식 및 입법취지를 비롯하여 국가유공자등록신청 당시 신청인이 여러 개의 상이를 주장함으로써 국가유공자요건의 관련 사실을 확인하는 과정에서 여러 개의 상이가 문제 되는 경우 각각의 상이 별로 국가유공자요건에 해당하는지 여부에 대한 심사가 이루어지는 점, 이에 따라 법의 적용대상자로 될 상이를 입은 것이 아닌 사람 또는 국가유공자요건이 인정되지 않은 상이에 대하여는 상이등급의 판정을 위한 신체검사를 실시하지 아니하는 점, 나아가 여러 개의 상이를 주장하면서 국가유공자등록신청을 한 신청인의 의사는 단지 국가유공자로 등록되는 데 그치는 것이 아니라 교육훈련 또는 직무수행 중 입은 각각의 상이의 정도와 그 상이등급에 상응하는 국가유공자로 등록해 줄 것을 구하는 것이라고 봄이 타당한 점, 외형상 하나의 행정처분이라 하더라도 가분성이 있거나 그 처분대상의 일부가 특정될 수 있다면 그 일부만의 취소도 가능하고 그 일부의 취소는 당해 취소부분에 관하여 효력이 생긴다고 할 것인 점 등을 종합하면, 여러 개의 상이에 대한 국가유공자요건비해당처분에 대한 취소소송에서 그중 일부 상이가 국가유공자요건이 인정되는 상이에 해당하더라도 나머지 상이에 대하여 위 요건(국가유공자요건)이 인정되지 아니하는 경우에는 국가유공자요건비해당처분 중 위 요건이 인정되는 상이에 대한 부분만을 취소하여야 할 것이고, 그 비해당처분 전부를 취소할 수는 없다고 할 것이다(대판 2012. 3. 29, 2011두9263[국가유공자요건비해당처분취소]).

판례2 전술 대판 2020. 5. 14, 2019두63515 동지 판결: ① 폐기물처리업 변경허가를 받지 아니하고 폐기물 보관시설을 증설하여 구 폐기물관리법 제25조 제11항, 구 폐기물관리법 시행규칙(2019. 12. 31. 환경부령 제843호로 개정되기 전의 것, 이하 '구 폐기물관리법 시행규칙'이라 한다) 제29조 제1항 제3호 (아)목을 위반하였다는 이유로 구 폐기물관리법 제27조 제 2 항 제10호에 따라 영업정지 1개월의 처분을 하고, ② 구 비료관리법(2020. 2. 11. 법률 제16980호로 개정되기 전의 것, 이하 '구 비료관리법'이라 한다) 제11조 제 1 항에 따라 비료생산업 등록을 하지 아니한 채 2019. 1.경부터 2019. 12.경까지 음식물류 폐기물 처리 잔재물을 비료로 재활용하기 위한 시험 · 연구를 진행하면서 그 결과물을 농가에 비료 용도로 무상공급하여 구 폐기물관리법 제13조의2 제 1 항 제 5 호, 구 폐기물관리법 시행규칙 제14조의3 제 1 항[별표 5의3] 제 1 호 (라)목을 위반하였다는 이유로 구 폐기물관리법 제27조 제 2 항 제 2 호에 따라 영업정지 1개월의 처분을 하고, ③ 폐기물분석전문기관의 사전 분석 · 확인을 받지 않고 액상 음식물류 폐기물 처리 잔재물을 비료로 재활용하여 구 폐기물관리법 제25조 제 9 항 제 4 호,

구 폐기물관리법 시행규칙 제32조[별표 8] 제 4 호 (거)목, [별표 4의3] 비고 제 3 항을 위반하였다는 이유로 구 폐기물관리법 제27조 제 2 항 제 8 호에 따라 영업정지 1개월의 처분을 하면서(이하 위 순번에 따라 '이 사건 제1, 2, 3 영업정지 처분'이라 한다), 위 처분 내용을 합산하여 하나의 처분서로 영업정지 3개월의 처분을 하였다. 따라서, 그중 이 사건 제2 영업정지처분 부분을 따로 구분할 수 있으므로, 원심판결 중 이 사건 제2 영업정지처분 부분만 파기함이 타당하다(대법원 2020. 5. 14. 선고 2019두 63515 판결등 참조)(대판 2022. 1. 14, 2021두37373[영업정지3개월및경고처분취소청구의소]).

`판례3` (1) 하천관리청이 하천점용허가를 받지 않고 무단으로 하천을 점용·사용한 자에 대하여 변상금을 부과하면서 여러 필지 토지에 대하여 외형상 하나의 변상금부과처분을 하였으나, 여러 필지 토지 중 일부에 대한 변상금 부과만이 위법한 경우에는 변상금부과처분 중 위법한 토지에 대한 부분만을 취소하여야 하고, 그 부과처분 전부를 취소할 수는 없다(대판 2012. 3. 29, 2011두9263; 대판 2019. 1. 31, 2013두14726 등 참조)(대판 2024. 7. 25, 2024두38025[원상회복명령 및 변상금부과처분의 취소]).

Ⅳ. 사정판결 [2009 행시(재경 등) 사례]

1. 의   의

사정판결(事情判決)이라 함은 취소소송에 있어서 본안심리 결과, 원고의 청구가 이유 있다고 인정하는 경우(처분이 위법한 것으로 인정되는 경우)에도 공공복리를 위하여 원고의 청구를 기각하는 판결을 말한다.

행정소송법 제28조 제 1 항
① 원고의 청구가 이유 있다고 인정되는 경우에도 그 처분이나 재결을 취소·변경하는 것이 현저히 공공복리에 적합하지 아니하다고 인정하는 때에는 법원은 원고의 청구를 기각할 수 있다. 이 경우 법원은 그 판결의 주문에서 그 처분 등이 위법함을 명시하여야 한다.

---

2. 사정판결의 요건

① 처분이 위법하여야 한다.
② 처분을 취소하는 것이 현저히 공공복리에 적합하지 아니하다고 인정되어야 한다. 이 요건의 인정은 위법한 처분을 취소하여 개인의 권익을 구제할 필요와 그 취소로 인하여 발생할 수 있는 공공복리에 대한 현저한 침해를 비교형량하여 결정하여야 한다.

공공복리라는 개념은 매우 모호한 개념인데, 공익과 같은 의미로 해석할 수 있을 것이다. 사정판결은 극히 예외적으로 위법한 처분을 취소하지 않는 제도이므로 사정판결의 적용은 극히 엄격한 요건아래 제한적으로 하여야 한다(대판 1995. 6. 13, 94누4660[환지청산금부과처분취소]).

> **판례1**   기반시설부담계획의 부분적 위법사유를 이유로 그 전부를 취소하는 것은 현저히 공공복리에 적합하지 아니하여 사정판결을 할 사유가 있다고 볼 여지가 있다고 한 사례(대판 2016. 7. 14, 2015두4167[기반시설부담금 부과처분 취소]).
>
> **판례2**   국립공주대학교 학칙 제122조 제 3 항은 학칙을 개정하고자 할 때에는 그 내용과 사유를 20일 이상 예고하여 구성원의 의견을 청취하도록 규정하고 있음에도, 피고는 정당한 사유 없이 위 예고절차를 거치지 않은 채 2007. 10. 16. 국립공주대학교 학칙의 [별표 2] 모집단위별 입학정원을 원심판결 별지 도표와 같이 개정하였으므로 피고의 위 학칙개정행위는 위법하다고 판단한 후, 나아가 국립공주대학교는 위 개정학칙에 근거하여 이미 2008학년도 수시 2차와 정시 모집을 완료함으로써 다수의 구성원들이 새로운 이해관계를 맺게되어 위 학칙개정행위가 취소될 경우 공주대학교의 장래 학사 운영에 큰 혼란이 야기될 것으로 예상되는 등 위 학칙개정행위를 취소하는 경우 공공복리에 현저히 적합하지 아니한 결과를 초래한다는 이유로 원고들의 청구를 기각하는 사정판결을 한 원심을 인정한 사례(대판 2009. 1. 30, 2008두19550, 2008두19567(병합)[학칙개정처분취소·학칙개정처분]).
>
> **판례3**   관리처분계획의 수정을 위한 조합원총회의 재결의를 위하여 시간과 비용이 많이 소요된다는 등의 사정만으로는 재결의를 거치지 않음으로써 위법한 관리처분계획을 취소하는 것이 현저히 공공복리에 적합하지 아니하다고 볼 수 없다는 이유로 사정판결의 필요성을 부정하였다(대결 2001. 10. 12, 2000두4279[관리처분계획취소]).

③ 사정판결의 경우 처분 등의 위법성은 처분시를 기준으로 판단하고, 처분등을 취소하는 것이 현저히 공공복리에 적합하지 아니한지 여부는 사실심 변론을 종결할 때를 기준으로 판단한다(행정소송규칙 제14조).

3. 사정판결의 절차 등

법원이 사정판결을 함에 있어서는 미리 원고가 그로 인하여 입게 될 손해의 정도와 배상방법 그 밖의 사정을 조사하여야 한다(행정소송법 제28조 제 2 항).

판례는 당사자의 주장이 없더라도 직권으로 사정판결을 할 수 있다고 보고 있다(대판 1992. 2. 14, 90누9032[환지예정지지정처분취소 등]). 물론 사정판결은 피고인 행정청의 청구에 의해 행해질 수도 있다.

사정판결을 하는 경우 법원은 그 판결의 주문에서 그 처분 등이 위법함을 명시하여야 한다.

> **판례**   사정판결의 요건을 갖추었다고 판단되는 경우, 법원이 취할 조치: 사정판결은 처분이 위법하나 공익상 필요 등을 고려하여 취소하지 아니하는 것일 뿐 처분이 적법하다고 인정하는 것은 아니므로, 사정판결의 요건을 갖추었다고 판단되는 경우 법원으로서는 행정소송법 제28조 제 2 항에 따라 원고가 입게 될 손해의 정도와 배상방법, 그 밖의 사정에 관하여 심리하여야 하고, 이 경우 원고는 행정소송법 제28조 제 3 항에 따라 손해배상, 제해시설의 설치 그 밖에 적당한 구제방법의 청구를 병합하여 제기할 수 있으므로, 당사자가 이를 간과하였음이 분명하다면 적절하게 석명권을 행사하여 그에 관한 의견을 진술할 수 있는 기회를 주어야 한다(대판 2016. 7. 14, 2015두4167[기반시설부담금 부과처분 취소]).

4. 효   과

사정판결은 원고의 청구를 기각하는 판결이므로 취소소송의 대상인 처분 등은 당해 처분이 위법함에도 그 효력이 유지된다.

사정판결이 있는 경우 원고의 청구가 이유 있음에도 불구하고 원고가 패소한 것이므로 소송비용은 승소자인 피고가 부담한다.

5. 원고의 권익구제

사정판결로 해당 처분 등이 적법하게 되는 것은 아니므로 원고가 당해 처분 등으로 손해를 입은 경우 손해배상청구를 할 수 있다.

원고는 피고인 행정청이 속하는 국가 또는 공공단체를 상대로 손해배상, 제해시설(除害施設)의 설치, 그 밖에 적당한 구제방법의 청구를 당해 취소소송 등이 계속된 법원에 병합하여 제기할 수 있다(행정소송법 제28조 제3항).

6. 적용범위

행정소송법상 사정판결은 취소소송에서만 인정되고, 무효등확인소송과 부작위위법확인소송에는 준용되고 있지 않다(제38조). 사정판결이 무효등확인소송에도 인정될 수 있는지에 관하여 견해가 대립하고 있다.

(1) 부 정 설

취소소송에는 사정판결을 인정하는 것으로 규정되어 있는 반면에 무효등확인소송에 사정판결을 준용하는 규정이 없고, 무효의 경우에는 애초부터 효력이 없는 것이므로 무효등확인소송에서는 사정판결을 인정하지 않는 것이 다수견해이다.

(2) 긍 정 설

처분의 무효와 취소의 구별이 상대적이고, 무효인 처분에도 공익상 기성사실을 존중할 필요가 있는 경우가 있으므로 무효확인소송에서도 사정판결을 인정하여야 한다고 한다.

(3) 판   례

판례는 부정설을 취하고 있다.

> **판례** 당연무효의 행정처분을 소송목적물로 하는 행정소송에서는 존치시킬 효력이 있는 행정행위가 없기 때문에 행정소송법 제28조 소정의 사정판결을 할 수 없다(대판 1996. 3. 22, 95누5509[토지수용재결처분취소등]).

제 4 항   부작위위법확인소송의 판결의 종류

Ⅰ. 각하판결

부작위위법확인소송의 소송요건을 결여한 부적법한 소에 대하여는 본안심리를 거절하는 각하판결을 내린다. 부작위 자체가 성립하지 않는 경우(신청권이 없는 경우(이견 있음), 거부처분이 행해졌음에도 부작위로 알고 소송을 제기한 경우) 및 부작위가 성립하였으나 소송계속중 처분이 내려져 소의 이익이 상실된 경우 각하판결을 내린다.

부작위위법확인소송 계속 중 행정청이 당사자의 신청에 대하여 상당한 기간이 지난 후 처분등을 한 경우 법원은 각하판결을 하면서 소송비용의 전부 또는 일부를 피고가 부담하게 할 수 있다(행정소송규칙 제17조).

Ⅱ. 기각판결

본안심리의 결과 원고의 부작위위법확인청구가 이유 없다고 판단되는 경우 기각판결을 내린다.

부작위가 존재하는 경우 통상 그 부작위는 위법하므로 인용판결을 한다. 부작위는 그 자체로서 위법하다고 한 판례가 있다(대판 2005. 4. 14, 2003두7590). 그러나, 부작위가 존재하는 경우에도 그 부작위가 정당한(적법한) 경우가 예외적으로 있을 수 있다. 즉, 신청요건이 충족되지 않은 경우 행정청은 행정절차법에 따라 보완을 명하여야 하고 보완을 하지 않는 경우 반려처분(거부처분)을 할 수 있지만, 신청요건의 결여가 중대하여 처분을 할 수 없을 정도인 경우에 행정청의 부작위는 정당(적법)하다고 보고 기각판결을 하여야 한다. 기각판결을 받은 원고는 신청서류를 보완하여 다시 신청을 할 수 있다. 만일 신청요건의 결여가 중대하여 처분을 할 수 없을 정도인 경우에도 부작위가 위법하다고 보고 인용판결을 하면 행정청은 거부처분을 할 수밖에 없고 국민의 권익이 구제되지도 않을뿐더러 무용하게 절차를 반복하게 하는 결과가 된다. 또한, 적법한 신청이라 하더라도 화재 등 재해로 신청서류가 없어진 경우에 그 부작위는 정당(적법)하다고 할 수밖에 없다.

신청권을 소송요건의 문제가 아니라 본안의 문제로 보는 견해에 의하면 신청권이 존재하지 않는 경우 기각판결을 하여야 한다.

실체적 심리설에 따르는 경우 실체법상 신청에 따른 처분을 해 주어야 하는 경우 인용판결을 하고 신청에 따른 처분을 해 줄 의무가 없는 경우 기각판결을 한다.

Ⅲ. 인용판결

본안심리의 결과 원고의 부작위위법확인청구가 이유 있다고 인정하는 경우 인용판결(부작위위법확인판결)을 내린다. 절차적 심리설에 의하면 부작위 상태가 계속되는 경우에, 실체적 심리설에 의하면 신청에 따른 처분의무가 있는 경우에 부작위위법확인판결을 내린다.

제 5 항 무효등확인소송의 판결의 종류

Ⅰ. 각하판결

무효등확인소송이 소송요건을 결여한 경우에는 본안심리를 거절하는 각하판결을 내린다.

Ⅱ. 기각판결

본안심리의 결과 원고의 무효등확인청구가 이유 없다고 판단되는 경우 기각판결을 내린다. 기각판결은 다음과 같은 경우에 내린다.
① 계쟁처분이 적법하거나 위법하지 아니하고 단순한 부당에 그친 경우
② 계쟁처분이 위법하지만 당해 위법이 중대하거나 명백하지 않은 경우
다만, 계쟁처분의 위법이 취소사유에 불과하나 당해 무효확인소송이 취소소송의 요건을 충족하고 있는 경우에 법원은 석명권을 행사하여 원고의 의사를 명확히 하여 원고가 취소청구를 의욕하는 경우에는 무효확인소송을 취소소송으로 정정한 후 취소판결을 하여야 할 것이고, 만일 원고가 무효확인청구를 고집하는 경우에는 기각판결을 하여야 한다(이견 있음, 소송의 종류 참조).
행정소송법은 취소소송에서의 사정판결에 관한 규정을 무효등확인소송에 준용하고 있지 않다. 그런데, 학설상 무효등확인소송에서도 사정판결이 인정될 수 있는지에 관하여 전술한 바와 같이 견해가 대립되고 있다.

Ⅲ. 인용판결

본안심리의 결과 원고의 무효등확인청구가 이유 있다고 인정하는 경우(무효인 경우) 인용판결(무효등확인판결)을 내린다.

제 6 항   공법상 당사자소송의 판결의 종류

Ⅰ. 각하판결

당사자소송이 소송요건을 결여한 경우에는 본안심리를 거절하는 각하판결을 내린다.

Ⅱ. 기각판결

본안심리의 결과 원고의 청구가 이유 없다고 판단되는 경우 기각판결을 내린다.

Ⅲ. 인용판결

본안심리의 결과 원고의 청구가 이유 있다고 인정하는 경우 인용판결을 내리는데, 당사자소송의 소의 종류에 따라 확인판결을 내리기도 하고($^{공무원지위를}_{확인하는 판결}$) 이행판결을 내리기도 한다($^{공법상 금전급부의무의}_{이행을 명하는 판결}$).

제 7 항   항고소송에서의 위법판단의 기준시 [2020 변시]

처분은 그 당시의 사실상태 및 법률상태를 기초로 하여 행해지게 된다. 그런데, 처분 후 사실상태 또는 법률상태가 변경되는 경우가 있다. 이 경우에 있어서 법원이 본안심리의 결과 처분의 위법 여부를 판단함에 있어서 어느 시점의 법률상태 및 사실상태를 기준으로 하여야 할 것인가 하는 문제가 제기되는데, 이에 관하여 취소소송의 본질을 무엇으로 볼 것인가에 따라 처분시설과 판결시설이 대립하고 있다.

Ⅰ. 처분시설

처분시설(處分時說)이라 함은 처분의 위법 여부의 판단은 처분시의 사실 및 법률상태를 기준으로 하여 행하여야 한다는 견해를 말한다. 이 설이 통설이다.

처분시설의 주요 논거는 다음과 같다. 취소소송에 있어서 법원의 역할은 처분의 사후심사이며, 법원이 처분 후의 사정에 근거하여 처분의 적법 여부를 판단하는 것(판결시설)은 행정청의 제 1 차적 판단권을 침해하는 것이 되고 법원이 감독행정청의 역할을 하는 것이 되어 타당하지 않다고 본다.

Ⅱ. 판결시설

판결시설(判決時說)이라 함은 처분의 위법 여부의 판단은 판결시(구두변론종결시)의 사실 및 법률상태를 기준으로 행하여야 한다는 견해이다.

판결시설의 주요 논거는 다음과 같다. 취소소송의 본질은 처분으로 인하여 형성된 위법상태를 배제하는 데 있으므로 원칙적으로 판결시의 법 및 사실상태를 기준으로 판결하여야 한다고 본다.

Ⅲ. 절 충 설

절충설은 원칙상 처분시설이 타당하다고 하면서도 예외적으로 계속적 효력을 가진 처분(물건의 압수처분, 통행금지구역의 설정)이나 미집행의 처분(집행되지 않은 철거명령)에 대한 소송에 있어서는 판결시설을 취하는 것이 타당한 경우가 있다고 본다(박윤흔, 1013면; 김남진, 705면). 이에 추가하여 거부처분취소소송의 경우에도 실질적으로 의무이행소송과 유사한 성격을 갖는다는 점에서 위법판단시점을 판결시로 보는 것이 타당하다는 견해가 있다(정하중).

Ⅳ. 판 례

판례는 처분시설을 취하고 있다(대판 1996. 12. 20, 96누9799; 2005. 4. 15, 2004두10883).

즉, 행정처분의 위법 여부는 행정처분이 있을 때의 법령과 사실 상태를 기준으로 판단하여야 한다.

> **판례1** 공정거래위원회가 과징금 산정 시 위반 횟수 가중의 근거로 삼은 위반행위에 대한 시정조치가 그 후 '위반행위 자체가 존재하지 않는다는 이유로 취소판결이 확정된 경우'(구 과징금부과 세부기준 등에 관한 고시(2014. 5. 30. 공정거래위원회 고시 제2014-7호로 개정되기 전의 것, 이하 '구 과징금 고시'라 한다) Ⅳ. 2. 나. (2)항은 과거 시정조치의 횟수 산정 시 시정조치의 무효 또는 취소판결이 확정된 건을 제외하도록 규정하고 있고, 행정청으로부터 행정처분을 받았으나 나중에 그 행정처분이 행정쟁송절차에서 취소되었다면, 그 행정처분은 처분 시에 소급하여 효력을 잃게 되고, 위반 횟수 가중에 잘못이 있으므로) 과징금 부과처분의 상대방은 결과적으로 처분 당시 객관적으로 존재하지 않는 위반행위로 과징금이 가중되므로, 그 처분은 비례·평등원칙 및 책임주의 원칙에 위배될 여지가 있다. 다만 공정거래위원회는 독점규제 및 공정거래에 관한 법령상의 과징금 상한의 범위 내에서 과징금 부과 여부 및 과징금 액수를 정할 재량을 가지고 있다. 또한 재량준칙인 '구 과징금 고시' Ⅳ. 2. 나. (1)항은 위반 횟수와 벌점 누산점수에 따른 과징금 가중비율의 상한만을 규정하고 있다. 따라서 법 위반행위 자체가 존재하지 않아 위반행위에 대한 시정조치에 대하여 취소판결이 확정된 경우에 위반 횟수 가중을 위한 횟수 산정에서 제외하더라도, 그 사유가 과징금 부과처분에 영향을 미치지 아니하여 처분의 정당성이 인정되는 경우에는 그 처분을 위법하다고 할 수 없다(대판 2019. 7. 25, 2017두55077).
>
> **판례2** 공사중지명령 이후에 발생한 사실상태를 이유로 공사중지명령이 재량권을 일탈·남용한 것이

라고 본 원심을, 공사중지명령 이후에 발생한 사실상태를 이유로 공사중지명령의 해제 요구 및 그 요구에 대한 거부처분에 대하여 취소청구를 할 수 있음은 별론으로 하고, 적법하였던 공사중지명령이 위법하게 되는 것은 아니라고 하여 파기한 사례(대판 2007. 5. 11, 2007두1811[공사중지명령처분취소]).

판례3   행정소송에서 행정처분의 위법 여부는 행정처분이 행하여졌을 때의 법령과 사실상태를 기준으로 하여 판단하여야 하고, 처분 후 법령의 개폐나 사실상태의 변동에 의하여 영향을 받지는 않으므로, 난민 인정 거부처분의 취소를 구하는 취소소송에서도 그 거부처분을 한 후 국적국의 정치적 상황이 변화하였다고 하여 처분의 적법 여부가 달라지는 것은 아니다(대판 2008. 7. 24, 2007두3930[난민인정불허가결정취소]).

판례4   행정청이 수익적 행정행위를 하면서 협약의 형식으로 부담을 부가하였는데 부담의 전제가 된 주된 행정처분의 근거법령이 개정되어 부관을 붙일 수 없게 된 경우 협약의 효력이 소멸하는지 여부(소극): 행정청이 재량행위인 수익적 행정처분을 하면서 처분의 상대방에게 일정한 의무를 부과하는 부담을 부가하였다면 이러한 부담은 독립하여 행정소송의 대상이 되는 행정처분이 된다 할 것인데, 행정처분의 위법 여부는 행정처분이 있을 때의 법령과 사실상태를 기준으로 하여 판단하여야 하고, 처분 후 법령의 개폐나 사실상태의 변동에 의하여 영향을 받지 않으므로, 행정청이 수익적 행정처분을 하면서 부가한 부담 역시 처분 당시 법령을 기준으로 위법 여부를 판단하여야 하고, 부담이 처분 당시 법령을 기준으로 적법하다면 처분 후 부담의 전제가 된 주된 행정처분의 근거법령이 개정됨으로써 행정청이 더 이상 부관을 붙일 수 없게 되었다 하더라도 곧바로 위법하게 되거나 그 효력이 소멸하게 되는 것은 아니다(대판 2009. 2. 12, 2005다65500).

판례5   공정거래위원회의 시정명령 및 과징금 납부명령이 재량권 일탈·남용으로 위법한지 판단하는 기준시점: 행정소송에서 행정처분의 위법 여부는 행정처분이 행하여졌을 때의 법령과 사실상태를 기준으로 하여 판단해야 하고, 이는 독점규제 및 공정거래에 관한 법률에 기한 공정거래위원회의 시정명령 및 과징금 납부명령(이하 '과징금 납부명령 등'이라 한다)에서도 마찬가지이다. 따라서 공정거래위원회의 과징금 납부명령 등이 재량권 일탈·남용으로 위법한지는 다른 특별한 사정이 없는 한 과징금 납부명령 등이 행하여진 '의결일' 당시의 사실상태를 기준으로 판단하여야 한다(대판 2015. 5. 28, 2015두36256).

판례6   교원소청심사위원회가 한 결정의 취소를 구하는 소송에서 결정의 적부를 판단하는 기준 시점(=결정시) 및 판단대상: 교원소청심사위원회가 한 결정의 취소를 구하는 소송에서 그 결정의 적부는 결정이 이루어진 시점을 기준으로 판단하여야 하지만, 그렇다고 하여 소청심사 단계에서 이미 주장된 사유만을 행정소송의 판단대상으로 삼을 것은 아니다. 따라서 소청심사 결정 후에 생긴 사유가 아닌 이상 소청심사 단계에서 주장하지 아니한 사유도 행정소송에서 주장할 수 있고, 법원도 이에 대하여 심리·판단할 수 있다(대판 2018. 7. 12, 2017두65821).

이와 같이 행정처분의 위법 여부는 처분시의 법령 및 사실상태를 기준으로 판단하지만, 처분시의 법령 및 사실상태 그리고 사실상태에 대한 법령의 적용에 관한 판단자료는 판결시를 기준으로 한다. 즉, 법원은 행정처분 당시 행정청이 알고 있었던 자료뿐만 아니라 사실심 변론종결 당시까지 제출된 모든 자료를 종합하여 처분 당시 존재하였던 객관적 사실을 확정하고 그 사실에 기초하여 처분의 위법 여부를 판단할 수 있다(대판 2019. 7. 25, 2017두55077).

판례   항고소송에서 행정처분의 위법 여부는 행정처분이 있을 때의 법령과 사실 상태를 기준으로 판단하여야 하고, 법원은 행정처분 당시 행정청이 알고 있었던 자료뿐만 아니라 사실심 변론종결 당시까지 제출된 모든 자료를 종합하여 처분 당시 존재하였던 객관적 사실을 확정하고 그 사실에 기초하여 처분의 위법 여부를 판단할 수 있다(대판 전원합의체 2024. 7. 18, 2022두43528).

　　　특히 사실관계(안전, 위험, 인과관계 등 포함)의 판단은 판결시의 과학기술 등 증거자료에 의한다. 법령의 해석도 처분시의 법령해석에 구속되지 않고 언제든 자유롭게 할 수 있다. 예를 들면, 산업재해로 인한 사망자의 유족에 대한 '유족급여및장의비부지급처분'에 대한 취소소송에서 업무와 사망 사이의 상당인과관계의 인정에 있어서 처분시의 고시('개정 전 고시')는 행정규칙으로 대외적 구속력이 없으므로(법령이 아니므로) 처분시의 '개정 전 고시'를 적용할 의무는 없고, 해당 불승인처분이 있은 후 '개정된 고시'(「뇌혈관 질병 또는 심장 질병 및 근골격계 질병의 업무상 질병 인정 여부 결정에 필요한 사항」(2017. 12. 29. 고용노동부 고시 제2017-117호))의 규정 내용과 개정 취지를 참작하여 상당인과관계의 존부를 판단할 수 있다고 한 대법원 판례(대판 2020. 12. 24, 2020두39297)가 있다.

판례1   항고소송에서 처분의 위법 여부는 특별한 사정이 없는 한 그 처분 당시의 법령을 기준으로 판단하여야 한다. 이는 신청에 따른 처분의 경우에도 마찬가지이다(대판 2020. 1. 16, 2019다264700 등 참조). 그러나 「뇌혈관 질병 또는 심장 질병 및 근골격계 질병의 업무상 질병 인정 여부 결정에 필요한 사항」(2013. 6. 28. 고용노동부 고시 제2013-32호, 이하 '개정 전 고시'라고 한다)은 대외적으로 국민과 법원을 구속하는 효력은 없으므로, 근로복지공단이 처분 당시에 시행된 '개정 전 고시'를 적용하여 산재요양 불승인처분을 한 경우라고 하더라도 해당 불승인처분에 대한 항고소송에서 법원은 '개정 전 고시'를 적용할 의무는 없고, 해당 불승인처분이 있은 후 개정된 「뇌혈관 질병 또는 심장 질병 및 근골격계 질병의 업무상 질병 인정 여부 결정에 필요한 사항」(2017. 12. 29. 고용노동부 고시 제2017-117호, 이하 '개정된 고시'라고 한다)의 규정 내용과 개정 취지를 참작하여 상당인과관계의 존부를 판단할 수 있다. 그 구체적인 이유는 다음과 같다. 1) 산업재해보상보험법 제37조 제 1 항 제2호, 제 5 항, 같은 법 시행령 제34조 제 3 항 [별표 3]의 규정 내용과 형식, 입법 취지를 종합하면, 같은 법 시행령 [별표 3] '업무상 질병에 대한 구체적인 인정 기준'은 같은 법 제37조 제 1 항 제 2 호에서 규정하고 있는 '업무상 질병'에 해당하는 경우를 예시적으로 규정한 것이라고 보아야 하고, 그 기준에서 정한 것 외에 업무와 관련하여 발생한 질병을 모두 업무상 질병에서 배제하는 규정으로 볼 수는 없다(대판 2014. 6. 12, 2012두24214 참조). 2) 산업재해보상보험법 시행령 [별표 3] '업무상 질병에 대한 구체적인 인정 기준'은 '뇌혈관 질병 또는 심장 질병', '근골격계 질병'의 업무상 질병 인정 여부 결정에 필요한 사항은 고용노동부장관이 정하여 고시하도록 위임하고 있다[제 1 호 (다)목, 제 2 호 (마)목]. 위임근거인 산업재해보상보험법 시행령 [별표 3] '업무상 질병에 대한 구체적인 인정 기준'이 예시적 규정에 불과한 이상, 그 위임에 따른 고용노동부 고시가 대외적으로 국민과 법원을 구속하는 효력이 있는 규범이라고 볼 수는 없고, 상급행정기관이자 감독기관인 고용노동부장관이 그 지도·감독 아래 있는 근로복지공단에 대하여 행정내부적으로 업무처리지침이나 법령의 해석·적용 기준을 정해주는 '행정규칙'이라고 보아야 한다. 3) 개정 전 고시에 의하더라도, '만성적인 과중한 업무'에 해당하는지 여부는 업무의 양·시간·강도·책임, 휴일·휴가 등 휴무시간, 교대제 및 야간근로 등 근무형태, 정신적 긴장의 정도, 수면시간, 작업 환경, 그 밖에 그 근로자의 연령, 성별, 건강상태 등을 종합하여 판단하여야 하며[I. 1. (다)목 후단], 업무시간은 업무상 과로 여부를 판단하는 데에서 하나의 고려요소일 뿐, 절대적인 판단 기준은 될 수 없다. 4) 개정된 고시는, 개정 전 고시의 규정 내용이 지나치게 엄격하였다는 반성적 고려에서, 재해자의 기초질환을 업무관련성 판단의 고려사항으로 보지 않도록 종전에 규정되어 있던 '건강상태'를 삭제하였을 뿐 아니라[I. 1. (다)목 후단], 발병 전 12주 동안 1주 평균 업무시간이 52시간을 초과하는 경우에는 업무시간이 길어질수록 업무와 질병의 관련성이 증가하는 것으로 평가하고, 특히 근로일정 예측이 어려운 업무, 교대제 업무, 육체적 강도가 높은 업무 등의 경우에는 업무와 질병의 관련성이 강하다고 평가하도록 규정하고 있다[I. 1. (다)목 2)](대판 2020. 12. 24, 2020두39297). 〈해설〉 처분 전 '개정전 고시'가 아니라 처분 후 '개정된 고시'를 적용 내지 참작하여 상당인과관계의 존부를 판단하였지만, 대법원이 '개정된 고시'는 법규명령이 아니라 행정규칙이라고 보고 있으므로 처분 후의 개정된 법령을 적용하는 것이 아니라 처분시의 법령을 적용하는 것이며 사실관계의 일종이라고 할 수 있는 상당인과관계의 판단을 처분 후의 자료라고 볼 수 있는 '개정된 고시'를 참작하여 판단한 것이므로 위법판단의 기준시점을 판결시로 본 것이 아니라 여전히 처분시로 본 것이다. 다만, 상당인과관계의 존부를 개정된 고시를 참작하여 판단할 수 있다는 표현보다는 '상당인과관계의 존부는 판결시의 과학기술정보 및 경험칙에 의해 판단할 수 있다'라고 판시하는 것이 바람직하였다는 비판은 가능하다. 그리고 문제의 고시는 과학기술정보 및 경험칙의 변경에 따라 개정된 것으로 볼 수 있다. 만일 문제의 고시를 법령보충적 고시라고 본다면 '개정된 고시'는 처분 후의 법령이므로 위법판단의 기준시에 관해 '처분시설'을 취하면 '개정된 고시'를 적용할 수는 없다.

판례2 [유족급여 및 장의비 부지급 결정에 대한 취소를 구하는 사건] 근로복지공단이 처분 당시에 시행되고 있던 '개정 전 고시'를 적용하여 유족급여 부지급처분을 한 경우라고 하더라도 이에 대한 취소소송에서 법원은 처분 후 개정된 고시의 규정 내용과 개정 취지(개정 전 고시의 규정 내용이 지나치게 엄격하였다는 반성적 고려에서 유족급여 인정기준을 일부 완화함)를 참작하여 상당인과관계의 존부를 판단할 수 있다(산재요양 불승인처분에 관한 대판 2020. 12. 24, 2020두39297 등 참조)(대판 2022. 2. 11, 2021두45633[유족급여및장의비부지급처분취소]).

판례3 산업재해보상보험법(이하 '산재보험법'이라 한다) 제37조 제 1 항 제 2 호, 제 5 항, 산업재해보상보험법 시행령(이하 '산재보험법 시행령'이라 한다) 제34조 제 3 항 [별표 3]의 규정 내용·형식·입법취지를 종합하면, 산재보험법 시행령 [별표 3] '업무상 질병에 대한 구체적인 인정 기준(이하 '인정 기준'이라 한다)'은 산재보험법 제37조 제 1 항 제 2 호에서 정한 '업무상 질병'에 해당하는 경우를 예시적으로 규정한 것이고, 그 기준에서 정한 것 외에는 업무와 관련하여 발생한 질병을 모두 업무상 질병에서 배제하는 규정으로 볼 수 없다. '인정 기준'의 위임에 따른 '뇌혈관 질병 또는 심장 질병 및 근골격계 질병의 업무상 질병 인정 여부 결정에 필요한 사항'(2022. 4. 28. 고용노동부고시 제2022-40호, 이하 '현행 고용노동부고시'라 한다)은 대외적으로 국민과 법원을 구속하는 효력이 있는 규범이라고 볼 수 없고, 근로복지공단에 대한 내부적인 업무처리지침이나 법령의 해석·적용 기준을 정해주는 '행정규칙'이라고 보아야 한다. 따라서 근로복지공단이 처분 당시에 시행된 '고용노동부고시'를 적용하여 산재요양 불승인처분을 하였더라도, 법원은 해당 불승인처분에 대한 항고소송에서 해당 불승인처분이 있은 후 개정된 '현행 고용노동부고시'의 규정 내용과 개정 취지를 참작하여 상당인과관계의 존부를 판단할 수 있다(대판 2023. 4. 13, 2022두47391[요양불승인처분취소]).

　　부당해고 구제신청에 관한 중앙노동위원회의 명령 또는 결정의 취소를 구하는 소송에서 그 명령 또는 결정이 적법한지는 그 명령 또는 결정이 이루어진 시점을 기준으로 판단하여야 하고, 그 명령 또는 결정 후에 생긴 사유를 들어 적법 여부를 판단할 수는 없으나, 그 명령 또는 결정의 기초가 된 사실이 동일하다면 노동위원회에서 주장하지 아니한 사유도 행정소송에서 주장할 수 있다(대판 2021. 7. 29, 2016두64876[부당해고구제재심판정취소]).

V. 결어(처분시설)

취소소송은 행정청이 내린 처분을 다투어 취소를 구하는 소송이므로 처분의 위법판단의 기준시를 원칙상 처분시로 보아야 한다. 다만, 후술하는 바와 같이 거부처분취소소송에서 위법판단의 기준시는 처분시로 보되 취소판결의 기준시는 판결시로 보는 것이 거부처분취소소송의 문제점을 보완하여 의무이행소송과 유사한 권리구제기능을 수행하게 할 수 있으므로 타당하다.

VI. 행정처분의 위법 여부를 판단하는 기준시점이 처분시라는 의미

행정처분의 위법 여부를 판단하는 기준 시점에 대하여 판결시가 아니라 처분시라고 하는 의미는 처분시 적용할 법령과 행정처분이 있을 때의 사실상태를 기준으로 하여 위법 여부를 판단할 것이며, 처분 후 법령의 개폐나 사실상태의 변동에 영향을 받지 않는다는 뜻이지, 처분 당시 보유하였던 처분자료나 행정청에 제출되었던 자료만으로 위법 여부를 판단한다는 의미는 아니다.

처분의 위법판단의 기준시 문제는 사실심 변론종결시의 소송자료를 기초로 판결을 내린다는 것과는 별개의 문제이다. 처분 당시의 사실상태 등에 관한 증명은 사실심 변론종결 당시까지 할 수 있고, 법원은 행정처분 당시 행정청이 알고 있었던 자료뿐만 아니라 사실심 변론종결 당시까지 제출된 모든 자료를 종합하여 처분 당시 존재하였던 객관적 사실을 확정하고 그 사실에 기초하여 처분의 위법 여부를 판단할 수 있다(대판 2014. 10. 30, 2012두25125[조합설립인가처분취소]).

> 판례1 항고소송에서 행정처분의 적법 여부는 행정처분 당시를 기준으로 판단하여야 하는지 여부(원칙적 적극) 및 이때 행정처분의 위법 여부를 판단하는 기준 시점이 처분 시라는 의미: 항고소송에서 행정처분의 위법 여부는 행정처분이 있을 때의 법령과 사실 상태를 기준으로 판단하여야 한다. 이는 처분 후에 생긴 법령의 개폐나 사실 상태의 변동에 영향을 받지 않는다는 뜻이지, 처분 당시 존재하였던 자료나 행정청에 제출되었던 자료만으로 위법 여부를 판단한다는 의미는 아니다. 따라서 법원은 행정처분 당시 행정청이 알고 있었던 자료뿐만 아니라 사실심 변론종결 당시까지 제출된 모든 자료를 종합하여 처분 당시 존재하였던 객관적 사실을 확정하고 그 사실에 기초하여 처분의 위법 여부를 판단할 수 있다(대판 2018. 6. 28, 2015두58195).
>
> 판례2 「재건축초과이익 환수에 관한 법률」에 따른 재건축부담금 산정 시 공제되는 개발비용에 관한 자료 제출시한(= 사실심 변론종결 전까지)(대판 2023. 12. 28, 2020두49553[재건축부담금부과처분취소]).

처분시설을 취하는 경우 처분 후의 법 및 사실관계의 변경은 사정판결사유가 될 수 있다.

Ⅶ. 부작위위법확인소송의 위법판단의 기준시

부작위위법확인소송은 아무런 처분을 전제로 하지 않고, 인용판결의 효력(행정소송법 제38조 제 2 항, 제30조 제 2 항)과의 관계에서 볼 때 현재의 법률관계에 있어서의 처분권행사의 적부에 관한 것이라고 할 수 있기 때문에 판결시설이 타당하다는 것이 통설이며 (이상규, 876면) 판례의 입장이다(대판 1990. 9. 25, 89누4758[교원임용의무불이행위법확인 등]).

Ⅷ. 거부처분취소소송에서의 위법판단 및 판결의 기준시14) [2010 행시(일반행정) 사례]

거부처분취소소송에서 위법판단 및 판결의 기준시를 처분시로 보는 견해, 판결시로 보는 견해 및 거부처분의 위법판단의 기준시에 관하여 처분시설을 취하면서도 다투어지고 있는 거부처분의 위법판단의 기준시와 거부처분취소판결의 기준시는 구분하여 보는 견해가 있다.

거부처분의 위법판단의 기준시라 함은 거부처분의 위법 여부를 판단하는 기준시이고, 판결의 기준시라 함은 소송상 청구의 인용 여부를 결정하는 기준시이다.

1. 처분시설

처분시설은 취소소송에서의 위법판단의 기준시에 관하여 처분시설을 취하고, 거부처분취소소송에서도 동일한 이유로 처분시설이 타당하다고 보는 견해이다. 이 견해가 판례의 입장이다. 처분시설에 의하면 처분시를 기준으로 거부처분의 위법 여부를 판단하고 위법하면 인용판결을, 적법하면 기각판결을 내리는 것이 논리적이라고 본다. 처분시설에 의하면 처분시를 기준으로 거부처분이 위법하면 처분 후 근거법령이 변경되거나 사실관계가 변경된 경우에도 당해 거부처분을 취소하여야 한다.

그런데, 이러한 입장에 서는 경우에 거부처분 후 확정판결 전에 법령이 개정되거나 사실관계에 변동이 생겨 판결시를 기준으로 판결을 내린다면 기각판결을 내려야 하는 경우에는 인용판결이 내려져도 처분청이 처분 후의 사정변경을 이유로 다시 거부처분을 할 수 있게 되어 인용판결이 권리구제에 기여하지 못하고 인용판결 후의 새로운 거부처분에 대하여 다시 소송이 제기되도록 하여 불필요하게 소송이 반복되는 결과를 가져온다. 또한, 판결의 권위를 떨어뜨리며 판결에 대한 국민의 불신을 야기할 수도 있다.

2. 위법판단시·판결시구별설

위법판단시·판결시구별설은 소송경제와 신속한 권리구제를 도모하기 위하여 거부처분

14) 거부처분의 위법판단의 기준시라 함은 거부처분의 위법 여부를 판단하는 기준시이고, 판결의 기준시라 함은 소송상 청구의 인용 여부를 결정하는 기준시이다.

취소소송에서 거부처분의 위법은 처분시를 기준으로 하되 인용판결은 판결시를 기준으로
하여야 한다는 견해이다.

이 견해에 의하면 거부처분이 당해 거부처분시를 기준으로 적법하면 기각되고, 위법
한 경우 사정변경이 없으면 인용판결을 하고, 사정변경이 있으면 판결시를 기준으로 인용
하는 것이 타당한 경우 인용을 하고, 판결시를 기준으로 공익을 고려하여 인용하는 것이
타당하지 않은 경우 기각판결을 하게 된다.

3. 판결시설

판결시설은 거부처분취소소송에서 인용판결은 행정소송법 제30조 제 2 항과 결부하여
행정청에게 신청에 따른 처분의무를 부과한다는 점에서 실질적으로 의무이행소송과 유사
한 성격을 가지므로 이행소송의 일반적인 법리에 따라 거부처분의 위법성 판단시점을 판
결시로 하는 것이 타당하다는 견해이다(정하중). 이 견해에 의하면 거부처분시를 기준으로
거부처분이 적법한지 여부를 묻지 않고, 판결시를 기준으로 거부처분이 적법하면 기각판
결, 판결시를 기준으로 위법하면 인용판결을 하게 된다. 이 견해에 의하면 거부처분이 거
부처분시를 기준으로 적법한 경우에도 사정변경에 의해 판결시를 기준으로 위법하면 인용
판결을 하게 된다.

이 견해는 거부처분취소소송이 처분청의 일차적 판단권 행사의 결과인 처분을 사후
적으로 취소하는 취소소송이라는 점을 간과하고, 처분권을 대신 행사한다는 점과 거부처
분취소소송을 실질적으로 명문의 규정 없이 전형적인 의무이행소송과 같게 보는 점에서
문제가 있다.

4. 결어(위법판단시 · 판결시구별설)

다음과 같은 이유에서 거부처분취소소송에서 위법판단시와 판결시를 구별하는 견해
가 타당하다. ① 항고소송을 통한 위법한 처분의 통제 및 국민의 권리구제라는 항고소송
의 기능에 합치한다. ② 행정청의 1차적 판단권의 존중과 분쟁의 일회적 해결의 요청을
조화시키는 견해이다. ③ 의무이행소송이 도입되지 않은 상황하에서 어느 정도 의무이행
소송의 권리구제기능을 성취할 수 있다.

5. 의무이행소송에서의 위법판단 및 판결의 기준시

의무이행소송에서 인용판결의 기준시는 판결시가 된다. 다만 의무이행소송에서도 거
부처분의 위법 여부를 판단하고 동 거부처분을 취소하여야 하는지, 그리고 거부처분의 위
법판단의 기준시를 처분시로 하는 것이 타당한지, 판결시로 하는 것이 타당한지 논란이
있을 수 있다.

제 8 항 취소판결의 효력

확정된 취소판결의 효력에는 형성력, 기속력 및 기판력이 있는데, 형성력과 기속력은 인용판결에 인정되는 효력이고, 기판력은 인용판결뿐만 아니라 기각판결에도 인정되는 효력이다.

I. 형 성 력 [2014 감평 사례]

1. 의   의

계쟁처분 또는 재결의 취소판결이 확정된 때에는 당해 처분 또는 재결은 처분청의 취소를 기다릴 것 없이 당연히 효력을 상실하는데, 이를 형성력이라 한다. 형성력은 위법상태를 시정하여 원상을 회복하는 소송이라는 취소소송의 목적을 달성하도록 하기 위하여 인정되는 효력이다.

취소판결의 형성력을 명시적으로 인정한 규정은 없지만, 행정소송법 제29조 제 1 항에 의해 인정되는 것으로 해석된다. 취소판결은 계쟁처분을 취소하는 것인데, 취소는 형성력을 갖는 행위이다.

2. 형성력의 내용

취소판결의 형성력은 형성효, 소급효 및 대세효로 이루어진다. 즉, 취소판결은 계쟁처분의 효력을 소급적으로 상실시키며 제 3 자에 대하여도 효력이 있다.

(1) 형 성 효

형성효라 함은 계쟁처분의 효력을 상실(배제)시키는 효력을 말한다. 사실행위의 경우에는 그 지배력을 배제하는 의미를 갖는다.

(2) 소 급 효

1) 의   의

취소판결의 취소의 효과는 처분시에 소급하는데, 이를 취소판결의 소급효라 한다. 소급효에 관한 명문의 규정은 없지만, 법치행정의 원칙를 실현하기 위하여 계쟁처분에 의해 형성된 위법상태를 배제하여 원상을 회복한다는 취소소송제도의 본질상 인정되는 효력이다.

2) 소급효의 제한

일반적 견해는 취소판결의 소급효에 대한 제한을 두지 않고 취소판결은 항상 소급효를 갖는다고 보고 있다. 그러나, 취소판결의 소급효가 법치주의의 내용을 이루는 법적 안

정성을 침해하는 경우에는 명문의 규정 또는 판결에 의해 예외적으로 취소판결의 소급효
가 제한될 수도 있다고 보는 것이 타당하다.

　　판례는 계정처분 취소의 소급효가 원칙이지만, 취소된 계쟁처분을 전제로 행해진 처
분은 특별한 사정이 있는 경우(법적 안정성 보장이 크게 요구되는 경우 등) 그 한도내에서 예
외적으로 소급효가 제한될 수 있는 것으로 본다.

> **판례**　[1] 도시 및 주거환경정비법(이하 '도시정비법'이라고 한다)상 주택재개발사업조합의 조합설
> 립인가처분이 법원의 재판에 의하여 취소된 경우 그 조합설립인가처분은 소급하여 효력을 상실하고,
> 이에 따라 당해 주택재개발사업조합 역시 조합설립인가처분 당시로 소급하여 도시정비법상 주택재개
> 발사업을 시행할 수 있는 행정주체인 공법인으로서의 지위를 상실하므로, 당해 주택재개발사업조합이
> 조합설립인가처분 취소 전에 도시정비법상 적법한 행정주체 또는 사업시행자로서 한 결의 등 처분은
> 달리 특별한 사정이 없는 한 소급하여 효력을 상실한다고 보아야 한다. 다만 그 효력 상실로 인한 잔
> 존사무의 처리와 같은 업무는 여전히 수행되어야 하므로, 종전에 결의 등 처분의 법률효과를 다투는
> 소송에서의 당사자지위까지 함께 소멸한다고 할 수는 없다. [2] 갑 주택재개발정비사업조합설립 추진
> 위원회가 주민총회에서 주택재개발정비사업의 시공자로 을 주식회사를 선정하는 결의를 하였고, 조합
> 설립인가처분 후 갑 주택재개발정비사업조합이 조합총회에서 을 회사를 시공자로 선정(추인)하는 결의
> 를 하였는데, 위 각 결의의 무효확인을 구하는 소송 계속 중에 갑 조합에 대한 조합설립인가처분을 취
> 소하는 내용의 대법원판결이 선고된 사안에서, 갑 조합의 조합설립인가처분 취소 전에 이루어진 결의
> 는 소급하여 효력을 상실하였고, 시공자 선정은 추진위원회 또는 추진위원회가 개최한 주민총회의 권
> 한범위에 속하는 사항이 아니라 조합총회의 고유권한이므로, 추진위원회의 시공자 선정 결의도 무효라
> 고 보아, 원심판결을 파기하고 자판한 사례(대판 2012. 3. 29, 2008다95885[주민총회결의무효확인]).

3) 소급효의 결과
소급효가 미치는 결과 취소된 처분은 소급적으로 효력을 상실한다.

(3) 제 3 자효(대세적 효력, 대세효)

1) 의　　의
취소판결의 취소의 효력(형성효 및 소급효)은 소송에 관여하지 않은 제 3 자에 대하여
도 미치는데 이를 취소의 대세적 효력(대세효)이라 한다. 행정소송법 제29조 제 1 항은 이를
명문으로 규정하고 있다.

　　대세효를 인정한 취지를 승소자의 권리를 확실히 보호하기 위한 것으로 보는 견해가
있는데(홍정선), 대세효를 인정한 취지는 이것보다는 행정상 법률관계를 통일적으로 규율
하고자 하는데 그 기본적인 취지가 있다고 보는 것이 타당하다. 취소판결의 효력이 제 3
자에게도 미침으로 인하여 제 3 자가 불측의 손해를 입을 수 있으므로 행정소송법은 제 3
자의 권리를 보호하기 위하여 제 3 자의 소송참가제도(제16조)와 제 3 자의 재심청구제도(제
31조)를 인정하고 있다.

2) 제 3 자의 범위

행정상 법률관계를 통일적으로 규율하고자 하는 대세효 인정의 취지에 비추어 취소판결의 효력이 미치는 제 3 자는 모든 제 3 자를 의미하는 것으로 보는 것이 타당하며 이것이 일반적 견해이다.

3) 취소판결의 제 3 자효의 내용

가. 일반원칙   취소판결의 형성력은 제 3 자에 대하여도 발생하며 제 3 자는 취소판결의 효력에 대항할 수 없다.

나. 일반처분의 취소의 제 3 자효   일반처분의 취소의 소급적 효과가 소송을 제기하지 않은 자에게도 미치는지에 관하여 견해가 대립되고 있다.

(가) 상대적 효력설(부정설)   취소소송은 주관적 소송으로서, 그 효력은 원칙적으로 당사자 사이에서만 미치는 것이므로 명시적 규정이 없는 데도 불구하고, 제 3 자가 그 효력을 적극적으로 향수할 수 있다고 인정하는 데에는 무리가 있다고 본다(김동희, 711면).

(나) 절대적 효력설(긍정설)   일반처분이 불특정 다수인을 대상으로 하는 처분이라는 점, 공법관계의 획일성이 강하게 요청된다는 점 등에 비추어 원칙적으로 제 3 자의 범위를 한정할 이유는 없다고 한다(김철용, 722면).

(다) 결어(장래효·소급효구별설)   일반처분의 취소의 제 3 자에 대한 효력에 관하여 장래효와 소급효를 구별하는 것이 타당하다.

① 일반처분이 취소되면 일반처분은 장래에 향하여 절대적으로 효력을 상실한다.

② 일반처분의 취소의 소급효는 불가쟁력의 발생 여부에 따라 달라진다고 보는 것이 타당하다. 불가쟁력이 발생한 제 3 자에 대하여는 법적 안정성을 보장하기 위하여 일반처분의 취소판결이 소급효를 갖지 않는다고 보아야 한다. 달리 말하면 일반처분을 근거로 이미 법률관계가 형성되었고, 취소소송제기기간이 지난 경우에는 일반처분에 근거하여 형성된 기성의 법률관계를 다투면서 일반처분의 취소를 원용할 수 없다.

불가쟁력이 발생하지 않은 제 3 자에 대해서는 일반처분의 취소의 소급효가 미친다고 보아야 한다.

(4) 취소된 처분을 전제로 형성된 법률관계의 효력 상실

취소판결의 형성효, 소급효와 대세효로 인하여 취소된 처분을 전제로 형성된 법률관계는 소급하여 그 효력을 상실한다. 다만, 이러한 해결은 법적 안정성의 측면에서 문제가 있을 수 있다.

예를 들면, 공매처분이 취소되면 공매처분을 기초로 하여 체결된 사법상 매매계약은 효력을 상실하며 그에 의해 형성된 경락인의 소유권취득도 그 효력을 상실한다. 따라서, 체납자가 경락인을 상대로 한 소유권이전등기말소청구를 인용하여야 한다. 이 경우 경락인은 공무원에게 고의 또는 과실이 있는 경우 국가배상을 청구할 수 있다.

판례 1   경매 담당 공무원이 이해관계인에 대한 기일통지를 잘못한 것이 원인이 되어 경락허가결정이 취소된 사안에서, 그 사이 경락대금을 완납하고 소유권이전등기를 마친 경락인에 대하여 국가배상책임을 인정한 사례(대판 2008. 7. 10, 2006다23664[손해배상(기)]).

판례 2   [1] 도시 및 주거환경정비법상 주택재개발사업조합의 조합설립인가처분이 법원의 재판에 의하여 취소된 경우, 주택재개발사업조합이 조합설립인가처분 취소 전에 도시 및 주거환경정비법상 적법한 행정주체 또는 사업시행자로서 한 결의 등 처분이 소급하여 효력을 상실하는지 여부(원칙적 적극) 및 이때 종전 결의 등처분의 법률효과를 다투는 소송의 당사자지위까지 함께 소멸하는지 여부(소극): 도시 및 주거환경정비법(이하 '도시정비법'이라고 한다)상 주택재개발사업조합의 조합설립인가처분이 법원의 재판에 의하여 취소된 경우 그 조합설립인가처분은 소급하여 효력을 상실하고, 이에 따라 당해 주택재개발사업조합 역시 조합설립인가처분 당시로 소급하여 도시정비법상 주택재개발사업을 시행할 수 있는 행정주체인 공법인으로서의 지위를 상실하므로, 당해 주택재개발사업조합이 조합설립인가처분 취소 전에 도시정비법상 적법한 행정주체 또는 사업시행자로서 한 결의 등 처분은 달리 특별한 사정이 없는 한 소급하여 효력을 상실한다고 보아야 한다. 다만 그 효력 상실로 인한 잔존사무의 처리와 같은 업무는 여전히 수행되어야 하므로, 종전에 결의 등 처분의 법률효과를 다투는 소송에서의 당사자지위까지 함께 소멸한다고 할 수는 없다. [2] 甲 주택재개발정비사업조합설립 추진위원회가 주민총회를 개최하여 주택재개발정비사업의 시공자로 乙 주식회사를 선정하는 결의(이하 '제 1 결의'라고 한다)를 하였고, 조합설립인가처분 후 甲 주택재개발정비사업조합이 조합총회를 개최하여 乙 회사를 시공자로 선정(추인)하는 결의(이하 '제 2 결의'라고 한다)를 하였는데, 위 각 결의의 무효확인을 구하는 소송 계속 중에 甲 조합에 대한 조합설립인가처분을 취소하는 내용의 대법원판결이 선고된 사안에서, 甲 조합에 대한 조합설립인가처분은 법원의 재판에 의한 취소로 소급하여 효력을 상실하였고, 甲 조합역시 조합설립인가처분 당시로 소급하여 도시 및 주거환경정비법(이하 '도시정비법'이라고 한다)상 주택재개발사업을 시행할 수 있는 행정주체인 공법인으로서 지위를 상실하였으므로, 甲 조합이 조합설립인가처분 취소 전에 도시정비법상 적법한 사업시행자임을 전제로 개최한 조합총회에서 이루어진 제 2 결의는 소급하여 효력을 상실하였고, 한편 시공자 선정은 추진위원회 또는 추진위원회가 개최한 주민총회의 권한범위에 속하는 사항이 아니라 조합총회의 고유권한이므로, 추진위원회가 개최한 주민총회에서 주택재개발사업의 시공자를 선정한 제 1 결의도 무효라고 보아, 원심판결을 파기하고 자판한 사례(대판 2012. 3. 29, 2008다95885[주민총회결의무효확인]). 행정기관을 구성하는 공무원의 지위상실이 아니라 행정주체 자체가 지위를 상실한 경우이므로 사실상 공무원이론의 적용대상으로 볼 수 없다.

판례 3   행정처분을 취소하는 확정판결이 제 3 자에 대하여도 효력이 있다고 하더라도 일반적으로 판결의 효력은 주문에 포함한 것에 한하여 미치는 것이니 그 취소판결 자체의 효력으로써 그 행정처분을 기초로 하여 새로 형성된(새로운 사법상의 매매계약에 의해 형성된) 제 3 자의 권리까지 당연히 그 행정처분 전의 상태로 환원되는 것이라고는 할 수 없고, 단지 취소판결의 존재와 취소판결에 의하여 형성되는 법률관계를 소송당사자가 아니었던 제 3 자라 할지라도 이를 용인하지 않으면 아니된다는 것을 의미하는 것에 불과하다 할 것이며, 따라서 취소판결의 확정으로 인하여 당해 행정처분을 기초로 새로 형성된 제 3 자의 권리관계에 변동을 초래하는 경우가 있다 하더라도 이는 취소판결 자체의 형성력에 기한 것이 아니라 취소판결의 위와 같은 의미에서의 제 3 자에 대한 효력의 반사적 효과로서 그 취소판결이 제 3 자의 권리관계에 대하여 그 변동을 초래할 수 있는 새로운 법률요건이 되는 까닭이라 할 것이다(대판 1986. 8. 19, 83다카2022[손해배상]: 환지계획변경처분에 의해 취득한 토지를 제 3 자에게 양도한 후 동 환지계획변경처분이 취소된 경우 취소소송을 제기한 자가 동 취소판결을 근거로 동 토지를 양수한 제 3 자에 대한 소유권이전등기말소를 청구한 사건).

3. 취소판결의 형성력의 준용

행정소송법 제29조 제 1 항의 취소판결의 형성력은 집행정지결정 또는 집행정지결정의 취소결정에 준용되고(제29조 제 2 항), 무효확인소송에도 준용된다(제38조 제 1 항).

Ⅱ. 기 속 력 [2005 행시(재경직) 약술]

1. 의   의

기속력(羈束力)이라 함은 행정청에 대하여 판결의 취지에 따라 행동하도록 당사자인 행정청과 그 밖의 관계행정청을 구속하는 효력을 말한다. 기속력을 구속력이라 부르기도 한다.

기속력은 인용판결이 확정된 경우에 한하여 인정되고 기각판결에는 인정되지 않는다. 따라서, 취소소송의 기각판결이 있은 후에도 처분청은 당해 처분을 직권으로 취소할 수 있다.

행정소송법 제30조(취소판결 등의 기속력)
　① 처분 등을 취소하는 확정판결은 그 사건에 관하여 당사자인 행정청과 그 밖의 관계행정청을 기속한다.

---

2. 성   질

구속력의 성질을 무엇으로 볼 것인가에 관하여 기판력설과 특수효력설이 대립하고 있다.

(1) 기판력설

기판력설은 기속력은 취소판결의 기판력이 행정 측에 미치는 것에 지나지 않으며 그 본질은 기판력과 같다고 보는 견해이다. 프랑스법에서는 반복금지효 및 원상회복의무를 기판력(autoritéde la chose jugée)의 한 효과로 보고 있다.

(2) 특수효력설

특수효력설은 기속력은 취소판결의 실효성을 확보하기 위하여 행정소송법이 특별히 부여한 효력이며 기판력과는 그 본질을 달리한다고 보는 견해이다(김동희, 774면).

즉, 기판력은 법적 안정성을 위하여 후소의 재판을 구속하여 모순된 판결을 금하는 소송법상의효력인 데 반하여 기속력은 판결의 실효성을 확보하기 위하여 판결의 취지에 따라 행동하도록 관계행정청을 구속하는 실체법상의 효과를 발생시키는 효력이므로 양자는 본질을 달리 한다고 한다.

통설은 특수효력설을 취하고 있다.

(3) 판 례

판례도 특수효력설을 취하는 것으로 보인다(대판 1957. 2. 6, 4290행상23). 판례는 기속력과 기판력을 아래와 같이 구별하고 있다.

> **판례** 행정소송법 제30조 제1항이 규정하는 취소 확정판결의 '기속력'과 같은 법 제8조 제2항에 의하여 행정소송에 준용되는 민사소송법 제216조, 제218조가 규정하는 '기판력'의 의미: 취소 확정판결의 '기속력'은 취소 청구가 인용된 판결에서 인정되는 것으로서 당사자인 행정청과 그 밖의 관계행정청에게 확정판결의 취지에 따라 행동하여야 할 의무를 지우는 작용을 한다. 이에 비하여 행정소송법 제8조 제2항에 의하여 행정소송에 준용되는 민사소송법 제216조, 제218조가 규정하고 있는 '기판력'이란 기판력 있는 전소 판결의 소송물과 동일한 후소를 허용하지 않음과 동시에, 후소의 소송물이 전소의 소송물과 동일하지는 않더라도 전소의 소송물에 관한 판단이 후소의 선결문제가 되거나 모순관계에 있을 때에는 후소에서 전소 판결의 판단과 다른 주장을 하는 것을 허용하지 않는 작용을 한다(대판 2016. 3. 24, 2015두48235[감차명령처분취소등]).

(4) 결 어

기판력과 기속력은 그 본질과 기능이 다르다. 그리고, 다음과 같이 그 효력이 다르다. i) 기판력은 소송당사자 및 이와 동일시할 수 있는 자에 미치는데, 기속력은 처분청 및 관계행정청을 구속한다. ii) 기판력은 주문에 포함된 것에 한정되는데, 기속력은 주문 및 이유인 위법사유에 미친다. iii) 기판력은 동일한 처분에 대해서만 미치는데, 기속력은 동일한 처분뿐만 아니라 새로운 처분에도 미친다.

3. 내 용

기속력은 소극적 효력과 적극적 효력으로 나뉠 수 있다.

> **판례** 어떤 행정처분을 위법하다고 판단하여 취소하는 판결이 확정되면 행정청은 취소판결의 기속력에 따라 그 판결에서 확인된 위법사유를 배제한 상태에서 다시 처분을 하거나 그 밖에 위법한 결과를 제거하는 조치를 할 의무가 있다(행정소송법 제30조)(대판 2019. 10. 17, 2018두104[도로점용허가처분무효확인등]).

취소판결의 기속력에 관한 규정인 제31조 중 제1항은 당사자소송에도 준용되므로 취소판결의 기속력 중 반복금지효와 원상회복의무는 당사자소송에서의 확정인용판결에도 준용된다. 재처분의무에 관한 제31조 제2항은 당사자소송에 준용되지 않는다.

(1) 반복금지효(저촉금지효) [2007, 2009, 2012 사시 사례]

취소판결이 확정되면 처분청 및 관계행정청은 취소된 처분에서 행한 과오와 동일한 과오를 반복해서는 안 되는 구속을 받는다. 달리 말하면 처분청 및 관계행정청은 판결의 취지에 저촉되는 처분을 하여서는 안 된다.

저촉금지효(抵觸禁止效, 반복금지효)는 동일한 행위의 반복을 금지하고, 판결의 취지[15]에 반하는 행위(달리 말하면 동일한 과오를 반복하는 행위)를 금지하는 효력이다.

① 동일한 처분을 하는 것은 취소판결의 기속력에 반한다. '동일한 처분'이라 함은 동일 사실관계 아래에서 동일 당사자에 대하여 동일한 내용을 갖는 행위를 말한다.

i) 취소된 처분의 처분사유와는 기본적 사실관계에서 동일성이 없는 다른 처분사유를 들어 동일한 내용의 처분을 하여도 동일한 처분이 아니므로 기속력에 저촉되지 않는다.

> **판례**   재결의 기속력은 재결의 주문 및 그 전제가 된 요건사실의 인정과 판단, 즉 처분 등의 구체적 위법사유에 관한 판단에만 미친다고 할 것이고, 종전 처분이 재결에 의하여 취소되었다 하더라도 종전 처분사유와는 다른 사유를 들어서 처분을 하는 것은 기속력에 저촉되지 않는다고 할 것이며, 여기에서 동일 사유인지 다른 사유인지는 종전 처분에 관하여 위법한 것으로 재결에서 판단된 사유와 기본적 사실관계에 있어 동일성이 인정되는 사유인지 여부에 따라 판단되어야 한다(대판 2005. 12. 9, 2003두7705[주택건설사업계획 승인신청서 반려처분취소]: 새로운 처분의 처분사유와 종전 처분에 관하여 위법한 것으로 재결에서 판단된 사유가 기본적 사실관계에 있어 동일성이 없으므로 새로운 처분이 종전 처분에 대한 재결의 기속력에 저촉되지 않는다고 한 사례).

예를 들면, 어떤 행정법규 위반을 이유로 한 허가취소처분(철회)이 그에 대한 취소판결에 의해 취소되었더라도 행정청은 이제는 다른 행정법규 위반을 이유로 당해 허가를 취소(철회)할 수 있다. 동일한 법규 위반사실에 대하여 법적 근거만을 변경하여 동일 허가 등을 철회할 수는 없다.

또한, 취소된 처분의 징계사유와 다른 징계사유를 내세워 동일한 내용의 징계처분을 할 수 있다.

ii) 처분의 기본적 사실관계가 동일하다면 적용법규정를 달리하거나 처분사유를 변경하여 동일한 내용의 처분을 하는 것은 동일한 행위의 반복에 해당하여 취소판결의 기속력에 반한다.

iii) 취소사유가 절차 또는 형식의 흠인 경우에 행정청이 적법한 절차 또는 형식을 갖추어 행한 동일한 내용의 처분은 새로운 처분으로 취소된 처분과 동일한 처분이 아니다.

② 기속력은 판결의 이유에 제시된 위법사유에 대하여 미치므로 판결의 이유에서 제시된 위법사유를 다시 반복하는 것은 동일한 처분이 아닌 경우에도 동일한 과오를 반복하는 것으로서 기속력에 반한다.

i) 취소판결에서 위법으로 판단된 처분사유를 포함하여 동일한 내용의 또는 다른 내용의 처분을 하는 것은 동일한 과오를 반복하는 것으로서 기속력에 반한다.

ii) 법규 위반을 이유로 내린 영업허가취소처분이 비례의 원칙 위반으로 취소된 경우에 동일한 법규 위반을 이유로 영업정지처분을 내리는 것은 기속력에 반하지 않지만, 법

---

15) 판결의 취지라 함은 판결의 주문과 판결이유를 말한다. 취소판결의 취지는 취소된 처분이 위법하다는 것과 취소판결의 이유가 된 위법사유를 말한다.

규 위반사실이 없는 것을 이유로 영업허가취소처분이 취소된 경우에 동일한 법규 위반을 이유로 영업정지처분을 내리는 것은 기속력에 반한다.

　iii) 또한, 여러 법규 위반을 이유로 한 영업허가취소처분이 처분의 이유로 된 법규 위반 중 일부가 인정되지 않고 나머지 법규 위반으로는 영업허가취소처분이 비례의 원칙에 위반된다고 취소된 경우에 판결에서 인정되지 않은 법규 위반사실을 포함하여 다시 영업 정지처분을 내리는 것은 동일한 행위의 반복은 아니지만 판결의 취지에 반한다.

> **판례**　공무원에 대한 파면처분이 재량권의 범위를 벗어나 위법한 처분이라고 하여 법원에 의해 취소판결이 확정되었음에도 불구하고, 행정청이 다시 징계위원회의 의결을 거쳐 동일한 사유로 해임처분을 한 경우에 확정판결의 기판력(기속력)에 저촉된다고는 볼 수 없다(대판 1985. 4. 9, 84누747).

　③ 또한, 행정청은 취소된 행위를 기초로 하는 일체의 처분을 하여서는 안 된다.

(2) 원상회복의무(위법상태제거의무) [2010 입시 사례]

취소판결이 확정되면 행정청은 취소된 처분에 의해 초래된 위법상태를 제거하여 원상회복할 의무를 진다.

　예를 들면, 재산의 압류처분이 취소되면 행정청은 당해 재산을 반환해야 할 의무를 진다. 또한, 파면처분이 취소되면 파면되었던 원고를 복직시켜야 한다. 또한, 병역의무 기피자의 명단공표가 취소되면 그 명단공표를 중단하고, 그 공표된 명단을 삭제하여야 한다.

예를 들면, 도로점용허가처분의 취소가 확정되면 처분청은 취소판결의 기속력에 따라 참가인에 대하여 이 사건 도로의 점용을 중지하고 원상회복할 것을 명령하고, 이를 이행하지 않을 경우 행정대집행이나 이행강제금 부과 조치를 하는 등 이 사건 도로점용허가로 인한 위법상태를 제거하여야 한다. 또한, 처분청은 수익적 행정행위의 직권취소 제한에 관한 법리를 준수하는 범위 내에서 일정한 요건 하에 직권으로 이 사건 건축허가의 일부를 취소하거나 변경하는 등의 조치를 할 의무가 있다. 그 이유는 도로점용허가 취소판결의 직접적인 효과로 이 사건 건축허가가 취소되거나 그 효력이 소멸되는 것은 아니지만, 이 사건 도로점용허가가 유효하게 존재함을 전제로 이루어진 이 사건 건축허가는 그 법적·사실적 기초를 일부 상실하게 되기 때문이다.

　취소판결의 기속력에 원상회복의무(위법상태제거의무)가 포함되는지에 관하여 명문의 규정은 없지만, 취소소송제도의 본질 및 행정소송법 제30조에 근거하여 이를 긍정하는 것이 타당하다. 판례도 이를 긍정하고 있다.

> **판례1**　어떤 행정처분을 위법하다고 판단하여 취소하는 판결이 확정되면 행정청은 행정소송법 제30조의 취소판결의 기속력에 따라 그 판결에서 확인된 위법사유를 배제한 상태에서 다시 처분을 하거나 그 밖에 위법한 결과를 제거하는 조치를 할 의무가 있다(대판 2019. 10. 17, 2018두104).

> **판례2**　(1) 이 사건 원심판결 중 '1차 변경처분(기존 노후화된 도선 1척을 신형 선박(세종9호)으로 교체하는 내용의 1차 도선사업변경면허) 중 2차 변경처분(세종9호의 정원 부분만을 규율하는 처분)에 의하여 취소되지 않고 남아 있는 부분'을 취소하는 부분이 확정되면 이 사건 항로에서 세종9호를 도선으로서 운항할 법적 근거가 사라진다. 따라서 세종9호의 정원 부분만을 규율하는 2차 변경처분은 그 기초를 상실하여 실효되는 것이라고 보아야 한다. 〈해설〉 피고는, 원심이 2차 변경처분에 대한 청구를 기각함으로써 2차 변경처분은 유효하게 존속하는 것이므로, A업체가 2차 변경처분에 근거하여 신형 선박을 도선으로서 계속 운항할 수 있다고 주장하였다. 그러나 대법원은, '1차 변경처분 중 2차 변경처분에 의하여 취소되지 않고 남아 있는 부분'이 쟁송대상이 되고, 이것을 취소하는 판결이 확정되면 A업체가 신형 선박을 도선으로서 운항할 법적 근거가 사라지며, 피고는 취소판결의 기속력에 따라 필요한 조치를 취하여야 한다고 판단하였다. (2) 피고는 취소판결의 기속력에 따라 위법한 결과를 제거하기 위하여 「유선 및 도선사업법」 제9조 제1항에 의하여 A업체에 대하여 이 사건 항로에서 세종9호의 운항을 중단할 것을 명령하는 등의 필요한 조치를 취하여야 한다(대판 2020. 4. 9, 2019두49953[도선사업면허변경처분 취소]).

　　취소된 위법한 처분이 없었을 것을 전제로 원상회복을 행하여야 한다. 따라서, 파면처분의 취소에 따른 원상회복은 동일 직급으로 복직시키는 것도 원상회복으로 보는 견해도 있으나 원직에의 복직을 말하며, 경우에 따라서는 승급·승진도 해 주어야 한다.

　　처분상대방이 집행정지결정을 받지 못했으나 본안소송에서 해당 제재처분이 위법하다는 것이 확인되어 취소하는 판결이 확정되면, 처분청은 그 제재처분으로 처분상대방에게 초래된 불이익한 결과를 제거하기 위하여 필요한 조치를 취하여야 한다(대판 2020. 9. 3, 2020두34070).

(3) 재처분의무 [2003 사시, 2008 입시, 2014 행시, 2020 변시]

1) 거부처분취소에 따른 재처분의무

　　판결에 의하여 취소 또는 변경되는 처분이 당사자의 신청을 거부하는 것을 내용으로 하는 경우에는 그 처분을 행한 행정청은 판결의 취지에 따라 다시 이전의 신청에 대한 가부간의 처분을 하여야 한다(행정소송법 제30조 제2항).

　　당사자가 처분을 받기 위해 신청을 다시 할 필요는 없다.

　　행정청의 재처분의 내용은 '판결의 취지'를 존중하는 것이면 된다. 반드시 원고가 신청한 내용대로 처분해야 하는 것은 아니다.

> **판례**　[계획재량 영역에서의 취소판결 기속력 범위에 관한 사건] (1) 취소 확정판결의 기속력의 범위에 관한 법리 및 도시관리계획의 입안·결정에 관하여 행정청에게 부여된 재량을 고려하면, 주민 등의 도시관리계획 입안 제안을 거부한 처분을 이익형량에 하자가 있어 위법하다고 판단하여 취소하는 판결이 확정되었더라도 행정청에게 그 입안 제안을 그대로 수용하는 내용의 도시관리계획을 수립

의무가 있다고는 볼 수 없고, 행정청이 다시 **새로운** 이익형량을 하여 적극적으로 도시관리계획을 수립하였다면 취소판결의 기속력에 따른 재처분의무를 이행한 것이라고 보아야 한다. (2) 원고가 학교시설로 도시계획시설이 결정되어 있는 부지를 취득한 후 그 지상에 가설건축물 건축허가를 받고 옥외골프연습장을 축조하여 이를 운영하여 오고 있던 중, 피고에게 위 부지에 관하여 도시계획시설(학교)결정을 폐지하고 가설건축물의 건축용도를 유지하는 내용의 지구단위계획안을 입안 제안함. 이에 대하여 피고가 이를 거부하는 처분을 하자, 원고는 피고를 상대로 한 항고소송을 제기하여 위 거부처분의 취소판결을 확정받음. 이후 피고가 새로운 재량고려사유를 들어 도시계획시설(학교)결정을 폐지하고, 위 부지를 특별계획구역으로 지정하는 내용의 도시관리계획결정을 하였는바, 이러한 새로운 내용의 도시관리계획결정이 피고가 원고의 입안 제안을 그대로 수용하지 않은 것이더라도 기존 취소판결의 기속력에 반하지 않는다고 보아, 이를 취소판결의 기속력에 반한다고 판단하여 원고의 청구를 인용한 원심판결을 파기한 사례(대판 2020. 6. 25, 2019두56135).

재처분의무(再處分義務)의 내용은 당해 거부처분의 취소사유에 따라 다르다.

가. 거부처분이 형식상 위법(무권한, 형식의 하자, 절차의 하자)을 이유로 취소된 경우   이 경우에는 적법한 절차를 거치는 등 적법한 형식을 갖추어 신청에 따른 가부간의 처분을 하여야 한다. 행정청은 실체적 요건을 심사하여 신청된 대로 처분을 할 수도 있고 다시 거부처분을 할 수도 있다.

나. 거부처분이 실체상 위법을 이유로 취소된 경우   ① 이 경우에 위법판단기준시에 관하여 판례와 같이 처분시설을 취하는 경우 거부처분 이후의 사유(법령의 변경 또는 사실상황의 변경)를 이유로 다시 거부처분을 하는 것은 재처분의무를 이행한 것이다.

판례 거부처분 취소의 확정판결을 받은 행정청이 거부처분 후에 법령이 개정·시행된 경우, 새로운 사유로 내세워 다시 거부처분을 한 경우도 행정소송법 제30조 제2항 소정의 재처분에 해당하는지 여부(적극): 행정처분의 적법 여부는 그 행정처분이 행하여진 때의 법령과 사실을 기준으로 하여 판단하는 것이므로 거부처분 후에 법령이 개정·시행된 경우에는 개정된 법령 및 허가기준을 새로운 사유로 들어 다시 이전의 신청에 대한 거부처분을 할 수 있으며 그러한 처분도 행정소송법 제30조 제2항에 규정된 재처분에 해당된다(대결 1998. 1. 7, 97두22[간접강제]: 건축불허가처분을 취소하는 판결이 확정된 후 국토이용관리법 시행령이 준농림지역 안에서의 행위제한에 관하여 지방자치단체의 조례로써 일정 지역에서 숙박업을 영위하기 위한 시설의 설치를 제한할 수 있도록 개정된 경우, 당해 지방자치단체장이 위 처분 후에 개정된 신법령에서 정한 사유를 들어 새로운 거부처분을 한 것이 행정소송법 제30조 제2항 소정의 확정판결의 취지에 따라 이전의 신청에 대한 처분을 한 경우에 해당한다고 한 사례).

② 위법판단의 기준시에 관하여 **판결시설(또는 위법판단시·판결시구별설)**을 취하면 사실심 변론종결시 이전의 사유를 내세워 다시 거부처분을 할 수 없다.

③ 위법판단기준시 및 판결기준시에 관하여 어느 견해를 취하든지 사실심 변론종결 이후에 발생한 새로운 사유를 근거로 다시 이전의 신청에 대한 거부처분을 할 수 있다.

> **판례**   행정소송법 제30조 제 2 항에 의하면, 행정청의 거부처분을 취소하는 판결이 확정된 경우에는 그 처분을 행한 행정청은 판결의 취지에 따라 이전의 신청에 대하여 재처분할 의무가 있고, 이 경우 확정판결의 당사자인 처분 행정청은 그 행정소송의 사실심 변론종결 이후 발생한 새로운 사유를 내세워 다시 이전의 신청에 대하여 거부처분을 할 수 있으며, 그러한 처분도 이 조항에 규정된 재처분에 해당한다(대판 1999. 12. 28, 98두1895[토지형질변경불허가처분취소]).

     ④ 거부처분시 이전에 존재하던 다른 사유를 근거로 다시 거부처분을 할 수 있는지가 문제된다. 거부처분사유가 달라지면 거부처분의 동일성이 달라지며 거부처분사유도 기본적 사실관계의 동일성이 인정되는 한도 내에서만 처분사유의 추가변경이 인정된다는 판례의 입장을 취하면 거부처분 이전에 존재하던 사유 중 처분사유와 다른 사유(기본적 사실관계에 동일성이 없는 사유)를 근거로 다시 거부처분을 하는 것이 가능하다. 이 경우 동 거부처분은 새로운 처분이 되며 재처분의무를 이행한 것이 된다.

     이러한 문제 때문에 분쟁의 일회적 해결을 위하여 거부처분의 경우에는 거부사유가 변경되어도 처분의 변경은 없는 것으로 보는 것이 타당하다는 견해가 있다(박정훈, 526면). 이 견해에 의하면 거부처분사유의 추가·변경은 항상 가능한 것이고, 거부처분취소판결이 난 경우에는 거부처분시 이전에 존재하던 다른 처분사유를 들어 다시 거부처분을 하는 것은 동일한 처분을 반복하는 것으로서 기속력에 반한다.

> **판례1**   종전 확정판결의 행정소송 과정에서 한 주장 중 처분사유가 되지 아니하여 판결의 판단대상에서 제외된 부분을 행정청이 그 후 새로이 행한 처분의 적법성과 관련하여 새로운 소송에서 다시 주장하는 것이 위 확정판결의 기판력에 저촉되는지 여부(소극): 기히 원고의 승소로 확정된 판결은 원고 출원의 광구 내에서의 불석채굴이 공익을 해한다는 이유로 한 피고의 불허가처분에 대하여 그것이 공익을 해한다고는 보기 어렵다는 이유로 이를 취소한 내용으로서 이 소송과정에서 피고가 원고 출원의 위 불석광은 광업권이 기히 설정된 고령토광과 동일광상에 부존하고 있어 불허가대상이라는 주장도 하였으나 이 주장 부분은 처분사유로 볼 수 없다는 점이 확정되어 판결의 판단대상에서 제외되었다면, 피고가 그 후 새로이 행한 처분의 적법성과 관련하여 다시 위 주장을 하더라도 위 확정판결의 기판력에 저촉된다고 할 수 없다(대판 1991. 8. 9, 90누7326[광업권출원각하처분취소]). 〈해설〉 이 판결에서 기판력은 기속력이라 보아야 한다.
>
> **판례2**   거부처분에 대한 취소판결이 확정된 경우 행정청이 사실심 변론종결 이전의 사유를 내세워 다시 거부처분을 할 수 있는지 여부(소극): 거부처분에 대한 취소판결이 확정된 경우에는 그 처분을 행한 행정청은 판결의 취지에 따라 다시 처분을 하여야 할 의무를 부담하게 되므로, 취소소송에서 소송의 대상이 된 거부처분을 실체법상의 위법사유에 기하여 취소하는 판결이 확정된 경우에는 당해 거부처분을 한 행정청은 원칙적으로 신청을 인용하는 처분을 하여야 하고, 사실심 변론종결 이전의 사유를 내세워 다시 거부처분을 하는 것은 확정판결의 기속력에 저촉되어 허용되지 아니한다(대판 2001. 3. 23, 99두5238[손실보상재결처분취소]). 〈해설〉 이 판결은 판결문언대로 이해하면 문제가 있다. 거부처분 후 법령이 개정된 경우에도 개정된 법령에 따라 새로 거부처분을 하는 것이 인정되지 않는다는 취지는 아니다(대결 1998. 1. 7, 97두22[간접강제]). 이 판결문 중 “사실심 변론종결 이전의 사유”를 사실심 변론종결 이전에 주장할 수 있었던 사유로 본다면 이 판결은 논리적이다. 소송당사자는 소송자료를 사실심 변론종결시까지 제출할 수 있고 법원은 사실심 변론종결시까지 제출된 소송자료를 기초로 판결을 한다.

2) 절차상의 위법을 이유로 신청에 따른 인용처분(^{건축}_{허가})이 취소된 경우의 재처분의무

① 기속력 일반에 따르면 절차상 위법(넓은 의미의 형식상 위법)을 이유로 처분이 취소된 경우에 재처분의무를 규정한 법령이 있는 경우에는 재처분을 하여야 하고, 재처분의무를 규정한 법령이 없고 처분청이 결정재량권을 갖는 경우에는 재처분을 할 것인지는 처분청의 재량에 속한다. 처분청이 선택재량권을 갖는 경우에는 원래의 처분과 다른 처분을 할 수도 있다. 기속행위의 경우에는 처분요건에 해당하면 재처분의무를 규정한 법령이 없더라도 당연히 법에 따른 재처분을 하여야 한다.

② 행정소송법 제30조 제 3 항은 신청에 따른 처분이 절차의 위법을 이유로 취소된 경우에는 거부처분취소판결에 있어서의 재처분의무에 관한 제30조 제 2 항의 규정을 준용하는 것으로 규정하고 있다. 여기에서 '신청에 따른 처분'이라 함은 '신청에 대한 인용처분'을 말한다.

입법취지는 신청에 따른 인용처분에 의해 권익을 침해당한 제 3 자의 제소에 따라 절차에 위법이 있음을 이유로 취소된 경우에는 판결의 취지에 따른 적법한 절차에 의하여 신청에 대한 가부간의 처분을 다시 하도록 하여 신청인의 권익을 보호하기 위한 것이다.

여기에서 '절차의 위법'은 실체법상(내용상)의 위법에 대응하는 넓은 의미의 형식상의 위법을 말하며 협의의 절차의 위법뿐만 아니라 권한·형식의 위법을 포함하는 것으로 해석하여야 한다.

③ 국가공무원법 제78조의3 제 1 항 제 2 호에 따르면 징계처분권자(대통령이 처분권자인 경우에는 처분 제청권자)는 절차상의 흠을 이유로 소청심사위원회 또는 법원에서 징계처분등의 무효 또는 취소(취소명령 포함)의 결정이나 판결을 받은 경우에는 다시 징계 의결 또는 징계부가금 부과 의결(이하 "징계의결등"이라 한다)을 요구하여야 한다.

④ 확정판결에 따라 절차의 하자를 시정하여 한 처분은 취소되거나 무효확인된 종전 처분과 다른 내용의 처분인 경우뿐만 아니라 동일한 내용의 처분이라도 그 종전 처분과 다른 새로운 처분이다.

3) 종전 거부처분 이후 법령 등의 변경과 재처분내용의 문제 [2010 행시(일반행정직) 사례, 2013 변시]

가. 거부처분 가능 여부   재처분은 새로운 처분이므로 재처분시의 법령 및 사실상태를 기초로 하여 행해져야 한다. 따라서, 종전의 거부처분 후 법령 및 사실상태에 변경이 있는 경우에 위법판단의 기준시에 관하여 **처분시설**에 의하면 처분청은 종전 처분 후 발생한 새로운 사유가 기본적 사실관계의 동일성이 없는 사유인 경우 그 새로운 사유를 내세워 재처분으로 다시 거부처분을 할 수 있고 이 거부처분이 기속력인 재처분의무에 반하지 않지만 **판결시설**에 의하면 사실심 변론종결 이전의 법령 및 사실상태의 변경을 이유로 다시 거부처분을 할 수 없다. 다만, 처분청이 취소판결 이후에 재처분을 부당하게 늦추면서 인위적으로 새로운 사유를 만든 경우 그 새로운 사유를 들어 다시 거부처분을 하는 것은

신의성실의 원칙에 반하고 재결의 기속력을 무력화시키는 행위이므로 인정될 수 없다.

판례1 종전 처분 후 발생한 새로운 사유를 내세워 다시 거부 처분을 하는 것이 처분 등을 취소하는 확정판결의 기속력에 위배되는지 여부(소극): [1] 행정처분의 적법 여부는 그 행정처분이 행하여진 때의 법령과 사실을 기준으로 하여 판단하는 것이므로 확정판결의 당사자인 처분 행정청은 종전 처분 후에 발생한 새로운 사유를 내세워 다시 거부처분을 할 수 있고, 그러한 처분도 행정소송법 제30조 제 2 항 소정의 재처분에 해당한다. 여기에서 새로운 사유인지는, 종전 처분에 관하여 위법한 것으로 판결에서 판단된 사유와, 기본적 사실관계의 동일성이 인정되는 사유인지 여부에 따라 판단되어야 한다. [2] 원고가 아파트 건설사업계획승인 신청을 하였으나 미디어밸리의 시가화 예정 지역이라는 이유로 거부되자 그 취소소송에서 처분 사유가 구체적이고 합리적이지 못하여 재량권 남용이라는 이유로 그 처분의 취소판결이 확정된 후 피고가 종전 처분 후이지만 종전 소송의 사실심 변론종결 이전에 발생한 개발제한지역 지정의 새로운 사실을 이유로 한 거부처분이 종전 거부처분 사유와 기본적 사실관계가 동일하지 않은 새로운 사실을 이유로 한 것이므로 위 취소 확정판결의 기속력에 반하지 않는다는 원심을 수긍한 사례(대판 2011. 10. 27, 2011두14401[건축불허가처분취소]).

판례2 판례는 "사실심 변론종결 이전의 사유를 내세워 다시 거부처분하는 것은 확정판결의 기속력에 저촉되어 허용되지 아니한다"라고 판시하고 있는데(대판 1990. 12. 11, 90누3560[토지형질변경허가신청불허가처분취소]; 2001. 3. 23, 99두5238), 그 의미는 사실심 변론종결 이전에 유효하게 주장할 수 있었던 사유를 내세워 다시 이전의 신청에 대한 거부처분을 할 수 없다는 것일 뿐, 거부처분 후 법령이 개정된 경우에도 개정된 법령에 따른 새로운 거부처분을 할 수 없다는 취지는 아니다(대판 1998. 1. 7, 97두22[간접강제]).

나. 원고의 신뢰의 보호　　처분시의 개정 전 법령의 존속에 대한 국민의 신뢰, 인용판결에 대한 신뢰와 거부처분 후 개정된 법령의 적용에 관한 공익 사이의 이익형량의 결과 전자가 후자보다 더 보호가치가 있다고 인정되는 경우에는 그러한 국민의 신뢰를 보호하기 위하여 처분 후의 개정 법령을 적용하지 말고 개정 전 법령을 적용하여야 한다.

4) 거부처분취소에 따른 재처분의무의 실효성 확보: 간접강제 [2013 변시]

가. 의　　의　　행정소송법은 거부처분취소에 따른 재처분의무의 실효성을 확보하기 위하여 간접강제제도(間接強制制度)를 두고 있다.

즉, 행정청이 거부처분의 취소판결의 취지에 따라 처분을 하지 아니하는 때에는 1심 수소법원은 당사자의 신청에 의하여 결정으로서 상당한 기간을 정하고 행정청이 그 기간 내에 이행하지 아니하는 때에는 그 지연기간에 따라 일정한 배상을 할 것을 명하거나 즉시 손해배상할 것을 명할 수 있다(행정소송법 제34조 제 1 항). 이를 **간접강제결정**이라고 한다.

나. 인정범위　　간접강제제도는 거부처분취소소송에 인정되고 있는데, 부작위위법확인소송에 준용되고 있으나(법 제38조 제 2 항) 무효확인판결에는 준용되고 있지 않은데, 이는 입법의 불비이다. 행정소송법개정안은 간접강제제도를 무효확인판결에도 준용하는 것으로 하고 있다.

> **판례** 거부처분에 대한 취소의 확정판결이 있음에도 행정청이 아무런 재처분을 하지 아니하거나, 재처분을 하였다 하더라도 그것이 종전 거부처분에 대한 취소의 확정판결의 기속력에 반하는 등으로 당연무효라면(종전 거부처분 후 아무런 사정변경이 없음에도 다시 거부처분을 한 경우) 이는 아무런 재처분을 하지 아니하는 때와 마찬가지라 할 것이므로 이러한 경우에는 간접강제신청에 필요한 요건을 갖춘 것으로 보아야 한다(대결 2002. 12. 11, 2002무22[간접강제]).

다. 요 건　처분청이 거부처분의 취소판결의 취지에 따라 재처분을 하지 않았어야 한다(재처분의무의 불이행). 재처분을 하지 않았다는 것은 아무런 재처분을 하지 않은 것뿐만 아니라 재처분이 기속력에 반하여 당연무효가 된 것을 포함한다.

> **판례** 거부처분에 대한 취소의 확정판결이 있음에도 행정청이 아무런 재처분을 하지 아니하거나, 재처분을 하였다 하더라도 그것이 종전 거부처분에 대한 취소의 확정판결의 기속력에 반하는 등으로 당연무효라면(예 종전 거부처분 후 아무런 사정변경이 없음에도 다시 거부처분을 한 경우) 이는 아무런 재처분을 하지 아니하는 때와 마찬가지라 할 것이므로 이러한 경우에는 간접강제신청에 필요한 요건을 갖춘 것으로 보아야 한다(대결 2002. 12. 11, 2002무22[간접강제]).

위법판단의 기준시에 관하여 처분시설을 취하는 경우 종전 거부처분 후 발생한 새로운 사유(판결시설을 취하는 경우에는 사실심 변론종결 후의 법령 또는 사실관계의 변경)를 내세워 다시 이전의 신청에 대한 거부처분을 할 수 있고(대결 1998. 1. 7, 97두22[간접강제]), 그러한 처분을 하면 재처분의무를 이행한 것에 해당된다. 거부처분 후의 새로운 사유에 기초하여 내려진 재처분이 무효인 경우에도 그러하다.

그러나, '사실심 변론종결 이전에 주장할 수 있었던 사유'를 내세워 다시 거부처분을 할 수는 없다. 예를 들면, 종전 거부처분 당시에 이미 존재하던 사유로서 종전의 거부처분과 동일성이 있는 범위 내의 사유는 종전의 거부처분 취소소송에서 유효하게 주장할 수 있는 사유이므로 재처분에서 거부사유가 될 수 없고, 그러한 사유를 근거로 한 재처분으로서의 거부처분은 기속력에 저촉되어 무효가 된다.

라. 절 차　당사자는 제 1 심수소법원에 간접강제결정을 신청하고, 제 1 심수소법원이 간접강제결정을 한다.

마. 간접강제결정　제 1 심수소법원은 재처분의무의 이행을 위한 상당한 기간을 정하고 행정청이 그 기간내에 이행하지 아니하는 때에는 그 지연기간에 따라 일정한 배상을 할 것을 명하거나 즉시 손해배상할 것을 명할 수 있다. 이 경우 행정소송법 제33조(소송비용에 관한 재판의 효력)와 민사집행법 제262조(채무자의 심문)가 준용되는 것으로 되어 있다(법 제34조 제 2 항). 따라서, 간접강제결정은 피고 또는 참가인이었던 행정청이 속하는 국가 또는 공공단체에 그 효력을 미친다.

바. 이행강제금의 강제집행　간접강제결정에서 정한 상당한 기간이 지났음에도 당

해 행정청이 판결의 취지에 따른 처분을 아니하는 경우에 신청인은 그 간접강제결정을 집행권원으로 하여 집행문(執行文)을 부여받아 이행강제금을 강제집행할 수 있다. 간접강제결정에 기한 배상금은 거부처분취소판결이 확정된 경우 그 처분을 행한 행정청으로 하여금 확정판결의 취지에 따른 재처분의무의 이행을 확실히 담보하기 위한 것으로서, 확정판결의 취지에 따른 재처분의 지연에 대한 제재나 손해배상이 아니고 재처분의 이행에 관한 심리적 강제수단에 불과한 것이다. 따라서, 간접강제결정에서 정한 의무이행기한이 지나 배상금이 발생한 후에라도 확정판결의 취지에 따른 재처분의 이행이 있으면 특별한 사정이 없는 한 배상금을 추심함으로써 심리적 강제를 꾀할 목적이 상실되어 처분상대방이 더 이상 배상금을 추심하는 것은 허용되지 않는다(대판 2004. 1. 15, 2002두2444[청구이의]; 대판 2010. 12. 23, 2009다37725).

사. 민사소송법상 청구이의의 소　　실무상 이행강제금 결정에 대해 민사소송법상의 청구이의의 소가 허용되고 있고, 이 청구이의의 소가 제기되면 이행강제금 결정의 집행이 정지되게 되어 있어 실무상 간접강제의 실효성이 크게 제약을 받고 있다. 따라서, 이행강제금결정에는 청구이의의 소를 인정하지 않는 것이 타당하다.

(4) 판결의 기속력의 취지에 따른 그 밖의 구제조치

행정청의 계쟁처분에 의해 신청의 기회가 박탈된 경우에 계쟁처분이 소급적으로 취소되면 그 수익적 행정처분의 신청의 기회를 인정하는 것이 취소판결의 기속력의 취지와 법치행정의 원리에 부합하며 그 신청에 대해 취소된 계쟁처분의 효력을 주장하여 거부하는 것은 신의성실의 원칙에 반한다(대판 2019. 1. 31, 2016두52019).

> **판례** 　[1] 직업능력개발훈련과정 인정제한처분에 대한 쟁송절차에서 해당 제한처분이 위법한 것으로 판단되어 취소되거나 당연무효로 확인된 경우, 사업주가 해당 제한처분 때문에 관계 법령이 정한 기한 내에 하지 못했던 훈련과정 인정신청과 훈련비용 지원신청을 사후적으로 할 수 있는 기회를 주어야 하는지 여부(적극): 직업능력개발훈련과정 인정을 받은 사업주가 거짓이나 그 밖의 부정한 방법으로 훈련비용을 지원받은 경우에는 해당 훈련과정의 인정을 취소할 수 있고, 인정이 취소된 사업주에 대하여는 인정취소일부터 5년의 범위에서 구 근로자직업능력 개발법(2012. 2. 1. 법률 제11272호로 개정되기 전의 것, 이하 '직업능력개발법'이라 한다) 제24조 제 1 항에 의한 직업능력개발훈련과정 인정을 하지 않을 수 있으며, 1년간 직업능력개발훈련 비용을 지원하지 않을 수 있다[직업능력개발법 제24조 제 2 항 제 2 호, 제 3 항, 제55조 제 2 항 제 1 호, 구 근로자직업능력 개발법 시행규칙(2011. 3. 11. 고용노동부령 제20호로 개정되기 전의 것) 제22조[별표 6의2]]. 관할관청이 직업능력개발훈련과정 인정을 받은 사업주에 대하여 거짓이나 그 밖의 부정한 방법으로 훈련비용을 지원받았다고 판단하여 위 규정들에 따라 일정 기간의 훈련과정 인정제한처분과 훈련비용 지원제한처분을 하였다면, 사업주는 제한처분 때문에 해당 제한 기간에는 실시예정인 훈련과정의 인정을 신청할 수 없고, 이미 실시한 훈련과정의 비용지원도 신청할 수 없게 된다(설령 사업주가 신청을 하더라도, 관할관청은 제한처분이 있음을 이유로 훈련과정 인정이나 훈련비용 지원을 거부할 것임이 분명하다). 그런데 그 제한처분에 대한 쟁송절차에서 해당 제한처분이 위법한 것으로 판단되어 취소되거나 당연무효로 확인된 경우에는, 예외적으로 사업주가 해당 제한처분 때문에 관계 법령이 정한 기한 내에 하지 못했던 훈련과정 인정신청과

훈련비용 지원신청을 사후적으로 할 수 있는 기회를 주는 것이 취소판결과 무효확인판결의 기속력을 규정한 행정소송법 제30조 제1항, 제2항, 제38조 제1항의 입법 취지와 법치행정 원리에 부합한다. [2] 관할관청이 위법한 직업능력개발훈련과정 인정제한처분을 하여 사업주로 하여금 제때 훈련과정 인정신청을 할 수 없도록 하였음에도, 인정제한처분에 대한 취소판결 확정 후 사업주가 인정제한 기간 내에 실제로 실시하였던 훈련에 관하여 비용지원신청을 한 경우에, 관할관청은 단지 해당 훈련과정에 관하여 사전에 훈련과정 인정을 받지 않았다는 이유만을 들어 훈련비용 지원을 거부할 수는 없음이 원칙이다. 이러한 거부행위는 위법한 훈련과정 인정제한처분을 함으로써 사업주로 하여금 제때 훈련과정 인정신청을 할 수 없게 한 장애사유를 만든 행정청이 사업주에 대하여 사전에 훈련과정 인정신청을 하지 않았음을 탓하는 것과 다름없으므로 신의성실의 원칙에 반하여 허용될 수 없다. [3] 따라서 사업주에 대한 훈련과정 인정제한처분과 훈련비용 지원제한처분이 쟁송절차에서 위법한 것으로 판단되어 취소되거나 당연무효로 확인된 후에 사업주가 인정제한 기간에 실제로 실시한 직업능력개발훈련과정의 비용에 대하여 사후적으로 지원신청을 하는 경우, 관할관청으로서는 사업주가 해당 훈련과정에 대하여 미리 훈련과정 인정을 받아 두지 않았다는 형식적인 이유만으로 훈련비용 지원을 거부하여서는 아니 된다. 관할관청은 사업주가 인정제한 기간에 실제로 실시한 직업능력개발훈련과정이 구 근로자직업능력 개발법 시행령(2011. 12. 30. 대통령령 제23467호로 개정되기 전의 것) 제22조 제1항에서 정한 훈련과정 인정의 실체적 요건들을 모두 충족하였는지, 각 훈련생이 구 사업주에 대한 직업능력개발훈련 지원규정(2011. 12. 30. 고용노동부고시 제2011−73호로 개정되기 전의 것) 제8조 제1항에서 정한 지원금 지급을 위한 수료기준을 충족하였는지 등을 심사하여 훈련비용 지원 여부와 지원금액의 규모를 결정하여야 한다. 나아가 관할관청은 사업주가 사후적인 훈련비용 지원신청서에 위와 같은 심사에 필요한 서류를 제대로 첨부하지 아니한 경우에는 사업주에게 상당한 기간을 정하여 보완을 요구하여야 한다(행정절차법 제17조 제5항)(대판 2019. 1. 31, 2016두52019). 〈해설〉 원심판결(서울고등법원 2016. 8. 30, 2016누40957)은 원고가 취소된 처분인 제1처분에 대해 적절한 시기에 처분의 효력정지 내지 집행정지 결정을 받아 훈련비용 지원을 위한 훈련과정 인정신청을 하고 행정청으로부터 훈련과정 인정을 받아 훈련과정 실시 등을 진행할 수 있었으므로 훈련과정 인정신청 자체가 아예 불가능한 것은 아니었다고 할 것임에도 이러한 조치를 취함이 없이 훈련과정의 인정 없이 자체적으로 훈련과정을 실시하였는바, 훈련과정의 인정신청을 하지 못한 것에 대해 공사 측에 아무런 책임이 없다고 볼 수만은 없다는 등의 이유로 해당 거부처분이 적법하다고 하였다.

4. 범 위

(1) 주관적 범위

기속력은 당사자인 행정청과 그 밖의 관계행정청을 기속한다(행정소송법 제30조 제1항). 여기에서 '관계행정청'이라 함은 당해 판결에 의하여 취소된 처분 등에 관계되는 무엇인지의 처분권한을 가지는 행정청, 즉 취소된 처분 등을 기초로 하여 그와 관련되는 처분이나 부수되는 행위를 할 수 있는 행정청을 총칭하는 것이라고 할 것이다(이상규, 886면).

(2) 객관적 범위

기속력은 판결의 실효성을 확보하기 위하여 인정되는 효력이므로 다툼의 대상이 된 사건에 관하여서만 효력을 미친다(제30조 제1항).

기속력은 동일한 사건(기본적 사실관계가 동일한 사건)에 관해서만 미친다. 즉, 당사자가 동일하고, 기본적 사실관계가 동일한 한도내에서만 미친다.

기속력은 '판결의 취지'에 따라 행정청을 구속하는 효력인데, 판결의 취지는 처분이 위법이라는 것을 인정하는 판결의 주문(主文)과 판결이유 중에 설시된 개개의 위법사유를 포함한다(대판 2001. 3. 23, 99두5238[손실보상재결처분취소]). 그러나, 판결의 결론과 직접 관계없는 방론(傍論)이나 간접사실에는 미치지 아니한다.

기판력은 후소법원을 구속하는 효력으로서 판결의 주문에 포함된 것에 한하지만, 기속력은 행정청을 구속하는 효력으로서 판결에 설시된 개개의 위법사유를 포함한다.

> **판례1** 재결의 기속력은 재결의 주문 및 그 전제가 된 요건사실의 인정과 판단, 즉 처분 등의 구체적 위법사유에 관한 판단에만 미친다고 할 것이다(대판 2005. 12. 9, 2003두7705[주택건설사업계획승인신청서반려처분취소]).
>
> **판례2** 원심판결의 이유는 위법하지만 결론이 정당하다는 이유로 상고기각판결이 선고되어 원심판결이 확정된 경우 '판결의 취지'는 상고심판결의 이유와 원심판결의 결론을 의미한다(대판 2004. 1. 15, 2002두2444[청구이의]).

취소판결의 기속력은 원칙상 처분에 명시된 처분사유에 한정된다(쟁점주의). 따라서, 행정청은 다른 처분사유(처분의 기본적 사실관계의 동일성이 없는 사유)를 내세워 동일한 내용의 처분을 할 수 있다.

> **판례** [1] 행정소송법 제30조 제 2 항의 규정에 의하면 행정청의 거부처분을 취소하는 판결이 확정된 때에는 그 처분을 행한 행정청이 판결의 취지에 따라 이전의 신청에 대하여 재처분할 의무가 있으나, 이 때 확정판결의 당사자인 처분 행정청은 그 확정판결에서 적시된 위법사유를 보완하여 새로운 처분을 할 수 있다. [2] 행정처분의 적법 여부는 그 행정처분이 행하여 진 때의 법령과 사실을 기준으로 하여 판단하는 것이므로 거부처분 후에 법령이 개정·시행된 경우에는 개정된 법령 및 허가기준을 새로운 사유로 들어 다시 이전의 신청에 대한 거부처분을 할 수 있으며 그러한 처분도 행정소송법 제 30조 제 2 항에 규정된 재처분에 해당된다. [3] 건축불허가처분을 취소하는 판결이 확정된 후 국토이용관리법시행령이 준농림지역 안에서의 행위제한에 관하여 지방자치단체의 조례로써 일정 지역에서 숙박업을 영위하기 위한 시설의 설치를 제한할 수 있도록 개정된 경우, 당해 지방자치 단체장이 위 처분 후에 개정된 신법령에서 정한 사유를 들어 새로운 거부처분을 한 것이 행정소송법 제30조 제 2 항 소정의 확정판결의 취지에 따라 이전의 신청에 대한 처분을 한 경우에 해당한다(대결 1998. 1. 7, 97두22[간접강제]).

(3) 시간적 범위 [2013 변시]

처분의 위법 여부의 판단시점은 처분시이기 때문에 기속력은 처분 당시까지 존재하던 사유에 대하여만 미치고 그 이후에 생긴 사유에는 미치지 아니한다. 따라서, 취소된 처분 후 새로운 처분사유가 생긴 경우(법 또는 사실상태가 변경된 경우)에는 행정청은 동일한 내용의 처분을 다시 할 수 있다.

판례1   [1] 행정소송법 제30조 제 2 항의 규정에 의하면 행정청의 거부처분을 취소하는 판결이 확정된 때에는 그 처분을 행한 행정청이 판결의 취지에 따라 이전의 신청에 대하여 재처분할 의무가 있으나, 이 때 확정판결의 당사자인 처분 행정청은 그 확정판결에서 적시된 위법사유를 보완하여 새로운 처분을 할 수 있다. [2] 정처분의 적법 여부는 그 행정처분이 행하여진 때의 법령과 사실을 기준으로 하여 판단하는 것이므로 거부처분 후에 법령이 개정·시행된 경우에는 개정된 법령 및 허가기준을 새로운 사유로 들어 다시 이전의 신청에 대한 거부처분을 할 수 있으며 그러한 처분도 행정소송법 제30조 제 2 항에 규정된 재처분에 해당된다. [3] 건축불허가처분을 취소하는 판결이 확정된 후 국토이용관리법시행령이 준농림지역 안에서의 행위제한에 관하여 지방자치단체의 조례로써 일정 지역에서 숙박업을 영위하기 위한 시설의 설치를 제한할 수 있도록 개정된 경우, 당해 지방자치 단체장이 위 처분 후에 개정된 신법령에서 정한 사유를 들어 새로운 거부처분을 한 것이 행정소송법 제30조 제 2 항 소정의 확정판결의 취지에 따라 이전의 신청에 대한 처분을 한 경우에 해당한다(대결 1998. 1. 7, 97두22 [간접강제]).

판례2   취소 확정판결의 기속력은 판결의 주문 및 전제가 되는 처분 등의 구체적 위법사유에 관한 판단에도 미치나, 종전 처분이 판결에 의하여 취소되었더라도 종전 처분과 다른 사유를 들어서 새로이 처분을 하는 것은 기속력에 저촉되지 않는다. 여기에서 동일 사유인지 다른 사유인지는 확정판결에서 위법한 것으로 판단된 종전 처분사유와 기본적 사실관계에서 동일성이 인정되는지 여부에 따라 판단되어야 하고, 기본적 사실관계의 동일성 유무는 처분사유를 법률적으로 평가하기 이전의 구체적인 사실에 착안하여 그 기초인 사회적 사실관계가 기본적인 점에서 동일한지에 따라 결정된다. 또한 행정처분의 위법 여부는 행정처분이 행하여진 때의 법령과 사실을 기준으로 판단하므로, 확정판결의 당사자인 처분 행정청은 종전 처분 후에 발생한 새로운 사유를 내세워 다시 처분을 할 수 있고, 새로운 처분의 처분사유가 종전 처분의 처분사유와 기본적 사실관계에서 동일하지 않은 다른 사유에 해당하는 이상, 처분사유가 종전 처분 당시 이미 존재하고 있었고 당사자가 이를 알고 있었더라도 이를 내세워 새로이 처분을 하는 것은 확정판결의 기속력에 저촉되지 않는다(대판 2016. 3. 24, 2015두48235[감차명령처분취소등]). 〈해설〉 감차명령은 자동차운수사업면허의 일부 변경처분으로서 재량행위로 보아야 한다. 사건의 개요는 다음과 같다. [1] 원고 신미운수 주식회사(이하 '원고 신미운수'라고 한다)는 별지 1 목록 기재 차량 70대를 포함하여 101대의 택시를, 원고 주호교통 주식회사(이하 '원고 주호교통'이라고 한다)는 별지 2 목록 기재 차량 23대를 포함하여 101대의 택시를 각 보유하여 일반택시운송사업을 하고 있다. [2] 피고는 2008. 5. 22. '원고들이 2007. 11. 합계 48대(원고 신미운수 25대, 원고 주호교통 23대)의 택시를 도급제 형태로 운영하여 다른 사람으로 하여금 여객자동차 운송사업을 경영하게 하였다'는 사유로, 원고들에게 구 여객자동차 운수사업법(2008. 3. 21. 법률 제8980호로 전부 개정되기 전의 것) 제13조 제 1 항, 제76조 제 1 항 제13호 등에 의해 위 각 택시에 대하여 감차명령(이하 '종전 처분'이라고 한다)을 하였다. [3] 원고들은 서울행정법원 2008구합22549호로 종전 처분의 취소를 구하는 소를 제기하였고, 위 법원은 2009. 7. 9. 원고들의 택시 48대 운영행위가 명의이용행위에 해당한다고 보기 어렵다는 사유로 종전 처분을 취소하는 내용의 원고들 승소판결을 선고하였다. 이에 피고가 불복하여 서울고등법원 2009누22623호로 항소하였으나, 항소심 법원은 2010. 1. 27. 그 변론을 종결하여 같은 해 2. 10. 항소기각 판결을 선고하였다. 피고가 이에 상고하였으나 2010. 5. 27. 상고기각되어 그 무렵 위 원고들 승소판결이 확정되었다(이하 확정된 위 원고들 승소판결을 '이 사건 확정판결'이라고 한다). [4] 그 후 피고는 2013. 3. 22. 원고들에 대하여 "원고들이 2006. 7. 3.부터 2010. 9. 14.까지 소외 1에게 차량 1대당 일정 임대료를 매월 지급받는 방법으로 총 263회에 걸쳐 원고들의 차량을 임대하고, 원고 신미운수는 같은 방법으로 2007. 3.경부터 2010.9. 30.까지 소외 2에게 총 233회, 2007. 4.경부터 2010. 9. 30.까지 소외 3에게 총 294회, 2007. 7.경부터 2008. 12. 31.까지 소외 4에게 79회에 걸쳐 원고 신미운수의 차량을 임대하여 소외 1과 소외 2, 소외 3, 소외4(이하 '소외 2 등'이라고 한다)로 하여금 여객자동차 운송사업을 경영하게 하였다"는 이유로, 여객자동차 운수사업법 제12조 제 1 항, 제85조 제 1 항 제13호 등에 의하여 별지 1, 2 목록 기재 각 차량에 대하여 감차명령(이하 '이 사건 처분'이라고 한다)을 하였다. [5] 대법원은 원심과 달리 다음과 같이 판시하였다. 1) 피고는 이 사건 처분 당시 이 사건 중복차량에 관하여 별지 3 목록 제 1, 2 항의 해당 차량별 '명의이용기간'란 기재와 같이 위반행위 기간을 특정하였다. 그런데 해당 차량 중 별지 3 목록 제 1 항 순번 2, 4, 7, 9번 및 제 2 항 순번 3, 5, 6, 7번 기재 차량의 경우 그 처분의 대상인 위반행위에 종전 처분의 대상인 2007. 11.에 있었던 명의이용행위도 포함되어 있고, 이 사건 처분사유 가운데 종전 처분의 대상이었던 이 사건 중복차량 중 일부 차량의 위 기간 동안의 명의이용행위 부분은 종전 처분사유와 그 기본적 사실관계가 동일하다고 보아야 하므로, 피고가 이 사건 처분을 하면서 이 부분까지도 위반행위에 포함시킨 것은 이 사건 확정판결의 기속력에 저촉된다 할 것이다. 2) 그러나 이 사건 처분사유 가운데 종전 처분의 대상이었던 위 기간 동안의 명의이용행위를 제외한 나머지 부분은 법률적으로 평가하기 이전의 구체적인 사실에 착안하여 볼 때, 종전 처분사유와 그 기간을 달리함으로써 기본적 사실관계에 있어 동일성이 인정되지 않는다고 봄이 타당하므로, 피고가 위 부분위반행위를 이 사건 처분의 처분사유로 삼았다 하더라도 이 사건 확정판결의 기속력에 저촉되는 것은 아니다. 3) 그리고 이 사건 확정판결의 기판력은 그 소송물이었던 종전 처분의 위법성 존부에 관한 판단 그 자체에만 미치는 것이고, 이 사건 처분을 대상으로 하여 그 소송물을 달리하는 이 사건 소에는 미치지 않는다. 4) 그럼에도 원심은 이와 달리, 여객자동차운수사업법 제12조 제 1 항에서 금지된 명의이용행위의 경우 그 행위의 반복이 예상된다는 법률적·규범적 요소를 위주로 기본적 사실관계에 있어 동일성 여부를 판단하여야 한다는 등 그 판시와 같은 이유로 이 사건 처분 중 이 사건 중복차량에 관한 부분 전부가 이 사건 확정판결의 기속력 내지 기판력에 위배되어 위법하다고 판단하였다. 이러한 원심판결에는 확정판결의 기속력 내지 기판력에 관한 법리를 오해하여 판결 결과에 영향을 미친 잘못이 있다.

다만, 전술한 바와 같이 거부처분취소판결이 판결시의 법 및 사실상태를 기준으로 내려진다면 행정청은 판결시 이전의 사유를 들어 다시 거부처분을 할 수는 없다.

5. 기속력 위반의 효과

기속력에 위반하여 한 행정청의 행위는 **당연무효**가 된다(대판 1990. 12. 11, 90누3560[토지형질변경허가신청불허가처분취소]).

기속력에 반하는 공권력의 행사 또는 불행사로 손해를 받은 경우 국가배상을 청구할 수 있다.

Ⅲ. 기 판 력

1. 의   의

기판력(旣判力)은 일단 재판이 확정된 때에는 소송당사자는 동일한 소송물에 대하여는 다시 소를 제기할 수 없고 설령 제기되어도 상대방은 기판사항이라는 항변을 할 수 있으며 법원도 일사부재리의 원칙(一事不再理의 原則)에 따라 확정판결과 내용적으로 모순되는 판단을 하지 못하는 효력을 말한다.

기판력은 확정판결의 주문에 포함된 법률적 판단의 내용은 이후 그 소송당사자의 관계를 규율하는 새로운 기준이 되는 것이므로 동일한 사항이 소송상 문제가 되었을 때 소송당사자는 이에 저촉되는 주장을 할수 없고 법원도 이에 저촉되는 판단을 할 수 없는 구속력을 의미하는 것이다.

　기판력제도는 국가의 재판기관이 당사자간의 분쟁을 공권적으로 판단한 것에 기초한 법적 안정성에서 유래된 것이다. 달리 말하면 기판력은 분쟁의 종국적인 해결을 위하여 확정판결에 의해 이미 해결된 법적 분쟁에 대하여 다시 소송으로 다투는 것을 막기 위하여 인정된 판결의 효력이다.

　행정소송법은 기판력에 관한 명문의 규정을 두고 있지 않다. 행정소송에서의 판결의 기판력은 행정소송법 제8조 제2항에 따라 민사소송법상 기판력규정이 준용되어 인정되는 것이다.

　기판력은 확정된 종국판결에 인정된다. 인용판결뿐만 아니라 기각판결, 소송판결(각하판결)에도 인정된다.

2. 범　　위

기판력이 미치는 범위에는 주관적·객관적·시간적 범위가 있다.

(1) 주관적 범위

　취소소송의 기판력은 당사자 및 이와 동일시할 수 있는 자(승계인)에게만 미치며 제3자에게는 미치지 않는다. 소송참가를 한 제3자에게도 기판력이 미치지 않는다.

　취소소송의 기판력은 당해 처분이 귀속하는 국가 또는 공공단체에도 미친다. 따라서, 기판력은 처분청 이외의 다른 행정청에도 미친다고 보아야 한다. 판례는 기판력이 관계 행정청에도 미치는 것으로 보고 있다(대판 1992. 12. 8, 92누6891[면직처분무효확인]).

(2) 객관적 범위

　일반적으로 기판력은 판결의 주문에 포함된 것에 한하여 인정된다(민사소송법 제216조 제1항). 이유부분은 민사소송에서와 같이 행정소송에서도 판결주문을 해석하기 위한 수단으로서의 의미를 가질 뿐 기판력에 있어서는 의미를 갖지 못한다.

　① 판결의 주문에는 소송물에 관한 판단의 결론이 적시된다. 취소소송의 소송물은 위법성 일반이라고 본다면 취소소송의 기판력은 인용판결의 경우에는 당해 처분이 위법하다는 점에 미친다.

　기각판결의 경우에는 당해 처분이 적법하다는 점에 미친다. 다만, 사정판결의 경우에는 당해 처분이 위법하다는 점에 기판력이 미친다. 기각판결이 난 경우에는 원고는 다른 위법사유를 들어 당해 처분의 효력을 다툴 수 없다. 취소소송의 소송물이 개개의 위법사유라고 본다면 개개의 위법사유에 관한 판단에 한하여 기판력이 미친다.

　무효확인소송의 기판력은 인용판결의 경우에는 당해 처분이 위법하다는 점과 당해 처분이 무효라는 점에 대하여 미치고, 기각판결의 경우에는 당해 처분이 무효가 아니라는 점에 미친다. 따라서, 무효확인소송에서 기각판결이 난 경우에도 취소소송의 요건이 갖추어진 경우에는 취소소송을 제기할 수 있고, 국가배상청구소송도 제기할 수 있다.

소송판결의 기판력은 그 판결에서 확정한 소송요건의 흠결에 관하여 미친다(대판 1996. 11. 15, 96다31406; 대판 2015. 10. 29, 2015두44288).

판례 확정된 종국판결의 사실심 변론종결 이전에 발생하고 제출할 수 있었던 사유에 기인한 주장이나 항변은 확정판결의 기판력에 의하여 차단되므로 당사자가 그와 같은 사유를 원인으로 확정판결의 내용에 반하는 주장을 새로이 하는 것은 허용되지 아니한다(대판 2015. 10. 29, 2015두44288[부작위위법확인의소등]). 〈해설〉〈사건의 개요〉① 원고는 2005. 4. 7. '원고가 1970. 1.경 베트남에서 군인으로서 직무수행 중 부비트랩이 폭발하여 오른쪽 눈 안구에 화상을 입었고, 이로 인하여 오른쪽 눈 중심성 망막염 및 황반변성의 장애와 왼쪽 눈 시력저하의 장애를 입었다'고 주장하면서 위 각 장애를 국가유공자의 상이로 추가인정해 줄 것을 피고에게 신청(이하 '이 사건 신청'이라 한다)한 사실, ② 피고는 2005. 8. 23. 이 사건 신청을 거부(이하 '이 사건 거부처분'이라 한다)하였고, 이에 원고는 2005. 11. 11. 국가보훈처장에게 이 사건 거부처분의 취소를 구하는 행정심판을 청구한 사실, ③ 국가보훈처장은 2006. 7. 6. 이 사건 거부처분 전체를 취소하는 재결을 하면서 재결 이유에서 오른쪽 눈 중심성 망막염 및 황반변성의 장애가 군인으로서 직무수행 중 발생한 장애로 인정된다는 점만을 판단하였을 뿐 왼쪽 눈 시력저하에 대해서는 명시적인 판단을 하지 않은 사실, ④ 그 후 피고는 위 재결 취지에 따라 오른쪽 눈의 장애에 대하여 국가유공자 상이로 추가 인정하였으나 왼쪽 눈에 대해서는 아무런 처분을 하지 아니하였고, 이에 원고는 2012. 10. 15. 피고를 상대로 서울행정법원 2012구단24606호로 이 사건 신청 중 '왼쪽 눈 시력저하의 상이 추가인정 신청'에 대하여 피고가 아무런 처분을 하지 아니한 부작위가 위법하다는 확인을 구하는 소송(이하 '종전 소송'이라 한다)을 제기한 사실, ⑤ 서울행정법원은 피고가 이 사건 거부처분을 하였으므로 부작위 자체가 존재하지 않는다는 이유로 2013. 3. 8. 원고의 소를 각하하는 판결을 선고하였고 그 무렵 위 판결이 확정된 사실, ⑥ 원고는 2013. 11. 15. 다시 피고를 상대로 서울행정법원에 이 사건 신청 중 '왼쪽 눈 시력저하의 상이 추가인정 신청'에 대하여 피고가 아무런 처분을 하지 아니한 부작위가 위법함의 확인을 구하는 이 사건 소송을 제기한 사실 등을 알 수 있다. 〈원심 판결〉 원심은 위와 같은 사실 등을 인정한 다음, 종전 소송의 2013. 3. 8.자 판결은 피고가 2005. 8. 23.자 이 사건 거부처분을 하였기 때문에 부작위가 존재하지 않는다는 내용이므로, 2005. 8. 23.부터 이 사건 거부처분이 취소되기 전인 2006. 7. 5.까지 부작위가 존재하지 않는다는 점에 관해서 기판력이 발생하였음은 별론으로 하고, 위 거부처분이 취소된 2006. 7. 6. 이후에도 부작위가 존재하지 않는다는 점에 관해서까지 기판력이 발생하였다고 할 수는 없다는 이유로 이 사건 소송이 종전 소송에 관한 확정판결의 기판력에 저촉된다는 피고의 주장을 배척한 후 원고의 주위적 청구를 인용하였다. 〈대법원 판결〉 대법원은 다음과 같이 원심과 달리 판단하였다. ① 종전 소송과 이 사건 소송은 당사자가 서로 동일하고, 종전 소송의 청구취지와 이 사건 소송의 주위적 청구취지도 '원고의 2005. 4. 7.자 왼쪽 눈에 관한 상이 추가인정 신청에 대한 피고의 부작위가 위법함을 확인한다'는 것으로서 서로 동일할 뿐 아니라, 원고가 이 사건 소송에서 피고의 위법한 부작위의 원인으로 주장하는 '2006. 7. 6.자 행정심판 취소 재결에 의하여 이 사건 거부처분이 취소되었다'는 사정은 이미 종전 소송의 변론종결 이전에 발생한 사정으로서 당시 위 소송에서 현출되었음에도 위와 같은 이유로 각하 판결이 선고되었고, 이에 대하여 원고 스스로 항소하지 않아 소 각하 판결이 그대로 확정된 이상, 위 소송에서 판단이 이루어진 '소송요건의 흠결', 즉 '원고의 이 사건 신청에 대한 피고의 부작위가 존재하지 않는다'는 점에 관하여 종전 소송 확정판결의 기판력은 이 사건 소송에 미친다고 할 것이므로, 원고가 이 사건 거부처분이 취소되었다는 동일한 사유를 원인으로 하여 종전 소송 확정판결의 내용에 반하는 주장을 새로이 하는 것은 허용되지 아니한다고 보아야 한다. 따라서 원고의 이 사건 주위적 청구가 종전 소송 확정판결의 기판력에 저촉되지 아니한다는 원심의 판단에는 소송판결의 기판력에 관한 법리를 오해하여 판결에 영향을 미친 위법이 있다. 그러므로 원심판결을 파기하고, 사건을 다시 심리·판단하게 하기 위하여 원심법원에 환송하는 판결을 하였다. 〈평석〉 부작위위법확인소송에서 부작위 여부는 판결시를 기준으로 판단된다. 따라서, 서울행정법원의 판결은 잘못된 판결이다. 즉, 서울행정법원은 피고가 이 사건 거부처분을 하였으므로 부작위 자체가 존재하지 않는다는 이유로 부작위위법확인의 소를 각하하는 판결을 선고하였는데, 이 사건 거부처분이 행정심판의 재결에 의해 소급적으로 취소되었으므로 서울행정법원이 한 판결시에는 거부처분이 존재하지 않고 부작위 상태인 것으로 보는 것이 타당하다.

② 기판력은 **해당 처분**에 한하여 미치므로 동일한 처분에는 미치나 새로운 처분에 대하여는 미치지 않는다. 이에 대하여 기속력은 동일한 처분뿐만 아니라 새로운 처분에도 미친다.

기판력이라 함은 기판력있는 전소판결의 소송물과 동일한 후소를 허용하지 않는 것임은 물론, 후소의 소송물이 전소의 소송물과 동일하지 않다고 하더라도 전소의 소송물에 관한 판단이 후소의 선결문제가 되거나 모순관계에 있을 때에는 후소에서 전소판결의 판단과 다른 주장을 하는 것을 허용하지 않는 작용을 하는 것이다(대판 2001. 1. 16, 2000다41349).

(3) 시간적 범위

기판력은 **사실심 변론의 종결시**를 기준으로 하여 발생한다. 처분청은 당해 사건의 사실심 변론종결 이전에 주장할 수 있었던 사유를 내세워 확정판결과 저촉되는 처분을 할 수 없고 하여도 무효이다.

확정판결의 기판력은 그 변론종결 후에 새로 발생한 사유가 있을 경우에는 효력이 차단되는데, 여기서 말하는 변론종결 후에 발생한 새로운 사유란 법률관계 사실 자체를 말하는 것이지 기존의 법률관계에 대한 새로운 증거자료를 의미하는 것이 아니다(대판 2001. 1. 16, 2000다41349).

3. 기판력의 적용

기판력은 전소에서 확정된 법적 문제가 후소에서 다시 문제되는 때에 작용하는데 구체적으로는 다음의 세 경우이다. ① 후소의 소송물이 전소의 소송물과 동일하거나(예: 동일한 처분에 대하여 절차의 하자를 이유로 취소소송을 제기하여 기각당한 후 내용상 위법을 이유로 다시 취소소송을 제기한 경우), ② 후소가 기판력에 의하여 확정된 법률효과와 정면으로 모순되는 반대관계를 소송물로 하거나(취소소송에서 기각판결이 확정된 후 무효확인소송을 제기한 경우), ③ 전소의 소송물(또는 소송물과 기판력의 대상이 일치하지 않는다는 견해에 의하면, 기판력의 대상)이 후소의 선결문제로 되는 때(예: 처분에 대한 취소판결 후 동 처분으로 인한 손해에 대해 국가배상청구소송을 제기한 경우, 처분에 대한 무효확인판결 또는 기각판결을 받은 후 부당이득반환청구소송을 제기한 경우)이다.

당사자는 기판력에 저촉되는 주장을 할 수 없고 법원도 기판력에 저촉되는 판단을 할 수 없다.

행정청의 공사중지명령에 대한 취소소송에서 명령이 적법한 것으로 확정된 경우, 이후 그 명령의 상대방이 명령의 해제신청을 거부한 처분의 취소를 구하는 소송에서 명령의 적법성을 다툴 수 있는지 여부(소극): 행정청이 관련 법령에 근거하여 행한 공사중지명령의 상대방이 명령의 취소를 구한 소송에서 패소함으로써 그 명령이 적법한 것으로 이미 확정되었다면, 이후 이러한 공사중지명령의 상대방은 그 명령의 해제신청을 거부한 처분의 취소를 구하는 소송에서 그 명령의 적법성을 다툴 수 없다(대판 2014. 11. 27, 2014두37665[공사중지명령해제신청거부처분취소등]). 〈해설〉 행정청의 공사중지명령에 대한 취소소송에서 기각판결이 확정된 경우(명령이 적법한 것으로 확정된 경우) 그 기각판결의 기판력은 당해 처분이 적법하다는 것에 미치며 그 명령의 상대방이 제기한 명령의 해제신청을 거부한 처분의 취소를 구하는 소송에서 명령의 적법성 판단에 미친다.

(1) 취소소송에서의 기각판결의 무효확인소송에 대한 기판력

취소소송에서 기각판결이 확정되면 계쟁처분이 위법하지 않다는 것이 확정된다. 따라서, 원고는 다시 이를 무효라 하여 그 무효확인을 소구할 수는 없고(대판 1992. 12. 8, 92누6891; 1993. 4. 27, 92누9777), 후에 무효확인소송에 있어서 법원은 취소소송의 기각판결의 기판력에 구속되므로 무효확인판결을 내릴 수 없다.

판례 행정처분취소청구를 기각하는 판결이 확정되면 그 처분이 적법하다는 점에 관하여 기판력이 생기므로 원고가 다시 이를 무효라 하여 그 무효확인을 소구할 수는 없다(대판 1992. 12. 8, 92누6891[면직처분무효확인]; 1993. 4. 27, 92누9777[증여세 등 부과처분무효확인]).

이에 반하여 무효확인소송에서 기각판결이 확정되어도 무효확인소송의 대상이 된 처분의 위법을 주장하면서 취소소송이나 국가배상소송을 제기할 수 있다.

(2) 취소판결의 국가배상청구소송에 대한 기판력 [2011 감평 사례, 2010 사시 사례]

취소소송의 판결의 기판력이 국가배상소송에 대하여 미치는 것은 취소소송의 소송물(위법성)이 후소인 국가배상소송의 선결문제로 되는 경우이다. 취소소송의 소송물(또는 기판력의 대상 즉, 위법성)이 국가배상소송에서 선결문제로 되지 않는 무과실책임(위법·적법 여부를 묻지 않는 엄격한 의미의 무과실책임)의 경우에는 취소소송판결의 기판력이 국가배상소송에 미치지 않는다. 과실책임의 경우에는 위법성이 선결문제가 되므로 취소소송의 판결의 기판력이 국가배상소송에 미치는지 여부가 문제된다.

취소판결의 국가배상소송에 대한 기판력의 문제는 취소소송의 소송물을 무엇으로 볼 것인가 하는 것과 취소소송에서의 위법과 국가배상소송에서의 위법을 어떻게 볼 것인가에 따라 다르다.

1) 취소소송의 소송물을 처분의 위법성 일반으로 보는 견해

가. 긍 정 설　　취소소송에서의 위법과 국가배상소송에서의 위법이 동일한 개념이라

고 보는 협의의 행위위법설에 의하면 취소판결 및 기각판결의 기판력은 국가배상소송에 미친다.

청구기각판결의 경우에는 후소(국가배상소송)에서 그 처분의 위법성을 주장할 수 없게 되고, 청구인용판결의 경우에는 국가배상청구소송 수소법원은 처분의 위법성을 인정하여야 한다(홍정선).

나. 부 정 설   국가배상청구소송의 위법을 취소소송의 위법과 다른 개념으로 보는 견해(상대적 위법성설 또는 결과위법설)에 의하면 취소판결의 기판력은 국가배상청구소송에 미치지 않는다고 보아야 할 것이다.

다. 인용판결·기각판결구별설   국가배상청구소송의 위법 개념을 취소소송의 위법 개념보다 넓은 개념으로 본다면 인용판결의 기판력은 국가배상소송에 미치지만, 기각판결의 기판력은 국가배상소송에 미치지 않는다고 보아야 한다.

라. 결어(개별결정설)   행위위법설에 따르면 동일한 처분의 위법이 문제되면 취소판결의 기판력은 국가배상청구소송에 미친다고 보는 것이 논리적이다. 즉 국가배상소송에서 취소된 처분 자체가 가해행위가 되는 경우 취소소송의 인용판결의 기판력은 국가배상소송에 미친다. 그러나, 취소된 처분 자체가 가해행위가 아니라 처분에 수반되는 손해방지의무 위반이 손해의 원인이 되는 경우에는 위법의 대상이 다르므로 처분의 취소판결의 기판력은 처분에 수반되는 손해방지의무 위반으로 인한 손해에 대한 국가배상청구소송에 미치지 않는다.

또한 국가배상법상 위법 개념에 관하여 상대적 위법성설을 취하면 항고소송에서의 위법과 국가배상청구소송에서의 위법 개념이 다르므로 취소판결의 기판력은 국가배상소송에 미치지 않는다.

2) 처분의 위법사유마다 취소소송의 소송물이 다르다고 보고 취소소송의 판결의 기판력은 개개의 위법사유에 한정된다는 견해

처분의 개개의 위법사유가 취소소송의 소송물이라고 보는 견해에 의하면 취소소송의 판결의 기판력은 개개의 위법사유에 한정된다. 따라서 청구기각판결의 경우에 원고는 후소인 국가배상청구소송에서 전소인 취소소송에서 주장한 것과 다른 위법사유를 주장할 수 있게 된다. 이 견해에 의하면, 취소소송에서 기각판결을 받은 경우에 불복제기기간이 지나 다른 위법사유를 들어 취소소송을 제기할 수 없는 경우에는 다른 위법사유를 들어 국가배상청구소송을 제기할 수 있게 된다.

판례   어떠한 행정처분이 후에 항고소송에서 취소되었다고 할지라도 그 기판력에 의하여 당해 행정처분이 곧바로 공무원의 고의 또는 과실로 인한 것으로서 불법행위를 구성한다고 단정할 수는 없는 것이고, 그 행정처분의 담당공무원이 보통 일반의 공무원을 표준으로 하여 볼 때 객관적 주의의무를 결하여 그 행정처분이 객관적 정당성을 상실하였다고 인정될 정도에 이른 경우에 비로소 국가배상법

제 2 조 소정의 국가배상책임의 요건을 충족하였다고 봄이 상당할 것이며, 이 때에 객관적 정당성을 상실하였는지 여부는 피침해이익의 종류 및 성질, 침해행위가 되는 행정처분의 태양 및 그 원인, 행정처분의 발동에 대한 피해자측의 관여의 유무, 정도 및 손해의 정도 등 제반 사정을 종합하여 손해의 전보책임을 국가 또는 지방자치단체에게 부담시켜야 할 실질적인 이유가 있는지 여부에 의하여 판단하여야 한다(대판 2003. 11. 27, 2001다33789, 33796, 33802, 33819[손해배상(기)]). 〈해설〉 본 판례를 근거로 부정설의 입장을 취했다고 판단한 견해(김철용, 495면)도 있으나 판례의 입장은 분명하지 않다고 봄이 타당하다. 본 판례는 기판력이 미치지 않는 이유가 위법이 다름을 이유로 한 것이 아니라 취소소송의 위법으로 곧 국가배상법상 불법(위법＋고의·과실)을 인정할 수는 없다는 이유에서이다. 따라서 부정설의 근거로 보는 것은 잘못이라고 판단된다.

(3) 국가배상판결의 취소소송에 대한 기판력

국가배상소송에서의 처분의 위법 또는 적법의 판단은 취소소송에 기판력을 미치지 않는다. 왜냐하면 국가배상소송에서의 위법 또는 적법은 기판력이 미치는 소송물이 아니기 때문이다.

제 9 항   무효등확인판결의 효력

무효등확인판결에는 취소판결의 제 3 자효와 기속력에 관한 규정(제29조, 제30조)이 준용된다(행정소송법 제38조 제 1 항).

무효등확인판결에는 간접강제에 관한 규정이 준용되지 않는다.

제10항   부작위위법확인판결의 효력

> **문제**   부작위위법확인소송이 신청에 대한 행정청의 부작위에 대한 구제제도로서는 우회적인 구제수단이라고 하는 의미는 무엇인가.

부작위위법확인판결에는 취소판결의 제 3 자효와 기속력에 관한 규정(제29조, 제30조) 및 거부처분취소판결의 간접강제에 관한 규정(제34조)이 준용된다(행정소송법 제38조 제 2 항).

> **판례**   갑의 을에 대한 부작위위법확인소송의 판결이 확정된 후, 을이 그 취지에 따른 처분을 하였으므로 갑의 간접강제신청은 그에 필요한 요건을 갖추지 못한 것이라고 한 원심을 수긍한 사례(대결 2010. 2. 5, 2009무153[간접강제신청]).

부작위위법확인판결의 기속력은 행정청의 판결의 취지에 따른 재처분의무이다. 그런데, 부작위위법확인소송에서 인용판결의 기속력으로서의 재처분의무는 행정청의 응답의무인가 아니면 신청에 따른 특정한 내용의 처분의무인가에 관하여 견해가 대립하고 있다.

I. 응답의무설

부작위위법확인판결의 기속력으로서의 재처분의무는 행정청의 응답의무라고 보는 견해로 다수견해이며 이 견해가 타당하다. 이 견해에 의하면 행정청은 신청의 대상이 기속행위인 경우에 거부처분을 하여도, 판결의 기속력의 내용인 (재)처분의무를 이행하는 것이 된다(김동희, 710면).

이 견해의 논거는 다음과 같다. ① 부작위위법확인판결은 부작위가 위법하다는 것을 확인하는 것에 불과하므로 이 재처분의무의 내용은 행정청의 가부(可否)간의 응답의무이며 신청에 따른 적극적인 처분을 하여야 할 의무는 아니다. ② 부작위의 성립요건으로서의 법령상·조리상 신청권은 행정청의 응답을 구하는 권리에 불과하다. 행정소송법 제2조 제1항 제2호는 부작위의 성립요건으로 '일정한 처분을 하여야 할 법률상 의무'를 요구하고 있는데, 여기에서 '일정한 처분'이라 함은 특정내용의 처분을 의미하는 것은 아니며 신청에 대한 가부의 응답을 말한다고 보아야 한다. 따라서, 행정청이 거부하는 것도 기속력에 반하지 않는다. ③ 특정처분의무설을 취하는 경우 법원이 신청에 따른 처분의 적법 여부를 스스로 판단하여야 하는데, 이는 법원이 일차적 판단권을 행사하는 결과가 되어 문제가 있고, 법원의 부담이 너무 커진다. 이는 위법판단의 기준시 및 인용판결의 기준시를 판결시로 보는 경우에 더욱 그러하다. ④ 특정처분의무설을 취하는 경우 부작위위법확인소송은 실질적으로 의무이행소송과 같은 것이 되는데, 이는 부작위위법확인소송만 인정하고 의무이행소송을 인정하지 않은 현행 행정소송법의 입법취지에 반한다.

판례도 이 입장을 취하고 있다(대판 1990. 9. 25, 89누4758[교원임용의무불이행위법확인 등]).

II. 특정처분의무설

부작위위법확인소송 인용판결의 기속력의 내용으로서의 처분의무는 당초 신청된 특정한 처분을 뜻하는 것으로 보는 견해를 말한다.

이 견해의 논거는 다음과 같다. ① 부작위위법확인소송의 본안에서 부작위의 위법성을 판단하기 위하여 행정청의 처분을 구할 실체법적 권리(청구권)의 유무가 다투어지지 않을 수 없다. ② 행정소송법 제2조 제1항 제2호의 '일정한 처분을 하여 줄 의무'란 '신청에 따른 처분을 하여 줄 의무'라고 보아야 한다. ③ 행정소송법 제30조 제2항이 부작위위법확인소송에 준용된다(홍준형, 724~725면). ④ 부작위위법확인소송의 기속력을 응답의무로 이해하면 처분청이 다시 거부처분을 하는 것이 가능하다는 결론이 되며 권리구제를 위하여는 그 거부처분에 대하여 다시 취소소송을 제기하여야 하므로 비효율적이고 경제적이지 못하므로 무용한 소송의 계속을 방지하기 위하여 부작위위법확인소송 인용판결에 실질적 기속력을 인정하는 것이 타당하다(김성수, 875~876면).

입법론으로는 실효성 있는 권리구제를 위하여 의무이행소송을 도입하여야 할 것이다.

제11항   기각판결의 효력

기각판결에는 대세효가 인정되지 않고 당사자 사이에 상대적인 기판력만이 발생한다. 그리고, 처분이 위법하지 않아 기각판결이 난 경우 처분이 적법하다는 것에 기판력이 발생한다는 것이 통설 및 판례의 입장이다.

사정판결의 경우에는 처분의 위법에 대하여 기판력이 발생한다.

제12항   민사판결의 기속력

원칙상 민사판결의 효력은 당해 사건에 한하여 소송당사자 사이에만 미치는 것이고, 처분을 행하는 행정기관을 기속하는 효력을 갖지 못하지만, 동일한 사실인정의 문제가 민사사건과 행정사건에서 동시에 제기되는 경우 민사판결에서 인정된 사실이 행정기관이 처분을 행하거나 행정심판을 행함에 있어서 부정되는 것은 타당한 것이 아니다.

판례   [1] 보험급여에 관한 근로복지공단의 결정에 대한 산업재해보상보험심사위원회(이하 '산재심사위원회'라고 한다)의 재심사절차는 민사재판절차와는 별개의 절차로서 민사사건 등의 판결에서 인정된 사실에 기속되는 것은 아니라 할지라도 이미 확정된 관련 민사사건에서 인정된 사실은 특별한 사정이 없는 한 유력한 판단자료가 되는 것이므로 합리적 근거 없이 이를 배척할 수 없고, 특히 분쟁의 기초가 된 사실 및 그 청구 목적이 근로복지공단의 처분과 밀접하게 관련된 민사소송에서 확정된 사실이라면 더욱 그러하다. [2] 근로자가 당사자가 되어 진행된 민사사건에서 신체장해의 존부가 다투어지고 신체감정절차를 거쳐 그러한 장해를 인정하지 않는 내용의 판결이 확정되었음에도 산재심사위원회가 특별한 합리적 근거도 없이 객관적으로 확정판결의 내용에 명백히 배치되는 사실인정을 하였다면 이러한 재결은 전문적 판단의 영역에서 행정청에게 허용되는 재량을 넘어 객관적 정당성을 상실한 것으로서 국가배상법 제 2 조 소정의 국가배상책임의 요건을 충족할 수 있다고 한 사례(대판 2011. 1. 27, 2008다30703[손해배상(기)]).

제 7 장

행정구제수단으로서의 헌법소송

헌법소송에는 위헌법률심판, 헌법소원, 탄핵심판, 정당해산심판, 권한쟁의심판이 있는데, 행정구제수단으로서 중요한 것은 헌법소원 및 권한쟁의심판이다.

Ⅰ. 헌법소원

헌법소원(憲法訴願)에는 두 종류가 있다. 하나는 공권력의 행사 또는 불행사로 인하여 기본권이 침해된 경우에 기본권을 침해받은 자가 제기하는 **권리구제형 헌법소원**(헌법재판소법 제68조 제1항에 의한 헌법소원)이고, 다른 하나는 법원에 위헌법률심판의 제청신청을 하였으나 기각된 경우에 제청신청을 한 당사자가 헌법재판소에 제기하는 **위헌심사형 헌법소원**(헌법재판소법 제68조 제2항에 의한 헌법소원)이다. 이 중 행정구제수단으로서 중요한 것은 권리구제형 헌법소원이다. 헌법소원에서는 공권력의 행사 또는 불행사가 다투어지는데, 여기에서의 공권력에는 행정권도 포함된다.

권리구제형 헌법소원의 소송요건은 다음과 같다. ① 공권력의 행사 또는 불행사로 자신의 기본권이 침해된 자가 제기할 것. 따라서 기본권의 주체만이 헌법소원을 제기할 수 있다. ② 공권력작용에 의해 자신의 기본권이 현재 그리고 직접 침해를 당했어야 한다. 즉 자기관련성, 현재성 및 직접성이 있어야 한다. ③ 헌법소원은 다른 법률에 구제절차가 있는 경우에는 그 절차를 모두 거친 후에 심판청구를 하여야 한다(헌법재판소법 제68조 제1항 단서). 이를 헌법소원의 보충성 내지 보완성의 원칙이라 한다. ④ 헌법소원심판은 법이 정한 청구기간내에 제기하여야 한다(헌법재판소법 제69조). ⑤ 권리보호이익 내지 심판의 이익이 있어야 한다.

'다른 법률에 의한 구제절차'라 함은 공권력의 행사 또는 불행사를 직접 대상으로 하여 그 효력을 다툴 수 있는 권리구제절차(예, 항고소송)를 의미하고, 사후적·보충적 구제수단(예, 손해배상청구, 손실보상청구)을 뜻하는 것은 아니다(헌재 1989. 4. 17, 88헌마3). 따라서, 항고소송이 가능한 경우에는 원칙상 헌법소원이 인정되지 않는다(헌재 2009. 2. 26, 2008헌마370[법학전문대학원 설치 예비인가 배제결정취소]).

판례1 법학전문대학원 설치 예비인가 거부결정에 대한 헌법소원 심판청구가 보충성 요건을 충족하는지 여부(소극): 이 사건 예비인가 거부결정은 법학전문대학원 설치인가 이전에 청구인들의 법적 지위에 영향을 주는 것으로 항고소송의 대상이 되는 행정처분에 해당한다고 할 것인데, 학교법인 명지학원은 위 결정에 대한 행정소송을 제기하지 아니하였고 청구인 국민학원은 이 사건 예비인가 거부결정의 취소를 구하는 행정소송을 제기하였다가 2008. 8. 29. 교육과학기술부장관의 법학전문대학원 설치에 관한 본인가결정이 내려지자 그 청구취지를 '법학전문대학원 설치인가 거부처분의 취소'를 구하는 것으로 교환적으로 변경하여 현재 소송계속 중이다. 결국 학교법인 국민학원과 학교법인 명지학원의 이 사건 예비인가 거부결정에 관한 헌법소원심판청구는 행정소송에 의한 권리구제절차를 모두 거치지 아니한 것으로 보충성 원칙에 반하여 부적법하다(헌재 2009. 2. 26, 2008헌마370).

판례2 [1] 청구인(국립 강원대학교)은 이 사건 모집정지(강원대학교 법학전문대학원의 2015학년도 및 2016학년도 신입생 각 1명의 모집을 정지한 행위)에 대하여 행정소송을 제기하지 아니한 채 바로 헌법소원심판을 청구하였으나, 법인화되지 않는 국립대학 및 국립대총장은 행정소송의 당사자능력이 인정되지 않는다는 것이 법원의 확립된 판례이므로, 이 사건 심판청구는 보충성의 예외에 해당된다(헌재 1995. 12. 28, 91헌마80 등 참조). 〈해설〉이 사건 모집정지의 처분성이 문제된다. 교육부장관의 지휘감독조치로 본다면 내부행위로 볼 수도 있지만, 대학의 기본권인 자율권을 침해하는 것이고, 법학전문대학원 지원자에 대해서도 영향을 미치는 것이므로 처분으로 보는 것이 타당할 것이다. [2] 교육부장관의 지도·감독권에 기하여 이루어진 이 사건 모집정지(강원대학교 법학전문대학원의 2015학년도 및 2016학년도 신입생 각 1명의 모집을 정지한 행위)가 법률유보원칙에 반하여 청구인의 대학의 자율권을 침해한다고 보기는 어렵다. [3] 국립대학도 헌법상 학문의 자유 및 대학의 자율권으로 보호되는 영역에서는 독립된 기본권의 주체가 되므로, 교육부장관의 공권력 행사가 국립대학의 대학의 자율권을 침해하는 경우에는 해당 기본권이 형해화(形骸化)되는 것을 막기 위하여 헌법소원심판의 청구인능력이 인정된다(헌재 2015. 12. 23, 2014헌마1149[강원대학교 법학전문대학원 2015학년 모집정지처분 등 취소]).

판례3 (1) 코로나바이러스감염증-19의 예방을 위하여 음식점 및 PC방 운영자 등에게 영업시간을 제한하거나 이용자 간 거리를 둘 의무를 부여하는 심판대상고시는 관내 음식점 및 PC방의 관리자·운영자들에게 일정한 방역수칙을 준수할 의무를 부과하는 것으로서 항고소송의 대상인 행정처분에 해당한다. 대법원도 심판대상고시와 동일한 규정 형식을 가진 피청구인의 대면예배 제한 고시(서울특별시고시 제2021-414호)가 항고소송의 대상인 행정처분에 해당함을 전제로 판단한 바 있다(대판 2022. 10. 27, 2022두48646). (2) 심판대상고시의 효력기간이 경과하여 그 효력이 소멸하였으므로, 이를 취소하더라도 그 원상회복은 불가능하다. 그러나 피청구인은 심판대상고시의 효력이 소멸한 이후에도 2022. 4.경 코로나19 방역조치가 종료될 때까지 심판대상고시와 동일·유사한 방역조치를 시행하여 왔고, 향후 다른 종류의 감염병이 발생할 경우 피청구인은 그 감염병의 확산을 방지하기 위하여 심판대상고시와 동일·유사한 방역조치를 취할 가능성도 있다. 그렇다면 심판대상고시와 동일·유사한 방역조치가 앞으로도 반복될 가능성이 있고 이에 대한 법률적 해명이 필요한 경우에 해당하므로 예외적으로 그 처분의 취소를 구할 소의 이익이 인정되는 경우에 해당한다. 대법원도 피청구인의 대면예배 제한 고시(서울특별시고시 제2021-414호)에 대한 위 항고소송에서 소의 이익이 인정됨을 전제로 심리불속행으로 상고를 기각한 바 있다(대판 2022. 10. 27, 2022두48646). (3) 그렇다면 심판대상고시는 항고소송의 대상이 되는 행정처분에 해당하고 그 취소를 구할 소의 이익이 인정된다. 따라서 이에 대한 다툼은 우선 행정심판이나 행정소송이라는 구제절차를 거쳤어야 함에도, 이 사건 심판청구는 이러한 구제절차를 거치지 아니하고 제기된 것이므로 보충성 요건을 충족하지 못하였다. 그러므로 이 사건 헌법소원심판청구를 모두 각하한다(헌재 2023. 5. 25, 2021헌마21[코로나바이러스감염증-19의 예방을 위한 방역조치를 명하는 서울특별시고시에 관한 사건]).

다만, 헌법재판소는 이 보충성 요건을 완화하여 해석하면서 헌법소원을 널리 인정하고 있다.

> **판례** 즉, 헌법소원은 기존의 구제절차가 없는 경우뿐만 아니라 '헌법소원심판청구인이 그의 불이익으로 돌릴 수 없는 정당한 이유 있는 착오로 전심절차를 밟지 않은 경우 또는 전심절차로 권리가 구제될 가능성이 거의 없거나 권리구제절차가 허용되는지의 여부가 객관적으로 불확실하여 전심절차이행의 기대가능성이 없을 때'에도 예외적으로 헌법재판소법 제68조 제 1 항 단서 소정의 전심절차 이행 요건은 배제된다(헌재 1989. 9. 4, 88헌마22).

Ⅱ. 권한쟁의심판

1. 의   의

권한쟁의심판이라 함은 국가기관 상호간, 국가기관과 지방자치단체간 및 지방자치단체 상호간에 권한의 존부 또는 범위에 관하여 다툼이 있을 때 당해 국가기관 또는 지방자치단체가 헌법재판소에 제기하는 권한쟁의에 관한 심판을 말한다(헌법재판소법 제 2 조 제 4 호, 제61조 제 1 항).

2. 종   류

권한쟁의심판의 종류는 다음과 같다. ① 국가기관 상호간의 권한쟁의심판(국회, 정부, 법원 및 중앙선거관리위원회 상호간의 권한쟁의심판), ② 국가기관과 지방자치단체간의 권한쟁의심판(가. 정부와 특별시·광역시 또는 도간의 권한쟁의심판, 나. 정부와 시·군 또는 지방자치단체인 구(이하 "자치구"라 한다)간의 권한쟁의심판), ③ 지방자치단체 상호간의 권한쟁의심판(가. 특별시·광역시 또는 도 상호간의 권한쟁의심판, 나. 시·군 또는 자치구 상호간의 권한쟁의심판, 다. 특별시·광역시 또는 도와 시·군 또는 자치구간의 권한쟁의심판).

> **판례** [국가경찰위원회와 행정안전부장관 간의 권한쟁의행정안전부장관의 소속청장 지휘에 관한 규칙(행정안전부령 제348호) 권한쟁의 사건] (1) 헌법은 제111조 제 1 항 제 4 호에서 말하는 국가기관의 의미와 권한쟁의심판의 당사자가 될 수 있는 국가기관의 범위는 결국 헌법해석을 통하여 확정되어야 한다. (2) 헌법 제111조 제 1 항 제 4 호 소정의 "국가기관"에 해당하는지 아닌지를 판별함에 있어서는 그 국가기관이 헌법에 의하여 설치되고 헌법과 법률에 의하여 독자적인 권한을 부여받고 있는지 여부, 헌법에 의하여 설치된 국가기관 상호간의 권한쟁의를 해결할 수 있는 적당한 기관이나 방법이 있는지 여부 등을 종합적으로 고려하여야 한다. 그런데, 헌법상 국가에 부여된 임무 또는 의무를 수행하고 그 독립성이 보장된 국가기관이라고 하더라도, 오로지 법률에 설치근거를 둔 국가기관이라면 국회의 입법행위에 의하여 존폐 및 권한범위가 결정될 수 있으므로, 이러한 국가기관은 '헌법에 의하여 설치되고 헌법과 법률에 의하여 독자적인 권한을 부여받은 국가기관'이라고 할 수 없다. (3) 국회가 제정한 경찰법에 의하여 비로소 설립된 청구인(국가경찰위원회)은 국회의 경찰법 개정행위에 의하여 존폐 및 권한범위 등이 좌우되므로, 헌법 제111조 제 1 항 제 4 호 소정의 헌법에 의하여 설치된 국가기관에

해당한다고 할 수 없다. (4) 권한쟁의심판의 당사자능력은 헌법에 의하여 설치된 국가기관에 한정하여 인정하는 것이 타당하므로, 법률에 의하여 설치된 청구인에게는 권한쟁의심판의 당사자능력이 인정되지 아니한다(헌재 2022. 12. 22, 2022헌라5). 법률에 의하여 설치된 국가기관인 국가인권위원회에게 한 쟁의심판을 청구할 당사자능력을 인정하지 않은 사례(헌재 2010. 10. 28, 2009헌라6).

3. 청구요건

권한쟁의심판청구는 피청구인의 처분 또는 부작위가 헌법 또는 법률에 의하여 부여받은 청구인의 권한을 침해하였거나 침해할 현저한 위험이 있는 때에 한하여 이를 할 수 있다(헌법재판소법 제61조 제2항).

> **판례** 낙동강의 유지·보수는 원래 국가사무로서 경상남도지사에게 기관위임된 사무에 불과하므로 '청구인의 권한'이라고 할 수 없고, 따라서 피청구인의 이 사건 처분으로 인하여 '청구인의 권한'이 침해될 개연성이 없다. 이 사건 청구는 '권한의 존부와 범위'에 관한 다툼에도 해당하지 않는다(헌재 2011. 8. 30, 2011헌라1[경상남도와 정부 간의 권한쟁의]).

Ⅲ. 위헌법률심판

헌법재판소가 법률의 위헌 여부를 판단하기 위하여 한 법률해석에 법원은 구속되지 않는다는 것이 대법원 판례의 입장이다(대판 2009. 2. 12, 2004두10289)..

비형벌조항에 대해 잠정적용 헌법불합치결정이 선고되었으나 위헌성이 제거된 개선입법이 이루어지지 않은 채 개정시한이 지남으로써 그 법률조항의 효력이 상실되었다고 하더라도 그 효과는 장래에 향해서만 미칠 뿐이고, 당해 사건이라고 하여 이와 달리 취급할 이유는 없다. 한편 비형벌조항에 대한 적용중지 헌법불합치결정이 선고되었으나 위헌성이 제거된 개선입법이 이루어지지 않은 채 개정시한이 지난 때에는 헌법불합치결정 시점과 법률조항의 효력이 상실되는 시점 사이에 아무런 규율도 존재하지 않는 법적 공백을 방지할 필요가 있으므로, 그 법률조항은 헌법불합치결정이 있었던 때로 소급하여 효력을 상실한다. 비형벌조항에 대해 잠정적용 헌법불합치결정이 선고된 경우라도 해당 법률조항의 잠정적용을 명한 부분의 효력이 미치는 사안이 아니라 적용중지 상태에 있는 부분의 효력이 미치는 사안이라면, 그 법률조항 중 적용중지 상태에 있는 부분은 헌법불합치결정이 있었던 때로 소급하여 효력을 상실한다고 보아야 한다(대판 2020. 1. 30, 2018두49154).

> **판례** 세무사 자격을 보유하고 있는 변호사 甲이 국세청장에게 세무대리업무등록 갱신을 신청하였으나 국세청장이 세무사법 제6조 제1항, 제20조 제1항에 따라 甲의 신청을 반려하는 처분을 하자, 甲이 처분의 취소를 구하는 소송 계속 중 위 법률조항에 대하여 위헌법률심판제청을 신청하였고 원심법원이 위헌법률심판제청을 하였는데, 헌법재판소가 위 법률조항이 세무사 자격 보유 변호사의 직업선

택 자유를 침해한다며 위 법률조항에 대한 헌법불합치를 선언하면서 2019. 12. 31.을 시한으로 입법자가 개정할 때까지 위 법률조항의 계속 적용을 결정하였으나 국회가 개정시한까지 위 법률조항을 개정하지 않은 사안에서, 헌법재판소가 헌법불합치결정에서 위 법률조항의 계속 적용을 명한 부분의 효력은 일반 세무사의 세무사등록을 계속 허용하는 근거 규정이라는 점에 미치고 이와 달리 위 법률조항 가운데 세무사 자격 보유 변호사의 세무대리를 전면적·일률적으로 금지한 부분은 여전히 적용이 중지되고 개정시한이 지남으로써 헌법불합치결정이 있었던 때로 소급하여 효력을 상실하였으므로 헌법불합치결정을 하게 된 해당 사건에 대해서는 위 법률조항이 그대로 적용될 수 없다는 이유로, 위 법률조항이 적용됨을 전제로 甲의 세무대리업무등록 갱신 신청을 반려한 국세청장의 처분이 위법하다고 한 사례(대판 2020. 1. 30, 2018두49154[세무대리업무등록취소처분취소등]).

제 8 장

대체적 분쟁해결수단

Ⅰ. 의   의

대체적 분쟁해결수단(Alternative Dispute Resolution, ADR)이라 함은 재판에 의하지 않는 분쟁해결수단을 말한다. 분쟁조정제도(紛爭調整制度)라고도 하는데, 알선, 조정, 재정 등이 있다.

Ⅱ. 종류와 그 효력

1. 알선(斡旋)

알선이란 알선위원이 분쟁당사자의 의견을 듣고 사건이 공정하게 해결되도록 주선하여 분쟁당사자간의 화해(합의)를 유도함으로써 분쟁을 해결하는 절차를 말한다(환경분쟁조정법 제27조~제28조).

2. 조정(調停)

조정은 조정기관이 분쟁당사자의 의견을 들어 직권으로 분쟁해결을 위한 타협방안(조정안)을 마련하여 분쟁당사자에게 수락을 권고하고, 분쟁당사자들이 이를 받아들임으로써 분쟁을 해결하는 방식이다.

3. 재정(裁定)

재정은 재정기관이 준사법적 절차에 따라 일방적으로 분쟁해결을 위한 결정을 내리는 것을 말한다.

4. 중   재

중재라 함은 당사자의 합의에 의해 선출된 중재인의 중재판정에 의해 분쟁을 해결하는 절차를 말한다. 중재판정은 확정판결과 같은 효력을 갖는다.

5. 재판상 화해와 재판외 화해의 효력

재판상 화해(裁判上 和解)는 재판상 강제력이 있는데, 재판외 화해(裁判外 和解)는 민법상 계약의 구속력이 있지만, 재판상 강제력이 없다. 재판상 화해에는 기판력(민사소송법 제220조)과 강제집행력이 인정되는 것이 보통이지만, 기판력은 인정되지 않고(소송제기를 인정하지 않고), 강제집행력만을 인정하는 것도 이론상 가능하다.

Ⅲ. 행정분쟁에서의 화해·조정

2018년 5월 1일 시행된 개정 **행정심판법**은 양 당사자 간의 합의가 가능한 사건의 경우 행정심판위원회가 개입·조정하는 절차를 통하여 갈등을 조기에 해결할 수 있도록 행정심판에 조정을 도입하였다. 행정심판위원회는 당사자의 권리 및 권한의 범위에서 **당사자의 동의**를 받아 심판청구의 신속하고 공정한 해결을 위하여 **조정**을 할 수 있다. 다만, 그 조정이 공공복리에 적합하지 아니하거나 해당 처분의 성질에 반하는 경우에는 그러하지 아니하다(제43조의2 제 1 항). 조정은 당사자가 합의한 사항을 조정서에 기재한 후 당사자가 서명 또는 날인하고 위원회가 이를 확인함으로써 성립한다(제43조의2 제 3 항). 제 3 항에 따라 성립한 조정에 대하여는 행정심판법 제48조(재결의 송달과 효력 발생), 제49조(재결의 기속력 등), 제50(위원회의 직접 처분), 제50조의2(위원회의 간접강제), 제51조(행정심판 재청구의 금지)의 규정을 준용한다(제43조의2 제 4 항).

「**부패방지 및 국민권익위원회의 설치와 운영에 관한 법률**」(약칭: 부패방지권익위법)에 따르면 **국민권익위원회**는 다수인이 관련되거나 사회적 파급효과가 크다고 인정되는 고충민원의 신속하고 공정한 해결을 위하여 필요하다고 인정하는 경우에는 당사자의 신청 또는 직권에 의하여 **조정**을 할 수 있다(제45조 제 1 항). 조정은 당사자가 합의한 사항을 조정서에 기재한 후 당사자가 기명날인하거나 서명하고 권익위원회가 이를 확인함으로써 성립한다(제 2 항). 제 2 항에 따른 조정은 「**민법**」상의 화해와 같은 **효력**이 있다.

행정소송법은 조정이나 화해를 인정하는 규정을 두고 있지 않다. 항고소송에는 항고소송의 공익성에 비추어 **민사소송법상 화해**(제225조 이하, 제385조 이하)나 **민사조정법상 조정**을 준용할 수 없다. 그렇지만, 실무상 제재적 행정처분사건과 조세사건에서 **사실상의 조정**이 행해지고 있다. 즉, 법원이 행정청에 대하여는 법원이 적절하다고 인정하는 처분으로 변경(예를 들면, 영업허가취소처분을 영업정지처분으로 변경)할 것을, 원고에 대하여는 행정청이 그와 같이 변경처분을 하면 소를 취하할 것을 권고하는 조정권고를 행하고, 행정청이 변경처분을 하면 원고가 소를 취하하는 방식이 그것이다. **당사자소송**에는 민사소송법상 화해나 민사조정법상 조정이 준용될 수 있다.

제 **2** 부

보 상 법

물적 공용부담법

제 1 편 물적 공용부담법

제 1 편   물적 공용부담법

공용부담(公用負擔)이라 함은 국가, 지방자치단체 등 공익사업자가 일정한 공공복리를 적극적으로 증진하기 위하여 개인에게 부과하는 공법상의 경제적 부담을 말한다.

공용부담을 부과할 수 있는 권한을 공용부담특권이라 한다. 공용부담특권의 부여에는 법률의 근거가 있어야 한다.

헌법 제23조 제3항은 공공필요에 의한 재산권의 수용·사용 또는 제한은 법률로 정하도록 규정하고 있다. 이에 따라 공익사업을 위한 토지 등의 취득 및 보상에 관한 법률 (이하 '토지보상법'이라 한다. '공익사업법'이라고 부르기도 한다), 지방자치법, 국토의 계획 및 이용에 관한 법률, 도시 및 주거환경정비법, 도시개발법, 도로법, 하천법, 철도법, 광업법 등이 공용부담에 관하여 규정하고 있다.

물적 공용부담은 권리(재산권)에 대하여 일정한 공공복리를 증진하기 위하여 일정한 제한, 수용 또는 교환의 제약을 가하는 것을 말한다. 물적 공용부담은 특정의 권리에 대하여 부과되는 부담으로서 대물적 성질을 가지므로 권리의 이전과 함께 이전된다.

물적 공용부담으로는 공용수용, 공용사용, 공용제한, 공용환지·공용환권이 있다.

제 1 장

공 용 수 용

제 1 절 공용수용 총설

제 1 항 공용수용과 공공필요(공공성)

Ⅰ. 공용수용의 개념

1. 공용수용의 의의

공용수용이라 함은 공익사업을 시행하기 위하여 공익사업의 주체가 타인의 토지 등을 강제적으로 취득하고 그로 인한 손실을 보상하는 물적 공용부담제도를 말한다.

공익사업 기타 복리행정상의 목적을 위하여 타인의 토지 등이 필요한 경우에는, 매매 및 기타 민사상의 방법에 의하여 취득하는 것이 원칙이지만, 사법적 수단에 의하여 토지 등 재산권의 취득이 불가능한 경우에 공익사업의 신속하고 효율적인 수행을 도모하기 위하여 재산권을 강제로 취득하는 것이다.

공용수용은 공공의 필요가 있는 경우에 한하여 인정되며 법률의 근거가 있어야 한다. 또한, 공용수용에 대하여는 보상이 주어져야 한다.

> **판례** 헌법 제23조의 공용수용은 헌법 제23조 제3항에 명시되어 있는 대로 국민의 재산권을 그 의사에 반하여 강제적으로라도 취득해야 할 공익적 필요성이 있을 것, 법률에 의거할 것, 정당한 보상을 지급할 것의 요건을 모두 갖추어야 한다(헌재 1995. 2. 23, 92헌바14 참조).

2. 공용수용의 목적

공용수용의 목적은 토지 등의 특정한 재산권을 공익사업 기타 복리목적에 제공함으로써 공익사업의 효율적인 수행을 통하여 공공복리의 증진과 사유재산권의 적정한 보호를 도모하는 것을 목적으로 한다(토지보상법 제1조, 이하 법명은 생략한다).

3. 공용수용의 대상

공용수용의 목적물로서는 토지가 대표적이며, 그 외에도 토지에 관한 소유권 이외의 권리, 토지와 함께 공익사업을 위하여 필요로 하는 입목·건물, 그 밖에 토지에 정착한 물건 및 이에 관한 소유권 이외의 권리, 광업권·어업권·양식업권 또는 물의 사용에 관한 권리 및 토지에 속한 흙·돌·모래 또는 자갈에 관한 권리 등도 목적물이 된다(제 3 조).

Ⅱ. 공공필요(공공성)

1. 공공필요(공공성)의 의의

헌법 제23조 제 3 항에서는 '공공필요'에 의한 경우에 수용을 인정하고 있으므로, 공공성의 판단이 매우 중요하다. 공공성은 공익이라는 개념과 비례의 원칙을 포함하는 개념이다. 공공성의 개념은 대표적 불확정개념으로서 일의적으로 해석할 수 없으며 사회적 가치관에 따라 달라진다. 이러한 공공성은 토지보상법 제 4 조 공익사업으로 구체화되며 구체적으로는 사업인정을 거쳐 판단하게 된다.

2. 공공필요(공공성)의 판단기준

수용을 정당화하는 공공필요의 판단은 비례의 원칙에 의해 행해진다. 수용으로 인하여 달성하는 공익과 수용으로 인하여 침해되는 이익(공익 및 사익)을 비교형량하여 침해되는 이익이 지나치게 크지 않는 한 수용은 정당한 것이 된다.

> **판례** 공용수용은 헌법상의 재산권 보장의 요청상 불가피한 최소한에 그쳐야 한다는 헌법 제23조의 근본취지에 비추어 볼 때, 사업시행자가 사업인정을 받은 후 그 사업이 공용수용을 할 만한 공익성을 상실하거나 사업인정에 관련된 자들의 이익이 현저히 비례의 원칙에 어긋나게 된 경우 또는 사업시행자가 해당 공익사업을 수행할 의사나 능력을 상실하였음에도 여전히 그 사업인정에 기하여 수용권을 행사하는 것은 수용권의 공익 목적에 반하는 수용권의 남용에 해당하여 허용되지 않는다(대판 2011. 1. 27, 2009두1051[토지수용재결처분취소]).

(1) 적합성의 원칙

적합성의 원칙이란, 행정작용이 그 목적달성에 적합한 수단이어야 한다는 원칙으로 취해진 수단이 의도된 효과(목적)를 실현하는지에 대한 '목적과 수단의 인과관계'를 구성하는 것을 말한다. 토지보상법상 수용하고자 하는 목적물이 당해사업의 목적달성에 적합한가 하는 문제이며, 이러한 적합성 여부의 판단은 사업인정단계에서뿐만 아니라 당사자간의 협의, 재결과정에서도 검토되어야 한다.

(2) 필요성의 원칙

필요성의 원칙이란, 행정목적의 달성을 위한 수단이 여럿 있는 경우, 그 상대방에 대하여 침해가 가장 적은 수단을 선택하여야 한다는 원칙을 말한다. 공용사용으로 목적을 달성할 수 있음에도 불구하고 수용하는 것이라면 최소침해원칙에 반하게 되는 것이다.

(3) 상당성의 원칙

상당성의 원칙이란, 적합성과 필요성이 인정된 경우에도 다시 행정작용에 의한 침해의 정도와 그 추구하는 목적 사이에는 합리적인 비례관계가 있어야 한다는 것을 말한다. 이는 행정목적 달성을 위해서 적합하고 필요한 수단이라고 하더라도 이로 인해 달성되는 공익이 침해되는 사익보다 우월한 경우에만 당해 행정작용이 적법하게 된다는 것이다.

3. 공공필요(공공성)의 확대화 경향

공용수용제도는 자유주의적 법치국가를 성립시킨 경제적 기초로서 헌법상 보장된 재산권에 대한 중대한 침해이기 때문에, 근대 법치국가 초기에 있어서는 공용수용에 대하여 매우 엄격한 제약이 가하여졌다. 그러나 급격한 산업화와 도시화에 따른 사회수용의 변화, 토지개발 기술의 발달은 새로운 공용수용의 법리를 요구하게 되었다. 따라서 수용할 수 있는 사업의 범위가 택지조성 및 주택개발사업까지 확대되고 있다.

Ⅲ. 공공적 사용수용 [1999 감평 사례]

도시화의 진전과 산업의 발전에 따라 사회간접자본시설의 설치를 비롯한 공익사업이 증대되면서 공공성 개념의 확대화가 이루어졌고, 사적 주체에게 수용권을 부여하는 공공적 사용수용의 법리가 인정되게 되었다. 사적 주체에게 수용권을 부여하는 사업에는 가스, 전기 등 생존배려사업과 경제적 이윤을 추구하면서 간접적으로 공익을 달성하는 사업이 있다.

1. 공공적 사용수용의 의의 및 필요성

공공적 사용수용이란(수용권의 주체가 '사인'이라는 점에서 공용수용과 구별된다), 특정한 공익사업 기타 복리목적을 위하여 사적 주체가 타인의 특정 재산권을 법률의 힘에 의해 보상을 조건으로 강제적으로 취득하는 것을 말한다.

공익을 위한 사업이 국가나 공공단체의 역할임에도 불구하고, 사익을 추구하는 사인에게 사용수용을 허용하여야 하는가에 대하여는 의문이 제기될 수도 있겠으나, 사용수용은 공익상의 필요를 충당하기 위해서 뿐만 아니라 공익사업의 증대, 민간활력의 도입 그리고 공행정의 민간화 등에서 그 필요성을 찾을 수 있을 것이다.

2. 법적 근거

헌법 제23조 제 3 항, 토지보상법 제 4 조 및 기타 개별법인 택지개발촉진법, 주택건설촉진법 등에서 사용수용을 허용하는 근거를 마련하고 있다.

3. 공공적 사용수용의 법적 성격

공공적 사용수용은 토지보상법상 사업인정이 인정 또는 의제되고 그 효과로서 수용권이 설정되므로 일반적인 수용의 법적 성질을 갖는다고 볼 수 있다.

4. 사용수용과 공공성

(1) 사용수용의 요건으로서 공공성

영리추구를 목적으로 하는 사기업들의 영리활동이 간접적으로 지역발전이나 고용증대 등과 같은 효과를 발생시킬 때, 사기업을 위한 수용을 인정할 수 있는지가 문제되는 것이다. 독일에서는 이른바 생존배려형 사기업의 경우에는 원칙적으로 그들을 위한 공용침해가 허용되고, 경제적 사기업의 경우에는 예외적으로 엄격한 요건하에서만 허용됨이 일반적이다. 이때, 공공성의 인정 여부는 수용을 통해 얻어지는 공익과 재산권자에게 주는 불이익간의 비교형량을 통해서 판단하게 된다.

(2) 계속적 공익실현을 위한 보장수단

1) 보장수단의 필요성

영리추구를 목적으로 하는 사기업은 자신의 수지타산에 따라 언제든지 공익사업을 포기할 가능성이 있다. 따라서, 경제적 사기업을 위한 공용수용의 경우에는 공익사업의 계속적 보장을 위한 법적·제도적 장치가 필요하게 된다.

2) 보장수단의 헌법적 근거

공공적 사용수용도 공용수용의 성질을 가지므로, 헌법 제23조 제 3 항에서 말하는 공공필요가 인정되어야 한다. 이러한 공공필요가 인정되지 않는다면 논리필연적으로 수용의 대상에서 제외되어야 할 것이다. 따라서 이러한 공공필요를 담보할 수 있는 보장수단이 없게 된다면 이는 헌법상 재산권보장원칙에 정면으로 반하는 내용이 될 것이다.

3) 계속적인 공익실현을 위한 보장수단

가. 환 매 권　　　　토지보상법은 제91조에서 토지취득 후 공익사업의 폐지·변경 또는 그 밖의 사유로 취득한 토지의 전부 또는 일부가 필요 없게 되거나, 5년 이내에 취득토지의 전부를 공익사업에 이용하지 아니한 경우 토지소유자 및 포괄승계인은 원소유권을 환매할 수 있다고 규정하고 있다. 침해된 재산권이 더 이상 공익사업에 공여되지 않는다면 이는 헌법 제23조 제 3 항의 공공필요의 원칙을 충족하지 않는 것이며 침해된 재산권자는

헌법 제23조 제 1 항의 재산권의 존속보장에 근거하여 이에 대한 원상회복을 당연히 요구할 수 있다는 것이다. 이처럼 환매권은 사업시행자에 대하여 제재적 기능과 예방적 기능을 수행하고 있다.

　　　　나. 사업인정의 효력 상실　　　토지보상법 제23조 및 제24조에서는 재결신청기간의 도과 및 사업의 폐지·변경으로 인한 사업인정의 실효를 규정하고 있다. 계속적인 공익을 실현하지 못하는 사업은 실효되어야 함을 명시적으로 규정하여 간접적으로 계속적인 공익성을 확보하고 있다.

　　　　다. 사법적 통제　　　공익사업의 계속성 보장책이 헌법 제23조 제 3 항의 공공필요 요건을 충족시키지 못할 경우에는 위헌·위법한 재산권 침해라 할 것이다. 이러한 경우에는 행정쟁송을 통한 통제가 가능할 것이다.

　　4) 보장내용

　　보장책은 공익사업의 종류와 내용, 기타 여러 구체적인 상황에 따라 결정되어야 하므로 일반화하기는 곤란하지만, 일정기간 동안 계속된 기업운영과 기업의 가용능력을 최대한 발휘하여 운영하고 지역 내 주민의 일정 수 이상을 고용할 것 등을 내용으로 할 수 있을 것이다.

　　5) 문제점 및 개선방안

　　토지보상법상 환매권은 관할 행정청의 개입이 없어서 사업시행자가 개별통지하지 않는 경우 환매권의 행사가 문제될 수 있고, 사회기반시설에 대한 민간투자법은 민간자본 유치의 촉진에 역점을 둔 까닭에 공익사업의 계속성 담보에 대한 배려가 미흡하다는 문제가 나타날 수 있다. 따라서 개별적인 사안을 고려하여 각 사업의 성격에 부합하는 보장책을 입법적으로 보완해야 할 것이다.

5. 부대사업과 사용수용

(1) 문 제 점

　　부대사업이란 사업시행자가 민간투자사업과 연계하여 시행하는 주택건설사업 및 택지개발사업을 말한다. 민간투자법에서는 사업시행자의 투자비 보전 및 정상적인 운영을 도모하기 위하여 부대사업을 당해 민간투자사업과 연계하여 시행하게 할 수 있도록 하고 있다. 부대사업은 사회간접자본시설의 설치사업 자체의 채산성을 보전하게 한다는 일종의 수익성 보장을 위한 장치라는 점에서 사용수용이 부대사업에도 적용될 수 있는 것인지에 대하여는 의문이 제기된다.

(2) 사용수용의 허용 여부

　　민자투자법은 당해 실시계획에 부대사업에 관한 사항을 포함시키도록 하고 있는데,

이는 민자유치사업을 시행함에 있어서 투자비보전 또는 원활한 사업추진을 도모하기 위하여 필요한 경우 부대사업을 함께 시행할 수 있도록 한다는 의미일 뿐이지 실시계획의 승인·고시에 의해 사업인정이 의제된다 하더라도 부대사업을 위한 수용까지 허용하는 것으로 보아서는 안 될 것이다. 이처럼 토지의 수용이 가능한 주된 사업과 함께 부대사업이 허용된다 하더라도 부대사업은 어디까지나 사적 이윤의 동기에 의한 행위에 불과하며, 민간기업이 비록 공익사업과 함께 실시된다 하더라도 사적 주체가 통상의 영업이용을 목표로 하는 경우에는 우리 국민의 정서상, 수용권은 허용될 수 없다고 본다.

[사인을 위한 수용] [2008 감평 약술]
① 의의: '사인을 위한 수용'이라 함은 협의로는 사업시행자가 사인인 경우를 말하는데, 이를 '공공적 사용수용' 또는 '사용수용'(私用收用)이라고도 한다.
② 부대사업을 위한 수용: 민간인이 사회간접자본시설사업을 수행하는 경우에 수익보장을 위하여 부대사업을 허용하는 경우에 부대사업을 위하여도 수용권을 인정할 수 있는지에 관하여는 논란의 여지가 있다.
③ 영리사업자를 위한 수용: 사업인정의 대상이 되는 사업의 직접적인 수행목적이 공익의 실현인 경우(공업단지를 조성하여 사기업에 분양하는 경우, 택지를 개발하여 분양하는 경우)뿐만 아니라 그 직접목적은 영리목적이지만 간접적·부수적으로 공익의 실현에 기여하는 경우에도 공공필요가 인정될 수 있는 경우(지역경제가 파탄되고 실업문제가 심각한 지역에 공장을 설치하는 경우)가 있다.
④ 공익보장책: 사인을 위한 수용의 경우에는 사인에게 부당한 특혜가 되지 않도록 공익사업의 계속적 실행의 담보책이 마련되어야 한다.

제2항 공용수용의 근거

I. 공용수용의 이론적 근거

오늘날 재산권은 공공복리의 실현을 위해 제한될 수 있는데, 일정한 경우에는 공공복리의 실현을 위해 가치보장을 전제로 재산권의 박탈을 인정할 필요가 있다.

II. 공용수용의 실정법적 근거

1. 헌법적 근거

헌법 제23조 제3항에서는 "공공필요에 의한 재산권의 수용·사용 또는 제한 및 그에 대한 보상은 법률로써 하되, 정당한 보상을 지급하여야 한다"라고 규정하고 있다.

2. 토지보상법

공용수용은 재산권을 침해하는 행위이므로 법률의 근거가 있어야 한다. 엄밀히 말하면 공용수용의 일반법은 없지만, 공익사업을 위한 공용수용과 사용의 일반법은 있다. 토지보상법이 그것이다. 토지보상법은 공익사업을 위한 토지수용을 망라하여 한정적으로 규정하고 있으므로 토지보상법은 공익사업을 위한 토지수용에 관한 일반법의 성격을 가지고 있다. 즉, 토지보상법 제4조 및 별표는 토지등을 취득하거나 사용할 수 있는 사업을 열거하여 규정하고 있는데, 동법 제4조의2는 토지보상법에 따라 토지등을 수용하거나 사용할 수 있는 사업은 제4조 또는 별표에 규정된 법률에 따르지 아니하고는 정할 수 없고, 별표는 토지보상법 외의 다른 법률로 개정할 수 없다고 규정하고 있으며 국토교통부장관은 별표에 따른 사업의 공공성, 수용의 필요성 등을 5년마다 재검토하여 폐지, 변경 또는 유지 등을 위한 조치를 하여야 한다. 동법 제19조는 사업시행자는 공익사업의 수행을 위하여 필요하면 토지보상법에서 정하는 바에 따라 토지등을 수용하거나 사용할 수 있다고 공익사업을 위한수용 또는 사용의 근거를 규정하고 있다.

토지보상법은 공익사업을 위한 경우에만 적용된다.

> **판례** 공익사업을 위한 토지 등의 취득 및 보상에 관한 법률의 적용 범위 및 사업시행자가 민법상 사용대차의 방법에 의하여 토지를 사용하는 경우 공익사업을 위한 토지 등의 취득 및 보상에 관한 법률을 적용할 수 있는지 여부(소극): 공토법 제1조, 제3조에 의하면, 공토법은 사업시행자가 공익사업에 필요한 토지 등을 사용하는 모든 경우에 적용되는 것이 아니라, 그 토지 등을 협의 또는 재결에 의하여 토지를 사용하는 경우에 한하여 적용되고, 한편 토지 등 소유자의 사용승낙에 의하여 성립하는 민법상의 사용대차와 공토법상의 협의에 의한 토지사용은 그 요건, 절차 및 법률효과가 상이하므로, 사업시행자가 전자의 방법에 의하여 토지를 사용하는 경우 이를 공토법상 협의에 의한 토지사용이라고 보아 공토법을 적용할 수는 없다(대판 2011. 8. 18, 2011다24104[공익사업을 위한 토지 등의 취득 및 보상에 관한 법률의 성격]).

제3항 공용수용의 당사자

공용수용의 당사자(當事者)라 함은 공용수용의 주체인 수용권자와 수용권의 객체인 피수용자를 말한다.

I. 공용수용의 주체

공용수용의 주체(主體)라 함은 토지 등에 대하여 수용권을 가지는 자를 말한다.

1. 공용수용 주체에 관한 학설

(1) 국가수용권설

국가수용권설(國家收用權說)은 공용수용의 주체(수용권자)는 국가이고, 사업시행자는 수용청구권을 가지고 있음에 불과하다고 본다.

그 논거는 다음과 같다. 수용권은 수용의 효과를 야기할 수 있는 능력을 말하는데, 이러한 수용권은 국가밖에 가질 수 없고, 사업시행자는 국가의 수용권 발동에 따른 수용의 효과를 향수하는 권리만을 가진다고 본다.

(2) 사업시행자수용권설

사업시행자수용권설(事業施行者收用權說)은 공용수용의 주체는 사업시행자라고 한다. 이 설은 수용권을 수용의 효과를 향수할 수 있는 능력으로 보고 따라서 사업시행자를 수용권자로 본다. 이 견해가 통설이다.

(3) 결   어

다음과 같은 이유에서 사업시행자수용권설이 타당하다. 수용의 본질은 공익사업을 시행하기 위하여 보상을 전제로 재산권을 강제로 취득하는 데 있으므로 공익사업의 주체이며 보상을 행하고 재산권을 취득하는 사업시행자를 수용권자로 보는 통설의 견해가 타당하다.

사인(私人)인 사업시행자는 보상업무를 수행함에 있어서는 공무수탁사인의 지위를 갖는다.

2. 공용수용의 주체인 사업시행자

(1) 국   가

국가는 법인격을 가진 법인으로서 행정법관계의 주체가 된다. 사업시행자로서의 지위는 타인으로부터 위임 또는 수권받은 것이 아니라 원시적으로 가지고 있다.

(2) 지방자치단체

지방자치단체는 국가로부터 독립하여 자치권을 행사하는 법인격이 부여된 지역적 단체를 말한다. 지방자치단체는 구역, 주민, 자치권 및 법인격을 본질적 구성요소로 한다.

(3) 공공단체

협의의 공공단체라 함은 특정한 국가목적을 위하여 설립된 법인격이 부여된 단체를 말한다. 공공단체에는 공공조합, 영조물법인, 공법상 재단이 있다. 협의의 공공단체에 지방자치단체를 포함하여 광의의 공공단체라고 한다. 공공단체는 공법상의 법인이다.

(4) 공무수탁사인

공무수탁사인이란 공행정사무를 위탁받아 자신의 이름으로 처리하는 권한을 갖고 있는 행정주체인 사인을 말한다. 공무수탁사인은 처분을 함에 있어서는 행정주체이면서 동시에 행정청의 지위를 갖는다.

Ⅱ. 공용수용의 상대방(피수용자)

피수용자(被收用者)라 함은 수용의 목적물인 재산권의 주체를 말한다. 피수용자는 수용할 토지 또는 물건의 소유자와 그 토지 또는 물건에 대하여 소유권 이외의 권리를 가진 자(관계인)를 포함한다. 토지보상법상 토지소유자 및 관계인이 피수용자가 된다.

1. 토지소유자

'토지소유자'라 함은 공익사업에 필요한 토지, 즉 수용 또는 사용하려고 하는 토지에 대한 소유권을 지닌 자를 말한다. 토지소유자는 진실한 권리자이면 되고 특히 명문의 규정을 요건으로 하는 경우를 제외하고는 등기를 요하지 않는 것으로 본다.

2. 관 계 인

(1) 관계인의 의의

"관계인"이란 사업시행자가 취득하거나 사용할 토지에 관하여 지상권·지역권·전세권·저당권·사용대차 또는 임대차에 따른 권리 또는 그 밖에 토지에 관한 소유권 외의 권리를 가진 자나 그 토지에 있는 물건에 관하여 소유권이나 그 밖의 권리를 가진 자를 말한다. 다만, 사업인정의 고시가 된 후에 권리를 취득한 자는 기존의 권리를 승계한 자를 제외하고는 관계인에 포함되지 아니한다(제 2 조 제 5 호).

(2) 관계인의 범위

관계인은 부동산물권의 경우를 제외하고 반드시 등기된 권리자임을 요하지 아니하는 것으로 보고 있다. 대법원은 수용목적물에 대한 가처분 등기가 되어 있더라도 가처분권리자는 관계인이 되지 못한다는 입장을 취하고 있다. 반면에 소유권이전등기 전 매수인, 가등기권리자는 관계인에 해당한다고 하였다. 거래관념상 토지와 별도로 취득 또는 사용의 대상이 되는 정착물에 대한 소유권이나 수거·철거권 등 실질적 처분권을 가진 자도 포함된다(대판 2009. 2. 12, 2008다76112).

판례1   공익사업을 위한 토지 등의 취득 및 보상에 관한 법률의 보상 대상인 '기타 토지에 정착한 물건에 대한 소유권 그 밖의 권리를 가진 관계인'의 범위: 공익사업을 위한 토지 등의 취득 및 보상에 관한 법률의 보상 대상이 되는 '기타 토지에 정착한 물건에 대한 소유권 그 밖의 권리를 가진 관계인'에는 독립하여 거래의 객체가 되는 정착물에 대한 소유권 등을 가진 자뿐 아니라, 당해 토지와 일체를 이루는 토지의 구성부분이 되었다고 보기 어렵고 거래관념상 토지와 별도로 취득 또는 사용의 대상이 되는 정착물에 대한 소유권이나 수거·철거권 등 실질적 처분권을 가진 자도 포함된다(대판 2009. 2. 12, 2008다76112[손실보상금수령권자확인]: 토지의 임대차계약에 근거하여 적법하게 설치한 자동차학원 시설에 대한 소유권자를 별도의 보상대상으로 본 사례).

> **판례2** 어업허가는 일정한 종류의 어업을 일반적으로 금지하였다가 일정한 경우 이를 해제하여 주는 것으로서 어업면허에 의하여 취득하게 되는 어업권과는 그 성질이 다른 것이기는 하나, 어업허가를 받은 자가 그 허가에 따라 해당 어업을 함으로써 재산적인 이익을 얻는 면에서 보면 **어업허가를 받은 자의 해당 어업을 할 수 있는 지위는 재산권으로 보호받을 가치가 있다**(대판 1999. 11. 23, 98다11529).
> 〈해설〉 어업허가는 강학상 허가에 해당한다.

> **판례3** 공익사업을 위한 토지 등의 취득 및 보상에 관한 법률의 보상 대상이 되는 '기타 토지에 정착한 물건에 대한 소유권 그 밖의 권리를 가진 관계인'에는 독립하여 거래의 객체가 되는 정착물에 대한 소유권 등을 가진 자뿐 아니라, 당해 토지와 일체를 이루는 토지의 구성부분이 되었다고 보기 어렵고 거래관념상 토지와 별도로 취득 또는 사용의 대상이 되는 정착물에 대한 소유권이나 수거·철거권 등 실질적 처분권을 가진 자도 포함된다(대판 2009. 2. 12, 2008다76112).

3. 공공사업의 시행으로 인한 손실보상청구권의 유무를 판단할 기준시점

공공사업의 시행으로 손해를 입었다고 주장하는 자가 보상을 받을 권리를 가졌는지의 여부는 해당 공공사업의 시행 당시를 기준으로 판단하여야 하고, 그와 같은 공공사업의 시행에 관한 실시계획 승인과 그에 따른 고시가 된 이상 그 이후에 영업을 위하여 이루어진 각종 허가나 신고는 위와 같은 공공사업의 시행에 따른 제한이 이미 확정되어 있는 상태에서 이루어진 것으로 그 이후의 공공사업 시행으로 그 허가나 신고권자가 **특별한 손실을 입게 되었다고는 볼 수 없다**(대판 2002. 11. 26, 2001다44352).

> **판례** 관계 법령이 요구하는 허가나 신고없이 김양식장을 배후지로 하여 김종묘생산어업에 종사하던 자들의 간접손실에 대하여 그 손실의 예견가능성이 없고, 그 손실의 범위도 구체적으로 특정하기 어려워 공공용지의취득및손실보상에관한특례법시행규칙상의 손실보상에 관한 규정을 유추적용할 수 없다고 한 사례(대판 2002. 11. 26, 2001다44352).

Ⅲ. 사업시행자와 피수용자의 권리의무와 그 승계 [1992 감평 약술]

1. 사업시행자의 권리와 의무

(1) 사업시행자의 권리

사업시행자는 공익사업의 주체로서 ① 타인토지출입권(제9조), ② 장해물제거권(제12조), ③ 사업인정신청권(제20조), ④ 조서작성시 타인토지출입권(제27조), ⑤ 협의성립확인신청권(제29조), ⑥ 재결신청권(제30조), ⑦ 대행 및 대집행청구권(제44조 및 제89조), ⑧ 원시취득권(제45조), ⑨ 이의신청 및 행정쟁송권(제83조 및 제85조)의 권리를 갖는다.

(2) 사업시행자의 의무

사업시행자는 ① 신분증 및 증표의 제시의무(제13조), ② 타인토지출입시 손실보상(제9조), ③ 사업인정실효시 손실보상(제23조), ④ 사업의 폐지·변경시 손실보상(제24조), ⑤

재결신청청구에 응할의무(제30조), ⑥ 위험부담의무(제46조), ⑦ 원상회복의무(제48조), ⑧ 보상금의 지급(제40조)의무를 부담한다.

2. 피수용자의 권리와 의무

(1) 피수용자의 권리

토지보상법이 피수용자에게 인정하고 있는 권리로는 ① 토지출입 및 장해물제거에 의한 손실보상청구권(제 9 조 및 제12조), ② 재결신청시 의견을 제시할 수 있는 권리(제31조), ③ 사업인정시 의견제출권(제21조), ④ 조서작성시 이의부기권(제27조), ⑤ 재결신청청구권(제30조), ⑥ 환매권(제91조), ⑦ 확장수용청구권(제72조 및 제74조), ⑧ 원상회복 및 반환청구권(제48조), ⑨ 행정쟁송권이 있다.

(2) 피수용자의 의무

피수용자에게 부과되는 의무로 피수용자는 사업시행자의 타인토지의 출입 및 사용에 대한 수인의무(제11조), 토지의 보전의무(제25조), 수용목적물의 인도·이전의무(제43조) 등이 있다.

3. 권리와 의무의 승계

권리와 의무가 승계되므로 공익사업의 시행 중에 사업시행자 또는 토지소유자등이 변경되어도 이미 진행한 절차를 다시 진행하지 않아도 된다. 이는 공익사업을 효율적으로 수행하기 위한 규정이다.

(1) 사업시행자의 권리와 의무의 승계

사업시행자의 권리의무는 그 사업을 승계한 자에게 이전된다(제 5 조 제 1 항). 이는 수용절차의 지연 및 중단을 방지하고 공익사업의 원활한 수행을 도모하고 피수용자의 권리를 보호한다.

(2) 토지소유자 및 관계인의 권리와 의무의 승계

토지소유자 및 관계인이 갖는 권리도 이전될 수 있는바, 사업인정 후 새로운 권리의 설정이 아닌 한 토지소유자 또는 관계인의 권리의무도 그 승계인에게 이전된다고 보아야 할 것이다.

(3) 취득 또는 손실보상절차 그 밖의 행위의 효력

토지보상법에 의하여 행한 절차 그 밖의 행위는 사업시행자·토지소유자 및 관계인의 승계인에게도 그 효력이 미친다(제 5 조 제 2 항). 수용의 절차가 진행되는 중에 사업시행자, 토지소유자 또는 관계인이 변경되더라도 변경되기 전에 행한 행위는 그 승계받은 자에게도 그 효력이 미치므로, 그 승계받은 자에게 별도로 행하거나 그 승계받은 자가 상대방에게 별도로 행할 필요 없이 그 승계받은 자에게 행한 것으로 보아야 한다.

> **판례** 사업인정을 받음으로써 수용할 목적물의 범위가 확정되고 수용권으로 하여금 목적물에 관한 현재 및 장래의 권리자에게 대항할 수 있는 일종의 공법상의 권리로서의 효력을 발생시킨다(대판 1994. 11. 11, 93누193775).

IV. 권리구제

1. 사업시행자의 권리구제

사업시행자는 사업인정의 거부나 부작위에 대하여 행정쟁송에 의한 구제를 받을 수 있으며, 재결에 대하여는 토지보상법 제83조 및 제85조에서 규정하고 있는 이의신청 및 행정소송을 통해서 구제받을 수 있을 것이다.

2. 토지소유자 및 관계인의 권리구제

토지소유자 등은 사업의 준비과정에서 입은 손실 등에 대해서 손실보상을 청구할 수 있으며, 위법한 사업인정에 대하여 침해가 발생한 경우에는 행정쟁송에 의한 구제를 받을 수 있다. 재결에 대하여 불복하고자 하는 경우에는 토지보상법 제83조 및 85조에서 규정하고 있는 이의신청 및 행정소송을 통해서 구제받을 수 있을 것이다.

제 4 항 공용수용의 목적물(대상)

I. 개   설

공용수용은 공익사업에 필요한 타인의 재산권을 법률의 힘에 의해 강제로 취득하는 것이므로, 어떤 특정 목적물이 아니면 당해 사업의 시행이 불가하거나 대체성이 없는 재산권에 한하여 수용의 목적물이 인정된다.

또한 공익사업을 위한 목적물은 당해 사업에 필요한 최소한의 범위 안의 것이어야 하는 것이 원칙이므로 공익사업의 필요성과 피수용자의 권익보호 측면에서 서로 비교형량하여 결정되어야 한다.

II. 목적물의 종류

1. 목적물의 의의

수용목적물이란 공용수용의 객체로서 수용의 대상이 되는 토지 및 물건 등을 말한다.

2. 목적물의 종류

토지보상법상 토지의 수용 또는 사용의 대상이 되는 것은 다음과 같다. ① 토지 및 이에 관한 소유권 외의 권리, ② 토지와 함께 공익사업을 위하여 필요한 입목(立木), 건물, 그 밖에 토지에 정착된 물건 및 이에 관한 소유권 외의 권리, ③ 광업권·어업권·양식업권 또는 물의 사용에 관한 권리, ④ 토지에 속한 흙·돌·모래 또는 자갈에 관한 권리(제 3 조)가 있다.

3. 목적물의 확정

공익사업을 위한 제 절차 중 사업인정의 세목고시에 의하여 수용목적물의 범위가 확정된다. 따라서 수용목적물의 범위에 대한 다툼은 사업인정의 다툼으로 이어지게 된다.

Ⅲ. 목적물의 제한

1. 수용제도 본질상의 제한

공용수용의 목적물은 헌법상 기본권인 재산권 보호 측면에서 필요최소한도 내에서 이루어져야 한다.

> 판례1   공용수용은 공익사업을 위하여 타인의 특정한 재산권을 법률의 힘에 의하여 강제적으로 취득하는 것이므로 수용할 목적물의 범위는 원칙적으로 사업을 위하여 필요한 최소한도에 그쳐야 하므로 그 한도를 넘는 부분은 수용대상이 아니므로 그 부분에 대한 수용은 위법하고, 초과수용된 부분이 적법한 수용대상과 불가분적 관계에 있는 경우에는 그에 대한 이의재결 전부를 취소할 수밖에 없다(대판 1994. 1. 11, 93누8108[토지수용재결처분취소등]).

> 판례2   공용수용은 공익사업을 위하여 타인의 특정한 재산권을 법률의 힘에 의하여 강제적으로 취득하는 것이므로 수용할 목적물의 범위는 원칙적으로 사업을 위하여 필요한 최소한도에 그쳐야 한다(대판 1987. 9. 8, 87누395).

2. 토지세목에 따른 제한

국토교통부장관은 토지보상법 제20조의 규정에 의한 사업인정을 하였을 때에는 지체없이 그 뜻을 사업시행자, 토지소유자 및 관계인, 관계 시·도지사에게 통지하고 사업시행자의 성명 또는 명칭·사업의 종류·사업지역 및 수용 또는 사용할 토지의 세목을 관보에 고시하여야 한다(제22조 제 1 항). 따라서 세목고시에 기재되지 않은 토지 등은 목적물이 될 수 없다. 단, 잔여지는 토지세목에 기재되어 있지 아니하였더라도 수용의 목적물이 될 수 있다(제73조 및 제74조).

3. 목적물의 성질에 따른 제한

(1) 치외법권이 인정되고 있는 토지 등

외국의 대사관, 영사관으로 사용되는 부지 및 건물은 국제법에 의한 치외법권이 존재하여 국가의 공권력이 미치지 않으므로 공익사업의 목적물이 되지 못한다(외교관계에 관한 빈조약 제22조 제 3 항).

(2) 공익사업에 이용되고 있는 토지

공익사업에 수용되거나 사용되고 있는 토지 등은 특별히 필요한 경우가 아니면 이를 다른 공익사업을 위하여 수용하거나 사용할 수 없다(제19조 제 2 항). 이 경우 '특별히 필요한 경우'의 판단은 추상적으로 사업의 종류에 따라 판단하는 것이 아니라 기존사업과 새로운 사업간의 공익을 비교형량하여 판단하여야 한다.

헌법재판소는 구체적인 사건성은 없었으나 공익의 충돌규정을 해석함에 있어서 "현재 공익사업에 이용되고 있는 토지는 가능하면 그 용도를 유지하도록 하기 위하여 수용의 목적물이 될 수 없도록 하는 것이 그 공익사업의 목적을 달성하기 위하여 합리적이라는 이유로, 보다 더 중요한 공익사업을 위하여 특별한 필요가 있는 경우에 한하여 예외적으로 수용의 목적물이 될 수 있다고 해석한 바 있다."

(3) 사업시행자 소유의 토지

사업시행자가 이미 사업에 필요한 토지를 소유하고 있다면 이는 수용의 대상이 되지 않는다고 보아야 한다. 사업시행자가 자기 소유의 토지를 수용한다는 것은 관념상 모순되기 때문이다.

(4) 국공유재산 [2020 감평 사례]

1) 국공유재산의 수용취득 가능 여부

국공유재산 중 일반재산은 자유로운 처분이 가능하므로, 그 성질상 당연히 공익사업용 토지취득의 목적물이 될 수 있다. 그러나, 국가 또는 지방자치단체가 현재 공공을 위하여 이용하고 있는 행정재산이 수용의 목적물이 될 수 있는가에 대하여는 견해가 나누어지고 있다.

가. 부 정 설

이 설은 공물은 먼저 공용폐지가 되지 않는 한 수용의 대상이 될 수 없다고 한다. 그 이유는 수용은 수용의 대상이 되는 물건을 공적 목적에 제공하는 것을 목적으로 하므로 공물의 수용은 이미 공적 목적에 제공되고 있는 공물의 목적에 반하기 때문이다.

이 견해는 토지보상법 제19조 제 2 항(구 토지수용법 제 5 조)도 부정설에 입각하고 있다고 한다. 즉, 토지보상법 제19조 제 2 항은 "공익사업에 수용되거나 사용되고 있는 토지 등은 특별히 필요한 경우가 아니면 이를 다른 공익사업을 위하여 수용하거나 사용할 수 없다"고 규정하고 있는데, 이 규정은 '공익사업에 수용되거나 사용되고 있는 토지 등'은 다른 공익목적을 위하여 이를 수용하거나 사용할 수 없다는 원칙을 선언하고 있다고 해석하고, 이 규정 중 '공익사업에 수용되거나 사용되고 있는 토지 등'에는 공물이 포함된다고 보고, '특별히 필요한 경우'라 함은 수용하거나 사용할 수 있다는 특별한 명문의 규정이 있는 경우를 의미하는 것으로 해석한다.

나. 긍 정 설

이 설은 토지보상법 제19조 제 2 항(구 토지수용법 제 5 조)은 특별히 필요한 경우에는 공물에 대한 수용 또는 사용을 인정하고 있는 것으로 해석하여야 한다고 한다.

즉, 토지보상법 제19조 제 2 항은 '공익사업에 수용되거나 사용되고 있는 토지 등'은 원칙상 수용의 목적물이 될 수 없지만, '특별히 필요한 경우', 즉 '현재 당해 토지를 사용하고 있는 공익사업보다 당해 토지를 수용하고자 하는 사업이 보다 더 공익상 필요가 큰 경우'에는 예외로 공익사업에 사용되고 있는 토지도 수용의 대상이 될 수 있도록 규정한 것으로 해석한다. 그리고, '공익사업에 수용되거나 사용되고 있는 토지 등'에는 공물도 포함된다고 한다.

이 설에 의하면 공물을 사용하고 있는 기존의 사업의 공익성보다 당해 공물을 수용하고자 하는 사업의 공익성이 큰 경우에 당해 공물에 대한 수용이 가능하다.

다. 판례(구 문화재보호법상 지방문화재로 지정된 토지가 수용대상이 되는지 여부: 적극)

판례가 긍정설을 취하고 있다고 보는 것이 일반적 견해이다.

판례1 구 문화재보호법 제54조의2 제 1 항에 의하여 지방문화재로 지정된 토지가 수용대상이 되는지 여부(적극): "토지수용법은 제 5 조의 규정에 의한 제한 이외에는 수용의 대상이 되는 토지에 관하여 아무런 제한을 하지 아니하고 있을 뿐만 아니라, 토지수용법 제 5 조, 문화재보호법 제20조 제 4 호, 제58조 제 1 항, 부칙 제 3 조 제 2 항 등의 규정을 종합하면 구 문화재보호법(1982. 12. 31, 법률 제3644호로 전문 개정되기 전의것) 제54조의2 제 1 항에 의하여 지방문화재로 지정된 토지가 수용의 대상이 될 수 없다고 볼 수는 없다"(대판 1996. 4. 26, 95누13241[토지수용이의재결처분취소등]). 〈해설〉 이 판례를 긍정설을 취한 것으로 해석하는 것이 일반적 견해이나 이 판례는 공적 보존물의 수용을 인정한 것이며 공익사업에 수용 또는 사용되고 있는 토지의 수용에 관한 판례는 아니다. 그리고, 전술한 바와 같이 공적 보존물은 공물이라기보다는 공용제한의 일종으로 보아야 하므로 이 견해에 의하면 위 대법원 판결이 공물의 수용을 인정한 것으로 해석할 수는 없다.

판례2 국가지정문화재에 대하여 관리단체로 지정된 지방자치단체의 장은 문화재보호법 제83조 제 1 항 및 토지보상법에 따라 국가지정문화재(풍납토성)나 그 보호구역에 있는 토지 등을 수용할 수 있다(대판 2019. 2. 28, 2017두71031).

라. 검   토

현행 토지보상법 제19조 제 2 항의 해석상 부정설이 타당하다. 토지보상법 제19조 제 2 항의 '특별히 필요한 경우'라 함은 법령에 명문의 규정이 있는 경우를 말한다고 보아야 한다.

2) 용도폐지 등 별도의 절차가 요구되는지 여부

국유재산법 제7조 제1항에서는 누구든지 이 법 또는 다른 법률에서 정하는 절차와 방법에 따르지 아니하고는 국유재산을 사용하거나 수익하지 못하고, 제27조에서는 행정재산은 처분하지 못한다고 규정하고 있다. 따라서 국유재산의 처분을 위해서는 용도폐지를 통한 일반재산으로의 전환이 선행되어야 할 것이다. 제41조에서는 일반재산을 처분할 수 있다고 규정하고 있다.

이에 따라 국공유재산에 대하여 수용취득이 가능하다는 견해에 따를 때에도 관련 법률에서 별도의 처분이나 사용절차를 규정하고 있다면 해당 법률에서의 처분 또는 사용절차가 토지보상법보다 우선하여 적용될 것이므로 용도폐지 등 관련 규정에서 정해진 절차가 선행되어야 토지보상법상 수용 또는 사용이 가능할 것이다.

> **판례** 한국철도시설공단이 구 「국유림의 경영 및 관리에 관한 법률」(2016. 12. 2. 법률 제14357호로 개정되기 전의 것, 이하 '국유림법'이라 한다)이 정한 요존국유림을 철도사업에 사용하기 위하여 국유림법상 요존국유림 사용허가를 받을 필요 없이 「공익사업을 위한 토지 등의 취득 및 보상에 관한 법률」(이하 '토지보상법'이라 한다)에 의한 사용재결로도 그 사용 권한을 취득하는 것이 가능한지 여부: 가. 국유재산법 제7조 제1항은, 누구든지 이 법 또는 다른 법률에서 정하는 절차와 방법에 따르지 아니하고는 국유재산을 사용하거나 수익하지 못하도록 규정하고 있다.
> 그런데 국유림법상 요존국유림은 국유재산에 관한 일반법인 국유재산법상 행정재산으로서 법령이나 그 밖의 필요에 따라 국가가 보존하는 '보존용 재산'에 해당한다(국유재산법 제6조 제2항 제4호). 이에 따라 요존국유림은 국유림법에서 정하는 절차와 방법에 따라서만 관리·사용되어야 한다. 나아가 국유림을 보존하여야 할 공익상 필요가 소멸하지 않는 한 이를 처분하거나 불요존국유림으로 재구분(용도폐지)할 수 없다.
> 나. 나아가 철도사업 등 토지보상법에 의한 공익사업에 요존국유림을 사용할 필요가 있는 경우에도, 그러한 사용이 요존국유림의 보존목적의 수행에 필요하거나 장애가 되지 않는 범위에서는 요존국유림에 대한 '사용허가'를 받아야 하고, 그러한 사용이 요존국유림의 보존목적에 장애를 초래하는 경우에는 요존국유림을 철도사업 등 토지보상법에 의한 공익사업에 사용하여야 할 필요가 그 요존국유림을 보존할 필요보다 우월한 경우에 한하여 해당 요존국유림을 불요존국유림으로 재구분한 다음 이를 매각 또는 교환하는 절차를 밟아야 한다. 국유림법은 이와 별개로 요존국유림에 대한 임의적 처분이 가능함을 전제로 하는 규정이나 그에 대한 사용재결을 허용하는 규정을 두고 있지 않다.
> 다. 국유재산법 역시, 공유(公有) 또는 사유재산과 교환하여 그 교환받은 재산을 행정재산으로 관리하려는 경우이거나 대통령령으로 정하는 행정재산을 직접 공용이나 공공용으로 사용하기 위하여 필요로 하는 지방자치단체에 양여하는 경우 외에는 행정재산을 처분하지 못하도록 규정하고 있다(제27조 제1항). 나아가 국유재산법은 행정재산 중 보존용 재산은 보존목적의 수행에 필요한 범위에서만 관리청이 행정재산의 사용허가를 할 수 있고(제30조 제1항), 행정 목적으로 사용되지 않게 된 경우에는 지체 없이 그 용도를 폐지하도록 규정하고 있을 뿐이다(제40조 제1항 제1호).
> 라. 한편 토지보상법은 공익사업에 토지 등이 필요한 경우 사업시행자가 먼저 토지 등에 대한 보상에 관하여 토지소유자 등과 협의 절차를 진행하여야 하고(제16조, 제26조), 협의가 성립되지 아니하거나 협의를 할 수 없을 때에 한하여 사업시행자가 관할 토지수용위원회에 재결을 신청할 수 있다고 규정하고 있다(제28조 제1항). 이는 토지소유자 등에게 해당 토지 등을 임의로 처분할 수 있는 권한이 있음을 전제로 하는 것이다. 그러나 국유림법상 요존국유림은 국유림법에서 정하는 절차와 방법에 따라서만 관리·사용할 수 있을 뿐이고, 불요존국유림으로 재구분되지 않는 이상 관리청이 임의로 처분하지

못하는 것이기 때문에, 토지보상법상 협의 또는 재결의 대상이 될 수 없다.
마. 따라서 공익사업의 시행자가 요존국유림을 그 사업에 사용할 필요가 있는 경우에 국유림법 등에서 정하는 절차와 방법에 따르지 않고, 이와 별개로 토지보상법에 의한 재결로써 요존국유림의 소유권 또는 사용권을 취득할 수는 없다고 봄이 타당하다(대판 2022. 10. 14, 2020다289163). 〈해설〉 국유림은 국유림법상 요존국유림에 해당하므로, 한국철도시설공단이 이 사건 국유림을 이 사건 철도사업에 사용할 필요가 있는 경우에는 국유림법이 정하는 절차와 방법에 따라 '요존국유림 사용허가'를 받거나, '요존국유림을 불요존국유림으로 재구분한 다음 이를 매각 또는 교환하는 절차'를 밟아야 하고, 이러한 절차의 적용을 회피하기 위하여 토지보상법에 의한 재결을 통해 요존국유림의 소유권이나 사용권을 취득할 수는 없다.

Ⅳ. 목적물의 확장

공익사업의 목적물은 공익사업에 필요한 최소한도의 범위에 국한하여야 함이 원칙이지만, 오히려 그 필요한 한도를 넘어서 취득하는 것이 형평의 원칙에 합치되고, 공공복리의 증진이라는 사업목적의 원활한 수행과 피수용자의 재산권 보호·조절을 위하는 경우가 있다.

1. 확장수용의 의의

확장수용이란 특정한 공익사업을 위하여 필요한 범위를 넘어서 수용이 허용되는 경우를 말한다.

확장수용은 피수용자의 재산권 보호에 목적이 있으므로 피수용자의 손실을 기준으로 확장수용의 범위를 판단하게 된다.

2. 확장수용의 성질

(1) 사법상 매매설

확장수용은 피수용자의 청구에 의하여 사업시행자가 피수용자의 재산권을 취득하는 것이므로 사업시행자의 재산권취득은 피수용자와의 합의에 의하여 이루어지는 사법상의 매매행위라고 한다.

(2) 공법상의 특별행위설

확장수용은 당해 공익사업의 시행에 있어서 필요한 최소한도를 넘어서 행하여지고 피수용자의 청구에 의하여 이루어지는 점에 비추어 볼 때, 이는 수용이 아닌 일종의 특별한 공법행위라고 한다.

(3) 공용수용설

확장수용은 공용수용에 있어서 하나의 특수한 예이기는 하나, 그 본질에 있어서는 일반의 공용수용과 다른 점이 없으므로 공용수용으로 본다.

(4) 검 토

확장수용은 피수용자의 청구를 요건으로 하는 사업시행자의 일방적인 권리취득행위로 볼 수 있으므로 그 본질은 다른 일반적인 수용과 다를 것이 없다. 따라서 공용수용설이 타당하다.

3. 확장수용의 내용

토지보상법상 확장수용이 인정되는 경우로는 잔여지수용, 완전수용, 이전수용 등이 있다.

(1) 잔여지수용

1) 의의 및 근거

'잔여지수용'이란 동일한 토지소유자에 속하는 일단의 토지의 일부를 수용함으로 인하여 잔여지를 종전의 목적에 사용하는 것이 현저히 곤란할 때에, 토지소유자의 청구에 의하여 그 잔여지도 포함하여 전부를 수용하는 것을 말한다. 토지보상법 제74조에 근거규정을 두고 있다.

일단의 토지의 의미는 1필지의 토지만을 가리키는 것이 아니라 일반적인 이용 방법에 의한 객관적인 상황이 동일한 수필지의 토지를 포함한다(대판 2017. 9. 21, 2017두30252).

2) 잔여지수용청구권의 법적 성질

잔여지수용청구권은 형성권적 권리로 보는 견해와, 손실보상책임의 일환으로 인정된 권리로 보는 견해가 있다. 판례는 형성권적 권리로 본다.

판례1 잔여지수용청구권이 그 요건을 구비한 때에는 토지수용위원회의 특별한 조치를 기다릴 것 없이 청구에 의하여 수용의 효과가 발생하므로 이는 형성권적 성질을 가진다(대판 1993. 11. 12, 93누11159[토지수용재결처분취소등]).

판례2 구 공익사업을 위한 토지 등의 취득 및 보상에 관한 법률(2007. 10. 17. 법률 제8665호로 개정되기 전의 것. 이하 '공익사업법'이라고 한다) 제74조 제1항에 규정되어 있는 잔여지 수용청구권은 손실보상의 일환으로 토지소유자에게 부여되는 권리로서 그 요건을 구비한 때에는 잔여지를 수용하는 토지수용위원회의 재결이 없더라도 그 청구에 의하여 수용의 효과가 발생하는 형성권적 성질을 갖는다(대판 2010. 8. 19, 2008두822[토지수용이의재결처분취소등]).

3) 잔여지수용의 요건

토지보상법 제74조에서는 '잔여지를 종래의 목적에 사용하는 것이 현저히 곤란한 경우'를 요건으로 규정하고 있다. 즉, ① 대지로서 면적의 과소 또는 부정형 등의 사유로 인하여 건축물을 건축할 수 없거나 건축물의 건축이 현저히 곤란한 경우, ② 농지로서 농기계의 진입과 회전이 곤란할 정도로 폭이 좁고 길게 남거나 부정형 등의 사유로 인하여 영농이 현저히 곤란한 경우, ③ 공익사업의 시행으로 인하여 교통이 두절되어 사용 또는 경작이 불가능하게 된 경우, ④ 제 1 호 내지 제 3 호 외에 이와 유사한 정도로 잔여 지를 종래의 목적대로 사용하는 것이 현저히 곤란하다고 인정되는 경우가 해당된다(시행 령 제39조).

4) 절 차

당해 토지소유자는 사업시행자에게 일단의 토지의 전부를 매수하여 줄 것을 청구할 수 있으며, 사업인정 이후에는 관할 토지수용위원회에 수용을 청구할 수 있다. 이 경우 수 용의 청구는 매수에 관한 협의가 성립되지 아니한 경우에만 할 수 있으며, 사업완료일까 지 하여야 한다(제74조 제 1 항).

5) 효 과

가. 사업인정의 의제 사업인정고시가 있은 후 사업시행자가 잔여지를 취득하는 경 우 그 잔여지에 대하여서는 토지보상법 제20조의 규정에 의한 사업인정 및 동법 제22조에 의한 사업인정의 고시가 있은 것으로 본다(제74조 제 3 항).

나. 잔여지의 원시취득 잔여지를 매수하게 되면 사업인정 및 사업인정 고시가 있 었던 것으로 보게 되므로, 사업시행자는 수용목적물을 원시취득하고 목적물에 존재하던 전세권·저당권 등 기타 권리는 모두 소멸하게 된다.

다. 관계인의 권리보호 매수 또는 수용의 청구가 있는 잔여지 및 잔여지에 있는 물건에 관하여 권리를 가진 자는 사업시행자 또는 관할 토지수용위원회에 그 권리의 존속 을 청구할 수 있다(제74조 제 2 항). 토지수용위원회의 재결로 인정된 관계인의 권리는 소멸 하지 않고 존속하게 된다(제45조 제 3 항).

라. 손실보상 잔여지 및 잔여지에 있는 물건에 대한 구체적인 보상액 산정 및 평 가방법 등에 대하여는 제70조·제75조·제76조·제77조·제78조 제 4 항, 같은 조 제 6 항 및 제 7 항을 준용한다(제74조 제 4 항 및 제75조의2 제 5 항).

(2) 완전수용

1) 의의 및 근거

'완전수용'이란 토지를 사용함으로써 토지소유자가 받게 되는 토지이용의 현저한 장애 내지 제한을 완화하기 위하여 수용보상을 하는 것을 말한다. 완전수용은 '사용에 갈음하는 수용'이라고도 한다. 토지보상법 제72조에 근거규정을 두고 있다.

2) 법적 성질

공용수용효과가 발생하므로 공용수용의 성질을 갖는다고 볼 수 있다.

3) 요건 및 절차

토지를 사용하는 기간이 3년 이상인 때, 토지의 사용으로 인하여 토지의 형질이 변경되는 때, 사용하고자 하는 토지에 그 토지소유자의 건축물이 있는 때를 요건으로 규정하고 있다.

당해 토지소유자는 사업시행자에게 그 토지의 매수를 청구하거나 관할 토지수용위원회에 그 토지의 수용을 청구할 수 있다.

4) 효   과

목적물의 원시취득 효과가 발생하고, 관계인은 사업시행자 또는 관할 토지수용위원회에 그 권리의 존속을 청구할 수 있다.

(3) 이전수용

1) 의의 및 근거

'이전수용'이란 수용·사용할 토지의 정착물 또는 사업시행자소유의 토지에 정착한 타인의 입목, 건축물, 물건 등이 성질상 이전이 불가능하거나, 이전비가 그 정착물의 가격을 초과하는 경우에 이전에 갈음하여 수용하는 것을 말한다. '이전에 갈음하는 수용'이라고 한다. 토지보상법 제75조에 근거규정을 두고 있다.

2) 법적 성질

공용수용효과가 발생하므로 공용수용의 성질을 갖는다고 볼 수 있다.

3) 요건 및 절차

건축물 등의 이전이 어렵거나 그 이전으로 인하여 건축물 등을 종래의 목적대로 사용할 수 없게 된 경우, 건축물 등의 이전비가 그 물건의 가격을 넘는 경우 등을 요건으로 규정하고 있다.

사업시행자는 사업예정지 안에 있는 건축물 등이 상기 요건에 해당하는 경우에는 관할 토지수용위원회에 그 물건의 수용의 재결을 신청할 수 있다.

(4) 지대수용

1) 지대수용의 의의 및 취지

'지대수용'이란 공익사업에 직접 필요한 토지 이외에 이와 관련한 ① 사업의 시행을 위한 건축, ② 토지의 조성정리에 필요한 때에 인접한 부근일대를 수용하는 것을 말한다. 이는 개발이익을 흡수하고 지가를 억제하는 효과가 있다.

2) 인정 여부

가. 긍 정 설   긍정설의 논거는 다음과 같다. 토지보상법 제 4 조 제 6 호의 규정의 '사업을 시행하기 위하여 필요한 통로, 교량, 전선로, 재료적치장 그 밖의 부속시설에 관한 사업'을 위하여 토지를 수용하는 경우와 국토의 계획 및 이용에 관한 법률 제95조 제 2 항의 '사업시행을 위해 특히 필요하다고 인정되는 때에는 도시계획시설에 인접한 토지·건축

물 또는 물건에 관한 소유권 이외의 권리를 일시 사용할 수 있다'라는 규정을 지대수용의 근거규정으로 본다(김경열, 73면).

   나. 부 정 설   부정설의 논거는 다음과 같다. 토지보상법 제 4 조 제 6 호의 규정은 사업을 시행하기 위하여 필요한 것으로서 필요범위를 초과한 것이 아니라는 점과 국토의 계획 및 이용에 관한 법률 제95조의 규정도 일시사용에 관한 것이라는 점에서 이를 지대수용의 근거규정으로 볼 수 없다고 한다.

   다. 검   토   토지보상법 및 국토의 계획 및 이용에 관한 법률상 규정은 지대수용을 규정한 것으로 볼 수 없으며, 지대수용은 공공성이 희박하고 수용의 본질과도 부합할 수 없는 점 등을 고려하면 명문의 규정이 없는 한 인정되기 어렵다고 판단된다.

3) 지대수용의 활용방안

   국토개발계획과 관련하여 광범위한 토지를 일괄취득하는 방법으로 지대수용제도가 활용될 수 있다. 프랑스의 우선시가화지역(ZUP), 장기정비지역(ZAD), 영국의 사업구역(action area) 등이 예로 일컬어진다.

   외국의 예에서와 같이 개발이익의 흡수 및 지가억제 등의 효과를 향유하기 위해서는 우리의 경우도 더욱 정밀한 이론적 발전을 통해 인근지역의 개발이익을 환수할 수 있는 현실적인 제도로 활용하게 하는 것이 요구된다.

V. 확장수용과 권리구제

   현행 토지보상법의 체계상 확장수용은 토지수용위원회의 재결에 의해 이루어진다. 따라서 재결에 대한 일반적인 불복수단이 적용될 것이다.

1. 이의신청

   확장수용의 재결이나 확장수용의 거부에 대하여 이의가 있는 자는 토지보상법 제83조에 따라서 재결서 정본을 받은 날부터 30일 이내에 이의신청을 할 수 있다.

2. 행정소송

(1) 문 제 점

   토지보상법 제85조는 항고소송과 보상금증감청구소송의 이원적 구조를 가지고 있다. 따라서 확장수용을 거부하는 경우, 그 거부재결에 대하여 취소소송을 제기하여야 하는지, 보상금증감청구소송을 제기하여야 하는지가 문제된다. 보상금증감청구소송의 심리범위에 손실보상의 범위가 포함되는지 여부에 따라 실효적인 쟁송형태가 달라진다.

(2) 행정소송형태

1) 학   설

가. 취소소송설 및 무효등확인소송설   보상금증감청구소송은 문언에 충실하게 '보상금액의 다과'만을 대상으로 하며, 확장수용은 수용의 범위 문제인바, 먼저 재결에 대해 다투어야 하므로 취소 내지 무효등확인소송을 제기해야 한다고 한다.

나. 보상금증감청구소송설   확장수용은 손실보상의 일환으로서 보상금증감청구소송의 취지가 권리구제의 우회방지이고, 손실보상액은 손실보상 대상의 범위에 따라 달라지므로 손실보상의 범위도 보상금증감소송의 범위에 포함된다고 본다.

다. 손실보상청구소송설   확장수용청구권은 형성권인바, 이에 의해 손실보상청구권이 발생하고, 확장수용청구권의 행사에 의해서 수용의 효과가 발생하므로 이를 공권으로 본다면 공법상 당사자소송으로 손실보상청구를 하여야 한다고 본다.

2) 판   례

판례는 잔여지수용거부에 불복하는 경우 보상금증감청구소송을 제기하여야 한다고 본다(후술, 대판 2010. 8. 19, 2008두822 참조).

3) 검   토

잔여지 보상에 관한 소송은 위법성 여부를 따지는 것이 아니라 보상금과 관련된 사항이므로 보상금증감청구소송의 제도적 취지(분쟁의 일회적 해결)와 보상의 범위에 따라 보상금액이 달라지는 점을 고려할 때 보상금증감청구소송이 보상의 범위까지 포함한다고 보는 보상금증감청구소송설이 타당하다고 판단된다.

3. 민사소송 가능 여부

보상금증액을 구하는 행정소송을 제기해야 하며 곧바로 기업자를 상대로 하여 민사소송으로 잔여지에 대한 보상금의 지급을 구할 수는 없다.

판례   토지수용법상 잔여지가 공유인 경우에도 각 공유자는 그 소유지분에 대하여 각별로 잔여지수용청구를 할 수 있으나, 잔여지에 대한 수용청구를 하려면 우선 기업자에게 잔여지매수에 관한 협의를 요청하여 협의가 성립되지 아니한 경우에 구 토지수용법(1999. 2. 8. 법률 제5909호로 개정되기 전의 것) 제36조의 규정에 의한 열람기간 내에 관할 토지수용위원회에 잔여지를 포함한 일단의 토지 전부의 수용을 청구할 수 있고, 그 수용재결 및 이의재결에 불복이 있으면 … 행정소송을 제기하여야 하며 곧바로 기업자를 상대로 하여 민사소송으로 잔여지에 대한 보상금의 지급을 구할 수는 없다(대판 2001. 6. 1, 2001다16333[토지매수]).

# 제 2 절	공익사업의 준비

Ⅰ. 공익사업의 준비의 개념

공익사업의 준비란 사업시행자가 공익사업의 시행을 위하여 행하는 준비행위로서 타인이 점유하는 토지에 출입하여 조사·측량을 하거나 장해물을 제거하는 등의 일련의 행위를 말한다. 토지보상법 제 9 조 내지 제13조에 근거하고 있으며, 사업의 준비는 수용의 준비를 위하여 인정되는 제도가 아니라 사업계획을 작성하고 사업지의 범위를 결정하기 위한 준비행위에 불과하므로 수용의 보통절차로 보지 않음이 일반적이다(수용의 보통절차로는 보지 않으나, 용지취득절차에는 포함된다).

이러한 사업준비행위로 인하여 손실이 발생한 경우, 당해 손실이 특별한 희생에 해당하는 경우에는 손실보상을 하여야 할 것이며, 또한 타인토지출입 및 장해물의 제거 등에 있어서 시장 등의 위법·부당한 허가로 권리의 침해가 발생한 경우에는 토지소유자는 행정쟁송을 통하여 권리구제를 모색할 수 있을 것이다.

Ⅱ. 법적 성질의 검토

1. 출입허가의 성질

토지보상법은 타인토지출입을 위해 사업시행자로 하여금 시장 등의 허가를 얻도록 규정(제 9 조)하고 있다. 이때 출입허가의 성질에 대하여 타인토지출입허가는 사회적으로 유해한, 즉 타인이 점유하는 토지의 무단출입을 허용하는 점에서 예외적 승인으로 보는 견해가 있으나, 통설적 견해는 출입허가가 특정인에 대하여 타인의 토지를 출입할 수 있는 권리를 설정해 주는 행위로서 '특허'에 해당된다고 본다. 어느 견해에 의하더라도 출입허가는 쟁송법상 처분에 해당되어 항고소송의 대상이 됨은 분명하다.

2. 타인토지 출입의 성질

타인토지에 출입하여 사용하는 행위는 사업시행자가 특정한 공익사업을 수행하는 과정에서 타인의 소유에 속하는 토지에 대하여 공법상 사용권을 설정하고 그 사용기간중에 그를 방해하는 권리행사를 금지하는 것으로서 공용제한 중 사용제한으로 일시적 사용이라 할 것이며, 이러한 과정에서 나타나는 측량·조사행위는 행정기관이 궁극적으로 행정작용을 적정하게 실행함에 있어 필요로 하는 자료·정보 등을 수집하기 위하여 행하는 권력적 조사활동으로서 행정조사의 성질을 지닌 것으로 파악된다.

3. 장해물 제거 등의 성질

장해물 제거란 장해물을 제거하고 토지를 시굴하는 등의 행위를 말한다. 이는 공용제한 중 부담제한으로서 사업제한에 해당한다고 볼 수 있다.

Ⅲ. 타인토지 출입

1. 출입허가

사업시행자(특별자치도, 시·군 또는 자치구가 사업시행자인 경우를 제외한다)는 측량이나 조사를 하려는 때에는 사업의 종류와 출입할 토지의 구역 및 기간을 정하여 특별자치도지사, 시장·군수 또는 구청장(자치구의 구청장을 말한다. 이하 같다)의 허가를 받아야 한다. 다만, 사업시행자가 국가일 때에는 그 사업을 시행할 관계 중앙행정기관의 장이 특별자치도지사, 시장·군수 또는 구청장에게, 사업시행자가 특별시·광역시 또는 도인 때에는 특별시장·광역시장 또는 도지사가 시장·군수 또는 구청장에게 통지하여야 한다(제9조 제2항). 이때, 시장·군수·구청장은 허가를 하였거나 통지를 받은 때에는 사업시행자, 사업의 종류와 출입할 토지의 구역 및 기간을 공고하고 이를 토지점유자에게 통지하여야 한다(제9조 제3항).

2. 출입의 통지 및 제한

허가를 받은 사업시행자는 출입하고자 하는 날의 5일 전까지 그 일시 및 장소를 시·군·구의 장에게 통지하여야 하고(제10조 제1항), 이를 받은 시·군·구의 장은 지체 없이 이를 공고하고 그 토지점유자에게 통지하여야 한다(제10조 제2항). 다만, 해가 뜨기 전이나 해가 진 후에는 토지점유자의 승낙 없이 출입할 수 없다(제10조 제3항). 한편, 타인토지출입시에는 신분을 표시하는 증표 및 허가증을 휴대하고 제시하여야 한다(제13조).

3. 토지점유자의 인용의무

토지점유자는 정당한 사유 없이 사업시행자가 제10조에 따라 통지하고 출입·측량 또는 조사하는 행위를 방해하지 못한다(제11조).

4. 효 과

허가 또는 통지로 사업시행자가 타인토지출입의 공용사용권을 취득한 것으로 보면 ① 토지점유자는 정당한 사유 없이 사업시행자의 조사행위를 방해하지 못하는 인용의무가 발생하며(제11조), ② 사업시행자의 측량·조사행위로 인해 발생하는 손실에 대한 손실보상청구권을 행사할 수 있고(제9조 제4항) ③ 사업시행자는 토지 사용기간 만료시, 반환 및 원상회복 의무가 발생한다(제48조). ④ 또한, 시장 등의 허가를 받지 아니하고 타인이 점유하는 토지에 출입하거나 출입하게 한 사업시행자 및 인용의무 규정에 반하여 사업시행자 또는 감정평가법인등의 행위를 방해한 토지점유자는 200만원 이하의 벌금에 처하게 된다(제97조).

Ⅳ. 장해물의 제거 등

1. 제거 등의 동의 또는 허가

사업시행자는 타인이 점유하는 토지에 출입하여 측량 또는 조사를 할 때 장해물을 제거하거나 토지를 파는 행위(이하 '장해물의 제거 등'이라 한다)를 하여야 할 부득이한 사유가 있는 경우에는 그 소유자 및 점유자의 동의를 받아야 한다. 다만, 그 소유자 및 점유자의 동의를 받지 못하였을 때에는 사업시행자(특별자치도, 시·군 또는 구가 사업시행자인 경우는 제외한다)는 특별자치도지사, 시장·군수 또는 구청장의 허가를 받아 장해물의 제거 등을 할 수 있으며, 특별자치도, 시·군 또는 구가 사업시행자인 경우에 특별자치도지사, 시장·군수 또는 구청장은 허가 없이 장해물의 제거 등을 할 수 있다(제12조 제 1 항). 특별자치도지사, 시장·군수 또는 구청장은 제 1 항 단서에 따라 허가를 하거나 장해물의 제거 등을 하려면 미리 그 소유자 및 점유자의 의견을 들어야 한다(제12조 제 2 항). 여기서 '허가'의 성질은 타인토지출입의 허가와 마찬가지로 사업시행자에 대한 새로운 권리의 설정행위로 보아 '특허'로 본다.

2. 제거 등의 통지 및 의무

시장 등의 허가를 얻어 장해물의 제거 등을 하는 때에는 장해물의 제거 등을 하려는 날의 3일 전까지 그 소유자 및 점유자에게 통지하여야 하며(제12조 제 3 항), 장해물의 제거 등을 하고자 하는 사람은 그 신분을 표시하는 증표 및 허가증을 휴대·제시하여야 한다(제13조 제 1 항).

3. 효   과

타인토지출입의 경우와 같이 토지점유자의 인용의무 규정은 없으나 장해물의 제거 등의 경우에도 적용된다고 보여지며, 장해물의 제거 등을 함으로써 발생한 손실에 대한 손실보상청구권(제12조 제 4 항), 사용기간 만료시 반환 및 원상회복의무(제48조), 기타행정쟁송권이 발생한다. 한편, 토지소유자 및 점유자의 동의를 얻지 아니하거나 시장 등의 허가를 받지 아니하고 장해물의 제거 등을 한 자는 1년 이하의 징역 또는 1천만원 이하의 벌금에 처한다(제95조의2).

V. 권리구제방안

1. 개   요

사전적으로는 출입허가에 관한 통지 및 장해물 제거와 관련된 의견청취 과정을 통하여 구제받을 수 있으며, 사후적으로 적법한 조사행위로 인해 손실이 발생한 경우에는 정당보상의 원칙에 따라 손실보상 청구가 가능하고, 행정청의 위법한 출입허가가 문제되는 경우에는 행정소송을 통한 구제가 가능하다.

2. 손실보상

사업시행자는 타인이 점유하는 토지에 출입하여 측량·조사함으로써 발생한 손실 및 장해물 제거 등을 함으로써 발생한 손실을 보상하여야 하는바, 손실이 있은 것을 안 날부터 1년, 손실이 발생한 날부터 3년 이내에 청구하여야 한다(제9조 제5항). 이때의 보상은 사업시행자와 손실을 입은 자가 협의하여 결정하되, 협의가 성립되지 아니하였을 때에는 사업시행자나 손실을 입은 자가 관할 토지수용위원회에 재결을 신청할 수 있다(제9조 제6·7항).

3. 행정쟁송

1) 출입허가·조사행위 등에 대한 불복

시장 등의 출입허가에 불복하는 경우는 행정심판, 행정소송의 제기가 가능할 것이다. 따라서 시장·군수·구청장의 위법 또는 부당한 허가에 대하여 불복하는 자는 행정쟁송법에 의거하여 행정청에 행정심판을 제기할 수도 있고, 직접 행정법원에 대하여 처분이 있는 날로부터 1년, 안 날로부터 90일 이내에 당해 처분의 취소 및 변경, 또는 무효등확인을 구하는 행정소송을 제기할 수 있다. 또한 측량·조사행위 및 장해물의 제거 등의 행위는 권력적 사실행위로서 그 처분성이 인정된다 할 것이므로, 그 위법을 이유로 쟁송제기가 가능할 것이다.

2) 손실보상의 재결에 대한 불복

재결의 내용이 수용 등을 수반하지 않는 경우에는, 보상원인이 되는 재산권침해행위와 보상결정행위가 서로 분리하여 존재하기 때문에 그에 대한 불복도 분리하여 행하여야 한다. 따라서 보상재결의 처분성을 부정한다면 공법상 당사자소송에 의할 것이나, 처분성을 인정한다면 항고소송을 통한 구제가 이루어져야 할 것이다. 토지보상법에서는 재결에 대한 불복규정을 두고 있으므로 이에 따라 이의신청(제83조)과 행정소송(제85조)을 제기하는 것이 타당하다.

4. 손해배상 및 결과제거청구권

위법한 행정조사로 인하여 신체 또는 재산상의 손해를 입은 경우에는 국가배상법에 따른 손해배상청구가 가능하며, 위법한 행정조사의 결과로 위법한 상태가 계속되는 경우에는 결과제거청구권을 행사할 수 있을 것이다.

제3절 사업인정 전 협의에 의한 취득

I. 협의취득의 개념

1. 의 의

공익사업을 위한 토지의 취득에는 토지 등의 소유자의 의사에 반하는 강제취득인 공용수용 이외에 공용수용의 주체와 토지 등의 소유자 사이의 협의에 의한 취득이 가능하다. 토지보상법은 협의취득(協議取得)을 공식적인 법제도로 규정하고 있다(제16조, 제17조).

2. 필수적 절차인지 여부

공용수용 이전의 협의취득절차는 의무적인 절차는 아니며 공익사업의 주체가 이 절차를 거칠 것인지 여부를 결정한다. 공익사업의 주체는 협의에 의해 취득되지 못한 토지 등에 한하여 공용수용절차를 개시할 수 있다. 그리고, 협의절차를 거친 경우에는 공용수용절차에서 의무적인 공용수용절차로 되어 있는 협의절차를 거치지 않아도 된다.

II. 협의취득의 법적 성질 [2011 감평 사례]

일부견해는 구 공공용지의 취득 및 손실보상에 관한 특례법(이하 '공특법')상 협의취득도 실질적으로는 공익목적의 토지취득절차이므로 사법상의 토지매매계약으로는 볼 수는 없고 공법적 성질을 가지는 것으로 보아야 한다고 한다. 그러나, 법률관계의 공법성 주장은 사법적인 법률관계와 비교하여 그 특수성이 인정될 때에만 주장되는 매우 제한적인 것이다. 협의취득은 공용수용과 달리 사업시행자가 그 사업에 필요한 토지 등을 사경제주체로서 취득하는 행위이므로 그것은 사법상의 매매행위의 성질을 갖는다고 보는 것이 일반적이다(석종현, 류지태·박수수[1]). 대법원 판례와 헌법재판소도 구 공특법상 협의취득은 사법상 매매계약에 해당되는 것으로 판시한 바 있다.

---

[1] 구 공특법상 협의취득의 법률관계는 사법적인 법률관계와 비교하여 그 특수성이 인정되지 않는다는 전제하에 단순히 공익목적의 취득절차라는 존재이유만으로 그 수단의 사법성을 부정할 수 없다고 보아 협의취득절차에 대해 공법적인 성격을 부여할 수는 없는 것이라 한다(류지태, 고시연구, 2002. 2).

판례1 특례법에 의한 손실보상의 협의는 공공기관이 사경제주체로서 행하는 사법상 계약의 실질을 가지는 것으로서, 당사자 간의 합의로 같은 법 소정의 손실보상의 요건을 완화하는 약정을 할 수 있고, 그와 같은 당사자 간의 합의로 같은 법 소정의 손실보상의 기준에 의하지 아니한 매매대금을 정할 수 있다(대판 2000. 9. 8, 99다26924[전부금]).

판례2 공특법에 의한 협의취득은 토지수용법상의 수용과 달리 사법상의 매매에 해당하고 그 효력은 당사자에게만 미치므로, 무권리자로부터 협의취득이 이루어졌다고 하더라도 진정한 권리자는 권리를 상실하지 아니한다(대판 2001. 11. 9, 2001다44291[소유권말소등기]).

판례3 특례법에 의한 토지 등의 협의취득은 공익사업에 필요한 토지 등을 공용수용의 절차에 의하지 아니하고 협의에 의하여 사업시행자가 취득하는 것으로서 그 법적성질의 지급행위는 토지 등의 권리이전에 대한 반대급여의 교부행위에 지나지 아니하므로 그 역시 사법상의 행위라고 볼 수밖에 없다(헌재 1992. 11. 12, 90헌마160).

판례4 특례법에 의한 협의취득은 비록 법형식에 있어서는 사법상의 매매계약의 형태를 취하고 있으나, 동법의 목적에 규정된 "공공사업"과 토지수용법에 규정된 "공익사업"은 그 내용과 법위가 동일하여 위 특례법에 의하여 협의취득될 수 있는 재산권은 바로 토지수용법에 의하여 수용될 수 있고, 양법률에 있어서의 손실보상에 관한 전체적인 원리와 기본정신이 동일한 기조위에 서 있으며, 위 특례법상의 협의취득의 과정에는 동법 제5조, 제6조 등 여러 가지 공법적 규제가 있는 점 등을 고려하면, 위 특례법의 배후에는 토지수용법에 의한 강제취득방법이 사실상의 후속조치로 남아 있어 토지 등의 소유자로서는 협의에 불응하면 바로 수용을 당하게 된다는 심리적 강박감으로 인하여 실제로는 그 의사에 반하여 협의에 응하는 경우가 많기 때문에, 위 특례법은 실제적으로는 토지수용법과 비슷한 공법적 기능을 수행하고 있다 할 것이다. 뿐만 아니라 이 사건의 경우와 같이 국민의 재산권 보장이라는 헌법이념에서 문제를 보아야 하는 사안에 있어서는 위 협의취득은 이를 헌법 제23조 제3항 소정의 "재산권의 수용"과 동일한 것으로 보아 다루는 것이 보다 현실을 직시하여 공권력이 사법상 법률행위의 형식을 빌림으로써 헌법의 재산권 보장기능을 열악화 또는 형해화하는 등 여러 가지 반위법적 사례가 생기는 것을 막을 수 있는 건전한 헌법적해석이라 할 것이므로 … (헌재 1996. 8. 29, 92헌가15).

Ⅲ. 협의취득의 절차

1. 토지·물건 조서작성

사업시행자는 공익사업의 수행을 위하여 사업인정 전에 협의에 의한 토지 등의 취득 또는 사용이 필요한 때에는 토지조서와 물건조서를 작성하여 서명 또는 날인을 하고 토지소유자와 관계인의 서명 또는 날인을 받아야 한다. 다만, 토지소유자와 관계인이 정당한 사유 없이 서명 또는 날인을 거부하거나 또는 토지소유자와 관계인을 알 수 없거나 그 주소·거소를 알 수 없는 등의 사유로 인하여 서명 또는 날인을 할 수 없는 경우에는 그러하지 아니하되, 사업시행자는 해당 토지조서와 물건조서에 그 사유를 기재하여야 한다(제14조).

2. 보상계획의 공고·열람 등

열람 후 토지조서 및 물건조서의 내용에 대하여 이의가 있는 토지소유자 또는 관계인은 사업시행자에게 서면으로 이의를 제기할 수 있다. 다만, 사업시행자가 고의 또는 과실로 토지소유자 또는 관계인에게 보상계획을 통지하지 아니한 경우 해당 토지소유자 또는 관계인은 제16조에 따른 협의가 완료되기 전까지 서면으로 이의를 제기할 수 있다(제15조 제 3 항).

사업시행자는 해당 토지조서 및 물건조서에 제기된 이의를 부기하고 그 이의가 이유 있다고 인정하는 때에는 적절한 조치를 하여야 한다(제15조 제 4 항).

3. 협   의

사업시행자는 토지 등에 대한 보상에 관하여 토지소유자 및 관계인과 성실하게 협의하여야 한다(제16조). 협의기간은 30일 이상으로 하며(시행령 제 8 조), 협의기간 내에 협의가 성립되지 아니한 경우에는 협의경위서를 작성하여야 한다.

4. 계약의 체결

사업시행자는 협의가 성립된 경우 토지소유자 및 관계인과 계약을 체결하여야 한다. 협의 내용은 협의에 의해 취득할 토지 등의 구체적 대상과 범위, 보상액과 보상의 시기·방법이 된다. 사업시행자는 협의가 성립된 때에는 토지소유자 및 관계인과 계약을 체결하여야 한다(제17조).

판례는 구 공특법상의 협의취득계약을 사법상 계약으로 보고(대판 1981. 5. 26, 80다2109[전부금]), 위 협의취득에 기한 손실보상금의 환수통보 역시 사법상의 이행청구에 해당하는 것으로 본다(대판 2010. 11. 11, 2010두14367).

Ⅳ. 협의의 효과

협의에 의하여 계약이 체결되면 사업시행자는 토지소유자 및 관계인에게 보상금을 지급하고 공익사업에 필요한 토지 등을 취득하게 된다. 이 경우의 취득은 승계취득으로서 등기를 요하게 된다. 또한 토지소유자는 협의취득일 이후 일정한 요건이 충족되면 환매권을 행사하여 토지소유권을 회복할 수 있다.

V. 협의취득과 정당보상

종래 이원적 보상법체계하에서는 협의취득에 따른 매수금액의 지급을 행정상 손실보상으로 볼 수 있는가에 대한 문제가 있었다. 이는 대법원 판례가 협의취득시 당사자간의 합의로 매매대금을 정할 수 있다고 하여 협의취득의 경우에는 헌법 제23조 제 3 항에 규정된 정당보상의 원칙이 적용되지 않는 것인가 하는 의문이 제기된 것이다. 그러나, 현행 토지보상법상 협의취득이 불가능한 경우에는 수용절차가 강제될 수 있으며, 토지소유자 등의 입장에서는 이러한 후행 절차에 의해서 산정되는 손실보상액의 크기를 고려하여 매매대금을 결정할 것이므로 협의에 의한 매수금액의 결정에서도 정당보상의 원칙이 배제될 이유는 없는 것으로 보인다.

제 4 절 공용수용에 의한 취득

토지보상법상 토지취득 및 보상절차는 다음과 같다. 토지조서 및 물건조서의 작성(제14조) ― 보상계획의 공고·통지 및 열람(제15조) ― 협의(제16조) ― 사업인정(제20조) ― 토지조서 및 물건조서의 작성(제26조) ― 보상계획의 공고·통지 및 열람(제26조) ― 협의(제26조) ― 수용재결(제34조) ― 이의신청(제83조) 및 이의재결(제84조)(임의절차) ― 행정소송(제85조).

이 중 토지수용의 보통절차는 사업인정-토지조서·물건조서의 작성-협의-재결·화해의 단계를 거쳐 진행된다.

제 1 항 사업인정

I. 사업인정의 개념 [2005 행시(일반행정) 약술]

사업인정이란 공익사업을 토지 등을 수용 또는 사용할 사업으로 결정하는 것으로서 공익사업의 시행자에게 그 후 일정한 절차를 거칠 것을 조건으로 일정한 내용의 수용권을 설정하여 주는 형성행위이다(대판 2019. 2. 28, 2017두71031).

토지보상법 제 2 조 제 7 호는 '사업인정'을 "공익사업을 토지 등을 수용하거나 사용할 사업으로 결정하는 것"이라고 정의하고 있다.

사업시행자는 공익사업의 수행을 위하여 필요한 경우 토지 등을 수용하거나 사용할 수 있는데(제19조 제 1 항), 사업시행자는 토지 등을 수용하거나 사용하려면 국토교통부장관의 사업인정을 받아야 한다(제20조 제 1 항).

사업인정은 특정사업이 그 사업에 필요한 토지를 수용 또는 사용할 수 있는 공익사업이라는 것을 인정하는 것과 토지를 수용 또는 사용하고자 하는 당해 특정사업의 공공필요성의 인정을 주된 내용으로 한다.

또한, 토지보상법 이외의 개별법에 의해 토지보상법의 사업인정이 의제되는 경우가 있다. 토지보상법 <별표>는 토지보상법 제20조에 따른 사업인정이 의제되는 사업을 열거하고 있다. 예를 들면, 택지개발촉진법 제 9 조에 의한 택지개발계획이 승인되면 사업인정이 의제된다. 이 경우에는 사업인정을 별도로 받지 않아도 된다.

택지개발사업계획 등 인·허가시 사업인정을 의제하는 것은 인·허가의제사업의 촉진 등의 효율적 수행을 위한 것이므로 사업인정의 의제를 받지 않고, 토지보상법상 사업인정을 받는 것도 가능하다고 보아야 한다.

> **판례** 구 전원개발에 관한 특례법(현행 전원개발촉진법)상 실시계획의 승인 및 고시가 있으면 사업인정 등 인허가가 의제되는 것으로 되어 있는데, 이는 효율적인 전원개발사업의 수행을 위한 것이고, 전원개발사업이 구 토지수용법(현 토지보상법)에 의한 공익사업에 해당하는 것이므로 이러한 특례법상 수용절차가 있다 하여 일반 토지수용절차에 따른 토지수용을 배제하는 것이라고 할 수는 없다(서울행법 1999. 1. 27, 98구26633[사업인정반려처분취소]).

Ⅱ. 법적 성격 [1992, 2023 감평]

1. 처분성(행정행위)

사업인정으로 사업시행자 및 토지소유자 등에게 일정한 구체적인 법적 효과가 발생한다. 즉, 사업인정으로 사업시행자에게는 토지수용 등을 위한 절차를 개시할 권리 및 이들 절차의 이행을 조건으로 토지 등을 수용하거나 사용할 권리가 창설되고, 토지소유자 등에게는 사업인정의 고시가 있은 후에는 고시된 토지에 대하여 사업에 지장이 될 우려가 있는 형질의 변경이나 법에 규정된 물건을 손괴하거나 수거를 하지 못하는 의무가 생기는 등(제25조 제 1 항) 일정한 의무가 부과되고, 손실보상청구권이 주어진다. 따라서, 사업인정은 행정행위이며 항고소송의 대상이 된다.

사업인정이 의제되는 경우 의제된 인·허가의 위법을 다투기 위하여는 의제된 인·허가처분을 다투어야 한다는 것이 판례의 입장이므로 판례에 따르면 의제된 사업인정의 위법을 다투기 위하여는 의제된 사업인정처분을 다투어야 한다(인·허가의제 참조).

2. 형성행위

사업인정이 형성행위인가 확인행위인가 학설이 대립되고 있다.

(1) 형성행위설

이 설은 사업인정을 사업시행자에게 사업인정 후 일정한 절차를 거칠 것을 조건으로 수용권을 설정하여 주는 형성행위(形成行爲)라고 보는 견해이다(류지태·박종수, 홍정선). 이 견해가 통설이며 판례의 입장(대판 1994. 11. 11, 93누19375)이다. 이 견해가 타당하다.

> **판례** **사업인정의 법적 성격과 효력:** 토지수용법 제14조의 규정에 의한 사업인정은 그 후 일정한 절차를 거칠 것을 조건으로 하여 일정한 내용의 수용권을 설정해 주는 행정처분의 성격을 띠는 것으로서 그 사업인정을 받음으로써 수용할 목적물의 범위가 확정되고 수용권으로 하여금 목적물에 관한 현재 및 장래의 권리자에게 대항할 수 있는 일종의 공법상의 권리로서의 효력을 발생시킨다(대판 1994. 11. 11, 93누19375[토지수용재결처분취소]).

(2) 확인행위설

이 설은 사업인정을 특정한 사업이 토지를 수용할 수 있는 사업에 해당한다는 확인을 하고 선언하는 확인행위(確認行爲)라고 보는 견해이다. 이 견해는 사업시행자에게 수용권이 주어지는 것은 사업인정의 결과 법규정에 따른 것이라고 본다.

3. 재량행위

사업인정에 있어서 토지보상법 제 4 조 각 호의 공익사업에의 해당 여부는 단순한 불확정개념의 판단문제이므로 법에 기속된다고 보아야 한다.

그러나, 공공필요성의 판단에 있어서는 관련이익의 형량을 포함하는 전문기술적이고 정책적인 판단이 행해지므로 행정청에게 재량권이 인정된다고 보아야 한다.

따라서, 사업인정은 공공필요성의 인정에 있어서는 재량행위(裁量行爲)라고 보아야 한다.

> **판례** 구 토지수용법 제14조에 의한 토지수용을 위한 사업인정은 단순한 확인행위가 아니라 형성행위이고 당해 사업이 비록 토지를 수용할 수 있는 사업에 해당된다 하더라도 행정청으로서는 그 사업이 공용수용을 할 만한 공익성이 있는지의 여부를 모든 사정을 참작하여 구체적으로 판단하여야 하는 것이므로 사업인정의 여부는 행정청의 재량에 속한다(대판 1992. 11. 13, 92누596[토지수용을 위한 사업인정거부처분취소 등]).

이에 대하여 사업인정을 재량행위로 보지 않고, 사업인정을 함에 있어서 당해 사업이 공익사업에 해당하는지 여부 및 공공필요의 요건을 충족하는지 여부에 대하여 일정한 한계 내에서 판단여지가 인정된다는 견해(정하중)가 있다.

4. 제 3 자효 행정행위

제 3 자효 행정행위는 상대방에게는 이익을 주고 제 3 자에게는 불이익을 주거나 상대방에게는 불이익을 주고 제 3 자에게는 이익을 주는 행정행위를 말한다.

사업인정 처분은 일방 당사자인 사업시행자에게는 수용권의 설정이라는 수익적 효과를 부여하고, 또 일방 당사자인 피수용자에게는 토지의 보전의무 및 재산권 상실이라는 불이익한 효과를 가져온다는 점에서 제 3 자효 행정행위로 볼 수 있다.

5. 사업인정 고시에 대한 법적 성질 논의

(1) 고시의 의의

고시는 기본적으로 대통령령인 「행정업무의 효율적 운영에 관한 규정」이 규정하는 바와 같이 일정한 사실을 일반 국민들에게 알린다는 의미의 통지나 공고의 의미를 내포하고 있다.

현행 법령에서 사용되고 있는 '고시'라는 용어는 경우에 따라서 단순한 통지수단 및 일반처분으로서 의미 또는 행정입법의 의미로 사용되며, 일반적으로 행정입법과 관련하여 그 법적 성질이 논의되는 고시는 행정청의 행위기준이 된다는 점에서, 일정한 사항을 일반인에게 알리는 통지수단으로서 고시 및 일반처분의 성질을 갖는 고시와 의미가 다름을 알 수 있다.

사업인정 고시는 해당 공익사업에 대한 기본내용인 사업시행자의 성명이나 명칭, 사업의 종류, 사업지역 및 수용하거나 사용할 토지의 세목 등을 불특정 다수인에게 알리는 행위이다.

(2) 견해의 대립

1) 일반처분의 성질을 갖는다는 견해

고시 중에는 물건이나 지역의 성질 및 상태를 규율함으로써 사람의 권리와 의무를 변동(발생, 변동소멸 등)시키는 법적효과를 인정한 경우가 있다. 고시가 일반적·구체적 성질을 가질 때에는 '일반처분'에 해당하며 고시의 내용이 어떤 물건의 성질 또는 상태를 규율하는 내용을 담고 있을 때에는 물적 행정행위라고 보아야 한다. 예컨대 "대기환경보전법에 의한 대기환경규제지역지정 고시" 및 "도로법에 의한 도로구역결정의 고시", "구 청소년보호법에 의한 청소년유해매체물 결정 및 고시" 등이 있다.

2) 특정사실을 알리는 준법률행위로서 통지라는 견해

통지행위라 함은 특정인 또는 불특정 다수인에게 특정한 사실을 알리는 행정행위를 말한다. 통지행위는 그 자체가 일정한 법률효과를 발생시키는 행정행위이다. 사업인정 고시로 인해 수용권이 설정되고 토지 등의 보전의무가 발생하는 등 일정한 법률상 효과가 발생하게 된다.

3) 특허로 보는 견해

사업인정은 수용할 수 있는 사업으로 결정하는 것이며 그 효력발생은 사업인정 고시일로부터 발생된다. 따라서 사업인정과 사업인정고시를 통일적으로 파악하여 특허로 보는 견해가 있다.

(3) 검 토

사업인정 고시 그 자체는 불특정다수인에게 처분 사실을 통지하는 것이고, 사업인정 고시로 성립하고 효력이 발생하는 사업인정은 수용권을 설정하여 주는 특허이고, 불특정 다수인에 대한 처분이므로 일반처분의 성질도 갖는 것으로 볼 수 있다.

Ⅲ. 사업인정의 요건

토지보상법상의 사업인정처분이 행해지기 위하여는 공익사업이어야 하고(제 4 조), 그 사업의 공공필요성이 인정되어야 하며(헌법 제23조 제 3 항, 토지보상법 제19조 제 1 항) 사업시행자에게 해당 공익사업을 수행할 의사와 능력이 있어야 한다(대판 2011. 1. 27, 2009두1051).

> **판례** **사업인정의 요건:** 사업인정이란 공익사업을 토지 등을 수용 또는 사용할 사업으로 결정하는 것으로서 공익사업의 시행자에게 그 후 일정한 절차를 거칠 것을 조건으로 일정한 내용의 수용권을 설정하여 주는 형성행위이므로, 해당 사업이 외형상 토지 등을 수용 또는 사용할 수 있는 사업에 해당한다고 하더라도 사업인정기관으로서는 그 사업이 공용수용을 할 만한 공익성이 있는지의 여부와 공익성이 있는 경우에도 그 사업의 내용과 방법에 관하여 사업인정에 관련된 자들의 이익을 공익과 사익 사이에서는 물론, 공익 상호간 및 사익 상호간에도 정당하게 비교·교량하여야 하고, 그 비교·교량은 비례의 원칙에 적합하도록 하여야 한다. 그뿐만 아니라 해당 공익사업을 수행하여 공익을 실현할 의사나 능력이 없는 자에게 타인의 재산권을 공권력적·강제적으로 박탈할 수 있는 수용권을 설정하여 줄 수는 없으므로, 사업시행자에게 해당 공익사업을 수행할 의사와 능력이 있어야 한다는 것도 사업인정의 한 요건이라고 보아야 한다(대판 2011. 1. 27, 2009두1051[토지수용재결처분취소]).

1. 사업인정의 대상이 되는 공익사업

사업인정(수용)이 행해지기 위하여는 법률의 근거가 있어야 한다. 토지보상법은 사업인정의 대상이 되는 공익사업(公益事業)을 구체적으로 열거하지 않고 개괄적으로 규정하고 있다(제 4 조).

토지보상법 제 4 조 각 호에 해당하는 공익사업인지 여부의 판단에는 재량권이나 판단여지가 인정되지 않는다.

공공필요성이 있는 사업이라도 '공익사업'으로 실정법에 열거되어 있지 않으면 공용수용이 허용될 수 없다.

토지보상법은 "공익사업의 수행을 위하여 필요한 때"에는 토지 등을 수용 또는 사용할 수 있다고 규정하고 있는데, "공익사업의 수행을 위하여 필요한 때"라 함은 장래에 시행할 공익사업을 위하여 필요한 때뿐만 아니라 이미 시행된 공익사업의 유지를 위하여 필요한 때를 포함한다고 보아야 한다(대판 2005. 4. 29, 2004두14670: 이미 설치된 송전선로를 유지하기 위하여 선로 아래의 다른 사람의 토지 위의 공중의 사용을 대상으로 사업인정을 할 수 있다고 한 사례).

토지보상법은 사업시행자의 요건에 대해서 별도로 규정하고 있지 않지만, 사업인정을 의제하고 있는 개별 법률에서는 사업시행자의 요건에 대해 별도로 규정하고 있는 경우가 있으므로 사업시행자가 되기 위해서는 해당 법률에서 규정하고 있는 요건을 충족하여야 한다.

> **판례1**   어떤 사업이 공익사업인가의 여부는 그 사업 자체의 성질로 보아 그 사업의 공공성과 독점성을 인정할 수 있는가의 여부로써 정할 것이고, 그 사업주체에 따라 정할 성질이 아니다(대판 1971. 10. 22, 71다1716[소유권이전등기말소]).
>
> **판례2**   구 도시저소득주민의 주거환경개선사업을 위한 임시조치법(2002. 12. 30. 법률 제6852호 도시 및 주거환경정비법 부칙 제 2 조로 폐지된 것, 이하 '구 임시조치법'이라 한다)에서의 주거환경개선사업은 구 공익사업을 위한 토지 등의 취득 및 보상에 관한 법률(2004. 12. 31. 법률 제7304호로 개정되기 전의 것, 이하 '구 공익사업법'이라 한다) 제 4 조 제 5 호 소정의 '지방자치단체나 지방자치단체가 지정한 자가 임대나 양도의 목적으로 시행하는 주택의 건설에 관한 사업' 또는 제 4 조 제 7 호 소정의 '그 밖에 다른 법률에 의하여 토지 등을 수용 또는 사용할 수 있는 사업'인 공익사업에 해당한다고 할 것이다(대판 2011. 11. 24, 2010다80749[부당이득금반환]).
>
> **판례3**   공용수용이 허용될 수 있는 공익성을 가진 사업, 즉 공익사업의 범위는 사업시행자와 토지소유자 등의 이해가 상반되는 중요한 사항으로서, 공용수용에 대한 법률유보의 원칙에 따라 법률에서 명확히 규정되어야 한다. 공공의 이익에 도움이 되는 사업이라도 '공익사업'으로 실정법에 열거되어 있지 않은 사업은 공용수용이 허용될 수 없다(헌재 2014. 10. 30, 2011헌바172 등).

2. 공공필요성

토지보상법 제 4 조 각 호에 해당하는 사업이 자동적으로 토지수용을 할 수 있는 사업이 되는 것은 아니며 공공필요성을 인정받아 사업인정을 받아야 한다(대판 1992. 11. 13, 92누596).

공공필요성은 수용의 정당화사유인데, 비례의 원칙의 적용례이다. 공공필요성이 인정되기 위하여는 사업의 공공성(공익성)과 필요성이 인정되어야 한다. 사업의 필요성은 최소침해성과 비례성을 포함한다.

공익성의 입증책임은 사업자에게 있다.

판례1   헌법 제23조 제 3 항에서 규정하고 있는 '공공필요'는 "국민의 재산권을 그 의사에 반하여 강제적으로라도 취득해야 할 공익적 필요성"으로서, '공공필요'의 개념은 '공익성'과 '필요성'이라는 요소로 구성되어 있다(헌재 2014. 10. 30, 2011헌바172 등).

판례2   공용수용은 공익사업을 위하여 특정의 재산권을 법률에 의하여 강제적으로 취득하는 것을 내용으로 하므로 그 공익사업을 위한 필요가 있어야 하고, 그 필요가 있는지에 대하여는 수용에 따른 상대방의 재산권침해를 정당화할 만한 공익의 존재가 쌍방의 이익의 비교형량의 결과로 입증되어야 하며, 그 입증책임은 사업시행자에게 있다(대판 2005. 11. 11, 2003두7507).

(1) 공익사업의 공공성(공익성)

법률에서 수용할 수 있는 공익사업으로 규정된 사업이라고 하여 당연히 공공성(공익성)이 인정되는 것은 아니다. 사업의 공공성은 개별적으로 판단되어야 한다.

공익사업의 공익성을 재산권의 존속보장을 위하여 행정권 행사의 근거가 되는 공익보다 엄격한 개념으로 보아야 한다는 견해(김성수)도 있으나, 공익사업의 실현 및 토지자원의 유한성을 고려하여 행정권 행사의 근거가 되는 공익보다 넓게 인정하여야 한다. 이는 '사인을 위한 수용'의 인정과 무관하지 않다. 오늘날 공익사업의 공공성은 국가안전보장, 질서유지, 공공복리와 함께 국가 또는 지역 경제상의 이익도 포함한다고 보아야 할 것이다.

공익사업의 공익성은 재산권의 존속보장을 위해 기본권 일반의 제한사유인 '공공복리'보다 좁게 보아야 한다는 것이 헌법재판소의 입장이다.

이미 실행된 공익사업의 유지를 위한 사업인정은 가능하나(대판 2005. 4. 29, 2004두14670), 종전의 공익사업의 부지 중 미보상토지의 소유권 취득만을 목적으로 하는 사업인정은 불가능하다.

판례1   헌법 제23조 제 3 항은 정당한 보상을 전제로 하여 재산권의 수용 등에 관한 가능성을 규정하고 있지만, 재산권 수용의 주체를 한정하지 않고 있다. 위 헌법조항의 핵심은 당해 수용이 공공필요에 부합하는가, 정당한 보상이 지급되고 있는가 여부 등에 있는 것이지, 그 수용의 주체가 국가인지 민간기업인지 여부에 달려 있다고 볼 수 없다. 또한 국가 등의 공적 기관이 직접 수용의 주체가 되는 것이든 그러한 공적 기관의 최종적인 허부판단과 승인결정하에 민간기업이 수용의 주체가 되는 것이든, 양자 사이에 공공필요에 대한 판단과 수용의 범위에 있어서 본질적인 차이를 가져올 것으로 보이지 않는다(헌재 2009. 9. 24, 2007헌바114[산업입지 및 개발에 관한 법률 제11조 제 1 항 등 위헌소원]).

판례2   법이 공용수용 할 수 있는 공익사업을 열거하고 있더라도, 이는 공공성 유무를 판단하는 일응의 기준을 제시한 것에 불과하므로, 사업인정의 단계에서 개별적·구체적으로 공공성에 관한 심사를 하여야 한다. 즉 공공성의 확보는 1차적으로 입법자가 입법을 행할 때 일반적으로 당해 사업이 수용이 가능할 만큼 공공성을 갖는가를 판단하고, 2차적으로는 사업인정권자가 개별적·구체적으로 당해 사업에 대한 사업인정을 행할때 공공성을 판단하는 것이다. 오늘날 공익사업의 범위가 확대되는 경향에 대응하여 재산권의 존속보장과의 조화를 위해서는, '공공필요'의 요건에 관하여, 공익성은 추상적인 공익일반 또는 국가의 이익 이상의 중대한 공익을 요구하므로 기본권 일반의 제한사유인 '공공복리'보다 좁게 보는 것이 타당하며, 공익성의 정도를 판단함에 있어서는 공용수용을 허용하고 있는 개별법의 입법 목적, 사업내용, 사업이 입법목적에 이바지 하는 정도는 물론, 특히 그 사업이 대중을 상대로 하는 영업인 경우에는 그 사업 시설에 대한 대중의 이용·접근가능성도 아울러 고려하여야 한다(헌재 2014. 10. 30, 2011헌바172 등). 공용수용의 경우 정당한 보상을 하므로 공익사업의 공익성을 헌법재판소의 견해와 달리 기본권 일반의 제한사유인 '공공복리'보다 넓게 보는 것이 타당하다는 견해가 타당하다.

> **판례3** 공익사업을위한토지등의취득및보상에관한법률 제20조는 공익사업의 수행을 위하여 필요한 때, 즉 공공의 필요가 있을 때 사업인정처분을 할 수 있다고 되어 있을 뿐 장래에 시행할 공익사업만을 대상으로 한정한다거나 이미 시행된 공익사업의 유지를 그 대상에서 제외하고 있지 않은 점, 당해 공익사업이 적법한 절차를 거치지 아니한 채 시행되었다 하여 그 시행된 공익사업의 결과를 원상회복한 후 다시 사업인정처분을 거쳐 같은 공익사업을 시행하도록 하는 것은 해당 토지 소유자에게 비슷한 영향을 미치면서도 사회적으로 불필요한 비용이 소요되고, 그 과정에서 당해 사업에 의하여 제공되었던 공익적 기능이 저해되는 사태를 초래하게 되어 사회·경제적인 측면에서 반드시 합리적이라고 할 수 없으며, 이미 시행된 공익사업의 유지를 위한 사업인정처분의 허용 여부는 사업인정처분의 요건인 공공의 필요, 즉 공익사업의 시행으로 인한 공익과 재산권 보장에 의한 사익 사이의 이익형량을 통한 재량권의 한계문제로서 통제될 수있는 점 등에 비추어 보면, 사업인정처분이 이미 실행된 공익사업의 유지를 위한 것이라는 이유만으로 당연히 위법하다고 할 수 없다(대판 2005. 4. 29, 2004두14670).

(2) 최소침해성

공익사업을 위한 방안이 수개인 경우에 국민의 권익과 공익을 가장 적게 침해하는 방안을 채택하여야 한다.

> **판례** 이 사건 의정부북부정거장의 교통량과 교통환경 등에 비추어 의정부북부역사 앞에 보행광장과 택시베이(Taxi-bay)를 설치할 필요성이 있는 점, 그런데 이 사건 건설사업은 기존 경원선과 교외선 부지를 모두 선로의 부지로 사용하는 것을 내용으로 하는 점, 기존 출입구가 있는 역사 동쪽 부분은 기존 도로가 좁을 뿐 아니라 상가가 밀집하여 있는 반면 역사 서쪽 부분의 이 사건 토지는 밭으로 경작되고 있고 주택가의 이면도로에 접해 있으므로 수용에 따른 사회적 비용이 적게 소요될 뿐 아니라, 이 사건 토지 부분에 보행광장과 택시베이를 별도로 설치하게 되면 역사에 진출입하는 교통량을 분산시킴으로써 교통환경을 개선할 수 있는 점 등을 알 수 있는바, 사정이 이와 같다면, 의정부북부역사 동쪽에 주출입문을 설치하는 것보다는 서쪽에 주출입문을 설치하고 그 앞에 위치한 이 사건 토지에 보행광장과 택시베이를 설치하는 것이 이 사건 건설사업의 목적을 달성하기 위한 유효·적절하고 또한 가능한 한 최소침해를 가져오는 방법이라고 할 것이다(대판 2005. 11. 10, 2003두7507[토지수용이익재결처분취소]).

사업인정을 함에 있어서 필요한 최소한도의 범위 내로 사업시행지를 한정하여야 한다는 의미의 필요성(최소침해성)을 사업인정의 요건으로 드는 견해가 있으나, 이는 사업인정의 요건(공공필요성의 요소)은 아니며 사업인정의 한계에 속하는 문제라고 보아야 한다.

(3) 비례성(정당한 이익형량)

공공필요성이 인정되기 위하여는 공익사업으로 인하여 달성되는 공익과 당해 사업으로 인해 침해되는 이익(공익 및 사익) 사이에 비례성이 유지되어야 한다. 달리 말하면 공익사업으로 인하여 달성되는 공익이 공익사업으로 인하여 침해되는 이익(공익사업의 불이익)

보다 우월하여야 한다.

> **판례1** 공용수용에 있어서 공익사업을 위한 필요와 그에 대한 증명책임의 소재(=사업시행자): 공용수용은 공익사업을 위하여 특정의 재산권을 법률에 의하여 강제적으로 취득하는 것을 내용으로 하므로 그 공익사업을 위한 필요가 있어야 하고, 그 필요가 있는지에 대하여는 수용에 따른 상대방의 재산권침해를 정당화할 만한 공익의 존재가 쌍방의 이익의 비교형량의 결과로 입증되어야 하며, 그 입증책임은 사업시행자에게 있다(대판 2005. 11. 10, 2003두7507[토지수용이의재결처분취소]).

> **판례2** [1] '필요성'이 인정되기 위해서는 공용수용을 통하여 달성하려는 공익과 그로 인하여 재산권을 침해당하는 사인의 이익 사이의 형량에서 사인의 재산권침해를 정당화할 정도의 공익의 우월성이 인정되어야 하며, 사업시행자가 사인인 경우에는 그 사업 시행으로 획득할 수 있는 공익이 현저히 해태되지 않도록 보장하는 제도적 규율도 갖추어져 있어야 한다. [2] 고급골프장 등의 사업에 있어서는 그 사업 시행으로 획득할 수 있는 공익이 현저히 해태되지 않도록 보장하는 제도적 규율이 갖추어졌는지에 관하여는 살펴볼 필요도 없이, 타인의 재산을 그 의사에 반하여 강제적으로라도 취득할 수 있게 해야 할 필요성은 인정되지 아니한다. [3] 헌법재판소가 이 사건 법률조항에 대하여 위헌결정을 선고하면, 공공필요성이 있는 지구개발사업 시행을 위한 민간개발자의 공공수용까지 허용되지 않는 결과가 되어 입법목적을 달성하기 어려운 법적 공백과 혼란이 예상되므로, 헌법불합치결정을 하되 이 사건 법률조항은 입법자가 개정할 때까지 계속 적용하기로 한다(헌재 2014. 10. 30, 2011헌바172 등). 〈해설〉 골프장 건설을 위한 토지수용이 항상 공공필요성이 없는 것은 아니다.

1) 이익형량의 요소인 공익과 사익

사업의 공공필요성을 판단하기 위하여는 '사업으로 인하여 달성되는 공익'과 '당해 사업으로 인하여 침해되는 공익 및 사익'을 비교형량(比較衡量)하여야 한다.

가. 공　　익　　공익사업으로 인하여 달성되는 공익은 전술한 바와 같다.

나. 침해되는 사익　　'사업으로 인하여 침해되는 사익'은 사업으로 인하여 침해되는 토지소유자의 소유권뿐만 아니라 토지의 이용으로 인한 거주의 이익, 경제적 이익(영업, 영농, 산림 경영 등의 이익), 종교적 이익 등 사업으로 인하여 침해되는 일체의 사적 이익을 말한다. 사업시행지 내의 토지소유자 등이 상실하는 이익뿐만 아니라 사업시행지 밖의 토지소유자 등이 상실하는 이익도 포함된다고 보아야 한다.

다. 침해되는 공익　　'사업으로 인하여 침해되는 공익'에는 환경상 이익과 문화적 가치 등이 포함된다.

2) 비례성(상당성, 협의의 비례원칙)

공익사업으로 인하여 달성되는 공익과 당해 사업으로 인해 침해되는 이익(공익 및 사익)이 심히 균형을 잃으면 사업인정은 위법하다. 즉, 사업으로 인하여 침해되는 중대한 공익 또는 사익을 고려하지 않았거나, 당해 공익 또는 사익의 가치를 심히 가볍게 평가하였거나, 고려하여서는 아니 되는 이익을 사업으로 인하여 달성되는 공익으로 판단하였거나 사업으로 인하여 달성되는 공익을 지나치게 과도하게 평가하여 이익형량이 심히 균형을 잃은 경우에는 사업인정은 위법하다고 보아야 한다.

(4) 공익성 판단의 기준

공익성 판단기준은 형식적 심사와 실질적 심사로 구분하여 판단한다.

형식적 심사는 토지보상법 제 4 조 상 토지수용이 가능한 사업인지 여부, 의견수렴 및 사업시행절차의 준수여부 등 형식적 요건을 판단하고 토지수용사업에 해당하지 않는 경우에는 사업인정 신청을 반려해야 한다. 의견수렴절차와 사업시행절차를 이행하지 않은 경우에는 보완요구 또는 각하결정을 해야 한다.

실질적 심사는 헌법상 공공필요의 요건에 따라 토지수용사업의 공공성과 토지수용의 필요성으로 구분하여 공익성에 대한 실질적 내용을 판단한다. 사업의 공공성 심사는 ① 사업시행의 공공성, ② 사업의 공공기여도, ③ 사업시행자의 유형, ④ 사업재원의 공공성, ⑤ 사업수행능력, ⑥ 목적 및 상위계획 부합여부, ⑦ 공익의 지속성, ⑧ 시설의 대중성을 심사·사업의 필요성 심사는 ① 피해의 최소성, ② 방법의 적절성, ③ 사업의 시급성을 평가한다.

3. 사업시행자의 사업시행 의사와 능력

해당 공익사업을 수행하여 공익을 실현할 의사나 능력이 없는 자에게 타인의 재산권을 공권력적·강제적으로 박탈할 수 있는 수용권을 설정하여 줄 수는 없으므로, 사업시행자에게 해당 공익사업을 수행할 의사와 능력이 있어야 한다는 것도 사업인정의 한 요건이라고 보아야 한다(대판 2011. 1. 27, 2009두1051[토지수용재결처분취소]).

> 판례 참가인 송파구청장이 이 사건 사업비를 송파구의 자체 예산으로 조달하지 않는다는 사정만으로 참가인 송파구청장에게 사업 수행 의사나 능력이 없다고 볼 수 없다고 한 사례(대판 2019. 2. 28, 2017두71031).

IV. 사업인정절차 [2004 감평 사례]

1. 사업인정의 신청

사업시행자는 토지 등을 수용하고자 하는 때에는 국토교통부장관에게 사업인정을 신청하여야 한다(제20조).

2. 협의 및 의견청취

(1) 협의 및 의견청취

국토교통부장관은 사업인정을 하려면 관계 중앙행정기관의 장 및 특별시장·광역시장·도지사·특별자치도지사(이하 "시·도지사"라 한다) 및 제49조에 따른 중앙토지수용위원회와 협의하여야 하며, 미리 사업인정에 이해관계가 있는 자의 의견을 들어야 한다(제21조 제 1 항). 별표에 규정된 법률에 따라 사업인정이 있는 것으로 의제되는 공익사업의 허가·인가·승인권자 등은 사업인정이 의제되는 지구지정·사업계획승인 등을 하려는 경우 제 1 항에 따라 제49조에 따른 중앙토지수용위원회와 협의하여야 하며, 대통령령으로 정하는 바에 따라 사업인정에 이해관계가 있는 자의 의견을 청취하여야 한다(제21조 제 2 항).

협의시에는 ① 사업인정에 이해관계가 있는 자에 대한 의견 수렴 절차이행 여부, ② 허가·인가·승인대상 사업의 공공성, ③ 수용의 필요성, ④ 해당공익사업이 근거 법률의 목적, 상위 계획 및 시행 절차 등에 부합하는지 여부, ⑤ 사업시행자의 재원 및 해당 공익사업의 근거 법률에 따른 법적 지위 확보등 사업수행능력 여부(토지보상법 제21조 제 3 항, 시행령 제11조의2)를 검토하여야 한다.

(2) 협의의 법적 성질

종래 중앙토지수용위원회의 의견청취에서 중앙토지수용위원회의 협의로 변경한 법률개정의 입법취지 및 동법 시행령 제12조 제 2 항 제 5 호에 따라 수용재결을 신청할 때 중앙토지수용위원회의 협의의견서를 첨부하게 하여 토지수용재결에서 협의절차 이행여부 등을 확인할 수 있도록 하고 있고, 동법 시행규칙 제9조의3에서는 중앙토지수용위원회가 동의(조건부 동의 포함)하지 않은 사업인정 등은 공익성을 보완하여 재협의를 거칠 수 있다고 규정하고 있는 점 등에 비추어 보면 중앙토지수용위원회의 협의는 단순한 자문이 아니라 '합의' 또는 '동의'에 준하는 것으로 보아야 한다. 행정실무도 이렇게 운용되고 있다.

(3) 협의 절차

1) 접   수

사업인정 또는 사업인정이 의제되는 지구지정·사업계획 승인 등(이하 '사업인정 등 인허가'로 약칭)을 하려는 인허가권자는 토지보상법 제21조에 따른 협의(이하 '공익성 협의'로 약칭)를 위원회에 요청한다. 위원회에 대한 요청방법은 협의요청의 취지를 기재한 공문을 시행하고, 필요한 사항을 재결정보체계에 입력하는 방법으로 한다.

2) 사전검토

해당 사업이 토지보상법 제 4 조 각 호에서 열거한 사업에 해당하는지, 개별법에서 규정한 관련 절차들을 준수하였는지, 토지보상법 시행령 제11조 및 시행규칙 제9조의2에 따른 의견수렴 절차를 이행하였는지를 검토한다. 수용적격성이 없거나 관련 절차를 준수하지 않은 경우에는 반려하거나 각하한다.

3) 내용 검토

공익성 평가가 실시되며 평가결과에 따라 협의개시 여부가 결정된다. 공익성이 높다고 평가된 사업은 협의개시 없이 동의 의견을 제시하고, 공익성이 부족한 경우 협의를 개시하며, 공익성이 결여된 경우에는 협의 개시 없이 부동의한다.

4) 협   의

협의를 개시한 경우, 위원회가 14일 이내의 기간을 정하여 인허가권자에게 공익성 보완에 필요한 조치를 요구하면, 인허가권자가 보완계획을 위원회에 제출한다(토지보상법 제21조 제6항). 위원회는 제출된 보완계획이 적정한지를 판단하여 보완계획이 적정하면 이를 조건으로 동의하고, 그렇지 않으면 보완을 촉구하거나 부동의 의견을 제시한다.

5) 위원회 의결

위원회는 인허가권자가 제출한 사업내용을 심사하여 동의, 조건부 동의, 부동의 의견을 낸다. 동의는 수용재결을 신청할 수 있음을, 조건부 동의는 조건을 이행한 경우에 수용재결을 신청할 수 있음을, 부동의는 수용재결을 신청할 수 없음을 의미한다. 부동의를 받은 사업의 경우에는 공익성을 보완하여 다시 협의를 요청할 수 있다(토지보상법 시행규칙 제9조의3).

6) 통   지

위원회는 협의의견을 인허가권자에게 통지하고, 인허가권자는 받은 협의의견을 사업시행자에게 통지하여야 한다(토지보상법 시행령 제11조의3). 인허가권자에 대한 협의의견은 공문을 시행하고 재결정보체계를 통하여 열람·출력할 수 있다. 인허가권자로부터 협의의견을 통지받은 사업시행자는 수용재결신청을 할 때 협의 의견서를 관할 토지수용위원회에 제출해야 한다.

3. 사업인정의 고시

국토교통부장관은 사업인정을 하였을 때에는 지체 없이 그 뜻을 사업시행자, 토지소유자 및 관계인, 관계 시·도지사에게 통지하고, 사업시행자의 성명 또는 명칭·사업의 종류·사업지역 및 수용할 토지의 세목을 관보에 고시(告示)하여야 한다(제22조 제1항). 이를 사업인정의 고시라 한다.

토지의 세목의 공고는 사업인정에 의하여 지정된 범위 내에서 구체적으로 수용할 수 있는 목적물을 임시로 결정하는 행위이며, 이로써 목적물에 대하여 막연한 효력밖에 없었던 사업인정이 현실화하고 구체화된다(즉, 이로써 피수용자가 특정되고 수용·사용의 대상이 되는 토지 등이 일응 특정되게 되는 것이나 종국적으로는 재결에 의하여 그 특정이 확정된다)(대판 1988. 12. 27, 87누1141[토지수용재결처분취소 등]).

판례1 건설교통부장관이 토지수용사업승인을 한 후 그 뜻을 토지소유자 등에게 통지하지 아니하였다는 하자는 절차상 위법으로서 이의재결의 취소를 구할 수 있는 사유가 될지언정 당연무효의 사유라고 할 수는 없다(대판 1993. 8. 13, 93누2148[토지수용재결처분취소 등]).

판례2　도시계획사업허가의 공고시에 토지세목의 고시를 누락한 것은 절차상의 위법으로서 취소사유에 해당한다(대판 1988. 12. 27, 87누1141[토지등수용재결처분취소]; 1993. 8. 13, 93누2148[토지수용재결처분취소]).

V. 사업인정의 효과[2012 감평]

사업인정은 사업인정이 고시된 날로부터 효력이 발생한다(제22조 제3항).

판례　사업인정은 수용권을 설정해 주는 행정처분으로서, 이에 따라 수용할 목적물의 범위가 확정되고, 수용권자가 목적물에 대한 현재 및 장래의 권리자에게 대항할 수 있는 공법상 권한이 생긴다(대판 2019. 12. 12, 2019두47629).

사업인정의 결과 다음과 같은 법적 효과가 발생한다.

1. 수용권의 발생 및 토지·물건 조사권

사업인정은 일정한 수용절차를 거칠 것을 조건으로 수용권(收用權)을 설정한다.

사업시행자는 수용권을 실현하기 위하여 우선 토지소유자 및 관계인과 협의하여야 하고(제26조 제1항), 협의가 성립되지 아니하거나 협의를 할 수 없을 때에는 사업인정의 고시가 있은 날로부터 1년 이내에 관할토지수용위원회에 재결을 신청할 수 있다(제28조 제2항).

사업시행자는 재결신청을 위하여 토지조서·물건조서를 작성하여야 하고, 조서작성을 위하여 토지 또는 공작물에의 출입·조사권을 갖는다(제27조).

2. 수용목적물의 확정

사업인정의 고시에 토지의 세목이 포함되므로 사업인정이 고시되면 수용목적물(收用目的物)이 확정된다.

수용목적물은 공익사업을 위해 필요한 토지 등인데, 공익사업의 원활한 수행을 위해 공익사업 자체에 직접 필요하지 않은 토지나 물건 등도 공익사업과 관련이 있고 비례의 원칙에 합치하는 한도내에 수용, 사용 또는 제한의 대상이 될 수 있다(예, 대토보상을 위한 토지의 수용, 확장수용 등).

토지세목고시는 사업인정에 의하여 지정된 범위 내에서 구체적으로 수용·사용할 수 있는 목적물을 임시로 결정하는 행위이다. 다만, 잔여지는 토지세목에 포함되어 있지 않아도 일정한 요건하에서 수용의 대상이 될 수 있다(제74조).

판례 구 공익사업을 위한 토지 등의 취득 및 보상에 관한 법률 제15조 제 1 항에 따른 사업시행자의 보상계획공고 등으로 공익사업의 시행과 보상 대상 토지의 범위 등이 객관적으로 확정된 후 해당 토지에 지장물을 설치하는 경우, 손실보상의 대상에 해당하는지 여부(한정 소극): 사업인정고시 전에 공익사업시행지구 내 토지에 설치한 공작물 등 지장물은 원칙적으로 손실보상의 대상이 된다고 보아야 한다. 그러나 손실보상은 공공필요에 의한 행정작용에 의하여 사인에게 발생한 특별한 희생에 대한 전보라는 점을 고려할 때, 구 공익사업법 제15조 제 1 항에 따른 사업시행자의 보상계획공고 등으로 공익사업의 시행과 보상 대상 토지의 범위 등이 객관적으로 확정된 후 해당 토지에 지장물을 설치하는 경우에 그 공익사업의 내용, 해당 토지의 성질, 규모 및 보상계획공고 등 이전의 이용실태, 설치되는 지장물의 종류, 용도, 규모 및 그 설치시기 등에 비추어 그 지장물이 해당 토지의 통상의 이용과 관계 없거나 이용 범위를 벗어나는 것으로 손실보상만을 목적으로 설치되었음이 명백하다면, 그 지장물은 예외적으로 손실보상의 대상에 해당하지 아니한다고 보아야 한다(대판 2013. 2. 15, 2012두22096[보상금 증액]).

3. 관계인의 범위확정

토지보상법 제 2 조 제 5 호의 관계인에 한하여 보상금이 주어진다. 관계인을 사업인정 시로 한정하는 것은 공용수용의 절차에 참여하는 자를 제한하여 그 절차의 이행을 간소하고 명확하게 함에 목적이 있다.

4. 토지 등의 보전의무

사업인정이 고시된 후에는 토지 등에 변경을 가하여 사업에 지장이 되도록 하는 행위가 금지된다(제25조).

토지 등의 보전의무는 토지소유자 및 관계인에 한정되지 않고 누구에게나 부과된다. 금지되는 행위는 사업에 지장이 될 우려가 있는 형질변경이므로 사업에 지장을 줄 우려가 없는 형질변경은 가능하다.

5. 사업시행자의 수용절차상 권리와 의무

사업인정의 고시가 있으면 사업시행자에게 수용절차상 일정한 권리와 의무가 부여된다.

사업인정고시가 된 후에는 사업시행자는 사업의 준비나 토지조서 및 물건조서를 작성하기 위하여 필요한 경우 해당 토지 또는 물건에 출입하여 이를 측량하거나 조사할 수 있다(제27조 제 1 항). 사업시행자는 위와 같이 타인이 점유하는 토지에 출입하여 측량·조사함으로써 발생하는 손실을 보상하여야 한다(제27조 제 3 항).

Ⅵ. 사업인정의 효력 소멸

사업인정은 사업시행자가 일정한 기간 내에 재결을 신청하지 아니하거나 당해 사업의 폐지 및 변경으로 그 효력을 상실한다(제23조, 제24조).

1. 사업인정의 실효 [1990 감평 약술]

사업시행자가 사업인정의 고시가 된 날부터 1년 이내에 재결신청을 하지 아니한 경우에는 사업인정고시가 있은 날부터 1년이 되는 날의 다음 날 사업인정은 그 효력을 상실한다(제23조 제 1 항). 사업시행자는 사업이 실효됨으로 인하여 토지소유자나 관계인이 입은 손실을 보상하여야 한다(제23조 제 2 항). 사업인정의 실효제도는 피수용자의 권리보호를 위한 방안이며, 사업인정 당시 인정된 공공성의 계속성을 확보하기 위해 인정되는 제도이다.

2. 사업의 폐지 및 변경

사업인정고시가 된 후 사업의 전부 또는 일부를 폐지하거나 변경함으로 인하여 토지 등의 전부 또는 일부를 수용하거나 사용할 필요가 없게 되었을 때에는 사업시행자는 지체 없이 사업지역을 관할하는 시·도지사에게 신고하고, 토지소유자 및 관계인에게 이를 통지하여야 한다(제24조 제 1 항).

시·도지사는 신고가 있는 때에는 사업의 전부 또는 일부가 폐지되거나 변경된 내용을 관보에 고시하여야 하고(제24조 제 2 항), 신고가 없는 경우에도 사업시행자가 사업의 전부 또는 일부를 폐지하거나 변경함으로 인하여 토지를 수용하거나 사용할 필요가 없게 된 것을 알았을 때에는 미리 사업시행자의 의견을 들어 사업의 폐지나 변경에 관한 고시를 하여야 한다(제24조 제 3 항). 시·도지사는 제 2 항 및 제 3 항에 따른 고시를 하였을 때에는 지체 없이 그 사실을 국토교통부장관에게 보고하여야 한다(제24조 제 4 항). 별표에 규정된 법률에 따라 제20조에 따른 사업인정이 있는 것으로 의제되는 사업이 해당 법률에서 정하는 바에 따라 해당 사업의 전부 또는 일부가 폐지되거나 변경된 내용이 고시·공고된 경우에는 제 2 항에 따른 고시가 있는 것으로 본다(제24조 제 5 항). 또한 고시가 된 날부터 그 고시된 내용에 따라 사업인정의 전부 또는 일부는 그 효력을 상실한다(제24조 제 6 항). 사업시행자는 사업의 전부 또는 일부를 폐지·변경함으로 인하여 토지소유자 또는 관계인이 입은 손실을 보상하여야 한다(제24조 제 7 항). 손실보상에 관하여는 제 9 조 제 5 항부터 제 7 항까지의 규정을 준용한다(제24조 제 8 항).

3. 사업의 완료

사업이 완료된 경우 사업시행자는 지체 없이 사업시행자의 성명이나 명칭, 사업의 종류, 사업지역, 사업인정고시일 및 취득한 토지의 세목을 사업지역을 관할하는 시·도지사에게 신고하여야 한다(제24조의2 제 1 항). 시·도지사는 신고를 받으면 사업시행자의 성명이나 명칭, 사업의 종류, 사업지역 및 사업인정고시일을 관보에 고시하여야 한다(제24조의2 제 2 항). 시·도지사는 신고가 없는 경우에도 사업이 완료된 것을 알았을 때에는 미리 사업시행자의 의견을 듣고 제 2 항에 따른 고시를 하여야 한다(제24조의2 제 3 항). 별표에 규정된 법률에 따라 제20조에 따른 사업인정이 있는 것으로 의제되는 사업이 해당 법률에서 정하는 바에 따라 해당 사업의 준공·완료·사용개시 등이 고시·공고된 경우에는 제 2 항에 따른 고시가 있는 것으로 본다(제24조의2 제 4 항).

Ⅶ. 사업인정에 대한 권리구제 [1992, 1990 감평 약술]

사업인정은 전술한 바와 같이 의제되는 경우를 제외하고 처분이므로 항고소송의 대상이 된다. 따라서 행정쟁송법에 의거한 행정심판 및 행정소송의 제기가 가능하다. 사업인정에 이미 불가쟁력이 발생하여 더 이상 다툴 수 없는 경우에는 재결단계에서 쟁송이 가능한지 여부에 대한 하자승계 논의가 필요하다.

1. 행정심판

위법·부당한 사업인정처분에 대하여는 취소심판을, 중대·명백한 하자에 대하여는 무효등확인심판의 제기가 가능하다.

2. 행정소송

사업인정은 의제되는 경우를 제외하고는 행정행위로서 처분이므로 항고소송(취소소송 또는 무효확인소송)의 대상이 된다.

사업인정에 대한 항고소송에서 특히 문제가 되는 것은 원고적격과 불복기간의 문제이다.

(1) 원고적격

사업인정에 대한 항고소송의 원고적격이 있는 자는 당해 수용절차에 의하여 토지 등이 수용 또는 사용될 염려가 있는 자 및 그 관계인과 간접손실을 받는 자에 한정된다.

그러나, 사업계획(택지개발/사업계획)의 승인처분에 대해서는 사업계획승인처분의 근거 내지 관계법규가 공익뿐만 아니라 인근주민의 개인의 개별적 이익도 보호하고 있는 경우에는 인근주민에게 당해 사업계획승인처분의 취소를 구할 원고적격이 인정된다.

사업계획승인이 환경영향평가의 대상이 되는 경우에 환경영향평가 대상지역에 거주하는 주민은 당해 사업계획승인처분을 다툴 원고적격이 있는 것으로 추정되고, 환경영향평가 대상지역의 밖의 주민이라도 그 처분 전과 비교하여 수인한도를 넘는 환경피해를 받거나 받을 우려가 있다는 것이 입증되면 그 처분을 다툴 원고적격을 인정받을 수 있다(자세한 것은 행정구제법 원고적격 참조).

> **판례** 토지수용법상의 사업인정의 고시가 있으면 그 이해관계인은 그 위법을 다툴 법률상 이익이 있어 그 취소를 구할 소송요건을 구비하고 있다(대판 1973. 7. 30, 72누137[행정처분취소]).

(2) 불복기간

사업인정에 대한 불복기간에 관하여 두 견해가 대립된다.

1) 제1설

사업인정 고시일(사업인정의 효력발생일)에 사업인정이 있었음을 알았다고 보고, 불복기간을 산정하여야 한다는 견해이다. 사업인정의 조속한 확정을 위하여 이러한 해석이 타당하다고 한다.

2) 제2설

토지보상법 제22조 제1항은 토지소유자 및 관계인에게 사업인정을 통지하도록 하고 있는 점에 비추어 통지를 받아 실제로 안 날로부터 불복기간을 산정하여야 한다고 보는 견해이다. 통지를 받지 못한 자에 대하여는 사업인정의 고시일로부터 행정심판의 경우에는 180일 이내, 행정소송의 경우에는 1년 이내에 불복을 제기하여야 한다.

3) 결 어

다음과 같은 이유에서 제1설이 타당하다. 고시는 고시의 효력발생일에 이해관계인이 고시된 내용을 알았던 것으로 보는 통지방법이고, 사업인정을 조속히 확정할 필요가 있기 때문이다.

제2항 토지조서·물건조서의 작성

I. 토지조서·물건조서의 의의 및 제도적 취지

토지조서(土地調書)와 물건조서(物件調書)는 공익사업을 위해 수용 또는 사용할 필요가 있는 토지 및 그 토지 위에 있는 물건의 내용을 기재하는 사업시행자가 작성하는 문서이다.

토지조서와 물건조서는 재결절차의 개시 전에 사업시행자로 하여금 미리 토지에 대하여 필요한 사항을 확인하게 하고, 또한 토지소유자와 관계인에게도 이를 확인하게 하여 토지의 상황을 명백히 함으로써 토지의 상황에 관한 당사자 사이의 차후분쟁을 예방하며 토지수용위원회의 심리와 재결 등의 절차를 용이하게 하고 신속·원활을 기하려는 데 그 작성의 목적이 있다(대판 1993. 9. 10, 93누5543).

Ⅱ. 토지조서·물건조서의 작성

　　사업시행자는 사업인정고시가 있은 후에는 토지조서 및 물건조서를 작성한다. 다만, 사업인정 이전에 협의절차를 거친 경우에 토지조서 및 물건조서의 내용에 변동이 없는 때에는 토지조서 및 물건조서를 다시 작성하지 않아도 된다(제26조 제1항, 제2항). 이러한 조서 작성행위는 토지 및 물건조서의 내용에 대한 사실관계를 기재하는 것으로서 비권력적인 사실행위로 볼 수 있다.

Ⅲ. 조서 작성의 절차

1. 토지·물건 조사권

　　사업시행자는 사업인정고시가 있은 후, 사업의 준비나 토지조서 및 물건조서를 작성하기 위하여 필요한 경우에 해당 토지 또는 물건에 출입하여 이를 측량하거나 조사할 권리를 가진다(제27조 제1항). 이러한 토지 또는 물건조사권은 사업인정고시에 의하여 당연히 발생하는 것이고 이는 권리자의 의사에도 불구하고 토지 또는 물건에 출입하여 측량·조사할 수 있는 권리이므로 그 성질은 공용사용의 일종이라 할 것이며, 그 조사행위는 토지소유자에게 수인의무를 부과시키는 권력적 사실행위라 할 수 있다. 사업인정고시 후에는 공용수용의 신속·원활한 수행을 위한다는 점에서 공익사업의 준비를 위한 타인토지출입과는 달리 절차를 간략하게 규정하고 있는 것이다.

2. 조서의 작성

　　사업시행자는 공익사업의 계획이 확정된 때에는 「공간정보의 구축 및 관리 등에 관한 법률」에 따른 지적도 또는 임야도에 대상 물건인 토지를 표시한 용지도(用地圖)와 토지등에 관한 공부(公簿)의 조사 결과 및 현장조사 결과를 적은 기본조사서를 작성해야 한다. 사업시행자는 작성된 용지도와 기본조사서를 기본으로 하여 토지조서 및 물건조서를 작성하여야 하며(시행령 제7조 제1항, 제2항), 작성된 토지조서와 물건조서에 사업시행자가 서명 또는 날인을 하고 토지소유자와 관계인의 서명 또는 날인을 받아야 한다. 다만, 토지소유자 등이 서명·날인을 거부하거나 또는 토지소유자와 관계인을 알 수 없는 등의 사유로 인하여 서명 또는 날인을 할 수 없는 경우에 사업시행자는 조서에 그 사유를 기재하여야 한다(제14조 제1항).

3. 이의제기

조서의 내용에 이의가 있는 토지소유자 등은 이의를 제기할 수 있고, 사업시행자는 제기된 이의를 부기하고 그 이의가 이유 있다고 인정하는 때에는 적절한 조치를 취하여야 한다(제15조 제3항, 제4항).

구 토지보상법에서는 토지·물건조서를 작성한 경우 토지소유자 또는 관계인의 서명·날인을 받되, 서명을 거부하거나 서명을 할 수 없는 경우에는 지방자치단체의 장 또는 그 명을 받은 공무원을 입회시켜 서명·날인하도록 하고 있었다. 그러나, 지방자치단체에서 주민과의 갈등 및 민원 등을 이유로 입회공무원의 선정 및 선정·날인을 거부하는 등 토지수용절차의 진행에 비협조적인 태도를 보이는 경우, 지방자치단체에 대한 강제수단이 없으므로 공익사업의 시행이 불가능해지는 문제가 있었다. 이에 토지보상법은 형식적 확인에 불과한 입회공무원 날인제도의 폐지로 인해 생길 수 있는 피수용자의 권익침해를 방지하기 위해 조서내용을 공고하고 토지소유자 등이 열람토록 하여 이의제기가 가능하도록 하는 절차를 마련하고 있다.

Ⅳ. 조서의 효력

1. 진실의 추정력

사업인정고시가 있은 후에는 토지소유자 또는 관계인이 토지조서 및 물건조서의 내용에 대하여 열람기간 내에 이의를 제기하는 경우를 제외하고는 작성된 토지조서 및 물건조서의 내용에 대하여 이의를 제기할 수 없다. 다만, 토지조서 및 물건조서의 내용이 진실과 다르다는 것을 입증할 때에는 그러하지 아니하다(제27조 제2항).

따라서 적법하게 작성된 토지조서와 물건조서는 이의가 부기된 사항을 제외하고 거기에 기재된 사항이 진실에 합치하는 것으로 추정된다. 이의를 부기하지 않은 사항에 대하여 후일 이의를 제기하기 위하여는 조서의 기재가 진실이 아니라는 것을 입증하여야 한다. 이의가 부기된 사항에 대하여는 토지수용위원회가 수용재결시 결정을 내린다.

2. 하자 있는 조서의 효력

(1) 하자의 내용

조서의 하자는 물적 상태 및 권리관계에 대한 오기·오산 등 사실과 다른 기재로 인한 내용상 하자와 피수용자의 서명·날인이 누락된 조서, 피수용자에게 서명·날인을 요구하지 않고 작성한 조서 등의 절차상 하자로 구분된다.

(2) 절차상 하자 있는 조서의 효력

사업시행자로부터 서명·날인 요구가 없으면 토지소유자와 관계인은 조서작성에 참가할 기회가 부여되지 않기 때문에 이에 근거한 조서는 절차상 하자를 지닌 것이 된다. 따라서 토지조서 및 물건조서의 효력은 당연히 인정되지 않아 그 증명력에 대한 추정력이 깨진다. 절차상 하자가 중대한 때에는 조서의 효력은 인정되지 않는다. 다만 토지소유자 등의 추인에 의하여 그 효력을 인정할 수 있을 뿐이다.

(3) 하자 있는 조서에 의한 재결의 효력

하자 있는 조서는 재결의 효력에 영향을 미치지 않는다. 그 이유는 ① 조서가 토지수용위원회의 심리상 중요한 판단 자료이긴 하지만 유일한 증거방법이 아니기 때문이며, ② 조서의 기재내용이 토지수용위원회의 사실인정을 구속하는 법률상의 힘이 부여되는 것이 아니기 때문이다. 따라서 조서의 기재내용이 사실에 반하는 경우 토지수용위원회는 토지소유자 등의 의견을 청취하거나 직접 증거조사를 하고 그 결과를 근거로 재결을 할 수 있게 된다. 대법원은 절차상 하자 있는 조서는 증명력에 관하여 추정력이 인정되지 않는 것일 뿐, 재결의 효력에 영향을 미치는 것은 아니라고 판시한 바 있다.

판례는 토지조서 작성상 하자만으로는 수용재결의 취소사유가 되지 않는다고 한다(대판 1993. 9. 10, 93누5543[토지수용재결처분취소 등]).

> **판례1** 토지수용을 함에 있어 토지소유자 등에게 입회를 요구하지 아니하고 작성한 토지조서는 절차상의 하자를 지니게 되는 것으로서 토지조서로서의 효력이 부인되어 조서의 기재에 대한 증명력에 관하여 추정력이 인정되지 아니하는 것일 뿐, 토지조서의 작성에 하자가 있다 하여 그것이 곧 수용재결이나 그에 대한 이의재결의 효력에 영향을 미치는 것은 아니라 할 것이므로 토지조서에 실제 현황에 관한 기재가 되어 있지 아니하다거나 토지소유자의 입회나 서명·날인이 없었다든지 하는 사유만으로는 이의재결이 위법하다 하여 그 취소를 구할 사유로 삼을 수 없다(대판 1993. 9. 10, 93누5543[토지수용재결취소]).
>
> **판례2** 기업자가 토지수용법 제23조 소정의 토지조서 및 물건조서를 작성함에 있어서 토지소유자를 입회시켜서 이에 서명날인을 하게 하지 아니하였다 하더라도 그러한 사유만으로는 그 토지에 대한 수용재결 및 이의재결까지 무효가 된다고 할 수 없고, 기업자가 토지소유자에게 성의있고 진실하게 설명하여 이해할 수 있도록 협의요청을 하지 아니하였다거나, 협의경위서를 작성함에 있어서 토지소유자의 서명날인을 받지 아니하였다는 하자 역시 절차상의 위법으로서 수용재결 및 이의재결에 대한 당연무효의 사유가 된다고 할 수도 없다(대판 2005. 9. 30, 2003두12349[토지수용재결처분취소·토지수용재결무효확인]).

V. 피수용자의 권리구제방안

1. 손실보상

토지·물건 조서의 작성을 위해 타인토지에 출입하여 측량·조사함으로써 발생하는 손실은 손실이 있는 것을 안 날부터 1년, 손실이 발생한 날부터 3년 이내에 청구하여야 한다. 이때의 손실보상액은 사업시행자와 손실을 입은 자가 협의하여 결정하되, 협의가 성립되지 아니한 때에는 사업시행자와 손실을 입은 자는 관할 토지수용위원회에 재결을 신청할 수 있다(제27조 제3항, 제4항).

2. 행정쟁송의 여부

사업시행자가 행하는 토지·물건조서의 작성행위는 비권력적 사실행위로서 그 행위만으로는 독립적인 행정쟁송의 대상으로 삼을 수 없다고 할 것이다. 그러나, 조서작성을 위한 토지·물건의 조사행위는 토지소유자에게 수인의무를 부과하는 권력적 사실행위로서, 행정조사에 해당하므로 그 행위가 위법하게 이루어졌다면 사업시행자는 손해배상책임을 질 수도 있을 것이며, 토지소유자 등은 그의 위법성의 시정을 구하는 행정쟁송을 제기할 수도 있을 것이다. 그러나, 조사행위는 단기간에 완료되는 것으로 소의 이익이 인정되지 않게 될 수 있다.

제3항 협 의

I. 협의제도의 의의(및 필수적 절차인지 여부)

토지보상법상 **협의**(協議)라 함은 수용재결신청 전에 사업시행자로 하여금 수용대상 토지에 관하여 권리를 취득하거나 소멸시키기 위하여 토지소유자 및 관계인과 교섭하도록 하는 절차이다.

토지보상법은 협의절차를 필요적 절차로 하고 있다(제26조 제1항). 그러나, 사업인정 이전에 협의절차를 거쳤으나 협의가 성립되지 아니하여 사업인정을 받은 사업으로서 토지조서 및 물건조서의 내용에 변동이 없는 때에는 협의절차를 거치지 아니할 수 있다. 다만, 사업시행자 또는 토지소유자 및 관계인이 협의를 요구하는 때에는 협의하여야 한다(제26조 제2항).

협의 후 토지소유자 및 관계인과 합의에 도달하여야 하는 것은 아니다(제28조 제1항).

판례 [1] 토지수용위원회의 수용재결이 있은 후라고 하더라도 토지소유자 등과 사업시행자가 다시 협의하여 토지 등의 취득이나 사용 및 그에 대한 보상에 관하여 임의로 계약을 체결할 수 있다. [2] 중앙토지수용위원회가 지방국토관리청장이 시행하는 공익사업을 위하여 甲 소유의 토지에 대하여 수용재결을 한 후, 甲과 사업시행자가 '공공용지의 취득협의서'를 작성하고 협의취득을 원인으로 소유권이전등기를 마쳤는데, 甲이 '사업시행자가 수용개시일까지 수용재결보상금 전액을 지급·공탁하지 않아 수용재결이 실효되었다'고 주장하며 수용재결의 무효확인을 구하는 소송을 제기한 사안에서, 만약 이러한 별도의 협의취득 절차에 따라 토지에 관하여 소유권이전등기가 마쳐진 것이라면 설령 甲이 수용재결의 무효확인 판결을 받더라도 토지의 소유권을 회복시키는 것이 불가능하고, 나아가 무효확인으로써 회복할 수 있는 다른 권리나 이익이 남아 있다고도 볼 수 없다고 한 사례(대판 2017. 4. 13, 2016두64241).

Ⅱ. 제도적 취지

협의의 제도적 행정주체와 객체간에 감정대립 없이 보다 원만한 절차를 통해 개인에게 권익침해가 가장 작은 수단에 의함으로써 최소침해의 원칙을 지킬 수 있고, 협의에 의하는 경우 번잡한 절차를 거치지 않고 공익사업의 신속·원활한 진행을 도모할 수 있으며, 수용절차상 상반된 이해관계의 조절과정도 도모할 수 있다.

> **판례**   [1] 기업자의 잘못으로 무효인 토지수용재결이 이루어졌으나 수용재결의 적법성을 믿은 저당권자가 수용절차에서 물상대위권을 행사하였는데, 기업자가 상당한 시간이 경과한 후 재차 수용절차를 진행하면서 저당권자에게 협의나 통지를 하지 않고 최초 수용재결의 무효사실이나 무효원인사실도 알리지 않음으로써 저당권자로 하여금 적법한 물상대위권을 행사할 기회를 상실하게 한 경우, 기업자의 불법행위책임이 성립할 수 있는지 여부(적극): 구 토지수용법(2002. 2. 4. 법률 제6656호로 폐지되기 전의 것) 제25조 제 1 항, 구 토지수용법 시행령(2002. 12. 30. 대통령령 제17854호로 폐지되기 전의 것) 제15조의2 제 1 항이 기업자로 하여금 관계인과 협의하거나 협의를 위한 통지를 하도록 규정한 취지는, 관계인에게 수용의 취지·절차 및 그에 따른 손실보상 제도를 설명하고 이해시켜 가능한 한 공권력 발동에 의하지 않고 원만하게 토지취득의 목적을 달성하는 한편 비자발적으로 담보권을 상실하게 될 저당권자 등 관계인으로 하여금 당해 협의절차에 참여하여 자신의 권리를 스스로 행사할 수 있는 기회를 부여함으로써 그와 같은 토지수용으로 인하여 불측의 손해를 입지 아니하도록 예방할 뿐만 아니라, 협의가 성립되지 아니하여 수용재결로 나아가는 경우 저당권자 등 관계인에게 물상대위권 등 권리를 행사할 수 있는 기회를 제공하는 데에도 있다. 또한 기업자가 수용할 토지의 저당권자에게 위와 같은 협의나 통지를 하지 아니하였다면 위법하다. 나아가 위와 같은 협의나 통지제도의 취지, 기업자는 공익사업을 위한 수용을 통하여 저당권자 의사와 관계없이 수용목적물상의 저당권을 소멸시킬 수 있는 우월한 공법상 지위에 있는 점 등을 감안하여 보면, 기업자의 잘못으로 무효인 토지수용재결이 이루어지고 수용재결의 적법성을 믿은 저당권자가 수용절차에서 물상대위권을 행사하였는데, 기업자가 상당한 시간이 경과한 후 재차 수용절차를 진행하면서 저당권자에게 위와 같은 협의나 통지를 전혀 하지 아니하고 최초 수용재결의 무효사실이나 무효원인사실도 알리지 않음으로써 이미 적법한 물상대위권 행사로 저당권의 효력이 소멸하였으리라는 신뢰가 형성된 저당권자로 하여금 적법한 물상대위권을 행사할 수 있는 기회를 상실하게 하였다면, 기업자의 위와 같은 최초 수용절차의 잘못과 이후 수용절차에서 저당권자에게 협의나 통지의 불이행 및 최초 수용재결의 무효사실이나 무효원인사실을 알리지 않은 일련의 행위와 저당권자의 물상대위권 행사 기회의 상실 사이에는 상당인과관계가 있으므로, 이러한 경우 기업자의 불법행위책임이 성립할 수 있다고 보아야 한다. [2] 갑 주택재개발조합의 잘못된 재결절차의 진행과 공탁으로 1차 수용재결이 무효가 되었는데도 수용재결의 적법성을 믿은 근저당권자 을이 1차 공탁금에 대하여 물상대위권을 행사하였으나, 그 후 갑 조합이 다시 수용절차를 진행하여 2차 수용재결이 이루어졌는데, 그 과정에서 을에게 구 토지수용법(2002. 2. 4. 법률 제6656호로 폐지되기 전의 것) 제25조 제 1 항, 구 토지수용법 시행령(2002. 12. 30. 대통령령 제17854호로 폐지되기 전의 것) 제15조의2 제 1 항에 의한 협의나 통지를 하지 않고 1차 수용재결의 무효사실이나 무효원인사실을 알리지 않은 사안에서, 갑 조합의 일련의 잘못으로 인하여 을에게는 1차 공탁금에 대한 물상대위권 행사로 이미 근저당권의 효력이 소멸하였으리라는 신뢰가 형성되었고, 그로 인하여 을이 2차 공탁금에 대한 물상대위권을 행사할 기회를 상실하였다고 보아야 하고, 을이 2차 수용재결서를 송달받았다는 사실만으로는 갑 조합의 잘못에 의하여 이미 형성된 을의 신뢰가 더 이상 유지되지 않는 것으로 보아 상당인과관계를 부정할 수 없으므로, 갑 조합의 1차 수용절차의 잘못과 2차 수용절차에서 을에 대한 협의나 통지의 불이행 및 1차 수용재결의 무효사실이나 무효원인사실을 알리지 않은 일련의 행위와 을의 물상대위권 행사기회의 상실 사이에는 상당인과관계가 있으므로, 이에 대한 갑 조합의 불법행위책임이

성립할 여지가 있음에도, 을이 2차 수용재결서를 송달받고도 상당한 기간 동안 물상대위권을 행사하지 않았다는 이유로 갑 조합의 불법행위책임을 부정한 원심판결을 파기한 사례(대판 2011. 7. 28, 2009다 35842[부당이득금반환]).

Ⅲ. 협의에 의한 합의의 성립(법적 성질)

사업시행자와 토지소유자 및 관계인 사이의 협의 결과 합의(合意)에 도달하는 경우가 있다. 이 합의의 법적 성질에 관하여 공법상 계약설과 사법상 계약설이 대립하고 있다.

1. 공법상 계약설

이 견해는 협의는 사업시행자가 국가적 공권의 주체로서 토지소유자 및 관계인에 대하여 기득의 수용권을 실행하는 방법의 하나이며 합의가 성립되지 않으면 재결에 의해 수용을 하게 되므로 협의의 결과 성립하는 합의는 수용계약이라고도 할 수 있는 공법상 계약으로 보아야 한다고 한다(박윤흔, 605면). 이 견해는 사업시행자수용권설의 입장에서 주장되며 우리나라의 통설이다.

2. 사법상 계약설

이 견해는 협의의 결과 성립하는 합의는 사업시행자와 토지소유자 및 관계인 사이에 대등한 관계에서의 협의의 결과 맺어진 임의적인 합의이므로 사법상 매매계약으로 보아야 한다고 본다.

3. 판 례

판례1 토지 수용에 있어서 협의매수에 의한 경우 관할 토지수용위원회로부터 협의설립의 확인을 받지 아니한 것이면 그 토지를 원시적으로 취득한 것이라고 볼 수 없고, 원래의 소유자로부터 승계취득한 것이라고밖에 해석할 수 없다 할 것이다(대판 1978. 11. 14, 78다1218).

판례2 공공사업의 시행자가 토지수용법에 의하여 그 사업에 필요한 토지를 취득하는 경우 그것이 협의에 의한 취득이고 토지수용법 제25조의2(현, 제29조)의 규정에 의한 협의성립의 확인이 없는 이상, 그 취득행위는 어디까지나 사경제 주체로서 행하는 사업상의 취득으로서 승계취득한 것으로 보아야 할 것이고, 재결에 의한 취득과 같이 원시취득한 것으로 볼 수 없다(대판 1996. 2. 13, 95다3510[소유권 이전등기말소]).

4. 결 어

협의는 수용권을 실행하는 방법의 하나이므로 공법상 계약설이 타당하다.

다만, 협의성립에 대한 토지수용위원회의 확인이 있으면 그 확인은 토지보상법상 재결로 간주되므로 토지수용위원회의 확인을 받은 합의에 관하여는 협의의 결과 성립하는 합의를 공법상 계약으로 볼 것인가 사법상 계약으로 볼 것인가라는 논의의 실익이 없다. 합의의 법적 성질에 대한 논의는 확인을 받지 않은 합의에 관한 것이다(박윤흔, 605면).

토지보상법상 '협의취득'의 성격은 사법상 매매계약이므로 그 이행으로 인한 사업시행자의 소유권 취득도 승계취득이다(대판 2018. 12. 13, 2016두51719).

Ⅳ. 협의의 성립

1. 요 건

사업시행자는 사업인정 고시일로부터 1년 이내에 피수용자 전원을 대상으로 토지·물건조서작성의 범위 내에서, 피수용자와 개별적으로 성실하게 협의하여야 한다.

2. 절 차

사업시행자가 협의를 하고자 하는 때에는 보상협의요청서를 토지소유자 및 관계인에게 통지하여(시행령 제8조 제1항), 특별한 사유가 없는 한 협의기간은 30일 이상으로 하여야 한다(시행령 제8조 제3항). 한편, 사업시행자는 협의기간 내에 협의가 성립되지 아니한 경우에는 협의경위서를 작성하여 토지소유자 및 관계인의 서명 또는 날인을 받아야 한다(시행령 제8조 제5항).

3. 내용(협의사항)

사업시행자가 협의할 사항은 당해 공익사업에 제공될 토지 등의 취득을 위한 합의의 내용이다. 따라서 그 내용은 ① 취득할 토지 등의 구체적 대상과 범위, ② 손실보상의 보상액과 보상시기 및 방법 등을 그 내용으로 한다. 이처럼 협의사항은 수용할 목적의 범위, 손실보상, 수용의 시기 등을 정하는 재결사항과 유사하다.

> **판례** [1] 공익사업을 위한 토지 등의 취득 및 보상에 관한 법령에 따른 협의취득에서 채무불이행 책임이나 매매대금 과부족금에 대한 지급의무를 약정할 수 있는지 여부(적극) 및 협의취득을 위한 매매계약의 해석 방법. [2] 한국토지주택공사가 甲 등에게서 토지를 협의취득하면서 매매대금 과부족금에 대한 지급의무를 약정한 사안에서, 위 약정은 종전 감정평가가 관계 법령 또는 통상적 평가지침에 따르지 않거나 대상 토지의 현황과 특성을 제대로 반영하지 아니하여 부당한 평가액을 도출하였고 이것이 당사자 쌍방 또는 일방(그 의뢰를 받은 감정평가법인등을 포함한다)의 고의, 과실 또는 착오에 기인한 경우에 적용되는데, 매매대금 책정의 기초가 된 감정평가에 개발제한구역이 해제되지 아니한 상태를 기준으로 이루어진 중대한 하자가 있고, 이는 공사 또는 그 의뢰를 받은 감정평가법인등의 고의, 과실, 착오평가에 기인한 것이라고 본 원심판단이 정당하다고 한 사례(대판 2012. 2. 23, 2010다91206[토지보상금]).

V. 협의의 확인 [2019 감평]

1. 협의성립확인의 개념

협의성립확인이란, 협의가 성립한 경우 사업시행자가 수용재결의 신청기간 이내에 당해 토지소유자 및 관계인의 동의를 얻어 관할 토지수용위원회의 확인을 받는 것을 말하며 (제29조), 일반적 확인방법과 공증에 의한 방법이 있다. 수용관계의 법률당사자가 이러한 확인절차를 거치게 되면 그 확인된 협의의 성립이나 내용을 다툴 수 없는 효력이 발생하게 되어 장차 분쟁의 예방 및 사업의 원활한 수행을 도모할 수 있게 된다.

2. 확인의 법적 성질

협의성립의 확인은 의문 또는 다툼이 없는 특정한 사실 또는 법률관계의 존부를 공적 권위로서 증명하는 공증이라고 보는 견해가 있으나, 이는 특정한 사실관계 또는 법률관계에 대해 의문이 있는 경우 공권적으로 그 존부 또는 정부를 판단하는 행위이므로 기존의 사실 또는 법률관계를 유권적으로 확정하는 행위인 행정행위의 확인행위로 봄이 일반적이다. 협의성립확인을 받으면 재결로 간주되므로, 이는 공법상 계약이 처분으로 전환되어 당사자에게 구체적인 권리의무가 발생하게 된다. 이러한 점에서 형성적 행정행위에 해당한다.

3. 확인의 성립

(1) 일반적 절차

일반확인절차는 재결절차를 준용한다. 즉, 사업시행자는 수용재결신청기간 내에 피수용자의 동의를 얻어 관할토지수용위원회에 신청하여야 하며(제29조 제 1 항), 토지수용위원회는 재결신청서를 접수한 때에는 대통령령이 정하는 바에 따라 지체 없이 이를 공고하고 공고한 날부터 14일 이상 관계서류의 사본을 일반이 열람할 수 있도록 하여야 한다(제31조 제 1 항). 토지수용위원회가 제 1 항의 규정에 의한 공고를 한 때에는 관계서류의 열람기간 중에 토지소유자 또는 관계인은 의견을 제시할 수 있다(제31조 제 2 항). 토지수용위원회는 열람기간이 경과한 때에는 지체 없이 이를 심리하고(제32조), 14일 이내에 확인하여야 한다(제35조).

(2) 공증에 의한 절차

사업시행자가 협의성립확인 신청서에 공증인의 공증을 받아 관할토지수용위원회에 확인을 신청한 때에는 관할 토지수용위원회가 이를 수리함으로써 협의성립이 확인된 것으로 본다(제29조 제 3 항). 여기서 '수리'는 타인의 행위를 유효한 것으로 수령하는 인식표시인 점에서 사실행위와 다르며, 수리가 있으면 협의성립확인의 효과가 발생한다. 이러한 공증에 의한 확인방법은 열람, 신의 등 일반적으로 거쳐야 하는 절차를 필요로 하지 않기 때문에 협의성립의 확인을 조속히 하고자 하는 경우에 활용된다.

토지보상법 제29조 제3항에 따른 협의 성립의 확인 신청에 필요한 동의의 주체인 토지소유자는 협의 대상이 되는 '토지의 진정한 소유자'를 의미한다(대판 2018. 12. 13, 2016두 51719).

판례 [사업시행자가 협의대상 토지의 등기부상 소유명의자의 동의만을 받아 협의성립 확인신청을 한 것에 대한 수리처분의 취소를 구하는 사건] [1] 이러한 협의 성립 확인제도는 수용과 손실보상을 신속하게 실현시키기 위하여 도입되었다. [2] 토지보상법상 수용은 일정한 요건 하에 그 소유권을 사업시행자에게 귀속시키는 행정처분으로서 이로 인한 효과는 소유자가 누구인지와 무관하게 사업시행자가 그 소유권을 취득하게 하는 원시취득이다. 반면, 토지보상법상 '협의취득'의 성격은 사법상 매매계약이므로 그 이행으로 인한 사업시행자의 소유권 취득도 승계취득이다(대법원 2012. 2. 23, 선고 2010다96164 판결 등 참조). 그런데 토지보상법 제29조 제3항에 따른 신청이 수리됨으로써 협의 성립의 확인이 있었던 것으로 간주되면, 토지보상법 제29조 제4항에 따라 그에 관한 재결이 있었던 것으로 재차 의제되고, 그에 따라 사업시행자는 사법상 매매의 효력만을 갖는 협의취득과는 달리 그 확인 대상 토지를 수용재결의 경우와 동일하게 원시취득하는 효과를 누리게 된다. [3] 토지보상법 제29조 제3항에 따른 협의 성립의 확인 신청에 필요한 동의의 주체인 토지소유자는 협의 대상이 되는 '토지의 진정한 소유자'를 의미한다고 보아야 한다. [4] 진정한 토지소유자의 동의가 없었던 이상, 진정한 토지소유자를 확정하는 데 사업시행자의 과실이 있었는지 여부와 무관하게 그 동의의 흠결은 위 수리 행위의 위법사유가 된다. 이에 따라 진정한 토지소유자는 그 수리 행위가 위법함을 주장하여 항고소송으로 취소를 구할 수 있다. [5] 사업시행자가 토지보상법 제29조 제3항에 따라 협의성립 확인 신청을 함에 있어 사업대상인 토지의 진정한 소유자인 원고의 동의를 받지 아니한 채 등기명의자의 동의만을 받아 신청을 하고 피고가 이를 수리하자 원고가 그 수리처분의 취소를 구한 사안에서, 협의성립확인제도의 취지 등을 고려할 때, 협의성립확인신청에 필요한 토지소유자의 동의는 진정한 토지소유자의 동의일 것을 요하고 사업시행자나 피고가 진정한 소유자를 확정함에 과실이 있는지를 불문하는데도 그와 달리 보아 피고의 처분을 적법하다고 판단한 원심판결을 파기한 사례(대판 2018. 12. 13, 2016두 51719[협의성립확인신청수리처분취소청구]).

4. 확인의 효과

협의성립에 대한 확인이 있게 되면 재결로 간주되어, 재결과 동일한 효과가 발생한다. 즉, 사업시행자는 보상금의 지급 또는 공탁을 조건으로 수용목적물을 원시취득하고 피수용자의 의무불이행시 대행·대집행을 신청할 수 있으며 위험부담이 이전된다. 피수용자에게는 목적물의 인도·이전의무와 손실보상청구권, 환매권이 발생하게 된다. 또한, 협의성립확인이 있으면 사업시행자·토지소유자 및 관계인은 그 확인된 협의의 성립이나 내용에 대하여 다툴 수 없는 확정력이 발생한다(제29조 제4항). 협의성립확인을 받은 후에도 협의에서 정한 보상일까지 보상금을 지급하지 않으면 재결의 실효규정(제42조)이 적용되어서 확인행위의 효력은 상실된다고 보아야 할 것이다.

5. 확인에 대한 불복

협의성립확인이 있은 후 협의성립 내용에 대하여 다투고자 할 때에는 확인의 하자를 이유로 그 취소를 구한 후 협의에 대한 다툼이 가능할 것이다. 확인에 대한 쟁송은 토지보상법상 재결에 대한 불복규정인 제83조 내지 제85조의 규정을 준용할 수 있다고 본다.

6. 확인방법의 문제점과 개선안

공증에 의한 확인절차는 피수용자의 참여기회가 보장되지 않는 문제가 있다. 따라서 공증에 의한 확인절차에도 피수용자의 절차적 참여를 보장할 수 있는 방안이 모색되어야 하겠다. 또한 협의성립확인이 있게 되면 재결로 간주되어서 협의 내용을 다툴 수 없음을 피수용자 등에게 명확하게 설명해야 할 것이다.

7. 협의와 협의성립확인의 비교

(1) 공 통 점

협의와 협의성립확인은 효과측면에서 손실보상, 환매권, 수용목적물의 권리이전, 담보물권자의 물상대위 등 공용수용의 효과가 발생한다는 공통점이 있다.

(2) 차 이 점

1) 목적물의 취득효과

협의는 계약의 성질을 가지며, 확인은 계약에 대한 확정력을 발생시키는 행정처분의 성질을 갖는다. 따라서 협의성립확인 전의 협의취득은 승계취득의 성질을 갖지만, 협의성립확인이 있게 되면 원시취득의 성질을 갖게 된다.

2) 권리구제의 방법

협의 내용에 대한 착오를 이유로 다툴 수 있는지가 문제된다. 협의취득의 경우에는 당사자가 계약에 관한 착오를 이유로 이를 다툴 수 있으나, 확인을 받게 되면 협의의 성립이나 내용을 다툴 수 없는 확정력이 발생하여 더 이상 다툴 수 없게 된다.

(3) 양자의 관계

협의는 그 성질상 계약의 성질을 가지므로 협의 자체로서는 계약내용의 이행을 구하는 강제력이 인정되지 않는다. 따라서 공용수용의 원활한 수행을 위하여 협의성립확인제도를 두고, 계약의 효력을 재결의 효력으로 전환시키는 역할을 하고 있다. 따라서 협의와 협의성립확인은 당사자간의 계약을 공법상의 처분으로 전환시키는 관계에 있다고 볼 수 있다.

VI. 협의의 효과

1. 협의 성립의 효과

협의가 성립되면 토지수용의 절차는 종결되고 협의의 내용에 따라 수용의 효과가 발생한다. 따라서 사업시행자는 목적물에 대한 권리를 취득하고, 피수용자에게는 손실보상청구권, 환매권이 발생한다.[2] 목적물의 권리취득과 관련하여 판례는 협의성립확인이 없으면 원시취득한 것으로 볼 수 없고, 원래의 소유자로부터 승계취득한 것이 될 따름으로 보고 있다.

2. 협의 불성립의 효과

사업시행자는 협의가 성립되지 아니하거나 협의를 할 수 없을 때에는 사업인정고시가 된 날부터 1년 이내에 관할 토지수용위원회에 재결을 신청할 수 있다(제28조). 한편, 토지소유자 및 관계인은 사업인정고시가 된 후 협의가 성립되지 아니한 때에는 사업시행자에게 재결을 신청할 것을 청구할 수 있으며, 사업시행자는 그 청구가 있은 날부터 60일 이내에 관할 토지수용위원회에 재결을 신청하여야 한다(제30조).

3. 보상합의의 효력

판례　보상합의의 효력: 공익사업을 위한 토지 등의 취득 및 보상에 관한 법률(이하 '공익사업법'이라고 한다)에 의한 보상합의는 공공기관이 사경제주체로서 행하는 사법상 계약의 실질을 가지는 것으로서, 당사자 간의 합의로 같은 법 소정의 손실보상의 기준에 의하지 아니한 손실보상금을 정할 수 있으며, 이와 같이 같은 법이 정하는 기준에 따르지 아니하고 손실보상액에 관한 합의를 하였다고 하더라도 그 합의가 착오 등을 이유로 적법하게 취소되지 않는 한 유효하다. 따라서 공익사업법에 의한 보상을 하면서 손실보상금에 관한 당사자 간의 합의가 성립하면 그 합의 내용대로 구속력이 있고, 손실보상금에 관한 합의 내용이 공익사업법에서 정하는 손실보상 기준에 맞지 않는다고 하더라도 합의가 적법하게 취소되는 등의 특별한 사정이 없는 한 추가로 공익사업법상 기준에 따른 손실보상금 청구를 할 수는 없다(대판 2013. 8. 22, 2012다3517[부당이득반환]).

VII. 협의를 결한 재결의 효력

토지보상법은 재결신청 전에 반드시 협의절차를 거치도록 하는 협의전치주의를 규정하고 있다. 따라서 사업인정 전·후를 기준으로 협의절차를 한 번도 거치지 않은 경우, 재결의 효력에 어떠한 영향을 주는지가 문제된다. 이에 대해 일부견해(김남진, 석종현)는 협의절차 없이 재결이 이루어진 경우 이는 법규의 중대한 위반이고, 외관상으로 보아도 명

---

2) 법조문상 수용에 따른 효과와 협의취득에 따른 효과가 구별됨에 유의해야 할 것이다. 즉, 협의취득의 경우에는 인도·이전의무, 대행·대집행청구권, 위험부담의 이전에 관한 규정은 적용되지 않는다. 다만, 유추적용의 문제는 남는다.

백한 하자로서 당해 재결은 무효라고 보나, 현실적으로 협의를 거치지 않은 재결의 신청
은 협의불능의 경우를 제외하고 사실상 존재하지 않는 실정이기 때문에 협의절차를 거치
지 않은 재결의 신청과 그 재결의 효력에 대하여 이론적으로 논의하는 것 자체가 아무런
실익이 없다는 견해도 있다(류해웅).

> 판례   기업자가 토지소유자와 협의를 거치지 아니한 채 토지의 수용을 위한 재결을 신청하였다는
> 등의 하자는 절차상의 위법으로서 이의 재결의 취소를 구할 수 있는 사유가 될지언정 당연무효의 사유
> 라고는 볼 수 없다(대판 1993. 8. 13, 93누2148[토지수용재결처분취소등]).

제 4 항   재결·화해의 단계

Ⅰ. 재결의 의의와 법적 성질

1. 재결의 의의와 제도적 취지

토지수용위원회의 재결(裁決)(수용재결)은 사업시행자로 하여금 토지 또는 토지의 사용
권을 취득하도록 하고 사업시행자가 지급하여야 하는 손실보상액을 정하는 결정을 말한다.

재결은 수용법률관계의 양 당사자 사이에 협의가 성립하지 않은 경우, 토지수용위원
회가 당사자간의 분쟁을 조정하여 원활한 사업의 진행이 가능케 하여 공·사익의 조화를
도모함에 제도적 의미를 갖고 있다.

2. 법적 성질

(1) 형성행위

재결은 일정한 법적 효과를 가져오는 처분으로서 행정행위의 성질을 가진다. 수용재
결은 행정심판의 재결과는 구별되며 원행정행위에 속한다. 재결은 행정행위이지만 준사법
적인 절차에 의해 행해지는 준사법적인 행정행위이다(박창석, "토지보상법상 재결에 관한 고
찰," 한국토지법학회, 2007. 12, 140면). 따라서, 재결에는 불가변력이 인정된다.

> 판례   토지수용에 관한 중앙 또는 지방토지수용위원회의 수용재결이 그 성질에 있어 구체적으로
> 일정한 법률효과의 발생을 목적으로 하는 점에서 일반의 행정처분과 전혀 다를 바 없으므로 수용재결
> 처분이 무효인 경우에는 그 재결 자체에 대한 무효확인을 소구할 수 있다(대판 전원합의체 1993. 1. 19,
> 91누8050[토지수용재결처분취소]).

(2) 기속·재량행위

1) 수용재결의 경우

수용목적물의 필요성은 사업인정단계에서 판단되므로, 재결단계에서는 사업시행자가 법령상 요건을 모두 구비하고 토지수용위원회에 재결신청을 하였다면, 토지수용위원회는 그에 따른 재결을 하여야 한다고 본다. 따라서 수용재결과 관련하여서는 기속행위의 성질을 갖는다고 볼 것이다.

> **판례**   토지수용법은 수용·사용의 일차 단계인 사업인정에 속하는 부분은 사업의 공익성 판단으로 사업인정기관에 일임하고, 그 이후의 구체적인 수용·사용의 결정은 토지수용위원회에 맡기고 있는바, 이와 같은 토지수용절차의 2분화 및 사업인정의 성격과 토지수용위원회의 재결사항을 열거하고 있는 같은 법 제29조 제 2 항의 규정 내용에 비추어 볼 때, 토지수용위원회는 행정쟁송에 의하여 사업인정이 취소되지 않는 한 그 기능상 사업인정 자체를 무의미하게 하는, 즉 사업의 시행이 불가능하게 되는 것과 같은 재결을 행할 수는 없다(대판 1994. 11. 11, 93누19375[토지수용재결처분취소]).

2) 보상재결의 경우

보상의 대상 및 보상의 기준이 법령에 명확하게 규정되어 있고, 그에 따른 보상액의 결정은 논리법칙 및 경험법칙에 따라 결정되는 것이므로 보상재결은 재량권을 인정하는 특별한 규정이 없는 한 기속행위이다. 토지보상법 제50조 제 2 항에서는 보상에 있어서는 증액재결이 가능하다고 규정하고 있다.

보상재결의 경우 증액재결을 할 수 있게 규정한 것은 재결신청을 사업시행자가 하는 것으로 규정하고 토지소유자 등은 일정한 경우를 제외하고는 재결신청을 할 수 없는 것으로 규정한 것과 정당한 보상을 하여야 하는 점 등을 고려하여 둔 규정이다.

Ⅱ. 재결의 신청

1. 사업시행자의 재결신청

사업인정 이후, 협의가 성립되지 아니하거나 협의를 할 수 없는 때에는 사업시행자는 사업인정고시가 있은 날부터 1년 이내에 대통령령이 정하는 바에 따라 관할 토지수용위원회에 재결을 신청할 수 있다(제28조 제 1 항). 이에 따라 재결을 신청하는 자는 국토교통부령이 정하는 바에 따라 수수료를 납부하여야 한다(제28조 제 2 항). 그런데, 토지보상법 별표상 개별법률은 대부분 해당 공익사업시행기간 내에는 언제든지 재결신청을 할 수 있다는 특칙을 두고 있고, 이 경우 재결신청기간을 사업인정 고시일로부터 1년 이내로 한정하고 있는 토지보상법의 규정은 적용되지 않는다.

사업시행자의 재결신청을 기각하는 재결이 확정되었다 하더라도 사업시행자가 재결을 신청할 수 있는 규정 등에 저촉되지 않는 한, 다시 재결을 신청할 수 있다.

사업시행자는 법 제28조 제1항 및 제30조 제2항에 따라 재결을 신청하는 경우에는 재결신청서에 ① 공익사업의 종류 및 명칭, ② 사업인정의 근거 및 고시일, ③ 수용하거나 사용할 토지의 소재지·지번·지목 및 면적(물건의 경우에는 물건의 소재지·지번·종류·구조 및 수량), ④ 수용하거나 사용할 토지에 물건이 있는 경우에는 물건의 소재지·지번·종류·구조 및 수량, ⑤ 토지를 사용하려는 경우에는 그 사용의 방법 및 기간, ⑥ 토지소유자 및 관계인의 성명 또는 명칭 및 주소, ⑦ 보상액 및 그 명세, ⑧ 수용 또는 사용의 개시예정일, ⑨ 청구인의 성명 또는 명칭 및 주소와 청구일(법 제30조 제2항에 따라 재결을 신청하는 경우로 한정한다), ⑩ 법 제21조 제1항 및 제2항에 따른 중앙토지수용위원회와의 협의 결과, ⑪ 토지소유자 및 관계인과 협의가 성립된 토지나 물건에 관한 토지의 소재지·지번·지목·면적 및 보상금 내역 및 물건의 소재지·지번·종류·구조·수량 및 보상금 내역을 토지수용위원회에 제출하여야 한다.

또한 재결신청서에는 기본조사서, 토지조서 또는 물건조서, 협의경위서, 사업계획서, 사업예정지 및 사업계획을 표시한 도면, 법 제21조 제5항에 따른 중앙토지수용위원회의 의견서의 서류 및 도면을 첨부하여야 한다.

> **판례** 수용재결신청을 기각한 재결의 효력에 관하여는 확정된 이의재결의 효력에 관한 토지수용법 제75조의2 제3항이 적용되거나 준용된다고 볼 수 없고, 기업자의 수용재결신청을 기각하는 재결이 확정되었다 하더라도 기업자는 수용재결신청기간의 제한규정 등에 저촉되지 아니하는 한 다시 수용재결신청을 할 수 있고 토지수용위원회도 이에 근거하여 다시 수용재결을 할 수 있다(대판 1992. 10. 27, 91누11100[토지수용재결처분취소]).

2. 토지소유자의 청구에 의한 신청(재결신청청구권) [2021 감평 사례]

(1) 의의 및 취지

재결신청청구권이란, 사업인정 후 협의가 성립되지 아니한 때 토지소유자 및 관계인이 사업시행자에게 서면으로 재결신청을 조속히 할 것을 청구할 수 있는 권리를 말한다(제30조).

토지보상법이 토지소유자 등에게 재결신청의 청구권을 부여한 이유는, 협의가 성립되지 아니한 경우 시행자는 사업인정의 고시 후 1년 이내(공익사업을 규율하는 개별법령은 특별한 규정이 있는 경우에는 사업시행기간내)에는 언제든지 재결을 신청할 수 있으므로 토지소유자에게는 재결신청권을 인정하여 **수용당사자간의 공평**을 기하고, 손실보상에 관한 법률관계를 조속히 확정함으로써 토지소유자 등의 **재산권**을 적정하게 **보호**하기 위한 것이다(대판 2011. 7. 14, 2011두2309). 재결신청청구권의 실효성을 확보하기 위해서 토지보상법 제30조 제3항에서는 가산금제도를 두고 있다.

판례1 토지보상법이 토지소유자 등에게 재결신청청구권을 부여한 취지는 공익사업에 필요한 토지 등을 수용에 의하여 취득하거나 사용함에 있어 손실보상에 관한 법률관계를 조속히 확정함으로써 공익사업을 효율적으로 수행하고 토지소유자 등의 재산권을 적정하게 보호하기 위함이다(대판 2011. 7. 14, 2011두2309[보상제외처분취소 등]).

판례2 ① 구 토지수용법 제25조의3 제1항 소정 재결신청청구의 형식 및 상대방: 토지소유자 등이 서면에 의하여 재결청구의 의사를 명백히 표시한 이상 같은법시행령 제16조의2 제1항 각호의 사항 중 일부를 누락하였다고 하더라도 위 청구의 효력을 부인할 것은 아니고, 또한 기업자를 대신하여 협의절차의 업무를 대행하고 있는 자가 따로 있는 경우에는 특별한 사정이 없는 한 재결신청의 청구서를 그 업무대행자에게도 제출할 수 있다(대판 1995. 10. 13, 94누7232).
② 사업시행자가 부당하게 재결신청청구서가 포함되어 있는 우편물의 수취를 거부하고 반송한 경우, 재결신청청구가 된 것으로 보아야 한다(대판 2020. 8. 20, 2019두34630).

(2) 재결신청청구의 요건

1) 당 사 자

재결신청청구의 당사자는 토지소유자 및 관계인이 되며, 토지수용위원회에 재결을 신청할 수 있는 사업시행자가 피청구인이 된다. 또한 사업시행자를 대신하여 공용수용에 관한 업무를 대행하고 있는 자가 따로 있는 경우에는 그 사업대행자에 대하여도 할 수 있다고 보아야 할 것이다.

2) 청구의 기간

원칙적으로는 협의를 성실하게 하였으나 협의기간 내에 협의가 성립하지 않은 경우, 사업인정고시가 있는 날로부터 1년 이내에 재결신청청구를 하는 것이 원칙이다. 판례는 협의기간이 도과하지 않았더라도 협의불성립이 명백한 경우에는 굳이 협의기간이 끝날 때까지 기다리게 하여야 할 필요성은 없는 것이므로 협의기간 만료 전이라도 재결신청의 청구를 할 수 있다고 한다. 또한 사업인정 고시 후, 상당한 기간이 경과하도록 협의대상 토지소유자에게 협의기간을 통지하지 않은 경우에도 재결신청을 청구할 수 있다고 한다.

판례1 토지수용법이 토지소유자 등에게 재결신청의 청구권을 부여한 이유는, 협의가 성립되지 아니한 경우 시행자는 사업인정의 고시 후 1년 이내(도시계획사업은 그 사업의 시행기간 내)에는 언제든지 재결을 바라는 토지소유자 등의 이익을 보호함과 동시에 수용당사자간의 공평을 기하기 위한 것이라고 해석되는 점을 참작하여 볼 때, 도시계획사업 시행자가 사업실시계획인가의 고시 후 상당한 기간이 경과하도록 협의대상 토지소유자에게 협의기간을 통지하지 아니하였던 토지소유자로서는 토지수용법 제25조의3 제1항에 따라 재결신청의 청구를 할 수 있다(대판 1993. 8. 27, 93누9064[토지수용재결처분취소등]).

판례2 수용에 관한 협의기간이 정하여져 있더라도 협의의 성립가능성 없음이 명백해졌을 때와 같은 경우에는 굳이 협의기간이 종료될 때까지 기다리게 하여야 할 필요성도 없는 것이므로 협의기간 종료전이라도 기업자나 그 업무대행자에 대하여 재결신청의 청구를 할 수 있는 것으로 보아야 하며, 다만 그와 같은 경우 토지수용법 제25조의3 제2항(현, 토지보상법 제30조 제2항)에 의한 2월(현, 60일)

의 기간은 협의기간 만료일로부터 기산하여야 한다(대판 1993. 7. 13, 93누2902[토지수용재결처분취소등]).

판례3 [1] 토지소유자 등이 구 공익사업을 위한 토지 등의 취득 및 보상에 관한 법률 제85조에서 정한 제소기간 내에 관할 토지수용위원회에서 재결한 보상금의 증감에 대한 소송을 제기한 경우, 같은 법 제30조 제 3 항에서 정한 지연가산금은 위 제85조에서 정한 제소기간에 구애받지 않고 그 소송절차에서 청구취지 변경 등을 통해 청구할 수 있는지 여부(적극). [2] 사업시행자가 보상협의요청서에 기재한 협의기간이 종료하기 전에 토지소유자 및 관계인이 재결신청의 청구를 하였으나 사업시행자가 협의기간이 종료하기 전에 협의기간을 연장한 경우, 구 공익사업을 위한 토지 등의 취득 및 보상에 관한 법률 제30조 제 2 항에서 정한 60일 기간의 기산 시기(＝당초의 협의기간 만료일)(대판 2012. 12. 27, 2010두9457[보상금증액]).

3) 청구의 형식

토지소유자와 관계인이 사업시행자에게 재결신청을 조속히 하여 줄 것을 청구할 때에는 서면에 의하여 재결신청청구서를 제출[3]하여야 한다(제30조 제 1 항). 토지보상법은 재결신청청구서의 기재사항을 열거하고 있는데, 판례는 재결신청의 청구는 엄격한 형식을 요하지 아니하는 서면행위이고, 청구서의 기재사항은 토지소유자 등의 의사를 명확히 하려는 데 그 의의가 있기 때문에 기재사항 중 일부가 누락되더라도 재결신청의 청구의 의사를 명백히 표시만 하면 청구서로서의 효력에는 영향이 없다고 한다.

(3) 재결신청청구의 효과

1) 재결신청의무

재결신청의 청구를 받은 사업시행자는 재결신청청구가 있는 날로부터 60일 이내에 관할 토지수용위원회에 재결을 신청하여야 한다(제30조 제 2 항).

2) 가산금 지급의무

지연가산금 제도의 취지는 토지소유자 등의 재결신청 청구권의 실효성을 확보하자는 것이다(대판 1993. 8. 27, 93누9064). 재결신청 지연가산금은 재결신청을 간접강제하는 금원, 사업시행자가 법령상 정해진 기간 내에 재결신청을 하지 않고 지연한 데 대한 제재와 토지소유자 등의 손해에 대한 보전이라는 성격을 아울러 가지고 있다(대판 2012. 12. 27, 2010두9457; 대판 2017. 4. 7, 2016두63361 등).

토지보상법 이외의 법률에 따라 토지수용이 이루어지는 경우에도 특별한 규정(예, 도시정비법 제73조)이 없는 한 토지보상법 제30조의 지연가산금규정이 적용된다(대판 1997. 10. 24, 97다31175. 도시정비법 제65조 제 1 항 참조).

① 사업시행자의 재결신청이 의무기간인 60일을 넘겨서 이루어진 경우에는 그 지연기간에 대하여 『소송촉진 등에 관한 특례법』 규정에 의한 법정이율을 적용하여 산정한 금액을 관할토지수용위원회에서 재결한 보상금에 가산하여 지급하여야 한다(제30조 제 3 항).

---

3) 재결신청청구서의 제출은 사업시행자에게 직접 제출하거나 「우편법 시행규칙」 제25조 제 1 항 제 4 호에 따른 증명취급의 방법으로 한다(시행규칙 제12조).

이 가산금의 성질은 원래의 손실보상과는 법적 성격이 다른 법정지연손해배상금이라고 볼 수 있다. 여기서 재결신청의 청구를 받은 날의 판단에 있어서, 협의기간이 끝난 후에 그 청구를 받은 경우에는 그 청구받은 날로부터 즉시 가산하나, 협의기간중에 그 청구를 받은 경우에는 협의기간의 만료일로부터 그 청구를 받은 날이 기산된다(대판 1993. 7. 13, 93누2902).

② 재결신청지연기간의 산정은 적법한 재결신청청구일 후 60일이 지난 다음날부터 재결신청일까지로 한다. 다만, 토지소유자 등이 적법하게 재결신청청구를 하였다고 볼 수 없거나 사업시행자가 재결신청을 지연하였다고 볼 수 없는 특별한 사정이 있는 경우에는 그 해당 기간 동안은 지연가산금이 발생하지 않는다(대판 2020. 8. 20, 2019두34630).

③ 가산금은 재결신청지연가산금이지 재결지연가산금이 아니므로 재결기간을 가산금 산정기간에 포함시키는 것은 원칙상 타당하지 않다. 다만, 재결신청에 사업시행자의 귀책사유가 있고, 이로 인하여 재결이 지연된 경우에는 그 지연된 재결기간을 재결신청지연가산금의 산정기간에 포함시킬 수 있을 것이다. 예를 들면, 재결신청지연가산금을 면하기 위해 재결신청 준비가 되지 않은 상태에서 형식적으로 흠결된 재결신청을 하였고, 이로 인해 그 흠결의 보완 등으로 재결이 지연된 것은 재결신청이 지연된 것으로 보고 그 지연된 재결기간을 가산금산정기간에 포함할 수 있을 것이다.

④ 토지소유자등의 재결신청청구제도의 취지에 비추어 사업시행자가 상당한 기간이 경과하도록 협의대상 토지소유자에게 협의기간을 통지하지 아니하였다면 토지소유자로서는 토지보상법 제30조 제 1 항에 따라 재결신청의 청구를 할 수 있다고 보는 것이 타당하다(대판 1993. 8. 27, 93누9064).

⑤ 수용에 관한 협의기간이 정하여져 있더라도 협의의 성립가능성 없음이 명백해졌을 때와 같은 경우에는 굳이 협의기간이 종료될 때까지 기다리게 하여야 할 필요성도 없는 것이므로 협의기간 종료 전이라도 기업자(사업시행자)나 그 업무대행자에 대하여 재결신청의 청구를 할 수 있는 것으로 보아야 하며, 다만 그와 같은 경우 구 토지수용법 제25조의3 제 2 항에 의한 2월의 기간은 협의기간 만료일로부터 기산하여야 한다(대판 1993. 7. 13, 93누2902).

> **판례** ① (1) 공익사업을 위한 토지 등의 취득 및 보상에 관한 법률 제30조 제 3 항에 따른 재결신청지연가산금은 사업시행자가 정해진 기간 내에 재결신청을 하지 않고지연한 데 대한 제재와 토지소유자 등의 손해에 대한 보전이라는 성격을 아울러 가진다. 따라서 토지소유자 등이 적법하게재결신청청구를 하였다고 볼 수 없거나 사업시행자가 재결신청을 지연하였다고 볼 수 없는 특별한 사정이 있는 경우에는 그 해당 기간 동안은 지연가산금이 발생하지 않는다. (2) 사업시행자가 부당하게 재결신청청구서가 포함되어 있는 우편물의 수취를 거부하고 반송한 경우, 재결신청청구가 된 것으로 보아야 한다고 한 사례(대판 2020. 8. 20, 2019두34630).
> ② (1) 사업시행자가 수용의 개시일까지 재결보상금을 지급 또는 공탁하지 아니한 때에는 재결은 효력을 상실하고[공익사업을 위한 토지 등의 취득 및 보상에 관한 법률(이하 '토지보상법'이라 한다) 제42

조 제 1 항], 사업시행자의 재결신청도 효력을 상실하므로, 사업시행자는 다시 토지수용위원회에 재결을 신청하여야 한다. 그 신청은 재결실효 전에 토지 소유자 및 관계인(이하 '토지소유자 등'이라 한다)이 이미 재결신청청구를 한 바가 있을 때에는 재결실효일로부터 60일 내에 하여야 하고, 그 기간을 넘겨서 재결신청을 하면 지연된 기간에 대하여도 소송촉진 등에 관한 특례법 제 3 조에 따른 법정이율을 적용하여 산정한 금액(이하 '지연가산금'이라 한다)을 지급하여야 한다. (2) 재결이 실효된 이후 사업시행자가 다시 재결을 신청할 경우에는 원칙적으로 다시 보상협의절차를 거칠 필요가 없으므로, 재결실효일부터 60일이 지난 다음에는 지연가산금이 발생한다는 것이 원칙이다. 그러나 사업시행자가 재결실효 후 60일 내에 재결신청을 하지 않았더라도, 재결신청을 지연하였다고 볼 수 없는 특별한 사정이 있는 경우에는 그 해당 기간 동안은 지연가산금이 발생하지 않는다. 재결실효 후 토지소유자 등과 사업시행자 사이에 보상협의절차를 다시 하기로 합의한 데 따라 협의가 진행된 기간은 그와 같은 경우에 속한다(대판 2017. 4. 7, 2016두63361).

(4) 피수용자의 권리구제

1) 사업시행자가 재결신청을 거부하는 경우

가. 행정쟁송의 가부   토지수용과 관련하여 사업시행자가 손실보상의 대상이 아니라고 보아 지장물에 대한 보상협의절차를 진행하지 아니하거나 거부하는 경우라면, 토지소유자의 입장에서는 보상의 길을 구할 방법이 없게 되는 것으로 볼 수 있다. 따라서 이러한 경우에는 재결신청청구권의 취지에 비추어 사업시행자를 상대로 관할 토지수용위원회에 재결신청을 하도록 청구할 수 있는 것으로 보아야 할 것이다.

사업구역 내 토지의 경우는 사업시행자가 손실보상의 대상이 아니라고 보아 재결신청을 거부하는 경우는 없을 것이다. 사업구역 내 토지는 해당 공익사업의 직접 목적물로써 취득의 대상이 되기 때문이다.

사업시행자가 손실보상의 대상이 아니라고 보아 재결신청을 거부하는 경우는 지장물에 대해서만 가능할 것이다. 사업인정고시 이후에 설치된 지장물은 원칙적으로 손실보상의 대상이 되지 않지만, 물건조서 작성 당시 누락된 지장물도 있을 수 있고, 물건조서의 작성 시점과 사업인정 고시일 사이에 설치된 지장물도 있을 수 있다. 이러한 경우에는 보상대상 판단에 대하여 다툼이 있을 수 있다.

토지소유자나 관계인의 재결신청 청구에도 사업시행자가 재결신청을 하지 않을 때 토지소유자나 관계인은 사업시행자를 상대로 거부처분 취소소송 또는 부작위 위법확인소송의 방법으로 다투어야 한다. 구체적인 사안에서 토지소유자나 관계인의 재결신청 청구가 적법하여 사업시행자가 재결신청을 할 의무가 있는지는 본안에서 사업시행자의 거부처분이나 부작위가 적법한가를 판단하는 단계에서 고려할 요소이지, 소송요건 심사단계에서 고려할 요소가 아니다(대판 2019. 8. 29, 2018두57865).

재결신청에 대한 거부가 처분이 되기 위하여는 신청인에게 재결신청권이 있어야 한다.

판례1   [1] 토지수용사건에서 사업시행자가 손실보상의 대상이 아니라고 보아 지장물에 대한 보상 협의절차를 진행하지 아니하거나 거부하는 경우, 토지소유자 등이 공익사업을 위한 토지 등의 취득 및 보상에 관한 법률 제30조에 의하여 사업시행자를 상대로 관할 토지수용위원회에 재결신청을 하도록 청구할 수 있는지 여부(적극): 공익사업을 위한 토지 등의 취득 및 보상에 관한 법률(이하 '공익사업법' 이라 한다) 제30조 제 1 항은 "사업인정고시가 있은 후 협의가 성립되지 아니한 때에는 토지소유자 및 관계인은 대통령령이 정하는 바에 따라 서면으로 사업시행자에게 재결의 신청을 할 것을 청구할 수 있다"고 규정하고 있는바, 위 규정은 재결신청을 청구할 수 있는 경우를 사업시행자와 토지소유자 및 관계인(이하 '토지소유자 등'이라 한다) 사이의 '협의가 성립하지 아니한 때'로 정하고 있을 뿐 손실보상 대상에 관한 이견으로 협의가 성립하지 아니한 경우를 제외하는 등 협의가 성립하지 아니한 사유를 제한하고 있지 않은 점, 위와 같이 토지소유자 등에게 재결신청청구권을 부여한 취지는 공익사업에 필요한 토지 등을 수용에 의하여 취득하거나 사용함에 있어 손실보상에 관한 법률관계를 조속히 확정함으로써 공익사업을 효율적으로 수행하고 토지소유자 등의 재산권을 적정하게 보호하기 위함이라고 할 것인데, 손실보상대상에 관한 이견이 있어 손실보상협의가 성립하지 아니하는 경우에도 재결을 통해 손실보상에 관한 법률관계를 조속히 확정할 필요가 있는 점 등에 비추어 볼 때, 공익사업법 제30조 제 1 항에서의 '협의가 성립되지 아니한 때'라 함은 사업시행자가 토지소유자 등과 사이에 공익사업법 제 26조 소정의 협의절차는 거쳤으나 그 보상액 등에 관하여 협의가 성립하지 아니한 경우는 물론 토지소유자 등이 손실보상대상에 해당한다고 주장하며 보상을 요구함에도 불구하고 사업시행자가 손실보상 대상에 해당하지 아니한다고 보아 보상대상에서 이를 제외하고 협의를 거치지 않아 결국 협의가 성립하지 않은 경우도 포함한다고 보아야 한다. [2] 지장물에 대한 수용재결신청을 거부하거나 보상협의를 하지 않으면서도 아무런 조치를 취하지 않은 것을 처분(보상제외처분)으로 보고 공익사업법상 재결신 청청구제도의 취지에 반하는 것으로서 위법하다고 판단한 사례.〈해설〉토지소유자 등의 수용재결신청에 대한 사업시행자의 거부(명시적 거부뿐만 아니라 토지수용위원회에 대한 재결신청시 포함시키지 않는 묵시적 거부)는 토지수용위원회에 대한 재결신청권이 사업시행자에게만 부여되어 있고, 재결신청 거부의 처분성을 부인하면 다른 권리구제수단이 없는 점 등을 고려할 때 토지소유자 등의 권익(손실보 상청구권)에 직접 영향을 미치는 것으로 보고 행정소송법상 처분으로 보는 것이 타당하다. [3] 아산~ 천안 간 도로건설 사업구역에 포함된 토지의 소유자가 토지상의 지장물에 대하여 재결신청을 청구하였으나, 그 중 일부에 대해서는 사업시행자가 손실보상대상에 해당하지 않아 재결신청대상이 아니라는 이유로 수용재결 신청을 거부하면서 보상협의를 하지 않은 사안에서, 사업시행자가 수용재결 신청을 거부하거나 보상협의를 하지 않으면서도 아무런 조치를 취하지 않은 것은 공익사업을 위한 토지 등의 취득 및 보상에 관한 법률에서 정한 재결신청청구 제도의 취지에 반하여 위법하다고 본 원심판단을 수 긍한 사례(대판 2011. 7. 14, 2011두2309[보상제외처분취소 등]).

판례2   문화재청장이 토지조서 및 물건조서를 작성하는 등 위 토지에 대하여 구 공익사업법에 따른 수용절차를 개시한 바 없으므로, 문화재구역 내 토지 소유자 甲에게 문화재청장으로 하여금 관할 토지 수용위원회에 재결을 신청할 것을 청구할 법규상의 신청권이 인정된다고 할 수 없다고 하면서 거부의 처분성을 부정한 사례(대판 2014. 7. 10, 2012두22966[재결신청거부처분취소]).

나. 민사소송으로의 이행 가능성   판례는 재결신청청구권의 실효성 확보수단인 가산금제도 등을 이유로 부정한다.

판례   토지수용법이 토지소유자 등에게 재결신청의 청구권을 부여한 이유는 협의가 성립되지 아니하는 경우 기업자는 사업인정의 고시가 있는 날로부터 1년 이내(전원개발사업은 그 사업의 시행기간 내)에는 언제든지 재결신청을 할 수 있는 반면에, 토지소유자는 재결신청권이 없으므로, 수용을 둘러싼 법률관계의 조속한 확정을 바라는 토지소유자 등의 이익을 보호함과 동시에 수용 당사자 사이의 공평을 기하기 위한 것이라고 해석되는 점, 위 청구권의 실효를 확보하기 위하여 가산금 제도를 두어 간접적으로 이를 강제하고 있는 점(토지수용법 제25조의3 제 3 항), 기업자가 위 신청기간 내에 재결신청을 하지 아니한 때에는 사업인정은 그 기간만료일의 익일부터 당연히 효력을 상실하고, 그로 인하여 토지소유자 등이 입은 손실을 보상하여야 하는 점(같은 법 제17조, 제55조 제 1 항) 등을 종합해 보면, 기업자가 토지소유자 등의 재결신청의 청구를 거부한다고 하여 이를 이유로 민사소송의 방법으로 그 절차이행을 구할 수는 없다(대판 1997. 11. 14, 97다13016[손해배상(기)]).

2) 가산금에 대한 다툼

지연가산금은 손실보상금과 함께 수용재결에 포함되어 결정(토지보상법 시행령 제14조 제 3 항)되지만, 손실보상금과는 다른 성질의 것이다. 그러나, 지연가산금은 손실보상금에 부수하여 지급되는 것이고 수용재결에 포함하여 결정되는 것이고, 지연가산금에 대한 불복도 손실보상금에 대한 불복과 함께 인정할 필요가 있으므로 수용재결에 대한 불복소송을 규정하는 토지보상법 제85조의 '보상금'에는 토지보상법 제30조 제 3 항에 따른 지연가산금도 포함된다고 보아야 한다(대판 2019. 1. 17, 2018두54675). 따라서, 토지보상법 제30조 제 3 항에 따른 지연가산금도 토지보상법 제85조 제 1 항에 따라 그에 대한 불복을 할 때에는 행정소송을 제기하여야 하고, 지연가산금에 대한 불복은 '보상금'에 대한 불복이므로 토지보상법 제85조 제2항에 따라 수용보상금의 증액에 관한 소에 의하여야 한다(대판 1997. 10. 24, 97다31175).

토지보상법 제30조 제 3 항에서 정한 지연가산금청구권은, 재결 보상금에 부수하여 토지보상법상 인정되는 공법상 청구권이므로 제소기간 내에 재결 보상금의 증감에 대한 소송을 제기한 이상, 지연가산금은 토지보상법 제85조에서 정한 제소기간에 구애받지 않고 그 소송절차에서 청구취지 변경 등을 통해 청구할 수 있다고 보는 것이 타당하다(대판 2012. 12. 27, 2010두9457).

사업시행자는 제85조 제 1 항에 따라 사업시행자가 제기한 행정소송이 각하·기각 또는 취하된 경우에는 재결서 정본을 받은 날부터 판결일 또는 취하일까지의 기간에 대하여 「소송촉진 등에 관한 특례법」 제 3 조에 따른 법정이율을 적용하여 산정한 금액을 보상금에 가산하여 지급하여야 한다. 따라서 이러한 경우에는 지연가산금에 대한 법정이율을 적용하여 산정한 가산금을 추가로 지급하여야 한다.

① 각하재결의 경우 수용재결신청의 효력을 인정하지 않고 조속재결신청청구일 후 협의기간 만료일 다음날에서 60일이 지난 시점부터 2차재결신청한 날까지 기간 동안의 지연가산금을 부과하여야 한다는 견해(각하재결기간포함설)가 있다. ② 수용재결신청이 각하되었더라도 수용재결신청의 효력을 인정하고 별도의 지연사유가 없는 한 지연가산금이 발생하지 않는다고 하는 견해(각하재결기간불포함설)가 있다. ③ '재결신청을 지연했다고 볼 수 없는 특별한 사정이 없는 한' 달리 말하면 '재결신청의 지연에 정당한 사유가 없는 한' 재결신청 청구일 후 60일이 지난 다음 날부터 2차재결신청일까지 재결신청지연가산금을 산

정하여야 하다는 견해(각하재결기간한정적극포함설)가 있다.⁴⁾ 대법원 판례에 따르면 지연가산금은 사업시행자가 정해진 기간 내에 재결신청을 하지 않고 지연한 데 대한 제재와 토지소유자 등의 손해에 대한 보전이라는 성격을 아울러 가지고 있으므로 토지소유자 등이 적법하게 재결신청청구를 하였다고 볼 수 없거나 사업시행자가 재결신청을 지연하였다고 볼 수 없는 특별한 사정이 있는 경우에는 그 해당 기간 동안은 지연가산금이 발생하지 않는다(대판 2020. 8. 20, 2019두34630). 생각건대, 지연가산금은 토지소유자등의 손해에 대한 보전으로서의 성격과 함께 재결신청 지연에 대한 제재로서의 성격을 가지는 것이므로 사업시행자에게 귀책사유 없이 재결신청의 지연에 **정당한 사유**가 있는 경우에는 그에 해당하는 기간은 지연기간에서 제외하는 것(정당기간제외설)이 타당하다. 따라서 각하재결이 있었던 경우에 있어서도 사업시행자가 부적법한 재결신청을 한 것에 정당한 사유가 있었던 경우에는 재결기간을 재결신청기간 또는 지연기간에서 제외하는 것이 타당하다.

그리고, 토지소유자등에게 재결신청권이 있는 경우에는 토지소유자등이 직접 재결신청을 하면 되므로 토지보상법 제30조의 지연가산금규정은 적용되지 않는 것으로 보아야 한다.

판례 1 토지수용법 제25조의3 제 3 항이 정한 지연가산금은 수용보상금에 대한 법정 지연손해금에 대한 불복은 수용보상금에 대한 불복절차에 의함이 상당할 뿐 아니라, 토지수용법시행령 제16조의3은 "법 제25조의3 제 3 항의 규정에 의하여 가산하여 지급할 금액은 관할 토지수용위원회가 재결서에 기재하여야 하며, 기업자는 수용 시기까지 보상금과 함께 이를 지급하여야 한다"라고 하여 지연가산금은 수용보상금과 함께 수용재결로 정하도록 규정하고 있으므로, 지연가산금에 대한 불복은 수용보상금의 증액에 관한 소에 의하여야 한다(대판 1997. 10. 24, 97다31175[토지수용이의재결처분취소등]).

판례 2 甲 등 토지소유자들이 주택재개발정비사업 시행자에게 수용재결신청을 청구한 날로부터 60일이 지난 후에 사업시행자가 지방토지수용위원회에 수용재결을 신청하였고, 지방토지수용위원회가 공익사업을 위한 토지 등의 취득 및 보상에 관한 법률 제30조 제 3 항에 따른 지연가산금을 재결보상금에 가산하여 지급하기로 하는 내용의 수용재결을 하자, 사업시행자가 지연가산금 전액의 감액을 구하는 손실보상금감액 청구를 하였으나 청구기각 판결이 확정된 사안에서, 공익사업을 위한 토지 등의 취득 및 보상에 관한 법률 제87조의 '보상금'에는 같은 법 제30조 제 3 항에 따른 지연가산금도 포함된다고 보아, 수용재결에서 인정된 가산금에 관하여 재결서 정본을 받은 날부터 판결일까지의 기간에 대하여 소송촉진 등에 관한 특례법 제 3 조에 따른 법정이율을 적용하여 산정한 가산금을 지급할 의무가 있다고 본 원심판단을 수긍한 사례(대판 2019. 1. 17, 2018두54675).

(5) 재결신청청구권의 제도적 개선안

현행 토지보상법상 사업시행자가 재결신청의 청구를 받고도 재결을 신청하지 아니할

---

4) 서울행법 2018. 6. 8, 2017구합82819: 이 사건 손실보상금 감액청구소송의 피고는 도시 및 주거환경정비법상의 현금청산대상자로서 수용재결신청 청구를 하였는데, 재개발사업정비조합인 원고가 적법한 협의절차를 거치지 않고 수용재결신청을 하여 수용재결신청이 부적법 각하되었다. 이에 원고는 협의절차를 거쳐 2차 재결신청을 하였고, 토지수용위원회는 토지 및 물건 보상금(영업보상금 포함)과 함께 재결신청 청구일 후 60일이 도과한 다음 날부터 2차재결신청일까지의 지연가산금을 지급하도록 하는 내용의 수용재결을 하였고, 원고는 이에 불복하여 지연가산금에 해당하는 금액의 감액을 구하는 손실보상금 감액청구소송을 제기한 사례이다.

경우에는 단지 그 경과기간에 한하여 가산금지급 의무만을 부과하고 있으므로, 수용과 관련된 법률관계의 조속한 확정을 바라는 토지소유자의 권리보호에는 다소 미흡한 점이 있다고 볼 수 있다. 따라서 재결신청청구권의 효력을 사업시행자에 대한 요구권에 한정하지 아니하고, 직접 토지수용위원회에 재결신청이 이루어지는 효력을 부여하는 정도로 강화될 필요성이 있다.

Ⅲ. 재결기관(토지수용위원회)

1. 의의 및 법적 성격

토지수용위원회는 사업시행자의 신청에 의해 수용재결 또는 사용재결 등을 행하는 행정기관이다.

이는 사업시행자와 피수용자 사이에 수용 또는 사용이나 손실보상에 관한 다툼을 공정중립한 입장에서 판단·결정하는 독립된 합의제 행정기관(행정청)이다.

2. 재결기관의 종류 및 재결관할의 범위

(1) 중앙토지수용위원회

국토교통부에 중앙토지수용위원회를 두며(제49조) 중앙토지수용위원회는 ① 국가 또는 시·도가 사업시행자인 경우와, ② 수용 또는 사용할 토지가 2 이상의 시·도에 걸쳐있는 사업의 재결에 관한 사항을 관장한다(제51조 제 1 항).

(2) 지방토지수용위원회

시·도에 지방토지수용위원회 두며(제49조) 중앙토지수용위원회관할 외의 사업의 재결에 관한 사항을 관장한다(제51조 제 2 항).

3. 기   타

(1) 토지수용위원회의 업무가 재판청구권을 침해하는지 여부

> **판례** 공용수용의 재결은 공익사업을 위하여 사업시행자에게 보상금을 지급하는 조건으로 타인의 토지소유권등을 취득하게 하고, 반면 토지소유자 및 관계인에게는 목적물에 대한 권리를 상실시키게 하는 형성적 행정행위로서, 수용재결의 확정에 확정판결과 같은 효력을 인정한 이유는 토지수용과 관련한 공공사업을 신속히 수행하고 간편한 절차로 분쟁을 신속히 해결하여 이해관계자의 권리관계를 조속히 안정시킬 필요에 의한 것일 뿐이지, 수용재결이 재판에 해당하는 것은 아니다. 또한 사업시행자, 토지소유자 또는 관계인은 수용재결에 대하여 불복이 있는 때에는 행정소송을 제기할 수 있으므로 (공익사업법 제85조 제 1 항), 법관이 아닌 위원들로 구성된 토지수용위원회가 수용재결을 행하고, 필요하다고 인정하는 경우에만 토지소유자 등이 심리에 출석하여 진술할 수 있다는 것만으로는 재판청구권이 침해되었다고 보기 어렵다(헌재 2007. 11. 29, 2006헌바79).

(2) 토지수용위원회의 업무가 적법절차원칙에 위배되는지 여부

> 판례   토지수용위원회가 수용재결을 관장하도록 규정된 이유는 수용재결에 있어서 이해관계인들의 의견 차이를 신속하게 조정하여 법률관계를 확정하여 시간과 비용을 절약하고, 토지수용에 관한 행정기관의 전문적인 지식을 활용하기 위한 것이다. 공익사업법에서는 토지수용위원회의 재결사항(공익사업법 제50조), 구성위원의 자격 및 임명(공익사업법 제52조, 제53조), 위원의 결격사유와 임기, 신분보장(공익사업법 제54조, 제55조, 제56조) 등에 대하여 규정하고 있고, 위원의 공정성이 의심되는 경우에는 제척·기피·회피제도(공익사업법 제57조)를 두고 있으며, 판사·검사 또는 변호사의 직에 15년 이상 있었던 자나 토지 수용에 관한 학식과 경험이 풍부한 자 등이 위원이 되므로 그 독립성과 전문성이 인정된다 할 것이고, 토지수용위원회의 수용재결에 대해서는 행정소송이 인정되고 있으므로 수용재결을 토지수용위원회가 관장한다고 하여 이를 적법절차원칙에 위배된다고 할 수 없다(헌재 2007. 11. 29, 2006헌바79).

Ⅳ. 재결의 절차

1. 공고·열람 및 의견진술

토지수용위원회는 재결신청서를 접수한 때에는 대통령령이 정하는 바에 따라 지체 없이 이를 공고하고 공고한 날부터 14일 이상 관계서류의 사본을 일반이 열람할 수 있도록 하여야 한다(제31조 제 1 항).

토지수용위원회가 제 1 항의 규정에 의한 공고를 한 때에는 관계서류의 열람기간중에 토지소유자 또는 관계인은 의견을 제시할 수 있다(제31조 제 2 항).

2. 심   리

토지수용위원회는 열람기간이 지났을 때에는 지체 없이 당해 신청에 대한 조사 및 심리를 하여야 하며(제32조 제 1 항), 심리를 함에 있어서 필요하다고 인정하는 때에는 사업시행자·토지소유자 및 관계인을 출석시켜 그 의견을 진술하게 할 수 있다(제32조 제 2 항). 토지수용위원회는 사업시행자·토지소유자 및 관계인을 출석하게 하는 경우에는 사업시행자·토지소유자 및 관계인에게 미리 그 심리의 일시 및 장소를 통지하여야 한다(제32조 제 3 항).

> 판례   법 제37조 제 2 항(현, 토지보상법 제32조)이 규정하고 있는 심의기일 및 장소의 통지는 당사자를 청문하기 위한 출석통지가 아니라 단순히 심의기일 및 장소를 당사자에게 알리는 고지행위에 불과하다고 해석되고, 따라서 위와 같은 심의기일 및 장소에 관한 적법한 통지를 결여하였다고 하여도 이는 심의의 효력에 영향을 미치는 하자라고 보기 어렵다(대판 1990. 3. 13, 88누8296[토지수용재결처분 취소]).

3. 화해의 권고(제33조)

(1) 화해의 의의

화해라 함은 토지수용위원회가 재결이 있기 전에 수용·사용에 관한 사업시행자·토지소유자 및 관계인의 주장을 서로 양보하도록 하여 수용에 대한 분쟁을 원만하게 해결하고자 하는 양 당사자의 의사의 합치인 공법상 행위를 말한다.

화해는 반드시 거쳐야 하는 필요적인 절차가 아니라 토지수용위원회의 재량에 따른 임의적인 절차이며, 그것을 결여하였다고 하여 수용이 위법하게 되는 것은 아니다.

> 판례 토지수용법 제40조 소정의 토지수용위원회의 기업자, 토지소유자 또는 관계인에 대한 화해의 권고는 반드시 거쳐야 하는 필요적인 절차가 아니라 토지수용위원회의 재량에 따른 임의적인 절차이다(대판 1986. 6. 24, 84누554[토지수용재결처분취소]).

(2) 화해의 절차

1) 화해의 권고

토지수용위원회는 그 재결이 있기 전에는 그 위원 3명으로 구성되는 소위원회로 하여금 사업시행자·토지소유자 및 관계인에게 화해를 권고하도록 할 수 있다. 이 경우 소위원회는 위원장이 지명하거나 위원회에서 선임한 위원으로 구성하되, 그 구성에 관하여 그 밖의 필요한 사항은 대통령령으로 정한다(제33조 제 1 항).

2) 화해조서의 작성

양 당사자의 화해가 성립되었을 때에는 당해 토지수용위원회는 화해조서를 작성하여 화해에 참여한 위원·사업시행자·토지소유자 및 관계인이 이에 서명 또는 날인을 하도록 하여야 한다(제33조 제 2 항).

(3) 화해의 효력

화해조서에 서명 또는 날인이 된 경우에는 당사자 간에 화해조서와 동일한 내용의 합의가 성립된 것으로 본다(제33조 제 3 항).

화해의 효력은 명문상의 규정은 없으나, 협의성립확인 또는 재결과 같은 효력이 있다고 보아야 할 것이므로 사업시행자는 화해에서 정하여진 시기까지 보상금을 지급하거나 공탁하여야 하고, 피수용자는 그 시기까지 목적물을 인도 또는 이전하여야 할 것이다.

사업시행자·토지소유자 및 관계인이 화해조서상의 의무를 이행하지 않은 경우가 문제될 수 있는데 화해의 성립은 재결과 같은 효력이 있다고 볼 것이므로 사업시행자가 화해에서 정하여진 시기까지 보상금의 지급을 이행하지 않은 경우에는 그 화해의 효력은 실효되는 것이고, 토지소유자 및 관계인이 의무를 다하지 아니한 경우에는 대행 또는 대집행이 가능하다고 볼 수 있겠다.

(4) 권리구제

화해의 법적성질을 재결과 동일하게 본다면 화해조서 역시 재결서와 동일하게 볼 수 있을 것이다. 따라서 화해에 대한 다툼은 재결에 대한 다툼방법인 이의신청(제83조) 및 행정소송(제85조)을 통하여 해결할 수 있을 것이다.

4. 재 결

토지수용위원회의 재결에는 수용재결(수용 및 보상재결), 보상재결, 협의성립확인재결(제29조 제4항), 경정재결(제36조)이 있다. 토지수용위원회는 수용 또는 사용할 토지의 구역 및 사용방법, 손실의 보상, 수용 또는 사용의 개시일과 기간, 그 밖에 이 법 및 다른 법률에서 규정한 사항을 재결한다(제50조 제1항).

또한 토지수용위원회는 사업시행자, 토지소유자 및 관계인이 신청한 범위 안에서 재결해야 하나 손실보상에 있어서는 증액재결을 할 수 있다(제50조 제2항).

① **수용하거나 사용할 토지의 구역 및 사용방법**: '수용 또는 사용할 토지의 구역'이라 함은 공익사업을 위하여 수용 또는 사용할 토지의 면적을 말한다. '수용 또는 사용할 토지의 구역'의 재결에 의해 '수용 또는 사용할 토지의 구역'이 명확히 특정된다. '수용 또는 사용할 토지의 구역'이 명확히 특정되지 않으면 재결은 위법하다.

특별한 규정이 없는 한 공익사업에 필요한 토지만 수용하여야 한다. 다만, 공익사업을 위해 필요한 부대토지를 사업시행지로 포함하는 것을 허용하는 특별규정을 두는 것은 가능하다.

> **사례** 공원녹지법은 특별시장·광역시장·특별자치시장·특별자치도지사·시장 또는 군수가 아닌 자(이하 '민간공원추진자'라 한다)가 일정한 경우 국토계획법상의 도시·군계획시설사업 시행자 지정과 실시계획 인가를 받아 도시공원이나 공원시설을 설치·관리할 수 있되, 도시공원 부지에 주거시설이나 상업시설 등 비공원시설을 설치할 수 있다는 특례를 두고 있다(제16조, 제21조, 제21조의2, 이하 이에 따라 민간공원추진자가 시행하는 도시공원 또는 공원시설 설치·운영사업을 '민간특례사업'이라 한다).

② **손실보상**: '손실의 보상'에 있어서는 수용할 토지 및 토지에 관한 소유권 이외의 권리에 대한 보상액, 잔여지수용보상, 공용사용에 대한 수용보상, 사용하는 토지 및 그 토지에 관한 소유권 이외의 권리에 대한 보상금 등이 포함된다.

③ **수용 또는 사용의 시기와 기간**: '수용의 시기'라 함은 보상금의 지급을 조건으로 권리의 취득·소멸(권리변동)이 일어나는 시기를 말한다. 수용의 시기는 보상금 지불기한이기도 하기 때문에 확정일로 정하여야 한다.

'사용의 기간'이라 함은 공용사용할 기간을 말한다.

④ **기타 이 법에 규정한 사항**.

토지수용위원회의 수용재결은 행정심판의 재결이 아니라 원행정행위의 성질을 갖는다.

5. 재결의 경정과 유탈

(1) 재결의 경정

재결에 계산상 또는 기재상의 잘못이나 이와 비슷한 잘못이 있는 것이 명백할 때에는 토지수용위원회는 직권으로 또는 당사자의 신청에 의하여 경정재결을 할 수 있다(제36조 제 1 항).

경정재결은 원재결서의 원본과 정본에 부기하여야 한다. 다만, 정본에 부기할 수 없을 때에는 경정재결의 정본을 작성하여 당사자에게 송달하여야 한다(제36조 제 2 항).

(2) 재결의 유탈

토지수용위원회가 신청의 일부에 대한 재결을 빠뜨린 경우에 그 빠뜨린 부분의 신청은 계속하여 당해 토지수용위원회에 계속(係屬)된다(제37조). 따라서 빠뜨린 부분에 대해서는 추가재결을 하여야 한다.

V. 재결의 실효

1. 의   의

재결의 실효란, 유효하게 성립한 재결에 대해 행정청의 의사행위에 의하지 않고, 객관적 사실 발생에 의해 당연히 재결의 효력이 상실되는 것을 말한다. 토지보상법 제62조에서는 사업시행자가 당해 공익사업을 위한 공사에 착수하기 이전에 토지소유자 및 관계인에 대하여 보상액의 전액을 지급하여야 한다는 사전보상원칙을 규정하고 있는데, 재결의 실효는 이를 이행하기 위한 규정이다.

2. 내   용

(1) 보상금의 미지급·미공탁의 경우

사업시행자가 수용 또는 사용의 개시일까지 관할토지수용위원회가 재결한 보상금을 지급하거나 공탁하지 아니하였을 때 당해 재결은 효력을 상실한다(제42조). 다만, 중앙토지수용위원회의 이의재결에서 정한 보상금을 지급·공탁하지 아니한다 하여 재결이 실효되는 것은 아니다.

재결실효 후 다시 재결신청을 하는 경우에는 재결실효일부터 60일 이내에 하지 않으면 재결지연가산금이 부과된다.

판례1   수용시기까지 보상금의 지급이나 적법한 공탁이 없었다면 수용재결은 토지수용법 제65조에서 말하는 기업자가 수용시기까지 재결보상금을 지급 또는 공탁하지 아니한 때에 해당하여 그 효력을 상실하였다고 할 것이고, 실효된 수용재결을 유효한 것으로 보고서 한 이의재결 또한 위법하여 당연무효라고 할 것이다(대판 1993. 8. 24, 92누9548[토지수용재결처분무효확인등]).

판례2   토지수용법상의 이의재결절차는 수용재결에 대한 불복절차이면서 수용재결과는 확정의 효력 등을 달리하는 별개의 절차이므로 기업자가 이의재결에서 증액된 보상금을 일정한 기한 내에 지급 또는 공탁하지 아니하였다 하더라도 그 때문에 이의재결 자체가 당연히 실효된다고는 할 수 없다(대판 1992. 3. 10, 91누8081[토지수용재결처분취소]).

판례3   사업시행자가 수용의 개시일까지 재결보상금을 지급 또는 공탁하지 아니한 때에는 재결은 효력을 상실하고[공익사업을 위한 토지 등의 취득 및 보상에 관한 법률(이하 '토지보상법'이라 한다) 제42조 제 1 항], 사업시행자의 재결신청도 효력을 상실하므로, 사업시행자는 다시 토지수용위원회에 재결을 신청하여야 한다. 그 신청은 재결실효 전에 토지 소유자 및 관계인(이하 '토지소유자 등'이라 한다)이 이미 재결신청청구를 한 바가 있을 때에는 재결실효일로부터 60일 내에 하여야 하고, 그 기간을 넘겨서 재결신청을 하면 지연된 기간에 대하여도 소송촉진 등에 관한 특례법 제 3 조에 따른 법정이율을 적용하여 산정한 금액(이하 '지연가산금'이라 한다)을 지급하여야 한다. 토지보상법은 재결이 실효됨으로 인하여 토지소유자 등이 입은 손실을 보상하는 규정(토지보상법 제42조 제 2 항, 제 3 항)을 지연가산금 규정과 별도로 두고 있는데, 지연가산금은 사업시행자가 정해진 기간내에 재결신청을 하지 않고 지연한 데 대한 제재와 토지소유자 등의 손해에 대한 보전이라는 성격을 아울러 가지고 있다. 위와 같이 재결이 실효된 이후 사업시행자가 다시 재결을 신청할 경우에는 원칙적으로 다시 보상협의 절차를 거칠 필요가 없으므로, 재결실효일부터 60일이 지난 다음에는 지연가산금이 발생한다는 것이 원칙이다. 그러나 사업시행자가 재결실효 후 60일 내에 재결신청을 하지 않았더라도, 재결신청을 지연하였다고 볼 수 없는 특별한 사정이 있는 경우에는 그 해당 기간 동안은 지연가산금이 발생하지 않는다. 재결실효 후 토지소유자 등과 사업시행자 사이에 보상협의 절차를 다시 하기로 합의한 데 따라 협의가 진행된 기간은 그와 같은 경우에 속한다(대판 2017. 4. 7, 2016두63361).

(2) 사업인정이 취소되는 경우

수용재결에 따른 수용개시일 전에, 사업인정이 취소 또는 변경되면, 그 고시의 결과에 따라서 당해 재결의 효력은 소멸된다. 수용개시일이 지난 이후에는 수용의 효과가 발생하므로 환매권이 문제될 것이다.

3. 효   과

사업시행자가 수용 또는 사용의 개시일까지 관할 토지수용위원회가 재결한 보상금을 지급 또는 공탁하지 아니한 때에는 당해 토지수용위원회의 재결은 그 효력을 상실한다(제42조 제 1 항).

사업시행자는 재결의 효력이 상실됨으로 인하여 토지소유자 또는 관계인이 입은 손실을 보상하여야 한다(제42조 제 2 항).

4. 관련쟁점

(1) 재결신청 및 사업인정의 효력과의 관계

재결이 실효되면 재결신청 자체도 실효되지만(판례), 재결의 무효와는 달리 장래를 향한 효력상실이므로 사업인정에는 영향이 없다. 따라서 재결신청기간 내이면 재차의 재결신청이 가능하다.

(2) 이의재결과의 관계

원재결이 실효되면 이를 기초한 이의재결은 위법하지만 절대적 무효는 아니므로 이의재결의 취소, 무효등확인을 구할 이익이 있다.

> **판례1** 지방토지수용위원회의 재결이 토지수용법 제65조에 의하여 실효되면 동 재결을 기초로 한 중앙토지수용위원회의 재결처분은 위법하지만 절대적 무효는 아니라 할 것이므로 이의취소 또는 무효확인을 구할 이익이 있다(대판 1982. 7. 27, 82누75[재결처분취소]).

> **판례2** 토지수용법 제65조의 규정에 의하면 기업자가 수용시기까지 관할 토지수용위원회가 재결한 보상금을 지불 또는 공탁하지 아니하였을 때에는 그 재결은 효력을 상실하는 것이므로, 기업자가 수용시기 후에 보상금을 지급하더라도 그 토지의 소유권을 취득하는 것이 아니다(대판 1990. 6. 12, 89다카24346[부당이득금반환]).

> **판례3** 재결의 효력이 상실되면 재결신청 역시 그 효력을 상실하게 되는 것이므로 그로 인하여 토지수용법 제17조 소정의 사업인정의 고시가 있은 날로부터 1년 이내에 재결신청을 하지 않는 것으로 되었다면 사업인정도 역시 효력을 상실하여 결국 그 수용절차 일체가 백지상태로 환원된다(대판 1987. 3. 10, 84누158[토지수용재결처분취소]).

VI. 수용권의 남용과 재결의 효력 [2017 감평 사례]

수용재결의 요건을 갖춘 경우에도 수용권 남용에 해당하는 경우 수용재결은 위법하다. 사업인정 후 해당 사업이 공익성을 상실하거나 관련 이익이 현저히 비례원칙에 어긋나게 된 경우 또는 사업시행자가 해당 사업을 수행할 의사나 능력을 상실한 경우 그 사업인정에 기하여 수용권을 행사하는 것은 수용권의 남용에 해당한다.

> **판례** [1] 수용권 남용: 공용수용은 헌법상의 재산권 보장의 요청상 불가피한 최소한에 그쳐야 한다는 헌법 제23조의 근본취지에 비추어 볼 때, 사업시행자가 사업인정을 받은 후 그 사업이 공용수용을 할 만한 공익성을 상실하거나 사업인정에 관련된 자들의 이익이 현저히 비례의 원칙에 어긋나게 된 경우 또는 사업시행자가 해당 공익사업을 수행할 의사나 능력을 상실하였음에도 여전히 그 사업인정에 기하여 수용권을 행사하는 것은 수용권의 공익 목적에 반하는 수용권의 남용에 해당하여 허용되지 않는다. [2] 사업인정을 받은 이후 재정상황의 악화 등의 사유로 수용재결 당시 사업을 수행할 능력을 상실한 상태에 있었다고 볼 여지가 있고, 그럼에도 불구하고 수용재결을 신청하여 그 재결을 받은 것은 수용권의 남용에 해당한다고 볼 여지가 있다고 한 사례(대판 2011. 1. 27, 2009두1051[토지수용재결

처분취소]). 〈해설〉 사업시행자가 사업인정을 받은 후 그 사업이 공용수용을 할 만한 공익성을 상실하거나 사업인정에 관련된 자들의 이익이 현저히 비례의 원칙에 어긋나게 된 것 또는 사업시행자가 해당 공익사업을 수행할 의사나 능력을 상실한 것은 사업인정의 철회사유가 되기도 한다. 판례는 사업인정의 하자(위법)의 수용재결에 대한 승계를 여전히 인정하지 않고 있다.

Ⅶ. 재결의 효과 [1994 감평 약술]

공용수용의 제 절차는 재결에 의하여 종결되거나, 협의성립·협의성립확인 및 화해조서작성에 의해서도 종결된다. 그러나, 수용의 효과는 수용절차가 종료되었다고 해서 즉시 발생하는 것이 아니라, 수용절차 종결시 따로 정한 '수용의 개시일'에 발생하게 된다. 예외적으로 위험부담의 이전은 재결일부터 발생하며, 보상금의 지급·공탁 및 수용목적물의 인도·이전의무는 재결일로부터 수용의 개시일까지의 기간에 발생한다.

1. 목적물의 권리취득

재결의 효과로서 일정한 조건하에 사업시행자의 권리취득(權利取得)의 효과가 발생한다. 즉, 사업시행자는 수용의 개시일에 토지나 물건의 소유권을 취득하며, 그 토지나 물건에 관한 다른 권리는 이와 동시에 소멸한다(제45조 제 1 항). 수용의 개시일이라 함은 토지수용위원회가 재결로 정한 수용의 효과가 발생하는 날이다. 수용의 개시일까지 보상을 지급하거나 공탁하지 않으면 재결은 실효되므로 보상금의 지급 또는 공탁이 있어야 한다.

수용에 의한 사업시행자의 권리취득은 토지소유자와 사업시행자 사이의 법률행위에 의한 승계취득이 아니라, 법률의 규정에 의한 원시취득이다.

사업시행자는 사용의 개시일에 토지나 물건의 사용권을 취득하며, 그 토지나 물건에 관한 다른 권리는 사용의 기간중에는 이를 행사하지 못한다(제45조 제 2 항). 다만, 토지수용위원회의 재결로 인정된 권리는 소멸되거나 그 행사가 정지되지 아니한다(제45조 제 3 항).

현행 토지보상법은 수용하는 토지 위의 건축물 등 물건은 그 물건이 공익사업에 필요하여 수용하는 경우(예, 토지보상법 제75조 제 1 항 단서 제 3 호)를 제외하고는 수용하지 않는 것, 달리 말하면 그 물건을 지장물(공익사업에 필요하지 않은 물건)로 보고 그 물건에 대한 권리취득의 효과가 발생하지 않는 것으로 규정하고 있다.

2. 위험부담의 이전

토지수용위원회의 재결이 있은 후 수용하거나 사용할 토지나 물건이 토지소유자 또는 관계인의 고의나 과실 없이 멸실되거나 훼손된 경우 그로 인한 손실은 사업시행자의 부담으로 한다(제46조).

수용목적물에 대한 권리의 소멸과 그에 대한 보상금이 약정되어 있는 상황에서, 토지 물건의 소유자 및 관계인에게 수용목적물의 보전책임을 지우는 것은 피수용자의 권익보호 측면에서 바람직하다고 볼 수 없다. 따라서 토지보상법에서는 사업시행자에게 위험부담을 전가시킴으로써, 피수용자의 권익을 보호하고 있다.

판례   댐 건설로 인한 수몰지역내의 토지를 매수하고 지상임목에 대하여 적절한 보상을 하기로 특약하였다면 보상금이 지급되기 전에 그 입목이 홍수로 멸실되었다고 하더라도 매수 또는 보상하기로 한 자는 이행불능을 이유로 위 보상약정을 해제할 수 없다(대판 1977. 12. 27, 76다1472[입목보상금]).

---

3. 손실보상청구권 [2009 감평 사례]

토지보상법상 명문의 규정은 없지만 재결의 효과로서 피수용자인 토지소유자 및 관계인은 손실보상청구권(損失補償請求權)을 취득한다.

사업시행자는 천재·지변시의 토지의 사용 또는 시급을 요하는 토지의 사용의 경우를 제외하고는 수용 또는 사용의 시작일(토지수용위원회가 재결로써 결정한 수용 또는 사용을 개시하는 날을 말한다. 이하 같다)까지 관할 토지수용위원회가 재결한 보상금을 지급하여야 한다(제40조 제 1 항).

그러나, 사업시행자는 다음에 해당할 때에는 수용 또는 사용의 개시일까지 수용 또는 사용하려는 토지 등의 소재지의 공탁소에 보상금을 공탁할 수 있다. ① 보상금을 받을 자가 그 수령을 거부하거나 보상금을 수령할 수 없을 때, ② 사업시행자의 과실 없이 보상금을 받을 자를 알 수 없을 때, ③ 관할 토지수용위원회가 재결한 보상금에 대하여 사업시행자가 불복할 때, ④ 압류 또는 가압류에 의하여 보상금의 지급이 금지되었을 때(제40조 제 2 항). 다만, 사업시행자는 위 ③의 경우 보상금을 받을 자에게 자기가 산정한 보상금을 지급하고 그 금액과 토지수용위원회가 재결한 보상금과의 차액을 공탁하여야 한다. 이 경우 보상금을 받을 자는 그 불복의 절차가 종결될 때까지 공탁된 보상금을 수령할 수 없다(제40조 제 4 항). 사업인정고시가 된 후 권리의 변동이 있을 때에는 그 권리를 승계한 자가 보상금 또는 공탁금을 받는다(제40조 제 3 항).

(1) 손실보상청구권의 법적 성질(공권성)

손실보상청구권이 공권인지 사권인지 이론상 다툼이 있다.

1) 사 권 설

손실보상청구권은 원인이 되는 공용침해행위와는 별개의 권리이며 기본적으로 금전지급청구권이므로 사법상의 금전지급청구권과 다르지 않다.

2) 공 권 설

손실보상청구권은 공권력 행사인 공용침해로 인하여 발생한 권리이며 공익성이 고려
되어야 하므로 공권으로 보아야 한다.

3) 판　　　례

판례는 토지보상법상 손실보상청구권을 공권으로 보고 그에 관한 소송은 행정소송으
로 해야 하는 것으로 보았다. 대법원 전원합의체 판결(2006. 5. 18, 2004다6207[보상청구권확
인])은 하천법상의 하천구역으로 편입된 토지에 대한 손실보상청구가 민사소송이 아니라
당사자소송의 대상이 된다고 하였다.

또한, 토지취득보상법상 세입자의 주거이전비(대판 2008. 5. 29, 2007다8129)와 농업손실
보상청구권(대판 2011. 10. 13, 2009다43461) 및 사업폐지 등에 대한 보상청구권(대판 2012. 10.
11, 2010다23210)은 공법상 권리로서 공법상의 법률관계를 다투는 행정소송에 의하여야 한
다고 판시하였다.

판례1　[1] 하천법 등에서 하천구역으로 편입된 토지에 대하여 손실보상청구권을 규정한 것은 헌법
제23조 제 3 항이 선언하고 있는 손실보상청구권을 구체화한 것으로서, 하천법 그 자체에 의하여 직접
사유지를 국유로 하는 이른바 입법적 수용이라는 국가의 공권력 행사로 인한 토지소유자의 손실을 보
상하기 위한 것으로 그 법적 성질은 공법상의 권리이므로, 구 하천법(1984. 12. 31. 법률 제3782호로 개
정된 것, 이하 '개정 하천법'이라 한다) 부칙 제 2 조 또는 '법률 제3782호 하천법 중 개정법률 부칙 제
2 조의 규정에 의한 보상청구의 소멸시효가 만료된 하천구역 편입토지 보상에 관한 특별조치법'(이
하 '특별조치법'이라 한다) 제 2 조에 의한 손실보상의 경우에도 이를 둘러싼 쟁송은 공법상의 법률관계
를 대상으로 하는 행정소송 절차에 의하여야 할 것이다. [2] 한편, 특별조치법 제 2 조 소정의 손실보
상청구권은 1984. 12. 31. 전에 토지가 하천구역으로 된 경우에는 당연히 발생되는 것이지, 관리청의 보
상금지급결정에 의하여 비로소 발생하는 것은 아니므로, 행정소송법 제 3 조 제 2 호 후단 소정의 공법
상의 법률관계에 관한 소송으로서 그 법률관계의 한쪽 당사자를 피고로 하는 당사자소송에 의하여야
할 것이다(대판 전원합의체 2006. 5. 18, 2004다6207[보상청구권확인]). 〈해설〉이 판례는 하천법상의 손
실보상청구에 한정된 판례가 아니라 일반적으로 손실보상청구권을 사권으로 보고 손실보상청구소송을
민사소송으로 본 종전의 판례를 변경하여 손실보상청구권을 공권으로 보고, 따라서 손실보상청구소송
은 항상 공법상 당사자소송으로 제기하여야 한다고 한 판례이다.

판례2　[1] 구 공익사업을 위한 토지 등의 취득 및 보상에 관한 법률 시행규칙(이하 '공익사업법 시
행규칙'이라고 한다) 제57조에 의한 사업폐지 등에 대한 보상청구권은 공익사업의 시행 등 적법한 공
권력의 행사에 의한 재산상의 특별한 희생에 대하여 전체적인 공평부담의 견지에서 공익사업의 주체
가 그 손해를 보상하여 주는 손실보상의 일종으로 공법상의 권리임이 분명하므로 그에 관한 쟁송은 민
사소송이 아닌 행정소송절차에 의하여야 할 것이다. [2] 또한, 위 규정들과 구 공익사업법 제26조, 제
28조, 제30조, 제34조, 제50조, 제61조, 제83조 내지 제85조의 규정 내용, 체계 및 입법 취지 등을 종합
하여 보면, 공익사업으로 인한 사업폐지 등으로 손실을 입게 된 자는 공익사업법 제34조, 제50조 등에
규정된 재결절차를 거친 다음 그 재결에 대하여 불복이 있는 때에 비로소 구 공익사업법 제83조 내지
제85조에 따라 권리구제를 받을 수 있다고 보아야 한다(대판 2012. 10. 11, 2010다23210).

4) 결   어

손실보상청구권은 공권력 행사로 인하여 발생한 권리이고 공익관련성이 있으므로 공권으로 보는 것이 타당하다.

(2) 손실보상청구권 유무의 판단시점

보상청구권 유무는 해당 공익사업 시행 당시를 기준으로 판단하여야 한다.

> **판례 1**   손실보상은 공공사업의 시행과 같이 적법한 공권력의 행사로 가하여진 재산상의 특별한 희생에 대하여 전체적인 공평부담의 견지에서 인정되는 것이므로, 공공사업의 시행으로 손해를 입었다고 주장하는 자가 보상을 받을 권리를 가졌는지의 여부는 해당 공공사업의 시행 당시를 기준으로 판단하여야 하고, 그와 같은 공공사업의 시행에 관한 실시계획 승인과 그에 따른 고시가 된 이상 그 이후에 영업을 위하여 이루어진 각종 허가나 신고는 위와 같은 공공사업의 시행에 따른 제한이 이미 확정되어 있는 상태에서 이루어진 것이므로 그 이후의 공공사업 시행으로 그 허가나 신고권자가 특별한 손실을 입게 되었다고는 볼 수 없다(대판 2006. 11. 23, 2004다65978[손해배상(기)]). 〈해설〉 공익사업의 시행에 관한 실시계획의 승인이 있으면 사업인정이 의제된다.

> **판례 2**   일정한 공유수면에 관하여 매립면허가 있고 이것이 고시되었다면 그 이후의 어업허가는 공유수면매립사업의 시행과 그로 인한 허가어업의 제한이 이미 객관적으로 확정되어 있는 상태로서의 허가로서 그 이후의 공유수면매립사업 시행으로 인하여 허가어업자가 특별한 손실을 입게 되었다고 볼 수 없다(대판 1999. 11. 23, 98다11529[손해배상(기)]).

(3) 손실보상금 채권(청구권)의 존부 및 범위의 확정

손실보상금 채권(청구권)은 토지보상법에서 정한 절차로서 관할 토지수용위원회의 재결 또는 행정소송 절차를 거쳐야 비로소 구체적인 권리의 존부 및 범위가 확정된다(대판 전원합의체 2022. 11. 24, 2018두67).

> **판례**   토지보상법 등 관계 법령에 따라 토지수용위원회의 재결을 거쳐 이루어지는 손실보상금 채권은 관계 법령상 손실보상의 요건에 해당한다는 것만으로 바로 존부 및 범위가 확정된다고 볼 수 없고, 손실보상금 채권은 토지보상법에서 정한 절차로서 관할 토지수용위원회의 재결 또는 행정소송 절차를 거쳐야 비로소 구체적인 권리의 존부 및 범위가 확정된다. 따라서, 토지소유자 등이 사업시행자로부터 손실보상을 받기 위해서는 사업시행자와 협의가 이루어지지 않으면 토지보상법 제34조, 제50조 등에 규정된 재결절차를 거친 뒤에 그 재결에 대하여 불복이 있는 때에 비로소 토지보상법 제83조 내지 제85조에 따라 이의신청 또는 행정소송을 제기할 수 있을 뿐이고, 이러한 절차를 거치지 않은 채 곧바로 사업시행자를 상대로 손실보상을 청구하는 것은 허용되지 않는다(대판 전원합의체 2022. 11. 24, 2018두67).

(4) 손실보상청구권의 소멸시효

손실보상청구권에는 그 소멸시효에 관하여 달리 정함이 없는 한 민법에서 정하는 소멸시효규정이 유추적용될 수 있다(대판 2010. 12. 9, 2007두6571[손실보상재결신청기각결정취소 등]). 손실보상청구권은 금전의 지급을 구하는 채권적 권리이므로 그 소멸시효기간은 민법

제162조 제 1 항에 따라 10년이다.

그런데, 국가 또는 지방자치단체에 대한 손실보상청구권은 다른 법률에 특별한 규정이 없는 한 5년 동안 행사하지 아니하면 시효로 인하여 소멸한다(국가재정법 제96조 제 2 항, 지방재정법 제 8 조 제 2 항).

> **판례** 구 공유수면매립법상 간척사업의 시행으로 인하여 관행어업권이 상실되었음을 이유로 한 손실보상청구권에 민법에서 정하는 소멸시효규정이 유추적용될 수 있는지 여부(적극)와 소멸시효기간(=10년) 및 소멸시효의 기산일(=실질적이고 현실적인 손실이 발생한 때): 소멸시효는 권리자가 그 권리를 행사할 수 있음에도 일정한 기간 동안 행사하지 않는 권리불행사의 상태가 계속된 경우에 그 권리를 소멸시키는 제도로서, 상당한 기간 동안 권리불행사가 지속되어 있는 이상 그 권리가 사법상의 손실보상청구인지 아니면 공법상 손실보상청구인지에 따라 달리 볼 것은 아니다. 따라서 공유수면매립법상 간척사업의 시행으로 인하여 관행어업권이 상실되었음을 이유로 한 손실보상청구권에도 그 소멸시효에 관하여 달리 정함이 없으면 민법에서 정하는 소멸시효규정이 유추적용될 수 있고, 이 경우 관행어업권자가 그 매립면허를 받은 자 또는 사업시행자에 대하여 가지는 손실보상청구권은 금전의 지급을 구하는 채권적 권리이므로 그 소멸시효기간은 민법 제162조 제 1 항에 따라 10년이다. 또한 그 소멸시효의 기산일은 손실보상청구권이 객관적으로 발생하여 그 권리를 행사할 수 있는 때, 곧 특별한 사정이 없는 한 이 사건 간척사업으로 인하여 관행어업권자가 자연산 패류 및 해초류 어장으로서의 어장을 상실하는 등 실질적이고 현실적인 손실이 발생한 때부터라고 보는 것이 타당하다(대판 2010. 12. 9, 2007두6571[손실보상재결신청기각결정취소등]).

보상청구권의 소멸시효 만료로 인하여 보상을 받지 못한 하천편입토지 소유자에 대한 보상에 대해서는 특별조치가 규정되어 있다(「하천편입토지 보상 등에 관한 특별조치법」(약칭: 하천편입토지보상법)).

> **판례** 법률 제2292호 하천법 개정법률 제 2 조 제 1 항 제 2 호 (나)목 및 (다)목, 제 3 조에 의하면, 제방부지 및 제외지는 법률 규정에 의하여 당연히 하천구역이 되어 국유로 되는데도, 하천편입토지 보상 등에 관한 특별조치법(이하 '특별조치법'이라 한다)은 법률 제2292호 하천법 개정법률 시행일(1971. 7. 20.)부터 법률 제3782호 하천법 중 개정법률의 시행일(1984. 12. 31.) 전에 국유로 된 제방부지 및 제외지에 대하여는 명시적인 보상규정을 두고 있지 않다. 그러나 제방부지 및 제외지가 유수지와 더불어 하천구역이 되어 국유로 되는 이상 그로 인하여 소유자가 입은 손실은 보상되어야 하고 보상방법을 유수지에 관한 것과 달리할 아무런 합리적인 이유가 없으므로, 법률 제2292호 하천법 개정법률 시행일부터 법률 제3782호 하천법 중 개정법률 시행일 전에 국유로 된 제방부지 및 제외지에 대하여도 특별조치법 제 2 조를 유추적용하여 소유자에게 손실을 보상하여야 한다고 보는 것이 타당하다(대판 2011. 8. 25, 2011두2743).

(5) 수용재결의 전치 [2021, 2015 감평]

손실보상청구권은 사업인정으로 발생하지만, 손실보상을 청구하기 위하여는 수용재결이 있어야 한다. 재결절차를 거치지 않은 채 곧바로 사업시행자를 상대로 손실보상을 청구하는 것은 허용되지 않는다. 판례에 의하면 토지소유자가 사업시행자로부터 손실보상을 받기 위하여는 공익사업법 제34조, 제50조 등에 규정된 재결절차를 거친 다음 그 재결에 대하여 불복할 때 비로소 공익사업법 제83조 내지 제85조에 따라 권리구제를 받을 수 있을 뿐이며, 특별한 사정이 없는 한 이러한 재결절차를 거치지 않은 채 곧바로 사업시행자를 상대로 손실보상을 청구하는 것은 허용되지 않는다(대판 2011. 9. 29, 2009두10963[영업권보상]; 대판 2011. 10. 13, 2009다43461[농업손실보상금]). 이를 재결전치주의라 한다.

> **판례 1** 공익사업으로 인하여 영업을 폐지하거나 휴업하는 자가 사업시행자에게서 구 공익사업법 제77조 제 1 항에 따라 영업손실에 대한 보상을 받기 위해서는 구 공익사업법 제34조, 제50조 등에 규정된 재결절차를 거친 다음 재결에 대하여 불복이 있는 때에 비로소 구 공익사업법 제83조 내지 제85조에 따라 권리구제를 받을 수 있을 뿐, 이러한 재결절차를 거치지 않은 채 곧바로 사업시행자를 상대로 손실보상을 청구하는 것은 허용되지 않는다(대판 2011. 9. 29, 2009두10963[영업권보상]; 2011. 10. 13, 2009다43461[농업손실보상금]).

> **판례 2** 잔여지 가격감소 등으로 인한 손실보상청구에 재결전치주의가 적용되는지 여부(적극): 토지소유자가 사업시행자로부터 공익사업법 제73조에 따른 잔여지 가격감소 등으로 인한 손실보상을 받기 위해서는 공익사업법 제34조, 제50조 등에 규정된 재결절차를 거친 다음 그 재결에 대하여 불복이 있는 때에 비로소 공익사업법 제83조 내지 제85조에 따라 권리구제를 받을 수 있을 뿐, 이러한 재결절차를 거치지 않은 채 곧바로 사업시행자를 상대로 손실보상을 청구하는 것은 허용되지 않는다고 봄이 상당하고, 이는 수용대상토지에 대하여 재결절차를 거친 경우에도 마찬가지라 할 것이다(대판 2012. 11. 29, 2011두22587[토지수용보상금증액등]; 대판 2014. 9. 25, 2012두24092[손실보상금]). 〈해설〉 잔여지 가격감소 등으로 인한 손실보상액에 대하여 다툼이 있는 경우 수용재결절차를 거친 다음 이의신청 또는 보상금증감청구소송을 제기하여야 한다.

(6) 보상금의 공탁

1) 공탁의 의의 및 취지

보상금의 공탁이란, 재결에서 정한 보상금을 일정한 요건에 해당하는 경우 관할 공탁소에 보상금을 공탁함으로써 보상금 지급에 갈음하는 것을 말한다. 이러한 보상금 공탁제도의 취지는 손실보상금의 미지급으로 인한 재결의 실효(제42조)를 방지하여 사전보상원칙을 관철하고, 피수용자의 권리보호와 원활한 사업의 진행을 도모함에 제도적 취지가 있다.

> **판례** [1] 당해 사건에 적용되는 법률조항이 아니어서 재판의 전제성이 부인된 사례: 차액공탁에 관한 공익사업법 제40조 제 4 항은 피수용자가 아닌 사업시행자가 수용재결에 불복한 경우에 적용되는 것으로서 당해 사건에 적용될 법률조항이 아니어서 재판의 전제성이 인정되지 아니한다. [2] 토지수용위원회가 일방적으로 정한 수용개시일에 권리를 취득할 수 있도록 한 '공익사업을 위한 토지 등의 취득 및 보상에 관한 법률'(2002. 2. 4. 법률 제6656호로 제정된 것, 이하 '공익사업법'이라 한다) 제40조 제 1 항, 제 2 항 및 제45조 제 1 항이 헌법 제23조 제 3 항의 정당보상의 원칙에 반하는지 여부(소극): 토지수용위원회가 정한 재결액에 피수용재산의 객관적 가치가 상당 부분 반영될 수 있도록 여러 입법적 장치가 마련되어 있고, 토지수용위원회의 구성이나 업무처리에 있어서 공정성과 전문성이 보장되고 있으며, 재결액에 대한 불복이 있는 경우 사후에 소송으로 다툴 수 있을 뿐만 아니라 수용개시일에 수용의 효과가 발생하도록 하였다 하여 반드시 피수용자의 이익에 반하는 것이라 단정할 수 없으므로 위 법률조항은 헌법 제23조 제 3 항의 정당보상의 원칙에 반한다고 볼 수 없다. [3] 보상금의 공탁만으로 소유권을 취득할 수 있도록 한 공익사업법 제40조 제 2 항 제 1 호 및 제45조 제 1 항이 헌

법 제23조 제 3 항의 정당보상의 원칙에 반하는지 여부(소극): 공탁을 조건으로 소유권을 취득할 수 있도록 한 것은 공익사업의 신속하고 원활한 시행을 위한 것으로 토지수용제도의 본질에 비추어 불가피하며, 보상금 공탁은 수용의 효력발생 조건인 보상금의 지급에 갈음하기 위한 제도일 뿐 정당한보상액 여부와는 직접적인 관련이 없으므로 위 법률조항은 헌법 제23조 제 3 항의 정당보상의 원칙에 반한다고 볼 수 없다(헌재 2011. 10. 25, 2009헌바281[공익사업을 위한 토지 등의 취득 및 보상에 관한 법률 제40조 등 위헌소원]).

2) 보상금공탁의 성질

가. 변제공탁으로 보는 견해   토지보상법상 공탁제도는 채무자인 사업시행자가 채무의 목적물을 공탁소에 공탁함으로써 토지소유자 등에 대하여 채무를 면하게 하는 변제자를 위한 변제공탁으로 본다. 따라서 사업시행자는 자신의 채무를 면하기 위하여 하는 민법 제487조의 변제공탁과 그 목적 및 요건이 동일하다고 본다.

나. 비변제공탁으로 보는 견해   민법상의 변제공탁은 변제의 목적물 전부의 공탁이어야 하고 특별한 사정이 없는 한 일부만의 공탁은 그 효력이 없음에 반하여, 토지보상법상의 공탁은 사업시행자가 지급하여야 할 보상금 전부가 아니라 토지수용위원회가 재결시 정한 보상금만 공탁하면 되고, 그 후 쟁송절차를 거쳐 보상금이 증액되어 그 공탁금이 보상금의 일부가 된다 해도 그 공탁의 효력이 사라지지 않는다는 점에서 민법상 변제공탁과는 다르다고 한다.

다. 판 례   판례는 통상 변제공탁의 성질을 갖는 것으로 보나, 중복압류에 의한 경우는 집행공탁으로 본 바 있다.

판례1   기업자가 토지수용법 제61조 제 2 항 제 1 호에 따라서 토지수용위원회가 재결한 토지수용보상금을 공탁하는 경우, 그 공탁금은 기업자가 토지의 수용에 따라 토지소유자에 대하여 부담하게 되는 보상금의 지급의무를 이행하기 위한 것으로서 민법 제487조에 의한 변제공탁과 다를 바 없다(대판 1990. 1. 25, 89누4109[토지수용재결처분취소]).

판례2   가압류에 불구하고 제 3 채무자가 채무자에게 변제를 한 때에는 나중에 채권자에게 이중으로 변제하여야 할 위험을 부담하게 되므로 제 3 채무자로서는 민법 제487조의 규정에 의하여 공탁을 함으로써 이중변제의 위험에서 벗어나고 이행지체의 책임도 면할 수 있다고 보아야 할 것이다. 왜냐하면 민법상의 변제공탁은 채무를 변제할 의사와 능력이 있는 채무자로 하여금 채권자의 사정으로 채무관계에서 벗어나지 못하는 경우를 대비할 수 있도록 마련된 제도이다(대판 1994. 12. 13, 93다951[부당이득금]).

판례3   토지수용법상의 보상금청구권에 대하여 압류의 경합이 있는 때에는 기업자는 보상금을 공탁함으로써 면책될 수 있는바, 그 경우에 기업자가 하는 공탁의 성격은 변제공탁이 아니라 집행공탁이고, 집행공탁에 있어서는 배당절차에서 배당이 완결되어야 피공탁자가 비로소 확정되고, 공탁 당시에는 피공탁자의 개념이 관념적으로만 존재할 뿐이므로, 공탁 당시에 기업자가 특정 채권자를 피공탁자에 포함시켜 공탁하였다 하더라도 그 피공탁자의 기재는 법원을 구속하는 효력이 없다(대판 1999. 5. 14, 98다62688[배당이의]).

라. 검   토   공탁제도의 취지가 보상금지급의무를 다하지 않아서 재결이 실효되는 것을 방지하는데에 있다고 볼 것이므로, 사업시행자가 보상금을 공탁하는 것은 채무를 면하기 위하여 하는 변제공탁으로 볼 수 있을 것이다.

3) 보상금 공탁의 내용

가. 공탁의 요건   사업시행자는 수용의 개시일까지 보상금을 지급함이 원칙이나, ① 보상금을 받을 자가 그 수령을 거부하거나 보상금을 수령할 수 없을 때, ② 사업시행자의 과실 없이 보상금을 받을 자를 알 수 없을 때, ③ 관할 토지수용위원회가 재결한 보상금에 대하여 사업시행자가 불복할 때, ④ 압류나 가압류에 의하여 보상금의 지급이 금지된 때(제40조 제 2 항)에는 보상금을 공탁할 수 있다. 다만, 사업시행자는 위 ③의 경우 보상금을 받을 자에게 자기가 산정한 보상금을 지급하고 그 금액과 토지수용위원회가 재결한 보상금과의 차액을 공탁하여야 한다. 이 경우 보상금을 받을 자는 그 불복의 절차가 종결될 때까지 공탁된 보상금을 수령할 수 없다(제40조 제 4 항).

나. 관할공탁소와 공탁물 및 수령권자   관할공탁소는 민법규정에 의하여 채권자의 주소지 관할 공탁소에 공탁함이 원칙이지만 토지보상법에서는 수용하거나 사용하고자 하는 토지 등의 소재지의 공탁소에 공탁할 수 있도록 규정하고 있다(제40조 제 2 항).

공탁물은 현금이 원칙이지만 일정한 요건하에서 채권도 가능하다(제63조).

공탁물의 수령권자는 수용목적물의 소유자, 관계인이 되며 사업인정고시가 있은 후 권리의 변동이 있는 때에는 그 권리를 승계한 자가 보상금 또는 공탁금을 받는다(제40조 제 3 항).

4) 보상금 공탁 및 미공탁의 효과

가. 보상금 공탁의 효과   보상금의 공탁이 있게 되면 보상금지급의무의 이행 효과가 발생하며, 사업시행자는 수용의 개시일에 목적물의 권리를 원시취득하게 된다. 수용의 개시일 이전에 공탁이 있었다 하더라도 수용의 효과는 수용의 개시일에 발생하며, 쟁송절차에 의한 보상금 증액이 있어도 공탁한 보상금에 대해서는 지연이자가 발생하지 않는다.

나. 보상금 미공탁의 효과

(가) 원재결에서 정한 보상금의 미공탁   사업시행자가 원재결에서 정한 보상금을 수용 또는 사용의 개시일까지 공탁하지 아니한 경우에는 당해 재결은 그 효력을 상실한다(제42조). 또한 재결이 실효되면 그에 따른 재결신청의 효력도 상실된다. 다만, 사업인정은 그 고시일로부터 1년이 경과되지 않았다면 실효되지 않는다고 본다.

판례   기업자가 일단 수용재결에 따른 보상금을 공탁하였다고 하더라도 그 공탁이 무효라면 토지수용법 제65조 소정의 '기업자가 수용의 시기까지 보상금을 지불 또는 공탁하지 아니하였을 때'에 해당하므로 그 수용재결은 효력을 상실하고, 따라서 기업자는 해당 토지의 소유권을 취득할 수 없다(대판 1996. 9. 20, 95다17373[부당이득금]).

(나) 이의재결에서 정한 보상금의 미공탁   판례는 이의재결에서 증액된 보상금을 공탁하지 아니한 경우에는 이의재결이 실효되는 것은 아니라고 한다.

> **판례**   토지수용법상의 이의재결절차는 수용재결에 대한 불복절차이면서 수용재결과는 확정의 효력 등을 달리하는 별개의 절차이므로 기업자가 이의재결에서 증액된 보상금을 일정한 기한 내에 지급 또는 공탁하지 아니하였다 하더라도 그 때문에 이의재결 자체가 당연히 실효된다고는 할 수 없다(대판 1992. 3. 10, 91누8081[토지수용재결처분취소]).

5) 하자 있는 공탁의 효과

공탁이 있었다 하더라도 그 효력을 발하기 위해서는 적법요건을 모두 갖추어야 한다. 만약 이를 갖추지 못하였다면 보상금의 지급에 갈음하는 효력이 발생하지 않는다.

가. 일부공탁의 효과   일부공탁이 유효한 것이라고 인정될 만한 특별한 사유가 있는 경우를 제외하고는 그 공탁은 무효이므로 공탁의 효과를 발생시키지 못하는 것으로 본다.

나. 조건부공탁의 효과   채권에 부착하고 있지 아니한 조건을 붙여서 한 공탁은 그 조건뿐만 아니라 공탁 자체까지도 전체가 무효가 된다. 다만, 사업시행자가 보상금을 공탁하면서 채권자에게 이행의 의무가 없는 반대조건을 붙여 무효가 된 공탁을 수용의 개시일 이전에 반대급부 없는 공탁으로 시정하면 그러한 공탁은 유효하다고 본다.

다. 공탁의 하자의 치유   공탁의 하자로 인해서 공탁이 무효가 되면 재결은 실효된다. 다만, 피수용자가 이의유보 없이 하자 있는 공탁금을 수령하면 그 공탁은 무효원인의 하자가 치유되어 공탁일에 소급하여 유효하게 된다.

6) 공탁과 이의유보

가. 이의유보를 한 경우   피수용자가 토지수용위원회가 재결한 보상금에 대하여 불복한다는 의사를 유보하고 공탁된 보상금을 수령한 경우에는, 재결의 결과에 승복하지 않은 것이 된다. 따라서 쟁송의 제기가 가능하다. 이의유보의 방법은 공탁금 수령 전에 사업시행자 또는 공탁공무원에게 명시적 또는 묵시적으로 하면 된다.

> **판례**   공탁된 토지수용보상금의 수령에 관한 이의유보의 의사표시는 그 공탁원인에 승복하여 공탁금을 수령하는 것임이 아님을 분명히 함으로써 공탁한 취지대로 채권소멸의 효과가 발생함을 방지하고자 하는 것이므로, 그 의사표시의 상대방은 반드시 공탁공무원에 국한할 필요가 없고 보상금 지급의 무자인 기업자에 대하여 이의유보의 의사표시를 하는 것도 가하다고 할 것이다(대판 전원합의체 1982. 11. 9, 82누197[토지수용재결처분취소등]).

나. 이의유보를 하지 않은 경우   이의유보 없이 공탁금을 수령한 경우라며, 피수용자가 재결에 대한 내용에 승복한 것으로 보아서 공탁에 하자가 있더라도 그 하자가 치유되어 공탁일에 소급하여 보상금지급의 효과가 발생하게 된다.

판례   토지소유자가 아무런 이의도 보류하지 아니한 채 공탁금을 수령하였다면, 공탁의 효력을 인정하고 토지수용위원회의 재결에 승복하여 공탁의 취지에 따라 보상금을 수령한 것으로 보는 것이 상당하고, 따라서 공탁사유에 따른 법률효과가 발생되어 기업자의 보상금 지급의무는 확정적으로 소멸하는 것이다(대판 1990. 1. 25, 89누4109[토지수용재결처분취소]).

이의유보의 방법과 관련하여 이의신청이나 행정쟁송이 진행중이라는 사실이 묵시적으로 인정될 수 있는지가 문제될 수 있다. 판례는 묵시적 이의유보가 있었는지를 개별적으로 판단하고 있다.

① 묵시적 이의유보가 없다고 본 판례

판례1   이의보류의 의사표시는 반드시 명시적으로 하여야 하는 것은 아니지만 토지소유자가 공탁물을 수령할 당시 원재결에서 정한 보상금을 증액하기로 한 이의신청의 재결에 대하여 토지소유자가 제기한 행정소송이 계속 중이었다는 사실만으로는, 묵시적인 이의보류의 의사표시가 있다고 볼 수 없다(대판 1990. 1. 25, 89누4109[토지수용재결처분취소]).

판례2   기업자가 토지수용위원회가 재결한 토지수용보상금을 공탁한 경우에 토지소유자가 그 공탁에 대하여 아무런 이의를 유보하지 아니한 채 이를 수령한 때에는 종전의 수령거절의사를 철회하고 재결에 승복하여 공탁의 취지에 따라 보상금 전액을 수령한 것으로 볼 것이고 공탁금 수령당시 단순히 그 공탁의 취지에 반하는 소송이나 이의신청을 하고 있다는 사실만으로는 그 공탁물 수령에 관한 이의를 유보한 것과 같이 볼 수 없다(대판 1990. 10. 23, 90누6125[토지수용재결처분취소]).

판례3   ① 휴업보상을 인정한 수용재결에 대하여 폐업보상을 요청하며 이의신청을 하였으나 이의재결에서 인용되지 않고 휴업보상금만 증액되었는데 그 휴업보상금을 이의유보 없이 수령한 경우, 이의재결의 결과에 승복한 것인지 여부(적극): 토지소유자가 수용재결에서 정한 손실보상금을 수령할 당시 이의유보의 뜻을 표시하였다 하더라도, 이의재결에서 증액된 손실보상금을 수령하면서 이의유보의 뜻을 표시하지 않은 이상 특별한 사정이 없는 한 이는 이의재결의 결과에 승복하여 수령한 것으로 보아야 하고, 위 증액된 손실보상금을 수령할 당시 이의재결을 다투는 행정소송이 계속중이라는 사실만으로는 추가보상금의 수령에 관하여 이의유보의 의사표시가 있는 것과 같이 볼 수는 없다 할 것인바, 이러한 법리는 휴업보상을 인정한 수용재결에 대하여 폐업보상을 하여 줄 것을 요청하면서 이의를 신청하였으나 이의재결에서 이를 받아들이지 않으면서 증액하여 인정한 휴업보상금을 이의유보의 뜻을 표시하지 않고 수령한 경우에도 마찬가지로 적용된다(대판 2001. 11. 13, 2000두1003).
② (1) 이의신청 및 소송의 계속중에 이의를 보류하지 아니하고 한 토지수용보상금 공탁금의 수령의 효과: 기업자가 토지수용법 제61조 제 2 항 제 1 호에 의하여 토지수용위원회가 재결한 토지수용보상금을 공탁한 경우에 그 공탁은 기업자가 토지소유자에 대하여 부담하는 토지수용에 따른 보상금 지급의무의 이행을 위한 것으로서 민법상 변제공탁과 다를 바 없으므로 토지소유자가 아무런 이의를 유보함이 없이 공탁금을 수령하였다면 토지소유자는 토지수용위원회의 재결에 승복하여 그 공탁의 취지에 따라 보상금을 수령한 것이라고 봄이 상당하므로 이로써 기업자의 보상금 지급의무가 확정적으로 소멸하는 것이고, 토지소유자가 위 재결에 대하여 이의신청을 제기하거나 소송을 제기하고 있는 중이라고 할지라도 그 쟁송중에 보상금 일부의 수령이라는 등 유보의 의사표시를 함이 없이 공탁금을 수령한 이상, 이는 종전의 수령거절 의사를 철회하고 재결에 승복하여 공탁한 취지대로 보상금 전액을 수령한 것이라고 볼 수 밖에 없음은 마찬가지이며, 공탁금수령 당시 이의신청이나 소송이 계속중이라는 사실만으로 공탁금수령에 관한 이의유보의 의사표시가 있는 것과 같이 볼 수는 없다. (2) 공탁된 토지수용보상금의 수령에 관한 이의유보 의사표시의 상대방: 공탁된 토지수용보상금의 수령에 관한 이의유보의 의사표시는 그 공탁원인에 승복하여 공탁금을 수령하는 것임이 아님을 분명히 함으로써 공탁한 취지대

로 채권소멸의 효과가 발생함을 방지하고자 하는 것이므로, 그 의사표시의 상대방은 반드시 공탁공무원에 국한할 필요가 없고 보상금 지급의무자인 기업자에 대하여 이의유보의 의사표시를 하는 것도 가하다고 할 것이나, 이 사건에서 국립원호병원의 토지수용담당 주무과장이 기업자인 원호처장을 위하여 공탁금수령에 관한 의사표시를 수령할 권한 있는 자라고 인정할 만한 자료가 없으니 원고가 공탁금수령 전에 위 주무과장에게 보상금의 일부 수령이라는 뜻을 밝힌 사실만으로는 기업자에 대한 이의유보의 의사표시가 있었던 것이라고 단정하기는 어렵다고 할 것이다(대판 전원합의체 1982. 11. 9, 82누197).

② 묵시적 이의유보가 있다고 본 판례

<blockquote>

판례   토지수용절차에서 보상금 수령시 사업시행자에 대한 이의유보의 의사표시는 반드시 명시적으로 하여야 하는 것은 아니므로(대판 1989. 7. 25, 88다카11053 참조), 위와 같이 원고가 이의재결에 따라 증액된 보상금을 수령할 당시 수용보상금의 액수를 다투어 행정소송을 제기하고 상당한 감정비용(그 이후 결정된 이의재결의 증액된 보상금을 초과하는 금액이다)을 예납하여 시가감정을 신청한 점, 원고가 수령한 이의재결의 증액 보상금은 원고가 이 사건 소장에 시가감정을 전제로 잠정적으로 기재한 최초 청구금액의 1/4에도 미치지 못하는 금액인 점, 수용보상금의 증감만을 다투는 행정소송에서 통상 시가감정 외에는 특별히 추가적인 절차비용의 지출이 요구되지는 않으므로 원고로서는 이의재결의 증액 보상금 수령 당시 이 사건 소송결과를 확인하기 위하여 더 이상의 부담되는 지출을 추가로 감수할 필요는 없는 상황이었던 점, 피고 소송대리인도 위와 같은 증액 보상금의 수령에 따른 법률적 쟁점을 제1심에서 즉시 제기하지 아니하고 그로부터 약 6개월이 경과하여 원심에서 비로소 주장하기 시작한 점 등에 비추어 보면, 이미 상당한 금액의 소송비용을 지출한 원고가 이 사건 소장에 기재한 최초 청구금액에도 훨씬 못 미치는 이의재결의 증액분을 수령한 것이 이로써 이 사건 수용보상금에 관한 다툼을 일체 종결하려는 의사는 아니라는 점은 피고도 충분히 인식하였거나 인식할 수 있었다고 봄이 상당하고, 따라서 원고는 위와 같은 소송 진행 과정과 시가감정의 비용지출 등을 통하여 이의재결의 증액 보상금에 대하여는 이 사건 소송을 통하여 확정될 정당한 수용보상금의 일부로 수령한다는 묵시적인 의사표시의 유보가 있었다고 볼 수 있다(대판 2009. 11. 12, 2006두15462[손실보상금]).

</blockquote>

7) 검   토

공탁제도는 토지보상법 제62조의 사전보상을 구현하고 재결이 실효되는 것을 방지하여 원활한 공익사업의 시행을 통한 공·사익조화를 도모하고 있다. 다만 보상금에 불복이 있거나 공탁에 하자가 있음에도 이의유보 없이 보상금을 수령하여 이를 다툴 수 없는 경우가 발생할 수 있으므로 피수용자의 보호를 위해서 공탁금 수령에 의한 효과를 명시하는 절차가 규정되어야 할 것이다.

4. 수용목적물의 인도·이전의무 [2009 감평 사례]

토지소유자 및 관계인과 그 밖에 토지소유자나 관계인에 포함되지 아니하는 자로서 수용하거나 사용할 토지나 그 토지에 있는 물건에 관한 권리를 가진 자는 수용 또는 사용의 개시일까지 그 토지나 물건을 사업시행자에게 인도하거나 이전하여야 한다(제43조).

피수용자는 수용목적물의 인도·이전의무가 있을 뿐 토지상의 건물 등 물건을 철거하여야 할 의무는 없다. 지장물은 공익사업상 필요하지 않은 물건으로서 공익사업을 위해

제거되어야 하는데, 지장물에 대한 소유자 등이 이전하거나 소유자 등 또는 지장물을 인도받은 사업시행자가 철거하여야 한다(토지보상법 제43조 참조).

판례1 사업시행자가 지장물(공익사업시행지구내의 토지에 정착한 건축물·공작물·시설·입목·죽목 및 농작물 그 밖의 물건 중에서 당해 공익사업의 수행을 위하여 직접 필요하지 아니한 물건)에 관하여 토지보상법 제75조 제 1 항 단서 제 2 호에 따라 지장물의 가격으로 보상한 경우 수용의 절차를 거치지 아니한 이상 사업시행자가 그 보상만으로 당해 물건의 소유권까지 취득한다고 보기는 어렵지만, 특별한 사정이 없는 한 지장물의 소유자는 사업시행자에게 지장물을 인도할 의무가 있다(대판 2022. 11. 17, 2022다242342; 대판 2023. 8. 18, 2021다 249810).

판례2 사업시행자는 그 지장물의 소유자가 같은 법 시행규칙 제33조 제 4 항 단서에 따라 스스로의 비용으로 철거하겠다고 하는 등의 특별한 사정이 없는 한 지장물의 소유자에 대하여 그 철거 및 토지의 인도를 요구할 수 없고 자신의 비용으로 직접 이를 제거할 수 있을 뿐이며, 이러한 경우 지장물의 소유자로서도 사업시행에 방해가 되지 않는 상당한 기한 내에 위 시행규칙 제33조 제 4 항 단서에 따라 스스로 위 지장물 또는 그 구성부분을 이전해 가지 않은 이상 사업시행자의 지장물 제거와 그 과정에서 발생하는 물건의 가치 상실을 수인하여야 할 지위에 있다(대판 2019. 4. 11, 2018다277419).

판례3 수용재결의 효과로서 수용에 의한 사업시행자의 토지소유권취득은 원시취득이므로 토지소유자가 구 토지수용법 제63조의 규정에 의하여 부담하는 토지의 인도의무에는 수용목적물에 숨은 하자가 있는 경우에도 하자담보책임이 포함되지 아니하여 토지소유자는 수용시기까지 수용대상 토지를 현존 상태 그대로 사업시행자에게 인도할 의무가 있을 뿐이다(대판 2001. 1. 16, 98다58511[손해배상(기)]).

판례4 **[토지보상법상 지장물 인도청구 사건]** (1) 도시개발사업의 시행자가 사업시행에 방해가 되는 지장물에 관하여 토지보상법 제75조 제 1 항 단서 제 2 호에 따라 물건의 가격으로 보상한 경우, 사업시행자가 당해 물건을 취득하는 제 3 호와 달리 수용의 절차를 거치지 아니한 이상 사업시행자가 그 보상만으로 당해 물건의 소유권까지 취득한다고 보기는 어렵지만, 지장물의 소유자가 토지보상법 시행규칙 제33조 제 4 항 단서에 따라 스스로의 비용으로 철거하겠다고 하는 등 특별한 사정이 없는 한 사업시행자는 자신의 비용으로 이를 제거할 수 있고, 지장물의 소유자는 사업시행자의 지장물 제거와 그 과정에서 발생하는 물건의 가치 상실을 수인하여야 할 지위에 있다(대판 2012. 4. 13, 2010다94960, 대판 2019. 4. 11, 2018다277419 등 참조). 따라서 사업시행자가 지장물에 관하여 토지보상법 제75조 제 1 항 단서 제 2 호에 따라 지장물의 가격으로 보상한 경우 특별한 사정이 없는 한 지장물의 소유자는 사업시행자에게 지장물을 인도할 의무가 있다. (2) 도시개발사업 시행자인 원고가 지장물에 관하여 토지보상법 제75조 제 1 항 단서 제 2 호에 따라 지장물의 가격으로 보상한 후 지장물 소유자인 피고를 상대로 퇴거청구를 하였다가 2심에서 주위적으로 지장물 인도청구를 추가한 사안에서, 대법원은 위와 같은 법리를 판시하고 이와 달리 원고의 지장물 인도청구를 배척한 원심판결을 파기·환송한 사례(대판 2022. 11. 17, 2022다242342). 〈해설〉 "지장물"이라 함은 공익사업시행지구내의 토지에 정착한 건축물·공작물·시설·입목·죽목 및 농작물 그 밖의 물건(이하 "건축물등"이라 한다) 중에서 당해 공익사업의 수행을 위하여 직접 필요하지 아니한 물건을 말한다(토지보상법 시행규칙 제 2 조 제 3 호). 지장물은 토지보상법 제75조에 따라 원칙상 이전비를 지급하고 이전시키는 것이 원칙이나 1. 건축물등을 이전하기 어렵거나 그 이전으로 인하여 건축물등을 종래의 목적대로 사용할 수 없게 된 경우, 2. 건축물등의 이전비가 그 물건의 가격을 넘는 경우에는 물건의 가격으로 보상하여야 한다. 사업시행에 방해가 되는 지장물에 관하여 토지보상법 제75조 제 1 항 단서 제 1 호 및 제 2 호에 따라 물건의 가격으로 보상한 경우, 사업시행자가 제75조 제 5 항 등에 따라 수용의 절차를 거치지 아니한 이상 사업시행자가 그 보상만으로 당해 물건의 소유권까지 취득한다고 보기 어렵다.

점유이전은 보상금 지급과 동시이행의 관계에 있다.

목적물의 인도·이전과 보상금의 지급 또는 공탁은 동시이행의 관계에 있다고 보아야 한다.

판례1 (1) 재결신청에 포함되어 심리·판단된 영업보상 항목에 관하여 수용재결에서 정한 손실보상금을 수용개시일까지 모두 지급하거나 공탁하였다면 이로써 토지보상법에 따른 영업보상 관련 손실보상은 완료되었다고 보아야 하므로, 사업시행자의 부동산 인도청구에 대하여 세입자 등은 영업손실보상금 일부 미지급을 이유로 이를 거절할 수는 없다 할 것이다(대판 2021. 6. 30, 2019다207813; 2021. 11. 11, 2020다217083).

판례2 토지보상법에 따른 재결을 거쳐 보상금이 지급 또는 공탁됨으로써 손실보상이 완료되었는지 여부는 보상항목별로 판단하여야 한다(대판 2021. 11. 11, 2020다217083).
[주택재개발 사업시행자가 세입자를 상대로 부동산 인도를 구하는 사건] (1) 사업시행자가 현금청산대상자나 세입자에 대해서 종전의 토지나 건축물의 인도를 구하려면 관리처분계획의 인가·고시만으로는 부족하고 구 도시정비법 제49조 제6항 단서에서 정한 토지보상법에 따른 손실보상이 완료되어야 한다(대법원 2021. 6. 30. 선고 2019다207813 판결 등 참조). (2) 재결신청에 포함되어 심리·판단된 영업보상 항목에 관하여 수용재결에서 정한 손실보상금을 수용개시일까지 모두 지급하거나 공탁하였다면 이로써 토지보상법에 따른 영업보상 관련 손실보상은 완료되었다고 보아야 하므로, 사업시행자의 부동산 인도청구에 대하여 세입자 등은 영업손실보상금 일부 미지급을 이유로 이를 거절할 수는 없다 할 것이다(대법원 2021. 6. 30. 선고 2019다207813 판결 참조). (3) 사업시행자가 신청한 영업보상 항목에 대한 수용재결에서 휴업기간 중 영업이익 보상은 배척하고 이전비만을 인정한 경우, 사업시행자가 수용재결에서 정한 이전비를 공탁하면 도시 및 주거환경정비법에 정한 '손실보상 완료'로 볼 수 있다(대판 2021. 11. 11, 2020다217083).

판례3 [주택재개발정비사업 구역 내 토지나 건축물을 점유하고 있는 현금청산대상자나 임차인이 사업시행자에게 수용개시일까지 토지 등을 인도할 의무가 있는지 여부와 그 의무 위반으로 인한 형사책임] (1) 사업시행자가 현금청산대상자나 세입자에 대해서 종전의 토지나 건축물의 인도를 구하려면 관리처분계획의 인가·고시만으로는 부족하고 구 도시정비법 제49조 제6항 단서에서 정한 토지보상법에 따른 손실보상이 완료되어야 한다. (2) 구 「도시 및 주거환경정비법」(이하 '구 도시정비법'이라 한다) 제49조 제6항 단서의 내용, 그 개정경위와 입법취지, 구 도시정비법과 토지보상법의 관련 규정의 체계와 내용을 종합하면, 토지보상법 제78조 등에서 정한 주거이전비, 이주정착금, 이사비(이하 '주거이전비 등'이라 한다) 등도 구 도시정비법 제49조 제6항 단서에서 정하는 '토지보상법에 따른 손실보상'에 해당한다. 따라서 주택재개발사업의 사업시행자가 공사에 착수하기 위하여 현금청산대상자나 임차인 등으로부터 정비구역 내 토지 또는 건축물을 인도받기 위해서는 협의나 재결절차 등에서 결정되는 주거이전비 등을 지급할 것이 요구된다. 만일 사업시행자와 현금청산대상자나 세입자 사이에 주거이전비 등에 관한 협의가 성립된다면 사업시행자의 주거이전비 등 지급의무와 현금청산대상자나 세입자의 부동산 인도의무는 동시이행의 관계에 있게 되고, 재결절차 등에 의할 때에는 주거이전비 등의 지급절차가 부동산 인도에 선행되어야 한다. 사업시행자가 수용재결에서 정한 토지나 지장물 등 보상금을 지급하거나 공탁한 것만으로 토지보상법에 따른 손실보상이 완료되었다고 보기 어렵다(대판 2021. 6. 30, 2019다207813 참조). 〈해설〉 협의나 재결절차 등에 의하여 결정된 주거이전비 등을 지급하여야 구 도시정비법 제49조 제6항 단서의 손실보상이 완료되었다고 할 수 있다. (3) 사업시행자가 수용재결에 따른 보상금을 지급하거나 공탁하고 토지보상법 제43조에 따라 부동산의 인도를 청구하는 경우 현금청산대상자나 임차인 등이 주거이전비 등을 보상받기 전에는 특별한 사정이 없는 한 구 도시정비법 제49조 제6항 단서에 따라 주거이전비 등의 미지급을 이유로 부동산의 인도를 거절할 수 있다. 따라서 이러한 경우 현금청산대상자나 임차인 등이 수용개시일까지 수용대상 부동산을 인도하지 않았다고 해서 토지보상법 제43조, 제95조의2 제 2 호 위반죄로 처벌해서는 안 된다. 〈해설〉 사업시행자의 주거이전비 등 지급의무와 현금청산대상자나 세입자의 부동산 인도의무는 동시이행의 관계에 있다. (4) 주택재개발조합인 원고가 사업구역 내 부동산의 소유자이자 현금청산대상자인 피고에 대해서 관리처분계획 인가고시 후 부동산의 인도를 구하는 사건에서, 주택재개발조합이 현금청산대상자를 상대로 부동산의 인도를 구하려면, 이주정착금, 주거이전비, 이사비에 대한 지급절차가 이행되어야 함을 전제로, 원심이 피고에 대한 이주정착금, 주거이전비, 이사비 등의 지급절차가 이행되었는지 심리·판단하지 않은 채, 원고가 수용재결절차에서정해진 토지와 건축물에 대한 손실보상금을 공탁하였다는 사정만을 근거로 피고의 원고에 대한 부동산인도의무를 인정한 것은 잘못이라고 보아 원심을 파기환송한 사례(대판 2021. 6. 30, 2019다207813; 대판 2021. 7. 29, 2019도13010). 〈해설〉 이 판결은 주택재개발사업시행자가 현금청산대상자나 세입자에게 부동산인도를 구하기 위해서는 토지나 건축물에 대한 손실보상금뿐만 아니라 이주정착금, 주거이전비, 이사비에 대한 지급절차도 이행되어야 한다고 판시한 최초 판결이다. 이 판결을 통해 주거이전비 등의 지급대상에 해당함에도 이를 지급받지 못한 현금청산대상자나 세입자는 사업시행자의 부동산 인도청구에 대해 "주거이전비 등"을 지급받지 못하였다는 사유를 들어 인도를 거절할 수 있게 되었다.

판례4 (1) 관리처분계획의 인가고시가 있은 후 사업시행자가 토지보상법에 따른 손실보상의 완료를 주장하며 현금청산대상자에 대하여 민사소송으로서 종전의 토지나 건축물에 관한 인도청구의 소를 제기하고, 그 소송에서 현금청산대상자가 재결절차에서 주거이전비 등을 보상받지 못하였음을 이유로 인도를 거절한다고 선이행 항변하는 사건을 심리하는 민사법원은, 위 항변의 당부를 판단하기 위한 전제로 현금청산대상자가 토지보상법 제78조, 같은 법 시행령 제40, 41조, 같은 법 시행규칙 제53 내지 55조 등이 정한 요건을 충족하여 주거이전비 등의 지급대상에 해당하는지 여부를 심리·판단하여야 하고, 주거이전비 등의 지급대상인 경우 주거이전비등의 지급절차가 선행되었는지 등을 심리하여야 한다. (2) 주거이전비 보상청구권은 공법상의 권리로서 그 보상을 구하는 소송은 행정소송법상 당사자소송에 의하여야 하고, 소유자의 주거이전비 보상에 관하여 재결이 이루어진 다음 소유자가 다투는 경우에는 토지보상법 제85조에 규정된 행정소송을 제기하여야 한다(대판 2019. 4. 23, 2018두55326 등 참조). 그러므로 위와 같이 사업시행자가 현금청산대상자를 상대로 종전의 토지나 건축물의 인도를 구하는 민사소송에서 법원이 직접 주거이전비 등의 지급을 명하거나 주거이전비 등의 보상에 관한 재결에 대한 다툼을 심리·판단할 수는 없다. (3) 만일 협의나 재결절차 등에 따라 「공익사업을 위한 토지 등의 취득 및 보상에 관한 법률」(이하 '토지보상법'이라 한다) 제78조 등에서 정한 주거이전비, 이주정착금, 이사비(이하 '주거이전비 등'이라 한다)의 지급절차가 이루어지지 않았다면 주거이전비등의 미지급을 이유로 인도를 거절할 수 있고(대판 2021. 6. 30, 2019다207813 참조), 관리처분계획의 인가·고시가 있더라도 분양신청을 하지 않거나 철회하여 현금청산대상자가 된 자는 종전의 토지나 건축물을 사용·수익할 수 있다. 그러므로 주거이전비 등을 지급할 의무가 있는 주택재개발정비사업의 시행자가 종전 토지나 건축물을 사용·수익하고 있는 현금청산대상자를 상대로 부당이득반환을 청구하는 것은 허용되지 않는다(대판 2021. 7. 29, 2019다300477; 대판 2021. 7. 29, 2019다300484). 비록 수용재결에서 정해진 손실보상금이 공탁되었다고 하더라도 주거이전비 등이 미지급된 이상 현금청산대상자는 부동산의 인도를 거절할 수 있고, 그 사용·수익에 대한 반환의무도 부담하지 않는다(대판 2021. 8. 26, 2019다257474). 〈해설〉 이 사건에서 대법원은 위 2019다207813 판결의 법리를 적용하여 주거이전비 등의 지급이 선행되지 않아도 인도의무 있다고 본 원심판결 부분을 파기환송하면서, 환송 후 원심이 구체적으로 어떤 사항을 심리하여 어떻게 판단하여야 하는지, 특히 어떠한 부분이 민사소송에서 심리되어야 하는지, 행정소송에 의해 심리·판단되어야 할 부분과의 차이는 무엇인지 등에 대해 구체적으로 설시하였다.

5. 수용목적물의 인도·이전의 대행 및 대집행 [2005 감평 약술]

피수용자인 토지소유자 및 관계인이 토지나 물건의 인도·이전의무를 이행하지 않는 경우 그 이행을 확보하기 위하여 대행 및 대집행제도를 두고 있다.

(1) 대   행

1) 의의 및 요건

특별자치도지사, 시장·군수 또는 구청장은 다음의 1에 해당하는 때에는 사업시행자의 청구에 의하여 토지나 물건의 인도 또는 이전을 대행하여야 한다: ① 토지나 물건을 인도하거나 이전하여야 할 자가 고의나 과실 없이 그 의무를 이행할 수 없을 때, ② 사업시행자가 과실없이 토지나 물건을 인도 또는 이전하여야 할 의무가 있는 자를 알 수 없을 때(제44조 제 1 항). 제 1 항에 따라 특별자치도지사, 시장·군수 또는 구청장이 토지나 물건의 인도 또는 이전을 대행하는 경우 그로 인한 비용은 그 의무자가 부담한다(제44조 제 2 항).

2) 대행의 성격

대행의 성격에 대하여 대집행의 일종으로 보는 견해가 있으나, 대집행과는 그 요건이 다르며 대집행 절차가 적용되지 않기 때문에 토지보상법상 특별한 의무이행 확보수단으로서의 성격을 갖는다고 본다.

3) 비용의 부담

특별자치도지사, 시장·군수 또는 구청장이 토지나 물건의 인도 또는 이전을 대행하는 경우 그로 인한 비용은 그 의무자의 부담으로 하며(제44조 제 2 항), 의무자가 비용을 납부하지 아니할 때에는 이를 강제징수할 수 있다(제90조).

(2) 대 집 행 [2010 사시 사례]

1) 의의 및 근거

대집행은 대체적 작위의무를 그 의무자가 이행하지 않는 경우에, 당해 행정청이 그 의무를 스스로 행하거나 제 3 자로 하여금 이를 행하게 하고, 그 비용을 의무자로부터 징수하는 행위를 말한다. 토지보상법 제89조에 근거규정을 두고 있다.

2) 대집행의 요건

가. 대집행의 주체(대집행권자)   피수용자에게 목적물의 인도·이전의무를 발생시키는 원인은 관할 토지수용위원회의 수용재결이나, 그 의무이행의 확보는 관할 토지수용위원회가 하는 것이 아니고 사업시행자의 신청에 의하여 관할 시·군·구청장이 하게 된다.

토지보상법은 토지수용에 따른 대집행의 권한을 원칙상 시·도지사나 시장·군수 또는 구청장에게 부여하고(제89조 제 1 항), 사업시행자가 국가 또는 지방자치단체인 경우에는 직접 대집행을 할 수 있는 것으로 규정하고 있다(제89조 제 2 항). 대집행은 원칙상 국가사무이며 토지보상법 제89조 제 1 항에 의해 대집행권한이 시·도지사나 시장·군수 또는 구청장에게 기관위임된 것으로 보아야 한다. 토지보상법 제89조 제 2 항은 사업시행자가 국가인 경우에는 대집행권한을 사업시행인 국가에게 부여하고, 사업시행자가 지방자치단체인 경우에는 본래 국가의 권한인 대집행권을 사업시행자인 지방자치단체에게 위탁하고 있는 것으로 보아야 한다.

토지보상법 제89조 제 1 항 2문에서는 "신청을 받은 시·도지사나 시·군·구청장은 정당한 사유가 없는 한 이에 따라야 한다"고 규정하고 있다. 따라서 대집행 요건이 충족되어 사업시행자가 대집행을 신청한 경우에 신청을 받은 시·도지사나 시·군·구청장은 신청에 응할 의무가 있다.

이는 종래 이러한 의무규정이 없는 결과 선거직인 지방자치단체장이 지역주민의 반발을 염려하여 대집행을 기피하고 사업이 지연되는 문제점을 해결하기 위한 것이다.

나. 대체적 작위의무의 불이행

(가) 대체적 작위의무의 불이행   토지보상법 제89조 제 1 항에서는 토지보상법 또는 동법에 의한 처분으로 인한 의무를 이행하여야 할 자가 그 정하여진 기간 이내에 의무를 이행하지 아니하거나 완료하기 어려운 경우 또는 그로 하여금 그 의무를 이행하게 하는 것이 현저히 공익을 해친다고 인정되는 사유가 있는 경우에는 사업시행자는 시·도지사나 시장·군수 또는 구청장에게 행정대집행법이 정하는 바에 따라 대집행을 신청할 수 있다고 규정하고 있다.

토지보상법 제89조에서 정하고 있는 요건은 대집행을 할 수 있는 요건을 규정한 것으로 볼 것은 아니고, 동법에서 정한 경우라는 것은 의무의 불이행이 있는 상황 또는 의무자에게 의무이행을 강요할 수 없는 상황을 규정한 것이다. 따라서 그러한 상황이 발생한 경우에는 행정대집행법이 정한 요건이 충족되는가를 따져서 대집행을 할 수 있다고 보아야 한다.

행정대집행법 제 2 조는 "의무자가 이행하지 아니하는 경우"라고만 간단하게 규정하고 있다. 따라서 의무자가 이행하는 경우에는 대집행이 불가하게 된다. 그러나, 공공필요가 있음이 사업인정을 통해서 확인된 공익사업을 수행함에 있어서는 의무자가 이행하는 경우에도 당해 사업추진에 지장을 줄 수 있는 경우가 있다. 그러나, 행정대집행법만을 적용할 경우에는 대집행을 할 수 없게 되어 사업추진에 장애가 되고 공익이 침해될 수도 있게 된다.

의무자가 이행하지 아니하는 경우뿐만 아니라, ① 의무자가 의무를 이행하는 경우에도 정해진 기간 이내에 완료가 불가능하다면 공익사업추진에 장애가 되고 그 결과 공익이 침해받을 수 있다. 그러나, 행정대집행법에 의하면 의무자가 의무를 이행하지 아니하는 경우가 아니므로 대집행은 불가능하다. 따라서 토지보상법 제89조는 이러한 경우에도 행정대집행법상 의무의 불이행이 있는 상황으로 간주하여 대집행을 신청할 수 있도록 규정한 것이다. ② 의무자가 의무를 이행할 의사를 가지고 있더라도 그가 의무를 이행하는 것이 오히려 사업추진에 장애가 되고 그 결과 공익이 침해되는 상황이 있을 수 있다. 이 때도

의무자는 의무를 이행할 의사를 가지고 있으므로 의무를 직접 이행할 것이고, 그렇다면 행정대집행법상 대집행은 적용될 수 없다. 따라서 토지보상법 제89조는 이러한 경우에도 행정대집행법상 의무의 불이행이 있는 상황으로 간주하여 대집행을 신청할 수 있도록 규정한 것이다.

　　토지보상법 제89조는 행정대집행법 제2조가 의무자가 의무를 이행하지 아니하는 경우에만 대집행이 될 수 있도록 규정한 것을 완화한 것으로 이해할 수 있다. 토지보상법 제89조는 의무자가 의무를 이행하는 경우 또는 의무자가 의무를 이행할 의사를 가지고 있는 경우에도 공익이 침해될 수 있는 상황이 있음을 고려하여 여기에 대비하기 위한 입법이라 할 수 있을 것이다.

　　(나) 토지 등의 인도·이전의무가 대집행 대상인지　　인도라 함은 물건의 점유를 타인에게 이전하는 것으로서, 토지나 건물로부터 존치물건을 반출하고 사람을 퇴거하여 그것을 타인에게 인도하는 명도의 개념도 포함하고 있다. 이러한 인도(명도)의무는 비대체적 작위의무로서 토지소유자가 거부하는 경우에는 타인이 대신하여 행할 수 있는 의무, 즉 대체적 작위의무에 해당되지 않게 되어 대집행의 대상이 되지 않는다. 그러나, 토지보상법 제89조에서는 수용 목적물인 토지나 물건의 인도 또는 이전에 관한 대집행을 규정하고 있으므로 이 규정을 토지의 인도나 이전에 대하여 대집행을 인정한 특별규정으로 보아야 하는지에 관하여 견해가 대립하고 있다.

　　가) 부정설　　이 견해는 토지 및 건물의 인도 또는 이전의무는 대체적 작위의무가 아니므로 이 규정에도 불구하고 대집행이 불가능하다는 견해이다. 또한, 토지보상법령상 피수용자는 건물의 철거의무는 없다는 것에도 근거한다. 부정설에 따르면 물건의 인도 또는 이전에 관한 대집행(계고처분, 대집행영장의 통지처분 및 대집행 실행처분)은 위법하다.

　　나) 긍정설　　이 견해는 토지 및 건물의 이전의무는 대체적 작위의무로서 대집행의 대상이 되고, 토지 및 건물의 인도의무는 비대체적인 작위의무로서 원칙상 토지나 가옥의 인도의무불이행은 대집행의 대상에 해당하지 않으나 토지보상법 제89조 제1항은 예외적으로 대집행을 인정한 규정이라는 견해(김용섭, 대집행에 관한 법적 고찰, 행정법연구 제4호, 1999, 132면; 서울행정법원, 행정재판실무편람(II), 414면 이하)이다.[5] 이 견해에 대해서는 토지 및 건물의 인도의무에 대한 대집행은 실질은 직접강제의 일종이고, 비대체적 작

---

5) 원칙적으로 토지·건물을 점유하고 있는 사람의 퇴거에 의한 점유이전은 대체적 작위의무로 볼 수 없으므로 결국 대집행을 허용할 수 없다고 할 것이나, 이는 토지의 명도의무의 불이행에 대한 대집행을 명문으로 규정하고 있는 토지보상법 제89조를 전적으로 무의미하게 하는 것으로서 그 타당성은 인정되기 어렵다 할 것이므로, 토지보상법 제89조 규정의 합리적 해석 또는 목적론적 해석을 통하여, 이 규정은 토지소유자가 그 토지의 명도의무를 이행하지 아니하는 경우에 제3자인 시장·구청장 등의 행위에 의하여 본인이 인도한 것과 같은 법적 효과를 발생시키는 것을 인정한 데에 그 실질적 취지가 있는 것이고, 그 실현수단으로서 반드시 실력에 의한 점유의 강제적 배제를 그 내용으로 하는 것은 아니라 할 것이다. 이러한 법적 효과를 발생시키기 위한 구체적·법적 방법에 대하여는 토지보상법이 당해 토지에서 사업시행자에 대한 당해 토지의 인도를 선언하고, 이를 표시하는 문서에 조인하고 이와 병행하여 그러한 내용을 기재한 표시판을 설치하는 것은 그 하나의 방안이라고 본다(김동희, 행정법사례연습).

위의무에 대해서는 성질상 직접강제를 인정해야 하고 대집행을 인정해서는 안 된다는 비판이 가능하다.

또한, 보상금의 지급 등에 의해 사업자가 토지 등의 소유권을 취득한 경우에는 토지 위의 건축물 등을 철거함으로써 인도가 된 것으로 파악할 수 있으므로 대집행이 가능하다고 볼 수 있다는 견해도 있다(이상덕, "행정대집행과 민사소송의 관계에 대한 평석," 재판실무연구, 2009. 1, 472면). 다만, 이에 대하여는 피수용자는 비대체적 작위의무인 건물의 인도·이전의무가 있을 뿐 대체적 작위의무인 건물의 철거의무는 없고, 건축물의 철거를 위해서는 건축물 내에 있는 물건을 치워야 하는 등 건축물 안에 거주하는 자의 점유를 배제하는 것을 포함하므로 대집행이 가능한 것으로 볼 수 없다는 비판이 가능하다.

또한, 피수용자는 수용목적물의 인도·이전의무가 있는데 건물의 인도, 즉 명도는 비대체적 작위의무인 반면에 건물이나 지장물의 이전의무는 실질적으로는 철거의무 또는 퇴거의무로서 대체적인 작위의무이므로 건물이나 지장물의 이전의무의 불이행에 대해서는 대집행이 가능하다는 견해도 있다.

다) 부분 긍정설   이 견해는 인도의 대상인 토지·물건을 신체로써 점유하고 있는가, 존치물건으로 점유하고 있는가를 기준으로 전자의 경우에는 직접강제에 속하고 대집행을 할 수 없지만, 후자의 경우에는 대집행을 할 수 있는 것으로 규정한 것이라는 견해이다(박윤흔, 508~509면). 이 견해에 대하여는 물건을 반출하는 것도 물건에 대한 점유를 배제하는 것이므로 이론상 대집행의 대상이 될 수 없다는 비판이 가능하다.

라) 판   례   판례는 인도의무불이행에 대한 대집행을 부정하고, 민사상 명도단행가처분을 인정하고 있다.

> **판례** 토지보상법 제43조, 제44조 및 제89조 규정에서의 '인도'에는 명도도 포함되는 것으로 보아야 하고, 이러한 명도의무는 그것을 강제적으로 실현하면서 직접적인 실력행사가 필요한 것이지 대체적 작위의무라고 볼 수 없으므로 특별한 사정이 없는 한 행정대집행법에 의한 대집행의 대상이 될 수 있는 것이 아니다(대판 1998. 10. 23, 97누157 참조). 그리고 구 토지수용법 제63조의 규정에 따라 피수용자 등이 기업자에 대하여 부담하는 수용대상토지의 인도 또는 그 지장물의 명도의무 등이 비록 공법상의 법률관계라고 하더라도, 그 권리(구 토지수용법 제63조(현행 토지보상법 제43조)에 의하여 발생한 수용목적물 명도청구권)를 피보전권리로 하는 명도단행가처분은 그 권리에 끼칠 현저한 손해를 피하거나 급박한 위험을 방지하기 위하여 또는 그 밖의 필요한 이유가 있을 경우에는 허용될 수 있다고 보아야 한다(대판 2005. 8. 19, 2004다2809[가처분이익]).

마) 결   어   토지보상법 제89조는 수용 목적물인 토지나 물건의 인도 또는 이전에 대한 대집행을 명문으로 인정하고 있으므로 대집행이 가능한 것으로 보아야 한다. 다만, 이 경우의 대집행은 실질적으로는 직접강제라고 보아야 한다. 토지보상법 제89조의 대집행을 직접강제가 아닌 대집행으로 본다면 토지나 물건의 인도는 비대체적 작위의무이므로 대집행의 대상이 되지 않지만, 토지나 물건의 이전의무는 대체적 작위의무이므로 대집행

의 대상이 된다고 볼 수 있다. 최근 판례는 전술한 바와 같이(대집행 참조) 건물철거의무에 퇴거의무도 포함된다고 보고, 퇴거의무를 대집행의 대상이 되는 것으로 본다(대판 2017. 4. 28, 2016다213916).

입법론으로는 지장물에 대한 직접강제(패쇄) 및 대집행(철거)이 가능한 것으로 명문으로 규정하거나 지장물이 수용되지 않아 지장물에 대한 점유권이 인정되고, 점유권이 인정되는 건축물에 대한 대집행이 불가한 점을 고려하여 지장물에 대한 수용이 있으면 지장물에 대한 점유권도 상실되고 지장물인 건축물 철거에 대한 법상 장애가 제거되므로 일정한 요건하에 지장물에 대한 수용보상이 가능한 것으로 입법할 필요가 있다.

또한, 강제적인 토지·건물의 인도는 비례의 원칙을 위반해서는 안 된다. 예를 들면, 공익사업의 시행이 시급하지 않음에도 한 겨울에 무주택자의 토지·건물을 강제로 인도받는 것은 비례의 원칙에 반한다.

다. 다른 수단으로는 그 이행확보가 곤란할 것(보충성의 요건)   의무자가 의무를 불이행하는 경우라도 그 의무이행을 확보할 수 있는 여러 가지 수단이 있는 경우에는 필요성의 원칙에 의하여 국민의 권익에 대하여 침익적인 정도가 가장 작은 수단에 의하여야 한다. 대집행은 다른 수단이 없는 경우에 최후의 보충적 수단으로서만 인정된다.

라. 의무 불이행을 방치함이 심히 공익을 해하는 경우일 것(비례성의 요건)   의무위반자가 누리는 사익과 그 위무위반으로 침해당하는 공익을 비교형량하여 대집행 여부를 결정하여야 한다. 어떠한 사실관계가 이 요건에 해당하는가의 여부는 개별적·구체적으로 판단하여야 한다. 따라서 경미한 의무위반으로 침해되는 공익이 작은 경우에까지 대집행을 하는 것은 위법한 것이다.

마. 의무이행자의 보호   사업시행자가 대집행을 신청하거나 직접 대집행을 하려는 경우에는 국가 또는 지방자치단체는 의무를 이행하여야 할 자를 보호하기 위하여 노력하여야 한다(제89조 제 3 항).

6. 환매권의 발생

후술하는 바와 같이 수용시에 환매권(還買權)이 발생한다.

Ⅷ. 재결에 대한 불복 [2011, 2010, 1999, 1992 감평 약술]

공용수용이란, 공익사업을 위해 특정 개인의 재산권을 법률의 힘에 의해 근거하여 강제적으로 취득하는 것으로 재산권보장에 대한 중대한 예외적 조치이며, 그 종국적 절차인 재결은 협의 불성립 또는 협의불능의 경우에 사업인정을 통하여 사업시행자에게 부여된 수용권의 구체적인 내용을 결정하고 그 실행을 완성시키는 형성적 행정처분이다. 이러한 재결은 재산권 박탈을 의미하는 '수용재결'과 수용재결의 효과로서 보상금을 결정하는 '보상재결'로 구성되며, 사업시행자에게 보상금 지급을 조건으로 토지소유권을 취득하게 하고, 토지소유자 등에게는 그 권리를 상실시키는 형성적 행정행위로 작용하기 때문에 피수용자가 재결의 취소 또는 변경을 구할 수 있음은 법치주의원리상 당연하다고 볼 수 있다. 토지보상법은 재결에 대한 불복절차로서 이의신청(제83조 및 제84조)과 행정쟁송(제85조)에 대한 규정을 두고 있다. 이에 대한 불복절차에 관하여 토지보상법에 규정이 있는 경우를 제외하고는 행정심판법과 행정소송법이 적용될 것이다.

최근 제정된 토지보상법은 행정심판 임의주의와 원처분주의를 명문화하였고, 보상금증감청구소송을 순수한 의미의 형식적 당사자소송으로 입법화하여 종전 법체계에서 문제되었던, 행정심판과 행정소송과의 관계, 행정소송의 대상문제 및 보상금증감청구소송에서의 공동피고문제 등을 입법적으로 해결하였다.

1. 이의신청

(1) 이의신청의 개념

이의신청이란, 토지수용위원회의 위법 또는 부당한 재결처분으로 인하여 권리 또는 이익을 침해당한 자가 중앙토지수용위원회에 그 처분의 취소·변경을 구하는 쟁송을 말한다. 토지보상법상 재결에 대한 이의신청은 특별행정심판에 해당하며, 주관적 쟁송, 항고쟁송, 약식쟁송, 복심적 쟁송의 성격을 갖는다. 토지수용위원회의 재결은 수용재결과 보상재결로 분리되는데, 이 중 어느 한 부분만에 대하여 불복이 있는 경우에도 토지수용위원회의 재결 자체가 이의신청의 대상이 된다.

(2) 이의신청의 제기

중앙토지수용위원회의 재결에 대하여 이의가 있는 자는 중앙토지수용위원회에, 지방토지수용위원회의 재결에 대하여 이의가 있는 자는 지방토지수용위원회를 거쳐 중앙토지수용위원회에 재결서 정본을 받은 날로부터 30일 이내에 이의를 신청할 수 있다(제83조 제1항 내지 제3항).

토지보상법은 원재결청에 반성의 기회를 부여하고 이의재결에서 필요한 자료의 신속한 제출을 도모하기 위하여 처분청경유주의를 취하고 있으며, 토지수용과 관련된 공익사업을 신속히 수행하여야 할 특수성과 전문성을 살리기 위해서 제기기간을 30일로 단축하고 있다. 판례는 이를 위헌규정이 아니라고 보고 있다. 한편, 토지수용위원회가 재결서 정본을 송달하면서 이의신청기간을 알리지 않았다면 재결이 있는 날로부터 180일 이내에 이의신청할 수 있다는 것이 판례의 입장이다.

판례1　수용재결(원재결)에 대한 이의신청기간과 이의재결에 대한 행정쟁송 제기기간을 그 일반법인 행정심판법 제18조 제1항의 행정심판청구기간과 행정소송법 제20조 제1항의 제소기간보다 짧게 규정한 것은 토지수용과 관련한 공공사업을 신속히 수행하여야 할 그 특수성과 전문성을 살리기 위한 필요에서 된 것으로 이해되므로 이를 행정심판법 제43조, 제42조에 어긋나거나 헌법 제27조에 어긋나는 위헌규정이라 할 수 없다(대판 1992. 8. 18, 91누9312).

판례2　토지수용법 제73조 및 제74조(현, 토지보상법 제83조 및 84조)의 각 규정을 보면 수용재결에 대한 이의신청기간을 재결서정본 송달일로부터 1월(현, 30일)로 규정한 것 외에는 행정심판법 제42조 제1항 및 같은 법 제18조 제6항과 다른 내용의 특례를 규정하고 있지 않으므로, 재결서정본을 송달함에 있어서 상대방에게 이의신청기간을 알리지 않았다면 행정심판법 제18조 제6항의 규정에 의하여 같은 조 제3항의 기간 내에 이의신청을 할 수 있다고 보아야 할 것이다(대판 1992. 6. 9, 92누565[토지수용재결처분취소등]).

(3) 제기효과

이의신청이 제기되면 중앙토지수용위원회는 심리 및 재결의 의무가 발생되며, 재결에 대한 이의신청이나 행정소송의 제기로 인해 사업의 진행 및 토지의 수용 또는 사용을 정지시키지 아니하는 집행부정지원칙(제88조)이 적용된다. 토지보상법 제88조 규정의 의미는 행정심판법이 선언하고 있는 집행부정지의 원칙을 다시 한번 확인하는 것이며, 행정쟁송법에 의한 집행정지 규정이 적용될 것이다.

(4) 이의재결

중앙토지수용위원회는 원재결이 위법하거나 부당하다고 인정할 때에는 그 원재결의 전부 또는 일부를 취소하거나 손실보상액을 변경할 수 있다(제84조 제1항). 이의재결에서 보상금이 늘어난 경우 사업시행자는 재결서 정본을 받은 날로부터 30일 이내에 보상금을 받을 자에게 그 늘어난 보상금을 지급하여야 하며, 지급할 수 없을 때(제40조 제2항 제1호, 제2호 또는 제4호)에는 공탁할 수 있다(제84조 제2항).

(5) 재결의 효력

1) 확 정 력

토지보상법 제86조는 이의재결을 대하여 소정의 기간 내에 소송이 제기되지 아니하거나 그 밖의 사유로 이의신청에 대한 재결이 확정된 때에는 민사소송법의 확정판결이 있은 것으로 보며, 재결서 정본은 집행력 있는 판결의 정본과 동일한 효력을 가진다고 규정하고 있으며(제86조 제1항), 이의신청에 대한 재결이 확정되었을 경우에 사업사행자·토지소유자 등은 중앙토지수용위원회에 재결 확정증명서의 교부를 청구할 수 있도록 하고 있다(제86조 제2항). 이는 법률의 규정에 의하여 행정행위에 확정판결의 효력이 부여되는 경우로서 행정행위의 성질상 인정되는 효력이 아니고 법률이 법적 안정성 차원에서 특별히 부여한 효력이라 할 것이다. 따라서 재결서 정본은 집행력 있는 판결정본과 동일한 효력이 있으므로 당사자간의 의무가 이행되지 않는 경우 소송절차를 거치지 아니하고 강제집행을 할 수 있는 효과가 나타나게 된다. 즉, 사업시행자가 이의재결에서 증액재결한 보상금의 지급을 이행하지 않는 경우 피수용자는 확정판결의 효력을 바탕으로 재결확정증명서를 받아 강제집행할 수 있게 된다.

2) 검 토

토지보상법이 이의재결에 대하여 확정판결의 효력을 부여한 것에 대하여 이는 행정기관의 결정과 판결의 효력을 동일하게 규정한 것으로서 권력분립원칙에 반하며, 국민의 재판청구권을 지나치게 봉쇄했다고 보아 위헌의 소지가 있다는 견해도 제기된다. 그러나, 이의재결에 대한 확정판결의 효력을 규정한 취지는, 수용재결의 경우 수용의 개시일까지 보상금을 지급·공탁하지 아니하면 재결이 실효되는 규정(제42조)을 두어 피수용자의 권리 보호가 제도적으로 보장되고 있으나, 이의재결에 대하여는 그러한 규정이 없기 때문이다. 이로 인해 사업시행자는 이의재결에서 정한 증액보상금 지급의 이행 여부를 마음대로 할 수 있고, 피수용자는 재결내용(증액재결)의 이행을 실현하기 위하여 그것을 근거로 민사소송으로 다시 청구하여야 하는 등의 곤란을 겪어야 하며, 사업시행자 입장에서도 피수용자가 언제 또 소송을 제기할 것인지 그 지위가 불안정한 문제가 발생할 수 있으므로, 이러한 문제들을 동시에 해결하고자 한 것이 이 제도의 취지이다. 이의재결에 확정판결과 동일한 효력을 부여함으로써 사업시행자가 보상금의 지급 등 재결내용의 이행을 게을리하였을 때 집행관에 의한 강제집행이 가능하도록 함으로써 피수용자보호를 위한 획기적인 조치를 마련한 것이라는 점에서 높이 평가된다.

2. 수용재결의 효력을 다투는 소송

토지수용위원회의 재결중 보상금액이 아니라 수용 자체를 다투는 경우에는 항고소송(취소소송 또는 무효확인소송)을 제기하여야 한다.

(1) 행정심판과의 관계

종래에는 이의신청절차가 행정심판전치주의인지에 대하여 논란이 있었으나, 현행 토지보상법은 원재결에 불복이 있는 경우 이의신청을 거치지 않고 행정소송을 제기할 수 있도록 규정하여 행정심판 임의주의를 취하고 있는 행정소송법 제18조[6]와 균형을 유지하게 되었다.

(2) 소송의 대상

소송의 대상은 수용재결(원재결)이 된다. 종전 토지수용법은 "이의신청의 재결에 대하

---

6) 행정소송법 제18조 취소소송은 법령의 규정에 의하여 당해 처분에 대한 행정심판을 제기할 수 있는 경우에도 이를 거치지 아니하고 제기할 수 있다. 다만, 다른 법률에 당해 처분에 대한 행정심판의 재결을 거치지 아니하면 취소소송을 제기할 수 없다는 규정이 있는 때에는 그러하지 아니하다.

여 불복이 있을 때에는"(구 토지수용법 제75조의2 제1항)이라고 규정함으로써 소송의 대상을 원재결(원처분주의)로 삼아야 하는지, 이의재결(재결주의)로 삼아야 하는지에 대하여 논란이 있었다. 현행 토지보상법에서는 "수용재결(원재결)에 대하여 불복이 있는 때"로 개정하여 행정소송법 제19조[7]의 원처분주의를 따르고 있다. 따라서 이의신청을 거치지 않은 경우에도 수용재결(원처분)을 소송물로 하여야 할 것이며, 이의신청을 거친 경우에도 이의재결에 고유한 위법이 있는 경우를 제외하고는 원재결을 소송의 대상으로 하여야 한다.

(3) 관할 및 당사자

토지수용에 관한 취소소송은 피고인 관할토지수용위원회(지방 또는 중앙토지수용위원회) 소재지 관할 행정법원 또는 그 부동산 소재지를 관할하는 행정법원에 제기하여야 한다. 한편, 당사자는 토지수용위원회의 재결에 대하여 취소를 제기할 수 있다. 다만, 이의재결 자체에 고유한 위법이 있는 경우에는 중앙토지수용위원회가 피고가 된다.

(4) 소의 각하·기각 또는 취하의 효과

사업시행자가 취소소송을 제기한 경우로서 그 소송이 각하, 기각 또는 취하된 경우 사업시행자는 법 제87조 규정 법정이율에 따라 산정된 가산금을 지급하여야 한다. 이는 공용수용에 의하여 강제적으로 목적물을 취득하는 사업시행자가 보상금의 지급을 지연시킬 목적 등으로 행정소송의 제기를 남용하는 것을 방지하여 피수용자의 권리보호를 도모하고자 하는 것이다.

3. 보상금증감청구소송 [2023 감평]

(1) 보상금증감청구소송의 개념

토지수용위원회의 보상재결에 대하여 토지소유자 및 관계인은 보상금의 증액을 청구하는 소송을 제기할 수 있고 사업시행자는 보상금의 감액을 청구하는 소송을 제기할 수 있다. 이를 **보상금증감청구소송**이라 한다. 종래 재결에 관한 다툼이 보상금액에 관한 것일 때에도 법원은 재결의 취소만을 행할 수 있고 직접 보상액을 증감하는 판결을 할 수 없었기 때문에, 재결의 취소를 구하고 그에 따라 보상액을 다시 재결하는 등 악순환이 반복되어 분쟁의 일회적 해결이 어려웠다. 이에 보상금만에 대한 소송을 인정함으로써 분쟁의 일회적 해결, 소송경제·권리구제의 신속성·실효성 확보를 도모하게 되었다. 구 토지수용법하에서는 직접적인 이해관계가 없는 재결청도 피고에 포함시킴으로써 재결청의 부담만 가중되고 공익사업의 효율성을 저해하는 등의 문제가 있었으나, 최근 제정된 토지보상법은 재결청을 피고에서 제외하며 이를 입법적으로 해소하였다.[8]

---

7) 행정소송법 제19조(취소소송의 대상) 취소소송은 처분등을 대상으로 한다. 다만, 재결취소소송의 경우에는 재결 자체에 고유한 위법이 있음을 이유로 하는 경우에 한한다.

8) 종래 토지수용법은 재결청이 직접 이해관계를 가진 당사자가 아니면서도 공동피고로서 당사자에 포함됨으로써 재결청인 중앙토지수용위원회는 소송업무수행 등에 인력과 시간을 낭비하는 문제가 있었다. 이에

(2) 보상금증감청구소송의 법적 성질의 논의

1) 형식적 당사자소송

보상금증감청구소송은 기본적으로 보상금액을 다투는 소송이며 소송을 제기함에 있어 재결청을 피고로 하는 것이 아니라 그 법률관계의 일방 당사자를 피고로 하는 소송에 해당하게 되므로 순수한 의미의 형식적 당사자소송이라 할 것이다.

판례도 보상금증감청구소송을 형식적 당사자소송으로 보고 있다.

> **판례** 토지보상법 제85조 제2항에 따른 보상금 증액 청구의 소는 토지소유자 등이 사업시행자를 상대로 제기하는 당사자소송의 형식을 취하고 있지만, 토지수용위원회의 재결 중 보상금 산정에 관한 부분에 불복하여 그 증액을 구하는 소이므로 실질적으로는 재결을 다투는 항고소송의 성질을 가진다 (대판 전원합의체 2022. 11. 24, 2018두67).

2) 형성소송인지, 확인·급부소송인지

가. 형성소송설   보상금증감청구소송은 실질적으로 토지수용회의 재결에서 제시된 보상액의 취소·변경을 구하는 항고소송이고, 법원이 손실보상에 대한 재결을 취소하고 정당한 보상액을 판단함으로써 비로소 구체적인 손실보상청구권이 형성된다고 한다. 이 견해에 의하면, 보상액이 재결이라는 행정처분에 의해 형성·확정되어 있으므로 먼저 이의변경을 구하는 소송을 제기하여야 하고, 이에 관한 소송의 승소판결 없이 직접 과부족의 급부·반환을 구하는 소송을 제기하는 것을 인정하지 않는다.

이에 대해서는 다음과 같은 비판이 가능하다. 형성소송설은 수용재결 또는 이의재결에서 정해진 보상금을 적극적으로 변경하는 판결이 가능하다는 것을 전제하고 있으나, 현행 행정소송법이 의무이행소송을 채택하지 않고 부작위위법확인소송만을 채택하고 있다는 점에서 소극적 변경인 일부취소는 가능할지 몰라도 행정처분의 적극적 변경을 구하는 소송은 허용되지 않는다고 보아야 할 것이다.

나. 확인·급부소송설   보상금증감청구소송은 보상청구권이 헌법규정에 의해 당연히 발생하므로 헌법에 의해 객관적으로 확정되어 있는 보상액의 확인 또는 급부를 구하는 소송으로서, 보상금에 대한 다툼은 과부족의 급부에 관한 소송 또는 과불액의 감액확인의 소에 의해 처리하면 되고, 재결의 취소·변경의 소를 필요로 하지 않는다고 한다. 이 견해에 의하면, 보상재결의 취소·변경을 구할 필요 없이 피수용자는 재결에서 정한 보상액이 과소하다고 여겨지는 경우에는 재결액과 정당보상액과의 차액의 급부를 청구할 수 있고, 사업시행자는 보상액이 과다하다고 여겨지는 경우에는 과잉보상금의 반환청구 내지는 정당보상액을 초과하는 부분의 채무부존재확인청구를 하면 된다고 한다.

최근 토지보상법을 제정하면서 재결청을 피고에서 제외하여 재결청이 지게 되는 업무부담과 정신적부담을 해소하였으며, 그 결과 소송수행관계공무원은 본래의 수용위원회 업무에 전념하고 충실하게 됨으로써 수용재결 지연 등을 방지할 수 있게 되어 재결지연에 따른 공익사업의 효율성 저해를 방지하게 되었다.

다. 검 토   보상금증감청구소송은 재결청을 제외한 보상당사자만을 피고로 규정하고 있으므로 보상재결의 취소·변경 없이 헌법상 정당보상조항(헌법 제23조 제3항)에 의하여 당연히 발생·확정되는 정당보상액을 확인하고, 부족액의 급부를 구하는 확인·급부소송이 타당하다고 생각한다. 이에 따를 때, 재결청을 관여시킴이 없이 보상당사자 사이에서만 보상금의 증감에 관한 분쟁을 종국적으로 해결하도록 한 입법취지에도 더 부합할 뿐만 아니라 재결의 변경이라는 우회적인 방법을 거칠 필요도 없다는 장점이 있을 것이다.

(3) 소송의 대상

형식적 당사자소송의 대상은 **법률관계이다.** 따라서 보상금증감청구소송은 관할 토지수용위원회가 행한 재결로 형성된 법률관계인 보상금의 증감에 관한 것을 소송의 대상으로 삼아야 하며 보상금의 증감에 관한 사항 외에는 소송의 대상이 될 수 없다. 토지보상법은 행정쟁송법 제19조에 입각한 원처분주의를 채택한 것으로 해석되는바, 이의재결에 고유한 위법이 있는 경우를 제외하고는 원재결로 형성된 법률관계인 보상금의 증감에 관한 것을 소송의 대상으로 삼아야 한다.

(4) 소제기의 요건

관할 토지수용위원회의 재결에 대하여 토지소유자 또는 관계인이 소송을 제기하는 경우에는 사업시행자를 피고로, 사업시행자가 소송을 제기하는 경우는 토지소유자 또는 관계인을 피고로 하여, 재결서를 받은 날로부터 90일 이내에, 이의신청을 거친 경우에는 이의재결서를 받은 날로부터 60일 이내에 피고의 소재지를 관할하는 행정법원 또는 토지소재지 관할 행정법원에 소송을 제기할 수 있다(제85조 제1항, 제2항).

(5) 심리 및 판결

1) 소송의 범위

보상금증감청구소송의 범위에 잔여지수용청구에 관한 것까지 포함할 것인가에 관하여 견해대립이 있다. 부정설은 확장수용의 경우는 보상의 범위에 관련된 문제이므로 보상금액을 다투는 소송인 보상금증감소송의 범주에 들어갈 수 없다고 보나, 긍정설은 수용의 범위 문제인 확장수용은 보상의 범위와 관련이 있고 보상의 범위에 따라 보상금액이 달라지므로 보상금증감소송의 범주에 포함된다고 본다. 판례는 잔여지수용청구권은 토지소유자에게 손실보상책의 일환으로 부여된 권리이어서 이는 수용할 토지의 범위와 그 보상액을 결정할 수 있는 토지수용위원회에 대하여 토지수용의 보상가액을 다투는 방법에 의하여도 행사할 수 있다고 한다(대판 1995. 9. 15, 93누20627).

2) 입증책임

당사자소송에 있어서 입증책임은 민사소송의 일반원칙에 따라 분배된다고 보는 것이 일반적[9]이다. 그러나, 판례는 손실보상액의 증감에 관한 소송에 있어서 정당한 손실보상금액이 재결에서 정한 손실보상액보다 더 많다는 점에 대한 입증책임은 그것을 주장하는 원고에게 있다고 하였으며, 나아가 이러한 보상액 산정에서 보상선례·인근유사토지의 정상적인 거래사례 등의 기타사항을 참작 또는 적용을 원하거나 주장하는 자는 그것들이 정상적인 것이고 정당한 보상액산정에 영향을 미친다는 것을 입증하여야 한다고 판시한 바 있다.

> **판례1** 손실보상금 증액청구의 소에 있어서 그 이의재결에서 정한 손실보상금액보다 정당한 손실보상금액이 더 많다는 점에 대한 입증책임은 원고에게 있다고 할 것이고, 비록 이의재결이 그 감정평가의 위법으로 위법한 경우라도 그 점만으로 위와 같은 입증책임의 소재를 달리 볼 것은 아니다(대판 1997. 11. 28, 96누2255[토지수용이의재결처분취소]).

> **판례2** 인근유사토지의 정상거래가격이라고 하기 위해서는 대상토지의 인근지역에 있는 지목·등급·지족·형태·이용상황·용도지역·법령상의 제한 등 자연적·사회적 조건이 수용대상토지와 동일하거나 유사한 토지에 관하여 통상의 거래에서 성립된 가격으로서 개발이익이 포함되지 아니하고 투기적인 거래에서 형성된 것이 아닌 가격이어야 하고, 인근유사토지의 정상거래사례에 해당한다고 볼 수 있는 거래사례가 있고 그것을 참작함으로써 보상액 산정에 영향을 미친다고 하는 점은 주장하는 자에게 입증책임이 있다(대판 1993. 5. 14, 92누7795[토지수용재결처분취소]).

3) 보상액 항목 상호간 유용 문제

보상액 산정은 물건별로 하는 것이 아니라 피보상자 개인별로 행하여지는 것이므로 (제64조), 보상액의 항목 상호간 유용이 분쟁해결에 적합하다는 점에서 보상항목간 유용을 인정함이 타당하다. 판례도 소송의 대상이 된 물건 중 일부항목에 관한 보상액은 과소하고 다른 항목의 보상액은 과다한 경우에는 그 항목 상호간의 유용을 허용하여 보상금의 합계액을 결정하여야 한다고 한다.

> **판례** 토지보상법은 토지를 수용 또는 사용함으로 인한 보상은 피보상자의 개인별로 산정할 수 없을 때를 제외하고는 피보상자에게 개인별로 하여야 한다고 규정하고 있으므로, 보상은 수용 또는 사용의 대상이 되는 물건별로 하는 것이 아니라 피보상자의 개인별로 행하여지는 것이라고 할 것이므로 피보상자는 수용대상물건 중 일부에 대하여만 불복이 있는 경우에는 그 부분에 대하여만 불복의 사유를 주장하여 행정소송을 제기할 수 있다고 할 것이나, 행정소송의 대상이 된 물건 중 일부항목에 관한 보상액은 과소하고 다른 항목의 보상액은 과다한 경우에는 그 항목 상호간의 유용을 허용하여 과다부분과 과소부분을 합산하여 보상금액을 결정하여야 할 것이다(대판 1994. 8. 26, 94누2728).

피보상자가 보상항목에 관하여 보상금증액청구소송을 제기한 경우에는 사업시행자로서는 보상항목 유용법리에 따라 피보상자가 제기한 소송에서 과다부분과 과소부분을 합산하는 방식으로 보상항목에 대한 정당한 보상금액이 얼마인지 판단받을 수 있으므로, 별도의 보상금감액청구소송을 제기하는 대신 피보상자가 제기한 소송을 통해 자신의 감액청구

---

9) 민사소송법상 입증책임에 관하여 통설·판례는 법률요건분배설을 취하고 있다(민사소송법, 입증책임론).

권을 실현할 수 있다.

> **판례**　피보상자가 당초 여러 보상항목들에 관해 불복하여 보상금증액청구소송을 제기하였으나, 그 중 일부 보상항목에 관해 법원에서 실시한 감정결과 그 평가액이 재결에서 정한 보상금액보다 적게 나온 경우에는, 피보상자는 해당 보상항목에 관해 불복신청이 이유 없음을 자인하는 진술을 하거나 단순히 불복신청을 철회함으로써 해당 보상항목을 법원의 심판범위에서 제외하여 달라는 소송상 의사표시를 할 수 있다.
> 한편 사업시행자가 특정 보상항목에 관해 보상금 감액을 청구하는 권리는 공익사업을 위한 토지 등의 취득 및 보상에 관한 법률 제85조 제 1 항 제 1 문에서 정한 제소기간 내에 보상금감액청구소송을 제기하는 방식으로 행사함이 원칙이다. 그런데 사업시행자에 대한 위 제소기간이 지나기 전에 피보상자가 이미 위 보상항목을 포함한 여러 보상항목에 관해 불복하여 보상금증액청구소송을 제기한 경우에는, 사업시행자로서는 보상항목 유용법리에 따라 위 소송에서 과다부분과 과소부분을 합산하는 방식으로 위 보상항목에 대한 정당한 보상금액이 얼마인지 판단받을 수 있으므로, 굳이 중복하여 동일 보상항목에 관해 불복하는 보상금감액청구소송을 별도로 제기하는 대신 피보상자가 제기한 보상금증액청구소송을 통해 자신의 감액청구권을 실현하는 것이 합리적이라고 생각할 수도 있다(대판 2018. 5. 15, 2017두41221[손실보상금증액등]).

4) 보상대상 판단(사업시행자 또는 토지수용위원회가 보상대상을 부정하는 경우)

어떤 보상항목이 공익사업을 위한 토지 등의 취득 및 보상에 관한 법령상 손실보상대상에 해당함에도 관할 토지수용위원회가 사실을 오인하거나 법리를 오해함으로써 손실보상대상에 해당하지 않는다고 잘못된 내용의 재결을 한 경우에는, 피보상자는 관할 토지수용위원회를 상대로 그 재결에 대한 취소소송을 제기할 것이 아니라, 사업시행자를 상대로 (구)공익사업을 위한 토지 등의 취득 및 보상에 관한 법률(2013. 3. 23. 법률 제11690호로 개정되기 전의 것) 제85조 제 2 항에 따른 보상금증감소송을 제기하여야 한다(대판 2018. 7. 20, 2015두4044).

5) 심판의 범위

보상금증감청구소송을 통해 토지수용위원회의 재결 중에서 보상재결부분을 완전히 소멸시키고 법원이 시심적으로 정당보상액을 새로이 정하는 전부취소로 보는 견해와 법원에서 정당보상액을 심리·확정하여 재결보상액과 정당보상액과의 차액에 해당하는 부분만 일부취소하여야 한다는 견해가 있다. 재결주의를 취했던 구법하에서 판례는 정당한 보상액이 이의재결시의 보상액을 초과하면 피고에 대하여는 이의재결에서 원고의 보상금 증액신청을 기각한 부분 중 그 차액에 해당하는 부분을 취소하고, 아울러 피고에 대하여는 원고에게 위 차액에 해당하는 금원의 지급을 명하여야 한다고 판시하여 일부취소 입장에 서 있는 듯하다.

이의재결의 기초가 된 각 감정기관의 감정평가가 표준지 선정을 그르쳐 보상액 산정방법에 관한 원칙과 기준에 위배되어 위법하다고 판단한 이상 원심감정인의 감정평가 역시 보상액 산정방법에 관한 원칙과 기준에 위배되었다 하여 곧바로 원고의 피고 대한주택공사에 대한 추가보상금 청구를 기각할 것이 아니라 원심감정인 등에게 적법한 감정평가방법에 따른 재감정을 명하거나 적정한 표준지를 선정하였을 경우의 정당한 보상액에 관하여 사실조회를 하여 보는 등의 방법으로 그 정당한 보상액을 심리하여 본 다음 이를 이의재결시의 보상액과 비교하여 보아 정당한 보상액이 이의재결시의 보상액을 초과하면 피고 중앙토지수용위원회에 대하여는 이의재결에서 원고의 보상금 증액신청을 기각한 부분 중 그 차액에 해당하는 부분을 취소하고 아울러 피고 대한주택공사에 대하여는 원고에게 위 차액에 해당하는 금원의 지급을 명하여야 하는 것이고, 만일 정당한 보상액이 이의재결시의 보상액보다 적거나 같은 경우에는 이의재결시의 보상액이 정당한 보상액이 되어 결과적으로 이의재결이 적법하게 되는 것이므로 재결청 및 기업자에 대한 원고의 청구를 모두 기각하여야 할 것이다(대판 1994. 6. 24, 93누21972[토지수용재결처분취소]).

(6) 판결의 효력

보상금증감소송에서 법원은 스스로 보상액의 증감을 결정할 수 있고 토지수용위원회는 별도의 처분을 할 필요가 없다. 법원의 판결이 있게 되면 기판력·형성력·기속력이 발생하고, 소의 각하·기각 또는 취하의 효과로서 법정이율의 가산지급(제87조)은 당사자소송에 있어서도 적용되는 것으로 보아야 할 것이다.

4. 청구의 병합

수용 자체에 대하여 불복이 있을 뿐만 아니라 보상금액에도 불복이 있는 경우에는 수용재결의 취소소송과 보상금증액청구소송을 별도로 제기할 수 있다. 그런데, 토지소유자는 우선 수용 자체를 다투고 만일 이것이 받아들여지지 않는 경우에는 보상금액의 증액을 청구할 필요가 있을 것이다. 이 경우에 수용재결에 대한 취소소송에서 보상금증액청구소송을 예비적으로 병합하여 제기할 수 있는가 하는 것이 문제된다. 분쟁의 일회적 해결을 위한다는 점에서 청구의 병합을 인정함이 타당하다.

5. 토지보상법 제87조의 가산금과 가산금 청구의 소

사업시행자는 제85조 제1항에 따라 사업시행자가 제기한 행정소송이 각하·기각 또는 취하된 경우 다음 각 호의 어느 하나에 해당하는 날부터 판결일 또는 취하일까지의 기간에 대하여 「소송촉진 등에 관한 특례법」 제3조에 따른 법정이율을 적용하여 산정한 금액을 보상금에 가산하여 지급하여야 한다. 1. (수용)재결이 있은 후 소송을 제기하였을 때에는 재결서 정본을 받은 날, 2. 이의신청에 대한 재결이 있은 후 소송을 제기하였을 때에는 그 재결서 정본을 받은 날(토지보상법 제87조).

(1) '사업시행자가 수용재결에 불복하여 이의신청을 한 후 다시 이의재결에 불복하여 행정소송을 제기하였으나 행정소송이 각하·기각 또는 취하된 경우'에는 토지보상법 제87조 제 2 호가 적용되어 사업시행자는 이의재결서 정본을 받은 날부터 판결일 또는 취하일까지의 기간에 대하여 지연가산금을 지급할 의무가 있고, 위 경우에까지 토지보상법 제87조 제 1 호가 동시에 적용된다고 볼 수는 없다. **(2)** 원고들은 토지보상법 제87조에 따른 지연가산금의 지급을 구하면서 그 기산일을 같은 법 제87조 제 1 호에 따른 '수용재결서 정본 송달일'로 정하여야 한다고 주장하며 이를 전제로 계산한 금액을 청구하는 한편, 수용재결서 정본 송달일부터의 지연가산금이 인정되지 않는다면 적어도 토지보상법 제87조 제 2 호에 따른 이의재결서 정본 송달일부터의 지연가산금이라도 인용해줄 것으로 구하였던 것으로 보이는 사안에서, 원심으로서는 이 사건에 토지보상법 제87조 제 2 호가 적용되어야 하고 같은 조 제1호는 적용되지 않는다고 판단한 이상 토지보상법 제87조 제 2 호에 따라 이의재결서 정본 송달일부터의 지연가산금의 지급을 명하여야 하고, 만일 원고들이 토지보상법 제87조 제 1 호가 적용되지 않는 경우 제 2 호에 따라 이의재결서 정본 송달일로부터의 지연가산금의 지급이라도 구하는 것인지 분명하지 않다고 보았다면 석명권을 행사하여 원고로 하여금 그 취지를 분명히 하도록 하거나 당사자에게 이에 대한 의견진술 기회를 주었어야 할 것임에도 이 사건에 토지보상법 제87조 제 1 호가 적용되지 않는다는 이유로 원고들의 청구를 전부 배척한 원심의 조치에는 판단 누락, 석명권 불행사 및 심리미진의 위법이 있다고 보아 파기환송 판결을 선고한 사례(대판 2022. 4. 14, 2021두57667). 〈사건의 개요〉 가. 피고는 서울 서대문구 (주소 생략) 일대에서 재개발정비사업의 시행을 목적으로 조합설립인가를 받은 주택재개발정비사업조합이고, 원고들은 위 정비구역 내에 있는 각 토지 및 건물을 소유하였던 사람들이다. 나. 서대문구청장은 2011. 6. 15. 피고가 시행하는 '홍제제3구역 주택재개발정비사업'의 시행인가를 고시하였다(서울특별시 서대문구고시 제2011-37호). 원고들은 2012. 2. 21. 피고에게 「공익사업을 위한 토지 등의 취득 및 보상에 관한 법률」(이하 '토지보상법'이라고 한다) 제30조 제 1 항에 따라 재결신청을 청구하였다. 이후 피고는 2015. 7. 8. 사업시행변경인가를 받고 기존 현금청산 대상자들을 포함한 토지등소유자등을 대상으로 하여 분양신청을 받았는데, 원고들은 위 분양신청기간 동안에도 분양신청을 하지 않았다. 다. 원고들은 2016. 9. 28. 재차 피고에게 재결 신청을 청구하였고, 이에 피고는 2017. 5. 25. 서울특별시 지방토지수용위원회에 재결을 신청하였다. 위 토지수용위원회는 2017. 8. 25. 원고들 소유의 토지 등에 대하여 손실보상금을 정하면서, 토지 및 지장물에 대한 보상금 외에 원고 1에게 780,158,450원, 원고 2에게 1,180,433,980원, 원고 3에게 965,718,340원의 토지보상법 제30조 제3항에 따른 2012. 4. 24.부터 2017. 5. 25.까지 1,858일 동안의 지연가산금을 더하여 지급하도록 하는 내용의 수용재결(이하 '이 사건 수용재결'이라고 한다)을 하였다. 라. 피고는 2017. 9. 5. 이 사건 수용재결서 정본을 송달받은 다음, 2017. 10. 10. 이 사건 수용재결 중 지연가산금 부분에 불복하여 이의신청을 하면서, 위 각 지연가산금 상당액을 공탁하였다. 한편 원고들도 보상가액이 현저히 낮게 산정되었다는 이유로 이 사건 수용재결에 불복하여 이의신청을 하였다. 중앙토지수용위원회는 2018. 6. 21. 피고의 이의신청을 받아들이지 않고, 원고들의 이의신청에 따라 토지 및 지장물의 손실보상금을 증액하는 한편, 그 금액을 기초로 지연가산금을 새로 계산함으로써 지연가산금 또한 증액하는 내용의 이의재결(이하 '이 사건 이의재결'이라고 한다)을 하였다. 마. 피고는 2018. 6. 26. 지연가산금 중 일부의 감액을 구하는 소를 제기하면서(이하 '관련 보상금감액소송'이라고 한다), 2018. 7. 25. 이의재결로 증액된 보상금 전액을 각 공탁하였다. 관련 보상금감액소송의 항소심법원(서울고등법원 2019누54049)은 2020. 2. 4. 이의재결로 증액된 피고의 원고들에 대한 지연가산금 채무 부존재 확인 청구 부분을 각하하고, 피고의 나머지 청구를 모두 기각하는 판결을 선고하였다. 위 항소심 판결은 2020. 2. 21. 상고기간의 도과로 확정되었다. 바. 원고들은 이 사건 소로써 피고를 상대로 '이 사건 수용재결상의 지연가산금'에 대하여 피고가 이 사건 수용재결서 정본을 받은 날인 2017. 9. 5.부터 관련 보상금감액소송의 판결이 확정된 날인 2020. 2. 21.까지의 각 토지보상법 제87조에 따른 지연가산금의 지급을 청구하고 있다.

토지보상법 제87조의 취지는 사업시행자가 보상금의 지급을 지연시킬 목적으로 행정소송을 남용하는 것을 방지하고 보상금을 수령하지 못하는 기간 동안 토지소유자의 손해

를 보전하여 사업시행자와 토지소유자 사이의 형평을 도모하려는 것이므로 재결 보상금뿐
만 아니라 토지보상법 제30조의 재결신청 지연가산금도 토지보상법 제87조의 가산금 대
상이 된다고 보는 것이 타당하다(대판 2019. 1. 7, 2018두54675; 대판 2019. 1. 31, 2018두56510
등 참조).

> **판례**   갑 등 토지소유자들이 주택재개발정비사업 시행자에게 수용재결신청을 청구한 날로부터 60
> 일이 지난 후에 사업시행자가 지방토지수용위원회에 수용재결을 신청하였고, 지방토지수용위원회가
> 공익사업을 위한 토지 등의 취득 및 보상에 관한 법률 제30조 제 3 항에 따른 지연가산금을 재결보상금
> 에 가산하여 지급하기로 하는 내용의 수용재결을 하자, 사업시행자가 지연가산금 전액의 감액을 구하
> 는 손실보상금감액 청구를 하였으나 청구기각 판결이 확정된 사안에서, 공익사업을 위한 토지 등의 취
> 득 및 보상에 관한 법률 제87조의 '보상금'에는 같은 법 제30조 제 3 항에 따른 지연가산금도 포함된다
> 고 보아, 수용재결에서 인정된 가산금에 관하여 재결서 정본을 받은 날부터 판결일까지의 기간에 대하
> 여 소송촉진 등에 관한 특례법 제 3 조에 따른 법정이율을 적용하여 산정한 가산금을 지급할 의무가 있
> 다고 본 원심판단을 수긍한 사례(대판 2019. 1. 7, 2018두54675[공탁된수용보상금에대한가산금청구의소]).

제 5 항   사업인정과 수용재결의 관계

사업인정(事業認定)과 수용재결(收用裁決)은 한편으로 상호 독립된 별개의 행위이면서
다른 한편으로는 공익사업에 필요한 토지를 취득하는 것을 목적으로 하는 일련의 수용절
차를 이룬다. 그리하여 사업인정과 수용재결 사이에는 다음과 같은 문제가 제기된다.

I. 사업인정의 구속력

사업인정의 판단, 즉 사업의 공공필요성에 대한 판단은 토지수용위원회를 구속한다.
따라서, 토지수용위원회는 사업인정에 반하는 재결을 할 수 없다.

또한, 토지수용위원회는 행정쟁송에 의하여 사업인정이 취소되지 않는 한 그 기능상
사업인정 자체를 무의미하게 하는, 즉 사업의 시행이 불가능하게 되는 것과 같은 재결을
행할 수는 없다.

> **판례**   구 토지수용법은 수용·사용의 일차 단계인 사업인정에 속하는 부분은 사업의 공익성 판단으
> 로 사업인정기관에 일임하고, 그 이후의 구체적인 수용·사용의 결정은 토지수용위원회에 맡기고 있는
> 바, 이와 같은 토지수용절차의 2분화 및 사업인정의 성격과 토지수용위원회의 재결사항을 열거하고 있
> 는 같은 법 제29조 제 2 항의 규정 내용에 비추어 볼 때, 토지수용위원회는 행정쟁송에 의하여 사업인
> 정이 취소되지 않는 한 그 기능상 사업인정 자체를 무의미하게 하는, 즉 사업의 시행이 불가능하게 되
> 는 것과 같은 재결을 행할 수는 없다(대판 1994. 11. 11, 93누19375[토지수용재결처분취소]; 2007. 1. 11,
> 2004두8538[토지수용이의재결처분취소]: 지방토지수용위원회로서는 이 사건 도시계획시설사업 실시계획
> 인가(이 인가로 사업인정이 의제됨)를 무의미하게 하고 이 사건 수용목적사업인 폐기물처리시설의 집

단화를 불가능하게 하는 처분, 즉 원고의 이 사건 <u>토지수용신청 자체를 기각하는 내용의 재결은 할 수 없다고 한 사례).</u>

Ⅱ. 수용재결에 대한 취소쟁송의 제기와 사업인정에 대한 취소소송의 소의 이익

사업인정과 수용재결은 행위의 요건과 효과가 다르므로 각 소송에서 주장되는 위법사유가 다를 것이므로 수용재결에 대한 취소소송이 제기되었다고 하더라도 사업인정의 취소를 구할 소의 이익은 소멸하지 않는다.

Ⅲ. 하자의 승계 [2006, 2016, 2017 감평 사례, 2005 행시(일반행정), 2015 5급공채, 2020 변시]

사업인정의 하자가 수용재결에 승계되는가. 달리 말하면 수용재결에 대한 취소소송에서 사업인정의 위법을 취소사유로 주장할 수 있는가.

1. 부 정 설

이 견해는 사업인정과 수용재결은 별개의 법적 효과를 가져오는 별개의 행위이므로 사업인정의 위법은 수용재결에 승계되지 않는다고 한다. 이 견해가 다수설이며 판례의 입장이다(대판 1993. 6. 29, 91누2342[토지수용재결처분취소 등]).

> 판례　도시계획사업허가의 공고시에 <u>토지세목의 고시를 누락하거나 사업인정을 함에 있어 수용 또는 사용할 토지의 세목을 공시하는 절차를 누락한 경우,</u> 이는 절차상의 위법으로서 수용재결 단계 전의 사업인정 단계에서 다툴 수 있는 취소사유에 해당하기는 하나 더 나아가 그 사업인정 자체를 무효로 할 중대하고 명백한 하자라고 보기는 어렵고, 따라서 <u>이러한 위법을 들어 수용재결처분의 취소를 구하거나 무효확인을 구할 수는 없다</u>(대판 2009. 11. 26, 2009두11607[재결취소처분]).

2. 긍 정 설

수용재결은 사업인정이 있음을 전제로 하고 이와 결합하여 구체적인 법적 효과를 발생시키므로 사업인정의 위법을 수용재결에 대한 쟁송에서 주장할 수 있다고 본다(유해웅, 389면). 긍정설이 타당하다.

사업인정의 하자가 당연무효인 경우에는 수용재결도 무효라고 판단할 것이다.

판례 서귀포시장은 국토계획법령 규정의 문언상 유원지의 의미가 분명함에도 합리적 근거 없이
처분 요건이 충족되지 아니한 상태에서 이 사건 인가처분을 하였다고 볼 수 있고, 이러한 하자는 객관
적으로 명백하다고 할 것이다. 그리고 도시계획시설규칙 제58조 제2항에서 유원지에 설치할 수 있는
시설로 열거된 시설과 이 사건 휴양형 주거단지에 설치될 예정인 시설이 명목상 유사하고, 구 제주국
제자유도시특별법(2006. 2. 21. 법률 제7849호 제주특별자치도 설치 및 국제자유도시 조성을 위한 특별
법 부칙 제3조로 폐지된 것)에 의한 개발사업으로 조성하는 유원지에는 도시계획시설규칙에서 열거
하지 아니한 시설을 설치할 수 있다는 점(구 제주국제자유도시특별법에 의한 개발사업에는 사업시행
자에게 사업부지의 수용권한을 인정하는 근거규정이 없다)을 고려하더라도, 피고 개발센터가 도시계획
시설사업으로 설치하려는 시설이 국토계획법령에 정한 유원지에 해당된다고 볼 수 없는 이상 이와 달
리 보기 어렵다. 원심이 같은 취지에서 이 사건 인가처분은 그 하자가 중대·명백하여 당연무효이고,
당연무효인 이 사건 인가처분에 기초한 이 사건 수용재결도 무효라고 판단한 것은 정당하고, 거기에
하자 있는 행정처분이 당연무효가 되기 위한 요건 및 선행처분의 하자의 승계에 관한 법리를 오해하는
등의 위법이 없다(대판 2015. 3. 20, 2011두3746).

Ⅳ. 기   타

사업인정이 취소되면 수용재결은 효력을 상실한다. 그러나, 수용재결이 취소되었다고
하여 사업인정이 취소되어야 하는 것은 아니다.

사업인정에 대한 취소소송과 수용재결에 대한 취소소송은 관련청구소송으로 병합할
수 있다(행정소송법 제10조).

제6항 환 매 권[2008, 2012, 2024 감평 사례]

Ⅰ. 환매권의 의의

환매권(還買權)이라 함은 공익사업을 위해 취득(협의취득 또는 수용)된 토지가 당해 사
업에 필요 없게 되거나 일정기간 동안 당해 사업에 이용되지 않는 경우에 원소유자 등이
일정한 요건하에 당해 토지를 회복할 수 있는 권리를 말한다.

Ⅱ. 환매권의 근거

1. 이론적 근거

오늘날 환매권의 이론적 근거를 재산권보장, 보다 정확히 말하면 재산권의 존속보장
에서 찾는 것이 유력한 견해가 되고 있다. 이 견해가 타당하다. 재산권자는 공공필요를 위
하여 재산권의 존속보장이 희생되고 재산권의 가치만이 보장되는 것을 용인하여야 하지
만, 이후에 공공필요가 없어지게 된 경우에는 재산권보장을 위하여 존속보장을 회복시켜

주는 환매를 인정하는 것이 타당하다.

대법원은 다음과 같이 환매권을 공평의 원칙상 인정되는 권리로 보면서도 재산권보장과의 관련성을 인정하고 있다.

판례1 "환매권은 공공의 목적을 위하여 수용 또는 협의취득된 토지의 원소유자 또는 그 포괄승계인에게 재산권보장과 관련하여 공평의 원칙상 인정하고 있는 권리"이다(대판 1993. 6. 29, 91다43480[손해배상(기)]).

판례2 토지보상법이 환매권을 인정하는 취지는, 토지의 원소유자가 사업시행자로부터 토지 등의 대가로 정당한 손실보상을 받았다고 하더라도 원래 자신의 자발적인 의사에 기하여 그 토지 등의 소유권을 상실하는 것이 아니어서 그 토지 등을 더 이상 당해 공익사업에 이용할 필요가 없게 된 때, 즉 공익상의 필요가 소멸한 때에는 원소유자의 의사에 따라 그 토지 등의 소유권을 회복시켜 주는 것이 공평의 원칙에 부합한다는 데에 있다(대판 2021. 4. 29, 2020다280890).

헌법재판소는 환매권을 헌법상의 재산권보장으로부터 도출되는 것으로 보고 있다(헌재 1995. 10. 26, 95헌바22[징발재산정리에 관한 특별조치법 제20조 제1항 위헌소원]).

2. 실정법상 근거

(1) 헌법적 근거

환매권은 헌법상 재산권보장에 근거하고 있다.

그런데, 문제는 환매권이 헌법상 재산권보장 규정으로부터 직접 도출되는가 아니면 실정법률의 근거가 있어야 하는가 하는 것이다.

① 일반적으로 학설은 후자의 견해를 취하고 있다. 대법원도 환매권을 법률의 규정에 의하여서만 인정되는 권리로 보고 있다(대판 1993. 6. 29, 91다43480).

② 그러나, 헌법재판소는 "공용수용된 토지 등에 대한 환매권은 헌법상의 재산권보장으로부터 도출되는 것으로서 헌법이 보장하는 재산권의 내용에 포함되는 권리"라고 하고 있다(헌재 1995. 10. 26, 95헌바22).

(2) 법률상의 근거

환매권은 토지보상법(제91조, 제92조), 택지개발촉진법 제13조 등에 의해 인정되고 있다.

Ⅲ. 환매권의 법적 성질

환매권은 공권인가 사권인가. 환매권을 공권으로 보는 경우에 환매권에 관한 소송은 행정소송(공법상 당사자소송)으로 제기하고, 사권으로 보는 경우에 환매권에 관한 소송은 민사소송으로 제기하여야 하는 점에 논의의 실익이 있다.

1. 공 권 설

환매권은 공익사업을 위해 공권력을 배경으로 취득한 토지의 환매와 관련이 있는 점에서 환매권은 행정청의 고권적 행정작용이 그 원인을 이루고 있고, 공공필요가 없는지 여부의 판단 등 공익판단의 문제를 포함하고 있으므로 환매권을 공권(公權)으로 보는 것이 타당하다. 환매권은 '공법적 원인에 기하여 야기된 법적 상태를 원상으로 회복하는 수단'이므로 공권으로 보아야 한다고 보기도 한다(홍정선, 464면). 공법과 사법의 구별에 관하여 귀속설을 지지하는 입장에서 환매권이 사업시행자라고 하는 '공권력 주체에 대한 권리'라고 보면서 환매권을 공권으로 보기도 한다(김남진, 544면).

2. 사 권 설

이 견해는 환매권은 개인이 행정청에 대하여 청구를 하고 이에 따라 행정청이 수용을 해제하는 것이 아니고, 환매권자인 토지소유자와 포괄승계인이 자신의 개인적 이익을 위하여 행사하는 권리이므로 사권(私權)이라고 본다(박윤흔, 681면; 유해웅, 370면).

3. 판   례

재판실무상 환매에 관한 사건이 민사사건으로 다루어지고 있는 점에서 판례는 원칙상 환매권을 사권으로 보고 있는 것으로 보인다.

> **판례** **징발재산환매권의 법적 성질 및 그 존속기간:** 징발재산정리에 관한 특별 조치법 제20조 소정의 환매권은 일종의 형성권으로서 그 존속기간은 제척기간으로 보아야 할 것이며, 위 환매권은 재판상이든 재판외이든 그 기간 내에 행사하면 이로써 매매의 효력이 생기고, 위 매매는 같은 조 제 1 항에 적힌 환매권자와 국가 간의 사법상의 매매라 할 것이다(대판 1992. 4. 24, 92다4673[소유권이전등기]).

Ⅳ. 환매권자

토지보상법상 **환매권자**(還買權者)는 '협의취득일 또는 수용의 개시일 당시의 토지소유자 또는 그 포괄승계인'이다(제91조 제 1 항).

Ⅴ. 환매의 목적물

토지수용법상 **환매의 목적물**(目的物)은 '취득한 토지의 전부 또는 일부'에 한정된다(제91조 제 1 항). 건물 등 토지 이외의 권리 및 물건에 대해서는 환매권이 인정되지 않는다. 이때 취득한 토지의 전부가 불필요하게 된 경우에는 그 전부에 대하여 환매권을 행사하여야 하며, 그 일부에 대해서만 환매권을 행사할 수 없다. 그러나, 일부분의 토지가 불필요하게 된 경우에는 그 부분에 대하여 환매권을 행사할 수 있다. 단, 잔여지는 그 잔여지에 접속된 토지가 환매대상이 된 경우에 한하여 환매권을 행사할 수 있다.

Ⅵ. 환매권의 성립시기

1. 수용시설

수용시설(收用時說)은 수용시 또는 임의매수시에 환매권이 성립한다는 견해이다. 이 견해에 의하면 환매의 요건은 성립요건이 아니라 행사요건이다. 이 견해가 다수설이며 타당하다.

2. 요건성립시설

요건성립시설(要件成立時說)은 환매의 요건이 충족된 때에 비로소 성립한다고 한다. 이 견해에 의하면 환매의 요건은 환매권의 성립요건이다(유해웅, 375면).

Ⅶ. 환매권의 통지·공고

사업시행자는 환매할 토지가 생겼을 때에는 지체 없이 그 사실을 환매권자에게 통지하여야 한다(제92조 제 1 항).

다만, 사업시행자가 과실 없이 환매권자를 알 수 없을 때에는 이를 공고하여야 한다.

사업시행자의 통지는 환매의 청약도 아니고 환매권 행사의 요건도 아니며 단순한 최고에 불과하다. 그러나, 사업시행자가 환매통지를 하지 않아 환매권을 상실하는 손해를 입게 한 경우 손해배상책임이 인정된다.

> **판례1** 징발재산 정리에 관한 특별조치법 부칙(1993. 12. 27) 제 2 조 제 3 항 및 같은 법 제20조 제 2 항이 환매권 행사의 실효성을 보장하기 위하여 국방부장관의 통지 또는 공고의무를 규정한 이상 국방부장관이 위 규정에 따라 환매권자에게 통지나 공고를 하여야 할 의무는 법적인 의무이므로, 국방부장관이 이러한 의무를 위반한 채 통지 또는 공고를 하지 아니하거나 통지 또는 공고를 하더라도 그 통지 또는 공고가 부적법하여 환매권자로 하여금 환매권 행사기간을 넘기게 하여 환매권을 상실하는 손해를 입게 하였다면 환매권자에 대하여 불법행위가 성립할 수 있다(대판 2006. 11. 23, 2006다35124[소유권이전등기 등]).

> **판례2** **환매권 통지규정 취지:** 토지수용법 제72조의 규정이 환매할 토지가 생겼을 때에는 기업자(특례법상의 사업시행자)가 지체 없이 이를 원소유자 등에게 통지하거나 공고하도록 규정한 취지는, 원래 공적인 부담의 최소한성의 요청과 비자발적으로 소유권을 상실한 원소유자를 보호할 필요성 및 공평의 원칙 등 환매권을 규정한 입법이유(당원 1992. 4. 28, 선고 91다29927 판결 참조)에 비추어 공익목적에 필요 없게 된 토지가 있을 때에는 일단 먼저 원소유자에게 그 사실을 알려주어 환매할 것인지의 여부를 최고하도록 하고, 그러한 기회를 부여한 후에도 환매의 의사가 없을 때에 비로소 원소유자 아닌 제 3 자에게 전매할 가능성을 가지도록 한다는 것으로서 이는 법률상 당연히 인정되는 환매권 행사의

실효성을 보장하기 위한 것이라고 할 것이므로, 그러한 통지나 공고의 불이행에 대한 형사적인 처벌규정이 없다 하더라도 위 규정은 단순한 선언적인 것이 아니라 기업자(사업시행자)의 법적인 의무를 정한 것이라고 보아야 할 것이고, 그와 같은 통지나 공고를 함으로써 같은 법 제72조 제 2 항에 따라 환매권 행사의 법정기간이 단축되는 것은 그 의무이행의 결과로 발생하는 부수적인 효과라고 해석함이 타당할 것이므로, 기업자(사업시행자)가 원소유자의 환매가능성이 존속하고 있는데도 이러한 의무에 위배한 채 환매의 목적이 될 토지를 제 3 자에게 처분한 경우에는 그와 같은 처분행위 자체는 유효하다고 하더라도 적어도 원소유자에 대한 관계에서는(그가 비록 지급받은 보상금을 먼저 반환하는 등의 선이행절차를 취하지 아니하였다 할지라도 이제는 그러한 선이행이 아무런 의미가 없게 되므로) 법률에 의하여 인정되는 환매권 자체를 행사함이 불가능하도록 함으로써 그 환매권 자체를 상실시킨 것으로 되어 불법행위를 구성한다고 함이 상당하다 할 것이다(대판 1993. 5. 27, 92다34667[토지소유권이전등기])

Ⅷ. 환매권의 행사

1. 행사요건

환매권자는 다음 둘 중 하나에 해당할 때 환매권을 행사할 수 있다(대판 1995. 2. 10, 94다31310[소유권이전등기]). ① 공익사업의 폐지·변경 또는 그 밖의 사유로 취득한 토지의 전부 또는 일부가 필요 없게 된 경우(제91조 제 1 항), ② 취득일부터 5년 이내에 취득한 토지의 전부를 해당 사업에 이용하지 아니하였을 때(제91조 제 2 항).

협의취득이 당연무효인 경우, 협의취득일 당시의 토지소유자가 소유권에 근거하여 등기 명의를 회복하는 방식 등으로 권리를 구제받는 것은 별론으로 하더라도 토지보상법 제91조 제 1 항에서 정하고 있는 환매권을 행사할 수는 없다. 토지보상법 제91조 제 1 항은 당초에는 적법하게 공익사업이 시행되었으나, 후발적인 사정으로 사업이 폐지되어 해당 토지가 필요 없게 된 경우를 규율하기 위한 규정이다(대판 2021. 4. 29, 2020다280890).

> 판례　협의취득과 수용은 모두 사업시행자가 공익사업의 수행을 위하여 필요한 토지를 취득하기 위한 수단으로서, 협의취득이 이루어지지 않을 경우 수용에 의한 강제취득방법이 후속조치로 기능을 하게 되므로 공용수용과 비슷한 공법적 기능을 수행하는 이상 협의취득한 토지와 수용한 토지는 환매권 발생 여부와 관련하여 법률상 같이 취급하는 것이 바람직하다(대판 2023. 8. 31, 2021다294889).

구 토지보상법 제91조 제 1 항에서 정하는 '당해 사업'이란 토지의 협의취득 또는 수용의 목적이 된 구체적인 특정 공익사업을 가리키는 것이고, 당해 사업의 '폐지·변경'이란 당해 사업을 아예 그만두거나 다른 사업으로 바꾸는 것을 말하고, 취득한 토지의 전부 또는 일부가 '필요 없게 된 때'란 사업시행자가 취득한 토지의 전부 또는 일부가 그 취득 목적사업을 위하여 사용할 필요 자체가 없어진 경우를 말하며, 협의취득 또는 수용된 토지가 필요 없게 되었는지 여부는 사업시행자의 주관적인 의사를 표준으로 할 것이 아니라 당해 사업의 목적과 내용, 협의취득의 경위와 범위, 당해 토지와 사업의 관계, 용도 등 제반 사정에 비추어 객관적·합리적으로 판단하여야 한다(대판 2021. 9. 30, 2018다282183; 대판 2010.

9. 30, 2010다30782; 대판 2019. 10. 31, 2018다233242).

판례 1 ① 당해 사업에 대하여 토지보상법상 사업인정이나 구 토지수용법(2002. 2. 4. 법률 제6656호 토지보상법 부칙 제 2 조로 폐지)이나 토지보상법상 사업인정으로 의제되는 도시계획시설사업 실시계획인가가 이루어졌다면 사업인정이나 실시계획인가의 내용에 따라 '당해 사업'을 특정할 수 있다. 그러나 사업인정을 전제하지 않고 있는 구 공공용지의 취득 및 손실보상에 관한 특례법(2002. 2. 4. 법률 제6656호 토지보상법 부칙 제 2 조로 폐지)에 따라 협의취득하거나 토지보상법 제14조에 따라 사업인정 전에 사업시행자가 협의취득한 경우에는 사업인정의 내용을 통해 당해 사업을 특정할 수 없으므로, 협의취득 당시의 제반 사정을 고려하여 협의취득의 목적이 된 공익사업이 구체적으로 특정되었는지 살펴보아야 한다(대판 2021. 9. 30, 2018다282183).

판례 2 '당해 사업'의 의미 및 협의취득 또는 수용된 토지가 필요 없게 되었는지 여부의 판단기준: 환매권에 관하여 규정한 「공익사업을 위한 토지 등의 취득 및 보상에 관한 법률」(이하 '공익사업법'이라고 한다) 제91조 제 1 항에서 말하는 '당해 사업'이란 토지의 협의취득 또는 수용의 목적이 된 구체적인 특정의 공익사업으로서 공익사업법 제20조 제 1 항에 의한 사업인정을 받을 때 구체적으로 특정된 공익사업을 말하고, 「국토의 계획 및 이용에 관한 법률」 제88조, 제96조 제 2 항에 의해 도시계획시설사업에 관한 실시계획의 인가를 공익사업법 제20조 제 1 항의 사업인정으로 보게 되는 경우에는 그 실시계획의 인가를 받을 때 구체적으로 특정된 공익사업이 바로 공익사업법 제91조 제 1 항에 정한 협의취득 또는 수용의 목적이 된 당해 사업에 해당한다. 또 위 규정에 정한 당해 사업의 '폐지·변경'이란 당해 사업을 아예 그만두거나 다른 사업으로 바꾸는 것을 말하고, 취득한 토지의 전부 또는 일부가 '필요 없게 된 때'란 사업시행자가 취득한 토지의 전부 또는 일부가 그 취득 목적 사업을 위하여 사용할 필요 자체가 없어진 경우를 말하며, 협의취득 또는 수용된 토지가 필요 없게 되었는지 여부는 사업시행자의 주관적인 의사를 표준으로 할 것이 아니라 당해 사업의 목적과 내용, 협의취득의 경위와 범위, 당해 토지와 사업의 관계, 용도 등 제반 사정에 비추어 객관적·합리적으로 판단하여야 한다(대판 2010. 9. 30, 2010다30782[소유권이전등기])(대판 2013. 1. 16, 2012다71305[손해배상(기)]).

판례 3 도시공원 외부와는 울타리로 차단되어 그 내부에 위치하면서 녹화를 통하여 공원으로 이용되고 있는 피수용 토지를 도시공원법상 도시공원과 구별되는 녹지로 보지 아니하고 도시공원 내의 녹화된 공원 부지로 보아, 그 토지가 수용목적사업에 이용되는 것에 해당하여 환매권을 행사할 수 없다고 한 사례(대판 1998. 3. 27, 97다39766[소유권이전등기]).

판례 4 한국농어촌공사가 영산강 유역 농업개발사업을 위하여 협의취득한 토지 중 일부 토지에 관하여 환매가 청구된 사안에서, 그 일부 토지에 설치하기로 예정하였던 시설물이 다른 곳에 설치되었다고 하여 그와 같은 구체적인 토지이용계획의 변경이 그 토지가 위 사업에 이용될 필요가 없어지게 하는 공공사업의 변경에 해당한다고 단정할 수 없고, 그 토지의 일부를 일시적으로 다른 사람에게 임대하였다는 사정만으로 그 토지가 위 사업에 필요 없게 되었다고 보기도 어렵다고 한 사례(대판 2009. 10. 15, 2009다43041[소유권이전등기]).

판례 5 수도권신공항건설 촉진법에 따른 신공항건설사업의 시행자가 인천국제공항 2단계 건설사업을 시행하면서 그 부대공사로서 항공기 안전운항에 장애가 되는 구릉을 제거하는 공사를 하기 위해 그 구릉 일대에 위치한 토지를 협의취득한 후 절토작업을 완료한 사안에서, 절토작업이 완료되었다는 사정만으로 그 토지가 당해 사업에 필요 없게 되었다고 보기 어려워 그 토지에 관한 환매권이 발생하지 않았다고 한 사례(대판 2010. 5. 13, 2010다12043, 12050[소유권이전등기]).

판례 6 국가 또는 지방자치단체가 공익사업을 위하여 취득한 후 공공시설 부지로 사용하는 토지가 토지구획정리사업의 시행으로 대체 공공시설이 설치됨에 따라 종전 공공시설의 전부 또는 일부가 폐지 또는 변경되어 불용으로 될 토지에 해당한다는 이유로 환지계획에서 환지를 정하지 않고 다른 토지의 환지 대상이 된 경우, 구 공익사업을 위한 토지 등의 취득 및 보상에 관한 법률 제91조 제 1 항에서 정한 '당해 사업의 폐지·변경 그 밖의 사유로 인하여 취득한 토지의 전부 또는 일부가 필요 없게 된 경우'에 해당하는지 여부(원칙적 소극)(대판 2013. 6. 27, 2010다18430[환매권행사 불능으로 인한 손해배상]).

당해 사업의 폐지에 관한 고시가 있었다 하더라도 여전히 당해 사업의 용도로 사용되는 동안은 종래 용도로서의 효용이나 공익상 필요가 현실적으로 소멸되었다고 볼 수 없으므로 해당 사업의 폐지 고시만으로는 필요가 없게 되었다고 단정하기 어렵다(대판 2019. 10. 31, 2018다233242).

판례 갑 지방자치단체가 도시계획시설(주차장) 사업(이하 '주차장 사업'이라고 한다)을 시행하면서 사업부지에 포함된 을 등의 각 소유 토지를 협의취득한 후 공영주차장을 설치하였고, 그 후 위 토지를 포함한 일대 지역이 재정비촉진지구로 지정되어 공영주차장을 폐지하는 내용이 포함된 재정비촉진지구 변경지정 및 재정비 촉진계획(이하 '재정비 촉진계획'이라고 한다)이 고시되었으며, 이에 따라 재정비촉진구역 주택재개발정비사업(이하 '재개발 사업'이라고 한다)의 사업시행인가가 고시되었는데, 을 등이 목적사업인 주차장 사업에 필요 없게 되어 위 토지에 관한 환매권이 발생하였다고 주장하며 갑 지방자치단체를 상대로 환매권 상실로 인한 손해배상을 구한 사안에서, 공영주차장을 폐지하기로 하는 내용이 포함된 재정비 촉진계획이 고시되거나 위 토지 등에 관한 재개발 사업의 사업시행인가가 고시되었다고 하더라도, 공영주차장이 여전히 종래의 주차장 용도로 사용되는 동안은 주차장으로서의 효용이나 공익상 필요가 현실적으로 소멸되었다고 볼 수 없으므로, 재정비 촉진계획의 고시나 재개발 사업의 사업시행인가 고시만으로 위 토지가 객관적으로 주차장 사업에 필요 없게 되었다고 단정하기 어렵고, 나아가 위 재개발 사업은 구 공익사업을 위한 토지 등의 취득 및 보상에 관한 법률(2011. 8. 4. 법률 제11017호로 개정되기 전의 것) 제4조 제5호의 공익사업으로서 '지방자치단체가 지정한 자가 임대나 양도의 목적으로 시행하는 주택의 건설 또는 택지의 조성에 관한 사업'에 해당한다고 볼 수 있으므로, 2010. 4. 5. 개정·시행된 같은 법 제91조 제6항이 적용되어 공익사업의 변환에 따라 을 등의 환매권 행사가 제한되는지 여부를 살폈어야 하는데도, 공영주차장을 폐지하기로 하는 내용이 포함된 재정비 촉진계획의 고시만으로 위 토지가 주차장 사업에 필요 없게 되었고, 그 무렵 을 등이 위 토지에 관한 환매권을 행사할 수 있었다고 본 원심판결에 심리미진 등의 잘못이 있다고 한 사례(대판 2019. 10. 31, 2018다233242).

구 토지보상법 제91조 제1항에 대한 헌법불합치 결정(헌재 2020. 11. 26, 2019헌바131) 이전에 환매권 발생기간이 경과하였으나 위 헌법불합치 결정에 따라 개정된 개정 토지보상법 이후 환매권 발생요건이 충족된 경우 개정 토지보상법 제91조 제1항의 적용을 통한 환매권 발생을 인정하여야 한다(대판 2024. 7. 25, 2023다316790). 그러나, 환매권 발생요건이 충족된 후 개정 토지보상법(2021. 8. 10. 법률 제18386호로 개정된 것) 시행 이전에 구 토지보상법 제91조 제1항에 따른 제척기간이 경과한 경우에는 개정 토지보상법 시행 당시 원고들의 환매권 행사가능성은 확정적으로 차단되었으므로 개정 토지보상법 제91조 제1항을 적용하여 환매권을 인정할 수 없다(대판 2024. 10. 8, 2024다241510<소유권이전등기(차)상고기각>).

토지의 협의취득일 또는 수용의 개시일부터 5년 이내에 취득한 토지의 전부를 당해 사업에 이용하지 아니한 때(제91조 제2항). 따라서, 취득한 토지의 일부라도 공익사업을 위해 사용한 경우에는 환매권을 행사할 수 없다.

> **[판례]** "취득한 토지 전부"가 공공사업에 이용되지 아니한 경우에 한하여 환매권을 행사할 수 있고 그 중 일부라도 공공사업에 이용되고 있으면 나머지 부분에 대하여도 장차 공공사업이 시행될 가능성이 있는 것으로 보아 환매권의 행사를 허용하지 않는다는 취지이므로, 이용하지 아니하였는지 여부도 그 취득한 토지 전부를 기준으로 판단할 것이고, 필지별로 판단할 것은 아니라 할 것이다(대판 1995. 2. 10, 94다31310[소유권이전등기]).
> 구 택지개발촉진법 제13조 제 1 항은 택지개발사업의 시행을 위하여 수용한 토지의 환매권 발생 요건에 관하여 별도로 정하고 있는데, 택지개발사업의 시행을 위하여 협의취득한 토지의 환매권 발생 요건에 관하여도 구 택지개발촉진법 제13조 제 1 항을 유추적용함이 타당하고, 택지개발사업의 시행을 위해 협의취득한 토지의 환매에 관하여 「공익사업을 위한 토지 등의 취득 및 보상에 관한 법률」('토지보상법') 제91조 제 2 항이 적용되지 아니한다(대판 2023. 8. 31, 2021다294889).

택지개발사업의 시행을 위하여 수용한 토지의 환매권 발생 요건에 관하여 정한 구 택지개발촉진법 제13조 제 1 항이 택지개발사업의 시행을 위하여 협의취득한 토지의 환매권 발생 요건에 관하여도 유추적용되는 것이 타당하고 택지개발사업의 시행을 위해 협의취득한 토지의 환매에 관하여 토지보상법 제91조 제 2 항이 적용되지 아니한다(대판 2023. 8. 31, 2021다294889).

> **[판례]** 택지개발사업의 시행을 위하여 수용한 토지의 환매권 발생 요건에 관하여 정한 구 택지개발촉진법(2011. 5. 30. 법률 제10764호로 개정되기 전의 것) 제13조 제 1 항("예정지구의 지정의 해제 또는 변경, 실시계획의 승인의 취소 또는 변경 기타 등의 사유로 수용한 토지 등의 전부 또는 일부가 필요 없게 된 때에는 수용 당시의 토지 등의 소유자 또는 그 포괄승계인은 필요 없게 된 날로부터 1년 내에 토지 등의 수용 당시 지급받은 보상금에 대통령령으로 정한 금액을 가산하여 시행자에게 지급하고 이를 환매할 수 있다.")이 택지개발사업의 시행을 위하여 협의취득한 토지의 환매권 발생 요건에 관하여도 유추적용되는 것이 타당하다고 한 사례. 그 이유는 다음과 같다. ① 관련 규정의 형식과 내용의 차이 등에 비추어 볼 때, 구 택지개발촉진법상 택지개발사업의 시행에 따라 협의취득한 토지의 환매권과 관련하여 환매권자의 권리 소멸에 관한 사항이 아닌 부분에 대해서도 당연히 토지보상법이 준용되거나 적용된다고 보기는 어렵다. ② 다른 공익사업과 비교하여 택지개발사업의 경우 택지를 대량으로 개발·공급하기 위하여 사업 준비에 오랜 기간이 소요될 수 있으므로, 사업시행자가 택지개발사업의 시행을 위하여 사업 부지를 취득한 이후에도 오랜 기간 사업 부지를 택지개발사업에 현실적으로 이용하지 못할 가능성이 있다. 구 택지개발촉진법은 이러한 사정을 고려하여 제13조 제 1 항에서 환매권 발생 사유를 별도로 정하면서, 토지보상법 제91조 제 2 항과는 달리 '취득일부터 5년 이내에 취득한 토지의 전부를 사업에 이용하지 아니하였을 때'를 환매권 발생 사유에서 제외하고 있는 것으로 봄이 타당하다. ③ 구 택지개발촉진법 제13조 제 1 항은 환매권 발생 요건에 관하여 '수용한 토지'라는 표현을 사용하고 있으나 택지개발사업의 시행을 위하여 토지를 취득한 원인이 수용인지 협의취득인지에 따라 환매권 발생 요건을 달리 보아야 할 합리적인 이유가 없다. 협의취득과 수용은 모두 사업시행자가 공익사업의 수행을 위하여 필요한 토지를 취득하기 위한 수단으로서, 협의취득이 이루어지지 않을 경우 수용에 의한 강제취득방법이 후속조치로 기능을 하게 되므로 공용수용과 비슷한 공법적 기능을 수행하는 이상 협의취득한 토지와 수용한 토지는 환매권 발생 여부와 관련하여 법률상 같이 취급하는 것이 바람직하다. 구 택지개발촉진법 제13조 제 1 항에서 택지개발사업의 환매권 발생 요건에 관하여 정하면서 협의취득한 토지가 환매 대상 토지에서 누락된 것은 법률의 흠결로 보일 뿐이다. ④ 그런데 택지개

발사업의 시행을 위하여 협의취득한 토지의 환매권 발생 요건에 관하여 구 택지개발촉진법 제13조 제1항에 정함이 없다는 이유로 토지보상법 제91조 제 2 항이 적용되어야 한다고 본다면, 사업시행자가 택지개발사업의 시행을 위하여 취득한 토지의 전부를 취득일부터 5년 이내에 사업에 이용하지 아니하였을 때, 협의취득한 토지의 경우에는 토지보상법 제91조 제 2 항에 따라 환매권이 발생하는 반면, 수용한 토지의 경우에는 구 택지개발촉진법 제13조 제 1 항이 정한 환매권 발생 사유에 해당하지 않아 환매권이 발생하지 아니하게 된다. 이처럼 택지개발사업의 시행을 위하여 토지를 취득한 원인에 따라 환매권 발생 여부가 달라진다고 보는 것은 부당하다(대판 2023. 8. 18, 2021다294889).

2. 행사기간

위 행사요건 ①의 경우 ⅰ) 사업의 폐지·변경으로 취득한 토지의 전부 또는 일부가 필요 없게 된 경우에는 관계 법률에 따라 사업이 폐지·변경된 날 또는 법 제24조에 따른 사업의 폐지·변경 고시가 있는 날부터 10년 이내에, ⅱ) 그 밖의 사유로 취득한 토지의 전부 또는 일부가 필요 없게 된 경우에는 사업완료일로부터 10년 이내에 그 토지에 대하여 받은 보상금에 상당하는 금액을 사업시행자에게 지급하고 그 토지를 환매할 수 있다(제91조 제 1 항).

위 행사요건 ②의 경우 취득일부터 6년 이내에 이를 행사하여야 한다(제91조 제 2 항).

국가·지방자치단체 또는 공공기관이 사업인정을 받아 공익사업에 필요한 토지를 협의취득 또는 수용한 후 당해 공익사업이 제 4 조 제 1 호 내지 제 5 호에 규정된 다른 공익사업으로 변경된 경우 환매권 행사기간은 관보에 당해 공익사업의 변경을 고시한 날부터 기산한다. 이 경우 국가·지방자치단체 또는 공공기관은 공익사업의 변경사실을 환매권자에게 통지하여야 한다(제91조 제 6 항).

환매권자는 사업시행자로부터 환매할 토지가 생겼다는 통지를 받은 날 또는 공고를 한 날부터 6개월이 지난 후에는 제91조 제 1 항 및 제 2 항에도 불구하고 환매권을 행사하지 못한다(제92조 제 2 항).

판례 [산업단지 지정 해제 후 환매권 발생 통지의무를 해태하였음을 원인으로 손해배상을 구하는 사건] 이 사건(산업단지 조성 사업) 진입도로 개설 사업이 이 사건 산업단지 조성 사업의 일부로서 이 사건 산업단지 지정 해제에 따라 구 「공익사업을 위한 토지 등의 취득 및 보상에 관한 법률」 제91조 제 1 항의 "해당 사업"의 폐지에 해당되어 환매권이 발생한다. 그럼에도 피고는 고의 또는 과실로 원고들에 대하여 구 토지보상법 제92조 제 1 항에서 정한 환매권 발생에 관한 통지 또는 공고를 하지 아니하였고, 그로 인하여 원고들은 이 사건 토지가 이 사건 사업에 필요 없게 된 때부터 1년 및 피고의 이 사건 토지에 관한 각 협의취득일부터 10년이 모두 경과되어 환매권을 상실하는 손해를 입었다. 그러므로 피고는 이를 배상하여야 한다(대판 2021. 7. 21, 2016다226516).

3. 환매권 행사의 방법

환매기간 내에 환매의 요건이 발생하면 환매권자는 수령한 보상금의 상당금액을 사업시행자에게 미리 지급하고 일방적으로 의사표시를 행하고, 이로써 사업시행자의 의사와 관계없이 환매가 성립되는 것이다. 토지의 가격이 취득 당시에 비하여 현저히 변경되었더라도 당사자간에 금액에 대하여 협의가 성립되거나 법원에 소송으로 다투어 그 금액이 결정되지 않는 한, 그 가격이 현저히 등귀된 경우이거나 하락한 경우이거나를 묻지 않고 환매권을 행사하기 위하여는 수령한 보상금의 상당금액을 미리 지급하여야 하고 또한 이로써 족하다(대판 1995. 2. 10, 94다31310; 2000. 11. 28, 99두3416).

판례1 공익사업을 위한 토지 등의 취득 및 보상에 관한 법률에 의한 환매권 행사에 대하여 사업시행자가 환매대금증액청구권을 내세워 선이행 또는 동시이행의 항변을 할 수 있는지 여부(소극): 공익사업을 위한 토지 등의 취득 및 보상에 관한 법률 제91조에 의한 환매는 환매기간 내에 환매의 요건이 발생하면 환매권자가 지급받은 보상금에 상당한 금액을 사업시행자에게 미리 지급하고 일방적으로 의사표시를 함으로써 사업시행자의 의사와 관계없이 환매가 성립되는 것이고, 토지 등의 가격이 취득 당시에 비하여 현저히 변경되었더라도 공익사업법 제91조 제 4 항에 의하여 당사자간에 금액에 대하여 협의가 성립되거나 사업시행자 또는 환매권자가 그 금액의 증감을 법원에 청구하여 법원에서 그 금액이 확정되지 않는 한, 그 가격이 현저히 등귀한 경우이거나 하락한 경우이거나를 묻지 않고 환매권을 행사하기 위하여는 지급받은 보상금의 상당금액을 미리 지급하여야 하고 또한 이로써 족한 것이며, 사업시행자는 소로써 법원에 환매대금의 증액을 청구할 수 있을 뿐 환매권 행사로 인한 소유권이전등기청구 소송에서 환매대금 증액청구권을 내세워 증액된 환매대금과 보상금 상당액의 차액을 지급할 것을 선이행 또는 동시이행의 항변으로 주장할 수는 없다(대판 2006. 12. 21, 2006다49277[소유권이전등기]).

판례2 [1] 공익사업을 위한 토지 등의 취득 및 보상에 관한 법률 제91조에서 정한 환매권 행사 시 환매기간 내 환매대금 상당의 지급 또는 공탁이 선이행의무인지 여부(적극). [2] 환매대상인 토지 부분의 정확한 위치와 면적을 특정하기 어려운 사정이 있는 경우 환매기간 만료 전 지급하거나 공탁한 환매대금이 나중에 법원의 감정 등으로 특정된 토지 부분의 환매대금에 다소 미치지 못하더라도 환매기간 경과 후 추가로 부족한 환매대금을 지급하거나 공탁할 수 있는지 여부(한정 적극) 및 환매권자가 명백한 계산 착오 등으로 환매대금의 아주 적은 일부를 환매기간 만료 전에 지급하거나 공탁하지 못한 경우에도 마찬가지인지 여부(적극). [3] 환매권자가 미리 지급하거나 공탁한 환매대금이 환매를 청구한 토지 부분 전체에 대한 환매대금에는 부족하더라도 실제 환매대상이 될 수 있는 토지 부분 대금으로는 충분한 경우, 환매대상이 되는 부분에 대하여 환매권 행사의 효력이 있는지 여부(적극). [4] 합병 전 한국토지공사가 甲에게서 수용한 토지 중 일부가 사업에 이용할 필요가 없게 되었음을 이유로 甲이 환매기간 내에 최초 수용재결 금액을 기준으로 그 면적 비율에 상응하는 환매대금을 공탁한 후 환매를 요청한 사안에서, 원심으로서는 甲이 이의재결 금액이 아닌 수용재결 금액만을 공탁한 이유가 무엇인지 등을 지적하여 甲에게 변론할 기회를 주었어야 하고, 공탁금액이 해당 토지 전체의 환매대금에 모자라더라도 토지 중 환매요건을 충족하는 부분이 있는지, 그에 대한 환매대금 이상이 공탁되어 있는지 등에 관하여 심리하였어야 함에도, 그와 같은 필요한 조치를 취하지 않은 채 甲의 청구를 배척한 원심판결에 법리오해 등의 위법이 있다고 한 사례(대판 2012. 8. 30, 2011다74109[소유권이전등기]).

판례3 매수인이 매도인을 대리하여 매매대금을 수령할 권한을 가진 자에게 잔대금의 수령을 최고하고 그 자를 공탁물수령자로 지정하여 변제공탁을 한 경우, 매도인에 대한 잔대금 지급의 효력이 있는지 여부(적극): 한국수자원공사가 甲 소유의 부동산을 수용하였는데, 이후 甲이 한국수자원공사에게서 환매업무를 위임받은 합병 전 한국토지공사에 환매를 요청하면서 한국토지공사를 피공탁자로 하여 환매대금을 공탁한 사안에서, 甲의 공탁은 한국수자원공사에 환매대금을 지급한 것과 같은 효력이 발생한다고 보아야 함에도, 이와 달리 본 원심판결에 법리오해의 위법이 있다고 한 사례(대판 2012. 3. 15, 2011다77849[손해배상(기)등]).

4. 환매권 행사의 효과

환매권자의 일방적인 의사표시에 의해 사업시행자의 의사와 관계없이 법률효과(환매)가 발생한다. 즉, 환매권은 청구권이 아니라 형성권이다.

(1) 물권적 효력설

이 견해에 의하면 환매는 환매권자의 의사표시만으로 성립하고, 수용토지의 현재 소유자의 동의를 요하지 않으므로 바로 소유권이 환매권자에게 이전한다고 해석한다. 이 견해는 환매권자의 권리로서 환매를 인정한 의의 및 환매를 하는 데는 보상금상당액의 제공을 요하는 것을 근거로 하고 있다.

(2) 채권적 효력설

이 견해는 환매권자의 환매의 의사표시만으로 수용토지소유권이 곧 환매권자에게 이전되는 것이 아니라 환매권자의 의사표시에 대하여 수용토지의 현재 소유자가 동의함으로써 양자간 매매계약이 성립하고 토지소유권은 그 결과로 이전하게 된다고 본다. 즉, 수용이 직접적으로 물권적 변동을 발생시키는 것임에 반하여 환매는 매매로서 당사자간 채권·채무의 관계를 발생시키게 되는 것으로 보고 있다.

(3) 판 례

판례도 환매권 행사의 결과 사법상 매매계약의 효력이 발생한다고 본다(대판 1992. 4. 24, 92다4673).

(4) 검 토

환매권의 행사에 의해 그것만으로 소유권의 변동이 일어나는 것은 아니며 소유권이전등기청구권이라는 청구권만이 발생한다.

5. 환매대금

환매대금은 받은 보상금에 상당하는 금액으로 한다(제91조 제1항). 토지의 가격이 취득일 당시에 비하여 현저히 변동된 경우(환매권 행사 당시 토지의 가격이 지급한 보상금에 환매 당시까지의 당해 사업과 관계없는 인근 유사토지의 지가변동률을 곱한 금액보다 초과되는 경우(시행령 제47조)) 사업시행자와 환매권자는 환매금액에 대하여 서로 협의하되, 협의가 성립되지 아니하면 그 금액의 증감을 법원에 청구할 수 있다(제91조 제4항).

환매금액의 증감을 구하는 소송을 공법상 당사자소송으로 본 과거의 판례가 있으나 최근 판례는 민사소송에 해당한다고 본다.

판례 1 '보상금에 상당한 금액'이라 함은 토지의 소유자가 사업시행자로부터 지급받은 보상금을 의미하며 여기에 환매권 행사 당시까지의 법정이자를 가산한 금액을 말하는 것은 아니라고 보아야 한다 (대판 1994. 5. 24, 93누17225[환매금액이의신청기각처분취소 등]).

판례 2 [1] 구 토지수용법 제75조의2 제 2 항에 의하여 사업시행자가 환매권자를 상대로 하는 환매가격의 증감에 관한 소송의 종류(=공법상 당사자소송): 공공용지의 취득 및 손실보상에 관한 특례법 제 9 조 제 3 항, 같은 법 시행령 제 7 조 제 1 항, 제 3 항 및 토지수용법 제73조 내지 제75조의2의 각 규정에 의하면 구 토지수용법 제75조의2 제 2 항에 의하여 사업시행자가 환매권자를 상대로 하는 소송은 공법상의 당사자소송으로 사업시행자로서는 환매가격이 환매대상토지의 취득 당시 지급한 보상금 상당액보다 증액 변경될 것을 전제로 하여 환매권자에게 그 환매가격과 위 보상금 상당액의 차액의 지급을 구할 수 있다. [2] 환매권자의 환매대금 지급의무의 발생시기(=환매권 행사시) 및 환매대상 토지의 취득 당시 지급한 보상액과 재결이나 행정소송 절차에서 정한 환매가격과의 차액에 대한 지연손해금의 발생 여부(적극): 환매권자의 환매대금 지급의무는 환매권 행사 당시에 이미 발생하는 것인데 환매대상토지의 취득 당시 지급한 보상금 상당액과 재결이나 행정소송 절차에서 환매가격으로 정하여진 금액과의 차액 역시 환매대상 토지와 대가관계에 있는 것이므로 그 차액이 환매권 행사 당시 지급되지 아니한 이상 이에 대하여 지연손해금이 발생하는 것이고 현실적으로 구체적인 환매가격이 재결이나 행정소송 절차에 의하여 확정된다고 하여 달리 볼 것은 아니다. [3] 환매대상 토지의 가격이 취득 당시에 비하여 현저히 변경된 경우, 환매가격 결정을 위한 협의 및 재결신청을 환매권의 행사기간 내에 하여야 하는지 여부(소극) 및 환매대상 토지가 수용된 경우, 환매가격 결정을 위한 협의 및 재결절차에 나아갈 수 있는지 여부(적극): 공공용지의 취득 및 손실보상에 관한 특례법과 같은 법 시행령 및 그에 의하여 준용되는 토지수용법의 규정을 살펴보아도 환매대상 토지의 가격이 취득 당시에 비하여 현저히 변경된 경우 환매가격을 결정하기 위하여 사업시행자 또는 환매권자가 협의 및 재결신청을 할 수 있는 기간을 특별히 제한하지 않고 있는바, 환매권의 행사와 환매가격 결정을 위한 절차는 그 성질을 달리하는 것이므로 공공용지의 취득 및 손실보상에 관한 특례법 제 9 조 제 5 항에 의하여 준용되는 토지수용법 제72조 제 2 항에 의하여 환매권의 행사기간이 통지를 받은 날로부터 6개월로 정하여져 있다고 하여 환매대상 토지가 수용되었다고 하더라도 환매대상 토지 또는 환매권이 소멸하는 것이 아니라 단지 소유권이전등기의무만이 이행불능으로 되는 것이고 환매권자로서는 환매가 성립되었음을 전제로 사업시행자에 대하여 대상청구를 할 수 있으므로 여전히 환매가격 결정을 위한 협의 및 재결절차에 나아갈 수 있다. [4] 공공용지의 취득 및 손실보상에 관한 특례법상의 환매에 있어서 환매대상 토지의 가격이 취득 당시에 비하여 현저히 변경된 경우, 환매가격의 결정방법: 공공용지의 취득 및 손실보상에 관한 특례법 및 같은 법 시행령에는 환매대상 토지의 가격이 취득 당시에 비하여 현저히 변경된 경우 어떠한 방법으로 정당한 환매가격을 결정할 것인지에 관하여 명시적으로 정하고 있는 규정은 없으나, 같은 법 제 9 조 제 1 항, 제 3 항, 같은 법 시행령 제 7 조 제 1 항, 제 3 항의 규정을 종합하여 보면, 환매권 행사 당시의 환매대상 토지의 가격, 즉 환매권 행사 당시를 기준으로 한 감정평가금액이 협의 취득 당시 사업시행자가 토지소유자에게 지급한 보상금에 환매 당시까지의 당해 사업과 관계없는 인근 유사토지의 지가변동률을 곱한 금액보다 적거나 같은 때에는 사업시행자가 취득할 때 지급한 보상금의 상당금액이 그 환매가격이 되는 것이 그 규정에 비추어 명백하므로, 환매권 행사 당시의 환매대상 토지의 가격이 현저히 상승하여 위 보상금에 인근 유사토지의 지가변동률을 곱한 금액을 초과할 때에도 마찬가지로 인근 유사토지의 지가상승분에 해당하는 부분은 환매가격에 포함되어서는 아니 되는 것인 만큼, 그 경우의 환매가격은 인근 유사토지의 지가변동률을 기준으로 하려면 위 보상금에다 환매대상 토지의 환매 당시의 감정평가금액에서 위 보상금에 인근 유사토지의 지가변동률을 곱한 금액을 공제한 금액을 더한 금액, 즉 '보상금＋(환매당시의 감정평가금액－(보상금×지가변동률))'로, 지가상승률을 기준으로 하려면 환매대상 토지의 환매 당시의 감정평가금액에서 위 보상금에 인근 유사토지의 지가상승률을 곱한 금액을 뺀 금액, 즉 '환매 당시의 감정평가금액－(보상금×지가변동률)'로 산정하여야 한다. [5] 공공용지의 취득 및 손실보상에 관한 특례법 시행령 제 7 조 제 1 항 소정의 '인근 유사토지의 지가변동률'의 의미 및 그 지가변동률을 산정하기 위한 인근 유사토지의 선정방법: 공공용지의 취득 및 손실보상에 관한 특례법 시행령 제 7 조 제 1 항의 인근 유사토지의 지가변동률이라 함은 환매대상토지와 지리적으로 인접하고 그 공부상 지목과 토지의 이용상황 등이 유사한 인근 유사토지의 지가변동률을 가리키는 것이지 그 토지가 속해 있는 시·군·구 단위의 지목별 평균지가변동률을 인근 유사토지의 지가변동률이라 할 수 없는 것인바, 지가변동률을 산정하기 위한 인근 유사토지는 협의취득시부터 환매권 행사 당시 사이에 공부상 지목과 토지의 이용상황 등에 변화가 없고 또 계속하여 기준지가 및 공시지가가 고시되어 온 표준지 중에서 합리적인 지가변동률을 산출할 수 있을 정도의 토지를 선정하면 족하고 반드시 동일한 행정구역 내에 있을 것을 요하지 아니하며 또 반드시 다수의 토지를 선정하여야 하는 것은 아니다(대판 2000. 11. 28, 99두3416[환매대금이의재결처분취소]).

`판례3` **[1] 구 공익사업을 위한 토지 등의 취득 및 보상에 관한 법률 제91조에 규정된 환매권의 존부에 관한 확인을 구하는 소송 및 같은 조 제 4 항에 따라 환매금액의 증감을 구하는 소송이 민사소송에 해당하는지 여부(적극):** 구 공익사업을 위한 토지 등의 취득 및 보상에 관한 법률(2010. 4. 5. 법률 제10239호로 일부 개정되기 전의 것, 이하 '구 공익사업법'이라 한다) 제91조에 규정된 환매권은 상대방에 대한 의사표시를 요하는 형성권의 일종으로서 재판상이든 재판 외이든 위 규정에 따른 기간 내에 행사하면 매매의 효력이 생기는 바(대판 2008. 6. 26. 선고 2007다24893 판결 참조), 이러한 환매권의 존부에 관한 확인을 구하는 소송 및 구 공익사업법 제91조 제 4 항에 따라 환매금액의 증감을 구하는 소송 역시 민사소송에 해당한다(대판 2013. 2. 28, 2010두22368[환매대금 증감]). **[2] 구 공익사업을 위한 토지 등의 취득 및 보상에 관한 법률 제91조 제 1 항에서 정한 환매권 행사기간의 의미:** 구 공익사업법 제91조 제 1 항은 환매권의 행사요건으로 "토지의 협의취득일 또는 수용의 개시일(이하 이 조에서 '취득일'이라 한다)부터 10년 이내에 당해 사업의 폐지·변경 그 밖의 사유로 인하여 취득한 토지의 전부 또는 일부가 필요 없게 된 경우 취득일 당시의 토지소유자 또는 그 포괄승계인(이하 '환매권자'라 한다)은 당해 토지의 전부 또는 일부가 필요 없게 된 때부터 1년 또는 그 취득일부터 10년 이내에 당해 토지에 대하여 지급받은 보상금에 상당한 금액을 사업시행자에게 지급하고 그 토지를 환매할 수 있다."고 규정하고 있는바, 위 규정의 의미는 취득일로부터 10년 이내에 그 토지가 필요 없게 된 경우에는 그때부터 1년 이내에 환매권을 행사할 수 있으며, 또 필요 없게 된 때부터 1년이 지났더라도 취득일로부터 10년이 지나지 않았다면 환매권자는 적법하게 환매권을 행사할 수 있다는 의미로 해석함이 옳다(대법원 2010. 9. 30. 선고 2010다30782 판결 참조). **[3]** 원고가 수도권광역상수도사업을 위하여 1998. 8. 4.을 수용개시일로 하여 이 사건 토지를 수용한 후 이 사건 토지에 설치된 기존의 수도관로를 판교택지지구 내 광역상수도로 계속 이용하여 오다가 2008. 7. 30.에 이르러 그 이용을 중단하였고, 피고는 2008. 8. 13. 환매대금으로 677,458,300원을 공탁하고 그 무렵 환매권을 행사한 경우에 취득일로부터 10년 이내에 이 사건 토지가 필요 없게 되었고, 피고가 그 때로부터 1년 이내에 환매권을 행사한 이상, 피고의 이 사건 환매권 행사는 적법하다고 보아야 한다고 한 사례(대판 2013. 2. 28, 2010두22368[환매대금증감]). 〈해설〉 원심은 이 사건 토지의 수용개시일로부터 10년이 지난 후에 피고가 보상금 상당액을 공탁함으로써 피고의 환매권은 제척기간의 경과로 소멸하였다고 판단하고 말았으니, 이러한 원심판결에는 환매권의 행사기간에 관한 법리를 오해한 나머지 판결에 영향을 미친 위법이 있다.

`판례4` **구 토지수용법 제75조의2 제 2 항에 의하여 사업시행자가 환매권자를 상대로 하는 환매가격의 증감에 관한 소송의 종류(=공법상 당사자소송):** 공공용지의 취득 및 손실보상에 관한 특례법 제9조 제 3 항, 같은 법 시행령 제 7 조 제 1 항, 제 3 항 및 토지수용법 제73조 내지 제75조의2의 각 규정에 의하면 구 토지수용법 제75조의2 제 2 항에 의하여 사업시행자가 환매권자를 상대로 하는 소송은 공법상의 당사자소송으로 사업시행자로서는 환매가격이 환매대상토지의 취득 당시 지급한 보상금 상당액보다 증액 변경될 것을 전제로 하여 환매권자에게 그 환매가격과 위 보상금 상당액의 차액의 지급을 구할 수 있다(대판 2000. 11. 28, 99두3416[환매대금이의재결처분취소]).

IX. 제 3 자에 대한 대항력

환매권은 부동산등기법이 정하는 바에 의하여 공익사업에 필요한 토지의 협의취득 또는 수용의 등기가 된 때에는 이를 제 3 자에게 대항(對抗)할 수 있다(제91조 제 5 항). 다만, 협의취득이 당연무효인 경우, 협의취득일 당시의 토지소유자가 소유권에 근거하여 등기 명의를 회복하는 방식 등으로 권리를 구제받는 것은 별론으로 하더라도 토지보상법 제 91조 제 1 항에서 정하고 있는 환매권을 행사할 수는 없다(대판 2021. 4. 29, 2020다280890).

> **판례** [1] 구 공익사업을 위한 토지 등의 취득 및 보상에 관한 법률 제91조 제 5 항에서 정한 '환매권은 부동산등기법이 정하는 바에 의하여 공익사업에 필요한 토지의 협의취득 또는 수용의 등기가 된 때에는 제 3 자에게 대항할 수 있다'의 의미: 이는 협의취득 또는 수용의 목적물이 제 3 자에게 이전되더라도 협의취득 또는 수용의 등기가 되어 있으면 환매권자의 지위가 그대로 유지되어 환매권자는 환매권을 행사할 수 있고, 제 3 자에 대해서도 이를 주장할 수 있다는 의미이다. [2] 甲 지방자치단체가 도로사업 부지를 취득하기 위하여 乙 등으로부터 토지를 협의취득하여 소유권이전등기를 마쳤는데, 위 토지가 택지개발예정지구에 포함되자 이를 택지개발사업 시행자인 丙 공사에 무상으로 양도하였고, 그 후 택지개발예정지구 변경지정과 개발계획 변경승인 및 실시계획 승인이 고시되어 위 토지가 택지개발사업의 공동주택용지 등으로 사용된 사안에서, 택지개발사업의 개발계획 변경승인 및 실시계획 승인이 고시됨으로써 토지가 도로사업에 더 이상 필요 없게 되어 협의취득일 당시 토지소유자였던 乙 등에게 환매권이 발생하였고, 그 후 택지개발사업에 토지가 필요하게 된 사정은 환매권의 성립이나 소멸에 아무런 영향을 미치지 않으며, 위 토지에 관하여 甲 지방자치단체 앞으로 공공용지 협의취득을 원인으로 한 소유권이전등기가 마쳐졌으므로, 乙 등은 환매권이 발생한 때부터 제척기간 도과로 소멸할 때까지 사이에 언제라도 환매권을 행사하고, 이로써 제 3 자에게 대항할 수 있다고 한 사례(대판 2017. 3. 15, 2015다238963).

X. 공익사업의 변환

1. 의의 및 취지

공익사업(公益事業)의 변환(變換)이라 함은 공익사업을 위하여 토지를 협의취득 또는 수용한 후 토지를 협의취득 또는 수용한 공익사업이 다른 공익사업으로 변경된 경우 별도의 협의취득 또는 수용 없이 당해 협의취득 또는 수용된 토지를 변경된 다른 공익사업에 이용하도록 하는 제도를 말한다.

공익사업의 변환이 인정된 이유는 협의취득 또는 수용한 토지의 전부나 일부를 환매권자에게 돌려주었다가 다른 공익사업을 위하여 다시 협의취득 또는 수용하도록 하는 것은 무용한 절차의 반복이 되어 비경제적이라는 데 있다.

> **판례** 원래 국민의 재산권을 제한하는 토지수용권 등의 발동은 공공복리의 증진을 위하여 긴요하고도 불가피한 특정의 공익사업의 시행에 필요한 최소한도에 그쳐야 하는 것이므로, 사정의 변경 등에 따라 그 특정된 공익사업의 전부 또는 일부가 폐지·변경됨으로써 그 공익사업을 위하여 취득한 토지의

전부 또는 일부가 필요 없게 되었다면, 설사 그 토지가 새로운 다른 공익사업을 위하여 필요하다고 하더라도 환매권을 행사하는 환매권자(원소유자나 그 포괄승계인)에게 일단 되돌려 주었다가 다시 협의취득하거나 수용하는 절차를 밟아야 되는 것이 원칙이라고 할 것이나, 당초의 공익사업이 공익성의 정도가 높은 다른 공익사업으로 변경되고 그 다른 공익사업을 위하여 토지를 계속 이용할 필요가 있을 경우에는, 환매권의 행사를 인정한 다음 다시 협의취득이나 수용 등의 방법으로 그 토지를 취득하는 번거로운 절차를 되풀이하지 않게 하기 위하여 이른바 '공익사업의 변환'을 인정함으로써 환매권의 행사를 제한하려는 것이 토지수용법 제71조 제7항의 취지이다(대판 1992. 4. 28, 91다29927).

2. 법적 근거

토지보상법 제91조 제6항은 공익성이 강한 공익사업으로 변경된 경우에 한하여 예외적으로 공익사업의 변환을 인정하고 있다.

판례 1   [1] 토지의 협의취득 또는 수용 후 당해 공익사업이 다른 공익사업으로 변경되는 경우에 당해 토지의 원소유자 또는 그 포괄승계인의 환매권을 제한하고, 환매권 행사기간을 변환 고시일부터 기산하도록 한 구 '공익사업을 위한 토지 등의 취득 및 보상에 관한 법률'(2007. 10. 17. 법률 제8665호로 개정되고, 2010. 4. 5. 법률 제10239호로 개정되기 전의 것) 제91조 제6항 전문(이하 '이 사건 법률조항'이라 한다)이 헌법 제23조 제3항의 정당한 보상의 원칙에 위배되었는지 여부(소극): 청구인은 공익사업 변환의 실질이 재수용과 같으므로 재수용절차를 거칠 경우 받을 수용보상금과 환매금액과의 차액을 보상하지 않는 것은 헌법 제23조 제3항의 '정당한 보상' 원칙 위반이라고 주장하나, 환매권은 피수용자가 수용 당시 정당한 손실보상을 받아야 한다는 것과는 관계가 없으므로 공익사업 변환에 따른 환매권 제한 조항인 이 사건 법률조항에 대해서는 헌법 제23조 제3항의 정당한 보상 문제가 발생한다고 볼 수 없고, 청구인의 주장은 공익사업 변환에 따른 환매권 제한이 과잉금지원칙에 위배되어 청구인의 재산권을 침해한다는 주장과 다름없다. [2] 이 사건 **법률조항이 과잉금지원칙에 위배되어 청구인의 재산권을 침해하는지 여부(소극):** 이 사건 법률조항은 수용된 토지가 애초의 사업목적이 폐지·변경되었다는 사유만으로 다른 공익사업을 위한 필요가 있음에도 예외 없이 원소유자에게 당해 토지를 반환하고 나서 다시 수용절차를 거칠 경우 발생할 수 있는 행정력 낭비를 막고 소유권 취득 지연에 따른 공익사업 시행에 차질이 없도록 하려는 것이므로, 입법목적이 정당하며, 이 사건 법률조항은 이를 위하여 적절한 수단이다. 이 사건 법률조항은 변환이 가능한 공익사업의 시행자와 사업의 종류를 한정하고 있고, 공익사업 변환을 하기 위해서는 적어도 새로운 공익사업이 공익사업법 제20조 제1항의 규정에 의해 사업인정을 받거나 다른 법률의 규정에 의해 사업인정을 받은 것으로 볼 수 있는 경우이어야 하며, 이 사건 법률조항에 의한 공익사업 변환을 토지수용과 마찬가지로 취급하여 반드시 환매권자를 위한 엄격하고 구체적인 규정을 둘 필요는 없으므로, 침해의 최소성원칙에 반하지 아니한다. 이 사건 법률조항으로 인하여 제한되는 사익인 환매권은 이미 정당한 보상을 받은 소유자에게 수용된 토지가 목적 사업에 이용되지 않을 경우에 인정되는 것이고, 변환된 공익사업을 기준으로 다시 취득할 수 있어, 이 사건 법률조항으로 인하여 제한되는 사익이 이로써 달성할 수 있는 공익에 비하여 중하다고 할 수 없으므로, 이 사건 법률조항은 과잉금지 원칙에 위배되어 청구인의 재산권을 침해한다고 할 수 없다. [재판관 송두환의 반대의견] 어떤 공익사업을 위하여 토지를 수용한 후 그 본래의 공익사업이 폐지·변경되어 공익사업법 제91조 제1항 소정 환매권의 대상이 되는 경우, 그 해당 토지를 다른 공익사업에 전용하려 하면 이는 새로운 토지수용에 해당하는 것이므로, 공공수용의 요건 충족 여부를 새로이 엄격하게 심사하고, 그 전용결정에 대한 불복방법 등 구제절차도 마련되어야 한다. 그런데 이 사건 법률조항은 단순히 변환 가능한 공익사업의 종류 및 주체만을 제한하고 있을 뿐, 존속보장을 하지 않을 만한 다른 공익에 대해서 규정하지 아니하고, 환매권자가 변환되는 공익사업 진행과정에 사전적으로 관여할 수 있는 기회조차 보장하지 아니하며, 재수용의 횟수를 제한하거나 개발이익이 아닌 정상적인 지가상승분 정도는 지급하도록 하는 방법 등도 고려하지 않고 있으므로, 침해의 최소성 원칙에 반한다. 수용토지의 원소유자로부터 재수용절차를 거치도록 하더라도 반드시 공익사업의 시행에 차질이 생길만큼 오랜 시일이 소요되는 것은 아니므로, 이 사건 법률조항이 달성하고자 하는 공익이 이로써 제한되는 사익에 비하여 크게 중하다고도 보기 어려우므로, 이 사건 법률조항은 과잉금지원칙에 위배되므로, 헌법에 위반된다.

> **판례 2** 공공용지의취득및손실보상에관한특례법과 토지수용법은 모두 공공복지의 증진과 사유재산권의 합리적 조절을 도모하려는 데에 그 목적이 있고, 공공용지의취득및손실보상에관한특례법과 토지수용법이 규정하는 각 환매권의 입법 이유와 규정 취지 등에 비추어 볼 때에 토지수용법 제71조 제 7 항의 규정은 그 성질에 반하지 아니하는 한 이를 공공용지의취득및손실보상에관한특례법 제 9 조 제 1 항에 의한 환매 요건에 관하여도 유추적용할 수 있고, 그 범위 안에서 환매권의 행사가 제한된다(대판 1997. 11. 11, 97다36835[토지소유권이전등기]).

3. 공익사업의 변환의 요건

① 수용주체가 국가·지방자치단체 또는 「공공기관의 운영에 관한 법률」 제 4 조에 따른 공공기관 중 대통령령으로 정하는 공공기관(이하 '공공기관'이라 한다)인 경우에 한한다. 그렇지만, 변경된 공익사업의 시행자가 민간기업인 경우(예, 경수고속도로 주식회사)에도 공익사업을 위한 토지 등의 취득 및 보상에 관한 법률 제91조 제 6 항에 정한 '공익사업의 변환'에 해당한다. 변경된 공익사업의 시행자가 국가·지방자치단체 또는 일정한 공공기관일 필요까지는 없다(대판 2015. 8. 19, 2014다201391: 변경된 공익사업의 시행자가 민간기업이라는 이유로 공익사업의 변환을 인정하지 아니한 원심판결을 파기한 사안).

② 사업인정을 받은 공익사업이 공익성의 정도가 높은 제 4 조 제 1 호 내지 제 5 호에 규정된 다른 공익사업으로 변경된 경우에 한한다.

> **판례 1** [1] 사업인정을 받은 당해 공익사업의 폐지·변경으로 인하여 수용한 토지가 필요 없게 된 때에는, 같은 법 조항에 의하여 공익사업의 변환이 허용되는 같은 법 제 3 조 제 1 호 내지 제 4 호에 규정된 다른 공익사업으로 변경되는 경우가 아닌 이상, 환매권자가 그 토지를 환매할 수 있는 것이라고 보지 않을 수 없다. [2] 계쟁토지의 취득목적인 공원조성사업이 완료되어 공중에 제공되었다가, 그 후 위 토지와 그 일대의 토지들에 대한 택지개발계획이 승인되어 공원시설을 철거하고 그 지상에 아파트 건축공사를 시행하고 있다면, 토지의 원소유자가 공공용지의 취득 및 손실보상에 관한 특례법에 따라 위 토지를 환매할 수 있다고 한 사례: 계쟁토지의 취득목적사업인 공원조성사업이 시행되어 그 토지를 포함한 그 일대의 토지들 위에 공원조성공사가 완료되고 공중의 공동사용에 제공되었다가, 그 후 위 토지를 포함한 그 일대의 토지들이 택지개발예정지구로 지정되고 이에 대한 택지개발계획이 승인되자, 위 토지 위의 공원시설을 철거하고 그 지상에 아파트건축공사를 착수하여 현재에 이르기까지 그 공사를 시행하고 있다면, 위 토지는 당초의 취득목적사업인 위 공원조성사업에는 더 이상 필요 없게 된 것임이 객관적으로 명백하다고 하지 않을 수 없고, 당초의 목적사업인 공원조성사업은 토지수용법 제 3 조 제 3 호에 해당하는 공익사업인 반면, 그 후 시행한 택지개발사업은 같은 법 제 3 조 제 5 호에 해당하는 공익사업임이 법문상 명백하므로, 토지수용법 제71조 제 7 항과 공공용지의 취득 및 손실보상에 관한 특례법 제 1 조, 제 2 조, 제 9 조 등 관계법령의 규정취지로 미루어 볼 때, 위 토지 위에 택지개발사업이 새로 시행되고 있다는 이유만으로는 공원조성사업에 필요 없게 된 위 토지의 원소유자가 위 특례법 제 9 조 제 1 항에 따라 위 토지를 환매할 수 없는 것이 아니라고 한 사례(대판 1992. 4. 28, 91다

29927[소유권이전등기]).

[판례2] 甲 지방자치단체가 협의취득한 후 설치한 공영주차장을 폐지하기로 하는 내용이 포함된 재정비 촉진계획이 고시되거나 위 토지 등에 관한 재개발 사업의 사업시행인가가 고시되었다고 하더라도, 공영주차장이 여전히 종래의 주차장 용도로 사용되는 동안은 주차장으로서의 효용이나 공익상 필요가 현실적으로 소멸되었다고 볼 수 없으므로, 재정비 촉진계획의 고시나 재개발 사업의 사업시행인가 고시만으로 위 토지가 객관적으로 주차장 사업에 필요가 없게 되었다고 단정하기 어렵고, 나아가 위 재개발 사업은 구 공익사업을 위한 토지 등의 취득 및 보상에 관한 법률 제4조 제5호의 공익사업으로서 '지방자치단체가 지정한 자가 임대나 양도의 목적으로 시행하는 주택의 건설 또는 택지의 조성에 관한 사업'에 해당한다고 볼 수 있으므로, 2010. 4. 5. 개정·시행된 같은 법 제91조 제6항이 적용되어 공익사업의 변환에 따라 乙 등의 환매권 행사가 제한되는지 여부를 살폈어야 하는데도, 공영주차장을 폐지하기로 하는 내용이 포함된 재정비 촉진계획의 고시만으로 위 토지가 주차장 사업에 필요 없게 되었고, 그 무렵 乙 등이 위 토지에 관한 환매권을 행사할 수 있었다고 본 원심판결에 심리미진 등의 잘못이 있다고 한 사례(대판 2019. 10. 31, 2018다233242).

③ 새로운 공익사업에 관해서도 사업인정을 받거나 사업인정을 받은 것으로 의제되어야 한다.

[판례] 「공익사업을 위한 토지 등의 취득 및 보상에 관한 법률」 제91조 제6항에 정한 공익사업의 변환은 같은 법 제20조 제1항의 규정에 의한 사업인정을 받은 공익사업이 일정한 범위 내의 공익성이 높은 다른 공익사업으로 변경된 경우에 한하여 환매권의 행사를 제한하는 것이므로, 적어도 새로운 공익사업에 관해서도 같은 법 제20조 제1항의 규정에 의해 사업인정을 받거나 또는 위 규정에 따른 사업인정을 받은 것으로 의제하는 다른 법률의 규정에 의해 사업인정을 받은 것으로 볼 수 있는 경우에만 공익사업의 변환에 의한 환매권 행사의 제한을 인정할 수 있다(대판 2010. 9. 30, 2010다30782[소유권이전등기]).

④ 공익사업의 변환을 인정하기 위해서는 적어도 변경된 사업의 사업시행자가 당해 토지를 소유하고 있어야 한다. 나아가 공익사업을 위해 협의취득하거나 수용한 토지가 제3자에게 처분된 경우에는 특별한 사정이 없는 한 그 토지는 당해 공익사업에는 필요 없게 된 것이라고 보아야 한다.

[판례] 사업 토지가 사업시행자가 아닌 제3자에게 처분된 경우에도 '공익사업의 변환'을 인정할 수 있는지 여부(소극): 공익사업의 원활한 시행을 위한 무익한 절차의 반복 방지라는 '공익사업의 변환'을 인정한 입법 취지에 비추어 볼 때, 만약 사업시행자가 협의취득하거나 수용한 당해 토지를 제3자에게 처분해 버린 경우에는 어차피 변경된 사업시행자는 그 사업의 시행을 위하여 제3자로부터 토지를 재취득해야 하는 절차를 새로 거쳐야 하는 관계로 위와 같은 공익사업의 변환을 인정할 필요성도 없게 되므로, 공익사업의 변환을 인정하기 위해서는 적어도 변경된 사업의 사업시행자가 당해 토지를 소유하고 있어야 한다. 나아가 공익사업을 위해 협의취득하거나 수용한 토지가 제3자에게 처분된 경우에는 특별한 사정이 없는 한 그 토지는 당해 공익사업에는 필요 없게 된 것이라고 보아야 하고, 변경된 공익사업에 관해서도 마찬가지이므로, 그 토지가 변경된 사업의 사업시행자 아닌 제3자에게 처분된 경우에는 공익사업의 변환을 인정할 여지도 없다(대판 2010. 9. 30, 2010다30782[소유권이전등기]: 지방자치단체가 도시관리계획상 초등학교 건립사업을 위하여 학교용지를 협의취득하였으나 위 학교용지

인근에서 아파트 건설사업을 하던 주택건설사업 시행자와 그 아파트 단지 내에 들어설 새 초등학교 부지와 위 학교용지를 교환하고 위 학교용지에 중학교를 건립하는 것으로 도시관리계획을 변경한 사안에서, 위 학교용지에 대한 협의취득의 목적이 된 당해 사업인 '초등학교 건립사업'의 폐지·변경으로 위 토지는 당해 사업에 필요 없게 되었고, 나아가 '중학교 건립사업'에 관하여 사업인정을 받지 않았을 뿐만 아니라 위 학교용지가 중학교 건립사업의 시행자 아닌 제 3 자에게 처분되었으므로 공익사업의 변환도 인정할 수 없다는 이유로 위 학교용지에 관한 환매권 행사를 인정한 사례).

　　⑤ 사업시행자와 다른 공익사업의 사업시행자가 동일할 것은 요건이 아니다(대판 1994. 1. 25, 93다11760).

　판례　공익사업의 변환은 사업주체가 동일한 경우에만 인정되는지 여부(소극): 이른바 '공익사업의 변환'이 국가·지방자치단체 또는 정부투자기관이 사업인정을 받아 토지를 협의취득 또는 수용한 경우에 한하여, 그것도 사업인정을 받은 공익사업이 공익성의 정도가 높은 토지수용법 제 3 조 제 1 호 내지 제 4 호에 규정된 다른 공익사업으로 변경된 경우에만 허용되도록 규정하고 있는 토지수용법 제71조 제 7 항 등 관계법령의 규정내용이나 그 입법이유 등으로 미루어 볼 때, 같은 법 제71조 제 7 항 소정의 '공익사업의 변환'이 국가·지방자치단체 또는 정부투자기관 등 기업자(또는 사업시행자)가 동일한 경우에만 허용되는 것으로 해석되지는 않는다(대판 1994. 1. 25, 93다11760, 11777, 11784[소유권이전등기]).

　　이에 대하여 공익사업의 변환에 따라 사업시행자가 바뀌는 경우에는 폐지된 공익사업의 시행자가 아무런 이유 없이 수용시와 공익사업의 변환시 사이의 토지가액의 변동으로 인한 차익을 얻게 되는 불합리가 있기 때문에 사업시행자가 변동되는 경우에는 공익사업의 변환이 허용되지 않는다고 보아야 한다는 견해가 있다.
　　⑥ 토지보상법은 사업인정을 받아 공익사업에 필요한 토지를 협의취득 또는 수용한 경우에 한하여 공익사업의 변환에 관한 규정을 두고 있고, 사업인정 전의 협의취득의 경우에 대하여는 공익사업의 변환에 관한 규정을 두고 있지 않다(제91조 제 6 항).

4. 공익사업의 변환의 효과

　　공익사업의 변환이 인정되는 경우에는 원래의 공익사업의 폐지·변경으로 협의취득 또는 수용한 토지가 원래의 공익사업에 필요 없게 된 때에도 환매권을 행사할 수 없다.
　　당해 토지에 대한 환매권 행사를 위한 기간은 당해 공익사업의 변경을 관보에 고시한 날로부터 다시 기산한다.

　판례　「공익사업을 위한 토지 등의 취득 및 보상에 관한 법률」 제91조 제 6 항에 정한 공익사업의 변환이 인정되는 경우, 환매권 행사가 제한되는지 여부(적극): 공익사업의 변환을 인정한 입법취지 등에 비추어 볼 때, 「공익사업을 위한 토지 등의 취득 및 보상에 관한 법률」 제91조 제 6 항은 사업인정을 받은 당해 공익사업의 폐지·변경으로 인하여 협의취득하거나 수용한 토지가 필요 없게 된 때라도 위 규정에 의하여 공익사업의 변환이 허용되는 다른 공익사업으로 변경되는 경우에는 당해 토지의 원소유자 또는 그 포괄승계인에게 환매권이 발생하지 않는다는 취지를 규정한 것이라고 보아야 하고, 위 조항에서 정한 "제 1 항 및 제 2 항의 규정에 의한 환매권 행사기간은 관보에 당해 공익사업의 변경을 고시한 날로부터 기산한다"는 의미는 새로 변경된 공익사업을 기준으로 다시 환매권 행사의 요건을 갖추지 못하는 한 환매권을 행사할 수 없고 환매권 행사 요건을 갖추어 제 1 항 및 제 2 항에 정한 환매권을 행사할 수 있는 경우에 그 환매권 행사기간은 당해 공익사업의 변경을 관보에 고시한 날로부터 기산한다는 의미로 해석해야 한다(대판 2010. 9. 30, 2010다30782[소유권이전등기]).

　　국가 · 지방자치단체 또는 공공기관은 공익사업이 변경된 사실을 환매권자에게 통지하여야 한다(제91조 제 6 항).

5. 공익사업변환제도의 위헌성

　　공익사업변환제도는 환매제도를 실효시키는 효과를 발생하므로 재산권 행사의 침해 문제를 야기하고, 공익사업의 변환이 인정되는 경우와 인정되지 않는 경우 사이의 형평의 문제로 인한 평등권 침해문제를 야기하여 위헌의 소지가 있다는 견해(류지태 · 박종수)가 있지만, 헌법재판소는 공익사업변환제도를 합헌이라고 본다.

판례　　이 사건 심판대상조항은 공익사업의 원활한 시행을 확보하기 위한 목적에서 신설된 것으로 우선 그 입법목적에 있어서 정당하고 나아가 변경사용이 허용되는 사업시행자의 범위를 국가 · 지방자치단체 또는 정부투자기관으로 한정하고 사업목적 또한 상대적으로 공익성이 높은 토지수용법 제 3 조 제 1 호 내지 제 4 호의 공익사업으로 한정하여 규정하고 있어서 그 입법목적 달성을 위한 수단으로서의 적정성이 인정될 뿐 아니라 피해최소성의 원칙 및 법익균형의 원칙에도 부합된다 할 것이므로 위 법률조항은 헌법 제37조 제 2 항이 규정하는 기본권 제한에 관한 과잉금지의 원칙에 위배되지 아니한다(헌재 1997. 6. 26, 96헌바94[토지수용법 제71조 제 7 항 위헌소원]).

XI. 권리구제(환매권에 대한 다툼)

1. 환매권 행사에 대한 권리구제

　　환매권 행사요건에 대한 다툼이 있는 경우, 환매권의 법적 성질로 공권으로 보는 경우에는 당사자소송을 제기하고 사권으로 보는 경우에는 민사소송을 제기한다. 판례는 민사소송으로 본다.

2. 환매금액에 대한 권리구제

　　환매금액에 대한 다툼은 사업시행자 및 환매권자가 협의하되, 협의가 불성립하는 경우에는 법원에 환매금액의 증감을 청구할 수 있다(보상법 제91조 제 4 항). 판례는 환매권을 사법상 권리로 보므로 민사소송으로 해결하고 있다.

제 2 장

공 용 사 용

I. 공용사용의 의의

공용사용(公用使用)이라 함은 공공필요를 위하여 특정인의 토지 등 재산을 강제로 사용하는 것을 말한다. 토지 등의 소유자는 공용사용을 수인할 의무를 진다. 공용사용에는 일시적 사용과 계속적 사용(전선설치를 위한 토지위 공중의 사용)이 있다.

II. 공용사용의 근거

공용사용도 재산권에 대한 제한이므로 법률의 근거가 있어야 한다. 토지보상법은 공익사업을 위한 공용사용의 일반적 근거규정을 두고 있고(제19조, 제38조), 기타 개별법에서 공용사용을 규정하는 경우가 있다(도로법 제48조 등).

III. 공용사용과 손실보상

공용사용이 특별한 희생에 해당하는 경우 보상이 주어져야 한다. 공용사용은 토지 등에 대한 강제적 사용을 내용으로 하므로 경미한 일시적 사용을 제외하고는 통상 특별한 희생에 해당한다.

토지보상법은 공용사용으로 인한 보상기준을 규정하고 있다(제71조, 제72조).

도시철도건설자가 도시철도의 건설을 위하여 타인 토지의 지하부분을 사용하고자 할 때에는 당해 토지의 이용가치, 지하의 깊이 및 토지이용이 방해되는 정도 등을 참작하여 보상한다(도시철도법 제4조의6 제1항).

Ⅳ. 토지보상법상 공용사용

1. 천재 · 지변시의 토지사용

(1) 의의 및 요건

천재지변이나 그 밖의 사변(事變)으로 인하여 공공의 안전을 유지하기 위한 공익사업을 긴급히 시행할 필요가 있을 때에는 사업시행자는 대통령령으로 정하는 바에 따라 특별자치도지사, 시장 · 군수 또는 구청장의 허가를 받아 즉시 타인의 토지를 사용할 수 있다. 다만, 사업시행자가 국가일 때에는 그 사업을 시행할 관계 중앙행정기관의 장이 특별자치도지사, 시장 · 군수 또는 구청장에게, 사업시행자가 특별시 · 광역시 또는 도일 때에는 특별시장 · 광역시장 또는 도지사가 시장 · 군수 또는 구청장에게 각각 통지하고 사용할 수 있으며, 사업시행자가 특별자치도, 시 · 군 또는 구일 때에는 특별자치도지사, 시장 · 군수 또는 구청장이 허가나 통지 없이 사용할 수 있다(제38조 제 1 항).

(2) 사용허가의 법적 성질

특별자치도지사, 시장 · 군수 또는 구청장의 사용허가에 의하여 타인의 토지를 사용할 수 있는 권리가 부여되므로 이는 설권적 형성행위인 특허로 볼 수 있다.

(3) 토지사용의 내용

토지의 사용기간은 6월을 초과하지 못한다(제38조 제 3 항). 6월을 초과하여 사용하고자 할 경우에는 그 기간 내에 사업인정을 비롯한 보통절차를 거쳐야 한다.

사용허가를 받은 사업시행자는 사용의 개시일에 토지 또는 물건 등의 사용권을 취득하며, 그 토지나 물건에 관한 다른 권리는 사용의 기간 중에 그 권리를 행사하지 못한다(제45조 제 2 항).

사업시행자는 토지나 물건의 사용기간이 끝났을 때나 사업의 폐지 · 변경 또는 그 밖의 사유로 사용할 필요가 없게 되었을 때에는 지체 없이 그 토지나 물건을 그 토지나 물건의 소유자 또는 그 승계인에게 반환하여야 한다(제48조 제 1 항). 이 경우에 사업시행자는 토지소유자가 원상회복을 청구하면 미리 그 손실을 보상한 경우를 제외하고는 그 토지를 원상으로 회복하여 반환하여야 한다(제48조 제 2 항).

(4) 손실보상

사업시행자는 천재 · 지변 기타의 사변에 의한 토지의 사용으로 인하여 생긴 손실을 보상하여야 한다(제38조 제 4 항). 이 경우, 사전보상의 원칙에 대한 예외로서 사용 후에 보상하는 사후보상의 성질을 갖는다.

2. 시급을 요하는 토지의 사용

(1) 의의 및 요건

재결신청을 받은 토지수용위원회는 그 재결을 기다려서는 재해를 방지하기 곤란하거나 그 밖에 공공의 이익에 현저한 지장을 줄 우려가 있다고 인정할 때에는 사업시행자의 신청을 받아 대통령령으로 정하는 바에 따라 담보를 제공하게 한 후 즉시 해당 토지의 사용을 허가할 수 있다. 다만, 국가나 지방자치단체가 사업시행자인 경우에는 담보를 제공하지 아니할 수 있다(제39조 제 1 항). 담보의 제공은 관할 토지수용위원회가 상당하다고 인정하는 금전 또는 유가증권을 공탁하는 방법으로 한다(시행령 제19조).

(2) 사용허가의 법적 성질

토지수용위원회의 허가에 의하여 타인의 토지를 사용할 수 있는 권리가 설정되므로 특허에 해당한다.

(3) 토지사용의 내용

토지의 사용기간은 6월을 초과하지 못한다(제39조 제 2 항). 6월을 초과하여 사용하고자 할 경우에는 그 기간 내에 사업인정을 비롯한 보통절차를 거쳐야 한다.

사용허가를 받은 사업시행자는 사용의 개시일에 토지 또는 물건 등의 사용권을 취득하며, 그 토지나 물건에 관한 다른 권리는 사용의 기간 중에 그 권리를 행사하지 못한다(제45조 제 2 항).

사업시행자는 토지나 물건의 사용기간이 끝났을 때나 사업의 폐지·변경 또는 그 밖의 사유로 사용할 필요가 없게 되었을 때에는 지체 없이 그 토지나 물건을 그 토지나 물건의 소유자 또는 그 승계인에게 반환하여야 한다(제48조 제 1 항). 이 경우에 사업시행자는 토지소유자가 원상회복을 청구하면 미리 그 손실을 보상한 경우를 제외하고는 그 토지를 원상으로 회복하여 반환하여야 한다(제48조 제 2 항).

(4) 손실보상

시급을 요하는 토지사용의 경우 토지수용위원회의 재결이 있기 전에 토지소유자 또는 관계인의 청구가 있는 때에는 사업시행자는 자기가 산정한 보상금을 토지소유자 또는 관계인에게 지급하여야 한다(제41조 제 1 항).

토지소유자나 관계인은 사업시행자가 토지수용위원회의 재결에 따른 보상금의 지급시기까지 보상금을 지급하지 아니하면 제공된 담보의 전부 또는 일부를 취득한다(제41조 제 2 항).

제 3 장
공 용 제 한

Ⅰ. 공용제한의 의의

공용제한(公用制限)이라 함은 공공필요를 위하여 재산권에 대하여 가해지는 공법상의 제한을 말한다.

물적 공용부담으로서의 공용제한은 경계이론에 따르면 헌법 제23조 제 3 항의 공용침해로서의 공용제한(공익사업을 위한 공용제한)과 동일한 개념이지만, 분리이론에 따르면 헌법 제23조 제 3 항의 공용침해로서의 공용제한을 포함하는 보다 넓은 개념이다. 공용제한 중 공익사업 자체를 위한 것은 헌법 제23조 제 3 항의 공용제한에 해당하지만, 그 이외는 헌법 제23조 제 3 항의 공용제한에 해당하지 않고, 헌법 제23조 제 1 항 및 제 2 항의 재산권 제한에 해당한다.

공용제한은 재산권자가 재산권을 박탈당하지 않는 점에서 공용수용과 구별된다.

공용사용을 공용제한의 하나(사용제한)로 보는 견해도 있지만 공용제한과 공용사용은 구분하는 것이 타당하다.

공용제한은 공공필요를 적극적으로 실현하기 위하여 가해지는 제한인 점에서 소극적인 질서유지를 위하여 가해지는 제한인 경찰상의 제한(^{위험건축물의}_{사용금지 등})이나 재정목적을 위한 재정상의 제한(^{강제징수를 위한 재산압}_{류로 인한 처분제한 등})과 구별된다.

Ⅱ. 공용제한의 근거

공용제한은 재산권에 대한 제한을 내용으로 하므로 법률의 근거가 있어야 한다. 당해 제한이 보상을 요하지 않는 재산권에 내재하는 사회적 제약에 그치는 경우에도 그러하다.

특별한 희생을 야기하는 공용제한의 경우에는 공용제한을 규율하는 법률에서 보상에 관하여도 규율하여야 하는데, 보상규정을 두지 않는 경우가 적지 않다. 이 경우에 당해 공용제한행위가 위법한 행위인지 아니면 당해 공용제한행위는 적법하며 보상 등 구제를 해주어야 하는 것으로 볼 것인지 문제된다(손실보상 참조).

Ⅲ. 공용제한의 종류

공용제한은 그 제한을 필요로 하는 공공필요의 내용에 따라 계획제한(計劃制限), 사업제한(事業制限), 보전제한(保全制限), 공물제한(公物制限)으로 나누어진다.

1. 계획제한

도시관리계획, 수도권정비계획 등 행정계획이 수립된 경우에 당해 행정계획에 배치되는 재산권 행사가 제한된다.

지역·지구 내에서 당해 지역·지구의 지정목적을 달성하기 위하여 재산권 행사에 가해지는 제한(주거지역에서의 일정한 건축의 제한, 개발제한
구역 내에서의 건축 등 토지이용의 제한 등)이 대표적인 예이다.

2. 사업제한

공익사업을 원활히 수행하기 위하여 사업지(산업
단지 등), 사업인접지(접도
구역 등) 또는 사업예정지(도로예
정지 등) 내의 재산권에 가해지는 제한을 말한다.

사업제한은 그 내용에 따라 부작위의무(토지의 형질
변경의 금지 등), 작위의무(시설설치의무 또는
공작물개축의무 등) 및 수인의무(형질변경, 공작물의 제거
등을 수인하여야 할 의무)로 나누어진다.

분리이론에 따르면, 사업제한도 공익사업 자체를 위한 제한이 아닌 것은 헌법 제23조 제 3 항의 공용침해에 해당하지 않고, 헌법 제23조 제 1 항 및 제 2 항의 재산권 제한에 해당하는 것으로 본다. 특히 접도구역제한의 경우에 논란이 제기되는데, 실무에서는 이를 헌법 제23조 제 3 항의 공용제한이 아닌 공용제한으로 보고 있다.

3. 보전제한

환경, 문화재, 자원, 농지 등의 보전을 위하여 재산권에 가해지는 제한을 말한다. 공원 내에서의 토지 등의 사용제한(자연공원법 제23조), 문화재 등 공적 보존물에 대한 제한(문화재보호법 제37조) 등이 이에 해당한다.

4. 공물제한

사적 소유의 물건에 공물이 설정된 경우에 공물의 목적달성에 필요한 한도 내에서 당해 물건에 가해지는 제한을 말한다.

Ⅳ. 공용제한과 손실보상

1. 특별희생

공용제한이 재산권에 내재하는 사회적 제약에 불과한 경우에는 재산권자가 이를 감수하여야 하지만 특별희생에 해당하는 경우 그에 대한 보상이 주어져야 한다(공용제한으로 인한 특별희생의 존재 여부에 관하여는 행정구제편 참조).

시가화조정구역의 지정과 같이 공용제한으로 인하여 재산권 행사에 제한을 받음과 동시에 장래에 향하여 이익을 받을 것이 예상되는 경우에는 제한되는 재산권 행사와 함께 공용제한으로 인한 공익 및 재산권자가 받는 장래의 이익을 고려하여 특별희생인지 여부를 결정하여야 한다.

> **판례** 헌법재판소는 사인의 토지가 도로, 공원, 학교 등 도시계획시설로 지정된 후 당해 도시계획시설의 시행지연으로 인하여 발생하는 보상의 문제에 관하여 "토지재산권의 강화된 사회적 의무와 도시계획의 필요성이란 공익에 비추어 일정한 기간까지는 토지소유자가 도시계획시설결정의 집행지연으로 인한 재산권의 제한을 수인해야 하지만, 일정 기간이 지난 뒤에는 입법자가 보상규정의 제정을 통하여 과도한 부담에 대한 보상을 하도록 함으로써 도시계획시설결정에 관한 집행계획은 비로소 헌법상의 재산권 보장과 조화될 수 있다"고 보고, "그러나 어떠한 경우라도 토지의 사적 이용권이 배제된 상태에서 토지소유자로 하여금 10년 이상을 아무런 보상 없이 수인하도록 하는 것은 공익실현의 관점에서도 정당화될 수 없는 과도한 제한으로서 헌법상의 재산권보장에 위배된다고 보아야 한다"고 결정하였다(헌재 전원재판부 1999. 10. 21, 97헌바26[도시계획법 제 6 조 위헌소원]).

2. 권리구제

공용제한이 특별희생에 해당하는 경우 분리이론에 따르면 공용제한 중 공익목적을 위한 일반적 제한의 경우에는 헌법 제23조 제 1 항 및 제 2 항의 문제로서 입법자의 조정조치(매수청구, 손실보상 등)를 통해 권리구제를 도모하고, 특정한 공익사업을 위한 제한의 경우에는 헌법 제23조 제 3 항의 문제로서 손실보상을 해주어야 한다. 경계이론에 따르면 공용제한이 특별한 희생에 해당하는 경우 모든 경우에 있어서 헌법 제23조 제 3 항의 문제로서 손실보상을 해주어야 한다(자세한 것은 손실보상 참조).

그런데, 문제는 공용제한으로 인한 손실에 대한 보상을 정하는 법률이 거의 없다는 것이다. 이 경우에 보상규정이 흠결된 경우의 손실보상의 문제가 된다(자세한 것은 손실보상 참조).

제4장

공용환지·공용환권

제1항   공용환지

Ⅰ. 공용환지의 의의

공용환지는 일정 지역 안에서 토지의 이용가치를 증진시키기 위한 사업을 실시하기 위하여 토지의 소유권 및 기타의 권리를 권리자의 의사와 관계없이 강제적으로 교환·분합하는 것을 말한다.[1]

공용환지를 공용수용과 구분하는 것이 전통적 견해인데(김동희, 419면, 540면), 이에 대하여 공용환지를 공용수용의 하나로 보는 견해가 유력하게 제기되고 있다(박건우, 환지처분의 본질과 소유권 변동의 공시, 행정법연구 제74호, 2024. 8, 288~289면). 공용환지를 공용수용의 하나로 보면 헌법 제23조 제3항의 공공필요성의 통제가 가능하다(주동진, 공용환지 이론의 재검토, 453면). 다만, 공용환지를 공용수용의 하나로 보지 않더라도 헌법원칙인 비례원칙의 통제를 받는다는 사실은 인정하여야 한다.

Ⅱ. 도시개발법상 공용환지

1. 환지계획

환지계획[2]이라 함은 도시개발사업이 완료된 후에 행하는 환지처분에 관한 계획을 말한다. 환지처분은 환지계획에 따라 행해져야 한다.

---

1) 도시개발법상 도시개발사업 및 농어촌정비법상의 농업기반 등 정비사업을 위하여 공용환지방식이 이용될 수 있다.
2) 환지계획은 환지예정지 지정이나 환지처분의 근거가 될 뿐 그 자체가 직접 토지소유자 등의 법률상의 지위를 변동시키거나 또는 환지예정지 지정이나 환지처분과는 다른 고유한 법률효과를 수반하는 것이 아니어서 이를 항고소송의 대상이 되는 처분에 해당한다고 할 수가 없다(대판 1999. 8. 20, 97누6889).

2. 환지예정지의 지정

(1) 환지예정지 지정의 성질 및 효과

환지예정지 지정이 있게 되면 종전 토지와 환지예정지에 대한 사용 또는 수익권에 변동이 일어나므로 환지예정지 지정행위는 행정처분이다.

> 제35조(환지 예정지의 지정) ① 시행자는 도시개발사업의 시행을 위하여 필요하면 도시개발구역의 토지에 대하여 환지 예정지를 지정할 수 있다. 이 경우 종전의 토지에 대한 임차권자등이 있으면 해당 환지 예정지에 대하여 해당 권리의 목적인 토지 또는 그 부분을 아울러 지정하여야 한다.

> **판례1** 토지구획정리 지구내에 있는 어떤 토지가 다른 토지의 환지예정지로 지정되었다 하더라도 종전 토지의 소유자는 종전 토지를 처분할 수 있다(대판 1963. 5. 15, 63누21).
>
> **판례2** 도시개발법 제35조 제1항, 제36조 제1항, 제42조 제1항, 제6항 등에 따르면, 종전의 토지에 대한 권리 소멸과 환지에 대한 권리 취득이라는 법률상 권리변동은 환지처분에 의해서 발생하며, 환지예정지 지정처분은 토지소유자로 하여금 환지계획상 환지로 정하여진 토지를 환지처분이 공고되기 전까지 임시로 사용·수익할 수 있게 하는 한편, 종전의 토지를 사용·수익할 수 없게 하는 처분에 불과하다. 이처럼 토지소유자가 환지예정지 지정처분의 효과로서 환지예정지를 임시로 사용·수익하는 것은 도시개발사업의 시행에 지장이 없는 범위 내에서 허용되는 것인데, 집단환지 방식의 경우 토지소유자가 개별 필지를 환지예정지로 지정받는 것이 아니라 집합건물 건설사업의 부지로 사용될 일단의 토지의 공유지분을 환지예정지로 지정받는 것이므로, 집단환지 방식에서 환지예정지 지정처분은 집단환지대상자인 토지소유자로 하여금 장래 환지처분이 공고되면 집단환지예정지의 공유지분을 취득할 잠정적 지위에 있음을 알리는 것에 불과할 뿐, 토지소유자가 집단환지예정지의 공유지분에 관하여 현실적으로 사용·수익하거나 그 밖의 방법으로 권리행사를 할 수 있는 지위를 설정하여 주는 것은 아니다(대판 2018. 3. 29, 2017두70946).

(2) 환지예정지 지정처분에 대한 불복

환지예정지 지정처분은 처분으로서 항고소송의 대상이 되나 환지처분이 일단 공고되어 효력을 발생하게 되면 환지예정지 지정처분은 그 효력이 소멸되는 것이므로, 환지처분이 공고된 후에는 환지예정지지정처분에 대하여 그 취소를 구할 법률상 이익은 없다(대판 1999. 10. 8, 99두6873).

3. 환지처분

(1) 의   의

환지처분은 사업시행자가 환지처분계획구역의 전부 또는 그 구역 내의 일부 공구에 대하여 공사를 완료한 후 환지계획에 따라 환지교부 등을 하는 처분이다.

(2) 환지처분의 효과

1) 소유권 등의 변동

환지처분으로 환지계획에서 정한 내용에 따른 권리변동이 발생한다(대판 2020. 5. 28,

2016다233729).

환지 계획에서 정하여진 환지는 그 환지처분이 공고된 날의 다음 날부터 종전의 토지로 보며, 환지 계획에서 환지를 정하지 아니한 종전의 토지에 있던 권리는 그 환지처분이 공고된 날이 끝나는 때에 소멸한다.

> **판례** 종전 토지 중 환지계획에서 환지를 정한 경우 종전 토지와 환지 사이에 동일성이 유지되므로 종전 토지의 권리제한은 환지에 설정된 것으로 보게 되고, 환지를 정하지 않은 종전 토지의 권리제한은 환지처분으로 소멸하게 된다. 이에 따라 체비지 또는 보류지는 그에 상응하는 종전 토지에 아무런 권리제한이 없는 상태로 구 도시개발법 제41조 제5항에서 정한 바에 따라 소유권을 취득한다(대판 2020. 5. 28, 2016다233729).

2) 청산금

환지를 정하거나 그 대상에서 제외한 경우 그 과부족분(過不足分)은 종전의 토지(입체환지 방식으로 사업을 시행하는 경우에는 환지 대상 건축물을 포함한다) 및 환지의 위치·지목·면적·토질·수리·이용 상황·환경, 그 밖의 사항을 종합적으로 고려하여 금전으로 청산하여야 한다.

(3) 환지처분의 효력발생요건

환지처분은 사업시행자에 의한 공고에 의하여 외부적으로 성립하고 그 공고익일부터 실체법상의 효과가 발생한다(대판 1991. 5. 10, 90누3591; 대판 2023. 8. 31, 2022다305724). 또한, 환지계획의 내용에 의하지 아니하거나 환지계획에 없는 사항을 내용으로 하는 환지처분은 무효이다(대판 2000. 2. 25, 97누5534; 대판 2023. 8. 31, 2022다305724).

> **판례** (1) 도시개발법상의 환지처분의 효력발생요건에 관한 위 법리는 산업입지법과 산단절차간소화법에 따른 산업단지 개발사업에서 이루어지는 환지에도 그대로 적용된다. (2) 산업단지 개발사업의 사업시행자인 원고가 그 사업을 진행하면서 사업구역 내에 토지를 소유하고 있는 소외 조합에 대하여 소외 조합이 당초 소유하고 있던 토지보다 넓은 면적의 토지('이 사건 토지')를 공급하기로 하는 산업단지계획을 작성하여 승인받고, 이에 따라 이 사건 토지에 대하여 환지를 이유로 소외 조합 명의로 소유권이전등기가 이루어진 사안에서 이 사건 토지를 원고에게 환지한다는 내용의 환지계획이 산업단지계획에 첨부되지 않았고 도시개발법에 따른 환지처분도 공고되지 않았으므로 그 환지처분의 효력이 발생하지 않아 이 사건 토지 중 당초 소외 조합이 소유하고 있지 않던 부분에 대한 소외 조합 명의의 소유권이전등기는 무효라고 보아, 이 사건 토지에 대한 환지처분의 효력이 발생하지 않았다고 한 사례(대판 2023. 8. 31, 2022다305724).

(4) 환지처분에 대한 불복

환지처분은 그에 의하여 직접 토지소유자 등의 권리의무가 변동되므로 이를 항고소송의 대상이 되는 처분이라고 볼 수 있다(대판 1999. 8. 20, 97누6889[환지계획 등 무효확인 및

취소]). 판례는 환지확정처분의 일부취소를 구하는 소송의 소의 이익을 인정하지 않는다
(대판 1985. 4. 23, 84누446[환지변경처분취소]).

환지처분에 대한 전부취소의 소는 가능하나 사정판결의 대상이 될 수 있다.

(5) 환지처분의 변경

환지처분이 일단 확정되어 효력을 발생한 후에는 이를 소급하여 시정하는 뜻의 환지
변경처분은 이를 할 수 없고, 그러한 환지변경의 절차가 필요할 때에는 그를 위하여 환지
전체의 절차를 처음부터 다시 밟아야 하며 그 일부만을 따로 떼어 환지처분을 변경할 수
없음은 물론, 그러한 절차를 밟지 아니하고 한 환지변경처분은 무효이다(대판 1998. 2. 13,
97다49459[소유권이전등기말소]).

4. 체비지 및 보류지(제44조)

시행자는 도시개발사업에 필요한 경비에 충당하거나 규약 · 정관 · 시행규정 또는 실시
계획으로 정하는 목적을 위하여 일정한 토지를 환지로 정하지 아니하고 보류지로 정할 수
있으며, 그 중 일부를 체비지로 정하여 도시개발사업에 필요한 경비에 충당할 수 있다. 체
비지나 보류지를 규약 · 정관 · 시행규정 또는 실시계획으로 정하는 목적 및 방법에 따라 합
리적으로 처분하거나 관리하여야 한다.

5. 감가보상금(제45조)

행정청인 시행자는 도시개발사업의 시행으로 사업 시행 후의 토지 가액(價額)의 총액
이 사업 시행 전의 토지 가액의 총액보다 줄어든 경우에는 그 차액에 해당하는 감가보상
금을 대통령령으로 정하는 기준에 따라 종전의 토지 소유자나 임차권자등에게 지급하여야
한다.

6. 임대료 등의 증감청구(제48조)

도시개발사업으로 임차권등의 목적인 토지 또는 지역권에 관한 승역지(承役地)의 이
용이 증진되거나 방해를 받아 종전의 임대료 · 지료, 그 밖의 사용료 등이 불합리하게 되면
당사자는 계약 조건에도 불구하고 장래에 관하여 그 증감을 청구할 수 있다. 도시개발사
업으로 건축물이 이전된 경우 그 임대료에 관하여도 또한 같다. 당사자는 해당 권리를 포
기하거나 계약을 해지하여 그 의무를 지지 아니할 수 있다. 환지처분이 공고된 날부터 60
일이 지나면 임대료 · 지료, 그 밖의 사용료 등의 증감을 청구할 수 없다.

제 2 항 공용환권

Ⅰ. 공용환권의 의의

공용환권이라 함은 일정한 지역 안에서 토지와 건축물 등 도시공간의 효용을 증대시키기 위한 사업을 실시하기 위하여 토지 및 건축물의 소유권 및 기타의 권리를 권리자의 의사와 관계 없이 강제적으로 교환·분합하는 것을 말한다.

공용환권은 토지뿐만 아니라 건축물에 대한 권리도 포함하여 교환·분합하는 점에서 공용환지와 구별된다.

도시정비법은 재개발사업, 재건축사업 및 주거환경개선사업에 공용환권의 방식을 도입하고 있다.

> 정비사업은 대부분 다음과 같은 과정으로 진행된다.
> 추진위원회 구성 및 승인 - 정비계획 수립과 정비구역 지정 - 재건축진단(재건축사업의 경우) - 추진위원회 구성 및 승인 - 조합설립 및 인가 - 시공사의 선정과 재건축조합의 매도청구 - 사업시행계획인가 - 정비조합(재개발사업의 경우)의 토지수용 - 관리처분계획 및 인가 - 이전고시 - 청산금 부과 및 조합의 해산

Ⅱ. 추진위원회의 구성 및 승인

조합을 설립하고자 하는 경우에는 토지소유자 과반수의 동의를 받아 조합설립을 위한 추진위원회를 구성하여 승인을 받아야 한다. 추진위원회설립 승인을 강학상 인가로 보는 견해와 허가 또는 특허로 보는 견해가 대립하고 있는데, 판례는 추진위원회승인처분에 대해 인가의 논지로 판시하였다.

> **판례** 조합설립추진위원회(이하 '추진위원회'라 한다) 구성승인은 조합의 설립을 위한 주체인 추진위원회의 구성행위를 보충하여 효력을 부여하는 처분이므로, 시장·군수로부터 추진위원회 구성승인을 받은 추진위원회는 유효하게 설립된 비법인사단으로서 조합설립에 필요한 법률행위 등을 할 수 있다. 따라서 추진위원회가 구성승인을 받을 당시의 정비예정구역보다 정비구역이 확대되어 지정된 경우, 추진위원회가 구성 변경승인을 받기 전에 확대된 정비구역 전체에서 조합설립을 추진하여 조합설립인가 신청을 하였다 하더라도 이는 유효하게 설립된 비법인사단의 법률행위이므로, 당초의 추진위원회 구성 승인이 실효되었다는 등의 특별한 사정이 없는 한 변경승인 전의 행위라는 사정만으로 조합설립인가 신청 자체가 무효라고 할 수는 없다(대판 2014. 2. 27, 2011두2248).

추진위원회가 행한 업무와 관련된 권리와 의무는 조합설립인가처분을 받아 법인으로 설립된 조합에 모두 포괄승계되므로, 원칙적으로 조합설립인가처분을 받은 조합이 설립등

기를 마쳐 법인으로 성립하게 되면 추진위원회는 그 목적을 달성하여 소멸한다(대판 2012. 4. 12, 2009다26787; 대판 2016. 12. 15, 2013두17473 등).

조합설립인가처분이 법원의 판결에 의하여 취소된 경우에는 추진위원회가 그 지위를 회복하여 다시 조합설립인가신청을 하는 등 조합설립추진 업무를 계속 수행할 수 있다(대판 2016. 12. 15, 2013두17473).

Ⅲ. 조 합

1. 조합의 설립인가 [2017 행시, 2014 감평 사례]

재개발조합 및 재건축조합을 설립하기 위하여는 시장 · 군수의 인가를 받아야 한다.

판례는 정비조합설립인가는 강학상 인가가 아니라 강학상 특허의 성질을 갖는다고 본다. 즉 행정청의 조합설립인가 처분은 조합에 정비사업을 시행할 수 있는 권한을 갖는 행정주체(공법인)로서의 지위를 부여하는 일종의 설권적 처분의 성격을 가진다. 따라서 토지등소유자로 구성되는 조합이 그 설립과정에서 조합설립인가처분을 받지 아니하였거나 설령 이를 받았다 하더라도 처음부터 조합설립인가처분으로서 효력이 없는 경우에는, 정비사업을 시행할 수 있는 권한을 가지는 행정주체인 공법인으로서의 조합이 성립되었다 할 수 없고, 또한 이러한 조합의 조합장, 이사, 감사로 선임된 자 역시 조합의 임원이라 할 수 없다(대판 2014. 5. 22, 2012도7190).

> **판례1** 조합설립결의는 조합설립인가처분에 필요한 요건 중의 하나에 불과하므로 조합설립결의에 하자가 있음을 이유로 재개발조합 설립의 효력을 부정하려면 항고소송으로 조합설립인가처분의 효력을 다투어야 한다(대판 2010. 1. 28, 2009두4845).[3)]
> **판례2** 재개발조합설립인가신청에 대하여 행정청의 조합설립인가처분이 있은 이후에는, 조합설립동의에 하자가 있음을 이유로 재개발조합 설립의 효력을 부정하려면 항고소송으로 조합설립인가처분의 효력을 다투어야 한다(2009두4845). 재개발조합설립에 요구되는 동의율의 충족 여부를 판단하는 기준일은 '조합설립인가신청일'이고 '조합설립인가처분일'이 아니다(대판 2014. 4. 24, 2012두21437).
> **판례3** 토지등소유자의 서면에 의한 동의요건이 결여된 하자는 원칙상 중대하고 명백한 하자이므로 조합설립인가처분의 무효사유이다. 다만, 조합설립 동의에 흠이 있다고 하더라도 그 흠이 중대 · 명백하지 않다면 조합설립인가처분이 당연 무효라고 할 수 없다(대판 2012. 10. 25, 2010두25107).

2. 조합의 법적 지위

조합은 공공조합으로 공법인이다. 조합은 재개발사업이나 재건축사업이라는 공행정 목적을 수행함에 있어서 행정주체의 지위에 서며(대판 2009. 11. 2, 2009다596) 재개발사업이

---

3) 이러한 판례의 태도는 기본행위의 하자를 이유로 강학상 인가를 다툴 소의 이익이 없다고 보는 판례(2005두1046)와 비교할 필요가 있다.

나 재건축사업이라는 공행정목적을 직접적으로 달성하기 위하여 행하는 조합의 행위는 원
칙상 공법행위라고 보아야 한다.

조합의 정관은 해당 조합의 조직, 기관, 활동, 조합원의 권리의무관계 등 단체법적 법
률관계를 규율하는 것으로서 공법인인 조합과 조합원에 대하여 구속력을 가지는 자치법규
이다.

3. 조합과 조합원 및 조합임원과의 관계

① 조합과 조합원 사의의 공법상 법률관계에 관한 분쟁은 공법상 당사자소송의 대상
이 된다. ② 재개발조합과 조합장 또는 조합임원 사이의 선임·해임 등을 둘러싼 법률관계
는 사법상의 법률관계로서 그 조합장 또는 조합임원의 지위를 다투는 소송은 민사소송에
의하여야 할 것이다(대판 2009. 9. 24, 2009마168).

4. 조합설립인가처분 취소판결의 효력

주택재건축사업조합 설립인가처분이 판결에 의하여 취소되거나 무효로 확인된 경우
에는 조합설립인가처분은 처분 당시로 소급하여 효력을 상실하고, 이에 따라 당해 주택재
건축사업조합 역시 조합설립인가처분 당시로 소급하여 도시정비법상 주택재건축사업을
시행할 수 있는 행정주체인 공법인으로서의 지위를 상실한다(대판 2012. 11. 27, 2011두518).
따라서, 주택재개발사업조합이 조합설립인가처분 취소 전에 도시 및 주거환경정비법상 적
법한 행정주체 또는 사업시행자로서 한 결의등 처분도 원칙상 소급하여 효력을 상실한다
(대판 2012. 3. 27, 2008다95885).

Ⅳ. 사업시행계획인가

사업시행계획의 인가는 사업시행계획의 효력을 완성시켜 사업시행계획이 조합원에
대하여 구속력을 가지도록 하는 점에서는 강학상 인가이고, 사업시행자의 지위를 창설하
는 점에서는 강학상 특허라고 보는 것이 타당하다.

판례는 구 도시환경정비사업조합이 수립한 사업시행계획의 인가를 구 도시환경정비
사업조합의 사업시행계획에 대한 강학상 인가로 보는 반면에 토지 등 소유자들이 조합을
따로 설립하지 않고 직접 시행하는 도시환경정비사업에서 사업시행인가처분은 일종의 설
권적 처분(특허)의 성격을 가진다고 본다.

판례1 ① 기본행위인 주택재개발정비사업조합이 수립한 사업시행계획에 하자가 있는데 보충행위인 관할 행정청의 사업시행계획 인가처분에는 고유한 하자가 없는 경우, 사업시행계획의 무효를 주장하면서 곧바로 그에 대한 인가처분의 무효확인이나 취소를 구할 수 있는지 여부(소극): 구 도시 및 주거환경정비법에 기초하여 주택재개발정비사업조합이 수립한 사업시행계획은 관할 행정청의 인가·고시가 이루어지면 이해관계인들에게 구속력이 발생하는 독립된 행정처분(구속적 행정계획)에 해당하고, 관할 행정청의 사업시행계획 인가처분은 사업시행계획의 법률상 효력을 완성시키는 보충행위(학문상 인가)에 해당한다. 따라서 기본행위인 사업시행계획에는 하자가 없는데 보충행위인 인가처분에 고유한 하자가 있다면 그 인가처분의 무효확인이나 취소를 구하여야 할 것이지만, 인가처분에는 고유한 하자가 없는데 사업시행계획에 하자가 있다면 사업시행계획의 무효확인이나 취소를 구하여야 할 것이지 사업시행계획의 무효를 주장하면서 곧바로 그에 대한 인가처분의 무효확인이나 취소를 구하여서는 아니 된다(대판 2021. 2. 10, 2020두48031).

판례2 도시환경정비사업조합이 수립한 사업시행계획을 인가하는 행정청의 행위의 법적 성질(=보충행위) 및 인가처분에 흠이 없는 경우 기본행위의 무효를 내세워 인가처분의 취소 또는 무효확인을 구할 수 있는지 여부(소극)(대판 2010. 12. 9, 2010두1248).

판례3 토지 등 소유자들이 그 사업을 위한 조합을 따로 설립하지 아니하고 직접 도시환경정비사업을 시행하고자 하는 경우에는 사업시행계획서에 정관 등과 그 밖에 국토해양부령이 정하는 서류를 첨부하여 시장·군수에게 제출하고 사업시행인가를 받아야 하고, 이러한 절차를 거쳐 사업시행인가를 받은 토지 등 소유자들은 관할 행정청의 감독 아래 정비구역 안에서 구 도시정비법상의 도시환경정비사업을 시행하는 목적 범위 내에서 법령이 정하는 바에 따라 일정한 행정작용을 행하는 행정주체로서의 지위를 가진다. 그렇다면 토지 등 소유자들이 직접 시행하는 도시환경정비사업에서 토지 등 소유자에 대한 사업시행인가처분은 단순히 사업시행계획에 대한 보충행위로서의 성질을 가지는 것이 아니라 구 도시정비법상 정비사업을 시행할 수 있는 권한을 가지는 행정주체로서의 지위를 부여하는 일종의 설권적 처분의 성격을 가진다(대판 2013. 6. 13, 2011두19994).

판례4 도시환경정비사업을 직접 시행하려는 토지 등 소유자가 작성한 사업시행계획에 대한 정비구역 내 토지 등 소유자 4분의 3 이상의 동의는 이러한 설권적 처분의 절차적 요건에 해당한다(대판 2015. 6. 11, 2013두15262).

판례5 행정청이 구 도시정비법 제8조 제3항, 제28조 제1항 본문에 근거하여 행하는 사업시행계획 변경인가처분 중 '사업시행자를 조합 단독에서 조합과 주택공사 등 공동으로 변경하는 결정 부분' 또는 '사업시행자를 조합과 주택공사 등 공동에서 조합 단독으로 변경하는 결정 부분'은 주택공사 등에 대하여 도시정비법상 도시환경정비사업을 시행할 수 있는 권한을 갖는 행정주체로서의 지위를 부여하거나 상실시키는 일종의 설권적 처분의 성격을 가지므로, 조합이 조합원 총회를 거쳐 주택공사 등을 공동사업시행자에서 제외하는 내용의 결의를 한 후 관할 행정청의 인가를 받은 경우에는 설권적 처분의 요건인 조합원 총회의 효력 또는 그 총회 결의의 하자 등을 이유로 사업시행계획 변경인가처분 중 공동사업시행자 지위 상실 부분의 취소 또는 무효 확인을 구하는 것은 별론으로 하고, 그러한 설권적 처분의 요건에 불과한 조합원 총회의 효력 또는 그 총회 결의에 따른 조합의 후속 집행행위의 효력을 다투는 확인의 소를 제기하는 것은 특별한 사정이 없는 한 허용되지 아니한다(대판 2023. 12. 21, 2023다275424[공동사업시행자지위확인등청구의소]).

　　재건축 사업시행의 인가는 행정청의 재량행위에 속한다(대판 2007. 7. 12, 2007두6663).
　　사업시행계획에 대한 인가처분이 난 후에는 사업시행계획안에 대한 조합총회의 결의는 처분인 사업시행계획의 절차적 요건에 불과하여 독립하여 소송의 대상이 될 수 없고 조합총회의 결의를 다투고자 하는 경우에도 사업시행계획을 다투는 항고소송을 제기해야 하므로 관할 구청장의 인가등에 의해 확정된 사업시행계획에 관한 조합총회의 결의의 효력을 정지하기 위해서는 행정소송법상 집행정지를 신청하여야 하며 민사소송법상 가처분을 신청할 수 없다. 다만, 사업시행계획이 확정되기 전에는 공법상 당사자소송으로 총회 결의의 무효확인을 구하는 소송을 제기할 수 있고, 민사소송법상 가처분을 신청할 수 있다.

V. 공용환권의 시행

도시정비법상 공용환권은 분양신청과 관리처분계획에 다른 환권처분에 의해 행해진다.

1. 분양신청 [2022 감평 사례]

대지 또는 건축물에 대한 분양을 받고자 하는 토지등소유자는 분양신청기간 이내에 사업시행자에게 대지 또는 건축물에 대한 분양신청을 하여야 한다.

만약 분양신청기간에 대한 통지 등의 절차를 제대로 거치지 않고 수용재결에 이르렀다면 그 수용재결은 위법하다 할 것이다.

> **판례** 구 도시재개발법(1995. 12. 29. 법률 제5116호로 전문 개정된 후 2002. 2. 4. 법률 제6655호로 개정되기 전의 것, 이하 '법'이라 한다) 제33조 제 1 항은 재개발사업의 시행자는 사업시행고시가 있은 날부터 14일 이내에 토지 등의 소유자에게 분양신청기간을 통지하고 일간신문에 공고하여야 하며, 이 경우 분양신청기간은 사업시행고시가 있은 날부터 30일 이상 60일 이내로 하여야 한다고 규정하고 있고, 제 2 항은 대지 또는 건축시설에 대한 분양을 받고자 하는 토지 등의 소유자는 제 1 항 규정에 의한 분양신청기간 내에 대통령령이 정하는 바에 의하여 시행자에게 대지 또는 건축시설에 대한 분양신청을 하여야 한다고 규정하고 있으며, 한편 법 제31조 제 2 항은 시행자는 분양신청을 하지 아니한 자, 분양신청을 철회한 자, 관리처분계획의 기준에 의하여 분양대상에서 제외된 자의 토지·건축물 기타의 권리는 도시계획법 제29조의 규정에 의하여 수용할 수 있다고 규정하고 있는바, 이와 같은 제반 규정의 내용 및 취지 등을 종합하여 보면, 법 제33조 제 1 항 소정의 분양신청기간의 통지 등 절차는 재개발구역 내의 토지 등의 소유자에게 분양신청의 기회를 보장해 주기 위한 것으로 법 제31조 제 2 항에 의한 토지수용을 하기 위하여 반드시 거쳐야 할 필요적 절차라고 할 것이고, 또한 그 통지를 함에 있어서는 분양신청기간과 그 기간 내에 분양신청을 할 수 있다는 취지를 명백히 표시하여야 할 것이므로, 이러한 통지 등의 절차를 제대로 거치지 않고 수용재결에 이르렀다면 그 수용재결은 위법하다 할 것이다.

2. 관리처분계획(공용환권계획)

(1) 관리처분의 의의

관리처분계획이라 함은 재개발사업 등의 공사가 완료된 후 행하는 분양처분 및 청산 등에 관한 계획을 말한다.

(2) 관리처분계획의 성립과 효력발생

사업시행자가 시장·군수 외의 자인 경우에는 분양신청기간이 종료된 때에는 관리처분계획을 수립하여 시장·군수의 인가를 받아야 한다. 이는 사업시행자의 관리처분계획의 효력을 완성시키는 보충행위로서 강학상 인가에 해당한다. 따라서, 조합의 의결의 내용상의 하자를 들어 인가의 취소 또는 무효의 확인을 청구하는 소송을 제기할 소의 이익이 없다(대판 2001. 12. 11, 2001두7541). 조합은 시장·군수의 인가의 거부에 대하여는 항고소송을 제기할 수 있다.

관리처분계획에 대한 인가·고시 이후 관리처분계획 결의의 하자를 다투고자 하는 경우 관리처분계획이 처분이고, 조합총회의 결의는 관리처분계획처분의 절차적 요건에 불과하므로 관리처분계획을 항고소송으로 다투어야 하며 결의의 하자를 다툴 수 없다(대판 전원합의체 2009. 9. 17, 2007다2428).

(3) 관리처분계획의 내용

분양설계, 분양대상자의 주소 및 성명, 정비사업비의 추산액 등 정비사업과 관련된 사항을 정하여야 한다.[4]

(4) 관리처분계획의 성질과 구속력

1) 구속적 행정계획

관리처분계획은 환권처분의 기준을 제시하고 환권처분은 관리처분계획에 구속되어 행해진다. 따라서, 관리처분계획을 구속적 행정계획으로 볼 수 있다.

2) 처 분

관리처분계획의 고시가 있는 때에는 소유권자 등의 종전의 토지에 대한 재산권 행사가 제한되고, 환권처분을 구속하는 효력을 가지므로 관리처분계획은 항고소송의 대상이 되는 처분이라고 보아야 한다.

판례는 관리처분계획을 구속적 행정계획으로서 조합이 행한 처분으로 보고 있다(대판 2009. 9. 17, 2007다2428). 따라서, 관리처분계획을 다투고자 하는 자는 조합을 피고로 하여야 한다.

(5) 관리처분계획에 대한 불복

관리처분계획은 처분이므로 항고소송의 대상이 된다. 이전고시가 효력을 발생하게 된 이후에는 관리처분계획의 취소 또는 무효확인을 구할 소의 이익이 없다는 것이 판례의 입장이다.

---

4) 도시 및 주거환경정비법 제74조 제 1 항 참조.

> **판례** [1] 도시 및 주거환경정비법상 이전고시가 효력을 발생한 이후에도 조합원 등이 관리처분계
> 획의 취소 또는 무효확인을 구할 법률상 이익이 있는지 여부(소극)(2011두6400): [다수의견] 이전고
> 시의 효력 발생으로 이미 대다수 조합원 등에 대하여 획일적·일률적으로 처리된 권리귀속 관계를 모
> 두 무효화하고 다시 처음부터 관리처분계획을 수립하여 이전고시 절차를 거치도록 하는 것은 정비사
> 업의 공익적·단체법적 성격에 배치되므로, 이전고시가 효력을 발생하게 된 이후에는 조합원 등이 관
> 리처분계획의 취소 또는 무효확인을 구할 법률상 이익이 없다고 봄이 타당하다.
> **[대법관 김능환, 대법관 이인복, 대법관 김용덕, 대법관 박보영의 별개의견]** 관리처분계획의 무효확인
> 이나 취소를 구하는 소송이 적법하게 제기되어 계속 중인 상태에서 이전고시가 효력을 발생하였다고
> 하더라도, 이전고시에서 정하고 있는 대지 또는 건축물의 소유권 이전에 관한 사항 외에 관리처분계획
> 에서 정하고 있는 다른 사항들에 관하여서는 물론이고, 이전고시에서 정하고 있는 사항에 관하여서도
> 여전히 관리처분계획의 취소 또는 무효확인을 구할 법률상 이익이 있다고 보는 것이 이전고시의 기본
> 적인 성격 및 효력에 들어맞을 뿐 아니라, 행정처분의 적법성을 확보하고 이해관계인의 권리·이익을
> 보호하려는 행정소송의 목적 달성 및 소송경제 등의 측면에서도 타당하며, 항고소송에서 소의 이익을
> 확대하고 있는 종전의 대법원판례에도 들어맞는 합리적인 해석이다.
> [2] 관리처분계획의 주요 부분을 실질적으로 변경하는 내용으로 새로운 관리처분계획을 수립하여 시
> 장·군수의 인가를 받은 경우, 당초 관리처분계획은 효력을 상실하는지 여부(원칙적 적극): 도시 및 주
> 거환경정비법 관련 규정의 내용, 형식 및 취지 등에 비추어 보면, 당초 관리처분계획의 경미한 사항을
> 변경하는 경우와 달리 관리처분계획의 주요 부분을 실질적으로 변경하는 내용으로 새로운 관리처분계
> 획을 수립하여 시장·군수의 인가를 받은 경우에는, 당초 관리처분계획은 달리 특별한 사정이 없는 한
> 효력을 상실한다(대판 전원합의체 2012. 3. 22, 2011두6400).

3. 환권처분(관리처분)

(1) 환권처분의 의의 및 성질

환권처분이라 함은 환권계획에 따라 권리의 변환을 행하는 것을 말한다. 도시정비법
상 환권처분은 이전고시 및 청산에 의해 행하여진다. 환권처분은 권리의 변환을 가져오는
형성적 행정행위이다.

> **판례** 구 도시재개발법에 의한 재개발사업에 있어서의 분양처분은 "재개발구역 안의 종전의 토지
> 또는 건축물에 대하여 재개발사업에 의하여 조성되거나 축조되는 대지 또는 건축 시설의 위치 및 범위
> 등을 정하고 그 가격의 차액에 상당하는 금액을 청산하거나, 대지 또는 건축시설을 정하지 않고 금전
> 으로 청산하는 공법상 처분"이다(대판 1995. 6. 30, 95다10570[소유권이전등기 등]).

(2) 이전고시 [2022 감평 사례]

1) 이전고시의 의의 및 효과

이전고시는 준공인가의 고시로 사업시행이 완료된 이후에 관리처분계획에서 정한 바
에 따라 종전의 토지 또는 건축물에 대하여 정비사업으로 조성된 대지 또는 건축물의 위
치 및 범위 등을 정하여 소유권을 분양받을 자에게 이전하고 가격의 차액에 상당하는 금
액을 청산하거나 대지 또는 건축물을 정하지 않고 금전적으로 청산하는 공법상 처분이다
(대판 2016. 12. 29, 2013다73551).

이전고시가 있으면 공용환권이 생긴다. 즉, 대지 또는 건축물을 분양받은 자는 이전고시가 효력을 발생한 날 종전의 소유권을 상실하고, 그 대지 또는 건축물에 대한 소유권을 취득한다. 전소유권과 후소유권 사이에는 동일성이 유지된다.

> **판례** 주택재건축사업에서 조합원이 분양신청을 하지 않거나 분양계약을 체결하지 않음으로써 청산금 지급 대상이 되는 대지 · 건축물의 경우에는, 특별한 사정이 없는 한 그에 관하여 설정되어 있던 기존의 권리제한은 이전고시로 소멸하게 된다(대판 2018. 9. 28, 2016다246800).

2) 이전고시에 대한 불복

가. 이전고시의 처분성

이전고시는 행정처분이므로 항고소송의 제기가 가능하다.

나. 이전고시의 취소 또는 무효확인을 구할 법률상 이익

이전고시가 효력을 발생한 후에는 정비사업의 공익적 · 단체법적 성격과 이전고시에 따라 형성된 법률관계에 대한 법적 안정성을 보장할 필요를 고려하여 이전고시의 취소 또는 무효확인소송을 인정하지 않는 것이 판례의 입장이다.

> **판례** 이전고시 정비사업의 공익적 · 단체적 성격과 이전고시에 따라 이미 형성된 법률관계를 유지하여 법적 안정성을 보호할 필요성이 현저한 점 등을 고려할 때, 이전고시의 효력이 발생한 이후에는 조합원 등이 해당 정비사업을 위하여 이루어진 수용재결이나 이의재결의 취소 또는 무효확인을 구할 법률상 이익이 없다(대판 2017. 3. 16, 2013두11536). 〈해설〉 이전고시의 취소 또는 무효확인소송은 부적법하여 각하판결되어야 한다는 것이 판례의 입장인데, 어느 소송요건이 결여된 것으로 보아야 하는지는 명시하고 있지 않다. 생각건대, 이전고시는 공용환권의 효력을 발생하므로 이전고시의 효력이 소멸되면 다수 조합원의 공용환권의 효력을 소멸시키는 것이 되어 원고이외의 이전고시의 다수 상대방의 기득의 지위를 박탈하는 것이 되므로 법치주의원칙의 하나인 법적 안정성을 침해하는 것이고, 비례원칙에 반하는 것이 될 수도 있다. 그러므로 이전고시의 취소나 무효확인을 구할 소의 이익이 없는 것으로 보는 것이 타당하다. 그리고, 이전고시의 효력을 소멸시켜서 이전고시를 변경하더라도 그것이 법적 안정성이나 비례의 원칙에 위반되지 않는 경우에는 이전고시에 대한 취소 또는 무효확인소송의 소의 이익이 있다고 보아야 할 것이다.

다. 소유권 등의 귀속의 다툼

분양처분은 대인적 처분이 아닌 대물적 처분이라 할 것이므로, 재개발사업 시행자가 소유자를 오인하여 종전의 토지 또는 건축물의 소유자가 아닌 다른 사람에게 분양처분을 한 경우 그러한 분양처분이 있었다고 하여 그 다른 사람이 권리를 취득하게 되는 것은 아니며, 종전의 토지 또는 건축물의 진정한 소유자가 분양된 대지 또는 건축시설의 소유권을 취득하고 이를 행사할 수 있다(대판 1995. 6. 30, 95다10570). 따라서 소유권 등의 귀속을 다투는 경우에는 분양처분을 다툴 수는 없고, 오인된 소유자 개인을 상대로 등기말소나 이전등기를 구하는 민사소송을 제기하여야 한다.

(3) 청   산

청산금을 확정하는 처분은 행정처분이므로 이를 대상으로 항고소송을 제기할 수 있다.

[사업인정]

1회 1. 토지보상법상 사업인정을 설명하고 권리구제에 대해 언급하시오. (50점)

6회 1. 「공익사업을 위한 토지 등의 취득 및 보상에 관한 법률」(이하 "토지보상법"이라 한다.) 제 23조에 의한 사업인정의 실효가 있는 경우, 이로 인하여 불이익을 받게 되는 피수용자에 게 손실보상청구권이 있는지의 여부를 논술하시오. (40점)

10회 1. 식량자원화 시대에 즈음하여, A회사는 비료공장을 건설하고자 공장부지를 매입하려고 하 였으나, 여의치 않아 건설교통부장관에게 신청하여 사업인정을 받았다. 그 후 토지보상법 상의 협의가 성립되지 못하였고, 중앙토지수용위원회의 재결에 의하여 수용이 행하여졌 다. 피수용자인 甲은 사기업을 위한 당해 토지의 수용은 위법하다고 주장하고, 비록 적법 하다고 하더라도 보상금이 충분하지 못하다는 이유로 이의신청을 하였지만, 중앙토지수용 위원회는 기각재결을 하였다. 이에 甲은 행정소송을 제기하고자 한다.
(1) 사기업인 A회사의 비료공장건설사업에 대한 사업인정의 적법여부 및 그것이 위법하 다고 인정되는 경우의 권익구제방법을 논술하시오. (10점)

12회 3. 토지보상법상 사업인정의 법적 성질과 권리구제에 대하여 논하시오. (30점)

13회 1. 택지조성사업을 하고자 하는 사업시행자 甲은 건설교통부장관에게 사업인정을 신청하였 다. 甲의 사업인정신청에 대해 건설교통부장관은 택지조성사업 면적의 50%를 택지 이외 의 다른 목적을 가진 공공용지로 조성하여 기부채납할 것을 조건으로 사업인정을 하였다. 이에 甲은 당해 부관의 내용이 너무 과다하여 수익성을 도저히 맞출 수 없다고 판단하고 취소소송을 제기하려 한다. 어떠한 해결가능성이 존재하는지 검토하시오. (40점)

15회 1. 사업시행자는 X는 A시 지역에 공익사업을 시행하기 위하여 사업인정을 신청하였고 이에 건설교통부장관으로부터 사업인정을 받았다. 한편 이 공익사업의 시행에 부정적이던 토지 소유자 Y는 건설교통부장관이 사업인정시 「공익사업을 위한 토지 등의 취득 및 보상에 관한 법률」 제21조에 의거 관계 도지사와 협의를 거쳐야 함에도 이를 거치지 않은 사실을 알게 되었다. Y는 이러한 협의를 결한 사업인정의 위법성을 이유로 관할 법원에 사업인정 의 취소소송을 제기하였다. Y의 주장은 인용가능한가? (40점)

17회 1. 甲은 세계풍물 야외전시장을 포함하는 미술품 전시시설을 건립하고자 한다. 甲은 자신이

계획하고 있는 시설이 「공익사업을 위한 토지 등의 취득 및 보상에 관한 법률」 (이하 "토
지보상법"이라 한다.) 제 4 조 제 4 호의 미술관에 해당하는지에 관하여 건설교통부장관에
게 서면으로 질의하였다. 이에 대하여 건설교통부장관은 甲의 시설이 토지보상법 제 4 조
제 4 호에 열거된 미술관에 속한다고 서면으로 통보하였다. 그 후 甲은 건설교통부장관에
게 사업인정을 신청하였다.

(1) 이 경우 건설교통부장관은 사업인정을 해주어야 하는가? (20점)

(2) 건설교통부장관은 甲에게 사업인정을 해준 후 2006년 2월 1일 사업시행지 내의 토지
소유자인 乙 등에게 이를 통지하고 고시하였다. 이후 甲은 乙 등과 협의가 되지 않자
관할 토지수용위원회에 수용재결을 신청하였고, 2006년 8월 1일 관할 토지수용위원회
는 乙 등 소유의 토지를 수용한다는 내용의 수용재결을 하였다. 관할 토지수용위원회
의 재결서를 받은 乙은 상기 미술관의 건립으로 인하여 문화재적 가치가 있는 乙 등
조상 산소의 설물 사당의 상실이 예견됨에도 불구하고 이러한 고려가 전혀 없이 이루
어진 위법한 사업인정이라고 주장하면서 위 수용재결에 대한 취소소송을 제기하였다.
乙은 권리구제를 받을 수 있는가? (20점)

23회 4. 「공익사업을 위한 토지 등의 취득 및 보상에 관한 법률」상 사업인정고시의 효과에 대하여
설명하시오. (10점)

[재   결]

3회 1. 토지수용의 재결에 대한 불복을 논하라. (50점)

7회 1. 무효인 재결과 취소할 수 있는 재결을 예시하여 설명하고, 양자의 구별실익을 논급하시
오. (50점)

10회 1. 식량자원화 시대에 즈음하여, A회사는 비료공장을 건설하고자 공장부지를 매입하려고 하
였으나, 여의치 않아 건설교통부장관에게 신청하여 사업인정을 받았다. 그 후 토지보상법
상의 협의가 성립되지 못하였고, 중앙토지수용위원회의 재결에 의하여 수용이 행하여졌
다. 피수용자인 甲은 사기업을 위한 당해 토지의 수용은 위법하다고 주장하고, 비록 적법
하다고 하더라도 보상금이 충분하지 못하다는 이유로 이의신청을 하였지만, 중앙토지수용
위원회는 기각재결을 하였다. 이에 甲은 행정소송을 제기하고자 한다.

(2) 甲이 보상금증액을 청구하는 소송을 제기하는 경우, 그 소송의 형태와 성질 등의 내용
을 논술하시오. (30점)

11회 1. 토지소유자인 甲은 중앙토지수용위원회의 수용재결에 불복하여 이의신청을 제기하였으나
기각되었다. 이에 따라 甲은 행정소송으로서 취소소송을 제기하고자 한다.

(1) 이 때 甲은 무엇을 대상으로 하여 행정소송을 제기할 수 있는가와 관련하여 판례의

태도를 설명하고 이를 논평하시오. (30점)

(2) 甲이 행정소송을 제기하는 경우에 이것이 토지에 대한 수용효력에 영향을 미치는가를 설명하시오. (10점)

16회 1. 공익사업 시행자인 甲은 사업인정을 받은 후에 토지소유자 乙과 협의절차를 거쳤으나, 협의가 성립되지 아니 하여 중앙토지수용위원회에 재결을 신청하였다. 그러나 丙이 乙명의의 토지에 대한 명의신탁을 이유로 재결신청에 대해 이의를 제기하자, 중앙토지수용위원회는 상당한 기간이 경과한 후에도 재결처분을 하지 않고 있다. 甲이 취할 수 있는 행정쟁송수단에 대해 설명하시오. (40점)

22회 1. A군에 사는 甲은 국토의 계획 및 이용에 관한 법률에 따라 지정된 개발제한구역 내에 과수원을 경영하고 있다. 甲은 영농의 편의를 위해 동 과수원 토지 내에 작은 소로(小路)를 개설하고, 종종 이웃 주민의 통행에도 제공해 왔다. A군은 甲의 과수원 부지가 속한 일단의 토지에 폐기물처리장을 건설하고자 하는 乙을 폐기물관리법에 따라 폐기물처리장 건설사업자로 지정하면서 동 처리장건설사업실시계획을 승인하였다. 甲과 乙 간에 甲 토지에 대한 협의매수가 성립되지 않아 乙은 甲 토지에 대한 수용재결을 신청하고, 관할 지방토지수용위원회의 수용재결을 받았다. 동 수용재결에서는 "사실상의 사도(私道)의 부지는 인근토지에 대한 평가액의 3분의 1 이내로 평가한다."고 규정하고 있는 토지 등의 취득 및 보상에 관한 법률 시행규칙(이하 "토지보상법시행규칙") 제26조 제 1 항 제 2 호의 규정에 따라, 甲의 토지를 인근토지가에 비하여 3분의 1의 가격으로 평가하였다. 이 수용재결에 대하여 이의가 있는 甲은 적절한 권리구제 수단을 강구하고자 한다. 다음의 물음에 답하시오.

(1) 토지보상액에 대해 불복하고자 하는 甲의 행정쟁송상 권리구제수단을 설명하시오. (20점)

[사업인정 및 재결 외]

1회 3. 환매요건에 대하여 약술하시오. (10점)

2회 1. 피수용자의 법적 지위에 관하여 설명하라. (50점)

5회 1. 토지수용의 효과를 논하시오. (50점)

6회 2. 「공익사업을 위한 토지 등의 취득 및 보상에 관한 법률」(이하 "토지보상법"이라 한다.)에서 규정된 보존등기가 되어 있지 아니한 토지에 대한 보상절차와 내용을 설명하시오. (30점)

8회 3. 토지수용법상의 협의와 공공용지의취득및손실보상에관한특례법(공특법)상의 협의를 비교하라. (20점)

4. 토지보상법상 토지사용기간 만료시의 법률관계를 설명하라. (10점)

10회 2. 토지수용위원회, 토지평가위원회, 보상심의위원회를 비교 논술하시오. (20점)

3. 토지수용법상의 확장수용(확대보상)을 설명하고, 확장수용청구가 거부된 경우 그 불복 방법을 논급하시오. (20점)

4. 공공용지의 취득과 손실보상에 관한 중요한 법으로 토지수용법과 공공용지의취득및손실보상에관한특례법이 있다. 이 두 법령의 상호관계를 설명하고, 두 법령의 통합설을 논평하시오. (20점)

11회 4. 공공사업시행시 사업인정을 받은 토지상의 지상권자가 지상권의 손실보상을 청구하는 경우 그 지상권의 소멸절차를 설명하시오. (10점)

13회 2. 토지보상법상 환매권의 목적물과 그 행사요건을 설명하시오. (20점)

16회 3. 토지 물건의 인도 이전 의무에 대한 실효성 확보수단에 대해 설명하시오. (20점)

19회 1. 서울특별시장은 도시관리계획결정에서 정해진 바에 따라 근린공원을 조성하기 위하여 그 사업에 필요한 토지들을 공익사업을 위한 토지 등의 취득 및 보상에 관한 법률의 규정에 의거하여 협의를 거쳐 취득하고자 하였으나 협의가 성립되지 않아 중앙토지수용위원회에 재결을 신청하였다. 중앙토지수용위원회의 수용재결(수용의 개시일: 2005. 6. 30)에 따라 서울특별시는 보상금을 지급하고 필요한 토지에 대한 소유권이전등기를 마쳤다. 서울특별시장은 토지를 취득한 후, 6년이 지난 뒤에 위 토지를 포함한 그 일대의 토지들이 택지개발예정지구로 지정되었다(고시일: 2008. 6. 30). 국토해양부장관에 의하여 택지개발사업의 시행자로 지정된 대한주택공사는 택지개발사업실시계획의 승인을 얻어 공원시설을 철거하고, 그 지상에 임대주택을 건설하는 공사를 시행하고 있다. 이에 공원조성사업을 위해 수용된 토지의 소유자 甲은 2008. 8. 30. 서울특별시에 환매의 의사표시를 하였으나, 서울특별시는 甲에게 환매권이 없다고 하여 수용된 토지를 되돌려 주지 않았다. 이러한 경우에 甲이 소유권 회복을 위해 제기할 수 있는 소송수단 및 그 인용가능성에 대하여 검토하시오. (40점)

3. 사적(私的) 공용수용의 의의 및 요건에 대하여 설명하시오. (20점)

21회 1. 국토해양부장관은 전국을 철도로 90분 이내에 연결하기 위한 기본계획을 수립하였다. 이 계획에 기초하여 C공간 C이사장은 A지역과 B지역을 연결하는 철도 건설 사업에 대하여 국토해양부장관의 사업인정을 받았다. P는 B−3공구 지역에 임야 3,000제곱미터를 소유하고 장뇌삼을 경작하고 있으며, 터널은 P소유 임야의 한 가운데를 통과한다. C공단 C이

사장는 국토해양부장관이 제정한 K지침에 따라 P에 대하여 "구분지상권"에 해당하는 보상으로 900만원(제곱미터당 3,000원)의 보상금을 책정하고 협의를 요구하였다. P는 장뇌삼 경작임야에 터널이 건설되고 기차가 지나다닐 경우 농사가 불가능하다고 판단하여 C이사장의 협의를 거부하였다.

(1) P는 본인 소유 토지의 전체를 C이사장이 수용하여야 한다고 주장한다. 보상에 관한 C이사장의 결정과 P의 주장내용의 정당성을 판단하시오. (20점)

(2) 토지보상법상 P가 주장할 수 있는 권리와 이를 관철시키기 위한 토지보상법상의 권리구제수단에 관하여 논술하시오. (20점)

[22회] 3. A시는 시가지 철도이설사업을 시행하기 위하여 공익사업을 위한 토지 등의 취득 및 보상에 관한 법률 제16조에 따라 주택용지를 협의취득하면서 그에 따른 일체의 보상금을 B에게 지급하였고, B는 해당 주택을 자진철거하겠다고 약정하였다. B가 자진철거를 하지 않을 경우 B의 주택에 대하여 대집행을 할 수 있는지 판단하시오. (20점)

[23회] 1. A도는 2008년 5월경 국토해양부장관으로부터 관계 법령에 따라 甲의 농지 4,000㎡를 포함한 B시와 C시에 걸쳐있는 토지 131,000㎡에 '2009 세계엑스포' 행사를 위한 문화시설을 설치할 수 있도록 하는 공공시설입지승인을 받았다. 그 후 A도는 편입토지의 소유자들에게 보상협의를 요청하여 甲으로부터 2008년 12월 5일 「공익사업을 위한 토지 등의 취득 및 보상에 관한 법률」에 의하여 위 甲의 농지를 협의취득하였다. A도는 취득한 甲의 토지 중 1,600㎡를 2009년 5월 31일부터 2011년 4월 30일까지 위 세계엑스포행사 및 기타 행사를 위한 임시주차장으로 이용하였다가 2012년 3월 31일 농지로 원상복구하였다. 그 후 위 1,600㎡의 토지는 인근에서 청소년수련원을 운영하는 제3자에게 임대되어 청소년들을 위한 영농체험 경작지로 이용되고 있다. (40점)

(1) 甲은 농지로 원상복구된 토지 1,600㎡에 대한 환매권을 행사하려고 한다. 甲의 권리구제방법에 대하여 설명하시오. (25점)

(2) A도는 환매권 행사 대상 토지의 가격이 현저히 상승된 것을 이유로 증액된 환매대금과 보상금상당액의 차액을 선이행하거나 동시이행할 것을 주장하려 한다. 환매대금 증액을 이유로 한 A도의 대응수단에 대하여 설명하시오. (15점)

[23회] 2. 한국수자원공사는 「한국수자원공사법」 제 9 조 및 제10조에 근거하여 수도권(首都圈) 광역상수도사업 실시계획을 수립하여 국토해양부장관의 승인을 얻은 후, 1필지인 甲의 토지 8,000㎡중 6,530㎡를 협의취득하였다. 협의취득 후 甲의 잔여지는 A지역 495㎡, B지역 490㎡, 그리고 C지역 485㎡로 산재(散在)하고 있다. (30점)

(1) 甲은 위 잔여지의 토지가격의 감소를 이유로 손실보상을 청구하려고 한다. 이 경우 잔여지의 가격감소에 대한 甲의 권리구제방법을 설명하시오. (15점)

(2) 호텔을 건립하기 위해 부지를 조성하고 있던 甲은 자신의 잔여지를 더 이상 종래의 사용목적대로 사용할 수 없게 되자 사업시행자와 매수에 관한 협의를 하였으나, 협의가 성립되지 아니하였다. 이에 甲은 관할 토지수용위원회에 잔여지의 수용을 청구하

였지만 관할 토지수용위원회는 이를 받아들이지 않았다. 이 경우 잔여지수용청구의
요건과 甲이 제기할 수 있는 행정소송의 형식을 설명하시오. (15점)

25회 1. S시의 시장 A는 K구의 D지역(주거지역)을 「도시 및 주거환경정비법」(이하 "도정법"이라
함)상 정비구역으로 지정·고시하였다. 그러자 이 지역의 주민들은 조합을 설립하여 주택
재개발사업을 추진하기 위해 도정법에서 정한 절차에 따라 조합설립추진위원회를 구성하
였고, 동 추진위원회는 도정법 제16조의 규정에 의거하여 D지역의 일정한 토지등소유자의
동의, 정관, 공사비 등 정비사업에 드는 비용과 관련된 자료 등을 첨부하여 A로부터 X조합설
립인가를 받아 등기하였다. X조합은 조합총회를 개최하고 법 소정의 소유자 동의 등을 얻어
지정개발자로서 Y를 사업시행자로 지정하였다. 다음 물음에 답하시오. (40점)

   (1) D지역의 토지소유자 중 甲이 "추진위원회가 주민의 동의를 얻어 X조합을 설립하는 과
정에서 '건설되는 건축물의 설계의 개요' 등에 관한 항목 내용의 기재가 누락되었음에
도 이를 유효한 동의로 처리하여 조합설립행위에 하자가 있다."고 주장하며 행정소송
으로 다투려고 한다. 이 경우 조합설립인가의 법적 성질을 검토한 다음, 이에 기초하여
쟁송의 형태에 대해 설명하시오. (20점)

   (2) Y는 정비사업을 실시함에 있어 이 사업에 반대하는 토지등소유자 乙등의 토지와 주택
을 취득하기 위하여 「공익사업을 위한 토지 등의 취득 및 보상에 관한 법률」에 의거한
乙 등과 협의가 성립되지 않아 지방토지수용위원회의 수용재결을 거쳤는데, 이 수용재
결에 불복하여 Y가 중앙토지수용위원회에 이의재결을 신청하여 인용재결을 받았다.
이 경우 乙 등이 이 재결에 대해 항고소송을 제기한다면 소송의 대상은 무엇인가? (20점)

   4. 「공익사업을 위한 토지 등의 취득 및 보상에 관한 법률」상 사업인정 전 협의와 사업인정
후 협의의 차이점에 대하여 설명하시오. (10점)

26회 1. 「공익사업을 위한 토지 등의 취득 및 보상에 관한 법률」(이하 '공익사업법'이라 한다)에
따라 도로확장건설을 위해 사업인정을 받은 A는 해당 지역에 위치한 甲의 토지를 수용하
고자 甲과 협의를 시도하였다. A는 甲과 보상액에 관한 협의가 이루어지지 않자 공익사업
법상의 절차에 따라 관할 토지수용위원회에 재결을 신청하였다. 그런데 관할 토지수용위
원회는 「감정평가에 관한 규칙(국토교통부령)」에 따른 '감정평가실무기준(국토교통부 고
시)'과는 다르게 용도지역별 지가변동률이 아닌 이용상황별 지가변동률을 적용한 감정평
가사의 감정결과를 채택하여 보상액을 결정하였다. 그 이유로 해당 토지는 이용상황이 지
가변동률에 더 큰 영향을 미친다는 것을 들었다. 다음 물음에 답하시오. (40점)

   (1) 甲은 보상액 결정이 '감정평가실무기준(국토교통부 고시)'을 따르지 않았으므로 위법이
라고 주장한다. 甲의 주장은 타당한가? (20점)

   (2) 甲은 위 토지수용위원회의 재결에 불복하여 공익사업법에 따라 보상금의증액을 구하
는 소송을 제기하고자 한다. 이 소송의 의의와 그 특수성을 설명하시오. (20점)

2. B시에 거주하는 甲은 2005년 5월 자신의 토지 위에 주거용 건축물을 신축하였다. 그런데 甲은 건축허가 요건을 충족하지 못하여 행정기관의 허가 없이 건축하였다. 甲은 위 건축물에 입주하지 않았으나, 친척인 乙이 자신에게 임대해 달라고 요청하여 이를 허락하였다. 乙은 필요시 언제든 건물을 비워주겠으며, 공익사업시행으로 보상의 문제가 발생할 때에는 어떠한 보상도 받지 않겠다는 내용의 각서를 작성하여 임대차계약서에 첨부하였다. 乙은 2006년 2월 위 건축물에 입주하였는데, 당시부터 건축물의 일부를 임의로 용도 변경하여 일반음식점으로 사용하여 왔다. 甲의 위 토지와 건축물은 2015년 5월 14일 국토교통부장관이 한 사업인정고시에 따라서 공익사업시행지구에 편입되었다. 甲은 이 사실을 알고 동년 6월에 위 건축물을 증축하여 방의 개수를 2개 더 늘려 자신의 가족과 함께 입주하였다. 다음 물음에 답하시오. (30점)
   (1) 위 甲의 건축물은 「공익사업을 위한 토지 등의 취득 및 보상에 관한 법률」에 따른 손실보상의 대상이 되는지, 만일 된다면 어느 범위에서 보상이 이루어져야 하는지 설명하시오. (10점)
   (2) 甲과 乙은 주거이전비 지급대상자에 포함되는지 여부를 그 지급요건에 따라서 각각 설명하시오. (20점)

27회

1. 「공익사업을 위한 토지 등의 취득 및 보상에 관한 법률」(이하 '토지보상법'이라 함)의 적용을 받는 공익사업으로 인하여 甲은 사업시행자인 한국철도시설공단 乙에게 협의절차를 통해 자신이 거주하고 있던 주거용 건축물을 제공하여 생활의 근거를 상실하게 되었다고 주장하면서 토지보상법 제78조 제1항에 따른 이주대책의 수립을 신청하였다. 이에 대해 乙은 "위 공익사업은 선형사업으로서 철도건설에 꼭 필요한 최소한의 토지만 보상하므로 사실상 이주택지공급이 불가능하고 이주대책대상자 중 이주정착지에 이주를 희망하는 자의 가구수가 7호(戶)에 그치는 등 위 공익사업은 토지보상법 시행령 제40조 제2항에서 규정하고 있는 이주대책을 수립하여야 하는 사유에 해당되지 아니한다"는 이유를 들어 甲의 신청을 거부하였다. 다음 물음에 답하시오. (40점)
   (1) 乙이 甲에 대한 거부처분을 하기에 앞서 행정절차법상 사전통지와 이유제시를 하지 아니한 경우 그 거부처분은 위법한가? (20점)
   (2) 만약 甲이 거부처분 취소소송을 제기하였다면, 乙은 그 소송 계속 중에 처분의 적법성을 유지하기 위해 "甲은 주거용 건축물에 계약체결일까지 계속하여 거주하고 있지 아니하였을 뿐만아니라 이주정착지로의 이주를 포기하고 이주정착금을 받은 자에 해당하므로 토지보상법 시행령 제40조 제2항에 따라 이주대책을 수립할 필요가 없다"는 사유를 추가·변경할 수 있는가? (20점)

2. 甲은 2015.3.16. 乙로부터 A광역시 B구 소재 도로로 사용되고 있는 토지 200㎡(이하 '이 사건 토지'라 함)를 매수한 후 자신의 명의로 소유권 이전등기를 하였다. 한편, 甲은 A광역시지방토지수용위원회에 "사업시행자인 B구청장이 도로개설공사를 시행하면서 사업인정고시가 된 2010.4.6. 이후 3년 이상 이 사건 토지를 사용하였다"고 주장하면서 「공익사업을 위한 토지 등의 취득 및 보상에 관한 법률」(이하 '토지보상법'이라 함) 제72조 제1호를 근거로 이 사건 토지의 수용을 청구하였다. 이에 대해 A광역시지방토지수용위원회는

"사업인정고시가 된 날부터 1년 이내에 B구청장이 재결신청을 하지 아니하여 사업인정은 그 효력을 상실하였으므로 甲은 토지보상법 제72조 제 1 호를 근거로 이 사건 토지의 수용을 청구할 수 없다"며 甲의 수용청구를 각하하는 재결을 하였다. 다음 물음에 답하시오. (30점)

(1) A광역시지방토지수용위원회의 각하재결에 대하여 행정소송을 제기하기 전에 강구할 수 있는 甲의 권리구제수단에 관하여 설명하시오. (10점)

(2) 甲이 A광역시지방토지수용위원회의 각하재결에 대하여 행정소송을 제기할 경우 그 소송의 형태와 피고적격에 관하여 설명하시오. (20점)

3. 국방부장관은 국방·군사에 관한 사업을 위하여 국토교통부장관으로부터 甲 소유의 토지를 포함한 200필지의 토지 600,000㎡에 관하여 「공익사업을 위한 토지 등의 취득 및 보상에 관한 법률」제20조에 따른 사업인정을 받았다. 그러나 국토교통부장관은 사업인정을 하면서 동법 제21조에 규정된 이해관계인의 의견을 청취하는 절차를 거치지 않았다. 한편, 국방부장관은 甲과 손실보상 등에 관하여 협의하였으나 협의가 성립되지 않았다. 국방부장관은 재결을 신청하였고 중앙토지수용위원회는 수용재결을 하였다. 甲은 수용재결에 대한 취소소송에서 사업인정의 절차상 하자를 이유로 수용재결의 위법성을 주장할 수 있는가? (단, 국토교통부장관의 사업인정에 대한 취소소송의 제소기간은 도과하였음) (20점)

28회 1. 甲은 A시의 관할구역 내 X토지를 소유하고 있다. A시는 그동안 조선업의 지속적인 발전으로 다수의 인구가 거주하였으나 최근 세계적인 불황으로 인구가 급격하게 감소하고 있다. 국토교통부장관은 A시를 국제관광 특구로 발전시킬 목적으로 「기업도시개발 특별법」이 정하는 바에 따라 X토지가 포함된 일단의 토지를 기업도시개발구역으로 지정하고, 개발사업시행자인 乙이 작성한 기업도시개발계획(동법 제14조 제 2 항에 따른 X토지 그 밖의 수용 대상이 되는 토지의 세부목록 포함. 이하 같다)을 승인·고시 하였다. 乙은 협의 취득에 관한 제반 절차를 준수하여 X토지에 대한 수용재결을 신청하였고 중앙토지수용위원회는 그 신청에 따른 수용재결을 하였다. 다음 물음에 답하시오. (40점)

(1) 甲은 기업도시개발계획승인에 대한 취소소송의 제소기간이 도과한 상태에서, 「공익사업을 위한 토지 등의 취득 및 보상에 관한 법률」제21조 제 2 항에 따른 중앙토지수용위원회 및 이해관계자의 의견청취절차를 전혀 시행하지 않은 채 기업도시개발계획승인이 발급된 것이 위법함을 이유로 수용재결 취소소송을 제기하려고 한다. 甲의 소송상 청구가 인용될 수 있는 가능성에 관하여 설명하시오. (단, 소송요건은 충족된 것으로 본다.) (20점)

(2) 甲은 수용재결 취소소송을 제기하면서, 乙이 기업도시개발계획승인 이후에 재정상황이 악화되어 수용재결 당시에 이르러 기업도시개발사업을 수행할 능력을 상실한 상태가 되었음에도 불구하고 수용재결을 한 위법이 있다고 주장한다. 甲의 소송상 청구가 인용될 수 있는 가능성에 관하여 설명하시오. (단, 소송요건은 충족된 것으로 본다.) (10점)

30회 4. 「공익사업을 위한 토지 등의 취득 및 보상에 관한 법률」제26조는 수용재결 신청 전에 사

업시행자로 하여금 수용대상 토지에 관하여 권리를 취득하거나 소멸시키기 위하여 토지
소유자 및 관계인과 교섭하도록 하는 협의제도를 규정하고 있다. 이에 따른 협의가 수용
재결 신청 전의 필요적 전치절차인지 여부와 관할 토지수용위원회에 의한 협의성립의 확
인의 법적 효과를 설명하시오. (10점)

[31회]

1. A 시장 甲은 1990년에 「자연공원법」에 의하여 A 시내 산지 일대 5㎢를 '×시립공원'으로
지정·고시한 다음, 1992년 ×시립공원 구역을 구분하여 용도지구를 지정하는 내용의 '×
시립공권 기본계획'을 결정·공고하였다. 甲은 2017년에 ×시립공원 구역 내 10,000㎡ 부
분에 다목적 광장 및 휴양관(이하 '이 사건 시설'이라 한다)을 설치하는 내용의 '×시립공
원 공원계획'을 결정·고시한 다음, 2018년에 甲이 사업시행자가 되어 이 사건 시설에 잔
디광장, 휴양관, 도로, 주차장을 설치하는 내용의 '×시립공원 공원사업'(이하 '이 사건 시
설 조성사업'이라 한다) 시행계획을 결정·고시하였다. 甲은 이 사건 시설 조성사업의 시
행을 위하여 그 사업구역 내에 위치한 토지(이하 '이 사건 B토지'라 한다)를 소유한 乙과
손실보상에 관한 협의를 진행하였으나 협의가 성립되지 않자 수용재결을 신청하였다. 관
할 지방토지수용위원회의 수용재결 및 중앙토지수용위원회의 이의재결에 모두 이 사건 B
토지의 손실보상금은 1990년의 ×시립공원 지정 및 1992년의 ×시립공원 용도지구 지정
에 따른 계획제한을 받는 상태대로 감정평가한 금액을 기초로 산정되었다. 다음 물음에
답하시오. (40점)

(1) 乙은 위 중앙토지수용위원회의 이의재결이 감정평가에 관한 법리를 오해함으로써 잘
못된 내용의 재결을 한 경우에 해당한다고 판단하고 있다. 乙이 「공익사업을 위한 토
지 등의 취득 및 보상에 관한 법률」에 따라 제기할 수 있는 소송의 의의와 특수성을
설명하시오. (15점)

(2) 乙이 물음 1)에서 제기한 소송에서 이 사건 B토지에 대한 보상평가는 1990년의 ×시
립공원 지정·고시 이전을 기준으로 하여야 한다고 주장한다. 乙의 주장은 타당한가?
(10점)

(3) 한편, 丙이 소유하고 있는 토지(이하 '이 사건 C토지'라 한다)는 「문화재보호법」상 보
호구역으로 지정된 토지로서 이 사건 시설 조성사업의 시행을 위한 사업구역 내에 위
치하고 있다. 甲은 공물인 이 사건 토지 C토지를 이 사건 시설 조성 사업의 시행을 위
하여 수용할 수 있는가? (15점)

[32회]

1. 국토교통부장관은 2013.11.18. 사업시행자를 'A공사'로, 사업시행지를 'X시 일대 8,958,000
㎡'로, 사업시행기간을 '2013.11.부터 2017.12.까지'로 하는 '◇◇공구사업'에 대해서 「공익
사업을 위한 토지 등의 취득 및 보상에 관한 법률」에 따른 사업인정을 고시하였고, 사업
시행기간은 이후 '2020.12.까지'로 연장되었다. 甲은 ㉮토지 78,373㎡와 ㉯토지 2,334㎡를
소유하고 있는데, ㉮토지의 전부와 ㉯토지의 일부가 사업시행지에 포함되어 있다. 종래
甲은 ㉮토지에서 하우스 딸기농사를 지어 왔고, ㉯토지에서는 농작물직거래판매장을 운영
하여 왔다. 甲과 A공사는 사업시행지 내의 토지에 대해 「공익사업을 위한 토지 등의 취득
및 보상에 관한 법률」에 따른 협의 매수를 하기 위한 협의를 시작하였다. 다음 물음에 답

하시오. (아래의 물음은 각 별개의 상황임) (40점)

(1) 협의 과정에서 일부 지장물에 관하여 협의가 이루어지지 않아 甲이 A공사에게 재결신청을 청구했으나 A공사가 재결신청을 하지 않는 경우, 甲의 불복방법에 관하여 검토하시오. (15점)

(2) ㉮토지에 대하여 협의가 성립되지 않았고, A공사의 수용재결신청에 의하여 ㉮토지가 수용되었다. 甲은 ㉮토지가 수용되었음을 이유로 A공사를 상대로 「공익사업을 위한 토지 등의 취득 및 보상에 관한 법률」에 따른 재결절차를 거치지 않은 채 곧바로 농업손실보상을 청구할 수 있는지를 검토하시오. (10점)

(3) 협의가 성립되지 않아 사업시행지 내의 ㉯토지가 수용되었다. 그 후 甲은 ㉯토지의 잔여지에 대해서 2020.11.12. 잔여지수용청구를 하였다. 잔여지수용청구권의 법적 성질과 甲의 잔여지수용청구가 인정될 수 있는지를 검토하시오. (15점)

33회 **1.** X는 도시 및 주거환경정비법(이하 '도시정비법'이라 함)에 따른 재개발 정비사업조합이고, 甲은 X의 조합원으로서, 해당 정비사업구역 내에 있는 A토지와 B토지의 소유자이다. A토지와 B토지는 연접하고 있고 그 지목이 모두 대(垈)에 해당하지만, A토지는 사도법에 따른 사도가 아닌데도 불특정 다수인의 통행에 장기간 제공되어 왔고, B토지는 甲이 소유한 건축물의 부지로서 그 건축물의 일부에 임차인 乙이 거주하고 있다. X는 도시정비법 제72조 제1항에 따라 분양신청기간을 공고하였으나 甲은 그 기간 내에 분양신청을 하지 않았다. 이에 따라 X는 甲을 분양대상자에서 제외하고 관리처분계획을 수립하여 인가를 받았고, 그에 불복하는 행정심판이나 행정소송은 없었다. X는 도시정비법 제73조 제1항에 따른 甲과의 보상협의가 이루어지지 않자 A토지와 B토지에 관하여 관할 토지수용위원회에 수용재결을 신청하였고, 관할 토지수용위원회는 A토지와 B토지를 수용한다는 내용의 수용재결을 하였다. 다음 물음에 답하시오. (40점)

(1) 甲이 수용재결에 대한 취소소송을 제기하면서, 'X가 도시정비법 제72조 제1항에 따라 분양신청기간과 그 기간 내에 분양신청을 할 수 있다는 취지를 명백히 표시하여 통지하여야 하는데도 이러한 절차를 제대로 거치지 않았다.'고 주장할 경우에, 甲의 주장이 사실이라면 법원은 그것을 이유로 수용재결을 취소할 수 있는지 설명하시오 (단, 사실심 변론종결 전에 도시정비법에 따른 이전고시가 효력을 발생한 경우와 그렇지 않은 경우를 구분하여 설명할 것). (10점)

제 2 편

손실보상법

제 2 편 손실보상법

제 1 장

토지보상법상 손실보상의 일반법리

제 1 절 보상주체 및 보상대상자

　　공익사업에 필요한 토지 등의 취득 또는 사용으로 인하여 토지소유자나 관계인이 입은 손실은 사업시행자가 이를 보상하여야 한다(제61조).

　　손실보상은 토지소유자 또는 관계인에게 개인별로 하여야 한다. 다만, 개인별로 보상액을 산정할 수 없을 때에는 그러하지 아니하다(제64조).

Ⅰ. 보상주체: 사업시행자(사업시행자보상원칙)

　　사업시행자보상원칙이란 공익사업에 필요한 토지 등의 취득 또는 사용으로 인하여 토지소유자 또는 관계인이 입은 손실은 사업시행자가 이를 보상하여야 한다는 원칙을 말한다.

　　토지보상법 제61조는 "공익사업에 필요한 토지 등의 취득 또는 사용으로 인하여 토지소유자나 관계인이 입은 손실은 사업시행자가 이를 보상하여야 한다"라고 사업시행자보상원칙을 선언하고 있다.

Ⅱ. 보상대상자: 토지소유자 또는 관계인

　　토지보상법상 보상의 대상이 되는 자는 공익사업에 필요한 토지의 소유자 및 관계인이다(제61조).

　　"관계인"이란 사업시행자가 취득 또는 사용할 토지에 관하여 지상권·지역권·전세권·저당권·사용대차 또는 임대차에 의한 권리 기타 토지에 관한 소유권 외의 권리를 가진 자 또는 그 토지에 있는 물건에 관하여 소유권 그 밖의 권리를 가진 자를 말한다. 다만, 제22조의 규정에 의한 사업인정의 고시가 있은 후에 권리를 취득한 자는 기존의 권리를 승계한 자를 제외하고는 관계인에 포함되지 아니한다(제 2 조 제 5 호). '기타 토지에 정착한 물건에 대한 소유권 그 밖의 권리를 가진 관계인'에는 수거·철거권 등 실질적 처분권을 가진 자도 포함된다(대판 2019. 4. 11, 2018다277419).

　사업시행자가 지장물에 대한 보상금(이전비)을 지급하고 철거권 등 실질적인 처분권을 가진 상태에서 새로운 공익사업에 편입되는 경우에는 비록, 사업시행자가 지장물에 대한 소유권을 취득하지는 못한 상태라 하더라도 실질적인 처분권을 가진 자로서 새로운 공익사업의 시행으로 인한 보상금 수령권한을 갖는다고 볼 것이다.

> **판례1** **공익사업을 위한 토지 등의 취득 및 보상에 관한 법률의 보상대상인 '기타 토지에 정착한 물건에 대한 소유권 그 밖의 권리를 가진 관계인'의 범위:** 공익사업을 위한 토지 등의 취득 및 보상에 관한 법률의 보상대상이 되는 '기타 토지에 정착한 물건에 대한 소유권 그 밖의 권리를 가진 관계인'에는 독립하여 거래의 객체가 되는 정착물에 대한 소유권 등을 가진 자뿐 아니라, 당해 토지와 일체를 이루는 토지의 구성부분이 되었다고 보기 어렵고 거래관념상 토지와 별도로 취득 또는 사용의 대상이 되는 정착물에 대한 소유권이나 수거·철거권 등 실질적 처분권을 가진 자도 포함된다(대판 2009. 2. 12, 2008다76112[손실보상금수령권자확인]: 토지의 임대차계약에 근거하여 적법하게 설치한 자동차학원시설에 대한 소유권자를 별도의 보상대상으로 본 사례).

> **판례2** 어업허가는 일정한 종류의 어업을 일반적으로 금지하였다가 일정한 경우 이를 해제하여 주는 것으로서 어업면허에 의하여 취득하게 되는 어업권과는 그 성질이 다른 것이기는 하나, 어업허가를 받은 자가 그 허가에 따라 해당 어업을 함으로써 재산적인 이익을 얻는 면에서 보면 어업허가를 받은 자의 해당 어업을 할 수 있는 지위는 재산권으로 보호받을 가치가 있다(대판 1999. 11. 23, 98다11529[손해배상(기)]).〈해설〉어업허가는 강학상 허가에 해당한다. 이에 반하여 어업면허는 강학상 특허에 해당한다.

> **판례3** **공공사업의 시행으로 인한 손실보상청구권의 유무를 판단할 기준시점:** 공공사업의 시행으로 손해를 입었다고 주장하는 자가 보상을 받을 권리를 가졌는지의 여부는 해당 공공사업의 시행 당시를 기준으로 판단하여야 하고, 그와 같은 공공사업의 시행에 관한 실시계획 승인과 그에 따른 고시가 된 이상 그 이후에 영업을 위하여 이루어진 각종 허가나 신고는 위와 같은 공공사업의 시행에 따른 제한이 이미 확정되어 있는 상태에서 이루어진 것으로 그 이후의 공공사업 시행으로 그 허가나 신고권자가 특별한 손실을 입게 되었다고는 볼 수 없다(대판 2002. 11. 26, 2001다44352[손해배상(기)]: 관계 법령이 요구하는 허가나 신고없이 김양식장을 배후지로 하여 김종묘생산어업에 종사하던 자들의 간접손실에 대하여 그 손실의 예견가능성이 없고, 그 손실의 범위도 구체적으로 특정하기 어려워 공공용지의 취득 및 손실보상에 관한 특례법 시행규칙상의 손실보상에 관한 규정을 유추적용할 수 없다고 한 사례).

> **판례4** [1] 일반지방산업단지 조성사업의 사업인정고시일 당시 사업지구 내에서 제재목과 합판 등 제조·판매업을 영위해 오다가 사업인정고시일 이후 사업지구 내 다른 곳으로 영업장소를 이전하여 영업을 하던 甲이 영업보상 등을 요구하면서 수용재결을 청구하였으나 관할 토지수용위원회가 甲의 영업장은 임대기간이 종료되어 이전한 것이지 공익사업의 시행으로 손실이 발생한 것이 아니라는 이유로 甲의 청구를 기각한 사안에서, 사업인정고시일 당시 보상대상에 해당한다면 그 후 사업지구 내 다른 토지로 영업장소가 이전되었더라도 손실보상의 대상이 된다고 한 사례 [2] 사업인정고시일 이후 영업장소 등이 이전되어 수용재결 당시에는 해당 토지 위에 영업시설 등이 존재하지 않게 된 경우 사업인정고시일 이전부터 그 토지 상에서 영업을 해 왔고 그 당시 영업을 위한 시설이나 지장물이 존재하고 있었다는 점은 이를 주장하는 자가 증명하여야 한다(대판 2012. 12. 27, 2011두27827[손실보상금청구]).

> **판례5** [1] 공익사업을 위한 토지 등의 취득 및 보상에 관한 법률상 보상 대상이 되는 '기타 토지에

정착한 물건에 대한 소유권 그 밖의 권리를 가진 관계인'에 수거·철거권 등 실질적 처분권을 가진 자가 포함되는지 여부(적극) [2] 사업시행에 방해되는 지장물에 관하여 공익사업을 위한 토지 등의 취득 및 보상에 관한 법률 제75조 제1항 단서 제2호에 따라 이전비용에 못 미치는 물건 가격을 보상한 경우, 사업시행자가 지장물의 소유권을 취득하거나 지장물의 소유자에 대하여 철거 및 토지의 인도를 요구할 수는 없고 단지 자신의 비용으로 이를 직접 제거할 수 있을 권한과 부담을 가질 뿐인지 여부(원칙적 적극) 및 이 경우 지장물의 소유자는 사업시행자의 지장물 제거와 그 과정에서 발생하는 물건의 가치 상실을 수인하여야 할 지위에 있는지 여부(원칙적 적극) [3] 철도건설사업 시행자인 갑 공단이 을 소유의 건물 등 지장물에 관하여 중앙토지수용위원회의 수용재결에 따라 건물 등의 가격 및 이전보상금을 공탁한 다음 을이 공탁금을 출급하자 위 건물의 일부를 철거하였고, 을은 위 건물 중 철거되지 않은 나머지 부분을 계속 사용하고 있었는데, 그 후 병 재개발정비사업조합이 위 건물을 다시 수용하면서 수용보상금 중 위 건물 등에 관한 설치이전비용 상당액을 병 조합과 을 사이에 성립한 조정에 따라 피공탁자를 갑 공단 또는 을로 하여 채권자불확지 공탁을 한 사안에서, 병 조합에 대한 지장물 보상청구권은 을이 아니라 위 건물에 대한 가격보상 완료 후 이를 인도받아 철거한 권리를 보유한 갑 공단에 귀속된다고 보아야 하는데도, 이와 달리 위 건물의 소유권이 을에게 있다는 이유만으로 공탁금출급청구권이 을에게 귀속된다고 본 원심판단에는 법리오해의 잘못이 있다고 한 사례(대판 2019. 4. 11, 2018다277419).

제 2 절 손실보상의 기준과 내용 [2001, 1998, 1993 감평 사례]

헌법상 보상기준에 관한 규정은 제헌헌법 이후 현행헌법에 이르기까지 수차례에 걸친 개정이 있었다. 즉, 제1공화국의 제헌헌법 제15조 제3항은 '상당보상의 원칙'을 규정하였고, 제3공화국헌법 제20조 제3항은 '정당보상의 원칙'을 규정하였으며, 제4공화국의 이른바 유신헌법 제20조 제3항에서는 '보상의 법률유보주의'를 채택하였다. 그리고 제5공화국헌법 제22조 제3항이 '이익형량보상의 원칙'을 규정하였고, 제6공화국의 현행헌법 제23조 제3항은 다시 '정당보상의 원칙'을 규정하고 있는 것과 같은 변천과정을 거쳐 왔다.

제1항 손실보상의 기준에 관한 일반원칙

손실보상의 기준(基準)과 내용(內容)은 손실보상의 '일반적 기준인 정당한 보상'과 보상법률상 '구체적 기준과 내용'으로 나누어 볼 필요가 있다.

I. 정당보상의 원칙

헌법은 정당한 보상의 원칙을 선언하고 있다. 정당(正當)한 보상이 무엇을 의미하는가에 관하여 학설상 견해의 대립이 있다.

1. 완전보상설

완전보상설(完全補償說)은 공용침해로 인하여 발생한 객관적 손실 전부를 보상하여야 한다는 견해이다.

우리나라에서 다수 견해는 완전보상설을 지지하고 있고, 일반적으로 완전보상은 피침해재산의 객관적 가치의 보상과 함께 부대적 손실의 보상도 포함하는 것으로 이해하고 있다. 오늘날에서는 생활보상을 완전보상의 범주에 포함시키며 완전보상을 공용침해가 일어나기 전의 생활과 유사한 생활수준을 회복하도록 하는 보상으로 이해하는 견해가 새롭게 제기되고 있다.

정신적 손해와 개발이익은 완전보상에 포함되지 않는다고 보는 것이 일반적 견해이다.

> **판례**   헌법재판소도 헌법 제23조 제3항에서 규정하고 있는 정당한 보상은 원칙적으로 피수용재산의 객관적인 재산가치를 완전하게 보상하는 것이어야 한다는 완전보상을 뜻한다고 보고 있다(헌재 1990. 6. 25, 89헌마107[토지수용법 제46조 제2항의 위헌여부에 관한 헌법소원]).

2. 상당보상설

상당보상설(相當補償說)은 정당한 보상이라 함은 피해이익의 성질 및 정도와 함께 침해행위의 공공성을 고려하여 보상이 행해질 당시의 사회통념에 비추어 사회적 정의의 관점에서 객관적으로 타당하다고 여겨지는 보상을 말한다고 보는 견해이다. 상당보상설에 의하면 정당한 보상은 완전보상을 하회하거나 상회할 수 있다(홍정선).

상당보상설 중에는 완전보상을 원칙으로 하면서도 합리적 이유가 있을 때에는 완전보상을 하회하거나 상회할 수 있다고 보는 견해도 있다(김남진).

상당보상설은 독일법에서 채택되고 있다.

3. 결론(완전보상설)

헌법 제23조의 정당한 보상이라 함은 재산권보장의 관점에서 볼 때 완전한 보상을 의미하는 것으로 보아야 한다. 독일 기본법 제14조에서와 달리 정당한 형량의 요청이 헌법상 명문으로 규정되어 있지 않는 우리 헌법에서 침해행위의 공공성을 이유로 재산권의 보장을 제한할 수는 없다.

토지보상법 등 보상의 내용을 정하는 법률이 완전보상의 원칙에 반하면 당해 법률은 그 한도 내에서 위헌이 된다. 그러나, 실정법률에서 완전보상을 상회하여 보상하는 것으로 정하는 것은 가능하다.

또한 보상의 구체적인 기준 및 방법에 관하여는 완전보상의 원칙에 반하지 않는 한도 내에서 입법자에게 재량이 부여된다. 헌법은 정당한 보상의 원칙을 선언하면서도 보상의 구체적인 기준과 방법은 법률로 정하도록 규정하고 있는데 이 규정의 입법취지도 그러하다고 해석할 수 있다.

Ⅱ. 시가보상의 원칙

정당보상의 원칙상 피침해재산의 시가를 보상하는 것이 타당하다.

시가보상의 원칙상의 시가란 실제의 거래가격(실거래가)이 아니라 정상적인 시장가격을 말한다.

보상액의 산정은 협의에 의한 경우에는 협의 성립 당시의 가격을, 재결에 의한 경우에는 수용 또는 사용의 재결 당시의 가격을 기준으로 한다(제67조 제1항).

Ⅲ. 개발이익(개발손실) 배제의 원칙 [2017 감평]

공익사업의 경우에는 사업의 시행이 계획 공표되면, 통상의 경우 그 대상토지의 이용가치가 장차 증가될 것을 기대하여 지가는 그 기대치만큼 미리 상승하게 된다. 그런데 이러한 개발이익도 당해 토지의 객관적 가치의 일부로서 보상액 산정시 당연히 시가에 포함되어야 하는지, 개발이익을 보상액 산정에서 배제하는 것이 정당보상의 원칙에 반하는 것인지 여부가 문제된다.

1. 개발이익의 의의와 개발이익 배제의 의미

개발이익이라 함은 공익사업의 계획 또는 시행이 공고 또는 고시되거나 공익사업의 시행 기타 공익사업의 시행에 따른 절차로서 행하여진 토지이용계획의 설정·변경·해제 등으로 인하여 토지소유자가 자기의 노력에 관계없이 지가가 상승되어 현저하게 받은 이익으로서 정상지가상승분을 초과하여 증가된 부분을 말한다(표준지 조사 평가기준 제 3 조 제 2 호).

개발이익의 배제란 보상금액의 산정에 있어서 당해 공익사업으로 인하여 토지 등의 가격이 변동되었을 때에는 이를 고려하지 않는 것을 말한다(제67조 제 2 항).

2. 개발이익 배제의 취지

공익사업의 개발이익은 기업자의 투자에 의하여 발생하는 것으로서 피수용자인 토지소유자의 노력이나 자본에 의하여 발생한 것이 아니다. 따라서 이러한 개발이익은 형평의 관념에 비추어 볼 때, 토지소유자에게 당연히 귀속되어야 할 객관적 가치는 아니고, 오히려 투자자인 기업자 또는 궁극적으로는 국민 모두에게 귀속되어야 함에 취지가 인정된다.

> **판례** 수용사업 시행으로 인한 개발이익은 당해 사업 시행에 의하여 비로소 발생하는 것이어서 수용대상토지가 수용 당시 갖는 객관적 가치에 포함될 수는 없는 것이므로, 구 토지수용법(1991. 12. 31. 법률 제4483호로 개정되기 전의 것) 제46조 제 2 항에 의하여 손실보상액 산정의 기준으로 되는 표준지의 공시지가 자체에 당해 수용사업 시행으로 인한 개발이익이 포함되어 있을 경우에는 이를 배제하고 손실보상액을 평가하는 것이 정당보상의 원리에 합당하지만, 공시지가에 개발이익이 포함되어 있다 하여 이를 배제하기 위해서는 표준지의 전년도 공시지가에 대비한 공시지가변동률이 공공사업이 없는 인근지역의 지가변동률에 비교하여 다소 높다는 사유만으로는 부족하고, 그 지가변동률의 차이가 현저하여 당해 사업시행으로 인한 개발이익이 개재되어 수용대상토지의 지가가 자연적 지가상승분 이상으로 상승되었다고 인정될 수 있는 경우이어야 한다(대판 1993. 7. 13, 93누227[토지수용재결처분취소등]).

3. 개발이익의 범위와 한계

개발이익이 사회적으로 증가된 이익 전부인지, 당해 사업으로 인해서 증분된 부분인지가 문제되는데 대법원은 당해 사업과 관계없는 다른 사업의 시행으로 인한 개발이익은 이를 배제하지 않는 가격으로 평가해야 한다고 판시하고 있다.

> **판례** 토지수용으로 인한 손실보상액을 산정함에 있어서 당해 공공사업의 시행을 직접 목적으로 하는 계획의 승인, 고시로 인한 가격변동은 이를 고려함이 없이 수용재결 당시의 가격을 기준으로 하여 적정가격을 정하여야 하나, 당해 공공사업과는 관계없는 다른 사업의 시행으로 인한 개발이익은 이를 배제하지 아니한 가격으로 평가하여야 한다(대판 1992. 2. 11, 91누7774[토지수용재결처분취소]; 1999. 1. 15, 98두8896[토지수용재결처분취소]).

4. 개발이익 배제의 필요성

공익사업의 개발이익은 기업자의 투자에 의하여 발생하는 것으로서 피수용자인 토지소유자의 노력이나 자본에 의하여 발생한 것이 아니다. 따라서 이러한 개발이익은 형평의 관념에 비추어 볼 때, 토지소유자에게 당연히 귀속되어야 할 객관적 가치는 아니고, 오히려 투자자인 기업자 또는 궁극적으로는 국민 모두에게 귀속되어야 할 것이다. 또한, 공익사업이 시행되기도 전에 미리 그 시행으로 기대되는 이용가치의 상승을 감안한 지가의 상승분을 보상액에 포함시킨다는 것은 피수용토지의 사업시행 당시의 객관적 가치를 초과하여 보상액을 산정하는 셈이 된다. 따라서 개발이익을 배제함이 정당보상의 원칙에 부합될 뿐 아니라, 평등의 원칙에도 부합된다고 할 수 있다.

5. 개발이익배제의 내용

(1) 사업인정고시일 전 공시지가 기준

토지보상법이 사업인정고시일 전의 공시지가를 기준으로 보상액을 결정하는 것으로 하고 있는 것은 손실보상에서 공익사업으로 인한 개발이익(개발손실)을 배제하기 위한 것이다. 보상액의 산정을 사업인정고시일 전의 공시지가를 기준으로 함으로써 사업인정 이후 재결시까지의 수용의 원인이 된 공익사업으로 인한 개발이익(개발손실)이 배제되게 된다.

사업인정시에는 이미 개발이익(개발손실)이 토지가격에 부분 반영되어 있는 것이 보통이므로 개발이익(개발손실)을 보다 철저히 배제하기 위하여는 사업인정 1년 전 정도의 공시지가를 기준으로 하는 것이 타당하다(입법론).

2007년 법개정을 통하여 공익사업의 계획 또는 시행이 공고 또는 고시됨으로 인하여 취득하여야 할 토지의 가격이 변동되었다고 인정되는 경우에는 "당해 공고일 또는 고시일 전의 시점을 공시기준일로 하는 공시지가로서 당해 토지의 가격시점 당시 공시된 공시지가 중 당해 공익사업의공고일 또는 고시일에 가장 가까운 시점에 공시된 공시지가"를 기준으로 보상액을 산정하도록 한것(제70조 제5항)은 개발이익의 배제를 보다 철저히 하기 위한 것이다.

(2) 해당 공익사업으로 인한 가격변동 배제

보상액을 산정할 경우에 해당 공익사업으로 인하여 토지 등의 가격이 변동되었을 때에는 이를 고려하지 아니한다(제67조 제2항).

> **판례** 수용 대상 토지의 보상액을 산정함에 있어 해당 공익사업의 시행을 직접 목적으로 하는 계획의 승인, 고시로 인한 가격변동은 이를 고려함이 없이 재결 당시의 가격을 기준으로 하여 적정가격을 정하여야 하나, 해당 공익사업과는 관계없는 다른 사업의 시행으로 인한 개발이익은 이를 포함한 가격으로 평가하여야 하고, 개발이익이 해당 공익사업의 사업인정고시일 후에 발생한 경우에도 마찬가지이다(대판 2014. 2. 27, 2013두21182[수용보상금증액]).

보상액을 산정함에 있어서 당해 공익사업으로 인한 지가의 영향을 받지 않는 지역의 지가변동률을 참작하여야 한다(제70조 제1항).

(3) 변경되기 전의 용도지역을 기준으로 함

평가대상 토지에 대한 공법상 제한이 당해 공익사업의 시행을 직접 목적으로 하여 가하여진 경우에는 제한이 없는 상태를 상정하여 평가한다(시행규칙 제23조 제 1 항). 공익사업의 시행을 직접 목적으로 하여 용도지역 또는 용도지구 등이 변경된 토지에 대하여는 변경되기 전의 용도지역 또는 용도지구 등을 기준으로 평가한다(시행규칙 제23조 제 2 항).

판례1　**일반적 계획제한의 경우:** 당해 공공사업의 시행 이전에 이미 당해 공공사업과 관계없이 도시계획법에 의한 고시 등으로 일반적 계획제한이 가하여진 상태인 경우 그러한 제한을 받는 상태 그대로 평가하여야 하며, 도시계획법에 의한 개발제한구역의 지정은 위와 같은 일반적 계획제한에 해당하므로 당해 공공사업의 시행 이전에 개발제한구역 지정이 있었을 경우 그러한 제한이 있는 상태 그대로 평가함이 상당하다(대판 1993. 10. 12, 93누12527[토지수용재결처분취소]).

판례2　**개별적 계획제한의 경우:** 수용대상토지에 대하여 당해 공공사업의 시행 이전에 이미 도로의 설치에 관한 도시계획결정이 고시되어 이용제한이 가하여진 경우의 공법상 제한은 그 목적달성을 위하여 구체적인 사업의 시행을 필요로 하는 이른바 개별적 계획제한에 해당하므로, 그 토지의 수용보상액을 산정함에 있어서는 위와 같은 공법상 제한이 당해 공공사업의 시행을 직접 목적으로 하여 가하여진 경우는 물론 위 토지가 당초의 목적사업과 다른 목적의 공공사업에 편입수용되는 경우에도 모두 그러한 제한을 받지 아니하는 상태대로 이를 평가하여야 한다(대판 1993. 11. 12, 93누7570). 〈평석〉 '당해 공공사업의 시행을 직접 목적으로 하여 가하여진 경우'를 확장해석하는 이유는 사업변경 내지 고의적인 사전제한 등으로 인한 토지소유자의 불이익을 방지하기 위한 것이다(대판 1998. 9. 18, 98두4498[토지수용이의재결처분취소]).

판례3　공원조성사업의 시행을 직접 목적으로 일반주거지역에서 자연녹지지역으로 변경된 토지에 대한 수용보상액을 산정하는 경우, 그 대상 토지의 용도지역을 일반주거지역으로 하여 평가하여야 한다고 한 사례(대판 2007. 7. 12, 2006두11507[손실보상금증액청구]). 〈해설〉 해당 공익사업의 시행으로 용도지역이 변경된 경우에는 변경되기 전의 용도지역을 기준으로 가격을 평가한다.

판례4　당해 사업인 택지개발사업에 대한 실시계획의 승인과 더불어 그 용도지역이 주거지역으로 변경된 토지를 그 사업의 시행을 위하여 후에 수용하였다면 그 재결을 위한 평가를 함에 있어서는 그 용도지역의 변경을 고려함이 없이 평가하여야 한다(대판 1999. 3. 23, 98두13850[토지수용이의재결처분취소]).

판례5　이 사건 토지 일대는 원래 농촌지역으로서 도시계획법이나 국토이용관리법 등의 적용대상이 아니었는데, 건설부장관이 그 일대에 공업단지를 조성하기 위하여 1974. 4. 1. 구법 제 5 조에 의하여 산업기지개발구역으로 지정하고 그 이듬해인 1975. 2. 19. 도시계획구역을 변경(재정비)결정하여 공업지역으로 용도지역을 지정한 후 1988. 3. 5. 구법 제 8 조에 의한 개발사업실시계획승인을 하였고, 수용재결 당시 이 사건 토지의 이용상황은 공장용지로서 소외 한불화학 주식회사의 공장건물이 신축되고 있었음을 알 수 있는바, 이러한 경우 이 사건 토지에 대한 공업지역으로의 용도지역 지정은 위 산업기지개발구역의 지정에 이은 것으로서 특별한 사정이 없는 한 이 사건 개발사업의 시행을 직접 목적으로 한 것이라고 보아야 할 것이므로, 그 개발사업의 시행을 위하여 필요한 토지 등을 수용함에 있어서 수용재결 당시의 이 사건 토지가격을 평가함에 있어서는, 현실이용상황을 공장용지로 보는 것은 별론으로 하고, 위 산업기지개발구역의 지정과 이에 이은 용도지역 지정은 이를 고려함이 없이 그 이전의 상태대로 평가하여야 할 것이다(대판 1995. 3. 3, 94누7386[토지수용재결처분취소]).

판례6　구 지방공업개발법(1990. 1. 13. 법률 제4216호로 폐지)에 따른 지방공업개발장려지구의 지정 및 국토이용관리법에 따른 공업지역의 지정과 산업입지 및 개발에 관한 법률에 따른 사업실시계획의 승인 사이의 기간이 이례적으로 장기간(용도지역 변경과 실시계획 승인 사이에 약 9년 10개월 경과)이라도, 지방공업단지의 지정은 그 사업시행을 위한 일련의 조치 중의 선행조치라 할 것이고, 그 토지에 대한 공업지역으로의 용도지역 지정은 공업단지의 지정에 이은 것으로서 그 사업시행을 직접 목적으로 하여 행하여진 것이라고 보아야 하므로, 특별한 사정이 없는 한 그 사업시행을 위한 수용재결 당시의 토지가격을 평가함에 있어서 공업단지의 지정과 이에 이은 공업지역의 지정은 이를 고려함이 없이 그 이전의 상태대로 평가하여야 한다고 본 사례(대판 1995. 4. 11, 94누13879[토지수용재결처분취소]).

그러나, 그러한 제한이 당해 공익사업의 시행을 직접 목적으로 하여 가하여진 것이 아닌 경우에는 그러한 공법상 제한을 받는 상태대로 손실보상액을 평가하여야 한다(대판 2005. 2. 18, 2003두14222: 문화재보호구역의 확대 지정이 당해 공공사업인 택지개발사업의 시행을 직접 목적으로 하여 가하여진 것이 아님이 명백하므로 토지의 수용보상액은 그러한 공법상 제한을 받는 상태대로 평가하여야 한다고 한 사례).

> **판례**   수용 대상 토지의 보상액을 산정함에 있어 해당 공익사업의 시행을 직접 목적으로 하는 계획의 승인, 고시로 인한 가격변동은 이를 고려함이 없이 재결 당시의 가격을 기준으로 하여 적정가격을 정하여야 하나, 해당 공익사업과는 관계없는 다른 사업의 시행으로 인한 개발이익은 이를 포함한 가격으로 평가하여야 하고, 개발이익이 해당 공익사업의 사업인정고시일 후에 발생한 경우에도 마찬가지이다(대판 2014. 2. 27, 2013두21182[수용보상금증액]).

6. 개발이익 배제의 정당성과 위헌성

(1) 정당성과 합헌성을 긍정하는 견해

개발이익은 국가 등의 공공투자 또는 사업시행자의 투자에 의해 발생하는 것으로서 피수용자의 노력이나 자본에 의해 발생하는 것이 아닌 불로소득이므로 그러한 개발이익은 형평의 관념에 비추어 볼 때, 토지소유자에게 귀속시키는 것은 타당하지 않으며 투자자인 사업시행자 또는 궁극적으로는 국민 모두(사회)에게 귀속되어야 하므로 당해 공익사업으로 인해 발생한 개발이익은 보상액의 산정에서 배제하는 것이 타당하다. 이 견해가 일반적 견해이다.

(2) 개발이익의 보상을 주장하는 견해

이 견해는 개발이익을 인근개발이익자, 지방자치단체, 사업시행자, 피수용자 등의 이해관계인 사이에서 적정하게 배분하는 것이 타당하며 적어도 개발이익 중 일부를 보상액에 포함시켜야 한다고 주장한다. 그 주장의 논거로 개발이익을 누리는 공익사업시행지 주변의 토지소유자와 피수용자 사이의 형평성과 개발이익이 배제된 보상금으로는 인근지역에서 수용된 부동산에 상응하는 부동산을 살 수 없다는 점 등을 든다. 그리고, 주변토지소유자와 피수용자 사이의 형평성이 심히 침해되고, 개발이익이 배제된 보상금으로는 도저히 종전과 같은 생활을 유지할 수 없는 경우 등에는 개발이익을 일체 보상하지 않는 것은 헌법상의 재산권보장 및 평등원칙에 위배된다고 한다.

(3) 헌법재판소의 입장

헌법재판소는 아래와 같이 개발이익을 보상액 산정에서 배제하는 것이 헌법상 정당보상의 원칙에 위배되는 것은 아니라고 본다(헌재 1990. 6. 25, 89헌마107).

> **판례**   공익사업의 시행으로 지가가 상승하여 발생하는 개발이익은 기업자의 투자에 의하여 발생하는 것으로서 피수용자인 토지소유자의 노력이나 자본에 의하여 발생한 것이 아니다. 따라서 이러한 개발이익은 형평의 관념에 비추어 볼 때, 토지소유자에게 당연히 귀속되어야 할 성질의 것은 아니고, 오히려 투자자인 기업자 또는 궁극적으로는 국민 모두에게 귀속되어야 할 성질의 것이다. 또한 개발이익은 공공사업의 시행에 의하여 비로소 발생하는 것이므로 그것이 피수용토지가 수용당시 갖는 객관적 가치에 포함된다고 볼 수도 없다. 개발이익이란 시간적으로 당해 공익사업이 순조롭게 시행되어야 비로소 현재화될 수 있는 것이므로 아직 공익사업이 시행되기도 전에 개발이익을 기대하여 증가한 지가부분은 공익사업의 시행을 볼모로 한 주관적 가치부여에 지나지 않는다. 즉 수용에 의하여 토지소유자가 입은 손실과 공익사업의 시행으로 발생하는 이익은 별개의 문제이다. 그러므로 공익사업이 시행되기도 전에 미리 그 시행으로 기대되는 이용가치의 상승을 감안한 지가의 상승분을 보상액에 포함시킨다는 것은 피수용토지의 사업시행당시의 객관적 가치를 초과하여 보상액을 산정하는 셈이 된다. 따라서 개발이익은 그 성질상 완전보상의 범위에 포함되는 피수용자의 손실이라고는 볼 수 없으므로, 개발이익을 배제하고 손실보상액을 산정한다 하여 헌법이 규정한 정당보상의 원리에 어긋나는 것이라고는 판단되지 않는다(헌재 1990. 6. 25, 89헌마107[토지수용법 제46조 제 2 항의 위헌여부에 관한 헌법소원]; 2009. 9. 24, 2008헌바112).

또한, 헌법재판소는 수용된 토지의 보상액을 산정함에 있어서는 개발이익을 배제하면서도, 자신의 토지를 수용되지 아니한 채 계속하여 소유하는 인근지역의 토지소유자에 대해서는 아무런 환수조치 없이 지가상승으로 인한 개발이익을 보유할 수 있게 한다고 하면, 이는 헌법이 규정하는 평등의 원칙에 반하는 것이 아닌가 하는 의문에 대하여는 아래와 같이 이를 부정하고 있다.

> **판례**   비록 수용되지 아니한 토지소유자가 보유하게 되는 개발이익을 포함하여 일체의 개발이익을 환수할 수 있는 제도적 장치가 마련되지 아니한 제도적 상황에서 기준지가(현행법하에서는 공시지가)가 고시된 지역 내에 피수용토지를 둔 토지소유자로부터만 이를 환수한다고 하여 합리적 이유 없이 수용여부에 따라 토지소유자를 차별한 것이라고는 인정되지 않는다. 개발이익환수제도의 개선을 위해서는 지가의 공시지역을 확대하는 등 점진적인 개선 방안을 모색하는 수밖에 없고, 그 점진적 개선에 평등의 원칙이 어떤 장애가 될 수는 없는 것이다(헌재 1990. 6. 25, 89헌마107[토지수용법 제46조 제 2 항의 위헌여부에 관한 헌법소원]).

(4) 결   어

개발이익은 국가 등의 공공투자에 의해 발생하는 것이고 피수용자의 노력이나 자본의 투자에 의해 발생하는 것이 아니므로 토지소유자에게 귀속시키는 것은 타당하지 않으며 사회로 환원시켜야 한다. 이와 아울러 공익사업시행지 주변 토지의 과도한 개발이익을 환수하는 법제도를 정비하여야 한다.

7. 기타 개발이익 배제의 법적 문제

(1) 평등원칙 위반 여부

헌법 제11조 제 1 항이 규정하는 평등의 원칙은 결코 일체의 차별적 대우를 부정하는 절대적 평등을 의미하는 것이 아니라, 법의 적용이나 입법에 있어서 불합리한 조건에 의한 차별을 하여서는 안 된다는 것을 뜻하는바, 공공사업 시행지역 안에서 개발이익을 배제하면서 사업시행지역 밖의 토지에 대해서는 개발이익을 보유할 수 있다면 헌법 제11조의 평등원칙에 위반되지 않는지가 문제된다.

이에 관하여 헌법재판소는 개발이익을 환수할 수 있는 제도적 장치가 마련되지 아니한 제도적 상황에서 보상액 산정에 있어서 개발이익을 배제한다고 하여 토지소유자와 인근 토지소유자를 차별하는 것이라고 할 수는 없는 것이므로 평등원칙을 규정한 헌법 제11조 제 1 항에 위반되는 것은 아니라고 보고 있다.

> **판례** 공공사업으로 인한 지가변동이 발생한 모든 지역에서 개발이익의 발생여부와 범위를 확정해야 하는 등 기술적 어려움이 있으므로 모든 개발이익을 대상으로 제도개선을 도모함은 사실상 불가능하다. 따라서, 개발이익환수라는 제도적 개선을 위해서는 점진적인 개선방안을 모색할 수밖에 없고, 이 과정에서 평등원칙이 장애가 될 수 없다(헌재 1990. 6. 25, 89헌마107; 2009. 9. 24, 2008헌바112).

(2) 피수용자와 인접토지소유자간 형평성의 검토

1) 문제제기

개발이익은 그 성질상 완전보상의 범위에 포함되는 피수용토지의 객관적 가치 내지 피수용자의 손실이라고 볼 수 없으므로 헌법상 정당보상에 합치하기 위하여 이는 마땅히 배제되어야 하는 것이나, 피수용자로부터는 개발이익을 배제하면서 주변지역의 토지소유자에게는 사업으로 인해 발생한 개발이익을 보유하게 하는 것은 형평의 원칙상 문제가 되고 또한 피수용자는 인근유사 토지에 대토를 구하기 어렵다는 점에서도 문제가 제기된다.

또한, 사업주변지에서 발생하는 개발이익을 어떻게 환수하여 피수용자와 형평을 유지하도록 할 것인가에 관한 검토가 요구된다.

2) 평등의 원칙에 반하는지 여부

헌법재판소는 "비록 수용되지 아니한 토지소유자가 보유하게 되는 개발이익을 포함(包含)하여 일체의 개발이익을 환수할 수 있는 제도적 장치가 마련되지 아니한 상황에서, 기준지가가 고시된 지역 내에서 피수용토지를 둔 토지소유자로부터서만 이를 환수한다고 하여, 합리적 이유 없이 수용여부에 따라 토지소유자를 차별한 것이라고는 인정되지 아니한다"고 하였다(상기 89헌마107).

3) 개발이익환수를 위한 법제의 보완

종전 토지초과이득세제가 제도화되어 있어 유휴지만을 대상으로 정상지가상승률을 초과하여 얻은 지가상승이익의 50%를 매 3년마다 부과하는 것으로 되어 있었으나 이는 형평의 문제를 해결할 수 없었을뿐더러, 현재는 위헌결정에 의해 폐지된 상태에 있다.

현행 개발이익환수에 관한 법률에는 개발부담금제도와 양도소득세의 환수제도가 있는바, 개발부담금은 일정 면적 이상의 개발사업이나 지목변경의 경우에 부과되며 부담률은 25%에 불과하다. 또한 양도소득세는 비과세대상이 많으며 세율도 20%~40%로 낮다. 그럼에도 불구하고 아직까지 개발이익환수를 위한 제도적 보완이 이루어지고 있지 아니한 상태이다. 따라서 토지초과이득세가 그 자체가 위헌으로 판단된 것은 아니고, 1998년 IMF 당시의 외환, 금융위기에 따른 경제사정 악화로 폐지된 점을 고려할 때, 재도입의 검토가 필요하다고 볼 수 있다. 또한 최근 대토보상제도의 도입은 인근토지소유자와의 형평성을 완화할 수 있는 발판을 마련한 점에서 긍정적으로 평가할 수 있을 것이다.

(3) 개발이익 배제의 불완전성에 대한 개선안

보상액산정과정상 개발이익의 완전배제가 어렵고 사업의 장기화에 따른 개발이익 구분의 어려움이 있다. 따라서 사업인정 이후는 생산자물가지수를 이용하거나 보상시점을 사업인정시로 변경하는 방법을 고려할 만하다.

1) 보상기준시점의 조정과 보상액 보정요인의 변경

보상기준시점을 조정하고 보상기준시점과 실제 보상액지급시점간의 보상가격 보정요인을 변경하여 개발이익이 배제된 보상액을 산정하는 방법이 제기되고 있다. 이는 보상기준시점(가격시점)을 현행의 수용재결일로부터 사업인정고시일로 앞당기고, 보상액의 변동요인을 적용할 때 사업인정고시일 직전의 공시지가기준일로부터 사업인정고시일까지는 지가변동률을 적용하고, 사업인정고시일로부터 협의시 또는 재결시까지 도매물가상승률을 적용하는 것이다. 즉, 사업인정고시일 이후 수용재결일까지의 기간에 대하여는 지가상승분이 아니라 일반물가상승분만을 인정함으로써 동 사업으로 인한 개발이익이 보상액에 포함되는 것을 방지할 수 있을 것이다.

2) 개발이익을 배제한 가격의 보상금 지급

이 방법은 사후에 개발이익을 보상가격에서 공제하는 것으로, 현재처럼 협의성립시 또는 수용재결시를 기준으로 보상가치를 산정하되, 피수용자의 노력에 의하지 아니한 지가상승분인 개발이익은 보상금에서 공제하고 지급하는 것이다. 즉, 사업인정고시일에서 수용재결시까지의 기간 동안 지가상승이 있을 경우, 이 지가상승분이 도매물가상승분을 상회한다면 초과분을 개발이익으로 간주하여 수용재결시 현재의 지가에서 개발이익을 공제한 나머지를 실지급보상액으로 하는 방법이다.

Ⅳ. 사업시행이익과 상계금지의 원칙(토지보상법 제66조)

사업시행이익과 상계금지의 원칙이란, 동일한 토지소유자에 속하는 일단의 토지의 일부를 취득 또는 사용하는 경우에 당해 공익사업의 시행으로 인하여 잔여지 가격이 증가되었거나 기타의 이익을 가져온 경우에도 그 이익을 취득 또는 사용으로 인한 손실과 상계하지 못한다는 원칙이다.

> 판례1 동일한 소유자의 소유에 속하던 일단의 토지 중 일부 토지가 수용됨으로 인하여 좁고 긴 형태로 남게 된 잔여토지가 수용의 목적사업인 도시계획사업에 의하여 설치된 너비 8m의 도로에 접하게 되는 이익을 누리게 되었더라도 토지수용법 제53조의 규정에 따라 그 이익을 수용 자체의 법률효과에 의한 가격감소의 손실(이른바 수용손실)과 상계할 수는 없는 것이므로, 그와 같은 이익을 참작하여 잔여지 손실보상액을 산정할 것은 아니다(대판 1998. 9. 18, 97누13375[토지수용이의재결처분취소등]).
>
> 판례2 공익사업의 시행에 따라 사업구역에 편입된 甲 소유 토지 및 건물 중 편입되고 남은 부분에 관한 손실보상액 산정이 문제된 사안에서, 잔여지가 공익사업에 따라 설치되는 도로에 접하게 되는 이익을 참작하여 잔여지 손실보상액을 산정할 것은 아니라는 이유로, 법원감정이 부당하다는 甲의 주장을 배척한 원심판단을 정당하다고 한 사례(대판 2013. 5. 23, 2013두437[손실보상금]).

제 2 항 토지보상법상 손실보상의 종류별 구체적 보상기준

토지보상법상 손실보상의 구체적 보상기준은 피침해재산(취득재산)의 보상, 그 이외의 부대적 손실의 보상, 간접손실의 보상, 생활보상, 토지사용으로 인한 손실의 보상, 기타 손실의 보상 등 손실보상의 종류별로 나누어 볼 수 있다.

Ⅰ. 취득재산의 객관적 가치의 보상

이론상 피침해재산의 정상적인 시장가격을 보상하는 것이 타당하다. 그런데, 해당 토지의 보상시점에서의 거래가격은 존재하지 않고, 개발이익은 보상에서 제외되는 것이 원칙이므로 토지보상법은 다음과 같이 보상액을 산정하는 것으로 하고 있다.

실무상 수용보상액은 '표준지공시지가×시점수정(지가변동률, 생산자물가상승률)×지역요인×개별요인(가로조건, 접근조건, 환경조건, 획지조건, 행정조건, 기타조건)×그 밖의 요인'의 산식으로 결정하게 된다. 이 경우 공법상 제한은 개별요인 중 행정조건에 포함된다.

1. 개설(관련법규정)

토지보상법 제70조(취득하는 토지의 보상)

① 협의나 재결에 의하여 취득하는 토지에 대하여는 『부동산 가격공시에 관한 법률』에 따른 공시지가를 기준으로 하여 보상하되, 그 공시기준일부터 가격시점까지의 관계 법령에 따른 그 토지의 이용계획, 해당 공익사업으로 인한 지가의 영향을 받지 아니하는 지역의 대통령령으로 정하는 지가변동률, 생산자물가상승률(『한국은행법』 제86조에 따라 한국은행이 조사·발표하는 생산자물가지수에 따라 산정된 비율을 말한다)과 그 밖에 그 토지의 위치·형상·환경·이용상황 등을 고려하여 평가한 적정가격으로 보상하여야 한다.

② 토지에 대한 보상액은 가격시점에서의 현실적인 이용상황과 일반적인 이용방법에 의한 객관적 상황을 고려하여 산정하되, 일시적인 이용상황과 토지소유자나 관계인이 갖는 주관적 가치 및 특별한 용도에 사용할 것을 전제로 한 경우 등은 고려하지 아니한다.

③ 사업인정 전 협의에 의한 취득의 경우에 제1항에 따른 공시지가는 해당 토지의 가격시점 당시 공시된 공시지가 중 가격시점과 가장 가까운 시점에 공시된 공시지가로 한다.

④ 사업인정 후의 취득의 경우에 제1항에 따른 공시지가는 사업인정고시일 전의 시점을 공시기준일로 하는 공시지가로서, 해당 토지에 관한 협의의 성립 또는 재결 당시 공시된 공시지가 중 그 사업인정고시일과 가장 가까운 시점에 공시된 공시지가로 한다.

⑤ 제3항 및 제4항에도 불구하고 공익사업의 계획 또는 시행이 공고되거나 고시됨으로 인하여 취득하여야 할 토지의 가격이 변동되었다고 인정되는 경우에는 제1항에 따른 공시지가는 해당 공고일 또는 고시일 전의 시점을 공시기준일로 하는 공시지가로서 그 토지의 가격시점 당시 공시된 공시지가 중 그 공익사업의 공고일 또는 고시일과 가장 가까운 시점에 공시된 공시지가로 한다.

⑥ 취득하는 토지와 이에 관한 소유권 외의 권리에 대한 구체적인 보상액 산정 및 평가방법은 투자비용, 예상수익 및 거래가격 등을 고려하여 국토해양부령으로 정한다.

토지보상법 제71조(사용하는 토지의 보상 등)

① 협의 또는 재결에 의하여 사용하는 토지에 대하여는 그 토지와 인근 유사토지의 지료(地料), 임대료, 사용방법, 사용기간 및 그 토지의 가격 등을 고려하여 평가한 적정가격으로 보상하여야 한다.

② 사용하는 토지와 그 지하 및 지상의 공간 사용에 대한 구체적인 보상액 산정 및 평가방법은 투자비용, 예상수익 및 거래가격 등을 고려하여 국토해양부령으로 정한다.

판례　[1] 공익사업을 위한 수용토지 등에 대한 구체적인 보상액 산정 및 평가방법을 건설교통부령 또는 국토해양부령에 위임하고 있는 구 '공익사업을 위한 토지 등의 취득 및 보상에 관한 법률'(2002. 2. 4. 법률 제6656호로 제정되고, 2007. 10. 17. 법률 제8665호로 개정되기 전의 것) 제70조 제5항 및 구 '공익사업을 위한 토지 등의 취득 및 보상에 관한 법률'(2008. 2. 29. 법률 제8852호로 개정되고, 2011. 8. 4. 법률 제11017호로 개정되기 전의 것, 이하 위 두 조항을 합하여 '이 사건 법률조항들'이라 한다) 제70조 제6항이 포괄위임입법금지원칙에 위배되는지 여부(소극): 이 사건 법률조항들은 공익사업을 위하여 취득하는 토지와 이에 관한 소유권 외의 권리에 대한 구체적인 보상액 산정 및 평가방법을 정하기 위하여 '투자비용·예상수익 및 거래가격 등'이라는 기준을 직접 규정하고, 경제상황과 토지이용에 관한 공법상 제한의 변화 등에 대응하기 위하여 보상액 산정 및 평가방법의 구체적이고 기술적인 부분을 건설교통부령 또는 국토해양부령에 위임하고 있으며, 이 사건 법률조항들과 구 '공익사업을 위한 토지 등의 취득 및 보상에 관한 법률'(이하 '공익사업법'이라 한다)의 다른 조항들은 토지 소유권에 관하여 법률에서 이미 공시지가에 의한 보상, 공시지가의 기준일, 공익사업으로 인한 토지 가격 변동 배제 등에 관한 기본적인 원칙과 기준을 자세히 규정하고 있고, 그 밖에 추가적으로 고려해야 할 세부적인 기준이나 요소에 대한 규율내용만을 건설교통부령이나 국토해양부령에 위임하고 있을 뿐이다. 따라서 이 사건 법률조항들에 따라서 하위법령에 구체적으로 규율될 내용

은 충분히 예측 가능하므로 포괄위임입법금지원칙에 위배되지 아니한다. [2] 이 사건 법률조항들이 수용토지 등에 대한 구체적인 보상이익 산정과 평가방법을 시행규칙에 위임하고 있음으로 인하여 헌법 제23조 제 3 항의 '법률로써 하는 보상'에 반하는지 여부(소극): 비록 하위법령인 공익사업법 시행규칙에서 토지 등의 수용으로 인한 보상액의 산정 및 평가방법을 구체화하고 있다 하더라도, 이 사건 법률조항들이 포괄위임입법금지원칙에 위배되는지 여부에 관하여 앞서 검토한 바와 같이, 이 사건 법률조항들과 관련 법률조항들을 종합하여 보면, 이미 법률로 공익사업으로 취득하는 토지 등에 대한 구체적인 보상액 산정 및 평가방법의 내용 및 범위의 기본사항을 규정하고 있다. 따라서 재산권을 수용하여 이루어지는 보상은 법률에 근거하여 이루어지며, 구 공익사업법은 보상에 관한 본질적인 내용을 법률에서 직접 규정하고 있으므로 법률로써 하는 보상에 반하지 아니한다. [3] 수용되는 토지 등의 구체적인 보상액 산정 및 평가방법으로 '투자비용·예상수익 및 거래가격'을 규정하고 있는 이 사건 법률조항들이 헌법 제23조 제 3 항의 '정당한 보상'의 원칙에 위배되는지 여부(소극): 이 사건 법률조항들은 수용되는 토지 등의 구체적인 보상액 산정 및 평가방법으로 '투자비용·예상수익 및 거래가격'을 규정하고 있다. 이는 피수용재산의 객관적인 재산가치를 완전하게 보상하기 위하여 그 토지 등의 성질에 정통한 사람들의 자유로운 거래에 의하여 도달할 수 있는 합리적인 매매가능가격 즉 시가를 산정하기 위하여 참고할 수 있는 적정한 기준이라 할 수 있으므로, 이 사건 법률조항들은 '정당한 보상'을 지급하여야 한다고 규정한 헌법 제23조 제 3 항에 위배되지 아니한다(헌재 2011. 12. 29, 2010헌바205[구공익사업을위한 토지등의취득및보상에관한법률 제70조 제 5 항 위헌소원등]).

2. 협의 또는 재결 당시의 가격의 보상

토지보상법은 '취득재산의 협의성립 또는 재결 당시의 가격'을 손실보상액으로 하는 것으로 규정하고 있다.

① 여기에서 가격이란 시가 즉 정상적인 시장가격을 말한다.

② 보상액산정의 기준이 되는 시점을 '가격시점'이라 하는데(제 2 조 제 6 호), 토지보상법은 가격시점을 협의에 의한 취득의 경우에는 협의성립시, 재결에 의한 취득의 경우에는 수용 또는 사용재결시로 하고 있다(제67조).

토지보상법이 협의성립 당시의 가격 및 재결 당시의 가격으로 보상하는 것으로 규정하고 있는 것은 ① 정당보상의 실현, ② 보상액의 적정성·객관성·공평성 유지, ③ 수용절차의 지연방지, ④ 재산권 상실 시점의 완전보상의 구현에 그 취지가 있다.

판례 토지 등을 수용함으로 인하여 그 소유자에게 보상하여야 할 손실액은 수용재결 당시의 가격을 기준으로 하여 산정하여야 할 것이고(대판 1991. 12. 24, 91누308, 대판 1992. 9. 25, 91누13250 등 참조), 이와 달리 이의재결일을 그 평가기준일로 하여 보상액을 산정하여야 한다는 상고이유는 받아들일 수 없다(대판 2008. 8. 21, 2007두13845[토지보상금]).

3. 공시지가를 기준으로 한 보상

(1) 의   의

협의 또는 재결에 의하여 취득하는 토지를 평가함에 있어서는 평가대상토지와 유사한 이용가치를 지닌다고 인정되는 하나 이상의 표준지의 공시지가(표준공시지가)를 기준으로 한다(시행규칙 제22조).

> **판례** 공익사업을 위한 토지 등의 취득 및 보상에 관한 법률 제68조 제 3 항의 위임에 따라 협의
> 취득의 보상액 산정에 관한 구체적 기준을 정하고 있는 공익사업을 위한 토지 등의 취득 및 보상에 관
> 한 법률 시행규칙 제22조가 대외적인 구속력을 가지는지 여부(적극): 공익사업을 위한 토지 등의 취득
> 및 보상에 관한 법률(이하 '공익사업법'이라 한다) 제68조 제 3 항은 협의취득의 보상액 산정에 관한 구
> 체적 기준을 시행규칙에 위임하고 있고, 위임 범위 내에서 공익사업을 위한 토지 등의 취득 및 보상에
> 관한 법률 시행규칙 제22조는 토지에 건축물 등이 있는 경우에는 건축물 등이 없는 상태를 상정하여
> 토지를 평가하도록 규정하고 있는데, 이는 비록 행정규칙의 형식이나 공익사업법의 내용이 될 사항을
> 구체적으로 정하여 내용을 보충하는 기능을 갖는 것이므로, 공익사업법 규정과 결합하여 대외적인 구
> 속력을 가진다(대판 2012. 3. 29, 2011다104253[손해배상(기)등]).

　공시지가를 기준으로 평가하도록 규정하는 이유는 감정평가에 있어서 실거래가격이
포착된다 하여도 그 정상화를 위한 사정보정이 어려우며, 자의적인 판단이 개입될 우려가
높기 때문에 평가자의 자의성을 배제하고 효율적인 보상평가를 도모하기 위하여 공시지가
를 기준으로 평가하도록 한 것이다.

(2) 이용상황

　대상토지의 이용상황 및 면적은 사업시행자가 제시한 내용에 따라야 한다. 따라서 감
정평가법인등은 사업시행자, 토지수용위원회 또는 법원이 제시한 목록에서 표시된 현실적
인 이용상황 또는 면적 등을 기준으로 감정평가하며 현실적인 이용상황이나 면적 등을 임
의로 변경하여서는 아니된다.

(3) 비교표준지의 선정

1) 비교표준지의 의의

　"비교표준지"란 『부동산가격공시에 관한 법률』(이하 '부동산가격공시법'이라 한다)에 따
른 표준지의 공시지가 중에서 대상토지와 유사한 이용가치를 지닌다고 인정되어 대상토지
의 평가시에 비교기준으로 선정된 것을 말한다.

> **판례** 당해토지와 유사한 이용가치를 지닌다고 인정되는 표준지라 함은 당해토지와 지목, 용도, 주
> 위환경, 위치, 기타 자연적·사회적 조건이 동일 또는 유사한 인근에 소재하는 표준지를 말한다(대판
> 1993. 11. 12, 93누9378[개별토지가격결정처분취소]).

2) 비교표준지 선정원칙

　취득하는 토지를 평가함에 있어서는 평가대상토지와 유사한 이용가치를 지닌다고 인
정되는 하나 이상의 표준지의 공시지가를 기준으로 한다(시행규칙 제22조 제 1 항).
　가. 용도지역 및 이용상황 등　　비교표준지는 당해 토지와 용도지역·지구·구역 등

공법상 제한과 실제 이용상황 및 주위환경 등이 같거나 유사하고 지리적으로 가능한 한 가까이 있는 표준지 중에서 하나를 선정하는 것을 원칙으로 한다(시행규칙 제22조 제 2 항).

판례1 **비교표준지 선정방법**: 비교표준지는 특별한 사정이 없는 한 도시계획구역 내에서는 용도지역을 우선으로 하고(용도지역우선의 원칙), 도시계획구역 외에서는 용도지역을 현실적 이용상황에 따른 실제 지목을 우선으로 하여 선정하여야 할 것이나(이용상황우선의 원칙), 이러한 토지가 없다면 지목, 용도, 주위환경, 위치 등의 제반 특성을 참작하여 그 자연적, 사회적 조건이 수용대상 토지와 동일 또는 가장 유사한 토지를 선정하여야 한다(대판 2001. 3. 27, 99두7968[토지수용이의재결처분취소 등]).

판례2 **도시계획구역 내에 있는 수용대상토지에 대한 표준지 선정방법**: 수용대상토지가 도시계획구역 내에 있는 경우에는 그 용도지역이 토지의 가격형성에 미치는 영향을 고려하여 볼 때, 당해 토지와 같은 용도지역의 표준지가 있으면 다른 특별한 사정이 없는 한 용도지역이 같은 토지를 당해 토지에 적용할 표준지로 선정함이 상당하고, 가령 그 표준지와 당해 토지의 이용상황이나 주변환경 등에 다소 상이한 점이 있다 하더라도 이러한 점은 지역요인이나 개별요인의 분석 등 품등비교에서 참작하면 된다(대판 2007. 7. 12, 2006두11507[손실보상금증액청구]).

판례3 표준지가 수용대상토지로부터 상당히 떨어져 있다는 것만으로는 표준지 선정이 위법하다고 말할 수 없다(대판 1997. 4. 8, 96누11396; 2000. 12. 8, 99두9957).

판례4 지가공시및토지등의평가에관한법률상 표준지를 반드시 수용대상지역 안에서 선정하여야 한다든가 혹은 그 밖에서 선정하여야 한다든가 하는 규제는 없으므로, 표준지는 수용대상지역 안에서 선정할 수도 있고, 혹은 그 밖에서 선정할 수도 있는 것이지만, 그에 따라 가격에 차이가 나는 경우에는 같은 법 제10조 제 1 항의 취지에 비추어 지역요인 및 개별요인 등 품등비교 과정이나 개발이익의 배제를 위 구 토지수용법 제46조 제 2 항 소정의 기타사항으로 참작하는 등의 방법에 의하여 그 차이를 없애도록 조정을 거침으로써 재산의 객관적 가치를 적정하게 평가하도록 하고 있으므로, 표준지를 수용대상지역 내에서 선정하느냐 혹은 그 밖에서 선정하느냐에 따라 원칙적으로 보상액 산정의 결과에 차이가 나는 것은 아니다(대판 1993. 9. 10, 93누5307[토지수용재결처분취소등]).

판례5 [1] 도시지역 내에 있는 수용대상토지와 용도지역이 같은 비교표준지가 여러 개 있는 경우 및 도시지역 외에 있는 수용대상토지와 현실적 이용상황이 같은 비교표준지가 여러 개 있는 경우, 비교표준지 선정 방법: 비교표준지는 특별한 사정이 없는 한 도시지역 내에서는 용도지역을 우선으로 하고, 도시지역 외에서는 현실적 이용상황에 따른 실제 지목을 우선으로 하여 선정해야 한다. 또한 수용대상토지가 도시지역 내에 있는 경우 용도지역이 같은 비교표준지가 여러 개 있을 때에는 현실적 이용상황, 공부상 지목, 주위환경, 위치 등의 제반 특성을 참작하여 자연적, 사회적 조건이 수용대상토지와 동일 또는 유사한 토지를 당해 토지에 적용할 비교표준지로 선정해야 하고, 마찬가지로 수용대상토지가 도시지역 외에 있는 경우 현실적 이용상황이 같은 비교표준지가 여러 개 있을 때에는 용도지역까지 동일한 비교표준지가 있다면 이를 당해 토지에 적용할 비교표준지로 선정해야 한다. [2] 수용재결 당시 지목이 과수원, 답이고, 현실적으로 과수원, 농가주택 부지, 밭으로 이용되었으며, 토지이용계획확인서상 용도지역이 '농림지역'으로 표시된 택지개발사업 내 갑 소유의 수용대상토지에 대하여, 원심이 용도지역이 '관리지역'인 토지를 비교표준지로 선정한 감정결과를 채택한 사안에서, 농업진흥지역으로 지정된 것으로 볼 수 없다는 이유만으로 위 토지의 용도지역을 '관리지역'으로 인정한 다음 '관리지역' 토지를 비교표준지로 선정한 감정결과를 채택한 원심판결에 비교표준지 선정에 관한 법리오해 등의 위법이 있다고 한 사례(대판 2011. 9. 8, 2009두4340[수용보상금증액]).

나. 보상대상 토지별 표준지는 특정되어야 하며 그 선정사유를 알 수 있도록 하여야 한다.

판례   [1] 각 표준지 및 각 보상대상 토지를 포함한 수용대상 토지들의 용도 및 위치 기타 자연적, 사회적 조건들을 구체적으로 설시하여 위 각 표준지와 각 보상대상 토지의 지역적, 개별적 요인을 비교하고 있지 아니하다면 각 보상대상 토지에 대한 위 수 필지의 표준지 중 어떤 표준지를 선정하였는지를 확인할 수 없으므로 각 보상대상 토지에 관한 감정평가는 적정성을 결여하여 위법하다. [2] 표준지와 평가대상토지 사이에 지역적, 개별적 요인들을 비교할 수 있을 만큼 구체적으로 특정하여 명시하지 않고 있어 각 표준지의 기준지가를 기준으로 한 위 각 보상대상 토지의 보상액 산정이 적정하게 이루어졌는지를 알아볼 수 없게 되어 있다면 위 감정평가는 그 적정성을 인정하기 어려워 위법하다(대판 1991. 4. 23, 90누3539[토지수용재결처분취소]).

다. 평가대상이 표준지인 경우   평가대상이 표준지인 경우에는 특별한 사유가 없는 한, 당해 표준지를 적용한다.

(4) 공시지가 기준일의 문제

당해 공익사업으로 인한 개발이익 또는 개발손실이 보상에 포함되는 것을 배제하기 위하여 기준이 되는 공시지가의 시점을 아래와 같이 정하고 있다.

1) 사업인정 전 협의 취득

사업인정 전의 협의에 의한 취득에 있어서 공시지가는 당해 토지의 가격시점 당시 공시된 공시지가 중 가격시점과 가장 가까운 시점에 공시된 공시지가로 한다(제70조 제3항).

2) 사업인정 후의 취득

사업인정 후의 취득에 있어서 공시지가는 사업인정고시일전의 시점을 공시기준일로 하는 공시지가로서, 당해 토지에 관한 협의의 성립 또는 재결 당시 공시된 공시지가 중 당해 사업인정고시일과 가장 가까운 시점에 공시된 공시지가로 한다(제70조 제4항).

3) 토지의 가격이 변동된 경우

공익사업의 계획 또는 시행이 공고되거나 고시됨으로 인하여 취득하여야 할 토지의 가격이 변동되었다고 인정되는 경우에는 공시지가는 그 공고일 또는 고시일 전의 시점을 공시기준일로 하는 공시지가로서 그 토지의 가격시점 당시 공시된 공시지가 중 당해 공익사업의 공고일 또는 고시일과 가장 가까운 시점에 공시된 공시지가로 한다(제70조 제5항).

가. 당해 공익사업의 계획 또는 시행이 공고 또는 고시된 경우   "당해 공익사업의 계획 또는 시행이 공고 또는 고시"란 당해 공익사업의 사업인정고시일 전에 국가·지방자치단체 또는 사업시행자 등이 관계법령의 규정에 따라 당해 공익사업에 관한 계획 또는 시행을 일반 국민에게 공고 또는 고시한 것을 말한다.

나. 토지의 가격이 변동되었다고 인정되는 경우   취득하여야 할 토지의 가격이 변동되었다고 인정되는 경우는 도로, 철도 또는 하천 관련 사업을 제외한 사업으로서 ① 해당

공익사업의 면적이 20만 제곱미터 이상일 것, ② 해당 공익사업지구 안에 있는 「부동산
가격공시에 관한 법률」 제 3 조에 따른 표준지공시지가(해당 공익사업지구 안에 표준지가 없
는 경우에는 비교표준지의 공시지가를 말한다)의 평균변동률과 평가대상토지가 소재하는 시
(행정시를 포함한다)·군 또는 구(자치구가 아닌 구를 포함한다) 전체의 표준지공시지가 평균변
동률과의 차이가 3퍼센트포인트 이상일 것, ③ 해당 공익사업지구 안에 있는 표준지공시
지가의 평균변동률이 평가대상토지가 소재하는 시·군 또는 구 전체의 표준지공시지가 평
균변동률보다 30퍼센트 이상 높거나 낮을 것을 모두 충족하는 경우로 한다.

표준공시지가의 평균변동률은 해당 표준지별 변동률의 합을 표준지의 수로 나누어
산정하며, 공익사업지구가 둘 이상의 시·군 또는 구에 걸쳐 있는 경우 평가대상토지가 소
재하는 시·군 또는 구 전체의 표준지공시지가 평균변동률은 시·군 또는 구별로 평균변동
률을 산정한 후 이를 해당 시·군 또는 구에 속한 공익사업지구 면적 비율로 가중평균(加
重平均)하여 산정한다. 이 경우 평균변동률의 산정기간은 해당 공익사업의 계획 또는 시행
이 공고되거나 고시된 당시 공시된 표준지공시지가 중 그 공고일 또는 고시일에 가장 가
까운 시점에 공시된 표준지공시지가의 공시기준일부터 법 제70조 제 3 항 또는 제 4 항에
따른 표준지공시지가의 공시기준일까지의 기간으로 한다.

> **판례** 공익사업을 위한 토지 등의 취득 및 보상에 관한 법률 제70조 제 5 항에서 정한 '공익사업의
> 계획 또는 시행의 공고·고시'에 해당하기 위한 공고·고시의 방법: (1) 공익사업을 위한 토지 등의 취
> 득 및 보상에 관한 법률(이하 '토지보상법'이라 한다) 및 같은 법 시행령은 토지보상법에서 규정하고
> 있는 공익사업의 계획 또는 시행의 공고·고시의 절차, 형식이나 기타 요건에 관하여 따로 규정하고 있
> 지 않다. (2) 공익사업의 근거 법령에서 공고·고시의 절차, 형식이나 기타 요건을 정하고 있는 경우에
> 는 원칙적으로 공고·고시가 그 법령에서 정한 바에 따라 이루어져야 보상금 산정의 기준이 되는 공시
> 지가의 공시기준일이 해당 공고·고시일 전의 시점으로 앞당겨지는 효과가 발생할 수 있다. (3) 공익사
> 업의 근거 법령에서 공고·고시의 절차, 형식 및 기타 요건을 정하고 있지 않은 경우, '행정 효율과 협
> 업 촉진에 관한 규정'이 적용될 수 있다(제 2 조). 위 규정은 고시·공고 등 행정기관이 일정한 사항을
> 일반에게 알리는 문서를 공고문서로 정하고 있으므로(제 4 조 제 3 호), 위 규정에서 정하는 바에 따라
> 공고문서가 기안되고 해당 행정기관의 장이 이를 결재하여 그의 명의로 일반에 공표한 경우 위와 같은
> 효과가 발생할 수 있다. 다만 당해 공익사업의 시행으로 인한 개발이익을 배제하려는 토지보상법령의
> 입법 취지에 비추어 '행정 효율과 협업 촉진에 관한 규정'에 따라 기안, 결재 및 공표가 이루어지지 않
> 았다고 하더라도 공익사업의 계획 또는 시행에 관한 내용을 공고문서에 준하는 정도의 형식을 갖추어
> 일반에게 알린 경우에는 토지보상법 제70조 제 5 항에서 정한 '공익사업의 계획 또는 시행의 공고·고
> 시'에 해당한다고 볼 수 있다. (4) 국토교통부는 2008. 8. 26. 언론을 통해 전국 5곳에 국가산업단지를
> 새로 조성한다는 내용을 발표하였고, 이후 국토교통부장관은 2009. 9. 30.경 대구국가산업단지 개발사
> 업에 관하여 산업단지계획을 승인 고시하였는데, 위 산업단지개발사업 지구 내 토지 소유자인 원고들
> 이 수용재결 및 2008. 1. 1. 공시된 비교표준지의 공시지가를 기준으로 보상금액을 결정한 이의재결에
> 불복하여 2009. 1. 1. 공시된 공시지가를 기준으로 산정해야 한다고 주장하면서 보상금 증액을 청구한
> 사안에서, 대법원은 위와 같은 법리를 판시하고 국토교통부의 2008. 8. 26.자 언론발표가 토지보상법
> 제70조 제 5 항에서 정한 '공익사업의 계획 또는 시행의 공고·고시'에 해당하지 않는다고 판단하여, 이
> 와 달리 위 언론발표가 토지보상법 제70조 제 5 항에서 정한 '공익사업의 계획 또는 시행의 공고·고시'
> 에 해당한다는 전제에서 2008. 1. 1. 공시된 비교표준지의 공시지가를 기준으로 보상금액을 평가해야
> 한다고 판단한 원심을 파기환송한 사례(대판 2022. 5. 26, 2021두45848).

(5) 공시지가를 기준으로 한 보상과 정당보상의 원칙

공시지가를 기준으로 한 보상이 정당보상의 원칙에 합치하는지에 관하여 논의가 있다.

1) 부정하는 견해(위헌설)

토지보상법 제70조 제 1 항은 보상액에 대하여 공시지가를 기준으로 산정하도록 보상액의 산정방법을 제한하고 있고, 공시지가를 기준으로 산정하는 보상액은 시가에 미치지 못하므로 정당한 보상이라고 할 수 없다고 주장한다.

2) 긍정하는 견해(합헌설)

공시지가제도는 보상액의 산정 대상으로부터 개발이익을 배제하는 데 목적이 있으며, 개발이익은 토지소유자에게 귀속되어야 할 정당한 보상에 포함되지 아니하는 것이므로 개발이익을 보상대상에서 배제시키기 위하여 공시지가를 기준으로 하여 보상액을 산정하도록 되어 있는 토지보상법 제70조 제 1 항의 규정은 정당보상을 규정한 헌법 제23조 제 3 항에 위배되지 않는다고 주장한다.

3) 판   례

판례는 토지보상법상 공시지가를 기준으로 한 보상은 정당보상의 원칙(완전보상의 원칙)에 반하지 않는다고 본다.

> **판례**   [1] 공시지가는 건설부장관이 토지의 이용상황이나 주위환경 기타 자연적, 사회적 조건이 일반적으로 유사하다고 인정되는 일단의 토지 중에서 선정한 표준지에 대하여 매년 공시기준일 현재의 적정가격을 조사, 평가하고, 건설부장관 소속하의 토지평가위원회의 심의를 거쳐 공시하도록 되어 있으며(지가공시법 제 4 조 제 1 항), 이 경우 "적정가격"이라 함은 당해 토지에 대하여 자유로운 거래가 이루어지는 경우 합리적으로 성립한다고 인정되는 가격을 말하는 것으로 규정되어 있고(지가공시법 제 2 조 제 2 호), 기타 지가공시법의 토지가액평가에 관한 기준이나 절차 등은 모두 공시기준일 당시 토지가 갖는 객관적 가치를 평가함에 있어 적절한 것으로 보여지며, 나아가 공시기준일로부터 재결시까지의 관계법령에 의한 당해 토지의 이용계획 또는 당해 지역과 관계없는 인근 토지의 지가변동률, 도매물가상승률 등에 의하여 시점수정을 하여 보상액을 산정함으로써 개발이익을 배제하고 있는 것이므로 공시지가를 기준으로 보상액을 산정하도록 하고 있는 구 토지수용법 제46조 제 2 항의 규정이 완전보상의 원리에 위배되는 것이라고 할 수 없다. [2] 또한 해마다 구체적으로 공시되는 공시지가가 공시기준일의 적정가격을 반영하지 못하고 있다면, 고가로 평가되는 경우뿐만 아니라 저가로 평가되는 경우에도 이는 모두 잘못된 제도의 운영으로 보아야 할 것이고, 그와 같이 제도가 잘못 운영되는 경우에는 지가공시법 제 8 조의 이의신청절차에 의하여 시정할 수 있는가 하면, 수용보상액을 평가함에 있어 인근유사토지의 정상 거래가격 참작 등 구 토지수용법 제46조 제 2 항 소정의 기타사항 참작에 의한 보정방법으로 조정할 수도 있는 것이므로 그로 인하여 공시지가에 의하여 보상액을 산정하도록 한 위 토지수용법이나 지가공시법의 규정이 헌법 제23조 제 3 항에 위배되는 것이라고 할 수 없는 것이다(대판 1993. 7. 13, 93누2131[토지수용재결처분취소등]).

4) 결   어

공시지가는 정상적인 거래가격을 말하므로 이론상 공시지가(표준공시지가)를 기준으로 보상하도록 하는 것도 정당보상의 원칙(완전보상의 원칙)에 반하는 것은 아니다. 그런데, 공시지가에 의한 개발이익배제가 정당보상(완전보상)이기 위한 선결과제로서 공시지가의 정당성이 전제되어야 한다. 그러나, 공시지가(公示地價)가 토지의 객관적 시장가격을 적정하게 반영하지 못하고 낮게 책정되어 있는 경우가 없지 않고, 이 경우는 완전보상의 원칙상 문제가 있다.

(6) 공시지가의 적용에 따른 문제점 및 개선

1) 공시지가 적용의 문제점

가. 공시지가와 시가와의 괴리   보상액 산정의 기본이 되는 공시지가의 실거래가 반영이 미흡하다. 현행헌법은 정당보상을 규정하고 있으며 정당보상은 원칙적으로 완전보상을 의미한다. 따라서 현행 토지보상법이 정하는 것처럼 공시지가제를 채택하면서 시가(정상적인 시장가격)에 훨씬 미치지 못하는 공시지가에 따라 보상을 하는 것은 정당한 보상이라고 볼 수 없기 때문에 문제가 발생한다. 공시지가는 아직까지 당해 토지 등의 정상적인 시장가격을 완전히 반영하고 있는 것은 아니기 때문에 그 한도에서는 공용수용에 있어서의 시가보상의 원칙 내지 완전보상의 원칙은 실질적인 제한을 받고 있다고 할 수 있다.

나. 보상액산정시 개발이익의 사유화 가능성   토지보상법은 보상액의 결정은 협의성립 당시 또는 재결 당시의 가격을 기준으로 하되, 사업인정고시일 전의 공시지가 기준일부터 보상액의 변동요인을 종합적으로 감안하여 보상하도록 하고 있다. 그러나 사업인정 전의 공시기준일부터 재결시까지 보상액의 변동요인으로 지가변동률 이외에 여러 요인을 종합적으로 적용하면 공시기준일 이후의 당해 공익사업으로 인한 지가상승분을 보상액에서 완전히 배제하기 어렵다. 특히 개별사업법에서는 사업기간 내에만 재결이 있으면 유효하므로 사업기간이 장기화되는 경우 보상가의 보정과정에서 개발이익이 보상액에 포함되기 쉽다. 이로 인해 공익사업에 협조하여 협의에 응한 자의 보상액이 그렇지 않고 재결을 신청한 자의 보상액에 비하여 적게 산정되는 문제가 발생한다.

2) 공시지가 적용의 문제점에 대한 개선방안

가. 공시지가의 현실화   토지보상법상 공시지가는 보상액산정의 기준이 된다. 그런데 공시지가와 정상적인 거래가격간에 현저한 격차가 발생하면 정당보상을 의미하는 완전보상의 원칙에 위반되며, 피수용자의 저항으로 인하여 보상업무에 지장을 받아 결과적으로 공익사업의 촉진이 어렵게 된다. 공시지가가 그 기능을 발휘하기 위하여는 정상적인 시장가격을 제대로 반영하지 못하는 부분을 잡을 필요가 있다. 따라서, 최초에 공시지가 평가가 잘못되어 시장가격과의 괴리가 나타나는 것을 어떤 시점을 기준으로 현실화하는 작업이 불가결하다. 최근 공시된 공시지가는 어느 정도 현실화에 접근을 시도하고 있는 듯 하나, 공시지가의 현실화가 결코 시장에서의 호가수준에 접근시키는 것이 아님을 간과하여서는 아니 될 것이다.

나. 보상액산정시 개발이익의 배제 토지보상법은 공시지가기준 보상에 개발이익의 배제를 포함하고 있다. 따라서 보상액산정의 경우 개발이익의 사유화를 방지하기 위하여는 두 가지 방안을 생각할 수 있다. 즉, 보상기준시점을 조정하고 보상기준시점과 실제 보상액지급기준시점의 보상액 보정요인을 변경하여 개발이익이 배제된 보상액을 산정하는 방법과 현행 체계하에서 산정된 보상평가액에서 개발이익에 해당하는 부분을 차감한 액수를 지급하는 방안이다.

4. 상황보정과 시점수정

취득재산에 대한 보상액으로 결정되는 취득재산의 가격은 기준이 되는 표준공시지가를 기준으로 하여 토지의 상황을 고려하여 수정하고(상황보정), 기준이 되는 공시지가의 공시기준일과 가격시점 사이의 지가변동률 및 물가상승률을 고려하여 보상액을 수정하여(시점수정) 결정하게 된다(제70조 제1항). 상황보정은 지역요인과 개별요인을 고려한 수정을 말한다.

(1) 상황수정: 지역요인 및 개별요인의 비교(실무기준[1](800-5.6.9))

1) 지역요인의 비교

지역요인 비교는 비교표준지가 있는 지역의 표준적인 획지의 최유효이용과 대상토지가 있는 지역의 표준적인 획지의 최유효이용을 판정·비교하여 산정한 격차율을 적용하되, 비교표준지가 있는 지역과 대상토지가 있는 지역의 표준적인 획지의 최유효이용상황은 모두 가격시점을 기준으로 한다. 지역요인 격차율의 산정에 관한 구체적인 내용과 근거는 감정평가서(감정평가액의 산출근거)에 기재하여야 한다.

> **판례** "토지가격비준표"는 개별토지가격을 산정하기 위한 자료로 제공되고 있는 것이지 토지수용에 따른 보상액 산정의 기준이 되는 것은 아니고, 특히 그 토지가격비준표는 개별토지가격 산정시 표준지와 당해 토지의 토지특성상의 차이를 비준율로써 나타낸 것으로 지역요인에 관한 것이라기보다는 오히려 개별요인에 관한 것으로 보여지므로, 토지수용에 따른 보상액 산정에 있어 이를 참작할 수는 있을지언정 그 비준율을 지역요인의 비교수치로 그대로 적용할 수는 없다(대판 1995. 7. 25, 93누4786 [토지수용재결처분취소등]).

2) 개별요인의 비교

토지보상법 제70조 제1항에서 "그 밖에 당해 토지의 위치, 형상, 환경, 이용상황 등을 참작하여"라고 규정하여 개별요인을 종합적으로 고려하도록 하고 있다.

개별요인 비교는 비교표준지의 최유효이용과 대상토지의 최유효이용을 판정·비교하여 산정한 격차율을 적용하되, 비교표준지는 공시기준일을 기준으로 하고, 대상토지는 가격시점을 기준으로 한다. 개별요인 격차율의 산정에 관한 구체적인 내용과 근거는 감정평

---

1) 실무기준이란 부동산가격공시법 제31조 및 감정평가에 관한 규칙 제28조에 따라 국토교통부장관이 고시한 기준을 말한다.

가서(감정평가액의 산출근거)에 기재하여야 한다.

판례1   수용대상토지의 손실보상액 산정을 위한 과정의 하나로 표준지와 수용대상토지의 지역요인
및 개별요인을 대비하여 품등비교를 함에 있어, 개별요인의 경우 대상토지와 표준지 자체의 토지특성
상의 차이를 비교하는 것과 마찬가지로 지역요인 역시 대상토지가 속한 지역과 표준지가 속한 지역의
각 지역적 특성을 비교하여야 한다(대판 1995. 7. 25, 93누4786[토지수용재결처분취소등]).

판례2   이의재결의 기초가 된 감정평가법인들의 각 감정평가가 모두 개별 요인을 품등비교함에 있
어 구체적으로 어떤 요인들을 어떻게 품등비교하였는지에 관하여 아무런 이유 설시를 하지 아니하였
다면 위법하다(대판 1996. 5. 28, 95누13173[토지수용재결처분취소등]).

판례3   토지수용 보상액을 평가함에 있어서는 관계 법령에서 들고 있는 모든 가격산정요인을 구체
적·종합적으로 참작하여 각 그 요인들이 반영된 적정가격을 산출하여야 하고, 이 경우 감정평가서에
는 모든 가격산정요인의 세세한 부분까지 일일이 설시하거나 그 요소가 평가에 미치는 영향을 수치적
으로 표현하지 않았다 하여도 그 산정요인들을 특정·명시하여 그 요인들이 어떻게 참작되었는지 알아
볼 수 있는 정도로 기술하면 된다(대판 1998. 5. 26, 98두1505[토지수용이의재결처분취소등]).

판례4   [1] 수용보상액 산정을 위해 토지를 평가함에 있어 토지의 현재 상태가 산림으로서 사실상
개발이 어렵다는 사정이 개별요인의 비교시에 이미 반영된 경우, 입목본수도가 높아 관계 법령상 토지
의 개발이 제한된다는 점을 기타요인에서 다시 반영하는 것은 이미 반영한 사유를 중복하여 반영하는
것으로서 위법하다. [2] 건설교통부장관이 작성하여 관계 행정기관에 제공하는 '지가형성요인에 관한
표준적인 비교표(토지가격비준표)'는 개별토지가격을 산정하기 위한 자료로 제공되는 것으로, 토지수
용에 따른 보상액 산정의 기준이 되는 것은 아니고 단지 참작자료에 불과할 뿐이다. [3] 토지의 수
용·사용에 따른 보상액을 평가함에 있어서는 관계 법령에서 들고 있는 모든 산정요인을 구체적·종합
적으로 참작하여 그 각 요인들을 모두 반영하되 지적공부상의 지목에 불구하고 가격시점에 있어서의
현실적인 이용상황에 따라 평가되어야 하므로, 비교표준지와 수용대상토지의 지역요인 및 개별요인 등
품등비교를 함에 있어서도 현실적인 이용상황에 따른 비교수치 외에 다시 공부상의 지목에 따른 비교
수치를 중복적용하는 것은 허용되지 아니한다(대판 2007. 7. 12, 2006두11507[손실보상금증액청구]).

판례5   온천개발자가 비용과 노력을 들여 온천개발을 한 끝에 수용대상 토지에 대한 온천발견신고
를 하고 온천으로 적합하다는 한국자원연구소의 중간보고까지 제출된 경우, 당해 토지에 온천이 있다
는 것이 어느 정도 확인된 셈이어서 지가형성에 영향을 미치는 객관적인 요인이 생겼다고 보는 것이
타당하므로, 이러한 토지를 평가함에 있어 장래 온천으로의 개발가능성 자체를 기타 요인으로 보정하
거나 개별요인의 평가에서 당해 토지의 장래의 동향 등의 기타조건으로 참작하는 등 어떠한 형태로든
이를 반영하여야 한다(대판 2000. 10. 6, 98두19414[토지수용재결처분취소]).

3) 수용대상토지 자체가 표준지인 경우

수용대상토지 자체가 표준지인 토지에 관하여는 표준지와의 개별성 및 지역성의 비
교란 있을 수 없다(대판 1995. 5. 12, 95누2678).

(2) 시점수정

1) 의   의

보상평가에 있어서 '시점수정'이라 함은 비교표준지공시지가의 공시기준일과 평가대
상 토지의 가격시점간의 시간적 불일치로 인한 가격수준의 변동을 정상화하는 작업을 의
미한다.

2) 시점수정의 기준일

보상액의 산정은 협의에 의한 경우에는 협의 성립 당시의 가격을, 재결에 의한 경우에는 수용 또는 사용의 재결 당시의 가격을 기준으로 하므로, 각각 공시일로부터 협의성립일 및 재결일까지를 기준한다(제67조 제 1 항).

3) 시점수정방법
가. 지가변동률의 적용

(가) 지가변동률의 적용원칙(시행령 제37조 제 1 항)   시점수정은 『국토의 계획 및 이용에 관한 법률』 제125조에 따라 국토교통부장관이 월별로 조사·발표한 지가변동률로서 비교표준지가 속한 시·군·구의 용도지역별 지가변동률을 적용함을 원칙으로 한다.

(나) 비교표준지가 소재하는 시·군·구의 지가가 변동된 경우(제 2 항)   비교표준지가 소재하는 시·군 또는 구의 지가가 해당 공익사업으로 인하여 변동된 경우에는 해당 공익사업과 관계없는 인근 시·군 또는 구의 지가변동률을 적용한다. 다만, 비교표준지가 소재하는 시·군 또는 구의 지가변동률이 인근 시·군 또는 구의 지가변동률보다 작은 경우에는 그러하지 아니하다.

(다) 비교표준지가 소개하는 시·군 또는 구의 지가가 해당 공익사업으로 인하여 변동된 경우(제 3 항)   비교표준지가 소재하는 시·군 또는 구의 지가가 해당 공익사업으로 인하여 변동된 경우는 도로, 철도 또는 하천 관련 사업을 제외한 사업으로서 다음 각 호의 요건을 모두 충족하는 경우로 한다.

1. 해당 공익사업의 면적이 20만 제곱미터 이상일 것
2. 비교표준지가 소재하는 시·군 또는 구의 사업인정고시일부터 가격시점까지의 지가변동률이 3퍼센트 이상일 것. 다만, 해당 공익사업의 계획 또는 시행이 공고되거나 고시됨으로 인하여 비교표준지의 가격이 변동되었다고 인정되는 경우에는 그 계획 또는 시행이 공고되거나 고시된 날부터 가격시점까지의 지가변동률이 5퍼센트 이상인 경우로 한다.
3. 사업인정고시일부터 가격시점까지 비교표준지가 소재하는 시·군 또는 구의 지가변동률이 비교표준지가 소재하는 시·도의 지가변동률보다 30퍼센트 이상 높거나 낮을 것

> 판례   수용대상토지가 소재하는 구·시·군의 지가가 당해 사업으로 인하여 변동되었다고 볼만한 특별한 사정이 있는 경우에는 당해 사업과 관련이 없는 인근 구·시·군의 지가변동률을 적용하여야 한다(대판 1994. 5. 27, 93누15397[토지수용재결처분취소등]).

나. 생산자물가상승률의 적용

(가) 생산자물가상승률의 의의   생산자물가상승률은 한국은행이 조사, 발표하는 생산자물가지수에 의하여 산정된 비율을 말한다.

> 판례 수용대상토지의 손실보상액을 산정함에 있어 표준지로 선정한 서울 마포구 마포동 300 대지의 1989. 7. 1.자 공시지가에다가 공시기준일로부터 재결일까지의 지가변동률, 표준지에 대한 이 사건 토지의 지역요인과 개별요인만을 비교참작하고 도매물가상승률에 관하여는 이를 참작하지 아니한 잘못이 있으나, 기록에 의하면 위 공시지가기준일로부터 이 사건 수용재결시까지의 도매물가상승률이 극히 낮고 지가변동률에 훨씬 미치지 못하여 지가변동률을 고려한 이상 도매물가상승률을 따로 고려하지 않았다 하더라도 그 보상액 산정결과가 달라지지는 않는 것으로 보이므로 원심이 도매물가상승률을 참작하지 아니하였다고 하더라도 그와 같은 위법은 판결결과에 영향이 없다(대판 1992. 12. 11, 92누5584[토지수용재결처분취소]).

　　　(나) 생산자물가상승률을 적용하는 경우　　　조성비용 등을 기준하여 평가하는 경우 및 그 밖에 특별한 사유가 있다고 인정되는 경우에는 지가변동률을 적용하는 대신 생산자물가상승률을 적용하여 시점수정할 수 있다(실무기준 800-5.6.4.2).

> 판례 토지의 수용에 따른 보상액 산정에 관한 토지수용법 제46조 제 2 항 제 1 호에 의하면, 토지에 관하여는 지가공시및토지등의평가에관한법률에 의한 공시지가를 기준으로 하되, 토지의 이용계획, 지가변동률, 도매물가상승률 외에 당해 토지의 위치·형상·환경·이용상황 등을 참작하여 평가한 적정가격으로 보상액을 정하도록 되어 있는바, 위 규정이 지가변동률 외에 도매물가상승률을 참작하라고 하는 취지는 지가변동률이 지가추세를 적절히 반영하지 못한 특별한 사정 있는 경우 이를 통하여 보완하기 위한 것일 뿐이므로 지가변동률이 지가추세를 적절히 반영한 경우에는 이를 필요적으로 참작하여야 하는 것은 아니라고 할 것이다(대판 1999. 8. 24, 99두4754[토지수용재결처분취소]).

5. 객관적 기준평가(현황평가의 원칙): 객관적 가치의 보상

　　　토지에 대한 보상액은 가격시점에 있어서의 현실적인 이용상황과 일반적인 이용방법에 의한 객관적 상황을 고려하여 산정하되, 일시적인 이용상황과 토지소유자 또는 관계인이 갖는 주관적 가치 및 특별한 용도에 사용할 것을 전제로 한 경우 등은 이를 고려하지 아니한다(제70조 제 2 항). 이 규정은 현황평가의 원칙을 정한 규정이다.

　　　'일반적인 이용방법'이라 함은 토지가 속한 지역에서 인근 토지를 이용하는 사람들의 평균적인 이용방법을 말하며, 평균적인 이용이라 함은 해당 토지가 통상적으로 이용할 것으로 기대되는 이용방법을 말한다.

　　　'주관적 가치'라 함은 개인의 주관적 판단에 따라 재화의 효용을 측정한 가치를 말한다. 이에 객관적 가치라 함은 사람의 주관적 의사와는 관계없이 결정되는 재화의 가치를 말한다.

6. 공법상 제한을 받는 토지의 평가 [2013, 2020 감평]

　　　토지보상법 시행규칙 제23조에서는 공법상 제한을 받는 토지의 평가에 대하여 규정하고 있다.

공법상 제한을 받는 토지에 대하여는 제한받는 상태대로 평가한다. 다만, 그 공법상 제한이 당해 공익사업의 시행을 직접 목적으로 하여 가하여진 경우에는 제한이 없는 상태를 상정하여 평가한다(시행규칙 제23조 제 1 항). 공익사업의 시행을 직접 목적으로 하여 용도지역 또는 용도지구 등이 변경된 토지에 대하여는 변경되기 전의 용도지역 또는 용도지구 등을 기준으로 평가한다(시행규칙 제23조 제 2 항).

(1) 공법상 제한의 의의

공법상 제한이라 함은 공익목적을 위하여 공법상 토지 등 재산권에 대해 가해지는 토지 등 재산권의 사용·수익·처분에 대한 제한을 말한다. 그 제한사항은 일반적 제한과 개별적 제한으로 구분된다.

1) 일반적 제한

일반적 제한이란 제한 그 자체로 목적이 완성되고 구체적 사업의 시행이 필요하지 않은 경우를 말한다. 그 예로는 『국토의 이용 및 계획에 관한 법률』에 의한 용도지역, 지구, 구역의 지정, 변경 기타 관계법령에 의한 토지이용계획 제한이 있다.

2) 개별적 제한

개별적 제한이란 그 제한이 구체적 사업의 시행을 필요로 하는 경우를 말한다.

(2) 일반적 제한의 경우

일반적 제한의 경우에는 원칙상 그 제한받는 상태대로 평가한다(시행규칙 제23조 제 1 항 본문). 다만, 용도지역 등 일반적 제한일지라도 당해 사업 시행을 직접 목적으로 하여 변경된 경우에는 변경되기 전의 용도지역을 기준으로 하여 평가한다(시행규칙 제23조 제 2 항). 이는 개발이익의 배제 및 피수용자의 보호에 목적이 있다.

판례1   공법상 제한을 받는 토지에 대한 보상액을 산정할 때에 해당 공법상 제한이 용도지역·지구·구역(이하 '용도지역 등'이라 한다)의 지정 또는 변경과 같이 그 자체로 제한목적이 달성되는 일반적 계획제한으로서 구체적 도시계획사업과 직접 관련되지 아니한 경우에는 그러한 제한을 받는 상태 그대로 평가하여야 하지만, 개별적 계획제한이거나 일반적 계획제한에 해당하는 용도지역 등의 지정 또는 변경에 따른 제한이더라도 그 용도지역 등의 지정 또는 변경이 특정 공익사업의 시행을 위한 것일 때에는 당해 공익사업의 시행을 직접 목적으로 하는 제한으로 보아 위 제한을 받지 아니하는 상태를 상정하여 평가하여야 한다(대판 2015. 8. 19, 2012두7950[토지보상금증액]).

판례2   일반적 계획제한의 경우: 당해 공공사업의 시행 이전에 이미 당해 공공사업과 관계없이 도시계획법에 의한 고시 등으로 일반적 계획제한이 가하여진 상태인 경우 그러한 제한을 받는 상태 그대로 평가하여야 하며, 도시계획법에 의한 개발제한구역의 지정은 위와 같은 일반적 계획제한에 해당하므로 당해 공공사업의 시행 이전에 개발제한구역 지정이 있었을 경우 그러한 제한이 있는 상태 그대로 평가함이 상당하다(대판 1993. 10. 12, 93누12527[토지수용재결처분취소]).

판례3   당해 공공사업의 시행 이전에 이미 도시계획법에 의한 고시 등으로 이용제한이 가하여진 상태인 경우에는 그 제한이 도시계획법 제 2 장 제 2 절의 규정에 의한 지역, 지구, 구역 등의 지정 또는 변경으로 인한 제한의 경우 그 자체로 제한목적이 완성되는 <u>일반적 계획제한</u>으로 보고 그러한 제한을 받는 상태 그대로 재결 당시의 토지의 형태 및 이용상황 등에 따라 평가한 가격을 기준으로 적정한 보상가액을 정하여야 하고, 도시계획법 제 2 조 제 1 항 제 1 호 나목에 의한 시설의 설치, 정비, 개량에 관한 계획결정으로서 도로, 광장, 공원, 녹지 등으로 고시되거나, 같은 호 다목 소정의 각종 사업에 관한 계획결정이 고시됨으로 인한 제한의 경우 구체적 사업이 수반되는 <u>개별적 계획제한</u>으로 보아 그러한 제한이 없는 것으로 평가하여야 한다고 하여 수용대상토지에 대하여 당해 공공사업의 시행 이전에 개발제한구역 지정으로 인한 제한은 그대로 고려하고 <u>공원용지 지정으로 인한 제한은 고려하지 아니한</u> 상태로 보상액을 평가하였음이 정당하다고 한 사례(대판 1992. 3. 13, 91누4324). 동지 판례: 대판 2007. 7. 12, 2006두11507, 대판 2012. 5. 24, 2012두1020 등.

판례4 공원조성사업의 시행을 직접 목적으로 일반주거지역에서 자연녹지지역으로 변경된 토지에 대한 수용보상액을 산정하는 경우, 그 대상 토지의 용도지역을 일반주거지역으로 하여 평가하여야 한다고 한 사례(대판 2007. 7. 12, 2006두11507[손실보상금증액청구]). 〈해설〉 해당 공익사업의 시행으로 용도지역이 변경된 경우에는 변경되기 전의 용도지역을 기준으로 가격을 평가한다.

판례5 당해 사업인 택지개발사업에 대한 실시계획의 승인과 더불어 그 용도지역이 주거지역으로 변경된 토지를 그 사업의 시행을 위하여 후에 수용하였다면 그 재결을 위한 평가를 함에 있어서는 그 용도지역의 변경을 고려함이 없이 평가하여야 한다(대판 1999. 3. 23, 98두13850[토지수용이의재결처분취소]).

판례6 이 사건 토지 일대는 원래 농촌지역으로서 도시계획법이나 국토이용관리법 등의 적용대상이 아니었는데, 건설부장관이 그 일대에 공업단지를 조성하기 위하여 1974. 4. 1. 구법 제 5 조에 의하여 산업기지개발구역으로 지정하고 그 이듬해인 1975. 2. 19. 도시계획구역을 변경(재정비)결정하여 공업지역으로 용도지역을 지정한 후 1988. 3. 5. 구법 제 8 조에 의한 개발사업실시계획승인을 하였고, 수용재결 당시 이 사건 토지의 이용상황은 공장용지로서 소외 한불화학 주식회사의 공장건물이 신축되고 있었음을 알 수 있는바, 이러한 경우 이 사건 토지에 대한 공업지역으로의 용도지역 지정은 위 산업기지개발구역의 지정에 이은 것으로서 특별한 사정이 없는 한 이 사건 개발사업의 시행을 직접 목적으로 한 것이라고 보아야 할 것이므로, 그 개발사업의 시행을 위하여 필요한 토지 등을 수용함에 있어서 수용재결 당시의 이 사건 토지가격을 평가함에 있어서는, 현실이용상황을 공장용지로 보는 것은 별론으로 하고, 위 산업기지개발구역의 지정과 이에 이은 용도지역 지정은 이를 고려함이 없이 그 이전의 상태대로 평가하여야 할 것이다(대판 1995. 3. 3, 94누7386[토지수용재결처분취소]).

판례7 구 지방공업개발법(1990. 1. 13. 법률 제4216호로 폐지)에 따른 지방공업개발장려지구의 지정 및 국토이용관리법에 따른 공업지역의 지정과 산업입지 및 개발에 관한 법률에 따른 사업실시계획의 승인 사이의 기간이 이례적으로 장기간(용도지역 변경과 실시계획 승인 사이에 약 9년 10개월 경과)이라도, 지방공업단지의 지정은 그 사업시행을 위한 일련의 조치 중의 선행조치라 할 것이고, 그 토지에 대한 공업지역으로의 용도지역 지정은 공업단지의 지정에 이은 것으로서 그 사업시행을 직접 목적으로 하여 행하여진 것이라고 보아야 하므로, 특별한 사정이 없는 한 그 사업시행을 위한 수용재결 당시의 토지가격을 평가함에 있어서 공업단지의 지정과 이에 이은 공업지역의 지정은 이를 고려함이 없이 그 이전의 상태대로 평가하여야 한다고 본 사례(대판 1995. 4. 11, 94누13879[토지수용재결처분취소]).

판례8 [1] 공법상 제한을 받는 토지의 보상평가 방법 [2] 관할 구청장이 공원조성사업을 위하여 수용한 甲 소유 토지에 대하여 녹지지역으로 지정된 상태로 평가한 감정결과에 따라 수용보상금을 결정한 사안에서, 공원 설치에 관한 도시계획결정은 개별적 계획제한이고, 제반 사정에 비추어 볼 때, 위 토지를 녹지지역으로 지정·변경한 것은 도시계획시설인 공원의 설치를 직접 목적으로 한 것이므로, 위 녹지지역의 지정·변경에 따른 공법상 제한은 위 토지에 대한 보상금을 평가할 때 고려 대상에서 배제되어야 한다는 이유로, 이와 달리 본 원심판결에 법리를 오해한 위법이 있다고 한 사례(대판 2012. 5. 24, 2012두1020[수용보상금 지급 청구]).

판례9   '일반적 계획제한'에 해당한다고 본 사례: 자연공원법에 의한 '자연공원 지정' 및 '공원용도지구계획에 따른 용도지구 지정'(대판 2019. 9. 25, 2019두34982).

그러나, 그러한 제한이 당해 공익사업의 시행을 직접 목적으로 하여 가하여진 것이 아닌 경우에는 그러한 공법상 제한을 받는 상태대로 손실보상액을 평가하여야 한다(대판 2005. 2. 18, 2003두14222: 문화재보호구역의 확대 지정이 당해 공공사업인 택지개발사업의 시행을 직접 목적으로 하여 가하여진 것이 아님이 명백하므로 토지의 수용보상액은 그러한 공법상 제한을 받는 상태대로 평가하여야 한다고 한 사례).

판례   공법상의 제한을 받는 토지의 수용보상액을 산정함에 있어서는 그 공법상의 제한이 당해 공공사업의 시행을 직접 목적으로 하여 가하여진 경우에는 그 제한을 받지 아니하는 상태대로 평가하여야 할 것이지만, 공법상 제한이 당해 공공사업의 시행을 직접 목적으로 하여 가하여진 경우가 아니라면 그러한 제한을 받는 상태 그대로 평가하여야 하고, 그와 같은 제한이 당해 공공사업의 시행 이후에 가하여진 경우라고 하여 달리 볼 것은 아니다(대판 2005. 2. 18, 2003두14222[토지수용이의재결처분취소]: 문화재보호구역의 확대 지정이 당해 공공사업인 택지개발사업의 시행을 직접 목적으로 하여 가하여진 것이 아님이 명백하므로 토지의 수용보상액은 그러한 공법상 제한을 받는 상태대로 평가하여야 한다고 한 사례).

어느 수용대상 토지에 관하여 특정 시점에서 용도지역 등 일반적 계획제한의 지정 또는 변경을 하지 않은 것이 특정 공익사업의 시행을 위한 것일 경우 이는 당해 공익사업의 시행을 직접 목적으로 하는 제한이라고 보아 그 용도지역 등의 지정 또는 변경이 이루어진 상태를 상정하여 토지가격을 평가하여야 한다. 여기에서 특정 공익사업의 시행을 위하여 용도지역 등의 지정 또는 변경을 하지 않았다고 볼 수 있으려면, 토지가 특정 공익사업에 제공된다는 사정을 배제할 경우 용도지역 등의 지정 또는 변경을 하지 않은 행위가 계획재량권의 일탈·남용에 해당함이 객관적으로 명백하여야만 한다(대판 2015. 8. 19, 2012두7950[토지보상금증액]; 2015. 8. 27, 2012두7950).

판례   [1] 공법상 제한을 받는 토지에 대한 보상액을 산정할 때에 해당 공법상 제한이 용도지역·지구·구역(이하 '용도지역 등'이라 한다)의 지정 또는 변경과 같이 그 자체로 제한목적이 달성되는 일반적 계획제한으로서 구체적 도시계획사업과 직접 관련되지 아니한 경우에는 그러한 제한을 받는 상태 그대로 평가하여야 하지만, 도로·공원 등 특정 도시계획시설의 설치를 위한 계획결정과 같이 구체적 사업이 따르는 개별적 계획제한이거나 일반적 계획제한에 해당하는 용도지역 등의 지정 또는 변경에 따른 제한이더라도 그 용도지역 등의 지정 또는 변경이 특정 공익사업의 시행을 위한 것일 때에는 당해 공익사업의 시행을 직접 목적으로 하는 제한으로 보아 위 제한을 받지 아니하는 상태를 상정하여 평가하여야 한다(대판 2012. 5. 24, 2012두1020 등 참조). 한편, 이와 같은 법 시행규칙 제23조 제 1 항 단서와 제 2 항은 모두 당해 공공사업의 영향을 배제하여 정당한 보상을 실현하려는 데 그 입법취지가 있다(대판 2007. 7. 12, 2006두11507 참조). [2] 그리고 용도지역 등의 지정 또는 변경행위는 전문적·기술적 판단에 기초하여 행하여지는 일종의 행정계획으로서 재량행위라 할 것이지만, 행정주체가 가지는 이와 같은 계획재량은 그 행정계획에 관련되는 자들의 이익을 공익과 사익 사이에서는 물론이고 공익 상호간과 사익 상호간에도 정당하게 비교·교량하여야 하고 그 비교·교량은 비례의 원칙에 적합하도록 하여야 하는 것이므로, 만약 행정주체가 행정계획을 입안·결정함에 있어서 이익형량을 전혀 행하지 아니하였거나 이익형량의 고려대상에 마땅히 포함시켜야 할 중요한 사항을 누락한 경우 또는 이익형 량을 하였으나 그것이 비례의 원칙에 어긋나게 된 경우에는 그 행정계획결정은 재량권을 일탈·남용한 것으로 위법하다(대판 2005. 3. 10, 2002두5474; 대판 2012. 5. 10, 2011두31093 등 참조). [3] 이상과 같 은 법 시행규칙 제23조 제1항, 제2항의 규정 내용, 상호 관계와 그 입법 취지, 용도지역 등의 지정 또는 변경행위의 법적 성질과 그 사법심사의 범위, 용도지역 등이 토지의 가격형성에 미치는 영향의 중대성 및 공익사업을 위하여 취득하는 토지에 대한 보상액 산정을 위하여 토지가격을 평가할 때 일반 적 계획제한에 해당하는 용도지역 등의 지정 또는 변경이라도 특정 공익사업의 시행을 위한 것이라면 당해 공익사업의 시행을 직접 목적으로 하는 제한이라고 보아야 하는 점 등을 종합적으로 고려하면, 어느 수용대상 토지에 관하여 특정 시점에서 용도지역 등의 지정 또는 변경을 하지 않은 것이 특정 공 익사업의 시행을 위한 것일 경우 이는 당해 공익사업의 시행을 직접 목적으로 하는 제한이라고 보아 그 용도지역 등의 지정 또는 변경이 이루어진 상태를 상정하여 토지가격을 평가하여야 한다. 여기에서 특정 공익사업의 시행을 위하여 용도지역 등의 지정 또는 변경을 하지 않았다고 볼 수 있으려면, 그 토지가 특정 공익사업에 제공된다는 사정을 배제할 경우 용도지역 등의 지정 또는 변경을 하지 않은 행위가 계획재량권의 일탈·남용에 해당함이 객관적으로 명백하여야만 할 것이다. [4] 이 사건 토지 중 일부인 '병합 전 산 55-1 토지와 산 56-1 토지' 부분에 대하여 공원용지로 지정되었다는 사정을 배제 한 상태에서 판단할 때 피고보조참가인 서울특별시가 2003. 10. 20.경 일반주거지역 종세분화 조치 당 시 이 부분 토지를 제3종 일반주거지역으로 분류·지정하지 아니한 것이 객관적으로 명백하게 계획재 량권의 일탈·남용에 해당한다는 점이 분명하지 아니하다고 판단하여, 이와 달리 이 사건 토지가 당해 공익사업에 따라 공원용지로 지정되지 않았더라면 '병합 전 산 55-1 토지와 산 56-1 토지' 부분은 가 격시점 당시 제3종 일반주거지역으로 분류되어 상업용부지로 이용되었을 것이라는 점에 대한 고도의 개연성이 인정되므로 위 토지 부분에 대하여는 그 용도지역이 제3종 일반주거지역으로서 상업용 부 지로 이용되는 것을 전제로 하여 손실보상액을 산정하여야 한다고 판단한 원심판결(항소심판결)에 법 제70조 제2항, 법 시행규칙 제23조에 관한 법리 등을 오해하여 필요한 심리를 다하지 아니한 위법이 있다고 본 사안(대판 2015. 8. 19, 2012두7950[토지보상금증액]).

(3) 개별적 제한의 경우

개별적 제한이 당해 공익사업의 시행을 직접 목적으로 가해진 경우에는 제한이 없는 상태로 평가한다(시행규칙 제23조 제1항 단서).

"당해 공익사업의 시행을 직접 목적으로 하여 가하여진 경우"에는 당초의 목적사업과 다른 목적의 공익사업에 취득·수용 또는 사용되는 경우를 포함한다. 이는 공익사업의 시 행자가 보상액을 감액하기 위하여 고의적으로 다른 사유로 사권에 제한을 가하고 그와 다 른 사업을 시행하면 토지소유자는 불이익을 받게 되는바, 이러한 실체적인 불합리성을 방 지하기 위한 것이다.

판례 개별적 계획제한의 경우: 수용대상토지에 대하여 당해 공공사업의 시행 이전에 이미 도로의 설치에 관한 도시계획결정이 고시되어 이용제한이 가하여진 경우의 공법상 제한은 그 목적달성을 위 하여 구체적인 사업의 시행을 필요로 하는 이른바 개별적 계획제한에 해당하므로, 그 토지의 수용보상액을 산정함에 있어서는 위와 같은 공법상 제한이 당해 공공사업의 시행을 직접 목적으로 하여 가하여진 경우는 물론 위 토지가 당초의 목적사업과 다른 목적의 공공사업에 편입수용되는 경우에도 모두 그러한 제한을 받지 아니하는 상태대로 이를 평가하여야 한다(대판 1993. 11. 12, 93누7570[토지수용재결처분취소]). 〈평석〉'당해 공공사업의 시행을 직접 목적으로 하여 가하여진 경우'를 확장해석하는 이유는 사업변경 내지 고의적인 사전제한 등으로 인한 토지소유자의 불이익을 방지하기 위한 것이다(대판 1998. 9. 18, 98두4498).

(4) 공법상 제한을 받는 토지의 구체적(개별적) 평가기준

1) 공원구역 안의 토지

가. 공원의 의의 및 구분 공원은 크게 자연공원법에 의한 공원과 도시공원 및 녹지 등에 관한 법률에 의한 공원으로 나누어진다. 자연공원의 공법상 제한은 보호·유지를 목적으로 하는 일반적 제한사항이고, 도시공원은 공원시설설치를 위한 사업시행을 수반하는 개별적 제한사항으로서 보상평가시 그 기준을 달리 적용하게 된다.

나. 자연공원의 평가기준 자연공원이라 함은 국립공원·도립공원 및 군립공원을 말한다. 『자연공원법』 제 4 조에 따른 자연공원으로 지정된 구역 안에 있는 토지는 그 제한을 받는 상태를 기준으로 한다. 다만, 공원시설의 설치를 위한 공원사업시행계획의 결정고시 등에 따른 제한은 그 제한이 구체적인 사업의 시행이 필요한 개별적인 계획제한으로서 그 제한을 받지 아니한 상태를 기준으로 평가한다.

다. 도시공원의 평가기준 도시공원이라 함은 도시지역 안에서 자연경관의 보호와 시민의 건강·휴양 및 정서생활의 향상에 기여하기 위하여 도시계획시설로 결정된 것을 말한다. 이와 같은 토지의 평가는 그 도시공원의 지정에 따른 제한이 도시계획시설의 결정에 따른 개별적 제한이므로 그 공법상 제한을 받지 아니한 상태를 기준으로 평가한다.

자연공원법에 의한 '자연공원 지정' 및 '공원용도지구계획에 따른 용도지구 지정'과 동시에 구체적인 공원시설을 설치·조성하는 내용의 '공원시설계획'이 이루어졌다면 '자연공원 지정' 및 '공원용도지구계획에 따른 용도지구 지정'은 구체적인 공원사업의 시행을 직접 목적으로 한 것으로 보아 그러한 제한을 받지 아니한 상태를 기준으로 평가하여야 할 것이다.

> **판례** 자연공원법에 의한 '자연공원 지정' 및 '공원용도지구계획에 따른 용도지구 지정'은, 그와 동시에 구체적인 공원시설을 설치·조성하는 내용의 '공원시설계획'이 이루어졌다는 특별한 사정이 없는 한, 그 이후에 별도의 '공원시설계획'에 의하여 시행 여부가 결정되는 구체적인 공원사업의 시행을 직접 목적으로 한 것이 아니므로 공익사업을 위한 토지 등의 취득 및 보상에 관한 법률 시행규칙 제23조 제 1 항 본문에서 정한 '일반적 계획제한'에 해당한다(대판 2019. 9. 25, 2019두34982).

라. 도시자연공원구역의 평가기준 도시자연공원구역이라 함은 시·도지사 또는 대도시 시장이 도시의 자연환경 및 경관을 보호하고 도시민에게 건전한 여가·휴식공간을 제공하기 위하여 도시지역 안에서 식생(植生)이 양호한 산지(山地)의 개발을 제한할 필요가 있다고 인정하여 도시자연공원구역으로 지정한 구역을 말한다(국토의 계획 및 이용에 관한 법률 제38조의2). 도시자연공원구역에서는 건축물의 건축 및 용도변경, 공작물의 설치, 토지의 형질변경 등이 제한되므로, 이는 일반적 제한으로 볼 수 있으므로 제한받는 상태대로 보상평가하여야 할 것이다.

2) 용도지역이 변경된 토지

용도지역이 변경된 토지에 대한 평가는 가격시점 당시의 용도지역을 기준으로 평가한다. 다만, 용도지역의 변경이 당해 공익사업의 시행을 직접 목적으로 하는 경우와 용도지역의 변경이 당해 공익사업의 시행에 따른 절차로서 이루어진 경우에는 변경 전 용도지역을 기준으로 한다.

판례1 토지수용으로 인한 손실보상액을 산정함에 있어서는 당해 공공사업의 시행을 직접 목적으로 하는 계획의 승인, 고시로 인한 가격변동은 이를 고려함이 없이 수용재결 당시의 가격을 기준으로 하여 적정가격을 정하여야 하는 것이므로, 택지개발계획의 승인과 더불어 용도지역이 생산녹지지역에서 주거지역으로 변경된 토지들에 대하여 그 이후 이 사업을 시행하기 위하여 이를 수용하였다면, 구 토지수용법(1989. 4. 1. 법률 제4120호로서 개정되기 전의 것) 제46조 제 2 항에 의하여 보상액을 산정하여야 하는 경우에 있어서 표준지의 선정이나 지가변동률의 적용, 품등비교 등 그 보상액 재결을 위한 평가를 함에 있어서는 용도지역의 변경을 고려함이 없이 평가하여야 한다(대판 1993. 9. 10, 93누5543[토지수용재결처분취소]).

판례2 공익사업을 위한 토지 등의 취득 및 보상에 관한 법률 제70조, 같은 법 시행규칙 제23조 제 1 항, 제 2 항을 종합하면, 수용토지에 대한 손실보상액의 산정에 있어 그 대상 토지가 공법상의 제한을 받고 있는 경우에는 원칙적으로 제한받는 상태대로 평가하여야 하지만 그 제한이 당해 공공사업의 시행을 직접 목적으로 하여 가하여진 경우에는 당해 공공사업의 영향을 배제하여 정당한 보상을 실현하기 위하여 예외적으로 그 제한이 없는 상태를 전제로 하여 평가하여야 하고, 당해 공공사업의 시행을 직접 목적으로 하여 용도지역 또는 용도지구 등이 변경된 토지에 대하여는 변경되기 전의 용도지역 또는 용도지구 등을 기준으로 평가하여야 한다. 위 규정과 원심이 확정한 사실에 비추어 보면, 원심이 이 사건 토지의 용도지역이 자연녹지지역으로 변경된 것은 이 사건 공원조성사업의 시행을 직접 목적으로 이루어진 것이어서 이 사건 토지는 그러한 공법상 제한을 받는 상태대로 평가되어서는 안 된다는 전제하에 이 사건 토지에 대한 수용보상액은 그 용도지역을 일반주거지역으로 하여 평가하여야 한다고 본 것은 정당하고, 거기에 상고이유와 같은 손실보상의 산정 또는 공법상 제한을 받는 토지의 평가에 관한 법리오해 등의 위법 등이 있다고 할 수 없다(대판 2007. 7. 12, 2006두11507[손실보상금증액청구]).

3) 도시계획도로의 평가기준

가. 도시계획시설도로에 접한 토지의 평가 당해 공익사업과 직접 관계없이 『국토의 계획 및 이용에 관한 법률』 제32조의 규정에 의한 도시관리계획에 관한 지형도면(이하 '지형도면'이라 한다)이 고시된 도시계획시설도로에 접한 토지에 대한 평가는 그 계획도로의

폭·기능·개설시기 등과 대상토지의 위치·형상·이용상황·환경·용도지역 등을 고려한 가격으로 한다.

> **판례**   수용대상토지에 대하여 당해 공공사업의 시행 이전에 이미 도로의 설치에 관한 도시계획결정이 고시되어 이용제한이 가하여진 경우의 공법상 제한은 그 목적달성을 위하여 구체적인 사업의 시행을 필요로 하는 이른바 개별적 계획제한에 해당하므로, 그 토지의 수용보상액을 산정함에 있어서는 위와 같은 공법상 제한이 당해 공공사업의 시행을 직접 목적으로 하여 가하여진 경우는 물론 위 토지가 당초의 목적사업과 다른 목적의 공공사업에 편입수용되는 경우에도 모두 그러한 제한을 받지 아니하는 상태대로 이를 평가하여야 할 것인바, 이는 어디까지나 수용대상토지의 보상액 평가시 도시계획에 의하여 이미 도로로 편입예정된 부분에 대하여 위와 같은 공법상 제한으로 인한 토지가격의 변동을 참작하지 않도록 함으로써 그 토지소유자로 하여금 정당한 보상액에 미치지 못하는 저가보상으로 인하여 부당하게 불이익을 입게 하는 것을 방지하려는 데 그 취지가 있을 뿐이고, 더 나아가 도시계획상 도로편입 부분이 아닌 그 인근토지에 대한 손실보상액을 평가함에 있어 위와 같이 공익사업인 도로의 설치를 내용으로 하는 도시계획결정이 고시된 결과 당연히 그 영향으로 토지이용의 증진 내지 개발효과에 대한 기대심리가 작용하여 사실상 토지가격 상승요인이 발생함에 따라 당해 토지소유자가 그에 상당하는 이익을 얻게 된 사정까지 고려대상에서 배제하여야 한다는 취지는 아니다(대판 1993. 11. 12, 93누7570[토지수용재결처분취소]).

나. 도시계획시설도로에 저촉된 토지의 평가   도시계획시설도로에 저촉된 토지에 대한 평가는 저촉되지 아니한 상태를 기준으로 한다.

다. 함께 의뢰된 경우   당해 공익사업과 직접 관계없이 지형도면이 고시된 도시계획시설도로에 저촉된 부분과 저촉되지 아니한 부분이 함께 평가의뢰된 경우에는 면적비율에 따른 평균가격으로 평가하되 평가서에 그 내용을 기재하여야 할 것이다.

4) 비오톱으로 지정된 토지의 평가

가. 비오톱의 개념   비오톱이란 특정한 식물과 동물이 하나의 생활공동체를 이루어 지표상에서 다른 곳과 명확히 구분되는 생물서식지로서, '서울특별시 도시계획조례'에 따라 5개의 등급으로 구분되어 지정된다.

나. 보상평가 방법   비오톱 1등급 토지는 자연생태가 우수하고 절대보전이 필요한 토지로서 서울특별시 도시계획조례 제24조에 따라 토지의 개발행위허가가 제한되고 있다. 따라서 비오톱 1등급 지정고시는 자연환경의 보전을 목적으로 하는 일반적 제한으로 볼 수 있으므로 제한받는 상태대로 보상평가하여야 할 것이다.

5) 개발제한구역 안 토지의 평가

개발제한구역 안의 토지에 대한 평가는 개발제한구역의 지정이 일반적인 계획제한에 해당하므로 그 공법상 제한을 받는 상태를 기준으로 한다. 다만, 개발제한구역에서 허용되지 않는 공익사업을 시험하기 위하여 개발제한구역을 해제하는 경우는 해당 공익사업의 시행을 직접 목적으로 하는 변경에 해당된다.

가. 지정 당시 지목이 '대'이나 건축물이 없는 토지(나대지)

(가) 형질변경 등이 필요 없는 경우   토지의 형질변경허가 절차 등의 이행이 필요 없는 토지는 인근지역에 있는 건축물이 없으나 단독주택의 건축이 가능한 표준지공시지가를 기준으로 감정평가한다. 그러나 이러한 표준지공시지가가 인근지역에 없는 경우에는 인근지역에 있는 건축물이 있는 토지의 표준지공시지가를 기준으로 하거나, 동일수급권 안의 유사지역에 있는 건축물은 없으나 단독주택의 건축이 가능한 표준지공시지가를 기준으로 감정평가할 수 있다. 다만, 도로·상수도 및 하수도가 설치되지 아니한 지역에 대하여는 원칙적으로 건축물의 건축이 제한되므로, 건축이 가능한 "대"인 경우에도 이러한 점을 고려하여 평가하여야 할 것이다.

(나) 형질변경 등이 필요한 경우   농경지 등 다른 용도로 이용되고 있어 토지의 형질변경철차 등의 이행이 필요한 토지는 형질변경이 필요하지 않은 토지의 감정평가액에 형질변경 등 대지조성에 통상 필요한 비용 상당액 등을 고려한 가액으로 감정평가한다. 그러나 도로·상수도 및 하수도가 설치되지 아니한 지역에 대하여는 원칙적으로 건축물의 건축이 제한되므로 주위환경이나 해당 토지의 상황 등에 비추어 "대"로 이용되는 것이 사실상 곤란하다고 인정되는 경우에는 현재의 이용상황을 기준으로 감정평가하되, 인근지역 등에 있는 현재의 이용상황과 비슷한 이용상황의 표준지공시지가를 기준으로 한다.

나. 건축물이 있는 토지(건부지)   개발제한구역 안에 있는 건축물이 있는 토지에 대한 평가는 인근지역에 있는 유사한 이용상황의 표준지 공시지가를 기준으로 하고, 유사한 이용상황의 표준지 공시지가가 인근지역에 없는 경우에는 동일수급권 안의 유사지역에 있는 유사한 이용상황의 표준지 공시지가를 기준으로 하거나 인근지역에 있는 건축물이 없는 토지의 표준지 공시지가를 기준으로 평가한다.

다. 매수청구대상 토지

(가) 평가대상   개발제한구역의 지정에 따라 개발제한구역의 토지를 종래의 용도로 사용할 수 없어 그 효용이 현지히 감소된 토지나 그 토지의 사용 및 수익이 사실상 불가능하게 된 토지의 소유자로서, 개발제한구역으로 지정될 당시부터 계속하여 해당 토지를 소유하거나 상속받아 소유한 자 또는 토지의 사용·수익이 사실상 불가능하게 되기 전에 해당 토지를 취득하여 계속 소유하거나 상속받아 소유한 자는 국토교통부장관에게 그 토지의 매수를 청구할 수 있다(개발제한구역의 지정 및 관리에 관한 특별법 제17조).

(나) 매수가격의 산정시기·방법

가) 매수가격   매수대상토지를 매수하는 가격은 『부동산 가격공시에 관한 법률』에 따른 공시지가를 기준으로 해당 토지의 위치·형상·환경 및 이용 상황 등을 고려하여 평가한 금액으로 한다(개발제한구역의 지정 및 관리에 관한 특별법 제18조 제3항).

나) 매수가격의 산정시기·방법   매수대상토지의 매수가격은 매수청구 당시의 표준지 공시지가를 기준으로 그 공시기준일부터 매수청구인에게 매수금액을 지급하려는 날까지

의 기간 동안 해당 토지의 위치·형상·환경 및 이용 상황 및 『국토의 계획 및 이용에 관한 법률 시행령』 제125조 제 1 항에 따라 국토교통부장관이 조사한 지가변동률과 생산자물가상승률의 변동사항을 고려하여 산정한 가격으로 한다(개발제한구역의 지정 및 관리에 관한 특별법 시행령 제30조).

7. 현황평가

(1) 의 의

현황평가란 취득하는 토지에 관한 평가는 가격시점에서의 현실적인 이용상황을 기준으로 하여야 한다는 것을 말한다. 일시적 이용상황은 이를 고려하지 않는다. 토지보상법 제70조 제 2 항은 토지에 대한 보상액은 현실적인 이용상황과 일반적인 이용방법에 의한 객관적 상황을 고려하여 산정하도록 규정하고 있다. 동법 시행령과 시행규칙은 현황평가의 기준을 구체화하고 있다.

(2) 목적 및 취지(지적공부상 지목과의 관계 및 위법한 이용상황의 배제)

현황에 따라 토지소유자의 신청이나 직권에 의한 지목의 변경절차가 이루어지지 않는 경우가 있기 때문에 지적공부상의 지목과 현실이용상황이 반드시 일치하는 것이 아니고 틀리는 것도 있을 수 있다. 이 경우 오랜 관행으로 관계법규에 의한 규제나 행위제한이 있기 이전부터 행하여진 현실적인 이용상황이 공부상으로 지목이 변경되어야만 현실이용상황에 따른 보상을 받을 수 있다면 보상을 받을 토지 등의 소유자를 보호하는 입장이 되지 못하므로, 지적공부상의 지목에 따라 지적공부를 정리하지 않더라도 현실이용상황에 따라 평가하여 보상하도록 함으로써, 원칙적으로 현실에 따라 이용하는 토지소유자를 보호하고 있는 것이다.

> **판례 1** 토지가격의 평가를 함에 있어 공부상 지목과 실제현황이 다른 경우에는 공부상 지목보다는 실제현황을 기준으로 하여 평가하여야 함이 원칙이라 할 것이며, 평가대상 토지에 형질변경이 행하여지는 경우 형질변경행위가 완료되어 현황의 변경이 이루어졌다고 보여지는 경우에는 비록 공부상 지목변경절차를 마치기 전이라고 하더라도 변경된 실제현황을 기준으로 평가함이 상당하다고 할 것이다 (대판 1994. 4. 12, 93누6904[개발부담금부과처분취소]).

> **판례 2** 수용대상 토지에 대한 손실보상액을 평가함에 있어서는 수용재결 당시의 이용상황, 주위환경 등을 기준으로 하여야 하는 것이고, 여기서의 수용대상 토지의 현실이용상황은 법령의 규정이나 토지소유자의 주관적 의도 등에 의하여 의제될 것이 아니라 오로지 관계 증거에 의하여 확정되어야 한다 (대판 1997. 8. 29, 96누2569[토지수용이의재결처분취소등]).

그러나, 현실적인 이용상황이 위법행위에 기인한 경우나 관계법령에 의하여 허가를 받아야 할 사항을 허가 없이 행한 경우, 금지된 행위를 행한 경우 등 위법에 기인한 행위까지도 보호하려는 취지는 아니기 때문에, 그러한 경우에는 현실이용상황에 따라 보상평가하지 않도록 하고 있는 것이다.

(3) 현황평가의 예외

1) 일시적인 이용상황

당해 토지의 이용이 일시적인 이용상황인 경우에는 이를 고려하지 않는다. "일시적인 이용상황"이라 함은 관계법령에 의한 국가 또는 지방자치단체의 계획이나 명령 등에 의하여 당해 토지를 본래의 용도로 이용하는 것이 일시적으로 금지 또는 제한되어 그 본래의 용도 외의 다른 용도로 이용되고 있거나 당해 토지의 주위환경의 사정으로 보아 현재의 이용방법이 임시적인 것을 말한다(시행령 제38조).

2) 무허가건축물 등의 부지

무허가건물 등의 부지라 함은 관계법령에 의해 허가를 받거나 신고를 하고 건축 또는 용도변경을 하여야 하는 건물을 허가를 받지 아니하거나 신고를 하지 아니하고 건축 또는 용도변경한 건물의 부지를 말하는데, 1989. 1. 24. 이후에 건축된 무허가건물 등의 부지에 대하여서는 무허가건물 등이 건축 또는 용도변경될 당시의 이용상황을 상정하여 평가한다(시행규칙 제24조).

3) 불법형질변경 토지

불법으로 형질변경된 토지라 함은 관계법령에 의해 허가나 승인을 받고 형질변경하여야 할 토지를 허가나 승인을 받지 아니하고 형질변경한 경우를 말하며, 1995. 1. 7. 이후에 편입된 토지는 토지의 형질이 변경될 당시의 이용상황을 상정하여 평가한다(시행규칙 제24조).

"토지의 형질변경"이란 절토·성토 또는 정지 등으로 토지의 형상을 변경하는 행위(조성이 완료된 기존 대지 안에서 건축물과 그 밖에 공작물 설치를 위한 토지의 굴착행위는 제외한다)와 공유수면의 매립을 말한다.

지목이 '임야'나 '농지'로 이용중인 토지에 대해, 『농지법』상 적법한 농지와 『산지관리법』상의 형질변경허가를 받지 않은 불법형질변경토지 중 어느 것으로 판단하여야 하는지 논란이 있었고, 보상평가시 '농지'에 대한 적용기준이 기관별로 상이하여 혼란이 있었다. 이러한 점에 비추어 2010년 5월 31일 산지관리법이 개정되어 불법전용산지에 대해 시장·군수·구청장의 심사를 거쳐 산지전용허가 등 지목변경 처분이 가능한 임시특례(2010. 12. 1.부터 1년 이내) 규정이 마련되었다.

산지관리법 부칙(제10331호, 2010. 5. 31)
제 2 조(불법전용산지에 관한 임시특례)
　① 이 법 시행 당시 적법한 절차를 거치지 아니하고 산지를 5년 이상 계속하여 다음 각 호의 어느 하나에 해당하는 용도로 이용 또는 관리하고 있는 자는 그 사실을 이 법 시행일부터 1년 이내에 농림수산식품부령으로 정하는 바에 따라 시장·군수·구청장에게 신고하여야 한다.

1. 국방·군사시설
2. 대통령령으로 정하는 공용·공공용 시설 또는 농림어업용 시설(농림어업인이 주된 주거용으로 사용하고 있는 시설을 포함한다)
② 시장·군수·구청장은 제 1 항에 따라 신고된 산지가 이 법 또는 다른 법률에 따른 산지전용의 행위제한 및 허가기준이나 대통령령으로 정하는 기준에 적합한 산지인 경우에는 심사를 거쳐 산지전용허가 등 지목 변경에 필요한 처분을 할 수 있다.
③ 제 2 항에 따른 처분을 하는 경우에는 이 법을 적용한다. 다만, 산지를 전용한 시점의 규정이 신고자에게 유리한 경우에는 산지전용 시점의 규정을 적용한다.
④ 시장·군수·구청장은 제 2 항에 따른 산지전용허가 등을 하고자 하는 산지가 산지전용이 제한되는 산지이거나 다른 법률에 따른 인가·허가·승인 등의 행정처분이 필요한 산지인 경우에는 미리 관계 행정기관의 장과 협의를 하여야 한다.
⑤ 제 2 항에 따른 심사의 방법 및 처분절차 등에 관한 사항은 대통령령으로 정한다.

이에 따라 『실제이용상황에 따른 보상업무처리』((토지정책과―2178(2005. 4. 26)호)는 폐지되고, 『지목이 '임야'이나 '농지'로 이용중인 토지에 대한 보상기준』(2010. 12. 29. 토지정책과―6105)으로 대체되었다. 이에 따라 ① 공부상 지목이 '임야'이나 '농지'로 이용중인 토지는 『산지관리법』 부칙(제10331호, 2010. 5. 31) 제 2 조 "불법전용산지에 관한 임시특례" 규정에서 정한 절차에 따라 불법전용산지 신고 및 심사를 거쳐 '농지'로 지목변경된 경우에 한하여 '농지'로 평가하고, ② 계약체결일 또는 수용재결일까지 위 절차를 거치지 아니하여 공부상 지목이 '임야'인 경우에는 불법형질변경 토지로 보아 공부상 지목대로 평가하여 보상하는 것으로 변경되었다.

〈적용기간: 2011. 1. 1.부터 적용〉

종 전	변 경
• 지목이 '임야'이나 농지법상 농지인 경우 농지로 평가하여 보상 　－ 농지법상 농지인지 여부는 사업시행자가 관계도서·지형·토지형태·이용상황 등을 조사·확인 ※ 「실제이용상황에 따른 보상업무처리」시달('05. 4. 26)	• 산지관리법 부칙 제 2 조에 따라 불법전용산지신고 및 심사를 거쳐 '농지'로 지목변경된 경우에 한하여 '농지'로 평가 보상 　－ 농지법상 농지로 이용중이더라도 공부상 지목이 '임야'인 경우는 불법전용산지로 보아 '임야'로 평가

4) 미지급용지

종전에 시행된 공익사업의 부지로서 보상금이 지급되지 아니한 토지(이하 '미지급용지'라 한다)에 대하여는 종전의 공익사업에 편입될 당시의 이용상황을 상정하여 평가한다(시행규칙 제25조).

5) 건물 등의 부지

토지에 건물 등 지장물이 있는 때에는 그 상태대로 평가하는 것이 아니라 지장물이 없는 토지의 나지상태를 상정하여 평가한다(시행규칙 제22조 제 2 항).

6) 공법상 제한을 받는 토지

공법상 제한을 받는 토지는 그 공법상의 제한이 당해 공공사업의 시행을 직접목적으로 가하여진 경우에는 그러한 제한이 없는 것으로 보고 평가한다(시행규칙 제23조 제 1 항).

7) 당해 공공사업의 시행을 직접목적으로 하여 용도지역이 변경된 토지

당해 공공사업의 시행을 직접목적으로 용도지역 또는 용도지구 등이 변경된 경우에는 변경 전의 용도지역 또는 용도지구 등을 기준으로 토지를 평가한다(시행규칙 제23조 제 2 항).

8. 나지상정평가

(1) 의   의

토지에 관한 평가에서 그 토지에 건축물·입목·공작물 그 밖에 토지에 정착한 물건 (이하 '건축물 등'이라 한다)이 있거나 토지에 관한 소유권 외의 권리가 설정되어 있을 경우 에는 그 건축물 등이 없고 토지에 관한 소유권 외의 권리가 설정되어 있지 아니한 나지상 태를 상정하여 평가하는 것을 말한다(시행규칙 제22조 제 2 항).

(2) 취   지

나지상정평가는 토지의 최유효이용이 나지라는 것을 전제로 하는 것이다. 당해 건축 물 등이 부지의 최유효이용을 저해하는 상태인 경우는 그러한 저해가 없는 상태로 평가하 여 토지소유자의 피해를 최소화함에 제도적 취지가 인정된다. 따라서 개발제한구역 안에 서 건부지가 나지보다 비싼 경우에는 현황평가를 하여야 하며, 이러한 경우까지 나지를 상정하여 평가하여서는 안 될 것이다.

(3) 나지상정평가의 예외

1) 일괄평가의 관행이 있는 경우

건축물 등이 토지와 함께 거래되는 사례나 관행이 있는 경우에는 그 건축물 등과 토 지를 일괄하여 평가하여야 하며, 이 경우 보상평가서에 그 내용을 기재하여야 한다(시행규 칙 제20조 제 1 항 단서).

2) 소유권 외의 권리의 목적이 되고 있는 토지에 대한 보상

취득하는 토지에 설정된 소유권 외의 권리의 목적이 되고 있는 토지에 대하여는 당해 권리가 없는 것으로 하여 평가한 후, 소유권 외의 권리의 가액을 뺀 금액으로 평가한다. 이러한 예로써 송전선로와 『도시철도법』 제 3 조 제 1 호에서 규정한 도시철도 및 『송유관 안전관리법』 제 2 조 제 1 호에서 규정한 송유관 등 공익시설의 설치를 목적으로 『민법』

제289조의2에 따른 구분지상권이 설정되어 있는 토지를 들 수 있다(시행규칙 제29조).

　　가. 소유권 외의 권리가 설정된 토지의 개념　　소유권 이외의 권리가 설정된 토지라 함은 이용권인 용익물권, 즉 지상권·지역권·전세권과 채권인 임차권 그리고 담보물권인 저당권 등의 권리가 설정된 토지를 말한다.

　　소유권 외의 권리라 함은 사용·수익권인 용익물권, 즉 지상권·지역권·전세권과 채권인 사용대차 또는 임대차에 관한 권리, 그리고 담보물권인 저당권 그 밖에 소유권 외의 권리를 말한다. 여기서 '권리'는 소유권을 제외한 모든 경제적 가치가 있는 권리를 포함한다. 단, 점유는 권리가 아니므로 점유할 수 있는 본권을 제외하고는 권리로 보지 않는다(시행규칙 제28조 제 1 항).

　　나. 소유권 이외의 권리가 설정된 토지의 평가

　　(가) 토지에 관한 소유권 외의 권리의 평가　　소유권 외의 권리에 대하여서는 당해 권리의 종류, 존속기간, 당해 권리로써 받을 수 있는 기대이익 등을 종합적으로 고려하여 평가한 금액으로 평가하여 보상액을 산정해야 한다(시행규칙 제28조 제 1 항).

　　(나) 소유권 이외의 권리가 설정된 토지의 평가　　취득하는 토지에 설정된 소유권 외의 권리의 목적이 되고 있는 토지에 대하여는 당해 권리가 없는 것으로 하여 평가한 금액에서 소유권 외의 권리의 평가가액을 공제한 금액으로 평가한다(시행규칙 제29조). 이는 토지의 가격은 제한된 소유권가격과 소유권 이외의 권리가격의 합계액과 같다는 전제하에서 공제주의를 규정한 것으로 볼 수 있다.

9. 그 밖의 요인 보정

(1) 그 밖의 요인의 의의

　　그 밖의 요인이란 지가변동률·생산자물가상승률 및 개별요인과 같이 토지보상법에 명문으로 참작하도록 규정되어 있지는 않지만, 당해 보상평가에 있어서 정당보상이 이루어지도록 참작하여야 하는 사항을 말한다. 그 밖의 요인의 예로는 인근유사토지의 장상거래사례, 보상선례, 호가 및 자연적 지가상승분 등이 있다. 그 밖의 요인 보정이 필요한 경우는 ① 공시지가가 공시기준일 당시의 적정가격을 반영하고 있으나 시점수정을 위한 지가변동률이 공시지가 고시일 이후의 지가변동 상황을 정확하게 반영하지 못하거나, ② 공시지가 자체가 적정가격을 반영하지 못하는 경우, ③ 적용공시지가를 소급함으로 인한 적용공시지가의 공시기준일부터 기준시점까지 해당 공익사업 외의 공익사업으로 인한 지가변동분의 보정이 필요한 경우 등이 있다.

(2) 그 밖의 요인의 참작가능성

1) 관련규정

　　감정평가 실무기준에서는 시점수정, 지역요인 및 개별요인의 비교 외에 대상토지의 가치에 영향을 미치는 사항이 있는 경우에는 그 밖의 요인을 보정할 수 있다고 규정하고 있으며, 감정평가 실무기준은 상위법령인 감정평가사법 제 3 조 및 감칙 제28조와 결합하여 법규적 사항을 규정하는 법령보충적 행정규칙에 해당한다고 볼 수 있다. 또한, 감정평가에 관한 규칙 제14조에서는 정상적인 거래사례 또는 평가사례 등을 고려하여 평가하도록 규정하고 있다.

[감정평가 실무기준]
800.5.6.6 그 밖의 요인 보정
① 그 밖의 요인 보정은 [610−1.5.2.5]에 따른다.
② 그 밖의 요인 보정을 할 때에는 해당 공익사업의 시행에 따른 가격의 변동은 보정하여서는 아니 된다.
③ 그 밖의 요인을 보정하는 경우에는 대상토지의 인근지역 또는 동일수급권 안의 유사지역(이하 "인근지역등"이라 한다)의 정상적인 거래사례나 보상사례(이하 이 조에서 "거래사례등"이라 한다)를 참작할 수 있다. 다만, 이 경우에도 그 밖의 요인 보정에 대한 적정성을 검토하여야 한다.
④ 제 3 항의 거래사례등은 다음 각 호의 요건을 갖추어야 한다. 다만, 제 4 호는 해당 공익사업의 시행에 따른 가격의 변동이 반영되어 있지 아니하다고 인정되는 사례의 경우에는 적용하지 아니한다.
1. 용도지역등 공법상 제한사항이 같거나 비슷할 것
2. 실제 이용상황 등이 같거나 비슷할 것
3. 주위환경 등이 같거나 비슷할 것
4. 이 절 [5.6.3]에 따른 적용공시지가의 선택기준에 적합할 것

610.1.5.2.5 그 밖의 요인 보정
① 시점수정, 지역요인 및 개별요인의 비교 외에 대상토지의 가치에 영향을 미치는 사항이 있는 경우에는 그 밖의 요인 보정을 할 수 있다.
② 그 밖의 요인 보정을 한 경우에는 그 근거를 감정평가서(감정평가액의 산출근거)에 구체적이고 명확하게 기재하여야 한다.

---

2) 판례(제한적 긍정설)

판례는 "인근유사토지의 정상거래사례가 있고 그 거래가격이 정상적인 것으로서 적정한 보상평가에 영향을 미칠 수 있는 것임이 입증된 경우"에 한하여 참작할 수 있다고 한다. 참작할 수 있는 사례로는 인근유사토지의 정상거래가격, 호가, 보상선례, 자연적인 지가상승분이 해당되고 개발이익이 포함되지 않고 투기적인 거래에서 형성된 것이 아니어야 한다고 한다. 이는 주장하는 자가 입증해야 한다(대판 2004. 8. 30, 2004두5621, 94누2664).

판례 1   **인근유사토지의 보상사례의 가격의 참작**: 수용대상토지의 보상액을 산정함에 있어 인근유사토지의 보상사례가 있고 그 가격이 정상적인 것으로서 적정한 보상액 평가에 영향을 미칠 수 있는 것임이 입증된 경우에는 이를 참작할 수 있고, 여기서 '정상적인 가격'이란 개발이익이 포함되지 아니하고 투기적인 거래로 형성되지 아니한 가격을 말한다. 그러나 그 보상사례의 가격이 개발이익을 포함하고 있어 정상적인 것이 아닌 경우라도 그 개발이익을 배제하여 정상적인 가격으로 보정할 수 있는 합리적인 방법이 있다면 그러한 방법에 의하여 보정한 보상사례의 가격은 수용대상토지의 보상액을 산정함에 있어 이를 참작할 수 있다(대판 2010. 4. 29, 2009두17360[손실보상금]).

판례2   토지수용보상액 산정에 관한 관계 법령의 규정을 종합하여 보면, 수용대상토지에 대한 보상액을 산정하는 경우 거래사례나 보상선례 등을 반드시 조사하여 참작하여야 하는 것은 아니지만, 인근유사토지가 거래되거나 보상이 된 사례가 있고 그 가격이 정상적인 것으로서 적정한 보상액 평가에 영향을 미칠 수 있는 것임이 입증된 경우에는 인근유사토지의 정상거래가격을 참작할 수 있고, 보상선례가 인근유사토지에 관한 것으로서 당해 수용대상토지의 적정가격을 평가하는 데 있어 중요한 자료가 되는 경우에는 이를 참작하는 것이 상당하다(대판 2007. 7. 12, 2006두11507[손실보상금증액청구]).

판례3   현행 토지수용법하에서 수용대상 토지의 정당한 보상액을 산정함에 있어서 인근 유사토지의 정상거래사례나 보상선례를 반드시 조사하여 참작하여야 하는 것은 아니고, 인근 유사토지가 거래된 사례나 보상이 된 선례가 있고 그 가격이 정상적인 것으로 적정한 보상액 평가에 영향을 미칠 수 있는 것임이 입증된 경우에는 이를 참작할 수 있는 것이나, 단순한 호가시세나 담보목적으로 평가한 가격에 불과한 것까지 참작할 것은 아니다(대판 2003. 2. 28, 2001두3808[토지수용이의재결처분취소]).

판례4   구체적 거래사례 가격이 아닌 호가라 하여 수용대상토지의 보상가액 산정시 참작할 수 없는 것은 아니지만, 보상액 산정시 참작될 수 있는 호가는 그것이 인근유사토지에 대한 것으로, 투기적 가격이나 당해 공공사업으로 인한 개발이익 등이 포함되지 않은 정상적인 거래가격 수준을 나타내는 것임이 입증되는 경우라야 한다(대판 1993. 10. 22, 93누11500[토지수용재결처분취소]).

판례5   수용대상 토지의 가격을 평가함에 있어서 그 기준이 되는 표준지의 공시지가의 지가상승률이 인근 토지의 지가상승률보다 저렴하다는 이유만으로는 이를 참작사유로 삼을 수는 없고, 공시지가 자체가 당해 사업으로 인하여 저렴하게 평가되었다고 인정되는 경우, 즉 수용대상 토지 일대가 수용사업지구로 지정됨으로 인하여 그 지가가 동결된 관계로 사업지구로 지정되지 아니하였더라면 상승될 수 있는 자연적인 지가상승률만큼도 지가가 상승되지 아니하였다고 볼 수 있는 충분한 입증이 있는 경우에 한하여, 참작요인이 된다고 할 것이고, 이를 참작한 보정률도 인근 토지의 지가변동률과 공시지가변동률과의 차이가 아니라 그 중 개발이익을 배제한 자연적인 지가상승률만을 가려내어 반영하여야 한다(대판 1998. 3. 27, 96누16001[토지수용재결처분취소]).

판례6   보상액을 산정함에 있어서 인근유사토지가 거래된 사례나 보상이 된 사례가 있고 그 가격이 정상적인 것으로서 적정한 보상금액 평가에 영향을 미칠 수 있는 것이라면 다른 특별한 사정이 없는 한 그와 같은 사례를 참작함이 상당하다고 할 것이다(대판 2012. 3. 29, 2011두28066[손실보상금]).

판례7   토지의 수용·사용에 따른 보상액을 평가할 때에는 관계 법령에서 들고 있는 모든 산정요인을 구체적·종합적으로 참작하여 그 요인들을 모두 반영하여야 하고, 이를 위한 감정평가서에는 모든 산정요인의 세세한 부분까지 일일이 설시하거나 그 요인들이 평가에 미치는 영향을 수치적으로 나타내지는 않더라도 그 요인들을 특정·명시함과 아울러 각 요인별 참작 내용과 정도를 객관적으로 납득할 수 있을 정도로 설명을 기재하여야 한다. 이는 보상선례를 참작하는 것이 상당하다고 보아 이를 보상액 산정요인으로 반영하여 평가하는 경우에도 마찬가지라 할 것이므로, 감정평가서에는 보상선례토지와 평가대상인 토지의 개별요인을 비교하여 평가한 내용 등 산정요인을 구체적으로 밝혀 기재하여야 한다. 따라서 보상선례를 참작하면서도 위와 같은 사항을 명시하지 않은 감정평가서를 기초로 보상액을 산정하는 것은 위법하다고 보아야 한다(대판 2013. 6. 27, 2013두2587[토지수용재결취소등]).

3) 그 밖의 요인 참작 여부의 입증책임

인근 유사 토지의 정상거래사례 또는 보상선례가 있고 그 가격이 정상적인 것으로서 적정한 보상액 평가에 영향을 미친다고 하는 점은 이를 주장하는 자에게 입증책임이 있다(대판 2004. 5. 14, 2003다38207).

수용 대상 토지의 정당한 보상액을 산정함에 있어서 인근 유사 토지의 거래사례나 보상선례를 반드시 참작하여야 하는 것은 아니며, 다만 인근 유사 토지의 정상거래사례가 있고 그 거래가격이 정상적인 것으로서 적정한 보상액 평가에 영향을 미칠 수 있는 것임이 입증된 경우에는 이를 참작할 수 있다고 할 것이고, 한편 인근 유사 토지의 정상거래가격이라고 하기 위해서는 대상 토지의 인근에 있는 지목·등급·지적·형태·이용상황·법령상의 제한 등 자연적·사회적 조건이 수용 대상 토지와 동일하거나 유사한 토지에 관하여 통상의 거래에서 성립된 가격으로서 개발이익이 포함되지 아니하고 투기적인 거래에서 형성된 것이 아닌 가격이어야 하고, 그와 같은 인근 유사 토지의 정상거래사례 또는 보상선례가 있고 그 가격이 정상적인 것으로서 적정한 보상액 평가에 영향을 미친다고 하는 점은 이를 주장하는 자에게 입증책임이 있다(대판 2004. 5. 14, 2003다38207).

4) 그 밖의 요인 산출근거 기재의 정당성

가. 근거규정　　감정평가 실무기준 '600.1.5.2.5'에서는 "그 밖의 요인 보정을 한 경우에는 그 근거를 감정평가서(감정평가액의 산출근거)에 구체적이고 명확하게 기재하여야 한다"고 규정하고 있다.

나. 기재내용과 정도　　감정평가서에는 보상선례토지와 평가대상인 토지의 개별요인을 비교하여 평가한 내용 등 산정요인을 구체적으로 밝혀 기재하여야 한다(대판 2013. 6. 27, 2013두2587).

다. 판례 및 감독청의 태도　　㉠ 판례는 토지를 평가할 때 품등비교 및 기타요인의 가격산정요인을 구체적으로 특정하여 명시하지 않은 것은 위법하다고 하였으며(대판 2013. 6. 27, 2013두2587) ㉡ 국토교통부는 기타요인 보정치에 대한 합리적이고 구체적인 산출근거를 기재하지 아니하였다는 사유로(신의성실의무위반) 업무정지를 징계한 바 있다.

라. 검　　토　　감정평가의 사회적인 영향을 고려할 때 기재의 타당성은 당연하다. 따라서 이를 토지보상법에 명문으로 규정할 필요가 있다.

5) 검토 및 결어

공시지가는 현실적으로 토지의 거래가격, 시가 등을 반영하지 못하고 있는 경우가 있다. 이로 인해 공시지가 자체만을 기준으로 보상액을 산정하게 되면 일반적으로 시가에 미달하게 되어 재산권자에 대한 완전보상이 이루어지지 않을 우려가 높다. 따라서 공시지가기준 보상을 함에 있어 그 밖의 요인을 참작하여 보상액을 평가하는 것이 헌법상 정당보상을 실현할 수 있는 방안이 될 것이다. 토지보상법상 기타사항에 관한 명문의 규정이 없음에도 불구하고 대법원 판례가 기타사항을 참작할 수 있도록 하고 있는 것도 헌법상 정당보상을 실현하기 위함으로 해석된다.

현재에는 감정평가 실무기준에서 "그 밖의 요인" 보정을 명문으로 규정하고 있으므로 이를 근거로 정당보상을 실현할 수 있을 것이다.

10. 생활이익의 보상

손실보상은 최초 보상의 대상을 수용의 대상인 피수용자의 재산에 대해 그 소유자가 지니는 주관적 가치로 하는 대인적 보상에서 시작하여 시장에서의 객관적 교환가치를 보상의 대상으로 하는 대물적 보상으로 발전하였으며, 최근에는 재산권에 대한 객관적 교환가치뿐만 아니라 재산권 위에 형성된 생활상의 이익까지 보상해야 한다는 주장이 제기되어 확산되고 있다. 또한 생활이익의 보상이 헌법상 정당보상의 범주에 포함된다고 보는 견해도 제기되고 있다. 토지보상법에서는 이주대책·주거이전비·이농비·이어비 등을 규정하고 있다.

Ⅱ. 부대적(부수적) 손실의 보상

완전보상이 되기 위하여는 취득의 대상이 된 재산권의 재산적 가치뿐만 아니라 취득이 원인이 되어 부수적으로 발생한 손실도 보상되어야 한다. 현행 토지보상법도 이러한 입장을 취하고 있다. 통상 정신적 고통은 보상되고 있지 않다.

1. 부대적 손실보상의 일반원칙

(1) 부대적 손실보상의 의의

부대적 손실이란 수용·사용의 직접적인 목적물은 되지 않으나 공익사업의 시행을 위하여 목적물의 취득에 따른 피수용자에게 미치는 손실을 말한다.

부대적 손실도 공익사업의 시행을 위하여 직접 발생한 손실이므로 정당보상의 원칙상 보상하여야 한다.

부대적 손실에 대한 보상은 기본적으로 재산권 보상의 성격을 갖지만 동시에 생활권 보상의 측면도 갖는다.

(2) 부대적 손실보상의 기준

헌법상의 정당한 보상의 원칙에 비추어 공용침해에 의해 목적물 이외에 직접 발생한 손실은 모두 부대적 손실로 보아야 한다.

부대적 손실의 평가는 수용의 목적물의 취득, 사용할 수 있는 계약체결 당시를 기준으로 평가하여야 한다.

(3) 구체적 보상

1) 실비변상적 보상

실비변상적인 보상이란 공익사업의 목적물의 취득이나 사용에 의하여 현재의 생활의 유지 및 종래의 재산권의 목적에 사용하기 위하여 적극적인 비용의 지출이 요구되는 경우에 이러한 손실에 대한 보상을 말한다.

내용으로서 지상건물 등의 이전료, 과수 등의 이식비와 잔여지의 울타리 및 담장의 시설이 요구되는 공사비의 경우를 들 수 있다.

2) 일실손실보상

일실손실의 보상이란 재산권의 수용·사용에 의하여 부수적·독립적으로 누리는 경제적 이익에 대한 손실에 대한 보상을 말한다. 주로 사업의 기간에 현재의 영업상의 기대이익을 대상으로 하는 데 특징이 있다.

이에 대한 예로서 영업의 폐지, 휴업, 축소에 따른 보상과 농업의 폐지 또는 이전에 따른 기대이익에 대한 보상 및 근로자의 휴직이나 실직에 대한 보상을 들 수 있다.

(4) 문제점과 개선방안

토지보상법령상 보상의 대상으로 인정된 부대적 손실이 완전하게 열거되어 있지 못하다. 또한, 보상법령 상호간에 차이가 있다. 따라서 부대적 손실보상의 유형을 망라하여 체계적으로 정비하여야 할 것이다. 법령에 의해 규정되지 않은 부대적 손실도 토지보상법 제79조 제4항의 기타의 손실로 보아 보상해 주어야 할 것이다(일반근거조항설, 손실보상 참조).

2. 부대적 손실보상의 종류

토지보상법 및 동법 시행규칙은 부대적 손실보상의 예를 열거하고 있는데, 이는 예시적인 열거로 보는 것이 타당하다.

공익사업의 시행을 위하여 직접 발생한 부대적 손실은 정당보상의 원칙상 보상하는 것이 타당하며 토지보상법은 기타 손실에 대한 보상원칙을 규정하고 있으므로 토지보상법 및 동법 시행규칙에 명시적으로 그 보상이 열거되어 있지 않더라도 공익사업의 시행을 위하여 직접 발생한 부대적 손실은 보상될 수 있다고 보아야 한다.

(1) 잔여지 및 잔여건축물보상 [2015 5급공채]

사업시행자는 동일한 토지소유자에 속하는 일단의 토지의 일부가 취득 또는 사용됨으로 인하여 잔여지(殘餘地)의 가격이 감소하거나 그 밖의 손실이 있는 때 또는 잔여지에 통로·도랑·담장 등의 신설 그 밖의 공사가 필요한 때에는 원칙상 국토교통부령이 정하는 바에 따라 그 손실이나 공사의 비용을 보상하여야 한다. 다만, 잔여지의 가격 감소분과 잔여지에 대한 공사의 비용을 합한 금액이 잔여지의 가격보다 큰 경우에는 사업시행자는 그 잔여지를 매수할 수 있다(제73조 제1항). 손실 또는 비용의 보상은 관계 법률에 따라 사업이 완료된 날 또는 제24조의2에 따른 사업완료의 고시가 있는 날(이하 "사업완료일"이라 한다)부터 1년이 지난 후에는 청구할 수 없다(제73조 제2항). 매수하는 잔여지 및 잔여지에 있는 물건에 대한 구체적인 보상액 산정 및 평가방법 등에 대하여는 제70조, 제75조, 제76

조, 제77조, 제78조 제 4 항, 같은 조 제 6 항 및 제 7 항을 준용한다(제73조 제 5 항). 제 1 항에 따른 손실 또는 비용의 보상이나 토지의 취득에 관하여는 제 9 조 제 6 항 및 제 7 항을 준용한다.

판례 1   [토지보상법 제73조 제 1 항의 잔여지 가격감소 손실보상 청구를 하면서, 손실의 한 종류로 접도구역 지정으로 인한 가치하락을 주장한 사례] (1) 특정한 공익사업의 사업시행자가 보상하여야 하는 잔여지 손실은, 동일한 소유자에게 속하는 일단의 토지 중 일부를 사업시행자가 그 공익사업을 위하여 취득하거나 사용함으로 인하여 잔여지에 발생하는 것임을 전제로 한다. 따라서 이러한 잔여지에 대하여 현실적 이용상황 변경 또는 사용가치 및 교환가치의 하락 등이 발생하였더라도, 그 손실이 토지의 일부가 공익사업에 취득되거나 사용됨으로 인하여 발생하는 것이 아니라면 특별한 사정이 없는 한 토지보상법 제73조 제 1 항 본문에 따른 잔여지 손실보상 대상에 해당한다고 볼 수 없다. (2) 고속도로 건설공사를 위해 일단의 토지의 일부만 수용되고 남은 '잔여지'가 고속도로 접도구역으로 지정되어 가치가 하락한 것이 토지보상법 제73조 제 1 항의 잔여지 가격감소 손실보상의 대상이 되지 않는다고 한 사례(대판 2017. 7. 11, 2017두40860[잔여지가치하락손실보상금청구]). 〈해설〉 접도구역 지정으로 인한 잔여지 가격감소손실은 구 도로법 제92조(현행 도로법 제99조)에 따라 보상을 청구하여야 한다.

판례 2   잔여지의 가치손실보상 범위: 구 공익사업을 위한 토지 등의 취득 및 보상에 관한 법률(2007. 10. 17. 법률 제8665호로 개정되기 전의 것, 이하 '공익사업법'이라 한다) 제73조에 의하면, 동일한 토지소유자에 속하는 일단의 토지의 일부가 취득 또는 사용됨으로 인하여 잔여지의 가격이 감소하거나 그 밖의 손실이 있는 때 등에는 토지소유자는 그로 인한 잔여지 손실보상청구를 할 수 있고, 이 경우 보상하여야 할 손실에는 토지 일부의 취득 또는 사용으로 인하여 그 획지조건이나 접근조건 등의 가격형성요인이 변동됨에 따라 발생하는 손실뿐만 아니라 그 취득 또는 사용 목적 사업의 시행으로 설치되는 시설의 형태·구조·사용 등에 기인하여 발생하는 손실과 수용재결 당시의 현실적 이용상황의 변경 외 장래의 이용가능성이나 거래의 용이성 등에 의한 사용가치 및 교환가치상의 하락 모두가 포함된다(대판 2011. 2. 24, 2010두23149).

사업시행자는 동일한 건축물소유자에 속하는 일단의 건축물의 일부가 취득 또는 사용됨으로 인하여 잔여 건축물의 가격이 감소되거나 그 밖의 손실이 있는 때에는 국토교통부령으로 정하는 바에 따라 그 손실을 보상하여야 한다. 다만, 잔여 건축물의 가격 감소분과 보수비(건축물의 잔여부분을 종래의 목적대로 사용할 수 있도록 그 유용성을 동일하게 유지하는 데 통상 필요하다고 볼 수 있는 공사에 사용되는 비용을 말한다. 다만, 『건축법』 등 관계 법령에 의하여 요구되는 시설의 개선에 필요한 비용은 포함하지 아니한다)를 합한 금액이 잔여 건축물의 가격보다 큰 경우에는 사업시행자는 그 잔여 건축물을 매수할 수 있다(제75조의2 제 1 항).

제73조 제 1 항 본문 및 제75조의2 제 1 항 본문에 따른 잔여지 등의 보상은 해당 사업의 공사완료일부터 1년이 지난 후에는 청구할 수 없다(제73조 제 2 항, 제75조의2 제 4 항). 사업인정고시가 있은 후 제73조 제 1 항 단서 또는 제75조의2 제 1 항에 따라 사업시행자가 잔여지 등을 매수하는 경우 그 잔여지 등에 대하여는 제20조에 따른 사업인정 및 제22조에 따른 사업인정 고시가 있는 것으로 본다(제73조 제 3 항, 제75조의2 제 4 항).

(2) 이전비보상

건축물·입목·공작물 기타 토지에 정착한 물건(이하 '건축물 등'이라 한다)에 대하여는 원칙상 이전에 필요한 비용(이하 '이전비'라 한다)으로 보상하여야 한다(제75조 제 1 항). 분묘에 대하여는 이장에 소요되는 비용 등을 산정하여 보상하여야 한다(제75조 제 4 항).

(3) 권리의 보상

광업권·어업권·양식업권 및 물(용수시설을 포함한다) 등의 사용에 관한 권리에 대하여는 투자비용·예상수익 및 거래가격 등을 참작하여 평가한 적정가격으로 보상하여야 한다(제76조 제 1 항). 하천법 제50조에 의한 하천수 사용권은 토지보상법 제76조 제 1 항이 손실보상의 대상으로 규정하고 있는 '물의 사용에 관한 권리'에 해당한다(대판 2018. 12. 27, 2014두11601).

1) 광업권의 보상과 평가

가. 광업권의 의의   광업권이라 함은 광업법에 의하여 등록을 받은 일정한 토지의 구역, 즉 광구에서 등록한 광물과 이와 동일한 광상 중에 부존하는 다른 광물을 채굴하여 취득하는 권리를 말한다(광업법 제 5 조 제 1 항).

나. 광업권의 평가기준

(가) 광업권의 소멸에 관한 보상평가(시행규칙 제43조 제 1 항 및 광업법 시행규칙 제19조 제 1 항)

가) 조업중이거나 휴업중인 경우(광물생산실적이 있는 경우)   이 경우에는 장래 수익성을 참작한 광산평가액을 산정하고, 이전 또는 전용이 가능한 시설의 잔존가치를 뺀 금액에 이전비를 합산한다. 평가된 지역 외에서 당해 광산개발을 목적으로 취득한 토지·건물 등 부동산에 대한 보상은 토지보상법이 정하는 보상기준을 준용하여 평가하면 될 것이다.

나) 탐광에 착수하였거나 탐광실적을 인정받은 경우(및 채광계획인가를 받았으나 생산실적이 없는 경우)   당해 광산개발에 투자된 비용 및 현재 시설의 평가액에서 이전 또는 전용이 가능한 시설의 잔존가치를 뺀 금액에 이전비를 합산하여 평가한다.

다) 광업권자가 등록을 한 후 탐광에 착수하지 않거나 채광계획인가를 받지 않은 경우   광업권자가 등록을 한 후 탐광에 착수하지 않거나 채광계획인가를 받지 않은 경우에는 등록에 소요된 비용으로 평가한다.

(나) 휴업하는 경우의 보상평가   조업 중인 광산이 토지 등의 사용으로 인하여 휴업을 한 경우, 그 휴업으로 인한 광산의 손실은 휴업기간에 해당하는 영업이익을 기준으로 평가하여야 한다. 이 경우 영업이익은 최근 3년간의 연평균 영업이익을 기준으로 한다(시행규칙 제43조 제 2 항).

(다) 매장량의 부재로 휴업중인 광산의 보상 여부   매장량의 부재로 인하여 휴업중인 광산은 손실이 없는 것으로 보아 별도로 보상하지 아니한다(시행규칙 제43조 제 3 항).

다. 광업권 보상의 한계   광구나 갱구가 모두 사업용지에 편입되지 않고 광구의 일부가 수몰되거나 갱구만이 수몰되는 경우, 갱구는 사업용지 밖에 있으나 광구는 수몰지구에 편입되는 경우, 댐의 건설로 인하여 채광을 위한 교통로가 두절되는 경우 등의 경우에는 광업권자가 입은 손실의 범위를 확정하기 어려운 문제가 발생할 수 있다. 이러한 경우에도 구체적인 보상평가는 광종, 광구, 갱구, 당해 사업의 성격, 당해 사업의 시행으로 인하여 광업권자가 입은 손실의 범위 등을 고려하여 평가하여야 할 것이다.

2) 어업권 등의 보상과 평가
가. 어업권의 평가

(가) 개   설   어업권은 수산업법의 규정에 의해 면허를 받아 어업을 경영할 수 있는 권리를 말한다(제 2 조 제 6 호). 토지보상법은 어업권에 대한 보상을 규정하고 있으며, 어업권은 물권으로서 그 재산적 가치의 확실성이 인정되므로 보상의 대상이 된다.

(나) 어업의 종류 및 보상기준 시점

가) 어업의 종류

a. 면허어업   면허어업이란 일정한 수면에 한해서만 이를 행할 필요가 있는 어업에 대하여 특정인에게 면허하여 면허를 받은 자로 하여금 해당 어업을 하는 데에 방해가 되는 행위를 배제하고, 해당 수면을 독점하여 배타적으로 지배하도록 해 주는 것을 말한다. 정치망 어업이나 양식어업, 공동어업이 있다. 어업면허는 타인의 방해 없이 어업을 행할 수 있는 어업권을 설정해 주므로 특허의 성질을 갖는다.

b. 허가어업   허가어업이란 수산 동·식물의 번식 보호상 또는 어업질서를 유지하는 데 지장을 가져올 염려가 있어 이를 적절히 제한할 필요가 있는 경우에 자유로운 어업을 금지하였다가 일정한 경우 이를 해제하여 허가하는 어업을 말한다. 따라서 어업허가는 강학상 허가의 성질을 갖는다.

c. 신고어업   신고어업이란 면허어업 또는 허가어업 외의 어업으로서 소정의 어업을 하고자 하는 자가 시장, 군수 또는 자치구의 구청장에게 신고하고 하는 어업을 말한다. 수산업법 제44조 소정의 어업신고는 수리를 요하는 신고의 성질을 갖는다(대판 2000. 5. 26, 99다37382).

판례   **[1]** 공유수면에 대한 공공사업 시행으로 인한 손실보상 또는 손해배상을 청구할 수 있는 공유수면 어업자의 범위 및 공공사업에 의한 제한이 있는 상태에서 어업에 관한 허가 또는 신고가 이루어진 것인지를 판단하는 기준: 공유수면의 어업자에게 공공사업의 시행으로 인한 손실보상 또는 손해배상을 청구할 수 있는 피해가 발생하였다고 볼 수 있으려면 그 사업시행에 관한 면허 등의 고시일은 물론이고 사업시행 당시에도 적법한 면허어업자·허가어업자 또는 신고어업자로서 어업에 종사하고 있어야 한다. 위 사업시행의 면허 등 고시 이후에 비로소 이루어진 어업허가나 어업신고는 그 공유수면에 대한 공공사업의 시행과 이로 인한 허가 또는 신고어업의 제한이 이미 객관적으로 확정되어 있는 상태에서 그 제한을 전제로 한 것으로서, 그 이전에 어업허가 또는 신고를 마친 어업자와는 달리 위 공공사업이 시행됨으로써 그렇지 아니할 경우에 비하여 그 어업자가 얻을 수 있는 이익이 감소된다고 하더라도 손실보상의 대상이 되는 특별한 손실을 입게 되었다고 할 수 없으므로 이에 대하여는 손실보상 또는 손해배상을 청구할 수 없다. 그리고 어업에 관한 허가 또는 신고의 경우 그러한 공공사업에 의한 제한이 있는 상태에서 이루어진 것인지 여부는 당해 허가 또는 신고를 기준으로 하여야 하며, 그 이전에 받았으나 이미 유효기간이 만료한 어업허가 또는 신고를 기준으로 할 수는 없다. [2] 어업에 관한 허가 또는 신고의 경우 유효기간이 지나면 당연히 효력이 소멸하는지 여부(적극) 및 이 경우 다시 어업허가를 받거나 신고를 하더라도 종전 허가나 신고의 효력 등이 계속되는지 여부(소극): 어업에 관한 허가 또는 신고의 경우에는 어업면허와 달리 유효기간연장제도가 마련되어 있지 아니하므로 그 유효기간이 경과하면 그 허가나 신고의 효력이 당연히 소멸하며, 재차 허가를 받거나 신고를 하더라도 허가나 신고의 기간만 갱신되어 종전의 어업허가나 신고의 효력 또는 성질이 계속된다고 볼 수 없고 새로운 허가 내지 신고로서의 효력이 발생한다고 할 것이다. [3] 육상종묘생산어업을 하는 갑이 항만공사 실시계획이 공고된 후 종전 육상종묘생산어업신고의 유효기간이 만료되자 어업신고에 필요한 공유수면 점·사용허가를 신청하였으나 반려되어 신고어업권이 소멸하였는데, 이후 항만공사 시행으로 어업피해를 입었다며 국가에 공익사업을 위한 토지 등의 취득 및 보상에 관한 법률 등에 터잡아 손실보상금 지급을 구한 사안에서, 갑의 육상종묘생산어업은 손실보상 대상이 될 수 없다고 한 사례: 육상종묘생산어업을 하는 갑이 항만공사 실시계획이 공고된 후 종전 육상종묘생산어업신고의 유효기간이 만료되자 관할관청에 어업신고에 필요한 공유수면 점·사용허가를 신청하였으나 반려되어 신고어업권이 소멸하였는데, 이후 항만공사 시행으로 어업피해를 입었다며 국가에 공익사업을 위한 토지 등의 취득 및 보상에 관한 법률 등에 터잡아 손실보상금 지급을 구한 사안에서, 갑의 육상종묘생산어업신고는 항만공사 실시계획 공고 후 유효기간 만료로 효력이 당연히 소멸하였고, 유효기간 만료 후에 새로이 어업신고가 이루어졌다고 하더라도 이는 항만공사 시행과 그로 인한 신고어업 등의 제한이 이미 객관적으로 확정되어 있는 상태에서 그러한 제한을 전제로 이루어지는 것에 불과하여 항만공사 시행으로 인한 손실보상 대상이 되는 특별한 손실로 볼 수 없으며, 행정청이 공유수면 점·사용허가 신청을 반려한 것이 위법하거나 부당하다고도 할 수 없다는 이유로, 갑의 육상종묘생산어업은 관계 법령에 근거한 손실보상 대상이 될 수 없다고 한 사례(대판 2011. 7. 28, 2011두5728[손실보상금]).

나) 보상기준 시점   보상계획의 공고·통지(제15조) 또는 사업인정의 고시(제22조)가 있은 후에 어업권의 면허를 받은 자, 어업의 허가를 받은 자 또는 신고를 한 자는 손실보상의 대상이 되지 아니한다(시행규칙 제44조 제3항 및 제4항).

(다) 어업권의 평가기준

가) 재산권 보상

a. 면허어업   공익사업의 시행으로 인하여 어업권이 제한, 정지 또는 취소되거나 수산업법 제16조 또는 내수면어업법 제13조의 규정에 의한 어업면허의 유효기간의 연장이 허가되지 아니하는 경우, 당해 어업권 및 어선·어구 또는 시설물에 대한 손실의 평가는 수산업법 시행령 〈별표 4〉의 규정에 의한다(시행규칙 제44조 제1항).

b. 허가어업 또는 신고어업   면허어업에 대한 평가규정은 허가어업 및 신고어업에 대한 손실의 평가에 관하여 이를 준용한다(시행규칙 제44조 제4항). '준용한다'는 의미는 면허어업에 대한 평가기준과 같다는 의미가 아니라, 수산업법 시행령 〈별표 4〉의 규정에

따르는 것을 준용한다는 의미이다.

c. 관행 입어업권   수산업법은 법 제정 당시 경과규정을 두어 2년 이내 어업권 원부에 등록한 자에 한하여 관행 입어권을 인정하였다. 관행 입어권이란 마을어장에서 계속적으로 어업을 해 온 자에 주어지는 권리로, 배타적 사용권은 아니라고 본다. 이 경과조치에 대해 판례는 과도한 재산권의 침해가 아니므로 합헌으로 판시한 바 있다.

나) 생활보상적 보상

a. 무허가 어업   무허가 어업의 경우, 무허가 영업을 준용하여 도시근로자가구 월평균 가계지출비를 기준으로 산정한 3인 가구 3개월분 가계지출비에 해당하는 금액을 지급한다. 다만 동일 사업시행지구 내에서 가족 등이 보상받은 자는 그러하지 아니한다(시행규칙 제44조 제5항 및 제52조).

b. 이 어 비   어업보상을 받지 못하거나 과소한 경우 도시근로자 가구 평균 가계지출비의 1년치를 보상하거나, 차액을 이어비로서 지급한다(시행규칙 제56조).

c. 사업지구 밖의 어업의 피해에 대한 보상   공익사업의 시행으로 인하여 해당 공익사업시행지구 인근에 있는 어업에 피해가 발생한 경우 사업시행자는 실제 피해액을 확인할 수 있는 때에 그 피해에 대하여 보상하여야 한다. 이 경우 실제 피해액은 감소된 어획량 및 수산업법 시행령 〈별표 4의〉 평년수익액 등을 참작하여 평가한다(시행규칙 제63조 제1항).

나. 관행어업권 보상

(가) 개   설   어업이라 함은 수산 동·식물의 포획·채취 또는 양식하는 사업을 말하며 일반적으로 면허어업, 허가어업, 신고어업으로 분류된다. 관행어업권을 인정할 수 있는지에 대해 살펴보기 위하여는 수산업법에 대한 검토가 선행되어야 한다.

수산업법은 1990년 8월 1일 개정을 통하여 "'입어'라 함은 입어자가 마을어업의 어장에서 수산동식물을 포획·채취하는 것을, '입어자'라 함은 제44조 규정에 의하여 어업의 신고를 한 자로서 마을어업권이 설정되기 전부터 당해 수면에서 계속적으로 수산 동·식물을 포획·채취하여 온 사실이 대다수 사람들에게 인정되는 자 중 대통령령이 정하는 바에 의하여 어업권원부에 등록된 자를 말한다"(제2조 제7호)고 규정하고 있다. 또, 부칙 제11조 제2항은 "이 법 시행 당시 공동업의 어장 안에서 입어관행이 있는 것으로 인정되는 자로서 종전의 규정에 의하여 어업권원부에 입어자로 등록하지 아니한 자는 이 법 시행일로부터 2년 이내(1993. 2. 1)에 제16조의 규정에 의하여 어업권원부에 등록을 한 경우에 한하여 입어자로 본다"고 규정한다.

(나) 의의 및 법적 성질   관행어업권은 관습상 인정된 어업권으로서 관습상 인정된 공물사용권(公物使用權)의 하나이다.

(다) 인정범위

판례 1 관행어업권은 어떤 어업장에 대한 공동어업권 설정 이전부터 어업의 면허 없이 당해 어업장에서 오랫동안 계속하여 수산동식물을 채포(採捕)함으로써 그것이 대다수 사람들에게 일반적으로 시인될 정도에 이르게 되면, 당해 공유수면에 공동어업권이 설정되더라도 그 공동어업권자에게 주장하고 행사할 수 있을 뿐만 아니라 공동어업권이 설정되어 있지 아니한 경우라도 이를 침해하는 제 3 자에 대하여 그 배제를 청구하거나 그에 따른 손해배상을 청구할 수 있는 권리이기는 하나, 같은 법 제 8 조, 제24조에 의하여 공동어업 등의 면허에 의하여 인정되는 어업권과 같이 일정한 공유수면을 전용하면서 그 수면에서 배타적으로 수산동식물을 채포할 수 있는 독점적인 권리라기보다는 단지 타인의 방해를 받지 않고 일정한 공유수면에 출입하면서 수산동식물을 채포할 수 있는 권리에 지나지 않는 것이라고 할 것이므로, 이와 같은 관행어업권은 일정한 수면을 구획하여 그 수면의 바닥을 이용 또는 기타 시설을 하여 패류·해조류 등 수산동식물을 인위적으로 증식하는 양식어업이나 일정한 수면을 구획하는 어구를 정치(정치)하여 수산동물을 채포하는 정치어업에 관하여는 성립될 여지가 없다(대판 1999. 9. 3, 98다8790[손해배상(기)]).

판례 2 어선어업자들의 백사장 등에 대한 사용이 관행어업권에 기한 것으로 볼 수 있는지 여부(소극): 관행어업권은 일정한 공유수면에 대한 공동어업권 설정 이전부터 어업의 면허 없이 그 공유수면에서 오랫동안 계속 수산동식물을 포획 또는 채취하여 옴으로써 그것이 대다수 사람들에게 일반적으로 시인될 정도에 이른 경우에 인정되는 권리로서 이는 어디까지나 수산동식물이 서식하는 공유수면에 대하여 성립하고, 허가어업에 필요한 어선의 정박 또는 어구의 수리·보관을 위한 육상의 장소에는 성립할 여지가 없으므로, 어선어업자들의 백사장 등에 대한 사용은 공공용물의 일반사용에 의한 것일 뿐 관행어업권에 기한 것으로 볼 수 없다(대판 2002. 2. 26, 99다35300[손해배상(기)]).

(라) 1990년 8월 1일 수산업법의 개정과 관행어업권의 보상

가) 1990년 8월 1일 수산업법의 개정 이전의 관행어업권의 보상 일정한 공유수면에서의 관행에 따른 어업은 수산업법 제40조에 의하여 보호되는 이익으로서 그 이익은 공동어업권자에 대하여 주장하고 행사할 수 있을 뿐만 아니라 이를 다투는 제 3 자에 대해서는 그 배척을 청구하거나 그에 따른 손해배상을 청구할 수 있다.

나) 1990년 8월 1일 수산업법의 개정 이후의 관행어업권의 보상 1990년 8월 1일 수산업법이 개정되어 관행어업권자는 어업권원부에 등록하도록 하고(제 2 조 제10호), 이 법 시행일부터 2년 이내에 제16조의 규정에 의하여 어업권원부에 등록을 한 경우에 한하여 입어자(관행어업권자)로 인정하도록 하였다(부칙 제 5 조 제 2 항). 이에 따라 이 법 시행일부터 2년 이내에 어업권원부에 등록하지 않은 자는 관행어업권자로 보지 않고 공유수면매립에 따른 손실보상을 해 주지 않았다.

헌법재판소는 이들 규정이 재산권을 소급적으로 박탈하는 소급입법이 아니고, 과잉금지의 원칙에도 반하지 않는다고 결정하였다(헌재 전원재판부 1999. 7. 22, 97헌바76, 98헌바50·51·52·54·55(병합)).

판례 [1] 소급입법에 의한 재산권 박탈규정에 해당하는지: 소급입법은 새로운 입법으로 이미 종료된 사실관계 또는 법률관계에 작용케 하는 진정소급입법과 현재 진행중인 사실관계 또는 법률관계에

작용케 하는 부진정 소급입법으로 나눌 수 있는바, 부진정소급입법은 원칙적으로 허용되지만, 진정소급입법은 일반적으로 국민이 소급입법을 예상할 수 있었거나 법적 상태가 불확실하고 혼란스러워 보호할 만한 신뢰이익이 적은 경우와 소급입법에 의한 당사자의 손실이 없거나 아주 경미한 경우 그리고 신뢰보호의 요청에 우선하는 심히 중대한 공익상의 사유가 소급입법을 정당화하는 경우 등에는 예외적으로 허용된다. 이 사건 심판대상조항은 구 수산업법의 시행일 이전까지 존재하던 관행어업권에 관하여 규율하는바 없이 장래에 대하여 관행어업권의 행사방법에 관하여 규제할 뿐이므로 그 규정의 법적 효과가 시행일 이전의 시점에까지 미친다고 할 수 없다. 그리고 이 사건 심판대상조항은 종전의 수산업법에 의하여 인정되던 관행어업권을 일방적으로 박탈하는 것이 아니고, 일정한 기간 내에 등록만 하면 관행어업권을 인정하여 주는 것이므로 이를 가리켜 재산권을 소급적으로 박탈하는 규정이라고 할 수 없고, 다만 그 행사방법을 변경 내지 제한하는 규정이라고 할 것이다. [2] 신뢰보호의 원칙에 위배되는지 여부: 이 사건 심판대상조항으로 인하여 청구인들이 침해받은 신뢰이익은 등록에 관계없이 인정받던 권리를 등록하여야 하는 정도이고, 관행어업권을 등록함에 있어서 어떤 요건이 추가된 것도 아니며, 일단 등록을 마치면 종전부터 보유하고 있던 관행어업권자로서의 지위를 더욱 공고히 유지할 수 있게 되므로 관행어업권자들에게 일정 기간 내에 관행어업권의 등록을 요구하는 것이 불가능하거나 기대하기 어려운 무리한 행위 또는 무익한 행위를 요구하는 것으로 보기 힘들다. 따라서 이 사건 심판대상조항으로 인하여 관행어업권자들이 침해받은 신뢰이익이 이 사건 심판대상조항으로 달성하고자 하는 공익목적에 우선하여 보호되어야 할 정도로 중대한 것이라고 할 수 없으므로 이 사건 심판대상조항이 헌법상 신뢰보호의 원칙에 위배되는 것으로 볼 수 없다. [3] 과잉금지의 원칙에 위배되는지 여부: 이 사건 법률조항은 그 입법목적이 정당하고, 입법목적달성을 위하여 등록만을 하도록 요구하고 있으므로 그 방법도 적절하며, 종전의 관행어업권자들에게 구 수산업법 시행일로부터 2년 이내에 어업권원부에 등록을 하도록 함으로써 그 기간 내에 등록하지 아니한 관행어업권자의 관행어업권을 소멸하게 하는 것도 지나친 기본권 제한에 해당하지 아니한다. 또한 관행어업권자에게 관행어업권을 보존할 수 있는 충분한 시간과 기회를 부여한 후 관행어업권을 소멸시키는 것이어서 단순히 과거에 발생하였던 관행어업권을 무조건 소멸시키는 것과는 기본권의 침해에 있어서 차이가 있으므로 입법에 의하여 보호하려는 공공의 필요와 침해되는 기본권 사이의 균형성도 갖추었다(헌재 전원재판부 1999. 7. 22, 97헌바76, 98헌바50·51·52·54·55(병합)[구 수산업법 제 2 조 제 7 호 등 위헌소원]).

대법원도 부칙 제 5 조 제 2 항이 위헌이 아니라는 전제하에 어업권원부에 입어자로 등록하지 아니한 상태로 2년을 경과하면 관행어업권이 소멸된다고 본다.

판례   1990. 8. 1. 법률 제4252호로 전문 개정된 구 수산업법(1995. 12. 30. 법률 제5131호로 개정되기 전의 것)은 제 2 조 제 7 호에서 입어자의 정의 규정을 새로 두어 "입어자라 함은 제44조의 규정에 의하여 어업의 신고를 한 자로서 공동어업권이 설정되기 전부터 당해 수면에서 계속적으로 수산동식물을 포획·채취하여 온 사실이 대다수 사람들에게 인정되는 자 중 대통령령이 정하는 바에 의하여 어업권원부에 등록된 자를 말한다."라고 규정하고 있으므로, 같은 법 시행 후에 일정한 공유수면에서의 관행에 따른 어업을 권리로 새로 인정받기 위하여는 단순히 종전과 같이 당해 공유수면에서 계속적으로 수산동식물을 포획·채취하여 온 사실이 대다수 사람들에게 시인되는 것만으로는 부족하고, 같은 법 제44조에 의하여 어업의 신고를 하고 공동어업의 어업권원부에 입어에 관한 사항을 등록할 것을 요하게 된 것은 사실이나, 한편 같은 법 부칙 제11조 제 2 항은 "이 법 시행 당시 공동어업의 어장 안에서 입어 관행이 있는 것으로 인정되는 자로서 종전 규정에 의하여 어업권원부에 입어자로 등록하지 아니한 자는 이 법 시행일부터 2년 이내에 제16조의 규정에 의하여 어업권원부에 등록을 한 경우에 한하여 입어자로 본다."고 규정하여 종래의 관행어업권자의 지위에 대하여 경과규정을 따로 두고 있으므로, 종래의 관행어업권자는 같은 법 규정에도 불구하고 그 시행일로부터 2년 동안은 어업의 신고나 어업권원부에의 등록 없이도 종전의 권리를 그대로 유지할 수 있으며, 어업권원부에 입어자로 등록하지 아니한 상태로 2년을 경과하면 그 때 비로소 같은 법에 의한 관행어업권으로 인정될 여지가 더 이상 없게 되어 그 권리가 소멸될 뿐이다(대판 2000. 5. 26, 99다37382; 2010. 12. 9, 2007두6571[손실보상재결 신청기각결정취소등]).

다) 문 제 점   동일한 마을어장을 이용함에 있어 어업권자인 당해 수협 내지 당해 어촌계 구성원의 경우에는 마을어업권의 행사로 되어 구성원의 자격만으로도 충분하나 거주지를 달리하여 당해 어업인 단체의 구성원이 되지 못한 자는 어업권어업과는 전혀 별개의 신고 및 등록이라는 행정절차를 밟도록 한 것은 논리상의 일관성 내지 합리성이 결여되었다고 보아야 할 것이다.

관습상 공물사용권은 배타적 권리인 특별사용권과 유사한 성질을 갖는다. 다만, 관습상 공물사용권은 절대로 배타적인 권리는 아니다. 관습상 공물사용권은 공물의 정상적인 사용에 따른 제약을 받는다. 따라서, 공물에 대한 자유사용이나 신규의 특허사용에 의해 관습상 공물사용권이 제약을 받는다고 하더라도 그 제약이 관습상 공물사용권에 대한 중대한 침해가 되지 않는 한 이를 권리침해라고 할 수 없다.

또한, 관습상 공물사용권은 공물사용에 관한 법질서를 적정하게 수립하기 위하여 법령에 의해 제한될 수 있다. 그러나, 이 경우에도 관습상 공물사용권을 보호하는 장치가 마련되어야 한다. 예를 들면, 관습상 공물사용권을 특허사용권으로 대체하여 주는 것으로 규정하는 것이 가능하고, 법령에 의한 관습상 공물사용권의 제한이 특별한 희생이 되는 경우 손실보상을 해 주어야 한다.

라) 결어: 판례에 대한 비판   관습상 관행어업권도 권리이므로 공익을 위해 권리를 수용하거나 박탈할 필요가 있는 경우에 한하여 법률의 근거하에 가능한 것이며 이 경우에도 손실보상을 해 주어야 한다. 따라서, 위의 개정수산업의 규정이 시행일부터 2년 이내에 어업권원부에 등록하지 않은 자는 관행어업권자로 보지 않고 공유수면매립에 따른 손실보상을 해 주지 않으려는 것을 내용으로 한다면 그 규정은 재산권을 침해하는 것으로 위헌이라고 보아야 한다. 그리고, 그 규정의 입법목적(불법어업으로 인한 폐해를 방지하고 불법어업자의 무분별한 관행어업권의 주장을 배제하여 어업질서를 확립하기 위한 것)을 달성하기 위하여 등록하지 않은 관습상 관행어업권을 상실시키도록 한 것은 비례의 원칙에 반한다고 보아야 한다. 입법론으로는 등록한 관행어업권자에게 일정한 혜택을 주고, 등록하지 않은 자에 대하여도 관습상 관행어업권을 입증하면 이를 인정하여 주는 것이 타당할 것이다.

(4) 영업손실의 보상 [2007 감평 사례]

영업을 폐지하거나 휴업함에 따른 영업손실에 대하여는 영업이익과 시설의 이전비용 등을 참작하여 보상하여야 한다(제77조 제 1 항).

1) 의   의

영업손실의 보상이란 공익사업의 시행으로 인하여 시행지구 안에서 행하고 있는 영업의 폐업·휴업에 따른 손실을 보상하는 것으로 영업보상은 현재의 재산적 가치를 보상하는 것이 아니라 그 영업에서 발생하는 소득 또는 이익이 장래에도 계속 유지될 것임을 전제로 하여 일정기간 동안의 합리적 기대이익의 상실에 대한 보상으로 일실손실보상의 하나로 볼 수 있다.

토지보상법 제77조가 규정하고 있는 '영업손실'이란 수용의 대상이 된 토지·건물 등을 이용하여 영업을 하다가 그 토지·건물 등이 수용됨으로 인하여 영업을 할 수 없거나 제한을 받게 됨으로 인하여 생기는 직접적인 손실, 즉 수용손실을 말하는 것이며 후술하는 간접손실인 영업손실과 구별되어야 한다. 그리고, 판례에 따르면 영업을 하기 위하여 투자한 비용이나 그 영업을 통하여 얻을 것으로 기대되는 이익에 대한 손실은 영업손실보상의 대상이 될 수 없다(대판 2006. 1. 27, 2003두13106). 또한, 수용재결 이전의 사업인정고시 등 절차의 진행으로 입은 영업상의 손실은 수용으로 인한 영업손실보상의 대상이 될 수 없다(대판 2005. 7. 29, 2003두2311[토지수용이의재결취소 등]).

2) 법적 근거 및 성격

가. 법적 근거   실정법적 근거로는 정당보상을 천명하고 있는 헌법 제23조 제 3 항과 토지보상법 제77조, 시행규칙 제45조 내지 제47조와 제51조 및 제52조 등을 들 수 있으며, 생활보상의 내용에 관하여는 사회권적 기본조항인 헌법 제34조를 아울러 근거로 삼을 수 있다.

나. 성   격   생활보상을 재산권보상으로 메꾸어지지 아니한 손실에 대한 보상으로 보아 협의의 개념으로 이해할 때, 부대적 손실보상은 재산권보상에 해당되는바, 영업의 폐지·휴업에 따른 보상, 휴직·실직보상 등은 부대적 손실보상으로서 재산권 보상에 포함되며, 개인영업의 최저한도보상, 무허가영업의 폐지에 따른 주거이전비, 영업의 간접보상 등은 생활보상의 한 내용으로 볼 수 있다.

3) 영업손실의 보상대상인 영업

영업손실을 보상하여야 하는 영업은 사업인정고시일 등 전부터 적법한 장소(무허가건축물등, 불법형질변경토지, 그 밖에 다른 법령에서 물건을 쌓아놓는 행위가 금지되는 장소가 아닌 곳을 말한다)에서 인적·물적시설을 갖추고 계속적으로 행하고 있는 영업을 말한다. 다만, 무허가건축물 등에서 임차인이 영업하는 경우에는 그 임차인이 사업인정고시일 등 1년 이전부터 『부가가치세법』 제 5 조에 따른 사업자등록을 하고 행하고 있는 영업을 말한다. 또한 영업을 행함에 있어서 관계법령에 의한 허가 등을 필요로 하는 경우에는 사업인정고시일등 전에 허가 등을 받아 그 내용대로 행하고 있는 영업을 대상으로 한다(시행규칙 제45조).

토지보상법 제67조 제 1 항은 공익사업의 시행으로 인한 손실보상액의 산정은 협의에 의한 경우에는 협의성립 당시의 가격을, 재결에 의한 경우에는 수용 또는 사용의 재결 당시의 가격을 기준으로 한다고 규정하므로, 토지보상법 시행규칙 제45조 제 1 호에서 말하는 '적법한 장소(무허가 건축물 등, 불법형질변경토지, 그 밖에 다른 법령에서 물건을 쌓아놓는 행위가 금지되는 장소가 아닌 곳을 말한다)에서 인적·물적시설을 갖추고 계속적으로 행하고 있는 영업'에 해당하는지 여부는 협의성립, 수용재결 또는 사용재결 당시를 기준으로 판단하여야 한다(대판 2010. 9. 9, 2010두11641). 따라서, 사업인정고시일 당시에는 영업을 하고 있었더라도 수용재결 또는 사용재결 당시에는 영업을 하고 있지 않은 경우에는 영업손실의 보상대상이 되지 못한다. 그러나, 사업인정고시일 당시 보상(영업보상 및 지장물 보상)대상에 해당한다면 그 후 사업지구 내 다른 토지로 영업장소가 이전되었더라도 손실보상의 대상이 된다(대판 2012. 12. 27, 2011두27827).

판례1　영업손실의 보상대상인 영업을 정한 공익사업을 위한 토지 등의 취득 및 보상에 관한 법률 시행규칙 제45조 제 1 호에서 말하는 '적법한 장소에서 인적·물적 시설을 갖추고 계속적으로 행하고 있는 영업'에 해당하는지 여부의 판단 기준 시기: 공익사업을 위한 토지 등의 취득 및 보상에 관한 법률 제67조 제 1 항은 공익사업의 시행으로 인한 손실보상액의 산정은 협의에 의한 경우에는 협의성립 당시의 가격을, 재결에 의한 경우에는 수용 또는 사용의 재결 당시의 가격을 기준으로 한다고 규정하므로, 위 법 제77조 제 4 항의 위임에 따라 영업손실의 보상대상인 영업을 정한 같은 법 시행규칙 제45조 제 1 호에서 말하는 '적법한 장소(무허가 건축물 등, 불법형질변경토지, 그 밖에 다른 법령에서 물건을 쌓아놓는 행위가 금지되는 장소가 아닌 곳을 말한다)에서 인적·물적 시설을 갖추고 계속적으로 행하고 있는 영업'에 해당하는지 여부는 협의성립, 수용재결 또는 사용재결 당시를 기준으로 판단하여야 한다(대판 2010. 9. 9, 2010두11641[영업손실보상거부처분취소]).

판례2　국민임대주택단지조성사업 예정지구로 지정된 장터에서 토지를 임차하여 앵글과 천막구조의 가설물을 설치하고 영업신고 없이 5일장이 서는 날에 정기적으로 국수와 순대국 등을 판매하는 음식업을 영위한 甲 등이 구 공익사업을 위한 토지 등의 취득 및 보상에 관한 법률 시행규칙 제52조 제 1 항에 따른 영업손실보상의 대상이 되는지 문제된 사안에서, 영업의 계속성과 영업시설의 고정성을 인정할 수 있다는 이유로, 甲 등이 위 규정에서 정한 허가 등을 받지 아니한 영업손실보상대상자에 해당한다고 본 원심판단을 정당하다고 한 사례(대판 2012. 3. 15, 2010두26513[토지수용재결처분취소]).

판례3　[1] 일반지방산업단지 조성사업의 사업인정고시일 당시 사업지구 내에서 제재목과 합판 등 제조·판매업을 영위해 오다가 사업인정고시일 이후 사업지구 내 다른 곳으로 영업장소를 이전하여 영업을 하던 甲이 영업보상 등을 요구하면서 수용재결을 청구하였으나 관할 토지수용위원회가 甲의 영업장은 임대기간이 종료되어 이전한 것이지 공익사업의 시행으로 손실이 발생한 것이 아니라는 이유로 甲의 청구를 기각한 사안에서, 사업인정고시일 당시 보상대상에 해당한다면 그 후 사업지구 내 다른 토지로 영업장소가 이전되었더라도 손실보상의 대상이 된다고 본 원심판단을 정당하다고 한 사례. [2] 공익사업을 위한 토지 등의 취득 및 보상에 관한 법률 제77조 등에서 정한 영업의 손실 등에 대한 보상과 관련하여 사업인정고시일 이후 영업장소 등이 이전되어 수용재결 당시에는 해당 토지 위에 영업시설 등이 존재하지 않게 된 경우, 사업인정고시일 이전부터 해당 토지 상에서 영업을 해 왔고 당시 영업시설 등이 존재하였다는 점에 관한 증명책임의 소재(대판2012. 12. 27, 2011두27827[손실보상금청구]).

판례4　[1] 영업손실 보상대상인 영업에 관한 구 공익사업을 위한 토지 등의 취득 및 보상에 관한 법률 시행규칙 제45조 제 2 호의 해석 방법: 모든 국민의 재산권은 보장되고, 공공필요에 의한 재산권의 수용 등에 대하여는 정당한 보상을 지급하여야 하는 것이 우리 헌법의 원칙이다(헌법 제23조). 그에 따라 공익사업을 위한 필요에 의하여 영업시설 등이 수용되는 경우에는 그 영업의 폐지 등에 따른 영업손실도 당연히 보상의 대상이 되고, 법률도 그런 취지에서 보상의 기준 등에 관한 상세한 규정을 마련해 두거나 하위법령에 세부사항을 정하도록 위임하고 있다[2007. 10. 17. 법률 제8665호로 개정되기 전의 구 공익사업을 위한 토지 등의 취득 및 보상에 관한 법률(이하 '구 공익사업법'이라 한다) 제77조 등]. 그런데 구 공익사업법의 위임에 의한 그 시행규칙(2007. 4. 12. 건설교통부령 제556호로 개정되기 전의 것, 이하 '구 공익사업법 시행규칙'이라 한다) 제45조는, 영업손실의 보상대상인 영업은 "관계 법령에 의한 허가·면허·신고 등을 필요로 하는 경우에는 허가 등을 받아 그 내용대로 행하고 있는 영업"에 해당하여야 한다고 규정하고 있다(제 2 호). 이는 <u>위법한 영업은 보상대상에서 제외한다는 의미로서 그 자체로 헌법에서 보장한 '정당한 보상의 원칙'에 배치된다고 할 것은 아니다. 다만 영업의 종류에 따라서는 관련 행정법규에서 일정한 사항을 신고하도록 규정하고는 있지만 그러한 신고를 하도록 한 목적이나 관련 규정의 체제 및 내용 등에 비추어 볼 때 신고를 하지 않았다고 하여 영업 자체가 위법성을 가진다고 평가할 것은 아닌 경우도 적지 않고, 이러한 경우라면 신고 등을 하지 않았다고 하더라도 그 영업손실 등에 대해서는 보상을 하는 것이 헌법상 정당보상의 원칙에 합치하므로, 위 구 공익사업법 시행규칙의 규정은 그러한 한도에서만 적용되는 것으로 제한하여 새겨야 한다.</u> [2] 체육시설업의 영업주체가 영업시설의 양도나 임대 등에 의하여 변경되었으나 그에 관한 신고를 하지 않은 채 영업을 하던 중에 공익사업으로 영업을 폐지 또는 휴업하게 된 경우, 그 임차인 등의 영업이 보상대상에서 제외되는 위법한 영업인지 여부(소극): 구 체육시설의 설치·이용에 관한 법률(2007. 4. 6. 법률 제8338호로 개정되기 전의 것, 이하 '구 체육시설법'이라 한다) 제10조, 제22조, 구 체육시설의 설치·이용에 관한 법률 시행규칙(2007. 11. 26. 문화관광부령 제174호로 개정되기 전의 것) 제25조 제 1 호, 제 4 호 등 관련 규정의 내용과 체계 등을 종합해 보면, 자기 소유의 부동산에 체육시설을 설치하여 체육시설업을 하던 사람으로부터 그 시설을 임차하여 체육시설업을 하려는 사람은 임대계약서 등을 첨부하여 운영주체의 변경사실을 신고하여야 한다. 그런데 구 체육시설법 관련 법령을 두루 살펴보면 시설기준 등에 관해서는 상세한 규정을 두고 그 기준에 맞는 시설을 갖추어서 체육시설업 신고를 하도록 하고 있지만, 체육시설의 운영주체에 관하여 자격기준 등을 따로 제한한 것은 보이지 않고, 신고 절차에서도 운영주체에 관하여 심사할 수 있는 등의 근거 규정은 전혀 없다. 오히려 기존 체육시설업자가 영업을 양도하거나 법인의 합병 등으로 운영주체가 변경되는 경우에도 그로 인한 체육시설업의 승계는 당연히 인정되는 전제에서 사업계획이나 회원과의 약정사항을 승계하는 데 대한 규정만을 두고 있을 뿐이다(구 체육시설법 제30조). 이러한 규정 형식과 내용 등으로 보면, <u>체육시설업의 영업주체가 영업시설의 양도나 임대 등에 의하여 변경되었음에도 그에 관한 신고를 하지 않은 채 영업을 하던 중에 공익사업으로 영업을 폐지 또는 휴업하게 된 경우라 하더라도, 그 임차인 등의 영업을 보상대상에서 제외되는 위법한 영업이라고 할 것은 아니다. 따라서 그로 인한 영업손실에 대해서는 법령에 따른 정당한 보상이 이루어져야 마땅하다.</u> [3] 구 공익사업을 위한 토지 등의 취득 및 보상에 관한 법률 시행규칙 제45조 제 1 호에서 영업손실보상의 대상으로 정한 영업에 '매년 일정한 계절이나 일정한 기간 동안에만 인적·물적시설을 갖추어 영리를 목적으로 영업을 하는 경우'가 포함되는지 여부(적극): 구 공익사업을 위한 토지 등의 취득 및 보상에 관한 법률 시행규칙(2007. 4. 12. 건설교통부령 제556호로 개정되기 전의 것) 제45조 제 1 호는 '사업인정고시일 등 전부터 일정한 장소에서 인적·물적시설을 갖추고 계속적으로 영리를 목적으로 행하고 있는 영업'을 영업손실보상의 대상으로 규정하고 있는데, 여기에는 매년 일정한 계절이나 일정한 기간 동안에만 인적·물적시설을 갖추어 영리를 목적으로 영업을 하는 경우도 포함된다고 보는 것이 타당하다(대판 2012. 12. 13, 2010두12842[보상금]).

> **판례 5** 중앙토지수용위원회가 생태하천조성사업에 편입되는 토지 상의 무허가건축물에서 축산업을 영위하는 甲에 대하여 공익사업을 위한 토지 등의 취득 및 보상에 관한 법률 시행규칙 제45조 제 1 호에 따라 영업손실을 인정하지 않는 내용의 수용재결을 한 사안에서, 위 조항이 공익사업을 위한 토지 등의 취득 및 보상에 관한 법률의 위임 범위를 벗어나거나 정당한 보상의 원칙에 위배된다고 하기 어렵다고 본 원심판단을 정당하다고 한 사례: 중앙토지수용위원회가 생태하천조성사업에 편입되는 토지 상의 무허가건축물에서 축산업을 영위하는 甲에 대하여 공익사업을 위한 토지 등의 취득 및 보상에 관

한 법률 시행규칙 제45조 제 1 호(이하 '위 규칙 조항'이라 한다)에 따라 영업손실을 인정하지 않는 내용의 수용재결을 한 사안에서, ① 무허가건축물을 사업장으로 이용하는 경우 사업장을 통해 이익을 얻으면서도 영업과 관련하여 해당 사업장에 부과되는 행정규제의 탈피 또는 영업을 통하여 얻는 이익에 대한 조세 회피 등 여러 가지 불법행위를 저지를 가능성이 큰 점, ② 건축법상의 허가절차를 밟을 경우 관계 법령에 따라 불허되거나 규모가 축소되었을 건물에서 건축허가를 받지 않은 채 영업을 하여 법적 제한을 넘어선 규모의 영업을 하고도 그로 인한 손실 전부를 영업손실로 보상받는 것은 불합리한 점 등에 비추어 보면, 위 규칙 조항이 '영업'의 개념에 '적법한 장소에서 운영될 것'이라는 요소를 포함하고 있다고 하여 공익사업을 위한 토지 등의 취득 및 보상에 관한 법률의 위임 범위를 벗어났다거나 정당한 보상의 원칙에 위배된다고 하기 어렵다고 본 원심판단을 정당한 것으로 수긍한 사례(대판 2014. 3. 27, 2013두25863[수용보상금증액]).

4) 재산권 보상
가. 영업의 폐지에 대한 손실의 평가
(가) 영업폐지의 의의   영업의 폐지라 함은 배후지의 특성, 허가관계, 이전비 과다, 법령에 의한 장소지정 및 구역한정 등으로 당해 장소에서 이전하여서는 해당 영업을 할 수 없게 되어 영업을 그만두게 되는 것을 말한다.

(나) 영업의 폐지의 요건   영업의 폐지는 영업장소 또는 배후지(당해 영업의 고객이 소재하는 지역을 말한다)의 특수성으로 인하여 당해 영업소가 소재하고 있는 시·군·구(자치구를 말한다) 또는 인접하고 있는 시·군·구의 지역 안의 다른 장소에 이전하여서는 당해 영업을 할 수 없는 경우와 당해 영업소가 소재하고 있는 시·군·구 또는 인접하고 있는 시·군·구의 지역 안의 다른 장소에서는 당해 영업의 허가 등을 받을 수 없는 경우 및 도축장 등 악취 등이 심하여 인근주민에게 혐오감을 주는 영업시설로서 해당 영업소가 소재하고 있는 시·군·구 또는 인접하고 있는 시·군·구의 지역 안의 다른 장소로 이전하는 것이 현저히 곤란하다고 특별자치도지사·시장·군수 또는 구청장(자치구의 구청장을 말한다)이 객관적인 사실에 근거하여 인정하는 경우에 해당하여야 한다(시행규칙 제46조 제 2 항).

> **판례**   영업의 폐지로 볼 것인지 아니면 영업의 휴업으로 볼 것인지를 구별하는 기준은 당해 영업을 그 영업소 소재지나 인접 시·군 또는 구 지역 안의 다른 장소로 이전하는 것이 가능한지 여부에 달려 있고, 이러한 이전 가능성 여부는 법령상의 이전 장애사유 유무와 당해 영업의 종류와 특성, 영업시설의 규모, 인접지역의 현황과 특성, 그 이전을 위하여 당사자가 들인 노력 등과 인근 주민들의 이전 반대 등과 같은 사실상의 이전 장애사유 유무 등을 종합하여 판단하여야 한다(대판 2005. 9. 15, 2004두14649; 2001. 11. 13, 2000두1003[토지수용이의재결처분취소]).

(다) 보상평가기준
가) 일반적 기준   공익사업의 시행으로 인하여 영업을 폐지하는 경우의 영업손실은 2년간의 영업이익(개인영업인 경우에는 소득을 말한다)에 영업용 고정자산·원재료·제품 및 상품 등의 매각손실액을 더한 금액으로 평가한다(시행규칙 제46조 제 1 항).

나) 영업이익의 산정　　폐지하는 영업의 이익은 당해 영업의 최근 3년간의 평균 영업이익을 기준으로 하여 이를 평가하되, 공익사업의 계획 또는 시행이 공고 또는 고시됨으로 인하여 영업이익이 감소된 경우에는 당해 공고 또는 고시일 전부터 3년간의 평균 영업이익을 기준으로 평가한다. 개인영업의 경우 최근 3년간의 영업이익의 산술평균치가 제조부문 보통인부의 노임단가×25(일)×12(월)로 산정된 연간영업이익에 미달하는 경우에는 연간평균이익을 기준으로 평가한다(시행규칙 제46조 제 3 항).

(라) 동일영업을 하는 경우　　사업시행자는 영업자가 영업의 폐지 후 2년 이내에 해당 영업소가 소재하고 있는 시·군·구 또는 인접하고 있는 시·군·구의 지역 안에서 동일한 영업을 하는 경우에는 영업의 폐지에 대한 보상금을 환수하고 영업의 휴업 등에 대한 손실을 보상하여야 한다(시행규칙 제46조 제 4 항).

나. 휴업손실보상

(가) 휴업의 의의　　휴업이란 폐업하여야 할 정도는 아니나 공공사업으로 인하여 일정기간 영업을 할 수 없는 경우를 말하거나, 다른 장소로 이전하는 기간 동안 영업을 할 수 없는 경우 등을 말한다.

(나) 이전하는 영업의 휴업보상　　공익사업의 시행으로 인하여 영업장소를 이전하여야 하는 경우의 영업손실은 휴업기간에 해당하는 영업이익에 휴업기간중의 영업용 자산에 대한 감가상각비·유지관리비, 휴업기간중에도 정상적으로 근무하여야 하는 최소인원에 대한 인건비 등 고정적 비용, 영업시설·원재료·제품 및 상품의 이전에 소요되는 비용 및 그 이전에 따른 감손상당액과 이전광고비 및 개업비 등 영업장소를 이전함으로 인하여 소요되는 부대비용을 더한 금액으로 평가한다(시행규칙 제47조 제 1 항).

이 경우 휴업기간은 4개월 이내로 한다. 다만, 다음의 어느 하나에 해당하는 경우에는 실제 휴업기간으로 하되, 그 휴업기간은 2년을 초과할 수 없다.

가) 당해 공익사업을 위한 영업의 금지 또는 제한으로 인하여 4개월 이상의 기간동안 영업을 할 수 없는 경우

나) 영업시설의 규모가 크거나 이전에 고도의 정밀성을 요구하는 등 당해 영업의 고유한 특수성으로 인하여 4개월 이내에 다른 장소로 이전하는 것이 어렵다고 객관적으로 인정되는 경우(시행규칙 제47조 제 2 항).

(다) 시설보수 등에 따른 휴업보상　　공익사업에 영업시설의 일부가 편입됨으로 인하여 잔여시설에 그 시설을 새로이 설치하거나 잔여시설을 보수하지 아니하고는 그 영업을 계속할 수 없는 경우의 영업손실 및 영업규모의 축소에 따른 영업손실은 ① 해당 시설의 설치에 소요되는 기간의 영업이익 및 설치에 소요되는 비용, ② 고정자산·원재료 등의 매각손실액을 더한 금액으로 평가한다(시행규칙 제47조 제 3 항).

> **판례**   사업시행자가 동일한 토지소유자에 속하는 일단의 토지 일부를 취득함으로 인하여 잔여지의 가격이 감소하거나 그 밖의 손실이 있을 때 등에는 잔여지를 종래의 목적으로 사용하는 것이 가능한 경우라도 잔여지손실보상의 대상이 되며, 잔여지를 종래의 목적에 사용하는 것이 불가능하거나 현저히 곤란한 경우이어야만 잔여지 손실보상청구를 할 수 있는 것이 아니다. 마찬가지로 잔여 영업시설 손실보상의 요건인 "공익사업에 영업시설의 일부가 편입됨으로 인하여 잔여시설에 그 시설을 새로이 설치하거나 잔여시설을 보수하지 아니하고는 그 영업을 계속할 수 없는 경우"란 잔여 영업시설에 시설을 새로이 설치하거나 잔여영업시설을 보수하지 아니하고는 그 영업이 전부 불가능하거나 곤란하게 되는 경우만을 의미하는 것이 아니라, 공익사업에 영업시설 일부가 편입됨으로써 잔여 영업시설의 운영에 일정한 지장이 초래되고, 이에 따라 종전처럼 정상적인 영업을 계속하기 위해서는 잔여 영업시설에 시설을 새로 설치하거나 잔여영업시설을 보수할 필요가 있는 경우도 포함된다고 해석함이 타당하다(대판 2018. 11. 29, 2018두51911).

(라) 임시영업소의 설치비   영업을 휴업하지 아니하고 임시영업소를 설치하여 영업을 계속하는 경우의 영업손실은 임시영업소의 설치비용으로 평가한다. 이 경우 보상액은 휴업보상 평가액을 초과하지 못한다(시행규칙 제47조 제4항).

다. 영업의 폐지·휴업으로 인한 휴직·실직보상

(가) 의   의   사업시행자는 사업인정고시일 등 현재 당해 지역 안의 사업장에서 3개월 이상 근무한 근로자에 대하여 소득세가 원천징수된 자에 한하여 영업의 폐지·휴업 또는 규모축소로 휴업 또는 폐업하게 되는 경우 휴직·실직보상을 행한다.

이는 공공사업으로 인해 사용자에게 전혀 귀책사유 없이 휴직·실직되는 것이므로 이에 대한 근로자의 전직·휴직기간중의 손실을 사업시행자가 보상하는 것이 생활안정적 측면 또는 형평의 원칙에 적합한 것이라 할 수 있다.

(나) 보상의 성격   이는 전업·휴업기간중에 얻을 수 있는 합리적 기대이익의 상실에 대한 보상으로 예견이 가능하고, 개별적으로 구체화할 수 있는 재산상의 손실이므로, 재산권보상 개념을 부대적 손실까지 포함하는 광의의 개념으로 파악할 때 재산권 보상으로서의 일실손실보상에 해당한다.

(다) 대   상   사업인정고시일 등 당시 공익사업시행지구 안의 사업장에서 3월 이상 근무한 근로자(소득세법에 의한 소득세원천징수자에 한함)를 대상으로 한다(시행규칙 제51조 제1항).

(라) 휴직보상   공익사업의 시행으로 인한 근로장소의 이전으로 인하여 일정기간 휴직을 하게 된 경우에는 휴직일수(휴직일수가 120일을 넘는 경우에는 120일로 본다)에 『근로기준법』에 의한 평균임금의 70퍼센트에 해당하는 금액을 곱한 금액. 다만, 평균임금의 70퍼센트에 해당하는 금액이 『근로기준법』에 의한 통상임금을 초과하는 경우에는 통상임금을 기준으로 한다(시행규칙 제51조 제1호).

(마) 실직보상   공익사업의 시행으로 인한 근로장소의 폐지 등으로 인하여 직업을 상실하게 된 경우에는 『근로기준법』에 의한 평균임금의 120일분에 해당하는 금액을 기준

으로 한다(시행규칙 제51조 제2호).

(바) 문 제 점   실직보상에 있어서 실직된 근로자의 재취직이 자유롭다고 보고 있으나, 현실적으로는 실직된 근로자의 재취직이 어려운 실정이다. 따라서 고용알선, 직업알선 등의 생활재건조치에 관한 규정의 구체적인 입법화가 요구된다.

5) 생활권보상적 영업보상

가. 무허가 영업에 대한 보상(허가 등을 받지 아니한 영업손실보상)   사업인정고시일등 전부터 허가 등을 받아야 행할 수 있는 영업을 허가 등이 없이 행하여 온 자가 공익사업의 시행으로 인하여 적법한 장소에서 영업을 계속할 수 없게 된 경우에는 도시근로자가구 월평균 가계지출비를 기준으로 산정한 3인 가구 3개월분 가계지출비에 해당하는 금액을 영업손실에 대한 보상금으로 지급하되, 영업시설·원재료·제품 및 상품의 이전에 소요되는 비용 및 그 이전에 따른 감손상당액은 별도로 보상한다. 다만, 본인 또는 생계를 같이 하는 동일 세대 안의 직계존속·비속 및 배우자가 해당 공익사업으로 다른 영업에 대한 보상을 받은 경우에는 영업시설 등의 이전비용만을 보상하여야 한다(시행규칙 제52조).

나. 영업의 간접보상   공익사업시행지구 밖에서 영업손실의 보상대상이 되는 영업을 하고 있는 자가 공익사업의 시행으로 인하여 배후지의 3분의 2 이상이 상실되어 그 장소에서 영업을 계속할 수 없거나 진출입로의 단절 및 그 밖의 부득이한 사유로 인하여 일정한 기간 동안 휴업하는 것이 불가피한 경우에는 그 영업자의 청구에 의하여 당해 영업을 공익사업시행지구에 편입되는 것으로 보아 보상하여야 한다.

사업시행자는 영업자가 보상을 받은 이후에 그 영업장소에서 영업이익을 보상받은 기간 이내에 동일한 영업을 하는 경우에는 실제 휴업기간에 대한 보상금을 제외한 영업손실에 대한 보상금을 환수하여야 한다(시행규칙 제64조).

다. 최저 영업이익 보상   영업이익은 해당 영업의 최근 3년간(특별한 사정으로 인하여 정상적인 영업이 이루어지지 아니한 연도를 제외한다)의 평균 영업이익을 기준으로 하여 이를 평가하되, 공익사업의 계획 또는 시행이 공고 또는 고시됨으로 인하여 영업이익이 감소된 경우에는 당해 공고 또는 고시일 전 3년간의 평균 영업이익을 기준으로 평가한다. 이 경우 개인영업으로서 최근 3년간의 평균 영업이익이 제조부문 보통인부의 노임단가×25(일)×12(월)로 산정된 연간 영업이익에 미달하는 경우에는 그 연간 영업이익을 최근 3년간의 평균 영업이익으로 본다(시행규칙 제46조 제3항).

6) 관련문제

가. 도시계획시설사업의 집행계획이 공고된 토지에 건축된 가설건축물에서의 영업이 보상대상에 포함되는지 여부

판례 구 도시계획법(2000. 1. 28. 법률 제6243호로 전문 개정되기 전의 것) 제14조의2 제 4 항의 규정은 도시계획시설사업의 집행계획이 공고된 토지에 대하여 건축물을 건축하고자 하는 자는 장차 도시계획사업이 시행될 때에는 건축한 건축물을 철거하는 등 원상회복의무가 있다는 점을 이미 알고 있으므로 건축물의 한시적 이용 및 원상회복에 따른 경제성 기타 이해득실을 형량하여 건축 여부를 결정할 수 있도록 한 것으로서, 이러한 사실을 알면서도 건축물을 건축하였다면 스스로 원상회복의무의 부담을 감수한 것이므로 도시계획사업을 시행함에 있어 무상으로 당해 건축물의 원상회복을 명하는 것이 과도한 침해라거나 특별한 희생이라고 볼 수 없다. 그러므로 토지소유자는 도시계획사업이 시행될 때까지 가설건축물을 건축하여 한시적으로 사용할 수 있는 대신 도시계획사업이 시행될 경우에는 자신의 비용으로 그 가설건축물을 철거하여야 할 의무를 부담할 뿐 아니라 가설건축물의 철거에 따른 손실보상을 청구할 수 없고, 보상을 청구할 수 없는 손실에는 가설건축물 자체의 철거에 따른 손실뿐만 아니라 가설건축물의 철거에 따른 영업손실도 포함된다고 할 것이며, 소유자가 그 손실보상을 청구할 수 없는 이상 그의 가설건축물의 이용권능에 터잡은 임차인 역시 그 가설건축물의 철거에 따른 영업손실의 보상을 청구할 수는 없다(대판 2001. 8. 24, 2001다7209[영업보상금]).

나. 무허가건축물 등에서 행하는 영업이 보상대상인지 여부　　무허가건축물 등에서 행하는 영업이 보상대상에 해당되는지에 대해서 견해의 대립이 있었으나, 현행 토지보상법 시행규칙 제45조 제 1 호 단서에서 "무허가건축물 등에서 임차인이 영업하는 경우에는 그 임차인이 사업인정고시일 등 1년 이전부터 『부가가치세법』 제 5 조에 따른 사업자등록을 하고 행하고 있는 영업을 말한다"고 규정하고 있으므로 상기의 경우에 한해서 보상대상이 된다고 볼 수 있다.

다. 권리금이 보상대상인지 여부

(가) 문 제 점　　현행 보상규정은 권리금을 인정하고 있지 않다. 즉, 권리금은 영업자의 실질적인 투자금액으로서 상관습적으로 인정되어 오고 있으나, 이러한 권리금이 보상대상으로 인정되지 않으므로, 보상액만으로는 실제창업비용을 충당하지 못하는 문제가 발생할 수 있다.

(나) 권리금의 종류　　시설권리금으로는 내부인테리어 등 부속물이나 시설물 등의 대가가 있고, 장소권리금으로는 장소적·입지적 이익의 대가가 있다. 영업권리금으로는 장기간의 영업으로 인한 거래처(고객)확보, 매스컴에 명성이 알려져 있는 경우의 대가가 있으며, 행정권리금으로는 영업허가 등에 비용이 수반되거나 영업허가 등이 제한되는 경우 허가권 자체의 대가가 있다.

판례 영업권이라 함은 어떤 기업이 특수한 기술과 사회적 신용 및 거래관계등 영업상의 기능 내지 특성으로 인하여 동종의 사업을 경영하는 다른 기업의 통상수익보다 높은 초과수익을 올릴 수 있는 무형의 재산적 가치를 의미하는 것이다(대판 1986. 2. 11, 85누592[법인세부과처분취소]).

(다) 검 토　　시설권리금은 이전비용에 포함되어 있다고 볼 수 있으며, 영업권리금은 영업이익에 반영되어 있다고 볼 수 있을 것이다. 또한 행정권리금은 기타비용으로

보상받을 수 있다. 따라서 문제가 되는 것은 장소적·입지적 대가라고 볼 수 있는데 이는 특정위치의 입지적 우수성 때문에 발생하는 것이지, 영업자의 노력에 의한 것이 아니므로 현행 규정상으로는 이를 반영하기가 어려울 것으로 보인다.

(5) 농업손실의 보상(농업·축산업·잠업의 손실에 대한 보상)

농업의 손실에 대하여는 농지의 단위면적당 소득 등을 참작하여 실제 경작자에게 보상하여야 한다. 다만, 농지소유자가 당해 지역에 거주하는 농민인 경우에는 농지소유자와 실제 경작자가 협의하는 바에 따라 보상할 수 있다(제77조 제 2 항).

1) 농업손실에 대한 보상

가. 농업손실보상의 의의 및 근거규정   농업손실보상이란 공익사업시행지구에 편입되는 농지에 대하여는 당해 지역의 단위 경작면적당 농작물 수입의 2년분을 보상하는 것을 말한다. 토지보상법 시행규칙 제48조에서 농업의 손실에 대한 보상을 규정하고 있다.

나. 법적 성질   이는 전업에 소요되는 기간을 고려한 합리적 기대이익의 상실에 대한 보상으로 농경지, 농작물 외에, 재산권의 부대적 손실 중 일실손실의 보상으로 볼 수 있으며, 유기체적인 생활을 종전 상태로 회복하는 의미에서 생활보상의 성격도 존재한다.

> **판례1**   농업손실보상청구권은 공익사업의 시행 등 적법한 공권력의 행사에 의한 재산상의 특별한 희생에 대하여 전체적인 공평부담의 견지에서 공익사업의 주체가 그 손해를 보상하여 주는 손실보상의 일종으로 공법상의 권리임이 분명하므로 그에 관한 쟁송은 민사소송이 아닌 행정소송절차에 의하여야 할 것이고, 위 규정들과 구 공익사업법 제26조, 제28조, 제30조, 제34조, 제50조, 제61조, 제83조 내지 제85조의 규정 내용 및 입법 취지 등을 종합하여 보면, 공익사업으로 인하여 농업의 손실을 입게 된 자가 사업시행자로부터 구 공익사업법 제77조 제 2 항에 따라 농업손실에 대한 보상을 받기 위해서는 구 공익사업법 제34조, 제50조 등에 규정된 재결절차를 거친 다음 그 재결에 대하여 불복이 있는 때에 비로소 구 공익사업법 제83조 내지 제85조에 따라 권리구제를 받을 수 있다(대판 2011. 10. 13, 2009다43461[농업손실보상금]).

> **판례2**   [1] 사업인정고시일 전부터 해당 토지를 소유하거나 사용권원을 확보하여 적법하게 농업에 종사해 온 농민은 사업인정고시일 이후에도 수용개시일 전날까지는 해당 토지에서 그간 해온 농업을 계속할 수 있다. 그러나 사업인정고시일 이후에 수용개시일 전날까지 농민이 해당 공익사업의 시행과 무관한 어떤 다른 사유로 경작을 중단한 경우에는 손실보상의 대상에서 제외될 수 있다. 사업인정고시가 이루어졌다는 점만으로 농민이 구체적인 영농보상금 청구권을 확정적으로 취득하였다고는 볼 수 없으며, 보상협의 또는 재결절차를 거쳐 협의성립 당시 또는 수용재결 당시의 사정을 기준으로 구체적으로 산정되는 것이다. 또한 공익사업을 위한 토지 등의 취득 및 보상에 관한 법률 시행규칙 제48조에 따른 영농보상은 수용개시일 이후 편입농지에서 더 이상 영농을 계속할 수 없게 됨에 따라 발생하는 손실에 대하여 장래의 2년간 일실소득을 예측하여 보상하는 것이므로, 수용재결 당시를 기준으로도 영농보상은 아직 발생하지 않은 장래의 손실에 대하여 보상하는 것이다. [2] 2013. 4. 25. 국토교통부령 제 5 호로 개정된 공익사업을 위한 토지 등의 취득 및 보상에 관한 법률 시행규칙(이하 '개정 시행규칙'이라 한다) 제48조 제 2 항 단서 제 1 호가 실제소득 적용 영농보상금의 예외로서, 농민이 제출한 입증자료에 따라 산정한 실제소득이 동일 작목별 평균소득의 2배를 초과하는 경우에 해당 작목별 평균생산량의 2배를 판매한 금액을 실제소득으로 간주하도록 규정함으로써 실제소득 적용 영농보상금의 '상

한'을 설정하였다. 이와 같은 개정 시행규칙 제48조 제 2 항 단서 제 1 호는, 영농보상이 장래의 불확정적인 일실소득을 보상하는 것이자 농민의 생존배려·생계지원을 위한 보상인 점, 실제소득 산정의 어려움 등을 고려하여, 농민이 실농으로 인한 대체생활을 준비하는 기간의 생계를 보장할 수 있는 범위 내에서 실제소득 적용 영농보상금의 '상한'을 설정함으로써 나름대로 합리적인 적정한 보상액의 산정 방법을 마련한 것이므로, 헌법상 정당보상원칙, 비례원칙에 위반되거나 위임입법의 한계를 일탈한 것으로는 볼 수 없다(대판 2020. 4. 29, 2019두32696).

구 토지보상법 제77조 제 2 항, 구 토지보상법 시행규칙 제48조 제 2 항 본문에서 정한 **영농보상**은 원칙적으로 농민이 기존 농업을 폐지한 후 새로운 직업 활동을 개시하기까지의 준비기간 동안에 농민의 생계를 지원하는 간접보상이자 생활보상으로서의 성격을 가진다는 것이 판례의 입장이다(대판 1996. 12. 23, 96다33051, 33068; 대판 2023. 8. 18, 2022두34913). 그런데, 영농보상을 한미FTA에서처럼 규제적 수용에 따른 보상을 지칭하는 개념으로 사용되고 있는 모호한 개념인 '간접보상'으로 본 것은 문제가 없지 않다. 이 영농보상은 '간접손실보상'이 아니고, 간접손실보상이 아닌 통상의 토지등이 수용됨으로서 부수적으로 발생한 손실인 '부수적 손실'의 보상으로 보아야 한다. 그리고, 영농보상은 그 보상금을 통계소득을 적용하여 산정하든, 아니면 해당 농민의 최근 실제소득을 적용하여 산정하든 간에, 모두 장래의 불확정적인 일실소득을 예측하여 보상하는 것으로, 기존에 형성된 재산의 객관적 가치에 대한 '완전한 보상'과는 그 법적 성질을 달리 하지만, **특별한 희생이 있어야 하고 재산상의 특별한 희생이 생겼다고 할 수 없는 경우에는 영농보상을 인정할 수 없다**는 것이 판례의 입장이다(대판 2020. 4. 29, 2019두32696; 대판 2023. 8. 18, 2022두34913: 시설콩나물 재배업과 관련하여 구 토지보상법 시행규칙 제48조 제 2 항 본문에 따라 손실보상금(폐업보상에 준하는 2년간의 일실소득 및 지연가산금)을 구하는 사안에서 구 토지보상법 시행규칙 제48조 제 2 항 단서 제 2 호에 따라 휴업보상에 준하는 4개월분의 일실소득만 손실보상으로 인정하는 것이 타당하다고 한 사례).

다. 농업손실의 보상대상

(가) 물적 대상　　『농지법』제 2 조 제 1 호 가목 및 같은 법 시행령 제 2 조 제 3 항 제 2 호 가목에 해당하는 토지를 대상으로 한다. 단, 사업인정고시일 등 이후부터 농지로 이용되고 있는 토지, 토지이용계획·주위환경 등으로 보아 일시적으로 농지로 이용되고 있는 토지, 타인소유의 토지를 불법으로 점유하여 경작하고 있는 토지, 농민(『농지법』제 2 조 제 3 호의 규정에 의한 농업법인 또는 『농지법 시행령』제 3 조 제 1 호 및 동조 제 2 호의 규정에 의한 농업인을 말한다. 이하 이 조에서 같다)이 아닌 자가 경작하고 있는 토지와 토지의 취득에 대한 보상 이후에 사업시행자가 2년 이상 계속하여 경작하도록 허용하는 토지는 농지로 보지 아니한다(시행규칙 제48조 제 3 항).

지목은 임야나 현황 농지로 이용중인 경우, 『농지법 시행령』제 2 조 제 2 항 제 2 호가 개정(2016. 1. 21.시행)되어 '산지전용허가'를 거치지 아니하고 농작물을 경작하는 경우에는 이를 농지로 보지 아니하도록 규정하고 있으나, 개정된 시행령 부칙 제 2 조 제 2 호에 '이 영 시행 당시 지목이 임야인 토지로서 토지형질을 변경하고 농작물을 경작 또는 다년 생식물의 재배에 이용하고 있는 토지에 대하여는 종전 규정에 따른다'고 정하고 있으므로 종전에 지목이 임야인 토지에 대하여는 『산지관리법』에 따른 산지전용허가를 받지 아니 하더라도 3년 이상 농작물을 경작하는 경우에는 농지로 인정되어 농업손실의 보상대상이 된다고 할 것이다.

판례 1 『산지관리법』(법률 제10331호, 2010. 5. 31) 부칙 제 2 조에 따른 불법전용산지에 관한 임시특례 규정의 적용을 받지 못하여 농지로 전용되지 못하는 토지에서 행한 경작이 농업손실보상 대상이 될 수 있는지 여부(『공익사업을 위한 토지 등의 취득 및 보상에 관한 법률 시행규칙』 제48조 등 관련)

[질의요지]

지목이 임야인 타인 소유 토지를 적법하게 점유하여 공익사업인정 고시일 이전부터 농작물 또는 다년 생식물을 경작하여 왔으나, 해당 토지가 『산지관리법』(2010. 5. 31. 법률 제10331호로 개정된 것을 말 함) 부칙 제 2 조에 따른 불법전용산지에 관한 임시특례 규정의 적용을 받지 못하여 농지로 전용되지 못하는 경우 이러한 토지에서 행한 경작이 『공익사업을 위한 토지 등의 취득 및 보상에 관한 법률 시 행규칙』 제48조에 따른 농업손실보상 대상이 될 수 있는지?

[회   답]

지목이 임야인 타인 소유 토지를 적법하게 점유하여 공익사업인정 고시일 이전부터 농작물 또는 다년 생식물을 경작하여 왔으나, 해당 토지가 『산지관리법』(2010. 5. 31. 법률 제10331호로 개정된 것을 말 함) 부칙 제 2 조에 따른 불법전용산지에 관한 임시특례 규정의 적용을 받지 못하여 농지로 전용되지 못하는 경우 이러한 토지에서 행한 경작은 원칙적으로 『공익사업을 위한 토지 등의 취득 및 보상에 관 한 법률 시행규칙』 제48조에 따른 손실보상 대상에 해당한다고 할 것이나, 예외적으로 산지로서의 관 리 필요성 등 전반적인 사정을 고려할 때 손실보상을 하는 것이 사회적으로 용인될 수 없다고 인정되 는 경우에는 손실보상 대상이 되지 않는다고 할 것입니다.

[이   유]

『헌법』 제23조 제 1 항에서는 모든 국민의 재산권이 보장됨을, 같은 조 제 3 항에서는 공공필요에 의한 재산권의 수용·사용 또는 제한 및 그에 대한 보상은 법률로써 하되, 정당한 보상을 지급하여야 함을 원칙으로 명시하고 있고, 이에 따른 『공익사업을 위한 토지 등의 취득 및 보상에 관한 법률(이하 "공익 사업법"이라 함)』 제77조 제 1 항에서는 영업을 폐지하거나 휴업함에 따른 영업 손실에 대하여는 영업 이익과 시설의 이전 비용 등을 고려하여 보상하도록 하였으며, 같은 조 제 2 항에서는 농업의 손실에 대하여는 농지의 단위면적당 소득 등을 고려하여 실제 경작자에게 보상하도록 하여 서로 다른 보상 원 칙을 규정하고 있는바, 이는 일반적인 영업에 대한 손실보상은 제 1 항에서 규정하면서, 농업의 특수성 을 고려하여 제 2 항에서 농업에 대한 손실보상 규정을 별도로 둔 것으로 보입니다.

이에 따라 농업손실보상의 구체적 내용에 대하여 규정한 같은 법 시행규칙 제48조를 살펴보면, 제 1 항 에서는 공익사업시행지구에 편입되는 농지에 대하여는 그 면적에 『통계법』 제 3 조 제 3 호에 따른 통 계작성기관이 매년 조사·발표하는 농가경제조사통계의 도별 농업총수입 중 농작물수입을 도별 표본농 가현황 중 경지면적으로 나누어 산정한 도별 연간 농가평균 단위경작면적당 농작물총수입의 2년분을 곱하여 산정한 금액을 영농손실액으로 보상한다고 하면서, 공익사업시행지구에 편입되는 농지를 『농지 법』 제 2 조 제 1 호 가목에 해당하는 토지로 정의하고 있고, 같은 조 제 3 항에서는 같은 조 제 1 항 등 에 따른 농지로 보지 아니하는 경우로서 타인소유의 토지를 불법으로 점유하여 경작하고 있는 토지(제 3 호), 농민이 아닌 자가 경작하고 있는 토지(제 4 호) 등을 명시하여 손실보상 대상에서 제외되는 농지의 범위를 구체적으로 적시하고 있습니다. 그런데, 농업손실보상 대상이 되는 농지에 대하여 규정한 『농지법』 제 2 조 제 1 호 가목에서는 "농지"란 "전·답, 과수원, 그 밖에 법적 지목(地目)을 불문하고 실제로 농작물 경작지 또는 다년생식물 재배지로 이용되는 토지"라고 하여 지목을 불문하고 실제 경작 여부를 중심으로 농지 해당 여부를 판단하도록 되어 있으므로, 비록 지목이 법상 임야로 되어 있다 하더라도 공익사업인정 고시일 이전부터 농작물 또는 다년생식물을 경작하여 왔다면 원칙적으로 농업손실보상과 관련하여서는 해당 토지가 공익사업법 시행규칙 제48조 제 3 항에서 정한 요건에 해당하지 않는 한 농업손실보상 대상이 되는 『농지법』 제 2 조 제 1 호 가목에 따른 농지가 아니라고 보기는 다소 어렵다고 할 것이고, 농업손실보상의 경우 같은 법 시행규칙 제45조에 따른 불법형질변경토지에서 이루어진 영업의 경우를 손실보상 대상에서 제외하도록 하는 규정 등을 준용하고 있지도 않다고 할 것입니다. 또한, 대상 토지가 『산지관리법』(2010. 5. 31. 법률 제10331호로 개정된 것을 말하며, 이하 같음) 부칙 제 2 조에 따른 불법전용산지에 관한 임시특례 규정의 적용을 받지 못하여 농지로 전용되지 못하는 경우라 하여 이를 달리 보기도 어렵습니다. 다만, 공익사업법에 따른 손실보상이 공익사업의 시행 등 적법한 공권력의 행사에 의한 재산상의 특별한 희생에 대하여 사유재산권의 보장과 전체적인 공평부담의 견지에서 행하여지는 조절적인 재산적 보상이라는 점(대판 2004. 4. 27, 2002두8909 등 참조) 및 보안림의 해제와 관련하여서는 무단으로 산지를 전용하여 농작물 등을 재배하는 경우 『농지법』 제 2 조 제 1 호에 따른 농지로 보기 어렵다는 점(법제처 2006. 4. 21. 회신 06-0016 해석례 참조) 등 산지 보존의 필요성 등을 고려할 때, 예외적으로 관계 법령의 입법 취지와 그 법령에 위반된 행위에 대한 비난가능성과 위법성의 정도, 합법화될 가능성, 사회통념상 거래 객체가 되는지 여부 등 전반적인 사실관계를 종합하여 판단하여야 할 것이고(대판 2001. 4. 13, 2000두6411 참조), 구체적인 개별 사안별로 대상 토지에 경작이 이루어지게 된 시기 및 경작이 이루어진 기간, 경작 규모 및 이용현황, 산지로서의 관리 필요성 및 농지화된 정도, 사업인정 고시와의 관계 등 전반적인 사정을 고려할 때, 손실보상을 하는 것이 사회적으로 용인될 수 없는 경우라면 손실보상 대상에 해당하지 아니한다고 보아야 할 것입니다. 따라서, 지목이 임야인 타인 소유 토지를 적법하게 점유하여 공익사업인정 고시일 이전부터 농작물 또는 다년생식물을 경작하여 왔으나, 해당 토지가 『산지관리법』 부칙 제 2 조에 따른 불법전용산지에 관한 임시특례 규정의 적용을 받지 못하여 농지로 전용되지 못하는 경우 이러한 토지에서 행한 경작은 원칙적으로 공익사업법 시행규칙 제48조에 따른 손실보상 대상에 해당한다고 할 것이나, 예외적으로 산지로서의 관리 필요성 등 전반적인 사정을 고려할 때 손실보상을 하는 것이 사회적으로 용인될 수 없다고 인정되는 경우에는 손실보상 대상이 되지 않는다고 할 것입니다.

판례2 사업시행자가 보상금 지급이나 토지소유자 및 관계인의 승낙 없이 공익사업을 위한 공사에 착수하여 영농을 계속할 수 없게 한 경우, 2년분의 영농손실보상금 지급과 별도로 공사의 사전 착공으로 토지소유자나 관계인이 영농을 할 수 없게 된 때부터 수용개시일까지 입은 손해를 배상할 책임이 있는지 여부(적극): 구 공익사업을 위한 토지 등의 취득 및 보상에 관한 법률(2011. 8. 4. 법률 제11017호로 개정되기 전의 것, 이하 '공익사업법'이라 한다) 제40조 제 1 항, 제62조, 제77조 제 2 항, 구 공익사업을 위한 토지 등의 취득 및 보상에 관한 법률 시행규칙(2013. 4. 25. 국토교통부령 제 5 호로 개정되기 전의 것) 제48조 제 1 항, 제 3 항 제 5 호의 규정들을 종합하여 보면, 공익사업을 위한 공사는 손실보상금을 지급하거나 토지소유자 및 관계인의 승낙을 받지 않고는 미리 착공해서는 아니 되는 것으로, 이는 그 보상권리자가 수용대상에 대하여 가지는 법적 이익과 기존의 생활관계 등을 보호하고자 하는 것이고, 수용대상인 농지의 경작자 등에 대한 2년분의 영농손실보상은 그 농지의 수용으로 인하여 장래에 영농을 계속하지 못하게 되어 생기는 이익 상실 등에 대한 보상을 하기 위한 것이다. 따라서 사업시행자가 토지소유자 및 관계인에게 보상금을 지급하지 아니하고 그 승낙도 받지 아니한 채 미리 공사에 착수하여 영농을 계속할 수 없게 하였다면 이는 공익사업법상 사전보상의 원칙을 위반한 것으로서 위법하다 할 것이므로, 이 경우 사업시행자는 2년분의 영농손실보상금을 지급하는 것과 별도로, 공사의 사전 착공으로 인하여 토지소유자나 관계인이 영농을 할 수 없게 된 때부터 수용개시일까지 입은 손해에 대하여 이를 배상할 책임이 있다(대판 2013. 11. 14, 2011다27103[손해배상등]).

(나) 인적 대상

가) 자경농지인 경우   자경농지인 경우에는 소유자와 경작자가 일치하므로 농지
소유자에게 지급한다.

나) 자경농지가 아닌 경우

　　a. 소유자가 해당 지역에 거주하는 농민인 경우   농지의 소유자와 실제 경작자간에
협의가 성립된 경우에는 협의내용에 따라 보상하고, 농지의 소유자와 실제 경작자간에 협
의가 성립되지 아니하는 경우에는 농지의 소유자와 실제 경작자에게 각각 영농손실액(도
별 연간 농가평균 단위경작면적당 농작물총수입을 기준하여 산정한다)의 50퍼센트에 해당하는
금액을 보상한다. 실제소득을 기준으로 영농손실액이 결정된 경우에는 농지의 소유자에게
는 도별 연간 농가평균 단위경작면적당 농작물총수입의 기준에 따라 결정된 영농손실액의
50퍼센트에 해당하는 금액을 보상하고, 실제 경작자에게는 실제소득에 따라 결정된 영농
손실액 중 농지의 소유자에게 지급한 금액을 제외한 나머지에 해당하는 금액을 보상한다
(시행규칙 제48조 제 4 항).

　　b. 농지의 소유자가 해당 지역에 거주하는 농민이 아닌 경우   농지의 소유자가 해당
지역에 거주하는 농민이 아닌 경우에는 실제 경작자에게 보상한다(시행규칙 제48조 제 4 항).

　　c. 보상협의일 또는 수용재결일 당시에 경작을 하고 있지 아니하는 경우   실제 경작
자가 자의로 이농하는 등의 사유로 보상협의일 또는 수용재결일 당시에 경작을 하고 있지
않는 경우의 영농손실액은 제 4 항에도 불구하고 농지의 소유자가 해당 지역에 거주하는
농민인 경우에 한정하여 농지의 소유자에게 보상한다(시행규칙 제48조 제 5 항).

다) 실제경작자의 판단기준   실제 경작자는 농지의 임대차계약서, 농지소유자가 확
인하는 경작사실 확인서, 해당 공익사업시행지구의 이장·통장이 확인하는 경작사실 확인
서 및 그 밖에 실제 경작자임을 증명하는 객관적 자료에 의하여 사업인정고시일 등 당시
타인소유의 농지를 임대차 등 적법한 원인에 의하여 점유하고 자기소유의 농작물을 경작
하는 것으로 인정된 자를 말한다. 이 경우 실제 경작자로 인정받으려는 자가 해당 공익사
업시행지구의 이장·통장이 확인하는 경작사실 확인서의 자료만 제출한 경우 사업시행자
는 해당 농지의 소유자에게 그 사실을 서면으로 통지할 수 있으며, 농지소유자가 통지받
은 날부터 30일 이내에 이의를 제기하지 않는 경우에는 농지소유자가 확인하는 경작사실
확인서의 자료가 제출된 것으로 본다(시행규칙 제48조 제 7 항).

라. 농업손실보상의 기준

(가) 원칙적인 적용기준   공익사업시행지구에 편입되는 농지(농지법 제 2 조 제 1 호
가목에 해당하는 토지를 말한다)에 대하여는 그 면적에 『통계법』 제 3 조 제 3 호에 따른 통계
작성기관이 매년 조사·발표하는 농가경제조사통계의 도별 농업총수입 중 농작물수입을
도별 표본농가현황 중 경지면적으로 나누어 산정한 도별 연간 농가평균 단위경작면적당
농작물총수입의 2년분을 곱하여 산정한 금액을 영농손실액으로 보상한다(시행규칙 제48조
제 1 항).

판례 구 공익사업을 위한 토지 등의 취득 및 보상에 관한 법률 제77조 등에서 정한 농업손실에 대한 보상과 관련하여 국토해양부장관이 고시한 농작물실제소득인정기준에서 규정한 서류 이외의 증명방법으로 농작물 총수입을 인정할 수 있는지 여부(적극)(대판 2012. 6. 14, 2011두26794[손실보상금]).

(나) 예외적인 적용기준   국토교통부장관이 농림수산식품부장관과의 협의를 거쳐 관보에 고시하는 농작물(다년생식물을 포함한다)을 실제소득인정기준에서 정하는 바에 따라 실제소득을 입증하는 자가 경작하는 편입농지에 대하여는 그 면적에 단위경작면적당 3년간 실제소득 평균의 2년분을 곱하여 산정한 금액을 영농손실액으로 보상한다(시행규칙 제48조 제2항).

다만, 다음 각 호의 어느 하나에 해당하는 경우에는 각 호의 구분에 따라 산정한 금액을 영농손실액으로 보상한다.
  1. 단위경작면적당 실제소득이 「통계법」 제3조 제3호에 따른 통계작성기관이 매년 조사·발표하는 농축산물소득자료집의 작목별 평균소득의 2배를 초과하는 경우: 해당 작목별 단위경작면적당 평균생산량의 2배(단위경작면적당 실제소득이 현저히 높다고 농작물실제소득인정기준에서 따로 배수를 정하고 있는 경우에는 그에 따른다)를 판매한 금액을 단위경작면적당 실제소득으로 보아 이에 2년분을 곱하여 산정한 금액
  2. 농작물실제소득인정기준에서 직접 해당 농지의 지력(地力)을 이용하지 아니하고 재배 중인 작물을 이전하여 해당 영농을 계속하는 것이 가능하다고 인정하는 경우: 단위경작면적당 실제소득(제1호의 요건에 해당하는 경우에는 제1호에 따라 결정된 단위경작면적당 실제소득을 말한다)의 4개월분을 곱하여 산정한 금액

마. 농기구 등에 대한 보상   당해 지역에서 경작하고 있는 농지의 3분의 2 이상에 해당하는 면적이 공익사업시행지구에 편입됨으로 인하여 농기구를 이용하여 해당 지역에서 영농을 계속할 수 없게 된 경우(과수 등 특정한 작목의 영농에만 사용되는 특정한 농기구의 경우에는 공익사업시행지구에 편입되는 면적에 관계없이 해당 지역에서 해당 영농을 계속할 수 없게 된 경우를 말한다) 해당 농기구에 대해서는 매각손실액을 평가하여 보상하여야 한다. 다만, 매각손실액의 평가가 현실적으로 곤란한 경우에는 원가법에 의하여 산정한 가격의 60퍼센트 이내에서 매각손실액을 정할 수 있다(시행규칙 제48조 제6항).

바. 농업손실보상의 간접보상   경작하고 있는 농지의 3분의 2 이상에 해당하는 면적이 공익사업시행지구에 편입됨으로 인하여 당해 지역에서 영농을 계속할 수 없게 된 농민에 대하여는 공익사업시행지구밖에서 그가 경작하고 있는 농지에 대하여도 영농손실액을 보상하여야 한다(시행규칙 제65조).

2) 축산업 손실에 대한 보상
가. 축산업의 의의   축산업이라 함은 가축을 기르거나 벌 등을 치고 또 그 생산물을 가공하는 산업을 말한다(축산법 제2조).

나. 보상대상 손실보상의 대상이 되는 축산업은 『축산법』 제22조에 따라 등록한 부화업·계란집하업·종축업 또는 가축사육업에 해당하고, 〈별표 3〉에 규정된 가축별 기준 마리수 이상의 가축을 기르는 경우이어야 한다. 〈별표 3〉에 규정된 가축별 기준마리수 미만의 가축을 기르는 경우로서 그 가축별 기준마리수에 대한 실제 사육마리수의 비율의 합계가 1 이상인 경우이어야 한다(시행규칙 제49조 제 2 항).

> **판례** 종계 12,960수를 사육하여 종란을 생산하는 종계업을 영위하면서 관할 시장·군수에게 구 축산법 제20조 제 1 항 등에 따라 종계업 신고를 하지 않은 경우, 구 공공용지의 취득 및 손실보상에 관한 특례법 시행규칙 제25조의3 제 1 항 제 2 호에 따라 휴업보상의 대상이 되는 영업에서 제외된다고 한 사례(대판 2009. 12. 10, 2007두10686[지장물및영업권수용이의재결처분취소]).

다. 보상방법

(가) 원 칙 축산업에 대한 손실액은 영업의 폐지와 휴업에 따른 손실보상방법(시행규칙 제45조 내지 제47조)을 준용하여 평가한다(시행규칙 제49조 제 1 항). 단, 개인영업에 대한 최저영업이익에 대한 규정은 제외한다.

(나) 가축의 운반비 보상 축산업으로서 상기축산업의 손실에 대한 보상대상이 되지 않는 경우에는 이전비로 평가하되, 이전으로 인하여 체중감소·산란율저하 및 유산 그밖의 손실이 예상되는 경우에는 이를 포함하여 평가한다(시행규칙 제49조 제 4 항).

3) 잠업의 손실에 대한 보상

가. 잠업의 의의 잠업이란 누에를 치는 사업으로 양잠업이라고도 한다.

나. 보상요건 구 공특법에서는 10,000제곱미터 이상의 상전소유와 20상자 이상의 치잠사육장 시설을 갖출 것을 규정하였으나, 현행 토지보상법에서는 이에 대한 규정에 상관없이 누에를 치는 경우 모두가 보상의 대상이 될 수 있을 것이다.

다. 보상평가방법 잠업에 대한 손실액은 영업의 폐지와 휴업에 따른 손실보상방법(시행규칙 제45조 내지 제47조)을 준용하여 평가한다(시행규칙 제50조). 단, 개인영업에 대한 최저영업이익에 대한 규정은 제외한다.

(6) 임금손실의 보상

휴직 또는 실직하는 근로자의 임금손실에 대하여는 『근로기준법』에 의한 평균임금 등을 참작하여 보상하여야 한다(제77조 제 3 항). 임금손실은 원칙상 근로자에게 보상하여야 한다.

Ⅲ. 간접손실의 보상: 사업시행지 외 손실의 보상 [2000, 2018, 2019 감평 사례]

1. 간접손실 및 간접손실보상의 개념

(1) 개념 정의

공익사업으로 인하여 사업시행지 밖의 재산권자에게 가해지는 손실 중 공익사업으로 인하여 필연적으로 발생하는 손실이 **간접손실**이며 이 손실에 대한 보상이 **간접손실보상**이다. 공익사업으로 인하여 우연히 발생하는 손해의 전보는 손해배상의 문제로 보는 것이 타당하다.

간접손실이라는 용어 대신 사업손실이라는 용어를 사용하는 경우가 있는데 사업손실이라는 용어는 엄밀한 의미의 손실보상에서의 일실손실(영업손실)과 혼동을 일으킬 우려가 있으므로 사업손실이라는 용어보다는 간접손실이라는 용어가 타당하다. 다만, 간접손실이라는 용어도 혼동을 일으킬 수 있으므로 '사업시행지외손실'이라는 용어를 사용할 것을 제안한다.

간접손실도 공익사업이 원인이 되어 발생한 것이므로 특별한 희생에 해당하는 경우에는 공적 부담 앞의 평등의 원칙상 보상하여야 한다. 따라서 간접손실보상도 손실보상의 개념에 포함되는 것으로 보아야 한다.

> **판례** 판례도 간접손실을 헌법 제23조 제 3 항에 규정한 손실보상의 대상이 된다고 보고 있다(대판 1999. 10. 8, 99다27231).

간접손실의 보상은 사업시행지 밖의 토지소유자가 입는 손실의 보상이므로 사업시행지 내의 토지소유자가 입는 부대적 손실의 보상과는 구별하여야 한다.

간접손실이 공익사업으로 인한 토지취득으로 인한 손실을 포함한다는 점에는 의견이 일치하고 있으나, 공익사업의 시행상 공사로 인한 손실 또는 공익사업 완성 후 시설의 운영으로 인한 손실도 포함하는지에 관하여는 견해가 나뉘고 있다.

공익사업으로 인한 손실 이외에 기타 적법한 공권력 행사에 의해 발생한 손실 중 의도되지는 않았으나 예견되는 손실, 예를 들면 적법한 행정계획 또는 행정정책의 변경으로 인한 손실, 행정재산의 사용허가의 철회로 인한 손실도 간접손실 또는 간접침해에 포함시키는 견해가 있지만, 이는 일반 손실보상의 대상이 되는 손실로 보는 것이 타당하다.

(2) 수용적 침해와의 관계

통상 **수용적 침해**를 "적법한 행정작용의 결과 발생한 의도되지 않은 침해"라고 정의하는데, 수용적 침해와 간접손실의 관계가 문제된다. 간접손실을 공익사업으로 인하여 사업시행지 밖의 재산권자에게 필연적으로 가해지는 손실로 본다면 간접손실은 수용적 침해의 일부에 해당한다고 보는 것이 타당하다. 즉, 수용적 침해가 간접손실보다 넓은 개념이다. 수용적 침해는 간접손실뿐만 아니라 기타 적법한 행정작용의 결과 발생한 의도되지 않은 침해 전체를 의미한다.

2. 간접손실보상의 요건

간접손실보상이 인정되기 위하여는 간접손실이 발생하여야 하고, 당해 간접손실이 특별한 희생이 되어야 한다.

(1) 간접손실의 존재

간접손실이 되기 위하여는 ① 공공사업의 시행으로 사업시행지 이외의 토지소유자(제3자)가 입은 손실이어야 하고, ② 그 손실이 공공사업의 시행으로 인하여 발생하리라는 것이 예견되어야 하고, ③ 그 손실의 범위가 구체적으로 특정될 수 있어야 한다(대판 1999. 12. 24, 98다57419, 57426 참조).

> **판례1** 공공사업시행지구 밖에 위치한 영업과 공작물 등에 대한 간접손실에 대하여도 일정한 조건 하에서 이를 보상하도록 규정하고 있는 점에 비추어, 공공사업의 시행으로 인하여 그러한 손실이 발생하리라는 것을 쉽게 예견할 수 있고 그 손실의 범위도 구체적으로 이를 특정할 수 있는 경우라면 그 손실의 보상에 관하여 공공용지의 취득 및 손실보상에 관한 특례법 시행규칙의 관련 규정 등을 유추적용할 수 있다고 해석함이 상당하다(대판 1999. 10. 8, 99다27231: 공유수면매립사업으로 인하여 수산업협동조합이 관계 법령에 의하여 대상지역에서의 독점적 지위가 부여되어 있던 위탁판매사업을 중단하게 된 경우, 그로 인한 위탁판매수수료 수입 상실에 대하여 공공용지의 취득 및 손실보상에 관한 특례법 시행규칙을 유추적용하여 손실보상을 하여야 한다고 한 사례).
>
> **판례2** 관계 법령이 요구하는 허가나 신고없이 김양식장을 배후지로 하여 김종묘생산어업에 종사하던 자들의 간접손실에 대하여 그 손실의 예견가능성이 없고, 그 손실의 범위도 구체적으로 특정하기 어려워 공공용지의 취득 및 손실보상에 관한 특례법 시행규칙상의 손실보상에 관한 규정을 유추적용할 수 없다고 한 사례(대판 2002. 11. 26, 2001다44352).
>
> **판례3** 농어촌진흥공사의 금강 하구둑공사로 부여에 있는 참게 축양업자가 입은 손실은 그 발생을 예견하기가 어렵고 그 손실의 범위도 쉽게 확정할 수 없으므로 간접손실로 볼 수 없다(대판 1998. 1. 20, 95다29161[보상금]). 〈해설〉 이에 반하여 당해 금강 하구둑공사로 참게의 산란장은 파괴되고, 참게 알의 부화에 악영향을 미쳐 금강 유역에서 참게가 거의 잡히지 않게 됨에 따라 금강 유역에서 참게를 잡던 어전(漁箭)어업 허가자와 어선어업자들이 폐업으로 말미암아 입은 손실은 간접손실로 보아야 한다.

(2) 특별희생의 발생

농어촌진흥공사의 금강 하구둑공사로 부여에 있는 참게 축양업자가 입은 손실은 그 발생을 예견하기가 어렵고 그 손실의 범위도 쉽게 확정할 수 없으므로 간접손실로 볼 수 없다(대판 1998. 1. 20, 95다29161). 이에 반하여 당해 금강 하구둑공사로 참게의 산란장은 파괴되고, 참게 알의 부화에 악영향을 미쳐 금강유역에서 참게가 거의 잡히지 않게 됨에 따라 금강 유역에서 참게를 잡던 어전(漁籂)어업 허가자와 어선어업자들이 폐업으로 말미암아 입은 손실은 간접손실로 보아야 한다.

간접손실은 공익사업의 시행으로 인하여 사업시행지 밖에 발생한 손실을 말한다. 공익사업을 위한 토지의 수용으로 인하여 사업시행지 밖에 발생한 손실이 간접손실에 해당한다는 점에 대해서는 이견이 없다. 그러나, 공익사업의 시행 중 또는 공익사업의 시행 후 공익사업시설로 인한 손해를 간접손실로 볼 수 있는지에 대하여는 견해가 대립하고 있는데, 공익사업의 시행 결과, 즉 그 공익사업의 시행으로 설치되는 시설의 형태·구조·사용 등에 기인하여 발생하는 손실도 간접손실로 본다.

또한, 판례는 손실보상과 손해배상을 별개의 청구권으로 보면서 경합하여 인정되는 것으로 보는 입장을 취하고 있다. 다만 같은 내용의 손해에 관하여 양자의 청구권을 동시에 행사할 수 있다고 본다면 이중배상의 문제가 발생하므로, 어느 하나만을 선택적으로 행사할 수 있을 뿐이고, 양자의 청구권을 동시에 행사할 수는 없다고 본다.

> **판례**   (1) 공익사업시행지구 밖 영업손실보상의 요건인 '공익사업의 시행으로 인한 그 밖의 부득이한 사유로 일정 기간 동안 휴업이 불가피한 경우'란 공익사업의 시행 또는 시행 당시 발생한 사유로 휴업이 불가피한 경우만을 의미하는 것이 아니라 공익사업의 시행 결과, 즉 그 공익사업의 시행으로 설치되는 시설의 형태·구조·사용 등에 기인하여 휴업이 불가피한 경우도 포함된다. (2) 피고(한국철도시설공단)가 이 사건 철도노선을 완공하여 개통한 후, 한국철도공사로 하여금 이 사건 노선에서 고속열차를 운행하도록 함으로써 발생한 소음·진동·전자파로 인하여 이 사건 잠업사에서 생산하는 누에씨의 품질저하, 위 누에씨를 공급받는 전라북도 농업기술원 종자사업소의 누에씨 수령 거부, 잠업농가의 누에씨 수령 거부 등의 피해가 발생하였다고 봄이 타당하므로, 호남고속철도 열차 운행으로 인한 소음·진동·전자파의 원인자인 피고(한국철도시설공단)가 위 소음·진동·전자파의 환경오염으로 인하여 원고에게 발생한 손해를 배상할 책임이 있다. (3) 토지보상법 제79조 제2항(그 밖의 토지에 관한 비용보상 등)에 따른 손실보상과 환경정책기본법 제44조 제1항(환경오염의 피해에 대한 무과실책임)에 따른 손해배상은 그 근거 규정과 요건·효과를 달리 하는 것으로서, 각 요건이 충족되면 성립하는 별개의 청구권이다. 다만, 손실보상청구권에는 이미 '손해 전보'라는 요소가 포함되어 있어 실질적으로 같은 내용의 손해에 관하여 양자의 청구권을 동시에 행사할 수 있다고 본다면 이중배상의 문제가 발생하므로, 실질적으로 같은 내용의 손해에 관하여 양자의 청구권이 동시에 성립하더라도 영업자는 어느 하나만을 선택적으로 행사할 수 있을 뿐이고, 양자의 청구권을 동시에 행사할 수는 없다고 봄이 타당하다. 또한 '해당 사업의 공사완료일로부터 1년'이라는 손실보상 청구기간(토지보상법 제79조 제5항, 제73조 제2항)이 도과하여 손실보상청구권을 더 이상 행사할 수 없는 경우에도 손해배상의 요건이 충족되는 이상 여전히 손해배상청구는 가능하다고 보아야 한다(대판 2019. 11. 28, 2018두227). 〈해설〉 공익사업인 고속철도 건설사업 시행 후의 고속철도 운행에 따른 소음, 진동 등으로 인하여 고속철도 인근에서 양잠업을 영위하던 원고에게 발생한 손실(환경침해로 인한 공익사업시행지구 밖의 영업손실)에 관하여 공익사업을 위한 토지 등의 취득 및 보상에 관한 법률(이하 '토지보상법'이라고 한다) 관련 규정(「공익사업을 위한 토지 등의 취득 및 보상에 관한 법률」(토지보상법) 제79조 제2항, 동법 시행규칙 제64조 제1항)에 따라 손실보상청구를 할 수 있다. 이에 관한 쟁송은 공법상 당사자소송 절차에 의하여야 한다. 손실보상의 주체는 사업시행자인 한국철도시설공단이지만, 손해배상의 피고는 한국철도시설공단과 고속철도사업자인 한국철도공사로 보는 것이 타당하다.

그러나, 법이론상 손실보상은 적법한 공용침해로 인한 손실의 보상을 의미하므로 손실보상이 인정되면 불법행위로 인한 손해배상은 인정되지 않는다고 보는 것이 타당하다(광주고법 2010. 12. 24, 2010나5624. 대법원 2011. 5. 23, 2011다9440 판결로 심리불속행 기각되어 확정됨).

다만, 보상이 인정되는 손실을 넘어 불법행위로 인한 손해가 발생한 경우에는 손해배상이 인정될 수 있다고 볼 수 있다. 또한, 법령상 손실보상이 인정됨에도 손실보상을 하지 않고 공익사업을 시행한 경우에는 후술하는 바(판례)와 같이 손해배상청구가 가능하다. 간접손실의 보상은 해당 사업의 공사완료일부터 1년이 지난 후에는 청구할 수 없으므로(제79조 제5항, 제73조 제2항) 이 청구기간이 지난 경우에는 손해배상만을 청구할 수 있다. 예를 들면, 원전의 일반적인 가동운영에 따른 온배수로 인한 손해는 원칙상 손해배상의 대상 아니고 손실보상의 대상이 된다고 보아야 한다. 그러나, 원전의 일반적인 가동운영에 따른 온배수로 인한 손해에 대해 손실보상이 행해지지 않은 경우에는 손해배상청구가 가능하다고 볼 수 있다.

> **판례** [1] 원자력발전소 냉각수 순환시 발생되는 온배수의 배출이 환경오염에 해당하는지 여부(적극): 환경정책기본법 제3조 제4호는 "환경오염이라 함은 사업활동 기타 사람의 활동에 따라 발생되는 대기오염, 수질오염, 토양오염, 해양오염, 방사능오염, 소음·진동, 악취 등으로서 사람의 건강이나 환경에 피해를 주는 상태를 말한다."고 규정하고 있으므로, 원전냉각수순환시 발생되는 온배수의 배출은 사람의 활동에 의하여 자연환경에 영향을 주는 수질오염 또는 해양오염으로서 환경오염에 해당한다. [2] 적법시설이나 공용시설로부터 발생하는 유해배출물로 인하여 손해가 발생한 경우, 그 위법성의 판단 기준: 불법행위 성립요건으로서의 위법성은 관련 행위 전체를 일체로만 판단하여 결정하여야 하는 것은 아니고, 문제가 되는 행위마다 개별적·상대적으로 판단하여야 할 것이므로 어느 시설을 적법하게 가동하거나 공용에 제공하는 경우에도 그로부터 발생하는 유해배출물로 인하여 제3자가 손해를 입은 경우에는 그 위법성을 별도로 판단하여야 하고, 이러한 경우의 판단 기준은 그 유해의 정도가 사회생활상 통상의 수인한도를 넘는 것인지 여부이다. [3] 양식장 운영자가 원자력발전소의 온배수를 이용하기 위하여 온배수 영향권 내에 육상수조식양식장을 설치하였는데 원자력발전소에서 배출된 온배수가 이상고온으로 평소보다 온도가 높아진 상태에서 자연해수와 혼합되어 위 양식장의 어류가 집단 폐사한 경우, 원자력발전소 운영자의 과실에 비하여 양식장 운영자의 과실이 훨씬 중대하다고 판단한 사례(대판 2003. 6. 27, 2001다734).

공익사업이 종료한 후에 손실보상에 관한 합의가 있으면 이 보상합의는 사법상 계약으로 볼 수 있고, 보상합의금을 지급하지 않는 경우에는 민사소송으로 보상합의금(약정금) 청구를 할 수 있다.

3. 간접손실의 종류

(1) 가격하락의 보상

토지수용으로 인한 잔여지 등 가격감소를 간접손실로 보는 견해가 다수견해이나, 부수적 손실로 보는 것이 타당하다.

(2) 초래비용보상

1) 잔여지공사비보상

토지수용으로 인한 잔여지 공사비용을 간접손실로 보는 견해가 다수견해이다.

2) 지하사용에 따른 설계변경비용 및 추가공사비보상

대법원은 도시철도시설물의 설치로 인한 지하공간의 영구사용으로 인한 신축계획건물에 대한 변경설계비와 추가공사비에 대해 원심은 보상의 대상으로 보았지만, 대법원은 지하부분의 사용에 따른 통상의 손실로 보지 않고, 손실보상의 대상으로도 보지 않았다(대판 2000. 11. 28, 98두18473). 이에 대하여 신축계획단계를 지나서 건축공사를 착공하여 시행하던 중에 지하철건설 등 지하사용으로 인하여 설계변경과 추가공사가 불가피하게 된 경우에는 그 설계변경비와 추가공사비는 지하사용으로 통상 발생하는 손실에 해당한다고 보거나 헌법 제23조 제 3 항 등과 관련규정을 유추적용하여 손실보상의 대상으로 삼을 여지도 있다는 견해가 있다.

(3) 영업등손실보상

토지보상법 시행규칙은 간접손실보상으로 영업손실보상(제64조), 농업손실보상(제59조, 제65조), 어업피해보상(제63조)을 규정하고 있다. 간접손실인 영업손실 등은 직접손실인 영업손실 등과 구별되어야 한다.

(4) 간접침해의 보상 [2003 감평 약술]

1) 의 　 의

간접침해보상이란 대규모 공익사업의 시행 또는 완성 후의 시설로 인하여 사업지 밖에 미치는 사업손실 중 사회적·경제적 손실을 의미하는 간접보상을 제외한 물리적·기술적 손실에 대한 보상을 말한다.

간접침해는 재산권이 공익사업의 시행으로 인하여 야기된 소음, 진동, 일조권침해, 용수고갈 등으로 기능의 저하나 가치의 감소를 가져오는 사업손실을 의미한다. 보통은 사업지 밖의 환경권 등의 침해에 대한 보상을 말한다.

2) 간접침해의 유형

간접침해의 유형으로는 ① 공공사업으로 인한 소음, 진동, 먼지 등에 의한 침해, ② 환경오염 및 용수고갈 등으로 인한 손실, ③ 일조권 침해 등이 있다.

3) 간접침해보상의 법적 근거

간접침해가 간접손실보상의 요건을 갖추는 경우에는 보상이 가능하도록 보상규정을 두는 입법적 개선이 필요하지만 현행 토지보상법에는 명문의 규정이 없다.

4) 간접침해에 대한 권리구제

가. 손실보상   간접침해를 손실보상에 포함시키는 견해는 그 논거로 간접침해에 대하여 피해발생 전에 손해전보가 이루어지도록 하여 원활한 공익사업의 시행과 효율적인 권리구제를 가능하게 할 수 있다는 점을 들고 있지만, 이는 전술한 바와 같이 손해배상과 손실보상의 구별기준에 비추어 타당하지 않고, 또한 간접침해의 발생이 예견되지 않는 경우도 있고, 예견된다고 하여도 그 손해의 정도를 미리 산정하는 것은 통상 어려운 것이므로 사전에 보상하는 데에는 어려움이 있을 것이다.

나. 손해배상   간접침해가 손해배상의 요건을 충족하는 경우에는 손해배상을 청구할 수 있을 것이나 위법성이나 고의 과실 여부가 명확하지 않아서 손해배상책임을 인정하기 어려운 면이 많다.

판례   판례는 공공시설로부터의 공해로 인한 손해를 손해배상의 대상으로 본다. 판례는 공사 후의 공공시설로부터의 공해로 인한 손해가 통상의 수인한도를 넘는 경우 당해 공공시설이 공물이 아닌 경우에는 민법상 불법행위책임을 인정하고(대판 2003. 6. 27, 2001다734: 원자력발전소에서의 온배수 배출 행위와 해수온도의 상승이라는 자연력이 복합적으로 작용하여 온배수배출구 인근 양식장의 어류가 집단폐사한 것에 대해 민법상 손해배상책임을 인정한 사례; 2001. 2. 9, 99다55434: 고속도로의 확장으로 인하여 소음·진동이 증가하여 인근 양돈업자가 양돈업을 폐업하게 된 사안에서, 양돈업에 대한 침해의 정도가 사회통념상 일반적으로 수인할 정도를 넘어선 것으로 보아 한국도로공사의 손해배상책임을 인정한 사례), 당해 공공시설이 공물이며 배상주체가 국가 또는 지방자치단체이면 국가배상법 제5조의 영조물의 설치·관리상 하자로 인한 배상책임을 인정하고 있다. 그리고, 민법상 불법행위책임을 인정함에 있어서 환경정책기본법 제31조 제1항을 적용하여 무과실책임을 인정하고 있다.

다. 환경분쟁조정   간접침해의 유형 중 소음, 진동 등은 물리적·기술적 침해로서 환경분쟁조정법상 환경피해에 해당한다. 환경분쟁조정제도는 행정기관이 지니고 있는 전문성과 절차의 신속성을 충분히 활용하여 환경분쟁을 간편하고 신속·공정하게 해결하기 위하여 마련된 제도이다. 반면에 이는 침해행위에 대한 명확한 기준이 없어서 형평성의 논란이 있을 수 있다.

라. 방해배제청구   간접침해가 생활방해나 주거환경의 침해를 의미하는 때에는 민법상 방해배제청구를 할 수 있다. 그러나 일반적으로 간접침해를 받은 사익이 공익사업의 공익성보다 크기는 어려울 것이므로 방해배제청구권이 인정되기는 어렵다.

마. 국민권익위원회에 고충민원 제기   국민의 권리를 침해하거나 국민에게 불편을 주는 고충을 간편하고 신속하게 처리하기 위한 제도이나 집행력이 없는 한계가 있다.

바. 결   어   공공시설로부터 배출되는 공해로 인한 손해는 당해 공공시설의 정상적인 가동과 분리되는 것으로서 공익사업시행자가 줄일 수도 있는 손해이므로 원칙상 손해배상의 대상이 되는 것이지만, 공사중 또는 공사 후의 공해로 인한 손실, 즉 물리적·기술적 손실(간접침해)은 공익사업으로 인한 필연적인 손실이면 간접손실로 손실보상의 대상

이 된다고 보아야 할 것이다. 예를 들면, 신설된 공항에서의 항공기소음으로 인한 피해가 수용의 목적인 공익사업의 정상적인 운영으로 인한 손실인 경우 이론상 간접손실로 볼 수도 있지만, 손해방지의무를 위반한 위법한 경우에는 손해배상의 문제로 보아야 한다. 그러나, 판례는 전술한 바와 같이 항공기 소음으로 인한 피해에 대해 영조물책임을 인정하고 있다.

(5) 생활침해보상

토지보상법 시행규칙은 교통두절(제59조), 소수잔존자보상(제61조), 고립건축물보상(제60조)을 규정하고 있다.

4. 간접손실보상의 근거

(1) 헌법적 근거

간접손실도 적법한 공용침해로 인하여 예견되는 통상의 손실이고, 헌법 제23조 제3항을 손실보상에 관한 일반적 규정으로 보는 것이 타당하므로 간접손실보상을 헌법 제23조 제3항의 손실보상에 포함시키는 것이 타당하다.

판례도 간접손실을 헌법 제23조 제3항에서 규정한 손실보상의 대상이 된다고 보고 있다(대판 1999. 10. 8, 99다27231).

> **판례** 수산업협동조합이 수산물 위탁판매장을 운영하면서 위탁판매 수수료를 지급받아 왔고, 그 운영에 대하여는 구 수산자원보호령(1991. 3. 28. 대통령령 제13333호로 개정되기 전의 것) 제21조 제1항에 의하여 그 대상지역에서의 독점적 지위가 부여되어 있었는데, 공유수면매립사업의 시행으로 그 사업대상지역에서 어업활동을 하던 조합원들의 조업이 불가능하게 되어 일부 위탁판매장에서의 위탁판매사업을 중단하게 된 경우, 그로 인해 수산업협동조합이 상실하게 된 위탁판매수수료 수입은 사업시행자의 매립사업으로 인한 직접적인 영업손실이 아니고 간접적인 영업손실이라고 하더라도 피침해자인 수산업협동조합이 공공의 이익을 위하여 당연히 수인하여야 할 재산권에 대한 제한의 범위를 넘어 수산업협동조합의 위탁판매사업으로 얻고 있는 영업상의 재산이익을 본질적으로 침해하는 특별한 희생에 해당하고, 사업시행자는 공유수면매립면허 고시 당시 그 매립사업으로 인하여 위와 같은 영업손실이 발생한다는 것을 상당히 확실하게 예측할 수 있었고 그 손실의 범위도 구체적으로 확정할 수 있으므로, 위 위탁판매수수료 수입손실은 헌법 제23조 제3항에 규정한 손실보상의 대상이 되고, 그 손실에 관하여 구 공유수면매립법(1997. 4. 10. 법률 제5335호로 개정되기 전의 것) 또는 그 밖의 법령에 직접적인 보상규정이 없더라도 공공용지의 취득 및 손실보상에 관한 특례법 시행규칙상의 각 규정을 유추적용하여 그에 관한 보상을 인정하는 것이 타당하다(대판 1999. 10. 8, 99다27231[손해배상]).

생각건대, 간접손실도 적법한 공용침해로 인하여 예견되는 통상의 손실이고, 헌법 제23조 제3항을 손실보상에 관한 일반적 규정으로 보는 것이 타당하므로 간접손실보상을 헌법 제23조 제3항의 손실보상에 포함시키는 것이 타당하다.

(2) 법률적 근거

토지보상법 제79조 제 2 항은 "공익사업이 시행되는 지역 밖에 있는 토지 등이 공익사업의 시행으로 인하여 본래의 기능을 다할 수 없게 되는 경우에는 국토교통부령으로 정하는 바에 따라 그 손실을 보상하여야 한다"라고 간접손실보상의 원칙을 규정하며 간접손실보상의 기준, 내용 및 절차 등을 국토교통부령에 위임하고 있다.

이에 따라 동법 시행규칙은 제59조 이하에서 간접보상을 유형화하여 열거·규정하고 있다. 공익사업시행지구 밖의 대지 등에 대한 보상(동법 시행규칙 제59조), 공익사업시행지구 밖의 건축물에 대한 보상(제60조), 소수잔존자에 대한 보상(제61조), 공익사업시행지구 밖의 공작물 등에 대한 보상(제62조), 공익사업시행지구 밖의 어업의 피해에 대한 보상(제63조), 공익사업시행지구 밖의 영업손실에 대한 보상(제64조), 공익사업시행지구 밖의 농업의 손실에 대한 보상(제65조)이 그것이다.

또한, 토지보상법 제79조 제 1 항은 간접손실인 공사비용의 보상을 규정하고 있다.

5. 토지보상법령상의 간접손실보상의 내용과 문제점

토지보상법 제79조 제 1 항은 간접손실인 공사비용의 보상을 규정하고 있다. 그리고, 토지보상법 시행규칙은 다음과 같이 공익사업지구 밖의 토지 등에 대한 간접손실보상을 열거하여 규정하고 있다.

(1) 간접손실인 공사비의 보상

사업시행자는 공익사업의 시행으로 인하여 취득하거나 사용하는 토지(잔여지를 포함한다) 외의 토지에 통로·도랑·담장 등의 신설이나 그 밖의 공사가 필요할 때에는 그 비용의 전부 또는 일부를 보상하여야 한다. 다만, 그 토지에 대한 공사의 비용이 그 토지의 가격보다 큰 경우에는 사업시행자는 그 토지를 매수할 수 있다(제79조 제 1 항).

(2) 공익사업시행지구 밖의 대지 등에 대한 보상

공익사업시행지구 밖의 대지(조성된 대지를 말한다), 건축물, 분묘 또는 농지(계획조성된 유실수단지 및 죽림단지를 포함한다)가 공익사업의 시행으로 인하여 산지나 하천 등에 둘러싸여 교통이 두절되거나 경작이 불가능하게 된 경우에는 그 소유자의 청구에 의하여 이를 공익사업시행지구에 편입되는 것으로 보아 보상하여야 한다. 다만, 그 보상비가 도로 또는 도선시설의 설치비용을 초과하는 경우에는 도로 또는 도선시설을 설치함으로써 보상에 갈음할 수 있다(시행규칙 제59조).

그런데, 동 규정은 "교통이 두절되거나 경작이 불가능하게 된 경우"에 한하여 간접손실보상을 규정하고 있지만, 교통에 심히 장애가 생기거나 경작이 불가능하지는 않지만, 상당한 정도로 장애를 받아 특별한 희생이라고 볼 수 있는 경우에도 보상을 해 주는 것이 타당하다.

(3) 공익사업시행지구 밖의 건축물에 대한 보상

소유농지의 대부분이 공익사업시행지구에 편입됨으로써 건축물(건축물의 대지 및 잔여 농지를 포함한다)만이 공익사업시행지구 밖에 남게 되는 경우로서 그 건축물의 매매가 불가능하고 이주가 부득이한 경우에는 그 소유자의 청구에 의하여 이를 공익사업시행지구에 편입되는 것으로 보아 보상하여야 한다(제60조).

동 규정은 "건축물의 매매가 불가능하고 이주가 부득이한 경우"에 한하여 간접보상을 인정하고 있지만, 이주가 부득이하지는 않지만 생활에 상당한 불편이 있고 건축물의 가격이 상당히 하락하여 특별한 희생이라고 볼 수 있는 경우에도 보상을 해 주는 것이 타당하다.

(4) 소수잔존자에 대한 보상

소수잔존자보상(小數殘存者補償)이란 공공사업의 시행으로 인하여 동일한 마을 내의 대부분의 토지·건물이 수용됨으로써 그곳에 잔존하게 된 소수자가 생활환경상 불편을 겪게 된 경우에 그에 대하여 행해지는 보상을 말한다.

토지보상법 시행규칙은 공익사업의 시행으로 인하여 1개 부락의 주거용 건축물이 대부분 공익사업시행지구에 편입됨으로써 잔여 주거용 건축물 거주자의 생활환경이 현저히 불편하게 되어 이주가 부득이한 경우에는 당해 건축물 소유자의 청구에 의하여 그 소유자의 토지 등을 공익사업시행지구에 편입되는 것으로 보아 보상하여야 한다라고 규정하고 있다(제61조).

그러나, 이 이외에도 잔존자가 잔존을 희망하고, 생활상의 불편이 특별한 희생에 해당한다고 여겨지는 모든 경우에 그에 상응하는 보상이 행해져야 한다.

(5) 공익사업시행지구 밖의 공작물 등에 대한 보상

공익사업시행지구 밖에 있는 공작물(工作物) 등이 공익사업의 시행으로 인하여 그 본래의 기능을 다할 수 없게 되는 경우에는 그 소유자의 청구에 의하여 이를 공익사업시행지구에 편입되는 것으로 보아 보상하여야 한다(시행규칙 제62조).

(6) 공익사업시행지구 밖의 어업의 피해에 대한 보상

공익사업의 시행으로 인하여 당해 공익사업시행지구 인근에 있는 어업에 피해가 발생한 경우 사업시행자는 실제 피해액을 확인할 수 있는 때에 그 피해에 대하여 보상하여야 한다. 이 경우 실제 피해액은 감소된 어획량 및 『수산업법 시행령』〈별표 4〉의 평년수익액 등을 참작하여 평가한다(시행규칙 제63조 제1항). 제1항에 따른 보상액은 『수산업법 시행령』〈별표 4〉에 따른 어업권·허가어업 또는 신고어업이 취소되거나 어업면허의 유효기간이 연장되지 아니하는 경우의 보상액을 초과하지 못한다(시행규칙 제63조 제2항). 사업인정고시일 등 이후에 어업권의 면허를 받은 자 또는 어업의 허가를 받거나 신고를 한 자에 대하여는 제1항 및 제2항을 적용하지 아니한다(시행규칙 제63조 제3항).

　어업피해에 대한 간접손실보상의 특징은 공익사업 자체로 인하여 필연적으로 초래되는 어업손실 이외에도 공익사업의 시행으로 인하여 우연히 발생하는 피해, 즉 이론상 손해배상의 대상으로 보아야 하는 피해도 간접손실보상의 대상으로 하고 있다는 점이다.

(7) 공익사업시행지구 밖의 영업손실에 대한 보상

　공익사업시행지구 밖에서 토지보상법 시행규칙 제45조의 규정에 따른 영업손실의 보상대상이 되는 영업을 하고 있는 자가 공익사업의 시행으로 인하여 배후지의 3분의 2 이상이 상실되어 그 장소에서 영업을 계속할 수 없는 경우 및 진출입로의 단절, 그 밖의 부득이한 사유로 인하여 일정한 기간 동안 휴업하는 것이 불가피한 경우에는 그 영업자의 청구에 의하여 당해 영업을 공익사업시행지구에 편입되는 것으로 보아 보상하여야 한다(시행규칙 제64조 제1항). 이 경우 폐업 또는 휴업에 따른 보상을 행한다. 제1항에 불구하고 사업시행자는 영업자가 보상을 받은 이후에 그 영업장소에서 영업이익을 보상받은 기간 이내에 동일한 영업을 하는 경우에는 실제 휴업기간에 대한 보상금을 제외한 영업손실에 대한 보상금을 환수하여야 한다(시행규칙 제64조 제2항).

　공익사업시행지구 밖 영업손실보상의 요건인 '공익사업의 시행으로 인한 그 밖의 부득이한 사유로 일정기간 동안 휴업이 불가피한 경우'란 공익사업의 시행 또는 시행 당시 발생한 사유로 휴업이 불가피한 경우만을 의미하는 것이 아니라 공익사업의 시행 결과, 즉 그 공익사업의 시행으로 설치되는 시설의 형태·구조·사용 등에 기인하여 휴업이 불가피한 경우도 포함된다(대판 2019. 11. 28, 2018두227).

> **판례** [환경침해로 인한 보상금 등 청구 사건] 공익사업인 고속철도 건설사업 시행 후의 고속철도 운행에 따른 소음, 진동 등으로 인하여 고속철도 인근에서 양잠업을 영위하던 원고에게 발생한 손실에 관하여 공익사업을 위한 토지 등의 취득 및 보상에 관한 법률(이하 '토지보상법'이라고 한다) 관련 규정에 따라 손실보상청구를 할 수 있는지 여부(적극): (1) 공익사업시행지구 밖 영업손실보상의 특성과 헌법이 정한 '정당한 보상의 원칙'에 비추어 보면, 공익사업시행지구 밖 영업손실보상의 요건인 '공익사업의 시행으로 인한 그 밖의 부득이한사유로 일정 기간 동안 휴업이 불가피한 경우'란 공익사업의 시행 또는 시행 당시 발생한 사유로 휴업이 불가피한 경우만을 의미하는 것이 아니라 공익사업의 시행 결과, 즉 그 공익사업의 시행으로 설치되는 시설의 형태·구조·사용 등에 기인하여 휴업이 불가피한 경우도 포함된다고 해석함이 타당하다. (2) 토지보상법상 공익사업시행지구 밖 영업손실보상대상에 공익사업의 시행으로 설치되는 시설의 형태·구조·사용 등에 기인하여 발생한 손실도 포함된다고 판단하고, 이를 토대로 원고가 주장하는 토지보상법상 손실보상청구권이 성립하였고 그에 관한 쟁송이 공법상 당사자소송 절차에 의하여야 한다고 본 원심의 결론을 수긍하여 상고기각한 사례(대판 2019. 11. 28, 2018두227).

'배후지'란 '당해 영업의 고객이 소재하는 지역'을 의미한다(대판 2013. 6. 14, 2010다 9658).

그러나, 공익사업의 시행으로 인하여 배후지의 3분의 2 미만이 상실된 경우에도 당해 장소에서 종전의 영업을 계속할 수 없는 경우가 있을 수 있고, 배후지의 3분의 2 미만이 상실된 경우에도 당해 장소에서 종전의 영업을 계속할 수 있지만 영업이 축소될 수 있는데 이 경우의 영업손실은 토지보상법 시행규칙 제64조에 의해 보상되지 않는 문제가 있다.

> **판례1** 구 공공용지의 취득 및 손실보상에 관한 특례법 시행규칙 제23조의5에서의 '배후지'란 '당해 영업의 고객이 소재하는 지역'을 의미한다고 풀이되고, 공공사업 시행지구 밖에서 영업을 영위하여 오던 사업자에게 공공사업의 시행 후에도 당해 영업의 고객이 소재하는 지역이 그대로 남아 있는 상태에서 그 고객이 공공사업의 시행으로 설치된 시설 등을 이용하고 사업자가 제공하는 시설이나 용역 등은 이용하지 않게 되었다는 사정은 여기서 말하는 '배후지의 상실'에 해당한다고 볼 수 없다(대판 2013. 6. 14, 2010다9658).

> **판례2** [1] 공익사업시행지구 밖 영업손실보상의 특성: 공익사업시행지구 밖의 영업손실은 공익사업의 시행과 동시에 발생하는 경우도 있지만, 공익사업에 따른 공공시설의 설치공사 또는 설치된 공공시설의 가동·운영으로 발생하는 경우도 있어 그 발생원인과 발생시점이 다양하므로, 공익사업시행지구 밖의 영업자가 발생한 영업상 손실의 내용을 구체적으로 특정하여 주장하지 않으면 사업시행자로서는 영업손실보상금 지급의무의 존부와 범위를 구체적으로 알기 어려운 특성이 있다(대판 2019. 11. 28, 2018두227).

(8) 공익사업시행지구 밖의 농업의 손실에 대한 보상

경작하고 있는 농지의 3분의 2 이상에 해당하는 면적이 공익사업시행지구에 편입됨으로 인하여 당해 지역(시행령 제26조 제1항 각호의 1의 지역을 말한다)에서 영농을 계속할 수 없게 된 농민에 대하여는 공익사업시행지구 밖에서 그가 경작하고 있는 농지에 대하여도 제48조 제1항 내지 제3항 및 제4항 제2호의 규정에 의한 영농손실액을 보상하여야 한다(시행규칙 제65조).

그러나, 영농을 계속할 수는 있지만, 수입이 상당히 감소하는 경우에도 손실보상을 해 주어야 하는 것이 타당하다.

(9) 차액보상의 불인정

토지보상법 시행규칙 제59조, 제60조, 제61조, 제62조는 해당 간접손실을 보상함에 있어 "소유자의 청구에 의하여 이를 공익사업시행지구 안에 편입되는 것으로 보아 보상한다"라고 규정하고 있다. 이 규정에 의하면 매수보상만을 인정하고, 차액보상을 인정하지 않게 되는 문제가 있다. 간접손실을 받은 자가 차액보상만을 원하는 경우에도 이것이 가능하지 않고, 매수보상을 받거나 아니면 보상을 포기하여야 하는 결과가 된다.

6. 간접손실 보상청구절차 및 방법

사업시행자는 제79조 제 2 항에 따른 보상이 필요하다고 인정하는 경우에는 제15조에 따라 보상계획을 공고하는 때에 보상을 청구할 수 있다는 내용을 포함하여 공고하거나 대통령령으로 정하는 바에 따라 제 2 항에 따른 보상에 관한 계획을 공고하여야 한다(제79조 제 3 항).

제 1 항 단서에 따라 취득하는 토지에 대한 구체적인 보상액 산정 및 평가방법 등에 대하여는 제70조·제75조·제76조·제77조·제78조(이주대책의 수립 등) 제 4 항, 같은 조 제 6 항 및 제 7 항을 준용한다(제79조 제 7 항).

제79조 제 1 항 및 제 2 항에 따른 비용 또는 손실이나 토지의 취득에 대한 보상은 사업시행자와 손실을 입은 자가 협의하여 결정한다(제80조 제 1 항).

제 1 항의 규정에 의한 협의가 성립되지 아니하였을 때에는 사업시행자 또는 손실을 입은 자는 대통령령이 정하는 바에 따라 관할 토지수용위원회에 재결을 신청할 수 있다(제80조 제 2 항).

7. 불복방법

간접손실의 보상은 해당 사업의 공사완료일부터 1년이 지난 후에는 청구할 수 없다(제79조 제 5 항, 제73조 제 2 항). 이 청구기간이 지난 경우에는 전술한 바와 같이 손해배상을 청구할 수 있다.

간접손실의 보상은 토지수용위원회의 재결에 의해 결정되고(제80조 제 2 항), 사업시행지구 밖의 토지 등을 공익사업시행지구에 편입된 것으로 보고 보상한다고 규정하고 있으므로 간접손실보상의 가부와 보상액에 관한 다툼은 명시적 규정은 없지만 토지보상법상의 이의신청 또는 행정소송으로 하여야 하는 것으로 보아야 한다(제83조, 제85조).

8. 보상규정의 흠결과 권리구제

(1) 보상규정의 흠결

토지보상법 시행규칙에 정해진 간접손실보상 이외에도 보상규정이 없는 간접손실이 존재한다는 것은 전술한 바와 같다. 또한, 공익사업으로 사업시행지 밖의 토지소유자에게 발생하는 손실에는 공익사업지 내의 토지의 수용으로 인한 손실, 공익사업 시행을 위한 공사로 인한 손실 및 공익사업의 운영으로 인한 손실이 있는데, 토지보상법 시행규칙은 주로 첫째 유형의 간접손실을 규정하고 있고, 둘째 유형의 간접손실로는 공익사업시행지구 밖의 어업의 피해를 규정하고 있을 뿐, 세 번째 유형에 대하여는 원칙상 규정하고 있지 않다. 토지보상법은 세 번째 유형은 간접손실로 보지 않는 것으로 보인다. 왜냐하면 간접손실보상의 청구는 해당 사업의 공사완료일부터 1년이 지난 후에는 할 수 없다고 규정하고 있기 때문이다(제79조 제 5 항, 제73조 제 2 항).

토지보상법 시행규칙의 규정이 제한적 열거인가, 예시적 열거인가에 관하여 논란이 있을 수 있는데, 다음과 같은 이유에서 동법 시행규칙의 간접손실의 보상에 관한 규정을 제한적 열거규정이 아니라 예시적 열거규정으로 보는 것이 타당하다. ① 만일 동법 시행규칙의 간접손실의 보상에 관한 규정을 제한적 열거규정으로 본다면 이는 재산권 보장 및 평등원칙에 위반하여 위헌이 된다. ② 후술하는 바와 같이 토지보상법 제79조 제 4 항은 기타 손실의 보상에 관한 일반적 근거조항을 두고 있다(반대견해 있음).

(2) 보상규정이 결여된 간접손실의 보상근거

보상규정이 없는 간접손실의 보상 여부 및 보상근거가 없는 간접손실의 보상근거에 관하여 다음과 같이 견해가 대립하고 있다.

1) 보상부정설

토지보상법 시행규칙 제59조 이하의 간접보상규정을 제한적 열거규정으로 보고, 동 규정에 의해 간접보상의 문제가 전부 해결된 것으로 보며 동 규정에서 규정하지 않은 간접손실은 보상의 대상이 되지 않는다고 보는 견해이다.

이 견해에 대하여는 동법 시행규칙의 간접손실에 대한 보상규정이 간접보상을 망라하고 있다고 볼 수는 없고, 간접손실을 보상하지 않는 것은 재산권 보장규정과 평등원칙에 반하여 위헌이라는 비판이 가능하다.

2) 유추적용설

구 법하에서 대법원은 간접손실에 대한 보상규정이 없는 경우 기존의 『공공용지의 취득 및 손실보상에 관한 특례법』상의 보상규정을 유추적용하여 보상할 수 있다고 보았다. 즉, 공공사업의 시행 결과 공공사업의 기업지 밖에서 발생한 간접손실에 대하여 사업시행자와 협의가 이루어지지 아니하고, 그 보상에 관한 명문의 법령이 없는 경우, 피해자는 공공용지의 취득 및 손실보상에 관한 특례법 시행규칙상의 손실보상에 관한 규정을 유추적용하여 사업시행자에게 보상을 청구할 수 있다고 보았다.

판례1 공공사업의 시행 결과 그 공공사업의 시행이 기업지 밖에 미치는 간접손실에 관하여 그 피해자와 사업시행자 사이에 협의가 이루어지지 아니하고 그 보상에 관한 명문의 근거 법령이 없는 경우라고 하더라도, 헌법 제23조 제 3 항은 "공공필요에 의한 재산권의 수용·사용 또는 제한 및 그에 대한 보상은 법률로써 하되, 정당한 보상을 지급하여야 한다"고 규정하고 있고, 이에 따라 국민의 재산권을 침해하는 행위 그 자체는 반드시 형식적 법률에 근거하여야 하며, 토지수용법 등의 개별 법률에서 공익사업에 필요한 재산권 침해의 근거와 아울러 그로 인한 손실보상 규정을 두고 있는 점, 공공용지의 취득 및 손실보상에 관한 특례법 제 3 조 제 1 항은 "공공사업을 위한 토지 등의 취득 또는 사용으로 인하여 토지 등의 소유자가 입은 손실은 사업시행자가 이를 보상하여야 한다"고 규정하고, 같은 법 시행규칙 제23조의2 내지 7에서 공공사업시행지구 밖에 위치한 영업과 공작물 등에 대한 간접손실에 대하여도 일정한 조건하에서 이를 보상하도록 규정하고 있는 점에 비추어, 공공사업의 시행으로 인하여 그러한 손실이 발생하리라는 것을 쉽게 예견할 수 있고 그 손실의 범위도 구체적으로 이를 특정할 수 있는 경우라면 그 손실의 보상에 관하여 공공용지의 취득 및 손실보상에 관한 특례법 시행규칙의 관련 규정 등을 유추적용할 수 있다고 해석함이 상당하다(대판 1999. 10. 8, 99다27231: 공유수면매립사업으로 인하여 수산업협동조합이 관계 법령에 의하여 대상지역에서의 독점적 지위가 부여되어 있던 위탁판매사업을 중단하게 된 경우, 그로 인한 위탁판매수수료 수입 상실에 대하여 공공용지의 취득 및 손실보상에 관한 특례법 시행규칙을 유추적용하여 손실보상을 하여야 한다고 한 사례).

판례2   적법한 어업허가를 받고 허가어업에 종사하던 중 공유수면매립사업의 시행으로 피해를 입게 되는 어민들이 있는 경우 그 공유수면매립사업의 시행자로서는 위 구 공공용지의 취득 및 손실보상에 관한 특례법 시행규칙(1991. 10. 28. 건설부령 제493호로 개정되기 전의 것) 제25조의2의 규정을 유추적용하여 위와 같은 어민들에게 손실보상을 하여 줄 의무가 있다(대판 1999. 11. 23, 98다11529[손해배상(기)]).

현행법하에서도 보상규정이 결여된 간접손실에 대하여 헌법 제23조 제 3 항 및 토지보상법령상의 간접손실보상에 관한 규정을 유추적용하여 그 손실보상을 청구할 수 있다고 볼 수 있다.

3) 헌법 제23조 제 3 항의 직접적용설

손실보상에 관하여 헌법 제23조 제 3 항의 직접효력을 인정하고, 간접손실도 제23조 제 3 항의 손실보상의 범위에 포함된다고 본다면 보상규정이 없는 간접손실에 대하여는 헌법 제23조 제 3 항에 근거하여 보상청구권이 인정된다고 볼 수 있다.

4) 평등원칙 및 재산권보장규정근거설

공적 부담 앞의 평등원칙 및 재산권 보장규정이 손실보상의 직접적 근거가 될 수 있다면 간접손실도 헌법상 평등원칙 및 재산권 보장규정에 근거하여 보상해 주어야 한다. 간접손실도 공익사업이 직접 원인이 되어 발생한 손실이라고 볼 수 있으므로 직접손실과 달리 볼 이유는 없다.

5) 수용적 침해이론

간접손실을 수용적 침해로 보고 독일법상의 수용적 침해이론을 적용하여 구제해 주어야 한다는 견해이다. 그러나, 독일법상의 수용적 침해이론은 독일 관습법상의 희생보상청구권에 근거하는 것인데, 우리나라에는 그러한 관습상 권리가 존재하지 아니하므로 독일법상의 수용적 침해이론을 간접손실에 대한 손실보상의 법적 근거로 볼 수는 없다.

또한, 우리나라의 실정법은 독일과 달리 간접손실보상을 인정하고 있으므로 간접손실을 인정하지 않고 수용적 침해로 보는 것은 타당하지 않다.

6) 손해배상설

간접손실에 대하여 명문의 보상규정이 없는 경우에는 손해배상을 청구하여야 한다는 견해이다.

그러나, 간접손실은 위법한 손해가 아니고, 만일 보상규정을 두지 않고 간접손실을 야기한 것이 위법이라고 하더라도 과실을 인정하기 어려워 손해배상을 인정하기 어렵다는 문제가 있다.

7) 행정입법부작위위헌설

토지보상법 제79조 제2항은 간접손실 보상의 원칙을 규정하면서 간접손실 보상의 기준 및 내용을 국토교통부령에 위임하고 있으므로 토지보상법 시행규칙에서 간접손실 보상을 규정하여야 할 행정입법의무가 있고, 간접손실 보상을 규정하고 있지 않는 것은 위법한 행정입법부작위에 해당하고, 이에 대해 행정입법부작위 위법의 확인을 구하는 헌법소원을 제기할 수 있다는 견해이다.

8) 판 례

판례는 간접손실을 헌법 제23조 제3항에 규정한 손실보상의 대상이 된다고 보고, 간접손실보상규정을 유추적용하여 그에 관한 보상을 인정하는 것이 타당하다고 본다(실정법령유추적용설). 이 견해의 문제점은 유추적용할 간접손실보상규정이 없는 경우 간접손실보상이 인정될 수 없다는 점이다.

> **판례1** 간접손실(위탁판매수수료 수입손실)은 헌법 제23조 제3항에 규정한 손실보상의 대상이 되고, 그 손실에 관하여 구 공유수면매립법 또는 그 밖의 법령에 직접적인 보상규정이 없더라도 공공용지의 취득 및 손실보상에 관한 특례법 시행규칙상의 각 규정을 유추적용하여 그에 관한 보상을 인정하는 것이 타당하다(대판 1999. 10. 8, 99다27231[손해배상(기)]).
>
> **판례2** 면허를 받아 도선사업을 영위하던 甲 농협협동조합이 연륙교 건설 때문에 항로권을 상실하였다며 연륙교 건설사업을 시행한 지방자치단체를 상대로 구 공공용지의 취득 및 손실보상에 관한 특례법 시행규칙(2002. 12. 31. 건설교통부령 제344호 공익사업을 위한 토지 등의 취득 및 보상에 관한 법률 시행규칙 부칙 제2조로 폐지) 제23조, 제23조의6 등을 유추적용하여 손실보상할 것을 구한 사안에서, 항로권은 구 공공용지의 취득 및 손실보상에 관한 특례법(2002. 2. 4. 법률 제6656호 공익사업을 위한 토지 등의 취득 및 보상에 관한 법률 부칙 제2조로 폐지) 등 관계 법령에서 간접손실의 대상으로 규정하고 있지 않고, 항로권의 간접손실에 대해 유추적용할 만한 규정도 찾아볼 수 없으므로, 위 항로권은 도선사업의 영업권 범위에 포함하여 손실보상 여부를 논할 수 있을 뿐 이를 손실보상의 대상이 되는 별도의 권리라고 할 수 없다고 한 사례(대판 2013. 6. 14, 2010다9658). 〈해설〉 실정법령 유추적용설을 취한 판례이다.

그리고, 신설된 공항에서의 항공기소음으로 인한 피해 등 수용의 목적인 공익사업의 정상적인 운영으로 인한 손실은 이론상 수용적 침해 또는 간접손실로 볼 수도 있는데, 전술한 바와 같이 대법원은 영조물의 설치·관리의 하자로 인한 손해배상의 문제로 보고 있다. 즉, 항공기소음이 수인한도를 넘는 경우 영조물의 설치·관리의 하자로 인한 손해배상책임을 인정하고 있다.

판례에 따르면 관련 규정 등을 유추적용하여 보상할 수 있는 간접손실에 대한 보상청구권은 공법상의 권리가 아니라 사법상의 권리이고, 그 보상을 청구하려는 자는 사업시행자가 보상청구를 거부하거나 보상금액을 결정한 경우라도 이에 대하여 행정소송을 제기할 것이 아니라, 사업시행자를 상대로 민사소송으로 직접 손실보상금 지급청구를 하여야 한다(대판 1999. 6. 11, 97다56150 등).

> **판례**　(1) 공공용지의취득및손실보상에관한특례법시행규칙의 관련 규정 등을 유추적용하여 보상할 수 있는 간접손실은 사법상의 권리인 영업권 등에 대한 손실을 본질적 내용으로 하고 있는 것으로서 그 보상청구권은 공법상의 권리가 아니라 사법상의 권리이고, 그 보상금의 결정 방법, 불복절차 등에 관하여 아무런 규정도 마련되어 있지 아니하므로, 그 보상을 청구하려는 자는 사업시행자가 보상청구를 거부하거나 보상금액을 결정한 경우라도 이에 대하여 행정소송을 제기할 것이 아니라, 사업시행자를 상대로 민사소송으로 직접 손실보상금 지급청구를 하여야 한다. (2) 사업시행자가 택지개발사업을 시행하면서 그 구역 내의 농지개량조합 소유 저수지의 몽리답을 취득함으로써 사업시행구역 외에 위치한 저수지가 기능을 상실하고, 그 기능상실에 따른 손실보상의 협의가 이루어지지 않은 경우, 공공용지의취득및손실보상에관한특례법시행규칙 제23조의6을 유추적용하여 사업시행자를 상대로 민사소송으로서 그 보상을 청구할 수 있다고 본 사례(대판 1999. 6. 11, 97다56150).

9) 결　　어

토지보상법 제79조 제 4 항을 공익사업에 따른 손실보상의 일반근거조항으로 보고 토지보상법 제79조 제 4 항에 근거하여 간접손실보상을 청구할 수 있다고 보는 것이 타당하다. 만일 토지보상법 제79조 제 4 항을 공익사업에 따른 손실보상의 일반근거조항으로 보지 않는다면 간접보상도 손실보상에 포함되는 점 및 권리구제의 실효성을 고려하여 헌법 제23조 제 3 항의 직접효력을 인정하고 직접 이에 근거하여 간접손실의 보상을 청구할 수 있다고 보는 견해가 타당하다.

Ⅳ. 생활보상 [2005 행시(재경직) 약술, 2004·1993 감평 약술]

1. 생활보상의 의의

생활보상은 피수용자가 종전과 같은 생활을 유지할 수 있도록 실질적으로 보장하는 보상을 말한다. 생활보상은 **생활재건조치**라고도 한다.

생활보상과 생활권보상을 동의어로 보는 것이 일반적 견해이다. 그러나, 생활보상이라는 용어를 생활권보상이라는 용어와 구별하여 사용하는 것이 타당하다. 생활권을 재산권에 대응하여 보상의 대상이 되는 독자적인 권리로 보면서 생활권보상은 보상의 대상의 문제로 보고, 생활보상은 보상의 이념 및 방식으로 보는 것이 타당하다.

그리고, 생활보상과 생활보장을 구별하여야 한다. 생활보상은 보상의 한 방식인 반면에 생활보장은 인간다운 생활을 할 권리에 근거한 것으로 보상과는 구별되는 것이다. 그러나, 현행법상 생활보상에는 생활보장적 성격의 것도 포함되어 있는 경우가 적지 않다.

생활보상은 종전과 같은 생활을 유지할 수 있도록 하는 보상을 보상의 기준으로 삼는 보상이라는 점에서는 보상기준과 내용의 문제이지만, 이주대책 및 생계대책 등 현금보상의 예외가 되는 점에서 보상의 방법의 문제도 된다.

2. 생활보상의 필요성

생활보상이라는 개념은 재산권에 대한 금전보상의 한계가 노정되면서 등장하였다. 즉, 대규모 공공사업을 위한 수용이 행해짐에 따라 손실보상금으로 종전과 같은 토지 및 주택을 구입하는 것이 어렵게 되고, 특히 손실보상금이 적은 경우에는 그 손실보상금으로 종전과 같은 생활을 유지하기 어렵게 되었다. 따라서, 피수용자가 종전과 같은 생활을 유지할 수 있도록 실질적인 보상이 행해져야 할 필요성이 제기되었다. 이러한 필요성에 응하기 위하여 생활보상 관념이 등장하였다.

3. 생활보상의 근거

(1) 정당보상설

생활보상도 정당보상에 포함되는 것으로 보는 견해이다. 이 견해 중에는 완전보상설에 입각하면서 완전보상의 의미를 수용이 행해지기 전의 상태와 유사한 생활상태를 실현할 수 있도록 하는 보상으로 이해하고, 생활보상도 완전보상의 내용이라고 보는 견해(유해웅)와 상당보상설에 입각하면서 정당보상의 개념에는 공익사업으로부터의 희생에 대한 사회조절적 보상이 포함된다고 하면서 생활보상은 정당보상의 범주 내에 포함된다고 보는 견해(김해룡)가 있다.

(2) 생존권설(헌법 제34조설)

생활보상은 인간다운 생활을 할 권리를 규정하고 있는 헌법 제34조에 근거하여 인정되는 것으로 보고, 헌법 제23조 제 3 항의 정당보상의 범위에 포함되지 않는다고 본다(김동희).

(3) 통일설(헌법 제23조·제34조 결합설)

생활보상을 정당보상에 포함되는 것으로 보면서도 생활보상이 경제적 약자에 대한 생존배려의 관점에서 행해지는 것이므로 생활보상은 헌법 제23조 제 3 항과 제34조에 동시에 근거하는 것으로 보는 견해이다(류지태·박종수).

(4) 판   례

판례는 통일설에 입각하고 있다. 다만, 주거용 건축물의 세입자에 대한 주거이전비와 이사비는 사회보장적 성격의 금원으로 본다.

판례1 **공공용지의 취득 및 손실보상에 관한 특례법 소정의 이주대책의 제도적 취지:** 공공용지의 취득 및 손실보상에 관한 특례법상의 이주대책은 공공사업의 시행에 필요한 토지 등을 제공함으로 인하여 생활의 근거를 상실하게 되는 이주자들을 위하여 사업시행자가 기본적인 생활시설이 포함된 택지를 조성하거나 그 지상에 주택을 건설하여 이주자들에게 이를 그 투입비용 원가만의 부담하에 개별 공급하는 것으로서, 그 본래의 취지에 있어 이주자들에 대하여 종전의 생활상태를 원상으로 회복시키면서 동시에 인간다운 생활을 보장하여 주기 위한 이른바 생활보상의 일환으로 국가의 적극적이고 정책적인 배려에 의하여 마련된 제도라 할 것이다(대판 2003. 7. 25, 2001다57778[손해배상(기)]).

판례2 또한, 대법원 판례는 토지보상법 제78조 제 5 항 및 같은 법 시행규칙 제54조 제 2 항, 제55조 제 2 항의 각 규정에 의하여 공익사업의 시행으로 인하여 이주하는 주거용 건축물의 세입자에게 지급되는 주거이전비와 이사비의 법적 성격을 "당해 공익사업 시행지구 안에 거주하는 세입자들의 조기이주를 장려하여 사업추진을 원활하게 하려는 정책적인 목적과 주거이전으로 인하여 특별한 어려움을 겪게 될 세입자들을 대상으로 하는 사회보장적인 차원에서 지급하는 금원의 성격을 갖는다 할 것"이라 하고 있다(대판 2006. 4. 27, 2006두2435[주거이전비 및 이사비지급청구]).

대법원 전원합의체 판결의 소수견해로 정당보상설이 제기된 바 있다.

판례 공공용지의 취득 및 손실보상에 관한 특례법 제 8 조 제 1 항의 이주대책은 사업시행자가 이주자에 대한 은혜적인 배려에서 임의적으로 수립 시행해 주는 것이 아니라 이주자에 대하여 종전의 재산상태가 아닌 생활상태로 원상회복시켜 주기 위한 생활보상의 일환으로 마련된 제도로서, 헌법 제23조 제 3 항이 규정하는 손실보상의 한 형태라고 보아야 한다(대판 전원합의체 1994. 5. 24, 92다35783에서의 반대의견에 대한 보충의견).

최근 정당보상설을 취한 판례가 있다.

판례 [1] 생활대책에 관한 분명한 근거 규정을 두고 있지는 않으나(토지보상법 제78조 제 1 항은 이주대책과 이주정착금의 지급만 규정하고 있음), 사업시행자 스스로 공익사업의 원활한 시행을 위하여 필요하다고 인정함으로써 생활대책을 수립·실시할 수 있도록 하는 내부규정을 두고 있고 내부규정에 따라 생활대책대상자 선정기준을 마련하여 생활대책을 수립·실시하는 경우에는, 이러한 생활대책 역시 … 헌법 제23조 제 3 항에 따른 정당한 보상에 포함되는 것으로 보아야 한다. 따라서 이러한 생활대책대상자 선정기준에 해당하는 자는 사업시행자에게 생활대책대상자 선정 여부의 확인·결정을 신청할 수 있는 권리를 가지는 것이어서, 만일 사업시행자가 그러한 자를 생활대책대상자에서 제외하거나 선정을 거부하면, 그 거부는 처분이므로 이러한 생활대책대상자 선정기준에 해당하는 자는 사업시행자를 상대로 항고소송을 제기할 수 있다고 보는 것이 타당하다. [2] 뉴타운개발 사업시행자가 사업시행으로 생활근거 등을 상실하는 주민들을 위한 주거대책 및 생활대책을 공고함에 따라 화훼도매업을 하던 갑이 사업시행자에게 생활대책신청을 하였으나, 사업시행자가 갑은 위 주거대책 및 생활대책에서 정한 '이주대책 기준일 3개월 이전부터 사업자등록을 하고 영업을 계속한 화훼영업자'에 해당하지 않는다는 이유로 화훼용지 공급대상자에서 제외한 사안에서, 사업시행자의 거부행위가 행정처분에 해당한다고 본 원심판단을 정당하다고 한 사례(대판 2011. 10. 13, 2008두17905[상가용지공급대상자적격처분취소등]).

그러나, 헌법재판소는 생존권설에 근거한 것으로 본다(헌재 2006. 2. 23, 2004헌마19).

(5) 결어(이론상 정당보상설, 현행법령상 통일설)

이론상 완전보상을 피수용자가 종전과 같은 생활을 유지하도록 하는 보상을 의미한다고 이해하고, 생활보상을 피수용자가 종전과 같은 생활을 유지할 수 있도록 하는 것을 보장하는 보상을 의미한다고 보면 생활보상은 완전보상을 의미한다고 보는 것이 타당하다. 또한, 보상과 생활보장을 구별하여야 한다는 점에서도 그러하다. 이론상 생활보장은 생활보상과 별도의 법령에서 규정하는 것이 타당하다.

다만, 현행실정법령상에서는 생활보상과 생활보장이 명확히 구분되지 않고 생활보상의 내용이 정당보상의 범주를 넘어 생활보장을 포함하는 경우가 적지 않다. 이 경우 정당보상을 넘는 한도 내에서는 헌법 제34조에 근거하고 있는 것으로 보아야 한다. 따라서 현행법령에서는 통일설이 타당하다.

생활보상은 입법정책적인 것으로 보는 것이 일반적 견해이다. 그러나, 생활보상을 정당보상의 원칙에 근거하는 것이라는 견해에 의할 때 금전보상만으로 종전과 같은 생활을 유지하는 것이 심히 어려운 경우에는 생활보상이 헌법원칙인 정당보상의 원칙상 요구되는 의무적인 것으로 볼 수도 있을 것이다.

4. 생활보상의 종류와 내용

(1) 생활보상의 종류

1) 주거대책과 생계대책

이주대책이 진정한 생활보상이 되기 위하여는 주거대책에 그쳐서는 아니 되고 생계대책을 포함하여야 한다.

그런데, 실정법령상 이주대책이라는 개념이 주거대책만을 의미하는 경우도 있고, 주거대책과 생활대책을 포함하는 것으로 사용되는 경우도 있다. 후자의 의미로 쓰는 것이 타당하다.

2) 일반생활재건조치와 특별생활재건조치

생활보상을 일반적인 생활재건조치와 경제적 약자에 대한 특별한 생활재건조치로 나누는 것도 타당하다. 일반적 생활재건조치는 손실보상의 범위 및 방법의 문제이고, 재산권보상을 포함하여 금전보상을 대체하는 수단인 경우도 있다. 경제적 약자에 대한 특별한 생활재건조치는 피수용자 일반에 대하여 행해지는 것이 아니라 경제적 약자에 한하여 주어지는 생활보상으로서 생활보장적 성격을 갖는 생활보상이다.

3) 일반법상 생활보상과 개별법상 생활보상

생활보상 중 이주대책과 같이 법률에 의해 일반적으로 인정된 것도 있지만, 대체로 개별 법률에서 생활보상의 종류와 그 내용을 정하고 있다. 따라서, 특별한 이유 없이 법률에 따라 생활보상의 종류와 내용이 다른 경우도 있다.

(2) 생활보상의 내용

1) 주거대책

주거대책이라 함은 피수용자가 종전과 같은 주거를 획득하는 것을 보장하는 보상을 말한다. 주거대책으로는 이주정착지의 조성과 분양, 이주정착금지급, 주거이전비의 보상, 공영주택의 알선, 국민주택자금의 지원 등을 들 수 있다.

가. 토지보상법상 이주대책 [2009, 2017 감평 사례, 2007 사시 사례]

(가) 이주대책의 의의	(바) 이주대책대상자의 법적 지위
(나) 이주대책의 수립의무	가) 법상의 이주대책대상자의 이주대책계획
(다) 이주대책수립자	수립청구권
(라) 이주대책대상자	나) 이주대책대상자의 수분양권 등 특정한
(마) 이주대책의 내용	실체법상의 권리의 취득

토지보상법 제78조 및 동법 시행령 제40조는 이주대책에 대하여 아래와 같이 규정하고 있다.

> **토지보상법 제78조(이주대책의 수립 등)**
> ① 사업시행자는 공익사업의 시행으로 인하여 주거용 건축물을 제공함에 따라 생활의 근거를 상실하게 되는 자(이하 "이주대책대상자"라 한다)를 위하여 대통령령으로 정하는 바에 따라 이주대책을 수립·실시하거나 이주정착금을 지급하여야 한다.
>
> **토지보상법 시행령 제40조(이주대책의 수립·실시)**
> ① 사업시행자가 법 제78조 제1항에 따른 이주대책(이하 "이주대책"이라 한다)을 수립하려는 경우에는 미리 그 내용을 같은 항에 따른 이주대책대상자(이하 "이주대책대상자"라 한다)에게 통지하여야 한다.
> ② 이주대책은 국토교통부령으로 정하는 부득이한 사유가 있는 경우를 제외하고는 이주대책대상자 중 이주정착지에 이주를 희망하는 자의 가구 수가 10호(戶) 이상인 경우에 수립·실시한다. 다만, 사업시행자가 「택지개발촉진법」 또는 「주택법」 등 관계 법령에 따라 이주대책대상자에게 택지 또는 주택을 공급한 경우(사업시행자의 알선에 의하여 공급한 경우를 포함한다)에는 이주대책을 수립·실시한 것으로 본다.
> ③ 법 제4조 제6호 및 제7호에 따른 사업(이하 이 조에서 "부수사업"이라 한다)의 사업시행자는 다음 각 호의 요건을 모두 갖춘 경우 부수사업의 원인이 되는 법 제4조 제1호부터 제5호까지의 규정에 따른 사업(이하 이 조에서 "주된사업"이라 한다)의 이주대책에 부수사업의 이주대책을 포함하여 수립·실시하여 줄 것을 주된사업의 사업시행자에게 요청할 수 있다. 이 경우 부수사업 이주대책대상자의 이주대책을 위한 비용은 부수사업의 사업시행자가 부담한다. <신설 2018. 4. 17.>
> 1. 부수사업의 사업시행자가 법 제78조 제1항 및 이 조 제2항 본문에 따라 이주대책을 수립·실시하여야 하는 경우에 해당하지 아니할 것
> 2. 주된사업의 이주대책 수립이 완료되지 아니하였을 것
> ④ 제3항 각 호 외의 부분 전단에 따라 이주대책의 수립·실시 요청을 받은 주된사업의 사업시행자는 법 제78조 제1항 및 이 조 제2항 본문에 따라 이주대책을 수립·실시하여야 하는 경우에 해당하지 아니하는 등 부득이한 사유가 없으면 이에 협조하여야 한다. <신설 2018. 4. 17.>

⑤ 다음 각 호의 어느 하나에 해당하는 자는 이주대책대상자에서 제외한다. <개정 2016. 1. 6, 2018. 4. 17.>

1. 허가를 받거나 신고를 하고 건축 또는 용도변경을 하여야 하는 건축물을 허가를 받지 아니하거나 신고를 하지 아니하고 건축 또는 용도변경을 한 건축물의 소유자

2. 해당 건축물에 공익사업을 위한 관계 법령에 따른 고시 등이 있은 날부터 계약체결일 또는 수용재결일까지 계속하여 거주하고 있지 아니한 건축물의 소유자. 다만, 다음 각 목의 어느 하나에 해당하는 사유로 거주하고 있지 아니한 경우에는 그러하지 아니하다.

가. 질병으로 인한 요양

나. 징집으로 인한 입영

다. 공무

라. 취학

마. 해당 공익사업지구 내 타인이 소유하고 있는 건축물에의 거주

바. 그 밖에 가목부터 라목까지에 준하는 부득이한 사유

3. 타인이 소유하고 있는 건축물에 거주하는 세입자. 다만, 해당 공익사업지구에 주거용 건축물을 소유한 자로서 타인이 소유하고 있는 건축물에 거주하는 세입자는 제외한다.

⑥ 제 2 항 본문에 따른 이주정착지 안의 택지 또는 주택을 취득하거나 같은 항 단서에 따른 택지 또는 주택을 취득하는 데 드는 비용은 이주대책대상자의 희망에 따라 그가 지급받을 보상금과 상계(相計)할 수 있다. <개정 2018. 4. 17.>

토지보상법 시행령 제41조(이주정착금의 지급)

사업시행자는 법 제78조 제 1 항에 따라 다음 각 호의 어느 하나에 해당하는 경우에는 이주대책대상자에게 국토교통부령으로 정하는 바에 따라 이주정착금을 지급해야 한다. <개정 2021. 11. 23.>

1. 이주대책을 수립·실시하지 아니하는 경우

2. 이주대책대상자가 이주정착지가 아닌 다른 지역으로 이주하려는 경우

3. 이주대책대상자가 공익사업을 위한 관계 법령에 따른 고시 등이 있은 날의 1년 전부터 계약체결일 또는 수용재결일까지 계속하여 해당 건축물에 거주하지 않은 경우

4. 이주대책대상자가 공익사업을 위한 관계 법령에 따른 고시 등이 있은 날 당시 다음 각 목의 어느 하나에 해당하는 기관·업체에 소속(다른 기관·업체에 소속된 사람이 파견 등으로 각 목의 기관·업체에서 근무하는 경우를 포함한다)되어 있거나 퇴직한 날부터 3년이 경과하지 않은 경우

가. 국토교통부

나. 사업시행자

다. 법 제21조 제 2 항에 따라 협의하거나 의견을 들어야 하는 공익사업의 허가·인가·승인 등 기관

라. 공익사업을 위한 관계 법령에 따른 고시 등이 있기 전에 관계 법령에 따라 실시한 협의, 의견청취 등의 대상자였던 중앙행정기관, 지방자치단체, 「공공기관의 운영에 관한 법률」 제 4 조에 따른 공공기관 및 「지방공기업법」에 따른 지방공기업

(가) 이주대책의 의의   이주대책이란 공익사업의 시행으로 인하여 생활의 근거를 상실하게 되는 자(이하 '이주대책대상자'라 한다)를 종전과 같은 생활상태를 유지할 수 있도록 다른 지역으로 이주시키는 것을 말한다. 이주대책에는 이주뿐만 아니라 생계대책이 포함되어야 한다.

협의의 이주대책은 사업시행자가 수립하는 계획에 따라 이주대책대상자를 이주정착지에 이주시키는 것(이주정착금 지급 제외)을 말하고, 광의의 이주대책은 이주정착금의 지급 등을 포함하여 사업시행자가 이주대책대상자의 이주를 지원하는 모든 것을 말한다.

> **판례**   공공용지의 취득 및 손실보상에 관한 특례법상의 이주대책은 공공사업의 시행에 필요한 토
> 지 등을 제공함으로 인하여 생활의 근거를 상실하게 되는 이주자들을 위하여 사업시행자가 기본적인
> 생활시설이 포함된 택지를 조성하거나 그 지상에 주택을 건설하여 이주자들에게 이를 그 투입비용 원
> 가만의 부담하에 개별 공급하는 것으로서, 그 본래의 취지에 있어 이주자들에 대하여 종전의 생활상태
> 를 원상으로 회복시키면서 동시에 인간다운 생활을 보장하여 주기 위한 이른바 생활보상의 일환으로
> 국가의 적극적이고 정책적인 배려에 의하여 마련된 제도이다(대판 전원합의체 1994. 5. 24, 92다35783
> [지장물세목조서명의변경]).

　　　　(나) 이주대책의 수립의무　　　　이주대책은 국토교통부령이 정하는 부득이한 사유가 있
는 경우(① 공익사업시행지의 인근에 택지 조성에 적합한 토지가 없는 경우, ② 이주대책에 필요한
비용이 당해 공익사업의 본래의 목적을 위한 소요비용을 초과하는 등 그 밖에 이주대책의 수립·실
시로 인하여 당해 공익사업의 시행이 사실상 곤란하게 되는 경우(시행규칙 제53조))를 제외하고는
이주대책대상자 중 이주정착지에 이주를 희망하는 자가 10호 이상인 경우에 수립·실시한
다. 다만, 사업시행자가 택지개발촉진법 또는 주택법 등 관계법령에 의하여 이주대책대상
자에게 택지 또는 주택을 공급한 경우(사업시행자의 알선에 의하여 공급한 경우를 포함한다)에
는 이주대책을 수립·실시한 것으로 본다(시행령 제40조 제 2 항).

　　　　대통령령으로 정하는 공익사업의 시행으로 공장을 이전하는 경우 인근지역에 지정·개발
된 산업단지에 입주를 알선하는 등 이주대책에 대한 계획을 수립하여야 한다(제78조의2).

　　　　이주대책 수립의무가 없는 경우에도 이주대책을 실시할 수 있다.

　　　　(다) 이주대책의 수립절차　　　　사업시행자는 이주대책을 수립하려면 미리 관할 지방자
치단체의 장과 협의하여야 한다(제78조 제 2 항). 공익사업에 대한 기본조사를 토대로 토지
및 물건조서를 작성하면서 주거용 건축물에 대한 소유관계와 거주사실 등을 확인하여 대
상자를 확정하여야 한다.

　　　　사업시행자가 이주대책을 수립하려는 경우에는 미리 그 내용을 같은 항에 따른 이주
대책대상자에게 통지하여야 한다(시행령 제40조 제 1 항).[2)]

　　　　이주대책 대상자 요건이 충족되는지와 관련하여 다양한 분쟁이 있을 수 있으며, 대규
모 공익사업을 시행하는 경우에는 보상협의회를 통하여 이주대책 대상자 등에 대한 분쟁
을 사전에 협의하여 원활한 계획수립을 도모하고 있다. 만약 사업시행자나 보상협의회를
통한 협의가 원만히 이루어지지 않거나, 소유자에게 불리한 내용으로 계획이 수립된다면
어떠한 절차를 통해서 다툴 수 있는지도 문제될 수 있다.

　　　　이주대책도 보상의 한 방식이고 보상의 내용이다. 그러므로 이주대책도 보상협의 및
수용재결신청의 대상이 된다. 법령상 이주대책을 실시하여야 하는 경우임에도 사업시행자
와 토지소유자 등 사이에 이주대책에 관한 협의가 이루어지지 않은 경우 사업시행자는 이

---

　　2) 토지보상법에서는 이주대책의 수립시점에 대해서 규정하고 있지 않으나 「기업도시 개발에 따른 이주대책
　　　등에 관한 기준」 제 4 조 제 1 항에서는 "시행자는 이주대책을 이 기준이 정하는 바에 따라 법 제11조 제 1 항
　　　의 규정에 의한 개발계획 승인(사업인정 의제)신청 이전까지 수립하여야 한다"고 규정하고 있다.

주대책계획을 수립하여 토지수용위원회에 재결을 신청하여야 한다. 이 경우 이주대책계획은 법정사항 이외에 있어서 이주대책의 내용에 관한 사업시행자의 재량권을 전제로 한 토지수용위원회의 재결에 의해 확정된다. 토지수용위위원회의 재결에 의해 확정된 이주대책계획은 구속적 행정계획으로서 처분이다. 재결에 의해 확정된 이주대책계획의 내용에 불복하는 경우 재결취소소송 또는 재결무효확인소송을 제기하여야 할지 아니면 이주대책계획취소소송을 제기해야 할지 논란이 있을 수 있다.

 (라) 협의의 이주대책의 법적 성질 및 이주대책기준

이주대책결정은 공행정작용으로서 처분에 해당한다(대판 1992. 11. 27, 92누3618).

사업시행자는 법령에서 정한 일정한 경우 이주대책을 수립할 의무를 지지만, 이주대책의 내용결정에 있어서는 재량권을 갖는다.

판례1 구 공공용지의 취득 및 손실보상에 관한 특례법 제8조 제1항 및 같은 법 시행령 제5조 제5항에 의하여 실시되는 이주대책은 공공사업의 시행으로 생활근거를 상실하게 되는 이주자에게 이주정착지의 택지를 분양하도록 하는 것이고, 사업시행자는 특별공급주택의 수량, 특별공급대상자의 선정 등에 있어 재량을 가진다(대판 2007. 2. 22, 2004두7481[특별공급대상자제외처분취소]).

판례2 도시개발사업의 사업시행자가 이주대책기준을 정하여 이주대책대상자 가운데 이주대책을 수립·실시하여야 할 자를 선정하여 그들에게 공급할 택지 등을 정하는 데 재량을 가지는지 여부(적극): 구 도시개발법(2007. 4. 11. 법률 제8376호로 개정되기 전의 것) 제23조, 공익사업을 위한 토지 등의 취득 및 보상에 관한 법률 제78조 제1항, 같은 법 시행령 제40조 제3항 제2호의 문언, 내용 및 입법취지 등을 종합하여 보면, … 사업시행자는 이주대책기준을 정하여 이주대책대상자 중에서 이주대책을 수립·실시하여야 할 자를 선정하여 그들에게 공급할 택지 또는 주택의 내용이나 수량을 정할 수 있고, 이를 정하는 데 재량을 가지므로, 이를 위해 사업시행자가 설정한 기준은 그것이 객관적으로 합리적이 아니라거나 타당하지 않다고 볼 만한 다른 특별한 사정이 없는 한 존중되어야 한다(대판 2009. 3. 12, 2008두12610[입주권확인]: 도시개발사업의 사업시행자가 보상계획공고일을 기준으로 이주대책대상자를 정한 후, 협의계약 체결일 또는 수용재결일까지 당해 주택에 계속 거주하였는지 여부 등을 고려하여 이주대책을 수립·실시하여야 할 자를 선정하여 그들에게 공급할 아파트의 종류, 면적을 정한 이주대책기준을 근거로 한 입주권 공급대상자 결정처분에 재량권을 일탈·남용한 위법이 없다고 한 사례).

판례3 [1] '주택공급에 관한 규칙' 제19조 제1항 제3호에서 정한 철거 주택의 소유자를 대상으로 하는 국민주택 등의 특별공급의 경우, 사업시행자가 공급 국민주택의 수량 및 대상자 결정 등에 관하여 재량을 가진다고 한 사례. [2] 사업시행자가 '공익사업을 위한 토지 등의 취득 및 보상에 관한 법률' 제78조 제1항, 같은 법 시행령 제40조 제2항, '주택공급에 관한 규칙' 제19조 제1항 제3호에서 정한 이주대책대상자를 선정하면서 공부상 기재된 건물의 용도를 기준으로 그 대상자를 선정한 것이 불합리하여 위법하다고 볼 수 없다. [3] 도시계획 사업시행자가 사업부지 내 철거 건축물의 건축물대장상 용도가 '주거용'이 아닌 '근린생활시설'이라는 이유로 그 건물을 국민주택 특별공급의 대상에서 배제한 사안에서, 그 처분이 위법하지 않다고 한 사례(대판 2009. 11. 12, 2009두10291[국민주택특별공급대상자제외처분취소]).

판례4 [1] 도시계획사업으로 인하여 철거되는 주택의 소유자에게 국민주택 등을 특별공급함에 있어 실질에 있어 다세대주택과 유사한 다가구주택 소유자들에게 국민주택 특별분양권을 부여하지 않은 처분은 재량권의 범위를 벗어난 것으로서 위법하다고 한 사례: '주택공급에 관한 규칙' 제19조 제1항 제3호 (다)목이 '도시계획사업으로 인하여 철거되는 주택의 소유자'에게 국민주택 등을 특별공급할 수 있다는 취지로 규정하면서 다가구주택을 일반적인 단독주택과 동일하게 취급하도록 규정하고 있지는 않은 점, 당해 다가구주택은 설계 및 건축 단계에서부터 6세대가 독립적으로 생활할 수 있도록 물리적으로 구획되어 있고 매매도 각 세대별로 이루어졌으며 제세공과금도 각 세대별로 부과되었다는 것이므로, 그 실질은 다세대주택과 유사한 공동주택으로 볼 여지가 많은 점, 공익사업을 위한 토지 등의 취득 및 보상에 관한 법률에서 정한 이주대책은 이주자들에 대하여 종전의 생활상태를 원상으로 회복시키면서 동시에 인간다운 생활을 보장하여 주기 위한 이른바 생활보상의 일환으로 국가의 적극적이고 정책적인 배려에 의하여 마련된 제도이므로, 등기의 형식만을 근거로 다가구주택과 다세대주택의 소유자들 사이에 국민주택 등의 특별공급과 관련하여 차이를 두는 것은 합리적인 차별로 보기 어려운 점 등에 비추어 보면, 실질에 있어 다세대주택과 같은 다가구주택 소유자들 각자에게 국민주택 특별분양권의 부여 신청을 거부한 처분은 재량권의 범위를 벗어난 것으로서 위법하다고 본 사례. [2] '서울특별시 철거민 등에 대한 국민주택 특별공급규칙'의 법적 성격(=사무처리준칙): '서울특별시 철거민 등에 대한 국민주택 특별공급규칙'은 '주택공급에 관한 규칙' 제19조 제 1 항 제 3 호 (다)목에서 규정하고 있는 '도시계획사업으로 철거되는 주택의 소유자'에 해당하는지 여부를 판단하기 위한 서울특별시 내부의 사무처리준칙에 해당하는 것으로서 위 규정의 해석·적용과 관련하여 대외적으로 국민이나 법원을 기속하는 효력이 있는 것으로 볼 수 없다(대판 2007. 11. 29, 2006두8495[국민주택입주권부여신청거부처분취소]).

　　이주대책의 기준은 법령(국토교통부령인 주택공급에 관한 규칙)으로 정해진 경우도 있고, 재량준칙으로 정해진 경우도 있다
　　(마) 이주대책수립자　　이주대책을 수립하는 자는 사업시행자이다. 사인(私人)이 사업시행자인 경우 당해 사인은 공무수탁사인에 해당한다.
　　(바) 이주대책대상자　　이주대책대상자는 이주대책의 대상이 되는 자를 말한다. 이주대책대상자에는 '법령이 정한 이주대책대상자'와 '시혜적인 이주대책대상자'가 있다. '법령이 정한 이주대책대상자'는 법령상 이주대책의 대상으로 하여야 하는 자를 말한다. '시혜적인 이주대책대상자'란 법령상 이주대책의 대상으로 정해져 있지는 않지만 사업시행자가 임의적으로 이주대책의 대상으로 정한 자를 말한다.
　　이주대책대상자에서의 이주대책은 광의의 이주대책을 말하므로 "이주대책대상자"를 "이주지원대상자"로 수정하는 것이 보다 타당하다.
　　① '법령이 정한 이주대책대상자': 토지보상법상 이주대책대상자는 '공익사업의 시행으로 인하여 주거용 건축물을 제공함에 따라 생활의 근거를 상실하게 되는 자'(제78조 제 1 항) 및 대통령령으로 정하는 공익사업의 시행으로 공장을 이전하는 자이다(제78조의2). 다만, 다음의 1에 해당하는 자는 이주대책대상자에서 제외된다: i) 허가를 받거나 신고를 하고 건축하여야 하는 건축물을 허가를 받지 아니하거나 신고를 하지 아니하고 건축한 건축물의 소유자, ii) 당해 건축물에 공익사업을 위한 관계법령에 의한 고시 등이 있는 날부터 계약체결일 또는 수용재결일까지 계속하여 거주하고 있지 아니한 건축물의 소유자. 다만, 질병으로 인한 요양, 징집으로 인한 입영, 공무, 취학 그 밖에 이에 준하는 부득이한 사유로 인하여 거주하지 아니한 경우에는 그러하지 아니하다. iii) 타인이 소유하고 있는 건축물에 거주하는 세입자(시행령 제40조 제 3 항). 다만, 해당 공익사업지구에 주거용 건축물을

소유한 자로서 타인이 소유하고 있는 건축물에 거주하는 세입자는 제외한다. 그러나, 생활
보상이 종전과 같은 생활상태를 회복시켜 주는 것이라면 다른 지역에서는 종전과 같은 주
거상태를 유지할 수 없는 세입자도 이론상 이주대책에 포함되도록 하는 것이 타당하다.
실제에 있어서도 통상 토지소유자보다는 세입자의 이주대책 필요성이 더 크다.

> **판례1** 공익사업을 위한 토지 등의 취득 및 보상에 관한 법률 제78조 제 1 항, 동 시행령 제40조
> 제 3 항 제 2 호 소정의 이주대책대상자가 되기 위한 요건: [1] 공익사업을 위한 토지 등의 취득 및 보
> 상에 관한 법률(이하 '공익사업법'이라 한다) 제78조 제 1 항, 공익사업법 시행령 제40조 제 3 항 제 2 호
> 의 내용 및 입법취지 등을 종합하여 보면, 공익사업법 시행령 제40조 제 3 항 제 2 호에서 말하는 '공익
> 사업을 위한 관계 법령에 의한 고시 등이 있은 날'은 이주대책대상자와 아닌 자를 정하는 기준일로서,
> 토지수용 절차에 공익사업법을 준용하도록 한 관계 법률에서 사업인정의 고시 외에 주민 등에 대한 공
> 람공고를 예정하고 있는 경우에는 사업인정의 고시일뿐만 아니라 공람공고일도 포함될 수 있다(대판
> 2010. 11. 25, 2008두14180). 택지개발예정지구지정 공람공고일은 "공익사업을 위한 관계 법령에 의한
> 고시 등이 있은 날"에 해당한다. [2] 공익사업법 제78조 제 1 항 소정의 이주대책의 대상이 되는 주거
> 용 건축물이란 이주대책기준일 당시 건축물의 용도가 주거용인 건물을 의미하고, 이주대책기준일 이후
> 에 적법절차에 따르지 않고 주거용으로 용도변경된 경우에는 수용재결 내지 협의계약 체결 당시 주거
> 용으로 사용된 건물이라 할지라도 이주대책대상이 되는 주거용 건축물이 될 수 없다(대판 2009. 2. 26,
> 2008두5124[이주대책대상자제외처분취소]).

> **판례2** [1] 구 공익사업을 위한 토지 등의 취득 및 보상에 관한 법률 제78조 제 1 항에서 정한 '이주
> 대책대상자'에 해당하기 위한 요건: 구 공익사업을 위한 토지 등의 취득 및 보상에 관한 법률 제 2 조
> 제 2 호, 제 4 조, 제78조 제 1 항, 제 4 항 본문의 내용을 종합하면, 이주대책대상자에 해당하기 위하여는
> 구 토지보상법 제 4 조 각 호의 어느 하나에 해당하는 공익사업의 시행으로 인하여 주거용 건축물을 제
> 공함에 따라 생활의 근거를 상실하게 되어야 한다. [2] 甲 지방자치단체가 진행한 노후화된 시민아파
> 트 철거사업(이하 '시민아파트 정리사업'이라 한다)에 따라 乙 등이 시민아파트를 관할 자치구에 매도
> 하고 丙 공사가 공급하는 아파트를 분양받은 사안에서, 구 재난관리법(2004. 3. 11. 법률 제7188호 재
> 난및안전관리기본법 부칙 제 2 조로 폐지) 제39조가 시민아파트를 수용 또는 사용할 수 있는 근거 규정
> 이 되지 못하므로 시민아파트 정리사업은 구 공익사업을 위한 토지 등의 취득 및 보상에 관한 법률
> (2007. 10. 17. 법률 제8665호로 개정되기 전의 것, 이하 '구 토지보상법'이라 한다) 제 4 조 각 호의 사
> 업에 해당하지 아니하고, 甲 지방자치단체가 시민아파트를 철거한 자리에 공원, 주차장 등을 설치할
> 계획을 가지고 있었더라도 시민아파트 정리사업이 관계 법령에 따른 사업인정절차를 거쳐 추진된 것
> 이 아닌 이상 그러한 사정만으로 공익사업에 해당한다고 볼 수 없으므로, 乙 등은 구 토지보상법 제78
> 조 제 4 항에 의하여 사업시행자가 생활기본시설 설치비용을 부담하는 이주대책대상자에 해당하지 아
> 니하고, 구 토지보상법 제 4 조 각 호에 규정된 공익사업에 해당하지 아니하는 시민아파트 정리사업으
> 로 인하여 주거용 건축물을 제공한 乙 등이 스스로를 이주대책대상자에 해당한다고 믿었더라도, 그러
> 한 사정만으로 乙 등과 丙 공사가 체결한 아파트분양계약 중 분양대금에 생활기본시설 설치비용을 포
> 함시킨 부분이 강행법규에 위배되어 무효가 된다거나 사업시행자가 부담하여야 할 생활기본시설 설치
> 비용의 지출을 면하였다고 볼 수 없다고 한 사례(대판 2015. 6. 11, 2012다58920[분양행위무효확인]).

② '시혜적인 이주대책대상자': 이주대책대상자라 함은 이주대책의 대상에 포함되어야
하는 자이다. 다만, 사업시행자는 법상 이주대책대상자가 아닌 자(세입자)도 임의로 이주대
책대상자에 포함시킬 수 있다. 이주대책의 수립에 의해 이주대책대상자에 포함된 세입자
등은 영구임대주택 입주권 등 이주대책을 청구할 권리를 가지며 이를 거부한 것은 거부처

분이 된다(대판 1994. 2. 22, 93누15120[이주대책 등 실시거부처분취소]).

판례1 이주대책의 실시 여부는 입법자의 입법정책적 재량의 영역에 속하므로 공익사업을 위한 토지 등의 취득 및 보상에 관한 법률 시행령 제40조 제3항 제3호가 이주대책의 대상자에서 세입자를 제외하고 있는 것이 세입자의 재산권을 침해하는 것이라 볼 수 없다. 소유자와 세입자는 생활의 근거의 상실 정도에 있어서 차이가 있는 점, 세입자에 대해서 주거이전비와 이사비가 보상되고 있는 점을 고려할 때, 입법자가 이주대책 대상자에서 세입자를 제외하고 있는 이 사건 조항을 불합리한 차별로서 세입자의 평등권을 침해하는 것이라 볼 수는 없다(헌재 2006. 2. 23, 2004헌마19).

판례2 (1) 시혜적으로 시행되는 이주대책수립 등의 경우, 대상자의 범위나 그들에 대한 이주대책수립 등의 내용을 어떻게 정할 것인지에 관하여 사업시행자에게 폭넓은 재량이 있다. (2) 이주대책의 내용으로서 사업시행자가 생활기본시설을 설치하고 비용을 부담하도록 강제한 공익사업을 위한 토지 등의 취득 및 보상에 관한 법률 제78조 제4항은 시혜적인이주대책대상자에게까지는 적용되지 않는다(대판 2015. 7. 23, 2012두22911).

판례3 도시계획사업에 따른 이주대책으로 주택을 특별공급하면서 주택공급에 관한 규칙 등에 따라 무주택세대주에 한하여 특별공급대상자로 결정한 것이 적법하며 아파트 특별공급 대상자를 특별공급 신청일 현재 무주택세대주로 제한한 것이 재량권을 일탈 남용하였다고 볼 수 없다고 한 사례(대판 2006. 4. 28, 2004두978).

판례4 [1] 사업시행자가 공부상 기재된 건물의 용도를 원칙적인 기준으로 삼아 이주대책대상자를 선정하는 것이 현저히 불합리하여 위법한 재량권 행사에 해당하는지 여부(소극): 사업시행자는 이주대책기준을 정하여 이주대책대상자 중에서 이주대책을 수립·실시하여야 할 자를 선정하여 그들에게 공급할 택지 또는 주택의 내용이나 수량을 정할 수 있고 이를 정하는 데 재량을 가지므로, 이를 위해 사업시행자가 설정한 기준은 그것이 객관적으로 합리적이 아니라거나 타당하지 않다고 볼 만한 다른 특별한 사정이 없는 한 존중되어야 한다. 또한, 공부상 건물의 용도란 기재는 그 건물 소유자의 필요에 의한 신청을 전제로 그 건물의 이용현황에 관계되는 법령상 규율 등이 종합적으로 반영되어 이루어지는 것이어서 현실적 이용상황에 대한 가장 객관적인 징표가 될 수 있다는 점 등의 사정에 비추어 볼 때, 공부상 기재된 용도를 원칙적인 기준으로 삼아 이주대책대상자를 선정하는 방식의 사업시행자의 재량권 행사가 현저히 불합리하여 위법하다고 보기는 어렵다(대판 2009. 3. 12, 2008두12610; 2009. 11. 12, 2009두10291 등 참조). [2] 사업시행자가 이주 및 생활대책 준칙에서 기준일 이전부터 사업지구 내에 사용승인을 받은 주택을 소유하고 있으면서 그 주택에 계속 거주하여 온 자를 이주대책 대상자로 정한 후, 타인 명의로 근린생활시설 증축신고를 하고 사용승인을 받은 건물부분에서 거주해오다가 기준일이 지난 다음에야 자신의 명의로 소유권이전등기를 경료한 사람을 이주대책 대상자에서 제외한 것이 합리적 재량권 행사의 범위를 넘는 위법한 것으로 볼 수 없다고 한 원심판단을 수긍한 사례(대판 2010. 3. 25, 2009두23709[이주및생활대책자선정제외통보처분취소]).

판례5 관할 행정청으로부터 건축허가를 받아 택지개발사업구역 안에 있는 토지 위에 주택을 신축하였으나 사용승인을 받지 않은 주택의 소유자 甲이 사업 시행자인 한국토지주택공사에 이주자택지 공급대상자 선정신청을 하였는데 위 주택이 사용승인을 받지 않았다는 이유로 한국토지주택공사가 이주자택지 공급대상자 제외 통보를 한 사안에서, 공공사업의 시행에 따라 생활의 근거를 상실하게 되는 이주자들에 대하여는 가급적 이주대책의 혜택을 받을 수 있도록 하는 것이 공익사업을 위한 토지 등의 취득 및 보상에 관한 법률이 규정하고 있는 이주대책 제도의 취지에 부합하는 점, 구 공익사업을 위한 토지 등의 취득 및 보상에 관한 법률 시행령(2011. 12. 28. 대통령령 제23425호로 개정되기 전의 것, 이하 '구 공익사업법 시행령'이라 한다) 제40조 제3항 제1호는 무허가건축물 또는 무신고건축물의 경우를 이주대책대상에서 제외하고 있을 뿐 사용승인을 받지 않은 건축물에 대하여는 아무런 규정을 두고 있지 않은 점, 건축법은 무허가건축물 또는 무신고건축물과 사용승인을 받지 않은 건축물을 요건과 효과 등에서 구별하고 있고, 허가와 사용승인은 법적 성질이 다른 점 등의 사정을 고려하여 볼 때, 건축허가를 받아 건축되었으나 사용승인을 받지 못한 건축물의 소유자는 그 건축물이 건축허가와 전혀 다르게 건축되어 실질적으로는 건축허가를 받은 것으로 볼 수 없는 경우가 아니라면 구 공익사업법 시행령 제40조 제 3 항 제 1 호에서 정한 무허가건축물의 소유자에 해당하지 않는다는 이유로 甲을 이주대책대상자에서 제외한 위 처분이 위법하다고 본 원심판단을 정당하다고 한 사례(대판 2013. 8. 23, 2012두24900[이주자택지공급대상제외처분취소]).

판례6   [1] 공익사업을 위한 토지 등의 취득 및 보상에 관한 법률 시행령 제40조 제 3 항 제 1 호의 '허가를 받거나 신고를 하고 건축하여야 하는 건축물을 허가를 받지 아니하거나 신고를 하지 아니하고 건축한 건축물의 소유자'에, 주거용 아닌 다른 용도로 이미 허가를 받거나 신고를 한 건축물을 적법한 절차 없이 임의로 주거용으로 용도를 변경하여 사용하는 자도 포함되는지 여부(적극). [2] 한국국제전시장 2단계부지 조성사업 시행자인 고양시장이, 사업지구 안에 편입된 1층 철골조 창고 건물의 소유자 甲의 이주대책대상자 선정 신청에 대하여 이주대책대상자가 아니어서 이주대책이 불가능하다는 요지의 회신을 함으로써 거부처분을 한 사안에서, 甲은 공익사업을 위한 토지 등의 취득 및 보상에 관한 법률에서 정한 이주대책대상자에서 제외되는 것으로 보아야 함에도 이와 달리 판단한 원심판결에 법리를 오해한 위법이 있다고 한 사례(대판 2011. 6. 10, 2010두26216[이주대책대상자및이주대책보상등의거부처분취소]).

공익사업을 위한 토지 등의 취득 및 보상에 관한 법률상의 공익사업시행자가 하는 이주대책대상자 확인·결정은 행정행위의 하나인 확인행위의 성질을 갖는다. 판례는 이주대책대상자 선정기준에 해당하는 자는 사업시행자에게 이주대책대상자 확인·결정을 신청할 수 있는 권리를 가지고, 이주대책대상자 선정의 거부는 항고소송의 대상이 되는 거부처분으로 본다. 또한 판례는 이주대책대상자 확인·결정은 구체적인 이주대책상의 수분양권을 부여하는 요건이 되는 행정작용으로서의 처분이라고 보고 있다.

판례1   구 공공용지의 취득 및 손실보상에 관한 특례법 제 8 조 제 1 항 및 같은 법 시행령 제 5 조 제 5 항에 의하여 실시되는 이주대책은 공공사업의 시행으로 생활근거를 상실하게 되는 이주자에게 이주정착지의 택지를 분양하도록 하는 것이고, 사업시행자는 특별공급주택의 수량, 특별공급대상자의 선정 등에 있어 재량을 가진다(대판 2007. 2. 22, 2004두7481[특별공급대상자제외처분취소]).

판례2   공익사업을 위한 토지 등의 취득 및 보상에 관한 법률상의 공익사업시행자가 하는 이주대책대상자 확인·결정의 법적 성질(=행정처분)과 이에 대한 쟁송방법(=항고소송): 공익사업을 위한 토지 등의 취득 및 보상에 관한 법률상의 공익사업시행자가 하는 이주대책대상자 확인·결정은 구체적인 이주대책상의 수분양권을 부여하는 요건이 되는 행정작용으로서의 처분이지 이를 단순히 절차상의 필요에 따른 사실행위에 불과한 것으로 평가할 수는 없다. 따라서 수분양권의 취득을 희망하는 이주자가 소정의 절차에 따라 이주대책대상자 선정신청을 한 데 대하여 사업시행자가 이주대책대상자가 아니라고 하여 위 확인·결정 등의 처분을 하지 않고 이를 제외시키거나 거부조치한 경우에는, 이주자로서는 사업시행자를 상대로 항고소송에 의하여 제외처분이나 거부처분의 취소를 구할 수 있다. 나아가 이주대책의 종류가 달라 각 그 보장하는 내용에 차등이 있는 경우 이주자의 희망에도 불구하고 사업시행자가 요건 미달 등을 이유로 그중 더 이익이 되는 내용의 이주대책대상자로 선정하지 않았다면 이 또한 이주자의 권리의무에 직접적 변동을 초래하는 행위로서 항고소송의 대상이 된다(대판 2014. 2. 27, 2013두10885[일반분양이주택지결정무효확인]).

③ 법령이 정하는 이주대책대상자를 정하는 기준일은 각 법령에서 정한다. 토지보상법령상 이주대책대상자를 정하는 기준일은 "관계 법령에 따른 고시 등이 있은 날"(동법 시행령 제40조 제 3 항 제 2 호)이다.

(사) 이주대책의 내용　　　이주대책의 내용은 법에 정해진 것을 제외하고는 사업시행자가 정한다.

실시될 수 있는 이주대책으로는 집단이주, 특별분양, 아파트수분양권의 부여, 개발제한구역 내 주택건축허가, 대체상가·점포·건축용지의 분양, 이주정착금 지급, 생활안정지원금 지급, 직업훈련 및 취업알선, 대토알선, 공장이전 알선 등이 있을 수 있다.

이주대책의 내용에는 이주정착지(이주대책의 실시로 건설하는 주택단지를 포함한다)에 대한 도로, 급수시설, 배수시설, 그 밖의 공공시설 등 통상적인 수준의 생활기본시설이 포함되어야 하며, 이에 필요한 비용은 사업시행자가 부담하나 시혜적인 이주대책 대상자의 경우에는 부담하지 않는다(대판 2015. 7. 23, 2012두22911). 다만, 행정청이 아닌 사업시행자가 이주대책을 수립·실시하는 경우에 지방자치단체는 비용의 일부를 보조할 수 있다(제78조 제 4 항).

또한, 주거용 건물의 거주자에 대하여는 주거 이전에 필요한 비용과 가재도구 등 동산의 운반에 필요한 비용을 산정하여 보상하여야 하며(제78조 제 6 항) 공익사업의 시행으로 인하여 영위하던 농업·어업을 계속할 수 없게 되어 다른 지역으로 이주하는 농민·어민이 받을 보상금이 없거나 그 총액이 국토교통부령으로 정하는 금액에 미치지 못하는 경우에는 그 금액 또는 그 차액을 보상하여야 한다(제78조 제 7 항).

토지보상법 제78조

④ 이주대책의 내용에는 이주정착지에 대한 도로·급수시설·배수시설 기타 공공시설 등 당해 지역조건에 따른 생활기본시설이 포함되어야 한다.

⑤ 제1항에 따라 이주대책의 실시에 따른 주택지 또는 주택을 공급받기로 결정된 권리는 소유권이전등기를 마칠 때까지 전매(매매, 증여, 그 밖에 권리의 변동을 수반하는 모든 행위를 포함하되, 상속은 제외한다)할 수 없으며, 이를 위반하거나 해당 공익사업과 관련하여 다음 각 호의 어느 하나에 해당하는 경우에 사업시행자는 이주대책의 실시가 아닌 이주정착금으로 지급하여야 한다. <신설 2022. 2. 3.>

1. 제93조, 제96조 및 제97조 제 2 호의 어느 하나에 해당하는 위반행위를 한 경우
2. 「공공주택 특별법」제57조 제 1 항 및 제58조 제 1 항 제 1 호의 어느 하나에 해당하는 위반행위를 한 경우
3. 「한국토지주택공사법」제28조의 위반행위를 한 경우

⑥ 주거용 건물의 거주자에 대하여는 주거 이전에 필요한 비용과 가재도구 등 동산의 운반에 필요한 비용을 산정하여 보상하여야 한다. <개정 2022. 2. 3.>

⑦ 공익사업의 시행으로 인하여 영위하던 농업·어업을 계속할 수 없게 되어 다른 지역으로 이주하는 농민·어민이 받을 보상금이 없거나 그 총액이 국토교통부령으로 정하는 금액에 미치지 못하는 경우에는 그 금액 또는 그 차액을 보상하여야 한다. <개정 2013. 3. 23., 2022. 2. 3.>

⑧ 사업시행자는 해당 공익사업이 시행되는 지역에 거주하고 있는 「국민기초생활 보장법」제 2 조 제 1 호·제11호에 따른 수급권자 및 차상위계층이 취업을 희망하는 경우에는 그 공익사업과 관련된

업무에 우선적으로 고용할 수 있으며, 이들의 취업 알선을 위하여 노력하여야 한다. <개정 2022. 2. 3.>
⑨ 제 4 항에 따른 생활기본시설에 필요한 비용의 기준은 대통령령으로 정한다. <개정 2022. 2. 3.>
⑩ 제 5 항 및 제 6 항에 따른 보상에 대하여는 국토교통부령으로 정하는 기준에 따른다. <개정 2013. 3. 23., 2022. 2. 3.>

토지보상법 시행령 제40조
② 사업시행자가 택지개발촉진법 또는 주택건설촉진법 등 관계법령에 의하여 이주대책 대상자에게 택지 또는 주택을 공급한 경우(사업시행자의 알선에 의하여 공급한 경우를 포함한다)에는 이주대책을 수립·시행한 것으로 본다.

판례1 [1] 계약당사자 중 일방이 상대방 및 제 3 자와 3면 계약을 체결하거나 상대방의 승낙을 얻어 계약상 당사자의 지위를 포괄적으로 제 3 자에게 이전하는 경우, 제 3 자가 종래 계약에서 이미 발생한 채권·채무도 모두 이전받는지 여부(적극): 계약당사자 중 일방이 상대방 및 제 3 자와 3면 계약을 체결하거나 상대방의 승낙을 얻어 계약상 당사자로서의 지위를 포괄적으로 제 3 자에게 이전하는 경우 이를 양수한 제 3 자는 양도인의 계약상 지위를 승계함으로써 종래 계약에서 이미 발생한 채권·채무도 모두 이전받게 된다. [2] 사업시행자가 구 공익사업을 위한 토지 등의 취득 및 보상에 관한 법률 시행령 제40조 제 2 항 단서에 따라 택지개발촉진법 또는 주택법 등 관계 법령에 의하여 이주대책대상자들에게 택지 또는 주택을 공급하는 경우에도 이주정착지를 제공하는 경우와 마찬가지로 사업시행자 부담으로 구 공익사업을 위한 토지 등의 취득 및 보상에 관한 법률 제78조 제 4 항에서 정한 생활기본시설을 설치하여 이주대책대상자들에게 제공하여야 하는지 여부(적극): [다수의견] 구 공익사업을 위한 토지 등의 취득 및 보상에 관한 법률(2007. 10. 17. 법률 제8665호로 개정되기 전의 것, 이하 '구 공익사업법'이라 한다) 제78조 제 1 항은 사업시행자의 이주대책 수립·실시의무를 정하고 있고, 구 공익사업을 위한 토지 등의 취득 및 보상에 관한 법률 시행령(2008. 2. 29. 대통령령 제20722호로 개정되기 전의 것, 이하 '구 공익사업법 시행령'이라 한다) 제40조 제 2 항은 "이주대책은 건설교통부령이 정하는 부득이한 사유가 있는 경우를 제외하고는 이주대책대상자 중 이주를 희망하는 자가 10호 이상인 경우에 수립·실시한다. 다만 사업시행자가 택지개발촉진법 또는 주택법 등 관계 법령에 의하여 이주대책대상자에게 택지 또는 주택을 공급한 경우(사업시행자의 알선에 의하여 공급한 경우를 포함한다)에는 이주대책을 수립·실시한 것으로 본다"고 규정하고 있으며, 한편 구 공익사업법 제78조 제 4 항 본문은 "이주대책의 내용에는 이주정착지에 대한 도로·급수시설·배수시설 그 밖의 공공시설 등 당해 지역조건에 따른 생활기본시설이 포함되어야 하며, 이에 필요한 비용은 사업시행자의 부담으로 한다"고 규정하고 있다. 위 각 규정을 종합하면 사업시행자가 구 공익사업법 시행령 제40조 제 2 항 단서에 따라 택지개발촉진법 또는 주택법 등 관계 법령에 의하여 이주대책대상자들에게 택지 또는 주택을 공급(이하 '특별공급'이라 한다)하는 것도 구 공익사업법 제78조 제 1 항의 위임에 근거하여 사업시행자가 선택할 수 있는 이주대책의 한 방법이므로, 특별공급의 경우에도 이주정착지를 제공하는 경우와 마찬가지로 사업시행자의 부담으로 같은 조 제 4 항이 정한 생활기본시설을 설치하여 이주대책대상자들에게 제공하여야 한다고 보아야 하고, 이주대책대상자들이 특별공급을 통해 취득하는 택지나 주택의 시가가 공급가액을 상회하여 그들에게 시세차익을 얻을 기회나 가능성이 주어진다고 하여 달리 볼 것은 아니다. [대법관 양창수, 대법관 신영철, 대법관 민일영의 별개의견] 사업시행자가 구 공익사업을 위한 토지 등의 취득 및 보상에 관한 법률 시행령(2008. 2. 29. 대통령령 제20722호로 개정되기 전의 것) 제40조 제 2 항 단서에 따라 이주대책대상자에게 택지 또는 주택을 특별공급한 경우에는 그로써 이주대책을 수립·실시한 것으로 보아 별도의 이주대책을 수립·실시하지 않아도 되므로, 사업시행자는 특별공급한 택지 또는 주택에 대하여는 그것이 이주정착지임을 전제로 생활기본시설을 설치해 줄 의무가 없다고 보아야 한다. [3] 사업시행자의 이주대책 수립·실시의무를 정하고 있는 구 공익사업을 위한 토지 등의

취득 및 보상에 관한 법률 제78조 제1항과 이주대책의 내용을 정하고 있는 같은 조 제4항 본문이 강행법규인지 여부(적극): 구 공익사업을 위한 토지 등의 취득 및 보상에 관한 법률(2007. 10. 17. 법률 제8665호로 개정되기 전의 것, 이하 '구 공익사업법'이라 한다)은 공익사업에 필요한 토지 등을 협의 또는 수용에 의하여 취득하거나 사용함에 따른 손실 보상에 관한 사항을 규정함으로써 공익사업의 효율적인 수행을 통하여 공공복리의 증진과 재산권의 적정한 보호를 도모함을 목적으로 하고 있고, 위 법에 의한 이주대책은 공익사업의 시행에 필요한 토지 등을 제공함으로 인하여 생활의 근거를 상실하게 되는 이주대책대상자들에게 종전 생활상태를 원상으로 회복시키면서 동시에 인간다운 생활을 보장하여 주기 위하여 마련된 제도이므로, 사업시행자의 이주대책 수립·실시의무를 정하고 있는 구 공익사업법 제78조 제1항은 물론 이주대책의 내용에 관하여 규정하고 있는 같은 조 제4항 본문 역시 당사자의 합의 또는 사업시행자의 재량에 의하여 적용을 배제할 수 없는 강행법규이다. [4] 구 공익사업을 위한 토지 등의 취득 및 보상에 관한 법률 제78조 제4항에서 정한 '도로·급수시설·배수시설 그 밖의 공공시설 등 당해 지역조건에 따른 생활기본시설'의 의미 및 이주대책대상자들과 사업시행자 등이 체결한 택지 또는 주택에 관한 특별공급계약에서 위 조항에 규정된 생활기본시설 설치비용을 분양대금에 포함시킴으로써 이주대책대상자들이 그 비용까지 사업시행자 등에게 지급하게 된 경우, 사업시행자 등이 그 비용 상당액을 부당이득으로 이주대책대상자들에게 반환하여야 하는지 여부(적극): [다수의견] 구 공익사업을 위한 토지 등의 취득 및 보상에 관한 법률(2007. 10. 17. 법률 제8665호로 개정되기 전의 것, 이하 '구 공익사업법'이라 한다) 제78조 제4항의 취지는 이주대책대상자들에게 생활 근거를 마련해 주고자 하는 데 목적이 있으므로, 위 규정의 '도로·급수시설·배수시설 그 밖의 공공시설 등 당해 지역조건에 따른 생활기본시설'은 주택법 제23조 등 관계 법령에 의하여 주택건설사업이나 대지조성사업을 시행하는 사업주체가 설치하도록 되어 있는 도로 및 상하수도시설, 전기시설·통신시설·가스시설 또는 지역난방시설 등 간선시설을 의미한다고 보아야 한다. 따라서 만일 이주대책대상자들과 사업시행자 또는 그의 알선에 의한 공급자에 의하여 체결된 택지 또는 주택에 관한 특별공급계약에서 구 공익사업법 제78조 제4항에 규정된 생활기본시설 설치비용을 분양대금에 포함시킴으로써 이주대책대상자들이 생활기본시설 설치비용까지 사업시행자 등에게 지급하게 되었다면, 사업시행자가 직접 택지 또는 주택을 특별공급한 경우에는 특별공급계약 중 분양대금에 생활기본시설 설치비용을 포함시킨 부분이 강행법규인 위 조항에 위배되어 무효이고, 사업시행자의 알선에 의하여 다른 공급자가 택지 또는 주택을 공급한 경우에는 사업시행자가 위 규정에 따라 부담하여야 할 생활기본시설 설치비용에 해당하는 금액의 지출을 면하게 되어, 결국 사업시행자는 법률상 원인 없이 생활기본시설 설치비용 상당의 이익을 얻고 그로 인하여 이주대책대상자들이 같은 금액 상당의 손해를 입게 된 것이므로, 사업시행자는 그 금액을 부당이득으로 이주대책대상자들에게 반환할 의무가 있다. 다만 구 공익사업법 제78조 제4항에 따라 사업시행자의 부담으로 이주대책대상자들에게 제공하여야 하는 것은 위 조항에서 정한 생활기본시설에 국한되므로, 이와 달리 사업시행자가 이주대책으로서 이주정착지를 제공하거나 택지 또는 주택을 특별공급하는 경우 사업시행자는 이주대책대상자들에게 택지의 소지(素地)가격 및 택지조성비 등 투입비용의 원가만을 부담시킬 수 있고 이를 초과하는 부분은 생활기본시설 설치비용에 해당하는지를 묻지 않고 그 전부를 이주대책대상자들에게 전가할 수 없다는 취지로 판시한 종래 대법원판결들은 이 판결의 견해에 배치되는 범위 안에서 모두 변경하기로 한다. [대법관 김능환의 별개의견] 구 공익사업을 위한 토지 등의 취득 및 보상에 관한 법률(2007. 10. 17. 법률 제8665호로 개정되기 전의 것, 이하 '구 공익사업법'이라 한다) 제78조 제4항의 '생활기본시설'이 그 항목에서는 다수의견처럼 주택법 제23조에서 규정하는 '간선시설'을 의미하는 것으로 볼 수밖에 없다고 하더라도, 그 범위에서는 이주대책대상자에게 주택단지 밖의 기간이 되는 시설로부터 주택단지의 경계선까지뿐만 아니라 경계선으로부터 이주대책대상자에게 공급되는 주택까지에 해당하는 부분의 설치비용까지를 포함하는 것으로 보아 비용을 이주대책대상자에게 부담시킬 수 없으며, 주택의 분양가에 포함되어 있는 이윤 역시 이주대책대상자에게 부담시킬 수 없다고 보는 것이 구 공익사업법 제78조 제4항의 취지에 부합하는 해석이다. 결국 이주대책대상자에게는 분양받을 택지의 소지가격, 위에서 본 바와 같은 의미의 생활기본시설 설치비용을 제외한 택지조성비 및 주택의 건축원가만을 부담시킬 수 있는 것으로 보아야 한다. 다수의견이 변경대상으로 삼고 있는 대법원판결들은 이러한 취지에서 나온 것들로서 옳고,

그대로 유지되어야 한다(대판 전원합의체 2011. 6. 23, 2007다63089[채무부존재확인]).

판례 2 [1] 사업시행자가 구 공익사업을 위한 토지 등의 취득 및 보상에 관한 법률 시행령 제40조 제2항 단서에 따라 이주대책대상자들에게 택지 또는 주택을 공급하는 경우, 사업시행자의 부담으로 구 공익사업을 위한 토지 등의 취득 및 보상에 관한 법률 제78조 제4항에서 정한 생활기본시설을 설치하여 이주대책대상자들에게 제공하여야 하는지 여부(적극). [2] 사업시행자의 이주대책 수립·실시의 무를 정하고 있는 구 공익사업을 위한 토지 등의 취득 및 보상에 관한 법률 제78조 제1항과 이주대책의 내용에 관하여 규정하고 있는 같은 조 제4항 본문이 강행법규인지 여부(적극) [3] 구 공익사업을 위한 토지 등의 취득 및 보상에 관한 법률 제78조 제4항에서 정한 '도로·급수시설·배수시설 그 밖의 공공시설 등 당해 지역조건에 따른 생활기본시설'의 의미: 구 공익사업법 제78조 제4항의 취지는 이주대책대상자들에게 생활의 근거를 마련해 주고자 하는 데 그 목적이 있으므로, 위 규정의 '도로·급수시설·배수시설 그 밖의 공공시설 등 당해 지역조건에 따른 생활기본시설'이라 함은 주택법 제23조 등 관계 법령에 의하여 주택건설사업이나 대지조성사업을 시행하는 사업주체가 설치하도록 되어 있는 도로 및 상하수도시설, 전기시설·통신시설·가스시설 또는 지역난방시설 등 간선시설을 의미한다고 보아야 한다. [4] 이주대책대상자들과 사업시행자 등이 체결한 택지 또는 주택에 관한 특별공급계약에서 구 공익사업을 위한 토지 등의 취득 및 보상에 관한 법률 제78조 제4항에 규정된 생활기본시설 설치비용을 분양대금에 포함시킴으로써 이주대책대상자들이 그 비용까지 사업시행자 등에게 지급하게 된 경우, 사업시행자가 이주대책대상자에게 그 비용 상당액을 부당이득으로 반환하여야 하는지 여부(적극)(대판 2013. 6. 28, 2011다40465[부당이득금반환]).

판례 3 [1] 공익사업지구 밖에 설치하는 도로 등 시설에 관한 부담금 등 비용이 구 공익사업을 위한 토지 등의 취득 및 보상에 관한 법률 제78조 제4항의 생활기본시설 설치비용에 포함되는지 여부(원칙적 소극): 공익사업지구 밖에 설치하는 도로 등 시설에 관한 부담금 등 비용은 이주대책대상자에게 당연히 제공되어야 하는 구 공익사업을 위한 토지 등의 취득 및 보상에 관한 법률(2007. 10. 17. 법률 제8665호로 개정되기 전의 것, 이하 '법'이라 한다) 제78조 제4항에 규정된 '당해 지역조건에 따른 생활기본시설'의 설치비용에 해당한다고 보기 어렵고, 공익사업지구 밖에 설치하는 도로 등 시설에 관한 부담금 등 비용을 생활기본시설 설치비용에 해당한다고 보아 이주대책대상자에게는 전가하지 못한다고 하면 택지 또는 주택의 일반수분양자와의 관계에서 형평에 반하는 결과를 가져오게 된다. 게다가 2008. 4. 17. 대통령령 제20771호로 개정된 공익사업을 위한 토지 등의 취득 및 보상에 관한 법률 시행령 제41조의2 제1항에 따르면, 법 제78조 제4항 본문의 '통상적인 수준의 생활기본시설'이란 도로(가로등·교통신호기를 포함한다)(제1호), 상수도 및 하수처리시설(제2호), 전기시설(제3호), 통신시설(제4호), 가스시설(제5호)을 말하는데, 같은 조 제2항 및 제3항은 사업시행자가 부담하는 생활기본시설에 필요한 비용을 해당 공익사업지구 안에 설치하는 생활기본시설의 설치비용 즉, 해당 생활기본시설을 설치하는 데 소요되는 공사비, 용지비 및 해당 생활기본시설의 설치와 관련하여 법령에 의하여 부담하는 각종 부담금 중 일부로 한정하고 있다. 이러한 사정을 종합하면, 공익사업지구 밖에 설치하는 도로 등 시설에 관한 부담금 등 비용은 특별한 사정이 없는 한 생활기본시설 설치비용에 포함되지 않는다고 봄이 타당하다. [2] 구 대도시권 광역교통 관리에 관한 특별법 제11조에서 정한 광역교통시설부담금이 이주대책대상자에게 생활의 근거로 제공되어야 하는 생활기본시설의 설치비용에 해당하는지 여부(소극): 구 대도시권 광역교통 관리에 관한 특별법(2008. 2. 29. 법률 제8852호로 개정되기 전의 것, 이하 '구 광역교통법'이라 한다) 제11조 제1호, 제11조의4 제1항 전단, 제2조 제1호, 제2호를 포함한 구 광역교통법의 관련 규정들에다가 대도시권에서만 부과되는 광역교통시설부담금은 대도시권에서의 광역교통시설의 건설 및 개량에 소요되어 대도시권 내 택지 및 주택의 가치를 상승시키는 데 드는 비용을 시·도지사가 사업시행자에게 부담시키는 것으로서, 대도시권 내의 이주자택지를 공급받는 이주대책대상자들도 광역교통시설의 건설 및 개량에 따른 이익을 가지게 되는 점까지 고려하면, 광역교통시설부담금은 이주대책대상자에게 생활의 근거로 제공되어야 하는 생활기본시설의 설치비용에 해당한다고 볼 수 없다. [3] 개발사업 시행자가 주택지의 조성 및 주택의 건설 과정에서 실제로 지출한 광역교통시설부담금을 비용으로 산정하여 분양대금을 정함에 따라 이주대책대상자와 체결한 분양계약의 분양대금에 위 부담금 상당액이 포함된 경우, 개발사업 시행자가 부담금 상당의 분양대금을 부당이득한 것인지 여부(원칙적 소극): 구 대도시권 광역교통 관리에 관한 특별법(2008. 2. 29. 법률 제8852호로 개정되기 전의 것) 제11조의2 제 1 항 제 3 호는 공익사업을 위한 토지 등의 취득 및 보상에 관한 법률 제78조의 규정에 의한 이주대책의 실시에 따른 주택지의 조성 및 주택의 건설사업에 대하여는 광역교통시설부담금을 부과하지 아니하도록 규정한다. 그러나 이는 광역교통시설부담금 부과권자인 시·도지사로 하여금 이주대책의 실시에 따른 주택지의 조성 및 주택의 건설을 위한 용지에 대하여는 광역교통시설부담금을 부과하지 아니하도록 하여 개발사업 시행자의 납부의무 부담을 경감시키는 규정일 뿐, 개발사업 시행자가 주택지의 조성 및 주택의 건설 과정에서 실제로 광역교통시설부담금을 지출한 경우에 비록 수분양자 중에 이주대책대상자가 포함되어 있더라도 실제로 지출한 광역교통시설부담금을 이주대책대상자에 대한 주택지 및 주택의 분양대금 산정에서 제외하도록 하는 규정으로 볼 것은 아니다. 따라서 개발사업 시행자가 실제로 지출한 광역교통시설부담금을 비용으로 산정하여 분양대금을 정함에 따라 이주대책대상자와 체결한 분양계약의 분양대금에 광역교통시설부담금 상당액이 포함되어 있더라도, 분양대금에서 이를 제외하도록 하는 법률 규정이나 별도의 약정이 있는 등 특별한 사정이 없는 한, 분양계약에 의하여 약정된 분양대금 중에서 광역교통시설부담금 상당액 부분이 무효라고 볼 수는 없으므로, 개발사업 시행자가 이주대책대상자와의 관계에서 광역교통시설부담금 상당의 분양대금을 법률상 원인 없이 이득하였다고 볼 수 없다(대판 2013. 9. 12, 2012다203799[부당이득금]).

판례4 공익사업에 지출된 전체 토목공사비에 도로축조 및 포장공사비, 상·하수도공사비가 포함된 경우, 구 공익사업을 위한 토지 등의 취득 및 보상에 관한 법률 제78조 제 4 항에 규정된 생활기본시설 설치를 위한 공사비의 산정 방법: 주택법상 간선시설에 해당하는 도로와 상·하수도시설은 구 공익사업을 위한 토지 등의 취득 및 보상에 관한 법률(2007. 10. 17. 법률 제8665호로 개정되기 전의 것) 제78조 제 4 항에 규정된 생활기본시설에 해당하므로, 그 설치비용인 도로축조 및 포장공사비, 상·하수도공사비는 전액이 생활기본시설 설치를 위한 공사비에 해당하고, 전체 토목공사비 중 이를 제외한 나머지 공사비는 생활기본시설의 설치를 위하여 지출된 비율, 즉 총사업면적에 대한 생활기본시설 설치면적 비율의 범위 내에서만 생활기본시설 설치를 위한 공사비에 해당한다(대판 2013. 9. 26, 2012다30823[채무부존재확인]).

판례5 [1] 이주대책대상자들과 사업시행자가 체결한 특별공급계약에서 구 공익사업을 위한 토지 등의 취득 및 보상에 관한 법률 제78조 제 4 항에 규정된 생활기본시설 설치비용을 분양대금에 포함시킨 경우, 그 부분이 강행법규에 위배되어 무효인지 여부(적극). [2] 공익사업인 택지개발사업지구 내에서 주택건설사업이나 대지조성사업을 시행하는 사업주체가 이주대책대상자에게 생활기본시설로 제공하여야 하는 도로는 그 길이나 폭을 불문하고 '주택단지 안의 도로를 당해 주택단지 밖에 있는 동종의 도로에 연결시키는 도로'를 모두 포함하는지 여부(적극). [3] 대규모개발사업의 시행자가 구 대도시권 광역교통 관리에 관한 특별법 제 7 조의 광역교통개선대책에 따라 지출한 분담금이 구 공익사업을 위한 토지 등의 취득 및 보상에 관한 법률 제78조 제 4 항에서 정한 '당해 지역조건에 따른 생활기본시설'의 설치비용에 해당하는지 여부(소극) 및 사업시행자가 이주대책대상자와 체결한 분양계약을 통하여 위 분담금에 관한 부담을 전가한 경우, 사업시행자가 법률상 원인 없이 이익을 얻었다고 볼 수 있는지 여부(소극)(대판 2013. 10. 17, 2012다59268, 59275, 59282[부당이득금]).

판례6 사업시행자가 공익사업을 위한 토지 등의 취득 및 보상에 관한 법률 시행령 제40조 제 2 항 단서에 따라 택지개발촉진법 또는 주택법 등 관계 법령에 의하여 이주대책대상자들에게 택지 또는 주택을 공급하는 것은 공익사업을 위한 토지 등의 취득 및 보상에 관한 법률 제78조 제 1 항의 위임에 근거하여 선택할 수 있는 이주대책의 한 방법이고, 사업시행자는 이주대책을 수립·실시하여야 할 자를 선정하여 그들에게 공급할 택지 또는 주택의 내용이나 수량을 정함에 재량을 갖는다(대판 2023. 7. 13, 2023다214252).

판례7 토지보상법 제78조 제 4 항의 취지는 이주대책대상자에게 생활의 근거를 마련해 주고자 하는 데 있으므로, '생활기본시설'은 구 주택법(2012. 1. 26. 법률 제11243호로 개정되기 전의 것, 이하 '구 주택법'이라고 한다) 제23조 등 관계 법령에 따라 주택건설사업이나 대지조성사업을 시행하는 사업주체가 설치하도록 되어 있는 도로와 상하수도시설 등 간선시설을 의미한다고 보아야 한다(위 2007다 63089, 63096 전원합의체 판결 참조). 그러나 광장은 토지보상법에서 정한 생활기본시설 항목이나 구 주택법에서 정한 간선시설 항목에 포함되어 있지 않으므로, 생활기본시설 항목이나 간선시설 항목에 해당하는 시설에 포함되거나 부속되어 그와 일체로 평가할 수 있는 경우와 같은 특별한 사정이 없는 한 생활기본시설에 해당하지 않는다. 따라서 일반 광장이나 생활기본시설에 해당하지 않는 고속국도에 부속된 교통광장과 같은 광역교통시설광장은 생활기본시설에 해당한다고 보기 어렵다(대판 2014. 1. 16, 2012다95301, 대판 2017. 12. 22, 2015다202292 등 참조). 또한 대도시권의 대규모 개발사업을 하는 과정에서 광역교통시설의 건설 및 개량에 소요되어 대도시권 내 택지 및 주택의 가치를 상승시키는 데에 드는 비용은 그 대도시권 내의 택지나 주택을 공급받는 이주대책대상자도 그에 따른 혜택을 누리게 된다는 점에서 생활기본시설 설치비용에 해당하지 않는다(대판 2013. 12. 26, 2012다83902 등 참조)(대판 2023. 7. 13, 2023다214252: 이 사건 택지개발사업의 이주자택지 공급한도로 정해진 265㎡를 초과하는 부분까지 당연히 이주대책으로서 특별공급된 것으로 단정할 수 없고, 이 사건 교통광장이 고속도로 부속 교통광장이자 광역교통개선대책에 따라 개량된 시설로서 생활기본시설에 해당하지 않는다고 볼 여지가 크다는 이유로, 이와 다른 전제에서 부당이득반환의 범위를 산정한 원심판결을 파기·환송한 사례).

(아) 이주대책대상자의 법적 지위   이주대책대상자는 수분양권(受分讓權, 이주대책상 택지분양권이나 아파트입주권 등을 받을 수 있는 권리) 등 이주대책상의 권리를 취득하는데, 이 권리를 언제 취득하는가에 대하여 견해의 대립이 있다.

가) 법상의 이주대책대상자의 이주대책계획수립청구권   토지보상법 시행령 제40조 제4항은 법상 예외가 인정되고 있는 경우를 제외하고는 사업시행자에게 이주대책을 실시할 의무만을 부여하고 있다고 보아야 하므로 이 법규정만으로는 법상의 이주대책대상자에게 특정한 이주대책을 청구할 권리는 발생하지 않지만 이주대책을 수립할 것을 청구할 권리는 갖는다고 보아야 한다.

법상의 이주대책대상자가 이주대책계획의 수립을 청구하였음에도 불구하고 사업시행자가 이주대책을 수립하지 않는 경우에는 의무이행심판 또는 부작위위법확인소송을 제기할 수 있고, 이주대책수립을 거부한 경우에는 의무이행심판(또는 거부처분취소심판) 또는 거부처분취소소송을 제기할 수 있다고 보아야 한다.

공익사업법 제78조 제1항에서 사업시행자는 이주대책대상자에게 이주대책을 수립·실시하도록 규정하고 있으므로, 사업시행자는 이주대책의 수립·실시의무가 있다(대판 2009. 2. 26, 2008두 5124[이주대책대상자제외처분취소]).

나) 분양신청권   이주대책계획이 수립되면 이주대책대상자는 분양신청권을 취득한다.

다) 이주대책대상자의 수분양권 등 특정한 실체법상의 권리의 취득

a. 취득시기   문제는 이주대책대상자에게 언제 수분양권 등 특정한 실체법상의 권리가 취득되는가 하는 것이다.

(a) 이주대책계획수립이전설(법상 취득설): 토지보상법 제78조 및 동법 시행령 제40조의 요건을 충족하는 경우에 실체적 권리인 수분양권이 취득된다고 보는 견해이다.

후술하는 바와 같이 대법원 92다35783 전원합의체 판결에서 반대의견이 이 견해를 채택한 것으로 보인다.

(b) 이주대책계획수립시설: 사업시행자가 이주대책에 관한 구체적인 계획을 수립하여 이를 해당자에게 통지 내지 공고한 경우에 이것으로 이주자에게 수분양권이 취득된다고 보는 견해이다.

후술하는 바와 같이 대법원 92다35783 전원합의체 판결에서 반대의견에 대한 보충의견이 이 견해를 취한 것으로 보인다.

(c) 확인·결정시설: 이주대책계획 수립 후 이주대책대상자는 이주대책대상자 선정신청권(분양신청권)만을 취득하고, 이주자가 이주대책대상자 선정을 신청하고 사업시행자가 이를 받아들여 이주대책대상자로 확인·결정하여야 비로소 수분양권이 발생한다고 보는 견해이다.

(d) 판   례: 판례는 수분양권의 발생에 관하여 확인·결정시설을 취하고 있다(대판 전원합의체 1994. 5. 24, 92다35783).

> **판례**   같은 법 제8조 제1항이 사업시행자에게 이주대책의 수립·실시의무를 부과하고 있다고 하여 그 규정 자체만에 의하여 이주자에게 사업시행자가 수립한 이주대책상의 택지분양권이나 아파트 입주권 등을 받을 수 있는 구체적인 권리(수분양권)가 직접 발생하는 것이라고는 도저히 볼 수 없으며, 사업시행자가 이주대책에 관한 구체적인 계획을 수립하여 이를 해당자에게 통지 내지 공고한 후, 이주자가 수분양권을 취득하기를 희망하여 이주대책에 정한 절차에 따라 사업시행자에게 이주대책대상자 선정신청을 하고 사업시행자가 이를 받아들여 이주대책대상자로 확인·결정하여야만 비로소 구체적인 수분양권이 발생하게 된다(대판 전원합의체 1994. 5. 24, 92다35783[지장물세목조서명의변경]).

판례는 이주대책대상자 선정기준에 해당하는 자는 사업시행자에게 이주대책대상자 확인·결정을 신청할 수 있는 권리를 가지고, 이주대책대상자 선정의 거부는 항고소송의 대상이 되는 거부처분으로 본다. 또한 판례는 이주대책대상자 확인·결정은 구체적인 이주대책상의 수분양권을 부여하는 요건이 되는 행정작용으로서의 처분이라고 보고 있다.

> **판례1**   [1] 사업시행자 스스로 공익사업의 원활한 시행을 위하여 생활대책을 수립·실시할 수 있도록 하는 내부규정을 두고 이에 따라 생활대책대상자 선정기준을 마련하여 생활대책을 수립·실시하는 경우, 생활대책대상자 선정기준에 해당하는 자가 자신을 생활대책대상자에서 제외하거나 선정을 거부한 사업시행자를 상대로 항고소송을 제기할 수 있는지 여부(적극): 공익사업을 위한 토지 등의 취득 및 보상에 관한 법률은 제78조 제1항에서 "사업시행자는 공익사업의 시행으로 인하여 주거용 건축물을 제공함에 따라 생활의 근거를 상실하게 되는 자(이하 '이주대책대상자'라 한다)를 위하여 대통령령으로 정하는 바에 따라 이주대책을 수립·실시하거나 이주정착금을 지급하여야 한다"고 규정하고 있을 뿐, 생활대책용지의 공급과 같이 공익사업 시행 이전과 같은 경제수준을 유지할 수 있도록 하는 내용

의 생활대책에 관한 분명한 근거 규정을 두고 있지는 않으나, 사업시행자 스스로 공익사업의 원활한 시행을 위하여 필요하다고 인정함으로써 생활대책을 수립·실시할수 있도록 하는 내부규정을 두고 있고 내부규정에 따라 생활대책대상자 선정기준을 마련하여 생활대책을 수립·실시하는 경우에는, 이러한 생활대책 역시 "공공필요에 의한 재산권의 수용·사용 또는 제한 및 그에 대한보상은 법률로써 하되, 정당한 보상을 지급하여야 한다"고 규정하고 있는 헌법 제23조 제 3 항에 따른 정당한보상에 포함되는 것으로 보아야 한다. 따라서 이러한 생활대책대상자 선정기준에 해당하는 자는 사업시행자에게 생활대책대상자 선정 여부의 확인·결정을 신청할 수 있는 권리를 가지는 것이어서, 만일 사업시행자가 그러한 자를 생활대책대상자에서 제외하거나 선정을 거부하면, 이러한 생활대책대상자 선정기준에 해당하는 자는 사업시행자를 상대로 항고소송을 제기할 수 있다고 보는 것이 타당하다. [2] 뉴타운개발 사업시행자가 사업시행으로 생활근거 등을 상실하는 주민들을 위한 주거대책 및 생활대책을 공고함에 따라 화훼도매업을 하던 갑이 사업시행자에게 생활대책신청을 하였으나 사업시행자가 이를 거부한 사안에서, 위 거부행위가 행정처분에 해당한다고 본 원심판단을 정당하다고 한 사례. [3] 뉴타운개발 사업시행자가 사업시행으로 생활근거 등을 상실하는 주민들을 위한 주거대책 및 생활대책을 공고함에 따라 화훼도매업을 하던 갑이 사업시행자에게 생활대책신청을 하였으나, 사업시행자가 갑은 주거대책 및 생활대책에서 정한 '이주대책 기준일 3개월이전부터 사업자등록을 하고 영업을 계속한 화훼영업자'에 해당하지 않는다는 이유로 화훼용지 공급대상자에서 제외한 사안에서, 갑이 동생 명의를 빌려 사업자등록을 하다가 기준일 이후에 자신 명의로 사업자등록을 마쳤다 하더라도 위 대책에서 정한 화훼용지 공급대상자에 해당한다고 본 원심판단을 정당하다고 한 사례(대판 2011. 10. 13, 2008두17905[상가용지공급대상자적격처분취소등]).

> **판례2** **공익사업을 위한 토지 등의 취득 및 보상에 관한 법률상의 공익사업시행자가 하는 이주대책대상자확인·결정의 법적 성질(=행정처분)과 이에 대한 쟁송방법(=항고소송):** 공익사업을 위한 토지 등의 취득 및 보상에 관한 법률상의 공익사업시행자가 하는 이주대책대상자 확인·결정은 구체적인 이주대책상의 수분양권을 부여하는 요건이 되는 행정작용으로서의 처분이지 이를 단순히 절차상의 필요에 따른 사실행위에 불과한 것으로 평가할 수는 없다. 따라서 수분양권의 취득을 희망하는 이주자가 소정의 절차에 따라 이주대책대상자선정신청을 한 데 대하여 사업시행자가 이주대책대상자가 아니라고 하여 위 확인·결정 등의 처분을 하지 않고 이를 제외시키거나 거부조치한 경우에는, 이주자로서는 사업시행자를 상대로 항고소송에 의하여 제외처분이나 거부처분의 취소를 구할 수 있다. 나아가 이주대책의 종류가 달라 각 그 보장하는 내용에 차등이 있는 경우 이주자의 희망에도 불구하고 사업시행자가 요건 미달 등을 이유로 그 중 더 이익이 되는 내용의 이주대책대상자로 선정하지 않았다면 이 또한 이주자의 권리의무에 직접적 변동을 초래하는 행위로서 항고소송의대상이 된다(대판 2014. 2. 27, 2013두10885[일반분양이주택지결정무효확인]).

(e) 결   어: 이주대책대상자의 경우 법상의 추상적인 이주대책권이 이주대책계획이 수립됨으로써 구체적 권리로 되는 것이므로 이주대책계획수립시설이 타당하다.

다만, 법상의 이주대책대상자가 아닌 이주자는 이주대책대상자 선정신청을 하고 사업시행자가 이를 받아들여 이주대책대상자로 확인·결정하여야 비로소 실체적인 권리를 취득한다고 보아야 한다.

b. 권리구제 및 소송 형식   ① 판례와 같이 확인·결정시설을 취하면 이주대책대상자 선정신청에 대한 거부는 거부처분이 되므로 이에 대하여 취소소송을 제기하고 부작위인 경우에는 부작위위법확인소송을 제기하여야 한다. 이주자가 사업시행자에 대한 이주대책대상자 선정신청 및 이에 따른 확인·결정 등 절차를 밟지 아니하여 구체적인 수분양권을 아직 취득하지도 못한 상태에서 곧바로 분양의무의 주체를 상대방으로 하여 민사소

송이나 공법상 당사자소송으로 이주대책상의 수분양권의 확인 등을 구하는 것은 허용될 수 없고, 나아가 그 공급대상인 택지나 아파트 등의 특정부분에 관하여 그 수분양권의 확인을 소구하는 것은 더더욱 불가능하다고 본다(대판 전원합의체 1994. 5. 24, 92다35783).

　② 만일 이주대책계획 수립시설을 취하면 사업시행자가 실제로 이주대책계획을 수립하기 이전에는 이주자의 수분양권은 아직 추상적인 권리나 법률상의 지위 내지 이익에 불과한 것이어서 이 단계에 있어서는 확인의 이익이 인정되지 아니하여 그 권리나 지위의 확인을 구할 수 없다고 할 것이고, 사업시행자가 이주대책계획을 수립하지 아니하는 경우에는 사업시행자에게 이를 청구하여 거부되면 취소소송을, 방치되면 부작위위법확인을 소구할 수 있다고 볼 것이다. 그러나 이주대책계획을 수립한 이후에는 이주대책대상자의 추상적인 수분양권이 그 이주대책이 정하는 바에 따라 구체적 권리로 바뀌게 되므로, 이주대책에서 제외된 이주대책대상자는 위와 같은 수분양권에 터잡은 분양신청을 하여 거부당한 경우에는 그 거부의 취소를 구하는 항고소송을 제기할 수 있을 것이고, 신청기간을 도과한 경우, 사업시행자가 미리 수분양권을 부정하거나 이주대책에 따른 분양절차가 종료되어 분양신청을 하더라도 거부당할 것이 명백한 경우, 또는 분양신청을 묵살당한 경우, 기타 확인판결을 얻음으로써 분쟁이 해결되고 권리구제가 가능하여 그 확인소송이 권리구제에 유효 적절한 수단이 될 수 있는 특별한 사정이 있는 경우에는, 당사자소송으로 수분양권 또는 그 법률상의 지위의 확인을 구할 수 있다고 보아야 한다(대법원 92다35783 전원합의체 판결에서 반대의견에 대한 보충의견).

　③ 이주대책계획수립이전설(법상 취득설)에 의하면 구체적 이주대책의 이행을 신청하고 그 이행이 없을 때 부작위위법확인소송을 제기하여 그 권리구제를 받을 수 있고, 그 권리를 포기한 것으로 볼 수 없는 한 언제나 신청이 가능하고 구체적 이주대책이 종료한 경우에도 추가 이주대책을 요구할 수 있다. 그리고, 이주대책대상자 선정신청의 거부에 대하여 거부처분의 취소를 청구할 수 있을 뿐만 아니라 구체적 이주대책계획에서 제외된 이주대책대상자는 자기 몫이 참칭 이주대책대상자에게 이미 분양되어 분양신청을 하더라도 거부할 것이 명백한 특수한 경우에는 이주대책대상자로서 분양을 받을 권리 또는 그 법률상 지위의 확인을 구할 수 있다고 보아야 한다. 이 때에 확인소송은 확인소송의 보충성이라는 소송법의 일반법리에 따라 그 확인소송이 권리구제에 유효 적절한 수단이 될 때에 한하여 그 소의 이익이 인정된다(대법원 92다35783 전원합의체 판결에서의 반대의견).

　④ 이주대책의 수립 및 집행은 공행정사무로 보아야 하므로 수분양권은 공법상 권리로 보는 것이 타당하다(대판 전원합의체 1994. 5. 24, 92다35783). 따라서, 수분양권의 확인을 구하는 소송은 공법상 당사자소송으로 제기하여야 할 것이다.

　　나. 토지보상법상 이주정착금의 지급　　　　사업시행자는 ① 이주대책을 수립·실시하지 아니하는 경우 또는 ② 이주대책대상자가 이주정착지가 아닌 다른 지역으로 이주하고자 하는 경우에는 이주대책대상자에게 국토교통부령이 정하는 바에 따라 이주정착금을 지급

하여야 한다(시행령 제41조).

다. 토지보상법상 주거이전비 및 이사비의 지급 [2015, 2018, 2022 감평 사례] 토지보상법은 주거이전비보상에 관하여 다음과 같이 규정하고 있다.

주거용 건물의 거주자에 대하여는 주거이전에 필요한 비용과 가재도구 등 동산의 운반에 필요한 비용을 산정하여 보상하여야 한다(제78조 제5항). 공익사업시행지구에 편입되는 주거용 건축물의 소유자에 대하여는 당해 건축물에 대한 보상을 하는 때에 가구원수에 따라 2월분의 주거이전비를 보상하여야 한다. 다만, 건축물의 소유자가 당해 건축물에 실제 거주하고 있지 아니하거나 당해 건축물이 무허가건축물 등인 경우에는 그러하지 아니하다(시행규칙 제54조 제1항).

공익사업의 시행으로 인하여 이주하게 되는 주거용 건축물의 세입자(무상으로 사용하는 거주자를 포함하되, 법 제78조 제1항에 따른 이주대책대상자인 세입자는 제외한다)로서 사업인정고시일 등 당시 또는 공익사업을 위한 관계법령에 의한 고시 등이 있은 당시 당해 공익사업시행지구 안에서 3월 이상 거주한 자에 대하여는 가구원수에 따라 4개월분의 주거이전비를 보상하여야 한다. 다만, 무허가건축물 등에 입주한 세입자로서 사업인정고시일 등 당시 또는 공익사업을 위한 관계법령에 의한 고시 등이 있은 당시 그 공익사업지구 안에서 1년 이상 거주한 세입자에 대하여는 본문에 따라 주거이전비를 보상하여야 한다(시행규칙 제54조 제2항).

> **판례** **무허가건축물 등에 입주한 세입자의 의미**: 원고는 공부상 주거용 용도가 아닌 이 사건 건물을 임차한 후 임의로 주거용으로 용도를 변경하여 사용한 세입자로서 구법 시행규칙 제54조 제2항 단서가 정한 '무허가건축물 등에 입주한 세입자'에 해당한다고 볼 수 없으므로 공익사업법 소정의 주거이전비 보상 대상자에서 제외된다고 할 것이다(대판 2013. 5. 23, 2012두11072).

주거이전비를 받을 수 있는 권리를 포기한다는 취지의 주거이전비 포기각서는 강행규정에 반하여 무효이다(대판 2011. 7. 14, 2011두3685).

① 토지보상법상 세입자의 주거이전비 보상청구권은 그 요건을 충족하는 경우에 당연히 발생하는 것이므로, 주거이전비 보상청구소송은 행정소송법 제3조 제2호에 규정된 당사자소송(실질적 당사자소송)에 의하여야 한다.

② 세입자의 주거이전비 보상에 관하여 재결이 이루어진 다음 세입자가 보상금의 증감 부분을 다투는 경우에는 같은 법 제85조 제2항에 규정된 행정소송(보상금증감청구소송)에 따라, 보상금의증감 이외의 부분을 다투는 경우에는 같은 조 제1항에 규정된 행정소송에 따라 권리구제를 받을 수 있다(대판 2008. 5. 29, 2007다8129[주거이전비 등]).

그리고 이러한 법리는 주거용 건축물의 소유자가 사업시행자를 상대로 이주정착금, 주거이전비 및 이사비의 보상을 구하는 경우에도 그대로 적용된다(대판 2019. 4. 23, 2018두55326).

판례1 주거이전비 보상청구권은 공법상의 권리로서 그 보상을 구하는 소송은 행정소송법상 당사자소송(실질적 당사자소송)에 의하여야 하고, 소유자의 주거이전비 보상에 관하여 재결이 이루어진 다음 소유자가 다투는 경우에는 토지보상법 제85조에 규정된 행정소송을 제기하여야 한다(대판 2019. 4. 23, 2018두55326; 대판 2021. 8. 26, 2019다235153). (1) 토지보상법 제78조에서 정한 주거이전비 등도 구 도시정비법 제49조 제 6 항 단서에서 정한 '토지보상법에 따른 손실보상'에 해당한다. 그러므로 주택재개발사업의 사업시행자가 공사에 착수하기 위하여 현금청산대상자나 세입자로부터 정비구역 내 토지 또는 건축물을 인도받기 위해서는 협의나 재결절차 등에 의하여 결정되는 주거이전비 등도 지급할 것이 요구된다. 만일 사업시행자와 현금청산대상자나 세입자 사이에 주거이전비 등에 관한 협의가 성립된다면 사업시행자의 주거이전비 등 지급의무와 현금청산대상자나 세입자의 부동산 인도의무는 동시이행의 관계에 있게 되고, 재결절차 등에 의할 때에는 주거이전비 등의 지급절차가 부동산 인도에 선행되어야 할 것이다. (2) 주택재개발사업에서 사업시행자가 수용재결에 따른 손실보상금 지급이나 공탁 이후 현금청산대상자나 세입자에 대하여 부동산인도를 구할 경우 현금청산대상자나 세입자는 주거이전비, 이주정착금, 이사비의 미지급을 이유로 부동산 인도를 거절할 수 있다(대판 2021. 6. 30, 2019다207813).

판례2 구 도시 및 주거환경정비법에 따른 주택재개발 사업의 경우 공익사업을 위한 토지 등의 취득 및 보상에 관한 법률 시행규칙 제54조 제 2 항 본문에서 정한 주거이전비의 보상대상자를 정하는 기준일(=정비계획에 관한 공람공고일): 공익사업을 위한 토지 등의 취득 및 보상에 관한 법률 제78조 제 5 항, 같은 법 시행규칙 제54조 제 2 항, 구 도시 및 주거환경정비법(2008. 3. 28. 법률 제9047호로 개정되기 전의 것) 제 4 조 제 1 항, 제 2 항, 같은 법 시행령 제11조 제 1 항 등 각 규정의 내용, 형식 및 입법경위, 주거이전비는 당해 공익사업시행지구 안에 거주하는 세입자들의 조기이주를 장려하여 사업추진을 원활하게 하려는 정책적인 목적과 주거이전으로 인하여 특별한 어려움을 겪게 될 세입자들을 대상으로 하는 사회보장적인 차원에서 지급하는 성격의 것인 점 등을 종합하면, 도시정비법상 주거용 건축물의 세입자에 대한 주거이전비의 보상은 정비계획이 외부에 공표됨으로써 주민 등이 정비사업이 시행될 예정임을 알 수 있게 된 때인 정비계획에 관한 공람공고일 당시 당해 정비구역 안에서 3월 이상 거주한 자를 대상으로 한다(대판 2010. 9. 9, 2009두16824[주거이전비]). 〈해설〉 주거이전비의 보상대상자를 정하는 기준일을 사업시행인가고시일로 본 원심판결을 파기한 사례.

판례3 [1] 주거이전비는 당해 공익사업 시행지구 안에 거주하는 세입자들의 조기이주를 장려하여 사업추진을 원활하게 하려는 정책적인 목적과 주거이전으로 인하여 특별한 어려움을 겪게 될 세입자들을 대상으로 하는 사회보장적인 차원에서 지급되는 금원의 성격을 가지므로, 적법하게 시행된 공익사업으로 인하여 이주하게 된 주거용 건축물 세입자의 주거이전비 보상청구권은 공법상의 권리이고, 따라서 그 보상을 둘러싼 쟁송은 민사소송이 아니라 공법상의 법률관계를 대상으로 하는 행정소송에 의하여야 한다. [2] 구 공익사업을 위한 토지 등의 취득 및 보상에 관한 법률(2007. 10. 17. 법률 제8665호로 개정되기 전의 것) 제78조 제 5 항, 제 7 항, 같은 법 시행규칙 제54조 제 2 항 본문, 제 3 항의 각 조문을 종합하여 보면, 세입자의 주거이전비 보상청구권은 그 요건을 충족하는 경우에 당연히 발생하는 것이므로, 주거이전비 보상청구소송은 행정소송법 제 3 조 제 2 호에 규정된 당사자소송에 의하여야 한다. 다만, 구 도시 및 주거환경정비법(2007. 12. 21. 법률 제8785호로 개정되기 전의 것) 제40조 제 1 항에 의하여 준용되는 구 공익사업을 위한 토지 등의 취득 및 보상에 관한 법률 제 2 조, 제50조, 제78조, 제85조 등의 각 조문을 종합하여 보면, 세입자의 주거이전비 보상에 관하여 재결이 이루어진 다음 세입자가 보상금의 증감 부분을 다투는 경우에는 같은 법 제85조 제 2 항에 규정된 행정소송에 따라, 보상금의 증감 이외의 부분을 다투는 경우에는 같은 조 제 1 항에 규정된 행정소송에 따라 권리구제를 받을 수 있다(대판 2008. 5. 29, 2007다8129[주거이전비 등]). 〈해설〉 주거이전비 지급대상이 아니라는 이유로 거부된 경우에는 보상금증감청구소송(당사자소송)을 제기하여야 한다.

판례4 [1] 세입자에게 도시 및 주거환경정비법에 의한 임시수용시설 제공과 별도로 공익사업을 위한 토지 등의 취득 및 보상에 관한 법률 시행규칙에 의한 주거이전비를 지급하여야 하는지 여부(적극): 도시 및 주거환경정비법(이하 '도시정비법'이라 한다)에 의한 세입자에 대한 임시수용시설의 제공 등은 주거환경개선사업 및 주택재개발사업의 사업시행자로 하여금 주거환경개선사업 및 주택재개발사업의 시행으로 철거되는 주택에 거주하던 세입자에게 사업시행기간 동안 거주할 임시수용시설을 제공하거나 주택자금의 융자알선 등 임시수용시설 제공에 상응하는 조치를 취하도록 하여 사업시행기간 동안 세입자의 주거안정을 도모하기 위한 조치로 볼 수 있는 반면, 공익사업의 시행에 따라 이주하는 주거용 건축물의 세입자에게 지급하는 주거이전비는 당해 공익사업 시행지구 안에 거주하는 세입자들의 조기이주를 장려하여 사업추진을 원활하게 하려는 정책적인 목적과 주거이전으로 인하여 특별한 어려움을 겪게 될 세입자들을 대상으로 하는 사회보장적인 차원에서 지급하는 금원의 성격을 갖는 것으로 볼 수 있는 점, 도시정비법 및 공익사업을 위한 토지 등의 취득 및 보상에 관한 법률(이하 '공익사업법'이라 한다) 시행규칙 등의 관련 법령에서 임시수용시설 등의 제공과 주거이전비 지급을 사업시행자의 의무사항으로 규정하면서 임시수용시설 등을 제공받는 자를 주거이전비 지급대상에서 명시적으로 배제하지 아니한 점을 비롯한 위 각 규정의 문언, 내용 및 입법취지 등을 종합하여 보면, 도시정비법 규정에 의하여 사업시행자로부터 임시수용시설을 제공받는 세입자라 하더라도 공익사업법 및 공익사업법 시행규칙에 의한 주거이전비를 별도로 청구할 수 있다고 봄이 타당하다. [2] 사업시행자의 세입자에 대한 주거이전비 지급의무를 규정하고 있는 공익사업을 위한 토지 등의 취득 및 보상에 관한 법률 시행규칙 제54조 제2항이 강행규정인지 여부(적극): 공익사업법은 공익사업에 필요한 토지 등을 협의 또는 수용에 의하여 취득하거나 사용함에 따른 손실의 보상에 관한 사항을 규정함으로써 공익사업의 효율적인 수행을 통하여 공공복리의 증진과 재산권의 적정한 보호를 도모함을 목적으로 하고 있고, 위 법에 근거하여 공익사업법 시행규칙에서 규정하고 있는 세입자에 대한 주거이전비는 공익사업의 시행으로 인하여 생활의 근거를 상실하게 되는 세입자를 위하여 사회보장적 차원에서 지급하는 금원으로 보아야 하므로, 사업시행자의 세입자에 대한 주거이전비 지급의무를 규정하고 있는 공익사업법 시행규칙 제54조 제2항은 당사자의 합의 또는 사업시행자의 재량에 의하여 그 적용을 배제할 수 없는 강행규정이라고 보아야 할 것이다. [3] 주택재개발사업 정비구역 안에 있는 주거용 건축물에 거주하던 세입자 甲이 주거이전비를 받을 수 있는 권리를 포기한다는 취지의 주거이전비 포기각서를 제출하고 사업시행자가 제공한 임대아파트에 입주한 다음 별도로 주거이전비를 청구한 사안에서, 위 포기각서의 내용은 강행규정에 반하여 무효라고 한 사례(대판 2011. 7. 14, 2011두3685[주거이전비등]).

주거이전비는 가구원 수에 따라 소유자 또는 세입자에게 지급되는 것으로서 소유자와 세입자가 그 지급청구권을 가지는 것으로 보아야 하고, 따라서 소유자 또는 세입자가 아닌 가구원은 사업시행자를 상대로 직접 주거이전비의 지급을 구할 수 없다고 보아야 할 것이다(대판 2011. 8. 25, 2010두4131).

판례 [1] 주거이전비는 가구원수에 따라 소유자 또는 세입자에게 지급되는 것으로서 소유자와 세입자가 그 지급청구권을 가지는 것으로 보아야 하고, 따라서 소유자 또는 세입자가 아닌 가구원은 사업시행자를 상대로 직접 주거이전비의 지급을 구할 수 없다고 보아야 할 것이다. [2] 택지개발사업지구 안에 있는 주택 소유자 갑이 주택에 관한 보상합의를 하여 사업시행자에게서 주거이전비를 수령하였는데, 이후 보상대상에서 제외되었던 갑의 아버지 을이 사업인정고시일 당시 위 주택에서 함께 거주하였다고 주장하면서 사업시행자에게 주거이전비 지급을 청구한 사안에서, 을에게 주거이전비 지급청구권이 있다고 본 원심판결에 법리오해의 위법이 있다고 한 사례(대판 2011. 8. 25, 2010두4131).

도시재개발사업에서 사업시행자가 협의나 재결절차를 거치지 않더라도 주거이전비 등을 지급하였거나 공탁하였다는 사정을 인정할 수 있는 경우, 주거이전비 등의 지급절차가 선행되었다고 보아 사업시행자의 토지나 건축물에 관한 인도청구를 인정할 수 있다(대판 2022. 6. 30, 2021다310088, 310095).

이사비의 보상대상자는 '공익사업시행지구에 편입되는 주거용 건축물의 거주자로서 공익사업의 시행으로 이주하게 되는 자'로 보는 것이 타당하다(대판 2012. 8. 30, 2011두 22792).

2) 생계대책

생계대책은 생활대책이라고도 하는데, 종전과 같은 경제수준을 유지할 수 있도록 하는 조치를 말한다. 생계대책으로는 생활비보상(이농비·이어비 보상), 상업용지, 농업용지 등 용지의 공급, 직업훈련, 고용 또는 고용알선, 고용상담, 보상금에 대한 조세감면조치 등을 들 수 있다.

사업시행자는 해당 공익사업이 시행되는 지역에 거주하고 있는 『국민기초생활 보장법』 제 2 조 제 1 호·제11호에 따른 수급권자 및 차상위계층이 취업을 희망하는 경우에는 그 공익사업과 관련된 업무에 우선하여 고용할 수 있으며, 이들의 취업알선에 노력하여야 한다(제78조 제 7 항).

판례 [1] 사업시행자 스스로 공익사업의 원활한 시행을 위하여 생활대책을 수립·실시할 수 있도록 하는 내부규정을 두고 이에 따라 생활대책대상자 선정기준을 마련하여 생활대책을 수립·실시하는 경우, 생활대책대상자 선정기준에 해당하는 자가 자신을 생활대책대상자에서 제외하거나 선정을 거부한 사업시행자를 상대로 항고소송을 제기할 수 있는지 여부(적극): 공익사업을 위한 토지 등의 취득 및 보상에 관한 법률은 제78조 제 1 항에서 … 생활대책용지의 공급과 같이 공익사업 시행 이전과 같은 경제수준을 유지할 수 있도록 하는 내용의 생활대책에 관한 분명한 근거 규정을 두고 있지는 않으나, 사업시행자 스스로 공익사업의 원활한 시행을 위하여 필요하다고 인정함으로써 생활대책을 수립·실시할 수 있도록 하는 내부규정을 두고 있고 내부규정에 따라 생활대책대상자 선정기준을 마련하여 생활대책을 수립·실시하는 경우에는, 이러한 생활대책 역시 "공공필요에 의한 재산권의 수용·사용 또는 제한 및 그에 대한 보상은 법률로써 하되, 정당한 보상을 지급하여야 한다"고 규정하고 있는 헌법 제23조 제 3 항에 따른 정당한 보상에 포함되는 것으로 보아야 한다. 따라서 이러한 생활대책대상자 선정기준에 해당하는 자는 사업시행자에게 생활대책대상자 선정 여부의 확인·결정을 신청할 수 있는 권리를 가지는 것이어서, 만일 사업시행자가 그러한 자를 생활대책대상자에서 제외하거나 선정을 거부하면, 이러한 생활대책대상자 선정기준에 해당하는 자는 사업시행자를 상대로 항고소송을 제기할 수 있다고 보는 것이 타당하다. [2] 뉴타운개발 사업시행자가 사업시행으로 생활근거 등을 상실하는 주민들을 위한 주거대책 및 생활대책을 공고함에 따라 화훼도매업을 하던 甲이 사업시행자에게 생활대책신청을 하였으나 사업시행자가 이를 거부한 사안에서, 위 거부행위가 행정처분에 해당한다고 본 원심판단을 정당하다고 한 사례. [3] 뉴타운개발 사업시행자가 사업시행으로 생활근거 등을 상실하는 주민들을 위한 주거대책 및 생활대책을 공고함에 따라 화훼도매업을 하던 甲이 사업시행자에게 생활대책신청을 하였으나, 사업시행자가 甲은 위 주거대책 및 생활대책에서 정한 '이주대책 기준일 3개월 전부터 사업자등록을 하고 영업을 계속한 화훼영업자'에 해당하지 않는다는 이유로 화훼용지 공급대상자에서 제외한 사안에서, 甲이 이주대책 기준일 3개월 이전부터 동생 명의를 빌려 사업자등록을 하고 화원 영

업을 하다가 기준일 이후에 비로소 사업자등록 명의만을 자신 명의로 바꾸어 종전과 같은 화원 영업을 계속하였더라도 '기준일 3개월 이전부터 사업자등록을 하고 계속 영업을 한 화훼영업자'에 해당한다고 본 원심판단을 정당하다고 한 사례(대판 2011. 10. 13, 2008두17905[상가용지공급대상자적격처분취소등]).

V. 토지보상법상 공용사용으로 인한 손실의 보상기준

협의 또는 재결에 의하여 사용하는 토지에 대하여는 그 토지와 인근 유사토지의 지료(地料)·임대료·사용방법·사용기간 및 그 토지의 가격 등을 고려하여 평가한 적정가격으로 보상하여야 한다(제71조 제1항).

사업인정고시가 된 후 다음의 1에 해당하는 때에는 당해 토지소유자는 사업시행자에게 그 토지의 매수를 청구하거나 관할 토지수용위원회에 그 토지의 수용을 청구할 수 있다: ① 토지를 사용하는 기간이 3년 이상인 때, ② 토지의 사용으로 인하여 토지의 형질이 변경되는 때, ③ 사용하고자 하는 토지에 그 토지소유자의 건축물이 있는 때. 이 경우 관계인은 사업시행자나 관할 토지수용위원회에 그 권리의 존속을 청구할 수 있다(제72조).

토지의 지하 또는 지상공간을 사실상 영구적으로 사용하는 경우 당해 공간에 대한 사용료는 제22조의 규정에 의하여 산정한 당해 토지의 가격에 당해 공간을 사용함으로 인하여 토지의 이용이 저해되는 정도에 따른 적정한 비율(이하 '입체이용저해율'이라 한다)을 곱하여 산정한 금액으로 평가한다(시행규칙 제31조 제1항). 토지의 지하 또는 지상공간을 일정한 기간 동안 사용하는 경우 당해 공간에 대한 사용료는 제30조의 규정에 의하여 산정한 당해 토지의 사용료에 입체이용저해율을 곱하여 산정한 금액으로 평가한다(시행규칙 제31조 제2항).

VI. 토지보상법상 공용제한으로 인한 손실의 보상기준

공용제한(公用制限)으로 인한 손실의 보상기준에 관하여 규정하고 있는 법률도 있지만, 대부분의 공용제한의 경우에는 보상기준이 법률에 의해 정해져 있지 않다. 이 경우에 손실보상액을 어떤 기준에 의해 산정하여야 하는가. 이에 관하여는 다음과 같은 학설이 있다.

1. 상당인과관계설

상당인과관계설(相當因果關係說)은 공용제한행위와 상당인과관계 있는 손실은 모두 보상하여야 한다는 견해이다. 이 설에 의하면 토지의 이용제한으로 인하여 필요하게 된 지출 및 장래에 누릴 수 있는 이익의 상실도 상당인과관계가 인정되는 범위 내에서 보상되게 되어 보상의 범위가 가장 넓게 된다.

이 설에 대하여는 공용제한으로 인한 손실보상의 산정이 소유자의 주관적 사정에 의하여 좌우되기 쉬워 객관적 산정이 곤란하다는 비판이 있다.

2. 지가저락설

지가저락설(地價低落說)은 토지이용제한에 의해 초래되는 토지이용가치의 저하가 지가하락으로 나타난다고 보고 그 지가저락분을 보상하여야 한다는 견해이다(박윤흔, 648면).

이 설에 대하여는 지가는 공용제한 이외에 다른 요인에 의해 정해지는 것이므로 공용제한으로 지가가 항상 저락하는 것은 아니며 손실보상의 범위를 지나치게 제한한다는 비판이 가능하다.

3. 적극적 실손보전설

적극적 실손보전설(積極的 實損補塡說)은 공용제한으로 토지소유자가 현실적으로 예상하지 않았던 지출을 하지 않을 수 없는 경우에 한하여 그 적극적이고 현실적인 지출만을 보상하면 된다는 견해이다.

이 설에 의하면 보상되지 않는 손실이 있게 된다는 문제가 있다. 이 설에 의하면 공용제한에 의한 지가저락은 보상의 대상이 되지 않는다.

4. 판   례

판례1   준용하천의 제외지로 편입됨에 따른 구 하천법 제74조 제 1 항의 손실보상은 원칙적으로 공용제한에 의하여 토지 소유자로서 사용수익이 제한되는 데 따른 손실보상으로서 제외지 편입 당시의 현황에 따른 지료 상당액을 기준으로 함이 상당하다(대판 2003. 4. 25, 2001두1369[재결신청기각처분취소 등]).

판례2   [1] 토지 상공에 고압전선이 통과하여 그 이용에 제한을 받는 경우, 토지소유자가 전선소유자로부터 부당이득반환을 받을 수 있는 범위: 토지의 상공에 고압전선이 통과함으로써 토지소유자가 그 토지 상공의 이용을 제한받는 경우, 그 토지소유자는 위 전선을 소유하는 자에게 이용이 제한되는 상공 부분에 대한 임료 상당액의 부당이득금 반환을 구할 수 있고, 이 때 고압전선이 통과하고 있는 상공 부분과 관계 법령에서 고압전선과 건조물 사이에 일정한 거리를 유지하도록 규정하고 있는 경우 그 거리 내의 상공 부분은 토지소유자의 이용이 제한되고 있다고 볼 수 있다. [2] 토지소유자가 고압전선의 소유자에게 최대횡진거리 내의 상공 부분에 대한 부당이득반환을 구할 수 있는지 여부(한정 적극): 고압전선의 경우 양쪽의 철탑으로부터 아래로 늘어져 있어 강풍 등이 부는 경우에 양쪽으로 움직이는 횡진현상이 발생할 수 있는데, 그 최대횡진거리 내의 상공 부분은 횡진현상이 발생할 가능성이 있는 것에 불과하므로 일반적으로는 토지소유자가 그 이용에 제한을 받고 있다고 볼 수 없으나, 최대횡진거리 내의 상공 부분이라도 토지소유자의 이용이 제한되고 있다고 볼 특별한 사정이 있는 경우에는 그 토지소유자는 고압전선의 소유자에게 그 부분에 대한 임료 상당액의 부당이득금 반환을 구할 수 있다(대판 2009. 1. 15, 2007다58544[부당이득금]).

Ⅶ. 토지사용으로 인한 손실의 보상

1. 의　의

공익사업의 시행을 위하여 타인의 토지를 사용하는 경우에는, 해당 토지의 소유권을 제한하게 되므로 이에 대한 보상으로 사용료를 지급하여야 한다. 토지사용료의 보상범위는 지표상의 토지사용만이 대상이 되는 것이 아니라 토지의 입체적 소유권 개념에 기초하여 토지의 지상 및 지하부분의 사용을 포함하게 된다. 이 경우 토지 사용기간의 장단에 주의하여야 할 것이다.

2. 토지의 사용에 대한 평가기준

(1) 토지사용의 평가기준

토지의 사용료는 임대사례비교법으로 평가한다. 다만, 적정한 임대사례가 없거나 대상토지의 특성으로 보아 임대사례비교법으로 평가하는 것이 적정하지 아니한 경우에는 적산법으로 평가할 수 있다(시행규칙 제30조). 통상 미지급용지의 사용료 평가는 적산법에 의한다.

(2) 평가방법

1) 임대사례비교법

"임대사례비교법"이라 함은 대상물건과 동일성 또는 유사성이 있는 다른 물건의 임대사례와 비교하여 대상물건의 사용료를 구하는 방법을 말한다(시행규칙 제 2 조 제 7 호).

2) 적 산 법

"적산법"이라 함은 가격시점에서 대상물건의 가격을 기대이율로 곱한 금액에 대상물건을 계속 사용하는 데 필요한 제경비를 더하여 대상물건의 사용료를 구하는 방법을 말한다(시행규칙 제 2 조 제 8 호).

판례　국가 또는 자치단체가 도로법 등에 의한 도로설정을 하여 도로관리청으로서 점유하거나 사실상 필요한 공사를 하여 도로로서의 형태를 갖춘 다음 사실상 지배주체로서 도로를 점유하게 된 경우, 당해 부동산의 기초가격에다 그 기대이율을 곱하는 이른바 적산법에 의한 방식으로 임료를 산정함에 있어 기대이율이란 임대할 부동산을 취득함에 있어 소요되는 비용에 대한 기대되는 이익의 비율을 뜻하는 것으로서 원칙적으로 개개 토지의 소재지, 종류, 품등 등에 따라 달라지는 것이 아니고, 국공채이율, 은행의 장기대출금리, 일반시중금리, 정상적인 부동산거래이윤율, 국유재산법과 지방재정법이 정하는 대부료율 등을 참작하여 결정되어지는 것이며, 따라서 위와 같은 방식에 의한 임료 산정시 이미 기초가격이 구체적인 개개의 부동산의 실제 이용상황이 참작되어 평가·결정된 이상 그 기대이율을 산정함에 있어서 다시 위 실제 이용상황을 참작할 필요는 없다(대판 2000. 6. 23, 2000다12020[부당이득금반환]).

3. 토지의 지하·지상 공간의 사용에 대한 평가(자세한 것은 후술)

(1) 지하 또는 공중공간을 영구적으로 사용하는 경우

토지의 지하 또는 지상공간을 사실상 영구적으로 사용하는 경우 당해 공간에 대한 사용료는 제22조의 규정에 의하여 산정한 당해 토지의 가격에 당해 공간을 사용함으로 인하여 토지의 이용이 저해되는 정도에 따른 적정한 비율(입체이용저해율)을 곱하여 산정한 금액으로 평가한다(시행규칙 제31조 제 1 항).

(2) 지하 또는 공중공간을 일정한 기간 동안 사용하는 경우

토지의 지하 또는 지상공간을 일정한 기간 동안 사용하는 경우 당해 공간에 대한 사용료는 제30조의 규정에 의하여 산정한 당해 토지의 사용료에 입체이용저해율을 곱하여 산정한 금액으로 평가한다(시행규칙 제31조 제 2 항).

Ⅷ. 기타 손실(보상규정이 없는 손실)의 보상

1. 기타 손실의 보상의 근거

토지보상법 제79조 제 4 항은 "제 1 항부터 제 3 항까지에서 규정한 사항 외에 공익사업의 시행으로 인하여 발생하는 손실의 보상 등에 대하여는 국토교통부령으로 정하는 기준에 따른다"라고 규정하고 있다. 공익사업의 시행으로 인하여 발생하는 손실 중 보상하여야 하지만 법률에 규정되지 못한 경우를 대비한 규정이다.

토지보상법 제79조(그 밖의 토지에 관한 비용보상 등)
① 사업시행자는 공익사업의 시행으로 인하여 취득하거나 사용하는 토지(잔여지를 포함한다) 외의 토지에 통로·도랑·담장 등의 신설이나 그 밖의 공사가 필요할 때에는 그 비용의 전부 또는 일부를 보상하여야 한다. 다만, 그 토지에 대한 공사의 비용이 그 토지의 가격보다 큰 경우에는 사업시행자는 그 토지를 매수할 수 있다.
② 공익사업이 시행되는 지역 밖에 있는 토지등이 공익사업의 시행으로 인하여 본래의 기능을 다할 수 없게 되는 경우에는 국토교통부령으로 정하는 바에 따라 그 손실을 보상하여야 한다.
③ 사업시행자는 제 2 항에 따른 보상이 필요하다고 인정하는 경우에는 제15조에 따라 보상계획을 공고할 때에 보상을 청구할 수 있다는 내용을 포함하여 공고하거나 대통령령으로 정하는 바에 따라 제 2 항에 따른 보상에 관한 계획을 공고하여야 한다.
④ 제 1 항부터 제 3 항까지에서 규정한 사항 외에 공익사업의 시행으로 인하여 발생하는 손실의 보상 등에 대하여는 국토교통부령으로 정하는 기준에 따른다.
⑤ 제 1 항 본문 및 제 2 항에 따른 비용 또는 손실의 보상에 관하여는 제73조 제 2 항을 준용한다.
⑥ 제 1 항 단서에 따른 토지의 취득에 관하여는 제73조 제 3 항을 준용한다.
⑦ 제 1 항 단서에 따라 취득하는 토지에 대한 구체적인 보상액 산정 및 평가 방법 등에 대하여는 제70조, 제75조, 제76조, 제77조 및 제78조 제 4 항부터 제 6 항까지의 규정을 준용한다. [전문개정 2011. 8. 4]

이 규정을 기타 손실의 보상에 관한 개괄수권조항으로 볼 것인지 아니면 기타 손실의 보상에 관한 일반근거조항이라고 볼 것인지에 관하여 견해가 대립한다.

① 개괄수권조항설: 토지보상법 제79조 제4항은 공익사업의 시행으로 인하여 발생하는 손실 중 보상하여야 하는 손실이지만 법률에 규정되지 못한 경우에 대한 개괄수권조항일 뿐 법령에 규정되지 않은 직접 또는 간접의 손실에 대한 보상의 직접적인 근거가 될 수는 없다는 견해이다. 이 견해에 의하면 보상하여야 하는 손실을 국토교통부령에서 규정하지 않은 경우 보상규정이 없는 경우의 문제로 보아야 한다.

② 일반근거조항설: 토지보상법 제79조 제4항을 기타 손실의 보상에 관한 일반근거조항으로 해석하는 견해이다. 이 견해에 의하면 보상하여야 하는 손실을 국토교통부령에서 규정하지 않은 경우에도 토지보상법상의 보상절차 및 불복절차를 통하여 손실보상을 받을 수 있다.

2. 정신적 손실의 보상

(1) 개 설

공익사업이 면적사업으로 확대되면서 대물보상만으로 보상되지 않는 생활보상, 정신보상, 간접보상 등의 개념이 생겨났다. 보상법은 이러한 변화에 맞추어 생활보상, 간접보상에 대해서는 규정을 마련하고 있으나 정신보상에 관하여는 규정이 없다.

사업시행으로 인한 정신적 고통이 수인한도를 넘어서는 경우에는 이 역시 보상함이 타당한 것이 아닌지 검토를 요한다.

(2) 정신적 손해의 의미

민법에서는 불법행위에 의한 손해를 재산상·정신상 손해로 나누고 있다. 정신적 손해란 피해자가 느끼는 고통, 불쾌감 등 정신상태에 발생한 불이익이라고 한다.

(3) 공익사업으로 인한 정신적 고통의 예시

① 공익사업의 시행으로 소음, 진동 등에 의한 불쾌감, ② 공공사업으로 인하여 조상 전래의 전답으로부터 떠나는 것에 대한 정신적 고통, ③ 소수잔존자로 잔류결정한 경우에 발생할 수 있는 소외감 등이 있다.

(4) 견해의 대립

1) 부 정 설

① 정신적 손실은 사회적 수인의무의 범위에 속한다. ② 재산적 보상에 의해 정신적 고통은 회복되고, ③ 정신적 고통이 원인이 되어 병이 되어 버리면 그로 인한 재산적·실질적 피해를 배상 또는 보상하면 된다고 한다.

2) 긍 정 설

① 수인한계의 객관적 기준이 없으므로 정신적 손실도 수인한계를 넘을 수 있고, ② 정신적 고통과 재산상 손실은 무관하므로 재산보상으로 치유된다고 볼 수 없다. ③ 또한 민사불법행위법상 위자료가 공익사업과 관련하여 부정될 이유가 없다고 한다.

3) 판   례

정신적 손해에 대한 손실보상을 인정한 판례는 없다. 그러나 손해배상에서는 정신적 손해도 손해배상의 대상이 된다. 재산적 손해배상으로 회복할 수 없는 정신적 손해가 있다는 사정이 입증되는 경우에는 정신적 손해에 대한 배상이 가능한 것으로 보고 있다. 이에 관하여는 이를 주장하는 사람에게 그 증명책임이 있다. 손실보상금의 지급이 지연되었다는 사정만으로는 정신적 손해의 발생사실이 증명되었다고 볼 수는 없다.

> **판례** [지방자치단체가 전통시장 공영주차장 설치사업(공익사업)을 사업인정고시 없이 시행하면서 협의취득한 건물의 임차인들에게 영업손실보상을 하지 않자, 임차인들이 재산상 손해로서 영업손실보상 상당액과 정신적 손해에 대한 위자료를 함께 청구한 사건] (1) 공익사업의 시행자가 토지 및 건물을 협의취득하면서 임차인들에게 영업손실을 보상하지 않고 공사에 착수하였고, 재결신청청구를 거부하여 결과적으로 임차인들이 영업손실보상을 받을 수 없도록 한 경우, 손실보상청구권 침해를 이유로 한 불법행위 및 손해배상책임 성립 여부(적극): 공익사업의 시행자는 해당 공익사업을 위한 공사에 착수하기 이전에 토지소유자와 관계인에게 보상액 전액을 지급하여야 한다(토지보상법 제62조 본문). 공익사업의 시행자가 토지소유자와 관계인에게 보상액을 지급하지 않고 그 승낙도 받지 않은 채 공사에 착수함으로써 토지소유자와 관계인이 손해를 입은 경우, 토지소유자와 관계인에 대하여 불법행위가 성립할 수 있고, 사업시행자는 그로 인한 손해를 배상할 책임을 진다(대법원 1998. 11. 3. 자 88마850 결정; 대법원 2013. 11. 14. 선고 2011다27103 판결 참조). (2) 손해배상책임이 인정된다면, 그 책임의 범위, 특히 위자료청구권의 인정 여부(원칙적 소극): 공익사업의 시행자가 사전보상을 하지 않은 채 공사에 착수함으로써 토지소유자와 관계인이 손해를 입은 경우, 토지소유자와 관계인이 입은 손해는 손실보상청구권이 침해된 데에 따른 손해이므로, 사업시행자가 배상해야 할 손해액은 원칙적으로 손실보상금이다(대법원 1990. 6. 12. 선고 89다카9552 전원합의체 판결; 대법원 2001. 4. 10. 선고 99다38705 판결 참조). 다만 그 과정에서 토지소유자와 관계인에게 손실보상금에 해당하는 손해 외에 별도의 손해가 발생하였다면, 사업시행자는 그 손해를 배상할 책임이 있으나(대법원 2013. 11. 14. 선고 2011다27103 판결 참조), 이와 같은 손해배상책임의 발생과 범위는 이를 주장하는 사람에게 증명책임이 있다. 원고들이 입은 손해는 영업손실 보상청구권의 침해에 따른 것이므로, 그 손해액은 원칙적으로 토지보상법령이 정한 영업손실 보상금이고, 그 밖에 별도의 손해가 발생하였다는 점에 관한 원고들의 구체적인 주장·증명이 없는 한, 손실보상금의 지급이 지연되었다는 사정만으로 손실보상금에 해당하는 손해 외에 원고들에게 별도의 손해가 발생하였다고 볼 수 없다. 영업손실 보상금의 지급 지연에 따른 손해는 그 손해배상금에 대한 지연손해금의 지급으로 보전될 수 있다. 원심은 손실보상금에 해당하는 손해배상금에 대한 지연손해금의 지급을 명하면서도, 동시에 손실보상금의 지급 지연으로 원고들에게 정신적 손해가 발생하였다고 보아 위자료의 지급을 명하고 있는데, 이는 중복배상에 해당할 수 있다. 재산적 손해배상으로 회복할 수 없는 정신적 손해가 있다는 사정에 관하여는 이를 주장하는 사람에게 그 증명책임이 있다. 손실보상금의 지급이 지연되었다는 사정만으로는 정신적 손해의 발생사실이 증명되었다고 볼 수는 없으므로, 재산적 손해 외에 별도로 정신적 고통을 받았다는 사정에 대하여 원고들이 증명을 해야 하나, 이 사건에서 이에 대한 원고들의 증명이 충분하지 않다. (3) 인천광역시 계양구(피고)는 전통시장에 공영주차장을 설치하는 사업을 시행하였는데, 일정 면적 이하의 주차장의 경우

도시·군계획시설로 지정하지 않고도 설치가 가능하다는 구 국토계획법령을 이유로 토지보상법에 따른 사업인정절차를 거치지 않고 사업부지를 매매로 취득하였음. 피고는 위 사업이 토지보상법상 공익사업에 해당하지 않는다는 이유로 사업부지 지상 각 건물의 임차인들인 원고들에게 보상을 거절하였고, 원고들의 재결신청청구도 거부하였으며, 원고들에게 영업손실보상금을 지급하지 않은 채 공사에 착수하였음. 원고들은 재결신청청구거부처분 취소청구의 소를 제기하였으나, 사업인정고시가 없어 재결신청을 할 수 없다는 이유로 원고들의 청구를 기각하는 판결이 확정되었음. 이에 원고들이 피고를 상대로 영업손실보상에 대한 재산적 손해배상 및 정신적 손해에 대한 위자료의 지급을 구하는 손해배상청구소송을 제기한 사례(대판 2021. 11. 11, 2018다204022). 원심은, 이 사건 사업이 토지보상법상 공익사업에 해당한다고 보고, 피고는 토지보상법에 따라 원고들에게 영업손실을 보상할 의무가 있음에도 손실보상절차를 이행하지 않아 손해를 입힌 것이 불법행위를 구성한다고 보아 손해배상책임의 성립을 인정하였고, 손해배상액으로 토지보상법령에 따른 휴업손실보상금 상당액과 정신적 손해에 관한 위자료 (각 700만 원)도 인정하였음. 대법원은, ① 토지보상법상 공익사업에 해당하는 한 사업인정고시가 없더라도 토지보상법 중 사업인정이나 수용을 전제로 하지 않는 규정이 적용될 수 있다고 보아 영업손실보상에 관한 토지보상법 규정이 이 사건에 적용된다고 보았고, ② 피고는 영업손실보상금을 지급하기 전 원고들의 승낙 없이 공사에 착수하였고, 나아가 원고들의 협의요청을 거부하였을 뿐 아니라 재결신청청구도 거부하여 원고들로 하여금 재결절차 등을 통하여 영업손실보상을 받을 수 없도록 하였으므로, 원고들에게 손실보상청구권을 침해한 손해를 배상할 책임이 있다고 보았으며, ③ 손해배상책임의 범위와 관련하여 재산상 손해로서 영업손실보상금 상당액을 인정하였으나, 영업손실보상금의 지급 지연 등의 사정만으로는 원고들에게 정신적 손해가 있다고 보기 어렵고, 그 외에 정신적 손해의 발생사실이 증명되었다고 볼 수 없다는 이유로 피고에게 위자료 지급책임이 있다고 볼 수 없다고 판단함.

4) 결   어

정신적 손실이 수인한도를 넘는 경우에는 보상함이 타당하다. 실무상으로는 일부에서 사례금, 답례금, 위로금, 감사금, 협력금 등의 명목으로 지불되는 경우가 있다. 사업의 원활한 진행과 복리국가적 요구에서 입법적인 보완이 요구된다.

제 3 항 손실보상의 시기: 사전보상의 원칙 및 예외

사업시행자는 당해 공익사업을 위한 공사에 착수하기 이전에 토지소유자 및 관계인에 대하여 보상액의 전액을 지급하여야 한다. 다만, 제38조의 규정에 의한 천재·지변시의 토지의 사용과 제39조의 규정에 의한 시급을 요하는 토지의 사용 또는 토지소유자 및 관계인의 승낙이 있은 때에는 그러하지 아니하다(제62조).

판례 토지수용의 내용이 공익사업을 위해서 기업자에게 타인의 재산권을 강제적으로 취득시키는 효과를 나타내는데 있다고 하더라도 이는 그 보상금의 지급을 조건으로 하고 있는 것인 만큼, 토지수용법 제65조에 "기업자가 관할토지수용위원회에서 재결한 보상금을 그 지정된 수용시기까지 지급 또는 공탁하지 아니한 때에는 위 재결은 그 효력을 상실한다"고 규정한 내용 역시 기업자가 그 재결된 보상금을 그 수용시기까지 지급 또는 공탁하지 않은 이상 위 수용위원회의 재결은 물론 재결의 전제가 되는 재결신청도 아울러 그 효력을 상실하는 것이라고 해석함이 상당하다고 할 것이다(대판 1987. 3. 10, 84누158[토지수용재결처분취소등]).

제 4 항 손실보상의 방법

I. 현금보상의 원칙(토지보상법 제63조)과 예외

1. 의의 및 취지

현금보상원칙이란, 손실보상은 현금으로 보상하여야 한다는 것으로 그 취지는 현금의 자유로운 유통이 보장되고 객관적 가치의 변동이 적기 때문에 손실의 완전한 보상을 기하기 위함이다. 그러나 예외적으로 일정한 요건을 충족한 경우에 채권보상, 대토보상, 현물보상, 매수보상을 인정하고 있다.

2. 채권보상

(1) 채권보상의 의의 및 취지

채권보상이라 함은 현금보상의 원칙에 대한 예외로서 채권(債券)으로 하는 손실보상을 말한다.

채권보상(債券補償)을 인정하게 된 것은 토지의 가격이 상당히 높기 때문에 보상을 위한 재정의 부족으로 인하여 공익사업을 수행하는 데 어려움이 있기 때문에 일정한 요건하에서 보상액을 채권으로 보상할 수 있도록 함으로써 공익사업의 원활한 수행을 도모하기 위함이다.

최근에는 대규모 보상에 따른 토지투기를 막기 위하여 채권보상이 활용되기도 한다. 의무적 채권보상이 이에 해당한다.

(2) 채권보상의 종류

채권보상에는 사업시행자가 선택하는 임의적 채권보상과 토지투기를 막기 위하여 행해지는 의무적 채권보상이 있다.

(3) 채권보상의 요건

1) 임의적 채권보상

예외적으로 일정한 경우에 보상액 중 일부가 채권으로 보상될 수 있다(제63조 제 7 항).

채권보상이 인정되기 위해서는 ① 사업시행자가 국가·지방자치단체 그 밖에 『공공기관의 운영에 관한 법률』에 따라 지정·고시된 공공기관 중 대통령령으로 정하는 공공기관이어야 하고, ② 다음에 해당하여야 한다: i) 토지소유자 및 관계인이 원하는 경우, ii) 사업인정을 받은 사업에 있어서 대통령령이 정하는 부재부동산소유자의 토지에 대한 보상금이 대통령령이 정하는 일정금액(1억원(시행령 제27조))을 초과하는 경우로서 그 초과하는 금액에 대하여 보상하는 경우.

2) 의무적 채권보상

토지투기가 우려되는 지역으로서 대통령령이 정하는 지역 내에서 ① 『택지개발촉진법』에 의한 택지개발사업, ② 『산업입지 및 개발에 관한 법률』에 의한 산업단지개발사업, ③ 그 밖에 대규모 개발사업으로서 대통령령이 정하는 사업의 어느 하나에 해당하는 공공사업을 시행하는 자 중 『공공기관의 운영에 관한 법률』에 따라 지정·고시된 공공기관 중 대통령령으로 정하는 공공기관은 부재부동산소유자의 토지에 대한 보상금 중 대통령령이 정하는 1억원 이상의 일정금액(1억원(시행령 제27조))을 초과하는 부분에 대하여는 당해 사업시행자가 발행하는 채권으로 지급하여야 한다(제63조 제8항).

3) 부재부동산소유자의 토지의 의미(시행령 제26조)

① 사업인정고시일 1년 전부터 해당 토지 소재지 또는 인접한 시, 구 또는 읍면(연접 포함) 및 해당 토지 소재지 또는 인접한 시, 구 또는 읍면 외의 지역으로서 해당 토지의 경계로부터 직선거리로 30킬로미터 이내의 지역에 계속하여 주민등록을 하지 않은 자가 소유하는 토지, ② 주민등록은 하였으나 사실상 거주[3]하고 있지 아니한 자가 소유하는 토지(질병요양, 입영, 공무, 취학 예외)를 부재부동산소유자의 토지로 본다. 단, ③ 상속일로부터 1년 미경과 토지 및 사업인정고시일 1년 전부터 사실상 거주하고 있음을 입증한 자가 소유하는 토지 및 영업을 하고 있음을 입증한 자가 영업을 하기 위해 소유하는 토지는 부재부동산소유자의 토지로 보지 않는다.

(4) 채권보상의 방법

채권보상이 인정되는 경우에도 채권의 상환기간은 5년 이내로 하고, 채권금액에 대하여 법정의 이자를 지급하여야 한다(제63조 제9항). 이와 같이 상환기간과 이자율을 제한하고 있는 것은 채권보상이 정당보상의 원칙에 반하지 않도록 하기 위함이다.

1) 발행절차(시행령 제30조)

기획재정부장관이 각 부 장관의 요청이 있는 경우에 발행하고 회기마다 국회의 의결을 얻어야 한다.

---

3) 거주사실의 입증은 다음 각 호의 방법으로 한다(시행규칙 제15조).
　1. 「주민등록법」 제2조에 따라 해당 지역의 주민등록에 관한 사무를 관장하는 특별자치도지사·시장·군수·구청장 또는 그 권한을 위임받은 읍·면·동장 또는 출장소장의 확인을 받아 입증하는 방법
　2. 다음의 어느 하나에 해당하는 자료로 입증하는 방법
　　가. 공공요금영수증
　　나. 국민연금보험료, 건강보험료 또는 고용보험료 납입증명서
　　다. 전화사용료, 케이블텔레비전 수신료 또는 인터넷 사용료 납부확인서
　　라. 신용카드 대중교통 이용명세서
　　마. 자녀의 재학증명서
　　바. 연말정산 등 납세 자료
　　사. 그 밖에 실제 거주사실을 증명하는 객관적 자료

2) 발행방법(시행령 제31조)

보상채권은 (최소액면 10만 원) 액면금액으로 무기명증권으로 발행하되 멸실·도난의 경우에도 재발행하지 아니한다.

3) 이율 및 상환(시행령 제32조)

채권상환기간은 5년 이내로 하되 원리금은 상환일에 일시 상환한다. 이율은 국공채 및 예금금리이율을 적용한다.

(5) 채권보상의 위헌성

1) 문 제 점

채권보상이 환가나 수익률에서 현금보상보다 불리함에도 강제하는 것은 헌법상의 재산권보장규정 및 정당보상의 원칙에 반하여 위헌은 아닌지, 또한 채권보상의 대상이 되는 부재부동산소유자의 토지에 대하여는 다른 재산권과 구별하여 채권보상을 하도록 한 것은 헌법상 평등원칙에 위배될 수 있는지와 관련하여 위헌성 논란이 있다.

2) 합 헌 설

사업시행자에 의한 보상이 ① 통상적인 수익만 보장되고 유동성이 확보된다면 정당보상에 해당하며, ② 부재지주 등은 토지를 자산증식수단으로 소유하고 있으므로 통상적인 수익만 보장된다면 합헌이라는 점, ③ 상환기간, 이율이 명확하게 규정되어 있어 비례의 원칙에 위배된 것이 아니라는 점 및 ④ 사회간접시설의 확충과 국가예산부족이라는 공익적 사정을 고려할 때 채권으로 보상한다고 하여 위헌이 되지 않는다고 본다.

3) 위 헌 설

채권은 물가 등 기타 사정에 의해 수익률에 영향을 받으므로 정당보상이라 할 수 없다는 견해이다. 그 논거는 다음과 같다. ① 정당보상은 보상의 시가나 방법 등에 제한이 있어서는 안 되므로 채권보상은 보상방법의 선택권을 제한하는 것이 되어 정당보상에 위배된다고 보며, ② 국가의 열악한 재정목적을 위한 과도한 수단이므로 비례의 원칙에 위배된다는 점 및 ③ 부재부동산소유자의 토지에만 채권보상을 강제하는 것은 평등원칙에 위배된다는 점에서 채권보상은 위헌이라고 본다.

4) 검토 및 결어

토지보상법은 채권보상에 의하더라도 정당보상의 수준이 될 수 있도록 상환기간·이자율 등을 명확히 정하고 있으며, 통상적인 경우에는 토지소유자 등이 원하는 경우에만 인정하므로 위헌이라고 판단되지 않는다. 또한 공익사업의 원활화 및 손실보상금의 투기자금화를 방지한다는 점에서도 채권보상은 정당하다고 볼 수 있다.

3. 대토보상

(1) 의의 및 기능

토지보상법상 **대토보상**(代土補償)은 사업시행자의 손실보상금의 부담을 경감하고, 토지구입 수요를 줄임으로써 인근지역 부동산 가격의 상승을 억제할 수 있으며 토지소유자가 개발혜택을 일정 부분 공유할 수 있도록 하는 기능을 갖는 제도이다. 대토보상은 현물보상의 하나로 유사토지 구입의 어려움을 해소해 주는 기능도 한다.

토지소유자가 원하는 경우에는 해당 공익사업의 토지이용계획 및 사업계획 등을 고려하여 공익사업의 시행으로 조성된 토지로 보상할 수 있다(제63조 제 1 항 단서·제 2 항 내지 제 5 항).

(2) 토지로 보상받을 수 있는 자

토지로 보상받을 수 있는 자는 토지의 보유기간 등 대통령령으로 정하는 요건을 갖춘 자로서 건축법 제57조 제 1 항에 따른 대지의 분할제한 면적 이상의 토지를 사업시행자에게 양도한 자가 된다. 이 경우 대상자가 경합(競合)하는 때에는 제 7 항 제 2 호에 따른 부재부동산소유자가 아닌 자 중 해당 공익사업지구 내 거주하는 자로서 토지 보유기간이 오래된 자 순으로 토지로 보상하며, 그 밖의 우선순위 및 대상자 결정방법 등에 관하여는 사업시행자가 정하여 공고한다(제63조 제 1 항 제 1 호).

공익사업을 위한 관계 법령에 따른 고시 등이 있은 날 당시 다음 각 목의 어느 하나에 해당하는 기관에 종사하는 자 및 종사하였던 날부터 10년이 경과하지 아니한 자는 제외한다.

　　가. 국토교통부
　　나. 사업시행자
　　다. 제21조 제 2 항에 따라 협의하거나 의견을 들어야 하는 공익사업의 허가·인가·승인 등을 하는 기관
　　라. 공익사업을 위한 관계 법령에 따른 고시 등이 있기 전에 관계 법령에 따라 실시한 협의, 의견청취 등의 대상인 중앙행정기관, 지방자치단체, 「공공기관의 운영에 관한 법률」 제 4 조에 따른 공공기관 및 「지방공기업법」에 따른 지방공기업

(3) 요　　건

토지소유자가 원하는 경우로서 사업시행자가 해당 공익사업의 합리적인 토지이용계획과 사업계획 등을 고려하여 토지로 보상이 가능한 경우이어야 한다(제63조 제 1 항).

대상자가 경합할 때에는 부재부동산 소유자가 아닌 자 중 해당 공익사업지구 내 거주하는 자로서 토지 보유기간이 오래된 자 순으로 토지로 보상하며, 그 밖의 우선순위 및 대상자 결정방법 등은 사업시행자가 정하여 공고한다.

(4) 범   위

토지소유자가 받을 보상금 중 본문에 따른 현금 또는 제 7 항 및 제 8 항에 따른 채권으로 보상받는 금액을 제외한 부분에 대하여 대토보상이 행해진다(제63조 제 1 항).

(5) 보상하는 토지가격의 산정 기준금액

다른 법률에 특별한 규정이 있는 경우를 제외하고는 일반 분양가격으로 한다(제63조 제 1 항 제 2 호).

(6) 토지로 보상하는 면적

제 1 항 단서에 따라 토지소유자에 대하여 토지로 보상하는 면적은 사업시행자가 그 공익사업의 토지이용계획과 사업계획 등을 고려하여 정한다. 이 경우 그 보상면적은 주택용지는 990평방미터, 상업용지는 1,100평방미터를 초과할 수 없다(제63조 제 2 항).

(7) 현금보상으로의 전환

① 토지소유자가 토지로 보상받기로 한 경우 그 보상계약 체결일부터 1년이 지나면 이를 현금으로 전환하여 보상하여 줄 것을 요청할 수 있다(제63조 제 4 항).

② 토지로 보상받기로 결정된 권리는 그 보상계약의 체결일부터 소유권이전등기를 마칠 때까지 전매(매매, 증여, 그 밖에 권리의 변동을 수반하는 모든 행위를 포함하되, 상속 및 「부동산투자회사법」에 따른 개발전문 부동산투자회사에 현물출자를 하는 경우는 제외한다)할 수 없으며, 이를 위반하거나 해당 공익사업과 관련하여 다음 각 호의 어느 하나에 해당하는 경우에 사업시행자는 토지로 보상하기로 한 보상금을 현금으로 보상하여야 한다(제63조 제 3 항).

1. 제93조, 제96조 및 제97조 제 2 호의 어느 하나에 해당하는 위반행위를 한 경우
2. 「농지법」 제57조부터 제61조까지의 어느 하나에 해당하는 위반행위를 한 경우
3. 「산지관리법」 제53조, 제54조 제 1 호·제 2 호·제3호의2·제 4 호부터 제 8 호까지 및 제55조 제 1 호·제 2 호·제 4 호부터 제10호까지의 어느 하나에 해당하는 위반행위를 한 경우
4. 「공공주택 특별법」 제57조 제 1 항 및 제58조 제 1 항 제 1 호의 어느 하나에 해당하는 위반행위를 한 경우
5. 「한국토지주택공사법」 제28조의 위반행위를 한 경우

4. 생활재건조치

이에 관하여는 전술하였다.

Ⅱ. 개인별보상원칙(토지보상법 제64조)

개인별보상원칙이란 손실보상은 토지소유자나 관계인에게 개인별로 하여야 한다는 원

칙을 말한다. 이 원칙은 개인의 권리보호에 있어서 대위주의보다 유용하기 때문에 인정되는 원칙이다.

토지보상법은 개인별보상원칙을 채택하고 있다. 즉, 손실보상은 토지소유자 또는 관계인에게 개인별로 행하여야 한다(제64조 본문). 다만, 개인별로 보상액을 산정할 수 없는 때에는 그러하지 아니하다(제64조).

> **판례** 토지수용법 제45조 제2항은 토지를 수용 또는 사용함으로 인한 보상은 피보상자의 개인별로 산정할 수 없을 때를 제외하고는 피보상자에게 개인별로 하여야 한다고 규정하고 있으므로, 보상은 수용 또는 사용의 대상이 되는 물건별로 하는 것이 아니라 피보상자의 개인별로 행하여지는 것이라고 할 것이다. 그러므로 피보상자는 수용대상물건 중 일부에 대하여서만 불복이 있는 경우에는 그 부분에 대하여서만 불복의 사유를 주장하여 행정소송을 제기할 수 있다고 할 것이나, 행정소송의 대상이 된 물건 중 일부 항목에 관한 보상액은 과소하고 다른 항목의 보상액은 과다한 경우에는 그 항목 상호간의 유용을 허용하여 과다부분과 과소부분을 합산하여 보상금합계액을 결정하여야 할 것이다(대판 1992. 9. 8, 92누5331[토지수용재결처분취소]).

Ⅲ. 일괄보상(토지보상법 제65조)

일괄보상이란, 사업시행자는 동일한 사업지역에 보상시기를 달리하는 동일인 소유의 토지 등이 여러 개 있는 경우 토지소유자 또는 관계인의 요구가 있는 때에는 한꺼번에 보상금을 지급하는 것을 말한다. 이는 보상액을 동시에 일괄지급함으로써 피보상자의 대토 구입을 용이하게 하기 위한 취지이다.

제 2 장

손실보상의 특수문제

제 1 절 확장수용보상 [2021, 2012, 2010, 1999 감평 사례]

일정한 사유로 인하여 공익사업에 필요한 토지 이외의 토지를 수용하는 것을 '확장수용'(擴張收用)이라 한다. 그리고 그에 따른 보상을 확장수용보상이라 한다.

Ⅰ. 잔여지수용

1. 잔여지수용의 요건

동일한 토지소유자에 속하는 일단의 토지의 일부가 협의에 의하여 매수되거나 수용됨으로 인하여 잔여지를 종래의 목적에 사용하는 것이 현저히 곤란할 때에는 당해 토지소유자는 잔여지를 매수하여 줄 것을 청구할 수 있으며, 사업인정 이후에는 관할 토지수용위원회에 수용을 청구할 수 있다. 이 경우 수용의 청구는 매수에 관한 협의가 성립되지 아니한 경우에 한하되, 그 사업의 공사완료일까지 하여야 한다(제74조 제1항). 잔여지를 종래의 목적에 사용하는 것이 현저히 곤란한지 여부는 수용된 토지가 속한 필지의 잔여지가 아니라 피수용자에 속하는 일단의 토지의 잔여지를 기준으로 판단된다. 잔여 건축물을 종래의 목적대로 사용하는 것이 현저히 곤란한 때에는 그 건축물 소유자는 사업시행자에게 잔여 건축물을 매수하여 줄 것을 청구할 수 있고, 협의가 성립되지 아니한 경우에는 해당 사업의 공사완료일까지 관할 토지수용위원회에 수용을 청구할 수 있다(제75조의2).

여기에서 '종래의 목적'이라 함은 수용재결 당시에 당해 잔여지가 현실적으로 사용되고 있는 구체적인 용도를 의미하고, '사용하는 것이 현저히 곤란한 때'라고 함은 물리적으로 사용하는 것이 곤란하게 된 경우는 물론 사회적·경제적으로 사용하는 것이 곤란하게 된 경우, 즉 절대적으로 이용 불가능한 경우만이 아니라 이용은 가능하나 많은 비용이 소요되는 경우를 포함한다(대판 2005. 1. 28, 2002두4679[토지수용이의재결처분취소 등]).

> **판례** 수용청구의 의사표시는 관할 토지수용위원회에 하여야 하는 것으로서, 관할 토지수용위원회가 사업시행자에게 잔여지 수용청구의 의사표시를 수령할 권한을 부여하였다고 인정할 만한 사정이 없는 한, 사업시행자에게 한 잔여지 매수청구의 의사표시를 관할 토지수용위원회에 한 잔여지 수용청구의 의사표시로 볼 수는 없다(대판 2010. 8. 19, 2008두822[토지수용이의재결처분취소등]).

2. 잔여지수용청구권의 성질

잔여지수용청구권은 그 요건을 구비한 때에는 토지수용위원회의 특별한 조치를 기다릴 것 없이 청구에 의하여 수용의 효과가 발생하는 형성권적 성질을 가진다(대판 1993. 11. 12, 93누11159). 토지수용위원회는 잔여지수용청구권을 확인하는 수용재결을 하고 손실보상액을 결정한다.

3. 잔여지수용청구권의 행사기간

협의가 성립되지 아니한 경우에 잔여지수용청구는 해당 사업의 공사완료일까지 하여야 한다. 잔여지수용청구권의 행사기간은 제척기간이며 토지소유자가 그 행사기간 내에 잔여지 수용청구권을 행사하지 아니하면 그 권리가 소멸한다(대판 2010. 8. 19, 2008두822[토지수용이의재결처분취소등]). 그 행사기간 이후의 잔여지수용청구에 기한 수용재결은 무효이다.

4. 잔여지수용청구권의 행사절차

해당 토지소유자는 사업시행자에게 잔여지를 매수하여 줄 것을 청구할 수 있으며, 사업인정 이후에는 관할 토지수용위원회에 수용을 청구할 수 있다. 이 경우 수용의 청구는 매수에 관한 협의가 성립되지 아니한 경우에만 할 수 있으며, 그 사업의 공사완료일까지 하여야 한다(제74조 제1항).

5. 불복방법

문제는 토지수용위원회의 잔여지수용결정 또는 잔여지수용거부결정에 대하여 불복하는 경우 어떠한 불복절차와 형식에 따라야 하는가 하는 점이다.

토지수용위원회의 결정에 대하여 이의신청을 할 수 있다는 데 대하여는 견해의 대립이 없다. 그리고, 잔여지수용재결에 대해 사업시행자가 행정소송을 제기하는 경우에 잔여지수용 자체를 다투는 경우에는 토지수용위원회를 피고로 하여 취소소송을 제기하여야 한다. 사업시행자나 토지소유자가 잔여지수용재결에 대해 보상금만을 다투는 경우에는 보상금증감청구소송을 제기하여야 한다. 이에 관하여는 견해의 대립이 있을 수 없다.

그런데, 토지소유자가 잔여지수용거부재결에 대해 소송을 제기하는 경우에 취소소송을 제기하여야 하는가 아니면 보상금청구소송을 제기하여야 하는가, 보상금청구소송을 제기하는 경우에 토지보상법상의 보상금증감청구소송을 제기하여야 하는가 아니면 일반당사자소송인 보상금청구소송을 제기하여야 하는가 하는 것에 대하여는 견해가 대립하고 있다.

생각건대, 잔여지수용청구권은 형성권이므로 잔여지수용은 청구에 의해 수용의 효과가 발생하고 잔여지수용의 문제는 궁극적으로는 보상금의 증감의 문제이므로 확장수용거부에 대한 불복은 분쟁의 일회적 해결을 위해 보상금증감청구로 보는 것이 타당하다. 판례도 이러한 입장을 취하고 있다.

(1) 취소소송설

잔여지수용청구는 확장수용의 경우로서 보상액증감소송의 범주에 들어갈 수 없다는 견해가 있다. 토지수용위원회의 잔여지수용거부재결은 처분(행정행위)이고, 보상금증액청구소송에 관한 명문의 규정이 없으므로 취소소송으로 다투어야 한다고 한다.

(2) 보상금증감청구소송설

잔여지수용청구권은 형성권이므로 잔여지수용은 청구에 의해 수용의 효과가 발생하고(대판 1993. 11. 12, 93누11159) 잔여지수용의 문제는 궁극적으로는 보상금의 증감의 문제이므로 확장수용거부에 대한 불복은 분쟁의 일회적 해결을 위해 보상금증감청구로 보는 견해이다(윤형한, "토지수용으로 인한 손실보상관계소송의 몇 가지 문제," 정현 박윤흔 박사 화갑기념논문집, 1997. 9, 472~473면).

(3) 손실보상금청구소송설

이 견해는 잔여지수용청구권이 형성권이므로 잔여지수용청구에 의해 잔여지가 수용되고, 토지소유자에게는 손실보상청구권이 발생되는 것이므로 잔여지수용거부에 대해 일반당사자소송으로 손실보상청구소송을 제기하여야 한다는 견해이다.

(4) 판   례

판례는 잔여지수용거부에 불복하는 경우 보상금증감청구소송을 제기하여야 한다고 본다.

> **판례1**   구 '공익사업을 위한 토지 등의 취득 및 보상에 관한 법률' 제74조 제1항에 의한 잔여지 수용청구를 받아들이지 않은 토지수용위원회의 재결에 대하여 토지소유자가 불복하여 제기하는 소송의 성질 및 그 상대방: 구 '공익사업을 위한 토지 등의 취득 및 보상에 관한 법률'(2007. 10. 17. 법률 제8665호로 개정되기 전의 것) 제74조 제1항에 규정되어 있는 잔여지 수용청구권은 손실보상의 일환으로 토지소유자에게 부여되는 권리로서 그 요건을 구비한 때에는 잔여지를 수용하는 토지수용위원회의 재결이 없더라도 그 청구에 의하여 수용의 효과가 발생하는 형성권적 성질을 가지므로, 잔여지 수용청구를 받아들이지 않은 토지수용위원회의 재결에 대하여 토지소유자가 불복하여 제기하는 소송은 위 법 제85조 제2항에 규정되어 있는 '보상금의 증감에 관한 소송'에 해당하여 사업시행자를 피고로 하

여야 한다(대판 2010. 8. 19, 2008두822[토지수용이의재결처분취소등]).

판례2　　잔여지수용재결 및 이의재결에 불복이 있으면 재결청과 기업자를 공동피고로 하여 그 이의 재결의 취소 및 보상금의 증액을 구하는 행정소송을 제기하여야 하며, 곧바로 기업자를 상대로 하여 민사소송으로 잔여지에 대한 보상금의 지급을 구할 수는 없다(대판 2004. 9. 24, 2002다68713〈잔여지수 용거부에 대해 직접 민사소송을 제기한 사건〉).〈해설〉현행 토지보상법하에서는 이의신청이 의무절차 에서 임의절차로 되었고, 재결주의에서 원처분주의로 변경되었으며 보상금증감청구소송의 피고에서 토지수용위원회가 빠지는 것으로 되었기 때문에 이 판례는 그대로 타당할 수는 없다. 다만, 이 판례에 서 잔여지수용거부에 대해 손실보상금청구소송을 제기할 것이 아니라 토지보상법상의 행정소송을 제 기하여야 한다고 본 점은 현행법하에서도 판례로서의 가치가 있다.

(5) 결　　어

　　잔여지수용은 기본적으로 토지보상법상의 보상과 관련된 문제라는 점에서 볼 때 일 반당사자소송으로 보상금을 청구하는 것은 타당하지 않고, 분쟁의 일회적 해결을 위해서 는 취소소송이 아니라 보상금증감청구소송을 제기하도록 하는 것이 타당하다.

　　잔여지수용청구에는 잔여지감가보상의 청구가 포함되어 있다고 보는 것이 타당하다. 따라서 잔여지수용보상청구소송에서 잔여지수용보상을 인정하지 않는 경우 법원은 원고 로 하여금 잔여지의 가격감소 등으로 인한 손실의 보상을 청구하는지에 관하여 석명을 구 하여야 한다.

6. 제 3 자의 권리보호

　　제 1 항의 규정에 따라 매수 또는 수용의 청구가 있는 잔여지 및 잔여지에 있는 물건 에 관하여 권리를 가진 자는 사업시행자 또는 관할 토지수용위원회에 그 권리의 존속을 청구할 수 있다(제74조 제 2 항).

Ⅱ. 이전대상 물건의 수용(이전수용)

　　이전대상 물건이 다음에 해당하는 경우에는 해당 물건의 가격으로 보상하여야 한다: ① 건축물 등의 이전이 어렵거나 그 이전으로 인하여 건축물 등을 종래의 목적대로 사용 할 수 없게 된 경우, ② 건축물 등의 이전비가 그 물건의 가격을 넘는 경우, ③ 사업시행 자가 공익사업에 직접 사용할 목적으로 취득하는 경우(제75조 제 1 항 단서). 공익사업시행 지구내의 토지에 정착한 이전대상 건축물 등을 물건의 가격으로 보상한 경우에도 사업시 행자가 제75조 제 5 항 등 수용절차에 따라 수용을 한 경우에 한하여 이전수용이 발생한 다. 이전대상 물건에 대해 가격보상을 하는 경우에 수용절차를 거쳐 수용할 것인지는 사 업시행자의 선택에 맡겨져 있다. 사업시행자가 제75조 제 5 항 등에 따라 수용의 절차를 거치지 아니한 이상 사업시행자가 그 보상만으로 당해 물건의 소유권까지 취득한다고 할 수는 없다(대판 2022. 11. 17, 2022다242342 등 후술 지장물의 인도 및 철거 참조).

Ⅲ. 공용사용에 대한 수용청구(완전수용)

사업인정고시가 된 후 다음에 해당하는 때에는 당해 토지소유자는 사업시행자에게 그 토지의 매수를 청구하거나 관할 토지수용위원회에 그 토지의 수용을 청구할 수 있다. 이 경우 관계인은 사업시행자 또는 관할 토지수용위원회에 그 권리의 존속을 청구할 수 있다: ① 토지를 사용하는 기간이 3년 이상인 때, ② 토지의 사용으로 인하여 토지의 형질이 변경되는 때, ③ 사용하고자 하는 토지에 그 토지소유자의 건축물이 있는 때(제72조).

토지보상법 제72조가 정한 수용청구권(사용토지의 수용청구권)은 토지보상법 제74조 제1항이 정한 잔여지 수용청구권과 같이 손실보상의 일환으로 토지소유자에게 부여되는 권리로서 그 청구에 의하여 수용효과가 생기는 형성권의 성질을 지니므로, 토지소유자의 토지수용청구를 받아들이지 아니한 토지수용위원회의 재결에 대하여 토지소유자가 불복하여 제기하는 소송은 토지보상법 제85조 제2항에 규정되어 있는 '보상금의 증감에 관한 소송'에 해당하고, 피고는 토지수용위원회가 아니라 사업시행자로 하여야 한다(대판 2015. 4. 9, 2014두46669[토지수용재결신청거부처분취소]).

Ⅳ. 불복절차

관할 토지수용위원회가 확장수용을 거부하는 경우에는 중앙토지수용위원회에 이의신청을 하거나, 행정소송을 제기할 수 있다. 행정소송을 제기하는 경우의 소송형식에 관하여는 잔여지수용과 관련하여 전술하였다.

제 2 절   특수토지의 보상 및 평가

제 1 항   무허가건축물 부지의 보상

Ⅰ. 서

무허가건축물 부지란 건축법 등 관계법령에 의하여 허가를 받거나 신고를 하고 건축 또는 용도변경을 하여야 하는 건축물을 허가를 받지 아니하거나 신고를 하지 아니하고 건축 또는 용도변경한 건축물의 부지를 말한다. 이러한 무허가건축물의 부지에 대하여는 건축물이 건축 또는 용도변경될 당시의 이용상황을 상정하여 평가한다.

원칙적으로 취득할 토지는 현황평가주의(제70조 제 2 항)에 따름이 원칙이나, 현황평가에 따른 보상평가가 위법행위에 기인한 경우까지도 보호하려는 취지는 아니기 때문에 그러한 경우에는 현황평가의 예외를 인정하고 있다. 무허가건축물의 부지에 대하여도 적법한 절차를 통해 건축을 행한 토지소유자와 불법으로 건축을 행한 자를 동일하게 취급하는 것은 형평의 원리에 어긋나고, 불법행위로 인한 부당한 이득은 보상의 대상으로 볼 수 없기 때문이다. 다만, 무허가건축물이 합법화된 경우에는 현실이용상황에 따라 평가하게 된다.

Ⅱ. 보상평가의 기준

1. 원　　칙

토지보상법 시행규칙 제24조에서는 무허가건축물의 부지는 당해 토지에 무허가건축물이 건축될 당시의 이용상황을 상정하여 평가하도록 규정하고 있다.

2. 경과조치에 의한 예외

토지보상법 시행규칙 부칙 제 5 조에 따라서 1989년 1월 24일 현재 이미 존재하는 무허가건축물의 부지에 대하여는 이를 적법한 건축물로 보아 현실이용상황에 따라 평가하게 된다. 따라서 무허가건축물이 언제 지어졌는가에 따라서 현실이용상황이 적용되는지 또는 종전이용상황이 적용되는지가 결정된다.

3. 무허가건축물 부지의 범위

대법원은 무허가건축물 부지의 범위는 당해 무허가건축물의 용도, 규모 등 제반 여건과 현실적인 이용상황을 감안하여 무허가건축물의 사용·수익에 필요한 범위 내에의 토지와 무허가건축물 등의 용도에 따라 불가분적으로 사용되는 범위의 토지를 의미한다고 한 바 있으나(대판 2002. 9. 4, 2000두8325), 현행 시행규칙 부칙 제 5 조에서는 관계법령에 따른 건폐율을 적용하여 산정한 면적을 초과할 수 없다고 규정하고 있다.

1989. 1. 24. 이전의 무허가건축물은 적법한 건축물로 보고 평가한다. 그리고 이 경우 무허가건축물의 부지인정 범위 달리 말하면 현실적 이용상황을 고려하여 지목과 달리 대지로 평가하여야 하는 범위는 다음과 같다. 즉, 1989년 1월 24일 당시의 무허가건축물 등에 대하여는 제24조·제54조 제 1 항 단서·제54조 제 2 항 단서·제58조 제 1 항 단서 및 제58조 제 2 항 단서의 규정에 불구하고 이 규칙에서 정한 보상을 함에 있어 이를 적법한 건축물로 본다(토지보상법 시행규칙 부칙 제 5 조 제 1 항). 제 1 항에 따라 적법한 건축물로 보는 무허가건축물등에 대한 보상을 하는 경우 해당 무허가건축물등의 부지 면적은「국토의 계획 및 이용에 관한 법률」제77조에 따른 건폐율을 적용하여 산정한 면적을 초과할 수 없

다(제 2 항). 이에 따라 토지수용위원회의 실무는 다음과 같이 행해지고 있다.

무허가건축물 등의 부지(대지)면적은 ① 무허가건축물 등 바닥면적과 무허가건축물 등의 용도에 따른 불가분적 사용범위 면적(현황측량 필요)을 합산한 면적(대판 2002. 9. 4, 2000두8325), ② 무허가건축물 등의 바닥면적을 건폐율로 나눈 면적, ③ 토지면적에 건폐율을 곱하여 산출한 면적, ④ 개별법에 따라 허용되는 개발면적 중 가장 작은 면적으로 한다.

Ⅲ. 입증책임의 문제

토지소유자에게 있다는 입장은 사업시행자가 작성한 조서의 이용상황에 대하여는 다른 의견이나 사실이 있는 경우에는 그것을 주장하는 사람이 입증하여야 할 책임이 있다고 보며, 사업시행자에게 있다는 입장은 취득할 토지에 대한 평가는 지적공부상 지목에도 불구하고 현실적인 이용상황에 따라 평가하여야 하는 것이기 때문에 그와 같이 토지평가의 대원칙에 대한 예외로서 건축될 당시의 이용상황을 상정하여 평가하기 위하여서는 그것을 주장하는 사업시행자가 입증하여야 한다고 한다.

건축물 등이 무허가건축물 등이라는 점 및 1989. 1. 24. 이후에 건축되었다는 점(1995. 1. 7. 이후 불법형질변경되었다는 점) 등은 사업시행자가 입증하여야 한다(대판 2012. 4. 26, 2011두2521).

제 2 항   불법형질변경토지의 보상

Ⅰ. 서

불법형질변경토지란 관계법령에 의하여 허가나 승인을 받고 형질변경하여야 할 토지를 허가나 승인을 받지 아니하고 형질변경한 토지를 말한다. 토지보상법 시행규칙 제24조는 불법으로 형질변경된 토지는 토지의 형질변경이 될 당시의 이용상황을 상정하여 평가하도록 규정하고 있는바, 이는 불법으로 형질변경한 토지를 현실이용상황에 따라 평가할 경우 위법행위가 합리화되어 현저히 공정성을 잃은 보상이 될 가능성이 있기 때문에 형질변경 이전의 이용상황에 따라 평가한다는 취지이다. 그러나, 이러한 토지도 헌법상 정당보상원칙의 예외일 수는 없으므로 평가방법의 정당성 검토와 관련하여 현황평가원칙에 반하는지, 평등원칙에 위배되는지, 소급입법에 의한 재산권박탈금지원칙에 반하는지가 문제된다.

> **판례1** "토지의 형질변경"이라 함은 절토·성토 또는 정지 등으로 토지의 형상을 변경하는 행위(조성이 완료된 기존 대지 안에서의 건축물 기타 공작물의 설치를 위한 토지의 굴착행위를 제외한다)와 공유수면의 매립을 뜻하는 것으로서 토지의 형질을 외형적으로 사실상 변경시킬 것과 그 변경으로 말미암아 원상회복이 어려운 상태에 있을 것을 요하고, 여기에서 절토라 함은 기존 토지의 토석의 양을 줄이는 행위를, 성토라 함은 반대로 기존 토지의 토석의 양을 늘리는 행위를 의미한다(대판 1995. 3. 10, 94도3209[도시계획법위반]).

> **판례2** 토지의 이용상황이 지목과 다르다고 하여 그 토지가 형질변경된 것으로 일률적으로 단정할 수는 없으며, 형질변경여부를 판단함에는 토지의 형상이 외형상·사실상 변경되었는지, 일시적인 이용상황이 아닌지, 원상회복이 가능한지 등을 종합적으로 고려하여 판단하여야 할 것이다(대판 1996. 12. 20, 96도2717[공직선거및선거부정방지법위반·산림법위반]).

Ⅱ. 불법형질변경토지의 보상평가방법

1. 보상평가기준

토지보상법은 현황평가의 원칙을 규정하면서, 불법으로 형질변경된 토지는 토지의 형질변경이 될 당시의 이용상황을 상정하여 평가한다고 하여 현황평가의 예외임을 규정하고 있다(시행규칙 제24조). 불법형질변경 토지는 일시적 이용상황에 불과하다(대판 1999. 7. 27, 99두4327). 한편, 불법형질변경된 토지의 보상과 관련한 경과조치인 시행규칙 부칙 제 6 조에서는 "1995. 1. 7. 당시 공익사업시행지구에 편입된 불법형질변경토지"에 대하여는 규칙 제24조 규정에도 불구하고 현황평가를 하도록 하고 있다. 따라서 불법형질변경토지 또는 무허가개간토지(관계법령에 의하여 허가·인가 등을 받고 개간을 하여야 하는 토지를 허가·인가 등을 받지 아니하고 개간한 토지를 말한다)에 대하여는 제24조 또는 제27조 제 1 항의 규정에 불구하고 이를 현실적인 이용상황에 따라 보상하거나 개간비를 보상하여야 한다. 여기에서 부칙 규정의 의미는 1995. 1. 7. 이전에 공익사업에 편입된 불법형질변경된 토지만 현황평가의 대상이 되고, 비록 1995. 1. 7. 이전에 불법형질변경된 토지라 할지라도 1995. 1. 7 이후에 공익사업에 편입된 경우에는 현황평가하지 아니하고 규칙 제24조에 따라 평가함을 의미한다.

1995. 1. 7. 이전에 불법으로 형질변경된 토지는 경과조치에 따라 공익사업에의 편입시점에 의해 두 가지로 구별된다. 즉, 1995. 1. 7. 이전에 공익사업에 편입되고 1995. 1. 7. 이전에 형질변경이 이루어진 토지는 그 평가시점이 1995. 1. 7. 이후인 경우에도 경과규정에 의해 현황평가하게 되고, 1995. 1. 7. 이후에 공익사업에 편입된 경우에는 규칙 제24조 규정에 따라 불법으로 형질변경될 당시의 이용상황을 상정하여 평가하게 된다.

2. 불법의 의미

불법이란 관계법령에 의하여 허가나 승인을 받고 형질변경하여야 할 토지를 허가나 승인을 받지 아니하고 형질변경한 경우를 말한다. 즉, 각 개별법에서 용도지역 및 지구를 지정하고 지역 및 지구 안에서 형질변경을 허가 또는 승인사항으로 규정한 경우, 이에 위반하여 형질변경한 경우가 불법으로 형질변경한 경우가 된다.

> **판례**   [1] 구 국토의 계획 및 이용에 관한 법률 시행령 제51조 제3호에서 정한 '토지의 형질변경'에 형질변경허가에 관한 준공검사나 토지의 지목변경을 요하는지 여부(소극): 토지의 형질변경이란 절토, 성토, 정지 또는 포장 등으로 토지의 형상을 변경하는 행위와 공유수면의 매립을 뜻하는 것으로서, 토지의 형질을 외형상으로 사실상 변경시킬 것과 그 변경으로 인하여 원상회복이 어려운 상태에 있을 것을 요하지만, 형질변경허가에 관한 준공검사를 받거나 토지의 지목까지 변경시킬 필요는 없다. [2] 택지개발사업을 위한 토지의 수용에 따른 보상금액의 산정이 문제된 사안에서, 농지가 이미 공장용지로 형질변경이 완료되었고 공장용지의 요건을 충족한 이상 비록 공부상 지목변경절차를 마치지 않았다고 하더라도 그 수용에 따른 보상액을 산정할 때에는 공익사업을 위한 토지 등의 취득 및 보상에 관한 법률 제70조 제2항의 '현실적인 이용상황'을 공장용지로 평가해야 한다고 한 사례(대판 2013. 6. 13, 2012두300[수용보상금증액]).

Ⅲ. 보상평가방법의 정당성 검토

1. 현황평가원칙에 반하는지(정당보상원칙에 위배되는지 여부)

헌법 제23조 제3항은 정당보상을 규정하고, 토지보상법은 토지수용시 제반 요인을 참작하여 평가한 적정가격으로 보상액을 상정한다고 규정하고 있는바, 시행규칙 제24조는 토지보상법에서 규정한 현황평가의 원칙에 반하므로 무효인지가 문제된다.

그러나, 현황평가의 원칙 또한 정당보상 내지 적정가격에 따른 보상을 하기 위하여 설정된 기준인 점, 보상목적물에 위법성이 기재된 경우임에도 위법하게 토지 등의 가치를 상승시켜 놓은 상태를 기초로 보상액을 산정하면 적정가격에 따른 보상이 되지 않을 수 있다는 점에서 시행규칙 제24조는 현황평가원칙에 반하는 것으로 보기 어려우며, 따라서 불법형질변경 토지에 대한 보상기준은 정당보상에 위반된다고 볼 수 없다.

2. 평등원칙 위배 여부

1995. 1. 7. 이전의 불법형질변경된 토지가 공공사업시행지구에 포함된 경우에 현황평가를 하며, 그 외의 토지는 언제 변경이 되었느냐를 묻지 않고 무조건 변경 당시를 기준으로 평가하는 것이 불합리한 차별로 평등원칙 위반이 아닌지 문제가 제기되지만, 불법 앞의 평등은 평등원칙에 포함되지 않으므로 평등원칙 위반이 아니다.

3. 소급입법에 의한 재산권박탈 여부

(1) 문제제기

소급입법이란 과거의 사실 또는 법률관계를 현재 시점에서 법률로써 규율하는 것을 말하는바, 1995. 1. 7. 이전의 불법형질변경된 토지가 공공사업시행지구에 포함된 경우에 현황평가를 하며, 그 외의 토지는 언제 변경이 되었느냐를 묻지 않고 무조건 변경 당시를 기준으로 평가를 함으로써, 기득권을 침해하는 진정소급효를 인정하여 소급입법에 의하여 재산권박탈이라는 문제를 지니고 있다.

(2) 소급입법금지 원칙의 위배 여부

불법형질변경토지의 경우도 헌법상 정당보상원칙은 적용된다 할 것이므로, 소급입법으로 현황평가의 예외규정을 둔 것이 헌법상 정당보상에 합치하는지가 문제된다.

이에 대해 헌법재판소는 헌법 제13조 제2항에 규정한 소급입법에 의한 재산권박탈이 금지되는 것은 이미 과거에 완성한 사실관계나 법률관계를 규율의 대상으로 하는 진정소급효의 입법이며, 이미 과거에 시작하였으나 아직 완성되지 아니한 사실관계나 법률관계를 규율의 대상으로 하는 부진정소급효의 입법의 경우는 원칙적으로 허용된다고 한다. 다만, 진정소급효라 하더라도 예외적으로 국민의 예측가능성이 있는 경우, 신뢰이익이 적은 경우, 중대한 공익상 사유가 있는 경우에는 정당화된다고 본다.

또한, 불법형질변경으로 형성된 현황은 불법적인 것으로 재산권으로 보호받을 수 없기 때문에 변경 당시를 기준으로 평가하여도 재산권 침해가 되지 않는다.

> 판례 공공용지의 취득 및 손실보상에 관한 특례법 시행령에는 비록 토지의 구체적 상황에 따른 평가방법에 관하여 건설교통부령에 위임한다는 명문의 규정을 두고 있지는 아니하나, 공공용지의 취득 및 손실보상에 관한 특례법(이하 '특례법'이라 한다) 제4조 제2항 제1호, 특례법 시행령 제2조의10 제1항, 제2항은 토지의 일반적 이용방법에 의한 객관적 상황을 기준으로 하되 일시적 이용상황을 고려하지 아니하고 산정함으로써 적정가격으로 보상액을 산정하여야 한다는 원칙을 정하고 있는바, 불법으로 형질변경된 토지에 대하여는 관계 법령에서 원상회복을 명할 수 있고, 허가 등을 받음이 없이 형질변경행위를 한 자에 대하여는 형사처벌을 할 수 있음에도, 그러한 토지에 대하여 형질변경된 상태에 따라 상승된 가치로 평가한다면, 위법행위로 조성된 부가가치 등을 인정하는 결과를 초래하여 '적정보상'의 원칙이 훼손될 우려가 있으므로, 이와 같은 부당한 결과를 방지하기 위하여 불법으로 형질변경된 토지에 대하여는 특별히 형질변경될 당시의 이용상황을 상정하여 평가함으로써 그 '적정가격'을 초과하는 부분을 배제하려는 것이 특례법 시행규칙(1995. 1. 7. 건설교통부령 제3호로 개정된 것) 제6조 제6항의 규정 취지라고 이해되고, 따라서 위 규정은 모법인 특례법 제4조 제2항 제1호, 특례법 시행령 제2조의10 제1항, 제2항에 근거를 두고, 그 규정이 예정하고 있는 범위 내에서 토지의 적정한 산정방법을 구체화·명확화한 것이지, 모법의 위임 없이 특례법 및 같은 법 시행령이 예정하고 있지 아니한 토지의 산정방법을 국민에게 불리하게 변경하는 규정은 아니라고 할 것이므로 모법에 위반된다고 할 수 없으며, 또한 특수한 토지에 대한 평가기준을 정하고 있는 특례법 시행규칙 제6조 제6항의 적용 여부는 평가의 기준시점에 따라 결정되므로, 비록 개정된 특례법 시행규칙 제6조 제6항이 시행되기 전에 이미 불법으로 형질변경된 토지라 하더라도, 위 개정 조항이 시행된 후에 공공사업시행지구에 편입되었다면 개정 조항을 적용하여야 하고, 부칙(1995. 1. 7.) 제4항에서 위 개정 조항 시행 당시 공공사업시행지구에 편입된 불법 형질변경토지만 종전의 규정을 적용하도록 하였다 하여, 이를 들어 소급입법이라거나 헌법 제13조 제2항이 정하고 있는 법률불소급의 원칙에 반한다고 할 수 없다(대판 2002. 2. 8, 2001두7121[토지수용이의재결처분취소등]).

(3) 검　　토

불법형질변경토지의 보상평가방법에 관한 입법은 부진정소급입법에 해당하므로 소급입법에 해당하지 않는다. 또한, 불법형질변경에 의해 형성된 현황은 불법적인 것이므로 재산권 보호의 대상이나 평등원칙의 대상이 되지 않는다. 또한, 불법형질변경에 의해 형성된 현황은 불법적인 것이므로 평가시 고려하지 않아도 정당보상원칙에 위배되는 것은 아니다. 오히려 형질변경된 상태에 따라 상승된 가치로 평가한다면, 위법행위로 조성된 부가가치 등을 인정하는 결과를 초래하여 '적정보상'의 원칙이 훼손되게 된다.

Ⅳ. 기타 관련사항

1. 제 3 자가 불법형질변경한 경우

불법형질변경은 토지소유자가 아닌 제 3 자가 할 수도 있는바, 이 경우에도 적법한 허가나 승인 없이 한 경우에는 이를 달리 해석할 여지가 없이 불법으로 형질변경된 토지로 보아 평가하여야 한다. 다만, 문제가 되는 경우는 공익사업시행지구에 편입된 토지를 사업시행자가 토지소유자의 동의 없이 또는 적법한 허가 없이 공사를 시행하는 경우이다. 이때에 사업시행자에게는 공물의 관리권 또는 공익사업의 시행권한이 있고, 그 권한에는 토지형질변경권한이 포함되어 있으므로 그 형질변경행위가 불법으로 되지는 않는다. 그러나, 사업시행자가 공익사업을 시행하기 위하여 자신의 노력으로 편입될 토지의 형질을 변경시킨 경우, 그 이익을 토지소유자에게 귀속시키는 것은 부당하므로 적법한 형질변경이라 하더라도 형질변경될 당시의 이용상황을 상정하여 평가하여야 한다.

2. 입증책임의 문제

불법형질변경의 입증책임이 누구에게 있느냐에 따라서 입증을 못할 경우 평가방법이 달라지게 된다.

입증책임이 토지소유자에게 있다는 견해는, 토지물건 조서의 작성권이 사업시행자에게 있기 때문에 사업시행자가 작성한 조서상의 실제 이용상황에 대하여 다른 의견이나 사실이 있는 경우에는 그것을 주장하는 사람이 입증하여야 할 책임이 있다고 한다.

이에 반하여 입증책임이 사업시행자에게 있다는 견해는, 취득할 토지에 대한 평가는 지적공부상 지목에도 불구하고 현실적인 이용상황에 따라 평가하여야 하는 것이므로 이와 같은 토지평가의 대원칙에 대한 예외로서 형질변경 당시의 이용상황을 상정하여 평가하기 위해서는 이를 주장하는 사업시행자가 입증하여야 한다고 한다.

생각건대, 불법형질변경 당시의 이용상황을 상정하여 평가하는 것은 현황평가원칙에 대한 예외이므로 이와 같은 입증책임은 사업시행자가 부담한다고 보아야 할 것이다.

> **판례**   [1] 공익사업을 위한 토지 등의 취득 및 보상에 관한 법률 시행규칙 제24조가 정한 '불법형
> 질변경토지'라는 이유로 형질변경 당시의 이용상황에 의하여 보상액을 산정하는 경우, 수용대상 토지
> 가 불법형질변경토지라는 사실에 관한 증명책임의 소재 및 증명의 정도: 공익사업을 위한 토지 등의
> 취득 및 보상에 관한 법률 제70조 제 2 항, 제 6 항, 공익사업을 위한 토지 등의 취득 및 보상에 관한 법
> 률 시행규칙 제24조에 의하면 토지에 대한 보상액은 현실적인 이용상황에 따라 산정하는 것이 원칙이
> 므로, 수용대상 토지의 이용상황이 일시적이라거나 불법형질변경토지라는 이유로 본래의 이용상황 또
> 는 형질변경 당시의 이용상황에 의하여 보상액을 산정하기 위해서는 그와 같은 예외적인 보상액 산정
> 방법의 적용을 주장하는 쪽에서 수용대상 토지가 불법형질변경토지임을 증명해야 한다. 그리고 수용대
> 상 토지가 불법형질변경토지에 해당한다고 인정하기 위해서는 단순히 수용대상 토지의 형질이 공부상
> 지목과 다르다는 점만으로는 부족하고, 수용대상 토지의 형질변경 당시 관계 법령에 의한 허가 또는
> 신고의무가 존재하였고 그럼에도 허가를 받거나 신고를 하지 않은 채 형질변경이 이루어졌다는 점이
> 증명되어야 한다. [2] 국민임대주택단지 조성사업 시행자가 현실적 이용상황이 과수원인 甲의 토지가
> 불법적으로 형질변경된 것이라고 하여 개간 전 상태인 임야로 보고 평가한 재결감정 결과에 따라 손실
> 보상액을 산정한 사안에서, 과수원으로 개간되던 당시 시행되던 법령에 따라 위 토지가 보안림에 속하
> 거나 경사 20도 이상 임야의 화전경작에 해당하여 개간이 허가 대상이라는 점을 사업시행자가 증명해
> 야 하는데, 그에 관한 아무런 증명이 없고, 벌채만으로는 절토, 성토, 정지 등으로 토지의 형상을 변경
> 하는 형질변경이 된다고 할 수 없으므로 개간 과정에서 나무의 벌채가 수반되고 벌채에 필요한 허가나
> 신고가 없었다고 하여 불법형질변경토지라고 할 수 없다는 이유로 위 토지가 불법형질변경토지라는 사
> 업시행자의 주장을 배척한 원심판단을 정당하다고 한 사례(대판 2012. 4. 26, 2011두2521[손실보상금]).

임야의 형질변경허가는 1961. 6. 27. 제정된 구 임산물단속에 관한 법률 제 2 조에 의
하여 최초로 규정되었으므로 공부상 지목이 임야이나 농지로 이용중인 토지로서 1961. 6.
27. 이전에 허가나 신고없이 형질변경된 경우에도 농지로 보상 평가하고, 산림법 등이 제
정·시행된 1962. 1. 20. 이전(1962. 1. 19. 이전)에는 보안림에 속하지 아니한 산림이나 경사
20도 미만의 사유 임야에서는 원칙적으로 개간, 화전경작 등의 형질변경행위에 대하여 허
가나 신고 등이 불필요하였으므로 1962. 1. 19. 이전에 임야가 농지로 개간되어 있는 경우
에는 농지로 보상평가한다. 1962. 1. 20. 이후에 임야를 개간허가 등이 없이 농지로 불법형
질변경한 경우에는 임야로 보상한다. 그런데, 1962. 1. 20. 이후에 임야를 개간허가 등이 없
이 농지로 불법형질변경한 것인지를 입증할 자료가 없는 경우가 많으므로 최초의 항공사
진인 1966년 항공사진상 농지로 개간되어 있음이 확인된 경우에는 반증이 없는 한 농지로
보상평가한다. 1966년경 이미 일부가 전으로 사용되고 있는 토지에 대하여 불법형질변경
을 이유로 형질변경 이전의 상태인 임야로 보상하기 위해서는 산림법 등이 제정·시행된
1962. 1. 20. 이후에 개간허가 등이 없이 개간된 것이라는 점을 사업시행자가 입증하여야
한다(대판 2011. 12. 8, 2011두13385).

제 3 항　미지급용지의 보상

Ⅰ. 서

　　미지급용지라 함은 공공사업용지로 이용중에 있는 토지로서 보상이 완료되지 아니한 토지, 즉 종전에 시행된 공익사업의 부지로서 보상금이 지급되지 아니한 토지를 말한다. 미지급용지에 대한 보상은 사권을 소멸시키기 위함이고, 재산권보장을 위한 제도적 의의를 갖는다. 이러한 미지급용지는 일반적으로 용도가 공공사업의 부지로 제한됨에 따라 거래가격이 낮거나 아예 형성되지 않는 경우가 있으므로 사업시행자가 이와 같은 용지를 뒤늦게 취득하면서 가격시점에 있어서의 이용상황인 공공사업의 부지로만 평가한다면 정당한 보상이라고 볼 수 없다. 따라서 토지보상법은 미지급용지에 대하여 종전의 공익사업에 편입될 당시의 이용상황을 기준으로 평가하여 현황평가의 예외를 규정하고 있다.

　　미지급용지의 보상문제는 헌법 제23조 제 3 항의 정당한 보상의 문제, 사전보상의 원칙이 적용되나 그러한 절차를 거치지 아니한 상태하에서 다른 공공사업에 편입되는 경우에 그 보상의 문제, 부동산의 시효취득의 인정 여부의 문제 및 부당이득반환청구권의 행사문제와 관련이 있다.

> **판례**　종전에 공공사업의 시행으로 인하여 정당한 보상금이 지급되지 아니한 채 공공사업의 부지로 편입되어 버린 이른바 미보상용지는 용도가 공공사업의 부지로 제한됨으로 인하여 거래가격이 아예 형성되지 못하거나 상당히 감가되는 것이 보통이어서, 사업시행자가 이와 같은 미보상용지를 뒤늦게 취득하면서 공공용지의 취득 및 손실보상에 관한 특례법 제 4 조 제 1 항 소정의 가격시점에 있어서의 이용상황인 공공사업의 부지로만 평가하여 손실보상액을 산정한다면, 구 공공용지의 취득 및 손실보상에 관한 특례법(1991. 12. 31. 법률 제4484호로 개정되기 전의 것) 제 4 조 제 3 항이 규정하고 있는 "적정가격"으로 보상액을 정한 것이라고는 볼 수 없게 되므로, 이와 같은 부당한 결과를 구제하기 위하여 종전에 시행된 공공사업의 부지로 편입됨으로써 거래가격을 평가하기 어렵게 된 미보상용지에 대하여는 특별히 종전의 공공사업에 편입될 당시의 이용상황을 상정하여 평가함으로써 그 "적정가격"으로 손실보상을 하여 주려는 것이 공공용지의 취득 및 손실보상에 관한 특례법 시행규칙 제 6 조 제 7 항의 규정취지라고 이해된다(대판 1992. 11. 10, 92누4833[토지수용재결처분취소]).

Ⅱ. 미지급용지의 보상평가기준

1. 미지급용지의 판단

　　사업시행자가 일차적으로 객관적인 판단기준에 따라 판단하며 다투어지는 경우 법원이 최종적으로 판단한다.

　　대법원은 "공공사업의 시행자가 적법한 절차에 의하여 취득하지도 못한 상태에서 공공사업을 시행하여 토지의 현실적인 이용상황을 변경시킴으로써 오히려 토지가격을 상승시킨 경우에는 공특법 시행규칙 제 6 조 제 7 항 소정의 미지급용지라고 볼 수 없다"고(대판1992. 11. 10, 92누4833) 판시한 바 있다.

공익사업을 위한 토지 등의 취득 및 보상에 관한 법률 시행규칙 제25조 제 1 항의 미불용지는 '종전에 시행된 공익사업의 부지로서 보상금이 지급되지 아니한 토지'이므로, 미불용지로 인정되려면 종전에 공익사업이 시행된 부지여야 하고, 종전의 공익사업은 적어도 당해 부지에 대하여 보상금이 지급될 필요가 있는 것이어야 한다(대판 2009. 3. 26, 2008두22129).

2. 현황평가기준의 예외(편입 당시 이용상황 기준)

현황평가의 예외로 종전 공공사업에 편입될 당시의 이용상황을 기준으로 평가하도록 하는 것은 미지급용지는 공공사업부지로 제한됨으로 인해 거래가 불가능하거나, 상당히 감가되는 것이 보통이므로 토지소유자의 권익을 구제하기 위함이다. 다만 종전의 공익사업에 편입될 당시의 이용상황을 알 수 없는 경우에는 편입될 당시의 지목과 인근토지의 이용상황 등을 참작하여 평가하여야 한다(시행규칙 제25조 제 1 항). 이때 '종전의 공익사업에 편입될 당시의 이용상황'을 상정함에 있어서는 편입 당시의 지목·실제용도·지형·지세·면적 등의 개별요인을 고려하여야 한다.

공공사업에 편입된 일부 토지가 국유재산이어서 이를 수용대상으로 삼지 아니하고 일반 매매의 방식으로 취득하여 당해 공공사업을 적법히 시행하였음에도 그 후 취득시효 완성을 원인으로 하여 그 토지의 소유권이 사인에게 이전된 경우에는, 설사 뒤늦게 그 토지에 대한 토지수용절차가 진행되었다고 하더라도 공공사업의 시행자와 수용에 있어서의 사업주체가 동일하고 그 시행자가 적법한 절차를 취하지 아니하여 당해 토지를 공공사업의 부지로 취득하지 못한 것이 아니므로, 그 토지는 여전히 종전의 공공사업에 편입될 당시의 이용상황을 상정하여 평가하여야 한다(대판 1999. 3. 23, 98두13850).

사업시행자가 적법한 절차를 취하지 아니하여 공공사업의 부지로 취득하지도 못한 단계에서 공공사업을 시행하여 이용상황을 변경시킴으로써 거래가격이 상승된 토지의 경우에는 미보상용지의 개념에 포함되는 것이라고 볼 수 없다(대판 1992. 11. 10, 92누4833).

3. 개발이익의 배제

미지급용지를 평가함에 있어 비교표준지로 선정된 표준지의 공시지가에 공공사업 시행으로 인한 개발이익이 포함되어 있는 경우에는 이를 배제한 가격으로 평가한다.

4. 가격시점 및 공법상 제한 등

미지급용지에 대한 보상금의 지급을 위한 평가에 있어서 이용상황만 편입 당시를 상정하는 것일 뿐, 그 외에 가격시점은 일반보상과 마찬가지로 계약체결 당시를 기준으로 한다. 따라서 편입될 당시의 가격을 소급평가하는 것이 아니다. 한편, 용도지역 등 공법상 제한은 종전의 공익사업의 시행에 따른 절차로서 변경된 경우를 제외하고는 가격시점을 기준으로 한다.

Ⅲ. 미지급용지와 관련된 법적 문제

1. 미지급용지의 보상주체

미지급용지에 대한 보상의무자는 종전의 사업시행자가 됨이 원칙이나 종전 사업시행자의 재정여건을 감안하거나 종전의 편입토지에 대한 보상지연으로 인하여 새로이 시행되는 사업의 공사기간에 영향을 미칠 가능성이 있는 경우에는, 종전 사업시행자와 새로운 사업시행자 중 누가 보상하는 것이 합리적인지를 판단하여 보상주체가 결정된다. 그러나, 현실적으로는 원칙에도 불구하고 새로운 사업시행자로 하여금 보상금을 지급하도록 하여 원활한 사업시행이 가능케 함이 일반적이다.

2. 미지급용지에 대한 시효취득 여부

일반적으로 20년간 소유의 의사로 평온·공연하게 부동산을 점유한 자는 등기함으로써 그 소유권을 취득한다(민법 제245조 제 1 항). 이에 미지급용지에 대하여도 사업시행자가 시효로 취득할 수 있는지가 문제된다. 종래 대법원은 점유자가 타인 소유의 토지를 무단으로 점유하여 왔다면 특단의 사정이 없는 한 자주점유에 해당한다고 하여 자주점유를 인정하여 시효취득을 인정하였으나 최근 대법원은 악의의 무단점유가 입증되면, 특단의 사정이 없는 한 자주점유 추정력이 없다고 보아 시효취득을 부정하고 있는바, 시효취득을 인정한다면, 토지소유자에게 지나친 불이익을 가한다 할 것이서 최근의 판례가 타당하다.

> **판례** 도로 관리청이 점유의 시작시에 타인의 토지임을 알고 점유를 하였다면 실제의 소유자가 반환을 요구하면 반환하는 것이 사회적 통념으로서 이는 소유의 의사로서 점유한 것으로 볼 수 없으므로 시효취득의 대상이 되지 아니한다(대판 1997. 8. 21, 95다28625[소유권이전등기]).

3. 미지급용지에 대한 부당이득반환청구 또는 손해배상청구

미지급용지 중 부당이득과 관련하여 주로 문제가 발생되는 부분은 미불된 도로부지이다. 미불된 도로부지에 대하여는 사권을 행사할 수 없고 또한 인도청구를 하지 못한다. 그러나, 도로를 구성하는 부지에 대하여 사용·수익을 침해당함으로써 입은 손해에 상당한 액을 부당이득으로 반환청구할 수는 있다. 즉, 사인의 토지를 토지소유자의 점유·관리를 배제한 채 일반 공중의 통행로로 제공한 경우에는 임료 상당의 이익을 법률상 원인 없이 이득을 보고 있는 것이므로 부당이득금 반환의무가 있는 것이다.

미지급용지(도로부지)는 불법점유이지만 반환청구가 인정되지 않으므로 토지소유자는 불법행위를 이유로 손해배상 또는 부당이득반환을 청구할 수 있다.

> **판례1** [1] 시가 사인 소유의 토지를 권원없이 도로로서 점유하고 있는 경우 부당이득의 성립 여부 (적극): 시가 사인소유의 토지를 용익할 사법상의 권리를 취득함이 없이 또는 적법한 보상을 함이 없 이 이를 점유하고 있다면 비록 그것이 도로라고 하더라도 그로 인하여 이득을 얻고 있는 것이라고 보 아야 한다. [2] 도로법 제 5 조의 규정취지: 도로를 구성하는 부지에 관하여는 도로법 제 5 조에 의하여 사권의 행사가 제한된다고 하더라도 이는 도로법상의 도로에 관하여 도로로서의 관리, 이용에 저촉되 는 사권을 행사할 수 없다는 취지이지 부당이득반환 청구권의 행사를 배제하는 것은 아니다(대판 1989. 1. 24, 88다카6006[부당이득금반환]).

> **판례2** 도로를 구성하는 부지에 대하여는 사권을 행사할 수 없으므로 그 부지의 소유자는 불법행위 를 원인으로 하여 손해배상을 청구함은 별론으로 하고 그 부지에 관하여 그 소유권을 행사하여 인도를 청구할 수 없다(대판 1968. 10. 22, 68다1317[대지인도]).

4. 기타(미보상용지 평가시 준용)

> **판례** 원래 지목이 답으로서 일제시대에 국도로 편입되어 그 지목도 도로로 변경된 토지가 그 동안 여전히 개인의 소유로 남아있으면서 전전 양도되어 1994년경 피수용자 명의로 소유권이전등기가 경료 되고 이어 수용에 이르렀다면 위 토지는 종전에 정당한 보상금이 지급되지 아니한 채 공공사업의 부지 로 편입되어 버린 이른바 미보상용지에 해당하므로, 이에 대한 보상액은 공공용지의취득및손실보상에 관한특례법시행규칙 제 6 조 제 7 항의 규정에 의하여 종전에 도로로 편입될 당시의 이용상황을 상정하 여 평가하여야 한다(대판 2000. 7. 28, 98두6081).

Ⅳ. 결(유의사항)

사업시행자가 미지급용지에 대한 보상액 평가를 감정평가법인등에게 의뢰할 때에는 토지조서에 미지급용지임을 표시하여야 하며(시행규칙 제25조 제 2 항), 평가자는 현황이 도 로인 토지로서 그 토지가 미지급용지 또는 사도 등으로 구분하지 아니하고 평가의뢰된 경 우에는, 평가의뢰자에게 의견을 조회한 후 그 제시의견에 따라 평가하여야 한다. 의견제시 가 없는 경우에는 객관적인 판단기준에 따라 평가하고 평가서에 그 내용을 기재하여야 함 에 유의한다.

제 4 항   도로부지의 보상 [2011 감평]

Ⅰ. 서

도로라 함은 사람 또는 차량만이 통행할 수 있도록 만들어진 길을 의미한다. 종래 도로의 평가기준은 사도법에 의한 사도가 아니면 그 개설경위나 다른 토지의 효용증진에 기여되었는지의 여부와 관계없이 무조건 인근토지의 평가금액의 3분의 1 이내로 평가하도록 하였기 때문에 헌법 제23조 제 3 항의 정당보상 원칙과 관련하여 문제가 되었고 토지소유자가 반발하게 됨에 따라 대법원 판례의 도로보상기준에 관한 판결이 나오게 되었고, 최근 제정된 토지보상법에서는 판례의 태도를 반영하여 사도법상 사도와 사실상의 사도 외의 도로부지에 대하여는 정상평가하도록 명문의 규정을 만들게 되었다.

종래 법률 규정에 따라 도로부지의 경우 무조건 인근토지 평가액의 3분의 1 이내로 보상을 받게 되었기 때문에, 3분의 1 이내에 보상을 받지 않기 위하여 주민의 통행에 이용되고 있던 도로에 펜스를 쳐서 통행을 막고, 심지어는 도로로 개설되어 차량의 통행에 제공되고 있던 미지급용지에 대하여서도 통행을 막아 사회적인 물의를 빚고 주민의 생활에 불편을 주는 예가 많이 발생하여, 제도의 개선이 국민의 생활을 편리하게 하여야 함에도, 그에 역행하는 제도의 개선이라는 비난이 있었다. 이처럼 문제가 많은 도로보상규정에 대하여 대법원 판례는 인근토지에 비하여 낮은 가격으로 보상하여 주어도 될 만한 객관적인 사정이 인정되는 경우에만 인근토지의 3분의 1 이내에서 평가하고, 그러한 사정이 인정되지 아니하는 경우에는 3분의 1 이내로 평가하여서는 안 된다고 판시하여, 인근토지에 비하여 낮은 가격으로 보상하여 주어도 될 만한 사정이 인정되는지의 여부가 문제로 되었다. 이에 최근 제정된 토지보상법은 '그 외의 도로부지'를 규정하여 정상평가하도록 명문화한 것이다.

Ⅱ. 도로부지의 보상평가방법 [2022 감평 사례]

1. 토지보상법상 도로의 분류

토지보상법은 사도법상의 사도, 사실상의 사도, 그 외의 도로부지로 분류하여 그 평가기준을 달리 정하고 있다(시행규칙 제26조). 여기서 **사도법상의 사도**는 사도개설의 허가를 얻은 도로를 말하며(사도에 대해서는 사도개설자라 하여도 일반인의 통행을 제한하거나 금지할 수 없다(사도법 제 9 조 제 1 항), **사실상의 사도**는 사도법에 의한 사도 외의 도로로서 토지소유자가 자기 토지의 이익증진을 위하여 스스로 개설한 도로로서 도시계획으로 결정된 도로가 아닌 것을 말하되, 이때 자기 토지의 편익을 위하여 토지소유자가 스스로 설치하였는지의 여부는 인접토지의 획지면적, 소유관계, 이용상태 등이나 개설경위, 목적 등에 의하여 객관적으로 판단하여야 한다(대판 1995. 6. 13, 94누14650). 한편, "그 외의 도로"란 사도법상 사도도 아니고 사실상의 사도도 아닌 모든 도로를 포함한다고 할 수 있다.

종래에는 사도법상 사도와 사도 외의 도로로 구분되고, 여기서 '사도 외의 도로'의 범위가 문제되었다 현실적으로 도로라는 물리적 형태를 갖춘 토지에 대하여 토지소유자가 자기 소유의 다른 토지의 효용증진을 위하여 스스로 개설하였는지의 여부를 판단하기가 쉽지 않으므로, 물리적인 형태에만 중점을 두어 사도법에 의한 사도가 아닌 도로를 모두 그 적용대상으로 보게 됨으로써 논란이 발생하게 되었고, 이에 대법원 판례는 그 개념(사도 외의 도로)에 대하여 인근토지에 비하여 낮은 가격으로 평가하여도 될 만한 사정이 있는 도로에 한한다고 판시하게 되었다. 즉, "사도법에 의한 사도 외의 도로"라 함은 사도법에 의한 사도가 아닌 도로를 전부 그 적용대상으로 하는 것이 아니고, 토지소유자가 자기 소유의 다른 토지의 효용증진을 위하여 스스로 공중의 통행에 제공하는 등 인근토지에 비하여 낮은 가격으로 평가하여도 될 만한 객관적인 사정이 인정되는 경우에만 "사도법에 의한 사도 외의 도로"가 되고, 인근토지에 비하여 낮은 가격으로 평가하여도 될 만한 사정이 인정되지 아니하는 도로는 이에 해당하지 아니한다고 본 것이다. 이에 현행 토지보상법은 인근토지에 비하여 낮은 가격으로 평가하여도 될 만한 사정이 인정되는 도로를 "사실상의 사도"로 규정하고, 그러하지 아니한 도로를 "그 외의 도로"로 규정한 것이다.

판례 1 구 공익사업을 위한 토지 등의 취득 및 보상에 관한 법률 시행규칙(2005. 2. 5. 건설교통부령 제424호로 개정되기 전의 것) 제26조 제1항 제2호, 제2항 제1호, 제2호는 사도법에 의한 사도 외의 도로(국토의 계획 및 이용에 관한 법률에 의한 도시관리계획에 의하여 도로로 결정된 후부터 도로로 사용되고 있는 것을 제외한다)로서 '도로개설 당시의 토지소유자가 자기 토지의 편익을 위하여 스스로 설치한 도로'와 '토지소유자가 그 의사에 의하여 타인의 통행을 제한할 수 없는 도로'는 '사실상의 사도'로서 인근토지에 대한 평가액의 1/3 이내로 평가하도록 규정하고 있는데, 여기서 '도로개설당시의 토지소유자가 자기 토지의 편익을 위하여 스스로 설치한 도로'인지 여부는 인접토지의 획지면적, 소유관계, 이용상태 등이나 개설경위, 목적, 주위환경 등에 의하여 객관적으로 판단하여야 하고, '토지소유자가 그 의사에 의하여 타인의 통행을 제한할 수 없는 도로'에는 법률상 소유권을 행사하여 통행을 제한할 수 없는 경우뿐만 아니라 사실상 통행을 제한하는 것이 곤란하다고 보이는 경우도 해당한다고 할 것이나, 적어도 도로로의 이용상황이 고착화되어 당해 토지의 표준적 이용상황으로 원상회복하는 것이 용이하지 않은 상태에 이르러야 할 것이어서 단순히 당해 토지가 불특정 다수인의 통행에 장기간 제공되어 왔고 이를 소유자가 용인하여 왔다는 사정만으로는 사실상의 도로에 해당한다고 할 수 없다(대판 2007. 4. 12, 2006두18492[보상금]).

판례 2 [1] 도시개발사업 관련 수용대상인 갑 소유 토지가 인근 주민의 통행로로 사용되었다는 이유로 재결감정을 하면서 이를 사실상의 사도로 보고 보상금액을 인근 토지의 1/3로 평가한 사안에서, 위 토지의 이용상태나 기간, 면적 및 형태 등에 비추어 보면 위 토지가 인근 주민들을 포함한 불특정 다수인의 통행에 장기간 제공되어 사실상 도로화되었고 도로로서 이용상황이 고착화되어 표준적 이용상황으로 원상회복하는 쉽지 않은 상태에 이르는 등 사실상 타인의 통행을 제한하는 것이 곤란하므로 인근 토지에 비해 낮은 가격으로 평가해도 될 만한 사정이 있다는 이유로, 이와 달리 본 원심판결에 법리오해의 위법이 있다고 한 사례. [2] '토지소유자가 그 의사에 의하여 타인의 통행을 제한할 수 없는 도로'에는 법률상 소유권을 행사하여 통행을 제한할 수 없는 경우뿐만 아니라 사실상 통행을 제한하는 것이 곤란하다고 보이는 경우도 해당한다(대판 2007. 4. 12, 2006두18492 등 참조). 따라서 단순히 당해 토지가 불특정 다수인의 통행에 장기간 제공되어 왔고 이를 소유자가 용인하여 왔다는 사정만으로는 사실상의 도로에 해당한다고 할 수 없으나, 도로로의 이용상황이 고착화되어 당해 토지의 표준적 이용상황으로 원상회복하는 것이 용이하지 아니한 상태에 이르는 등 인근의 토지에 비하여 낮은 가격으로 평가하여도 될 만한 객관적인 사정이 인정되는 경우에는 사실상의 사도에 포함된다고 볼 것이다(대판 2011. 8. 25, 2011두7014[손실보상금]).

2. 도로의 평가기준

사도법에 의한 사도부지는 인근토지 평가액의 1/5 이내로 평가하고, 사도 외 사실상의 사도부지는 인근토지 평가액의 1/3 이내로 평가하도록 규정하고 있으며, 그 외의 도로부지는 일반토지의 평가방법에 준하여 정상평가하도록 규정하고 있다(시행규칙 제26조 제 1 항). 여기서 '인근토지'라 함은 당해 도로부지가 도로로 이용되지 아니하였을 경우에 예상되는 표준적인 이용상황과 유사한 토지로서 당해 토지와 위치상으로 가까운 토지를 말한다(시행규칙 제26조 제 4 항).

3. 미지급용지인 도로보상

종전 시행된 공공사업부지로서 보상금이 지급되지 아니한 토지로, 정당보상관점에서 편입 당시 이용상황 기준으로 보상한다. 이는 보상금지급 여부, 자익성 여부, 인근토지가격에 화체 여부 등을 기준으로 일반도로와 구별한다.

4. 새마을 도로 및 예정공도

(1) 새마을 도로

새마을 도로는 인근토지 평가액의 1/3 이내로 평가한다.

> **판례**　새마을 농로 확장공사로 인하여 자신의 소유 토지 중 도로에 편입되는 부분을 도로로 점유함을 허용함에 있어 손실보상금이 지급되지 않았으나 이의를 제기하지 않았고 도로에 편입된 부분을 제외한 나머지 토지만을 처분한 점 등의 제반 사정에 비추어 보면, 토지소유자가 토지 중 도로로 제공한 부분에 대한 독점적이고 배타적인 사용수익권을 포기한 것으로 봄이 상당하다고 한 사례(대판 2006. 5. 12, 2005다31736).

(2) 예정공도

예정공도란 「국토계획법」에 따른 도시·군관리계획에 의하여 도로로 결정된 후부터 도로로 사용되고 있는 도로이다. 예정공도부지는 공도부지의 보상평가방법을 준용한다.

공도부지는 도로로 이용되지 아니하였을 경우에 예상되는 인근지역의 표준적인 이용상황을 기준으로 평가한다.

그러나 토지소유자가 도시계획도로 입안내용에 따라 스스로 도로로 제공한 토지는 예정공도가 아니라 사실상의 사도에 해당된다.

> **판례1**　토지수용으로 인한 손실보상액을 산정함에 있어서는 당해 공공사업의 시행을 직접 목적으로 하는 계획의 승인·고시로 인한 가격변동은 이를 고려함이 없이 수용재결 당시의 가격을 기준으로 하여 적정가격을 산정하여야 하며, 도시계획결정은 도시계획고시일에 그 효력을 발생하는 것이므로, 당

해 토지소유자가 도시계획(도로)입안의 내용에 따라 스스로 토지를 도로로 제공하였고 도시계획(도로) 결정고시는 그 후에 있는 경우, 도시계획입안의 내용은 그 토지 지가 하락의 원인과 관계가 없어서 토지에 대한 손실보상금산정에 참작할 사유가 아니라고 한 사례(대판 1997. 8. 29, 96누2569).

판례2   사실상의 사도는 '사도법에 의한 사도 외의 도로로서, 도로개설 당시의 토지소유자가 자기 토지의 편익을 위하여 스스로 설치한 도로와 토지소유자가 그 의사에 의하여 타인의 통행을 제한할 수 없는 도로'를 의미한다고 규정하면서 국토의 계획 및 이용에 관한 법률에 의한 도시·군 관리계획에 의하여 도로로 결정된 후부터 도로로 사용되고 있는 것은 사실상의 사도에서 제외하고 있는바, '공익계획사업이나 도시계획의 결정·고시 때문에 이에 저촉된 토지가 현황도로로 이용되고 있지만 공익사업이 실제로 시행되지 않은 상태에서 일반공중의 통행로로 제공되고 있는 상태로서 계획제한과 도시계획시설의 장기미집행상태로 방치되고 있는 도로', 즉 예정공도부지의 경우 보상액을 사실상의 사도를 기준으로 평가한다면 토지가 도시·군 관리계획에 의하여 도로로 결정된 후 곧바로 도로사업이 시행되는 경우의 보상액을 수용 전의 사용현황을 기준으로 산정하는 것과 비교하여 토지소유자에게 지나치게 불리한 결과를 가져온다는 점 등을 고려하면, 예정공도부지는 공익사업법 시행규칙 제26조 제 2 항에서 정한 사실상의 사도에서 제외된다(대판 2019. 1. 17, 2018두55753).

판례3   [토지소유자의 배타적 사용·수익권 포기에 관한 법리가 문제된 사건]〈다수의견〉(1) 대법원 판례를 통하여 토지 소유자 스스로 그 소유의 토지를 일반 공중을 위한 용도로 제공한 경우에 그 토지에 대한 소유자의 독점적이고 배타적인 사용·수익권의 행사가 제한되는 법리가 확립되었고, 대법원은 그러한 법률관계에 관하여 판시하기 위하여 '사용·수익권의 포기', '배타적 사용·수익권의 포기', '독점적·배타적인 사용·수익권의 포기', '무상으로 통행할 권한의 부여' 등의 표현을 사용하여 왔다. 이러한 법리는 대법원이 오랜 시간에 걸쳐 발전시켜 온 것으로서, 현재에도 여전히 그 타당성을 인정할 수 있다. 다만 토지 소유자의 독점적이고 배타적인 사용·수익권 행사의 제한 여부를 판단하기 위해서는 토지 소유자의 소유권 보장과 공공의 이익 사이의 비교형량을 하여야 하고, 원소유자의 독점적·배타적인 사용·수익권 행사가 제한되는 경우에도 특별한 사정이 있다면 특정승계인의 독점적·배타적인 사용·수익권 행사가 허용될 수 있다. 또한, 토지 소유자의 독점적·배타적인 사용·수익권 행사가 제한되는 경우에도 일정한 요건을 갖춘 때에는 사정변경의 원칙이 적용되어 소유자가 다시 독점적·배타적인 사용·수익권을 행사할 수 있다고 보아야 한다. (2) 토지 소유자가 그 소유의 토지를 도로, 수도시설의 매설 부지 등 일반 공중을 위한 용도로 제공한 경우에, 소유자가 토지를 소유하게 된 경위와 보유기간, 소유자가 토지를 공공의 사용에 제공한 경위와 그 규모, 토지의 제공에 따른 소유자의 이익 또는 편익의 유무, 해당 토지 부분의 위치나 형태, 인근의 다른 토지들과의 관계, 주위 환경 등 여러 사정을 종합적으로 고찰하고, 토지 소유자의 소유권 보장과 공공의 이익 사이의 비교형량을 한 결과, 소유자가 그 토지에 대한 독점적·배타적인 사용·수익권을 포기한 것으로 볼 수 있다면, 타인[사인(사인)뿐만 아니라 국가, 지방자치단체도 이에 해당할 수 있다. 이하 같다]이 그 토지를 점유·사용하고 있다 하더라도 특별한 사정이 없는 한 그로 인해 토지 소유자에게 어떤 손해가 생긴다고 볼 수 없으므로, 토지 소유자는 그 타인을 상대로 부당이득반환을 청구할 수 없고, 토지의 인도 등을 구할 수도 없다. 다만 소유권의 핵심적 권능에 속하는 사용·수익 권능의 대세적·영구적인 포기는 물권법정주의에 반하여 허용할 수 없으므로, 토지 소유자의 독점적·배타적인 사용·수익권의 행사가 제한되는 것으로 보는 경우에도, 일반 공중의 무상 이용이라는 토지이용현황과 양립 또는 병존하기 어려운 토지 소유자의 독점적이고 배타적인 사용·수익만이 제한될 뿐이고, 토지 소유자는 일반 공중의 통행 등 이용을 방해하지 않는 범위 내에서는 그 토지를 처분하거나 사용·수익할 권능을 상실하지 않는다. (3) ① 위와 같은 법리는 토지 소유자가 그 소유의 토지를 도로 이외의 다른 용도로 제공한 경우에도 적용된다. 또한, 토지 소유자의 독점적·배타적인 사용·수익권의 행사가 제한되는 것으로 해석되는 경우 특별한 사정이 없는 한 그 지하 부분에 대한 독점적이고 배타적인 사용·수익권의 행사 역시 제한되는 것으로 해석함이 타당하다. ② 상속인은 피상속인의 일신에 전속한 것이 아닌 한 상속이 개시된 때로부터 피상속인의 재산에 관한 포괄적 권리·의무를 승계하므로(민법 제1005조), 피상속인이 사망 전에 그 소유 토지를 일반 공중의 이용에 제공하여 독점적·배타적인 사용·수익권을 포기한 것으로 볼 수 있고 그 토지가

상속재산에 해당하는 경우에는, 피상속인의 사망 후 그 토지에 대한 상속인의 독점적·배타적인 사용·수익권의 행사 역시 제한된다고 보아야 한다. (4) 토지 소유자의 독점적·배타적인 사용·수익권 행사의 제한은 해당 토지가 일반 공중의 이용에 제공됨으로 인한 공공의 이익을 전제로 하는 것이므로, 토지 소유자가 공공의 목적을 위해 그 토지를 제공할 당시의 객관적인 토지이용현황이 유지되는 한도 내에서만 존속한다고 보아야 한다. 따라서 토지 소유자가 그 소유 토지를 일반 공중의 이용에 제공함으로써 자신의 의사에 부합하는 토지이용상태가 형성되어 그에 대한 독점적·배타적인 사용·수익권의 행사가 제한된다고 하더라도, 그 후 토지이용상태에 중대한 변화가 생기는 등으로 독점적·배타적인 사용·수익권의 행사를 제한하는 기초가 된 객관적인 사정이 현저히 변경되고, 소유자가 일반 공중의 사용을 위하여 그 토지를 제공할 당시 이러한 변화를 예견할 수 없었으며, 사용·수익권 행사가 계속하여 제한된다고 보는 것이 당사자의 이해에 중대한 불균형을 초래하는 경우에는, 토지 소유자는 그와 같은 사정변경이 있은 때부터는 다시 사용·수익 권능을 포함한 완전한 소유권에 기한 권리를 주장할 수 있다고 보아야 한다. 이때 그러한 사정변경이 있는지 여부는 해당 토지의 위치와 물리적 형태, 토지 소유자가 그 토지를 일반 공중의 이용에 제공하게 된 동기와 경위, 해당 토지와 인근 다른 토지들과의 관계, 토지이용상태가 바뀐 경위와 종전 이용상태와의 동일성 여부 및 소유자의 권리행사를 허용함으로써 일반 공중의 신뢰가 침해될 가능성 등 전후 여러 사정을 종합적으로 고려하여 판단하여야 한다. (5) 이러한 다수의견 대하여는 [대법관 조희대의 반대의견]과 [대법관 김재형의 반대의견]이 있다(대판 전원합의체 2019. 1. 24, 2016다264556[시설물철거및토지인도청구의소]).

판례4　공익사업을 위한 토지 등의 취득 및 보상에 관한 법률 시행규칙 제26조 제 1 항 제 2 호에 의하여 '사실상의 사도'의 부지로 보고 인근토지 평가액의 3분의 1 이내로 보상액을 평가하려면, 도로법에 의한 일반 도로 등에 연결되어 일반의 통행에 제공되는 등으로 사도법에 의한 사도에 준하는 실질을 갖추고 있어야 하고, 나아가 위 규칙 제26조 제 2 항 제 1 호 내지 제 4 호 중 어느 하나에 해당하여야 한다. 공익사업을 위한 토지 등의 취득 및 보상에 관한 법률 시행규칙 제26조 제 2 항 제 1 호에서 규정한 '도로개설 당시의 토지소유자가 자기 토지의 편익을 위하여 스스로 설치한 도로'에 해당한다고 하려면, 토지 소유자가 자기 소유 토지 중 일부에 도로를 설치한 결과 도로 부지로 제공된 부분으로 인하여 나머지 부분 토지의 편익이 증진되는 등으로 그 부분의 가치가 상승됨으로써 도로부지로 제공된 부분의 가치를 낮게 평가하여 보상하더라도 전체적으로 정당보상의 원칙에 어긋나지 않는다고 볼 만한 객관적인 사유가 있다고 인정되어야 하고, 이는 도로개설 경위와 목적, 주위환경, 인접토지의 획지 면적, 소유관계 및 이용상태 등 제반 사정을 종합적으로 고려하여 판단할 것이다. 공익사업을 위한 토지 등의 취득 및 보상에 관한 법률 시행규칙 제26조 제 2 항 제 2 호가 규정한 '토지소유자가 그 의사에 의하여 타인의 통행을 제한할 수 없는 도로'는 사유지가 종전부터 자연발생적으로 또는 도로예정지로 편입되어 있는 등으로 일반 공중의 교통에 공용되고 있고 그 이용상황이 고착되어 있어, 도로부지로 이용되지 아니하였을 경우에 예상되는 표준적인 이용상태로 원상회복하는 것이 법률상 허용되지 아니하거나 사실상 현저히 곤란한 정도에 이른 경우를 의미한다고 할 것이다. 이때 어느 토지가 불특정 다수인의 통행에 장기간 제공되어 왔고 이를 소유자가 용인하여 왔다는 사정이 있다는 것만으로 언제나 도로로서의 이용상황이 고착되었다고 볼 것은 아니고, 이는 당해 토지가 도로로 이용되게 된 경위, 일반의 통행에 제공된 기간, 도로로 이용되고 있는 토지의 면적 등과 더불어 그 도로가 주위 토지로 통하는 유일한 통로인지 여부 등 주변 상황과 당해 토지의 도로로서의 역할과 기능 등을 종합하여 원래의 지목 등에 따른 표준적인 이용상태로 회복하는 것이 용이한지 여부 등을 가려서 판단해야 할 것이다(대판 2013. 6. 13, 2011두7007).

Ⅲ. 도로보상기준의 정당보상 여부

1. 문 제 점

헌법 제23조 제 3 항은 정당보상을 지급하도록 규정하고 있고, 이에 토지보상법 시행규칙은 도로평가방법에 대하여 인근토지 평가금액의 일정비율로 평가하도록 규정하고 있는바, 이러한 보상기준이 헌법상 정당보상과 관련하여 문제된다. 이하에서 도로부지를 감가보상하는 이유가 무엇인지, 어떠한 경우에 감가보상의 대상이 되는지, 이와 관련한 토지보상법상 규정이 이를 반영한 보상규정인지를 살펴보도록 한다.

2. 도로부지를 감가보상하는 이유

도로의 평가를 함에 있어서 인근토지보다 낮게 평가한다고 규정한 취지는 현실 이용상황이 도로로 되었기 때문에 이를 감가한다는 뜻이 아니고 도로의 가치가 그 도로로 인하여 보호되고 있는 토지의 효용이 증가됨으로써 보호되고 있는 토지에 가치가 화체되었기 때문에 그 평가액은 당연히 낮아야 한다는 이유를 배경으로 일반토지에 비해 감가보상되는 것이다. 즉, 인근토지에 비하여 낮게 평가하는 이유는 도로 자체를 독립하여 그 값을 평가할 수는 없으나, 인근토지의 값을 증가시키는 데에 기여하였으므로 인근토지에 기여한 정도를 파악하여 도로의 값을 산출할 수 있다는 논리에 근거하고 있다.

3. 판례의 태도

대법원 판례는 도로에 관한 규정의 취지는 사실상 불특정 다수인에게 제공되어 있는 토지이기만 하면 그 모두를 인근 토지의 3분의 1 이내로 평가하여야 한다는 것이 아니라, 그 도로의 개설경위·목적·주위환경 등의 제반사정에 비추어 당해 토지소유자가 자기 토지의 편익을 위하여 스스로 공중의 통행에 제공하는 등 인근토지에 비하여 낮은 가격으로 보상하여 주어도 될 만한 객관적인 사유가 인정되는 경우에만 인근토지의 3분의 1 이내에서 평가하고, 그러한 사유가 인정되지 아니하는 경우에는 위 규정의 적용에서 제외되어야 한다고 판시하여 종래 공특법상의 규정의 불합리성을 지적하였다.

> **판례**　공공용지의 취득 및 손실보상에 관한 특례법 시행규칙(1995. 1. 7. 건설교통부령 제 3 호로 개정된 것) 제 6 조의2 제 1 항 제 2 호는, 개정되기 전의 구 규칙 제 6 조의2 제 1 항 제 2 호가 개설 당시 토지소유자가 자기 토지의 편익을 위하여 스스로 설치한 도로로서 도시계획으로 결정된 도로가 아닌 것(사실상의 사도)을 인근 토지에 대한 평가금액의 3분의 1 또는 5분의 1 이내로 평가하도록 규정하고 있었던 것과는 달리, 사도법에 의한 사도 외의 도로의 부지는 이를 인근 토지에 대한 평가금액의 3분의 1 이내로 평가하도록 규정함으로써, 개설 당시 토지소유자가 자기 토지의 편익을 위하여 스스로 설치한 것이 아닌 사실상의 도로까지도 인근 토지에 대한 평가금액의 3분의 1 이내로 평가하도록 규정하고 있으나, 헌법 제23조 제 1 항, 제 3 항, 공공용지의취득및손실보상에관한특례법 제 4 조 제 1 항 내지 제 4 항, 그 시행령 제 2 조의10 제 1 항, 제 2 항, 규칙 제 6 조 제 7 항 등의 규정에 비추어 볼 때, 도로의 개설 경위, 목적, 주위환경, 인접 토지의 획지면적, 소유관계, 이용상황 등 제반 사정에 비추어, 당해 토지소유자가 자기 토지의 편익을 위하여 스스로 설치한 도로 등 인근 토지에 비하여 낮은 가격으로 평가하여도 될 만한 사정이 있지 아니한, 사도법에 의한 사도 외의 도로부지는 위 규정에도 불구하고 인근 토지에 대한 평가금액의 3분의 1 이내로 평가하여서는 아니 된다(대판 1997. 7. 22, 96누13675[토지수용재결처분취소등]).

Ⅳ. 결

도로부지를 인근토지에 비하여 감가보상하는 것이 화체이론상 타당시되며, 감가보상을 한다 하더라도 모든 도로에 대하여 감가보상을 하는 것이 아니라, 판례의 태도처럼 인근토지에 비하여 낮게 보상하여도 될 만한 객관적 사유가 있는 경우에만 적용된다는 점에서 정당보상의 원칙에 위배되지 않는다고 보여진다. 이에 최근 제정된 토지보상법 시행규칙은 판례의 입장을 반영하여 사도법상의 사도부지와 사실상의 사도부지에 대해서만 감가보상하고, 그 외의 도로부지는 일반적인 토지평가규정을 준용하도록 하고 있는바, 이러한 보상기준은 헌법상 정당보상을 실현하는 규정이라고 판단된다.

제5항 개간지의 보상

Ⅰ. 서

개간지라 함은 임야, 하천부지, 도로부지, 공유수면 등의 토지에 대하여 형질변경, 토질, 토양의 증진, 시설, 공작물의 설치 등을 통하여 전, 답 또는 과수원 등의 농경지로 전환·이용되고 있는 토지를 말한다. 개간비 보상은 잔여지 공사비 등과 함께 실비변상적 보상으로 생활보상을 협의의 개념으로 파악할 때 재산권보상의 성격을 갖는다.

Ⅱ. 보상요건

1. 당해 토지가 국유지 및 공유지일 것

당해 토지가 국유지 또는 공유지이어야 한다. 따라서 개간지라 하더라도 공공단체나 사인이 소유한 토지에 대하여는 개간비 보상을 하지 아니한다.

2. 적법하게 개간될 것 및 계속 점유할 것

관계법령에 의하여 적법하게 개간한 자가 개간 당시부터 보상 당시까지 계속하여 적법하게 당해 토지를 점유하고 있는 경우이어야 한다.

Ⅲ. 보상기준

1. 평가방법

지상물과는 별도로 개간에 소요된 비용만으로 보상평가한다. 즉, 개간비의 평가액은 개간 후의 토지가격에서 개간 전의 토지가격을 공제한 금액을 초과하지 못한다(시행규칙

제27조 제 1 항).

이때, 개간비를 평가함에 있어서는 개간 전과 개간 후의 토지의 지세, 지질, 비옥도, 이용상황 및 개간의 난이도 등을 종합적으로 고려하여야 한다(시행규칙 제27조 제 2 항).

2. 이중보상의 배제

취득하는 토지에 대한 보상액은 개간 후의 토지가격에서 개간비를 뺀 금액으로 하여 개간비와의 이중보상을 배제하고 있다(시행규칙 제27조 제 3 항).

Ⅳ. 문제점 및 대책과 유의사항

일반적으로 권리금 등의 명목으로 거래되는 관행을 무시하고 개간에 소요되는 비용만으로 평가하는 것은 개간지 점유자에게 지나친 수인을 강요하는 것이고, 개간이 용이할수록 개간에 소요되는 비용은 적게 들고 이용가치는 높으므로 그 보상을 개간비로만 평가하는 것은 합리적이지 못하다. 따라서 권리금 등 일반거래가격 등을 참작하여 개간지 보상을 행하는 것이 합당하다고 여겨진다.

개간이라 함은 협의의 개간·매립·간척 기타 토지의 이용가치를 높이는 모든 토지형질변경행위를 가리키는 것이지만, 관계법령에 의하여 인가 등을 받고 이와 같은 행위를 하여야 함에도 허가나 인가 등을 받지 않고 행한 행위는 여기에 포함되지 않는다. 또한 개간의 대상은 농업용 토지에 한정되지 않고, 토지의 증가를 가져오는 모든 개량행위가 된다고 할 것이다.

제 6 항 송전선로부지의 보상[1]

Ⅰ. 송전선로의 개념

송전선로란 발전소 상호간, 변전소 상호간, 또는 발전소와 변전소간을 연결하는 전선로(통신용으로 전용하는 것은 제외한다)와 이에 속하는 전기설비를 말한다.

송전선로부지란 토지의 지상 또는 지하 공간으로 송전선로가 통과하는 토지를 말한다.

Ⅱ. 송전선로부지의 보상

1. 전주 및 철탑 등의 설치를 위한 토지의 평가

전주 및 철탑 등의 설치를 위하여 소규모로 분할하여 취득하거나 수용하는 토지에 대

---

1) 송전선로부지 등 보상평가지침 내용 중 일부 발췌정리

한 평가는 그 설치부분의 위치, 지형, 지세, 면적, 이용상황 등을 고려하여 평가한다.

2. 송전선로부지의 지상 또는 지하 공간의 사용에 따른 손실보상

(1) 손실보상평가의 기준

송전선로의 건설을 위하여 토지의 지상 또는 지하 부분을 사용하는 경우에 있어서 그 손실보상을 위한 평가는 토지의 지상 또는 자하 공간의 사용료를 평가하는 것으로 한다.

(2) 한시적 사용에 따른 사용료 평가

송전선로의 건설을 위하여 송전선로부지의 공중부분을 일정한 기간 동안 한시적으로 사용하는 경우에 있어서 사용료의 평가가액은 당해 토지의 단위면적당 사용료 평가액에 감가율[2] 및 사용면적을 곱하여 산정한다.

(3) 사실상 영구적 사용에 따른 평가

송전선로의 건설을 위하여 해당 토지의 지상 또는 지하 공간에 구분지상권을 설정하여 사실상 영구적으로 사용하는 경우에 있어서 사용료의 평가가액은 당해 토지의 단위면적당 적정가격에 감가율 및 지상 공간 또는 지하공간의 사용면적을 곱하여 산정한다.

해당 토지의 단위면적당 토지가액은 해당 송전선로의 건설로 인한 지가의 영향을 받지 아니하는 토지로서 인근지역에 있는 유사한 이용상황의 표준지를 기준으로 감정평가한다.

3. 송전선로부지 수용에 따른 손실보상(지침 제46조의2)

토지의 지상(지하)공간에 고압선이 통과하고 있는 토지에 대한 평가는 그 제한을 받지 아니한 상태를 기준으로 한다. 단, 송전선로부지에 당해 고압선의 설치를 목적으로 「민법」 제289조의2에 따른 구분지상권이 설정되어 있는 경우에는 당해 토지의 나지상태 토지가격에서 당해 토지에 관한 소유권 외의 권리에 대한 평가가격을 차감하여 평가한다.

Ⅲ. 송전선로 주변지역 토지의 재산적 보상 등을 위한 감정평가

1. 재산적 보상을 위한 감정평가

재산적 보상토지의 경제적 가치감소분에 대한 감정평가액은 지상송전선로 건설로 인한 해당 토지의 경제적 가치 감소정도, 토지활용제한 정도, 재산권행사의 제약정도 등을 고려하여 감정평가하여야 하므로 해당 토지의 단위면적당 토지가액에 감가율 및 재산적 보상토지의 면적을 곱하여 산정한다.

---

2) 감가율은 입체이용저해율에 추가보정률을 더하여 산정한다.

2. 주택매수의 청구 대상 토지의 감정평가 기준

주택매수의 가액은 표준지공시지가를 기준으로 한다. 주택의 일시적 이용상황, 주택소유자가 갖는 주관적 가치 및 주택소유자의 개별적 용도는 고려하지 아니한다.

① 재산적 보상지역이란 지상 송전선로의 건설로 인하여 재산상의 영향을 받는 지역으로서, 76만 5천 볼트 송전선로의 경우에는 송전선로 양측 가장 바깥선으로부터 각각 33미터 이내의 지역, 34만 5천 볼트 송전선로의 경우에는 손전선로 양측 가장 바깥선으로부터 13미터 이내의 지역을 말한다.

② 재산적 보상토지란 송전설비주변법에 따른 재산적 보상지역에 속한 토지로서 재산적 보상이 청구된 토지를 말한다(다만, 잔여지 보상을 받은 토지는 제외한다).

③ 주택매수 청구지역이란 지상 손전선로 건설로 인하여 주거상·경관상의 영향을 받는 지역으로서, 76만 5천 볼트 송전선로의 경우에는 송전선로 양측 가장 바깥선으로부터 180미터 이내의 지역, 34만 5천 볼트 송전선로의 경우에는 송전선로 양측 가장 바깥선으로부터 각각 60미터 이내의 지역을 말한다.

제 3 절 토지에 대한 특별한 가치의 보상

Ⅰ. 온천의 존재가 확인된 토지의 경우

일반적으로 온천이 개발되고 온천지구로 지정되면 당해 토지의 가격은 급격히 상승하는 것이 경험칙상 명백한 점 등을 감안하면 이러한 온천개발상황은 토지에 대한 중요한 가격산정요인이 되며, 이러한 토지를 평가함에 있어 장래 온천으로의 개발가능성 자체를 기타 요인으로 보정하거나 개별요인의 평가에서 당해 토지의 장래의 동향 등의 기타조건으로 참작하는 등 어떠한 형태로든 이를 반영하여야 할 것이다(대판 2000. 10. 6, 98두19414[토지수용재결처분취소]).

Ⅱ. 토지에 매장된 토석

토석, 모래, 자갈 등은 토지와 일체를 이루고 있어서 토지를 취득하면 그에 포함되어 취득되는 것이지만 토석, 모래, 자갈 등이 특별한 가치를 가지고 있을 때에는 그 함유량, 수익성, 채취허가의 난이도 등을 참작하여 보상액을 산정하여야 한다(대판 1985. 8. 20, 83누581[토지수용재결처분취소]).

Ⅲ. 문화적·학술적 가치

　　문화적·학술적 가치는 특별한 사정이 없는 한 그 토지의 부동산으로서의 경제적·재산적 가치를 높여 주는 것이 아니므로 토지수용법 제51조 소정의 손실보상의 대상이 될 수 없으니, 토지가 철새 도래지로서 자연 문화적인 학술가치를 지녔다 하더라도 손실보상의 대상이 될 수 없다(대판 1989. 9. 12, 88누11216[토지수용재결처분취소]).

제 4 절   건축물 등 물건 의 평가
제 1 항   건축물의 평가

Ⅰ. 적법한 건축물의 평가

1. 서

　　건축물이라 함은 기둥과 벽, 지붕 등으로 이루어져 사람의 주거 및 기타 용도로 활용하는 건축물을 말하며 건축물의 부대시설 또는 건축설비 등도 건축물에 포함된다. 건축물의 보상문제는 재산권으로서의 정당한 손실보상과 생활보상 측면의 손실보상으로 구분할 수 있다. 또한 건축물의 보상평가는 건축물의 취득 또는 지장물로서의 보상과 주거용건축물의 보상 특례, 무허가 보상문제, 건축물의 사용보상 등의 문제로 검토할 수 있다.

2. 건축물보상의 특성

　　건축물 등 지장물에 대한 보상은 일반적으로 토지 이외의 재산권보상에 해당되어 재산권보상의 영역에 포함된다. 토지보상법은 헌법 제23조 제 3 항의 정당보상원칙을 실현하기 위하여 제75조에 건축물 등에 대한 보상기준을 마련하고 있으며, 보상액의 구체적인 산정 및 평가방법과 보상기준은 토지보상법 시행규칙 제33조에 규정을 두고 있다. 이러한 재산권보상만으로는 유기체적인 생활을 종전과 같은 수준으로 실현시킬 수 없으므로, 주거용건축물의 보상특례(시행규칙 제58조 제 1 항 및 제 2 항), 주거이전비(시행규칙 제54조 제 1 항 및 제 2 항) 등의 생활보상적 성격을 갖는 보상기준을 규정하고 있다.

3. 건축물의 보상기준

(1) 일반적 기준

　　건축물에 대하여는 가격시점을 기준으로 그 구조·이용상태·면적·내구연한·유용성 및 이전가능성 그 밖에 가격형성에 관련되는 제 요인을 종합적으로 고려하여 평가한다(시행규칙 제33조 제 1 항).

(2) 재산권보상

1) 취득하는 건축물의 평가

건축물의 가격은 원가법으로 평가한다. 다만, 주거용 건축물에 있어서는 거래사례비교법에 의하여 평가한 금액(공익사업의 시행에 따라 이주대책을 수립·실시하거나 주택입주권 등을 당해 건축물의 소유자에게 주는 경우 또는 개발제한구역 안에서 이전이 허용되는 경우에 있어서의 당해 사유로 인한 가격상승분은 제외하고 평가한 금액을 말한다)이 원가법에 의하여 평가한 금액보다 큰 경우와 『집합건물의 소유 및 관리에 관한 법률』에 의한 구분소유권의 대상이 되는 건물의 가격은 거래사례비교법으로 평가한다(시행규칙 제33조 제 2 항).

2) 지장물인 건축물의 평가

"지장물"이라 함은 공익사업시행지구 내의 토지에 정착한 건축물·공작물·시설·입목·죽목 및 농작물 그 밖의 물건 중에서 당해 공익사업의 수행을 위하여 직접 필요하지 아니한 물건을 말한다.

건축물이 지장물인 경우에는 이전에 필요한 비용(이전비)으로 보상하여야 함이 원칙이다. 그러나, 건축물 등의 이전이 어렵거나 그 이전으로 인하여 건축물 등을 종래의 목적대로 사용할 수 없게 된 경우와 건축물 등의 이전비가 그 물건의 가격을 넘는 경우 및 사업시행자가 공익사업에 직접 사용할 목적으로 취득하는 경우에는 취득가격으로 평가한다(제75조 제 1 항). 공익사업시행지구내의 토지에 정착한 이전대상 건축물 등을 물건의 가격으로 보상한 경우에도 사업시행자가 제75조 제 5 항 등에 따라 수용을 한 경우에 한하여 이전수용이 발생한다. 사업시행자가 제75조 제 5 항 등에 따라 수용의 절차를 거치지 아니한 이상 사업시행자가 그 보상만으로 당해 물건의 소유권까지 취득한다고 할 수는 없다.

> **판례1** 수용할 토지에 정착한 물건이 이전가능한 것인지 여부는 기술적인 문제가 아니라 경제적인 관점에서 판단하여야 할 문제인데, 비닐하우스와 균상은 그 구성재료에 비추어 볼 때 기술적으로는 이를 분리이전하여 재사용할 수 있을런지 모르나 경제적으로는 이것이 불가능하거나 현저히 곤란한 것으로 보이므로, 이에 대하여 취득가격을 기준으로 하여 평가한 감정평가는 정당하다고 본 사례(대판 1991. 10. 22, 90누10117[물건등수용재결처분취소]).

> **판례2** 사업시행자가 사업시행에 방해되는 지장물에 관하여 구 공익사업을 위한 토지 등의 취득 및 보상에 관한 법률 제75조 제 1 항 단서 제 2 호에 따라 이전 비용에 못 미치는 물건 가격으로 보상한 경우 지장물 소유권을 취득하는지 여부(소극) 및 이 경우 지장물 소유자는 사업시행자의 지장물 제거와 그 과정에서 발생하는 물건의 가치 상실을 수인하여야 할 지위에 있는지 여부(원칙적 적극): 구 공익사업을 위한 토지 등의 취득 및 보상에 관한 법률(2007. 10. 17. 법률 제8665호로 개정되기 전의 것, 이하 '법'이라 한다) 제75조 제 1 항 제 1 호, 제 2 호, 제 3 호, 제 5 항, 공익사업을 위한 토지 등의 취득 및 보상에 관한 시행규칙(이하 '시행규칙'이라 한다) 제33조 제 4 항, 제36조 제 1 항 등 관계 법령의 내용을 법에 따른 지장물에 대한 수용보상의 취지와 정당한 보상 또는 적정가격 보상의 원칙에 비추어 보면, 사업시행자가 사업시행에 방해가 되는 지장물에 관하여 법 제75조 제 1 항 단서 제 2 호에 따라 이전에 소요되는 실제 비용에 못 미치는 물건의 가격으로 보상한 경우, 사업시행자가 물건을 취득하는

제3호와 달리 수용 절차를 거치지 아니한 이상 사업시행자가 보상만으로 물건의 소유권까지 취득한다고 보기는 어렵겠으나, 다른 한편으로 사업시행자는 지장물의 소유자가 시행규칙 제33조 제4항 단서에 따라 스스로의 비용으로 철거하겠다고 하는 등 특별한 사정이 없는 한 지장물의 소유자에 대하여 철거 및 토지의 인도를 요구할 수 없고 자신의 비용으로 직접 이를 제거할 수 있을 뿐이며, 이러한 경우 지장물의 소유자로서도 사업시행에 방해가 되지 않는 상당한 기한 내에 시행규칙 제33조 제4항 단서에 따라 스스로 지장물 또는 그 구성부분을 이전해 가지 않은 이상 사업시행자의 지장물 제거와 그 과정에서 발생하는 물건의 가치 상실을 수인(受忍)하여야 할 지위에 있다고 보아야 한다(대판 2012. 4. 13, 2010다94960[손해배상]).

> **판례3** [1] 사업시행자가 사업시행에 방해가 되는 지장물에 관하여 토지보상법 제75조 제1항 단서 제2호에 따라 이전에 드는 실제 비용에 못 미치는 물건의 가격으로 보상한 경우, 사업시행자가 해당 물건을 취득하는 제3호와 달리 수용의 절차를 거치지 않은 이상 사업시행자가 그 보상만으로 해당 물건의 소유권까지 취득한다고 보기는 어렵다. 또한 사업시행자는 지장물의 소유자가 토지보상법 시행규칙 제33조 제4항 단서에 따라 스스로의 비용으로 철거하겠다고 하는 등의 특별한 사정이 없는 한 지장물의 소유자에 대하여 그 철거 등을 요구할 수 없고 자신의 비용으로 직접 이를 제거할 수 있을 뿐이다. [2] 택지개발사업의 사업시행자인 한국토지주택공사가 공공용지로 협의취득한 토지 위에 있는 甲 소유의 지장물에 관하여 중앙토지수용위원회의 재결에 따라 보상금을 공탁하였는데, 위 토지에 폐합성수지를 포함한 산업쓰레기 등 폐기물이 남아 있자 甲을 상대로 폐기물 처리비용의 지급을 구한 사안에서, 중앙토지수용위원회의 보상금 내역에는 '제품 및 원자재(재활용품)'가 포함되어 있고 그 보상액이 1원으로 되어 있는데, 이는 폐기물의 이전비가 물건의 가격을 초과하는 경우에 해당한다는 전제에서 재활용이 가능하여 가치가 있던 쓰레기와 재활용이 불가능하고 처리에 비용이 드는 쓰레기를 모두 보상 대상 지장물로 삼아 일괄하여 보상액을 정한 것으로 볼 수 있다는 이유 등을 들어, 한국토지주택공사는 자신의 비용으로 직접 폐기물을 제거할 수 있을 뿐이고 甲에게 폐기물을 이전하도록 요청하거나, 그 불이행을 이유로 처리비에 해당하는 손해배상을 청구할 수 없다고 본 원심판결이 정당하다고 한 사례(대판 2021. 5. 7, 2018다256313).

3) 건축물의 사용료 평가

건축물의 사용료는 임대사례비교법으로 평가한다. 다만, 임대사례비교법으로 평가하는 것이 적정하지 아니한 경우에는 적산법으로 평가할 수 있다(시행규칙 제33조 제3항).

(3) 생활보상

1) 주거용 건축물의 보상특례

가. 주거용 건축물의 최저보상   주거용 건축물의 보상평가 금액이 6백만 원 미만인 경우 그 보상액은 6백만 원으로 한다. 다만, 무허가건축물 등에 대하여는 그러하지 아니하다(시행규칙 제58조 제1항).

나. 주거용 건축물의 재편입 가산금 보상   공익사업의 시행으로 인하여 주거용 건축물에 대한 보상을 받은 자가 그 후 당해 공익사업시행지구 밖의 지역에서 매입하거나 건축하여 소유하고 있는 주거용 건축물이 그 보상일부터 20년 이내에 다른 공익사업시행지구에 편입되는 경우 그 주거용 건축물 및 그 대지(보상을 받기 이전부터 소유하고 있던 대지 또는 다른 사람 소유의 대지 위에 건축한 경우에는 주거용 건축물에 한한다)에 대하여는 당해 평가액의 30퍼센트를 가산하여 보상한다. 다만, 무허가건축물 등을 매입 또는 건축한 경우

와 다른 공익사업의 사업인정고시일 등 또는 다른 공익사업을 위한 관계법령에 의한 고시 등이 있은 날 이후에 매입 또는 건축한 경우에는 그러하지 아니하다. 이 경우 가산금이 1 천만 원을 초과하는 경우에는 1천만 원으로 한다.

2) 주거이전비

가. 소 유 자 공익사업시행지구에 편입되는 주거용 건축물의 소유자에 대하여는 당해 건축물에 대한 보상을 하는 때에 가구원수에 따라 2월분의 주거이전비를 보상하여야 한다. 다만, 건축물의 소유자가 당해 건축물 또는 공익사업시행지구 내 타인의 건축물에 실제 거주하고 있지 아니하거나 당해 건축물이 무허가건축물 등인 경우에는 그러하지 아니하다(시행규칙 제54조 제 1 항).

> **판례1** 구 도시 및 주거환경정비법상 주택재개발사업에 편입되는 주거용 건축물의 소유자 중 현금청산대상자에 대하여도 구 공익사업을 위한 토지 등의 취득 및 보상에 관한 법률에 따른 주거이전비 및 이사비를 지급해야 하는지 여부(적극)(대판 2013. 1. 10, 2011두19031[주거이전비 등]).

> **판례2** 주거용이 아닌 다른 용도로 허가받거나 신고한 건축물의 소유자가 공익사업시행지구에 편입될 당시 적법한 절차에 의하지 않고 임의로 주거용으로 용도를 변경하여 사용하고 있는 경우, 구 공익사업을 위한 토지 등의 취득 및 보상에 관한 법률 시행규칙 제54조 제 1 항 단서의 '무허가건축물등'에 포함된다: 구 「공익사업을 위한 토지 등의 취득 및 보상에 관한 법률」(2011. 8. 4. 법률 제11017호로 개정되기 전의 것. 이하 '공익사업법'이라 한다) 제78조 제 5 항, 제 9 항은 주거용 건물의 거주자에 대하여는 주거이전에 필요한 비용과 가재도구 등 동산의 운반에 필요한 비용을 산정하여 보상하여야 하고, 그 보상에 대하여는 국토해양부령이 정하는 기준에 의하도록 규정하고 있다. 구 「공익사업을 위한 토지 등의 취득 및 보상에 관한 법률 시행규칙」(2012. 1. 2. 국토해양부령 제427호로 개정되기 전의 것. 이하 '공익사업법 시행규칙'이라 한다) 제24조, 제54조 제 1 항은, 공익사업시행지구에 편입되는 주거용 건축물의 소유자에 대하여는 당해 건축물에 대한 보상을 하는 때에 주거이전비를 보상하여야 하나, 당해 건축물이 '「건축법」 등 관계 법령에 의하여 허가를 받거나 신고를 하고 건축을 하여야 하는 건축물을 허가를 받지 아니하거나 신고를 하지 아니하고 건축한 건축물'(이하 '무허가건축물등'이라 한다)인 경우에는 주거이전비를 보상하지 아니한다고 규정하고 있다. 위 각 규정의 문언, 내용 및 입법 취지 등을 종합하여 보면, 주거용 용도가 아닌 다른 용도로 이미 허가를 받거나 신고를 한 건축물은 그 소유자가 공익사업시행지구에 편입될 당시 허가를 받거나 신고를 하는 등의 적법한 절차에 의하지 아니하고 임의로 주거용으로 용도를 변경하여 사용하고 있는 경우에는 공익사업법 시행규칙 제54조 제 1 항 단서에서 주거이전비를 보상하지 아니한다고 규정한 '무허가건축물등'에 포함되는 것으로 해석함이 타당하다(대판 2013. 5. 23, 2013두437[손실보상금]).

나. 세 입 자 공익사업의 시행으로 인하여 이주하게 되는 주거용 건축물의 세입자(법 제78조 제 1 항에 따른 이주대책대상자인 세입자는 제외한다)로서 사업인정고시일 등 당시 또는 공익사업을 위한 관계법령에 의한 고시 등이 있은 당시 당해 공익사업시행지구 안에서 3월 이상 거주한 자에 대하여는 가구원수에 따라 4개월분의 주거이전비를 보상하여야 한다. 다만, 무허가건축물 등에 입주한 세입자로서 사업인정고시일 등 당시 또는 공익사업을 위한 관계법령에 의한 고시 등이 있은 당시 그 공익사업지구 안에서 1년 이상 거주한 세입자에 대하여는 4개월분의 주거이전비를 보상하여야 한다.

공익사업의 시행으로 인하여 이주하게 되어 주거이전비의 지급을 구하는 경우, 법령상 요건이 충족되었음에 대한 증명책임은 주거이전비의 지급을 구하는 세입자가 부담한다(대판 2023. 7. 27, 2022두44392).

> **판례1**   구 공익사업을 위한 토지 등의 취득 및 보상에 관한 법률 시행규칙 제54조 제 2 항 단서에서 주거이전비 보상 대상자로 정한 '무허가건축물 등에 입주한 세입자'에 공부상 주거용 용도가 아닌 건축물을 임차한 후 임의로 주거용으로 용도를 변경하여 거주한 세입자가 해당하는지 여부(소극)(대판 2013. 5. 23, 2012두11072[주거이전비등]).

> **판례2**   [1] 공익사업을 위한 토지 등의 취득 및 보상에 관한 법률 제78조 제 5 항, 같은 법 시행규칙 제55조 제 2 항의 각 규정 및 공익사업의 추진을 원활하게 함과 아울러 주거를 이전하게 되는 거주자들을 보호하려는 이사비(가재도구 등 동산의 운반에 필요한비용을 말한다)제도의 취지에 비추어 보면, 이사비의 보상대상자는 '공익사업시행지구에 편입되는 주거용 건축물의 거주자로서 공익사업의 시행으로 이주하게 되는 자'로 보는 것이 타당하다. [2] 주거이전비의 보상내용은 사업시행인가 고시가 있은 때에 확정되므로 이때를 기준으로 보상금액을 산정해야 한다(대판 2012. 8. 30, 2011두22792[주거이전비등]).

> **판례3**   이사비 보상대상자는 공익사업시행지구에 편입되는 주거용 건축물의 거주자로서 공익사업의 시행으로 인하여 이주하게 되는 자로 보는 것이 타당하다(대판 2010. 11. 11, 2010두5332[주거이전비등]).

> **판례4**   구 도시 및 주거환경정비법(2009. 2. 6. 법률 제9444호로 개정되기 전의 것) 제40조 제 1 항에 의하여 준용되는 공익사업을 위한 토지 등의 취득 및 보상에 관한 법률 제78조 제 5 항 및 구 공익사업을 위한 토지 등의 취득 및 보상에 관한 법률 시행규칙(2008. 4. 18. 국토해양부령 제 7 호로 개정되기 전의 것) 제54조 제 2 항, 제55조 제 2 항의 각 규정에 의하여 공익사업의 시행에 따라 이주하는 주거용 건축물의 세입자에게 지급해야 하는 주거이전비 및 이사비의 지급의무는 사업인정고시일 등 당시 또는 공익사업을 위한 관계 법령에 의한 고시 등이 있은 당시에 바로 발생한다. 그러나 그 지급의무의 이행기에 관하여는 관계 법령에 특별한 규정이 없으므로, 위 주거이전비 및 이사비의 지급의무는 이행기의 정함이 없는 채무로서 채무자는 이행청구를 받은 다음날부터 이행지체 책임이 있다(대판 2012. 4. 26, 2010두7475[주거이전비등청구]).

> **판례5**   구 공익사업을 위한 토지 등의 취득 및 보상에 관한 법률 시행규칙(2016. 1. 6. 국토교통부령 제272호로 개정되기 전의 것) 제54조 제 2 항에 의해 주거이전비 보상의 대상이 되기 위해서는 해당 세입자가 공익사업인 정비사업의 시행으로 인하여 이주하게 되는 경우여야 하는데, 여기서 '정비사업의 시행으로 인하여 이주하게 되는 경우'에 해당하는지는 세입자의 점유권원의 성격, 세입자와 건축물 소유자와의 관계, 계약기간의 종기 및 갱신 여부, 실제 거주기간, 세입자의 이주시점 등을 종합적으로 고려하여 판단하여야 한다. 이러한 주거이전비 지급요건을 충족하는지는 주거이전비의 지급을 구하는 세입자 측에 주장·증명책임이 있다고 할 것이나, 세입자에 대한 주거이전비의 보상 방법 및 금액 등의 보상내용은 원칙적으로 사업시행계획 인가고시일에 확정되므로, 세입자가 사업시행계획 인가고시일까지 해당 주거용 건축물에 계속 거주하고 있었다면 특별한 사정이 없는 한 정비사업의 시행으로 인하여 이주하게 되는 경우에 해당한다고 보는 것이 타당하다(대판 2023. 7. 27, 2022두44392).

3) 간접보상

가. 건축물 등의 간접보상   소유농지의 대부분이 공익사업시행지구에 편입됨으로써 건축물(건축물의 대지 및 잔여농지를 포함한다. 이하 같다)만이 공익사업시행지구 밖에 남게 되는 경우로서 그 건축물의 매매가 불가능하고 이주가 부득이한 경우에는 그 소유자의 청구에 의하여 이를 공익사업시행지구에 편입되는 것으로 보아 보상하여야 한다(시행규칙 제

60조).

나. 건축물의 잔여부분에 대한 간접보상

(가) 잔여건축물의 가격하락   동일한 건축물소유자에 속하는 일단의 건축물의 일부가 취득 또는 사용됨으로 인하여 잔여건축물의 가격이 감소된 경우의 잔여건축물의 손실은 공익사업시행지구에 편입되기 전의 잔여건축물의 가격(해당 건축물이 공익사업시행지구에 편입됨으로 인하여 잔여건축물의 가격이 변동된 경우에는 변동되기 전의 가격을 말한다)에서 공익사업시행지구에 편입된 후의 잔여건축물의 가격을 뺀 금액으로 평가한다(시행규칙 제35조 제 1 항).

(나) 잔여건축물의 보수비   동일한 건축물소유자에 속하는 일단의 건축물의 일부가 취득 또는 사용됨으로 인하여 잔여건축물에 보수가 필요한 경우의 보수비는 건축물의 잔여부분을 종래의 목적대로 사용할 수 있도록 그 유용성을 동일하게 유지하는 데 통상 필요하다고 볼 수 있는 공사에 사용되는 비용(『건축법』 등 관계법령에 의하여 요구되는 시설의 개선에 필요한 비용은 포함하지 아니한다)으로 평가한다(시행규칙 제35조 제 2 항).

다만, 잔여건축물의 가격 감소분과 보수비를 합한 금액이 잔여건축물의 가격보다 큰 경우에는 사업시행자는 그 잔여건축물을 매수할 수 있다(제75조의2 제 1 항).

(4) 잔여건축물의 매수 및 수용보상

동일한 건축물소유자에 속하는 일단의 건축물의 일부가 협의에 의하여 매수되거나 수용됨으로 인하여 잔여건축물을 종래의 목적에 사용하는 것이 현저히 곤란한 때에는 그 건축물소유자는 사업시행자에게 잔여건축물을 매수하여 줄 것을 청구할 수 있으며, 사업인정 이후에는 관할 토지수용위원회에 수용을 청구할 수 있다. 이 경우 수용의 청구는 매수에 관한 협의가 성립되지 아니한 경우에 한하되, 그 사업의 공사완료일까지 하여야 한다(제75조의2 제 2 항).

4. 관련문제(건축물의 철거비 부담책임)

물건의 가격으로 보상한 건축물의 철거비용은 사업시행자가 부담한다. 다만, 건축물의 소유자가 당해 건축물의 구성부분을 사용 또는 처분할 목적으로 철거하는 경우에는 건축물의 소유자가 부담한다(시행규칙 제33조 제 4 항). 철거비는 건축물 등의 재료를 재사용할 것을 전제로 하지 아니하고, 건축물 등을 완전 제거하는 것을 말한다.

Ⅱ. 무허가건축물의 평가 [2015 감평 사례]

1. 서

무허가건축물이라 함은 건축법 등 관계법령에 의하여 허가를 받거나 신고를 하고 건축 또는 용도변경을 하여야 하는 건축물을 허가나 신고 없이 건축 또는 용도변경한 건축물을 말한다(시행규칙 제24조). 이와 같은 무허가건축물과 관련하여는 명문의 규정이 없으므로 무허가건축물이 보상의 대상이 되는 것인가, 보상의 대상이 되는 경우 그 평가는 어떻게 하여야 하는가, 그리고 무허가건축물에 대한 이주대책 및 주거용건축물의 보상특례 등이 적용되는지가 문제된다.

2. 사업인정 전 무허가건축물의 보상대상 여부

(1) 문 제 점

무허가건축물 중 특히 사업인정 이전 무허가건축물의 보상대상 여부에 관한 명문의 법률규정이 없어 해석상 그 보상이 가능한지가 문제된다. 손실보상의 요건과 관련하여 공공필요, 적법한 침해, 특별한 희생은 문제되지 않으나, 무허가건축물이 보상의 대상이 되는 재산권에 해당하는지가 문제된다.

무허가건축물은 행정청이 행정대집행법상 대집행의 대상이 되기는 하나 위법건축물을 관계법규에 의하여 시정조치를 취하지 아니하고 수년 동안 방치하다가 대상토지 및 건축물이 공익사업에 편입됨을 기화로 무허가건축물에 대해 보상 없이 동 건축물을 철거하게 된다면, 사유재산권의 부당한 침해가 되는 것은 아닌지 의문이 제기된다.

(2) 견해의 대립

1) 부정하는 견해

무허가건축물은 대집행의 대상이 되므로 대집행을 실행하는 경우, 재산적 가치가 소멸하게 되므로 보상대상에서 제외된다고 한다.

2) 긍정하는 견해(허가의 성질과 재산권)

허가란 법령에 의하여 제한된 상대적 금지를 특정한 경우에 해제하여 적법하게 일정 행위를 할 수 있게 하는 행위이다. 허가를 요하는 행위를 허가 없이 행한 경우 행정상 강제집행이나 처벌의 대상이 될 수 있는 것은 별론으로 하고 행위 자체의 효력이 부인되는 것은 아니다. 따라서 허가유무에 따라 재산권의 범위가 달라질 수 없다고 한다.

(3) 판례의 태도

대법원은 사업인정고시 전에 건축한 건축물은 그 건축물이 적법하게 허가를 받아 건축한 것인지, 허가를 받지 아니하고 건축한 무허가건축물인지 여부와 관계없이 손실보상의 대상이 된다고 판시하고 있다.

> **판례**   도시계획법에 의한 토지 및 지장물의 수용에 관하여 준용되는 토지수용법 제49조 제 1 항, 제
> 57조의2, 공공용지의 취득 및 손실보상에 관한 특례법 제 4 조 제 2 항 제 3 호, 같은 법 시행령 제 2 조
> 의10 제 4 항, 제 5 항, 제 8 항, 같은 법 시행규칙 제10조 제 1 항, 제 2 항, 제 4 항에 의하면, 지장물인 건
> 물의 경우 그 이전비를 보상함이 원칙이나, 이전으로 인하여 종래의 목적대로 이용 또는 사용할 수 없
> 거나 이전이 현저히 곤란한 경우 또는 이전비용이 취득가격을 초과할 때에는 이를 취득가격으로 평가
> 하여야 하는데, 그와 같은 건물의 평가는 그 구조, 이용상태, 면적, 내구연한, 유용성, 이전가능성 및
> 그 난이도 기타 가격형성상의 제 요인을 종합적으로 고려하여 특별히 거래사례비교법으로 평가하도록
> 규정한 경우를 제외하고는 원칙적으로 원가법으로 평가하여야 한다고만 규정함으로써 지장물인 건물
> 을 보상대상으로 함에 있어 건축허가의 유무에 따른 구분을 두고 있지 않을 뿐만 아니라, 오히려 같은
> 법 시행규칙 제 5 조의9는 주거용 건물에 관한 보상특례를 규정하면서 그 단서에 주거용인 무허가건물
> 은 그 규정의 특례를 적용하지 아니한 채 같은 법 시행규칙 제10조에 따른 평가액을 보상액으로 한다
> 고 규정하고, 같은 법 시행규칙 제10조 제 5 항은 지장물인 건물이 주거용인 경우에 가족수에 따른 주
> 거비를 추가로 지급하되 무허가건물의 경우에는 그러하지 아니하다고 규정함으로써 무허가건물도 보
> 상의 대상에 포함됨을 전제로 하고 있는바, 이와 같은 관계 법령을 종합하여 보면, 지장물인 건물은 그
> 건물이 적법한 건축허가를 받아 건축된 것인지 여부에 관계없이 토지수용법상의 사업인정의 고시 이
> 전에 건축된 건물이기만 하면 손실보상의 대상이 됨이 명백하다(대판 2000. 3. 10, 99두10896[무허가건
> 물재결처분취소]).

(4) 검　　토

허가는 그 성질에 비추어 행위의 적법성 여부에만 관여하고 유효성 여부와는 무관하
므로 사업인정 이전 건축물에 대하여는 무허가건축물도 재산권 요건을 충족하는 것으로
보아 보상의 대상이 된다고 보는 것이 타당하다.

3. 시기에 따른 무허가건축물의 평가기준

(1) 특례(1989. 1. 24) 이전의 경우

1) 비주거용 건축물

특례 이전의 경우는 용도 및 이용상황과 관계없이 적법한 건축물로 간주되며, 비주거
용 건축물의 경우 원가법에 의한 가격으로 평가한다.

2) 주거용 건축물

가. 비준가격의 고려　　거래사례비교법에 의하여 평가한 금액이 원가법에 의하여 평
가한 금액보다 큰 경우와 『집합건물의 소유 및 관리에 관한 법률』에 의한 구분소유권의
대상이 되는 건물의 가격은 거래사례비교법으로 평가한다(시행규칙 제33조 제 2 항).

나. 최저보상액 및 재편입가산금 고려　　상기 평가금액이 6백만원 미만일 경우에는 6
백만원으로 한다(시행규칙 제58조 제 1 항). 또한 공익사업으로 이주한 지 20년 이내에 주거
용 건축물이 재편입된 경우에는 주거용 건축물과 토지가격의 합산액의 30%를 지급하며,

이때 상한금액은 1천만원으로 한다(시행규칙 제58조 제 2 항).

　　다. 주거이전비　　주거용 건축물 소유자에게는 가구원 수에 따른 2월의 가계지출비를 지급하고, 세입자에게는 사업인정 고시일 등 이전 3월 이상 거주한 자에 대하여 4월의 주거이전비를 지급한다(시행규칙 제54조 제 1 항 및 제 2 항).

　　라. 이주대책　　주거용 건축물의 소유자에게 이주대책을 마련해 주어야 하며, 미수립시에는 이주정착금을 지원해야 한다. 이주정착금은 보상대상인 주거용 건축물에 대한 평가액의 30퍼센트에 해당하는 금액으로 하되, 그 금액이 1,200만 원 미만인 경우에는 1,200만 원으로 하고, 2,400만 원을 초과하는 경우에는 2,400만 원으로 한다(시행규칙 제53조 제 2 항).

　　마. 이사비　　공익사업시행지구에 편입되는 주거용 건축물의 거주자가 해당 공익사업시행지구 밖으로 이사를 하거나 사업시행자가 지정하는 해당 공익사업시행지구 안의 장소로 이사를 하는 경우에는 별표 4의 기준에 의하여 산정한 이사비(가재도구 등 동산의 운반에 필요한 비용을 말한다)를 보상하여야 한다(시행규칙 제55조 제 2 항).

　　(2) 특례(1989. 1. 24) 적용 이후부터 사업인정고시일 전까지

　　무허가건축물도 재산권의 대상에 포함되므로 보상의 대상이 된다. 따라서 비준가격을 고려하여 평가하여야 하나, 최저보상액·재편입가산금·이주대책의 규정은 적용되지 않을 것이다.

　　(3) 사업인정고시 이후

　　사업인정고시 이후의 무허가건축물은 보상투기의 목적이 있거나, 토지의 보전의무(제25조)를 위반한 행위가 되므로 보상의 대상이 될 수 없다.

　　4. 결

　　무허가건축물도 재산권이 인정되어 보상의 대상이 되지만, 무허가건축물에 대한 특례가 적용되는지의 여부에 따라 보상평가방법이 상이하다고 할 수 있을 것이다. 또한, 무허가건축물은 통상 그 구조·재료 등이 적법한 허가나 신고를 득하고 건축한 건축물에 비하여 시공의 정도가 떨어지고, 최초 허가·신고에 소요되는 비용 및 사용승인에 소요되는 비용과 보유기간 동안의 재산세 등은 이를 부담하지 않았으므로 이를 고려하여 평가하여야 할 것이다.

Ⅲ. 주거용 건축물의 보상특례

1. 개   설

주거용 건축물에 대한 보상특례는 주거의 총체적 가치를 보장하기 위한 것으로 주거용 건축물의 객관적 가치보상만으로는 메워지지 않는 생활이익 상실에 대한 보상이므로 생활보상의 성격을 갖는다.

2. 주거용 건축물의 보상특례

(1) 비준가격 보상(시행규칙 제33조 제 2 항)

주거용 건축물에 있어서는 거래사례비교법에 의하여 평가한 금액이 원가법에 의하여 평가한 금액보다 큰 경우에는 거래사례비교법으로 평가한다.

(2) 이주정착금(시행규칙 제53조)

사업시행자는 이주대책을 수립·실시하지 않거나 이주대책대상자가 이주정착지가 아닌 다른 지역으로 이주하고자 하는 경우에는 이주정착금을 지급해야 한다(시행령 제41조). 이주정착금은 주거용 건축물에 대한 평가액의 30퍼센트에 해당하는 금액으로 하되 1,200만 원 미만인 경우는 1,200만 원, 2,400만 원을 초과하는 경우에는 2,400만 원으로 한다.

(3) 최저보상액 600만 원 보상(시행규칙 제58조 제 1 항)

주거용 건축물로서 원가법과 거래사례비교법에 의하여 평가한 금액이 600만 원 미만인 경우 그 보상액은 600만 원으로 한다. 다만, 무허가건축물 등에 대하여는 그러하지 아니한다.

(4) 재편입시의 가산금 지급(시행규칙 제58조 제 2 항 및 제 3 항)

공익사업의 시행으로 인하여 주거용 건축물에 대한 보상을 받은 자가 그 후 당해 공익사업시행지구 밖의 지역에서 매입하거나 건축하여 소유하고 있는 주거용 건축물이 그 보상일부터 20년 이내에 다른 공익사업시행지구에 편입되는 경우 그 주거용 건축물 및 그 대지(보상을 받기 이전부터 소유하고 있던 대지 또는 다른 사람 소유의 대지 위에 건축한 경우에는 주거용 건축물에 한한다)에 대하여는 당해 평가액의 30퍼센트를 가산하여 보상한다. 다만, 무허가건축물 등을 매입 또는 건축한 경우와 다른 공익사업의 사업인정고시일 등 또는 다른 공익사업을 위한 관계법령에 의한 고시 등이 있은 날 이후에 매입 또는 건축한 경우에는 그러하지 아니하다. 이 경우 가산금이 1천만 원을 초과하는 경우에는 1천만 원으로 한다.

(5) 주거이전비의 보상(시행규칙 제54조)

1) 소유자에 대한 주거이전비 보상

공익사업시행지구에 편입되는 주거용 건축물의 소유자에 대하여는 당해 건축물에 대한 보상을 하는 때에 가구원 수에 따라 2월분의 주거이전비를 보상하여야 한다. 다만, 건축물의 소유자가 당해 건축물에 실제 거주하고 있지 아니하거나 당해 건축물이 무허가건축물 등인 경우에는 그러하지 아니한다.

2) 세입자에 대한 주거이전비 보상

공익사업의 시행으로 인하여 이주하게 되는 주거용 건축물의 세입자로서 사업인정고시일 등 당시 또는 공익사업을 위한 관계법령에 의한 고시 등이 있는 당시 당해 공익사업시행지구 안에서 3월 이상 거주한 자에 대하여는 가구원 수에 따라 4월분의 주거이전비를 보상하여야 한다.

> **판례** 공익사업의 시행에 따라 이주하는 주거용 건축물의 세입자에게 지급해야 하는 주거이전비 및 이사비 지급의무의 이행지체 책임 기산시점(=채무자가 이행청구를 받은 다음 날): 구 도시 및 주거환경정비법(2009. 2. 6. 법률 제9444호로 개정되기 전의 것) 제40조 제 1 항에 의하여 준용되는 공익사업을 위한 토지 등의 취득 및 보상에 관한 법률 제78조 제 5 항 및 구 공익사업을 위한 토지 등의 취득 및 보상에 관한 법률 시행규칙(2008. 4. 18. 국토해양부령 제 7 호로 개정되기 전의 것) 제54조 제 2 항, 제55조 제 2 항의 각 규정에 의하여 공익사업의 시행에 따라 이주하는 주거용 건축물의 세입자에게 지급해야 하는 주거이전비 및 이사비의 지급의무는 사업인정고시일 등 당시 또는 공익사업을 위한 관계법령에 의한 고시 등이 있은 당시에 바로 발생한다. 그러나 그 지급의무의 이행기에 관하여는 관계 법령에 특별한 규정이 없으므로, 위 주거이전비 및 이사비의 지급의무는 이행기의 정함이 없는 채무로서 채무자는 이행청구를 받은 다음날부터 이행지체 책임이 있다(대판 2012. 4. 26, 2010두7475[주거이전비 등청구]).

(6) 이사비

공익사업시행지구에 편입되는 주거용 건축물의 거주자가 해당 공익사업시행지구 밖으로 이사를 하거나 사업시행자가 지정하는 해당 공익사업시행지구 안의 장소로 이사를 하는 경우에는 별표 4의 기준에 의하여 산정한 이사비(가재도구 등 동산의 운반에 필요한 비용을 말한다)를 보상하여야 한다(시행규칙 제55조 제 2 항).

제 2 항 건물 이외의 평가

Ⅰ. 공작물에 대한 평가

1. 공작물의 의의

현행법상 공작물에 대한 명확한 정의는 없으나, **공작물**이란 손실보상과 관련하여서는 토지에 정착한 인위적인 힘이 가해진 구조물로서 건축물로 볼 수 없는 것으로 정의할 수 있을 것이며, 국어사전적으로는 기계적으로 가공하고 조립하여 만든 물건을 의미한다.

2. 평가방법

공작물은 건축물 등의 평가규정을 준용하여 평가하므로 당해 공작물의 가격을 한도로 하여 이전비로 평가함을 원칙으로 한다(시행규칙 제36조 제 1 항). 단, 공작물 등의 용도가 폐지되었거나 기능이 상실되어 경제적 가치가 없는 경우와 공작물 등의 가치가 보상이 되는 다른 토지 등의 가치에 충분히 반영되어 토지 등의 가격이 증가한 경우 및 사업시행자가 공익사업에 편입되는 공작물 등에 대한 대체시설을 하는 경우에는 평가대상에서 제외한다(시행규칙 제36조 제 2 항).

> **판례**   공익사업을 위한 토지 등의 취득 및 보상에 관한 법률 시행규칙 제36조 제 2 항 제 3 호에서 정한 '대체시설'로 인정하기 위한 요건: 공익사업을 위한 토지 등의 취득 및 보상에 관한 법률(이하 '공익사업법'이라 한다) 제75조 제 1 항 제 1 호는 공작물에 대하여 이전에 필요한 비용으로 보상하되 이전이 어렵거나 그 이전으로 인하여 공작물을 종래의 목적으로 사용할 수 없게 된 경우에는 당해 물건의 가격으로 보상하도록 규정하고 있고, 같은 조 제 6 항의 위임에 따라 공작물에 대한 보상액의 구체적인 산정 및 평가방법과 보상기준을 정하고 있는 공익사업을 위한 토지 등의 취득 및 보상에 관한 법률 시행규칙 제36조 제 2 항 제 3 호는 '사업시행자가 공익사업에 편입되는 공작물 등에 대한 대체시설을 하는 경우'에는 이를 별도의 가치가 있는 것으로 평가하여서는 아니 된다고 규정하고 있다. 이처럼 대체시설을 하는 경우 별도의 손실보상을 하지 않도록 규정한 것은 그러한 대체시설로서 공작물 소유자에게 실질적으로 손실이 보상된 것으로 볼 수 있기 때문이므로, 대체시설로 인정되기 위해서는 기존 공작물과 기능적인 측면에서 대체가 가능한 시설이어야 할 뿐만 아니라, 특별한 사정이 없는 한 기존 공작물 소유자가 대체시설의 소유권을 취득하거나 소유권자에 준하는 관리처분권을 가지고 있어야 한다(대판 2012. 9. 13, 2011다83929[부당이득금반환]).

Ⅱ. 수목에 대한 평가

1. 수목의 의의

수목(樹木)이란 토지 위에 식생하고 있는 모든 식물군을 뜻하는 것으로 보상평가에 있어서는 관상수, 수익수(^{과수 기타 수익이}_{나는 나무}), 묘목, 입목 및 죽림 등으로 구분할 수 있다(시행규칙 제37조 내지 제39조).

2. 수목의 평가기준

(1) 이전비보상원칙

입목의 대부분은 당해 공익사업의 시행을 위하여 직접 필요한 것이 아니므로 이전비를 지급하고 이식시키는 것이 원칙이다. 그러나, 이식이 경제적으로 부적합하거나 이전비가 당해입목의 취득비를 초과하는 경우에는 취득비를 지급하여야 할 것이다.

(2) 수목의 수량 산정방법

수목의 수량은 평가의 대상이 되는 수목을 그루별로 조사하여 산정한다. 다만, 그루별로 조사할 수 없는 특별한 사유가 있는 경우에는 단위면적을 기준으로 하는 표본추출방식에 의한다(시행규칙 제40조 제 1 항). '표본추출방식'이란 입목의 수량이 방대하여 이를 낱낱이 세기가 곤란할 때 그 정도에 크게 차질이 없다고 인정되는 범위 안에서 표본을 선정하고, 그 단위면적에 의거하여 산출된 본수를 기준으로 산정하는 방식을 말한다.

수목의 손실에 대한 보상액은 정상식(경제적으로 식재목적에 부합되고 정상적인 생육이 가능한 수목의 식재상태를 말한다)을 기준으로 한 평가액을 초과하지 못한다(시행규칙 제40조 제 2 항).

Ⅲ. 과수 등의 평가기준

1. 일반적 평가기준

과수 그 밖에 수익이 나는 나무 또는 관상수(묘목을 제외한다)에 대하여는 수종·규격·수령·수량·식수면적·관리상태·수익성·이식가능성 및 이식의 난이도 그 밖에 가격형성에 관련되는 제 요인을 종합적으로 고려하여 평가한다(시행규칙 제37조 제 1 항).

2. 이전비 평가

지장물인 과수 등으로 이식이 가능한 경우에는 이식적기·고손율 및 감수율 등을 고려하여 이전비로 평가한다(시행규칙 제37조 제 2 항). 즉, 과수로서 결실기에 있는 경우에는 이전비, 고손액 및 감수액의 합계액으로 평가하고, 결실기에 이르지 아니한 과수, 과수 외의 수익수 및 관상수는 이전비와 고손액의 합계액으로 평가한다(시행규칙 제37조 제 4 항).

3. 가격평가

과수 등이 건축물 등의 이전이 어렵거나 그 이전으로 인하여 건축물 등을 종래의 목적대로 사용할 수 없게 된 경우와 건축물 등의 이전비가 그 물건의 가격을 넘는 경우 및 사업시행자가 공익사업에 직접 사용할 목적으로 취득하는 경우에는 물건의 가격으로 평가하여야 한다(제75조 제 1 항 및 시행규칙 제37조 제 3 항).

4. 벌채비용

이식이 불가능한 수익수 또는 관상수의 벌채비용은 사업시행자가 부담한다. 다만, 수목의 소유자가 당해 수목을 처분할 목적으로 벌채하는 경우에는 수목의 소유자가 부담한다(시행규칙 제37조 제 5 항).

Ⅳ. 묘목의 평가기준

1. 묘목의 의의

묘목이란 모종으로 옮겨심기 위해 가꾼 어린 나무를 말한다.

2. 일반적 평가기준

묘목에 대하여는 상품화 가능 여부, 이식에 따른 고손율, 성장정도 및 관리상태 등을 종합적으로 고려하여 평가한다(시행규칙 제38조 제 1 항).

3. 상품화할 수 있는 묘목

상품화할 수 있는 묘목은 손실이 없는 것으로 본다. 다만 매각손실액(일시에 매각함으로 인하여 가격이 하락함에 따른 손실을 말한다)이 있는 경우에는 그 손실을 평가하여 보상하여야 하며, 이 경우 보상액은 상품화가 곤란하여 이전비로 평가한 금액을 초과하지 못한다(시행규칙 제38조 제 2 항).

4. 상품화에 제약이 있는 묘목

시기적으로 상품화가 곤란하거나 상품화를 할 수 있는 시기에 이르지 아니한 묘목에 대하여는 이전비와 고손율을 감안한 고손액의 합계액으로 평가한다. 이 경우 이전비는 임시로 옮겨 심는 데 필요한 비용으로 평가하며, 고손율은 1퍼센트 이하의 범위 안에서 정하되 주위의 환경 또는 계절적 사정 등 특별한 사유가 있는 경우에는 2퍼센트까지로 할 수 있다(시행규칙 제38조 제 3 항).

5. 파종 또는 발아중에 있는 묘목

파종 또는 발아중에 있는 묘목에 대하여는 가격시점까지 소요된 비용의 현가액으로 평가한다(시행규칙 제38조 제 4 항).

6. 가격으로 평가하는 경우

건축물 등은 이전비로 평가하는 것이 원칙이지만, 건축물 등의 이전이 어렵거나 그 이전으로 인하여 건축물 등을 종래의 목적대로 사용할 수 없게 된 경우와 건축물 등의 이전비가 그 물건의 가격을 넘는 경우 및 사업시행자가 공익사업에 직접 사용할 목적으로 취득하는 경우에는 물건의 가격으로 평가하여야 한다. 이 경우 거래사례가 있는 경우에는 거래사례비교법에 의하여 평가하고, 거래사례가 없는 경우에는 가격시점까지 소요된 비용의 현가액으로 평가한다(시행규칙 제38조 제 5 항).

V. 입목의 평가기준

1. 일반적 평가기준

입목은 '땅 위에 서 있는 산 나무'를 뜻한다. 입목의 평가에는 입목의 가치가 토지에 화체되어 일괄평가하는 경우와 별도로 평가하는 경우가 있다. 일반적으로 전자는 자연림의 경우에 해당하고, 후자는 조림된 용재림의 경우에 해당한다.

입목(죽목을 포함한다)에 대하여는 벌기령(『산림자원의 조성 및 관리에 관한 법률 시행규칙』<별표 3>에 따른 기준벌기령을 말한다)·수종·주수·면적 및 수익성 그 밖에 가격형성에 관련되는 제요인을 종합적으로 고려하여 평가한다(시행규칙 제39조 제 1 항).

2. 벌기령에 달한 용재림

'조림된 용재림'이라 함은 『산림자원의 조성 및 관리에 관한 법률』 제13조에 따른 산림경영계획인가를 받아 시업하였거나 산림의 생산요소를 기업적으로 경영·관리하는 산림으로서 『입목에 관한 법률』 제 8 조에 따라 등록된 입목의 집단 또는 이에 준하는 산림을 말한다(시행규칙 제39조 제 4 항).

지장물인 조림된 용재림(用材林: 재목을 이용할 목적으로 가꾸는 나무숲을 말한다) 중 벌기령에 달한 용재림은 손실이 없는 것으로 본다. 다만, 용재림을 일시에 벌채하게 되어 벌채 및 반출에 통상 소요되는 비용이 증가하거나 목재의 가격이 하락하는 경우에는 그 손실을 평가하여 보상하여야 한다(시행규칙 제39조 제 2 항). 또한, 벌기령의 10분의 9 이상이 경과한 경우에도 벌기령에 달한 것으로 본다.

3. 벌기령에 달하지 않은 용재림

지장물인 조림된 용재림 중 벌기령에 달하지 아니한 용재림에 대하여 ① 당해 용재림의 목재가 인근시장에서 거래되는 경우라면 거래가격에서 벌채비용과 운반비를 뺀 금액으로 평가한다. 이 경우 벌기령에 달하지 아니한 상태에서의 매각에 따른 손실액이 있는 경우에는 이를 포함한다. ② 당해 용재림의 목재가 인근시장에서 거래되지 않는 경우라면 가격시점까지 소요된 비용의 현가액으로 평가한다. 이 경우 보상액은 당해 용재림의 예상총수입의 현가액에서 장래 투하비용의 현가액을 뺀 금액을 초과하지 못한다(시행규칙 제39조 제3항). 단, 입목의 성장 및 관리상태가 양호하여 벌기령에 달한 입목과 유사한 입목의 경우에는 벌기령에 달한 것으로 본다.

4. 사업시행자가 취득하는 입목의 평가

사업시행자가 취득하는 입목의 평가는 지장물인 조림된 용재림 중 벌기령에 달하지 아니한 용재림의 평가방법을 준용한다(시행규칙 제39조 제8항).

5. 벌채비용의 부담

지장물인 입목의 경우나 사업시행자가 취득하는 경우 모두 벌채비용은 사업시행자가 부담한다(시행규칙 제39조 제6항).

Ⅵ. 농작물에 대한 평가기준

1. 농작물보상의 의의

농작물이라 함은 농업생산에 의한 작물로서 벼, 보리, 배추, 무 등과 같은 1년생 작물 및 도라지, 작약, 인삼 등 다년생 작물을 포함한다. **농작물보상**이란 농작물을 수확하기 전에 농경지를 수용 또는 사용함으로써 발생하는 손실을 보상하는 것이다. 농경지에 대한 보상과 구별하여야 한다.

2. 일반적 평가기준

농작물을 수확하기 전에 토지를 사용하는 경우의 농작물의 손실은 농작물의 종류 및 성숙도 등을 종합적으로 고려하여 평가한다(시행규칙 제41조 제1항).

3. 파종중 또는 발아기에 있거나 묘포에 있는 농작물

파종중 또는 발아기에 있거나 묘포에 있는 농작물은 가격시점까지 소요된 비용의 현가액으로 평가한다(시행규칙 제41조 제1항 제1호).

4. 파종·발아기 외의 농작물

파종·발아기 외의 농작물은 예상총수입의 현가액에서 장래 투하비용의 현가액을 뺀 금액으로 평가한다. 이 경우 보상 당시에 상품화가 가능한 풋고추·들깻잎 또는 호박 등의 농작물이 있는 경우에는 그 금액을 뺀다(시행규칙 제41조 제1항 제2호).

'예상총수입'이라 함은 당해 농작물의 최근 3년간(풍흉작이 현저한 연도를 제외한다)의 평균총수입을 말한다(시행규칙 제41조 제2항).

VII. 분묘에 대한 평가기준

1. 분묘보상의 평가기준

분묘에 대한 보상은 분묘의 이전에 소요되는 비용으로 보상한다. 분묘이전에 소요되는 비용으로는 분묘이전비, 석물이전비, 잡비 및 이전보조비의 합계액으로 산정하도록 규정하고 있다(시행규칙 제42조 제 1 항 및 제 2 항).

2. 분묘이전비의 산정주체

분묘이전비는 그 산정기준에 의하여 그 산정방법이 자세히 규정되어 있기 때문에 사업시행자가 직접 산정하는 것이 원칙이나(토지보상법 제68조 제 1 항 단서), 유연분묘에 대하여 사업시행자가 직접 산정하기 어려운 경우에는 감정평가법인등에게 이에 대한 평가를 의뢰하여 보상액을 산정할 수 있다(시행규칙 제42조 제 1 항 단서).

제 5 절 지하사용보상

I. 서

현대사회에 접어들면서 인구증가와 산업의 발전에 따라 도시화가 급격히 진행되면서 토지의 평면적 이용만으로 공간적 수요를 충족할 수 없게 됨에 따라 지하공간을 이용하게 되었으며, 이는 토지이용의 고도화 내지는 효율화에 대한 요청에 부응하는 것이었다. 현대의 지하공간 이용은 한 걸음 더 나아가 새로운 생활공간으로까지 활용되기에 이르고 있으며, 최근에는 한계심도의 이용이 새로운 관심의 대상이 되고 있는바, 지하공간의 공적 이용은 현실적 요청인 것이다. 특히, 지하시설물의 설치를 위한 지하공간의 이용이 반영구적인 관계로 지하사용권 설정문제, 지하사용에 대한 보상문제가 주요 논의 대상이 되고 있다.

II. 지하공간의 법적 이용

1. 지하공간의 개념

지하공간이란, 지표면을 경계로 하는 지표면 아래의 지중을 말하며, 그 깊이에 따라 천심도, 중심도, 대심도로 구분가능하며, 통산 지하공간에 대한 논의의 초점은 대심도에 두어져 있어 지하공간의 개념도 대심도를 의미하는 것으로 이해한다. 여기서 대심도는 '토지소유자의 통상적인 이용이 행해지지 않는 지하공간'을 의미한다.

최근 사권을 설정하지 않고 대심도를 이용할 수 있는 권리를 공적으로 부여하는 것을 입법론적으로 인정하고자 하는 움직임이 있는데, 이에 대하여는 토지소유자에게 현실적인 이용이익이 없는 공간이라 하더라도 관념적으로 소유권이 미치기 때문에 보상 없이 사유지의 지하공간을 사용하는 것은 옳지 않다는 비판이 있다.

2. 토지소유권의 범위

민법 제212조는 "토지의 소유권은 정당한 이익 있는 범위 내에서 토지의 상하에 미친다"고 규정하고 있는바, 이 규정에서 '정당한 이익 있는 범위'를 어떻게 한정할 것인가가 문제이다. 이는 결국 토지소유권의 범위에 대한 문제로서 이에 관해 무제한설, 이익한도설, 필요범위설, 적당범위설 등의 견해가 제기되는바, '정당한 이익 있는 범위'는 일률적이고 추상적으로 획일적으로 결정할 수는 없고, 당해 토지의 위치, 지하이용의 정도, 거래관념 등을 고려하여 개별적·구체적으로 결정하여야 할 것이다.

Ⅲ. 지하공간 사용을 위한 법적 수단

1. 사법상 이용

지하공간을 이용할 수 있는 민법상의 권원으로는 지상권, 지역권, 임대차 등의 방법이 있을 수 있으나, 이러한 방법은 충분히 제기능을 발휘할 수 없어 이 같은 약점을 보완하기 위해 '구분지상권'제도가 마련되었다. 구분지상권은 상하로 구분된 지하공간 및 공중공간을 하나의 객체로 하는 지상권의 설정을 가능하게 하고, 그 수직방향의 지하층 내지 지상공간에 대하여 우선적으로 이용권을 갖는 제3자와의 법률관계를 조정하기 위해 도입된 것으로, 이는 지하공간의 이용을 위한 전형적인 방법이라 할 수 있다.

2. 공법상 이용

(1) 사용권의 설정

토지소유자와 사업시행자간에 지하사용을 위한 권리설정의 협의를 할 수 없거나 협의가 이루어지지 않을 경우에는 사업시행자는 토지보상법을 근거로 사업인정을 받아 고시일로부터 1년 이내에 관할 토지수용위원회에 '재결'(사용재결)을 신청할 수 있다(제28조).

(2) 사용권의 성질

토지수용위원회의 사용재결에 의해 취득한 지하사용권이 법적으로 어떤 성격을 갖는 것인가에 대하여 견해가 나뉘고 있다. 지하사용권을 민법상의 지상권과 같이 보는 견해와 토지보상법상 사용은 소유권에 새로이 목적물을 사용할 권리가 설정되고 그 결과 소유권의 내용이 제한되는 '공용제한'의 일종으로 보는 견해가 있다. 토지보상법은 공익사업을 전제로 하고 재결에 의해 지하사용권이 설정된다는 점과 부동산등기법상 등기의 대상이 되지 않는다는 점에서 이는 '공법상 권리'로서 공용제한에 해당된다고 보여진다.

(3) 재결의 효과

사용재결에 의해 사업시행자가 장기간 사용할 수 있는 지하사용권이 인정될 경우, 재결의 효과로서 사업시행자는 토지를 사용한 날에 사용권을 취득하게 되고 그 토지에 관한 다른 권리는 사용기간중 이를 사용할 수 없다(제45조 제 2 항). 이 규정의 해석에 대하여 지상권적 지하사용설과 구분지상권적 지하사용설로 견해가 나뉘고 있다.

1) 지상권적 지하사용설

지하사용의 경우에 있어서도 사업인정에 의한 사업대상지는 토지의 지하부분에만 한정되는 것이 아니고, 또한 사용재결에 있어서도 '사용하는 토지의 구역'은 평면적으로 표시되고 '사용의 방법'으로서도 지하의 일정부분층의 사용에만 한정된다고 할 수 없기 때문에 사용권이 설정되는 것은 대상지의 상공부분 및 지하를 포함한 토지 전체에 있다고 본다.

2) 구분지상권적 지하사용설

재결에 의한 지하사용은 당해 공공사업의 이용에 제공되는 지하의 일정분에 한정되어진다는 견해로, 이때 토지소유자는 토지보상법 제45조 제 2 항에 의해서 지하사용부분에 대한 상부로부터의 직접침해나 하중침해에 의해서 사업시행자의 지하사용을 방해하지 않는 한도로 소유권을 행사할 수 있다고 본다.

3) 결 어

민법에 구분지상권제도가 도입된 점을 고려할 때 구분지상권적 지하사용설이 타당하다.

Ⅳ. 지하공간 사용에 대한 보상

1. 보상의 대상

헌법 제23조 제 3 항은 "공공필요에 의한 재산권의 수용, 사용 또는 제한 및 그에 대한 보상은 법률로써 하되 정당한 보상을 지급하여야 한다"고 규정하고 있어, 토지의 사용시에 보상이 이루어져야 함은 물론이라 할 것이나, 대심도지하공간의 보상 여부와 관련하여서는 소유권이 미치긴 하나 토지소유자의 현실적인 이용이익이나 장래의 이용예측이 없는 지하공간이고, 이때 소유권은 관념적·추상적인 것에 불과하다는 점에서 '무보상'이 타당하다는 의견이 제기되고 있다. 그러나, 대심도지하공간으로 지정되는 일정범위의 지하공간에 대하여는 토지소유자에 의한 사용이 기대불가능한 장래이익으로 단정하기는 곤란하다는 비판이 있는바, 보상 여부의 판단은 토지이용에 대한 저해율이 높은 지표부분에서부터 토지이용률이 'zero'에 달하는 심도까지 연속적으로 보상의 대상(보상 여부)을 파악하는 것이 타당시된다.

2. 지하사용에 대한 보상제도

현행 헌법 제23조 제3항은 손실보상의 일반적 기준을 제시하고 있고, 구체적인 보상기준과 방법 등에 대하여는 개별법에 유보하고 있다. 이에 ① 토지보상법은 "토지를 수용 또는 사용함으로 인하여 토지소유자 또는 관계인이 입은 손실은 사업시행자가 이를 보상하여야 한다"(제61조)고 규정하고 있고, 지하공간의 사용에 대한 구체적인 보상액 산정 및 평가방법은 토지보상법 시행규칙에 마련하고 있는바, 토지의 지하공간을 사실상 영구적으로 사용하는 경우 당해 공간에 대한 사용료는 토지가격에 당해 공간을 사용함으로 인하여 토지의 이용이 저해되는 정도에 따른 적정한 비율(입체이용저해율)을 곱하여 산정한 금액으로 평가하고, 일정한 기간 동안 사용하는 경우 사용료는 토지의 사용료에 입체이용저해율을 곱하여 산정한 금액으로 하도록 규정하고 있다(시행규칙 제31조). ② 국토의 계획 및 이용에 관한 법률 제46조에서는 "도시계획시설을 공중·수중·수상 또는 지하에 설치하는 경우 그 높이나 깊이의 기준과 그 설치로 인하여 토지나 건물의 소유권 행사에 제한을 받는 자에 대한 보상 등에 관하여는 따로 법률로 정한다"고 규정하고 있고, 지하공간 사용에 대한 보상을 당연시하고 있으며, 기타 도시철도법, 국유재산법, 지방자치단체 조례 등에 지하공간 사용에 대한 보상규정을 두고 있다.

V. 관련문제(대심도지하공간 사용에 대한 보상문제)

대심도지하공간에 대하여 지하공간의 공적 이용과 사회적 제약성을 강조하거나, 일정한 한계심도 이하의 지하공간을 재산권 범위에서 제외하는 견해가 있는데, 당해 토지의 위치, 지하이용의 정도 등 개별적·구체적 사정을 고려하여 보상 여부를 결정해야 할 것이다.

제 3 장
손실보상의 산정

Ⅰ. 손실보상의 주체(사업시행자 및 보상전문기관)

1. 사업시행자(제61조)

공익사업에 필요한 토지 등의 취득 또는 사용으로 인하여 토지소유자나 관계인이 입은 손실은 사업시행자가 이를 보상하여야 한다.

2. 보상업무 등의 위탁(제81조)

(1) 규정의 취지

토지보상법 제81조에서는 보상, 이주대책 업무를 보상전문기관에 위탁할 수 있다고 규정하고 있다. 이는 전문성 제고와 보상예산의 낭비를 방지하여 보상업무의 효율성을 도모함에 취지가 있다. 종전에는 지방자치단체로 한정함에 따라 주민을 의식한 과다보상 및 전문성 부족으로 인한 보상의 후진성, 예산 낭비 등의 문제가 있었다.

(2) 보상업무 등의 수탁기관(보상전문기관)

사업시행자는 지방자치단체 및 보상실적이 있거나 보상업무에 관한 전문성이 있는 한국토지주택공사, 한국도로공사, 한국부동산원 등에 보상 또는 이주대책에 관한 업무를 위탁할 수 있다(시행령 제43조 제1항). 따라서 위탁받은 업무범위 내에서는 사업시행자의 지위를 갖고 손실보상의 주체가 된다.

(3) 보상업무의 위탁의 범위 및 절차(시행령 제43조 제2항)

미리 위탁내용과 위탁조건에 관하여 전문기관과 협의하여야 한다. 보상에 관한 전반적인 업무는 보상계획의 수립·공고 및 열람에 관한 업무, 토지대장 및 건축물대장 등 공부의 조사, 토지조서 및 물건조서의 기재사항에 관한 조사 등이 있다.

(4) 보상전문기관의 당사자 적격

행정소송법 제2조 제3항에서는 "행정청에는 법령에 의하여 행정권한의 위임 또는 위탁을 받은 행정기관, 공공단체 및 그 기관 또는 사인이 포함된다"고 규정하고 있으므로 소송의 당사자 적격이 인정된다고 볼 수 있다.

3. 보상협의회

(1) 개정취지

종래에는 보상업무에 관한 사항을 심의하기 위해서 '보상심의 위원회'를 두었으나 심의위원회의 성격, 운영, 심의사항 등이 불합리하여 보상업무의 지연을 초래하는 문제점이 있었다. 따라서 주민참여를 확대하여 자발적인 협조를 유도함으로써 공익사업의 효율적인 추진에 기여하기 위하여 현행 토지보상법 제82조에서는 보상협의회를 규정하였다.

(2) 보상협의회의 의의 및 성격

보상협의회는 보상업무에 관한 사항을 협의하기 위하여 시·군·구에 설치하는 합의제 행정기관을 말한다. 이는 협의기관 및 자문기관의 성격을 갖는다.

(3) 보상협의회의 설치

공익사업이 시행되는 해당 지방자치단체의 장은 필요한 경우에는 해당 사업지역을 관할하는 특별자치도, 시·군 또는 구에 보상협의회를 설치할 수 있다(제82조 제 1 항 및 시행령 제44조 제 1 항). 다만, 공익사업지구 면적이 10만 제곱미터 이상이고 토지 등의 소유자가 50인 이상인 공익사업인 경우에는 반드시 설치하여야 한다(제82조 제 1 항 단서 및 시행령 제44조 제 2 항).

(4) 보상협의회의 구성 및 운영

1) 구   성

보상협의회는 위원장 1인을 포함한 위원 8인 이상 16인 이내로 구성하되, 사업시행자를 위원에 포함시키고, 위원중 3분의 1 이상은 토지소유자 또는 관계인으로 구성하여야 한다(시행령 제44조 제 4 항).

보상협의회의 위원장은 해당 특별자치도·시·군 또는 구의 부지사·부시장·부군수 또는 부구청장이 되며 위원장이 부득이한 사유로 직무를 수행할 수 없는 때에는 위원장이 지명하는 위원이 그 직무를 대행한다.

2) 운   영

보상협의회의 위원장은 보상협의회를 대표하며, 보상협의회의 업무를 통할한다. 또한 보상협의회의 회의는 재적위원 과반수의 출석으로 개의한다. 보상협의회의 위원장은 회의에서 협의된 사항을 해당 사업시행자에게 통보하여야 하며, 사업시행자는 정당하다고 인정되는 사항에 대하여는 이를 반영하여 사업을 수행하여야 한다(시행령 제44조 제 6 항 내지 제 8 항).

(5) 협의사항

보상협의회의 협의사항으로는 보상액 평가를 위한 사전 의견수렴에 관한 사항, 잔여지의 범위 및 이주대책의 수립에 관한 사항, 당해 사업지역 내 공공시설의 이전 등에 관한 사항, 토지소유자 또는 관계인 등이 요구하는 사항 중 지방자치단체의 장이 필요하다고 인정하는 사항 및 그 밖에 지방자치단체의 장이 부의하는 사항이 있다(제82조 제 1 항).

Ⅱ. 손실보상액의 산정

1. 산정절차의 제도적 취지

개정 전 공특법에서는 보상액의 산정을 위한 평가절차가 법률의 위임 없이 시행규칙에 규정되어 있었다. 또한 구 토지수용법에서도 절차규정이 없어서 보상액 산정절차가 불명확하였다. 이러한 법체계의 모순을 극복하기 위해 토지보상법은 평가의뢰절차 및 방법을 규정하였다(제68조 및 제70조 제 6 항).

2. 보상평가의 의뢰

(1) 감정평가의 의뢰(제68조 제 1 항)

사업시행자는 토지 등에 대한 보상액을 산정하려는 경우에는 감정평가법인등 3인(시·도지사와 토지소유자가 모두 감정평가법인등을 추천하지 아니하거나 시·도지사 또는 토지소유자 어느 한쪽이 감정평가법인등을 추천하지 아니하는 경우에는 2인)을 선정하여 토지 등의 평가를 의뢰하여야 한다. 다만, 사업시행자가 국토교통부령으로 정하는 기준에 따라 직접 보상액을 산정할 수 있을 때에는 그러하지 아니하다.

> 사업시행자가 직접 보상액을 산정 할 수 있는 경우
> **(영농손실)** 농지가 편입되는 경우 통계작성기관이 매년 조사·발표하는 농가경제조사통계의 도별 농업총수입 중 농작물수입을 도별표본농가현황 중 경지면적으로 나누어 산정한 도별 연간 농가평균단위경작면적당 농작물총수입의 2년분(토지보상법 시행규칙 제48조 제 1 항)
> **(폐업보상)** 연간 영업이익 최소기준 :「통계법」제 3 조 제 3 호에 따른 통계작성기관이 같은 법 제18조에 따른 승인을 받아 작성·공표한 제조부문 보통인부의 임금단가 × 25일 ×12월(토지보상법 시행규칙 제46조 제 3 항)
> **(휴업보상)** 휴업기간 영업이익 최소기준 :「통계법」제 3 조 제 3 호에 따른 통계작성기관이 조사·발표하는 가계조사통계의 도시근로자가구 월평균 가계지출비의 3인가구 × 휴업기간(토지보상법 시행규칙 제47조 제 5 항)
> **(주거이전비)** 「통계법」제 3 조 제 3 호에 따른 통계작성기관이 조사·발표하는 가계조사통계의 도시근로자가구의 가구원수별 월평균 가계지출비를 기준으로 산정(토지보상법 시행규칙 제54조 제 3 항)
> **(영업보상 특례)** 허가등이 없이 영업을 한 경우「통계법」제 3 조 제 3 호에 따른 통계작성기

관이 조사·발표하는 가계조사통계의 도시근로자가구의 가구원수별 월평균 가계지출비를 기준으로 3인가구 3개월분(토지보상법 시행규칙 제52조)

(이농·이어비) 통계작성기관이 매년 조사·발표하는 농가경제조사통계의 연간 전국평균 가계지출비 및 농업기본통계조사의 가구당 전국평균 농가인구를 기준으로 산정한 1년간의 평균 생계비(토지보상법 시행규칙 제56조)

(2) 토지소유자와 시·도지사의 추천(제68조 제2항)

사업시행자가 감정평가법인등을 선정할 때 해당 토지를 관할하는 시·도지사와 토지소유자는 대통령령으로 정하는 바에 따라 감정평가법인등을 각 1인씩 추천할 수 있다. 이 경우 사업시행자는 추천된 감정평가법인등을 포함하여 선정하여야 한다.

감정평가법인등을 추천하고자 하는 토지소유자는 보상계획에서 동일한 시기에 보상하기로 공고 또는 통지한 보상대상 토지면적의 2분의 1 이상에 해당하는 토지소유자와 당해 토지소유자 총수의 과반수의 동의를 얻은 사실을 증명하는 서류를 첨부하여 보상계획의 열람기간 만료일부터 30일 이내에 사업시행자에게 요청하여야 한다. 이 경우 토지소유자는 감정평가법인등 추천에 대한 동의를 2회 이상 할 수 없다(시행령 제28조).

(3) 감정평가법인등의 보상평가

1) 평   가

감정평가법인등은 국토교통부장관이 국토교통부장관령으로 정한 평가의뢰의 절차 및 방법, 보상액의 산정기준(제68조 제3항) 등에 의거하여 보상액을 산정한다.

2) 보상평가서의 작성 및 심사(시행규칙 제16조 제4항 및 제5항)

감정평가법인등은 평가를 한 후 보상평가서를 작성하여 심사자 1인 이상의 심사를 받고 보상평가서에 당해 심사자의 서명·날인을 받은 후, 이를 사업시행자에게 제출하여야 한다. 이 경우 심사자는 보상평가서의 위산·오기 여부와 대상물건이 관계법령이 정하는 바에 의하여 적정하게 평가되었는지의 여부 및 대상물건에 대한 평가액의 타당성을 심사하여야 한다.

3) 평가서 제출기한 및 제출

평가서 제출기한은 30일 이내로 하여야 한다. 다만, 대상물건이나 평가내용이 특수한 경우에는 그러하지 아니하다(시행규칙 제16조 제2항).

3. 보상액 산정

보상액의 산정은 각 감정평가법인등이 평가한 평가액의 산술평균치를 기준으로 한다(시행규칙 제16조 제6항).

4. 재평가(시행규칙 제17조)

(1) 당해 법인등에게 재평가를 의뢰하는 경우

사업시행자는 제출된 보상평가서를 검토한 결과 그 평가가 관계법령에 위반하여 평가되었거나 부당하게 평가되었다고 인정하는 경우에는 당해 감정평가법인등에게 그 사유를 명시하여 다시 평가할 것을 요구하여야 한다(시행규칙 제17조 제 1 항). 이 경우 사업시행자는 필요하면 국토교통부장관이 보상평가에 관한 전문성이 있는 것으로 인정하여 고시하는 기관에 해당 평가가 위법 또는 부당하게 이루어졌는지에 대한 검토를 의뢰할 수 있다.

(2) 다른 법인등에게 의뢰하는 경우

사업시행자는 당해 감정평가법인등에게 평가를 요구할 수 없는 특별한 사유가 있는 경우와 대상물건의 평가액 중 최고평가액이 최저평가액의 110퍼센트를 초과하는 경우(대상물건이 지장물인 경우 최고평가액과 최저평가액의 비교는 소유자별로 지장물 전체 평가액의 합계액을 기준으로 한다) 및 평가를 한 후 1년이 경과할 때까지 보상계약이 체결되지 아니한 경우에는 다른 2인 이상의 감정평가법인등에게 대상물건의 평가를 다시 의뢰하여야 한다(시행규칙 제17조 제 2 항).

(3) 결   정

재평가를 행한 경우 보상액의 산정은 각 감정평가법인등이 다시 평가한 평가액의 산술평균치를 기준으로 한다(시행규칙 제17조 제 4 항). 종전에는 재평가액이 원평가액보다 낮다면 종전평가액을 적용하였으나, 현재는 낮아진 경우에도 재평가액을 적용한다.

제 4 장

보상액의 결정방법 및 불복절차

제1절 협의에 의한 결정

토지보상법은 협의전치주의를 취하고 있다. 즉, 사업인정을 받은 사업시행자는 보상에 관하여 토지소유자 및 관계인과 협의하여야 한다(제26조 제1항). 다만, 사업인정 이전에 임의협의절차를 거쳤으나 협의가 성립되지 아니하여 사업인정을 받은 사업으로서 토지조서 및 물건조서의 내용에 변동이 없는 때에는 협의절차를 거치지 아니할 수 있다. 다만, 사업시행자 또는 토지소유자 및 관계인이 협의를 요구하는 때에는 협의하여야 한다(제26조 제2항).

> **판례** 공익사업을 위한 토지 등의 취득 및 보상에 관한 법률(이하 '공익사업법'이라고 한다)에 의한 보상합의는 공공기관이 사경제주체로서 행하는 사법상 계약의 실질을 가지는 것으로서, 당사자 간의 합의로 같은 법 소정의 손실보상의 기준에 의하지 아니한 손실보상금을 정할 수 있으며, 이와 같이 같은 법이 정하는 기준에 따르지 아니하고 손실보상액에 관한 합의를 하였다고 하더라도 그 합의가 착오 등을 이유로 적법하게 취소되지 않는 한 유효하다. 따라서 공익사업법에 의한 보상을 하면서 손실보상금에 관한 당사자 간의 합의가 성립하면 그 합의 내용대로 구속력이 있고, 손실보상금에 관한 합의 내용이 공익사업법에서 정하는 손실보상 기준에 맞지 않는다고 하더라도 합의가 적법하게 취소되는 등의 특별한 사정이 없는 한 추가로 공익사업법상 기준에 따른 손실보상금 청구를 할 수는 없다(대판 2013. 8. 22, 2012다3517).

사업시행자와 토지소유자 및 관계인 간에 제26조에 따른 절차를 거쳐 협의가 성립되었을 때에는 사업시행자는 관할 토지수용위원회에 협의 성립의 확인을 신청할 수 있다(제29조 제1항). 협의성립의 확인은 이 법에 따른 재결로 보며, 사업시행자, 토지소유자 및 관계인은 그 확인된 협의의 성립이나 내용을 다툴 수 없다(제4항).

매수 또는 보상에 관한 협의는 기간의 제한이 없다. 토지수용위원회의 수용재결이 있은 후라고 하더라도 토지소유자와 사업시행자가 다시 협의하여 토지 등의 취득·사용 및 그에 대한 보상에 관하여 임의로 계약을 체결할 수 있다(대판 2017. 4. 13, 2016두64241).

제 2 절 행정청에 의한 결정

Ⅰ. 토지보상법상 토지수용위원회의 재결에 의한 결정

1. 재결의 신청

공익사업을 위한 토지 등의 취득 및 보상에 관한 법률 제28조, 제30조에 따르면, 사업시행자만 재결을 신청할 수 있고 토지소유자와 관계인은 사업시행자에게 재결신청을 청구할 수 있다.

제26조에 따른 보상등의 협의가 성립되지 아니하거나 협의를 할 수 없을 때(제26조 제 2 항 단서에 따른협의 요구가 없을 때를 포함한다)에는 사업시행자는 사업인정고시가 된 날부터 1년 이내에 대통령령으로 정하는 바에 따라 관할 토지수용위원회에 재결을 신청할 수 있다(제28조 제 1 항). 그런데, 토지보상법 별표상 개별법률은 대부분 해당 공익사업시행기간 내에는 언제든지 재결신청을 할 수 있다는 특칙을 두고 있고, 이 경우 재결신청기간을 사업인정 고시일로부터 1년 이내로 한정하고 있는 토지보상법의 규정은 적용되지 않는다.

사업인정고시가 된 후 협의가 성립되지 아니하였을 때에는 토지소유자와 관계인은 대통령령으로 정하는 바에 따라 서면으로 사업시행자에게 재결을 신청할 것을 청구할 수 있다(제30조 제 1 항). 사업시행자는 제 1 항에 따른 청구를 받았을 때에는 그 청구를 받은 날부터 60일 이내에 대통령령으로 정하는 바에 따라 관할 토지수용위원회에 재결을 신청하여야 한다(제 2 항). 사업시행자가 제 2 항에 따른 기간을 넘겨서 재결을 신청하였을 때에는 그 지연된 기간에 대하여 「소송촉진 등에 관한 특례법」제 3 조에 따른 법정이율을 적용하여 산정한 금액을 관할 토지수용위원회에서 재결한 보상금에 가산(加算)하여 지급하여야 한다(제 3 항).

토지소유자나 관계인의 재결신청 청구에도 사업시행자가 재결신청을 하지 않을 때 토지소유자나 관계인은 사업시행자를 상대로 거부처분 취소소송 또는 부작위 위법확인소송의 방법으로 다투어야 한다. 구체적인 사안에서 토지소유자나 관계인의 재결신청 청구가 적법하여 사업시행자가 재결신청을 할 의무가 있는지는 본안에서 사업시행자의 거부처분이나 부작위가 적법한가를 판단하는 단계에서 고려할 요소이지, 소송요건 심사단계에서 고려할 요소가 아니다(대판 2019. 8. 29, 2018두57865).

재결신청에 대한 거부가 처분이 되기 위하여는 신청인에게 재결신청권이 있어야 한다.

판례1 [1] 공익사업법 제30조 제 1 항에서의 '협의가 성립되지 아니한 때'라 함은 사업시행자가 토지소유자등과 사이에 공익사업법 제26조 소정의 협의절차는 거쳤으나 그 보상액 등에 관하여 협의가 성립하지 아니한경우는 물론 토지소유자 등이 손실보상대상에 해당한다고 주장하며 보상을 요구함에도 불구하고 사업시행자가 손실보상대상에 해당하지 아니한다고 보아 보상대상에서 이를 제외하고 협의를 거치지 않아 결국 협의가 성립하지 않은 경우도 포함한다고 보아야 한다. [2] 토지수용사건에서 사업시행자가 손실보상의 대상이 아니라고 보아 지장물에 대한 보상협의절차를 진행하지 아니하거나 거부하는 경우, 토지소유자 등이 공익사업을 위한 토지 등의 취득 및 보상에 관한 법률 제30조에 의하여 사업시행자를 상대로 관할 토지수용위원회에 재결신청을 하도록 청구할 수 있다고 한 사례. [3] 이 사건 지장물에 대한 수용재결신청을 거부하거나 보상협의를 하지 않으면서도 아무런 조치를 취하지 않은 것을 처분(보상제외처분)으로 본 사례. 〈해설〉 토지소유자 등의 수용재결신청에 대한 사업시행자의 거부(명시적 거부뿐만 아니라 토지수용위원회에 대한 재결신청시 포함시키지 않는 묵시적 거부)는 토지수용위원회에 대한 재결신청권이 사업시행자에게만 부여되어 있고, 재결신청거부의 처분성을 부인하면 다른 권리구제수단이 없는 점 등을 고려할 때 토지소유자 등의 권익(손실보상청구권)에 직접 영향을 미치는 것으로 보고 행정소송법상 처분으로 보는 것이 타당하다. [4] 아산~천안 간 도로건설 사업구역에 포함된 토지의 소유자가 토지상의 지장물에 대하여 재결신청을 청구하였으나, 그중 일부에 대해서는 사업시행자가 손실보상대상에 해당하지 않아 재결신청대상이 아니라는 이유로 수용재결신청을 거부하면서 보상협의를 하지 않은 사안에서, 사업시행자가 수용재결 신청을 거부하거나 보상협의를 하지 않으면서도 아무런 조치를 취하지 않은 것은 공익사업을 위한 토지 등의 취득 및 보상에 관한 법률에서 정한 재결신청청구 제도의 취지에 반하여 위법하다고 본 원심판단을 수긍한 사례(대판 2011. 7. 14, 2011두2309[보상제외처분취소등]). 〈해설〉 재결신청거부처분 취소소송 및 재결신청에 대한 부작위에 대한 부작위위법확인소송의 피고는 사업시행자(이 사건에서 대한민국)이다.

판례2 문화재청장이 토지조서 및 물건조서를 작성하는 등 위 토지에 대하여 구 공익사업법에 따른 수용절차를 개시한 바 없으므로, 문화재구역 내 토지 소유자 甲에게 문화재청장으로 하여금 관할 토지수용위원회에 재결을 신청할 것을 청구할 법규상의 신청권이 인정된다고 할 수 없다고 하면서 거부의 처분성을 부정한 사례(대판 2014. 7. 10, 2012두22966[재결신청거부처분취소]).

다만, 잔여지손실보상청구, 잔여지수용 등 확장수용의 청구, 간접손실보상청구 등에 있어서는 사업시행자나 손실을 입은 자가 직접 관할 토지수용위원회에 청구한다(제73조 제 4 항, 제74조 제 1 항, 제79조 제 5 항, 제 9 조 제 7 항 등).

2. 토지수용위원회에 의한 보상금의 결정

토지수용위원회는 보상액을 재결(裁決)의 형식으로 수용 등과 함께 결정한다(제50조). 토지수용위원회의 수용재결은 행정심판의 재결이 아니라 원행정행위의 성질을 갖는다.

국가 또는 시·도가 사업시행자인 사업과 수용 또는 사용할 토지가 2 이상의 시·도에 걸치는 사업에 관한것은 중앙토지수용위원회의 관할에 속하고 그 이외의 사업(기초자치단체, 기타 사인 등이 사업시행자인 사업)에관한 것은 지방토지수용위원회의 관할에 속한다(제51조).

판례에 의하면 토지소유자가 사업시행자로부터 손실보상을 받기 위하여는 공익사업법 제34조, 제50조 등에 규정된 재결절차를 거친 다음 그 재결에 대하여 불복할 때 비로소 공익사업법 제83조 내지 제85조에 따라 권리구제를 받을 수 있을 뿐이며, 특별한 사정이 없는 한 이러한 재결절차를 거치지 않은 채 곧바로 사업시행자를 상대로 손실보상을 청구하는 것은 허용되지 않는다(대판 2011. 9. 29, 2009두10963[영업권보상]; 2011. 10. 13, 2009다43461[농업손실보상금]). 이를 재결전치주의라 한다.

> **판례1** 잔여지 가격감소 등으로 인한 손실보상청구에 재결전치주의가 적용되는지 여부(적극): 토지소유자가 사업시행자로부터 공익사업법 제73조에 따른 잔여지 가격감소 등으로 인한 손실보상을 받기 위해서는 공익사업법 제34조, 제50조 등에 규정된 재결절차를 거친 다음 그 재결에 대하여 불복이 있는 때에 비로소 공익사업법 제83조 내지 제85조에 따라 권리구제를 받을 수 있을 뿐, 이러한 재결절차를 거치지 않은 채 곧바로 사업시행자를 상대로 손실보상을 청구하는 것은 허용되지 않는다고 봄이 상당하고, 이는 수용대상토지에 대하여 재결절차를 거친 경우에도 마찬가지라 할 것이다(대판 2012. 11. 29, 2011두22587[토지수용보상금증액등]; 대판 2014. 9. 25, 2012두24092[손실보상금]). 잔여지 가격감소 등으로 인한 손실보상액에 대하여 다툼이 있는 경우 수용재결절차를 거친 다음 이의신청 또는 보상금 증감청구소송을 제기하여야 한다.

> **판례2** 잔여 건축물 가격감소 등으로 인한 손실보상에도 재결전치주의가 적용된다고 한 사례(대판 2015. 11. 12, 2015두2963[손실보상금등]).

> **판례3** 공익사업에 영업시설 일부가 편입됨으로 인하여 잔여 영업시설에 손실을 입은 자가 재결절차를 거치지 않은 채 곧바로 사업시행자를 상대로 잔여 영업시설의 손실에 대한 보상을 청구할 수 없다고 한 사례(대판 2018. 7. 20, 2015두4044).

> **판례4** 공익사업으로 인하여 공익사업시행지구 밖에서 영업을 휴업하는 자가 사업시행자로부터 공익사업을 위한 토지 등의 취득 및 보상에 관한 법률 시행규칙 제47조 제1항에 따라 영업손실에 대한 보상을 받기 위해서는, 토지보상법 제34조, 제50조 등에 규정된 재결절차를 거친 다음 그 재결에 대하여 불복이 있는 때에 비로소토지보상법 제83조 내지 제85조에 따라 권리구제를 받을 수 있을 뿐이다. 이러한 재결절차를 거치지 않은 채곧바로 사업시행자를 상대로 손실보상을 청구하는 것은 허용되지 않는다(대판 2019. 11. 28, 2018두227)에 재결을 신청할 것을 청구할 법규상의 신청권이 인정된다고 할 수 없다고 하면서 거부의 처분성을 부정한 사례(대판 2014. 7. 10, 2012두22966[재결신청거부처분취소]).

재결절차를 거쳤는지 여부는 보상항목별로 판단하여야 한다. 피보상자별로 어떤 토지, 물건, 권리 또는 영업이 손실보상대상에 해당하는지, 나아가 보상금액이 얼마인지를 심리·판단하는 기초 단위를 보상항목이라고 한다(대판 2018. 7. 20, 2015두4044).

> **판례** 편입토지·물건 보상, 지장물 보상, 잔여 토지·건축물 손실보상 또는 수용청구의 경우에는 원칙적으로 개별물건별로 하나의 보상항목이 되지만, 잔여 영업시설 손실보상을 포함하는 영업손실보상의 경우에는 '전체적으로 단일한 시설 일체로서의 영업' 자체가 보상항목이 되고, 세부 영업시설이나 영업이익, 휴업기간등은 영업손실보상금 산정에서 고려하는 요소에 불과하다. 그렇다면 영업의 단일성·동일성이 인정되는 범위에서 보상금 산정의 세부요소를 추가로 주장하는 것은 하나의 보상항목 내에서 허용되는 공격방법일 뿐이므로, 별도로 재결절차를 거쳐야 하는 것은 아니다(대판 2018. 7. 20, 2015두

4044; 대판 2020. 4. 9, 2017두275). 원심은, 원고의 일부 청구가 재결절차를 거치지 않아 부적법하다고 보아 소 일부 각하를 하였으나 대법원은, 물건에 대한 손실보상과 달리, 영업손실보상의 경우 '영업 자체'가 손실보상대상에 해당하는지, 나아가 그 보상금액이 얼마인지를 심리·판단하는 기초 단위가 되며, 동일 영업에 관하여 재결절차를 거친 이상, 영업보상금 산정에 영향을 미치는 세부요소를 추가로 주장하는 것은 하나의 보상항목 내에서의 공격방법으로서 허용된다고 판단하여 파기환송하였다.

제 3 절 토지수용위원회의 재결에 대한 불복절차
[2001 입시 약술, 2011 감평, 2020 변시]

토지수용위원회의 재결에 대한 불복절차로 이의신청과 행정소송이 인정된다.

I. 이의신청 [2007 사시 사례, 2016 감평 사례]

1. 의 의

지방토지수용위원회의 재결에 대하여 불복이 있는 자는 당해 지방토지수용위원회를 거쳐 중앙토지수용위원회에, 중앙토지수용위원회의 재결에 대하여 불복이 있는 경우에는 중앙토지수용위원회에 이의신청(異議申請)을 할 수 있다(제83조). 이의신청은 임의절차이다.

2. 성질(행정심판)

이의신청은 행정심판으로서의 성질을 가지며 토지보상법상 이의신청에 관한 규정은 행정심판법에 대한 특별법규정이다.

3. 신 청 인

이의신청을 제기할 수 있는 자는 토지수용위원회의 재결에 대하여 불복이 있는 토지소유자 또는 관계인·사업시행자이다.

4. 신청기간

이의신청은 재결서의 정본을 받은 날부터 30일 이내에 하여야 한다(제83조 제3항).

5. 대 상

이의신청의 대상은 토지수용위원회의 재결이다. 토지수용위원회의 재결은 수용재결부분(토지 등을 수용한다는 결정부분)과 보상재결부분(보상액을 결정하는 부분)으로 분리될 수 있는데, 수용재결부분과 보상재결부분 중 한 부분만에 대하여 불복이 있는 경우에도 토지수용위원회의 재결 자체가 이의신청의 대상이 된다.

6. 이의재결

이의신청을 받은 중앙토지수용위원회는 원재결(原裁決)이 위법 또는 부당한 때에는 그 원재결의 전부 또는 일부를 취소하거나 손실보상액을 변경할 수 있다(제84조 제 1 항). 손실보상액의 변경이라 함은 손실보상액의 증액 또는 감액을 말한다.

행정심판법상 불고불리의 원칙(제47조 제 1 항)과 불이익변경금지의 원칙(제47조 제 2 항)은 토지보상법상 특별한 규정이 없으므로 토지보상법상 이의신청에도 적용된다. 손실보상의 경우에는 증액재결을 할 수 있다는 토지보상법 제50조 제 2 항 단서는 수용재결에 관한 것이고 이의재결에 관한 규정이 아니다.

헌법재판소는 이의재결은 행정심판에 대한 재결의 성격과 함께 관할토지수용위원회가 1차적으로 행한 수용재결을 다시 심의하여 토지수용에 관한 법률관계를 확정하는 재처분적인 성격도 부수적으로 함께 가지는 것으로 본다(헌재 2001. 6. 28, 2000헌바77).

7. 집행부정지

수용재결에 대한 이의신청의 제기는 사업의 진행 및 토지의 수용 또는 사용을 정지시키지 아니한다(제88조).

8. 이의재결의 효력

토지보상법 제 5 조 제 1 항의 규정에 의한 기간 이내에 소송이 제기되지 아니하거나 그 밖의 사유로 이의신청에 대한 재결이 확정된 때에는 민사소송법상의 확정판결이 있은 것으로 보며, 재결서 정본은 집행력 있는 판결의 정본과 동일한 효력을 가진다(제86조 제 1 항). 즉, 민사소송법상 확정판결이 있는 것으로 본다는 것은 확정된 이의재결에 기판력과 집행력을 인정한다는 것이다. 재결서 정본이 "집행력있는 판결의 정본과 동일한 효력을 가진다는 것"은 재결서 정본은 집행문 부여의 효력을 가진다는 것이다. 따라서, 강제집행을 위해 별도로 집행문 부여가 필요하지 않다.

Ⅱ. 행정소송 [2010 사시 사례, 2015 5급 공채]

사업시행자·토지소유자 또는 관계인은 수용재결에 대하여 불복이 있는 때에는 재결서를 받은 날부터 90일 이내에, 이의신청을 거친 때에는 이의신청에 대한 재결서를 받은 날부터 60일 이내에 각각 행정소송을 제기할 수 있다(제85조 제 1 항).

수용재결 또는 이의재결에 대한 불복에는 수용 자체를 다투는 경우와 보상액을 다투는 경우가 있다. 불복이 수용 자체를 다투는 것인 때에는 재결에 대하여 취소소송 또는 무효확인소송을 제기하고, 보상금의 증감을 청구하는 것인 때에는 보상액의 증감을 청구하는 소송을 제기하여야 한다(제85조 제 2 항).

　　토지보상법 제85조 제 1 항은 수용 자체를 다투는 항고소송과 보상액을 다투는 보상금증감청구소송 모두를 규율하는 규정이고, 제85조 제 2 항은 보상금증감청구소송에 관한 규정이다.

1. 취소소송(또는 무효확인소송) [2007 사시 사례]

(1) 의 　 의

　　토지수용위원회의 재결에 대한 불복이 보상금의 증감에 관한 것이 아닌 경우(수용 자체를 다투는 경우)에는 이의재결을 거쳐 취소소송 또는 무효확인소송을 제기하거나 이의신청을 제기함이 없이 직접 취소소송 또는 무효확인소송을 제기할 수 있다.

(2) 대 　 상

　　이의신청 후 이의재결에 불복하여 취소소송을 제기하는 경우에도 이의재결이 아니라 원처분인 수용재결을 대상으로 하여야 한다(원처분주의). 그 이유는 다음과 같다. ① 토지보상법 제85조 제 1 항은 행정소송에 의한 불복의 대상을 "제34조의 규정에 의한 재결" 즉, 수용재결이라 규정하고 있다. ② 이의신청임의주의를 취하고 있다. ③ 이의재결을 대상으로 한다는 명문의 규정이 없으므로 행정소송법 제19조의 일반원칙에 따라 원처분인 수용재결을 대상으로 하여야 한다. 판례도 이러한 입장을 취하고 있다.

> **판례**　토지소유자 등이 수용재결에 불복하여 이의신청을 거친 후 취소소송을 제기하는 경우 피고적격(=수용재결을 한 토지수용위원회) 및 소송대상(=수용재결): 공익사업법 제85조 제 1 항 전문의 문언 내용과 공익사업법 제83조, 제85조가 중앙토지수용위원회에 대한 이의신청을 임의적 절차로 규정하고 있는 점, 행정소송법 제19조 단서가 행정심판에 대한 재결은 재결 자체에 고유한 위법이 있음을 이유로 하는 경우에 한하여 취소소송의 대상으로 삼을 수 있도록 규정하고 있는 점 등을 종합하여 보면, 수용재결에 불복하여 취소소송을 제기하는 때에는 이의신청을 거친 경우에도 수용재결을 한 중앙토지수용위원회 또는 지방토지수용위원회를 피고로 하여 수용재결의 취소를 구하여야 하고, 다만 이의신청에 대한 재결 자체에 고유한 위법이 있음을 이유로 하는 경우에는 그 이의재결을 한 중앙토지수용위원회를 피고로 하여 이의재결의 취소를 구할 수 있다고 보아야 한다(대판 2010. 1. 28, 2008두1504[수용재결취소등]). 〈해설〉 구 토지수용법하에서 판례는 "이의신청의 재결에 대하여 불복이 있을 때에는 재결서가 송달된 날로부터 1월 이내에 행정소송을 제기할 수 있다"라고 규정한 구 토지수용법 제75조의2 제 1 항 본문이 재결주의를 취한 것으로 보았다. 즉, 이의재결을 대상으로 하여 취소소송을 제기하여야 한다고 보았다(대판 1990. 6. 22, 90누1755). 다만, 수용재결처분이 무효인 경우에는 수용재결 자체에 대하여도 무효확인을 소구할 수 있다고 보았다(대판 전원합의체 1993. 1. 19, 91누8050). 이 판례는 전술한 바와 같이 관련법령의 개정으로 현행법하에서는 타당하지 않게 되었다.

　　다만, 이의재결에 고유한 위법이 있는 경우에는 이의재결에 대하여 취소소송을 제기할 수 있다(행정소송법 제19조).

이의신청을 거쳐 제기한 행정소송에서 이의신청사유로 삼지 않은 수용재결의 하자도 주장할 수 있다(대판 2001. 5. 8, 2001두1468).

(3) 제소기간

이의신청을 제기함이 없이 취소소송을 제기하는 경우에는 재결서를 받은 날부터 90일 이내에, 이의신청을 거친 때에는 이의신청에 대한 재결서를 받은 날부터 60일 이내에 제기하여야 한다(제85조 제 1 항). 그러나, 무효확인소송을 제기하는 경우에는 불복제기기간의 제한이 없다고 보아야 한다.

(4) 집행부정지

수용재결에 대한 취소소송의 제기는 사업의 진행 및 토지의 수용 또는 사용을 정지시키지 아니한다(제88조).

2. 보상금증감청구소송 [2015, 2016, 2019, 2020 감평 사례]

(1) 보상금증감청구소송의 의의

보상금증감청구소송은 수용재결 중 보상금에 대하여서만 이의가 있는 경우에 보상금의 증액 또는 감액을 청구하는 소송이다. 토지소유자 또는 관계인은 보상금의 증액을 청구하는 소송(보상금증액청구소송)을 제기하고 사업시행자는 보상액의 감액을 청구하는 소송(보상금감액청구소송)을 제기한다.

보상금증감청구소송에서 법원은 보상금을 직접 결정한다. 보상금증감청구소송은 1990년 4월 7일 구 토지수용법의 개정을 통해 인정되었는데, 이 소송형식이 인정되기 전에는 보상금액만에 다툼이 있는 경우에도 취소소송을 제기하여야 했고, 법원은 보상금을 정하는 이의재결(당시 재결주의이었음)이 위법한 경우 취소판결을 하여야 했고, 토지수용위원회가 다시 보상액을 결정해도 이에 이의가 있을 수 있었다. 이러한 우회적이고 비경제적인 소송제도를 시정하여 분쟁을 일회적으로 조속히 해결하기 위하여 보상금증감청구소송이 도입된 것이다.

(2) 보상금증감청구소송의 인정범위

손실보상금의 증감, 손실보상의 방법(금전보상, 채권보상 등), 보상항목의 인정(잔여지보상 등의 손실보상의 인정 여부), 이전곤란한 물건의 수용보상(제75조 제 1 항), 보상항목의 손실보상대상 인정여부에 대한 판단사항, 보상면적을 다투는 소송이 보상금의 증감에 관한 소송에 속하는 것이라는 점에 대하여는 이견이 거의 없으나, 잔여지수용청구의 경우 토지수용위원회의 재결에 대해 불복하는 경우 보상금증감에 관한 소송을 제기하여야 한다는 것이 판례의 입장이다(전술 참조).

어떤 보상항목이 공익사업을 위한 토지 등의 취득 및 보상에 관한 법령상 손실보상대상에 해당함에도 관할 토지수용위원회가 사실을 오인하거나 법리를 오해함으로써 손실보상대상에 해당하지 않는다고 잘못된 내용의 재결을 한 경우에는, 피보상자는 관할 토지수용위원회를 상대로 그 재결에 대한 취소소송을 제기할 것이 아니라, 사업시행자를 상대로 구 공익사업을 위한 토지 등의 취득 및 보상에 관한 법률 제85조 제 2 항에 따른 보상금증감소송을 제기하여야 한다(대판 2018. 7. 20, 2015두4044; 대판 2019. 11. 28, 2018두227).

(3) 보상금증감청구소송의 피고

보상금증감청구소송은 소송제기자가 토지소유자 또는 관계인인 경우에는 사업시행자를, 소송제기자가 사업시행자인 경우에는 토지소유자 또는 관계인을 피고로 하여 제기하여야 한다(제85조 제 2 항). 토지수용위원회는 보상금증감청구소송의 피고가 아니다.

구 토지수용법하에서는 보상금증감청구소송의 경우 재결청도 피고로 하였으나 보상금증감청구소송에서 실질적으로 이해가 대립되는 것은 사업시행자와 토지소유자 또는 관계인이고 재결청은 직접적인 이해관계가 없음에도 공동피고로 보상금증감청구소송에 포함되어 소송부담이 컸기 때문에 토지보상법은 당사자주의에 충실하기 위하여 재결청을 보상금증감청구소송의 피고에서 제외하였다.

토지수용위원회가 소송당사자에서 제외되었음에도 불구하고 토지수용위원회를 공동피고로 하여 소송을 제기하는 경우에는 변론(답변서 및 준비서면)시 각하 주장을 하면 '피고변경' 또는 토지수용위원회에 대한 '소취하'로 결정된다.

(4) 보상항목들 중 일부에 대한 불복과 법원의 심판 범위 등

피보상자 또는 사업시행자는 재결절차를 거친 여러 보상항목들 중 일부에 대해서만 개별적으로 불복의 사유를 주장하여 행정소송을 제기할 수 있다. 재결에서 정한 보상금액이 일부 보상항목의 경우 과소하고 다른 보상항목의 경우 과다한 것으로 판명되었다면, 법원은 보상항목 상호 간의 유용을 허용하여 항목별로 과다부분과 과소 부분을 합산하여 보상금의 합계액을 정당한 보상금으로 결정할 수 있다(대판 2018. 5. 15, 2017두41221).

[보상항목 유용 법리의 적용이 다투어진 사건] [1] 하나의 재결에서 피보상자별로 여러 가지의 토지, 물건, 권리 또는 영업(이처럼 손실보상 대상에 해당하는지, 나아가 그 보상금액이 얼마인지를 심리·판단하는 기초 단위를 이하 '보상항목'이라고 한다)의 손실에 관하여 심리·판단이 이루어졌을 때, 피보상자 또는 사업시행자가 반드시 재결 전부에 관하여 불복하여야 하는 것은 아니며, 여러 보상항목들 중 일부에 관해서만 불복하는 경우에는 그 부분에 관해서만 개별적으로 불복의 사유를 주장하여 행정소송을 제기할 수 있다. 이러한 보상금 증감 소송에서 법원의 심판범위는 하나의 재결 내에서 소송당사자가 구체적으로 불복신청을 한 보상항목들로 제한된다. 법원이 구체적인 불복신청이 있는 보상항목들에 관해서 감정을 실시하는 등 심리한 결과, 재결에서 정한 보상금액이 일부 보상항목의 경우 과소하고 다른 보상항목의 경우 과다한 것으로 판명되었다면, 법원은 보상항목 상호 간의 유용을 허용하여 항목별로 과다 부분과 과소 부분을 합산하여 보상금의 합계액을 정당한 보상금으로 결정할 수 있

다. [2] 피보상자가 당초 여러 보상항목들에 관해 불복하여 보상금 증액 청구소송을 제기하였으나, 그 중 일부 보상항목에 관해 법원에서 실시한 감정 결과 그 평가액이 재결에서 정한 보상금액보다 적게 나온 경우에는, 피보상자는 해당 보상항목에 관해 불복신청이 이유 없음을 자인하는 진술을 하거나 단순히 불복신청을 철회함으로써 해당 보상항목을 법원의 심판범위에서 제외하여 달라는 소송상 의사표시를 할 수 있다. [3] 한편 사업시행자가 특정 보상항목에 관해 보상금 감액을 청구하는 권리는 공익사업을 위한 토지 등의 취득 및 보상에 관한 법률 제85조 제 1 항 제 1 문에서 정한 제소기간 내에 보상금 감액 청구소송을 제기하는 방식으로 행사함이 원칙이다. 그런데 사업시행자에 대한 위 제소기간이 지나기 전에 피보상자가 이미 위 보상항목을 포함한 여러 보상항목에 관해 불복하여 보상금 증액 청구소송을 제기한 경우에는, 사업시행자로서는 보상항목 유용 법리에 따라 위 소송에서 과다 부분과 과소 부분을 합산하는 방식으로 위보상항목에 대한 정당한 보상금액이 얼마인지 판단 받을 수 있으므로, 굳이 중복하여 동일 보상항목에 관해 불복하는 보상금 감액 청구소송을 별도로 제기하는 대신, 보상금 증감 청구소송에서 보상항목 유용을 허용하는 취지와 피보상자의 보상금 증액 청구소송을 통해 감액 청구권을 실현하려는 기대에서 별도의 보상금 감액청구소송을 제기하지 않았다가, 피보상자가 법원에서 실시한 감정평가액이 재결절차의 그것보다 적게 나오자 그 보상항목을 법원의 심판범위에서 제외하여 달라는 소송상 의사표시를 하는 경우에는, 사업시행자는 그에 대응하여 법원이 피보상자에게 불리하게 나온 보상항목들에 관한 법원의 감정 결과가 정당하다고 인정하는 경우 이를 적용하여 과다하게 산정된 금액을 보상금액에서 공제하는 등으로 과다 부분과 과소 부분을 합산하여 당초 불복신청된 보상항목들 전부에 관하여 정당한 보상금액을 산정하여 달라는 소송상 의사표시를 할 수 있다고 봄이 타당하다. [4] 이러한 법리는 정반대의 상황, 다시 말해 사업시행자가 여러 보상항목들에 관해 불복하여 보상금 감액 청구소송을 제기하였다가 그중 일부 보상항목에 관해 법원 감정 결과가 불리하게 나오자 해당 보상항목에 관한 불복신청을 철회하는 경우에도 마찬가지로 적용될 수 있다(대판 2018. 5. 15, 2017두41221). 〈해설〉 보상금증액청구소송에서 법원감정결과 일부 보상항목에 관한 평가액이 재결에서 정한 보상금액보다 적게 나오면, 소송실무상 원고(피보상자)가 불리한 감정결과가 나온 보상항목에 관한 불복신청을 철회하는 의사표시를 한다. 이러한 의사표시가 청구금액의 감축을 수반하는 경우에는 소 일부 취하에 해당하여 피고(사업시행자)가 동의하는 경우에만 효력이 있다. 반면, 불리한 감정결과가 나온 보상항목에 관한 불복신청을 철회하는 원고(피보상자)의 의사표시가 청구금액의 감축을 수반하지 않는 경우에는 소송상 공격방법의 철회에 해당하여, 피고(사업시행자)의 동의가 필요 없다. 이 경우 원고의 일방적 의사표시만으로는 청구인용금액이 달라지도록 하는 것은 소송상 무기대등의 원칙에 부합하지 않으므로, 피고(사업시행자)에게도 보상항목 유용 법리의 적용을 주장하는 정반대의 의사표시를 소송상 방어방법으로서 주장하는 것이 허용된다는 취지로 판시한 사례이다. 〈사건의 개요〉 가. 원고들은 ① 공익사업부지로 편입되어 수용되는 여러 필지들의 수용보상금과 ② 잔여지의 가격감소 손실보상금(이하 차례로 '①부분', '②부분'이라고 한다)의 증액을 청구하였다. 나. 원고들은 ①부분과 ②부분에 관하여 감정을 신청하였고, 2015. 12. 15. 및 2016. 4. 11. 각감정 결과가 제출되자, 2016. 8. 11. 법원에 '①부분에 관해서는 법원감정액이 재결감정액보다 적어 이 부분의 "증액주장을 철회"하고, ②부분에 관해서는 법원감정액만큼 청구하는 것으로 청구금액을 확장한다.'는 내용의 청구취지 및 원인 변경신청서를 제1심법원에 제출하였고, 이는 2016. 8. 12. 피고에게 송달되었다. 다. 이에 피고는 2016. 8. 25. '①부분의 청구 "철회에 부동의"하며, 법원 감정 결과에 따라 ①부분과 ②부분 상호 간에 보상항목 유용을 허용하여 과다 부분과 과소 부분을 합산하여 정당한 보상액을 산정하여야 한다.'는 내용의 준비서면을 제1심법원에 제출하였고, 이는 같은 날 원고들에게 송달되었다. 라. 제1심은 ①부분과 ②부분 상호 간에 항목 유용을 허용하여 정당한 보상액을 산정하여, 원고 1의 청구는 일부만 인용하고, 원고 2의 청구는 전부 기각하였다. 마. 원심은, 원고들의 2016. 8. 11.자 청구취지 및 원인 변경신청서에 의하여 ①부분에 관하여 소 일부 취하 내지 철회의 효력이 발생함으로써 ①부분이 원심의 심판대상에서 제외되었다고 단정한 후, ①부분이 법원의 심판대상에서 제외되었으므로 ①부분과 ②부분 상호 간에 항목 유용은 허용되지 않는다는 이유로 원고들의 청구를 전부 인용하였다. 바. 대법원은 다음과 같이 판시하였다. [1] 원고들의 ①부분의 '증액주장을 철회'한다는 의사표시는 청구금액의 감축을 수반하는 소 일부 취하라기보다는 단순히 소송상 공격방법인 주장의 철회로 봄이 타당하다. 따라서 이러한 의사표시에 상대방 당사자의 동의를 받을 필요는 없다. [2] 그러나 이에 대하여 피고는 2016. 8. 25.자 준비서면을 통해 '①부분과 ②부분 상호 간에 항목 유용을 허용하여 과다 부분과 과소 부분을 합산하여 정당한 보상액을 산정하여야 한다'고 주장하였다. 이는 만일 법원이 피보상자에게 불리하게 나온 보상항목들에 관한 법원의 감정 결과가 정당하다고 인정한다면, 이를 적용하여 과다하게 산정된 금액을 보상금액에서 공제함으로써 과다 부분과 과소 부분을 합산하여 당초 불복신청된 보상항목들 전부에 관하여 정당한 보상금액을 산정하여 달라는 소송상 의사표시에 해당한다고 봄이 상당하므로, 원심으로서는 이러한 주장의 당부에 관하여 판단하였어야 한다. 그러므로 원심판결 중 피고 패소 부분을 파기하고, 이 부분 사건을 다시 심리·판단하게 하기 위하여 원심법원에 환송하기로 하였다.

(5) 보상금증감청구소송의 대상

1) 수용재결대상설

이의신청을 거쳐 보상금증감청구소송을 제기하는 경우 원처분주의에 따라 이의재결이 아니라 원처분인 수용재결(이의재결에서 일부 인용된 경우 이의재결에 의해 수정된 수용재결)이 소송의 대상이 된다고 보는 견해이다.

2) 보상금에 관한 법률관계대상설

보상금증감청구소송에서는 수용재결이 직접 다투어지는 것이 아니라 보상금에 관한 법률관계가 주된 다툼의 대상이 되고, 특히 현행법에서는 토지수용위원회가 피고에서 제외되므로 원처분주의와 재결주의의 논의는 보상금증감청구소송에서는 불필요한 것으로 보는 견해이다. 보상금증감청구소송에서는 수용재결이 소송의 대상이 되는 것이 아니라 보상금에 관한 법률관계가 소송의 대상이 되며 수용재결은 그 전제로서 다투어지는 것으로 본다.

3) 판   례

현재 실무상 수용재결의 취소도 보상금청구소송에 포함되어 있다고 보지만, 후술하는 보상금증감청구소송에서의 판결에서 보듯이 보상금청구소송의 주된 대상은 보상금의 증감으로 보고 있는 것으로 보인다. 즉, 현재 실무는 보상금증감청구소송의 대상에 관하여 '보상금에 관한 법률관계 대상설'을 취하고 있는 것으로 보인다.[1]

4) 결   어

보상금에 관한 법률관계만이 보상금증감청구소송의 대상이 되는 것으로 보는 것이 타당하다. 재결의 취소는 보상액증감청구소송의 전제로서 행해지는 것에 불과한 것으로 소송상 청구의 본질은 보상금의 증감이며 토지수용위원회가 피고에서 제외되어 있기 때문이다.

---

1) 구법하에서 판례는 구 토지수용법 제48조 제 1 항에 정한 잔여지수용청구에 대한 토지수용위원회의 결정에 대한 불복방법에 관하여 재결(구 토지수용법상에서는 이의재결, 현행 토지보상법상에서는 수용재결(원재결))의 취소 및 보상금의 증액을 구하는 행정소송을 제기하여야 하는 것으로 보고 있다(대판 2004. 9. 24, 2002다68713[매매대금]). 그러나, 상기 판결 후 토지보상법의 개정으로 토지수용위원회가 보상금증감청구소송의 피고에서 빠지는 것으로 되어 상기 판례가 현행법하에서는 그대로 타당하다고 할 수는 없다.

(6) 보상금증감청구소송의 판결

보상금증감청구소송에서 법원은 스스로 보상금의 증감을 결정할 수 있다. 이렇게 법원이 직접 보상금을 결정할 수 있도록 한 것은 신속한 권리구제를 도모하기 위함이다. 증액판결의 경우 주문에서 수용재결을 취소하거나 수용재결의 위법성을 판단하지 않고 재결에서 정한 보상액을 초과하는 부분만의 지급을 명하는 판결을 한다. 감액판결의 경우에는 보상금을 확인하는 판결을 한다.

(7) 보상금증감청구소송의 성질

1) 형식적 당사자소송

토지취득보상법은 재결청을 보상금증감청구소송의 피고에서 제외함으로써 동 소송의 당사자소송으로서의 성질을 강화하였다.

현행 토지보상법하에서의 보상금증감청구소송에서 당사자가 직접 다투는 것은 보상금에 관한 법률관계의 내용이고 그 전제로서 재결의 효력이 심판의 대상이 되는 것이므로 보상금증감청구소송을 형식적 당사자소송(形式的 當事者訴訟)으로 보는 것이 타당하다. 판례는 보상금증감청구소송을 공법상 당사자소송으로 보았다.

> **판례1**　구 토지수용법 제75조의2 제 2 항이 규정하는 보상금의 증감에 관한 소송의 소송종류(=공법상 당사자소송): 구 토지수용법 제75조의2 제 2 항의 규정은 그 제 1 항에 의하여 이의재결에 대하여 불복하는 행정소송을 제기하는 경우, 이것이 보상금의 증감에 관한 소송인 때에는 이의재결에서 정한 보상금이 증액 변경될 것을 전제로 하여 기업자를 상대로 보상금의 지급을 구하는 공법상의 당사자소송을 규정한 것으로 볼 것이다(대판 1991. 11. 26, 91누285[토지수용재결처분취소등]). 〈해설〉 구법하에서의 판결이다.
>
> **판례2**　토지보상법 제85조 제 2 항에 따른 보상금 증액 청구의 소는 토지소유자 등이 사업시행자를 상대로 제기하는 당사자소송의 형식을 취하고 있지만, 토지수용위원회의 재결 중 보상금 산정에 관한 부분에 불복하여 그 증액을 구하는 소이므로 실질적으로는 재결을 다투는 항고소송의 성질을 가진다(대판 전원합의체 2022. 11. 24, 2018두67).

2) 형성소송인가, 확인소송인가, 이행소송인가

가. 형성소송설　　구체적 보상청구권은 보상금을 결정하는 행정결정(수용재결)에 의해 형성되는 것이고, 보상금증감청구소송에서 법원이 재결을 취소하고 정당한 보상액을 확정하는 것도 구체적인 손실보상청구권을 형성하는 것으로 보아야 하므로 보상금증감청구소송은 형성소송이라고 보는 견해이다.

나. 확인소송설　　정당한 보상이란 법에서 구체적으로 정해져 있고, 법원이 객관적으로 확인할 수 있는 것이므로 법원이 손실보상액을 결정하는 것은 손실보상청구권의 형성이 아니라 확인에 불과하다고 본다.

다. 이행소송(급부소송)설　　보상금증액청구소송을 법에서 구체적으로 정하고 있는 보상금의 이행을 청구하는 소송으로 본다.

　라. 결　　　어　　　손실보상금증감청구소송은 재결의 취소를 수반하지만 그 중심은 보상액의 결정에 있고, 보상액은 법정되어 있으므로 형성소송설은 타당하지 않다. 손실보상금증액청구소송은 보상액을 확인하고 그 이행을 명하는 점에서 이행소송(급부소송) 또는 확인·급부소송의 성질을 가지고, 감액청구소송은 보상액을 확인하는 점에서 확인소송의 성질을 가진다고 보아야 할 것이다.

(8) 보상금증감청구소송의 제기기간

　보상금증감청구소송의 제기기간은 수용재결에 대한 취소소송에서와 같이 이의신청을 제기함이 없이 보상금증감청구소송을 제기하는 경우에는 재결서를 받은 날부터 90일 이내이고, 이의신청을 거친 때에는 이의신청에 대한 재결서를 받은 날부터 60일 이내이다(제85조 제 1 항).

(9) 표준공시지가 하자의 승계

　수용보상금의 증액을 구하는 소송에서 선행처분으로서 그 수용대상 토지가격 산정의 기초가 된 비교표준지공시지가결정의 위법을 독립한 사유로 주장할 수 있다는 것이 판례의 견해이다.

> 판례　표준지공시지가결정은 이를 기초로 한 수용재결 등과는 별개의 독립된 처분으로서 서로 독립하여 별개의 법률효과를 목적으로 하지만, 표준지공시지가는 이를 인근 토지의 소유자나 기타 이해관계인에게 개별적으로 고지하도록 되어 있는 것이 아니어서 인근 토지의 소유자 등이 표준지공시지가결정 내용을 알고 있었다고 전제하기가 곤란할 뿐만 아니라, 결정된 표준지공시지가가 공시될 당시 보상금 산정의 기준이 되는 표준지의 인근 토지를 함께 공시하는 것이 아니어서 인근 토지 소유자는 보상금 산정의 기준이 되는 표준지가 어느 토지인지를 알 수 없으므로, 인근 토지 소유자가 표준지의 공시지가가 확정되기 전에 이를 다투는 것은 불가능하다. 더욱이 장차 어떠한 수용재결 등 구체적인 불이익이 현실적으로 나타나게 되었을 경우에 비로소 권리구제의 길을 찾는 것이 우리 국민의 권리의식임을 감안하여 볼 때, 인근 토지소유자 등으로 하여금 결정된 표준지공시지가를 기초로 하여 장차 토지보상 등이 이루어질 것에 대비하여 항상 토지의 가격을 주시하고 표준지공시지가결정이 잘못된 경우 정해진 시정절차를 통하여 이를 시정하도록 요구하는 것은 부당하게 높은 주의의무를 지우는 것이고, 위법한 표준지공시지가결정에 대하여 그 정해진 시정절차를 통하여 시정하도록 요구하지 않았다는 이유로 위법한 표준지공시지가를 기초로 한 수용재결 등 후행 행정처분에서 표준지공시지가결정의 위법을 주장할 수 없도록 하는 것은 수인한도를 넘는 불이익을 강요하는 것으로서 국민의 재산권과 재판받을 권리를 보장한 헌법의 이념에도 부합하는 것이 아니다. 따라서 표준지공시지가결정이 위법한 경우에는 그 자체를 행정소송의 대상이 되는 행정처분으로 보아 그 위법 여부를 다툴 수 있음은 물론, 수용보상금의 증액을 구하는 소송에서도 선행처분으로서 그 수용대상 토지가격 산정의 기초가 된 비교표준지 공시지가결정의 위법을 독립한 사유로 주장할 수 있다(대판 2008. 8. 21, 2007두13845[토지보상금]).

(10) 보상금감액청구소송에서 이의재결에서 증액된 보상금을 공탁하여야 할 시기

> **판례**   사업시행자가 재결에 불복하여 이의신청을 거쳐 행정소송을 제기하는 경우 이의재결에서 증
> 액된 보상금을 공탁하여야 할 시기(時期): 공익사업을 위한 토지 등의 취득 및 보상에 관한 법률 제85
> 조 제 1 항의 규정 및 관련 규정들의 내용, 사업시행자가 행정소송 제기시 증액된 보상금을 공탁하도록
> 한 위 제85조 제 1 항 단서 규정의 입법 취지, 그 규정에 의해 보호되는 보상금을 받을 자의 이익과 그
> 로 인해 제한받게 되는 사업시행자의 재판청구권과의 균형 등을 종합적으로 고려하여 보면, 사업시행
> 자가 재결에 불복하여 이의신청을 거쳐 행정소송을 제기하는 경우에는 원칙적으로 행정소송 제기 전
> 에 이의재결에서 증액된 보상금을 공탁하여야 하지만, 제소 당시 그와 같은 요건을 구비하지 못하였다
> 하여도 사실심 변론종결 당시까지 그 요건을 갖추었다면 그 흠결의 하자는 치유되었다고 본다(대판
> 2008. 2. 15, 2006두9832[토지수용이의재결보상금감액청구]).

(11) 기   타

> **판례**   공익사업법 제85조 제 1 항이 정한 제소기간 내에 일부 청구임을 명시하여 보상금의 증감에
> 관한 소송을 제기하여 전부 승소한 경우 청구취지 확장을 위한 항소의 이익이 인정되는지 여부(소극):
> 공익사업법 제85조 제 1 항이 정한 제소기간 내에 일부 청구임을 명시하여 보상금의 증감에 관한 소송
> 을 제기한 경우, 원고로서는 제소기간이 도과한 후에라도 사실심변론종결시까지는 청구취지를 확장할
> 수 있을 뿐만 아니라 그 확장하는 부분에 해당하는 청구를 별소를 제기하여 구할 수도 있다고 보아야
> 할 것이다. 이와 같은 법리에 의할 때 제소기간 내에 일부 청구임을 명시하여 보상금의 증액에 관한
> 이 사건 소송을 제기한 원고들로서는 제소기간이 도과한 후에라도 사실심변론종결시까지 나머지 부분
> 의 보상금을 구하는 별소를 제기할 수 있다고 할 것이고, 따라서 원고들에게 청구취지 확장을 위한 항
> 소의 이익을 인정할 필요는 없다 할 것이다(대판 2010. 11. 11, 2010두14534[보상금증액]).

3. 청구의 병합 등

① 주위적으로 수용재결취소소송을, 예비적으로 보상금액청구소송을 제기할 수 있다.
② 재결의 고유한 하자를 다투는 이의재결취소소송을 주위적으로, 보상금증액청구소송을
예비적으로 제기할 수 있다. ③ 수용재결 또는 이의재결취소소송을 보상금증액청구소송으
로 소변경을 할 수 있다.

제 4 절   개별법령상 행정청 등의 처분에 의한 보상액결정에 대한 불복

개별법(토지보상법에 대한 특별법)에서 행정청 또는 토지수용위원회가 보상금을 결정하
도록 규정하고, 특별한 불복절차가 규정되지 않은 경우(수산업법 제79조, 도로법 제92조 제 3
항) 개별 법률의 근거가 있어야 보상금증감청구소송이 인정된다는 일반적 견해에 의하면

당해 행정청 등의 보상금의 결정은 처분이므로 행정심판법상의 행정심판 및 행정소송법상의 행정소송(취소소송)의 대상이 된다.

판례1 구 농촌근대화촉진법 제156조(1994. 12. 22. 법률 제4823호 농어촌정비법 부칙에 의하여 삭제) 소정의 농지개량사업 또는 농가주택개량사업의 시행으로 인하여 손실을 받은 이해관계인은 같은 법 제157조 제1항과 제2항에 정한 절차에 따라서 시·도지사에게 손실보상을 청구하고 시·도지사의 결정에 대한 이의에 대한 농림수산부장관의 재결에 대해 불복할 때에는 시·도지사를 상대로 항고소송에 의하여 공법상의 처분인 시·도지사의 결정의 취소를 구하여 그 결과에 따라 손실보상을 받을 수 있을 뿐이고, 곧바로 민사소송으로 농지개량사업 또는 농가주택개량사업의 시행자를 상대로 하여 손실보상금청구를 할 수 없다(대판 1995. 3. 3, 93다55296[농지개량사업 등의 시행으로 인한 손실보상청구]).

판례2 토지가 준용하천의 제외지와 같은 하천구역에 편입된 경우, 토지 소유자는 구 하천법(1999. 2. 8. 법률 제5893호로 전문 개정되기 전의 것) 제74조가 정하는 바에 따라 하천관리청과 협의를 하고 그 협의가 성립되지 아니하거나 협의를 할 수 없을 때에는 관할 토지수용위원회에 재결을 신청하고 그 재결에 불복할 때에는 바로 관할 토지수용위원회를 상대로 재결 자체에 대한 행정소송을 제기하여 그 결과에 따라 손실보상을 받을 수 있을 뿐이고, 같은 법 부칙 제2조 제1항을 준용하여 직접 하천관리청을 상대로 민사소송으로 손실보상을 청구할 수는 없다(대판 2003. 4. 25, 2001두1369[재결신청기각처분취소 등]).

개별법령에서 보상금의 결정과 불복에 관하여 토지보상법을 준용하도록 규정하고 있는 경우에는 보상금결정에 대한 불복소송은 보상금증감청구소송에 의한다. 당사자가 출소기간내에 보상금증감청구소송을 제기하지 않으면 더 이상 보상금을 다툴 수 없다.

제5절 소송에 의한 보상금 결정

개별법에서 손실보상의 원칙만을 규정하고, 보상금결정기관에 관한 규정 등 기타 보상에 관한 규정이 전혀 존재하지 않는 경우에 구체적 손실보상청구권은 법상 이미 발생하였으므로 토지소유자 등은 직접 보상금지급청구소송을 제기할 수 있다. 이 경우 법원이 직접 손실보상액을 결정한다.

손실보상청구권이 공권인가 사권인가에 따라 보상금지급청구소송의 소송형식이 다르다. 손실보상청구권이 공권인 경우 공법상 당사자소송을 제기하여야 하고, 사권인 경우 민사소송을 제기하여야 한다.

① 사 권 설: 손실보상청구권은 원인이 되는 공용침해행위와는 별개의 권리이며 기본적으로 금전지급청구권이므로 사법상의 금전지급청구권과 다르지 않다.

② 공 권 설: 손실보상청구권은 공권력 행사인 공용침해로 인하여 발생한 권리이며 공익성이 고려되어야 하므로 공권으로 보아야 한다.

③ 판   례: 종전 판례는 손실보상청구권을 사권으로 보고 손실보상청구소송을 민사소송으로 보았으나 최근 대법원 전원합의체 판결(2006. 5. 18, 2004다6207[보상청구권확인])은 하천법상 손실보상청구가 민사소송이 아니라 당사자소송의 대상이 된다고 판례를 변경하였다.

> **판례** [1] 하천법 등에서 하천구역으로 편입된 토지에 대하여 손실보상청구권을 규정한 것은 헌법 제23조 제 3 항이 선언하고 있는 손실보상청구권을 구체화한 것으로서, 하천법 그 자체에 의하여 직접 사유지를 국유로 하는 이른바 입법적 수용이라는 국가의 공권력 행사로 인한 토지소유자의 손실을 보상하기 위한 것으로 그 법적 성질은 공법상의 권리이므로, 구 하천법(1984. 12. 31. 법률 제3782호로 개정된 것, 이하 '개정 하천법'이라 한다) 부칙 제 2 조 또는 '법률 제3782호 하천법 중 개정법률 부칙 제 2 조의 규정에 의한 보상청구권의 소멸시효가 만료된 하천구역 편입토지 보상에 관한 특별조치법'(이하 '특별조치법'이라 한다) 제 2 조에 의한 손실보상의 경우에도 이를 둘러싼 쟁송은 공법상의 법률관계를 대상으로 하는 행정소송 절차에 의하여야 할 것이다. [2] 한편, 특별조치법 제 2 조 소정의 손실보상청구권은 1984. 12. 31. 전에 토지가 하천구역으로 된 경우에는 당연히 발생되는 것이지, 관리청의 보상금지급결정에 의하여 비로소 발생하는 것은 아니므로, 행정소송법 제 3 조 제 2 호 후단 소정의 공법상의 법률관계에 관한 소송으로서 그 법률관계의 한쪽 당사자를 피고로 하는 당사자소송에 의하여야 할 것이다(대판 전원합의체 2006. 5. 18, 2004다6207[보상청구권확인]). 〈해설〉 이 판례는 하천법상의 손실보상청구에 한정된 판례가 아니라 일반적으로 손실보상청구권을 사권으로 보고 손실보상청구소송을 민사소송으로 본 종전의 판례를 변경하여 손실보상청구권을 공권으로 보고, 따라서, 손실보상청구소송은 항상 공법상 당사자소송으로 제기하여야 한다고 한 판례이다.

④ 결   어: 손실보상청구권은 공권력 행사로 인하여 발생한 권리이고 공익관련성이 있으므로 공권으로 보는 것이 타당하다.

> **판례1** [1] 제방부지 및 제외지가 법률 제2292호 하천법 개정법률 시행일인 1971. 7. 20.부터 법률 제3782호 하천법 중 개정법률 시행일인 1984. 12. 31. 전에 국유로 된 경우, 명시적인 보상규정이 없더라도 특별조치법 제 2 조를 유추적용하여 소유자에게 손실을 보상하여야 한다. 한편 특별조치법의 입법목적이나 관련 규정의 문언 등에 비추어 위 법에 따른 보상대상이 되는 토지가 등기된 것으로 한정된다고 볼 수 없다. [2] 시·도지사가 하천편입토지 보상 등에 관한 특별조치법(이하 '특별조치법'이라 한다)에 따른 보상청구절차를 통지 또는 공고를 하지 않는 등 보상절차를 진행하지 아니함에 따라 손실보상청구자가 직접 시·도지사를 상대로 행정소송을 제기한 경우에는 보상을 위한 감정평가 당시 가격을 기준으로 보상액을 산정하는 것이 원칙이나, 하천에 편입된 토지의 경우 이용상황이나 해당 토지에 대한 공법상 제한 등에 비추어 가격 변화가 크지 않은 것이 일반적이므로 특별조치법 시행일 이후의 시점을 기준으로 보상액을 산정하더라도 특별한 사정이 없는 한 위법하다고 볼 것은 아니다(대판 2011. 11. 10, 2011두16636[하천편입토지손실보상금]).

> **판례2** [1] 공익사업으로 인하여 영업을 폐지하거나 휴업하는 자가 구 공익사업을 위한 토지 등의 취득 및 보상에 관한 법률 제34조, 제50조 등에 규정된 재결절차를 거치지 않은 채 곧바로 사업시행자를 상대로 영업손실보상을 청구할 수 있는지 여부(소극): 구 공익사업을 위한 토지 등의 취득 및 보상에 관한 법률(2007. 10. 17. 법률 제8665호로 개정되기 전의 것, 이하 '구 공익사업법'이라 한다) 제77조 제 1 항, 제 4 항, 구 공익사업을 위한 토지 등의 취득 및 보상에 관한 법률 시행규칙(2007. 4. 12. 건설교통부령 제556호로 개정되기 전의 것) 제45조, 제46조, 제47조와 구 공익사업법 제26조, 제28조, 제

30조, 제34조, 제50조, 제61조, 제83조 내지 제85조의 규정 내용 및 입법 취지 등을 종합하여 보면, 공익사업으로 인하여 영업을 폐지하거나 휴업하는 자가 사업시행자에게서 구 공익사업법 제77조 제 1 항에 따라 영업손실에 대한 보상을 받기 위해서는 구 공익사업법 제34조, 제50조 등에 규정된 재결절차를 거친 다음 재결에 대하여 불복이 있는 때에 비로소 구 공익사업법 제83조 내지 제85조에 따라 권리구제를 받을 수 있을 뿐, 이러한 재결절차를 거치지 않은 채 곧바로 사업시행자를 상대로 손실보상을 청구하는 것은 허용되지 않는다고 보는 것이 타당하다. [2] 본래의 당사자소송이 부적법하여 각하되는 경우, 행정소송법 제44조, 제10조에 따라 병합된 관련청구소송도 소송요건 흠결로 부적합하여 각하되어야 하는지 여부(적극): 행정소송법 제44조, 제10조에 의한 관련청구소송 병합은 본래의 당사자소송이 적법할 것을 요건으로 하는 것이어서 본래의 당사자소송이 부적법하여 각하되면 그에 병합된 관련청구소송도 소송요건을 흠결하여 부적합하므로 각하되어야 한다. [3] 택지개발사업지구 내에서 화훼소매업을 하던 갑과 을이 재결절차를 거치지 않고 사업시행자를 상대로 주된 청구인 영업손실보상금 청구에 생활대책대상자 선정 관련청구소송을 병합하여 제기한 사안에서, 영업손실보상금청구의 소가 부적법하여 각하되는 이상 생활대책대상자 선정 관련청구소송 역시 부적법하여 각하되어야 한다고 한 사례: 행정소송법 제10조에 의하면, 취소소송에는 사실심의 변론종결시까지 관련청구소송, 즉 당해 처분 등과 관련되는 손해배상·부당이득반환·원상회복 등 청구소송 및 당해 처분과 관련되는 취소소송을 병합하여 제기할 수 있고, 같은 법 제44조는 위 제10조를 당사자소송에도 준용하고 있다. 택지개발사업지구 내 비닐하우스에서 화훼소매업을 하던 갑과 을이 재결절차를 거치지 않고 사업시행자를 상대로 주된 청구인 영업손실보상금 청구에 생활대책대상자 선정 관련청구소송을 병합하여 제기한 사안에서, 영업손실보상금청구의 소가 재결절차를 거치지 않아 부적법하여 각하되는 이상, 이에 병합된 생활대책대상자 선정 관련청구소송 역시 소송요건을 흠결하여 부적법하므로 각하되어야 한다고 한 사례(대판 2011. 9. 29, 2009두10963[영업권보상]).

제 5 장

법률의 근거 없는 수용 또는 보상 없는
공익사업 시행의 경우 손해배상청구

법률에 근거하지 않은 수용은 불법행위를 구성하므로 손해배상청구가 가능하다.

> **판례** **법적 근거 없이 한 징발과 불법행위:** [1] 군사상의 긴급한 필요에 의하여 국민의 재산권을 수용 또는 사용하게 되었던 것이라 할지라도 그 수용 또는 사용이 법률의 근거 없이 이루어진 경우에는 재산권자에 대한 관계에 있어서는 불법행위가 된다. [2] 우리나라 헌법이 재산권의 보장을 명시하였는 만큼 제헌 후 아직 징발에 관한 법률이 제정되기 전에 6.25사변이 발발되었고 그로 인한 사실상의 긴급한 필요에 의하여 국민의 재산권을 수용 또는 사용하게 되었던 것이라 할지라도 그 수용 또는 사용이 법률의 근거 없이 이루어진 것인 경우에는 그것을 재산권자에 대한 관계에 있어서는 불법행위라고 하지 않을 수 없다(대판 1966. 10. 18, 66다1715).

실정법령에 공용침해와 보상에 관한 규정이 있음에도 보상 없이 수용을 하거나 공사를 시행한 행위는 불법행위가 되므로 손해배상청구가 가능하다.

> **판례1** 공유수면매립사업 시행자가 손실보상의무를 이행하지 아니한 채 공사를 시행하여 신고어업자에게 실질적이고 현실적인 침해를 가한 경우, 불법행위의 성립 여부(적극) 및 손해배상의 범위(=손실보상금 상당액)(대판 2000. 5. 26, 99다37382)

> **판례2** 정당한 어업허가를 받고 공유수면매립사업지구 내에서 허가어업에 종사하고 있던 어민들에 대하여 손실보상을 할 의무가 있는 사업시행자가 손실보상의무를 이행하지 아니한 채 공유수면매립공사를 시행함으로써 실질적이고 현실적인 침해를 가한 때에는 불법행위를 구성하는 것이고, 이 경우 허가어업자들이 입게 되는 손해는 그 손실보상금 상당액이다(대판 1999. 11. 23, 98다11529).

> **판례3** 기업자가 토지수용법상 소정의 보상을 함이 없이 수용목적물에 대한 공사를 시행한 경우 토지소유자가 그 손해금의 지급을 구하는 소의 법적 성질: 구토지수용법상 기업자는 토지수용으로 인하여 토지소유자 또는 관계인이 입게 되는 손실을 수용의 시기까지 보상할 의무가 있고 그 보상금의 지급 또는 공탁을 조건으로 수용의 시기에 그 수용목적물에 대한 권리를 취득하게 되는 것이므로 이러한 보상을 함이 없이 수용목적물에 대한 공사를 시행하여 토지소유자 또는 관계인에게 손해를 입혔다면 이는 불법행위를 구성하는 것으로서 이와 같은 불법행위를 주장하여 손해금의 지급을 구하는 소는 손실보상이라는 용어를 사용하였다고 하여도 민사상의 손해배상청구로 보아야 한다(대결 1988. 11. 3, 88

마850[이송결정]). 〈해설〉 사업시행자가 국가나 지방자치단체인 경우라면 국가배상을 청구하여야 할 것이다.

판례4   사업시행자가 토지소유자 및 관계인에게 보상금을 지급하지 아니하고 그 승낙도 받지 아니한 채 미리 공사에 착수하여 영농을 계속할 수 없게 하였다면 이는 공익사업법상 사전보상의 원칙을 위반한 것으로서 위법하다 할 것이므로, 이 경우 사업시행자는 2년분의 영농손실보상금을 지급하는 것과 별도로, 공사의 사전 착공으로 인하여 토지소유자나 관계인이 영농을 할 수 없게 된 때부터 수용개시일까지 입은 손해에 대하여 이를 배상할 책임이 있다(대판 2013. 11. 14, 2011다27103[손해배상등]).

판례5   [지방자치단체가 전통시장 공영주차장 설치사업(공익사업)을 사업인정고시 없이 시행하면서 협의취득한 건물의 임차인들에게 영업손실보상을 하지 않자, 임차인들이 재산상 손해로서 영업손실보상 상당액과 정신적 손해에 대한 위자료를 함께 청구한 사건] (1) 공익사업의 시행자가 토지 및 건물을 협의취득하면서 임차인들에게 영업손실을 보상하지 않고 공사에 착수하였고, 재결신청청구를 거부하여 결과적으로 임차인들이 영업손실보상을 받을 수 없도록 한 경우, 손실보상청구권 침해를 이유로 한 불법행위 및 손해배상책임 성립 여부(적극): 공익사업의 시행자는 해당 공익사업을 위한 공사에 착수하기 이전에 토지소유자와 관계인에게 보상액 전액을 지급하여야 한다(토지보상법 제62조 본문). 공익사업의 시행자가 토지소유자와 관계인에게 보상액을 지급하지 않고 그 승낙도 받지 않은 채 공사에 착수함으로써 토지소유자와 관계인이 손해를 입은 경우, 토지소유자와 관계인에 대하여 불법행위가 성립할 수 있고, 사업시행자는 그로 인한 손해를 배상할 책임을 진다(대법원 1998. 11. 3. 자 88마850 결정; 대법원 2013. 11. 14. 선고 2011다27103 판결 참조). (2) 손해배상책임이 인정된다면, 그 책임의 범위, 특히 위자료청구권의 인정 여부(원칙적 소극): 공익사업의 시행자가 사전보상을 하지 않은 채 공사에 착수함으로써 토지소유자와 관계인이 손해를 입은 경우, 토지소유자와 관계인이 입은 손해는 손실보상청구권이 침해된 데에 따른 손해이므로, 사업시행자가 배상해야 할 손해액은 원칙적으로 손실보상금이다(대법원 1990. 6. 12. 선고 89다카9552 전원합의체 판결; 대법원 2001. 4. 10. 선고 99다38705 판결 참조). 다만 그 과정에서 토지소유자와 관계인에게 손실보상금에 해당하는 손해 외에 별도의 손해가 발생하였다면, 사업시행자는 그 손해를 배상할 책임이 있으나(대법원 2013. 11. 14. 선고 2011다27103 판결 참조), 이와 같은 손해배상책임의 발생과 범위는 이를 주장하는 사람에게 증명책임이 있다. 원고들이 입은 손해는 영업손실 보상청구권의 침해에 따른 것이므로, 그 손해액은 원칙적으로 토지보상법령이 정한 영업손실 보상금이고, 그 밖에 별도의 손해가 발생하였다는 점에 관한 원고들의 구체적인 주장·증명이 없는 한, 손실보상금의 지급이 지연되었다는 사정만으로 손실보상금에 해당하는 손해 외에 원고들에게 별도의 손해가 발생하였다고 볼 수 없다. 영업손실 보상금의 지급 지연에 따른 손해는 그 손해배상금에 대한 지연손해금의 지급으로 보전될 수 있다. 원심은 손실보상금에 해당하는 손해배상금에 대한 지연손해금의 지급을 명하면서도, 동시에 손실보상금의 지급 지연으로 원고들에게 정신적 손해가 발생하였다고 보아 위자료의 지급을 명하고 있는데, 이는 중복배상에 해당할 수 있다. 재산적 손해배상으로 회복할 수 없는 정신적 손해가 있다는 사정에 관하여는 이를 주장하는 사람에게 그 증명책임이 있다. 손실보상금의 지급이 지연되었다는 사정만으로는 정신적 손해의 발생사실이 증명되었다고 볼 수는 없으므로, 재산적 손해 외에 별도로 정신적 고통을 받았다는 사정에 대하여 원고들이 증명을 해야 하나, 이 사건에서 이에 대한 원고들의 증명이 충분하지 않다. (3) 인천광역시 계양구(피고)는 전통시장에 공영주차장을 설치하는 사업을 시행하였는데, 일정 면적 이하의 주차장의 경우 도시·군계획시설로 지정하지 않고도 설치가 가능하다는 구 국토계획법령을 이유로 토지보상법에 따른 사업인정절차를 거치지 않고 사업부지를 매매로 취득하였음. 피고는 위 사업이 토지보상법상 공익사업에 해당하지 않는다는 이유로 사업부지 지상 각 건물의 임차인들인 원고들에게 보상을 거절하였고, 원고들의 재결신청청구도 거부하였으며, 원고들에게 영업손실보상금을 지급하지 않은 채 공사에 착수하였음. 원고들은 재결신청청구거부처분 취소청구의 소를 제기하였으나, 사업인정고시가 없어 재결신청을 할 수 없다는 이유로 원고들의 청구를 기각하는 판결이 확정되었음. 이에 원고들이 피고를 상대로 영업손실보상에 대한 재산적 손해배상 및 정신적 손해에 대한 위자료의 지급을 구하는 손해배상청구 소송을 제기한 사례(대판 2021. 11. 11, 2018다204022). 원심은, 이 사건 사업이 토지보상법상 공익사업에 해당한다고 보고, 피고는 토지보상법에 따라 원고들에게 영업손실을 보상할 의무가 있음에도 손실보상절차를 이행하지 않아 손해를 입힌 것이 불법행위를 구성한다고 보아 손해배상책임의 성립을 인정하였고, 손해배상액으로 토지보상법령에 따른 휴업손실보상금 상당액과 정신적 손해에 관한 위자료(각 700만 원)도 인정하였음. 대법원은, ① 토지보상법상 공익사업에 해당하는 한 사업인정고시가 없더라도 토지보상법 중 사업인정이나 수용을 전제로 하지 않는 규정이 적용될 수 있다고 보아 영업손실보상에 관한 토지보상법 규정이 이 사건에 적용된다고 보았고, ② 피고는 영업손실보상금을 지급하기 전 원고들의 승낙 없이 공사에 착수하였고, 나아가 원고들의 협의요청을 거부하였을 뿐 아니라 재결신청 청구도 거부하여 원고들로 하여금 재결절차 등을 통하여 영업손실보상을 받을 수 없도록 하였으므로, 원고들에게 손실보상청구권을 침해한 손해를 배상할 책임이 있다고 보았으며, ③ 손해배상책임의 범위와 관련하여 재산상 손해로서 영업손실보상금 상당액을 인정하였으나, 영업손실보상금의 지급 지연 등의 사정만으로는 원고들에게 정신적 손해가 있다고 보기 어렵고, 그 외에 정신적 손해의 발생사실이 증명되었다고 볼 수 없다는 이유로 피고에게 위자료 지급책임이 있다고 볼 수 없다고 판단함.

　　판례는 보상 없이 타인의 토지를 점유·사용하는 것은 법률상 원인없이 이득을 얻은 대에 해당한다고 본다(대판 2016. 6. 23, 2016다206369).

판례1　농지개량사업 시행지역 내의 토지 등 소유자가 토지사용에 관한 승낙을 하였더라도 그에 대한 정당한 보상을 받은 바가 없다면 농지개량사업 시행자는 토지 소유자 및 승계인에 대하여 보상할 의무가 있고, 그러한 보상 없이 타인의 토지를 점유·사용하는 것은 법률상 원인 없이 이득을 얻은 때에 해당한다(대판 2016. 6. 23, 2016다206369).

판례2　구 군사시설보호법(2007. 12. 21. 법률 제8733호 군사기지 및 군사시설 보호법 부칙 제 2 조로 폐지)과 군사기지 및 군사시설 보호법의 입법 취지와 규정 내용, 통제보호구역의 지정 목적과 그 범위 및 통제보호구역 내에서의 행위의 제한 등에 관한 규정 등을 종합하여 보면, 특정 토지가 통제보호구역으로 지정됨으로써 토지소유자의 출입 및 토지의 용도에 따른 사용·수익이 제한될 수 있다는 사정만으로는 국가가 계속적으로 그 토지를 점유·사용하는 것이 허용된다고 할 수 없고, 또한 국가가 그 토지를 점유·사용하면서 실질적인 이익을 얻고 있다고 보기 어려울 것이다. 한편 국가가 그 토지 위에 군사시설 등을 설치하여 그 부지 등으로 계속적, 배타적으로 점유·사용하는 경우에는, 국가가 그 토지를 점유·사용할 수 있는 정당한 권원이 있음을 주장·증명하지 아니하는 이상, 그 토지에 관하여 차임 상당의 이익을 얻고 이로 인하여 원고에게 동액 상당의 손해를 주고 있다고 봄이 타당하므로, 국가는 토지소유자에게 차임 상당의 이득을 부당이득금으로 반환할 의무가 있다(대판 2012. 12. 26, 2011다73144).

판례3　토지의 상공에 고압전선이 통과하게 됨으로써 토지소유자가 토지 상공의 사용·수익을 제한받게 되는 경우, 특별한 사정이 없는 한 고압전선의 소유자는 토지소유자의 사용·수익이 제한되는 상공 부분에 대한 차임 상당의 부당이득을 얻고 있으므로, 토지소유자는 이에 대한 반환을 구할 수 있다. 이때 토지소유자의 사용·수익이 제한되는 상공의 범위에는 고압전선이 통과하는 부분뿐만 아니라 관계 법령에서 고압전선과 건조물 사이에 일정한 거리를 유지하도록 규정하고 있는 경우 그 거리 내의 부분도 포함된다. 한편 고압전선의 소유자가 해당 토지 상공에 관하여 일정한 사용권원을 취득한 경우, 그 양적 범위가 토지소유자의 사용·수익이 제한되는 상공의 범위에 미치지 못한다면, 사용·수익이 제한되는 상공 중 사용권원을 취득하지 못한 부분에 대해서 고압전선의 소유자는 특별한 사정이 없는 한 차임 상당의 부당이득을 토지소유자에게 반환할 의무를 부담한다(대판 2022. 11. 30, 2017다257043).

이에 따라 정당한 권원없이 도로부지에 편입된 사유토지의 소유자는 미보상용지에 대하여 부당이득반환청구소송을 제기할 수 있다.

미보상용지의 발생원인은 둘로 나뉜다. 하나는 사업시행자가 법률상의 토지수용절차를 정상적으로 거쳤으나 토지 소유자의 보상금 불만에 따른 수령 거부, 소유자 확인 불능, 소유자 거주지 확인불능 등으로 인해 보상금이 정상적으로 지불되지 못한 경우이다. 다른 하나는 국가 등이 수용절차를 거치지 않고 보상 없이 민간 토지를 도로, 하천 등 공익용 도로 점유·사용한 경우이다.

그러나, 소유자가 그 토지에 대한 독점적·배타적인 사용·수익권을 포기한 것으로 볼 수 있다면, 특별한 사정이 없는 한 그로 인해 토지 소유자에게 어떤 손해가 생긴다고 볼 수 없으므로, 토지 소유자는 그 타인을 상대로 부당이득반환을 청구할 수 없다는 것이 판례의 입장이다(대판 전원합의체 2019. 1. 24, 2016다264556[시설물철거및토지인도청구의소]).

4회 1. A시는 도로건설용지로 사용하기 위하여 甲 소유토지 1,000제곱미터를 수용하기 위하여 재결을 신청하였다. 이에 관할토지수용위원회는 1993년 8월 20일자로 보상재결을 하려고 한다. 이 경우 수용위원회가 재결을 함에 있어서 적용할 현행법상의 보상기준에 대하여 논하고, 그 보상기준과 정당보상과의 관계를 언급하라. (50점)

3. 「공익사업을 위한 토지 등의 취득 및 보상에 관한 법률」이 규정하고 있는 생활보상적 성격을 지닌 보상에 대하여 설명하라. (20점)

8회 1. 법률이 공익목적을 위하여 재산권의 수용, 사용 또는 제한을 규정하고 있으면서도, 그에 따른 보상규정을 두고 있지 않은 경우, 재산권을 침해당한 자가 보상을 청구할 수 있는지 여부가 헌법 제23조 제 3 항의 정당한 보상과의 관련하여 문제 된다. 이 문제에 관한 해결 방법을 논하라. (50점)

9회 1. 택지개발사업이 시행되는 지역에 농지 4,000제곱미터를 소유하고 있던 甲은 보상금으로 사업주변지역에서 같은 면적의 농지를 대토하고자 하였다. 이 지역의 농지가격수준은 사업이 시행되기 이전만 하더라도 주변지역과 같게 형성되고 있었다. 그러나 당해 사업으로 인해 주변지역의 지가가 상승하여 甲은 보상금으로 3,000제곱미터밖에 매입할 수 없었다. (40점)
   (1) 甲이 받은 보상은 정당보상에 해당한다고 볼 수 있는가?
   (2) 甲과 사업주변지역 토지소유자와의 불공평관계에서 나타나는 문제점과 개선대책은?

2. 「공익사업을 위한 토지 등의 취득 및 보상에 관한 법률 시행규칙」(이하 "토지보상법 시행규칙"이라 한다.) 제23조는 공법상 제한을 받는 토지를 평가할 때에는, 제한받는 상태대로 평가하도록 규정하고 있다. 이와 같은 기준에 의거하여 토지를 평가하도록 하는 이론적 근거에 대하여 설명하시오. (20점)

11회 3. 공공사업의 시행으로 인하여 공공사업지구 밖에서 발생한 피해에 대한 보상의 이론적 근거, 실제유형과 보상의 한계에 대하여 논술하시오. (20점)

12회 1. 토지수용법 제46조는 다음과 같이 규정하고 있다. 이 규정과 관련하여 아래의 물음에 답하시오.

제46조(산정의 시기 및 방법)

① 손실액의 산정은 제25조 제1항의 규정에 의한 협의의 경우에는 협의성립 당시의 가격을 기준으로 하고 제29조의 규정에 의한 재결의 경우에는 수용 또는 사용의 재결 당시의 가격을 기준으로 한다.

② 제1항의 규정에 의한 보상액의 산정방법은 다음 각 호와 같다.

1. 협의취득 또는 수용하여야 할 토지에 대하여는 지가공시및토지등의평가에관한법률에 의한 공시지가를 기준으로 하되, 그 공시기준일로부터 협의성립시 또는 재결시까지의 관계법령에 의한 당해 토지의 이용계획, 당해 공익사업으로 인한 지가의 변동이 없는 지역의 대통령령이 정하는 지가변동률, 도매물가상승률 기타 당해 토지의 위치·형상·환경·이용상황 등을 참작하여 평가한 적정가격으로 보상액을 정한다.

2. 사용하여야 할 토지에 대하여는 그 토지 및 인근토지의 지료·임대료 등을 참작한 적정가격으로 보상액을 정한다.

③ 제2항의 규정에 의한 공시지가는 제16조의 규정에 의한 사업인정고시일전의 시점을 공시기준일로 하는 공시지가로서 당해 토지의 협의성립 또는 재결 당시 공시된 공시지가 중 당해 사업인정고시일에 가장 근접한 시점에 공시된 공시지가로 한다.

(1) 토지수용법 제46조 제2항 제1호 및 제3항의 입법취지에 대하여 설명하시오. (10점)

(2) 토지수용법 제46조 제2항이나 지가공시및토지등의평가에관한법률 등에 의하여 손실보상액을 산정함에 있어, 보상선례를 참작할 수 있는가에 대하여 설명하시오. (10점)

(3) 토지수용법 제46조에서 규정하는 산정방법에 의하여 보상액을 산정하는 것이 정당보상에 합치되는지 논하시오. (10점)

2. 기업자 甲이 산업단지를 조성하기 위해 매립·간척사업을 시행하게 됨에 따라 해당지역에서 수산업법 제44조의 규정에 의한 신고를 하고 어업에 종사해 온 乙은 더 이상 신고한 어업에 종사하지 못하게 되었다. 그러나 甲은 乙에게 수산업법 제81조 제1항 제1호의 규정에 의한 손실보상을 하지 아니 하고 공유수면매립사업을 시행하였다. 이 경우 乙의 권리구제방법은? (30점)

14회 2. 손실보상에 있어서 사회적 제약과 특별한 희생의 구별기준에 관하여 경계이론과 분리이론의 입장을 설명하시오. (20점)

3. 공공사업으로 인한 소음, 진동, 먼지 등에 의한 간접침해의 구제수단을 설명하시오. (20점)

15회 3. 생활보상에 관하여 약술하시오. (20점)

18회 1. 甲은 A道의 일정지역에서 20년 이상 제조업을 운영하여 왔다.

A도지사는 「(가칭)청정자연보호구역의 지정 및 관리에 관한 법률」을 근거로 甲의 공장이 포함되는 B지역 일대를 청정자연보호구역으로 지정하였다. 그 결과 B지역 내의 모든 제조업자들은 법령상 강화된 폐수 배출허용기준을 준수하여야 한다. 이에 대하여 甲은 변경된 기준을 준수하는 것이 기술적으로 어려울 뿐만 아니라 수질정화시설을 갖추는 데 과도한

비용이 소요되므로 이는 재산권의 수용에 해당하는 것으로 손실보상이 주어져야 한다고 주장한다.

   (1) 사례와 같은 甲 재산권의 규제에 대한 보상규정이 위 법률에 결여되어 있는 경우 甲 주장의 타당성을 검토하시오. (20점)

   (2) 사례와 같은 재산권 침해 논란을 입법적으로 해결할 필요가 있는 경우 도입할 수 있는 '현금보상이나 채권보상 이외의 보상방법' 및 '기타 손실을 완화할 수 있는 제도에 관하여 검토하시오. (20점)

3. 공부상 지목이 과수원(果)으로 되어 있는 토지의 소유자 甲은 토지상에 식재되어 있던 사과나무가 이미 폐목이 되어 과수농사를 할 수 없는 상태에서 사과나무를 베어내고 인삼밭 (田)으로 사용하여 왔다. 또한 甲은 이 토지의 일부에 토지의 형질변경허가 및 건축허가를 받지 않고 2005년 8월 26일 임의로 지상 3층 건물을 건축하고, 영업허가 등의 절차 없이 식당을 운영하고 있다.

   (1) 2007년 5월 25일 甲의 토지를 대상으로 하는 공익사업이 인정되어 사업시행자가 甲에게 토지의 협의매수를 요청하였지만 甲은 식당영업에 대한 손실보상을 추가로 요구하면서 이를 거부하고 있다. 甲의 식당영업손실 보상에 관한 주장이 타당한지에 대하여 논하시오. (15점)

   (2) 위 토지 및 지장물에 대한 보상평가기준에 대하여 설명하시오. (15점)

20회 1. A시는 도시개발사업을 하면서 주거를 상실하는 주거자에 대한 이주대책을 수립하였다. 이주대책의 주요내용은 다음과 같다. 이를 근거로 다음 물음에 답하시오. (45점)

> ○ 기준일 이전부터 사업구역내 자기 토지상 주택을 소유하고 협의계약 체결일까지 당해 주택에 계속 거주한 자가 보상에 합의하고 자진 이주한 경우 사업구역내 분양아파트를 공급한다.
> ○ 분양아파트를 공급받지 않은 이주자에게는 이주정착금을 지급한다.
> ○ 무허가 건축물 대장에 등록된 건축물 소유자는 이주대책에서 제외한다.

   (1) 이주대책의 이론적 및 헌법적 근거를 설명하시오. (5점)

   (2) 주택소유자 甲이 보상에 합의하고 자진 이주하지 아니한 경우에도 이주대책에 의한 분양아파트의 공급 혹은 이주정착금의 지급을 요구할 수 있는지의 여부를 검토하시오. (20점)

   (3) 무허가건축물대장에 등록되지 않은 건축물 소유자 乙이 당해 건축물이 무허가 건축물이라는 이유로 이주대책에서 제외된 경우에 권리구제를 위하여 다툴 수 있는 근거와 소송방법에 관하여 검토하시오. (20점)

2. 甲은 하천부지에 임시창고를 설치하기 위하여 관할청에 하천점용허가를 신청하였다. 이에 관할청은 허가기간 만료시에 위 창고건물을 철거하여 원상복구할 것을 조건으로 이를 허가하였다. 다음 물음에 답하시오. (30점)

(1) 甲은 위 조건에 대하여 취소소송으로 다툴 수 있는지 검토하시오. (20점)

(2) 甲은 창고건물철거에 따른 손실보상을 청구할 수 있는지 검토하시오. (10점)

22회 1. A군에 사는 甲은 국토의 계획 및 이용에 관한 법률에 따라 지정된 개발제한구역 내에 과수원을 경영하고 있다. 甲은 영농의 편의를 위해 동 과수원 토지 내에 작은 소로(小路)를 개설하고, 종종 이웃 주민의 통행에도 제공해 왔다. A군은 甲의 과수원 부지가 속한 일단의 토지에 폐기물처리장을 건설하고자 하는 乙을 폐기물관리법에 따라 폐기물처리장 건설사업자로 지정하면서 동 처리장건설사업실시계획을 승인하였다. 甲과 乙 간에 甲 토지에 대한 협의매수가 성립되지 않아 乙은 甲 토지에 대한 수용재결을 신청하고, 관할 지방토지수용위원회의 수용재결을 받았다. 동 수용재결에서는 "사실상의 사도(私道)의 부지는 인근 토지에 대한 평가액의 3분의 1 이내로 평가한다."고 규정하고 있는 토지 등의 취득 및 보상에 관한 법률 시행규칙(이하 "토지보상법시행규칙") 제26조 제1항 제2호의 규정에 따라, 甲의 토지를 인근토지가에 비하여 3분의 1의 가격으로 평가하였다. 이 수용재결에 대하여 이의가 있는 甲은 적절한 권리구제 수단을 강구하고자 한다. 다음의 물음에 답하시오.

(2) 甲이 제기한 쟁송에서 피고 측은 甲의 토지에 대한 보상액이 낮게 평가된 것은 토지보상법시행규칙 제26조 제1항 제2호의 규정에 의한 것으로서 적법하다고 주장한다. 피고의 주장에 대해 법적으로 판단하시오. (15점)

(3) 甲은 토지보상법시행규칙 제26조 제1항 제2호의 규정은 헌법 제23조상의 재산권보장 및 정당보상원칙을 위배하여 위헌적인 것이라고 주장한다. 甲의 주장을 관철할 수 있는 법적 수단을 설명하시오. (15점)

24회 1. 甲은 S시에 600㎡의 토지를 소유하고 있다. S시장 乙은 2002년 5월 「국토의 계획 및 이용에 관한 법률」에 의거하여 수립한 도시관리계획으로 甲의 토지가 포함된 일대에 대하여 공원구역으로 지정하였다가 2006년 5월 민원에 따라 甲의 토지를 주거지역으로 변경지정하였다. 乙은 2010년 3월 정부의 녹색도시조성 시책에 부응하여 도시근린공원을 조성하고자 甲의 토지에 대하여 녹지지역으로 재지정하였다. 다음 물음에 답하시오. (40점)

(1) 甲은 乙이 2010년 3월 그의 토지에 대하여 녹지지역으로 재지정한 것은 신뢰보호의 원칙에 위배될 뿐만 아니라 당해 토지 일대의 이용상황을 고려하지 아니한 결정이었다고 주장하며, 녹지지역 지정을 해제할 것을 요구하고자 한다. 甲의 주장이 법적으로 관철될 수 있는가에 대하여 논하시오. (20점)

(2) 乙은 공원조성사업을 추진하기 위하여 甲의 토지를 수용하였는데, 보상금산정시 녹지지역을 기준으로 감정평가한 금액을 적용하였다. 그 적법성여부를 논하시오. (20점)

26회 3. 甲은 C시 소재 전(田) 700㎡(이하 '이 사건 토지'라고 한다)의 소유자로서, 여관 신축을 위하여 부지를 조성하였는데, 진입로 개설비용 3억원, 옹벽공사비용 9천만원, 토목설계비용 2천만원, 토지형질변경비용 1천만원을 각 지출하였다. 그런데 건축허가를 받기 전에 국토교통부장관이 시행하는 고속도로건설공사에 대한 사업인정이 2014년 7월 15일 고시되어 이 사건 토지 중 500㎡(이하 '이 사건 수용 대상토지 '라고 한다)가 공익사업시행지구에 편입되었고, 2015년 7월 17일 관할 토지수용위원회에서 수용재결이 있었다. 그 결과 이 사건 토지에서 이 사건 수용 대상토지를 제외한 나머지 200㎡(이하 '이 사건 나머지 토지 '라고 한다)는 더 이상 여관 신축의 용도로는 사용할 수 없게 되어 그 부지조성 비용은 이 사건 나머지 토지의 정상적인 용도에 비추어 보았을 때에는 쓸모없는 지출이 되고 말았다. 이에 甲은 이 사건 나머지 토지에 들인 부지조성 비용에 관하여 손실보상의 지급을 청구하고자 한다. 다음 물음에 답하시오. (20점)

(1) 위 청구권의 법적 근거에 관하여 설명하시오. (10점)

(2) 甲은 다른 절차를 거치지 않고 바로 국가를 상대로 손실보상을 청구하는 소송을 제기할 수 있는가? (10점)

28회 **1.** 甲은 A시의 관할구역 내 X토지를 소유하고 있다. A시는 그동안 조선업의 지속적인 발전으로 다수의 인구가 거주하였으나 최근 세계적인 불황으로 인구가 급격하게 감소하고 있다. 국토교통부장관은 A시를 국제관광 특구로 발전시킬 목적으로 「기업도시개발 특별법」이 정하는 바에 따라 X토지가 포함된 일단의 토지를 기업도시개발구역으로 지정하고, 개발사업시행자인 乙이 작성한 기업도시개발계획(동법 제14조 제 2 항에 따른 X토지 그 밖의 수용 대상이 되는 토지의 세부목록 포함. 이하 같다)을 승인·고시 하였다. 乙은 협의취득에 관한 제반 절차를 준수하여 X토지에 대한 수용재결을 신청하였고 중앙토지수용위원회는 그 신청에 따른 수용재결을 하였다. 다음 물음에 답하시오. (40점)

(3) 중앙토지수용위원회는 보상금을 산정하면서, X토지는 그 용도지역이 제 1 종 일반주거지역이기는 하지만 기업도시개발사업의 시행을 위해서 제 3 종 일반주거지역으로 변경되지 않은 사정이 인정되므로 제 3 종 일반주거지역으로 변경이 이루어진 상태를 상정하여 토지가격을 평가한다고 설시하였다. 이에 대해 乙은 X토지를 제 1 종 일반주거지역이 아닌 제 3 종 일반주거지역으로 평가한 것은 공법상 제한을 받는 토지에 대한 보상금 산정에 위법이 있다고 주장하면서 보상금감액청구소송을 제기하고자 한다. 乙의 소송상 청구가 인용될 수 있는 가능성에 관하여 설명하시오. (단, 소송요건은 충족된 것으로 본다.) (10점)

2. 도지사 A는 "X국가산업단지 내 국도 대체우회도로개설사업"(이하 '이 사건 개발사업'이라 함)의 실시계획을 승인·고시하고, 사업시행자로 B시장을 지정하였다. B시의 시장은 이 사건 개발사업을 시행함에 있어 사업시행으로 인하여 건물이 철거되는 이주대상자를 위한 이주대책을 수립하면서 훈령의 형식으로 'B시 이주민지원규정'을 마련하였다.

위 지원규정에서는 ① 이주대책대상자 선정과 관련하여, 「공익사업을 위한 토지 등의 취득 및 보상에 관한 법률」 및 그 시행령이 정하고 있는 이주대책대상자 요건 외에 '전세대원이 사업구역 내 주택 외 무주택'이라는 요건을 추가적으로 규정하는 한편, ② B시의 이주택지 지급 대상에 관하여, 과거 건축물양성화기준일 이전 건물의 거주자의 경우 소지가(조성되지 아니한 상태에서의 토지가격) 분양대상자로, 기준일 이후 건물의 거주자의 경우 일반우선 분양대상자로 구분하고 있는 바, 소지가 분양대상자의 경우 1세대당 상업용지 3평을 일반분양가로 추가 분양하도록 하고, 일반우선분양대상자의 경우 1세대 1필지 이주택지를 일반분양가로 우선분양할 수 있도록 하고 있다.

B시의 시장은 이주대책을 실시하면서 이 사건 개발사업 구역 내에 거주하는 甲과 乙에 대하여, 甲은 공익사업을 위한 토지 등의 취득 및 보상에 관한 법령이 정한 이주대책대상자에 해당됨에도 위 ①에서 정하는 요건을 이유로 이주대책대상자에서 배제하는 부적격 통보를 하였고, 소지가 분양대상자로 신청한 乙에 대해서는 위 지원규정을 적용하여 소지가 분양대상이 아닌 일반우선분양대상자로 선정하고, 이를 공고하였다. 다음 물음에 답하시오. (30점)

(1) 甲은 'B시 이주민지원규정'에서 정한 추가적 요건을 이유로 자신을 이주대책대상자에서 배제한 것은 위법하다고 주장한다. 甲의 주장이 타당한지에 관하여 설명하시오. (15점)

(2) 乙은 자신을 소지가 분양대상자가 아닌 일반우선 분양대상자로 선정한 것은 위법하다고 보아 이를 소송으로 다투려고 한다. 乙이 제기하여야 하는 소송의 형식을 설명하시오. (15점)

3. 지목은 대(垈)이지만 그 현황이 인근 주민의 통행에 제공된 사실상 도로인 토지를 대상으로 「도시 및 주거환경 정비법」에 따른 매도청구권을 행사하는 경우와 「공익사업을 위한 토지 등의 취득 및 보상에 관한 법률」에 따른 수용재결이 행하여지는 경우에 관하여 다음 물음에 답하시오. (20점)

(1) 매도청구권 행사에 따른 쟁송절차와 수용재결에 따른 보상금을 다투는 쟁송절차의 차이점을 설명하시오. (10점)

(2) 토지의 감정평가방법과 그 기준에 있어 매도청구권이 행사되는 경우와 수용재결이 행하여지는 경우의 차이점을 설명하시오. (10점)

4. 甲 소유의 토지를 포함하는 일단의 토지가 「공공토지의 비축에 관한 법률」에 따라 X읍－Y읍간 도로사업용지 비축사업(이하 '이 사건 비축사업'이라 함) 지역으로 지정되었고, 한국토지주택공사를 사업시행자로 하여 2014.3.31. 이사건 비축사업에 대하여 「공익사업을 위한 토지 등의 취득 및 보상에 관한 법률」에 따른 사업인정 고시가 있었다. 한편, 관할 도지사는 X읍－Z읍간 도로확포장공사와 관련하여 2016.5.1. 도로구역을 결정·고시하였는데, 甲의 토지는 도로확포장공사가 시행되는 도로구역 인근에 위치하고 있다. 이후 이 사건 비축사업을 위하여 甲 소유의 토지에 대해서 2016.7.5. 관할 토지수용위원회의 수용재결이 있었던 바, 위 도로확포장공사로 인하여 상승된 토지가격이 반영되지 않은 감정평가가격으로 보상금이 결정되었다. 이에 甲은 도로확포장공사로 인한 개발이익이 배제된 보상금 결정은 위법하다고 주장하는바, 甲의 주장이 타당한지에 관하여 설명하시오. (10점)

29회 1. A도 도지사 甲은 도내의 심각한 주차난을 해결하기 위하여 A도내 B시 일대 40,000㎡(이하 '이 사건 공익사업구역'이라 함)를 공영주차장으로 사용하고자 사업계획을 수립하고 「공익사업을 위한 토지 등의 취득 및 보상에 관한 법률」(이하 '토지보상법'이라 함)에 따른 절차를 거쳐, 국토교통부장관의 사업인정을 받고 이를 고시하였다. 이후 甲은 이 사건 공익사업구역 내 주택 세입자 乙 등이 이 사건 공익사업이 시행되는 동안 임시로 거주할 수 있도록 B시에 임대아파트를 건립하여 세입자에게 제공하는 등 이주대책을 수립·시행하였다. 한편, 乙은 「공익사업을 위한 토지 등의 취득 및 보상에 관한 법률 시행규칙」(이하 '토지보상법 시행규칙'이라 함) 제54조 제 2 항에 해당하는 세입자이다. 다음 물음에 답하시오. (40점)

(1) 乙은 토지보상법 시행규칙에 따른 주거이전비를 받을 수 있는 권리를 포기한다는 취지의 '임대아파트 입주에 따른 주거이전비 포기각서'를 甲에게 제출하고 위 임대아파트에 입주하였지만, 이후 관련 법령이 임대아파트와 같은 임시수용시설 등을 제공받는 자를 주거이전비 지급대상에서 배제하지 않고 있는 점을 알게 되었다. 이에 乙은 위 포기각서를 무시하고 토지보상법 시행규칙상의 주거이전비를 청구하였다. 乙의 주거이 전비 청구의 인용여부에 관하여 논하시오. (30점)

(2) 한편, 丙은 이 사건 공익사업구역 밖에서 음식점을 경영하고 있었는데, 이 사건공익사업으로 인하여 자신의 음식점의 주출입로가 단절되어 일정 기간 휴업을 할 수 밖에 없게 되었다. 이때, 丙은 토지보상법령상 보상을 받을 수 있는가? (10점)

[30회] 2. 甲은 골프장을 보유·운영해 왔는데, 그 전체 부지 1,000,000㎡ 중 100,000㎡가 도로건설 사업부지로 편입되었고, 골프장은 계속 운영되고 있다. 위 사업부지로 편입된 부지 위에는 오수처리시설이 있었는데, 수용재결에서는 그 이전에 필요한 비용으로 1억원의 보상금을 산정하였다. 다음 물음에 답하시오. (30점)

(1) 甲은 골프장 잔여시설이 종전과 동일하게 운영되려면 위 오수처리시설을 대체하는 새로운 시설의 설치가 필요하다고 보아 그 설치에 드는 비용 1억 5천만원을 보상받아야 한다고 주장한다. 甲의 주장은 법적으로 타당한가? (10점)

(2) 甲은 골프장 잔여시설의 지가 및 건물가격 하락분에 대하여 보상을 청구하려고 한다. 이때 甲이 제기할 수 있는 소송에 관하여 설명하시오. (20점)

3. ×군에 거주하는 어업인들을 조합원으로 하는 A수산업협동조합(이하 'A조합'이라 함)은 조합원들이 포획·채취한 수산물의 판매를 위탁받아 판매하는 B수산물위탁판매장(이하 'B 위탁판매장'이라 함)을 운영하여 왔다. 한편, B위탁판매장 운영에 대해서는 관계 법령에 따라 관할 지역에 대한 독점적 지위가 부여되어 있었으며, A조합은 B위탁판매장 판매액 중 일정비율의 수수료를 지급받아 왔다. 그런데, 한국농어촌공사는 「공유수면 관리 및 매립에 관한 법률」에 따라 ×군 일대에 대한 공유수면매립면허를 받아 공유수면매립사업을 시행하였고, 해당 매립사업의 시행으로 인하여 사업대상지역에서 어업활동을 하던 A조합의 조합원들은 더 이상 조업을 할 수 없게 되었다. A조합은 위 공유수면매립사업지역 밖에서 운영하던 B위탁 판매장에서의 위탁판매사업의 대부분을 중단하였고, 결국에는 B위탁판매장을 폐쇄하기에 이르렀다. 이에 따라 A조합은 공유수면매립사업으로 인한 위탁판

매수수료 수입의 감소에 따른 영업 손실의 보상을 청구하였으나, 한국농어촌공사는 B위탁판매장이 사업시행지 밖에서 운영되던 시설이었고 「공유수면 관리 및 매립에 관한 법률」상 직접적인 보상 규정이 없음을 이유로 보상의 대상이 아니라고 주장한다. 한국농어촌공사의 주장은 타당한가? (20점)

33회 1. X는 도시 및 주거환경정비법(이하 '도시정비법'이라 함)에 따른 재개발 정비사업조합이고, 甲은 X의 조합원으로서, 해당 정비사업구역 내에 있는 A토지와 B토지의 소유자이다. A토지와 B토지는 연접하고 있고 그 지목이 모두 대(垈)에 해당하지만, A토지는 사도법에 따른 사도가 아닌데도 불특정 다수인의 통행에 장기간 제공되어 왔고, B토지는 甲이 소유한 건축물의 부지로서 그 건축물의 일부에 임차인 乙이 거주하고 있다. X는 도시정비법 제72조 제1항에 따라 분양신청기간을 공고하였으나 甲은 그 기간 내에 분양신청을 하지 않았다. 이에 따라 X는 甲을 분양대상자에서 제외하고 관리처분계획을 수립하여 인가를 받았고, 그에 불복하는 행정심판이나 행정소송은 없었다. X는 도시정비법 제73조 제1항에 따른 甲과의 보상협의가 이루어지지 않자 A토지와 B토지에 관하여 관할 토지수용위원회에 수용재결을 신청하였고, 관할 토지수용위원회는 A토지와 B토지를 수용한다는 내용의 수용재결을 하였다. 다음 물음에 답하시오. (40점)

(2) 공익사업을 위한 토지 등의 취득 및 보상에 관한 법률 시행규칙(이하 '토지보상법 시행규칙'이라 함) 제26조 제1항에 따른 '사실상의 사도'의 요건을 설명하고, 이에 따라 A토지가 사실상의 사도로 인정되는 경우와 그렇지 않은 경우에 보상기준이 어떻게 달라지는지 설명하시오. (10점)

(3) 주거이전비에 관하여 甲은 토지보상법 시행규칙 제54조 제1항에 따른 요건을 갖추고 있고, 乙은 같은 조 제2항에 따른 요건을 갖추고 있다. 관할 토지수용위원회는 수용재결을 하면서 甲의 주거이전비에 관하여는 재결을 하였으나 乙의 주거이전비에 관하여는 재결을 하지 않았다. 甲은 주거이전비의 증액을 청구하고자 하고, 乙은 주거이전비의 지급을 청구하고자 한다. 甲과 乙의 권리구제에 적합한 소송을 설명하시오. (20점)

34회 [문제1] A대도시의 시장은 국토의 계획 및 이용에 관한 법률에 따른 도시관리계획으로 관할 구역 내 oo동 일대 90,000㎡ 토지에 공영주차장과 자동차정류장을 설치하는 도시계획시설사업결정을 한 후 지방공기업법에 따른 A대도시 X지방공사(이하 'X공사'라 함)를 도시계획시설사업의 시행자로 지정하고, X공사가 작성한 실시계획에 대해 실시계획인가를 하고 이를 고시하였다. 이에 따라 공익사업을 위한 토지 등의 취득 및 보상에 관한 법률(이하 '토지보상법'이라 함)에 의해 사업인정 및 고시가 이루어졌다. 한편, X공사는 사업대상구역 내에 위치한 20,000㎡ 토지를 소유한 甲과 토지수용을 위한 협의를 진행하였으나 협의가 성립되지 아니하여 관할 지방 토지수용위원회에 토지수용의 재결을 신청하였다. 다음 물음에 답하시오. (단, 각 물음은 상호독립적임) (40점)

(물음1) 토지보상법의 사업인정과 사업인정고시의 법적 성질에 관하여 설명하시오. (10점)

(물음2) 甲은 수용 자체가 위법이라고 주장하면서 관할 지방토지수용위원회의 수용재결과 중앙토지 수용위원회의 이의재결을 거친 후 취소소송을 제기하였다. 취소소송의 대상적격과 피고적 격에 관하여 설명하시오. (20점)

(물음3) 甲은 자신의 토지에 대한 보상금이 적으며, 일부 지장물이 손실보상의 대상에서 제외되었다 는 이유로 관할 지방토지수용위원회의 수용재결에 불복하여 중앙토지수용위원회에 이의신 청을 거쳤으나, 기각재결을 받았다. 甲이 이에 대하여 불복하는 경우 적합한 소송 형태를 쓰고 이에 관하여 설명하시오. (10점)

35회 [문제1] A지방자치단체는 도로사업 부지를 취득하기 위하여 甲의 토지를 협의취득하여 공공 용지의 협의취득을 원인으로 하는 소유권이전등기를 하였고, 乙의 토지에 대하여는 수용 재결에 의하여 소유권을 취득한 후 소유권이전 등기를 마쳤다. 그러나 甲과 乙의 토지(이 하 '이 사건 토지'라 함)가 관내의 택지개발예정지구에 포함되자 A지방자치단체는 이 사 건 토지가 도로사업에 더 이상 제공될 수 없는 상황에서 도로사업의 목적 달성이 불가능 하다고 판단하여, 당초 협의취득 및 수용의 목적이 된 해당 도로사업을 폐지하였다. 이에 따라 甲과 乙에게 「공익사업을 위한 토지 등의 취득 및 보상에 관한 법률」에 의한 환매권 이 발생하였다. 甲은 협의취득 당시에 수령한 보상금 상당 금액을 공탁한 후, A지방자치 단체에게 환매의 의사 표시를 하고 소유권이전등기청구소송을 제기하였다. 한편, 乙이 환 매권을 행사할 무렵 환매금액에 관한 A지방자치단체와 乙의 협의가 성립되지 아니하여, A지방자치단체는 환매 대상 토지의 현재 가격이 취득일 당시에 비하여 현저히 상승하였 음을 들어 환매대금의 증액을 구하는 소송을 제기하였다. 다음 물음에 답하시오.(40점)

(1) 乙의 환매권 및 乙에 대한 환매대금증액청구소송의 법적 성질을 각각 설명하시오.(15점)

(2) 甲의 소유권이전등기청구소송에서, A지방자치단체는 환매 대상 토지 가격의 상승에 따른 환매 대금증액청구권을 내세워 증액된 환매대금과 보상금 상당액의 차액을 지급할 것을 선(先) 이행 또는 동시이행의 항변으로 주장할 수 있는지에 관하여 설명하시오.(10점)

(3) 만약 乙의 토지에 대한 수용재결에 취소사유에 해당하는 하자가 있어 乙이 환매권 행사 이전에 수용재결의 하자를 이유로 자신의 소유권 회복을 위한 소유권이전등기말소청구소송을 제기 한 경우, 그 승소 여부를 검토하시오(단, 수용재결에 불가쟁력이 발생하였음).(15점)

〈공익사업을 위한 토지 등의 취득 및 보상에 관한 법률〉
제91조(환매권)
　① 공익사업의 폐지·변경 또는 그 밖의 사유로 취득한 토지의 전부 또는 일부가 필요 없게 된 경우 토지의 협의취득일 또는 수용의 개시일(이하 이 조에서 '취득일'이라 한다) 당시 의 토지소유자 또는 그 포괄승계인(이하 '환매권자'라 한다)은 다음 각 호의 구분에 따른 날부터 10년 이내에 그 토지에 대하여 받은 보상금에 상당하는 금액을 사업시행자에게 지

급하고 그 토지를 환매할 수 있다.

1. 사업의 폐지·변경으로 취득한 토지의 전부 또는 일부가 필요 없게 된 경우 : 관계 법률에 따라 사업이 폐지·변경된 날 또는 제24조에 따른 사업의 폐지·변경 고시가 있는 날

2. 그 밖의 사유로 취득한 토지의 전부 또는 일부가 필요 없게 된 경우 : 사업완료일

② ~ ③ <생략>

④ 토지의 가격이 취득일 당시에 비하여 현저히 변동된 경우 사업시행자와 환매권자는 환매금액에 대하여 서로 협의하되, 협의가 성립되지 아니하면 그 금액의 증감을 법원에 청구할 수 있다.

⑤ 제1항부터 제3항까지의 규정에 따른 환매권은 「부동산등기법」에서 정하는 바에 따라 공익사업에 필요한 토지의 협의취득 또는 수용의 등기가 되었을 때에는 제3자에게 대항할 수 있다.

제 3 편

부동산가격공시 및 감정평가

제3편 부동산가격공시 및 감정평가

제 1 장

부동산가격공시제

부동산가격공시제도라 함은 공시지가제도, 주택가격공시제도 및 비주거용부동산가격
공시제도를 말한다. 부동산가격공시에 관한 법률(이하 '부공법'이라 한다. 이하 법명은 생략한
다)이 이를 규정하고 있다.

제 1 절   공시지가제

공시지가제(公示地價制)라 함은 토지의 적정가격을 국가가 공시하고, 토지의 가격을
기초로 하여 행하는 행정에서 공시한 지가를 지가산정의 기준이 되도록 하는 제도를 말
한다.

국토교통부장관은 3,400여만 필지 중 대표성이 인정되는 약 60만 필지의 표준지를 선
정하고, 그 가격을 조사·평가하여 표준지공시지가를 공시하며, 나머지 필지는 시·군·구
에서 표준지공시지가를 기준으로 당해 지역의 토지에 대한 개별공시지가를 조사·산정하
여 공시한다.

공시지가라 함은 국가에 의해 공시된 토지의 가격을 말한다. 공시지가를 넓은 의미로
사용할 때에는 표준지공시지가와 개별공시지가를 포함하지만, 좁은 의미로 사용할 때에는
표준지공시지가를 의미한다. 통상 공시지가라 하면 표준지공시지가를 말한다.

공시지가는 시가를 반영하는 것을 그 내용으로 하고 있지만 공시지가는 담당 행정기
관에 의해 적정하다고 인정되는 가공(架空)의 토지의 가격이므로 실제로 거래되는 토지의
가격과는 다를 수밖에 없다. 공시지가가 토지의 실제거래가격과 차이가 나는 다른 이유는
공시지가에는 개발이익이 반영되지 않고, 공시지가는 매년 공시기준일의 토지의 적정가격
이기 때문이다. 또한, 일시에 공시지가를 크게 올릴 경우에는 개발부담금, 조세부담 등이
과도하게 증가하게 되기 때문이다.

제 1 항 표준지공시지가

I . 의   의

표준지공시지가(標準地公示地價)라 함은 부공법의 규정에 의한 절차에 따라 국토교통부장관이 조사·평가하여 공시한 표준지의 단위면적당 가격을 말한다. 즉, 표준지공시지가는 표준지의 매년 공시기준일(원칙상 1월 1일) 현재의 적정가격을 말하는데(제 3 조 제 1 항), '적정가격'이란 토지, 주택 및 비주거용 부동산에 대하여 통상적인 시장에서 정상적인 거래가 이루어지는 경우 성립될 가능성이 가장 높다고 인정되는 가격을 말한다(제 2 조 제 5 호).

표준지는 국토교통부장관이 토지이용상황이나 주변환경 그 밖의 자연적·사회적 조건이 일반적으로 유사하다고 인정되는 일단의 토지 중에서 선정하는 해당 일단의 토지를 대표할 수 있는 필지의 토지를 말한다(제 3 조 제 1 항).

II . 표준지공시지가의 법적 성질

표준지공시지가의 성질에 관하여 다음과 같이 견해가 대립되고 있다. 이러한 표준지공시지가의 법적 성질에 관한 논의는 개별공시지가 산정의 기준이 되는 표준지공시지가에 대한 것이다. 예외적으로 표준지공시지가가 개별공시지가로 인정되는 경우(즉, 표준지의 토지소유자에 있어서 당해 표준지공시지가)에는 개별공시지가의 법적 성질의 문제가 된다.

1. 행정계획설

행정계획설은 표준지공시지가를 내부적 효력만을 갖는 구속력 없는 행정계획으로 보는 견해이다. 이 견해의 논거는 다음과 같다. ① 표준지공시지가는 개별공시지가결정에 있어서 그대로 적용되는 것이 아니라 그 목적에 따라 가감하여 적용가능한 것이므로 그 구속력을 인정할 수 없다. ② 표준지공시지가결정에 의해 바로 당사자의 권리의무에 영향을 미치지 않는다(류지태·박종수).

2. 행정규칙설

표준지공시지가를 행정규칙의 성질을 가지는 것으로 보는 견해의 논거는 다음과 같다. 공시지가는 개별공시지가의 산정기준이 되는데, 기준이라는 것은 일반성과 추상성(여러 경우에 적용됨)을 가지는 것을 의미하므로 개별적·구체적 규율로서의 성질을 가지는 처분이라고 할 수 없다(김남진·김연태).

3. 행정행위설

표준지공시지가를 행정행위의 성질을 가진 것으로 보는 견해의 논거는 다음과 같다. ① 표준지공시지가는 개발부담금 등의 산정기준이 되므로 국민의 구체적인 권익·의무에 직접 영향을 미친다. ② 부공법이 표준지공시지가에 대하여 이의신청을 할 수 있다고 규정하고 있다.

4. 판 례

판례는 표준지공시지가의 처분성을 인정하고 있다.

> **판례1**   표준지로 선정된 토지의 공시지가에 불복하기 위하여는 … 그 공시지가결정의 취소를 구하는 행정소송을 제기하여야 하는 것이고, 그러한 절차를 밟지 아니한 채 개별토지 가격결정의 효력을 다투는 소송에서 그 개별토지 가격산정의 기초가 된 표준지공시지가의 위법성을 다툴 수 없다(대판 1998. 3. 24, 96누6851[개별토지가격결정취소]). 〈해설〉 개별공시지가를 다투는 소송에서 기초가 된 표준지공시지가의 위법성을 주장할 수 있는 것으로 보는 것이 타당하다. 수용보상금의 증액을 구하는 소송에서 비교표준지공시지가의 위법성을 주장할 수 있다고 한 최근의 판례를 볼 때 이 판례의 변경도 기대할 수 있다.
>
> **판례2**   **표준지인 토지의 공시지가에 대한 불복방법:** 표준지로 선정되어 공시지가가 공시된 토지의 공시지가에 대하여 불복을 하기 위하여는 … 처분청인 건설부장관(현 국토교통부장관)을 피고로 하여 위 공시지가 결정의 취소를 구하는 행정소송을 제기하여야 한다(대판 1994. 3. 8, 93누10828[표준지의 소유자가 당해 표준지의 공시지가를 다툰 사건]).

5. 결어(법규명령의 성질을 갖는 고시설, 법령보충적 행정규칙설)

표준지공시지가는 법률의 수권에 의해 정해지며 개별공시지가결정 등 행정처분의 구속력 있는 기준이 되고 표준지공시지가가 위법한 경우 당해 표준지공시지가를 기준으로 행해진 처분도 위법하다고 보아야 하므로 법규명령의 성질을 가지는 고시에 준하는 것으로 보아야 한다.

그리고, 다음과 같은 이유에서 표준지공시지가의 처분성을 인정하지 않는 것이 타당하다.

① 표준지공시지가만으로는 표준지 이외의 다른 토지의 소유자 등의 권익에 직접 영향을 미치지 않는다고 보아야 한다. 그 이유는 다음과 같다. 표준지공시지가는 표준지 이외의 다른 토지에 대한 관계에서는 다른 토지의 지가의 산정에 있어서 하나의 기준이 되는 것에 불과하다. 표준지를 기준으로 개별공시지가 등 주변 토지의 가격을 정함에 있어서는 다른 요소들을 고려하여야 하므로 표준지공시지가가 직접 다른 토지의 소유자 등의 권익에 직접 영향을 미치지 않는다고 보아야 한다.

② 표준지 주변의 토지소유자의 권익구제를 위하여도 표준지공시지가의 처분성을 인정하는 것이 처분성을 부인하는 것보다 유리하지 않다. 즉, 표준지 주변의 토지소유자의 권익을 보호하기 위하여 표준지공시지가의 처분성을 인정할 필요성은 그다지 크지 못하다. 잘못 산정된 표

준지공시지가를 기준으로 개별공시지가를 결정하였을 때 당해 개별공시지가를 다투도록 하여도 표준지 주변의 토지소유자의 권익구제에 불이익은 거의 없다. 오히려 판례와 같이 표준지공시지가의 처분성을 인정하고 당해 표준지공시지가를 기준으로 산정된 개별공시지가를 다투는 소송에서 표준지공시지가의 위법을 다투지 못하게 하는 것(하자의 승계를 부정하는 것)이 국민의 권익구제의 관점에서는 불리하다.

다만, 그 자체가 개별공시지가인 성질을 가지는 표준지공시지가(표준지에 대한 관계에서의 표준지공시지가)는 동시에 개별공시지가이므로 처분으로 보아야 한다.

Ⅲ. 표준지공시지가의 공시절차 [1990 감평 약술]

1. 개 설

국토교통부장관은 토지이용상황이나 주변 환경, 그 밖의 자연적·사회적 조건이 일반적으로 유사하다고 인정되는 일단의 토지 중에서 선정한 표준지에 대하여 매년 공시기준일 현재의 단위면적당 적정가격(이하 "표준지공시지가"라 한다)을 조사·평가하고, 부공법 제24조에 따른 중앙부동산가격공시위원회의 심의를 거쳐 이를 공시하여야 한다(제3조 제1항).

2. 표준지의 선정

국토교통부장관은 부공법 제3조 제1항의 규정에 의하여 표준지를 선정할 때에는 토지이용상황이나 주변환경 그 밖의 자연적·사회적 조건이 일반적으로 유사하다고 인정되는 일단의 토지 중에서 당해 일단의 토지를 대표할 수 있는 필지의 토지를 선정하여야 하며(시행령 제3조 제1항), 표준지의 선정은 부공법 제24조의 규정에 의한 표준지의 선정 및 관리지침에 따라야 한다(시행령 제3조 제2항).

3. 표준지공시지가의 조사·평가

(1) 조사·평가의 의뢰

국토교통부장관은 표준지공시지가를 조사·평가하고자 할 때에는 업무실적, 신인도(信認度) 등을 고려하여 둘 이상의 감정평가법인등에게 이를 의뢰하여야 한다. 다만, 지가 변동이 작은 경우 등 대통령령으로 정하는 기준에 해당하는 표준지에 대해서는 하나의 감정평가법인등에 의뢰할 수 있다(제3조 제5항).

국토교통부장관은 업무실적, 회계감사절차 또는 감정평가서의 심사체계 및 징계처분 등을 고려하여 감정평가법인등 중에서 표준지공시지가 조사·평가를 의뢰할 자를 선정해야 한다(시행령 제7조 제1항). 국토교통부장관은 선정한 감정평가법인등 별로 조사·평가 물량을 배정할 때에는 선정된 전체 감정평가법인등 소속 감정평가사(조사·평가에 참여할 수 있는 감정평가사를 말한다) 중 개별 감정평가법인등 소속 감정평가사(조사·평가에 참여할 수 있는 감정평가사를 말한다)가 차지하는 비율을 기준으로 비례적으로 배정해야 한다. 다만, 감정평가법인등의 신인도, 종전 표준지공시지가 조사·평가에서의 성실도 및 소속 감정평가사의 징계 여부에 따라 배정물량을 조정할 수 있다(제 2 항).

(2) 조사·평가의 기준

국토교통부장관이 표준지공시지가를 조사·평가하는 경우에는 인근 유사토지의 거래 가격·임대료 및 해당 토지와 유사한 이용가치를 지닌다고 인정되는 토지의 조성에 필요한 비용추정액, 인근지역 및 다른 지역과의 형평성·특수성, 표준지공시지가 변동의 예측 가능성 등 제반사항을 종합적으로 참작하여야 한다(제 3 조 제 4 항).

(3) 조사·평가 보고서의 제출 및 의견청취

표준지공시지가 조사·평가를 의뢰받은 감정평가법인등은 표준지공시지가 및 그 밖에 국토교통부령으로 정하는 사항을 조사·평가한 후 국토교통부령[1]으로 정하는 바에 따라 조사·평가보고서를 작성하여 국토교통부장관에게 제출해야 한다(시행령 제 8 조 제 1 항).

감정평가법인등은 제 1 항에 따라 조사·평가보고서를 작성하는 경우에는 미리 해당 표준지를 관할하는 특별시장·광역시장·특별자치시장·도지사 또는 특별자치도지사 및 시장·군수·구청장의 의견을 들어야 한다(시행령 제 8 조 제 2 항).

시·도지사 및 시장·군수·구청장은 제 2 항에 따라 의견 제시 요청을 받은 경우에는 요청받은 날부터 20일 이내에 의견을 제시해야 한다. 이 경우 시장·군수 또는 구청장은 법 제25조에 따른 시·군·구부동산가격공시위원회의 심의를 거쳐 의견을 제시해야 한다(시행령 제 8 조 제 3 항).

국토교통부장관은 표준지 소유자의 의견을 들으려는 경우에는 ① 공시대상, 열람기간 및 방법, ② 의견제출기간 및 의견제출방법, ③ 공시 예정가격을 부동산공시가격시스템에 20일 이상 게시하고 게시사실을 표준지 소유자에게 개별 통지해야 한다. 게시된 가격에 이의가 있는 표준지 소유자는 의견제출기간에 의견을 제출할 수 있다.

(4) 적정가격의 산정 및 재평가

표준지공시지가는 제출된 보고서에 따른 조사·평가액의 산술평균치를 기준으로 한다(시행령 제 8 조 제 4 항).

국토교통부장관은 제 1 항에 따라 제출된 보고서에 대하여 「부동산 거래신고 등에 관한 법률」 제 3 조에 따라 신고한 실제 매매가격 및 「감정평가 및 감정평가사에 관한 법률」

---

1) 제 3 조(표준지공시지가 조사·평가보고서)영 제 8 조 제 1 항에서 "국토교통부령으로 정하는 사항"이란 다음 각 호의 사항을 말한다.
 1. 토지의 소재지, 면적 및 공부상 지목, 2. 지리적 위치, 3. 토지 이용 상황, 4. 「국토의 계획 및 이용에 관한 법률」 제 2 조 제15호에 따른 용도지역(이하 "용도지역"이라 한다), 5. 주위 환경, 6. 도로 및 교통 환경, 7. 토지 형상 및 지세(地勢)

제 9 조에 따른 감정평가 정보체계 등을 활용하여 그 적정성 여부를 검토할 수 있다(시행령 제 8 조 제 5 항).

국토교통부장관은 제 5 항에 따른 검토 결과 부적정하다고 판단되거나 조사·평가액 중 최고평가액이 최저평가액의 1.3배를 초과하는 경우에는 해당 감정평가법인등에게 보고서를 시정하여 다시 제출하게 할 수 있다(시행령 제 8 조 제 6 항).

국토교통부장관은 제출된 보고서의 조사·평가가 관계 법령을 위반하여 수행되었다고 인정되는 경우에는 해당 감정평가법인등에게 그 사유를 통보하고, 다른 감정평가법인등 2인에게 대상 표준지공시지가의 조사·평가를 다시 의뢰해야 한다. 이 경우 표준지 적정가격은 다시 조사·평가한 가액의 산술평균치를 기준으로 한다(시행령 제 8 조 제 7 항).

> **판례**   건설교통부장관이 2개의 감정평가법인에 토지의 적정가격에 대한 평가를 의뢰하여 그 평가액을 산술평균한 금액을 그 토지의 적정가격으로 결정·공시하였으나, 감정평가서에 거래선례나 평가선례, 거래사례비교법, 원가법 및 수익환원법 등을 모두 공란으로 둔 채, 그 토지의 전년도 공시지가와 세평가격 및 인근 표준지의 감정가격만을 참고가격으로 삼으면서 그러한 참고가격이 평가액 산정에 어떻게 참작되었는지에 관한 별다른 설명 없이 평가의견을 추상적으로만 기재한 사안에서, 평가요인별 참작 내용과 정도가 평가액 산정의 적정성을 알아볼 수 있을 만큼 객관적으로 설명되어 있다고 보기 어려워, 이러한 감정평가액을 근거로 한 표준지 공시지가 결정은 그 토지의 적정가격을 반영한 것이라고 인정하기 어려워 위법하다고 한 사례(대판 2009. 12. 10, 2007두20140[공시지가확정처분취소]).

4. 중앙부동산가격공시위원회의 심의

국토교통부장관이 지가를 공시하기 위하여는 표준지에 대하여 매년 공시기준일 현재의 적정가격을 조사·평가하고, 중앙부동산가격공시위원회의 심의를 거쳐야 한다(제 3 조 제 1 항).

5. 표준지공시지가의 공시 및 열람

(1) 공   시

국토교통부장관은 표준지의 지번, 표준지의 단위면적당 가격, 표준지의 면적 및 형상, 표준지 및 주변토지의 이용상황, 그 밖에 대통령령이 정하는 사항(제 5 조)을 매년 1월 1일에 공시하여야 한다. 다만, 국토교통부장관이 표준지조사·평가인력 등을 감안하여 부득이하다고 인정되는 때에는 일부지역을 지정하여 당해 지역에 대하여는 따로 공시기준일을 정할 수 있다(시행령 제 3 조).

(2) 표준지공시지가의 열람 등

국토교통부장관은 표준지공시지가를 공시한 때에는 그 내용을 특별시장·광역시장 또는 도지사를 거쳐 시장·군수 또는 구청장(지방자치단체인 구의 구청장에 한정한다. 이하 같다)

에게 송부하여 일반인이 열람할 수 있게 하고, 대통령령으로 정하는 바에 따라 이를 도서
·도표 등으로 작성하여 관계 행정기관 등에 공급하여야 한다(제 6 조).

Ⅳ. 표준지공시지가의 효력 및 적용 [1992, 1990 감평 약술]

1. 표준지공시지가의 효력(제 9 조)

(1) 일반적 토지거래의 지표

공시지가는 일반적인 토지거래에 있어서 토지가격결정의 자료가 된다. 이 효력은 토
지시장을 기능화하고 수급균형을 위해 간접적으로 거래가격을 유도하는 것일 뿐, 대국민
관계에서 구속력을 의미하는 것은 아니다.

(2) 지가산정의 기준

공시지가는 국가, 지방자치단체, 정부투자기관 그리고 공공단체가 일정한 목적을 위
하여 토지의 가격을 산정하는 경우에 그 기준이 된다. 이는 지가정책상의 목적을 실현하
기 위해 사용되는 효과로서, 내부구속적 성격을 갖는다.

(3) 개별토지의 평가기준

공시지가는 감정평가법인등이 타인의 의뢰에 의하여 토지를 개별적으로 감정평가하
는 경우에 기준이 되며, 일반거래·담보·경매 등 평가목적과 평가조건에 맞게 평가해야
한다. 그러나, 공시지가는 개별토지의 경제적 가치성을 판단하는 데 하나의 기준으로 삼게
하는 임의적인 것에 불과하므로 다른 요인자료나 사례자료까지 배제하는 것은 아니다.

2. 표준지공시지가의 적용(제 8 조)

(1) 감정평가법인등의 토지평가기준

감정평가법인등이 토지를 감정평가하는 경우에는 그 토지와 이용가치가 비슷하다고
인정되는 부공법에 따른 표준지공시지가를 기준으로 하여야 한다(감정평가 및 감정평가사에
관한 법률 제 3 조 제 1 항).

(2) 개별공시지가의 산정기준

시장·군수 또는 구청장이 개별공시지가를 결정·공시하는 경우에는 해당 토지와 유사
한 이용가치를 지닌다고 인정되는 하나 또는 둘 이상의 표준지의 공시지가를 기준으로 토
지가격비준표를 사용하여 지가를 산정하되, 해당 토지의 가격과 표준지공시지가가 균형을
유지하도록 하여야 한다(제10조 제 4 항).

(3) 행정목적을 위한 지가산정의 기준

국가·지방자치단체, 『공공기관의 운영에 관한 법률』에 따른 공공기관 그 밖에 대통령령이 정하는 공공단체가 ① 공공용지의 매수 및 토지의 수용·사용에 대한 보상, ② 국·공유토지의 취득 또는 처분, ③ 그 밖에 대통령령이 정하는 지가를 산정하는 경우에는 그 토지와 이용가치가 비슷하다고 인정되는 하나 또는 둘 이상의 표준지공시지가를 기준으로 토지가격비준표를 사용하여 지가를 직접 산정하거나 감정평가법인등에 감정평가를 의뢰하여 산정할 수 있다. 다만, 필요하다고 인정할 때에는 산정된 지가를 각 목적에 따라 가감(加減) 조정하여 적용할 수 있다(제 8 조).

부공법 시행령 제13조(표준지공시지가의 적용)법 제 8 조 제 1 호 다목에서 "대통령령으로 정하는 공공단체"란 다음 각 호의 기관 또는 단체를 말한다. <개정 2019. 4. 2.>
1. 「산림조합법」에 따른 산림조합 및 산림조합중앙회
2. 「농업협동조합법」에 따른 조합 및 농업협동조합중앙회
3. 「수산업협동조합법」에 따른 수산업협동조합 및 수산업협동조합중앙회
4. 「한국농어촌공사 및 농지관리기금법」에 따른 한국농어촌공사
5. 「중소기업진흥에 관한 법률」에 따른 중소벤처기업진흥공단
6. 「산업집적활성화 및 공장설립에 관한 법률」에 따른 산업단지관리공단
② 법 제 8 조 제 2 호 다목에서 "대통령령으로 정하는 지가의 산정"이란 다음 각 호의 목적을 위한 지가의 산정을 말한다.
1. 「국토의 계획 및 이용에 관한 법률」또는 그 밖의 법령에 따라 조성된 용지 등의 공급 또는 분양
2. 다음 각 목의 어느 하나에 해당하는 사업을 위한 환지·체비지(替費地)의 매각 또는 환지신청
　가. 「도시개발법」 제 2 조 제 1 항 제 2 호에 따른 도시개발사업
　나. 「도시 및 주거환경정비법」 제 2 조 제 2 호에 따른 정비사업
　다. 「농어촌정비법」 제 2 조 제 5 호에 따른 농업생산기반 정비사업
3. 토지의 관리·매입·매각·경매 또는 재평가

V. 표준지공시지가에 대한 불복

부공법 제 8 조에서는 표준지공시지가에 대한 불복수단으로서 이의신청을 규정하고 있으며, 행정소송에 대하여는 아무런 규정을 두고 있지 않다. 따라서 공시지가의 처분성 인정 여부에 따라 불복수단이 달라지게 된다.

1. 처분성 부정시

공시지가의 처분성을 부정하는 입장에서는 당사자는 행정쟁송을 제기할 수 없고, 부공법상 내부적 불복절차로 볼 수 있는 이의신청(제 7 조)의 제기만이 가능할 것이다. 따라서 공시지가에 이의 있는 자는 공시일로부터 30일 내에 서면으로 국토교통부장관에게 이의를 신청할 수 있고, 국토교통부장관은 이의신청기간이 만료된 날로부터 30일 이내에 이의신청을 심사하여 그 결과를 신청인에게 통지하여야 한다(제 7 조 제 1 항 및 제 2 항).

표준지공시지가의 처분성을 인정하지 않는 견해에 의하면 표준지공시지가의 하자를 후행처분에서 다툴 수 있다.

2. 처분성 긍정시

(1) 이의신청

1) 이의신청의 의의 및 취지

이의신청이라 함은 위법·부당한 행정처분으로 인하여 그 권리·이익이 침해된 자의 청구에 의하여 처분청 자신이 이를 재심사하는 절차를 말한다.

부공법상 이의신청이란 표준지공시지가에 대하여 이의가 있는 자가 국토교통부장관에게 이의를 신청하고 국토교통부장관이 이를 심사하는 제도를 말한다(제7조). 이는 공시지가의 객관성을 확보하여 공신력을 높이기 위한 제도이다.

2) 이의신청의 성격

행정심판법 제51조는 심판청구에 대한 재결이 있는 경우에는 당해 재결 및 동일한 처분 또는 부작위에 대하여 다시 심판청구를 제기할 수 없다고 하여 재심판청구를 금지하고 있다. 따라서 부공법상 이의신청의 법적 성질이 문제된다.

가. 심판기관기준설   이 견해는 행정심판과 이의신청을 심판기관으로 구별하는 견해이다. 즉, 이의신청은 처분청 자체에 제기하는 쟁송이고, 행정심판은 원칙적으로 처분청의 직근상급행정청에 제기하는 쟁송이라고 본다.

나. 쟁송절차기준설   이 견해는 쟁송절차를 기준으로 행정심판과 '행정심판이 아닌 이의신청'을 구별하는 견해이다. 즉, 헌법 제107조 제3항은 행정심판절차는 사법심판절차가 준용되어야 한다고 규정하고 있는 점에 비추어 개별법률에서 정하는 이의신청 중 준사법절차가 보장되는 것만을 행정심판으로 보고, 그렇지 않은 것은 행정심판이 아닌 것으로 본다.

다. 판   례   종전 판례는 이의신청을 거쳐서 행정소송을 제기해야 한다고 하여 행정심판의 일종으로 보는 듯하였으나, 최근 개별공시지가와 관련된 판례는 이의신청을 제기한 경우라도 별도로 행정심판을 제기할 수 있다고 판시하고 있는 점에 비추어 이의신청을 행정심판이 아닌 것으로 보고 있다고 할 수 있다.

과거 판례 지가공시 및 토지 등의 평가에 관한 법률 제4조 제1항에 의하여 표준지로 선정되어 공시지가가 공시된 토지의 공시지가에 대하여 불복을 하기 위하여는 같은 법 제8조 제1항 소정의 이의절차를 거쳐 처분청인 건설부장관을 피고로 하여 위 공시지가 결정의 취소를 구하는 행정소송을 제기하여야 한다(대판 1994. 3. 8, 93누10828[개별토지가격결정처분취소]).

현재 판례 부동산 가격공시 및 감정평가에 관한 법률 제12조, 행정소송법 제20조 제1항, 행정심판법 제3조 제1항의 규정 내용 및 취지와 아울러 부동산 가격공시 및 감정평가에 관한 법률에 행정심판의 제기를 배제하는 명시적인 규정이 없고 부동산 가격공시 및 감정평가에 관한 법률에 따른 이의신청과 행정심판은 그 절차 및 담당 기관에 차이가 있는 점을 종합하면, 부동산 가격공시 및 감정평가에 관한 법률이 이의신청에 관하여 규정하고 있다고 하여 이를 행정심판법 제 3 조 제 1 항에서 행정심판의 제 기를 배제하는 '다른 법률에 특별한 규정이 있는 경우'에 해당한다고 볼 수 없으므로, 개별공시지가에 대하여 이의가 있는 자는 곧바로 행정소송을 제기하거나 부동산 가격공시 및 감정평가에 관한 법률에 따른 이의신청과 행정심판법에 따른 행정심판청구 중 어느 하나만을 거쳐 행정소송을 제기할 수 있을 뿐 아니라, 이의신청을 하여 그 결과 통지를 받은 후 다시 행정심판을 거쳐 행정소송을 제기할 수도 있다고 보아야 하고, 이 경우 행정소송의 제소기간은 그 행정심판 재결서 정본을 송달받은 날부터 기산한다(대판 2010. 1. 28, 2008두19987[개별공시지가결정처분취소]).

라. 결   어   헌법 제107조 제 3 항이 행정심판에 사법절차를 준용하도록 규정하고 있는 점에 비추어 쟁송절차기준설이 타당하다. 이에 따를 때, 부공법에서는 이의신청절차를 준사법적 절차로 하는 어떠한 규정도 두고 있지 않으므로 부공법상 이의신청은 행정심판이 아니라고 보는 것이 타당하다.

3) 절차 및 효과

표준지공시지가에 대하여 이의가 있는 자는 표준지공시지가의 공시일부터 30일 이내에 서면으로 국토교통부장관에게 이의를 신청할 수 있다(제 7 조 제 1 항).

국토교통부장관은 제 1 항의 규정에 의한 이의신청기간이 만료된 날부터 30일 이내에 이의신청을 심사하여 그 결과를 신청인에게 서면으로 통지하여야 한다. 이 경우 국토교통부장관은 이의신청의 내용이 타당하다고 인정될 때에는 부공법 제 3 조에 따라 당해 표준지공시지가를 조정하여 다시 공시하여야 한다(제 7 조 제 2 항).

(2) 행정심판

종전 판례의 태도에 따라 이의신청을 행정심판의 일종으로 보면 행정심판을 청구할 수 없으나, 이의신청은 행정심판이 아니라고 보는 것이 타당하므로 이의신청을 거친 경우라도 행정심판을 청구할 수 있다(대판 2010. 1. 28, 2008두19987).

(3) 행정소송

행정심판전치주의를 규정하는 명문의 규정이 없으므로 행정소송법 제18조 제 1 항에 따라 표준지공시지가에 대한 행정심판을 거치지 아니하고 취소소송을 제기할 수 있다.

1) 대상적격 및 관할

표준지공시지가는 처분성이 인정되므로 행정소송법 제19조의 대상적격이 인정된다. 이를 대상으로 토지소재지의 행정법원에 소를 제기할 수 있다.

2) 원고적격

표준지공시지가의 소유자는 원고적격을 갖으나, 인근주민에게도 원고적격이 인정되는지가 문제된다.

부공법 시행령 제12조에서는 이의신청을 하려는 자는 이의신청서에 이의신청 사유를 증명하는 서류를 첨부하여 국토교통부장관에게 제출하여야 한다고 규정하고 있으며, 이의신청인을 토지소유자로 한정하지 않고 있으므로 표준지공시지가를 다툴 법률상 이익이 인정되는 자에게는 원고적격이 인정된다고 할 것이다.

3) 제소기간[2021 감평 사례]

행정소송법 제20조에서는 처분이 있음을 안 날부터 90일, 있은 날부터 1년의 제소기간을 규정하고 있다. 표준지공시지가처럼 처분 등이 공고 또는 고시로 이루어지는 경우에는 처분의 상대방이 실제로 공고 또는 고시를 보았으면 당해 공고 또는 고시를 본 날이 '처분이 있음을 안 날'이 될 것이고, 처분의 상대방이 공고를 보지 못한 경우에는 판례는 고시 또는 공고의 효력발생일에 그 행정처분이 있음을 알았던 것으로 보아 기산하여야 한다고 보고 있다.

표준지공시지가는 1월 1일을 기준하여 감정평가법인등이 토지를 감정평가하는 경우, 시장·군수 또는 구청장이 개별공시지가를 결정·공시하는 경우 및 국가·지방자치단체 등이 공적목적의 지가를 산정하는 경우에 적용되므로 표준지공시지가의 효력은 공시일로부터 발생된다고 할 것이다.

행정심판이 아닌 이의신청을 거쳐 취소소송을 제기하는 경우 불복기간은 불복기간에 관한 명문의 규정이 없는 경우 처분이 있음을 안 날로부터 90일 이내가 될 것이다.

그런데 표준지공시지가와 관련된 행정법원 판례(2020. 11. 10, 2019구합71448, 2020. 9. 24, 2019구합70544)에서는 이의신청에 대한 결과통지일로부터 90일 이내에 행정소송을 제기할 수 있는 것으로 판시하고 있다.

판례1   통상 고시 또는 공고에 의하여 행정처분을 하는 경우에는 그 처분의 상대방이 불특정 다수인이고 그 처분의 효력이 불특정 다수인에게 일률적으로 적용되는 것이므로, 그 행정처분에 이해관계를 갖는 자가 고시 또는 공고가 있었다는 사실을 현실적으로 알았는지 여부에 관계없이 고시가 효력을 발생하는 날 행정처분이 있음을 알았다고 보아야 한다(대판 2007. 6. 14, 2004두619[청소년유해매체물결정및고시처분무효확인]).

판례2   [1] 부동산공시법 제 7 조는 제 1 항에서 '표준지 공시지가에 이의가 있는 자는 그 공시일부터 30일 이내에 서면(전자문서를 포함한다. 이하 같다)으로 국토교통부장관에게 이의를 신청할 수 있다.'고 한 다음, 제 2 항에서 '국토교통부장관은 제 1 항에 따른 이의신청기간이 만료된 날부터 30일 이내에 이의신청을 심사하여 그 결과를 신청인에게 서면으로 통지하여야 한다. 이 경우 국토교통부장관은 이의신청의 내용이 타당하다고 인정될때에는 제 3 조에 따라 해당 표준지 공시지가를 조정하여 다시 공시하여야 한다.'라고 규정하고 있고, 부동산공시법 제 7 조 제 3 항의 위임에 따라 구 부동산 가격공시에 관한 법률 시행령(2020. 6. 2. 대통령령 제30751호로 개정되기 전의 것, 이하 '부동산공시법 시행령'이라 한다) 제12조는 '법 제 7 조 제 1 항에 따라 표준지 공시지가에 대한 이의신청을 하려는 자는 이의신청서에 이의신청 사유를 증명하는 서류를 첨부하여 국토교통부장관에게 제출하여야 한다.'고 규정하고 있다. 한편, 행정소송법 제20조 제 1 항은 '취소소송은 처분 등이 있음을 안 날부터 90일 이내에 제기하여야 한다. 다만, 제18조 제 1 항 단서에 규정한 경우와 그 밖에 행정심판청구를 할 수 있는 경우 또는 행정청이 행정심판청구를 할 수 있다고 잘못 알린 경우에 행정심판청구가 있은 때의 기간은 재결서의 정본을 송달받은 날부터 기산한다.'고 규정하고 있다. [2] 이와 같은 관련 법령의 규정 내용 및 이의신 청제도의 목적, 취지 등에서 알 수 있는 다음과 같은 사정들을 종합하면, 표준지 공시지가 결정에 대해 부동산공시법에 따른 이의신청이 받아들여지지 아니한 경우 이의신청인은 그 결과를 통지받은 날부터 90일 이내에 행정소송법에 따른 취소소송을 제기할 수 있다고 봄이 상당하다(서울행법 2020. 11. 10, 2019구합71448[표준지공시지가 결정처분 취소]).

(4) 하자의 승계 [2013, 2023 감평]

종전의 판례는 표준지공시지가와 개별공시지가 사이(대판 1998. 3. 24, 96누6851), 표준지공시지가와 그에 기초한 처분 사이(대판 1997. 9. 26, 96누7649)에 하자의 승계를 인정하지 않고 있다.

> **판례1** 　표준지로 선정된 토지의 공시지가에 불복하기 위하여는 구 지가공시 및 토지평가에 관한 법률(1995. 12. 29. 법률 제5108호로 개정되기 전의 것) 제8조 제1항 소정의 이의절차를 거쳐 처분청을 상대로 그 공시지가결정의 취소를 구하는 행정소송을 제기하여야 하는 것이고, 그러한 절차를 밟지 아니한 채 개별토지 가격결정의 효력을 다투는 소송에서 그 개별토지 가격산정의 기초가 된 표준지공시지가의 위법성을 다툴 수 없다(대판 1998. 3. 24, 96누6851[개별토지가격결정처분취소]).

> **판례2** 　표준지로 선정된 토지의 공시지가에 대하여는 지가공시법 제8조 제1항 소정의 이의절차를 거쳐 처분청을 상대로 그 공시지가결정의 위법성을 다툴 수 있을 뿐 그러한 절차를 밟지 아니한 채 조세소송에서 그 공시지가결정의 위법성을 다툴 수는 없다고 할 것이다(대판 1997. 9. 26, 96누7649[토지초과이득세부과처분취소]).

> **판례3** 　(1) 재산세부과처분의 취소를 구하는 소송에서 표준지공시지가결정의 위법성을 다툴 수 있는지 여부(원칙적 소극): 표준지로 선정된 토지의 표준지공시지가를 다투기 위해서는 처분청인 국토교통부장관에게 이의를 신청하거나 국토교통부장관을 상대로 공시지가결정의 취소를 구하는 행정심판이나 행정소송을 제기해야 한다. 그러한 절차를 밟지 않은 채 토지 등에 관한 재산세 등 부과처분의 취소를 구하는 소송에서 표준지공시지가결정의 위법성을 다투는 것은 원칙적으로 허용되지 않는다(대판 1995. 11. 10, 93누16468, 대판 1997. 9. 26, 96누7649 참조). (2) 표준지 소유자인 원고가 표준지 등에 관한 재산세부과처분의 취소를 구하면서 재산세 과세표준 산정의 기초가 되는 표준지공시지가의 위법성을 주장한 사안에서, 원심은 재산세부과처분 취소소송에서 선결문제인 표준지공시지가결정의 위법성을 다툴 수 있다고 보았으나, 이러한 원심의 판단이 선행 대법원 판례의 법리에 반한다는 이유로 파기환송한 사례(대판 2022. 5. 13, 2018두50147[재산세부과처분취소]).

이러한 종전 판례의 태도는 타당하지 않다. 개별공시지가와 후행처분 사이에서 하자의 승계를 인정하면서 개별공시지가보다 더 예측가능성이나 수인가능성이 없는 표준지공시지가와 후행처분 사이에서 하자의 승계를 인정하지 않는 것은 타당하지 않다.

그런데, 최근 판례 중 수용보상금의 증액을 구하는 소송에서 선행처분으로서 그 수용대상 토지가격 산정의 기초가 된 비교표준지공시지가결정처분의 위법을 독립한 사유로 주장할 수 있다고 한 판례가 있다(대판 2008. 8. 21, 2007두13845). 수용보상금증액청구소송에서는 보상금을 정한 수용재결을 다투는 부분도 있으므로 이 판례는 종전의 판례와는 다른 취지의 판례이다. 그리고, 이 판례가 전원합의체 판결은 아니지만, 표준지공시지가의 하자의 승계를 부정하던 종전의 판례가 확고함에도 이와 다른 취지의 판결을 한 것은 실질적으로 종전의 판례를 변경하고자 한 것으로 볼 수 있다.

> **판례** 표준지공시지가결정은 이를 기초로 한 수용재결 등과는 별개의 독립된 처분으로서 서로 독립하여 별개의 법률효과를 목적으로 하지만, 표준지공시지가는 이를 인근 토지의 소유자나 기타 이해관계인에게 개별적으로 고지하도록 되어 있는 것이 아니어서 인근 토지의 소유자 등이 표준지공시지가결정 내용을 알고 있었다고 전제하기가 곤란할 뿐만 아니라, 결정된 표준지공시지가가 공시될 당시 보상금 산정의 기준이 되는 표준지의 인근 토지를 함께 공시하는 것이 아니어서 인근 토지 소유자는 보상금 산정의 기준이 되는 표준지가 어느 토지인지를 알 수 없으므로, 인근 토지 소유자가 표준지의 공시지가가 확정되기 전에 이를 다투는 것은 불가능하다. 더욱이 장차 어떠한 수용재결 등 구체적인 불이익이 현실적으로 나타나게 되었을 경우에 비로소 권리구제의 길을 찾는 것이 우리 국민의 권리의식임을 감안하여 볼 때, 인근 토지소유자 등으로 하여금 결정된 표준지공시지가를 기초로 하여 장차 토지보상 등이 이루어질 것에 대비하여 항상 토지의 가격을 주시하고 표준지공시지가결정이 잘못된 경우 정해진 시정절차를 통하여 이를 시정하도록 요구하는 것은 부당하게 높은 주의의무를 지우는 것이고, 위법한 표준지공시지가결정에 대하여 그 정해진 시정절차를 통하여 시정하도록 요구하지 않았다는 이유로 위법한 표준지공시지가를 기초로 한 수용재결 등 후행 행정처분에서 표준지공시지가결정의 위법을 주장할 수 없도록 하는 것은 수인한도를 넘는 불이익을 강요하는 것으로서 국민의 재산권과 재판받을 권리를 보장한 헌법의 이념에도 부합하는 것이 아니다. 따라서 표준지공시지가결정이 위법한 경우에는 그 자체를 행정소송의 대상이 되는 행정처분으로 보아 그 위법 여부를 다툴 수 있음은 물론, 수용보상금의 증액을 구하는 소송에서도 선행처분으로서 그 수용대상 토지 가격 산정의 기초가 된 비교표준지공시지가결정의 위법을 독립한 사유로 주장할 수 있다(대판 2008. 8. 21, 2007두13845[토지보상금]).

Ⅵ. 기타(부동산 가격정보 등의 조사)

국토교통부장관은 표준지공시지가의 조사·평가 등 부동산 정책의 수립 및 집행을 위하여 부동산 시장동향, 수익률 등의 가격정보 등을 조사·관리하고, 이를 관계 행정기관 등에 제공할 수 있다.

이에 따라 ① 토지·주택의 매매·임대 등 가격동향 조사, ② 비주거용 부동산의 임대료·관리비·권리금 등 임대차 관련 정보와 공실률(空室率)·투자수익률 등 임대시장 동향에 대한 조사에 관한 사항을 적정 주기별로 조사할 수 있다.

제2항 개별공시지가

Ⅰ. 의 의

개별공시지가(個別公示地價)라 함은 시장·군수 또는 구청장이 국세·지방세 등 각종 세금의 부과, 그 밖의 다른 법령에서 정하는 목적을 위한 지가산정에 사용되도록 하기 위하여 부공법 제25조에 따른 시·군·구부동산가격공시위원회의 심의를 거쳐 매년 공시하는 공시기준일 현재 관할 구역 안의 개별토지의 단위면적당 가격을 말한다(제10조 제 1 항).

Ⅱ. 개별공시지가의 법적 성질 [1993 감평 약술]

개별공시지가의 법적 성질을 논하는 실익은 특히 개별공시지가가 항고소송의 대상이 되는 행정소송법상의 처분인가에 있다. 개별공시지가의 행정행위성(처분성)을 인정하는 견해가 다수견해이나, 행정규칙이라고 보는 견해도 있다.

1. 학   설

(1) 행정행위설   개별공시지가는 과세처분 등 행정행위의 구속력있는 기준이 되는 등 구체적인 법적 효과를 가지므로 행정행위로 보는 것이 타당하다.

행정행위설 중에는 개별공시지가를 물적 행정행위로서 일반처분이라고 보는 견해도 있다(류지태).

(2) 행정규칙설   개별공시지가는 표준공시지가와 같이 과세처분 등 행정행위의 기준으로서의 성질을 가지므로 행정규칙으로 보는 것이 타당하다.

(3) 사실행위설   개별공시지가는 직접 법적 효과를 가져오지 않고 정보의 제공에 불과하므로 사실행위로 보는 것이 타당하다. 이 견해에 따르면 개별공시지가의 처분성은 부정된다.

(4) 행정계획설   개별공시지가는 행정의 지침이 되고, 구속력이 있는 것이므로 구속적 행정계획으로 보는 것이 타당하다.

(5) 처 분 설   개별공시지가는 직접 법적 효과를 가져오지 않지만, 과세처분 등 행정행위의 구속력있는 기준이 되는 등 국민의 권익에 직접 영향을 미치므로 행정소송법상 처분으로 보는 것이 타당하다.

2. 판   례

판례는 다음과 같이 개별공시지가의 처분성을 인정하고 있다.

> **판례**   시장, 군수 또는 구청장의 개별토지가격결정은 관계법령에 의한 토지초과이득세, 택지초과소유부담금 또는 개발부담금 산정의 기준이 되어 국민의 권리나 의무 또는 법률상 이익에 직접적으로 관계되는 것으로서 행정소송법 제 2 조 제 1 항 제 1 호 소정의 행정청이 행하는 구체적 사실에 관한 법집행으로서 공권력행사이므로 항고소송의 대상이 되는 행정처분에 해당한다(대판 1993. 6. 11, 92누16706 [개별토지가격결정처분취소]).

3. 결어(법령보충적 고시설)

개별공시지가는 법령에 근거하여 결정되며 여러 행정처분의 기준이 되는 것이므로 법규명령의 성질을 갖는 고시에 준하는 성질을 갖는 것으로 보아야 한다. 그런데, 개별공시지가는 국민의 권익에 직접 영향을 미치므로 조기의 권리구제를 위하여 개별공시지가를 항고소송의 대상이 되는 처분으로 보는 것이 타당하다. 그러나, 개별공시지가의 법적 성질을 행정행위로 보는 것은 타당하지 않다. 왜냐하면 개별공시지가의 결정으로 국민의 권리의무에 직접 영향이 미치지만 어떠한 구체적인 법적 효과(권리의무관계의 변동)가 발생하지는 않기 때문이다.

Ⅲ. 개별공시지가의 공시절차

시장·군수 또는 구청장은 개별공시지가를 결정·공시하기 위하여 개별토지의 가격을 산정한 때에는 그 타당성에 대하여 감정평가법인등의 검증을 받고 토지소유자 그 밖의 이해관계인의 의견을 들어야 한다(제10조 제5항 본문). 토지소유자 그 밖의 이해관계인의 의견청취에 관한 절차를 재조사결정절차라고도 한다. 이 재조사결정절차는 개별공시지가결정의 사전절차로서 개별공시지가결정공고 후에 실무상 행하는 재조사신청과 구별하여야 한다. 개별공시지가결정공고 후에 실무상 행하는 재조사신청은 실정법상으로는 이의신청에 해당한다.

다만, 시장·군수 또는 구청장은 감정평가법인등의 검증이 필요 없다고 인정되는 때에는 지가의 변동상황 등 대통령령(시행령 제18조 제2항)으로 정하는 사항을 고려하여 감정평가법인등의 검증을 생략할 수 있다(제10조 제5항).

시장·군수 또는 구청장이 개별공시지가를 결정·공시하고자 할 때에는 시·군·구 부동산가격공시위원회의 심의를 거쳐야 한다(제10조 제1항).

1. 개별공시지가의 산정

시장·군수 또는 구청장이 개별공시지가를 결정·공시하는 경우에는 해당 토지와 유사한 이용가치를 지닌다고 인정되는 하나 또는 둘 이상의 표준지의 공시지가를 기준으로 토지가격비준표를 사용하여 지가를 산정하되, 해당 토지의 가격과 표준지공시지가가 균형을 유지하도록 하여야 한다(제10조 제4항).

표준지로 선정된 토지에 대하여는 해당 토지의 표준지공시지가를 개별공시지가로 본다(제10조 제2항).

> 판례 **1필지의 토지가 동시에 2개 이상의 용도로 사용되는 경우, 그 개별공시지가의 산정 방법:** 부동산가격공시 및 감정평가에 관한 법률의 관련 규정이나 토지가격비준표 등에 의하면, 개별토지가격은 독립한 필지에 대하여 당해 토지 전체의 특성에 따라 1필지 전체의 단위 면적당 가격으로 산정하는 것이므로 비록 1필지의 토지가 동시에 여러 용도로 이용되는 경우에도 용도별 면적과 가치면을 고려하여 주용도를 판단하여야 하고, 주용도와 부용도를 구별하기 어려운 경우에는 지가가 더 높게 형성되는 용도를 주용도로 하여 그에 따라 1필지 토지 전체의 개별토지가격을 산정하여야 할 것이다. 다만, 1필지의 토지가 2개 이상의 용도지역으로 구분 지정되거나 1필지 토지의 일부가 도시계획시설용지로 지정된 경우 등 예외적인 경우에는 그 면적별로 가중 평균하는 방법으로 개별토지가격을 산정할 수 있는바, 부동산가격공시 및 감정평가에 관한 법률 제11조 제3항은 '개별공시지가를 결정하는 경우에는 당해 토지와 유사한 이용가치를 지닌다고 인정되는 하나 또는 둘 이상의 표준지의 공시지가를 기준으로 지가를 산정하되, 당해 토지의 가격과 표준지공시지가가 균형을 유지하도록 하여야 한다'고 규정하고 있으므로, 1필지의 토지이용상황이 두 개의 용도로 명확히 구분되어 있고 기능적으로 상호 관련성이 없을 뿐만 아니라 주용도와 부용도를 구별하기 어려워 지가가 더 높게 형성되는 용도를 주용도로 구분하여 그 특성에 따라 1필지 토지 전체의 개별토지가격을 산정하게 되면 당해 토지의 가격과 표준지공시지가가 균형을 유지하기 어렵게 되는 특별한 사정이 있는 경우에는, 그 용도별로 복수의 표준지를 선정하여 대상토지의 용도별 면적비율로 이를 가중 평균하는 방식으로 개별공시지가를 산정하는 것이 더 합리적이다(서울행법 2007. 5. 30, 2006구합38878 확정[개별공시지가결정처분취소]).

2. 개별공시지가의 검증과 의견청취

시장·군수 또는 구청장은 개별공시지가를 결정·공시하기 위하여 개별토지의 가격을 산정할 때에는 그 타당성에 대하여 감정평가법인등의 검증을 받고 토지소유자, 그 밖의 이해관계인의 의견을 들어야 한다(제10조 제5항).

(1) 개별공시지가의 검증 [1996 감평 약술]

1) 시장·군수 또는 구청장의 검증의뢰

시장·군수 또는 구청장이 검증을 받으려는 때에는 해당 지역의 표준지의 공시지가를 조사·평가한 감정평가법인등 또는 대통령령이 정하는 감정평가실적 등이 우수한 감정평가법인등에게 의뢰하여야 한다(제10조 제6항).

감정평가실적 등이 우수한 감정평가법인등이란 부공법 제7조 제1항 각 호[2]의 요건을 모두 갖춘 감정평가법인등을 말한다.

---

2) 1. 표준지공시지가 조사·평가 의뢰일부터 30일 이전이 되는 날(이하 "선정기준일"이라 한다)을 기준으로 하여 직전 1년간의 업무실적이 표준지 적정가격 조사·평가업무를 수행하기에 적정한 수준일 것
   2. 회계감사절차 또는 감정평가서의 심사체계가 적정할 것
   3. 「감정평가 및 감정평가사에 관한 법률」에 따른 업무정지처분, 과태료 또는 소속 감정평가사에 대한 징계처분 등이 다음 각 목의 기준 어느 하나에도 해당하지 아니할 것
      가. 선정기준일부터 직전 2년간 업무정지처분을 3회 이상 받은 경우
      나. 선정기준일부터 직전 1년간 과태료처분을 3회 이상 받은 경우
      다. 선정기준일부터 직전 1년간 징계를 받은 소속 감정평가사의 비율이 선정기준일 현재 소속 전체 감정평가사의 10퍼센트 이상인 경우
      라. 선정기준일 현재 업무정지기간이 만료된 날부터 1년이 지나지 아니한 경우

2) 감정평가법인등의 검증

시장·군수 또는 구청장으로부터 검증의뢰를 받은 감정평가법인등은 ① 비교표준지의 선정의 적정성에 관한 사항, ② 개별토지 가격 산정의 적정성에 관한 사항, ③ 산정한 개별토지가격과 표준지공시지가의 균형 유지에 관한 사항, ④ 산정한 개별토지가격과 인근 토지의 지가와의 균형 유지에 관한 사항, ⑤ 표준주택가격, 개별주택가격, 비주거용 표준부동산가격 및 비주거용 개별부동산가격 산정 시 고려된 토지 특성과 일치하는지 여부, ⑥ 개별토지가격 산정 시 적용된 용도지역, 토지이용상황 등 주요 특성이 공부(公簿)와 일치하는지 여부, ⑦ 그 밖에 시장·군수 또는 구청장이 검토를 의뢰한 사항을 검토·확인하고 의견을 제시해야 한다(시행령 제18조 제 2 항).

3) 검증의 생략

시장·군수 또는 구청장은 감정평가법인등의 검증이 필요 없다고 인정되는 때에는 지가의 변동상황 등 대통령령이 정하는 바에 따라 감정평가법인등의 검증을 생략할 수 있다(제10조 제 5 항 단서).

시장·군수 또는 구청장은 감정평가법인등의 검증을 생략할 때에는 개별토지의 지가변동률과 해당 토지가 있는 읍·면·동의 연평균 지가변동률 간의 차이가 작은 순으로 대상토지를 선정해야 한다. 다만, 개발사업이 시행되거나 용도지역·용도지구가 변경되는 등의 사유가 있는 토지는 검증 생략 대상 토지로 선정해서는 안 된다(시행령 제17조 제 3 항).

검증의 생략에 관하여는 미리 관계 중앙행정기관의 장과 협의하여야 한다(시행령 제18조 제 4 항).

(2) 토지소유자 등의 의견청취

토지소유자 그 밖의 이해관계인의 의견청취에 관한 절차는 가격공시 및 감정평가에 관한 법률 제10조 제 5 항 및 동법 시행령 제19조에 규정되어 있다. 이 절차를 재조사결정절차라고도 한다. 이 재조사결정절차는 개별공시지가결정의 사전절차로서 개별공시지가결정공고 후에 실무상 행하는 재조사신청과 구별하여야 한다. 개별공시지가결정공고 후에 실무상 행하는 재조사신청은 실정법상으로는 이의신청에 해당한다.

시장·군수 또는 구청장이 산정한 개별토지의 가격에 대하여 토지소유자 그 밖의 이해관계인(이하 '토지소유자 등'이라 한다)의 의견을 듣고자 하는 경우에는 지가열람부를 비치하고 당해 시·군 또는 구의 게시판에 ① 열람기간 및 열람장소, ② 의견제출기간 및 제출처의 사항을 20일 이상 게시하여 토지소유자 등이 지가열람부를 열람할 수 있도록 하여야 한다(시행령 제18조 제 1 항).

개별토지가격에 의견이 있는 개별토지소유자등은 의견제출기간에 해당 시장·군수 또는 구청장에게 의견을 제출할 수 있다(시행령 제19조 제 2 항). 토지소유자 등으로부터 의견을 제출받은 시장·군수 또는 구청장은 의견제출기간이 만료된 날부터 30일 이내에 이를 심사하고 그 결과를 의견제출인에게 통지하여야 한다(시행령 제19조 제 3 항). 시장·군수 또는 구청장은 심사를 할 때에는 현지조사와 검증을 실시할 수 있다(시행령 제19조 제 4 항).

3. 시·군·구 부동산가격공시위원회의 심의

시·군·구청장은 개별공시지가를 공시하기 전에 시장·군수 또는 구청장 소속하의 부동산가격공시위원회의 심의를 거쳐야 한다(제25조 제 1 항 제 1 호).

4. 개별공시지가의 결정·공시

시장·군수 또는 구청장은 매년 5월 31일까지 개별공시지가를 결정·공시하여야 한다. 다만, 제16조 제 2 항 제 1 호의 경우에는 그 해 10월 31일까지, 같은 항 제 2 호의 경우에는 다음 해 5월 31일까지 결정·공시하여야 한다(시행령 제21조 제 1 항).

시장·군수 또는 구청장은 제 1 항에 따라 개별공시지가를 공시할 때에는 ① 조사기준일, 공시필지의 수 및 개별공시지가의 열람방법 등 개별공시지가의 결정에 관한 사항, ② 이의신청의 기간·절차 및 방법을 해당 시·군 또는 구의 게시판 또는 인터넷 홈페이지에 게시하여야 한다(시행령 제21조 제 2 항).

시장·군수 또는 구청장은 개별공시지가를 관계행정기관 등에 제공하여야 한다(제10조 제 1 항).

(1) 분할·합병 등이 발생한 경우의 결정·공시

시장·군수 또는 구청장은 공시기준일 이후에 분할·합병 등이 발생한 토지에 대하여는 대통령령이 정하는 날을 기준으로 하여 개별공시지가를 결정·공시하여야 한다(제10조 제 3 항).

부공법 시행령 제16조(개별공시지가 공시기준일을 다르게 할 수 있는 토지)법 제10조 제 3 항에 따라 개별공시지가 공시기준일을 다르게 할 수 있는 토지는 다음 각 호의 어느 하나에 해당하는 토지로 한다.
 1. 「공간정보의 구축 및 관리 등에 관한 법률」에 따라 분할 또는 합병된 토지
 2. 공유수면 매립 등으로 「공간정보의 구축 및 관리 등에 관한 법률」에 따른 신규등록이 된 토지
 3. 토지의 형질변경 또는 용도변경으로 「공간정보의 구축 및 관리 등에 관한 법률」에 따른 지목변경이 된 토지
 4. 국유·공유에서 매각 등에 따라 사유(私有)로 된 토지로서 개별공시지가가 없는 토지
 ② 법 제10조 제 3 항에서 "대통령령으로 정하는 날"이란 다음 각 호의 구분에 따른 날을 말한다.
 1. 1월 1일부터 6월 30일까지의 사이에 제 1 항 각 호의 사유가 발생한 토지: 그 해 7월 1일
 2. 7월 1일부터 12월 31일까지의 사이에 제 1 항 각 호의 사유가 발생한 토지: 다음 해 1월 1일

---

(2) 개별공시지가를 공시하지 아니할 수 있는 경우

표준지로 선정된 토지, 조세 또는 부담금 등의 부과대상이 아닌 토지, 그 밖에 대통령령으로 정하는 토지에 대하여는 개별공시지가를 결정·공시하지 아니할 수 있다. 이 경우

표준지로 선정된 토지에 대하여는 해당 토지의 표준지공시지가를 개별공시지가로 본다(제 10조 제 2 항).

부공법 시행령 제15조(개별공시지가를 공시하지 아니할 수 있는 토지) ① 시장·군수 또는 구청장은 법 제 10조 제 2 항전단에 따라 다음 각 호의 어느 하나에 해당하는 토지에 대해서는 법 제10조 제 1 항에 따른 개별공시지가(이하 "개별공시지가"라 한다)를 결정·공시하지 아니할 수 있다.
  1. 표준지로 선정된 토지
  2. 농지보전부담금 또는 개발부담금 등의 부과대상이 아닌 토지
  3. 국세 또는 지방세 부과대상이 아닌 토지(국공유지의 경우에는 공공용 토지만 해당한다)
  ② 제 1 항에도 불구하고 시장·군수 또는 구청장은 다음 각 목의 어느 하나에 해당하는 토지에 대해서는 개별공시지가를 결정·공시하여야 한다.
  1. 관계 법령에 따라 지가 산정 등에 개별공시지가를 적용하도록 규정되어 있는 토지
  2. 시장·군수 또는 구청장이 관계 행정기관의 장과 협의하여 개별공시지가를 결정·공시하기로 한 토지

---

(3) 개별공시지가의 결정·공시비용의 보조

개별공시지가의 결정·공시에 소요되는 비용은 대통령령이 정하는 바에 의하여 그 일부를 국고에서 보조할 수 있다(제14조).

5. 개별공시지가의 정정 [2019, 2020 감평 사례]

시장·군수 또는 구청장은 개별공시지가에 틀린 계산, 오기, 표준지 선정의 착오, 그 밖에 대통령령으로 정하는 명백한 오류가 있음을 발견한 때에는 지체 없이 이를 정정하여야 한다(제12조).

부공법 시행령 제23조(개별공시지가의 정정사유) 법 제12조에서 "대통령령으로 정하는 명백한 오류"란 다음 각 호의 어느 하나에 해당하는 경우를 말한다.
  1. 법 제10조에 따른 공시절차를 완전하게 이행하지 아니한 경우
  2. 용도지역·용도지구 등 토지가격에 영향을 미치는 주요 요인의 조사를 잘못한 경우
  3. 토지가격비준표의 적용에 오류가 있는 경우
  ② 시장·군수 또는 구청장은 법 제12조에 따라 개별공시지가의 오류를 정정하려는 경우에는 시·군·구부동산가격공시위원회의 심의를 거쳐 정정사항을 결정·공시하여야 한다. 다만, 틀린 계산 또는 오기(誤記)의 경우에는 시·군·구부동산가격공시위원회의 심의를 거치지 아니할 수 있다.

Ⅳ. 개별공시지가의 효력

국세·지방세 등 각종 세금의 부과, 그 밖의 다른 법령에서 정하는 목적을 위한 지가 산정시 사용된다.

1. 국세·지방세의 산정기준

개별공시지가를 직접 적용하는 경우로서 양도소득세, 증여세, 상속세 등의 국세가 있고, 개별공시지가의 일정률을 적용하는 과세로서 종합토지세 등의 지방세가 있다.

2. 행정목적의 지가산정기준

각종 부담금(개발부담금)의 산정기준이 되며, 기타 농지 및 산지의 전용부담금이나 국공유지의 대부료 또는 사용료의 산정에 적용되고 있다.

V. 공시지가결정에 대한 권리구제 [1994 감평 약술]

개별공시지가의 처분성을 인정하는 견해에 의하면 개별공시지가가 잘못 산정된 경우에 개별공시지가를 항고소송에 의해 직접 다툴 수 있다. 그러나, 개별공시지가의 처분성을 부정하는 견해에 의하면 개별공시지가의 위법은 직접 다투어질 수 없고, 잘못 산정된 개별공시지가가 기초가 되어 내려진 처분을 다투면서 개별공시지가의 위법을 간접적으로 다툴 수 있다. 이 경우 개별공시지가의 위법은 이를 기초로 한 처분의 위법사유가 된다.

1. 사전적인 구제수단

부공법은 부동산가격의 결정·공시 전에, '열람·심의·검증·통지·의견청취·정정' 등의 다양한 규정을 두어 사전적인 권리구제를 도모하고 있다.

(1) 개별공시지가의 검증제도
1) 검증의 의의

검증이라 함은 시장·군수·구청장이 표준지공시지가를 기준으로 토지가격비준표를 사용하여 산정한 지가에 대하여 감정평가법인등이 비교표준지의 선정, 토지특성조사의 내용 및 토지가격 비준표의 적용 등의 타당성을 검토하여 산정지가의 적정성을 판별하고, 표준지공시지가, 인근 개별공시지가 및 전년도 개별공시지가와의 균형유지, 기타 지가변동률 등을 종합적으로 참작하여 적정한 가격을 제시하는 것을 말한다.

2) 검증제도의 도입배경

종래 개별공시지가의 산정과정에서 지가담당공무원은 지가산정이 곤란한 경우 당해 지역의 표준지를 평가한 감정평가법인등으로부터 자문을 받아 산정하도록 되어 있었다.

그러나, 헌법재판소는 1994. 7. 29. 토지초과이득세에 대한 불합치결정을 하면서 개별공시지가의 담당공무원에 대한 전문성을 보완할 필요가 있다고 지적한 바 있으며, 이에 따라 지가담당공무원의 비전문성을 보완하고 개별공시자가의 객관성과 신뢰성을 확보하기 위해 감정평가사가 검증하도록 하는 제도가 도입되었다.

3) 검증의 구분(종류)

검증은 시·군·구청장이 산정한 지가에 대하여 지가현황도면 및 지가조사자료를 기준으로 개별공시지가 산정대상 전체필지에 대하여 실시하는 산정지가검증과 시·군·구청장이 산정한 지가에 대하여 이해관계인이 지가열람 및 의견제출기간중에 의견을 제출한 경우에 실시하는 의견제출검증 및 시·군·구청장이 개별공시지가를 결정·공시한 후 토지소유자 등이 이의신청을 제기한 경우 실시하는 이의신청지가검증이 있다.

4) 검증의 절차

시·군·구청장은 산정한 개별토지의 가격에 대한 지가현황도면 및 지가조사자료를 감정평가법인등에게 제공하여 개별공시지가의 검증을 의뢰한다(시행령 제18조 제 1 항). 감정평가법인등은 비교표준지의 선정의 적정성에 관한 사항, 산정한 개별토지가격과 표준지공시지가의 균형 유지에 관한 사항, 산정한 개별토지가격과 인근토지의 지가와의 균형 유지에 관한 사항, 표준주택가격, 개별주택가격, 비주거용 표준부동산가격 및 비주거용 개별부동산가격 산정 시 고려된 토지 특성과 일치하는지 여부, 개별토지가격 산정 시 적용된 용도지역, 토지이용상황 등 주요 특성이 공부(公簿)와 일치하는지 여부, 그 밖에 시장·군수 또는 구청장이 검토를 의뢰한 사항을 검토하고 의견을 제시하여야 한다(시행령 제18조 제 2 항). 시장·군수 또는 구청장은 감정평가법인등의 검증을 생략할 때에는 개별토지의 지가변동률과 해당 토지가 있는 읍·면·동의 연평균 지가변동률 간의 차이가 작은 순으로 대상 토지를 선정해야 한다. 다만, 개발사업이 시행되거나 용도지역·용도지구가 변경되는 등의 사유가 있는 토지는 검증 생략 대상 토지로 선정해서는 안 된다(시행령 제18조 제 3 항).

5) 검증의 효력

가. 개별공시지가의 재결정   개별공시지가의 검증과정에서 개별공시지가의 산정 과정상 잘못된 점이 발견된다며, 이를 시정하여 재결정하여야 할 것이다.

나. 하자 있는 검증의 효력   검증을 임의적으로 생략하거나 검증을 한 경우라도 하자가 있는 검증은 그 하자의 정도에 따라 개별공시지가의 효력에 영향을 미치게 된다. 즉, 개별공시지가결정은 무효 또는 취소가 된다.

다. 감정평가법인등의 책임   감정평가법인등 및 해당 감정평가사에게는 행정적 책임이 부과될 것이다.

6) 검증제도의 문제점 등

개별토지가격의 검증은 상당한 시간이 필요함에도 불구하고 이에 따른 충분한 시간을 확보하지 못하고 있는 경우가 대부분이다. 따라서 현실적으로 적정한 검증기간이 필요하다. 또한 방대한 양의 공적 자료가 필요시되므로 공무원의 협조요청도 필요하다. 또한 검증수수료는 지방자치단체의 예산에 의하게 되어 있어서, 많은 경우 검증이 생략되고 있으므로 검증수수료의 현실화가 요구된다.

(2) 의견청취제도

시장·군수 또는 구청장은 개별공시지가를 결정·공시하기 위하여 개별토지의 가격을 산정할 때에는 그 타당성에 대하여 감정평가법인등의 검증을 받고 토지소유자, 그 밖의 이해관계인의 의견을 들어야 한다(제10조 제 5 항). 이에 관하여 자세한 것은 전술한 바와 같다.

(3) 정정제도 [2024 감평 사례]

1) 의의 및 취지

개별공시지가에 틀린 계산, 오기, 표준지의 선정착오, 그 밖에 대통령령으로 정하는 명백한 오류가 있음을 발견한 때에는 이를 지체 없이 정정하는 제도를 말하며(제12조), 이는 정정에 대한 명시적 규정을 두어 책임문제로 인한 정정회피문제를 해소하고 불필요한 쟁송을 방지하여 행정의 능률화를 도모함에 취지가 있다.

2) 정정사유

틀린 계산, 오기, 표준지의 선정착오, 그 밖에 대통령령으로 정하는 명백한 오류로는 ① 공시절차를 완전하게 이행하지 아니한 경우, ② 용도지역·용도지구 등 토지가격에 영향을 미치는 주요 요인의 조사를 잘못한 경우, ③ 토지가격비준표의 적용에 오류가 있는 경우가 있다(시행령 제23조 제 1 항).

3) 정정절차

시장·군수 또는 구청장이 개별공시지가의 오류를 정정하려는 경우에는 시·군·구부동산가격공시위원회의 심의를 거쳐 정정사항을 결정·공시하여야 한다. 다만, 틀린 계산 또는 오기(誤記)의 경우에는 시·군·구부동산가격공시위원회의 심의를 거치지 아니할 수 있다(시행령 제23조 제 2 항).

4) 정정신청의 거부에 대한 권리구제

판례는 토지소유자 등 이해관계인에게는 정정신청권이 없으므로, 국민의 정정신청은 직권발동 촉구에 지나지 않는바, 그 거부는 항고소송의 대상이 되는 처분이 아니라고 한다. 그러나, 행정절차법 제25조의 규정상 처분의 정정신청권이 인정된다는 점에 비추어 볼 때, 판례의 태도는 비판의 여지가 있다.

> **판례**　개별토지가격합동조사지침(1991. 3. 29. 국무총리훈령 제248호로 개정된 것) 제12조의3은 행정청이 개별토지가격결정에 위산·오기 등 명백한 오류가 있음을 발견한 경우 직권으로 이를 경정하도록 한 규정으로서 토지소유자 등 이해관계인이 그 경정결정을 신청할 수 있는 권리를 인정하고 있지 아니하므로, 토지소유자 등의 토지에 대한 개별공시지가 조정신청을 재조사청구가 아닌 경정결정신청

으로 본다고 할지라도, 이는 행정청에 대하여 직권발동을 촉구하는 의미밖에 없으므로, 행정청이 위 조정신청에 대하여 정정불가 결정 통지를 한 것은 이른바 관념의 통지에 불과할 뿐 항고소송의 대상이 되는 처분이 아니다(대판 2002. 2. 5, 2000두5043[개별공시지가정정불가처분취소]).

행정절차법 제25조(처분의 정정)

　행정청은 처분에 오기·오산 기타 이에 준하는 명백한 잘못이 있는 때에는 직권 또는 신청에 의하여 지체없이 정정하고 이를 당사자에게 통지하여야 한다.

---

5) 검　토

정정제도는 개별공시지가의 경미한 하자를 이유로 개별공시지가 내지는 향후 과세처분을 대상으로 소송이 진행되는 번거로움을 막기 위해서 규정된 만큼, 정정제도를 효율적으로 활용하여 불필요한 다툼을 막고 개별토지소유자의 법적 지위를 안정화시켜야 할 것이다.

2. 이의신청 [2010, 2020, 2022, 2023 감평 사례]

(1) 의의 및 제도적 취지

부공법상 개별공시지가에 대한 이의신청이라 함은 개별공시지가에 대하여 이의가 있는 자가 개별공시지가의 결정·공시 주체인 시·군·구청장에게 이의를 신청하고 시·군·구청장이 이를 심사하는 제도를 말한다(제11조 제 1 항). 이의신청제도는 개별공시지가의 객관성을 확보하고 대외적인 공신력을 높이는 등 개별공시지가의 적정성을 담보하는 제도이다.

(2) 이의신청의 법적 성격

행정심판법 제51조는 심판청구에 대한 재결이 있는 경우에는 당해 재결 및 동일한 처분 또는 부작위에 대하여 다시 심판청구를 제기할 수 없다고 하여 재심판청구를 금지하고 있다. 따라서 부공법상 이의신청의 법적 성질이 문제된다.

1) 심판기관기준설

이 견해는 행정심판과 이의신청을 심판기관으로 구별하는 견해이다. 즉, 이의신청은 처분청 자체에 제기하는 쟁송이고, 행정심판은 원칙적으로 처분청의 직근상급행정청에 제기하는 쟁송이라고 본다.

2) 쟁송절차기준설

이 견해는 쟁송절차를 기준으로 행정심판과 '행정심판이 아닌 이의신청'을 구별하는 견해이다. 즉, 헌법 제107조 제 3 항은 행정심판절차는 사법심판절차가 준용되어야 한다고 규정하고 있는 점에 비추어 개별법률에서 정하는 이의신청 중 준사법절차가 보장되는 것만을 행정심판으로 보고, 그렇지 않은 것은 행정심판이 아닌 것으로 본다.

3) 판 례

판례는 이의신청을 제기한 경우라도 별도로 행정심판을 제기할 수 있다고 하여 행정심판의 성질을 갖지 않는 것으로 보고 있다.

> **판례** 부동산 가격공시 및 감정평가에 관한 법률 제12조, 행정소송법 제20조 제 1 항, 행정심판법 제 3 조 제 1 항의 규정 내용 및 취지와 아울러 부동산 가격공시 및 감정평가에 관한 법률에 행정심판의 제기를 배제하는 명시적인 규정이 없고 부동산 가격공시 및 감정평가에 관한 법률에 따른 이의신청과 행정심판은 그 절차 및 담당 기관에 차이가 있는 점을 종합하면, 부동산 가격공시 및 감정평가에 관한 법률이 이의신청에 관하여 규정하고 있다고 하여 이를 행정심판법 제 3 조 제 1 항에서 행정심판의 제기를 배제하는 '다른 법률에 특별한 규정이 있는 경우'에 해당한다고 볼 수 없으므로, 개별공시지가에 대하여 이의가 있는 자는 곧바로 행정소송을 제기하거나 부동산 가격공시 및 감정평가에 관한 법률에 따른 이의신청과 행정심판법에 따른 행정심판청구 중 어느 하나만을 거쳐 행정소송을 제기할 수 있을 뿐 아니라, 이의신청을 하여 그 결과 통지를 받은 후 다시 행정심판을 거쳐 행정소송을 제기할 수도 있다고 보아야 하고, 이 경우 행정소송의 제소기간은 그 행정심판 재결서 정본을 송달받은 날부터 기산한다(대판 2010. 1. 28, 2008두19987[개별공시지가결정처분취소]).

4) 결 어

헌법 제107조 제 3 항이 행정심판에 사법절차를 준용하도록 규정하고 있는 점에 비추어 쟁송절차기준설이 타당하다. 이에 따를 때, 부공법에서는 이의신청절차를 준사법적 절차로 하는 어떠한 규정도 두어지고 있지 않으므로 부공법상 이의신청은 행정심판이 아니라고 보는 것이 타당하다. 달리 말하면, 현행 부동산가격공시법상의 이의신청은 준사법적 절차라고 보기 어려우므로 행정심판이 아닌 이의신청으로 보는 것이 타당하다.

(3) 절차 및 효과

개별공시지가에 대하여 이의가 있는 자는 개별공시지가의 공시일부터 30일 이내에 서면으로 시·군·구청장에게 이의를 신청할 수 있다(제11조 제 1 항).

시장·군수 또는 구청장은 이의신청기간이 만료된 날부터 30일 이내에 이의신청을 심사하여 그 결과를 신청인에게 서면으로 통지하여야 한다. 이 경우 시장·군수 또는 구청장은 이의신청의 내용이 타당하다고 인정될 때에는 당해 개별공시지가를 조정하여 다시 결정·공시하여야 한다(제11조 제 2 항).

3. 행정쟁송제도

(1) 행정심판

판례의 태도에 따라 이의신청은 행정심판이 아니라고 보는 것이 타당하므로 이의신청을 거친 경우라도 행정심판을 청구할 수 있다.

(2) 행정소송

개별공시지가의 결정·공시의 위법성 정도에 따라서 취소소송 또는 무효등확인소송을 제기할 수 있다.

1) 소송요건

가. 행정심판 임의주의 행정심판 전치주의를 규정하는 명문의 규정이 없으므로 행정소송법 제18조 제1항에 따라 개별공시지가에 대한 행정심판을 거치지 아니하고 취소소송을 제기할 수 있다.

나. 대상적격 및 관할 개별공시지가는 처분성이 인정되므로 행정소송법 제19조의 대상적격이 인정된다. 이를 대상으로 토지소재지의 행정법원에 소를 제기할 수 있다.

다. 원고적격 토지소유자는 원고적격을 갖으나, 인근주민의 원고적격이 인정되는지가 문제된다. 이에 대해 개별공시지가는 당해 토지에 대한 과세처분의 기준이 되므로 인근토지의 가격에 영향을 미치지 않으므로 인근주민에게는 원고적격은 없다고 보는 견해가 있으나, 부공법 제11조 제1항에서는 이의신청을 할 수 있는 자를 토지소유자에 한정하고 있지 않으므로 개별공시지가의 결정·공시로 인해 법률상 이익이 침해된다면 소유자가 아니라 하더라도 원고적격이 인정될 수 있다고 볼 것이다.

라. 제소기간 행정소송법 제20조에서는 처분이 있음을 안 날부터 90일, 있은 날부터 1년의 제소기간을 규정하고 있다. 개별공시지가처분은 공시에 의해 효력을 발생하지만, 개별공시지가처분의 효력은 각각의 토지 또는 각각의 소유자에 대하여 각별로 효력을 발생하는 것이므로 개별공시지가결정이 개별통지되었거나 처분의 상대방이 실제로 공고 또는 고시를 보았으면 개별통지일 또는 당해 공고 또는 고시를 본 날이 '처분이 있음을 안 날'이 될 것이고, 개별공시지가결정이 개별통지되지 않거나 처분의 상대방이 공고를 보지 못한 경우에는 개별토지가격결정의 공고는 공고일로부터 그 효력을 발생하지만 처분 상대방인 토지소유자 및 이해관계인이 공고일에 개별토지가격결정처분이 있음을 알았다고까지 의제할 수는 없다.

판례 개별토지가격결정에 있어서는 그 처분의 고지방법에 있어 개별토지가격합동조사지침(국무총리훈령 제248호)의 규정에 의하여 행정편의상 일단의 각 개별토지에 대한 가격결정을 일괄하여 읍·면·동의 게시판에 공고하는 것일 뿐 그 처분의 효력은 각각의 토지 또는 각각의 소유자에 대하여 각별로 효력을 발생하는 것이므로 개별토지가격결정의 공고는 공고일로부터 그 효력을 발생하지만 처분 상대방인 토지소유자 및 이해관계인이 공고일에 개별토지가격결정처분이 있음을 알았다고까지 의제할 수는 없어 결국 개별토지가격결정에 대한 재조사 또는 행정심판의 청구기간은 처분 상대방이 실제로 처분이 있음을 안 날로부터 기산하여야 할 것이나, 시장, 군수 또는 구청장이 개별토지가격결정을 처분 상대방에 대하여 별도의 고지절차를 취하지 않는 이상 토지소유자 및 이해관계인이 위 처분이 있음을 알았다고 볼 경우는 그리 흔치 않을 것이므로, 특별히 위 처분을 알았다고 볼 만한 사정이 없는 한 개별토지가격결정에 대한 재조사청구 또는 행정심판청구는 행정심판법 제18조 제3항 소정의 처분이 있은 날로부터 180일 이내에 이를 제기하면 된다(대판 1993. 12. 24, 92누17204[개별토지가격결정처분취소]).

2) 개별공시지가의 위법 여부(본안문제) [2018, 2023 감평 사례]

가. 개별공시지가 자체의 위법   개별공시지가의 결정에 대한 위법은 ① 지가결정의 주요절차를 위반한 하자가 있거나, ② 비교표준지의 선정 또는 토지가격비준표에 의한 표준지와 당해 토지의 토지특성의 조사, 비교 및 가격조정률의 적용이 잘못된 경우, ③ 기타 위산, 오기로 인하여 지가산정에 명백한 잘못이 있는 경우에 인정된다.

개별토지가격이 단순히 '시가'와 괴리됨을 이유로 위법성을 주장할 수 없다 할 것이고, 부공법에 규정된 절차와 방법에 의하여 이루어졌는지 여부에 따라 위법성이 판단되어져야 한다.

> **판례1**   개별토지가격은 당해 토지의 시가나 실제 거래가격과 직접적인 관련이 있는 것은 아니므로 단지 그 가격이 시가나 실제 거래가격을 초과하거나 미달한다는 사유만으로 그것이 현저하게 불합리한 가격이어서 그 가격 결정이 위법하다고 단정할 것은 아니고 당해 토지의 실제 취득가격이 당해 연도에 이루어진 공매에 의한 가격이라고 해서 달리 볼 것은 아니다(대판 1996. 9. 20, 95누11931[개별공시지가결정처분취소]).
>
> **판례2**   개별공시지가 결정의 적법 여부는 부동산 가격공시 및 감정평가에 관한 법률 등 관련 법령이 정하는 절차와 방법에 따라 이루어진 것인지 여부에 의하여 결정될 것이지 당해 토지의 시가나 실제 거래가격과 직접적인 관련이 있는 것은 아니므로, 단지 그 공시지가가 감정가액이나 실제 거래가격을 초과한다는 사유만으로 그것이 현저하게 불합리한 가격이어서 그 가격 결정이 위법하다고 단정할 수는 없다(대판 2013. 10. 11, 2013두6138[취득세등부과처분취소]).
>
> **판례3**   부동산 가격공시 및 감정평가에 관한 법률 제11조, 부동산 가격공시 및 감정평가에 관한 법률 시행령 제17조 제 2 항의 취지와 문언에 비추어 보면, 시장 등은 표준지공시지가에 토지가격비준표를 사용하여 산정된 지가와 감정평가법인등의 검증의견 및 토지소유자 등의 의견을 종합하여 당해 토지에 대하여 표준지공시지가와 균형을 유지한 개별공시지가를 결정할 수 있고, 그와 같이 결정된 개별공시지가가 표준지공시지가와 균형을 유지하지 못할 정도로 현저히 불합리하다는 등의 특별한 사정이 없는 한, 결과적으로 토지가격비준표를 사용하여 산정한 지가와 달리 결정되었거나 감정평가사의 검증의견에 따라 결정되었다는 이유만으로 그 개별공시지가 결정이 위법하다고 볼 수는 없다(대판 2013. 11. 14, 2012두15364[개별공시지가결정처분취소]).

나. 개별공시지가와 후행 행정행위(과세처분 등)간 하자의 승계 [2021 감평 사례]   판례는 개별공시지가의 불가쟁력이나 구속력이 그로 인하여 불이익을 입게 되는 자에게 수인한도를 넘는 가혹함을 가져오며, 그 결과가 당사자에게 예측가능한 것이 아니기 때문에 원칙상 개별공시지가의 위법성을 후행처분에 대한 소송단계에서 다툴 수 있다고 하면서도 구체적인 사안에 있어서 개별공시지가결정의 불가쟁력이나 구속력이 수인한도를 넘는 가혹한 것이거나 예측불가능하다고 볼 수 없는 경우에는 하자승계를 부정한다.

(가) 원칙상 하자승계를 긍정 [2010, 2002 감평 사례]   대법원 판례는 개별공시지가결정은 이를 기초로 한 과세처분 등 후행처분과는 별개의 독립된 처분으로서 서로 독립하여 별개의 법률효과를 목적으로 하는 것이나, 개별공시지가의 불가쟁력이나 구속력이 그로 인하여 불이익을 입게 되는 자에게 수인한도를 넘는 가혹함을 가져오며, 그 결과가 당사

자에게 예측가능한 것이 아니기 때문에 개별공시지가의 위법성을 후행처분에 대한 소송단계에서 다툴 수 있다고 판시하였다.

> **판례** 개별공시지가결정은 이를 기초로 한 과세처분 등과는 별개의 독립된 처분으로서 서로 독립하여 별개의 법률효과를 목적으로 하는 것이나, 개별공시지가는 이를 토지소유자나 이해관계인에게 개별적으로 고지하도록 되어 있는 것이 아니어서 토지소유자 등이 개별공시지가결정 내용을 알고 있었다고 전제하기도 곤란할 뿐만 아니라 결정된 개별공시지가가 자신에게 유리하게 작용될 것인지 또는 불이익하게 작용될 것인지 여부를 쉽사리 예견할 수 있는 것도 아니며, 더욱이 장차 어떠한 과세처분 등 구체적인 불이익이 현실적으로 나타나게 되었을 경우에 비로소 권리구제의 길을 찾는 것이 우리 국민의 권리의식임을 감안하여 볼 때 토지소유자 등으로 하여금 결정된 개별공시지가를 기초로 하여 장차 과세처분 등이 이루어질 것에 대비하여 항상 토지의 가격을 주시하고 개별공시지가결정이 잘못된 경우 정해진 시정절차를 통하여 이를 시정하도록 요구하는 것은 부당하게 높은 주의의무를 지우는 것이라고 아니할 수 없고, 위법한 개별공시지가결정에 대하여 그 정해진 시정절차를 통하여 시정하도록 요구하지 아니하였다는 이유로 위법한 개별공시지가를 기초로 한 과세처분 등 후행 행정처분에서 개별공시지가결정의 위법을 주장할 수 없도록 하는 것은 수인한도를 넘는 불이익을 강요하는 것으로서 국민의 재산권과 재판받을 권리를 보장한 헌법의 이념에도 부합하는 것이 아니라고 할 것이므로, 개별공시지가결정에 위법이 있는 경우에는 그 자체를 행정소송의 대상이 되는 행정처분으로 보아 그 위법 여부를 다툴 수 있음은 물론 이를 기초로 한 과세처분 등 행정처분의 취소를 구하는 행정소송에서도 선행처분인 개별공시지가결정의 위법을 독립된 위법사유로 주장할 수 있다고 해석함이 타당하다(대판 1994. 1. 25, 93누8542[양도소득세부과처분취소]).

(나) **예외적으로 하자의 승계 부정**   대법원 판례는 개별공시지가결정에 대하여 한 재조사청구에 따른 조정결정을 통지받고서도 더 이상 다투지 아니한 경우에는 개별공시지가결정의 불가쟁력이나 구속력이 수인한도를 넘는 가혹한 것이거나 예측불가능하다고 볼 수 없기 때문에 하자승계를 부정한다.

> **판례** 원고가 이 사건 토지를 매도한 이후에 그 양도소득세 산정의 기초가 되는 1993년도 개별공시지가결정에 대하여 한 재조사청구에 따른 조정결정을 통지받고서도 더 이상 다투지 아니한 경우까지 선행처분인 개별공시지가결정의 불가쟁력이나 구속력이 수인한도를 넘는 가혹한 것이거나 예측불가능하다고 볼 수 없어, 위 개별공시지가결정의 위법을 이 사건 과세처분의 위법사유로 주장할 수 없다(대판 1998. 3. 13, 96누6059[양도소득세부과처분취소]).

4. 행정상 손해배상 [2013 감평]

개별공시지가 산정 담당공무원 등이 직무상 의무를 다하지 아니하여, 위법하고 과실 있는 개별공시지가의 결정으로 국민 개인에게 손해를 발생시킨다면 국가배상법에 따라 지방자치단체의 국가배상책임이 인정된다.

> **판례**　[1] 개별공시지가 산정업무 담당공무원 등이 부담하는 직무상 의무의 내용 및 그 담당공무원 등이 직무상 의무에 위반하여 현저하게 불합리한 개별공시지가가 결정되도록 함으로써 국민 개개인의 재산권을 침해한 경우, 그 담당공무원 등이 속한 지방자치단체가 손해배상책임을 지는지 여부(적극): 개별공시지가는 개발부담금의 부과, 토지 관련 조세 부과 등 다른 법령이 정하는 목적을 위해 지가를 산정하는 경우에 그 산정 기준이 되는 관계로 납세자인 국민 등의 재산상 권리·의무에 직접적인 영향을 미치게 되므로, 개별공시지가 산정업무를 담당하는 공무원으로서는 당해 토지의 실제 이용상황 등 토지특성을 정확하게 조사하고 당해 토지와 토지이용상황이 유사한 비교표준지를 선정하여 그 특성을 비교하는 등 법령 및 '개별공시지가의 조사·산정 지침'에서 정한 기준과 방법에 의하여 개별공시지가를 산정하고, 산정지가의 검증을 의뢰받은 감정평가법인등나 시·군·구 부동산평가위원회로서는 위 산정지가 또는 검증지가가 위와 같은 기준과 방법에 의하여 제대로 산정된 것인지 여부를 검증, 심의함으로써 적정한 개별공시지가가 결정·공시되도록 조치할 직무상의 의무가 있고, 이러한 직무상 의무는 단순히 공공 일반의 이익을 위한 것이거나 행정기관 내부의 질서를 규율하기 위한 것이 아니고 전적으로 또는 부수적으로 국민 개개인의 재산권 보장을 목적으로 하여 규정된 것이라고 봄이 상당하다. 따라서 개별공시지가 산정업무 담당공무원 등이 그 직무상 의무에 위반하여 현저하게 불합리한 개별공시지가가 결정되도록 함으로써 국민 개개인의 재산권을 침해한 경우에는 그 손해에 대하여 상당인과관계 있는 범위 내에서 그 담당공무원 등이 소속된 지방자치단체가 배상책임을 지게 된다. [2] 시장(市長)이 토지의 이용상황을 실제 이용되고 있는 '자연림'으로 하여 개별공시지가를 산정한 다음 감정평가법인에 검증을 의뢰하였는데, 감정평가법인이 그 토지의 이용상황을 '공업용'으로 잘못 정정하여 검증지가를 산정하고, 시(市) 부동산평가위원회가 검증지가를 심의하면서 그 잘못을 발견하지 못함에 따라, 그 토지의 개별공시지가가 적정가격보다 훨씬 높은 가격으로 결정·공시된 사안에서, 이는 개별공시지가 산정업무 담당공무원 등이 직무상 의무를 위반한 것으로 불법행위에 해당한다고 한 사례. [3] 개별공시지가는 그 산정 목적인 개발부담금의 부과, 토지관련 조세 부과 등 다른 법령이 정하는 목적을 위해 지가를 산정하는 경우에 그 산정기준이 되는 범위 내에서는 납세자인 국민 등의 재산상 권리·의무에 직접적인 영향을 미칠 수 있지만, 이에 더 나아가 개별공시지가가 당해 토지의 거래 또는 담보제공을 받음에 있어 그 실제 거래가액 또는 담보가치를 보장한다거나 어떠한 구속력을 미친다고 할 수는 없다. [4] 개별공시지가 산정업무 담당공무원 등이 잘못 산정·공시한 개별공시지가를 신뢰한 나머지 토지의 담보가치가 충분하다고 믿고 그 토지에 관하여 근저당권설정등기를 경료한 후 물품을 추가로 공급함으로써 손해를 입었음을 이유로 그 담당공무원이 속한 지방자치단체에 손해배상을 구한 사안에서, 그 담당공무원 등의 개별공시지가 산정에 관한 직무상 위반행위와 위 손해 사이에 상당인과관계가 있다고 보기 어렵다고 판단한 사례(대판 2010. 7. 22, 2010다13527[손해배상(기)]).

제 3 항　공시지가제도의 문제점 및 개선방안

Ⅰ. 서

　　공시지가제도란, 정부가 객관적 기준을 정하고 이에 의하여 조사, 평가된 적정가격을 공시하고 공시된 지가를 일반국민의 토지거래 및 행정기관의 지가산정등에 활용할 수 있도록 하는 공적지가제도이다. 이는 종래 다원화된 지가체계로 인하여 공적지가에 대한 혼란과 국민의 불신 및 토지정책의 실효성 저하 등을 해소하고자 1989년 지가공시법 제정에 의해 도입된 제도이다.

　　공시지가는 각종 조세, 부담금 및 토지행정목적의 지가산정기준으로서 국민의 재산권 행사에 직·간접적으로 관련되고 토지행정의 기반이 되므로 지가의 적정성과 신뢰성확보가 무엇보다 중요하다. 그러나, 그동안 제도운영 과정상 여러 가지 문제점으로 공시지가의 적정성과 신뢰성 확보에 미흡한 점이 노출되고 있는바, 그 문제점을 지적하고 개선방안을 검토하고자 한다.

II. 공시지가제도의 문제점 및 개선방안

1. 문제점 발생의 배경

공시지가제도가 현재까지 시행된 이래 상당한 성과를 이루어 정착단계에 이르렀다고 판단되고 있으나, 제도운영상 여러 문제점이 발생되어 공시지가의 공신력에 대한 불신을 받고 있다. 이러한 문제의 발생원인은 지가조사의 근본적인 어려움과 제도시행상의 미비점, 이해관계에 따라 지가를 다르게 인식하는 경향 및 토지시장에서의 이론지가와 현실지가의 괴리 등에서 찾을 수 있다.

2. 법제상의 문제점 및 개선방안(지가산정체계)

공적지가의 산정은 대부분 공시지가를 기준으로 지가변동률을 적용하여 산정하기 때문에, 부동산 거래신고 등에 관한 법률 시행령 제17조에 따른 지가변동률의 규정을 부공법에 둠으로써 지가산정의 단일체계를 이루어야 할 것이다.

3. 공시지가 수준의 문제 및 해결방안

공시지가가 공적지가로서 기능을 발휘하기 위하여는 적정한 가격수준으로서 시장상황을 제대로 반영하여야 한다. 특히, 보상·조세 등과 관련하여 체감지가와의 차이에 따라 많은 민원이 제기되고 있는바, 공시지가의 객관화·투명화 등을 통한 해결방안이 모색되어야 한다.

4. 개별공시지가 신뢰도의 문제 및 개선방안

(1) 비교표준지 선정의 합리성

비교표준지를 비전문가인 공무원이 선정함에 따라 많은 문제점이 발생하였기 때문에 1997년도부터 개별공시지가의 검증제도를 도입하여 시행하고 있으나 여전히 많은 문제점을 안고 있다. 비교표준지는 사실상 개별공시지가의 수준을 결정하는 기준이 되므로 지리적 근접성, 유사가격권, 용도지역의 일치 등의 보장으로 보다 객관적이고 합리적인 산정이 되도록 지속적인 개선이 필요하다.

(2) 토지가격비준표의 한계성

토지가격비준표는 대량평가를 위해 고안된 간이조사표로서 용도지역별로 구성되어 광범위하게 적용되므로 당해 토지의 적정가격과는 괴리될 수 있다. 이러한 문제를 해결하기 위해 동일가격권별로 토지가격비준표를 작성하는 방법이 제시될 수 있다.

(3) 검증제도의 실효성

검증제도는 개별공시지가의 객관성·신뢰성 확보를 위해 도입된 제도이나, 검증기간이 짧고 검증 대상 필지가 전체를 대상으로 하고 있어서 실효성 확보에 문제가 있다. 따라서 전수평가에 이르지 않으면서 합리성·적정성을 제고할 수 있는 방안이 필요하다.

(4) 지가산정 공무원의 비전문성

지가산정은 고도의 전문성을 요하는 작업이지만 시·군·구의 소관 공무원의 잦은 인사이동, 타 업무와의 중복 등으로 인해 개별공시지가의 적정성에 문제가 발생한다. 이를 해결하기 위해서는 지가관련 업무를 전문화할 필요가 있다.

Ⅲ. 결   어

공시지가제도는 종래의 다원화된 지가체계를 일원화하여 바람직하다고 생각하는 지가수준을 널리 국민에게 알려 지가행정의 원활함과 행정의 공신력 확보를 도모하기 위한 제도이다. 따라서 부동산가격공시 및 감정평가와 관련된 사항을 하나의 법률로 규정하여 법제운영의 효율성을 도모하고, 인력과 예산을 확보하여 객관성 있는 제도의 운영을 도모해야 할 것이다.

제 4 항   기   타

Ⅰ. 토지가격비준표 [2008 감평 사례]

1. 개   설

토지가격비준표란 국토교통부장관이 행정목적상 지가산정을 위하여 필요하다고 인정하는 경우 작성하여 관계행정기관에 제공하는 것으로서, 표준지와 지가산정대상토지의 지가산정요인에 관한 표준적인 비교표이다. 이에는 공통비준표와 지역비준표가 있다. 토지가격비준표는 비전문가에 의한 신속하고 대량의 지가산정을 위한 목적으로 작성된다.

2. 토지가격비준표의 법적 성질

판례는 토지가격비준표를 법률보충적인 구실을 하는 법규적 성질을 가지고 있는 것, 즉 법령보충적 행정규칙으로 본다.

> **판례1** 구 지가공시 및 토지 등의 평가에 관한 법률(1995. 12. 29. 법률 제5108호로 개정되기 전의 것) 제10조 제 2 항에 근거하여 건설부장관이 표준지와 지가산정대상 토지의 지가형성요인에 관한 표준적인 비교표로서 매년 관계 행정기관에 제공하는 토지가격비준표는 같은 법 제10조의 시행을 위한 집행명령인 개별토지가격합동조사지침과 더불어 법률보충적인 구실을 하는 법규적 성질을 가지고 있는 것으로 보아야 할 것이다(대판 1998. 5. 26, 96누17103[개발부담금부과처분취소]).
>
> **판례2** 가격공시법 제 9 조 제 2 항은 '국토해양부장관은 지가산정을 위하여 필요하다고 인정하는 경우에는 표준지와 지가산정 대상 토지의 지가형성요인에 관한 표준적인 비교표를 작성하여 관계 행정기관 등에 제공하여야 하고, 관계 행정기관 등은 이를 사용하여 지가를 산정하여야 한다'고 규정하고 있으므로, 국토해양부장관이 위 규정에 따라 작성하여 제공하는 토지가격비준표는 가격공시법 시행령 제16조 제 1 항에 따라 국토해양부장관이 정하는 '개별공시지가의 조사·산정지침'과 더불어 법률 보충적인 역할을 하는 법규적 성질을 가진다고 할 것이다(대판 2013. 5. 9, 2011두30496[개발부담금부과처분취소]).

3. 비준표의 작성 및 활용

(1) 토지가격비준표의 작성

토지가격비준표는 전국 시·군·구를 대상으로 하여 공통비준표와 지역비준표로 구분되어 작성된다. 토지가격비준표의 작성방법은 토지특성에 따른 동일가격권을 구분한 후, 가격권별로 지가형성요인을 회귀분석하고 지가평가모형을 작성하며 그 결과물인 지가영향계수를 행렬표로 작성하게 된다.

(2) 토지가격비준표의 기능 및 활용

업무상 대량의 토지를 일시에 평가하는 경우 합리적인 산정기준을 제시하여 자의성을 배제하는 기능을 가지며, 개별공시지가산정 및 행정목적을 위한 지가산정에 활용된다.

4. 비준표의 하자 및 그 효과

(1) 개   설

국토교통부장관은 행정목적상 지가산정에 필요시 토지가격비준표를 작성하여 관계행정기관에 제공하여야 한다. 관계행정기관은 지가산정시에 이를 사용하여야 하고 개별공시지가의 결정·고시에도 이를 사용하여야 하는바, 토지가격비준표의 작성·활용상의 하자는 개별공시지가결정의 하자와 연결된다.

(2) 토지가격비준표의 작성상 하자

토지가격비준표의 작성은 행정청이 행하는 일반적·추상적 규율로서, 행정입법(법령보충적 행정규칙)의 일종으로 볼 수 있다. 따라서 토지가격비준표의 작성행위 자체는 소송의 대상이 되는 처분이라 할 수 없다. 대법원도 토지가격비준표에 의한 표준지와 당해 토지의 토지특성의 조사 비교, 가격조정률의 적용이 잘못된 경우 개별토지가격결정의 위법 여부에 대해서는 다툴 수 있으나, 비준표상의 평가요소의 추가·제외로 인한 가격증감은 다툴 수 없다고 한다.

(3) 토지가격비준표의 활용상 하자

대법원은 비준표상의 가격조정률과 다른 조정률을 적용하거나 일부항목에 관한 가격배율만을 적용하여 산정한 개별토지가격결정은 위법하다고 한다. 즉, 가격배율상의 하자와 같은 비준표 활용상의 하자는 개별공시지가산정절차상의 하자이므로 개별공시지가의 처분성을 인정한다면 이에 불복하여 행정소송을 제기할 수 있다.

> **판례 1**   구 지가공시 및 토지 등의 평가에 관한 법률(1995. 12. 29. 법률 제5108호로 개정되기 전의 것) 제10조, 개별토지가격 합동조사지침 제 7 조에 의하면 개별토지가격은 토지가격비준표를 사용하여 표준지와 당해 토지의 특성의 차이로 인한 조정률을 결정한 후 이를 표준지의 공시지가에 곱하는 방법으로 산정함이 원칙이고(산정지가), 다만 같은 지침 제 8 조 등에 의하여 필요하다고 인정될 경우에는 위와 같은 방법으로 산출한 지가를 가감조정할 수 있을 뿐이며 이와 다른 방식에 의한 개별토지가격결정을 허용하는 규정은 두고 있지 아니하므로, 표준지공시지가에 토지가격비준표에 의한 가격조정률을 적용하는 방식에 따르지 아니한 개별토지가격결정은 같은 법 및 같은 지침에서 정하는 개별토지가격 산정방식에 어긋나는 것으로서 위법하다(대판 1998. 12. 22, 97누3125[개별공시지가결정취소]).

> **판례 2**   개별토지가격을 결정함에 있어서는 당해 토지와 유사한 이용가치를 지니는 표준지의 공시지가를 기준으로 건설부장관이 제공하는 표준지와 당해 토지의 지가형성요인에 관한 표준적인 비교표(토지가격비준표)를 활용하여 두 토지의 특성을 조사하고 상호 비교하여 가격조정률을 결정한 후 이를 표준지의 가격에 곱하는 방법으로 토지가격을 산정하도록 하고 있으므로 개별토지가격의 결정은 특별한 사정이 없는 한 위와 같은 방법으로 산정함이 원칙이라 할 것이고, 이와 다른 방법으로 이루어진 개별토지가격결정은 관계법령에 따르지 아니한 것으로서 위법을 면치 못한다(대판 1994. 4. 12, 93누19245, 19252[개별토지가격결정처분취소, 토지초과이득세부과처분취소]).

> **판례 3**   원심은 이 사건 토지는 광대로 한면에 접하는 데 비하여 표준지는 광대로 각지이어서 이 사건 토지의 개별토지가격결정시 적용될 1991년도 서울 강남구 일반 주거지역 토지가격비준표상 도로접면조건의 차이로 인한 가격조정율은 0.81임에도 합리적 근거없이 그 조정율을 '1'로 보아 이 사건 토지에 대한 1991. 1. 1. 기준 개별토지가격을 결정한 피고의 이 사건 처분을 위법한 것이라고 판단하였는바, 관계증거 및 관계법령의 규정에 의하면 원심의 위와 같은 인정판단은 정당한 것으로 수긍이 가고 원심판결에 소론과 같은 개별지가산정에 관한 법리를 오해한 위법이 있다고 볼 수 없다(대판 1994. 1. 25, 93누10989[개별토지가격결정처분취소등]).

> **판례 4**   개별토지가격결정 과정에 개별토지가격합동조사지침(국무총리훈령 제241호, 제248호)에서 정하는 주요절차를 위반한 하자가 있다거나 비교표준지의 선정 또는 토지가격비준표에 의한 표준지와 당해 토지의 토지특성의 조사 비교, 가격조정률의 적용이 잘못되었다거나 기타 위산, 오기로 인하여 지가산정에 명백한 잘못이 있는 경우에는 개별토지가격결정의 위법 여부에 대하여 다툴 수 있고, 한편 표준지의 공시지가에 토지특성조사의 결과에 따른 토지가격비준표상의 가격배율을 적용하여 산출된 산정지가를 처분청이 지방토지평가위원회 등의 심의를 거쳐 감액 또는 증액하여 조정한 결과 결정된

개별토지가격이 현저하게 불합리한 경우에는 개별토지가격결정의 당부에 대하여도 다툴 수 있으나 당해 토지의 전년도 개별토지가격에 비하여 토지가격비준표상 새로운 평가요소가 추가되거나 기존의 평가요소가 제외됨으로써 가격상승 또는 가격하락이 있게 되었다는 것만으로는 개별토지가격결정이 부당하다고 하여 이를 다툴 수는 없다(대판 1993. 6. 11, 92누16706[개별토지가격결정처분취소]).

5. 결

토지는 개별성이 강함에도 불구하고 토지가격비준표의 경우에는 가격배율을 단순화하여 작성되므로, 이는 개별토지의 격차율을 제대로 반영하지 못하는 단점이 있을 수 있다. 따라서 급변하는 경제동향의 반영을 위하여 탄력적인 운용이 가능하도록 하여야 할 것이다.

Ⅱ. 개별공시지가와 시가와의 관계

1. 문제의 제기(시가의 의의)

시가란, 불특정 다수인의 사이에서 자유로이 거래가 이루어지는 경우에 통상 성립된다고 인정되는 가액을 말하며, 토지의 현실거래가격은 아니므로 비정상적인 경로에 의해 상승 또는 감소한 가격은 여기에서 배제된다. 개별공시지가는 각종 조세산정에 직접적으로 영향을 미치는 것인 만큼 시가를 정확하게 반영하는 것이 바람직하나 개별공시지가는 일정기간마다 그 간격을 두고 결정된다는 점, 토지거래의 지표라는 규범적인 가격개념이라는 점을 고려한다면 반드시 시가와 일치되지는 않는다. 시가와 현저히 차이나는 공시지가결정이 위법한지의 문제는 공시지가와 시가가 어떠한 관계에 있는지에 대한 논의와 밀접한 관계가 있다.

2. 학   설

(1) 논의의 실익

공시지가와 시가의 관계에 대해 정책가격설과 시가설의 견해대립이 있다. 이는 공시지가가 시가와 차이가 있거나 거래가격의 변동 없이 공시지가만이 변동된 경우, 당해 공시지가결정이 위법하다고 볼 수 있는가의 문제이다.

(2) 정책가격설

이 견해는 공시지가가 현실 토지시장에 존재하는 거래가격과는 관련이 없고, 정책적인 목적에 따라 결정된 당위의 가격으로 본다. 부공법의 제정목적이 공시지가의 공시를 통하여 적정한 지가형성을 도모하는 데 있으므로, 공시지가는 현실거래가격이 아니라 투기억제 또는 지가안정이라는 정책적 목적을 위하여 결정·공시되는 가격이라는 것이다.

(3) 시 가 설

이 견해는 공시지가는 정책적으로 결정되는 가격일 수 없고, 현실 토지시장에 존재하는 거래가격이라는 것이다. 공시지가는 각종 세금이나 부담금 산정의 기준이 되는 토지가격으로 현실 시장가격을 반영한 가격이지, 이와 유리된 가격일 수 없다는 것이다.

3. 판　　례

개별토지가격의 적법성 여부는 지가공시 및 토지 등의 평가에 관한 법률(현행 부공법)과 개별토지가격합동조사지침(현재 폐지됨)에 규정된 절차와 방법에 의거하여 이루어진 것인지 여부에 따라 결정될 것이지, 당해 토지의 시가와 직접적인 관련이 있는 것은 아니므로, 단지 개별지가가 시가를 초과한다는 사유만으로 그 가격결정이 위법하다고 단정할 것은 아니다(대판 1995. 11. 21, 94누15684).

4. 검　　토

정책가격설이나 판례에 의하면 공시지가가 시가와 현저한 차이가 있는 경우라 하더라도 단정적으로 공시지가결정이 위법하다고 할 수 없으나, 시가설에 의하면 시가와 부합하지 아니하는 공시지가결정은 그 자체가 위법성을 구성하게 된다.

실제 공시지가를 산정함에 있어서 시가대로 산정해야 한다면 공시지가제도를 둔 취지를 훼손할 우려가 있으므로 정책가격설이나 판례의 태도가 타당하다고 보여진다. 따라서, 공시지가가 시가와 현저히 차이가 난다는 사유만으로 위법하다고 볼 것이 아니라, 그 산정절차 및 방법상의 하자를 이유로 하여야 할 것이다.

개별공시지가에 대한 신뢰성을 확보하기 위하여는 개별공시지가를 가능한 한 정상적인 거래가격(시장가격)에 근접하도록 하는 것이 타당하다. 다만, 이 경우 국민의 조세부담 등 금전부담이 급격히 비정상적으로 느는 것을 방지할 수 있는 장치가 마련되어야 한다.

Ⅲ. 분할·합병토지의 개별공시지가 산정

1. 개　　요

개별공시지가란 부공법에 근거하여 시장·군수 또는 구청장이 특정목적을 위한 지가산정에 사용하기 위하여 표준지공시지가를 기준으로 개별필지의 가격을 결정하여 공시한 것을 말한다. 부공법에서는 개별공시지가의 공시일 사이에 분할·합병 등이 발생한 토지에 대해서 따로 기준일을 정하여 개별공시지가를 결정·공시할 수 있도록 규정하고 있다(제10조 제3항). 이는 개별토지의 변동사항을 신속히 반영함으로써 각종 조세산정기준의 기능을 충실히 하려는 취지이다.

2. 분할·합병 등이 발생한 토지

분할·합병 등이 발생한 토지란, 공간정보법상의 분할·합병된 토지, 공유수면매립 등으로 공간정보법상 신규등록된 토지, 토지의 형질변경 또는 용도변경으로 공간정보법상 지목이 변경된 토지, 그리고 국공유지가 매각 등의 사유로 사유지가 된 토지로서 개별공시지가가 없는 토지 등을 말한다(시행령 제16조 제 1 항).

3. 분할·합병 등이 발생한 토지의 개별공시지가 공시기준시점

1월 1일부터 6월 30일까지 변경사유가 발생한 토지에 대해서는 그 해 7월 1일을 기준일로 하여 10월 31일까지 결정·공시한다. 7월 1일부터 12월 31일까지 변경사유가 발생한 토지의 경우 다음 해 1월 1일을 기준으로 5월 31일까지 결정공시한다(시행령 제16조 제 2 항 및 제21조).

Ⅳ. 부동산가격공시위원회 [2018 감평]

1. 의 의

부동산가격공시위원회란 부동산평가에 관한 사항 등을 심의하기 위한 필수기관으로서 국토교통부장관 소속하의 중앙부동산가격공시위원회와, 시장·군수 또는 구청장 소속하의 시·군·구 부동산가격공시위원회가 있다(제24조 제 1 항 및 제25조 제 1 항).

2. 부동산가격공시위원회의 법적 성격

중앙부동산가격공시위원회와 시·군·구 부동산가격공시위원회는 일정한 사항을 심의하기 위하여 반드시 설치되어야 하는 필수기관으로서 합의제 행정기관이다. 이들 기관이 자문기관인지, 심의기관인지, 의결기관인지의 의문이 생길 수 있다. 부공법 제24조 및 제25조에서는 일정 경우 심의를 받아야 한다고 규정하고 있으므로 자문기관과 의결기관의 중간적 성격을 갖는 심의기관의 성격을 지닌다고 판단된다.[3]

3. 중앙부동산가격공시위원회

(1) 구 성

중앙부동산가격공시위원회는 위원장을 포함한 20인 이내의 위원으로 구성한다(제24조 제 2 항). 중앙부동산가격공시위원회의 위원장은 국토교통부 제1차관이 되며(제24조 제 3 항) 위원장은 회무를 통할하며 위원회를 대표한다(시행령 제71조 제 4 항).

---

3) 합의제 행정기관에 대한 자세한 것은 전술 행정조직법 참조.

(2) 운   영

중앙부동산가격공시위원회의 회의는 위원장이 소집하고, 개회 3일 전에 의안을 첨부하여 각 위원에게 통지하여야 한다(시행령 제71조 제 8 항). 중앙부동산가격공시위원회의 회의는 재적위원 과반수의 출석으로 개의하고 출석위원 과반수의 찬성으로 의결한다(시행령 제71조 제 9 항).

(3) 권   한

중앙부동산가격공시위원회는 ① 부동산평가에 관한 법령안의 입안에 관한 사항, ② 표준지의 선정 및 관리지침, 표준지공시지가에 대한 이의신청에 관한 사항, ③ 표준주택의 선정 및 관리지침, 표준주택가격에 대한 이의신청에 관한 사항, ④ 공동주택의 조사 및 산정지침, 공동주택각격에 대한 이의신청에 관한 사항, ⑤ 비주거용 표준부동산의 선정 및 관리지침, 비주거용 표준부동산가격에 대한 이의신청에 관한 사항 ⑥ 비주거용 집합부동산의 조사 및 산정 지침, 비주거용 집합부동산가격에 대한 이의신청에 관한 사항, ⑦ 그 밖에 부동산정책에 관한 사항 등 국토교통부장관이 부의하는 사항을 심의한다(제24조 제 1 항).

국토교통부장관은 필요하다고 인정하는 경우에는 위원회의 심의에 부의하기 전에 미리 관계전문가의 의견을 듣거나 조사·연구를 의뢰할 수 있다(제24조 제 6 항).

4. 시·군·구 부동산가격공시위원회

(1) 구   성

시·군·구 부동산가격공시위원회는 위원장 1인을 포함하여 10인 이상 15인 이내의 의원으로 구성하며, 성별을 고려하여야 한다(시행령 제74조 제 1 항). 시·군·구 부동산가격공시위원회의 위원장은 부시장·부군수 또는 부구청장이 된다(시행령 제74조 제 2 항 전단).

(2) 운   영

시·군·구 부동산가격공시위원회의 조직 및 운영에 관하여 필요한 사항은 대통령령으로 정한다(제25조 제 2 항). 따라서 시·군·구 부동산가격공시위원회의 구성과 운영에 관하여 필요한 사항은 당해 시·군·구의 조례로 정한다(시행령 제74조 제 5 항).

(3) 권   한

시·군·구 부동산가격공시위원회는 ① 개별공시지가의 결정에 관한 사항 및 개별공시지가에 대한 이의신청에 관한 사항, ② 개별주택가격의 결정에 관한 사항 및 개별주택가격에 대한 이의신청에 관한 사항 등, ③ 비주거용 개별부동산가격의 결정에 관한 사항, 비주거용 개별부동산가격에 대한 이의신청에 관한 사항, ④ 그 밖에 시장·군수 또는 구청장이 부의하는 사항을 심의한다(제25조 제 1 항).

V. 부공법과 보상법상 타인토지출입의 비교

1. 공 통 점

(1) 법적 성질

공용부담적 측면에서 모두 공용제한 중 사용제한에 해당한다. 또한 행정의 실효성 확보차원에서 행정조사로 볼 수 있다. 출입허가의 법적 성질에 대해 통설은 특허로 본다.

(2) 출입의 제한 및 증표 등의 휴대

양 법 모두 일출 전, 일몰 후에 점유자의 승낙 없이 타인의 토지에 출입할 수 없으며 출입하고자 하는 때에는 허가증, 증표를 휴대하도록 규정하고 있다.

2. 차 이 점

(1) 입법취지

토지보상법상 사업인정 전 타인토지출입은 공공복리 목적의 공익사업의 원활한 준비를 위하여 사업인정 전에 사업의 준비를 행하기 위함이며, 부공법상 타인토지출입은 공시지가의 조사, 평가 및 개별토지가격의 산정을 위함이다.

(2) 보상규정

토지보상법은 타인토지출입으로 인한 손실에 대한 보상규정을 두고 있으나, 부동산공시법은 보상규정을 마련하고 있지 않아 문제된다.

(3) 토지점유자의 인용의무

토지보상법은 제11조에서 인용의무를 규정하고, 이를 위반하는 경우 형벌을 적용하도록 규정하고 있으나, 부공법상에는 인용의무에 대한 규정이 없다. 이는 토지보상법의 경우처럼 공공사업의 시행을 위해서 장해물의 제거 등을 행할 필요가 없으므로, 토지점유자로서는 출입자의 행위를 방해할 필요가 없기 때문이다.

(4) 출입의 절차, 기간

토지보상법은 출입하고자 하는 날의 5일 전까지 그 일시 및 장소를 시·구·장에게 통지하여야 하고 시·군·구청장은 통지를 받았을 때 지체 없이 이를 공고하고 토지점유자에게 통지하여야 한다. 이에 반해 부공법은 출입할 날의 3일 전에 그 점유자에게 일시와 장소를 통지하여야 한다.

(5) 장해물의 제거

토지보상법은 사업준비를 위해 장해물 등을 제거할 수 있다고 규정을 두고 있으나 부공법은 이에 대한 규정이 없다.

제 2 절　주택가격공시제

제 1 항　표준주택가격의 공시

Ⅰ. 의　　의

표준주택가격이라 함은 국토교통부장관이 공시법의 규정에 의한 절차에 따라 조사·산정하여 공시한 표준주택의 매년 공시기준일(원칙상 1월 1일) 현재의 적정가격을 말한다(제16조 제 1 항).

표준주택이라 함은 국토교통부장관이 용도지역, 건물구조 등이 일반적으로 유사하다고 인정되는 일단의 단독주택 중에서 선정하는 당해 일단의 단독주택을 대표할 수 있는 주택을 말한다(제16조 제 1 항).

Ⅱ. 표준주택가격의 법적 성질

표준주택가격은 표준지공시지가와 유사한 성질을 갖는다.

Ⅲ. 산정기준 및 방법

국토교통부장관이 표준주택의 적정가격을 조사·평가하는 경우에는 인근유사주택의 거래가격·임대료 및 당해 주택과 유사한 이용가치를 지닌다고 인정되는 주택의 건축에 필요한 비용추정액 등을 종합적으로 참작하여야 한다(제16조 제 8 항, 제 5 조 제 2 항).

국토교통부장관이 표준주택가격을 조사·산정하고자 할 때에는 「한국부동산원법」에 따른 한국부동산원(이하 "부동산원"이라 한다)에 의뢰한다(제16조 제 4 항).

국토교통부장관이 표준주택가격을 조사·산정하는 경우에는 인근 유사 단독주택의 거래가격·임대료 및 해당 단독주택과 유사한 이용가치를 지닌다고 인정되는 단독주택의 건설에 필요한 비용추정액, 인근지역 및 다른 지역과의 형평성·특수성, 표준주택가격 변동의 예측 가능성 등 제반사항을 종합적으로 참작하여야 한다(제16조 제 5 항).

Ⅳ. 공시사항

표준주택가격을 공시할 때에는 표준주택의 지번, 표준주택가격, 표준주택의 대지면적 및 형상, 표준주택의 용도, 연면적, 구조 및 사용승인일(임시사용승인일을 포함한다), 그 밖에 대통령이 정하는 사항을 공시하여야 한다(제16조 제 2 항).

V. 표준주택가격의 효력

표준주택가격은 국가·지방자치단체 등의 기관이 그 업무와 관련하여 개별주택가격을 산정하는 경우에 그 기준이 된다(제19조 제 1 항).

VI. 표준주택가격의 결정에 대한 권리구제

표준주택가격에 대하여 이의가 있는 자는 표준주택가격의 공시일부터 30일 이내에 서면으로 국토교통부장관에게 이의를 신청할 수 있다(제16조 제 7 항, 제 7 조 제 1 항). 국토교통부장관은 이의신청의 내용이 타당하다고 인정될 때에는 당해 표준주택가격을 조정하여 다시 공시하여야 한다(제16조 제 7 항, 제 7 조 제 2 항).

표준주택가격의 결정에 대한 항고소송은 표준지공시지가에 대한 것과 동일하다.

제 2 항   개별주택가격

I. 의   의

개별주택가격이라 함은 시장·군수 또는 구청장이 매년 표준주택가격의 공시기준일 현재를 기준으로 결정·공시한 관할구역 안의 개별주택의 가격을 말한다(제17조 제 2 항).

시장·군수 또는 구청장은 공시기준일 이후에 대지의 분할·합병이나 건축·대수선 또는 용도변경 등이 발생한 경우에는 대통령령(시행령 제34조 제 2 항)이 정하는 날을 기준으로 하여 개별주택가격을 결정·공시하여야 한다(제17조 제 4 항).

II. 개별주택가격의 법적 성질

개별주택가격은 개별공시지가와 유사한 법적 성질을 갖는다.

III. 산정기준

시장·군수 또는 구청장이 개별주택가격을 결정·공시하는 경우에는 해당 주택과 유사한 이용가치를 지닌다고 인정되는 표준주택가격을 기준으로 주택가격비준표를 사용하여 가격을 산정하되, 해당 주택의 가격과 표준주택가격이 균형을 유지하도록 하여야 한다(제17조 제 5 항).

표준주택으로 선정된 단독주택, 그 밖에 대통령령으로 정하는 단독주택에 대하여는 개별주택가격을 결정·공시하지 아니할 수 있다. 이 경우 표준주택으로 선정된 주택에 대하여는 해당 주택의 표준주택가격을 개별주택가격으로 본다(제17조 제 2 항).

Ⅳ. 공시사항

개별주택가격을 공시할 때에는 개별주택의 지번, 개별주택가격, 그 밖에 대통령이 정하는 사항을 공시하여야 한다(제17조 제 3 항). 그 밖에 대통령령으로 정하는 사항에는 개별주택의 용도 및 면적, 그 밖에 개별주택가격 공시에 필요한 사항이 포함된다.

Ⅴ. 개별주택가격을 공시하지 아니하는 단독주택

① 표준주택으로 선정된 단독주택은 당해 가격을 개별주택가격으로 보기 때문에 별도로 개별주택가격을 산정하지 않는다. ② 국세 또는 지방세의 부과대상이 아닌 단독주택은 개별주택가격을 산정하지 않는다(시행령 제32조).

Ⅵ. 개별주택가격의 효력

개별주택가격은 주택시장의 가격정보를 제공하고, 국가·지방자치단체 등이 과세 등의 업무와 관련하여 주택의 가격을 산정하는 경우에 그 기준으로 활용될 수 있다(제19조 제 2 항).

Ⅶ. 개별주택가격의 결정에 대한 권리구제

개별주택가격에 대하여 이의가 있는 자는 개별주택가격의 결정·공시일부터 30일 이내에 서면으로 시장·군수 또는 구청장에게 이의를 신청할 수 있다(제17조 제 8 항, 제11조 제 1 항). 이 경우 시장·군수 또는 구청장은 이의신청의 내용이 타당하다고 인정될 때에는 당해 개별주택가격을 조정하여 다시 결정·공시하여야 한다(제17조 제 8 항, 제11조 제 2 항).

제 3 항 공동주택가격의 공시

Ⅰ. 의   의

공동주택가격이라 함은 국토교통부장관이 공동주택에 대하여 매년 공시기준일(원칙상 1월 1일) 현재의 적정가격(이하 '공동주택가격'이라 한다)을 조사·산정하고, 중앙부동산가격공시위원회의 심의를 거쳐 공시하는 가격을 말한다. 다만, 국세청장이 국토교통부장관과 협의하여 공동주택가격(아파트, 165제곱미터 이상의 연립주택)을 별도로 결정·고시하는 경우를 제외한다(제18조 제 1 항).

국토교통부장관은 공시기준일 이후에 토지의 분할·합병이나 건물의 신축 등이 발생한 경우에는 대통령령(시행령 제44조 제 2 항)이 정하는 날을 기준으로 하여 공동주택가격을 결정·공시하여야 한다(제18조 제 4 항).

Ⅱ. 공동주택가격의 법적 성질

공동주택가격은 개별주택가격과 그 법적 성질이 동일하다.

Ⅲ. 산정기준 및 방법

국토교통부장관이 제 1 항에 따라 공동주택가격을 조사·산정하는 경우에는 인근 유사 공동주택의 거래가격·임대료 및 해당 공동주택과 유사한 이용가치를 지닌다고 인정되는 공동주택의 건설에 필요한 비용추정액, 인근지역 및 다른 지역과의 형평성·특수성, 공동주택가격 변동의 예측 가능성 등 제반사항을 종합적으로 참작하여야 한다(제18조 제 5 항).

Ⅳ. 공시사항

공동주택가격을 공시할 때에는 공동주택의 소재지, 명칭, 동 호수, 공동주택가격, 공동주택의 면적 및 그 밖에 공동주택가격 공시에 필요한 사항 등을 공시하여야 한다(시행령 제43조 제 2 항).

Ⅴ. 공동주택가격의 효력

공동주택의 가격은 주택시장의 가격정보를 제공하고, 국가·지방자치단체 등이 과세 등의 업무와 관련하여 주택의 가격을 산정하는 경우에 그 기준으로 활용될 수 있다(제19조 제 2 항).

Ⅵ. 공동주택가격의 결정에 대한 권리구제

공동주택가격에 대하여 이의가 있는 자는 공동주택가격의 공시일부터 30일 이내에 서면으로 국토교통부장관에게 이의를 신청할 수 있다(제18조 제 8 항, 제 7 조 제 1 항). 이 경우 국토교통부장관은 이의신청의 내용이 타당하다고 인정될 때에는 당해 표준지공시지가를 조정하여 다시 공시하여야 한다(제18조 제8항, 제7조 제2항).

공동주택가격의 결정에 대한 항고소송은 개별주택가격의 결정에 대한 항고소송과 동일하다.

제3절 비주거용부동산가격의 공시

제1항 비주거용표준부동산가격

Ⅰ. 의   의

비주거용 표준부동산가격이란 국토교통부장관이 비주거용 표준부동산에 대하여 용도지역, 이용상황, 건물구조 등이 일반적으로 유사하다고 인정되는 일단의 비주거용 일반부동산 중에서 선정한 비주거용 표준부동산에 대하여 매년 공시기준일 현재의 적정가격(이하 "비주거용 표준부동산가격"이라 한다)을 조사·산정하고, 제24조에 따른 중앙부동산가격공시위원회의 심의를 거쳐 이를 공시하는 가격을 말한다(제20조 제1항).

Ⅱ. 비주거용 표준부동산가격의 법적 성질

비주거용 표준부동산가격은 표준주택가격과 그 법적 성질이 동일하다.

Ⅲ. 산정기준 및 방법

국토교통부장관이 비주거용 표준부동산가격을 조사·산정하는 경우에는 인근 유사 비주거용 일반부동산의 거래가격·임대료 및 해당 비주거용 일반부동산과 유사한 이용가치를 지닌다고 인정되는 비주거용 일반부동산의 건설에 필요한 비용추정액 등을 종합적으로 참작하여야 한다(제20조 제5항).

Ⅳ. 공시사항

비주거용 표준부동산가격을 공시할 때에는 비주거용 표준부동산의 지번, 비주거용 표준부동산가격, 비주거용 표준부동산의 대지면적 및 형상, 비주거용 표준부동산의 용도, 연면적, 구조 및 사용승인일(임시사용승인일을 포함한다), 그 밖에 대통령령으로 정하는 사항을 포함하여야 한다(제20조 제 2 항).

V. 비주거용 표준부동산가격의 효력

비주거용 표준부동산가격은 국가·지방자치단체 등이 그 업무와 관련하여 비주거용 개별부동산가격을 산정하는 경우에 그 기준이 된다(제23조 제 1 항).

VI. 비주거용 표준부동산가격의 결정에 대한 권리구제

비주거용 표준부동산가격에 대하여 이의가 있는 자는 비주거용 표준부동산가격의 공시일부터 30일 이내에 서면으로 국토교통부장관에게 이의를 신청할 수 있다(제20조 제 7 항, 제 7 조 제 1 항). 국토교통부장관은 이의신청의 내용이 타당하다고 인정될 때에는 해당 비주거용 표준부동산가격을 조정하여 다시 공시하여야 한다(제20조 제 7 항, 제 7 조 제 2 항).

비주거용 표준부동산가격의 결정에 대한 항고소송은 표준지공시지가에 대한 것과 동일하다.

제 2 항 비주거용 개별부동산가격

I. 의   의

비주거용 개별부동산가격이라 함은 시장·군수 또는 구청장이 매년 비주거용 표준부동산가격의 공시기준일 현재를 기준으로 결정·공시한 관할구역 안의 비주거용 개별부동산의 가격을 말한다(제21조 제 1 항).

시장·군수 또는 구청장은 공시기준일 이후에 토지의 분할·합병이나 건축·대수선 또는 용도변경 등이 발생한 경우에는 대통령령(시행령 제58조 제 2 항)이 정하는 날을 기준으로 하여 비주거용 개별부동산가격을 결정·공시하여야 한다(제21조 제 4 항).

II. 비주거용 개별부동산가격의 법적 성질

비주거용 개별부동산가격은 개별주택과 유사한 법적 성질을 갖는다.

III. 산정기준

시장·군수 또는 구청장이 비주거용 개별부동산가격을 결정·공시하는 경우에는 해당 비주거용 일반부동산과 유사한 이용가치를 지닌다고 인정되는 비주거용 표준부동산가격을 기준으로 비주거용 부동산가격비준표를 사용하여 가격을 산정하되, 해당 비주거용 일반부동산의 가격과 비주거용 표준부동산가격이 균형을 유지하도록 하여야 한다(제21조 제5항).

비주거용 표준부동산으로 선정된 비주거용 일반부동산 등 대통령령으로 정하는 비주거용 일반부동산에 대하여는 비주거용 개별부동산가격을 결정·공시하지 아니할 수 있다. 이 경우 비주거용 표준부동산으로 선정된 비주거용 일반부동산에 대하여는 해당 비주거용 표준부동산가격을 비주거용 개별부동산가격으로 본다(제21조 제2항).

Ⅳ. 공시사항

개별주택가격을 공시할 때에는 비주거용 부동산의 지번, 비주거용 부동산가격, 그 밖에 대통령이 정하는 사항을 공시하여야 한다(제21조 제3항). 그 밖에 대통령령으로 정하는 사항에는 비주거용 개별부동산의 용도 및 면적, 그 밖에 비주거용 개별부동산가격 공시에 필요한 사항이 포함된다.

Ⅴ. 비주거용 개별부동산가격을 공시하지 아니하는 단독주택

비주거용 표준부동산으로 선정된 비주거용 일반부동산 등 대통령령으로 정하는 비주거용 일반부동산에 대하여는 비주거용 개별부동산가격을 결정·공시하지 아니할 수 있다. 이 경우 비주거용 표준부동산으로 선정된 비주거용 일반부동산에 대하여는 해당 비주거용 표준부동산가격을 비주거용 개별부동산가격으로 본다(제21조 제2항).

Ⅵ. 비주거용 개별부동산가격의 효력

비주거용 개별부동산가격은 비주거용 부동산시장에 가격정보를 제공하고, 국가·지방자치단체 등이 과세 등의 업무와 관련하여 비주거용 부동산의 가격을 산정하는 경우에 그 기준으로 활용될 수 있다(제23조 제2항).

Ⅶ. 비주거용 개별부동산가격의 결정에 대한 권리구제

비주거용 개별부동산가격에 대하여 이의가 있는 자는 비주거용 개별부동산가격의 결정·공시일부터 30일 이내에 서면으로 시장·군수 또는 구청장에게 이의를 신청할 수 있다(제21조 제8항, 제11조 제1항). 이 경우 시장·군수 또는 구청장은 이의신청의 내용이 타당하다고 인정될 때에는 당해 비주거용 개별부동산가격을 조정하여 다시 결정·공시하여야 한다(제21조 제 8 항, 제11조 제 2 항).

비주거용 개별부동산가격의 결정에 대한 항고소송은 개별공시지가에 대한 것과 동일하다.

제 3 항 비주거용 집합부동산가격

I. 의   의

비주거용 집합부동산가격이라 함은 국토교통부장관이 비주거용 집합부동산에 대하여 매년 공시기준일(원칙상 1월 1일) 현재의 적정가격을 조사·산정하고, 중앙부동산가격공시위원회의 심의를 거쳐 공시하는 가격을 말한다.

행정안전부장관 또는 국세청장이 그 대상·시기 등에 대하여 미리 국토교통부장관과 협의한 후 비주거용 집합부동산가격을 별도로 결정·고시하는 경우에는(시행령 제65조) 해당 비주거용 집합부동산의 비주거용 개별부동산가격을 결정·공시하지 아니한다(제22조 제 2 항).

II. 비주거용 집합부동산가격의 법적 성질

비주거용 집합부동산가격은 공동주택가격과 그 법적 성질이 동일하다.

III. 산정기준 및 방법

국토교통부장관이 비주거용 집합부동산가격을 조사·산정하는 경우에는 인근 유사 비주거용 집합부동산의 거래가격·임대료 및 해당 비주거용 집합부동산과 유사한 이용가치를 지닌다고 인정되는 비주거용 집합부동산의 건설에 필요한 비용추정액 등을 종합적으로 참작하여야 한다(제22조 제 6 항).

IV. 공시사항

공동주택가격을 공시할 때에는 공동주택의 소재지, 명칭, 동 호수, 공동주택가격, 공동주택의 면적 및 그 밖에 공동주택가격 공시에 필요한 사항 등을 공시하여야 한다(시행령 제43조 제 2 항).

비주거용 집합부동산가격을 공시할 때에는 비주거용 집합부동산의 소재지·명칭·동·호수, 비주거용 집합부동산가격, 비주거용 집합부동산의 면적, 그 밖에 비주거용 집합부동산가격 공시에 필요한 사항 등을 공시하여야 한다(시행령 제64조 제 2 항).

Ⅴ. 비주거용 집합부동산가격의 효력

비주거용 집합부동산가격은 비주거용 부동산시장에 가격정보를 제공하고, 국가·지방자치단체 등이 과세 등의 업무와 관련하여 비주거용 부동산의 가격을 산정하는 경우에 그 기준으로 활용될 수 있다(제23조 제 2 항).

Ⅵ. 비주거용 집합부동산가격의 결정에 대한 권리구제

비주거용 집합부동산가격에 대하여 이의가 있는 자는 비주거용 집합부동산가격의 공시일부터 30일 이내에 서면으로 국토교통부장관에게 이의를 신청할 수 있다(제22조 제 9 항, 제 7 조 제 1 항). 이 경우 국토교통부장관은 이의신청의 내용이 타당하다고 인정될 때에는 당해 비주거용 집합부동산가격을 조정하여 다시 공시하여야 한다(제22조 제 9 항, 제 7 조 제 2 항).

비주거용 집합부동산가격의 결정에 대한 항고소송은 표준지공시지가의 결정에 대한 항고소송과 동일하다.

제 4 절 기   타

제 1 항 공시가격정보체계의 구축 및 관리와 적정가격 반영을 위한 계획 수립

Ⅰ. 공시가격정보체계의 구축 및 관리

1. 공시가격정보체계의 구축

국토교통부장관은 토지, 주택 및 비주거용 부동산의 공시가격과 관련된 정보를 효율적이고 체계적으로 관리하기 위하여 공시가격정보체계를 구축·운영할 수 있다(제27조 제 1 항).

국토교통부장관은 제 1 항에 따른 공시가격정보체계를 구축하기 위하여 필요한 경우 관계 기관에 자료를 요청할 수 있다. 이 경우 관계 기관은 정당한 사유가 없으면 그 요청을 따라야 한다(제27조 제 2 항).

제 1 항 및 제 2 항에 따른 정보 및 자료의 종류, 공시가격정보체계의 구축·운영방법

등에 필요한 사항은 대통령령으로 정한다(제27조 제 3 항).

시행령 제75조(공시가격정보체계의 구축·관리) ① 법 제27조 제 1 항에 따른 공시가격정보체계(이하 "공시가격정보체계"라 한다)에는 다음 각 호의 정보가 포함되어야 한다.
1. 법에 따라 공시되는 가격에 관한 정보
2. 제 1 호에 따른 공시대상 부동산의 특성에 관한 정보
3. 그 밖에 부동산공시가격과 관련된 정보
② 국토교통부장관(법 제28조 제 1 항 제 5 호에 따라 공시가격정보체계의 구축 및 관리를 위탁받은 자를 포함한다)은 제 1 항 각 호의 정보를 다음 각 호의 자에게 제공할 수 있다. 다만, 개인정보 보호 등 정당한 사유가 있는 경우에는 제공하는 정보의 종류와 내용을 제한할 수 있다.　<개정 2017. 7. 26.>
1. 행정안전부장관
2. 국세청장
3. 시·도지사
4. 시장·군수 또는 구청장

2. 적정가격 반영을 위한 계획 수립

　국토교통부장관은 부동산공시가격이 적정가격을 반영하고 부동산의 유형·지역 등에 따른 균형성을 확보하기 위하여 부동산의 시세 반영률의 목표치를 설정하고, 이를 달성하기 위하여 대통령령으로 정하는 바에 따라 부동산 가격의 변동 상황, 지역 간의 형평성, 해당 부동산의 특수성 등 제반사항을 종합적으로 고려하여 계획을 수립하여야 한다(제26조의2 제 1 항, 제 2 항).

시행령 제74조의2(적정가격 반영을 위한 계획 수립) ① 국토교통부장관은 법 제26조의2 제 1 항에 따른 계획을 수립하는 때에는 다음 각 호의 사항을 포함하여 수립해야 한다.
1. 부동산의 유형별 시세 반영률의 목표
2. 부동산의 유형별 시세 반영률의 목표 달성을 위하여 필요한 기간 및 연도별 달성계획
3. 부동산공시가격의 균형성 확보 방안
4. 부동산 가격의 변동 상황 및 유형·지역·가격대별 형평성과 특수성을 반영하기 위한 방안
② 국토교통부장관은 법 제26조의2 제 1 항에 따른 계획을 수립하기 위하여 필요한 경우에는 국가기관, 지방자치단체, 부동산원, 그 밖의 기관·법인·단체에 대하여 필요한 자료의 제출 또는 열람을 요구하거나 의견의 제출을 요구할 수 있다.　<개정 2020. 12. 8.> [본조신설 2020. 10. 8.]

　국토교통부장관이 제 1 항에 따른 계획을 수립하는 때에는 관계 행정기관과의 협의를 거쳐 공청회를 실시하고, 제24조에 따른 중앙부동산가격공시위원회의 심의를 거쳐야 한다(제26조의2 제 3 항).

　국토교통부장관, 시장·군수 또는 구청장은 부동산공시가격을 결정·공시하는 경우 제 1 항에 따른 계획에 부합하도록 하여야 한다(제26조의2 제 4 항).

제 2 항　업무위탁

Ⅰ. 업무의 위탁

국토교통부장관은 다음 각 호의 업무를 부동산원 또는 국토교통부장관이 정하는 기관에 위탁할 수 있다.

① 표준지공시지가의 조사·평가, 표준주택가격·공동주택가격·비주거용 표준부동산가격 및 집합부동산가격의 조사·산정, ② 표준지공시지가, 표준주택가격, 공동주택가격, 비주거용 표준부동산가격 및 비주거용 집합부동산가격에 관한 도서·도표 등 작성·공급, ③ 토지가격비준표, 주택가격비준표 및 비주거용 부동산가격비준표의 작성·제공, ④ 부동산 가격정보 등의 조사, ⑤ 공시가격정보체계의 구축 및 관리업무를 부동산원 또는 국토교통부장관이 정하는 기관에 위탁할 수 있다. 또한, 상기 업무와 관련된 교육 및 연구와 관련된 업무도 위탁할 수 있다(제28조 제 1 항).

Ⅱ. 비용보조

국토교통부장관은 제 1 항에 따라 그 업무를 위탁할 때에는 예산의 범위에서 필요한 경비를 보조할 수 있다(제28조 제 2 항).

Ⅲ. 업무위탁의 법적 성질

부공법 제28조의 업무위탁이 강학상 협의의 위탁, 대행 또는 보조위탁 중 어디에 해당하는지는 권한의 이전 여부, 수탁기관의 독립성, 수탁기관에 대한 위탁자의 감독권 등을 고려하여 정하여야 한다.

기 출 문 제

[공시지가 기출문제]

1회 **2.** 공시지가는 어떻게 작성되며, 지가의 공시는 어떠한 성질과 효력을 가지는가에 대하여 설명하시오. (30점)

3회 **3.** 다음 문제를 약술하라.
(3) 공시지가의 적용 (10점)

4회 **2.** 「부동산 가격공시 및 감정평가에 관한 법률」에 근거하여 시장, 군수, 자치구청장이 행하는 개별토지가격결정의 법적 성질에 대하여 설명하라. (30점)

5회 **2.** 개별토지가격결정 절차상의 하자에 대한 불복절차를 설명하시오. (30점)

6회 **3.** 「부동산 가격공시 및 감정평가에 관한 법률」이 규정하고 있는 토지평가위원회의 구성과 권한을 설명하시오. (30점)

7회 **2.** 개별공시지가의 검증 (20점)

8회 **2.** 표준지공시지가와 개별공시지가를 비교하라. (20점)

9회 **4.** 「부동산 가격공시 및 감정평가에 관한 법률」상의 감정평가행위와 지가산정행위의 같은 점과 다른 점을 약술하시오. (20점)

13회 **3.** 甲시장은 개별공시지가를 乙에게 개별통지하였으나, 乙은 행정소송제기기간이 경과하도록 이를 다투지 않았다. 후속 행정행위를 발령받은 후에 개별공시지가의 위법성을 이유로 후속 행정행위를 다투고자 하는 경우, 이미 다툴 수 있다고 인정한 바 있는 대법원 1994. 1. 25(93누8542) 판결과 대비하여 그 가능성여부를 설명하시오. (20점)

14회 **1.** 서울시는 甲과 乙이 소유하고 있는 토지가 속한 동작구 일대에 공원을 조성하기 위하여 甲과 乙의 토지를 수용하려고 한다. 한편 乙의 토지가 표준지로 선정되어 표준지공시지가가 공시되었는데, 乙의 토지 인근에 토지를 보유하고 있는 甲은 乙의 토지의 표준지공시지가 산정이 건설교통부훈령인 표준지의 선정 및 관리지침에 위배되었다는 것을 알게 되었다. 이를 이유로 甲이 법적으로 다툴 수 있는지 논하라. (40점)

19회 2. 토지에 대한 개별공시지가결정을 다투려고 하는 경우 다음 각각의 사안에 대하여 논술하시오. (40점)

(1) 甲은 A시장이 자신의 소유 토지에 대한 개별공시지가를 결정함에 있어서 부동산 가격 공시 및 감정평가에 관한 법률 제 9 조 제 2 항에 의하여 국토행양부장관이 작성한 토지가격비준표를 고려하지 않았다고 주장한다. 이에 A시장은 토지가격비준표를 고려하지 않은 것은 사실이나, 같은 법 제11조 제 4 항의 규정에 따른 산정지가검증이 적정하게 행해졌으므로, 甲소유의 토지에 대한 개별공시지가결정은 적법하다고 주장한다. A시장 주장의 타당성에 대하여 검토하시오. (20점)

(2) 乙은 A시장이 자신의 소유 토지에 대한 개별공시지가를 결정함에 있어서 부동산 가격 공시 및 감정평가에 관한 법률 제11조 제 4 항에 의하여 받아야 하는 산정지가검증을 거치지 않았다는 이유로 개별공시지가결정이 위법하다고 주장하였다. A사장은 乙의 주장이 있자 산정지가검증을 보완하였다. 乙이 검증절차의 위법을 이유로 개별공시지가 결정을 다투는 소송을 제기하려는 경우 그 방법 및 인용가능성은? (20점)

20회 3. 「부동산 가격공시 및 감정평가에 관한 법률 시행령」 제77조 제 1 항 「별표 2」(감정평가법 인등의 설립인가의 취소와 업무의 정지에 관한 기준)는 재판규범성이 인정되는지의 여부를 설명하시오. (25점)

21회 2. 뉴타운 개발이 한창인 A지역 인근에 주택을 소유한 P는 자신의 주택에 대하여 전년도 대비 현저히 상승한 개별공시지가를 확인하고 향후 부과될 관련 세금의 상승 등을 우려하여 부공법 12조에 따른 이의신청을 하였으나 기각되었다. 이에 P는 확정된 개별공시지가에 대하여 다시 행정심판을 제기하였으나 행정심판위원회는 그 청구를 받아들이지 않았다. 그 후 P는 자신이 소유한 주택에 대하여 전년도보다 높은 재산세(부동산보유세)를 부과받게 되었다.

(1) P가 이의신청과 행정심판을 모두 제기한 것은 적법한지에 대하여 설명하시오. (10점)

(2) P가 소유 주택에 대하여 확정된 개별공시지가각 위법함을 이유로, 그 개별공시지가를 기초로 부과된 재산세에 대한 취소청구소송을 제기할 수 있는지에 대하여 논술하시오. (20점)

24회 4. 「공익사업을 위한 토지 등의 취득 및 보상에 관한 법률」상 보상금 증액청구소송을 하면서 해당 재결에 대한 선행처분으로서 수용대상 토지가격 산정의 기초가 된 표준지공시가격 결정이 위법함을 독립한 사유로 다툴 수 있는가에 관하여 논하시오. (10점)

25회 2. 甲은 A시의 시외로 나가는 일반도로에 접한 자신 소유의 X토지에 교통로를 개설하고 대형음식점을 운영하고 있다. A시에서는 X토지와 이에 접하여 연결된 Y·W토지의 소유권을 취득하여 혼잡한 교통량을 분산할 목적으로 「국토의 계획 및 이용에 관한 법률」에 의거하여 우회도로를 설치한다는 방침을 결정하고, A시의 시장은 X·Y·W토지의 개별공시지가 및 이 개별공시지가 산정의 기초가 된 P토지의 표준지공시지가와 도매물가상승률 등을 반영하여 산정한 보상기준가격을 내부적으로 결정하고 예산확보를 위해 중앙부처와 협의 중이다. 다음 물음에 답하시오. (30점)

(1) 甲은 보상이 있을 것을 예상하여 더 많은 보상금을 받기 위해 「부동산 가격공시에 관한 법률」에 의거하여 감정평가사를 통해 산정된 P토지의 표준지공시지가에 불복하여 취소소송을 제기하려고 한다. 이 경우 甲에게 법률상 이익이 있는지 여부를 검토하시오. (15점)

(2) 위 취소소송에 P토지의 소유자인 丙이 소송에 참가할 수 있는지 여부와 甲이 확정인용판결을 받았다면 이 판결의 효력은 Y·W토지의 소유자인 乙에게도 미치는지에 대하여 설명하시오. (15점)

[29회] 3. 서울의 A구청장은 이 사건 B토지의 비교표준지로 A구의 C토지(2017.1.1. 기준공시지가는 1㎡당 810만원임)를 선정하고 이 사건 B토지와 비교표준지 C의 토지가격비준표상 토지특성을 조사한 결과 총 가격배율이 1.00으로 조사됨에 따라 이 사건 각 토지의 가격을 1㎡당 810만원으로 산정하였다. 감정평가사 D는 A구청장으로부터 이와 같이 산정된 가격의 검증을 의뢰받고 이 사건 각 토지가 비교표준지와 비교하여 환경조건, 획지조건 및 기타 조건에서 열세에 있어 비교표준지의 공시지가를 약 83.9%의 비율로 감액한 1㎡당 680만원을 개별공시지가로 정함이 적정하다는 검증의견을 제시하였다. A구청장은 이 검증의견을 받아들여 2017.5.30.에 이 사건 각 토지의 개별공시지가를 1㎡당 680만원으로 결정·공시하였다.

B토지 소유자는 1㎡당 680만원으로 결정·공시된 B토지의 개별공시지가에 대하여 1㎡당 810만원으로 증액되어야 한다는 취지로 이의신청을 제기하였다. B토지 소유자의 이의신청에 따라 A구청장은 감정평가사 E에게 이 사건 토지의 가격에 대한 검증을 의뢰하였다. 검증을 담당한 감정평가사 E는 토지특성 적용 및 비교표준지 선정에는 오류가 없으나 인근 지가와의 균형을 고려하여 개별공시지가를 1㎡당 700만원으로 증액함이 상당하다는 의견을 제시하였다(이 사건 토지가 비교표준지와 비교하여 환경조건 및 획지조건에서 열세에 있다고 보아 비교표준지의 공시지가에 대하여 약 86.5%의 비율로 감액).

이에 A구청장은 A구 부동산가격공시위원회의 심의를 거쳐 이 검증의견을 받아들여 B토지에 대하여 1㎡당 700만원으로 개별공시지가결정을 하였다. 이에 대하여 B토지 소유자는 토지가격비준표와 달리 결정된 개별공시지가결정은 위법하다고 주장한다. 이 주장은 타당한가? (20점)

4. 부동산 가격공시에 관한 법령상 중앙부동산가격공시위원회에 관하여 설명하시오. (10점)

[30회] 1. 관할 A시장은 「부동산 가격공시에 관한 법률」에 따라 甲소유의 토지에 대해 공시기준일을 2018.1.1.로 한 개별공시지가를 2018.6.28. 결정·공시하고('당초 공시지가') 甲에게 개

별 통지하였으나, 이는 토지가격비준표의 적용에 오류가 있는 것이었다. 이후 甲소유의 토지를 포함한 지역 일대에 개발 사업이 시행되면서 관련법에 의한 부담금 부과의 대상이 된 甲의 토지에 대해 A시장은 2018.8.3. 당초 공시지가에 근거하여 甲에게 부담금을 부과하였다. 한편 甲소유 토지에 대한 당초 공시지가에 이의가 있는 인근 주민 乙은 이의신청 기간이 도과한 2018.8.10. A시장에게 이의를 신청하였고, A시장은 甲소유 토지에 대한 당초 공시지가를 결정할 때 토지가격비준표의 적용에 오류가 있었음을 이유로 「부동산 가격공시에 관한 법률」 제12조 및 같은법 시행령 제23조 제1항에 따라 개별공시지가를 감액하는 정정을 하였고, 정정된 공시지가는 2018.9.7. 甲에게 통지되었다. 다음 물음에 답하시오. (아래 설문은 각각 별개의 독립된 상황임) (40점)

(1) 甲은 정정된 공시지가에 대해 2018.10.22. 취소소송을 제기하였다. 甲의 소송은 적법한 가? (15점)

(2) 甲은 이의신청기간이 도과한 후에 이루어진 A시장의 개별공시지가 정정처분은 위법하다고 주장한다. 甲의 주장은 타당한가? (10점)

(3) 만약, A시장이 당초 공시지가에 근거하여 甲에게 부담금을 부과한 것이 위법한 것이더라도, 이후 A시장이 토지가격비준표를 제대로 적용하여 정정한 개별공시지가가 당초 공시지가와 동일하게 산정되었다면, 甲에 대한 부담금 부과의 하자는 치유되는가? (15점)

31회 2. A시의 시장 甲은 2018.5.31. 乙·丙 공동소유의 토지 5,729㎡(이하 '이 사건 토지'라고 한다)에 대하여 2018.1.1. 기준 개별공시지가를 ㎡당 2,780,000원으로 결정·고시하였다. 乙은 2018.6.19. 甲에게 「부동산 가격공시에 관한 법률」 제11조에 따라 이 사건 토지의 개별공시지가를 ㎡당 1,126,850원으로 하향 조정해 줄 것을 내용으로 하는 이의신청을 하였다. 이에 대하여 甲은 이 사건 토지의 개별공시지가결정 시 표준지 선정에 문제가 있음을 발견하고, A시 부동산가격공시위원회의 심리를 거쳐 2018.7.1. 위 개별공시지가를 ㎡당 2,380,000원으로 정정하여 결정·고시하였고, 동 결정서는 당일 乙에게 송달되었다. 丙은 2018.6.20. 위 이의신청과는 별개로 이 사건 토지의 개별공시지가를 ㎡당 1,790,316원으로 수정해 달라는 취지의 행정심판을 청구하였고, B행정심판위원회는 2018.8.27. 이 사건 토지의 개별공시지가를 ㎡당 2,000,000원으로 하는 변경재결을 하였고, 동 재결서 정본은 2018.8.30. 丙에게 송달되었다. 다음 물음에 답하시오. (30점)

(1) 부동산 가격공시에 관한 법령상 개별공시지가의 정정사유에 관하여 설명하시오. (5점)

(2) 위 사례에서 乙과 丙이 취소소송을 제기하려고 할 때, 소의 대상과 제소기간의 기산일에 관하여 각각 설명하시오. (10점)

(3) 한편, 丁은 A시의 개별공시지가 산정업무를 담당하고 있는 공무원이다. 丁은 개별예정지구인 C지역의 개별공시지가를 산정함에 있어 토지의 이용상황을 잘못 파악하여 지가를 적정가격보다 훨씬 높은 가격으로 산정하였다. 이를 신뢰한 乙은 C지역의 담보가치보다 훨씬 높은 가격으로 산정하였다. 이를 신뢰한 乙은 C지역의 담보가치가 충분하다고 믿고, 그 토지에 근저당권설정 등기를 마치고 수백억원의 투자를 하였지만, 결국 수십억원에 해당하는 큰 손해를 보았다. 이에 乙은 丁의 위법한 개별공시지가 산정으

로 인하여 위 손해를 입었다고 주장하며, 국가배상소송을 제기하고자 한다. 동 소송에서 乙은 丁의 직무상 행위와 자신의 손해 사이의 인과관계를 주장한다. 乙의 주장의 타당성에 관하여 개별공시지가제도의 입법목적을 중심으로 설명하시오. (15점)

32회 2. 甲은 A시에 토지를 소유하고 있다. A시장은 갑의 토지 등의 비교표준지로 A시 소재 일정 토지(2020.1.1. 기준 공시지가는 1㎡당 1,000만원이다)를 선정하고, 甲의 토지 등과 비교표준지의 토지가격비준표상 총 가격배율을 1.00으로 조사함에 따라 甲의 토지의 가격을 1㎡당 1,000만원으로 산정하였다. A시장으로부터 산정된 가격의 검증을 의뢰받은 감정평가사 乙은 甲의 토지가 비교표준지와 비교하여 환경조건, 획지조건 및 기타조건에 열세에 있고, 특히 기타조건과 관련하여 비교표준지는 개발을 위한 거래가 이어지고 있으나, 甲의 토지 등은 개발 움직임이 없다는 점을 '장래의 동향'으로 반영하여 91%의 비율로 열세에 있다고 보아, 비교표준지의 공시지가를 약 83.9%의 비율로 감액한 1㎡당 839만원을 개별공시지가로 정함이 적정하다는 검증의견을 제시하였다. A시장은 A시 부동산가격공시위원회의 심의를 거쳐 이 검증의견을 그대로 받아들여 2020.5.20. 甲의 토지의 개별공시지가를 1㎡당 839만원으로 결정·공시하고, 甲에게 개별통지하였다. 甲은 토지가격비준표에 제시된 토지특성에 기초한 가격배율을 무시하고 乙이 감정평가방식에 따라 독자적으로 지가를 산정하여 제시한 검증의견을 그대로 반영하여 개별공시지가를 결정한 것은 위법하다고 보아, 「부동산 가격공시에 관한 법률」 제11조에 따라 2020.6.15. 이의신청을 제기하였고, 2020.7.10. 이의를 기각하는 내용의 이의신청결과가 甲에게 통지되었다. 다음 물음에 답하시오. (아래의 물음은 각 별개의 상황임) (30점)

⑴ 甲은 2020.9.10. 개별공시지가결정에 대해 취소소송을 제기하였다. 甲이 제기한 취소소송은 제소기간을 준수하였는가? (10점)

⑵ 甲이 개별공시지가결정에 대해 다투지 않은 채 제소기간이 도과하였고, 이후 甲의 토지에 대해 수용재결이 있었다. 甲이 보상금의 증액을 구하는 소송에서 개별공시지가결정의 위법을 주장하는 경우, 甲의 주장은 인용될 수 있는가? (20점)

33회 2. 국토교통부장관은 표준지로 선정된 A토지의 2022.1.1. 기준 공시지가를 1㎡당 1,000만원으로 결정·공시하였다. 국토교통부장관은 A토지의 표준지공시지가를 산정함에 있어 부동산 가격공시에 관한 법률 및 같은 법 시행령이 정하는 '토지의 일반적인 조사사항' 이외에 국토교통부 훈령인 표준지공시지가 조사·평가 기준상 상업·업무용지 평가의 고려사항인 '배후지의 상태 및 고객의 질과 양', '영업의 종류 및 경쟁의 상태' 등을 추가적으로 고려하여 평가하였다. 甲은 X시에 상업용지인 B토지를 소유하고 있다. X시장은 A토지를 비교표준지로 선정하여 B토지에 대한 개별공시지가를 1㎡당 1,541만원으로 결정·공시 후 이를 甲에게 통지하였다. 甲은 국토교통부장관이 A토지의 표준지공시지가를 단순히 행정청 내부에서만 효력을 가지는 국토교통부 훈령 형식의 표준지공시지가 조사·평가 기준이 정하는 바에 따라 평가함으로써 결과적으로 부동산가격공시에 관한 법령이 직접 규정하지 않는 사항을 표준지공시지가 평가의 고려사항으로 삼은 것은 위법하다고 주장하고 있다.

다음 물음에 답하시오. (30점)

(1) 표준지공시지가 조사·평가 기준의 법적 성질에 비추어 甲 주장의 타당성 여부를 설명하시오. (20점)

(2) 甲은 부동산 가격공시에 관한 법률 제11조에 따라 X시장에게 B토지의 개별공시지가에 대한 이의를 신청하였으나 기각되었다. 이 경우 甲이 기각결정에 불복하여 행정심판법상의 행정심판을 제기할 수 있는지 설명하시오. (10점)

34회 [문제2] 지적공부상 지목이 전인 갑 소유의 토지('이 사건 토지'라 함)는 면적이 2,000㎡이고, 이 중 330㎡ 토지에 주택이 건축되어 있고 나머지 부분은 밭으로 사용되고 있다. 그럼에도 불구하고 A도 B시의 시장(이하 'B시장'이라 함)은 지목이 대인 1개의 표준지의 공시지가를 기준으로 토지가격비준표를 사용하여 2022. 5. 31. 이 사전 토지에 대하여 개별공시지가를 결정, 공시하였다. B시장은 이 사건 토지에 대한 개별공시지가와 이의신청 절차를 갑에게 통지하였다. 다음 물음에 답하시오. (단, 각 물음은 상호 독립적임)(30점)

(물음1) 甲이 B시장의 개별공시지가결정이 위법, 부당하다는 이유로 부동산 가격 공시에 관한 법령에 따른 이의신청을 거치지 않고 행정심판법에 따른 취소심판을 제기할 수 있는지 여부와 이 사건 토지에 대한 개별공시지가결정의 위법성에 관하여 설명하시오. (15점)

(물음2) 甲은 개별공시지가결정에 대하여 부동산 가격공시에 관한 법령에 따른 이의신청이나 행정심판법에 따른 행정심판과 행정소송법에 따른 행정소송을 제기하지 않았다. 그 후 B시장은 2022. 9. 15. 이 사건 토지에 대한 개별공시지가를 시가표준액으로 하여 재산세를 부과, 처분하였다. 이에 甲은 2022. 12. 5. 이 사건 토지에 대한 개별공시지가결정의 하자를 이유로 재산세부과처분에 대하여 취소소송을 제기하였다. 甲의 청구가 인용될 수 있는지 여부에 관하여 설명하시오. (15점)

35회 [문제2] 甲은 2023.8.23. 父로부터 A광역시 B구 소재의 토지(이하 '이 사건 토지'라 함)를 증여받았고, 이 사건 토지에 관하여 증여 당시에는 2023.1.1.을 기준일로 하는 개별공시지가가 ㎡당 2,200,000원으로 결정·고시되어 있었다. 甲은 이를 기초로 하여 산정한 증여세를 납부하고자 하였으나, 개별공시지가에 오류가 있음을 발견하여 「부동산 가격공시에 관한 법률」 제12조에 따른 개별공시지가 정정결정을 신청하였다. 그런데 B구의 구청장 乙은 甲의 정정결정신청에 대하여 정정불가 결정을 통지하였다. 한편 그 이후 乙은 이 사건 토지에 관하여 토지특성조사의 착오 등 지가산정에 잘못이 있다고 하여 B구 부동산가격공시위원회의 심의를 거쳐 위 개별공시지가를 ㎡당 3,900,000원으로 정정하여 결정·고시하였다. 이에 관할 세무서장 丙은 이 사건 토지의 가액이 ㎡당 3,900,000원이라고 보아 이를 기초로 증여재산의 가액을 산정하여 증여세부과처분을 하였다. 다음 물음에 답하시오 (단, 각 물음은 상호독립적임).(30점)

⑴ 甲이 乙의 정정불가 결정 통지를 대상으로 취소소송을 제기할 수 있는지를 설명하시오.(15점)

⑵ 甲은 乙의 개별공시지가 정정결정과 관련하여 i) 정정 사유가 있다고 하더라도 그 사유가 명백하여야만 비로소 정정할 수 있는데, 정정 사유가 명백하지 않음에도 불구하고 乙이 개별공시지가를 정정한 것은 위법하다고 주장하고 있다. 또한, ii) 설령 乙의 개별공시지가 정정결정이 타당하다고 하여도 이 사건 토지에 관하여 증여 당시 고시되어 있던 종전의 개별공시지가를 기초로 하지 아니한 丙의 증여세부과처분은 위법하다고 주장하고 있다. 甲의 주장이 타당한지에 관하여 각각 설명하시오.(15점)

〈부동산 가격공시에 관한 법률〉

제12조(개별공시지가의 정정)

　시장·군수 또는 구청장은 개별공시지가에 틀린 계산, 오기, 표준지 선정의 착오, 그 밖에 대통령령으로 정하는 명백한 오류가 있음을 발견한 때에는 지체 없이 이를 정정하여야 한다.

〈행정소송법〉

제19조(취소소송의 대상)

　취소소송은 처분 등을 대상으로 한다. 다만, 재결취소소송의 경우에는 재결 자체에 고유한 위법이 있음을 이유로 하는 경우에 한한다.

제 2 장

감 정 평 가

제 1 절 감정평가제도의 도입과 변천

    우리나라의 감정평가사제도는 1972년 『국토이용관리법』이 제정되면서 "토지평가사"라는 전문자격자제도가 도입되었고, 1973년 『감정평가에 관한 법률』이 제정되면서 "공인감정사"제도가 신설되었다.

    토지평가사[1]제도는 기준지가의 조사·평가와 기준지가가 고시된 지역 안에서 매수 또는 수용할 토지 기타 권리를 평가하게 하기 위하여 건설부장관(현 국토교통부장관)의 면허를 받은 토지평가사 선발 자격제도를 말한다.

    공인감정사제도는 감정의뢰인이나 일반 국민이 신뢰할 수 있는 감정평가제도 확립의 시대적 요청에 부응하기 위하여 재산의 감정평가에 필요한 사항을 규정하고, 그 경제적 가치를 정확하게 평가하며, 공정거래의 기초를 확립함으로써 국민경제의 발전에 기여함을 목적으로 1973년 제정되었다.

    그러나, 양 자격제도는 감정평가라는 동일범주의 업무를 수행하면서도 근거법률과 담당부처가 달라서 제도에 대한 통합필요성이 제기되었으며, 1989년 4월에 제정된 『지가공시법』은 1989년 토지평가사와 공인감정사로 이원화되어 있는 감정평가자격을 감정평가사로 일원화하였다.

    1989년 감정평가사제도의 개선 및 업무의 효율적인 수행을 위하여 감정평가업협회를 설립하고 감정평가법인등과 감정평가법인 또는 감정평가사사무소의 사원 및 소속감정평가사의 회원가입을 의무화하였다. 그러나, 1999년 자율경쟁의 취지하에 의무가입 규정을

---

1) 토지평가사의 면허시험에 응시할 수 있는 자격은 ① 4년제 대학 또는 동등 이상의 학교를 졸업한 자로서 부동산평가업무에 2년 이상 종사한 경력이 있는 자, 토지에 관한 행정분야의 공무원으로서 경력이 5년 이상인 자, 금융 또는 부동산에 관한 업무에 종사한 경력이 5년 이상인 자, ② 초급대학·실업고등전문학교 또는 이와 동등 이상의 학교를 졸업한 자로서 부동산평가업무에 4년 이상 종사한 경력이 있는 자, 토지에 관한 행정분야의 공무원으로서 경력이 7년 이상인 자, 금융 또는 부동산에 관한 업무에 종사한 경력이 7년 이상인 자, ③ 고등학교 또는 이와 동등 이상의 학교를 졸업한 자로서 부동산평가업무에 6년 이상 종사한 경력이 있는 자, 토지에 관한 행정분야의 공무원으로서 경력이 9년 이상인 자, 금융 또는 부동산에 관한 업무에 종사한 경력이 9년 이상인 자, ④ 부동산학 또는 도시 지역계획학에 관한 석사 이상의 학위 소지자, ⑤ 공인회계사 또는 건축사로서 실무에 2년 이상 종사한 자이다.

임의가입으로 개정하였다.

　2005년 국토교통부는 감정평가법인의 업무효율성 추진과, 대외적 공신력을 향상시키기 위하여 우수감정평가법인제도를 도입하여 감정평가업계를 재편하였다. 우수감정평가법인은 전국적인 조직망을 갖추기 위해서 7개 이상의 지사를 두어야 하고, 본사에는 심사전담부서를 설치하여 본·지사의 감정평가서를 심사하도록 하고 이를 통과하지 못하면 발송을 하지 못하도록 하였다.

　2005년 『지가공시법』은 『부동산 가격공시 및 감정평가에 관한 법률』로 개정되었다.

　2007년 정부는 허위·부실 감정의 문제를 해소하고 감정평가에 대한 신뢰를 제고하기 위하여 감정평가사 자격등록제도를 도입하고, 감정평가사에 대한 제재를 강화하기 위하여 징계위원회를 신설하였다.

　2016년 감정평가사 제도는 변호사·공인회계사·변리사 등과 달리 별도의 근거 법률이 없고 부동산가격공시제도와 함께 하나의 법률에 규정되어 있어 감정평가사제도가 부동산 가격공시 업무에 한정되는 것으로 오해될 수 있는 여지가 있기에 감정평가사 제도를 별도의 법률로 제정하여 감정평가사 제도를 발전시킴과 동시에 감정평가의 신뢰성과 공정성 제고에 기여하고자 『부동산 가격공시 및 감정평가에 관한 법률』은 『부동산 가격공시에 관한 법률』과 『감정평가 및 감정평가사에 관한 법률』로 이원화되었다.

　2020년 감정평가법인등과 그 소속 감정평가사는 협회에 회원으로 의무가입하도록 하였다.

　2025년 현재 약 5,000여 명의 회원가입이 이루어지고 있다.

제 2 절 감정평가사의 직무

　감정평가사란 타인의 의뢰에 의하여 토지 등의 경제적 가치를 판정하여 그 결과를 가액으로 나타내는 감정평가 업무를 직무(제 2 조 제 2 호)로 하는 자를 말한다.

　'토지등'이 란토지 및 그 정착물, 동산 그 밖에 대통령령이 정하는 재산과 이들에 관한 소유권 외의 권리를 말한다(제 2 조 제 1 호).

제 2 조(기타 재산) 「감정평가감정평가사에 관한 법률」(이하 "법"이라 한다) 제 2 조 제 1 호에서 "대통령령으로 정하는 재산"이란 다음 각 호의 재산을 말한다.<개정 2020. 8. 26.>
　1. 저작권·산업재산권·어업권·양식업권·광업권 및 그 밖의 물권에 준하는 권리
　2. 「공장 및 광업재단 저당법」에 따른 공장재단과 광업재단
　3. 「입목에 관한 법률」에 따른 입목
　4. 자동차·건설기계·선박·항공기 등 관계 법령에 따라 등기하거나 등록하는 재산
　5. 유가증권

　　감정평가사의 직무는 표준지공시지가 평가, 보상평가, 담보평가, 경매평가, 자산재평가, 소송평가, 일반거래목적평가 등 타인의 재산에 대한 평가에 있어서 중대한 영향을 미치는 중요한 기능을 담당하고 있다.

제 3 절　감정평가사

제 1 항　감정평가사의 자격취득

Ⅰ. 감정평가사의 결격사유

　　감정평가사의 결격사유란 감정평가사가 될 수 없는 사유를 말한다. 결격사유에 해당하는 자가 감정평가사 자격시험에 합격한 경우에는 그러한 합격결정은 무효사유에 해당한다. 이 경우 합격취소는 무효사유를 확인하는 행위에 불과하므로 사실행위인 관념의 통지에 해당하게 된다. 따라서 이러한 합격취소행위는 항고소송의 대상이 되지 아니한다.

　　『감정평가 및 감정평가사에 관한 법률(이하 감정평가사법)』 제12조에서는 감정평가사의 결격사유를 규정하고 있다. ① 파산선고를 받은 사람으로서 복권되지 아니한 사람, ② 금고 이상의 실형을 선고받고 그 집행이 종료(집행이 종료된 것으로 보는 경우를 포함한다)되거나 그 집행이 면제된 날부터 3년이 지나지 아니한 사람, ③ 금고 이상의 형의 집행유예를 받고 그 유예기간이 만료된 날부터 1년이 지나지 아니한 사람, ④ 금고 이상의 형의 선고유예를 받고 그 선고유예기간 중에 있는 사람, ⑤ 부정한 방법으로 감정평가사의 자격을 취득하여 감정평가사 자격이 취소된 경우 및 다른 사람에게 자격증·등록증 또는 인가증을 양도 또는 대여하여 자격이 취소된 후 3년이 지나지 아니한 사람, ⑥ 감정평가사의 직무와 관련하여 금고 이상의 형을 2회 이상 선고받아(집행유예를 선고 받은 경우를 포함한다) 그 형이 확정된 경우 및 감정평가사법에 따라 1년 이상의 징계처분을 2회 이상 받은 후 다시 징계사유가 있는 사람으로서 감정평가사의 직무를 수행하는 것이 현저히 부적당하다고 인정되는 경우로서 자격이 취소된 후 5년이 지나지 않은 경우에는 감정평가사가 될 수 없다.[2]

　　또한 감정평가사의 결격사유는 자격등록 및 갱신등록의 거부사유(제18조 제 1 항 제 1 호)와 자격등록의 취소사유(제19조 제 1 호)가 된다.

---

　　2) 종전에는 감정평가업무와 관련하여 다른 법률에 따라 형의 선고를 받은 경우에는 감정평가사법에서 정하고 있는 결격사유에 해당하지 않는 문제가 있었다. 따라서, 감정평가사의 결격사유 중 감정평가사법을 위반한 경우에 추가하여 감정평가업무와 관련하여 다른 법률을 위반한 경우까지 포함되도록 그 위반사유를 확대하고, 종전에는 징역형의 선고를 받고 집행 종료 후 2년이 경과되지 아니한 자로 규정하던 것을 금고 이상 실형의 선고를 받고 집행 종료 후 3년이 경과되지 아니한 자로 하는 등 결격사유를 강화하였다.

Ⅱ. 감정평가사의 자격취득

　　감정평가사가 되기 위하여는 감정평가사 제 1 차시험 및 제 2 차시험에 합격하여야 한다(제14조). 감정평가법인등의 업무를 하려는 경우에는 대통령령이 정하는 기간(1년) 이상의 실무수습 또는 교육연수를 마치고 국토교통부장관에게 등록하여야 한다(제17조 제 1 항). 감정평가사는 대통령령으로 정하는 바에 따라 등록을 갱신하여야 한다. 이 경우 갱신기간은 3년 이상으로 한다(제17조 제 2 항). 실무수습은 한국감정평가사협회가 국토교통부장관의 승인을 받아 실시·관리한다(제17조 제 3 항).

　　한편 외국의 감정평가사 자격을 가진 자로서 결격사유에 해당하지 아니하는 자는 그 본국에서 대한민국 정부가 부여한 감정평가사자격을 인정하는 경우에 한하여 국토교통부장관의 인가를 받아서 감정평가사의 업무를 행할 수 있다(제20조).

제 2 항　감정평가사 자격의 등록과 자격취소

　　종전에는 감정평가사의 자격이 있는 자는 감정평가사 자격취득 후, 결격사유가 발생해도 계속해서 감정평가 업무를 수행할 수 있는 문제가 있었다. 따라서 최근 감정평가사법에서는 감정평가사의 자격이 있는 자가 감정평가 업무를 수행하기 위해서는 국토교통부장관에게 등록하게 하고(제26조의2), 국토교통부장관은 해당 평가사가 감정평가업무를 계속적으로 수행할 수 있는지의 적격 여부를 판단하여 결격사유에 해당하는 경우에는 감정평가 업무를 수행할 수 없도록 자격등록 및 갱신등록을 거부하거나 취소하도록 하였다(제17조).

Ⅰ. 감정평가사의 자격등록

1. 의　　의

　　감정평가사의 자격등록이란 감정평가사 자격이 있는 자가 감정평가업무를 하려는 경우에 국토교통부장관에게 등록하는 것을 말한다(제17조 제 1 항).

2. 법적 성질

　　감정평가사의 등록신청은 감정평가사가 사인의 지위에서 행정청에게 감정평가업을 영위하겠다는 등록을 신청하는 것이므로 사인의 공법행위에 해당한다.

　　국토교통부장관의 자격등록행위는 감정평가사가 자격을 갖춘 자라는 사실에 대한 공적 증거력을 부여하는 공증에 해당한다고 본다.

　　또한 감정평가사법 시행령 제17조 제 2 항 후단에서는 "등록증을 발급하여야 한다"고 규정하고 있으므로 기속행위로 보아야 한다.

3. 자격등록의 요건(결격사유, 제18조)

국토교통부장관은 등록신청자가 결격사유에 해당하거나, 실무수습 또는 교육연수를 받지 아니한 경우, 등록이 취소된 후 3년이 지나지 아니한 경우, 업무가 정지된 감정평가사로서 그 업무정지 기간이 지나지 아니한 경우, 미성년자 또는 피성년후견인·피한정후견인인 경우에는 그 등록을 거부하여야 한다(제18조 제 1 항).

4. 자격등록의 절차

감정평가사는 감정평가등록신청서를 작성하여 국토교통부장관에게 등록신청을 하며, 국토교통부장관이 등록신청을 받은 때에는 자격등록의 거부사유에 해당하는지를 판단하여 거부사유에 해당하는 경우를 제외하고는 감정평가사등록부에 등재하고 신청인에게 감정평가사등록증을 발급하여야 한다(시행령 제17조 제 2 항).

5. 자격등록의 효과

감정평가사는 감정평가사무소를 개설하거나 감정평가법인에 소속되어 감정평가업무를 수행할 수 있는 지위를 향유하게 된다.

6. 자격등록의 취소(제19조)

국토교통부장관은 등록된 감정평가사가 결격사유에 해당하거나, 사망한 경우, 자격등록취소의 신청을 한 경우 및 등록취소의 징계처분을 받은 경우 자격등록을 취소하고 그 사실을 관보에 공고하고, 정보통신망 등을 이용하여 일반인에게 알려야 한다. 공고의 방법, 공고의 내용, 그 밖에 필요한 사항은 국토교통부령으로 정한다.

7. 등록거부 및 등록취소에 대한 권리구제

자격등록거부와 등록취소행위는 행정쟁송법상 처분에 해당된다. 따라서 행정쟁송을 통하여 권리구제를 도모할 수 있다. 또한 위법한 등록거부나 등록취소로 인하여 손해가 발생한 경우에는 국가배상을 청구할 수 있을 것이다.

8. 감정평가사 연수교육(제38조)

한국감정평가사협회는 등록을 하려는 감정평가사, 직무의 수행을 보조하기 위한 사무직원을 대상으로 회원의 자체적인 교육·연수활동을 지도·관리한다.

Ⅱ. 감정평가자격의 갱신등록

1. 의   의

갱신등록이란 감정평가사자격의 갱신등록은 자격등록을 한 후, 종전 등록의 효과를 유지하기 위하여 5년에 한 번씩 등록을 갱신하는 것을 말한다(제17조 제 2 항).

2. 법적 성질

감정평가사의 갱신등록 신청은 사인의 공법행위이며, 갱신등록행위는 종전의 등록효과를 향유할 수 있는 요건을 계속적으로 갖추고 있음에 대한 공적 증거력을 부여하는 공증으로 볼 수 있다.

또한, 감정평가사법 시행령 제17조 제 2 항 후단에서는 "등록증을 갱신하여 발급하여야 한다"고 규정하고 있으므로 기속행위로 보아야 한다.

3. 갱신등록의 요건(결격사유, 제12조)

국토교통부장관은 갱신등록신청자가 결격사유에 해당하거나, 실무수습 또는 교육연수를 받지 아니한 경우, 등록이 취소된 후 3년이 지나지 아니한 경우, 업무가 정지된 감정평가사로서 그 업무정지 기간이 지나지 아니한 경우, 미성년자 또는 피성년후견인·피한정후견인인 경우에는 그 등록을 거부하여야 한다(제18조 제 1 항).

국토교통부장관은 갱신등록을 거부한 경우 그 사실을 관보에 공고하고, 정보통신망 등을 이용하여 일반인에게 알려야 한다(제18조 제 2 항). 이 경우 공고의 방법, 공고의 내용, 그 밖에 필요한 사항은 국토교통부령으로 정한다(제18조 제 3 항).

4. 갱신등록의 절차

감정평가사는 등록갱신의 신청서를 작성하여 등록일로부터 5년이 경과되기 60일 전까지 국토교통부장관에게 제출하여야 하며(시행령 제18조 제 2 항), 국토교통부장관은 감정평가사 자격등록을 한 사람에게 감정평가사 자격등록을 갱신하려면 등록갱신 신청을 하여야 한다는 사실과 그 등록갱신 신청절차를 등록일부터 5년이 되는 날의 120일 전까지 미리 알려야 한다. 국토교통부장관이 등록갱신의 신청을 받은 때에는 갱신등록의 거부사유에 해당하는지를 판단하여 거부사유에 해당하는 경우를 제외하고는 감정평가사등록부에 등재하고 신청인에게 갱신등록증을 발급하여야 한다(시행령 제18조 제 5 항).

5. 갱신등록의 효과

자격등록일로부터 5년이 경과되기 전에 갱신등록증을 교부받은 감정평가사는 종전

등록의 효력이 유지되어 감정평가업을 영위할 수 있는 지위를 계속적으로 향유할 수 있게 된다.

Ⅲ. 감정평가사의 자격의 취소

1. 자격취소의 의의

감정평가사의 자격취소란 국토교통부장관이 감정평가사에게 부여한 자격의 효력을 상실시키는 행위를 말한다. ① 감정평가사법 제13조에서는 부정한 방법으로 감정평가사의 자격을 얻은 경우, ② 감정평가사법 제39조 제 1 항에서는 감정평가사의 직무와 관련하여 금고 이상의 형을 선고받아(집행유예를 선고받은 경우를 포함한다) 그 형이 확정된 경우, 감정평가사법에 따라 업무정지 1년 이상의 징계처분을 2회 이상 받은 후 다시 징계사유가 있는 사람으로서 감정평가사의 직무를 수행하는 것이 현저히 부적당하다고 인정되는 경우 및 다른 사람에게 자격증·등록증 또는 인가증을 양도 또는 대여(명의대여 등의 금지)한 경우에는 감정평가사의 자격을 취소할 수 있다고 규정하고 있다.

2. 자격취소의 법적 성질

(1) 부정한 방법으로 자격을 얻은 경우

부정한 방법으로 자격을 얻은 경우(제13조)에는, 자격취득의 성립당시에 흠이 있음을 이유로 그 효력을 사후에 소멸시키는 것이므로 학문상 취소에 해당한다. 또한 국토교통부장관은 취소를 하여야 하므로 기속행위에 해당한다.

(2) 명의대여 등의 금지 규정을 위반한 경우

감정평가사 또는 감정평가법인등은 다른 사람에게 자기의 성명 또는 상호를 사용하여 감정평가업무를 수행하게 하거나 자격증·등록증 또는 인가증을 양도·대여하거나 이를 부당하게 행사하는 경우에는(제27조 제 1 항), 유효하게 성립한 감정평가사 자격인정처분의 효력을 더 이상 존속시킬 수 없는 사유가 발생하였기 때문에 그 효력을 소멸시키는 것이므로 학문상 철회에 해당한다. 국토교통부장관은 이러한 사유가 발생한 경우에 징계위원회의 의결내용에 따라 자격을 취소할 수도 있고, 취소하지 아니할 수도 있다.

(3) 실형 및 업무정지처분(1년 이상)을 2회 이상 받은 경우

감정평가사의 직무와 관련하여 금고 이상의 형을 선고받아(집행유예를 선고받은 경우를 포함한다) 그 형이 확정된 경우, 감정평가사법에 따라 업무정지 1년 이상의 징계처분을 2회 이상 받은 후 다시 징계사유가 있는 사람으로서 감정평가사의 직무를 수행하는 것이 현저히 부적당하다고 인정되는 경우에는 자격취소를 할 수 있다.

3. 자격취소처분의 요건 [2022 감평 사례]

(1) 주   체

감정평가사법 제13조 및 제39조에서는 국토교통부장관이 자격취소를 할 수 있다고 규정하고 있다. 따라서 자격취소처분의 주체는 국토교통부장관이다.

(2) 내   용

감정평가사법 제13조 및 제39조에서 규정하고 있는, 부정한 방법으로 감정평가사의 자격을 얻은 경우, 실형 및 업무정지처분(1년 이상)을 2회 이상 받은 경우 및 감정평가사의 자격증·등록증 또는 인가증을 다른 사람에게 양도 또는 대여한 경우에 해당하여야 한다.

(3) 절   차

① 감정평가사법 제45조에서 제13조 제 1 항 제 1 호에 따라 자격을 취소하는 경우에는 청문을 실시하도록 규정하고 있으나, 청문의 실시 방법 등에 대해서는 감정평가사법에 규정이 없으므로 행정절차법이 적용될 것이다. 또한 감정평가사의 자격취소처분은 불이익처분에 해당하므로 처분의 이유와 불복고지를 하여야 한다. ② 감정평가사법 제39조에 의해 자격취소를 하는 경우에는 징계위원회의 의견을 거쳐야 한다. 당사자는 징계위원회에 출석하여 구술 또는 서면으로 자기에게 유리한 사실을 진술하거나 필요한 증거를 제출할 수 있다.

(4) 형   식

① 법 제13조에 의한 자격취소처분의 형식은 감정평가사법에 달리 규정이 없으므로, 행정절차법 제24조에 의하여 문서로 하여야 하고 문서에 처분행정청 및 담당자의 소속, 성명과 전화번호를 기재하여야 한다. 감정평가사의 자격이 취소된 자는 그 처분을 받은 날부터 7일 이내에 국토교통부장관에게 감정평가사자격증을 반납하여야 한다(시행규칙 제 7 조 제 2 항). ② 국토교통부장관은 위원회의 의결에 따라 징계를 하였을 때에는 지체 없이 징계사실을 당사자와 협회에 각각 서면으로 통보하여야 한다. 이 경우 통보 서면에는 징계사유를 명시하여야 한다(시행령 제36조).

4. 자격취소처분의 효과

(1) 부정한 방법으로 자격을 얻은 경우

부정한 방법으로 자격을 얻은 경우의 자격취소는 직권취소이고, 상대방에게 귀책사유가 있으므로 원칙적으로 소급효가 있으나, 소급효라 하여도 취소처분을 받을 때까지 감정평가사로서 행한 법률행위의 효력에까지 미친다고 볼 수 없다. 직권취소는 원칙적으로 소급하여 효력이 발생하나 그 상대방에 하자의 발생에 대한 귀책사유가 없고, 이미 완결된 법률관계나 법률사실을 제거하지 아니하면 취소의 목적을 달성할 수 없는 경우가 아니면

법적안정성 내지는 신뢰보호의 관점에서 그 효과는 장래에 향하여만 발생한다고 보아야
한다.

(2) 자격증·등록증 또는 인가증을 양도 또는 대여한 경우

자격증·등록증 또는 인가증을 양도 또는 대여한 경우의 자격취소는 학문상 철회에
해당되므로 원칙적으로 장래에 향하여 효력이 발생할 것이다. 다만 이 역시 처분의 효력
시기를 별도로 정할 수 있다고 본다.

(3) 실형 및 업무정지처분(1년 이상)을 2회 이상 받은 경우

감정평가사의 직무와 실형(금고 이상의 형) 및 업무정지처분(1년 이상)을 2회 이상 받은
경우의 자격취소는 학문상 철회에 해당되므로 원칙적으로 장래에 향하여 효력이 발생할
것이며, 처분의 효력시기를 별도로 정할 수 있다고 본다.

5. 자격취소처분에 대한 권리구제

국토교통부장관의 자격취소처분은 행정쟁송법상 처분에 해당하므로, 당해 처분에 하
자가 있는 경우에는 행정쟁송(행정심판 및 행정소송)을 제기하여 다툴 수 있다. 또한 국토교
통부장관의 자격취소처분이 고의, 과실에 의하여 법령에 위반하여 감정평가사에게 손해를
가한 경우에 당해 감정평가사는 국가배상법 제 2 조에 의거하여 국가배상을 청구할 수 있
을 것이다.

제 3 항　감정평가사에 대한 징계

I. 감정평가사의 징계의 개념

감정평가사에 대한 징계란 감정평가사가 감정평가사법이 규정하는 징계사유 중 어느
하나의 사유에 해당하는 경우에 감정평가사징계위원회의 의결에 따라 국토교통부장관에
의해 과해지는 제재를 말한다.

징계위원회는 기존에 감정평가협회에서 운영해 왔으나 징계위원회를 형식적으로 운
영하여 실효성에 대한 문제가 제기되었다. 따라서 감정평가사에 대한 징계의 공정성을 확
보하고, 엄격한 절차에 따라 징계처분을 하여 공신력을 제고하기 위해 징계위원회 제도를
신설하였다.

Ⅱ. 징계사유와 징계의 종류

1. 징계의 사유(제39조 제1항)

감정평가사법 제39조 제1항에서는 토지의 평가방법(제3조 제1항) 및 원칙과 기준 (제3조 제3항)을 위반하여 감정평가를 한 경우, 감정평가서의 작성·발급 등에 관한 사항을 위반한 경우(제6조), 고의 또는 중대한 과실로 잘못 심사한 경우, 업무정지처분 기간에 업무를 하거나 업무정지처분을 받은 소속 감정평가사에게 업무정지처분 기간에 업무를 하게 한 경우, 등록이나 갱신등록을 하지 아니하고 업무를 수행한 경우, 구비서류를 거짓으로 작성하는 등 부정한 방법으로 등록이나 갱신등록을 한 경우, 수수료의 요율 및 실비에 관한 기준을 지키지 아니한 경우(제23조 제3항), 성실의무(제25조)를 위반한 경우, 비밀엄수 규정을 위반한 경우(제26조), 명의대여 등의 금지(제27조)를 위반한 경우, 지도와 감독 등에 관한 사항을 위반한 경우(제47조), 감정평가사의 직무와 관련하여 금고 이상의 형을 선고받아(집행유예를 선고받은 경우를 포함한다) 그 형이 확정된 경우. 또한, 감정평가사법에 따라 업무정지 1년 이상의 징계처분을 2회 이상 받은 후 다시 징계사유가 있는 사람으로서 감정평가사의 직무를 수행하는 것이 현저히 부적당하다고 인정되는 경우를 규정하고 있다.

2. 징계의 종류

감정평가사에 대한 징계는 국토교통부장관이 감정평가사징계위원회의 의결에 따라 ① 자격의 취소, ② 등록의 취소, ③ 2년 이하의 업무정지, ④ 견책의 징계를 할 수 있다 (제39조 제2항).

자격의 취소는 ① 감정평가사의 직무와 관련하여 금고 이상의 형을 선고받아(집행유예를 선고받은 경우를 포함한다) 그 형이 확정된 경우와 ② 감정평가사법에 따라 업무정지 1년 이상의 징계처분을 2회 이상 받은 후 다시 징계사유가 있는 사람으로서 감정평가사의 직무를 수행하는 것이 현저히 부적당하다고 인정되는 경우 및 명의대여 등의 금지(제27조)를 위반한 경우에만 할 수 있다.

Ⅲ. 징계위원회

1. 의의 및 근거

징계위원회는 감정평가사의 징계에 관한 사항을 의결하는 기관으로 감정평가사법 제 39조 및 감정평가사법 시행령 제37조를 근거로 한다.

2. 법적 성격

징계위원회는 위원장을 포함한 다수의 인원으로 구성되어 있으므로 합의제 행정기관의 성격을 갖고, 감정평가사의 징계와 관련하여 반드시 설치해야 하는 필수기관이다. 또한 징계내용에 관한 의결권을 가진 의결기관이다.

3. 징계위원회의 내용

(1) 설치 및 구성

징계위원회는 국토교통부에 설치한다(시행령 제37조 제 1 항). 징계위원회는 위원장 1명 및 부위원장 1명을 포함한 13명의 위원으로 구성하며, 성별을 고려하여야 한다.

위원장은 국토교통부장관이 위촉하거나 지명한다(시행령 제37조 제 2 항).

위원장은 징계위원회의 업무를 총괄하고 징계위원회를 대표하며(시행령 제40조 제 1 항), 징계위원회의 회의를 소집하고 그 의장이 된다(시행령 제40조 제 2 항). 위원장이 부득이한 사유로 그 직무를 수행할 수 없을 때에는 부위원장이 그 직무를 대행하며, 위원장 및 부위원장이 모두 부득이한 사유로 그 직무를 수행할 수 없는 때에는 위원장이 지명하는 위원이 그 직무를 대행한다. 다만, 불가피한 사유의 발생으로 인하여 위원장이 그 직무를 대행할 위원을 지명하지 못할 경우에는 국토교통부장관이 지명하는 위원이 그 직무를 대행한다(시행령 제40조 제 3 항).

징계의결 요구 내용을 검토하기 위해 위원회에 소위원회를 둘 수 있다(시행령 제40조의2 제 1 항). 소위원회의 설치·운영에 필요한 사항은 위원회의 의결을 거쳐 위원회의 위원장이 정한다(시행령 제40조의2 제 2 항).

(2) 위원의 임기 및 제척, 기피

위원의 임기는 2년으로 하되 한 차례만 연임할 수 있다(시행령 제37조 제 4 항).

위원 또는 그 배우자나 배우자였던 사람이 해당 안건의 당사자가 되거나 그 안건의 당사자와 공동권리자 또는 공동의무자인 경우, 위원이 해당 안건의 당사자와 친족이거나 친족이었던 경우, 위원이 해당 안건에 대하여 증언, 진술, 자문, 연구, 용역 또는 감정을 한 경우, 위원이나 위원이 속한 법인·단체 등이 해당 안건의 당사자의 대리인이거나 대리인이었던 경우, 위원이 해당 안건의 당사자와 같은 감정평가법인 또는 감정평가사사무소에 소속된 경우에는 위원회의 심의·의결에서 제척(除斥)된다(시행령 제38조 제 1 항). 위원이 상기 제척 사유에 해당하는 경우에는 스스로 해당 안건의 심의·의결에서 회피(回避)하여야 한다(시행령 제38조 제 3 항).

해당 안건의 당사자는 위원에게 공정한 심의·의결을 기대하기 어려운 사정이 있는 경우에는 위원회에 기피 신청을 할 수 있고, 위원회는 의결로 기피 여부를 결정한다. 이 경우 기피 신청의 대상인 위원은 그 의결에 참여할 수 없다(시행령 제38조 제 2 항).

Ⅳ. 징계의 절차

1. 징계의결 요구

국토교통부장관은 감정평가사에게 징계사유가 있다고 인정하는 경우에는 증명서류를 갖추어 감정평가관리·징계위원회에 징계의결을 요구하여야 한다(시행령 제34조 제 1 항).

위원회는 징계의결의 요구를 받으면 지체 없이 징계요구 내용과 징계심의기일을 해당 감정평가사에게 통지하여야 한다(시행령 제34조 제 2 항).

징계의결의 요구는 위반사유가 발생한 날부터 5년이 지난 때에는 할 수 없다(제39조 제 7 항).

2. 의   결

위원회는 징계의결을 요구받은 날부터 60일 이내에 징계에 관한 의결을 하여야 한다. 다만, 부득이한 사유가 있을 때에는 위원회의 의결로 30일의 범위에서 그 기간을 한 차례만 연장할 수 있다(시행령 제35조).

이 경우 당사자는 징계위원회에 출석하여 구술 또는 서면으로 자기에게 유리한 사실을 진술하거나 필요한 증거를 제출할 수 있다(시행령 제41조).

징계위원회의 회의는 재적위원 과반수의 출석으로 개의하고 출석위원 과반수의 찬성으로 의결한다(시행령 제42조).

3. 징계사실의 통보

국토교통부장관은 위원회의 의결에 따라 징계를 하였을 때에는 지체 없이 징계사실을 당사자와 협회에 각각 서면으로 통보하여야 한다. 이 경우 통보 서면에는 징계사유를 명시하여야 한다(시행령 제36조).

4. 징계의 공고 [2023 감평]

국토교통부장관은 감정평가사에 대한 징계를 한 때에는 지체 없이 그 구체적인 사유를 해당 감정평가사, 감정평가법인등 및 협회에 각각 알리고, 그 내용을 대통령령으로 정하는 바에 따라 관보 또는 인터넷 홈페이지 등에 게시 또는 공고하여야 한다(제39조의2 제 1 항).

협회는 통보받은 내용을 협회가 운영하는 인터넷홈페이지에 3개월 이상 게재하는 방법으로 공개하여야 한다(제39조의2 제 2 항).

협회는 감정평가를 의뢰하려는 자가 해당 감정평가사에 대한 징계 사실을 확인하기 위하여 징계 정보의 열람을 신청하는 경우에는 그 정보를 제공하여야 한다(제39조의2 제 3 항).

V. 징계의결의 하자

1. 의결에 반하는 처분

징계위원회는 의결기관이므로 징계위원회의 의결은 국토교통부장관을 구속한다. 따라서 징계위원회의 의결에 반하는 처분은 무효이다.

2. 의결을 거치지 않은 처분

국토교통부장관은 징계위원회의 의결에 구속되므로 징계위원회의 의결을 거치지 않고 처분을 한다면 권한 없는 징계처분이 되므로 무효이다.

VI. 징계에 대한 권리구제

국토교통부장관의 징계로 인하여 감정평가사의 권리와 의무에 영향을 받는다면, 이는 행정쟁송법상 처분에 해당되어 행정쟁송을 통한 구제를 도모할 수 있을 것이다. 다만, 견책의 경우에는 견책만으로 구체적인 법률관계의 변동을 가져오는 경우가 적다 할 것이다. 또한 위법한 징계처분으로 인하여 재산상의 손해가 발생한 경우에는 국가배상청구도 가능하다고 할 것이다.

VII. 징계위원회제도의 개선안

징계위원회제도는 대외적으로 공정성 확보에 기여한다. 징계위원회가 사실관계를 명확히 파악하여 공정하고 객관적인 징계를 하기 위해서는 별도의 "조사위원회"를 신설하여 개별적·구체적인 사실관계를 확정할 필요가 있다. 따라서 조사위원회를 설치하여 내부적인 감사를 진행하는 것이 보다 공정성과 신뢰성을 확보할 수 있을 것이다.

제 4 절 감정평가법인등

"감정평가법인등"이라 함은 사무소개설을 한 감정평가사와(제21조) 감정평가법인설립인가를 받은 감정평가법인을 말한다(제29조).

제 1 항   감정평가사사무소

I. 감정평가사사무소 [2023 감평]

1. 감정평가사사무소 개설

등록을 한 감정평가사가 감정평가업을 하려는 경우에는 감정평가사사무소의 개설을 하여야 한다(제21조 제 1 항).

2. 사무소 개설요건

등록거부사유(제18조 제 1 항)에 해당하지 않을 것(제21조 제 2 항 제 1 호), 설립인가가 취소되거나 업무가 정지된 감정평가법인의 설립인가가 취소된 후 1년이 지나지 아니하였거나 업무정지기간이 지나지 아니한 경우 그 감정평가법인의 사원 또는 이사이었던 자(제21조 제 2 항 제 2 호)가 아닐 것, 업무가 정지된 감정평가사로서 업무정지기간이 지나지 아니한 자(제21조 제 2 항 제 3 호)일 것을 요건으로 한다.

3. 감정평가사사무소의 명칭

사무소개설을 한 감정평가사는 그 사무소의 명칭에 '감정평가사사무소'라는 용어를 사용하여야 한다(제22조 제 1 항 전단). 감정평가사가 아닌 자는 '감정평가사사무소' 또는 이와 유사한 명칭을 사용할 수 없다(제22조 제 2 항). 이를 위반하자는 300만원 이하의 과태료에 처하게 된다(제52조 제 3 항 제 2 호).

II. 감정평가사합동사무소

감정평가사는 그 업무를 효율적으로 수행하고 공신력을 높이기 위하여 필요한 경우에는 대통령령으로 정하는 수 이상의 감정평가사로 구성된 합동사무소를 설치할 수 있다(제21조 제 3 항).

감정평가사 합동사무소를 개설하고자 하는 자는 개설신고서에 규약을 첨부하여 국토교통부장관에게 제출하여야 한다(시행령 제21조 제 1 항).

합동사무소에 두는 감정평가사의 수는 2명 이상으로 한다(시행령 제21조 제 2 항).

합동사무소의 규약에는 사무소의 명칭 및 소재지, 조직 및 운영에 관한 사항, 구성원의 가입 및 탈퇴에 관한 사항 등이 포함되어야 한다(시행규칙 제18조).

Ⅲ. 사무소의 중복개설 금지 및 소속평가사 등

감정평가사는 감정평가업을 영위하기 위하여 1개의 사무소만을 설치할 수 있다(제21조 제 4 항). 따라서 2개 이상의 사무소를 개설할 수 없다. 또한 감정평가사는 신속하고 효율적인 업무수행을 위하여 감정평가사사무소에는 소속감정평가사를 둘 수 있다. 이 경우 소속감정평가사는 등록거부사유에 해당하는 자가 아니어야 하며, 감정평가사사무소를 개설한 감정평가사는 소속감정평가사가 아닌 자로 하여금 감정평가업무(제21조 제 5 항)를 하게 하여서는 아니 된다.

1. 소속 감정평가사 신고(변경신고)

(1) 소속 감정평가사 신고(변경신고)의 법적 성질

감정평가사사무소에는 소속 감정평가사를 둘 수 있다. 이 경우 소속 감정평가사는 제18조 제 1 항 각 호의 어느 하나에 해당하는 사람이 아니어야 하며, 감정평가사사무소의 개설을 한 감정평가사는 소속 감정평가사가 아닌 사람에게 제10조에 따른 업무를 하게 하여서는 아니 된다(감정평가사법 제21조 제 5 항).

소속평가사를 두는 경우에는 국토교통부장관에게 신고해야 한다.

소속 감정평가사 신고(변경신고)는 신고서와 자격등록증 및 징계유무 확인서를 제출하고 국토교통부는 제출된 서류를 확인하여(형식적 심사) 결과를 통지하므로 자기완결적 신고로 볼 수 있다. 또한, 감정평가사법 제21조 제 5 항에서는 소속평가사가 아닌 자로 하여금 감정평가업무를 하게 하여서는 안 된다고 규정하고 있으므로 소속평가사 신고(변경신고)는 금지해제적 신고로 볼 것이다.

소속감정평가사가 아닌 자로 하여금 감정평가업무를 하게 하는 경우에는 1년 이하의 징역 또는 1천만 원 이하의 벌금에 처할 수 있으며(제50조 제 2 호) 업무정지 등의 징계처분도 할 수 있다(제39조).

(2) 수리거부의 법적 성질

소속감정평가사 신고(변경신고)의무 위반시에는 벌칙 및 업무정지 등의 징계규정이 적용될 수 있다.

신고요건을 모두 갖추고 소속감정평가사 신고를 하고 감정평가업무를 수행하게 하였으나 행정청이 이를 반려하고 소속평가사가 아닌 자에게 감정평가업무를 하게 하였음을 이유로 벌칙 및 업무정지 등의 징계처분할 수 있으므로 이러한 불이익한 처분을 사전에 예방할 현실적인 필요성이 인정되어 수리거부에 대한 거부처분 취소소송도 제기할 수 있다고 보아야 할 것이다.

2. 사무직원 고용 신고

감정평가법인등은 그 직무의 수행을 보조하기 위하여 사무직원을 둘 수 있다. 감정평가법인등은 사무직원을 고용하거나 고용관계가 종료된 때에는 사무직원 고용 신고서에 사무직원의 고용일(고용관계 종료일) 및 인적사항을 기재하여 국토교통부장관에게 신고하고 국토교통부장관은 제출된 서류를 확인하여(형식적 심사) 처리결과를 통보하여야 한다.

사무직원 고용 신고는 자기완결적 신고의 성질을 갖으며 신고의무 위반시 과태료 부과대상이 된다.

제 2 항 감정평가법인

I. 감정평가법인의 설립 및 감정평가법인의 현황

1. 법인의 설립

감정평가사는 감정평가업무를 조직적으로 수행하기 위하여 감정평가법인을 설립할 수 있으며(제29조 제 1 항) '감정평가법인'이라는 용어를 사용하여야 한다(제22조 제 1 항 후단). 법인이 아닌 자는 '감정평가법인' 또는 이와 유사한 명칭을 사용할 수 없다(제22조 제 2 항 후단). 이를 위반한 자는 300만 원 이하의 과태료에 처하게 된다(제52조 제 3 항 제 2 호).

2. 법인의 구성

감정평가법인은 전체 사원 또는 이사의 100분의 70이 넘는 범위에서 대통령령으로 정하는 비율 이상(90/100)을 감정평가사로 두어야 한다. 이 경우 감정평가사가 아닌 사원 또는 이사는 토지등에 대한 전문성 등 대통령령으로 정하는 자격을 갖춘 자로서 제18조 제 1 항 제 1 호 또는 제 5 호에 해당하는 사람이 아니어야 한다(제29조 제 2 항).

감정평가법인의 대표사원 또는 대표이사는 감정평가사여야 한다(제29조 제 3 항).

감정평가법인에는 5인 이상의 감정평가사를 두어야 하며(시행령 제24조 제 1 항), 감정평가법인의 주사무소 및 분사무소에 주재하는 최소 감정평가사의 수는 주사무소 2명, 분사무소 2명이다(시행령 제24조 제 2 항). 주사무소 및 분사무소에 주재하는 최소 감정평가사의 수에 미달하게 된 때에는 3개월 이내에 보충하여야 한다(제32조 제 1 항 제 7 호).

3. 감정평가법인등의 인원(기준일: 2025. 02. 06)[3]

구 분		정회원	준회원	휴직	미입회자 및 기타	자격자수
법 인	대형법인	2,614		7		3,907
	중소형법인	1,284		1	1	
감정평가사사무소		934		8	1	943
기 타		6	418		495	919
한국부동산원			160			160
합 계		4,838	578	16	497	5,929

(기준: 명)

Ⅱ. 감정평가법인 설립의 인가

1. 인가신청

감정평가법인을 설립하고자 할 때에는 사원이 될 자 또는 감정평가사인 발기인이 공동으로 ① 목적, ② 명칭, ③ 주사무소 및 분사무소의 소재지, ④ 사원(주식회사의 경우에는 발기인)의 성명, 주민등록번호 및 주소, ⑤ 사원의 출자(주식회사의 경우에는 주식의 발행)에 관한 사항, ⑥ 업무에 관한 사항을 기재한 정관을 작성하여 대통령령이 정하는 바에 의하여 국토교통부장관의 인가를 받아야 한다. 정관을 변경할 때에도 또한 같다. 다만, 대통령령이 정하는 경미한 사항의 변경은 신고할 수 있다(제29조 제 5 항).

2. 설립인가신청서의 제출

감정평가법인설립인가를 받으려는 자는 사원이 될 사람 또는 감정평가사인 발기인 전원이 서명·날인한 인가신청서에 ① 정관, ② 사원 및 소속감정평가사의 등록증 사본, ③ 사무실의 보유를 증명하는 서류, ④ 그 밖에 국토교통부령으로 정하는 서류를 첨부하여 국토교통부장관에게 제출하여야 한다(시행령 제25조 제 1 항).

3. 심사 및 확인

국토교통부장관은 감정평가법인의 설립인가를 할 때에는 감정평가법인의 사원 또는 이사가 감정평가사인지의 여부, 감정평가법인의 구성요건에의 적합 여부 및 정관의 내용이 법령의 규정에 적합한지 여부를 심사·확인하여야 한다(시행령 제25조 제 2 항).

---

3) 자료: 한국감정평가사협회.

4. 설립인가

국토교통부장관은 인가의 신청을 받은 날부터 20일 이내에 인가 여부를 신청인에게 통지하여야 하며(제29조 제 6 항) 기간 내에 인가 여부를 통지할 수 없을 때에는 그 기간이 끝나는 날의 다음 날부터 기산(起算)하여 20일의 범위에서 기간을 연장할 수 있다. 이 경우 국토교통부장관은 연장된 사실과 연장 사유를 신청인에게 지체 없이 문서(전자문서를 포함한다)로 통지하여야 한다(제29조 제 7 항).

국토교통부장관은 감정평가법인의 설립인가를 하였을 때에는 감정평가법인 설립인가부에 그 사실을 기재한 후 감정평가법인 설립인가서를 발급하여야 한다(시행규칙 제20조 제 2 항). 감정평가법인설립인가부는 전자적 처리가 불가능한 특별한 사유가 없으면 전자적 처리가 가능한 방법으로 작성·관리하여야 한다(시행규칙 제20조 제 3 항).

5. 법인의 등기

법인은 주된 사무소의 소재지에서 설립등기를 함으로써 성립하게 된다. 따라서 설립등기는 법인의 성립요건이며, 감정평가법인을 설립한 때에는 1개월 이내에 등기사실을 국토교통부장관에게 통보하여야 한다. 이 경우 국토교통부장관은 행정정보의 공동이용(전자정부법 제36조 제 1 항)을 통하여 해당 법인의 등기사항증명서를 확인하여야 한다(시행령 제26조).

6. 사무직원 등

감정평가법인등은 그 직무의 수행을 보조하기 위하여 사무직원을 둘 수 있다. 감정평가법인등은 소속 감정평가사 또는 사무직원을 고용하거나 고용관계가 종료된 때에는 국토교통부령으로 정하는 바에 따라 국토교통부장관에게 신고하여야 한다.

제24조(사무직원) ① 감정평가법인등은 그 직무의 수행을 보조하기 위하여 사무직원을 둘 수 있다. 다만, 다음 각 호의 어느 하나에 해당하는 사람은 사무직원이 될 수 없다. <개정 2019. 8. 20., 2020. 4. 7.>
1. 미성년자 또는 피성년후견인·피한정후견인
2. 이 법 또는 「형법」 제129조부터 제132조까지, 「특정범죄 가중처벌 등에 관한 법률」 제 2 조 또는 제 3 조, 그 밖에 대통령령으로 정하는 법률에 따라 유죄 판결을 받은 사람으로서 다음 각 목의 어느 하나에 해당하는 사람
  가. 징역 이상의 형을 선고받고 그 집행이 끝나거나 그 집행을 받지 아니하기로 확정된 후 3년이 지나지 아니한 사람
  나. 징역형의 집행유예를 선고받고 그 유예기간이 지난 후 1년이 지나지 아니한 사람
  다. 징역형의 선고유예를 받고 그 유예기간 중에 있는 사람
3. 제13조에 따라 감정평가사 자격이 취소된 후 1년이 경과되지 아니한 사람. 다만, 제 4 호 또는 제 5 호에 해당하는 사람은 제외한다.
4. 제39조제 1 항제11호에 따라 자격이 취소된 후 5년이 경과되지 아니한 사람

5. 제39조제 1 항제12호에 따라 자격이 취소된 후 3년이 경과되지 아니한 사람
6. 제39조에 따라 업무가 정지된 감정평가사로서 그 업무정지 기간이 지나지 아니한 사람
② 감정평가법인등은 사무직원을 지도·감독할 책임이 있다.<개정 2020. 4. 7.>
③ 국토교통부장관은 사무직원이 제 1 항 제 1 호부터 제 6 호까지의 어느 하나에 해당하는지 여부를 확인하기 위하여 관계 기관에 관련 자료를 요청할 수 있다. 이 경우 관계 기관은 특별한 사정이 없으면 그 자료를 제공하여야 한다. <신설 2021. 7. 20., 2023. 5. 9.>

Ⅲ. 법인설립인가의 취소 등

1. 설립인가의 취소 및 업무정지의 대상

국토교통부장관은 감정평가법인등이 감정평가사법 제32조 제 1 항에 해당하는 경우에는 그 설립인가를 취소하거나(제29조에 따른 감정평가법인에 한함) 2년 이내의 범위에서 기간을 정하여 업무정지를 명할 수 있다. 다만, 감정평가사법 제32조 제 1 항 제 2 호 및 제 7 호의 경우에는 설립인가를 취소하여야 한다(제32조 제 1 항).

감정평가사법 제32조(인가취소 등) ① 국토교통부장관은 감정평가법인등이 다음 각 호의 어느 하나에 해당하는 경우에는 그 설립인가를 취소(제29조에 따른 감정평가법인에 한정한다)하거나 2년 이내의 범위에서 기간을 정하여 업무의 정지를 명할 수 있다. 다만, 제 2 호 또는 제 7 호에 해당하는 경우에는 그 설립인가를 취소하여야 한다. <개정 2018. 3. 20., 2019. 8. 20., 2020. 4. 7., 2021. 7. 20.>
1. 감정평가법인이 설립인가의 취소를 신청한 경우
2. 감정평가법인등이 업무정지처분 기간 중에 제10조에 따른 업무를 한 경우
3. 감정평가법인등이 업무정지처분을 받은 소속 감정평가사에게 업무정지처분 기간 중에 제10조에 따른 업무를 하게 한 경우
4. 제 3 조 제 1 항을 위반하여 감정평가를 한 경우
5. 제 3 조 제 3 항에 따른 원칙과 기준을 위반하여 감정평가를 한 경우
6. 제 6 조에 따른 감정평가서의 작성·발급 등에 관한 사항을 위반한 경우
7. 감정평가법인등이 제21조 제 3 항이나 제29조 제 4 항에 따른 감정평가사의 수에 미달한 날부터 3개월 이내에 감정평가사를 보충하지 아니한 경우
8. 제21조 제 4 항을 위반하여 둘 이상의 감정평가사사무소를 설치한 경우
9. 제21조 제 5 항이나 제29조 제 9 항을 위반하여 해당 감정평가사 외의 사람에게 제10조에 따른 업무를 하게 한 경우
10. 제23조 제 3 항을 위반하여 수수료의 요율 및 실비에 관한 기준을 지키지 아니한 경우
11. 제25조, 제26조 또는 제27조를 위반한 경우. 다만, 소속 감정평가사나 그 사무직원이 제25조 제 4 항을 위반한 경우로서 그 위반행위를 방지하기 위하여 해당 업무에 관하여 상당한 주의와 감독을 게을리하지 아니한 경우는 제외한다.
12. 제28조 제 2 항을 위반하여 보험 또는 한국감정평가사협회가 운영하는 공제사업에 가입하지 아니한 경우
13. 정관을 거짓으로 작성하는 등 부정한 방법으로 제29조에 따른 인가를 받은 경우
14. 제29조 제10항에 따른 회계처리를 하지 아니하거나 같은 조 제11항에 따른 재무제표를 작성하여 제출하지 아니한 경우
15. 제31조 제 2 항에 따라 기간 내에 미달한 금액을 보전하거나 증자하지 아니한 경우
16. 제47조에 따른 지도와 감독 등에 관하여 다음 각 목의 어느 하나에 해당하는 경우

가. 업무에 관한 사항의 보고 또는 자료의 제출을 하지 아니하거나 거짓으로 보고 또는 제출한 경우

나. 장부나 서류 등의 검사를 거부, 방해 또는 기피한 경우

17. 제29조 제 5 항 각 호의 사항을 인가받은 정관에 따라 운영하지 아니하는 경우

② 제33조에 따른 한국감정평가사협회는 감정평가법인등에 제 1 항 각 호의 어느 하나에 해당하는 사유가 있다고 인정하는 경우에는 그 증거서류를 첨부하여 국토교통부장관에게 그 설립인가를 취소하거나 업무정지처분을 하여 줄 것을 요청할 수 있다. <개정 2020. 4. 7.>

③ 국토교통부장관은 제 1 항에 따라 설립인가를 취소하거나 업무정지를 한 경우에는 그 사실을 관보에 공고하고, 정보통신망 등을 이용하여 일반인에게 알려야 한다.

④ 제 1 항에 따른 설립인가의 취소 및 업무정지처분은 위반 사유가 발생한 날부터 5년이 지나면 할 수 없다.

⑤ 제 1 항에 따른 설립인가의 취소와 업무정지에 관한 기준은 대통령령으로 정하고, 제 3 항에 따른 공고의 방법, 내용 및 그 밖에 필요한 사항은 국토교통부령으로 정한다.

2. 인가취소 등의 기준

설립인가의 취소와 업무정지에 관한 기준은 대통령령으로 정한다(감정평가사법 제32조 제 5 항).

감정평가사법 시행령 제29조에서는 감정평가법인등의 설립인가 취소와 업무정지에 관한 기준을 [별표 3]으로 규정하고 있다.

3. 인가취소 등의 절차

(1) 청　　문

국토교통부장관이 감정평가법인의 설립인가를 취소하는 처분을 하고자 하는 경우에는 반드시 청문을 실시하여야 한다(제45조 제 2 호). 그러나, 업무정지의 경우에는 반드시 하여야 한다는 감정평가사법상의 규정이 없으므로 원칙적으로 청문실시의 대상이 아니다. 단, 국토교통부장관이 필요하다고 인정하는 때에는 청문을 실시할 수 있다(행정절차법 제22조 제 1 항). 청문을 실시하지 않는 자에 대하여는 의견제출의 기회를 주어야 한다(행정절차법 제22조 제 3 항).

(2) 인가취소 등의 공고

국토교통부장관은 설립인가를 취소하거나 업무정지를 한 경우 그 사실을 관보에 공고하고, 정보통신망 등을 이용하여 일반인에게 알려야 한다(제32조 제 3 항).

공고의 방법, 공고의 내용, 그 밖에 필요한 사항은 국토교통부령으로 정한다(제32조 제 5 항).

국토교통부장관은 설립인가를 취소하거나 업무정지를 한 경우 그 사실을 공고하려는 때에는 ① 감정평가법인등의 명칭, ② 처분내용, ③ 처분사유를 관보에 공고하고, 국토교통부 인터넷 홈페이지에 게재하는 방법으로 한다(시행규칙 제23조).

Ⅳ. 감정평가법인의 합병 및 해산

1. 감정평가법인의 합병

감정평가법인은 사원 전원의 동의 또는 주주총회의 의결이 있는 때에는 국토교통부 장관의 인가를 받아 다른 감정평가법인과 합병할 수 있다(감정평가사법 제29조 제 8 항).

감정평가법인의 정관변경 또는 합병에 대한 인가를 받으려는 자는 사원 또는 이사 전 원이 기명날인한 인가신청서에 ① 이유서, ② 정관변경 또는 합병에 관한 사원총회 또는 주주총회의 의사록 사본, ③ 신·구 정관의 서류를 첨부하여 국토교통부장관에게 제출하여 야 한다(시행령 제27조).

2. 감정평가법인의 해산

감정평가법인이 해산한 때에는 국토교통부령이 정하는 바에 의하여 이를 국토교통부 장관에게 신고하여야 한다(제30조 제 2 항).

해산의 신고를 하려는 자는 해산일로부터 14일 이내에 감정평가법인해산신고서에 이 유서, 해산에 관한 사원총회 또는 주주총회 의사록 사본을 첨부하여 국토교통부장관에게 제출하여야 한다(시행규칙 제22조).

제 3 항   감정평가법인등의 업무

Ⅰ. 감정평가의 의뢰

국가·지방자치단체,『공공기관의 운영에 관한 법률』에 따른 공공기관 그 밖에 대통 령령이 정하는 공공단체가 공공용지의 매수 및 토지의 수용·사용에 대한 보상, 국유지· 공유지의 취득 또는 처분, 그 밖에 대통령령으로 정하는 지가를 산정할 때에는 감정평가 법인등에 감정평가를 의뢰하여 산정할 수 있다(제10조). 이 경우의 감정평가는 국고관계를 제외하고는 일반적으로 공법관계로 볼 수 있다.

금융기관·보험회사·신탁회사가 대출 또는 자산의 매입·매각·관리 또는 재평가 등과 관련하여 토지 등의 감정평가를 의뢰할 수 있다(제10조).

Ⅱ. 감정평가법인등의 업무

1. 감정평가법인등의 업무

(1) 감정평가업무

'감정평가업'이란 타인의 의뢰에 따라 일정한 보수를 받고 토지등의 감정평가를 업으로 행하는 것을 말한다(제 2 조 제 3 호). 감정평가사법 제10조에서는 감정평가법인등의 업무를 규정하고 있다.

감정평가사법 제10조(감정평가법인등의 업무) 감정평가법인등은 다음 각 호의 업무를 행한다.
<개정 2020. 4. 7.>
1. 「부동산 가격공시에 관한 법률」에 따라 감정평가법인등이 수행하는 업무
2. 「부동산 가격공시에 관한 법률」 제 8 조 제 2 호에 따른 목적을 위한 토지등의 감정평가
3. 「자산재평가법」에 따른 토지등의 감정평가
4. 법원에 계속 중인 소송 또는 경매를 위한 토지등의 감정평가
5. 금융기관·보험회사·신탁회사 등 타인의 의뢰에 따른 토지등의 감정평가
6. 감정평가와 관련된 상담 및 자문
7. 토지등의 이용 및 개발 등에 대한 조언이나 정보 등의 제공
8. 다른 법령에 따라 감정평가법인등이 할 수 있는 토지등의 감정평가
9. 제 1 호부터 제 8 호까지의 업무에 부수되는 업무

---

(2) 감정평가 외의 업무

1) 개별공시지가의 검증

감정평가법인등이 시·군·구청장이 산정한 개별공시지가의 타당성에 대하여 전문가적 입장에서 검토하는 것으로 부동산 가격공시법 제10조 제 6 항에 근거한다. 이는 개별공시지가 산정의 전문성을 보완하고 개별공시지가의 신뢰성과 객관성을 확보함에 취지가 있다.

검증 자체로는 법률효과 발생이 없어, 산정의 적정성을 단순확인하고 의견을 제시하는 사실행위이다.

2) 감정평가와 관련한 상담 및 자문(제10조 제 6 호)

감정평가사는 담보, 과세기준 등 감정평가와 관련된 업무를 수행하기에 앞서서, 감정평가의 결과가 상이해짐에 따라 달라질 수 있는 결과 등에 대해서 상담이나 자문을 제공할 수 있다.

3) 토지 등의 이용 및 개발 등에 대한 조언이나 정보 등의 제공(제10조 제 7 호)

① 정보제공 등의 목적, ② 정보제공 등의 업무범위, ③ 대상물건 및 자료수집의 범위 ④ 정보제공 등의 의뢰조건 및 시점을 고려하여 토지 등의 이용 및 개발 등에 대한 조언이나 정보를 제공한다. 이 경우, 정보제공 등과 관련한 모든 분석은 합리적이어야 하며 객관적인 자료에 근거하여야 한다.

4) 위탁업무

감정평가 타당성조사 및 감정평가서에 대한 표본조사와 관련하여 대통령령으로 정하는 업무, 감정평가사시험의 관리, 그 밖에 대통령령으로 정하는 업무[4]에 관한 업무를 「한국부동산원법」에 따른 한국부동산원, 「한국산업인력공단법」에 따른 한국산업인력공단 또는 협회에 위탁할 수 있고 감정평가사 등록 및 등록 갱신, 소속 감정평가사 또는 사무직원의 신고에 관한 업무를 협회에 위탁할 수 있다(제46조 제 1 항).

2. 감정평가법인등의 업무범위 [2020 감평]

부동산가격공시법 제 3 조 제 5 항 및 동법 시행령 제 7 조 제 1 항에서는 표준지의 적정가격의 조사·평가업무를 위한 감정평가법인등의 선정 기준에 대해서 규정하고 있다. 따라서 이를 제외하고는 감정평가법인등의 업무범위는 동일하다.

제 7 조(표준지공시지가 조사·평가의 의뢰) ① 국토교통부장관은 법 제 3 조 제 5 항에 따라 다음 각 호의 요건을 모두 갖춘 감정평가법인등 중에서 표준지공시지가 조사·평가를 의뢰할 자를 선정해야 한다. <개정 2020. 6. 2., 2020. 10. 8.>
  1. 표준지공시지가 조사·평가 의뢰일부터 30일 이전이 되는 날(이하 "선정기준일"이라 한다)을 기준으로 하여 직전 1년간의 업무실적이 표준지 적정가격 조사·평가업무를 수행하기에 적정한 수준일 것
  2. 회계감사절차 또는 감정평가서의 심사체계가 적정할 것
  3. 「감정평가 및 감정평가사에 관한 법률」에 따른 업무정지처분, 과태료 또는 소속 감정평가사에 대한 징계처분 등이 다음 각 목의 기준 어느 하나에도 해당하지 아니할 것
    가. 선정기준일부터 직전 2년간 업무정지처분을 3회 이상 받은 경우
    나. 선정기준일부터 직전 1년간 과태료처분을 3회 이상 받은 경우
    다. 선정기준일부터 직전 1년간 징계를 받은 소속 감정평가사의 비율이 선정기준일 현재 소속 전체 감정평가사의 10퍼센트 이상인 경우
    라. 선정기준일 현재 업무정지기간이 만료된 날부터 1년이 지나지 아니한 경우
② 제 1 항 각 호의 요건에 관한 세부기준은 국토교통부장관이 정하여 고시한다.
③ 국토교통부장관은 제 1 항에 따라 선정한 감정평가법인등별로 조사·평가물량을 배정할 때에는 선

---

4) 시행령 제47조(업무의 위탁) ① 국토교통부장관은 법 제46조 제 1 항에 따라 다음 각 호의 업무를 한국부동산원에 위탁한다.   <개정 2020. 12. 8.>
  1. 법 제 9 조에 따른 감정평가 정보체계의 구축·운영
  2. 제 8 조 제 1 항에 따른 타당성조사를 위한 기초자료 수집 및 감정평가 내용 분석
  3. 제49조에 따른 표본조사
② 국토교통부장관은 법 제46조 제 1 항에 따라 다음 각 호의 업무를 협회에 위탁한다.   <개정 2020. 2. 18.>
  1. 법 제 6 조 제 3 항 및 이 영 제 6 조에 따른 감정평가서의 원본과 관련 서류의 접수 및 보관
  2. 법 제17조에 따른 감정평가사의 등록 신청과 갱신등록 신청의 접수 및 이 영 제18조에 따른 갱신등록의 사전통지
  3. 법 제21조 및 이 영 제20조에 따른 감정평가사사무소의 개설신고, 변경신고, 휴업신고 또는 폐업신고의 접수
  3의2. 법 제21조의2에 따른 소속 감정평가사 또는 사무직원의 고용 및 고용관계 종료 신고의 접수
  4. 제23조 제 2 항에 따른 보증보험 가입 통보의 접수
③ 국토교통부장관은 법 제46조 제 1 항에 따라 법 제14조에 따른 감정평가사시험의 관리 업무를 「한국산업인력공단법」에 따른 한국산업인력공단에 위탁한다.

정된 전체 감정평가법인등 소속 감정평가사(조사·평가에 참여할 수 있는 감정평가사를 말한다) 중 개별 감정평가법인등 소속 감정평가사(조사·평가에 참여할 수 있는 감정평가사를 말한다)가 차지하는 비율을 기준으로 비례적으로 배정해야 한다. 다만, 감정평가법인등의 신인도, 종전 표준지공시지가 조사·평가에서의 성실도 및 소속 감정평가사의 징계 여부에 따라 배정물량을 조정할 수 있다. <개정 2020. 10. 8.>
④ 법 제 3 조 제 5 항 단서에서 "지가 변동이 작은 경우 등 대통령령으로 정하는 기준에 해당하는 표준지"란 다음 각 호의 요건을 모두 갖춘 지역의 표준지를 말한다.
1. 최근 1년간 읍·면·동별 지가변동률이 전국 평균 지가변동률 이하인 지역
2. 개발사업이 시행되거나 「국토의 계획 및 이용에 관한 법률」 제 2 조 제15호에 따른 용도지역(이하 "용도지역"이라 한다) 또는 같은 조 제16호에 따른 용도지구(이하 "용도지구"라 한다)가 변경되는 등의 사유가 없는 지역
⑤ 제 1 항부터 제 4 항까지에서 규정한 사항 외에 감정평가법인등 선정 및 표준지 적정가격 조사·평가 물량 배정 등에 필요한 세부기준은 국토교통부장관이 정하여 고시한다.

3. 겸업제한

감정평가법인등은 토지등의 매매업을 직접 하여서는 아니 된다(제25조 제 3 항). 이는 감정평가법인등이 토지등의 매매업을 겸업으로 할 수 없도록 하는 겸업제한을 규정하는 것이다.

종래 감정평가업과 부동산중개업은 각각 고유영역으로 구분하여 업무를 수행하도록 하고 있었다. 이는 공공성과 전문성이 강한 업무를 수행하는 전문자격자가 개업을 통해 고유업무를 독점적으로 수행할 수 있도록 법률로 보호하기 위해서였다. 그러나, 규제개혁에 따라 이와 같은 겸업제한의 규제는 향후 종합부동산서비스를 저해하는 것이라는 지적에 따라 폐지되었다. 이에 따라 겸업제한은 중개업과 그 대리업이 제외되고 토지 등의 매매업만 남게 되었다(류해웅, 871면).

III. 감정평가보고서의 교부 및 보존

1. 감정평가보고서의 교부

감정평가법인등이 감정평가를 의뢰받은 때에는 지체 없이 감정평가를 실시한 후 국토교통부령이 정하는 바에 따라 감정평가 의뢰인에게 감정평가서를 발급하여야 한다(전자문서로 된 감정평가서 포함)(제 6 조 제 1 항).

감정평가서에는 감정평가법인등의 사무소 또는 법인의 명칭을 적고, 감정평가를 한 감정평가사가 그 자격을 표시한 후 서명과 날인을 하여야 한다. 이 경우 감정평가법인의 경우에는 그 대표사원 또는 대표이사도 서명이나 날인을 하여야 한다(제 6 조 제 2 항).

감정평가법인은 감정평가서를 의뢰인에게 발급하기 전에 감정평가를 한 소속 감정평가사가 작성한 감정평가서의 적정성을 같은 법인 소속의 다른 감정평가사에게 심사하게

하고, 그 적정성을 심사한 감정평가사로 하여금 감정평가서에 그 심사사실을 표시하고 서명과 날인을 하게 하여야 한다(제 7 조 제 1 항).

감정평가서의 적정성 심사는 감정평가에 관한 규칙의 준수 여부를 그 내용으로 한다(시행령 제 7 조 제 1 항). 감정평가서를 심사하는 감정평가사는 작성된 감정평가서의 수정·보완이 필요하다고 판단하는 경우에는 해당 감정평가서를 작성한 감정평가사에게 수정·보완 의견을 제시하고, 해당 감정평가서의 수정·보완을 확인한 후 감정평가서에 심사사실을 표시하고 서명과 날인을 하여야 한다(시행령 제 7 조 제 2 항).

2. 감정평가서의 보존

감정평가법인등은 감정평가서의 원본은 발급일로부터 5년, 그 관련 서류는 발급일로부터 2년의 기간 이상 보존(이동식 저장장치 등 전자적 기록매체에 수록하여 보존할 수 있다)하여야 하며, 해산하거나 폐업하는 경우에도 같다(제 6 조 제 3 항).

IV. 감정평가 수수료

감정평가법인등은 의뢰인으로부터 업무수행에 따른 수수료와 그에 필요한 실비를 받을 수 있다(제23조 제 1 항).

수수료의 요율 및 실비의 범위는 국토교통부장관이 감정평가관리·징계위원회의 심의를 거쳐 결정한다(제23조 제 2 항).

감정평가법인등과 의뢰인은 제 2 항에 따른 수수료의 요율 및 실비에 관한 기준을 준수하여야 한다(제23조 제 3 항).

제 4 항 감정평가법인등의 법률관계(권리의무 및 책임) [2007, 1991 감평 약술]

법적 지위란 법률관계에서 주체 또는 객체로서 갖는 권리와 의무로 나타낸다. 감정평가법인은 부동산의 감정평가와 관련하여 권리의무·책임의 주체 또는 객체가 된다고 할 것이다. 부동산 감정평가는 사회성·공공성이 크므로 전문성을 요한다 할 것이므로, 감정평가사법은 일정한 자격과 요건을 갖춘 감정평가법인등만이 감정평가를 할 수 있도록 규정하고 있고, 그에 따른 의무와 책임을 규정하고 있다.

I. 감정평가법인등의 권리

1. 감정평가권(제 4 조)

(1) 의 의

감정평가권이란 토지 등의 경제적 가치를 감정평가할 수 있는 권한을 말한다.

감정평가는 전문적 지식을 요하는 일로서 감정평가사법에서는 일정 요건을 갖추어 자격등록을 하고 설립인가 및 사무소개설을 한 감정평가법인등에게만 토지 등의 평가권을 부여하고 있다.

(2) 공법관계

토지 등의 감정평가주체는 감정평가법인등이 아니라 감정평가사이며, 토지 등을 감정평가함에 있어서 감정평가사는 의뢰자와 어떤 타협이나 동의를 요하는 대등관계가 아니라 법률의 규정에 의하여 일반적·우월적 지위에서 정상가격을 결정하게 된다. 감정평가사의 이러한 결정은 타인의 사무를 대리, 대행 또는 대서하는 성질이 아니라 독자적·선언적 판단작용이며, 감정평가의 특성상 의뢰자에 대해 사실상의 구속력이 잠재하여 있다는 점에서 공법관계라고 할 수 있다. 이러한 관계에서 감정평가사의 감정평가권을 공권이라고 한다.

(3) 법적 효과

감정평가사가 정상가격을 감정평가함으로써 오는 법적 효과는 자신에게 귀속되는 것이 아니라 의뢰자 국가나 사회에 귀속된다. 그리고 의뢰자는 후행 법률행위나 행정행위가 있기 전 위법·부당한 감정평가에 대하여는 감정평가사법 제 8 조, 동법 시행령 제 8 조의 규정에 의하여 타당성조사요구권을 가진다.

2. 타인토지출입권(부공법 제13조)

공무원 또는 감정평가법인등은 표준지공시지가의 조사·평가 또는 개별공시지가 검증업무를 위해 타인토지에 출입하여 조사할 할 수 있는 권한을 갖는다(부공법 제13조 제 1 항). 출입을 하고자 하는 자는 그 권한을 표시하는 증표와 허가증을 지니고 이를 관계인에게 내보여야 한다(부공법 제13조 제 4 항).

택지 또는 담장이나 울타리로 둘러싸인 타인의 토지에 출입하고자 할 때에는 시장·군수 또는 구청장의 허가(감정평가법인등에 한한다)를 받아 출입할 날의 3일 전에 그 점유자에게 일시와 장소를 통지하여야 한다. 다만, 점유자를 알 수 없거나 부득이한 사유가 있는 경우에는 그러하지 아니하다(부공법 제13조 제 2 항).

또한 일출 전·일몰 후에는 그 토지의 점유자의 승인 없이 택지 또는 담장이나 울타리로 둘러싸인 타인의 토지에 출입할 수 없다(제13조 제 3 항).

3. 명칭사용권(제22조)

감정평가법인등은 '감정평가사' 또는 '감정평가사사무소', '감정평가법인'이라는 명칭을 사용할 수 있다. 그리고 감정평가법인등이 아닌 자는 이와 유사한 명칭을 사용할 수 없으며 이에 위반한 경우 과태료가 부과된다.

4. 보수청구권(제23조)

감정평가법인등은 근로의 대가로 보수(의뢰물건의 일정율인 수수료와 사실확인, 출장 등에 소요되는 실비)를 청구할 수 있다. 의뢰물건의 특수성에 의해 가산금이 포함될 수 있으며 실비를 미리 요청할 수도 있다.

5. 청문권(제45조)

국토교통부장관은 감정평가사의 자격취소 및 감정평가법인등의 설립인가취소처분 등을 하고자 하는 경우에는 청문을 실시하여야 한다. 따라서 이에 근거하여 청문을 할 것을 요청할 수 있다.

6. 행정쟁송권

위법한 등록·설립인가취소에 대하여는 항고쟁송을 제기할 수 있고 위법한 등록·설립인가취소로 손해가 발생한 경우에는 손해배상을 청구할 수 있다.

Ⅱ. 감정평가법인등의 의무

1. 적정가격 평가의무(제1조)

감정평가사법은 감정평가 및 감정평가사에 관한 제도를 확립하여 공정한 감정평가를 도모함으로써 국민의 재산권을 보호하고 국가경제 발전에 기여함을 목적으로 한다.

2. 감정평가사 자격등록 및 갱신등록 의무(제17조)

감정평가사 자격이 있는 자는 감정평가업을 영위하기 위해서는 국토교통부장관에게 등록을 하여야 하며, 일정기간(5년)마다 갱신등록을 하여야 평가업을 영위할 수 있다.

3. 성실의무 등(제25조) [2021 감평 약술, 2024 감평 사례]

감정평가법인등은 감정평가업무를 행함에 있어 품위를 유지하여야 하고 신의와 성실로써 공정하게 감정평가를 하여야 하며, 고의 또는 중대한 과실로 잘못된 평가를 할 수 없는 등의 의무를 부담한다.

감정평가사법 제25조(성실의무 등)

① 감정평가법인등(감정평가법인 또는 감정평가사사무소의 소속 감정평가사를 포함한다. 이하 이 조에서 같다)은 제10조에 따른 업무를 하는 경우 품위를 유지하여야 하고, 신의와 성실로써 공정하게 하여야 하며, 고의 또는 중대한 과실로 업무를 잘못하여서는 아니 된다.   <개정 2020. 4. 7., 2021. 7. 20.>

② 감정평가법인등은 자기 또는 친족 소유, 그 밖에 불공정한 감정평가를 할 우려가 있다고 인정되는 토지등에 대해서는 이를 감정평가하여서는 아니 된다.   <개정 2020. 4. 7.>

③ 감정평가법인등은 토지등의 매매업을 직접 하여서는 아니 된다.   <개정 2020. 4. 7.>

④ 감정평가법인등이나 그 사무직원은 제23조에 따른 수수료와 실비 외에는 어떠한 명목으로도 그 업무와 관련된 대가를 받아서는 아니 되며, 감정평가 수주의 대가로 금품 또는 재산상의 이익을 제공하거나 제공하기로 약속하여서는 아니 된다.   <개정 2019. 8. 20., 2020. 4. 7.>

⑤ 감정평가사, 감정평가사가 아닌 사원 또는 이사 및 사무직원은 둘 이상의 감정평가법인(같은 법인의 주·분사무소를 포함한다) 또는 감정평가사사무소에 소속될 수 없으며, 소속된 감정평가법인 이외의 다른 감정평가법인의 주식을 소유할 수 없다.   <개정 2021. 7. 20.>

⑥ 감정평가법인등이나 사무직원은 제28조의2에서 정하는 유도 또는 요구에 따라서는 아니 된다.   <신설 2021. 7. 20.>

판례 1   감정평가사가 자신의 감정평가경력을 부당하게 인정받는 한편, 소속 법인으로 하여금 설립과 존속에 필요한 감정평가사의 인원수만 형식적으로 갖추게 하거나 법원으로부터 감정평가 물량을 추가로 배정받을 수 있는 자격을 얻게 할 목적으로 자신의 등록증을 사용한 경우, 부동산 가격공시 및 감정평가에 관한 법률 제37조 제2항이 금지하는 자격증 등의 부당행사에 해당하는지 여부(적극): 부동산 가격공시 및 감정평가에 관한 법률(이하 '법'이라 한다) 제37조 제2항에 의하면, 감정평가법인등(감정평가법인 소속 감정평가사를 포함한다)는 다른 사람에게 자격증·등록증 또는 인가증(이하 '자격증 등'이라 한다)을 양도 또는 대여하거나 이를 부당하게 행사해서는 안 된다. 여기에서 '자격증 등을 부당하게 행사'한다는 것은 감정평가사 자격증 등을 본래의 용도가 아닌 다른 용도로 행사하거나, 본래의 행사목적을 벗어나 감정평가법인등의 자격이나 업무범위에 관한 법의 규율을 피할 목적으로 이를 행사하는 경우도 포함한다. 따라서 감정평가사가 감정평가법인에 가입한다는 명목으로 자신의 감정평가사 등록증 사본을 가입신고서와 함께 한국감정평가협회에 제출하였으나, 실제로는 자신의 감정평가경력을 부당하게 인정받는 한편, 소속 감정평가법인으로 하여금 설립과 존속에 필요한 감정평가사의 인원수만 형식적으로 갖추게 하거나 법원으로부터 감정평가 물량을 추가로 배정받을 수 있는 자격을 얻게 할 목적으로 감정평가법인에 소속된 외관만을 작출하였을 뿐 해당 감정평가법인 소속 감정평가사로서의 감정평가업무나 이와 밀접한 관련이 있는 업무를 수행할 의사가 없었다면, 이는 감정평가사 등록증을 그 본래의 행사목적을 벗어나 감정평가법인등의 자격이나 업무범위에 관한 법의 규율을 피할 목적으로 행사함으로써 자격증 등을 부당하게 행사한 것이라고 볼 수 있다(대판 2013. 10. 31, 2013두11727[징계(업무정지)처분취소]).

판례 2   부동산 가격공시 및 감정평가에 관한 법률 제37조 제2항에서 정한 '자격증 등을 부당하게 행사'한다는 의미 및 감정평가사가 감정평가법인에 적을 두었으나 당해 법인의 업무를 수행하거나 운영 등에 관여할 의사가 없고 실제 업무 등을 전혀 수행하지 않았다거나 소속 감정평가사로서 업무를 실질적으로 수행한 것으로 평가하기 어려운 경우, 자격증 등의 부당행사에 해당하는지 여부(적극): 부동산 가격공시 및 감정평가에 관한 법률(이하 '법'이라고 한다) 제37조 제2항에 의하면, 감정평가법인등(감정평가법인 소속 감정평가사를 포함한다)는 다른 사람에게 자격증·등록증 또는 인가증(이하 '자격증 등'이라고 한다)을 양도 또는 대여하거나 이를 부당하게 행사해서는 안 된다. 여기에서 '자격증 등을 부당하게 행사'한다는 것은 감정평가사 자격증 등을 본래의 용도 외에 부당하게 행사하는 것을 의미하고, 감정평가사가 감정평가법인에 적을 두기는 하였으나 당해 법인의 업무를 수행하거나 운영 등에 관여할 의사가 없고 실제로도 업무 등을 전혀 수행하지 않았다거나 당해 소속 감정평가사로서 업무를 실질적으로 수행한 것으로 평가하기 어려울 정도라면 이는 법 제37조 제2항에서 정한 자격증 등의 부당행사에 해당한다(대판 2013. 10. 24, 2013두727[징계처분취소]).

판례3 [1] 감정평가사가 대상물건의 평가액을 가격조사 시점의 정상가격이 아닌 특수한 조건을 반영한 가격 또는 현재가 아닌 시점의 가격을 기준으로 정하는 경우 감정평가서에 기재하여야 할 사항: 부동산 가격공시 및 감정평가에 관한 법률, 감정평가에 관한 규칙의 취지를 종합해 볼 때, 감정평가사가 대상물건의 평가액을 가격조사 시점의 정상가격이 아닌 특수한 조건을 반영한 가격 또는 현재가 아닌 시점의 가격을 기준으로 정하는 경우에는, 반드시 그 조건 또는 시점을 분명히 하고, 특히 특수한 조건이 수반된 미래 시점의 가격이라면 그 조건과 시점을 모두 밝힘으로써, 감정평가서를 열람하는 자가 제시된 감정가를 정상가격 또는 가격조사 시점의 가격으로 오인하지 않도록 해야 한다. [2] 감정평가사가 감정평가에 관한 규칙 제8조 제5호의 '자료검토 및 가격형성요인의 분석'을 할 때 부담하는 성실의무의 내용: 감정평가에 관한 규칙 제8조 제5호, 부동산 가격공시 및 감정평가에 관한 법률 제37조 제1항 및 관계 법령의 취지를 종합해 보면, 감정평가사는 공정하고 합리적인 평가액의 산정을 위하여 성실하고 공정하게 자료검토 및 가격형성요인 분석을 해야 할 의무가 있고, 특히 특수한 조건을 반영하거나 현재가 아닌 시점의 가격을 기준으로 하는 경우에는 제시된 자료와 대상물건의 구체적인 비교·분석을 통하여 평가액의 산출근거를 논리적으로 밝히는 데 더욱 신중을 기하여야 한다. 만약 위와 같이 하는 것이 곤란한 경우라면 감정평가사로서는 자신의 능력에 의한 업무수행이 불가능하거나 극히 곤란한 경우로 보아 대상물건에 대한 평가를 하지 말아야 하지 구체적이고 논리적인 가격형성요인의 분석이 어렵다고 하여 자의적으로 평가액을 산정해서는 안 된다(대판 2012. 4. 26, 2011두14715 [징계처분취소]).

4. 감정평가서 교부 및 보존의무(제6조)

감정평가법인등이 감정평가를 의뢰받은 경우에는 지체 없이 감정평가를 실시하여 감정평가서를 발급하여야 한다. 그 원본은 5년, 관련서류는 2년 이상 보존하여야 한다.

5. 국토교통부장관의 지도·감독에 따를 의무(제47조)

국토교통부장관은 감정평가법인등 및 협회에 대하여 감독상 필요한 때에는 그 업무에 관한 사항을 보고하게 하거나 자료의 제출 그 밖의 필요한 명령을 할 수 있으며, 소속 공무원으로 하여금 그 사무소에 출입하여 장부·서류 등을 검사하게 할 수 있다.

6. 타당성 조사(제8조) [2020 감평]

국토교통부장관은 감정평가서가 발급된 후 해당 감정평가가 이 법 또는 다른 법률에서 정하는 절차와 방법 등에 따라 타당하게 이루어졌는지를 직권으로 또는 관계 기관 등의 요청에 따라 조사할 수 있다. 타당성조사를 할 경우에는 해당 감정평가법인등 및 대통령령으로 정하는 이해관계인에게 의견진술기회를 주어야 한다. 타당성조사의 절차 등에 필요한 사항은 대통령령으로 정한다.

시행령 제 8 조(타당성조사의 절차 등) ① 국토교통부장관은 다음 각 호의 어느 하나에 해당하는 경우 법 제 8 조 제 1 항에 따른 타당성조사를 할 수 있다.
1. 국토교통부장관이 법 제47조에 따른 지도·감독을 위한 감정평가법인등의 사무소 출입·검사 또는 제49조에 따른 표본조사의 결과, 그 밖의 사유에 따라 조사가 필요하다고 인정하는 경우
2. 관계 기관 또는 제 3 항에 따른 이해관계인이 조사를 요청하는 경우
② 국토교통부장관은 법 제 8 조 제 1 항에 따른 타당성조사의 대상이 되는 감정평가가 다음 각 호의 어느 하나에 해당하는 경우에는 타당성조사를 하지 않거나 중지할 수 있다.   <개정 2021. 1. 5.>
1. 법원의 판결에 따라 확정된 경우
2. 재판이 계속 중이거나 수사기관에서 수사 중인 경우
3. 「공익사업을 위한 토지 등의 취득 및 보상에 관한 법률」 등 관계 법령에 감정평가와 관련하여 권리구제 절차가 규정되어 있는 경우로서 권리구제 절차가 진행 중이거나 권리구제 절차를 이행할 수 있는 경우(권리구제 절차를 이행하여 완료된 경우를 포함한다)
4. 징계처분, 제재처분, 형사처벌 등을 할 수 없어 타당성조사의 실익이 없는 경우
③ 법 제 8 조 제 2 항에서 "대통령령으로 정하는 이해관계인"이란 해당 감정평가를 의뢰한 자를 말한다.
④ 국토교통부장관은 법 제 8 조 제 1 항에 따른 타당성조사에 착수한 경우에는 착수일부터 10일 이내에 해당 감정평가법인등과 제 3 항에 따른 이해관계인에게 다음 각 호의 사항을 알려야 한다.
1. 타당성조사의 사유
2. 타당성조사에 대하여 의견을 제출할 수 있다는 것과 의견을 제출하지 아니하는 경우의 처리방법
3. 법 제46조 제 1 항 제 1 호에 따라 업무를 수탁한 기관의 명칭 및 주소
4. 그 밖에 국토교통부장관이 공정하고 효율적인 타당성조사를 위하여 필요하다고 인정하는 사항
⑤ 제 4 항에 따른 통지를 받은 감정평가법인등 또는 이해관계인은 통지를 받은 날부터 10일 이내에 국토교통부장관에게 의견을 제출할 수 있다.
⑥ 국토교통부장관은 법 제 8 조 제 1 항에 따른 타당성조사를 완료한 경우에는 해당 감정평가법인등, 제 3 항에 따른 이해관계인 및 법 제 8 조 제 1 항에 따라 타당성조사를 요청한 관계 기관에 지체 없이 그 결과를 통지하여야 한다.

7. 감정평가 유도·요구 금지

누구든지 감정평가법인등(감정평가법인 또는 감정평가사사무소의 소속 감정평가사를 포함한다)과 그 사무직원에게 토지등에 대하여 특정한 가액으로 감정평가를 유도 또는 요구하는 행위를 하여서는 아니 된다(제28조의2).

Ⅲ. 감정평가법인등의 책임 [2010, 2001 감평 약술]

1. 민사상 책임(제28조)

감정평가사법은 성실한 평가를 유도하고 불법행위로 인한 평가의뢰인 및 선의의 제 3 자를 보호하기 위하여 감정평가법인등에게 손해배상책임을 인정하고 있다.

(1) 손해배상책임의 의의

손해배상이란 법률이 규정하는 일정한 경우에 불법한 원인으로 발생한 손해를 피해자 이외의 자가 전보하는 것을 말한다.

감정평가사법 제28조의 손해배상책임이라 함은 감정평가법인등이 타인의 의뢰에 의하여 감정평가를 함에 있어서 고의 또는 과실로 감정평가 당시의 적정가격과 현저한 차이가 있게 감정평가하거나 감정평가서류에 거짓의 기재를 함으로써 감정평가 의뢰인이나 선의의 제 3 자에게 손해를 발생하게 한 때에 감정평가법인등이 그 손해를 배상하는 것을 말한다(감정평가사법 제28조 제 1 항).

(2) 감정평가의 법률관계

1) 논의의 실익

공법관계인지 사법관계인지에 따라서 법체계상 소송절차의 선택 및 적용법규 등에 있어서 차이가 있을 수 있다.

2) 공법관계인지 사법관계인지

감정평가의 의뢰는 상호 대등한 관계로 사법관계의 성질을 갖는다고 볼 수 있다. 다만 감정평가의 사회성·공공성에 비추어 공법적 성질도 내포하고 있다고 볼 수 있다. 단, 공적 업무를 위탁받은 경우는 공법상 관계이다. 사법관계로 보는 경우 어떠한 계약관계인지가 문제된다.

3) 도급계약인지 위임계약인지

감정평가의 계약은 일의 완성을(감정평가) 목적으로 수수료지급을 약정하는 도급계약이라는 견해와 일정한 사무처리를 위한 통일적 노무의 제공을 목적으로 하는 유상특약의 위임계약이라는 견해가 있다.

감정평가의 업무수행시 독립성이 인정된다는 점과, 업무중단시 수행부분의 보수청구가 인정된다는 점에 비추어 볼 때 위임계약으로 봄이 타당하다.

(3) 감정평가사법 제36조와 민법 제390조 및 제750조와의 관계

1) 논의의 실익

위임계약으로 보면 선관의무에 따라 사무를 처리할 채무를 지게 된다. 따라서 감정평가결과가 부당하고 의뢰인이 그 결과 손해를 본 경우 ① 의뢰인에 대하여는 민법 제390조의 채무불이행 중 불완전이행의 법리에 따라 손해배상책임을 지고, ② 선의의 제 3 자에게는 민법 제750조의 불법행위책임을 지게 된다.

따라서 위임계약으로 보면 감정평가사법 제28조의 규정이 없어도 손해배상책임이 인정되므로 감정평가사법 제28조의 규정이 특칙인지가 문제된다.

2) 견해의 대립

가. 특칙이라는 견해(면책설)　　감정평가수수료에 비해 손해배상책임이 지나치게 크므로 손해배상의 범위를 한정할 필요가 있다는 점, 부동산은 그 특성상 적정가격을 파악하는 것은 매우 어렵기 때문에 감정평가법인등을 보호할 필요가 있다는 점을 볼 때 민법

상의 손해배상책임은 배제된다고 본다.

　　나. 특칙이 아니라는 견해(보험관계설)　　　감정평가사법 제28조 제 1 항의 손해배상규정
은 제 2 항의 손해배상보장규정인 보험이나 공제사업과 관련하여 규정된 것으로 보험금이
나 공제금의 지급대상이 되는 손해배상책임의 범위를 한정한 것일 뿐이고 민법상의 손해
배상책임은 배제되지 않는다고 본다(박형남, "감정평가과오에 대한 법적 책임," 법조 통권 제
507호, 한국법조협회, 1998. 12, 33~34면).

　　다. 판　　례　　　대법원은 특칙이 아니라고 본다.

> 판례　　감정평가법인등의 부실감정으로 인하여 손해를 입게 된 경우 감정평가의뢰인이나 선의의 제
> 3 자는 지가공시법상의 손해배상책임과 민법상의 불법행위로 인한 손해배상책임을 함께 물을 수 있다
> (대판 1998. 9. 22, 97다36293[손해배상(기)]).

　　라. 검　　토　　　감정평가에 의한 적정가격의 산정이 어려움에도 손해배상책임을 널
리 인정하면 평가제도가 위태로울 수 있고, 특칙이 아니라고 본다면 감정평가사법 제28조
제 1 항 규정의 의미가 무색해지므로 특칙으로 봄이 합당하다.

(4) 손해배상 책임의 요건 [2022 감평 사례]

1) 고의, 과실

　　고의란 일정한 결과의 발생을 의욕하거나 인식 또는 예견하면서 행위를 하는 것을 말
하고, 과실은 자기의 행위가 위법한 가해행위가 된다는 것을 인식하여야 함에도 불구하고
부주의로 인하여 이를 알지 못하고 행동하는 것을 말한다.

> 판례1　　감정평가법인등이 그 담보물에 대한 감정평가를 함에 있어서 고의 또는 과실로 감정평가서
> 류에 그 담보물의 임대차관계에 관한 허위의 기재를 하여 결과적으로 감정평가 의뢰인으로 하여금 부
> 동산의 담보가치를 잘못 평가하게 함으로써 그에게 손해를 가하게 되었다면 감정평가법인등은 이로
> 인한 손해를 배상할 책임이 있다(대판 1997. 9. 12, 97다7400[손해배상(기)]).
>
> 판례2　　감정평가법인등이 지가공시 및 토지 등의 평가에 관한 법률과 감정평가규칙의 기준을 무시
> 하고 자의적 방법에 의하여 대상 토지를 감정평가한 경우, 감정평가법인등의 고의·중과실에 해당한다
> (대판 1997. 5. 7, 96다52427[손해배상(기)]).

2) 부당한 감정평가

　　가. 적정가격과의 현저한 차이　　　감정평가사법에는 적정가격과의 현저한 차이에 관
한 규정이 없다. 따라서 부공법 시행령 제 8 조 제 6 항(표준지공시지가 재조사·평가 규정)의
1.3배의 차이를 현저한 차이의 기준으로 적용할 수 있는지가 문제된다.

　　대법원은 공시지가결정(1.3배), 보상액결정(1.3배 : 현행 1.1배)의 1.3배가 유일한 판단기
준이 될 수 없고 부당감정에 이르게 된 업자의 귀책사유를 고려하여 사회통념에 따라 탄력

적으로 판단하여야 하므로 현저한 차이는 고의와 과실의 경우를 다르게 보아야 한다고 한다.

> **판례**   [1] 표준지 공시지가를 정하거나 공공사업에 필요한 토지의 보상가를 산정함에 있어서 2인
> 이상의 감정평가법인등에 평가를 의뢰하였는데 평가액 중 최고평가액이 최저평가액의 1.3배를 초과하
> 는 경우에는 건설교통부장관이나 사업시행자가 다른 2인의 감정평가법인등에게 대상 물건의 평가를
> 다시 의뢰할 수 있다는 것뿐으로서 여기서 정하고 있는 1.3배의 격차율이 바로 지가공시 및 토지 등의
> 평가에 관한 법률 제26조 제 1 항이 정하는 평가액과 적정 가격 사이에 '현저한 차이'가 있는가의 유일
> 한 판단 기준이 될 수 없다. [2] 고의에 의한 부당 감정과 과실에 의한 부당 감정의 경우를 한데 묶어
> 서 그 평가액이 적정 가격과 '현저한 차이'가 날 때에는 감정평가법인등은 감정의뢰인이나 선의의 제 3
> 자에게 손해배상책임을 지도록 정하고 있는바, 고의에 의한 부당 감정의 경우와 과실에 의한 부당 감
> 정의 경우를 가리지 아니하고 획일적으로 감정평가액과 적정 가격 사이에 일정한 비율 이상의 격차가
> 날 때에만 '현저한 차이'가 있다고 보아 감정평가법인등의 손해배상책임을 인정한다면 오히려 정의의
> 관념에 반할 수도 있으므로, 결국 감정평가액과 적정 가격 사이에 '현저한 차이'가 있는지 여부는 부당
> 감정에 이르게 된 감정평가법인등의 귀책사유가 무엇인가 하는 점을 고려하여 사회통념에 따라 탄력
> 적으로 판단하여야 한다(대판 1997. 5. 7, 96다52427[손해배상(기)]).

      나. 거짓의 기재   물건의 내용, 산출근거, 평가액의 거짓기재로써 가격변화를 일으
키는 요인을 고의, 과실로 진실과 다르게 기재하는 것을 말한다.

> **판례**   감정평가법인등의 사용인 기타의 종업원이 감정평가법인등을 보조하여 실지조사에 의하여
> 감정 대상인 물건을 확인하고 감정에 필요한 관계 자료를 수집함에 있어서 진실에 반하는 내용의 자료
> 나 객관적으로 신뢰할 수 없는 자료를 수집하여 감정평가법인등에게 제공하였다 하더라도, 그 사용인
> 기타의 종업원이 허위감정에 대한 고의를 가지고 감정평가법인등과 공모하였거나, 그 정을 모르는 감
> 정평가법인등에게 수집한 자료가 마치 진실하거나 객관적으로 신뢰할 수 있는 자료인 것처럼 가장하
> 여 제출함으로써 이를 토대로 결과적으로 허위의 감정평가를 하게 한 경우가 아닌 한, 이로써 그 사용
> 인 기타의 종업원이 허위의 감정평가를 한 것으로 볼 수는 없다(대판 2003. 6. 27, 2002도4727[지가공시
> 및토지등의평가에관한법률위반]).

   3) 의뢰인 및 선의의 제 3 자에게 손해가 발생할 것
      손해라 함은 법익침해의 결과로서 나타난 불이익을 의미하는데, 주로 재산권적 법익
에 관하여 받은 불이익을 말한다. 선의의 제 3 자라 함은 부당한 감정평가임을 인식하지
못한 제 3 자를 말한다.

> **판례**   '선의의 제 3 자'라 함은 감정내용이 허위 또는 감정평가 당시의 적정가격과 현저한 차이가 있
> 음을 인식하지 못한 것뿐만 아니라 감정평가서 자체에 그 감정평가서를 감정의뢰 목적 이외에 사용하
> 거나 감정의뢰인 이외의 타인이 사용할 수 없음이 명시되어 있는 경우에는 그러한 사용사실까지 인식
> 하지 못한 제 3 자를 의미한다(대판 1999. 9. 7, 99다28661[손해배상(기)]).

   4) 인과관계
      부당한 감정평가가 없었더라면 손해가 발생하지 않았을 것을 요한다. 판례는 부동산

의 입찰절차에서 감정인의 감정평가의 잘못과 이를 신뢰한 낙찰자의 손해 사이에 상당인
과관계가 있다고 판시한 바 있다.

> `판례` 민사소송법 제615조가 법원은 감정인이 한 평가액을 참작하여 최저경매가격을 정하여야 한
> 다고 하고 있지만, 특별한 사정이 없는 한 감정인의 평가액이 최저경매가격이 되는 것이므로, 감정평
> 가의 잘못과 낙찰자의 손해 사이에는 상당인과관계가 있는 것으로 보아야 한다(대판 1998. 9. 22, 97다
> 36293[손해배상(기)]).

5) 위법성이 필요한지 여부

감정평가사법에는 손해배상책임의 요건으로서 위법성이 규정되어 있지 않기 때문에
그것이 손해배상의 요건이 되는지가 문제된다. 민법상의 채무불이행의 요건으로서 위법성
이 규정되어 있지 않음에도 그것을 긍정하는 것이 다수설이다(김형배, 190~191면). 부당 감
정평가는 감정평가법인등이 그 의뢰인과 맺은 위임계약을 그 채무에 좇아 완전히 이행하
지 아니한 것이 되기 때문에, 부당한 감정평가에 해당된다면 이는 곧 위법성을 내포한 감
정평가라 할 수 있겠다.

(5) 손해배상책임의 내용

1) 손해배상범위

적정가격과의 차액이 되며, 계약의 체결 및 이행경위와 당사자 쌍방의 잘못을 비교하
여 종합적으로 판단하여야 한다(과실상계인정).

> `판례1` 감정인이 감정평가서를 직접 송부해 달라는 감정의뢰인인 은행의 요청을 무시하고 감정평가
> 서를 대출신청인에게 교부한 결과 그 감정평가서가 정당한 감정평가액보다 높은 감정평가액으로 위조
> 되고 은행이 그 위조된 감정평가서를 믿고 대출을 하였으나 경매절차에서 일부만 배당받고 나머지 대
> 출원리금이 회수불능되는 손해를 입게 되었다고 인정되는 사안에서 은행의 손해액은 그와 같은 사정
> 이 없을 경우 예상되는 은행의 재산상태와 현실로 그와 같은 사정이 생긴 후의 은행의 재산상태의 차
> 액이 될 것인바, 은행이 실제로 대출한 금액이 위조된 감정평가서에 의할 경우 대출한도액의 범위 안
> 에 있고, 다른 한편 선순위 근저당권의 존재를 고려하더라도 감정인의 감정평가서 교부행위가 없었을
> 경우에 담보권실행을 위한 경매절차에서 은행이 배당받을 수 있는 금액은 그와 같은 사정이 생긴 후
> 은행이 실제로 배당받은 금액과 같다고 할 수 있으므로, 결국 은행의 손해액은 실제 대출액과 정당한
> 감정평가서에 의할 경우 대출한도액의 차액이 된다(대판 1998. 9. 8, 98다17022[손해배상(기)]).

> `판례2` 담보목적물에 대하여 감정평가법인등이 부당한 감정을 함으로써 감정 의뢰인이 그 감정을 믿
> 고 정당한 감정가격을 초과한 대출을 한 경우에는 부당한 감정가격에 근거하여 산출된 담보가치와 정
> 당한 감정가격에 근거하여 산출된 담보가치의 차액을 한도로 하여 대출금 중 정당한 감정가격에 근거
> 하여 산출된 담보가치를 초과한 부분이 손해액이 되고, 통상 감정평가법인등으로서는 대출 당시 앞으로
> 대출금이 연체되리라는 사정을 알기는 어려우므로 대출 당시 감정평가법인등이 대출금이 연체되리라는
> 사정을 알았거나 알 수 있었다는 특별한 사정이 없는 한 연체된 약정 이율에 따른 지연손해금은 감정평
> 가법인등의 부당한 감정으로 인하여 발생한 손해라고 할 수 없다(대판 2007. 4. 12, 2006다82625[손해배
> 상(기)]).

2) 임대차조사내용

판례는 ① 금융기관의 양해 아래 임차인이 아닌 건물소유자를 통해 임대차관계를 조사한 경우는 과실이 없으므로 손해배상책임을 인정하지 않고, ② 임대차조사내용은 감정평가범위는 아니지만 고의과실로 임대차관계에 관한 허위의 기재를 하여 손해를 발생케한 경우에는 손해를 배상할 책임이 있다고 판시한 바 있다.

판례1 [1] 감정평가법인등이 금융기관과 감정평가업무협약을 체결하면서 감정 목적물인 주택에 관한 임대차 사항을 상세히 조사할 것을 약정한 경우, 이는 금융기관이 감정평가법인등에게 그 주택에 관한 대항력 있는 임차인의 존부 및 그 임차보증금의 액수에 대한 사실 조사를 의뢰한 취지이므로, 감정평가법인등으로서는 협약에 따라 성실하고 공정하게 주택에 대한 위와 같은 임대차관계를 조사하여 금융기관에게 알림으로써 금융기관이 그 주택의 담보 가치를 적정하게 평가하여 불측의 손해를 입지 않도록 협력하여야 할 의무가 있다. [2] 감정평가법인등이 금융기관으로부터 조사를 의뢰받은 담보물건과 관련된 임대차관계 등을 조사함에 있어 단순히 다른 조사기관의 전화조사만으로 확인된 실제와는 다른 임대차관계 내용을 기재한 임대차확인조사서를 제출한 사안에서, 감정평가법인등에게 감정평가업무협약에 따른 조사의무를 다하지 아니한 과실이 있다고 한 사례. [3] 담보목적물에 대하여 감정평가법인등이 부당한 감정을 함으로써 감정 의뢰인이 그 감정을 믿고 정당한 감정가격을 초과한 대출을 한 경우에는 부당한 감정가격에 근거하여 산출된 담보가치와 정당한 감정가격에 근거하여 산출된 담보가치의 차액을 한도로 하여 대출금 중 정당한 감정가격에 근거하여 산출된 담보가치를 초과한 부분이 손해액이 되고, 통상 감정평가법인등으로서는 대출 당시 앞으로 대출금이 연체되리라는 사정을 알기는 어려우므로 대출 당시 감정평가법인등이 대출금이 연체되리라는 사정을 알았거나 알 수 있었다는 특별한 사정이 없는 한 연체된 약정 이율에 따른 지연손해금은 감정평가법인등의 부당한 감정으로 인하여 발생한 손해라고 할 수 없다(대판 2007. 4. 12, 2006다82625[손해배상(기)]).

판례2 [1] 감정평가법인등이 금융기관과 감정평가업무협약을 체결하면서 감정 목적물인 주택에 관한 임대차 사항을 상세히 조사할 것을 약정한 경우, 이는 금융기관이 감정평가법인등에게 그 주택에 관한 대항력 있는 임차인의 존부 및 그 임차보증금의 액수에 대한 사실 조사를 의뢰한 취지라 할 것이니, 감정평가법인등으로서는 협약에 따라 성실하고 공정하게 주택에 대한 위와 같은 임대차관계를 조사하여 금융기관에게 알림으로써 금융기관이 그 주택의 담보가치를 적정하게 평가하여 불측의 손해를 입지 않도록 협력하여야 할 의무가 있고, 1991. 6. 30.까지는 누구나 타인의 주민등록관계를 확인할 수 있었으나, 주민등록법 및 같은 법 시행령이 개정됨에 따라 1991. 7. 1.부터는 금융기관은 담보물의 취득을 위한 경우에 타인의 주민등록관계를 확인할 수 있되 일개 사설감정인에 불과한 감정평가법인등으로서는 법령상 이를 확인할 방법이 없게 되었으므로, 감정평가법인등으로서는 그 이후로는 주택의 현황 조사와 주택의 소유자, 거주자 및 인근의 주민들에 대한 탐문의 방법에 의해서 임대차의 유무 및 그 내용을 확인하여 그 확인 결과를 금융기관에게 알릴 의무가 있다. [2] 감정평가법인등이 현장조사 당시 감정대상 주택 소유자의 처로부터 임대차가 없다는 확인을 받고 감정평가서에 "임대차 없음"이라고 기재하였으나 이후에 임차인의 존재가 밝혀진 경우, 감정평가법인등은 감정평가서를 근거로 부실 대출을 한 금융기관의 손해를 배상할 책임이 있다고 한 사례. [3] 담보목적물에 대하여 감정평가법인등이 부당한 감정을 함으로써 감정 의뢰인이 그 감정을 믿고 정당한 감정가격을 초과한 대출을 한 경우에는 부당한 감정가격에 근거하여 산출된 담보가치와 정당한 감정가격에 근거하여 산출된 담보가치의 차액을 한도로 하여 대출금 중 정당한 감정가격에 근거하여 산출된 담보가치를 초과한 부분이 손해액이 된다. [4] 담보목적물에 주택임대차보호법에서 정한 대항력을 갖춘 임차인이 있는 경우, 정당한 감정가격에 근거한 담보가치는 주택의 감정평가액에서 임차보증금을 공제한 금액에 담보평가요율을 곱하는 방법에 따라 계산한 금액이라고 한 사례(대판 2004. 5. 27, 2003다24840[손해배상(기)]).

판례3   감정평가법인등이 금융기관의 신속한 감정평가 요구에 따라 그의 양해 아래 임차인이 아닌 건물 소유자를 통하여 담보물의 임대차관계를 조사하였으나 그것이 허위로 밝혀진 경우, 감정평가법인등에게는 과실이 없으므로 손해배상책임이 인정되지 않는다(대판 1997. 9. 12, 97다7400[손해배상(기)]).

판례4   [1] 감정평가법인등이 금융기관과 감정평가업무협약을 체결하면서 감정 목적물인 주택에 관한 임대차 사항을 상세히 조사할 것을 약정한 경우, 이는 금융기관이 감정평가법인등에게 그 주택에 관한 대항력 있는 임차인의 존부 및 그 임차보증금의 액수에 대한 사실 조사를 의뢰한 취지라 할 것이니, 감정평가법인등으로서는 협약에 따라 성실하고 공정하게 주택에 대한 위와 같은 임대차관계를 조사하여 금융기관에게 알림으로써 금융기관이 그 주택의 담보가치를 적정하게 평가하여 불측의 손해를 입지 않도록 협력하여야 할 의무가 있고, 1991. 6. 30.까지는 누구나 타인의 주민등록관계를 확인할 수 있었으나 주민등록법 및 같은 법 시행령이 개정됨에 따라 1991. 7. 1.부터는 금융기관은 담보물의 취득을 위한 경우에 타인의 주민등록관계를 확인할 수 있되 일개 사설 감정인에 불과한 감정평가법인등으로서는 법령상 이를 확인할 방법이 없게 되었으므로 감정평가법인등으로서는 그 이후로는 주택의 현황조사와 주택의 소유자, 거주자 및 인근의 주민들에 대한 탐문의 방법에 의해서 임대차의 유무 및 그 내용을 확인하여 그 확인결과를 금융기관에게 알릴 의무가 있다. [2] 감정평가법인등이 금융기관으로부터 감정평가를 의뢰받은 주택에 대한 현장조사를 행할 당시 그 주택에 거주하는 사람이 없어 공실 상태이었다고 하더라도 감정평가법인등으로서는 일시적으로 임대차 조사 대상 주택에 거주하는 사람이 없었다는 사유만으로 그 주택에 관한 대항력 있는 임차인이 없다고 단정할 수는 없는 사실을 알고 있었다고 할 것이므로, 그 주택의 소유자나 인근의 주민들에게 그 주택이 공실 상태로 있게 된 경위와 임차인이 있는지 여부에 관하여 문의하는 등의 방법으로 임대차 사항을 조사하고 그러한 조사에 의해서도 임차인의 존재 여부를 밝힐 수 없었다거나 그러한 조사자체가 불가능하였다면 금융기관에게 그와 같은 사정을 알림으로써 적어도 금융기관으로 하여금 그 주택에 대항력 있는 임차인이 있을 수 있는 가능성이 있다는 점에 대하여 주의를 환기시키는 정도의 의무는 이행하였어야 함에도 불구하고 실제로는 대항력 있는 임차인이 있는데도 감정평가서에 '임대차 없음'이라고 단정적으로 기재하여 금융기관에 송부한 경우 감정평가법인등은 약정상의 임대차 조사 의무를 제대로 이행하지 못한 것이므로 금융기관이 위와 같이 기재한 임대차 조사 사항을 믿고 그 주택의 담보가치를 잘못 평가하여 대출함으로써 입은 손해에 대하여 배상할 책임이 있다고 한 사례(대판 1997. 12. 12, 97다41196[손해배상(기)]).

3) 손해배상책임의 보장 [2024 감평 사례]

감정평가법인등은 손해배상책임을 보장하기 위하여 대통령령이 정하는 바에 의하여 보험에의 가입 또는 감정평가사협회가 운영하는 공제사업에의 가입 그 밖의 필요한 조치를 하여야 한다. 이를 위반하여 보험 또는 협회가 운영하는 공제사업에의 가입 등 필요한 조치를 하지 아니한 사람에 대하여는 400만 원 이하의 과태료를 부과한다(제52조 제 2 항 제 5 호).

감정평가법인등은 보증보험금으로 손해배상을 하였을 때에는 10일 이내에 보험계약을 다시 체결하여야 한다(시행령 제23조).

4) 손해 확정판결

감정평가법인등은 감정평가 의뢰인이나 선의의 제 3 자에게 법원의 확정판결을 통한 손해배상이 결정된 경우에는 국토교통부령으로 정하는 바에 따라 그 사실을 국토교통부장관에게 알려야 한다.

(6) 관련문제

1) 민법상 소멸시효규정이 적용된다고 본다. 따라서 손해배상청구권은 손해를 안 날로부터 3년, 있은 날로부터 10년 이내에 행사해야 한다.

2) 법인은 사용자책임을 지며 당해 평가사에게 구상권을 행사할 수 있다.

3) 보상평가와 관련하여 감정평가사법 제28조의 규정이 적용되는지 문제가 있다. 보상목적의 감정평가는 협의, 재결절차에서 목적물의 제시가격의 성격을 가지며 피수용자는 이러한 가격에 불복할 권리가 인정되므로 손해배상책임의 경우는 적용되지 않을 것이다.

4) 허위감정죄와의 관계: 감정평가사법 제49조 제 5 호에 의하면 고의로 잘못된 평가를 한 자에 대해서 허위감정죄로 처벌하도록 규정하였다. 따라서 허위감정의 경우 손해가 발생하지 않아서 손해배상책임은 회피할 수 있더라도 허위감정에 대한 책임은 회피할 수 없을 것이다.

2. 행정상 책임

감정평가법인등이 각종 의무규정에 위반하였을 경우의 제재수단으로서 설립인가취소 또는 업무정지(제32조) 등과 행정질서벌로서 과태료 등이 부과될 수 있다. 또한 새로이 과징금제도(제41조)를 신설하여 행정상책임을 강화시키고 있다. 과태료의 부과절차는 질서위반행위규제법의 제반절차를 준수한다.

(1) 과징금의 개념 및 취지

1) 과징금의 의의 및 구별개념

과징금은 행정법상 의무위반 행위로 얻은 경제적 이익을 박탈하기 위한 금전상 제재금을 말한다. 과징금은 의무이행확보수단으로 가해지는 점에서 의무위반에 대한 벌인 과태료와 구별된다.

2) 감정평가사법상 과징금의 의미(변형된 의미의 과징금) 및 취지

감정평가사법상 과징금은 계속적인 공적업무수행을 위하여 업무정지처분에 갈음하여 부과되는 것으로 변형된 과징금에 속한다. 이는 인·허가 철회나 정지처분으로 인해 발생하는 국민생활 불편이나 공익을 고려함에 취지가 인정된다. 따라서 공적업무수행시에 (표준지, 표준주택 가격조사 등) 업무정지처분을 받는다면 공적업무에 지장을 초래할 수 있으므로 이를 개선하기 위하여 과징금제도를 도입하였다(제41조 내지 제44조).

(2) 법적 성질

과징금 부과는 금전상의 급부를 명하는 급부하명으로서 처분에 해당한다. 또한 "할 수 있다"는 규정에 비추어 재량행위로 판단된다.

(3) 과징금 부과사유, 부과기준 및 부과절차

1) 과징금 부과사유(공익을 해칠 우려가 있는 경우)

국토교통부장관은 감정평가법인등이 감정평가사법 제32조 제 1 항 각 호의 어느 하나에 해당하게 되어 업무정지처분을 하여야 하는 경우로서 그 업무정지처분이 부공법 제 3 조에 따른 표준지공시지가의 공시 등의 업무를 정상적으로 수행하는 데에 지장을 초래하는 등 공익을 해칠 우려가 있는 경우에는 업무정지처분에 갈음하여 5천만 원(감정평가법인인 경우는 5억 원) 이하의 과징금을 부과할 수 있다.

2) 과징금의 부과기준

감정평가사법 시행령 제43조 제 1 항에서는 ① 업무정지가 1년 이상인 경우에는 과징금최고액의 100분의 70 이상, ② 업무정지가 6개월 이상 1년 미만인 경우에는 과징금최고액의 100분의 50 이상 100분의 70 미만, ③ 업무정지가 6개월 미만인 경우에는 과징금최고액의 100분의 20 이상 100분의 50 미만을 과징금으로 부과할 것으로 규정하고 있다.

과징금의 금액은 과징금 부과사유를 고려하여 그 금액의 2분의 1의 범위 안에서 이를 가중 또는 감경할 수 있다. 다만, 가중하는 경우에도 과징금의 총액은 과징금최고액을 초과할 수 없다(시행령 제43조 제 2 항).

3) 과징금의 부과절차

가. **과징금부과기준**(제41조 제 2 항 및 시행령 제43조)   감정평가사법 제41조 제 2 항에서는 위반행위의 내용과 정도, 위반행위의 기간과 횟수, 위반행위로 취득한 이익의 규모를 고려하여 5천만 원 이하를 부과하도록 규정하고 있다. 동법 시행령 제43조 제 2 항에서는 1/2범위 내에서 가중 또는 감경할 수 있다고 규정하고 있다.

나. **과징금 부과**   국토교통부장관은 감정평가사법 제41조 제 1 항에 따라 과징금을 부과하는 때에는 그 위반행위의 종별과 해당 과징금의 금액을 명시하여 이를 납부할 것을 서면으로 통지하여야 한다(시행령 제43조 제 3 항).

다. **과징금 납부**   통지를 받은 자는 통지가 있은 날부터 60일 이내에 국토교통부장관이 정하는 수납기관에 과징금을 납부하여야 한다(시행령 제43조 제 4 항).

라. **과징금의 징수와 체납처분**   국토교통부장관은 과징금납부의무자가 납부기한 내에 과징금을 납부하지 아니한 경우에는 납부기한의 다음 날부터 납부한 날의 전일까지의 기간에 대하여 대통령령이 정하는 가산금을 징수할 수 있다(제44조 제 1 항).

국토교통부장관은 과징금납부의무자가 납부기한 내에 과징금을 납부하지 아니하였을 때에는 기간을 정하여 독촉을 하고, 그 지정한 기간 내에 과징금이나 제 1 항에 따른 가산금을 납부하지 아니하였을 때에는 국세체납처분의 예에 따라 징수할 수 있다(제44조 제 2 항). 가산금이란 체납된 과징금액에 연 100분의 6을 곱하여 계산한 금액을 말한다. 이 경우 가산금을 징수하는 기간은 60개월을 초과하지 못한다(시행령 제45조).

과징금의 징수와 체납처분에 관한 절차 등에 관하여 필요한 사항은 대통령령으로 정한다(제44조 제 3 항).

시행령 제46조(독촉) ① 법 제44조 제 2 항에 따른 독촉은 납부기한이 지난 후 15일 이내에 서면으로 하여야 한다.

② 제 1 항에 따라 독촉장을 발부하는 경우 체납된 과징금의 납부기한은 독촉장 발부일부터 10일 이내로 한다.

---

4) 과징금의 승계

국토교통부장관은 이 법을 위반한 감정평가법인이 합병을 하는 경우 그 감정평가법인이 행한 위반행위는 합병 후 존속하거나 합병으로 신설된 감정평가법인이 행한 행위로 보아 과징금을 부과·징수할 수 있다(제41조 제 3 항).

(4) 과징금에 대한 권리구제 [2021 감평 사례]

1) 이의신청(제42조)

과징금의 부과에 이의가 있는 자는 이를 통보받은 날부터 30일 이내에 사유서를 갖추어 국토교통부장관에게 이의를 신청할 수 있다(제42조 제 1 항).

국토교통부장관은 이의신청에 대하여 30일 이내에 결정을 하여야 한다. 다만, 부득이한 사정으로 그 기간 이내에 결정을 할 수 없는 경우에는 30일의 범위 내에서 기간을 연장할 수 있다(제42조 제 2 항).

2) 행정심판

이의신청에 대한 결정에 이의 있는 자는 행정심판을 청구할 수 있다(제42조 제 3 항).

3) 행정소송

과징금부과는 급부하명으로 소송의 대상이 되므로 위법성 정도에 따라 취소소송 또는 무효등확인소송을 제기할 수 있다.

4) 부당이득반환청구소송

잘못 부관된 과징금은 부당이득반환청구소송을 제기할 수 있을 것이다.

(5) 개선안(과징금의 부과사유에 대한 객관적 기준 제정의 필요성)

과징금은 공적업무수행의 확보를 목적으로 하므로 공적업무에 영향을 미치는지를 객관적 기준에 의해 판단해야 할 것이다. 따라서 공적업무에 영향을 미치는지에 대한 객관적인 기준이 입법적으로 제정되어야 할 것이다.

3. 형사상 책임

형사상 책임은 형법이 적용되는 책임으로서 감정평가사법 제49조 및 제50조에서는 벌칙 규정을 두고 있으며 감정평가사법 제48조에서는 감정평가사가 공적평가업무를 수행하는 경우에는 공무원으로 의제하여 알선수뢰죄 등 가중처벌을 받도록 규정하고 있다.

또한 감정평가사법 제51조에서는 법인의 대표자나 법인 또는 개인의 대리인, 사용인, 그 밖의 종업원이 그 법인 또는 개인의 업무에 관하여 감정평가사법 제49조 또는 제50조의 위반행위를 하면 그 행위자를 벌하는 외에 그 법인 또는 개인에게도 해당 조문의 벌금형을 과(科)하는 양벌규정을 두고 있다. 다만, 법인 또는 개인이 그 위반행위를 방지하기 위하여 해당 업무에 관하여 상당한 주의와 감독을 게을리하지 아니한 경우에는 그러하지 아니하다.

제 5 절   기   타

제 1 항 감정평가정보체계의 구축 및 업무위탁 등

Ⅰ. 감정평가정보체계

1. 감정평가정보체계의 구축(제 9 조)

국토교통부장관은 국가등이 의뢰하는 감정평가와 관련된 정보 및 자료를 효율적이고 체계적으로 관리하기 위하여 감정평가 정보체계를 구축·운영할 수 있다(제 9 조 제 1 항).

「공익사업을 위한 토지 등의 취득 및 보상에 관한 법률」에 따른 감정평가 등 국토교통부령으로 정하는 감정평가를 의뢰받은 감정평가법인등은 감정평가 결과를 감정평가 정보체계에 등록하여야 한다. 다만, 개인정보 보호 등 국토교통부장관이 정하는 정당한 사유가 있는 경우에는 그러하지 아니하다(제 9 조 제 2 항). 이 경우 해당 의뢰인에게 그 등록에 대한 사실을 알려야 한다(제 9 조 제 3 항).

시행규칙 제 5 조(감정평가 정보체계의 정보 등록) ① 법 제 9 조 제 2 항 본문에서 "「공익사업을 위한 토지 등의 취득 및 보상에 관한 법률」에 따른 감정평가 등 국토교통부령으로 정하는 감정평가"란 국가, 지방자치단체, 「공공기관의 운영에 관한 법률」에 따른 공공기관 또는 「지방공기업법」 제49조에 따라 설립한 지방공사가 다음 각 호의 어느 하나에 해당하는 목적을 위하여 의뢰한 감정평가를 말한다. <개정 2018. 2. 9.>

1. 「공익사업을 위한 토지 등의 취득 및 보상에 관한 법률」에 따른 토지·물건 및 권리의 취득 또는 사용
2. 「국유재산법」, 「공유재산 및 물품 관리법」 또는 그 밖의 법령에 따른 국유·공유재산(토지와 건물만 해당한다)의 취득·처분 또는 사용·수익
3. 「국토의 계획 및 이용에 관한 법률」에 따른 도시·군계획시설부지 및 토지의 매수, 「개발제한구역의 지정 및 관리에 관한 특별조치법」에 따른 토지의 매수
4. 「도시개발법」, 「도시 및 주거환경정비법」, 「산업입지 및 개발에 관한 법률」 또는 그 밖의 법령에 따른 조성토지 등의 공급 또는 분양

5. 「도시개발법」, 「산업입지 및 개발에 관한 법률」 또는 그 밖의 법령에 따른 환지 및 체비지의 처분

6. 「민사소송법」, 「형사소송법」 등에 따른 소송

7. 「국세징수법」, 「지방세기본법」에 따른 공매

8. 「도시 및 주거환경정비법」 제24조 및 제26조에 따라 시장·군수등이 직접 시행하는 정비사업의 관리처분계획

9. 「공공주택 특별법」에 따른 토지 또는 건물의 매입 및 임대료 평가

② 법 제 9 조 제 2 항에 따라 감정평가법인등이 감정평가 정보체계에 등록하여야 하는 감정평가 결과는 제 4 조 제 1 호의 감정평가 선례정보로 한다.

③ 법 제 9 조 제 2 항에 따라 감정평가법인등은 감정평가서 발급일부터 40일 이내에 감정평가 결과를 감정평가 정보체계에 등록하여야 한다.

④ 국토교통부장관은 필요한 경우에는 감정평가법인등에게 감정평가 정보체계에 등록된 감정평가 결과의 수정·보완을 요청할 수 있다. 이 경우 요청을 받은 감정평가법인등은 요청일부터 10일 이내에 수정·보완된 감정평가 결과를 감정평가 정보체계에 등록하여야 한다.

⑤ 법 제 9 조 제 2 항 단서에 따라 감정평가 결과를 감정평가 정보체계에 등록하지 아니하여도 되는 경우는 「개인정보 보호법」 제 3 조에 따라 개인정보 보호가 필요한 경우로 한다. 이 경우 보호가 필요한 개인정보를 제외한 감정평가 결과는 등록하여야 한다.

⑥ 감정평가 정보체계에 정보를 등록하고 확인하는 세부적인 절차 및 그 밖의 사항은 국토교통부장관이 정한다.

2. 자료의 요청

국토교통부장관은 감정평가 정보체계의 운용을 위하여 필요한 경우 관계기관에 자료 제공을 요청할 수 있다. 이 경우 이를 요청받은 기관은 정당한 사유가 없으면 그 요청을 따라야 한다(제 9 조 제 4 항).

3. 자료의 구축 및 운영방법 등

정보 및 자료의 종류, 감정평가 정보체계의 구축·운영방법 등에 필요한 사항은 국토교통부령으로 정한다(제 9 조 제 5 항).

Ⅱ. 업무의 위탁

1. 업무위탁의 유형

① 감정평가 타당성조사와 관련하여 대통령령으로 정하는 업무, ② 감정평가사시험의 관리에 관한 업무를 「한국부동산원법」에 따른 한국부동산원, 「한국산업인력공단법」에 따른 한국산업인력공단 또는 협회에 위탁할 수 있다(제46조 제 1 항).

① 제 9 조에 따른 감정평가 정보체계의 구축·운영, ② 제 8 조 제 1 항에 따른 타당성조사 및 표본조사와 관련하여 대통령령으로 정하는 업무를 한국부동산원에 위탁한다(시행령 제47조 제 1 항).

① 감정평가서의 원본과 관련 서류의 접수 및 보관, ② 감정평가사의 등록 신청과 갱

신등록 신청의 접수 및 갱신등록의 사전통지, ③ 소속 감정평가사 또는 사무직원의 고용 및 고용관계 종료 신고의 접수, ④ 보증보험 가입 통보의 접수 업무를 협회에 위탁한다(시행령 제47조 제 2 항).

　　감정평가사시험의 관리 업무를 「한국산업인력공단법」에 따른 한국산업인력공단에 위탁한다(시행령 제47조 제 3 항).

　　국토교통부장관이 그 업무를 위탁할 때에는 예산의 범위 안에서 필요한 경비를 보조할 수 있다(제46조 제 2 항).

2. 업무위탁의 법적 성질

　　감정평가사법 제46조의 업무위탁이 강학상 협의의 위탁, 대행 또는 보조위탁 중 어디에 해당하는지는 권한의 이전 여부, 수탁기관의 독립성, 수탁기관에 대한 위탁자의 감독권 등을 고려하여 정하여야 한다.

Ⅲ. 국토교통부장관의 지도 및 감독

　　국토교통부장관은 감정평가법인등 및 협회를 감독하기 위하여 필요할 때에는 그 업무에 관한 보고 또는 자료의 제출, 그 밖에 필요한 명령을 할 수 있으며, 소속 공무원으로 하여금 그 사무소에 출입하여 장부·서류 등을 검사하게 할 수 있다(제47조 제 1 항). 출입검사를 하는 공무원은 그 권한을 표시하는 증표를 지니고 이를 관계인에게 내보여야 한다(제47조 제 2 항).

제 2 항 감정평가사협회

　　감정평가사협회란 감정평가사 및 감정평가업의 발전을 위하여 감정평가사를 회원으로 한 모임을 말한다.

Ⅰ. 감정평가협회의 설립목적

　　감정평가사의 품위 유지와 직무의 개선·발전을 도모하고, 회원의 관리 및 지도에 관한 사무를 하도록 하기 위하여 한국감정평가사협회(이하 "협회"라 한다)를 둔다(제33조 제 1 항).

Ⅱ. 협회의 설립

협회는 국토교통부장관의 인가를 받아 주된 사무소의 소재지에서 설립등기를 함으로서 성립한다(제33조 제 3 항). 협회는 법인으로 하며(제33조 제 2 항), 협회에 관하여 이 법에 규정된 것 외에는 『민법』 중 사단법인에 관한 규정을 준용한다(제33조 제 6 항). 협회의 조직과 운영에 관하여 필요한 사항은 대통령령으로 정한다(제33조 제 5 항).

Ⅲ. 협회의 사업 등

1. 공제사업

협회는 정관이 정하는 바에 의하여 공제사업을 운영할 수 있다(제33조 제 4 항).

감정평가법인등이 협회의 공제사업에 가입하는 경우에는 그가 받은 수수료의 100분의 1 이상을 협회의 정관이 정하는 바에 따라 출자하여야 한다. 다만, 국토교통부장관은 공제사고율·공제금지급실적 등을 감안하여 출연금의 비율을 100분의 1 미만으로 정할 수 있다(시행령 제31조 제 2 항).

2. 부설기관의 설치·운영

협회는 부동산공시제도 및 감정평가에 관한 각종 연구사업을 추진하기 위하여 정관으로 정하는 바에 따라 부설기관을 둘 수 있다(시행령 제32조).

제 3 항   벌   칙

감정평가 및 감정평가사에 관한 법률에서는 일정한 사항을 위반한 경우, 벌칙 및 과태료 등의 제재를 가하여 감정평가사법의 실효성을 담보하고 있다.

제49조(벌칙) 다음 각 호의 어느 하나에 해당하는 자는 3년 이하의 징역 또는 3천만 원 이하의 벌금에 처한다. <개정 2017. 11. 28., 2020. 4. 7., 2021. 7. 20.>
 1. 부정한 방법으로 감정평가사의 자격을 취득한 사람
 2. 감정평가법인등이 아닌 자로서 감정평가업을 한 자
 3. 구비서류를 거짓으로 작성하는 등 부정한 방법으로 제17조에 따른 등록이나 갱신등록을 한 사람
 4. 제18조에 따라 등록 또는 갱신등록이 거부되거나 제13조, 제19조 또는 제39조에 따라 자격 또는 등록이 취소된 사람으로서 제10조의 업무를 한 사람
 5. 제25조 제 1 항을 위반하여 고의로 업무를 잘못하거나 같은 조 제 6 항을 위반하여 제28조의2에서 정하는 유도 또는 요구에 따른 자
 6. 제25조 제 4 항을 위반하여 업무와 관련된 대가를 받거나 감정평가 수주의 대가로 금품 또는 재산

상의 이익을 제공하거나 제공하기로 약속한 자

6의2. 제28조의2를 위반하여 특정한 가액으로 감정평가를 유도 또는 요구하는 행위를 한 자

7. 정관을 거짓으로 작성하는 등 부정한 방법으로 제29조에 따른 인가를 받은 자

제50조(벌칙) 다음 각 호의 어느 하나에 해당하는 자는 1년 이하의 징역 또는 1천만 원 이하의 벌금에 처한다.   <개정 2018. 3. 20., 2020. 4. 7., 2021. 7. 20.>

1. 제21조 제 4 항을 위반하여 둘 이상의 사무소를 설치한 사람

2. 제21조 제 5 항 또는 제29조 제 9 항을 위반하여 소속 감정평가사 외의 사람에게 제10조의 업무를 하게 한 자

3. 제25조 제 3 항, 제 5 항 또는 제26조를 위반한 자

4. 제27조 제 1 항을 위반하여 감정평가사의 자격증·등록증 또는 감정평가법인의 인가증을 다른 사람에게 양도 또는 대여한 자와 이를 양수 또는 대여받은 자

5. 제27조 제 2 항을 위반하여 같은 조 제 1 항의 행위를 알선한 자

제50조의2(몰수·추징) 제49조 제 6 호 및 제50조 제 4 호의 죄를 지은 자가 받은 금품이나 그 밖의 이익은 몰수한다. 이를 몰수할 수 없을 때에는 그 가액을 추징한다.
[본조신설 2018. 3. 20.]

제51조(양벌규정) 법인의 대표자나 법인 또는 개인의 대리인, 사용인, 그 밖의 종업원이 그 법인 또는 개인의 업무에 관하여 제49조 또는 제50조의 위반행위를 하면 그 행위자를 벌하는 외에 그 법인 또는 개인에게도 해당 조문의 벌금형을 부과한다. 다만, 법인 또는 개인이 그 위반행위를 방지하기 위하여 해당 업무에 상당한 주의와 감독을 게을리하지 아니한 경우에는 그러하지 아니하다.

제52조(과태료) ① 제24조 제 1 항을 위반하여 사무직원을 둔 자에게는 500만 원 이하의 과태료를 부과한다.   <신설 2021. 7. 20.>

② 다음 각 호의 어느 하나에 해당하는 자에게는 400만 원 이하의 과태료를 부과한다.   <개정 2019. 8. 20., 2021. 7. 20.>

1. 삭제 <2021. 7. 20.>

2. 삭제 <2021. 7. 20.>

3. 삭제 <2021. 7. 20.>

4. 삭제 <2021. 7. 20.>

5. 제28조 제 2 항을 위반하여 보험 또는 협회가 운영하는 공제사업에의 가입 등 필요한 조치를 하지 아니한 사람

6. 삭제 <2021. 7. 20.>

6의2. 삭제 <2021. 7. 20.>

7. 제47조에 따른 업무에 관한 보고, 자료 제출, 명령 또는 검사를 거부·방해 또는 기피하거나 국토교통부장관에게 거짓으로 보고한 자

③ 다음 각 호의 어느 하나에 해당하는 자에게는 300만 원 이하의 과태료를 부과한다.   <신설 2021. 7. 20.>

1. 제 6 조 제 3 항을 위반하여 감정평가서의 원본과 그 관련 서류를 보존하지 아니한 자

2. 제22조 제 1 항을 위반하여 "감정평가사사무소" 또는 "감정평가법인"이라는 용어를 사용하지 아니하거나 같은 조 제 2 항을 위반하여 "감정평가사", "감정평가사사무소", "감정평가법인" 또는 이와 유사한 명칭을 사용한 자

④ 다음 각 호의 어느 하나에 해당하는 자에게는 150만 원 이하의 과태료를 부과한다.   <신설 2021. 7. 20.>

1. 제 9 조 제 2 항을 위반하여 감정평가 결과를 감정평가 정보체계에 등록하지 아니한 자

2. 제13조 제 3 항, 제19조 제 3 항 및 제39조 제 4 항을 위반하여 자격증 또는 등록증을 반납하지 아니한 사람

3. 제28조 제 3 항을 위반하여 같은 조 제 1 항에 따른 손해배상사실을 국토교통부장관에게 알리지 아니한 자

⑤ 제 1 항부터 제 4 항까지에 따른 과태료는 대통령령으로 정하는 바에 따라 국토교통부장관이 부과·징수한다. <개정 2021. 7. 20.>

기 출 문 제

[감정평가 기출문제]

2회   2. 감정평가법인등의 의무와 책임을 설명하라. (30점)

6회   2. 감정평가사 甲은 감정평가를 함에 있어 감정평가준칙을 준수하지 아니하였음을 이유로 국토해양부장관으로부터 2월의 업무정지처분을 받았다. 이에 甲은 처분의 효력발생일로부터 2월이 경과한 후 제소기간 내에 국토해양부장관을 상대로 업무정지처분 취소소송을 제기하였다. 甲에게 소의 이익이 있는지의 여부를 판례의 태도에 비추어 설명하시오(「부동산가격공시 및 감정평가에 관한 법률 시행령」 제77조 제2항은 업무정지처분을 받은 감정평가사가 1년 이내에 다시 업무정지의 사유에 해당하는 위반행위를 한 때에는 가중하여 제재처분을 할 수 있도록 규정하고 있다). (30점)

9회   3. 토지소유자 A는 감정평가법인 B에게 소유부동산의 감정평가를 의뢰하고, B는 이를 접수하여 소속 감정평가사인 C로 하여금 감정평가업무에 착수하게 하였다. 이 경우 다음 사항을 설명하시오. (20점)
     (1) A와 B의 법률관계의 성질 및 내용은?
     (2) A가 국토해양부장관이고 C의 업무내용이 표준지공시지가의 조사, 평가이고 A와 B의 업무내용이 표준지공사지가의 조사, 평가라면 A와 B의 법률관계와 C의 법적지위는?

11회   2. 감정의뢰인 甲은 감정평가사 乙이 고의로 자신의 토지를 잘못 평가하였음을 주장하여 국토해양부장관에게 乙에 대한 제재조치를 요구하였다. 이에 따라 국토해양부장관은 『부동산가격 공시 및 감정평가에 관한 법률』의 권한을 행사하여 일정한 제재조치를 취하고자 한다. 이 경우에 국토해양부장관이 취할 수 있는 절차와 구체적 제재조치 내용을 설명하시오. (30점)

12회   4. 부동산가격 공시 및 감정평가에 관한 법률 제36조 제1항의 규정에 의한 감정평가법인등의 손해배상책임에 대하여 설명하시오. (10점)

14회   4. 감정평가사 A가 그 자격증을 자격이 없는 사람에게 양도 또는 대여한 것에 대하여 국토해양부장관은 부동산가격 공시 및 감정평가에 관한 법률 제26조 제1항 제2호 위반을 이유로 그 자격을 취소하였다. 그에 대하여 구제받을 수 있는지를 설명하시오. (20점)

15회 2. 국토해양부장관이 「부동산 가격 공시 및 감정평가에 관한 법률」(이하 "부공법"이라 한다)을 위반한 감정평가법인에게 업무정지 3월의 처분을 행하였다. 이에 대응하여 당해 법인은 위 처분에는 이유가 제시되어 있지 않아 위법하다고 하면서 업무정지처분취소소송을 제기하였다. 그러나 국토해양부장관은 (1) 부동산 가격 공시 및 감정평가에 관한 법률에 청문규정만 있을 뿐 이유제시에 관한 규정이 없고, (2) 취소소송심리 도중에 이유를 제시한 바 있으므로 그 흠은 치유 내지 보완되었다고 주장한다. 이 경우 국토해양부장관의 주장에 관하여 검토하시오. (30점)

17회 2. 감정평가법인등 甲은 「부동산가격 공시 및 감정평가에 관한 법률」 제37조의 성실의무 위반을 이유로 같은 법 제38조 제 1 항 제 9 호에 의하여 2006년 2월 1일 국토해양부장관으로부터 등록취소처분을 통보받았다. 이에 甲은 국토해양부장관이 등록취소시 같은 법 제39조에 의한 청문을 실시하지 않은 것을 이유로 2006년 8월 1일 등록취소처분에 대한 무효확인소송을 제기하였다. 甲의 소송은 인용될 수 있는가? (30점)

18회 2. 감정평가법인등의 성실의무와 그 의무이행확보수단을 기술한 후 이들 각 수단의 법적 성질을 비교·검토하시오. (30점)

21회 3. 감정평가법인등 P와 건설업자 Q는 토지를 평가함에 있어 친분관계를 고려하여 Q에게 유리하게 평가하였다. 국토해양부장관은 P의 행위가 부공법을 위반하였다고 판단하여 과징금, 벌금, 또는 과태료의 부과를 검토하고 있다.
(1) 과징금, 벌금, 과태료의 법적성질을 비교하여 설명하시오. (20점)
(2) 국토해양부장관은 과징금과 벌금을 중복하여 부과하고자 한다. 중복부과처분의 적법성에 관하여 판단하시오. (10점)

22회 2. 다음 각각의 사례에 대하여 답하시오. (30점)
(1) 국토해양부장관은 감정평가법인등 甲에 대하여 법령상 의무 위반을 이유로 6월의 업무정지처분을 하였다. 甲은 업무정지처분취소소송을 제기하였으나 기각되었고 동 기각판결은 확정되었다. 이에 甲은 위 처분의 위법을 계속 주장하면서 이로 인한 재산상 손해에 대해 국가배상청구소송을 제기하였다. 이 경우 업무정지처분취소소송의 위법성 판단과 국가배상청구소송의 위법성 판단의 관계를 설명하시오. (20점)
(2) 감정평가법인등 乙은 국토해양부장관에게 감정평가사 갱신등록을 신청하였으나 거부당하였다. 그런데 乙은 갱신등록거부처분에 앞서 거부사유와 법적 근거, 의견제출의 가능성 등을 통지받지 못하였다. 위 갱신등록 거부처분의 위법성 여부를 검토하시오. (10점)

23회 3. 20년 이상 감정평가업에 종사하고 있는 감정평가사 甲은 2년 전에 국토해양부장관 乙의 인가를 받아 50명 이상의 종업원을 고용하는 감정평가법인을 설립하였다. 그 후 乙은 甲

이 정관을 거짓으로 작성하는 등 부정한 방법으로 감정평가법인의 설립인가를 받았다는 이유로 「부동산 가격공시 및 감정평가에 관한 법률」 제38조 제1항 제6호에 따라 설립 인가를 취소하였다. 甲은 乙의 인가취소가 잘못된 사실관계에 기초한 위법한 처분이라는 이유로 취소소송을 제기하면서 집행정지신청을 하였다. 甲의 집행정지신청의 인용여부를 논하시오. (20점)

24회 2. S시에 임야 30,000㎡를 소유하고 있다. S시장은 甲 소유의 토지에 대하여 토지의 이용 상황을 실제 이용되고 있는 '자연림'으로 하여 개별공시지가를 산정한 다음 A감정평가법인 에 검증을 의뢰하였는데, A감정평가법인이 그 토지의 이용 상황을 '공업용'으로 잘못 정정 하여 검증지가를 산정하고, 시(市) 부동산가격공시위원회가 검증지가를 심의하면서 그 잘 못을 발견하지 못하였다. 이에 따라 甲 소유 토지의 개별공시지가가 적정가격보다 훨씬 높은 가격으로 결정·공시되었다. B은행은 S시의 공시지가를 신뢰하고, 甲에게 70억원을 대출하였는데, 甲이 파산함에 따라 채권회수에 실패하였다. 다음 물음에 답하시오. (30점)

(1) B은행은 S시를 대상으로 국가배상을 청구하였다. S시의 개별공시지가 결정행위가 국 가배상법 제2조상의 위법행위에 해당하는가에 관하여 논하시오. (20점)

(2) S시장은 개별공시지가제도의 입법목적을 이유로 S시 담당공무원들의 개별공시지가 산 정에 관한 직무상 행위와 B은행의 손해사이에 상당인과관계가 없다고 항변한다. S시 장의 항변의 타당성에 관하여 논하시오. (10점)

24회 3. 乙은 감정평가사 甲이 감정평가업무를 행하면서 고의로 잘못된 평가를 하였다는 것을 이 유로, 「부동산 가격공시 및 감정평가에 관한 법률」 제38조 제1항 제12호 및 동법시행령 제77조에 따라 6개월의 업무정지처분을 하였고, 乙은 이에 불복하여 취소소송을 제기하였 다. 소송의 계속 중에 6개월의 업무정지기간이 만료하였다. 甲은 위 취소소송을 계속할 이익이 인정되는가? (20점)

25회 3. 법원으로부터 근저당권에 근거한 경매를 위한 감정평가를 의뢰받은 감정평가사 乙이 감 정평가 대상토지의 착오로 실제 대상토지의 가치보다 지나치게 낮게 감정평가액을 산정 하였다. 토지소유자인 甲이 이에 대해 이의를 제기하였음에도 경매담당 법관 K는 乙의 감 정평가액을 최저입찰가격으로 정하여 경매절차를 진행하였으며, 대상토지는 원래의 가치 보다 결국 낮게 丙에게 낙찰되어 甲은 손해를 입게 되었다. 甲이 법관의 과실을 이유로 국가배상을 청구할 경우 이 청구의 인용가능성을 검토하시오. (20점)

26회 4. 감정평가사 甲은 토지소유자 乙로부터 그 소유의 토지(이하 '이 사건 토지'라고 한다)를 물류단지로 조성한 후에 형성될 이 사건 토지에 대한 추정시가를 평가하여 달라는 감정평 가를 의뢰받아 1천억원으로 평가하였다(이하 '이 사건 감정평가'라고 한다). 甲은 그 근거 로 단순히 인근 공업단지 시세라고 하며 공업용지 평당 3백만원 이상이라고만 감정평가 서에 기재하였다. 그러나 얼마 후 이 사건 토지에 대한 경매절차에서 법원의 의뢰를 받은 감정평가사 丙은 이 사건 토지의 가격을 1백억원으로 평가하였다. 평가금액 간에 10배에 이르는 현저한 차이가 발생하자 사회적으로 문제가 되었다. 이에 국토교통부장관은 적법한 절차를 거쳐 甲에게 "부동산의 적정한 가격을 산정하기 위해서는 정확한 자료를 검토하고 이를 기반으로 가격형성요인을 분석하여야 함에도 그리하지 않은 잘못이 있다."는 이유로 징계를 통보하였다. 이에 대해 甲은 이 사건 감정평가는 미래가격 감정평가로서 비교표준지를 설정할 수 없어 부득이하게 인근 공업단지의 시세를 토대로 평가하였던 것이고, 미래가격 감정평가에는 구체적인 기준이 따로 없으므로 일반적인 평가방법을 따르지 않았다고 해서 자신이 잘못한 것은 아니라고 주장한다. 甲의 주장은 타당한가? (10점)

27회 4. 국토교통부장관은 감정평가법인등 甲이 「감정평가 및 감정평가사에 관한 법률」(이하 '감정평가사법'이라 함) 제10조에 따른 업무범위를 위반하여 업무를 행하였다는 이유로 甲에게 3개월 업무정지처분을 하였다. 甲은 이러한 처분에 불복하여 취소소송을 제기하였으나 소송계속 중 3개월의 정지기간이 경과되었다. 감정평가사법 제32조 제5항에 근거하여 제정된 감정평가사법 시행령 제29조 [별표 3] '감정평가법인 등의 설립인가의 취소와 업무의 정지에 관한 기준'에 따르면, 위 위반행위의 경우 위반횟수에 따라 가중처분을 하도록 규정하고 있다(1차 위반시 업무정지 3개월, 2차 위반시 업무정지 6개월, 3차 위반시 업무정지 1년). 甲은 업무정지처분의 취소를 구할 법률상 이익이 있는가? (10점)

29회 2. 甲은 2014.3.경 감정평가사 자격을 취득한 후, 2015.9.2.부터 2017.8.3.까지 '乙 감정평가법인'의 소속 감정평가사였다. 또한 甲은 2015.7.7.부터 2017.4.30.까지 '수산업협동조합 중앙회(이하 '수협'이라 함)'에서 상근계약직으로 근무하였다. 관할 행정청인 국토교통부장관 A는 甲이 위와 같이 수협에 근무하면서 일정기간 동안 동시에 乙 감정평가법인에 등록하여 소속을 유지하는 방법으로 감정평가사 자격증을 대여하거나 부당하게 행사했다고 봄이 상당하여, 「감정평가 및 감정평가사에 관한 법률」(이하 '감정평가법'이라 함) 제27조가 규정하는 명의대여 등의 금지 또는 자격증 부당행사 금지에 위반하였다는 것을 이유로 징계처분을 내리고자 한다. 다음 물음에 답하시오. (30점)

　(1) 국토교통부장관 A가 甲에 대하여 위와 같은 사유로 감정평가법령상의 징계를 하고자 하는 경우, 징계절차에 관하여 설명하시오. (20점)

　(2) 위 징계절차를 거쳐 국토교통부장관 A는 甲에 대하여 3개월간의 업무정지 징계처분을 하였고, 甲은 해당 처분이 위법하다고 보고 관할법원에 취소소송을 제기하였다. 이 취소소송의 계속 중 국토교통부장관 A는 해당 징계처분의 사유로 감정평가법 제27조의 위반사유 이외에, 징계처분 당시 甲이 국토교통부장관에게 등록을 하지 아니하고 감정평가업무를 수행하였다는 동법 제17조의 위반사유를 추가하는 것이 허용되는가? (10점)

31회 3. 甲과 乙은 감정평가사 자격이 없는 공인회계사로서, 甲은 A주식회사의 부사장 겸 본부장이고 乙은 A주식회사의 상무의 직에 있는 자이다. 甲과 乙은 A주식회사 대표 B로부터 서울 소재의 A주식회사 소유 빌딩의 부지를 비롯한 지방에 있는 같은 회사 전 사업장 물류

센터 등 부지에 대한 자산 재평가를 의뢰받고, 회사의 회계처리를 목적으로 부지에 대한 감정평가등 자산재평가를 실시하여 그 결과 평가대상 토지(기존의 장부상 가액 3천억원)의 경제적 가치를 7천억원의 가액으로 표시하고, 그 대가로 1억 5,400만원을 받았다. 이러한 甲과 乙의 행위는 「감정평가 및 감정평가사에 관한 법률」상의 감정평가법인등의 업무에 해당하는지 여부에 관하여 논하시오. (20점)

4. 「감정평가 및 감정평가사에 관한 법률」에 따른 감정평가의 기준 및 감정평가 타당성 조사에 관하여 각각 설명하시오. (10점)

32회 3. 감정평가사 甲과 乙은 「감정평가 및 감정평가사에 관한 법률」에 따른 감정평가준칙을 위반하여 감정평가를 하였음을 이유로 업무정지처분을 받게 되었으나, 국토교통부장관은 그 업무정지처분이 「부동산 가격공시에 관한 법률」에 따른 표준지공시지가 공시 등의 업무를 정상적으로 수행하는 데에 지장을 초래할 우려가 있음을 들어, 2021.4.1. 甲과 乙에게 업무정지처분을 갈음하여 각 3천만원의 과징금을 부과하였다. 다음 물음에 답하시오. (20점)

(1) 甲은 부과된 과징금이 지나치게 과중하다는 이유로 국토교통부장관에게 이의신청을 하였고, 이에 대해서 국토교통부장관은 2020.4.30. 갑에 대하여 과징금을 2천만원으로 감액하는 결정을 하였다. 甲은 감액된 2천만원의 과징금도 과중하다고 생각하여 과징금부과처분의 취소를 구하는 소를 제기하고자 한다. 이 경우 甲이 취소를 구하여야 하는 대상은 무엇인지 검토하시오. (10점)

(2) 乙은 2021.6.1. 자신에 대한 3천만원의 과징금부과처분의 취소를 구하는 소를 제기하였다. 이에 대한 심리 결과 법원이 적정한 과징금 액수는 1천 5백만원이라고 판단하였을 때, 법원이 내릴 수 있는 판결의 내용에 관하여 검토하시오. (10점)

4. 「감정평가 및 감정평가사에 관한 법률」 제25조에 따른 감정평가법인등의 '성실의무 등'의 내용을 서술하시오. (10점)

33회 3. 감정평가사 甲은 A감정평가법인(이하 'A법인'이라 함)에 형식적으로만 적을 두었을 뿐 A법인에서 감정평가사 본연의 업무를 전혀 수행하지 않았고 그 법인의 운영에도 관여하지 않았다. 이에 대해 국토교통부장관은 감정평가관리·징계위원회의 의결에 따라 사전통지를 거쳐 감정평가사 자격취소처분을 하였다. 처분사유는 '甲이 A법인에 소속만 유지할 뿐 실질적으로 감정평가업무에 관여하지 아니하는 방법으로 감정평가사의 자격증을 대여하였다.'는 것이었고, 그 법적 근거로 감정평가 및 감정평가사에 관한 법률(이하 '감정평가법'이라 함) 제27조 제1항, 제39조 제1항 단서 및 제2항 제1호가 제시되었다. 甲은 사전통지서에 기재된 의견제출 기한 내에 청문을 신청하였으나 국토교통부장관은 '감정평가법 제13조 제1항 제1호에 따라 감정평가사 자격취소를 하려면 청문을 실시하여야 한다는 규정이 있지만, 명의대여를 이유로 하는 감정평가사 자격취소의 경우에는 청문을 실시하여야 한다는 규정이 없을 뿐 아니라 청문을 실시할 필요도 없다.'는 이유로 청문을 실시

하지 않았다. 甲에 대한 감정평가사 자격취소처분이 적법한지 설명하시오. (20점)

4. 「감정평가 및 감정평가사에 관한 법률」상 감정평가법인 등의 손해배상책임의 성립요건에 관하여 설명하시오. (10점)

[34회] [문제3] A감정평가법인(이하 'A법인'이라 함)에 근무하는 B감정평가사(이하 'B'라 함)는 2020. 4.경 갑 소유의 토지 (이하 '갑 토지'라 함)를 감정평가하면서 甲 토지와 이용가치가 비슷하다고 인정되는 부동산 가격공시에 관한 법률에 따른 표준지공시지가를 기준으로 감정평가를 하지도 않았고 적정한 실거래가보다 3배 이상 차이가 나는 금액으로 甲 토지를 감정평가하였다. 그러나 그 사실은 3년여가 지난 후 발견되었고 이에 따라 국토교통부장관은 감정평가관리·징계위원회(이하 '위원회'라 함)에 징계의결을 요구하였으며 위원회는 3개월의 업무정지를 의결하였고, 국토교통부장관은 위원회의 의결에 따라 2023. 7. 10. B에 대해서 3개월의 업무정지처분(2023. 8. 1.부터)을 결정하였으며 A법인과 B에게 2023. 7. 10. 위 징계사실을 통보하였다. 이에 B는 위 징계가 위법하다는 이유로 2023. 7. 14. 취소소송을 제기하면서 집행정지를 신청하였다. 집행정지의 인용가능성과 본안에서 B의 청구가 기각되는 경우 징계의 효력과 국토교통부장관이 취해야 할 조치에 관하여 설명하시오.(20점)

[34회] [문제4] 감정평가 및 감정평가사에 관한 법률 제 21조에 따른 '사무소 개설 등'에 관하여 설명하시오. (10점)

[35회] [문제3] A감정평가법인(이하 'A법인'이라 함)은 B민간임대아파트 분양전환대책위원회(이하 'B대책위원회'라 함)와의 용역계약에 따라 해당 아파트의 분양전환 가격산정을 위한 감정평가서를 제출하였다. B대책위원회는 임대사업자 X의 의뢰를 받은 Y감정평가법인의 감정평가 결과와 A법인의 감정평가 결과가 크게 차이가 나자 국토교통부장관에게 각 감정평가에 대한 타당성조사 실시를 요청하였고, 국토교통부장관은 한국감정원으로 하여금 타당성조사를 실시하도록 하였다. 한국감정원은 B임대아파트 분양전환 가격산정을 위한 감정평가가 모두 부적정하다는 타당성조사 결과를 국토교통부장관에게 통지하였다. 다음 물음에 답하시오.(20점)

(1) 국토교통부장관은 타당성조사 결과에 근거하여 고의로 잘못된 평가를 한 A법인 소속 감정평가사 甲에 대하여 업무정지 6개월의 징계처분을 하였다. 이에 불복한 甲이 징계처분취소소송을 제기하였는바, 법원은 해당 징계 처분을 업무정지 3개월의 징계처분으로 감경하는 판결을 할 수 있는지에 관하여 설명하시오.(10점)

(2) 국토교통부장관은 고의로 잘못된 평가를 한 甲이 소속된 A법인에 대하여 성실 의무에 위반하였다는 사유로 과징금부과처분을 하였다. A법인은 자신이 부담하여야 하는 성실의무를 충실히 이행하였다고 주장하며 과징금부과처분에 불복하고자 한다. 이때 A법인이 부담하는 성실의무의 내용을 설명하시오.(10점)

35회 [문제4] 「감정평가 및 감정평가사에 관한 법률」 제28조 제1항에 따른 손해배상책임을 보장
하기 위하여 감정평가법인등이 하여야 하는 '필요한 조치'의 내용과 '필요한 조치'를 하지
아니한 경우 「감정평가 및 감정평가사에 관한 법률」에 따른 행정상 제재를 설명하시오.

〈감정평가 및 감정평가사에 관한 법률〉

제28조(손해배상책임)

① 감정평가법인등이 감정평가를 하면서 고의 또는 과실로 감정평가 당시의 적정가격과 현저한 차이
가 있게 감정평가를 하거나 감정평가 서류에 거짓을 기록함으로써 감정평가 의뢰인이나 선의의 제3자에
게 손해를 발생하게 하였을 때에는 감정평가법인등은 그 손해를 배상할 책임이 있다.

참/고/문/헌

강구철, 『강의 행정법 Ⅰ』, 학연사, 1991.

김경열, 『토지공법』, 경원문화사, 1993.

김남진, 『행정법 Ⅰ, Ⅱ』, 법문사, 2001.

김남진 · 김연태, 『행정법 Ⅰ, Ⅱ』, 법문사, 2010.

김도창, 『일반행정법론(상), (하)』, 청운사, 1993.

김동희, 『행정법 Ⅰ, Ⅱ』, 박영사, 2010.

김성수, 『일반행정법』, 법문사, 2010.

김성수, 『개별행정법』, 법문사, 2001.

김철용, 『행정법 Ⅰ, Ⅱ』, 박영사, 2009.

김향기, 『행정법개론』, 삼영사, 2005.

김형배, 『채권총론』, 박영사, 1999.

류지태, 『행정법신론』, 신영사, 2006.

류지태 · 박종수, 『행정법신론』, 박영사, 2011.

류해웅, 『신수용보상법론』, 부연사, 2009.

박균성, 『행정법강의』, 박영사, 2024.

박균성, 『행정법연습』, 삼조사, 2015.

박윤흔, 『최신행정법강의(상)』, 박영사, 2004.

박윤흔 · 정형근, 『최신행정법강의(상)』, 박영사, 2009.

박정훈, 『행정소송의 구조와 기능』, 박영사, 2006.

박정훈, 『행정법의 체계와 방법론』, 박영사, 2005.

박평준, 『보상법규강의』, 리북스, 2009.

석종현, 『일반행정법(상)』, 삼영사, 2005.

석종현 · 송동수, 『일반행정법(상)』, 삼영사, 2009.

오준근, 『행정절차법』, 삼지원, 1998.

유해웅, 『신수용보상법론』, 부연사, 2009.

이상규, 『신행정법(상)』, 법문사, 1994.

이시윤, 『신민사소송법』, 박영사, 2009.

정하중, 『행정법개론』, 법문사, 2011.

천병태, 『행정법 Ⅰ』, 형설출판사, 1993.

최정일, 『행정법의 정석 Ⅰ, Ⅱ』, 박영사, 2009.

한견우, 『현대행정법 Ⅰ』, 인터벡, 1999.

홍정선, 『신행정법특강』, 박영사, 2024.

홍준형, 『행정법총론』, 한울아카데미, 2001.

홍준형, 『행정구제법』, 한울아카데미, 2001.

사/항/색/인

공저자약력

박 균 성

서울대학교 법과대학 졸업, 서울대학교 법과대학 법학석사
프랑스 엑스-마르세이유제3대학 법학박사
프랑스 엑스-마르세이유제3대학 초청교수(Professeur invité)
단국대학교 법학대학 교수, 서울대학교·사법연수원 강사, 정보통신부장관 표창
한국공법학회 학술장려상 수상(1996. 6), 2018년 법의 날 황조근정훈장 수훈
세계인명사전 마르퀴즈 후즈후 등재(2007. 11), 법제처 자체평가위원장
한국법학교수회 회장, 사법행정자문회의 위원, 행정기본법 제정 운영위원회 위원
국무총리 행정심판위원회 위원, 중앙행정심판위원회 위원
법원행정처 행정소송법개정위원회 위원, 헌법재판소법 개정위원회 자문위원
한국법제연구원 자문위원, 법제처 행정심판법개정심의위원회 위원
법제처 법령해석심의위원회 위원, 감사원 정책자문위원, 중앙토지수용위원회 위원
민주화운동관련자 명예회복 및 보상심의위원회 위원(대법원장 추천)
사학분쟁조정위원회 위원(대법원장 추천), 법무부 정책위원회 위원
한국공법학회 회장, 한국인터넷법학회 회장, 한국행정판례연구회 연구이사
한국토지보상법연구회 회장, 한국토지공법학회 부회장, 입법이론실무학회 회장
사법시험, 행정고시, 입법고시, 변호사시험, 승진시험, 외무고시, 변리사, 기술고시,
감정평가사, 관세사, 세무사, 서울시·경기도 등 공무원시험 등 시험위원
현, 경희대학교 법학전문대학원 고황명예교수
    한국공법학회 고문, 한국행정법학회 법정이사

[주요저서]
행정법론(상)(제24판) (2025 박영사)
행정법론(하)(제23판) (2025 박영사)
행정법기본강의(제17판) (2025 박영사)
행정법강의(제22판) (2025 박영사)
행정법입문(제11판) (2024 박영사) 외 다수

도 승 하
감정평가사
전북대학교 법학박사(수료)
투자상담사(2종)
전, 한양사이버대학교 겸임교수
현, 토지보상법학회 이사
    감정평가사학회 이사
    서울법학원 전임(행정법, 보상법)

[주요저서 등]
감정평가 소송, 경매 실무기준(도승하, 감정평가협회 2014)
토지보상법상 현황평가원칙에 관한 연구(석사학위, 경희대학교 대학원 2017)
감정평가실무기준의 법적성질(한국감정평가학회, 감정평가학 논집 13권 1호 2014)

제6판
토지보상행정법

초판발행	2014년 9월 15일
제2판발행	2021년 4월 23일
제3판발행	2022년 3월 25일
제4판발행	2023년 4월 5일
제5판발행	2024년 4월 5일
제6판발행	2025년 4월 7일
지은이	박균성·도승하
펴낸이	안종만·안상준
편 집	송재병
기획/마케팅	박세기
표지디자인	BEN STORY
제 작	고철민·김원표
펴낸곳	(주) 박영사
	서울특별시 금천구 가산디지털2로 53, 210호(가산동, 한라시그마밸리)
	등록 1959. 3. 11. 제300-1959-1호(倫)
전 화	02)733-6771
f a x	02)736-4818
e-mail	pys@pybook.co.kr
homepage	www.pybook.co.kr
ISBN	979-11-303-4956-5 93360

copyright©박균성·도승하, 2025, Printed in Korea

정 가   69,000원